LANGENSCHEIDTS
TASCHENWÖRTERBÜCHER

LANGENSCHEIDTŮV
KAPESNÍ SLOVNÍK
JAZYKA ČESKÉHO A NĚMECKÉHO

První díl

česko-německý

zpracoval

prof. dr. ROLF ULBRICH

LANGENSCHEIDT

BERLÍN · MNICHOV · VÍDEŇ · CURYCH · NOVÝ YORK

LANGENSCHEIDTS
TASCHENWÖRTERBUCH
DER TSCHECHISCHEN UND DEUTSCHEN SPRACHE

Erster Teil

Tschechisch-Deutsch

von

Prof. Dr. Rolf Uldrich

LANGENSCHEIDT

BERLIN · MÜNCHEN · WIEN · ZÜRICH · NEW YORK

Inhaltsverzeichnis

Obsah

Auflage 10. 9. 8. | *Letzte Zahlen*
Jahr: 1993 92 91 | *maßgeblich*

Druck: Graph. Betriebe Langenscheidt, Berchtesgaden/Obb.
Printed in Germany · ISBN 3-468-10360-3

Vorwort

Vor einigen Jahren entschloß sich der Verlag, eine seit langem fühlbare Lücke in seinem Programm zu schließen und die Bearbeitung eines Taschenwörterbuches für die tschechische Sprache in Angriff zu nehmen.

Für den tschechisch-deutschen Teil sind aus der heutigen tschechischen Schrift- und Umgangssprache, deren Wortschatz nicht durch Zusammensetzungen, sondern durch feste Wortverbindungen (z.B. Adjektiv + Substantiv) charakterisiert ist, etwa 40 000 Stichwörter bzw. mit Hilfe der Stichworter gebildete feste Wortverbindungen ausgewählt und ins Deutsche übersetzt worden. Neben diesen festen Wortgruppen (z.B. **dání zprávy** Berichterstattung, **dání rukou** Handschlag, **požární hlídka** Brandwache, **časopisecká hlídka** Zeitschriftenumschau usw.) haben im Wörterbuch zahlreiche Wendungen und Mustersätze Platz gefunden. Der allgemeine Wortschatz wird durch die wichtigsten Fachwörter aus den Gebieten der Technik, des Sports, der Medizin, der Sozial- und Rechtswissenschaft, der Natur- und anderen Wissenschaften ergänzt. Dabei wurde auch den Veränderungen im politischen und gesellschaftlichen Leben des tschechischen und deutschen Volkes, die in den letzten Jahrzehnten stattgefunden haben, Rechnung getragen.

Um dem Benutzer die Wahl der richtigen Übersetzung zu erleichtern, wurden verschiedene lexikologische Mittel verwendet. Dazu gehören:

> Hinweise auf einen engeren Bedeutungsbereich mit Hilfe der Abkürzungen, z.B. *Math.* (= Mathematik), *Tech.* (= Technik) usw., erklärende Zusätze, die den Gebrauch des Wortes in einem häufigen Zusammenhang zeigen, z.B. *j-n zu et.* anleiten usw.

Der deutsche Benutzer kann mit Hilfe eines aus Hinweisen nach den Stichwörtern und Tabellen (im

Anhang) bestehenden Systems jedes tschechische Substantiv, Adjektiv, Pronomen oder Verb flektieren. Besonderheiten der Aussprache werden durch Zeichen der internationalen Lautschrift verdeutlicht.

Neben dem grammatischen Anhang findet der Benutzer am Schluß des Wörterbuches ein Verzeichnis der wichtigsten tschechoslowakischen Abkürzungen, ein zusätzliches Verzeichnis geographischer Namen, deren Schreibung vom Deutschen stark abweicht, sowie eine Liste der tschechischen Vornamen.

Die beiden Hilfsapparate, d. h. die grammatischen und phonetischen Angaben, und die erwähnten Ergänzungen zum Wörterverzeichnis bieten einzigartige Hilfen besonders für den an der Erlernung der tschechischen Sprache interessierten Benutzer.

Das unter Berücksichtigung der Wünsche und Richtlinien der Langenscheidt-Redaktion erarbeitete Wörterbuch ist das Ergebnis einer mehrjährigen Tätigkeit des Verfassers als Übersetzer und Universitätsdozent.

Der Verlag

Předmluva

Před několika lety se nakladatelství rozhodlo vyplnit ve svém programu už dlouhou dobu se vyskytující mezeru a přistoupilo k zpracování kapesního slovníku českého jazyka.

Pro česko-německý díl bylo z dnešního českého spisovného a hovorového jazyka, jehož slovní zásoba není charakterizována složeninami, nýbrž těsným spojením slov (např. adjektivum + substantivum), vybráno a do němčiny přeloženo přibližně 40 000 hesel, resp. vazeb vzniklých spojením hesel. Kromě těchto slovních vazeb (např. **dání zprávy** Berichterstattung, **dání rukou** Handschlag, **požární hlídka** Brandwache, **časopisecká hlídka** Zeitschriftenumschau atd.) byly pojaty do slovníku četná rčení a věty sloužící za vzor. Všeobecná slovní zásoba je doplněna nejdůležitějšími odbornými výrazy z oboru techniky, sportu, lékařství, sociálních, právních, přírodních a ostatních věd. Při zpracovávání se též přihlíželo ke změnám v politickém a společenském životě českého a německého národa v minulých desítiletích.

K usnadnění správného překladu bylo použito různých lexikologických prostředků. K nim patří:

zkratky poukazující na užší oblast významu slova, např. *Math.* (= matematika), *Tech.* (= technika) atd. doložky vysvětlující, v jaké spojitosti je slovo často používáno, např. *j-n zu et.* anleiten navádět *k-o k č-u* atd.

Pomocí systému, sestávajícího z poukazů za heslem a tabulek (v dodatku), může německý uživatel provádět ohýbání kteréhokoli substantiva, adjektiva, zájmena a slovesa. Zvláštnosti ve výslovnosti jsou vyznačeny znaky mezinárodní fonetické transkripce.

Na konci slovníku najde uživatel vedle gramatického dodatku seznam nejdůležitějších československých zkratek, dodatečný seznam zeměpisných jmen, jejichž české znění a psaní se značně liší od německého, a dále soupis českých rodných jmen.

Oba druhy pomůcek, tj. gramatické a fonetické údaje a uvedené doplňky k seznamu slov poskytují uživateli jedinečnou pomoc, zvláště tomu uživateli, který má zájem naučit se českému jazyku.

Zpracování slovníku bylo provedeno podle pokynů a přání Langenscheidtovy redakce a je výsledkem několikaleté činnosti autora — překladatele a universitního docenta.

Nakladatelství

Vorbemerkungen

Diese Vorbemerkungen sollten sorgfältig durchgelesen werden, denn sie erleichtern das Nachschlagen und erhöhen das Verständnis für den Inhalt des Wörterbuchs.

Alphabetische Anordnung. An ihrem alphabetischen Platz sind gegeben:

a) die wichtigsten Länder- und Völkernamen sowie die davon abgeleiteten Adjektive;

b) die unregelmäßigen Formen der Substantive, Verben, Komparative usw.;

c) die verschiedenen Formen der Pronomina;

d) die perfektiven Formen der Verben, die mit Hilfe der Vorsilben na-, po-, pře-, roz- usw. gebildet sind.

Die wichtigsten Abkürzungen, tschechischen Vornamen sowie Namen der Städte, Flüsse, Berge und Regionen sind im Anhang in gesonderten Verzeichnissen zusammengefaßt.

Ohne Nachteil konnten weggelassen werden:

a) einige Verbalsubstantive auf **-í** (gebildet aus dem passiven Partizip durch Anhängen der Endung -í an die männliche Form), die im Deutschen meist dem substantivierten Infinitiv oder dem Substantiv auf -ung entsprechen;

b) frequentative Verben auf **-ávat, -ívat,** die eine sich wiederholende Handlung bezeichnen und durch die Einschiebung von **-va-** vor die Infinitivendung -t gebildet werden;

c) manche Fremdwörter auf **-ovat** (= -ieren) und **-ce** (= -tion);

d) manche Diminutivformen auf **-e(če)k, -(eč)ka, -(íč)ko,** die den deutschen Formen auf -chen und -lein entsprechen;

e) manche leichtverständliche Adjektivbildungen auf **-ský,** insbesondere die von Städtenamen abgeleiteten: **kodaňský** = Kopenhagener;

f) leicht zu bildende Adverbien auf **-ě, -e** (nach l, s, z) oder **-o** (nach h, ch, k) sowie Steigerungsformen auf **-ěji** und **-eji** (nach l, s, z);

g) manche Formen der Substantive, die weibliche Personen bezeichnen, und meist mit Hilfe von Endungen **-ka** oder **-kyně** gebildet werden können.

Gruppenartikel (Nester). Wo die Deutlichkeit und Übersichtlichkeit es gestattete, sind Zusammensetzungen und Ableitungen oft der Raumersparnis wegen zu Gruppen vereinigt worden, wobei der senkrechte Strich (|) beim ersten Stichwort einer solchen Gruppe den Teil abtrennt, der allen folgenden Stichwörtern gemeinsam ist:

hornat|ina *f* (1) ...; **~ost** *f* (4) ... = hornatost.

Dieser Strich bedeutet nicht, daß die Wörter an dieser Stelle getrennt werden können!

Beim Nachschlagen ist der Wechsel der Konsonanten und der Ausfall von -e- bei manchen Substantiven zu beachten. Im tschechischen Alphabet steht **ch** nach **h**, ebenso **č** nach **c**, **ř** nach **r**, **š** nach **s** und **ž** nach **z**; **a** und **á**, **d** und **ď**, **e**, **é** und **ě**, **i** und **í**, **n** und **ň**, **o** und **ó**, **t** und **ť**, **u**, **ú** und **ů** sowie **y** und **ý** gelten jeweils als ein Buchstabe.

Aussprache. Ausspracheangabe erfolgt nur in solchen Fällen, in denen sich Schwierigkeiten für den Benutzer ergeben könnten. Erläuterung der verwendeten Umschrift s. S. 15.

Betonung. Da im Tschechischen der Wortton immer auf der ersten Silbe liegt, wird die Betonung nicht angegeben.

Tildierung. Die **halbfette** Tilde (**~**) vertritt entweder das ganze fettgedruckte Stichwort oder den Teil des Stichwortes, der links vom senkrechten Strich (s. oben) steht. Beim jeweiligen Wechsel von Groß- zu Kleinschreibung oder umgekehrt steht die Tilde mit Kreis (♀). Die gewöhnliche Tilde (~) ersetzt das ganze vorhergehende Stichwort — auch wenn es mit Hilfe der halbfetten Tilde gebildet wurde — meist dann, wenn keine Endungsänderungen vorkommen. Ändert sich die Endung, so wird der leicht zu ergänzende Teil des Wortes durch Bindestrich ersetzt (-). Beispiele:

horní obere, Ober-; ~ *část těla* Oberkörper *m*; ♀ *Lužice Geogr.* Oberlausitz *f* = *horní část těla, Horní Lužice*;
kolínský Kölner; *-ká voda* Kölnischwasser *n* = *kolínská voda.*

Der Bindestrich ersetzt ferner das ganze Stichwort bei Verben, deren perfektive Form mit Hilfe einer Vorsilbe gebildet wird und meist in spitzwinkligen Klammern steht:

kousat ⟨*po-, roz-*⟩ = *pokousat, rozkousat.*

Geschlecht. Das grammatische Geschlecht ist bei allen tschechischen Substantiven angegeben, die als Stichwörter im Wörterverzeichnis aufgeführt sind, bei den Übersetzungen nur dann, wenn die Geschlechtsangabe erforderlich erschien. Weibliche und sächliche Formen der Pronomen und Zahlwörter wurden ebenfalls entsprechend gekennzeichnet.

Rektion. Wo die Rektion in beiden Sprachen übereinstimmt, sind besondere Hinweise nur in Ausnahmefällen vorhanden. Sonst ist die Rektion durch Kasusangabe (z.B. *A* = Akkusativ) oder durch Hinzufügung anderer Hinweise (z.B. j-m = jemandem, k-o koho) veranschaulicht worden.

Rechtschreibung. Sowohl für das Tschechische, als auch für das Deutsche wurde die neueste Rechtschreibung angewandt. Bei Doppelformen wird auf die gebräuchlichere Schreibung verwiesen.

Bedeutungsunterscheidung. Das Semikolon (;) trennt eine gegebene Bedeutung von einer neuen, wesentlich unterschiedlichen. Besondere Abstufungen der Bedeutung werden oft durch Beispiele veranschaulicht. Die Bedeutungsunterschiede eines und desselben Stichwortes werden näher erklärt durch:

a) vorgesetzte Synonyme, Objekte, Subjekte oder andere erläuternde Wörter;

b) zahlreiche Abkürzungen;

c) Angabe der entgegengesetzten Bedeutung (z. B. Land — *Ggs.* Stadt);

d) Verweise auf ein anderes Wort.

Sinnverwandte Übersetzungen werden durch Komma (,) getrennt.

Wörter mit gleicher Schreibung aber von verschiedener Abstammung und abweichender Bedeutung sind in der Regel als besondere Stichwörter aufgeführt und mit hochstehenden kleinen Ziffern [1], [2] usw. versehen.

Deklination und Konjugation. Bei Substantiven verweisen die Ziffern in runden Klammern (oft in Verbindung mit Buchstaben) auf die Deklinationsmuster im Anhang. Zur Auffindung des richtigen Musters muß auch das Geschlecht des Substantivs berücksichtigt werden, also z.B.: *m* (1), *f* (2), *n* (1). Abweichende Formen werden beim Stichwort angegeben. Bei den Verben beschränken sich die Hinweise auf die Konjugation nur auf einige wenige Angaben (z.B. *3. Pers. Pl.* -ějí/-ejí, *1. Pers. Sg.* -uji, *Part. des Perfekts* -kl, -tl usw.), die zusammen mit den im Anhang enthaltenen Konjugationstabellen und einer Tabelle der abweichenden Formen des Imperativs dem Benutzer die richtige Beugung der Verben erleichtern.

Die Deklination der Adjektive ist aus den Tabellen im Anhang ersichtlich. Besondere Hinweise stehen nur hinter den substantivisch gebrauchten Adjektiven. Abweichende Komparative sind unmittelbar nach dem Stichwort zusammen mit evtl. abweichenden Formen des Adverbs angegeben.

Präpositionen. Bei den tschechischen Präpositionen wird der zugehörige Fall (Kasus) immer angegeben.

Aspekte/Aktionsarten. Nur im perfektiven Aspekt vorkommende Verben werden mit *pf.* bezeichnet. Verben, die sowohl perfektiv als auch imperfektiv sind, haben den Hinweis *(im)pf.* Von diesen Verben können außerdem mit Hilfe von Vorsilben perfektive Formen gebildet werden, die mit *pf.* bezeichnet werden. Bei Verbpaaren steht der Teil, der das Verb perfektiv macht, oft in spitzwinkligen Klammern.

Beispiele:

jet ⟨*po-, za-*⟩ = jet — *imperfektiv*, pojet, zajet — *perfektiv*;
automatizovat *(im)pf.*, z- = automatizovat — *perfektiv* und *imperfektiv*, zautomatizovat — *perfektiv*;
prozkoumat *pf.* — *perfektiv*.

Imperfektive Verben bleiben unbezeichnet.

Erklärung der im Wörterbuch verwendeten Abkürzungen

Výklad zkratek v slovníku užívaných

†	veraltet — zastaralý výraz
A	Akkusativ — 4. pád
a.	auch — také
Abk.	Abkürzung — zkratka
Adj.	Adjektiv — přídavné jméno
Adv.	Adverb — příslovce
Agr.	Landwirtschaft — zemědělství
amtl.	amtlich — úředně
Anat.	Anatomie — anatomie
Arch.	Baukunst, Bauwesen — architektura, stavebnictví
Art.	Artikel — člen
Astr.	Astronomie — astronomie
attr.	attributiv — jako přívlastek
Bgb.	Bergbau — hornictví
bibl.	biblisch — biblický výraz
Bio.	Biologie — biologie
Bot.	Botanik — botanika
bsd.	besonders — zvláště
Chem.	Chemie — chemie
č-o	*čeho*
č-u	*čemu*
D	Dativ — 3. pád
dem.	demonstrativ — ukazovací
dgl.	dergleichen — takový, podobný
d.h.	das heißt — to je
dial.	dialektisch — nářeční výraz
Dim.	Diminutiv — zdrobnělé jméno
ehm.	ehemals — dříve
einm.	einmalig — jednorázový
El.	Elektrotechnik — elektrotechnika
e-e	*eine*
e-m	*einem*
e-n	*einen*
engS.	im engeren Sinne — v užším smyslu
e-r	*einer*
e-s	*eines*
Esb.	Eisenbahnwesen — železniční obor
et.	etwas — (ně)co
F	familiär, umgangssprachlich — výraz důvěrný, hovorový
f	Femininum — ženský rod
Fecht.	Fechtkunst — šermířství
fig.	figürlich — obrazně, přenesené
Fin.	Finanzwesen — finančnictví
Flgw.	Flugwesen — letectví
Forst.	Forstwesen — lesnictví
Fot.	Fotografie, Film — fotografie, filmařství
f/pl.	Femininum Plural — pomnožné jméno ženského rodu
Fut.	Futurum — budoucí čas
G	Genitiv — 2. pád
Geogr.	Geographie — zeměpis
Geol.	Geologie — geologie
Geom.	Geometrie — geometrie
G/pl.	Genitiv Plural — 2. pád množ. čísla
Ggs.	Gegensatz — opačný význam
Gr.	Grammatik — mluvnice
Hdl.	Handel — obchod
hist.	historisch — historický
I	Instrumental — 7. pád
Imp.	Imperativ — rozkazovací způsob
impf.	imperfektiv — nedokonavé sloveso
(im)pf.	imperfektiv und perfektiv — nedokonavé a dokonavé sloveso

Ind. Indikativ — oznamovací způsob
indekl. undeklinierbar — nesklonné (jméno)
Inf. Infinitiv — infinitiv
Int. Interjektion — citoslovce
iron. ironisch — ironický (výraz)
iter. iteratives Verb — opětovací sloveso

Jagdw. Jagdwesen — myslivectví
jem. jemand — (ně)kdo
j-m jemandem — (ně)komu
j-n, j-s jemanden, jemandes — (ně)koho
Jur. Rechtswesen — právnictví

Kdspr. Kindersprache — dětská mluva
Kfz. Kraftfahrzeugwesen — motorová vozidla
Kj. Konjunktion — spojka
k-o *koho*
Kochk. Kochkunst — kuchařství
koll. kollektiv — hromadné jméno
Komp. Komparativ — komparativ, druhý stupeň
Konj. Konjunktiv — spojovací způsob
k-u *komu*

L Lokativ — 6. pád
Ling. Sprachwissenschaft — jazykověda
lit. literarisch — spisovně

m Maskulinum — mužský rod
Mal. Malerei — malířství
Mar. Schiffahrt — plavba
Math. Mathematik — matematika
Med. Medizin — lékařství
m-e *meine*
m/f Maskulinum und Femininum — mužký a ženský rod
Mil. Militärwesen — vojenství
Min. Mineralogie — mineralogie
m-m *meinem*
m-n *meinen*
m/pl. Maskulinum Plural — pomnožné jméno mužského rodu
m-r *meiner*
m-s *meines*
mst meist(ens) — většinou
Mus. Musik — hudební věda
Myth. Mythologie — mytologie

n Neutrum — střední rod
N Nominativ — 1. pád
n/pl. Neutrum Plural — pomnožné jméno středního rodu
Num. Zahlwort — číslovka

o. ohne — bez
od. oder — nebo
öst. österreichisch — rakouský výraz

P populär, derb — lidový, drsný výraz
Parl. parlamentarischer Ausdruck — parlamentární výraz
Pass. Passivum — trpný rod
pf. perfektiv — dokonavé sloveso
Pers. Person — osoba
Phil. Philosophie — filosofie
Phys. Physik — fyzika
pl., Pl. Plural — množné číslo
poet. poetisch — básnický (výraz)
Pol. Politik — politika
Pr. Präsens — přítomný čas
präd. prädikativ — jako přísudek
Pron. Pronomen — zájmeno
Prov. Provinzialismus — oblastní výraz
Prp. Präposition — předložka
Psych. Psychologie — psychologie
Pt. Präteritum — minulý čas

Rdf. Rundfunk, Fernsehen — rozhlas, televize
refl. reflexiv — zvratný
Rel. Religion — náboženství

s. siehe — viz
S. Seite — stránka
scherz. scherzhaft — žertovný (výraz)
schweiz. schweizerisch — švýcarský výraz
s-e *seine*
S-e Sache — věc
sg., Sg. Singular — jednotné číslo
s-m *seinem*

s-n seinen
s-s seines
Sp. Sport — sportovní výraz
Spr. Sprichwort — přísloví
Su. Substantiv — podstatné jméno
Sup. Superlativ — třetí stupeň
Tech. Technik — technika
Tel. Fernmeldewesen — telekomunikace
Thea. Theater — divadelnictví
Turn. Turnen — tělocvik
Typ. Druckgewerbe — tiskařství

u. und — a
unps. unpersönlich — neosobní
unv. unverändert, undeklinierbar — nesklonné (jméno)
usw. und so weiter — a tak dále

V vulgär — vulgární, hrubý
v. von — z(e)
verä. verächtlich — hanlivý, pejorativní
Vet. Veterinärmedizin — zvěrolékařství
vgl. vergleiche — srovnej
v/i intransitives Verb — nepřechodné sloveso
Vn. Vorname — rodné jméno
Vok. Vokativ — 5. pád
v/r reflexives Verb — zvratné sloveso
v/t transitives Verb — přechodné sloveso

z.B. zum Beispiel — na příklad
Zo. Zoologie — zoologie
zs.- *zusammen*
Zssg(n) Zusammensetzung(en) — složenina (-ny)

Das tschechische Alphabet

Das tschechische Alphabet besteht aus 34 Buchstaben.
Bei der Benutzung des Wörterbuches ist darauf zu achten, daß **ch** nach **h**, **č** nach **c**, **ř** nach **r**, **š** nach **s**, **ž** nach **z** steht.

Buchstabe		Benennung	Buchstabe		Benennung
A	a, á	a	N	n	än
B	b	bä	Ň	ň	änʲ
C	c	tsä	O	o, ó	o
Č	č	tschä	P	p	pä
D	d	dä	Q	q	kwä
Ď	ď	dʲä	R	r	är
E	e, é	ä	Ř	ř	ärsch
Ě	ě	jä	S	s	äss
F	f	äf	Š	š	äsch
G	g	gä	T	t	tä
H	h	ha	Ť	ť	tʲä
Ch	ch	cha	U	u, ú, ů	u
I	i, í	i	V	v	wä
J	j	jä	X	x	iks
K	k	ka	Y	y, ý	ipsilon
L	l	äl	Z	z	sät
M	m	äm	Ž	ž	ʒät

Kurze Erläuterung der zur Bezeichnung der tschechischen Aussprache verwendeten phonetischen Umschrift

Stručné vysvětlení české výslovnosti a používané fonetické transkripce

Die Aussprache der tschechischen Laute geht aus der folgenden Übersicht hervor. Die Betonung liegt immer auf der ersten Wortsilbe. Einsilbige Präpositionen ziehen den Ton des Substantivs oder Pronomens auf sich, so daß dann beide Wörter wie ein einziges klingen, z. B.: **na stole, do Prahy, u mne** klingt wie nastole, doprahy, umne. Im Auslaut, d. h. am Wortende, werden alle Konsonanten stimmlos, wie im Deutschen, also: **odjezd** (sprich: odjäst), **dub** (spr. dup), **hrad** (spr. hratt), vergleiche deutsch: Hand (spr. hant). Vor stimmlosen Konsonanten wird der vorangehende Konsonant ebenfalls stimmlos, z. B.: **zpráva** gesprochen wie ßpráva, **ztráta** wie ßtráta. Die mit Längezeichen ′ versehenen Vokale sind besonders **gedehnt** zu sprechen, da sie sich unbedingt von den entsprechenden **kurzen** Vokalen unterscheiden müssen. Es handelt sich hier um keinen Betonungsakzent, da ja die Betonung immer auf der 1. Silbe ruht, unabhängig davon, ob diese lang oder kurz ist. Wo die nach **d, n, t** durch das **i** bzw. **í** bedingte Erweichung — gesprochen dji, nji, tji usw. — in Fremdwörtern wegfällt, wird dies meist angegeben: **filhamonie** [-nɪ-ɛ] (sprich: -niä, ohne j), **infinitiv** [-tɪːf] (sprich: -tiif), **matematika** [-tɪka] (sprich: -tika). **o** wird im Tschechischen immer wie ɔ = offenes o, nicht wie in Ofen, gesprochen, **e** immer wie ä, niemals wie deutsches ee. **ž** [ʒ] stimmhaftes sch wie im franz. Garage, gibt es im Deutschen nicht. Wo in einer Silbe kein Vokal steht, dafür aber ein **l** oder **r**, trägt dieses den Silbenton, z. B. Plzeň (sprich: pll-zänj), Brno (spr. brr̀-no). **z** ist auch in der Transkription stimmhaft (d. h. als Summlaut) zu sprechen. **ě** wird immer wie jä (kurz) gesprochen. **ou** ist ein Diphthong mit offenem o (= ɔ), der dem deutschen *au* etwas ähnlich gesprochen wird. Das tschechische **l** weicht vom deutschen l stark ab und wird mit dem unteren Teil der Zungenspitze am Gaumen gesprochen. — Bei der tschechischen Orthographie ist zu beachten, daß nach **h, ch, k** immer **y** od **ý** steht, niemals **i** oder **í**, nach weichen Konsonanten (**c, j** und alle mit einem Häkchen erweichten, einschließlich **ď** und **ť**) niemals **y, ý** oder **ě** stehen darf. Das **ě** steht nur nach **b, d, f, m, n, p, t, v** (und **w**). — Doppelkonsonanten werden wie die entsprechenden einfachen Konsonanten gesprochen.

Zur Aussprache einzelner tschechischer Laute gelten folgende Hinweise:

Vokale: a (kurzes *a*), **á** (langes *a*; Umschrift: aː)

e (kurzes *ä*; Umschrift: ɛ), **é** (langes *ä* [ɛː]), **ě** (kurzes *jɛ*, steht nur in der Mitte oder am Ende eines Wortes)

i (kurzes *i*; Umschrift: ɪ), **í** (langes *i*; Umschrift: ɪː)
di, ni, ti sprich: *dji, nji, tji*
dí, ní, tí sprich: *djii, njii, tjii*

o (kurzes offenes *o*, **nicht** wie Ofen!; Umschrift: ɔ), **ó** (langes *o* [ɔː])

u (kurzes *u*), **ú** (langes *u* [u:], **ů** (langes *u* [u:], steht nur in der Mitte oder am Ende eines Wortes)

y (kurzes *i*; Umschrift: ɪ)

ý (langes i); y und ý werden in Dialektsgebieten und in der Umgangssprache oft abweichend ausgesprochen. Diese Abweichungen können hier nicht berücksichtigt werden.

Konsonanten: b, d, f, g, h, j, m, n, (q), r, (w) wie im Deutschen

c (immer wie ts, auch am Wortende)

č (*tsch*)

ď (= *dj*)

h (stark gehaucht, auch am Wort- und Silbenende zu hören)

ch (ähnlich dem deutschen *ach*-Laut als Kehllaut zu sprechen, **niemals** wie der deutsche *ich*-Laut.

k (**nicht** behaucht, d. h. wie im Franz., Ital., Span. u. a.)

l (mit nach unten gebogener Zungenspitze lose am Gaumen)

ň (= *nj*)

p (**nicht** behaucht, d. h. wie z. B. im Franz.)

r (rollendes Zungen-*rr* wie im Italienischen)

ř (**stimmhaftes** *r*+ʒ stark vermengt: vor Vokalen und stimmhaften Konsonanten mit folgendem Vokal)
(**stimmloses** *rsch* gut verbunden, im Auslaut, z. B. pekař)

s (immer **scharf** wie *ss*, niemals summend)

š (= *sch*)

t (**nicht** behaucht, d. h. wie z. B. im Franz.)

ť (= *tj*)

v (am Wort- oder Silbenanfang wie *w*, am Wortende wie *ff*)

z (**stimmhafter** Summlaut, wie im Deutschen sagen, suchen)

ž (**stimmhafter** *sch*-Laut, Umschrift: ʒ; wie im Franz.: Garage, bonjour).

A

a *Kj.* und; ~ *přece* doch; ~ *to* und zwar.
á!, aá! *Int.* ach!, ah!, oh!
à *Prp.* à, je, zu; ~ *10 Kčs.* à (zu) 10 Kronen.
abatyše *f* (*2*) Äbtissin *f.*
abdikace [-dɪ-] *f* (*2*) Thronverzicht *m.*
abeced|a *f* (*1*) Alphabet *n*; *Morseova* ~*a* Morsealphabet; ~**ní** alphabetisch.
aberace *f* (*2*) Aberration *f.*
abiturient *m* (*1*), ~**ka** *f* (*1c*; *-tek*) Abiturient(in *f*) *m.*
abnorm(ál)ní abnorm, anormal.
abonent *m* (*1*), ~**ka** *f* (*1c*; *-tek*) Abonnent(in *f*) *m*, Bezieher(in *f*) *m*; ~**ní** Abonnement-.
abonovat (*im*)*pf.* (*-nuji*) (*a.* ~ *si*) abonnieren; beziehen; ~ *se* abonniert sein (*na* auf).
abrahámoviny *f/pl.* (*1*) der Fünfzigste (*Geburtstag*).
abreviace *f* (*2*) Abkürzung *f.*
absen|ce [-psɛ-] *f* (*2*) Abwesenheit *f*, Fehlen *n in d. Schule, bei d. Arbeit*; ~**tér** [-psɛ-] *m* (*1*; *-ři*) Bummelant *m*, Bummler *m.*
absolu|ce *f* (*2*) *Rel.* Absolution *f*; ~**tní** absolut.
absolvent *m* (*1*), ~**ka** *f* (*1c*; *-tek*) Absolvent(in *f*) *m.*
absolvovat *pf.* (*-vuji*) absolvieren.
absor|bovat (*im*)*pf.* (*-buji*) absorbieren; ~**pce** *f* (*2*) Absorption *f*; ~**pční** Absorptions-.
abstinent [-tɪ-] *m* (*1*) Abstinent *m*, Abstinenzler *m.*
abstrak|ce *f* (*2*) Abstraktion *f*; ~**tní** abstrakt.
absurdn|í absurd, widersinnig; ~**ost** *f* (*4*) Absurdität *f*, Unsinn *m.*
aby (~*ch*, ~*s*, ~; ~*chom*, ~*ste*, ~) daß, damit (ich, du, er; wir, ihr [Sie], sie); um zu; ~*ch tak řekl* sozusagen; ~ *ne* ohne daß (*od.* zu); ~ *ne!* und ob!; ~ *ses šťastně vrátil!* komm gesund wieder!; ~ *tě čert vzal!* hol dich der Teufel!
acetylén *m* (*2a*) Azetylen *n.*
ač, ~koli(v) obgleich, obwohl, wenn auch; ~**li** falls, wenn.
Adamovo jablko *n* (*1b*; *-lek*) Adamsapfel *m.*
adapt|ace *f* (*2*) Anpassung *f*; *Arch.* Umbau *m für bestimmte Zwecke*; ~**ovat** (*im*)*pf.* (*-tuji*) anpassen; umbauen, herrichten (für).
adjutantský Adjutanten-.
administra|ce [-nɪ-] *f* (*2*) Verwaltung *f*, Administration *f*; ~**tiva** [-nɪ-tɪː-] *f* (*1*) Verwaltung(sapparat *m*, -sorgane *n/pl.*) *f*; ~**tivní** [-nɪ-tɪː-] Verwaltungs-, administrativ.
admir|ál *m* (*1*; *-ové*) Admiral *m*; ~**alita** *f* (*1*) Admiralität *f*; ~**álský** Admirals-; *-ká loď* Flaggschiff *n.*
adop|(ta)ce *f* (*2*) Adoption *f*; ~**tivní** [-tɪ- *od.* -tɪː-] Adoptiv-; ~**tovat** *pf.* (*-tuji*) adoptieren.
adres|a *f* (*1a*) Anschrift *f*, Adresse *f*; *na -su* an *j-s* Adresse; ~**ář** *m* (*4*) Adreßbuch *n*; ~**át** *m* (*1*) Empfänger *m*; ~**ní** Adressen-, Adreß-; ~**ovač** *m* (*4*) Adressiermaschine *f*; ~**ovat** (*im*)*pf.* (*-suji*) adressieren, mit e-r Anschrift versehen.
adriatický [-tɪ-] *s. jaderský.*
adsorpce *f* (*2*) Adsorption *f.*
advent *m* (*2*; *6. -u/-ě*) Advent *m*; ~**ní** Advent(s)-.
advokát *m* (*1*) Rechtsanwalt *m*, Verteidiger *m.*
aero|dynamický aerodynamisch; ~**linie** [-nɪ-] *f* (*2*), ~**linka** *f* (*1c*; *-nek*) Fluglinie *f*, -strecke *f*; ~**plán** † *m* (*2*; *6. -u/-ě*) Flugzeug *n.*
afektovaný affektiert.
aféra *f* (*1d*) Affäre *f.*
afg(h)ánský afghanisch, Afghanen-.
afri|cký afrikanisch, Afrika-, Afro-; ♀**čan** *m* (*1*; *-é*), ♀**čanka** *f* (*1c*; *-nek*) Afrikaner(in *f*) *m*; ~**kán** *m* (*2a*) Studentenblume *f*; ~**kánština** *f* (*1*) Afrikaans *n.*
agen|ce *f*, ~**cie** *f* (*2*) Agentur *f*; ~**t** *m* (*1*), ~**tka** *f* (*1c*; *-tek*) Agent(in *f*) *m*; ~**tský** Agenten-; ~**tura** [-uːra] *f* (*1d*) Agentur *f*; ~**turní** Agentur-.
agit|ace *f* (*2*) Agitation *f*, Propaganda *f*; ~**ační** agitatorisch; ~**átor**

m (*1*; *-ři*) Agitator *m*; **~ovat** ⟨*z-*, *za-*⟩ (*-tuji*) agitieren.
agnusek P *m* (*2b*; *-sk-*) Medaillon *n* *mit Heiligenbild.*
agónie [-nı-] *f* (*2*) Agonie *f*, Todeskampf *m*.
agrární agrarisch, Agrar-.
agregát *m* (*2*; *6. -u*/*-ě*) Aggregat *n*; *Tech. a.* (*Maschinen-*)Satz *m*.
agre|se *f* (*2*) Aggression *f*; **~sivita** *f* (*1*) Aggressivität *f*; **~sivní** aggressiv; **~sor** *m* (*1*; *-ři*) Aggressor *m*.
agronom *m* (*1*; *-ové*) Agronom *m*; *inženýr* ~ Diplomlandwirt *m*.
agrotechnika [-nı-] *f* (*1c*) Agrotechnik *f*.
aha!, ahá! *Int.* aha!, so!
ahoj! *Int.* ahoi!; hallo! (*Begrüßungsausruf*); hüh! (*Kutscherruf*).
achát *m* (*2*; *6. -u*/*-ě*) Achat *m*.
aj! *Int.* ei!, sieh(e) da!
akácie *f* (*2*) Akazie *f*.
akademi|cký akademisch, Akademie-; **~e** *f* (*2*) Akademie *f*; **~k** *m* (*1a*), **~čka** *f* (*1c*; *-ček*) Akademiemitglied *n*, Akademiker(in *f*) *m*; Student(in *f*) *m*.
akát *m* (*2*; *6. -u*/*-ě*) *Bot.* Robinie *f*.
akce *f* (*2*) Aktion *f*; *nárazová* ~ Sonderaktion.
akceler|ace *f* (*2*) Beschleunigung *f*; **~átor** *m* (*2a*) Gaspedal *n*.
akcent *m* (*2*; *6. -u*/*-ě*) Akzent *m*; **~ovat** ⟨*pře-*⟩ (*-tuji*) betonen, akzentuieren.
akcept|ace *f* (*2*) *Hdl.* Wechselannahme *f*; **~ovat** (*im*)*pf.* (*-tuji*) akzeptieren.
akceschopný aktionsfähig.
akcidence *f* (*2*) *Typ.* Akzidenz *f*.
akci|e *f* (*2*) Aktie *f*; **~onář** *m* (*3*) Aktionär *m*; **~onářský** Aktionärs-; **~ový** Aktien-.
akční Aktions-.
aklamace *f* (*2*) Zuruf *m*; *volit -cí* durch Akklamation wählen.
aklimatiz|ace [-tı-] *f* (*2*) Akklimatisierung *f*; **~ovat** (*im*)*pf.* (*-zuji*) akklimatisieren (*se* sich).
akorát P *Adv.* ausgerechnet, gerade.
akord *m* (*2a*) Akkord *m*; **~ní** *s. akordový*; **~ník** *m* (*1a*) Akkordarbeiter *m*; **~ový** Akkord-.
akreditiv [-dıtı:f] *m* (*2a*) Beglaubigungsschreiben *n*; *Hdl.* Kreditbrief *m*.
akrobacie *f* (*2*): *letecká* ~ Kunstflug *m*.
aksamit *m* (*2*; *6. -u*/*-ě*) Samt *m*; **~ka** *f* (*1c*; *-tek*) Samtmütze *f*; Samtband *n*; **~ník** *m* (*2b*) Studentenblume *f*.
akt *m* (*2*; *6. -u*/*-ě*) Akt *m*; Akte *f*.
aktiv [-tı:-] *m* (*2a*) Aktiv *n*, aktive Mitglieder; **~ita** *f* (*1*) Aktivität *f*; **~ní** aktiv; **~ovat** (*im*)*pf.*, *z-* (*-vuji*) aktivieren.
aktovka *f* (*1c*; *-vek*) Aktenmappe *f*, -tasche *f*.
aktu|alita *f* (*1*), **~álnost** *f* (*4*) Aktualität *f*; **~ální** aktuell.
akumul|átor *m* (*2a*) Akku(mulator) *m*; **~ovat** (*im*)*pf.* (*-luji*) akkumulieren.
akusti|cký [-tı-] akustisch; **~ka** *f* (*1c*) Akustik *f*.
akutní akut.
akva|lung *m* (*2b*; *-zich*) (*Preßluft-*) Tauchgerät *n*; **~rel** *m* (*2a*) Aquarell *n*.
akvárium *n* (*5*) Aquarium *n*.
Albán|ec *m* (*3*; *-nc-*), **~ka** *f* (*1c*; *-nek*) Albaner(in *f*) *m*; **♀ský** albanisch.
ale aber, (je)doch; *nach Verneinung*: sondern.
alej *f* (*3*; *-e*) Allee *f*.
alergický allergisch.
a(le)spoň wenigstens, zumindest.
alchymista *m* (*5a*) Alchimist *m*.
aliance *f* (*2*) Allianz *f*.
alimenty *m*/*pl.* (*2*) Alimente *pl.*, Unterhaltskosten *pl.*
alkohol *m* (*2a*) Alkohol *m*; **~ický** alkoholisch; **~ik** *m* (*1a*), **~ička** *f* (*1c*; *-ček*) Alkoholiker(in *f*) *m*, Trinker(in *f*) *m*; **~ový** *s. alkoholický*.
alkovna *f* (*1*; *-ven*) Alkoven *m*.
almara *f* (*1d*) (*Kleider-*)Schrank *m*.
almužn|a *f* (*1*; *-žen*) Almosen *n*; **~ník** *m* (*1a*): *mnich* ~ Bettelmönch *m*.
alobal *m* (*2*; *6. -u*) Alu(minium)-folie *f*.
alpin|ismus [-nız-] *m* (*2*; *2, 3, 6. Sg. -smu*) Bergsport *m*; **~ista** [-nı-] *m* (*5a*), **~istka** *f* (*1c*; *-tek*) Bergsteiger(in *f*) *m*.
alpín|ka *f* (*1c*; *-nek*) Hochgebirgspflanze *f*; **~ský** alpin; **~um** *n* (*5*; *Pl. 1*) Steingarten *m*.
alp|ský Alpen-, alpin, Berg-; **♀y** *f*/*pl.* (*2*) Alpen *pl.*
alt *m* (*2*; *6. -u*/*-ě*) *Mus.* Alt(stimme *f*) *n*; **~istka** [-tı-] *f* (*1c*; *-tek*) Altistin *f*.
aluviální alluvial.

Alžírsk|o *n* (*1b*) Algerien *n*; **2ý** algerisch.
amarelka *f* (*1c*; *-lek*) Schattenmorelle *f*.
amatér *m* (*1*; *-ři*), **~ka** *f* (*1c*; *-rek*) Amateur(in *f*) *m*; **~ský** Amateur-; *Thea.* Laien-.
ambulan|ce *f* (*2*) Ambulanz *f*; Krankenwagen *m*; **~tní** ambulant.
ameri|cký amerikanisch; Amerika-; **2čan** *m* (*1*; *-é*), **2čanka** *f* (*1c*; *-nek*) Amerikaner(in *f*) *m*; **~kanizovat** [-nɪ-] (*im*)*pf.*, *po-*, *z-* (*-zuji*) amerikanisieren.
amnest|ie [-tɪ-] *f* (*2*) Amnestie *f*; **~ovat** (*im*)*pf.* (*-tuji*) amnestieren.
amoletka F *f* (*1c*; *-tek*) *s. omeleta.*
amortiz|ace [-tɪ-] *f* (*2*) Amortisierung *f*; **~ovat** (*im*)*pf.* (*-zuji*) amortisieren.
ampér *m* (*2a*) *El.* Ampère *n*.
amplión *m* (*2a*) Lautsprecher *m*.
ampul|e *f* (*2*), **~ka** *f* (*1c*; *-lek*) Ampulle *f*.
amput|ace *f* (*2*) Amputation *f*; **~ovat** (*im*)*pf.* (*-tuji*) amputieren.
amulet *m* (*2a*) Amulett *n*.
an, ~a, ~o † als, indem, wie; da, weil.
anabaptista [-tɪ-] *m* (*5a*) Wiedertäufer *m*.
analfabet *m* (*1*), **~ka** *f* (*1c*; *-tek*) Analphabet(in *f*) *m*; **~ismus** *m* [-tɪz-] (*2a*; *-sm-*; *2, 3, 6. -smu*), **~ství** *n* (*3*) Analphabetentum *n*.
analog|ický analog; **~ový**: ~ *počítač* Analogrechner *m*.
anal|ýza *f* (*1a*) Analyse *f*; **~yzovat** ⟨*roz-*, *vy-*, *z-*⟩ (*-zuji*) analysieren.
ananas *m* (*2*; *6. -u/-e*) Ananas *f*; **~ový** Ananas-.
anarchist|a *m* (*5a*), **~ka** *f* (*1c*; *-tek*) Anarchist(in *f*) *m*; **~ický** [-tɪ-] anarchistisch.
anatomický anatomisch.
ančovička *f s. anšovička.*
anděl *m* (*1*; *5. Sg. -i!*; *1. Pl. -é*) Engel *m*; ~ *strážce* Schutzengel; **~íček** *m* (*1a*; *-čk-*) Englein, Engelchen *n*; **~íčkářka** *f* (*1c*; *-řek*) Engelmacherin *f*; **~ský** engelhaft, Engels-.
andílek *m* (*1a*; *-lk-*) *s. andělíček.*
andulka *f* (*1c*; *-lek*) Wellensittich *m*.
aneb(o) *s. nebo.*
anekdota *f* (*1*) Anekdote *f*.
anektovat (*im*)*pf.* (*-tuji*) annektieren.
anémie *f* (*2*) Anämie *f*.
anemónka *f* (*1c*; *-nek*) Anemone *f*.
anestézie *f* (*2*) Anästhesie *f*.
anexe *f* (*2*) Annexion *f*.
angaž|má *n* (*indekl.*) Engagement *n*; **~ovat** (*im*)*pf.* ⟨*za-*⟩ (*-žuji*) engagieren.
angli|cký englisch; F *zmizet po -ku* sich auf französisch empfehlen, verschwinden; **2čan** *m* (*1*; *-é*), **-nka** *f* (*1c*; *-nek*) Engländer(in *f*) *m*; **~čtina** *f* (*1*) Englisch *n*; **2ie** *f* (*2*) England *n*; **~kánský** anglikanisch; **~sta** *m* (*5a*), **~stka** *f* (*1c*; *-tek*) Anglist(in *f*) *m*; **~stika** [-tɪ-] *f* (*1c*) Anglistik *f*.
Anglosas *m* (*1*; *-ové*) Angelsachse *m*.
angor|a *f* (*1d*) Angorawolle *f*; *a.* = **~ka** *f* (*1c*; *-rek*) Angorakatze *f*; **~ský** Angora-.
angrešt *m* (*2*; *6. -u/-ě*) Stachelbeere *f*; Stachelbeerstrauch *m*.
ani *mit Verneinung beim Verb*: nicht einmal, auch nicht; ~ ... ~ ... weder ... noch ...; ~ *slovo!* kein Wort (mehr)!; ~ *dost málo* nicht im geringsten; ~ *jednou* nicht ein einziges Mal; ~ *10 korun* keine 10 Kronen, nicht einmal 10 Kronen.
anim|átor [-nɪ-] *m* (*1*; *-ři*) Trickfilmzeichner *m*; **~írka** *f* (*1c*; *-rek*) Animierdame *f*.
aniž ohne daß, ohne ... zu (+ *Inf.*).
anket|a *f* (*1*) Enquette *f*, Umfrage *f*; **~ní**: ~ *lístek od. dotazník* Fragebogen *m*.
ano ja; ~ *i* ja sogar.
anodový Anoden-.
anonc|e *f* (*2*) Annonce *f*, (*Zeitungs-*) Inserat *n*; **~ovat** (*-cuji*) annoncieren, ein Inserat aufgeben.
anonymní anonym.
ansámbl *m* (*2a*) Ensemble *n*.
anšovička *f* (*1c*; *-ček*) Anchovis *f*.
anténa *f* (*1*) Antenne *f*.
antický [-tɪ-] antik.
antifašist|a [-tɪ-] *m* (*5a*), **~ka** *f* (*1c*; *-tek*) Antifaschist(in *f*) *m*; **~ický** antifaschistisch.
antika [-tɪ-] *f* (*1c*) Antike *f*.
anti|komunistický [antɪ-] antikommunistisch; **~koncepční** empfängnisverhütend; **~korozní** Rostschutz-; **2krist** *m* (*1*) Antichrist *m*.
antikva [-tɪ-] *f* (*1*) *Typ.* Antiqua *f*; **~riát** *m* (*2a*) Antiquariat *n*.
antikv|ární [-tɪ-] antiquarisch; **~ář** *m* (*3*) Antiquar *m*; Antiquitätenhändler *m*; **~ita** *f* (*1*) Antiquität *f*.

antilopa [-tɪ-] *f* (*1*) Antilope *f*.
Antily [-tɪ-] *f*/*pl.* (*-il*) Antillen(inseln) *f*/*pl.*
anti|militarista [-tɪ-] *m* (*5a*) Antimilitarist *m*; **~nacista** *m* (*5a*) Nazigegner *m*; **~patie** [-atɪ-] *f* (*2*) Antipathie *f*; **~semita** *m* (*5a*) Antisemit *m*; **~septický** [-tɪts-] antiseptisch; **~špionáž** *f* (*3*) Gegenspionage *f*.
anton: P *dial. zelený* ~ grüne Minna.
anulovat (*im*)*pf.* (*-luji*) annullieren.
anýz *m* (*2*; *6. -u*/*-e*) Anis *m*.
aparát *m* (*2*; *6. -u*/*-ě*) Apparat *m*; Vorrichtung *f*; **~ník** F *m* (*1a*) Apparatschik *m*.
apartmá *n* (*indekl.*) Appartement *n*.
apartní F apart.
apatický [-tɪ-] apathisch, teilnahmslos.
apel *m* (*2a*) Appell *m*; **~ační** Berufungs-, Appellations-; **~ovat** (*-luji*) appellieren.
Apenin|y [-nɪ-] *f*/*pl.* (*1*) Apenninen *pl.*; **℞ský**: ℞ *poloostrov* Apenninenhalbinsel *f*.
apolitický [-tɪ-] unpolitisch.
apoplexie *f* (*2*) *Med. s. mrtvice.*
apoštol *m* (*1*; *-ové*) Apostel *m*; **~ský** Apostel-; apostolisch.
apretura [-tuː-] *f* (*1d*) Appretur *f*.
apríl P *m* (*2 od. 4*; *2. -a*/*-e*; *6. -u*/*-e*/*-i*) April *m*; *vyvést k-o ~em* j-n in den April schicken.
apro|bace *f* (*2*) Approbation *f*; **~bovat** (*im*)*pf.* (*-buji*) genehmigen; zulassen; **~vizace** *f* (*2*) Lebensmittelversorgung *f*.
Arab *m* (*1*; *-ové*), **~ka** *f* (*1c*; *-bek*) Araber(in *f*) *m*; **℞ský** arabisch; **℞ština** *f* (*1*) Arabisch *n*.
aranž|ér *m* (*1*; *-ři*) Veranstalter *m*; ~ *výkladních skříní* Schaufensterdekorateur *m*, -gestalter *m*; **~má** *n* (*indekl.*) Arrangement *n*; **~ovat** ⟨z-⟩ (*-žuji*) arrangieren; veranstalten, organisieren; *Fest* ausrichten.
arašíd *m* (*2a*) Erdnuß *f*.
arbitráž *f* (*3*) Arbitrage *f*, Schiedsgerichtsbarkeit *f*; schiedsrichterliches Verfahren; *státní* ~ staatliche Schlichtungskommission; **~ní** Schieds-.
arci allerdings, freilich.
arci- Erz-; **~biskup** *m* (*1*; *-ové*) Erzbischof *m*; **~kníže** *m s. arcivévoda*; **~lhář** *m* (*3*) Erzlügner *m*; **~vévoda** *m* (*5*) Erzherzog *m*.
arciže *s. arci.*
aréna *f* (*1*) Arena *f*; Freilichttheater *n*.
Argentin|a [-tɪː-] *f* (*1*) Argentinien *n*; **~ec** *m* (*3*; *-nc-*), **~ka** *f* (*1c*; *-nek*) Argentinier(in *f*) *m*; **℞ský** argentinisch.
arch *m* (*2b*) (*Papier-*)Bogen *m*; *po arších* bogenweise.
archa *f* (*1b*) Arche *f*; ~ *úmluvy* Bundeslade *f*.
archaický [-a-i-] archaisch; veraltet.
archanděl *m* (*s. anděl*) Erzengel *m*.
archeolog *m* (*1a*; *-ové*) Archäologe *m*; **~ický** archäologisch; **~ie** *f* (*2*) Archäologie *f*.
architekt *m* (*1*) Architekt *m*; **~onický** architektonisch; **~ura** [-tuː-] *f* (*1d*) Architektur *f*; *bytová* ~ Raumgestaltung *f*.
archiv *m* (*2*; *6. -u*/*-ě*) Archiv *n*; **~ář** *m* (*3*) Archivar *m*; **~ní** Archiv-.
archový Bogen-; ~ *formát* Folio(format) *n*.
árie *f* (*2*) Arie *f*.
árij|ec *m* (*3*; *-jc-*), **~ka** *f* (*1c*; *-jek*) Arier(in *f*) *m*; **~ský** arisch.
aristokra|cie *f* (*2*) Aristokratie *f*; **~t** *m* (*1*), **~tka** *f* (*1c*; *-tek*) Aristokrat(in *f*) *m*; **~tický** [-tɪ-] aristokratisch.
aritmetika [-tɪ-] *f* (*1c*) Arithmetik *f*.
arivista *m* (5a) Streber *m*.
arkti|cký [-tɪː] arktisch; **℞da**, **℞s** [-tɪs] *f* (*2*; *-dy*) Arktis *f*.
arkýř *m* (*4*) Erker *m*.
armád|a *f* (*1*) Armee *f*; ℞ *spásy* Heilsarmee; **~ní** Armee-.
Armén *m* (*1*), **~ka** *f* (*1c*; *-nek*) Armenier(in *f*) *m*; **~ie** [-nɪ-] *f* (*2*) Armenien *n*; **℞ský** armenisch.
armovat (*im*)*pf.* (*-muji*) armieren, ausrüsten.
arnika [-nɪ-] *f* (*1c*) *Bot.* Arnika *f*.
arogan|ce *f* (*2*) Arroganz *f*; **~tní** arrogant.
aromatický [-tɪ-] aromatisch.
árón *m* (*2a*) *Bot.* Aronstab *m*.
artikl F [-tɪ-] *m* (*2a*) (*Handels-*) Artikel *m*.
artikul † [-tɪ-] *m* (*2a*) *s. článek*; **~ovat** (*-luji*) artikulieren.
aršík *m* (*2b*) *Dim. zu arch.*
artist|a [-tɪ-] *m* (*5a*), **~ka** *f* (*1c*; *-tek*) Artist(in *f*) *m*; **~ický** artistisch.
artyčok *m* (*2b*) Artischocke *f*.
as *s. asi.*

asfalt *m* (*2*; *6. -u*/*-ě*) Asphalt *m*; **~ka** F *f* (*1c*; *-tek*) Asphaltstraße *f*; **~ový** Asphalt-.

asi *Adv.* etwa, ungefähr, gegen; wohl, vermutlich; *to se ~ mýlíš* du mußt (dürftest) dich irren.

Asi|at [-zi-] *m* (*1*) *s. Asijec*; **~e** [a:z-] *f* (*2*) Asien *n*; **~jec** *m* (*3*; *-jc-*), **~jka** *f* (*1c*; *-jek*) Asiat(in *f*) *m*; **2jský** asiatisch, Asien-.

asimil|ace *f* (*2*) Assimilation *f*; **~ovat** (*im*)*pf.* (*-luji*) assimilieren.

asist|ence *f* (*2*) Assistenz *f*; Beistand *m*; **~enční** Assistenz-, Beistands-; *~ lékař* Assistenzarzt *m*; **~ent** *m* (*1*), **-tka** *f* (*1c*; *-tek*) Assistent(in *f*) *m*; **~ovat** (*-tuji*) assistieren.

aske|ta *m* (*5*; *1 Pl. -ti*/*-ové*) Asket *m*; **~ický** [-tɪ-] asketisch.

asoci|ace *f* (*2*) Assoziation *f*; **~ál** P *m* (*1*) Asoziale(r) *m*; **~ální** asozial.

aspoň wenigstens.

astma *n* (*1b*; *2, 3, 6. -atu*; *o. Pl.*) Asthma *n*.

astra *f* (*1d*; *-ter*) Aster *f*.

astrono|m *m* (*1*; *-ové*) Astronom *m*; **~mie** *f* (*2*) Astronomie *f*.

ať *Kj. 1. mit Indikativ*: möge, soll; *im Deutschen meist Konjunktiv*: *~ žije* es lebe; *~ přijde* er möge (soll) kommen; *2.* = *aby mit Konditional, in längeren Sätzen*; *3.* (*si*) wenn auch; *4. ~ ... nebo* sowohl ... als auch; *~ mladý nebo starý* sowohl jung als auch alt.

atak|a *f* (*1c*) Attacke *f*; **~ovat** (*im*)*pf.* (*-kuji*) attackieren.

atašé *m* (*indekl.*) Attaché *m*.

ateis|mus [-izm-] *m* (*2*; *2, 3, 6. Sg. -smu*) Atheismus *m*; **~ta** *m* (*5a*) Atheist *m*.

ateliér *m* (*2a*) Atelier *n*.

atentát *m* (*2*; *6. -u*/*-ě*) Attentat *n*; **~ník** *m* (*1a*) Attentäter *m*.

at(h)énský Athener (*Adj.*).

atlantický [-tɪ-] atlantisch.

atlas *m* (*2*; *6. -u*/*-e*) Atlas *m*; **~ka** *f* (*1c*; *-sek*) Eisbonbon *m*; Atlasband *n*; **~ový** Atlas-.

atlet *m* (*1*), **~ka** *f* (*1c*; *-tek*) Athlet(in *f*) *m*; **~ický** [-tɪ-] athletisch; **~ika** [-tɪ-] *f* (*1c*) Athletik *f*.

atmosfér|a *f* (*1d*) Atmosphäre *f*; **~ický** atmosphärisch.

atom *m* (*2a*) Atom *n*; **~ární** atomar; **~ický** Atom-; **~izovat** (*im*)*pf.* (*-zuji*) atomisieren; **~ovka** F *f* (*1c*; *-vek*) Atombombe *f*; **~ový** Atom-.

atonální *Mus.* atonal.

atra|kce *f* (*2*) Attraktion *f*; **~pa** *f* (*1*) Attrappe *f*.

ať si wenn schon, meinetwegen, soll(en) ...

audience [-dɪ-] *f* (*2*) Audienz *f*.

audiovizuální audiovisuell.

augustinián [-tɪnɪ-] *m* (*1*) Augustiner(mönch) *m*.

aukce *f* (*2*) Auktion *f*, Versteigerung *f*.

Austr|alan *m* (*1*; *-é*), **~álec** *m* (*3*; *-lc-*) Australier *m*; **~álie** *f* (*2*) Australien *n*; **2alský** australisch.

aušus P *m* (*2*; *6. -u*/*-e*) Ausschuß (-ware *f*) *m*.

aut *m* (*2*; *6. -u*/*-ě*) *Sp.* Aus *n*.

auto *n* (*1*) Auto *n*, Kraftwagen *m*; *jezdit autem* (mit dem) Auto fahren; *řídit ~* Auto fahren *od.* lenken; **~biografický** autobiographisch; **~bus** *m* (*2*; *6. -u*/*-e*) Autobus *m*, Omnibus *m*; **~busový** Autobus-, Omnibus-; **~camping** *m* (*2*) *s. autokempink*; **~dílna** *f* (*1*; *-len*) Auto(reparatur)werkstatt *f*; **~doprava** *f* (*1*) Autoverkehr *m*; **~drožka** *f* (*1c*; *-žek*) Autodroschke *f*; **~garáž** *f* (*3*) Autogarage *f*; **~genní** autogen; **~gram** *m* (*2a*) Autogramm *n*; **~kar** *m* (*2a*) Reise(omni)bus *m*; **~kempink** *m* (*2b*) Camping *n* mit dem Wohnwagen; Campingplatz *m*; **~klub** *m* (*2a*) Automobilklub *m*; **~kolona** *f* (*1*) Autokolonne *f*; **~kracie** *f* (*2*) Autokratie *f*; **~mapa** *f* (*1*) Straßenkarte *f*.

automat *m* (*2*; *6. -u*/*-ě*) Automat *m*; Schnellimbiß(stube *f*) *m*, Selbstbedienungsrestaurant *n*; Maschinenpistole *f*; *telefonní ~* Münzfernsprecher *m*; *požární ~* Feuermelder *m*; **~ický** [-tɪ-] automatisch, Automaten-; *zcela ~* vollautomatisch; **~izace** *f* (*2*) Automatisierung *f*; **~izovat** (*im*)*pf.*, z- (*-zuji*) automatisieren.

auto|mechanik [-nɪk] *m* (*1a*) Automechaniker *m*; **~mobil** *m* (*2*; *6. -u*/*-e*) Automobil *n*; **~mobilní**, **~mobilový** Auto-; **~montér** *m* (*1*; *-ři*) Autoschlosser *m*.

autonom|ie *f* (*2*) Autonomie *f*; **~ní** autonom.

autoportrét *m* (*2*; *6. -u*/*-ě*) Selbstbildnis *n*.

autor *m* (*1*; *-ři*), **~ka** *f* (*1c*; *-rek*)

Verfasser(in *f*) *m*, Autor(in *f*) *m*; *fig*. Urheber(in *f*) *m*.

autori|ta *f* (*1*) Autorität *f*; **~tářský** autoritär; **~zovat** (*im*)*pf*. (*-zuji*) autorisieren.

autorský Autoren-, Verfasser-; *-ké právo* Urheberrecht *n*.

auto|správkárna *f* (*1*; *-ren*) Autoreparaturwerkstätte *f*; **~stop** *m* (*2a*): *cestovat ~em* per Anhalter reisen; **~stráda** *f* (*1*) Autobahn *f*; **~škola** *f* (*1a*) Fahrschule *f*; **~vlak** *m* (*2b*) Lastzug *m*.

avansovat P (*im*)*pf*. (*-suji*) befördert werden.

avšak aber, (je)doch (*an erster Stelle im Satz*).

azalka *f* (*1c*; *-lek*) *Bot*. Azalee *f*.

azbuka *f* (*1c*) kyrillisches Alphabet *n*.

azyl *m* (*2a*) Asyl *n*; *právo ~u* Asylrecht *n*.

až *1*. bis; erst; *~ na další* bis auf weiteres; *~ zítra* erst morgen; F *~ naprší a uschne* Pustekuchen!, denkst du!; *2*. daß, so daß; *3*. sobald, wenn; *4*. *mit perf*. *Verb* = *Futurum exaktum*: *~ přijdeš* sobald du gekommen sein wirst (= kommst).

ažaž F übergenug, mehr als genug.

ážio *n* (*1*; *6*. *-u*) *Hdl*. Agio *n*.

ažúr *Adv*. fertig; **~ový** Ajour-.

B

ba ja, freilich; ~ *ano* ja gewiß.

baba[1] *f* (*1*) altes Weib *n*, *verä.* Vettel *f*; *fig.* Memme *f*.

bába[2] *f* (*1*; *bab*) Alte *f*; Großmutter *f*; F Frau *f*; *slepá* ~ blinde Kuh (*Spiel*).

bab|í Altweiber-; **~ice** *f* (*2a*) (boshaftes) altes Weib, alte Hexe; **~ička** *f* (*1c*; *-ček*) Großmutter *f*, F Oma *f*; **~izna** *f* (*1*; *-zen*) *s. babice*, **~ka** *f* (*1c*; *-bek*) alte Frau; P Maikäfer *m*; Baumstumpf *m*; Dengelstock *m*; (kleiner) Amboß *m*; F *prodat za -ku* für ein Ei und ein Butterbrot verkaufen; *nestát za -ku* nichts wert sein; *uvázat šátek na -ku* sich ein Kopftuch umbinden.

babočka *f* (*1c*; *-ček*) *Zo.* Eckflügler *m*; ~ *admirál* Admiral *m*.

bábovka *f* (*1c*; *-vek*) Napf-, Königskuchen *m*, *öst.* Gugelhupf *m*; (*Napfkuchen-*)Backform *f*.

babr|at se P herumwursteln; herumstöbern; *im Essen* stochern; **~avý** P mühsam, *dial.* pingelig.

babský Weiber-; *Adv. a.* wie ein (altes) Weib; *fig.* feig(e).

babunka F *f* (*1c*; *-nek*) Oma *f*.

babyka *f* (*1c*) Feldahorn *m*.

bác! *Int.* bauz!, bums!

bacat ⟨*na-*, *z-*⟩ *Kdspr.* schlagen.

bacil *m* (*2a od. 1*) Bazillus *m*; *nositel* *~ů* = **~onosič** *m* (*3*) Bazillenträger *m*; **~ový** Bazillen-.

bacit P *pf.* schlagen, knallen; ~ *něčím* (*o co*) schleudern et. (gegen *A*).

back [bɛk] *m* (*1a*; *-ové*) *Sp.* Verteidiger *m*.

baculatý pausbäckig.

bača *m* (*5*; *2 Sg.*, *7 Pl. -i*) Sennhirt *m*, Oberschäfer *m*.

bačkora *f* (*1d*) Haus-, Filzschuh *m*, P Latschen *m*; *fig. verä.* Memme *f*; F *natáhnout -ry*, *zaklepat ~mi* ins Gras beißen.

báda|cí Forschungs-; **~t** ⟨*pro-*, *vy-*⟩ (er)forschen.

badatel *m* (*3*; *-é*), **~ka** *f* (*1c*; *-lek*) Forscher(in *f*) *m*; **~ský** Forscher-.

bádavý forschend.

baf|at ⟨*na-*, *roz-*, *vy-*⟩, **~nout** *pf.*, *za-* (*si*) bellen, kläffen; F paffen.

bagovat ⟨*z-*⟩ (*-guji*) Tabak kauen.

bagr *m* (*2a*) Bagger *m*; **~ista** *m* (*5a*) Baggerführer *m*; **~ovat** ⟨*pro-*, *vy-*⟩ (*-ruji*) (aus)baggern; **~ový** Bagger-.

bahen|ík *m* (*1a*) Thunfisch *m*; **~ní** Sumpf-, Moor-; Schlamm-.

bah|ňák *m* (*1a*) Watvogel *m*; **~nět** ⟨*z-*⟩ (*3 Pl. -ějí*) versumpfen; **~nice** *f* (*2a*) Mutterschaf *n*; **~nisko** *n* (*1b*; *-s[e]k*), **~niště** *n* (*2a*) Sumpf *m*, Moor *n*; **~nit se** *1.* ⟨*z-*, *za-*⟩ versumpfen; *2.* ⟨*o-*⟩ lammen; **~nitý** sumpfig, schlammig; **~no** *n* (*1*; *6. -ě/-u*; *-hen*) Sumpf *m*, Moor *n*, Morast *m*; *léčivé* ~ Heilschlamm *m*.

bachařit P Schmiere stehen.

bachor *m* (*2a*) *Zo.* Pansen *m*; V Wanst *m*.

báchork|a *f* (*1c*; *-rek*) Märchen *n*; **~ov(it)ý** märchenhaft.

bachratý F bauchig; dick(leibig).

bachyně *f* (*2b*) Bache *f*.

baissa [bɛ:sa] *f* (*1a*) *Hdl.* Baisse *f*.

báj *f*, **~e** *f* (*2 od. 3*) Mythe *f*, Sage *f*; **~ečný** fabelhaft, sagenhaft (*a. fig.*); **~esloví** *n* (*3*) Mythologie *f*; **~eslovný** mythologisch; **~it** ⟨*vy-*, *z-*⟩ (er)dichten, fabulieren; F schwärmen.

baj|ka *f* (*1c*; *-jek*) Fabel *f*; **~kář** *m* (*3*) Fabeldichter *m*; **~ný** fabel-, märchenhaft.

bajonet *m* (*2a*) *s. bodák*; **~ový**: ~ *závěr* Bajonettverschluß *m*.

baklažán *m* (*2a*) Aubergine *f*.

bakteri|ální bakteriell, Bakterien-; **~e** *f* (*2*) Bakterie *f*; **~ologický** bakteriologisch.

bál F *m* (*2a*) Ball *m* (*Fest*).

balad|a *f* (*1*) Ballade *f*; **~ik** [-dɪk] *m* (*1a*; *-ové*) Balladendichter *m*.

balamut|ič *m* (*3*), **~il** *m* (*1*; *-ové*) Schwindler *m*; Aufwiegler *m*; **~it** F ⟨*o-*, *z-*⟩ (*-cen*) anführen, *j-n* an der Nase herumführen, *j-m* den Kopf verdrehen.

balancovat ⟨*vy-*, *za-*⟩ (*-cuji*) balancieren.

baldriánový: *-vé kapky* Baldriantropfen *m/pl.*
balení *n* (*3*) Verpackung *f.*
balet *m* (*2*; *6. -u/-ě*) Ballett *n*; **~ka** *f* (*1c*; *-tek*) Ballettänzerin *f*; **~ní** Ballett-; **~ník** *m* (*1a*) Ballettänzer *m.*
bal|icí Pack-; **~ič** *m* (*3*), **~ička** *f* (*1c*; *-ček*) Packer(in *f*) *m*; **~íček** *m* (*2b*; *-čk-*) Päckchen *n*; **~ík**[1] *m* (*2b*) Paket *n*; Ballen *m*; **~ík**[2] *m* (*1a*) *verä.* Klotz *m*, Dummkopf *m*; **2íkov** *m* (*2*; *2. -a*) F Krähwinkel *m*; **~íkový** Paket-; **~írna** *f* (*1*; *-ren*) Packraum *m*, Packerei *f*; **~it** ⟨*s-*, *za-*⟩ einwickeln; ein-, verpacken.
Balkán *m* (*2*; *6. -u/-ě*) Balkan *m*; **2ský** Balkan-.
balkón *m* (*2*; *6. -u/-ě*) Balkon *m*; *Thea.* Rang *m.*
balné *n* (*Adj. 3*) Verpackungs-[kosten *pl.*]
balón *m* (*2*; *6. -u/-ě*) Ballon *m*; Gummiball *m*; F *a.* Ballonreifen *m*; **~ek** *m* (*2b*; *-nk-*) Luftballon *m*; **~ový** Ballon-.
bálový Ball-.
bal|šám P *m* (*2a*) Pfefferminze *f*; *s. balzám*; **~šán** *m* (*2a*) Krauseminze *f.*
Balt *m* *1.* (*2a*) Ostsee *f*; *2.* (*1*; *-ové*) Balte *m*; **2ický** † [-tı-], **2ský** baltisch; *Baltské moře s. Balt 1.*
balvan *m* (*2*; *6. -u/-ě*) Felsblock *m*; (großes) Stück *n*; F *fig.* Stein *m*; *bludný* ~ Findling *m.*
balz|ám *m* (*2a*) Balsam *m*; **~amovat** ⟨*na-*, *z-*⟩ (*-muji*) einbalsamieren.
bambitka *f* (*1c*; *-tek*) Pistole *f.*
bambul|e *f* (*2*) Troddel *f*; (*Glas-*)Kugel *f*; **~ovitý** knollig.
bambus *m* (*2a*) Bambus *m*; **~ka** *f* (*1c*; *-sek*) Rohrstock *m.*
báň *f* (*3*) *s. baňatka*; (*Zwiebel-*)Kuppel *f*; (*Glas-*)Glocke *f*; Gewölbe *n*; F Loch *n*, Knast *m.*
ban|alita *f* (*1*) Banalität *f*; **~ální** banal.
banán *m* (*2*; *6. -u/-ě*) Banane *f*; **~ek** *m* (*2b*; *-nk-*) *El.* Bananenstecker *m*; **~ovník** *m* (*2b*) Bananenstaude *f*; **~ový** Bananen-.
baňat|ka *f* (*1c*; *-tek*) bauchiges Gefäß *n*, bauchige Flasche *f*; **~ý** bauchig.
banda *f* (*1*) Bande *f*; Gesindel *n*; (*Volks-*)Musikkapelle *f*; F *a.* = **~ska** *f* (*1c*; *-sek*) Milchkanne *f.*
bandáž *f* (*3*) Bandage *f*; **~ovat** ⟨*za-*⟩ (*-žuji*) bandagieren.
banderole *f* (*2*) Banderole *f.*
bandit|a [-dı-] *m* (*5a*) Bandit *m*; **~ský** Banditen-, Räuber-; **~ství** *n* (*3*) Bandentum *n.*
band|or, ~ur *m* (*2a*) Semmel *f aus dunklem Mehl.*
bandžo *n* (*1*; *6. -u*) *Mus.* Banjo *n.*
báně *f* (*2*) *s. báň.*
baník P *m* (*1a*) Bergmann *m*, Kumpel *m.*
banka *f* (*1c*) *Hdl.* Bank *f*; *krevní* ~ Blutbank.
baňka *f* (*1c*; *-něk*) *Chem.* Kolben *m*; Phiole *f*; *Med.* Schröpfkopf *m.*
bank|éř *m* (*3*) Bankier *m*; (*im Spiel*) Bankhalter *m*; **~ovka** *f* (*1c*; *-vek*) Banknote *f*; **~ovní** Bank-; **~ovnictví** *n* (*3*) Bankwesen *n.*
bankrot *m* (*2a*) Bankerott *m*; **~ář** *m* (*3*) Bankrotteur *m.*
báňský Berg(bau)-, Montan-.
bar *m* (*2a*) Bar *f*; *mléčný* ~ Milchbar.
barabizna F *f* (*1*; *-zen*) Bruchbude *f.*
barák *m* (*2b*) Baracke *f*; F *a.* Häuschen *n*; **~ový** Baracken-.
barbar|ský barbarisch; **~ství** *n* (*3*) Barbarei *f.*
barborka *f* (*1c*; *-rek*) *Bot.* Barbenkraut *n.*
barev|nice *f* (*2a*) Farb(en)kasten *m*; **~nost** *f* (*4*) Farbenreichtum *m*; **~ný** (viel)farbig, bunt; Farb-; *-ná tužka* Farbstift *m*; *-né kovy* Buntmetalle *m/pl.*
barchet *m* (*2*; *6. -u/-ě*) Barchent *m.*
bariéra *f* (*1d*) Barriere *f*, Schranke *f*; *zvuková* ~ Schallmauer *f.*
barikád|a *f* (*1*) Barrikade *f*; **~ník** *m* (*1a*) Barrikadenkämpfer *m*; **~ovat** ⟨*za-*⟩ (*-duji*) verbarrikadieren.
bárka *f* (*1c*; *-rek*) Barke *f*, Kahn *m*; *Arch.* Brückenjoch *n.*
Barma *f* (*1*) Birma, Burma *n.*
barman *m* (*1*) Barmixer *m.*
Barmán|ec *m* (*3*; *-nc-*), **~ka** *f* (*1c*; *-nek*) Birmane *m*, -in *f*, Burmese *m*, -sin *f.*
barmanka *f* (*1c*; *-nek*) Bardame *f.*
barnumský: *-ká reklama* marktschreierische Reklame *f.*
barok *m* (*2b*), **~o** *n* (*1b*) Barock *n*; **~ní, ~ový** Barock-, barock.
baron *m* (*1*), **~ka** *f* (*1c*; *-nek*) Baron *m*, Baronin *f.*
barový Bar-.
barv|a *f* (*1*; *-rev*) Farbe *f*; *Jagdw.* Schweiß *m*; *dát do -vy* färben lassen; *pouštět -vu* abfärben; *měnit -vu*

schillern; **~ení** *n* (*3*) Färben *n*, Färbung *f*; **~ičky** *f/pl.* (*1c*; *-ček*) Farbstifte *m/pl.*; **~idlo** *n* (*1a*; *-del*) Färbemittel *n*; **~ínek** *m* (*2b*; *-nk-*) *Bot.* Immergrün *n*; **~írna** *f* (*1*; *-ren*) Färberei *f*; **~íř** *m* (*3*) Färber *m*; **~it** ⟨*na-*, *o-*, *pře-*, *z-*⟩ färben; *Jagdw.* schweißen; **~itost** *f* (*4*) Buntheit *f*; Kolorit *n*; **~itý** bunt, farbig; **~ivo** *n* (*1*) Farbstoff *m*; **~oslepý** farbenblind; **~otisk** *m* (*2b*) Farbdruck *m*; **...~ý** *in Zssgn* -farbig.

baryton *m* (*2a*) Bariton(stimme *f*) *m*; **~ista** [-nı-] *m* (*5a*) Bariton(-sänger) *m*.

barytový Baryt-.

bařina *f s. bažina.*

bas *m* *1.* (*2a*) Baß *m* (*Stimme*); *2.* (*1*; *-ové*) Baß *m* (*Sänger*); **~a** *f* (*1a*) Baßgeige *f*; F *iron.* Kittchen *n*; **~ař** *m* (*3*) Baßgeiger *m*.

base *f s. báze.*

báseň *f* (*3*, *-sně*) Gedicht *n*.

Basilej *f* (*3*) Basel *n*; **℘ský** Bas(e)ler (*Adj.*).

basilika *f s. bazilika.*

basista *m* (*5a*) Bassist *m*.

Bask *m* (*1a*; *-ové*) Baske *m*; **℘ický** baskisch.

básn|ický dichterisch; **~ictví** *n* (*3*) Dichtkunst *f*; **~ička** *f* (*1c*; *-ček*) kleines Gedicht *n*; **~ík** *m* (*1a*), **~nířka** *f* (*1c*; *-řek*) Dichter(in *f*) *m*; **~ílek** *m* (*1a*; *-lk-*), **~íř** *m* (*3*) *iron.* Dichterling *m*; **~it** ⟨*vy-*, *z-*⟩ dichten; **~ivý** dichterisch.

basový Baß-.

bašt|a *f* (*1*) Bastei *f*, Bastion *f*, Bollwerk *n*; F *a.* Delikatesse *f*; P fein; **~it** F ⟨*z-*⟩ schmausen, sich gütlich tun.

bát se (*bojím se*) sich fürchten (*č-o*, *k-o* vor *D*); fürchten (*o co*, *o k-o* um *A*).

báťa P *m* (*5*; *2*, *7 Pl.* *-ti*) Tropf *m*, Tölpel *m*.

bater|ie *f* (*2*) Batterie *f*; **~ka** *f* (*1c*; *-rek*) Taschenlampe(nbatterie) *f*.

batoh *m* (*2b*) Rucksack *m*.

batol|átko *n* (*1b*; *-tek*), **~e** *n* (*4*) Kleinstkind *n*; **~it se** ⟨*za-*⟩ watscheln; **~ivý** watschelig.

bav|it ⟨*po-*, *za-*⟩ unterhalten; *~ se* sich unterhalten; sich die Zeit vertreiben (*čím* mit *D*); *to mě -ví* das macht mir Spaß; *to mě nebaví* das interessiert mich nicht; *nebav se!* mach keine Witze!

bavln|a *f* (*1*) Baumwolle *f*; **~ářský** Baumwoll(e)-; **~ářství** *n* (*3*) Baumwollindustrie *f*; **~ěný** baumwollen; **~ík** *m* (*2b*) Baumwollpflanze *f*, -staude *f*; **~ka** *f* (*1c*; *-nek*) Stick-, Stopfgarn *n*.

Bavor *m* (*1*; *-ři*), **~ák** *m* (*1a*), **~(ač)ka** *f* (*1c*; *-r*[*ač*]*ek*) Bayer(in *f*) *m*; **~sko** *n* (*1b*) Bayern *n*; **℘ský** bay(e)risch.

bazalka *f* (*1c*; *-lek*) *Bot.* Basilienkraut *n*.

bazar *m* (*2a*) Basar *m*.

báze *f* (*2*) Basis *f*; *Chem.* Base *f*.

bazén *m* (*2*; *6.* *-u*/*-ě*) Bassin *n*; *~ pro plavce* Schwimmbecken *n*.

bázeň *f* (*3*; *-zně*) Furcht *f*, Scheu *f* (*z č-o*, *před kým* vor *D*), Angst *f* (*o k-o* um j-n); *z -zně* aus Angst; *žít v -zni boží* ein gottesfürchtiges Leben führen.

bazili|ka *f* (*1c*) Basilika *f*; **~šek** *m* (*1a*; *-šk-*; *-ové*) Basilisk *m*.

bázliv|ec *m* (*3*; *-vc-*) furchtsamer Mensch *m*, F Angsthase *m*; **~ý** furchtsam, ängstlich, scheu.

bažant *m* (*1*) Fasan *m*; **~í** Fasanen-; **~ice** *f* (*2a*) Fasanenhenne *f*; **~nice** *f* (*2a*) Fasanerie *f*.

baže *Int.* jawohl, freilich.

bažení *n* (*3*) Sehnsucht *f*, Trachten *n*.

bažina *f* (*1*) Sumpf *m*, Moor *n*; Marsch *f*; **~tý** sumpfig.

baži|t ⟨*za-*⟩ streben, trachten (*po čem* nach *D*); **~vý** sehnsüchtig; lüstern, begehrlich.

bdě|lost *f* (*4*) Wachsamkeit *f*; **~lý** wachsam; **~ní** *n* (*3*) Wachen *n*; *ve ~* in wachem Zustand.

bdí|cí wach; **~(va)t** ⟨*pro-*⟩ wachen, wach sein.

bečet ⟨*roz- se*, *za-*⟩ blöken; *Kind*: plärren.

beč|ička *f* (*1c*; *-ček*) Fäßchen *n*; **~ka** *f* (*1c*; *-ček*) Faß *n*, Bottich *m*.

bečky F *Adv.* heulend.

běda *Adv.* wehe; *až ~* über alle Maßen, F schrecklich.

bederní Hüft(en)-; Lenden-.

bedla *f* (*1a*; *-del*) Blätterpilz *m*.

bedliv|ost *f* (*4*) Aufmerksamkeit *f*; Sorgfalt *f*; **~ý** wachsam, aufmerksam; sorgsam.

bedn|a *f* (*1*; *-den*) Kiste *f*, Kasten *m*; Verschlag *m*; **~árna** *f* (*1*; *-ren*) Faßbinderei *f*, Küferei *f*; **~ář** *m* (*3*) Böttcher *m*, Faßbinder *m*; **~it** ⟨*o-*,

u-, za-⟩ (ver)schlagen; ~ *prkny* mit Brettern verschalen; ~ *zboží* Ware in Kisten verpacken.
běd|ný arm(selig); kläglich; **~ovat** ⟨*za-*⟩ (*-duji*) jammern, wehklagen (*pro k-o, nad kým, čím, o k-o* über *A*).
bedr|a *n/pl.* (*1*; *-der*; *3. -ům/-ám*, *6. -ech/-ách*, *7. -y/-ami*) Lenden *pl.*; Rücken *m*, Schultern *f/pl.*; *všechno leží na mých -rech* alles liegt auf m-n Schultern; **~ník** *m* (*2b*) *Bot.* Pimpinelle *f*.
běh *m* (*2b*) Lauf *m*; *Tech.* Gang *m*; Kurs *m*; Semester *n*; *~em č-o* im Laufe, innerhalb (*G od. D*), binnen (*G*); ~ *naprázdno* Leerlauf; *zpětný* ~ Rücklauf; *Kfz.* Rückwärtsgang; **~ák** *m* (*2b*) *Jagdw.* Lauf *m*; **~ání** *n* (*3*), **~anice** *f* (*2a*) Lauferei *f*; **~at** ⟨*pro-, roz- se, za- si*⟩ laufen, rennen; ~ *kolem, semtam* herumlaufen; ~ *za kým j-m* nachlaufen; ~ *se Zo.* läufig (*od.* heiß) sein; **~avka** F *f* (*1c*; *-vek*) Durchfall *m*; **~na** F *f* (*1*; *-hen*) Dirne *f*; **~oun** *m 1.* (*1*) Rennpferd *n*; *2.* (*2*; *6. -u/-ě*) Läufer *m*; Laufgewicht *n e-r Waage*; (*Reifen-*) Lauffläche *f*.
bek *m* (*1a*; *-ové*) *s. back.*
bekaný *Kdspr.* garstig.
bek|at ⟨*za-*⟩, **~nout** *pf.*, *za-* blöken; **~ot** *m* (*2a*) Blöken *n*; P Geheul *n*, Heulen *n*.
bekyně *f* (*2b*) *Zo.* Fichtenspinner *m*, Nonne *f*.
běl *f* (*3*) Weiß *n*; *Bot.* Splint *m*; Auszug *m* (*Mehl*); *Jagdw.* Feist *m*; **~ák** *m* (*1a*) Alpenschneehase *m*; **~ásek** *m* (*1a*; *-sk-*) *Zo.* Weißling *m*; *zelený* ~ Kohlweißling; **~(áv)at se** ⟨*za-*⟩ weiß schimmern *od.* glänzen; **~avý** weißlich; **~ejší** *s. bílý*; **~ený** gebleicht; **~et** (se) ⟨*za-*⟩ (*3 Pl. -ejí*) weiß werden; *s. a. běl(áv)at se.*
beletri|e *f* (*2*) Belletristik *f*; **~stický** [-tɪ-] belletristisch; *-ká příloha* Literaturbeilage *f*.
belgi|cký belgisch; **Ձčan** *m* (*1*; *-é*), **Ձčanka** *f* (*1c*; *-nek*) Belgier(in *f*) *m*; **Ձe** *f* (*2*) Belgien *n*.
belha|t (se) humpeln, hinken; **~vý** hinkend.
běl|ice *f* (*2a*) Weißfisch *m*; Weißkirsche *f*; **~ič** *m* (*3*) Bleicher *m*; **~idlo** *n* (*1a*; *-del*) Bleiche *f*, Bleichplatz *m*; Bleichmittel *n*; **~it** ⟨*vy-, z-*⟩ weiß machen; *Wäsche* bleichen; ~ *se* weiß schimmern; weiß werden; **~mo** *n* (*1*; *6. -u*) das Weiße im Auge; *fig.* Augenstern *m*; *Med.* grauer Star *m*; ~ *mu spadlo s očí fig.* es gingen ihm die Augen auf.
bělo|- *in Zssgn* weiß-, Weiß-; **~ba** *f* (*1*) Weiß *n*; ~ *zinková* Zinkweiß; **~hlavý** weißhaarig; **~horský**: *-ká bitva hist.* Schlacht am Weißen Berge; **~ch** *m* (*1a*), **~ška** *f* (*1c*; *-šek*) Weiße *m od. f*; **~krevnost** *f* (*4*) Leukämie *f*; **Ձrus** *m* (*1*; *-ové*) Weißrusse *m*; **~ruský** weißrussisch, bjelorussisch; **~sněžný** *poet.* schneeweiß.
bělost *f* (*4*) Weiß *n*; **~ný** schneeweiß, leuchtend weiß.
bělo|šed(iv)ý weißgrau; **~ška** *f s. běloch*; **~tok** *m* (*2b*) *Med.* Weißfluß *m*; **~unký, ~učký** F schön weiß; **~uš** *m* (*3*) Schimmel *m* (*Pferd*); **~vlasý** weißhaarig; **~vousý** weißbärtig; **~vý**: *-vé dřevo* Splintholz *n*.
běluha *f* (*1b*) Weißwal, Beluga-Wal *m*.
benátský venezianisch.
benefice *f* (*2*) *Thea.* Wohltätigkeitsvorstellung *f*.
bengál *m* (*2a*; *6. -u/-e*) Feuerwerk *n* (*a. fig.*); **Ձsko** *n* (*1b*) Bengalen *n*; **~ský** bengalisch.
benzí|n *m* (*2*; *6. -u/-ě*) Benzin *n*; **~ňák** F *m* (*2b*) Benzinmotor *m*; **~nář** F *m* (*3*) Tankwart *m*; **~nka** F *f* (*1c*; *-nek*) Benzinmotor *m*; Treibstoffabrik *f*; Benzinkanne *f*; Benzinlampe *f*; **~noměr** *m* (*2a*) Benzinuhr *f*; **~nový** Benzin-; *s. stanice.*
beran *m* (*1*) *Zo.* Widder *m*; *hist.* Mauerbrecher *m*; Ramme *f*; *Tech.* Rammbär *m*; *iron.* Dickschädel *m*.
berán|čí Lamm(s)-, Schaf-; F ~ *trpělivost* Engelsgeduld *f*; *vlk v roušce* ~ Wolf im Schafspelz; **~ek** *m* (*1a*; *-nk-*) Lamm *n*, F Lämmchen *n*; Lammfell *n*; Schafpelz *m*; *iron.* Sündenbock *m*; *Boží* ~ *Rel.* Lamm Gottes; *-nky Pl.* (*2b*) *a.* Schäfchenwolken *f/pl.*
beran|í Widder-; **~ice** *f* (*2a*) Lammfellmütze *f*, Pelzmütze *f*; **~idlo** *n* (*1a*; *-del*) Ramme *f*; Fall-, Schlagwerk *n*; **~ina** *f* (*1*) Hammelfleisch *n*; P Dummheit *f*; **~it** ⟨*za-*⟩ (ein-)rammen.
beránkový *s. beránčí.*
bérc|e *n* (*2*) Unterschenkel *m*, Schienbein *n*; **~ový** Unterschenkel-.

berdo: F *dát si* ~ sich e-n schönen Tag machen.

berla *f* (*1a*; *-rel*) Krücke *f*; Hirten- *od*. Bischofsstab *m*; *chodit o -lách* an Krücken gehen.

Berlí|n *m* (*2*; *2. -a*) Berlin *n*; **~ňan** *m* (*1*; *-é*), **~ňanka** *f* (*1c*; *-nek*) Berliner(in *f*) *m*; **ᘓnský** Berliner (*Adj.*).

bernardýn *m* (*1*) Bernhardiner *m*.

berní *1*. Steuer-, Finanz-; *2*. *m* (*Adj. 4*) Steuereinnehmer *m*.

berný: *fig*. *brát za -nou minci* für bare Münze nehmen.

Beroun *m* (*2*; *2. -a*): *fig*. P *být od ~a* lange Finger machen.

beru *s*. *brát*; **~nka** *f* (*1c*; *-nek*) P Marien- *od*. Johanniskäfer *m*; Mauerassel *f*; *a*. = **~ška** *f* (*1c*; *-šek*) Schäfchen *n* (*Wolke*, *Kosewort*).

běs *m* (*1*) böser Geist *m*; F ~ *ho posedl* er wurde vom Teufel geritten.

besed|a *f* (*1*) Gespräch *n*, Unterhaltung *f*, F Schwätzchen *n*; gemütliches Beisammensein *n*; geselliger Kreis *m*, † Verein *m*; Vereinshaus *n*; † Bauernstube *f*; „Beseda" (*tschech*. *Volkstanz*); Plauderei *f*; **~ní** Unterhaltungs-; **~ník** *m* (*1a*) Gesellschafter *m*; Gesprächspartner *m*; **~ovat** ‹*po- si*› (*-duji*) sich unterhalten, F plaudern.

besídk|a *f* (*1c*; *-dek*) *s*. *beseda*; Gartenlaube *f*; Kindernachmittag *m*; † *a*. Feuilleton *n*; **~ář** *m* (*3*) Feuilletonist *m*.

beskydský Beskiden-.

běsn|it ‹*roz- se*, *z-*› toben, wüten; **~ivý** wild, rasend.

besti|alita [-tɪa-] *f* (*1*), **~álnost** *f* (*4*) Bestialität *f*; **~ální** bestialisch.

Betlém *m* (*2*; *2. -a*) Bethlehem *n*; ᘓ Weihnachtskrippe *f*; **ᘓský** Bethlehems-.

beton *m* (*2*; *6. -u*/*-ě*) Beton *m*; P *má to na* ~ die Sache ist ganz sicher; **~árna** *f* (*1*; *-ren*) Betonwerk *n*; **~ář** *m* (*3*) Betonarbeiter *m*; **~ka** P *f* (*1c*; *-nek*) Betonstraße *f*; Betonmischmaschine *f*; **~ovat** ‹*vy-*, *za-*› (*-nuji*) betonieren; **~ový** Beton-.

bez[1] *m* (*2a*) Holunder *m*; Flieder *m*.

bez[2], **~e** *1*. *Prp*. (*mit 2. Fall*) ohne (*A*); *~e všeho* ohne weiteres; *~e žertu* Spaß beiseite; *být ~ sebe* außer sich sein; *2*. -los; -frei; *~ bolesti* schmerzlos, -frei; *~ dluhů* schuldenfrei; *~ počtu* zahllos, ungezählt; *~ práce* arbeitslos; *~ rodičů* elternlos; *~e starosti* sorgenlos, -frei; *3*. *~ meškání*, *~ prodlení* unverzüglich; *~ přestání* ununterbrochen, unaufhörlich; *4*. *Math*. weniger, minus; *čtyři ~ dvou* vier weniger zwei; *5*. *bez(e)- als Vorsilbe*: -los(igkeit), un-, Un-.

bez|alkoholní alkoholfrei; **~atomový** atom(waffen)frei; **~barvý** farblos (*a*. *fig*.); **~bolestný** schmerzlos.

bezbožn|ice *f* (*2a*), **~ík** *m* (*1a*) Gottlose(r); **~ost** *f* (*4*) Gottlosigkeit *f*; Ruchlosigkeit *f*; **~ý** gottlos; ruchlos.

bez|bradý bartlos; **~brankový** *Sp*. torlos; **~brannost** *f* (*4*) Wehrlosigkeit *f*; **~branný** waffenlos, unbewaffnet; wehrlos; **~celný** zollfrei; **~cenný** wertlos; **~cestí** *n* (*3*) unwegsame Gegend, Unwegsamkeit *f*; *fig*. Ausweglosigkeit *f*; Irrwege *m*/*pl*.; **~cestný** unwegsam; **~citnost** *f* (*4*) Gefühllosigkeit *f*; Unempfindlichkeit *f*; **~citný** gefühllos; unempfindlich (*k č-u gegen A*); **~četný** *s*. *nesčíslný*; **~děčný**, **~děky** *Adv*. unwillkürlich; **~dechý** atemlos; **~deští** *n* (*3*) Dürre *f*; **~dětnost** *f* (*4*) Kinderlosigkeit *f*; **~dětný** kinderlos; **~domek** *m* (*1a*; *-mk-*), **~domka** *f* (*1c*; *-mek*) Obdachlose(r); Heimatlose(r); **~domovec** *m* (*3*; *-vc-*) *s*. *bezdomek*; *Jur*. Staatenlose(r); **~dom(ovn)ý** obdachlos; heimatlos; **~drátový** drahtlos; **~dřevý** holzfrei; **~duchý** leblos; seelen-, herzlos; geistlos; **~důvodný** unbegründet, grundlos; **~dýmný** rauchlos, -frei.

beze|ctnost *f* (*4*) Ehrlosigkeit *f*; **~ctný** ehrlos; schändlich; **~dný** grund-, bodenlos, abgrundtief; **~jmenný** namenlos; **~lstný** arglos, harmlos; **~skvrnný** *lit*. unbefleckt; makellos; **~slov(n)ý** wortlos; **~slunný** sonnenlos, ohne Sonnenschein; **~smluvní** vertraglos; **~snost** *f* (*4*) Schlaflosigkeit *f*; **~sný** schlaflos; **~sporný** *lit*. *s*. *nesporný*; **~srážkový** niederschlagsfrei; **~stopý** spurlos; **~švý** nahtlos; **~zvučný**, **~zvuký** lautlos; klanglos, tonlos.

bez|foremný *s*. *neforemný*; **~hlas(n)ý** laut-, geräuschlos; stimmlos; **~hlavý** kopflos; **~hlučný** geräuschlos, -arm; **~horečný** fieberfrei;

~hvězdný sternlos; **~charakterní** charakterlos; unausgeprägt; **~ideovost** *f* (*4*) Ideenlosigkeit *f*; **~iluzívní** ohne Illusionen.

bezink|a *f* (*1c*; *-nek*) Holunder (-strauch) *m*; *mst Pl.* *-ky* Holunderbeeren *f/pl.*; **~ový** Holunder-; *-vá duše* Holundermark *n*.

bez|jaderný, **~jádrý** kernlos; **~kolejný**, **~kolejový** schienenlos, nicht schienengebunden; **~konfes(ij)ní** konfessionslos; **~konkurenční** konkurrenzlos; **~kontrolní** unkontrolliert; **~kořenný** wurzellos; **~královí** *n* (*3*) Interregnum *n*; **~křídlý** flügellos; **~květ(n)ý** blütenlos; **~lesk(l)ý** glanzlos; **~les(n)ý** waldlos; **~lidný** menschenleer; unbewohnt; **~list(n)ý** blattlos; **~lítostný** unbarmherzig, erbarmungslos; **~mála** *Adv.* beinahe, fast; **~masý** fleischlos; **~měsíčný** mondlos; **~mezný** grenzenlos; **~mocný** machtlos; kraftlos; **~motorový** motorlos; **~mračný**, **~mraký** wolkenlos, -frei; **~myšlenkov(it)ý** gedankenlos; **~naděj(e)** *f* (*2*) Hoffnungslosigkeit *f*; **~nadějný** hoffnungslos; **~nohý** beinlos, ohne Beine; **~oblačný** wolkenlos; **~obratlý** wirbellos; **~obsažný** inhalt(s)los, leer; **~ocasý** schwanzlos; **~odkladný** unaufschiebbar, dringend; **~ohledný** rücksichtslos; **~oký** ohne Augen, blind; **~ostyšný** schamlos; unverfroren.

bezový Holunder-.

bezpáteřn|ík *m* (*1a*) Mensch *m* ohne Rückgrat, Opportunist *m*; **~ý** *Zo.* wirbellos.

bezpeč|í *n* (*3*) Sicherheit *f*; Geborgenheit *f*; *přivést do ~* in Sicherheit bringen; *v ~* sicher, geborgen; **~it** ⟨*u-*, *za-*⟩ (ab)sichern, schützen; *s. jistit, ujišťovat*; *~ se* sich verlassen (*na k-o, co* auf *A*); **~nost** *f* (*4*) Sicherheit *f*; *~ dopravy* Verkehrssicherheit; *~ proti lomu* (*od. přetržení, prasknutí*) Bruchsicherheit; *Veřejná ~* Staatssicherheitsdienst *m*; *Rada ~i* Sicherheitsrat *m* (*UNO*); **~nostní** Sicherheits-; **~ný** sicher; Sicherheits-; *požárně ~* feuersicher; *-čen svým životem* seines Lebens sicher.

bez|peněžní bargeldlos; **~plánovitý** planlos; **~platný** unentgeltlich, frei, kostenlos; *Mitarbeiter a.*: ehrenamtlich; *-ně Adv. a.* gratis; **~plod(n)ý** unfruchtbar.

bez|počet *m* (*2a*; *-čt-*) Unmenge *f*, Unzahl *f*; **~počtukrát** *Adv.* mehrmals, unzähligemal, unzählige Male; **~podmínečný** bedingungslos; **~podstatný** grund-, haltlos; **~pochyby** *Adv.* zweifellos, sicher; wohl, vermutlich; **~poruchový** störungsfrei; **~prašný** staubfrei.

bezpráv|í *n* (*3*) Gesetzlosigkeit *f*; Unrecht *n*; **~nost** *f* (*4*) Rechtlosigkeit *f*; Gesetzwidrigkeit *f*, Widerrechtlichkeit *f*; **~ný** widerrechtlich, gesetzwidrig; rechtlos.

bez|proměnný unveränderlich; **~prostřední** unmittelbar, direkt; **~předmětný** gegenstandslos; **~příkladný** beispiellos; **~příplatkový** zuschlagfrei; **~přízvučný** *Gr.* unbetont; **~radnost** *f* (*4*) Ratlosigkeit *f*; **~radný** rat-, hilflos; **~rodý**: *-dé zájmeno Gr.* persönliches Fürwort, Personalpronomen *n*; **~rohý** (*1 Pl. -zí*) *Vieh*: hornlos; **~ruký** armlos, ohne Arme; F unbeholfen; **~sluneční**, **~slunný** *s. bezeslunný*; **~starostný** sorglos, unbekümmert; **~stoudný** schamlos.

bez|tak *Adv.* ohnedies, -hin, sowieso; **~taktní** taktlos; **~taktnost** *f* (*4*) Taktlosigkeit *f*; **~tíže** *f* (*2*) Schwerelosigkeit *f*; **~tížný** schwerelos; **~toho** *s. beztak*; **~trestnost** *f* (*4*) Straflosigkeit *f*, -freiheit *f*; **~trestný** straflos, -frei; **~třídní** klassenlos; **~třískový** *Tech.* spanlos; **~tvárný**, **~tvarý** formlos, amorph; *fig.* unausgeprägt, unbestimmt; **~účastný** unbeteiligt; teilnahmslos; **~účelnost** *f* (*4*) Zwecklosigkeit *f*; **~účelný** zwecklos; **~úhonný** unbescholten; **~uchý** ohne Ohr(en); *Topf*: henkellos; **~úplatný** kostenlos; **~úročný** zinsfrei; **~úspěšný** erfolglos, vergeblich; **~útěšný** untröstlich; trostlos; **~uzdnost** *f* (*4*) Zügellosigkeit *f*; **~uzdný** *Pferd*: ohne Zügel; *fig.* zügellos, ungezügelt; **~vadný** tadellos; **~vědomí** *n* (*3*) Bewußtlosigkeit *f*; **~vědomý** bewußtlos; **~věrec** *m* (*3*; *-rc-*) Ungläubige(r) *m*; Konfessionslose(r) *m*; **~větří** *n* (*3*) Windstille *f*; **~vládí** *n* (*3*) Anarchie *f*; **~vládnost** *f* (*4*) Regungslosigkeit *f*; **~vládný** regungslos; *fig.* schlaff; **~vlasý** unbe-

haart, haarlos; **~vodý** wasserlos, ohne Wasser; *Chem.* wasserfrei; **~vousý** bartlos; **~výhledný** aussichtslos; **~výhradný** vorbehaltlos; **~východný** ausweglos; **~výjimečný** ausnahmslos, ohne Ausnahme; **~výrazný** ausdruckslos; **~výsledný** erfolg-, ergebnislos; **~významný** bedeutungslos; **~zákonný** gesetzlos; **~zásadový** prinzipienlos, ohne feste Grundsätze; **~zemek** *m* (*1a*; *-mk-*) landloser Bauer *m*; **~zubý** zahnlos; **~životí** *n* (*3*) *lit.* Leblosigkeit *f*.
béž F (*indekl.*) *s. béžový.*
běžec *m* (*3*; *-žc-*) Läufer *m*; *Zo.* Laufvogel *m*; *~ na dlouhé tratě Sp.* Langstreckenläufer; **~ký** *Sp.* Lauf-.
běž|enec *m* (*3*; *-nc-*) Flüchtling *m*, *Pol.* Emigrant *m*; **~et** ⟨*po-*⟩ laufen; rennen, eilen; *Zeit, Arbeit*: verlaufen; *~ cvalem* galoppieren; *~ klusem* traben; *~ pro k-o* schnell j-n holen (gehen); *běží o co* es handelt sich (*od.* geht) um (*A*); **~ící** laufend; *~ lhůta* offene Frist *f*; *výroba na ~m pásu* Fließbandproduktion *f*; **~ka** *f* (*1c*; *-žek*) *Sp.* Langlaufski *m*; **~kyně** *f* (*2b*) Läuferin *f*; **~mo** *Adv.* im Laufen, schnell; **~ný** üblich; geläufig; gängig; *Jahr, Ausgaben*: laufend; *Zahl*: fortlaufend; *~ účet* Kontokorrent *n*.
béžový beige(farben).
bibl|e *f* (*2*) Bibel *f*; **~ický** biblisch, Bibel-.
biblio|filský bibliophil; **~grafický** bibliographisch.
bicí Schlag-; *~ nástroje Mus.* Schlagzeug *n*.
bicykl *m* (*2a*) Zweirad *n*.
bič *m* (*4*) Peitsche *f*; *fig.* Geißel *f*; F *jakoby ~em mrskal* wie am Schnürchen, wie geschmiert; **~ík** *m* (*2b*) (kleine) Peitsche *f*; *jezdecký ~* Reitgerte *f*, -peitsche; *~ na psa* Hundepeitsche; **~íkovec** *m* (*3*; *-vc-*) *Zo.* Geißeltierchen *n*; **~iště** *n* (*2a*) Peitschenstiel *m*; **~ování** *n* (*3*) Geißelung *f*; **~ovat** ⟨*u-*, *z-*⟩ (*-čuji*) (aus)peitschen; geißeln; **~ovitý** peitschenförmig.
bíd|a *f* (*2*) Not *f*, Elend *n*; Drangsal *f*, Jammer *m*; *~ o co* Not (*od.* Mangel) an (*D*); *snášet* (*od. zakoušet*) *-du* Not leiden; *třít -du* darben; Trübsal blasen; **~ácký** niederträchtig, erbärmlich; **~áctví** *n* (*3*) Niederträchtigkeit *f*, Schurkerei *f*; **~áček** *m* (*1a*; *-čk-*) armer Teufel *m od.* Tropf *m*; **~ačka** *f* (*1c*; *-ček*) (elende) Schurkin *f*, Schuftin *f*; **~ák** *m* (*1a*) (elender) Schuft *m*, Schurke *m*, Lump *m*; F Habenichts *m*; *s. a. bídáček.*
bid|élko *n* (*1b*; *6. -kách*) kleine Stange *f*; **~lo** *n* (*1a*; *-del*) Stange *f*; (*Brunnen-*)Schöpfstange; F *fig.* Bohnenstange.
bíd|nice *f* (*2a*), **~ník** *m* (*1a*) *s. bídačka, bídák*; **~ný** elend, armselig; *s. bídácký*; *~ hříšník* armer Sünder *m*.
bidon *m* (*2a*) Benzinkanister *m*.
biftek *m* (*2b*) Beefsteak *n*.
biják *m 1.* P (*1a*) Schläger *m*, Rowdy *m*; *2.* (*2b*) (*Dresch-*)Flegel *m*; Schlegel *m*, Klöppel *m*; *3.* P (*2b*) Kintopp *m*.
bikarbonát *m* (*2a*): *~ sodný* Natron *n*.
bikinky F *f/pl.* (*1c*; *-nek*) Bikini *m*.
bilan|ce *f* (*2*) Bilanz *f*; **~ční** Bilanz-.
bíl|ek *m* (*2b*; *-lk-*) Eiweiß *n*; **~ení** *n* (*3*) Weißen *n*; (*Wäsche-*)Bleichen *n*.
biletář F *m* (*3*), **~ka** *f* (*1c*; *-řek*) Platzanweiser(in *f*) *m*.
biliár *m* (*2a*) Billard *n*; **~ový** Billard-.
bílicí Bleich-.
bílinka F *f* (*1c*) Biliner Mineralwasser *n*.
bilión [-o:-] *m* (*2a*) Billion *f*.
bílit ⟨*na-*, *o-*, *po-*, *pře-*, *vy-*, *za-*⟩ weißen, tünchen; *Wäsche* bleichen; F *fig.* säubern; plündern.
bílkov|ina *f* (*1*) Eiweißstoff *m*; **~itý** eiweißhaltig; **~ý** Eiweiß-; Ei(er)-.
bílý (*Komp. bělejší*) weiß; *~ den* heller Tag; *to je na -le dni* das ist sonnenklar; *~ jako sníh* schneeweiß; *s. Rus, sobota.*
binovačka *f* (*1c*; *-ček*) Osterrute *f*.
bio F *n* (*1*; *6. -u*) Kino *n*; **~graf**[1] *m* (*1*; *-ové*) Biograph *m*; **~graf**[2] *m* (*2a*) Kino *n*, Lichtspielhaus *n*; **~grafie** *f* (*2*) Biographie *f*; **~log** *m* (*1*; *-ové*, *6 Pl. -zích*) Biologe *m*; **~logický** biologisch.
-bírat *in Zssgn iter. v. brát, z. B. dobírat.*
biřič *m* (*3*) Büttel *m*, Scherge *m*.
biřmov|ací Firm-; **~anec** *m* (*3*; *-nc-*), **~anka** *f* (*1c*; *-nek*) *Rel.* Firmling *m*; **~aní** *n* (*3*) *Rel.* Firmung *f*; **~at** ⟨*o-*⟩ (*-muji*) firmen; F verdreschen.

biskup[1] *m* (*2a*; *2.* *-a*) (*Vogel-*) Bürzel *m*; (*Hühner-*)Steiß *m*.
biskup[2] *m* (*1*; *-ové*) Bischof *m*; *světící* ~ Weihbischof; **~ský** bischöflich, Bischofs-; **~ství** *n* (*3*) Bischofswürde *f*; Bistum *n*.
bison *m s. bizon*.
bitevní Schlacht-, Kampf-; ~ *čára* Gefechtslinie *f*.
bít ⟨*po-*, *z-*⟩ (*biji*, *bil*, *bit*) schlagen, F hauen; pochen, klopfen; *Karte* stechen; ~ *do č-o*, *k-o* auf et., j-n ein-, losschlagen; ~ *na poplach* Alarm (*od.* Lärm) schlagen; ~ *na co*, *k-o* anspielen auf (*A*); ~ *do očí* ins Auge fallen, stechen; *hrom bije* der Donner rollt, es donnert; ~ *se* ⟨*pro-*, *u-*, *za-*⟩ sich schlagen, kämpfen; *Farben*: sich beißen; ~ *se v prsa* sich an die Brust schlagen.
bit|í *n* (*3*) Schlagen *n*; Schläge *m/pl.*, Prügel *m/pl.*; **~ka** *f* (*1c*; *-tek*) Schlägerei *f*; **~va** *f* (*1*; *-tev*) Schlacht *f*; *svést -vu* eine Schlacht liefern; **~ý** geschlagen.
bizon *m* (*1*) *Zo.* Bison *m*, Büffel *m*.
bižutérie *f* (*2*) Schmuckwarengeschäft *n*; (*Mode-*)Schmuck *m*.
blábol|ení *n* (*3*) Geschwätz *n*, Gefasel *n*; Lallen *n*; **~it** ⟨*na-*, *vy-*, *za-*⟩ faseln, phantasieren; lallen; ~ *páté přes deváté* dummes Zeug reden.
blaf *m* (*2a*) Quatsch *m*; V Fraß *m*; **~al** V *m* (*1*) Schwätzer *m*; **~at** ⟨*vy-*⟩, **~nout** *pf.* bellen; P *fig.* anschnauzen (*na k-o*/*A*); quatschen.
blaho *n* (*1b*) Wohl *n*, Heil *n*; Wohlfahrt *f*; *obecné* ~ Gemeinwohl *n*, -nutz *m*; *veřejné* ~ öffentliche Wohlfahrt *f*; **~byt** *m* (*2a*) Wohlstand *m*; **~bytný** wohlhabend; **~dárný** segensreich; wohltuend; **~přání** *n* (*3*) Glückwunsch *m*; **~přát** (*-přeji*) (*k-u*) j-m Glück wünschen, j-n (*od.* *si* sich) beglückwünschen (*k č-u* zu); **~přejný** Glückwunsch-; **~rodí**: † *Vaše* ~! Euer Wohlgeboren!; **~řečit** (*k-u*) *Gott*, *Schicksal* preisen, segnen; *Rel.* (*k-o*) seligsprechen; **~sklonnost** *f* (*4*) Gewogenheit *f*; Herablassung *f*; **~sklonný** wohlwollend, wohlgeneigt; **~slavenec** *m* (*3*; *-nc-*) Selige(r) *m*, Seliggesprochene(r) *m*; **~slavenství** *n* (*3*) (Glück-)Seligkeit *f*; **~slavený** (glück)selig; selig(gesprochen); *prohlášení n za -ného* Seligsprechung *f*; **~slavit** *s. blahořečit*.
blahost *f* (*4*) Glückseligkeit *f*.
bláhovec F *m* (*3*; *-vc-*) Dummerjan *m*, dummer Kerl *m*, Esel *m*.
blaho|věst † *1. m* (*1*) Glaubensbote *m*, Apostel *m*; *2. f* (*4*) frohe Botschaft *f*; Evangelium *n*; **~věčník** *m* (*2b*) Eukalyptus *m*; **~volnost** *f* (*4*) *s. blahovůle*; **~volný** wohlwollend.
bláhovost *f* (*4*) Albernheit *f*, Torheit *f*.
blahovůle *f* (*2*) Wohlwollen *n*.
bláhový töricht, närrisch; *-vá naděje* eitle Hoffnung.
blahý (*blazí*, *Adv.* *blaze*, *Komp.* *blažší*) (glück)selig; *Adv. a.* wohl; *-hé paměti* seligen Angedenkens; ~ *pocit* Wohlgefühl *n*.
blam|áž F *f* (*3*) Blamage *f*; **~ovat** (*im*)*pf.* ⟨*z-*⟩ (*-muji*) blamieren (*se* sich).
blána *f* (*2*; *blan*; *7 Sg.*, *3*, *6*, *7 Pl. a.* *blan-*) Haut *f*, Häutchen *n*; Membrane *f*; *buněčná* ~ Zellwand *f*; *mozková* ~ Hirnhaut; *panenská* ~ Jungfernhäutchen; *příčná* ~ Zwerchfell *n*; *rozmnožovací* ~ (*Wachs-*)Matrize *f*.
blan|itý hautförmig, häutig; **~ka** *f* (*1c*; *-nek*) *Dim. zu blána*; (*Oberflächen-*)Film *m*.
blanket *m* (*2a*) Vordruck *m*.
blankyt *m* (*2a*) *lit.* Azur *m*, Himmelsbläue *f*; *fig.* Firmament *n*; **~ný** azur-, himmelblau.
blanokřídlí *m/pl.* (*Adj.* *1*) *Zo.* Hautflügler *m/pl.*
bla|ta *n/pl.* (*1*; *blat*) Sumpfland *n*, Moor *n*; Marschland *n*; ♀ *n/pl.* Spreewald *m*; Blata *pl.* (*Landschaft in Südböhmen*); **~ťák** *m* (*1a*) Sumpfgebietbewohner *m*; ♀ Spreewälder *m*, Niedersorbe *m*; ♀**tenský**: *-ké jezero* Plattensee *m*; **~tivý** kotig, schlammig; **~tník** *m* (*2b*) Kotflügel *m*.
bláto *n* (*1*) (*Straßen-*)Kot *m*, Schlamm *m*, P Dreck *m*; *z -ta do louže* vom Regen in die Traufe.
blatošlap *m* (*1*; *Pl.* *-i*/*-ové*) Herumtreiber *m*, Landstreicher *m*.
blatouch *m* (*2b*) (*Sumpf-*)Dotterblume *f*.
blaze *s. blahý*.
bláz|en *m* (*1*; *-zn-*) Narr *m*; Irre(r) *m*, Verrückte(r) *m* (*a. fig.*); *jako* ~ wie ein Verrückte(r); *dělat ze sebe*

-zna sich zum Narren machen; *mít k-o za* (*od. tropit si z k-o*) *-zna* j-n zum besten (*od.* zum Narren) halten; *být ~ do k-o* in j-n vernarrt sein; *ty jsi ~!* du bist (ja) verrückt!; **~inec** *m* (*4*; *-nc-*) Irrenanstalt *f*, -haus *n* (*a. fig.*); **~ínek** F *m* (*1*; *-nk-*) Dummerjan *m*, Dummchen *n*; **~nit** ⟨*po-, roz- se, za- si, z-*⟩ verrückt, närrisch sein *od.* werden, P spinnen; *~ po kom, čem* verrückt sein nach (*D*); F *~ k-o* j-n närrisch machen; *co blázníš?* bist du verrückt?; **~nivec** † *m* (*3*; *-vc-*) *s. blázen*; **~nivost** *f* (*4*) Verrücktheit *f*, Wahnsinn *m*; **~nivý** verrückt, wahnsinnig; **~novský** närrisch, verrückt, toll; *-ká čepice* Narrenkappe *f*; **~novství** *n* (*3*) Narrheit *f*, Verrücktheit *f*.

blažen|ost *f* (*4*) (Glück-)Seligkeit *f*; **~ý** (glück)selig.

blaži|t ⟨*o-*⟩ beglücken; **~vý** beglückend, beseligend.

blb *m* (*1*), **~ec** *m* (*3*; *-bc-*) Trottel *m*, Tölpel *m*, Idiot *m*; **~nout** ⟨*o-, z-*⟩ verblöden; *neblbni!* rede (*od.* mach) k-n Unsinn!; **~ost** *f* (*4*) Blödsinn *m*; **~oun** *m* (*1*) Blödling *m*, blöder Kerl *m*; *s. blb*; **~ý** blöd(sinnig), idiotisch.

bledě- *in Zssgn* blaß-, schwach-.

bled|nička *f* (*1c*; *-ček*) Bleichsucht *f*; **~nout** ⟨*vy-, z-*⟩ (*-dl*) blaß (*od.* bleich) werden; *fig.* verblassen; *Farben*: verschießen; **~o-** *in Zssgn* blaß-; **~olící** bleichwangig; **~ost** *f* (*4*) Blässe *f*; **~ule** *f* (*2*) Knotenblume *f*; **~ý** blaß, bleich; *~ na smrt* totenbleich; F *je to s ním -dé* es steht schlimm mit ihm.

blecha *f* (*1b*) Floh *m*; **~atý** voll Flöhe.

blejno *n* (*1*; *-jen*) *Min.* Blende *f*.

blekot *m* (*2a*) Blöken *n*; Meckern *n*; Blubbern *n*; **~at** ⟨*za-*⟩ blöken; meckern; blubbern.

blept *m* (*2a*): *mst Pl.* *~y* Geschwätz *n*; **~at** ⟨*pro-, vy-, za-*⟩ stammeln, lallen; F ⟨*na-, roz-*⟩ quatschen, quasseln.

blesk *m* (*2b*) Blitz *m*; Glanz *m*; *~em* blitzschnell; **~nout** *pf.*, *pro- (se), za- (se)* (*-kl*) (auf)blitzen (*a. fig.*); aufleuchten; **~osvod** *m* (*2*; *6. -u/-ě*) Blitzableiter; **~ot** *m* (*2a*) Glitzern *n*, Funkeln *n*; **~ovka** *f* (*1c*; *-vek*) *Fot.* Blitzlicht *n*; Blitzleuchte *f*; (*Schach-*)Blitzturnier *n*; F Glatze *f*; **~ový** Blitz-; **~urychlý** blitzschnell.

bleš|í Floh-; *~ trh* Flohmarkt *m*; **~ka** *f* (*1c*; *-šek*) Floh *m*.

blik|ač *m* (*4*) Blinkleuchte *f*, F Blinker *m*; **~adlo** *n* (*1a*; *-del*) Funzel *f*; *s. blikač*; **~ání** *n* (*3*) Blinken *n*; Blinzeln *n*; Flackern *n*; **~at** ⟨*za-*⟩, **~nout** *pf.*, *za-* (*-kl*) blinken; blinzeln; flackern; **~avý** flackernd; blinkend, Blink-.

blín *m* (*2a*) Bilsenkraut *n*.

blít V ⟨*po-, vy-*⟩ (*bliji, blil*) kotzen.

blivanina V *f* (*1*) Fraß *m*.

blíz|ce, ~ko[1] *Adv.* (*Komp. blíž*[e]) nahe, in der Nähe; **~ko**[2] *Prp.* (*mit 2. Fall*) unweit, nahe (*G*); **~ko**[3] *n* (*1b*), **~kost** *f* (*4*) Nähe *f*; **~ký** (*Adv. -ko/-ce*; *Komp. bližší*) nahe; *být blízek* (*č-o*, [*k*] *č-u*) nahe daran sein (zu), nicht weit entfernt sein (von); *být blízek mdlobě* e-r Ohnmacht nahe sein.

blizna *f* (*1*; *-zen*) *Bot.* Narbe *f*.

blizou|čký F (*Adv. -o*), **~nký** (*Adv. -o, -nce*) ganz nahe, nächst(liegend), kürzest-.

blíž(e) *Adv.* näher.

blížen|ec *m* (*3*; *-nc-*) Zwilling(sbruder) *m*; **~ka** *f* (*1c*; *-nek*) Zwillingsschwester *f*.

blížit se ⟨*při-*⟩ sich nähern; näher kommen; anrücken, im Anzug sein; *Gefahr, Nacht usw.*: nahen; ⟨*s-*⟩ *fig.* sich näherkommen; *blíží se k poledni* es geht auf den Mittag zu.

bliž|ní *m* (*Adj. 4*) Nächste(r) *m*; **~ší** näher; *dozvědět se něco ~ho* etwas Näheres erfahren.

blok *m* (*2b*) Block *m*; **~áda** *f* (*1*) Blockade *f*.

blokov|ací Sperr-; **~at** (*im*)*pf.* ⟨*za-*⟩ (*-kuji*) blockieren; **~ý** Block-.

blon|d (*indekl.*) blond(haarig, -lockig); **~ďačka** *f* (*1c*; *-ček*) *s. blondýnka*; **~ďák** *m* (*1a*), **~dýn** *m* (*1*) Blonde(r) *m*, (*Kind*) Blondkopf *m*; **~dýnka** *f* (*1c*; *-nek*) Blondine *f*.

bloud *m* (*1*), *Dim.* **~eček** *m* (*1a*; *-čk-*) Narr *m*, Tor *m*; **~it** ⟨*po-, z-, za-*⟩ (umher)irren; *pf. a.* sich verirren; *fig.* (sich) irren; *Gedanken, Blick* schweifen lassen; **~ivý** (umher)irrend, schweifend; irrig, Irr-; *~ nerv Anat.* Vagus *m*.

blouzn|ění *n* (*3*) (*Fieber-*)Wahn *m*, Phantasie *f*; Schwärmerei *f*; **~ílek**

m (*1a*; *-lk-*) *s. blouznivec*; **~it** ‹*po-*, *za-*› irrereden, phantasieren; F *~ o čem* schwärmen von et.; **~ivec** *m* (*3*; *-vc-*) Schwärmer *m*, Phantast *m*; **~ivost** *f* (*4*) Schwärmerei *f*, Träumerei *f*; **~ivý** schwärmerisch, träumerisch.

blud *m* (*2a*) Irrtum *m*; Irrlehre *f*; *uvést do ~u* in die Irre führen, irreleiten; **~ař** *m* (*3*), **~ařka** (*1c*; *-řek*) Irrgläubige(r) *f od. m*, Ketzer(in *f*) *m*; **~ařský** irrgläubig, ketzerisch; **~ařství** *n* (*3*) Irrglaube *m*; **~ička** *f* (*1c*; *-ček*) Irrlicht *n*; V *s. nevěstka*; **~iště** *n* (*2a*) Irrgarten *m*, Labyrinth *n*; **~ný** irrig, Irr-; irrgläubig; verirrt; (umher)irrend; *~ rytíř* fahrender Ritter; *~ kruh* Circulus vitiosus *m*; *~ balvan* erratischer Block.

bluma *f* (*1*) (große runde) Pflaume *f*; F Dummkopf *m*.

blůza *f* (*1a*) Bluse *f*.

blýsk|ač *m* (*4*) (*Angler-*)Blinker *m*; **~ání** *n* (*3*) Blitzen *n*; *~ na časy s. blýskavice*; **~at (se)** ‹*za-* (*se*)› blitzen; *fig. a.* glitzern, funkeln, glänzen, schimmern; *~ se čím* mit et. prahlen, protzen; *-ká se* es blitzt; **~avice** *f* (*2a*) Wetterleuchten *n*; **~avý** glänzend, schimmernd; **~nout (se)** *pf.*, *za-* (*se*) (*-kl*) (auf-) blitzen; *s. blýskat*; **~ot** *m* (*2a*) *s. blýskání*; Glanz *m*; **~otka** *f* (*1c*; *-tek*) Flitter *m*, Glitzerschmuck *m*.

blyštět se ‹*za-*› glänzen; *s. blýskat*.

bob *m* (*2a*) *1.* Bohne *f*; *vlčí ~* Lupine *f*; *2. Sp.* Bob *m*; **~ek** *m* (*2b*; *-bk-*) Kügelchen *n*; † Lorbeer *m*; *Sp.* Hocke *f*; *-bky Pl.* (*Hasen-*, *Ziegen-*) Kot *m*; *sedět na -bku* hocken, kauern; *Hase*: Männchen machen; **~ista** *m* (*5a*) *Sp.* Bobfahrer *m*; **~kový**: *~ list* Lorbeerblatt *n*; **~ový** Bohnen-; *Sp.* Bob-.

bob|r *m* (*1*; *-ři*) Biber *m*; **~rovice** *f* (*2a*) Biberfellmütze *f*; **~rový**, **~ří** Biber-.

bobtnat ‹*na-*, *z-*› quellen; (an-) schwellen.

bobul|e *f* (*2*) Beere *f*; **~oviny** *f/pl.* (*1*) Beerenobst *n*; **~ovitý** beerenartig; **~ový** Beeren-.

boč|itý krumm; **~ní** Seiten-, seitlich; Flanken-; **~nice** *f* (*2a*) Seitenwand *f*, Seite(nteil *n*) *f*.

bod *m* (*2a*) Punkt *m*; *~ varu, mrazu* Siede-, Gefrierpunkt; *~ za ~em* Punkt für Punkt; *vyhrát na ~y Sp.* nach Punkten siegen; *s. bodnutí*; **~ák** *m* (*2b*) Seitengewehr *n*, Bajonett *n*; **~ákový** Bajonett-.

bodalka *f* (*1c*; *-lek*) Stechfliege *f*.

Bodamské jezero *n* Bodensee *m*.

bod|at ‹*po-*, *z-*, *za-*› stechen; durchbohren (*a. fig.*); *~ koně ostruhami* dem Pferd die Sporen geben; **~avý** stechend; **~ec** *m* (*4*; *-dc-*) Spitze *f*; Stachel *m*.

bodej, **~ť**, **~ž** freilich, wohl, allerdings; *~ž* daß doch; *mit Verneinung*: warum denn nicht; *~ž tě husa kopla!* scher dich zum Teufel!

bodl|áčí *n* (*3*) Disteln *f/pl.*; **~ák** *m* (*2b*) Distel *f*; **~ákovitý** distelartig; **~avý** stach(e)lig; **~ina** *f* (*1*) Stachel *m*, Dorn *m*; **~inatý** dornig, stach(e)lig; **~o** *n* (*1a*; *-del*) *s. bodák*.

bod|nout *pf. s. bodat*; **~nutí** *n* (*3*) Stich *m*; **~ný** Stich-; *-ná zbraň, rána* Stichwaffe *f*, -wunde *f*.

bodov|ací: *~ systém Sp.* Punktsystem *n*; **~ání** *n* (*3*) *Sp.* Punktwertung *f*, Wertung *f* nach Punkten; **~at** ‹*o-*, *vy-*› (*-duji*) *Sp.* punkten, nach Punkten werten; **~ý** Punkt-.

bodr|ost *f* (*4*) Munterkeit *f*; Biederkeit *f*; **~ý** (*Adv. -ře*, *Komp. -dřejší*) munter; bieder, wacker; jovial.

bodyček *m* (*2b*) *Sp.* Aufhalten *n* mit dem Körper, ‚Bodycheck' *n*.

bahabojný gottesfürchtig.

boh|áč *m* (*3*) Reiche(r) *m*, reicher Mann; **~áčka** *f* (*1c*; *-ček*) Reiche *f*, reiche Frau.

bohaprázdn|ost *f* (*4*) Gottlosigkeit *f*; **~ý** gottlos.

bohat|ět † ‹*z-*› (*3 Pl. -ějí*) *s. bohatnout*; **~it** ‹*o-*› (*-cen*) bereichern; **~nout** ‹*z-*› (*-tl*) reich werden; **~ost** *f* (*4*) Reichhaltigkeit *f*; *a.* = **~ství** *n* (*3*) Reichtum *m*; *přírodní ~* Bodenschätze *m/pl.*; **~ý** (*Komp. -ší*) reich, wohlhabend; reichhaltig; reich (*čím od. na co* an et.); **~ýr** *m* (*1*; *-ři*/*-rové*) Held *m*, Recke *m*.

bohdá! *Int.* so Gott will!, hoffentlich!

bohém *m* (*1*; *-ové*) Bohemien *m*; **~a** *f* (*1*) Bohème *f*.

boho|- *in Zssgn* Gott(es)-; **~člověk** *m* (*Sg. 1a*) *Rel.* Gottmensch *m*; **~rodička** *f* (*1c*; *-ček*) Mutter *f* Gottes; **~slovec** *m* (*3*; *-vc-*) Theologe *m*; **~sloví** *n* (*3*) Theologie *f*; **~služba** *f* (*1*; *-žeb*) Gottesdienst *m*; **~služebný** gottesdienstlich, Gottesdienst-.

bohu|dík(y) *Adv.* Gott sei Dank, gottlob; **~libý, ~milý** gottgefällig; **~žel** *Adv.* leider (Gottes), bedauerlicherweise.
bohyně *f* (*2b*) Göttin *f*.
boch|ánek *m* (*2b*; *-nk-*) (kleiner) Laib *m*; **~ník** *m* (*2b*) (*Brot-*)Laib *m*.
boj *m* (*4*) Kampf *m*; Bekämpfung *f*; *~ o život* Daseinskampf; *~ proti hluku* Lärmbekämpfung; *pustit se do ~e* den Kampf aufnehmen; *připraven k ~i* kampfbereit.
bojác|nost *f* (*4*) Furchtsamkeit *f*; **~ný** furchtsam; schüchtern; scheu.
bóje *f* (*2*) *Mar.* Boje *f*.
boje|chtivý kampflustig; **~schopný** kampffähig.
bojím se *s. bát se.*
bojínek *m* (*2b*; *-nk-*) *Bot.* Lieschgras *n*.
bojiště *n* (*2a*) Schlachtfeld *n*, Kampfplatz *m*; Kriegsschauplatz *m*; *ustoupit z ~* das Feld räumen.
bojkot *m* (*2a*) Boykott *m*; **~ovat** (*-tuji*) boykottieren.
bojler *m* (*2a*) Boiler *m*, Warmwasserbereiter *m*.
bojov|at ⟨*pro-*⟩ (*-juji*) kämpfen, streiten (*za co* für *A*; *s kým, čím* mit *D*; *o co* um *A*); *~ proti k-u, č-u a.* bekämpfen (*A*); **~nice** *f* (*2a*), **~ník** *m* (*1a*) Kämpfer(in *f*) *m*; **~nost** *f* (*4*) Kampf(es)lust *f*; **~ný** kampflustig, kriegerisch; kämpferisch; *a.* = **~ý** Kampf-, Streit-.
bok *m* (*2b*) Seite *f*; Hüfte *f*; (*Schiffs-*)Bord *m*; *Mil.* Flanke *f*; *po ~u* an der Seite; *~em* schräg, von der Seite; *pravý ~* Steuerbord; *levý ~* Backbord; *vpravo* (*vlevo*) *v ~!* rechts (links) um!; † *z levého ~u* unehelich.
boko|rys *m* (*2*; *6. -u/-e*) Seitenansicht *f*; **~vka** *f* (*1c*; *-vek*) Hüfthalter *m*; **~vý** Seiten-, Flanken-.
bol *m* (*2a*) Schmerz *m*; **~ák** *m* (*2b*) Geschwür *n*; **~avý** schmerzend, weh; *-vé místo* wunder Punkt; **~ehlav** *m* (*2a*) *Bot.* Schierling *m*; **~ení** *n* (*3*) Schmerz *m*, Weh *n*; *~ zubů* Zahnschmerzen *m/pl*.
bolest *f* (*4*) Schmerz *m*; *křičet ~í* vor Schmerz(en) schreien; **~ínský** wehleidig; **~ivý** schmerzhaft; *fig.* schmerzlich; **~né** *n* (*Adj. 3*) Schmerzensgeld *n*; **~ný** *s. bolestivý.*
bolet ⟨*po-, roz- se, za-*⟩ (*3 Pl. -ejí*) schmerzen, weh tun; *bolí mě hlava* der Kopf tut mir weh, ich habe Kopfschmerzen; *bolí mě, že ...* es schmerzt mich, daß ...
Bolívie *f* (*2*) Bolivien *n*.
bolný schmerzlich, schmerzerfüllt.
bolševický bolschewistisch.
bolševník *m* (*2b*) *Bot.* Bärenklaue *f*.
boltec *m* (*4*; *-tc-*) Ohrmuschel *f*.
bomba *f* (*1*) Bombe *f*; *s. puma.*
bombar|ďák P *m* (*2b*) Bomber *m*; **~dér** *m* (*2a*) Bombenflugzeug *n*; **~ovací** Bomben-; **~ování** *n* (*3*) Bombardierung *f*; **~ovat** ⟨*vy-, z-*⟩ (*-duji*) bombardieren, F bomben.
bon *m* (*2a*) Bon *m*, Gutschein *m*.
bonbónka F *f* (*1c*; *-nek*) Bonbonfabrik *f*.
bonnský Bonner (*Adj.*).
bonz *m* (*1 od. 3*; *-ové*) Bonze *m*.
bor *m* (*2a*) Kiefern-, Föhrenwald *m*.
bór *m* (*2a*) *Chem.* Bor *n*.
borcení *n* (*3*) Werfen *n*, Verziehen *n des Holzes.*
bor|ec *m* (*3*; *-rc-*), **~kyně** *f* (*2b*) Sportler(in *f*) *m*, Turner(in *f*) *m*; *fig.* Kämpfer(in *f*) *m*.
bor|ek *m* (*2b*; *-rk-*) *Dim. zu bor*; **~ka** *f* (*1c*; *-rek*) P Kiefernzapfen *m*; (*Baum-*)Rinde *f*; Torfziegel *m*; **~oví** *n* (*3*) *s. bor*; **~ovice** *f* (*2a*) Kiefer *f*, Föhre *f*; **~ovička** *f* (*1c*; *-ček*) kleine Kiefer *f*; Wacholderbranntwein *m*; **~ovina** *f* (*1*) *s. bor(oví)*; **~ový** Kiefern-, Föhren-.
bórový *Chem.* Bor-.
bortit se ⟨*pro-, vy-, z-*⟩ (*-cen*) *Holz*: sich werfen; sich krümmen.
borův|čí *n* (*3*) Heidelbeergestrüpp *n*; **~ka** *f* (*1c*; *-vek*) Heidelbeere *f*, Blaubeere *f*; **~kový** Heidelbeer-.
boř|ení *n* (*3*) Zerstörung *f*, Demolierung *f*; **~ící** Zerstörungs-; **~itel** *m* (*3*; *-é*) Zerstörer *m*; **~it** ⟨*pro-, z-, za-*⟩ zerstören; *Haus* niederreißen, abreißen; *~ se* einstürzen; *Eis*: einbrechen; ein-, versinken (*do č-o* in *D*); nachgeben; **~ivý** zerstörerisch.
bos, ~a, ~o *s. bosý.*
bos|enský bosnisch; **2na** *f* (*1*) Bosnien *n*; **2ňák** *m* (*1a*), **2ňan** *m* (*1*; *-é*), **2ňanka** *f* (*1c*; *-nek*), **2ňačka** *f* (*1c*; *-ček*) Bosnier(in *f*) *m*.
bosý barfuß, barfüßig; *Pferd*: unbeschlagen; *obout se na -so* die Schuhe auf den bloßen Fuß anziehen; *~ma nohama* mit bloßen Füßen.
bota *f* (*1*) Stiefel *n*; Schuh *m* (*a. Tech.*); F *fig.* Bock *m*; F *prásknout do bot* sich aus dem Staub machen;

teče mu do bot er ist in großer Not; *znám ho jako své -ty* ich kenne ihn wie meine Westentasche; *udělat -tu* e-n Bock schießen.
botanický [-nı-] botanisch.
botka *f* (*1c*; *-tek*) Stiefelette *f*; *Tech.* Schuh *m.*
boubel *m* (*4*) *Med.* Zyste *f*; *Zo.* Blasenwurm *m*; **~atý** pausbackig.
bouč|ek *m* (*2b*; *-čk-*) junge (*od.* kleine) Buche *f*; **~í** *n* (*3*) Buchenwäldchen *n.*
bouda *f* (*1*; *bud*) Bude *f*, Hütte *f*; Schuppen *m*; (*Gebirgs-*)Baude *f*; *psí* ~ Hundehütte; F *ušít* (*od. udělat*) *na k-o -du* j-n aufs Glatteis führen.
bouch|ačka *f* (*1c*; *-ček*) Knallbüchse *f*; F Schießprügel *m*, Knarre *f*; **~al** P *m* (*1*; *-ové*) schlechter Schütze *m*; **~ání** *n* (*3*) Poltern *n*, Krachen *n*; **~at** ‹*na-*, *za-*›, **~nout** *pf.*, *za-* (*-chl*) schlagen; krachen; F ballern; ~ *dveřmi* die Tür zuschlagen; ~ *čím o zem* et. auf den Boden knallen; *rána -chla* der Schuß krachte; *-nout se o co* auf et. prallen; **~nutí** *n* (*3*) Knall *m*, Schuß *m.*
boukat se ‹*o- se*› *Jagdw.* rauschen [(*Schwarzwild*).]
boule *f* (*2*) Beule *f.*
boulit F ‹*vy-* (*se*)›: ~ *oči od. očima* die Augen aufreißen, glotzen; ~ *na k-o* j-n anglotzen.
bour|ací Abriß-; **~ačka** *f* (*1c*; *-ček*) Abrißarbeiten *f/pl.*; Abrißhaus *n*; F (*Auto-*)Zusammenstoß *m*; **~ák** F *m* (*2b*) Straßenkreuzer *m*; **~ání** *n* (*3*) Abriß *n*, Niederreißen *n*; **~at** ‹*na-*, *od-*, *roz-*, *z-*› *Gebäude* niederreißen, abreißen; *fig.* zerstören.
bourec *m* (*3*; *-rc-*) *Zo.*: ~ *morušový* Seidenspinner *m.*
bouř|e *f* (*2*) Gewitter *n*; Sturm *m*; *fig.* Aufruhr *m*, Tumult *m*; ~ *se blíží* ein Gewitter zieht auf; **~it** ‹*za-*› *v/i* donnern (*a. fig.*); tosen, brausen; *vor Wut* schäumen; *v/t Blut* in Wallung bringen; aufwiegeln; aufbringen (*proti k-u* gegen *A*); ~ *se* donnern; toben, tosen; sich empören; **~ka** *f* (*1c*; *-řek*) Gewitter *n*; Sturm *m*; Unruhen *f/pl.*; steifer Hut *m*, F Melone *f*; **~kový** Gewitter-; **~livá(če)k** *m* (*1a*; [*-čk-*]) Sturmvogel *m*; F Heißsporn *m*; **~livý** stürmisch; *fig. a.* heftig, ungestüm; **~ný** stürmisch; *Beifall*: brausend; *Stimme*: donnernd.
box *m* (*2a*) Box *f*; *Sp.* Boxen *n*; **~er** *m* (*1*; *-ři*) *Sp.* Boxer *m*; (*2a*) Schlagring *m*; **~erský** Box-; **~ovat** ‹*z-*, *za-*› (*-xuji*) boxen.
bože! mein Gott!
božec *m* (*4*; *-žc-*) *Med.* Krämpfe *m/pl. bei Kindern*, Fraisen *m/pl.*
boží Gottes, Gottes-; ♀ *hod vánoční* Christtag *m*, erster Weihnachtsfeiertag *m*; ♀ *hod velikonoční* Ostersonntag *m*; ♀ *hod svatodušní* Pfingstsonntag *m*; ~ *muka* Kruzifix *n*, Marterl *n*; ♀ *tělo* Fronleichnam *n.*
bož|skost *f* (*4*) Göttlichkeit *f*; **~ský** (*Komp. božštější*) göttlich; **~ství** *n* (*3*) Göttlichkeit *f*; **~stvo** *n* (*1*; *-stev*) Gott(heit *f*) *m*; Götter *m/pl.*
brad|a *f* (*1*) Kinn *n*; Kinnbart *m*; Vollbart *m*; Schlüsselbart *m*; *Bot.* Bocksbart *m*; *dvojí* ~ Doppelkinn; *kozí* ~ Ziegenbart *m*; Spitzbart *m*; **~áč** *m* (*3*) bärtiger Mann *m*; **~atice** *f* (*2a*) Hellebarde *f*; **~atý** bärtig.
bradav|ice *f* (*2a*), **~ička** *f* (*1c*; *-ček*) *Med.* Warze *f*; **~ičnatý** voll Warzen; **~ka** *f* (*1c*; *-vek*) *Anat.* Warze *f*; *Zo. snovací* ~ Spinndrüse *f*; **~katý**, **~kovitý** warzenartig.
bradka *f* (*1c*; *-dek*) (*Kinn-*)Bärtchen *n*; *vgl. brada.*
bradl|o *n* (*1a*; *-del*) Felsklippe *f*; **~a** *n/pl. Sp.* Barren *m.*
-bradý *in Zssgn* -bärtig, *z. B. černobradý* schwarzbärtig.
brach F *m* (*1a*) Kamerad *m*, Bruder *m*; F *starý* ~ alter Knabe *m*; *milý* ~*u!* mein Lieber *od.* Bester!
brak *m* (*2b*) Ausschuß(ware *f*) *m*; Schund *m*; **~ovat** ‹*vy-*› (*-kuji*) auslesen, (aus)sortieren; F plündern; **~ovní** Ausschuß-; *a.* = **~ový** Schund-.
brambor *m* (*2a*; *6 Pl. -ách*), **~a** *f* (*1d*) Kartoffel *f*; **~ačka** *f* (*1c*; *-ček*) Kartoffelsuppe *f*; **~ák** *m* (*2b*) Kartoffelpuffer *m*; **~ovina** *f* (*1*) Kartoffelkraut *n*; **~ovka** *f* (*1c*; *-vek*) *s. bramboračka*; **~ový** Kartoffel-.
bramboř|ík *m* (*2b*) Alpenveilchen *n*; **~iště** *n* (*2a*) Kartoffelfeld *n.*
brána *f* (*1*; *bran*; *7 Sg.*, *3, 6, 7 Pl. a. bran-*) Tor *n*; Pforte *f*; *vítězná* ~ Triumphbogen *m*; *s. a. brány.*
branec *m* (*3*; *-nc-*) Wehrpflichtige(r) *m*, Rekrut *m.*
branění *n* (*3*) Verteidigung *f.*
braní *n* (*3*) (An-)Nehmen *n*, Annahme *f*; ~ *mzdy* Lohnbezug *m.*

Branibor|sko *n* (*2b*) (Mark) Brandenburg; **♀ský** brandenburgisch.

bránice *f* (*2a*) *Anat.* Zwerchfell *n*.

bránit ⟨*o-*, *u-*, *za-*⟩ verteidigen, (be-)schützen (*k-o proti č-u* j-n gegen et.); (*č-u*) verhindern (*A*); vorbeugen, Einhalt gebieten (*D*); hindern (*k-u v čem* j-n an *D*); *co vám v tom brání?* was hindert Sie daran?; *~ se* ⟨*o-*, *u-*⟩ (*proti č-u*, *k-u*) sich wehren, verteidigen (gegen *A*); sich schützen (gegen *A*); sich widersetzen (*D*), sich sträuben (gegen *A*).

brank|a *f* (*1c*; *-nek*) (*Garten-*)Tor *n*, Pforte *f*; *Sp.* Tor *n*; **~ář** *m*, **~ař** *m* (*3*) Torwart *m*; **~oviště** *n* (*2a*) *Sp.* Torraum *m*; **~ový** *Sp.* Tor-.

branný bewaffnet; Wehr-, Streit-; *-ná moc* Streitmacht *f*; *-ná povinnost* Wehrpflicht *f*.

brány *f/pl.* (*1*; *bran*; *3*, *6*, *7 a. bran-*) Egge *f*.

branže *f* (*2*) Branche *f*; V *fig.* Pack *n*.

brašn|a *f* (*1*; *-šen*) (*Hand-*)Tasche *f*; **~ář** *m* (*3*) Täschner *m*.

brát ⟨*na-*, *ode-*, *po-*, *u-*, *zabrat*⟩ (*beru*, *bral*, *brán*) *v/t* nehmen; ab-, wegnehmen; mitnehmen; (an)fassen; *Medizin* einnehmen; *Ware*, *Lohn* beziehen; *Nutzen* ziehen; *Sold* fassen; *Ufer* fortschwemmen; *v/i Fisch*: anbeißen; *~ všemi deseti* mit vollen Händen nehmen; *~ na přísahu* vereidigen; *tichá voda břehy bere* stille Wasser sind tief; *pivo mu nebere* das Bier schmeckt ihm nicht; *~ do počtu*, *~ v počet* in Rechnung stellen; *~ na sebe* zunehmen, dicker werden; *~ na sebe šaty* Kleider anziehen; *~ na děvče* e-m Mädchen nachschauen; *~ na dluh* (*úvěr*) auf Borg (Kredit) nehmen; *~ na lehkou váhu* auf die leichte Schulter nehmen; *~ v odpor* bestreiten; *~ v úvahu* in Erwägung ziehen, erwägen; *~ za ruku* an der Hand fassen; *~ za slovo* beim Wort nehmen; *~ za své* umkommen; *~ zavděk* vorliebnehmen (*čím* mit); *~ za zlé* übelnehmen, verübeln; *~ za žert* als Scherz auffassen; *~ si* (*jídlo*) sich bedienen (*beim Essen*); *berte si!* greifen Sie zu!; *~ si něco k srdci* sich et. zu Herzen nehmen; *~ si na mušku* aufs Korn nehmen; *~ si z k-o vzor* (*příklad*) sich j-n zum Vorbild nehmen; *~ si za záminku* zum Vorwand nehmen; *~ si za ženu* zur Frau nehmen; *~ se* ⟨*dobrat se*⟩ sich begeben; sich verheiraten, einander heiraten; (*oč*) sich einsetzen, ereifern (für *A*); sich bemühen (um *A*); *odkud se bereš?* wo kommst du her?

bratr *m* (*1*; *-ři*; *5 Sg.* *-ře!*) Bruder *m*; *~ a sestra* Geschwister *pl.*; *nevlastní ~* Stiefbruder; **~anec** *m* (*3*; *-nc-*) Vetter *m*; **~ovrah** *m* (*1a*) Brudermörder *m*; **~ovražda** *f* (*1*) Brudermord *m*; **~ský** (*Adv.* *-y*) brüderlich, Bruder-; **~ství** *n* (*3*) Brüderlichkeit *f*; Brüderschaft *f*; *připíjet si na ~* Brüderschaft trinken; **~stvo** *n* (*1*; *-tev*) Bruderschaft *f* (*a. Rel.*); Gilde *f*, Zunft *f*.

bratří *m/pl.* (*Adj. 4*; *2 Pl.* *-í*) Brüder *m/pl.*, Gebrüder *pl.*; **~ček** *m* (*1a*; *-čk-*) Brüderchen *n*; **~čkovat se** ⟨*s-*⟩ (*-kuji*), **bratřit se** sich verbrüdern.

brav *m* (*2a*) Kleinvieh *n*, Schmalvieh *n*.

bravník *m* (*1a*) Misteldrossel *f*.

brázd|a *f* (*1*) Furche *f*; Runzel *f*; *Bgb.* Schram *m*; **~ička** *f* (*1c*; *-ček*) *Dim. zu brázda*; Rille *f*; *Bgb.* Schrämmaschine *f*; **~it** ⟨*roz-*, *z-*⟩ Furchen ziehen; *fig.* durchfurchen; *Wasser* (durch)pflügen; **~itý** zerfurcht.

Brazil|ec *m* (*3*; *-lc-*), **~ka** *f* (*1c*; *-lek*) Brasilianer(in *f*) *m*.

Braz|ílie *f* (*2*) Brasilien *n*; **♀ilský** brasilianisch.

brčál *m* (*2*; *6. -u/-e*) *Bot.* Immergrün *n*.

brdo *n* (*1*) (*Weberei*) Geschirr *n*; † Waldhügel *m*; F *na jedno ~* gleich, vom gleichen Schlag; *dělat všechno na jedno ~* alles über einen Leisten schlagen.

breb|entit ⟨*na-*, *za-*⟩ schnattern, plappern; *s. brebtat*; **~ta** *m* (*5*), *f* (*1*) Schwätzer(in *f*) *m*; Plappermaul *n*; **~tat** ⟨*na-*, *za-*⟩ murmeln, nuscheln; plappern, quasseln.

breč|et F ⟨*na-*, *roz-*, *za-*⟩ *Kind*: plärren, heulen; **~(t)ivý** weinerlich.

brejl|atý bebrillt; **~e** *f/pl.* (*2*) Brille *f*; **~it** F ⟨*za-*⟩ (*nač*) starren (auf *A*), anstarren (*A*); **~ovec** *m* (*3*; *-vc-*) Brillenschlange *f*.

brekot *m* (*2a*) Heulen *n*, Plärren *n*.

brept|a(t) *s. brebta(t)*; **~avý** nuschelnd.

breviář *m* (*4*) Brevier *n*.
brhlík *m* (*1a*) Kleiber *m*, Spechtmeise *f*.
brigád|a *f* (*1*) Brigade *f*; (*Arbeits-*) Einsatzgruppe *f*; **~nický** Brigade-; **~ník** *m* (*1a*) Mitglied *n* e-r Arbeitsbrigade; † *Mil.* Brigadekommandeur *m*.
briket|a *f* (*1*) Brikett *n*; **~árna** *f* (*1*; *-ren*) Brikettfabrik *f*.
brilantní brillant.
Brit *m* (*1*; *-ové*) Brite *m*; **~ánie** *f* (*2*) (*Velká* Groß-)Britannien *n*; **~ka** *f* (*1c*; *-tek*) Britin *f*; **~ský** britisch.
brk *m* (*2b*) Federkiel *m*; **~at** F, **~nout** *pf.*, *za-* F (*-kl*/*-knul*) stolpern, straucheln; *Beine*: ein-, zusammenknicken.
brkoslav *m* (*1*) *Zo.* Seidenschwanz *m* (*Vogel*); *fig.* F Federfuchser *m*.
brlení *n* (*3*) (*Holz-*, *Eisen-*)Gatter *n*; Rechen *m*.
brloh *m* (*2b*) (*Tier-*, *Laster-*)Höhle *f*; (*Wild-*)Lager *n*, Bau *m*.
brně|ní[1] *n* (*3*) Panzer *m*, Harnisch *m*; **~ní**[2] *n* (*3*) Einschlafen *n der Glieder*, Kribbeln *n*; Brummen *n im Kopf*; **~nský** Brünner (*Adj.*); **~t** ⟨*roz-*, *za-*⟩ kribbeln, prickeln; *-ní mě hlava* der Kopf brummt mir; *-ní mě noha* der Fuß ist mir eingeschlafen; *až -ní uši* daß es in den Ohren gellt, daß die Ohren schmerzen.
brnk|at ⟨*pře-*, *za-*⟩ *auf e-m Instrument* klimpern; **~nout** *pf.*, *pře-* (*-kl*/*-knul*, *-kla*) *s. brnkat*; *~ do strun* in die Saiten greifen; F (*k-u*) anrufen, anläuten (*A*).
brod *m* (*2*; *6. -ě*/*-u*) Furt *f*; *a.* = **~iště** *n* (*2a*) Schwemme *f*; **~it** ⟨*pro-*, *pře-*⟩ *Pferde* schwemmen; *~ se* ⟨*pro-*, *pře-*⟩ waten (*vodou* im Wasser); stapfen (*sněhem* durch den Schnee); *~ se přes řeku* e-n Fluß durchwaten; **~ivec** *m* (*3*; *-vc-*) = **~ivý**: *~ pták* Watvogel *m*.
brojit ⟨*na- se*⟩ hetzen; zu Felde ziehen (*proti č-u* gegen *A*).
-brojovat *s. o(d)z-*, *vyzbrojovat*.
brok *m* (*2b*) Schrotkorn *n*; *~y pl.* Schrot *m*.
brokát *m* (*2*; *6. -u*/*-ě*) Brokat *m*; **~ový** Brokat-.
brokovnice *f* (*2a*) Schrotflinte *f*.
bronz *m* (*2a*) Bronze *f*; **~ovat** ⟨*na-*, *o-*, *po-*⟩ (*-zuji*) bronzieren; **~ový** bronzen, Bronze-.
brosk|ev *f* (*3*; *-kv-*) Pfirsich *m*; **~voň** *f* (*3*) Pfirsichbaum *m*; **~vovice** *f* (*2a*) Pfirsichbranntwein *m*; **~vový** Pfirsich-.
brouček *m* (*1a*; *-čk-*) Käfer(chen *n*) *m*; F *milý -čku!* mein Liebling (Schätzchen, Herzchen *usw.*).
brouk *m* (*1a*) Käfer *m*; *má ~y v hlavě* er hat Grillen im Kopf; *nasadit k-u ~a do hlavy* j-m einen Floh ins Ohr setzen; **~al** F *m* (*1*; *-ové*) Griesgram *m*, Brummbär *m*; **~at** ⟨*po-* (*si*), *za-* (*si*)⟩ brummen, murren; **~avý** brummig, mürrisch; **~nout** *pf.*, *za-* (*-kl*) *~ na k-o* j-n barsch anfahren.
brous|ek *m* (*2b*; *-sk-*) Schleif-, Wetzstein *m*; Schlief *m* (*im Brot*); **~it** ⟨*na-*, *o-*, *pře-*, *z-*, *za-*⟩ (*-šen*) schärfen, wetzen; schleifen; *Sense* dengeln; *Sprache* reinigen; *v/i* (*herum*)schlendern; *~ světem* die Welt durchstreifen; F *~ si jazyk* sich das Maul (*od.* die Mäuler) zerreißen; *~ si vtip o k-o* über j-n witzeln; *~ si zuby nač* scharf sein auf et.
broušen|í *n* (*3*) Schleifen *n*; Schliff *m*; **~ý** geschliffen; *~ lak* Schleiflack *m*.
brouzdat (se) ⟨*po-*, *pro-*, *pře-*, *z-*⟩ waten; F (ziellos) herumirren; schlendern.
brož *f* (*3*) Brosche *f*, Fibel *f*.
brož|ovaný broschiert; **~ovat** ⟨*z-*⟩ (*-žuji*) broschieren, heften; **~ura** [-u:-] *f* (*1d*) Broschüre *f*.
brť *f* (*4c*; *-ti*) Klotzbeute *f*.
brt|nictví *n* (*3*) Imkerei *f*; **~ník** *m* (*1a*) Imker *m*, Zeidler *m*; † *Zo.* Honig-, Zeidelbär *m*.
bruč|et ⟨*po-* (*si*), *roz- se*, *za-*⟩ brummen (*a.* F *fig.*); **~ivý** brummend; F brummig; **~oun** F *m* (*1*) Brummer *m*; *fig. s. bublák*.
brukev *f* (*3*; *-kv-*) Kohlrübe *f*, Kohlrabi *m*.
bru|kot *m* (*2a*) Brummen *n*, Gebrumm *n*; **~mlat** ⟨*za-*⟩ brummen.
brunátný rotbraun; purpurfarben; weinrot.
brunet *m* (*1*), **~ka** *f* (*1c*; *-tek*) Brünette(r) *f u. m.*
brus *m* (*2a*) Schleif-, Wetzstein *m*; *z ~u nový* funkelnagelneu; **~ič** *m* (*3*) Schleifer *m*; *fig.* Purist *m*; **~inka** *f* (*1c*; *-nek*) Preißelbeere *f*; Preißelbeerstrauch *m*; **~írna** *f* (*1*; *-ren*) Schleiferei *f*; **~ivo** *n* (*1*) Schleifmittel *n*.

brusl|ař *m* (*3*), **~ařka** *f* (*1c*; *-řek*) Schlittschuhläufer(in *f*) *m*; **~ařský** Eislauf-; **~e** *f/pl.* (*2c*) Schlittschuhe *m/pl.*; *kolečkové* ~ Rollschuhe *m/pl.*; **~ení** *n* (*3*) Schlittschuhlaufen *n*, Eislaufen *n*; **~it** ⟨*za- si*⟩ Schlittschuh laufen, eislaufen.

brusnice *f* (*2a*) *s. brusinka*; *bažinná* ~ Moosbeere *f*.

brusný Schleif-.

brut|alita *f* (*1*) Brutalität *f*; **~ální** brutal.

brva *f* (*1*) Wimper(nhaar *n*) *f*; *-vy pl. a.* Augenbrauen *f/pl.*

brýl- *s. brejl-*.

brynd|a F *f* (*1*) Gesöff *n*; *být v -dě* in der Patsche sitzen; *nechat k-o v -dě* j-n im Stich lassen; **~al** P *m* (*1*; *-ové*) Pan(t)scher *m*; **~at** F ⟨*po-*, *z-*, *za-*⟩ kleckern; *Getränke* pan(t)schen; ~ *se ve vodě* im Wasser planschen.

brynza *f* (*1a*) Schafkäse *m*.

brzd|a *f* (*1*) Bremse *f*; *záchranná* ~ Notbremse; **~ař**, **~ič** *m* (*3*) Bremser *m*; **~ící** Brems-; **~it** ⟨*za-*⟩ bremsen; **~ný**: *-ná vzdálenost* Bremsweg *m*; **~ový** Brems-; ~ *špalík* Hemmschuh *m*, Bremsklotz *m*.

brz|ičko F *Adv.* gar bald; ganz schnell; **~kost** *f* (*4*) Bälde *f*; **~ký** baldig; **~o** *Adv.* bald; (*früh*)zeitig; **~oučký** *s. brzký*; **~y** *s. brzo*.

brzlík *m* (*2b*) Thymusdrüse *f*; (*bsd. Kochk.*) Bries *n*.

břečk|a *f* (*1c*; *-ček*) (*Schnee-*)Matsch *m*; Maische *f*; F Brühe *f*, Gesöff *n*; Brei *m*; **~ovitý** matschig; breiig.

břečťan *m* (*2a*) *Bot.* Efeu *m*; **~ový** Efeu-.

břeh *m* (*2b*) Ufer *n*; Küste *f*; Strand *m*; *fig.* Rand *m*; *přistát u ~u* anlegen; **~ový** Ufer-, Strand-; **~ule** *f* (*2*) Uferschwalbe *f*.

břemeno *n* (*1*; *6. -u od. 2*) Last *f*, Bürde *f*; *-na pl. Sp.* Gewichte *n/pl.*; *být -nem* zur Last fallen.

břevn|o *n* (*1*; *6. -u/-ě*; *-ven*) Balken *m*; *brankové* ~ *Sp.* Torlatte *f*; **~oví** *n* (*3*) Gebälk *n*; **~ový** Balken-.

břez|ák *m* (*2b*) Birkenpilz *m*; **~en** *m* (*2a*; *-zn-*; *2. Sg. -zna*) März *m*; **~í** *Tier*: trächtig, tragend; **~ina** *f* (*1*) Birkenwald *m*; **~ňák** *m 1.* (*1a*) Märzhase *m*; *2.* (*2b*) Märzenbier *n*; **~nový** März-; **~ový** Birken-.

bři, bří *Abk. für bratři, bratří.*

bříd|il F *m* (*1*; *-ové*) Stümper *m*, Pfuscher *m*; **~ilský** stümperhaft; **~ilství** F *n* (*3*) Pfuscherei *f*; **~it** F pfuschen; *Wein* panschen.

břidl|a *f* (*1a*; *-del*), **~ice** *f* (*2a*) *Min.* Schiefer *m*; **~ový**, **~ičný** Schiefer-.

břich † *m* (*2b*) *s. břicho*; **~áč** F *m* (*3*) Dickwanst *m*, Fettbauch *m*; **~atět** ⟨*z-*⟩ (*3 Pl. -ějí*) e-n Bauch bekommen, dick werden; **~atý** dickbäuchig.

břicho *n* (*1b*) Bauch *m*; **~mluvec** *m* (*3*; *-vc-*) Bauchredner *m*; **~nožec** *m* (*3*; *-žc-*) *Zo.* Bauchfüßler *m*; **~pásek** *m* (*1a*; *-sk-*) Feinschmecker *m*, F Leckermaul *n*; **~ploutivý**: *-vé ryby Zo.* Bauchflosser *m/pl.*; **~řez** *m* (*2a*) Bauchschnitt *m*.

břímě † *n* (*břemene*) *s. břemeno*.

břink! *Int.* kling!; **~ačka** *f* (*1c*; *-ček*) Klimperkasten *m*; **~at** ⟨*za-*⟩, **~nout** *pf.*, *za-* klirren; klimpern; **~ot** *m* (*2a*) Geklirr *n*; Geklimper *n*.

bříško *n* (*1b*; *-šek*) *s. břicho*; *Anat.* (*Hand-*, *Fuß-*)Ballen *m*.

břišní Bauch-; Leib-; Unterleibs-.

břit *m* (*2a*) Schneide *f*; Schärfe *f*; **~kost** *f* (*4*) Schärfe *f*; F Schneid *m*; **~ký** (*Adv. -ce*; *Komp. břitčí*) scharf; **~va** *f* (*1*; *-tev*) Rasiermesser *m*; *ostrý jako* ~ messerscharf; F *chodit jako na -vách* wie auf Nadeln gehen; *chytat se -vy* sich an einen Strohhalm klammern.

bříza *f* (*1a*) Birke *f*.

bubák *m* (*1a*) Schreckgespenst *n*, Popanz *m*, F Buhmann *m*; Eigenbrötler *m*, Griesgram *m*.

bub|en *m* (*2a*; *-bn-*) Trommel *f*; F *dát dům na* ~ ein Haus unter den Hammer bringen; *dát na* ~ *et.* an die große Glocke hängen; *-bny pl. a.* Schellen *f/pl.* (*Spielkarte*); **~eník** *m* (*1a*) Trommler *m*; **~ínek** *m* (*2b*; *-nk-*) kleine Trommel *f*; Tamburin *n*; Stickrahmen *m*; Kanonenofen *m*; *Anat.* (*ušní*) ~ Trommelfell *n*; **~ínkový** Trommel-.

bubl|ák F *m* (*1a*) Murrkopf *m*, Brummbär *m*; **~ání** *n* (*3*) Murmeln *n*, Gemurmel *n*; **~anina** *f* (*1*) *Kochk.* Kirschauflauf *m*; **~at** ⟨*po-*, *za-*⟩ blubbern; *Bach*: murmeln, plätschern; **~avý** murmelnd; **~ina** *f* (*1*) Blase *f*; **~inatý** blasig; Blasen-.

bubn|ovat ⟨*vy-*, *z-*, *za-*⟩ (*-nuji*) trommeln; *Alarm* schlagen; **~ový** Trommel-; ~ *král* Schellenkönig *m*.

bubř|et ⟨*na-*, *z-*⟩ (*3 Pl. -ejí/-í*) (an-)

schwellen; sich blähen; **~ina** P *m* (*5*) Dickbauch *m*.

buc|ek P *m* (*1a*; *-ck-*; *-ckové*) Pausback *m*, Dickerchen *n*; **~latý** pausbäckig; *Gefäß*: bauchig.

bůček *m* (*2b*; *-čk-*) *Dim. zu bok*: Seite *f*; *Anat.* Weiche *f*; *vepřový ~* Schweinebauch *m*.

buč|ení *n* (*3*) Brüllen *n*, Muhen *n*; **~et** ⟨*roz- se, za-*⟩ brüllen, muhen; *hloupý až -čí* stockdumm; **~í** *n* (*3*), **~ina** *f* (*1*) Buchenwald *m*; **~ivý** brüllend, muhend.

bud *s. bouda*.

buď *Imp. v. být*: sei; *~ jak ~!* was auch geschehen mag!, komme was wolle!; *Imp. v. budit*; *Konj. s. buďto, buďže*.

bud|icí Weck-; Erreger-; **~ič** *m* (*3*) Erreger *m*; **~íček** *m* (*2b*; *-čk-*) Wecker *m*; *Mil.* Wecken *n*, Wecksignal *n*; **~ík** *m* (*2b*) Wecker *m*; **~itel** *m* (*3*; *-é*) Volksaufklärer *m*, (Wieder-)Erwecker *m*; **~it** ⟨*pro-* (*se*), *vz-*⟩ (*-zen*) (auf)wecken; *Vertrauen, Mitleid, Anschein* erwecken; *Abscheu, Furcht* einflößen; *Anstoß, Aufsehen* erregen; *Unwillen* hervorrufen; *El.* erregen.

budiž! *Imp.* es sei (denn)!, es geschehe!, es werde!; also gut!; *~ k ničemu m* (*indekl.*) Taugenichts *m*.

budka *f* (*1c*; *-dek*) (kleine) Hütte *f*; *ptačí ~* Nistkästchen *n*; *Thea. nápovědova ~* Souffleurkasten *m*; *strážní ~* Schilderhaus *n*; *telefonní ~* Telefon-, Fernsprechzelle *f*.

budník *m* (*2b*) Vogelhaus *n*; Taubenschlag *m*.

budouc|í (zu)künftig; *~ rok* kommendes Jahr; *~ umělec* angehender Künstler *m*; *Gr. ~ skonalý čas* Futurum exaktum *n*, Vorzukunft *f*; **~ně** *Adv.* in Zukunft, künftighin, fortan; ferner(hin); *~ dále* Fortsetzung folgt; **~no** *n*: *hledět s obavami do -na* mit Sorge in die Zukunft blicken; *pro ~* in der Folge; **~nost** *f* (*4*) Zukunft *f*; *hudba ~i* Zukunftsmusik *f*.

budov|a *f* (*1*) Gebäude *n*; **~ání** *n* (*3*) Bauen *n*, Errichtung *f*; Aufbau *m*; **~atel** *m* (*3*; *-é*) Erbauer *m*; **~at** ⟨*vy-, z-, za-*⟩ (*-duji*) (er)bauen, errichten; aufbauen; *fig. ~ na čem, kom* bauen auf (*A*).

buď|si! mag sein!; **~te(ž)**! seid!, seien Sie!; **~to** *Konj.*: *~ (a)nebo* entweder oder.

budu *s. být*.

buďže = *buď že* sei es, daß ..., es sei denn, daß ...

budžet *m* (*2a*) Haushaltsplan *m*, Etat *m*; *státní ~* Staatshaushalt *m*.

bufet *m* (*2a*) Schnellimbiß *m*, Imbißstube *f*; Erfrischungsraum *m*; Büffet *n*, Anrichte *f*; **~ářka** *f* (*1c*; *-řek*) (*Imbißstuben-*)Verkäuferin *f*.

bufy F *f/pl.* (*1*) Pelzstiefel *m/pl.*

bůh, *Rel.* ♀ (*1a*; *boh-*; *5 Sg. Bože!*; *1 Pl. -ové*) Gott *m*; *dá-li ~* so Gott will; *dát k-u s Bohem* sich von j-m verabschieden; *díky Bohu!* Gott sei Dank!; *♀ mě chraň!* Gott behüte!; *chraň ♀!, nedej ♀!, uchovej ♀!* Gott bewahre!; *zaplať Pán ♀!* vergelt's Gott!; *pro Boha!* um Gottes willen!; *zdař ♀! Bgb.* Glückauf!; **~ví** (*~co, ~kde, ~kdo, ~kdy, ~proč*) weiß Gott (was, wo, wer, wann, warum).

buch! *Int.* bumm!; bums!; puff!

buch|ar *m* (*2a*) *Tech.* (großer) Hammer *m*; **~at** ⟨*roz-, vy-, za-*⟩ pochen, hämmern; **~covat** P ⟨*na-*⟩ (*-cuji*) (in den Rücken) knuffen; **~nout** *pf.*, *za-* knallen, dröhnen; **~ot** *m* (*2a*) Hämmern *n*, Pochen *n*; **~ta** *f* (*1*; *-chet*) *Kochk.* Buchtel *f* (*gefülltes Hefegebäck*); F Knuff *m*, Puff *m*; Tölpel *m*, Dummkopf *m*; **~tička** *f* (*1c*; *-ček*) *Dim. zu buchta*.

bujar|ost *f* (*4*) Lebensfrische *f*, jugendliches Feuer *n*; **~ý** (*Adv. -ře*; *Komp. bujařejší*) (lebens-)frisch; feurig.

buj|ení *n* (*3*) üppiges Wachstum *n*, Wuchern *n*; **~et** ⟨*pře-, roz- se, vy-*⟩ (*3 Pl. -ejí/-í*) üppig wachsen, wuchern; **~nět** ⟨*z-*⟩ (*3 Pl. -ějí*) übermütig werden; **~nost** *f* (*4*) Üppigkeit *f*; Übermut *m*, Mutwille *m*; **~ný** üppig; ungestüm; *Blut*: feurig, heiß; *Jugend*: mutwillig; *Fröhlichkeit*: ausgelassen.

buk *m* (*2b*) Buche *f*; *zdravý jako ~* kerngesund; **~ač** *m* (*3*) *Zo.* Rohrdommel *f*.

buket *m* (*2a*) Blumenstrauß *m*; Blume *f*, Bouquet *n*.

buk|ovina *f* (*1*) Buchenwald *m*; **~ový** Buchen-; **~vice** *f* (*2a*) Buchecker *m*.

bula *f* (*1a*) Bulle *f*.

buldo|k *m* (*1a*) Bulldogge *f*; **~zer** *m*

(*2a*) *Tech.* Bulldozer *m*, Planierraupe *f*.
Bulhar *m* (*1*; *-ři*), **~ka** *f* (*1c*; *-řek*) Bulgare *m*, -in *f*; **~sko** *n* (*1b*) Bulgarien *n*; **Ꮭský** bulgarisch; **Ꮭština** *f* (*1*) Bulgarisch *n*.
buličí Bullen-; P ~ *oko Bot.* Rindsauge *n*.
bulík *m* (*1a*) Bulle *m*; F Dummkopf *m*; *věšet* (*od. pověsit*) *k-u ~a na nos* = **~ovat** ⟨z-⟩ (*-kuji*) *j-m* einen Bären aufbinden.
buližník *m* (*2b*) *Min.* Kieselschiefer *m*.
bulka *f* (*1c*; *-lek*) Beule *f*.
bulva *f* (*1*) Knolle *f*; Augapfel *m*.
bulvár *m* (*2a*) Boulevard *n*; **~ní** Boulevard-; ~ *tisk* Asphaltpresse *f*.
buly *n* (*indekl.*) *Sp.* Bully *n*.
bumb|al *m* (*1*; *-ové*), *Dim.* **~álek** F *m* (*1a*; *-lk-*) Trinker *m*; **~at** ⟨*na- se, pro-, vy-*⟩ *Kdspr.* (gern) trinken.
bund|a *f* (*1*) Jacke *f*, Bluse *f*; **~ička** *f* (*1c*; *-ček*) Jäckchen *n*.
bun|ěčný *Tech.* Zell(en)-; **~ičina** *f* (*1*) Zellstoff *m*.
buňka *f* (*1c*; *-něk*) Zelle *f*; (*Honig-*) Wabe *f*.
bunkr *m* (*2a*) Bunker *m*.
buntovat F ⟨*s-, z-*⟩ (*-tuji*) aufwiegeln.
burácet ⟨*roz- se, vy- se, za-*⟩ (*3 Pl. -ejí*) brausen, tosen; *Donner*: rollen.
burák *m* (*2b*) Runkelrübe *f*; F Erdnuß *f*.
bur|covat ⟨*vy-, z-*⟩ (*-cuji*) (auf-) rütteln, schütteln; ~ *svědomí* das Gewissen wachrütteln; **~čák** P *m* (*2b*) junger Wein *m*.
burel *m* (*2a od. 4*) *Min.* Braunstein *m*.
bursa *f s. burza*.
buršák *m* (*1a*) *verä.* Burschenschaft(l)er *m*.
burz|a *f* (*1a*) Börse *f*; ~ *na zboží* Warenbörse; **~ovní** Börsen-; **~ovnictví** *n* (*3*) Börsenwesen *n*.
buržoa *m* (*5*) Bourgeois *m*, (wohlhabender) Bürger *m*; **~zie** *f* (*2*) Bourgeoisie *f*.
buřič *m* (*3*) Ruhestörer *m*, Aufwiegler *m*; Meuterer *m*, Rebell *m*; **~ský** aufrührerisch; **~ství** *n* (*3*) Geist *m* des Aufruhrs, Aufwiegelei *f*.
buřňák *m* (*1a*) Sturmvogel *m*.
buřt F *m* (*2a*; *6. -u*/*-ě*) *s. vuřt*.
busta *f* (*1*) Büste *f*.
bušení *n* (*3*) Klopfen *n*, Pochen *n*, Hämmern *n*; ~ *srdce* Herzklopfen; **~it** ⟨*roz- se, za-*⟩ pochen, hämmern.
buvol *m* (*1*) Büffel *m*; *americký* ~ Bison *m*.
buzení *n* (*3*) Wecken *n*; *El.* Erregung *n* (*Strom*).
bůž|e *n* (*4*) kleine Gottheit; ~ *lásky* Liebesgott *m*; **~ek** *m* (*1a*; *-žk-*; *-žkové*) (heidnischer) Gott, Götze *m*.
by *s. bych*.
býč|ek *m* (*1a*; *-čk-*) Jungstier *m*, Bullenkalb *n*; **~í** Stier-, Bullen-; ~ *zápas* Stierkampf *m*.
bydl|ení F *n* (*3*) Wohnung *f*; **~et**, **~it** ⟨*o-, za- se*⟩ (*3 Pl. -í*/*-ejí*) wohnen; logieren; **~iště** *n* (*2a*) Wohnsitz *m*, Wohnort *m*; *změna* ~ Wohnungswechsel *m*; **~o** *n* (*1a*; *-dlo*) Leben *n*; Wohlleben *n*, Wohnung *f*; F *dobré ~o ho pálí* es sticht ihn der Hafer, es geht ihm zu gut.
bych (**bys, by; bychom** ⟨F **bysme**⟩, **byste, by**) *1. bildet mit dem l-Partizip den Konditional a) des Präsens*: *byl(a) bych* ich wäre; *měl(a) bys* du hättest; *to by bylo hezké* das wäre schön; *kéž by to bylo pravda!* wenn es doch wahr wäre!; b) *des Präteritums*: *byli bychom šli* wir wären gegangen (wir würden gegangen sein); *to by tak hrálo!* das würde (gerade) noch fehlen!; *jak by ne?* warum denn nicht?; F *pozdě bycha honit* die Reue kommt zu spät.
býk *m* (*1a*) Bulle *m*, Stier *m*; **~ovec** *m* (*4*; *-vc-*) Ochsenziemer *m*; **~ovice** *f* (*2a*) Stierhaut *f*.
byl(a) *s. být*.
býlí *n* (*3*) Unkraut *n*.
bylin|a *f* (*1*) Kraut(pflanze *f*) *n*, Staude *f*; **~ářství** *n* (*3*) Kräuterkunde *f*; **~ka** *f* (*1c*; *-nek*) Pflänzchen *n*; **~kář** *m* (*3*) (*Heil-*)Kräutersammler *m*; **~kový** Kräuter-; **~ný** pflanzlich; Pflanzen-; **~stvo** *n* (*1*; *-tev*) Pflanzenreich *n*, -welt *f*.
bylo *s. být*.
býložrav|ec *m* (*3*; *-vc-*) *Zo.* Pflanzenfresser *m*; **~ý** pflanzenfressend.
byró *n* (*indekl.*) Büro *n*.
byrokra|cie *f* (*2*) Bürokratie *f*; **~t** *m* (*1*; *-é*/*-i*) Bürokrat *m*; **~tický** [-tɪ-] bürokratisch.
bys(te) *s. bych*.
bystro|duchý (*Adv.* -še) scharf-

sinnig; **~nohý** schnellfüßig; **~st** *f* (*4*) Schnelligkeit *f*; Schärfe *f*; Scharfsinn *m*.
bystrozrak *m* (*2b*) Scharfblick *m*; **~ost** *f* (*4*) Scharfsichtigkeit *f*; **~ý** scharfsichtig.
bystrý (*Adv.* *-ře*; *Komp.* *-třejší*) schnell, flink; scharfsinnig; *Blick*: scharf; *Gehör a.*: fein; *Kopf*: F hell, klar; *Junge*: aufgeweckt, F hell.
bystř|e *s. bystrý*; **~ice** *f* (*2a*), **~ina** *f* (*1*) Sturz-, Wild-, Gießbach *m*; **~it** ⟨z-⟩ *Sinne*, *Verstand* schärfen.
byt *m* (*2*; *6. -u/-ě*) Wohnung *f*; **~em** wohnhaft; ~ *o dvou pokojích* Zweizimmerwohnung; *letní* ~ Sommerwohnung, Sommerfrische *f*; *nouze o ~y* Wohnungsnot *f*.
být ⟨*po-*⟩ (*jsem, jsi, je, jsme, jste, jsou*; *Prät. byl*; *Fut. budu s. Anhang*) *1.* (vorhanden) sein, bestehen: *co je?* was ist los?, was gibt es?; *jsou lidé* es gibt Leute; *tak je tomu* so ist es; *je jisto* es steht fest; *je mi těžko* es fällt mir schwer; (*verneint*) *není práce* es gibt keine Arbeit; *není peněz* es fehlt an Geld; *to už není* das gibt es nicht mehr; *nebýt mne* wenn ich nicht (gewesen) wäre; *je tomu rok* es ist ein Jahr her; *bylo — nebylo* es war einmal; *co je ti?* was fehlt dir?; *jak je ti?* wie geht es dir?; *2.* werden; *už to nějak bude* es wird schon (irgendwie) werden; *3.* (*Passiv*) ist zu (+ *Inf.*); *je vidět Sněžku* die Schneekoppe ist zu sehen; *bylo slyšet hudbu* Musik war zu hören; *4.* (*mit 2. Fall = große Menge*) *v lese bylo jahod* im Wald gab es eine Unmenge (von) Erdbeeren; *to je lidí!* was für eine Menge Leute!; *5.* (*mit 7. Fall*) gereichen; *je mi ctí* (*potěšením*) es gereicht mir zur Ehre (zum Vergnügen); (*Ursache*) *to je tím, že ...* das kommt davon (daher), daß ...; (*Beruf*) *čím jste?* was sind Sie von Beruf?; *jsem učitelem* ich bin Lehrer; (*als Aussage*) *chrám je střediskem města* der Dom bildet den Mittelpunkt der Stadt; (*Ortsangabe*) ~ *domovem* beheimatet sein; *6. mit Präpositionen*: (*do* + *2. Fall*) *je mu do pláče* (*smíchu*) er ist dem Weinen (Lachen) nahe; *není mi do žertu* ich bin nicht zum Scherzen aufgelegt; *co je Vám do toho?* was geht Sie das an?; *to není k ničemu* das ist zu nichts nütze, das taugt zu nichts; (*na* + *6. Fall*) *co je na tom?* was ist dabei?; *co na mně je* was meine Person (mich) (an)betrifft; *jsi na omylu* du bist im Irrtum; ~ *na schůzi* einer Versammlung beiwohnen; (*nad* + *4. Fall*) *není nad zdraví* nichts geht über die Gesundheit; *moc je nad právo* Macht geht vor Recht; (*o* + *4. Fall*) *o to by nebylo* es wäre nicht wichtig; (*o* + *6. Fall*) *je o chlebě* er nährt sich von Brot; ~ *o hladu* hungern; (*od* + *2. Fall*) *nejsem od toho* das ist nicht meine Sache, ich bin nicht dagegen; (*po* + *6. Fall*) *nic mi po tom není* das geht mich nichts an; ~ *po otci* dem Vater ähnlich sehen; *je po hře* das Spiel ist aus; *je po obědě* das Mittagessen ist vorbei; (*v* + *6. Fall*) ~ *v platnosti* gültig sein, gelten; *je v tom něco* da steckt et. dahinter; (*za* + *4. Fall*) † *zač je ...?* was kostet ...?; *není* (*nemáte*) *zač!* keine Ursache!; (*za* + *7. Fall*) ~ *za kým* hinter j-m her sein; † j-n besuchen; *7. fig. je jako doma* er fühlt sich wie zu Hause; *je kam vítr tam plášť* er hängt den Mantel nach dem Wind; † *je nám všem umřít* wir müssen alle sterben; *byl ten tam* (*od. tentam*) er war auf und davon; *8.* (*als Hilfsverb*) *zur Bildung des Prät.*: *byl jsem* ich (*m*) war; *šli jste* ihr seid gegangen (ginget); *šel jste* Sie (*m*) sind gegangen; *zur Bildung des Konditionals* (*Möglichkeitsform*): *byla bych* ich wäre (würde sein); *zur Bildung von Finalsätzen*: *abych tam byl* damit (daß) ich dort bin, um dort zu sein.
byť: ~ *i Konj.* wenn auch; ~ *i sebeméně* sei es auch noch so wenig.
byťák F *m* (*2b*) Wohnungsamt *n*.
bytař *m* (*3*) Wohnungsdieb *m*.
byte(če)k *m* (*2b*; *-t*[*č*]*k-*) (hübsche, kleine) Wohnung *f*.
bytel|nost *f* (*4*) Dauerhaftigkeit *f*, Bestand *m*; **~ný** dauerhaft, fest.
bytí *n* (*3*) Dasein *n*; Bestand *m*; *jde o ~ a nebytí* es geht auf Leben und Tod; *boj o ~* Kampf ums Dasein, Daseinskampf *m*.
byt|ná *f* (*Adj. 2*) Wohnungsvermieterin *f*, F Wirtin *f*; **~nost** *f* (*4*) Sein *n*, Existenz *f*; † *s. bytost*; **~ný** *m* (*Adj. 1*) Wohnungsvermieter *m*, F Wirt *m*; **~ost** *f* (*4*) Wesen *n*; **~ost-**

ný wesentlich, Wesens-; **~ovat** ⟨*u-*⟩ (*-tuji*) wohnen, logieren; kampieren; **~ový** Wohnungs-.

býv|alý ehemalig, einstig, Ex-, gewesen(e), frühere; **~at** (*It. v. být*) ⟨*o-, za- se*⟩ zu sein pflegen, oft sein; *bývávalo* so war es vor langer Zeit.

byzant|inský [-tɪ-], **~ský** byzantinisch.

byznys *m* (*2a*) Business *m*, Geschäft *n*.

bzd|ina V *f* (*1*) Furz *m*; *fig.* Scheißdreck *m*; **~ít** P ⟨*vy- se, za-*⟩ einen fahren lassen, V furzen; schlecht brennen, glimmen (*im Ofen*).

bzik|at ⟨*roz- se, za-*⟩ summen; *Tiere*: scheuen; **~avka** *f* (*1c*; *-vek*) *Zo.* (*Rinder-*)Bremse *f*; **~nout** *pf.*, *za- s. bzikat.*

bzuč|ák *m* (*2b*) *El.* Summer *m*; **~ení** *n* (*3*) Summen *n*; Surren *n*; **~et** ⟨*roz- se, za-*⟩ summen; surren; **~ivý** summend; surrend.

bzukot *m* (*2a*) Summen *n*, Gesumm *n*.

bžunk! *Int.* plumps!; **~at, ~nout** *pf.* (*-kl*) *ins Wasser* plumpsen.

C

cácorka P *f* (*1c*; *-rek*) Bachstelze *f*.
cachtat se ⟨*za-*⟩ pan(t)schen; *im Schlamm* herumwühlen.
cajk *m* (*2b*) Zeug *n* (*Stoff*).
cák|at ⟨*po-*, *za-*⟩, **~nout** *pf*. (herum)spritzen.
cam|ra *m* V (*5*), **~ral** V *m* (*1*; *-ové*) Schwätzer *m*, Quatschkopf *m*.
canc|al V *m* (*1*; *-ové*) *s. camra*; **~at** V ⟨*na-*⟩ faseln, quatschen.
cancour F *m* (*2a*) Fetzen *m*.
candát *m* (*1*) *Zo*. Zander *m*.
capart F *m* *1*. (*1*) Fratz *m*, Bengel *m*; *2*. (*2a*) Kleinigkeit *f*.
cápek P *m* (*1a*; *-pk-*) Grünschnabel *m*, grüner Junge *m*.
capouch F † *m* (*2b*) *s. sopouch*.
car *m* (*1*; *-ové*) Zar *m*.
cár *m* (*2a*) Fetzen *m*, Lappen *m*; **~at se** ⟨*na- se*, *pro-*, *za-*⟩ schlendern; Umstände machen (*s kým* mit j-m).
carev|ič *m* (*3*) Zarensohn *m*, Zarewitsch *m*; **~na** *f* (*1*; *-ven*) Zarin *f*.
cars|ký zaristisch; **~tví** *n* (*3*) (Zaren-)Reich *m*; Zarentum *n*.
cavyk F *m* (*2b*): *~y pl*. Umstände *m/pl*.; *bez ~ů* ohne viel Federlesens.
cecek *m* (*2b*; *-ck-*; *6 Pl*. *-ckách*/*-ccích*) Zitze *f*.
ceďák *m* (*2b*) P *s. cedník*; *Tech. a.* Filter *m od. n*.
cedi|cí Filtrier-, Seih-; **~dlo** *n* (*1a*; *-del*) *s. cedník*; **~t** ⟨*pro-*, *vy-*⟩ (*cezen*) (durch)seihen; *Blut*, *Tränen* vergießen; *~ se* rinnen; *prší jen (se) -dí* es gießt.
cedník *m* (*2b*) Seiher *m*, Sieb *n*.
cedr *m* (*2a*) Zeder *f*; **~ový** Zedern-.
cedul|ář *m* (*3*) Zettelausträger *m*; **~e** *f* (*2*) Aushang *m*, Plakat *n*; *a.* = *Dim.* **~ka** *f* (*1c*; *-lek*) Zettel *m*; **~ový**: *-vá banka* Notenbank *f*.
cech *m* (*2b*) Zunft *f*; (*Produktions-*, *Montage-*)Abteilung *f*; † (*Gasthaus-*)Zeche *f*; **~mistr** *m* (*1*; *5 Sg*. *-ře!*, *-ři*) Zunftmeister *m*; **~ovní** Zunft-; **~ovnictví** *n* (*3*) Zunftwesen *n*; **~ovník** *m* (*1a*) Zunftgenosse *m*.
cejch *m* (*2b*) Eichstempel *m*; (*Brand-*)Mal *n*, Zeichen *n*; **~ování** *n* (*3*) Eichung *f*, Eichen *n*; **~ovat** ⟨*pře-*, *vy-*⟩ (*-chuji*) eichen; (be-)zeichnen; **~ovní** Eich-.
cejn *m* (*1*) (*Zo*. *~ velký*) Blei *m*, Brachsen *m*.
cek F *m* (*2b*) Laut *m*, Mucks(er) *m*; *ani ~!* kein Laut (Wort) mehr!; **~nout** *pf*. F mucksen.
cela *f* (*1a*) (*Kloster-*, *Gefängnis-*) Zelle *f*.
celek *m* (*2b*; *-lk-*) Ganze(s) *n*, Komplex *m*.
celer *m* (*2a*) Sellerie *f*; **~ový** Sellerie-.
celibát *m* (*2a*) Zölibat *m od. n*.
celičký *s. celý*; *~ den* den ganzen lieben Tag.
celistv|ost *f* (*4*) Ganzheit *f*; Geschlossenheit *f*; **~ý** ungeteilt, (in sich) geschlossen; ganz.
celit ⟨*do-*, *u-*, *za-* (*se*)⟩ *Wunde* heilen; *~ se Wunde*: (ver)heilen, sich schließen; † *fig*. verschmelzen (*v/i*).
celkem *Adv*. im allgemeinen, im großen und ganzen, insgesamt; *~ vzato* alles in allem, im Grunde genommen.
celkov(it)ý ganz; Gesamt-; *~ (zdravotní) stav* Allgemeinbefinden *n*; *~ finanční náklad* Gesamt(kosten)aufwand *m*.
cell|ista *m* (*5a*) Cellist *m*; **~o** *n* (*1a*) *Mus*. Cello *n*.
celní Zoll-; **~nice** *f* (*2a*) Zollstation *f*, -stelle *f*; **~ník** *m* (*1a*) Zollbeamter *m*, Zöllner *m*.
celo|- *in Zssgn mst* ganz-; **~denní** ganztägig, Ganztags-; **~hedvábný** ganzseiden; **~láník** *m* (*1a*) Vollbauer *m*; **~noční** die ganze Nacht dauernd; **~plátěný** ganzleinen; **~roční** ganzjährig.
celost *f* (*4*) Ganzheit *f*, Gänze *f*; Unversehrtheit *f*; Integrität *f*; *s. celistvost*.
celo|státní gesamtstaatlich, den ganzen Staat betreffend; **~stránkový** *Typ*. ganzseitig; **~vat** ⟨*po-*, *z-*⟩ (*-luji*) küssen; **~večerní**: *~ film* abendfüllender Film; **~životní** Lebens-, lebenslang.

celulóza *f* (*1a*) Zellulose *f*.

celý (*Adv.* -e, *zcela*, *docela*) ganz; gänzlich, völlig; *-lá lázeň* Vollbad *n*; *z -lého srdce* von ganzem Herzen: *pět -lých tři desetiny* fünf Komma drei; *žádná -lá dvě setiny* null Komma null zwei.

cement *m* (*2*; *6. -u*/*-ě*) Zement *m*; **~árna** *f* (*1*; *-ren*) Zementwerk *n*, -fabrik *f*; **~ovat** ⟨*vy-*, *za-*⟩ (*-tuji*) zementieren; **~ový** Zement-.

cen|a *f* (*1*) Preis *m*; Wert *m*; ~ *za hotové* Barpreis; *kurzívní* ~ Börsenpreis; *putovní* ~ *Sp.* Wanderpreis; *směšně nízká* ~ Spottpreis; *střelba o -ny* Preisschießen *n*; *-nou poctěný* preisgekrönt; *snížení -ny* Preissenkung *f*; **~ík** *m* (*2b*) Preisliste *f*; **~ina** *f* (*1*) (*Post-*)Wertzeichen *n*; Wertsache *f*; **~itel** *m* (*3*; *-é*) Taxator *m*, Abschätzer *m*; **~it**[1] ⟨*do-*, *o-*⟩ schätzen; **~it**[2] ⟨*vy-*, *za-* (se)⟩: ~ *zuby* die Zähne fletschen; ~ *se Zähne*: blitzen, schimmern; F (an)grinsen; **~nost** *f* (*4*) Wert *m*; **~ný** wertvoll; ~ *papír* Wertpapier *n*; **~ovka** F *f* (*1c*; *-vek*) Wertpaket *n*; Preisschild *n*.

cent *m* (*2a*) Zentner *m*; (F *a. metrák*) [~) Doppelzentner.

centi|litr [-tɪ-] *m* (*2a*) Zentiliter *m*; **~metr** *m* (*2a*) Zentimeter *m*; F Zentimetermaß *n*.

centový zentnerschwer.

centrála *f* (*1a*) Zentrale *f*.

centraliz|ace *f* (*2*) Zentralisierung *f*; **~ační** Zentralisierungs-; **~ovat** ⟨*z-*⟩ (*-zuji*) zentralisieren.

centr|ální zentral; **~forvard** *m* (*1*) Mittelstürmer *m*; **~ovat** ⟨*od-*, *vy-*⟩ (*-truji*) zentrieren; *Sp.* flanken.

cenz|or *m* (*1*; *-ři*/*-rové*) Zensor *m*; **~ura** [-zuː-] *f* (*1d*) Zensur *f*; **~urovat** ⟨*z-*⟩ (*-ruji*) zensieren, der Zensur unterwerfen.

cep *m* (*2a*) Dreschflegel *m*; *hist.* Streitkolben *m*; F *vzít do ~u j-n* in strenge Zucht nehmen.

cepenět ⟨*z-*⟩ (*3 Pl. -ějí*/*-í*) verenden, krepieren, F draufgehen, V verrecken.

cepín *m* (*2a*) *Sp.* Eispickel *m*.

cepovat F ⟨*vy-*⟩ (*-puji*) drillen, abrichten.

cerbulát † P *m* (*2a*) Zervelatwurst *f*.

ceremoni|ální [-nɪaː-] zeremoniell; **~ář** *m* (*3*) Zeremonienmeister *m*; **~e** *f* (*2*) Zeremonie *f*; ~ *pl.* F [-moː-] Umstände *m*/*pl.*, Umschweife *m*/*pl.*

cerkev *f* (*3*; *-kv-*) (orthodoxe) Kirche *f*.

cesmína *f* (*1*) *Bot.* Stechpalme *f*.

cest|a *f* (*1*) Weg *m*; Reise *f*; ~ *pro pěší* Fuß(gänger)weg; ~ *po souši, vodě, moři* Land-, Wasser-, Seeweg; ~ *do ciziny* Auslandsreise; ~ *tam a zpět* Hin- und Rückfahrt *f*, -reise; *být na -tách* unterwegs, verreist sein; *-tou* unterwegs; *-tou necestou* geradewegs, schnurstracks; *mluvit z -ty* vom Thema abschweifen, verworren reden; *na -tě domů* auf dem Nachhauseweg; F *být na špatné -tě* auf dem Holzweg sein; **~ář** *m* (*3*) Straßenwärter *m*; **~ička** *f* (*1c*; *-ček*) Pfad *m*, Steg *m*; (*Haar-*) Scheitel *m*; **~opis** *m* (*2*; *6. -e*/*-u*) Reisebeschreibung *f*; **~ování** *n* (*3*) Reisen *n*; Wanderschaft *f*; **~ovatel** *m* (*3*; *-é*) (*Forschungs-*, *Handels-*, *Welt-*)Reisende(r) *m*; **~ovat** ⟨*do-*, *od-*, *pro-*⟩ (*-tuji*) reisen (*po světě* durch die Welt; *do Norska* nach Norwegen); **~ovné** *n* (*Adj.* *3*) Reisespesen *pl.*; **~ovní** Reise-; Wander-; **~ující** *m* (*Adj.* *4*) Reisende(r) *m*, Fahr-, Fluggast *m*.

cet|ka *f* (*1c*; *-tek*) Flitter *m*; F Firlefanz *m*.

cév|a *f* (*1*) *Anat.* (*Blut-*, *Lymph-*) Gefäß *n*; Ader *f*; **~ka** *f* (*1c*; *-vek*) Abflußröhrchen *n*; *Med.* Katheter *m*; **~kovat** ⟨*vy-*⟩ (*-kuji*) *Med.* katheterisieren; **~natka** *f* (*1c*; *-tek*) Ader-, Gefäßhaut *f*; **~natý** gefäßreich; **~ní**, **~ový** Gefäß-; **~stvo** † *n* (*1*; *-tev*) *Anat.* Gefäßsystem *n*.

cezák *m* (*2b*) *s. cedník*.

cezura [-zuː-] *f* (*1d*) Zäsur *f*.

ch *s. Alphabet, nach h!*

cibetka *f* (*1c*; *-tek*) Zibetkatze *f*.

cibul|áček *m* (*1c*; *-čk-*) Zwiebelwurst *f*; **~e** *f* (*2*) Zwiebel *f*; **~ka** *f* (*1c*; *-lek*) (*Steck-*, *Blumen-*)Zwiebel *f*; **~(k)ovitý** zwiebelförmig; *-tá věžka* Zwiebeltürmchen *n*; **~(k)ový** Zwiebel-.

cíd|ění *n* (*3*) Putzen *n*; **~icí** Putz-; **~ič** *m* (*3*), **~ička** *f* (*1c*; *-ček*) (*Fenster-*, *Schuh-*)Putzer(in *f*) *m*; *-ič stok* Kanalreiniger *m*; **~idlo** *n* (*1a*; *-del*) Reinigungs-, Putzmittel *n*; **~it** ⟨*o-*, *pře-*, *vy-*⟩ putzen, reinigen; *Schornstein* fegen; ~ *kartáčem* (aus)bürsten.

cif|erník *m* (*2b*) Zifferblatt *n*; **~ra** *f* (*1d*; *-fer*) Ziffer *f*.

cigaret|a *f* (*1*) Zigarette *f*; **˷ář** P *m* (*3*) Zigarettenraucher *m*; **˷ový** Zigaretten-.
cihel|na *f* (*1*; *-len*) Ziegelei *f*; **˷ný** *s. cihlový*.
cihl|a *f* (*1a*; *-hel*) Ziegel(stein) *m*; *pálená* ˷ Backstein *m*; **˷ář** *m* (*3*) Ziegeleiarbeiter *m*; **˷ářský** Ziegel(ei)-; **˷ička** *f* (*1c*; *-ček*) Bügeleisen *n*; **˷ovitý** ziegelförmig; **˷ový** Ziegel-; ziegelrot.
cícha *f* (*1b*) (*Feder-*)Bettbezug *m*.
cikáda *f* (*1*) *Zo.* Zikade *f*.
cikán *m* (*1*), **˷ka** *f* (*1c*; *-nek*) Zigeuner(in *f*) *m*; **˷it** F ⟨*za- si*⟩, **˷ovat (se)** (*-nuji*) (herum)zigeunern, ein Zigeunerleben führen; **˷ský** (*Adv. -y*) Zigeuner-; zigeunerhaft, nach Zigeunerart.
cikor|ie [-koː-] *f* (*2*), **˷ka** *f* (*1c*; *-rek*) Zichorie(nwurzel) *f*.
cíl *m* (*4*; *6 Pl. -ech*) Ziel *n*; Zweck *m*; *jít za svým* ˷*em* sein Ziel verfolgen; **˷evědomý** zielbewußt; **˷it** ⟨*do-, za-*⟩ zielen; **˷ový** Ziel-.
cimb|ál *m* (*2*; *6. -u*/*-e*) *Mus.* Zymbal *n*, Hackbrett *n*; *Tech.* Läutewerk *n*; **˷alista** *m* (*5a*) Zymbalspieler *m*.
cimbuří *n* (*3*) Zinnen *f*/*pl.*, Mauerkranz *m*.
cimprcampr F: *rozbít na* ˷ kurz und klein schlagen; *auto je na* ˷ der Wagen ist schrottreif.
cimra F *f* (*1d*; *-mer*) Stube *f*, F Bude *f*.
cín *m* (*2a*) Zinn *n*; **˷ařství** *n* (*3*) Zinngießerei *f*; **˷ěný** † zinnern, Zinn-.
cink *1.* ˷! *Int.* kling!; *2.* † *m* (*2b*) (grauer) Star *m*; **˷ání** *n* (*3*) Geklingel *n*; **˷at** ⟨*za-*⟩, **˷nout** *pf.*, *za*-klingeln; *Geschirr*: klirren; F ˷ *k-u* j-m die Leviten lesen; **˷ot** *m* (*2a*) Klingeln *n*; Klirren *n*; **˷y** *s. cink 1.*
cínov|at ⟨*po-*⟩ (*-nuji*) verzinnen; **˷atý** zinnhaltig; **˷ka** *f* (*1c*; *-vek*) Zinngefäß *n*; **˷ý** Zinn-.
cint|ák *m* (*2b*), **˷áček** *m* (*2b*; *-čk-*) (*Kinder-*)Lätzchen *n*; **˷at** ⟨*po- (se)*⟩ geifern, F sabbern.
cíp *m* (*2a*) Zipfel *m*, Ecke *f*, Ende *n*.
cípal *m* (*1*; *-ové*) Meeräsche *f*.
cípek *m* (*2b*; *-pk-*) *Dim. zu cíp*.
církev *f* (*3*; *-kv-*) Kirche(ngemeinde) *f*; **˷něslovanský** kirchenslavisch; **˷ní** kirchlich, Kirchen-; ˷ *smlouva* Konkordat *n*.
cirkul|ace *f* (*2*) Zirkulation *f*; **˷árka** *f* (*1c*; *-rek*) Kreissäge *f*; **˷ář** *m* (*4*) Rundschreiben *n*; **˷ovat** (*-luji*) zirkulieren, umlaufen.
cirkus *m* (*2*; *6. -u*/*-e*) Zirkus *m*; **˷ák** *m* (*1a*) Zirkusartist *m*; **˷ový** Zirkus-.
císař *m* (*3*) Kaiser *m*; **˷ka** *f* (*1c*; *-řek*) *Bot.* Kaiserschwamm *m*; Kaiserbirne *f*; **˷ovna** *f* (*1*; *-ven*) Kaiserin *f*; **˷ský** (*Adv. -y*) kaiserlich; **˷ství** *n* (*3*) Kaiserreich *n*; Kaisertum *n*.
cisterci|ák *m* (*1a*) *Rel.* Zisterzienser *m*; **˷ácký** Zisterzienser-.
cisterna *f* (*1*; *-ren*) Zisterne *f*; Tank-, Kesselwagen *m*.
číška *f* (*1c*; *-šek*) *s. cícha*.
cit *m* (*2a*) Gefühl *n*; Empfindung *f*; ˷ *pro krásno* Schönheitssinn *m*; *bez -u* gefühllos.
citadela *f* (*1a*) Zitadelle *f*.
citát *m* (*2*; *6. -u*/*-ě*) Zitat *n*.
citeln|ost *f* (*4*) Empfindungsvermögen *n*, Empfindlichkeit *f*; **˷ý** empfindlich, spürbar, fühlbar.
citer|a *f* (*1d*) Zither *f*; **˷ista** *m* (*5a*) Zitherspieler *m*.
cíti|cí Empfindungs-; **˷t** ⟨*po-, pro-, u-, v- se, vy-*⟩ fühlen, empfinden; *Kälte, Schmerz usw. a.* (ver)spüren; riechen, wittern; *je* ˷ *plyn* es riecht nach Gas; *je* ˷ *česnekem* er riecht nach Knoblauch; F leiden können; *nemohu ho ani* ˷ ich kann ihn nicht ausstechen; ˷ *se* sich fühlen; F *ten se cítí!* der ist ganz schön eingebildet!; *necítil se vzteky* er war außer sich vor Wut.
citliv|ka *f* (*1c*; *-vek*) *Bot.* Mimose *f*; **˷ost** *f* (*4*) Empfindlichkeit *f*; Empfindsamkeit *f*; **˷ůstkář** *m* (*3*) sensibler, F zartbesaiteter Mensch *m*; Gefühlsmensch *m*; **˷ůstkářství** *n* (*3*) Empfindelei *f*, Gefühlsduselei *f*; **˷ý** empfindlich; empfindsam; gefühlvoll.
citoslovce *n* (*2*) *Gr.* Interjektion *f*.
citov|at ⟨*za-*⟩ (*-tuji*) zitieren; (*nur impf.*) *Geister* beschwören; **˷ka** F *f* (*1c*; *-vek*) Schnulze *f*; **˷ost** *f* (*4*) Sensibilität *f*, Empfindsamkeit *f*; **˷ý** Gefühls-, Gemüts-.
citr|ón *m* (*2*; *6. -u*/*-ě*) Zitrone *f*; **˷onáda** *f* (*1*) Zitronenlimonade *f*; Zitronensirup *m*.
citrón|ka F *f* (*1c*; *-nek*), **˷ovka** *f* (*1c*; *-vek*) Zitronenlimonade *f*; **˷ový** Zitronen-; zitronengelb.
citu|plný gefühlvoll; **˷prázdný** gefühllos.

citýrovat F (*im*)*pf.* (*-ruji*) zitieren, vorladen; (*nur impf.*) triezen, plagen.
civět F ⟨*pro-, za-*⟩ (*3 Pl. -ěji*) gaffen; Zeit vertrödeln; herumlungern.
civil *m* (*2a*) Zivil(kleidung *f*) *n*; Zivilleben *n*; F (*1*) = **~ista** *m* (*5a*) Zivilist *m*; **~izace** *f* (*2*) Zivilisation *f*; **~izační** Zivilisations-; **~izovaný** zivilisiert; **~izovat** ⟨*z-*⟩ (*-zuji*) zivilisieren; **~ní** zivil.
cívk|a *f* (*1c*; *-vek*) Spule *f* (*a. El.*), Rolle *f*; **~ový** *El.* Spulen-.
ciz|ácký Fremd-, fremd(ländisch); **~áctví** *n* (*3*) fremdes Wesen *n*, Fremdartigkeit *f*; **~ák** *m* (*1a*) Fremde(r) *m*, Fremdling *m*.
ciz|í (*Komp. cizejší*) fremd; ausländisch; auswärtig; ~ *jazyk* Fremdsprache *f*; ~ *slovo* Fremdwort *n*; **~ina** *f* (*1*) Ausland *n*, Fremde *f*; **~inec** *m* (*3*; *-nc-*; *1 Pl. -i*), **~inka** *f* (*1c*; *-nek*) Fremde(r) *m u. f*; Ausländer(in *f*) *m*; **~inecký** Fremden-; ~ *ruch* Fremdenverkehr *m*; *-ká legie* Fremdenlegion *f*; **~it se** ⟨*od-se*⟩ sich entfremden.
cizo|jazyčný fremdsprachig, Fremdsprachen-; **~krajný** fremdländisch, exotisch.
cizolož|it ⟨*z-*⟩ die Ehe brechen, Ehebruch begehen; **~ník** *m* (*1a*), **~nice** *f* (*2a*) Ehebrecher(in *f*) *m*; **~n(ick)ý** ehebrecherisch; **~ství** *n* (*3*) Ehebruch *m*.
cizopas|it schmarotzen; **~nictví** *n* (*3*) Schmarotzertum *n*; **~ník** *m* (*1a*) Schmarotzer *m*, Parasit *m*; **~ný** Schmarotzer-, parasitär.
cizo|rodý fremdartig; **~ta** *f* (*1*) Fremdheit *f*, Fremdartigkeit *f*; **~vláda** *f* (*1*) Fremdherrschaft *f*; **~zemec** *m* (*3*; *-mc-*), **~zemka** *f* (*1c*; *-mek*) Ausländer(in *f*) *m*; **~zemsko** *n* (*1b*) Ausland *n*; **~zemský** ausländisch.
clít ⟨*pro-*⟩ (*clil*) verzollen.
clo *n* (*1*; *6. -u*/*-e*; *cel*) Zoll *m*; *clu podrobený* zollpflichtig; *cla prostý* zollfrei.
clon|a *f* (*1*) Vorhang *m*; *fig.* Schleier *m*; *Tech.* Schirm *m*; *Fot.* Blende *f*; *Mil.* (*Feuer-*)Riegel *m*; **~it** ⟨*při-, za-*⟩ abschirmen; *Fot.* abblenden; **~ka** *f* (*1c*; *-nek*) *Fot.* Blende *f*.
cloum|at ⟨*za-*⟩, **~nout** *pf.*, *za-* zerren, ziehen (*čím* an *D*); rütteln (*čím* an *D*); ~ *čím sem tam* et. hin- und herzerren.
cmírat ⟨*na-, po-*⟩ *Wein* pan(t)schen.
co (*s. Anhang*) *1.* was; *čím*(*ž*) wodurch; *fig.* woher; *čím jste?* was sind Sie von Beruf?; *2.* etwas; *mám ~ dělat* ich habe (etwas) zu tun; *3.* seit(dem); sobald; *4.* (*Dauer, Wiederholung*) den ~ den Tag für Tag; *krok ~ krok* bei jedem Schritt; ~ *živ budu* mein Leben lang; ~ *jen* bis ... nur; *5.* (*Superlativ*) ~ *nejdřív* so früh (*od.* bald) wie möglich; ~ *nejrychleji* so schnell wie möglich, schnellstens; ~ *možná* möglichst; *6.* (*in bezug auf, hinsichtlich*) ~ *do správnosti* was die Richtigkeit betrifft; *7.* (*Vergleich*) † *sladký ~ med* süß wie (der) Honig; *8.* (*fragend*) ~? nicht?, nicht wahr?, was?, wie?; *9.* ~ *za* was für ein(er); *s. a. nač, oč, več, zač*; F ~ *je to zač?* was ist das für einer?; **~koli**(**v**) was auch immer.
cop *m* (*2a*) Zopf *m*.
copak? was denn?
cop|ánek *m* (*2b*; *-nk-*) Zöpfchen *n*; **~ařský** aus der Zopfzeit (stammend); *fig.* zopfig, rückständig.
cos(**i**) irgend etwas, F irgendwas.
coul *m* (*2a*) Zoll *m* (*Maß*).
cour|a *f* (*1d*) Schlampe *f*; **~ák** *m* (*2b*) Bummelzug *m*; (*Straßenbahn-*) Anhänger *m*; † langer Überrock *m*; **~at** ⟨*roz-, za-*⟩ schleppen; F ~ *se* (herum-)schlendern; (nach)schleppen; **~avý** F schleppend; **~ek** *m* (*2b*; *-rk-*) Rinnsal *n*, dünner (*Wasser-*)Strahl *m*.
couv|at ⟨*vy-*⟩, **~nout** *pf.*, *u-* (zurück)weichen (*a. fig.*); *couvnout o krok* e-n Schritt zurücktreten.
což was; ~? nicht?, nicht wahr?, was?, wie?; ~ *o to* das ist das wenigste; F *jen* ~ was das Zeug hält; **~e** was denn?, weshalb?; **~pak** denn; ~ *mě neslyšíš?* hörst du mich denn nicht?
cpanice *f* (*2a*) Gedränge *n*; F Fresserei *f*.
cpát ⟨*na-, vecpat*⟩ (*cpu, cpal*) stopfen; (hinein)pferchen; aufdrängen; ⟨*vycpat*⟩ ausstopfen; ~ *se* ⟨*nacpat se*⟩ sich vollstopfen *mit Essen*; ⟨*vecpat se*⟩ sich hineindrängen, -zwängen.
crčet ⟨*za-*⟩, **crk|at** ⟨*za-*, **~***nout* (*-kl*)⟩ rinnen, rieseln; *s. a. cvrnkat.*

crn- *s. cvrn-.*
ctěný (*mst in Briefen*) geehrt.
cti *s. čest.*
ctihodn|ost *f* (*4*) Ehrwürdigkeit *f*; **~ý** ehrwürdig, ehrenwert.
ctít ⟨*po-, u-*⟩ (*ctil, ctěn*) (ver)ehren; beehren; bewirten (*čím* mit *D*); **~** *barvu* (*beim Kartenspiel*) Farbe bekennen.
ctitel *m* (*3*; *-é*), **~ka** *f* (*1c*; *-lek*) Verehrer(in *f*) *m*.
ctižádost(iv|ost) *f* (*4*) Ehrgeiz *m*; **~ý** ehrgeizig.
ctnost *f* (*4*) Tugend *f*; **~ný** tugendhaft.
ctný † ehrbar.
cuc|áček *m 1.* (*1a*; *-čk-*) *s. cucák*[1]; *2.* (*2b*; *-čk-*) (*Baby-*)Saugflasche *f*; **~ák**[1] *m* (*1a*) Säugling *m*; *verä.* Milchbart *m*; **~ák**[2] F *m* (*2b*) Lutscher *m*, Schnuller *m*; **~at** ⟨*vy-*⟩ (aus)saugen; ⟨*po-*⟩ *Daumen, Bonbon* lutschen; **~avý** saugend; Lutsch-; **~ky** *m/pl.* (*2b*) Werg *n*; *na* **~** in Fetzen; *peněz jako -ků* Geld wie Heu; **~nout** *pf.*, *u-, vy- s. cucat.*
cud|nost *f* (*4*) Keuschheit *f*, Sittsamkeit *f*; **~ný** keusch, sittsam, züchtig.
cuch|anice *f* (*2a*) Gewirr *n*; **~at** ⟨*roz-, z-*⟩ durcheinandermengen; *Haar* zerzausen; *Kleider* nicht schonen; **~ta** P *f* (*1*) Schlampe *f*.
cuk *m* (*2b*) Ruck *m*; F *v* **~***u letu* ruck, zuck; **~at** ⟨*za-* (*se*)⟩ zucken.
cuker|ín *m* (*2a*) Süßstoff m, Saccharin *n*; **~natý** zuckerhaltig; verzuckert; **~ní, ~ný** Zucker-.
cuknout *pf.*, *za- s. cukat*; **~** *sebou* zusammenzucken.
cukr *m* (*2a*) Zucker *m*; **~árna** *f* (*1*; *-ren*) Konditorei *f*, Zuckerbäckerei *f*; **~ář** *m* (*3*) Konditor *m*, Zuckerbäcker *m*; **~ářský** Konditor-, Zuckerbäcker-; **~ářství** *n* (*3*) Zuckerbäckerei *f*; **~átko** *n* (*1b*; *-tek*) Bonbon *n od. m*; **~kandl** F *m* (*2a*) Kandiszucker *m*; **~oušek** F *m* (*1a*; *-šk-*) Süße *f*, Schatz *m*.
cukrovar *m* (*2a*) Zuckerfabrik *f*; **~nictví** *n* (*3*) Zuckerindustrie *f*; **~ský** Zuckerfabriks-; **~ství** *n* (*3*) Zuckerindustrie *f*.
cukrov|at *v/t* ⟨*na-, o-, po-*⟩ (*-ruji*) zuckern, süßen; *v/i Tauben*: girren; F **~** *se s kým* schnäbeln, schmusen; **~í** *n* (*3*) Zuckerwerk *n*; **~inka** *f* (*1c*; *-nek*): *-ky pl.* Süßwaren *f/pl.*; **~ka** *f* (*1c*; *-vek*) Zuckerrübe *f*; Zuckerkrankheit *f*; **~ník** *m* (*2b*) Zuckerrohr *n*; **~ý** Zucker-; zuckersüß.
cukřenka *f* (*1c*; *-nek*) Zuckerdose *f*, -streuer *m*.
culík *m* (*2b*) Zopf *m*.
culit se F grinsen.
cum|el *m* (*2 od. 4*; *-ml-*; *6. -u*/*-e*/*-i*) *s. cucák*[2]; **~lat** lutschen; ⟨*u-*⟩ ablutschen; **~lík** *m* (*2b*) *s. cucák*[2].
cumpl|a *f* (*1a*; *-pel*), **~och** *m* (*1a*) Schlampe *f*.
cup *Int.* trapp; **~***y dupy* trapp trapp.
cupat ⟨*po-, za-*⟩ *Kind*: trippeln; trampeln, stampfen.
cůpek *m* (*2b*) *s. cop, culík.*
cup|nout *pf.* (*-pl*) aufstampfen; *s. cupat*; **~ot** *m* (*2a*) Trippeln *n*; Trampeln *n*, Stampfen *n*; **~ovat** ⟨*roz-*⟩ (*-puji*) zupfen; zerpflücken; **~y** *s. cup.*
cvak|at ⟨*za-*⟩, **~nout** *pf.*, *za-* (*-kl*) klappern; klicken; knacken; *Uhr*: ticken; **~ot** *m* (*2a*) Klappern *n*; Ticken *n*.
cval *m* (*2a*) Galopp *m*; **~em** im Galopp.
cválat galoppieren.
cvalík F *m* (*1a*) Dickerchen *n* (*Kind*); Dicke(r) *m*.
cvičeb|na *f* (*1*; *-ben*) Übungszimmer *n*, -raum *m*; **~nice** *f* (*2a*) Übungsbuch *n*; **~ný** Übungs-.
cvičen|ec *m* (*3*; *-nc-*) Übungsteilnehmer *m*; Schüler *m*; Turner *m*; **~í** *n* (*3*) Übung *f*; Schulung *f*; Turnen *n*; **~ka** *f* (*1c*; *-nek*) Übende *f*; Turnerin *f*; **~ost** *f* (*4*) Übung *f* (*Routine*); Dressur *f*; **~ý** geübt; geschult.
cviči|ště *n* (*2a*) Übungsplatz *m*, Turnplatz *m*; Exerzierplatz *m*; **~t** ⟨*vy-*⟩ üben; turnen; schulen, ausbilden; abrichten, dressieren; **~tel** *m* (*3*; *-é*), **~telka** *f* (*1c*; *-lek*) Sportlehrer(in *f*) *m*; Vorturner(in *f*) *m*; Instrukteur(in *f*) *m*, Ausbilder(in *f*) *m*.
cvič|ky *f/pl.* (*2*; *-ček*) Turnschuhe *m/pl.*; **~ný** Übungs-.
cvik *m* (*2b*) Übung *f*; *vyjít z* **~***u* aus der Übung kommen.
cvikla *f* (*1a*; *-kel*) Runkelrübe *f*, Mangold *n*.
cvilink *m* (*2b*) Zwillich *n*; **~ový** Zwillich-.
cvo|ček *m* (*2b*; *-čk-*) (*Schuh-*) Zwecke *f*, Nagel *m*; *fig.* (*1a*; *-čk-*;

-*čkové*) Knirps *m*, Dreikäsehoch *m*; **~k** *m* (*2b*) Zwecke *f*; F *už nemá ani ~a* er ist blank, er hat k-n roten Heller; (*Pl.* *-ci*/*-ové*) *s.* *cvoček* (*fig.*).
cvrč|ala *f* (*1a*) *Zo.* Rotdrossel *f*; **~ek** *m* (*1a*; *-čk-*; *-čkové*) Grille *f*; F Knirps *m*; **~et** <*za-*> zirpen; **~ivý** zirpend.
cvrk|at <*za-*>, **~nout** *pf.*, *za-* *s.* *cvrčet*; **~ot** *m* (*2a*) Zirpen *n*.
cvrlik|at <*za-*> zwitschern; **~ot** *m* (*2a*) Gezwitscher *n*, Zwitschern *n*.
cvrn|čet <*za-*>, **~kat** <*za-*>, **~knout** *pf.*, *za-* *Sporen*: klirren; *Geld*: klimpern; **~kot** *m* (*2a*) Klirren *n*, Geklirr *n*; (*Gläser-*)Klang *m*.
cyklický zyklisch.
cyklist|a *m* (*5a*), **~ka** *f* (*1c*; *-tek*) Radfahrer(in *f*) *m*; **~ický** [-tɪ-] Rad(fahr)-; **~ika** [-tɪ-] *f* (*1c*) Radsport *m*.
cyklus *m* (*2b*; *-kl-*) Zyklus *m*.
cylindr *m* (*2a*) Zylinder *m*; **~ický** zylindrisch; **~ový** Zylinder-; zylinderförmig.
cynický [-nɪ-] zynisch.
cypřiš *m* (*4*) Zypresse *f*; **~ový** Zypressen-.
cyrilice *f* (*2a*) zyrillische (kyrillische) Schrift *f*.

Č

čabraka *f* (*1c*) Schabracke *f*.
čacký † wacker, brav; bieder.
čad † *m* (*2a*) Qualm *m*; **~it** ⟨*na-* (se), *o-*, *za-*⟩ (*-děn*/*-zen*) rauchen, qualmen; **~ivý** qualmend.
čahoun F *m* (*1*) Schlaks *m*, Bohnen-, Hopfenstange *f*.
čachr F *m* (*2a*) Schacher(ei *f*) *m*; **~y** *pl. a.* Machenschaften *f*/*pl.*; **~ovat** ⟨*za-*⟩ (*-ruji*) schachern.
čaj *m* (*4*) Tee *m*; ~ *o páté* Fünfuhrtee; **~ník** *m* (*2b*) Teekanne *f*; **~ovar** *m* (*2a*) (elektrische) Teemaschine *f*; **~ovka** *f* (*1c*; *-vek*) Teerose *f*; Teewurst *f*; **~ovna** *f* (*1*; *-ven*) Teestube *f*; **~ový** Tee-.
čáka *f* (*1c*) Hoffnung *f*, Aussicht *f*; † *Mil.* Tschako *m*.
čakan *m* (*2*; *6. -u*/*-ě*) Bergstock *m*; *hist.* Kampfbeil *n*; † Galgen *m*.
čalamáda *f* (*1*) Mixed Pickles *pl.*, Essiggemüse *n*.
čaloun *m* (*2a*) Tapete *f*; Wandteppich *m*; **~ěný** tapeziert; ~ *nábytek* Polstermöbel *n*/*pl.*; **~ický** Tapezierer-; **~ictví** *n* (*3*) Tapeziergewerbe *n*; Tapezierwerkstatt *f*; **~ík** *m* (*1a*) Tapezierer *m*; **~it** ⟨*o-*, *vy-*⟩ (*-ěn*), **~ovat** ⟨*o-*, *vy-*⟩ (*-nuji*) tapezieren.
čamara *f* (*1d*) *hist.* Schnürrock *m*.
čamrda *f* (*1*) Knopf *m*; Kreisel *m*.
čáp *m* (*1*) Storch *m*.
čap|at ⟨*na-*⟩ erhaschen, schnappen; **~í** Storch(en)-; **~ka** *f* (*1c*; *-pek*) Mütze *f*, Kappe *f*; **~nout** *pf.* (*-pl*/*-pnul*, *-pla*) *s. čapat*.
čára *f* (*1d*; *7 Sg.*, *3, 6, 7 Pl. a. čar-*) Strich *m*; Linie *f*; *demarkační* ~ Demarkationslinie; *půlicí* ~ *Sp.* Mittellinie; *sněžná* ~ Schneegrenze *f*; *stavební* ~ *Arch.* Bauflucht *f*; *zlomková* ~ *Math.* Bruchstrich.
čárat *s. čmárat*.
čár|čička *f*, **~ečka** *f* (*1c*; *-ček*) (kleiner) Strich *m*; **~ka** *f* (*1c*; *-rek*) *s. čárčička*; *Gr.* Komma *n*; (*tschech.*) Längezeichen *n*; Akut *m*; **~kovaný** gestrichelt; **~kovat** ⟨*pře-*, *vy-*, *za-*⟩ (*-kuji*) stricheln, schraffieren; liniieren; **~kový** Linien-, Strich-.
čárný *poet.* bezaubernd.
čaro- *in Zssgn* Zauber-.
čaroděj *m* (*3*) Zauberer *m*; **~nice** *f* (*2a*) Hexe *f*; **~nický** Zauber(er)-; **~nictví** *n* (*3*) Zauberkunst *f*; Zauberei *f*, Hexerei *f*; **~ník** *m* (*1a*) *s. čaroděj*; **~ný** Zauber-, Wunder-, magisch.
čaro|krásný zauberhaft, bezaubernd (schön); **~kruh** *m* (*2b*) Zauberkreis *m*; **~vání** *n* (*3*) Zauberei *f*; **~vat** ⟨*za-*⟩ (*-ruji*) (ver)zaubern; (be)hexen; **~vný** Zauber-; bezaubernd, zauberhaft; ~ *proutek* Wünschelrute *f*.
čáry *m*/*pl.* (*1d*) Zauberei *f*, Hexerei *f*; *v tom jsou nějaké* ~ das geht nicht mit rechten Dingen zu; ~ *máry* Hokuspokus *m*.
čas *m* (*2*; *6. -e*/*-u*) *1.* Zeit *f*; *Gr. budoucí* ~ Futur *n*, Zukunft(sform) *f*; *minulý* ~ Präteritum *n*, Vergangenheit(sform) *f*; *předminulý* ~ Plusquamperfekt *n*, Vorvergangenheit *f*; *přítomný* ~ Präsens *n*, Gegenwart(s-form) *f*; *svrchovaný* ~ höchste Zeit; *včera těmi* ~*y* gestern um diese Zeit; *na* ~*y* provisorisch; *na ten* ~ einstweilen; *do* ~*u* auf Zeit, für einige Zeit; ~ *od* ~*u*, *ob* ~ zeitweise, von Zeit zu Zeit; *v pravý* ~ zur rechten Zeit; *po* ~*e* verspätet, zu spät; *za onoho* ~*u* zu jener Zeit; *dát* (*od. nechat*) *si na* ~ sich Zeit lassen; *není* ~*u nazbyt* es ist keine Zeit zu verlieren; *v* ~ *potřeby* im Bedarfsfall; *jednou za* ~ ab und zu, hie und da; *za* ~*ů* zur Zeit (*G*); *2.* Wetter *n*; *deštivý* ~ Regenwetter; *dělá se na* ~*y* es heitert sich auf; P *psí* ~ Sauwetter, Hundewetter; **~em** *Adv.* mit (*od.* im Laufe) der Zeit; von Zeit zu Zeit; **~ně** *Adv.* (früh)zeitig; frühmorgens; **~nost** *f* (*4*) Zeitlichkeit *f*; **~ný** früh, zeitig; zeitlich, vergänglich.
časo|měr *m* (*2a*) Chronometer *n*; **~měřič** *m* (*3*) Zeitnehmer *m*; **~morný** zeitraubend.
časopis *m* (*2*; *6. -e*/*-u*) Zeitschrift *f*; **~ecký** Zeitungs-; **~ectví** *n* (*3*) Zeit-

schriftenwesen *n*; **~ný** Zeitschriften-.

časov|ací *Gr.* Konjugations-; **~ání** *n (3) Gr.* Konjugation *f*; **~aný**: *-ná bomba* Zeitbombe *f*; **~at** *(-suji)* ⟨*pro-, vy-*⟩ konjugieren; *(im)pf., na- Tech.* auf Zeit einstellen; **~atelný** konjugierbar.

časo|vost *f (4)* Aktualität *f*; **~vý** Zeit-, zeitlich; zeitgemäß, aktuell; *Gr.* Temporal-; *~ postup* Zeitenfolge *f*.

část *f (4)* Teil *m*; Partie *f*; *~ oděvu* Kleidungsstück *n*; *po ~ech* ratenweise; *z největší ~i* größtenteils, zum größten Teil; **~ečka** *f (1c; -ček)* Teilchen *n*; **~ečný** Teil-; teilweise, zum Teil.

častější öfter(s).

část|ice *f (2a)* Teil *m*; *Gr.* Partikel *f*; **~ka** *f (1c; -tek) Hdl.* Betrag *m*; (An-)Teil *m*; *po -kách* in Raten, ratenweise.

často *Adv. (Komp. častěji)* oft, häufig; **~krát** oftmals, vielfach.

častovat ⟨*po-, vy-*⟩ *(-tuji)* bewirten; **~el** *m (3; -é)*, **~elka** *f (1c; -lek)* Gastgeber(in *f*) *m*.

častý häufig, oftmalig.

čečetka *f (1c; -tek) Zo.* Birkenzeisig *m*, Leinfink *m*; *fig. jako ~* wie ein Wiesel.

čedič *m (4) Min.* Basalt *m*; **~ový** Basalt-.

čeho *s. co.*

čehý! *Int.* hüh! *(Fuhrmannsruf)*.

Čech *m (1a; -ši/-chové)* Tscheche *m*.

čechman *m (1) s. čerchman.*

Čechoslov|ák *m (1a)*, **~ačka** *f (1c; -ček)* Tschechoslowake *m*, -in *f*.

čechr|adlo *n (1a; -del) (Woll-)* Öffner *m*, *(Werg-)*Wolf *m*; **~at** ⟨*roz-, z-*⟩ *(-ruji)* auflockern; *Wolle* öffnen; *Haar* (zer)zausen.

Čechy *f/pl. (1)* Böhmen *n*.

čejka *f (1c; -jek) Zo.* Kiebitz *m*.

ček|ací Warte-; **~an** *m s. čakan*; **~aná** *f (Adj. 2) Jagdw.* Anstand *m*; **~ání** *n (3)* Warten *n*; **~anka** *f (1c; -nek) Bot.* Wegwarte *f*, Zichorie *f*; **~árna** *f (1; -ren)* Warteraum *m*, Wartesaal *m*; **~at** warten; erwarten; *Hdl. j-m et.* stunden; *to se dalo ~* das war zu erwarten; *nedát na sebe ~ fig.* nicht ausbleiben; *~* se erwartet werden; *žena se čeká* die Frau erwartet ihre schwere Stunde; *s.a. dočkat, vyčkat.*

čeládka *f (1c; -dek)* Gesinde *n*, Dienerschaft *f*; F *(Vogel-, Kinder-)* Schar *f*; *verä.* Gesindel *n*, Sippe *f*.

čeleď *f (4d; -di/-dě; -dĕmi) s. čeládka*; *Zo.* Familie *f*.

čeled|ín *m (1)* Knecht *m*; **~ní** Gesinde-, Dienstboten-; **~ník** *m (2b)* Gesindestube *f*.

čelenka *f (1c; -nek)* Stirnband *n*; Diadem *n*.

čelist *f (4) Anat.* Kiefer *m*; Kinnlade *f*; *Tech.* Backe *f*; **~ní** Kiefer-; Backen-.

čel|it trotzen, die Stirn bieten; *~ k č-u od. nač* auf et. abzielen; *~ proti č-u* gegen et. gerichtet sein, sich richten gegen *(A)*; **~mo** *Adv.* frontal; **~ní** Stirn-; Frontal-, Vorder-; **~ný** Spitzen-, Haupt-, führend; vornehm; **~o** *n (1a)* Stirn *f*; Front *f*; *stát v -le* an der Spitze stehen; *postavit v -lo* an die Spitze stellen; *-lem vzad!* ganze Abteilung kehrt!, *öst.* kehrt euch!

čem *s. co.*

čemeřice *f (2a) Bot.* Nieswurz *f*.

čemu *s. co.*

čenich *m (2b)* Rüssel *m*; **~at** ⟨*pro-, vy-, za-*⟩ wittern, riechen *(a. fig.)*; schnüffeln, schnuppern.

čep *m (2a)* Zapfen *m*, Spund *m*; *pivo od ~u* Bier vom Faß; **~covitý** haubenartig; **~ec** *m (4; -pc-)* Haube *f*; *Zo.* Netzmagen *m*; **~eček** *m (2b; -čk-)* Häubchen *n*.

čepel *m (4)*, *mst f (3)* Klinge *f*; *(Säge-)*Blatt *n*; *Bot.* Blattfläche *f*; **~ka** *f (1c; -lek)* Rasierklinge *f*.

čep|ice *f (2a)* Mütze *f*, Kappe *f*; *biskupská ~* Bischofsmütze *f*; F *mít pod -cí od. v -ci* e-n in der Krone haben; **~ička** *f (1c; -ček)* Käppchen *n*; *Tech.* Kappe *f*; *(Vogel-)*Haube *f*.

čepo|bití *n (3) Mil.* Zapfenstreich *m*; **~vat** *(-puji)* ⟨*na-, vy-*⟩ *Bier* zapfen; *Tech.* ⟨*s-, za-*⟩ verzapfen.

čepýřit ⟨*na-, roz-, z-, za-*⟩ sträuben, aufplustern (*se* sich); *fig. ~ se* in Harnisch geraten.

čerch(m)an P *m (1)* Teufel *m*, Deibel *m*.

čermá|ček *m (1a; -čk-)*, **~k** *m (1a) Zo.* Gartenrotschwanz *m*.

čerň *f (3)* Schwarz *n*; Schwärze *f*; *tiskařská ~* Druckerschwärze.

čern|at ⟨*z-*⟩ schwarz werden; *~ se* ⟨*za-*⟩ schwarz erscheinen; **~ava** *f (1)* Schwarzerde *f*; schwarze Wolken *f/pl.*; **~avý** schwärzlich; **~ět** (*3 Pl. -ějí*) *s. černat*; **~idlo** *n* (*1a*; *-del*) Schwärze *f*, Schuhwichse *f*; **~it** ⟨*o-, u-*⟩ (*-ěn*) schwarz färben; (an)schwärzen.

černo[1] *n* (*1*) Schwarz *n*; **~**[2] *Adv.* schwarz; *dělá se mi ~ před očima* es wird mir schwarz vor den Augen; *barvit na ~* schwarz färben; P *jet (koupit) na ~* schwarz fahren (kaufen); *práce na ~* Schwarzarbeit *f*.

černo|- *in Zsggn* schwarz-, Schwarz-; **~bílý** schwarzweiß; **~bradý** schwarzbärtig; **~být** *m* (*2*; *6. -u/-e*) *Bot.* Beifuß *m*; **~hlávek** *m* (*1a*; *-vk-*) *Zo.* Mönchsgrasmücke *f*; F Schwarzhaarige(r); (*2b*; *-vk-*) *Bot.* Brunelle *f*.

Černohor|ec *m* (*3*; *-rc-*), **~ka** *f* (*1c*; *-rek*) Montegriner(in *f*) *m*; **♀ský** montenegrinisch.

černohřivý schwarzmähnig, mit schwarzer Mähne.

černoch *m* (*1a*) Neger *m*; F Schwarzarbeiter *m*.

černokněž|nictví *n* (*3*) schwarze Kunst *f*, Magie *f*; **~ník** *m* (*1a*) Schwarzkünstler *m*, Zauberer *m*.

černo|lesklý schwarzschimmernd; **~moří** *n* (*3*) Schwarzmeergebiet *n*; **~oký** schwarzäugig; **~pláštník** *m* (*1a*) *Zo.* Trauermantel *m*; **~st** *f* (*4*) Schwärze *f* (*Aussehen*); **~ška** *f* (*1c*; *-šek*) Negerin *f*, P Schwarze *f*; **~šský** Neger-; **~vlasý** schwarzhaarig; **~vousý** schwarzbärtig; **~žlutý** schwarzgelb; *fig. hist.* k. u. k. österreichisch.

černý (*Adv.* *-ě*, *na -o*) schwarz; *~ jako uhel* kohlschwarz; *-ná hodinka* Dämmerstunde *f*; *-ná zvěř* Schwarzwild *n*; *-né na bílém* schwarz auf weiß; *~ chléb* Schwarzbrot *n*; *-né pivo* dunkles Bier *n*; *chodit v -ném* schwarz gekleidet gehen, Schwarz tragen; **~š** *m* (*4*) *Bot.* Wachtelweizen *m*.

čerp|ací Schöpf-; **~adlo** *n* (*1a*; *-del*) Pumpe *f*; **~ák** *m* (*2b*) (hölzernes) Schöpfgefäß *n*; **~at** ⟨*na-*⟩ schöpfen; pumpen.

čerstv|ost *f* (*4*) Frische *f*; **~ý** (*Adv.* *-ě/-o*, *z[a] -a*) frisch; munter, flink.

čert *m* (*1*) Teufel *m*; *u ~a!* zum Teufel!; *~ děvče* Teufelsmädchen *n*; *po ~ech těžké* verteufelt (verdammt) schwer; *~i ho berou, ~i jím šijí* der Teufel reitet ihn; *vyhánět ~a ďáblem* den Teufel mit (dem) Beelzebub austreiben; *bylo mu to ~a platné* es nützte ihm nichts; **~ice** *f* (*2a*) Teufelin *f*; **~ík** *m* (*1a*) Teufelchen *n*; **~ovina** *f* (*1*), **~ovství** *n* (*3*) Teufelei *f*, Teufelswerk *n*; **~ov(sk)ý** Teufels-, teuflisch.

červ *m* (*1*) Wurm *m*, Made *f*; *~ (zlého) svědomí* Gewissenswurm.

červ|ánky *m/pl.* (*2b*) Morgen- *od.* Abendrot *n*; **~cový** Purpur-; purpurrot; **~ec** *m* (*3*; *-vc-*) (Koschenille-)Schildlaus *f*; **~en** *m* (*2a*; *-vn-*; *2. -vna*) Juni *m*; **~eň** *f* (*3*; *-vn-*) Rot *n*, Röte *f*.

červen|at ⟨*z-*, *za-* (*se*)⟩ rot werden; **~avý** rötlich; **~cový** Juli-; **~ec** *m* (*4*; *-nc-*) Juli *m*; **~ět** *s. červenat*; **~it** ⟨*na-*, *za-* (*se*)⟩ rot (ab)färben; rot schimmern; **~ka** *f* (*1c*; *-nek*) (*Schweine-*) Rotlauf *m*; *Zo.* Rotkehlchen *n*; **~o** *n* (*1*) Rot *n*.

červeno|- *in Zssgn* Rot-, rot-; **~bílý** rot-weiß; **~hnědý** rotbraun; **~lící** rotwangig; **~modrý** rot-blau; **~nosý** rotnasig; **~st** *f* (*4*) Röte *f*.

červený (*Adv.* *-o*, *-ě*) rot, Rot-.

červ|íček *m* (*1a*; *-čk-*) Würmchen *n*; **~ivost** *f* (*4*) Wurmfraß *m*; *Med.* Wurmkrankheit *f*; **~ivý** wurmstichig; madig; *Zahn*: hohl; **~nový** Juni-.

červotoč *m* (*3*) Holzwurm *m*; **~ina** *f* (*1*) Wurmfraß *m*; Wurmstichigkeit *f*; Holzmehl *n*; **~ivý** wurmstichig.

červovitý wurmförmig; *~ výběžek slepého střeva Anat.* Wurmfortsatz *m*.

čeřen *m* (*2a*) Hamen *m*; *~ na úhoře* Aalreuse *f*; (*Gebirgs-*)Kamm *m*.

čeřit ⟨*roz-*, *z-*⟩ kräuseln (*se* sich); *Chem.* (ab)klären.

česač *m* (*3*) (*Obst-*)Pflücker *m*; (*Woll-*)Kämmer *m*; **~ka** *f* (*1c*; *-ček*) Pflückerin *f*; Kämmaschine *f*.

česa|ný gekämmt; Kamm-; *-ná příze* Kammgarn *n*; **~t** (*-šu/-sám*) ⟨*po-*, *pro-*, *vy-*⟩ (aus-, durch)kämmen; *Pferd* striegeln; ⟨*na-*, *s-*⟩ *Obst*, *Hopfen* (ab)pflücken.

česko|- *in Zssgn* tschechisch; *Geogr.* böhmisch; **~bratrský**: *Č-ká církev* Kirche *f* der Böhmischen Brüder; Böhmische Brüdergemeinde *f*; Herrnhuter *m/pl.*; **~německý** tschechisch-deutsch.

Československ|o *n* (*1b*) Tschechoslowakei *f*; **2ý** tschechoslowakisch.
český (*Adv.* -*y*) tschechisch; *Geogr.* böhmisch. [*n.*]
česlo *n* (*1a*; -*sel*) (*Bienen*-)Flugloch
česn|áček *m* (*2b*; -*čk*-) *Bot.* Knoblauchsrauke *f*; **~ečka** *f* (*1c*; -*ček*) Knoblauchsuppe *f*; **~ek** *m* (*2b*) Knoblauch *m*; **~ekový** Knoblauch-.
čest *f* (*4*; *cti*) Ehre *f*; *pokládat si za ~* es sich zur Ehre machen, es als Ehre betrachten; *na mou ~* auf Ehre; *beze cti* ehrlos; *ke cti* zu Ehren; *smysl pro ~* Ehrgefühl *n*; **~nost** *f* (*4*) Ehrenhaftigkeit *f*; **~ný** ehrenhaft; Ehren-; *Sp.* fair.
Češ|i *s.* *Čech*; **~ka** *f* (*1c*; -*šek*) Tschechin *f*.
čéška *f* (*1c*; -*šek*) *Anat.* Kniescheibe *f*.
češství *n* (*3*) Tschechentum *m*.
čeští *m belebt*/*pl.* *v.* *český*.
češtin|a *f* (*1*) Tschechisch *n*; **~ář** *m* (*3*), **~ářka** *f* (*1c*; -*řek*) Tschechischlehrer(in *f*) *m*.
čet|a *f* (*1*) (*Arbeiter*-)Kolonne *f*, Gruppe *f*, Mannschaft *f*; Trupp *m*; *Mil.* Zug *m*; **~ař** *m* (*3*) Zugführer *m*; **~ba** *f* (*1*) Lektüre *f*, Lesestoff *m*; **~l** *s.* *číst*.
četn|ický Gendarmerie-; **~ictvo** *n* (*1*) Gendarmerie *f*; **~ík** *m* (*1a*) Gendarm *m*; **~ost** *f* (*4*) (große) Anzahl *f*; Häufigkeit *f*; **~ý** zahlreich; -*ná rodina* kinderreiche Familie.
či *Kj.* oder.
čí wessen.
či|buk *m* (*2b*) (kurze) Pfeife *f*; **~čerka** *f* (*1c*; -*rek*) *Bot.* Kronwicke *f*; **~dlo** *n* (*1a*; -*del*) Sinnesorgan *n*; *Tech.* Fühler *m*; **~hadlo** *n* (*1a*; -*del*) Vogelherd *m*.
číhaná *f* (*Adj.* *2*) Lauer *f*; *Jagdw.* Anstand *m*; *být na* -*né* auf der Lauer liegen.
čihař *m* (*3*) Vogelsteller *m*.
číha|t ⟨*po*- *si*⟩ lauern; *j-m* auflauern; *~ na ptáky* den Vögeln nachstellen; **~vý** lauernd.
čich *m* (*2b*) Geruch(ssinn) *m*; Spürsinn *m*; (*Hund*) Witterung *f*; **~at** ⟨*vy*-, *za*-⟩, **~nout** *pf.*, *při*- (*si*) riechen; wittern; *~ čertovinu* eine Teufelei vermuten; **~ový** Geruchs-.
čik P *m* (*2b*) (*Zigaretten*-)Kippe *f*.
čili *Kj.* oder.
čilimník *m* (*2b*) *Bot.* Geißklee *m*; Goldregen *m*.

čílko *n* (*1b*; -*lek*, *6.* -*ách*) Stirn *f*; *s.* *čelo*.
čil|ost *f* (*4*) Raschheit *f*, Beweglichkeit *f*, Munterkeit *f*; **~ý** rege, lebhaft; munter; flink; rührig.
čím *s.* *co*; *~ ... tím je ...* desto.
čimišník *m* (*2b*) Erbsenstrauch *m*, -baum *m*.
čin *m* (*2a*) Tat *f*, Handlung *f*; *nelidský ~* Untat; *~ pomsty* Racheakt *m*; *smělý ~* Handstreich *m*; *místo ~u* Tatort *m*.
Čí|na *f* (*1*) China *n*; **~ňan** *m* (*1*; -*é*) Chinese *m*; **~ňanka** *f* (*1c*; -*nek*) Chinesin *f*.
činaný *Kdspr.* hübsch, niedlich.
činčila *f* (*1a*) Chinchilla *f*.
činely *m*/*pl.* (*1*) *Mus.* Becken *n*/*pl.*
čini|dlo *n* (*1a*; -*del*) Gerbemittel *n*; *Chem.* Reagens *n*; **~t** ⟨*u*⟩ *1.* tun, machen; *Anspruch* erheben; *Druck* ausüben; *Hindernisse* in den Weg legen; *Vorbereitungen* treffen; *Folgerungen* ziehen; *Gewalt* antun; *Gerechtigkeit* widerfahren lassen; *Hdl.* betragen, sich belaufen (*auf*); *2.* F *~ k-u* j-n rügen, herunterputzen; *3.* toben; *4.* *Leder* gerben; *5.* *~ se* ⟨*při*-⟩ sich beeilen, sich bemühen et. zu tun; **~tel** *m* (*4*; -*é*/-*e*) Faktor *m*; (*3*; -*é*) (*Gewerkschafts*-, *Partei*-) Funktionär *m*; *veřejný ~* e-e Persönlichkeit des öffentlichen Lebens; *povolaní ~é* die berufenen Organe.
čin|ka *f* (*1c*; -*nek*) *Sp.* Hantel *f*; **~nost** *f* (*4*) Tätigkeit *f*; *s.* *uvést*; **~ný** tätig, aktiv; *výdělečně ~* erwerbstätig; *~ rod Gr.* Aktiv(um) *n*, Tätigkeitsform *f*; *~ život* arbeitsreiches Leben *n*.
čino|hra *f* (*1d*; -*her*) Schauspiel *n*; **~rodý**: *~ život* tatenreiches Leben; **~vník** *m* (*1a*), **~vnice** *f* (*2a*) Funktionär(in *f*) *m*.
čín|ský (*Adv.* -*y*) chinesisch; **~ština** *f* (*1*) Chinesisch *n*.
činž|ák F *m* (*2b*) Mietshaus, F Mietskaserne *f*; **~e** *f* (*2*) (*Miet*-)Zins *m*; **~ovní** Miet(s)-.
čípek *m* (*2b*; -*pk*-) Zäpfchen *n*; *Tech.* Stift *m*.
čiper|a F *f* (*1d*) *od.* *m* (*5*), **~ka** F *f* (*1c*; -*rek*) *od.* *m* (*5*) junge, flinke Person *f*; **~nost** F *f* (*4*) Flinkheit *f*; **~ný** flink, gewandt.
čiročirý F rein, lauter; klar; völlig.
čir|ost *f* (*4*) Lauterkeit *f*; **~ý** (*Adv.* -*ře*) lauter, rein; klar; -*rá tma* stock-

finster; *-rá noc* tiefe (finstere) Nacht *f*.
číryčáry F *f/pl.* (*1*) Gekritzel *n*.
čiř|ení *n* (*3*) Klärung *f*; **~it** *s. čeřit*; **~ikat** ⟨*za-*⟩ zwitschern.
čísel|nice *f* (*2a*) (*Telefon-*)Nummernscheibe *f*; **~ník** *m* (*2b*) Zifferblatt *n*; **~ný** zahlenmäßig, numerisch.
číslice *f* (*2a*) Ziffer *f*.
číslo *n* (*1a*; *-sel*) Zahl *f*; Nummer *f*; *Gr. jednotné* ~ Einzahl *f*, Singular *m*; *dvojné* ~ Zweizahl *f*, Dual *m*; *množné* ~ Mehrzahl *f*, Plural *m*; ~ *stránky* Seitenzahl *f*.
číslov|ací Numerier-; ~ *stroj* = **~ačka** *f* (*1c*; *-ček*) Numeriermaschine *f*; **~aný** numeriert; **~at** ⟨*o-, pře-, za-*⟩ (*-luji*) numerieren; **~ka** *f* (*1c*; *-vek*) (*základní, řadová* Grund-, Ordnungs-)Zahlwort *n*; **~ý** Zahlen-.
čísnout F *pf.* (*k-o*) *j-m* e-e knallen.
čist *s. čistý*.
číst ⟨*pře-, pro-*⟩ (*čtu, četl, čten*) lesen; (*nahlas* laut) vorlesen; ablesen (*a. fig. z očí* von den Augen).
čist|á P *f* (*Adj. 2*) Klarer *m*; *s. čistý*; **~icí** Putz-, Reinigungs-; ~ *stanice* Kläranlage *f*; **~ič** *m 1.* (*3*) Reiniger *m*, Putzer *m*; ~ *bot* Schuhputzer; ~ *stok* Kanalräumer *m*; *2.* (*4*) Reinigungsapparat *m*, Reiniger *m*; Filter *m*; **~idlo** *n* (*1a*; *-del*) Putzmittel *n*; **~írna** *f* (*1*; *-ren*) Reinigung(sanstalt) *f*; Reinigungsanlage *f*; ~ *petroleje* Ölraffinerie *f*; **~it** ⟨*o-, pro-, vy-, za-*⟩ (*-štěn*) reinigen, putzen; *fig.* säubern; *Chem.* klären; *Tech.* ⟨*z-*⟩ raffinieren; **~ka** *f* (*1c*; *-tek*) *Pol.* Säuberung(saktion) *f*.
čisto *n* (*1*): *psát na* ~ ins reine schreiben; *z -ta jasna* aus heiterem Himmel; *s. a. čistý*; **~krevný** reinblütig, reinrassig; **~pis** *m* (*2*; *6. -e/-u*) Reinschrift *f*; **~ta** *f* (*1*) Reinheit *f*; **~tný** reinlich.
čisťou|čký, ~nký F (*Adv. -y/-ce*) schön sauber, blitzsauber.
čistý (*Adv. -ě, na -o*; *Komp. čistší*) rein; sauber; klar; *Hdl.* Netto-, Rein-.
číš|e *f* (*2*) Becher *m*, Pokal *m*; **~et** ⟨*za-*⟩ wehen; ziehen; **~ka** *f* (*1c*; *-šek*) (kleiner) Becher *m*; **~kovitý** becherförmig; **~ník** *m* (*1a*), **~nice** *f* (*2a*) Kellner(in *f*) *m*.
čištěn|í *n* (*3*) Reinigung *f*, Säuberung *f*; *Chem.* Klärung *f*; *Tech.* Raffinierung *f*; **~ý** gereinigt.
čít ⟨*u-*⟩ (*čiji, čij!, čil*) *s. cítit*.
čít|ač *m* (*3*) Zähler *m*; *vgl. počítač*; **~ací** † Lese-; **~ání** *n* (*3*) Lesen *n*; Zählen *n*; **~anka** *f* (*1c*; *-nek*) Lesebuch *n*; **~árna** *f* (*1*; *-ren*) Lesesaal *m*; **~at** ⟨*pro-, pře-*⟩ (*iter. zu číst*) lesen; zählen (*v/i*).
čitatel *m* (*4*; *Pl. -é/-e*) *Math.* Zähler *m*.
čitel|nost *f* (*4*) Leserlichkeit *f*; **~ný** leserlich.
čití *n* (*3*) Empfindung *f*.
čiv *m* (*2a*), **~a** *f* (*1*) Nerv *m*; **~ní, ~ový** Nerven-.
čížek *m* (*1a*; *-žk-*; *-žci/-žkové*) Zeisig *m*; ♀ *Spottname der Mährer für den Böhmen*.
čižma *f* (*1*): *mst pl. -my* (*slowak.*) Faltenstiefel *m/pl*.
článek *m* (*2b*; *-nk-*) Element *n*; (*Ketten-, Finger-*)Glied *n*; (*Gesetzes-, Zeitungs-*)Artikel *m*; *úvodní* ~ Leitartikel; ~ *víry* Glaubenssatz *m*.
článkov|ání *n* (*3*) Gliederung *f*; *Gr.* Artikulation *f*; **~aný** gegliedert; artikuliert; **~at** ⟨*roz-*⟩ (*-kuji*) artikulieren; *s. členit*; **~ý** Glieder-.
člen[1] *m* (*1*; *-ové*), **~ka** *f* (*1c*; *-nek*) (*strany* Partei-)Mitglied *n*; **~**[2] *m* (*2a*) Glied *n*; *Gr.* Geschlechtswort *n*, Artikel *m*; **~it** ⟨*roz-*⟩ gliedern; **~itost** *f* (*4*) Gliederung *f*; **~itý** gegliedert; **~ka** *f s. člen*[1]; **~ovec** *m* (*3*; *-vc-*) Gliedertier *n*; **~ský** Mitglieder-, Mitglieds-; **~ství** *n* (*3*) Mitgliedschaft *f*; **~stvo** *n* (*1*) Mitglieder(zahl *f*) *n/pl*.
člověč|e! *s. člověk*; ~ *nezlob se!* (*Spiel*) Mensch ärgere dich nicht!; **~enství** *n* (*3*) Menschlichkeit *f*; **~enstvo** *n* (*1*) *lit.* Menschheit *f*; **~í** Menschen-; **~ina** *f* (*1*) Menschenfleisch *n*.
člov|ěk *m* (*1a*; *5. -ěče!*; *Pl. lidé*) Mensch *m*; man; *to* ~ *neví* das weiß man nicht, das kann man nicht wissen; *to musí* **~a** *pálit* das muß einen ärgern; *to by* ~ *utek* das ist zum Davonlaufen; **~íček** *m* (*1a*; *-čk-*) Menschlein *n*; *nebylo tam -čka* dort war keine Menschenseele.
člun *m* (*2a*) Kahn *m*, Boot *n*; *plachetní* ~ Segelboot; *skládací* ~ Faltboot; *vlečný* ~ Schleppkahn; *záchranný* ~ Rettungsboot; *závodní* ~ Rennboot; **~ař** *m* (*3*) Kahnfahrer *m*, Ruderer

m; **~ek** *m* (*2b*; *-nk-*) Nachen *m*, kleines Boot *n*; (*Weber-*)Schützen *m*; **~ový** Boots-.

čmára|l *m* (*1*; *-ové*) Schmierer *m*, Schmierfink *m*; **~nice** *f* (*2a*), **~nina** *f* (*1*) Gekritzel *n*, Kritzelei *f*; **~t** ⟨*na-*, *po-*, *za-*⟩, **čmárnout** *pf*. (*-rl*/*-rnul*, *-rla*) schmieren, kritzeln.

čmel|ák *m* (*1a*) Hummel *f*; **~ík** *m* (*1a*) Hühnerlaus *f*.

čmoud *m* (*2*; *6*. *-u*/*-ě*) Rauch *m*, Qualm; Brandgeruch *m*; **~it** *s. čoudit*.

čmouha *f* (*1b*) (*Schmutz-*)Streifen *m*.

čmuch|álek *m* (*1a*; *-lk-*; *-ové*) Schnüffler *m*; **~at** ⟨*pro-*, *vy-*, *za-*⟩ schnüffeln.

čmýra *f* (*1d*) (Monats-)Regel *f*, Periode *f*.

čmýří *n* (*3*) Flaum *m*.

čnělka *f* (*1c*; *-lek*) *Bot*. Griffel *m*; *Mar*. (Bug-)Spriet *m*.

čnět, čnít (*3 Pl*. *-ějí*/*-í*, *-ěl*) emporragen; heraus- *od*. hervorragen.

čočk|a *f* (*1c*; *-ček*) Linse *f*; **~ovitý** linsenförmig; **~ový** Linsen-.

čočovice *f* (*2a*): *za -ci*, *za mísu ~* für ein Linsengericht.

čokl P *m* (*1*; *-ové*) *iron*. Hund *m*, Köter *m*.

čokolád|a *f* (*1*) Schokolade *f*; **~ový** Schokolade(n)-.

čolek *m* (*1a*; *-lk-*; *-ové*) (Wasser-)Molch *m*.

čou|dit ⟨*na-*, *o-*, *za-*⟩ rauchen, qualmen; **~hat** ⟨*vy-*⟩ *s. čnět*.

čpav|ek *m* (*2b*; *-vk-*) Salmiakgeist *m*, Ammoniak *n*; **~kový** Ammoniak-; **~ost** *f* (*4*) beißender Geruch *m*; **~ý** *Geruch*: beißend.

čpět, čpít ⟨*za-*⟩ (*čpěl*) scharf riechen, F beißen; *~ česnekem* nach Knoblauch riechen.

črt|a *f* (*1*) Strich *m*; Skizze *f*; **~at** ⟨*na-*, *za-*⟩ skizzieren.

čtecí Lese-.

čten *s. číst*.

čtenář *m* (*3*), **~ka** (*1c*; *-řek*) Leser(in *f*) *m*; **~ský** Leser-; **~stvo** *n* (*1*) Leserschaft *f*, Lesepublikum *n*.

čte|š *s. číst*; **~ní** *n* (*3*) Lesen *n*; Vorlesung *f*; Lesart *f*, Version *f*; *to stojí za ~* das ist lesenswert.

čtrnáct (*-i*) vierzehn; **~erák** *m* (*1a*) *Jagdw*. Vierzehnender *m*.

čtrnácti|denný vierzehntägig; **~letý** vierzehnjährig.

čtrnáct|ka (*1c*; *-tek*) Vierzehn *f*; **~krát** vierzehnmal.

čtu *s. číst*.

čtver|- *in Zssgn* vier-; **~ácký** schelmisch; **~áctví** *n* (*3*) Possen *f*/*pl*., derbe Streiche *m*/*pl*.; **~ačit** ⟨*za-*⟩ Possen treiben; **~ačivý** schelmisch; **~ák** *m* (*1a*), **~ačka** *f* (*1c*; *-ček*) Schelm(in *f*) *m*, Schalk *m*; **~cový** quadratisch, Quadrat-; **~če** *n* (*4*) Vierling *m*; **~ec** *m* (*4*; *-rc-*), *Dim*. **~eček** *m* (*2b*; *-čk-*) Quadrat *n*; **~ečkovaný** kariert; **~ečný** Quadrat-; **~hlasý** vierstimmig; **~hran** *m* (*2a*) Viereck *n*; **~hranný** viereckig; **~ka** *f* (*1c*; *-rek*) Vier *f*, Vierer *m*; **~mo** *Adv*. vierfach; auf allen vieren; **~násobný** vierfach; **~nohý** *s. čtyřnohý*; **~nožec** *m* (*3*; *-žc-*) Vierfüßer *m*.

čtvero|- *in Zssgn* vier-; **~** *n* (*1*; *6*. *-u*) vier (zusammen); *~ ročních počasí* die vier Jahreszeiten; **~spřež** *f* (*3*) Viergespann *n*.

čtver|y vier; **~ý** viererlei; **~ylka** *f* (*1c*; *-lek*) Quadrille *f*.

čtveřice *f* (*2a*) Viererreihe *f*.

čtvrcení *n* (*3*) Vierteilung *f*.

čtvrt *f* (*4c*; *-i*/*-ě*) *in Zssgn* viertel-, Viertel-; *ve ~ na 5* um viertel 5; *je tři ~i na 7* es ist dreiviertel 7.

čtvrť *f* (*4c*; *-ti*/*-tě*) (Stadt-)Viertel *n*, Teil *m*.

čtvrt|eční Donnerstags-, vom Donnerstag; *Mus*. *~ nota* Viertelnote *f*; **~ek** *m* (*2b*; *-tk-*; *2*. *-tka*) Donnerstag *m*; *Zelený ~* Gründonnerstag; **~hodina** *f* (*1*) Viertelstunde *f*; **~hodinový** viertelstündig; **~ina** *f* (*1*) Viertel *n*.

čtvrt|it ⟨*roz-*⟩ (*-cen*) vierteilen; **~ka** *f* (*1c*; *-tek*) Viertel *n*; Viertelbogen *m*; Viertelliter *m usw*.; **~kař** *m* (*3*) Mittelstreckenläufer *m*; **~letí** *n* (*3*) Vierteljahr *n*; **~litr** *m* (*2a*) Viertelliter *m*; **~ně** *n* (*4*), **~ňátko** *n* (*1b*; *-tek*) Vierteleimer *m*, Viertelfäßchen *n*; **~ní** *m* (*Adj*. *4*), **~ník** *m* (*1a*) Bezirksinspektor *m*; **~obrat** *m* (*2a*) Vierteldrehung *f*.

čtvrto|denní viertägig; **~hory** *f*/*pl*. (*1*) *Geol*. Quartär *n*.

čtvrt|roční vierteljährlich; **~tón** *m* (*2a*) Viertelton *m*; **~ý** vierte(r); *po -té* zum vierten Mal; *za -té* viertens.

čtyr-, čtyř- *in Zssgn* vier-, Vier-.

čtyrák *m* (*2b*) Vierkreuzerstück *n*; P *otočit se na* ~*u* entgegengesetzt handeln; im gleichen Atemzug das Gegenteil behaupten.

čtyř|aktovka *f* (*1c*; *-vek*) *Thea.* Vierakter *m*; ~**aktový** in vier Akten; ~**boký** vierseitig; vierkantig; ~**ciferný** *Math.* vierstellig; ~**če** *n* (*4*) Vierling *m*; ~**členný** viergliedrig; ~**čtvrteční** *Mus.* Vierviertel-; ~**denní** viertägig; ~**dílný** vierteilig; ~**hlasý** vierstimmig; ~**hra** *f* (*1d*; *-her*) *Sp.* Doppel(spiel) *n*; ~**hran** *m* (*2a*) Viereck *n*; Vierkant *m*; ~**hranný** viereckig; vierkantig.

čtyři (*G čtyř s. Anh.*); *hrát na* ~ *ruce Mus.* vierhändig spielen; *po -řech* auf allen vieren; je vier; *ve -řech* zu viert; ~**advacet** vierundzwanzig; ~**apůl** vier(und)einhalb; ~**cátnice** *f* (*2a*), ~**cátník** *m* (*1a*) Vierziger(in *f*) *m*; ~**cátý** vierzigste(r); ~**cet** vierzig; *je mu asi* ~ *let* er ist Mitte vierzig; ~**cetiletý** vierzigjährig; ~**cetina** *f* (*1*) Vierzigstel *n*; ~**cítka** *f* (*1c*; *-tek*) Vierzig *f*; ~**krát** viermal; vierfach; ~**jazyčný** viersprachig.

čtyř|ka *f* (*1c*; *-řek*) Vier *f*, F Vierer *m*; ~**kolový** vierrädrig, Vierrad-; ~**letí** *n* (*3*) Zeitraum *m* von vier Jahren; ~**letý** vierjährig; ~**listý** *Bot.* vierblättrig; ~**místný** *Math.* vierstellig; *Kfz.* viersitzig; ~ *vůz* Viersitzer *m*; ~**mocenský** Viermächte-; ~**mocný** *Chem.* vierwertig; *Bot.* viermächtig; ~**motorový** viermotorig; ~**nápravový** vierachsig; ~**násobek** *m* (*2b*; *-bk-*) Vierfache(s) *n*; ~**násobný** vierfach; ~**nedělní** vierwöchig; ~**nohý** vierbeinig; vierfüßig; ~**osý** vierachsig; ~**patrový** vierstöckig; ~**pokojový** Vierzimmer-; ~**poschoďový** vierstöckig; ~**rozměrný** vierdimensional; ~**řadový** vierreihig; ~**sedadlový** viersitzig; ~**spřeží** *n* (*3*) Viergespann *n*; ~**stěžňový** viermastig; ~**stopý** vierfüßig; ~**stup** *m* (*2a*) Viererreihe *f*; ~**stý** vierhundertste(r); ~**třídní** vierklassig; ~**úhelník** *m* (*2b*) Viereck *n*; ~**úhlý** viereckig; ~**válcový** *Kfz.* Vierzylinder-; ~**válec** *m* (*4*; *-lc-*) *Kfz.* Vierzylinder *m*; ~**verší** *n* (*3*) *lit.* Vierzeiler *m*; ~**veslice** *f* (*2a*) Vierer *m* (*Boot*).

čub|a *f* (*1*), ~**ička** *f* (*1c*; *-ček*), ~**ka** *f* (*1c*; *-bek*) Hündin *f*; V Hure *f*.

čubrnět P erstaunt (*od.* dumm) dreinschauen, große Augen machen, gaffen; ~ *na k-o* j-n anstarren, P anglotzen; ~ *na co* et. begaffen.

čučet P gaffen; (herum)lungern.

čudit qualmen; schmauchen.

čuch|at, ~**nout** *pf.* (*k č-u*) riechen, (*Hund*) schnuppern (an *D*), beschnuppern, beschnüffeln (*A*).

čum|ák *m* (*2b*) Schnauze *f*; ~**ět** F ⟨*za-*⟩ (*3Pl. -ějí*/*-í*) (an)gaffen, (an-)glotzen; ~**il** F *m* (*1*; *-ové*) Gaffer *m*, Maulaffe *m*.

čundra|čka F *f* (*1c*; *-ček*) Schlitterbahn *f*; ~**t se** F ⟨*po-*⟩ schlittern; bummeln, schlendern.

čuně *n* (*4a*) Ferkel *n* (*a. fig.*).

čupr F (*indekl.*) fesch.

čupřina *f* (*1*) Haarschopf *m*, -locke *f*.

čurat V ⟨*po-*, *vy- se*⟩ pinkeln, pissen.

čutora *f* (*1d*) Feld-, Reiseflasche *f*.

čvacht|anice *f* (*2a*) Matsch(wetter *n*) *m*; ~**at** ⟨*po-*⟩ (herum)waten, pantschen.

čvaňh|a F *m* (*5*) Quatschkopf *m*, Schwätzer *m*; ~**at** F ⟨*na-*, *po-*⟩ dummes Zeug reden, quatschen.

D

ďábel *m* (*1*; *-bl-*) Teufel *m*; *kýho ďábla!* zum Teufel!; P *čert jako* ~ Jacke wie Hose, wurscht; **~ský** teuflisch; **~ství** *n* (*3*) Teufelei *f*.
ďáblice *f* (*2a*) Teufelin *f*.
dabovat (*im*)*pf*. (*-buji*) *Film* synchronisieren.
dadat *Kdspr*. schlafen, heia machen.
daktylo|gram *m* (*2a*) = **~skopický**: ~ *otisk* Fingerabdruck *m*.
dal *m* (*2a*) *Hdl*. Haben *n*; *s. dát*.
dál *f* (*3*) Weite *f*; *Adv*. (*Komp. v. daleko*) weiter; *z blízka i z ~i* von nah und fern; *a tak ~e* und so weiter; (*pojďte*) ~(e)! (*nach Anklopfen*) herein!; *příště* ~ Fortsetzung folgt.
dalamánek *m* (*2b*; *-nk-*) Semmel *f*, Brötchen *n*, Wecken *m*.
dále *f* (*2*) *u. Adv. s. dál*.
dalek: *jsem ~ toho, abych ...* ich bin weit davon entfernt zu ...; **~o** *Adv*. (*Komp. dále*) weit(ab), fern; ~ *lepší* weit(aus) besser; *široko* ~ weit und breit; *do toho je ještě* ~ das liegt noch in weiter Ferne; *z -ka* von weitem, von weither; bei weitem.
daleko|hled *m* (*2a*) Fernglas *n*, Fernrohr *n*; **~nosný** *Mil*. weittragend; **~sáhlý** weitreichend; weitgehend; **~východní** *s. dálnovýchodní*; **~zrakost** *f* (*4*) Weitsichtigkeit *f*; **~zraký** weitsichtig.
daleký (*Komp. další*) weit, fern; entfernt; entlegen.
dálk|a *f* (*1c*; *-lek*) Weite *f*, Ferne *f*; *na -ku řízená střela* ferngelenktes Geschoß; *z -ky i z blízka* von fern und nah; **~ař** F *m* (*3*) Fernstudent *m*; *Sp*. Weitspringer *m*.
dálko|měr *m* (*2a*) Entfernungsmesser *m*; **~vod** *m* (*2a*) Fernleitung *f*; **~vý** Fern-.
dalmatský dalmatinisch.
dálnice *f* (*2a*) Fernverkehrsstraße *f*, Autobahn *f*.
dálno|pis *m* (*2*; *6. -e*/*-u*) Fernschreiber *m*; **~východní** fernöstlich.
dálný fern.
další (*Komp. v. daleký*) ferner, weiter.
dáma *f* (*1*) Dame *f*; Damespiel *n*; (*Schach-*)Königin *f*; *hrát -mu* Dame(*spiel*) spielen; *dělat velkou -mu* die große Dame spielen.
damascénka *f* (*1c*; *-nek*) Damaszener Klinge *f*.
dámský Damen-.
Dán *m* (*1*; *-ové*) Däne *m*; **~ka** *f* (*1c*; *-nek*) Dänin *f*.
daň *f* (*3*) Steuer *f*, Abgabe *f*; ~ *ze mzdy* Lohnsteuer; ~ *ze psů* Hundesteuer; *-ně prostý* steuerfrei; *srážka z -ní* Steuernachlaß *m*.
daně|k *m* (*1a*; *-ňk-*; *-ňkové*) Damhirsch *m*; **~la** *f* (*1a*) Damtier *n*.
dání *n* (*3*) Geben *n*; ~ *na odpočinek* Versetzung *f* in den Ruhestand; ~ *zálohy* Vorschußzahlung *f*, Vorschußleistung *f*; ~ *zprávy* Berichterstattung *f*; ~ *rukou* Handschlag *m*.
danost *f* (*4*) Gegebenheit *f*.
Dán|sko *n* (*1b*) Dänemark *n*; **♀ský** dänisch; **♀ština** *f* (*1*) Dänisch *n*.
dar *m* (*2a*) Gabe *f*, Geschenk *n*; Spende *f*; *~em* als Geschenk, zum Geschenk.
dárce *m* (*3*) Spender *m*, Geber *m*.
dareb|a *m* (*5*), **~ák** *m* (*1a*) Nichtsnutz *m*, Taugenichts *m*, Tunichtgut *m*; **~áctví** *n* (*3*) Lumperei *f*; **~nost** *f* (*4*) Schlechtigkeit *f*, Nichtswürdigkeit *f*; **~ný** elend, nichtswürdig; vergeblich, eitel; kränklich.
dáre|ček *m* (*2b*; *-čk-*), **~k** *m* (*2b*; *-rk-*) (kleines) Geschenk *n*; ~ *z lásky* Liebesgabe *f*.
daremný *s. darebný*.
dárk|ový Geschenk-; **~yně** *f* (*2b*) Spenderin *f*; *s. dárce*.
darmo *Adv*. umsonst; vergebens; **~jed** F *m* (*1*; *-ové*), **~jedek** F *m* (*1a*; *-dk-*) *s. darmožrout*; **~šlap** F *m* (*1*; *-ové*/*-i*) Pflastertreter *m*, Vagabund *m*; **~žrout** F *m* (*1*) unnützer Esser *m*, P Fresser *m*.
darov|ací Schenkungs-; **~ání** *n* (*3*) Schenkung *f*; **~at** ⟨*po-*⟩ (*-ruji*) schenken.
dařit se ⟨*po-*, *vy-*, *z-*⟩ gelingen, glücken; gedeihen; ~ *se k-u* j-m gut (*od*. schlecht) (er)gehen; *jak se ti daří?* wie geht es dir?

ďas *m* (*1*; *-ové*) Dämon *m*, Teufel *m*; *s. ďábel.*
dáseň *f* (*3*; *-sn-*) Zahnfleisch *n*.
dát *pf.* (*alle Präf. -dat*; *dám, dal*) geben; lassen; *in den Verkehr* bringen; *Brief* aufgeben; *zur Verfügung* stellen; *in die Tasche* stecken, einstecken; *guten Tag* sagen; ~ *do klatby Rel.* bannen, mit dem (Kirchen-)Bann belegen; *nedá mi to* das läßt mir keine Ruhe; *dejme tomu že* angenommen, daß, gesetzt den Fall, daß; ~ *k-u za pravdu* j-m recht geben; *to jsem si dal* da bin ich sehr hereingefallen; ~ *si stříhat vlasy* sich das Haar schneiden lassen; ~ *zavolat* rufen lassen; ~ *hlavičku Sp.* (*den Ball*) köpfen; *dá-li Bůh* so Gott will; *nedejž Bůh!* Gott bewahre!; P ~ *se* (*do č-o*) beginnen, anfangen (mit *D*, zu + *Inf.*); ~ *se oholit* sich rasieren lassen; ~ *se na cestu* sich auf den Weg machen, aufbrechen; ~ *se na útěk* die Flucht ergreifen, fliehen; *dá se* es läßt sich, es ist zu ... (+ *Inf.*); *dalo se do deště* es begann zu regnen; ~ *se do k-o* sich j-n vornehmen, sich über j-n hermachen; *nedá se nic dělat* da kann man (gar) nichts machen.
datel *m* (*1*; *-tl-*) Specht *m*.
datl|e *f* (*2*) Dattel *f*; **~ovník** *m* (*2b*) Dattelpalme *f*; **~ový** Dattel-.
datovat (*im*)*pf.* (*-tuji*) datieren.
datum *n* (*5*; *-t-*; *6. -tu*) Datum *n*; **~ka** F *f* (*1c*; *-mek*) Datumstempel *m*.
dav *m* (*2a*) Menschenmenge *f*, Masse *f*; Gedränge *n*; Pöbel *m*.
dávat *impf. s. dát*; F *ti si dávají!* die lassen sich's gut gehen!
dáv|ení *n* (*3*) Erbrechen *n*, Würgen *n*; **~icí** *Med.* Brech-; **~ič** *m* (*3*) Würger *m*; **~idlo** *n* (*1a*; *-del*) Brechmittel *n*; **~it** ⟨*po-, vy-, za-*⟩ (er)brechen, P speien; ~ *se v/i* ersticken.
dávk|a *f* (*1c*; *-vek*) Portion *f*; Abgabe *f*; *Med.* Dosis *f*; **~ovat** (*im*)*pf.* (*-kuji*) dosieren.
dávn|o *Adv.* lange; *ode -na* seit langem; **~ověk** *m* (*2b*) Ur-, Vorzeit *f*; **~ý** längst vergangen; *Freundschaft*: alt.
davový Massen-.
dbal|ost *f* (*4*) Achtsamkeit *f*; Genauigkeit *f*; **~ý** achtsam; (*o co, na co*) bedacht (auf *A*); ~ *svých povinností* pflichtbewußt.
dbát (*s. a. nedbat*) (*č-o, na co* auf et.) achten, bedacht sein; (*o k-o, co*) sich kümmern (um *A*), sorgen (für *A*).
dcer|a *f* (*1d*; *3, 6. -ři*) Tochter *f*; **~ka** *f* (*1c*; *-rek*) *s. dceruška*; Mädchen *n*, Mädel *n*; **~uška** *f* (*1c*; *-šek*) Töchterchen *n*, -lein *n*.
dceřiný: *Biol. -ná buňka* Tochterzelle *f*.
debat|a *f* (*1*) Debatte *f*; **~ovat** ⟨*po-, za-*⟩ (*-tuji*) debattieren.
decentní dezent.
decentraliz|ace *f* (*2*) Dezentralisierung *f*; **~ovat** ⟨z-⟩ (*-zuji*) dezentralisieren.
deci F *n* (*unv.*) = **~litr** *m* (*2a*) Deziliter *m od. n*; **~málka** F *f* (*1c*; *-lek*) Dezimalwaage *f*; **~mální** Dezimal-; **~metr** *m* (*2a*) Dezimeter *n*; **~movat** ⟨z-⟩ (*-muji*) dezimieren.
děcko *n* (*1b*; *-cek*; *6 Pl. -ckách*) Kind *n*.
děd *m* (*1*; *-ové*) Großvater *m*; *lit.* Ahn *m*, Vorfahr *m*; Greis *m*; **~a** F *m* (*5*) Opa *m*; ~ *Mráz* Weihnachtsmann *m*; **~eček** F *m* (*1a*; *-čk-*) Großpapa *m*, Opa *m*; Alterchen *n*; **~ek** *m* (*1a*; *-dk-*; *-ové*) *verä.* Alte(r) *m*.
dědi|c *m* (*3*; *-ové*/*-i*) Erbe *m*; **~cký** Erb(schafts)-; **~ctví** *n* (*3*) Erbschaft *f*, Erbe *n*; **~čka** *f* (*1c*; *-ček*) Erbin *f*; **~čnost** *f* (*4*) Erblichkeit *f*; *Med.* Vererbbarkeit *f*; **~čný** erblich, Erb-; *-čně zatížený* erblich belastet.
dedikace [-dɪ-] *f* (*2*) Widmung *f*.
dědi|na *f* (*1*) Dorf *n*; **~t** ⟨z-⟩ erben (*po kom* von *D*); ~ *se* sich vererben; **~telný** erblich, vererbbar.
dědo|ušek *m* (*1a*; *-šk-*; *-škové*) *s. děd*(*eček*); **~vský** großväterlich.
deduk|ce *f* (*2*) Deduktion *f*; **~ční** deduktiv, Deduktions-; **~ovat** ⟨z-⟩ (*-kuji*) deduzieren.
defenestrace *f* (*2*) (Prager) Fenstersturz *m*.
defenzív|a *f* (*1*) Defensive *f*; *zatlačit do -vy* in die Defensive drängen; **~ní** defensiv, Verteidigungs-.
defin|ice [-nɪ-] *f* (*2a*) Definition *f*; **~ovat** (*im*)*pf.* ⟨z-⟩ (*-nuji*) definieren.
deform|ace *f* (*2*) Deformierung *f*, Verformung *f*; **~ovat** (*im*)*pf.* (*-muji*) deformieren, verformen (*se* sich); *Stimme* verzerren.
degener|ace *f* (*2*) Degenerierung *f*,

Entartung *f*; **~ovat** (*im*)*pf.* ⟨z-⟩ (*-ruji*) degenerieren, entarten.

deh|et *m* (*2a*; *-ht-*) Teer *n*; **~tárna** *f* (*1*; *-ren*) *s. dehtovna*; **~tovat** ⟨*na-, po-, vy-, z-*⟩ (*-tuji*) teeren; **~tovna** *f* (*1*; *-ven*) Teerfabrik *f*; **~tový** Teer-.

dech *m* (*2b*) Atem *m*; Atemzug *m*; *jedním ~em* in e-m Atemzug; *bez ~u* atemlos; *sotva ~u popadal* er schnappte nach Luft; **~nout** *pf.*, *vz-* einen Atemzug tun; hauchen.

dechov|ka F *f* (*1c*; *-vek*) Blasmusik *f*, Blaskapelle *f*; **~ý** Atem-; *-vá hudba* Blasmusik *f*; *~ nástroj* Blasinstrument *n*.

děj *m* (*4*) Handlung *f*; Begebenheit *f*, Ereignis *n*; Vorgang *m*; *Tech.* Prozeß *m*.

děje|pis *m* (*2*; *6. -e*/*-u*) Geschichte *f*; **~pisec** *m* (*3*; *-sc-*) Geschichtsschreiber *m*; **~pisectví** *n* (*3*) Geschichtsschreibung *f*; **~pisný** Geschichts-; **~zpyt** *m* (*2*; *6. -u*/*-ě*) Geschichtsforschung *f*; **~zpytec** *m* (*3*; *-tc-*) Geschichtsforscher *m*.

ději|nný geschichtlich, historisch; epochal; **~ny** *f*/*pl.* (*1*) Geschichte *f*; **~ště** *n* (*2b*) Schauplatz *m*.

dějství *n* (*3*) *Thea.* Akt *m*, Aufzug *m*.

deka[1] *f* (*1c*) (*Woll-, Tisch-*)Decke *f*; **~**[2] *n* (*indekl.*) *s. deko.*

dekáda *f* (*1*) Dekade *f*.

dekaden|ce *f* (*2*) Dekadenz *f*, Verfallszeit *f*; **~tní** dekadent.

dekagram *m* (*2a*) Dekagramm *n*.

děkan *m* (*1*) Dechant *m*, Dekan *m*.

deklam|ace *f* (*2*) Deklamation *f*; **~ační** Deklamations-; **~átor** *m* (*1*; *-ři*) Deklamator *m*, Vortragskünstler *m*; **~ovat** ⟨z-⟩ (*-muji*) deklamieren.

deklar|ace *f* (*2*) Deklaration *f*; (*amtliche*) Inhalts- *od.* Wertangabe *f*; **~ovat** ⟨z-⟩ (*-ruji*) erklären; *Inhalt, Wert* angeben.

deklasovat (*im*)*pf.* (*-suji*) deklassieren.

deklin|ace *f* (*2*) Deklination *f*; **~ovat** ⟨*pro-*⟩ (*-nuji*) deklinieren.

deko *n* (*1b*; *6 Pl. -ách*) Dekagramm *n*; *deset -ka* 100 Gramm.

dekolt|áž *f* (*3*) Dekolleté *n*, Halsausschnitt *m*; **~ovat se** (*im*)*pf.* (*-tuji*) ein Dekolleté tragen.

dekor|ace *f* (*2*) Dekoration *f*; Bühnenausstattung *f*; **~atér** *m* (*1*; *-ři*) Dekorateur *m*; Bühnenbildner *m*; **~ativní** [-tɪːv-] dekorativ; **~ovat** ⟨*vy-*⟩ (*-ruji*) dekorieren.

děkov|ání *n* (*3*) Danksagung *f*; **~at** ⟨*po-*⟩ (*-kuji*) *j-m* danken, sich bei *j-m* bedanken; **~ný** Dank-.

dekret *m* (*2a*) Dekret *n*; **~ovat** (*im*)*pf.* (*-tuji*) dekretieren, verfügen.

dél *s. déle.*

děl *2 Pl. v. dílo u. dělo*; *s. a. dít.*

dělat ⟨*u-*⟩ machen, tun; P arbeiten; herstellen, anfertigen; *mám co ~* ich habe zu tun; *~ co po kom* j-m et. nachmachen, j-n nachahmen; *~ se jakoby* sich stellen als ob, tun als ob; *~ se čím* sich für et. ausgeben; *dělá se krásně* es wird schön(es Wetter); *dělá se tma* es wird dunkel (finster); *dělá se mi zle* es wird mir übel, mir wird übel.

dělávat zu tun pflegen.

delba *f* (*1*; *-leb*) Teilung *f*.

déle *Adv.* länger.

deleg|ace *f* (*2*) Delegation *f*, Abordnung *f*; **~ačenka** F *f* (*1c*; *-nek*) Delegiertenausweis *m*; **~át** *m* (*1*), **~átka** *f* (*1c*; *-tek*) Delegierte *f u. m*; **~ovat** (*im*)*pf.* (*-guji*) delegieren.

dělen|ec *m* (*4*; *-nc-*) *Math.* Dividend *m*; **~í** *n* (*3*) Teilung *f*; *Math.* Division *f*.

delfín *m* (*1*) Delphin *m*.

dělicí Teilungs-, Teil-.

delikates|a *f* (*1a*) Delikatesse *f*; **~ní** Delikatessen-, Feinkost-.

delikátní delikat; fein.

dělit ⟨*od-, roz-*⟩ teilen (*se o co* sich in et.); trennen, scheiden; *Math.* dividieren; **~el** *m* (*4*; *Pl. -é*/*-e*) *Math.* Divisor *m*; **~elný** teilbar; **~ítko** *n* (*1b*; *-tek*) Trennungszeichen *n*.

dělivý Teilungs-; partitiv.

délk|a *f* (*1c*; *-lek*) Länge *f*; Dauer *f*; *řez po délce* Längsschnitt *m*; **~ový** Längen-; Längs-.

dělnic|e *f* (*2a*) (*zemědělská* Land-) Arbeiterin *f*; **~ký** Arbeiter-; **~tvo** *n* (*1*; *-tev*) Arbeiterschaft *f*, Arbeiter *m*/*pl.*

děl|ník *m* (*1a*) (*průmyslový* Industrie-)Arbeiter *m*; **~nost** *f* (*4*) Leistungsfähigkeit *f*; **~ný** werktätig; Arbeits-.

dělo *n* (*1a*) Geschütz *n*, Kanone *f*; *rána z děla* Kanonenschuß *m*; **~ha** *f* (*1b*) *Anat.* Gebärmutter *f*; *Bot.* Keimblatt *n*, Samenlappen *m*; **~-**

střelec *m* (*3*; *-lc-*) Artillerist *m*; **~střelecký** Artillerie-; **~střelectvo** *n* (*1*) Artillerie *f*; **~vý**: *-vá palba* Artilleriefeuer *n*; *-vá koule* Kanonenkugel *f*.
delt|a *f* (*1*) Delta *n*; **~ový** Delta-; [deltaförmig.]
demagogický demagogisch.
démant *m* (*2a*) *s. diamant.*
dema|rkační Demarkations-; **~skovat** (*im*)*pf*. (*-kuji*) demaskieren; *Pol.* entlarven.
dement|i [-tɪ] *n* (*indekl.*) Dementi *n*, Widerruf *m*; **~ovat** (*im*)*pf*. (*-tuji*) dementieren.
demilitariz|ace *f* (*2*) Entmilitarisierung *f*; Abrüstung *f*; **~ační** Entmilitarisierungs-; Abrüstungs-; **~ovat** (*im*)*pf*. (*-zuji*) entmilitarisieren; abrüsten.
demobiliz|ace *f* (*2*) Demobilisierung *f*; **~ovat** (*im*)*pf*. (*-zuji*) demobilisieren.
demokra|cie *f* (*2*) Demokratie *f*; **~t** *m* (*1*) Demokrat *m*; **~tický** [-tɪ-] demokratisch; **~tizovat** [-tɪ-] ⟨z-⟩ (*-zuji*) demokratisieren; *~ se* demokratisch werden; **~tka** *f* (*1c*; *-tek*) Demokratin *f*.
demol|ice *f* (*2a*) Demolierung *f*, Abbruch *m*; **~iční**: *~ práce* Abbrucharbeiten *f/pl.*; **~ovat** (*im*)*pf*. ⟨z-⟩ (*-luji*) demolieren, niederreißen.
démon *m* (*1*) Dämon *m*; **~ický** [-nɪ-] dämonisch.
demonstr|ace *f* (*2*) Demonstration *f*; **~ant** *m* (*1*), **~antka** *f* (*1c*; *-tek*) Demonstrant(in *f*) *m*; **~ovat** (*im*)*pf*. ⟨pro-⟩ (*-ruji*) demonstrieren.
demont|áž *f* (*3*) Demontage *f*; **~ovat** (*im*)*pf*. (*-tuji*) ab-, demontieren; ausbauen.
demoraliz|ace *f* (*2*) Demoralisierung *f*; **~ovat** (*im*)*pf*. ⟨z-⟩ (*-zuji*) demoralisieren.
den *m* (*4*; *dne*, *dni* ... *s. Anh.*) Tag *m*; *dne* ... (*G*) am, den ... (*Datum*); *ze dne* ... (*G*) vom ... (*Datum*); *přede dnem* vor Tagesanbruch; *ještě za dne* noch bei Tageslicht; *ve dne* (*i*) *v noci* (bei) Tag und Nacht; *~ co ~* Tag für Tag, tagtäglich; *ode dne ke dni* von Tag zu Tag; *ve 14 dnech* in 14 Tagen; *v těchto dnech* dieser Tage; F *celý boží ~* den ganzen lieben Tag; *~ po dni*, *~ za dnem* ein Tag nach dem anderen; *za našich dnů* in unseren Tagen.
denacifik|ace *f* (*2*) Entnazifizierung *f*; **~ovat** (*im*)*pf*. (*-kuji*) entnazifizieren.
den|ice *f* (*2a*) Morgenstern *m*; **~ík** *m* (*2b*) Tagebuch *n*; Tageszeitung *f*; **~ní** täglich; Tages-; *~ mzda* Tageslohn *m*.
denunciant *m* (*1*), **~ka** *f* (*1c*; *-tek*) Denunziant(in *f*) *m*.
denuncovat (*im*)*pf*. (*-cuji*) denunzieren.
depeše *f* (*2*) Depesche *f*.
depo *n* (*1*; *6. a. -tu od. unv.*) Depot *n*; **~novat** (*im*)*pf*. (*-nuji*) deponieren.
deport|ace *f* (*2*) Deportation *f*; **~ovat** (*im*)*pf*. (*-tuji*) deportieren.
depres|e *f* (*2*) Depression *f*; *Hdl.* Stagnation *f*, Flaute *f*; **~ivní** depressiv.
deprimovat (*im*)*pf*. ⟨z-⟩ (*-muji*) deprimieren.
deptat ⟨z-⟩ stampfen, trampeln; *fig.* mit Füßen treten; zermürben.
deput|ace *f* (*2*) Deputation *f*, Abordnung *f*; **~át**[1] *m* (*1*), **~átka** *f* (*1c*; *-tek*) Deputierte *m u. f*; **~át**[2] *m* (*2*; *6. -u/-ě*) Deputat *n*, Naturallohn *m*; **~átník** *m* (*1a*) Deputant *m*.
děr *s. díra.*
děrav|ět ⟨z-⟩ (*3 Pl. -ějí*) löcherig werden, Löcher bekommen; **~ý** löcherig; *fig.* zerrissen.
děr|noštítkový Lochkarten-; **~ný**: *-ná páska* Lochband *n*; *~ štítek* Lochkarte *f*; **~ovač** *m* (*4*) Lochstanze *f*; Locher *m*; **~ování** *n* (*3*) Lochung *f*, Perforation *f*; **~ovat** ⟨z-⟩ (*-ruji*) lochen, perforieren.
děs *m* (*2a*) Entsetzen *n*, Grau(s)en *n*.
desátek *m* (*2b*; *-tk-*) *hist.* Zehent *m*; P *s. desátka.*
desater|ák *m* (*1a*) *Jagdw.* Zehnender *m*; **~o** *n* (*1*; *6. -u*) zehn (zusammen); *Rel.* *~ přikázání* (*Božích*) die zehn Gebote (Gottes); **~onásobek** *m* (*2b*; *-bk-*) Zehnfache *n*; **~onásobný** zehnfach; **~ý** zehnerlei.
desát|ka F *f* (*1c*; *-tek*) zweites Frühstück *n*; Lunch *m*; **~ník** *m* (*1a*) Gruppenführer *m*, Korporal *m*; **~ý** zehnte(r).
desén *m* (*2a*) Dessin *n*, Muster *n*.
desert *m* (*2a*) Dessert *n*, Nachtisch *m*; **~ní** Dessert-.
deset (*G -ti/desíti*) zehn; *od ~i k pěti* immer schlechter *od.* schlimmer; *všemi ~i* mit allen zehn Fingern.
deseti|boj *m* (*4*) *Sp.* Zehnkampf *m*;

~denní zehntägig; **~haléř** *m* (*4*) Zehnhellerstück *n*; **~koruna** *f* (*1*) Zehnkronenstück *n*; Zehnkronennote *f*; **~letí** *n* (*3*) Jahrzehnt *n*; **~letý** zehnjährig; **~minutovka** *f* (*1c*; *-vek*) *Pol.* Zeitungsschau *f*; kurze Arbeits-, Produktionsbesprechung *f*.

desetin|a *f* (*1*) Zehntel *n*; **~ný** Dezimal-.

deseti|prstový: *-vá metoda psaní* Zehnfinger(schreib)system *n*; **~tuna** F *f* (*1*), **~tunka** F *f* (*1c*; *-nek*) Zehntonner *m*.

deset|krát zehnmal; **~ník** *m* (*2b*) Zehnhellerstück *n*, F Zehner *m*.

děsit ⟨*po-*, *u-*, *vy-*, *z-*⟩ (*-šen*) erschrecken, entsetzen; *~ se č-o* sich entsetzen (über *A*); erschauern, schaudern (vor *D*).

desíti- *s. deseti-*.

desitk|a *f* (*1c*; *-tek*) Zehn *f*; F Zehner *m*; F Schankbier *n*; Zehnergruppe *f*; *Sp.* Strafstoß *m*; **~ář** *m* (*3*) *Pol.* Gruppenleiter *m*; **~ový** Zehner-.

děsivý furchterregend; entsetzlich, grauenvoll.

desk|a *f* (*1c*; *-sek*) Platte *f*; (*a. gramofonová ~*) Schallplatte *f*; Einbanddeckel *m*; Scheibe *f*; Tafel *f*; *rozvodná ~* Armaturenbrett *n*; **~ový** Platten-; Tafel-; tafelförmig; *~ koncert* Schallplattenkonzert *n*; **~y** *f/pl.* (*1c*; *-sek*) Mappe *f*; *zemské ~ hist.* Landtafel *f*.

deskriptiv|a [-tɪː-] *f* (*1*) darstellende Geometrie *f*; **~ní** darstellend, deskriptiv.

děsný furchtbar, fürchterlich, entsetzlich; *s. děsivý*.

despo|cie *f* (*2*) Despotie *f*; **~ta** *m* (*5a*; *-ové*/*-i*) Despot *m*; **~tický** [-tɪ-] despotisch.

destička *f* (*1c*; *-ček*) Plättchen *n*, Täfelchen *n*; *El.* Lamelle *f*.

destil|ace [-tɪ-] *f* (*2*) Destillation *f*; **~ační** Destillier-, Destillations-; **~ovat** (*im*)*pf.* ⟨*vy-*, *z-*⟩ (*-luji*) destillieren.

destruk|ce *f* (*2*) Destruktion *f*; **~ční**, **~tivní** [-tɪ-] destruktiv.

dešifrovat (*im*)*pf.* (*-ruji*) dechiffrieren.

dešť, déšť *m* (*4a*; *-tě*) Regen *m*; *z deště pod okap* vom Regen in die Traufe; *má se k dešti* es wird bald regnen; *dalo se na ~* das Regenwetter wird andauern; **~ák** F *m* (*2b*) Regenmantel *m*.

dešt|ěný getäfelt; **~ička** *s. destička*.

dešt|ík *m* (*2b*) feiner (*od.* kurzer) Regen *m*; **~ivý** (*Adv.* *-vo*, *-vě*) regnerisch; **~ník** *m* (*2b*) Regenschirm *m*; **~níkový** (Regen-)Schirm-.

dešťo|měr *m* (*2a*) *Tech.* Regenmesser *m*, Ombrometer *n*; **~vka** *f* (*1c*; *-vek*) Regenwurm *m*; F Regenwasser *n*; **~vý** Regen-.

děťátko *n* (*1b*; *-tek*, *6 Pl.* *-tkách*) kleines Kind *n*, Baby *n*.

detektiv [-tɪː-] *m* (*1*; *-ové*) Detektiv *m*, Geheimpolizist *m*; **~ka** F *f* (*1c*; *-vek*) Krimi *m*; **~ní** Detektiv-; Kriminal-.

děti *f/pl.* (*4*) *s. dítě*.

dětin|a *m* (*5*) kindischer Mensch *m*, F Kindskopf *m*; **~ět** ⟨*z-*⟩ (*3 Pl.* *-ějí*) kindisch werden; **~ný** kindlich, Kindes- (*z. B.* -liebe); **~ský** (*Komp.* *-štější*) kindisch; **~ství** *n* (*3*) Kindlichkeit *f*; Kinderei *f*.

deton|ace *f* (*2*) Detonation *f*; **~ovat** (*im*)*pf.* ⟨*z-*⟩ (*-nuji*) detonieren.

dět|skost *f* (*4*) kindliche Art *f*, kindliches Verhalten *n*; **~ský** (*Komp.* *-štější*) kindlich; **~ství** *n* (*3*) Kindheit *n*; *vzpomínky z ~* Kindheitserinnerungen *f/pl.*

děva *f* (*1*) *poet.* Jungfrau *f*, Maid *f*.

devadesát neunzig; **~ina** *f* (*1*) Neunzigstel *n*; *-ny pl.* neunzigster Geburtstag *m*; **~ka** *f* (*1c*; *-tek*) Neunzig *f*; **~krát** neunzigmal; **~ník** *m* (*1a*), **~nice** *f* (*2a*) Neunziger(in *f*) *m*; **~ý** neunzigste(r).

devalv|ace *f* (*2*) (*Geld-*)Abwertung *f*; **~ovat** (*im*)*pf.* (*-vuji*) abwerten.

devatenáct neunzehn; **~iletý** neunzehnjährig; **~ina** *f* (*1*) Neunzehntel *n*; **~ka** *f* (*1c*; *-tek*) Neunzehn *f*; **~krát** neunzehnmal; **~ý** neunzehnter.

devater|ník *m* (*2b*) *Bot.* Sonnenröschen *n*; **~ý** neunerlei.

devátý neunte; P *páte přes -té* drüber und drunter, (wie) Kraut und Rüben.

děvč|átko *n* (*1b*; *-tek*) kleines Mädchen *n*; **~e** *n* (*4*) Mädchen *n*; *~ k dětem* Kindermädchen.

děvečka *f* (*1c*; *-ček*) (*Dienst-*)Magd *f*; *poet.* Mägdlein *n*.

devět (*2. Fall a. devíti*) neun; *všech ~* (*Kegel u. fig.*) alle neun(e); **~krát** neunmal; **~sil** *m* (*2a*) *Bot.* Pestwurz *f*.

devít|i *s. devět*; **~iletý** neunjährig; **~ina** *f* (*1*) Neuntel *n*; **~násobný** neunfach; **~ka** *f* (*1c*; *-tek*) Neun *f*.
de|víza *f* (*1a*) Devise *f*; **~vizy** *f*/*pl.* (*1a*) Devisen *pl.*; **~vizní, ~vizový** Devisen-.
děvk|a *f* (*1c*; *-vek*) Dirne *f*; † Magd *f*; **~ář** *m* (*3*) Schürzenjäger *m*.
devótní devot.
diabeti|cký [dɪ-tɪ-] diabetisch; **~k** *m* (*1a*; *-ové*) Diabetiker *m*, Zuckerkranke(r) *m*.
dia|dém [dɪ-] *m* (*2a*) Diadem *n*; **~gnóza** *f* (*1a*) Diagnose *f*, Befund *m*; *stanovit* (*od. provést*) *-zu* e-e Diagnose stellen; **~gram** *m* (*2a*) Diagramm *n*, Schaubild *n*.
dialekt [dɪ-] *m* (*2a*) Dialekt *m*; *mluvit ~em* Dialekt sprechen; **~ický** [-tɪ-] im Dialekt, mundartlich; dialektisch; **~ika** [-tɪ-] *f* (*1c*) Dialektik *f*.
diamant [dɪ-] *m* (*2a*) Diamant *m*; **~ový** Diamant-, diamanten.
diapozitiv [dɪ-tɪ:v] *m* (*2a*) Diapositiv *n*, F Dia *n*.
diblík *m* (*1a*) Kobold *m*.
didakti|cký [dɪ-tɪ-] didaktisch; **~ka** *f* (*1c*) Didaktik *f*.
die|céze [dɪ-] *f* (*2*) *Rel.* Diözese *f*; **~ta** *f* (*1*) Diät *f*; *-ty pl.* Diäten *pl.*, Tagegeld *n*; **~tní** Diät-; Diäten-.
diferen|ce [dɪ-] *f* (*2*) Differenz *f*; **~ciál** *m* (*2a*) *Math.* Differential *n*; *Tech.* Differential-, Ausgleichsgetriebe *n*; **~covat** (*im*)*pf.* (*-cuji*) differenzieren; **~ční** Differential-; Differenz-, Unterscheidungs-.
diftérie [dɪ-] *f* (*2*) *Med.* Diphtherie *f*.
diftong [dɪ-] *m* (*2b*) Diphthong *m*; *m*; **~izace** *f* (*2*) *Gr.* Diphthongierung *f*.
difúz|e [dɪ-] *f* (*2*) Diffusion *f*; **~ní** [diffus.]
dík *m* (*2b*) Dank *m*; *vzdát ~y* Dank abstatten, danken (*za co* für); *zavázán ~em* zu Dank verpflichtet; *~y!* vielen Dank!, danke schön!; *~y tomu* dank diesem Umstand (*D*); *s ~y* dankend, mit Dank.
dikobraz *m* (*1*) Stachelschwein *n*.
dikta|fon [dɪ-] *m* (*2a*) Diktiergerät *n*; **~ndo** † *n* (*1*) *s. diktát*.
diktát [dɪ-] *m* (*2*; *6. -ě*/*-u*) Diktat *n*; **~or** *m* (*1*; *-ři*) Diktator *m*; **~orský** diktatorisch.
dikt|atura [dɪ-tu:-] *f* (*1d*) Diktatur *f*; **~ovat** [dɪ-] (*im*)*pf.* ⟨*na-*⟩ (*-tuji*) diktieren (*a. fig.*).
díků|činění, ~vzdání *n* (*3*) Danksagung *f*.
díl *m* (*2*; *6. -e*/*-u*) Teil *m od. n*; *o dvou ~ech* zweiteilig; *větším ~em* größtenteils, zum größten Teil; **~čí** Teil-; **~ec** *m* (*4*; *-lc-*) Teilstück *n*; Bauteil *n*; *Tech.* Einzelteil *n*; Parzelle *f*; *Agr.* Scheffel *m*; **~ek** *m* (*2b*; *-lk-*) Teilstrich *m*; **~em** teils.
dílenský Werkstatt-; Abteilungs-; *~ m* (*Adj. 1*) Werkmeister *m*.
diletant [dɪ-] *m* (*1*) Dilettant *m*; **~ský** dilettantisch.
dílna *f* (*1*; *-len*) Werkstatt *f*; Betriebsabschnitt *m*, Meisterbereich *m*.
díln|ost *f* (*4*) Teilbarkeit *f*; **~ý** teilbar; *-~ý in Zsggn* -teilig.
dílo *n* (*1a*; *děl*) Werk *n*; Arbeit *f*; *Bgb.* Bau *m*; *pustit se do -la* sich an die Arbeit machen; *přiložit ruce k -lu* Hand anlegen; **~vedoucí** *m* (*Adj. 4*) Werkführer *m*, -meister *m*; *Arch.* Polier *m*.
diluviální [dɪ-] diluvial.
dimenze [dɪ-] *f* (*2*) Dimension *f*.
diplom [dɪ-] *m* (*2a*) Diplom *n*; **~acie** *f* (*2*) Diplomatie *f*; **~at** *m* (*1*) Diplomat *m*; **~atický** [dɪ-tɪ-] diplomatisch; *Adv. -ky* diplomatisch, auf diplomatischem Wege; **~ní, ~ovaný, ~ový** Diplom-.
díra *f* (*1d*; *7. dírou*/*děrou*; *2 Pl. děr*) Loch *n* (*a. fig.*); *Tech. a.* Bohrung *f*; F (*Gedächtnis-*)Lücke *f*.
direktiva [dɪ-tɪ:-] *f* (*1*) Direktive *f*, Weisung *f*.
dirig|ent [dɪ-] *m* (*1*) Dirigent *m*; **~entský** Dirigenten-; **~ovat** (*im*)*pf.* ⟨*za-*⟩ (*-guji*) dirigieren, leiten.
dírk|a *f* (*1c*; *-rek*) (*Knopf-, Schlüssel-, Nasen-*)Loch *n*, **~ovací** *Tech.* Loch-; **~ovač** *m* (*4*) Locheisen *n*; (*Büro-*)Locher *m*; **~ovaný** gelocht; perforiert; **~ovat** ⟨*pro-*⟩ (*-kuji*) lochen; durchlöchern; **~ovatý, ~ovitý** löcherig.
disciplína [dɪ-] *f* (*1*) Disziplin *f*.
disciplin|árka [dɪ-] F *f* (*1c*; *-rek*) Disziplinarverfahren *n*; **~ární** Disziplinar-; (*Adv. -ně*) disziplinarisch; **~ovaný** diszipliniert.
diserta|ce [dɪ-] *f* (*2*) Dissertation *f*; **~ční** Dissertations-.
disk [dɪ-] *m* (*2b*) *Sp.* Diskus *m*; *Tech.* Scheibe *f*; *hod ~em* Diskuswurf *m*; **~ář** *m* (*3*) Diskuswerfer *m*.
disko|nt [dɪ-] *m* (*2a*) *Hdl.* Diskont

(-satz) *m*; **~ntní** Diskont-; **~téka** *f* (*1c*) Diskothek *f*; **~vý** *Tech.*, *Agr.* Scheiben-.
diskrét|ní [dɪ-] diskret; **~nost** *f* (*4*) Diskretion *f*.
diskrimin|ace [dɪ-] *f* (*2*) Diskriminierung *f*; **~ovat** (*im*)*pf.* ⟨*z-*⟩ (*-nuji*) diskriminieren.
disku|se [dɪ-] *f* (*2*) Diskussion *f*; **~tér** *m* (*1*; *-ři*) Diskutant *m*, Diskussionsteilnehmer *m*; **~tovat** ⟨*po- si*, *pro-*⟩ (*-tuji*) diskutieren; *nelze* ~ nicht diskutierbar.
diskvalifik|ace [dɪ-] *f* (*2*) Disqualifizierung *f*; **~ovat** (*im*)*pf.* (*-kuji*) disqualifizieren.
disonance [dɪ-] *f* (*2*) Dissonanz *f*.
dispečer [dɪ-] *m* (*1*; *-ři*) Produktionsleiter *m*; Betriebsaufsicht *f* (*Person*); *Flgw.* Fluglotse *m*; **~ský**: *-ká věž Flgw.* Kontrollturm *m*.
dispo|novat [dɪ-] (*im*)*pf.* (*-nuji*) disponieren, verfügen (*čím* über *A*); **~zice** *f* (*2*) Verfügung *f*, Disposition *f*; *Med.* Veranlagung *f*; *být k -ci* zur Verfügung stehen; **~ziční** Dispositions-; ~ *právo* Verfügungsgewalt *f*.
disputovat [dɪ-] ⟨*od-*, *pro-*⟩ (*-tuji*) disputieren, debattieren.
distan|ce [dɪ-] *f* (*2*) Distanz *f*; Abstand *m*, Entfernung *f*; **~covat** (*im*)*pf.* (*-cuji*) *Beamte* suspendieren; *Sportler* sperren; ~ *se* sich distanzieren (*od k-o*, *č-o* von *D*); **~ční** Distanz-.
distinkce [dɪstɪ-] *f* (*2*) *Mil.* Rangabzeichen *n*.
distribu|ce [dɪ-] *f* (*2*) Distribution *f*, Verteilung *f*; **~ční** Verteilungs-; **~tor** *m* (*1*; *-ři*) Verteiler *m*; *filmový* ~ Filmverleih *m*.
dít (*im*)*pf.* (*děl*) † *lit.* sagen, sprechen; *ať nedím* um nicht zu sagen.
dít se ⟨*na-*, *po-*⟩ (*3. Sg. děje se*) geschehen; vor sich gehen, sich zutragen; *co se děje?* was ist los?; *děje se mu křivda* es geschieht ihm unrecht; *děj se co děj* geschehe was (da) wolle; *dějí se tam divné věci* dort geht es sonderbar (*od.* nicht mit rechten Dingen) zu; *doprava se děje* der Verkehr findet statt *od.* geht vonstatten; *kam se to všechno děje!* wo kommt das (nur) alles hin!
dítě *n* (*4a*; *Pl. děti*, *wie f 4*) Kind *n*; *nevlastní* ~ Stiefkind; *rodina s mnoha dětmi* kinderreiche Familie; *byla ještě -tem* sie war noch ein (halbes) Kind; *byl -tem své doby* er war ein Kind seiner Zeit; *naše děti a děti našich dětí* unsere Kinder und Kindeskinder.
dítko *n* (*1b*; *Pl. -ky*, *wie f 1*; *-tek*) *lit.* (kleines) Kind *n*.
div *m* (*2a*) Wunder *n*; *není ~u, že* kein Wunder, daß; *ký ~u* was wunder; *dělat* (*konat*) *~y* Wunder wirken (vollbringen); *sedm ~ů světa* die sieben Weltwunder; ~ *že ne ...* beinahe, fast, es fehlte nicht viel und ...
diváctvo *n* (*1*) Publikum *n*, Zuschauer *m/pl.*
divad|elní Theater-, Bühnen-; ~ *hra* Theaterstück *n*, Schauspiel *n*; **~elník** *m* (*1a*) Bühnenschaffender *m*, Theaterfachmann *m*; **~lo** *n* (*1a*; *-del*) Theater *n*, Bühne *f*; *Národní* ~ Nationaltheater; *komorní* ~ Kammerspiele *n/pl.*; ~ *v přírodě* Freilichtbühne; *hrát* ~ *od. na -dle* Theater spielen.
divák¹ *m* (*1a*) Zuschauer *m*; **~²** *m* (*1a*) *Jagdw.* Keiler *m*.
divan [dɪ-] *m* (*2a*) Diwan *m*.
dívat se ⟨*po-*⟩ schauen, blicken; anschauen, ansehen, anblicken (*na k-o*, *co* j-n, et.); ~ *mrzutě* mürrisch dreinschauen.
dívč|í Mädchen-, mädchenhaft; **~ina** F *f* (*1*) *s. děvče.*
diverz|ant [dɪ-] *m* (*1*) Diversant *m*, Störer *m*; (*Volks-*)Schädling *m*; **~e** *f* (*1*) Diversion *f*, Störaktion *f*.
dividenda [dɪ-] *f* (*1*) Dividende *f*.
divit se ⟨*po-*, *u-*⟩ sich wundern (*k-u*, *č-u* über *A*); *nedivím se, že ...* es wundert mich nicht, daß ...
diviz|e [dɪ-] *f* (*2*) Division *f*; **~ní** Divisions-.
divizna *f* (*1*; *-zen*) *Bot.* Königskerze *f*.
dívka *f* (*1c*; *-vek*) Mädchen *n*, F Mädel *n*.
divný seltsam, sonderbar, merkwürdig; *s. dít se.*
divoč|et ⟨*z-*⟩ (*3 Pl. -eji*) wild werden, verwildern; **~ina** *f* (*1*) Wildnis *f*; Wild *n*; Wildgeruch *m*; *s. divokost*; **~it** ⟨*z-*⟩ wild machen; P verrückt machen.
divo|ch *m* (*1a*) Wilde(r) *m*; *fig. a.* Heißsporn *m*; F Wildfang *m*; **~kost** *f* (*4*) Wildheit *f*; Ausgelassenheit *f*; **~ký** (*Adv. divoce*, *-ko*) wild, Wild-;

ungestüm, unbändig; *-ká kachna* Wildente *f*; **\~ška** *f* (*1c*; *-šek*) Wilde *f*; (*Mädchen*) Wildfang *m*, Range *f*; **\~šský** Wilden-.

divotvor|ce *m* (*3*) Wundertäter *m*; **\~ný** wundertätig.

divou|cí: *div \~* was für ein Wunder, welch großes Wunder; **\~s** F *m* (*1*) Wilde(r) *m* (*fig.*); Griesgram *m*; (*im Volksglauben*) Wechselbalg *m*.

divý wild; F *\~ do č-o* toll, versessen, erpicht auf (*A*), verrückt nach (*D*).

díž(e) *f* (*2 od. 3*) Backtrog *m*; **\~ka** *f* (*1c*; *-žek*) Melkeimer *m*.

dlab *m* (*2a*) Zapfenloch *n*; Schlitz *m*; **\~ačka** *f* (*1c*; *-ček*) Stichaxt *f*; Stemmaschine *f*; **\~at** ⟨*pro-, vy-*⟩ (*-u*/*-ám*) (aus)höhlen, (aus)meißeln; einritzen; F (herum)stochern.

dlaha, dláha *f* (*1b*) Diele *f*; *Med.* Schiene *f*; *přiložit* (*od. upevnit na*) *-hy* schienen.

dlaň *f* (*3*) Handfläche *f*, hohle Hand *n*; Handbreit *f*.

dlask *m* (*1a*; *-ci*/*-kové*) *Zo.* Kernbeißer *m*.

dlaška *f* (*1c*; *-šek*) Hülse *f*; F *tenký jako \~* spindeldürr.

dláto *n* (*1*; *6. -ě*/*-u*) Meißel *m*; Beitel *m*, Stemmeisen *n*.

dlažba *f* (*1*; *-žeb*), **dláždění** *n* (*3*) (*Straßen-*)Pflaster *n*; F *vyhodit na -bu* an die Luft setzen, hinauswerfen.

dlažd|ice *f* (*2a*) (*Fußboden-*) Fliese *f*; (*Gehsteig-*)Platte *f*; **\~icový** Fliesen-, Platten-; **\~ič** *m* (*3*) Pflasterer *m*; Fliesenleger *m*.

dláždit ⟨*vy-*⟩ pflastern; fliesen.

dlaž|ební Pflaster-; **\~ka, dlážka** *f* (*1c*; *-žek*) Fliese *f*.

dle *Prp.* (*mit 2. Fall*) laut, gemäß, nach; *\~ dohody* laut Vereinbarung; *\~ mého mínění* meiner Meinung nach, nach meinem Dafürhalten.

dlít ⟨*pro-*⟩ (*3 Pl. -eji*/*-í*; *dlel*) (ver)weilen.

dloub|al F *m* (*1*; *-ové*) Wühler *m*, Nörgler *m*, Stänkerer *m*; **\~at** ⟨*vy-*⟩ (*-u*/*-ám*) stoßen, F puffen, knuffen; *Loch* graben; F sticheln (*do k-o* gegen *A*); grübeln (*do č-o, nad čím* über *A*); *dloube ho v koleně* er hat bohrende Schmerzen im Knie; F *\~ se* stochern, bohren; (herum)wirtschaften; *\~ se v knihách* über den Büchern hocken; *-bavý Schmerz*: bohrend; **\~nout** *pf. s. dloubat*; *\~ do žebra* e-n Rippenstoß versetzen.

dlouh|án F *m* (*1*) baumlanger Kerl, Bohnen-, Hopfenstange *f*; **\~o** *Adv.* lange.

dlouho- *in Zssgn* lang-; **\~dobý** langfristig; **\~hrající**: *\~ deska* Langspielplatte *f*; **\~letý** langjährig; jahrelang; **\~nohý** langbeinig; **\~nos** *m* (*1*) *Zo.* Rüsselkäfer *m*; **\~nosý** langnasig, mit langer Nase; **\~prsťák** F *m* (*1a*) Langfinger *m*, Dieb *m*; **\~srstý** *Tier*: langhaarig, Langhaar-; **\~trvající** lang(an)dauernd; **\~uchý** mit langen Ohren, langohrig; **\~věkost** *f* (*4*) Langlebigkeit *f*; **\~věký** langlebig; **\~vláknný** langfaserig, Langfaser-; **\~vlasý** mit langem Haar, F langhaarig, mit langer Mähne (*Mensch*).

dlou|hý (*Komp. delší*) lang; *-hé dříví* Langholz *n*; F *upadnout jak \~ tak široký* der Länge nach hinfallen; *odkládat na -hé lokte* auf die lange Bank schieben; **\~ze** *Adv.* lang(e); *\~ a široce* lang und breit; **\~žit** ⟨*pro-, z-*⟩ verlängern; längen; *\~ se* länger werden.

dluh *m* (*2b*) Schuld *f*; *bez \~ů* schuldenfrei; *na \~* auf Kredit, F auf Borg, auf Pump; **\~opis** *m* (*2*; *6. -e*/*-u*) Schuldschein *m*; Schuldverschreibung *f*.

dluž|en, \~žna, -žno: *být \~* schuldig sein; **\~it** ⟨*pro-, za-*⟩ schulden (*a. fig.*, *Erklärung usw.*), schuldig sein; *\~ se* Schulden machen; *\~ si* sich ausleihen, ausborgen; **\~ní** Schuld-; **\~ník** *m* (*1a*), **\~nice** *f* (*2a*) Schuldner(in *f*) *m*; **\~no** *Adv.*: *\~ je* es ist nötig, es ist zu (+ *Inf.*); **\~ný** *s. dlužen*; *Geld*: geschuldet; **-\~ovat** (*-uji*) *nur in Zssgn vy- se, si, za-* (*se*).

dmout se ⟨*na-, vy-, vze-*⟩ (*dmul*; *dmut*) sich (auf)blähen; (an)schwellen; *See, Busen*: wogen.

dmuchavka *f* (*1c*; *-vek*) Blasrohr *n*.

dmychadlo, dmýchadlo *n* (*1a*; *-del*) Gebläse *n*.

dmýcha|cí Blas-; **\~t** ⟨*roz-, za-*⟩ blasen; hauchen; *Feuer* anfachen.

dna *f* (*1*) *Med.* Gicht *f*; **\~vý** gichtkrank.

dne *s. den.*

dnění *n* (*3*) Tagesanbruch *m*.

dnes, F **dneska** heute; heutzutage; *\~ v noci* heute nacht; *\~ rok* heute vor einem Jahr.

dneš|ek *m* (*2b*; *-šk-*; *2. -a*) Heute *n*; *v noci na* ~ in der Nacht auf heute, in der heutigen Nacht; *do -ška* bis heute; bis auf den heutigen Tag; *-škem počínaje* von heute an (*od.* ab), ab heute, vom heutigen Tage an; **~ní** heutig; F *nejsem* ~ ich bin (doch) nicht von gestern.

dnít se ⟨*roze-*⟩ (*dnělo*) Tag werden, tagen.

dno *n* (*1*; *den*) (*Gefäß-*)Boden *m*; (*Fluß-*)Grund *m*; ~ *údolí* Talsohle *f*; *do -na* bis auf den Grund; (*leeren*) bis zum letzten Tropfen; *na -ně duše* im Grunde seines Herzens.

do *Prp.* (*mit 2. Fall*) in (*A*); nach (*D*); ~ *Prahy* nach Prag; *lístek* ~ *divadla* Theaterkarte; *plášť* ~ *deště* Regenmantel; bis (zu, in); *až* ~ *noci* bis in die Nacht (hinein); *až* ~ *posledního muže* bis auf den letzten Mann; *až* ~ *jiného opatření* bis auf weiteres; *dostat se* ~ *sebe* aneinander (*od.* F einander in die Haare) geraten; ~ *kdy?* bis wann?; binnen (*G*); ~ *roka* binnen eines Jahres; *najíst se* ~ *sytosti* sich satt essen; *co je ti* ~ *toho?* was geht dich das an?; *co* ~ *jakosti* was die Qualität betrifft; *dal se* ~ *práce* er machte sich an die Arbeit; ~ *toho! Sp.* los!, vorwärts!; hipp hipp hurra!; *červený* ~ *hněda* braunrot, ins Bräunliche übergehend.

do- *in Zssgn mit Verben deutet die Beendigung od. den Abschluß einer Handlung, Erreichung eines Zieles, Ergänzung einer Sache an.*

doba *f* (*1*) Zeit *f*; Dauer *f*; *roční* ~ Jahreszeit; ~ *platnosti* Geltungs-, Gültigkeitsdauer; *pracovní* ~ Arbeitszeit; *v dohledné -bě* in absehbarer Zeit; *to je* ~*!* das dauert (aber) lange!, das dauert (ja) eine Ewigkeit!; *přiměřený -bě* zeitgemäß, zeitentsprechend; *v každé -bě* jederzeit, zu jeder Zeit; *v dávných -bách* vor unendlichen Zeiten.

dobádat se *pf.* erforschen (*č-o* et. *A*).

ďobat ⟨*po-, vy-*⟩ picken.

doběh *m* (*2b*) *Sp.* Zieleinlauf *m*; *Tech.* Aus-, Nachlauf *m*; **~nout** *pf.* (*do cíle, k vlaku* Ziel, Zug) erreichen; *Rest e-r Strecke* zurücklegen; *Maschine*: auslaufen; *j-n* einholen; F (*irgendwohin*) flitzen, rennen; *j-n* übers Ohr hauen.

do|bíhat *s. doběhnout*; **~bíjet** *s. dobít.*

dobír|at *s. dobrat*; **~ka** *f* (*1c*; *-rek*) Nachnahme(gebühr) *f*; *na -ku, -kou* per Nachnahme; **~kový** Nachnahme-.

dobít *pf.* (*s. bít*) zu schlagen aufhören, den letzten Schlag tun; totschlagen, *j-m* den Gnaden- *od.* Todesstoß versetzen; *El. Batterie* nachladen; *hodiny dobily deset* die Uhr hat gerade 10 geschlagen.

ďobnout *pf.*, *u- s. ďobat.*

dobojovat *pf.* (*-juji*) *Kampf* auskämpfen; zu kämpfen aufhören; ~ se sich durchkämpfen; (*č-o*) *Sieg* erringen, erkämpfen.

dobový Zeit-, zeitgemäß, aktuell; *v* ~*ch kostýmech* in historischen Trachten.

dobr|á *f* (*Adj. 2*) „gut" (*Schulnote*); *Adv.* F ~*!* gut!, einverstanden!; **~ácký** (*Komp. -áčtější*) gutmütig; **~áctví** *n* (*3*) Gutmütigkeit *f*; **~ačka** *f* (*1c*; *-ček*) herzensgute Frau *f*, gute Seele *f*; **~ák** *m* (*1a*) gutmütiger Mensch *m*, guter Kerl *m*.

dobrat *pf.* (*s. brát*) den Rest nehmen; ~ se erreichen; ~ *se č-o* ergründen (*A*), den Sinn erfassen (von *D*), F dahinterkommen, entdecken (*A*); ~ *si k-o* necken, F aufziehen, foppen (*A*).

dobré *n* (*Adj. 3*) Gute(s), Wohl *n*; *po* ~*m* im guten; *být za* ~ *s kým* mit j-m auf gutem Fuße stehen.

dobro *n* (*1*; *6. -u*) Gute(s); Heil *n*, Wohl *n*; *obecné* ~ Gemeinnutz *m*, Gemeinwohl; *mimo* ~ *a zlo* jenseits von Gut und Böse; *je ti to k -ru* das kommt dir zugute; *připsat k -ru Hdl.* gutschreiben; *na* ~ gänzlich, total.

dobro|- *in Zssgn* gut-, wohl-; **~činnost** *f* (*4*) Wohltätigkeit *f*; **~dinec** *m* (*3*; *-nc-*) Wohltäter *m*; **~diní** *n* (*3*) Wohltat *f*; **~dinka** *f* (*1c*; *-nek*) Wohltäterin *f*; **~druh** *m* (*1a*) Abenteurer *m*; **~družný** abenteuerlich; **~družství** *n* (*3*) Abenteuer *n*; **~dušný** gutherzig; **~myslnost** *f* (*4*) Gutmütigkeit *f*; **~myslný** gutmütig; **~pis** *m* (*2*; *6. -e*/*-u*) *Hdl.* Gutschrift *f*; **~řečit** (*k-u*) j-n lobpreisen, segnen; **~srdečnost** *f* (*4*) Gutherzigkeit *f*; **~srdečný** gutherzig; **~ta** *f* (*1*) Güte *f*; F Leckerbissen *m*; *dělat -tu* Gutes tun; *nedělá to -tu* es tut nicht gut; *žaludek mu nedělá -tu* er hat mit dem Magen zu tun; **~tisko** F *n* (*1b*; *-s[e]k*) *s. dobrák, dobračka*; **~tivý** gütig; *-vé nebe!* (ach) du lieber Himmel!; **~volník** *m* (*1a*) Freiwillige(r) *m*; **~volnost** *f* (*4*) Freiwilligkeit *f*; **~volný** freiwillig; ehrenamtlich; **~zdání** *n* (*3*) Gutachten *n*; *podat ~* Gutachten abgeben.

dobrý (*Komp. lepší*; *Adv. dobře, Komp. lépe*) gut; *po -rém* im guten, auf gütliche Weise.

dobř|e *Adv.* gut; *mějte se ~!* lebt wohl!, laßt es euch gut gehen!; *stalo se ti ~!* es ist dir recht geschehen!; *dělá mi to ~* das tut mir wohl; (*Essen*) es bekommt mir (gut); **~it** ⟨*u-*⟩ besänftigen.

dobudovat *pf.* (*-duji*) den (Auf-)Bau beenden, mit dem (Auf-)Bau fertig werden.

dobýt *pf.* (*-budu, -byl*) *Land, Märkte* erobern; *Stadt* (ein)nehmen; *Festung* (er)stürmen; (*č-o*) *Freiheit* erringen; *Macht* ergreifen; *Ruhm* erlangen; (*co z k-o*) j-m *Schuldbekenntnis* entlocken; *~ se* eindringen; einbrechen.

dobyt|čák *m* (*2b*) Viehwagen *m*; **~če** *n* (*4*) (*Stück*) Vieh *n*; **~čí** Vieh-; **~ek** *m* (*2b*; *-tk-*; *2. -tka*) Vieh *n* (*Tiere*); *chov -tka* Viehzucht *f*; *krmný ~* Mastvieh; **~kář** *m* (*3*) Viehhändler *m*; Viehzüchter *m*; **~ářství** *n* (*3*) Viehzucht *f*; **~(el)ný** einnehmbar.

dobytí *n* (*3*) Eroberung *f*, Erstürmung *f*; *opětné ~* Wiedergewinnung *f*, Wiedererlangung *f*.

dobýv|ací *Bgb.* Abbau-; *Mil.* Belagerungs-; **~ačný** eroberungssüchtig, eroberungslustig; **~ání** *n* (*3*) *Bgb.* Abbau *m*; *Jur.* Eintreibung *f*; *Mil.* Eroberung *f*; *~ černého uhlí* Steinkohlenbergbau *m*; *~ rud* Erzbergbau *m*; *~ povrchové* Tagebau *m*.

dobýv|at *s. dobýt*; *Bgb.* abbauen, gewinnen; *Stöcke* roden; *Kartoffeln* graben, ernten; *Torf* stechen; *Hdl.* einbringen; *Jur.* eintreiben; *nehospodárně ~* Raubbau treiben; *~ se na k-o* bei j-m einzubrechen (*od.* einzudringen) versuchen.

dobyvatel *m* (*3*; *-é*) Eroberer *m*.

docela *Adv.* ganz (und gar), gänzlich, vollkommen, völlig, vollständig; *~ nic* überhaupt nichts; *~ vymyšleno* glatt erfunden; *~ by chtěl* er möchte sogar.

doce|nit *pf.*, **~ňovat** (*-ňuji*) (gebührend) würdigen.

docent *m* (*1*), **~ka** *f* (*1c*; *-tek*) Dozent(in *f*) *m*; **~ura** [-uː-] *f* (*1d*) Dozentur *f*, Dozentenstelle *f*.

do|časný vorübergehend, zeitweilig; **~česná** *f* (*Adj. 2*) Fest *n* zum Abschluß der Hopfenernte.

dočí|st *pf.* (*s. číst*), **~tat** auslesen, zu Ende lesen; *~ se* lesen über (*A*), erfahren.

dočista *Adv.* ganz (und gar), völlig.

dočkat se *pf.* (*č-o*) warten (bis); (noch) erleben; *nedočkal se ho* er hat vergebens auf ihn gewartet; *~ se radosti na dětech* an seinen Kindern Freude erleben.

doda|cí Liefer-; Empfangs-, Zustellungs-; **~t** *pf.* (da-, hin)zutun, -zugeben, -zulegen; hinzufügen; liefern; (*poštou* mit der Post) zustellen; steigern, stärken; *Kraft, Glanz, Schönheit usw.* verleihen; *to mu -alo* das hat ihm den Rest gegeben; *~ si odvahy* Mut fassen, sich ein Herz fassen; **~tečný** zusätzlich, nachträglich, Nach-; *-ná objednávka* Nachbestellung *f*; *objednat -ně* nachbestellen; **~tek** *m* (*2b*; *-tk-*) Nachtrag *m*, Zusatz *m*; **~telný** lieferbar; **~tkový** Ergänzungs-, Zusatz-.

dodávat *s. dodat.*

dodavatel *m* (*3*; *-é*) Lieferant *m*; **~ský**: *-ká firma* Lieferfirma *f*.

dodávk|a *f* (*1c*; *-vek*) Lieferung *f*; *Agr.* Ablieferung *f*; F *a.* Lieferauto *n*, Lieferwagen *m*; *povinná ~* Ablieferungssoll *n*; **~ový** Liefer(ungs)-.

dodejna *f* (*1*; *-jen*) Paketannahme *f*.

doděl|(áv)at fertigstellen, beenden, vollenden; P *j-n* fertigmachen; im Sterben liegen, sterben; *Tier*: verenden; *~ se č-o* sich erarbeiten, erlangen (*A*); (*nur impf.*) *Versäumtes* nacharbeiten, aufarbeiten; **~ávka** *f* (*1c*; *-vek*) das letzte Stück Arbeit.

dodnes bis heute, bis zum heutigen Tag.

dodrat *pf.* (*-deru*) herunterreißen, vollkommen zerreißen; *~ se* sich (hin)durch- *od.* hineindrängen.

dodrž|et *pf.*, **~ovat** (*-žuji*) *Frist, Termin* einhalten; *Versprechen* halten; *Vorschriften* beachten; *Disziplin* streng wahren.

dodých(**áv**)**at** den letzten Atemzug tun, den Geist aufgeben, *poet.* die Seele aushauchen.
doga *f* (*1b*) Dogge *f.*
dogma *n* (*1*; *2*, *3*, *6*. *-atu*; *Pl.* *-ata*) Dogma *n*; **~tický** [-tɪ-] dogmatisch.
do|had *m* (*2a*) Vermutung *f*, Mutmaßung *f*; **~hádat se** *pf.* mit Zanken aufhören; (*č-o*) erraten (*A*); **~hadovat se** (*-duji*) Vermutungen anstellen; (*č-o*) zu erraten suchen (*A*); (*s kým*) verhandeln (mit).
dohán|ěcí Zwangs-; **~ět** (*3 Pl.* *-ějí*) einzuholen versuchen; nachholen; treiben (*do*, *k* bis); *Jur.* zwingen; *vgl. dohonit*, *dohnat.*
dohasnout *pf.* (*-sl*) erlöschen, ausgehen.
dohazova|č *m* (*3*) († Heirats-) Vermittler *m*; Makler *m*; **~čka** *f* (*1c*; *-ček*) Heiratsvermittlerin *f*, *verä.* Kupplerin *f*; **~t** (*-zuji*) *s. dohodit.*
dohled *m* (*2a*) Sicht(weite) *f*; Aufsicht *f*, Überwachung *f*; *bez ~u* unbeaufsichtigt; *ztratit z ~u* aus den Augen verlieren; *jít na ~* in Sicht kommen; *země v ~u!* Land in Sicht!
dohléd|ací Aufsichts-, Überwachungs-; *~ úřadovna* Überwachungsstelle *f*; **~nout** *pf.* (*-dl*) blikken, sehen (können) bis (*D*); (*na k-o, nač*) beaufsichtigen, überwachen (*A*); überprüfen, kontrollieren (*A*); *konce nedohlédneš* ein Ende ist nicht abzusehen; *pokud lze ~* soweit das Auge reicht; *-ni na děti!* schau nach den Kindern!; *přísně ~ nač* ein wachsames Auge auf et. haben.
dohledný absehbar.
dohlí|dka *f* (*1c*; *-dek*) Aufsicht *f*; **~dnout** *pf.*, **~žet** *pf.* (*3 Pl.* *-ejí*) *s. dohlédnout*; **~žitel** *m* (*3*; *-é*), **~žitelka** *f* (*1c*; *-lek*) Aufseher(in *f*) *m*, Kontrolleur(in *f*) *m*.
dohmat *m* (*2a*) *Sp.* Nachgriff *m*, Nachfassen *n*; **~at se** *pf.* (*č-o*) sich herantasten (an *A*); F *Wahrheit* herauskommen.
dohnat *pf.* (*-ženu*) *j-n* einholen; treiben (*A*); *~ zpoždění* eine Verspätung aufholen; *s. dohonit.*
dohod|a *f* (*1*) Vereinbarung *f*, Übereinkommen *n*; Abkommen *n*; *po -dě* im gegenseitigen Einvernehmen; *v -dě* im Einvernehmen (*s kým* mit *D*); *obchodní ~* Handelsabkommen; *Malá ~ hist.* Kleine Entente; *Postupimská ~* Potsdamer Abkommen; **~ce** *m* (*3*) Makler *m*; **~it** *pf.* (*-zen*) werfen (bis); F *~ k-u co j-m* vermitteln, verschaffen (*A*); *co by kamenem -dil* e-n Steinwurf entfernt, nur ein Katzensprung; **~né** *n* (*Adj. 3*) Maklergebühr *f*; **~nout** *pf.* vereinbaren, verabreden; *~ se* sich verständigen, sich einigen (*s kým* mit *D*; *o*, *na*, *v čem* über *A*); **~nutí** *n* (*3*) Vereinbarung *f*, Abmachung *f*; **~nutý** vereinbart, ausgemacht.
doho|la *Adv.* kahl; *ostříhat ~* kahlscheren; *ožraný ~* kahlgefressen; **~nit** *pf.* *j-n* einholen; *Zeit*, *Lehrstoff* nachholen; **~řet** *pf.* ausbrennen; *Feuer*: ausgehen, erlöschen; **~spodařit** *pf.* abwirtschaften; **~tovit** *pf.*, **~tovovat** (*-vuji*) fertigstellen; *Plan* erfüllen; *s. dodělat.*
dohovo|r *m* (*2a*) Absprache *f*, Verabredung *f*; Unterredung *f*, Rücksprache *f*; **~řit** *pf.* ausreden, zu Ende sprechen; verabreden (*co s kým* et. mit *D*); *~ se* sich verständigen (*o čem* über *A*); *-řili jsme* wir haben unser Gespräch beendet; *~ si schůzku* sich verabreden.
dohr|a *f* (*1d*; *-her*) Nachspiel *n*; **~á(va)t** (*pf.* *-hraji*) zu Ende spielen; *-ál svou úlohu* er hat (seine Rolle) ausgespielt.
dohromady *Adv.* zusammen; *~ nic* durchaus nichts, fast gar nichts; *strkat hlavy ~* die Köpfe zusammenstecken; *dát ~ Mannschaft* zusammenstellen; *Feier* ausrichten; *et.* in Ordnung bringen; *dát hlavy ~* sich zusammensetzen.
dohř|át *pf.* (*-hřeji*), **~ívat** anwärmen; F *j-n* aufbringen, wütend machen; *~ se* in Harnisch geraten, wütend werden.
dohustit *pf.* (*-štěn*) *Rad* aufpumpen.
docház|et (*3 Pl.* *-ejí*) sich nähern; besuchen; *Ware*: eintreffen; *Brief*: eingehen; *Frist*: ablaufen; *Obst*: reifen; *Geld*, *Vorrat*: ausgehen; *Ruhe*, *Verständnis* finden; *zum Streit*, *zu e-m Ergebnis* kommen; *s. dojít*; **~ka** *f* (*1c*; *-zek*) (*Schul-*) Besuch *m*; Erscheinen *n zum Dienst.*
dochodit *Schule* absolvieren, beenden; ein Kind austragen; nicht (mehr) kommen (*ke k-u* zu *D*).
dochov(áv)at heran-, großziehen; pflegen, betreuen; *~ se* erhalten bleiben; überliefert werden.

dochviln|ost *f* (*4*) Pünktlichkeit *f*; **~ý** pünktlich.
do|jačka *f* (*1c*; *-ček*) = **~ják¹** *m* (*2b*) Melkeimer *m*; **~ják²** F *m* (*2b*) Schnulze *f*; **~jatý** bewegt, gerührt.
dojedn(áv)at *Verhandlungen* abschließen; abmachen, vereinbaren (*s kým* mit *D*).
dojem *m* (*2a*; *-jm-*) Eindruck *m*; *-jmy z cest* Reiseeindrücke; *působit -jmem* beeindrucken; **~ný** rührend; rührselig.
dojet *pf.* (*-jedu*, *-jel*) (*do* + *2. Fall*) kommen, fahren bis (zu, nach); ankommen, eintreffen (in *D*); *j-n* einholen, erreichen; (*pro k-o, co*) (ab-) holen (*A*).
dojetí *n* (*3*) Ergriffenheit *f*, Rührung *f*; *plakat ~m* vor Rührung weinen.
dojezd *m* (*2a*) *Sp.*, *Tech.* Auslauf *m*.
doji|cí Melk-; **~čka** *f* (*1c*; *-ček*) Melkerin *f*.
dojíma|t *s. dojmout*; **~vý** rührend, ergreifend.
dojíst *pf.* (*s. jíst*) zu Ende essen; *~ se* sich satt essen.
dojista *Adv.* (ganz) sicher, gewiß.
dojit ⟨*po-*⟩ melken.
dojít *pf.* (*s. jít*) (*do* + *2. Fall*) kommen, gehen bis (zu, nach); ankommen, eintreffen (in *D*); *j-n* einholen; *et.* erlangen, erreichen; (*pro k-o, co*) (herbei)holen (*A*); *~ k cíli od. do cíle* ans Ziel kommen; *dojde k tobě* du bist an der Reihe; *ne ~* ausbleiben; *s. a. docházet*.
dojivost *f* (*4*) Milchleistung *f*, -ertrag *m*.
do|jíždět (*3 Pl. -ějí*) *s. dojet*; **~jmout** *pf.* (*s. jmout*) *fig.* rühren, ergreifen; (seelisch) erschüttern.
dojn|ice *f* (*2a*) melkende Kuh, Melkkuh *f*; Milchkuh *f*; **~ý** melkend, Melk-.
dok *m* (*2b*) Dock *n*; **~ař** *m* (*3*) Dockarbeiter *m*.
dokaz|atelný be-, nachweisbar; **dokázat** *pf.* (*-žu/-ži*), **~ovat** (*-zuji*) be-, nachweisen; zustande bringen, F fertigbringen, schaffen; durchsetzen.
doklad *m* (*2*; *6. -u/-ě*) Urkunde *f*, Unterlage *f*; Beleg *m*, Nachweis *m*; *~em* als Beweis (*č-o/G*, für *A*); *na ~* zum Beweis.
dokládat (da-, hin)zulegen; beifügen; belegen, be-, nachweisen; *Zitat*, *Beispiel* anführen; *~ se* sich berufen (*kým* auf *A*); beteuern.
dokladový Beweis-.
dokola *Adv.* ringsherum, ringsumher; *stále ~* immer dasselbe; *kolem ~* weit und breit.
dokonal|ost *f* (*4*) Vollkommenheit *f*, Vollendung *f*; **~ý** vollkommen, vollendet; *Arbeit*: tadellos; *Niederlage*: völlig, vollständig; *v -lé úctě* mit vorzüglicher Hochachtung.
dokon|(áv)at *v/t* be-, vollenden, vollbringen; *Mord a.* verüben; *v/i* sterben, verscheiden; **~avý** *Gr.* (*Verb*) perfektiv, vollendet.
dokon|ce *Adv.* selbst, sogar; vollends; **~čit** *pf.*, **~čovat** (*-čuji*) beenden; vollenden.
dokořán: *~ otevřený* (sperr)angelweit offen.
do|koupit *pf.* den Rest kaufen; (hin)zukaufen; **~kračovat** (*-čuji*) auftreten; *fig.* einschreiten, vorgehen (*na k-o, co* gegen *A*); **~kreslit** *pf.* zu Ende zeichnen; *fig.* verdeutlichen; **~kročit** *pf.*, **~kročovat** (*-čuji*) *s. dokračovat*.
doktor *m* (*1*; *-ři*) Doktor *m*; **~át** *m* (*2a*) Doktorwürde *f*, Doktorat *n*; **~ka** *f* (*1*; *-rek*) (Frau) Doktor; F Doktorin *f*; **~ovat** (*-ruji*) als Arzt tätig sein; F (herum)doktern; laborieren; **~ský** Doktor-.
doktr|ína *f* (*1*) Doktrin *f*; **~inářský** doktrinär.
dokud solange; *~ ne* bis.
dokument *m* (*2*; *6. -u/-ě*) Dokument *n*, Urkunde *f*; *osobní ~y* Ausweispapiere *n/pl.*; **~ace** *f* (*2*) Dokumentation *f*; **~ační** Dokumentations-; **~ární** dokumentarisch, Dokumentar-; **~ovat** (*im*)*pf.* (*-tuji*) dokumentieren; **~ový** Urkunden-, Dokumenten-.
do|kupovat (*-puji*) *s. dokoupit*; **~kvétat**, **~kvést** *pf.* (*s. kvést*) (voll) aufblühen; verblühen.
dolar *m* (*2a*) Dollar *m*; **~ový** Dollar-.
dole *Adv.* (*Komp. ~ji*) unten.
dolé|čení *n* (*3*) Nachbehandlung *f*, Nachkur *f*; **~hat** fest anliegen; (dicht) schließen; *Laute*: dringen, zu hören sein; (*na k-o*) bedrängen (*A*); zu schaffen machen (*D*); **~havý** dringend.
dole|hnout *pf. s. doléhat*; **~ji** weiter unten *od.* abwärts; **~jšek** *m* (*2b*; *-šk-*) untere(r) Teil, Unterteil *m od. n*; **~jší** untere(r); **~k** *m* (*2b*;

-lk-) *s. vdolek*; **~m** *Adv.* unten; *horem ~* über Stock und Stein.
dolet *m* (*2a*) Flugbereich *m*, Flug-, Reichweite *f*; **~ět** *pf.*, **dolétat, ~ovat** (*-tuji*) fliegen (bis), (fliegend) erreichen; *Laute*: dringen (bis).
doleva (nach) links.
dolé|vat zugießen, nachfüllen; **~zat** F (*za kým*) sich aufdrängen (*D*), belästigen (*A*); *děti -zají* die Kinder sind zudringlich.
doléz|avý F auf-, zudringlich, lästig; **~t** *pf.* (*s. lézt*) kriechen (bis); sich (mühsam) schleppen (bis).
dolíč|ek *m* (*2b*; *-čk-*) Grübchen *n*; **~kovaný, ~kovatý**: *-ná* (*od. -tá*) *tvář* pockennarbiges Gesicht.
doličný *Jur.*: *-ná věc* Beweisstück *n*, -mittel *n*.
dol|ík *m* (*2b*) (kleines) Loch, Vertiefung *f*, Mulde *f*; **~ina** *f* (*1*) Niederung *f*, Tal *n*; *Geol.* Doline *f*.
dolí|(va)t (*pf. s. lít*) *s. dolévat*; **~zat** *s. dolézat*.
dolní untere(r), Unter-; *Geogr.* Nieder-.
dolno- *in Zssgn* Unter-; *Geogr.* Nieder-; **~lužický** Niederlausitzer (*Adj.*); **~saský** niedersächsisch; **~slezský** niederschlesisch.
dolov|at (*-luji*) *Bgb.* fördern; F kramen; **~ý** *s. důlní*.
dolózní *Jur.* vorsätzlich.
dolož|ení *n* (*3*) Nachtrag *m*, Zusatz *m*; **~it** *pf. s. dokládat*; **~itelný** belegbar, beweisbar; **~ka** *f* (*1c*; *-žek*) Klausel *f*, Zusatz *m*; Vermerk *m*.
dolů nach unten, abwärts; her-, hinunter; *~!* nieder!; *~ po svahu* bergab; talwärts; *klobouk ~!* Hut ab!
doly *s. důl*.
dóm *m* (*2*; *6. -u*/*-ě*) Dom *m*.
doma zu Hause, daheim; F *teď jsem ~!* jetzt geht mir ein Licht auf!; *buďte tu jako ~* fühlen Sie sich wie zu Hause.
domácí¹ Haus-; hausgemacht; *Brot*: hausbacken; häuslich; (ein-) heimisch; *~ strava* Hausmannskost *f*; *pan ~* = *~*² *m* (*Adj. 4*) Hausbesitzer *m*, -herr *m*.
domác|ký Haus-, Heim-; häuslich; familiär; hausbacken (*fig.*); *-ky, po -ku* wie zu Hause; **~nět** ⟨z-⟩ (*3 Pl. -ějí*) heimisch werden; **~nost** *f* (*4*) Haushalt *m*; **~nostní** Haushalts-; *~ hospodářství* Hauswirtschaft *f*.
do|máhat se *Recht* fordern; *s. domoci se*; **~makat se, ~maknout se** *pf. s. dohmatat se*.
dome|k *m* (*2b*; *-mk-*), **~ček** *m* (*2b*; *-čk-*) Häuschen *n*.
doměření *n* (*3*) zusätzliche (*Steuer-*) Veranlagung *f*.
dominikán [-nı-] *m* (*1*) Dominikaner(mönch) *m*; **~ský** Dominikaner-.
domkář *m* (*3*) Häusler *m*, Kleinbauer *m*.
domlouvat ausreden, zu Ende sprechen; *j-m* zureden; (*a. se*) abmachen, vereinbaren, (sich) verabreden.
domluv|a *f* (*1*) Zureden *n*; *s. dohoda, dohovor*; **~it** *pf. s. domlouvat*.
domně|lý angeblich; vermeintlich, mutmaßlich; *-le mrtvý* scheintot; **~ní** *n* (*3*) Annahme *f*, Meinung *f*; *v ~ že ...* in der Annahme, daß ...; **~nka** *f* (*1c*, *-nek*) Vermutung *f*, Mutmaßung *f*.
domnívat se vermuten, annehmen.
domobran|a *f* (*1*) Landsturm *m*, Land-, Heimwehr *f*; **~ec** *m* (*3*; *-nc-*) Landsturm-, Landwehrmann *m*.
domoci se *pf.* (*-mohu*) (*č-o*) *Macht* erringen; *Einfluß, Ansehen* erlangen; zu *Geld* kommen.
domorod|ec *m* (*3*; *-dc-*) Eingeborene(r) *m*; Ortsansässige(r) *m*, Einheimische(r) *m*; **~ý** eingeboren, Eingeborenen-; einheimisch.
domov *m* (*2*; *2. -a*, *6. -ě*/*-u*) Heimat *f*; (*Kinder-, Studenten-*)Heim *n*; *být ~em* beheimatet sein (*na Moravě* in Mähren); *bez ~a* heimatlos; **~ina** *f* (*1*) Heimat(land *n*) *f*; F Eigenbau *m* (*Tabak*); **~ní** Haus-; *~ prohlídka, řád* Haussuchung *f*, -ordnung *f*; **~nice** *f* (*2a*) Hausmeisterin *f*; **~nictví** *n* (*3*) Hausmeisterstelle *f*; **~ník** *m* (*1a*) Hausmeister *m*; **~ský** heimatlich, Heimat-.
domu *s. dům*.
domů nach Hause, heim(wärts); *cesta ~* Heimweg *m*; Heim-, Rückreise *f*; *návrat ~* Heim-, Rückkehr *f*.
domysl|et, ~it *pf.* (*-šlen*) *s. domýšlet*.
domýšl|et (*3 Pl. -ejí*) zu Ende denken, durchdenken; daran denken; *~ se* (*č-o*) vermuten, erraten (*A*); *~ si* sich vorstellen, hinzudenken; sich einbilden; **~ený** durchdacht; **~ivec** *m* (*3*; *-vc-*) eingebildeter Mensch *m*, F Angeber *m*; **~ivý** eingebildet, F aufgeblasen.

donašeč *m* (*3*) Zuträger *m*, Denunziant *m*; **~ství** *n* (*3*) Denunziantentum *n*, Zuträgerei *f*.
donáš|et (*3 Pl. -ejí*) bringen; holen; *Waren, Post* zustellen; *Geschütz*: reichen; F *j-m et.* hinterbringen, zutragen; (*na k-o*) j-n denunzieren, verpetzen; **~ka** *f* (*1c*; *-šek*) (*Post-, Zeitungs-*)Zustellung *f*; (*Haus-*) Lieferung *f*; **~kový** Zustell-; Liefer-.
done|dávna bis vor kurzem; **~konečna** bis ins Unendliche, ohne Ende.
do|nést *pf.* (*s. nést*) *s. donášet*; **~nosit** *pf.* (*-šen*) zu Ende tragen; *Kind* austragen; *Schuhe, Kleider* abtragen; **~nosnost** *f* (*4*) Reichweite *f*.
donu|cení *n* (*3*) Zwang *m*; *z ~* zwangsweise; **~covací** Zwangs-; *~ nutnost* zwingende Notwendigkeit; **~covat** (*-cuji*), **~tit** *pf.* (*-cen*) zwingen; *Jur. a.* nötigen.
doobjed|n(áv)at nachbestellen; **~návka** *f* (*1c*; *-vek*) Nachbestellung *f*.
doopravdy wirklich, in der Tat, wahrhaft(ig); ernsthaft, im Ernst.
dop. *Abk. für dopoledne.*
dopad *m* (*2a*) Aufschlag *m* (*a. Sp.*); Aufsetzen *n* (*a. Flgw.*); (*Geschoß-*) Einschlag *m*; *Phys.* Einfall *m*; *úhel ~u* Einfallswinkel *m*; **~at, ~nout** *pf.* (*-den*) fallen; aufschlagen; *Bombe usw.*: einschlagen; *Sache*: ausfallen, ausgehen; *j-n* ertappen, F erwischen (*při činu* auf frischer Tat); **~ový** Einfall(s)-.
do|pal F *m* (*2a*) Wut *f*, Zorn *m*; **~pálený** F wütend; **~pálit** *pf.*, **~palovat** (*-luji*) verbrennen; F *j-n* in Wut bringen, aufbringen; *~ se* in Wut geraten; **~pátrat se** *pf.* (*č-o*) erforschen, F herausfinden, -bekommen (*A*); **~pí(je)t** (*impf. 3 Pl. -ejí*; *pf. s. pít*) austrinken, leeren.
dopis *m* (*2*; *6. -e*/*-u*) Brief *m*; **~ní** Brief-; **~nice** *f* (*2a*) Postkarte *f*; **~ování** *n* (*3*) Briefwechsel *m*, Korrespondenz *f*; **~ovat** (*-suji*) zu Ende schreiben; schreiben (*k-u* an *A*); *~ si* im Briefwechsel stehen, korrespondieren (*s kým* mit *D*); **~ovatel** *m* (*3*; *-é*), **-lka** *f* (*1c*; *-lek*) Korrespondent(in *f*) *m*; **~ový** brieflich, schriftlich, Brief-.
do|pít *pf. s. dopíjet*; **~plácet** (*3 Pl. -ejí*) nach-, zuzahlen; zusetzen, draufzahlen; *mit dem Tod* bezahlen.
doplat|ek *m* (*2b*; *-tk-*) Nachzahlung *f*; Zuzahlung *f*, Zuschlag *m*; **~it** *pf.* (*-cen*) *s. doplácet*; **~kový** Nachzahlungs-; *-vá jízdenka* Zuschlagkarte *f*; **~né** *n* (*Adj. 3*) Nachgebühr *f*, -porto *n*.
doplavit *pf.* auf dem Wasserweg befördern; verschiffen; *Holz* flößen.
dopln|ěk *m* (*2b*; *-ňk-*) Ergänzung *f*; Zusatz *m*, Nachtrag *m*; Anhang *m*; *Gr.* attributives Prädikat; *módní -ňky* modisches Zubehör, Accessoires *n*/*pl.*; **~ění** *n* (*3*) *s. doplňování*.
doplnit *pf. s. doplňovat*.
dopl|ň|kový Ergänzungs-, Zusatz-; *Math.* Komplementär-; *~ sport* Ausgleichssport *m*; **~ovací** Ergänzungs-; Nachtrags-; *~ volby* Nachwahlen *f*/*pl.*; **~ování** *n* (*3*) Vervollständigung *f*, Ergänzung *f*; Auf-, Nachfüllen *n*; **~ovat** (*-ňuji*) ergänzen, vervollständigen; auf-, nachfüllen.
do|plou(va)t (*pf. s. plout*) fahren, segeln bis (*D*); *~ do přístavu* in den Hafen einlaufen; **~pnout** *pf.* (*s. pnout*) zuknöpfen; **~počítat** *pf.* ausrechnen; (zusammen)zählen; *~ se* (*č-o*) et. errechnen, ermitteln; **~podrobna** bis ins einzelne, mit allen Einzelheiten, F haargenau; **~pola** halb, zur Hälfte.
dopoledn|e[1] *n* (*2*) Vormittag *m*; **~e**[2] *Adv.* vormittags, am Vormittag; **~í** Vormittags-.
dopom|áhat, ~oci *pf.* (*s. pomoci*) verhelfen (*k-u k č-u* j-m zu *D*); **~oc** *f* (*4*) *Sp.* Hilfestellung *f*.
doporuč|eně *Adv.* eingeschrieben; *~!* Einschreiben!; **~ení** *n* (*3*) Empfehlung *f*; **~ený** empfohlen; *Brief*: eingeschrieben; **~it** *pf. s. doporučovat*; **~itelný** empfehlenswert; **~né** *n* (*Adj. 3*) Einschreibegebühr *f*; **~ovat** (*-čuji*) empfehlen; **~ující** Empfehlungs-.
dopo|savad, ~sud bisher, bis jetzt.
dopouštět (*3 Pl. -ějí*) zulassen, gestatten; dulden; (*co na k-o*) heimsuchen, schlagen (mit); *nedopustit nic na k-o* nichts auf j-n kommen lassen; *~ se* (*č-o*) begehen (*A*).
dopo|vědět *pf.* (*s. vědět*) ausreden; *a.* = **~vídat** (*im*)*pf.* zu Ende erzählen.
dopracov(áv)at (*pf. -cuji*) die Arbeit beenden; *~ se č-o* sich et. er-

arbeiten; (durch Arbeit) gelangen (*k* + *3. Fall* zu *D*).
doprava[1] (nach) rechts.
doprav|a[2] *f* (*1*) Beförderung *f*, Transport *m*; Verkehr *m*; Speditionswesen *n*; *námořní* ~ Seeschiffahrt *f*; **~ák** F *m* (*1a*) Transportbedienstete(r) *m*, Eisenbahner *m*; **~ce** *m* (*3*) Spediteur *m*; **~it** *pf. s. dopravovat*; **~ní** Verkehrs-; Transport-, Beförderungs-; Speditions-; **~nictví** *n* (*3*) Verkehrs-, Transportwesen *n*; Spedition(sfirma) *f*; **~ník** *m* (*2b*) *Tech.* Förderer *m*; **~ovat** (*-vuji*) befördern, transportieren; liefern.
doprod|at *pf.* ausverkaufen; **~ej** *m* (*4*) Ausverkauf *m*.
dopro|sit *pf.* (*-šen*), **~šovat se** (*-šuji*) (*č-o*) erbitten, durch Bitten erlangen (*A*).
doprováz|eč *m* (*3*) Begleiter *m*; **~et** (*3 Pl. -eji*) begleiten; *lit.* geleiten, das Geleit geben.
doprovod *m* (*2a*) Begleitung *f*; Geleit *n*; **~it** *pf. s. doprovázet*.
do|přá(va)t (*pf. s. přát*) gönnen; **~předu** vorwärts, nach vorn; vor-; *postupovat* ~ vorrücken; **~psat** *pf. s. dopisovat*.
dopu|stit *pf.* (*-štěn*) *s. dopouštět*; **~štění** *n* (*3*) Zulassen *n*; Fügung *f* (*Gottes*); P *je boží* ~ es sind alle Teufel los.
do|razit *pf.* (*-žen*) einschlagen; ~ *k-o* j-m den Todesstoß (F den Rest) geben, P j-m den Garaus machen, j-n erledigen; ~ *kam* ankommen, anlangen (in, an *D*); **~ražení** *n* (*3*) Stichelei *f*, Neckerei *f*; **~rážet** (*3 Pl. -eji*) angreifen, necken; *j-m* hart zusetzen; *j-n* (mit Fragen) bestürmen.
dorost *m* (*2a*) Nachwuchs *m*; *Sp.* Jugendklasse *f*; **~enec** *m* (*3*; *-nc-*) Jugendliche(r) *m*; *Sp.* Angehöriger *m* einer Jugend- *od.* Nachwuchsmannschaft; **~enecký** *Sp.* Nachwuchs-; **~lý** erwachsen.
dorozum|ění *n* (*3*) Verständigung *f*, Einvernehmen *n*; **~ět se** *pf.* (*3 Pl. -ějí*), **~ívat se** sich verständigen, sich *über et.* einigen, übereinkommen; **~ívací** Verständigungs-; ~ *řeč* Verkehrssprache *f*.
dort *m* (*2*; *6. -u/-ě*) Torte *f*; **~ový** Torten-.
doruč|ení *n* (*3*) Zustellung *f*; Aushändigung *f*; **~it** *pf.*, **~ovat** (*-čuji*) zustellen; überbringen, aushändigen; **~itel** *m* (*3*; *-é*) Überbringer *m*; **~né** *n* (*Adj. 3*) Zustellgebühr *f*; **~ování** *n* (*3*) Zustelldienst *m*; **~ovatel** *m* (*3*; *-é*) (*Post-*)Zusteller *m*; ~ *peněz* Geldbriefträger *m*, Geldbote *m*.
do|růst(at) (*pf. s. růst*) heranwachsen; **~řešit** *pf. Problem* restlos lösen; **~sadit** *pf.* (*-zen*) einsetzen.
do|sah *m* (*2b*) Reichweite *f*; Bereich *m*; *fig.* Tragweite *f*; **~sáhnout** *pf.* (*dosažen*), **~sahovat** (*-huji*) reichen bis (zu); (*č-o*) erreichen, erwirken (*A*).
dosavad bisher, bis jetzt; **~ní** bisherig.
do|sázet *pf.* (*3 Pl. -eji*) *Kartoffeln* setzen, pflanzen; *Typ.* absetzen; **~sazovat** (*-zuji*) einsetzen; *Geld* zuschießen; **~sazení** *n* (*3*) Einsetzung *f*; **~sazovací** Einstellungs-; **~sažení** *n* (*3*) Erlangung *f*, Erreichung *f*; **~sažitelný** erreichbar.
dosed|at *pf.* sich (nieder)setzen; *aufs Pferd* steigen, aufsitzen; *Thron* besteigen; **~ět** *pf.* ausbrüten; **~nout** *pf. s. dosedat*.
dosíci *pf. s. dosáhnout*.
doskoči|ště *n* (*2a*) *Sp.* Sprunggrube *f*; (*Ski*) Aufsprungbahn *f*; **~t** *pf.* springen (bis); ~ *pro k-o* j-n (schnell) holen.
do|skok *m* (*2b*) Sprung(weite *f*) *m*; *Sp.* Aufsprung *m*; *fig.* Katzensprung *m*; **~slat** *pf.* (*-šlu*, *-slán*) nachsenden.
doslech *m* (*2b*) Hörweite *f*; Hören *n*; *z* ~*u* vom Hörensagen; **~nout** *pf.* (*-nut*) erfahren, vernehmen, hören.
doslov *m* (*2a*) Nachwort *n*; **~a** *Adv.*, **~ný** wörtlich, wortgetreu; buchstäblich.
do|slýchat *s. doslechnout*; **~spat** *pf.* (*s. spát*): ~ se (sich) ausschlafen.
dospěl|ost *f* (*4*) Reife *f*; *Jur.* Mündigkeit *f*; *Hdl.* Fälligkeit *f* (*Wechsel*); **~ý** erwachsen; *Jur.* mündig; *Hdl.* fällig.
dosp|ět *pf.* (*3 Pl. -ějí*), **~ívat** *zu et.* gelangen; heranwachsen; *Hdl. Wechsel*: fällig werden; **~ívající**: ~ *mládež* heranwachsende Jugend *f*.
dospodu nach unten.
dost (*č-o*) genug (von et.); ziemlich; *mám už* ~*!* genug damit!, davon habe ich genug!; ~ *a* ~ übergenug; *ani* ~ *málo* nicht im geringsten; *to je* ~ *možná* das ist wohl möglich.

dostač|it *pf.*, **~ovat** (*-čuji*) genügen, (aus)reichen; **~ující** hinreichend, hinlänglich.
dost|ání *n* (*3*): *to je k ~* das ist zu bekommen, erhältlich; **~at** *pf.* (*-stanu, -stal*) bekommen, erhalten, P kriegen; *~ se* (einander) heiraten; *~ kam* (*wohin*) geraten, gelangen, kommen; *~ č-o* et. zuteil werden; **~át** *pf.* (*-stojím, -stál*) (*č-u*) Genüge tun (*D*); *~ povinnosti* der Pflicht nachkommen; *~ slovu* Wort halten.
dostat|ečný genügend, ausreichend; *Jur.* hinreichend (*Beweis*); **~ek** *m* (*2b; -tk-*) Genüge *f*, Fülle *f*; *je ~ č-o* et. ist in Hülle und Fülle vorhanden; *zboží je ~* Ware ist in ausreichender Menge vorhanden.
dostávat *s. dostat.*
dostavba *f* (*1; -veb*) Ausbau *m*; Vollendung *f eines Baues.*
dostavení *n* (*3*) Erscheinen *n* (*z.B. vor Gericht*); **~čko** *n* (*1b; -ček*) Stelldichein *n*, Rendezvous *n*; *Mus.* Ständchen *n*; *dát si ~* sich verabreden.
dostav|ět *pf.* (*3 Pl. -ějí*) zu Ende bauen; ausbauen; **~it** *pf.*: *~ se* sich einfinden, erscheinen, eintreffen; *ne~ se* fernbleiben (*D*); **~ník** *m* (*2b*) Stellwagen *m*.
dosti *s. dost.*
dostih|nout *pf.* (*-žen*), **~ovat** (*-huji*) einholen, erreichen; **~ový** Renn-; **~y** *m/pl.* (*2b*) Pferderennen *n*; *~ ve zbrojení* Wettrüsten *n*.
dostiučin|ění *n* (*3*) Genugtuung *f*; **~it** *pf.* Genüge tun; Genugtuung leisten.
dostiž|ení *n* (*3*) Erreichung *f*; **~itelný** erreichbar.
dostoupit *pf.* (*č-o*) erreichen (*A*).
dostřed|ivost *f* (*4*) *Phys.* Zentripetalkraft *f*; **~ivý** Zentripetal-; **~ný** *Phys.*, *Math.* radial, Radial-.
do|střel *m* (*2a*) Schußweite *f* Reichweite *f*; **~studovat** *pf.* (*-duji*) zu Ende studieren.
dostup *m* (*2a*) Zutritt *m*; *Flgw.* Gipfelhöhe *f*; **~nost** *f* (*4*) Zugänglichkeit *f*; Erschwinglichkeit *f*; **~ný** zugänglich; *Preis*: erschwinglich; *Ort*: erreichbar; **~ovat** (*-puji*) *s. dostoupit.*
dosud bisher, bis jetzt.
dosvědč|it *pf.*, **~ovat** (*-čuji*) bekräftigen; *Jur.* bezeugen.
dosypat *pf.* (*-u/-ám*) nachfüllen, nachschütten.
dosyt|a satt, bis zur Sättigung; **~it** *pf.* (*-cen*) satt machen; *~ se* sich satt essen.
doširoka *Adv.* breit, in die Breite.
doškový: *-vá střecha* Strohdach *n*.
do|škrabat *pf.* (*-u/-ám*) schälen; *Gemüse* putzen; F *~ se* sich schleppen (bis); **~šlápnout** *pf.* (*Fuß*) auftreten; P *~ se k-o* zur Rede stellen (*A*); **~tad** bisher, bis zu diesem Augenblick; **~táhnout** *pf.* (*-tažen*), **~tahovat** (*-huji*) ziehen (bis); *Schraube* anziehen, nachziehen; *Sp.* einholen; **~tavad** *s. dotad.*
dotaz *m* (*2; 6. -u/-e*) Anfrage *f*: *mám k tobě ~* ich habe eine Frage an dich zu richten; **~y** *pl.* Auskunft(sstelle) *f* (*Aufschrift*).
dotázat *pf.* (*-žu/-ži*): *~ se k-o* (*nač*) bei j-m nachfragen (wegen *G*), sich erkundigen (nach *D*), Erkundigungen einholen (über *A*).
dotaz|ník *m* (*2b*) Fragebogen *m*; **~ovat** (*-zuji*) *s. dotázat*; **~ovatel** *m* (*3; -é*) Fragesteller *m*; **~ovna** *f* (*1; -ven*) Auskunftsstelle *f*, Auskunftsbüro *n*.
dotčen berührt; *Ehre*: gekränkt; **~ý** besagt, betreffend; *svrchu ~* oben erwähnt.
dotek *m* (*2b*) Berührung *f*; *El.* Kontakt *m.*
dotěr|a F *m* (*5*) zudringlicher Mensch *m*, Plagegeist *m*; **~avý** zudringlich, aufdringlich; **~nost** *f* (*4*) Zudringlichkeit *f*; **~ný** zudringlich, lästig.
dotírat: *~ na k-o* j-m hart zusetzen; *~ se* sich aufdrängen.
dotisk *m* (*2b*) *Typ.* Nachdruck *m*; **~nout** *pf.* (*-tištěn*) nachdrucken.
dotknout se *pf.* (*-tčen/-tknut*) (*č-o* berühren, anrühren (*A*).
dotlouci *pf.* (*s. tlouci*) *Uhr*: soeben schlagen, aufhören zu schlagen; *~ se* sich *mit letzter Kraft* durchschlagen.
do|trmácet se *pf.* (*3 Pl. -ejí*) erschöpft ankommen; **~trpět** *pf.* aufhören zu leiden, ausleiden; *-ěl!* er hat es überstanden!; **~třít** *pf.* (*s. třít*) (zu Ende) reiben; *~ se* sich einschleichen; **~tud** bis hierher; solange.
dotv|ářet (*3 Pl. -ejí*), **~ořit** *pf.* die endgültige Form geben, F letzte Hand anlegen.

dotvr|dit *pf.* (*-zen*), **~zovat** (*-zuji*) bestätigen, bekräftigen; ~ se sich vervollkommnen; **~zení** *n* (*3*) Bekräftigung *f*.

doty|čný betreffend; **~k** *m s. dotek*; *Mil.* Fühlung *f*.

dotýk|ání *n* (*3*) *s. dotčení*; **~aný** *Rel.* geweiht; **~at** *s. dotknout*.

doub|ek *m* (*2b*; *-bk-*) junge Eiche *f*; **~rava** *f* (*1*) Eichenwald *m*.

douč|it *pf.*: ~ *se* auslernen; **~ovací**: ~ *hodina* Nachhilfestunde *f*.

doudit [do-u-] *pf.* (*-uzen*) *Fleisch* richtig (*od.* ganz) räuchern.

douf|ání *n* (*3*) Hoffen *n*; **~at** ⟨*za-*⟩ (*v k-o, v co*) hoffen (auf *A*); *přestávat* ~ die Hoffnung aufgeben.

doup|ě *n* (*4a*) Höhle *f*; (*Tier-*)Bau *m*; **~ňák** *m* (*1a*) *Zo.* Ringeltaube *f*.

doušek *m* (*2b*; *-šk-*) Schluck *m*; Trunk *m*; *jedním -škem* in einem Zug(e).

dout ⟨*na-, po-, za-*⟩ (*duji, dul, dut*) wehen, blasen; **~nák** *m* (*2b*) Zündschnur *f*, † Lunte *f*; **~nat** ⟨*za-*⟩ glimmen, schwelen; **~ník** *m* (*2b*) Zigarre *f*.

dovád|ět ⟨*po-, za-* (*si*)⟩ (*3 Pl. -ějí*) herumtollen; **~ivý** mutwillig.

dovař|ený gar (gekocht); **~it** *pf.* gar kochen, fertig kochen.

dováž|ení *n* (*3*) Zuführen *n*, Zufuhr *f*; *Hdl.* Einfuhr *f*, Import *m*; **~et** (*3 Pl. -ejí*) zuführen, bringen; *Hdl.* einführen, importieren; **~it** *pf.* das volle Gewicht geben, F auswiegen; **~ka** *f* (*1c*; *-žek*) Zufuhr *f*.

dovědět se *pf.* (*-vím*) (*č-o*) erfahren (*A*), Kenntnis erhalten (von *D*).

dovedn|ost *f* (*4*) Geschicklichkeit *f*, Gewandtheit *f*, Fertigkeit *f*; **~ý** geschickt, gewandt.

do|vést *pf.* (*s. vést*) (hin)führen (bis); können, F treffen, fertigbringen, schaffen, P hinkriegen; **~větek** *m* (*2b*; *-tk-*) *Jur.* Kodizill *n*; *Mus.* Coda *f*; **~vézt** *pf.* (*s. vézt*) (*mit einem Fahrzeug*) befördern, (hin-)schaffen, bringen; *s. a. dovážet*; **~vnitř** hinein, ins Innere, nach innen; **~vol(áv)at se** (*č-o*) sich berufen (auf *A*).

dovolen|á *f* (*Adj. 2*) Urlaub *m*; ~ *na zotavenou* Erholungsurlaub; *na -né* in Urlaub, beurlaubt; **~ec** *m* (*3*; *-nc-*) Urlauber *m*; **~ka** *f* (*1c*; *-nek*) Urlaubsschein *m*.

dovol|ení *n* (*3*) Erlaubnis *f*; *s ~m!* erlauben Sie!, gestatten Sie!; **~ený** erlaubt, zulässig; **~it** *pf.*, **~ovat** (*-luji*) erlauben, gestatten; *-lit se* um Erlaubnis bitten; beurlaubt werden.

dovoz *m* (*2a*) Einfuhr *f*, Import *m*; *povolení k ~u* Einfuhrbewilligung *f*; **~ce** *m* (*3*) Importeur *m*; **~né** *n* (*Adj. 3*) Fracht(gebühr) *f*; ~ *a clo vyplaceno* fracht- und zollfrei; **~ní** Einfuhr-; **~ovat** (*-zuji*) begründen folgern.

dovrchu bergauf, bergan.

dovrš|ení *n* (*3*) Vollendung *f*; **~it** *pf.* (*Maß*) voll sein; vollenden.

dovtípit se *pf.* begreifen, F kapieren.

dóza *f* (*1a*) Dose *f*.

doza|du nach hinten, nach rückwärts; **~jista** ganz bestimmt, ganz sicher, F totsicher.

dozírat (*na k-o j-n*) beaufsichtigen; *Durchführung* überwachen.

dozn|ání *n* (*3*) Geständnis *n*, *fig.* Bekenntnis *n*; **~(áv)at** (ein)gestehen, bekennen; **~ít** *pf.* (*3 Pl. -ějí/í, -ěl*) verklingen; *Echo*: verhallen; *El.* nachschwingen.

dozor *m* (*2a*) Aufsicht *f*, Beaufsichtigung *f*; **~ce** *m* (*3*) Aufseher *m*; *školní* ~ Schulinspektor *m*; **~čí** Aufsichts-, Überwachungs-; ~ *úřadovna* Überwachungsstelle *f*; **~kyně** *f* (*2b*) Aufseherin *f*.

do|zvěp *m* (*2a*) Schlußgesang *m*; **~zpívat** *pf.* zu Ende singen; **~zrá(va)t** (*pf. s. zrát*) reif werden; *fig.* heranreifen; **~zvědět** *s. dovědět*.

dozvu|čet *pf.* ausklingen; verhallen; **~k** *m* (*2b*) Nachklang *m*; **~y** *pl. a.* Nachfeier *f*.

dož|ádání *n* (*3*) Ersuchen *n*; **~ádat** *pf.* erbitten, um et. ersuchen; **~adovat** (*-duji*) (*č-o*) beanspruchen (*A*), Anspruch erheben (auf *A*); *Jur.* fordern (*A*).

dožatá P *f* (*Adj. 2*) Erntefest *n*.

dóže *m* (*Sg. wie n 4, Pl. a. m 3*; *-ové*) Doge *m*.

doží|nky *f/pl.* (*2*; *-nek*) Ernte(dank)-fest *n*; **~t¹** *pf.* (*s. žít²*) abmähen.

do|žít² *pf.* (*s. žít¹*) *sein* Leben beenden, *s-e* Tage beschließen; ~ *se* (*č-o*) erleben (*A*); **~žití** *n* (*3*) Erleben *n*; **~žívat** *s. dožít²*.

doživot|í *n* (*3*) Lebensdauer *f*; *Jur. na* ~ lebenslänglich; **~ní** auf Lebenszeit; *Jur.* lebenslänglich.

dožrat *pf.* (*s. žrát*) auffressen; *fig.* in Wut bringen.
dráb *m* (*1*; *-ové*/*-i*) Büttel *m*, Scherge *m*, Häscher *m*.
drabant F *m* (*1*) Trabant *m*; **~i** P *pl.* Kinder(schar *f*) *n*/*pl.*
drabař *m* (*3*) *Zo.* Trampeltier *n*.
drabčík *m* (*1a*) *Zo.* Raubkäfer *m*.
dracéna *f* (*1*) *Bot.* Drachenbaum *m*.
dracoun *m* (*2a*) Flittergold *n*.
dráče *n* (*4*) *fig.* ausgelassenes Kind *n*, F Schlingel *m*.
drač|í Drachen-; **~ice** *f* (*2a*) *fig.* Furie *f*.
drač|ka *f* (*1c*; *-ček*) Federnschleißen *n*; Holzspan *m*; † Kienspan *m*; P Rauferei *f*; *jít na -ku Ware*: F weggehen wie warme Semmeln; **~ky** *f*/*pl.* (*1c*; *-ček*) Federnschleißen *n*.
dragoun *m* (*1*) Dragoner *m*; **~ský** Dragoner-.
dráh|a *f* (*1b*) Bahn *f*; Eisenbahn *f*; (*a. jízdní ~*) Fahrbahn *f*, Fahrdamm *m*; *Sp.* Strecke *f*; *fig.* Laufbahn *f*; *jízda -hou* Bahnfahrt *f*; *~ letu* Flugbahn; *Mléčná ~ Astr.* Milchstraße *f*; *zavódní ~ Sp.* Rennbahn.
drahn|ý beträchtlich; **~ě** *Adv.* viel.
draho- *in Zssgn s. drahý*; **~cennost** *f* (*4*) Kostbarkeit *f*; **~cenný** kostbar; **~kam** *m* (*2a*) Edelstein *m*; **~ta** *f* Teuerung *f*; F *dělat -tu* sich zieren, sich bitten lassen; **~tní** Teuerungs-.
dra|houšek *m* (*1a*; *-šk-*) Liebling *m*; **~hý** (*Komp. dražší*, *Adv. -ho*, *draze*, *Komp. dráže*) teuer, kostbar; kostspielig; *Mensch*: lieb, teuer; *to ti přijde -ho!* das kommt dir teuer zu stehen!; *draze zaplatil* er hat *dafür* teuer bezahlt, *es* teuer erkauft.
drak *m* (*1a*) Drache(n) *m*; (*Kind*) Wildfang *m*; *Flgw.* Zelle *f*; F *je do práce jako ~* er arbeitet wie ein Wilder; *vzít ~a* Reißaus nehmen; *pouštět ~y* Drachen steigen lassen.
drama *n* (*1*; *-at-*; *2, 3, 6. -atu*) Drama *n*; **~tický** [-tɪ-] dramatisch; **~tik** [-tɪk] *m* (*1*; *-ové*) Dramatiker *m*, Bühnendichter *m*; **~tizovat** [-tɪ-] ⟨*z-*⟩ (*im*)*pf.* (*-zuji*) dramatisieren; **~turg** *m* (*1a*; *-ové*) Dramaturg *m*, Spielleiter *m*.
dranc: *na ~* zerfetzt; **~ování** *n* (*3*) Plünderung *f*; Raubbau *m*; **~ovat** ⟨*vy-*⟩ (*-cuji*) plündern; Raubbau treiben.
drap (*indekl.*) trapp (*Farbe*).
dráp *m* (*2a*) Kralle *f*, Klaue *f*; *Jagdw.* Griff *m*.
drapák *m* (*2b*) *Tech.* Greifer *m*.
dráp|al F *m* (*1*; *-ové*) Schmierer *m*; **~anice** F *f* (*2a*), **~anina** F *f* (*1*) Schmiererei *f*, Kritzelei *f*; **~at**[1] ⟨*po-*, *za-*⟩ (*-u*/*-ám*), **~nout** *pf.* kratzen; F *fig.* schmieren; kritzeln; *Dieb* erwischen, schnappen; **~at**[2] **se** ⟨*na-*, *vy-*⟩ klettern; **~nutí** *n* (*3*) Krallenhieb *m*; Kratzer *m*; **~ek** (*2b*; *-pk-*) *Dim. zu dráp.*
drás|at ⟨*po-*, *v-*, *za-*⟩ ritzen, kratzen; *Nerven* zerrütten; **~avý**: *~ výkřik* herzzerreißender Schrei.
dras|eln(at)ý kalihaltig, Kali-; **~lík** *m* (*2b*) Kalium *n*; **~lo** *n* (*1a*; *-sel*) *Chem.* Kali *n*; Pottasche *f*; **~lovka** *f* (*1c*; *-vek*) Kaliwerk *n*.
drastický [-tɪ-] drastisch.
drát ⟨*podrat*, *vy-*, *za-*⟩ (*deru*, *dral*, *drán*) reißen; *Federn* schleißen; *~ se* sich drängen; *Tränen*: hervorstürzen.
drát *m* (*2*; *6. -ě*/*-u*) Draht *m*; *bez ~u* drahtlos; **~ař** *m* (*3*), **~eník** *m* (*1a*) Drahtbinder *m*, herumziehender Handwerker *m*; **~ek** *m* (*2b*; *-tk-*) kleiner (*od.* kurzer) Draht *m*; F *jako na -tku* wie am Schnürchen; **~ěnka** *f* (*1c*; *-nek*) Drahtstift *m*; Drahtnetz *n* (*für Geschirr*); Drahtmatratze *f*; **~ěný** Draht-; *-ná síť* Drahtgitter *n*; *-ná síťka* Metallsieb *n*; *-ná překážka Mil.* Drahtverhau *m*, Drahthindernis *n*.
dratev *f* (*3*; *-tv-*) Schusterdraht *m*.
drát|ovat ⟨*za-*⟩ (*-uji*) mit Draht flicken; **~ovky** *f*/*pl.* (*1*; *-vek*) Drahtzange *f*; **~ovna** *f* (*1*; *-ven*) Drahtfabrik *f*.
drav|čí Raubtier-; **~ec** *m* (*3*; *-vce*) Raubtier *n*; Raubvogel *m*; P gewalttätiger Mensch *m*, Unhold *m*; **~ost** *f* (*4*) Raubgier *f*; (*Jugend-*) Ungestüm *m*; **~ý** räuberisch, raubgierig; *Zo.* Raub-; *Strom*: reißend; *Trieb*: wild.
draze *s. drahý.*
dražba *f* (*1*; *-žeb*) Versteigerung *f*, Auktion *f*; *prodat v -bě* versteigern.
drážd|ění *n* (*3*) Reiz *m*, (Auf-) Reizung *f*; *~ ke kašli* Hustenreiz; **~it** ⟨*na-*, *po-*, *vy-*, *za-*⟩ reizen; **~ivost** *f* (*4*) Reizbarkeit *f*; *fig.* Reiz *m* (*z. B. des Neuen*); **~ivý** reizbar.
dráže *s. drahý.*
dražé *n* (*indekl.*) Dragée *n*.

draž|ební Versteigerungs-, Auktions-; **~it** ⟨*po-, z-*⟩ versteigern; *také* ~ mitbieten.

drážk|a *f* (*1c*; *-žek*) Falz *m*; Rille *f*; Nut *f*; *zvuková* ~ Tonrille; **~ovat** ⟨*vy-*⟩ (*-kuji*) nuten, Nuten stoßen; **~ovník** *m* (*2b*) *Tech.* Nuthobel *m*.

drážní (*Eisen-*)Bahn-; bahneigen; *Bestimmungen*: bahnamtlich.

dražší *s. drahý*.

drb *m* (*2a*) Klatsch *m*, F Tratsch *m*; **~at** ⟨*po-, vy-*⟩ (*-u*/*-am*) kratzen, reiben; (herum)klatschen; **~na** *f* (*1*; *-ben*) Klatschbase *f*, Klatschtante *f*; **~nout** *pf.*, *z-* (*k-o*) einen Stoß versetzen (*D*).

drc|at ⟨*po-, za-*⟩, **~nout** *pf.* (*-cl*/*-cnul*) (*k-o*) einen Stoß versetzen (*D*); ~ *do k-o* anrempeln (*A*); **~nutí** *n* (*3*) Stoß *m*, F Schubs *m*, Puff *m*.

drd|at P ⟨*po-, roz-*⟩ rupfen; schwanken; **~ol** *m* (*2*; *6. -u*/*-e*) Haarschopf *m*.

drén *m* (*2a*) Entwässerungsgraben *m*; Entwässerungsrohr *n*.

dren|áž *f* (*3*) Entwässerungsanlage *f*; **~ovat, drénovat** (*-nuji*) entwässern.

drezína *f* (*1*) Draisine *f*.

drez|írovat ⟨*při-, vy-*⟩ (*-ruji*) dressieren, abrichten; drillen; **~úra** *f* (*1d*) Dressur *f*, Abrichtung *f*.

drhnout ⟨*vy-*⟩ (*-hl*/*-hnul, -hnut*) scheuern, reiben; *Spitzen* klöppeln; *Flachs* rüffeln.

drchat ⟨*roz-, z-*⟩ *Haar* zerzausen.

drk(ot)at ⟨*na-, za-*⟩ *v*/*i* rütteln, schütteln; holpern; *Zähne*: klappern; **~ot** *m* (*2a*) Rütteln *n*; Klappern *n*, Geklapper *n*.

drmolit F ⟨*na-, za-*⟩ plappern; lallen, murmeln.

drn *m* (*2*; *6. -u*/*-ě*) Rasen *m*; **~ák** *m* (*2b*) *Bot.* Wintereiche *f*.

drn|cat ⟨*za-*⟩, **~cnout** *pf.* (*-cl*/*-cnul*) *Wagen*: holpern; **~čet** ⟨*za-*⟩ *Wagen*: rasseln; *Fenster*: klirren; *Glocke*: schrillen; **~da** *f* (*1*) Tratschweib *n*; *verä.* Dirne *f*.

drnitý mit Rasen bedeckt *od.* bewachsen.

drnk|ací: ~ *nástroj Mus.* Zupfinstrument *n*; **~ačka** *f* (*1c*; *-ček*) Brummeisen *n*; **~at** ⟨*po-, za-*⟩ *Mus.* zupfen, *Zupfinstrument* spielen; **~ot** *m* (*2a*) Geklimper *n*.

drnovačka *f* (*1c*; *-ček*) Rasenstecher *m*, -heber *m*.

drob|átko ein wenig, ein bißchen; **~(eč)ek** *m* (*2b*; *-b[eč]k-*) Brösel *m*, Krümel *m*; *Rel.* † Brosamen *m*; ~ ~ *chleba* Brotkrume *f*; **~ečky** *m*/*pl.* (*2b*) *Kochk.* Gänseklein *n*; **~enka** *f* (*1c*; *-nek*) Reibteig *m*, Streusel *m*; **~et** *m* (*2*; *-bt-*; *6. -u*/*-ě*) Brocken *m*, Krümel *m*; **~it** ⟨*roz-*⟩ *Brot* krümeln, bröckeln, bröseln; *Tech.* körnen; ~ *se* (ab)bröckeln; **~ivý** bröckelig, brüchig.

drobné *m*/*pl.* (*Adj. 1*) Kleingeld *n*.

drobn|ě, ~o *Adv.* klein, fein; *nakrájet na -no* kleinschneiden, in kleine Stücke (zer)schneiden; **~ohled** *m* (*2a*) Mikroskop *n*; † Vergrößerungsglas *n*; **~ohledný** mikroskopisch; **~olistý** *Bot.* kleinblättrig; **~omalba** *f* (*1*; *-leb*) Kleinmalerei *f*, Miniatur *f*.

drobno|st *f* (*4*) Zierlichkeit *f* (*der Gestalt*); Kleinigkeit *f*; **~zrnný** feinkörnig.

drobnůstka *f* (*1c*; *-tek*) Kleinigkeit *f*; Nippsache *f*.

drobný (*Adv. -ně, -no*) klein, winzig; fein; ~ *déšť* Sprühregen *m*; ~ *dobytek* Kleinvieh *n*; *-ná válka* Kleinkrieg *m*; *-ní lidé fig.* kleine Leute; *s. a. drobné*.

drob|ot(in)a *f* (*1*) kleines Zeug *n*, Kleinigkeiten *f*/*pl.*; P kleine Kinder *n*/*pl.*; **~ounký** klein, zierlich, zart; **~y** *m*/*pl.* (*2b*) *Kochk.* Innereien *f*/*pl.*; *öst.* Beuschel *n*; *Jagdw.* Jägerrecht *n*.

drog|a *f* (*1b*; *-ze*) Droge *f*; **~erie** *f* (*2*) Drogerie *f*; **~ista** *m* (*5a*) Drogist *m*.

droli|na *f* (*1*) Steingeröll *n*; **~t** ⟨*roz-*⟩ krümeln, bröseln; *Korn* schroten; *Steine* brechen; ~ *se* bröseln (*v*/*i*); abbröckeln; *zrno se -lí* die Körner fallen aus.

drop *m* (*1*) *Zo.* Trappe *f*.

drozd *m* (*1*) *Zo.* Drossel *f*.

drož|dí *n* (*3*) Hefe *f*; *těsto s ~m* Hefeteig *m*; **~ďový** Hefe-.

drožk|a *f* (*1c*; *-žek*) Droschke *f*; Taxi *n*; **~ář** *m* (*3*) Droschkenkutscher *m*; Taxifahrer *m*.

drsn|atý rauh; **~ost** *f* (*4*) Rauheit *f*; **~ý** rauh; barsch, hart; *oslovit -ně* barsch anreden, anfahren.

dršťk|a *f* (*1c*; *-těk*) *Zo.* Feistmagen *m*; *fig. verä.* loses Maul *n*, (große) Klappe *f*; P *mít na k-o -ku* j-n anschnauzen; **~ový** *Kochk.* Kuttelfleck-; **~y** *f/pl.* (*1c*; *-těk*) *Kochk.* Kuttelflecke *m/pl.*

drť *f* (*4c*; *-ti/-tě*) Splitt *m*; *dřevěná ~* Sägemehl *n*, Sägespäne *m/pl.*; *papírová ~* Papiermasse *f.*

drt|icí zermalmend; Brech-; **~ič** *m* (*4*), **~ička** *f* (*1c*; *-ček*) *Tech.* Brechmaschine *f*, Brecher *m.*

drti|ny *f/pl.* (*1*) Sägemehl *n*, Sägespäne *m/pl.*; P *mít v hlavě ~* Stroh im Kopf haben; **~t** ⟨*roz-, z-*⟩ (*-cen*) zertrümmern, zermalmen; zerkleinern, zerreiben; **~vý** vernichtend; *Übermacht*: erdrückend.

dru *s. dřít.*

drůbež *f* (*3*) Geflügel *n*; **~árna** *f* (*1*; *-ren*) Geflügelfarm *f*; **~ní** Geflügel-; **~nictví** *n* (*3*) Geflügelzucht *f.*

drůbky *m/pl.* (*2b*) *Kochk.* (*a. husí ~*) [Gänseklein *n.*]

druh¹ *m* (*1a*) Gefährte *m*, Kamerad *m*; *~ dětských her* Spielkamerad *m*; *~ z mládí* Jugendfreund *m.*

druh² *m* (*2b*) Art *f*, Gattung *f*; (*Waren-*)Sorte *f*; (*Menschen-*)Schlag *m*; *všeho ~u* aller Art; *podle ~ů* gattungsweise; *jiného ~u* anders geartet; *~ zboží Hdl.* Artikel *m*; **~dy** manchmal; einst.

druho|hory *f/pl.* (*1d*) *Geol.* Mesozoikum *n*; **~pis** *m* (*2*; *6. -e/-u*) Zweitschrift *f*, Doppel *n*; **~řadý** zweitrangig; minderwertig; **~tný** sekundär; **~vý** Gattungs-.

druhý zweite(r); der andere (*von zweien*); *~ od konce* zweitletzte; *po -hé* zum zweitenmal; *za -hé* zweitens; *~ největší* zweitgrößte; *jedno do -hého* eins übers andere; *půl -hé* halb zwei (*Uhr*).

druž|ba¹ *m* (*5*) † Brautführer *m*; Brautwerber *m*; **~ba**² *f* (*1*; *-žeb*) *Pol.* Freundschaft *f*; **~ebný** gesellig; *Rel. Družebná neděle* der vierte Fastensonntag.

druži|ce *f* (*2a*) *Astr.* Satellit *m*, Trabant *m*; *~ země* Erdsatellit; **~čka** *f* (*1c*; *-ček*) Brautjungfer *f*; **~na** *f* (*1*) Gefolge *n*; Kindertagesstätte *f*, Kinderhort *m*; **~nářka** *f* (*1c*; *-řek*) Kindergärtnerin *f*, Kinderbetreuerin *f.*

druž|it se ⟨*při-, z-*⟩ (*ke k-u*) sich gesellen (zu *D*); dazukommen; **~ka** *f* (*1c*; *-žek*) Gefährtin *f*, Kameradin *f*; **~nost** *f* (*4*) Geselligkeit *f*; **~ný** gesellig; **~stevní** Genossenschafts-, genossenschaftlich; **~stevnictví** *n* (*3*) Genossenschaftswesen *n*; **~stevnice** *f* (*2a*) Genossenschaftsbäuerin *f*; **~stevník** *m* (*1a*) Genossenschaftsbauer *m*; **~stvo** *m* (*1*; *-stev*) Genossenschaft *f*; *Mil.* Gruppe *f*; *Sp.* (*Turner-*)Riege *f*, (*Fußball-*)Mannschaft *f*; *Jednotné zemědelské ~* Landwirtschaftliche Einheitsgenossenschaft.

drvoštěp *m* (*1*; *-ové*) Holzfäller *m.*

dryáčnic|ký marktschreierisch; **~tví** *n* (*3*) Marktschreierei *f.*

drz|ost *f* (*4*) Frechheit *f*, Dreistigkeit *f*, Unverfrorenheit *f*; **~oun** *m* (*1*) frecher Mensch *m od.* Kerl *m*, freche Person *f*; **~ý** frech, dreist, unverfroren; *-ze mi lže* er lügt mir frech ins Gesicht.

drž|adlo *n* (*1a*; *-del*) *Tech.* Griff *m*, Handgriff *m*; Haltegriff *m*; **~ák** *m* (*2b*) (Hand-)Griff *m*; *Tech.* Halter *m*; **~átko** *n* (*1b*; *-tek*) Federhalter *m*; **~ava** *f* (*1*) (überseeische) Besitzung *f*, Dominion *n.*

držba *f* (*1*; *-žeb*) Besitz *m*; *neobmezená ~ Jur.* Vollbesitz; *společná ~* Mitbesitz, Mitinhaberschaft *f.*

držebn|í Besitz-; **~ost** *f* (*4*) Besitztum *n*; Besitzstand *m.*

držení *n* (*3*) Halten *n*; (*Körper-*) Haltung *f*; *Jur.* Besitz *m*; *mít v ~* in Besitz haben, im Besitz sein (von *D*).

držet ⟨*po-, u-, z-, za-*⟩ halten; *~ za ruku* an der Hand halten; *~ na k-o* von j-m et. (*od.* viel) halten, P auf j-n große Stücke halten; *~ nač* auf et. halten *od.* achten; *~ s kým* zu j-m halten, F es mit j-m halten; *~ se č-o* sich an et. (fest)halten; *fig.* sich beherrschen, an sich halten; *držte se vpravo!* halten Sie sich rechts!

drž|grešle P *m* (*3*; *-ové*), *f* (*2*) Geizhals *m*; **~itel** *m* (*3*; *-é*), **~itelka** *f* (*1c*; *-lek*) Besitzer(in *f*) *m*; *~ moci* Machthaber *m*; *~ motorového vozidla* Kraftfahrzeughalter(in *f*) *m.*

dřeň *f* (*3*) *Anat.*, *Bot.* Mark *m*; *jablečná ~* Apfelmus *n.*

dřep *m* (*2a*) Kniebeuge *f*; *Sp.* Hocke *f*; *v ~u* in Hockstellung; *podpor ~em Sp.* Hockstütz *m*; **~at** ⟨*po-, za-*⟩ Kniebeugen machen; **~čík** *m* (*1a*) *Zo.* Erdfloh *m*; **~ět** P ⟨*po-*⟩ (herum)hocken, sitzen; **~mo** *Adv.* hockend; **~nout** *pf.*, *za- si* (*a. -pl.*) sich *in e-n Sessel* fallen lassen.

dřev|ák *m (2b)* Holzschuh *m*; **~ař** *m (3)* Holzfäller *m*, Holzarbeiter *m*; Holzhändler *m*; **~ařit** als Holzfäller arbeiten; **~ařský**: *~ průmysl* Holzindustrie *f*, holzverarbeitende Industrie; **~ařství** *n (3)* Holzhandel *m*; **~ce** *n (2)* Lanzenschaft *m*; *boží ~ Bot.* Eberwurz *f*.

dřev|ěnět ⟨z-⟩ *(3 Pl. -ějí)* zu Holz werden; *fig. Finger*: erstarren, klamm werden; **~ení** *n (3)* Holzeinbauten *m/pl.*; *Bgb.* Schachtzimmerung *f*; **~ěnka** *f (1c; -nek)* Holzschuh *m*; Holzpfeife *f*; **~ina** *f (1)* Holzbestand *m*; **~itý** Holz- *(z. B. -wolle)*.

dřevnat|ět ⟨z-⟩ *(3 Pl. -ějí)* holzig werden; **~ý** holzig.

dřev|ní Holz-; † ehemalig, früher; **~ník** *m (2b)* Holzschuppen *m*; **~ný** Holz-; *~ ocet* Holzessig *m*.

dřevo *n (1; 6. -u/-ě)* Holz *n (Material)*; *-va pl. Mus.* Holzblasinstrumente *n/pl.*; F *spí jako ~ er* schläft wie ein Murmeltier; *učiněné ~* ungeschickt, dumm; *sladké ~* Süßholz.

dřevo- *in Zssgn* Holz-; **~kaz** *m (1) Zo.* Holzwurm *m*; **~morka** *f (1c; -rek) Bot.* Holzschwamm *m*; **~obráběcí** Holzbearbeitungs-; **~plyn** *m (2a)* Holzgas *m*; **~průmysl** *m (2a)* Holzindustrie *f*; **~rubec** *m (3; -bc-)* Holzfäller *m*; **~ryt** *m (2a)*, **~rytina** *f (1)* Holzschnitt *m*; **~řezba** *f (1; -zeb)* Holzschnitzerei *f*; Holzschnitt *m*; **~vina** *f (1)* Holzmasse *f*.

dřez *m (2a)* Kübel *m*; Spülbecken *n*.

dříč F *m (3)* Rackerer *m*, Arbeitspferd *m*; Büffler *m*.

dřík *m (2b)* Schaft *m*; *Anat.* Rumpf *m*; *Bot.* Stamm *m*.

dřím|at ⟨po-, vy-, z-⟩ *(-u/-ám)*, **~nout** *pf.*, *z-, za- si* schlummern; **~ota** *f (1)* Schlummer *m*; *jde na mne ~* der Schlaf überkommt *(od.* übermannt) mich.

dřín *m (2a) Bot.* Hartriegel *m*.

dřina F *f (1)* Schinderei *f*, Plackerei *f*; *úmorná každodenní ~* die tägliche Tretmühle.

dřínka *f (1c; -nek) Bot.* Kornelkirsche *f*.

dřípatka *f (1c; -tek) Bot.* Alpenglöckchen *n*.

dřišťál *m (2; 6. -u/-e) Bot.* Sauerdorn(strauch) *m*.

dřít ⟨do-, na-, o-, z-⟩ *(dřu, dřel, dřen)* reiben, scheuern; P schinden; F *~ se* sich plagen, sich abrackern, schuften; büffeln, ochsen.

dřív, ~e früher, eher; vorher; *~ než* bevor, ehe; **~ějšek** *m (2b; -šk-; 2. -ška)* frühere Zeit *f*, früher; *od -ška* von früher her; **~ější** früher(e), ehemalig.

dřív|í *n (3)* Holz *n*; *dlouhé ~* Langholz; *obchod s ~m* Holzhandlung *f*; **~ko** *n (1b; -vek)* Hölzchen *n*.

dštít *lit., poet.* (herab)regnen.

duál *m (2a) Gr.* Dual *m*, Zweizahl *f*.

dub *m (2; 6. -u/-ě)* Eiche *f*; **~en** *m (2a; -bn-; 2.- bna)* April *m*; *v -bnu* im April; **~ěnka** *f (1c; -nek) Bot.* Gallapfel *m*; **~ina** *f (1)* Eichenwald *m*.

ďubka *f (1c; -bek)* Grübchen *n*.

dubnový April-.

dubov|ina *f (1)* Faßdaube *f*; **~ý** Eichen-.

duc|at ⟨po-, za-⟩, **~nout** *pf.* mit dem Kopf (an)stoßen.

dud|ák *m (1a)* Dudelsackpfeifer *m*; **~at** ⟨za-⟩ auf dem Dudelsack blasen, dudeln.

dudek *m (1a; -dk-) Zo.* Wiedehopf *m*.

dudl|at ⟨po-, za-⟩ dudeln; *Kdspr.* lutschen; **~ík** *m (2b)* Schnuller *m*, Lutscher *m*.

dudy *f/pl. (1)* Dudelsack *m*; † Sackpfeife *f*.

duel *m (2a)* Duell *n*; **~ovat se** *(im)pf. (-luji)* sich duellieren.

duet *m (2a)*, **~o** *n (1; 6. -u) Mus.* Duett *n*.

duh: F *jde mi to k ~u* es bekommt mir gut, es ist mir zuträglich.

duh|a *f (1b)* Regenbogen *m*; F *pije jako ~ er* trinkt wie ein Bürstenbinder; **~ovitý** regenbogenförmig; **~ovka** *f (1c; -vek) Anat.* Regenbogenhaut *f*; **~ový** Regenbogen-.

duch *m (1a; -ové; 6. Pl. -ách)* Geist *m*; *bystrého ~a* scharfsinnig, geistreich; *omezeného ~a* schwer von Begriff, beschränkt; *~em nepřítomný* geistesabwesend; *skleslý na ~u* niedergeschlagen, mutlos; *~ času* Zeitgeist; *hodina ~ů* Geisterstunde *f*; *král ~ů* Erlkönig *m*.

ducha|morný geisttötend; **~plnost** *f (4)* Scharfsinn *m*, Witz *m*; **~plný** geistreich, geistvoll; *Spruch, Tat*: sinnvoll; **~prázdný** geistlos; **~pří-**

tomnost *f (4)* Geistesgegenwart *f*; **~přítomný** geistesgegenwärtig.
duchařství *n (3)* Geisterbeschwörung *f*, Spiritismus *m*.
duchna F *f (1; -chen)* Oberbett *n*.
důchod *m (2; 6. -u/-ě)* Einkommen *n*; *(Alters-)*Rente *f*; **~ce** *m (3)*, **~kyně** *f (2b)* Rentner(in *f*) *m*; **~ek** *m (2b; -dk-) Hdl. (Preis-)*Gefälle *n*; **~kový** Renten-; **~ový** Einkommen-; *-vá daň* Einkommensteuer *f*; *-vé zabezpečnění* Rentenversorgung *f*.
duchověd|a *f (1)* Geisteswissenschaft *f*; **~ný** geisteswissenschaftlich.
dochov|enstvo *n (1) Rel.* Geistlichkeit *f*; **~ní**[1] *Adj.* geistig; geistlich; *~ správa Rel.* Seelsorge *f*; **~ní**[2] *m (Adj. 4)* Geistliche(r) *m*, Priester *m*; **~ost** *f (4)* Geistigkeit *f*; **~ý** Geistes-, geistig; *~ proud* geistige Strömung.
duji *s. dout.*
dukát *m (2a)* Dukaten *m*; **~ový** Dukaten-.
důkaz *m (2; 6. -u/-e)* Beweis *m*; *na ~* zum Beweis; *~ opaku* Gegenbeweis; *pádný ~* schlagender Beweis; *~ statečnosti* Mutprobe *f*; *~ listinami* urkundlicher Nachweis; *vedení ~u* Beweisführung *f*; **~nost** *f (4)* Beweiskraft *f*; **~ný** beweiskräftig.
důkladný gründlich; *fig.* ordentlich, tüchtig.
důl *m (2a; dol-) Bgb.* Grube *f*, Schacht *m*, Zeche *f*; Tal *n*; *rudný ~* Erzbergwerk *n*; *zlatý ~ fig.* Goldgrube; *přes hory a doly* über alle Berge; *slibovat hory doly* goldene Berge versprechen; **~ek** *m (2b; -lk-)* Grübchen *n*; *Sp.* Kerbe *f*; *oční ~ Anat.* Augenhöhle *f*; *~ po neštovicích* Pockennarbe *f*.
důležit|ost *f (4)* Wichtigkeit *f*; *věc velké ~i* e-e Sache von großer Wichtigkeit, von Belang; *věc nemá ~i* eine belanglose Sache; *dodávat si ~i verä.* wichtig tun; **~ý** wichtig.
důlní[1] *Bgb.* Bergwerks-, Gruben-, Zechen-; *~ dozorce Bgb.* Steiger *m*; *výbuch ~ch plynů* Schlagwetterexplosion *f*; **~**[2] F *m (Adj. 4) Bgb.* Steiger *m*.
dům *m (2; dom-)* Haus *n*; *fig.* Haushalt *m*, Familie *f*; *~ od domu* von Haus zu Haus; *rodný ~* Vater-, Elternhaus; *vykřičený ~* öffentliches Haus; *s dodáním do domu Hdl.* frei Haus; *číslo domu* Hausnummer *f*; *mimo ~* außer Haus; *z dobrého domu* aus gutem Hause; *~ vedle domu* Haus an Haus.
dum|a *f (1)* Grübeln *n*, Träumen *n*; **~at** ⟨*po-, za-*⟩ grübeln, (nach)sinnen, träumen; **~avý** nachdenklich; grüblerisch, träumerisch; **~ka** *f (1c; -mek) (slawisches)* Klagelied *n*.
důmysl *m (2a)* Scharfsinn *m*; **~ný** scharfsinnig; sinnvoll.
dun|a *f (1)* Düne *f*; **~ový** Dünen-.
dun|ění *n (3)* Dröhnen *n*; *~ děl* Kanonendonner *m*; *~ hromu* Rollen *n* des Donners; **~ět** ⟨*po-, za-*⟩ dröhnen; *Kanonen*: donnern; *Donner*: rollen; **~ivý** dröhnend.
dup|árna P *f (1; -ren)* schlechtes Tanzlokal *n*; **~at** ⟨*na-, po-, za-*⟩ trampeln, *mit den Füßen* stampfen; *~ do taktu (mit dem Fuß)* den Takt schlagen.
duplikát *m (2a)* Duplikat *n*.
dup|nout *pf. s. dupat*; **~ot** *m (2a)* Trampeln *n*, Getrampel *n*; **~y**: *cupy ~!* tripp trapp!
dur [du:r] *n (indekl.) Mus.* Dur *f*; *stupnice ~* Dur-Tonleiter *f*.
důra *f (1d) verä.* dumme Gans *f*.
dural *m (2a) Tech.* Duraluminium *n*.
důraz *m (2; 6. -u/-e)* Nachdruck *m*, Betonung *f*, Schwergewicht *n*; *Gr.* Akzent *m*, Betonung *f*, Ton *m*; **~nost** *f (4)* Nachdruck *m*; **~ný** nachdrücklich, (ein)dringlich; *-ně tě žádám* ich ersuche dich dringend.
durdi|t ⟨*roz-*⟩: *~ se na k-o* j-m zürnen, P auf j-n Wut haben; schmollen; **~vý** trotzig, schmollend.
durman *m (2a) Bot.* Stechapfel *m*.
durový [du:-] *Mus.* Dur-.
durynský Thüringer, thüringisch.
duřet ⟨*na-, z-*⟩ *(3 Pl. -ejí/-í) Med.* (an)schwellen.
dus|adlo *n (1a; -del)* Stampfer *m*, Stampfklotz *m*; **~at** ⟨*při-, za-*⟩ (fest)stampfen.
důsaž|nost *f (4) fig.* Tragweite *f*; **~ný** von großer Tragweite; *Reformen*: tiefgreifend.
dusič|nan *m (2a) Chem.* Nitrat *n*; **~ník** *m (2b)* Stickgas *n*.
dusík *m (2b) Chem.* Stickstoff *m*; **~atý** stickstoffhaltig.
dusit ⟨*u-, za-*⟩ *(-šen) v/t* würgen, ersticken; dämpfen, unterdrücken; *Kochk.* dünsten, dämpfen; *~ se* ersticken *(v/i)*; würgen *(čím* an *D)*.

dusit|an *m* (*2a*) *Chem.* Nitrit *n*; **~ý** *Chem.* salpet(e)rig.

dus|ítko *n* (*1b*; *-tek*) *Mus.* Dämpfer *m*, Sordine *f*; **~ivý** erstickend; *Luft*: stickig; *~ kašel* Keuchhusten *m*.

důsled|ek *m* (*2b*; *-dk-*) Folge(rung) *f*, Konsequenz *f*; *v -dku toho* infolgedessen; *v -dku životního postavení* seinen Lebensumständen entsprechend *od.* nach; **~nost** *f* (*4*) Folgerichtigkeit *f*, Konsequenz *f*; **~ný** folgerichtig, konsequent; *-ně Adv. a.* prinzipiell.

dus|no *n* (*1*; *6. -u*) Schwüle *f*; *je ~* es ist schwül; **~nost** *f* (*4*) drückende Stimmung *f*, Beklemmung *f*; **~ný** schwül, stickig.

dusot *m* (*2a*) Gestampfe *n*; *~ kopyt* Pferdegetrappel *n*.

důstoj|enství *n* (*3*) Würde *f*, Rang *m*; **~nice** *f* (*2a*) weiblicher (*Sanitäts-*) Offizier *m*; **~nický** Offiziers-; *-ká hodnota* Offiziersrang *m*; **~nictvo** *n* (*1*) Offizierskorps *n*; **~ník** *m* (*1a*) Offizier *m* (*ve službě* vom Dienst); **~nost** *f* (*4*) Würde *f*; *Vaše ~i! Rel.* (Euer) Hochwürden!; **~ný** würdig; würdevoll; *Rel.* hochwürdig; *~ pane!* Hochwürden!

duše *f* (*2*) Seele *f*; *Bot.* (*Holunder-*) Mark *n*; (*Auto-*)Schlauch *m*; *~ houslí Mus.* Stimmstock *m*; *na mou -ši!* bei meiner Seele!; *tělem a -ší* mit Leib und Seele; *celou -ší* mit ganzem Herzen; *z ~* mit Lust und Liebe; *nenávidět z ~* aus ganzer Seele hassen.

dušen|í *n* (*3*) Ersticken *n*, Würgen *n*; *Kochk.* Dünsten *n*, Dämpfen *n*; **~ý** *fig. Seufzer*: erstickt; *Kochk.* gedünstet.

duševn|í seelisch, Seelen-; geistig, Geistes-; *~ klid* Seelenruhe *f*; *~ práce* geistige Arbeit; *~ pracovník* Geistesschaffende(r); *~ stav* Geisteszustand *m*; Gemütsverfassung *f*; *-ně chorý* geisteskrank; **~o** *n* (*1*) Seelenleben *n*; *Psych.* seelische Sphäre *f*.

dušičk|a *f* (*1c*; *-ček*) Seelchen *n*; **2y** *f/pl.* (*1c*; *-ček*) *Rel.* Allerseelen(tag *m*) *n*; *na ~* zu Allerseelen, am Allerseelentag; **~ový**: *~ den* kalter trüber Tag.

dušn|ost *f* (*4*) Atemnot *f*; **~ý**: *~ kašel* asthmatischer Husten; Keuchhusten *m*.

dušov|ání *n* (*3*) Beteuerungen *f/pl.*; **~at se** (*-šuji*) beteuern.

dutin|a *f* (*1*) Höhle *f*, Hohlraum *m*; *břišní ~ Anat.* Bauchhöhle; **~ka** *f* (*1c*; *-nek*) kleine Höhlung *f*; *~ na cigarety* Zigarettenhülse *f*.

důtk|a *f* (*1c*; *-tek*) Rüge *f*, Verweis *m*; **~livý** (ein)dringlich, nachdrücklich.

dutky, důtky *f/pl.* (*1c*; *-tek*) Geißel *f*; *mrskat -kami* geißeln.

dut|ost *f* (*4*) Hohlheit *f*; **~ý** hohl; konkav.

důvěr|a *f* (*1d*) Vertrauen *n*, Zuversicht *f*; *nebudí -ru* er ist nicht sehr vertrauenerweckend; *otázka -ry* Vertrauensfrage *f*, Vertrauensvotum *n*; *věc -ry* Vertrauenssache *f*; **~ník** *m* (*1a*) Vertrauensmann *m*; *úsekový ~* Abteilungs-Gewerkschaftsleiter *m*; *~ skupiny* Gruppenorganisator *m*; **~nice** *f* (*2a*) Vertraute *f*; **~nost** *f* (*4*) Vertraulichkeit *f*; Vertrautheit *f*; **~ný** vertraut, intim; *-né přátelství* innige Freundschaft; *-ně Adv.* vertraulich, im Vertrauen; *přísně ~!* streng vertraulich!

důvěry|hodnost *f* (*4*) Vertrauenswürdigkeit *f*; **~hodný** vertrauenswürdig; **~plný** vertrauensvoll.

důvěřiv|ost *f* (*4*) Leichtgläubigkeit *f*, Vertrauensseligkeit *f*; Zutraulichkeit *f*; **~ý** leichtgläubig, vertrauensselig; vertrauensvoll, mit Vertrauen.

důvěř|ovat ⟨*po-*⟩ (*-řuji*) *j-m* vertrauen; *-řuje na co* im Vertrauen auf (*A*).

důvod *m* (*2a*) Grund *m*; *právní ~ Jur.* Rechtstitel *m*; *~y pro a proti* Gründe und Gegengründe, Für und Wider; *beze všech ~ů* ohne jeden Grund, grundlos; *z toho ~u* aus diesem Grund; **~ný** stichhaltig; **~ový** Motiv-; *-vá věta Gr.* Kausalsatz *m*.

důvtip *m* (*2a*) Scharfsinn *m*, F Mutterwitz *m*; **~ný** scharfsinnig.

dužin|a *f* (*1*) Faßdaube *f*; *Bot.* Fruchtfleisch *n*; **~natý** *Obst*: fleischig.

dva *m*, **dvě** *f u. n* (*2*; *6. -ou*; *3, 7. -ěma*) zwei; *po dvou* zu zweit, paarweise.

dva|advacet zweiundzwanzig; **~cet** zwanzig; **~cetiletý** zwanzigjährig; **~cetina** *f* (*1*) Zwanzigstel *n*; **~cítka**

f (*1c*; *-tek*) Zwanzig *f*; **~krát** zweimal.
dvanáct zwölf; **~erník** *m* (*2b*) *Anat.* Zwölffingerdarm *m*; **~ka** *f* (*1c*; *-tek*) Zwölfer *m*; P zwölfgrädiges Bier *n* (*Pilsner*); **~ý** zwölfte(r).
dvé *lit.* zwei, Paar *n*.
dvě *s. dva.*
dveř|e, dvéře *f/pl.* (*2*) Tür *f*; ~ *do sklepa* Kellertür; *za -řmi* vor der Tür; **~ej** *f* (*3*) Türflügel *m*; **~ní** Tür-; **~ník** † *m* (*1a*) Türsteher *m*.
dvířka *f* (*1c*; *-řek*) Türchen *n*; (*Feuer-, Ofen-*)Tür *f*.
dvoj- *in Zssgn* zwei-, Doppel-; **~ák** *m* (*2b*) Zweimaster *m*; zweiteilige Leiter *f*; doppelläufiges Gewehr *n*; **~akost** *f* (*4*) Doppeldeutigkeit *f*; Doppelzüngigkeit *f*; **~aký** doppeldeutig; doppelt; **~arch** *m* (*2b*), **~arší** *n* (*3*) *Typ.* Doppelbogen *m*; **~atý** Doppel-; ~ *kříž* Doppelkreuz *m*; **~barevný** zweifarbig; ~ *tisk Typ.* Zweifarbendruck *m*; **~če** *n* (*4*) Zwilling(skind *n*) *m*; **~činný** doppelt wirkend *od.* wirksam; **~číslo** *n* (*1a*; *-sel*) Doppelnummer *f*; **~čitý** *Tech.* Zwillings-; **~člen** *m* (*2a*) *Math.* Binom *n*; **~členný** zweiglied(e)rig; *Math.* binomisch; **~čtvrtní** *Mus.* Zweiviertel-; **~děložný** *Bot.* zweikeimblätt(e)rig; **~dílný** zweiteilig; **~domek** *m* (*2b*; *-mk-*) Zweifamilienhaus *n*; **~domý** *Bot.* zweihäusig.
dvoje zwei (*Zahlwort für Mehrzahlwörter*); **~nec** *m* (*3*; *-nc-*) Doppelgänger *m*.
dvoj|fázový *Tech.* Zweiphasen-; **~hlas** *m* (*2a*) zweistimmiger Gesang *m*; Gesangsduo *n*; **~hláska** *f* (*1c*; *-sek*) *Gr.* Diphthong *m*, Zwielaut *m*; **~hlas(n)ý** zweistimmig; **~hlavý** doppelköpfig; ~ *orel* Doppeladler *m*; **~hmat** *m* (*2a*) Doppelgriff *m*; **~hvězdí** *n* (*3*) *Astr.* Doppelstern *m*; **~chroman** *m* (*2a*) *Chem.* doppelchromsaures Salz *n*, Bichromat *n*.
dvojí zweierlei; Doppel-; ~ *tvář fig.* zwei(erlei) Gesichter; ~ *zdanění* Doppelbesteuerung *f*.
dvojice *f* (*2a*) Paar *n*; *zamilovaná* ~ Liebespaar; *v -cích* paarweise, zu Paaren.
dvojit|ost *f* (*4*) Doppelsinnigkeit *f*; **~ý** doppelt, zweifach, Doppel-; ~ *lom Phys.* Doppelbrechung *f*; *látka má -tou šíř* der Stoff liegt doppelt (*breit*); ~ *provaz drží pevněji* doppelt hält besser.
dvoj|jazyčný zweisprachig; doppelsprachig; **~ka** *f* (*1c*; *-jek*) Zwei *f*, F Zweier *m*; (*Auto*) zweiter Gang *m*; doppelläufiges Gewehr *n*; (*Arbeit*) Zweischichtensystem *n*; *Sp.* Zweier *m* (*Boot, Bob usw.*); *párová* ~ Doppelzweier; *dej tam -ku!* schalte den zweiten Gang ein!; **~kolejný** zweigleisig; **~kolí** *n* (*3*) *Tech.* Radsatz *m*; **~kolka** *f* (*1c*; *-lek*) Zweirad *n*; **~křídlý** zweiflüg(e)lig; **~křížek** *m* (*2b*; *-žk-*) *Mus.* Doppelkreuz *n*; **~mo** *Adv.* zweifach, doppelt; in doppelter Ausfertigung.
dvojmoc|nina *f* (*1*) *Math.* Quadratzahl *f*; **~ný** *Chem.* zweiwertig.
dvojnásob *Adv.* doppelt, zweifach; **~ek** *m* (*2b*; *-bk-*) das Doppelte, das Zweifache; **~ný** doppelt, zweifach, Doppel-.
dvoj|ník *m* (*1a*) Doppelgänger *m*; **~nohý** *Zo.* zweibeinig; **~ný** zweifach; *-né číslo s. duál*; **~plošník** *m* (*2b*) *Flgw.* Doppeldecker *m*; **~ramenný** zweiarmig; **~rozměrný** *Math.* zweidimensional; **~ručka** *f* (*1c*; *-ček*) *Tech.* Zugsäge *f*; **~řad** *m* (*2a*) Doppelreihe *f*; **~sečný** zweischneidig; **~slabičný** zweisilbig.
dvojmysl|nost *f* (*4*) Doppelsinn *m*, Doppeldeutigkeit *f*; *fig.* Zweideutigkeit *f*; **~ný** doppeldeutig; *Witz*: zweideutig.
dvoj|spolek *m* (*2b*; *-lk-*) *Pol.* Zweibund *m*; **~spřeží** *n* (*3*) Zweigespann *n*; **~stěnný** *Tech.* doppelwandig; **~stupem** *Adv.* paarweise, zu zweit; **~stupňový** *Tech.* zweistufig; *Haus*: zweistöckig; **~sytný** *Chem.* zweibasisch; zweisäurig; **~tečka** *f* (*1c*; *-ček*) Doppelpunkt *m*; **~třídný** zweiklassig; **~tvar** *m* (*2a*) Doppelform *f*; **~uhličitan** *m* (*2a*) *Chem.* Bikarbonat *n*; **~uchý** *Gefäß*: mit zwei Henkeln; **~verší** *n* (*3*) Distichon *n*, Zweizeiler *m*; **~veslice** *f* (*2a*) *Sp.* Zweier(boot *n*) *m*; **~značný** doppeldeutig, unklar; **~zpěv** *m* (*2a*) (*Gesangs-*)Duett *n*; **~zvuk** *m* (*2b*) Zweiklang *m*; **~ženství** *n* (*3*) Doppelehe *f*.
dvor- *s. dvůr*; **~ana** *f* (*1*) Halle *f*; † Prunksaal *m*; *příjezdová* ~ Ankunftshalle *f*; **~ec** *m* (*4*; *-rc-*) Meierhof *m*,

Gehöft *n*; *Sp.* Platz *m*; *mistrovství na krytých -rcích* Hallenmeisterschaft(en); **~(eč)ek** (*2b*; *-r[eč]k*) *Dim. zu dvůr*; **~ní** Hof-; ♀ *divadlo* (*Wiener*) Burgtheater *n*; **~nost** *f* (*4*) Höflichkeit *f*, Galanterie *f*; **~ný** höflich; **~ský** höfisch, Hof-.

dvořan *m* (*1*; *-é*) Höfling *m*; **~ka** *f* (*1c*; *-nek*) Hofdame *f*; Quadrille *f*; **~stvo** *n* (*1*) Hofstaat *m*.

dvořit se den Hof machen.

dvou- *in Zssgn* zwei-; **~aktovka** *f* (*1c*; *-vek*) *Thea.* Zweiakter *m*; **~článkový** zweigliedrig; *El.* mit zwei Elementen; **~čtvrteční** *Mus.* Zweiviertel-; **~denní** zweitägig; **~dílný** zweiteilig; **~dobý** *Tech.* Zweitakt-; *Mus.* zweiteilig; **~hlavňový** *Gewehr*: doppelläufig; **~hodinný, ~hodinový** zweistündig; **~hra** *f* (*1d*; *-her*) *Sp.* Einzelspiel *n*; *pánská ~* Herreneinzel *n*; **~hrbý** *Zo.* zweihöckerig; **~kolejný** zweigleisig; doppelgleisig; **~kolka** *f* (*1c*; *-lek*) zweirädriger Wagen *m*, Karren *m*; **~komorový**: *~ systém Pol.* Zweikammersystem *n*; **~kopytník** *m* (*1a*) *Zo.* Paarhufer *m*; **~letí** *n* (*3*) Zeitraum *m* von zwei Jahren; **~letka** *f* (*1c*; *-tek*) Zweijahresplan *m*; **~letý** zweijährig; **~měsíční** zweimonatig; zweimonatlich; **~metrový** zwei Meter lang (*od.* hoch, breit); **~miliónový** Zweimillionen-; **~místný** *Math.* zweistellig; zweisitzig; **~motorový** *Flgw.* zweimotorig; **~nápravový** *Tech.* zweiachsig; **~nedělní** zweiwöchig; **~nohý** zweibeinig; **~ocasý**: *~ český lev* der doppelschwänzige böhmische Löwe; **~patrový, ~poschoďový** zweistöckig; **~pokojový** Zweizimmer-; **~půlový**: *~ takt Mus.* Zweihalbetakt *m*; **~ramenný** zweiarmig; **~roční** zweijährig; **~ruční** *Mus.* zweihändig; **~řadový** *Anzug*: zweireihig; **~sedadlový** zweisitzig; **~setletý** zweihundertjährig, zweihundert Jahre alt; **~stopý** *Vers*: zweifüßig; *Tech.* zweispurig; **~stranný** zweiseitig; *Pol. a.*: bilateral; **~stý** zweihundertste(r); **~svazkový** zweibändig, in zwei Bänden; **~třetinový**: *-vá většina* Zweidrittelmehrheit *f*; **~uchý** mit zwei Henkeln; **~válcový** *Tech.* zweizylindrig; **~válec** *m* (*4*; *-lc-*) *Tech.* Zweizylinder *m* (*Motor*).

dvůr (*2*; *dvor-*; *2. -a*; *6. -ře*) Hof *m*; *byt do dvora* Hofwohnung *f*; *u dvora* bei Hofe; *být dvorem* Hof halten; *na dvoře* auf dem Hof, im Hof.

dýh|a *f* (*1b*) Furnier(holz) *n*; **~ovat** ⟨*vy-*⟩ (*-huji*) furnieren.

dých|ací Atem-; Atmungs- (*z. B. Organ*); *~ přístroj* Atemschutzgerät *n*; *~ otvor Zo.* Atemloch *n*; **~adlo** *n* (*1a*; *-del*) *Anat.* Atmungsorgane *n/pl.*; **~ánek** *m* (*2b*; *-nk-*) geselliges Beisammensein *n*, (heitere) Gesellschaft *f*; **~ání** *n* (*3*) Atmen *n*; *Med.* Atmung *f*; **~at** ⟨*na-, po-, vz-*⟩ atmen, (tief) Atem holen; **~avičnost** *f* (*4*) Atemnot *f*; **~avičný** *Med.* asthmatisch; **~nout** *pf.*, *vz-* (*na k-o* j-n) anhauchen; *s. dýchat*.

dycht|ění *n* (*3*) Streben *n*, Gier *f*, Verlangen *n*; *~ po penězích* Geldgier; *~ po slávě* Ruhmsucht *f*; **~it** ⟨*za-*⟩ streben, trachten (*po čem* nach *D*); *fig.* dürsten, F lechzen; **~ivost** *f* (*4*) Begierde *f*, Gier *f*; **~ivý** gierig; *~ moci* machthungrig; *~ vědění* wißbegierig; *~ slávy, zábav* ruhm-, vergnügungssüchtig.

dýk|a *f* (*1c*) Dolch *m*; **~ovitý** dolchartig.

dým *m* (*2a*) Rauch *m*, Qualm *m*; **~ací** *Tech.* Blas-; **~adlo** *n* (*1a*; *-del*) Blasebalg *m*; **~at** ⟨*po-, vz-, za-*⟩ rauchen, qualmen; *~ do ohně* Feuer anfachen; **~avý** rauchig, verqualmt; **~ěj** *f* (*3*) *Med.* Pestbeule *f*; **~ka** *f* (*1c*; *-mek*) (*Tabaks-*) Pfeife *f*; **~kař** *m* (*3*) Pfeifenraucher *m*; **~kový** Pfeifen-; **~nice** *f* (*2a*) Räucherkammer *f*; **~ník** *m* (*2b*) Rauchabzug *m*; **~ný** Rauch-.

dýna *f* (*1*) Düne *f*.

dynami|cký dynamisch; **~ka** *f* (*1c*) Dynamik *f*; **~t** *m* (*2a*) Dynamit *n*; **~tka** F *f* (*1c*; *-tek*) Dynamitfabrik *f*; **~ový** Dynamit-.

dynamo *n* (*1*; *6. -u*) *El.* Dynamo (-maschine *f*) *m*.

dynasti|cký [-tı-] dynastisch; **~e** *f* (*2*) Dynastie *f*.

dýně *f* (*2b*; *2 Pl. -í*) Kürbis *m*.

dýnko *n* (*1b*; *-nek*; *6 Pl. -nkách*) (*Hut-*)Boden *m*.

dynov|ačka † *f* (*1c*; *-ček*) Ostergerte *f*, Osterrute *f*; **~at** † (*-nuji*) mit der Ostergerte schlagen; Ostergeschenke einsammeln.

dyňovitý kürbisförmig.

dyšna *f* (*1*; *-šen*), **dýza** *f* (*1a*) *s. tryska.*
dyzenterie *f* (*2*) *Med.* Ruhr *f.*
džbán *m* (*2a*), *Dim.* **~e(če)k** *m* (*2b*; *-n[eč]k-*) Krug *m*; *politika u -nku* Stammtischpolitik *f*; **~kovitý** krugförmig.
džber *m* (*2a*) (*Wasser-*)Eimer *m.*
džem *m* (*2a*) Konfitüre *f.*
džez *m* (*2a*) Jazz *m*; **~ový** Jazz-.
džínsy *m/pl.* (*2*) Blue jeans *pl.*
džíp *m* (*2a*) Jeep *m.*
džiu-džitsu *n* (*indekl.*) Jiu-Jitsu *n.*
džudo *n* (*indekl.*) *Sp.* Judo *n.*
džungle *f* (*2*) Dschungel *m*; *horečka z -lí* Dschungelfieber *n.*
džunka *f* (*1c*; *-nek*) Dschunke *f.*

E

eben *m* (*2a*) Ebenholz *n*; **~ový** Ebenholz-.
edém *m* (*2a*) *Med.* Ödem *m*; **~atický** [-tɪ-] ödematös.
edice [-dɪ-] *f* (*2a*) Ausgabe *f*, Edition *f*.
efekt *m* (*2a*) Effekt *m*, Wirkung *f*; **~y** *m/pl.* (*2*) *Hdl.* Effekten *m/pl.*, Wertpapiere *n/pl.*; *Jur.* bewegliche Habe *f*; **~ivita** [-tɪ-] *f* (*1*) Effektivität *f*; **~tivní** [-tɪ-] effektvoll.
egalizovat (*im*)*pf.* ⟨z-⟩ (*-zuji*) egalisieren; *Pol.* gleichschalten.
Egejský: *-ké moře* Ägäisches Meer.
egois|mus [-zm-] *m* (*2a*; *-ism-*) Egoismus *m*; **~ta** *m* (*5a*), **~tka** *f* (*1c*; *-tek*) Egoist(in *f*) *m*; **~tický** [-tɪ-] egoistisch.
Egyp|t *m* (*2*; *2. -a*) Ägypten *n*; **~ťan** *m* (*1*; *-é*), **~ťanka** *f* (*1c*; *-nek*) Ägypter(in *f*) *m*; **⁹tský** ägyptisch.
echo *n* (*1b*; *6 Pl. -ách*) Echo *n*; F *mám o tom ~* ich habe davon et. (läuten) gehört; *dát k-u ~* j-m e-n Tip geben.
eidam *m* (*2a*) = **~ský sýr** Edamer (Käse) *m*.
ej! *Int.* ei!; *~ co!* ach was!; **~hle!** sieh da!
eklatantní eklatant.
ekonom *m* (*1*; *-ové*) Ökonom *m*, Volkswirtschaftler *m*, Wirtschaftswissenschaftler *m*; (*Guts-*)Verwalter *m*; **~ický** ökonomisch, wirtschaftlich; *fig.* sparsam; **~ie** *f* (*2*) Ökonomie *f*, Wirtschaftswissenschaft *f*; Wirtschaftlichkeit *f*; Wirtschaftslehre *f*.
elasti|cký [-tɪ-] elastisch; **~čnost** *f* (*4*) Elastizität *f*.
eleg|án *m* (*1*) eleganter Mensch *m*; *verä.* Stutzer *m*; **~ance** *f* (*2*) Eleganz *f*; **~antní** elegant; **~ický** elegisch; **~ie** *f* (*2*) Elegie *f*.
elektr|árna *f* (*1*; *-ren*) Elektrizitätswerk *n*, Kraftwerk *n*; *atomová ~* Atomkraftwerk; *tepelná ~* Heizkraftwerk; **~ický** elektrisch, Elektro-; Elektrizitäts-; *na ~ pohon* elektrisch betrieben; *~ motor* Elektromotor *m*; *~ šok* *Med.* Elektroschock *m*.
elektrifik|ace *f* (*2*) Elektrifizierung *f*; **~ovat** (*im*)*pf.* ⟨z-⟩ (*-kuji*) elektrifizieren.
elektrik|a *f* (*1c*) Elektrizität *f*, elektrischer Strom *m*; elektrisches Licht *n*, Stromanschluß *m*; (elektrische) Straßenbahn *f*, *öst.* Elektrische *f*, Tram *f*; *Phys.* Elektrisiermaschine *f*; *přístroj na -ku* Elektrogerät *n*; **~ář** *m* (*3*) Elektriker *m*; F Straßenbahner *m*.
elektriz|ace *f* (*2*) Elektrisieren *n*; Elektrifizierung *f*; **~ovat** (*im*)*pf.* ⟨z-⟩ (*-zuji*) elektrifizieren; *Med.*, *fig.* elektrisieren.
elektro|analýza *f* (*1a*) Elektroanalyse *f*; **~da** *f* (*1*) Elektrode *f*; **~inženýr** *m* (*1*; *-ři*) Elektroingenieur *m*; **~litický** [-tɪ-] elektrolytisch; **~mechanik** [-nɪk] *m* (*1a*) Elektromechaniker *m*; **~montér** *m* (*1*; *-ři*) Elektromonteur *m*, Elektriker *m*.
elektron *m* (*2a*) Elektron *n*; **~ik** [-nɪk] *m* (*1a*) Elektroniker *m*; **~ika** [-nɪ-] *f* (*1c*) Elektronik *f*; **~ka** *f* (*1c*; *-nek*) Elektronenröhre *f*; **~ový** elektronisch, Elektronen-.
elektro|spotřebič *m* (*3*) Stromverbraucher *m*; **~svářeč** *m* (*3*) Elektroschweißer *m*; **~technický** [-nɪ-] elektrotechnisch; *~ průmysl* Elektroindustrie *f*; **~technik** [-nɪk] *m* (*1a*) Elektrotechniker *m*; **~technika** [-nɪ-] *f* (*1c*) Elektrotechnik *f*; **~vodič** *m* (*4*) *El.* Leiter *m*; **~vodný** *El.* leitend.
elektřina *f* (*1*) Elektrizität *f*.
element *m* (*2a*) Element *n*; **~y** *pl. a.* Anfangsgründe *m/pl.*, Grundlagen *f/pl.*; **~árka** F *f* (*1c*; *-rek*) Grundschulklasse *f*; **~ární** elementar, Elementar-, Grund-.
elf *m* (*1*; *-ové*) Elfe *f*.
elimin|ace *f* (*2*) Eliminierung *f*; **~ovat** (*im*)*pf.* (*-nuji*) eliminieren.
elip|sa *f* (*1a*) Ellipse *f*; **~tický** [-tɪ-] elliptisch.
elit|a *f* (*1*) Elite *f*; **~ní** Elite-.
email *m* (*2a*) Email *n*; **~ovat** (*im*)*pf.*

⟨na-⟩ (-luji) emaillieren; **~ový** Email-.
emancip|ace *f* (*2*) Emanzipation *f*; **~ační** Emanzipations-; **~ovat** (*im*)*pf*. (-*puji*) emanzipieren.
emeritní emeritiert.
emigr|ace *f* (*2*) Emigration *f*; **~ační** Emigrations-; **~ant** *m* (*1*), **~antka** *f* (*1c*; -*tek*) Emigrant(in *f*) *m*; **~antský** Emigranten-; **~ovat** (*im*)*pf*. (-*gruji*) emigieren.
eminence *f* (*2*) Eminenz *f*.
emoc|e *f* (*2*) Emotion *f*; **~ionální** emotional.
empirický empirisch.
empírový: ~ *sloh* Empire(stil *m*) *n*.
encyklopedi|cký [-dɪ-] enzyklopädisch; **~e** *f* (*2*) Enzyklopädie *f*.
energ|etický [-tɪ-] energetisch; **~ický** (*Komp*. -*ičtější*; *Adv*. -*y*; -*ičtěji*) energisch; **~ie** *f* (*2*) Energie *f*; *hospodaření* -*ií* Energiewirtschaft *f*; *potřeba* ~ *Tech*. Energiebedarf *m*; *zdroj* ~ *Tech*. Energiequelle *f*.
Enšpígl *m* (*1*) Eulenspiegel *m*; **2ovský**: ~ *kousek* Eulenspiegelei *f*, Eulenspiegelstreich *m*.
epický episch.
epidemi|cký epidemisch; **~e** *f* (*2*) Epidemie *f*.
epik *m* (*1a*; -*ové*) Epiker *m*; **~a** *f* (*1c*) Epik *f*.
epištola *f* (*1a*) Epistel *f*.
epoch|a *f* (*1b*) Epoche *f*; **~ální** epochal, epochemachend.
epo|pej(e) *f* (*3 od. 2*) † Epopöe *f*, Epos *n*; **~s** *m* (*2a*) Epos *n*.
éra *f* (*1d*) Ära *f*.
erb *m* (*2a*) Wappen *n*; *nauka o* ~*ech* Wappenkunde *f*, Heraldik *f*; **~ovní** Wappen-.
eroti|cký [-tɪ-] erotisch; **~ka** *f* (*1c*) Erotik *f*.
eroz|e *f* (*2*) Erosion *f*; **~ivní** Erosions-.
erup|ce *f* (*2*) Eruption *f*; **~tivní** [-tɪ-] eruptiv.
esej *m* (*4*) Essay *n*; **~ista** *m* (*5a*) Essayist *m*.
esenbák P *m* (*1a*) Sicherheitspolizeibeamte(r) *m*, Geheimpolizist *m*.
esesák P *m* (*1a*) SS-Mann *m*.
eskadr|a *f* (*1d*; -*der*) *Mil*. Geschwader *n*; **~ona** *f* (*1*) *Mil*. Schwadron *f*.
eskamot|áž *f* (*3*) Taschenspielerei *f*; **~ér** *m* (*1*; -*ři*) Taschenspieler *m*.
eskont *m* (*2a*) Diskont *m*; **~ní** Diskont-.
eskym|ácký Eskimo-; **~ačka** *f* (*1c*; -*ček*) Eskimofrau *f*; **~ák** *m* (*1a*) Eskimo *m*.
eso *n* (*1*; *6*. -*e*/-*u*) As *n*; *červené* ~ Herzas; *fig*. *Sp*. As *n*, P Kanone *f*; Trumpf *m*; P (*Schülersprache*) die schlechteste Note, Peng *m*.
esperanto *n* (*1*; *6*. -*ě*/-*u*) Esperanto *n*.
est|ét *m* (*1*; -*ové*) Ästhet *m*; **~etika** [-tɪ-] *f* (*1c*) Ästhetik *f*.
Eston|ec *m* (*3*; -*nc*-) Este *m*; **~ka** *f* (*1c*; -*nek*) Estin *f*; **~sko** *n* (*1b*) Estland *n*; **2ský** estnisch; **2ština** *f* (*1*) Estnisch *n*.
estrád|a *f* (*1*) Estradenkonzert *n*, bunte Bühne *f*; **~ní** Estraden-.
etap|a *f* (*1*) Etappe *f*; *po* -*ách* etappenweise; **~ní** Etappen-.
etáž *f* (*3*) Etage *f*; **~ový** Etagen-.
éter *m* (*2a*) Äther *m*; **~ický** ätherisch.
eti|cký [-tɪ-] ethisch; **~ka** *f* (*1c*) Ethik *f*; **~keta** *f* (*1*) Etikette *f*; *Hdl*. Etikett *n*, Preiszettel *m*.
Etiop|ie [-tɪ-] *f* (*2*) Äthiopien *n*; **2ský** äthiopisch.
etnografie *f* (*2*) Ethnographie *f*.
étos *m* (*2a*) Ethos *n*.
etuda [-tɪː-] *f* (*1*) *Mus*. Etüde *f*.
etymolog *m* (*1a*; -*ové*) Etymologe *m*; **~ický** etymologisch.
eukalypt [e-u-] *m* (*2a*) *Bot*. Eukalyptus *m*.
evaku|ace *f* (*2*) Evakuierung *f*; **~ovat** (*im*)*pf*. (-*kuuji*) evakuieren.
evangel|ický evangelisch; **~ictví** *n* (*3*) evangel. Bekenntnis *n od*. ev. Glaube *m*; **~ík** *m* (*1a*), **~ička** *f* (*1c*; -*ček*) Protestant(in *f*) *m*; **~ium** *n* (*5*) Evangelium *n*.
eventuální eventuell.
evolu|ce *f* (*2*) Evolution *f*; **~ční** Evolutions-.
Evrop|a *f* (*1*) Europa *n*; **~an** *m* (*1*; -*é*) Europäer *m*; **~anka** *f* (*1c*; -*nek*) Europäerin *f*; **2ský** europäisch, Europa-.
exaktní exakt.
excelence *f* (*2*) Exzellenz *f*.
exeku|ce *f* (*2*) Exekution *f*; *Jur*. Zwangsvollstreckung *f*; Hinrichtung *f*; **~tor** *m* (*1*; -*ři*) Gerichtsvollzieher *m*.
exemplář *m* (*4*) Exemplar *n*.
exil *m* (*2a*) Exil *n*.
existen|ce *f* (*2*) Existenz *f*; **~ční** Existenz-.
ex|komunikace [-nɪ-] *f* (*2*) Ex-

kommunizierung *f*, Exkommunikation *f*; **~kurze** *f* (*2*) Exkursion *f*.
expanz|e *f* (*2*) Expansion *f*; **~ívní** expansiv.
expedi|ce [-dɪ-] *f* (*2a*) Expedition *f*; **~ční** Expeditions-.
experiment *m* (*2*; *6*.- -*u*/-*ě*) Experiment *n*; **~ální** Experimental-, experimentell; **~ovat** (-*tuji*) experimentieren.
explo|dovat (*im*)*pf*. (-*duji*) explodieren; **~ze** *f* (*2*) Explosion *f*; **~zívní** explosiv; Explosions-.
expo|nát *m* (*2a*) Ausstellungsstück *n*, Exponat *n*; **~novat** (*im*)*pf*. (-*nuji*) exponieren; *Fot*. belichten; **~zice** *f* (*2a*) *Fot*. Belichtung *f*; **~zimetr** *m* (*2a*) *Fot*. Belichtungsmesser *m*.
expres[1] *Adv*. expreß; *poslat dopis* ~ als Eilbrief schicken; **~**[2] *m* (*2a*) Eilsendung *f*; Expreß(zug) *m*; **~ní** Eil-, Expreß-.
exteritoriální exterritorial.
extremist|a *m* (*5a*), **~ka** *f* (*1c*; -*tek*) *Pol*. Extremist(in *f*) *m*.
extrémní extrem.

F

fábor *m* (*2a*) Band *n*, Schleife *f*.

fabri|čka *f* (*1c*; *-ček*) P *verä.* Fabrikarbeiterin *f*; kleine Fabrik *f*; **~ka** P *f* (*1c*) Fabrik *f*; **~kant** P *m* (*1*) Fabrikant *m*; **~kát** *m* (*2*; *6. -u/-ě*) Fabrikat *n*; **~kovat** (*-kuji*) fabrizieren.

fack|a P *f* (*1c*; *-cek*) Ohrfeige *f*; P *koupit za -ku* für e-n Pappenstiel kaufen; *jasné jako* ~ klar wie dicke Tinte; **~ovat** ⟨*na-*, *z-*⟩ (*-kuji*) ohrfeigen; P pfuschen, schludern.

fáč *m* (*4*) *Med.* Binde *f*.

fádní fad(e).

fagot *m* (*2a*) *Mus.* Fagott *n*; **~ista** [-tɪ-] *m* (*5a*) Fagottist *m*; **~ový** Fagott-.

fajáns *f* (*3*) Fayence *f*.

fajf|ka P *f* (*1c*; *-fek*) (*Tabaks-*)Pfeife *f*; **~kovat** P ⟨*o-*, *od-*, *za-*⟩ (*-kuji*) abhaken.

fakan P *m* (*1*) Fratz *m*, Range *m od. f*.

fakt *m* (*2a*) Tatsache *f*, Faktum *n*; **~or**[1] *m* (*2a*) Faktor *m*; **~or**[2] *m* (*1*; *-ři*) *Typ.* Faktor *m*, Werkmeister *m*; **~orie** *f* (*2*) Faktorei *f*; **~ura** [-uː-] *f* (*1d*) Faktura *f*; **~urovat** ⟨*za-*⟩ (*-ruji*) fakturieren.

fakult|a *f* (*1*) Fakultät *f*; **~ativní** [-tɪː-] fakultativ; **~ní** Fakultäts-.

falc *f* (*3*) *hist.* (*Kaiser-*)Pfalz *f*; **Ձko** *n* (*1b*) *Geogr.* Pfalz *f*; **~krabě** *m* (*wie n 4a*), **~krabí** *m* (*Adj. 4*; *2 Pl. -í*) Pfalzgraf *m*.

fald *m* (*2a*) Falte *f*.

faleš *f* (*3*; *-lš-*) Falsch *n*; *Sp.* (*Ball-*)Abfälschen *n*; **~ník** *m* (*1a*) falscher Mensch *m*, Heuchler *m*; **~nice** *f* (*2a*) falsche Person *f*, Heuchlerin *f*; **~nost** *f* (*4*) Falschheit *f*; **~ný** falsch, unaufrichtig.

falzifik|átor *m* (*1*; *-ři*) Fälscher *m*; **~ovat** ⟨*z-*⟩ (*-kuji*) fälschen.

famózní F famos.

fanati|cký [-tɪ-] fanatisch; **~k** *m* (*1a*; *-ové*) Fanatiker *m*; **~smus** [-tɪzm-] *m* (*2a*; *-ism-*) Fanatismus *m*.

fand|a P *m* (*5*) *s. fanoušek*; **~it** P ⟨*za- si*⟩ schwärmen für (*A*), begeisterter Fan sein (von).

fanfár|a *f* (*1d*) Fanfare *f*; **~ový** Fanfaren-.

fanfrnět F ⟨*z-*⟩ (*3 Pl. -ějí*): ~ *se za kým od. po čem* nach et. (*od.* j-m) verrückt sein, in et. (*od.* j-n) vernarrt sein.

fangl|e F *f* (*2*) Fahne *f*; **~ičkářství** *n* (*3*) Hurrapatriotismus *m*.

fanoušek F *m* (*1a*; *-šk-*) (*Sport-*, *Film-*)Fan *m*, Narr *m*.

fant F *m* (*2a*) Pfand *n*; *hra na ~y* Pfänderspiel *n*.

fantast|a *m* (*5a*) Phantast *m*; **~ický** [-tɪ-] phantastisch.

fantaz *m* (*2a*) Fiebertraum *m*, Delirium *n*; **~ie** *f* (*2*) Phantasie *f*; **~írovat** ⟨*vy-*, *za- si*⟩ (*-ruji*) phantasieren.

fantit F ⟨*po-*, *z- se*⟩: ~ *po čem s. fanfrnět se.*

fantóm *m* (*2a*) Phantom *n*.

fanynka *f* (*1c*; *-nek*) *s. fanoušek*.

far|a *f* (*1d*) Pfarrhaus *n*, Pfarrei *f*; † Pfründe *f*; **~ář** *m* (*3*) Pfarrer *m*.

fárat ⟨*pře-*, *s-*, *vy-*⟩ *Bgb.* einfahren; fahren.

fariz|ej *m* (*3*), **~eus** *m* (*1*; *2. -ea usw.*; *-eové*) Pharisäer *m*, Heuchler *m*; **~ejský** heuchlerisch; **~ství** *n* (*3*) Pharisäertum *n*, Heuchelei *f*.

farma *f* (*1*) Farm *f*.

farmaceut [-e-ut] *m* (*1*) Pharmazeut *m*; **~ický** [-tɪ-] pharmazeutisch.

farmacie *f* (*2*) Pharmazie *f*.

farm|ář *m* (*3*) Farmer *m*; **~ářský** Farmer-.

far|ní Pfarr-; **~ník** *m* (*1a*) Pfarrkind *n*; **~nost** *f* (*4*) Pfarrgemeinde *f*; **~ský** Pfarr-.

fasád|a *f* (*1*) Fassade *f*; **~ník** *m* (*1a*) Fassadenkletterer *m*.

fascin|ovat (*im*)*pf.* ⟨*z-*⟩ (*-nuji*) faszinieren; **~ující** faszinierend.

faset|a *f* (*1*) Facette *f*; **~ový** Facetten-; *-vé oko Zo.* Facettenauge *n*.

fasovat[1] F ⟨*na-*, *vy-*⟩ (*-suji*) *Essen* fassen; **~**[2] F ⟨*o-*, *za-*⟩ einfassen.

fasuněk P *m* (*2b*; *-ňk-*) Leiterwagen *m*.

faši|smus [-izm-] *m* (*2a*; *-ism-*) Faschismus *m*; **~sta** *m* (*5a*) Faschist *m*; **~stický** [-tɪ-] faschistisch; **~zovat** ⟨*z-*⟩ (*-zuji*) im Geist des Faschismus gestalten *od.* erziehen.

fatalista *m* (*5a*) Fatalist *m*.

fáze *f* (*2*) Phase *f*.

fazol|e *f* (*2*) Bohne *f*; **~ový** Bohnen-.

federa|ce *f* (*2*) Föderation *f*; **~tivní** [-tɪ-] föderativ.

fedrovat ⟨*na-*⟩ (*-ruji*) fördern, begünstigen; *Bgb*. fördern.

fejeton *m* (*2a*) Feuilleton *n*; **~ista** [-nɪ-] *m* (*5a*) Feuilletonist *m*.

fén *m* (*2a*) Föhn *m*; Haartrockner *m*, Fön *m*.

fena *f* (*1*) Hündin *f*; Füchsin *f*, Fähe *f*; Wölfin *f*.

Fénicie [-nɪ-] *f* (*2*) Phönizien *n*.

fenik [-nɪk] *m* (*2b*) Pfennig *m*; **~ový** Pfennig-.

fenykl *m* (*2a*) *Bot*. Fenchel *m*.

feriální Ferien-; ~ *osada* Ferienkolonie *f*.

ferina F *m* (*5*) *iron*. Schelm *m*; *lišák* ♀ Reineke Fuchs.

formož *f* (*3*) Firnis *m*; **~ovat** (*im*)*pf* ⟨*na-*⟩ (*-žuji*) firnissen.

fěrtoch † P *m* (*2b*) Schürze *f*.

festival [-tɪ-] *m* (*2a*) Festspiele *n*/*pl*., Festival *n*.

feš|ácký P fesch; **~ačka** F *f* (*1c*; *-ček*) fesches Mädel *n*; **~ák** *m* F (*1a*) fescher Kerl *m*; **~anda** F *f* (*1*) fesches Mädchen *n*, fesche Frau *f*.

feud|ál [-e-u-] *m* (*1*; *-ové*) Feudalherr *m*; **~alistický** [-tɪ-] feudalistisch; **~ální** feudal, Feudal-.

fez *m* (*2a*) Fez *m*, Fes *m*.

fi! *Int*. pfui!

fiakr † *m* (*2a*) Fiaker *m*; **~ista** † *m* (*5a*) Fiaker *m* (*Kutscher*).

fial|a *f* (*1a*) *Bot*. Veilchen *n*; *šedá* ~ *Bot*. Levkoje *f*; *žlutá* ~ *Bot*. Goldlack *m*; **~ový** violett, lila.

ficka P *f* (*1c*; *-cek*) (*Küchen-*)Hilfe *f*, Gehilfin *f*.

fičet ⟨*pro-*, *roz- se*, *za-*⟩ *Kugel*, *Wind*: pfeifen; *Auto*: sausen.

fidl|átko *n* (*1b*; *-tek*) *s*. *fidlovačka*; *fig*. *-ka pl*. Sachen *f*/*pl*., Zeug *n*; P *sebral svá -ka* er packte s-e sieben Sachen zusammen; **~ovačka** *f* (*1c*; *-ček*) (*Schuhmacher-*)Putzholz *n*; *hist*. Frühlingsfest *n* der Prager Schuster.

fiflena F *f* (*1*) aufgeputztes Dämchen *n*, Puppe *f*.

figur|a *f* (*1d*) Figur *f*; *titulní* ~ Titelheld *m*, -gestalt *f*; **~ka** *f* (*1c*; *-rek*) kleine Figur *f*; *iron*. Person *f*; Marionette *f*.

fík *m* (*2b*) Feige *f*.

fik|aný F durchtrieben, gerieben, mit allen Wassern gewaschen; **~at** ⟨*pro-*, *u-*⟩ schneiden.

fikce *f* (*2*) Fiktion *f*.

fiknout *pf*. *s*. *fikat*.

fíkov|ník *m* (*2b*) Feigenbaum *m*; **~ý** Feigen-.

filatel|ie *f* (*2*) Philatelie *f*, Briefmarkensammeln *n*; **~ista** *m* (*5a*) Philatelist *m*, Briefmarkensammler *m*.

fílek *m* (*1a*; *-lk-*) (*beim Kartenspiel*) Ober *m*, Dame *f*.

filharmoni|e [-nɪ-] *f* (*2*) Philharmonie *f*; **~cký** philharmonisch.

filiál|ka *f* (*1c*; *-lek*) Filiale *f*, Zweigstelle *f*; **~ní** Filial-, Zweig-.

filip F *m* (*1*) Grütze *f*, Köpfchen *n*; *mít ~a* Köpfchen haben; *s ~em* mit Verstand.

Filipíny *f*/*pl*. (*1*) Philippinen *f*/*pl*.

filipojakubský: *-ká noc* Walpurgisnacht *f*.

film *m* (*2a*) Film *m*; *barevný* ~ Farbfilm; *úzký* ~ Schmalfilm; **~ař** *m* (*3*) Filme(mache)r *m*; *-ři pl*. *a*. Filmleute *pl*.; **~ařina** F *f* (*1*) Filmerei *f*; **~ovací** Dreh-, Aufnahme-; **~ovat** ⟨*na-*, *z-*⟩ (*-muji*) filmen, (e-n Film) drehen; in e-m Film spielen; **~ový** Film-.

filolog *m* (*1a*; *-ové*) Philologe *m*; **~ický** philologisch; **~ie** *f* (*2*) Philologie *f*.

filozof *m* (*1*; *-ové*) Philosoph *m*; **~ický** philosophisch; **~ie** *f* (*2*) Philosophie *f*; **~ovat** ⟨*po- si*, *vy-*, *za- si*⟩ (*-fuji*) philosophieren.

filtr *m* (*2a*) Filter *m*; *žlutý* ~ *Fot*. Gelbfilter; **~ace** *f* (*2*) Filtrieren *n*, Filtrierung *f*; **~ovat** ⟨*pře-*, *z-*⟩ (*-truji*) filtern, filtrieren.

filuta F *m* (*5*; *-ové*) Spitzbube *m*, Filou *m*.

Fin *m* (*1*; *-ové*) Finne *m*; **~ka** *f* (*1c*; *-nek*) Finnin *f*.

finál|e *n* (*indekl.*) Finale *n*; **~ní** End-; final; ~ *věta Gr*. Finalsatz *m*; ~ *produkt* Endprodukt *n*; **~ový** *Sp*. Final-, End-.

financ|e *f*/*pl*. (*2*) Finanzen *f*/*pl*.; *ministr -cí* Finanzminister *m*; **~ovat** (*im*)*pf*. (*-cuji*) finanzieren.

finančn|í Finanz-; finanziell; **~ictví** *n* (*3*) Finanzwesen *n*; **~ík** *m* (*1a*) Finanzmann *m*; † *a*. Zollbeamter *m*.

finda F *f* (*1*) Heller *m*, Pfennig *m*;

nemít už ani -du keinen roten Heller (mehr) haben.
fingov|at *(im)pf.* ⟨*z-*⟩ (*-guji*) fingieren; **~aný** fingiert.
finiš [-nɪʃ] *m* (*4*) *Sp.* (End-)Spurt *m*; *Tech.* letzter Schliff *m*; **~ovat** (*-šuji*) *Sp.* spurten.
Fin|sko *n* (*1b*) Finnland *n*; **♀ský** finnisch; **♀ština** *f* (*1*) Finnisch *n*.
finti|dlo F *n* (*1a*; *-del*) Modenarr *m*, Geck *m*; **~lka** *f* (*1c*; *-lek*) *verä.* Modepuppe *f*; **~t** ⟨*na-*, *vy-*⟩ (heraus)putzen, schniegeln (*se* sich).
fir|emní Firmen-; **~ma** *f* (*1*; *-rem*) Firma *f*.
fistule *f* (*2*) *Med.* Fistel *f*; *Mus.* Fistelstimme *f*.
fix|ace *f* (*2*) Fixierung *f*; **~ační** *Fot.* Fixier-; **~áž** *f* (*3*) Fixieren *n*, Fixierung *f*; **~ní** fix.
fízl P *m* (*1*; *-ové*) *verä.* Spitzel *m*, Schnüffler *m*.
fládr *m* (*2a*) (*Holz-*)Maserung *f*; Maserholz *n*.
flák P *m* (*2b*) großes Stück *n*; Schlag *m* auf die Hand; **~ač** F *m* (*3*) Bummelant *m*, Bummler *m*; **~at** F ⟨*na- se*, *pro- se*, *vy- se*⟩ schlagen; **~ se** bummeln, herumlungern.
Flám *m* (*1*; *-ové*) Flame *m*; **~ka** *f* (*1c*; *-mek*) Flämin *f*.
flám F *m* (*2a*) Bummel *m*; *jít na ~* bummeln (gehen); eine Sause machen.
flamend|r P *m* (*1*; *-ři*), **~řice** *f* (*2a*) Herumtreiber(in *f*) *m*, Bummler(in *f*) *m*, Gammler(in *f*) *m*.
flámovat ⟨*pro-*, *za- si*⟩ (*-muji*) bummeln, *e-e Nacht* durchbringen; ein unstetes Leben führen.
flám|ský flämisch; **~ština** *f* (*1*) Flämisch(e) *n*.
flašinet † *m* (*2a*) Leierkasten *m*, Drehorgel *f*; **~ář** † *m* (*3*) Leierkastenmann *m*.
flaška F *f* (*1c*; *-šek*) Flasche *f*; Säuglingsflasche *f*.
flegmatický [-tɪ-] phlegmatisch.
flek *m* (*2b*) Fleck *m*; (*Kartenspiel*) Kontra *n*; F *nejde to z ~u* das geht nicht vom Fleck; *na ~u, od ~u!* auf der Stelle!; *dal mu ~(a)* er hat ihm Kontra gegeben; **~nout** *pf.* (*-kl/-knul*) hinwerfen, P hinhauen; *~ sebou* hinstürzen.
fle|ktovat (*-tuji*) *Gr.* flektieren; **~xe** *f* (*2*) *Gr.* Flexion *f*.
flíček *m* (*2b*; *-čk-*) Fleckchen *n*; *-čky pl.* Schinkennudeln *f/pl.*
flinkat se *s. flákat.*
flinta P *f* (*1*) Flinte *f*; (*jen*) *pomalu s tou -tou!* (nur) schön langsam!
flirt *m* (*2a*) Flirt *m*; **~ovat** ⟨*po-*, *za- si*⟩ (*-tuji*) flirten.
flobertka *f* (*1c*; *-tek*) Kleinkalibergewehr *n*.
flok P *m* (*2b*) Pflock *m*, Holznagel *m*.
flór *m* (*2a*) Flor *m*; *být ve ~u* in Blüte stehen; F *přijít do ~u* zu Ansehen kommen; **~a** *f* (*1d*) Flora *f*.
florent(in)ský [-tɪ:-] Florentiner (*Adj.*).
flotila *f* (*1a*) Flotille *f*.
floutek F *m* (*1a*; *-tk-*; *-tkové*) Stutzer *m*, Geck *m*, *verä.* Laffe *m*, Fatzke *m*.
fluktu|ace *f* (*2*) Fluktuation *f*; **~ovat** (*-uuji*), *dial. fluktovat* (*-tuji*) fluktuieren, *den Arbeitsplatz* häufig wechseln.
fluores|cence *f* (*2*) Fluoreszenz *f*; **~kovat** (*-kuji*) fluoreszieren.
fňuk|al F *m* (*1*; *-ové*) Miesmacher *m*, Nörgler *m*; **~at** F ⟨*po-*, *za- si*⟩ jammern, flennen.
fond *m* (*2a*) Fonds *m*; *základní slovní ~* Grundwortschatz *m*.
fondán *m* (*2a*) Fondant *m*.
foneti|cký [-tɪ-] phonetisch; **~ka** *f* (*1c*) Phonetik *f*.
fólie *f* (*2*) Folie *f*.
fontána *f* (*1*) Fontäne *f*.
fór F *m* (*2a*) Spaß *m*, Jux *m*; *dělat ~y* Flausen machen; **~ek** F *m* (*2b*; *-rk-*) Flause *f*; *pro ~* zum Spaß; **~ista** F *m* (*5a*) Flausenmacher *m*.
forma *f* (*1*; *-rem*) Form *f*; *obsah a ~* Gehalt und Gestalt; **~ce** *f* (*2*) Formation *f*.
formali|smus [-ɪzm-] *m* (*2a*; *-ism-*) Formalismus *m*; **~sta** *f* (*5a*) Formalist *m*; **~stický** [-tɪ-] formalistisch; **~ta** *f* (*1*) Formalität *f*.
formál|ní formell; *Jur.* formal; **~nost** *f* (*4*) Formalität *f*, Förmlichkeit *f*.
forman *m* (*1*; *-é/-i*) Fuhrmann *m*, Kutscher *m*; **~ka** † *f* (*1c*; *-nek*) Schenke *f*; **~ský** Fuhrmanns-.
form|át *m* (*2*; *6. -u/-ě*) Format *n*; **~ička** *f* (*1c*; *-ček*) (kleine) Form *f*; Backform *f*; **~ovat** ⟨*vy-*, *z-*⟩ (*-muji*) formen, bilden; *Mil.* formieren; **~ování** *n* (*3*) Formung *f*, Gestaltung *f*.
formul|ace *f* (*2*) Formulierung *f*; **~ář** *m* (*4*) Formular *n*, Formblatt *n*, Vordruck *m*; **~e** *f* (*2*), *Dim.* **~ka** *f*

(*1c*; *-lek*) Formel *f*; F *uvést všechno na stejnou -ku* alles auf gleichen Nenner bringen; **~ový** formelhaft; **~ovat** (*im*)*pf*. ⟨*z-*⟩ (*-luji*) formulieren.
fornýr *m* (*2a*) *s. furnýr*.
forsírovat ⟨*pře-, vy-*⟩ (*-ruji*) forcieren.
fortel F *m* (*4 od. 2a*) Kunstgriff *m*, Kniff *m*; *na to se musí s ~em* das muß (nur) richtig angefaßt werden, man muß (nur) wissen, wie es gemacht wird; **~ný** geschickt, gewandt; P gerissen; *Möbel*: solide.
fórum *n* (*5*; *2. -ra*) Forum *n*.
forvard *m 1.* (*2a*) *Sp*. Stürmerreihe *f*; *2.* (*1*) *Sp*. Stürmer *m*.
fořt † *m* (*1*) Förster *m*; **~ovna** † *f* (*1*; *-ven*) Försterhaus *n*.
fosfor *m* (*2a*) Phosphor *m*; **~eskovat** ⟨*za-*⟩ (*-skuji*) phosphoreszieren.
fošna *f* (*1*; *-šen*) dickes Brett *n*, Bohle *f*; Pfosten *m*.
fotbal *m* (*2*; *6. -u/-e*) Fußball(spiel *n*) *m*; **~ista** *m* (*5a*) Fußballspieler *m*, F Fußballer *m*; **~ový** Fußball-.
fot|it F ⟨*vy-*⟩ knipsen, fotografieren; **~ka** F *f* (*1c*; *-tek*), **~o** F *n* (*1*) Foto *n*.
fotograf *m* (*1*; *-ové*) Fotograf *m*; **~ický** fotografisch; **~ie** *f* (*2*) Fotografie *f*; **~ovat** ⟨*na-, s-, vy-*⟩ (*-fuji*) fotografieren.
fotonka *f* (*1c*; *-nek*) Photozelle *f*.
fouk|ací Blas-; *~ harmonika* Mundharmonika *f*; **~ač** *m* (*3*) (*Glas-*)Bläser *m*; **~ačka** *f* (*1c*; *-ček*) *Tech*. Blasrohr *n*; **~at** ⟨*za-*⟩ blasen; F *~ si* sich aufblasen, großtun; **~nout** *pf*., *za-* blasen; *fig*. F sich davonmachen, verduften.
fouň|a P *m* (*5*; *-ni*, *3. -ňovi*; *-ňové*) Protz *m*; **~ovství** *n* (*3*) Protzerei *f*, F Angabe *f*.
frajer *m* (*1*; *-ové*) Freier *m*, Liebhaber *m*; F kecker Bursche *m*; *verä*. Faulpelz *m*; **~ka** *f* (*1c*; *-rek*) Geliebte *f*; *verä*. Zierpuppe *f*, Modedämchen *n*; **~ský** geckenhaft; keck; leichtsinnig.
frajeřina *f* (*1*) Großtuerei *f*; Leichtsinn *m*.
frak *m* (*2b*) Frack *m*; F *dostal na ~* er hat Prügel bekommen *od*. bezogen; *jaképak ~y!* wozu erst lange Geschichten machen!
frak|ce *f* (*2*) *Pol*. Fraktion *f*; **~ční** *Pol*. Fraktions-; *fig*. spalterisch; *Chem*. fraktioniert, Fraktionier-;
~tura [-tu:-] *f* (*1d*) *Typ*., *Med*. Fraktur *f*.
Francie *f* (*2*) Frankreich *n*.
francký *s. franský*.
Francouz *m* (*3*) Franzose *m*; **~ka** *f* (*1c*; *-zek*) Französin *f*; **♀ský** französisch; **♀ština** *f* (*1*) Französisch(e) *n*.
francovka *f* (*1c*; *-vek*) Franzbranntwein *m*.
frančina P *f* (*1*) *s. francouzština*.
fran|k *m* (*2b*) Franc *m*; Franken *m*; ♀ *m* (*1a*; *-ové*) Franke *m*; **~ko** *Hdl*. franko, (porto)frei; **~kovat** ⟨*o-*⟩ (*-kuji*) frankieren, freimachen; **~kový** Frank-; **~ský** fränkisch.
františ|ek *m* (*2b*; *-šk-*) Räucherkerze *f*; **~kán** *m* (*1*) Franziskaner (-mönch) *m*; **~kánský** Franziskaner-.
frašk|a *f* (*1c*; *-šek*) *Thea*. Posse *f*, Schwank *m*; *fig*. Komödie *f*; *tropit šašky -ky* allerlei Schabernack treiben; **~ovitý** possenhaft.
fráz|e *f* (*2*) Phrase *f*, (leere) Redensart *f*; *mlít* (*od. odříkávat*) *~* Phrasen dreschen; **~ista** *m* (*5a*) Phrasendrescher *m*; **~ovitý** phrasenhaft; *fig*. inhalt(s)los, hohl.
frč|et ⟨*za-*⟩ schwirren; **~ka** F *f* (*1c*; *-ček*) *Mil*. Stern *m* (*Rangabzeichen*).
fregat|a *f* (*1*) Fregatte *f*; **~ní** Fregatten-.
frekven|ce *f* (*2*) Frequenz *f*; (*Publikums-*)Verkehr *m*; **~tovat** (*-tuji*) frequentieren, regelmäßig besuchen; **~tovaný** frequentiert, (stark) besucht.
frenetický [-tɪ-] *Beifall*: frenetisch.
fresk|a *f* (*1c*; *-sek*) Freske *f*; **~ový** Fresken-.
fretka *f* (*1c*; *-tek*) *Zo*. Frettchen *n*.
fréz|a *f* (*1a*) Fräse *f*; **~ař** *m* (*3*) *Tech*. Fräser *m*; **~(ovač)ka** *f* (*1c*; *-[ovač]ek*) Fräsmaschine *f*; **~ovací** Fräs-; **~ovat** ⟨*o-, vy-, za-*⟩ (*-zuji*) fräsen.
frivol|ní frivol; **~nost** *f* (*4*) Frivolität *f*.
frk V *m* (*2b*) dummes Gerede *f*, Quatsch *m*; **~ačka** *f* (*1c*; *-ček*) Schnarrpfeife *f*; **~at** ⟨*po-, za-*⟩, **~nout** *pf*. schnauben, schnaufen; **~ot** *m* (*2a*) Schnauben *n*.
frň|ák V *m* (*2b*) Schnauze *f*; *ten má ~!* der hat einen guten Riecher!; **~ous** *m 1.* (*1*) *verä*. grüner Junge *m*, Grünschnabel *m*; *2.* (*2a*) *Zo*. Bartfaden *m*; *Bot*. Wurzelfaser *f*; **~ou-**

sy † *m/pl.* (*2*) Schnurrbart *m*, Schnauzbart *m*.

front|a *f* (*1*) Front *f*, (lange) Reihe *f*; P *stát ve -tě* Schlange stehen; **~ální** frontal, Frontal-; **~ový** *Mil.* Front-.

fuč! *Int.* futsch!

fučet ⟨*na-*, *za-*⟩ *Wind*: brausen, sausen, pfeifen.

fuj! *Int.* pfui!

fujara † *f* (*1d*) (große) Hirtenpfeife *f*.

fuk! *Int.* husch!; F *to je mi ~!* das ist mir egal *od.* wurs(ch)t, schnuppe!; *dělat ~y* wichtig tun, Flausen machen; *nemá ani ~u* er hat keinen roten Heller.

fundament *m* (*2*; *6.* -*u*/-*ě*) Fundament *n*; **~álky** *f/pl.* (*1c*; *-lek*) *hist.* Fundamentalartikel *m/pl.*; **~ální** fundamental, grundlegend.

funět ⟨*za-*⟩ schnaufen, schnauben, P pusten.

fungovat (*-guji*) fungieren; *Tech.* funktionieren.

funk|ce *f* (*2*) Funktion *f*; **~cionář** *m* (*3*), **~cionářka** *f* (*1c*; *-řek*) Funktionär(in *f*) *m*; **~ční** Funktions-; *Gr.* funktional; *Med.* funktionell; **~čnost** *f* (*4*) Zweckmäßigkeit *f*.

funus P *m* (*2*; *6.* -*u*/-*e*) Begräbnis *n*; *přijít s křížkem po ~e* zu spät kommen.

fůra *f* (*1d*; *for*/*fůr*) Fuhre *f*; F *fig.* Haufen *m*, Menge *f*.

furiant *m* (*1*) Stutzer *m*; aufgeblasener (*od.* übermütiger) Mensch *m*, P Protz *m*; Furiant *m* (*tschech. Volkstanz*); **~ský** protzig, geckenhaft; übermütig; **~ství** *n* (*3*) Übermut *m*, hochmütiger Eigensinn *m*.

fúrie *f* (*2*) Furie *f*; P Übermut *m*; *vjela do něho ~* ihm schwillt der Kamm, es juckt ihm das Fell.

furnýr P *m* (*2a*) Furnier *n*; **~ový** Furnier-.

furunk|l *m* (*2a*) Furunkel *m*; **~ulóza** *f* (*1a*) Furunkulose *f*.

fuš|er P *m* (*1*; *-ové*) Pfuscher *m*; **~ovat** P ⟨*z-*, *za-*⟩ (*-šuji*) pfuschen.

fúze *f* (*2*) *Phys.* Fusion *f*.

fyskultura [-u:ra] *f* (*1d*) Leibeserziehung *f*.

fyzi|cký physisch; **~k** *m* (*1a*; *-ové*) Physiker *m*; **~ka** *f* (*1c*) Physik *f*; **~kální** physikalisch.

fyziolog|ický physiologisch; **~ie** *f* (*2*) Physiologie *f*.

G

gajdoš *m* (*3*) *dial.* Dudelsackpfeifer *m.*

galán F *m* (*1*) Galan *m*, Freier *m*; **~ka** *f* (*1c*; *-nek*) *dial.* Schatz *m*, Liebchen *n.*

galant|érie *f* (*2*) Galanterie *f*; *Hdl.* Galanteriewaren *f/pl.*; **~ní** galant.

galej|e *f* (*2*) Galeere *f*; **~ní** Galeeren-; **~ník** *m* (*1a*) Galeerensträfling *m*; **~ský** Galeeren-.

galerie *f* (*2*) Galerie *f*; *sedadlo na ~rii* Galerie(sitz)platz *m.*

galilejský aus (*od.* von) Galiläa.

Gall *m* (*1*; *-ové*) *hist.* Gallier *m.*

galon *m* (*2a*) Gallone *f.*

galuska *f* (*1c*; *-sek*) *Sp.* Rennradreifen *m.*

galvani|cký [-nɪ-] *Tech.* galvanisch; **~zovat** (*im*)*pf.* ⟨z-⟩ (*-zuji*) *Tech.* galvanisieren.

galvanometr *m* (*2a*) Galvanometer *n.*

gama *n* (*indekl.*) Gamma *n*; *paprsky ~ Phys.* Gammastrahlen *m/pl.*

gangster *m* (*1*; *-ři*) Gangster *m*; **~ský** Gangster-; **~ství** *n* (*3*) Gangstertum *n.*

garan|cie *f* (*2*) Garantie *f*; **~ční** Garantie-; **~tovat** (*im*)*pf.* (*-tuji*) garantieren.

garáž *f* (*3*) Garage *f*; **~ovat** (*im*)*pf.* (*-žuji*) *Auto* parken, abstellen.

garda *f* (*1*) Garde *f.*

garderob|a [-rɔː-] *f* (*1*) Garderobe *f*; **~iérka** *f* (*1c*; *-rek*) Garderobenfrau *f.*

gard|ista [-dɪ-] *m* (*5a*) Gardist *m*; **~ový** Garde-.

garnýrovat (*im*)*pf.* (*-ruji*) garnieren.

gauč *m* (*4*) Couch *f.*

gáz *m* (*2a*), **~a** *f* (*1a*) Gaze(verband *m*) *f.*

gazd|a *m* (*5*) *dial.* Hauswirt *m*; Kleinbauer *m*; **~ěna** *f* (*1*) Hauswirtin *f*; Bäuerin *f*; **~ovat** (*-duji*) wirtschaften.

gazela *f* (*1a*) Gazelle *f.*

gáže *f* (*2*) Gage *f.*

genera|ce *f* (*2*) Generation *f*; **~ční** Generations-.

generál *m* (*1*; *-ové*) General *m.*

generali|ta *f* (*1*) Generalität *f*; **~zace** *f* (*2*) Generalisierung *f*; **~zovat** (*im*)*pf.* ⟨z-⟩ (*-zuji*) generalisieren.

generál|ka F *f* (*1c*; *-lek*) Generalin *f*; Generalüberholung *f*; Generalprobe *f*; Generalstabskarte *f*; **~ní** General-; **~plukovník** *m* (*1a*) Generaloberst *m*; **~poručík** *m* (*1a*) Generalleutnant *m*; **~ský** Generals-.

geni|alita [-nɪ-] *f* (*1*) Genialität *f*; **~ální** genial; **~tální** genital, Geschlechts-.

geo|dezie *f* (*2*) Geodäsie *f*; **~fyzika** *f* (*1c*) Geophysik *f*; **~grafický** geographisch; **~grafie** *f* (*2*) Geographie *f*; **~metrický** geometrisch; **~metrie** *f* (*2*) Geometrie *f.*

germaniz|ace [-nɪ-] *f* (*2*) Germanisierung *f*; **~ovat** (*im*)*pf.* ⟨z-⟩ (*-zuji*) germanisieren.

germánský germanisch.

gestapá|cký *verä.* Gestapo-; **~k** *m* (*1a*) *verä.* Gestapomann *m*, Gestapoagent *m.*

gesto *n* (*1*; *6. -u*) Geste *f*, Gebärde *f.*

gilotina [-tɪː-] *f* (*1*) Guillotine *f.*

giro *s. žiro.*

glazur|a [-zuː-] *f* (*1d*) Glasur *f*; **~ovat** (*im*)*pf.* (*-ruji*) glasieren.

glejt *m* (*2a*) *hist.* Geleitbrief *m.*

glos|a *f* (*1a*) Glosse *f*; **~ář** *m* (*4*) Glossar *m*; **~ovat** (*im*)*pf.* ⟨o-⟩ (*-suji*) glossieren; *fig.* Randbemerkungen machen.

gól *m* (*2a*) *Sp.* Tor *n.*

golf[1] *m* (*2a*) Golf *m*; **~**[2] *m* (*2a*) Golf (-spiel) *n*; *hráč ~u* Golfspieler *m*; **~ky** *f/pl.* (*1c*; *-fek*) Golfhosen *f/pl.*; **≗ský**: *~ proud Geogr.* Golfstrom *m.*

Goliáš *m* (*3*) Goliath *m.*

gondol|a *f* (*1a*) Gondel *f*; **~iéra** *f* (*1d*) Gondellied *n*, Barkarole *f.*

goril|a *f* (*1a*) *Zo.* Gorilla *m*; **~í** Gorilla-.

Gót *m* (*1*; *-ové*) Gote *m.*

goti|cký [-tɪ-] *Stil*: gotisch; **~ka** *f* (*1c*) Gotik *f.*

gótský Goten-, gotisch.

graf *m* (*2a*) Diagramm *n*, graphische Darstellung *f*; Abbildung *f*; **~ický**

graphisch; **~ik** *m* (*1a*) Graphiker *m*; **~ika** *f* (*1c*) Graphik *f*.

grafolog *m* (*1a*; *-ové*) Graphologe *m*; **~ický** graphologisch; **~ie** *f* (*2*) Graphologie *f*.

gram *m* (*2a*) Gramm *n*.

gramati|cký [-tɪ-] grammatisch, grammatikalisch; **~ka** *f* (*1c*) Grammatik *f*.

gramo|deska F *f* (*1c*; *-sek*) (*Schall-*) Platte *f*; **~fon** *m* (*2a*) Plattenspieler *m*; **~měnič** *m* (*4*) Plattenwechsler *m*; **~rádio** *n* (*1*; *6. -iu*) Musiktruhe *f*.

gramot|nost *f* (*4*) Kenntnis *f* des Schreibens und Lesens; **~ný** j-d der schreiben und lesen kann.

granát *m* (*2*; *6. -u*/*-ě*) Granat *m*; *Mil.* Granate *f*; *střepina ~u* Granatsplitter *m*; **~nický** Grenadier-; **~ník** *m* (*1a*) *hist.* Grenadier *m*; **~ný**: *-né jablko Bot.* Granatapfel *m*; **~omet** *m* (*2a*) Granatwerfer *m*; **~ový** Granat-; Granaten-.

gratul|ace *f* (*2*) Gratulation *f*; **~ační** Gratulations-; **~ovat** ⟨*po-*⟩ (*-luji*) gratulieren.

grázl V *m* (*1*) Halunke *m*, Lump *m*.

grémium *n* (*5*) Gremium *n*.

grešle P *f* (*2*) Groschen *m*; *nestojí to za zlámanou -li* das ist keinen Pfifferling wert.

gril *m* (*2a*) Grill *m*; *pečený na ~u* gegrillt.

Grónsk|o *n* (*1b*) Grönland *n*; **♀ý** grönländisch.

groš *m* (*4*) Groschen *m*; F *známý jako falešný ~* bekannt wie ein falscher Sechser *od.* wie ein bunter Hund; *slušný ~* ein schönes Geld, eine schöne Stange Geld; *do posledního ~e* bis auf den letzten Pfennig; **~ák** *m* (*1a*) Apfelschimmel *m*; **~ovatý** scheckig.

grunt P *m* (*2*; *6. -u*/*-ě*) Grund *m*; *na vlastním ~ě* auf eigenem Grund und Boden; *z ~u* im Grunde genommen; *z ~u dobrý* seelensgut, herzensgut; *z ~u falešný* grundfalsch.

Gruz|ie *f* (*2*) *Geogr.* Georgien *n*; **♀ínský** (*Adv.* *-y*) georgisch, grusinisch.

guláš *m* (*4*) Gulasch *n*.

gum|a *f* (*1*) Gummi *m*; (*Rad-*) Gummireifen *m*; *arabská ~* Gummiarabikum *n*; *tvrdá ~* Hartgummi; *~ na podpatcích* Gummiabsatz *m*; *~ (do prádla)* Wäschegummi, Gummizug *m*; F *jako z -my* flink, geschmeidig; **~ák** *m* (*2b*) Gummimantel *m*; **~árna** *f* (*1*; *-ren*) Gummiwerk *n*, Gummifabrik *f*; **~ička** *f* (*1c*; *-ček*) Gummiband *n*; **~ovat** ⟨*vy-*⟩ (*-muji*) gummieren; radieren; **~ovitý** gummiartig; **~ovky** P *f*/*pl.* (*1c*; *-vek*) Gummischuhe *m*/*pl.*; **~ový** Gummi-; *fig.* elastisch.

gusto F *n* (*1*; *6. -u*) Geschmack *m*; *proti -tu žádný dišputát* über den Geschmack läßt sich nicht streiten.

gutaperča *f* (*1a*; *2. -i*, *3*, *6. -e*/*-i*) Guttapercha *n*.

gymnas|ium [-aː-] *n* (*5*; *-ia*) *s. gymnázium*; **~ta** *m* (*5a*) *Sp.* Gymnast *m*, Turner *m*; **~tický** [-tɪ-] gymnastisch, Turn-; **~tika** [-tɪ-] *f* (*1c*) Gymnastik *f*, Turnen *n*.

gymn|azijní Gymnasial-; **~azista** *m* (*5a*), **-istka** *f* (*1c*; *-stek*) Gymnasiast(in *f*) *m*; **~ázium** *n* (*5*; *-ia*) Gymnasium *n*.

gynekolog *m* (*1a*; *-ové*) Gynäkologe *m*.

gyps *m* (*2a*) Gips *m*; **~ový** Gips-.

H

haažský Haager; *-ká konvence* Haager Abkommen *n*.
habaděj F sehr viel; *~ peněz* Geld wie Heu; ein Heidengeld.
habán F *m (1)* baumlanger Kerl *m*, (langer) Lulatsch *m*.
Habeš *f (3)* Abessinien *n*; **&sský** abessinisch.
habilit|ace *f (2)* Habilitation *f*; **~ační** Habilitations-; **~ovat** *(im)pf.* *(-tuji)*: *~ se* sich habilitieren.
hab|r *m (2a)* Weiß-, Hainbuche *f*; **~rový** Hainbuchen-; **~ří** *n (3)*, **~řina** *f (1)* Weißbuchengehölz *n*.
habsburský habsburgisch, Habsburger.
hačat *Kdspr.* sitzen.
háček *m (2b; -čk-; 6. Pl. a. -čkách)* Häkchen *n*; Haken *m (am Kragen od. Kleid)*, *öst.* Haftel *n*; Häkelnadel *f*; Schwierigkeit *f*, F Haken *m*; F *Sp. na háčku* am Bug.
háčkov|ací Häkel-; **~ání** *n (3)* Häkeln *n*, Häkelarbeit *f*; *příze na ~* Häkelgarn *n*; **~at** ⟨*ob-, u-, v-, za-*⟩ *(-kuji)* häkeln.
hačnout *pf. (-čnul/-čl) s. hačat.*
had *m (1)* Schlange *f*.
hadač, hádač *m (3)* Wahrsager *m*; Rätsellöser *m*; **~ství** *n (3)* Wahrsagerei *f*.
hád|ání *n (3)* Raten *n*; Wahrsagen *n*; Zank *m*, Wortstreit *m*; **~anice** *f (2a)* (*Wort-*)Streit *m*, Gezänk *n*; **~anka** *f (1c; -nek)* Rätsel *n*; **~ankář** *m (3)* Rätsellöser *m*, Rater *m*; **~ankářský** Rätsel-; *~ koutek* Rätselecke *f*.
háda|t ⟨*pro-, pře-*⟩ raten; glauben, vermuten; schätzen, *für et.* halten; wahrsagen, *lit.* weissagen; *~ na k-o* j-n in Verdacht haben; *~ tak i onak* hin und her raten; *kolik let mi hádáte?* wie alt schätzen Sie mich?; *to by do kluka nikdo nehádal* das würde dem Jungen niemand zutrauen; *~ z ruky* aus der Hand lesen; *~ se* ⟨*na-, po-, z-*⟩ streiten, sich zanken (*o co* um *A*); *mit dem Schicksal* hadern; F *~ se o kozí (od. žabí) chlup* um des Kaisers Bart streiten; *když se dva -ají, třetí se směje* wenn zwei streiten, freut sich der dritte; *co se hádá, rádo se má* was sich liebt, das neckt sich; **~vost** *f (4)* Streitsucht *f*; **~vý** streitsüchtig. [(*a. fig.*).]
háďata *n/pl. (4a)* Schlangenbrut *f*
hadec *m (4; -dc-) Min.* Serpentin *m*.
hádek *m (1a; -dk-)* kleine Schlange *f*.
had|í Schlangen-; **~ice** *f (2a)* (*Gummi-*)Schlauch *m*; *Zo.* Schlangenweibchen *n*.
hadimrška *1.* F *m (5) scherz.* Schlaumeier *m*; *2.* F *f (1c; -šek)* alter (*Tatra-*)Wagen, alte Karre.
hadinec *m (4; -nc-) Bot.* Natternkopf *m*.
hádka *f (1c; -dek)* Streit *m*, Streitigkeiten *f/pl.*, Händel *m/pl.*; Zwist *m*, Zwistigkeiten *f/pl.*; *dostat se do -ky* in Streit geraten; *učená ~* Disput *m*, Streitgespräch *n*; *začít -ku bez příčiny* einen Streit vom Zaun brechen.
hadov|itý schlangenförmig; *~ vrták Tech.* Schlangenbohrer *m*; **~ka** *f (1c; -vek) Bot.* Stinkmorchel *f*.
hadr *m (2a)* Lumpen *m*, Fetzen *m*; Scheuertuch *n*, *öst.* Hader *m*; *verä.* Wisch *m (z. B. Dokument)*; Waschlappen *m (weichlicher Mann)*; *~ na holi* Windbeutel *m (charakterloser Mann)*; *Sp.* Null *f*, P Niete *f*, Pfeife *f*; *~ k čištění* Putzlappen *m*; *~ na mytí* Waschlappen *m*; *verä. kus ~u* ein Fetzen Papier; **~y** *m/pl.* Lumpen *m/pl.*; Kram *m*; *chodit v -rech* zerlumpt gehen; P *rozpadat se na ~ Kleider*: in Fetzen gehen; *roztrhat na ~* in Stücke reißen, zerfetzen; **~ář** *m (3)* Lumpensammler *m*; **~ník** *(1a) m* Lumpenhändler *m*; *verä.* Lump *m*; **~ovina** V *f (1)* Lumpenzeug *n*, Lumpenkram *m*; **~ový** aus Lumpen; *-vá panenka* Stoffpuppe *f*.
hadř|ík *m (2b)*, **~íček** *m (2b; -čk-)* kleiner Fetzen *m*, Läppchen *n*.
haf|an *m (1)* Kläffer *m*, Köter *m*; *Kdspr.* Wauwau *m*; **~at** ⟨*po-, za-*⟩ bellen, kläffen.
háj *m (4)* Hain *m*; *jdi do ~e!* scher dich weg!, hau ab!
Hajany *m/pl. (2; -an)*: *jdi do hajan!*

geh schlafen!, P hau dich in die Falle!
haj|at ⟨*vy- se*⟩ *Kdspr.* schlafen; **~i** (*indekl.*) *Kdspr.* heia machen, in die Heia gehen.
hajdalácký *dial.* schlampig, liederlich.
hajduk *m* (*1a*; *-ové*) *hist.* Heiducke *m*; † (*bewaffneter*) Diener *m*; Gemeindediener *m*.
hajdy! *Int.* marsch!, schnell!, auf!; P verschwinde!, zieh ab!, hau ab!
háje|ček *m* (*2b*; *-čk-*), **~k** *m* (*2b*; *-jk-*) Wäldchen *n*; **~čka** *f s. hájička*; **~mství, ~nství** *n* (*3*) (*Jagd-*)Revier *n*, Gehege *n*; **~ní** *n* (*3*) Verteidigung *f*; *Jur.* Wahrung *f* (*von Interessen*); (*Forst-, Wild-*)Hege *f*; *doba ~* (*Wild-*)Schonzeit *f*.
háj|ička *f* (*1c*; *-ček*) Warnzeichen *n*; **~it** ⟨*ob-, u-*⟩ verteidigen; beschützen; *Ansicht* vertreten, verfechten; eintreten (für *A*); *Interessen, Recht* wahren; *Wild, Wald* hegen; **~itel** *m* (*3*; *-é*) Beschützer *m*.
haj|nout *pf.*: *~ si s. hájit*; **~ný** *m* (*Adj. 1*) *Jagdw.* Heger *m*.
hájovna *f* (*1*; *-ven*) Forst-, Hegerhaus *n*.
hajzl P *m* (*2a*) Klo *n*, V Scheißhaus *n*; V (*Mensch*) Schuft *m*, Schweinkerl *m*; F *peníze jsou v ~u* das Geld ist futsch *od.* im Eimer.
hák *m* (*2b*) Haken *m*; *hist.* Hakenpflug *m*; *~ na maso* Fleischhaken; *startovací ~ Flgw.* Schleppklinke *f*; *brát co ~em* et. ganz schnell machen.
hákov|itý hakenförmig; *~ zobák Zo.* Hakenschnabel *m*; **~nice** † *f* (*2a*) Hakenbüchse *f*, Arkebuse *f*; **~ý** Haken-; *~ kříž* Hakenkreuz *n*.
hala *f* (*1a*) (*~ hotelu, závodní ~* Hotel-, Werks-)Halle *f*.
halabala *dial.* schlampig, P schludrig.
halama *m* (*5*) *verä.* Lümmel *m*, Bengel *m*, Schlingel *m*.
halapartna *f* (*1*; *-ten*) *hist.* Hellebarde *f*.
halas *m* (*2*; *6. -u*/*-e*) Lärm *m*; **~it** ⟨*za-*⟩ lärmen; **~ný** lärmend.
halda *f* (*1*) Haufen *m*, Menge *f*; *Bgb.* Halde *f*.
halekat ⟨*za-*⟩ jodeln.
halena *f* (*1*) Kittel *m*.
haléř *m* (*4*) Heller *m*; *do posledního ~e* bis auf den letzten Heller; *na ~* auf den Pfennig (genau).
half *m* (*1*) *Sp.* Läufer *m*; *na ~u* in der Läuferreihe.
Halič *f* (*3*) *Geogr.* Galizien *n*; **ℒský** galizisch.
halíř *m* (*4*) *dial. s. haléř.*
halit ⟨*za-*⟩ verhüllen; (ein)hüllen (*se* sich; *do č-o* in *A*); *~ se v mlčení* sich in Schweigen hüllen.
halo!, **haló**! *Int.* hallo!
halušky *f*/*pl.* (*1c*; *-šek*) *Kochk.* (*Schinken-*)Fleckerln *n*/*pl.*; Nudeln *f*/*pl*; *dial.* Kartoffelpuffer *pl*.
haluz, ~e *f* (*3 od. 2*) Zweig *m*, Ast *m*; **~na** F *f* (*1*; *-zen*) unfreundliches großes Zimmer *n*.
halv *m s. half.*
hambalek *m* (*2b*; *-lk-*) Hängeboden *m*; † Hahnenbalken *m*; *dial.* Wäschestange *f*.
hamburský Hamburger (*Adj.*).
hamiž|ník *m* (*1a*) habgieriger Mensch *m*; **~nost** *f* (*4*) Habgier *f*, Geldgier *f*; **~ný** habgierig.
hamonit ⟨*na-, u-*⟩ geizen, knausern.
hampejz V *m* (*2*; *6. -u*/*-e*) Bordell *n*; Spelunke *f*; P *dial.* Kegelbahn *f*.
hamr *m* (*2a*) *Tech.* Hammerwerk *n*.
hana *f* (*1*) Tadel *m*; Schimpf *m*; *bez -ny* tadellos; *rytíř bez bázně a -ny* Ritter ohne Furcht und Tadel.
hanb|a *f* (*1*; *-neb*) Schande *f*, *lit.* Schmach *f*; Scham *f*; *~ mu!* Schande über ihn!; *volání -by* Schmährufe *m*/*pl.*, Pfuirufe *m*/*pl.*; *rdívat se -bou* schamrot werden, vor Scham erröten; *není ti ~?* schämst du dich (denn gar) nicht?; *ceny jsou vysoké až ~* die Preise sind unverschämt hoch; *až ~ málo* F verdammt wenig; *lhát až ~* F lügen, daß sich die Balken biegen; *zima až ~* schrecklich (*od.* fürchterlich) kalt; *líný až ~* F stinkfaul; *~ hanboucí* e-e Schande ohnegleichen; *~ mluvit!* man schämt sich, davon zu sprechen!; **~ář** F *m* (*3*) gemeiner Kerl *m*; **~ářka** F *f* (*1c*; *-řek*) schamloses Weib *n*; **~it** ⟨*za-*⟩: *~ se před kým, za k-o* sich vor j-m, für j-n schämen.
handicapovat [-dıkɛ-] (*-puji*) *Sp.* behindern, benachteiligen.
handl F *m* (*2a od. 4*) Handel *m*, Schacher *m*; Tausch *m*; **~íř** *m* (*3*) *dial.* Händler *m*; **~ovat** ⟨*pro-, vy-, za-*⟩ (*-luji*) handeln, tauschen; schachern.
handrkovat ⟨*vy-*⟩ (*-kuji*) *dial.*: *~ se o co* um et. feilschen.

hanebn|ík *m* (*1a*), **~ice** *f* (*2a*) schändliche Person *f*; **~ost** *f* (*4*) Niedertracht *f*, Schändlichkeit *f*; **~ý** niederträchtig, schändlich; *Niederlage*: schmählich; *Zustand*: erbärmlich; *Frieden*: schmachvoll; *Übersetzung*, *Fiasko*: jämmerlich; *fig*. F furchtbar, schrecklich; *-ně dlouho* schrecklich (*od*. furchtbar) lang(e).
hanět ⟨*po-*, *z-*⟩ (*3 Pl*. *-ějí*) tadeln.
hangár *m* (*2a*) Flugzeughalle *f*, Hangar *m*.
han|it (*3 Pl*. *-í*) *s*. *hanět*; **~livý** Schmäh-, Spott- (*z*. *B*. *Lied*); spöttisch, abfällig; *slovo -vého významu* Schmähwort *n*.
hano|bit ⟨*z-*⟩ schmähen, verunglimpfen; *fig*. schänden, P verschandeln; **~pis** *m* (*2*; *6*. *-e*/*-u*) Schmähschrift *f*.
hansa *f s*. *hanza*.
hantýrka *f* (*1c*; *-rek*) Jargon *m*, Argot *n*, Slang *m*; *zlodějská ~* Gaunersprache *f*, Rotwelsch *n*; F *mluvit -kou* (ein) Kauderwelsch (zusammen)reden.
hanz|a *f* (*1a*) *hist*. Hansa *f*; **~ovní** Hanse-, Hansa-, hanseatisch.
hapat *pf*. *Kdspr*. (hin)fallen.
haprovat P (*3*. *-ruje*) hapern.
hara|burdí, **~mpádí**, **~mpátí** *n* (*3*) Gerümpel *n*, Kram *m*.
harant F *m* (*1*) Balg *n*, Fratz *m*.
haras *m* (*2*; *6*. *-u*/*-e*) Rasch *m*, Harras *m* (*Faser*, *Gespinst*).
haraši|t ⟨*za-*⟩ *Papier*, *Maus*: rascheln; *Sand*: knirschen; knistern; *fig*. *~ zbraněmi* mit dem Säbel rasseln; **~vý** raschelnd; rasselnd; *fig*. polternd.
hára|t ⟨*roz-*, *za-*⟩ *Flamme*: lodern, brennen; **~vý** *poet*. lodernd, brennend.
harcký Harz-, Harzer; F *~ kanárek* Harzer Roller *m* (*Kanarienvogel*).
harcov|at ⟨*za-*⟩ (*-cuji*) † kämpfen, angreifen; *lit*. (dahin)jagen; *Pferd*: galoppieren; *dial*. schlecht (*od*. unbequem) fahren; *~ se* herumwandern; **~ník** *m* (*1a*) Vorkämpfer *m*, Bahnbrecher *m*.
harém *m* (*2a*) Harem *m*; **~ový** Harems-.
harf|a *f* (*1*) Harfe *f*; **~ový** Harfen-.
harlekýn *m* (*1*) Harlekin *m*.
harmoni|cký [-nı-] harmonisch; **~e** *f* (*2*) Harmonie *f*; **~ka** *f* (*1c*) *Mus*. Harmonika *f*; *tahací ~* Ziehharmonika; **~kář** *m* (*3*) Ziehharmonikaspieler *m*; **~um** *n* (*5*) Harmonium *n*; **~zace** *f* (*2*) Harmonisierung *f*; **~zovat** (*im*)*pf*. ⟨*z-*⟩ (*-zuji*) harmonisieren.
harmonovat (*-nuji*) harmonieren; *fig*. aufeinander abgestimmt sein, zusammenpassen.
harpun|a *f* (*1*) Harpune *f*; **~ovat** (*im*)*pf*. (*-nuji*) harpunieren, mit Harpune(n) jagen.
hartusit ⟨*za-*⟩ schelten (*v*/*t*); poltern (*v*/*i*); (*na k-o*) (be)drängen, antreiben (*A*).
hasák *m* (*2b*) Rohrzange *f*; Einbrecherwerkzeug *n*.
hasicí Lösch-; *~ nástroj* Feuerlöscher *m*.
hasič *m* (*3*) Feuerwehrmann *m*; *verä*. Pfuscher *m*; *~i pl*. Feuerwehr *f*; **~ský** Lösch-, Feuerwehr-; *~ sbor* Feuerwehr(mannschaft) *f*; Feuerschutzpolizei *f*; *~ žebřík* Feuerleiter *f*.
has|idlo *n* (*1a*; *-del*) Löschmittel *n*; **~it** ⟨*u-*, *vy-*, *z-*⟩ (*-šen*) *Feuer*, *Licht*, *Kalk* löschen; *hašené vápno* gelöschter Kalk, Löschkalk *m*; **~nout** *pf*., *vy-*, *z-* (*-sl*) (er)löschen; *Licht*: F ausgehen; *fig*. *Ruhm*: vergehen, verblassen; *oko -ne* das Auge bricht; F *tím to -ne!* Schluß damit!, genug davon!
hastrman *m* (*1*) Wassermann *m*, *Myth*. Nöck *m*, Nix *m*.
hastroš *m* (*4*) Vogelscheuche *f*.
hašé *n* (*indekl*.) Haschee *n*, Hackfleisch *n*.
hašiš *m* (*4*) Haschisch *n*.
hašteři|t ⟨*po-*, *roz-*⟩: *~ se* streiten, P sich herumzanken; **~vec** *m* (*3*; *-vc-*) Händelsucher *m*, P Streithammel *m*; **~vost** *f* (*4*) Streitsucht *f*, Zanksucht *f*; **~vý** streitsüchtig, zänkisch.
hať *f* (*4c*) Reisigbündel *n*, Faschine *f*.
hatit ⟨*z-*⟩ (*-cen*/*-těn*) durcheinanderbringen; *fig*. verderben (*v*/*t*); *Plan* durchkreuzen; *~ k-u co* j-m einen Strich durch die Rechnung machen; *~ se* mißlingen, scheitern, fehlschlagen, F danebengehen, schiefgehen; *počasí se -tí* das Wetter wird schlecht.
hat|lanina P *f* (*1*) Mischmasch *m*; **~matilka** *f* (*1c*; *-lek*) Kauderwelsch *n*.

háv *m* (*2a*) Gewand *n*.
Havaj *f* (*3*) *Geogr*. Hawaii *n*; **2ský** hawaiisch, Hawaii-.
havana F *n* (*indekl.*) Havanna (-zigarre) *f*.
hav|árie *f* (*2*) Havarie *f*; Defekt *m*, Schaden *m*, Panne *f*; **~arijní** Havarie-; Schaden(s)-; **~arovat** (*-ruji*) havarieren; *Tech*. e-n Schaden haben; *Kfz*. e-e Panne haben; **~arovaný** havariert, beschädigt; *Kfz*. unfallbeschädigt, Unfall-.
havěť † *f* (*4c*; *-ti*) Geflügel *n*; Ungeziefer *n*, Getier *n*; *verä*. Gesindel *n*, Pack *n*, Brut *f*; *červí* ~ Gewürm *n*.
havíř *m* (*3*) Bergmann *m*, Hauer *m*, F Kumpel *m*; **~ský** Bergmanns-; ~ *kahanec* Grubenlampe *f*; **~ství** *n* (*3*) Bergbau *m*; **~stvo** *n* (*1*; *-stev*) *Bgb*. Knappschaft *f*.
havran *m* (*1*) Rabe *m*; **~í** Raben-; rabenschwarz.
hazard *m* (*2a*) Hasard *m*; **~ér** *m* (*1*; *-ři*) Hasardeur *m*, Hasardspieler *m*; **~ní** Hasard-; **~ovat** ⟨*po-*, *za-*⟩ (*-duji*) *fig*. aufs Spiel setzen; ~ *se zdravím* mit der Gesundheit Raubbau treiben; ~ *život* mit dem Leben spielen.
házeč *m* (*3*) *Sp*. Werfer *m*.
házen|á *f* (*Adj. 2*) *Sp*. Handball (-spiel *n*) *m*; **~kář** *m* (*3*) Handballspieler *m*.
házet ⟨*od-*, *na-*, *s-*, *za-*⟩ (*3 Pl. -ejí*) werfen; ~ *lopatou* schaufeln; P ~ *nohama* mit den Beinen schlenkern; ~ *rukama* die Hände ringen; ~ *sebou* sich wälzen; F zappeln; *Wagen*: schleudern, ins Schleudern geraten; ~ *po kom* (*čím*) j-n bewerfen (mit *D*); ~ *penězi kolem sebe* mit Geld um sich werfen; *fig*. ~ *flintu do žita* die Flinte ins Korn werfen; ~ *klacky pod nohy* Knüppel zwischen die Beine werfen; ~ *k-u co na krk* j-m et. aufhalsen, et. an den Hals hängen; ~ *všechno do jednoho pytle* alles in einen Topf werfen; ~ *po kom okem* j-m verliebte Blicke zuwerfen, F schöne Augen machen; ~ *k-u písek do očí* j-m Sand in die Augen streuen; ~ *perly sviním* Perlen vor die Säue werfen.
hazuka *f* (*1c*) (*Mönchs-*)Kutte *f*; Kittel *m*.
hbit|ost *f* (*4*) Flinkheit *f*, Gewandtheit *f*, Behendigkeit *f*; *Mus*. Geläufigkeit *f*; **~ý** flink, gewandt, behend(e); *Mus*. geläufig; F *má* ~ *jazyk* er ist nicht auf den Mund gefallen, er hat ein loses Mundwerk.
heb|kost *f* (*4*) Geschmeidigkeit *f*, Weichheit *f*; **~ký** (*Komp. -čí*; *Adv. -ce*, *Komp. -čeji*) weich; geschmeidig; **~oučký**, **~ounký** samtweich; sehr geschmeidig.
hebrej|ský (*Adv. -ky*) hebräisch; **~ština** *f* (*1*) Hebräisch(e) *n*.
heč! *Int*. ätsch!, schau!
hedváb|í *n* (*3*) Seide *f*; ~ *na šití*, *šicí* ~ Nähseide; **~nický** Seiden-; **~nictví** *n* (*3*) Seidenraupenzucht *f*; Seidenerzeugung *f*; **~ník** *m* (*1a*) *Zo*. Seidenraupe *f*; Seidenspinner *m*; **~ný** Seiden-, seiden(weich).
hej! *Int*. ha!, hallo!; F *jemu je* ~ der hat gut reden, der ist gut dran; *teď už bude* ~ jetzt wird es schon (wieder) gehen; *o výdělek je* ~ für guten Verdienst ist gesorgt; F *je všeho* ~ alles ist (in Hülle und Fülle) vorhanden; ~ *rup!* hau ruck!; ~ *Slované!* Auf, ihr Slawen! (*Lied*).
hejduk *m s. hajduk*.
hejl *m* (*1*; *-ové*) *Zo*. Gimpel *m* (*a. fig.*); *chytat* ~*y* gaffen, Maulaffen feilhalten; begaffen (*v/t*); F ~ *na nose* rote Nase.
hejno *n* (*1*; *6. -u/-ě*) Schwarm *m*, Schar *f*, *iron*. Haufen *m*; (*Vogel-*, *Fisch-*)Zug *m*, (*Rebhühner-*)Kette *f*; ~ *much* Fliegenschwarm; ~ *hus* Gänseherde *f*; ~ *dětí* Kinderschar; *v -nech* scharenweise.
hejsa(**sa**)! *Int*. heißa(ssa)!
hejsek *m* (*1a*; *-sk-*) *verä*. Geck *m* Stutzer *m*.
hejtman *m* (*1*) *hist*. Hauptmann *m*.
hekat ⟨*po-*, *za-*⟩ ächzen, stöhnen.
hektar *m* (*2a*) Hektar *m*; **~ový**: ~ *výnos* Hektarertrag *m*, Ertrag *m* pro Hektar.
hektický [-tɪ-] hektisch.
hektolitr *m* (*2a*) Hektoliter *m od. n*.
hele!, *dial*. **helé**!, **heleď**! *Int*. schau her!, sieh da!, da hast du!; *heleďte!* schauen Sie her!, da haben Sie!
helikoptéra *f* (*1d*) Hubschrauber *m*.
helm|a *f* (*1*; *-lem*), **~ice** *f* (*2a*) Helm *m*; ~ *s bodcem* Pickelhaube *f*.
helvet, **helvít** *m* (*1*) Kalvinist *m*, Protestant *m*; **~ský** *Rel*. helvetisch; *fig*. verbohrt, verstockt.
hemoroidy *f/pl*. (*1*) *Med*. Hämorrhoiden *f/pl*.
hemž|ení *n* (*3*) Gewimmel *n*; **~it**

⟨*za-*⟩: ~ *se čím* vor et. wimmeln; F ~ *chybami* vor Fehlern strotzen.
heraldi|cký [-dɪ-] heraldisch, wappenkundlich; **~ka** *f* (*1c*) Heraldik *f*.
herbář *m* (*4*) *Bot.* Herbarium *n*.
herberk P *m* (*2b*) Herberge *f*; F *iron.* Durcheinander *n*, Unordnung *f*.
herda P *f* (*1*) Stoß *m*, Schubs *m*.
herec *m* (*3*; *-rc-*) Schauspieler *m*; **~ký** schauspielerisch, Schauspieler-; *-ká společnost* Schauspielertruppe *f*; *-ké umění* = **~tví** *n* (*3*) Bühnenkunst *f*, Schauspielkunst *f*; **~tvo** *n* (*1*) Bühnenpersonal *n*, Schauspieler *m*/*pl*.
herečka *f* (*1c*; *-ček*) Schauspielerin *f*.
hereti|cký [-tɪ-] *Rel.* häretisch, ketzerisch; **~k** *m* (*1a*; *-ové*) Häretiker *m*, Ketzer *m*; **~ka** *f* (*1c*) Häresie *f*, Irrlehre *f*.
herka *f* (*1c*; *-rek*) (alter) Gaul *m*, Mähre *f*.
herma *f* (*1*; *-rem*) (*Büsten-*)Sockel *m*.
hermelín *m* *1.* (*1*) *Zo.* Hermelin *n*; *2.* (*2*; *6.* *-ul*/*-ě*) Hermelinfell *n*; Hermelinpelz *m*.
hermetický [-tɪ-] hermetisch.
hern|a *f* (*1*; *-ren*) Spielzimmer *n*; Spielbank *f*; **~í** Spiel-.
heroický heroisch, heldenhaft.
heryn(e)k P *m* (*1a*; *-nk-*) Hering *m*.
heřmánek *m* (*2b*; *-nk-*) *Bot.* Kamille *f*; *Med.* Kamillentee *m*.
hesl|ář *m* (*4*) Stichwortverzeichnis *n*; **~o** *n* (*1a*; *-sel*) Losung *f*; Kennwort *n*; *Pol.* Parole *f*, Wahlspruch *m*; *Gr.* Stichwort *n*; Schlagwort *n*; *lit.* Motto *n*; *transparent s -lem* Spruchband *n*; *vůdčí* ~ Leitsatz *m*; Leitmotiv *n*; **~ovitý** schlagwortartig; Schlagwort-; **~ový**: ~ *seznam* Stichwortverzeichnis *n*.
hesenský hessisch, Hessen-.
hever *m* (*2a*) *Tech.* Hebewinde *f*, F Heber *m*; F *jít s* **~***em* (*na co*) entschlossen anpacken (*A*), P rangehen (an *A*).
hez|ký (*Komp.* *-čí*; *Adv.* *-y*, *Komp.* *-čeji*) schön, hübsch, F nett; ~ *jako obrázek* bildschön, bildhübsch; *to je čím dál tím -zčí!* *iron.* das wird ja immer schöner!; *dělá se -ky* es wird schön (*Wetter*); F *je -ky zima* es ist (ganz) schön kalt; *je tomu -kých pár let* es sind eine Menge Jahre vergangen, es ist (schon) ein paar Jahre her; F *měj se -ky!* mach's gut!; **~oučký**, **~ounký** hübsch; niedlich; **~oun** *m* (*1*) *verä.* feiner Kerl *m*.
hierarch|ický hierarchisch; **~ie** *f* (*2*) Hierarchie *f*.
hihňat ⟨*roz-*, *za-*⟩ P: ~ se kichern.
hind *m* (*1*; *-ové*) Hindu *m*.
histor|ický historisch, geschichtlich; Geschichts-; **~ie** *f* (*2*) Geschichte *f*; **~ik** *m* (*1a*; *-ové*) Historiker *m*; **~ka** *f* (*1c*; *-rek*) Histörchen *n*, Geschichte *f* (*fig.*).
hlad *m* (*2a*) Hunger *m* (*a. fig.*); Hungersnot *f*; ~ *jako vlk* Bärenhunger; *trpět* ~(*em*), † *být o* ~*u* Hunger leiden; *nechávat o* ~*u* hungern lassen; *smrt z* ~*u* Hungertod *m*; *třít* ~ *a nouzi* am Hungertuch nagen; *umřít* ~*y* vor Hunger sterben.
hladce *Adv.* *s. hladký*.
hlad|icí *Tech.* Polier-, Glätt-; **~ič** *m* (*3*; *4*) Glattschleifer *m*; Glätthobel *m*; **~idlo** *n* (*1a*; *-del*) Polier-, Glattholz *n*; **~ík** *m* (*2b*) Schlichthobel *m*.
hladin|a *f* (*1*) (glatte) Fläche *f*; *Phys.* Flüssigkeitsspiegel *m*; *fig.* Höhe *f*, Niveau *n*, Ebene *f*; *cenová* ~ Preisniveau; *spodní* ~ Grundwasserspiegel; *vodní* ~ Wasserfläche, Wasserspiegel; F *udržet se nad -nou* sich über Wasser halten.
hlad|it ⟨*o-*, *po-*, *vy-*⟩ (*-zen*) glätten; polieren; streicheln; ~ *proti srsti fig.* gegen den Strich fahren; **~ítko** *n* (*1b*; *-tek*) Polier-, Glätteisen *n*; Falzbein *n*; *Typ.* Glätter *m*.
hlad|kosrstý *Tier*: glatthaarig; *Fell*: glatt; **~kost** *f* (*4*) Glattheit *f*, Glätte *f*; Politur *f*; **~ký** (*Komp.* *-ší*; *Adv.* *-ce*, *Komp.* *-čeji*) glatt; *Kleider a.*: schlicht; *Boden a.*: glitschig; ~ *jako zrcadlo* spiegelglatt; ~ *jako úhoř fig.* aalglatt; *s* ~*mi vlasy* glattgekämmt.
hladomor *m* (*2a*) Hungersnot *f*; **~na** *f* (*1*; *-ren*) *hist.* Hungerturm *m*.
hlado(mři)vec *m* (*3*; *-vc-*) Hungerleider *m*; F Geizhals *m*.
hladov, **~a** *s. hladový*; **~ět** ⟨*vy-*⟩ (*3 Pl.* *-ějí*) hungern, Hunger leiden; **~ka** *f* (*1c*; *-vek*) Hungerstreik *m*; *zahájit -ku* in den Hungerstreik treten; **~ý** hungrig; Hunger-; ~ *rok* Hungerjahr *n*; *-vá půda* *Agr.* magerer Boden *m*.
hlahol *m* (*2a*) Schall *m*; Hall *m*; ~ *zvonů* Glockengeläut *n*; ~ *trub* Trompetenschall; **~ice** *f* (*2a*) gla-

golitische Schrift *f*, Glagoliza *f*; **~it** ‹*roz-*, *za-*› (er)schallen, hallen; **~ivý**, **~ný** schallend; **~ský** glagolitisch.

hlas *m* (*2*; *6. -e*/*-u*) Stimme *f*; *být při ~e* (*gut od. schlecht*) bei Stimme sein; *ani ~u!* keinen Laut (mehr)!; *~ tisku* Pressestimme; *poměr ~ů Parl.* Stimmenverhältnis *n*; *rovnost ~ů* Stimmengleichheit *f*; *většina ~ů* Stimmenmehrheit *f*.

hlásat verkünden; *Rel.* verkündigen.

hlasatel *m* (*3*; *-é*), **~ka** *f* (*1c*; *-lek*) Verkünder(in *f*) *m*; *Rdf.* Ansager(in *f*) *m*, Sprecher(in *f*) *m*; *~ míru* Friedensbote *m*.

hlás|ek *m* (*2b*; *-sk-*) Stimmchen *n*; *ani -sku* kein Laut; **~ič** *m* (*4*) Warngerät *n*; *požární ~* Feuermelder *m*.

hlásit ‹*o-*, *při-*, *vy-*› (*-šen*) melden (se sich); fordern (*o co*/*A*); *~ se nemocným* sich krank melden; *~ se k č-u* sich zu et. bekennen; *~ se o slovo* sich zu Wort melden; *povinnost ~ se* Meldepflicht *f*.

hlasit|ost *f* (*4*) Lautstärke *f*; **~ý** laut, vernehmlich; *příliš ~* überlaut.

hlasiv|ka *f* (*1c*; *-vek*) *Anat.* Stimmband *n*; **~ový** Stimm-.

hlás|ka[1] *f* (*1c*; *-sek*) *Gr.* Laut *m*; **~ka**[2] *f* (*1c*; *-sek*) Wachtturm *m*; Meldeposten *m* (*a. Esb.*).

hláskoslov|í *n* (*3*) Lautlehre *f*; **~ný** phonetisch; *~ zákon Gr.* Lautgesetz *n*.

hlás|kovat (*-kuji*) buchstabieren; **~nice** *f* (*2a*) Wachtturm *m*; Megaphon *n*; Signalhorn *n*; *fig.* Sprachrohr *n*; **~ný**[1] Melde-, Signal-; *-ná trouba*, *věž s. hlásnice*; **~ný**[2] *m* (*Adj. 1*) Turmwächter *m*.

hlasný laut, tönend.

hlasov|ací Stimm-; *~ lístek* Stimmzettel *m*; **~ání** *n* (*3*) Abstimmung *f*; *oprávněný k ~* stimmberechtigt; **~at** ‹*od-*› (*-suji*) abstimmen; (*pro k-o*) stimmen (für *A*); **~ý** *Mus.* Stimm-; stimmlich; *Pol.* Stimmen-; *má -vé nadání* er ist stimmbegabt.

-hlasý *in Zssgn Mus.* -stimmig.

hlášení *n* (*3*) Meldung *f*; *Rdf.* Durchsage *f*; *Mil.* Rapport *m*; *povětrnostní ~* Wetterbericht *m*; *povinnost ~* Meldepflicht *f*.

hlava *f* (*1*) Kopf *m* (*a. Tech.*); Haupt *n*; *Pol.* Oberhaupt *n*; (*Buch-*) Kapitel *n*; (*Bett-*)Kopfende *n*; (*Rad-*)Nabe *f*; (*Pilz-*)Kappe *f*; *-vu vzhůru!* Kopf hoch!; *~ na -vě* Kopf an Kopf; *-vou dolů* kopfüber, mit dem Kopf nach unten; *lit. v -vách* zu Häupten; *pro to* (*od. z toho*) *mě ~ nebolí!* darüber werde ich mir nicht den Kopf zerbrechen!; *dát si klobouk na -vu* den Hut aufsetzen; *Sp. hrát -vou Ball* köpfen; *s obnaženou -vou* mit bloßem Kopf, *lit.* entblößten Hauptes; *od -vy k patě* von Kopf bis Fuß; *běží jako by mu ~ hořela* er rennt, als sei der Teufel hinter ihm her; *nemá to -vu ani patu* das hat weder Hand noch Fuß; *~ obce* Gemeindevorsteher *m*; *~ státu* Staatsoberhaupt; *spotřeba na -vu* Pro-Kopf-Verbrauch *m*; *stít -vu* köpfen, den Kopf abschlagen; *do -vy* in den Kopf, zu Kopf *steigen*; *tlouci se do -vy* sich vor den Kopf schlagen; *~ válce Tech.* Zylinderkopf; *i kdyby se na -vu postavil!* und wenn er sich auf den Kopf stellt!; *kolik hlav, tolik smyslů Sprw.* wieviel Köpfe, soviel Meinungen; P *mít zabedněnou -vu* ein Brett vor dem Kopf haben.

hlaváč F *m* (*3*) *fig.* Dickkopf *m*, Dickschädel *m*; Bonze *m*; **~ek** *m* (*2b*; *-čk-*) *Bot.* Adonisröschen *n*.

hlavat|ice *f* (*2a*) P Kohlpflänzling *m*; **~ka** *f* (*1c*; *-tek*) (*Art*) Zimmermannsbeil *n*; *Zo.* Huchen *m* (*Fisch*); **~ý** mit großem Kopf; eigensinnig.

hlav|eň *f* (*3*; *-vn-*) (*Gewehr-*)Lauf *m*, F Rohr *n*; **~ice** *f* (*2a*) *Tech.* Kopfstück *n*; *Arch.* Kapitell *n*; (*Säbel-*, *Degen-*)Knauf *m*; *Mus.* Schnecke *f* (*am Geigenhals*); *Mil.* Sprengkopf *m*; *~ rakety* Raketenkopf; **~ička** *f* (*1c*; *-ček*) Köpfchen *n*; (*Nagel-*) Kopf *m*; *Sp.* Kopfball *m*, Kopfstoß *m*; *chytrá ~!* ein kluger Kopf!; **~iště** *n* (*2a*) (*Gewehr-*)Kolben *m*.

hlávka *f* (*1c*; *-vek*) (*Salat-*, *Kohl-*) Kopf *m*; *~ chmele* Hopfendolde *f*.

hlavn|ě *Adv.* hauptsächlich, in erster Linie, vornehmlich; vorwiegend; **~í** Haupt-; hauptsächlich; *to je ~!* das ist die Hauptsache!; *~ stan* Hauptquartier *n*.

hlavnička P *f* (*1c*; *-ček*) Fieber *n*; Typhus *m*.

hlavo|lam *m* (*2a*) Denksportaufgabe *f*, Rätsel *n* zum Kopfzerbrechen; *to je ~!* das ist zum Kopfzerbrechen!; **~nožec** *m* (*3*; *-žc-*) *Zo.* Kopffüßer *m*.

hlazení *n* (*3*): ~ *rukou* Streicheln *n*.
hle! *Int*. schau, schau!, sieh mal an!
hleda|cí Such-; **~č** *m* (*3*) Sucher *m*; ~ *min* Minensuchboot *n*; ~ *pokladů* Schatzgräber *m*.
hledá|ček *m* (*2b*; *-čk-*) *Fot*. Sucher *m*; (*Auto-*)Suchscheinwerfer *m*; **~ní** *n* (*3*) Suchen *n*, F Suche *f*; ~ *bytu* Wohnungssuche; *na* ~ *místa* auf der Suche nach einer Stelle; *bez* ~ ohne zu suchen.
hled|aný gesucht; *Ware*: stark gefragt; *Ausdrucksweise*: geziert, gekünstelt, geschraubt; **~at** ⟨*po-*, *pro-*, *vy-*⟩ suchen; *j-m et*. zumuten; *Bgb*. suchen, graben; ~ *v knize* im Buch nachschlagen; *vrána k vráně sedá*, *rovný rovného si -dá* gleich und gleich gesellt sich gern; *to by v něm nikdo nehledal* das würde ihm niemand zutrauen; **~ě**: ~ *k tomu* in Anbetracht dessen, mit Rücksicht darauf; *nehledě k tomu* abgesehen davon, ungeachtet dessen; **~ět** ⟨*na-se*, *po-*, *za- se*⟩ sehen, schauen, blicken; trachten; (*na k-o*, *co* j-n, et.) ansehen, anschauen; (*na co*) beurteilen, streng nehmen; liegen, gelegen sein (an *D*); berücksichtigen (*A*), Rücksicht nehmen (auf *A*); ~ *před sebe* vor sich hin blicken; ~ *vstříc č-u* e-r Sache entgegensehen; ~ *za kým* j-m nachblicken; ~ *tam* hinschauen, hinsehen; ~ *jinam* wegschauen, wegsehen; ~ *zamračeně* finster dreinschauen; ~ *upřeně* starren; ~ *se každému zachovat* sich Mühe geben, es jedem recht zu machen; F ~ *úkosem* über die Schulter ansehen; ~ *na sebe* auf sich halten; *nehledíme-li k tomu* abgesehen davon; *Mil*. *vpravo hleď!* Augen rechts!; *vlevo hleď!* die Augen links!; *přímo hleď!* Augen geradeaus!; ~ *si č-o* bedacht sein (auf *A*); ~ *si své práce* seiner Arbeit nachgehen; ~ *si pití* sich dem Trunk ergeben; *hleď si svého!* kümmere dich um deine eigenen Angelegenheiten!; **~ěný** † gepflegt; **~í** *n* (*3*) *hist*., *Mil*. Visier *n*; **~íc** *s*. *hledě*; **~isko** *n* (*1b*; *-sek*) Gesichtspunkt *m*, Standpunkt *m*; **~iště** *n* (*2a*) Zuschauerraum *m*; **~ítko** *n* (*1b*; *-tek*) *Tech*. Schauloch *n*, Schauglas *n*; Guckloch *n*.
hlemýž|ď *m* (*4d*; *-dě*) Schnecke *f* (*a*. *Anat*. *Gehör-*); *zahradní* ~ Weinbergschnecke; **~dí** Schnecken-.
hlen *m* (*2a*) Schleim *m*; **~ový** schleimig.
hles *m* (*2a*) Laut *m*; *bez* ~*u* lautlos; *ani* ~*u o tom!* kein Wort darüber (*od*. davon)!; *není po něm ani slechu ani* ~*u* von ihm ist keine Spur zu finden; **~nout** *pf*., *za-* (*-sl*) einen Laut von sich geben, F mucksen.
hlezenní *Anat*.: ~ *kloub* Sprunggelenk *n*.
hlída|cí Wach-; **~č** *m* (*3*) Wächter *m*, Wärter *m*, Hüter *m*; *noční* ~ Nachtwächter; ~ *trati* Streckenwärter; *polní* ~ Feldhüter; **~čský** Wächter-.
hlíd|at ⟨*o-*, *po-*, *u-*⟩ wachen; bewachen; *Kinder*, *Haus* hüten; ~ *v noci* Nachtwache halten; **~ání** *n* (*3*) Bewachung *f*; **~ka** *f* (*1c*; *-dek*) Wache *f*, Wachposten *m*; *Typ*. Rubrik *f*; *požární* ~ Brandwache; *stávková* ~ Streikposten; *časopisecká* ~ Zeitschriften(um)schau *f*; *Rdf*. Zeitungsschau *f*; **~kovat** (*-kuji*) Wache halten; patrouillieren; *Mil*. *a*. Wache stehen *od*. F schieben.
hlína *f* (*1*) Lehm *m*, Ton *m*; *hrnčířská* ~ Töpfererde *f*.
hli|ňák *m* (*2b*) Tontopf *m*; Lehmgrube *f*; **~něný** Ton-, tönern; *-né nádobí* Tongeschirr *n*; *střelba na -né holuby* Tontaubenschießen *n*; **~ník** *m* (*2b*) *Chem*. Aluminium *n*; *s*. *hliniště*; **~níkový** Aluminium-.
hlini|ště *n* (*2a*) Ton-, Lehmgrube *f*; **~tý** lehmig, tonartig; *Chem*. Aluminium-; *octan* ~ essigsaure Tonerde.
hlinka *f* (*1c*; *-nek*) *Chem*. Kaolin *n*, Porzellanerde *f*; Farberde *f*; *červená* (*od*. *tesařská*) ~ Rötel(stift) *m*.
hlíst *m* (*1*), **~a** *f* (*1*) Spulwurm *m*; Bandwurm *m*; **~ivost** *f* (*4*) Wurmkrankheit *f*.
hlíza *f* (*1a*) *Bot*. Knolle *f*; *Med*. Abszeß *m*, Eiterbeule *f*; *morová* ~ Pestbeule.
hliznatý *Bot*. Knollen-.
hlíz|ovitý *Bot*. knollenartig, Knollen-; *-tá muchomůrka* Knollenblätterpilz *m*; **~ový** *Med*. beulenartig; ~ *mor* Beulenpest *f*.
hloda|t ⟨*na-*, *o-*, *za-*⟩ (ab)nagen; *-dá ho svědomí* das Gewissen plagt ihn; **~vec** *m* (*3*; *-vc-*) Nagetier *n*; **~vý** nagend.
hloh *m* (*2b*) *Bot*. Hagedorn *m*, Weißdorn *m*; **~ový** Hagedorn-.

hlomoz *m* (*2a*) Lärm *m*, Getöse *n*; **~it** ⟨*za-*⟩ lärmen, poltern; ~ se ⟨*po-*⟩ sich plagen, P schinden.
hlošina *f* (*1*) (wilder) Ölbaum *m*.
hloub *f* (*4*) Tiefe *f*; *v -bi duše od. srdce* im Grunde seines Herzens; *z -bi duše* aus tiefster Seele.
hloub|al *m* (*1*; *-ové*) Grübler *m*; **~at** ⟨*na- se, pro-, v- se, za- se*⟩ (nach-) grübeln (*o čem, nad čím* über *A*); **~avost** *f* (*4*) Hang *m* zum Grübeln; **~avý** grüblerisch; ~ *člověk* Grübler *m*; ~ *duch* Forschergeist *m*.
hloubí *n* (*3*) *s. hloub*.
hloub|icí Abteuf-; ~ *bagr* Tiefbagger *m*; **~it** ⟨*pro-, v-, vy-, za-*⟩ tief machen, vertiefen; *Tech.* austiefen; *Flußbett* ausbaggern; *Brunnen* graben; *Schacht* abteufen; **~ka** *f* (*1c*; *-bek*) Tiefe *f*; *Fot.* Tiefenschärfe *f*; (*Schiff*) Tiefgang *m*; (*U-Boot*) Tauchtiefe *f*; *v -bce 10 metrů* in einer Tiefe von 10 Metern; *tisk z -bky s. hlubotisk*; **~kař** F *m* (*3*) Tiefflieger *m*; **~koměr** *m* (*2a*) Tiefenmesser *m*; **~kový** Tiefen-; ~ *let* Tiefflug *m*.
hlouček *m* (*2b*; *-čk-*) Häuflein *n*, kleine Schar *f*.
hloup|nout ⟨*z-*⟩ dumm werden, verdummen; **~ost** *f* (*4*) Dummheit *f*; **~oučký** albern, einfältig; **~ý** dumm, töricht; ~ *jako boty od. necky* dumm wie Bohnenstroh, V saudumm; *dělat -pého* den Dummen spielen, sich dumm stellen; *mít za -pého* für dumm halten *od.* verkaufen; ~ *Honza* Dummerjan *m*; (*Märchen*) Hans im Glück.
hloží *n* (*3*) Dorngebüsch *n*.
hlt *m* (*2a*) Schluck *m*; *jedním ~em* in einem Zug (*leeren*); **~an** *m* (*2a*) Rachen *m*, Schlund *m*; **~anový** Rachen-; *-vá dutina Anat.* Rachenhöhle *f*; **~at** ⟨*na-, z-*⟩, **~nout** *pf.*, *z-* (*-tl*/*-tnul*) (ver)schlucken; verschlingen; **~avec** *m* (*3*; *-vc-*) Vielfraß *m*; F Nimmersatt *m*; **~avost** *f* (*4*) Gefräßigkeit *f*; **~avý** gefräßig, gierig (*a. fig.*); **~oun** *m* (*1*) *s. hltavec*.
hlubi|dlo *n* (*1a*; *-del*) Bagger *m*; **~na** *f* (*1*) Tiefe *f*; Abgrund *m*; *-ny pl. a.* die tiefsten (*od.* letzten) Geheimnisse; **~nný** Tief(en)-.
hlubo|ce *Adv. s. hluboký*; **~komořský** Tiefsee-; **~komyslný** tiefsinnig; **~ký** (*Komp. hlubší*; *Adv. -ko, -ce, Komp. hloub*[*ěji*]) tief, Tief-; *působit -kým dojmem* e-n tiefen (*od.* nachhaltigen) Eindruck machen; *v -ké úctě, s výrazem nejhlubší úcty* hochachtungsvoll; *-ká tma* stockdunkel, stockfinster; *-ko do lesa* tief in den Wald hinein; *-ko do noci* bis tief in die Nacht hinein; F *podíval se -ko do džbánku* er hat zu tief ins Glas geschaut; *-ce dojat* tief ergriffen, zutiefst gerührt; *-ce urazit* schwer beleidigen.
hluč|et ⟨*za-*⟩ lärmen; *Sturm*: toben, tosen, brausen; **~ně** *Adv.* laut (-stark); *poet.* mit Sang und Klang; **~nost** *f* (*4*) Lärm *m*; *fig.* Lautstärke *f*; **~ný** laut; *Verkehr, Leben*: rege; *Beifall*: tosend; *Gelächter*: schallend; *Hochzeit*: prachtvoll, prunkvoll; *Fest*: rauschend; *Umgebung*: lärmvoll; *je -no* es geht laut zu.
hluch|avka *f* (*1c*; *-vek*) *Bot.* Taubnessel *f*; **~nout** ⟨*o-*⟩ (*-chl*) taub werden, das Gehör verlieren; **~oněmý** taubstumm; **~ota** *f* (*1*) Taubheit *f*; **~ý** (*Komp. hlušší*; *Adv. hlucho*/*hluše, Komp. hlušeji*) taub (*a. fig.*); *Wald*: still; *Stimme*: hohl, dumpf; F ~ *jako pařez* stocktaub; *dělat se ~m* sich taub stellen; *~m kázat bibl.* tauben Ohren predigen; *být* ~ *ke všem prosbám* (*radám*) gegen alle Bitten (Ratschläge) taub sein *od.* bleiben; P *má ~ týden* er sitzt auf den Ohren; *-ché fráze* leere (*od.* hohle) Phrasen; *výzva vyzněla hluše* der Aufruf fand keinen Widerhall; *je -cho* es herrscht tiefe Stille, es ist nichts zu hören.
hluk *m* (*2b*) Lärm *m*; Geräusch *n*; *bez ~u* geräuschlos; *mnoho ~u, málo zvuku* viel Lärm um nichts; *pro ~ nic neslyšet* vor Lärm nichts hören (können); *boj proti ~u* Lärmbekämpfung *f*; F *fig. nadělat mnoho ~u* viel Staub aufwirbeln; *to bylo ~u!* das war ein Rummel!
hlup|ácký dumm, albern; **~áctví** *n* (*3*) Dummheit *f*, Albernheit *f*; **~áček** *m* (*1a*; *-čk-*), **~ák** *m* (*1a*) Dummkopf *m*, Tölpel *m*, Trottel *m*, *dial.* Dussel *m*, Depp *m*; *~u jeden!* du dummer Kerl!
hluš|e *Adv. s. hluchý*; **~ec** *m* (*3*; *-šc-*) *Zo.* Auerhahn *m*; **~ina** *f* (*1*) *Bgb.* taubes Gestein *n*; *Agr.* unfruchtbarer Boden *m*.

hmat *m* (*2a*) Tastsinn *m*; Griff *m*; *jediným* **~***em* mit e-m Griff; *jít po* **~***u* sich vorwärtstasten; **~at** ⟨*do- se, na-, o-, za-*⟩ tasten, greifen (*po čem* nach *D*); **~ník** *m* (*2b*) *Mus.* Griffbrett *n*; **~nout** *pf.*, *do-, za-* (*-tl*) *s. hmatat*; **~ný** *Med.* fühlbar, tastbar; **~ový** Tast-.

hmot|a *f* (*1*) Materie *f*, Stoff *m*; Substanz *f*; *Tech. a.* Masse *f*; *umělá* **~** Kunststoff; *lepkavá* **~** klebrige Masse; *pevná* **~** *Phys.* fester Körper; *šedá* **~** *Med* graue Substanz; P *fig.* graues Zeug; *-ty pl. a. koll.* Material *n*; *stavební -ty* Baumaterial; *sběrné -ty* Altmaterial; **~nost** *f* (*4*) Masse; Stofflichkeit *f*; **~ný** materiell; physisch; *Phil.* körperlich; *-né prostředky* finanzielle Mittel, Geldmittel *n/pl.*; *-né potřeby* materielle Bedürfnisse *n/pl.*

hmožd|ík *m* (*2b*), **~inka** *f* (*1c*; *-nek*) *Tech.* Dübel *m*; **~íř** *m* (*4*) Mörser *m*; **~it** ⟨*na-*⟩: **~** *se čím* sich mit et. abplagen.

hmyz *m* (*2a*) Insekt *n*; *koll.* Insekten *n/pl.*; Ungeziefer *n*; *štípnutí* **~***u* Insektenstich *m*; **~í** Insekten-; **~ožravec** *m* (*3*; *-vc-*) *Zo.* Insektenfresser *m*.

hna|cí *Tech.* Trieb-, Treib-; **~** *síla* Triebkraft *f*; **~** *ústrojí Flgw.* Triebwerk *n*; *Tech.* Getriebe *n*; **~** *zařízení* Kraftwerk *n*; **~nec** *m* (*3*; *-nc-*) *hist.* Verbannte(r) *m*, Verfemte(r) *m*.

hnát ⟨*in Zssgn -hnat*; *za-*⟩ (*ženu, hnal, hnán*) treiben; *Wild* hetzen; *j-n zu et.* zwingen; *Pferd* antreiben; *Feind* vertreiben; **~** *do úzkých* in die Enge treiben; **~** *postrkem* schieben; **~** *do krajnosti fig.* auf die Spitze treiben; **~** *před soud* vor Gericht laden, vorladen; **~** *k odpovědnosti* zur Verantwortung ziehen; **~** *útokem na nepřítele* gegen den Feind stürmen; **~** *útokem na pevnost* e-e Festung berennen; **~** *kořeny* Wurzeln treiben; *fig.* Wurzeln schlagen; **~** *do natě* ins Kraut schießen; **~** *se* rennen, (dahin) jagen, stürmen; *Zug*: dahinbrausen; **~** *se do č-o* sich in et. stürzen; **~** *se na k-o, po kom* auf j-n zustürzen; **~** *se za kým* j-m nacheilen, F nachlaufen; F **~** *se za čím* e-r Sache nachjagen, sich um et. reißen; **~** *se kolem* vorübersausen, vorbeisausen; **~** *se kupředu* vorwärtsstürmen; **~** *se odtud* davonjagen, F abhauen; *žene se dešť* es wird Regen geben; *žene se bouře* ein Gewitter zieht auf; *žene se velká voda* es kommt Hochwasser.

hned gleich, sofort, sogleich; bald, sogar; **~** *tenkrát* schon damals; **~** *napřed* im voraus, im vorhinein; **~** *u zdi* dicht (*od.* direkt) an der Mauer; *tak* **~** so bald; F *to není tak* **~** das geht nicht im Handumdrehen; **~** *potom*, **~** *nato* gleich danach, unmittelbar darauf; **~** ... **~** bald ... bald.

hněď *f* (*4d*; *-di*; *-ďmi*) braune Farbe *f*, Braun *n*.

hněd|ák *m* (*1a*) Braune(r) *m* (*Pferd*); **~avý** bräunlich; **~el** *m* (*4 od. 2a*) *Min.* Brauneisenstein *m*; **~ina** *f* (*1*) *Med.* Leberfleck *m*; **~ka** *f* (*1c*; *-dek*) Braune *f* (*Stute*).

hnod|ka *dial. s. hned*; **~le** P gleich; beinahe, fast.

hnědnout ⟨*po-, z-*⟩ (*-dl*) braun werden.

hnědo|černý braunschwarz; **~červený** braunrot; **~oký** braunäugig; **~st** *f* (*4*) braune Färbung *f*, Bräune *f*; **~uhelný** Braunkohlen-.

hnědouš *m* (*3*) *s. hnědák*.

hnědo|vlasý braunhaarig; *fig.* braun; **~žlutý** braungelb.

hnědý (*Komp. -ší*; *Adv. -ě, -o, Komp. -ěji*) braun; *-dě pruhovaný* braungestreift; *obarvit na -do* braun färben; *opálený do -da* braungebrannt.

hnět|ačka *f* (*1c*; *-ček*), **~adlo** *n* (*1a*; *-del*) Knetmaschine *f*; **~ení** *n* (*3*) (*Teig-*)Kneten *n*; *Med.* Massage *f*; *fig.* Gewissensbisse *m/pl.*; **~enka** *f* (*1c*; *-nek*) Knetkuchen *m*, Brotkuchen *m*; **~u** *s. hníst*.

hněv *m* (*2a*) Zorn *m*, Groll *m* (*nad čím* über *A*); *výbuch* **~***u* Zornesausbruch *m*; *pojal ho* **~** er geriet in Zorn; *vzkypět* **~***em* in Wut geraten; **~***y pl. a.* Streit *m*; **~at** ⟨*po-, roz-*⟩ erzürnen, F ärgern; **~** *se* ⟨*po-, roz-*⟩ *na k-o pro co* j-m wegen et. zürnen, F böse sein, schmollen; sich über j-n ärgern; *nehněvej se!* sei nicht böse!; *oni se -vají* sie sind miteinander böse; *-vá se na celý svět* er kann sich selbst nicht leiden, ihn ärgert die Fliege an der Wand.

hnid|a *f* (*1*) Nisse *f*; *hledat -dy* Läuse suchen; *fig.* Haarspalterei treiben; **~ař** *m* (*3*), **~opich** *m* (*1a*; *-ové*)

Wortklauber *m*, Pedant *m*; **~opišský** pedantisch, kleinlich; **~opišství** *n* (*3*) Haarspalterei *f*, Pedanterie *f*.
hnilička *f* (*1c*; *-ček*) Teigbirne *f*; P *fig.* Schwächling *m*, Weichling *m*; F *vařit vejce na -ku* ein Ei halbweich kochen.
hnilob|a *f* (*1*) Fäulnis *f*, Fäule *f*; *je cítit -bou* es riecht faulig; **~ný** faulig; ~ *zápach* Fäulnisgeruch *m*.
hnil|oplod *m* (*2a*) *Zo.* Faulbrut *f* (*der Bienen*); **~ý** faul(ig), verfault.
hnípat P ⟨*vy- se*⟩ pennen.
hnis *m* (*2a*) Eiter *m*; *fig.* Abschaum *m*; *odtok ~u* Eiterabsonderung *f*; **~ání** *n* (*3*) Eitern *n*, Eiterung *f*; **~at** ⟨*vy-*, *z-*⟩ eitern; **~avý** eitrig; ~ *nádor* Eiterbeule *f*; **~otok** *m* (*2b*) Eitern *n*, Eiterabsonderung *f*.
hníst ⟨*vy-*, *z-*⟩ (*hnětu*, *-tl*, *-ten*) kneten; formen; *Med.* massieren; *fig.* bedrücken; *svědomí ho hněte* das Gewissen plagt ihn.
hnít ⟨*na-*, *pro-*, *za-*⟩ (*3. hnije*, *hnil*) faulen, faulig werden; *Obst*: verfaulen; *Fleisch*: verwesen; *iron.* faulenzen.
hnití *n* (*3*) Fäulnis *f*; Verwesung *f*.
hnízd|ečko *n* (*1b*; *-ček*) *s. hnízdo*; **~ění** *n* (*3*) Nisten *n*; Paaren *n*, *verä.* Hecken *n*; *doba* ~ *Zo.* Paarungszeit *f*; **~iště** *n* (*2a*) Nistplatz *m*; **~it** ⟨*u-*, *za-*⟩ nisten; sich paaren; *fig. verä.* hausen.
hnízdo *n* (*1*) Nest *n*; (*Raubvogel-*) Horst *m*; *mravenčí* ~ Ameisenbau *m*; ~ *odporu* Widerstandsnest; **~š** *m* (*3*) *Zo.* Nesthocker *m*; F *fig.* Schoßkind *n*, Nesthäkchen *n*; **~vý** Nest-.
hnoj|ák *m* (*2b*) Jauchewagen *m*; **~ení** *n* (*3*) Düngung *f*; **~ící** Dünge-; **~iště** *n* (*2a*) Dünger-, Misthaufen *m*; *to patří na* ~ das gehört auf den Misthaufen; **~it** ⟨*po-*, *vy-*, *za-*⟩ düngen; **~ivo** *n* (*1*) Düngemittel *n*; *strojené* ~ Kunstdünger *m*; **~ivý** Dünge-; **~ní** Mist-; ~ *chrobák* Mistkäfer *m*; **~nice** *f* (*2a*) Jauche *f*; **~ník** *m* (*2b*) *s. hnoják*; **~ný** Mist-; *-né vidle f/pl.* Mistgabel *f*; **~ůvka** *f* (*1c*; *-vek*) Jauche *f*.
hnout *pf.*, *na-*, *po-*, *za-* (*hnu*, *hnul*, *hnut*) bewegen, rühren (*čím/A*); *von der Stelle* rücken; *von der Stelle* kommen; *Stunde* verschieben; *Sache* ins Rollen (*od.* in Gang) bringen; *Gewissen* auf-, wachrütteln; F *nehne z místa* das rührt sich nicht (vom Fleck); *nehnul ani brvou* er verzog keine Miene; *to jím nehne* das läßt ihn kalt; *ani mě nehne!* das fällt mir nicht im Traum ein!; ~ *se* ⟨*po-*, *za-*⟩ sich rühren; *Zug*, *Festzug*: sich in Bewegung setzen; *Heer*: aufbrechen; F *hni sebou!* beeil dich!, mach schon!; *nechce se* ~ er will nicht weg von hier; *nehne se od něho* er weicht nicht von s-r Seite.
hnůj *m* (*4*; *hnoj-*) Mist *m*, Dung *m*; Dünger *m*; *vykydat* ~ *z chléva* den Stall ausmisten; *mokrý jako* ~ patschnaß.
hnul *s. hnout*.
hňup *m* (*1*) *s. hlupák*.
hnus *m* (*2a*) Ekel *m*, Abscheu *m*; **~it** ⟨*z-*⟩ verekeln (*co k-u* j-m *A*); ~ *si* verabscheuen; ~ *se j-n* anekeln; *-sí se mi* das widert mich an; **~nost** *f* (*4*) Abscheulichkeit *f*; **~ný** ekelhaft, widerlich.
hnut *s. hnout*.
hnutí *n* (*3*) Bewegung *f* (*a. Pol.*); Regung *f*; ~ *mysli* Gemütsbewegung; ~ *srdce* Herzensregung; *dělnické* ~ Arbeiterbewegung; *světové mírové* ~ Weltfriedensbewegung; *Revoluční odborové* ~ (*ROH*) Gewerkschaft *f* (*in der ČSSR*); *údernické* ~ Aktivistenbewegung; *bez* ~ regungslos; *nebylo* ~ man konnte sich nicht rühren (vor).
ho ihn; *s. on*.
hobl|ice *f* (*2a*) *Tech.* Hobelbank *f*; **~ík** *m* (*2b*) Hobel *m*; **~iny** *f/pl.* (*1*) Hobelspäne *m/pl.*; **~ovací** Hobel-; **~ov(ač)ka** *f* (*1c*; *-[č]ek*) Hobelmaschine *f*; **~ovačky** *f/pl.* (*-ček*) *s. hobliny*; **~ovat** ⟨*o-*, *s-*⟩ (*-luji*) hobeln.
hoboj *m* (*4*) *Mus.* Oboe *f*.
hod¹ *m* (*2a*) *Sp.* Wurf *m*; Werfen *n*; (*Kegeln*) Schub *m*; ~ *diskem* Diskuswurf; Diskuswerfen; ~ *oštěpem* Speerwurf; Speerwerfen; **~**² *m* (*2a*; *6. -ě/-u*) *Rel.* hoher Festtag *m*; *Boží* ♀ *vánoční* erster Weihnachtsfeiertag *m*; *Boží* ♀ *velikonoční*, *svatodušní* Oster-, Pfingstsonntag *m*; *s. a. hody*.
hoden (*hodna f*, *hodno n*) (*č-o* e-r Sache) würdig; ~ *důvěry* vertrauenswürdig; ~ *politování* bedauerns-, beklagenswert; *neuznal ho za -dna odpovědi* er würdigte ihn keiner Antwort; *s. hodný*.

hodina *f* (*1*) Stunde *f*; ein Uhr (*Zeitangabe*); *za -nu* in einer Stunde; ~ *za -nou* e-e Stunde nach der anderen, Stunde um Stunde; ~ *přes čas* Überstunde *f*; ~ *cesty, duchů, klavíru, němčiny, odpočinku, vyučování* Weg-, Geister-, Klavier-, Deutsch-, Muße-, Unterrichtsstunde; *ordinační, policejní* ~ Sprech-, Polizei- *od.* Sperrstunde; *čtvrt -ny* Viertelstunde; *půl -ny* halbe Stunde; *propustit na -nu* auf der Stelle entlassen; *výpověď na -nu* fristlose Kündigung; *dvě -ny* zwei Stunden; zwei Uhr (*Zeitangabe*); *po druhé -ně* nach zwei Uhr; *vgl. hodiny*.

hodinář *m* (*3*) Uhrmacher *m*; **~ský** Uhrmacher-; **~ství** *n* (*3*) Uhrmacherwerkstatt *f*; Uhrengeschäft *n*.

hodink|a *f* (*1c*; *-nek*) Stündchen *n*, Stunde *f*; *černá* ~ Dämmerstunde; *poslední* ~ *udeřila* die letzte Stunde hat geschlagen; *slabá* ~ e-e schwache Stunde; **~ový** Uhr-; ~ *řetízek* Uhrkette *f*; *-vé sklíčko* Uhrglas *n*; **~y** *f/pl.* (*1c*; *-nek*) Uhr *f*; *kapesní, náramní* ~ Taschen-, Armbanduhr.

hodinový einstündig, e-e Stunde dauernd; *-vá mzda* Stundenlohn *m*; *-vá rychlost* Stundengeschwindigkeit *f*; ~ *přístroj* Uhrwerk *n*; *-~ in Zssgn* -stündig.

hodiny *f/pl.* (*1*) Uhr *f*; *nástěnné, přesýpací, stojací, věžní* ~ Wand-, Sand-, Stand-, Turmuhr; *ptát se na* ~ nach der (genauen) Zeit fragen; *kolik je hodin?* wie spät ist es?, wieviel Uhr ist es?; *v kolik (hodin)* um wieviel Uhr; *do kolika hodin* bis um wieviel Uhr; *ve dvě (tři, čtyři)* ~ um zwei (drei, vier) Uhr; *v pět hodin* um fünf Uhr; *vgl. hodina*.

hodit[1] *pf.*, *do-, na-, v-* (*-zen*) (*čím, co*) werfen, P schmeißen; ~ *co po kom* j-m et. nachwerfen, ~ *kamením* Steine (*od.* mit Steinen) werfen; ~ *čím kolem sebe* mit et. um sich werfen; ~ *kotvu* Anker werfen, vor Anker gehen; ~ *hlavou* den Kopf herumwerfen; ~ *oprátku na krk* j-m die Schlinge um den Hals legen; F ~ *očkem po kom* auf j-n ein Auge werfen, j-m schöne Augen machen; ~ *sebou na zem* sich zu Boden werfen; *hoď sebou!* beeil dich!, mach schnell!

hodit[2] ⟨*na-, při-*⟩: ~ *se* passen (*k sobě* zueinander); sich *zu et.* eignen; *zu et.* taugen; sich treffen, sich schicken, P hinhauen; *to se mi -dí* das paßt mir, das ist mir recht, das kommt mir gelegen; *to se sem nehodí* das gehört nicht hierher; *to se k ničemu nehodí* das taugt zu nichts, das ist zu nichts zu gebrauchen; *-dí se ke všemu er* ist zu allem zu gebrauchen; *to se -dí jako dárek* das ist als Geschenk geeignet; *nehodí se za mistra* er ist als Meister ungeeignet; *to se na dívku nehodí* das schickt sich nicht für ein Mädchen; *to se -dí na rozličné účely* das dient verschiedenen Zwecken; *jak se to -dí* wie es (eben) manchmal zugeht; wie es der Zufall will; *-dil jsem se právě k tomu, když ...* ich kam gerade dazu, als ...; F ~ *se do parády* sich in Schale (*od.* Gala) werfen; *~si očko, mariáš usw.* Karten spielen, ein Spielchen machen (*od.* wagen).

hodlat ⟨*od- se*⟩ (*co*) beabsichtigen, gedenken, gewillt sein *et.* zu tun, *et.* vorhaben, im Begriff sein *et.* zu tun; *nehodlal to déle trpět* er hatte nicht die Absicht, es länger zu ertragen; *-ám odjet* ich habe die Absicht (*od.* bin im Begriff) abzureisen.

hodně *Adv. mit G.* viel; sehr; recht, F tüchtig; ~ *peněz* viel Geld; *o* ~ *lepší* um vieles besser; ~ *mnoho* sehr viel, recht viel; ~ *brzo* recht bald; ~ *nevkusně iron.* reichlich geschmacklos; ~ *přes 10 metrů* weit über 10 Meter.

hodnocení *n* (*3*) Bewertung *f*, Einschätzung *f*.

hodnost *f* (*4*) Würde *f*, Rang *m*; *Mil. a.* Dienstgrad *m*; *akademická* ~ akademischer Grad; *důstojnická* ~ Offiziersrang; *podle své ~i* rangmäßig; *podle ~i nejstarší důstojník* der rangälteste Offizier; *pořádí podle ~i* Rangordnung *f*; **~ář** *m* (*3*) Würdenträger *m*; **~ní** Rang-.

hodnot|a *f* (*1*) Wert *m*; *Hdl.* Gegenwert *m*; *Agr.* Güte *f*; *jmenovitá* ~ Nennwert; *místní* ~ *Math.* Stellenwert; *úhrnná* ~ Gesamtwert; **~it** ⟨*z-*⟩ (*-cen*) (be)werten, einschätzen; würdigen; **~nost** *f* (*4*) Hochwertigkeit *f* (*e-s Produktes*); **~ný** *Produkt*: hochwertig; wertvoll; *Ware*: preiswert.

hodnověr|nost *f* (*4*) Glaubwürdigkeit *f*; **~ný** glaubwürdig; glaubhaft.
hodný brav, ordentlich, anständig; F nett, freundlich; *fig.* schön; (*č-o* e-r Sache) würdig; *-né dítě* braves Kind; ~ *člověk* guter Mensch; *to jsi ~!* das ist nett von dir!; *buďte tak ~!* seien Sie so nett (gut, freundlich)!; ~ *kus cesty* ein schönes Stück Wegs; *za -nou chvíli* nach e-r längeren Weile, nach einiger Zeit; ~ *mráz* strenger Frost; ~ *zmínky* erwähnenswert; ~ *pozornosti* bemerkenswert; *vgl. hoden.*
hodo|kvas † *m* (*2*; *6. -u*/*-e*) Festgelage *n*, Gastmahl *n*; **~vat** ‹*do-, na- se, po-, pro-*› (*-duji*) schmausen, tafeln; **~vna** † *f* (*1*; *-ven*) Bankettsaal *m*; **~vní** Gast-, Speise-; **~vník** *m* (*1a*) Zecher *m*, Gast *m*.
hody *m*/*pl.* (*2*) Festmahl *n*, Schmaus *m*; † *a.* Kirchweih *f*.
hoch *m* (*1a*) Junge *m*, † Knabe *m*, *dial.* Bub *m*; *fig.* Bursche *m*, Geselle *m*; Freund *m*; ~ *k posílkám* Laufbursche; *čiperný* ~ flinker Bursche, fixer Bengel; *už chodí s ~em* sie hat schon e-n Freund.
hojení *n* (*3*) Heilung *f*.
hoji|cí *Med.* Heil-; **~t** ‹*vy-, z-, za-*› heilen (*se v*/*i*); F ~ *se na kom* sich an j-m schadlos halten; **~vost** *f* (*4*) Heilkraft *f*, Heilwirkung *f*; **~vý** Heil-, heilkräftig; ~ *prostředek* Heilmittel *n*.
hojn|ě *Adv.* häufig (vorkommend); zahlreich; (*č-o*) reichlich, sehr viel, F e-e (große) Menge; *je ~ ovoce* es gibt reichlich Obst; **~ost** *f* (*4*) Fülle *f*, Menge *f*, Überfluß *m*, Übermaß *n*; ~ *jídla* reichlich zu essen; *všeho ~* alles in Hülle und Fülle; ~ *myšlenek* Gedankenreichtum *m*; *roh ~i Myth.* Füllhorn *n*; **~ý** reichlich; häufig; *fig.* reich; *Diskussion*: rege; *Nachfrage*: lebhaft; ~ *počet* große Zahl (Menge); *-ná úroda* reiche Ernte.
hokej *m* (*4*) *Sp.* Hockey(spiel) *n*; **~ista** *m* (*5a*) Hockeyspieler *m*; **~ka** *f* (*1c*; *-jek*) Hockeyschläger *m*; **~ový** Hockey-; ~ *puk od. touš* Hockeyscheibe *f*, Puck *m*.
hokynář † *m* (*3*), **~ka** † *f* (*1c*; *-řek*) Höker(in *f*) *m*, *öst.* Greißler(in *f*) *m*; **~ský**: ~ *krám iron.* Kramladen *m*.
hol- *s. hůl.*
hola! *Int.* holla!, heda!
Holanďan *m* (*1*; *-é*), **~ka** *f* (*1c*; *-nek*) Holländer(in *f*) *m*; *Bludný ~* der Fliegende Holländer.
holandr *m s. holendr.*
Holand|sko *n* (*1b*) Holland *n*, Niederlande *pl.*; **♀ský** (*Adv. -y*) holländisch; **♀ština** *f* (*1*) Holländisch(e) *n*, Niederländisch(e) *n*.
holátko *n* (*1b*; *-tek*) Nestling *m*; F Vögelchen *n*, Piepmatz *m*.
holba † *f* (*1*; *-l[e]b*) Halbe(r) *m* (= *0,7 l*).
holči|ce F *f* (*2a*), **~čka** *f* (*1c*; *-ček*) Mädchen *n*; **~čkář** *m* (*3*) *s. holkař.*
hold *m* (*2a*) Huldigung *f*; **~ovací** Huldigungs-; **~ovat** (*-duji*) *j-m* huldigen; ~ *pití* sich dem Trunk ergeben; ~ *vášním* den Leidenschaften frönen.
holeček *m* (*1a*; *-čk-*; *-čkové*) (*Anrede*) Liebling *m*, Herzchen *n*, Herzenskind *n*; Bruder *m*, Freund *m*.
holedb|at: ~ *se* sich brüsten, prahlen (*nad čím* mit *D*), F viel Aufhebens machen (um *A od.* von *D*); **~avý** prahlerisch.
holeň *f* (*3*) *Anat.* Schienbein *n*; Stiefelschaft *m*.
holendr *m* (*2a*) *Tech.* Holländer *m*; *pije jako ~* er trinkt (V säuft) wie ein Bürstenbinder.
holenek *m* (*1a*; *-nk-*; *-nkové*) *s. holeček.*
holenice *f* (*2a*) Stiefelschaft *m*.
holenní Schienbein-.
holicí Rasier-; ~ *přístroj* Rasierapparat *m*.
holič *m* (*3*) Friseur *m*, † Barbier *m*; **~ka** *f* (*1c*; *-ček*) Friseuse *f*; **~ky** *f*/*pl.* (*1*; *-ček*): *být na -kách* am Ende sein, in der Patsche sitzen; *nechat na -kách* im Stich lassen; **~ský** Friseur-, Rasier-; **~ství** *n* (*3*) Friseurgewerbe *n*; Friseurgeschäft *n*.
holina *f* (*1*) *Forst.* Kahlschlag *m*; kahle Stelle *f*.
holínka *f* (*1c*; *-nek*) Schaftstiefel *m*, Reitstiefel *m*.
holírna *f* (*1*; *-ren*) Friseurstube *f*, † Barbierstube *f*.
holit ‹*o-*› rasieren.
holk|a F *f* (*1c*; *-lek*) Mädchen *n*, Mädel *n*; *verä.* Dirne *f*; *čertova ~ scherz.* Teufelsmädel; **~ař** *m* (*3*) Schürzenjäger *m*.
holo|brádek F *m* (*1a*; *-dk-*; *-dkové*) Grünschnabel *m*, Milchbart *m*, Milchgesicht *n*; **~bradý** bartlos; **~hlavec** F *m* (*3*; *-vc-*) Kahlkopf *m*; **~hlavý** kahl(köpfig).

holomek *m* (*1a*; *-mk-*) Halunke *m*; *hist.* Scherge *m*; *katův* ~ Henkersknecht *m*.

holo|mráz *m* (*2a*; *-mraz-*) Frost *m* ohne Schnee; **~seč** *f* (*3*) *Forst.* Kahlschlag *m*; **~st** *f* (*4*) Kahlheit *f*; **~ta** *f* (*1*) *verä.* Gesindel *n*, Pack *n*, Bande *f*.

holoub|átko *n* (*1b*; *-tek*; *6 Pl. -tkách*) Täubchen *n*; **~ě** *n* (*4a*) junge Taube *f*.

holub *m* (*1*) Taube *f*; Täuberich *m*; *divoký, poštovní, hliněný* ~ Wild-, Brief-, Tontaube; *chov ~ů* Taubenzucht *f*; *s. a. hliněný*; **~ář** *m* (*3*) Taubenzüchter *m*; **~ařit** Tauben züchten, (sich) Tauben halten; **~ářství** *n* (*3*) Taubenzucht *f*; **~í** Tauben-; **~ice** *f* (*3*) Taube *f*; *mírová* ~ Friedenstaube; **~ičí** taubenartig; F ~ *povahu* sanftes Gemüt; **~ička** *f* (*1c*; *-ček*) Täubchen *n*; **~inka** *f* (*1c*; *-nek*) *Bot.* Täubling *m*; **~ník** *m* (*2b*) Taubenschlag *m*.

holý kahl; bloß, nackt; entblößt; *fig.* rein, absolut; *-lá brada* bartloses Kinn; F ~ *jako koleno* ratzekahl; *s -lýma rukama* mit leeren Händen (*kommen*); mit bloßen Händen (*anfassen*); *s -lou hlavou* ohne Kopfbedeckung, mit bloßem Kopf; *-lá nemožnost* absolute Unmöglichkeit; *-lá bída* nacktes Elend; *-lá zbraň* blanke Waffe; *-lá věta Gr.* einfacher Satz; *do -la* kahl (*scheren, fressen*).

homeopatický [-tɪ-] *Med.* homöopathisch.

homol|e *f* (*2*) Kegel *m*; ~ *cukru* Zuckerhut *m*; **~ka** *f* (*1c*; *-lek*) Quarkkäse *m*, *öst.* Quargel *m*; **~ovitý** kegelförmig; ~ *cukr* Hutzucker *m*.

hon *m* (*2*; *6. -ě/-u*) Jagd *f* (*a. fig.*, *za čím* nach *D*); Rummel *m*, Rennen *n*; Strecke *f*; *kruhový* ~ Kesseltreiben *n*; ~ *na zajíce* Hasenjagd; *na ~y daleko fig.* meilenweit; F *vyhnout se k-u na sto ~ů* e-n großen Bogen machen um j-n; **~ák** *m* (*1a*) Viehtreiber *m*; **~ba** *f* (*1*; *-neb*) *s. hon*; ~ *na vysokou zvěř* Hochwildjagd *f*.

honeb|né *n* (*Adj. 3*) Jagdgebühr *f*; **~ní** Jagd-; ~ *lístek* Jagdschein *m*; ~ *pych* Jagdfrevel *m*.

honec *m* (*3*; *-nc-*) *Jagdw.* Treiber *m*.

honem F *Adv.* schnell, geschwind.

honěn|á *f* (*Adj. 2*) Haschen(spiel) *n*; *hrát si na -nou* Haschen spielen; **~ice** F *f* (*2a*) Lauferei *f*, Hetzerei *f*; **~ý** *in e-r Sache* bewandert, F beschlagen; gewiegt, durchtrieben, gerissen, mit allen Wassern gewaschen.

honi|cí: ~ *pes* Jagdhund *m*; **~čka** *f* (*1c*; *-ček*) Haschen *n*; *Sp.* Fangspiel *n*; (*Polizei-*)Razzia *f*; P Lauferei *f*, Hetzerei *f*; ~ *za liškou* Fuchsjagd *f*; **~mír** F *m* (*1*; *-ři*) *dial.* Prahlhans *m*, Flunkerer *m*.

honit ⟨*do-, po-, u-*⟩ *Wild* jagen, hetzen; *Vieh* treiben; *Menschen* antreiben; *Räuber* verfolgen; ~ *dva zajíce najednou* zwei Fliegen mit e-r Klappe schlagen; P ~ *davida* sich übergeben, erbrechen, V kotzen; ~ *parádu* sich in Schale werfen, sich herausputzen; ~ *vodu* großtun, sich aufspielen; ~ *se* ⟨*na-, po-, u-*⟩ *Kinder*: herumtollen, F toben; Haschen spielen; *Wolken*: dahinjagen; sich abhetzen; F flunkern, Flausen machen; *Zo.* läufig (*od.* heiß) sein; ~ *se za čím* nachjagen (*D*); **~ba** *f* (*1*; *-teb*) Jagen *n*; Jagdrecht *n*; Jagdrevier *n*; *nájemce -by* Jagdpächter *m*.

honor|ace *f* (*2*) Honoratioren *m/pl.*; **~ární** Honorar-; **~ář** *m* (*4*) Honorar *n*; *řádkový* ~ Zeilenhonorar; **~ovat** (*im*)*pf.* (*-ruji*) honorieren.

honos|it: ~ *se čím* sich *e-r Sache* rühmen, mit *et.* prahlen, sich brüsten; **~ivost** *f* (*4*) Prahlsucht *f*; **~ivý** prahlerisch; **~ný** prunkvoll; *Phrasen, Titel*: hochtrabend.

honza *m* (*5*) Trottel *m*.

hop! *Int.* hopp!; *neříkej ~, dokud jsi nepřeskočil* man soll den Tag nicht vor dem Abend loben; **~em** P schnell; *brát k-o* ~ j-n prellen; *vzal to* ~ er hat die Sache energisch angepackt; er machte Schluß damit.

hop|kat, ~sat, ~sovat ⟨*do-, zasi*⟩ (*-suji*) hüpfen, P hopsen; *Hase*: hoppeln.

hor|a *f* (*1d*) Berg *m*; *chlap jako* ~ baumlanger Kerl; *úbočí -ry* Berghang *m*; *s. a. důl*; *Černá* ♀ *Geogr.* Montenegro *n*; *-ry pl. a.* Gebirge *n*; *vysoké* ~ Hochgebirge; *jet do hor* ins Gebirge fahren; *v -rách* im Gebirge; F *je už za -rami* er ist schon über alle Berge; **~ácký**: ~ *kroj* Gebirgstracht *f*; **~ák** *m* (*1a*), **~ačka** *f* (*1c*; *-ček*) Bergbewohner(in *f*) *m*;

~al *m* (*1*; *-é*) *s. horák*; Tatrabewohner *m*, Gorale *m*.
horčej|i, ~ší *s. horký*.
horda *f* (*1*) Horde *f*.
horeč|ka *f* (*1c*; *-ček*) Fieber *n*; *cestovní* ~ Reisefieber; *nemocný -kou* fieberkrank; *bez -ky* fieberfrei; **~natý** fieberhaft; **~ný** *Med.* fiebrig; *fig.* fieberhaft.
horem *Adv.* von oben; oben herum; *pojď* ~ geh oben herum, nimm den oberen Weg; *~pádem* Hals über Kopf, P holterdiepolter.
horentní horrend.
horizont *m* (*2a*) Horizont *m*; **~ála** *f* (*1a*) Horizontale *f*; **~ální** horizontal.
horko *1. n* (*1b*) Hitze *f*; *2. Adv.* (*Komp. horčeji*) heiß; ~ *k zalknutí* e-e Hitze zum Ersticken, drückende Hitze; *bylo mi* ~ *a zima* es lief mir heiß und kalt über den Rücken; *citlivý na* ~ hitzeempfindlich; *mně je* ~ mir ist heiß; *kuj železo za -ka* schmiede das Eisen, solange es heiß ist; *s. horký*.
horkokrev|nost *f* (*4*) Heißblütigkeit *f*; **~ný** heißblütig.
hork|ost *f* (*4*) *dial.* Fieber *n*, Hitze *f*; **~ý** (*Komp. -čejší*; *Adv. -ko*, *Komp. -čeji*) heiß; *-ké víno* Glühwein *m*; *-ká hlava* F Hitzkopf *m*; ~ *vzduch Tech.* Heißluft *f*; *zásobník -ké vody* Warmwasserspeicher *m*; *vytápění -kou vodou* Warmwasserheizung *f*; *cítil -kou půdu pod nohama fig.* der Boden wurde ihm (unter den Füßen) zu heiß.
horl|it ⟨*roz- (se)*⟩ (sich er)eifern (*proti č-u* gegen *A*); sich erwärmen, begeistern (*pro co* für *A*); **~itel** *m* (*3*; *-é*) Eiferer *m*; **~ivec** *m* (*3*; *-vc-*) eifriger Mensch *m*; **~ivost** *f* (*4*) Eifer *m*; **~ivý** eifrig; ~ *vlastenec* glühender Patriot; ~ *ve službě* diensteifrig, dienstbeflissen.
hornat|ina *f* (*1*) Bergland *n*, Hochland *n*; **~ost** *f* (*4*) gebirgiger Charakter *m*.
horní obere, Ober-; ~ *část těla* Oberkörper *m*; ~ *ret* Oberlippe *f*; ~ *tok* Oberlauf *m* (*e-s Flusses*); 2 *sněmovna Parl.* Oberhaus *n*; 2 *Lužice Geogr.* Oberlausitz *f*.
hornic|ký Bergmanns-; Berg-; ~ *kahanec Bgb.* Grubenlampe *f*; *po -ku* nach Bergmannsart; **~tví** *n* (*3*) Bergbau *m*; Bergmannsarbeit *f*; **~tvo** *n* (*1*) Bergarbeiter(schaft *f*) *m*/*pl*.
hor|ník *m* (*1a*) Bergmann *m*, Bergarbeiter *m*, F Kumpel *m*; **~nina** *f* (*1*) Gestein *n*; *Min.* Gebirgsformation *f*; *vyvřelá* ~ Eruptivgestein.
hornista [-nɪ-] *m* (*5a*) Hornist *m*.
horno|lužický Oberlausitzer; **~německý** oberdeutsch; **~slezský** oberschlesisch.
horolez|ec *m* (*3*; *-zc-*), **~kyně** *f* (*2b*) Bergsteiger(in *f*) *m*; **~ecký**: ~ *sport* Bergsport *m*; *-ké lano* Kletterseil *n*; ~ *špičák* Eispickel *m*; **~ectví** *n* (*3*) Bergsport *m*, Bergsteigen *n*, Alpinistik *f*.
horouc|í (*Komp. -nější*; *Adv. -ně*, *Komp. -něji*) brennend, glühend (*a. fig.*); feurig, inbrünstig; ~ *peklo* Höllenglut *f*; *posílat k-o do ~ch pekel* (*od. do ~ho pekla, na* ~ *skálu*) j-n zum Teufel wünschen; *lítat po ~ch peklech* F sich weiß Gott wo herumtreiben; ~ *ctitel* glühender Verehrer; ~ *modlitba* inniges (*od.* inbrünstiges) Gebet; **~nost** *f* (*4*) Inbrunst *f*, Glut *f*.
horov|ání *n* (*3*) Schwärmerei *f*, Begeisterung *f*; **~at** ⟨*na- se*⟩ (*-ruji*) schwärmen, sich begeistern (*pro co* für *A*); schwärmen (*o čem* von *D*); **~atel** *m* (*3*; *-é*), **~atelka** *f* (*1c*; *-lek*) Schwärmer(in *f*) *m*, Enthusiast(in *f*) *m*.
horsk|ý Berg-, Gebirgs-; ~ *hřbet* Bergrücken *m*; *-ké pásmo* Berg-, Gebirgskette *f*; *-ká záchranná služba* Bergrettungsdienst *m*, Bergwacht *f*; *-ké slunce Med.* Höhensonne *f*.
horstvo *n* (*1*; *-stev*) Gebirge *n*.
horš|í *Komp.* schlimmer; schlechter; böser; *Ware*: minderwertig; *čím dál, tím* ~ es wird immer schlimmer; *sebe* ~ noch so schlecht; **~it** ⟨*po-, při-, roz-, z-*⟩: ~ *se* sich verschlechtern, schlechter (*od.* schlimmer) werden; ~ *se na k-o* j-m zürnen, grollen; j-m *et.* übelnehmen.
hortenzie *f* (*2*) Hortensie *f*.
hory *s. hora*.
hořák *m* (*2b*) *Tech.* Brenner *m*.
hořavka *f* (*1c*; *-vek*) *Zo.* Bitterling *m*.
hořce (*Adv. zu hořký*) bitter(lich).
hořči|ce *f* (*2a*) Senf *m*, Mostrich *m*; *Bot.* Ackersenf; *stolní* ~ Tafelsenf; **~čný** Senf-.
hořčík *m* (*2b*) *Chem.* Magnesium *n*.

hoře *n* (*2*) Leid *n*, Kummer *m*, Gram *m*, Jammer *m*; *život plný* ~ ein jammervolles Leben; *mít* ~, *trápit se* ~*m* sich grämen; *zemřel* ~*m* (*nad čím*) er starb aus Gram (über *A*).
hořec *m* (*4*; *-řc-*) *Bot.* Enzian *m*.
hořej|šek *m* (*2b*; *-šk-*; *2. a. -ška*) Oberteil *n*, oberer Teil *m*; **~ší** obe-re(r), Ober-; ~ *část těla* Oberkörper *m*; ~ *čelist Anat.* Oberkiefer *m*; ~ *poschodí* Obergeschoß *n*; ~ *zmínka* obige Erwähnung.
hořek|ování *n* (*3*) (*Weh-*)Klagen *n*, F Jammern *n*; **~ovat** ⟨*na- se, za-*⟩ (*-kuji*) jammern, wehklagen, P lamentieren (*nad čím* über *A*).
hoře|ní *n* (*3*) Brennen *n*; *Adj. s.* *hořejší*; **~t** ⟨*za-*⟩ brennen; *fig.* glühen; *in Liebe* entbrennen; *hoří!* Feuer!; F *vždyť nehoří!* es brennt doch nicht!, nur keine Eile!; ~ *zvědavostí* vor Neugierde brennen; F *všecko na klukovi jen hoří* der Junge zerreißt alles.
hořk|á *f* (*Adj. 2*) Magenbitter *m*, F Bittere(r) *m*; **~nout** ⟨*na-, při-, z-, za-*⟩ (*-kl*) bitter werden; **~ost** *f* (*4*) Bitterkeit *f*; Unwille *m*, Erbitterung *f*; **~ý** (*Komp. -čejší*; *Adv. -ce*/*-ko*, *Komp. -čeji*) bitter; bitterlich; ~ *jako pelyněk* (*od. žluč*) gallebitter; *-ká sůl Med.* Bittersalz *n*; *mít -ko v ústech* e-n bitteren Geschmack im Mund haben; *bylo mu -ko* ein Gefühl der Bitterkeit kam in ihm auf.
hořla|vina *f* (*1*) Brennstoff *m*; *Tech.* leicht brennbarer (*od.* feuergefährlicher) Stoff *m*; **~vost** *f* (*4*) Brennbarkeit *f*; **~vý** brennbar, feuergefährlich.
hospit|ace *f* (*2*) Hospitation *f*; **~alizovat** (*-zuji*) im Krankenhaus unterbringen; **~ovat** (*-tuji*) hospitieren.
hospoda *f* (*1*) Wirtshaus *n*, Gastwirtschaft *f*; *vesnická* ~ Dorfschenke *f*.
hospodár|nost *f* (*4*) Sparsamkeit *f*, Wirtschaftlichkeit *f*; **~ný** sparsam; *Betriebsführung*: wirtschaftlich; *Arbeitsweise*: rationell.
hospodář *m* (*3*) (Haus-)Wirt *m*; Familienvater *m*; Landwirt *m*; Wirtschaftsreferent *m*; *spolkový* ~ Vereins(vermögens)verwalter *m*; *národní* ~ Volkswirtschaftler *m*.
hospodař|ení *n* (*3*) Wirtschaften *n*, Wirtschaftsführung *f*; Bewirtschaftung *f*; *lesní* ~ Forstwirtschaft *f*; ~ *devízami* Devisenbewirtschaftung; **~íček** P *m* (*1a*; *-čk-*) Hausgeist *m*; **~it** ⟨*za-*⟩ wirtschaften; *Gut* bewirtschaften; die Wirtschaft führen; haushalten, sparen (*s čím* mit *D*); F *-ří od deseti k pěti* es geht mit ihm bergab; ~ *s vodou* mit dem Wasser sparsam umgehen; *zle* ~ hausen, sein Unwesen treiben.
hospodář|ský wirtschaftlich; Wirtschafts-; landwirtschaftlich; *-ké zájmy* wirtschaftliche Interessen; ~ *řád Pol.* ökonomische Struktur *f*; **~ství** *n* (*3*) (*Bauern-*)Hof *m*, Gut *n*; Wirtschaft *f*; *domácí, lesní, plánované, polní, špatné* ~ Haus-, Forst-, Plan-, Feld-, Mißwirtschaft; *zemědělské* ~ Agrikultur *f*; *iron. čisté* (*od. pěkné*) ~*!* e-e feine Wirtschaft!; *národní* ~ Volkswirtschaftslehre *f*.
Hospodin *m* (*1*) Gott der Herr.
hospod|ská *f* (*Adj. 2*) (Gast-)Wirtin *f*; **~ský** *m* (*Adj. 1*) (Gast-)Wirt *m*; *Adj.* Wirtshaus-; **~yně** *f* (*2b*) Hausfrau *f*, F Hausmutter *f*; Wirtschafterin *f*, Haushälterin *f*; **~yňka** F *f* (*1c*; *-něk*) Hausmütterchen *n*; **~yňský** Haushaltungs-.
hospůdka F *f* (*1c*; *-dek*) kleine Schenke *f od.* Kneipe *f*.
host *m* (*1*; *-é*; *2, 4, 7 Pl. wie f [4]*, *3 Pl. -ům*/*-im*) Gast *m*; *letní* ~ Ferien-, Sommergast, Sommerfrischler *m*; *lázeňský* ~ Kurgast; *vítaný* ~ gern gesehener Gast; *nevítaný* ~ ungebetener Gast; *být* ~*em* zu Gast sein, als Gast (*wo*) sein; *to jsou k nám* ~*é!* wie schön, daß Sie gekommen sind!, das sind aber liebe Gäste!; *denní* (*od. stálý*) ~ Stammgast.
hostec *m* (*4*; *-tc-*) *Med.* Rheuma(tismus *m*) *n*.
hostin|a *f* (*1*) Festessen *n*, Gastmahl *n*; *svatební* ~ Hochzeitsmahl; (*vy*)*strojit -nu* ein Festessen geben; **~ec** *m* (*4*; *-nc-*) Gasthaus *n*, Wirtshaus *n*; *zájezdní* ~ Einkehrhaus *n*, Rasthaus *n*; **~nost** *f* (*4*) Gastfreundschaft *f*; **~ný** gastfreundlich; *Haus*: gastlich; **~ská** *f* (*Adj. 2*) Gastwirtin *f*; **~ský** *m* (*Adj. 1*) (Gast-)Wirt *m*; *Adj.* ~ *pokoj* Fremden-, Gästezimmer *n*; **~ství** *n* (*3*) Gaststättengewerbe *n*.

hostit ⟨*po-, u-*⟩ (*-štěn*) bewirten; freihalten; *Gast* beherbergen.
hostitel *m* (*3*; *-é*), **~ka** *f* (*1c*; *-lek*) Gastgeber(in *f*) *m*; **~ský** *Biol.* Wirts-.
hostovat (*-tuji*) gastieren.
hoší|ček *m* (*1a*; *-čk-*), **~k** *m* (*1a*) *s. hoch.*
hotel *m* (*2a*; *6 Pl. -ich*/*-ech*) Hotel *n*; *lázeňský ~* Kurhotel; *hodinový ~* Absteigequartier *n*; **~ový** Hotel-.
hotov (*~a f, ~o n präd. zu hotový*) *jsem s ním ~* ich will mit ihm nichts mehr zu tun haben; *~ k pochodu* (ab)marschbereit; *~ k odjezdu* reisefertig; *~ k boji* kampfbereit; *~ mu pomoci* bereit, ihm zu helfen; *úplně ~ fig.* fix und fertig; *-vo!* fertig!, los!; *s chutí do toho půl je -vo* frisch gewagt ist halb gewonnen; **~it** ⟨*vy-, z-*⟩ anfertigen, herstellen; *~ se k č-u* sich zu et. anschicken; **~ka** P *f* (*1c*; *-vek*) abgemachte Sache *f*; *~!* das ist klar!, abgemacht!; **~ost** *f* (*4*) Vollendung *f*; Bereitwilligkeit *f*; *Mil.* Bereitschaft *f*; Bargeld *n*, Barschaft *f*; *pokladní ~* Kassenbestand *m*; *placení v ~i* Barzahlung *f*; *v ~i* bar, in bar; **~ý** fertig; bereit; bereitwillig, geneigt, entschlossen; ausgemacht; *Hdl.* bar; *-vé zboží* Fertigware *f*; *-vá věc* vollendete Tatsache; F abgemachte Sache; *postavit před -vou věc j-n* vor vollendete Tatsachen stellen; *přišel k -vému* er kam gerade recht (*zum gedeckten Tisch*); *Typ. ~ k tisku* druckreif, druckfertig; *~ k použití* gebrauchsfertig; *~ k boji* kampfbereit; *Mil.* gefechtsklar; *~ k střelbě* schußbereit; *~ umělec* ein wahrer Künstler; *~ blázen* ein vollkommener Narr; *~ nesmysl* reiner Unsinn; *~ podvod* vollendeter Betrug, F ausgesprochener Schwindel; *platit ~mi* bar zahlen; *cena za -vé* Kassenpreis *m*; *vyplácet k-o ~m* j-m Schläge geben; *brát z -vého* vom Kapital nehmen.
hotýlek *m* (*2b*; *-lk-*) kleines Hotel *n*.
houba *f* (*1*; *hub*) Schwamm *m*; Pilz *m*; Schimmelpilz; *látací ~* Stopfpilz; *jít na -by* Pilze suchen gehen; *domy rostou jako -by* die Häuser schießen wie Pilze aus dem Boden; P *-by pl. fig.* Quark *m*, *öst.* Schmarren *m*, V Dreck *m*; *-by je ti do toho* das geht dich einen alten Hut (V e-n Dreck) an; *-by víš!* du weißt davon überhaupt nichts!; *-by dostaneš!* nichts bekommst du!, *man* wird dir et. husten!
houbař *m* (*3*), **~ka** *f* (*1c*; *-řek*) Pilzsammler(in *f*) *m*, *öst.* Schwämmesucher(in *f*) *m*.
houbec: *z toho si ~ dělám!* da schere ich mich nicht im geringsten darum!, P das ist mir wurscht!
houbo|vitý pilzartig; **~vý** Pilz-; *-vá polévka* Pilzsuppe *f*, *öst.* Schwammerlsuppe *f*; *-vá* P *f* (*Adj. 2*) *iron.* Gardinenpredigt *f*.
houf *m* (*2a*) Haufen *m*, Schar *f*, Trupp *m*; *v ~ech* scharenweise; **~nice** *f* (*2a*) *hist.* Haubitze *f*; **~ný** massenhaft; **~ovat** ⟨*s-*⟩ (*-fuji*): *~ se* sich sammeln, sich scharen (*um j-n*).
houk|ačka *f* (*1c*; *-ček*) (*Auto-*)Hupe *f*; Sirene *f*; *tlačítko -ky Kfz.* Hupenknopf *m*; **~at** ⟨*roz-, za-*⟩, **~nout** *pf.*, *za-* (*si*) (*-kl*) *Sirene*: heulen; *Eule*: schreien; *Auto*: hupen; *Kanone*: donnern, dröhnen; *~ na k-o* j-n anschreien, anfahren.
houně *f* (*2b*; *-í*) Pferdedecke *f*, † Kotze *f*.
houpací Schaukel-.
houpačka *f* (*1c*; *-ček*) Schaukel *f*, Wippe *f*; *verä.* Schaukelei *f*; P Schwindel *m*; *-ky pl. a.* Luftschaukel *f*, Schifferschaukel *f*.
houpa|t ⟨*po-, roz-, za-*⟩ (*-u*/*-ám*) schaukeln; *Kind* wiegen; *Tech.* kippen; *Turn.* schwenken; (*k-o* j-n) foppen; F j-m et. vormachen; *~ nohama* mit den Beinen baumeln *od.* schlenkern; *~ se* schaukeln, (sich) wiegen; (hin und her) wippen; *Boden*: wanken; P *am Galgen* baumeln; F *obchod se -pá* das Geschäft geht nicht mehr recht; **~vý** schaukelnd; *Gang, Schritt*: wiegend.
hous|átko *n* (*1b*; *-tek*; *6 Pl. -tkách*), **~e** *n* (*4*) junge Gans *f*, (*a. fig.*) Gänschen *n*.
housen|čí Raupen-; **~ík** *m* (*2b*) *Tech.* Raupeneisen *n*; (*Gärtnerei*) Raupenschere *f*; **~ka** *f* (*1c*; *-nek*) Raupe *f*; **~kový** *Tech.* Raupen-; *~ traktor* Raupenschlepper *m*.
hous|er *m 1*; *-ři*) Gänserich *m*; P *Med.* Hexenschuß *m*; **~ka** *f* (*1c*; *-sek*) Semmel *f*, Brötchen *n*, *öst. a.* Wecken *m*; *Tech.* Massel *f*; *strouhaná ~* Semmelbrösel *pl.*; F *to je*

jako ~ na krámě das liegt auf der Hand.

housl|ař *m* (*3*) Geigenbauer *m*; **~le** *f/pl.* (*2*) Geige *f*, Violine *f*; *hrát na ~* Geige spielen; *pouzdro na ~* Geigenkasten *m*; *přišel k tomu jako slepý k -lím* e-e blinde Henne findet auch ein Korn; **~ista** *m* (*5a*) Geiger *m*; **~ový** Violin-, Geigen-; *~ klíč Mus.* Violinschlüssel *m*; *~ koncert* Violinkonzert *n*.

houst † (*hudu, -dl, -den*) geigen, F fiedeln; P *hude stále jednu* (*od. stejnou*) er leiert immer dasselbe herunter.

houstička *f* (*1c*; *-ček*) *s. houska*.

houstnout ⟨*z-, za-*⟩ (*-tl*) dicht(er) werden; *Soße*: dicker werden; *mraky -nou* die Wolken ballen sich zusammen; *tma -ne* die Finsternis nimmt zu.

houšť[1] *f* (*4c*; *-tě*), **houští** *n* (*3*), **houština** *f* (*1*) Dickicht *n*, Gebüsch *n*. [zu!; *s. a. hustý.*]

houšť[2]: *jen ~!* nur so weiter!, nur

houšťka *f* (*1c*; *-štěk*) Dichte *f*.

houžev *f* (*3*; *-žv-*) Wiede *f*; Hanfseil *n*; *tuhý jako ~ Fleisch*: zäh wie Leder.

houževnat|ost *f* (*4*) Zähigkeit *f*; **~ý** zäh; *fig. a.* standhaft; beharrlich; *Kampf*: erbittert; *-tě lpět od. trvat* zäh festhalten (an *D*); *-tě zapírat* hartnäckig leugnen.

houžvička *1. m* (*5*) *iron.* Geizhals *m*; *2. f* (*1c*; *-ček*) *Tech.* kleine Winde *f*.

hovadina P *f* (*1*) Blödsinn *m*.

hovádko *n* (*1b*; *-dek*) *s. hovado*; *fig.* P *boží ~* Hornvieh *n*; *jako boží ~* wie das liebe Vieh.

hovad|o *n* (*1*) Vieh *n*; *fig. verä.* Stück Vieh, Rindvieh *n*; **~ský** viehisch; F *-ká práce* verdammt schwere Arbeit; **~ství** *n* (*3*) Bestialität *f*; Blödsinn *m*.

hovění *n* (*3*) Begünstigung *f*; Nachsicht *f*; (*si*) Behaglichkeit *f*.

hovět ⟨*po- si, vy-*⟩ (*3 Pl. -ějí*) nachgeben; *Leidenschaften* frönen; *e-r Bitte, e-m Wunsch* nachkommen, entsprechen; *e-m Gesuch, Antrag* stattgeben; *dem Wunsch* Rechnung tragen; P verstehen, einleuchten; *~ si* gütlich tun (an *D*), es sich bequem machen, sich behaglich ausruhen; F *~ si práci* sich bei der Arbeit nicht zerreißen, P sich keinen wegbrechen.

hověz|í Rind(s)-, Rinder-; *~ dobytek Agr.* Vieh *n*; *~ guláš* Rindsgulasch *n*; *~ jazyk Kochk.* Rinderzunge *f*; *~ maso* Rindfleisch *n*; *~ pečeně* Rinderbraten *m*; *~ polévka* Fleischbrühe *f*; **~ina** *f* (*1*) Rindfleisch *n*; Rindsleder *n*.

hovnivál P *m* (*1*) *Zo.* Mistkäfer *m*.

hovno V *n* (*1*) Scheiße *f*, Dreck *m*.

hovor *m* (*2a*) Gespräch *n*; Aussprache *f*; Reden *n*; *místní ~* Ortsgespräch; *meziměstský ~* Ferngespräch; *pilný ~* dringendes Gespräch; *není mu dnes do ~u* er ist heute wenig gesprächig; *~ ne a ne se rozproudit* das Gespräch wollte nicht in Gang kommen; **~na** *f* (*1*; *-ren*) Sprechzimmer *n*; (*Telefon-*) Sprechstelle *f*; *fig.* Tribüne *f*; **~né** *n* (*Adj. 3*) Sprechgebühr *f*; **~nost** *f* (*4*) Gesprächigkeit *f*; **~ný** gesprächig, redselig; **~ový** Gesprächs-; *-vá řeč* Umgangssprache *f*; *~ výraz* Ausdruck *m* aus der Umgangssprache, umgangssprachlicher Ausdruck.

hovořit ⟨*po- si, roz-* (*se*), *za-*⟩ sprechen, reden (*o čem* von *D*); besprechen (*A*); ein Gespräch führen.

hr! *Int.* (ritsch,) ratsch!; P *~ na ně!* nichts wie ran!; *jen ne tak ~!* nicht so schnell!

hra *f* (*1d*; *her*) Spiel *n*; *Thea.* Stück *n*; *~ na housle, na slepou bábu, v karty, v šachy* Geigen-, Blindekuh-, Karten-, Schachspiel; *míčová ~* Ballspiel; *pohostinská ~* Gastspiel; *Sp.* Freundschaftsspiel; *nastrojená ~* abgekartetes Spiel; *divadelní ~* Theaterstück; *loutková, rozhlasová ~* Puppen-, Hörspiel; *~ na schovávanou, se zpěvy* Versteck-, Singspiel; *vgl. a. hrát* (*si*); *teorie her Math.* Spieltheorie *f*.

hraba|l F *m* (*1*; *-ové*) raffgieriger Mensch *m*, P Raffke *m*; **~nka** *f* (*1c*; *-nek*) *Agr.* Streu *f*; **~t** ⟨*po-, za-*⟩ (*-u/-ám*) scharren; graben; rechen, harken; F *Geld* scheffeln; *~ pro sebe* an sich raffen, F zusammenscharren; *~ se v čem* in et. herumwühlen; (neugierig) herumstöbern; F *~ v knihách* schmökern; *sotva se -be* er kann kaum kriechen; *kam se -beš?* wo willst du hin? *kam se na něj -beš* gegen den kommst du nicht auf, mit dem kannst du es nicht aufnehmen.

hrab|átko *n* (*1b*; *-tek*) (*Kinder-*)

Rechen *m*; *s. hrábě*; **~avý**: ~ *pták Zo.* Scharrvogel *m.*
hrab|ě *m* (*wie n 4a*; *4 Sg. -ete, -ě!*) Graf *m*; **~ěcí** gräflich; **~ěnka** *f* (*1c*; *-nek*) Gräfin *f.*
hrábě *f/pl.* (*2b*; *2 Pl. hrabí*) Rechen *m*, Harke *f.*
hrabi|ce *f* (*2a*) Sensenkorb *m*, Reff *n*; *kosa s -cí* Reffsense *f*; **~ště** *n* (*2a*) Rechenstiel *m*; **~vec** *m* (*3*; *-vc-*) habgieriger Mensch *m*, Hamster(er) *m*, Geizhals *m.*
hráb|nout *pf.* (*-bl*) scharren; ~ (*rukou*) *kam* (einmal) schnell greifen nach *et.*, zugreifen; F ~ *hluboko do kapsy* tief in die Tasche greifen; ~ *si hřebenem do vlasů* sich mit dem Kamm durch das Haar fahren.
hraboš *m* (*3*) *Zo.* Wühlmaus *f*; *polní* ~ Feldmaus *f.*
hrabství *n* (*3*) Grafschaft *f.*
hrací Spiel-; ~ *doba Sp.* Spielzeit *f*; ~ *karty* Spielkarten *f/pl.*
hráč *m* (*3*) Spieler *m*; ~ *šachu, karet, na klavír* Schach-, Karten-, Klavierspieler; *profesionální, falešný od. podvodný* ~ Berufs-, Falschspieler; **~ka** *f* (*1c*; *-ček*) Spielerin *f.*
hračka (*1c*; *-ček*) Spielzeug *n*, Spielsache *f*; *fig.* Kleinigkeit *f*, Tand *m*; Spielerei *f*, Spaß *m*; *to je* ~ das ist kinderleicht, das ist ein Kinderspiel; *-ky pl. a.* Spielwaren *f/pl.*; *s tím nejsou -ky* damit ist nicht zu spaßen.
hračkář *m* (*3*) Spielwarenerzeuger *m*; Spielwarenhändler *m*; **~ský** Spielwaren-; ~ *průmysl* Spielwarenindustrie *f*; **~ství** *n* (*3*) Spielwarenhandlung *f*, Spielwarengeschäft *n*; *fig.* Spielerei *f*, Tändelei *f.*
hráčský Spiel-; Spieler-; *-ká vášeň* Spielleidenschaft *f*; *to není -ké* das verstößt gegen die Spielregel.
hrad *m* (*2*) Burg *f*; ♀ *s. Hradčany*; *rytířský* ~ Ritterburg; *s. a. hrady*; **~ba** *f* (*1*; *-deb*) Schanze *f*, Wall *m*; *vozová* ~ (hussitische) Wagenburg; *-by pl.* Festungswerke *n/pl.*; *městské -by* Stadtmauern *f/pl.*; Stadtbefestigungen *f/pl.*; **♀čany** *m/pl.* (*2*; *2. -an*) Hradschin *m* (*Prager Burg*).
hradeb|ní Wall-, Schanz-; ~ *příkop* Wallgraben *m*; ~ *zeď* Schanzmauer *f*; **~nický**: *-ká práce* Schanzarbeit(en *pl.*) *f*; **~nictví** *n* (*3*) Schanzenbau *m.*
hrádek *m* (*2b*; *-dk-*) kleine Burg *f*, Kastell *n.*
hradi|ště *n* (*2a*) *hist.* Burganlage *f*; Burgwall *m*; **~t** ⟨*na-, o-, pře-, u-, vy- (si), za-*⟩ (*-zen*) *Lager* verschanzen; *Stadt* befestigen; (*plotem, ohradou*) einzäunen, umzäunen, *lit.* umfrieden; *Weg* sperren, verlegen; *Wasser* stauen, eindämmen; *Kosten, Auslagen* decken, tragen; *Bedarf* decken; *Unterhalt* bestreiten; *Schaden* ersetzen, vergüten; *hrazené město* befestigte Stadt; ~ *škodu* Schaden ersetzen; sich an *j-m* schadlos halten; ~ *se proti č-u* sich gegen et. verwahren.
hrad|lař *m* (*3*) *Esb.* Blockwärter *m*, Stellwerkaufseher *m*; **~lo** *n* (*1a*; *-del*) *Esb.* Stellwerk *n*, Blockwerk *n*; **~lový** Block-, Stellwerk-; ~ *jez* Nadelwehr *n*; **~ní** Burg-; ~ *nádvoří* Burghof *m*; ~ *m* (*Adj. 4*) Burgvogt *m*, Kastellan *m*; **~y** *m/pl.* (*2*) Gewitterwolken *f/pl.*
hrách *m* (*2b*; *hrach-, 1, 4 Pl. -a-/-á-*) Erbse *f*; *Kochk.* Erbsen *f/pl.*; (*ve*) *velikosti hrachu, velký jako* ~ erbsengroß; F *házet* ~ *na stěnu* tauben Ohren predigen.
hrachor *m* (*2a*) *Bot.* Platterbse *f*; *vonný* ~ Edelwicke *f.*
hrachov|ina *f* (*1*) Erbsenstroh *n*; **~iště** *n* (*2a*) Erbsenfeld *n*; **~ka** *f* (*1c*; *-vek*) Erbsensuppe *f*; Erbsensieb *n*; **~ý** Erbs-.
hrana[1] *f* (*1*) Kante *f*; *uhodit se o -nu* sich an e-r Kante stoßen; *otesat do hran Tech.* kantig behauen; F *položit na -nu* auf die hohe Kante legen.
hrana[2] *f* (*1*), *oft pl. -ny* Sterbeglocke *f.*
hranáč F *m* (*3*) *iron.* vierschrötiger Mensch *m.*
hranat|ost *f* (*4*) Kantigkeit *f*, eckiges Aussehen *n*; *iron.* Ungelenkigkeit *f*, ungehobeltes Benehmen *n*; **~ý** kantig, abgekantet; *Mensch*: plump, ungelenk; *Bewegungen*: ungeschickt; *Stil*: holp(e)rig; *Schrift*: eckig; *-té dřevo Tech.* Kantholz *n.*
hraní *n* (*3*) Spielen *n*; *šatečky ke* ~ Spielanzug *m.*
hranice *f* (*2a*) Grenze *f*; Holzstoß *m*, Holzstapel *m*; *hist.* Scheiterhaufen *m*; *státní, věková* ~ Staats-, Altersgrenze; ~ *sektorů* Sektorengrenze; *na -cích* an der Grenze, an den Grenzen; *za -cemi* jenseits der

Grenze, im Ausland; *tomuto úsilí jsou vytčeny* ~ diesen Bestrebungen sind Grenzen gesetzt; *smrt na -ci hist.* Feuertod *m*.

hranič|ář *m* (*3*) Grenzsoldat *m*, F Grenzer *m*; Grenzlandbewohner *m*; **~i** *pl.* Grenztruppen *f/pl.*; **~ářský** Grenzschutz-; **~it** ⟨*o-, roz-*⟩ grenzen (*s čím* an *A*); *to -čí s nemožným* das grenzt ans Unmögliche; **~ka** *f* (*1c*; *-ček*) kleiner Holzstoß *m*; Haufen *m* Holzspäne; **~ní** Grenz-; ~ *čára* Grenzlinie *f*; **~ník** *m* (*2b*) Grenzstein *m*; *fig.* Markstein *m*.

hranit ⟨*vy-* (*se*)⟩ kantig machen, abkanten; ~ (*s*) *lyžemi Sp.* Skier kanten.

hranol *m* (*2*; *6. -u/-e*) Prisma *n*; **~ový** Prismen-; **~ovitý** prismenförmig.

hranostaj *m* (*3*) *Zo.* Hermelin *n*; **~ový** Hermelin-.

hrášk|ek *m* (*2b*; *-šk-*) *s. hrách*; *zelený* ~ grüne Erbsen; ~ *růžence* Rosenkranzperle *f*; **~kový** Erbs(en)-; *-vě zelený* erbsgrün.

hrát ⟨*na-, ode-, po- si, se-, za-* (*si*)⟩ (*hraji, hrál, hrán*) spielen; *fig. a.* mimen; ~ *míčem, karty, šachy, kopanou, o peníze, na burze, na klavír, na čtyři ruce, z listu, podle sluchu* Ball, Karten, Fußball, um Geld, an der Börse, Klavier, vierhändig, vom Blatt, nach dem Gehör spielen; ~ *pravé křídlo Sp.* am rechten Flügel spielen; ~ *zápas Sp.* e-n Wettkampf austragen; ~ *něco na nástroji* et. auf e-m Instrument (vor)spielen; ~ *prim* die erste Geige spielen (*a. fig.*); ~ *na kolovrátek* Leierkasten drehen; ~ *divadelní hru* ein Theaterstück aufführen; ~ *roli fig.* e-e Rolle spielen; *co se dnes hraje?* was wird heute gespielt *od.* gegeben?; *všechno na ní jen hraje* alles an ihr ist in Bewegung; *krev mu hraje v žilách* das Blut kocht ihm in den Adern; ~ *všemi barvami* in allen Farben leuchten, schillern; ~ *duhovými barvami* irisieren; F *povídali že mu hráli!* das glaubt ihm keiner!, das nimmt ihm keiner ab!; *to by tak hrálo!* das fehlte gerade noch!

hrát si spielen (*a. fig.*); ~ *na honěnou, na schovávanou, na vojáky, s panenkou* Haschen, Versteck(en), Soldaten, mit e-r Puppe spielen; ~ *s ohněm, na velkého pána, na uraženého* mit dem Feuer, den großen Herrn, den Beleidigten spielen; F *se mnou si nehrej!* mit mir kannst du das nicht machen!

hrátky *f/pl.* (*1*; *-tek*) Plauderstündchen *n*; *mládežnické* ~ Jugendveranstaltung *f*.

hrav|ost *f* (*4*) Spieltrieb *m*, Spiellust *f*; **~ý** spielend, spielerisch; *-vé dítě* verspieltes Kind; *-vým způsobem, -vě* spielend (leicht).

hráz *f* (*3*) Damm *m*, Deich *m*; Staudamm *m*; Wall *m*; *lit. fig.* Wehr *f*; *ochranná* ~ Schutzwall; *přístavní* ~ Hafenmole *f*; *železniční* ~ Eisenbahndamm; *průtrž* ~*e* Damm-, Deichbruch *m*.

hrazd|a *f* (*1*) *Turn.* Reck *n*; *visutá* ~ Trapez *n*; *cvičit na -dě* am Reck turnen; **~ěný**: *-ná stavba* Fachwerkbau *m*.

hrazen, ~a, ~o *s. hradit*; **~í** *n* (*3*) Barriere *f*; Befestigung *f*, Verschanzung *f*; (*Wasser-*)Eindämmung *f*, Stauen *n*; *Hdl.* Vergütung *f*; (Kosten-)Deckung *f*.

hráz|ka *f* (*1c*; *-zek*) *Anat.* Damm *m*; **~ný** *m* (*Adj. 1*) Dammwächter *m*.

hrb *m* (*2*; *6. -u/-ě*) Buckel *m*; Höcker *m*; F *dostat na* ~ Dresche bekommen; *dát k-u na* ~ j-n verprügeln, verdreschen; P *lez mi na* ~*!* steig mir auf den Buckel!, rutsch mir den Buckel runter!; **~áč** *m* (*3*) Bucklige(r) *m*.

hrbat|ět ⟨*z-*⟩ (*3 Pl. -ějí*) buckelig werden; **~it** ⟨*na-*⟩: ~ *se* gebückt gehen; **~ost** *f* (*4*) bucklige (*od.* gebückte) Haltung *f*; **~ý** bucklig.

hrbit ⟨*na-, při-, s-*⟩ krümmen, beugen; ~ *se* sich krümmen, sich beugen, sich ducken; katzbuckeln.

hrbol *m* (*2a*) Buckel *m*, Höcker *m*; *Med.* Auswuchs *m*; *Bot.* Knollen *m*; (*Weg-*)Unebenheit *f*; *cesta je samý* ~ der Weg ist sehr holp(e)rig; **~atost** *f* (*4*) Holp(e)rigkeit *f*, holp(e)rige Beschaffenheit *f*; **~atý** holp(e)rig.

hec! *Int.* ratz!

hrč|et ⟨*za-*⟩ *Wagen, Räder*: rollen; *Maschine*: rattern; *Wasser*: rauschen; *Bächlein*: murmeln, rieseln; *Spinnrad*: schnurren; **~ivý** rauschend; rasselnd; *Stimme*: schnarrend.

hrdeln|í, ~ý Kehl-; *Jur.* Kriminal-;

-ní hlas Fistelstimme *f*; *-ná hláska Gr.* Kehllaut *m*; *-ní soud* Kriminalgericht *n*; *-ní zločin* Kapitalverbrechen *n*; **~ice** *f* (*2a*) Kehllaut *m*.

hrdin|a *m* (*5*) Held *m*; *národní* ~ Nationalheld; ~ *práce* Held der Arbeit (*UdSSR*); **~ka** *f* (*1c*; *-nek*) Heldin *f*; *děvče* ~ heldenhaftes Mädchen, Heldenmädchen; **~nost** *f* (*4*) Heldenmut *m*, Heldentum *n*; **~ný** heldenmütig, heldenhaft, heroisch, Helden-; ~ *čin* Heldentat *f*; *-ná smrt* Heldentod *m*; ~ *duch* heldische Gesinnung; **~ský** *s. hrdinný*; ~ *zpěv* Heldengesang *m*; *-ky zemřít* den Heldentod (*od.* als Held) sterben; **~ství** *n* (*3*) Heldenmut *m*; Heldentat *f*.

hrdl|ička *f* (*1c*; *-ček*) *Zo.* Turteltaube *f*; **~it** ⟨*na-*, *vy-*⟩: ~ *se s kým* sich mit j-m zanken; **~o** *n* (*1a*; *-del*) Kehle *f*, P Gurgel *f*; *fig.* Hals *m*, *iron.* Kragen *m*; *Tech.* Stutzen *m*; (*am Rohr*) Muffe *f*; *křičet z plna -la od. co* ~ *stačí* aus Leibeskräften schreien; ~ *láhve* Flaschenhals; *co* ~ *ráčí* nach Herzenslust, was das Herz begehrt; *lhát v* ~ frech ins Gesicht lügen; F *jde o* ~ es geht um Kopf und Kragen; *odvážit se -la* sein Leben aufs Spiel setzen; † *pod ztrátou -la* bei Todesstrafe; *propadnout -lem* sein Leben verwirken; *trestat na -le* mit dem Tode bestrafen; ~ *se mi úží* es schnürt mir die Kehle zu; *srdce mu tlouklo až v -le* das Herz schlug ihm bis zum Halse; *chytit za* ~ an der Kehle (F am Kragen) packen; *nasadit k-u nůž na* ~ j-m das Messer an die Kehle setzen; *Tech. plnicí* ~ Füllstutzen; *přípojné* ~ Anschlußstutzen; **~ořez** *m* (*1*; *-ové*; *6. -ích*/*-ech*) Halsabschneider *m*; **~ovat** (*-luji*) *v*/*t* schelten; ausschimpfen; bedrängen, plagen, quälen; ~ *se s. hrdlit se.*

hrdo|pýšek *m* (*1a*; *-šk-*; *-ové*) eingebildeter (P aufgeblasener, hochnäsiger) Mensch; **~pyšný** eingebildet, P aufgeblasen, hochnäsig; **~st** *f* (*4*) Stolz *m*.

hrdý stolz (*na co*, *k-o* auf et., j-n).

hrk! *Int.* ruck!; **~ačka** *f* (*1c*; *-ček*) Ratsche *f*; *verä.* Klapperkasten *m*, alte Kiste *f*; **~at** ⟨*za-*⟩ schnarren; *Motor*: rattern; *Auspuff*: knattern; *Karren*: holpern; **~nout** *pf.*, *za-* (*-kl*/*-knul*) rucken; *-klo ve mně* ich fuhr zusammen; *-klo v hodinách* die Uhr hat ausgesetzt; *slzy jí -kly do očí* die Tränen traten ihr in die Augen.

hrkot *m* (*2a*) Rucken *n*, Rasseln *n*; ~ *potůčku* das Murmeln des Baches; **~at** ⟨*za-*⟩ rattern, rasseln, holpern; **~avý** rasselnd, ratternd.

hrma *f* (*1*) *Anat.* Venusberg *m*, Schamhügel *m*.

hrnčírna *f* (*1*; *-ren*) Töpferwerkstatt *f*, Töpferei *f*.

hrnčíř *m* (*3*) Töpfer *m*; Topfwarenhändler *m*; **~ský** Töpfer-; *-ká hlína* Töpferton *m*; ~ *kruh* Töpferscheibe *f*; **~ství** *n* (*3*) Töpferhandwerk *n*.

hrn|ec *m* (*4*; *-nc-*) Topf *m*; *hliněný* ~ Tontopf; ~ *na vaření* Kochtopf; ~ *mléka* ein Topf Milch; ~ *s uchy* Henkeltopf; *jídlo z jednoho -nce* Eintopf(gericht *n*) *m*; **~eček** *m*, **~íček** *m* (*2b*; *-čk-*) Töpfchen *n*, kleiner Topf; **~ek** *m* (*2b*; *-nk-*) *s. hrnec*; (große) Tasse *f*, *öst.* Häferl *n*; Blumentopf *m*.

hrnout ⟨*na-*, *s-*, *za-*⟩ *v*/*t* (zusammen)scharren; ~ *se v*/*i Steine*, *Tränen*: rollen; *Wasser*: strömen; sich drängen, eilen; sich auf et. stürzen, über et. herfallen; *krev se mu -ne do hlavy* das Blut steigt ihm in den Kopf; F *peníze se mu jen -nou* das Geld fliegt ihm nur so zu; *pocty, zakázky se jen -nuly* es regnete Ehrungen, Bestellungen; ~ *se do práce* sich in die Arbeit stürzen; ~ *se zpět* zurückfluten.

hrob *m* (*2*) Grab *n*, Grabstätte *f*; *rodinný* ~ Familiengrab; *Boží* ~ Heiliges Grab; *řeč nad ~em od. u ~u* Grabrede *f*; *nápis na ~ě* Grabinschrift *f*; F *od kolébky až k ~u* von der Wiege bis zur Bahre; *až za* ~ bis über das Grab hinaus; *za ~em* jenseits des Grabes, im Jenseits; *nad ~em a.* mit e-m Fuß im Grab; *doprovodit k ~u* das letzte Geleit geben; *připravíš mě ještě do ~u!* du bringst mich noch ins Grab!; *obrátil by se v ~ě* er würde sich im Grabe umdrehen; *ticho jako v ~ě* Grabes-, Totenstille *f*; *fig. to je jeho* ~ das ist sein Tod.

hrobař *m* (*3*) Totengräber *m*; **~ík** *m* (*1a*) *Zo.* Totengräber *m*; **~ský** Totengräber-.

hrob|eček *m* (*2b*; *-čk-*) kleines

Grab, Kindergrab(stätte *f*) *n*; **~ka** *f* (*1c*; *-bek*) Gruft *f*; **~ní** Grab-; **~ník** *m* (*1a*) Totengräber *m*; **~ový** Grab(e)s-; *-vé ticho* Grabes-, Totenstille *f*.

hroch *m* (*1a*) Fluß-, Nilpferd *n*.

hrom *m* (*2a*) Donner *m*; Blitz *m*; *jako ~* wie der Blitz; riesengroß, Riesen-; *~ burácí* der Donner rollt; *~ uderil* der Blitz hat eingeschlagen; *jde to, jako když ~ bije fig.* das geht Schlag auf Schlag; *~e!* (zum) Donnerwetter!; *~ do toho, ~ aby do toho uhodil!* da soll doch gleich ein Donnerwetter dreinfahren!; *~ do něho!* der Schlag soll ihn treffen!; *tisíc ~ů!* Himmeldonnerwetter!

hromada *f* (*1*) Haufen *m*, Menge *f*; *Pol.* Versammlung *f*; *~ rašeliny* Torfhalde *f*; *složená ~ papíru* ein Stoß Papier; *~ dříví* Holzstoß *m*; F *~ peněz, lidu* ein Haufen (*od.* e-e Menge) Geld, Leute; *je na -dě fig.* er ist (damit) am Ende, er ist auf den Hund gekommen; *valná ~* Vollversammlung.

hromad|ění *n* (*3*) Häufung *f*; Anhäufung *f*, Ansammlung *f*; *~ slov* Wortschwall *m*; *~ úřadů* Ämterhäufung *f*; *Tech. ~ energie* Energiespeicherung *f*; **~it** ⟨*na-*⟩ (an)häufen; (auf)speichern; *Waren a.* stapeln; *Geld a.* horten; *Beispiele* aneinanderreihen; *~ se* sich häufen; sich ballen, sich stauen.

hromádka *f* (*1c*; *-dek*) Häufchen *n*, Häuflein *n*; *krtčí ~* Maulwurfshügel *m*; *~ neštěstí scherz.* ein Häufchen Unglück.

hromadn|ě *Adv.* massenhaft, massenweise, F haufenweise; **~ý** massenhaft, Massen-; kollektiv; *-né protesty* zahllose Proteste; *zbraň -ného ničení* Massenvernichtungswaffe *f*; *-né onemocnění* Massenerkrankung *f*; *-ná výroba* Massenproduktion *f*; *zboží -né spotřeby* Massenbedarfsartikel *m*; *-né pojištění* Kollektivversicherung *f*; *podstatné jméno -né* Sammelname *m*, Kollektivbezeichnung *f*.

Hromni|ce *f/pl.* (*2a*) *Rel.* Mariä Lichtmeß *f*; *o -cích* zu Lichtmeß; **♀ce** *f* (*2a*), **~ička** *f* (*1c*; *-ček*) Lichtmeßkerze *f*.

hromo|bití *n* (*3*) Donnerschläge *m/pl.*, Donnern *n*; F *fig.* Donnerwetter *n*; *spustit ~ j-n* zusammenstauchen; **~svod** *m* (*2*; *6. -u/-ě*) Blitzableiter *m*; **~tluk** *m* (*1a*; *-ové*) Kraftmensch *m*, P Bulle *m*, Kleiderschrank *m*; **~vat** ⟨*za-*⟩ (*-muji*) fluchen, wettern; **~vládce** *m* (*3*) Donnergott *m*; **~vý** Donner-; donnernd, tosend; *Gelächter*: schallend; *-vá rána* Donnerschlag *m*.

hromský verflucht, verteufelt; *~ chlap* Teufelskerl *m*.

hroší Flußpferd-, Nilpferd-; *mít ~ kůži fig.* ein dickes Fell haben.

hrot *m* (*2*; *6. -u/-ě*) Spitze *f*; Zinke *f*; Zacken *m*; *~ nože* Messerspitze; *plicní ~ Anat.* Lungenspitze; **~ek** *m* (*2b*; *-tk-*) *Typ.* Spieß *m*; P *a.* Melkeimer *m*; **~it** ⟨*na-*, *při-*, *za-*⟩ (*-cen*) (an-, zu)spitzen; **~itý** spitz, Spitz-; **~ovník** *m* (*2b*) *Tech.* Spitzbohrer *m*; **~ový** Spitzen-; *~ soustruh* Spitzendrehbank *f*.

hroud|a *f* (*1*; *hrud*) (Erd-)Scholle *f*; Batzen *m*, Klumpen *m*; *rodná ~ lit.* heimatliche Scholle; *~ másla* Butterwecke *f*; *~ sněhu* Schneeball *m*; **~ovat** (*-duji*) *s. hrudovat.*

hroutit ⟨*z-*⟩ (*-cen*) *v/t* brechen; *~ se* einstürzen, zusammenbrechen (*v/i*); *Preise*: fallen.

hrou|žit, ~zit ⟨*po-*, *v-*⟩ *v/t* versenken, untertauchen; *~ se* sich vertiefen, sich versenken, F sich vergraben (in *A*).

hroz|ba *f* (*1*; *-zeb*) Drohung *f*; *~ trestem* Strafandrohung; *~ světovému míru* Bedrohung des Weltfriedens; *plané -by* leere Drohungen; **~ebný** drohend, bedrohlich; **~en** *m* (*2a*; *-zn-*) Traube *f*; *vinný ~, ~ vína* Weintraube; **~ící** drohend; *~ nebezpečí* drohende Gefahr; *~ nebezpečím* gefahrdrohend; **~inka** *f* (*1c*; *-nek*) Rosine *f*; **~it** ⟨*na-*, *o-*, *po-*, *za-*⟩ (*-žen*) drohen (*čím* mit *D*); bedrohen (*k-u čím* j-n mit *D*); *~ prstem* mit dem Finger drohen; *~ trestem* e-e Strafe androhen; *~ válkou* mit Krieg drohen; *~ se* (*č-o* vor *D*) erschrecken; schaudern, grauen; scheuen (*A*); *-zím se toho* mir graut davor; **~itánský** P riesig, Riesen-; **~ivý** drohend, bedrohlich, *fig.* gefährlich.

hrozn|atý traubenreich; **~íček** *m* (*2b*; *-čk-*) *s. hrozen*; **~ovitý** traubenförmig; **~ový** Trauben-; **~ý** schrecklich, furchtbar, entsetzlich; P abscheulich, schauderhaft; *fig.*

riesig, gewaltig; ~ *čin* Greueltat *f*; ~ *hlad* Riesenhunger *m*; F *to je od tebe -ně hezké* das ist furchtbar nett von dir; **~ýš** *m* (*3*) Riesenschlange *f*; *královský* ~ Königsschlange.

hrst *f* (*4*) (hohle) Hand *f*; Handvoll *f*; F *smát se do ~i* sich (eins) ins Fäustchen lachen; *vzít rozum do ~i* gut überlegen, sich anstrengen; **~ka** *f* (*1c*; *-tek*) *Dim. zu hrst*; Häufchen *n*, Häuflein *n*, ein paar; ~ *peněz* etwas Geld.

hrtan *m* (*2a*) *Anat.* Kehlkopf *m*; **~ový** Kehlkopf-.

hrub|ě *Adv.* grob; *spustit* ~ in Grobheit ausarten; ~ *mletý* grob gemahlen; ~ *se mýlit* sich schwer irren; *není* ~ *zdráv* er ist leicht anfällig; ~ *č-o zneužít* mit et. schweren Mißbrauch treiben; *nebyla* ~ *bohatá* sie war nicht besonders reich; *ani* ~ *nevím, zda ...* ich weiß nicht recht, ob ...; **~ec** *m* (*3*; *-bc-*) *s. hrubián*; **~ěji** *s. hrubý.*

hrubián *m* (*1*) Grobian *m*, grober Kerl *m*; **~ský** grob, wie ein Grobian; **~ství** *n* (*3*) Grobheit *f*.

hrub|ka *f* (*1c*; *-bek*) grober Fehler *m*; **~nout** ⟨z-⟩ (*-bl*) grob werden; *Stimme, Hände*: rauh werden.

hrubo|srstý rauhhaarig, Rauhhaar-; **~st** *f* (*4*) Grobheit *f*; **~vací** *Tech.* Schrupp-; **~vat** (*-buji*) *Tech.* schruppen; **~zrnný** grobkörnig.

hrub|ství *n* (*3*) Grobheit *f*; **~ý** (*Komp.* *-ší*; *Adv.* *-ě*, *Komp.* *-ěji*) grob, Grob-; Roh-; barsch, derb; *Hdl.* Brutto-; *Adv. a. na -bo od. nahrubo* grob; *Rel. -bá mše* Hochamt *n*; *-bá stavba* Rohbau *m*.

hrud *s. hrouda.*

hruď *f* (*4d*; *-di*; *-ďmi*) Brust *f*; *Anat.* Brustkorb *m*; *přivinout na* ~ an die Brust drücken; ~ *proti hrudi* Brust an Brust.

hrudí *n* (*3*) *Kochk.* Brust(stück *n*) *f*; *telecí* ~ Kalbsbrust; *nadívané* ~ gefüllte Brust.

hrud|ka *f* (*1c*; *-dek*) kleine (*Erd-*)Scholle *f*, kleiner Klumpen *m*, Klümpchen *n*; *Tech.* Rötel *m*; *Bgb.* (*Renn-*)Luppe *f*; *bez -dek* klumpenfrei; **~kování** *n* (*3*) *Tech.* Rennverfahren *n*; **~kovna** *f* (*1*; *-ven*) *Bgb.* Rennanlage *f*.

hrudní *Anat.* Brust-; ~ *kost* Brustbein *n*; **~k** *m* (*2b*) Brustkorb *m*.

hrudov|at (*-duji*) mit Schneebällen (be)werfen; ~ *se* e-e Schneeballschlacht machen, F (sich) schneeballen; **~itý** klumpig.

hruš|eň *f* (*3*; *-šn-*) Birnbaum *m*; **~ka** *f* (*1c*; *-šek*) Birne *f*; Birnbaum *m*; *planá* ~ Holzbirne; *raná* ~ Jakobsbirne; ~ *planička* wilder Birnbaum; *jako* ~ *v širém poli* mutterseelenallein; *skleněná* ~ *Tech.* Glaskolben *m*; ~ *u kordu*, ~ *u sedla* Degen-, Sattelknauf *m*; **~kovice** *f* (*2a*) Birnenmost *m*; **~kovitý** birnenförmig; **~kový** Birn(en)-; *-vé dřevo* Birnbaumholz *n*; **~tička** *f* (*1c*; *-ček*) kleine Birne *f*, Birnchen *n*.

hrůza *f* (*1a*) Schreck(en) *m*, Grauen *n*, Entsetzen *n*, F Graus *m*; Greuel *m*; Schau(d)er *m*; ~ *jde po mně* ~ es überläuft mich eiskalt; ~ *mi projela celým tělem* der Schreck fuhr mir in die Glieder, F es ging mir durch Mark und Bein; *lehká* ~ ein leises Gruseln; ~ *smrti* Todesangst *f*; *jat -zou* schreckerfüllt, angsterfüllt; *bledý -zou* schreckensbleich, bleich vor Schreck; *s -zou* mit Entsetzen, voll Entsetzen; ~ *pomyslit* allein der Gedanke daran ist schrecklich; *je mi* ~ *už jen při pomyšlení* es schaudert mich, wenn ich nur daran denke; *až* ~ schrecklich, furchtbar (*a.* F *fig.* groß, viel *usw.*); *ó* ~! welch ein Graus!; *stojí to ~u peněz* das kostet e-e Menge (*od.* schrecklich viel) Geld; *křičí až* ~ er schreit entsetzlich; *lidí až* ~ schrecklich viele Menschen; *unaven až* ~ furchtbar müde.

hrůz|ný grauenhaft; **~ostrašný** grauenvoll, schrecklich, F schauderhaft; ~ *příběh* Schauer-, Gruselgeschichte *f*; **~oucí**: *hrůza* ~ fürchterlicher Schreck(en).

hrůzovlád|a *f* (*1*) Schreckensherrschaft *f*; **~ce** *m* (*3*) Tyrann *m*, Gewaltherrscher *m*.

hrůzyplný schrecklich; schreckerfüllt, voller Schrecken; *-ná noc* Schreckensnacht *f*.

hryz|at ⟨o-, za-⟩ (*-žu*/*-zám*) nagen (*co* an *D*); *Fingernägel* kauen; *Gewissen*: plagen, quälen; *to mě hryže* das ärgert mich, das wurmt mich; ~ *se s kým* sich mit j-m herumzanken, F sich beißen; **~avý** nagend; **~ení** *n* (*3*) Bauchschmerzen *m/pl.*, P Bauchkneifen *n*; *fig.* nagender

Kummer *m*; ~ *svědomí* Gewissensbisse *m/pl.*
hrýzt (*hryzu, -zl; -zen*) *s. hryzat.*
hřad *m* (*2*; *6. -u/-ě*), **~a** *f* (*1*) Hühnerstange *f*, Sitzstange *f für Hühner*; **~ovat** ⟨*u- se, za-*⟩ (*-duji*) auf der (*Hühner-*)Stange sitzen.
hřát ⟨*o-, pro-, při-, za-*⟩ (*hřeji, hřál; hřán*) wärmen; *v/t a.* erwärmen; erfreuen, *j-m* wohltun; ~ *se na slunci* (*u kamen*) sich an der Sonne (am Ofen) wärmen; ~ *si ruce* sich die Hände wärmen; ~ *se v čí přízni* sich *j-s* Gunst erfreuen.
hřbet *m* (*2*; *6. -ě/-u*) Rücken *m*, Buckel *m*; *Geogr* Kamm *m*; Grat *m*; ~ *ruky* Handrücken; *ostrý* ~ (*Fels-*)Grat; ~ *knihy* Buchrücken; *srnčí, vepřový* ~ *Kochk.* Reh-, Schweinsrücken; *selský* ~ *verä.* Bauernlümmel *m*; *fig. má tvrdý* ~ er hat e-n breiten Rücken; F *dostat na* ~ Dresche bekommen; *svrbí tě* ~ es juckt dich das Fell; **~ní** Rücken-; **~ovice** *f* (*2a*) *Tech.* Rückenleder *n.*
hřbílko *n* (*1b*; *-lek*) Striegel *m*; **~vat** ⟨*o-, vy-*⟩ (*-kuji*) *Pferd* striegeln.
hřbitov *m* (*2*; *2. -a*) Friedhof *m*, Kirchhof *m*; **~ní** Friedhofs-.
hřeb *m* (*2a*) Nagel *m*; *drátěný* ~ Drahtstift *m*; *okování* ~*y Sp.* Benagelung *f*; *zlatý* ~ *sezóny* Schlager *m* der Saison.
hřebčín *m* (*2*; *2. -a*), **~ec** *m* (*4*; *-nc-*) Gestüt *n*; **~ský**: *-ká stanice* Deckstation *f.*
hřebe|c *m* (*3*; *-bc-*) Hengst *m*; **~lcovat** ⟨*o-, vy-*⟩ (*-cuji*) *Pferd* striegeln.
hřeben *m* (*4 od. 2a*) Kamm *m*; *řídký* ~ Kamm mit weiten Zähnen, grober Kamm; *horský* ~ Gebirgskamm, Bergkamm; ~ *střechy* Dachfirst *m*; ~ *přílby hist.* Helmstutz *m*; **~ář** *m* (*3*) Kammacher *m*; **~atka** *f* (*1c*; *-tek*) *Zo.* Kammuschel *f*; **~ovitý** kammartig; **~ový** Kamm-.
hřeb|í *Stute*: trächtig; **~ice** *f* (*2a*) *weibl.* Fohlen *n.*
hřebíček *m* (*2b*; *-čk-*) *Dim. zu hřebík*; kleiner Nagel *m*; *Bot.* Nelke *f*; Gewürznelke *f.*
hřebík *m* (*2b*) Nagel *m*; *přibít* ~*em* annageln; *vlasy jako* ~*y* Haare wie Borsten; *udeřit* (*uhodit*) ~ *na hlavičku* den Nagel auf den Kopf treffen (*a. fig.*); F *pověsit na* ~ an den Nagel hängen.
hřeb|íkář, ~ikář *m* (*3*) Nagelschmied *m.*
hřebílko *n* (*1b*; *-lek*) *s. hřbílko.*
hřebínek *m* (*2b*; *-nk-*) (*Taschen-*) Kamm *m*, Kämmchen *n*; *kohoutí* ~ Hahnenkamm; *roste mu* ~ *fig.* es schwillt ihm der Kamm.
hřebit ⟨*o- se*⟩ Fohlen bekommen, fohlen.
hřeblo *n* (*1a*; *-bel*) Schüreisen *n*, -haken *m*; Rührarm *m*; Kratzeisen *n*; Striegel *m.*
hřebný *Stute*: trächtig.
hřeji, -ješ *usw. s. hřát*; **~vý** wärmend; *fig.* wohltuend.
hřeš|it ⟨*na- se, pro- se, z-, za-* (*si*)⟩ sündigen; sich versündigen; sich *an et.* vergehen; F fluchen; ~ *proti č-u* gegen et. verstoßen; *-ší na svém zdraví* er versündigt sich an s-r eigenen Gesundheit; *-ší na čí shovívavost* er verläßt sich zu sehr auf *j-s* Nachsicht.
hřib *m* (*2a*) Steinpilz *m*; F *zdravý jako* ~ kerngesund.
hříb|átko *n* (*1b*; *-tek*), **~ě** *n* (*4a*) Fohlen *n*, Füllen *n*; **~ěcí** Fohlen-.
hříbek *m* (*2b*; *-bk-*) *Dim. zu hřib*; *látací* ~ Stopfpilz *m.*
hříčka *f* (*1c*; *-ček*) (kleines) Spiel *n*, Spielchen *n*; *slovní* ~ Wortspiel; ~ *osudu* Spielball *m* des Schicksals.
hřídel *m* (*4*) *Tech.* Welle *f*; *kloubový* ~ Gelenkwelle; *zalomený* ~ Kurbelwelle; ~ *pluhu Agr.* Pflugbaum *m.*
hřích *m* (*2b*) Sünde *f*; *všední* ~ läßliche Sünde, leichte Sünde; *dědičný, smrtelný* ~ Erb-, Todsünde; ~ *mládí* Jugendsünde.
hřím|ání *n* (*3*) Donnern *n*; ~ *děl* Kanonendonner *m*; **~at** ⟨*do-, za-*⟩ donnern; *Musik*: laut spielen; *fig.* schimpfen, wettern; **~avý** donnernd; *Beifall*: tosend.
hříšek *m* (*2b*; *-šk-*) kleine Sünde *f*; *vgl. hřích.*
hříšn|ík *m* (*1a*) Sünder *m*; **~ice** *f* (*2a*) Sünderin *f*; **~ost** *f* (*4*) Sündhaftigkeit *f*; **~ý** sündig, sündhaft; F *-né peníze* Riesensumme *f*, Heidengeld *n*; *-ně drahý* sündhaft teuer.
hřiště, hříště *n* (*2a*) Spielplatz *m*; *sportovní* ~ Sportplatz; *fotbalové* ~ Fußballplatz.
hříva *f* (*1*) Mähne *f.*
hřivn|a *f* (*1*; *-ven*) *bibl.* Pfund *n*, Talent *n*; *přispět svou -nou* sein Scherflein beitragen; **~áč** *m* (*3*) *Zo.*

Ringeltaube *f*; **~atý** *Zo.* Mähnen-; *-tá ovce* Mähnenschaf *n.*
hřiženec *m* (*4*; *-nc-*) *Bot.* Setzling *m*, Steckling *m.*
hřížit ⟨*po-*⟩ senken; ~ *se do č-o* sich in et. vertiefen.
hřm|ět, ~ít ⟨*za-*⟩ (*3 Pl. -í, -ělo*) donnern; *-mí* es donnert; *děla -mí* die Kanonen donnern.
hřmot *m* (*2a*) Lärm *m*, Getöse *n*, Gepolter *n*; **~it** ⟨*za-*⟩ lärmen, poltern; **~ný** polternd, lärmend; *Stimme*: dröhnend, Donner-; *Musik*: sehr laut, überlaut; *Gestalt*: stämmig, robust; *Phrasen*: tönend.
hub *s. huba, houba.*
huba *f* (*1*; *hub*) Maul *n*, Schnauze *f*; (*Wolfs-*)Rachen *m*; P Klappe *f*, *öst.* Gosche(n) *f*; V Fresse *f*; *iron.* Mundwerk *n*; P *dostat na -bu* eins aufs Maul bekommen; *u -by* vor der Nase; *zlá* (*od. nevymáchaná*) ~ loses Mundwerk, Lästermaul; *držet -bu* Mund (V Maul) halten; *pořád mele -bou* sein Mundwerk steht niemals still; *klapnout -bou* das Maul aufmachen (*et. sagen*); *hrdina -bou* Maulheld *m*; *nevidí si do -by* er redet drauflos *od.* wie ihm der Schnabel gewachsen ist; F *je od -by* er ist nicht auf den Mund gefallen; *vzít k-u slovo od -by* j-m das Wort aus dem Munde nehmen; *lže až se mu od -by práší* er lügt wie gedruckt *od.* daß sich die Balken biegen; *utřít* (*suchou*) *-bu* leer ausgehen; *žít z ruky do -by* von der Hand in den Mund leben; *utrhnout si od -by* sich vom Munde absparen; *-by pl.* Gerede *n*; Schelte *f*; *přivést k-o do lidských hub* j-n ins Gerede bringen; F *dostat -by* e-n Rüffel bekommen.
hub|áč *m* (*3*) *verä.* Großmaul *n*; **~atka** *f* (*1c*; *-tek*) Schnabelkanne *f*; **~atost** *f* (*4*) Großsprecherei *f*, vorlautes Wesen *n*; **~atý** großsprecherisch; vorlaut, naseweis; zänkisch.
hube|nět ⟨*z-*⟩ (*3 Pl. -ějí*) mager werden, abnehmen; **~ní** *n* (*3*) Vertilgung *f*; **~nost** *f* (*4*) Magerkeit *f*; **~ňoučký** F sehr mager, schmächtig; **~ný** mager, Mager- (*a. Kost*); spärlich, dürftig, gering; ~ *jako lunt od. tyčka* spindeldürr; ~ *beton* Magerbeton *m.*
hubertus *m* (*2*; *6. -u/-e*) Lodenmantel *m*, *öst.* Hubertusmantel *m.*
hubice *f* (*2a*) Schnauze *f*, Schnabel *m*, Tülle *f*, *öst.* Schnäuzel *n*; *Tech.* Düse *f.*
hubičk|a *f* (*1c*; *-ček*) Kuß *m*, *öst.* Busserl *n*, Bussi *n*; Mäulchen *n*, Mündchen *n*; *s. hubice*; *špulit -ku* den Mund spitzen; *dali si po -čce* sie küßten einander; **~ovat** ⟨*o-, po-, z-*⟩ (*-kuji*) küssen (*se* sich).
hubit ⟨*po-, vy-, z-, za-*⟩ vertilgen, ausrotten; *Land* verwüsten, verheeren; **~el** *m* (*3*; *-é*), **~elka** *f* (*1c*; *-lek*) Vertilger(in *f*) *m.*
hubka *f* (*1c*; *-bek*) Schwämmchen *n*; Zündschwamm *m.*
hubn|out ⟨*po-, vy-, z-*⟩ (*-bl*) *s. hubenět*; **~utí** *n* (*3*) Abmagerung *f.*
hubovat ⟨*na- se, po-* (*si*)*, vy-, za-*⟩ (*-buji*) schimpfen (*na k-o* über *A*), schelten; P maulen; ~ *na k-o a.* j-n ausschimpfen; ~ *se* (sich) zanken.
hučе|ní *n* (*3*) Brausen *n*, Sausen *n*, Tosen *n*; Singen *n der Telegrafendrähte*; ~ *v uších* Ohrensausen; **~t** ⟨*roz- se, za-*⟩ dröhnen; brausen, *Sturm, Meer*: tosen, toben; *Wasser, Bach*: rauschen; *Wind*: pfeifen, heulen; *Menschen*: lärmen; *in den Ohren* sausen; F brumme(l)n.
hučka P *dial. f* (*1c*; *-ček*) schlechter (*od.* alter) Hut *m.*
hudba *f* (*1*; *-deb*) Musik *f*; *lit. a.* Tonkunst *f*; F Musikkapelle *f*; *učitelka -by* Musiklehrerin *f*; *vyučování -bě* Musikunterricht *m*; *učí se -bě* er nimmt Musikunterricht; *složit -bu k básni* ein Gedicht vertonen; ~ *budoucnosti fig.* Zukunftsmusik.
hudbymilovný musikliebend.
hudebn|í Musik-, musikalisch; ~ *skladatel* Komponist *m*, Tondichter *m*; ~ *skladba* Komposition *f*, Musikstück *n*; **~ický** Musik-; Musiker-; **~ík** *m* (*1a*) Musiker *m*; **~iny** *f/pl.* (*1*) Musikalien *f/pl.*; **~ost** *f* (*4*) Musikalität *f.*
hudlař *m* (*3*) Stümper *m*, Pfuscher *m*; **~ina** *f* (*1*) Stümperei *f*, Pfuscherei; **~it** ⟨*z-*⟩ (ver)pfuschen, hudeln, *pf.* P *a.* versauen; **~ský** stümperhaft, Stümper-; *-ká práce* Pfuscherarbeit *f*, P Pfuscherei *f*, *verä.* Murks *m*, V Mist *m.*
hudrovat ⟨*roz- se, za-*⟩ (*-ruji*) *Truthahn*: kollern, schreien; *fig.* schimpfen.
hudu *s. houst.*

huhlat ⟨*za-*⟩ brummen, murren.
huhň|a *m* (*5*; *-ni*), **~al** *m* (*1*; *-ové*) F Nuschler *m*; **~at** ⟨*za-*⟩ durch die Nase sprechen, näseln; nuscheln; **~avý** näselnd.
hukot *m* (*2a*) *s. hučení.*
hůl *f* (*3*; *hol-*) Stock *m*; (*Hirten-*, *Pilger-*, *Marschall-*)Stab *m*; (*Besen-*) Stiel *m*; (*Hockey-*)Schläger *m*; *lyžařská* ~ Schistock; *vycházková* ~ Spazierstock; *chodit s holí od. o holi* am Stock gehen; *dostat holí* Stockschläge bekommen; *trest holí* Prügelstrafe *f*; *fig. přijít na žebráckou* ~ an den Bettelstab kommen.
hulák|ání *n* (*3*) Grölen *n*, Gejohle *n*; **~at** ⟨*na-*, *roz- se*, *za-*⟩ grölen, johlen, lärmen.
hulán *m* (*1*) *Mil.* Ulan *m*; **~ský** Ulanen-.
hůlčička *f* (*1c*; *-ček*) Stäbchen *n*, Stöckchen *n*.
hulit ⟨*na-*, *vy-*, *za- si*⟩ stark rauchen, qualmen.
hůlk|a *f* (*1c*; *-lek*) Stäbchen *n*, Stöckchen *n*; *kouzelná* ~ Zauberstab *m*; **~ový** Stab-; *-vé písmo* Blockschrift *f*.
hulvát *m* (*1*) Flegel *m*, Rüpel *m*, Lümmel *m*; **~ský** flegelhaft, rüpelhaft; **~ství** *n* (*3*) Rüpelhaftigkeit *f*, Flegelei *f*.
humani|smus [-nɪz-] *m* (*2a*; *-sm-*) Humanismus *m*; **~sta** *m* (*5a*) Humanist *m*; **~stický** [-tɪ-] humanistisch; **~ta** *f* (*1*) Humanität *f*, Menschlichkeit *f*; **~tní** humanitär.
humánní human, menschlich.
humbuk F *m* (*2b*) Humbug *m*, Schwindel *m*; Werbetrick *m*.
humno *n* (*1*; *-men*) Tenne *f*; *za -ny* hinter der Scheune; *fig.* ganz nahe, nicht weit.
humor *m* (*2a*) Humor *m*; **~eska** *f* (*1c*; *-sek*) Humoreske *f*; **~ista** *m* (*5a*) Humorist *m*; **~istický** [-tɪ-] humoristisch; **~ný** humorvoll, voll Humor.
humpol|ácký F plump, ungeschickt; **~ák** F *m* (*1a*) Tolpatsch *m*.
humr *m* (*1*; *-ři*) *Zo.* Hummer *m*; **~ový** Hummer-.
humus *m* (*2*; *6. -u*/*-e*) Humus *m*; **~ovitý** humushaltig, humusreich.
Hun *m* (*1*; *-ové*) Hunne *m*.
huň|áč *m* (*3*) zottiges Tier; Mensch *m* mit zottigem Haar, P *iron.* Zottelbär *m*; **~atý** zottig.
hunský hunnisch, Hunnen-.
hunt[1] *m* (*2*) *Bgb.* Hunt *m*.
hunt[2] F *m* (*2*): *být na ~ě* auf den Hund kommen.
huntovat F ⟨*z-*⟩ (*-tuji*) kaputt machen.
hup! *Int.* hopp!, schwupp!; **~kat** *s. hopkat*; **~kem**, **~ky** hopp!, husch!; ~ *do postele!* husch ins Bett!; **~nout** *pf.* (*-pl.*) hüpfen, springen.
hurá (*indekl.*) Hurra(ruf *m*) *n*; *~!* hurra!
hůra *f* (*1d*) *dial.* Hügel *m*; P Dachboden *m.*
hurávlastenec *m* (*3*; *-nc-*) Hurrapatriot *m*.
hůrka *f* (*1c*; *-rek*) Hügel *m*.
hurt|em P eilig, hurtig; **~ovat** ⟨*za-*⟩ (*-tuji*) *j-n* drängen, zur Eile antreiben; eilen.
hůř(e) *Adv.* (*s. zle*, *špatně*) schlechter, schlimmer, ärger.
hus|a *f* (*1a*) Gans *f*; *pečená* ~ Gänsebraten *m*; *chov hus* Gänsezucht *f*; *aby tě ~ kopla!* hol dich der Kukkuck!; **~ák** *m* (*1a*) Gänsehirt *m*; *Zo.* Gänserich *m*.
husar *m* (*1*; *-ři*) Husar *m*; **~ský** Husaren-; ~ *kousek* Husarenstreich *m*.
husí Gänse-; ~ *prsíčka n/pl.* Gänsebrust *f*; ~ *nožičky f/pl.* Gänsefüßchen *n/pl.*, Anführungszeichen *n/pl.*; *naskakuje mu ~ kůže* er bekommt e-e Gänsehaut; *~m pochodem* im Gänsemarsch.
husi|čka *f* (*1c*; *-ček*) Gänschen *n* (*a.* F *fig.*); **~nec** *m* (*4*; *-nc-*) Gänsestall *m*; V Gänsedreck *m*.
husit|a *m* (*5a*) Hussit *m*; **~ský** hussitisch, Hussiten-; **~ství** *n* (*3*) Hussitentum *n*.
husopas *m* (*1*) Gänsehirt *m*; **~ka** *f* (*1c*; *-sek*) Gänsemagd *f*.
husovský *Adj.* Hus-, über Jan Hus.
huspenin|a *f* (*1*) Gallert(e) *f*, Gelee *n*; Sülze *f*, *öst.* Sulz *m*; Aspik *m*; **~ovitý** gallertartig; **~ový** Sülz-.
husti|č *m* (*4*) *Tech.* Verdichter *m*; **~lka** *f* (*1c*; *-lek*) *Kfz.* Luftpumpe *f*; **~t** ⟨*na-*, *z-*, *za-*⟩ (*-štěn*) (ver)dichten; *Ball*, *Reifen* aufpumpen, aufblasen; *Soße* eindicken; P *Wissen* eintrichtern, einpauken.
husto|listý dichtbelaubt; **~měr** *m* (*2a*) *Tech.* Dichtemesser *m*, Densimeter *n*; **~ta** *f* (*1*) Dichte *f* (*a. Phys.*); ~ *obyvatelstva*, *dopravy* Bevölkerungs-, Verkehrsdichte.

hustý (*Komp.* *-tší*; *Adv.* *-tě*, *Komp.* *houšť od.* *hustěji*) dicht; *Flüssigkeit*: dick; *Schrift*: eng; *Augenbrauen*: buschig; ~ *hřeben* feiner Kamm; *-tě pletený Gewebe*: engmaschig; *-té případy* zahlreiche Fälle; *vyvařit do -ta* dick einkochen.
huť *f* (*4c*) *Tech.* Hütte *f*, (*a. hutě pl.*) Hüttenwerk *n*; *sklářská* ~ Glashütte; **~mistr** † *m* (*1*; *-ři*) Hüttenmeister *m*.
hutní *Tech.* Hütten-; ~ *pec* Schmelzofen *m*; ~ *kombinát* Eisenhüttenwerk *n*.
hutnic|ký *Tech.* Hütten-, hüttentechnisch; *Chem.* metallurgisch; **~tví** *n* (*3*) Hüttenwesen *n*; Hüttenbetrieb *m*.
hutník *m* (*1a*) Metallurg *m*; Hüttenarbeiter *m*.
hutnost *f* (*4*) *Tech.* Dichte *f*, Konsistenz *f*; Kompaktheit *f*.
hutný *Tech.* dicht; kompakt; *Formen*: fest ausgeprägt; *Abhandlung*: inhaltsreich; *Stil*: gedrängt, knapp; *Nahrung*: gehaltvoll.
hvězd|a *f* (*1*) Stern *m*; (*Film-*)Star *m*; *fig.* Leuchte *f*; *Turn.* Rad *n*; *posetý* *~mi* sternbedeckt, bestirnt; *to je v -dách* das steht in den Sternen (geschrieben); **~árna** *f* (*1*; *-ren*) Sternwarte *f*.
hvězdář *m* (*3*) Astronom *m*; **~ský** astronomisch; **~ství** *n* (*3*) Astronomie *f*, Sternkunde *f*.
hvězdi|ce *f* (*2a*) Stern *m*, Rosette *f*; *Zo.* Seestern *m*; **~cový** sternförmig; *-vá jízda Sp.* Sternfahrt *f*; **~čka** *f* (*1c*; *-ček*) Sternchen *n*, Sternlein *n*; (*an der Uniform, als Fußnote u. a.*) Stern *m*.
hvězdn|atý mit Sternen bedeckt, sternübersät; *-tá obloha* Sternenhimmel *m*; *-tá noc* sternklare Nacht; **~ý** Stern(en)-; *-ná mapa* Himmelskarte *f*; ~ *rok* astronomisches Jahr; *-né světlo* Sternenschimmer *m*, Sternenglanz *m*.
hvězdo|pravec *m* (*3*; *-vc-*) Sterndeuter *m*, Astrologe *m*; **~vitý** sternförmig, Stern-; **~vý** Stern-.
hvizd *m* (*2*) Pfiff *m*.
hvízda|t ‹*na-*, *po-*, *za-*› pfeifen; ~ *si* vor sich hin pfeifen; **~vý** pfeifend.
hvízd|nout *pf.*, *za-* (*-dl*) e-n Pfiff ausstoßen, (einmal) pfeifen; **~nutí** *n* (*3*), **~ot, hvizdot** *m* (*2a*) Pfeifen *n*.
hvozd *m* (*2*; *6. -u/-ě*) (dichter) Wald *m*, Hochwald *m*, Forst *m*; *Tech.* Malzdarre *f*; **~ík** *m* (*2b*) *Bot.* Nelke *f*; **~it** ‹*u-*› *Hopfen, Malz* darren.
hý! *Int.* hü!
hyacint *m* (*2a*) *Bot.* Hyazinthe *f*.
hybaj! P fort!; ~ *pryč!* fort mit dir!, weg da!; *teď* ~ *do práce!* (jetzt) marsch an die Arbeit!; ~ *do lesa!* hinaus (*od.* hinein) in den Wald!
hýbat ‹*roz-*› (*-u/-ám*) (*čím*) bewegen, in Bewegung setzen (*A*); *fig.* ~ *s čím* rühren (an *A*); ~ *nohama* die Beine bewegen; ~ *stolem* den Tisch rücken; *nehýbejme s tím!* lassen wir die Sache ruhen!; ~ *ocasem* mit dem Schwanz wedeln; ~ *se* sich bewegen, sich regen; ~ *sebou* sich rühren.
hybnost *f* (*4*) Rührigkeit *f*, Beweglichkeit *f*; *Phys.* Bewegungsmoment *n*, Bewegungsimpuls *m*.
hýbnout *pf.* (*-bl*) *s. hýbat.*
hybný rührig, flink, wendig; *-ná síla* treibende Kraft, Triebkraft *f*; *Tech.* Antriebskraft *f*; *-né soustředí* Bewegungsmechanismus *m*.
hybrid *m* (*2a*), **~a** *f* (*1*) *Zo.* Hybrid *m*; **~ní** hybrid.
hýčkat ‹*roz-*, *z-*› *Kind* schaukeln, wiegen; *j-n* verwöhnen, *iron.* verhätscheln.
hydrant *m* (*2a*) Hydrant *m*.
hydrát *m* (*2a*) Hydrat *n*.
hydro|centrála *f* (*1a*), **~elektrárna** *f* (*1*; *-ren*) Wasserkraftwerk *n*; **~plán** *m* (*2*; *6. -u/-ě*) Wasserflugzeug *n*; **~vací** Hydrier-.
hyena *f* (*1*) Hyäne *f*.
hygien|a *f* (*1*) Hygiene *f*; **~ický** [-nɪ-] hygienisch.
hyje! *s. hý.*
hýkat ‹*roz- se*, *za-*› wie ein Esel schreien, *Kdspr.* i-a machen; ~ *blahem* vor Wohlbehagen grunzen.
hýl *s. hejl.*
hymna *f* (*1*; *-men*) Hymne *f*; *fig.* Lobgesang *m*, Loblied *n*.
hynout ‹*z-*, *za-*› (*-nul*) zugrunde gehen; *Pflanze*: eingehen; *alte Grundsätze*: schwinden; (*sittlich*) verkommen; ~ *čím* vergehen vor (*z. B. Sehnsucht, Hunger*), *poet.* verschmachten; ~ *hladem* verhungern; ~ *žízní* verdursten.
hynutí *n* (*3*) Untergang *m*, Verfall *m*; (Ver-)Schmachten *n*.
hyperbol|a *f* (*1a*) Hyperbel *f*, Übertreibung *f*; *Geom.* Kegelschnitt *m*; **~ický** hyperbolisch; übertrieben.

hyper|produkce *f* (*2*) Überproduktion *f*; **~trofie** *f* (*2*) *Med.* Hypertrophie *f*.

hypnóza *f* (*1a*) Hypnose *f*.

hypnoti|cký [-tı-] hypnotisch; **~zér** *m* (*1*; *-ři*) Hypnotiseur *m*.

hypo|fýza *f* (*1a*) *Anat.* Hypophyse *f*, Hirnanhang(drüse *f*) *m*; **~chondr** *m* (*1*; *-ři*/*-rové*) Hypochonder *m*, eingebildeter Kranker *m*; **~teční** hypothekarisch, Hypothekar-; *~ banka* Hypothekenbank *f*; **~téka** *f* (*1c*) Hypothek *f*; *vypůjčit si peníze na -ku* e-e Hypothek aufnehmen; *bez hypoték* hypothekenfrei; **~t(h)etický** [-tı-] hypothetisch; **~téza** *f* (*1a*) Hypothese *f*.

hýř|ení *n* (*3*) ausschweifendes Leben *n*, Schwelgerei *f*, Prasserei *f*; **~il** *m* (*1*; *-ové*) Schwelger *m*, Prasser *m*.

hýři|t ⟨*na-* se, *po-*, *za-*⟩ in Saus und Braus leben, schwelgen; prassen, verschwenden; *~ silou* vor Kraft strotzen; *~ všemi barvami* in allen Farben leuchten *od.* schillern; **~vý** ausschweifend, schwelgerisch, verschwenderisch.

hyster|ický hysterisch; **~ie** *f* (*2*) Hysterie *f*; *válečná ~* Kriegspsychose *f*.

hyzd|it ⟨**z-**⟩ (*-žděn*) verunstalten, entstellen, P verschandeln; *Kleid usw.*: *j-n* häßlich machen.

hýž|dě *f/pl.* (*2b*; *-í*) *Anat.* Gesäß *n*; **~ďový** Gesäß-.

Ch

chab|nout ⟨*o-, z-*⟩ (*-bl*) schlaff werden; ermatten; *fig.* nachlassen (*v/i*); **~ost** *f* (*4*) Schlaffheit *f*; Mattigkeit *f*; *Med.* Schwäche *f*; ~ *vůle* Willensschwäche; **~oučký** sehr schwach *od.* matt; schwächlich; **~ý** schlaff; schwach, matt; *fig.* lässig, schlecht; *obchody jsou -bé* das Geschäft geht schlecht; *-bá odpověď* e-e dürftige Antwort; *-bé vědomosti* mangelhafte Kenntnisse.

chajda F *f* (*1*) (armselige) Hütte *f*; ~ *na spadnutí* baufällige Bude.

chaloupka *f* (*1c*; *-pek*) kleine Hütte *f*, Häuschen *n*.

chaluh|a *f* (*1b*) Seegras *n*, Tang *m*; *Bot.* Blasentang; ~ *pilovitá* Sägetang; *Zo.* Raubmöwe *f*; **~ovitý** Tang-.

chalup|a *f* (*1*) Hütte *f*, Kate *f*, (*Bauern-*)Haus *n*; **~nický** Häusler-, Kleinbauer-; **~ník** *m* (*1a*) Kleinbauer *m*, Häusler *m*.

chám¹ *m* (*1*) Bauernlümmel *m*; V Schurke *m*.

chám² *m* (*2a*) *Bio.* Sperma *n*, Samen *m*.

chameleón *m* (*1*) Chamäleon *n* (*a. fig.*).

chámo|tok *m* (*2b*) *Med.* Samenfluß *m*; **~vod** *m* (*2a*) *Anat.* Samenleiter *m*; **~vý** *Bio.* Samen-; *-vá tělíska n/pl.* Samenzellen *f/pl.*, Spermien *n/pl.*

chamra|ď *f* (*4d*; *-di*), **~dina** *f* (*1*) Gerümpel *n*, Kram *m*; *verä.* Brut *f*; *všechno stejná* ~ alle von der gleichen Sorte.

chamti|t ⟨*na-*⟩ (zusammen)raffen, F hamstern; knausern; **~vec** *m* (*3*; *-vc-*) habgieriger Mensch *m*, Geizhals *m*, P Raffer *m*, Raffke *m*; **~vost** *f* (*4*) Habgier *f*, Habsucht *f*, Raffgier *f*; **~vý** habgierig, raffgierig.

chao|s *m* (*2a*) Chaos *n*; **~tický** [-tɪ-] chaotisch.

chápa|cí Fang-, Greif-; ~ *hák* Fanghaken *m*; ~ *schopnost Med.* Greiffähigkeit *f*; **~dlo** *n* (*1a*; *-del*) *Tech.* Greifer *m*; *Zo.* Fangarm *m*.

cháp|ání *n* (*3*) Erfassen *n*, Auffassung *f*; **~at** (*-u*) (*co, po čem*) (er-)greifen (*A*), greifen *od.* fassen (nach *D*); (*geistig*) begreifen, erfassen, F kapieren; *chápete?* ist das klar?, verstehen Sie?; ~ *se č-o* in Angriff nehmen (*A*); ~ *se té*(*to*) *příležitosti* die Gelegenheit ergreifen; ~ *se práce* sich an die Arbeit machen, ans Werk gehen.

chápav|ost *f* (*4*) Auffassungsgabe *f*, -vermögen *n*; **~ý** aufnahmefähig; *Lächeln*: verständnisvoll; *Kind*: aufgeweckt, begabt; *Zo.* Greif-.

charakter *m* (*2a*) Charakter *m*; **~istický** [-tɪ-] charakteristisch; **~ističnost** *f* (*4*) Eigenart *f*; **~istika** [-tɪ-] *f* (*1c*) Charakteristik *f*; *Math.* Kennziffer *f*; *Tech.* Kennlinie *f*; **~izovat** (*im*)*pf.* ⟨*z-*⟩ (*-zuji*) charakterisieren; **~ní** Charakter-; *Person*: charakterfest; *Tat*: von Charakter zeugend.

Charvát *m* (*1*), **~ka** *f* (*1c*; *-tek*) Kroat|e *m*, -in *f*; **~sko** *n* (*1b*) *Geogr.* Kroatien *n*; **2ský** kroatisch; **2ština** *f* (*1*) kroatische Sprache, Kroatisch(e) *n*.

chasa *f* (*1a*) Gesinde *n*; Dorfjugend *f*; *verä.* Gesindel *n*, Bande *f*.

cháska *f* (*1c*; *-sek*) (*Künstler-, Kinder-*)Schar *f*; *verä. s. chasa.*

chasník *m* (*1a*) (junger) Bursch(e) *m*; Geselle *m*, Knecht *m*; † Junggeselle *m*.

chassis ['ʃasi:] *n* (*indekl.*) (*Auto-*) Fahrgestell *n*; *Rdf.* Grundplatte *f*.

chat|a *f* (*1*) Hütte *f*; *horská* ~ Berghütte, -hotel *n*, Baude *f*; *víkendová* ~ Wochenendhaus *n*; **~ař** *m* (*3*) Wochenendhausbesitzer *m*; Herbergsvater *m*.

chátra *f* (*2d*; *-ter*) Gesindel *n*, Pack *n*, Pöbel *m*; **~at** ⟨*z-*⟩ *Mensch*: herunterkommen, verkommen; *Dinge*: verfallen; *Haus*: baufällig werden.

chatr|č *f* (*3*) (*kleine und elende*) Hütte *f*; Baracke *f*; **~nost** *f* (*4*) ärmliches Aussehen *n* (*e-s Menschen*); Gebrechlichkeit *f*; *Med.* Schwäche *f*; Schadhaftigkeit *f*, Baufälligkeit *f*;

Lückenhaftigkeit *f*, Dürftigkeit *f*; **~ně** *Adv.* schlecht, mangelhaft, dürftig; notdürftig (*bekleidet*); **~ný** *Kleider*: abgenutzt, abgetragen, schäbig; *Haus*: baufällig; *Zustand, Ergebnis*: erbärmlich, dürftig; *Ware*: minderwertig; *Essen*: mager, karg; *Leistung*: schwach, unzureichend; *Mensch*: schwächlich, gebrechlich.

chce, chci *s. chtít.*

chcíp|ácký P elend, miserabel; *-ká kobyla* Schindmähre *f*; **~at** verenden, V verrecken, krepieren; **~lý** verendet, V verreckt, krepiert; schlaff; **~nout** *pf.* (*-pl*) *s. chcípat*; **~otina** *f* (*1*) Kadaver *m*, Aas *n*.

Chebsko *n* (*1b*) *Geogr.* Egerland *n*.

checht|at ⟨*roz-, za-*⟩: *~ se* laut lachen (*č-u* über *A*); unanständig lachen; kichern; *~ se k-u do očí* j-m frech ins Gesicht lachen; *~ se do vousů* sich ins Fäustchen lachen; **~avý** kichernd; *~ racek* Lachmöwe *f*; **~ot** *m* (*2a*) Gelächter *n*, Lachen *n*.

chemi|cký chemisch; **~čka** *f* (*1c*; *-ček*) Chemikerin *f*; F *a.* chemische Fabrik *f*.

chemie *f* (*2*) Chemie *f*.

chemik *m* (*1a*) Chemiker *m*; **~álie** *f* (*2*) Chemikalie *f*.

chichot *m* (*2a*) Kichern *n*, Gekicher *n*; **~at se** ⟨*roz-, za-*⟩ kichern.

Chil|e [tʃi:-] *n* (*indekl.*) *Geogr.* Chile *n*; **~ský** chilenisch; *~ ledek* Chilesalpeter *m*.

chiméra *f* (*1d*) Chimäre *f*; *Zo.* Seedrachen *m*.

chin|in *m* (*2a*) Chinin *n*; **~ovník** *m* (*2b*) Chinarindenbaum *m*; *kůra ~u* Chinarinde *f*.

chirurg *m* (*1a*; *-ové*) Chirurg *m*; **~ický** chirurgisch.

chlad *m* (*2a*) Kühle *f*; *Phys.* Kälte *f*; *ochrana proti ~u* Kälteschutz *m*; *třást se ~em* vor Kälte zittern; *(u)chovat v ~u* kühl lagern.

chládek *m* (*2b*; *-dk-*) angenehme Kühle *f*; F *a.* Arrest *m*; *sednout si do ~dku* sich in den Schatten setzen; F *sedět v -dku* (im Knast) sitzen, brummen.

chlad|icí Kühl-; *~ zařízení* Kühlanlage *f*; **~ič** *m* (*4*) (*Auto-*)Kühler *m*; **~írna** *f* (*1*; *-ren*) Kühlraum *m*, Kühlhaus *n*; Kühlanlage *f*; **~it** ⟨*vy-, z-, za-*⟩ (*-zen*) (ab)kühlen; *Speisen* kalt stellen; *~ se* sich abkühlen; **~ivý** kühl; *Tech.* Kühl-; **~ně** *Adv. fig.* kühl; *chovat se ~ (ke k-u)* kühl behandeln (*A*), F die kalte Schulter zeigen (*D*); **~nička** *f* (*2a*; *-ček*) Kühlschrank *m*; **~no** *n* (*1*) Kühle *f*, Frische *f*; *Adv.* kühl, frisch; *je mi ~* mir ist kalt; **~nost** *f* (*4*) Kühle *f*; (*Luft-*)Kälte *f*; Gefühlskälte *f*; *pohlavní ~ Med.* Frigidität *f*.

chlad|nout ⟨*vy-, z-*⟩ (*-dl*) kalt werden, erkalten; sich abkühlen; *fig.* absterben; **~ný** kühl, kalt; *-ná vlna* Kaltwelle *f*.

chlácho|lení *n* (*3*) Besänftigung *f*, Beschwichtigung *f*; **~it** ⟨*u-*⟩ besänftigen, beschwichtigen; *Zorn* mildern; **~ivý** besänftigend, beschwichtigend.

chlamst|at ⟨*po-*⟩, **~nout** *pf.*, *s-* (*-tl/-tnul*) gierig fressen *od.* saufen; *Hund*: schlabbern; *~ po čem* schnappen nach *D*.

chlap *m* (*1*) Kerl *m*; *verä.* Mannsbild *n*; *hist.* Leibeigene(r) *m*; **~ácký** (*Adv. -y*) prächtig, tüchtig, (*fig.*) ordentlich; F *~ kousek* Prachtstück *n*; **~ák** F *m* (*1a*) Prachtkerl *m*; **~ec** (*3*; *-pc-*) Junge *m*, † Knabe *m*, *dial.* Bub *m*, P Bursch(e) *m*; Liebhaber *m*, Freund *m*.

chlape|ckost *f* (*4*) Knabenhaftigkeit *f*; **~cký** (*Adv. -ky*) knabenhaft, Knaben-; *~ kousek* Bubenstreich *m*; **~ctví** *n* (*3*) Knabenalter *n*; **~ček** *m* (*1a*; *-čk-*) Knäblein *n*, Bübchen *n*; *-čku!* Kleiner!, Bürschchen!

chlapík *m* (*1a*) Prachtkerl *m*, Mordskerl *m*; P *v tom je ~* davon versteht er etwas; *čertův ~* Teufelskerl *m*; *pěkný ~ iron.* sauberer Geselle *m*; *veselý ~* lustiger Bruder, fideler Kumpel; *z toho bude ~* aus dem wird noch etwas werden.

chlapisko *n* (*1b*; *-sek*) kräftiger Mensch *m*, *verä.* ungeschlachter Kerl *m*.

chlapský Mannes-, männlich; mannhaft; rüstig; *fig.* tüchtig, gewaltig; grob; † Bauern-; *to je -ké* das ist echte Mannesart; F *~ kus práce* ein schönes Stück Arbeit; *~m hlasem* mit rauher Stimme; *-ká pýcha* Bauernstolz *m*.

chlast V *m* (*2a*) Saufen *n*; Suff *m*; Gesöff *n*, Brühe *f*; **~at** V ⟨*na- se, o-, pro-*⟩ saufen; *pf. na-* se sich besaufen; **~oun** *m* (*1*) Säufer *m*, Trinker *m*, Trunkenbold *m*.

chlazen|í *n* (*3*) Kühlung *f*; **~ý** gekühlt; *~ vzduchem* luftgekühlt.
chléb *m* (*2*; *chleb-*; *2. -a*; *6. -ě*/*-u*) Brot *n*; *bílý, černý, formový, samožitný ~* Weiß-, Schwarz-, Kasten-, Vollkornbrot; *~ s máslem* Butterbrot; *žít o chlebě a vodě* von Wasser und Brot leben; *~ z milosti* Gnadenbrot; *krušný ~ fig.* sauer verdientes Brot; F *přijít o chleba* s-n Broterwerb verlieren; *~ Páně Rel.* Abendmahl *n*; *~ náš vezdejší bibl.* unser täglich(es) Brot; *svatojanský ~* Johannisbrot.
chlebárna V *f* (*1*; *-ren*) Maul *n*, Fresse *f*.
chleb|ař *m* (*3*) Profitmacher *m*, Geschäftemacher *m*; **~enka** *f* (*3*; *-nek*) Brotkarte *f*; **~íček** *m* (*2b*; *-čk-*) das (liebe, tägliche) Brot *n*; Broterwerb *m*; *obložený ~* Sandwich *n*, Appetitshappen *m*; *perný ~ fig.* saures Brot; **~ník** *m* (*2b*) Brotbeutel *m*; Brotkasten *m*; **~ný** *s. chlebový*.
chlebo|dárce *m* (*3*) Brotgeber *m*, Brotherr *m*; **~vina** *f* (*1*) Brotgetreide *n*; **~vka** P *f* (*3*; *-vek*) Brotsuppe *f*; **~vník** *m* (*2b*) *Bot.* Brotbaum *m*; **~vý** Brot-.
chlem(s)tat *s. chlamstat*.
chlév *m* (*2*; *2. -a*) (Kuh-)Stall *m*; **~ní, ~ský** Stall-; *-ská mrva* Stalldung *m*.
chlíp|ět (heraus)fließen; schlaff herabhängen; **~ník** *m* (*1a*) (Wol-)Lüstling *m*; **~nost** *f* (*4*) Begierde *f*, Geilheit *f*; **~ný** lüstern, begehrlich.
chlíst|at, ~nout *pf.*, *vy-* sich ergießen, spritzen; *v/t* begießen, bespritzen; F *venku -tá* draußen gießt es wie aus Kannen.
chlívek *m* (*2b*; *-vk-*) (*Ziegen-, Gänse-*)Stall *m*; *scherz.* Rubrik *m* (*e-s Formblattes*); F *pěkný ~* (richtiger) Saustall.
chlop|eň *f* (*3*; *-pn-*) Klappe *f*; **~enní**: *~ vada Med.* Klappenfehler *m*.
chlor [-ɔːr] *m*, **chlór** *m* (*2a*) Chlor *n*.
chlor|ečnan *m* (*2a*) *Chem.* Chlorat *n*; **~istan** *m* (*2a*) *Chem.* Perchlorat *n*; **~nan** *m* (*2a*) Hypochlorit *n*.
chloro|fyl *m* (*2a*) *Bot.* Chlorophyll *n*; **~vodík** *m* (*2b*) Chlorwasserstoff *m*; **~vý, chlórový** Chlor-.
chlouba *f* (*1*; *chlub*) Prahlerei *f*, Stolz *m*; *bez -by* ohne zu prahlen; *to je moje ~* das ist mein (ganzer) Stolz.
chloupek *m* (*2b*; *-pk-*) Haufen *m*; *Bot.* Haarfaser *f*; *ve všem najde ~ fig.* er findet immer ein Haar in der Suppe; *s. chlup*.
chlub|ení *n* (*3*) Prahlen *n*, Prahlerei *f*; **~il** *m* (*1*; *-ové*) Prahlhans *m*, Aufschneider *m*; **~it se** ⟨*na-, po-*⟩ (*čím*) prahlen mit (*D*), sich *e-r Sache* rühmen; *-bí se cizím peřím* er schmückt sich mit fremden Federn; **~ivost** *f* (*4*) Prahlsucht *f*; **~ivý** prahlerisch; **~ný** Prahl-.
chlum *m* (*2a*) Hügel *m*.
chlup *m* (*2a*) (kurzes) Haar *n*; *pouštět ~y* Haare (*od.* Federn) lassen (müssen); *sežrat s ~y* mit Haut und Haar auffressen; *o ~* um ein Haar; *na ~* aufs Haar *gleichen*; *zbavovat ~ů* enthaaren; **~áč** *m* (*3*): *pes ~* zottiger Hund; F *s. vousáč*; **~atý** behaart; *Tier, Fell*: zottig, struppig; Pelz-; *Witz*: schlüpfrig, F nicht (ganz) stubenrein; naschhaft; F *~ jazýček* Leckermaul *n*, Naschkatze *f*.
chmat *m* (*2a*) *s. hmat*; P *je za pět prstů a ~* das ist geklaut; **~ák** F *m* (*1a*) Langfinger *m*.
chmel *m* (*2 od. 4*) Hopfen *m*; **~árna** *f* (*1*; *-ren*) Hopfenboden *m*; **~ař** *m* (*3*) Hopfenpflücker *m*, Hopfenbauer *m*; **~ařský** Hopfen-; **~nice** *f* (*2a*) Hopfengarten *m*, Hopfenfeld *n*; **~ovina** F † *f* (*1*) Gerstensaft *m*, Bier *n*; **~ovka** *f* (*1c*; *-vek*) Hopfenstange *f*; **~ový** Hopfen-.
chmur|a *f* (*1d*) schwarze Wolke *f*, Regenwolke *f*; Stirnfalte *f*; *-ry pl.* trübe Gedanken, Trübsal *f*; **~ný** finster, trüb(e); *Himmel*: bewölkt; *~ mrak* schwarze Wolke; *-ná nálada* trübe (*od.* gedrückte) Stimmung.
chmuřit ⟨*po-, z-, za-*⟩ *v/t* verdüstern, umwölken; *Stirn* runzeln; *~ se* sich verdüstern, sich verfinstern; *Himmel*: sich bewölken.
chmýří *n* (*3*) Flaum *m*; *Bot.* Fruchtwolle *f*; *~ na bradě iron.* Milchbart *m*.
chňap! *Int.* schnapp!; **~at** (*-ám*/*-u*), **~nout** *pf.* (*-pl*) schnappen (*co, po čem A od.* nach *D*).
chobot *m* (*2*; *6. -u*/*-ě*) *Zo.* Rüssel *m*; *Geogr.* Bucht *f*, (*Meer-*)Busen *m*; (*Land-*)Zipfel *m*, Spitze *f*; **~natec** *m* (*3*; *-tc-*) Rüsseltier *n*; **~nice** *f* (*2a*) *Zo.* Krake *m*.
chod *m* (*2a*) Gang *m*; Gangart *f*;

Tech. a. Lauf *m*; Betrieb *m*, Tätigkeit *f*; Verlauf *m*; *mrtvý* ~, ~ *naprázdno* Leerlauf; *zpětný* ~ Rücklauf; Rückwärtsgang; *nepřetržitý* ~ Dauerbetrieb; ~ *událostí* Lauf der Ereignisse; *být v* ~*u* im Gange sein; *uvést do* ~*u* in Betrieb nehmen; *Maschine* in Gang setzen; *Motor* anlassen; *Hochofen* anblasen; *dát č-u volný* ~ e-r Sache freien Lauf lassen; *oběd o třech* ~*ech* Mittagessen *n* mit drei Gängen; ~**ba** *f* (*1*; *-deb*) *Arch.* Gang *m*; (*Haus-*)Flur *m*; *Bgb.* Strecke *f*; ~**bař** *m* (*3*) Kalfaktor *m*.

chodě *Adv.* im Gehen.

chodec *m* (*3*, *-dc-*) Fußgänger *m*, Passant *m*; *Sp.* Geher *m*; *je dobrý* ~ er ist gut zu Fuß; ~**ký** Geh-; *-ké závody Sp.* Wettgehen *n*.

chodidlo *n* (*1a*; *-del*) Fußsohle *f*; (*Strumpf-*)Sohle *f*, Füßling *m*.

chodit ⟨*na- se, od-, roz-*⟩ (*iter. zu jít*) (*oft*) gehen; herumgehen, auf und ab gehen; *Post*: ankommen, eingehen; sich kleiden, gekleidet gehen; ~ *do č-o Schule, Theater usw.* besuchen; ~ *ke k-u* j-n häufig besuchen, (*a. s kým*) Umgang pflegen mit (*D*), verkehren bei (*D*), *fig.* aus- und eingehen; ~ *na lup* auf Raub ausgehen; ~ *na procházku* spazieren gehen; ~ (*kam*) *o radu* Rat suchen; ~ *po zapovězených cestách fig.* krumme Wege gehen; ~ *po čtyřech* auf allen vieren gehen; ~ *po hospodách* sich in Wirtshäusern herumtreiben; ~ *k-u po hlavě fig.* j-m auf der Nase herumtanzen; ~ *po kraji* im Land herumziehen; ~ *po městě* die Stadt ablaufen; ~ *po nemocných* Krankenbesuche machen; ~ *po pokoji* im Zimmer auf und ab gehen; ~ *po světě* die Welt durchwandern; ~ *po žebrotě* betteln (gehen); ~ *pro vodu* Wasser holen (gehen); ~ *přes co* überschreiten (*v/t*); *přestala s ním* ~ sie geht nicht mehr mit ihm; ~ *v černém* schwarz gekleidet gehen; F *umět v čem* ~ bewandert sein in (*D*); ~ *za školu* die Schule schwänzen; ~ *za děvčaty* den Mädchen nachlaufen; *tudy se nechodí* hier führt kein Weg; ~ *si* einherstolzieren.

chodí|tko *n* (*1b*; *-tek*, *6. Pl. -ách*) Laufställchen *n*; ~**vat** (*frequentativ*) häufig gehen, zu gehen pflegen; hie und da (hin)gehen.

chodník *m* (*2b*) Gehsteig *m*, -weg *m*, Bürgersteig *m*; *lit.* Pfad *m*, Fußweg *m*; *pohyblivý* ~ Rolltreppe *f*.

chochol *m* (*2*; *6. -u/-e*) (Haar-) Schopf *m*; Federbusch *m*; *Zo.* Haube *f* (*der Vögel*); ~**atý** *Zo.* Hauben-, Schopf-; ~**ík** *m* (*2b*) *Bot.* Doldentraube *f*; ~**ka** *f* (*3*; *-lek*) Büschel *n*; Schopfhenne *f*; ~**ouš** *m* (*3*) Haubenlerche *f*.

choler|a *f* (*1d*) Cholera *f*; ~**ický** cholerisch; ~**ový** Cholera-.

chomáč *m* (*4*) Büschel *n*; Klumpen *m*; (*Schnee-*)Flocke *f*; ~**ovitý** büschelartig; ~**ek** *m* (*2b*; *-čk-*) (*Watte-*)Bausch *m*.

chomout *m* (*2*; *6. -u/-ě*) Kum(me)t *n*; *fig.* Joch *n*; *verä.* Tölpel *m*, Tolpatsch *m*.

chopit *pf.* anfassen, ergreifen, anpacken; ~ *se č-o* greifen nach (*D*); *Arbeit* in Angriff nehmen; ~ *se zbraní, pera* zu den Waffen, zur Feder greifen; ~ *se příležitosti* die Gelegenheit ergreifen.

chór *m* (*2a*) Chor *m* (*a. Arch.*); Chorgesang *m*.

chorál *m* (*2a*) Choral *m*; ~**ní** Choral-.

chorob|a *f* (*1*) Krankheit *f*, Leiden *n*; *pro -bu* krankheitshalber; ~**inec** *m* (*4*; *-nc-*) Siechenhaus *n*, Hospital *n*; ~**nost** *f* (*4*) Siechtum *n*; Krankhaftigkeit *f*; ~**ný** kränklich, elend; krankhaft; ~ *záchvat* (*Krankheits-*) Anfall *m*; ~**opis** *m* (*2*; *6. -u/-e*) *Med.* Krankheitsbild *n*, Krankheitsgeschichte *f*; ~**oplodný** krankheitserregend.

choromysl|nost *f* (*4*) Geisteskrankheit *f*, Irrsinn *m*; ~**ný** geisteskrank, irrsinnig; *ústav pro -né* Nervenheilanstalt *f*, Irrenanstalt *f*.

choroš *m* (*4*) *Bot.* Löcherpilz *m*; *troudový* ~ Zündschwamm *m*.

chorovod *m* (*2a*) Reigen *m*.

chórový Chor-.

Chorvat *m s. Charvát.*

chorý krankhaft, leidend, siech; ~ *duchem* geistes-, gemütskrank; ~ *na plíce* lungenkrank; ~ *na srdce* herzkrank, herzleidend; ~ *tělem i duchem* krank an Leib und Seele.

choť *m* (*3a*; *-tě*), *f* (*4c*; *-ti*) Gemahl *m*, Gemahlin *f*.

choulit ⟨*při-, s-, za-*⟩ (an)drücken; ~ *se* sich drücken, sich anlehnen;

sich ducken; ~ *se do č-o* sich hüllen in (*A*); ~ *se k č-u* sich (an)schmiegen an (*A*); ~ *se pod co* sich verkriechen unter (*A*).

choulostiv|ec *m* (*3*; *-vc-*) Weichling *m*, empfindlicher Mensch *m*; **~ět** ⟨*z-*⟩ (*3 Pl. -ějí*) verweichlichen (*v/i*), empfindlich werden; **~ost** *f* (*4*) Empfindlichkeit *f*, F Zimperlichkeit *f*; Bedenklichkeit *f* (*e-r Sache*); **~ý** empfindlich, weichlich; *Kind*: verzärtelt; *Angelegenheit, Frage*: heikel; *Lage*: bedenklich, P verzwickt; ~ *na zimu* kälteempfindlich.

choutka *f* (*1c*; *-tek*) Gelüst *n*; *hovět svým -kám s-n* Lüsten frönen.

chov *m* (*2a*) Zucht *f*; ~ *dobytka* Viehzucht.

chova|nec *m* (*3*; *-nc-*), **~nka** *f* (*1c*; *-nek*) Zögling *m*; ~ *v káznici* Zuchthäusler(in *f*) *m*.

chování *n* (*3*) Verhalten *n* (*a. Chem.*), Benehmen *n*; Manieren *f/pl.*, Lebensart *f*; Auftreten *n*, Haltung *f*; (*Schule*) Betragen *n*; (*Lebens-*) Wandel *m*; Aufbewahren *n*; *mravné* ~ sittliches Betragen; *společné* ~ Umgangsformen *f/pl.*; *přímé* ~ gerade Haltung; *celé jeho* ~ sein ganzes Tun und Lassen, sein ganzer Lebenswandel; ~ *v dobrém stavu, v čistotě* Instand-, Reinhaltung *f*.

chovat ⟨*u-, za-*⟩ (auf)bewahren; *Tiere, Ordnung* halten; *Tiere a.* züchten; *Kinder* aufziehen, betreuen; *Verdacht, Freundschaft* hegen; *im Andenken* behalten; ~ *v teple* warm halten; ~ *v zajetí* gefangen halten; ~ *v úctě* in Ehren halten; ~ *v tajnosti* geheimhalten; P *bude* ~ sie erwartet ein Kind; ~ se sich benehmen, sich betragen; sich verhalten; (ke *k-u* j-n) behandeln; ~ *se hloupě* sich dumm anstellen; ~ *se pánovitě* herrisch auftreten; ~ *se zdvořile* sich höflich benehmen; *j-n* höflich behandeln.

chovatel *m* (*3*; *-é*), **~ka** *f* (*1c*; *-lek*) Züchter(in *f*) *m*; (*Tier-*)Halter(in *f*) *m*; **~ský** Züchter-; **~ství** *n* (*3*) Züchten *n*, Züchtung *f*.

chovný Zucht-.

chození *n* (*3*) Gehen *n*, Herumgehen *n*.

chozrasčot *m* (*2a*) wirtschaftliche Rechnungsführung *f*.

chrab|rost *f* (*4*) Tapferkeit *f*, Kühnheit *f*; **~rý** (*Komp. -řejší*; *Adv. -ře, Komp. -řeji*) tapfer, wacker, kühn; brav.

chrám *m* (*2*; *6. -u/-ě*) Kathedrale *f*, Dom *m*; Tempel *m* (*a. fig.*); *Svatovítský* ~, ~ *svatého Víta* Veitsdom; ~ *Panny Marie* Marienkirche *f*; ~ *Páně* Gotteshaus *n*; **~ový** Kirchen-.

chráně|nec *m* (*3*; *-nc-*), **~nka** *f* (*1c*; *-nek*) Schützling *m*; **~ní** *n* (*3*) Schutz *m* (*G*); *Jur.* Wahrung *f*; ~ *lovné zvěře* Wildhege *f*; **~ný** geschützt; ~ *před větrem* windgeschützt; *-ná oblast* Schutzgebiet *n*; *-no zákonem* gesetzlich geschützt.

chráni|cí Schutz-; **~č** *m* (*4*) Schoner *m*; *Tech., Sp.* Schützer *m*; *El.* Schutzschaltung *f*; **~čka** *f* (*1c*; *-ček*) *Tech.* Mantelrohr *n*; *-ky pl. Med.* Pockenimpfstellen *f/pl.*, -wunden *f/pl.*; **~t** ⟨*o-, u-, za-*⟩ (be)schützen, bewahren (*před čím od. č-o* vor *D*); F *chraň!* beileibe nicht!, bewahre!; ~ *se* sich hüten, sich in Acht nehmen, auf der Hut sein (*č-o, k-o* vor *D*).

chranítko *n* (*1b*; *-tek*; *6 Pl. -tkách*) Schoner *m*, Schützer *m*; Schutzvorrichtung *f*; Schutzhülle *f*; Schutztuch *n*; Schutzschild *m*; *Tech.* (*Schutz-*)Schirm *m*; ~ *na uši* Ohrenschützer; *kožené* ~ *Sp.* Schutzleder *n*.

chrápa|l *m* (*1*; *-ové*) *iron.* Langschläfer *m*, P Penner *m*; **~t** ⟨*po-, za-*⟩ (*-u*) schnarchen, P sägen; ~ *jako sysel* schlafen wie ein Murmeltier *od.* Dachs.

chrap|lavý heiser; **~ot** *m* (*2a*) Heiserkeit *f*; *mám velký* ~ ich bin sehr heiser; **~oun** P *m* (*1*) *verä.* protziger Bauer *m*, Lümmel *m*; **~tět** ⟨*o-, za-*⟩ heiser sein; **~tivost** *f* (*4*) Heiserkeit *f*; **~tivý** heiser.

chrast *m* (*2a*) *od. f* (*4*) Reisig *n*.

chrást *m* (*2a*) Krautblätter *n/pl.*; *řepný* ~ Rübenblätter, -kraut *n*.

chrastav|ec *m* (*4*; *-vc-*) *Bot.* Witwenblume *f*; *polní* ~ Grundkraut *n*; **~ý** räudig, mit Grinden bedeckt.

chrast|í *n* (*3*) Gestrüpp *n*; Reisig *n*; **~it** ⟨*za-*⟩ *Ketten*: rasseln; *Laub, Stroh, Papier*: rascheln; *hubený až kostmi -tí* klapperdürr, spindeldürr; **~ítko** *n* (*1b*; *-tek*) Rassel *f*, Klapper *f*; **~ivý** rasselnd; raschelnd.

chrče|ní *n* (*3*) Röcheln *n*; **~t** ⟨*roz-se, za-*⟩ röcheln.

chrch|el *m* (*2 od. 4*; *-chl-*) *Med.* Auswurf *m*; **~lat** ⟨*od-*, *za-*⟩ sich räuspern, hüsteln; (aus)husten; **~lavý** räuspernd; heiser.
chrl|ení *n* (*3*) Speien *n*; ~ *krve* Blutsturz *m*; **~ič** *m* (*4*) *Arch.* Wasserspeier *m*; **~it** ⟨*vy-*⟩ *Blut, Feuer* speien; *Vulkan*: hervorspeien, auswerfen; *Flüche* ausstoßen; ~ *nápady* Einfälle (nur so) aus dem Ärmel schütteln; ~ *se* hervor-, herausstürzen.
chrnět P ⟨*na- se*⟩ pennen, (fest) schlafen.
chrobák *m* (*1a*) Mistkäfer *m*.
chrochtat ⟨*za-*⟩ grunzen.
chrom, chróm *m* (*2a*) *Chem.* Chrom *n*.
chrom|at P lahmen, hinken; **~ět, ~nout** ⟨*o-*, *z-*⟩ (*-ml*) lahm werden.
chromo|vaný verchromt; **~vý, chrómový** Chrom-.
chromý lahm; *Baum*: krumm gewachsen; ~ *na jednu nohu* auf e-m Bein lahm.
chrop|ot *m* (*2a*) Röcheln *n*; **~tět** ⟨*za-*⟩ röcheln; **~tivý** röchelnd.
chroupa|t ⟨*za-*⟩ (*-u*/*-ám*) knabbern (*co* an *D*); *Schnee*: knirschen; **~vý** *Gebäck*: knusprig; *-vá mandle* Knackmandel *f*, *öst.* Krachmandel *f*.
chroust *m* (*1*) Maikäfer *m*; **~at** ⟨*o-*, *z-*⟩ knabbern; **~ek** *m* (*1b*; *-tk-*) Junikäfer *m*, *dial.* Sonnenwendkäfer *m*.
chrout ⟨*s-*, *za-*⟩ (*chruji*, *chrul*): ~ *se* sich (herum)wälzen; ~ *se do peřin* sich ins Federbett (hinein)kuscheln.
chrp|a *f* (*1*) Kornblume *f*; **~ový** Kornblumen-; *-vě modrý* kornblumenblau.
chrst[1]! *Int.* patsch!; **~**[2] *m* (*2a*) Spritzen *n* (*mit e-r Flüssigkeit*); **~at** ⟨*vy-*⟩, **~nout** *pf.* (*-tl*/*-tnul*) *j-n* bespritzen, anspritzen; **~nutí** *n* (*3*) *s. chrst*[2].
chrt *m* (*1*) Windhund *m*; F *fig.* Geizhals *m*, Knauser *m*.
chrup *m* (*2a*) Gebiß *n*; **~at** ⟨*roz-*, *za-*⟩ (*-u*/*-ám*) knabbern (an *D*); *Schnee*: knirschen; knacken; schnarchen; F schlafen; *houska -pe* die Semmel ist knusprig; **~avčitý** knorpelig, Knorpel-; **~avka** *f* (*1c*; *-vek*) Knorpel *m*; **~avý** knusprig; *Schnee*: knirschend; **~ka** *f* (*1c*; *-pek*) *Bot.* Knorpelkirsche *f*; **~nout** *pf.*, *za-* (*-pl*) knacken, krachen; **~ot** *m* (*2a*) Knacken *n*, Krachen *n*; Schnarchen *n*.
chryzantéma *f* (*1*) *Bot.* Chrysantheme *f*.
chřad|nout ⟨*z-*⟩ (*-dl*) (*čím*) dahinsiechen (an *D*); sich verzehren; verschmachten; vergehen (vor *D*); *Pflanze*: verwelken, eingehen; *-ne žalem* er verzehrt sich vor Gram; **~nutí** *n* (*3*) Siechtum *n*, Abmagerung *f*.
chřapáč *m* (*4*) *Bot.* Lorchel *f*.
chřaplavý klappernd.
chřástal *m* (*1*) *Zo.* Wasserhuhn *n*, Rohrhuhn *n*.
chřest *m* (*2a*) Spargel *m*; **~it** ⟨*za-*⟩ rasseln, klirren; **~ítko** *n* (*1b*; *-tek*) Rassel *f*, Klapper *f*; **~ot** *m* (*2a*) Rasseln *n*; **~ový** Spargel-; **~ýš** *m* (*3*) Klapperschlange *f*.
chříp|ě *f* (*2b*; *-í*), **~í** *n* (*3*) Nasenflügel *m*; (*b. Tier*) Nüster *f*.
chřipk|a *f* (*1c*; *-pek*) Grippe *f*; **~ový** Grippe-.
chřoupat *s. chroupat*.
chřtán *m* (*2*; *6. -u*/*-ě*) Rachen *m*, Schlund *m*; *verä.* Gurgel *f*.
chřupat *s. chroupat*.
chtě(j) nechtě(j) ob man will oder nicht, wohl oder übel.
chtěl, chtěn *s. chtít*.
chtěn|í *n* (*3*) Wollen *n*, Begehren *n*; **~ost** *f* (*4*) Geziertheit *f*; **~ý** gewollt; *Tat*: beabsichtigt; geziert, gewählt.
chtíč *m* (*4*) Gier *f*, Begierde *f*, Trieb *m*; ~ *pomsty* Rachgier; ~ *krve* Blutdurst *m*, Mordgier.
chtít ⟨*za-*⟩ (*chci*, *chtěl*, *chtěn*) wollen (*co na kom*, *od k-o*, *po kom* et. von *D*); mögen; *chce se mi* ich habe Lust; *nechce se mu do toho* er hat keine Lust dazu; *nechtěl(a) byste* möchten Sie gern; F *to by se mi tak chtělo!* das hat mir (gerade) noch gefehlt!; *snad nechceš stonat* du willst doch nicht etwa krank werden; *co mu chceš?* was willst du von ihm?; *okolnosti tomu chtějí* die Umstände erfordern es; *chtě nechtě s. chtě(j)*.
chtiv|ost *f* (*4*) Begier(de) *f*, Lust *f*; ~ *boje* Kampf(es)lust; ~ *slávy* Ruhmsucht *f*; **~ý** begierig (*č-o* nach *D*); *být č-o* ~ gierig (F erpicht) sein auf (*A*); ~ *boje* kampflustig; *fig.* streitbar; ~ *moci* machtgierig, machthungrig; ~ *vlády* herrschsüchtig.

chu|dáček *m* (*1a*; *-čk-*; *-ové*) *Dim. zu chudák* = **~dák** *m* (*1a*), **~ďas** *m* (*1*; *-ové*) Arme(r) *m*, armer Mensch *m*, F armer Kerl *od.* Schlucker *m*; *chudák otec!* armer Vater!
chuděr|a F *f* (*1d*) *od. m* (*5*) armer Teufel *m*, armer Schlucker *m*; **~ka** F *m od. f* (*1c*; *-rek*): *~ malá!* armes Würmchen!, armes Hascherl!
chudi|čký, **~nký** (*Adv. -čce/-nce*) bettelarm; *Wohnung*: armselig; *Kost*: mager; *Kleider*: ärmlich; **~na** *f* (*1*) *koll.* armes Volk *n*, die Armen *m/pl.*, die armen Leute *pl.*; *městká ~* Stadtproletariat *n*; **~nka** *f* (*1c*; *-nek*) *s. chuděra*; **~nský** Armen-; **~nství** † *n* (*3*) Armenpflege *f*.
chudnout ⟨z-⟩ (*-dl*) arm werden, verarmen; abmagern (*v/i*).
chudob|a *f* (*1*) Armut *f*; *vysvědčení -by* Armutszeugnis *n*; **~inec** † *m* (*4*; *-nc-*) Armenhaus *n*; **~ka** *f* (*1c*; *-bek*) *Bot.* Gänseblümchen *n*, Maßliebchen *n*; **~ný** ärmlich, dürftig, elend; *~ lid* das arme Volk.
chudokrev|nost *f* (*4*) Blutarmut *f*; **~ný** blutarm.
chudost *f* (*4*) Armut *f*; Dürftigkeit *f*.
chudozubý: *-bí m/pl. Zo.* die Zahnarmen *m/pl.*
chudý (*Komp. -ší*; *Adv. -ě*, *Komp. -ěji*) arm (*čím* an *D*); armselig, elend, dürftig; *Boden*, *Kost*: karg, mager; *Nachricht*: spärlich; *péče o -dé* Armenfürsorge *f*; *~ tukem* fettarm; *~ na vápno* kalkarm; *-dě oděný* ärmlich gekleidet.
chůdy *f/pl.* (*1*) Stelzen *f/pl.*
chuchvalec *m* (*4*; *-lc-*) Klumpen *m*; (*Watte-*)Bausch *m*.
chuligán *m* (*1*) Rowdy *m*, Flegel *m*; **~ský** Rowdy-; **~ství** *n* (*3*) Rowdytum *n*.
chumáč *m s. chomáč*.
chumel *m* (*2a*; *-ml-*) Knäuel *m*; *fig.* Gedränge *n*, Gewimmel *n*; *~ kouře* Rauchwolke *f*; **~enice** *f* (*2a*) Schneegestöber *n*; **~it se** *Schnee*: stöbern, dicht fallen, wirbeln; *fig. Menschen*: wimmeln; *-lí se lidí* es wimmelt vor Menschen.
chumla|nice *f* (*2a*) Gewirr *n*, Wirrwarr *n*; **~t** ⟨za-⟩ verwirren; verfilzen; *Kleider* zerknittern; *Papier* zerknüllen; F *~ se* (*do č-o*) sich kuscheln (in *A*).
chundel F *m* (*4*) (*Haar-*)Büschel *n*, Locke *f*, *iron.* Zottel *f*; **~áč** *m* (*3*) *verä.* Zottelkopf *m*; zottiges Tier *n*; **~atý** zottig; wollhaarig.
churav|ec *m* (*3*; *-vc-*) Sieche(r) *m*; **~ění** *n* (*3*) Siechtum *n*; **~ět** ⟨o-⟩ (*3 Pl. -ějí*) krank sein; kränkeln, (dahin)siechen; **~ost** *f* (*4*) Unpäßlichkeit *f*, Indisponiertheit *f*; **~ý** (*Kurzformen ~, -a, -o*) kränklich, siech; unwohl, unpäßlich; *~ na duchu, na plíce* geistes-, lungenkrank; *je dnes trochu churav* er fühlt sich heute nicht (recht) wohl.
chuť *f* (*4c*; *-ti*) Geschmack *m*; Beigeschmack *m*; Geschmackssinn *m*; Appetit *m*; Lust *f*, Gefallen *m*; Verlangen *n*; *bez -ti* geschmacklos; *~ ke koupi* Kauflust; *~ na jídlo* Eßlust; *vzít k-u ~ k jídlu* j-m den Appetit nehmen *od.* verderben; *je vždy při -ti* er hat e-n gesunden Appetit; *kousek jídla pro ~* Kostprobe *f*; *dobrou ~!* guten Appetit!, P Mahlzeit!; *~ k životu* Lebenslust; *nemá do toho ~* er hat keine Lust dazu; *měl bych sto -tí* … ich hätte große Lust …; *divné -ti* sonderbare Wünsche; *to je mi po -ti* das ist nach meinem Geschmack; *podle od. po -ti* nach Herzenslust; *dělat co s -tí* mit Vergnügen et. tun; an *e-r Sache* Gefallen finden; *přijít na ~* auf den Geschmack kommen.
chut|ě *Adv.* frisch; schnell; gern; *~ do toho!* frisch drauf los!, hurtig ans Werk!; **~nací** Geschmacks-; **~nání** *n* (*3*) Schmecken *n*; Appetit *m*; **~nat** ⟨o-, po-, za-⟩ schmecken, † munden; Appetit haben; *dejte si ~!* lassen Sie sich's gut schmecken!; **~nost** *f* (*4*) Schmackhaftigkeit *f*, Wohlgeschmack *m*.
chuťový *Anat.* Geschmacks-.
chůva *f* (*1*) Kindermädchen *n*, Kinderfrau *f*; *stará ~* Amme *f*.
chůze *f* (*2*) Gehen *n*; Gang(art *f*) *m*; *v -zi* im Gehen; *zvolnit -zi* den Schritt verlangsamen; *závody v -zi Sp.* Wettgehen; *vratká ~* schwankender Gang; *hodina ~* e-e Stunde zu gehen *od.* Wegs.
chvála *f* (*1a*; *chval*) Lob *n*; *pět o kom -lu* Lobeshymnen anstimmen über (*A*); *rozplývat se samou -lou* über alle Maßen loben; **~bohu!** gottlob!, Gott sei Lob und Dank!
chvalitebný lobenswert; *z matematiky -nou, -ně* in Mathematik lobenswert (*Note*).

chválit ⟨*na-, po-*⟩ loben; *Rel.* (lob-)preisen; ~ *k-o do nebes od. na výsost* j-n über alle Maßen loben.

chvalný *lit.* löblich, rühmlich; *-ně známý* wohlbekannt, bestens bekannt.

chvalořeč *f* (*4*) Lobrede *f*; **~it** (*k-u*) lobpreisen (*A*); **~ník** *m* (*1a*) Lobredner *m*.

chvalozpěv *m* (*2a*) Lobgesang *m*, Loblied *n*.

chvast, chvást *m* (*2a*) Prahlerei *f*.

chvást|al *m* (*1*; *-ové*) Prahler *m*, F Aufschneider *m*, P Prahlhans *m*; **~alství** *n* (*3*) Prahlerei *f*; **~at** ⟨*na-*⟩: ~ *se* prahlen (*čím* mit *D*), aufschneiden; **~avost** *f* (*4*) Prahlsucht *f*, Prahlerei *f*.

chvastoun *m* (*1*) Prahler *m*, Flunkerer *m*.

chvat *m* (*2a*) Hast *f*, (große) Eile *f*; *Sp.* Griff *m*; *v ~u* hastig, in (aller) Eile.

chvátat ⟨*u- se*⟩ eilen; sich beeilen, F sich sputen; drängen auf (*A*); ~ *k-u vstříc* j-m entgegeneilen; ~ *za kým* j-m nacheilen.

chvatný hastig, eilig, hurtig; ~ *pochod* Eilmarsch *m*; *-ná práce* flüchtige Arbeit.

chvě|jný bebend, zitternd; **~ní** *n* (*3*) Beben *n*, Zittern *n*; *Phys.* Schwingung *f*; *Rdf.* ~ *obrazu* Flattereffekt *m*.

chvět ⟨*roze-, za-*⟩ (*chvěji*): ~ *se* beben, zittern (*čím* vor *D*); *Phys.* schwingen, vibrieren; (*im Fluge*) schwirren.

chvíle *f* (*2*; *chvil*) Weile *f*; Augenblick *m*; *fig.* Stunde *f*; Zeit *f*; *dlouhá* ~ Lang(e)weile; *vhodná* ~ günstiger Augenblick; *volná* ~ Muße *f*, Freizeit; ~ *nebezpečí* Stunde der Gefahr; *slabá* ~ schwache Stunde; *to trvá -li* das dauert e-e Weile; *počkej -li!* warte e-n Augenblick!; *na -li* für e-e Weile; *za -li* nach e-r Weile, nach einiger Zeit; *za hodnou -li* nach geraumer (*od.* längerer) Zeit; *~mi* bisweilen, von Zeit zu Zeit; *co -li, každou -li* jeden Augenblick; *teď na to není* ~ jetzt ist keine Zeit dazu; *aby ušla* ~ zum Zeitvertreib; *do dnešní* ~ bis heute; *do této* ~ bis jetzt; *od této* ~ von da ab, seitdem; *v této -li* im Augenblick, augenblicklich; *v tu -li* im Augenblick, zur Stunde.

chvil|ečka *f*, **~ička** *f* (*1c*; *-ček*), **~inka** *f* (*1c*; *-nek*), **~ka** *f* (*1c*; *-lek*) *Dim.* zu *chvíle*; **~kový** augenblicklich, momentan; *Bekanntschaft*: flüchtig.

chvoj *f* (*3*), **~í** *n* (*3*) Nadelholzreisig *n*; **~ka** *f* (*1c*; *-jek*) *Bot.* P Sadebaum *m*; Wolfsmilch *f*; *klášterská* ~ Jungfernpalme *f*.

chvost *m* (*2a*) Schweif *m*, Schwanz *m*; (*Licht-*)Streifen *m*; **~natý** geschweift, mit langem Schwanz; buschig.

chyba[1] *f* (*1*) Fehler *m*, Mangel *m*; Versehen *n*, P Schnitzer *m*; *Jur.* Verstoß *m*; *s. a. lávka*; *tisková* ~ Druckfehler; ~ *v měření* Meßfehler; *početní* ~ Rechenfehler; ~ *proti pravidlům* Verstoß gegen die Regeln; ~ *při čtení* Lesefehler; *bez ~by* fehlerfrei, fehlerlos; ~ *na -bě* Fehler an Fehler; *~mi se člověk učí* durch Schaden wird man klug; ~[2] *Adv.* schade; *bylo by* ~, *kdyby* ... es wäre bedauernswert, wenn ...; ~, *že* ... schade, daß ...

chyb|ět (*3 Pl. -ějí*) fehlen; *-bějí mu peníze* es fehlt (*od.* mangelt) ihm an Geld; *málo -bělo* ... es fehlte nicht viel ...; **~ička** *f* (*1c*; *-ček*) kleiner Fehler *m*, kleines Versehen *n*; **~it** *pf.*, *po-* e-n Fehler begehen *od.* machen (*v čem* in *D*); (*co*) *Ziel* verfehlen; *Schuß*: fehlgehen; ~ *se* verfehlen (*č-o, k-o/A*); ~ *se povoláním* s-n Beruf verfehlen; **~ně** *Adv.* falsch, unrichtig; *přečíst* ~ sich verlesen; *střelit* ~ vorbeischießen; *účtovat* ~ falsch abrechnen; **~ný** fehlerhaft, Fehl-; *Ansicht*: irrig, falsch; ~ *krok* Fehltritt *m*; ~ *závěr* Fehlschluß *m*; *-né zboží* Ware mit Fehlern; *být* ~ *na řeč* e-n Sprachfehler haben; *-ná cesta* falscher Weg, F Holzweg; **~ovat** (*-buji*) *iter. s. chybit*; *-buješ, že* ... du machst e-n Fehler, wenn ...; ~ *je lidské* irren ist menschlich; **~ující** fehlerhaft; *jsme lidé* ~ kein Mensch ist ohne Fehler.

chycen(ý) *s. chytit*; *Fleisch*: nicht mehr ganz frisch *od.* einwandfrei; *Lunge usw.*: angegriffen.

chýlit ⟨*na-, od-, při-*⟩ neigen, beugen, senken; ~ *se* sich neigen; *Vorräte*: zur Neige gehen; *Feier*: zu Ende gehen; *slunce se -lí k západu* die Sonne geht bald unter; *-lí se k bouři* ein Gewitter zieht auf.

chystat ⟨*na-, při-, u-*⟩ vorbereiten

(se k č-u, nač sich auf A od. zu), F zurechtmachen; *Essen, Überraschung* bereiten; ~ *si výmluvu* sich e-e Ausrede zurechtlegen; ~ *se k č-u* beabsichtigen, vorhaben, sich anschicken, im Begriff sein (*et. zu tun*); *-tá se k dešti* es wird bald regnen; *něco se -tá!* es liegt et. in der Luft; *-tají se na něho* man hat es auf ihn abgesehen.

chýše *f* (*2*) Hütte *f*.

chyta|cí Fang-; **~č** *m* (*3*) Fänger *m*; **~čka** *f* (*1c*; *-ček*) verfängliche Frage *f*, Falle *f* (*fig.*); Fangspiel *n*, F Haschen *n*.

chyt|at ⟨*na-, po-, za-*⟩ *v/t* fassen, greifen (*zač* nach *D*); fangen; *Flüssigkeit* auffangen; F *Worte* aufschnappen; *Verbrecher* verfolgen; *v/i Farbe*: haften; *Mörtel*: binden; *Krankheit*: befallen; ~ *se* Haschen spielen; (*č-o*) greifen (nach *D*); sich klammern (an *A*); haften bleiben (an *D*); *chleba se -tá plíseň* das Brot fängt an zu schimmeln; *-tá se ho slunce* er wird leicht (von der Sonne) braun; **~it** *pf.*, *u-, za-* (*-cen*) (*zač*) fassen, F packen (an *D*), (er)greifen (*j-n* an *D*); F erwischen, kriegen; *Fot.* treffen; *Nagel, Keil*: eindringen; *Buch, Film*: ergreifen, bewegen; ~ *do náručí* umarmen, in die Arme schließen; *chyť rozum!* nimm (doch) Vernunft an!; ~ *se* sich fangen; (*č-o*) fassen, greifen (nach *D*); *e-e Tätigkeit* beginnen, ergreifen; *e-r Sache* verfallen; *Wurzel* fassen; *s. a. chytnout*.

chytla|vost *f* (*4*) Entzündlichkeit *f*; **~vý** leicht entzündlich; F *jem.* der sich leicht verliebt; *Frage*: verfänglich; *Beispiel*: verführerisch; *-vá hlava!* ein kluger Kopf!

chytnout *pf.* (*-tl*) *s. chytit*; ~ *dech* nach Luft schnappen, F japsen; *dát se* ~ sich erwischen lassen; ~ *se s kým* aneinander geraten.

chytrác|kost *f* (*4*) Schlauheit *f*, Pfiffigkeit *f*; **~ký** schlau, pfiffig; spitzfindig; **~tví** *n* (*3*) *s. chytráckost*.

chyt|rák *m* (*1a*) Schlaukopf *m*, F Schlauberger *m*, Schlaumeier *m*, Pfiffikus *m*; **~rost** *f* (*4*) Klugheit *f*; **~rý** (*Komp. -třejší*; *Adv. -tře*, *Komp. -třeji*) klug, gescheit; schlau, F pfiffig; verschmitzt; F *po čtyřech* ~ verdammt klug; *jít na co s -rou* et. geschickt anpacken.

I

i *Konj.* und, und auch; selbst, sogar; da, aber; *Int.* ei!, oh!, ach!; *ba* ~ ja sogar; ~ ... ~ sowohl ... als auch; ~ *když* auch wenn, wenn auch; ~ *s* samt, mitsamt; ~ *hleďme!* da schaut her!; ~ *co!* ach was!; ~ *ty* auch du; ~ *ať!* mag er schon!; ~ *kdepak!* keine Spur!, wo denkst du hin!; F ~ *namoutě* bei meiner Seele; ~ *s radostí!* aber mit Vergnügen!

ibiš|ek *m* (*2b*; *-šk-*) *Bot.* Eibisch *m*; **~ový** Eibisch-.

ide|a *f* (*1*, *2*; *2. -y*/*-je*, *3*, *6. -ji*, *4. -u*; *2 Pl. -jí*) Idee *f*; **~ál** *m* (*2a*) Ideal *n*.

ideali|sta *m* (*5a*) Idealist *m*; **~zace** *f* (*2*) Idealisierung *f*; **~zovat** ⟨*pře-*, *z-*⟩ (*-zuji*) idealisieren.

ideální ideal.

identi|cký [-tɪ-] identisch; **~fikace** *f* (*2*) Identifizierung *f*; **~fikovat** (*im*)*pf.* (*-kuji*) identifizieren; **~ta** *f* (*2*) Identität *f*.

ideov|ost *f* (*4*) Ideenreichtum *m*; Prinzipientreue *f*; **~ý** ideell.

idyl|a *f* (*1a*) Idyll *n*, Idylle *f*; **~ický** idyllisch.

ihned sofort.

ikona *f* (*1*) Ikone *f*.

ileg|alita *f* (*1*) Illegalität *f*; **~ální** illegal.

ilumin|ace *f* (*2*) Illumination *f*; **~ovat** (*im*)*pf.* ⟨*z-*⟩ (*-nuji*) illuminieren.

iluz|e *f* (*2*) Illusion *f*; **~orní** illusorisch.

ilustr|ace *f* (*2*) Illustration *f*; **~ovat** (*im*)*pf.* ⟨*z-*⟩ (*-ruji*) illustrieren.

imit|ace *f* (*2*) Imitation *f*; **~ovat** (*im*)*pf.* (*-tuji*) imitieren.

imperiali|smus [-izm-] *m* (*2a*; *-ism-*) Imperialismus *m*; **~sta** *m* (*5a*) Imperialist *m*.

imponovat ⟨*za-*⟩ (*-nuji*) imponieren.

improviz|ace *f* (*2*) Improvisation *f*; **~ovat** ⟨*z-*, *za-*⟩ (*-zuji*) improvisieren.

imuni|ta [-nɪ-] *f* (*1*) Immunität *f*; **~zace** *f* (*2*) Immunisierung *f*; **~zovat** (*im*)*pf.* (*-zuji*) immunisieren.

Ind *m* (*1*; *-ové*) Inder *m*.

Indián [-dɪ-] *m* (*1*), **~ka** *f* (*1c*; *-nek*) Indianer(in *f*) *m*; **≗** Indianergeschichte *f*; **≗ský** Indianer-.

indi|cký [-dɪ-] indisch; **≗e** *f* (*2*) Indien *n*.

Indka *f* (*1c*; *-dek*) Inderin *f*.

individuali|ta *f* (*1*) Individualität *f*; **~sta** *m* (*5a*), **~stka** *f* (*1c*; *-tek*) Individualist(in *f*) *m*.

individuální individuell.

indoevropský indoeuropäisch; indogermanisch.

Indonés|an [-zan] *m* (*1*; *-é*), **~anka** *f* (*1c*; *-nek*) Indonesier(in *f*) *m*; **~ie** [-zɪe] *f* (*2*) Indonesien *n*; **≗ký** indonesisch.

induk|ce *f* (*2*) Induktion *f*; **~ční** Induktions-; induktiv.

industrializa|ce *f* (*2*) Industrialisierung *f*; **~ční** Industrialisierungs-.

industri|alizovat (*im*)*pf.* ⟨*z-*⟩ (*-zuji*) industrialisieren; **~ální** industriell, Industrial-.

infámní infam.

infek|ce *f* (*2*) Infektion *f*; **~ční** Infektions-, ansteckend.

infikovat (*im*)*pf.* (*-kuji*) infizieren.

infiltr|ace *f* (*2*) Infiltration *f*; **~ovat** (*im*)*pf.* (*-ruji*) infiltrieren.

infla|ce *f* (*2*) Inflation *f*; **~ční** Inflations-.

informa|ce *f* (*2*) Information *f*, Auskunft *f*; Belehrung *f*; Aufschluß *m*; **~ční** Auskunfts-, Informations-; ~ *středisko* Auskunftstelle *f*; **~tivní** [-tɪː-] informativ.

informovat (*im*)*pf.* (*-muji*) informieren, benachrichtigen (*o čem* über *A*); ~ *se* sich informieren (über *A*), sich erkundigen (nach *D*).

iniciativ|a [ɪnɪ-tɪːva] *f* (*1*) Initiative *f*; *dát -vu k č-u* den Anstoß geben zu *D*; *chopit* (*od. ujmout*) *se -vy* die Initiative ergreifen; *z vlastní -vy* aus eigenem Antrieb; **~ní** initiativ, Initiativ-; *být* ~ Initiative entfalten; **~nost** *f* (*4*) Initiative *f*, Unternehmungsgeist *m*.

injek|ce *f* (*2*) Injektion *f*; **~ční** Injektions-.

injikovat (*im*)*pf.* (*-kuji*) injizieren.

inkoust *m* (*2*; *6*. *-u*/*-ě*) Tinte *f*; **~ový** Tinten-.
inkvizice *f* (*2a*) Inquisition *f*.
insemina|ce *f* (*2*) Besamung *f*; **~ční** Besamungs-.
inspek|ce *f* (*2*) Inspektion *f*; **~ční** Inspektions-.
inspir|ace *f* (*2*) Inspiration *f*; **~ovat** (*im*)*pf*. (*-ruji*) inspirieren.
instala|ce *f* (*2*) Installation *f*; *Tech*. *a*. Einrichtung *f*, (*Motor-*)Einbau *m*; Einsetzung *f* (*v úřad* in ein Amt); **~ční** Installations-; *~ náklady* Einrichtungskosten *pl*.; **~tér** *m* (*1*; *-ři*) Installateur *m*.
instalovat (*im*)*pf*. (*-luji*) installieren; *Tech*. *a*. einrichten; *Apparat* einbauen; *Maschine* aufstellen; *in ein Amt* einsetzen; unterbringen.
instan|ce *f* (*2*) Instanz *f*; **~ční** Instanzen-; *~ cestou* auf dem Instanzenweg.
instruk|ce *f* (*2*) Instruktion *f*; *služební ~* Dienstanweisung *f*, Dienstvorschrift *f*; *podle -cí* nach Anweisung, weisungsgemäß; *proti -cím* entgegen den Anweisungen; vorschriftswidrig; **~táž** *f* (*3*) Anleitung *f*, Anweisung *f*; *výrobní ~* Arbeitsunterweisung *f*; **~tivní** [-tɪː-] aufschlußreich, lehrreich; **~tor** *m* (*1*; *-ři*) Instrukteur *m*; Ausbilder *m*; Sportlehrer *m*.
instrument *m* (*2*; *6*. *-u*/*-ě*) Instrument *n*; **~ální** Instrumental-; **~ovat** (*im*)*pf*. ⟨*z-*⟩ (*-tuji*) *Mus*. instrumentieren.
instruovat (*im*)*pf*. (*-uuji*) *j-n* anleiten (*k č-u* zu *D*); *j-n* unterweisen (*o čem* in *D*); instruieren.
integr|ace *f* (*2*) Integration *f*; **~ál** *m* (*2a*) *Math*. Integral *n*; **~ita** *f* (*1*) Integrität *f*; **~ovat** (*-ruji*) integrieren.
intelekt *m* (*2a*) Intellekt *m*; **~uál** *m* (*1*; *-ové*) Intellektuelle(r) *m*; **~uální** intellektuell, geistig.
inteligen|ce *f* (*2*) Intelligenz *f*; **~ční** Intelligenz-; **~tní** intelligent.
intenz|ita *f* (*1*) Intensität *f*; **~ivní** intensiv.
interna|ce *f* (*2*) Internierung *f*; **~cionála** *f* (*1a*) Internationale *f*; **~ční** Internierungs-.
intern|í intern; **~ista** [-nɪ-] *m* (*5a*) *Med*. Internist *m*; **~ovat** (*im*)*pf*. (*-nuji*) internieren.
interpel|ace *f* (*2*) Interpellation *f*, Anfrage *f*; **~ovat** (*im*)*pf*. (*-luji*) interpellieren, anfragen.
interval *m* (*2*; *6*. *-u*/*-e*) *Mus*. Intervall *n*; Zwischenraum *m*; Abstand *m*; *časový ~* Zeitspanne *f*, Zeitabschnitt *m*.
interven|ce *f* (*2*) Intervention *f*; **~ční** Interventions-; **~ovat** ⟨*za-*⟩ (*-nuji*) intervenieren.
interview [-vjuː-] *n* (*indekl*.) *od*. *m* (*2a*) Interview *n*; **~ovat** (*im*)*pf*. (*-wuji*) interviewen.
intimní [-tɪ-] intim.
inton|ace *f* (*2*) Intonation *f*; **~ovat** (*im*)*pf*. ⟨*za-*⟩ (*-nuji*) intonieren.
intravenózní *Med*. intravenös.
intrik|a *f* (*1c*) Intrige *f*; **~án** *m* (*1*), **~ánka** *f* (*1c*; *-nek*) Intrigant(in *f*) *m*; **~ánský** intrigant; **~ovat** (*-kuji*) intrigieren; **~ový** Intrigen-.
inu nun ja; (*unbetont*) eben, halt; *~!* mein Gott!
inundační: *~ oblast* Überschwemmungsgebiet *n*.
invalid|a *m* (*5*) Invalid(e) *m*; *válečný ~* Kriegsbeschädigte(r) *m*; **~ita** *f* (*1*) Invalidität *f*; **~ní** Invaliden-.
invaz|e *f* (*2*) Invasion *f*; **~ní** Invasions-.
invent|ář *m* (*4*) Inventar *n*; Bestandsliste *f*; **~ovat** (*im*)*pf*. ⟨*z-*, *za-*⟩ (*-tuji*) inventarisieren; **~ura** [-uː-] *f* (*1d*) Inventur *f*.
investi|ce [-tɪ-] *f* (*2a*) Investition *f*; **~iční** Investitions-; **~ovat** (*im*)*pf*. (*-tuji*) investieren.
inzer|át *m* (*2*; *6*. *-u*/*-ě*) Inserat *n*; **~ovat** (*-ruji*) inserieren, ein Inserat aufgeben; **~tní** Inseraten-.
inženýr *m* (*1*; *-ři*) Ingenieur *m*; **~ský** Ingenieur-; **~ství** *n* (*3*) Ingenieurwesen *n*.
ion, iont *m* (*2a*) *Chem*. Ion *n*.
Ir *m* (*1*; *-ové*) Ire *m*; **~ka** *f* (*1c*; *-rek*) Irin *f*.
iracionální irrational.
irá|cký irakisch; **$\mathfrak{L}$k** *m* (*2b*) Irak *m*.
Írán *m* (*2a*) Iran *m*; **~ec** *m* (*2*; *-nc-*) Iraner *m*; **$\mathfrak{L}$ský** iranisch.
ireální irreal.
iron|ický [-nɪ-] ironisch; **~izovat** ⟨*z-*⟩ (*-zuji*) ironisieren.
Irsk|o *n* (*1b*) Irland *n*; **$\mathfrak{L}$ý** irisch.
islám *m* (*2a*) Islam *m*; **~ský** islamisch.
Islan|d *m* (*2*; *6*. *-ě*/*-u*) Island *n*; **~ďan** *m* (*1*; *-é*) Isländer *m*.

Ital *m* (*1*; *-ové*), **~ka** *f* (*1c*; *-lek*) Italiener(in *f*) *m*.
Itálie *f* (*2*) Italien *n*.
italský italienisch.
izol|ace *f* (*2*) Isolation *f*; Isolierung *f*; **~ační** *El.* Isolier-; *Med.* Isolations-; **~ovat** (*im*)*pf*. ⟨*od-*, *za-*⟩ (*-luji*) isolieren.
Izrael *m* (*4*) *Geogr.* Israel *n*; **~ec** *m* (*3*; *-lc-*) Israeli *m*; **~ita** *m* (*5a*) *Rel.* Israelit *m*; **2ský** israelisch.

J

já ich.
jabl|(e)čák *m* (*2b*) Apfelwein *m*, Apfelmost *m*; **~ečník** *m* (*2b*) Apfelmost *m*; Apfelkuchen *m*; *Bot.* Andorn *m*; **~ečný** Apfel-; **~íčko** *n* (*1b*; *-ček*; *6 Pl. -čkách*) Äpfelchen *n*; *rajské ~* Tomate *f*, *öst.* Paradeiser *m*.
jablko *n* (*1b*; *-lek*; *6 Pl. -lkách*) Apfel *m*; (*Degen-*, *Sattel-*)Knauf *m*; *hist.* Reichsapfel *m*; *těšínská -ka fig.* leere Versprechungen; **~vitý** apfelartig; **~vý** Apfel-.
jabloň *f* (*3*) Apfelbaum *m*.
jablonecký Gablonzer (*Adj.*).
jadérko *n* (*1b*; *-rek*) *Dim. zu jádro.*
jader|ník *m* (*2b*) Kerngehäuse *n*; **~ný** Kern-.
Jaderský: *-ké moře* Adriatisches Meer.
Jadran *m* (*2*; *6. -u|-ě*) Adria *f*.
jadrn|ost *f* (*4*) Kernigkeit *f*; **~ý** kernig, Kern-; *Brot*: kräftig; *Rede*: inhaltsvoll; *Ausdruck*: prägnant; drastisch; *Stil*: nervig, lapidar; *Witz*: derb.
jádro *n* (*1*; *6. -ře|-ru*; *jader*) Kern *m*; *fig. a.* Innerste(s) *n*; Lebensnerv *m*; *je v -ře dobrý* im Grunde ist er gut; *je z jiného -ra* er ist aus anderem Holz geschnitzt; *~ vojska* Kerntruppe *f*; **~vitý** kernförmig; **~vý** Kern-; *-vé mýdlo* Kernseife *f*.
jádřinec *m* (*4*; *-nc-*) *Bot.* Kerngehäuse *n*.
jaheln|ík *m* (*2b*) Hirseauflauf *m*; **~ý** Hirse-.
jáhen *m* (*1*; *-hn-*) *Rel.* Diakon *m*.
jáhl|a *f* (*1a*; *jahel|jáhel*) Hirsekorn *n*; *-ly pl. Kochk.* Hirse *f*; **~ový** Hirse-.
jahod|a *f* (*1*) Erdbeere *f*; **~(in)í** *n* (*3*) Erdbeerbeet *n*; **~ník** *m* (*2b*) Erdbeerpflanze *f*; **~ový** Erdbeer-.
jahůdka *f* (*1c*; *-dek*) *Dim. zu jahoda.*
jach|etní Jacht-; **~ta** *f* (*1*; *-cht|-chet*) Jacht *f*.
jak *Adv.* wie (*Fragewort od. Adv. der Art und Weise*, P *vergleichend*: als; *s. jako*); obwohl, wenn auch; so wahr, so ..., F sobald; *~ ... tak so ...* wie, sowohl ... als auch; *podle toho ~* je nachdem wie; *~ se máte?* wie geht es Ihnen?; *~ to?* wieso?, wie kommt das?; *~ bych ho neznal!* und ob ich ihn kenne!; *běžte ~ můžete!* laufen Sie, so schnell Sie können!; *~ se patří* wie es sich gehört; *den ~ den* Tag für Tag; *~ přijde* sobald er kommt; *~ nezaplatí* wenn er nicht bezahlt; *~ je Bůh nade mnou!* so wahr Gott lebt!; **~koli** wie, so sehr auch; **~mile** sobald.
jako wie (*vergleichend*); als; wie (*zum Beispiel*, = *aufzählend*); nämlich; *oči ~ rys* Augen wie ein Luchs; *chytrák ~ on* klug wie er ist; *~ když nic neví* als ob er nichts wüßte; *~ by* als ob, wie wenn; *~ by byl nemocen* als ob er krank wäre; *tak ~ tak* sowieso, ohnedies; *kovy ~ měď, olovo ...* Metalle wie (*z. B.*) Kupfer, Blei ...; *mladí ~ staří* jung und alt; F *to je pěšky ~ za vozem, prašť ~ uhoď* gehupft wie gesprungen, Jacke wie Hose; *to páchne ~ plyn* das riecht nach Gas; *tak to bychom ~ měli!* das hätten wir also, das wär's also; **~by** sozusagen, gewissermaßen, gleichsam.
jakost *f* (*4*) Qualität *f*; *kontrola ~i* Gütekontrolle *f*; **~ní**, **~ný** qualitativ; Qualitäts-.
jakož: *~i* sowie auch, als auch; **~to** als (*z. B. Freund*).
jak|pak wie(so) denn; **~sepatří** tüchtig, ordentlich, gebührend; **~si** gewissermaßen; einigermaßen; *~ se mi to nelíbí* das will mir nicht recht gefallen; *není mi ~ dobře* ich fühle mich nicht recht wohl; **~těživ** sein Leben lang, sein Lebtag; jemals.
jaký *Adj.* wie (*beschaffen*), was für ein(e, -er); welcher(lei); F irgendein(e, -er); dergleichen; (*ausrufend*) was für ein(e)!, *lit.* welch ein!; *-ké bude počasí?* wie wird das Wetter?; *~ strom je to?* was für ein Baum ist das?; *~m právem?* mit welchem Recht?; F *s -kou jdeš?* was hast du angestellt?; *~ div, že ...* kein Wunder, daß ...; *-ká pomoc?* was kann man da (noch) tun?; *-ké strachy!*

keine Angst!; *ať je* ~ wie immer er auch sein mag; **~pak** wie denn, welcher denn; *-képak strachy!* nur keine Angst!; F *-képak fraky?* wozu (noch) lange Geschichten machen!; **~si** irgendein, ein gewisser; einige; *má -kousi zkušenost* er hat einige Erfahrung; *-kýs takýs* leidlich; *po -kéms takéms váhání* nach einigem Zögern.

jakž wie; ~ *takž* so leidlich, nicht besonders (gut); so ziemlich; **~e**? wieso (denn)?; **~iv** *s. jaktěživ.*

jal *s. jmout.*

jalov|cový Wacholder-; **~čí** *n* (*3*) Wacholdersträucher *m/pl.*; **~činka** *f* (*1c*; *-nek*) Wacholderbeere *f*; **~ec** *m* (*4*; *-vc-*) Wacholder *m.*

jalov|ět ⟨z-⟩ (*3 Pl. -ějí*) unfruchtbar werden; **~ice** *f* (*2a*), **~ička** *f* (*1c*; *-ček*) *Zo.* Kalbe *f*, Färse *f*; **~ina** *f* (*1*) Jungvieh *n*; Färsenhaut *f*; *Bgb.* taubes Gestein *n*; *fig.* leeres Geschwätz *n*; **~ost** *f* (*4*) Unfruchtbarkeit *f* (*des Viehs*); *Bgb.* Taubheit *f*; Leere *f*; **~ý** unfruchtbar, gelt; *Gestein* taub; *Blüte, Drohung, Gerede*: leer; *Hoffnung*: eitel; *Alarm*: blind; *Gründe*: nichtig; *Ausrede, Witz*: faul; ~ *kotouč Tech.* Leerlaufscheibe *f*.

jáma *f* (*1*; *jam*) Grube *f*; Fallgrube *f*; Schlucht *f*; *Bgb.* Schacht *m*; (*Bomben-*)Trichter *m*; *fig.* Massengrab *n*; *těžná* ~ *Bgb.* Förderschacht; ~ *na smetí* Müllgrube; ~ *po granátu* Granattrichter.

jamb *m* (*2a*) Jambus *m*; **~ický** jambisch; **~us** *m* (*2a*; *-mb-*) *s. jamb.*

jam|ka *f* (*1c*; *-mek*) Grübchen *n*; *Anat.* Höhle *f*; **~ník** *m* (*1a*) Dachshund *m*, F Dackel *m.*

jančit ⟨z-⟩ Dummheiten machen, F herumalbern; *Kinder*: herumtollen; eigensinnig sein; *Tiere*: e-n Koller bekommen, störrisch sein; *v/t* toll machen; F ~ *se* (*za kým*) toll (*od.* verrückt) sein (nach *D*).

janek *m* (*1a*; *-nk-*; *-ové*) Dummkopf *m*, Narr *m*; F Starrkopf *m*, Dickschädel *m*; störrisches Pferd *n*; *scherz.* Hase *m*, Meister Lampe *m.*

janičár *m* (*1*; *-ři*) *hist.* Janitschare *m*; **~ský** Janitscharen-.

jankov|at (*-kuji*) Dummheiten treiben, ausgelassen sein; *Tiere*: störrisch sein; **~atět** ⟨z-⟩ (*3 Pl. -ějí*) störrisch werden; **~itost** *f* (*4*) Widerspenstigkeit *f*; **~itý** widerspenstig, halsstarrig; *Pferd*: störrisch.

janovec *m* (*4*; *-vc-*) *Bot.* Besenginster *m.*

jantar *m* (*2a*) Bernstein *m*; **~ový** Bernstein-; *-vě žlutý* bernsteingelb.

japan *m* (*2a*) Japanpapier *n.*

Japon|ec *m* (*3*; *-nc-*), **~ka** *f* (*1c*; *-nek*) Japaner(in *f*) *m*; **~sko** *n* (*1b*) Japan *n*; **♀ský** japanisch; **♀ština** *f* (*1*) Japanisch *n* (*Sprache*).

jarka *f* (*1c*; *-rek*) Sommerweizen *m.*

jarmarečn|í Jahrmarkts-; marktschreierisch; **~ík** *m* (*1a*) Jahrmarkthändler *m*; *verä.* Marktschreier *m.*

jarmark *m* (*2b*) Jahrmarkt *m.*

jarní Frühlings-; ~ *obilí Agr.* Sommergetreide *n.*

jaro *n* (*1*; *6. -u*/*-ře*) Frühling *m*, Frühjahr *n*, *poet.* Lenz *m*; *na jaře* im Frühling; *z -ra* im Frühling, im Frühjahr.

jar|ost *f* (*4*) Lebensfrische *f*; **~ý** frisch (*z. B. Mut*); munter.

jař *f* (*3*), **~ina** *f* (*1*) *Agr.* Sommergetreide *n.*

jářku P *Int.* nun; he!, heda!

jařmo *n* (*1*; *6. -ě*/*-u*; *-řem*) Joch *n* (*a. fig.*); **~vý** Joch-; *-vá kost Anat.* Jochbein *n.*

jas *m* (*2*; *6. -u*/*-e*) Glanz *m*, Helle *f*; *Phys.* Leuchtstärke *f*; *poet.* Freude *f*, Heiterkeit *f*; *denní* ~ Taghelle.

jasan *m* (*2a*) *Bot.* Esche *f*; **~ový** Eschen-.

jása|t ⟨roz-, za-⟩ (*nad čím*) jauchzen, jubeln (über *A*); *Rel.* frohlocken; ~ *k-u vstříc* zujubeln (*D*); **~vý** jubelnd, jauchzend, Jubel-; *Farbe*: lebhaft.

jasmín *m* (*2*; *6. -u*/*-ě*) *Bot.* Jasmin *m.*

jasně *Adv.* klar, deutlich; *Farbe*: hell; ~ *modrý* hellblau.

jasn|ět ⟨z-⟩ (*3 Pl. -ějí*) hell werden; *Wetter*: sich aufheitern; **~it** ⟨roz-, z-⟩ erhellen; aufheitern; *-ní se* es klärt sich auf; es tagt; **~o** *n* (*1*) Helle *f*; *z čista -na* wie ein Blitz aus heiterem Himmel; *zjednat si* ~ (*o čem*) sich Klarheit verschaffen (über *A*); **~obarevný** hellfarbig; **~ost** *f* (*4*) Klarheit *f*; (*Licht-*)Helligkeit *f*; (*Titel*) Durchlaucht *f*.

jasnovid|ec *m* (*3*; *-dc-*) Hellseher *m*; **~ecký** hellseherisch; **~ka** *f* (*1c*; *-dek*) Hellseherin *f*; **~ný** hellseherisch; hellsichtig.

jasnozř|ení *n* (*3*), **~ivost** *f* (*4*) Hellsichtigkeit *f*; **~ivý** *fig.* weitblickend.
jasný klar; *Licht, Farbe*: hell; *Wetter*: heiter; † erlaucht; *nad slunce* ~ sonnenklar; *úplně* ~ klipp und klar.
jásot *m* (*2a*) Jubel *m*, Jauchzen *n*.
jáství *n* (*3*) *Phil.* Ich *n*; Ichbewußtsein *n*.
jat *s. jmout.*
jatečn|í, ~ý *Vieh*: Schlacht-, zum Schlachten (geeignet).
jater|ní Leber-; **~nice** *f* (*2a*) Leberwurst *f*; **~ník** *m* (*2b*) *Bot.* Leberblümchen *n*.
jatk|y *f/pl.* (*1*; *-tek*), **~a** *n/pl.* (*1*; *-tek*) Schlachthof *m*, Schlachthaus *n*; *fig.* Blutbad *n*.
játr|a *n/pl.* (*1*; *jater*) Leber *f*; **~ový** Leber-.
javo|r *m* (*2a*) *Bot.* Ahorn *m*; **~rový** Ahorn-; **~ří** *n* (*3*), **~řina** *f* (*1*) Ahornwald *m*.
jazýč|ek *m* (*2b*; *-čk-*) Zünglein *n* (*a. an der Waage*); (*Gewehr-*)Abzug *m*; (*Kochk. u. am Schuh*) Zunge *f*; *Bot.* Blatthäutchen *n*; *fig. být -čkem na váze* das Zünglein an der Waage sein; **~kový** *Mus.* Zungen-.
jazyčný *Gr.* Zungen-; ...sprachig; *-ná hláska* Zungenlaut *m*; *dvou*~ zweisprachig.
jazyk *m* (*2b*; *2. -a*; *6. -ku/-ce*) Zunge *f*; Sprache *f*; *verä. chlubný* ~ Großmaul *n*; *kousat si do ~a fig.* sich auf die Zunge beißen; *cizí, spisovný* ~ Fremd-, Schriftsprache; ~ *u zámku* Sperrhaken *m* (*im Schloß*).
jazykověd|a *f* (*1*) Sprachwissenschaft *f*; **~ec** *m* (*3*; *-dc-*) Sprachwissenschaftler *m*; **~ný** sprachwissenschaftlich.
jazykový *Anat.* Zungen-; sprachlich, Sprach-; *-vě správný* sprachlich richtig.
jazykozpyt *m* (*2a*) Sprachforschung *f*; **~ec** *m* (*3*; *-tc-*) Sprachforscher *m*; **~ný** sprachforschend; *-né bádání* Sprachforschung *f*.
jazylka *f* (*1c*; *-lek*) *Anat.* Zungenbein *n*.
jdu, jdeš *usw. s. jít.*
je ist; *s. být*; sie *A/pl.*; *s. on.*
ječ|ení *n* (*3*) Tosen *n*, Brausen *n*; Heulen *n*; Plärren *n*; Schrillen *n*; **~et** ⟨*roz- se, za-*⟩ *Schrei*: gellen; *Meer*: tosen, brausen; *Wind*: heulen; *Stimme*: kreischen; *Kind*: plärren; *Glocke*: schrillen; **~ivý** schrill, gellend; heulend, tosend.
ječ|men *m* (*4 od. 2*) Gerste *f*; **~meniště, ~niště** *n* (*2a*) Gerstenfeld *n*; **~ný** Gersten-.
jed *m* (*2a*) Gift *n*; *hadí* ~ Schlangengift; ~ *na myši* Mäusegift; *zvolna působící* ~ schleichendes Gift; *s. omamný.*
jeden (*-dna, -dno*) ein(e); eine(r); der (die, das) eine; ein und derselbe; der (die, das) gleiche; *koll.* lauter, voller; *-dni* (*m/pl. belebt*), *-dny* (*m/pl. unbel. u. f/pl.*), *-dna n/pl.* die einen; ~ *nad druhým* übereinander; ~ *za druhým* hintereinander; ~ *přes druhého* durcheinander; ~ *a čtvrt* eineinviertel; ~ *a půl* eineinhalb, anderthalb; *-dna* (*hodina*) ein Uhr; *půl -dné* halb ein Uhr (F halb eins); *dvacet* ~ *žák* einundzwanzig Schüler; *sto -dna kniha* hundertein Buch; *-dna a -dna jsou dvě* eins und eins ist zwei; *číslo -dna* Nummer eins; *-dna dvě* eins, zwei; *fig.* sofort; ~ (*na*) *druhého* einander (*A*); ~ *druhému* einander (*D*); ~ *jediný* der einzige; *do -dnoho* bis auf den letzten Mann; ~ *z vás* eine(r) von euch; *strom byl* ~ *květ* der Baum stand in voller Blüte; *v -dnom domě jako ...* im gleichen (*od.* F selben) Haus wie ...; *to je* (*všecko*) *-dno* das ist (alles) gleich *od.* egal, *öst.* eins; *po -dnom* einzeln (*hintereinander*); F *já ti -dnu seknu* ich haue dir eine herunter; *s. a. jednou.*
jedenáct elf.
jedenácti|- *in Zssgn* elf-; **~letka** *f* (*1c*; *-tek*) Elfjahresschule *f*.
jedenáct|ka *f* (*1c*) Elf *f*; *Sp.* Fußballelf *f*; **~ky** F *f/pl.* (*1*) lange Beine *n/pl.*; **~ý** elfte(r).
jeden|apůl eineinhalb, anderthalb; **~krát** einmal.
jedeš *s. jet.*
jedin|áček F *m* (*1a*; *-čk-*) einziges Kind *n*, Einzelkind *n*; **~ě** *Adv.* nur, einzig und allein; **~ec** *m* (*3*; *-nc-*) Individuum *n*, Einzelwesen *n*; *každý* ~ jeder einzelne; **~ečnost** *f* (*4*) Einzigartigkeit *f*, Einmaligkeit *f*; **~ečný** einzigartig, einmalig.
jediný einzig; allein; *Hdl.* alleinig, Allein-; voll(er), lauter; ~ *výrobce* Alleinhersteller *m*; *on* ~ er allein; *má nohy* ~ *puchýř* s-e Füße sind voll(er) Blasen.
jedl|e *f* (*2*) Tanne *f*, *poet.* Tannenbaum *m*; **~ičí** *n* (*3*) Tannenreisig *n*.

jedlík *m* (*1a*) Esser *m*.

jedl|oví *n* (*3*) Tannenbestand *m*; **~ový** Tannen-.

jedlý eßbar, genießbar.

jedna *s. jeden.*

jednací Geschäfts-; *Jur.* Verhandlungs-; *~ číslo* laufende Nummer; Ziffer; *~ řád Parl.* Geschäftsordnung *f*.

jednak: *~ ... ~* einerseits ... andererseits.

jednání *n* (*3*) Handeln *n*; Tun *n*; Handlung *n*; Benehmen *n*, Verhalten *n*; Vorgehen *n*; *Jur.* Verhandlung *f*; Amtshandlung *f*; Verfahren *n*, *Thea.* Akt *m*, Aufzug *m*; *lit.* Dingen *n* (*von Arbeitern*); *mít ~ et.* zu erledigen (*od.* zu besprechen) haben; *nerozvážné ~* unüberlegte Handlung; *~ proti* (*č-u*) Zuwiderhandeln *n*; *protiprávní ~* rechtswidriges Verhalten; *soudní ~* Gerichtsverhandlung; gerichtliches Verfahren; *pořád ~* Tagesordnung *f*; *k dalšímu úřednímu ~* zur weiteren Erledigung; *~ se stranami* Parteienverkehr *m*; *~ o smlouvě* Vertragsverhandlung(en); *~ o mír, mírové ~* Friedensverhandlungen *f/pl.*

jednat ⟨*s-, u-, vy-, z-*⟩ handeln (*v/i*); *~ s kým* behandeln (*A*); *~ oč* verhandeln über (*A*); *~ o čem* handeln von (*D*); behandeln (*A, z. B. Thema*); *~ proti č-u* zuwiderhandeln (*D*); *~ k-o k č-u od. nač* dingen j-n zu (*D*); *~ se o co* sich handeln um (*A*); *Parl.* zur Behandlung kommen, behandelt (*od.* erörtert, besprochen) werden.

jednatel *m* (*3*; *-é*) Geschäftsführer *m*; (*Vereins-*)Schriftführer *m*; *Hdl.* Vertreter *m*; Vermittler *m*, Makler *m*, Agent *m*; *Parl.* Bevollmächtigte(r) *m*; **~ský** Geschäfts-; *-ská zpráva* Geschäftsbericht *m*, Tätigkeitsbericht *m*; **~ství** *n* (*3*) Agentur *f*, Vermittlungsstelle *f*; Geschäftsführung *f*.

jednička *f* (*1c*; *-ček*) Eins *f*, F Einser *m*.

jedno *s. jeden.*

jedno|- *in Zssgn* ein-, Ein-; **~aktovka** *f* (*1c*; *-vek*) Einakter *m*; **~aktový** einaktig, in einem Akt; **~barevný** einfarbig; **~denní** eintägig; **~domý** *Bot.* einhäusig; **~duchost** *f* (*4*) Einfachheit *f*; **~duchý** einfach; **~hlasný** einstimmig; **~hodinový** einstündig; **~hrbý** *Zo.* einhöckerig; **~jazyčný** einsprachig; **~kolejka** F *f* (*1c*; *-jek*) eingleisige Bahn *f*; **~kolejný** eingleisig; **~komorový** *Parl.* Einkammer-; **~kopytník** *m* (*1a*) *Zo.* Einhufer *m*; **~letý** einjährig; **~litý** einheitlich, wie aus einem Guß; *-litě Parl.* geschlossen (*hinter j-m stehen*); **~lůžkový** Einbett-; **~markový** Einmark-; **~místný** *Math.* einstellig; *Flgw.* einsitzig; **~mocný** *Chem.* einwertig; **~motorový** *Flgw.* einmotorig; **~myslnost** *f* (*4*) Einmütigkeit *f*, Eintracht *f*; **~myslný** einmütig, † einträchtig; **~nohý** einbeinig; **~oký** einäugig; **~patrový** einstöckig; **~plošník** *m* (*2b*) *Flgw.* Eindecker *m*; **~poschoďový** einstöckig; **~ramenný** einarmig; **~rázový** einmalig; **~roční** einjährig; **~rohý** mit e-m Horn; **~rožec** *m* (*3*; *-žc-*) *Myth.* Einhorn *n*; **~ruký** einarmig; **~řadový** einreihig; **~sedadlový** einsitzig; **~slabičný** einsilbig; **~směrný** Einbahn-; *-ná ulice* Einbahnstraße *f*; *~ vypínač El.* Einwegschalter *m*; **~spřežní** einspännig; *~ vůz* Einspänner *m*; **~stěžník** *m* (*2b*) *Mar.* Einmaster *m*; **~stopý** *Fahrzeug*: einspurig; **~strannost** *f* (*4*) Einseitigkeit *f*; **~stranný** einseitig; **~svazkový** einbändig.

jednot|a *f* (*1*) Einheit *f*; Einigkeit *f*; Verein *m*; *v -tě je síla* Einigkeit macht stark; *tělocvičná ~* Turnverein *m*; *♀ bratrská Rel.* Böhmisch-Mährische Brüdergemeinde („*Herrnhuter*"); **~it** ⟨*s-*⟩ (*-cen*) (ver)einigen; *~ řepu Agr.* Rüben einzeln verziehen; **~ka** *f* (*1c*; *-tek*) *Math.* Einer *m*; Einheit *f* (*Maß-, Verwaltungs-, Mil.*); F (*Schulnote*) Einser *m*; *~ délky* Längeneinheit; **~kový** Einheits-; *~ obchod* Geschäft *n* mit Einheitspreisen.

jednotliv|ec *m* (*3*; *-vc-*) Einzelne(r) *m*, Individuum *n*; **~ost** *f* (*4*) Einzelheit *f*; *do všech ~í* bis in alle Einzelheiten; *co se týče ~í* im einzelnen; **~ý** einzeln, Einzel-; *~ svazek* Einzelband *m*; *hlasovat -vě* einzeln abstimmen.

jednot|nost *f* (*4*) Einheitlichkeit *f*; **~ný** einheitlich, Einheits-; *-ná fronta* Einheitsfront *f*; *-ná škola* Einheitsschule *f*; *Jednotné zemědělské družstvo, JZD* landwirtschaftliche Einheitsgenossenschaft, (*in der DDR*) Landwirtschaftliche Produktionsgenossenschaft, LPG; *Jednotná socialistická strana Německa* Sozialistische Einheitspartei Deutschlands, SED; *-né číslo Gr.* Einzahl *f*.

jednotříd|ka F *f* (*1c*; *-dek*) Einklassenschule *f*; **~ní** einklassig.

jednotvár|nost *f* (*4*) Einförmigkeit *f*; **~ný** einförmig; eintönig.

jednou *Adv.* einmal; *pro ~ nebude tak zle* einmal ist keinmal; *~ za rok* einmal im Jahr; *~ provždy* ein für allemal.

jedno|uchý *Gefäß*: einhenkelig, mit e-m Henkel; **~válec** F *m* (*4*; *-lc-*) *Kfz.* Einzylindermotor *m*; **~veslice** *f* (*2a*) *Sp.* Einer(boot *n*) *m*; **~značný** eindeutig; **~zvratný** *Hebel*: einarmig; **~ženství** *n* (*3*) Monogamie *f*, Einehe *f*.

jedovat|ina *f* (*1*) Giftstoff *m*; **~ost** *f* (*4*) Giftigkeit; **~ý** giftig (*a. fig.*), Gift-.

jedový Gift-, gifthaltig; *Med.* virulent; *~ zub Zo.* Giftzahn *m*.

jedu *s. jet.*

jedva(že) kaum, mit Mühe.

jehelníček *m* (*2b*; *-čk-*) Nadelkissen *n*, Nadelbüchse *f*.

jehl|a *f* (*1a*; *-hel*) Nadel *f*; *Tech. a.* Pfahl *m*; *stát jako na -lách fig.* wie auf Nadeln sitzen; *šít co horkou -lou* übereilt tun (*A*); *stavba na -lách* Pfahlbau *m*; **~an** *m* (*2a*) *Geom.* Pyramide *f*; **~ancovitý** pyramidenförmig, pyramidenartig.

jehlic|e *f* (*2a*) Nadel *f*; *~ na pletení* Stricknadel; *~ do vlasů* Haarnadel; **~ovitý** nadelförmig.

jehlič|í *n* (*3*) (*Tannen-*)Nadeln *f/pl.* (*koll.*); Nadelreisig *n*; **~ina** *f* (*1*) Nadelbaum *m*; Nadelholzbestand *m*; **~ka** *f* (*1c*; *-ček*) kleine Nadel *f*; **~nan** *m* (*2a*) Nadelbaum *m*; **~natý** *Bot.* Nadel-.

jehl|ovka *f* (*1c*; *-vek*) *Mil. hist.* Zündnadelgewehr *n*; **~ový** Nadel-; *Arch.* Pfahl-.

jeh|ňátko *n* (*1b*; *-tek*; *6 Pl. -tkách*) Lämmchen *n*; **~ně** *n* (*4a*) Lamm *n*; **~něčí** Lamm-; **~něčina** *f* (*1*) Lammfleisch *n*; Lammfell *n*; **~něda** *f* (*1*) *Bot.* Weidenkätzchen *n*.

jeho *Pron.* sein; *a.* dessen; *každému což ~ jest* jedem das Seine; *z ~ strany* seinerseits; **~ž** dessen.

jechat F ⟨*po-, u-, za-*⟩ rennen, hetzen.

jej ihn; *s. on*; *Int.* ei!, oh!

jej|í *Pron.* ihr; **~ich** ihr (*mehrere Besitzer*); **~ichž** deren (*mehrere Besitzer*); **~íž** deren (*weibl. Besitzer*).

jek *m* (*2b*), **~ot** *m* (*2a*) *s. ječení*; **~nout** *pf.*, *za-* e-n gellenden Schrei ausstoßen.

jek(o)tat ⟨*roz-, za-*⟩ (mit den Zähnen) klappern; stammeln (*z. B. Ausreden, Entschuldigungen*); stottern; *~ se zimou* vor Kälte zittern.

jelec *m* (*3*; *-lc-*): *~ tloušť* Döbel *m* (*Fisch*); *~ jesen* Aland *m* (*Fisch*).

jelen *m* (*1*) Hirsch *m*; **~í** Hirsch-; **~ice** *f* (*2a*) Hirschleder *n*; *f/pl.* Hirschlederhandschuhe *m/pl. od.* -hosen *f/pl.*; **~ka** *f* (*1c*; *-nek*) *Bot.* Stinkmorchel *f*.

jelikož *lit.* weil, da.

jelínek *m* (*1a*; *-nk-*) *Dim. zu jelen.*

jelito *n* (*1*) Blutwurst *f*, P *dial.* Plunze *f*; *Med.* blutunterlaufene Strieme *f*, Wulst *f*.

jemin|áčku!, **~e**! *Int.* oh!, herrjeh!

jemn|ě *Adv. s. jemný*; **~ět** ⟨*z-*⟩ (*3 Pl. -ějí*) sanft *od.* milde werden; *Haar*: sich lichten, schütter werden; **~it** ⟨*z-*⟩ verfeinern, veredeln.

jemno- *in Zssgn* fein-, Fein-.

jemnocit *m* (*2a*) Feingefühl *n*, Zartgefühl *n*; **~nost** *f* (*4*) Feinfühligkeit *f*, Feingefühl *n*; **~ný** feinfühlend, zartfühlend.

jemnost *f* (*4*) Feinheit *f*; (*Beobachtungs-*)Schärfe *f*; **~pán** *m* (*1*) F † gnädiger Herr; **~paní** *f* (*wie n* [*3*], *7. -í*) F † gnädige Frau.

jemňoučký sehr (*od.* F ganz) fein, zart.

jemn|ozrnný feinkörnig; *Fot.* Feinkorn-; **~ý** fein; *Haut, Teint*: zart; *Haar*: weich; *Schneide, Spitze*: scharf; *Vorwurf*: leise; *-ně mletý* feingemahlen; *-ně se dotknout* (*č-o*) sanft berühren (*A*).

jemu *Pron.* ihm.

jen nur, lediglich, F bloß; allein; (so)eben; sobald; nur so; *~ což* F was das Zeug hält; daß es e-e Freude ist; *~ a ~* einzig und allein; *~ a ~ trápí* er quält andauernd *od.* in e-m fort; *~ co je pravda!* alles was recht ist!; *~ tak tak* mit knapper Not, knapp; *~ odešel, ...* er war soeben weggegangen, ...; *~ co budu hotov* sobald ich fertig bin; *vůz ~ letěl* der Wagen sauste nur so dahin; *prší ~ se leje* es regnet in Strömen; *~ kdyby přišel!* wenn er nur käme!; *~ do toho!* nur zu!, P immer fest(e)!; *stůl spadne, ~ do něho strčit* es genügt ein Stoß und der Tisch fällt um.

jenjen (nur) mit knapper Mühe.

jenom *s. jen*; **~že** nur daß, doch, aber.

jenský Jenaer (*Adj.*).

jenž der (*relativ*), *lit.* welcher; **~e** nur, aber, doch, *lit.* allein.

jepi|ce *f* (*2a*) Eintagsfliege *f*; **~cový**, **~čí** ephemer, schnell vergänglich.

jeptiška *f* (*1c*; *-šek*) Nonne *f*.

jeřáb *m* (*1*) *Zo.* Kranich *m*; (*2*; *6. -u*/*-ě*) *Tech.* Kran *m*; *Bot.* Eberesche *f*, Vogelbeerbaum *m*; **~ek** *m* (*1b*; *-bk-*) *Zo.* Haselhuhn *n*; **~í** Kranich-.

jeřabin|a *f* (*1*) Ebereschbeere *f*, Vogelbeere *f*; **~ka** *f* (*1c*; *-nek*) Ebereschenschnaps *m*.

jeřáb|ník *m* (*1a*) Kranführer *m*; **~ový** *Tech.* Kran-.

jeseň *f* (*3*) *poet.* Herbst *m*.

jesep *m* (*2*; *-sep-*/*-sp-*) Sandbank *f*, Düne *f*.

jeseter *m* (*1*; *-tr-*; *-tři*) *Zo.* Stör *m*.

jeskyn|ě *f* (*2b*) Höhle *f*, Grotte *f*; **~í** Höhlen-.

jesl|e *f*/*pl.* (*2*) Krippe *f*; (*Futter-*) Raufe *f*; Heim *n*; *dětská ~* Kinderkrippe; *celodenní ~* Kindertagesstätte *f*; **~ičky** *f*/*pl.* (*1c*; *-ček*) (*Weihnachts-*)Krippe *f*; Krippenspiel *n*; **~ový** Krippen-; *~ krmelec Jagdw.* Futterkrippe *f*.

jestli P wenn, ob; **~že** wenn, falls; *~ se to bude opakovat Jur.* im Wiederholungsfall; *~ se zásilka nepřijme* bei Nichtannahme der Sendung.

jestřáb *m* (*1*) *Zo.* Habicht *m*; **~í** Habichts-; **~ník** *m* (*2b*) *Bot.* Habichtskraut *n*.

jesuita *m s. jezuita*.

ješit|a *f* (*5*), **~ník** *m* (*1b*) eingebildeter Mensch *m*; **~nost** *f* (*4*) Eitelkeit *f*, Dünkel *m*, Selbstgefälligkeit *f*, Einbildung *f*; **~ný** eitel, eingebildet, selbstgefällig.

ještě noch; wenigstens; *~ kdybych z toho něco měl* wenn ich wenigstens davon et. hätte; **~že** zum Glück.

ještěr *m* (*1*; *-ři*) *Myth.* Drache *m*; *Zo.* Echse *f*; **~čí** Eidechsen-; *~ plemeno fig.* Schlangenbrut *f*, *bibl.* Otterngezücht *n*; **~ka** *f* (*1c*; *-rek*) *Zo.* Eidechse *f*; *scherz.* flinkes Mädchen *n*; *verä.* falsche Person *f*; *Tech.* Elektrokarren *m*.

jet ⟨*po-*, *za-*⟩ (*jedu*, *jel*) fahren; (*gefahren*) kommen; gleiten, rutschen; *fig.* schmecken, zusagen; *~ na koni* reiten; *~ autem* (im) Auto fahren; *~ na kole* radfahren, F radeln; *~ na lyžích* Schi laufen; *~ naproti j-m* entgegenfahren; *~ podél* vorüberfahren (*č-o*, *k-o* an *D*); *~ před kým* j-m voranfahren; *~ krokem* Schritt fahren; *~ cvalem* (im) Galopp reiten; *~ za kým* j-m nachfahren; *~ po trati* e-e Strecke befahren; *~ zpět* zurückfahren; *~ po svých scherz.* auf Schusters Rappen reiten; *tramvaj už jede!* die Straßenbahn kommt schon!; *odkud jedete?* woher kommen Sie?; *~ po břiše* auf dem Bauch rutschen; P *jedeš odsud!* hau ab!; *tak jedem!* also los!; *učení mu nejede* das Lernen macht ihm keinen Spaß; *~ pro co* (ab)holen (*mit e-m Fahrzeug*).

jetel *m* (*4*) Klee *m*; *hořký ~* Bitterklee; **~ina** *f* (*1*), **~iště** *n* (*2a*) Kleefeld *n*; **~oviny** *f*/*pl.* (*1*) Futterklee *m*; **~ový** Klee-; *~ čtvrtlístek* vierblätteriges Kleeblatt *n*.

jev *m* (*2a*) Erscheinung *f*; (*seelischer usw.*) Vorgang *m*.

jevišt|ě *n* (*2a*) (*otáčecí* Dreh-) Bühne *f*; Schauplatz *m*; *provedení na -ti* Bühnenaufführung *f*; *~ v přírodě* Freilichtbühne; *~ války* Kriegsschauplatz; **~ní** Bühnen-; *~ řeč* Bühnensprache *f*.

jevit ⟨*ob-*, *pro-*, *vy-*, *z-*⟩ offenbaren, äußern, zeigen, zu erkennen geben, aufweisen; *~ obavy* Befürchtungen äußern; *~ účast* Teilnahme bekunden; *~ zájem* (*o co*) Interesse zeigen (für *A*, an *D*); *~ známky života* ein Lebenszeichen geben; *~ nepokoj* Unruhe verraten; *~ se* sich äußern, sich zeigen, sich bemerkbar machen, erscheinen; *~ se čím od. jako co* sich erweisen als (*N*); *jeví-li se toho třeba Jur.* nötigenfalls.

jevnosnubný *Bot.* offenblütig, phanerogam.

jevový *Phil.* Erscheinungs-.

jez[1] *m* (*2a*) Wehr *n*; **~**[2] *s. jíst*.

jezdec *m* (*3*; *-dc-*) Reiter *m*; *Mil.*

Kavallerist *m*; *Kfz.* Fahrer *m*; (*Schach-*)Springer *m*, Rössel *n*; *cesta pro -dce* Reitweg *m*; **~ký** Reit(er)-; *Mil.* Kavallerie-; *~ bičík* Reitgerte *f*, -peitsche *f*; *~ kůň* Reitpferd *n*; *~ pluk* Reiterregiment *n*; *po -ku* nach Reiterart; **~tvo** *n* (*1*; *6. -u*) Kavallerie *f*, † Reiterei *f*.
jezdit (*iter. zu* jet) (oft) fahren *od.* reiten; gleiten; verkehren; *~ na bruslích* Schlittschuh laufen; *~ na saních* rodeln; *~ po této cestě se zakazuje* das Befahren dieses Weges ist verboten; *~ po světě* die Welt bereisen; *jezdí se vpravo!* rechts fahren!; *~ očima* den Blick schweifen lassen; F *~ po kom* aufsässig sein j-m.
jezdkyně *f* (*2b*) Reiterin *f*; *Kfz.* Fahrerin *f*.
jezer|natý seenreich; **~ní** See-; **~o** *n* (*1*; *6. -ře*/*-ru*) See *m*.
jezev|čí Dachs-; *~ doupě* Dachsbau *m*; **~čík** *m* (*1a*) Dachshund *m*, F Dackel *m*; **~ec** *m* (*3*; *-vc-*) Dachs *m*.
jezinka *f* (*1c*; *-nek*) Waldhexe *f*, böse Fee *f*; P böses Weib *n*.
jezovitský *verä.* Jesuiten-, jesuitisch.
jezuit|a *m* (*5a*) Jesuit *m*; **~ský** Jesuiten-, jesuitisch; *~ řád* Jesuitenorden *m*; **~ství** *n* (*3*) Jesuitentum *n*.
Jezul|átko *n* (*1b*; *-tek*), **~e** *n* (*4*) Jesu(s)kind(lein) *n*, Christkind(lein) *n*.
jezusmarjá! *Int.* um Gottes willen!, *öst.* Jesus Maria!
jež welche (*relativ A*/*pl.*); *s. on.*
ježat|ec *m* (*3*; *-tc-*) Struwwelkopf *m*; *verä.* mürrischer Mensch *m*; **~ý** stach(e)lig; *Haar*: struppig, borstig; *fig.* rauh, barsch; mürrisch.
ježčí Igel-.
ježdík *m* (*1a*) *Zo.* Kaulbarsch *m*.
ježek *m* (*1b*; *-žk-*) *Zo.* Igel *m*; F Bürstenhaarschnitt *m*; *Agr.* Stachelwalze *f*; *mořský ~* Seeigel.
ježibaba *f* (*1*) *Myth.* Knusperhexe *f*; *verä.* alte Hexe *f*.
Ježíš *m* (*3*) Jesus *m*; **~ek** *m* (*1a*; *-šk-*) Christkind *n*; Christtag *m*; Weihnachtsgeschenk *n*; **♀kote**!, **♀marjá** (**-józef**)! *Int. s. jezusmarjá.*
ježit ⟨*na-, roz-, z-*⟩ *v*/*t* sträuben; *kočka -ží hřbet* die Katze macht einen Buckel; *~ se* sich sträuben; *Haare*: zu Berge stehen; F sich aufregen, in Wut geraten.
ježovka *f* (*1c*; *-vek*) Seeigel *m*.
ježto *lit.* weil, da.
jho *n* (*1b*; *jeh*; *6 Pl. jhách*) Joch *n*; *ve jhu* im Joch.
ji *Pron.* sie (*f*/*A*); **jí** ihr (*f*/*D*); *s. ona.*
jícen *m* (*2a*; *-cn-*) Schlund *m*, Rachen *m*; *Anat.* Speiseröhre *f*; *~ sopky* Vulkankrater *m*.
Jidáš *m* (*3*) *bibl.* Judas *m*; **♀ek** P *m* (*2b*; *-šk-*) Judaskuchen *m*; **♀ský** Judas-; *fig.* schändlich; **♀ství** *n* (*3*) Heuchelei *f*, Verräterei *f*.
jídat (*iter. zu jíst*) zu essen pflegen.
jídelna *f* (*1*; *-len*) Speisesaal *m*, Eßzimmer *n*; *důstojnická ~* Offiziersmesse *f*; *studentská ~* Mensa *f*; *závodní ~* Werkskantine *f*.
jídelní Speise-, Eß-; *~ lístek* Speise(n)karte *f*; *~ příbor* Eßbesteck *n*; *~ vůz* Speisewagen *m*; **~ček** F *m* (*2b*; *-čk-*) Speisekarte *f*; Speiseplan *m*.
jídlo *n* (*1a*; *-del*) Essen *n*, Speise *f*; Gang *m*, Gericht *n*; *masité ~* Fleischgericht; *studené ~* kalte Platte, kalte Speisen, kalte Küche; *~ na cestu* Mundvorrat *m*, Reiseproviant *m*; *bez -la* ohne gegessen zu haben; *něco k -lu* et. zu essen; *to není k -lu* das ist ungenießbar; *pozvat k -lu* zum Essen einladen; *po -le* nach dem Essen, nach Tisch; *při -le* bei Tisch.
jih *m* (*2b*) Süden *m*; *na ~u* im Süden; *na ~u od Prahy* südlich von Prag; *k ~u* gegen Süden; *na ~* nach Süden; *z ~u* vom Süden, aus dem Süden.
jihnout ⟨*roz-, z-*⟩ *Schnee*: tauen, schmelzen; *fig. Herz*: weich werden.
jiho|- *in Zssgn* süd-, Süd-; **~africký** südafrikanisch; **~americký** südamerikanisch; **~český** südböhmisch; **♀slovan** *m* (*1*; *-é*), **♀slovanka** *f* (*1c*; *-nek*) Südslawe *m*, -in *f*; **~slovanský** südslawisch; **~východ** *m* (*2*) Südosten *m*; **~východní** südöstlich, Südost-; **~západ** *m* (*2*) Südwesten *m*; **~západní** südwestlich, Südwest-.
jich *Pron. G*/*pl. v. on.*
jícha *f* (*1b*) *Chem.* Brühe *f*; † *Kochk.* Brühe *f*, Tunke *f*; *Agr.* Jauche *f*.
jíkavec, jikavec *m* (*3*; *-vc-*) *Zo.* Bergfink *m*.
jikr|a *f* (*1d*; *-ker*) Fischei *n*; *-ry f*/*pl.* Rogen *m*; **~náč** *m* (*3*) Rogenfisch *m*, F *dial.* Rogener *m*; **~natý** Rogen-, rogenhaltig; **~ový** Rogen- (*z. B. Suppe*).

jíl *m* (*2a*) (*Töpfer-*)Ton *m*, Lehm *m*, Lette *f*.
jilec *m* (*4*; *-lc-*) (*Degen-*)Griff *m*, Knauf *m*.
jílek *m* (*2b*; *-lk-*) *Bot*. Lolch *m*.
jilm *m* (*2a*) *Bot*. Ulme *f*, Rüster *f*; **~ový** Ulmen-.
jíl|natý tonhaltig; **~ovat** ⟨*za-*⟩ (*-luji*): *~ zlato* Gold schürfen; *právo ~ zlato* Schürfrecht *n*; **~ovec** *m* (*4*; *-vc-*) *Min*. Tonschiefer *m*; **~ový** Ton-, Lehm-, Letten-; *-vá zemina* Tonerde *f*.
jim *Pron*. ihnen (*D/pl*.); *s. on*.
jím *s. jíst*; *Pron. s. on*.
jíma|č *m* (*4*) *Tech*. Sammler *m*; **~dlo** *n* (*1a*; *-del*) *Chem*. Rezipient *m*, Vorlage *f*; *Tech*. Schlammfang *m*.
jím|at ⟨*po-*, *zau-*⟩ (er)greifen, fassen; (*seelisch*) rühren; gefangennehmen; *~ v okovy* in Fesseln legen; *-má ho strach* er bekommt Angst, F er bekommt es mit der Angst zu tun; *-má mě závrať* mir wird schwindlig; *~ srdce* zu Herzen gehen; *~ vodu* Wasser auffangen; **~avost** *f* (*4*) das Rührende (*e-r Geschichte*); *Tech*. Kapazität *f*; **~avý** *lit*. rührend; **~ka** *f* (*1c*; *-mek*) *Tech*. Behälter *m*, Reservoir *n*; (*Wasser-*, *Jauchen-*)Grube *f*.
jiná P anders; *to je ~* das ist et. anderes; *zpívat -nou* in e-m anderen Ton reden *mit j-m*.
jináč, **~e** *Adv. s. jinak*.
jinač/í P anders(artig); *to už nebude ~* das ist nun einmal nicht anders; **~it** ⟨*z-*⟩ ändern, F anders machen.
jinak *Adv*. anders; sonst; oder; *Jur*. alias; widrigenfalls; *Hdl*. billiger; *~ naložit s čím* anderweitig verfügen über (*A*); *~ nic* sonst nichts; *kdo ~*? wer sonst?; *~ to nemohu prodat* billiger kann ich es nicht verkaufen; **~ý** andersartig, anders (*aussehend*); *všecko je teď -ké* alles ist jetzt anders (geworden).
jinam *Adv*. woandershin; *kam ~* wohin sonst; *někam ~* woandershin; *už nikam ~* nirgendshin mehr; *poslat ~ Beamten* versetzen.
jinde *Adv*. woanders, anderswo.
jindy *Adv*. ein anderes Mal, ein andermal; einst; sonst; *~ a nyní* einst und jetzt; *~ tak příjemný* sonst so angenehm; *je mi lépe než ~* ich fühle mich wohler denn je (*od*. als je) zuvor.
jíní *n* (*3*) (*Rauh-*)Reif *m*; *poet*. silbergraues Haar *n*.
jinobarevný andersfarbig, von anderer Farbe.
jinoch *m* (*1a*) Jüngling *m*.
jino|jazyčný anderssprachig; **~národní** von anderer Nationalität.
jinoš|ský Jünglings-; jünglingshaft; **~ství** *n* (*3*) Jünglingsalter *n*.
jinotaj *m* (*4*) Allegorie *f*; **~ný** allegorisch.
jinovatka *f* (*1c*; *-tek*) (*Rauh-*)Reif *m*.
jinověr|ec *m* (*3*; *-rc-*), **~ka** *f* (*1c*; *-rek*) Andersgläubige(r) *m/f*; **~ecký** andersgläubig.
jinší P ein (ganz) anderer.
jinud: *odkud ~* anderswoher; *odnikud ~* von keiner anderen Seite.
jiný andere(r); *Jur*. anderweitig; *mezi ~m* unter anderem; *něco -ného* et. anderes; *nic -ného* sonst nichts, nichts anderes; *někdo ~* j-d anderes; *byl poučen o -ném* er wurde e-s anderen belehrt; *-né barvy* in anderer Farbe; *kdo ~*? wer ander(e)s?; *-ní a -ní* viele andere; *nad -né dobrý* besser als viele andere; *~m způsobem* auf andere Weise; *k -nému použití* zwecks (*od*. zu) anderweitiger Benutzung.
jirch|a *f* (*1b*) Weißleder *n*; **~árna** *f* (*1*; *-ren*) Weißgerberei *f*; **~ář** *m* (*3*) Weißgerber *m*.
jírovec *m* (*4*; *-vc-*) *Bot*. Roßkastanie *f*.
jiři|čka *f* (*1c*; *-ček*) *Zo*. Hausschwalbe *f*; **~na** *f* (*1*) *Bot*. Georgine *f*, Dahlie *f*.
jisk|erka *f* (*1c*; *-rek*) Fünkchen *n*; **~ra** *f* (*1d*; *-ker*) Funke(n) *m*; *~ soucitu* ein Funken Mitleid; *~ naděje* Hoffnungsschimmer *m*; F *děvče jako ~* ein flinkes Mädchen; **~rný** funkelnd; *fig*. munter, P *dial*. dufte; *Witz*: sprudelnd, sprühend; **~rový** *El*. Funken-; **~ření** *n* (*3*) Funkeln *n*; *Tech*. Funkenbildung *f*.
jiskři|čka *f* (*1c*; *-ček*) *s. jiskerka*; **~ště** *n* (*2a*) *Tech*. Funkenstrecke *f*; **~t** ⟨*za-*⟩ funkeln; *El*. Funken bilden; (*čím*) *fig*. sprudeln (vor *D*), sprühen; *~ se* Funken sprühen; *Sterne*: funkeln; *Schnee*: glitzern; **~vý** funkelnd; glitzernd; *Stil*: geistreich, brillant.
jíst ⟨*na- se*, *po-*, *sníst*⟩ (*jím*, *jedl*, *3 Pl. jedí*) essen, speisen; *~ dosyta* sich satt essen; *dávat k-u* (*co*) *~* j-m zu

essen geben; *nechce se mi* ~ ich habe keinen Appetit; ~ *přes moc* sich überessen; ~ *k-o očima fig.* j-n mit den Augen verschlingen; *nemá co* ~ *er* hat nichts zu essen.
jistě *s. jistý.*
jistin|a *f* (*1*) *Hdl.* Kapital *n*; **~ný** Kapital-.
jistit ⟨*u-, z-, za-*⟩ (*-štěn*) behaupten; ~ *se o čem* sich e-r Sache versichern *od.* vergewissern; ~ *se před čím* sich sichern vor (*D*).
jistojistý ganz sicher, todsicher.
jistot|a *f* (*1*) Sicherheit *f*, Gewißheit *f*; *Jur.* Gewähr *f*; *Hdl.* Kaution *f*; *pro -tu* sicherheitshalber; *sirotčí* ~ Mündelsicherheit; **~ný** zuverlässig, sicher.
jistý sicher, gewiß; bestimmt; *Einkommen*: fest, gesichert; irgendein, ein gewisser; *jsem si tím jist* ich bin mir dessen sicher; *-tá věc* abgemachte Sache; *-tí lidé* gewisse Leute; *za -tých okolností* unter gewissen Umständen; *do -té míry* bis zu einem gewissen Grad; *s -tým zájmem* mit einigem Interesse; ~ *den* an e-m bestimmten Tag; ~ *na koni* sattelfest, fest im Sattel; ~ *životem* s-s Lebens sicher; *je si jist úspěchem* er ist sich s-s Erfolges sicher; *-tě Adv.* sicher(lich), bestimmt, gewiß.
jíška *f* (*1c*; *-šek*) *Kochk.* Einbrenne *f*.
jít ⟨*do-, po-, za-*⟩ (*jdu*; *šel, šla, šlo*) gehen; kommen; *už jdu* ich gehe schon (fort), ich komme schon (hin); *oč jde?* worum geht es?, worum handelt es sich?; *jde na mne spaní* ich werde schläfrig; *jdi pryč!* geh weg!; *pojď sem!* komm her!; *odkud jdete?* woher kommen Sie?; ~ *na ryby* angeln (*od.* fischen) gehen; ~ *na učitelství* Lehrer werden wollen; ~ *od k-o* weggehen von (*D*); ~ *po hlase* der Stimme nachgehen; ~ *pro co od. pro k-o* et. *od.* j-n holen (gehen); ~ *k-u za kmotra* j-m Pate stehen; ~ *za kým* j-m nachgehen; ~ *za svým chlebem* sein Brot verdienen; ~ *za cílem* sein Ziel verfolgen; *plat mu jde stále* sein Gehalt läuft weiter; *klíč jde do zámku* der Schlüssel paßt ins Schloß; *opona jde vzhůru Thea.* der Vorhang geht auf; *jde na něho úzkost* er bekommt es mit der Angst zu tun, es wird ihm angst und bange; *to jde na mne* das betrifft mich; ~ *kolem* vorübergehen; F *hlava mi jde kolem* ich weiß nicht, wo mir der Kopf steht, ich weiß weder ein noch aus; *nejde mi to do krámu* das paßt mir nicht in den Kram; *jde do tuhého* nun wird es ernst; ~ *na pivo* ein Bier trinken gehen; ~ *za školu* die Schule schwänzen; ~ se: *zde se jde dobře* hier geht es sich gut; P *jde se!* los!, vorwärts!; *tudy se jde k ...* hier kommt man zu ...
jitrnice *s. jaternice.*
jitro *n* (*1*; *6. -tře*; *-ter*) Morgen *m*; *Agr.* (*Feldmaß*) Morgen *m*, Joch *n*; *dobré* ~! guten Morgen!; *z*(*a*) *-ra* frühmorgens; *od' -ra do večera* von früh bis abend, vom Morgen bis zum Abend; **~cel** *m* (*4*) *Bot.* Spitzwegerich *m*.
jitřen|í *n* (*3*) *Med.* Eitern *n*; P Aufruhr *m*; **~ka** *f* (*1c*; *-nek*) Morgenstern *m*; *poet.* Morgenrot *n* (*z. B. der Freiheit*); 2 *Myth.* Aurora *f*.
jitř|it ⟨*roz-, z-*⟩ *Wunden* aufreißen; zum Eitern bringen; zu Herzen gehen; reizen; *Volk* aufwiegeln; ~ *se* eitern; *Volk*: in Aufregung geraten; **~ivý** eiternd, eitrig; *Schmerz*: bohrend; *Nachricht*: aufsehenerregend; *Zeit*: aufregend, schlimm; **~ní**[1] Morgen-; **~ní**[2] *f* (*Adj. 4*) *Rel.* Frühmesse *f*.
jíva *f* (*1*) *Bot.* Salweide *f*.
jizb|a *f* (*1*; *-zeb*) Stube *f*; *kulturní* ~ Kulturraum *m*; **~ička** *f* (*1c*; *-ček*) Stübchen *n*.
jízd|a *f* (*1*) Fahrt *f*, Fahren *n*; *hist.* Reiterei *f*; ~ *na koni* Ritt *m*, Reiten *n*; ~ *tam a zpět* Hin- und Rückfahrt; *okružní* ~ Rundfahrt; *hvězdicová* ~ *Sp.* Sternfahrt; ~ *na černo* Schwarzfahrt; *doba -dy* Fahrzeit *f*; ~ *dvojic Sp.* Paarlauf(en *n*) *m*; *přerušení -dy* Fahrtunterbrechung *f*; ~ *na kole* Radfahren; ~ *zakázána!* Fahrverbot!; *dej přednost v -dě!* Vorfahrt beachten!; ~ *o závod* Wettfahren; ~ *po železnici* Eisenbahnfahrt; ~ *parníkem* Dampferfahrt; **~árna** *f* (*1*; *-ren*) Reitschule *f*; **~ecký** *s. jezdecký.*
jízdenka *f* (*1c*; *-nek*) (*volná, zpáteční* Frei-, Rück-)Fahrkarte *f*, (*přestupní* Umsteige-)Fahrschein *m*; *měsíční, traťová* ~ Monats-, Streckenkarte *f*.
jízd|mo *Adv.* rittlings; zu Pferd,

lit., *scherz.* hoch zu Roß; **~né** *n* (*Adj. 3*) Fahrgeld *n*; **~ní** Fahr-; Reit-; *Mil.* beritten; ~ *řád* Fahrplan *m*; Kursbuch *m*.

jizliv|ec, jízliv|ec *m* (*3*; *-vc-*) boshafter (*od.* hämischer) Mensch *m*; **~ost** *f* (*4*) Boshaftigkeit *f*; **~ý** boshaft, hämisch.

jizva *f* (*1*; *-zev*) Narbe *f*; † Schmiß *m*; (längliche) Schramme *f*; ~ *po neštovicích* Pockennarbe.

již schon, bereits; ~ *ne* nicht mehr; *vlak* ~ *nejezdí* der Zug verkehrt nicht mehr; ~ *nikdo* niemand mehr; ~ *nikdy* nie(mals) mehr; **~již** *Adv.* fast, beinahe; nahezu.

jižní südlich, Süd-; ~ *ovoce* Südfrüchte *f/pl.*; *-ně* nach Süden, in südlicher Richtung; *-ně od Prahy* südlich von Prag.

jmel|í *n* (*3*) *Bot.* Mistel *f*; **~ový** Mistel-.

jmění *n* (*3*) Vermögen *n*, † Habe *f*; ~ *na hotovosti* Barvermögen; *celé* ~ das ganze Hab und Gut, ganzer Besitz.

jmen|iny *f/pl.* (*1*) Namenstag *m*; **~ný** Namen-; *Gr.* Nominal-.

jméno *n* (*1*; *6. -u/-ě*; *jmen*) Name *m*; *Gr.* Nomen *n*; *-nem* im Namen, namens; *-nem zákona* im Namen des Gesetzes; *znát k-o -nem* j-n namentlich kennen; *změna -na* Namensänderung *f*; *podle -na* dem Namen nach; *hlasování podle jmen* namentliche Abstimmung; *pro* ~ zum Schein, pro forma; *osobní* ~ Personenname; *vlastní* ~ Eigenname; *podstatné* ~ *Gr.* Hauptwort *n*, Substantiv *n*; *přídavné* ~ *Gr.* Eigenschaftswort *n*, Adjektiv *n*; *mít špatné* ~ in üblem Ruf stehen; *světového -na* von Weltruf.

jmenov|ací *Jur.* Anstellungs-, Ernennungs-; **~ání** *n* (*3*) Ernennung *f*; Anstellung *f*; Bestallung *f*; ~ *ministrem* Ernennung zum Minister; ~ *úředníka* (An-)Stellung als Beamter; ~ *lékaře* Bestallung als Arzt; **~aný** genannt; *často* ~ vielgenannt; **~at** ⟨*po-*, *vy-*⟩ (*-nuji*) nennen; ernennen (*čím* zum *D*); *Jur. Gründe* angeben, anführen; ~ *k-o čím* j-m e-n Namen geben; ~ *jménem* beim Namen nennen; ~ *poručníka* e-n Vormund bestimmen; ~ *se* heißen; lauten; e-n Namen führen; *jak se jmenujete?* wie heißen Sie?, wie ist Ihr Name?; *jak se to jmenuje česky?* wie heißt das tschechisch?; **~atel** *m* (*4*; *-é*) *Math.* Nenner *m*; *Hdl.* Kennziffer *f*; **~ec** *m* (*3*; *-vc-*) Namensvetter *m*; **~itý** Nenn-; *Gr.* Nominal-; *-é úkoly* getrennte Aufgaben; *-tě Adv.* namentlich, besonders; **~ka** *f* (*1c*; *-vek*) Namensschild *n*; **~kyně** *f* (*2b*) Namensschwester *f*.

jmout *pf.* ⟨*po-*, *za-*⟩ (*jmu*, *jal*, *jat*) ergreifen, fassen (*za co* an *D*); gefangennehmen; *fig.* fesseln, hinreißen; ~ *se* beginnen, anfangen zu (*Inf.*); *jal se vyprávět* er begann zu erzählen.

Jobův: Hiobs-; *Jobova zvěst* Hiobsbotschaft *f*.

jod, jód *m* (*2a*) *Chem.* Jod *n*; **~ovat** ⟨*na-*, *po-*, *za-*⟩ (*-duji*) mit Jod betupfen, *Chem.* Jod zusetzen, jodieren.

jódlovat ⟨*za-*⟩ (*-luji*) jodeln.

jodový Jod-.

Jordán|sko *n* (*1b*) Jordanien *n*; **ᘐský** jordanisch.

jotace *f* (*2*) *Gr.* Jotation *f*.

jsem, jsi ... jsme, jsou *s. být.*

jsoucno *n* (*1*), **~st** *f* (*4*) *Phil.* Sein *n*, Dasein *n*, Wesenhaftigkeit *f*.

jste *s. být.*

jubil|ant *m* (*1*), **~antka** *f* (*1c*; *-tek*) Jubilar(in *f*) *m*; **~ejní** Jubiläums-; **~eum** *n* (*5*) Jubiläum *n*; **~ovat** (*-luji*) jubilieren, jubeln.

Jugoslávec *m* (*3*; *-vc-*), **~ka** *f* (*1c*; *-vek*) Jugoslawe *m*, Jugoslawin *f*; **~ie** *f* (*2*) Jugoslawien *n*; **ᘐský** jugoslawisch.

juchat ⟨*za-*⟩ jauchzen.

jucht|a *f* (*1*; *jucht/juchet*) Juchten *n*; **~ovina** *f* (*1*) Juchtenleder *n*; **~ový** Juchten-.

juka|ná *f* (*Adj. 2*) *Kdspr.* Versteckspiel *n*, F Versteckenspielen *n*; **~t** ⟨*vy-*⟩ Verstecken spielen; hervorschauen, -lugen.

juliánský *hist.* julianisch.

junác|kost *f* (*4*) Lebensfrische *f*; *lit.* Heldenmut *m*, Tapferkeit *f*; **~ký** wacker, heldenmütig; jugendfrisch; *-ká mysl* Heldenmut *m*, *lit.* heldische Gesinnung; *-ká píseň* (*jugoslawischer*) Heldengesang *m*; **~tví** *n* (*3*) Heldenmut *m*; Pfadfinderwesen *n*.

junák *m* (*1a*) stattlicher Bursche *m*; *hist.* Held *m*; Pfadfinder *m*.

junda P *f* (*1*) Jux *m*, Spaß *m*.
jupka P *f* (*1c*; *-pek*) Joppe *f*.
Jur|a *f* (*2d*) *Geogr*. Jura *m*; ♀ *Geol*. Jura(formation *f*) *n*; ♀**ský** *Geol*. jurassisch; *Geogr*. Jura-.
juri|dický [-dɪ-] juristisch, *öst*. juridisch; **~sta** *m* (*5a*) Jurist *m*; **~stický** [-tɪ-] juristisch.
jury [ʒɪri, dʒu-] *f* (*indekl*.) Jury *f*.
justament *Int*. ausgerechnet; **~** P *m* (*2*; *6*. *-u*/*-ě*) Eigenwilligkeit *f*, *iron*. Dickschädel *m*, -kopf *m*.
justi|ce † [-tɪ-] *f* (*2*) Justiz *f*; **~ciár** *m* (*1*; *-ové*) Gerichtsbeamte(r) *m*; **~ční** Justiz-.
jut|a *f* (*1*) Jute *f*; **~ový** Jute-.
Jut|sko *n* (*1b*) Jütland *n*; ♀**ský** jütländisch.
JZD (= *Jednotné zemědělské družstvo*) *s*. *jednotný*.

K

k, ke (*vor Konsonantengruppen*), **ku** (*vor pr-, př-*) *Prp.* (*mit 3. Fall*) zu (*D*); an (*A*) (*Richtung*); gegen (*A*) (*Richtung, Uhrzeit*); gegenüber (*D*); *k nádraží* zum Bahnhof; *k jihu* gegen Süden; *k čertu!* zum Teufel!; *k ránu* gegen Morgen; *k páté* (*hodině*) gegen fünf (Uhr); *ke stu* an die hundert, ungefähr hundert; *přistoupit k oknu* ans Fenster treten; *k čemu je to?* wozu dient das?, was soll das?; *není k ničemu* das taugt zu nichts, das ist (zu) nichts nütze; *k smíchu* zum Lachen; *k smrti unaven* todmüde; *k rozkazu* zu Befehl; *k tomu ke všemu* zu alledem; *den ke dni* Tag für Tag; *to není k dostání, k mání* das ist nicht zu bekommen, zu haben; *ku Praze* in Richtung Prag.

kabar *m* (*1a*; *-ři*) *Zo.* Moschustier *n*.

kabaret *m* (*2a*) Kabarett *n*.

kabát *m* (*2*; *6. -u/-ě*) Rock *m*, Jacke *f*, Sakko *n*; Mantel *m*; *kožený* ~ Lederjacke; *bez* ~*u* im bloßen Hemd, in Hemdsärmeln; **~ec** † *m* (*4*; *-tc-*) Wams *n*; *Mil.* Waffenrock *m*; **~ek** *m* (*2b*; *-tk*) Jäckchen *n*, (*Damen-*)Jacke *f*; *kostýmový* ~ Kostümjacke; *pletený* ~ Strickjacke.

kabel *m* (*2a*) Kabel *n*.

kabel|a *f* (*1a*) (*Reise-*)Tasche *f*; **~ka** *f* (*1c*; *-lek*) Handtasche *f*.

kabel|ovat (*-luji*) kabeln; **~ový** Kabel-.

kabina *f* (*1*) Kabine *f*; ~ *pro cestující* Fahrgastraum *m*; ~ *pro pilota Flgw.* Pilotenkanzel *f*; *převlékací* ~ Umkleidekabine; *telefonní* ~ Telefonzelle *f*.

kabinet *m* (*2*; *6. -u/-ě*) Kabinett *n*; *zasedání* ~*u* Kabinettsitzung *f*; ~*ní* Kabinett(s)-.

kabonit ⟨*z-, za-*⟩ trüben; *Stirn* runzeln; ~ *se* sich trüben; *Himmel*: sich verdüstern; *Person*: finster dreinblicken, P ein saures Gesicht machen.

kabrňák P *m* (*1a*) Prachtkerl *m*, Prachtexemplar *n*.

kacabajka P *f* (*1c*; *-jek*) Joppe *f*.

kácení *n* (*3*) Fällen *n* (*von Bäumen*); Stürzen *n*.

kaceřovat (*-řuji*) verketzern; *lit.* schmähen.

kácet ⟨*po-, s-; vy-*⟩ (*3 Pl. -ejí*) *v/t* stürzen; *Bäume* fällen; *Forstw. Wald* abholzen, schlagen; ~ *se* (nieder)stürzen, umfallen; *iron. fig* wanken.

kacíř *m* (*3*) Ketzer *m*; **~ský** ketzerisch; **~ství** *n* (*3*) Ketzerei *f*.

káča *f* (*1a*; *-i*) *s. kačena*; Kreisel *m*.

kač|ena P *f* (*1*) Ente *f*; **~er** *m* (*1*; *-ři*) Enterich *m*, Erpel *m*; **~ka** P *f* (*1c*, *-ček*) Krone *f* (*Geldstück*).

káď *f* (*4d*; *-dě*; *-děmi*) Bottich *m*, Tonne *f*, Bütte *f*; *koželužská* ~ Gerbgrube *f*; *vystírací* ~ (*Brauerei-*) Würztrog *m*.

kadečka *f* (*1c*; *-ček*) kleiner Bottich *m*, kleine Tonne *f*; *scherz.* dicke Frau *f*.

kadence *f* (*2*) *Mus.* Kadenz *f*; *Mil.* Feuergeschwindigkeit *f*.

kadění *n* (*3*) Räuchern *n*; *fig.* Beweihräuchern; V Kacken *n*.

kadeř *f* (*3*) (*Haar-*)Locke *f*; ~*e f/pl.* Lockenhaar *n* (*koll.*); **~ávek** *m* (*1a*; *-vk-*) Lockenkopf *m*; (*2b*) *Bot.* Krauskohl *m*; **~avět** ⟨*z-*⟩ (*3 Pl. -ějí*) (*se*) sich kräuseln; **~(av)it** ⟨*na-*⟩ *Haar* kräuseln, eindrehen; **~avý** lockig, gewellt; **~nice** *f* (*2a*) Friseuse *f*; **~nictví** *n* (*3*) Friseurgeschäft *n*; Friseurberuf *m*; **~ník** *m* (*1a*) Friseur *m*.

kadet *m* (*1*) Kadett *m*; **~ka** F *f* (*1c*; *-tek*) Kadettenschule *f*; **~ní** Kadett-.

kadi|cí Räucher-, Rauch-; **~delnice** *f* (*2a*) *Rel.* Weihrauchkessel *m*, Rauchfaß *n*; **~dlo** *n* (*1a*; *-del*) Weihrauch *m*; *vykuřovat -lem* be(weih-)räuchern.

kádinka *f* (*1c*; *-nek*) *Chem.* Becherglas *n*.

kad|it ⟨*po-, za-*⟩ Weihrauch streuen; *fig.* P beweihräuchern (*A*), schmeicheln (*D*); V kacken; **~ítko** *n* (*1b*; *-tek*) Räucherkerze *f*.

kadlub *m* (*2a*) *Tech.* (*Gieß-*)Form *f*; Holzgefäß *n*.

kádr *m* (*2a*) *Pol.* Kader *m*; *rozvoj* **~ů** Kaderentwicklung *f*; *služba v* **~u** P Militärdienst *m*; *stranický* **~** Parteikader; **~ový** Kader-; *Su. m* (*Adj. 1*) Kaderleiter *m*; *-vé oddělení* Personalabteilung *f*; *-ově Adv.* personal-, kaderpolitisch.

kaf|áč P *m* (*4*) Kaffeetopf *m*; **~e** F *n* (*indekl.*) Kaffee *m*; *to je jiné* **~** das ist was ganz anderes; **~íčkářka** F *f* (*1c*; *-řek*) Kaffeetante *f*; **~íčko** F *n* (*1b*; *-ček*) Kaffee *m*.

kafr *m* (*2a*) Kampfer *m*; **~at** P ‹*na-, vy-, za-*› (allerlei) Unsinn reden, quasseln; **~ový** Kampfer-.

kaftan *m* (*2*; *6. -u/-ě*) Kaftan *m*.

kahan *m* (*2a*), **~ec** *m* (*4*; *-nc-*) Lampe *f*; *Tech.* Brenner *m*; *hornický* **~** *Bgb.* Grubenlampe; *plynový* **~** Gasbrenner.

kahán|ek *m* (*2b*; *-nk-*) Lämpchen *n*; *na -nku fig.* gleich; P *má na -nku* er pfeift auf dem letzten Loch.

kach|el *m* (*4*; *-chl-*), **~lík** *m* (*2b*) Kachel *f*; **~l(ík)ový** Kachel-.

kach|na *f* (*1*; *-chen*) Ente *f*; *divoká* **~** Wildente; *pečená* **~** Entenbraten *m*; *novinářská* **~** Zeitungsente; **~ně** *n* (*4a*), *Dim.* **~ňátko** (*1b*; *-tek*) junge Ente *f*; **~ní** Enten-; **~nička** *f* (*1c*; *-ček*) *Dim. zu kachna.*

kajak *m* (*2b*) Paddelboot *n*; *skládací* **~** Faltboot; **~ář** *m* (*3*) Paddler *m*; **~ářský** Paddelboot-.

kajda P *f* (*1*) Jacke *f*.

kajíc|í bußfertig, reu(müt)ig; **~nice** *f* (*2a*) Büßerin *f*; **~nost** *f* (*4*) Bußfertigkeit *f*; **~ný** *s. kajícní*; Buß-, Büßer-.

kajka *f* (*1c*; *-jek*) *Zo.* Eiderente *f*.

kajut|a *f* (*1*) *Mar.* Kajüte *f*; **~ový** Kajüten-.

kakabus *m* (*1*; *-ové*) *verä.* P Griesgram *m*, Brummbär *m*.

kakao *n* (*1*; *6. -u*) Kakao *m*; **~vník** *m* (*2b*) Kakaobaum *m*; **~vý** Kakao-.

kakat ‹*po- (se), vy- (se)*› *Kdspr.* V kacken.

kakost *m* (*2a*) *Bot.* Storchschnabel *m*.

kaktus *m* (*2*; *6. -u/-e*) Kaktus *m*; **~ář** *m* (*3*) Kakteenzüchter *m*; **~ový** Kakteen-.

kal *m* (*2a*) Schlamm *m*, Kot *m*; (*Kaffee-*)Satz *m*, Rückstand *m*; Pfütze *f*, Lache *f*; Abwässer *n/pl.*; *Bgb.* Trübe *f*; *lovit v* **~u** *fig.* im trüben fischen.

kalafuna *f* (*1*) Kolophonium *n*.

kalamář *m* (*4*) Tintenfaß *n*.

kale *Adv. s. kalý.*

kalendář *m* (*4*) Kalender *m*; **~ík** *m* (*2b*) Taschenkalender *m*; **~ní, ~ový** Kalender-.

kalen|í *n* (*3*) Trüben *n*; *Tech.* Härten *n*; **~ý** gehärtet; *Glas*: matt.

kálet ‹*po-, z-, za-*› (*3 Pl. -ejí*) besudeln, beflecken; *s-e* Notdurft verrichten; *Tiere*: misten; *Jagdw.* losen.

kalhot|ky *f/pl.* (*1c*; *-tek*) Höschen *n*; *dámské* **~** (*Damen-*)Schlüpfer *m*; *punčoškové* **~** Strumpfhose *f*; **~y** *f/pl.* (*1*) Hose *f*, Hosen *f/pl.*; *jezdecké* **~** Reithosen; *spodní* **~** Unterhose(n); P *měl* **~** (*strachu*) *plné fig.* er hatte die Hosen voll.

kalibr *m* (*2a*) Kaliber *n*; *velkého* **~u** großkalibrig; **~ovaný**: *-ná nádoba Chem.* Meßglas *n*.

kalicí *Tech.* Härte-, Härtungs-.

kalif *m* (*1*; *-ové*) Kalif *m*; **~át** *m* (*2*; *6. -u/-ě*) Kalifat *n*.

kalich *m* (*2b*) Kelch *m*, Becher *m*; *fig.* Hussitentum *n*; **~ovitý** kelchförmig; **~ový** Kelch-.

kalina *f* (*1*) *Bot.* Schneeball *m*.

kalíšek *m* (*2b*; *-šk-*) (*Likör-, Schnaps-*)Glas *n*; kleiner Kelch *m*; **~** *na vajíčka* Eierbecher *m*.

kališn|í Kelch-; **~ický** *hist.* hussitisch, kalixtinisch; **~ictví** *n* (*3*) Hussitentum *n*, Utraquismus *m*; **~ík** *m* (*1a*) Kalixtiner *m*, † Kelchner *m*.

kaliště *n* (*2a*) Tümpel *m*; Lache *f*, Pfütze *f*; Jauchengrube *f*, Senkgrube *f*.

kalit ‹*z-, za-*› trüben; *fig.* verderben (*v/t*); *Stahl* härten; **~** *se* sich trüben; *Stahl*: gehärtet werden; *Augen*: brechen.

kalkant † *m* (*1*) Balkentreter *m* (*bei der Orgel*).

kalkul *m* (*2a*) Kalkül *n*; *Hdl.* Festsetzung *f* (*von Preisen*); **~ace** *f* (*2*) *Hdl.* Kalkulation *f*; *předběžná* **~** Vorkalkulation; **~ační** Kalkulations-; **~ovat** ‹*v-, vy-, z-, za-*› (*-luji*) kalkulieren.

kal|nost *f* (*4*) Trübheit *f*; *Tech.* Mattierung *f*; **~ný** trüb; *Himmel*: bedeckt, verhangen; düster; *-né tušení* dunkle Ahnung; *-ná mysl* Trübsinn *m*.

kalo|jem *m* (*2a*) *Tech.* Schlamm-

grube *f*; **~lis** *m* (*2*; *6. -u*/*-e*) *Tech.* Schlammfilter *m.*
kaloň *m* (*3a*; *2. -ně*) *Zo.* Flughund *m.*
kalor|ický *Phys.* kalorisch; **~ie** *f* (*2*) Kalorie *f.*
kaloun *m* (*2*; *6. -u*/*-ě*) Zwirnband *n*; Borte *f*; *Mil.* Tresse *f.*
kalous *m* (*1*) *Zo.* (*Wald-, Sumpf-*) Ohreule *f.*
kalový *Tech.* Schlamm-.
kalup P *m* (*2a*) Galopp *m*; *fig.* Eile *f*; *~em* schnell, im Galopp.
kaluž *f* (*3*), **~ina** *f* (*1*) Pfütze *f*, Lache *f*; *~ vody* Wasserlache, Wasserpfütze; *~ krve* Blutlache.
Kalvárie *f* (*3*) *bibl.* Kalvarienberg *m*; ♀ *Rel.* Kreuzigungsgruppe *f*; *fig.* Leiden *n*/*pl.*, Leidensweg *m.*
kalvín *m* (*1*), **kalvinista** [-nɪ-] *m* (*5a*) *Rel.* Kalvinist *m*; **~ský** kalvin(ist)isch; **~ství** *n* (*3*) Kalvinismus *m.*
kalý P gut; *fig.* tüchtig; *-le Adv.* recht; *fig.* tüchtig; *tomu -le nerozumím* daraus werde ich nicht recht klug, das verstehe ich nicht recht.
kam wohin; F *a.* irgendwohin; *neví kudy ~* er weiß weder aus noch ein; *~ to hodí, tam to hodí* er wirft es einfach irgendwohin.
kamarád *m* (*1*), **~ka** *f* (*1c*; *-dek*) Freund(in *f*) *m*, Kamerad(in *f*) *m*; P *~ z mokré čtvrti* Saufbruder *m*; **~it** ⟨*s-*⟩ (*se*) Freundschaft pflegen, befreundet sein; **~ský** freundschaftlich, kameradschaftlich; **~ství** *n* (*3*) Freundschaft *f*, Kameradschaft *f.*
kamaše *f* (*2*) Gamasche *f.*
kambala *f* (*2a*) *Zo.* Scholle *f*, Butt *m.*
kamej(**e**) *f* (*3*) Kamee *f.*
kamélie *f* (*2*) *Bot.* Kamelie *f.*
kámen *m* (*4*; *kamen-*) Stein *m*; *mlýnský ~* Mühlstein; *~ mudrců* Stein der Weisen; F *co by kamenem dohodil* e-n Katzensprung (weit); *fig. nezůstal ~ na kameni* kein Stein blieb auf dem anderen; *~ úrazu* Stein des Anstoßes; *tvrdý jako ~* steinhart; *cesta samý ~* steiniger Weg.
kamen|áč *m* (*4*) *Bot.* Steinnuß *f*; Steinpilz *m*; **~ář** *m* (*3*) Steinbrucharbeiter *m*; Steinschleifer *m*; **~cový** Alaun-; **~ec** *m* (*4*; *-nc-*) Alaun(stein *m*) *n*; **~ět** ⟨*z-*⟩ (*3 Pl. -ějí*) versteinern, zu Stein werden; **~í** *n* (*3*) Gestein *n*, Steine *m*/*pl.*; **~ina** *f* (*1*) Steinzeug *n*; **~inový** Steinzeug-; **~itý** steinig; **~ný** steinern, Stein-, aus Stein; **~otisk** *m* (*2b*) Steindruck *m* **~ouhelný** Steinkohlen-; **~ovat** ⟨*u-*⟩ (*-nuji*) steinigen; *fig.* verfolgen.
kamera *f* (*1d*) *Fot.* Kamera *f*; *televizní ~* Fernsehkamera; *~ na malý formát* Kleinbildkamera; **~man** *m* (*1*) Aufnahmeleiter *m* (*beim Film*); Kameramann *m.*
kamín|ek *m* (*2b*; *-nk-*) Steinchen *n*; *psací ~* (*Schreib-*)Griffel *m*; **~ka** *n*/*pl.* (*1*; *-nek*) kleiner Ofen *m*, Öfchen *n*; *železná ~* F Kanonenofen.
kamión *m* (*2a*) Lastwagen *m*, P Laster *m.*
kamkoli(**v**) wohin auch immer; *~ pohlédneš* wohin man auch schaut.
kamn|a *n*/*pl.* (*1*; *-men*) Ofen *m*; *stáložárná ~* Dauerbrandofen; *roura od kamen* Ofenrohr *n*; **~ář** *m* (*3*) Ofensetzer *m*; **~ovec** *m* (*4*; *-vc-*) Wasserkessel *m* (*eingebaut im Herd*); **~ový** Ofen-.
kampak wohin denn.
kampaň *f* (*3*) Kampagne *f*; Feldzug *m.*
kampelička *f* (*1c*; *-ček*) Raiffeisenkasse *f.*
kamsi irgendwohin.
kamufláž *f* (*3*) *Mil.* Tarnung *f.*
kamz|ičí Gemsen-, Gems-, Gams-; **~ík** *m* (*1a*) *Zo.* Gemse *f.*
Kana|da *f* (*1*) Kanada *n*; P ♀ *Sp.* Eishockey *n*; Spaß *m*, Hetz *f*; **~ďan** *m* (*1*; *-é*), **~ďanka** *f* (*1c*; *-nek*) Kanadier(in *f*) *m*; **♀ský** kanadisch.
kanafas *m* (*2*; *6. -u*/*-e*) Kanevas *m* (*Gewebe*); *pruhovaný jako ~* buntkariert; F *už je v ~u* er ist schon im Bett.
kanál *m* (*2*; *6. -u*/*-e*) Kanal *m*; *Tech.* Graben *m*; **~ek** *m* (*2b*; *-lk-*) *Tech.*, *Med.* Kanal *m*; *Bot.* Kanälchen *n.*
kanaliz|ace *f* (*2*) Kanalisation *f*; **~ační** Kanalisations-; Entwässerungs-; **~ovat** (*im*)*pf.* ⟨*z-*⟩ (*-zuji*) kanalisieren.
kanape *n* (*2*) Sofa *n.*
kanár *m* (*1*; *-ři*), **~ek** *m* (*1a*; *-rk-*) Kanarienvogel *m*; **~kový** Kanarien-; kanariengelb; **♀ský**: *-ké ostrovy* Kanarische Inseln.
kancelář *f* (*3*) Büro *n*, Kanzlei *f*; *Mil.* Schreibstube *f*; *cestovní ~* Reisebüro; *dopravní ~* Verkehrsamt *n*; *informační ~* Auskunftsbüro; *tisková ~* Pressebüro; Pressedienst

m, Nachrichtenagentur *f*; **~ský** Büro-, Kanzlei-; ~ *nábytek* Büromöbel *pl.*; ~ *zaměstnanec* Büroangestellter *m*; ~ *prach iron.* Aktenstaub *m*.
kancelista † *m* (*5a*) Kanzlist *m*; *verä.* Schreiber(seele *f*) *m*.
kancionál *m* (*2a*) *Rel.* Gesangbuch *n*.
kancléř *m* (*3*) Kanzler *m*; *spolkový* ~ Bundeskanzler; **~ství** *n* (*3*) (*Staats- od. Reichs-*)Kanzlei *f*, Kanzleramt *n*.
kanč|í Eber-; **~ík** *m* *1.* (*1a*) *Dim. zu kanec*; *2.* (*2b*) *Tech.* Schraubenbohrer *m*, Schneckenbohrer *m*; *Mil.* Patronenzieher *m*; Riemenpeitsche *f*.
kandelábr *m* (*2a*) (*Gas-*)Laternenpfahl *m*, Lichtmast *m*.
kandidát [-dı-] *m* (*1*) Kandidat *m*; **~ka** *f* (*1c*; *-tek*) Kandidatin *f*; P Kandidatenliste *f*; **~ní, ~ský** Kandidaten-; **~ura** [-u:-] *f* (*1d*) Kandidatur *f*.
kandidovat [-dı-] (*-duji*) kandidieren.
kand|ovat (*-duji*) *Kochk.* kandieren; **~ys** *m* (*2*; *6.* *-u*/*-e*) Kandis(zucker) *m*; **~ysový** Kandis-, *öst.* Kandel-.
ká|ně[1] *f* (*2b*; *-í*) *Zo.* Bussard *m*; *lesní* ~ Mäusebussard; **~ně**[2] *n* (*4a*) junger Bussard *m*; *-ňata n*/*pl. fig.* Nachwuchs *m*.
kanec[1] *m* (*3*; *-nc-*) Eber *m*, *Jagdw.* Keiler *m*; V Schweinkerl *m*; **~**[2] F *m* (*4*; *-nc-*) Tintenklecks *m*.
kaňh|a *m* (*5*), **~al** *m* (*1*; *-ové*) *verä.* Kleckser *m*; **~anina** *f* (*1*) *verä.* Kleckserei *f*; **~at** ⟨*po-*, *z-*, *za-*⟩ klecksen.
kanibal [-nı-] *m* (*1*; *-ové*) Kannibale *m*; **~ský** kannibalisch; **~ství** *n* (*3*) Kannibalismus *m*.
kaňka *f* (*1c*; *-něk*) Klecks *m*, Fleck *m*.
kanoe, kánoe *f* (*2*) *od.* *n* (*indekl.*) *Sp.* Kanu *n*.
kano|ista *m* (*5a*), **~istka** *f* (*1c*; *-tek*) *Sp.* Kanufahrer(in *f*) *m*; **~istika** [-tı-] *f* (*1c*) Kanusport *m*.
kanón P *m* (*2*; *6.* *-u*/*-ě*) Kanone *f*; *s. dělo*; *jít s ~em na vrabce* auf Spatzen mit Kanonen schießen.
kánon *m* (*2a*) Kanon *m*.
kanon|áda *f* (*1*) Kanonade *f*; **~ický** [-nı-] kanonisch; **~izovat** [-nı-] (*im*)*pf.* (*-zuji*) kanonisieren.
kanout ⟨*u-*, *vy-*⟩ (*-nul*) tropfen, rinnen.
kanov|nický *Rel.* Domherren-; **~nictví** *n* (*3*) Domherrenstelle *f*, Kanonikat *n*; **~ník** *m* (*1a*) Domherr *m*, Kanonikus *m*.
kantáta *f* (*1*) *Mus.* Kantate *f*.
kanton *m* (*2*; *6.* *-u*/*-ě*) Kanton *m*; **~ální** Kantonal-; ~ *rada* Kantonsrat *m*.
kantor *m* (*1*; *-ři*) Schullehrer *m*; † *Mus.* Kantor *m*; *verä.* Schulmeister *m*; **~ka** *f* (*1c*; *-rek*) Lehrersfrau *f*; **~ovat** (*-ruji*) *v*/*i* Schulmeister sein; *v*/*t verä.* schulmeistern; **~ský** P Lehr(er)-; **~sky** *Adv. verä.* schulmeisterlich, pedantisch.
kant|ýna *f* (*1*) Kantine *f*; **~ýnský** *1.* Kantinen-; *2.* *m* (*Adj. 1*) Kantinenwirt *m*, Kantinenbesitzer *m*.
kanyla *f* (*1a*) *Med.* Kanüle *f*.
kanystr *m* (*2a*) Kanister *m*.
kapací *Tech.*, *Med.* Tropf-.
kapacita *f* (*1*) Kapazität *f*, Fassungsvermögen *n*.
kapalin|a *f* (*1*) (tropfbare) Flüssigkeit *f*; **~ný, ~ový** Flüssigkeits-; *-ný tlak Phys.* Flüssigkeitsdruck *m*; *-ová brzda* Flüssigkeitsbremse *f*.
kapal|nit ⟨*z-*⟩ *Tech.* verflüssigen; **~nost** *f* (*4*) *Phys.* flüssiger Zustand *m*; *Chem.* Tropfbarkeit *f*; **~ný** flüssig; *Chem.* tropfbar.
kapán|ek *m* (*2b*; *-nk-*) *Kochk.* Tropfteig *m*; *Adv.* ein bißchen; **~í** *n* (*3*) Tröpfeln *n*; *Med.* Träufeln *n*; *Kochk.* Tropfteig *m*; *polévka s ~m* = **kapanka** P *f* (*1c*; *-nek*) Tropfteigsuppe *f*.
kapar|a *f* (*1d*) *Kochk.* Kaper *f*; **~ový** Kapern-.
kap|at ⟨*po-*, *u-*, *za-*⟩ (*-u*/*-ám*) *v*/*t* tropfen, träufeln; *Regen*: tröpfeln; P *Hdl.* hereinkommen, abfallen; *Vieh*: verenden; **~átko** *n* (*1b*; *-tek*) Tropfröhrchen *n*, Pipette *f*; **~avka** *f* (*1c*; *-vek*) *Med.* Tripper *m*.
kápě *f* (*2b*; *-í*) Kapuze *f*; Kappe *f*.
kapel|a *f* (*1a*) *Mus.* Kapelle *f*; **~ník** *m* (*1a*) Kapellmeister *m*.
kapénk|a *f* (*1c*; *-nek*) *Med.* Tröpfchen *n*; **~ový** Tröpfchen-.
kapes|né *n* (*Adj. 3*) Taschengeld *n*; **~ní** Taschen-; **~ník** *m* (*2b*) Taschentuch *n*.
kapičk|a *f* (*1c*; *-ček*) *Dim. zu kapka*; *~u* ein klein wenig.
kapilár|a *f* (*1d*) Kapillare *f*, Kapillargefäß *n*; *Phys.* Kapillarröhrchen *n*; **~ní** kapillar.

kapitál *m* (*2a*) Kapital *n*.

kapitali|sta *m* (*5a*) Kapitalist *m*; **~stický** [-tɪ-] kapitalistisch; **~zovat** (*im*)*pf*. ⟨*pře-*, *z-*⟩ (*-zuji*) kapitalisieren.

kapitál|ní P kapital, *fig*. gewaltig, Kapital-; ~ *chlapík* toller Bursche, Mordskerl *m*; **~ový** *Hdl*. Kapital-.

kapitán *m* (*1*) *Mar*., *Sp*. Kapitän *m*; *Mil*. *a*. Hauptmann *m*; ~ *sportovního družstva* Mannschaftskapitän; **~ský** Kapitäns-; Hauptmanns-.

kapit|ola *f* (*1a*) Kapitel *n*; **~ula** *f* (*1a*) *Rel*. Domkapitel *n*.

kapitula|ce *f* (*2*) Kapitulation *f*. **~ční** Kapitulations-.

kapitul|ní Dom-; Kapitel- (*z*. *B*. *Psalter*); **~ovat** (*im*)*pf*. (*-luji*) kapitulieren.

kapka *f* (*1c*; *-pek*) Tropfen *m*; *fig*. ein wenig; *do poslední -ky* bis zum letzten Tropfen; *po -kách* tropfenweise; *-ku* ein wenig.

kaplan *m* (*1*) Kaplan *m*; **~ka** F *f* (*1c*; *-nek*) Kaplanwohnung *f*; **~ský** Kaplan-; **~ství** *n* (*3*) Kaplanstelle *f*.

kapl|e *f* (*2*), **~ička** *f* (*1c*; *-ček*) *Rel*. Kapelle *f*.

káp|nout ⟨*u-*⟩ (*-pl*) (*einmal*) tropfen; P *k č-u*, *nač* treffen auf (*A*), unerwartet finden (*A*); d(a)raufkommen; *tys na to -pl!* du hast es erraten!, du hast den Nagel auf den Kopf getroffen!; *-pli mu do noty* das paßt ihm gerade, das haben sie ihm recht gemacht.

kapota *f* (*1*) *Kfz*. Motorhaube *f*.

kapoun *m* (*1*) Kapaun *m*.

kapr *m* (*1*; *-ři*) Karpfen *m*; *hladký* ~ *bez šupin* Spiegelkarpfen.

kapra|ď *f* (*4d*) *Bot*. Farn *m*; **~dí** *n* (*3*), **~dina** *f* (*1*) Farnkraut *n*.

kaprál P *m* (*1*) Korporal *m*; **~ský** Korporal-.

kapř|í Karpfen-; **~ík** *m* (*1a*) *Dim*. [*zu kapr*.]

kaps|a *f* (*1a*; *-pes*) (*Jacken-*)Tasche *f*; **~ář** *m* (*3*) Taschendieb *m*; **~ička** *f* (*1c*; *-ček*) *Dim*. *zu kapsa*.

kapsle *f* (*2*) Kapsel *f*; Zündhütchen *n*.

kapuc|e *f* (*2*) Kapuze *f*; **~ín** *m* (*1*) *Rel*. Kapuziner *m*; **~ínský** Kapuziner-.

kapust|a *f* (*1*) *Bot*. Blattkohl *m*; *růžičková* ~ Rosenkohl; **~ový** (Blatt-)Kohl-; *-vá polévka* Kohlsuppe *f*.

kaput P (*indekl*.) entzwei, kaputt, im Eimer.

kára *f* (*1d*) Karren *m*; Karre *f* (*a*. F *für Wagen*).

karabáč *m* (*4*) Riemenpeitsche *f*, Karbatsche *f*; **~ovat** ⟨*u-*⟩ (*-čuji*) (aus)peitschen, mit der Peitsche schlagen.

karabin|a *f* (*1*) *Mil*. Karabiner *m*; *Tech*. Haken *m*; **~ka** *f* (*1c*) Karabinerhaken *m*; **~ík** *m* (*1a*) † (*französ*.) leichter Reiter *m*; (*ital*.) Carabinieri *m*.

karaf|iát *m* (*2*; *6*. *-u*/*-ě*) *Bot*. Nelke *f*; **~inka** *f* (*1c*; *-nek*) kleine Karaffe *f* (*für Essig und Öl*).

karambol *m* (*2a*) Zusammenstoß *m*.

karamel|a *f* (*1a*) Karamelle *f*; **~ový** Karamell-.

káranec *m* (*3*; *-nc-*) Zwangsarbeiter *m*, Insasse *m* e-s Zwangsarbeitslagers, † Sträfling *m*.

karantén|a *f* (*1*) Quarantäne *f*; **~ní** Quarantäne-.

kar|as *m* (*1*) Karausche *f*; **~ásek** *m* (*1b*; *-sk-*) Goldfisch *m*; *Kochk*. Schrippe *f*; kleiner Zopf *m* (*aus Teig*).

kára|t ⟨*po-*, *vy-*⟩ tadeln, rügen (*pro co* wegen *G*); **~vý** tadelnd; *Blick*: strafend.

karban *m* (*2a*) (leidenschaftliches) Kartenspiel *n*, *fig*. Spielteufel *m*; **~átek** *m* (*2b*; *-tk-*) Fleischkloß *m*, Klops *m*, *dial*. Boulette *f*, *öst*. Karbonadel *n*; **~ický** P Spiel-; *-ké doupě* Spielhölle *f*; **~ík** *m* (*1a*) leidenschaftlicher Kartenspieler *m*; **~it** ⟨*na- se*, *pro-*⟩ leidenschaftlich Karten spielen.

karbovačka *f* (*1c*; *-ček*) Rührscheit *n*; (*Maurer-*)Kalkschaufel *f*; (*Bäker-*)Kerbholz *n*.

karbunkl *m* (*2a*) Furunkel *m*; *Min*. Karfunkel *m*.

karburátor *m* (*2a*) *Kfz*. Vergaser *m*.

kardinál [-dɪ-] *m* (*1*; *-ové*) Kardinal *m*; **~ní** Kardinal- (*z*. *B*. Fehler); **~ský** Kardinals-; **~ství** *n* (*3*) Kardinalswürde *f*.

karetní Karten-.

karfiól *m* (*2a*) Blumenkohl *m*, *öst*. Karfiol *m*; **~ový** Blumenkohl-.

karhan † *1*. *m* (*2a*) Tongefäß *n*; *2*. *m* (*1*) ungezogenes Kind *n*, Lümmel *m*.

kariér|a *f* (*1d*) Karriere *f*; **~ista** *m* (*5a*) Karrieremacher *m*, Streber *m*.

karikatu|ra [-tu:-] *f* (*1d*) Karikatur *f*; **~rista** *m* (*5a*) Karikaturist *m*.
karikovat ‹*pře-, z-*› (*-kuji*) karikieren; *fig.* lächerlich machen.
karkul|e *f* (*2*) Haube *f*; **~ka** *f* (*1c*; *-lek*) Häubchen *n*; *Červená* ♀ Rotkäppchen *n*.
Karlova: *Universita ~* (*Prager*) Karls-Universität.
karlo|varský Karlsbader; ♀**vy Vary** *m/pl.* (*2*; *2. Var*) Karlsbad *n*.
karmelitán *m* (*1*) *Rel.* Karmeliter *m*.
kárný strafend; Straf-; Disziplinar-; *~ pracovní tábor* Zwangsarbeitslager *n*; *-né řízení* Disziplinarverfahren *n*.
karosérie *f* (*2*) *Kfz.* Karosserie *f*.
Karpaty *m/pl.* (*2*; *-pat*) *Geogr.* Karpaten *pl*.
karta *f* (*1*; *-ret*) (Spiel-)Karte *f*; *dům z karet* Kartenhaus *n*.
kartáč *m* (*4*) Bürste *f*; † *Mil.* Kartätsche *f*; *~ na šaty, na vlasy, na drhnutí* Kleider-, Haar-, Scheuerbürste; **~ek** *m* (*2b*; *-čk-*) (*kleine*) Bürste *f*; *~ na zuby* Zahnbürste; **~ník** *m* (*1a*) Bürstenbinder *m*; **~ovat** ‹*pře-, vy-*› (*-čuji*) (aus)bürsten; **~ový** *Typ.* Bürsten-; † *Mil.* Kartätschen-.
kartářka *f* (*1c*; *-řek*) Kartenlegerin *f*.
kartel *m* (*2a*) Kartell *n*; **~izovat** (*im*)*pf.* ‹*z-*› (*-zuji*) kartellieren.
kart|ička *f* (*1c*; *-ček*) *s. karta*; Karteikarte *f*; **~ka** *f* (*1c*; *-tek*) Karte *f*, Kärtchen *n*.
kartón *m* (*2*; *6. -u/-ě*) Karton *m*.
kartonáž *f* (*3*) Kartonage *f*; **~ka** F *f* (*1c*; *-žek*) Kartonagenfabrik *f*.
kartoté|ční Kartei-; **~ka** *f* (*1c*) Kartei *f*, -kasten *m*, -schrank *m*; *~ přihlášených* Meldekartei; **~kový** Kartei-.
kartoun *m* (*2*; *6. -u/-ě*) Kattun *m*; **~ka** F *f* (*1c*; *-nek*) Kattunfabrik *f*; **~ový** Kattun-.
kart|ouzek *m* (*2b*; *-zk-*) *Bot.* Kartäusernelke *f*; **~uzián** *m* (*1*) Kartäuser(mönch) *m*; **~uziánský** Kartäuser-.
kasa|ce *f* (*2*) *Jur.* Kassation *f*; *Mus.* Ständchen *n*; **~ční** Kassations-.
kasár|enský Kasernen-; **~na** *n/pl.* *s. kasárny*; **~nický** Kasernen-; **~ník** F *m* (*2b*) Kasernenarrest *m*; **~ny** *f/pl.* (*1*; *-ren*) Kaserne *f*.
kasař *m* (*3*) Geldschrankknacker *m*.
kasat ‹*na-, pod-, za-*› (auf)schürzen; *Ärmel* hochkrempeln; *Segel* aufgeien; *~ se* sich aufspielen, aufschneiden; *~ se* (*nač*) sich anschicken (zu *D*); (*proti k-u*) sich wappnen (gegen *A*).
kaseta *f* (*1*) Kassette *f*.
kasička F *f* (*1c*; *-ček*) Sparbüchse *f*.
kaskáda *f* (*1*) Kaskade *f*; *~ smíchu* Lachsalve *f*; *~ slov* Wortschwall *m*.
kasovní Kassen-.
Kaspický: *-ké moře* Kaspisches Meer.
kasta *f* (*1*) Kaste *f*.
kastaněta *f* (*1*) Kastagnette *f*.
kastel *m* (*2a*) Kastell *n*; **~án** *m* (*1*) Kastellan *m*.
kastov|ní, **~nický** Kasten-; **~nictví** *n* (*3*) Kastenwesen *n*; Kastengeist *m*.
kastr|ace *f* (*2*) Kastration *f*; **~át** *m* (*1*) Kastrat *m*, Verschnittener *m*.
kastrol *m* (*2*; *6. -u/-e*) Kasserolle *f*, (*Schmor-*)Topf *m*; *scherz.* Melone *f* (*Hut*).
kastrovat (*im*)*pf.* ‹*vy-*› (*-ruji*) [kastrieren.]
kaše *f* (*2*) Brei *m*, Mus *n*; F Matsch *m*; Patsche *f*; *bramborová ~* Kartoffelbrei; *fig. navařit k-u pěknou -ši* j-m e-e schöne Suppe einbrocken; F *on jídal vtipnou -ši* er hat Köpfchen; *foukat k-u do -še* sich in fremde Angelegenheiten mischen; *jsme v -ši* wir sitzen in der Patsche.
kašel *m* (*4*; *-šl-*) Husten *m*; *černý ~* Keuchhusten; *drží ho to ke kašli* er hat Hustenreiz.
kašička *f* (*1c*; *-ček*) Breichen *n*; F unterste Volksschulklasse *f*.
kašlat ‹*od- si, vy- se, za-*› (*-lu*) husten.
kašna † *f* (*1*; *-šen*) Marktbrunnen *m*.
kašovitý breiartig, breiig.
kašpar *m* (*1*; *-ři*) Narr *m*, Hanswurst *m*; *dělat si ~a z k-o* j-n zum Narren halten.
Kašpár|ek *m* (*1*; *-rk-*) Kasper *m*, *Kdspr.* Kasperl *n od. m*; ♀**kovský** Kasper-, Narren-; *-ké šprýmy* Narrenspäße *m/pl.*, *lit.* Hanswurstiaden *f/pl.*, F Kasperei *f*.
kaštan *m* (*2a*) Kastanie *f*; Kastanienbaum *m*; *divoký* (*od. koňský*) *~* Roßkastanie; *jedlý ~* Edelkastanie, Marone *f*; **~ový** Kastanien-; *-vě hnědý* kastanienbraun.
kat *m* (*1*) Henker *m*.
kát ‹*od-, po-*› (*1. kaji*): *~ se z č-o* Buße tun für (*A*), bereuen (*A*).
katakomby *f/pl.* (*1*) Katakomben *f/pl.*

katalog *m* (*2b*) Katalog *m*; **~izace** *f* (*2*) Katalogisierung *f*; **~izovat** ⟨*z-, za-*⟩ (*-zuji*) katalogisieren.

katan *m* (*1*) Henker(sknecht) *m*, Peiniger *m*; **~ský** Henker(s)-, grausam.

katar *m* (*2a*) Katarrh *m*; ~ *průdušek* Bronchialkatarrh.

katastr *m* (*2a*) Kataster *m od. n*; **~ální** Kataster-, Katastral-.

katastro|fa *f* (*1*) Katastrophe *f*; *letecká* ~ Flugzeugabsturz *m*; **~fální** katastrophal.

katedr|a *f* (*1d*; *-der*) (*Universitäts-*) Lehrstuhl *m*; Katheder *m od. n*, Lehrerpult *n*; **~ála** *f* (*1a*) Kathedrale *f*; **~ový** Katheder-; ~ *učenec* Stubengelehrter *m*.

kategor|ický kategorisch; **~ie** *f* (*2*) Kategorie *f*.

katech|eta *m* (*1*; *-ové*/*-i*) Katechet *m*, Religionslehrer *m*; **~ismus** [-izm-] *m* (*2a*; *-ism-*) Katechismus *m*.

Kateřinky *f*/*pl.* (*1c*; *-nek*) *ein Irrenhaus bei Prag*; P *zralý pro* ~ irrenhausreif.

katétr *m* (*2a*) *Med.* Katheter *m*.

katit ⟨*roz-*⟩: ~ *se na k-o* wütend werden, F schimpfen auf (*A*).

katol|ický katholisch; **~ictví** *n* (*3*) Katholizismus *m*; **~ík** *m* (*1a*), **~ička** *f* (*1c*; *-ček*) Katholik(in *f*) *m*.

katovna *f* (*1*; *-ven*) Haus *m* (*od.* Wohnung *f*) e-s Henkers; Folterkammer *f*.

katuše, kaťuše *f* (*2*) F *Mil.* Stalinorgel *f*.

kau|ce *f* (*2*) Kaution *f*; *na -ci* gegen Kaution; **~ční** Kautions-.

kaučuk *m* (*2b*) Kautschuk *m*; **~ový** Kautschuk-.

káva *f* (*1*) Kaffee *m*; *černá* ~ schwarzer (*mst* Bohnen-)Kaffee *m*; *zrnko -vy* Kaffeebohne *f*; *zrnková* ~ Bohnenkaffee; *jít na -vu* e-n Kaffee trinken gehen.

kavalec P *m* (*4*; *-lc-*) (eiserne) Bettstelle *f*; *Mil.* Pritsche *f*; *fig.* Lager *n*.

kavalír *m* (*1*; *-ři*) Kavalier *m*; **~ský** (*Adv. -y*) wie ein Kavalier; Kavaliers-.

kavár|enský Kaffeehaus-; **~na** *f* (*1*; *-ren*) Café *n*, † Kaffeehaus *n*; *taneční* ~ Tanzcafé; **~ník** *m* (*1a*) Kaffeehausbesitzer *m*.

kavč|e *n* (*4*) junge Dohle *f*; **~í** Dohlen-.

kavent *m* (*1*) Bürge *m*.

kaviár *m* (*2a*) Kaviar *m*.

kavka *f* (*1*; *-vek*) *Zo.* Dohle *f*; P Gimpel *m*.

Kavkaz *m* (*2*) *Geogr.* Kaukasus *m*.

kávo|var *m* (*2a*) Kaffeemaschine *f*; **~vina** *f* (*1*) Kaffee-Ersatz *m*; **~vník** *m* (*2b*) Kaffeebaum *m*; **~vý** Kaffee-; *-vá sedlina* Kaffeesatz *m*; *-vě hnědý* kaffeebraun.

kaz *m* (*2a*) (kleiner) Fehler *m*, Schaden *m*, Defekt *m*, Makel *m*; schadhafte Stelle *f*; *zubní* ~ *Med.* Zahnfäule *f*, Karies *f*; *je bez ~ů er* ist ohne Fehler, makellos.

kazajka *f* (*1c*; *-jek*) Leibchen *n*, Jacke *f*; *svěrací* ~ Zwangsjacke.

kázání *n* (*3*) Predigt *f*; ~ *na hoře bibl.* Bergpredigt; **~čko** *n* (*1b*; *-ček*): *manželské* ~Gardinenpredigt *f*.

kázat ⟨*při-, roz-*⟩ (*kážu*/*-ži*) *Rel.* predigen; befehlen; *tobě se hezky káže* du hast gut reden; *povinnost káže* die Pflicht gebietet; *jak zákon káže* wie es sich gehört, wie es im Buche steht.

kazatel *m* (*3*; *-é*) Prediger *m*; **~na** *f* (*1*; *-len*) Kanzel *f*; *Jagdw.* Hochsitz *m*; *spadnout s ~ny Brautpaar*: aufgeboten werden; **~ský** Prediger-; Kanzel-.

kázeň *f* (*3*; *-zn-*) Zucht *f*, Disziplin *f*; **~ský** Disziplinar-, Straf-; ~ *řád* Disziplinarordnung *f*.

kazi|svět *m* (*1*) (Alles-)Verderber *m*; (*Kleider*) Reißteufel *m*; **~t** ⟨*po-, z-*⟩ (*-žen*) verderben, ruinieren; entzwei (F kaputt) machen; *Aufenthalt* verleiden; *Plan* vereiteln, durchkreuzen; ~ se verderben (*v*/*i*); *Obst, Früchte*: (ver)faulen; *Zahn, Wetter*: schlecht werden; *Plan*: fehlschlagen, F danebengehen; **~vec** *m* (*4*; *-vc-*) *Min.* Flußspat *m*.

káznice *f* (*2a*) Zuchthaus *n*, Strafanstalt *f*.

kazový schadhaft, fehlerhaft; *-vé zboží* Ausschuß(ware *f*) *m*.

každ|ičký ein jeder; **~odenní** (tag-)täglich; **~opádně** P *Adv.* auf jeden Fall; **~oroční** alljährlich; **~ý** jeder; ~ *zvlášť* jeder einzelne; *-dé dvě hodiny* alle zwei Stunden; *-dé dva kroky* alle zwei Schritte; *po ~ch pěti krocích* immer nach fünf Schritten; ~ *kdo bude majitelem* der jeweilige Besitzer; *po -dé* jedesmal.

kažení *n* (*3*) Verderb(en *n*) *m*; ~ *vlhkostí* Stockigwerden *n*.
kbelí|ček *m* (*2b*; *-čk-*), **~k** *m* (*2b*) Eimer *m*, *öst.* Kübel *m*; ~ *na odpadky* Abfalleimer; ~ *na smetí* Mülleimer; ~ *na vodu* Wassereimer; **~kový** Eimer-, Kübel-.
kdáka|t ⟨*na-*, *roz- se*, *za-*⟩ *Hühner*: gackern; P *fig.* quasseln, quatschen; **~vý** gackernd.
kde wo; woher; P irgendwo; ~ *jinde* anderswo; sonstwo; ~ *ses tady vzal?* wie bist du hierhergekommen?; ~ *na to brát a nekrást?* woher nehmen und nicht stehlen?; *musím to mít ber* ~ *ber* ich muß das um jeden Preis (*od.* unter allen Umständen) haben; **~co** alles (mögliche); **~jaký** jeder (einzelne); *Pl.* alle; *odstranit -kou pochybnost* auch den geringsten Zweifel beseitigen; **~kdo** jedermann, F alle Welt; *znal -koho* er kannte alle möglichen Leute, P Hinz und Kunz; **~koli** an jedem beliebigen Ort, wo (auch) immer; **~který** jeder nur mögliche; *Pl.* alle möglichen; **~pak** wo denn; *als Verneinung*: woher denn!, wo denkst du hin!, P keine Spur, *dial.* nicht die Bohne!; **~si** irgendwo; ~ *cosi* dies und jenes, allerlei; **~že?** wo denn?
kdežto während (*adversativ*); wogegen.
kdo (*2*, *4*. *koho*, *3*. *komu*, *6*. *kom*, *7*. *kým*) wer; man, P *a.* jemand; ~ *ten* derjenige welcher; **~koli** jeder beliebige, wer auch immer, P der erste beste; **~pak?** wer denn?; **~si** irgend jemand.
kdoul|e *f* (*2*) *Bot.* Quitte *f*; **~ový** Quitten-.
kdoví wer weiß, weiß Gott; **~co**, **~jak**, **~kde**, **~kdo** *usw.* wer weiß was, wie, wo, wer *usw.*
kdy wann; jemals, je; *nemám* ~ ich habe keine Zeit; *jak* ~ je nachdem; *zřídka* ~ sehr selten.
kdyby (*-ch*, *-s*; *-chom*, *-ste*) wenn (*in Bedingungssätzen*); ~*ch to byl věděl* ... wenn ich es gewußt hätte ...; ~*ste* ... wenn ihr (*od.* Sie) ...; ~ *tomu tak bylo* gegebenenfalls, wenn dem so wäre; ~ *se přihodilo, že* ... gesetzt den Fall, daß ..., sollte der Fall eintreten, daß ...; ~ *se kdo provinil Jur.* im Übertretungsfall; ~ *jen přišel!* wenn er doch käme!; *i* ~ wenn auch, selbst wenn; *jako* ~ als ob; *a* ~! wenn schon!
kdy|koli sooft, jedesmal wenn, immer wenn; ~ *ke mně přijde*, ... immer wenn er zu mir kommt, ...; *přijďte* ~! kommen Sie, wann Sie wollen!; **~pak?** wann denn?; **~si** einmal, einst; *byl*(*a*, *-o*) ~ ... es war einmal ...
když wenn (*bedingend und gleichzeitig*); als (*erzählend*); nachdem (*vorzeitig*); sobald (*zukünftig*); da (*begründend*); ~ *pracuji* wenn ich arbeite; ~ *jsem tam byl* als ich dort war; ~ *jsem mu to řekl* nachdem ich ihm das gesagt hatte; ~ *byl nemocen, nepracoval* da (*od.* als) er krank war, arbeitete er nicht; *i* ~ auch wenn, wenn auch; *jako* ~ als wenn, als ob; *jen* ~ wenn nur; ~ *ona tak ráda mlsá!* sie nascht eben (*od.* halt) so gern!; ~ *už*, *tak už* wenn schon, denn schon; **~e** wann denn.
ke *s. k.*
kebule *f* (*2*) *Bot.* Fischtod *m*; F Kopf *m*, Birne *f*.
kec![1] *Int.* bums!; **~**[2] *m* (*2a*) breiartige Flüssigkeit *f*; *mst* ~*y pl.* leeres Gerede *n*, Geschwätz *n*; **~al** *m* (*1*; *-ové*) Schwätzer *m*; † Brautwerber *m*, Hochzeitsbitter *m*; **~at** ⟨*na-*, *po-*, *za-*⟩ schwatzen, Unsinn reden; P verpatzen; klecksen.
kecky *f/pl.* (*1c*; *-cek*) *Sp.* Handball- *od.* Korbballschuhe *m/pl.* (*Leinenschuhe mit Gummisohlen*).
kecnout *pf. s. kecat*; P herausplatzen mit (*D*); F ~ *si* hinschlagen.
kedlub|en *m* (*2a*; *-bn-*), **~na** *f* (*1*; *-ben*) Kohlrabi *m*.
kejhák *m* (*2b*) P: *jde mu o* ~ es geht ihm an den Kragen.
kejchnout P *pf. s. kýchnout.*
kejkl|at ⟨*za-*⟩ (*čím*) wackeln (mit *D*); schlenkern (mit *D*); ~ *se* wackeln (*v/i*), locker sein; **~avý** wack(e)lig; **~e** *m/pl.* (*4*) *od. f/pl.* (*2*) Gaukelei *f*; F Schwindel *m*, Mogelei *f*; **~íř** *m* (*3*) Gaukler *m*; **~ířství** *n* (*3*) Gaukelei *f*.
kejta *f* (*1*) *s. kýta.*
kel *m* (*2a*; *kl-*) *Zo.* Hauer *m*; (*Elefanten-*)Stoßzahn *m*; *Bot.* Keim *m*.
kelímek *m* (*2b*; *-mk-*) Tiegel *m*.
keltský keltisch.
kerami|cký keramisch; **~ka** *f* (*1c*) Keramik *f*.
keř *m* (*4*) Strauch *m*; Busch *m*;

(*Rosen-*, *Wein-*)Stock *m*; **~íček** *m* (*2b*; *-čk-*) (kleiner) Strauch *m*; (*Kartoffel-*)Staude *f*; **~ovitý** strauchartig, Strauch-.

keser *m* (*2a*) Kescher *m*; F *běží jako s ~em* er rennt wie ein Besessener.

keťas *m* (*1*) Schwarzhändler *m*, P Schieber *m*; **~it** ⟨*za-*⟩, **~ovat** (*-suji*) Schwarzhandel treiben, P schieben (*čím* mit *D*); **~(ovs)ký** Schwarzhandels-, Schieber-; Wucher- (*z.B. Preis*); **~tví** *n* (*3*) Schwarzhandel *m*, P Schieberei *f*; (*Preis-*)Wucher *m*.

kéž wenn doch, daß doch (*Wunsch*); *~ bych byl doma!* wenn ich doch zu Hause wäre!

kilo *n* (*1*; *6. -e*/*-u*) Kilo *n*; *na -la* kiloweise; **~gram** *m* (*2a*) Kilogramm *n*.

kilometr *m* (*2a*) Kilometer *m*; **~áž** *f* (*3*) Kilometermarkierung *f*; **~ovné** *n* (*Adj. 3*) Kilometergeld *n*; **~ovník** *m* (*2b*) Kilometerstein *m*.

kilo|vka F *f* (*1c*; *-vek*) Kilogewicht *n*; **~watt** *m* (*2a*) Kilowatt *n*; **~watthodina** *f* (*1*) Kilowattstunde *f*.

kino *n* (*1*) Kino *n*; Lichtspieltheater *n*, Filmtheater *n*; **~hvězda** *f* (*1*) Filmstar *m*; **~operatér** *m* (*1*; *-ři*) Filmvorführer *m*.

klábos|ení *n* (*3*) Geplapper *n*; Plauderei *f*; **~it** ⟨*na-*, *za-*⟩ plaudern; plappern; **~ivý** schwatzhaft.

klac|ek¹ *m* (*2b*; *-ck-*) Knüttel *m*, Knüppel *m*; **~ek²** P *m* (*1a*; *-ck-*) grober Kerl *m*, Flegel *m*; **~kovat se** ⟨*pro-*⟩ (*-kuji*) herumlungern; **~kovitost** *f* (*4*) Flegelhaftigkeit *f*; **~kovitý**, **~kovský** flegelhaft, Flegel-.

klad *m* (*2a*) Vorteil *m*, Vorzug *m*; Erfolg *m*, Ergebnis *n*, Wert *m*; *Phil.* These *f*; *lit.* Thesis *f*, Senkung *f*; *Gr.* Bejahung *f*; *~y a zápory* Vor- und Nachteile, Licht- und Schattenseiten; *~y a nevýhody* Vorzüge und Mängel; *to je ~* das ist ein Plus; *~ práce* Wert e-r Arbeit; *~ a protiklad* These und Antithese; *~ a dvih* Thesis und Arsis.

kláda *f* (*1*) Balken *m*; Klotz *m*; (*Baum-*)Stamm *m*; *hist.* (*Folter-*)Block *m*.

klade *s. klást.*

klad|élko *n* (*1b*; *-lek*) *Zo.* Legeröhre *f*, Legestachel *m*; **~ení** *n* (*3*) Legen *n*; *~ základního kamene* Grundsteinlegung *f*; *~ otázek* Fragestellung *f*; **~ina** *f* (*1*) *Turn.* Schwebebaum *m*; *vysoká ~* Schwebebalken *m*.

klad|ivář *m* (*3*) *Sp.* Hammerwerfer *m*; **~ívko** *n* (*1b*; *-vek*) kleiner Hammer *m*, Hämmerchen *n*; *Tech.* Handhammer *m*; **~ivo** *n* (*1*) Hammer *m*; *úder -vem* Hammerschlag *m*; *hod -vem Sp.* Hammerwerfen *n*; **~ka** *f* (*1c*; *-dek*) Rolle *f*, Scheibe *f*; *El.* Stromabnehmer *m*, (*Straßenbahn-*)Bügel *m*; **~kostroj** *m* (*4*) Flaschenzug *m*.

klad|nost *f* (*4*) das Positive *an e-r Sache*; (Lebens-)Bejahung *f*; **~ný** positiv; bejahend; *Bescheid*: günstig, *Beitrag*: wertvoll; *~ výsledek* erfolgreiches Ergebnis.

kládový Block-.

kladu *s. klást.*

klam *m* (*2a*) Täuschung *f*; Wahn *m*; Betrug *m*; Trug *m*; *~ a mam* Lug und Trug; **~ání** *n* (*3*) Hintergehung *f*; *~ úřadů* Irreführung *f* der Behörden **~at** ⟨z-⟩ (*-u*) täuschen, trügen; hintergehen; *Behörde* irreführen; *zdání -me* der Schein trügt; *žena ho -me* s-e Frau betrügt ihn; *~ se* sich irren; **~avý** täuschend; trügerisch; **~nost** *f* (*4*) das Trügerische; **~ný** Schein-; Trug-, trügerisch, falsch; *~ závěr* Trugschluß *m*.

klan|ění *n* (*3*) *Rel.* Anbetung *f*; **~ět** ⟨*od-*, *při-*, *u-*, *za-*⟩ (*3 Pl. -ějí*) sich (ver)neigen (*in Ehrfurcht*); (*k-u*) huldigen (*D*); *Gott* anbeten; Komplimente machen (*D*).

klání *n* (*3*) *hist.* Turnier *n*; Scharmützel *n*.

klan|ice *f* (*2a*) *Esb.* Runge *f*; **~ý** *Bot.* [gespalten.]

klap|ačka *f* (*1c*; *-ček*) Klappe(r) *f*; P Mundwerk *n*; **~at** ⟨*vy-*, *za-*⟩ (*-u*/*-ám*), **~nout** *pf.*, *s-*, *za-* *Mühle*, *Storch*: klappern; *Pferdehufe*: trappeln; F klappen; *to neklape!* das klappt nicht!; **~ka** *f* (*1c*; *-pek*) Klappe *f*; (*Augen-*)Lid *n*; (*Klavier-*)Taste *f*; *-ky na očích* Scheuklappen *f*/*pl.*; **~kový** Klappen-; **~ot** *m* (*2a*) Klappern *n*, Geklapper *n*.

klarinet *m* (*2*; *6. -u*/*-ě*) *Mus.* Klarinette *f*; **~ista** [-tı-] *m* (*5a*) Klarinettist *m*.

klas *m* (*2*; *6. -e*/*-u*) Ähre *f*; (*Mais-*)Kolben *m*.

klasi|cký klassisch; **~čnost** *f* (*4*) Klassizität *f*, das Klassische.

klasifik|ace *f* (*2*) Klassifizierung *f*; **~ovat** ⟨*o-*⟩ (*-kuji*) klassifizieren.

kláskovat (*-kuji*) Ähren lesen.
klas|natý ährenreich; *Agr.* mit großen Ähren; **~obrání** *n* (*3*) Ährenlese *f*; *lit.* Blütenlese *f*.
klást ⟨*na-, vy-*⟩ (*kladu, -dl, -den*) legen; *Grenzsteine, Hoffnung* setzen; *Teller, Fragen, Bedingungen* stellen; *Farbe* auftragen; *Widerstand* leisten; *Maßstab* anlegen; ~ *počet z č-o* Rechnung ablegen über (*A*); ~ *na roveň* gleichstellen; ~ *otázku* e-e Frage stellen; ~ *si za čest* sich als Ehre anrechnen; sich beehren zu (*Inf.*); ~ *se* sich legen; *Gr.* (*Zeitwort*) setzen.
klášter *m* (*2*; *2. -a, 6. -ře*) Kloster *n*; **~ní** Kloster-; **~nice** *f* (*2a*) Klosterschwester *f*; **~ník** *m* (*1a*) Klosterbruder *m*.
klát¹ *m* (*2*; *6. -u/-ě*) Klotz *m*; (*Bienen-*)Stock *m*.
klát² ⟨*roz(e)-*⟩ (*klám/*† *kolu*) † stechen; ~ *dříví* Holz hacken.
klatba *f* (*1*; *-teb*) (*Kirchen-*)Bann *m*; (*Reichs-*)Acht *f*; *dát do -by Rel.* mit dem Bann belegen; *Jur.* ächten, † verfemen.
kláti|t ⟨*po-, za-*⟩ (*-cen*) (*čím*) schütteln (*A*); schlenkern (mit *D*); ~ *se* hin- und herwackeln, schwanken; (*am Galgen*) baumeln; umherwandern; **~vý** schwankend.
klauzule *f* (*2*) Klausel *f*.
kláves|a *f* (*1a*) *Mus.* Taste *f*; **~nice** *f* (*2a*) *Mus.* Tastatur *f*, Klaviatur *f*; *Typ.* Tastbrett *n*; **~ový** Tasten-.
klavír *m* (*2a*) Klavier *n*; *učitel na* ~ Klavierlehrer *m*; **~ista** *m* (*5a*) Klavierspieler *m*, Pianist *m*; **~ní** Klavier-.
klec *f* (*3*) Käfig *m*; (*Fahrstuhl-*)Kabine *f*; *Bgb.* (*Förder-*)Korb *m*; P Kittchen *n*, Knast *m*.
kleč *f* (*3*) *Bot.* Knieholz *n*; Latschenkiefer *f*; *Agr.* (*Pflug-*)Sterz *m*; **~e** *Adv.* kniend; auf den Knien, kniefällig; **~et** ⟨*po-*⟩ knien.
kleji *s. klít*.
klek *m* (*2b*) Knien *n*; *Turn.* Knielage *f*; **~ání** *n* (*3*) Morgen- *od.* Abendläuten *n*; **~at** ⟨*po-, za-*⟩ (nieder-)knien; **~átko** *n* (*1b*; *-tek*) Betschemel *m*; **~nout** *pf.*, *po-, za- s. klekat*; **~tat** ⟨*za-*⟩ klappern; *Knie*: schlottern.
klel *s. klít*.
klempíř *m* (*3*) Klempner *m*; **~ský** Klempner-; **~ství** *n* (*3*) Klempnerei *f*, Spenglerei *f*.
klen *m* (*2a*) *Bot.* Bergahorn *m*.
klenb|a *f* (*1*; *-neb*) Gewölbe *n*; *Anat.* Dach *n*, Decke *f*; **~ový** Gewölbe-.
klenec *m* (*4*; *-nc-*) *Min.* Rhomboeder *n*.
klenot *m* (*2a*) Kleinod *n*, Juwel *n*; **~nice** *f* (*2a*) Schatzkammer *f*; **~nický** Juwelier-; Juwelen-; **~nictví** *n* (*3*) Juweliergeschäft *n*; **~nička** *f* (*1c*; *-ček*) Schatzkästlein *n*; **~ník** *m* (*1a*) Juwelier *m*, Goldschmied *m*.
klen|out ⟨*pře-, z-, za-*⟩ (*-nul*) wölben; **~utí** *n* (*3*) Wölbung *f*; Gewölbe *n* (*Raum*).
klep *m* (*2a*) Klatsch *m*, Tratsch *m*; P Klaps *m*; **~ací** Klopf-; **~ání** *n* (*3*) Klopfen *n*; *vstupte bez* ~! eintreten ohne anzuklopfen!; **~áč** *m* (*4*) *s. klepadlo*; **~áčka** *f* (*1c*; *-ček*) Klapper *f*; Ausklopfer *m*; **~adlo** *n* (*1a*; *-del*) Türklopfer *m*; ~ *na koberce* Teppichklopfstange *f*; **~árna** P *f* (*1*; *-ren*) Klatschnest *n*.
klepař *m* (*3*) Gerüchtemacher *m*; **~it** Gerüchte verbreiten, F (herum-)klatschen; **~ka** *f* (*1c*; *-řek*) Klatschbase *f*; **~ský** schwatzhaft, klatschsüchtig, Klatsch-; **~ství** *n* (*3*) Klatscherei *f*.
klep|at ⟨*za-*⟩ (*-u/-ám*) klopfen; klappern; ~ *se* (*čím*) klappern (vor, *z. B. Kälte*), schlottern; **~átko** *n* (*1b*; *-tek*) *s. klepadlo*; **~eto** *n* (*1*) (*Krebs-*)Schere *f*; Pranke *f*, Klaue *f*; **~na** *f* (*1*; *-pen*) Klatschbase *f*, Klatschmaul *n*; **~nout** *pf.* klopfen; *Kugel, Schlag*: treffen; **~ot** *m* (*2a*) Klappern *n*, Geklapper *n*.
klerik *m* (*1a*) Kleriker *m*; **~ál** *m* (*1*; *-ové*) Klerikaler *m*; **~ální** klerikal.
klérus *m* (*2a*; *-ru*) Klerus *m*, Geistlichkeit *f*.
kles|ání *n* (*3*) Sinken *n*, Fallen *n*; Rückgang *m*, Abnahme *f*; ~ *teploty* Temperaturrückgang; ~ *cen* Preissturz *m*; **~at** ⟨*po-*⟩, **~nout** *pf.*, *s-, za- Temperatur, Druck, Preise*: sinken, fallen; umfallen (*čím* vor, *z. B. Müdigkeit*), zusammenbrechen; *Knie*: einknicken; *Zahl, Interesse*: abnehmen, zurückgehen; *Sitten*: in Verfall geraten; *Gelände*: abfallen; ~ *na čem, čím fig.* sinken lassen (*A*); ~ *v čem* verlieren, einbüßen an (*D*); ~ *hlady* vor Hunger umfallen; ~ *ve vážnosti* an Ansehen verlieren.
klest *m* (*2a*) *od. f* (*4*), **~í** *n* (*3*) Reisig

n; **~it** ⟨*o-*, *vy-*⟩ (*-štěn*/*-stěn*) stutzen; *Bäume*, *Hecke* beschneiden; *Tiere* verschneiden; *Weg* bahnen; *Wald* lichten.

kleště *f*/*pl*. (*2b*; *-í*) Zange *f*; *kombinované* ~ Kombinationszange.

kleštěn|ec *m* (*3*; *-nc-*) Verschnittene(r) *m*, Kastrat *m*; **~í** *n* (*3*) Verschneiden *n*, Kastrieren *n*.

kleštičky *f*/*pl*. (*1*; *-ček*) kleine Zange *f*; ~ *na cukr* Zuckerzange.

klet *s. klít.*

klet|ba *f* (*1*; *-teb*) Fluch *m*; **~ý** *poet.* unselig, vermaledeit.

klevet|a *f* (*1*) üble Nachrede *f*, Klatsch *m*; **~it** ⟨*na-*, *za- si*⟩ (*o kom*) *j-m* Übles nachreden, klatschen, tratschen (über *A*); **~ivost** *f* (*4*) Klatschsucht *f*; **~ivý** geschwätzig, klatschsüchtig; **~nice** *f* (*2a*) Klatschbase *f*; **~ník** *m* (*1a*) Verleumder *m*.

klícka *f* (*1c*; *-cek*) *Dim. zu klec.*

klicmo *Adv. Turn.* im Beugestütz.

klíč *m* (*4*) Schlüssel *m*; ~ *od domu*, *ke dveřím* Haus-, Türschlüssel; *houslový* ~ *Mus.* Violinschlüssel; *zavřít na* ~ zuschließen, zusperren; *rozdělit podle* ~*e Hdl.* aufschlüsseln; **~ek** *m* (*2b*; *-čk-*) kleiner Schlüssel *m*; *Bot.* Keim *m*; *Anat.* Schlüsselbein *n*; **~it** ⟨*vz-*⟩ keimen; *Saat*: aufgehen; **~ivý** keimfähig; **~ka** *f* (*1c*; *-ček*) Schleife *f*; Schlinge *f*; (*Fenster-*)Griff *m*; Schlüssel *m* (*z. B. für Schlittschuhe*); P Kniff *m*; Ausflucht *f*; *dělat -ky s. kličkovat*; *chystat -ky fig.* Schlingen legen; *hledat -ky* Ausflüchte suchen.

kličkovat ⟨*za-*⟩ (*-kuji*) im Zickzack laufen; *Hase*: Haken schlagen; *fig.* Ausflüchte machen, nach Ausreden suchen; *Sp.* dribbeln.

klíč|ní Schlüssel-; ~ *kost* Schlüsselbeinknochen *m*; **~nice** *f* (*2*) Beschließerin *f*; **~ový** Schlüssel-; *-vá dírka* Schlüsselloch *n*; *-vé místo* Schlüsselstellung *f*; ~ *závod* Schwerpunktbetrieb *m*.

klid *m* (*2a*) Ruhe *f*; ~ *zbraní* Waffenruhe; *den pracovního* ~*u* Ruhetag *m*; *s* ~*em* in aller Ruhe; *s důstojným* ~*em* gelassen, mit Gelassenheit; *s největším* ~*em* seelenruhig; *jen* ~! nur schön ruhig!, F immer mit der Ruhe!; *bod* ~*u Phys.* Ruhepunkt *m*.

kliďas P *m* (*1*): *je* ~ *er* ist die Ruhe selbst, er hat die Ruhe weg.

klid|it ⟨*o-*, *u-*⟩ (*-zen*) ernten (*a. fig.*), die Ernte einbringen; ~ *se* sich davonmachen, verschwinden, P abhauen; **~nost** *f* (*4*) Ruhe *f*, Gelassenheit *f*; **~ný** ruhig; **~ový** Ruhe-.

klih, klíh *m* (*2b*) Leim *m*; **~ovat** (*-huji*) leimen; **~ovatina** *f* (*1*) Gelatine *f*; **~ovatý** leimig; **~ový** Leim-.

klik *m* (*2b*) *Turn.* Beugestütz *m*.

klika[1] *f* (*1c*) Klinke *f*; (Hand-)Kurbel *f*; **~**[2] *f* (*1c*) Clique *f*; Glück *n*, P Schwein *n*; **~ření** *n* (*3*) Cliquenwirtschaft *f*; **~tit** ⟨*z-*, *za-*⟩ sich schlängeln; *Linie*: in Zickzackform verlaufen; **~tost** *f* (*4*) Zickzack *n*; **~tý** in Zickzackform, Zickzack-.

kliko|roh *m* (*1a*) *Zo.* Rüsselkäfer *m*; **~vý** *Tech.* Kurbel-.

klikva *f* (*1*; *-kev*) *Bot.* Moosbeere *f*.

klikyháky *m*/*pl*. (*2b*) Gekritzel *n*.

klima [kli:-] *n* (*1*; *-mat-*, *2*, *3*, *6*. *-atu*) Klima *n*; F *a.* Klimaanlage *f*.

klímat ⟨*po- si*, *za-*⟩ einnicken, ein Nickerchen machen.

klimatický [-tɪ-] klimatisch, Klima-.

klín *m* (*2a*; *2. -a*) Keil *m*; Schoß *m*; *Agr.* Feldzipfel *m*; **~ek** *m* (*2b*; *-nk-*) kleiner Keil *m*; (*Hosen-*)Zwickel *m*.

klini|cký [-nɪ-] klinisch; **~ka** *f* (*1c*) Klinik *f*.

klínov|itý keilförmig; **~ka** *f* (*1c*; *-vek*) *Arch.* Keilziegel *m*; **~ý** Keil-.

klisna *f* (*1*; *-sen*) Stute *f*.

klišé *n* (*indekl.*) Klischee *n*; *Typ.* Druckstock *m*.

klíš|tě *n* (*2a*) *Zo.* Zecke *f*; **~ťky** *f*/*pl*. (*1*; *-těk*) *s. kleštičky.*

klít ⟨*pro-*, *za-*⟩ (*kleji*, *klel*, *klet*) fluchen.

klížit ⟨*při-*, *s-*, *za-*⟩ (ver)leimen; F *oči se mi -ží* die Augen fallen mir zu.

kližka *f* (*1c*; *-žek*) *Kochk.* Haxe *f*; *Agr.* Speckweizen *m*.

klk *m* (*2b*) *Tech.* Flocke *f*; *Anat.* Zotte *f*; **~ovitý** flockig; *Anat.* zottig.

klnout (*-nul*) (*k-u*, *č-u*) verfluchen, verwünschen (*A*), fluchen (*D*); ~ *Bohu* Gott lästern.

klobás *m* (*2a*), **~a** *f* (*1a*) Bratwurst *f*; **~ový** Wurst-.

klobat *s. klovat.*

klobouč|ek *m* (*2b*; *-čk-*) Hütchen *n*; (*Lampen-*)Schirm *m*; **~nictví** *n* (*3*) Hutgeschäft *n*; **~ník** *m* (*1a*) Hutmacher *m*.

klobouk *m* (*2b*) Hut *m*; (*Lampen-*) Schirm *m*; *Bgb.* Haube *f*, Glocke *f*; **~ovitý** hutförmig; **~ový** Hut-.
klof|at ⟨*vy-*⟩ (*-u*/*-ám*), **~nout** *pf.*, *na-*, *u-*, *vy-* picken.
klokan *m* (*1*) Känguruh *n*.
klokot *m* (*2a*) Brodeln *n*; *~em* brodelnd; **~at** ⟨*za-*⟩ brodeln; *Nachtigall*: schlagen.
klokt|adlo *n* (*1a*; *-del*) Gurgelwasser *m*; *Med.* Gurgelmittel *n*; **~at** ⟨*vy-*⟩ gurgeln.
klonit ⟨*na-*, *po-*, *s-*, *vy-*, *za-*⟩ neigen; *Nacken* beugen; *~ se* sich (ver-) neigen; *~ se k názoru* zu e-r Ansicht neigen.
klopa *f* (*1*) Klappe *f*; (*Rock-*)Aufschlag *m*.
klopit ⟨*pře-*, *s-*, *za-*⟩ *Kiste* stürzen; *Wagen* kippen; *Augen* niederschlagen; *Kopf* hängen lassen; P *Geld* herausrücken; blechen.
klopot|a *f* (*1*) Plage *f*, F Schinderei *f*; **~it se** ⟨*na-*⟩ sich plagen, sich abmühen; **~ný** mühsam.
klopýt|at ⟨*za-*⟩, **~nout** *pf.*, *za-* stolpern (*o co* über *A*); wanken.
kloub *m* (*2a*) Gelenk *n*; P *přijít č-u na ~* e-r Sache auf den Grund kommen, dahinterkommen.
klouče *n* (*4*), **~k** *m* (*1b*; *-čk-*) *s. klučík*.
kloudný anständig, recht; *Mädchen*: hübsch.
klouz|ačka *f* (*1c*; *-ček*) Rutschbahn *f*; Eisbahn *f*; **~ání** *n* (*3*) Gleiten *n*; *~ po křídle Flgw.* seitliches Abrutschen; **~at** ⟨*pro-*, *u-*, *vy-*⟩ (*-žu*/*-zám*) gleiten, rutschen; *venku klouže* es ist glatt draußen; *~ po křídle Flgw.* über den Flügel abrutschen, F abschmieren; *~ se* schleifen (*v/i*), rutschen; P *můžeme se jít ~* wir sind fertig; wir können baden gehen; **~avost** *f* (*4*) Gleitfähigkeit *f*; **~avý** gleitend, *Flgw.* Gleit-; glitschig, schlüpfrig; **~ek** *m* (*2b*; *-zk-*) *Bot.* Butterpilz *m*; **~nout** *pf.*, *na-*, *u-*, *vy-* picken; *fig.* nippen; *~ se* aus dem Ei schlüpfen.
klovatina *f* (*1*) Harz *n*; (*Kleb-*) Gummi *m*.
klozet *m* (*2*; *6. -u*/*-ě*) Klosett *n*; **~ový** Klosett-.
klub *m* (*2a*) Klub *m*; Verein *m*.
klub(íč)ko *n* (*1b*; *-[íč]ek*) Knäuel *m*.
klubov|ka *f* (*1c*; *-vek*) Klubsessel *m*; **~na** *f* (*1*; *-ven*) Klubzimmer *n*; **~ní** Klub- (*z. B. Raum*); **~ový** Klub- (*z. B. Einrichtung*).
klůcek *m* (*2b*; *-ck-*) Lappen *m*.
kluč|ík *m* (*1a*), **~ina** *m* (*5*) Bübchen *n*, Bürschlein *n*.
kluk *m* (*1a*) Junge *m*, *dial.* Bub *m*; (*Spielkarte*) Bube *m*; Freund *m* (*e-s Mädchens*); **~ovina** *f* (*1*) Bubenstreich *m*; **~ský** Buben-; **~ství** *n* (*3*) Knabenalter *n*; Bubenstreich *m*.
klus *m* (*2a*) Trab *m*; **~ácký** Trab-; **~ák** *m* (*1a*) Traber *m*; **~at** ⟨*po-*, *za-*⟩ (*-šu*/*-sám*) traben; P trotten; **~ot** *m* (*2a*) Traben *n*.
kluz *m* (*2a*) *Sp.* Gleiten *n* (*Ski*); *Forst.* Gleitbahn *f*; **~ák** *m* (*2b*) Gleitflugzeug *n*; Gleitboot *n*; **~avky** *f*/*pl.* (*1c*; *-vek*) Rutschbahn *f*; **~iště** *n* (*2a*) Eislaufplatz *m*, Eisbahn *f*; **~kost** *f* (*4*) Schlüpfrigkeit *f*; **~ký** schlüpfrig; *je -ko* es ist glatt; **~nice** *f* (*2a*) *Tech.* Gleitbacke *f*; **~ný** Gleit-.
klystýr *m* (*2a*) Klistier *n*.
kmen *m* (*4 od. 2a*) Stamm *m*.
kmeno|sloví *n* (*3*) *Gr.* Stammbildungslehre *f*; **~stup** *m* (*2a*) *Gr.* Ablaut *m*; **~tvorný** *Gr.* stammbildend; **~vost** *f* (*4*) Stammescharakter *m*; **~vý** Stamm(es)-; *-vá příslušnost* Stammeszugehörigkeit *f*.
kment *m* (*2a*) Batist *m*; **~ový** Batist-.
kmet *m* (*1*) *lit.* Greis *m*; Stammesältester *m*; *Jur.* Schöffe *m*; † *hist.* (unfreier) Bauer *m*; **~ství** *n* (*3*) *lit.* Greisenalter *n*.
kmih *m* (*2b*) *Turn.* Schwung *m*.
kmín *m* (*2a*) Kümmel *m*; **~ka** *f* (*1c*; *-nek*) Kümmelbranntwein *m*, F Kümmel(schnaps) *m*.
kmit *m* (*2a*) Schwingung *f*; *poet.* Schein *m*; **~ání** *n* (*3*) *Phys.* Schwingung *f*; Flimmern *n*; Flackern *n*; **~at** ⟨*pro-*, *roz-*, *za-*⟩, **~nout** *pf.*, *za-* *Phys.* schwingen; *Licht*: schimmern; *Film*: flimmern; *Feuer*: flackern; *Blitz*: zucken, aufleuchten; **~avý** *Phys.* schwingend; flimmernd; *signálové zařízení s ~m světlem* Blinklichtanlage *f*.
kmitočet *m* (*2a*; *-čt-*) *Phys.* Schwingungszahl *f*, Frequenz *f*.
kmoch *m* (*1a*), *Dim.* P *a.* **~áček** *m* (*1a*; *-čk-*), **~ánek** *m* (*1a*; *-nk-*), **kmošek** *m* (*1a*; *-šk-*) *s. kmotr*.
kmotr *m* (*1*; *-tři*) Pate *m*; Gevatter *m*; P *-tře!* (*Anrede a.*) Herr Nachbar!; *~ při křtu* Taufpate; *být ~em*

Pate stehen; **~a** *f* (*1d*; *-ter*) Gevatterin *f*; ~ *Zubatá* Gevatter Tod, Freund Hein; **~ovat** (*-ruji*) Pate stehen (*k-u* bei *D*); **~ovský** Paten-; **~ovství** *n* (*3*) Patenschaft *f*.

kmotř|ence *m* (*3*; *-nc-*), **~enka** *f* (*1c*; *-nek*) Patenkind *n*; **~íčkovat se** ⟨*s-*⟩ (*-kuji*), **~it se** ⟨*s-*⟩ (*s kým*) sich anfreunden (mit *D*); *verä*. sich anbiedern (bei *D*).

knedlí|ček *m* (*2b*; *-čk-*), **~k** *m* (*2b*) Knödel *m*, Kloß *m*; *s -í(č)ky* = **~kový** Knödel-.

kně|z *m* (*3*; *Pl*. *-ží m* [*n 3*]; *4 Pl*. *-ze*), **~žka** *f* (*1c*; *-žek*), Priester(in *f*) *m*; **~žna** *f* (*1*; *-žen*) Fürstin *f*; **~žour** *m* (*1*; *-ové*) *verä*. Pfaffe *m*; **~žourství** *n* (*3*) Pfaffentum *n*; **~žský** priesterlich, Priester-; **~žství** *n* (*3*) Priestertum *n* (*Amt*); **~stvo** *n* (*1*) Geistlichkeit *f*, Klerus *m*.

kniha *f* (*1b*) Buch *n*; *Zo*. Blättermagen *m*; *pozemková* ~ Grundbuch; ~ *stížností* Beschwerdebuch; *v třech -ách* in drei Bänden; *zapsat do knih* (ver)buchen; *vedení knih* Buchführung *f*.

knihař *m* (*3*) Buchbinder *m*; **~ský** Buchbinder-; **~ství** *n* (*3*) Buchbinderei *f*.

knihkupec *m* (*3*; *-pc-*) Buchhändler *m*; **~ký** Buchhändler-; Buch- (*z.B. Laden*); **~tví** *n* (*3*) Buchhandlung *f*.

kniho|mil *m* (*1*; *-ové*) Bücherfreund *m*; **~mol** *m* (*1*; *-ové*) Bücherwurm *m*; **~pis** *m* (*2*; *6*. *-e*/*-u*) Bibliographie *f*; Bücherkunde *f*; **~vat** ⟨*z-*, *za-*⟩ (*-huji*) (ver)buchen.

knihov|na *f* (*1*; *-ven*) Bibliothek *f*, Bücherei *f*; Bücherschrank *m*, Bücherregal *n*; **~ní¹** Buch-; *Jur*. Grundbuch-, Tabular-; ~ *úřad* Grundbuchamt *n*; **~ní²** *m* (*Adj*. *4*; *Pl*. *n 3*) Grundbuchführer *m*, Katasterbeamter *m*; **~nice** *f* (*2a*) Bibliothekarin *f*; **~nictví** *n* (*3*) Bibliothekswesen *n*; **~ník** *m* (*1a*) Bibliothekar *m*.

knihožrout *m* (*1*) *iron*. Bücherwurm *m*.

knihtisk *m* (*2b*) Buchdruck *m*; **~árna** *f* (*2*; *-ren*) Buchdruckerei *f*; **~ař** *m* (*3*) Buchdrucker *m*; **~ařství** *n* (*3*) Buchdruckerei *f*.

knik|at ⟨*za-*⟩, **~nout** *pf*., *za-* wimmern, winseln; **~ot** *m* (*2a*) Wimmern *n*, Gewimmer *n*.

knír *m* (*2a*), **~ek** *m* (*2b*; *-rk-*) Schnurrbart *m*.

kníž|átko *n* (*1b*; *-tek*) *iron*. Duodezfürst *m*; **~e** *m* (*n 4*; *4sg*. *-ete*; *Pl*. *n*) Fürst *m*; **~ecí** fürstlich, Fürsten-; **~ectví** *n* (*3*) Fürstentum *n*; Würde *f* e-s Fürsten.

knížka *f* (*1c*; *-žek*) kleines Buch *n*, Büchlein *n*; *spořitelní* ~ Spar(kassen)buch.

knižní Bücher-, Buch-; *-ně Adv*. in Buchform, als Buch.

knoflí|ček *m* (*2b*; *-čk-*) Knöpfchen *n*; **~k** *m* (*2b*) Knopf *m*; *Tech*. Druck-, Drehknopf *m*; Taste *f*; Knauf *m*; ~ *k manžetám* Manschettenknopf; ~ *od košile* Hemdknopf; **~kárna** *f* (*1*; *-ren*) Knopffabrik *f*; **~kový** Knopf-.

knot *m* (*2*; *6*. *-u*/*-ě*) Docht *m*; † Lunte *f* (*Zündschnur*); F *a*. Knirps *m*; **~ovka** *f* (*1c*; *-vek*) *Bot*. Lichtnelke *f*; **~ový** Docht-.

kňour *m* (*1*; *-ři*) *Jagdw*. Eber, Keiler *m*.

kňour|al *m* (*1*; *-ové*) Wimmerer *m*, Jammerer *m*; **~ání** *n* (*3*) Wimmern *n*; **~at** ⟨*za-*⟩ wimmern; **~avý** wimmernd; weinerlich.

kňuč|et ⟨*roz- se*⟩ wimmern; *Tier*: winseln; **~ivý** wimmernd.

knuta *f* (*1*) Knute *f*.

knůtek *m* (*2b*; *-tk-*) *s*. *knot*.

koal|ice *f* (*2a*) Koalition *f*; **~iční** Koalitions-; **~ovat** ⟨*z-*⟩ (*-luji*) koalieren.

kobalt *m* (*2a*) Kobalt *n*; **~ový** Kobalt-.

kober|cový Teppich-; **~ec** *m* (*4*; *-rc-*), *Dim*. **~eček** *m* (*2b*; *-čk-*) Teppich *m*; F *vzít k-o na -ček* sich j-n vornehmen; **~ečník** *m* (*1a*) Teppichwirker *m*.

kobka *f* (*1c*; *-bek*) Zelle *f*.

kobliha *f* (*1b*) Pfannkuchen *m*, *öst*. Krapfen *m*.

kobrt|at ⟨*za-*⟩, **~nout** *pf*., *o-* (*-tl*/*-tnul*) stolpern (über *A*).

kobyl|a *f* (*1a*) Stute *f*; *Tech*. Eisbrecher *m*; **~ice** *f* (*2a*) Schlagbaum *m*; Sägebock *m*; **~inec** *m* (*4*; *-nc-*) Pferdemist *m*; **~ka** *f* (*1c*; *-lek*) junge Stute *f*; Heuschrecke *f*, F Grashüpfer *m*; *Mus*. Steg *m*; *Anat*. Brustbein *n* (*bei Vögeln*); P *dostat se k-u na -ku* j-m auf die Pelle rücken; **~kář** *m* (*3*) *iron*. Junker *m*, Krautjunker *m*; Pferdenarr *m*; **~na** *f* (*1*; *-len*) Gestüt *n*.

kocábka *f* (*1c*; *-bek*) Kahn *m*, Barke *f*.

kocour *m* (*1*; *-ři*) Kater *m*; ~ *v botách* der gestiefelte Kater; **2kov** *m* (*2*; *2. -a*) Krähwinkel *m*, Posemuckel *n*; **~kovský** Schildbürger-.
koco|uří Kater-; **~vina** *f* (*1*) *iron.* Kater *m*, Katzenjammer *m*.
kočár *m* (*2*; *6. -ře*/*-ru*) Kutsche *f*; **~ek** *m* (*2b*; *-rk-*) Kinderwagen *m*; ~ *pro panenku* Puppenwagen *m*; **~ník** *m* (*1a*) Wagenbauer *m*.
koč|i *m* (*Adj. 4*; *Pl. n 3*) Kutscher *m*; **~ičí** Katzen-; **~ičina** *f* (*1*) *scherz.* Katzenmusik *f*; Katzengeruch *m*; Katzenfleisch *n*; **~ička** *f* (*1c*; *-ček*) Kätzchen *n*, F Mieze *f*.
kočk|a *f* (*1c*; *-ček*) Katze *f*; *divoká* ~ Wildkatze; *to je pro -ku* das ist für die Katz; **~odan** *m* (*1*) Meerkatze *f*; **~ovat se** F ⟨*po-*⟩ (*-kuji*) sich nekken; **~ovitý** katzenartig.
kočov|at (*-čuji*) umherziehen, nomadisieren; **~nický** Nomaden-; **~nictví** *n* (*3*) Nomadentum *n*; **~ník** *m* (*1a*) Nomade *m*; **~ný** nomadisch, nomadisierend; Wander-; Nomaden-; **~ský** Kutscher-.
kočující Wander-.
kód *m* (*2a*) Kode *m*, Code *m*.
Kodaň *f* (*3*) Kopenhagen *n*.
kodifik|ace [-dɪ-] *f* (*2*) Kodifizierung *f*; **~ovat** ⟨*z-*⟩ (*-kuji*) kodifizieren.
kodrca|t (se) ⟨*za-*⟩ wanken, F rumpeln, holpern; **~vý** holp(e)rig.
koexisten|ce [-egz-] *f* (*2*) Koexistenz *f*; **~ční** Koexistenz-.
koflí|ček F *m* (*2b*; *-čk-*) Täßchen *n*, Schälchen *n*; **~k** *m* (*2b*) Tasse *f*.
koho *s. kdo*.
kohout *m* (*1*) *Zo.* Hahn *m*; **~ek** *m* (*2b*; *-tk-*) *Tech.* Hahn *m*; *Anat.* Widerrist *m*; *Bot.* Kuckuckslichtnelke *f*; **~í** Hahnen-; **~it se** P ⟨*roz-*, *za-*⟩ zornig (*od.* wütend) sein.
koch|ánek *m* (*1a*; *-nk-*) Liebling *m*; **~at se** ⟨*na-*, *za-*⟩ (*čím*) schwelgen (in *D*); sich ergötzen (an *D*); ~ *se v rozkoších* sich dem Genuß hingeben.
kojen|ec *m* (*3*; *-nc-*) Säugling *m*; **~í** *n* (*3*) Stillen *n*; *Zo.* Säugen *n*.
kojit ⟨*na-*, *u-*⟩ *Kind* stillen; *Zo.* säugen; ~ *se marnými nadějemi* sich eitlen Hoffnungen hingeben.
kok *m* (*2b*) *Med.* Kokke *f*.
kokain *m* (*2a*) Kokain *n*.
kokarda *f* (*1*) Kokarde *f*; Hoheitszeichen *n*.
kokeš *dial. m* (*3*; *-k[e]š-*) Hahn *m*, F Gockel *m*.
koket|a *f* (*1*) Kokette *f*; *fig.* leichtes Mädchen *n*; **~ní** kokett; **~nost** *f* (*4*) Koketterie *f*; **~ovat** ⟨*za- si*⟩ (*-tuji*) kokettieren; (*s kým*) sich einlassen (mit *D*).
kokon [-ɔːn] *m* (*2a*) *Zo.* Kokon *m*.
kokos *m* (*2a*) Kokosnuß *f*; F Kokosläufer *m*; P *iron.* Schädel *m*, Dach *n*; **~ka** *f* (*1c*; *-sek*) Kokosgebäck *n*; **~ovník** *m* (*2b*) Kokospalme *f*; **~ový** Kokos-.
kokoška *f* (*1c*; *-šek*) Hirtentäschel (-kraut) *n*.
kokot *m* (*1*) *dial. für kohout*; **~ice** *f* (*2a*) Flachsseide *f*, wilder Flachs *m*.
kokrh|ání *n* (*3*) Krähen *n*, Hahnenschrei *m*; **~at** ⟨*za-*⟩ krähen; **~el** *m* (*4 od. 2a*) *Bot.* Hahnenkamm *m*; P *fig.* häßlicher Damenhut *m*, Deckel *m*.
koks *m* (*2a*) Koks *m*; **~árna** *f* (*1*; *-ren*) Kokswerk *n*, Kokerei *f*; **~ovat** ⟨*z-*⟩ (*-suji*) *Tech.* verkoken; **~ovna** *f* (*1*; *-ven*) *s. koksárna*; **~ový** Koks-.
kokta|t ⟨*vy-*, *za-*⟩ stottern; *Worte* stammeln; **~vý** stotternd; stammelnd.
kol *s. kolem*.
kolabor|ant *m* (*1*), **~antka** *f* (*1c*; *-tek*) Kollaborateur(in *f*) *m*, Kollaborant(in *f*) *m*; **~ovat** (*-ruji*) (mit dem Feind) zusammenarbeiten, kollaborieren.
kolac|e *f* (*2*), **~ionování** *n* (*3*) Kollation *f*; **~ionovat** ⟨*z-*⟩ (*-nuji*) *Jur.* vergleichen.
koláč *m* (*4*) (*s mákem* Mohn-)Kuchen *m*; **~ek** *m* (*2b*; *-čk-*) Kuchen *m*; ~ *citrónu* e-e Scheibe Zitrone; **~ový** Kuchen-.
kol|árna *f* (*1*; *-ren*) Wagnerei *f*; **~ař** P *m* (*3*) Radfahrer *m*; Fahrraddieb *m*; **~ář** *m* (*3*) Wagner *m*; **~ářství** *n* (*3*) Wagnerei *f*; Wagenbau *m*.
kolatura [-uː-] *f* (*1d*) *Rel.* Kirchsprengel *m*.
kolaud|ace *f* (*2*) Kollaudation *f*, Baugenehmigung *f*; **~ační** Kollaudations-; **~ovat** (*im*)*pf.* ⟨*z-*⟩ (*-duji*) kollaudieren, genehmigen.
kolb|a *f* (*1*) Kolben *m*; (*2 Pl. -leb*) *hist.* Turnier *n*, Ritterspiel *n*; **~iště** *n* (*2a*) Turnierplatz *m*; *vstoupit na* ~ *fig.* in die Schranken treten.
kolčav|a *f* (*1*), **~ka** (*1c*; *-vek*) *Zo.* Wiesel *n*; **~ina** *f* (*1*) Wieselfell *n*.

koldokola *Adv.* rings(her)um.

koléb|adlo *n* (*1a*; *-del*) Schaukel *f*; **~ání** *n* (*3*) Wiegen *n*, Schaukeln *n*; **~at** ⟨*po-*, *u-*, *za-*⟩ *v/t* wiegen, schaukeln; *~ se* sich wiegen; schaukeln (*v/i*); *Ente*: watscheln; **~avý** schwankend; **~ka** *f* (*1c*; *-bek*) Wiege *f*; Wiegemesser *n*; *~ s pijákem* Löschwiege.

kolečko *n* (*1b*; *-ček*) Rädchen *n*; Rolle *f*; Schubkarren *m*; (*Wurst-*, *Zitronen-*)Scheibe *f*; *křeslo na -kách* Rollstuhl *m*; *do -ka* im Kreis (herum); F *má o ~ více* bei ihm ist eine Schraube locker; *ostrouhat -ka fig.* leer ausgehen; **~vý** Roll-; *s. brusle.*

koled|a *f* (*1*) Weihnachtslied *n*; † *a.* Weihnachtsgeschenk *n*; Weihnachtszeit *f*; **~ník** *m* (*1a*) Sternsinger *m*, Weihnachtssänger *m*; **~ovat** ⟨*po-*, *za-*⟩ (*-duji*) Weihnachtslieder singen.

koleg|a *m* (*5*) Kollege *m*; **~iální** kollegial; **~iálnost** *f* (*4*), **~ialita** *f* (*1*) Kollegialität *f*; **~ium** [-le:g-] *n* (*5*) Kolleg(ium) *n*; **~yně** *f* (*2b*) Kollegin *f*.

kolej *f* (*3*) *Esb.* Gleis *n*; *Kfz.* Fahrspur *f*; Studenten(wohn)heim *n*; *rozvod ~í Esb.* Spurweite *f*; *vyšinout z ~í* entgleisen; F *vrátit se do ~í* ins alte Gleis zurückkehren; **~iště** *n* (*2a*) Gleisanlage *f*; **~né** *n* (*Adj. 3*) Kolleggeld *n*; **~nice** *f* (*2a*) *Esb.* Schiene *f*; *o jedné -ci Esb.* eingleisig; **~ový** Schienen-, schienengebunden.

kolek *m* (*2b*; *-lk-*) Gebühren-, Stempelmarke *f*.

kolekce *f* (*2*) Kollektion *f*.

kolektiv [-ti:v] *m* (*2a*) Kollektiv *n*; **~izace** *f* (*2*) Kollektivierung *f*; **~izovat** (*im*)*pf.* ⟨*z-*⟩ (*-zuji*) kollektivieren; **~ní** Kollektiv-, kollektiv.

kolem *Prp.* (*mit 2. Fall*) um (*A*); *Adv.* um ... herum; vorbei *od.* vorüber (an *D*); ungefähr, etwa; *~ dokola* ringsumher; *~ světa* (rund) um die Welt; *plížit se ~* umschleichen (*A*); F *mít ~ krku* am Halse haben; *padnout ~ krku j-m* um den Hals fallen; *hlava mi jde ~* der Kopf dreht sich mir, ich weiß nicht, wo mir der Kopf steht; *~ deváté* (*hodiny*) gegen neun Uhr; **~jdoucí** *m* (*Adj. 4*) Passant *m*.

kolenice *f* (*2a*) Kniewärmer *m*; *Bgb.* Knieleder *n*.

kolénko *n* (*1b*; *-nek*) *Dim. zu koleno*; *Bot.* Knoten *m*.

kolen|ky *f/pl.* (*1*; *-nek*) Kniehose *f*; **~ní** Knie-; **~o** *n* (*1*; *2, 6. Dual*: *-ou*) Knie *n*; *Tech.* Knie(stück) *n*, Krümmer *m*; *fig.* Stamm *m*, Geschlecht *n*; *až do třetího -na bibl.* bis ins dritte Glied; *na stará -na* auf die alten Tage.

koles|ka *f* (*1c*; *-sek*) Kalesche *f*; **~na** *f* (*1*; *-sen*) *Mil.* Protze *f*; **~o** *n* (*1*; *6. -u/-e*) Schaufelrad *n*.

kolchoz *m* (*2*; *6. -u/-e*) Kolchose *f*, Kolchos *m*; **~ní** Kolchos-; **~ník** *m* (*1a*), **~nice** *f* (*2a*) Kolchosbauer *m*, -bäuerin *f*.

kolí *n* (*3*) Pfahlwerk *n*, Palisade *f*.

koliba *f* (*1*) Sennhütte *f*, Almhütte *f*.

kolíbat *s. kolébat.*

kolibřík *m* (*1a*) *Zo.* Kolibri *m*.

kolíček *m* (*2b*; *-čk-*) Stift *m*; Holznagel *m*; Wäscheklammer *f*; *Mus.* Wirbel *m*.

kolidovat (*-duji*) kollidieren, zusammenstoßen.

koliha *f* (*1b*) *Zo.* Brachschnepfe *f*.

kolik (*č-o*) wieviel; *~ je hodin?* wie spät ist es?; *~ je Vám let?* wie alt sind Sie?; *~ já vím* soviel ich weiß; *už ~ let* schon seit Jahren.

kolík *m* (*2b*) Stift *m*; Pflock *m*; Stöpsel *m*; *Typ.* Setzholz *n*; *Mus.* Wirbel *m*.

kolika[1] *f* (*1c*) *Med.* Kolik *f*.

kolika-[2] *in Zssgn* mehr-, viel-; **~denní** mehrtägig; **~násobný** mehrmalig, -fach.

kolik|átý wievielte(r); F soundsovielte; *-tého je dnes?* der wievielte ist heute?; *po -té* wiederholt, so oft; **~ero** wievielerlei?; vielerlei; **~eronásobný** wievielfach?; vielerlei; **~erý** wievielerlei, wievielfach; **~ost** *f* (*4*) Quantität *f*.

kolikrát wievielmal; einigemal; sooft; *~ za týden* wie oft in der Woche, wievielmal wöchentlich.

Kolín *m* (*2*; *2. -a*) Köln *n* (*am Rhein*); Kolin *n* (*an der Elbe*).

kolínko *n* (*1b*; *-nek*) Knie *n*; *Tech.* Kniestück *n*; *Kochk.* Eisbein *n*; *Bot.* Knoten *m*.

kolínský Kölner; *-ká voda* Kölnischwasser *n*.

kolís|ání *n* (*3*) Schwanken *n*, Wanken *n*; Schlingern *n*; *~ cen* Preisschwankungen *f/pl.*; **~at (se)** ⟨*za-*⟩ wankelmütig werden, wanken,

Preise: schwanken, ins Wanken geraten; **~avost** *f* (*4*) Schwanken *n*; Wanken *n*; Wankelmut *m*, Unentschlossenheit *f*; **~avý** schwankend; wankelmütig.
kolize *f* (*2*) Kollision *f*.
koljuška *f* (*1c*; *-šek*) *Zo.* Stichling *m*.
kolkolem ringsumher, ringsherum.
kolkov|at ⟨*na-*, *o-*, *pře-*⟩ (*-kuji*) mit Stempeln versehen; **~na** *f* (*1*; *-ven*) (*ČSSR*, *öst.*) Stempelbehörde *f*; **~né** *n* (*Adj. 3*) Stempelgebühr *f*.
kolm|ice *f* (*2a*) senkrechte Linie *f*; *Geom.* Senkrechte *f*; **~ý** (*Adv.* *-o*) senkrecht; vertikal.
kolna *f s. kůlna.*
kolník *m* (*2b*) *Bot.* Steckrübe *f*, Kohlrübe *f*.
kolo *n* (*1a*) Rad *n*; *Tech. a.* Scheibe *f*; Kreis *m*, Ring *m*; *fig.* Gesicht *n*; (*Tanz*) Reigen *m*; *Sp.* Runde *f*; (*Mond-*)Hof *m*; *jízda na -le* Radfahren *n*; *~ Štěstěny* Glücksrad; *v -le* im Kreis; *smát se na celé ~* über das ganze Gesicht lachen; *zpěv do -la* Rundgesang *m*; **~běh** *m* (*2b*) Kreislauf *m*; **~běžka** *f* (*1c*; *-žek*) (*Tritt-*) Roller *m*; **~děj** *m* (*4*) *Bot.* Hexenpilz *m*; **~hnát** F *m* (*1*) baumlanger Mensch *m*, (langer) Lulatsch *m*.
kolokv|ijní Kolloquium-; **~ium** *n* (*5*) Kolloquium *n*; **~ovat** ⟨*od-*⟩ (*-kvuji*) Kolloquium halten.
kolomaz *f* (*4*) Wagenschmiere *f*; **~nice** *f* (*2a*) *Tech.* Schmierbuchse *f*.
kolon|a *f* (*1*) Kolonne *f*; *Typ.* Spalte *f*; *Math.* Zahlenreihe *f*; **~áda** *f* (*1*) Säulengang *m*, Kolonnade *f*.
koloni|ál † [-nı-] *m* (*2*; *6. -u*/*-e*) Kolonialwarenhandlung *f*; **~ální** Kolonial-, kolonial; **~e** *f* (*2*) Kolonie *f*; *dělnická ~* Arbeitersiedlung *f*; **~zace** *f* (*2*) Kolonisierung *f*; Besiedlung *f*; **~zační** Kolonisations-; **~zovat** (*im*)*pf.* ⟨*z-*⟩ (*-zuji*) kolonisieren; **~sta** *m* (*5a*) Siedler *m*.
koloratur|a [-tu:-] *f* (*1d*) *Mus.* Koloratur *f*; **~ní** Koloratur-.
kolor|it *m* (*2a*) Kolorit *n*; **~ovat** (*im*)*pf.* ⟨*o-*⟩ (*-ruji*) kolorieren.
kolos *m* (*2a*) Koloß *m*; **~ální** kolossal.
kolo|tat se ⟨*roz-*, *za-*⟩ sich im Kreis drehen, kreisen; *fig.* wirbeln; **~toč** *m* (*4*) Karussell *n*.
kolouch *m* (*1a*) *Zo.* Hirschkalb *n*; Rehkitz *n*.
kolov|á *f* (*Adj. 2*) *Sp.* Radball *m*; **~adlo** *n* (*1a*; *-del*) *Turn.* Rundlauf *m*; **~at** ⟨*za-*⟩ (*-luji*) kreisen, umlaufen, zirkulieren; *Tech.* rollen; in Umlauf sein; die Runde machen; *pověst koluje* ein Gerücht geht um.
kolo|vrat *m* (*2*; *6. -u*/*-ě*) Spinnrad *n*; **~vratec** *m* (*4*; *-tc-*) *Bot.* Wolfsmilch *f*; **~vrátek** *m* (*2b*; *-tk-*) Drehorgel *f*, Leierkasten *m*; kleines Spinnrad *n*; *Tech.* Bohrwinde *f*; **~vrátkář** *m* (*3*) Leierkastenmann *m*; **~vý** *Tech.* Rad-; *Arch.* Pfahl-; Rund- (*z. B. Tanz*); *Sp. in Zssgn* -runden-; **~zubec** *m* (*4*; *-bc-*) *Tech.* Winde *f*; **~zubý** *Zo.* zahnlos; mit Zahnlücken.
kolport|áž *f* (*3*) Kolportage *f*; Hausierhandel *m* (*mit Büchern oder Zeitungen*); **~ér** *m* (*1*; *-ři*) Kolporteur *m*; ambulanter Händler *m*.
kolumbárium *n* (*5*) Urnenhalle *f*.
Kolumbův: *-bovo vejce* das Ei des Kolumbus.
kom(**u**) *s. kdo.*
komand|ant *m* (*1*) Kommandant *m*; **~ér** *m* (*1*; *-ři*) Kommandeur *m*; **~itní** [-dıt-] *Hdl.* Kommandit-; **~o** *n* (*1*) Kommando *n*; **~ovat** (*im*)*pf.* ⟨*za-*⟩ (*-duji*) kommandieren.
komá|r *m* (*1*; *-ři*) Mücke *f*, *dial.* Schnake *f*, *öst.* Gelse *f*; **~ří** Mükken-.
kombajn *m* (*2*; *6. -u*/*-ě*) Mähdrescher *m*; **~ér** *m* (*1*; *-ři*), **~ista** [-nı-] *m* (*5a*) Mähdrescherführer *m*.
kombin|ace *f* (*2*) Kombination *f*; **~ačka** *f* (*1c*; *-ček*) *s. kombiné*; *-ky pl.* Kombinationszange *f*; **~ační** Kombinations-; **~át** *m* (*2*; *6. -u*/*-ě*) Kombinat *n*; **~é** *n* (*indekl.*) Unterrock *m*; **~éza** *f* (*1a*) Arbeitsanzug *m*, Overall *m*; **~ovat** (*im*)*pf.* ⟨*z-*, *za-*⟩ (*-nuji*) kombinieren.
komediant [-dı-] *m* (*1*), **~ka** *f* (*1c*; *-tek*) Komödiant(in *f*) *m*; **~ský** Komödianten-.
koment|ář *m* (*4*) Kommentar *m*; **~ovat** (*im*)*pf.* (*-tuji*) kommentieren.
komerciální kommerziell, Kommerzial-.
kometa *f* (*1*) Komet *m*.
komi|cký komisch; **~čnost** *f* (*4*) Komik *f*, das Komische *e-r Sache*.
komíhat ⟨*roz-*, *za-*⟩ *Turn.* schwingen.
komik *m* (*1a*) Komiker *m*; **~a** *f* (*1c*) Komik *f*.
komín *m* (*2*; *2. -a*) Schornstein *m*, Schlot *m*, *öst.* Kamin *m*; **~ek** *m* (*2b*;

-*nk*-) Ofenrohr *n*; *Tech*. Abzug *m*; Luftloch *n*.

komin|ický Schornsteinfeger-, *öst*. Kaminfeger-; **~ík** *m* (*1a*) Schornsteinfeger *m*, *öst*. Rauchfangkehrer *m*, Kaminfeger *m*.

komínový Schornstein-, Kamin-.

komis|árek F *m* (*2b*; -*rk*-) Kommißbrot *n*; **~ař** *m* (*3*) Kommissar *m*, *öst*. Kommissär *m*; *zkušební* ~ Examinator *m*, Prüfungsleiter *m*; **~ařství** *n* (*3*) Kommissariat *n*; **~e** *f* (*2*) Kommission *f*; *brát zboží do* ~ *Hdl*. Ware in Kommission nehmen; **~ionář** *m* (*3*) Kommissionär *m*; **~ionářství** *n* (*3*) Kommissionsgeschäft *n*; **~ní** F Kommiß-.

komité *n* (*indekl*.), **~t** *m* (*2a*) Komitee *n*.

komnata *f* (*1*) *lit*. Gemach *n*.

komodor *m* (*1*; -*ři*) *Mar*. Kommodore *m*.

komol|it ⟨z-⟩ verstümmeln, entstellen, P verschandeln; *e-e Sprache* radebrechen; **~ý** abgestumpft; *Jagdw*. ohne Geweih; ~ *kužel* Kegelstumpf *m*.

komo|ň *m* (*3a*) Roß *n*; **~nstvo** *n* (*1*) *hist*. Gefolge *n*.

komor|a *f* (*1d*) Kammer *f*; *Fot*. Kamera *f*; *obchodní* ~ Handelskammer; *podkrovní* ~ Dachkammer; *horní, dolní* ~ *Parl*. Ober-, Unterhaus *n*; *temná* ~ *Fot*. Dunkelkammer; **~ná** *f* (*Adj. 2*) Kammerzofe *f*; **~ní** Kammer-; **~ník** *m* (*1a*) Kämmerer *m*; *hist*. Kammerherr *m*; **~ový** *Tech*. Kammer-.

kompanie [-nɪ-] *f* (*2*) *Hdl*. Kompanie *f*, Gesellschaft *f*; *vzít k-o do* ~ j-n als Kompagnon aufnehmen.

kompars [-rz-] *m* (*1 od. 3*) *Thea*. Statist *m*, Komparse *m*.

kompas *m* (*2*; *6*. -*u*/-*e*) Kompaß *m*.

kompenz|ace *f* (*2*) Kompensation *f*; Ersatz *m*, Entschädigung *f*; **~ační** Kompensations-; **~ovat** (*im*)*pf*. ⟨vy-⟩ (-*zuji*) kompensieren.

kompeten|ce *f* (*2*) Zuständigkeit *f*, Kompetenz *f*; **~ční** Kompetenz-; **~tní** zuständig, kompetent.

kompil|ace *f* (*2*) Kompilation *f*; **~ovat** ⟨z-⟩ (-*luji*) kompilieren.

komplementární Komplementär-.

komplet (*indekl*.), **~ní** *Adj*. komplett, vollständig; *fig*. völlig; **~ovat** (*im*)*pf*. ⟨z-⟩ (-*tuji*) vervollständigen.

komplex *m* (*2a*) Komplex *m*; **~ní** Komplex-; *Math*. komplex.

komplik|ace *f* (*2*) Komplikation *f*; **~ovaný** kompliziert, F verzwickt; **~ovat** (*im*)*pf*. ⟨z-⟩ (-*kuji*) komplizieren.

komplot *m* (*2a*) Komplott *n*.

kompon|ent *m* (*2a*), **~enta** *f* (*1*) Komponente *f*; **~ista** [-nɪ-] *m* (*5a*) Komponist *m*; **~ovat** ⟨do-, pro-, z-⟩ (-*nuji*) komponieren.

kompost *m* (*2*; *6*. -*u*/-*ě*) Kompost *m*.

kompot *m* (*2*; *6*. -*u*/-*ě*) Kompott *n*; **~ový** Kompott-.

kompozice *f* (*2*) Komposition *f*; Anordnung *f*, Aufbau *m*; F Klassenarbeit *f*, Aufsatz *m*.

kompres *m* (*2a*) Umschlag *m*, Kompresse *f*; **~e** *f* (*2*) Kompression *f*; **~ní** Kompressions-; **~or** *m* (*2a*) Kompressor *m*, Verdichter *m*.

komprimovat ⟨z-⟩ (-*muji*) komprimieren.

kompromis *m* (*2*; *6*. -*u*/-*e*) Kompromiß *m*; **~nický** *Pol*. kompromißlerisch; **~ník** *m* (*1a*) *Pol*. Kompromißler *m*.

kompromit|ovat (*im*)*pf*. ⟨z-⟩ (-*tuji*) kompromittieren; ~ se sich e-e Blöße geben; **~ující** kompromittierend.

komtes|a *f* (*1a*), **~ka** *f* (*1c*; -*sek*) Komteß *f*.

komun|a [-mu:-] *f* (*1*) Kommune *f*; **~ál** P *m* (*2*; *6*. -*u*/-*e*) städtischer (*od*. kommunaler) Betrieb *m*; **~ální** Kommunal-, gemeindeeigen; **~ard** *m* (*1*) Kommunarde *m*.

komuni|kace [-nɪ-] *f* (*2*) Verkehr *m*; Verbindung *f*; *pl. a*. Verkehrswesen *n*; Verkehrsmittel *n*/*pl*.; **~kační** Kommunikations-; **~ké** [*a*. -mɪnɪ-] *n* (*indekl*.) Kommuniqué *n*; **~smus** [-nɪzm-] *m* (*2*; *2*., *3*., *6*. -*smu*) Kommunismus *m*; **~sta** *m* (*5a*), **~stka** *f* (*1c*; -*tek*) Kommunist(in *f*) *m*; **~stický** [-stɪts-] kommunistisch.

komůrka *f* (*1c*; -*rek*) Kämmerlein *n*; Zelle *f*.

komže *f* (*2*) *Rel*. Rochett *n*.

kóna F *f* (*1*) Klassenarbeit *f*.

koňadra *f* (*1d*; -*der*) *Zo*. Kohlmeise *f*.

koňak *m* (*2b*) Kognak *m*, Weinbrand *m*.

koň|ák *m* (*1a*) Pferdeknecht *m*; **~ař** *m* (*3*) Pferdehändler *m*; **~ařství** *n* (*3*) Pferdehandel *m*.

kon|ání *n* (*3*) Abhaltung *f*; *Jur*. Vornahme *f*; ~ *služby* Dienstleistung *f*;

~at ⟨*do-, vy-*⟩ (ab)halten; machen, tun; *Reise a.* unternehmen; machen; *Besuch a.* abstatten; *Pflicht a.* erfüllen; *Arbeit a.* verrichten; *Vorstellung* geben; *Vorbereitungen* treffen; *Dienst a.* ausüben, tun; *j-m e-n Dienst* erweisen; *Erhebungen* anstellen; *Verhör* durchführen; ~ **se** stattfinden; *Zahlungen*: erfolgen; *Handlung*: vor sich gehen.
koncedovat (*im*)*pf.* (*-duji*) zugestehen.
koncentr|ace *f* (*2*) Konzentration *f*; **~ační** Konzentrations-; **~ák** P *m* (*2b*) Konzentrationslager *n*, KZ *n*; **~ický** konzentrisch; **~ovat** (*im*)*pf.* ⟨*z-*⟩ (*-truji*) konzentrieren; *fig. Kräfte* sammeln.
koncep|ce *f* (*2*) Auffassung *f*; *Biol.* Empfängnis *f*; **~ční** Empfängnis-; **~t** *m* (*2*; *6. -u*/*-ě*) Konzept *n*; *přivést z ~u* aus dem Konzept bringen; **~ní** Konzept-.
koncern *m* (*2a*) Konzern *m*; **~ový** Konzern-.
koncert *m* (*2*; *6. -ě*/*-u*) Konzert *n*; *jít na ~* ins Konzert gehen; *na -tě* im Konzert; **~ní** Konzert-; **~ovat** ⟨*za-*⟩ (*-tuji*) konzertieren, ein Konzert geben.
konces|e *f* (*2*) Konzession *f*; Lizenz *f*; *činit ~* Zugeständnisse machen; **~ivní** [-si:v-] *Gr.* konzessiv, einräumend; **~ovaný** lizenziert, konzessioniert.
koncil *m* (*2a*) Konzil *n*; **~iantní** entgegenkommend, konziliant.
koncipovat (*im*)*pf.* ⟨*z-*⟩ (*-puji*) konzipieren.
koncízní konzis; gedrängt, kurzgefaßt.
koncov|ka *f* (*1c*; *-vek*) *Gr.* Endung *f*; Endsilbe *f*; F *Sp.* Endspiel *n*; **~ý** End-; Schluß-; *-vé světlo* Schlußlicht *n*.
končetiny *f*/*pl.* (*1*) Gliedmaßen *pl.*
končina *f* (*1*) Gegend *f*; *Geogr.* Gebiet *n*; *ze všech končin světa* aus allen Himmelsrichtungen.
končíř *m* (*4*) *Sp.* Florett *n*; † Stoßdegen *m*.
končit ⟨*do-, s-, u-, za-*⟩ beenden; (be)schließen, F Schluß machen; ~ *se* enden (*čím* mit); zu Ende gehen; F aus sein; *Gr.* ausgehen (*z. B. auf e-n Laut*); *Sache*: e-n (guten *od.* schlechten) Ausgang nehmen; *Vertrag*: ablaufen; *konče Jur.* bis (zu).
kondenz|ace *f* (*2*) Kondensation *f*; **~ační** Kondensations-; **~átor** *m* (*2a*) Kondensator *m*; **~ovat** (*im*)*pf.* ⟨*z-*⟩ (*-zuji*) kondensieren.
kondi|ce [-dɪ-] *f* (*2a*) Kondition *f*; † *nur pl.* Privatunterricht *m*, Stundengeben *n*; **~cionál** *m* (*2a*) *Gr.* Konditional *m*; **~cionální** Konditional-; **~ční** *Sp.* Konditions-.
kondol|ence *f* (*2*) Kondolenz *f*; **~enční** Beileids-, Kondolenz-; **~ovat** (*im*)*pf.* ⟨*po-, za-*⟩ (*-luji*) kondolieren.
kondor *m* (*1*; *-ři*) Kondor *m*.
konduktér *m* (*1*; *-ři*) Schaffner *m*, Kondukteur *m*.
konec *m* (*4*; *-nc-*) Ende *n*, Schluß *m*; Zweck *m*; *na -nci* am Ende; *začátek -nce* der Anfang vom Ende; ~ *týdne* Wochenende; ~ *semestru* Semesterschluß; *~!* Schluß damit!; ~ *písničky fig.* das Ende vom Lied; ~ *vše napraví* Ende gut, alles gut; *nemá to ~* es nimmt kein Ende; *nechat na ~* bis zum Schluß aufheben; *je u -nce er* ist am Ende; *jde ke -nci* es geht dem Ende entgegen *od.* zu Ende; *je se svým rozumem v -ncích er* ist mit s-r Weisheit am Ende; *k tomu -nci* zu diesem Zweck; *-ncem -nců* letzten Endes, schließlich.
koneč|ek *m* (*2b*; *-čk-*) Endchen *n*; Spitze *f*; *~ jazyka* Zungenspitze; **~ník** *m* (*2b*) Mastdarm *m*; **~ně** *Adv.* endlich, schließlich; **~nost** *f* (*4*) Endlichkeit *f*; **~ný** End-; Schluß-; endgültig; *Math.* endlich.
konejši|t ⟨*u-, za-*⟩ beruhigen; *Zorn, Menschen* besänftigen, beschwichtigen; *Streit* beilegen; *Schmerz* lindern; **~vý** beruhigend.
konev *f* (*3*; *-nv-*) Kanne *f*; *scherz.* Birne *f*, Kopf *m*; *kropicí ~* Gießkanne; *~ na mléko* Milchkanne; *s. lít.*
konexe *mst f*/*pl.* (*2*) Beziehungen *f*/*pl.*
konfek|ce *f* (*2*) Konfektion *f*; **~ční** Konfektions-.
konferen|ce *f* (*2*) Konferenz *f*; **~ciér** *m* (*1*; *-ři*) Conferencier *m*; **~ční** Konferenz-.
konferovat ⟨*po-*⟩ (*-ruji*) konferieren.
konfes|e *f* (*2*) *Rel.* Konfession *f*, Bekenntnis *n*; **~(ij)ní** konfessionell, Konfessions-.
konfety *m*/*pl.* (*2*) Konfetti *n*/*pl.*
konfisk|ace *f* (*2*) Konfiszierung *f*;

büchse f; **~ný** würzig; Gr. Wurzel-; **~ový** Wurzel-.
kořín|ek m (2b; -nk-) s. kořen; fig. má dobrý ~ er hat e-n guten Kern; Kochk. telecí ~ Kalbsbeuschel n; **~kářka** f s. kořenářka.
kořist f (4) Beute f; fig. Ausbeute f; vyjít si za ~í auf Beute ausgehen; **~it** ⟨na-, vy-⟩ (-štěn) Beute machen; (z č-o) Gewinn (od. Vorteil) herausholen (aus D); **~ník** m (1a) Beutemacher m, Profitgeier m; **~ný** beutegierig, Beute-; -né právo Mar. Prisenrecht n.
kořit ⟨po-⟩: ~ se k-u sich demütigen vor (D); huldigen (D), anbeten, verehren (A).
kos m (1) Amsel f; F a. Schlaumeier m.
kosa f (1a) Sense f; Geogr. Nehrung f.
kosatec m (4; -tc-) Bot. Schwertlilie f.
kosí Amsel-.
kosinka f (1c; -nek) Federwisch m, Fittich m; Arch. Keilstein m.
kosíř m (4) Gartenmesser n; Schusterkneip m; Schnitzmesser n.
kosi|ště n (2a) Sensenstiel m; **~t** ⟨na-, po-, s-, z-⟩ mähen; fig. hinwegraffen; niedermähen; Tech. schrägen.
kosmatý zottig.
kosmeti|cký [-tɪ-] kosmetisch; **~ka** f (1c) Kosmetik f.
kosmický kosmisch; ~ let Raumflug m; -ká loď Raumschiff n.
kosmo|naut m (1) Astronaut m, Kosmonaut m; **~polita** m (5a) Kosmopolit m; **~s** m (2a; -sm-; 2, 3, 6. -smu) Kosmos m.
kosočtver|ec m (4; -rc-) Rhombus m, Raute f; **~cový** rautenförmig; **~ečný** rhombisch.
koso|dělník m (2b) Rhomboid n; **~dřevina** f (1) Berg-, Zwerg-, Latschenkiefer f; **~úhelník** m (2b) Trapezoid n; **~úhlý** Geom. schiefwink(e)lig.
kost f (4) Knochen m; Anat. a. Bein n; (Fisch-)Gräte f; holenní ~ Schienbein; tvrdý jako ~ knochenhart; až do ~i bis ins Mark; pronikat až do ~í durch Mark und Bein gehen; F na ~ vyhublý spindeldürr; ~i pl. a. Gebeine n/pl.
kostel m (2; 2. -a; 6. -e; 6 Pl. -ích/-ech) Kirche f (Gebäude); cesta do ~a Kirchgang m; je po ~e die Kirch ist aus; **~ík** m (2b) Kirchlein n; **~n** Kirch-, Kirchen-; ~ věž Kirch turm m; **~ník** m (1a) Kirchendiene m, Küster m.
kostěný beinern, Bein-; Horn-.
kosti|ce f (2a) Fischbein n; **~čka** (1c; -ček) kleiner Knochen m Knöchelchen n; kleiner Würfel m; **~val** m (2a) Bot. Beinwurz f; **~žer** (2a) Med. Knochenfraß m.
kost|ka f (1c; -tek) Würfel m; (Pfla ster-, Bau-, Spiel-)Stein m; hrá v -ky würfeln; **~kovaný** gewürfelt Stoff: kariert; **~kový** Würfel-; **~livec** m (3; -vc-) Gerippe n Knochen-, Sensenmann m; **~natě** ⟨z-⟩ (3 Pl. -ějí) verknöchern; ab magern; **~natý** knochig; fig. ver knöchert; **~ní** Knochen-; **~nice** (2a) Beinhaus n; ♀ Konstanz (Stadt); **~nický** Konstanzer, vo Konstanz; **~ra** f (1d; -ter) Skelett n Gerippe n; fig., Tech. a. Gerüst n.
kostrhatý Weg: holp(e)rig; Haar struppig.
kostrč f (3) Anat. Steißbein n.
kostým m (2a) Kostüm n; zkoušk v ~ech Thea. Kostümprobe f; látk na ~ Kostümstoff m; **~ní** Kostüm-; **~ovat** (im)pf. ⟨o-⟩ (-muji) kostümieren; **~ový** Kostüm-.
kosý schief; schräg.
koš m (4) Korb m; ~ na papír Papierkorb; F dát (od. dostat) ~em e-Korb geben (od. bekommen).
košat|ět ⟨z-⟩ (3 Pl. -ějí) sich belauben; **~ina** f (1) Wagenkorb m; Hürdengeflecht n; **~ka** f (1c; -tek) Strohschüssel f; **~ý** dicht belaubt; Baumkrone: dicht.
košer (indekl.) koscher; F fig. sauber; **~ák** m (1a) Rel. Schächter m; **~ovat** (im)pf. ⟨za-⟩ (-ruji) schächten.
koší|ček m (2b; -čk-) Körbchen n; ~ na chléb Brotkorb m; **~k** m (2b) Korb m; ~ pro psa Maulkorb, öst. Beißkorb.
košíkař, košikář m (3) Korbflechter m; Sp. Korbballspieler m; **~ský** Korbwaren-; **~ství** n (3) Korbflechterei f.
košíková f (Adj. 2) Sp. Korbball-, Basketball(spiel n) m.
košil|atý F im bloßen Hemd; hemd(s)ärmelig; Witz: unanständig; **~e** f (2a) Hemd n; **~ovina** f (1) Hemdenstoff m; **~ový** Hemd-.

~ovat (im)pf. ⟨z-⟩ (-kuji) konfiszieren.
konflikt m (2a) Konflikt m.
konformní konform.
konfront|ace f (2) Gegenüberstellung f, Konfrontation f; **~ovat** (im)pf. ⟨z-⟩ (-tuji) gegenüberstellen, konfrontieren.
konfúz|e f (2) Konfusion f; **~ní** konfus.
Kong|o n (1b) Kongo m; **♀ský** Kongo-, kongolesisch.
kongregace f (2) Kongregation f.
kongres m (2; 6. -u/-e) Kongreß m; **~ový** Kongreß-.
koní|ček m (1a; -čk-), **~k** m (1a) Pferdchen n; Heuschrecke f; Grashüpfer m; Seepferdchen n; fig. Steckenpferd n, Hobby n; (Rätsel) Rösselsprung m; (Schach) Springer m, Rössel n; Tech. Reitstock m; -čky P pl. Karussell n; **~čkovat** ⟨vy-⟩ (-kuji) Sp. treideln.
koni|na f (2) Pferdefleisch n; Pferdegeruch m; fig. Dummheit f; **~pas** m (1) Zo. Bachstelze f.
konírna f (2; -ren) Pferdestall m.
konjug|ace f (2) Gr. Konjugation f; **~ovat** (-guji) s. časovat.
konjunktura [-u:ra] f (1d) Konjunktur f.
koňka † f (1c; -něk) Pferdebahn f.
konkávní Phys. konkav, Konkav-.
konkretizovat [-tɪ-] (im)pf. ⟨z-⟩ (-zuji) konkretisieren.
konkuren|ce f (2) Konkurrenz f; **~ční** Konkurrenz-; **~t** m (1) Konkurrent m.
konkur|ovat (-ruji) konkurrieren; **~s** [-rz-] m (2; 6. -u/-e) Konkurs m; **~sní** Konkurs-.
koňmo Adv. zu Pferd; lit., iron. hoch zu Roß; jet ~ reiten.
konop|ě f (2b; -í), **~í** n (3) Hanf m; **~iště** n (2a) Hanffeld n; **~ka** f (1c; -pek) Zo. Hänfling m; **~ný** Hanf-.
kons- s. a. konz-.
koňský Pferde-; -ká síla Pferdestärke f; -ké léčení Roßkur f; -ká noha Med. Klumpfuß m.
konsolid|ace f (2) Konsolidierung f; **~ovat** (im)pf. ⟨z-⟩ (-duji) konsolidieren.
konspir|ace f (2) Verschwörung f; **~ovat** ⟨za-⟩ (-ruji) konspirieren, sich verschwören.
konstant|a f (1) Math. Konstante f; **~ní** konstant.
konstatovat (im)pf. ⟨z-⟩ (-tuji) konstatieren.
konstelace f (2) Konstellation f.
konstitu|ce [-tɪ-] f (2) Konstitution f; **~ční** konstitutionell, verfassungsmäßig; **~ovat** (im)pf. ⟨z-⟩ (-uuji) konstituieren; **~tivní** [-tɪtutɪ:v-] grundlegend.
konstruk|ce f (2) Konstruktion f; Tech. a. Bauart f, Bauweise f; Arch. a. Gerippe n; Anat. Bau m; **~ční** Konstruktions-; **~tér** m (1; -ři) Konstrukteur m; **~tivní** [-tɪ:v-] konstruktiv.
konstruovat ⟨vy-, z-⟩ (-uuji) konstruieren.
konšel m (1; -[ův]é) hist. Ratsherr m; Jur. Schöffe m.
kontakt m (2a) Kontakt m; El. a. Schalter m; Steckdose f; **~ní** Kontakt-.
konteiner m (2a) Tech. Container m.
kontempla|ce f (2) Kontemplation f; **~tivní** [-tɪ:v-] kontemplativ.
kontinent [-tɪ-] m (2; 6. -ě/-u) Kontinent m; **~ální** kontinental.
kontingent [-tɪ-] m (2; 6. -u/-ě) Kontingent n, Anteil m; (Höchst-)Menge f; **~ovat** (im)pf. (-tuji) kontingentieren; die Höchstmenge festsetzen.
kontinuita f (2) Kontinuität f.
konto n (1; 6. -ě/-u) Konto n.
kontrabas m (2; 6. -u/-e) Mus. Kontrabaß m.
kontrakt m (2a) Kontrakt m; **~ace** f (2) Agr. Vertragssystem n; **~ovat** (-tuji) Hdl., Agr. durch ein Vertragssystem erfassen.
kontrarevolu|ce f (2) Konterrevolution f; **~ční** konterrevolutionär.
kontrasignovat (im)pf. (-nuji) gegenzeichnen.
kontrast m (2a) Kontrast m; **~ovat** ⟨z-⟩ (-tuji) (s čím) kontrastieren (mit D); in Gegensatz stehen (zu D).
kontribuce f (2) Kontribution f.
kontrol|a f (1a) Kontrolle f; ~ jakosti Gütekontrolle; pro -lu zur Kontrolle; **~ka** F f (1c; -lek) Kontrollkarte f (od. -lampe f, -abteilung f usw.); **~ní** Kontroll-; **~or** m (1; -ři) Kontrolleur m, Aufsichtsbeamte(r) m; **~ovat** ⟨pře-, z-⟩ (-luji) kontrollieren; überwachen.
kontro|vat ⟨za-⟩ (-ruji) Sp. kontern; **~verze** f (2) Kontroverse f.

kontryhel *m (2a) Bot.* Frauenmantel *m.*
kontuma|ce *f (2) Sp.* Sperre *f; Jur.* Kontumaz *f*, Versäumung *f* e-s Verhandlungstermins; *öst.* ~ *psů* Hundesperre *f*; **~ční** *Jur.* Kontumazial-.
kontura [-tu:-] *f (1d)* Kontur *f*, Umriß *m.*
konvalinka *f (1c; -nek) Bot.* Maiglöckchen *n.*
konvejer *m (2a)* Förderband *n.*
konven|ce *f (2)* Konvention *f; a.* = **~ience** *f (2)* Herkommen *n*; Förmlichkeit *f; verä.* Schablone *f; společenská* ~ gesellschaftlicher Zwang; **~cionální, ~ční** konventionell; *Hdl.* Konventional-; **~ovat** F *(-nuji) j-m* zusagen, passen.
konvent *m (2; 6. -u/-ě)* Konvent *m.*
konvert|ita [-tı-] *m (5a)* Konvertit *m*; **~or** *m (2a) Tech.* Konverter *m; El.* Umformer *m*; **~ovat** *(im)pf.* ⟨z-⟩ *(-tuji)* konvertieren.
konverz|ace *f (2)* Konversation *f; Rel.* Konversion *f; Hdl.* Konvertierung *f*; **~ovat** *(-zuji)* Konversation treiben.
konvexní *Phys.* konvex, Konvex-.
konvi|ce *f (2a)* Kanne *f*; ~ *na čaj* Teekanne; *kávová* ~ Kaffeekanne; **~čka** *f (1c; -ček)* Kännchen *n.*
konvoj *m (4) Mar. Mil.* Geleitzug *m.*
konzerv|a *f (1)* Konserve *f*; **~ace** *f (2)* Konservierung *f*; **~árna** F *f (1; -ren)* Konservenfabrik *f*; **~ář** *m (3)* Konservator *m*; **~ativec** [-tı-] *m (3; -vc-) Pol.* Konservative(r) *m*; **~ativní** [-tı:-] konservativ; **~atoř** *f (3)* Konservatorium *n.*
konzervov|ací Konservierungs-; **~adlo** *n (1a; -del)* Konservierungsmittel *n*; **~at** *(im)pf.* ⟨z-⟩ *(-vuji)* konservieren.
konzist|oriální Konsistorial-; **~oř** *f (3)* Konsistorium *n.*
konzul *m (1; -ové)* Konsul *m*; **~át** *m (2; 6. -u/-ě)* Konsulat *n*; **~tace** *f (2)* Konsultation *f.*
konzum *m (2a)* Konsum *m.*
kooperace *f (2)* Zusammenarbeit *f*, Kooperation *f.*
koordin|ace [-dı-] *f (2)* Koordinierung *f*; **~ační** Koordinierungs-; **~ovat** *(im)pf.* ⟨z-⟩ *(-nuji)* koordinieren.
kop *m (2a) Sp.* Stoß *m; volný* ~ Freistoß; ~ *z rohu* Eckball *m.*
kopa *f (1)* Schock *n* (= *60 Stück*); P *fig.* Haufen *m*, Menge *f; veselá* ~ lustiger Geselle.
kop|ací Fußball-; **~áč**[1] *m (3) Bgb.* Hauer *m*; Gräber *m*; **~áč**[2] *m (4)* Hacke *f*, Haue *f*; **~ačka** F *f (1c; -ček)* Fußballschuh *m*; **~aná** *f (Adj. 2)* Fußballspiel *n; hrát -nou* Fußball spielen; *hráč -né* Fußballspieler *m*, F Fußballer *m*; **~anec** *m (4; -nc-)* Fußtritt *m*; **~anice** *f (2a)*, **~anina** *f (1)* Rodeacker *m*; **~at** ⟨na-, vy-, za-⟩ *(-u/-ám) v/t* graben; *Kohle* fördern; *Grab* schaufeln; e-n Fußtritt versetzen *(k-o/D)*, mit Fußtritten traktieren; *Pferd*: ausschlagen (nach *D*); F verpatzen; *v/i Sp.* Fußball spielen.
kop|covitý hügelig; **~ec** *m (4; -pc-)* Hügel *m*; (niedriger) Berg *m*; Haufen *m; do -pce* bergauf, bergan; *s -pce* bergab; P *mít z -pce (na k-o)* es abgesehen haben (auf *A*); *dívat se z -pce (na k-o)* von oben herab ansehen (*A*); **~eček** *m (4; -čk-)* kleiner Hügel *m.*
kopejka *f (1c; -jek)* Kopeke *f.*
kopí *n (3)* Lanze *f*; Spieß *m.*
kopie *f (2)* Kopie *f*; Abschrift *f*; Durchschlag *m; Fot.* Abzug *m; Math.* Nachbildung *f.*
kopinat|ec *m (3; -tc-) Zo.* Lanzettfischchen *n*; **~ý** lanzettförmig.
kopír|ovací Kopier-; **~ovat** ⟨pro-, v-, z-⟩ *(-ruji)* kopieren.
kopist *f (4) od. m (2a)* Rührscheit *n.*
kopit ⟨z-⟩ häufeln; *Heu* schobern.
kopnout *pf., po-, z- (-pl)* e-n Fußtritt versetzen *(k-o/D); vgl. kopat, husa*; e-n Spatenstich tun; **~nutí** *n (3)* Fußtritt *m*; Spatenstich *m.*
kopr *m (2a) Bot.* Dill *m.*
kopretina *f (1) Bot.* Wucherblume *f.*
koprnět ⟨z-⟩ *(3 Pl. -ějí)* erstarren; *Glieder*: einschlafen.
kopřiva *f (1)* Brennessel *f; mráz -vu nespálí* Unkraut vergeht (*od.* verdirbt) nicht.
kopt *m (2a) (Kien-)*Ruß *m.*
Kopt *m (1; -ové) Rel.* Kopte *m*; **⁓ský** koptisch.
kopul|e *f (2)* Kuppel *f*; **~ovitý** kuppelförmig.
kop|ýtko *n (1b; -tek; 6. Pl. -tkách)* (kleiner) Huf *m; čertovo* ~ *fig.* Pferdefuß *m*; P *vyhodit si z -ka* sich e-n schönen Tag machen; **~ýtnatec** *m (3; -tc-)* Huftier *n*; **~yto** *n (1)* Huf *m*; *(Schuster-)*Leisten *m; narážet všechno na jedno* ~ *fig.* alles über e-n Kamm scheren; F *na jedno* ~ vom gleichen Schlag.
koráb *m (2a) poet.* Schiff *n; s. loď.*
korál *m (1; -ové)* Koralle *f*; **~ový** Korallen-.
korba *f (1; -rb/-reb)* Wagenkasten *m; vozík se sklopnou -bou* Kipplore *f.*
korbel *m (4)* Humpen *m.*
korčák *m (2b) (Mühlen-)*Trichterkasten *m.*
kord *m (2a)* Degen *m*; Kord *n (Gewebe); fig. jsou spolu na* ~ sie stehen miteinander auf Kriegsfuß.
kordón *m (2; 6. -u/-ě) Mil.* Postenkette *f.*
Korea *f (1; 2. a. -je, 3., 6. -ji, 7. -jí)* Korea *n.*
korec *m (4; -rc-)* Scheffel *m*, † Strich *m (Maß).*
koreč|ek *m (2b; -čk-) Tech.* Eimer *m*, Becher *m*; **~kový** *Tech.* Eimer-; Becher-.
Korej|ec *m (3; -jc-)*, **~ka** *f (1c; -jek)* Koreaner(in *f*) *m*; **⁓ský** koreanisch.
korek *m (2b; -rk-)* Kork(en) *m.*
korekt|ní korrekt; **~nost** *f (4)* Korrektheit *f*; **~or** *m (1; -ři)* Korrektor *m*; **~ura** [-u:-] *f (1d)* Korrektur *f; Typ. a.* Korrekturabzug *m*, -fahne *f*; **~urní, ~urový** [-u:-] Korrektur-.
korelace *f (2)* Korrelation *f.*
korespond|ence *f (2)* Korrespondenz *f*; gesammelte Briefe *m/pl.*; *Phys.* Übereinstimmung *f*; **~enční** Korrespondenz-; ~ *lístek* Postkarte *f, öst.* Korrespondenzkarte *f*; **~ent** *m (1)* Korrespondent *m; člen* ~ korrespondierendes Mitglied; **~ovat** ⟨vy-⟩ *(-duji)* korrespondieren.
korigovat *(im)pf.* ⟨vy-, z-⟩ *(-guji)* korrigieren.
korint|ka *f (1c; -tek)* Korinthe *f*; **~ský** korinthisch.
korkový Kork-.
kormidel|ní *Mar.* Steuer-, Ruder-; **~ník** *m (1a)* Steuermann *m; kabina pro* ~*a* Steuermannshaus *n; sedačka pro* ~*a Sp.* Steuersitz *m.*
kormidlo *n (1a; -del)* Steuer *n*, Ruder *n; bez -la* steuerlos; **~vat** ⟨pro-, vy-, za-⟩ *(-luji)* steuern.
korm|outit ⟨z-⟩ *(-cen)* betrüben, verärgern; ~ *se (čím)* sich ärgern (über *A*); sich grämen; **~utlivý** betrüblich.
kornout *m (2; 6. -u/-ě)* Tüte *f.*
koropt|ev *f (3; -tv-)* Rebhuhn *n*; **~ví** Rebhuhn-.
korouh|ev *f (3; -hv-)* Banner *m*, Fahne *f; hist.* Schwadron *f*; **~evník** *m (1a)* Bannerträger *m*; **~vička** *f (1c; -ček)* Fähnlein *n*, Wimpel *m; větrná* ~ Wetterfahne *f.*
koroze *f (2)* Korrosion *f.*
korpora|ce *f (2)* Korporation *f*; **~tivní** [-tı:v-] korporativ.
kors|ický [-rz-] korsisch; **⁓ičan** *m (1; -é)* Korse *m*; **⁓ika** *f (1c)* Korsika *n.*
korumpovat *(im;pf.* ⟨z-⟩ *(-puji)* korrumpieren.
korun|a *f (1)* Krone *f*; **~ka** *f (1c; -nek) (Aufzieh-, Zahn-)*Krone *f*; **~ní** Kron-; *Bot.* Blüten-.
korunov|ace *f (2)* Krönung *f*; **~ační** Krönungs-; **~aný** gekrönt; *iron.* ~ *osel* richtiger Esel; **~at** *(im)pf.* ⟨o-⟩ *(-nuji)* krönen *(za krále od. králem* zum König).
korup|ce *f (2)* Korruption *f*; **~ční** Korruptions-.
Korutany *m/pl. (2; -an)* Kärnten *n.*
korveta *f (1)* Korvette *f.*
koryfej *m (3; -ové)* Koryphäe *f.*
korýš *m (3)* Krustentier *n.*
korýtko *n (1b; -tek)* kleiner Trog *m*; Rinne *f*; Mulde *f*; F *má výš na* ~ man hat ihm den Brotkorb höher gehängt; **~vý** U-förmig; *-vé železo* U-Eisen *n.*
koryto *n (6. -u/-ě) (Futter-)*Trog *m*; Mulde *f; fig.* Krippe *f*; Flußbett *n; je u -ta* er sitzt an der Krippe; *řeka vystoupila z -ta* der Fluß ist über die Ufer getreten.
korzár *m (1; -ři)* Korsar *m.*
kořal|ečný Branntwein-, Schnaps-; **~ečník** *m (1a)* Branntweinhändler *m; verä.* Schnapsbruder *m*; **~ka** *f (1c; -lek)* Branntwein *m*, Schnaps *m*; **~na** F *f (1; -len)* Schenke *f.*
kořání *n (3)* Wurzelwerk *n.*
kořen *m (4 od. 2a; Pl. 2)* Wurzel *f; jít věci na* ~ e-r Sache auf den Grund gehen; **~áč** *m (4)* Blumentopf *m*; **~ářka** *f (1c; -řek)* Kräuterfrau *f*; **~ářství** *n (3)* Gewürzhandel *m*; **~atý** wurzelreich; **~í** *n (3)* Gewürz *n*; **~it** ⟨o-, pře-⟩ würzen; ~ *(se)* ⟨v-, za-⟩ Wurzeln schlagen *od.* fassen; wurzeln; **~itý** gewürzt; Gewürz-; **~ka** *f (1c; -nek)* Gewürz-

košin|a *f* (*1*) Wagenkorb *m*; **~ový** Korb-.
košťál *m* (*2*; *6*. *-u*/*-e*) Kohlstrunk *m*; Krautstengel *m*.
košť|atář *m* (*3*) Besenbinder *m*; **~átko** *n* (*1b*; *-tek*) Handfeger *m*.
koště *n* (*4a*; *Pl*. *-ťat-*) Besen *m*.
ko|tě *n* (*4a*; *Pl*. *-ťat-*), **~ťátko** *n* (*1b*; *-tek*) Kätzchen *n*, junge Katze *f*.
kotel *m* (*4 od*. *2*; *-tl-*; *6 Pl*. *-tlích*/*-tlech*) Kessel *m*; *Mus*. (Kessel-) Pauke *f*; ~ *na prádlo* Waschkessel; **~na** *f* (*1*; *-len*) Kesselhaus *n*; **~ní** Kessel-.
kotevní Anker-.
kotit ⟨*o-*⟩ (*-cen*): ~ *se Katze*: Junge werfen; P ~ *s kým* schmusen mit (*D*).
kotl|árna *f* (*1*; *-ren*) Kesselschmiede *f*; **~ář** *m* (*3*) Kesselschmied *m*; **~ářství** *n* (*3*) Kesselbau *m*.
kotlavý hohl.
kotleta *f* (*1*) *Kochk*. Kotelett *n*; Kotelette *f* (*Bart*).
kotl|ík *m* (*2b*) kleiner Kessel *m*; **~ina** *f* (*1*) Vertiefung *f*; *Geogr*. (*Tal-*) Kessel *m*; *Jagdw*. Kessel *m*; **~ový** Kessel-.
kotník *m* (*2b*) *Anat*. Knöchel *m*.
kotouč *m* (*4*) *Tech*. Scheibe *f*; (*Papier-*)Rolle *f*; (*Staub-*, *Rauch-*) Wolke *f*; **~ový** Scheiben-; *-vá pila* Kreissäge *f*; ~ *papír* Rollenpapier *n*.
kotoul *m* (*2a*) *Turn*. Rolle *f*, Überschlag *m*.
kotr|ba P *f* (*1*) *iron*. Schädel *m*, Kopf *m*; **~č** *f* (*3*) *Bot*. Glucke *f*, Ziegenbart *m*; **~melec** *m* (*4*; *-lc-*) Purzelbaum *m*; P *Hdl*. Pleite *f*.
kotv|a *f* (*2*; *-tev*) Anker *m*; **~iště** *n* (*2a*) Ankerplatz *m*; Reede *f*; **~it** ⟨*za-*⟩ ankern, vor Anker liegen; *fig*. verankert sein (*v čem* in *D*).
koudel *f* (*3*) Werg *n*; F *hoří mu* ~ der Boden wird ihm zu heiß.
kouk|at (se) ⟨*na-*, *o-*, *za-*⟩, **~nout** (se) *pf*. (her-, hin)sehen, schauen, F gucken; hervorschauen, F -gukken; ausschauen nach (*D*).
koukol *m* (*2 od*. *4*; *6*. *-u*/*-e*/*-i*) Kornrade *f*.
koul|ař *m* (*3*) *Sp*. Kugelstoßer *m*; **~e** *f* (*2*) Kugel *f*; P schlechteste Note *f* (*in der Schule*); **~et** ⟨*roz- se*, *vy-*, *za-*⟩ (*3 Pl*. *-ejí*) rollen; *Kegel* schieben; ~ *se* rollen (*v*/*i*); ~ *se smíchy* sich vor Lachen wälzen; **~ovačka** *f* (*1c*; *-ček*) Schneeballschlacht *f*; **~ovat** (*-luji*) mit Schneebällen werfen.
koup|ací Bade-; **~aliště** *n* (*2a*) Bad(eanstalt *f*) *n*, Schwimmbad *n*; **~ání** *n* (*3*) Baden *n*; *zákaz* ~ Badeverbot *n*; *voda na* ~ Badewasser *n*; **~at** ⟨*vy-* (se), *z-* (se)⟩ (*-ám*/*-u*) baden; ~ *se* baden (*v*/*i*), ein Bad nehmen.
koupě *f* (*2b*; *-í*) Kauf *m*; Einkauf *m* (*Ware*); **~chtivý** kauflustig; **~chtivost** *f* (*4*) Kauflust *f*; **~schopný** kaufkräftig.
koupel *f* (*3*) Bad *n*; *vzdušná* ~ Luftbad; *vylít dítě s ~í fig*. das Kind mit dem Bade ausschütten; **~na** *f* (*1*, *-len*) Bad(ezimmer) *n*; **~nový** Bade-.
koupit *pf*. (*kup!*), *na-*, *za-* kaufen; *Fahrkarte a*. lösen; *-pí se* zu kaufen gesucht; *to lze* ~ (*u k-o*) das ist erhältlich (bei *D*).
kouř *m* (*4*) Rauch *m*; *mračna* ~*e* Rauchwolken *f*/*pl*.; **~ení** *n* (*3*) Rauchen *n*; **~it** ⟨*po-*, *za-*⟩ *Zigaretten* rauchen; ~ *se* dampfen; *Ofen*: rauchen, qualmen; **~mo** *n* (*1*) Dunst *m*; **~ový** Rauch-; *odvod* ~*ch plynů Tech*. Abzugrohr *n*.
kous|at ⟨*po-*, *roz-*⟩ (*-šu*/*-ši*/*-sám*; *-sen*) beißen; P *a*. kauen; **~avý** bissig; *Spott*: beißend; **~ek** *m* (*2b*; *-sk-*; *6*. *Pl*. *-scích*/*-skách*) Stück (-chen) *n*; (böser) Streich *m*; *na -sky* in Stücke; *po -scích* stückweise; **~kovat** ⟨*roz-*⟩ (*-kuji*) zerstückeln; **~kový** Stück-; **~nout** *pf*. *s*. *kousat*.
kouštíček *m* (*2b*; *-čk-*) Stückchen *n*.
kout[1] (*kuji*, *kut*) schmieden; hämmern; F *něco se kuje* es liegt et. in der Luft.
kout[2] *m* (*2*; *2*. *-a*) Winkel *m*, Ecke *f*; P *a*. Wochenbett *n*; **~ek** *m* (*2b*; *-tk-*; *2*. *-tku*/*-tka*) Winkel *m*, F Plätzchen *n*; *jazykový* ~ Sprachecke *f*.
kouzeln|ice *f* (*2a*) Hexe *f*; **~ický** Zauber-; **~ictví** *n* (*3*) Zauberei *f*; **~ík** *m* (*1a*) Zauberer *m*; **~ý** Zauber-; zauberhaft; *K-ná flétna* Zauberflöte *f*; ~ *proutek* Wünschelrute *f*.
kouz|lit ⟨*na-*, *vy-*⟩ zaubern; **~lo** *n* (*1a*; *-zel*) Zauber *m*; Bann *m*; (unwiderstehlicher) Reiz *m*.
kov *m* (*2a*) Metall *n*; *poet*. Erz *n*; *barevné*, *lehké*, *vzácné* ~*y* Bunt-, Leicht-, Edelmetalle; **~adlina** *f* (*1*) (*Schmiede-*)Amboß *m*; **~adlinka** *f* (*1c*; *-nek*) (kleiner) Amboß *m*;

Anat. Amboß *m*; **~ák** F *m* (*1a*) Metallarbeiter *m*; **~ání** *n* (*3*) Schmieden *n*; (*Pferde-*, *Schrank-*)Beschlag *m*; **~anost** *f* (*4*) *fig.* Beschlagenheit *f*; **~aný** geschmiedet, Schmiede-; *fig.* beschlagen; *iron.* Stock-, Erz-; **~árna** *f* (*1*; *-ren*) Schmiede *f*.
kovář *m* *1.* (*3*) Schmied *m*; *2.* (*4*) *Bot.* Schusterpilz *m*; **~ík, kovařík** *m* (*1a*) Schmiedelehrling *m*; *Zo.* Schnellkäfer *m*, Schmied *m*; **~ský** Schmiede-; **~ství** *n* (*3*) Schmiedehandwerk *n*.
kovat ⟨*o-*, *pod-*, *za-*⟩ schmieden; *Pferde* beschlagen.
kovboj *m* (*3*) Cowboy *m*; **~ka** F *f* (*1c*; *-jek*) Wildwestroman *od.* -film *m*, Western *m*.
kov|kop *m* (*1*; *-ové*) Bergmann *m*; **~natý** metallhaltig.
kovo|dělník *m* (*1a*) Metallarbeiter *m*; **~lijec** *m* (*3*; *-jc-*) Metallgießer *m*; **~obráběcí** metallverarbeitend; **~průmysl** *m* (*2a*) Metallindustrie *f*; **~vý** Metall-, aus Metall; metallisch; *-vé peníze* Hartgeld *n*; *-vě šedý* stahlgrau.
koza *f* (*1a*) Ziege *f*, *dial.* Geiß *f*; *Tech.*, *Turn.* Bock *m*; *~ mostu* (*Brücken-*)Eisbrecher *m*.
kozák *m* (*1a*) Kosak(e) *m*.
kozel *m* (*1*; *-zl-*) (*Ziegen-*)Bock *m*; P *fig.* Teufel *m*; (*1 od. 2a*; *-zl-*) Bockbier *n*; *~ z pušek Mil.* Gewehrpyramide *f*; **~ec** *m* (*4*; *-lc-*) Purzelbaum *m*.
koz|í Ziegen ; *~ list Bot.* Geißblatt *n*; *hádet se o ~ chlup* um des Kaisers Bart streiten; **~ina** *f* (*1*) Ziegenleder *n*, Chevreau *n*; Ziegenfleisch *n*.
kozl|átko *n* (*1b*; *-tek*), **~e** *n* (*4*) Zicklein *n*, *öst.* Zickel *n*; **~ečí**: *~ kůže* Ziegenfell *n*; **~ík** *m* *1.* (*1a*) (*Ziegen-*) Böckchen *n*; *2.* (*2b*) Kutschbock *m*; *Tech.* Bock *m*; *Med.* Baldrian *m*; *~ na řezání dříví* Sägebock; **~íkový** Baldrian-; **~ovina** *f* (*1*) Ziegenleder *n*; Bocksgeruch *m*.
kozo|doj *m* (*3*) *Zo.* Ziegenmelker *m*; **~noh** *m* (*1a*) *Myth.* Satyr *m*; **~roh** *m* (*1a*) *Zo.* Steinbock *m*; **♑rožec** *m* (*3*; *-žc-*) *Astr.* Steinbock *m*.
kož|ařský, ~edělný Leder-.
koželu|h *m* (*1a*) Gerber *m*; **~žna** *f* (*1*; *-žen*), **~žství** *n* (*3*) Gerberei *f*; **~žský** Gerber-.
kožen|áč *m* (*4*) Lederapfel *m*; **~ka** *f* (*1c*; *-nek*) Kunstleder *n*; *-ky pl. a.* Lederhose(n *f/pl.*) *f*; **~ý** Leder-, ledern.
kož|ešina *f* (*1*) Pelzwerk *n*; **~ešinový** Pelz-; **~ich** *m* (*2b*) Pelz *m*; **~íšek** *m* (*2b*; *-šk-*) Pelz(jacke *f*) *m*; **~išina** *f s. kožešina*; **~išnictví** *n* (*3*) Kürschnerei *f*; **~išník** *m* (*1a*) Kürschner *m*; Pelzhändler *m*; **~ka** *f* (*1c*; *-žek*) (*Hasen-*, *Kaninchen-*)Fell *n*, Pelz *m*.
kožnat|ět ⟨*z-*⟩ (*3 Pl. -ějí*) zu Leder werden, *Med.* verledern; **~ý** lederartig.
kožní Haut-.
kra *f* (*1d*; *ker*) Eisscholle *f*.
krab *m* (*1*) *Zo.* Krabbe *f*.
krabat|ina *f* (*1*) Hügellandschaft *f*; *Mil.* hügeliges Gelände *n*; **~it** ⟨*z-*, *za-*⟩ (*-cen*): *~ se* sich in Falten legen, sich runzeln; schrumpfen; **~ost** *f* (*4*) Unebenheit *f*; **~ý** uneben, holp(e)rig; *Gesicht*: faltig, runz(e)lig.
krab|ice *f* (*2a*) Schachtel *f*; Dose *f*; Büchse *f*; **~ička** *f* (*1c*; *-ček*) (kleine) Dose *f*, (*Zigaretten-*, *Streichholz-*) Schachtel *f*.
krácení *n* (*3*) Kürzung *f*.
kráč|et ⟨*na-*, *vy-*, *roz- se* ⟩ (*in Zssgn -kračovat*) schreiten; einhergehen, † wandeln; *~ s dobou* mit der Zeit gehen; **~ivý** *Tech.* Schreit-.
krádež *f* (*3*) Diebstahl *m*; *pro ~* wegen Diebstahl.
krad|í, ~mý (*Adv. -mo*) heimlich, verstohlen; **~l, ~u** *s. krást*.
krahujec *m* (*3*; *-jc-*) *Zo.* Sperber *m*.
krach *m* (*2b*) (*Börsen-*)Krach *m*; Bank(e)rott *m*; Fiasko *n*.
kraj *m* (*4*) Rand *m*, Ende *n*; Kante *f*; Gebiet *n*, Gegend *f*, Land(strich *m*) *n*; Flachland *n*, flaches Land *n*; *Pol.* Bezirk *m*; *öst.* Kreis *m*; *fig.* Anfang *m*; *~ světa* Ende der Welt; *lesnatý ~* Waldlandschaft *f*; *z ~e* vom (*od.* am) Anfang; *s. a. krajíček*.
krajáč *m* (*4*) Milchtopf *m*.
kraj|an *m* (*1*; *-é*), **~ánek** F *m* (*1a*; *-nk-*) Landsmann *m*; **~anka** *f* (*1c*; *-nek*) Landsmännin *f*; **~anský** landsmännisch; *~ spolek Pol.* Landsmannschaft *f*.
kráj|ecí Schneid(e)-; **~eč** *m* (*3*) *Tech.* Schneider *m*; **~ení** *n* (*3*) Schneiden *n*; *strojek na ~ chleba* Brotschneidemaschine *f*; **~et** ⟨*na-*, *od-*, *po-*⟩ (*3 Pl. -ejí*) (ab)schneiden;

Braten zerlegen, tranchieren; *Rasen, Torf* stechen.
krají|c *m* (*4*) Schnitte *m* (*Brot*); **~ček** *m* (*2b*; *-čk-*) Rand *m*; *vgl. kraj; mít slzy* (*od. pláč*) *na -čku* den Tränen (*od.* dem Weinen) nahe sein.
krajin|a *f* (*1*) Gegend *f*; Landschaft *f*; (*Holz-*)Schwarte *f*, Schwartbrett *n*; **~ář** *m* (*3*) Landschaftsmaler *m*; **~ka** *f* (*1c*; *-nek*) Landschaft(sbild *n*) *f*; **~ný** landschaftlich; **~ský** Provinz-, regional; *-ké město* Provinzstadt *f*.
krajk|a *f* (*1c*; *-jek*) (*Häkel- od. Klöppel-*)Spitze *f*; **~ářství** *n* (*3*) Spitzenklöppelei *f*; **~ový** Spitzen-.
kraj|ní Rand-; äußerst, höchst; *Gehorsam*: unbedingt; *Pol.* radikal, extrem; **~ník** *m* (*1a*) *Turn., Mil.* Flügelmann *m*; **~nost** *f* (*4*) das Äußerste, Extrem *n*; Spitze *f*; *do ~i* bis zum äußersten; *hnát do ~i* auf die Spitze treiben; **~ový** Rand-; **~ský** Bezirks-; *öst.* Kreis-.
krajta *f* (*1*; *2 Pl. -jt*/*-jet*) Riesenschlange *f*.
kráka|t ⟨*roz- se, za-*⟩ *Rabe*: krächzen; P *a.* zupfen; **~vý** krächzend.
Krakonoš *m* (*3*) Rübezahl *m*.
krákor|at ⟨*po-, za-*⟩ krächzen; *Huhn*: gackern; **~ec** *m* (*4*; *-rc-*) *Arch.* Kragstein *m*; *Sp.* Ausleger *m*.
král *m* (*3*; *-ové*) König *m*; *na Tři ~e* am Dreikönigstag; **~evic** *m* (*3*) Königssohn *m*; **~ičí** Kaninchen-; **~ík** *m* (*1a*) Kaninchen *n*; **~íkárna** *f* (*1*; *-ren*) Kaninchenstall *m*; **~íkář** *m* (*3*) Kaninchenzüchter *m*.
králová † *f* (*Adj. 2*) *s. královna.*
kralovat ⟨*do-*⟩ (*-luji*) *als König* herrschen.
králov|na *f* (*1*; *-ven*) Königin *f*; *~ krásy* Schönheitskönigin; *včelí ~* Bienenkönigin; **~ský** königlich, Königs-; **~ství** *n* (*3*) Königreich *n*; *fig.* Reich *n*; *nebeské ~* Himmelreich.
krám *m* (*2*; *6. -u*/*-ě*) Laden *m*; P Kram *m*; *fig.* Geschichte *f*; *jaký pán, taký ~* wie der Herr, so das Gescherr.
kram|ář *m* (*3*) Krämer *m*; **~ařit** ⟨*za-*⟩ (herum)kramen (*v čem* in *D*); F schachern (*s čím* mit *D*); **~ářský** Krämer-; *-ká písnička* Bänkelsängerlied *n*; **~ářství** *n* (*3*) Krämerei *f*; *verä.* Krämergeist *m*.
kramflek *m* (*2b*) Schuhabsatz *m*.
krámský Laden-.
krápat ⟨*na-, po-*⟩ (*3. -e*) tröpfeln (*v*/*i*); *když neprší, aspoň -pe* Kleinvieh macht auch Mist.
krap|et *m* (*2a*; *-pt-*) Tropfen *m*; **~ínek** *m* (*2b*; *-nk-*), **~ítek** *m* (*2b*; *-tk-*) ein Tröpfchen, ein wenig, ein bißchen.
krápník *m* (*2b*) Tropfstein *m*; **~ový** Tropfstein-.
krápnout *pf., za- s. krápat.*
kras *m* (*2*; *6. -u*/*-e*) *Geol.* Karst *m*.
krása *f* (*1a*) Schönheit *f*; P *~!* wundervoll!; *pěstění -sy* Schönheitspflege *f*.
krasav|ec *m* (*3*; *-vc-*) schöner Mann *m*; **~ice** *f* (*2a*) Schönheit *f*, schöne Frau *f*.
kraslice *f* (*2a*) (bemaltes) Osterei *n*.
krás|nět ⟨*po-, z-*⟩ (*3 Pl. -ějí*) schön werden; **~no** *n* (*1*; *6. -u*) Schöne *n*; *cit pro ~* Schönheitsgefühl *n*; *nauka o -nu* Ästhetik *f*; *~- in Zssgn* Schön-; **~nočko** *n* (*1b*; *-ček*) *Zo.* Augentierchen *n*; **~ný** schön.
krasobrusl|ař *m* (*3*), **~ařka** *f* (*1c*; *-řek*) Eiskunstläufer(in *f*) *m*; **~ařský** Eiskunstlauf-; **~ení** *n* (*3*) Eiskunstlauf *m*.
kraso|cit *m* (*2a*) Schönheitssinn *m*; **~duchý** schöngeistig; **~jezdec** *m* (*3*; *-dc-*) Kunstreiter *m*; **~pis** *m* (*2*; *6. -e*/*-u*) Schönschreiben *n*; **~pisný** kalligraphisch; **~řečník** *m* (*1a*) Schönredner *m*.
krasový Karst-.
krást ⟨*po-, u-*⟩ (*kradu, -dl, -den*) stehlen, *lit., Jur.* entwenden; *nepokradeš! bibl.* du sollst nicht stehlen!
krášl|icí Schönheits-; **~it** ⟨*na-, o-, z-*⟩ schmücken, verschönern; F *~ se* sich schönmachen.
-krát *in Zssgn* -mal.
kraťas *m* *1.* P (*1*; *-ové*) kleiner Mensch *m*, F Knirps *m*; *2.* P (*2*; *2. -u*/*-a*; *6. -u*/*-e*) kurze Zigarre *f*; *El.* Kurzschluß *m*.
krátce *Adv. s. krátký.*
kráter *m* (*2a*) Krater *m*.
krati|čký F, **~nký** F sehr (*od.* ganz) kurz.
krátit ⟨*u-, z-, za-*⟩ (*-cen*) (ver-)kürzen; (*si čas* sich die Zeit) vertreiben; *~ se* kürzer werden; *fig.* zu Ende gehen; *Gr.* gekürzt werden.
krátko|dechý kurzatmig; **~dobý** kurzfristig; **~nohý** kurzbeinig;

~srstý *Zo.* kurzhaarig; **~st** *f* (*4*) Kürze *f*; *v ~i* in aller Kürze; *pro ~ času* aus Zeitmangel; **~věký** kurzlebig; **~vlnný** *Rdf.* Kurzwellen-; **~zrakost** *f* (*4*) Kurzsichtigkeit *f*; **~zraký** kurzsichtig.

krátký (*Komp. kratší*; *Adv. krátce, na -ko*) kurz, Kurz-; *-ké spojení El.* Kurzschluß *m*; *-ké zboží* Kurzwaren *f/pl.*; *-tce předtím* kurz vorher; *mluvte -tce!* fassen Sie sich kurz!; *-tce a jasně* kurz und bündig; *-tce zatočit s kým* kurzen Prozeß machen mit (*D*); *stříhat vlasy na -ko* das Haar kurz schneiden.

kratochv|íle *f* (*1b*) Kurzweil *f*; **~ilný** kurzweilig.

kraul *m* (*2a*) *Sp.* Kraul(stil *m*) *n*; **~ovat** (*-luji*) kraulen.

kráva *f* (*1*; *2, 3, 6, 7 Pl. krav-*) Kuh *f*; P *a.* Rindvieh *n*.

krav|ál, ~al *m* (*2*; *6. -u/-e*) Krawall *m*.

kravata *f* (*1*) Krawatte *f*, F Schlips *m*.

krav|í Kuh-; **~ín** *m* (*2*; *2. -a*) Kuhstall *m*; **~ina** *f* (*1*) Kuhhaut *f*; Kuhleder *n*; V *a.* dummes Zeug, Blödsinn *m*; **~inec** *m* (*4*; *-nc-*) Kuhfladen *m*; **~ský** Kuh-.

krážem *s. kříž*.

krb *m* (*2b*) Herd *m*.

krcálek F *m* (*2b*; *-lk-*) kleine Mühle *f*; kleine Bude, Hütte *f*.

krček *m* (*2b*; *-čk-*) *s. krk*; *zubní ~ Anat.* Zahnhals *m*.

krčit ⟨*na-*⟩ *Stirn* runzeln; ⟨*po-*⟩ *Nase* rümpfen; *mit d. Schultern* zucken; ⟨*s-*⟩ *Rücken* krümmen; *Knie* beugen; *Kopf* einziehen; *~ se* sich ducken; sich (hin)kauern; *Kleid*: Falten werfen.

krčm|a *f* (*1*; *-čem*) Schenke *f*, Kneipe *f*; **~ář** *m* (*3*) (Schank-)Wirt *m*.

krční Hals-.

kreatura [-tu:-] *f* (*1d*) Kreatur *f*.

kredit [-dɪt] *m* (*2a*) Kredit *m*; **~ní** Kredit-.

krecht *m* (*2*; *6. -u/-ě*) *Agr.* Miete *f*.

krejcar *m* (*2a*) Kreuzer *m*; *fig.* Heller *m*, Pfennig *m*; *do posledního ~u* bis auf den letzten Heller; **~ový** Kreuzer-.

krejč|í *m* (*Adj. 4*; *Pl. n 3*) Schneider *m*; **~ová** *f* (*Adj. 2*) Schneidersfrau *f*; Schneiderin *f*; **~ovat** (*-čuji*) schneidern; **~ovina** *f* (*1*) Schneiderhandwerk *n*; **~ovna** *f* (*1*; *-ven*) Schneiderwerkstatt *f*; **~ovský** Schneider-; **~ovství** *n* (*3*) Schneiderei *f*.

krejón *m* (*2a*) Drehbleistift *m*.

krejzlík *m* (*2b*) Halskrause *f*.

krém *m* (*2a*) Creme *f*, Krem *f u.* F *m* (*a. Kochk.*); *~ na boty* Schuhkrem; **~ový** cremefarben, -farbig, beige.

krempa *f* (*1*) Krempe *f*.

krep *m* (*2a*) Krepp *m*.

kres|ba [-zb-] *f* (*1*; *-seb*) Zeichnung *f*; **~ebný** Zeichen-; zeichnerisch; **~lení** *n* (*3*) Zeichnen *n*; **~licí** Zeichen-; *~ prkno* Reißbrett *n*; **~lič** *m* (*3*) Zeichner *m*; **~lírna** *f* (*1*; *-ren*) Zeichensaal *m*; **~líř** *m s. kreslič*; **~lířský** Zeichen- (*z. T. Talent*); **~lit** ⟨*na-, po-*⟩ zeichnen; *fig.* schildern; *~ od ruky* mit freier Hand zeichnen.

Krét|a *f* (*1*) Kreta *n*; **~ský** kretisch.

krev *f* (*3*; *krv-*) Blut *n*; *do krve* bis aufs Blut; *ztlouci do krve* blutig schlagen; *je má ~ fig.* es ist mein Fleisch und Blut; *zelená ~ fig.* Jägerblut; *krví podlitý* blutunterlaufen; *kapka krve* Blutstropfen *m*.

krev|el *m* (*4 od. 2*) *Min.* Bluteisenstein *m*; **~natý** vollblütig; **~ní** Blut-; *~ sůl Chem.* Blutlaugensalz *n*; *-ně příbuzný* blutsverwandt.

krhavý triefäugig; *Augen*: triefend.

krida F *f* (*1*) Bankrott *m*, Konkurs *m*.

krimin|ál P *m* (*2*; *6. -e*) Gefängnis *n*, Knast *m*, *öst.* Kriminal *n*; **~alita** *f* (*1*) Kriminalität *f*; **~ální** Kriminal-; kriminell; **~álník** P *m* (*1a*) Kriminelle(r), Knastbruder *m*.

kristián|ie *f* (*2*), **~ka** *f* (*1c*; *-nek*) *Sp.* Kristiania *m*, Querschwung *m*.

Kristus *m* (*1*; *-sta usw.*) Christus *m*; *před -tem* vor Chr.; F *pro -ta Pána!* um Gottes willen!

kriti|cký [-tɪ-] kritisch; **~k** *m* (*1a*), **~čka** *f* (*1c*; *-ček*) Kritiker(in *f*) *m*; **~ka** *f* (*1c*) Kritik *f*; *pod(e) vši -ku* unter aller Kritik; **~kář** *m* (*3*) Kritikaster *m*; **~kaření** F *n* (*3*) Kritisiererei *f*, Herumkritisieren *n*; **~kařit** bekritteln, P herumkritisieren; **~zovat** ⟨*z-*⟩ (*-zuji*) kritisieren.

kriz|e *f* (*2*) Krise *f*; *bytová ~* Wohnungsnot *f*; **~ový** Krisen-.

krk *m* (*2b*) Hals *m*; *vzít kolem ~u* um den Hals fassen; *na ~u* am Hals(e); an der Kehle; (*až*) *po ~* bis zum Hals; *mám to z ~u* ich habe mir das vom Hals geschafft; *to mi leze z ~u* das hängt mir zum Halse heraus; *proto si nedám nohu za* ~ darüber lasse ich mir keine grauen Haare wachsen; *jde o* ~ es geht um Kopf und Kragen; *sázím* ~ *na to* dafür wette ich meinen Kopf; *pět hladových* ~*ů* fünf hungrige Mäuler.

krkat ⟨*po-, za-*⟩ rülpsen.

krkav|čí Raben-; ~**ec** *m* (*3*; *-vc-*) Rabe *m*; *iron.* habgieriger Mensch *m*.

krkavice *f* (*2a*) Halsschlagader *f*.

krk|nout *pf.*, *za- s. krkat*; ~**nutí** *n* (*3*) Rülpsen *n*; Rülpser *m*; ~**olomný** halsbrecherisch.

krkoun *m* (*1*) Geizhals *m*.

krm|ě *f* (*2b*; *-í*) *lit.* Speise *f*; ~**elec** *m* (*4*; *-lc-*) Futtertrog *m*; ~**ení** *n* (*3*) Füttern *n*, Fütterung *f*; Futter *n*; *Agr.* Mast *f*; ~**ený** gefüttert; *Agr.* gemästet, Mast-; ~**it** ⟨*na-, po-, z-*⟩ füttern; *Kind* nähren, stillen; *Vieh* mästen; (*čím*) verfüttern (*A*); *fig.* abspeisen, vertrösten (mit); auftischen (*A*); *nekrmte prosím!* Füttern verboten!; ~ *se* gefüttert werden; (*čím*) sich nähren (von *D*); *iron.* gut essen, F futtern; ~**ítko** *n* (*1b*; *-tek*) Futterplatz *m*; Futterhäuschen *n*; ~**ivo** *n* (*1*) Futter (-mittel) *n*; ~**ivový** Futter-; ~**ník** *m* (*1a*) Mastschwein *n*; (*2b*) Schweinestall *m*; *na* ~*u* zur Mast; ~**ný** Futter-; Mast-.

krnět ⟨*z-*⟩ (*3 Pl. -ějí*) verkümmern.

krocan *m* (*1*) Truthahn *m*, Puter *m*; *červený jako* ~ puterrot.

kročej *m* (*4*) *lit.* Schritt *m*.

kroj *m* (*4*) Schnitt *m* (*e-s Kleides*); Tracht *f*; ~**ovaný** einheitlich gekleidet; in Uniform; in Volkstracht; *-ná skupina* Trachtengruppe *f*; ~**ový** Trachten-.

krok *m* (*2b*) Schritt *m*; *křivý* (*od. chybný*) ~ Fehltritt *m*; ~*em* (im) Schritt; *stejným* ~*em* in gleichem Schritt, *poet.* in gleichem Schritt und Tritt; *ani* ~ keinen (einzigen) Schritt; *není vidět ani na* ~ man sieht nicht die Hand vor den Augen; *na každém* ~*u* bei jedem Schritt; *v každém* ~*u* auf Schritt und Tritt; *vhodné* ~*y fig.* geeignete Schritte; *špatný* ~ *Mil.* falscher Tritt.

kroket *m* (*2a*) *Sp.* Krocket *n*; ~**a** *f* (*1*) *Kochk.* Krokette *f*.

krokev *f* (*3*; *-kv-*) Dachsparren *m*; Setzwaage *f* (*der Maurer*).

krokodýl *m* (*1*) Krokodil *n*; ~**í** Krokodil-; ~ *slzy* Krokodilstränen *f/pl.*

krokoměr *m* (*2a*) Schrittmesser *m*.

krokus *m* (*2*; *6. -u/-e*) Krokus *m*.

krom(ě) *Prp.* (*mit 2. Fall*) außer (*D*); ausgenommen (*A*); ~ *toho* außerdem; *lit.* überdies; ~ *nadání od. očekávání* wider Erwarten.

kromobyčejný außergewöhnlich.

kroni|ka [-nɪ-] *f* (*1c*) Chronik *f*; ~**kář** *m* (*3*) Chronist *m*; ~**kářství** *n* (*3*) Chronographie *f*.

krop|áč *m* (*4*) Gießkanne *f*; Brause *f*; *Rel.* Weihwedel *m*; ~**enatý** gesprenkelt; ~**enka** *f* (*1c*; *-nek*) *Rel.* Weihwasserbecken *n*; ~**icí** Spreng-; Gieß-; ~**ička** *f* (*1c*; *-ček*) Gießkanne *f*; ~**it** ⟨*na-, po-*⟩ (be)sprengen, spritzen; *Wäsche* einsprengen; *mit Tränen* benetzen.

krosna *f* (*1*; *-sen*) *dial.* Tragkorb *m*, Kiepe *f*.

krotit ⟨*po-, u-, z-*⟩ (*-cen*) zähmen, bändigen; besänftigen; ~ *se* sich beherrschen; ~**el** *m* (*3*; *-é*) Bändiger *m*, Dompteur *m*.

krot|kost *f* (*4*) Zahmheit *f*; Zutraulichkeit *f*; ~**ký** (*Komp. -čejší*; *Adv. -ko*, *Komp. -čeji*) zahm; sanft, F kirre; *verä.* ungeniert; ~**nout** ⟨*z-*⟩ zahm werden, F kirre werden; *fig. a.* klein beigeben; *Zorn*: verrauchen.

kroucený gedreht; *Rede*: gewunden.

krouhačka *f* (*1c*; *-ček*) Krauthobel *m*.

kroup|a *f* (*1*; *krup*) Graupe *f*; Hagelkorn *n*, Schloße *f*, *öst.* Graupel *f*; *padají -py* es hagelt, *öst.* es graupelt; ~**ový** Graupen-.

krouti|t ⟨*na-, s-, z-*⟩ (*-cen*) (*co, čím*) drehen (*A*, an *D*); *Augen* verdrehen; *Mund* verziehen; P schuften, ackern; *Mil.* dienen; ~ *se* sich drehen; sich winden, sich schlängeln; *Haar*: sich kräuseln; *Holz*: sich verziehen; P *a.* sich herausreden, sich drehen und wenden; ~**vý** drehend.

krouž|ek *m* (*2b*; *-žk-*) (kleiner) Kreis *m*; (kleiner) Ring *m*; *fig. a.* Zirkel *m*, Gruppe *f*; Lehrgang *m*, Kurs *m*; *Tech.* Scheibe *f*; Öse *f*; ~ *řetězu* Kettenglied *n*; *zájmový* ~ Interessengemeinschaft *f*; ~ *lidové tvořivosti* Volkskunstgruppe; ~ *na klíče*

Schlüsselring; *pístní* ~ Kolbenring; **~it** ⟨*na-*, *vy-*, *za-*⟩ kreisen; zirkulieren, umlaufen; *Turn.* schwingen; *Tech.* drechseln; *myšlenka mi -ží hlavou* ein Gedanke geht mir durch den Kopf; **~ivý** kreisend; **~kovaný** geringelt, Ringel-; *-né u Gr.* u mit Ring; **~kovat** ⟨*o-*, *vy-*, *za-*⟩ (*-kuji*) ringeln; *Vögel* beringen; **~kový** Ring-; ~ *steh* Zierstich *m.*
krov *m* (*2a*) Dachstuhl *m*; *poet.* Dach *n*; *otcovský* ~ Vaterhaus *n*; **~ka** *f* (*1c*; *-vek*) *Zo.* Flügeldecke *f.*
krpec *m* (*4*; *-pc-*) *hist.* Bundschuh *m.*
krsek *m* (*2b*; *-sk-*) Zwergbaum *m.*
krt|čí Maulwurfs-; **~ek** *m* (*1a*; *-tk-*) Maulwurf *m*; **~ičinec** P *m* (*4*; *-nc-*) *s. krtina*; **~ičnatý** † skrofulös; **~ina** *f* (*1*), **~inec** *m* (*4*; *-nc-*) Maulwurfshügel *m*; **~onožka** *f* (*1c*; *-žek*) *Zo.* Maulwurfsgrille *f.*
kruci(**fix**)! *Int.* verdammt!, verflucht!
krůček *m* (*2b*; *-čk-*) kleiner Schritt *m*, Schrittchen *n.*
kručet ⟨*za-*⟩ knurren.
kručinka *f* (*1c*; *-nek*) *Bot.* Ginster *m.*
kruh *m* (*2b*) Kreis *m*; Ring *m*; (*Mond-*)Hof *m*; (*Töpfer-*)Scheibe *f*; *záchranný* ~ Rettungsring; **~ovitý** kreis-, ringförmig; **~ový** Kreis-; Ring-, ringförmig; Rund-.
kruchta *f* (*1*; *a. -chet*) *Arch.* Chor *m* (*od. n*).
kruchý brüchig, bröckelig.
krumpáč *m* (*4*) Spitzhacke *f.*
krunýř *m* (*4*) Harnisch *m*, Rüstung *f*, (*a. Zo.*) Panzer *m.*
krup *s. kroupa.*
krůpěj *f* (*3*) *lit.* Tropfen *m*; *častá* ~ *i kámen proráží* steter Tropfen höhlt den Stein.
krupi|ce *f* (*2a*) Grieß *m*; Grütze *f*; **~cový** Grieß-; *-vá mouka* griffiges Mehl; **~čka** *f* (*1c*; *-ček*) feiner Grieß; Körnchen *n*; Tröpfchen *n*; **~čkovitý**, **~čnatý** körnig, grießig; **~čný** Grieß-.
krup|ka *f* (*1c*; *-pek*) *s. kroupa*; **~obití** *n* (*3*) Hagelschlag *m.*
kruš|cový körnig, Knollen-; *-vá sůl* Steinsalz *m*; **~ec** *m* (*4*; *-šc-*) (*Bruch-*) Stück *n*; Klumpen *m*; **~ina** *f* (*1*) Brocken *m*; *Bot.* Faulbaum *m*; **~it** ⟨*roz-*, *z-*⟩ zerbröckeln; zermalmen; *fig. a.* zermürben; **~nohorský** erzgebirgisch; **~ný** brüchig; mühsam, *fig.* schwer, bitter; *Krušné hory* Erzgebirge *n.*
krůta *f* (*1*) Truthenne *f*; *fig.* (dumme) Pute *f.*
krut|ost *f* (*4*) Grausamkeit *f*; **~ovláda** *f* (*1*) Gewaltherrschaft *f*; **~ý** grausam; *Feind a.*: grimmig; *Kampf a.*: erbittert; *Los*, *Urteil a.*: hart; *Schmerz a.*: heftig; *Winter*, *Frost*: streng; *Verlust a.*: schmerzlich.
kruž|ba *f* (*1*; *-žeb*) *Arch.* Maßwerk *n*; **~idlo** *n* (*1a*; *-del*), **~ítko** *n* (*1b*; *-tek*) Zirkel *m*; **~nice** *f* (*2a*) Kreislinie *f.*
krvác|ení *n* (*3*) Blutung *f*, (*Nasen-*) Bluten *n*; **~et** ⟨*do-*, *vy-*, *za-*⟩ (*3 Pl. -ejí*) bluten; **~ivost** *f* (*4*) Bluterkrankheit *f.*
krva|vět ⟨*z-*, *za-*⟩ (*3 Pl. -ějí*) blutig werden; **~vit** ⟨*z-*, *za-*⟩ blutig machen; **~vý** Blut-, blutig; blutbefleckt; blutrünstig; blutrot; *Augen*: blutunterlaufen; F *fig.* sauer verdient; *-vo*: *ztlouci do -va* blutig schlagen; *zardívat se do -va* blutrot werden.
krvelač|nost *f* (*4*) Blutdurst *m*; **~ný** blutdürstig, -gierig, -rünstig.
krve|prolití *n* (*3*) Blutvergießen *n*; **~smilstvo** *n* (*1*) Blutschande *f*; **~tvorný** blutbildend; **~žíznivý** blutrünstig.
krvinka *f* (*1c*; *-nek*) Blutkörperchen *n.*
krvotok *m* (*2b*) Blutung *f*; † *a.* blutiger Ausfluß *m.*
krycí Deck-; *Mil.* Deckungs-; *Arch.* Dach-.
krychl|e *f* (*2*) Würfel *m*; *Geom. a.* Kubus *m*; **~ový** Kubik-; würfelförmig, *Geom.* kubisch.
kryji, kryl *s. krýt.*
krys|a *f* (*1a*) *Zo.* Ratte *f*; **~ař** *m* (*3*) Rattenfänger *m*; **~í** Ratten-.
krystal *m* (*2a*) Kristall *m*; **~ický** Kristall-, kristallin(isch).
krystaliz|ace *f* (*2*) Kristallisation *f*; **~ační** Kristallisations-; **~ovat** ⟨*vy-*, *z-*⟩ (*-zuji*) kristallisieren.
krystalový Kristall-.
kryt *m* (*2a*) *Sp.*, *Mil.* Deckung *f*; † Unterstand *m*; *Arch.* Bedachung *f*; Verdeck *n*; (*Motor-*)Haube *f*; (*Fechten*) Parade *f.*
krýt ⟨*pře-*, *u-*, *za-*⟩ (*kryji*, *kryl*, *kryt*) decken; bedecken (*čím* mit *D*); schützen; verbergen; ~ *se* sich decken, übereinstimmen.

kry|tí *n* (*3*) *Hdl.* Deckung *f*; **~tina** *f* (*1*) *Arch.* Bedachung *f*; Dachhaut *f*; **~tosemenný** *Bot.* bedecktsamig; **~tý** gedeckt; *-té lázně* Hallenbad *n*.

křapat ⟨*na-*, *za-*⟩ (*-u*/*-ám*) knirschen; scheppern.

křápat ⟨*na-*, *za-*⟩ (*-u*/*-ám*) knirschen; knarren; klirren; F *mit der Tür* knallen; P *fig.* schwatzen, quatschen.

křeč *f* (*3*) Krampf *m*.

křeček *m* (*1a*; *-čk-*) *Zo.* Hamster *m*.

křečov|itý krampfhaft; **~ý** Krampf-.

křeh|kost *f* (*4*) Zerbrechlichkeit *f*; Gebrechlichkeit *f*; **~ký** (*Komp.* *-čí*; *Adv.* -ce) zerbrechlich; gebrechlich, schwach; *Gebäck*: mürbe; **~nout** ⟨*z-*⟩ (*-hl*) erstarren.

křehotinka F *f* (*1c*; *-nek*) Fräulein Rührmichnichtan *n*.

křemelák *m* (*2b*) *Bot.* Sommereiche *f*.

křemen *m* (*4*) Quarz *m*; Kiesel (-stein) *m*; **~itý** quarz-, kieselhaltig; **~ný** Quarz-.

křemičit|an *m* (*2a*) *Chem.* Silikat *n*; **~ý** Quarz-; *Chem.* Kiesel-.

křemík *m* (*2b*) *Chem.* Silizium *n*; **~ový** Silizium-.

křen *m* (*2a*) Meerrettich *m*, *öst.* Kren *m*; **~ový** Meerrettich-.

křepčit P ⟨*za- si*⟩ hopsen, das Tanzbein schwingen.

křepel|ák *m* (*1a*) Wachtelhund *m*; **~čí** Wachtel-; **~ka** *f* (*1c*; *-lek*) Wachtel *f*.

křep|kost *f* (*4*) Flinkheit *f*; *fig.* Frische *f*, Kraft *f*; **~ký** (*Komp.* *-č[ejš]í*; *Adv.* -ce, *Komp.* *-čeji*) flink, behend(e); *Schritt*: federnd.

křes|ací Feuer-; **~adlo** *n* (*1a*) Feuerzeug *n*; **~at** ⟨*o-*, *vy-*, *za-*⟩ (*-šu*/*-sám*) *Feuer* schlagen; *Mühlstein* schleifen.

křeslo *n* (*1a*; *-sel*) Lehnstuhl *m*, (Arm-)Sessel *m*; (*Operations-*, *Rasier-*)Stuhl *m*; (*Kino-*)Sperrsitz *m*; *ministerské* ~ Ministersessel *m*.

křest *m* (*2a*; *křt-*) Taufe *f*; ~ *ohněm* Feuertaufe.

křesťan *m* (*1*; *-é*), **~ka** *f* (*1c*; *-nek*) Christ(in *f*) *m*; **~ský** christlich; **~ství** *n* (*3*) Christentum *n*; **~stvo** *n* (*1*) Christenheit *f*.

křestní Tauf-.

křičet ⟨*o-*, *pře-*, *roz- se*, *vy-*, *za-*⟩ schreien (*a. fig.*); (*na k-o*) anschreien (*A*); (*za kým*) nachrufen (*D*).

křída *f* (*1*) Kreide *f*; *bledý jako* ~ kreidebleich; P *na -du* auf Pump.

křídelní Flügel-; *Sp.* Außen-; **~k** *m* (*1a*) Flügelmann *m*.

křídlatý beflügelt.

křídlo *n* (*1a*; *-del*) Flügel *m*; *poet.* Schwinge *f*, Fittich *m*; *Flgw.* Tragfläche *f*; *Sp.* Außenstürmer *m*; *pravé od. levé* ~ *Sp.* Rechts- *od.* Linksaußen *m*; **~vka** *f* (*1c*; *-vek*) *Mus.* Flügelhorn *n*; **~vý** Flügel-.

křídov|at ⟨*po-*, *za-*⟩ (*-duji*) mit Kreide beschmieren; **~ý** Kreide-.

křik *m* (*2b*) Geschrei *n*; **~lavý** schreiend; *Farbe a.*: grell; *Ton*: schrill; **~loun** *m* (*1*) Schreier *m*; **~nout** *pf.*, *roz-*, *vy-*, *vz-*, *za-* (*-kl*) schreien, e-n Schrei ausstoßen; **~nutí** *n* (*3*) Schrei *m*.

křís *m* (*1*; *-ové*) *Zo.* Zikade *f*, Baumgrille *f*; **~at** zirpen.

křís|it ⟨*vz-*⟩ (*-šen*) wiedererwecken; *Med.* wiederbeleben; **~itel, křisitel** *m* (*3*; *-é*) (Wieder-)Erwecker *m*.

křísnout *pf.* (*-sl*; *-nut*) (*k-o*) e-n Hieb versetzen, F *a.* e-e kleben, langen (*D*); (*čím*) schleudern (*A*, *o zem* zu Boden).

křísení *n* (*3*) *Med.* Wiederbelebungsversuch(e *pl.*) *m*; Wiedererweckung *f*.

křišťál *m* (*2*; *6. -u*/*-e*) Kristall *n u. m*; **~ový** Kristall-; *-vě jasný* kristallklar.

křiv|ák *m* (*2b*) Schnappmesser *n*; **~atec** *m* (*4*; *-tc-*) *Bot.* Gelbstern *m*.

křivd|a *f* (*1*) Unrecht *n*, Ungerechtigkeit *f*, Leid *n*; **~it** ⟨*u-*⟩ (*k-u*) Unrecht tun, Leid antun (*D*); **~ivý** un(ge)recht, unbillig.

křivi|ce *f* (*2a*) *Med.* Rachitis *f*, † englische Krankheit *f*; **~čný** rachitisch; **~t** ⟨*na-*, *z-*, *za-*⟩ krümmen; *Mund*, *Gesicht* verziehen; ~ *se* ⟨*na-*, *po-*, *z-*, *za-*⟩ sich krümmen, krumm werden.

křivítko *n* (*1b*; *-tek*) Kurvenlineal *n*.

křivka *f* (*1c*; *-vek*) Kurve *f*; *Zo.* Kreuzschnabel *m*; ~ *výkonnosti* Leistungskurve.

křivo- *in Zssgn* krumm-; **~laký** gewunden, geschlängelt; **~nohý** krummbeinig; **~noska** *f* (*1c*; *-sek*) *Zo.* Kreuzschnabel *m*; **~nosý** mit e-r krummen Nase; **~oký** schielend.

křivopřís|aha *f* (*2b*), **~ažení** *n* (*3*) Meineid *m*; **~ežník** *m* (*1a*) Meineidige(r) *m*; **~ežný** meineidig.

křiv|ost *f* (*4*) Krümmung *f*; **~ule** *f* (*2*) Retorte *f*; **~ý** krumm; *fig.* falsch; *-vá přísaha* Meineid *m*; *-vé zracadlo* Zerrspiegel *m*; *na -vo Adv.* schief.
kříž *m* (*4*) Kreuz *n*; **~em** kreuzweise, übers Kreuz; *~ krážem* kreuz und quer.
křiž|ácký *hist.* Kreuzritter-; **~ák** *m* *1.* (*1a*) Kreuzfahrer *m*; Kreuzritter *m*; *Zo.* Kreuzspinne *f*; *2.* (*2b*) *Tech.* Kreuzkopf *m*.
kříž|ala *f* (*1a*) (*Apfel-*)Viertel *n*; *-ly pl.* Dörrobst *n*; **~atý** *Bot.* kreuzblütig; **~ek** *m* (*2b*; *-žk-*) Kreuzchen *n*; *fig.* Kreuz *n*; *lézt ke -žku* zu Kreuze kriechen; **~enec** *m* (*3*; *-nc-*) *Zo.* Bastard *m*, Mischling *m*; **~ení** *n* (*3*) Kreuzung *f*; **~it** ⟨*pře-*, *z-*⟩ kreuzen; *Pläne* durchkreuzen; **~kový** Kreuz-.
křiž|mo *n* (*1*) *Rel.* Chrisma *n*, Salböl *n*; **~ník** *m* (*2b*) *Mar.* Kreuzer *m*; **~ovat** ⟨*u-*⟩ (*-žuji*) *Rel.* kreuzigen; kreuzen; *Plan* durchkreuzen; *~ se* sich kreuzen; *Blitze*: durchzucken (*v/t*); **~ovatka** *f* (*1c*; *-tek*) Kreuzung *f*; *fig.* Kreuzweg *m*; *Math.* Kreuzungspunkt *m*.
křížov|itý kreuzförmig; **~ka** *f* (*1c*; *-vek*) Kreuzworträtsel *n*; **~nický** *Rel.* Kreuzherren-; **~ník** *m* (*1a*) Kreuzherr *m*.
křoup|at ⟨*roz-*, *za-*⟩ (*-u*/*-ám*) knabbern; *Schnee*: knirschen; **~avý** knusp(e)rig.
Křovák *m* (*1a*) Buschmann *m*; ♀ *verä.* Strauchdieb *m*, Strolch *m*.
křov|í *n* (*3*), **~ina** *f* (*1*) Gebüsch *n*, Gestrüpp *n*; **~inatý** buschig.
křtě/nec *m* (*3*; *-nc-*) *Rel.* Täufling *m*; **~ní** *n* (*3*) Taufen *n*; **~ný** getauft; *fig.* echt.
křti|cí Tauf-; **~ny** *f*/*pl.* (*1*) Taufe *f*.
křtít ⟨*po-*, *pře-*⟩ (*-ím*, *křtěn*) taufen.
křtitel *m* (*3*; *-é*) Täufer *m*; **~nice** *f* (*2a*) Taufbecken *n*.
křup|at *s. křoupat*; **~nout** *pf.*, *roz-*, *s-*, *za-* (*-pl*) *v*/*i* krachen, knacken.
kšanda *f* (*1*) Hosenträger *m*.
kštice *f* (*2a*) Haarschopf *m*.
kterak *Adv.* wie.
který der (*relativ*); welch(er); irgendein; der betreffende; jeder einzelne; **~koli** jeder beliebige; der erste beste; welcher auch immer; **~si** irgendein.
ku *s. k*(e).
kuběna † *f* (*1*) Konkubine *f*.
kub|ický Kubik-, kubisch; **~ík** F *m* (*2b*) Kubikmeter *m*; *Med.* Kubikzentimeter *m*.
kuckat ⟨*za-*⟩ hüsteln; *~ se* sich verschlucken.
kučera *f* (*1d*) Haarlocke *f*; **~vět** ⟨*z-*⟩ (*3 Pl. -ějí*) lockig werden; **~vý** lockig.
kudla *f* (*1a*; *-del*) Klappmesser *n*; **~nka** *f* (*1c*; *-nek*) *Zo.* Fangheuschrecke *f*; *nábožná ~* Gottesanbeterin *f*; **~t** F ⟨*o-*, *u-*⟩ (ab)säbeln.
kudr|linka *f* (*1c*; *-nek*) Locke *f*; *Arch.* Schnörkel *m*; **~na** *f* (*1*) Locke *f*; **~náč** *m* (*3*) Lockenkopf *m*; **~natý** *Haar*: lockig, kraus.
kudy *Adv.* auf welchem Wege, wohin; wie; irgendwie; *neví ~ kam er* weiß weder aus noch ein.
kuf|r *m* (*2a*) Koffer *m*; **~řík** *m* (*2b*) Köfferchen *n*; Handkoffer *m*.
kuchař *m* (*3*) Koch *m*; **~ka** *f* (*1c*; *-řek*) Köchin *f*; **~ství** *n* (*3*) Kochkunst *f*; **~ský** Koch-.
kuchat ⟨*roz-*, *vy-*⟩ *Kochk.* ausnehmen; *Wild* ausweiden.
kucht|a *f* (*1*; *-chet*) *verä.* Küchenmagd *f*; **~ík** *m* (*1a*) Küchenjunge *m*.
kuchy|ně *f* (*2b*; *a. kuchyň*) Küche *f*; **~ňský** Küchen-; Koch-.
kujný schmiedbar, Schmiede-.
kukač|čí Kuckucks-; **~ka** *f* (*1c*; *-ček*) Kuckuck *m*.
kukaň *f* (*3*) Hühnerkorb *m*; F *fig.* komischer Hut *m*, Deckel *m*; Bude *f*.
kukat ⟨*na-*, *za-*⟩ Kuckuck rufen.
kukátko *n* (*1b*; *-tek*) Opernglas *n*; Guckloch *n*; *Tech.* Schauloch *n*; † *a.* Guckkasten *m*; *polní ~* Feldstecher *m*.
kukl|a *f* (*1a*; *-kel*) Haube *f*, Kappe *f*; Kapuze *f*; *Zo.* Puppe *f*; *potápěčská ~* Taucherhelm *m*; **~it se** sich vermummen; *Zo.* sich verpuppen.
kukuč! *Int.* guck!, schau!
kukuři|ce *f* (*2a*) Mais *m*, *öst.* Kukuruz *m*; **~čný** Mais-.
kůl *m* (*2a*; *kůl-*/*kol-*) Pfahl *m*.
kul|actvo *n* (*1*) Kulakentum *n*; **~ak** *m* (*1a*) Kulak *m*, Großbauer *m*.
kulant|ní kulant; **~nost** *f* (*4*) Kulanz *f*.
kulat|ět ⟨*z-*⟩ (*3 Pl. -ějí*) sich runden, rund werden; **~ina** *f* (*1*) Rundholz *n*; **~it** ⟨*o-*, *za-*⟩ (*-cen*) (ab-)runden, rund machen; **~ý** rund, Rund-; *-tá odpověď* unverbindliche Antwort.
kule *f* (*2*) *s. koule*; *pl.* Schellen *pl.*

(*Farbe im Kartenspiel*); **~čník** *m* (*2b*) Billard *n*.

kulha|t ⟨*za-*⟩ hinken; ~ *na jednu nohu* auf e-m Fuß hinken; **~vec** *m* (*3*; *-vc-*) Lahme(r) *m*, Hinkende(r) *m*; **~vka** *f* (*1c*; *-vek*) Klauenseuche *f*; **~vý** hinkend.

kuličk|a *f* (*1c*; *-ček*) Kügelchen *n*; (*Glas-*)Murmel *f*; *Tech.* (*Lager-*) Kugel *f*; **~ový** Kugel-; *-vé pero* Kugelschreiber *m*.

kulihrášek F *m* (*1*; *-šk-*) Kleine(s) *n*, Küken *n*, Knirps *m*.

kulich *m* (*1a*) Kauz *m* (*a. fig.*).

kulík *m* (*1a*) *Zo.* Regenpfeifer *m*

kulis|a *f* (*1a*) Kulisse *f*; **~ový** Kulissen-.

kulit ⟨*do-*, *s-*, *za-*⟩ (*-ím*, *-en*) rollen, wälzen; ~ *se* rollen (*v/i*), kullern.

kulka *f* (*1c*; *-lek*) Kugel *f*, Geschoß *n*.

kůlna *f* (*1*; *-len*) Schuppen *m*.

kuloár *m* (*2a*) Wandelgang *m*.

kulomet *m* (*2a*) Maschinengewehr *n*; **~čík** *m* (*1a*) Maschinengewehrschütze *m*, MG-Schütze *m*; **~ný** Maschinengewehr-, MG-.

kulo|vitý kugelförmig; **~vý** Kugel-; (*Kartenspiel*) Schelle(n)-, Karo-.

kůlový Pfahl-.

kult *m* (*2a*) Kult *m*; *mariánský* ~ Marienverehrung *f*; ~ *osobnosti* Personenkult; **~ický** [-tɪ-] kultisch; **~ivovaný** [-tɪ-] kultiviert; **~ivovat** [-tɪ-] ⟨*z-*, *za-*⟩ (*-vuji*) kultivieren.

kultur|a [-tu:-] *f* (*1d*) Kultur *f*; *bytová* ~, ~ *bakterií* Wohn-, Bakterienkultur; *dům -ry* Kulturhaus *n*, -zentrum *n*; **~něhistorický** kulturgeschichtlich; **~ní** Kultur-, kulturell; **~nost** *f* (*4*) Kultur(höhe) *f*, Bildung *f*, Gesittung *f*.

kumbálek F *m* (*2b*; *-lk-*) (kleine) Kammer *f*, Kämmerlein *n*.

kumšt P *m* (*2a*) Kunst *f*.

kumul|ace *f* (*2*) Kumulation *f*, Anhäufung *f*; **~ovat** (*-luji*) anhäufen.

kůň *m* (*3*; *kon-*; *pl. koně s. Anh.*) Pferd *n*; (*Schach-*)Springer *m*, Rössel *n*; *na koni* zu Pferde; *jezdit na koni* reiten.

kuna *f* (*1*) Marder *m*.

kuňka *f* (*1c*; *-něk*) Unke *f*; *fig.* = **~l** F *m* (*1*; *-ové*) Flenner *m*; **~t** ⟨*za-*⟩ unken; *Frosch*: quaken; F *fig.* jammern, flennen.

kup *m* (*2a*) Kauf *m*.

kupa *f* (*1*) Haufen *m*; Haufenwolke *f*; *Geogr.* Bergkuppe *f*.

kup|cová *f* (*Adj. 2*) Kaufmannsfrau *f*; **~čit** handeln (*čím* mit *D*); schachern, Schacher treiben (*s čím* mit *D*).

kupé *n* (*indekl.*) *Esb.* Abteil *n*.

kupec *m* (*3*; *-pc-*) Käufer *m*; *hist.* Kaufmann *m*, Kaufherr *m*; Händler *m*; **~ký** Kaufmanns-, kaufmännisch; **~tví** *n* (*3*) Kaufladen *m*.

kup|it ⟨*na-*, *s-*⟩ (an)häufen, auftürmen; *Tech. a.* (auf)speichern; ~ *se Vorfälle*: sich häufen; *Waren*: sich (auf)türmen; *Zuhörer*: sich scharen; *Massen*: sich stauen; *Wolken*: sich zusammenballen; **~ka** *f* (*1c*; *-pek*) Häufchen *n*, Häuflein *n*.

kuplet *m* (*2a*) Couplet *n*.

kuplíř *m* (*3*), **~ka** *f* (*1c*; *-řek*) Kuppler(in *f*) *m*; **~ství** *n* (*3*) Kuppelei *f*.

kuplov|at F ⟨*s-*, *za-*⟩ (*-luji*) kuppeln, (zusammen)koppeln; *fig.* verkuppeln; **~na** *f* (*1*; *-ven*) Kupolofen *m*.

kupn|í Kauf-; ~ *schopnost*, ~ *síla* Kaufkraft *f*; **~ý** käuflich.

kupole *f s. kopule*.

kupón *m* (*2*; *6. -u/-ě*) Abschnitt *m*, † Kupon *m*.

kupovat ⟨*na-*, *s-*⟩ (*-puji*) *iter.* kaufen; *s. koupit*.

kupředu *Adv.* vorwärts; *naklonit se* ~ sich vorbeugen; *pronikat* ~ vordringen.

kupříkladu zum Beispiel.

kupující *m* (*Adj. 4*) Käufer *m*.

kur *m* (*1*; *-ové*) *Zo.* Huhn *n*; **~ové** *pl.* Hühnervögel *m/pl*.

kůr *m* (*2a*) Chor *m*.

kúra *f* (*1d*) *Med.* Kur *f*; † *a.* Cour *f*.

kůra *f* (*1d*) Rinde *f*, Borke *f*; Kruste *f*; (*Frucht-*)Schale *f*.

kuratela *f* (*1a*) *Jur.* Kuratel *f*, Vormundschaft *f*; *dát pod -lu* unter Kuratel stellen.

kuráž *f* (*3*) Courage *f*, Mut *m*; *bez ~e nic se nedokáže* dem Mutigen gehört die Welt; *dodat si ~e* sich ein Herz fassen; **~ný** mutig.

kurděje *f/pl.* (*2*) *Med.* Skorbut *m*.

kurev|nický V liederlich, zuchtlos; **~ský** V Huren-; *-ká matka* Puffmutter *f*; **~ství** V *n* (*3*) Hurerei *f*.

kurfiřt *m* (*1*) Kurfürst *m*; **~ství** *n* (*3*) Kurfürstentum *n*.

kurie [ku:-] *f* (*2*) Kurie *f*.

kuri|ozita *f* (*1*) Kuriosität *f*; **~ózní** kurios.

kůrka *f* (*1c*; *-rek*) (*Brot-*)Rinde *f*, Kruste *f*.

kur|ník *m* (*2b*) Hühnerstall *m*; *schůdky do ~u* Hühnerleiter *f*; **~opění** *n* (*3*) Hahnenschrei *m*.
kůrovec *m* (*3*; *-vc-*) Borkenkäfer *m*.
kurs [-rz-] *m* (*2*; *6. -u*/*-e*) Kurs *m*; Lehrgang *m*, Kursus *m*; (*Geld-*)Umlauf *m*; **~ista** [-zi-] *m* (*5a*), **~istka** *f* (*1c*; *-tka*) Lehrgangsteilnehmer(in *f*) *m*; **~ovní, ~ový** Kurs-; Kursus-, Lehrgangs-.
kurt *m* (*2*) Tennisplatz *m*.
kurv|a V *f* (*1*; *-rev*) Hure *f*; **~it se** V huren.
kurýr *m* (*1*; *-ři*/*-rové*) Kurier *m*; **~ní** Kurier-, Eil-.
kuř|ácký Raucher-; **~ák** *m* (*1a*), **~ačka** *f* (*1c*; *-ček*) Raucher(in *f*) *m*; **~árna** *f* (*1*; *-ren*) Rauchzimmer *m*, † Rauchsalon *m*.
kuřátko *n* (*1b*; *-tek*) Küken *n*, F Küchlein *n*; *-ka pl. Bot.* Keulenpilze *m*/*pl.*; Ziegenbart *m*; P *a.* Pfifferling *m*; Zipperlein *n*; *Kuřátka pl. Astr.* Plejaden *pl.*
kuře *n* (*4*) Huhn *n*; *pečené ~* Brathähnchen *n*, Brathuhn; *neublíží ani ~ti* er tut keiner Fliege et. zuleide; **~cí** Hühner-.
kuří Hühner-; *~ oko* Hühnerauge *n*.
kuř|ivo *n* (*1*) Raucherbedarf *m*, Raucherartikel *m*/*pl.*; **~lavý** Rauch-.
kus *m* (*2*; *6. -u*/*-e*) Stück *n*; *po ~e* stückweise; *~ po ~e* Stück für Stück; *od ~u* pro Stück, für das Stück; *na ~y* in Stücke; *mzda od ~u* Stücklohn *m*.
kusadlo *n* (*1a*; *-del*) *Zo.* Freßwerk-[zeuge *n*/*pl.*]
kus|ovitý in Stücken; Stück-; *-té dílo* Stückwerk *n*; *-tě Adv.* bruchstückweise; **~ový** Stück-; *-vé zboží* Stückgut *n*.
kůstka *f* (*1c*; *-tek*) Knöchelchen *n*; *rybí ~* Fischgräte *f*.
kustovnice *f* (*2a*) *Bot.* Bocksdorn *m*.
kusý unvollständig, lückenhaft; Rumpf-; dürftig; P *Tier*: gestutzt, schwanzlos.
kuš! *Int.* kusch!
kuše *f* (*2*) Armbrust *f*.
kušovat (*-šuji*) kuschen.
kutací *Bgb.* Schürf-.
kutál|et ⟨*s-, vy-, za-*⟩ (*3 Pl. -ejí*) *v*/*t* wälzen, rollen; *~ se* sich (herum-)wälzen; rollen (*v*/*i*); **~ka** *f* (*1c*; *-lek*) (*marschierende*) Musikkapelle *f*.
kut|ání *n* (*3*) *Bgb.* Schürfen *n*, Schurf *m*; **~at** ⟨*pro-, vy-, za-*⟩ *Bgb.* schürfen.
kutě F *n* (*2*) Bett *n*, Falle *f*; *už je na -tích* er pennt schon.
kutil F *m* (*1*), **~ka** *f* (*1c*; *-lek*) Bastler *m*, Bastlerin *f*; *öst.* Gschaftlhuber *m*; *~ka Zo.* Sandwespe *f*.
kutiště *n* (*2a*) Schürffeld *n*.
kutit F ⟨*u-*⟩ (*co*) basteln, sich zu schaffen machen, (herum)fummeln (an *D*); treiben (*A*); aushecken (*A*); *-tí se* es tut sich etwas; *co tu -tíš?* was treibst du hier?
kutna *f* (*1*; *-ten*) Kutte *f*.
kutr *m* (*2a*) Kutter *m*.
kůzl|átko *s. kozlátko*; **~ečí** Zickel-.
kůže *f* (*2*) Haut *f*; *Zo.* Fell *n*; Leder *n*; *Jagdw.* Balg *m*; *slaninová ~* Speckschwarte *f*; F *líná ~* Faulpelz *m*.
kužel *m* (*4 od. 2a*) *Geom.* Kegel *m*; *Turn.* Keule *f*; † *a.* Spinnrocken *m*; **~ka** *f* (*1c*; *-lek*) (*Spiel-*)Kegel *m*; *hrát -ky* Kegel spielen; *hra v -ky* Kegeln *n*; **~kář** *m* (*3*) Kegelspieler *m*, Kegler *m*; **~ník** *m* (*2b*) Kegelbahn *f*; **~ovitý** kegelförmig, konisch; **~ový** Kegel-.
kůžička *f* (*1c*; *-ček*) Häutchen *n*; (*Frucht-*)Schale *f*; *s. kůže.*
kvádr *m* (*2a*) Quader *m*.
kvadr|át *m* (*2a*) Quadrat *n*; **~átek** *m* (*2b*; *-tk-*) kleines Quadrat *n*; *Rel.* Birett *n*; **~atický** [-tɪ-], **~átní** quadratisch, Quadrat-; **~atura** [-tuː-] *f* (*1d*) Quadratur *f*.
kvák|ání *n* (*3*) Quaken *n*; **~at** ⟨*na-, za-*⟩ (*-kám*/*-ču*), **~nout** *pf.*, *za-* (*-kl*) quaken; *verä.* Unsinn quasseln; **~ot** *m* (*2a*) Gequake *n*.
kvalifik|ace *f* (*2*) Qualifikation *f*, Eignung *f*; *podle ~* (je) nach Eignung; **~ační** Qualifikations-; **~ovaný** qualifiziert; gelernt, Fach-; **~ovat** (*im*)*pf.* (*-kuji*) qualifizieren.
kvalit|a *f*(*1*) Qualität *f*; **~ář** *m* (*3*) Gütekontrolleur *m*; **~ativní** [-tɪː-] qualititativ; **~ní** Qualitäts-.
kvalt P *m* (*2a*) Eile *f*.
kvantita [-tɪ-] *f* (*1*) Quantität *f*; **~tivní** [-tɪː-] quantitativ, mengenmäßig.
kvant|ový *Phys.* Quanten-; **~um** *n* (*5*; *2, 3, 6. -tu*) Quantum *n*, Menge *f*.
kvap *m* (*2a*) Eile *f*; *~em* eilig, schnell; **~ík** *m* (*2b*) *Mus.* Galopp *m*; **~it** ⟨*u- se*⟩ eilen; sich beeilen (*s čím* mit *D*); drängen (*na k-o*/*A*); **~ně** schleunigst; **~nost** *f* (*4*) Hast *f*; **~ný**

eilig, hastig, schnell; *-né rozhodnutí* voreilige Entscheidung.
kvart|a *f (1)* Quarta *f*; *Mus.* Quart *f*; **~ál** *m (2; 6. -u/-e)* Quartal *n*; **~ální** Quartal-; **~ér** *m (2a) Geol.* Quartär *n*; **~et** *m (2a)*, **~eto** *n (1; 6. -u)* Quartett *n*; **~ový** *Typ.* Quart-.
kvas *m (2a)* Sauerteig *m*; Gärung *f* (*a. fig.*); Kwaß *m* (*Sauerbier*); **~idlo** *n (1a; -del)* Gärmittel *n*, Ferment *n*; **~inka** *f (1c; -nek)* Hefepilz *m*; **~írna** *f (1; -ren)* Gärkammer *f*; **~it** ⟨*na-, pro-, z-, za-*⟩ (*-šen*) gären, fermentieren; **~ivo** *n (1)* Gärmittel *n*; **~nice** *f (2a)* Hefe *f*, **~nicový** Hefe-; **~ný** Gär(ungs)-.
kvaše|ní *n (3) Chem.* Gärung *f*; **~ný** vergoren.
kvedl|ačka *f (1c; -ček)* (*Küchen-*) Quirl *m*; **~at** ⟨*pro-, za-*⟩, **~ovat** (*-luji*) (ver)quirlen.
kvést ⟨*roz-, vz-, za-*⟩ (*3. kvete, kvetl*) blühen; *fig.* Blüten treiben; strotzen (*čím*/vor).
květ *m (2a)* Blüte *f* (*a. fig.*); Blütenpracht *f*; *fig.* Blume *f*; **~ák** *m (2b)* Blumenkohl *m*, *öst.* Karfiol *m*; **~ákový** Blumenkohl-; **~el** *m (4) Bot.* Leinkraut *n*; **~en** *m (2a; -tn-; 2. -tna)* Mai *m*; **&ena** *f (1)* Flora *f*; **~enství** *n (3) Bot.* Blütenstand *m*.
květin|a *f (1)* Blume *f*; **~áč** *m (4)* Blumentopf *m*; **~ář** *m (3)* Blumenhändler *m*; **~ářka** *f (1c; -řek)* Blumenmädchen *n*, -verkäuferin *f*; **~ářský** Blumen-; **~ářství** *n (3)* Blumengeschäft *n*, -handlung *f*; Blumenzucht *f*; **~ka** *f (1c; -nek)* Blümchen *n*, Blümlein *n*; **~ový** Blumen-.
květ|natý blumenreich, mit Blumen bedeckt; *fig.* blumig; **~ní** *Bot.* Blumen-; **~nový** Mai-; **~ný** Blüten-; **~omluva** *f (1)* Blumensprache *f*; **~ovaný** geblümt.
kvetoucí blühend; *lit.* in Blüte stehend.
kvíč|ala *f (1a) Zo.* Wacholderdrossel *f*; **~et** ⟨*za-*⟩, **kvikat, kvíkat, kviknout** *pf.* (*-kl*) quieken.
kvikot, kvíkot *m (2a)* Quieken *n*.
kvíl|et, ~it ⟨*pro-, za-*⟩ (*3 Pl. -ejí/-í*) jammern, wehklagen; *Kind*: wimmern; *Wind*: heulen; **~ivý** jammernd, wimmernd.
kvinde F *n* (*indekl.*): *dát* ~ den Laufpaß geben; *dostat* ~ e-n Korb bekommen.
kvint|a *f (1)* Quinta *f*; *Mus., Sp.* Quinte *f*; **~esence** *f (2)* Quintessenz *f*; **~et** *m (2a)*, **~eto** *n (1; 6. -u)* Quintett *n*.
kvíst *s. kvést.*
kvitance *f (2)* Quittung *f* (*nač* über *A*); *na -ci* gegen Quittung.
kvít|ek *m (2b; -tk-)* Blümchen *n*; **~í** *n (3) koll.* Blumen *f/pl.*; **~ko** *n (1b; -tek) s. kvítek*; *iron.* Früchtchen *n*; **~kovaný** *s. květovaný.*
kvitovat (*im*)*pf.*, ⟨*vy-*⟩ (*-tuji*) quittieren.
kviz *m (2a)* Quiz(sendung *f*) *n*.
kvo|čna *f (1; -čen)* Glucke *f*; **~kat** ⟨*za-*⟩ *Henne*: glucken; F *fig.* glucksen.
kvorum [kvɔː-] *n (5; -ra, -ru usw.)* Quorum *n*.
kvóta *f (1)* Quote *f*.
kvůli (*mit 3. Fall*) wegen (*G*); ~ *mně* mir zuliebe; meinetwegen.
ký welch ein; ~ *div, že...* was wunder, daß ...; *~ho výra!* zum Teufel!
kyan *m (2a) Chem.* Zyan *n*.
kyanovodík *m (2b)* Zyanwasserstoff *m*; **~ový**: *-vá kyselina* Blausäure *f*.
kyberneti|cký [-tɪ-] kybernetisch; **~ka** *f (1c)* Kybernetik *f*.
kýč *m (4)* Kitsch *m*; **~ař** *m (3)* Kitschmaler *m*; Kitschproduzent *m*; **~ařit** ⟨*z-*⟩ Kitsch produzieren; **~ařský** kitschig, Kitsch-.
kyč|el *m (4; -čl-) Anat.* Hüfte *f*; **~elní** Hüft-; **~le** *f (2) s. kyčel.*
kýčovitý kitschig.
kydat ⟨*na-, roz-, za-*⟩ werfen; ~ *hnůj* ausmisten; F *fig.* ~ *hanu, bláto* (*na k-o*) j-n in den Schmutz zerren, mit Dreck bewerfen.
kých|ací Nies-; **~at** ⟨*za-*⟩ niesen; **~avice** *f (2a) Bot.* Germer *m*; **~avka** *f (1c; -vek)* (häufiges) Niesen *n*; **~nout** *pf., od- si, za-* (*-chl*) niesen; **~nutí** *n (3)* Niesen *n*.
kychta *f (1) Tech.* (*Ofen-*)Gicht *f*.
kyj *m (4)* Keule *f*; Knüttel *m*; **~anka** *f (1c; -nek) Bot.* Keulenpilz *m*; **~ovitý** keulenförmig; **~ovka** *f (1c; -vek) Zo.* Keulenmuschel *f*.
kýl *m (2a) Mar.* Kiel *m*; *~em vzhůru* kieloben.
kýl|a *f (1a) Med.* Bruch *m*; *tříselná* ~ Leistenbruch; **~ní** *Med.* Bruch-; *Mar., Arch.* Kiel-.
kým *s. kdo.*
kymácet ⟨*roz-, za-*⟩ (*3 Pl. -ejí*) hin- und herbewegen (*čím/A*); ~ *se*

wanken, taumeln; wackeln, schwanken; *Wagen*: rütteln (*v/i*); *Schiff*: schaukeln, *Mar.* stampfen; *Flgw.* kippen.

kynout[1] ⟨*po-, za-*⟩ (*-nul*) e-n Wink geben, zuwinken (*k-u/D*); *mit dem Kopf* nicken; **~**[2] ⟨*po-, za-*⟩ bevorstehen, beschieden sein; **~**[3] ⟨*pře-, na-*⟩ *Teig*: aufgehen; *fig.* wachsen, gedeihen.

kypět ⟨*roz-, vz-, za-*⟩ *v/i* kochen, sieden; brodeln; *fig.* F *krev* (*od. žluč*) *mu -pí hněvem* in ihm kocht es, die Galle läuft ihm über; ~ *zdravím* strotzen vor Gesundheit.

Kypr *m* (*2a*) *Geogr.* Zypern *n.*

kyp|rý locker; *Moos*: weich; *Wuchs, Busen*: üppig; **~řit** ⟨*na-, z-*⟩ lockern; *Agr.* aufhacken.

kyrilice *f s. cyrilice.*

kyrys *m* (*2*; *6. -u/-e*) *hist.* Küraß *m*, Harnisch *m*; **~ar** *m* (*1*; *-ři*), **~ník** *m* (*1a*) *hist. Mil.* Kürassier *m.*

kysat ⟨*na-, pro-, z-, za-*⟩ (*3 Sg. -še/ -sá*) gären, säuern, sauer werden.

kysel|ina *f* (*1*) Säure *f*; **~it** ⟨*o-, od-, za-*⟩ *v/t* säuern, F sauer machen; **~ka** *f* (*1c*; *-lek*) Säuerling *m* (*Wasser*); *Agr.* saure Wiese *f*; **~o** F *n* (*1a*) Brotteigsuppe *f*; **~ost** *f* (*4*) Säuerlichkeit *f*; *fig.* Groll *m*, Verdrießlichkeit *f*; **~ý** (*Adv.* -e) sauer; *-lé zelí* Sauerkraut *n.*

kysličník *m* (*2b*) Oxyd *n*, *Chem.* Oxid *n*; ~ *uhelnatý* Kohlen(mon)oxyd; ~ *uhličitý* Kohlendioxyd, P Kohlensäure *f.*

kyslík *m* (*2b*) Sauerstoff *m*; *obsahující* ~ sauerstoffhaltig; *chudý* ~*em* sauerstoffarm; **~atý** sauerstoffhaltig; **~ový** Sauerstoff-; ~ *dýchací přístroj* Sauerstoffgerät *n*, Atemgerät *n.*

ky|snout ⟨*na-, z-, za-*⟩ (*-sl*) sauer werden; **~ška** P *f* (*1c*; *-šek*) Sauermilch *f.*

kyt *m* (*2a*) *s. tmel.*

kýta *f* (*1*) *Kochk.* Keule *f*, Schlegel *m.*

kytar|a *f* (*1d*) Gitarre *f*, **~ista** *f* (*5a*) Gitarrist *m*, Gitarrenspieler *m.*

kyt|ice *f* (*2a*) (*Blumen-*)Strauß *m*; *fig. lit.* Blütenlese *f*; **~ička** *f* (*1c*; *-ček*), **~ka** *f* (*1c*; *-tek*) Sträußchen *n.*

kytl|e *f* (*2*), **~ice** *f* (*2a*) Kittel *m*, Bluse *f.*

kytovat ⟨*vy-, za-*⟩ (*-tuji*) kitten.

kytovec *m* (*3*; *-vc-*) *Zo.* Wal *m.*

kyv *m* (*2a*) *Tech.* Schwingung *f*; *Turn.* Schwung *f*; P † Wink *m*; † Pendelschlag *m*; **~adlo** *n* (*1a*; *-del*) Pendel *n*; **~adlový** Pendel-.

kýv|al *m* (*1*; *-ové*) *iron.* Jasager *m*; **~ání** *n* (*3*) Nicken *n*; Pendeln *n*, Schwingen *n*; P *a.* Wackeln *n*; **~at** ⟨*při-, roz-, za-*⟩, **~nout** *pf.*, *vy-* (*-vl*) nicken; (*k-u*) zuwinken (*D*); (*čím*) (hin und her) bewegen (*A*); wackeln (mit); (*k č-u*) zustimmen (*D*); ~ *se* pendeln, schwingen (*v/i*); (sch)wanken, F wackeln; **~avý** pendelnd, Pendel-; **~nutí** *n* (*3*) Wink *m.*

kyz *m* (*2a*) *Min.* Kies *m*; *železný* ~ Pyrit *m*; **~ový** Kies-.

kýžený *lit.* erhofft; erwünscht, ersehnt.

L

Labe *n* (*2*) Elbe *f*.
labiální labial.
labil|ita *f* (*1*) Labilität *f*; **~ní** labil; **~nost** *f* (*4*) Labilität *f*.
laborant *m* (*1*), **~ka** *f* (*1c*; *-tek*) Laborant(in *f*) *m*.
labor|atorní Laboratoriums-, Labor-, **~atoř** *f* (*3*) Labor(atorium) *n*; **~ovat** ⟨*za-*⟩ (*-ruji*) laborieren; im Labor(atorium) arbeiten.
labský Elbe-.
labu|ť *f* (*4c*) Schwan *m*; **~těnka** *f* (*1c*; *-nek*) junger Schwan *m*; Puderquaste *f*; **~tí** Schwanen-.
labuž|nický feinschmeckerisch; **~ník** *m* (*1a*) Feinschmecker *m*.
labyrint *m* (*2*; *6. -u*/*-ě*) Labyrinth *n*.
láce *f* (*2*) Billigkeit *f*.
laci|nět ⟨*z-*⟩ (*3 Pl. -ějí*) billig(er) werden; **~ný** billig.
láčkov|ec *m* (*3*; *-vc-*) *Zo.* Schlauchtier *n*, Hohltier *n*, *a.* Polyp *m*; **~itý** schlauchartig, Schlauch-.
lačn|ět ⟨*vy-*, *z-*⟩ (*3 Pl. -ějí*) hungern; *fig.* (*po čem*) lechzen (nach); **~ost** *f* (*4*) Hunger *m* (*a. fig.*), Gier *f*, ~ *peněz od. po penězích* Geldgier; **~ý** (*č-o*, *po čem*) (be)gierig (nach); ~ *moci* machthungrig; ~ *senzace* sensationslüstern; ~ *zábav* vergnügungssüchtig.
lad *m* (*2a*) Ordnung *f*; *bez ~u* durcheinander; F *bez ~u a skladu* drunter und drüber, wie Kraut und Rüben.
lada *pl. v. lado.*
ladem: *ležet* ~ brachliegen.
lad|ění *n* (*3*) Stimmen *n*, *Mus.* Einstimmen *n*; *Rdf.* Abstimmung *f*; **~icí** *Mus.* Stimm-; **~ič** *m* (*3*) Stimmer *m*; **~ička** *f* (*1c*; *-ček*) *Mus.* Stimmgabel *f*; **~it** ⟨*na-*, *pře-*, *z-*⟩ stimmen (*A*); *Farben* abstimmen; *Rdf. a.* richtig einstellen; **~ítko** *n* (*1b*; *-tek*) *Mus.* Stimmschlüssel *m*.
lad|nost *f* (*4*) Niedlichkeit *f*, Anmut *f*; **~ný** niedlich; *Bewegungen*: harmonisch.
lado *n* (*1*): *mst pl. -da* Brachfeld *n*, -land *n*; *ležet -dem* brachliegen.
lágr P *m* (*2a*) (*Arbeits-*, *Gefangenen-*) Lager *n*.
láhev *f* (*3*; *-hv-*; *7 Sg.*, *2*, *3*, *6*, *7 Pl. lahv-*) Flasche *f*; *sací* ~ (*Säuglings-*) Milchflasche; ~ *na zavařování* Einmachglas *n*.
lahod|a *f* (*1*) Lieblichkeit *f*, Anmut *f*; Leckerbissen *m*; *fig.* Wonne *f*; **~it** ⟨*z-*, *za-*⟩ (*k-u*) schmeicheln, wohltun (*D*); **~ivý** wohltuend; **~nost** *f* (*4*) *s. lahoda*; **~ný** lieblich; angenehm; *Speise*: wohlschmekkend, köstlich.
lahůdk|a *f* (*1c*; *-dek*) Leckerbissen *m*, Delikatesse *f*, P Leckerei *f*; *-ky pl. a.* Feinkost *f*; **~ář** *m* (*3*) Delikatessenhändler *m*; **~ářský** Feinkost-, Delikatessen-; **~ářství** *n* (*3*) Feinkosthandlung *f*.
lahv|ice *f* (*2a*), **~ička** *f* (*1c*; *-ček*) Fläschchen *n*; **~ovitý** flaschenförmig; **~ový** Flaschen-.
lachtan *m* (*1*) *Zo.* Seebär *m*, Löwenrobbe *f*.
lai|ckost *f* (*4*), **~ctví** *n* (*3*), **~čnost** *f* (*4*) Laientum *n*; Laienhaftigkeit *f*; **~cký** Laien-, laienhaft; **~k** *m* (*1a*) Laie *m*; *Rel.* Laienbruder *m*.
lajd|a *f* (*1*) Schlampe *f*; **~ácký** liederlich, schlampig; **~áctví** *n* (*3*) Schlamperei *f*, Liederlichkeit *f*; **~ák** P *m* (*1a*) Strolch *m*; **~at (se)** ⟨*pro-*⟩ (herum)lungern.
laji *s. lát.*
lak *m* (*2b*) Lack *m*.
lák *m* (*2b*) Lake *f*, Pökelbrühe *f*; *maso v ~u* Pökelfleisch *n*; *naložit do ~u* einpökeln.
lák|adlo *n* (*1a*; *-del*) Lockmittel *n*; **~ání** *n* (*3*) Verlockung *f*, Lockungen *f*/*pl.*; **~at** ⟨*od-*, *vy-*, *z-*⟩ locken; *fig. a.* reizen; **~avý** (ver)lockend; *Speisen*: appetitlich; *Thea.* ~ *kus* Zugstück *n*, Kassenfüller *m*.
lakmus *m* (*2*; *6. -u*/*-e*) Lackmus *n*; **~ový** Lackmus-.
lakom|ec *m* (*3*; *-mc-*) Geizhals *m*; **~ět** ⟨*z-*⟩ (*3 Pl. -ějí*), **~it** (*čím*) geizen (mit *D*); **~ost** *f* (*4*), **~ství** *n* (*3*) Geiz *m*, Habsucht *f*.
lakot|a *f* (*1*), **~nost** *f* (*4*) Geiz *m*, Habsucht *f*; **~it** ⟨*na- se*, *z- se*⟩ ([*s*] *čím*) geizen, kargen, F knausern

(mit); **~ník** *m* (*1a*) *s. lakomec*; **~ný** gierig, geizig.
lakov|ání *n* (*3*) Lackieren *n*; Lackarbeit *f*; **~aný** lackiert, Lack-; **~at** ⟨*na-, pře-, za-*⟩ (*-kuji*) lackieren; P *a.* betrügen, übers Ohr hauen; **~ka** *f* (*1c*; *-vek*) Lackschuh *m*; **~na** *f* (*1*; *-ven*) Lackiererei *f*; **~ý** Lack-.
lakýr|ka *f* (*1c*; *-vek*) *s. lakovka*; **~nický** Lackier(er)-; **~nictví** *n* (*3*) Lackierergewerbe *n*; F *fig.* Schönfärberei *f*; **~ník** *m* (*1a*) Lackierer *m.*
lalo|čnatý gelappt, lappig; **~k** *m* (*2b*) *Anat.* Lappen *m*; *Zo.* Wamme *f*; Doppelkinn *n.*
lám|ací Brech-; **~ání** *n* (*3*) *Tech.* Brechen *n*; *Typ.* Umbruch *m*; F *Med.* Gliederreißen *n*; ~ *hlavy* Kopfzerbrechen *n*; **~aný** gebrochen, Bruch-; **~at** ⟨*pro-, roz-, z-*⟩ (*1 Sg. -u*) (zer)brechen (*se* sich *od.* *v/i*); ~ *si hlavu* (*nad čím*) sich den Kopf zerbrechen (über *A*); **~avý** zerbrechlich, spröde; brüchig.
lamela *f* (*1a*) Lamelle *f.*
lamp|a *f* (*1*) Lampe *f*; *Rdf.* Röhre *f*; **~ář** *m* (*3*) Laternenanzünder *m*; Lampenputzer *m*; **~ička** *f* (*1c*; *-ček*) Lämpchen *n*; **~ión** *m* (*2*; *6. -u/-ě*) Lampion *m od. n*; **~ový** Lampen-; *Rdf.* Röhren-.
lamželezo P *m* (*1*; *-ové*) kräftiger Kerl *m*, Kraftprotz *m.*
lán *m* (*2*; *6. -u/-ě*) *Agr.* Hufe *f*; *fig.* großes Feld *n*; *poet.* Gefilde *n.*
laň *f* (*3*) Hirschkuh *f.*
lanař *m* (*3*) Seiler *m*; F *Sp.* Abwerber *m*; **~it** F *Sp.* abwerben.
lanceta *f* (*1*) Lanzette *f.*
langusta *f* (*1*) Languste *f.*
lání *n* (*3*) Schimpfen *n*, Fluchen *n.*
lanko *n* (*1b*; *-nek*) *El.* Litze *f.*
lankrab|ě *m* (*wie n 4*), **~í** *m* (*Adj. 4*; *Pl. n 3*; *1. -í/-ové*) Landgraf *m.*
lano *n* (*1*) Seil *n*; *Mar.* Tau *n*; **~ví** *n* (*3*) *Mar.* Takelwerk *n*, Takelung *f*; **~vka** *f* (*1c*; *-vek*) (*Draht-*)Seilbahn *f*; **~vý** Seil-, Tau-.
lanýž *m* (*4*) *Bot.* Trüffel *f od.* F *m.*
lapa|cí Fang-; ~ *loď* Kaperschiff *n*; **~č** *m* (*3, Tech. 4*) Fänger *m*; **~čka** *f* (*1c*; *-ček*) Fängerin *f*; Falle *f*; F *a.* Fangfrage *f*; ~ *na mouchy* Fliegenfänger *m*; **~dlo** *n* (*1a*; *-del*) (*Tier-*)Falle *f.*
lapák *m* (*2b*) *Tech.* Fänger *m*, Fangvorrichtung *f.*
lapálie *f* (*2*) Lappalie *f.*
lapat ⟨*na-, z-, za-*⟩ fangen; *Mar.* kapern; (*po čem*) haschen (nach *D*); ~ *dech* nach Atem ringen, P japsen; ~ *vzduch* (nach) Luft schnappen.
lapidární lapidar.
lápis *m* (*2a*) *Med.* Höllenstein *m.*
lap|it *pf.*, *po-, u-*, **~nout** *pf.* (*-pl*; *-pnut*) ergreifen, F erwischen; ~ *při činu* auf frischer Tat ertappen.
Lapon|ec *m* (*3*; *-nc-*) Lappländer *m*; **~sko** *n* (*1b*) Lappland *n*; **♀ský** lappländisch.
larva *f* (*1*) Larve *f.*
láryfáry! F larifari!, Quatsch!
lasi|ce *f* (*2a*), **~čka** *f* (*1c*, *-ček*) *Zo.* Wiesel *n.*
láska *f* (*1c*; *-sek*) (*ke k-u, č-u*) Liebe *f* (zu); *-kou* vor (*od.* aus) Liebe; ~ *k bližnímu* Nächstenliebe; *hoře -ky* Liebeskummer *m.*
lask|ání *n* (*3*) Liebkosung(en *pl.*) *f*; **~at** ⟨*po-* (*se*)⟩ (*k-o, s kým*) liebkosen (*A*).
laskav, ~a, ~o *s. laskavý*; **~ec** *m* (*4*; *-vc-*) *Bot.* Tausendschön *n*; **~ost** *f* (*4*) Freundlichkeit *f*, Liebenswürdigkeit *f*, *fig.* Güte *f*; **~ý** liebenswürdig, freundlich, F nett.
laskominy *f/pl.* (*1*) Gelüst *n*; *dělat k-u* ~ *fig.* j-m den Mund wässerig machen.
láskyplný liebevoll.
laso *n* (*1*; *6. -u/-e*) Lasso *n od. m.*
lastur|a *f* (*1d*) Muschel *f*; **~ový** Muschel-, muschelförmig.
lašk|ování *n* (*3*) Tändelei *f*, Flirt *m*; **~ovat** ⟨*za-* (*si*)⟩ (*-kuji*) scherzen, P schäkern *mit Mädchen*; **~ový** neckisch, schelmisch.
lát ⟨*za-*⟩ (*laji, lál*) (*k-u, na k-o*) schimpfen (mit *D*); beschimpfen (*A*).
lať *f* (*4c*; *-tě*) Latte *f.*
lata *f* (*1*) † Flicken *m*; *Bot.* Rispe *f.*
láta|cí Stopf-; **~čka** *f* (*1c*; *-ček*) Kunststopferin *f*; Stopfmaschine *f*; Stopfgarn *n*; **~nina** *f* (*1*) Flickwerk *n*; **~t** ⟨*s-, za-*⟩ *Strümpfe* stopfen; *Hosen* flicken.
latentní latent.
láteř|ení *n* (*3*) Schimpfen *n*, Fluchen *n*; P *fig.* Donnerwetter *n*; **~it** ⟨*po-, vy-, za-*⟩ schimpfen, wettern.
latin|a *f* (*1*) Latein *n*; *hodina -ny* Lateinstunde *f*; **~ář** *m* (*3*) Lateinlehrer *m*; *fig.* Lateiner *m*; **~ka** *f* (*1c*; *-nek*) Lateinschrift *f*; **~ský** lateinisch, Latein-.

látka *f* (*1c*; *-tek*) Stoff *m*; ~ *k hovoru* Gesprächsstoff; ~ *na šaty* Kleiderstoff.
laťka *f* (*1c*; *-těk*) kleine Latte *f*; *Sp.* Latte *f*.
látkový Stoff-.
lať(k)ový Latten-.
laureát *m* (*1*) Preisträger *m*; ~ *státní ceny* Nationalpreisträger.
láva *f* (*1*) *Geol.* Lava *f*.
lavi|ce *f* (*2a*) (*Sitz-*)Bank *f*; **~čka** *f* (*1c*; *-ček*) (kleine) Bank *f*.
lavin|a *f* (*1*) Lawine *f*; **~ovitý** lawinenartig; **~ový** Lawinen-.
lávka *f* (*1c*; *-vek*) Steg *m*; Bank *f*; *Tech.* Laufbank *f*; *chyba -ky!* weit gefehlt!
lávový Lava-.
lazaret *m* (*2*; *-u*/*-ě*) Lazarett *n*; **~ní** Lazarett-.
lazeb|na † *f* (*1*; *-ben*) Barbierstube *f*; **~nický** Bader-; **~ník** † *m* (*1a*) Bader *m*, Barbier *m*.
lázeň *f* (*3*; *-zn-*) Bad *n*; *krvavá* ~ Blutbad; *-zně pl.* (*Heil-*)Bad, Kurort *m*; Badeanstalt *f*; *kryté -zně* Hallenbad; *pobyt v -zních* Kuraufenthalt *m*; **~ská** *f* (*Adj. 2*) Badefrau *f*; **~ský** *Adj.* Bade-, Kur-; ~ *dům* Kurhaus *n*; *-ké místo* Kur-, Badeort *m*; *-ké období* Badesaison *f*; *-ká taxa* Kurtaxe *f*; *Su. m* (*Adj. 1*) Bademeister *m*.
lazur *m* (*2a*) Lasur(blau *n*) *f*; **~ový** Lasur-; *a. -vě modrý* azurblau.
lebeční *Anat.* Schädel-.
lebed|a *f* (*1*) *Bot.* Melde *f*; **~it** F ⟨*po-si*⟩ es sich (P sich's) gut gehen lassen.
lebka *f* (*1c*; *-bek*) *Anat.* Schädel *m*, Hirnschale *f*.
lec|co(s) manch, allerlei; **~jak** auf verschiedene Weise, verschiedenartig; **~jaký** mancherlei, allerlei; **~kam** hierhin und dorthin; **~kde** hie und da, mancherorts; **~kdo** mancher, dieser und jener; **~kdy** manchmal, des öfteren; **~který** so mancher, manch ein(er).
leč aber, doch, jedoch; außer; *Jur.* ausgenommen; es sei denn (daß).
léč, leč *f* (*3*) *Jagdw.* Falle *f*, Schlinge *f*; Kessel(jagd *f*) *m*.
léčba *f* (*1*; *-čeb*) Kur *f*, Heilverfahren *n*; ~ *elektřinou* Elektrotherapie *f*; ~ *hladověním, odtučňovací, pitím* Hunger-, Entfettungs-, Trinkkur.
léčeb|na *f* (*1*; *-ben*) Heilanstalt *f*; **~né** *n* (*Adj. 3*) Heilkosten *pl.*, Behandlungskosten *pl.*; **~ný** Heil-; *pro -né účely* für Heilzwecke, zu Behandlungszwecken.
léč|ení *n* (*3*) (ärztliche) Behandlung *f*; Therapie *f*; Heilung *f*; *s. léčba*; *na* ~ zur Kur; zur (ärztlichen) Behandlung; **~it** ⟨*vy-*⟩ heilen, kurieren, behandeln; ~ *se* sich behandeln lassen; e-e Kur machen.
léči|telný heilbar; **~vo** *n* (*1*) Heilmittel *n*; *s. lék*; **~vost** *f* (*4*) Heilkraft *f*, -wirkung *f*; **~vý** heilkräftig, Heil-; *fig.* heilsam.
léčka *f* (*1c*; *-ček*) Schlinge *f*, Falle *f* (*a. fig.*); Hinterhalt *m*.
led *m* (*2*; *6. -ě*/*-u*) Eis *n*; *odchod* ~*u* Eisgang *m*; *dát k* ~*u* auf Eis legen; *prostý* ~*u* eisfrei; *studený jako* ~ eiskalt.
leda *Adv.* außer, höchstens (daß); nur; *in Zssgn s. lec*.
ledaby|lost *f* (*4*) Nachlässigkeit *f*, P Schlamperei *f*; **~lý** (*Adv. -e, -o*) nachlässig, P liederlich, schlampig.
ledárna *f* (*1*; *-ren*) Eisfabrik *f*; Eiskeller *m*.
ledaže *Konj.* außer, daß ..., es sei denn, daß ...
ledek *m* (*2b*; *-dk-*) *Chem.* Salpeter *m*.
leden *m* (*2a*; *-dn-*; *2. -dna*) Januar *m*, *öst.* Jänner *m*.
ledk|árna *f* (*1*; *-ren*) Salpeterwerk *n*; **~ovač** *m* (*4*) Streumaschine *f* für Salpeterdünger; **~ovat** ⟨*po-*⟩ (*-kuji*) mit Salpeter düngen; **~ový** Salpeter-.
led|ňáček *m* (*1a*; *-čk-*) Eisvogel *m*; **²náři** *m*/*pl.* (*3*) die Eisheiligen *m*/*pl.*, *öst.* Eismänner *m*/*pl.*; **~ní** Eis-; **~nice** *f* (*2a*) Eiskeller *m*; **~nička** *f* (*1c*; *-ček*) Kühlschrank *m*; **~nový** Januar-; **~oborec** *m* (*4*; *-rc-*) *Mar.* Eisbrecher *m*; **~olom** *m* (*2a*) (*Brücken-*)Eisbrecher *m*.
ledovat|ět ⟨*z-*⟩ (*3 Pl. -ějí*) zu Eis werden, vereisen (*v*/*i*); **~ina** *f* (*1*), **~ka** *f* (*1c*; *-tek*) Glatteis *n*; Eisschicht *f*; **~ý** Eis-; eiskalt, eisig.
ledov|cový Gletscher-; **~ec** *m* (*4*; *-vc-*) Gletscher *m*; Eisberg *m*; **~itý** eisförmig; **~ka** *f* (*1c*; *-vek*) Eisschicht *f*; **~ý** Eis-; eiskalt, eisig (*a. fig.*).
leduprostý eisfrei.
ledva *Adv.* kaum, F mit Mühe und Not.
ledví *n* (*3*) Lenden *f*/*pl.*; *zkoumat čí*

~ *fig.* *j-n* auf Herz und Nieren prüfen.
ledvin|a *f* (*1*), **~ka** *f* (*1c*; *-nek*) Niere *f*; *-ky pl.* *Kochk.* Nieren *pl.*; **~ný, ~ový** Nieren-.
legali|ta *f* (*1*) Legalität *f*; **~zace** *f* (*2*) Legalisierung *f*; **~zovat** (*im*)*pf.* (*-zuji*) legalisieren; beglaubigen.
legál|ní legal; **~nost** *f* (*4*) Legalität *f*.
legát^1 *m* (*1*) Legat *m*; **~**^{2} (*2a*) *Jur.* Legat *n*, Vermächtnis *n*.
legend|a *f* (*1*) Legende *f*; **~ární** legendär.
legi|e *f* (*2*) Legion *f*; **~onář** *m* (*3*) Legionär *m*.
legitim|ace [-tɪ-] *f* (*2*) (*Personal-*) Ausweis *m*; (*Mitglieds-*)Karte *f*; (*Partei-*)Buch *n*; *Jur.* Legitimation *f*; **~ovat** (*im*)*pf.* (*-muji*) legitimieren, berechtigen; ~ *se* sich ausweisen.
legra|ce F *f* (*2*) Spaß *m*; **~ční** lustig, spaßig; *fig.* komisch, drollig.
lehárna *f* (*1*; *-ren*) Liegehalle *f*; Schlafsaal *m*.
lehat, ~ *se* sich (hin)legen; ~ *ke spaní* sich schlafen legen, schlafen gehen.
lehátko *n* (*1b*; *-tek*) Liege *f*; **~vý** Liege-; ~ *vůz* Liegewagen *m*.
leh|ce, ~ko *Adv.* (*Komp.* *-čeji*) leicht; *jít na -ko* leicht bekleidet gehen; F *to se ti -ko řekne* du hast gut reden.
lehko|atletický [-tɪ-] leichtathletisch; **~myslnost** *f* (*4*) Leichtsinn *m*; **~myslný** leichtsinnig; **~nohý** leichtfüßig; **~st** *f* (*4*) Leichtigkeit *f*; **~vážnost** *f* (*4*) Leichtfertigkeit *f*, Leichtsinn *m*; **~vážný** *s. lehkomyslný*; **~věrnost** *f* (*4*) Leichtgläubigkeit *f*.
lehký (*Komp.* *-čí*; *Adv.* *-ce*, *-ko*) leicht; *-ká atletika* Leichtathletik *f*; ~ *jako pírko* federleicht; *jemu je všechno -ké* ihm fällt alles leicht.
lehnout (si) *pf.* (*-hl*) *s. lehat* (*si*); ~ *popelem* in Schutt und Asche sinken.
lehou|čký, ~nký ganz leicht; F *fig.* kinderleicht; *po -čku* allmählich, nach und nach.
lecha *f* (*1b*) *Bot.* Walderbse *f*.
lecht|ání *n* (*3*) Kitzeln *n*; **~at** ⟨*po-, za-*⟩ kitzeln; **~ivý** kitz(e)lig (*a. fig.*).
leji *s. lít.*
lejno *n* (*1*; *6.* *-u*/*-ě*) Kot *m*, *Med.* Exkrement *n*, P Dreck *m*.
lejsek *m* (*1b*; *-sk-*) *Zo.* Fliegenschnäpper *m*.
lejstro F *n* (*1*; *6.* *-u*; *-ter*) Papier *n*, Schrieb *m*, Wisch *m*.
lek *m* (*2b*) Schrecken *m*.
lék *m* (*2b*) Medikament *n*, Arznei *f*, F Medizin *f*; ~ *pro spaní* Schlafmittel *n*.
lékár|enský Apotheken-; **~na** *f* (*1*; *-ren*) Apotheke *f*; **~nice** *f* (*2a*) Apothekerin *f*; **~nický** Apotheker-; **~nictví** *n* (*3*) Pharmazie *f*; **~nička** *f* (*1c*; *-ček*) Hausapotheke *f*; *cestovní* ~ Reiseapotheke; **~ník** *m* (*1b*) Apotheker *m*.
lékař *m* (*3*) Arzt *m*; **~ka** *f* (*1c*; *-řek*) Ärztin *f*; **~ský** ärztlich, Ärzte-, medizinisch; *-ká pomoc* ärztliche Hilfe; **~ství** *n* (*3*) Heilkunde *f*, Medizin *f*.
leka|t^1 ⟨*na-, po-, u-*⟩ (er)schrecken (*A*), Angst einjagen (*D*); ~ *se* erschrecken (*v*/*i*; *č-o* vor *D*, über *A*); scheuen (*A*); **~t**^{2} ⟨*po-, z-*⟩ *Fische*: abstehen, sterben; **~vost** *f* (*4*) Schreckhaftigkeit *f*; **~vý** furchtsam, schreckhaft.
lekce *f* (*2*) Lektion *f*.
leklý *Fische*: abgestanden, tot.
leknín *m* (*2*; *6.* *-u*/*-ě*) *Bot.* Seerose *f*.
lekn|out *pf.* (*-kl*) *s. lekat*; **~utí** *n* (*3*) Schreck(en) *m*; **~m** vor Schreck.
lékopis *m* (*2*; *6.* *-e*/*-u*) Arzneibuch *n*.
lékořice *f* (*2a*) *Bot.* Süßholz *n*.
lektor *m* (*1*; *-ři*), **~ka** *f* (*1c*; *-rek*) Lektor(in *f*) *m*; **~át** *m* (*2*; *6.* *-u*/*-ě*) Lektorat *n*; **~ský** Lektoren-.
lektvar F *m* (*2a*) (*Volks-*)Medizin *f*, Mittel *n*.
lel|ek *m* (*1b*; *-lk-*) *Zo.* Ziegenmelker *m*; F *chytat -lky* = **~kovat** ⟨*po-, za-*⟩ (*-kuji*) gaffen; (herum)lungern.
lem *m* (*2a*) Saum *m*, Besatz *m*; **~ování** *n* (*3*) Einfassung *f*; (*Pelz-*) Verbrämung *f*; **~ovat** ⟨*o-, za-*⟩ (*-muji*) einsäumen; *mit Pelz* verbrämen; *mit Borten* einfassen; **~ovka** *f* (*1c*; *-vek*) Borte *f*; *Mil.* Biese *f*, Paspel *f*.
len *m* (*2a*; *ln-*) Flachs *m*; *plavý jako* ~ flachsblond.
leník *m* (*1a*) *hist.* Leh(e)nsmann *m*.
leniv|ec F *m* (*3*; *-vc-*) Faulenzer *m*, Faulpelz *m*; **~ět** ⟨*z-*⟩ (*3 Pl.* *-ějí*) faul (*od.* träge) werden; **~ost** *f* (*4*) Faulheit *f*, Trägheit *f*; **~ý** faul, träg(e); *Bewegung*: lässig.
lenní Lehens-.

léno *n* (*1*; *6.* *-u*/*-ě*) *hist.* Lehen *n*; *-nem*, *v -nu* als Lehen; *dát k-u* (*co*) *v* ~ j-n belehnen (mit).

lenoch[1] *m* (*1a*) Faulenzer *m*; ~[2] (*2b*) (*Stuhl-*)Lehne *f*; Linienblatt *n*, *öst.* Faulenzer *m*.

lenochod *m* (*1*) Faultier *n*.

leno|st *f* (*4*) Faulheit *f*, Trägheit *f*; **~šení** *n* (*3*) Faulenzen *n*; **~šit** ⟨*po-si*, *pro-*, *za- si*⟩ faulenzen, F sich auf die faule Haut legen; **~šivý** faul(enzerisch), träge; ~ *život* Faulenzerleben *n*; **~ška** *f* (*1c*; *-šek*) Lehnstuhl *m*; **~šný** *s. lenošivý*.

lep *m* (*2a*) Leim *m*; Kleister *m*; *fig. sedl na* ~ er ist auf den Leim gegangen.

lépe *Adv.* besser; *tím* ~ um so besser.

lepen|ka *f* (*1c*; *-nek*) Pappe *f*; Pappdeckel *m*; Klebeband *n*; *krycí*, *vlnitá* ~ Dach-, Wellpappe; **~kový** Papp-; Dachpappen-.

lep|icí Klebe-; **~ič** *m* (*3*) Kleber *m*; *-ič plakátů* Plakat(an)kleber; **~idlo** *n* (*1a*; *-del*) Klebstoff *m*, Klebemittel *n*; **~it** ⟨*na-*, *za-*⟩ kleben (*A*); ~ *se* kleben (*v*/*i*), haften bleiben; *fig.* (*nač*, *ke k-u*) sich hängen (an *A*); **~ivost**, **~kavost** *f* (*4*) Klebrigkeit *f*; **~ivý**, **~kavý** klebrig.

lepo|st *f* (*4*), **~ta** *f* (*1*) Schönheit *f*, Anmut *f*.

lepší *Adj. Komp.* besser; *něco* **~ho** et. Besseres; *k* **~mu** zum Besseren; *dát co k* **~mu** et. zum besten geben.

lepšit ⟨*po-*, *z-*⟩ bessern; besser machen; ~ *se* sich bessern, besser werden; (*nur impf.*) sich auf dem Weg der Besserung befinden.

lept *m* (*2a*) Radierung *f*; **~ací** Ätz-; Radier-; **~adlo** *n* (*1a*; *-del*) Ätzmittel *n*; Beize *f*; **~at** ⟨*za-*⟩ ätzen; beizen; *Zeichnung* radieren; **~avý** ätzend, Ätz-.

lepý *poet.* schön, lieblich.

les *m* (*2*; *2. -a*, *6. -e*, *6 Pl. -ich*) Wald *m*, † Forst *m*; *vysoký* ~ Hochwald; *správa* **~ů** Forstverwaltung *f*; *fig. nevidí pro stromy* ~ er sieht den Wald vor lauter Bäumen nicht; **~ák** *m* (*1a*) Waldmensch *m* = F *für* Waldarbeiter *m*, Förster *m*, Student *m* e-r Forstschule *usw.*; **~ík** *m* (*2b*) Wäldchen *n*; **~ina** *f* (*1*) Waldung *f*; *Forst.* Waldbestand *m*; Waldland *n*, Waldfläche *f*; *Jagdw.* Schonung *f*.

lesk *m* (*2b*) Glanz *m* (*a. fig.*); (*Licht-*)Schimmer *m*; *Tech.* Politur *f*; Feuer *n* e-s *Brillanten*; **~lý** (*Adv.* -e) glänzend, Glanz-; *Geldstück*: blank; F blitzblank; **~nout se** ⟨*za-*⟩ (*-kl*) glänzen; *Wasser a.*: glitzern; *Waffen*: blitzen; *Edelsteine*: funkeln.

les|mistr † *m* (*1*; *-ři*) Forstmeister *m*; **~natý** bewaldet, waldreich; **~ní**[1] Wald-; Forst-; *poet.* Waldes-; ~ *hospodářství* Forstwirtschaft *f*; ~ *správa* Forstverwaltung *f*; **~ní**[2] *m* (*Adj. 4*) Förster *m*; **~nický** Forst-; Förster-; **~nictví** *n* (*3*) Forstwesen *n*; F Försterhandwerk *n*; **~nictvo** *n* (*3*) Forstpersonal *n*; **~ník** *m* (*1a*) Förster *m*; **~ovna** *f* (*1*; *-ven*) Forsthaus *n*.

lest *f* (*4*; *3*, *6 Pl. a. 4a*; *lst-*) List *f*; Finte *f*.

lešení *n* (*3*) Gerüst *n*; *popravní* ~ Schafott *n*; *trubkové* ~ Stahl(rohr)-gerüst.

leště|nec *m* (*4*; *-nc-*) *Min.* Bleiglanz *m*; *antimonový* ~ *u.* Schwefelantimon *n*; *stříbrný* ~ Glanzsilber *n*; **~ní** *n* (*3*) Polieren *n*; *prostředek na* ~ Poliermittel *n*; **~ný** poliert, Glanz-, Politur-.

lešt|icí Polier-, Glanz-; **~ič**[1] *m* (*3*) Polierer *m*; ~ *obuvi* Schuhputzer *m*; **~ič**[2] *m* (*4*), **~ička** *f* (*1c*; *-ček*) Bohner(maschine *f*) *m*; *Fot.* Hochglanz-Trockenpresse *f*; **~idlo** *n* (*1a*; *-del*) Glanz-, Poliermittel *n*; (*Bohner-*)Wachs *n*; (*Schuh-*)Wichse *f*; **~írna** *f* (*1*; *-ren*) Polierwerkstätte *f*; **~it** ⟨*na-*, *za-*⟩ polieren; *Schuhe* putzen; *Fußboden* bohnern.

let *m* (*2a*) Flug *m*; *doba* **~u** Flugzeit *f*, -dauer *f*; *směr* **~u** Flugrichtung *f*; *výška* **~u** Flughöhe *f*; *připraven k* **~u** startbereit; *v* **~u** *fig.* in Eile, im Flug.

létací Flug-; *fig.* fliegend.

letadlo *n* (*1a*; *-del*) Flugzeug *n*; *-lem* mit Luftpost; *cesta -lem* Flugreise *f*; **~vý** Flugzeug-; *mateřská -vá loď* Flugzeugmutterschiff *n*.

leták *m* (*2b*) Flugblatt *n*; *Jagdw.* Flügel *m*; (*Bienen-*)Ausflug *m*.

létat *iter. zu letět*.

létav|ice *f* (*2a*) Sternschnuppe *f*; **~ý** fliegend, Flug-.

letec *m* (*3*; *-tc-*) Flieger *m*; ~ *z povolání* Berufspilot *m*; **~ký** Flieger- (*z. B. Alarm*); Luft- (*z. B. Angriff, Aufnahme, Krieg, Schutz, Waffe, Post*); Flug- (*z. B. Gesellschaft, Technik, Verkehr, Strecke*); **~tví** *n* (*3*) Flugwesen *n*, F Fliegerei *f*.

lete|m im Flug; *fig.* flugs; **~nka** *f* (*1c*; *-nek*) Flugschein *m*, Flugticket *n*.

letět ⟨*do-, po-, za-*⟩ fliegen; *Zug, Auto*: rasen; *Zeit*: dahineilen, wie im Fluge vergehen; *~ kolem č-o* vorüberfliegen an (*D*); *~ na k-o* F losstürzen auf (*A*).

letiště *n* (*2a*) Flugplatz *m*, Flughafen *m*.

letit|ost *f* (*4*) hohes (*lit.* gesegnetes) Alter *n*; **~ý** (hoch)betagt.

let|ka *f* (*1c*; *-tek*) *Zo.* Schwungfeder *f*; *lit.* Schwinge *f*, Fittich *m*; *Flgw.* Staffel *f*; **~kyně** *f* (*2b*) Fliegerin *f*, Pilotin *f*; **~mo** *Adv.* im Flug(e); flugs; *fig.* flüchtig; *skok ~ Sp.* Hechtsprung *m*; **~mý** *fig.* flüchtig; *s ~m startem Sp.* mit fliegendem Start.

letn|í Sommer-, sommerlich; *~ byt* Sommerfrische *f*; **~ice** *f/pl.* (*2a*; *3. -ům/*[*-ím*]) Pfingsten *n*, Pfingstfest *n*.

léto *n* (*1*; *1, 4, 5 Pl. léta, 2. let, sonst le-*) Sommer *m*; *-ta pl. a.* Jahre *n/pl.*; P *a.* Jahresringe *m/pl.*; *v zimě v -tě* Sommer und Winter; *kolik je Vám let?* wie alt sind Sie?; *do dvou let* binnen (*od.* innerhalb von) *2* Jahren; *před lety* vor Jahren; *v sedmdesátých letech* in den siebziger Jahren; *do let* in die Jahre (*kommen*); *na svá -ta* für sein Alter; *vyrůst z dětských let* den Kinderschuhen entwachsen; *za mladých let* in jungen Jahren; † *-ta Páně* im Jahr des Herrn; *právní -ta Jur.* Volljährigkeit *f*.

leto|hrádek *m* (*2b*; *-dk-*) Lustschloß *n*; **~kruh** *m* (*2b*) *Bot.* Jahresring *m*.

letopis *m* (*2*; *6. -e/-u*) Chronik *f*; *~y pl. a.* Annalen *f/pl.*; **~ec** *m* (*3*; *-sc-*) Chronist *m*; **~ný** chronographisch.

letopočet *m* (*2a*; *-čt-*) Zeitrechnung *f*; Jahreszahl *f*; *před naším -čtem* vor unserer Zeitrechnung.

letora *f* (*1d*) Temperament *n*, Gemütsart *f*.

letorost *m* (*2a*) *Bot.* Trieb *m*, [Schößling *m*.]

leto|s in diesem Jahr, *öst.* heuer; **~šek** *m* (*2b*; *-šk-*; *2. -ška*) das laufende Jahr, dieses Jahr; **~šní** diesjährig, *öst.* heurig.

letoun¹ *m* (*1*) *Zo.* Flattertier *n*; fliegender Fisch *m*; **~²** *m* (*2a*) Flugzeug *n*.

letov|ací *Tech.* Löt-; **~ačka** *f* (*1c*; *-ček*) Lötkolben *m*; **~at** ⟨*s-, za-*⟩ (*-tuji*) löten; **~isko** *n* (*1b*; *-sk/-sek*) Sommerfrische *f*; † *a.* Sommersitz *m*.

let|ový Flug-; **~uška** *f* (*1c*; *-šek*) Stewardeß *f*.

-letý *in Zssgn* -jährig.

leukémie [-ɛu-] *f* (*2*) *Med.* Leukämie *f*.

lev *m* (*1*; *lv-*) Löwe *m*; (*Geld*) Leva *f*, Lei *m*; *hostinec U lva* Gasthaus zum Löwen.

lev|ačka *f* (*1c*; *-ček*) Linkshänderin *f*; linke Hand *f*, Linke *f*; **~ák** *m* (*1a*) Linkshänder *m*.

levandul|e *f* (*2*) *Bot.* Lavendel *m*; **~ový** Lavendel-.

levhart *m* (*1*) *Zo.* Leopard *m*; **~í** Leoparden-.

levi|ce *f* (*2a*) linke Hand *f*; *lit. u. Pol.* Linke *f*; *po -ci* an der linken Seite, zur Linken; **~cový** *Pol.* Links-, linksgerichtet; **~čák** *m* (*1a*) Linkshänder *m*; *Pol.* Mitglied *m* der Linken, F Linke(r) *m*; **~čka** *f* (*1c*; *-ček*) linkes Händchen *n*.

levita *m* (*5a*): *číst -ty* Leviten lesen.

levkoje *f* (*2*) *Bot.* Levkoje *f*.

levný billig, † wohlfeil.

levo|boček *m* (*1b*; *-čk-*) unehelicher (*od.* † natürlicher) Sohn *m*, *verä.* Bastard *m*; **~boční, ~bočný** unehelich, † natürlich; **~stranný** linksseitig; **~točivý** *Tech.* linksläufig, Links-.

levý linke(r); P *a.* ungeschickt.

lexikon *m* (*2*; *6. -u/-ě*) Lexikon *n*.

lez|avý *Kälte*: durchdringend; **~ec** *m* (*3*) Kletterer *m*; **~ecký** Kletter-, Berg(steiger)-; **~enice** *f* (*2a*) Kletterei *f*, F Kraxelei *f*.

lézt ⟨*po-, za-*⟩ (*lezu, lezl*) kriechen; (hinauf)klettern; *Kinder, kleine Tiere*: krabbeln; P *~ za kým j-m* nachsteigen; F *brambory mu nelezou* die Kartoffeln schmecken ihm nicht; *to mu neleze do hlavy* das will ihm nicht in den Kopf; *to leze do peněz* das geht ins Geld, das kommt teuer; *to mu leze z krku* das hängt ihm (schon) zum Hals heraus.

lež *f* (*4b*; *lž-*) Lüge *f*; *~ z nouze* Notlüge; *~ a klam* Lug und Trug.

lež|ácký Faulenzer-; **~ák¹** P *m* (*1a*) Faulenzer *m*; **~ák²** *m* (*2b*) Lagerbier *n*; F Ladenhüter *m*; **~atý** liegend; *-té písmo* Kursiv-, Schrägschrift *f*; ~ *límec* Umlegkragen *m*; **~e** *Adv.* liegend, in liegender Stellung *od.* Haltung; **~ení** *n* (*3*) Liegen *n*; *Mil.* Lager *n*; **~et** ⟨*po-, pro-, zasi*⟩ liegen; lagern; *jak to stojí a -ží fig.* in Bausch und Bogen; **~ící** liegend; gelegen; **~mo** *Adv.* liegend; *podpor* ~ Liegestütz *m.*

lhaní *n* (*3*) Lügen *n.*

lhář *m* (*3*), **~ka** *f* (*1c*; *-řek*) Lügner *m*, Lügnerin *f.*

lhát ⟨*za-*⟩ (*lžu, lhal, lhán*) lügen; ~ *do očí* frech ins Gesicht lügen; ~ *k-u* anlügen *A*; *lže jako když tiskne* er lügt wie gedruckt.

lhav|ost *f* (*4*) Lügenhaftigkeit *f*; **~ý** lügenhaft.

lhostejn|ost *f* (*4*) Gleichgültigkeit *f*; **~ý** gleichgültig.

lhůta *f* (*1*) Frist *f*; *Jur.*, *Hdl. a.* Termin *m*; *dodací* ~ Lieferfrist; *ve -tě* termingemäß; *před -tou* vorfristig; *s krátkou -tou* kurzfristig.

-li wenn, falls; (*in Fragesätzen*) ob.

liána *f* (*1*) *Bot.* Liane *f.*

líb|ání *n* (*3*) Küssen *n*; **~ánky** *f/pl.* (*1*; *-nek*) Flitterwochen *f/pl.*; **~at** ⟨*o-, (z)u-*⟩ küssen.

libela *f* (*1a*) *Zo.* Libelle *f*; *Tech.* Wasserwaage *f.*

liberál *m* (*1*; *-ové*) Liberale(r) *m*; **~ní** liberal; **~nost** *f* (*4*) Liberalität *f.*

líbez|nost *f* (*4*) Anmut *f*, Lieblichkeit *f*; **~ný** lieblich, (*a. Gestalt*) anmutig.

líb|it se ⟨*za-* (*se, si*)⟩ gefallen; belieben; *to si nedám* ~ das lasse ich mir nicht gefallen; *nelíbit se* mißfallen; **~ivý** ansprechend, angenehm.

libo *Adv.* angenehm, gefällig; *jak je Vám* ~ (je) nach Belieben; **~st** *f* (*4*) Belieben *n*, F Herzenslust *f*; *podle ~i* nach Belieben, F nach Herzenslust; **~vat si** ⟨*po-, za-*⟩ (*-buji*) (*k-o, co*) sich loben (*j-n, A*); (*v čem, kom*) Gefallen finden an (*D*); e-e Vorliebe haben für (*A*); **~volnost** *f* (*4*) Willkür *f*; **~volný** willkürlich; *Sache, Menge*: beliebig; **~vonný** wohlriechend; **~vůle** *f* (*2*) Willkür *f*; **~vý** mager; **~zvučnost** *f* (*4*) Wohlklang *m*; **~zvučný** wohlklingend; **~zvuk** *m* (*2b*) *s. libozvučnost.*

libra *f* (*1d*; *-ber*) Pfund *n*; ~ *sterlinků* Pfund Sterling.

libreto *n* (*1*; *6. -u/-ě*) Libretto *n*, Operntext *m*; *filmové* ~ Drehbuch *n.*

libůstka *f* (*1c*; *-tek*) Lieblingsbeschäftigung *f*, F Steckenpferd *n*, Hobby *n*, Passion *f*, Marotte *f.*

libý lieb(lich), angenehm; sanft; *Lächeln a.*: hold.

libyjský libysch, Libyen-.

líc[1] *m* (*4*) Vorderseite *f*; *rub a* ~ Vorder- und Rückseite; *fig.* Licht- und Schattenseiten; **~**[2] *f* (*3*), **~e** *n* (*2*) Wange *f*, Backe *f*; *poet.* Antlitz *n*; *přiložit k -ci Gewehr* anlegen, in Anschlag bringen.

licen|ce *f* (*2*) Lizenz *f*; **~covat** (*im*)*pf.* (*-cuji*) e-e Lizenz erteilen (*D*); lizenzieren (*A*); **~ční** Lizenz-.

lící Guß *m.*

lícit ⟨*při-, za-*⟩ anlegen, zielen (*na k-o* auf *A*).

licit|ace *f* (*2*) Versteigerung *f*; **~ační** Versteigerungs-; **~ovat** ⟨*z-*⟩ (*-tuji*) versteigern.

lícní Wangen-, Backen-; ~ *strana* Vorder- *od.* Oberseite *f.*

licoměr|ník *m* (*1a*), **~nice** *f* (*2a*) Heuchler(in *f*) *m*; **~nost** *f* (*4*) Heuchelei *f*; **~ný** heuchlerisch, scheinheilig.

licousy *m/pl.* (*2*) Backenbart *m.*

líčen|í *n* (*3*) Schilderung *f*, Darstellung *f*; *Jur.* Verhandlung *f*; **~ý** affektiert, gekünstelt; Schein-, falsch; geschminkt.

líči|dlo *n* (*1a*; *-del*) Schminke *f*; **~t** ⟨*na-, vy-, za-*⟩ schminken; schildern, darstellen; *fig.* vorspiegeln; (*na k-o*) e-e Falle stellen (*D*).

líčko *n* (*1b*; *-ček*) (*Kinder-*)Wange *f*, Bäckchen *n.*

lid *m* (*2a*) Volk *n*; P Leute *pl.*; *pracující* ~ die Werktätigen *m/pl.*; *venkovský* ~ Landbevölkerung *f*; **~é**, **~i** *m/pl.* (*wie f 4*) Leute *pl.*, Menschen *m/pl.*; man; *mezi -di* unter das Volk, unter die Leute, unter Menschen; **~ičky** F *m/pl.* (*wie f 1*; *-ček*) liebe Leute *pl.*; **~natost** *f* (*4*) Bevölkerungsdichte *f*; **~natý** dicht bevölkert *od.* besiedelt.

lido|jed *m* (*1*) Menschenfresser *m*; **~morna** *f* (*1*; *-ren*) Hungerturm *m*; **~op** *m* (*1*) Menschenaffe *m*; **~pisný** ethnographisch; **~vláda** *f* (*1*) Volksherrschaft *f*; **~vost** *f* (*4*) Volkstümlichkeit *f*; **~vý** volkstümlich, Volks-.

lidovýchov|a *f* (*1*) Volksbildung *f*; **~ný** Volksbildungs-.

lidožrout *m* (*1*) Menschenfresser *m*; **~ství** *n* (*3*) Kannibalismus *m.*

lid|skost *f* (*4*) Menschlichkeit *f*, Humanität *f*; **~ský** (*Komp.* -*štější*; *Adv.* -*sky*, *Komp.* -*štěji*) menschlich, Menschen-; *v* -*ké podobě* in Menschengestalt; **~ství** *n* (*3*) Menschlichkeit *f*; **~stvo** *n* (*1*) Menschheit *f*, *koll.* Menschen *m*/*pl.*
lidumil *m* (*1*; -*ové*) Menschenfreund *m*; **~nost** *f* (*4*) Menschenfreundlichkeit *f*; **~ný** menschenfreundlich.
liduprázdný menschenleer.
lift *m* (*2a*) Fahrstuhl *m*, Lift *m*.
lig|a *f* (*1b*) Liga *f*; *první* ~ *Sp.* Oberliga; **~ový** *Sp.* Liga-.
líh *m* (*2b*; *lih*-) Spiritus *m*, Alkohol *m*, Weingeist *m*.
líh|at *iter. zu ležet*; **~eň** *f* (*3*; -*hn*-) Brutapparat *m*; Brutofen *m*; *fig.* Brutstätte *f*; **~niště** *n* (*2a*) Brutplatz *m*; **~nout se** ⟨*vy*-⟩ (-*hl*) ausgebrütet werden, aus dem Ei schlüpfen; **~nutí** *n* (*3*) Brüten *n*; *doba* ~ Brutzeit *f*.
liho|měr *m* (*2a*) Alkoholmesser *m*; **~palna** *f* (*1*; -*len*) = **~var** *m* (*2a*) Spiritusfabrik *f*, Brennerei *f*; **~vina** *f* (*1*) geistiges Getränk *n*; -*ny pl. a.* Spirituosen *pl.*; **~vý** *Chem.* Spiritus-, Alkohol-.
lícha *f* (*1b*) *poet.* Acker *m*, Feld *n*.
lichevní Wucher-.
lichoběžník *m* (*2b*) *Geom.* Trapez *n*; **~ový** Trapez-.
lichocení *n* (*3*) Schmeichelei *f*.
lichost *f* (*4*) *Math.* Ungeradheit *f*; *Jur.* Haltlosigkeit *f*, Nichtigkeit *f*.
lichot|it ⟨*v*-, *za*-⟩ (-*cen*) schmeicheln; ~ *se ke k-u* sich einschmeicheln bei (*D*); **~ivý** schmeichelhaft; *Worte, Reden*: schmeichlerisch; **~ka** *f* (*1c*; -*tek*) Schmeichelei *f*; Kompliment *n*; **~nice** *f* (*2a*) Schmeichlerin *f*; **~nický** schmeichlerisch; **~ník** *m* (*1a*) Schmeichler *m*; **~ný** schmeichelhaft.
lichv|a *f* (*1*; -*chev*) Wucher *m*; **~ář** *m* (*3*) Wucherer *m*; **~ářský** wucherisch, Wucher-; **~ářství** *n* (*3*) Wucher *m*.
lichý *Math.* ungerade; *Zo.* unpaarig; *Anlaß*: nichtig, geringfügig; *Hoffnungen, Scham*: falsch; *Behauptungen*: unzutreffend, haltlos; *Jur.* hinfällig; *Drohung, Gerede*: leer.
li|ják *m* (*2b*), **~javec** *m* (*4*; -*vc*-) Platzregen *m*, (Regen-)Guß *m*; **~jec** *m* (*3*; -*jc*-) Gießer *m*; **~ji** *s. lít.*
likér *m* (*2a*) Likör *m*; **~ový** Likör-.
liknav|ec *m* (*3*; -*vc*-) Zauderer *m*, saumseliger Mensch *m*; F Faulpelz *m*; **~ý** (nach)lässig; träge, faul; *Schuldner*: säumig.
likvid|ace *f* (*2*) Liquidierung *f*, (*Geschäfts*-)Auflösung *f*; **~ační** Liquidations-; **~ní** liquide, flüssig; **~ovat** (*im*)*pf.* ⟨*z*-⟩ (-*duji*) liquidieren.
lila F (*indekl.*) lila; P *fig.* ziemlich schlecht.
lilek *m* (*2b*; -*lk*-) *Bot.* Nachtschatten *m*.
lili|e *f* (*2*) Lilie *f*; **~ový** Lilien-; lilienweiß.
lilkovitý *Bot.* Nachtschatten-.
limb *m* (*2a*) *fig.*: *být v* ~*u* schlafen; verloren (*od.* F hin) sein.
limba *f* (*1*) Zirbelkiefer *f*.
líme|c *m* (*4*; -*mc*-) Kragen *m*; ~ *u košile* Hemdkragen; *číslo* -*mce* Kragenweite *f*; **~ček** *m* (*2b*; -*čk*-) (kleiner) Kragen *m*.
limita *f* (*1*) Grenzwert *m*, Limit *n*.
limonád|a *f* (*1*) Limonade *f*; F *fig.* Kitsch *m*; **~ový** Limonaden-.
limuzína *f* (*1*) Limousine *f*.
lín *m* (*1*) *Zo.* Schleie *f*.
lín|ání *n* (*3*) *Zo.* Fellwechsel *m*; **~at** ⟨*vy*-⟩ (sich) haaren.
lind|a *f* (*1*) *Bot.* Silberpappel *f*; **~uška** *f* (*1c*; -*šek*) *Zo.* Wiesenlerche *f*.
lineární *Math.* linear.
lingvist|a *m* (*5a*) Linguist *m*; **~ika** [-tɪ-] *f* (*1c*) Linguistik *f*.
linie [-nɪ-] *f* (*2*) Linie *f*; Strich *m*.
linka *f* (*1c*; -*nek*) Linie *f*; *letecká, autobusová* ~ Flug-, Omnibuslinie.
linkova|cí Liniier-; **~ný** liniiert; **~t** ⟨*na*-, *vy*-⟩ (-*kuji*) liniieren.
linout ⟨*roz*- *se*, *vy*-⟩ *poet.* fließen, strömen.
líný faul, träg(e); ~ *myslit* denkfaul; ~ *na psaní* schreibfaul; ~ *na slovo* F maulfaul; F ~ *jako veš* stinkfaul.
líp *s. lépe.*
lípa *m* (*1*; *2 Pl. lip*; *3, 6, 7 Pl. lip*-) Linde *f*.
lipan *m* (*1*) *Zo.* Äsche *f*.
líp|at, **~nout** *pf.* (-*pl*; -*pnut*) ankleben; F *fig.* (hin)klatschen.
lipnice *f* (*2a*) *Bot.* Rispengras *n*.
lípový Linden-.
Lipsk|o *n* (*1b*) Leipzig *n*; **2ý** Leipziger (*Adj.*).
líra *f* (*1d*) Lira *f* (*Geld*).
lis *m* (*2*; *6.* -*u*/-*e*) Presse *f*; ~ *na víno* Kelter *f*.

lísa *f* (*1a*) Hürde *f*.
lís|al *m* (*1*; *-ové*) Schmeichler *m*; *verä.* Speichellecker *m*; **~ání** *n* (*3*) Schmeichelei *f*; **~at se** ⟨*při-*, *za-*⟩ (*ke k-u*) schmeicheln (*D*), umschmeicheln (*A*); **~avý** schmeichelhaft; *Benehmen*: kriecherisch; F *-vé koťátko* Schmeichelkätzchen *n*.
lísk|a *f* (*1c*; *-sek*) Hasel(nuß)strauch *m*; Hürde *f*; **~nout** P *pf.* (*k-o*) *j-m* e-e schmieren; **~oví** *n* (*3*) Haselgebüsch *n*; **~ovice** *f* (*2a*), **~ovka** *f* (*1c*; *-vek*) Haselrute *f*; **~ový** Hasel-.
lisov|ací Preß-; **~ač** *m* (*3*) Presser *m*; **~at** ⟨*pro-*, *vy-*, *z-*, *za-*⟩ (*-suji*) (aus-)pressen; *Blech* walzen; **~na** *f* (*1*; *-ven*) Presserei *f*; Kelterei *f*; **~ní** Preß-.
list *m* (*2*; *6. -u*/*-ě*) Blatt *n*; Zeitung *f*; Brief *m*, Schreiben *n*; Schein *m*, Urkunde *f*; *nákladní*, *vyučovací* ~ Fracht-, Lehrbrief; *podací*, *rodný* ~ Einlieferungs-, Geburtsschein; **~árna** *f* (*1*; *-ren*) Briefkasten *m der Redaktion*; **~ář** *m* (*4*) Dokumentensammlung *f*.
líste|k *m* (*2b*; *-stk-*), *dim.* **~ček** *m* (*2b*; *-čk-*) Blättchen *n*; Briefchen *n*; Zettel *m*; Schein *m*; (*Eintritts-*, *Fahr-*, *Post-*)Karte *f*; dünne Scheibe *Speck usw.*
list|en *m* (*2a*) Deckblatt *n*; Blattwerk *n*; **~í** *n* (*3*) Laub *n*, Blätter *n*/*pl.*; **~ina** *f* (*1*) Urkunde *f*; Liste *f*; **~inný** Urkunden-, urkundlich, dokumentarisch.
lístkový Blatt-; Karten-; Zettel-; *-vé těsto* Blätterteig *m*.
list|náč *m* (*4*) Laubbaum *m*; **~natý** Laub-.
listo|noš *m* (*3*) Briefträger *m*; **~pad** *m* (*2a*) November *m*; **~vat** ⟨*pro-*, *pře-*, *za-*⟩ (*-tuji*) blättern; **~ví** *n* (*3*) Blattwerk *n*; **~vní** *Adj.* Brief-; *Su. m* (*Adj. 4*) *hist.* Grundbuchführer *m*; **~vý** Blatt-, Laub-.
listr *m* (*2a*) Lüster *m*.
lišá|cký (*Komp. -čtější*; *Adv. -cky*, *Komp. -čtěji*) schlau; *Lachen*: verschmitzt; **~ček** *m* (*1a*; *-čk-*) kleiner (*od.* junger) Fuchs *m*, Füchslein *n*.
lišaj *m* (*3*) *Zo.* Kiefernschwärmer *m*.
liš|ák *m* (*1a*) Fuchs *m* (*a. fig.*); **~čí** Fuchs-.
lišej *m* (*4*) *Med.* Flechte *f*; **~ník** *m* (*2b*) *Bot.* Flechte *f*.
lišit ⟨*od-*, *roz-*⟩ unterscheiden (*se* sich); ~ *se a.* verschieden sein.
liška *f* (*1c*; *-šek*) Fuchs *m* (*a. fig.*); *Bot.* Pfifferling *m*.
lišt|a *f* (*1*) Leiste *f*; **~ička** *f* (*1c*; *-ček*) Füchslein *n*; kleine (dünne) Leiste *f*.
lít ⟨*na-*, *po-*, *za-*⟩ (*liji*/*leji*, *lil*, *lit*) gießen; *leje jako z konve* es gießt wie aus Kannen.
líta|čka F *f* (*1c*; *-ček*), **~nice** F *f* (*2a*) Lauferei *f*.
litanie [-nɪ-] *f* (*2*) *Rel.* Litanei *f*.
lítat *iter.* *zu letět*.
litec *m* (*3*; *-tc-*) Gießer *m*.
liter|a *f* (*1d*) Buchstabe *m*; *Typ.* Letter *f*; **~ární** literarisch, Literatur-; *-ně historický* literaturgeschichtlich; ~ *historik* Literarhistoriker *m*; **~át** *m* (*1*) Literat *m*; **~atura** [-uː-] *f* (*1d*) Literatur *f*; **~ní** *Typ.* Lettern-; Geistes-; ~ *předměty* bildende (*Schul-*)Fächer.
liteřina *f* (*1*) Letternmetall *n*.
Litev|ec *m* (*3*; *-vc-*), **~ka** *f* (*1c*; *-vek*) Litauer(in *f*) *m*; **~sko** *n* (*1b*) *s. Litva*; **2ský** litauisch; **2ština** *f* (*1*) litauische Sprache *f*, Litauisch *n*.
litice, lítice *f* (*2a*) Furie *f*.
litin|a *f* (*1*) Gußeisen *n*; **~ový** Guß-.
litkup P *m* (*2a*) Lei(t)kauf *m*; Reugeld *n*.
lítnout *pf.* (*-tl*) *s. letět*.
líto: *je mi* ~ es tut mir leid (*č-o* um *A*; *že* daß).
litograf *m* (*1*; *-ové*) Lithograph *m*; **~ický** lithographisch; **~ie** *f* (*2*) Lithographie *f*.
lítost *f* (*4*) Reue *f*; Kummer *m*; *poet.* Wehmut *f*; Bedauern *n*; Mitleid *n*; *ke své velké* (*od. hluboké*) *~i* mit dem (*od.* zu meinem) tiefsten Bedauern; *~í a hořem* vor Kummer und Leid; *bez ~i* mitleidlos; schonungslos; **~ivost** *f* (*4*) Reue *f*; Wehmut *f*; **~ivý** kläglich; reumütig, *lit.* reuig; **~ný** schmerzlich, wehmütig.
litovat ⟨*po-*⟩ (*-tuji*) (*č-o*, *k-o*) bedauern (*A*); bemitleiden (*j-n*); bereuen (*A*); *Mühe*, *Kosten* scheuen.
litr *m* (*2a*) Liter *m od. n*; *čtvrt ~u* Viertelliter; **~ovka** *f* (*1c*; *-vek*) Literflasche *f od.* -glas *n*; **~ový** Liter-.
liturgický *Rel.* liturgisch.
Litva *f* (*1*) Litauen *n*.
litý *1. Tech.* gegossen, Guß-; *2.* grausam; *Kampf*: grimmig.
lívane|c *m* (*4*; *-nc-*) *Kochk.* gegossener Talken *m*, Gießkuchen *m*; **~čník** *m* (*2b*) Talkenpfanne *f*.

livrej *f* (*3*) Livree *f*; **~ovaný** livriert.
liz *m* (*2a*) Lecksalz *n*; Salzleck(stell)e *f*.
lizák *m* (*2b*) *Jagdw.* Zunge *f*, Lecker *m*.
líz|at ⟨*o-*, *u-*⟩ (*-žu*/*-zám*), **~nout** *pf.*, *o[b]-* (*-zl*; *-znut*) (be)lecken; F *Honig* schlecken; **~átko** *n* (*1a*; *-tek*) Stielbonbon *m*, F Lutscher *m*; **~avý** naschhaft.
-liž(e) *s.* *-li*.
lužina *f* (*1*) (*Faß-*)Lagerholz *n*; Faßleiter *f*.
lká|ní *n* (*3*) (Weh-)Klagen *n*, F Stöhnen *n*, Jammern *n*; **~t** ⟨*zalkat*⟩ (*lkal*) (weh)klagen, F jammern, stöhnen; (*nad čím*) beklagen, betrauern (*A*).
ln- *s.* *len*.
lnář *m* (*3*) Flachsbauer *m*; **~ský** Flachs-; **~ství** *n* (*3*) Flachs(an)bau *m*.
lněný leinen, Leinen-; Lein-.
lniště *n* (*2a*) Flachsfeld *n*.
lnout ⟨*při-*⟩ (*lnul*) (*k č-u*, *nač*) kleben, haften (an *D*); *fig.* (*ke k-u*) hängen (an *D*).
loaj|alita *f* (*1*) Loyalität *f*; **~ální** loyal; **~álnost** *f* (*4*) Loyalität *f*.
locika *f* (*1c*) *Bot.* Lattich *m*.
loď *f* (*4d*) Schiff *n*; *lodí* mit dem (*od.* per) Schiff, *Hdl.* auf dem Seeweg; *s dodáním na ~ Hdl.* frei an Bord (fob); *vstoupit na ~* an Bord gehen; **~ař** *m* (*3*) Schiffbauer *m*; Schiffer *m*, Reeder *m*; **~ařství** *n* (*3*) Schiffbau *m*.
lodenový Loden-.
lod|ěnice *f* (*2a*) (*Schiffs-*)Werft *f*; Bootshaus *n*; **~ice** *f* (*2a*) Boot *n*; *Mar.* Zille *f*; **~ička** *f* (*1c*; *-ček*) Schiffchen *n*, *schweiz.* Käppi *n*; **~ičky** *f/pl.* Pumps *m/pl.*; **~ivod** *m* (*1*) Lotse *m*.
loďk|a *f* (*1c*; *-děk*) Boot *n*, Kahn *m*; Schiffchen *n*, *poet.* Nachen *m*; *půjčovna loděk* Bootsverleih *m*; **~ář** *m* (*3*) Boot(s)verleiher *m*.
lodní Schiff(s)-; *~ plavba* Schiffahrt *f*; *~ deník Mar.* Logbuch *n*; *~ bagr* Schwimmbagger *m*.
lodnic|ký Schiffer-; **~tví** *n* (*3*) Schiffswesen *n*; **~tvo** *n* (*1*; *-tev*) Schiffsmannschaft *f*.
lodník *m* (*1a*) Schiffer *m*, Matrose *m*.
loďstvo *n* (*1*; *-tev*) Flotte *f*.
lodyha *f* (*1b*) Stengel *m*.
logaritm|ický *Math.* logarithmisch, Logarithmen-; *-ké pravítko* Rechenschieber *m*; **~ovat** ⟨*vy-*, *z-*⟩ (*-muji*) logarithmieren.
logi|cký (*Adv.* *-cky*) logisch; **~čnost** *f* (*4*), **~ka** *f* (*1c*) Logik *f*.
loj|natý, **~ovitý** talgig; *Kochk.* *a.* fett; **~ovka** *f* (*1c*; *-vek*) Talgkerze *f*; **~ový** Talg-.
lok *m* (*2b*) Schluck *m*.
lokaj *m* (*3*) Lakai *m*; **~ský** lakaienhaft, Lakaien-.
lokál *m* (*2*; *6.* *-u*/*-e*) Lokal *n*; *Gr.* Lokativ *m*, 6. Fall *m*; **~ka** *f* (*1c*; *-lek*) Klein-, *öst.* Lokalbahn *f*; Lokalnachricht *f*; *-ky pl.* Lokalchronik *f*.
lokat ⟨*na- se*⟩ schlucken; gierig trinken; einatmen, *frische Luft* schnappen.
loket *m* (*2 od. 4*; *-kt-*; *6.* *-i*/*-u*/*-ě*) Ell(en)bogen *m*; Elle *f* (*Maß*); *fig.* Maß *n*; *fig.* *na loktech* auf dem Arm, in den Armen; *dvojím loktem* mit zweierlei Maß; *odkládat na dlouhé lokte* auf die lange Bank schieben; **~ní** Ell(en)bogen-.
loknout *pf.* (*-kl*) *s.* *lokat*.
lokomotiv|a [-tɪ:-] *f* (*1*) Lokomotive *f*, F Lok *f*; **~ní** Lok(omotiv)-.
loktuše P *f* (*2*) großes Kopftuch *n*.
lom *m* (*2a*) Steinbruch *m*; *Phys.* Brechung *f*; Bruchfläche *f*; **~ař** *m* (*3*) Steinbrucharbeiter *m*.
lombard *m* (*2a*) *Hdl.* Lombard *m* *od.* *n*; Pfand(darlehen) *n*; **~ní** Lombard-.
lomcovat ⟨*za-*⟩ (*-cuji*) (*čím*, *kým*) schütteln (*A*), rütteln (an *D*).
lomen|í *n* (*3*) *Phys.* Brechung *f*; *~ rukama* Händeringen *n*; **~ice** *f* (*2a*) (*Dach-*)Giebel *m*; **~ý** gebrochen, Bruch-.
lom|ikámen *m* (*4 od. 2*; *-ka-*) *Bot.* Steinbrech *m*; **~it** ⟨*pro-*, *u-*, *z-*⟩ brechen; *~ rukama* die Hände ringen; **~ivý**, **~ný** brüchig; brechbar; **~ový** Bruch-.
lomoz *m* (*2a*) Lärm *m*, Poltern *n*; **~it** ⟨*za-*⟩ lärmen, poltern; **~ivý** lärmend, polternd; **~ný** laut, geräuschvoll.
londýnský Londoner (*Adj.*).
loni *Adv.* voriges Jahr, im vorigen Jahr, im Vorjahr.
loňsk|o *n* (*1b*) Vorjahr *n*; *z -ka* vom vorigen Jahr; **~ý** vorjährig, Vorjahrs-.
lopat|a *f* (*1*) Schaufel *f*, *dial.*

Schippe *f*; *Jagdw.* Geweih *n*; ~ *na uhlí* Kohlenschaufel; *fig. podávat po -tě* mundgerecht machen, *iron.* vorkauen; *říci co po -tě* e-n Wink mit dem Zaunpfahl geben; **~ář** *m* (*3*) *Jagdw.* Schaufler *m*; **~ka** *f* (*1c*; *-tek*) kleine Schaufel *f*; *Tech.* Schaufel *f*; *Anat.* Schulterblatt *n*; *Jagdw.* Blatt *n*; **~kovitý** schaufelförmig; **~kový** Schaufel-; *Anat.* Schulterblatt-; **~ový** Schaufel-.

lopo|cení *n* (*3*), **~ta** *f* (*1*) Plage *f*, P Plackerei *f*; **~tit (se)** ⟨*na-, u-*⟩ sich (ab)plagen, P sich (ab)schinden; **~tný** mühsam.

lopuch *m* (*2b*) *Bot.* Klette *f*.

lornět *m* (*2a*) † Lorgnette *f*, Stielbrille *f*.

los¹ *m* (*1*) *Zo.* Elch *m*, *Jagdw. a.* Elen(tier) *n*; **~²** *m* (*2a*) Los *n*; **~em** durch das Los; *číslo ~u* Losnummer *f*; **~í** Elen-.

losos *m* (*1*) *Zo.* Lachs *m*; **~ovitý** lachsartig; **~ový** Lachs-; lachsfarben, lachsrot.

losov|ací Los-; **~ání** *n* (*3*) Verlosung *f*, Auslosung *f*; **~at** ⟨*vy-*⟩ (*-suji*) (ver-, aus)losen; durch das Los entscheiden.

loter|ie *f* (*2*) Lotterie *f*; (*Zahlen-*) Lotto *n*; *hrát v -rii* Lotto (*od.* in der Lotterie) spielen; **~ní** Lotterie-, Lotto-.

loto *n* (*1*) Lotto *n*.

lotos *m* (*2*; *6. -u*/*-e*) Lotos(blume *f*) *m*; **~ový** Lotos-.

lotr *m* (*1*; *-ři*/*-rové*) Lotterbube *m*; *bibl.* Schächer *m* (*am Kreuz*).

Lotrinsk|o *n* (*1b*) Lothringen *n*; **%ý** lothringisch.

lotrov|ina *f* (*1*), **~ství** *n* (*3*) Schurkerei *f*, Schurkenstreich *m*; **~ský** schurkisch, Buben-.

lotynka P *f* (*1c*; *-nek*) *s. loterie.*

Lotyšs|ko *n* (*1b*) Lettland *n*; **%ký** lettisch.

loubí *n* (*3*) Laube(ngang *m*) *f*, Arkaden *f*/*pl.*

louč *f* (*3*) Kienspan *m*.

louč|ení *n* (*3*) Abschied *m*, Trennung *f*, *poet.* Scheiden *n*; **~it se** ⟨*roz-*⟩ (*s kým*) sich verabschieden, Abschied nehmen (von *D*).

louč|ka *f* (*1c*; *-ček*) kleine Wiese *f*; *s. louč*; **~ový** Kien-.

loud|a *m* (*5*), **~al** *m* (*1*; *-ové*) Zauderer *m*, langsamer Mensch *m*; *fig.* Träumer *m*; **~ání** *n* (*3*) Zaudern *n*, F Trödeln *n*; Bummeln *n*, Schlendern *n*; **~at se** ⟨*na-*⟩ gemächlich gehen, F schlendern, bummeln; trödeln; **~avec** *m* (*3*; *-vc-*) *s. louda*; **~avý** zaudernd; langsam, gemächlich.

loud|it ⟨*vy-*⟩ (*co na kom*) entlocken (j-m *A*), F betteln (um *A*); ~ *se poet.* sich (ein)schleichen; **~ivý** lockend.

louh *m* (*2b*) Lauge *f*; *jako ~ Wasser*: lauwarm; **~ovat** ⟨*vy-*⟩ (*-huji*) (aus-) laugen; **~ový** Laugen-.

louka *f* (*1c*; *2 Pl. luk*/*louk*) Wiese *f*.

loukoť *f* (*4c*; *-tě*) (*Rad-*)Felge *f*.

loup|ací Schäl-; **~ač** *m* (*4*) Schäler *m*; ~ *bramborů* Kartoffelschäler; **~áček** *m* (*2b*; *-čk-*) Blätter(teig)-hörnchen *n*, *öst.* -kipfel *m*, *Art* Splitterbrötchen *n*; *Agr.* Vorschäler *m*; **~ačka** *f* (*1c*; *-ček*) Schälmaschine *f*; *brambory na -čku* Schäl-, Pellkartoffeln *f*/*pl.*; **~ák** *m* (*2b*) Schälmesser *n*, Schäleisen *n*; **~ání** *n* (*3*) Schälen *n*; (*v údech* Glieder-) Reißen *n*; **~aný** geschält; **~at** ⟨*na-, o-, vy-*⟩ (*-u*/*-ám*) (ab)schälen (*se* sich); ⟨*-pnout*⟩ *Schmerz*: stechen; ~ *očima* Blicke zuwerfen (*po kom*/*D*).

loupení *n* (*3*) Rauben *n*.

loupež *f* (*3*) Raub *m*; **~it** *v*/*i* rauben, plündern; **~ivost** *f* (*4*) Raubgier *f*; **~ivý** *s. loupežný*; **~nický** Räuber-; **~nictví** *n* (*3*) Räuberei *f*; **~ník** *m* (*1a*) Räuber *m*; **~ný** räuberisch, Raub-; *-né přepadení* Raubüberfall *m*; *-ná vražda* Raubmord *m*.

loup|it ⟨*o-, u-, vy-*⟩ *v*/*i s. loupežit*; *v*/*t* (aus)plündern; **~nout** *pf.* (*-pl*) *s. loupat.*

lousk|áček *m* (*2b*; *-čk-*) Nußknacker *m*; **~at** ⟨*roz-, vy-, za-*⟩, **~nout** *pf.*, *za-* (*-kl*) *v*/*t* knacken (*a. fig.*); F *a.* pauken, büffeln.

loutk|a *f* (*1c*; *-tek*) Marionette *f*, Puppe *f*; **~ář** *m* (*3*) Puppen-, Marionettenspieler *m*; Puppenmacher *m*; **~ový** Puppen-, Marionetten-.

loutn|a *f* (*1*; *-ten*) *Mus.* Laute *f*; **~ista** [-nɪ-] *m* (*5a*) Lautenspieler *m*.

louž|e *f* (*2*), **~ička** *f* (*1c*; *-ček*) Pfütze *f*, Lache *f*; **~it** ⟨*vy-*⟩ laugen, beizen; *Leder* äschern.

lov *m* (*2a*) Jagd *f*; (*Fisch-, Vogel-*) Fang *m*; *~u zdar!* Weidmannsheil!; *doba ~u* Jagdzeit *f*; *jít na ~* auf die Jagd gehen; **~čí¹** *Adj.* Jagd-; **~čí²** *m*

(*Adj. 4*) Jägermeister *m*; **~ec** *m* (*3*; *-vc-*) Jäger *m*, Weidmann *m*; (*Walfisch-*)Fänger *m*; **~ecký** Jagd-; weidmännisch; ~ *tesák* Hirschfänger *m*; **~ectví** *n* (*3*) Weidwerk *n*; **~iště** *n* (*2a*) Jagdrevier *n*, *poet.* Jagdgründe *m/pl.*; **~it** ⟨*u-*, *z-*, *za-*⟩ jagen; *Mäuse*, *Fische*, *Vögel* fangen; *fig.* ~ *v kalných vodách* im trüben fischen; **~kyně** *f* (*2b*) Jägerin *f*; **~ný** jagdbar; *-ná zvěř* Jagdwild *n*.

loyální *s. loajální.*

lože *n* (*2*) Lager *n*, Bett *n*; *Mil.* Lafette *f*; *Tech.* Bettung *f*; *smrtelné* (*od. úmrtní*) ~ Totenbett, Sterbelager; *manželské* ~ Ehebett.

lóže *f* (*2*) *Thea.* Loge *f*.

ložisko *n* (*1b*; *-sk/-sek*) *Bgb.* Lager *n*, Lagerstätte *f*; *Tech.* (*kuličkové* Kugel-)Lager *n*; *Med.* Herd *m*; **~vý** Lager-; *Med.* Herd-.

ložn|í Bett-; **~ice** *f* (*2a*) Schlafzimmer *n*; **~ý** Lade-.

lpět, lpít ⟨*u-*⟩ (*lpěl*) *v/i* (*k č-u*) kleben, haften (an *D*); *fig.* ~ *na čem, kom* hängen an (*D*).

lst|ivost *f* (*4*) Hinterlist *f*, *lit.* Arglist *f*; **~ivý**, **~ný** (hinter)listig, arglistig.

lub *m* (*2a*) Spanholz *n*; ~ *síta* Siebkranz *m*; *Mus.* Zarge *f*; † *fig. má něco za ~em* er führt et. im Schilde.

Lucembur|čan *m* (*1*; *-é*) Luxemburger *m*; **~k** *m* (*2b*) Luxemburg *n* (*Stadt*); **~sko** *n* (*1b*) Luxemburg *n* (*Land*); **②ský** luxemburgisch, Luxemburger (*Adj.*).

lucerna *f* (*1*; *-ren*) Laterne *f*.

lucifer, † **luciper** *m* (*1*; *-ři/-rové*) Luzifer *m*; F *fig.* Teufel *m*, Wildfang *m*.

lucinka *f* (*1c*; *-nek*) *Bot.* Luzerne *f*.

lučavka *f* (*1c*; *-vek*) *Chem.* Scheidewasser *n*.

lučebni|cký chemisch, Chemie-; **~ny** *f/pl.* (*1*) Chemikalien *f/pl.*

lučin|a *f* (*1*) Wiese *f*, *poet.* Wiesengrund *m*; **~atý** reich an Wiesen, Wiesen-.

lučišt|ě *n* (*2a*) (*Pfeilbogen-*)Bügel *m*; **~ník** *m* (*1a*) Bogenschütze *m*.

lučn|atý *s. lučinatý*; **~í** Wiesen-.

ludrá|cký P liederlich; **~k** P *m* (*1a*) Liederjan *m*, liederlicher Mensch *m*.

lufťák F *m* (*1a*) Sommerfrischler *m*, Urlauber *m*.

luh *m* (*2b*) *lit.* Au(e) *f*, *poet.* Gefilde *n/pl.*; *s. louh.*

lůj *m* (*4*; *loj-*) Talg *m*; V *být v loji* in der Tinte sitzen.

luk *m* (*2b*) (*Pfeil-*)Bogen *m*; **~a** *f* (*1c*) *s. louka*; **~ař** *m* (*3*) Wiesenbauer *m*; Bogner *m*, Bogenmacher *m*.

lukostřel|ba *f* (*1*) Bogenschießen *n*; **~ec** *m* (*3*; *-lc-*) Bogenschütze *m*.

lulka *f* (*1c*; *-lek*) kurze Pfeife *f*.

lumbágo *n* (*1*; *6. -u*) *Med.* Lumbago *f*, Hexenschuß *m*.

lumčík *m* (*1a*) *Zo.* Schlupfwespe *f*.

lumík *m* (*1a*) *Zo.* Lemming *m*.

lump *m* (*1*) Lump *m*, Gauner *m*; **~ácký** Lumpen-, lumpig; **~áctví** *n* (*3*), **~ačina** *f* (*1*), **~árna** *f* (*1*; *-ren*) Lumperei *f*; **~ovat** F (*-puji*) ein liederliches Leben führen.

luna *f* (*1*) *poet.* Mond *m*, Luna *f*.

luňák *m* (*1a*) *Zo.* Hühnergeier *m*.

lun|ární lunar, Mond-; **~atik** [-tɪ-] *m* (*1*) Mondsüchtige(r) *m*; **~ní** *poet.* mondhell, Mond-.

lůno *n* (*1*) Mutterleib *n*; Schoß *m*; *v -ně rodiny* im Schoß der Familie.

lup[1] *m* (*2a*) Raub *m*; Beute *f*; **~y** *pl. a.* (*Kopf-*)Schuppen *f/pl.*

lup[2]! *Int.* bums!, krach!

lupa *f* (*1*) Lupe *f*; (*pod*) *-pou* durch die Lupe; *brát na něco -pu od. něco pod -pu* et. unter die Lupe nehmen.

lupat ⟨*na-*, *za-*⟩ (*-u/-ám*) *v/i* knacken; knallen; *s. loupat.*

lupek *m* (*2b*; *-pk-*) *Geol.* Schieferton *m*.

lupen *m* (*2a*) *Bot.* Blatt *n*; **~atý** blätt(e)rig; *Min.* Blätter-; **~í** *n* (*3*) Blattwerk *n*, Laub *n*; **~itý** Blatt-; **~ka** *f* (*1c*; *-nek*) Laubsäge *f*; *Med.* Schuppenflechte *f*; **~kářský**, **~kový** Laubsäge-; **~ovitý** blattförmig, Blatt-.

lupič *m* (*3*) Räuber *m*; Einbrecher *m*; **~ský** räuberisch, Raub-; Einbrecher-; **~ství** *n* (*3*) Räuberei *f*, Raub *m*.

lupina *f* (*1*) *Bot.* Lupine *f*; *Med.* Schuppe *f*.

lupín|ek *m* (*2b*; *-nk-*) Blättchen *n*; dünne Scheibe *Speck usw.*; *Anat.* Fontanelle *f*; **~kovitý** blätterartig; **~kový** schuppig, Schuppen-.

lupnout *pf.* (*-pl*) *s. lupat.*

lusk *m* (*2b*) *Bot.* Schote *f*, Hülse *f*; **~at** ⟨*po-*⟩, **~nout** *pf.*, *za-* (*-kl*) *v/t* knacken.

luskovi|na *f* (*1*) *Bot.* Hülsenfrucht *f*; **~tý** schoten-, hülsenförmig.

lustr *m* (*2a*) Kronleuchter *m*, Lüster *m*.

luštěn|í *n (3)* (*Rätsel-*)Lösen *n*; *Bot.* Enthülsen *n*; **~ina** *f (1)* Hülsenfrucht *f*.
luštin|a † *f (1) s. luštěnina*; **~atý** *Bot.* hülsentragend; **~ec** *m (4; -nc-) Bot.* Hahnenkamm *m*, Klapperkraut *n*.
luštit ⟨*roz-*⟩ (auf)lösen; **~el** *m (3; -é)* (*Rätsel-*)Löser *m*.
luterán *m (1)*, **~ka** *f (1c; -nek) Rel.* Lutheraner(in *f*) *m*; **~ský** lutherisch.
luxovat F ⟨*vy-*⟩ (*-xuji*) staubsaugen.
luxus *m (2; 6. -u/-e)* Luxus *m*.
lůza, lūza *f (1a)* Pöbel *m*, Gesindel *n*, *verä.* Pack *n*.
luzný *poet.* reizend.
Luži|ce *f (2a) Geogr.* Lausitz *f*; **℘cký** (*Adv. -y, -o*) Lausitzer (*Adj.*); *Gr.* sorbisch, wendisch; **~čan** *m (1; -é)* Sorbe *m*, Wende *m*; **~čanka** *f (1c; -nek)* Sorbin *f*, Wendin *f*.
lůžko *n (1b; -žek)* Bett *n*; Schlafstelle *f*; *Bot.* Samenboden *m*; *Tech.* Lager *n*, Gehäuse *n*; *Med.* Nachgeburt *f*; *visuté ~* Hängematte *f*; *pokoj s dvěma -y* Zweibettzimmer *n*; **~vý** Bett(en)-; *~ vůz Esb.* Schlafwagen *m*.
lví Löwen- (*a. fig.*).
lvice *f (2a)* Löwin *f*.
lvíče *n (4)* Löwenjunge(s) *n*.
lvoun *m (1)* Seelöwe *m*.
lyce|jní Lyzeums-, Lyzeal-; **~um** *n (5)* Lyzeum *n*.
lý|čí *n (3)*, **~ko** *n (1b)* Bast *m*.
lyko|vec *m (4; -vc-) Bot.* Seidelbast *m*; **~žrout** *m (1)* Borkenkäfer *m*.
lymfa *f (1) Med.* Lymphe *f*; **~tický** [-tɪ-] Lymph-, lymphatisch.
lynčovat (*im*)*pf.* ⟨*z-*⟩ (*-čuji*) lynchen.
lyra *f (1d)* Lyra *f*, Leier *f*.
lyri|cký lyrisch; **~k** *m (1)* Lyriker *m*; **~ka** *f (1c)* Lyrik *f*.
lys|ák *m (1a)* Blesse *f* (*Tier*); † *a.* Glatzkopf *m*; **~at** ⟨*o-, z-*⟩ kahl werden; **~ina** *f (1)* Glatze *f*; kahle Stelle *f*; Blesse *f*; **~ka** *f (1c; -sek)* Blesse *f* (*Pferd od. Kuh*); Bleßhuhn *n*; **~ost** *f (4)* Kahlheit *f*; **~ý** kahl; *-sá hlava iron.* Kahlkopf *m*.
lýtko *n (1b; Pl. 2. -tek, 3. -ům/-ám, 6. -ách, 7. -y/-ami)* Wade *f*; *křeč do -tek* Wadenkrampf *m*; **~vý** Waden-.
lyžař *m (3)*, **~ka** *f (1c; -řek)* Schiläufer(in *f*) *m*; *vodní ~* Wellenreiter *m*, Wellenreiterin *f*; **~ení** *n (3)* Schilauf(en *n*) *m*; **~it** ⟨*za- si*⟩ Schi laufen *od.* fahren; **~ský** Schi-, Ski-; **~ství** *n (3)* Schisport *m*.
lyž|e *f (2)* Schi *m*, Ski *m*; F *pl. a.* Bretter *n/pl.*; **~ování** *n (3) s. lyžaření*; **~ovat** (*-žuji*) *s. lyžařit*.
lze *lit.* man kann, das läßt sich (tun).
lži *s. lež*; *~- in Zssgn* falsch, Falsch-, Pseudo-.
lžíc|e *f (2a; 7 Sg., 2, 3, 6, 7 Pl. a. -ic-)* Löffel *m*; (*Maurer-*)Kelle *f*; **~ovitý** löffelförmig; *Bot.* Löffel-.
lžič|ka *f (1c; -ček)* (*na kávu* Kaffee-) Löffel *m*; *po -kách* löffelweise; **~ník** *m (2b)* Löffelkorb *m*; *Bot.* Löffelkraut *n*.
lživ|ost *f (4)* Verlogenheit *f*; **~ý** verlogen, lügenhaft; *Nachricht, Prophet*: falsch; *-vě a lstivě* mit Lug und Trug.

M

macarát *m* (*1*): *Zo. jeskynní* ~ Grottenolm *m*.
macatý P fett, dick, gut beisammen.
Macedon|ec *m* (*3*; *-nc-*), **~ka** *f* (*1c*; *-nek*) Mazedonier(in *f*) *m*; **≈ský** mazedonisch, makedonisch.
macecha *f* (*1b*) Stiefmutter *f*.
macek F *m* (*1a*; *-ck-*) Kater *m*; Hase *m*; Bär *m*; (Riesen-)Kerl *m*; (*2b*; *-ck-*) Rauhbankhobel *m*.
maces *m* (*2a*) Matze(n *m*) *f*.
maceš|ka *f* (*1c*; *-šek*) Stiefmütterchen *n*; Teewurst *f*; **~ský** stiefmütterlich.
mač *m* (*4*) *Sp*. Wettkampf *m*.
máček *m* (*2b*; *-čk-*) Mohnkörnchen *n*; P *fig*. *na to je* ~ darin ist er ein Meister.
máče|ní *n* (*3*) Einweichen *n*; **~t** ⟨*na-*⟩ (*3 Pl*. *-eji*) einweichen; *Leder* netzen; *Flachs* rösten.
mačk|adlo *n* (*1a*; *-del*) Presse *f*; ~ *na brambory* Kartoffelstampfer *m*; **~anice** P *f* (*2a*) Gedränge *n*; **~at** ⟨*pro-*, *s-*, *z-*⟩ (zusammen)drücken, pressen; (hinein)stopfen; ~ *se s. tlačit se*; **~átko** *n* (*1b*; *-tek*) (*Küchen-*)Presse *f*; ~ *na citróny* Zitronenpresse.
máčknout *pf*. (*-kl*; *-knut*) *s. mačkat*.
maďal *m* (*2a*) Roßkastanie *f*.
Maďar *m* (*1*; *-ři*), **~ka** *f* (*1c*; *-rek*) Ungar(in *f*) *m*; **~sko** *n* (*1b*) Ungarn *n*; **≈ský** ungarisch; **≈ština** *f* (*1*) Ungarisch *n*.
maděra *f* (*1d*) Madera *m* (*Tanz*); F Trottel *m*; P *na -ru* ganz und gar; *rozbít na -ru* in Stücke schlagen.
madlo *n* (*1a*; *-del*) Geländer *n*; *Turn*. Holm *m*.
madon|a *f* (*1*), **~ka** *f* (*1c*; *-nek*) Madonna *f*, Marienbild *n*.
mág *m* (*1a*; *-ové*; *6 Pl*. *-zích*) Magier *m*.
magi|cký magisch, Zauber-; **~e** *f* (*2*) Magie *f*.
magistr *m* (*1*; *-ři*) Magister *m*; **~ála** *f* (*1a*) Hauptverkehrsstraße *f*; *Esb*. Hauptstrecke *f*; **~át** *m* (*2*; *6*. *-u*/*-ě*) Magistrat *m*; **~átní** Magistrats-.
magnet *m* (*2*; *6*. *-u*/*-ě*) Magnet *m*.
magne|tický [-tı-] magnetisch; **~tičnost** *f* (*4*) Magnetismus *m*; **~tizovat** ⟨*na-*, *z-*⟩ (*-zuji*) magnetisieren; *fig*. anziehen, reizen; **~tka** *f* (*1c*; *-tek*) Magnetnadel *f*; **~tofon** *m* (*2a*) Tonbandgerät *n*; **~tovat** (*-tuji*) *s. magnetizovat*; **~tovec** *m* (*4*; *-vc-*) Magnetit *m*, Magneteisenstein *m*; **~tový** Magnet-.
magor P *m* (*1*; *-ři*) Narr *m*, Verrückte(r) *m*.
mahagon [-ɔn] *m* (*2*; *6*. *-u*/*-ě*) Mahagoni *n*.
mách|ací Spül-; **~at** ⟨*roz-*, *za-*⟩ (*čím*) schwenken (*A*); *Lanze*, *Schwert* schwingen; *mit den Händen* (herum)fuchteln; (*co*) *Wäsche* schweifen; baden (*v*/*t*); ~ *se Kinder*: plan(t)schen.
machl|anice *f* (*2a*), **~anina** *f* (*1*) Gewirr *n*; **~e** *f*/*pl*. (*2*) Machenschaften *pl*.
machna P *f* (*1*; *-chen*) dickes Weib *n*, *verä*. Kasten *m*.
mách|nout *pf*., *roz-*, *za-* (*-chl*) schwenken (*čím*/*A*); ~ *rukou* abwinken; **~nutí** *n* (*3*) Hieb *m*; (*Ruder-*)Schlag *m*.
machr P *m* (*1*; *-ové*) Meister *m*; *verä*. Macher *m*, Intrigant *m*.
máj[1] *m* (*4*) Mai *m*; *oslava Prvního* ~*e* Maifeier *f*; **~**[2] *f* (*3*) Maibaum *m*.
maják *m* (*2b*) Leuchtturm *m*.
majáles *m* (*2a*) *Prager Maifestspiele*.
majestát *m* (*2*; *6*. *-u*/*-ě*) Majestät *f*; *hist*. Majestätsbrief *m*; **~ní** majestätisch.
majetek *m* (*2b*; *-tk-*) Besitz *m*, Eigentum *n*; Vermögen *n*; F Habe *f*; *národní* ~ Volksvermögen; *soukromý* ~ Privateigentum, -besitz; *bez -tku* besitzlos.
majetko|právní besitzrechtlich; **~vý** Besitz-, Eigentums-; Vermögens-; ~ *delikt* Eigentumsdelikt *n*.
majet|nický Eigentums-; **~ník** *m* (*1a*), **~nice** *f* (*2a*) Besitzer(in *f*) *m*, Eigentümer(in *f*) *m*; **~nost** *f* (*4*) Wohlhabenheit *f*; **~ný** wohlhabend.
mající habend; *s. mít*; ~ *převahu*

überlegen; ~ se *k životu* lebenslustig.
majitel *m* (*3*; *-é*), **~ka** *f* (*1c*; *-lek*) Besitzer(in *f*) *m*; (*Firmen-*)Inhaber(in *f*) *m*; **~ský** Besitzer-.
majka *f* (*1c*; *-jek*) Öl- *od.* Pflasterkäfer *m*, F Maiwurm *m*.
májka *f* (*1c*; *-jek*) Maibaum *m*.
majo|lika *f* (*1c*) Majolika *f*; **~néza** *f* (*1a*) Mayonnaise *f*.
majorán *m* (*2a*), **~ka** *f* (*1c*; *-nek*) Majoran *m*.
majorit|a *f* (*1*) Majorität *f*; **~ní** Majoritäts-.
májový Mai-, *poet.* Maien-.
majuskule *f* (*2*) *Typ.* Majuskel *f*.
mák *m* (*2b*) Mohn *m*; *Kochk.* *s ~em* Mohn-.
makadlo *n* (*1a*; *-del*) *Zo.* Fühler *m*.
makaróny *m/pl.* (*2*) Makkaroni *pl.*
mak|at ⟨*do- se, na-, za- si*⟩ tasten, fühlen; P umhertappen; P schuften, ackern; **~avý** *s. hmotný*; *fig.* offensichtlich, -kundig.
Makedonec *m s. Macedonec.*
makléř *m* (*3*) Makler *m*.
máknout *pf.* (*-kl/-knul*) anfassen, anrühren (*na k-o, co/A*).
makov|ec *m* (*4*; *-vc-*) Mohnkuchen *m*; **~ice** *f* (*2a*) Mohnkapsel *f*; *Arch.* Turmknauf *m*; P *iron.* Birne *f*, Schädel *m*; **~iště** *n* (*2a*) Mohnfeld *n*; **~ý** Mohn-; P *není to takové, ani -vé* es ist nichts Halbes und nichts Ganzes.
makrela *f* (*1a*) Makrele *f*.
makul|ář *m* (*4*) Konzept *n*; **~atura** [-tu:-] *f* (*1d*) Makulatur *f*.
malagský Malaga-; *-ké víno* Malaga(-wein) *m*.
Malaj|ec *m* (*3*; *-jc-*), **~ka** *f* (*1c*; *-jek*) Malaie *m*, -in *f*; **♀ský** malaiisch, Malaien-; **♀ština** *f* (*1*) Malaiisch *n*.
malarický Malaria-.
malári|e *f* (*2*) Malaria *f*; **~ový** Malaria-.
malarik *m* (*1a*) Malariakranke(r) *m*.
malátn|ět ⟨z-⟩ (*3 Pl.* *-ějí*) ermatten, erlahmen, schwach werden; erschlaffen; **~ý** matt, kraftlos, F schlapp; abgespannt; *Hitze* usw. ermüdend, quälend.
malba *f* (*1*; *-leb*) Malerei *f*; Gemälde *n*; Anstrich *m*; Wandbemalung *f*.
malebn|ost *f* (*4*) Malerische(s) *n*; Farbenreichtum *m*; **~ý** malerisch.
málem *Adv.* beinahe, fast.
malíček *m* (*2b*; *-čk-*) *s. malík.*
maličk|o *Adv.* sehr wenig; ein (klein) wenig; kurze Zeit, F ein Weilchen; *od -ka* von klein auf; **~ost** *f* (*4*) Kleinigkeit *f*; *fig.* Kindheit *f*; † *moje ~* meine Wenigkeit; **~ý** (sehr, ganz) klein, winzig; gering(fügig).
malicher|nost *f* (*4*) Kleinlichkeit *f*; Geringfügigkeit *f*; Belanglosigkeit *f*; *verä.* Nichtigkeit *f*, P Kleinkram *m*; **~ný** kleinlich; geringfügig.
malík *m* (*2b*) kleiner Finger *m*; kleine Zehe *f*.
malili|čký, **~nký** F *s. maličký.*
malin|a *f* (*1*) Himbeere *f*; **~í** *n* (*3*) Himbeergestrüpp *n*.
malininký F *s. maličký.*
malinov|í *n* (*3*) *s. maliní*; **~ovka** F *f* (*1c*; *-vek*) Himbeersaft *m od.* -limonade *f*; **~ový** Himbeer-.
malírna *f* (*1*; *-ren*) Malerwerkstatt *f*.
malíř *m* (*3*), **~ka** *f* (*1c*; *-řek*) Maler *m*, Malerin *f*; **~ský** Maler-; **~ství** *n* (*3*) Malerei *f*.
málo *n* (*1a*) das Wenige; *Adv.* wenig; kurz (*před* vor); *tuze ~* allzuwenig; *~ dobrého* wenig Gutes; *začít s -lem* klein anfangen; *bez -la* fast, beinahe.
malo- *in Zssgn* klein-, Klein-.
málo|co selten etwas; **~kde** selten wo; **~kdo** selten jemand; **~kdy** selten (einmal); **~který** selten ein.
malo|listý *Bot.* kleinblättrig; **~městský** kleinstädtisch; **~měšťácký** kleinbürgerlich; **~měšťák** *m* (*1b*) Kleinbürger *m*; **~měšťan** *m* (*1*; *-é*) Kleinstädter *m*.
málomluv|nost *f* (*4*) Wortkargheit *f*; **~ný** wortkarg.
malomoc *f* (*4*) Ohnmacht *f*; **~enství** *n* (*3*) *Med.* Aussatz *m*; **~ný** ohnmächtig; *Med.* aussätzig.
malomysl|nět ⟨z-⟩ (*3 Pl.* *-ějí*) verzagen, den Mut verlieren; **~nost** *f* (*4*) Verzagtheit *f*, Kleinmut *m*; **~ný** verzagt, kleinmütig.
maloobchod *m* (*2*; *6.* *-ě/-u*) Kleinhandel *m*; **~ník** *m* (*1a*) Kleinhändler *m*.
malo|rážka *f* (*1c*; *-žek*) Kleinkalibergewehr *n*; **~rolník** *m* (*1a*) Kleinbauer *m*; **~st** *f* (*4*) Kleinheit *f*; **~stranský** aus (*od.* in) Malá Strana (*Prager Stadtteil* „*Kleinseite*").
malou|čký, **~nký** F *s. maličký.*

malov|ání *n* (*3*) Malen *n*, Malerei *f*; **~aný** gemalt; **~at** ⟨*na-*, *po-*, *vy-*⟩ (*-luji*) malen.
malo|věrný kleingläubig; **~výrobce** *m* (*3*) Kleinproduzent *m*.
malta *f* (*1*) Mörtel *m*.
malt|án *m* (*1*), **~éz** *m* (*1*; *-ové*) Malteser(ritter) *m*; **~(éz)ský** Malteser-.
malůvka *f* (*1c*; *-vek*) Volksmalerei *f*.
malvaz *m* (*2a*) Malvasier(wein) *m*.
malý (*Komp. menší*) klein, Klein-; *Wert*: gering; *Schuhe*: eng; *Stunde*: knapp; ~ *mozek Anat*. Kleinhirn *n*.
mam *m* (*2a*) Trug *m*, Täuschung *f*.
mám *s. mít*.
máma F *f* (*1*) *Kdspr*. Mutti *f*, Mama *f*.
mám|ení *n* (*3*) Täuschung *f*; **~idlo** *n* (*1a*; *-del*) Blendwerk *n*.
maminka F *f* (*1c*; *-nek*) Mutter *f*, *Kdspr*. Mutti *f*.
mámi|t ⟨*o-*⟩ betrügen; **~vý** täuschend; trügerisch.
mamka F *f* (*1c*; *-mek*) *s. matka*.
mamlas *m* (*1*; *-ové*) *verä*. Lümmel *m*.
mamon *m* (*2a*) Mammon *m*; **~it** dem Mammon dienen, F Geld zusammenscharren.
mamut *m* (*1*) Mammut *n*; **~í** Mammut-.
man *m* (*1*; *-ové*) Vasall *m*, Lehensmann *m*.
maňas P *m* (*2*) Puppe *f*.
manda P *f* (*1*) Dicke *f* (*Frau*).
mandant *m* (*1*), **~ka** *f* (*1c*; *-tek*) *Jur*. Mandant(in *f*) *m*.
mandarínka *f* (*1c*; *-nek*) Mandarine *f*.
mandát *m* (*2*; *6. -u*/*-ě*) Mandat *n*.
mandel *m* (*4*) Mandel *f* (= *15 Stück*); Getreidepuppe *f*; F *fig. a*. Haufen *m*; **~inka** *f* (*1c*; *-nek*) Blattkäfer *m*.
mandl *m* (*2a*) (*Wäsche-*)Mangel *f*, Rolle *f*; **~e** *f* (*2*) *Anat*. Mandel *f*; *zánět -lí* Mandelentzündung *f*; **~oň** *f* (*3*) Mandelbaum *m*.
mandlov|at ⟨*vy-*, *z-*⟩ (*-luji*) *Wäsche* mangeln, durch die Rolle drehen; **~itý** mandelförmig.
mandolína *f* (*1*) Mandoline *f*.
maně, **maní** *Adv*. zufällig, unwillkürlich.
manekýn *m* (*1*) Dreßman *m*; **~ka** *f* (*1c*; *-nek*) Mannequin *n*, Vorführdame *f*.
manévr *m* (*2a*) Manöver *n*; *fig*. Kunstgriff *m*; **~ovací** Manövrier-; **~ovat** ⟨*vy-*, *za-*⟩ (*-ruji*) manövrieren; **~ový** Manöver-.
manéž *f* (*3*) Manege *f*.
mangan *m* (*2a*) Mangan *n*.
mánie *f* (*2*) *Med*. Manie *f*.
manifest [-nı-] *m* (*2a*) Manifest *n*; **~ace** *f* (*2*) Kundgebung *f*, Demonstration *f*; **~ační** Manifestations-; ~ *přísaha Jur*. Offenbarungseid *m*; **~ovat** (*im*)*pf*. (*-tuji*) *v*/*t* manifestieren, offenbaren; *v*/*i* demonstrieren, an e-r Kundgebung teilnehmen.
manikúr|a [-nı-] *f*, **manikýr|a** *f* (*1d*) Maniküre *f*; **~ovat** (*-ruji*) maniküren.
manipul|ace [-nı-] *f* (*2*) Manipulation *f*; Handhabung *f*; *iron. a*. Machenschaft *f*; **~ovat** ⟨*vy-*, *z-*⟩ (*-luji*) manipulieren.
mansard|a *f* (*1*) Mansarde *f*; **~ní**, **~ový** Mansarden-.
mans|ký Lehens-; **~tví** *n* (*3*) Lehen *n*.
manufaktura [-tu:-] *f* (*1d*) Manufaktur *f*.
manýra *f* (*1d*) Manier *f*; F *-ry pl. a*. Benehmen *n*.
manžel *m* (*1*; *-[ov]é*; *4 Pl. -y*/*-e*) Gatte *m*, Gemahl *m*; *nur pl*. **~é** Eheleute *pl*., Ehepaar *n*; **~ka** *f* (*1c*; *-lek*) Gattin *f*, Gemahlin *f*; **~ský** Ehe-; ~ *slib* Eheversprechen *n*, *Jur*. Ehegelöbnis *n*; **~ství** *n* (*3*) Ehe *f*, *lit*. Ehestand *m*; ~ *na oko* Scheinehe.
manžet|a *f* (*1*) Manschette *f*; Stulpe *f*; **~ový** Manschetten-.
map|a *f* (*1*) (*Land-*)Karte *f*; Mappe *f*; **~ovat** ⟨*z-*, *za-*⟩ (*-puji*) kartographisch aufnehmen.
marasmus [-zm-] *m* (*2a*; *-sm-*) Altersschwäche *f*.
marast *m* (*2*; *6. -u*/*-ě*) Morast *m*.
maratón *m* (*2a*) = **~ský**: ~ *běh Sp*. Marathonlauf *m*; **~ec** *m* (*3*; *-nc-*) Marathonläufer *m*.
marcipán *m* (*2*; *6. -u*/*-ě*) Marzipan *n*.
margarín *m* (*2*; *6. -u*/*-ě*) Margarine *f*; **~ový** Margarine-.
mariánský *Geogr*., *Rel*. Marien-.
mar|ína *f* (*1*) Marine *f*; **~iňák** F *m* (*1a*) Marinesoldat *m*, Matrose *m*.
marin|áda *f* (*1*) Marinade *f*; **~ovat** (*im*)*pf*. (*-nuji*) marinieren.
marjánka *f* (*1c*; *-nek*) *s. majorán*.

mark|a *f* (*1c*; *-rek*) Mark *f* (*Geld*); **~ový** Mark-.
markrab|ě *m* (*wie n 4a, Pl. a. m 1*; *-ové*) Markgraf *m*; **~ěnka** *f* (*1c*; *-nek*) Markgräfin *f*.
markytán *m* (*1*), **~ka** *f* (*1c*; *-nek*) Marketender(in *f*) *m*.
markýz *m* (*1 od. 3*) Marquis *m*; **~a** *f* (*1a*) Marquise *f*; Markise *f*.
marmeláda *f* (*1*) Marmelade *f*.
marně vergebens, umsonst.
márnice *f* (*2a*) (*Friedhofs-*)Leichenhalle *f*.
marn|it ⟨*pro-*, *z-*⟩ verschwenden, vergeuden; **~ivec** *m* (*3*; *-vc-*) eitler Mensch *m*, **~ivost** *f* (*4*) Eitelkeit *f*; **~ivý** eitel; **~ost** *f* (*4*) Erfolglosigkeit *f*, Zwecklosigkeit *f*.
marnotratn|ík *m* (*1a*) Verschwender *m*; **~ost** *f* (*4*) Verschwendung(ssucht) *f*; **~ý** verschwenderisch.
marný vergeblich; *lit.* eitel.
maro|cký marokkanisch; **2čan** *m* (*1*; *-é*) Marokkaner *m*.
marod P krank, † *Mil.* marode.
Maroko *n* (*1b*) Marokko *n*.
Mar|s *m* (*1*; *-rt-*) *Myth.* Mars *m*; *Astr.* (*2a*; *-rs-*) Mars *m*; *obyvatel -su* Marsbewohner *m*; **2sovský**, **2tovský** Mars-.
marš P *m* (*4*) Marsch *m*; *Int.* marsch!; **~ál** *m* (*1*; *-ové*) Marschall *m*; **~álový** Marschall-; **~e** *f* (*2*) *Geogr.* Marsch(landschaft) *f*.
martin|ka P *f* (*1c*; *-nek*) *Tech.* Martinsofen *m*; **~ský** (Sankt-) Martins-; *Tech.* Martin-.
marxis|mus [-zm-] *m* (*2a*; *-ism-*) Marxismus *m*; **~ta** *m* (*5a*), **~tka** *f* (*1c*; *-tek*) Marxist(in *f*) *m*; **~tický** [-tɪ-] marxistisch.
máry *f/pl.* (*1*) Totenbahre *f*.
mařinka *f* (*1c*; *-nek*) *Bot.* Waldmeister *m*.
mařit ⟨*z-*⟩ *v/t* verderben; *Plan* vereiteln; *Zeit* vergeuden.
masa *f* (*1a*) Masse *f*; (*Volks-*) Menge *f*.
masakr *m* (*2a*) Massaker *n*, Gemetzel *n*; **~ovat** (*im*)*pf.* ⟨*z-*⟩ (*-ruji*) massakrieren, niedermetzeln.
masař|it ⟨*z-*⟩ morden; P *Sp.* roh spielen, holzen; **~ka** *f* (*1c*; *-řek*) Schmeißfliege *f*.
masáž *f* (*3*) Massage *f*; **~ní** Massage-.
másel|natý butterhaltig; **~nice** *f* (*2a*) Butterfaß *n*; **~ník** *m* (*2b*) Buttertopf *m*; *Bot.* Butterpilz *m*; **~ný** Butter-.
masér (*1*; *-ři*) Masseur *m*; **~ka** *f* (*1c*; *-rek*) Masseurin *f*, Masseuse *f*; **~ský** Massage-.
masíčko F *n* (*1b*; *-ček*) *s. maso*; gutes, schmackhaftes Fleisch.
masírovat ⟨*pro-*, *z-*⟩ (*-ruji*) massieren.
masit|ost *f* (*4*) Fleischigkeit *f*; **~ý** fleischig, Fleisch-.
masiv, masív *m* (*2a*) Massiv *n*; **~ní** massiv; *Tech.* Massiv-.
mask|a *f* (*1c*; *-sek*) Maske *f*; *fig.* Schein *m*, Heuchelei *f*; **~ér** *m* (*1*; *-ři*) *Thea.* Maskenbildner *m*; **~ovací** Tarn-; **~ovat** ⟨*na-*, *za-*⟩ (*-kuji*) maskieren; verbergen; *Mil.* tarnen.
másl|árna *f* (*1*; *-ren*) Butterfabrik *f*; **~o** *n* (*1a*) Butter *f*; **~ovka** *f* (*1c*; *-vek*) *Bot.* Butterbirne *f*; **~ový** Butter-; *-vé těsto* Butter- *od.* Blätterteig *m*.
masný Fleisch-.
maso *n* (*1a*) Fleisch *n*; *čerstvé* ~ Frischfleisch; *škrabané* ~ Schabefleisch; *strojek* (*od. mlýnek*) *na* ~ Fleischwolf *m*; **~jed** *m* (*1*), **~jídek** *m* (*1a*; *-dk-*) leidenschaftlicher Fleischesser *m*; P *Zo.* Neuntöter *m*, Würger *m*.
masopust *m* (*2*; *6. -u/-ě*) Karneval *m*, Fasching *m*, Fastnacht *f*; **~ní** Karnevals-; Faschings-.
masový[1] Massen-; massenhaft.
masový[2] Fleisch-; fleischfarben; *být* ~ gern Fleisch essen.
masožrav|ec *m* (*3*; *-vc-*) *Zo.* Fleischfresser *m*; **~ý** fleischfressend.
mast *f* (*4*) Salbe *f*; ~ *na rány*, *na spáleniny* Wund-, Brandsalbe; *fig.* *všemi ~mi mazaný* mit allen Wassern gewaschen.
mást ⟨*po-*, *z-*⟩ (*matu*, *matl*, *maten*) irreführen, verwirren, F den Kopf verdrehen; *nedám se* ~ ich lasse mich nicht beirren; ~ *si* (*co*) verwechseln, F durcheinanderbringen; ~ *se* sich irren; irre werden.
mastek *m* (*2b*; *-tk-*) *Min.* Speckstein *m*, Talk *m*.
masticí Einfett-, Schmier-.
mastičkář *m* (*3*) Quacksalber *m*; Kurpfuscher *m*; **~ství** *n* (*3*) Kurpfuscherei *f*.
mast|idlo *n* (*1a*; *-del*) (Schmier-) Fett *n*; *Tech.* Schmiermittel *n*; *s. omastek*; **~it** ⟨*na-*, *za-*⟩ (*-štěn*) *Kochk.* mit Fett (*od.* Butter) an-

machen; *Tech.* schmieren; *Schuhe, Haar* einfetten; P ~ *karty* Karten spielen; ~ *si kapsu* sich die Taschen füllen; **~kový** *Min.* Talk-; **~nota** *f* (*1*) Fett(igkeit *f*) *n*; *zbavit -ty Tech.* entfetten; entölen; **~ný** Fett-, fett; fettig; F *fig.* gesalzen, gepfeffert; *Arbeit*: schwierig.
máš *s. mít.*
mašin|a F *f* (*1*) Maschine *f*; Lok(omotive) *f*; Wagen *m*, Schlitten *m* (*Auto*); **~érie** *f* (*2*) Maschinerie *f*, Getriebe *n*.
mašírovat P ⟨*do-, za-*⟩ (*-ruji*) marschieren.
maškar|a *f* (*1d*) Maske *f* (*Person*); Maskenkostüm *n*; *verä.* häßliches Weib *n*; **~áda** *f* (*1*) Maskerade *f*; Maskenzug *m*; *iron.* Aufzug *m* (*Kleid*); **~ní** Masken-.
mašl|e *f* (*2*), *Dim.* **~ička** *f* (*1c*; *-ček*) Schleife *f*; **~ovat** ⟨*po-*⟩ (*-luji*) *Kochk.* bestreichen.
maštal P *f* (*3*) Pferdestall *m*; *hist.* Marstall *m*.
maštění *n* (*3*) *s. mastit.*
mat *m* (*2a*) Matt *n* (*Schachspiel*).
máta *f* (*1*) *Bot.* Minze *f*; *peprná* ~ Pfefferminze.
matador *m* (*1*; *-ři*) Matador *m*; *iron. a.* Manager *m*, Chef *m*, Boß *m*.
matčin, ~a, ~o (*Possessiv-Adj.*) Mutter-, mütterlich; *z ~y strany* mütterlicherseits.
matečn|í *s. matečný*; **~ík** *m* (*2b*) Weiselzelle *f*; **~ý** Mutter-; Zucht-.
matěj F *m* (*3*) Dummkopf *m*; *Jagdw.* Hase *m*.
matemati|cký [-tɪ-] mathematisch; **~k** *m* (*1a*; *-ové*), **~čka** *f* (*1c*; *-ček*) Mathematiker(in *f*) *m*; **~ka** *f* (*1c*) Mathematik *f*.
maten|í *n* (*3*) Verwirrung *f*; ~ *pojmů* Begriffsverwirrung; **~ice** † *f* (*2a*), **~ina** † *f* (*1*) Gewirr *n*.
materiál *m* (*2*; *6. -u/-e*) Material *n*, Stoff *m*.
materialis|mus [-izm-] *m* (*2a*; *-ism-*) Materialismus *m*; **~ta** *f* (*5a*), **~tka** *f* (*1c*; *-tek*) Materialist(in *f*) *m* (*a. fig.*); † *a.* Drogist(in *f*) *m*; **~tický** [-tɪ-] materialistisch.
materiál|ní Material-; materiell; **~ový** Material-.
matérie *f* (*2*) Materie *f*.
mateřídouška *f* (*1c*; *-šek*) *Bot.* Quendel *m*.
mateř|ský mütterlich, Mutter-; Stamm-; *-ká škola* Kindergarten *m*; ~ *ústav* Stamminstitut *n*; **~ství** *n* (*3*) Mutterschaft *f*; **~ština** *f* (*1*) Muttersprache *f*.
máti *f* (*3*; *mateř-*) P *u. lit.* Mutter *f*.
mati|ce *f* (*2a*) Schraubenmutter *f*; *Math.* Matrize *f*; (*oft* ♀) (*nationaler Kultur-*)Verein *m*, Fonds *m*; **~čka** F *f* (*1c*; *-ček*) Mütterlein *n*, Mütterchen *n*; *skákavá -ko!* F du heiliger Bimbam!; **~ční** Vereins-; **~nka** *f* (*1c*; *-nek*) *s. matička.*
matka *f* (*1c*; *-tek*) Mutter *f*; Schraubenmutter; (*Bienen-*)Königin *f*; *Anat.* Gebärmutter; *Bot.* Keimlager *n*; *nevlastní* ~ Stiefmutter; F *krkavčí* ~ Rabenmutter; ♀ *boží* Mutter Gottes; *Den -tek* Muttertag *m*.
matkovrah *m* (*1a*; *-ové/-zi*) Muttermörder *m*.
matla|fous F *m* (*1*) Tolpatsch *m*, Trottel *m*; **~nina** *f* (*1*) Durcheinander *n*; Kauderwelsch *n*; **~t se** F ⟨*po-, za-*⟩ (*v čem*) herumstochern (in *D*); pantschen; (*s čím*) (herum-)hantieren *od.* -basteln (an *D*).
matn|ice *f* (*2a*) *Fot.* Mattscheibe *f*; **~ost** *f* (*4*) Mattheit *f*; **~ý** matt; trüb; undeutlich; *Schritt, Lächeln*: müde; *-ně na to vzpomínám* ich erinnere mich dunkel.
mátoha *f* (*1b*) Gespenst *n*; Trugbild *n*; *nur pl. -hy* Dämmerzustand *m*, Trance *f*; *jako v -hách* wie im Traum, geistesabwesend.
matoliny *f/pl.* (*1*) Trester *m/pl.*
matov|at ⟨*z-*⟩ (*-tuji*) mattieren; **~ý** *s. matný.*
mátový Pfefferminz-.
mátožn|ost *f* (*4*) Unklarheit *f*; (*körperlich*) Mattigkeit *f*, Schwäche *f*; **~ý** gespensterhaft; undeutlich; matt, schwach.
matrace *f* (*2*) (*žíněná* Roßhaar-) Matratze *f*.
matri|ce *f* (*2a*) Matrize *f*, Mater *f*; **~ční** standesamtlich, Standesamt-, *öst.* Matrikel-.
matrik|a *f* (*1c*) Personenstandsregister *n*, *öst.* Matrikel *f*; **~ář** *m* (*3*) Standesbeamter *m*, *öst.* Matrikelführer *m*; **~ový** Matrikel-; *fig.* Schein-, nominell.
matróna *f* (*1*) Matrone *f*.
matróz *m* (*1*) Matrose *m*; **~ový** Matrosen-.
matur|a P *f* (*1d*) *s. maturita*; **~ant** *m*

(*1*), **~antka** *f* (*1c*; *-tek*) Abiturient *m*, Abiturientin *f*, *öst.* Maturant *m*, Maturantin *f*; **~ita** *f* (*1*) Abitur *n*, Reifeprüfung *f*, *öst.* Matura *f*; **~itní** Abitur-; **~ovat** (*im*)*pf.* (*-ruji*) das Abitur machen, die Reifeprüfung ablegen, *öst.* maturieren, die Matura machen.

Maur *m* (*1*; *-ové*/*-ři*) Maure *m*; **~etánie** *f* (*2*) Mauretanien *n*; **⁀ský** maurisch.

mauzoleum *n* (*5*) Mausoleum *n*.

máv|ání *n* (*3*) Winken *n*; Schwingen *n*; **~at** ‹*roz-*, *za-*›, **~nout** *pf.* (*-vl*) winken (*čím* mit *D*); schwenken (*A*); *Schwert, Lanze* schwingen; ~ *odmítavě* abwinken; *-at rukama* mit den Händen (herum)fuchteln; **~nutí** *n* (*3*) *s. mávání.*

maxim|a *f* (*1*) Maxime *f*; **~ální** maximal, Maximal-, Höchst-.

maz *m* (*2a*) Schmiere *f*; (*Stärke-*) Kleister *m*; *ušní* ~ Ohrenschmalz *n*.

máz *m* (*2*; *6. -u*/*-e*) Maß *f* (*Bier*).

maz|ací Schmier-; **~ačka** F *f* (*1c*; *-ček*) Schmiervorrichtung *f*; **~adlo** *n* (*1a*; *-del*) Schmiermittel *n*; (*Wagen-*)Schmiere *f*; **~ák** F *m* (*1a*) alter Haudegen *m*; **~al** *m* (*1*; *-ové*) Schmierer *m*, Kleckser *m*; **~anec** *m* (*4*; *-nc-*) Osterbrot *n*, -kuchen *m*; **~ánek** F *m* (*1a*; *-nk-*) Schoßkind *n*; *maminčin* ~ Muttersöhnchen *n*; **~ání** *n* (*3*) *Tech.* Schmierung *f*; *Med.* Einreibung *f*, Salbe *f*; *Kochk.* Füllung *f*.

mazan|ice *f* (*2a*), **~ina** *f* (*1*) Geschmiere *n*, Gekritzel *n*; Lehmboden *m*; P *a.* Schlägerei *f*; **~ost** F *f* (*4*) Gerissenheit *f*, Raffiniertheit *f*; **~ý** geschmiert; *fig.* gerissen, gerieben.

mazat ‹*na-*, *po-*, *za-*› (*-žu*/*-ži*) schmieren (*a. fig.*); einreiben; (ein)ölen; beschmieren; *Tonaufnahme* löschen; *Tafel* abwischen; P *a.* hauen, prügeln; *vgl. mastit*; P *koukej ~!* hau ab!, verschwinde!; ~ *se* schmierig sein; sich beschmutzen.

mazav|ka F *m* (*5*) Zechbruder *m*, Trinker *m*; **~ý** schmierig.

mázdra *f* (*1d*; *-der*) dünne Haut *f*, Häutchen *n*.

mazivo *n* (*1*) Schmiermittel *n*, -stoff *m*.

mazl|avý schmierig; klebrig; *-vé mýdlo* Schmierseife *f*; **~íček** *m* (*1*; *-čk-*) Liebling *m*; *s. mazánek*; **~it se** ‹*po-*› (*s kým*) F schmusen (mit), liebkosen, herzen (*A*); (*s čím*) sich beschäftigen, spielen (mit); *bei der Arbeit* trödeln; **~ivý** zärtlich, (lieb-)kosend; Kose- (*z. B. Name*).

mazni|ce *f* (*2a*) Schmiergefäß *n*, -topf *m*; Öler *m*; Fettbüchse *f*; **~čka** *f* (*1c*; *-ček*) Ölkännchen *n*, Handöler *m*.

máznout *pf.*, *o-*, *po-* (*-zl*; *-znut*) *s. mazat.*

mazurka *f* (*1c*; *-rek*) Mazurka *f*.

mdl|ít ‹*o-*› (*3 Pl. -ejí*; *-el*) *e-n* Schwächeanfall bekommen; ohnmächtig werden, in Ohnmacht fallen; **~oba** *f* (*1*) Schwäche *f*; *oft Pl. -by* Ohnmacht *f*; *jdou na něj -by* er wird ohnmächtig; **~ý** schwach, matt; *Geschmack*: fad(e).

mé *s. můj.*

mě mich; *s. já.*

meandr *m* (*2a*) Mäander *m*.

mecenáš *m* (*3*) Mäzen *m*.

meč *m* (*4*) Schwert *n*; *po ~i hist.* in männlicher Linie.

mečet ‹*roz- se*, *za-*› *Ziege*: meckern.

meč|ík *m* (*2b*) (*Kurz-*)Schwert *m*; *Bot.* Schwertlilie *f*; **~oun** *m* (*1*) Schwertfisch *m*; **~ovitý** schwertförmig; **~ový** Schwert-.

med *m* (*2a*) Honig *m*; *sladký jako ~* honigsüß; *fig. to není žádný ~* das ist kein Honiglecken.

měď *f* (*4d*; *-di*, *-ďmi*) Kupfer *n*.

medail|e *f* (*2*) Medaille *f*; **~ón** *m* (*2a*) Medaillon *n*.

medák P *m* (*1a*) Hummel *f*.

měďá|k *m* (*2b*) Kupfermünze *f*; **~rna** *f* (*1*; *-ren*) Kupferhütte *f*, -werk *n*.

měděn|ka *f* (*1c*) Grünspan *m*; **~ý** Kupfer-, kupfern.

mědi- *in Zssgn* Kupfer-.

mediální [-dɪ-] Medial-, medial.

mediatiz|ace [-dɪatɪ-] *f* (*2*) *Pol.* Einverleibung *f*; **~ovat** (*im*)*pf.* (*-zuji*) *Pol.* einverleiben; *Jur.* mediatisieren.

medi|cína [-dɪ-] *f* (*1*) Medizin *f*; **~cinální** Medizinal-; **~čka** *f* (*1c*; *-ček*) Medizinerin *f*; **~k** *m* (*1*) Mediziner *m*.

mědi|kovec *m* (*3*; *-vc-*) Kupferschmied *m*; **~nosný** kupferhaltig; **~ryt** *m* (*2a*), **~rytina** *f* (*1*) Kupferstich *m*; **~rytec** *m* (*3*; *-tc-*) Kupferstecher *m*.

medit si P ⟨*po-*⟩ *an e-r Sache* Gefallen finden.
mědit ⟨*po-*⟩ verkupfern.
meditace [-dı-] *f* (*2*) Meditation *f*.
měditisk *m* (*2b*) Kupfer(tief)druck *m*.
meditovat [-dı-] ⟨*za- si*⟩ (*-tuji*) meditieren.
médium [-dı-] *n* (*5*) Medium *n*.
medle † nun, denn.
měďnatý kupferartig; kupferhaltig; *-tě červený* kupferrot.
med|ník *m* (*2b*) *Bot.* Honigkelch *m*; (*Imkerei*) Honigraum *m*; **~ný** Honig-.
medo|met *m* (*2a*) Honigschleuder *f*; **~nosný** honighaltig; **~vina** *f* (*1*) Met *m*; **~vitý** honigartig; **~vka** *f* (*1c*; *-vek*) Honigbiene *f*; **~vý** Honig-; honigfarben; *fig.* honigsüß.
meduňk|a *f* (*1c*; *-něk*) *Bot.* Melisse *f*; **~ový** Melissen-; *~ líh* Melissengeist *m*.
medvěd *m* (*1*) Bär *m*; *Astr. Malý, Velký ~* Kleiner, Großer Wagen; **~í** Bären-; **~ice** *f* (*2a*) Bärin *f*; **~ina** *f* (*1*) Bärenfell *n*; Bärenfleisch *n*.
medvíd|ě *n* (*4a*; *Pl. -ďat-*) junger Bär *m*, (*Bären-*)Junge(s) *n*; **~ek** *m* (*1*; *-dk-*) kleiner Bär *m*; Teddybär *m*; *Zo.* Waschbär *m*.
megafon *m* (*2a*) Megaphon *n*.
megaloman *m* (*1*) größenwahnsinniger Mensch *m*; **~ie** [-nı-] *f* (*2*) Größenwahn *m*.
mého *s. můj*.
mech *m* (*2b*) Moos *n*.
měch *m* (*2b*) Blasebalg *m*; *Tech.* Gebläse *n*; *Jagdw.* Sacknetz *n*; *~ na víno* Weinschlauch *m*.
měchačka *f* (*1c*; *-ček*) Kochlöffel *m*; Rührlöffel *m*.
mechani|cký [-nı-] mechanisch; **~k** *m* (*1*) Mechaniker *m*; **~ka** *f* (*1c*) Mechanik *f*; *jemná ~* Feinmechanik; **~zace** *f* (*2*) Mechanisierung *f*; **~zovat** ⟨*z-*⟩ (*-zuji*) mechanisieren.
mecho|rost *m* (*2a*) Moospflanze *f*; **~vatý** mit Moos bewachsen; **~vina** *f* (*1*), **~viště** *n* (*2a*) Moosfläche *f*; **~vitý** moosartig; **~vý** Moos-; **~vka** *f* (*1c*; *-vek*) *Bot.* Moosröschen *n*; *Zo.* Moostierchen *n*.
měch|uřina *f* (*1*) Tabak(s)beutel *m*; **~ýř** *m* (*4*) *Anat.* Blase *f*.
mejdan P *m* (*2a*) (*Tanz-*)Vergnügen *n*.
mekat *s. mečet*.
měk|čení *n* (*3*) *Gr.* Erweichung *f*; *Tech.* Enthärtung(sverfahren *n*) *f*; **~čit** ⟨*roz-, z-*⟩ weich machen; *Gr.* erweichen; lockern; *Wasser* enthärten; **~kost** *f* (*4*) Weichheit *f*; **~ký** (*Komp. -čí*; *Adv. -ce, -ko, Komp. -čeji*) weich; *na -ko Ei*: weichgekocht; *Gr. -ce vyslovit* weich aussprechen; F *~ jako máslo* butterweich; **~kýš** *m* (*3*) Weichtier *n*, Molluske *f*; **~nout** ⟨*z-*⟩ (*-kl*) weich werden; *fig.* gerührt werden; **~nutí** *n* (*3*) (*mozku* Gehirn-)Erweichung *f*.
mekot *m* (*2a*) Meckern *n*.
měkou|čký, ~nký F (*Adv. -ce*) sehr (*od.* ganz) weich.
měl[1] *s. mít*; **~**[2] *f* (*4*) Schrot *m*; (*Torf-*)Mull *m*; *Geogr.* Nehrung *f*.
mela *f* (*1a*) Tumult *m*, Getümmel *n*; Prügelei *f*; *fig.* Spaß *m*, *öst.* Hetz *f*.
melanchol|ický melancholisch; **~ie** *f* (*1*) Melancholie *f*; **~ik** *m* (*1*) Melancholiker *m*.
melanž *f* (*3*) Mischung *f*; **~ér** *m* (*2a*) *Tech.* Mischmaschine *f*.
melasa *f* (*1a*) Melasse *f*.
mělčina *f* (*1*) seichte Stelle *f*, Untiefe *f*; Sandbank *f*.
melhuba P *m* (*5*) Schwätzer *m*, Maulheld *m*.
melior|ace *f* (*2*) *Agr.* Melioration *f*; **~ovat** ⟨*z-*⟩ (*-ruji*) meliorieren.
melisa *f* (*1a*) *Bot.* Melisse *f*.
mělivo *n* (*1*) Mahlgetreide *n*, Mahlgut *n*.
měl|kost *f* (*4*) Seichtheit *f*; *fig. a.* Oberflächlichkeit *f*; **~ký** (*Komp. -čí/-čejší*) seicht; *fig. a.* oberflächlich.
melodi|cký [-dı-] melodisch; **~e** *f* (*2*) Melodie *f*.
melodram *m* (*2a*) Melodrama *n*.
melouch F *m* (*2b*) Schwarzarbeit *f*, Nebenbeschäftigung *f*; **~ář** F *m* (*3*) Schwarzarbeiter *m*; **~ařit** F schwarzarbeiten.
meloun *m* (*2*; *6. -u/-ě*) Melone *f*; **~ový** Melonen-.
melu *s. mlít*.
mém *s. můj*.
memoáry *m/pl.* (*2*) Memoiren *f/pl.*
memoriál *m* (*2*; *6. -u/-e*) *Hdl.* Merkbuch *n*; *Sp.* Gedenkwettspiel *n*; *Pol.* Denkschrift *f*.
membrána *f* (*1*) Membrane *f*; *Anat.* Häutchen *n*.
mému *s. můj*.
měna *f* (*1*) (*Geld-*)Währung *f*; An-

derung *f*, Wechsel *m*; *zlatá* ~ Goldwährung; ~ *měsíce* Mondphase *f*.
měňavý (bunt)schillernd.
menáž *f* (*3*) Menage *f*, Verpflegung *f*.
menažérie *f* (*2*) Menagerie *f*.
méně weniger; (*Eigenschaft*) minder; *co nej*~ so wenig wie möglich, möglichst wenig; *více* ~ mehr oder weniger; **~cennost** *f* (*4*) Minderwertigkeit *f*; **~cenný** minderwertig.
měn|ění *n* (*3*) Änderung *f*; (*Geld*-) Wechsel *m*, Umtausch *m*; Schillern *n*; **~ič** *m* (*4*) *El.* Wandler *m*, Umformer *m*; ~ *desek* Plattenwechsler *m*; **~idlo** *n* (*1a*; *-del*) Tauschmittel *n*; **~írna** *f* (*1*; *-ren*) *El.* Umspannwerk *n*; **~it** ⟨*pro-*, *vy-*, *z-*, *za-*⟩ (ab)ändern, verändern; *Stimme*, *Wohnsitz*, *Kleider*, *Beruf usw.* wechseln; ~ *co v co* verwandeln et. in (*A*); ~ *co zač* tauschen et. gegen (*A*), *s kým* mit (*D*); ~ *se* sich (ver)ändern; *Wetter*: umschlagen; *Bühne*: sich verwandeln; **~itel** *m* (*4*; *1 Pl.* *-é*/*-e*) *Math.* Reduktionszahl *f*; Umrechnungswert *m*; **~ivost** *f* (*4*) Veränderlichkeit *f*; **~ivý** veränderlich, wandelbar, unbeständig; *Herzen*: † trügerisch; *Seide*: schillernd; **~ný**, **~ový** Währungs-.
menstru|ace *f* (*2*) Menstruation *f*; **~ační** Menstruations-.
menš|enec *m* (*4*; *-nc-*) *Math.* Minuend *m*; **~ení** *n* (*3*) Verminderung *f*, Verkleinerung *f*; **~í** *s. malý*; **~ina** *f* (*1*) Minderheit *f*; **~inový** Minderheiten-; *Pol.* Minderheits- (*z. B. Regierung*); **~it** ⟨*u-*, *z-*⟩ vermindern, verkleinern, F kleiner machen; **~itel** *m* (*4*; *1 Pl.* *-é*/*-e*) *Math.* Subtrahend *m*; **~ítko** *n* (*1b*; *-tek*) *Math.* Minuszeichen *n*.
mentalita *f* (*1*) Mentalität *f*.
ment|em, **~inou** P *Adv.* ganz und gar, völlig.
mentor *m* (*1*; *-ři*) Mentor *m*, Betreuer *m*; **~ovat** (*-ruji*) schulmeistern.
menuet *m* (*2a*) Menuett *n*.
měr *s. míra.*
merenda † *f* (*1*) Tanzvergnügen *n*, (Masken-)Ball *m*.
mergle P *f*/*pl.* (*2*) Kröten *f*/*pl.*, Piepen *f*/*pl.* (*Geld*).
měrka *f* (*1c*; *-rek*) *Tech.* Lehre *f*, Schablone *f*.
mermo(**mocí**) *Adv.* um jeden Preis, unbedingt.
měrný meßbar; Maß-, Meß-; *Phys.* spezifisch.
meruňk|a *f* (*1c*; *-něk*) Aprikose *f*; **~ový** Aprikosen-.
meruzalka *f* (*1c*; *-lek*) Johannisbeere *f*.
měř|ení *n* (*3*) Messen *n*; *Tech.* Messung *f*; ~ *půdy* Landvermessung; **~ice** † *f* (*2a*) Metze *f* (*Maß*); **~icí**, **~ický** Meß-; geometrisch; **~ictví** *n* (*3*) Raumlehre *f*; **~ič**[1] *m* (*3*) Landvermesser *m*; **~ič**[2] *m* (*4*) Meßgerät *n*; ~ *rychlosti* Geschwindigkeitsmesser *m*; **~ičský** Vermessungs-; **~idlo** *m* (*1a*; *-del*) Meßinstrument *n*; **~it** ⟨*na-*, *roz-*, *vy-*, *z-*, *za-*⟩ messen; *Fläche* ausmessen; *Raum* durchmessen; *Mar.*, *Flgw.* peilen; **~itelný** meßbar; **~ítko** *n* (*1b*; *-tek*) Maßstab *m*; *stupnicové* ~ Gradmesser *m*; *brát přísné* ~ *fig.* e-n strengen Maßstab anlegen.
mesiáš *m* (*3*) *Rel.* Messias *m*.
měsíc *m* (*4*) Monat *m*; (*Astr.* ☽) Mond *m*; *plný* ~, ~ *v úplňku* Vollmond; *nový* ~ Neumond; *srpek* ~*e* Mondsichel *f*; *po celé* ~*e* monatelang; *za dva* ~*e* in zwei Monaten.
měsíč|ek *m* (*2b*; *-čk-*) F lieber (*od.* guter) Mond *m*; *Bot.* Ringelblume *f*; *Med.* Nagelblüte *f*, Halbmond *m*; *při -čku* bei Mondschein; *-čky pl. Med.* (Monats-)Regel *f*, F Tage *m*/*pl.*; **~ní** Mond-; ~ *sonáta Mus.* Mondscheinsonate *f*; *je -no* es ist mondhell; monatlich, Monats-; einmonatig; **~ník** *m* (*2b*) Monatsschrift *f*; **~ný** Mond-.
měsidlo *n* (*1a*; *-del*) Mischmaschine *f*; *Kochk.* Knetmaschine *f*.
mest *s. mošt.*
mést ⟨*s-*, *vy-*, *za-*⟩ (*metu*, *metl*, *meten*) (aus)kehren, fegen.
městečko *n* (*1b*; *-ček*) Städtchen *n*.
mestic [-tɪ-] *m* (*3*) Mestize *m*.
měst|ka *f* (*1c*; *-tek*) Krampfader *f*; **~nání** *n* (*3*) *Med.* Stauung *f*; **~nat se** ⟨*po-*, *s-*⟩ *Med.* sich stauen.
měst|o *n* (*1*) Stadt *f*; *hlavní*, *malé*, *rodné*, *venkovské* ~ Haupt-, Klein-, Heimat-, Provinzstadt; **~ský** städtisch, Stadt-; **~ys** *m* (*4*) Marktflecken *m*.
měšec *m* (*4*; *-šc-*) Beutel *m*.
mešita *f* (*1*) Moschee *f*.
mešk|ání *n* (*3*) Säumen *n*, Zögern *n*;

bez ~ unverzüglich; **~at** ⟨*pro-*, *z-*⟩ zögern (*s čím* mit *D*); (*kde*) verweilen, bleiben, P stecken; † *a. j-n* aufhalten, hindern; **~avý** *Arbeit*: langweilig, endlos.
mešní *Rel.* Meß-.
měšťá|cký kleinstädtisch; bürgerlich; **~ctví** *n* (*3*) bürgerliche Gesinnung *f*; **~ctvo** *n* (*1*) (*Klein-*)Bürgertum *n*, Bourgeoisie *f*; **~k** *m* (*1a*) Städter *m*, Bürger *m*; Bourgeois *m*.
měšťan *m* (*1*; *-é*), **~ka** *f* (*1c*; *-nek*) Bürger(in *f*) *m* (*e-r Stadt*); **~ský** bürgerlich, Bürger-; **~ství** *n* (*3*) Bürgerrecht *n*; **~stvo** *n* (*1*) Bürgerschaft *f*.
měšťka *f* (*1c*; *-těk*/*-tek*) Bürgersfrau *f*.
met *m* (*2a*) *Turn.* Schwung *m*.
meta *f* (*1*) Ziel *n*; *Sp.* Mal *n*.
metací *Mil.* Wurf-; *Sp.* Schwung-; ~ *stůl* Sprungtisch *m*.
metafyzický metaphysisch.
metal|ický metallisch; **~urgie** *f* (*2*) Metallurgie *f*.
metan *m* (*2a*) *Chem.* Methan *n*, Sumpfgas *n*.
met|ání *n* (*3*) Schleudern *n*, Werfen *n*; **~ař** *m* (*3*) Straßenkehrer *m*; **~at** ⟨*vy-*, *za-*⟩ (*co*, *čím*) schleudern, werfen (*A*); ~ *los* losen, das Los werfen; *s. mést.*
meteli|ce *f* (*2a*) Schneegestöber *n*; **~t** F rennen; ~ *se Schnee*: stöbern.
meteor *m* (*2a*) Meteor *m*; Sternschnuppe *f*; **~ologický** meteorologisch, Wetter-.
metl|a *f* (*1a*; *-tel*) Rute *f*, Gerte *f*; *fig.* Geißel *f*; *Kochk.* Schneeschläger *m*; *dial.* Kehrbesen *m*; **~ice** *f* (*2a*) *Bot.* Schmielgras *n*.
metod|a *f* (*1*) Methode *f*; **~ický** [-dɪ-] methodisch; **~ika** [-dɪ-] *f* (*1c*) Methodik *f*; **~ista** [-dɪ-] *m* (*5a*) Methodist *m*.
metr *m* (*2a*) Meter *m od. n*; F *a.* Meister *m*; *skládací* ~ Zollstock *m*; **~ák** F *m* (*2b*) Meterzentner *m*; **~esa** † *f* (*1a*) Mätresse *f*; **~ický** metrisch; **~ika** *f* (*1c*) Metrik *f*, Verslehre *f*.
metro *n* (*1b*) Untergrundbahn *f*, U-Bahn *f*; **~pole** *f* (*2*) Metropole *f*; **~polita** *m* (*5a*) Metropolit *m*.
metrov|ka F *f* (*1c*; *-vek*) Metermaß *n*; **~ý** meterlang *od.* -hoch.
metský: ~ *salám* Mettwurst *f*.
metu *s. mést.*
metuzalémský: ~ *věk* biblisches Alter *n*.
metyl *m* (*2a*) Methyl *n*; **~én** *m* (*2a*) Methylen *n*.
mexi|cký mexikanisch; **2čan** *m* (*1*; *-é*) Mexikaner *m*; **2ko** *n* (*1b*) Mexiko *n*.
mez *f* (*3*) (*Feld-*)Rain *m*; *fig.* (*mst pl.* ~e) Grenze(n *pl.*) *f*; *v ~ích* im Rahmen, innerhalb (der Grenzen); *klást ~e* Grenzen setzen; *vybočit z ~í* über die Schnur schlagen.
mezanín *m* (*2a*) *Arch.* Zwischengeschoß *n*.
mezdní Lohn-.
mezek *m* (*1b*; *-zk-*) Maultier *n*; *fig. verä.* Esel *m*, Trottel *m*.
mezer|a *f* (*1d*) Zwischenraum *m*, Lücke *f*; (*Zeit-*)Intervall *n*; **~ovitý** lückenhaft.
mezi *Prp.* (*4. Fall auf die Frage wohin?*/*wann?*; *7. Fall auf die Frage wo?*/*wann?*) zwischen (*A od. D*), unter (*A od. D*); ~ *okna* zwischen die Fenster; ~ *to* dazwischen; *jít ~ lid*(*i*) unter (die) Menschen gehen; *den padne ~ dva svátky* der Tag fällt zwischen zwei Feiertage; ~ *vánocemi a Novým rokem* zwischen Weihnachten und Neujahr; ~ *nebem a zemí* zwischen Himmel und Erde; *číst ~ řádky* zwischen den Zeilen lesen; ~ *námi* unter uns; ~ *čtyřma očima* unter vier Augen; *smlouva ~ dvěma sousedy* ein Vertrag zwischen zwei Nachbarn; ~ *sebou* miteinander, untereinander; ~ *jídlem* während des Essens; ~ *řečí* im Laufe des Gesprächs; ~ *týdnem* im Laufe der Woche; ~ *psaním* beim Schreiben.
mezi|- *in Zssgn* Zwischen-, zwischen-; inter-; **~aktí** *n* (*3*) *Thea.* Zwischenakt *m*; **~běh** *m* (*2b*) *Sp.* Zwischenlauf *m*; **~buněčný** interzellular; **~dobí** *n* (*3*) Zwischenzeit *f*; **~hra** *f* (*1d*; *-her*) Intermezzo *n*, Zwischenspiel *n*; **~kolo** *n* (*1a*) *Sp.* Zwischenrunde *f*; **~kontinentální** interkontinental; **~kruží** *n* (*3*) *Geom.* Kreisringfläche *f*; **~městský** zwischen zwei Städten, interurban; *Tech.* Überland-; *Telefongespräch*, *Verkehr*: Fern-; **~mozek** *m* (*2b*; *-zk-*) *Anat.* Zwischenhirn *n*; **~národní** international; ~ *právo* Völkerrecht *n*; **~obchod** *m* (*2*) Zwischenhandel *m*; **~paluba** *f* (*1*), **~palubí** *n* (*3*) Zwischendeck *n*; **~-parlamentární** interparlamenta-

risch; **~pásmový** Interzonen-; **~patří** *n* (*3*), **~patro** *n* (*1*; *6. -trě*; *2 Pl. -ter*) Zwischengeschoß *n*; **~planetární** interplanetarisch; **~plodina** *f* (*1*) *Agr.* Zwischenfrucht *f*; **~přistání** *n* (*3*) *Flgw.* Zwischenlandung *f*; **~řádkový** interlinear, zwischen den Zeilen; **~říčí** *n* (*3*) Land *n* zwischen zwei Flüssen, Zwischenstromland *n*; **~státní** zwischenstaatlich; **~stěna** *f* (*1*) Zwischenwand *f*; **~tím** inzwischen, währenddessen; **~tímco** während; **~vládí** *n* (*3*) Interregnum *n*.

mezk|ař, ~ář *m* (*3*) Mauleseltreiber *m*.

mez|ní Grenz-; *Agr.* Rain-; **~ník** *m* (*2b*) Grenzstein *m*; *fig.* Meilenstein *m*; **~ný** *Tech.* Grenz-.

mhou|rat ⟨*za-*⟩ blinzeln; *Licht*: flackern; **~ravý** blinzelnd; flakkernd; **~řit** ⟨*při-, za-*⟩: *~ oči* blinzeln; *fig.* (*před něčím* vor *D*) die Augen verschließen.

mi mir; *s. já.*

míca F *f* (*1a*; *2. -i*), **micka** F *f* (*1c*; *-cek*) Mieze(katze) *f*.

míč *m* (*4*) Ball *m*; *Sp. plný* (*od. těžký*) *~* Medizinball; *vysoký ~* Kerze *f*; **~ový** Ball-.

migréna *f* (*1*) Migräne *f*.

mih *m* (*1b*) *lit.* Augenblick *m*; *~em, v ~u* augenblicklich, im Nu.

míha|t *s. mihnout*; **~vý** flimmernd.

mih|nout *pf.*, *pro-, za-* (*-hl*) (vorüber)huschen; *Auto, Zug*: vorbeisausen; *Licht*: flackern; *Blitz*: zucken; *Gedanke*: durch den Kopf schießen, plötzlich kommen; **~otat se** ⟨*za-*⟩ *Licht*: flackern; *Sterne*: schimmern; *Film*: flimmern; **~otavý** flackernd; schimmernd.

mihule *f* (*2*) *Zo.* Flußneunauge *n*.

mícha *f* (*1b*) *Anat.* Rückenmark *n*.

mícha|cí Misch-; *Kochk.* Rühr-; **~čka** *f* (*1c*; *-ček*), **~dlo** *n* (*1a*; *-del*) Mischmaschine *f*, Mischer *m*.

mích|ání *n* (*3*) Mischen *n*; Rühren *n*; **~anice** *f* (*2a*), **~anina** *f* (*1*) Gemisch *n*; *Chem.* Gemenge *n*; **~aný** gemischt; *Kochk.* gerührt; *-ná vejce* Rührei(er *pl.*) *n*; **~at** ⟨*pro-, s-, za-*⟩ mischen; *Eier, Teig* rühren; (*k-o do č-o* j-n in *A*) hineinziehen; *~ se do č-o* sich einmischen in (*A*).

míj|et (*3 Pl. -ejí*) *s. minout*; **~ivost** *f* (*4*) Vergänglichkeit *f*; **~ivý** flüchtig, vergänglich.

mikádo *n* (*1*) Bubikopf *m*.

mikrob *m* (*2a od. 1*) Mikrobe *f*.

mikro|fon *m* (*2a*) Mikrophon *n*; **~skop** *m* (*2a*) Mikroskop *n*.

mikter *m* (*2a*) *Anat.* Bauchspeicheldrüse *f*.

Mikuláš *m* (*3*): *svatý ~* Sankt Nikolaus, Weihnachtsmann *m*.

milá *f* (*Adj. 2*) Geliebte *f*, F Liebste *f*; F *s mou -lou!* meiner Treu!; **~ček** *m* (*1b*; *-čk-*) Liebling *m*; F *~ Štěstěny* Glückskind *n*, Glückspilz *m*; *-čku!* mein Lieber!

milánský Mailänder (*Adj.*).

mílař *m* (*3*) *Sp.* Mittelstreckenläufer *m*.

mile *Adv.* angenehm, freundlich *s. milý*.

míle *f* (*2*; *mil*) Meile *f*; *na ~* meilenweit.

milec *m* (*3*; *-lc-*) Günstling *m*; Geliebte(r) *m*.

milen|ec *m* (*3*; *-nc-*), **~ka** *f* (*1c*; *-nek*) Geliebte(r) *m/f*; *-nci pl.* Liebespaar *n*.

milerád, ~a, ~o herzlich gern, von Herzen gern.

miliard|a *f* (*1*) Milliarde *f*; **~ář** *m* (*3*) Milliardär *m*; **~ový** Milliarden-.

mili|ce *f* (*2a*) Miliz *f*; *hist.* Bürgerwehr *f*; *závodní ~* Betriebsschutz *m*; **~cionář** *m* (*3*) Milizsoldat *m*; Betriebsschutzangehöriger *m*; Polizist *m*; **~ční** Miliz-.

mili|gram *m* (*2a*) Milligramm *n*; **~metr** *m* (*2a*) Millimeter *n od. m*; **~ón** *m* (*2a*) Million *f*; **~onář** *m* (*3*) Millionär *m*; **~ónový** Millionen-; **~ónský** F ungewöhnlich, verteufelt, Teufels-; **~óntina** *f* (*1*) Millionstel *n*; **~óntý** millionste(r).

milíř *m* (*4*) Meiler *m*.

miliskovat se ⟨*po-*⟩ (*-kuji*) liebkosen; F *~ se s děvčaty* mit den Mädchen schäkern.

militari|smus [-zm-] *m* (*2b*; *-ism-*) Militarismus *m*; **~sta** *m* (*5a*) Militarist *m*; **~stický** [-tı-] militaristisch; **~zovat** ⟨*z-*⟩ (*-zuji*) militarisieren.

milius P *m* (*1*) freundlicher (*od.* liebenswürdiger) Mensch *m*; Schmeichler *m*, Heuchler *m*.

milk|ování *n* (*3*) Liebelei *f*; **~ovat se** ⟨*na-, po-*⟩ (*-kuji*) (*s kým*) tändeln, F poussieren (mit *D*).

milník *m* (*2b*) Meilenstein *m*; *fig. a.* Markstein *m*.

milo *Adv.* angenehm, lieb; *lit. až ~*

daß es e-e (wahre) Lust ist; **~dar** *m* (*2a*) Liebesgabe *f*; Almosen *n*, milde Gabe *f*; **~srdenství** *n* (*3*) Barmherzigkeit *f*; **~srdný** barmherzig.

milost *f* (*4*) Gnade *f*; *hist.* Vorrecht *n*, Privileg *n*; *být v ~i* in Gnaden stehen; *udělit k-u ~* j-n begnadigen; † *Vaše* ~*i!* Euer Gnaden!; *cesta ~i Jur.* Gnadenweg *m*; *z boží ~i hist.* von Gottes Gnaden; *Kochk. boží ~i pl.* Schneeballen *m/pl.*, Krauskuchen *m*; **~ivý** gnädig; *Rel.* gnadenvoll; **~ivost** *f* (*4*) Huld *f*, Güte *f*; **~nice** *f* (*2a*) Geliebte *f*; † *a.* Mätresse *f*; **~ný** hold, liebreich; Liebes- (*z. B. Brief, Abenteuer, Dichtung*); **~pán** *m* (*1*) gnädiger Herr *m*; **~paní** *f* (*n 3*; *7 Sg.* -*i*) gnädige Frau *f*.

milou|čký F, **~nký** F (*Adv.* -*čce*, -*nko*, -*nce*) allerliebst.

milo|uš *m* (*3*; -*ové*) *s. miláček*; **~vání** *n* (*3*) Lieben *n*; **~vaný** geliebt; **~vat** ⟨*za-*⟩ (-*luji*) lieben; *~ se* einander lieben; **~vnice** *f* (*2a*) Geliebte *f*; **~vník** *m* (*1b*) Geliebte(r) *m*; Liebhaber *m*, F Freund *m*; **~vný** liebend.

mílový Meilen-; -*vé boty* Siebenmeilenstiefel *m/pl.*

milý (*Komp.* -*ejší*; *Adv.* -*e*, -*o*, *Komp.* -*eji*) lieb; F nett; angenehm; -*le překvapen* angenehm überrascht; *je -lo ho poslouchat* es ist angenehm, ihm zuzuhören; *až -lo* daß es e-e Freude ist.

mimi|cký mimisch; **~ka** *f* (*1c*) Mimik *f*, Mienenspiel *n*.

mimo *Prp.* (*mit 4. Fall*) außer (*D*), ausgenommen (*A*); (*Ort*) außerhalb (*G*); *Adv.* vorüber, vorbei (an *D*); *~ službu* außer Dienst; *~ dům* am Haus vorbei; *rána šla ~* der Schuß ging fehl; *~ obyčej* gegen s-e Gewohnheit; *~ očekávání* wider Erwarten; *~ pochybnost* außer Zweifel; *jen tak ~* nur so nebenbei; *~ to* außerdem.

mimo|- *in Zssgn* außer-; **~děk** *Adv.* unwillkürlich; **~evropský** außereuropäisch; **~chod** *m* (*2a*) Paßgang *m* (*des Pferdes*); **~chodem** *Adv.* im Vorbeigehen; flüchtig, nebenbei; beiläufig; **~chodník** *m* (*1a*) Paßgänger *m*; **~jdoucí** *m* (*Adj. 4*) Passant *m*; *Adj.* vorübergehend; **~manželský** außerehelich; **~opatření** *n* (*3*) Ausnahmeverfügung *f*; **~parlamentární** außerparlamentarisch; **~plánovaný** außerplanmäßig; **~řádný** außergewöhnlich; außerordentlich, Sonder-; *~ výkon* Sonderleistung *f*; **~služební** außerdienstlich; **~soudní** außergerichtlich; **~stranický** außerparteilich; **~školní** außerschulisch, außerhalb der Schule; **~tní** Neben-; **~to** außerdem; **~vlak** P *m* (*2b*) Sonderzug *m*; **~volný** unwillkürlich.

mimóza *f* (*1a*) *Bot.* Mimose *f*.

míň *s. méně.*

mina *f* (*1*) *Mil.* Mine *f*.

minaret *m* (*2*; *6.* -*u*/-*ě*) Minarett *n*.

minc|e *f* (*2*) Münze *f*; *s. berný*; **~íř** *m* (*4*) Schnellwaage *f*; **~ovna** *f* (*1*; -*ven*) Münz(stätt)e *f*; **~ovní** Münz-.

míněn|í *n* (*3*) Meinung *f*, Ansicht *f*; *podle mého ~* m-r Meinung nach; *být jiného ~* anderer Meinung (*od.* Ansicht) sein; **~ý** gemeint, gedacht; *dobře ~* gutgemeint.

minerál *m* (*2*; *6.* -*u*/-*e*) Mineral *n*; **~ka** F *f* (*1c*; -*lek*) Mineralwasser *n*; **~ní** Mineral-.

mineral|ogický mineralogisch; **~ogie** *f* (*2*) Mineralogie *f*.

miniatur|a [-tuː-] *f* (*1d*) Miniatur *f*; **~ní** Miniatur-.

minimální minimal, Minimal-; Mindest-; *~ cena* Mindestpreis *m*.

minister|iální † Ministerial-; **~ský** [-nɪ-] Minister(ial)-; *~ předseda* Ministerpräsident *m*; **~stvo** *n* (*1*) Ministerium *n*; *~ dopravy, financí* Verkehrs-, Finanzministerium.

ministr [-nɪ-] *m* (*1*; -*ři*) Minister *m*; *~ financí, vnitra, zahraničních věcí* Finanz-, Innen-, Außenminister; **~ant** *m* (*1*) *Rel.* Ministrant *m*; **~ovat** (-*ruji*) *Rel.* ministrieren; **~yně** *f* (*2b*) Ministerin *f*, Frau Minister.

mínit meinen; denken (*o čem* über *A*); vorhaben (*A*), *lit. et.* zu tun gedenken.

mino|lovka *f* (*1c*; -*vek*) *Mar.* Minenräumboot *n*; **~met** *m* (*2a*) *Mil.* Granatwerfer *m*; **~metný** Granatwerfer-, † Minenwerfer-; **~noska** *f* (*1c*; -*sek*) *Mar.* Minenleger *m*.

minorita *1. m* (*5a*) *Rel.* Minorit *m*; *2. f* (*1*) Minorität *f*.

minout *pf.*, *po-*, *u-*, *za-* *v/i* vergehen, vorübergehen; *v/t* vorüberfahren, -gehen, F vorbeikommen an (*D*); (*a. ~ se s čím*) verfehlen (*A*); (*a. ~

se *s kým*) nicht antreffen (*A*); meiden (*A*); *trest ho nemine* die Strafe ist ihm sicher; *mne nic nemine* mir bleibt (doch) nichts erspart; ~ se *Briefe*: sich kreuzen; ~ *se bez č-o et.* entbehren können.

minov|ač *m* (*4*) *Mil.* Minenleger *m*; **~ý** Minen-.

minul|e *Adv.* vor kurzem, kürzlich; **~ost** *f* (*4*) Vergangenheit *f*; *Jur.* Vorleben *n*; **~ý** vergangen; *s. čas.*

minut|a *f* (*1*) Minute *f*; *za pět minut* in fünf Minuten; **~ka** F *f* (*1c*; *-tek*) *fig.* Augenblick *m*; Gericht *n* à la carte; **~ový** Minuten-; minutenlang, e-e Minute dauernd.

mír *m* (*2a*) Friede(n) *m*; *in Zssgn* ... *~u* Friedens-; *uzavření ~u* Friedensschluß *m*; *bojovník za ~* Friedenskämpfer *m*.

míra *f* (*1d*, *7. a. měrou*; *2. Pl. měr*) Maß *n*; Laune *f*, Stimmung *f*; *fig.* Grad *m*; † *a.* Art *f*; *do jisté -ry* bis zu e-m gewissen Grade; *nejvyšší měrou* in höchstem Grade; *byl z -ry* er war außer sich; *v dobré míře* in (*od.* bei) guter Laune, gutgelaunt; *nezná -ru* er kennt kein Maß; *v té míře* dermaßen; *plnou měrou* in vollem Maße; *úroková ~ Hdl.* Zinsfuß *m*.

mirabelka *f* (*1c*; *-lek*) *Bot.* Mirabelle *f*.

mírka *f* (*1c*; *-rek*) kleines Maß *n*; Achtel *n*.

mírn|it ⟨*z-*⟩ mäßigen; *Stoß* dämpfen; *Wirkung* abschwächen; *Person* besänftigen, beruhigen; ~ *se* sich mäßigen, (*im Essen*) Maß halten; **~ivý** mildernd, besänftigend; **~ost** *f* (*4*) Mäßigkeit *f*; Friedfertigkeit *f*; **~ý** mäßig, gemäßigt; genügsam; sanft; *-ná zima* milder Winter; *-né pásmo Geogr.* gemäßigte Zone.

mírový Friedens-.

mírumilov|nost *f* (*4*) Friedensliebe *f*; **~ný** friedliebend.

míř|ení *n* (*3*) Zielen *n*; **~ící** Ziel-; **~ič** *m* (*3*) Richtkanonier *m*; **~idlo** *n* (*1a*; *-del*) Ziel-, Visiervorrichtung *f*, Zielgerät *n*.

miřík *m* (*1b*) *Bot.* Sellerie *f*.

mířit ⟨*na-*, *za-*⟩ zielen; (*kam*) s-e Schritte lenken, steuern (*wohin*); (*na co*) abzielen auf (*A*).

mísa *f* (*1a*) Schüssel *f*; *Kochk. a.* Platte *f*; (*Klosett-*)Becken *n*.

misál *m* (*2*; *6. -u/-e*) *Rel.* Meßbuch *n*.

mísčitý schüsselförmig.

mise *f* (*2*) Mission *f*.

misi|e *f* (*2*) *Rel.* Mission *f*; **~jní** Missions-; **~onář** *m* (*3*) Missionar *m*.

mísit ⟨*pro-*, *s-*, *za-*⟩ (*-šen*) mischen, vermengen; *Teig* kneten; ~ *se* (*do č-o*) sich einmischen (in *A*); **~elný** mischbar; (*Metalle*) legierbar.

misk|a *f* (*1c*; *-sek*) Schüssel(chen *n*) *f*, Napf *m*; (*Waag-*, *Seifen-*)Schale *f*; **~ovitý** schüsselförmig; **~ový** Schüssel-; *Tech.* Schalen-.

misník F *m* (*2b*) Geschirrschrank *m*.

míst|ečko *m* (*1b*; *-ček*) Plätzchen *n*, Fleckchen *n*; **~enka** *f* (*1c*; *-nek*) *Esb.* Platzkarte *f*; **~ní** örtlich, Orts-; Lokal-; **~nost** *f* (*4*) Raum *m*, Lokal *n*; *klubní ~* Klubraum; **~o**[1] *n* (*1*) Ort *m*, Platz *m*, Stelle *f*; Posten *m*, Stellung *f*; Stätte *f*, † Statt *f*; ~ *k sezení*, *k stání* Sitz-, Stehplatz; ~ *ke spaní* Schlafplatz, -stelle; ~ *určení*, *činu*, *narození* Bestimmungs-, Tat-, Geburtsort; ~ *vojenské přehlídky* Paradeplatz; *udání -ta* Ortsangabe *f*; *na -tě* auf der Stelle; *na samém -tě* an Ort und Stelle; *z -ta* von der Stelle (weg); *-tem*, *-ty* stellenweise; *bez -ta* stellungslos; **~o**[2] *Prp.* (*mit 2. Fall*) statt (*G*), anstelle (*G*); ~ *toho* statt dessen; ~ *přísahy Jur.* an Eides statt; ~ *aby pracoval*, ... statt zu arbeiten ...

místo|- *in Zssgn* Vize-; **~admirál** *m* (*1*; *-ové*) Vizeadmiral *m*; **~držitel** *m* (*3*; *-é*) Statthalter *m*; **~kancléř** *m* (*3*) Vizekanzler *m*; **~král** *m* (*3*) Vizekönig *m*; **~pis** *m* (*2*; *6. -e/-u*) Ortsbeschreibung *f*, Topographie *f*; **~pisný** topographisch; **~předseda** *m* (*5*) Vizepräsident *m*; **~přísežný** *Jur.* eidesstattlich.

mistr *m* (*1*; *-ři*) Meister *m*; *Tech.* Werkmeister *m*; (*Titel*) Magister *m*; ~ *světa*, *Evropy Sp.* Welt-, Europameister; **~nost** *f* (*4*) Meisterschaft *f*; **~ný** meisterhaft.

mistrov|á *f* (*Adj. 2*) Meisterin *f*; **~at** ⟨*pře-*, *z-*⟩ (*-ruji*) *v/i* Meister sein; *v/t* meistern; *iron.* schulmeistern; **~ský** meisterhaft, Meister-; *Sp.* Meisterschafts-; **~ství** *n* (*3*) Meisterschaft *f*.

mistryně *f* (*2b*) Meisterin *f*.

míšek *m* (*2b*; *-šk-*) (kleiner) Beutel *m*, Säckchen *n*.

míšen|ec *m* (*3*; *-nc-*) Mischling *m*; **~í** *n* (*3*) Mischen *n*; (*Teig-*)Kneten *n*; (*Metall-*)Legierung *f*; *Bio.* Kreuzung *f*; **~ina** *f* (*1*) Gemisch *n*.
míšeňský Meiß(e)ner (*Adj.*).
míšní *Anat.* Rückenmarks-.
mišpule *f* (*2*) *Bot.* Mispel *f*.
mít (*mám*, *měl*) haben; sollen; halten (*za co* für *A*); *~ k-o k č-u* j-n drängen zu (*D*); *~ se* sich befinden; *fig.* sich fühlen; *~ se k č-u* sich anschicken et. zu tun, sich vorbereiten auf (*A*); *~ ve vlastnictví Jur.* besitzen, in Besitz haben; *~ před sebou* vorhaben, (noch) vor sich haben; *~ na sobě Kleider* anhaben; F *mám to s tím* es ist eine Qual mit ihm; *~ za ušima* es (faustdick) hinter den Ohren haben; *~ přednášku* e-n Vortrag (*od.* e-e Vorlesung) halten; *měl jsem co ho těšit* ich gab mir alle Mühe, ihn zu trösten; *nemáte zač!* keine Ursache!; *~ zálibu v čem* Geschmack finden an (*D*); *~ zřetel na co, na k-o* sein Augenmerk richten auf (*A*); F *~ vroubek* et. auf dem Kerbholz haben; *~ za zlé* et. übelnehmen; *~ po starosti* die Sorge los sein; *měl po hodinkách* er war seine Uhr los, er hatte keine Uhr mehr; s-e Uhr war entzwei; *co Vás nemá!* was Ihnen nicht einfällt!; *jak se máte?* wie geht es Ihnen?, F wie geht's?; *mějte se dobře!* leben Sie wohl!, lassen Sie sich's gut gehen!; *má se u nich dobře* er hat es bei ihnen gut; *měl se k odchodu* er wollte gerade (weg)gehen; *musíte se k tomu více ~* Sie müssen der Sache mehr Interesse entgegenbringen; *má se k dešti* es wird bald regnen, es sieht nach Regen aus; *má se k práci* die Arbeit macht ihm Spaß; *jak se to má?* wie verhält sich das?; F *vy se máte* euch geht's gut; *mějte se na pozoru!* nehmen Sie sich in acht!
mítink [-tɪ-] *m* (*2b*) Kundgebung *f*; (*Belegschafts-*)Versammlung *f*; *Sp.* Wettkämpfe *m/pl.*
mitra *f* (*1d*; *-ter*) *Rel.* Mitra *f*.
mív(áv)at (*frequ. zu mít*) oft haben, zu haben pflegen.
mix|ér¹ *m* (*1*; *-ři/-rové*) (*Bar-*) Mixer *m*; (*Film*) Toningenieur *m*; **~ér²** *m* (*2a*) Mixgerät *n*, Mixer *m*; **~ovací** Mix-; **~ovat** ⟨*za-*⟩ (*-xuji*) mixen; **~tura** [-tu:-] *f* (*1d*) Mixtur *f*, Mischung *f*.
míza *f* (*1a*) *Bot.* Saft *m*; *Med.* Lymphe *f*; Körpersaft *m*; *životní ~* Lebenskraft *f*, -frische *f*.
mízdř|icí *Kochk.* Schabe- (*z. B. Fleisch*); Streich- (*z. B. Wurst*); **~it** *Kochk.* entfleischen, das Fleisch entfernen.
mizení *n* (*3*) Schwund *m*.
miz|era *m* (*5*) elender Kerl *m*, Schuft *m*; **~érie** *f* (*2*) Armseligkeit *f*, F Misere *f*; **~ernost** *f* (*4*) Erbärmlichkeit *f*, Niedertracht *f*; **~erný** elend, erbärmlich, lumpig.
miz|et ⟨*vy-*, *z-*⟩ (*3 Pl. -ejí/-í*) verschwinden; *Hoffnungen*, *Vorräte*: schwinden; **~ina** *f* (*1*) Elend *n*, Verderben *n*; *přijít na -nu* herunterkommen, P auf den Hund kommen; *být v -ně* heruntergekommen sein; **~ivý** verschwindend.
míz|natý saftvoll; **~ní** *Med.* Lymph-; *Bot.* Saft-; grün; **~nice** *f* (*2a*) *Anat.* Lymphgefäß *n*; **~otok** *m* (*2b*) *Bot.* Saftfluß *m*; **~ový** *Med.* Lymph-; *Bot.* Saft-.
mlácení *n* (*3*) Dreschen *n*.
mlád, **~a** *s. mladý*.
mláď *f* (*4d*; *-di*) † *poet.* Jugend *f*; **~átko** *n* (*1b*; *-tek*) (*Tier-*)Junge(s) *n*; (*svátek*) *Mláďátek Rel.* Fest *n* der Unschuldigen Kindlein.
mlád|ě *n* (*4a*; *Pl. -ďat-*) Junge(s) *n*; **~ek** *m* (*1a*; *-dk-*) Braugehilfe *m*; Müllergeselle *m*; Jungknecht *m*.
mládenec *m* (*3*; *-nc-*) Jüngling *m*; (*alter*) Junggeselle *m*; *Hdl.* Gehilfe *m*; † *a.* Brautführer *m*; F *-nci!* Jung(en)s!; **~ký** Jünglings-; Junggesellen-; **~tví** *n* (*3*) Jünglingsalter *n*; Junggesellentum *n*.
mládež *f* (*3*) Jugend *f*, junge Leute *pl.*; *literatura pro ~* Jugendliteratur *f*; **~nice** *f s. mládežník*; **~nický** Jugend-; **~ník** *m* (*1a*), **~nice** *f* (*2a*) Jugendfunktionär(in *f*) *m*; Mitglied *n* e-r Jugendorganisation.
mládí *n* (*3*) Jugend(zeit) *f*.
mlad|ice *f* (*2a*) junge Frau *f*, junges Mädchen *n*; *není už ~* sie ist nicht mehr die jüngste; **~ický** jugendlich, Jugend-; **~ičký** F ganz (*od.* sehr) jung, blutjung; **~ík** *m* (*1a*) junger Mann *m*; *Jagdw.* Jung- *od.* Märzhase *m*; **~ina** *f* (*1*) Bierwürze *f*; Jungwald *m*; **~inký** *s. mladičký*; **~istvost** *f* (*4*) jugendliches Aussehen *n*, Jugend(frische) *f*; **~istvý** jugendlich, jung; *m* (*Adj. 1*) Ju-

gendliche(r) *m*; **~it** ⟨*o-, z-*⟩ (*-zen*) jung machen, verjüngen.

mládnout ⟨*o-, z-*⟩ (*-dl*) jünger werden.

mlado- *in Zssgn* jung-, Jung-.

mladost *f* (*4*) Jugend(zeit) *f*; jugendliches Aussehen *n*.

mlaďou|čký, ~nký *s. mladičký.*

mladý (*Komp. -ší*; *Adv. -ě*, *Komp. -ěji*) jung; *za -da* in s-r Jugend, als er noch jung war; *staří -dí* jung und alt; *-dí m/pl.* junges Ehepaar *n*, junge Eheleute *pl.*

mlask *m* (*2b*), **~ání** *n* (*3*) Schnalzen *n*; Schmatzen *n*; **~at** ⟨*po-, za-*⟩, **~nout** *pf.*, *po-, za-* mit der Zunge schnalzen; *beim Essen* schmatzen; **~nutí** *n* (*3*), **~ot** *m* (*2a*) *s. mlask(ání).*

mlaštět P *s. mlaskat.*

mlat *m* (*2*; *6. -u/-ě*) *Agr.* Tenne *f*; *hist.* Hammer *m*; **~ec** *m* (*3*; *-tc-*) Drescher *m*; F *jí jako ~* er ißt wie ein Scheunendrescher.

mlát|ek *m* (*2b*; *-tk-*) *Tech.* Schlägel *m*; **~icí** Dresch-; **~ička** *f* (*1c*; *-ček*) Dreschmaschine *f*; *žací ~* Mähdrescher *m*; **~it** ⟨*na-, pro-, z-, za-*⟩ (*-cen*) dreschen (*a.* F *fig.*); *fig. a.* hauen; verdreschen; *~ sebou* sich wälzen; *~ do č-o* dreinschlagen.

mláto *n* (*1*; *6. -u/-ě*) Treber *m/pl.*

mlází *n* (*3*) Jungwald *m*.

mlče|ní *n* (*3*) Schweigen *n*; *pominout ~m* mit Stillschweigen übergehen; **~(n)livost** *f* (*4*) Verschwiegenheit *f*; Schweigsamkeit *f*; **~(n)livý** verschwiegen; schweigsam; **~t** ⟨*po-, za-*⟩ schweigen.

mlčky *Adv.* (still)schweigend.

mlecí Mahl-.

mleč *m* (*3*) Mahlgast *m*.

mléč|enka *f* (*1c*; *-nek*) (*im Krieg*) Milchkarte *f*; **~ňák** *m s. mlíčňák*; **~nan** *m* (*2a*) *Chem.* Laktat *n*; **~natý** milchig; reich an Milch; **~nice** *f* (*2a*) *Bot.* Milchsaftgefäß *n*, -röhre *f*; Milchkeller *m*; **~ný** Milch-; milchig.

mlékár|enský Molkerei-; **~na** *f* (*1*; *-ren*) Molkerei *f*; Milchhandlung *f*; Milch(trink)halle *f*.

mlékař *m* (*3*) Milchmann *m*; **~ka** *f* (*1c*; *-řek*) Milchfrau *f*; **~ský** Milch- (*z. B. Handel*); **~ství** *n* (*3*) Milchwirtschaft *f*.

mléko *n* (*1*; *6. -ku/-ce*) Milch *f*; **~vitý** milchartig.

mlet|í *n* (*3*) Mahlen *n*; **~ý** gemahlen.

mlezivo *n* (*1*) *Med.* Biestmilch *f*, P Hexenmilch *f*.

mlha *f* (*1b*) Nebel *m*; F *jako v mlhách* benommen, wie im Traum; *jako v mlze fig.* nebelhaft, verschwommen; **~vět** ⟨*z-*⟩ (*3 Pl. -ějí*) neb(e)lig werden; *fig.* verschwimmen; **~vost** *f* (*4*) Nebelhaftigkeit *f*; **~vý** neb(e)lig; *Vorstellungen*: nebelhaft, dunkel.

mlhov|ina *f* (*1*) *Astr.* Nebelfleck *m*; **~itý** neblig; nebelhaft; **~ka** *f* (*1c*; *-vek*) *Kfz.* Nebelscheinwerfer *m*; **~ý** nebelhaft.

mlíč|í *n* (*3*) (*Fisch-*)Milch *f*; **~ko** F *n* (*1b*; *-ček*) Milch *f*; **~(ň)ák** *m* (*1a*) *Zo.* Milch(n)er *m*; *fig. iron.* Milchbart *m*.

mlít ⟨*roz-, se-, vy-, za-*⟩ (*melu, mlel, mlet*) mahlen; F (*čím*) ständig in Bewegung halten (*A*); *~ hubou, ~ jazykem* quasseln, schwatzen; *Gedicht* herunterleiern; *~ se* hin- und herrutschen, P raufen; *co se tu mele?* was ist hier los?

mlok *m* (*1a*) *Zo.* Molch *m*.

mls *m* (*2a*) Naschwerk *n*; **~ák** F *m* (*1a*), **~al** *m* (*1*; *-ové*) Leckermaul *n*, F Naschkatze *f*; **~at** ⟨*po-, s-, z-*⟩ naschen; **~avost** *f* (*4*) Naschsucht *f*; **~avý** naschhaft; **~ek** *m* (*2b*; *-sk-*) Leckerbissen *m*; **~nout** *pf.*, *s-* (*si*) (*-sl/-snul*) *s. mlsat*; **~ný** naschhaft; F *-ná hubička* Leckermäulchen *n*; **~oun** *m* (*1*) *s. mlsal.*

mluv|a *f* (*1*) Sprache *f*; Sprechweise *f*; *rodná ~* Muttersprache; **~čí** *m* (*Adj. 4*) Sprecher *m*; **~icí** Sprach-; **~idla** *n/pl.* (*1a*; *-del*) Sprechwerkzeuge *n/pl.*; **~it** ⟨*pro-*⟩ sprechen, reden; *~ do k-o* j-n bereden; *~ do toho* dreinreden; *~ k sobě* mit sich selbst sprechen; *~ ze spaní* im Schlaf sprechen; *vám se to -ví* ihr habt gut reden; *-ví* se man sagt; **~ítko** *n* (*1b*; *-tek*) Sprechapparat *m*; (*Telefon-*)Sprechmuschel *f*; **~ka** *m* (*5*) Schwätzer *m*; **~ní** Sprach-, Sprech-; **~nice** *f* (*2a*) Grammatik *f*; **~nický** grammat(ikal)isch; **~nost** *f* (*4*) Redseligkeit *f*; **~ný** redselig, gesprächig.

mlýn *m* (*2*; *2. -a*) Mühle *f*; *Sp.* Gedränge *n*.

mlynář *m* (*3*), **~ka** *f* (*1c*; *-řek*) Müller(in *f*) *m*; **~ík** *m* (*1a*) *Zo.* Blaumeise *f*; **~ský** Müller-; **~ství** *n* (*3*) Müllerhandwerk *n*.

mlýnek *m* (*2b*; *-nk-*) (kleine) Mühle *f*; Mühlespiel *n*; ~ *na kávu, kávový* ~ Kaffeemühle; *točit* ~ *fig.* Daumen drehen.
mlýnský Mühl-; Mahl-.
mlž *m* (*3*) *Zo.* Muschel *f*.
mlži|dlo *n* (*1a*; *-del*) Zerstäuber *m*; **~na** *f* (*1*) *lit.* Nebelstreifen *m*; **~t** ⟨*o-, za-*⟩ verschleiern; ~ se neb(e)lig erscheinen, sich verschleiern.
mlžný neb(e)lig, nebelhaft.
mne, mně *s. já.*
mnich *m* (*1*) Mönch *m*.
Mnichov *m* (*2*; *2. -a*) München *n*; **~an** *m* (*1*; *-é*) Münch(e)ner *m*; **2ský** Münch(e)ner (*Adj.*).
mník *m* (*1a*) *Zo.* Aalquappe *f*.
mniš|ka *f* (*1c*; *-šek*) Nonne *f* (*a. Zo.*); **~kový** Mönchs-; *Zo.* Nonnen-; **~ství** *n* (*3*) Mönchtum *n*.
mnít ⟨*do- se*⟩ (*-ím, mněl*; *3 Pl. -ějí/ -í*) *lit.* meinen, glauben.
mnoha *s. mnoho*; **~denní** mehrtägig; **~letý** mehr-, vieljährig.
mnoh|de an manchen Orten, mancherorts; **~dy**(**krát**) häufig, manchmal; **~em** viel (+ *Komp.*), bei weitem; ~ *více* viel mehr.
mnoho *G* (*2, 3, 6, 7 -ha*) viel; *příliš* ~ (all)zuviel; *před -ha lety* vor vielen Jahren; *v -ha případech* in vielen Fällen; **~-** *in Zssgn* viel-; **~barevný** vielfarbig; **~člen** *m* (*2a*) *Math.* Polynom *n*; **~dětný** kinderreich; **~hlas-(n)ý** vielstimmig; **~jazyčný** vielsprachig; **~krát**(**e**) vielmals; **~místný** *Math.* mehrstellig; **~mluvný** geschwätzig; **~molekulární** *Chem.* polymer; **~národní** Vielvölker-; **~násobný** vielfach; *Tech.* Vielfach-; **~násobné** *n* (*Adj. 3*) ein Vielfaches *n*; **~nožka** *f* (*1c*; *-žek*) *Zo.* Tausendfüßler *m*; **~patrový**, **~poschoďový** mehr-, vielstöckig; **~slibný** vielversprechend; **~směrný** nach vielen Richtungen führend; **~smyslný** vieldeutig; **~stěn** *m* (*2a*) *Geom.* Polyeder *n*; **~stranný** vielseitig; *fig.* vielfach; **~svazkový** vielbändig; **~tisíckrát** vieltausendmal; **~tvárnost** *f* (*4*) Vielgestaltigkeit *f*; *Geom.* Polymorphie *f*; **~úhelník** *m* (*2b*) Vieleck *n*; **~úhelníkový**, **~úhlý** vieleckig; *Geom.* polygonal; **~významný**, **~významový**, **~značný** vieldeutig; **~ženství** *n* (*3*) Vielweiberei *f*.
mnoho|st *f* (*4*) Vielheit *f*, Quantität *f*, Menge *f*; **~tnost** *f* (*4*) Vielheit *f*, Vielfältigkeit *f*.
mnohý viel, zahlreich; mancher(lei).
mňoukat ⟨*za-*⟩ miauen.
mnout ⟨*po-, za-*⟩ (*mnul*) *v/t* reiben.
množi|na *f* (*1*) *Math.* Summe *f*, Gesamtzahl *f*; Menge *f*; *nauka o -nách* Mengenlehre *f*; **~t** ⟨*roz-, z-*⟩ (ver)mehren; ~ se sich vermehren; sich mehren, sich häufen; **~tel** *m* *1.* (*3*; *-é*) Vermehrer *m*, *hist.* Mehrer *m*; *2.* (*4*) *Math.* Vermehrungszahl *f*; **~telský** *Agr.* Vermehrungs-, Zucht-.
množ|ivý fortpflanzungsfähig; Fortpflanzungs-; **~ný** vielfach; *s. číslo*; **~ství** *n* (*3*) Anzahl *f*, Menge *f*; *nesmírné* ~ Unmenge; ~ *lidu* Menschenmenge.
mobiliář *m* (*4*) Mobiliar *n*.
mobiliz|ace *f* (*2*) Mobilisierung *f*; **~ační** Mobilmachungs-; **~ovat** ⟨*z-*⟩ (*-zuji*) mobilisieren.
mobilní mobil, beweglich.
moc¹ *f* (*4 od. 4b*; *7 Pl. -emi*) Macht *f*; Gewalt *f*; *plná* ~ Vollmacht; *právní* ~ Rechtskraft *f*; *zákon nabývá* (*pozbývá*) **~i** das Gesetz tritt in (außer) Kraft; *být u* **~i** an der Macht sein; *přes* ~ übermäßig viel; *to není v mé* **~i** das steht nicht in m-r Macht; **~í** mit Gewalt; *fig.* um jeden Preis; *námořní* ~ Seemacht.
moc² P viel (*Menge*); sehr (*Grad*); *co je* ~, *to je* ~! was zuviel ist, ist zuviel; ~ *všeho škodí* allzuviel ist ungesund.
mocens|ký Gewalt-, Macht-; **~tví** *n* (*3*) *Chem.* Wertigkeit *f*.
moci (P *dial. moct*) ⟨*z-*⟩ (*mohu*/F *můžu*, *2. můžeš*, *3Pl. mohou*/F *můžou, mohl*) können, imstande sein (zu + *Inf.*); (ver)mögen; ~ *za k-o* die Verantwortung tragen, haften für (*A*); ~ *za to* dafür können.
mocnář *m* (*3*), **~ka** *f* (*1c*; *-řek*) Monarch(in *f*) *m*, Regent(in *f*) *m*; **~ství** *n* (*3*) Monarchie *f*.
mocn|ěnec *m* (*4*; *-nc-*) *Math.* Basis *f*; **~ina** *f* (*1*) *Math.* Potenz *f*; **~inný**, **~inový** Potenz-; **~itel** *m* (*4*; *Pl. -e*/ *-é*) *Math.* Exponent *m*; **~it** ⟨*u-*⟩ potenzieren; **~ost** *f* (*4*) *Pol.* Macht *f*; **~ý** mächtig, gewaltig; (*č-o*) fähig (*G*); *der Sinne, der Sprache* mächtig.
moč *f* (*4*) *od. m* (*4*) Harn *m*, Urin *m*.
močál *m* (*2*; *6. -u*/*-e*) Sumpf *m*, Morast *m*; **~(ov)isko** *m* (*1b*; *-sk*/

-sek), **~(ov)iště** *n* (*2a*) Sumpfland *n*, Moorboden *m*; **~ovitý** sumpfig; **~ový** Sumpf-, Moor-.

močan *m* (*2a*) *Chem.* Urat *n*, harnsaures Salz *n*.

moč|idlo *n* (*1a*; *-del*) (*Flachs-*)Röste *f*; **~it** ⟨*na-*⟩ naß machen; *Flachs* rösten; *Erbsen* quellen; ⟨*po-, vyse*⟩ harnen, urinieren; **~ka** *f* (*1c*; *-ček*) Tabaksaft *m*; **~opohlavní** *Med.* urogenital; **~opudný** harntreibend; **~ovina** *f* (*1*) Harnstoff *m*; **~ovod** *m* (*2a*) Harnleiter *m*; **~ový** Harn-; **~ůvka** *f* (*1c*; *-vek*) Jauche *f*; **~ůvkovat** ⟨*po-*⟩ (*-kuji*) jauchen.

móda *f* (*1*) Mode *f*.

model *m* (*2a*) Modell *n*; **~ace** *f* (*2*) Modellieren *n*; **~ační** Modellier-; **~ář** *m* (*3*), **~ářka** *f* (*1c*; *-řek*) Modellbauer(in *f*) *m*; **~ér** *m* (*1*; *-ři*) Modelleur *m*; **~ka** *f* (*1c*; *-lek*) (*Maler-*)Modell *n*; **~ovat** ⟨*z-*⟩ (*-luji*) modellieren; **~ový** Modell-.

modern|a *f* (*1*) Moderne *f*; **~í** modern; **~izace** [-nı-] *f* (*2*) Modernisierung *f*; **~izovat** [-nı-] ⟨*z-*⟩ (*-zuji*) modernisieren.

modifikovat [-dı-] ⟨*z-*⟩ (*-kuji*) modifizieren.

modist|ka [-dı-] *f* (*1c*; *-tek*) Modistin *f*; **~ství** *n* (*3*) (*Damen-*)Hutgeschäft *n*, † Putzmacherei *f*.

modl|a *f* (*1a*; *-del*) Götze *m*; *fig.* Abgott *m*; **~ák** *m* (*2b*) Gebetsteppich *m*; **~ář** *m* (*3*) *verä.* Frömmler *m*, Betbruder *m*; **~ářka** *f* (*1c*; *-řek*) *verä.* Betschwester *f*; **~ářství** *n* (*3*) Götzendienst *m*; Frömmelei *f*; **~ení** *n* (*3*) Beten *n*; Gebet *n*; **~icí** Gebet-; Bet-.

modlit: *~ se* ⟨*po-*⟩ (*ke k-u*) beten (zu *D*); anbeten (*A*); **~ba** *f* (*1*; *-teb*) Gebet *n*; **~ebna** *f* (*1*; *-ben*) Bethaus *n*; **~ební** Gebet-; Bet-.

modlosluž|ba *f* (*1*; *-žeb*), **~ebnictví** *n* (*3*) Götzendienst *m*.

módní modisch, Mode-.

modr|áček *m* *1.* (*1a*; *-čk-*) blauer Falter *m*; *2.* F (*2b*; *-čk-*) Kornblume *f*; Birkenpilz *m*; **~ačka** P *f* (*1c*; *-ček*) blaue Schürze *f*; **~ák** *m* (*2b*) (blaues) Durchschlagpapier *n*; Kornblume *f*; Birkenpilz *m*; *~y pl.* (blauer) Arbeitsanzug *m*; **~at** ⟨*nase, po-, z-, za-* (*se*)⟩ blau werden; **~avý** bläulich.

modrchat ⟨*z-, za-*⟩ verwirren, F verfitzen.

modro *n* (*1b*) *s. modrost*; *Adv.* blau; *~- in Zssgn* blau-, Blau-; **~bílý** blau-weiß; **~jasný** hellblau; **~oký** blauäugig, mit blauen Augen.

modro|st *f* (*4*), **~ta** *f* (*1*) Blau *n*, Bläue *f*; **~vous** *m* (*1*) Blaubart *m*; **~zelený** blaugrün.

modrý (*Komp. -řejší*; *Adv. -ře/-ro*) blau; *světle ~* hellblau; *-rá punčocha verä.* Blaustrumpf *m*; *-ře pruhovaný* blaugestreift; *barvit na -ro* blau färben; *pstruh na -ro Kochk.* Forelle blau.

modř *f* (*4 od. 3*) blaue Farbe *f*, Blau *n*; **~idlo** *n* (*1a*; *-del*) Waschblau *n*; **~ín** *m* (*2*; *6. -u/-ě*) *Bot.* Lärche *f*; **~ina** *f* (*1*) blauer Fleck *m*; **~inka** *f* (*1c*; *-nek*) Blaumeise *f*; **~ínový** Lärchen-; **~it** ⟨*na-, z-, za-*⟩ blau färben; *Wäsche* bläuen.

modul|ace *f* (*2*) Modulation *f*; **~ovat** ⟨*z-*⟩ (*-luji*) modulieren.

módy *f/pl.* (*1*) Modezeitschrift *f*.

mohamedán *m* (*1*), **~ka** *f* (*1c*; *-nek*) Mohammedaner(in *f*) *m*; **~ský** mohammedanisch.

mohér *m* (*2a*) Mohär *m*, Mohair *m*.

mohouc|í mächtig; vermögend; **~nost** *f* (*4*) Macht *f*; Leistungsfähigkeit *f*, (schöpferische) Kraft *f*.

mohovit|ost *f* (*4*) Habe *f*, Gut *n*; **~ý** vermögend, wohlhabend.

mohu *s. moci.*

mohutn|ět ⟨*z-*⟩ (*3 Pl. -ějí*) kräftig werden, erstarken, an Stärke zunehmen; **~ost** *f* (*4*) Macht *f*, Stärke *f*; *fig.* Kraft *f*; **~ý** mächtig, gewaltig.

mohyl|a *f* (*1a*) Grabhügel *m*; **~ník** *m* (*2b*) Gräberfeld *n*.

mochna *f* (*1*; *-chen*) Fingerkraut *n*.

moj|e, ~i *s. můj.*

Mojžíš *m* (*3*) Moses *m*; **♀ský** mosaisch.

mok *m* (*2b*) Flüssigkeit *f*, *poet.* Naß *n*.

moka *n* (*indekl.*) *od.* P *f* (*1c*) Mokka *m*.

moknout ⟨*pro-, z-*⟩ (*-kl*) naß [werden.]

mokr|avý feucht; **~o** *n* (*1b*) Nässe *f*; *Adv.* naß; **~ost** *f* (*4*), **~ota** *f* (*1*) Nässe *f*, Feuchtigkeit *f*; **~ý** (*Komp. -křejší*; *Adv. -kře/-kro*) naß.

mokřit ⟨*po-, z-*⟩ *v/t* naß machen; *v/i* nässen.

mokva|t ⟨*za-*⟩ naß werden; nässen; **~vý** *Med.* nässend.

mol *m* (*1*) Motte *f*; F *opilý na ~* total betrunken, P sternhagelvoll.

moldánky *f/pl.* (*1*; *-nek*) Mundharmonika *f*; P *nabírat, natahovat, spustit* ~ zu heulen anfangen.
Mold|avsko *n* (*1b*), **~ávie** *f* (*2*) Moldau *f* (*Land*); **2avský** moldauisch.
molekul|a *f* (*1a*) Molekül *n*; **~ární** molekular; **~ový** Molekular-, Molekül-.
molo *n* (*1*; *6. -u*) Mole *f*.
molovina *f* (*1*) Mottenfraß *m*.
moment *m* (*2*; *6. -ě/-u*) Moment *m u. n*; **~ální, ~ánní** momentan; **~ka** *f* (*1c*; *-tek*) *Fot.* Momentaufnahme *f*; **~ní** *Fot.* Moment-; *-ně Adv.* momentan, im Augenblick; **~ový** *Math.* Momenten-.
monarch|a *m* (*5*; *6 Pl. -ších*) Monarch *m*; **~ický** monarchisch; **~ie** *f* (*2*) Monarchie *f*; **~ista** *m* (*5a*) Monarchist *m*; **~istický** [-tɪts-] monarchistisch.
monastýr *m* (*2a*) (orthodoxes) Kloster *n*.
Mongol *m* (*1*; *-ové*), **~ka** *f* (*1c*; *-lek*) Mongole *m*, Mongolin *f*; **~sko** *n* (*1b*) Mongolei *f*; **2ský** mongolisch.
mono|grafie *f* (*2*) Monographie *f*; **~gram** *m* (*2a*) Monogramm *n*.
monokl *m* (*2a*) Monokel *n*.
mono|log *m* (*2b*; *6 Pl. -zích*) Monolog *m*; **~pol** *m* (*2a*) Monopol *n*; **~polní** Monopol-; **~tónní** monoton.
monstrance *f* (*2*) *Rel.* Monstranz *f*.
monstr(u)ózní *lit.* monströs.
montánní Montan-, montan.
montáž *f* (*3*) Montage *f*; **~ní** Montage-; **~ník** F *m* (*1a*) Monteur *m*.
montér *m* (*1*; *-ři*) Monteur *m*; **~ky** *f/pl.* (*1c*; *-rek*) Arbeitsanzug *m od.* -hose *f*.
montgomerák *m* (*2b*) (wasserdichter grüner) Sportmantel *m*.
montov|ací Montage-; **~at** ⟨*při-, s-, za-*⟩ (*-tuji*) montieren; **~na** *f* (*1*; *-ven*) Montagehalle *f*.
monumentální monumental.
mor *m* (*2a*) Seuche *f*; Pest *f*; *stižený ~em* pestkrank.
morák *dial. m* (*1a*) Truthahn *m*.
moral|istický [-tɪ-] moralistisch, Moral-; **~ita** *f* (*1*) Moralität *f*; **~izovat** ⟨*z-*⟩ (*-zuji*) moralisieren.
morál|ka *f* (*1c*; *-lek*) Moral *f*; Sittenlehre *f*; **~ní** moralisch, sittlich, Moral-; **~nost** *f* (*4*) Moral *f*.
Morav|a *f* (*1*) *Geogr.* Mähren *n* (*Land*); March *f* (*Fluß*); **2ský** mährisch.
morče *n* (*4*) Meerschweinchen *n*; *pokusné ~ fig.* Versuchskaninchen *n*.
morda *f* (*1*) Maul *n*; *Jagdw.* Fang *m*; V Fresse *f*.
morek *m* (*2b*; *-rk-*) (*Knochen-*)Mark *n*; *do -rku kostí* durch Mark und Bein.
moréna *f* (*1*) Moräne *f*.
morf|iový Morphium-; **~inista** [-nɪ-] *m* (*5a*) Morphinist *m*; **~ium** *n* (*5*) Morphium *n*; **~ologický** morphologisch.
morka *dial. f* (*1c*; *-rek*) Truthenne *f*.
morkový Mark-.
mormon *m* (*1*) Mormone *m*.
morna *f* (*1*; *-ren*) Hungerturm *m*, P Kerker *m*; *fig.* Loch *n*.
morous *m* (*1*) Griesgram *m*; **~ovitý** mürrisch.
morový Pest-.
morózní mürrisch.
morse|ovka [-zɛ-] *f* (*1c*; *-vek*) Morsealphabet *n*; *vysílat -kou* morsen, funken; **2ův**: *Morseova značka* Morsezeichen *n*.
mortadela *f* (*1a*) Mortadelle *f*.
mortalita *f* (*1*) Sterblichkeit(sziffer) *f*.
moruš|e *f* (*2*) Maulbeere *f*; **~ovník** *m* (*2b*) Maulbeerbaum *m*; **~ový** Maulbeer-.
morzakor *m* (*2a*) Schundroman *m*, Groschenroman *m*.
moře *n* (*2*) Meer *n*, See *f*; *Baltské ~* Ostsee; *Ledové ~* Eismeer; *600 m nad ~m* 600 m über dem Meeresspiegel; F *~ lidí* Menschenmenge *f*.
mořena *f* (*1*) *Bot.* Krapp *m*, Färberröte *f*.
moře|plavba *lit. f* (*1*; *-veb*) See(schiff)fahrt *f*; **~plavec** *lit. m* (*3*; *-vc-*) Seefahrer *m*; **~třesení** *n* (*3*) Seebeben *n*.
moř|ící Beiz-; **~idlo** *n* (*1a*; *-del*) Beize *f*, Beizmittel *n*.
mořit ⟨*u-, z-*⟩ foltern; *fig.* plagen, quälen; *Tech.* beizen; **~el** *m* (*3*; *-é*) Quälgeist *m*.
mořský Meer(es)-, See-; *-ká voda* Meer-, Seewasser *m*; *~ lupič* Seeräuber *m*; *-ká nemoc* Seekrankheit *f*; *-ké lázně* Seebad *n*.
mosaik|a [-za-] *f* (*1c*) Mosaik *n*; **~ový** Mosaik-.
mosaz *f* (*4b*) Messing *n*; **~it** ⟨*po-*⟩

mit Messing überziehen; **~n(ick)ý** Messing-.
moselský [-zel-] Mosel-.
moskevský Moskauer (*Adj.*).
Moskva *f* (*1*) Moskau *n*; Moskwa *f* (*Fluß*); **~n** *m* (*1*; *-é*) Moskauer *m*.
moskyt *m* (*1*) Moskito *m*; **~iéra** *f* (*1d*) Moskitonetz *n*.
moslem, moslim *s. muslim.*
most *m* (*2*) Brücke *f*; ♀ *Geogr.* Brüx *n*; **~ař** *m* (*3*) Brückenbauer *m*; **~ařský** Brückenbau-; **~ecký** Brücken-; **~ina** *f* (*1*) Bohle *f*, Balken *m*; **~né** *n* (*Adj. 3*) Brückengeld *n*; **~ní** Brücken-; **~nice** *f* (*2a*) (*Brücken-*) Balken *m*; **~ovka** *f* (*1c*, *-vek*) Brückenbelag *m*; **~ový** Brücken-.
mošn|a *f* (*1*; *-šen*) Beutel *m*, Sack *m*; *přijít na žebráckou -nu fig.* an den Bettelstab kommen; **~ička** *f* (*1c*; *-ček*) Säckchen *n*; *školácká ~* Schulmappe *f*, -tasche *f*.
mošt *m* (*2a*) Most *m*; **~ový** Most-.
mot|ací Haspel-; **~ák** *m* (*2b*) Haspel *f*; F Kassiber *m*.
motani|ce *f* (*2a*), **~na** *f* (*1*) Gewirr *n*, Durcheinander *n*.
motat ⟨*na-, po-, s-, u-, z-*⟩ *Garn* haspeln; (auf)wickeln; *Zigarette* drehen; F *a.* verwechseln, durcheinanderbringen; *~ nohama* (sch)wanken; *~ se* taumeln; *fig.* durcheinandergeraten, P drüber und drunter gehen.
moteto *n* (*1*; *6. -u*) Motette *f*.
motiv [-tɪːf] *m* (*2a*) Motiv *n*; **~ace** [tɪ-] *f* (*2*) Motivierung *f*; **~ovat** [-tɪ-] (*im*)*pf.* ⟨*z-*⟩ (*-vuji*) motivieren.
motocykl *m* (*2a*) Motorrad *n*; **~ista** *m* (*5a*) Motorradfahrer *m*.
motolice *f* (*2a*) *Zo.* Drehwurm *m*; Drehkrankheit *f*, Schwindel *m*.
motomechanizovaný [-nɪ-] *Mil.* motorisiert.
motor *m* (*2a*) Motor *m*; **~ák** *m* (*2b*) Triebwagen *m*; **~ický** motorisch; Motor-; **~izace** *f* (*2*) Motorisierung *f*; **~izovat** (*im*)*pf.* ⟨*z-*⟩ (*-zuji*) motorisieren; **~ka** *f* (*1c*; *-rek*) Motorrad *n*; Motorboot *n*; **~ový** Motor-; *-vé vozidlo* Kraftfahrzeug *n*.
motostřelecký *Mil.* Panzergrenadier-.
motouz *m* (*2*; *6. -u*/*-e*) Bindfaden *m*.
motovidlo *n* (*1a*; *-del*) Haspel *f*; *iron.* Tolpatsch *m*.
moty|ka *f* (*1c*), *Dim.* **~čka** *f* (*1c*; *-ček*) Hacke *f*.
motýl *m* (*1*) Schmetterling *m*, Falter *m*; **~ek** *m 1.* (*1a*; *-lk-*) *Dim. zu motýl*; *2.* (*2b*; *-lk-*) *Sp.* Schmetterlingsstil *m* (*Schwimmen*); Fliege *f*, Schleife *f* (*am Anzug*); **~í** Schmetterlings-; **~ice** *f* (*2a*) *Zo.* Wasserjungfer *f*; **~okvětý**: *-té rostliny* Schmetterlingsblütler *m*/*pl.*; **~ový** Schmetterlings-.
mouč|ka *f* (*1c*; *-ček*) *Dim. u. Tech. zu mouka*; (*Streu-*)Pulver *n*; **~kový** Staub- (*z. B. Zucker*); **~natý** mehlig; **~ník** *m* (*2b*) Mehlspeise *f*; **~ný** mehlig; Mehl-.
moud|rost *f* (*4*) Weisheit *f*; **~rý** (*Komp. -řejší*; *Adv. -ře*, *Komp. -řeji*) weise; **~řet** ⟨*z-*⟩ (*3 Pl. -eji*) weise (*od.* F schlau) werden.
moucha *f* (*1b*; *much*) Fliege *f*.
mouka *f* (*1c*) Mehl *n*.
moul|a¹ P *f* (*1a*) Maul *n*; **~a²** *m* (*5*) Dummkopf *m*; **~at** langsam kauen.
mour *m* (*2a*) Kohlenstaub *m*; Ruß *m*; **~ek** *m* (*1a*; *-rk-*) schwarzgrauer Kater *m od.* Hengst *m*; **~ovatý** schwarzgrau.
mouřenín † *m* (*1*) Mohr *m*; **~ský** † Mohren-.
moutvice *f* (*2a*) Stößel *m*.
movit|ost *f* (*4*) bewegliche Güter *n*/*pl. od.* Habe *f*; **~ý** beweglich; reich.
moze|ček *m* (*2b*; *-čk-*) *Anat.* Kleinhirn *n*; *Kochk.* Hirn *n*; **~k** *m* (*2b*; *-zk-*) Gehirn *n*, Hirn *n*; *bystrý ~ fig.* (ein) kluger Kopf.
mozko|míšní, ~míchový *Anat.* zerebrospinal; **~vý** Gehirn-, Hirn-.
mozol *m* (*2*; *6. -u*/*-e*) Schwiele *f*; **~it se** ⟨*na-, z-*⟩ (*s čím*) sich (ab)plagen (mit *D*); **~n(at)ý, ~ovitý** schwielig; *fig.* hart.
moždíř *m* (*4*) Mörser *m*.
mož|ná, ~no *Adv.* möglich; möglicherweise; *co -ná brzy* möglichst bald; **~nost** *f* (*4*) Möglichkeit *f*; **~ný** möglich.
mráček *m* (*2b*; *-čk-*) Wölkchen *n*.
mrač|it ⟨*na-, s-, za-*⟩ *Stirn* runzeln; *~ se* sich verfinstern; finster dreinblicken; **~ivý** finster; bewölkt; **~no** *n* (*1*; *-čen*) Wolke *f*; *bez -na* wolkenlos; **~ný** bewölkt, düster; Wolken-.
mrak *m* (*2b*) Wolke *f*; **~odrap** *m* (*2a*) Hochhaus *n*, Wolkenkratzer *m*.
mrákot|a *f* (*1*); *mst. -ty pl.* Ohn-

macht *f*; *lit.* Dunkelheit *f*; **~ný** schwindlig; dunkel; Dämmer-.

mrakov(it)ý wolkenartig; Wolken-.

mramor *m* (*2a*) Marmor *m*; **~ový** Marmor-.

mrav *m* (*2a*) Sitte *f*; *~y pl.* Betragen *n*.

mraven|cový, ~čí Ameisen-; **~čan** *m* (*2a*) *Chem.* Formiat *n*; **~čení** *n* (*3*) Kribbeln *n*; **~čit se** wimmeln, sich tummeln; **~ec** *m* (*3*; *-nc-*) Ameise *f*; **~ečník** *m* (*1a*): *hřivnatý ~* Ameisenbär *m*; **~iště** *n* (*2a*) Ameisenhaufen *m*.

mravkolev *m* (*1*; *-lv-*) Ameisenlöwe *m*.

mravn|í sittlich, moralisch; **~ost** *f* (*4*) Sittlichkeit *f*; **~ostní** Sitten-, Sittlichkeits-; **~ý** gesittet.

mravo|kárce *m* (*3*) Sittenrichter *m*; **~počestnost** *f* (*4*) Sittsamkeit *f*; Sittlichkeit *f*; *zločin proti ~i* Sittlichkeitsdelikt *n*; **~počestný** sittsam, gesittet; **~učný** Moral-; **~uka** *f* (*1c*) Sittenlehre *f*.

mráz *m* (*2*; *mraz-*; *6. -u/-e*) Frost *m*, Kälte *f*; *fig.* Schauer *m*; *vlna mrazu* Kältewelle *f*; *mrazy pl.* Frostwetter *n*, Kälteperiode *f*; *s. bod.*

mraz|ený tiefgekühlt, Tiefkühl-, Gefrier-; *-ná káva* Eiskaffee *m*; **~icí** Kühl-; Gefrier-; **~ík** *m* (*2b*) schwacher Frost *m*; **~írenský** Kühl-; **~írna** *f* (*1*, *-ren*) Kühlhaus *n*; **~it** ⟨*z-, za-*⟩ gefrieren lassen; frösteln; **~ivý** eiskalt; eisig, frostig; **~otvorný** Kühl-, Gefrier-; **~ový** Frost-; Eis-; **~ovzdorný, ~uvzdorný** frostbeständig.

mražený *s. mrazený.*

mrc|asitý faserig; **~ásek** *m* (*2b*; *-sk-*) Wurzelfaser *f*.

mrhač *m* (*3*), **~ka** *f* (*1c*; *-ček*) Verschwender(in *f*) *m*; **~ství** *n* (*3*) Verschwendung *f*.

mrha|t ⟨*pro-, z-*⟩ (*čím*) *Zeit, Kräfte* vergeuden; *Geld* verschwenden; *Gesundheit* zerrütten; **~vý** verschwenderisch.

mrholi|t ⟨*za-*⟩ nieseln; **~vý** fein, Niesel- (*Regen*).

mrch|a *f* (*1b*) Aas *n*; *fig. verä.* Luder *n*; **~oviště** *n* (*2a*) Schindanger *m*; **~ožrout** *m* (*1*) Aasgeier *m*.

mrka|t ⟨*za-*⟩ blinzeln, zwinkern; P große Augen machen; *Licht*: flakkern; *Sterne*: schimmern; **~vý** schimmernd; flackernd.

mrkev *f* (*3*; *-kv-*) Möhre *f*, Karotte *f*.

mrkn|out *pf.* (*-kl/-knul*) *s. mrkat*; **~utí** *n* (*3*) Blick *m*; *fig.* Wink *m*.

mrkv|ička *f* (*1c*; *-ček*) *Dim.* zu *mrkev*; *Kochk.* junge Karotten *f/pl.*; **~ový** Möhren-.

mrň|avý F winzig, klein; **~ous** *m* (*1*) *iron.* Knirps *m*, Kleine(r) *m*.

mroucí *lit.* (er)sterbend; *fig.* schwach.

mrož *m* (*3*) Walroß *n*.

mrsk|ač *m* (*3*) *hist.* Geißler *m*, Flagellant *m*; **~at** ⟨*z-, za-*⟩ geißeln, (aus)peitschen; (*čím*) hin- und herbewegen (*A*); *mit dem Schwanz* wedeln; *mit den Beinen* zappeln *od.* schlenkern; *~ se* zappeln; **~nout** *pf.* (*-kl/-knul*) e-n Hieb versetzen (*k-o/D*); *~ se* emporschnellen; F *-ni sebou!* mach schnell!

mrš|í Aas-; **~ina** *f* (*1*) Aas *n*; Aasgeruch *m*.

mršt|it ⟨*od-, vy-*⟩ (*čím*) werfen, schleudern (*A*); **~nost** *f* (*4*) Gewandtheit *f*; **~ný** flink, gewandt.

mrt|ev, ~va *s. mrtvý.*

mrtv|ět ⟨*z-*⟩ (*3 Pl. -ějí*) absterben, erstarren, F einschlafen; **~ice** *f* (*2a*) Schlaganfall *m*, F Schlag *m*; *srdeční ~* Herzschlag; **~icový, ~ičný**: *~ záchvat* Schlaganfall *m*; **~o** *s. mrtvý*; **~ola** *f* (*1a*) Leiche *f*, Leichnam *m*; *fig. a.* toter Mann *m*; **~olný** Leichen-; *-né ticho* Totenstille *f*; **~ý** tot; leblos; *Su.* Tote(r) *m*.

mručet *s. bručet.*

mrv|a *f* (*1*) Dung *m*, Stallmist *m*; *fig. iron.* Nichtsnutz *m*; **~iště** *n* (*2a*) Misthaufen *m*; **~it** ⟨*po-, za-*⟩ düngen; P kaputt machen, Mist bauen, murksen; *et.* treiben.

mrz|ácký verkrüppelt; *fig.* elend; **~ačit** ⟨*z-*⟩ verstümmeln, zum Krüppel machen; **~ák** *m* (*1a*) Krüppel *m*; **~et** ⟨*roz-, za-*⟩ *j-n* ärgern; *j-m* zuwider sein, *j-n* anekeln; *~ se* (*na k-o*) sich ärgern (über *A*); **~kost** *f* (*4*) Schändlichkeit *f*; **~ký** (*Komp. -čejší*; *Adv. -ce*, *Komp. -čeji*) schändlich, schnöde.

mrznout ⟨*z-, za-*⟩ (*-zl*) frieren; erfrieren.

mrzout *m* (*1*) Griesgram *m*; **~ský** griesgrämig, mürrisch.

mrzut|ost *f* (*4*) schlechte Laune *f*; Verdruß *m*; **~ý** mürrisch; *Sache*: ärgerlich, peinlich.

mřen|ek *m* (*1a*; *-nk-*), **~ka** *f* (*1c*; *-nek*), **mřín** *m* (*1*) *Zo.* Grundel *f.*
mřít ⟨u-, ze-⟩ (*mru*/*mřu*, *mřel*) (*čím*) sterben (an *D*); vergehen, verschmachten (vor *D*); *Laut:* verklingen.
mříž(e) *f* (*3* [*od. 2*]) Gitter *n.*
mřížkov|aný vergittert; *Stoff:* kariert; **~at** ⟨o-, za-⟩ (*-kuji*) vergittern; karieren; **~itý** gitterartig; **~ý** Gitter-.
mřížov|at (*-žuji*) *s. mřížkovat*; **~ec** *m* (*3*; *-vc-*) Strahlentierchen *n*; **~í** *n* (*3*) Gitter(werk) *n*; **~ý** Gitter-.
mst|a *f* (*1*) Rache *f*; **~ít** ⟨po-⟩ (*-il*, *-ěn*) rächen (*na čem* an *D*); **~ se** sich rächen, Rache nehmen; **~itel** *m* (*3*; *-é*), **-lka** *f* (*1c*; *-lek*) Rächer(in *f*) *m*; **~ivost** *f* (*4*) Rachsucht *f*; **~ivý** rachsüchtig.
mše *f* (*2*) *Rel.* Messe *f*; *sloužit mši* Messe lesen.
mšice *f* (*2a*) Blattlaus *f.*
mučedn|ický Märtyrer-, Marter-; **~ictví** *n* (*3*) Märtyrertum *n*; Martyrium *n*; **~ík** *m* (*1a*), **~ice** *f* (*2a*) Märtyrer(in *f*) *m.*
muče|ní *n* (*3*) Folter *f*; **~nka** *f* (*1c*; *-nek*) Passionsblume *f*; **~ný** gequält.
muč|icí Folter-; **~idlo** *n* (*1a*; *-del*) Folterwerkzeug *n*; *vložit* (*od. napnout*) *k-o na -la fig. j-n* auf die Folter spannen; **~írna** *f* (*1*; *-ren*) Folterkammer *f*; **~it** ⟨po-, z-⟩ foltern; **~ se** (*čím*) sich (ab)quälen (mit *D*); geplagt werden (von *D*); **~itel** *m* (*3*; *-é*) Peiniger *m*; † *a.* Folterknecht *m*; **~itelský** Folter-; **~ivý** quälend, qualvoll.
mudrc *m* (*3*) Weise(r) *m*; *fig.* Philosoph *m*; *iron.* Neunmalkluge(r) *m*; **~ký** weise; spitzfindig.
mudrlant P *m* (*1*) Besserwisser *m*, Neunmalkluge(r) *m*; **~ský** spitzfindig; naseweis, vorlaut; **~ství** *n* (*3*) Besserwisserei *f*, *iron.* Weisheit *f.*
mudro|sloví *n* (*3*) (Volks-)Weisheit *n*, Spruchweisheit *f*; **~vání** *n* (*3*) Klugschwätzerei *f*; **~vat** ⟨na-, z- si⟩ (*-ruji*) (herum)klügeln, tüfteln (*nad čím*, *o čem* an *D*).
mufle *f* (*2*) *Tech.* Muffel *f.*
much *s. moucha.*
muchlani|ce *f* (*2a*), **~na** *f* (*1*) Durcheinander *n.*
muchl|at, **~ovat** ⟨s-, z-, za-⟩ (*-luji*) *Kleid*, *Papier* zerknittern; *j-n* drücken, liebkosen; **~ se** *Stoff:* knittern; (einander) liebkosen; *fig.* sich necken.
mucho|lapka *f* (*1c*; *-pek*) Fliegenfänger *m*; **~můrka** *f* (*1c*; *-rek*) Fliegenpilz *m.*
můj (*s. Anhang*) mein; P **~** mein Mann.
muk *Int.*: *ani ~!* kein Wort (mehr)!
muka *f* (*1c*) Qual *f*, Marter *f*; *boží ~* Kruzifix *n*; Bildstock *m*, *öst.* Marterl *n.*
muk|at ⟨za-⟩, **~nout** *pf.* (*-kl*) mucksen.
mukyně *f* (*2b*) Vogelbeerbaum *m.*
mul[1] *m* (*2a*) *Med.* Mull *m.*
mul[2] *m* (*1*; *-ové*) Maultier *n.*
mulat *m* (*1*), **~ka** *f* (*1c*; *-tek*) Mulatte *m*, -in *f.*
muláž *f* (*3*) Abguß *m*, Abdruck *m.*
mulový Mull-.
multiplikovat [-tɪ-] ⟨z-⟩ (*-kuji*) multiplizieren.
mumi|e *f* (*2*) Mumie *f*; **~fikovat** (*im*)*pf.* ⟨z-⟩ (*-kuji*) mumifizieren; **~ov(it)ý** Mumien-, mumienhaft.
muml|al *m* (*1*; *-ové*) *iron.* Brummbär *m*; **~at** ⟨za-⟩ murmeln, brummen; **~avý** murmelnd.
mumraj *m* (*4*) Maskerade *f*; Trubel *m*; F Fe(e)z *m*, Gaudi *f od. n.*
muna *f* (*1*) *Zo.* Maki *m.*
mundúr † *m* (*2a*) Montur *f.*
muni|ce [-nɪ-] *f* (*2a*) Munition *f*; **~ční** Munitions-.
muňka *f* (*1c*; *-něk*) Filzlaus *f.*
můra *f* (*1d*) Alpdrücken *n*; *fig.* Alptraum *m*; Nachtfalter *m*; *verä.* Luder *n*, Biest *n.*
muréna *f* (*1*) *Zo.* Muräne *f.*
můří, **muří** Nachtfalter-; *~ noha* Drudenfuß *m*; *iron.* Gekritzel *n.*
musit, **muset** (*3 Pl. -ejí*/*-í*) müssen, brauchen *od.* haben zu (+ *Inf.*).
muslim *m* (*1*; *-ové*) Moslem *m.*
můstek *m* (*2b*; *-tk-*) (kleine) Brücke *f*; *Med.*, *El.*, *Mar.* Brücke *f*; *Sp. odrazový ~* Sprungbrett *n*; *lyžařský ~* Sprungschanze *f.*
mustr P *m* (*2a*) Muster *n*; **~ovat** ⟨z-⟩ (*-ruji*) mustern.
mušelín *m* (*2*; *6. -u*/*-ě*) Musselin *n.*
muš|í Fliegen-; **~ka** *f* (*1c*; *-šek*) (kleine) Fliege *f* (*a. Bart*); (*Visier-*)Korn *n.*
muškát *m* (*2*; *6. -u*/*-ě*) Muskat(nuß *f*) *m*; **~ový** Muskat-; *-vé víno* Muskateller(wein) *m.*

mušl|e *f* (*2*) Muschel *f*; **~ový** Muschel-.
múza *f* (*1a*) Muse *f*.
muze|jní Museums-; **~um** *n* (*5*) Museum *n*.
muzik|a P *f* (*1c*) Musik *f*; **~ální** musikalisch; **~ant** *m* (*1*) Musikant *m*.
muž *m* (*3*) Mann *m*; *sto ~ů* hundert Mann; **~atka** *f* (*1c*; *-tek*) Mannweib *n*.
může *s. moci*.
muž|íček *m* (*1a*; *-čkové*/*-čci*) Männlein *n*, Männchen *n*; **~isko** *n* (*1b*; *-sek*/*-sk*) Mannsbild *n*; **~nět** ⟨*z-*⟩ (*3 Pl. -ějí*) zum Mann (heran)reifen; **~nost** *f* (*4*) Männlichkeit *f*; Mannbarkeit *f*; **~ský** männlich, Mannes-; **~ství** *n* (*3*) Männlichkeit *f*; Mannesalter *n*; **~stvo** *n* (*1*; *-tev*) Mannschaft *f*.
my wir.
mycí Wasch-; abwaschbar.
myč *m* (*3*) Wäscher *m*; **~ka** *f* (*1c*; *-ček*) Reinemachefrau *f*; Spül-, Waschmaschine *f*.
mýdel|natý seifenhaltig; Seifen-; **~ník** *m* (*2b*) Seifenschale *f*; **~ný** Seifen-.
mydl|árna *f* (*1*; *-ren*) Seifenfabrik *f*; **~ář** *m* (*3*) Seifensieder *m*; Seifenhändler *m*; **~ina** *f* (*1*) Seifenblase *f*; *-ny pl. a.* Seifenschaum *m*; Seifenwasser *n*; **~inový** Seifen-; **~it** ⟨*na-*⟩ einseifen; P *fig.* prügeln.
mýdl|o *n* (*1a*; *-del*) Seife *f*; **~ovatý** seifenartig; **~ový** Seifen-.
myji *s. mýt*.
mykat ⟨*za-*⟩ krempeln; *Wolle* kämmen.
myl *s. mýt*.
mýl|it ⟨*z-*⟩ irreführen; beirren; *~ se* (sich) irren, sich täuschen; *~ si* verwechseln (*k-o s kým* j-n mit *D*); **~ivý** irreführend; trügerisch; **~ka** *f* (*1c*; *-lek*) Irrtum *m*.
myl|nost *f* (*4*) Irrtümlichkeit *f*; Unrichtigkeit *f*; **~ný** irrtümlich, täuschend; irrig, falsch.
myrha *f* (*1b*) Myrrhe *f*.
myriáda *f* (*1*) Myriade *f*.
myrt|a *f* (*1*) Myrte *f*; **~ový** Myrten-.
mys *m* (*2a*) Kap *n*, Vorgebirge *n*.
mysl *f* (*4b*) Sinn *m*; Mut *m*; Gemüt *n*; *mít na ~i* im Sinn haben; *s klidnou ~í* in aller (Seelen-)Ruhe; *veselá ~* froher Mut; **~et** *s. myslit*; **~ící** Denk-; **~it** ⟨*po-*⟩ (*-šlen*) (*nač, na k-o*) denken (an *A*); (*co*) meinen, glauben (*A*); *jak to -íte?* wie meinen Sie das?; *nemyslete, že ...* glauben Sie (ja) nicht, daß ...; **~itel** *m* (*3*; *-é*) Denker *m*; **~itelný** denkbar.
mysliv|ec *m* (*3*; *-vc-*) Jäger *m*; **~ecký** weidmännisch; **~ectví** *n* (*3*) Jagdwesen *n*, F Jägerei *f*; **~na** *f* (*1*; *-ven*) Jagdhaus *n*; Försterhaus *n*; **~ost** *f* (*4*) *1.* Jagdwesen *n*, Jagdsport *m*; *2.* Denkvermögen *n*; **~ý** denkfähig, Denk-.
mystéri|e *f* (*2*), **~um** *n* (*5*) Mysterium *n*.
mysti|cký [-tɪ-] mystisch; **~fikace** *f* (*2*) Irreführung *f*; **~fikátor** *m* (*1*; *-ři*) Betrüger *m*, Schwindler *m*; **~k** *m* (*1a*) Mystiker *m*; **~ka** *f* (*1c*) Mystik *f*.
myš *f* (*4a*) Maus *f*; *německá ~* Ratte *f*; **~ák** *m* (*1a*) Mäuserich *m*; **~árna** F *f* (*1*; *-ren*) Mauseloch *n*; **~í** Mäuse-; **~ička** *f* (*1c*; *-ček*) Mäuschen *n*; **~ilov** *m* (*1*) Mäusebussard *m*; **~ina** *f* (*1*) Mäusegeruch *m*; *a.* = **~inec** P *m* (*4*; *-nc-*) Mäusedreck *m*; **~ka** *f* (*1c*; *-šek*) Mäuschen *n*; F *tiše jako ~* mäuschenstill.
myšlen|í *n* (*3*) Denken *n*; **~ka** *f* (*1c*; *-nek*) Gedanke *m*; **~kový** gedanklich, Gedanken-.
mýt ⟨*po-, u-*⟩ (*myji, myl, myt*) waschen.
mýť *f* (*4c*; *-tě*), **mýtí** *n* (*3*) Holzschlag *m*.
mytí *n* (*3*) Waschen *n*; *voda na ~* Waschwasser *n*.
myt(h)ický mythisch.
mýt|ina *f* (*1*) Lichtung *f*; **~it** ⟨*vy-, z-*⟩ (*-cen*) roden.
mýt|né *n* (*Adj. 3*) Brückenzoll *m*, *öst.* Maut *f*; **~ní, ~ný** Maut-; **~nice** *f* (*2a*) *öst.* Mauthaus *n*; **~o** *n* (*1*) *s. mýtné*.
mytologi|cký mythologisch; **~e** *f* (*2*) Mythologie *f*.
mýtus *m* (*2a*; *mýt-*) Mythos *m*, Mythus *m*.
mýval *m* (*1*) Waschbär *m*.
mzd|a *f* (*1*; *mezd*) Lohn *m*; **~ový** Lohn-.
mžení *n* (*3*) Nieseln *n*.
mžik *m* (*2b*) Augenblick *m*, Nu *m*; *~em* im Nu; **~at** ⟨*za-*⟩ blinzeln, zwinkern; *Licht*: flimmern; **~avý** flimmernd; **~nout** *pf.* (*-kl*) blinzeln; *fig.* mit der Wimper zucken;

schnell vorbeifliegen; **~ový** *Fot.* Moment-.
mžít ⟨*po-*, *za-*⟩ (*mží*, *mžilo*) nieseln.
mžitka *f* (*1c*; *-tek*): *mst. -ky pl.* Augenflimmern *n*; *dělají se mu -ky před očima* es wird ihm schwarz (*od.* es flimmert ihm) vor den Augen.
mživý *Regen*: fein; *Tag*: neb(e)lig.
mžourat *s. mhourat.*
mžurka *f* (*1c*; *-rek*) Augenlid *n*; *Zo.* Nickhaut *f.*

N

na[1] *Prp.* (*mit 6. Fall auf die Frage wo?; mit 4. Fall auf die Frage wohin?*) auf (*D od. A*), an (*D od. A*); ~ *poli* auf dem Feld; ~ *pole* auf das (F aufs) Feld; ~ *stěně* an der Wand; ~ *stěnu* an die Wand; ~ *týden* für e-e Woche; ~ *ruku* an die Hand; *fig.* zur Hand (*gehen*); *jít* ~ *vzduch* an die Luft gehen; ~ *slunci* an der Sonne; ~ *světlo* ans Licht; *fig.* an den Tag; ~ *podzim* im Herbst; ~ *chvilku* für e-e Weile; *hrát* ~ *housle* Geige spielen; ~ *šest set* an die (*od.* gegen) sechshundert; *dávat si* ~ *čas* sich Zeit lassen; ~ *kauci* gegen Kaution; *peníze* ~ *cestu* Reisegeld *n*; ~ *pozdrav* zum Gruß(e); ~ *dno* bis auf den Grund; *fig.* bis zur Neige; *zaplatil* ~ *haléř* er hat bis auf den letzten Heller bezahlt; ~ *jihu* im Süden; ~ *moři* an der See; *dům* ~ *domě* Haus an Haus; ~ *tom* daran; **~**[2]! *Int.* da hast du!

na- (+ *Subst. mst.* **ná-**) auf-; an- (= *Beginn*); genug ...

nabád|ání *n* (*3*) Anstiftung *f*; **~at** anstiften; ermahnen (*j-n* zu *D*); **~avost** *f* (*4*) Ermunterung *f*.

nabal|it *pf.*, **~ovat** (*-luji*) einpacken.

na|balzamovat *pf.* (*-muji*) einbalsamieren; **~bančit** *pf.* (*k-u*) (ver-)prügeln (*A*); e-e Ohrfeige geben (*D*); **~barvit** *pf.* färben; **~baštit** *pf.*: F ~ *se* sich anessen, sich vollstopfen.

nabaž|ený blasiert, abgestumpft; satt; **~it** *pf.*: ~ *se* (*č-o*) überdrüssig werden (*G*), F satt bekommen (*A*).

náběh *m* (*2b*) Anlauf *m*.

naběh|at *pf.*: ~ *se* viel herumlaufen, sich müde laufen; **~lina** *f* (*1*), **~lost** *f* (*4*) Schwellung *f*; **~lý** geschwollen; **~nout** *pf.* (*-hl*) anrennen (*na k-o* gegen *A*); *Med.* anschwellen, anlaufen.

náběr *m* (*2a*), **~ka** *f* (*1c*; *-rek*) Faltenwurf *m*, Rüsche *f*.

naběr|ací Schöpf-; **~ač** *m* (*4*) *Tech.* Aufnehmer *m*; **~ačka** *f* (*1c*; *-ček*) Kelle *f*; *Kochk.* Schöpflöffel *m*; **~adlo** *n* (*1a*; *-del*) Schöpfgefäß *n*; **~ák** *m* (*2b*) *Tech.* Aufzugeimer *m*; (*Textil*) Fadenleiter *m*.

nabíd|ka *f* (*1c*; *-dek*), **~nutí** *n* (*3*) Angebot *n*; **~nout** *pf.* (*-dl*) anbieten.

nabíhat *iter. s. naběhnout.*

nabiják *m* (*2b*) † Ladestock *m*; *Jagdw.* Patronensetzer *m*.

nabíje|cí Lade-; **~č** *m* (*3*) *Mil.* Ladeschütze *m*; **~čka** *f* (*1c*; *-ček*) Lademaschine *f*; ~ *na jitrnice* Wurstfüllmaschine *f*; **~ní** *n* (*3*) Laden *n*; **~t** (*3 Pl. -ejí*) *s. nabít.*

nabí|ledni F sonnenklar; **~lit** *pf.* weißen, weiß anstreichen.

nabír|ací Schöpf-; **~aný** faltig; **~at** *s. nabrat*; ~ *dech* Atem holen; ~ *do pláče od. k pláči* das Gesicht zum Weinen verziehen, ein weinerliches Gesicht machen; ~ *rychlost* an Geschwindigkeit zunehmen; ~ *výšku* an Höhe gewinnen.

nabít *pf.* (*s. bít*) *Mil.*, *El.* laden; *Wurst, Kassette* füllen; (*k-u*) (ver-)prügeln (*A*).

nabit|í *n* (*3*) Ladung *f*; **~ý** vollgestopft; *Mil.* geladen.

nabíz|ecí Angebots-; **~eč** *m* (*3*) *Hdl.* Offerent *m*; **~et** (*3 Pl. -ejí*) *s. nabídnout.*

na|bláznit se *pf.* Dummheiten machen; F (*za kým*) verrückt sein (nach *D*); **~blízku** in der Nähe; **~bloudit se** *pf.* lange herumirren; **~blouznit se** *pf.* (*o čem, o kom*) *fig.* schwärmen (von *D*).

nabobtn|alý angeschwollen; *Holz*: gequollen; **~(áv)at** anschwellen; *Holz usw.*: quellen.

nabod|(áv)at, ~nout *pf.* (*-dl*; *-dnut*) anspießen, aufspießen.

náboj *m* (*4*) *Mil.*, *El.* Ladung *f*; (*Rad-*)Nabe *f*; **~ka** *f* (*1c*; *-jek*) Patrone *f*; **~nice** *f* (*2a*) Patronenhülse *f*; **~(nic)ový**: ~ *pás* Patronengurt *m*; **~ový** Patronen-; *El.* Ladungs-.

nábor *m* (*2a*) Werbung *f*; **~ový** Werbe-.

na|boso *Adv.* barfuß; **~botnat** *s. nabobtnat*; **~bouchat** F *pf.* (*k-u*) (ver)prügeln (*A*); (*co*) füllen, F voll-

stopfen; **~bourat** *pf.* teilweise demolieren; ~ *pokladnu* e-n Geldschrank knacken; ~ *se Kfz.* e-n Zusammenstoß haben.
nábožensk|ost *f* (*4*) Religiosität *f*; **~ý** Religions-, Glaubens-, religiös; *-ká obec* Kultusgemeinde *f*.
nábož|enství *n* (*3*) Religion *f*; **~nost** *f* (*4*) Frömmigkeit *f*; **~ůstkář** *m* (*3*) *verä.* Frömmler *m*; **~ný** fromm.
nabrat *pf.* (*-beru*) nehmen, schöpfen (*a. Luft*); F *j-n* foppen; *Stoff* kräuseln, bauschen; ~ *se* auftauchen, kommen; *Wasser, Sand*: eindringen; ~ *si* sich nehmen, füllen.
nabrousit *pf.* (*-šen*) schärfen, schleifen; F ~ *se* viel auf den Beinen sein.
nábřež|í *n* (*3*) Ufer(straße *od.* -promenade *f*) *n*; *Mar.* Kai *m*; **~ní** Ufer-, Kai-.
nabřinkat F *pf.* (*k-u*) (ver)prügeln (*A*).
nábřišník *m* (*2b*) *Agr.* Bauchriemen *m*, -gurt *m*.
nabubř|elý (an)geschwollen; **~et** *pf.* (*3 Pl. -eji*) anschwellen; *Kochk.* quellen; *Med.* sich blähen.
nabumbat se F *pf.* sich vollaufen lassen.
nabýt *pf.* (*s. být*) (*č-o*) erwerben, gewinnen (*A*); zunehmen; *fig.* bekommen, annehmen; ~ *vědomí* das Bewußtsein wiedererlangen.
nábytek *m* (*2b*; *-tk-*) Möbel *n/pl.*
nabytí *n* (*3*) *Jur.* Erlangung *f*.
nábytk|árna *f* (*1*; *-ren*) Möbelfabrik *f*; **~ář** *m* (*3*) Möbeltischler *m*; **~ový** Möbel-.
nabývat *s. nabýt*.
nácek F *m* 1. (*2b*; *-ck-*) Bauch *m*; 2. (*1a*; *-ck-*; *-ové*) Dummkopf *m*; *verä. a.* Nazi *m*.
nacionál *m* (*1*; *-ové*) Nationale(r) *m*; **~ní** national.
nacp(áv)at (*pf. -u*) (hinein)stopfen; vollstopfen.
nactiutrhač *m* (*3*) Ehrabschneider *m*.
nacuc(áv)at se F (*čím*) sich vollsaugen (mit).
nacvič|it *pf.*, **~ovat** (*-čuji*) einüben (*A*).
nač (= *na co*) worauf, wozu.
nača|dit *pf.* (*-děn*/*-zen*) vollqualmen (*A*); **~tý** angefangen; *s. načít*.
nače|chr(áv)at auflockern; *Bett* aufschütteln; **~kat se** *pf.* lange warten.

náčel|ek *m* (*2b*; *-lk-*), **~ka** *f* (*1c*; *-lek*) Stirnband *n*; **~ní** Haupt-; *Agr.* Stirn-; **~nice** *f* (*2a*) (An-)Führerin *f*; **~nictví** *n* (*3*) oberste Leitung *f*; **~ník** *m* (*1a*) Anführer *m*; (*Stammes-*)Häuptling *m*; (*Vereins-*)Obmann *m*; (*Bahnhofs-*)Vorsteher *m*; *Sp.* Turnwart *m*; (*Generalstabs-*)Chef *m*; **~ný** führend, Führungs-.
nače|povat *pf.* (*-puji*) anzapfen; **~pýřit** *pf.* sträuben.
načer|nalý schwärzlich; **~nit** *pf.* anschwärzen; **~p(áv)at** (*co, č-o*) schöpfen (*A*); **~vavělý** wurmstichig; **~venalý** rötlich; **~venit** *pf.* rot färben.
nače|s(áv)at (*pf. -šu*/*-sám*) kämmen; *Beeren* pflücken; **~tí** *n* (*3*) Anfang *m*; *s. načít*.
načež worauf, wonach.
načich|(áv)at, ~nout *pf.* (*-chl*) den Geruch annehmen *od.* anziehen (*čím* von *D*).
načínat *s. načít*.
náčin|ek *m* (*2b*; *-nk-*) Umschlag *m*; **~í** *n* (*3*) Gerät *n*, Geräte *n/pl.*; Geschirr *n*; *Med.* Besteck *n*.
načíst se (*im*)*pf.* (*s. číst*) viel lesen (*č-o*/*A*).
načisto P *Adv.* ganz und gar.
načí|t *pf.* (*-čnu, -čal, -čat*) anfangen, beginnen (zu + *Inf.*); *Thema, Brot* anschneiden; *Faß* anzapfen; *Flasche* anbrechen; **~tat** *pf.* zählen; ~ *se* (*im*)*pf.* viel lesen.
načmárat *pf.* (hin)kritzeln, schmieren.
náčrt *m* (*2a*), **~ek** *m* (*2b*; *-tk-*) Skizze *f*, Entwurf *m*; Abriß *m*.
načrtat *pf. s. načrtnout*.
náčrt|(k)ový Skizzen-; **~ník** *m* (*2b*) Skizzenbuch *od.* -heft *n*.
načrtnout *pf.* (*-tl*; *-tnut*) skizzieren, entwerfen.
nad, ~e *Prp.* (*mit 4. Fall auf die Frage wohin?, mit 7. Fall auf die Frage wo?*) über (*A od. D*); oberhalb (*G*); (*bei Flüssen u. Seen*) an (*D*); ~ *tím* darüber; ~ *Labem* an der Elbe; **~-** *in Zssgn* (dar)über-, zuvor-.
nada|ce *f* (*2*) Stiftung *f*; **~ční** Stiftungs-.
na|dál(e) weiterhin, in Zukunft; **~dání** *n* (*3*) Begabung *f*; **~daný** begabt, talentiert; **~darmo** *Adv.* vergeblich, umsonst; **~dat** *pf.* (*-dám, -dán*) ausstatten; *vy~* (*k-u*) ausschimpfen (*A*); **~dát se** *pf.* (*-dám*;

3 Pl. -dají, -dál) (*č-o*) hoffen (auf *A*), erwarten (*A*); vermuten.
nadáv|ání *n* (*3*) Schimpfen *n*, Beschimpfungen *f/pl.*; **~at** ⟨*vy-*⟩ (*k-u, na k-o, nač*) schimpfen (auf *A*), beschimpfen (*A*).
nádavek *m* (*2b*; *-vk-*) Zugabe *f*.
nadávka *f* (*1c*; *-vek*) Schimpfwort *n*.
nad|běh *m* (*2b*) Vorsprung *m*; **~běhnout** *pf.* (*-hl*), **~bíhat** zuvorkommen (*k-u/D*); ~ *si* den Weg abkürzen.
nadbyt|ečný überschüssig; überflüssig; **~ek** *m* (*2b*; *-tk-*) Überschuß *m*; Überfluß *m*.
nadce|nit *pf.*, **~ňovat** (*-ňuji*) überschätzen.
nadčlově|cký übermenschlich; **~k** *m* (*1a*; *Pl. -lidé wie f 4*) Übermensch *m*.
nad(e)dveřní über der Tür (*befindlich*).
nadehnat *pf. s. nadhánět*.
nádech *m* (*2b*) Anflug *m*; (*Farbe*) Stich *m*.
nadech|lý hingehaucht, angehaucht; **~nout** *pf.* (*-chl*) anhauchen; **~nutý** *s. nadechlý*.
naděje *f* (*2*) Hoffnung *f* (*nač, v co, do č-o* auf *A*); ~ *do budoucna* Zukunftsaussichten *f/pl*.
nadejít *pf.* (*s. jít*) *s. nadběhnout*.
nadějný hoffnungsvoll.
nadél *Adv.* der Länge nach; *Turn. kůň* ~ Langpferd *n*.
naděl|aný F kräftig; **~at** *pf.* machen; *fig.* anrichten; ~ *se* viel (*od.* lange) arbeiten; **~ení** *n* (*3*) Bescherung *f*; **~it** *pf.*, **~ovat** (*-luji*) bescheren (*k-u co j-m A*).
náden|ice *f* (*2a*) Tag(e)löhnerin *f*; **~ický** Tag(e)löhner-; **~ictví** *n* (*3*), **~ičina** *f* (*1*) Tag(e)löhnerarbeit *f*, *iron.* Schinderei *f*; **~ík** *m* (*1a*) Tag(e)löhner *m*.
nadepsat *pf.* (*s. psát*) überschreiben, betiteln.
nadhá|něč *m* (*3*) *Jagdw.* Treiber *m*; **~nět** (*3 Pl. -ějí*) zutreiben; **~ňka** *f* (*1c*; *-něk*) Treibjagd *f*.
nadhazovat (*-zuji*) *s. nadhodit*.
nádher|a *f* (*1d*), **~nost** *f* (*4*) Pracht *f*; **~ný** prachtvoll; **~ymilovný** prunksüchtig.
nad|hlavník *m* (*2b*) *Astr.* Zenit *m*, Scheitelpunkt *m*; **~hled** *m* (*2a*) *fig.* Vogelperspektive *f*; **~hodit** *pf.* (*-zen*) leicht in die Höhe werfen (*A*); *Frage* aufwerfen; *fig.* zu verstehen geben.
nadhodnot|a *f* (*1*) Mehrwert *m*; **~it** *pf.* (*-cen*) überbewerten, zu hoch ansetzen.
nádcha *f* (*1b*) *Med.* Rotlauf *m*.
nadcház|ející bevorstehend; **~et** (*3 Pl. -ejí*) zuvorkommen (*k-u/D*); kommen; ~ *si* e-n kürzeren Weg nehmen; ~ *si k-o* sich um j-s Gunst bemühen; **~ka** *f* (*1c*; *-zek*) kürzerer Weg *m*, Abkürzung *f*.
nadchnout *pf.* (*nadšen*) begeistern (*se* sich; *čím, pro k-o* für *A*).
nadiktovat *pf. s. diktovat*.
nadíl|et (*3 Pl. -ejí*) *s. nadělit*; **~ka** *f* (*1c*; *-lek*) Bescherung *f*.
nadindustrializovaný [nat·ɪn-/nad·ɪn-] überindustrialisiert.
nadít[1] *pf.* (*-diji, -dil, -dit*) *Kochk.* füllen; *Nadel* einfädeln.
nadít[2] **se** (*im*)*pf.* (*-ději, -dál*) *s. nadát se*.
nadítý *Kochk.* gefüllt; *fig.* zu warm angezogen.
nadív|aný *Kochk.* gefüllt; **~at**[1] *s. nadít*[1]; **~at**[2] **se** (*im*)*pf.* sich satt sehen.
nadivit se *pf.* (*č-u*) sehr staunen (über *A*); *nemohl se dost* ~ er kam aus dem Staunen nicht heraus.
nádivka *f* (*1c*; *-vek*) *Kochk.* Füllung *f*.
nad|(e)jet *pf.* (*-jedu, -jel*), **~jíždět** (*3 Pl. -ějí*) ein- *od.* überholen (*k-u/A*); ~ *si* den Weg abkürzen.
nadlehč|it *pf.*, **~ovat** (*-čuji*) (ein wenig) anheben; (ein wenig) erleichtern (*k-u v čem* j-m *A*).
nedlepš|it *pf.*, **~ovat** (*-šuji*) *Lohn* aufbessern; *Verhältnisse* bessern.
nad|lesní *m* (*Adj. 4*) Oberförster *m*; **~lidský** übermenschlich; *fig.* gewaltig; **~loktí** *n* (*3*) Oberarm *m*.
nadlouho für lange Zeit.
nadměr|ek *m* (*2b*; *-rk-*) Übermaß *n*; **~nost** *f* (*4*) Übergröße *f*; **~ný** übermäßig, übergroß.
nadmír|a *f* (*1d*) Übermaß *n*; **~u** *Adv.* überaus, über alle Maßen.
nadmořský See-; *-ká výška* Höhe *f* über dem Meeresspiegel.
nadm|out *pf.* (*-dmul*) aufblasen, blähen; **~utí** *n* (*3*) *Med.* Blähung *f*; **~utý** (auf)gebläht; **~ýchat** *pf.*, **~ychovat** (*-chuji*) *s. nadmout*.
nadn|ášet se (*3 Pl. -ejí*) sich erheben; schweben; **~esený** *fig.* gehoben; **~ést** *pf.* (*s. nést*) ein wenig (an)heben; *vgl. nadnášet se*.

nádob|a *f* (*1*) Gefäß *n*; **~í** *n* (*3*) *koll.* Geschirr *n*; **~ka** *f* (*1c*; *-bek*) kleines Gefäß *n*.
nadobro *Adv.* ganz und gar.
nadobyčejný außergewöhnlich.
nadojit *pf.* melken.
nádor *m* (*2a*) Geschwulst *f*; **~ovitý** geschwulstartig.
na|dosmrti sein Leben lang; **~dout** *pf.* (*-duji*, *-dul*, *-dut*) *s. nadmout*; **~dovádět se** *pf.* (*3 Pl. -ějí*) (viel *od.* genug) herumtollen.
nadpis *m* (*2*; *6. -e*/*-u*) Aufschrift *f*, Überschrift *f*; Schlagzeile *f*; **~ovat** (*-uji*) überschreiben, betiteln.
nadplánový über- *od.* außerplanmäßig.
nadpočet *m* (*2a*; *-čt-*) Überschuß *m*; **~ný** überschüssig, überzählig.
nad|poloviční über die Hälfte; *Mehrheit*: absolut; **~poručík** *m* (*1a*) Oberleutnant *m*; **~pozemský** überirdisch; **~práce** *f* (*2*) Mehrarbeit *f*; **~práví** *n* (*3*) Vorrecht *n*; **~produkce** *f* (*2*) Überproduktion *f*; **~průměrný** überdurchschnittlich; **~přirozený** übernatürlich.
ňadra *n*/*pl.* (*1*; *-der*) Busen *m*, Brust *f*.
nadranc P ganz zerrissen, in Fetzen; **~ovat** *pf.* (*-cuji*) rauben.
nadr|at *pf.* (*-deru*) (*č-o*) *Federn* schleißen; P **~ se** = **~átovat se** P *pf.* (*-tuji*) sich besaufen.
nádraž|í *n* (*3*) Bahnhof *m*; **~ní** Bahnhofs-.
nádrh *m* (*2b*) *Tech.* Reißnadel *f*.
nadrobit *pf.* einbrocken.
nadrozumný übersinnlich, *lit.* jenseits der Vernunft.
nádrž *f* (*3*) Behälter *m*; *Kfz.* Tank *m*; Becken *n*.
nadržet *pf.* aufhalten; zurückhalten; *Wasser* stauen.
nádržka *f* (*1c*; *-žek*) *s. nádrž*.
nadržo|vání *n* (*3*) Bevorzugung *f*, Begünstigung *f*; **~vat** (*-žuji*) (*k-u*) begünstigen, bevorzugen (*A*); Vorschub leisten (*D*); (co) *s. nadržet*.
nádrž(k)ový Tank-, Kessel-.
nadřa|děný übergeordnet; **~dit** *pf.* (*-děn*/*-zen*), **~ďovat** (*-ďuji*), **~zovat** (*-zuji*) (co *č-u*, co *nad* co) überordnen (et. *D*); **~zený** *s. nadřaděný*.
nadřít P *pf.* (*-dřu*, *-dřel*, *-dřen*) (*a.* se) (ein)pauken, büffeln; **~** se sich abrackern.
nadřízený *m* (*Adj. 1*) Vorgesetzte(r) *m*; *Adj.* übergeordnet; vorgesetzt.
nadsa|dit *pf.* (*-zen*) übertreiben; **~zený** übertrieben; **~zování** *n* (*3*) Übertreibung *f*; **~zovat** (*-zuji*) *s. nadsadit*.
nadsklep|í *n* (*3*) Kellergeschoß *n*; **~ní** *m* (*Adj. 4*) Kellermeister *m*.
nad|skočit *pf.* (*k-u*) e-n Vorsprung gewinnen (vor *D*); **~skutečný** übernatürlich; **~smluvní** *Agr.* Übersoll-; **~smyslný** übersinnlich; **~stavba** *f* (*1*; *-veb*) *Phil.* Überbau *m*; **~stranický** überparteilich; **~střešek** *m* (*2b*; *-šk-*) *Arch.* Dachreiter *m*.
nadsvět|í *n* (*3*) Oberwelt *f*; **~ní**, **~ný**, **~ový**, **~ský** überweltlich.
nadšen, **~a**, **~o** *s. nadšený*; **~ec** *m* (*3*; *-nc-*) Enthusiast *m*, Schwärmer *m*; **~í** *n* (*3*), **~ost** *f* (*4*) Begeisterung *f*; **~ý** begeistert.
nadto überdies, außerdem; **~ž** und erst recht; (*verneint*) und noch (viel) weniger.
nad|třídní über den Klassen stehend; **~učitel** *m* (*3*; *-é*) Oberlehrer *m*.
nadulý *s. nadutý*.
nadúroda *f* (*1*) (über)reiche Ernte *f*.
naduř|elost *f* (*4*) Aufgeblasenheit *f*; **~elý** *s. nadutý*; **~et** *pf.* (*3 Pl. -ejí*/*-í*) (an)schwellen.
nadut|ec *m* (*3*; *-tc-*) *verä.* aufgeblasener Mensch *m*; **~ost** *f* (*4*) Hochnäsigkeit *f*, Protzentum *n*; **~ý** aufgeblasen (*a. fig.*); *Segel*: gebläht.
naduž|it *pf.* (*s. užít*[1]) (*č-o*) mißbrauchen (*A*); **~ití** *n* (*3*), **~ívání** *n* (*3*) Mißbrauch *m*; übermäßiger Gebrauch *m*; **~ívat** *s. nadužít*.
nadvlád|a *f* (*1*), **~í** *n* (*3*) Vorherrschaft *f*.
nádvo|rní Hof-; **~rník** † *m* (*1a*) Hofknecht *m*; **~ří** *n* (*3*) (Burg-)Hof *m*.
nadvý|dělek *m* (*2b*; *-lk-*) Mehrverdienst *m*; **~kon** *m* (*2a*) Mehrleistung *f*; **~roba** *f* (*1*) Überproduktion *f*; **~robek** *m* (*2b*; *-bk-*) Mehrprodukt *n*; **~živa** *f* (*1*) Überernährung *f*.
nadých|aný eingeatmet; angehaucht; *Kochk.* flaumig; *Kleid*: hauchdünn; **~at** *pf.*, **~nout** *pf.* (*-chl*) anhauchen (*nač*/*A*); **~** se (*č-o*) einatmen (*A*); *fig. Luft* schöpfen; **~nutý** *s. nadýchaný*.
nadým|ačnost *f* (*4*) *iron.* Aufgeblasenheit *f*; **~at** *s. nadmout*.

nadzdvih|nout *pf.* (*-žen*), **~ovat** (*-huji*) ein wenig (an)heben.
nadzem|ní überirdisch; *Tech., Esb.* Hoch-; *El.* oberirdisch, Luft-; *Bgb.* Tage-; **~ský** überirdisch.
nad|zvukový *Flgw.* Überschall-; **~životní** überlebensgroß.
nafackovat *pf.* (*-kuji*) kräftig ohrfeigen (*k-u*/*A*).
ňafat *Hund*: kläffen.
nafilmovat *pf.* (*-muji*) filmen, F drehen.
nafint|ěný (auf)geputzt; **~it se** *pf.* sich putzen.
naflákat *pf.* hinwerfen; (*k-u*) verprügeln (*A*).
nafouk|anec *m* (*3*; *-nc-*) aufgeblasener Mensch *m*; **~aný** aufgeblasen; **~at** *pf.* aufblasen; **~lý** aufgebläht; *fig.* aufgeblasen; **~nout** *pf.* (*-kl*; *-knut*) aufblasen; *s. nafoukat.*
nafuk|ovací aufblasbar, Luft-; **~ovat** (*-kuji*) *s. nafoukat.*
naft|a *f* (*1*) Erdöl *n*; **~alín** *m* (*2a*) Naphthalin *n*; **~onosný** erdölhaltig; **~ový** Erdöl-.
naháč *m* *1.* (*3*) Nackte(r) *m*; *Zo.* Spiegelkarpfen *m*; *2.* (*4*) *Bot.* Herbstzeitlose *f*; **~ek** F *m* (*1a*; *-čk-*) Nackedei *m*, Nacktfrosch *m*.
nahajka *f* (*1c*; *-jek*) Nagaika *f*.
nahá|něč *m* (*3*) Zutreiber *m*; *Pol.* Helfershelfer *m*; **~nět** (*3 Pl. -ějí*) zutreiben; *Furcht* einflößen; **~ňka** *f* (*1c*; *-něk*) Treibjagd *f*; P *fig.* angst und bange.
nahatý splitternackt, im Adamskostüm.
nah|ázet *pf.* (*3 Pl. -ejí*), **~azovat** (*-zuji*) (hin)werfen; *Erdwall* aufwerfen; ~ *lopatou* schaufeln.
nahlas *Adv.* laut.
náhlav|ek † *m od. n* (*2b*; *-vk-*) Halfter *n*; **~ní** Kopf-.
náhle *Adv.* plötzlich.
náhled *m* (*2a*) Einsicht *f*; Ansicht *f*.
nahledat *pf.* (e-e Menge) finden; ~ se (*im*)*pf.* (*č-o, k-o*) lange suchen (*A*).
nahléd|at *it.*, **~nout** *pf.* (*-dl*) hineinschauen, e-n Blick hineinwerfen; **~nutí** *n* (*3*) Einsicht(nahme) *f*.
nahlíd|at, **~nout** *pf.* (*-dl*) *s. nahlédat*; **~at se** *pf.* lange hüten (*A*).
náhli|t ⟨pře- se⟩ eilen, drängen; **~vý** voreilig, rasch.
nahlížet (*3 Pl. -ejí*) *s. nahlédnout.*
nahlod|aný angenagt; **~(áv)at** annagen.
náhlost *f* (*4*) Plötzlichkeit *f*; *fig.* Jähzorn *m*.
nahltat se *pf.* (*č-o*) hastig (*od.* viel) schlucken (*A*).
nahluchl|ost *f* (*4*) Schwerhörigkeit *f*; **~ý** schwerhörig.
náhlý plötzlich; *Abhang*: steil; P *a.* jähzornig; ~ *soud* Standgericht *n*.
nahm|at(áv)at, **~átnout** *pf.* (*-tl*; *-tnut*) ertasten, tastend finden.
nahnat *pf.* (*naženu*) (hin)treiben; ~ *k-u strach* j-m Angst einjagen.
nahnědlý bräunlich.
nahněv|aný zornig; **~at** *pf.* erzürnen; ~ se (*na k-o, na co*) sich aufregen (über *A*).
nahn|ilý angefault; **~í(va)t** (*s. hnít*) anfaulen.
nahn|out *pf.* (*-ul*; *-ut*) beugen, neigen; ~ *se z okna* sich zum Fenster hinauslehnen; P ~ *si* sich betrinken; **~utý** gebeugt, geneigt.
náhod|a *f* (*1*) Zufall *m*; *-dou* zufällig; **~ička** *f* (*1c*; *-ček*) glücklicher Zufall *m*.
nahod|ilost *f* (*4*) Zufälligkeit *f*; **~ilý** zufällig; **~it** *pf.* (*-zen*) anwerfen; ~ *se fig.* sich treffen; zufällig dazukommen.
náhod|nost *f* (*4*) Zufälligkeit *f*; **~ný** zufällig; gelegentlich; *-ná koupě* Gelegenheitskauf *m*; **~ou** *s. náhoda.*
náhon *m* (*2*; *6. -u*/*-ě*) Wassergraben *m*; Zuleitungskanal *m*; *Tech.* Antrieb *m*; *přední* ~ Vorderradantrieb; **~čí** *m* (*Adj. 4*) *Jagdw.* Treiber *m*; *Pol.* Helfershelfer *m*.
nahonit se *pf.* viel (an)treiben; F *a.* viel herumlaufen.
náhorní Berg-, Hoch-.
naho|ru hinauf, herauf, nach oben; **~ře** oben.
nahořklý bitterlich.
nahosemenný *Bot.* nacktsamig.
nahospodařit *pf.* ersparen.
naho|st *f* (*4*), **~t(in)a** *f* (*1*) Nacktheit *f*, Blöße *f*; **~učký** F splitternackt.
nához *m* (*2*; *6. -u*/*-e*) Anwurf *m*.
nahozený angeworfen; *Skizze*: flüchtig hingeworfen.
nahrabat *pf.* (*-u*) zusammenscharren; F ~ *si* viel Geld machen.
náhrada *f* (*1*) Ersatz *m*; *Hdl.* Vergütung *f*, Entschädigung *f*; *válečná* ~ Kriegsentschädigung.
nahradit *pf.* (*-zen*) ersetzen; *Hdl.*

vergüten; ~el *m* (*3*; *-é*) Entschädiger *m*; ~elný zu ersetzen.
náhrad|né *n* (*Adj. 3*) Entschädigung(sgeld *n*) *f*; **~ní** Ersatz-; **~nice** *f* (*2a*) Vertreterin *f*; **~ník** *m* (*1a*) Ersatzmann *m*; **~ový** Entschädigungs-.
nahrá|t *pf.* (*s. hrát*) *Ton* aufnehmen, aufzeichnen; (*k-u*) in die Hände arbeiten (*D*); **~vací** *Rdf.* Aufnahme-; **~vat** *s. nahrát*; **~vka** *f* (*1c*; *-vek*) Ton(band)aufnahme *f*; *Sp.* Paß *m*.
nahrazov|ací Vergütungs-; **~at** ⟨*vy-*⟩ (*-zuji*) ersetzen; *Hdl.* vergüten.
náhražk|a *f* (*1c*; *-žek*) Ersatz *m*, **~ový** Ersatz-.
nahrbený gebückt.
náhrdelní Hals-; **~k** *m* (*2b*) Halskette *f*, Kollier *n*.
nahrn|out *pf.* (*-nut*), **~ovat** (*-nuji*) anhäufen; ~ se zusammenströmen; *fig.* überhäufen; ~ *si* vollfüllen.
náhrob|ek *m* (*2b*; *-bk-*) Grabstein *m*, Grabmal *n*; **~ní** Grab-.
nahroma|dění *n* (*3*) Anhäufung *f*; **~děný** (auf)gespeichert; **~dit** *pf.*, **~ďovat** (*-ďuji*) anhäufen; *Energie* (auf)speichern; ~ se sich (an)häufen.
nahryz|at *pf.* (*-žu*/*-zám*), **~nout** *pf.* (*-zl*; *-znut*), **~ovat** (*-zuji*) annagen, F anknabbern.
nahř|á(va)t (*s. hřát*), **~ívat** (an-) wärmen.
náhřbetník *m* (*2b*) Rückengurt *m*.
náhubek *m* (*2b*; *-bk-*) Maulkorb *m*; *Mus.* Mundstück *n*.
nahu|stit *pf.* (*-štěn*) *Ball, Reifen* aufpumpen; F vollstopfen; **~štěný** aufgepumpt; F vollgestopft (*čím* mit *D*).
nahý (*Adv. naze*) nackt; *svléci se do -ha* sich nackt ausziehen.
nahýb|at, ~nout *pf.* (*-bl*; *-bnut*) beugen, neigen; ~ se sich hinauslehnen.
nach *m* (*2b*) Purpur *m*.
nacházet ⟨*vy-*⟩ (*3 Pl. -ejí*) finden, antreffen; ~ *se* sich befinden, vorkommen.
nachlad|it se *pf.* (*-zen*), **~nout se** *pf.* (*-dl*) sich erkälten, sich verkühlen.
nachlazen|í *n* (*3*) Erkältung *f*; **~ý** erkältet, verkühlt.
nachl|astat se *pf.*, **~em(s)tat se** *pf.* V sich vollaufen lassen.
nachmel|ený F angeheitert; **~it se** *pf.* sich betrinken.
nacho|dit se (*im*)*pf.* viel (*od.* lange) gehen; **~mýtnout se** P *pf.* (*-t[nu]l*) in den Wurf kommen, zufällig dazukommen; **~vec** *m* (*3*; *-vc-*) Purpurschnecke *f*; **~vý** purpurrot, Purpur-.
nachválit se (*im*)*pf.* (*k-o*) über alle Maßen loben (*A*).
nachvat *Adv.* eilig, in aller Eile.
nach|ýlený geneigt; *vom Alter* gebeugt; **~ýlit** *pf.*, **~ylovat** ⟨*po-*⟩ (*-luji*) neigen, beugen (se sich).
náchyln|ost *f* (*4*) Neigung *f*; *fig. a.* Hang *m* (zu *D*); **~ý** (*k č-u*) geneigt (zu *D*); *Med. a.* empfänglich (für *A*), anfällig (gegen *A*).
nachy|stat *pf.* vorbereiten; **~tat** *pf.* (*co, č-o*) viel fangen; *Wasser* auffangen; F (dran)kriegen.
naivn|í naiv; **~ost** *f* (*4*) Naivität *f*.
najatý gemietet; gedungen; *Land.* gepachtet; *s. najmout.*
najeden|í *n* (*3*) Sättigung *f*; **~ý** gesättigt, satt.
najednou auf einmal, mit einem [Mal.]
nájem *m* (*2a*; *-jm-*) Miete *f*; Pacht *f*; **~ce** *m* (*3*), **~kyně** *f* (*2b*) Vermieter (-in *f*) *m*, Verpächter(in *f*) *m*; **~né** *n* (*Adj. 3*) Miete *f*; Pacht(zins *m*) *f*; **~ní** Miet-; Pacht-; **~ník** *m* (*1a*) Mieter *m*; *ochrana ~ů* Mieterschutz *m*; **~ný** Miet(s)-.
najet *pf.* (*s. jet*) (*na k-o, co*) anfahren (*A*); *Mar.* auflaufen (auf *A*).
najev|ě offensichtlich, F klar auf der Hand; **~o**: *dát* ~ offenbaren; *Jur.* kundtun; *vyjít* ~ zum Vorschein kommen; *z toho vychází* ~ daraus geht hervor.
nájezd *m* (*2a*) Streifzug *m*; *Mil.* Ausfall *m*; *Sp.* Anlauf *m*, Anfahrt *f*.
najezdit se *pf.* viel fahren *od.* reiten.
nájezd|ník *m* (*1a*) Freibeuter *m*; **~ový** *Sp.* Anlauf-.
naježený gesträubt; *fig.* gereizt.
najím|ání *n* (*3*) Mieten *n*; Pachten *n* *Mil.* Anwerben *n*; **~at** mieten; pachten; *Mil.* (an)werben; **~atel** *m* (*3*; *-é*) Mieter *m*; Pächter *m*; † *Mil.* Werber *m*.
najíst se *pf.* (*s. jíst*) sich satt essen (*č-o* an *D*).
najisto *Adv.* sicher, mit Sicherheit.
nají|t *pf.* (*s. jít*) *s. nacházet*; **~ždět** (*3 Pl. -ějí*) (her)anfahren; ~ *na start Flgw.* zum Start rollen.

najmě *lit.* besonders, namentlich.
na|jmout *pf.* (*s. jmout*) mieten; pachten; *Arbeiter* einstellen; *Thea.* engagieren; *Mil.* (an)werben; **~kaboněný**: ~ *obličej* finsteres Gesicht; **~kadeřit** *pf.* locken, kräuseln; **~kapat** *pf.* (*-u/-ám*), **~kápnout** *pf.* (*-pl.*; *-pnut*) (ein)träufeln.
nákaza *f* (*1a*) Ansteckung *f*; Seuche *f*.
na|kázat *pf.* (*-žu/-ži*), **~kazovat** (*-zuji*) einschärfen, streng befehlen; † *a.* viel predigen; **~kazit** *pf.* (*-žen*); *Med.* anstecken.
nakaž|ení *n* (*3*) Ansteckung *f*; **~ený** infiziert, angesteckt; verseucht; **~livina** *f* (*1*) Infektionserreger *m*; **~livost** *f* (*4*) *Med.* Übertragbarkeit *f*, Infektionsmöglichkeit *f*; **~livý** ansteckend, Infektions-.
nakdy für wann, für welche Zeit.
náklad *m* (*2a*) Last *f*; Fracht *f*; Aufwand *m*; *Typ.* Auflage *f*; **~y** *pl.* Kosten *pl.*; *peněžní* ~*y* Geldaufwand; *provozní, vlastní, životní* ~*y* Betriebs(un)-, Selbst-, Lebenshaltungskosten; *vlastním* ~*em* im Selbstverlag.
nakláda|cí Lade-, Verladungs-; **~č** *m* (*3*) Packer *m*, Auflader *m*; **~čka** *f* (*1c*; *-ček*) Einlegegurke *f*.
naklád|ání *n* (*3*) Aufladen *n*, Verladen *n*; *Kochk.* Einlegen *n*; (*s kým*) Behandlung *f* (*G*); *zlé* ~ Mißhandlung *f*; **~aný** *Kochk.* eingelegt, eingemacht; **~at** ⟨*vy-*⟩ aufladen, verladen; *Truppen* einschiffen; *Kochk.* einlegen, einmachen, einwecken; *fig.* (*k-u co*) aufbürden (j-m *A*); (*s kým*) behandeln (*A*); (*s čím*) verfügen (über *A*).
nakladatel *m* (*3*; *-é*) Verleger *m*; **~ský** Verlags-; **~ství** *n* (*3*) Verlag *m*.
náklad|iště *n* (*2a*) Verladeplatz *m* *od.* -rampe *f*; **~ka** *f* (*1c*; *-dek*) Verladung *f*; **~ní** Fracht-, Last-; ~ *list* Frachtbrief *m*; ~ *vlak* Güterzug *m*; **~nost** *f* (*4*) Kostspieligkeit *f*; **~ový** Last(en)-; *Esb.* Güter-.
na|klánět (*3 Pl. -ějí*) *s. naklonit*; **~klepat** *pf.* (*-u/-ám*) klopfen; *Sense* dengeln; F (*k-u*) verprügeln (*A*); **~klíčit** *pf.* keimen.
náklon *m* (*2a*), **naklonění** *n* (*3*) Neigung *f*.
naklon|ěný geneigt; *Phys.* schief; **~it** *pf.* neigen, beugen; ~ *si k-o* für sich gewinnen (*A*).
náklonnost *f* (*4*) *fig.* Neigung *f*, Hang *m*.
nákolenice *f* (*2a*) *Sp.* Knieschützer *m*.
nakolik inwieweit.
nakomandovat *pf.* (*-duji*) befehlen; F abkommandieren.
nako|nec schließlich, am Ende; **~pat** *pf.* (*-u/-ám*) ausgraben; (*k-u*) mit Fußtritten traktieren (*A*); **~řistit** *pf.* (*-štěn*) erbeuten (*co, č-o/A*).
nakouk|at se P *pf.*, *vy-*, **~nout se** *pf.* (*-kl/-knul*) sich satt sehen; (*do č-o*) e-n Blick werfen (auf *A*).
nakou|pený (ein)gekauft; **~pit** *pf.* einkaufen; **~řit** *pf.* anrauchen; *Raum* vollrauchen, -qualmen; ~ *se* (*im*)*pf.* viel rauchen; **~snout** *pf.* (*-sl*; *-snut*) anbeißen; **~snutí** *n* (*3*) Anbeißen *n*.
nákovek *m* (*2b*; *-vk-*) *Tech.* Ansatz *m*.
nakradený *iron.* zusammengestohlen.
nakr|ájet *pf.* (*3 Pl. -ejí*), **~ajovat** (*-juji*) einschneiden, aufschneiden; **~ájený**: ~ *chléb* geschnittenes Brot; *-ná pečeně* Braten *m* in Scheiben.
na|krátko für kurze Zeit; **~krčit** *pf.* *s. krčit*.
nákrční Hals-; **~k** *m* (*2b*) Halstuch *n*.
nákres *m* (*2*; *6. -e/-u*) Entwurf *m*; *Geom.* Aufriß *m*.
nakreslit *pf.* (auf)zeichnen.
nakrm|ení *n* (*3*) Fütterung *f*; **~it** *pf.* satt füttern.
nakroč|it *pf.*, **~ovat** (*-čuji*) einschreiten (*proti k-u, na k-o* gegen *A*).
nákrojek *m* (*2b*; *-jk-*) *Tech.* Anschnitt *m*.
nakro|jit *pf. s. nakrájet*; **~pit** *pf.* (be)sprengen.
nakřáp|lý, **~nutý** angeschlagen; *fig.* gesprungen; *Stimme*: krächzend.
nakřiv|ený gekrümmt; **~it** *pf. s. křivit*; **~o** *Adv.* schief.
nákup *m* (*2a*) Einkauf *m*; ~ *za hotové* Bar(ein)kauf; ~ *ve velkém* Großeinkauf.
nakup|ení *n* (*3*) Anhäufung *f*; Agglomeration *f*; *Hdl.* Akkumulation *f*; **~it** *pf. s. kupit*.
nákup|na *f* (*1*; *-pen*) Einkaufsstelle *f*; **~ní** Einkaufs-; ~ *oddělení* Beschaffungsstelle *f*.

nakupova|č *m* (*3*) Einkäufer *m*; **~t** (*-puji*) einkaufen.
na|kuřovat (*-řuji*) *s. nakouřit*; **~kvap** eilig, in aller Eile; **~kvasa** *f* (*1a*) Gärstoff *m*; **~kvasit** *pf.* (*-šen*) einsäuern; F *fig.* erzürnen (se sich).
nakvašen|ec *m* (*3*; *-nc-*) Hitzkopf *m*; **~ost** *f* (*4*) Erregung *m*; **~ý** eingesäuert; F *fig.* gereizt, sauer.
ňáký *dial. s. nějaký.*
naky|dat *pf.* werfen; **~nout** *pf.* (*-dl*) *Teig*: aufgehen.
nákyp *m* (*2a*) *Kochk.* Auflauf *m.*
nakypřit *pf.* (auf)lockern.
nakys|at (*im*)*pf.*, **~ávat** *s. kysat*; **~elo** *Adv. Kochk.* sauer; **~lost** *f* (*4*) saurer Geschmack *m*; **~lý** säuerlich; **~nout** *pf.* (*-sl*) *s. kysnout.*
nalačno *Adv.* auf nüchternen Magen.
nálada *f* (*1*) Stimmung *f*, Laune *f*.
nala|dění *n* (*3*) *s. ladění*; **~děný** gestimmt; *Rdf.* eingestellt; **~dit** *pf.*, **~ďovat** (*-ďuji*) *s. ladit.*
náladov|ost *f* (*4*) Launenhaftigkeit *f*; **~ý** launenhaft; *Bild*: stimmungsvoll.
na|lakovat *pf.* (*-kuji*) lackieren; **~lámat** *pf.* (*-u*) brechen; *Brot* einbrocken; **~** *si hlavu fig.* sich den Kopf zerbrechen.
náled|í *n* (*3*) Glatteis *n*; **~ník** *m* (*2b*) (*Huf-*) Eisstollen *m*; (*Bergsport*) Steigeisen *n*.
naléh|ání *n* (*3*) Drängen *n*; **~at** ⟨*za-*⟩ (*na k-o, na co*) drängen (*A*); dringen (auf *A*); **~avost** *f* (*4*) Dringlichkeit *f*; **~avý** dringend.
naleh|ko leicht *gekleidet*; **~nout** *pf.* (*-hl*) *s. naléhat.*
nalejvárna F *f* (*1*; *-ren*) Schnellkurs *m*.
nálepek *m* (*2b*; *-pk-*) Aufklebeschild *n*.
nalep|it *pf.*, **~ovat** (*-puji*) aufkleben; *Plakate* (an)kleben.
nálepka *f* (*1c*; *-pek*) Aufklebezettel *m*, Etikett *n*.
nálet *m* (*2a*) Luftangriff *m*; Anflug *m*.
na|létat *pf.* (herein- *od.* hinein-) fliegen; (fliegend) zurücklegen; F **~** se viel herumrennen (müssen); **~letět** *pf.* (*3 Pl. -í*), **~létnout** *pf.* (*-tl*) hereinfliegen (*do č-o* in *A*); (*nač*) fliegen gegen (*A*); F *fig.* (*k-u*) auf den Leim gehen (*D*), hereinfallen (auf *A*); **~letovat** *pf.* (*-tuji*) anlöten.
nálev *m* (*2a*) Aufguß *m*.
nalév|ací Einfüll-, Eingieß-; **~árna** *f* (*1*; *-ren*) *s. nálevna*; Abfüllraum *m*; **~at** eingießen, -füllen; *Wein* einschenken; **~** se sich füllen.
nálev|ka *f* (*1c*; *-vek*) Trichter *m*; **~kový** trichterförmig; **~na** *f* (*1*; *-ven*) Schankraum *m*; **~ní** (Aus-) Schank-; **~ník** *m* (*1a*) Aufgußtierchen *n*.
nalevo (nach) links.
nález *m* (*2a*) Fund *m*; *Jur.* Entscheidung *f*, Erkenntnis *n*; *Med.* Befund *m*.
nalézat finden; **~** se vorkommen; *s. nalézt.*
nálezce *m* (*5*) Finder *m*.
nalez|enec *m* (*3*; *-nc-*) Findelkind *n*; **~iště** *n* (*2a*) Fundort *m*.
nálezné *n* (*Adj. 3*) Finderlohn *m*.
nalézt *pf.* (*-leznu, -zl, -zen*) finden.
nálež|et (*3 Pl. -í/-ejí*) gehören; *Jur.* gebühren, obliegen; **~itost** *f* (*4*) Erfordernis *n*; *fig.* Gebühr *f*; **~itý** gebührend.
nalh|at *pf.* (*-lžu*), **~ávat** *j-m et.* vorlügen.
nalíč|ený geschminkt; *Jagdw.* gestellt; **~it** *pf.* (se sich) schminken; *a.* = **nalíknout** *pf.* (*-kl.*; *-knut*) e-e Falle stellen (*na k-o/D*).
nalíp|at, ~nout *pf.* (*-pl*; *-pnut*) *s. nalepit.*
nalí(va)t (*s. lít*) *s. nalévat.*
nalít|at *s. nalétat*; **~nout** (*-tl*) *s. nalétnout.*
nalíz|nout se P *pf.* (*-zl*) sich einen antrinken; **~nutý** angeheitert, F benebelt.
nalo|dit *pf.*, **~ďovat** (*-ďuji*) einschiffen; *Ware* mit dem Schiff versenden; **~kat se** *pf.* (*č-o*) schöpfen; *Wasser* schlucken; **~mit** *pf.* (*č-o*) anbrechen, knicken.
nálož *f* (*3*) *Tech.* Ladung *f*.
nalož|ený beladen; *Hdl.* verfrachtet; *Kochk.* eingelegt, eingekocht; *fig.* gelaunt; **~it** *pf. s. nakládat.*
na|lupat P *pf.* (*-u/-ám*) (*k-u*) verprügeln (*A*); **~máčet** (*3 Pl. -ejí*) *s. namočit*; **~mačkat** *pf.*, **~máčknout** *pf.* (*-kl*; *-knut*) hineinpferchen, vollstopfen.
námaha *f* (*1a*) Mühe *f*, Anstrengung *f*.
namáh|ání *n* (*3*) Anstrengung *f*; *Tech.* Beanspruchung *f*; **~at** anstrengen; *Tech.* beanspruchen; **~avý** anstrengend.

na|makat *pf.*, **~máknout** *pf.* (*-kl/-knul*) ertasten; **~mále** *Adv.* wenig; beinahe; **~malovat** *pf.* (*-luji*) (auf-) malen.

nama|nout se *pf.* zufällig dazukommen; **~stit** *pf.* (*-štěn*) (ein)fetten; F verprügeln.

namátk|a *f* (*1c*; *-tek*) Zufall *m*; *-kou* durch Stichproben; zufällig; **~ový**: *-vá zkouška* Stichprobe *f*.

na|mátnout se (*-tl*) *s. namanout se*; **~mazat** *pf.* (*-žu/-ži*), **~máznout** *pf.* (*-zl*; *-znut*) (ein)schmieren; *Butter aufs Brot* streichen; prügeln (*k-u/A*); P ~ *se* sich besaufen.

naměk|ko *Adv.* weich; **~lý** aufgeweicht; **~nout** *pf.* (*-kl*) weich werden.

námel *m* (*4 od. 2*) *Bot.* Mutterkorn *n*.

naměř|it *pf.*, **~ovat** (*-řuji*) abmessen.

náměsíčn|ík *m* (*1a*) Nachtwandler *m*, Mondsüchtige(r) *m*; **~ý** mondsüchtig.

namést *pf.* (*s. mést*) zusammenkehren.

náměstek *m* (*1a*; *-stk-*; *-ové*) Stellvertreter *m*, Vize-.

náměstí *n* (*3*) (Markt-)Platz *m*.

náměst|kyně *f* (*2b*) Stellvertreterin *f*, Vize-; **~ný** stellvertretend.

námět *m* (*2a*) Thema *n*, Sujet *n*; Entwurf *m*.

námezd|ní Lohn-; **~ník** *m* (*1a*) Lohnarbeiter *m*; *Mil.* Söldner *m*; **~ný** *s. námezdní*.

namích|at *pf.* (hinein)mischen; **~nout** P *pf.* (*-chl*; *-chnut*) *j-n* aufbringen.

namí|řit *pf.* zielen; richten (*co k č-u* et. auf *A*); *Schritte* lenken; **~sit** *pf.* (*-šen*) mischen (*do č-o* in *A*); **~sto** statt; *s. místo*.

namít|at, **~nout** *pf.* (*-tl*; *-tnut*) einwenden, vorbringen.

námitka *f* (*1c*; *-tek*) Einwand *m*; Einspruch *m*.

naml|átit *pf.* (*-cen*) (aus)dreschen; F (*k-u*) verdreschen (*A*); **~ít** *pf.* (*-melu*) *e-e Menge* mahlen; F (*k-u*) verhauen (*A*).

namlouv|ač *m* (*3*) Freier *m*; **~ání** *n* (*3*) Werben *n*, *lit.* Freien *n*; **~at** einreden, F weismachen (*j-m A*); ~ *si děvče* sich ein Mädchen anlachen.

námluvčí *m* (*Adj. 4*) Brautwerber *m*.

namluvit *pf.* *s. namlouvat*.

námluvy *f/pl.* (*2*) Brautwerbung *f*, F Brautschau *f*.

namnoze *Adv.* oft, häufig.

namo|ci se *pf.* (*-mohu*) sich verheben; **~čit** *pf.* benetzen; eintauchen; *Wäsche* einweichen; **~dralý** bläulich.

namok|lý durchnäßt; **~nout** *pf.* (*-kl*; *-knut*) naß werden; **~řit** *pf.* naß machen.

namol P sternhagelvoll.

namontovat *pf.* (*-tuji*) anmontieren.

námoří *n* (*3*) Küstengebiet *n*.

namořit *pf.* quälen; ~ *se* (*im*)*pf.* sich abplagen.

námoř|ní See-; **~nický** Matrosen-, Seemanns-, seemännisch; **~nictvo** *n* (*1*) Marine *f*; **~ník** *m* (*1a*) Matrose *m*, Seemann *m*; **~ský** See-, Meer-.

namotat *pf.* aufwickeln.

námotek *m* (*2b*; *-tk-*) Haspel *f*.

namož|en müde, F kreuzlahm; *mít ~é svaly* Muskelkater haben; **~ení** *n* (*3*) Überanstrengung *f*.

námraz|a *f* (*1a*), **~ek** *m* (*2b*; *-zk-*) Glatteis *n*; **~(k)ový** Eis-.

namrz|lý angefroren; **~nout** *pf.* (*-zl*) anfrieren.

na|mydlit *pf.* einseifen; F (*k-u*) verprügeln (*A*); **~myslit se** *pf.* (*-šlen*) viel nachdenken (*nač* über *A*); **~nášet** (*3 Pl. -ejí*) *Farben* auftragen.

nandat P *pf.* (hinzu)geben; *Holz* anlegen; *fig. my jsme jim* (*to*) *-ali* (das) haben wir ihnen aber gegeben.

Nanebe|vstoupení *n* (*3*): ~ *Páně* Christi Himmelfahrt *f*; **~vzetí** *n* (*3*): ~ *Panny Marie* Mariä Himmelfahrt *f*.

nanej|déle spätestens; **~méně** mindestens; **~výš(e)** höchstens.

nanést *pf.* (*-nesu*) zusammentragen; anschwemmen.

nanic: *je mi* ~ mir ist übel; **~ovatý** nichtsnutzig; nichtssagend.

nános *m* (*2*; *6. -u/-e*) Anschwemmung *f*, Ablagerung *f*.

nano|sit *s. nanést*; **~vo** von neuem; neuerdings.

nánožník *m* (*2b*) Fußsack *m*.

nanynka F *f* (*1c*; *-nek*) Unschuld *f* vom Lande.

na|obědvat se *pf.* zu Mittag essen; **~očkovat** *pf.* (*-kuji*) pfropfen; *fig.* einimpfen.

náočnice *f* (*2a*) Scheuklappe *f*.

náojník *m* (*2b*) Deichselkette *f*.

na|oko zum Schein; **~olejovat** *pf.* (*-juji*) einölen; **~opak** im Gegenteil; **~ostro** *Adv.* scharf; **~ostřit** *pf.* (*-en*) schärfen, schleifen; *Bleistift* (an)spitzen.
nápad *m* (*2a*) Einfall *m*.
napad|at[1] hinken; *j-n* anfallen; *Med.* befallen; *Jur.* anfechten; (*k-o*) einfallen (*D*); *co tě -dá?* was fällt dir ein?; **~at**[2] (in Mengen) fallen; **~avý** hinkend; **~ení** *n* (*3*) Befall *m*; Anrempelung *f*; **~lý** *Schnee*: gefallen.
nápad|itý einfallsreich; **~nice** † *f* (*2a*) Anwärterin *f*; **~ník** *m* (*1a*) Freier *m*; † *a.* Anwärter *m*; **~nost** *f* (*4*) Anfälligkeit *f*.
napadnout *pf.* (*-dl*; *-den*) *s. napadat.*
nápadný auffallend, auffällig.
napadrť F: *rozbít* ~ in Stücke schlagen.
napáj|ecí Tränk-; *Anat.*, *Tech.* Speise-; **~eč** *m* (*4*) *Tech.* Speisevorrichtung *f od. El.* -leitung *f*; **~ečka** *f* (*1c*; *-ček*) *Tech.* Speisepumpe *f*.
napajedlo *n* (*1a*; *-del*) Tränke *f*.
napáj|et (*3 Pl. -ejí*) tränken; *Kessel* speisen; *a.* = **~kovat** *pf.* (*-kuji*) auf-, anlöten.
na|pálit *pf.*, **~palovat** (*-luji*) anzünden; *Haare* brennen; *Ball* schlagen; F *j-n* anschmieren; **~paráděný** aufgeputzt, F aufgedonnert; **~parovač** *m* (*3*) Wichtigtuer *m*.
napař|it *pf.*, **~ovat** (*-řuji*) dämpfen; F *Strafe* aufbrummen; ~ *se* ein Dampfbad nehmen; F *a.* sich betrinken.
na|péci *pf.* (*s. péci*) *e-e Menge* backen; **~pěchovat** *pf.* (*-chuji*) vollstopfen; **~pětí** *n* (*3*) Spannung *f*; *vysoké* ~ *El.* Hochspannung; *silné* ~ *Tech.* Hochdruck *m*.
nápěv *m* (*2a*) Singweise *f*, Melodie *f*.
na|píchnout *pf.* (*-chl*; *-chnut*), **~pichovat** (*-chuji*) anstechen, aufspießen; **~pilno** *Adv.* eilig; **~pilý** F angeheitert.
napín|ací Spann-; **~áček** *m* (*2b*; *-čk-*) Reißnagel *m*; **~at** spannen, strecken; **~avost** *f* (*4*) Spannkraft *f*; *fig.* Spannung *f*; **~avý** spannend.
nápis *m* (*2*; *6. -e*/*-u*) Überschrift *f*; Aufschrift *f*; Inschrift *f*.
napískat *pf.* einreden (*k-u co* j-m *A*).
nap|ít se *pf.* (*s. pít*) sich satt trinken (*č-o* an *D*); **~itý** betrunken; **~ití** *n* (*3*) Trunk *m*.
napjat|ost *f* (*4*) Spannung *f*; **~ý** gespannt.
na|plácat P *pf.* klecksen; (*k-u*) verprügeln (*A*); **~plano** *Adv.* zwecklos, ins Blaue hinein.
náplast *f* (*4*) Pflaster *n*.
naplat: *co* ~? was kann man da machen; *nic* ~ da hilft nichts.
naplatit se *pf.* (*-cen*) viel (*od.* lange, e-e Menge) zahlen.
náplav *m* (*2a*) Anschwemmung *f*; Schwemmland *n*; *Geol.* Alluvium *n*.
naplav|enina *f* (*2*) *s. náplav*; **~ený** angeschwemmt, Treib-; **~it** *pf.* anschwemmen.
náplavní Schwemm-; Alluvial-.
napleskat F *pf.*: ~ *toho* viel (*Unsinn*) zusammenreden; (*k-u*) verprügeln (*A*).
napl|ít *pf.* (*s. plít*[2]), **~plivat** (*na co*) bespucken (*A*); (*do č-o*) *j-n* anspucken, *j-m* spucken (in *A*).
náplň *f* (*3*) Füllung *f*; *fig.* Gehalt *m*; *Tech.* Ladung *f*.
napl|nit *pf.* (*-ěn*), **~ňovat** (*-ňuji*) erfüllen; **~no** mit voller Kraft; **~vat** *pf. s. naplít.*
na|pnout *pf.* (*s. pnout*) spannen; *Kräfte* anspannen; **~počítat** *pf.* aufzählen.
nápodoba *f* (*2*) Nachahmung *f*.
napodob|ení *n* (*3*) Nachahmung *f*, Imitation *f*; **~enina** *f* (*2*) Nachbildung *f*; **~it** *pf.* nachahmen; **~itel** *m* (*3*; *1 Pl. -é*) Nachahmer *m*; **~ivost** *f* (*4*) Nachahmungstrieb *m*.
nápodobně gleichfalls.
napodob|ovací Nachahmungs-; **~ovat** (*-buji*) nachahmen.
napod|ruhé ein andermal; **~sed** *Adv.* links von der Deichsel.
nápoj *m* (*4*) Getränk *n*.
napoj|ení *n* (*3*) Tränken *n*; *El.* Anschluß *m*; **~it** *pf.* (durch)tränken; imprägnieren.
napo|kos *Adv.* schief; **~lo(vic)** *Adv.* halb, zur Hälfte.
napomáh|ač *m* (*3*) Helfer *m*; *Jur.* Helfershelfer *m*; **~ání** *n* (*3*) Hilfeleistung *f*; *Jur.* Beihilfe *f*; Vorschubleistung *f*; **~at** (*k-u*) behilflich sein (*D*); fördern (*A*); unterstützen (*A*).
napomen|out *pf.* ermahnen; **~utí** *n* (*3*) Mahnung *f*, Ermahnung *f*.
napomín|at *s. napomenout*; **~a-**

tel *m* (*3*; *-é*) Mahner *m*; **~avý** mahnend.
nápomoc *f* (*4*) Hilfe *f*; Beihilfe *f*; **~ný** behilflich, hilfsbereit.
napo|nejprv, ~prvé zum erstenmal.
nápor *m* (*2a*) Ansturm *m*; (*Wind-*) Stoß *m*; *Sp.* Bestürmen *n.*
napo|řád in einem fort, durchwegs; **~sled(y)** zuletzt; zum letztenmal; **~slouchat se** (*im*)*pf.* genug hören (*č-o* von *D*); **~smívat se** *pf.* (*k-u*) verspotten (*A*); **~spas** auf Gnade und Ungnade; **~tit se** *pf.* viel schwitzen.
napotom danach; **~ní** nachmalig.
napoušt|ěcí Imprägnier-; **~ěný** imprägniert; **~ět** (*3 Pl.* *-ějí*) imprägnieren; tränken; *Teich* anlassen.
nápov|ěď *f* (*4d*; *-di*) Andeutung *f*; *Thea.* Stichwort *n*; **~ěda** *s. napověda.*
napov|ěda *m* (*5*), *f* (*2*) Souffleur *m*, Souffleuse *f*; **~ědět** *pf.* (*s. vědět*) vorsagen; andeuten; **~ídat** vorsagen; *Thea.* soufflieren; (*č-o*) viel erzählen (von).
napr|acovat *pf.* (*-cuji*) aufarbeiten; ~ se (*im*)*pf.* viel arbeiten; **~áskat** F (*k-u*) verprügeln (*A*); ~ se sich vollstopfen (*čím*/mit *D*); **~asklý** *Glas*: gesprungen; **~ášit** *pf.* stauben; F *fig.* (*k-u*) verhauen (*A*); *et.* vorlügen (*D*); **~at** *pf.* (*-peru*) F (*k-u*) verhauen, durchprügeln (*A*); P ~ *si břicho* sich den Bauch vollschlagen; ~ se viel *Wäsche* waschen; V sich vollfressen.
náprava[1] *f* (*2*) Besserung *f*; Abhilfe *f*; ~ *škody* Wiedergutmachung *f.*
náprava[2] *f* (*2*) (*Wagen-*)Achse *f.*
napravit *pf.* bessern; *Schaden* wiedergutmachen; *Knochen* einrenken; F *Kopf* zurechtsetzen; **~elný** besserungsfähig.
náprav|ník *m* (*1a*) *hist.* Leh(e)nsmann *m*; **~ný** Besserungs-; *Med.* Korrektions-.
napravo *Adv.* rechts.
napravovat (*-vuji*) *s. napravit*; **~el** *m* (*3*; *-é*) *iron.* Weltverbesserer *m.*
naprázdno unnütz; *Ruf*: ungehört; *Tech.* leer.
napro|sit se *pf.* viel (*od.* lange) bitten (müssen); **~sto** *Adv.* ganz und gar, durchaus; **~stý** unbedingt, absolut; **~ti** (*č-u*) gegenüber (*D*); (*k-u*) entgegen (*D*); ~ *tomu* demgegenüber.
náprs|enka *f* (*1c*; *-nek*) Vorhemd *n*; **~ní** Brust-; **~ník** *m* (*2b*) Brusttuch *n*; Brustriemen *m.*
náprst|ek *m* (*2b*; *-stk-*) Fingerhut *m*; **~ník** *m* (*2b*) *Bot.* Fingerhut *m.*
napršet *pf.* (hinein)regnen; stark regnen.
např. = *například.*
nápřah *m* (*2b*) *Sp.* Ausholen *n*, Schwung *m.*
např|ahat, ~áhnout *pf.* (*-hl*; *-přažen*), **~ahovat** (*-huji*) *v*/*t* ausholen (mit *D*); vorstrecken; *Waffe* richten (*proti k-u, na k-o* gegen, auf *A*).
na|před voraus, voran; vorn, (zu-) erst, vorher; *Hdl.* im voraus; **~přesrok** F übers Jahr; **~příč** *Adv.* quer; schräg gegenüber; ~ *přes pole* querfeldein; **~příklad** zum Beispiel; **~přímit** *pf.*, **~přimovat** (*-muji*) aufrichten; *Straße* begradigen; **~příště** in Zukunft; **~psat** *pf.* (*-píši*) (auf)schreiben; *Gedanken* niederschreiben; *Bescheinigung* ausstellen; ~ *si co* sich et. notieren; **~pudrovat** *pf.* (*-ruji*) (ein)pudern.
napuch|lý (an)geschwollen; **~nout** (*-chl*) *pf.* anschwellen.
napůl *s. napolo.*
napu|mpovat *pf.* (*-puji*) aufpumpen; **~stit** *s. napouštět*; **~tovat se** *pf.* (*-tuji*) viel (herum)wandern, reisen.
narafičit F *pf.* schlau anstellen.
náram|ek *m* (*2b*; *-mk-*) Armband *n*; **~eník** *m* (*2b*) *Mil.* Schulterstück *n*; **~kový** Armband-; **~ení** Arm-.
náramný ungeheuer, gewaltig.
naráz auf einmal.
náraz *m* (*2*; *6. -u*/*-e*) Stoß *m*; Aufprall *m*; ~ *větru* Windstoß; **~iště** *n* (*2a*) *Bgb.* Füllhöhe *f*, -ort *m.*
narazit *pf.* (*-žen*) (*nač, oč*) stoßen (an, auf *od.* gegen *A*); aufspießen; aufstülpen.
náraz|ník *m* (*2b*) *Esb.* Puffer *m*; Prellbock *m*; *Kfz.* Stoßstange *f*; *Rdf.* Anschlagstift *m*; **~ový** Stoß-, Anschlag-; *Med.* Schock-; -vě *Adv.* ruck-, stoßweise.
naráž|ecí Anschlag-; **~et** (*3 Pl.* *-ejí*) (an)stoßen; (*nač*) anspielen (auf *A*); **~ka** *f* (*1c*; *-žek*) Anspielung *f*; *Tech.* Anschlag *m.*
narcis *m* (*2a*) Narzisse *f.*
narezavělý angerostet; rostbraun.
narkóza *f* (*1a*) Narkose *f.*

náročný anspruchsvoll.
národ *m* (*2*; *2 Sg. -a*) Nation *f*, Volk *n*; *Spojené* ~*y* die Vereinten Nationen; *Společnost* ~*ů* Völkerbund *m*.
narodit se *pf.* (*-zen*) geboren werden.
národ|ní National-, Volks-; **~nost** *f* (*4*) Nationalität *f*; **~nostní** Nationalitäten-.
národohospodářs|ký volkswirtschaftlich; **~tví** *n* (*3*) Volkswirtschaft *f*.
národo|pis *m* (*2*; *6. -e*/*-u*) Völkerkunde *f*; Volkskunde *f*; **~pisný** völkerkundlich, ethnographisch; **~vec** *m* (*3*; *-vc-*) Patriot *m*.
nárok *m* (*2b*) Anspruch *m*; *činit si* ~ (*nač*) Anspruch erheben (auf *A*).
narovn|ání *n* (*3*) *Jur.* Vergleich *m*; **~(áv)at** geraderichten; *fig.* vergleichen.
narozen|í *n* (*3*) Geburt *f*; **~iny** *f*/*pl.* (*2*) Geburtstag *m*; **~ý** geboren.
nárož|í *n* (*3*) (*Straßen-*)Ecke *f*; **~ní** Eck-; **~ník** *m* (*2b*) Eckstein *m*.
nárt *m* (*2*; *6. -u*/*-ě*) *Anat.* Spann *m*, Rist *m*; Oberleder *n*.
narub(y) *Adv.* verkehrt, mit der Rückseite nach oben.
náruč *f* (*4*), **~í** *n* (*3*) (beide) Arme *m*/*pl.*; Armvoll *m*.
nárůdek *m* (*2b*; *-dk-*) Völkchen *n*.
narukovat P (*-kuji*) *Mil.* einrücken.
narůst(at) (*pf. s. růst*[2]) (auf)wachsen; *Kapital*: (an)wachsen.
naruš|it *pf.*, **~ovat** (*-šuji*) stören, verletzen.
narůzno *Adv.* verschieden(tlich); verschiedenartig.
náruživ|ec *m* (*3*; *-vc-*) leidenschaftlicher Mensch *m*; **~ost** *f* (*4*) Leidenschaft(lichkeit) *f*; **~ý** leidenschaftlich.
narůžovělý rosa(farben).
narval *m* (*1*; *-ové*) *Zo.* Narwal *m*.
narychlo *Adv.* in aller Eile.
nárys *m* (*2*; *6. -u*/*-e*) Entwurf *m*, Skizze *f*; Abriß *m*.
na|rýsovat *pf.* (*-suji*) aufzeichnen, entwerfen; **~rýt** *pf.* (*s. rýt*) aufgraben.
nářadí *n* (*3*) Gerät *n*.
nařčen|í *n* (*3*) Beschuldigung *f*; **~ý** beschuldigt.
nářeč|í *n* (*3*) Mundart *f*; **~ní** mundartlich.
nářek *m* (*2b*; *-řk-*) Jammern *n*, Klagen *n*.
nářez *m* (*2a*) *Kochk.* Aufschnitt *m*; *Tech.* Anschnitt *m*; F Tracht *f* Prügel.
na|řezat *pf.* (*-žu*/*-zám*) (viel) schneiden; F (*k-u*) verprügeln (*A*); **~řídit** *pf.* (*-zen*) anordnen; *Uhr* stellen; *Apparat* einstellen; **~řidlý** etwas dünn.
nařík|ání *n* (*3*) Jammern *n*, Wehklagen *n*; **~at** jammern, klagen (*nač* über *A*); ~ *si* sich beklagen; **~atelný** *Jur.* anfechtbar; **~avý** jammernd, kläglich.
nařízení *n* (*3*) Anordnung *f*, Verordnung *f*.
naříznout *pf.* (*-zl*; *-znut*) anschneiden; ansägen.
nařizo|vací Verordnungs-; **~vat** (*-zuji*) *s. nařídit*; **~vatel** *m* (*3*; *-é*) Auftraggeber *m*.
nařknout *pf.* (*-řkl*; *-řčen*/*-řknut*) *v*/*t* (*z č-o*) beschuldigen (*G*).
nařvaný V vollgefressen, dick.
nás uns; *s. my*.
násad|a *f* (*2*) Stiel *m*, Griff *m*; (*Fisch-*)Brut *f*; **~ec** *m* (*4*; *-dc-*) *Tech.* Ansatz *m*.
nasadit *pf.* (*-zen*) einsetzen; *Hut* aufsetzen; *Knospen* ansetzen; *Seitengewehr* aufpflanzen; F *Hörner* aufsetzen; *Huhn* brüten lassen; ~ *k-u nůž na krk* j-n das Messer an die Kehle setzen.
násadka *f* (*1c*; *-dek*) Federhalter *m*; Bleistifthalter *m*.
nasák|lý getränkt; **~nout** *pf.* (*-kl*; *-knut*) feucht werden (*čím* von), Feuchtigkeit anziehen.
nasazen|í *n* (*3*) Ansatz *m*; (*Kräfte-*) Einsatz *m*; **~ý** *s. nasadit*.
nasáz|ený gesetzt, gepflanzt; **~et** *pf.* (*3 Pl. -ejí*) (an)pflanzen; *Kartoffeln* setzen; (hin)einsetzen, hineintun.
na|sazovat (*-zuji*) *s. nasadit*; **~sbírat** *pf.* (ein)sammeln.
nased|at (*do č-o*, *nač*) einsteigen (in *A*), besteigen (*A*); **~ělý** *Ei*: angebrütet; **~ět** *pf.* (*s. sedět*) *Ei* anbrüten; ~ se lange sitzen, F hocken.
násek *m* (*2b*) Einschnitt *m*, Kerbe *f*.
nasek|at *pf.* (*č-o*) *Gras* mähen; *Holz* hacken; F (*k-u*) verprügeln (*A*); **~nout** *pf.* ankerben, anschneiden.
násep *m* (*2a*; *-sp-*) Damm *m*, Erdwall *m*; Schanze *f*.
na|set *pf.* (*-seji*), **~sévat** (aus)säen; **~shromáždit** *pf.* (*-děn*) anhäufen,

ansammeln; **~schvál** *Adv.* absichtlich; *Jur.* vorsätzlich.
násil|í *n* (*3*) Gewalt *f*; Notzucht *f*; **~nický** gewalttätig; **~nictví** *n* (*3*) Gewalttätigkeit *f*; **~ník** *m* (*1a*) gewalttätiger Mensch *m*; **~nost** *f* (*4*) Gewaltsamkeit *f*, Tätlichkeit *f*; **~ný** gewaltsam; *-né smilstvo* Notzucht *f*.
nasí(va)t *s. naset.*
nask|ákat *pf.*, **~akovat** (*-kuji*), **~očit** *pf.* (hinein)springen; (hin)aufspringen; *Med.* anschwellen; *Kfz.* anspringen; *s. husí.*
náskok *m* (*2b*) Vorsprung *m*.
naskrz(e) durch und durch.
naskyt|at se, ~nout se (*-tl*), **~ovat se** (*-tuji*) vorkommen, sich darbieten.
nasládlý süßlich.
násled|ek *m* (*2b*; *-dk-*) Folge *f*; *-dkem* (*č-o*) infolge (*G*); **~nický** Nachfolge-; **~nictví** *n* (*3*) Nachfolge *f*; *~ trůnu* Thronfolge *f*; **~nost** *f* (*4*) Zeitfolge *f*; **~ný** Folge-, (nach)folgend; **~ování** *n* (*3*) Nachfolge *f*; Nachahmung *f*.
následov|at (*-duji*) *v/t* (nach)folgen (*D*); befolgen; folgen (*po kom* auf *A*); *~ za sebou* aufeinanderfolgen; **~atel** *m* (*3*; *-é*) Nachfolger *m*; Nachahmer *m*; **~ně** *Adv.* folgendermaßen; **~ník** *m* (*1a*), **~nice** *f* (*2a*) Nachfolger(in *f*) *m*; Nachahmer(in *f*) *m*.
následující (nach)folgend.
naslep|lý halb blind; **~o** *Adv.* blind.
na|slibovat *pf.* (*-buji*) viel (*od.* e-e Menge) versprechen (*č-o*/*A*); **~slinit** *pf.*, **~sliňovat** (*-ňuji*) mit Speichel anfeuchten.
naslouch|ací Abhör-; Horch-; *~ hlídka* Horchposten *m*; **~ač** *m* (*3*) Horcher *m*; **~at** (*č-u*) zuhören, lauschen (*D*); horchen; *~ kradmo* (heimlich) belauschen; **~átko** *n* (*1b*; *-tek*) Hörgerät *n*.
náslov|í *n* (*3*) *Gr.* Anlaut *m*; **~ný**: *~ rým* Stabreim *m*.
na|smát se (*im*)*pf.* (*-směji*) viel lachen (*č-u* über *A*); **~smolit** *pf.* pichen, mit Pech überziehen; F *fig. Brief* zusammenhauen, -kriegen; **~smradit** F *pf.* (*-ěn*) verstänkern; **~smrádlý** F stinkend; **~snadě** *Adv.* naheliegend; **~snědlý** bräunlich; **~snídat se** *pf.* frühstücken.
násob|ek *m* (*2b*; *-bk-*) *Math.* Vielfaches *n*; **~enec** *m* (*4*; *-nc-*) Multiplikand *m*; **~ení** *n* (*3*) Multiplikation *f*; Vervielfältigung *f*; **~ilka** *f* (*1c*; *-lek*) Einmaleins *n*; **~it** ⟨z-⟩ multiplizieren; vervielfältigen; **~itel** *m* (*4*) Multiplikator *m*; **~ítko** *n* (*1b*; *-tek*) Multiplikationszeichen *n*; **~ný** mehrfach; *-ná číslovka Gr.* Vervielfältigungszahlwort *n*.
...násobný -fach.
nasolit *pf.* einsalzen.
násoska *f* (*1c*; *-sek*) (Saug-)Heber *m*; *přímá ~* Stechheber.
naspěch *Adv.* eilig, in Eile.
naspod (nach) unten; **~u** unten, zuunterst.
na|spořit *pf.* auf-, zusammensparen; **~stále** auf die Dauer; **~stalý** eingetreten, entstanden; **~startovat** *pf.* (*-tuji*) *Motor* anlassen; **~st(áv)at** (*s. stát*²) entstehen, eintreten, beginnen; **~stát se** *pf.* (*-stojím*) lange stehen; **~stávající** zukünftige(r).
nástav|ba *f* (*1*; *-veb*) Aufbau *m*, Aufstockung *f*; **~ec** *m* (*4*; *-vc-*), **~ek** *m* (*2b*; *-vk-*) *Tech.* Ansatz *m*.
nastav|ět *pf.* (*3 Pl. -ějí*) viel hin(ein)stellen; (*č-o*) vollstellen (mit); *Häuser a.* viel bauen; **~it** *pf.*, **~ovat** (*-vuji*) hinstellen; *Hand* hinhalten; *Kleid* ansetzen, F anstückeln; *Bein* stellen; *Ohren* spitzen; **~itelný** einstellbar.
nastěhovat se *pf.* (*-huji*) einwandern; *in e-e Wohnung* einziehen.
nástěn|ka *f* (*1c*; *-nek*) Wandzeitung *f*; **~ný** Wand-.
nástin *m* (*2a*) Entwurf *m*, Skizze *f*, Umriß *m*.
nast|ínit *pf.*, **~iňovat** (*-ňuji*) entwerfen, skizzieren; **~lat** *pf.* (*-stelu*) streuen.
nastoj!, **~te!** *lit.* hört!
nasto|krát hundertmal; **~lit** *pf.* auf den Thron erheben; *fig.* einführen.
nástolní Tisch-.
nastoup|ení *n* (*3*) Antreten *n*; *~ na trůn* Thronbesteigung *f*; **~it** *pf.* einsteigen (*do č-o* in *A*); *Stellung, Urlaub usw.* antreten.
nástraha *f* (*1b*) Nachstellungen *f*/*pl*; Hinterhalt *m*; *Jagdw.* Köder *m*.
nastra|šit *pf.* erschrecken (*A*), Angst einjagen (*D*); **~žit** *pf.* (*na k-o*) e-e Falle stellen, nachstellen (*D*).
nastrč|ený vorgehalten, vorgeschoben; *-ná osoba* Strohmann *m*; **~it** *pf. Brille* aufsetzen; *Ring* anstecken;

(ein)stecken; hinhalten; *Bein* stellen; *j-n* vorschieben.

nástrč|ek *m* (*2b*; *-čk-*) *Tech.* Ansatzstück *n*; **~ný** Ansatz-.

nastrkat *pf.* hin(ein)stecken; F *j-m et.* zustecken.

nástroj *m* (*4*) Werkzeug *n*; *Mus.* Instrument *n*; **~árna** *f* (*1*; *-ren*) Werkzeugschlosserei *f*; **~ař** *m* (*3*) Werkzeugmacher *m*.

nastroj|it *pf.*, **~ovat** (*-juji*) anstellen; *Garn* einfädeln; *Verschwörung* anzetteln; F herausputzen.

nástropní Decken-.

na|strouhat *pf.* (an)reiben, schaben; **~střádat** *pf.* auf-, zusammensparen.

nástřel *m* (*2a*) Anschuß *m*; Einschießen *n e-r Waffe*.

nastřel|it *pf.*, **~ovat** (*-luji*) *Waffe* einschießen.

nástřešní Dach-.

nastříhat *pf.* zuschneiden; viel schneiden; F (*k-u*) verprügeln (*A*).

nastřih|nout *pf.* (*-hl*; *-žen*), **~ovat** (*-huji*) anschneiden; *Stoff* zuschneiden.

nastř|íkat *pf.*, **~íknout** *pf.* (*-kl*; *-knut*), **~ikovat** (*-kuji*) (an)spritzen; F **~** se sich e-n antrinken; **~ílet** *pf.* (*3 Pl. -eji*) schießen.

nastud|it se *pf.* (*-zen*) sich erkälten, sich verkühlen; **~ovat** *pf.* (*-duji*) einüben.

nástup *m* (*2a*) Antreten *n*; *Esb.* Einsteigen *n*; *Mil.*, *Sp.* Aufmarsch *m*; **~ce** *m* (*3*), **~kyně** *f* (*2a*) Nachfolger(in *f*) *m*; **~iště** *n* (*2a*) Bahnsteig *m*; **~ní** Antritts-; **~nický** Nachfolge-; **~nictví** *n* (*3*) Nachfolge *f*; **~ný** Folge-.

nastup|ování *n* (*3*) *Esb.* Einsteigen *n*; **~ovat** (*-puji*) *s. nastoupit.*

nástupový *Mil.* Aufmarsch-.

nast|uzení *n* (*3*) Erkältung *f*, *öst.* Verkühlung *f*; **~uzený**, **~ydlý** erkältet, verkühlt; **~ydnout** *pf.* (*-dl*) *nastudit se.*

nasucho *Adv.* trocken.

nasvačit se *pf.* e-n Imbiß einnehmen, *öst.* jausen.

nasvědč|it *pf.*, **~ovat** (*-čuji*) (*č-u*) bezeugen (*A*), hindeuten (auf *A*).

nasyc|en gesättigt; **~ení** *n* (*3*) Sättigung *f*; **~ený** *s. nasycen*; **~ovat** (*-cuji*) *s. nasytit.*

násyp *m* (*2a*) Aufschüttung *f*, Wall *m*; *Bgb.* Füllung *f*.

nasypat *pf.* (*-u*/*-ám*) (auf)schütten; *Hochofen* beschicken.

násyp|ka *f* (*1c*; *-pek*) Fülltrichter *m*; **~ník** *m* (*2b*) Schüttwagen *m*; **~ný** Füll-, Schütt-.

nasytit *pf.* (*-cen*) sättigen; **~ se** (*č-o*) satt bekommen (*A*); **~ se pohledem** sich satt sehen (*nač* an *D*).

náš, naše unser(e); *naši* die Unsrigen.

našed(ivě)lý grau getönt, (ein wenig) grau, (leicht) ergraut.

našel *s. najít.*

našept|(áv)at *j-m et.* zuflüstern; **~ávání** *n* (*3*) Einflüsterungen *f/pl.*

...nášet *s.* *...nést.*

nášev *m* (*2a*; *-šv-*), **~ek** *m* (*2b*; *-vk-*) angenähtes Stück *n*, Ansatz *m*.

našinec *m* (*3*; *-nc-*) unsereiner, -eins; Landsmann *m*.

naší|t *pf.* (*-šiji*) an- *od.* aufnähen; viel nähen; **~vaný** an-, aufgenäht.

nášivka *f* (*1c*; *-vek*) *s. nášev.*

naškr|abat, **~ábat** *pf.* (*-u*/*-ám*), **~ábnout** *pf.* (*-bl*; *-bnut*) schaben; P *Aufgabe* hinschmieren; *Wort* hinkritzeln; **~obit** *pf.* *Wäsche* stärken.

našlapat *pf.* (*-u*/*-ám*) (ein)stampfen; Schmutz *in die Wohnung* (her)einschleppen.

nášlapek *m* (*2b*; *-pk-*) *angetretener* Schmutz *m* (*an den Schuhen*).

našpi|čatělý (ein wenig) spitz, zugespitzt; **~kovat** P *pf.* (*-kuji*) *Kochk.* spicken; **~nit** *pf.* (*-ěn*) an-, beschmutzen.

na|špulit *pf.* *Mund* spitzen; **~šroubovat** *pf.* (*-buji*) anschrauben; **~štípat** *pf.* (*-u*/*-ám*) viel spalten (*č-o*/*A*).

naštv|aný aufgehetzt; **~at** *pf.* (*-štvu*) aufhetzen.

našupat P *pf.* (*-u*/*-ám*) verprügeln (*k-u*/*A*).

nať *f* (*3*; *-tě*, *-ti usw.*) Blattwerk *n*, Kraut *n*.

natáč|ení *n* (*3*) Aufrollen *n*; **~ filmu** Filmaufnahme *f*, Dreharbeiten *f/pl.*; **~et** (*3 Pl. -eji*) *s. natočit.*

na|tahat *pf.* schleppen; **~táhnout** *pf.* (*-hl*; *-tažen*), **~tahovat** (*-huji*) strecken, dehnen, spannen; *Uhr* aufziehen.

natalita *f* (*1*) Geburtenziffer *f*.

nate! F da habt ihr's!, da haben Sie es!

naté|ci *pf.* (*-teku*/*-teču*), **~kat** *iter.* hineinfließen.

nátělník *m* (*2b*) Unterhemd *n*.
nátepn|íček *m* (*2b*; *-čk-*), **~ička** *f* (*1c*; *-ček*), **~ík** *m* (*2b*) Pulswärmer *m*.
nátěr *m* (*2a*) Anstrich *m*; P *fig.* Prügel *m/pl.*, Abreibung *f*.
natěra|cí Anstreich-; **~č** *m* (*3*) Anstreicher *m*; **~čský** Anstreicher-; **~čství** *n* (*3*) Anstreicherhandwerk *n*.
na|těsnaný zusammengepfercht; **~tírat** *s. natřít.*
nátisk *m* (*2b*) Bedrückung *f*; *Typ.* Aufdruck *m*.
na|tisknout *pf.* (*-kl.*; *-štěn*) viel drucken; **~tít** *pf.* (*s. tít*) anschneiden, ansägen; **~tlačit** *pf.* hineinzwängen; **~tlachat** *pf.* viel (zusammen)schwätzen.
nátlak *m* (*2b*) Druck *m*, Zwang *m*.
natlou|ci *pf.* (*s. tlouci*) *Nägel* einschlagen; *Pfähle* einrammen; kleinschlagen, zerkleinern; vollstopfen (*čím*/mit); **~** *si* sich stoßen (*co* an *D*); F (*k-u*) verwamsen (*A*); **~stlý** dicklich, rundlich.
nato darauf(hin).
nato|čit *pf.* aufwickeln; *Motor* ankurbeln; *Kopf*, *Film* drehen; (*č-o*) *Bier*, *Wein* einschenken; füllen (mit); **~lik** soweit, soviel.
nátoň *m* (*4a*; *-ně*, *-ni usw.*) Holzplatz *m*; Holzstock *m*.
na|tož(pak), **~toť** geschweige denn; **~trefit** *pf.* antreffen; **~** *se* dazukommen; **~trhat** *pf.* pflücken; *Papier* zerreißen; **~trhnout** *pf.* (*-hl*; *-tržen*) anreißen; **~trousit** *pf.* (*-šen*) viel verstreuen (*č-o*/*A*); **~trpklý** etwas herb *od.* bitter.
nátrubek *m* (*2b*; *-bk-*) *Mus.* Mundstück *n*; *Tech.* Muffe *f*, Stutzen *m*.
natrvalo *Adv.* auf die Dauer.
natržen|í *n* (*3*) Einriß *m*; *Med.* Rißwunde *f*; **~** *šlachy* Sehnenzerrung *f*; **~ý** an-, eingerissen.
natřást *pf.* (*s. třást*) (auf)schütteln.
natře|ný (an)gestrichen; *čerstvě -no* frisch gestrichen; **~pat** *pf.* (*-u*/*-ám*) aufschütteln; F (*k-u*) verprügeln (*A*).
nátřesk *m* (*2b*) Andrang *m*, Gedränge *n*.
natřísk|at *pf.*, **~nout** *pf.* (*-kl*; *-knut*) zerschlagen, entzwei machen; F (*k-u*) verhauen (*A*); **~aný**, **~nutý** P gerammelt voll.
natřít *pf.* (*-třu*) anstreichen; teeren; *Med.* einreiben.
natuch|lý muffig; **~nout** *pf.* (*-chl*) muffig werden.
nátura P *f* (*1d*) Natur *f*, Charakter *m*.
naturali|sta *f* (*5a*) Naturalist *m*; **~zovat** (*im*)*pf.* (*-zuji*) einbürgern.
na|turální natürlich, Natur-; **~tvrdlý** etwas hart; schwerhörig; F *a.* begriffsstutzig; **~tvrdo** *Adv.* hart (*gekocht*).
nauč|ení *n* (*3*) Lehre *f*, Belehrung *f*; **~it** *pf.* (*k-o č-u*, *co*) lehren (j-n *A*), beibringen (j-m *A*); **~** *se* (*č-u*, *co*) (er)lernen (*A*); **~ný** belehrend, Lehr-; **~** *slovník* Konversationslexikon *n*.
nauk|a *f* (*1c*) Lehre *f*, Kunde *f*; **~ový** Lehr-, wissenschaftlich.
náušnice *f* (*2a*) Ohrring *m*.
navád|ěč *m* (*3*) Anstifter *m*; **~ění** *n* (*3*) Anstiftung *f*; **~ět** (*3 Pl.* *-ějí*) *s. navést.*
nával *m* (*2a*) Andrang *m*; *fig.* Anwandlung *f*.
na|válet *pf.* (*3 Pl.* *-ejí*) (hin)wälzen; *Teig* kneten; P **~** *se* faulenzen; **~valit** *pf.* wälzen; *fig.* aufbürden; **~vařený** gekocht; angeschweißt; **~vářet** (*3 Pl.* *-ejí*) anschweißen; **~vařit** *pf.* (viel) kochen.
navát *pf.* (*3.* *-věje*) anwehen; **~ý**: **~** *písek* Flugsand *m*.
na|vázat *pf.* (*-žu*/*-ži*), **~vazovat** (*-zuji*) anbinden; *Gespräch* anknüpfen; **~vážet** (*3 Pl.* *-ejí*) *s. navézt*; **~vážit** *pf.*, **~važovat** (*-žuji*) abwiegen; *Wasser* schöpfen; **~večer** am Abend, abends; **~večeřet se** *pf.* (*3 Pl.* *-ejí*/*-í*) zu Abend essen; **~vedení** *n* (*3*) Anleitung *f*; *Jur.* Anstiftung *f*.
návěj *f* (*3*) Schneewehe *f*; **~** *písku* Düne *f*.
na|věky auf ewig, für alle Zeit(en); **~** *věků* *Rel.* in (alle) Ewigkeit; **~venek** nach außen(hin); **~verbovat** P *pf.* (*-buji*) anwerben.
náves *f* (*4b*; *-vs-*) Dorfplatz *m*.
návěs *m* (*2a*) *Kfz.* Sattelanhänger *m*.
navěsit *pf.* (*-šen*) aufhängen.
naveskrz durch und durch, durchaus.
návěst *f* (*4 od. 4a*) *Esb.* Signal *n*; *Phil.* Prämisse *f*; **~idlo** *n* (*1a*; *-del*) Signalanlage *f*; *Esb.* Signal *n*; **~it** (*-štěn*/*-stěn*) signalisieren; **~ní** Signal-.
navěš|et *pf.* (*3 Pl.* *-ejí*), **~ovat** (*-šuji*) aufhängen.

návěšt|í *n* (*3*) Aviso *n*; *Esb.* Signal *n*; **~né** *n* (*Adj. 3*) *Hdl.* Avisogebühr *f.*
návět|rný *Mar.* Luv-; **~ří** *n*(*3*) Luv *f.*
na|větřit *pf. Jagdw.* anwittern; **~vézt** *pf.* (*s. vézt*) (her)anfahren; F *fig. j-n in e-e Lage* bringen; **~věžit** *pf. lit.* auftürmen; **~víc** noch dazu, überdies.
návidět liebhaben.
naviják *m* (*2b*) *Tech.* Winde *f*; Haspel *f*; Trommel *f.*
navíj|ecí Wickel-; **~eč** *m* (*4*) Haspel *f*; Trommel *f*; *m* (*3*) Wickler *m*; **~ečka** *f* (*1c*; *-ček*), **~edlo** *n* (*1a*; *-del*) Haspel *f*, Rolle *f*; **~et** (*3 Pl. -ejí*), **navinout** *pf.* (*-nul*), **navít** *pf.* (*-viji*; *-vit*) aufwickeln.
navinulý säuerlich.
návladní *m* (*Adj. 4*) Anwalt *m.*
navlas F *Adv.* haargenau, aufs Haar.
navlé|ci *pf.* (*s. vléci*) auf- *od.* einfädeln; *Handschuhe* anziehen, *Reifen* aufziehen; *Ring* anstecken.
návlečka *f* (*1c*; *-ček*) *Tech.* Muffe *f*, Kappe *f*; Schnürnadel *f.*
navlék|at, **~nout** *pf.* (*-kl*; *-čen*/*-knut*) *s. navléci.*
navlh|čit *pf.*, **~nout** *pf. s. vlhčit, vlhnout.*
navlík|at, **~nout** *pf.* (*-kl*; *-čen*/*-knut*) [*s. navléci.*]
návnada *f* (*1*) Lockspeise *f*, Köder *m.*
navna|dit *pf.*, **~ďovat** (*-ďuji*), **~zovat** (*-zuji*) (an)locken, ködern.
návní: ~ *kost Med.* Überbein *n.*
návod *m* (*2*; *6. -u*/*-ě*) Anleitung *f*, Anweisung *f*; *Jur.* Anstiftung *f*; **~ce** *m* (*3*) Anstifter *m.*
navodit *pf.* (*-děn*/*-zen*) herbeiführen; *j-n* veranlassen.
návo|dní Ufer-; **~dný** Anleitungs-; **~jník** *m* (*2b*) Deichselkette *f.*
navo|lat se *pf.* lange rufen; **~ňavkovat** *pf.* (*-kuji*), **~nět** *pf.* (*3 Pl. -ějí*/*-í*) parfümieren; **~skovat** *pf.* (*-kuji*) (ein)wachsen.
návoz *m* (*2*; *6. -u*/*-e*) Aufschüttung *f.*
navozit *pf.* (her)anfahren; ~ se sich herumfahren lassen.
navráce|nec *m* (*3*; *-nc-*) Heimkehrer *m*; **~ní** *n* (*3*) Rückgabe *f*, Rückerstattung *f*; Heimkehr *f.*
navr|acet (*3 Pl. -ejí*), **~átit** *pf.* (*-cen*) zurückgeben, (rück)erstatten; ~ se zurück-, heimkehren.
návrat *m* (*2a*) Rückkehr *f*, Heimkehr *f*; **~ek** *m* (*2b*; *-tk-*) Rückzahlung *f*; Rückerstattung *f.*

navrát|ilec *m* (*3*; *-lc-*) Heimkehrer *m*; **~it** *pf. s. navracet.*
návrat|ní, **~ný** Rück-.
návrh *m* (*2b*) Vorschlag *m*, Antrag *m*; Entwurf *m.*
navrh|nout *pf.* (*-hl*; *-žen*), **~ovat** (*-huji*) vorschlagen, beantragen; entwerfen; **~ovací** Antrags-; **~ovatel** *m* (*3*; *-é*) Antragsteller *m.*
navrch oben(auf); **~u** oben.
navrstv|it *pf.*, **~ovat** (*-vuji*) aufschichten.
návrší *n* (*3*) Anhöhe *f.*
navrš|it *pf.*, **~ovat** (*-šuji*) anhäufen, auftürmen.
navrt|(áv)at anbohren; vorbohren; **~ět** *pf.*, **~it** *pf.*: ~ *máslo* Butter schlagen, F buttern; ~ se sich oft umdrehen, F kein Sitzfleisch haben.
navržen *s. navrhnout.*
navřít *pf.* (*3. -vře*) *Kochk.* überlaufen; (*člm*) den Geruch anziehen (von *D*).
návsí P *n* (*3*) Dorfplatz *m.*
návštěv|a *f* (*1*) Besuch *m*; *doba -těv* Besuchszeit *f*; *Med.* Sprechstunde (-n *pl.*) *f*; Visite *f*; *jít na -vu* zu Besuch gehen; *být na -vě* zu Besuch sein; **~ní** Besuchs-, Empfangs-; **~nice** *f* (*2a*), **~ník** *m* (*1a*) Besucher (-in *f*) *m.*
navštěvovat ⟨*po-*⟩ (*-vuji*) *s. navštívit.*
navštív|ení *n* (*3*) Besuch *m*; ♀ *Panny Marie* Mariä Heimsuchung *f*; **~enka** *f* (*1c*; *-nek*) Visitenkarte *f*; **~ený** viel (*od.* gut) besucht; *Rel.* heimgesucht; **~it** *pf.* besuchen.
návyk *m* (*2b*) Gewohnheit *f.*
navyk|at, **~nout** *pf.* (*-kl*) gewöhnen (*k-o č-u*/j-n an *A*; *si č-u*/sich an *A*); **~lý** (*č-u*) gewöhnt (an *A*); gewohnt.
na|vyptávat se (*im*)*pf.* (aus)fragen; **~výsost** äußerst, außerordentlich; **~vzájem** gegenseitig, einander.
navzdor, **~y** zum Trotz; trotz (*č-u*/*G*).
na|vzpomínat se (*im*)*pf.* (*č-o*) oft zurückdenken (an *A*); **~vztekaný** wütend; **~vždy** für immer; **~zad** zurück; **~zahálet se** (*im*)*pf.* viel faulenzen; **~zapřenou** unter fremdem Namen, inkognito; **~zbyt** überschüssig, im Überfluß; **~zdar**! Servus!, grüß dich!; † *a.* Heil!; **~zdařbůh** aufs Geratewohl.
nazdv|íhat, **~ihnout** *pf.* (*-hl*; *-žen*), **~ihovat** *iter.* (*-huji*) anheben; *Hut*

lüften; ~ se sich *im Bett* aufrichten.
naze *Adv. s. nahý.*
nazejtří Tags darauf.
nazelen|alý grünlich; **~it** *pf.* grün färben.
název *m* (*2a*; *-zv-*) Bezeichnung *f*, Name *m*; (*Buch-, Film-*)Titel *m*.
nazír|ací intuitiv; **~ání** *n* (*3*) Anschauung *f*; **~at** (*nač*) anschauen, betrachten (*A*); **~avost** *f* (*4*) Anschauungsvermögen *n*; Intuition *f*.
na|zítří *s. nazejtří*; **~zkoušet se** (*im*)*pf.* (*3 Pl. -ejí*) (*č-o*) lange prüfen; **~zlobený** verärgert, ärgerlich; **~zmar** zugrunde.
naznač|ení *n* (*3*) Andeutung *f*; **~it** *pf.*, **~ovat** (*-čuji*) andeuten, bezeichnen.
naznak rücklings.
náznak *m* (*2b*) Anzeichnen *n*; Andeutung *f*; **~em** andeutungsweise.
naznamen(áv)at be-, kennzeichnen, markieren; *fig.* andeuten.
názor *m* (*2a*) Ansicht *f*, Anschauung *f*; **~nost** *f* (*4*) Anschaulichkeit *f*; **~ný** anschaulich, Anschauungs-; **~ový** Meinungs-.
nazpamě|ť, ~t auswendig.
nazp|átek, ~ět zurück; **~ívat** *pf.*: ~ *na desky* e-e (Schall-)Platte besingen.
nazrz(avě)lý angerostet; rotblond.
naz(ý)vat (*pf. -zvu*) nennen (*čím/A*); ~ se heißen; *nur pf.* e-e Menge, viele *Leute* (*od. Gäste usw.*) einladen.
nazved|(áv)at, ~nout *pf.* (*-dl; -dnut*) anheben, lüften.
názvisko *n* (*1b*) Spitz-, Spottname *m*.
názvoslov|í *n* (*3*) Terminologie *f*, Fachsprache *f*; **~ný** terminologisch.
názvuk *m* (*2b*) Anklang *m*.
nažít *s. nažnout.*
naživu am Leben.
nažka *f* (*1c*; *-žek*) *Bot.* Schließfrucht *f*.
nažl|outlý gelblich; **~uklý** ranzig.
nažrat *pf.* (*-žeru*) anfressen; ~ *se genug* fressen; P sich vollfressen.
nažva|nit *pf.*, **~stat** *pf.*, **~tlat** *pf.*: ~ *toho* viel (zusammen)schwätzen, quasseln.
ne nein; nicht; *ba ~!* aber nein!; *jakby ~!* natürlich!; *no ~?* nicht wahr?; ~ *a* ~ auf keine Weise; *nikdy* ~ niemals.
ne- un-, nicht-.

ně *s. on* (*Anhang*).
ne|aktuální nicht aktuell; unzeitgemäß; **~alkoholický** alkoholfrei; **~artikulovaný** unartikuliert.
neb oder; † da, denn.
ne|balený unverpackt, lose; **~barevný** farblos; *-ná fotografie* Schwarzweißfotografie *f*.
nebe *n* (*2*; *Pl. -sa n* [*1*], *6. -sích*) Himmel *m*; **~ský** himmlisch; **~tyčný** himmelhoch (aufragend).
nebezpeč|í *n* (*3*) Gefahr *f*; **~nost** *f* (*4*) Gefährlichkeit *f*; **~ný** gefährlich.
nebíčko F *n* (*1b*) (du) lieber Himmel.
neblah|ost *f* (*4*) Mißgeschick *n*; **~ý** (*Adv. -ze*) unglückselig, verhängnisvoll, unheilvoll.
nebo oder.
nebo|hý arm(selig), elend; **~jácný** furchtlos, wacker; **~jovný** unkriegerisch; **~li** oder.
neboť denn.
neboz|ez *m* (*2a*) (*Holz-*)Bohrer *m*; **~ízek** *m* (*2b*; *-zk-*) Handbohrer *m*.
nebožá|k *m* (*1a*) armer Kerl *m*, armer Teufel *m*; **~tko** F *n* (*1b*; *-tek*) armes Geschöpf *n*.
nebož|ka *f* (*1c*; *-žek*), **~tík** *m* (*1a*) Verstorbene(r *m*) *f*, Selige(r *m*) *f*.
ne|broušený ungeschliffen; **~bydlící** wohnungs-, obdachlos.
nebýt (*nejsem*; *s. Anh.*: *být*) nicht sein; ~ *mne* wenn ich nicht (gewesen) wäre.
ne|bytí *n* (*3*) Nichtsein *n*; **~bývalý** ungewöhnlich; **~celý** nicht ganz; *zeitl. a.* knapp.
necesér *m* (*2a*) Necessaire *n*.
necesta *f* (*1*) schlechter Weg *m*.
necit|a *m* (*5*) gefühlloser Mensch *m*; **~elnost** *f* (*4*) Gefühllosigkeit *f*; **~elný** gefühllos, herzlos.
necítit se *pf.* (*čím*) außer sich sein (vor *D*).
necit|livost *f* (*4*) Unempfindlichkeit *f*; **~livý** unempfindlich; **~nost** *f* (*4*) *s. necitlivost.*
necky *f/pl.* (*2*; *-cek*) Mulde *f*, Trog *m.*
něco etwas.
nect|nost *f* (*4*) Untugend *f*; **~ný** ehrlos; *-ná huba* loses Mundwerk.
necud|a F *m* (*5*) schamlose Person *f*; **~nost** *f* (*4*) Schamlosigkeit *f*; **~ný** schamlos, unzüchtig.
necvičený ungeübt.
nečas *m* (*2*; *6. -u/-e*) Unzeit *f*; Unwetter *n*; *v* ~ zur Unzeit, zur unrechten Zeit; **~ový** unzeitgemäß.

ne|častý (*Adv.* -o) ziemlich selten; **~čekaný** unerwartet; ungeahnt; **~česaný** ungekämmt; *fig.* ungehobelt; **~český** untschechisch, nichttschechisch.
nečest *f* (*4*; *-ct-*) Unehre *f*; **~nost** *f* (*4*) Ehrlosigkeit *f*; **~ný** unehrenhaft, ehrlos.
nečetný nicht sehr zahlreich, spärlich.
něčí jemandes, von irgend jemandem.
nečin|nost *f* (*4*) Untätigkeit *f*, Nichtstun *n*; **~ný** müßig, untätig.
nečisto: *psát na ~* ins unreine schreiben; **~ta** *f* (*1*) Unreinlichkeit *f*; Unzucht *f*; Unrat *m*, P Dreck *m*; **~tný** unsauber.
ne|čistý unsauber, P dreckig; *Chem.*, *Rel.* unrein; **~čítaný** ungezählt; **~čitelný** unleserlich; **~člen** *m* (*1*; *-ové*) Nichtmitglied *n*; **~člověk** *m* (*1*; *1 Pl. nelidé*) Unmensch *m*.
nedalek|o (*č-o*) unweit (*G od.* von); **~ý** nahe (gelegen).
nedat *pf.* nicht (nach)geben; *~ se* nicht nachgeben *od.* nachlassen.
nedávn|o *Adv.* vor kurzem, unlängst; **~ý** neu(er)lich, jüngst.
nedbaje (*č-o*) ungeachtet (*G*).
nedbal|ec *m* (*3*; *-lc-*) nachlässiger Mensch *m*; **~ky** *f/pl.* (*2*; *-lek*) Hauskleid *n*, Negligé *n*; **~ost** *f* (*4*) Nachlässigkeit *f*, Fahrlässigkeit *f*; **~ý** nachlässig, fahrlässig, F schlampig.
nedb|ání *n* (*3*) Nichtbeachtung *f*, Außerachtlassung *f*; **~at** *pf.* (*č-o*) nicht beachten, vernachlässigen (*A*).
neděle *f* (*2*) Sonntag *m*; F *a.* Woche *f*; *Květná ~* Palmsonntag; *za pět neděl* in 5 Wochen.
nedělitel|nost *f* (*4*) Unteilbarkeit *f*; **~ný** unteilbar.
neděl|ňátko *n* (*1b*; *-tek*) Sonntagskind *n*; **~ní** Sonntags-, sonntäglich; -wöchig, -wöchentlich; **~nost** *f* (*4*) Arbeitsunfähigkeit *f*; **~ný** arbeitsunfähig.
nedíl|nost *f* (*4*), **~ný** *s. nedělitelnost.*
nediskrét|ní [-dı-] indiskret; **~nost** *f* (*4*) Indiskretion *f*.
nedlouh|o nicht lange; **~ý** nicht sehr lang, ziemlich kurz.
ne|dobrovolný unfreiwillig; **~dobrý** nicht gut, schlimm; **~dobytný** *Mil.* uneinnehmbar; *Hdl.* uneinbringlich; *~ proti vloupání* einbruchssicher.
nedocenit *pf.* unterschätzen; **~elný** unschätzbar.
nedočkav|ost *f* (*4*) Ungeduld *f*; **~ý** ungeduldig.
nedoděl|aný halbfertig; **~ávka** *f* (*1c*; *-vek*), **~ek** *m* (*2b*; *-lk-*) Arbeitsrückstand *m*.
nedodrž|ení, ~ování *n* (*3*) Nichteinhaltung *f*; **~et** *pf.*, **~ovat** (*-žuji*) nicht (ein)halten.
nedo|hledný unabsehbar, unübersehbar; **~chůdče** *n* (*4*) Frühgeburt *f*; Mißgeburt *f*; **~jedky** *m/pl.* (*2b*) Speisereste *m/pl.*, *öst.* Überbleibsel *n/pl.*; **~kázaný** unbewiesen, unerwiesen.
nedokon|alost *f* (*4*) Unvollkommenheit *f*; **~alý** unvollkommen; **~aný** unvollendet; *Jur.* versucht; **~avý** *Gr.* unvollendet, imperfektiv; **~čený** nicht beendet, unvollendet.
nedokrev|nost *f* (*4*) Blutarmut *f*; **~ný** blutarm.
nedo|ložený nicht belegt, unbewiesen; **~měrek** *m* (*2b*; *-rk-*) Bemessungsrückstand *m*; **~mrlý, ~mřivý** kränklich, siech.
nedomyšle|nost *f* (*4*) Unüberlegtheit *f*; **~ný** unüberlegt, unbedacht.
nedo|nošený *Kind*: nicht ausgetragen, zu früh geboren; **~palek** *m* (*2b*; *-lk-*) (*Zigarren-*)Stummel *m*; **~patření** *n* (*3*) Versehen *n*; **~pečený** nicht durchgebacken *od.* -gebraten.
nedopit|a F *m* (*5*) Trunkenbold *m*, P Saufbruder *m*; **~ek** *m* (*2b*; *-tk-*) (*Schnaps-*, *Bier-*)Rest *m* im Glas.
nedopla|cený noch nicht ganz bezahlt; **~tek** *m* (*2b*; *-tk-*) (*Zahlungs-*) Rückstand *m*; *Hdl.* Saldo *n*.
nedorozumění *n* (*3*) Mißverständnis *n*.
nedoručitel|nost *f* (*4*) Unzustellbarkeit *f*; **~ný** unzustellbar.
nedosažitelný unerreichbar.
nedoslýcha|t schwer hören; **~vost** *f* (*4*) Schwerhörigkeit *f*; **~vý** schwerhörig.
nedospěl|ost *f* (*4*) Minderjährigkeit *f*; **~ý** minderjährig; unmündig.
nedost *Adv.* nicht genug.
nedosta|čitelný, ~čující unzureichend; **~tečnost** *f* (*4*) Mangelhaftigkeit *f*; **~tečný** mangelhaft, nicht genügend; **~tek** *m* (*2b*; *-tk-*) Mangel *m* (*č-o*, *v čem*/an *D*); *Hdl.* Manko *n*.

nedost|ávat se fehlen, mangeln (*č-o*/an *D*); **~avení** *n* (*3*) Nichterscheinen *n*; **~i** *s. nedost.*
nedostiž(itel)|nost *f* (*4*) Unerreichbarkeit *f*; **~ný** unerreichbar.
nedo|stupný unersteigbar; *fig.* unerschwinglich; **~sytný** *s. nenasytný*; **~tčený** unberührt; **~tknutelnost** *f* (*4*) Unantastbarkeit *f*; **~tknutelný** unantastbar; **~ucký** halbgebildet; **~učenec** *m* (*3*; *-nc-*) Halbgebildete(r) *m*; **~učený** *s. nedoucký*; **~uk** *m* (*1a*; *1 Pl. -ové*) *s. nedoučenec*; **~vařený** halbgekocht, noch nicht gar; **~važek** *m* (*2b*; *-žk-*) Untergewicht *n*; **~volený** unerlaubt.
nedovtip|a *m* (*5*) Dummkopf *m*; **~ný** begriffsstutzig, F schwer von Begriff.
nedo|vzdělanec *m s. nedoučenec*; **~zírný** unabsehbar; **~zrálý** unreif.
nedoživen|ost *f* (*4*) Unterernährung *f*; **~ý** unterernährt.
neduh *m* (*2b*) Gebrechen *n*, Leiden *n*.
nedů|ležitý unwichtig; **~slednost** *f* (*4*) Inkonsequenz *f*; **~sledný** inkonsequent; **~stojný** unwürdig.
nedůtkliv|ost *f* (*4*) Überempfindlichkeit *f*; **~ý** (über)empfindlich, F zimperlich.
nedůvě|ra *f* (*1d*) Mißtrauen *n*; **~řivost** *f* (*4*) Mißtrauen *n*, Argwohn *m*; **~řivý** mißtrauisch; **~řovat** (*-řuji*) mißtrauen (*D*).
nedů|vodný unbegründet; **~vtipný** *s. nedovtipný*; geistlos, dumm.
neduživ|ost *f* (*4*) Siechtum *n*; **~ý** gebrechlich, kränklich.
ne|estetický [-tɪ-] unästhetisch; **~falšovaný** unverfälscht; **~foremný** unförmig.
neg|erka *f* (*1c*; *-rek*), **~r** *m* (*1a*; *Pl. -ři*) Neger(in *f*) *m*.
negramot|nost *f* (*4*) Analphabetentum *n*; **~ný** des Schreibens (und Lesens) unkundig; ~ *člověk* Analphabet *m*.
něha *f* (*1b*) Anmut *f*, Zärtlichkeit *f*.
nehašený ungelöscht (*Kalk*).
nehet *m* (*2*; *-ht-*; *6. -u*/*-ě*) (*Finger-*)Nagel *m*.
nehezký unschön.
nehl|asný *Gr.* stimmlos; **~edaný** *fig.* natürlich, ungezwungen; **~edě**, **~edíc** (*k č-u*) abgesehen von (*D*), ohne Rücksicht auf (*A*); **~učný** geräuschlos.
ne|hmotný unkörperlich; *Jur.* immateriell; **~hnutý** regungslos.
něho *s. on* (*Anhang*).
nehod|a *f* (*1*) Unfall *m*; **~ný** unwürdig; *Kind*: ungeraten; **~ovost** *f* (*4*) Unfallhäufigkeit *f*, -quote *f*.
nehoráz|nost *f* (*4*) Ungeheuerlichkeit *f*; **~ný** ungeheuerlich.
ne|hospodárný unwirtschaftlich; **~hostinný** ungastlich; unwirtlich; **~hotový** unfertig; (*k č-u*) nicht vorbereitet (für, zu); **~hovornost** *f* (*4*) Wortkargheit *f*, Einsilbigkeit *f*.
něhož *s. jenž.*
nehrubě nicht besonders, nicht sehr.
nehtový Nagel-.
ne|hudební unmusikalisch; **~hybný** unbeweglich, regungslos; **~hynoucí** unvergänglich; **~chápavý** *s. nedovtipný.*
nech(áv)at ‹*po-, vy-, za-*› lassen; zurücklassen; (*č-o*) aufhören (mit); ablassen (von *D*); ~ *si* (für sich) behalten.
nechť soll, mag; meinetwegen.
necht|ě, **~íc** unwillkürlich, ohne es zu wollen; **~ěný** ungewollt, unbeabsichtigt.
nechu|ť *f* (*4c*; *-ti*) (*k č-u*) Unlust *f* (zu *D*), Abneigung *f* (gegen *A*); **~tenství** *n* (*3*) Appetitlosigkeit *f*; **~tnost** *f* (*4*) Geschmacklosigkeit *f*; **~tný** unappetitlich; geschmacklos; widerlich.
nechvalný unrühmlich.
nej- *in Zssgn* aller-, am ...sten.
něj *s. on* (*Anhang*).
nějak irgendwie; **~ý** irgendein(er).
nejapný unbeholfen.
nejas|nost *f* (*4*) Unklarheit *f*; **~ný** unklar, undeutlich.
nej|blíž(e) am nächsten; **~dél(e)** am längsten; **~dřív(e)** zuerst; ehestens; *co* ~ so bald wie möglich.
nejed|en (so) manch(er); **~lý** ungenießbar; **~notnost** *f* (*4*) Uneinigkeit *f*; Uneinheitlichkeit *f*; **~notný** uneinig, uneins; uneinheitlich; **~nou** nicht (nur) einmal, manchmal.
nejen(om) nicht nur; ~ *nýbrž i*, ~ *ale i* nicht nur, sondern auch.
nejist|ota *f* (*1*) Unsicherheit *f*; Ungewißheit *f*; **~ý** unsicher; ungewiß.
nejméně am wenigsten; *co* ~ so wenig wie möglich.
nejmenovaný ungenannt.
nej|prve zuerst; **~raději** am liebsten; **~sem** *s. být*; **~spíš(e)**

(höchst)wahrscheinlich; **~světější** allerheiligste; **~víc(e)** am meisten, meist-; *co ~* so viel wie möglich, möglichst viel; **~výš(e)** am höchsten, höchst; *co ~* so hoch wie möglich; **~vyšší** höchste(r), Höchst-; oberste(r), Oberst-; *Phys.* Maximal-; **~zazší** hinterste.
nějž *s. jenž.*
nekalý unlauter, *fig.* anrüchig.
někam irgendwohin.
nekatolík *m (1a)* Nichtkatholik *m.*
nekázan|ost *f (4)* Ungezogenheit *f*; **~ý** ungezogen.
nekázeň *f (3; -zn-) s. nekázanost.*
ně|kde irgendwo; *~ jinde* anderswo, woanders; **~kdejší** ehemalig; **~kdo** (irgend) jemand; **~kdy** manchmal; irgendwann.
neklamný untrüglich.
neklid *m (2a)* Unruhe *f*; **~ný** unruhig.
neklopit! nicht stürzen!
nekňuba F *m (5)* ungeschickter Mensch *m.*
několik einige, mehrere.
několika|barevný mehrfarbig; **~denní** mehrtägig; **~hlasý** mehrstimmig; **~letý** mehrjährig; **~místný** *Math.* mehrstellig; **~násobný** mehrfach; **~nedělní** mehrwöchig; **~patrový** mehrstöckig; **~sytný** *Chem.* mehrbasisch.
několik|átý der wievielte, der soundsovielte; **~erý**, *-ro (č-o)* mehrerlei, allerlei; **~rát** mehrmals, einigemale.
nekomp|etentní nicht zuständig; **~romisní** kompromißlos.
nekonečn|o *n (1)* Unendliche(s) *n*; *do -na* ins Unendliche; **~ost** *f (4)* Unendlichkeit *f*; **~ý** unendlich, endlos.
ne|konvenční unkonventionell; **~korektní** unkorrekt, inkorrekt; **~kov** *m (2a)* Nichtmetall *n*; **~krytý** ungedeckt *(a. Hdl.)*; **~křestanský** unchristlich.
nekřtě|ňátko *n (1b; -tek)* ungetauftes Kind *n*; **~ný** ungetauft.
někter|ak irgendwie; **~ý** irgendein, mancher.
někudy irgendwo (hin)durch.
nekuřák *m (1a)* Nichtraucher *m.*
nekvašený ungesäuert.
nelad *m (2a)* Unordnung *f*; **~ný** unordentlich.
neláska *f (1c; -sek)* Lieblosigkeit *f.*
nelaskav|ost *f (4)* Unfreundlichkeit *f*; **~ý** unfreundlich.
nelenit nicht säumen, nicht zögern.
nelesklý glanzlos, matt.
ne-li wenn nicht.
nelib|ost *f (4)* Mißfallen *n*, Unlust *f*; **~ozvuk** *m (2b)* Mißklang *m*; **~ý** unangenehm.
nelíčený ungeschminkt; aufrichtig.
nelid|a *m (5)* Unmensch *m*; **~skost** *f (4)* Unmenschlichkeit *f*; **~ský** unmenschlich.
nelítostný unbarmherzig.
nelogi|cký unlogisch; **~čnost** *f (4)* Unlogik *f.*
nelze es ist nicht möglich, man kann nicht.
něm *s. on (Anhang).*
nemajet|nost *f (4)* Mittellosigkeit *f*; **~ný** mittellos.
ne|málo nicht wenig; **~manželský** unehelich; **~mastný** fettarm; *fig.* nichtssagend.
Němč|ík *m (1a) s. Němčour*; **⁀ina** *f (1)* Deutsch *n*; **⁀inář** *m (3)* Deutschlehrer *m*; **⁀it** ⟨*po-, za- si*⟩ *v/i verä.* deutsch sprechen; *v/t* germanisieren; **~our** V *m (1; 1 Pl. -ři) verä.* deutsches Schwein *n*, elender Deutscher *m.*
Němec *m (3; -mc-)* Deutsche(r) *m*; **~ko** *n (1b)* Deutschland *n*; **⁀kost** *f (4)* Deutschtum *n*, deutsche Art *f*; **⁀ký** *(Adv. -y)* deutsch; **⁀tví** *s. německost*; **~tvo** *n (1)* die Deutschen *m/pl.*
ne|mehlo F *n (1a; -hel)* Tolpatsch *m*; **~méně** nicht weniger, nicht minder; **~měn(itel)ný** unveränderlich, unwandelbar.
nemilo|srdný unbarmherzig; **~st** *f (4)* Ungnade *f*; **~stivý** ungnädig.
nemilý *(Adv. -le)* unlieb(sam); *Gast:* ungebeten.
nemír|a *f (1d)* Übermaß *n*; **~nost** *f (4)* Unmäßigkeit *f*, Maßlosigkeit *f*; **~ný** unmäßig.
nemístný unstatthaft.
Němk|a *f (1c; -mek)*, **~yně** *f (2b)* Deutsche *f.*
nemluv|a *m (5)* wortkarger Mensch, F Muffel *m*; **~ňátko** *n (1b; -tek)*, **~ně** *n (4a)* kleines Kind *n*; **~nost** *f (4)* Wortkargheit *f*; **~ný** wortkarg.
nemnoh|o nicht viel; **~ý** selten.
nemoc *f (4 od. 4b)* Krankheit *f*; **~en** *s. nemocný*; **~enské** *n (Adj. 3)* Krankengeld *n*; **~enský** Kranken-; **~-**

nice *f* (*2a*) Krankenhaus *n*; **~niční** Krankenhaus-; **~ný** krank; erkrankt, leidend (*na čem* an *D*); *Su. m* (*Adj. 1*) Kranke(r) *m*.
nemod|erní unmodern; **~lenec** *m* (*3*; *-nc-*) Gottlose(r) *m*.
nemohouc|í machtlos; impotent; **~nost** *f* (*4*) Unvermögen *n*; Impotenz *f*.
němo|hra *f* (*1d*; *-her*) Pantomime *f*; Gebärdenspiel *n*; **~st** *f* (*4*), **~ta** *f* (*1*) Stummheit *f*.
nemotor|a *m* (*5*) *od. f* (*1d*) ungeschickter Mensch *m*; **~nost** *f* (*4*) Ungeschicklichkeit *f*; **~ný** ungeschickt, plump.
nemoudrý unklug.
nemovit|ost *f* (*4*) Liegenschaft *f*; **~ý** unbeweglich.
nemož|nost *f* (*4*) Unmöglichkeit *f*; **~ný** unmöglich.
nemrav *m* (*2a*) Unsitte *f*; **~a** *m* (*5*) unsittlicher Mensch *m*, Sittenstrolch *m*; **~nost** *f* (*4*) Unsittlichkeit *f*; **~ný** unsittlich.
nemužný unmännlich.
němý stumm.
nemysl|ící gedankenlos; **~itelný** undenkbar.
ne|nabitý *Waffe*: ungeladen; **~nadálý** unverhofft; **~náhlý** allmählich, langsam; **~nahraditelný** unersetzlich; **~náležitý** ungebührlich; **~nápadný** unauffällig; **~napodobitelný** unnachahmlich; **~napravitelný** unverbesserlich; **~náročný** anspruchslos; **~naříkatelný** unanfechtbar; **~násilný** gewaltlos.
nenasyt|a F *m* (*5*) Nimmersatt *m*; **~nost** *f* (*4*) Unersättlichkeit *f*; **~ný** unersättlich.
nenávid|ěný verhaßt; **~ět** hassen.
nenávist *f* (*4*) Haß *m*; **~ník** *m* (*1a*) gehässiger Mensch *m*; *lit.* Hasser *m*; **~ný** haßerfüllt; gehässig.
nenávrat|no *n* (*1*) *lit.* Jenseits *n*; **~ný** unwiderbringlich.
nenažraný P gefräßig.
nenecha|t *pf.* (*č-o*) nicht ablassen (von *D*), nicht (in Ruhe) lassen (*A*); **~vý** diebisch.
není er (sie, es) ist nicht; (*a. č-o*) es gibt kein ...; nein.
nenormál|ní nicht normal, abnorm, ano(r)mal; **~nost** *f* (*4*) Abnormität *f*.
nenucen|ost *f* (*4*) Zwanglosigkeit *f*, Ungeniertheit *f*; **~ý** ungezwungen, ungeniert.
neob|alený unverhüllt; **~dělaný** *Agr.* unbebaut, brach, Brach-; **~ezřelý** unvorsichtig; **~jasněný** unaufgeklärt; **~líbený** unbeliebt; **~lomný** unerschütterlich; **~mezený** unbegrenzt, unbeschränkt; **~ratný** ungeschickt; **~sáhlý** unermeßlich; **~sažný** inhaltslos, leer; **~vyklý** ungewohnt, ungewöhnlich.
neoby|čejný ungewöhnlich; **~dlený** unbewohnt; **~tný** unbewohnbar.
neo|bývaný *s. neobydlený*; **~bývatelný** *s. neobytný*; **~cenitelný** unschätzbar; **~čekávaný** unerwartet, unverhofft.
neod|borník *m* (*1a*) Nichtfachmann *m*, Laie *m*; **~bytný** zudringlich; *Hdl.* unabsetzbar; **~hodlaný** unentschlossen; **~kladný** unaufschiebbar; **~lučitelný** untrennbar; **~olatelný** unwiderstehlich; **~povědný** unverantwortlich; **~pustitelný** unverzeihlich; **~ůvodněný** unbegründet, grundlos; **~vislý** *s. nezávislý*; **~volatelný** unwiderruflich; **~vrat(itel)ný** unabwendbar.
neo|ficiální inoffiziell; **~hebný** steif, starr; **~hrabaný** unbeholfen, plump; **~hrožený** unerschrocken; **~chotný** ungefällig; **~chvějný** unerschütterlich, unbeirrbar; **~kázalý** unauffällig, schlicht; **~malený** unverschämt, derb; **~mezený** unbeschränkt.
neomluv|ený unentschuldigt; **~itelný** unverzeihlich.
neo|mrzelý unverdrossen; **~mylný** unfehlbar; *Zeichen*: untrüglich; **~patrný** unvorsichtig; **~peřený** ungefiedert; **~právněný** unberechtigt, unbefugt.
neorganický [-nı-] anorganisch.
neo|sobní unpersönlich; **~stýchavý** unverfroren, dreist; **~tesaný** *fig.* ungehobelt; **~zdobný** schmucklos.
nepamě|ť: *od -ti* seit Menschengedenken, seit jeher; **~tný** undenklich.
ne|párový unpaar(ig); **~patrný** geringfügig; unansehnlich; **~pěkný** unschön; **~platný** ungültig; **~plavec** *m* (*3*; *-vc-*) Nichtschwimmer *m*; **~plecha** *f* (*1b*) Unfug *m*; **~plnění** *n* (*3*) Nichterfüllung *f*; **~plnoletý** *s. nezletilý*; **~plodný** unfruchtbar.
nepo|ctivý, **~čestný** unehrlich; **~čítajíc** nicht inbegriffen, ausschließlich; **~dařený** mißlungen.

nepod|dajný unnachgiebig; **~jatý** unvoreingenommen; *Jur.* unbefangen; **~míněný** unbedingt; **~platný** unbestechlich; **~statný** unwesentlich.

nepo|hnut(eln)ý unbeweglich, regungslos; **~hoda** *f (1)* Unwetter *n*; **~hodlný** unbequem; **~hodnout se** *pf.* (*s kým*) sich entzweien (mit *D*); **~hyblivý** unbeweglich; **~chodit** *pf.* nichts erreichen, F schlecht ankommen (bei *j-m*).

nepochop|ení *n (3)* Verständnislosigkeit *f*, Unverständnis *n*; **~ený** unverstanden; **~itelný** unbegreiflich.

nepo|chybný untrüglich, nicht zu bezweifeln(d); **~jatelný** unfaßbar.

nepokoj *m (4)* Unruhe *f*; **~nost** *f (4)* Ruhelosigkeit *f*; **~ný** unruhig, ruhelos.

nepo|lepšitelný unverbesserlich; **~litický** [-tɪ-] unpolitisch, apolitisch.

nepoměr *m (2a)*, **~nost** *f (4)* Mißverhältnis *n*; **~ný** unverhältnismäßig.

nepomíj|ející, ~itelný unvergänglich.

nepo|píratelný unbestritten, unanfechtbar; **~psatelný** unbeschreiblich; **~pulární** unpopulär; **~rovnatelný** unvergleichlich.

neporuš|ený unversehrt; unverfälscht; **~itelný** unverletzlich.

nepořád|ek *m (2b; -dk-)* Unordnung *f*; **~ný** unordentlich.

nepořízená: *s -nou* unverrichteter Dinge, leer (*fig.*).

neposed|a *m (5)* unruhiger Mensch *m*; **~ět** *pf.* keine Ruhe (F kein Sitzfleisch) haben; **~ný** unruhig.

neposkvrněný unbefleckt.

neposlu|cha *m (5)* unfolgsamer Mensch *m*; **~šnost** *f (4)* Ungehorsam *m*; **~šný** ungehorsam.

nepostač|itelnost *f (4)* Unzulänglichkeit *f*; **~itelný, ~ující** unzulänglich.

nepostižitelný unergründlich.

nepotřeb|a *f (1)*: *to je k -bě* das ist unbrauchbar; **~nost** *f (4)* Unbrauchbarkeit *f*; **~ný** unbrauchbar; unnötig.

nepo|užitelný unbenutzbar; **~vedený** mißlungen; **~vědomý** (*č-o*) unkundig (*G*); **~vinný** unverbindlich; nicht obligatorisch, frei, Wahl-; **~volaný** unberufen, unbefugt; **~volný** unnachgiebig.

nepozn|ání *n (3)* Unkenntlichkeit *f*; **~atelný** nicht erkennbar.

nepozor|ný unaufmerksam; **~ovaný** unbeobachtet, unbemerkt; **~ovatelný** unmerklich.

nepoživatelný ungenießbar.

neprakti|cký [-tɪ-] unpraktisch; **~čnost** *f (4)* Ungeschicktheit *f*; Unzweckmäßigkeit *f*.

neprašný staubfrei.

nepravd|a *f (1)* Unwahrheit *f*; **~ěpodobný** unwahrscheinlich; **~ivost** *f (4)* Unwahrhaftigkeit *f*; **~ivý** unwahr.

ne|právem zu unrecht, unrechtmäßig; **~pravidelný** unregelmäßig; *Mil.* irregulär; **~právo** *n (1; 6 Sg. -u)* Unrecht *n*.

neprav|ost *f (4)* Unechtheit *f*; Falschheit *f*; Laster *n*; **~ý** unecht; falsch, unrichtig.

nepro|dejný unverkäuflich; **~dleně** *Adv.* unverzüglich; **~duktivní** [-ti:-] unproduktiv; **~dyšný** luftdicht, hermetisch; **~měn(itel)ný** unveränderlich; **~míjitelný, ~minutelný** unverzeihlich; **~mlčitelný** unverjährbar; **~mokavý** wasserdicht; **~myšlený** unüberlegt; **~niknutelný** undurchdringlich; **~pustný** undurchlässig.

neprospě|ch *m (2b)* Nachteil *m*, Schaden *m*; *v ~* zuungunsten; **~šný** nachteilig, unnütz.

nepro|stupný undurchdringlich; **~vdaná** *Mädchen*: ledig, unverheiratet; **~veditelný** undurchführbar; **~zíravý, ~zřetelný** unbedacht, voreilig.

neprů|bojný nicht durchschlagkräftig, *fig.* zu weich; **~dušný** luftdicht, hermetisch; **~hledný** undurchsichtig; **~střelný** kugelsicher.

nepružný unelastisch.

nepřátel|é *m/pl. s.* *nepřítel*; **~ský** (*Adv. -y*) feindlich, feindselig, Feind(es)-; **~ství** *n (3)* Feindschaft *f*.

nepřeberný unerschöpflich.

nepřed|ložený unüberlegt; **~pojatý** unvoreingenommen; *Jur.* unbefangen; **~stavitelný** unvorstellbar.

nepředstiž|ený, ~itelný unübertroffen.

nepředvíd|aný unvorhergesehen; **~atelný** nicht vorauszusehend.

nepře|hledný *Land*: unübersehbar;

Plan: unübersichtlich; **~jícnost** *f* (*4*) Neid *m*, Mißgunst *f*; **~klenutelný** unüberbrückbar; **~konatelný** unüberwindlich; **~kročitelný** unüberschreitbar; **~ložitelný** unübersetzbar; **~možitelný** unüberwindlich, unbesiegbar; **~rušený** ununterbrochen.

nepřes|nost *f* (*4*) Ungenauigkeit *f*; **~ný** ungenau.

nepřetržit|ost *f* (*4*) Kontinuität *f*; **~ý** ununterbrochen, unaufhörlich.

nepřevodný nicht übertragbar.

nepří|četný unzurechnungsfähig; **~hodný** ungelegen, unpassend.

nepřijatelný unannehmbar.

nepříjem|nost *f* (*4*) Unannehmlichkeit *f*; **~ný** unangenehm.

nepři|jetí *n* (*3*) Annahmeverweigerung *f*, Ablehnung *f*; **~měřený** unangemessen, unpassend.

ne|přímý (*Adv.* *-mo*) indirekt; **~přípustný** unzulässig; **~přirozený** unnatürlich, widernatürlich; **~příslušný** nicht zuständig; **~přístojný** ungebührlich; **~přístupný** unzugänglich.

nepřítel *m* (*3*; *Pl. nepřátelé, -tel, -é!*), **~kyně** *f* (*2b*) Feind(in *f*) *m*; *Sp.* Gegner(in *f*) *m*.

nepřítom|nost *f* (*4*) Abwesenheit *f*; **~ný** abwesend.

nepří|větivý unfreundlich; **~zeň** *f* (*3*; *-zně, -zni usw.*) Ungunst *f*, Mißgunst *f*; **~znivý** ungünstig.

ne|přiznaný nicht anerkannt; *Jur.* aberkannt; **~přízvučný** unbetont, tonlos; **~působivý** unwirksam, wirkungslos; **~půvabný** reizlos.

nerad, ~a, ~o ungern; **~no** nicht ratsam.

neradostný freudlos (*Leben*); unerfreulich (*Nachricht*).

nere|álný irreal; **~elní** unreell; **~gulární** irregulär.

nerez P *m* (*2a*) rostfreier Stahl *m*.

nerost *m* (*2a*) Mineral *n*; **~ný** Mineral-; **~opis** *m* (*2*; *6. -u/-e*) Mineralogie *f*.

nerov|noměrný ungleichmäßig; **~ný** *Boden*: uneben; *Lohn*: ungleich.

neroz|bitný unzerbrechlich; **~borný** unzerstörbar, unlöslich; *lit.* unverbrüchlich; **~dělitelný, ~dílný** unteilbar; **~eznání** *n* (*3*) Unkenntlichkeit *f*; **~hodný** unentschieden, unentschlossen; **~luč(itel)ný** unzertrennlich, unlösbar; **~luštitelný** unauflöslich; **~pustný** *Chem.* unlöslich.

nerozřeš|ený ungelöst; **~itelný** unlösbar.

nerozum *m* (*2a*) Unvernunft *f*; **~ný** unvernünftig.

nerozváž|livý, ~ný unbedacht, unüberlegt.

nerud|a P *m* (*5*) Griesgram *m*; **~ný** griesgrämig, mürrisch.

nerv *m* (*2a*) Nerv *m*; **~ový** Nerven-; **~óza** *f* (*1b*), **~ozita** *f* (*1*) Nervosität *f*; **~óznět** ⟨z-⟩ (*3 Pl. -ějí*) nervös werden; **~ózní** nervös; **~óznost** *f* (*4*) *s. nervóza*; **~stvo** *n* (*1*; *-stev*) Nervensystem *n*.

nerýmovaný ungereimt.

neřád *m* *1.* (*2a*) Unrat *m*, F Dreck *m*; *2.* P (*1*) Schweinehund *m*; **~ný** unflätig, P schweinisch; **~stvo** F *n* (*1*) Mist *m*, Dreck *m*; Ungeziefer *n*.

neřest *f* (*4*) Laster *n*, Unzucht *f*; **~nost** *f* (*4*) Lasterhaftigkeit *f*; **~ný** lasterhaft.

neřešitelný unlösbar.

neřku(li) geschweige denn, um nicht zu sagen.

nesamostat|nost *f* (*4*) Unselbständigkeit *f*; **~ný** unselbständig.

ne|sčetný, ~sčíslný unzählig, zahllos.

nesdíl|nost *f* (*4*) Wortkargheit *f*, Verschlossenheit *f*; **~ný** wortkarg, verschlossen.

nesesaditelný unabsetzbar.

neshod|a *f* (*1*) Uneinigkeit *f*; **~ný** uneinig.

neschop|nost *f* (*4*) Unfähigkeit *f*; **~ný** (*č-o, k č-u*) unfähig (zu); *Mil.* untauglich (zu, für).

ne|schůdný unpassierbar; *fig.* ungangbar; **~sjednocený** nicht vereinigt; *Rel.* nicht uniert; **~sjízdný** unbefahrbar; **~skladný** verbaut; sperrig; **~sklonný** *Gr.* indeklinabel, nicht deklinierbar; **~skonalý** unendlich; **~skromný** unbescheiden; **~skutečný** unwirklich, irreal; **~slaný** ungesalzen; **~slavný** ruhmlos; **~slíbatelný** *Lippenstift*: kußecht; **~slučitelný** unvereinbar; *Tech.* nicht legierbar.

nesluš|nost *f* (*4*) Unanständigkeit *f*, Ungehörigkeit *f*; **~ný** unanständig, ungebührlich.

ne|slýchaný unerhört; **~slyš(itel)ný** geräuschlos, unhörbar; **~smělý**

schüchtern; **~smírný** unermeßlich; *fig.* gewaltig; **~smiřitelný** unversöhnlich.
nesmlouvav|ost *f* (*4*) Kompromißlosigkeit *f*, Unnachgiebigkeit *f*; **~ý** kompromißlos, unnachgiebig.
nesmrtel|nost *f* (*4*) Unsterblichkeit *f*; **~ný** unsterblich.
nesmysl *m* (*2a*) Unsinn *m*; **~nost** *f* (*4*) Unsinnigkeit *f*; **~ný** unsinnig.
nesmytelný unabwaschbar, wasserfest.
nesnad|nost *f* (*4*) Schwierigkeit *f*; **~ný** schwierig.
nesnáše(n)liv|ost *f* (*4*) Unverträglichkeit *f*; **~ý** unverträglich.
nesnáz *f* (*3*) Schwierigkeit *f*, Verlegenheit *f*.
nesnes|ení *n* (*3*): *to je k* ~ das ist unerträglich; **~itelnost** *f* (*4*) Unerträglichkeit *f*; **~itelný** unerträglich.
ne|sobecký selbstlos; **~soucitný** mitleid(s)los; **~soudný** kritiklos.
nesouhlas *m* (*2*; *6. -e*/*-u*), **~nost** *f* (*4*) Meinungsverschiedenheit *f*, Zwiespalt *m*; **~ný** nicht übereinstimmend; heterogen.
nesou|lad *m* (*2a*) Disharmonie *f*, Mißverhältnis *n*; **~měrný** unsymmetrisch, unebenmäßig; **~rodý** verschiedenartig; **~stavný** planlos, systemlos; **~středěný** unkonzentriert, zerfahren; **~vislý** zusammenhanglos, unzusammenhängend; **~zvuk** *m* (*2b*) Mißklang *m*; *s. nesouhlas*.
nespa|l(itel)ný unbrennbar; feuerbeständig, feuerfest; **~vost** *f* (*4*) Schlaflosigkeit *f*; **~vý** an Schlaflosigkeit leidend; *Nacht*: schlaflos.
nesplnitelný unerfüllbar.
nespokojen|ost *f* (*4*) Unzufriedenheit *f*; **~ý** unzufrieden.
nespo|lečenský ungesellig; **~lehlivý** unzuverlässig; **~rný** unbestritten; **~rtovní** unsportlich.
nespravedl|ivost *f* (*4*), *selt.* **~nost** *f* (*4*) Ungerechtigkeit *f*; **~ivý** ungerecht.
ne|správný unrichtig; **~srovnatelný** unvergleichlich; **~srozumitelný** unverständlich.
nést ‹*do-*, *po-*› (*nesu*, *nesl*, *nesen*) tragen; bringen; *Eier* legen; *Nutzen* abwerfen; *Karte* ausspielen; ~ *se* fliegen, schweben.
nestál|ost *f* (*4*) Unbeständigkeit *f*; **~ý** unbeständig.
nestejno|měrný ungleichmäßig; **~ramenný** *Geom.* ungleichschenk(e)lig; **~rodý** ungleichartig, heterogen; F zusammengewürfelt.
nestej|nost *f* (*4*) Ungleichheit *f*; **~ný** ungleich.
nestoud|nice *f* (*2a*), **~ník** *m* (*1a*) schamlose Person *f*; **~nost** *f* (*4*) Unverschämtheit *f*; Schamlosigkeit *f*; **~ný** unverschämt; schamlos.
nestran|ický parteilos; **~ík** *m* (*1a*) *Pol.* Parteilose(r) *m*; **~nost** *f* (*4*) Unvoreingenommenheit *f*, unparteiische Art *f*; **~ný** unparteiisch, objektiv, neutral.
ne|stravitelný unverdaulich; **~strojený** ungekünstelt, schlicht; **~střežený** unbewacht; **~střídmý** unmäßig.
nestvůr|a *f* (*1d*) Ungeheuer *n*, Mißgestalt *f*; **~ný** ungeheuerlich, mißgebildet.
nestyd|a *m* (*5*) unverschämter Mensch *m*; **~atost** *f* (*4*) Unverschämtheit *f*; **~atý** unverschämt.
ne|svár *m* (*2a*) Uneinigkeit *f*, Zwietracht *f*; **~svědomitý** gewissenlos; **~svobodný** unfrei; **~svornost** *f* (*4*) *s. nesvár*; **~svůj** fremd; *fig.* verändert, nicht (mehr) derselbe; **~sympatický** [-tɪ-] unsympathisch; **~šetrný** rücksichtslos.
nešik|a F *m* (*5*; *6 Pl. -ách*) ungeschickter Mensch *m*; **~ovnost** *f* (*4*) Ungeschicklichkeit *f*; **~ovný** ungeschickt.
ne|škodný unschädlich; **~školák** *m* (*2b*), **~školačka** *f* (*1c*; *-ček*) Vorschulkind *n*; **~šlechetný** niederträchtig, ruchlos.
nešpory *m*/*pl.* (*2*) *Rel.* Vesper *f*.
ne|šťastný unglücklich; *Tat*: unglückselig; **~štěstí** *n* (*3*) Unglück *n*; **~štovice** *f*/*pl.* (*2a*) Pocken *f*/*pl.*, Blattern *f*/*pl.*; **~švar** *m* (*2a*) Unfug *m*.
neť *f* (*2*; *neti!*, *sonst neteř-*) *s. neteř*.
ne|tajený unverhüllt, *fig.* offen; **~taktní** taktlos; **~tečný** gleichgültig; **~tělesný** unkörperlich.
neteř *f* (*3*) Nichte *f*.
netěsný undicht; *Mar.* leck.
netknut|ost *f* (*4*) Unversehrtheit *f*; **~ý** unversehrt; *Tech.* intakt.
netoliko nicht nur.
netopýr *m* (*1*; *1 Pl. -ři*) Fledermaus *f*.
netrhnout se F (*-hl*) ununterbrochen in Bewegung sein.

netrpěliv|ost *f* (*4*) Ungeduld *f*; **~ý** ungeduldig.
ne|třeba (es ist) nicht nötig; **~třesk** *m* (*2b*) *Bot.* Hauswurz *f*. **~tříděný** unsortiert; **~tříštivý** *Glas*: unzerbrechlich, splittersicher; **~tušený** ungeahnt; **~tvárný** unförmig.
netvor *m* (*1*; *1 Pl.* *-ři*/*-rové*) Ungeheuer *n*; **~ný** ungeheuer(lich).
ne|týkavka *f* (*1c*; *-vek*) Springkraut *n*; **~úcta** *f* (*1*), **~uctivost** *f* (*4*) Respektlosigkeit *f*; **~uctivý** respektlos.
neúčast *f* (*4*), **~enství** *n* (*3*) Nichtbeteiligung *f*; Fernbleiben *n*; *Med.* Teilnahmslosigkeit *f*; **~ný** *Blick*: teilnahmslos; *Mensch*: unbeteiligt.
ne|účelný unzweckmäßig; **~účinný** unwirksam; **~udržitelný** unhaltbar; **~uhasitelný** unlöschbar; *Durst*: unstillbar; **~úhledný** unansehnlich; **~úhonný** unbescholten; **~uhrazený** *Hdl.* ungedeckt; **~úchylný** unverrückbar, unentwegt; **~ukojitelný**, **~úkojný** unstillbar; **~ukrotitelný** un(be)zähmbar; **~umělkovaný** ungekünstelt; **~umělý** ungeübt; **~úměrný** unverhältnismäßig.
neúmor|nost *f* (*4*) Rastlosigkeit *f*; (*Natur*) Unverwüstlichkeit *f*; **~ný** rastlos; unverwüstlich.
ne|úmyslný unabsichtlich; **~úplatný** unbestechlich; **~úplný** unvollständig; **~upotřebitelný** unbrauchbar; **~upravený** ungeregelt, unordentlich; **~úpravný** ungefällig, nicht ansprechend; **~uprositelný**, **~úprosný** unerbittlich, unnachsichtig.
neupřím|nost *f* (*4*) Unaufrichtigkeit *f*; **~ný** unaufrichtig.
neurčit|elný unbestimmbar; **~ost** *f* (*4*) Unbestimmtheit *f*; **~ý** unbestimmt; *-tý tvar Gr.* Infinitiv *m*.
neúrod|a *f* (*1*) Mißernte *f*; **~ný** unfruchtbar.
ne|urvalý rabiat; **~uskutečnitelný** undurchführbar; **~úslužný** ungefällig.
neúspě|ch *m* (*2b*) Mißerfolg *m*; **~šnost** *f* (*4*) Erfolglosigkeit *f*; **~šný** erfolglos.
neuspokoj|ený unbefriedigt; **~ivý** unbefriedigend.
ne|ustálý ununterbrochen, ständig; **~ústavní** verfassungswidrig; **~ústrojný** unorganisch; *Chem.* anorganisch; **~ústupný** unnachgiebig; **~utěšený** unerfreulich; **~útočení** *n* (*3*) Nichtangreifen *n*; *pakt o ~* Nichtangriffspakt *m*.
neutr|ál *m* (*1*; *-ové*) Neutrale(r) *m*; **~alita** *f* (*1*) Neutralität *f*; **~ální** neutral.
neuvědoměl|ost *f* (*4*) Unbewußtheit *f*; *Pol.* Mangel *m* an Bewußtsein; **~ý** unbewußt.
neuvěřitelný unglaublich.
neuzna|lost *f* (*4*) Mangel *m* an Einsicht; Undankbarkeit *f*; **~lý** einsichtslos; undankbar; **~ný** nicht anerkannt; verkannt.
neuži|lý F karg, knauserig; **~tečný** unnütz, nutzlos.
ne|užívaný unbenutzt; ungebräuchlich; **~vábný** wenig verlockend; **~vadnoucí** *fig.* unvergänglich; **~valný** karg, unbedeutend; nicht besonders.
nevázan|ost *f* (*4*) Zügellosigkeit *f*; Ausgelassenheit *f*; **~ý** zügellos, ungebunden; *Kinder*: ausgelassen.
nevážn|ost *f* (*4*) Mißachtung *f*, Geringschätzung *f*; **~ý** geringschätzig.
nevčas ungelegen, zur unrechten Zeit; **~ný** ungünstig; *fig.* unrecht.
nevdaná *Mädchen*: unverheiratet.
nevděčn|ice *f* (*2a*) Undankbare *f*; **~ík** *m* (*1a*) Undankbare(r) *m*; **~ost** *f* (*4*) Undankbarkeit *f*; **~ý** undankbar.
nevděk *m* (*2b*) Undank *m*.
nevědom|ec *m* (*3*; *-mc-*) Unwissende(r) *m*, Ignorant *m*; **~ky** *Adv.* unbewußt, unwissentlich; **~ost** *f* (*4*) Unwissenheit *f*; **~ý** unwissend; unbewußt.
nevel(i)ký nicht groß, ziemlich klein.
nevěr|a *f* (*1d*) Unglaube *f*, Untreue *f*; **~ec** *m* (*3*; *-rc-*) Ungläubige(r) *m*; **~nice** *f* (*2a*) Un(ge)treue *f*; **~ník** *m* (*1a*) Un(ge)treue(r) *m*; **~nost** *f* (*4*) Untreue *f*; **~ný** un(ge)treu, treulos; **~ohodnost** *f* (*4*) Unglaubwürdigkeit *f*; **~ohodný** unglaubwürdig.
ne|věřící *hist.* ungläubig; *Su.* *m* (*Adj.* *4*) Ungläubige(r) *m*; **~veselý** freudlos; unerfreulich.
nevěst|a *f* (*1*) Braut *f*; **~inec** *m* (*4*; *-nc-*) Freudenhaus *n*; **~ka** *f* (*1c*; *-tek*) Dirne *f*.
nevhod *Adv.* ungelegen, zur unrechten Zeit; **~ný** ungelegen; unschicklich, unangebracht.

nevíd|áno! unerhört!; was liegt daran!; **~aný** nie dagewesen, einzig dastehend.

nevid|ět nicht sehen; *co ~* in Kürze, jeden Augenblick; **~itelný** unsichtbar; **~omost** *f* (*4*) Blindheit *f*; *~ barev* Farbenblindheit; **~omý** blind.

nevi|na *f* (*1*) Unschuld *f*; **~ňátko** *n* (*1b*; *-tek*) unschuldiges Kind *n*, *fig.* Unschuld *f*; **~nnost** *f* (*4*) Unschuld *f*; **~nný** unschuldig; **~ňoučký** F ganz unschuldig.

ne|víra *f* (*1d*) Unglaube *m*; **~vkusný** geschmacklos; **~vlastní** Stief-; uneigen(tlich); **~vlídný** unfreundlich; **~vměšování** *n* (*3*) Nichteinmischung *f*; **~vnímavý** unempfänglich; **~vod** *m* (*2a*) Schleppnetz *n*; **~vodič** *m* (*4*) *El.* Nichtleiter *m*; **~vojenský** unmilitärisch.

nevol|e *f* (*2*) Unwille *m*; **~ky** *Adv.* unwillkürlich; **~nice** *f* (*2a*) Leibeigene *f*; **~nický** leibeigen, hörig; **~nictví** *n* (3) Leibeigenschaft *f*; **~ník** *m* (*1a*) Leibeigene(r) *m*; **~no** *Adv.* unwohl; **~nost** *f* (*4*) Unfreiheit *f*; Unbehagen *n*; **~ný** unfrei; leibeigen.

ne|vonný geruchlos; **~vratný** nicht umkehrbar.

nevraž|it (*na k-o*) hassen (*A*); **~ivost** *f* (*4*) Gehässigkeit *f*; **~ivý** gehässig.

nevrl|ec F *m* (*3*; *-lc-*) Griesgram *m*, F Miesepeter *m*; **~ost** *f* (*4*) Mißmut *m*, Verdrießlichkeit *f*; **~ý** mürrisch.

ne|všední nicht alltäglich, außergewöhnlich; **~všímavý** unachtsam; teilnahmslos; **~vůle** *s. nevole*; **~výbojný** friedfertig; **~vybuchlý**: *-lá střela* Blindgänger *m*; **~výbušný** explosionssicher, nicht explosiv; **~vycepovaný** flegelhaft; **~vyclený** unverzollt; **~vycválený** ungezogen; **~vycvičený** ungeübt; *Mil.* unausgebildet; **~vyčerpatelný** unerschöpflich; **~vydělaný** roh, ungegerbt; **~výdělečný** unentgeltlich; nicht gewerbsmäßig; **~vyhladitelný** unauslöschlich; *Jur.* untilgbar; unausrottbar; **~vyhnutelný** unvermeidlich.

nevýhod|a *f* (*1*) Nachteil *m*; **~nost** *f* (*4*) Unvorteilhaftigkeit *f*; **~ný** unvorteilhaft, nachteilig.

nevy|hojitelný, ~léčitelný unheilbar; **~líčitelný** unbeschreiblich; **~máchaný** *s. huba*; **~placený** nicht gezahlt; unbezahlt; *Brief*: unfrankiert; **~plnitelný** unerfüllbar; **~počitatelný** unberechenbar; **~pověditelný** unkündbar; **~psatelný** unbeschreiblich.

nevýrazný ausdruckslos.

nevyrovna|ný unausgeglichen; **~telný** unvergleichlich.

nevy|řešený ungelöst, offen (*fig.*); **~slovitelný, nevýslovný** unaussprechlich, *fig.* namenlos; **~soký** nicht hoch, niedrig; **~spalý** unausgeschlafen, übernächtig; **~spělý** unreif; **~stižitelný** unergründlich, unbegreiflich.

nevýstižný unzutreffend.

nevysvětl|ený unaufgeklärt; **~itelný** unerklärlich.

nevy|užitý ungenutzt; **~vinutý** un(ter)entwickelt; **~vratitelný, nevývratný** unwiderlegbar; **~zpytatelný** unerforschlich; **~žádaný** unverlangt (eingesandt), unerbeten.

nevzdělan|ec *m* (*3*; *-nc-*) Ungebildete(r) *m*; **~ost** *f* (*4*) Mangel *m* an Bildung; **~ý** ungebildet.

nevzhledný unansehnlich.

neza|bavitelný unpfändbar; **~datelný** unveräußerlich; **~držitelný** unaufhaltsam; **~hladitelný** unauslöschlich; **~chová(vá)ní** *n* (*3*) Nichteinhaltung *f* e-r *Frist*; Nichtbefolgung *f*.

nezájem *m* (*2a*; *-jm-*) Interesselosigkeit *f*, Mangel *m* an Interesse.

nezákon|itý, ~ný ungesetzlich; *Jur.* gesetzwidrig.

nezaložený *Hdl.* ungedeckt, schwebend.

nezaměstnan|ost *f* (*4*) Arbeitslosigkeit *f*; **~ý** arbeitslos, erwerbslos.

nezámožný unbemittelt.

neza|opatřený unversorgt; **~placený** unbezahlt; *Hdl.* unbeglichen, ausständig; **~pomenutelný** unvergeßlich; **~ručený** unverbürgt; **~sloužený** unverdient; **~svěcený** uneingeweiht; **~tížený** unbelastet; **~ujatý** unvoreingenommen.

nezá|vadný anstandslos, unbeanstandet, einwandfrei; **~vazný** unverbindlich; **~važný** unwesentlich, unerheblich, belanglos.

nezaviněný unverschuldet.

nezávisl|ost *f* (*4*) Unabhängigkeit *f*; **~ý** unabhängig.

nezáživný unverdaulich.

nezbadatelný unerforschlich.

nezbed|a F *m* (*5*) ausgelassener Junge *m*; **~nice** *f* (*2a*) ausgelassenes Mädchen *n*; **~ník** F *m* (*1a*) *s. nezbeda*; **~ný** ausgelassen.
nezběhlý unerfahren.
nezbyt|í *n* (*3*) Not(wendigkeit) *f*; **~nost** *f* (*4*) Unerläßlichkeit *f*; **~ný** unabwendbar, unvermeidlich.
nezcizitelný unveräußerlich.
nezdar *m* (*2a*) Mißerfolg *m*; **~a** F *m* (*5*) *od. f* (*1d*) Tunichtgut *m*; Sorgenkind *n*.
nezdárný ungeraten.
nezdař|ený, ~ilý mißlungen; **~it se** *pf.* mißlingen, fehlschlagen.
nezdol|nost *f* (*4*) Unbeugsamkeit *f*, Unbesiegbarkeit *f*; **~ný** unbeugsam, unüberwindlich.
ne|zdravý ungesund, gesundheitsschädlich; **~zdůvodněný** unbegründet.
nezdvoř|ácký unhöflich, grob; **~ilý** unhöflich.
ne|zhojitelný unheilbar; **~zištný** uneigennützig; **~zkalený** ungetrübt; **~zkrácený** ungekürzt; **~zkrocený** ungezähmt; **~zkrotný** un(be)zähmbar, unbezwinglich; **~zkušený** unerfahren.
nezletil|ost *f* (*4*) Minderjährigkeit *f*; **~ý** minderjährig.
nezlomný unzerbrechlich, *fig.* unverbrüchlich.
nezma|r *m* (*1a*; *1 Pl. -rové/-ři*), **~ra** P *m* (*5*) unverwüstlicher Mensch *m*; *Zo.* Polyp *m*; **~řitelný** unverwüstlich.
nezměnitelný unveränderlich.
neznal|ost *f* (*4*) Unkenntnis *f*, Unwissenheit *f*; **~ý** (*č-o*) unkundig (*G*), nicht vertraut (mit *D*).
neznám|o[1] *Adv.* unbekannt; **~o**[2] *n* (*1*) Unbekannte *n*; *jízda do -ma* Fahrt *f* ins Blaue; **~ý** unbekannt.
ne|znatelný unkenntlich, unmerklich; **~znělý** *Gr.* stimmlos; **~zničitelný** unzerstörbar; *fig.* unverwüstlich; **~zodpovědný** unverantwortlich; **~zoraný** ungepflügt.
nezpůsob *m* (*2a*) Unart *f*; **~ilost** *f* (*4*) Unfähigkeit *f*, Nichteignung *f*; **~ný** unartig.
nezral|ost *f* (*4*) Unreife *f*; **~ý** unreif.
ne|zranitelný unverwundbar; **~zručný** ungeschickt; **~zrušitelný** unauflöslich; **~zřídka** *Adv.* nicht selten, des öfteren; **~zřízený** ungeregelt, ungeordnet; **~ztenčený** unvermindert; *Jur.* ungeschmälert; **~zúčastněný** unbeteiligt; *Pol.* bündnisfrei; **~zúročitelný** unverzinsbar; **~zužitkovaný** un(aus)genutzt; **~zvaný** ungeladen, ungebeten; **~zvedený** ungezogen, ungeraten; **~zvěstný** verschollen; **~zviklaný** unerschüttert; **~zvratný** unwiderlegbar; **~zvučný** *Gr.* tonlos; **~zvyklý** ungewohnt.
než(li) als (*a. bei Komp.*); (*dřív*) ~ bevor, ehe.
ne|žádoucí unerwünscht; **~ženatý** *Mann*: unverheiratet.
nežit *m* (*2a*) Geschwür *n*, Furunkel *m*.
neživ|otný *Gr.* unbelebt; **~ý** leblos; lebensfremd.
něžn|ost *f* (*4*) Zärtlichkeit *f*; **~ý** zart; zärtlich.
ni weder; *s. ani*.
nic (*2. ničeho*; *s. Anh.*) nichts; *pro ~ za ~* um nichts und wieder nichts.
nicka F *f* (*1c*; *-cek*) Null *f*, F Niete *f*.
nicméně nichtsdestoweniger, immerhin.
nicot|a *f* (*1*), **~nost** *f* (*4*) Nichtigkeit *f*; *Phil.* Nichts *n*; **~ný** nichtig, wertlos.
ničem|a *m* (*5*) Taugenichts *m*, Nichtsnutz *m*; **~nice** *f* (*2a*) nichtsnutziges Weib *n*; **~ník** *m* (*1a*) *s. ničema*; **~nost** *f* (*4*) Niedertracht *f*; **~ný** niederträchtig, nichtsnutzig.
ničení *n* (*3*) Vernichtung *f*; *hromadné ~* Massenvernichtung.
ničí niemandes, niemandem gehörig.
niči|t ⟨z-⟩ vernichten, verwüsten; **~tel** *m* (*3*; *-é*) Vernichter *m*, Vertilger *m*; **~vost** *f* (*4*) Zerstörungswut *f*; Zerstörungskraft *f*; **~vý** zerstörend, verheerend.
nihilista *m* (*5a*) Nihilist *m*.
ni|jak keineswegs, in keiner Weise; **~jaký** keinerlei; **~kam** nirgendshin; **~kde** nirgends; **~kdo** niemand; **~kdy** nie(mals).
nikl *m* (*2a*) Nickel *m*; **~ovaný** vernickelt; **~ovat** ⟨po-⟩ (*-luji*) vernickeln; **~ový** Nickel-.
ni|koli(v) keineswegs, keinesfalls; **~kterak** *Adv.* keinesfalls, gar nicht; **~kudy** auf keinem Weg, auf keine Weise.
nimr|a F *m* (*5*) *od. f* (*1d*), **~al** F *m* (*1*; *-ové*), **~alka** F *f* (*1c*; *-lek*) langsamer Mensch *m*; **~at se** F ⟨po-⟩

trödeln (*s čím* mit); (herum)wühlen (*v čem* in *D*); *im Essen* herumstochern; **~avý** langweilig, trödelig.
Nisa *f* (*1a*) Neiße *f*.
nístěj *f* (*3*) Feuerstätte *f*; *Tech.* Rost *n*; **~ka** *f* (*1c*; *-jek*) Herdplatte *f*; **~ní** *Tech.* Herd-.
nit *f* (*4c*; *2. -i/-ě*) Faden *m*; Zwirn *m*.
niťárna *f* (*1*; *-ren*) Zwirnerei *f*.
nitěný Zwirn-.
niterný innerlich.
nitk|a *f* (*1c*; *-tek*) dünner Faden *m*, F Fädchen *n*; **~ovitý** fadenähnlich; **~ový** Faden-.
nitro *n* (*1b*; *-ter*) Innere(s) *n*; **~barvivo** *n* (*1*) Nitrofarbstoff *m*; **~zemí** *n* (*3*) Binnenland *n*; **~zemský** Binnen-.
niva *f* (*1*) Flur *f*, Au *f*; *-vy pl. lit.* Gefilde *n/pl.*
niveč *s. vniveč*.
nivel|ace [nɪ-] *f* (*2*) Nivellierung *f*; **~ační** Nivellier-; **~ovat** (*im*)*pf.* (*-luji*) nivellieren.
nivó *n* (*indekl.*) Niveau *n*.
nízko *Adv.* niedrig; **~frekvenční** *El.* Niederfrequenz-; **~kmenný** *Agr.* niederstämmig; **~st** *f* (*4*) Niedrigkeit *f*; Niedertracht *f*; **~tepelný** Tieftemperatur-; **~tlaký** *Tech.* Niederdruck-.
nízký (*Komp. nižší*; *Adv. nízko, -ce, Komp. níž*[e]) niedrig, nieder.
nizou|čký, ~nký (*Adv. -ko*) sehr niedrig, F ganz niedrig.
Nizozem|ec *m* (*3*; *-mc-*), **~ka** *f* (*1c*; *-mek*) Niederländer(in *f*) *m*; **~í** *n* (*3*), **~sko** *n* (*1b*) Niederlande *n/pl.*; **≈ský** niederländisch; **≈ština** *f* (*1*) Niederländisch(e) *n*.
nižádný gar kein.
níž(e) *Adv.* niedriger, tiefer; *s. nízký.*
níže *f* (*2*) (*Wetter-*)Tief *n*; **~uvedený** unten angeführt.
níži|na *f* (*1*) Tiefebene *f*, Niederung *f*; **~t** ⟨*po-, s-*⟩ (*-žen*) niedriger machen, senken; ~ *se* niedriger werden, sich senken.
nižší nieder(e); niedriger(e), Nieder-; *s. nízký.*
no! aber!, nun!, F na!
Nobelova cena Nobelpreis *m*.
nóbl F (*indekl.*) vornehm, nobel.
noc *f* (*4b*) Nacht *f*; ~ *co* ~ Nacht für Nacht; *ve dne v -ci* Tag und Nacht; *dobrou ~!* gute Nacht!; **~leh** *m* (*2b*) Nachtlager *n*, Herberge *f*, F Bleibe *f*; **~lehárna** *f* (*1*; *-ren*) Herberge *f*, Hospiz *n*; **~lehovat** ⟨*po-*⟩ (*-huji*) übernachten; (*Kranken-*)Nachtwache halten; **~ležné** *n* (*Adj. 3*) Übernachtungsgeld *n*; **~ležník** *m* (*1a*) Übernachtungsgast *m*; **~ovat** ⟨*pře-*⟩ (*-cuji*) übernachten, nächtigen.
noční Nacht-, nächtlich; **~k** *m* (*2b*) Nachtgeschirr *n*.
noh *m* (*1a*; *1 Pl. -ové*) *Myth.* Greif [*m*.]
noh|a *f* (*1b*; *2 Pl. a. -ou*, *7 Pl. -ama*) Fuß *m*; (*u stolu* Tisch-) Bein *n*; F *vzít -hy na ramena* die Beine in die Hand nehmen; **~atý** langbeinig; **~avice** *f* (*2a*) Hosenbein *n*; **~sled** *m* (*1*) Jünger *m*, Anhänger *m*.
nok *m* (*2b*) *Kochk.* Nocke *f*, *öst.* Nockerl *n*.
nomád *m* (*1*) Nomade *m*.
Nor *m* (*1*; *-ové*), **~ka** *f* (*1c*; *-rek*) Norweger(in *f*) *m*.
nora *f* (*1d*) Erdloch *n*, Höhle *f*; (*Tier-*)Bau *m*.
nordický [-dɪ-] nordisch.
norek *m* (*1a*; *-rk-*) Nerz *m*.
norimberský Nürnberger (*Adj.*).
norkový Nerz-.
norma *f* (*1*; *-rem*) Norm *f*; Arbeitssoll *n*; **~lizace** *f* (*2*) Normalisierung *f*; **~lizovat** (*im*)*pf.* ⟨*z-*⟩ (*-zuji*) normalisieren.
normál|ní normal; **~nost** *f* (*4*) Normalität *f*.
norm|ativ [-tiːf] *m* (*2a*) Richtwert *m*, Richtsatz *m*; **~ovat** (*im*)*pf.* ⟨*z-*⟩ (*-muji*) normen, e-e Norm aufstellen; **~ový** Norm-.
Nor|sko *n* (*1b*) Norwegen *n*; **≈ský** norwegisch; **≈ština** *f* (*1*) Norwegisch *n*.
nořit ⟨*po-, v-, za-*⟩ (*-řen*) tauchen; ~ *se fig.* sich vertiefen.
nos *m* (*2*; *6. -e/-u*) Nase *f*; **~ák** *m* (*2b*) Spitzhacke *f*; **~ík** *m* (*2b*) Näschen *n*; **~atec** *m* (*3*; *-tc-*) Rüsselkäfer *m*; **~atý** mit e-r großen Nase; **~ec** *m* (*4*; *-sc-*) Vorderteil *m*, F Nase *f*.
nosič *m* (*3*), **~ka** *f* (*1c*; *-ček*) Träger (-in *f*) *m*; ~ *zavazadel* Gepäckträger *m*; *öst.* (*Person a.*) Dienstmann *m*.
nosit *iter.* (*-šen*) tragen; bringen; *s. nést*; **~el** *m* (*3*; *-é*) *fig.* Träger *m*.
nosítka *n/pl.* (*1*; *-tek*; *6 Pl. -tkách*) Trage *f*; (*Toten-*)Bahre *f*; Sänfte *f*; ~ *na jídlo* Servierbrett *n*.
nosní Nasen-.
nos|ník *m* (*2b*) Träger *m*, Trag-

balken *m*; **~nost** *f* (*4*) Tragfähigkeit *f*; **~ný** Trag-; *Agr.* Lege- (*Henne*).

noso|hltan *m* (*2a*) *Anat.* Nasenrachenraum *m*; **~rožec** *m* (*3*; *-žc-*) Nashorn *n*; **~vka** *f* (*1c*; *-vek*) *Gr.* Nasal(laut) *m*; **~vý** Nasal-.

nošení *n* (*3*) Tragen *n*.

nota *f* (*1*) *Mus.* Note *f*.

nóta *f* (*1*) *Pol.* Note *f*; *výměna politických nót* Notenaustausch *m*.

notář *m* (*3*) Notar *m*; **~ský** (*Adv.* -*y*) Notariats-; notariell; **~ství** *n* (*3*) Notariat *n*.

not|es *m* (*2*; *6.* -*u*/-*e*) Notizbuch *n*; **~ace** *f* (*2*) Notierung *f*; **~icka** [-tɪ-] *f* (*1c*; *-cek*) Notiz *f*, Anmerkung *f*; **~ný** F tüchtig, ordentlich; **~ovat si** ⟨*za-*⟩ (*-tuji*) notieren; F ~ *si s kým* j-m nach dem Mund reden; **~ový** Noten-.

ňouma *dial.* *m* (*5*) Tölpel *m*.

nouz|e *f* (*2*) Not *f*; **~ový** Not-; Notstands-.

nov *m* (*2*; *6.* -*u*/-*ě*) Neumond *m*.

nová|ček *m* (*1*; *-čk-*, *-ové*) Neuling *m*; *Mil.* Rekrut *m*.

novátor *m* (*1*; *1 Pl.* -*ři*) Neuerer *m*; **~ství** *n* (*3*) Neuererbewegung *f*.

novel|a *f* (*1a*) Novelle *f*; **~ista** *f* (*5a*) Novellist *m*; **~istický** [-tɪ-] novellenartig.

novic *m* (*3*) Novize *m*; **~ka** *f* (*1c*; *-cek*) Novizin *f*; **~iát** *m* (*2*; *6.* -*u*/-*ě*) Noviziat *n*.

novin|a *f* (*1*) Neuigkeit *f*; *Agr.* Neuland *n*; *s. noviny*; **~ář** *m* (*3*) Journalist *m*; **~ářský** Zeitungs-; **~ářství** *n* (*3*) Journalistik *f*, Zeitungswesen *n*; **~ka** *f* (*1c*; *-nek*) Neuheit *f*; **~ový** Zeitungs-; **~y** *f*/*pl.* (*1*) Zeitung *f*.

novo|- neu-; **~dobý** neuzeitlich; **~křtěnec** *m* (*3*; *-nc-*) Wiedertäufer *m*; **~luní** *n* (*3*) Neumond *m*; **~manželé** *m* (*1*; -*é*/-*ové*) Neuvermählte(n) *pl.*; **~módní** neumodisch; **~pečený** F frischgebacken; **~ročenka** *f* (*1c*; *-nek*) Neujahrskarte *f*; **~ročné** *n* (*Adj. 3*) Neujahrsgratifikation *f*; **~roční** Neujahrs-; **~rozeňátko** *n* (*1b*; *-tek*), **~rozeně** *n* (*4a*) Neugeborene(s) *n*; **~rozený** neugeboren; **~řecký** neugriechisch.

novost *f* (*4*) Neuheit *f*.

novo|stavba *f* (*1*; *-veb*) Neubau *m*; **~ta** *f* (*1*) Neuerung *f*; **~tář** *m* (*3*) Neuerer *m*; **~tářský** neuerungssüchtig; **~tářství** *n* (*3*) Neuerungssucht *f*; **~tvar** *m* (*2a*) Neubildung *f*; **~usídlenec** *m* (*3*; *-nc-*) Neusiedler *m*; **~věk** *m* (*2b*) Neuzeit *f*; **~věký** neuzeitlich; **~věrec** *m* (*3*; *-rce-*) Neubekehrte(r) *m*; **~zákonní** *Rel.* neutestamentlich.

nový neu; ~ *měsíc* Neumond *m*; ♀ *rok* Neujahr *n*; *-vá úprava* Neuregelung *f*; *-vě koupená věc* Neuanschaffung *f*.

nozdra *f* (*1d*; *-der*) Nasenloch *n*; *Zo.* Nüster *f*.

nožička *f* (*1c*; *-ček*) Beinchen *n*, Füßchen *n*; *Kochk.* Fuß *m*.

noží|ček *m* (*2b*; *-čk-*), **~k** *m* (*2b*) kleines Messer *n*, F Messerchen *n*; **~ř** *m* (*3*) Messerschmied *m*.

nož|ka *f* (*1c*; *-žek*) Füßchen *n*; *Bot.* Stiel *m*; **~ní** Fuß-.

nožový Messer-.

nu! nun!

nuanc|e [nɪans-] *f* (*2*) Nuance *f*; **~ovat** (*im*)*pf.* (*-cuji*) nuancieren.

nucen|í *n* (*3*) Zwang *m*, Drang *m*; **~ost** *f* (*4*) Gezwungenheit *f*, Unnatürlichkeit *f*; **~ý** gezwungen, Zwangs-.

nud|a *f* (*1*) Lang(e)weile *f*; **~it** ⟨*z-*⟩ (*-děn*) langweilen (*se* sich).

nudl|e *f* (*2*) Nudel *f*; **~ový** Nudel-.

nud|nost *f* (*4*) Langweiligkeit *f*; **~ný** langweilig.

ňuhňat *s. huhňat.*

nukleární Nuklear-, Kern-.

nul|a *f* (*1a*) Null *f*; **~átko** *n* (*1b*; *-tek*) Nullenzirkel *m*; **~ový** Null-; **~tý** *Geogr.* Null-.

ňuma *dial.* *f* (*5*) Tölpel *m*.

nůsek *m* (*2b*; *-sk-*) F Näschen *n*.

nůš|e *f* (*2*), **~ka** *f* (*1c*; *-šek*) Tragkorb *m*.

nut|it ⟨*do-*, *při-*⟩ (*-cen*), **~kat** zwingen, nötigen; **~kání** *n* (*3*) Zwang *m*; **~kavý** zwingend, dringend; **~no** *Adv.* notwendig; *je* ~ man muß; **~nost** *f* (*4*) Notwendigkeit *f*; **~ný** notwendig, dringlich.

nuzá|cký armselig, elend; **~ctví** *n* (*3*) Elend *n*; **~k** *m* (*1a*) armer Mensch *m*, F armer Teufel *m*.

nuz|nost *f* (*4*) Dürftigkeit *f*; **~ný** dürftig, armselig, elend; **~ota** *f* (*1*) Notstand *m*, Armut *f*; *koll.* arme Leute *pl.*; **~ovat se** F ⟨*na-*⟩ (*-zuji*) darben.

nůž *m* (*4*; *nož-*) Messer *n*.

nuže! *Int.* wohlan!, nun!

nůž|ky *f/pl.* (*2*; *-žek*) Schere *f*; **~tičky** *f/pl.* (*2*; *-ček*) kleine Schere *f*.
nýbrž sondern.
nyjící schmachtend.
nylon [naj-] *m* (*2a*) Nylon *n*; **~ka** F *f* (*1c*; *-nek*) Nylonstrumpf *m*; **~ový** Nylon-.
nymfa *f* (*1*) Nymphe *f*.
nynat *Kdspr.* schlafen.
nynčko *Adv.* eben jetzt.
nynějš|ek *m* (*2b*; *-šk-*; *2. -a*) jetzige Zeit *f*, Gegenwart *f*, Heute *n*; *od -ška* von heute an, von jetzt ab; *do -ška* bis jetzt, bis heute; **~í** jetzig, gegenwärtig.
nýt[1] *m* (*2*; *6. -u*/*-ě*), **~ek** *m* (*2b*; *-tk-*) *Dim.* Niete *f*, Stift *m*.
nýt[2] (*1. nyji, nyl*) schmachten.
nytí *n* (*3*) Schmachten *n*.
nýtovat ⟨*s-*⟩ (*-tuji*) nieten.
nyvý schmachtend.

O

o *Prp.* (*mit 4. od. 6. Fall*) um (*A*); an (*A, D*); gegen (*A*); von, über (*D*); *volat ~ pomoc* um Hilfe rufen; *oč běží?* worum handelt es sich?; *~ metr větší* (um) e-n Meter größer; *opírat se ~ hůl* sich auf e-n Stock stützen; *loď se rozbila ~ skálu* das Schiff zerschellte an e-m Felsen; *tlouci ~ zeď* gegen die Mauer schlagen; *mluvit ~ čem* von (= über) et. sprechen; *~ vánocích* zu Weihnachten; *~ prázdninách* in den Ferien; *chodit ~ holi* am Stock gehen; *s. zajímat se.*

oáza *f* (*1a*) Oase *f*.

ob *Prp.* (*mit 4. Fall*) um, jede(r) zweite; *~ dům* jedes zweite Haus; ein Haus weiter.

oba *m*, *obě f*, *n* (*s. Anh.*) beide; *~ dva* alle beide; *po obou stranách* zu beiden Seiten.

obahnit se *pf. Zo. Agr.* lammen.

obal *m* (*2*; *6. -u/-e*) Hülle *f*, Umschlag *m*; *Hdl.* Verpackung *f*; *bez ~u* unverpackt; *fig. mluvit bez ~u* offen sprechen, kein Blatt vor den Mund nehmen.

obalamutit *pf.* (*-cen*) betrügen, F anschmieren.

obal|eč *m* (*3*) *Zo.* Wickler *m*; **~ený** eingehüllt; **~it** *pf.*, **~ovat** ⟨*za-*⟩ (*-luji*) (ein)hüllen, einwickeln (*čím* in *A*); **~ovaný** *Kochk.* paniert.

obálka *f* (*1c*; *-lek*) Briefumschlag *m*, *křížová ~* Kreuzband *n*.

obal|né *n* (*Adj. 3*) Verpackungskosten *pl.*; **~ovací** Pack-, Verpackungs-.

obapol|nost *f* (*4*) Gegenseitigkeit *f*; **~ný** *lit.* gegenseitig; *-ně Adv. a.* einander.

obarv|it *pf.*, **~ovat** (*-vuji*) färben.

obava *f* (*1*) Furcht *f*, Befürchtung *f*; Besorgnis *f*, Bedenken *n*.

obáv|aný gefürchtet; **~at se** *v/t* befürchten (*A*), sich fürchten (vor *D*).

obcov|ací Umgangs-; **~ání** *n* (*3*) Umgang *m*, Verkehr *m*; **~at** (*-cuji*) (*s kým*) Umgang pflegen, verkehren (mit *D*); (*č-u*) beiwohnen (*D*).

občan *m* (*1*; *-é*), **~ka** *f* (*1c*; *-nek*) (*Staats-*)Bürger(in *f*) *m*; **~ský** Bürger-, bürgerlich; Zivil-; **~ství** *n* (*3*): *státní ~* Staatsbürgerschaft *f*; **~stvo** *n* (*1*; *-stev*) *koll.* Bürgerschaft *f*, Bürger *m/pl.*

občas zeitweise, von Zeit zu Zeit; **~nost** *f* (*4*) regelmäßige Wiederkehr *f*, Periodizität *f*; **~ný** zeitweilig, periodisch.

občerstv|ení *n* (*3*) Erfrischung *f*; **~it** *pf.*, **~ovat** (*-vuji*) erfrischen; **~ující** erfrischend, Erfrischungs-.

občina *f* (*1*) Gemeindeland *n*.

občíslí *n* (*3*) periodischer Dezimalbruch *m*.

obda|rovat (*-ruji*), **~řit** *pf.* beschenken.

obděl(áv)at *Boden* bestellen, bebauen.

obdélník *m* (*2b*) Rechteck *n*; **~ový** rechteckig.

obdélný länglich.

obdiv *m* (*2a*) Bewunderung *f*; **~ovat** (*-vuji*) (*co*), **~ovat se** (*k-u*, *č-u*) bewundern (*A*); **~ovatel** *m* (*1*; *-é*) Bewunderer *m*; **~uhodný** bewundernswert, erstaunlich.

obdo|ba *f* (*1*) Analogie *f*; **~bí** *n* (*3*) Zeit(abschnitt *m*) *f*, Periode *f*; *roční ~* Jahreszeit *f*; *zimní ~* Wintersaison *f*; **~bný** analog, sinngemäß.

obdrž|ecí Empfangs-; **~ení** *n* (*3*) Empfang *m*; **~et** *pf.* erhalten, bekommen, F kriegen.

obduk|ce *f* (*2*) Obduktion *f*; **~ční** Obduktions-.

obé beides.

obě *s. oba.*

obec *f* (*3*; *-bc-*) Gemeinde *f*; **~enstvo** *n* (*1*; *2 Pl. -stev*) Publikum *n*; **~ní** Gemeinde-, Kommunal-; **~nost** *f* (*4*) Allgemeinheit *f*; **~ný** allgemein.

oběd *m* (*2*; *2. -a*) Mittagessen *n*.

obedn|ění *n* (*3*) Holzverschlag *m*; **~it** *pf.* verschalen.

oběh *m* (*2b*) Kreislauf *m*; (*Geld-*) Umlauf *m*; (*Wechsel-*)Laufzeit *f*; *doba ~u* Umlaufzeit *f*; **~(áv)at** ablaufen (*A*).

obehn|aný umzäunt, eingezäunt; **~at** *pf.* (*obženu*) umgeben, umzäunen.

oběhnout *pf. v/t* herumlaufen (um *A*).
obehrá(va)t (*pf. s. hrát*) *v/t j-m* alles abgewinnen, im Spiel abnehmen.
obejda *m* (*5*) *verä.* Strolch *m.*
obe|jít *pf.* (*s. jít*) *v/t* herumgehen (um *A*); umgehen (*A*); abschreiten (*A*); vorsprechen (bei *D*); *Grauen*: *j-n* überkommen; ~ *se bez č-o* entbehren (*A*), auskommen (ohne *A*); F ~ *si* (*co*) erwirken, erreichen; *vgl. obcházet*; **~jmout** *pf.* (*s. jmout*) umarmen; **~lh(áv)at** (*pf. s. lhát*) belügen, anlügen.
obelst|ěný überlistet, hintergangen; **~ít** *pf.* überlisten, hintergehen.
obemknout *pf.* (*-kl*; *-knut*) umschließen, umfassen.
obepl|out *pf.* (*-pluji*) umsegeln; **~utí** *n* (*3*) Umsegelung *f.*
obepnout *pf.* (*-pjal*) umklammern.
obes|lání *n* (*3*) Vorladung *f*; **~laný** vorgeladen; **~lat** *pf.* (*-šlu*), **~ílat** vorladen.
oběsit *pf.* (*-šen*) (auf)hängen; ~ se sich erhängen.
oběšen|ec *m* (*3*; *-nc-*) Erhängte(r) *m*; Gehenkte(r) *m*; **~í** *n* (*3*) Erhängen *n.*
oběť *f* (*4 od. 4a*; *-ti, 7 Pl. -tmi*) Opfer *n.*
obět|avost *f* (*4*) Opferwilligkeit *f*, Aufopferung *f*; **~ina** *f* (*1*) Opfergabe *f*; **~iště** *n* (*2a*) Opferstätte *f*; **~ní** Opfer-; **~ování** *n* (*3*) (Auf-) Opferung *f*; *Rel.* Offertorium *n*; **~ovat** (*im*)*pf.* (*-tuji*) (auf)opfern.
obezdít *pf.* (*s. zdít*) ummauern.
obezlička *f* (*1c*; *-ček*) Verantwortungslosigkeit *f.*
obezn|alý (*v čem*) bewandert (in *D*), vertraut (mit *D*); **~ámit** *pf.* (*s čím*) bekannt (*od.* vertraut) machen (mit *D*); **~ámený** *s. obeznalý.*
obezře|lost *f* (*4*) Umsicht *f*; **~lý**, **~tný** umsichtig, vorsichtig.
obezřít *pf.* (*-zřel*) besichtigen, besehen; anschauen.
oběž|ivo *n* (*1*) in Umlauf befindliches Geld *n*; **~nice** *f* (*2a*) Planet *m*; Satellit *m*; **~ník** *m* (*2b*) Rundschreiben *n*; **~ný** Umlauf-.
obháj|ce *m* (*3*) *Jur.* Verteidiger *m*; **~ení** *n* (*3*) *Jur.* Verteidigung *f*; **~it** *pf.* verteidigen; *Interessen* wahren.
obhaj|oba *f* (*1*) Verteidigung *f*; **~ovací** Verteidigungs-; **~ovat** (*-juji*) *s. obhájit*; **~ovatelka** *f* (*1c*; *-lek*) Verteidigerin *f.*

obhlédnout *pf. s. obhlídnout.*
obhlíd|at *s. ohlídat*; **~nout** *pf.* (*-dl*; *-dnut*) besichtigen, sich ansehen; ~ se sich umsehen; **~ka** *f* (*1c*; *-dek*) Besichtigung *f*; *Mil.* Erkundung *f.*
obhlížet (*3 Pl. -eji*) *s. obhlídnout.*
obhodit *pf. s. ohodit.*
obhospodař|ování *n* (*3*) Bewirtschaftung *f*; **~ovat** (*-řuji*) bewirtschaften.
obhroublý derb, grob.
obcház|ení *n* (*3*) Umgehung *f*; **~et** (*3 Pl. -ejí*) *v/t* umgehen; *Strecke* begehen; *Grauen*: *j-n* überlaufen; von Haus zu Haus gehen, hausieren.
obchod *m* (*2*) Handel *m*; Geschäft *n*, Laden *m*, Handlung *f*; **~ní** Handels-, Geschäfts-, kaufmännisch; **~nice** *f* (*2a*) Geschäftsfrau *f*, Händlerin *f*; **~nický** Kaufmanns-, geschäftsmäßig, Handels-; **~nictvo** *n* (*1*) Geschäftsleute *pl.*, Geschäftswelt *f*; **~ník** *m* (*1a*) Kaufmann *m*, Geschäftsmann *m*, Händler *m*; ~ *ve velkém* Großhändler, Grossist *m*; **~ování** *n* (*3*) Geschäftsgebaren *n*; **~ovat** ⟨*za- si*⟩ (*-duji*) Handel treiben, handeln; **~vedoucí** *m* (*Adj. 4*) Geschäftsführer *m.*
obchů|dek *m* (*2b*; *-dk-*) kleines Geschäft, (*Kram-*)Laden *m*; **~zka** *f* (*1c*; *-zek*) Rundgang *m*, Runde *f*; *Mil.* Streife *f.*
obchvat *m* (*2a*) *Mil.* Umgehung *f.*
obchvíli *Adv.* von Zeit zu Zeit.
obí|dek F *m* (*2b*; *-dk-*) kleines (*od.* besonders gutes) Mittagessen *n*; **~hat** herumlaufen; *Gerücht*: umgehen; *Astr.* umkreisen; F ablaufen (*A*); **~jet** *s. obít.*
obilí *n* (*3*) Getreide *n*; **~čko** F *n* (*1b*) schönes Getreide *n.*
obilnář|ský Getreideanbau-; **~ství** *n* (*3*) Getreideanbau *m.*
obil|ní, **~ný** Getreide-; **~nice** *f* (*2a*) (*Getreide-*)Speicher *m*; Kornkammer *f*; **~niny**, **~oviny** *f/pl.* (*2*) Getreide *n.*
obinadlo *n* (*1a*; *-del*) Binde *f*, Bandage *f.*
obír|ání *n* (*3*) Abklauben *n*; Beraubung *f*; **~at** ⟨*na- se, za- se*⟩ abklauben; berauben; ~ se (*čím*) sich befassen (mit *D*).
obít *pf.* (*s. bít*) beschlagen.
objas|nění *n* (*3*) Erläuterung *f*,

Klärung *f*; **~nit** *pf.* (*-něn*), **~ňovat** (*-ňuji*) aufklären; erklären; *Standpunkt* klarmachen.
objedn|ací Bestell-; **~aný** bestellt, reserviert; **~(áv)at** bestellen; **~ávatel** *m* (*3*; *-é*) Besteller *m*; **~ávka** *f* (*1c*; *-vek*) Bestellung *f*, Auftrag *m*.
objektiv [-tɪːf] *m* (*2a*) Objektiv *n*; **~ita** *f* (*1*), **~nost** *f* (*4*) Objektivität *f*; **~ní** objektiv.
objem *m* (*2a*) Umfang *m*; **~ný** umfangreich; sperrig; **~ový** Volum(en)-.
objet *pf.* (*-jedu*) (*co, kolem č-o*) umfahren, umreiten, umsegeln (*A*); **~í** *n* (*3*) Umarmung *f*; Umseglung *f*.
objev *m* (*2a*) Entdeckung *f*; **~ení** *n* (*3*) Entdeckung *f*; Erscheinen *n*, Auftauchen *n*; **~it** *pf.*, **~ovat** (*-vuji*) entdecken; **~** *se* erscheinen, zum Vorschein kommen; **~itel** *m* (*3*; *1 Pl. -é*) Entdecker *m*; **~itelský**, **~ný** Entdecker-; *-ká cesta* Entdeckungsreise *f*.
objezdit *pf.* umreiten; *Pferd* zureiten.
objím|at *s. obejmout*; **~ka** *f* (*1c*; *-mek*) *Tech.* Hülse *f*; (*Lampen-*) Fassung *f*; **~kový** Hülsen-, Muffen-.
objíž|dět (*3 Pl. -ějí*) *s. objet, objezdit*; **~ďka** *f* (*1c*; *-děk*) Runde *f*, Rundfahrt *f*; Umleitung *f* (*Straße*).
obklad *m* (*2a*) *Med.* Umschlag *m*; *Tech.* Verkleidung *f*.
obkládat verkleiden, täfeln; *s. obložit*.
obklíč|ení *n* (*3*) Einschließung *f*; *Mil. a.* Einkesselung *f*; *Pol.* Einkreisung *f*; **~ený** eingeschlossen, umzingelt, eingekreist; **~it** *pf.* umringen; *Mil.* einschließen, einkesseln; *Pol.* einkreisen; *Haus* umstellen; *Wild* stellen.
obkličova|cí Einkreisungs-; **~t** (*-čuji*) *s. obklíčit*.
obklop|it *pf.*, **~ovat** (*-puji*) umgeben, umringen.
obkresl|it *pf.*, **~ovat** (*-luji*) abzeichnen, kopieren.
obkroč|it *pf.* umschreiten; **~mo** *Adv.* mit gespreizten Beinen, rittlings.
oblač|no *n* (*1*) trübes, wolkiges Wetter *n*; *Adv.* bewölkt; **~nost** *f* (*4*) Bewölkung *f*; **~ný** wolkig, bewölkt.
oblak *m* (*2b*) Wolke *f*.
oblast *f* (*4*) Gebiet *n*, Bereich *m*, Region *f*; **~ní** Gebiets-, Kreis-, Regional-.
obláz|ek *m* (*2b*; *-zk-*) Kieselstein *m*; **~ky** *m/pl.* (*2b*) Geröll *n*; **~kový** Kiesel-.
oblaž|it *pf.*, **~ovat** (*-žuji*) beglükken, glücklich machen; **~ující** beglückend.
oblbený V verblödet, (ganz) blöde (*čím* vor *D*).
obléci *pf.* (*-eku/-eču*; *-ekl*; *-ečen*) *v/t* anziehen (*k-o do č-o* j-m et.), (an-) kleiden (*se* sich).
oblečen|í *n* (*3*) Anziehen *n*; Kleidung *f*; **~ý** gekleidet, angezogen.
obléh|ací Belagerungs-; **~ání** *n* (*3*) Belagerung *f*, Blockade *f*; **~at**, **oblehnout** *pf.* (*-hl*; *-žen*) belagern.
oblek *m* (*2b*) Anzug *m*.
oblék|árna *f* (*1*; *-ren*) Ankleideraum *m*; **~at** *s. obléci*.
ob|lenění *n* (*3*): **~** *střev* Darmträgheit *f*; **~lepit** *pf.*, **~lepovat** (*-puji*) bekleben; **~letovat** (*-tuji*) umfliegen; *fig.* umschwärmen; **~leva** *f* (*1*) Tauwetter *n*.
oblévat umfließen; *fig.* umspülen.
ob|levit *pf.*, **~levovat** (*-vuji*) nachlassen; **~lezlý** kahl; *Pelz*: abgeschabt; *Hund*: räudig; **~ležení** *n* (*3*) Belagerung *f*; *stav* **~** Belagerungszustand *m*.
obliba *f* (*1*) Beliebtheit *f*; Vorliebe *f*, Wohlgefallen *n*.
oblíben|ec *m* (*3*; *-nc-*), **~ka** *f* (*1c*; *-nek*) Liebling *m*, Günstling *m*; **~ost** *f* (*4*) Beliebtheit *f*; **~ý** beliebt.
oblíbit si (*co, k-o*) liebgewinnen (*A*), Gefallen finden an (*D*).
obličej *m* (*4*) Gesicht *n*, Antlitz *n*; Miene *f*; **~ový** Gesichts-.
oblig|ace *f* (*2*) Verpflichtung *f*; *Jur.* Schuldverschreibung *f*; **~ační** Obligations-; **~átní** obligat; **~atorní** obligatorisch, pflichtmäßig.
oblíkat *s. obléci*.
oblina *f* (*1*) Rundung *f*; *Geom.* Mantelfläche *f*.
oblít *pf. s. oblévat*.
oblitina *f* (*1*) *Med.* Ausschlag *m*.
obliza *m* (*5*) *iron.* Topflecker *m*; F Schürzenjäger *m*.
obl|ízat *pf.* **~íznout** *pf.*, **~izovat** *s. olízat*.
obloha *f* (*1b*) Himmelsgewölbe *n*, *poet.* Firmament *n*, Himmelszelt *n*.
oblomit *pf.* (*-en*) biegsam machen,

erweichen; ~ *se fig.* Erfahrung(en) sammeln; **~elný** nachgiebig.
oblost *f* (*4*) Rundung *f*, runde Form *f*.
oblouč|ek *m* (*2b*; *-čk-*) kleiner Bogen *m*; **~nice** *f* (*2a*) Bogensäge *f*.
obloudit *pf.* (*-zen*) täuschen, F hinters Licht führen.
oblouk *m* (*2b*) Bogen *m*; *Geom.* Segment *n*; **~ovitý** bogenförmig; **~ovka** *f* (*1c*; *-vek*) Bogenlampe *f*; **~ový** Bogen-.
oblož|ení *n* (*3*) Verkleidung *f*, Täfelung *f*; **~ený** verkleidet; *Kochk.* belegt; **~it** *pf.* verkleiden; belegen.
oblud|a *f* (*1*) Ungeheuer *n*; **~it** *pf. s. obloudit*; **~nost** *f* (*4*) Ungeheuerlichkeit *f*; **~ný** ungeheuer(lich), F scheußlich.
obluzovat (*-zuji*) *s. obloudit.*
oblý rund, Rund-.
obměkč|it *pf.*, **~ovat** (*-čuji*) erweichen, weich machen; ~ *se* weich werden.
obmě|na *f* (*1*) Abänderung *f*, Variante *f*; **~nit** *pf.*, **~ňovat** (*-ňuji*) abändern, variieren.
obmešk|ání *n* (*3*) *Jur.* Versäumnis *n*; **~(áv)at** ver(ab)säumen; ~ *se* sich (lange) aufhalten; sich verspäten.
obmysl *m* (*2a*) Arglist *f*, Hinterlist *f*; **~it** *pf.* (*-šlen*) bedenken, beschenken (*čím* mit *D*); **~nost** *f* (*4*) *s. obmysl*; **~ný** heimtückisch, arglistig.
obmyšl|ený beabsichtigt; **~et** (*3 Pl. -ejí*) beabsichtigen, F im Schilde führen.
obnaž|ený entblößt; **~it** *pf.*, **~ovat** (*-žuji*) entblößen.
obno|s *m* (*2*; *6. -u*/*-e*) Betrag *m*; **~sit** *pf.* (*-šen*) *Kleider* abtragen; **~šený** abgetragen, schäbig.
obnov|a *f* (*1*), **~ení** *n* (*3*) Erneuerung *f*, Wiederherstellung *f*, Wiederinstandsetzung *f*; *Jur.* Wiederaufnahme *f e-s Verfahrens*; **~it** *pf.* erneuern; renovieren; **~itel** *m* (*3*; *-é*) Erneuerer *m*; **~ovací** Renovierungs-; *Jur.* Wiederaufnahme-; **~ovat** (*-vuji*) *s. obnovit.*
obočí *n* (*3*) Augenbrauen *f*/*pl.*
oboha|cení *n* (*3*) Bereicherung *f*; **~covat** (*-cuji*), **~tit** *pf.* (*-cen*) bereichern.
obojak|ost *f* (*4*) Doppelzüngigkeit *f*; *Zo.* Zwitterhaftigkeit *f*; **~ý** doppelsinnig; *Zo.* Zwitter-.
oboje beides; ~ *dvoje* alle beide.
obojek *m* (*2b*; *-jk-*) (*Hunde-*)Halsband *n*.
obojet|ník *m* (*1a*) Achselträger *m*; Doppelspieler *m*; *Zo.* Zwitter *m*; **~nost** *f* (*4*) Zweideutigkeit *f*; Doppelzüngigkeit *f*; **~ný** zweideutig, doppelsinnig; zwitterartig, doppelgeschlechtig; *-ná souhláska Gr.* mittlerer Konsonant.
obojí beiderlei.
oboj|stranný beiderseitig; **~živelník** *m* (*1a*) Amphibium *n*, Lurch *m*; **~živelný** amphibisch; *Tech. Mil.* Amphibien-.
obol|avělý wund; **~avět** *pf.* (*3 Pl. -ějí*) wund werden; **~ený** schmerzhaft, wund; **~et** (*3 Pl. -í*/*-ejí*) wund werden; *Verlust* verschmerzen.
obor *m* (*2a*) Bereich *m*, Fach *n*, Gebiet *n*; *Hdl.* Branche *f*; ~ *působnosti* Wirkungsbereich, *öst.* Ressort *n*; *vědní* ~ Disziplin *f*.
obora *f* (*1d*) Tiergarten *m*, Wildgehege *n*.
obor|ávač *m* (*4*) Kultivator *m*; **~(áv)at** *Agr.* umackern; *Kartoffeln* häufeln.
obořit se *pf.* (*na k-o*) *j-n* (grob) anfahren; angreifen.
obou *s. oba*; **~jazyčný** zwei-, doppelsprachig; **~nož** *Turn.* mit beiden Beinen; **~ruč** *Turn.* mit beiden Armen; **~ruční** beidarmig, mit beiden Händen; **~sečný** zweischneidig; **~směrný** mit zwei Fahrbahnen; **~stranný** beiderseitig.
obou|t *pf.* (*obuji*, *-ul*), **~vat** *v*/*t* die Schuhe anziehen (*D*; *se* sich); *fig.* Schuhe kaufen (*D*); F ~ *se do k-o* j-n grob anfahren.
oboz *m* (*2*; *6. -u*/*-e*) *Mil.* Troß *m*.
obr *m* (*1*; *1 Pl. -ři*) Riese *m*.
obrábě|cí Bearbeitungs-; Werkzeug-; **~č** *m* (*3*) Bearbeiter *m*; **~čka** *f* (*1c*; *-ček*) Werkzeugmaschine *f*; **~ní** *n* (*3*) Bearbeitung *f*; **~t** (*3 Pl. -ějí*) bearbeiten.
obrac|e: ~ *a hladce* links und rechts (*stricken*); **~eč** *m* (*4*) Heuwendemaschine *f*; **~ení** *n* (*3*) Wenden *n*; Umblättern *n*.
obrác|ení *n* (*3*) Wenden *n*, Wendung *f*, Umkehr *f*; *Rel.* Bekehrung *f*; **~ený** umgekehrt, verkehrt.
obracet (*3 Pl. -ejí*) *s. obrátit.*
obrana *f* (*1*) Verteidigung *f*, Abwehr *f*; *fig.* Schutz *m*.

obrán|ce *m* (*3*) Verteidiger *m*; ~ *míru* Friedenskämpfer *m*; **~it** *pf*., **obraňovat** (*-ňuji*) verteidigen, beschützen.
obran|ný Abwehr-, Verteidigungs-; **~ý** beraubt.
obranyschopn|ost *f* (*4*) Wehrkraft *f*; **~ý** wehrfähig.
obrat[1] *m* (*2a*) Wendung *f*; (*Wetter-*) Umschlag *m*; *Hdl*. Umsatz *m*; *~em* im Handumdrehen; *~em pošty* postwendend.
obrat[2] *pf*. (*s. brát*) berauben; abklauben; ~ *si něco za úkol* sich et. zur Aufgabe machen.
obratel *m* (*4*; *-tl-*) *Anat*. Wirbel *m*.
obrátit *pf*. (*-cen*) wenden, umdrehen; richten; *Rel*. bekehren; ~ *na útěk* in die Flucht schlagen; ~ *se* sich umdrehen, *lit*. sich umwenden; *Rel*. sich bekehren (*na A* zu *D*); ~ *se na k-o* sich an j-n wenden; ~ *se ke k-u* sich j-m zuwenden; ~ *se v co* sich verwandeln in (*A*).
obrátk|a *f* (*1c*; *-tek*) *Tech*. Umdrehung *f*; **~oměr** *m* (*2a*) Tourenzähler *m*.
obrat|lovec *m* (*3*; *-vc-*) Wirbeltier *n*; **~lový** *Anat*. Wirbel-; **~ník** *m* (*2b*) Wendekreis *m*; **~nost** *f* (*4*) Gewandtheit *f*; **~ný** gewandt; **~ový**: *-vá daň* Umsatzsteuer *f*.
obraz *m* (*2*; *6*. *-e*/*-u*) Bild *n*; **~árna** *f* (*1*; *-ren*) Bildergalerie *f*; **~ec** *m* (*4*; *-zc-*) Muster *n*; *Geom*. Figur *f*.
obrázek *m* (*2b*; *-zk-*) Bildchen *n*; Abbildung *f*.
obraz|it *pf*. (*-žen*): ~ *si* sich stoßen, quetschen; ~ *se* sich (wider)spiegeln; **~ivost** *f* (*4*) Einbildungskraft *f*.
obrázkový Bilder-, illustriert.
obraz|nost *f* (*4*) Symbolik *f*; Einbildungskraft *f*; **~ný** bildlich; **~oborec** *m* (*3*; *-rc-*) Bilderstürmer *m*; **~otvornost** *f* (*4*) Einbildungskraft *f*; **~ovka** *f* (*1c*; *-vek*) Bildschirm *m*; **~ový** Bild(er)-.
obrážecí *Tech*. Stoß-.
obraženina *f* (*2*) *Med*. Quetschung *f*.
obrážet se (*3 Pl*. *-ejí*) *s. obrazit se*.
obrna *f* (*1*) Lähmung *f*.
obrně|nec *m* (*3*; *-nc-*) *hist*. gepanzerter Soldat *m*; (*4*; *-nc-*) Panzerschiff *n*; Panzerzug *m*; **~ný** gepanzert, Panzer-.
obrn|ět *pf*. *Glieder*: einschlafen; **~it** (*-ěn*) panzern; ~ *se* sich wappnen (*a. fig.*).
obrobek *m* (*2b*; *-bk-*) Werkstück *n*.
obročí *n* (*3*) Pfründe *f*.
obrod|a *f* (*1*) Wiedergeburt *f*; **~it** *pf*. (*-zen*) erneuern, wiedererwecken; ~ *se* wiedergeboren werden, wiedererwachen; **~itel** *m* (*3*; *1 Pl*. *-é*) Wiedererwecker *m*.
obrok *m* (*2b*) Futter *n*.
obrostlý bewachsen.
obrou|bení *n* (*3*) Einfassung *f*; **~bený** eingefaßt; *Kleid*: besetzt; **~bit** *pf*. einfassen, einsäumen; **~ček** *m* (*2b*; *-čk-*)), **~čka** *f* (*1c*; *-ček*) *s. obruč*; **~sit** *pf*. (*-šen*) (ab)schleifen; **~šený** abgewetzt.
obrov|itý, **~ský** riesig, gewaltig.
obroz|ení *n* (*3*) Wiedergeburt *f*; **~ený** wiedergeboren, neu entstanden; **~ovat** (*-zuji*) *s. obrodit*.
obrtlík *m* (*2b*) Kreisel *m*; *Tech*. Reiber *m*, Wirbel *m*.
obrub|a *f* (*1*) Einfassung *f*; Besatz *m*; (*Brillen-*)Gestell *n*; **~eň** *f* (*3*; *-bně*, *-bni usw.*) (*Tür-*)Einfassung *f*; (*Brunnen-*, *Becken-*)Rand *m*; **~ní** Rand-, Bord-; **~ník** *m* (*2b*) Bordstein *m*; **~ovat** (*-buji*) *s. obroubit*.
obruč *f* (*3*) Reifen *m*.
obrůst(at) (*pf*. *-rostu*) bewachsen, bedecken.
obrušovat (*-šuji*) *s. obrousit*.
obrví *n* (*3*) Augenwimpern *f*/*pl*.
obrýlený mit e-r Brille, bebrillt.
obryně *f* (*2a*) Riesin *f*.
obrys *m* (*2*; *6*. *-u*/*-e*) Umriß *m*.
obrýsovat (*-suji*) umreißen, entwerfen.
obrýt *pf*. (*-ryji*, *-ryl*) *mit dem Spaten* umgraben.
obřad *m* (*2*; *6*. *-u*/*-ě*) Zeremonie *f*; *Rel*. Ritus *m*; **~ník** *m* (*1a*) Zeremonienmeister *m*; **~nost** *f* (*4*) Zeremoniell *n*; **~ný** feierlich, zeremoniell; förmlich.
obřez|anec *m* (*3*; *-nc-*) Beschnittene(r) *m*; **~ání** *n* (*3*) *s. obřízka*; **~at** *pf*. *Rel*. beschneiden.
obřez|lý *Zo*. trächtig; **~nout** *pf*. *pf*. trächtig werden.
obří Riesen-.
obřitek *m* (*2b*; *-tk-*) *Jagdw*. Spiegel *m*.
obřízka *f* (*1c*; *-zek*) Beschneidung *f*.
obsadit *pf*. (*-zen*) besetzen.
obsah *m* (*2b*) Inhalt *m*.
obsáh|lost *f* (*4*) Umfang *m*; **~lý** um-

fangreich; **~nout** *pf.* (*-hl*; *-sažen*/*-sáhnut*) umfassen; *fig.* enthalten; begreifen.
obsah|ovat (*-huji*) enthalten; **~ovost** *f* (*4*) Inhaltsreichtum *m*; **~ový** inhaltlich; **~ující** enthaltend (*A*), -haltig.
obsaz|ení *n* (*3*) Besetzung *f*; **~ený** besetzt.
obsázet *pf. s. osázet.*
obsa|zovat (*-zuji*) *s. obsadit*; **~žený** enthalten; **~žnost** *f* (*4*) Reichhaltigkeit *f*; *Tech.* Fassungsvermögen *n*; **~žný** reichhaltig; umfangreich, umfassend.
obse|dnout *pf.* (*-dl*; *-dnut*) *v/t* sich herumsetzen (um *A*); **~k(áv)at** behauen; *Feld* abmähen.
observa|ční Beobachtungs-; **~toř** *f* (*3*) Sternwarte *f*.
obsese *f* (*2*) Besessenheit *f*.
obsíl|ací Vorladungs-; **~at** vorladen; **~ka** *f* (*1c*; *-lek*) Vorladung *f*.
obs|kakovat ‹*na- se*› (*-kuji*) herumspringen; **~loužit** *pf.* bedienen.
obsluh|a *f* (*1b*) Bedienung *f*; Wartung *f*; **~ovač** *m* (*3*) Wärter *m*; **~ovat** (*-huji*) bedienen.
obstar|(áv)at besorgen, beschaffen; *Kinder* versorgen; **~avatel** *m* (*3*; *-é*) Vermittler *m*; *Hdl.* Kommissionär *m*; **~avatelství** *n* (*3*) Vermittlungsstelle *f*; **~ávka** *f* (*1c*; *-vek*) Besorgung *f*.
obst|árlý, ~arožní, ~arší ältlich, älter, betagt.
obstát *pf.* (*-stojím*) bestehen (*při zkoušce* e-e Prüfung); ~ *s kým* auskommen mit j-m.
obstav|ení *n* (*3*) Pfändung *f*; **~it** *pf.*, **~ovat** (*-vuji*) pfänden, beschlagnahmen; *Wild* stellen.
obstávka *f* (*1*; *-vek*) Pfändung *f*, Beschlagnahme *f*.
obstojn|ost *f* (*4*) Erträglichkeit *f*; **~ý** erträglich; *Preis*: annehmbar.
obst|oupit *pf.*, **~upovat** (*-puji*) umringen; *Haus* umstellen.
obsyp(áv)at (*pf. s. sypat*) bestreuen, überschütten.
obšír|nost *f* (*4*) Ausführlichkeit *f*; *fig.* Breite *f*; Umständlichkeit *f*; **~ný** ausführlich, umständlich, breit.
obši|t *pf.* (*s. šít*) umnähen, besetzen; **~vaný** besetzt; **~vka** *f* (*1c*; *-vek*) Besatz *m*.
obšťast|nit *pf.* (*-něn*), **~ňovat** (*-ňuji*) beglücken.
ob|táčet (*3 Pl. -ejí*) *s. obtočit*; **~tah** *m* (*2b*) *Typ.* Abzug *m*; **~táhnout** *pf.* (*-hl*; *-tažen*), **~tahovat** (*-huji*) abziehen; *mit Tusche* nachziehen; **~tahový, ~tahovací** Abzieh-; **~tékat** umfließen, umspülen.
obtěžk|ací Belastungs-; **~aný** belastet; *-ná* schwanger; **~(áv)at** belasten; † schwängern; schwanger werden.
obtěžov|ání *n* (*3*) Belästigung *f*; *bez* ~ unbehelligt; **~at** ‹*na- se*› (*-žuji*) belasten; belästigen; ~ *se* sich bemühen.
obtisk *m* (*2b*) Abdruck *m*; Abziehbild *n*; **~nout** *pf.* (*-kl*; *-štěn*/*-knut*), **~ovat** (*-kuji*) abdrucken; **~ovací** Abzieh-.
obtíž *f* (*3*) Schwierigkeit *f*, Beschwerde *f*; **~ení** *n* (*3*) Belastung *f*; **~ený** beladen, belastet; **~it** *pf.* beladen, belasten; **~nost** *f* (*4*) Beschwerlichkeit *f*; **~ný** beschwerlich, schwer.
obtloustlý beleibt, etwas dick.
obtočit *pf.* umwinden; umwickeln.
obuch *m* (*2b*) Knüttel *m*.
obůrka *f* (*1c*; *-rek*) *s. obora.*
obušek *m* (*2b*; *-šk-*) Knüttel *m*, Knüppel *m*.
obutí *n* (*3*) Schuhwerk *n*; F *Kfz.* Bereifung *f*.
obuv *f* (*4*) Schuhwerk *n*; Schuhwaren *f/pl.*; **~nický** Schuhmacher-; **~nictví** *n* (*3*) Schuhmacherhandwerk *n*; **~ník** *m* (*1a*) Schuhmacher *m*.
obvaz *m* (*2*; *6. -u*/*-e*), **~ek** *m* (*2b*; *-zk-*) *Med.* Verband *m*.
obvázat *pf.* (*-vážu*) *Wunde* verbinden.
obvaz|iště *n* (*2a*) *Mil.* Verbandplatz *m*; **~ivo** *n* (*1*) Verbandmaterial *n*; **~ovat** (*-zuji*) *s. obvázat.*
obvesel|ení *n* (*3*) Belustigung *f*; **~it** *pf.*, **~ovat** ‹*po-*› (*-luji*) erheitern, belustigen; ~ *se* sich vergnügen, sich ergötzen; **~ující** erheiternd.
obvětí *n* (*3*) † *Gr.* Periode *f*.
obvíjet † *s. ovinout.*
obvi|nění *n* (*3*) Beschuldigung *f*; **~nit** *pf.* (*-ěn*), **~ňovat** (*-ňuji*) beschuldigen (*k-o z č-o* j-n *G*), zur Last legen (j-m *A*).
obvod *m* (*2*; *6. -u*/*-ě*) Gebiet *n*, Bereich *m*, Bezirk *m*; *Geom.* Umfang *m*; **~ní** Bezirks-; *Pol.* Gebiets-.
obvykl|ost *f* (*4*) Gewohnheit *f*; **~ý** gewöhnlich, gewohnt.

obyčej *m* (*4*) Gewohnheit *f*, Brauch *m*; **~nost** *f* (*4*) Gewöhnlichkeit *f*; **~ný** gewöhnlich; gebräuchlich; **~ový** Gewohnheits-.
obydl|ený bewohnt, besiedelt; **~í** *n* (*3*) Wohnung *f*, Wohnsitz *m*; **~it** *pf.* bewohnen; besiedeln; **~itelný** bewohnbar.
obytný Wohn-.
obýv|ací Wohn- (*z. B. Zimmer*); **~ání** *n* (*3*) Wohnen *n*; *povolení k ~* Wohngenehmigung *f*; **~aný** bewohnt; **~at** bewohnen.
obyvatel *m* (*3*; *-é*) Bewohner *m*, Einwohner *m e-s Landes*; **~ný** bewohnbar; **~stvo** *n* (*1*; *2 Pl. -stev*) Einwohner(schaft *f*) *m/pl.*
obzíra|t *s. obezřít*; **~vost** *f* (*4*) Umsicht *f*; **~vý** umsichtig.
obzor *m* (*2a*) Horizont *m*; (*Zeitschrift*) Rundschau *f*; **~ka** *f* (*1c*; *-rek*) Sehrohr *n*; **~ník** *m* (*2b*) *Geogr.* Gesichtskreis *m*.
obzvláš|ť, **~tě** *Adv.* besonders, insbesondere; **~tní** besondere.
obžalo|ba *f* (*1*) Anklage *f*; **~bce** *m* (*3*) Ankläger *m*; **~vací** Anklage-; **~vaný** *m* (*Adj. 1*) Angeklagte(r) *m*; *lavice ~ch* Anklagebank *f*; **~vat** (*-luji*) anklagen.
obžer|a F *m* (*5*) Vielfraß *m*; Trunkenbold *m*; **~ný** gefräßig; **~ství** *n* (*3*) Völlerei *f*, V Fresserei *f*.
obžínk|ový Ernte-; **~y** *f/pl.* (*1c*) (*-nek*) Erntefest *n*.
obživ|a *f* (*1*) Lebensunterhalt *m*, Nahrung *f*, Brot *n*; **~it** *pf. s. obživovat*; **~lý** neu belebt; **~nout** *pf.* (*-vl*) *s. ožít*[1]; **~nutí** *n* (*3*) Wiederaufleben *n*; **~ovat** (*-vuji*) ernähren; *s. oživovat*.
ocákat *pf.* abspritzen, wegspritzen.
ocas *m* (*2*; *6. -e|-u*) Schwanz *m*; (*Kometen-*)Schweif *m*; **~atý** geschwänzt.
ocás|ek *m* (*2b*; *-sk-*) Schwänzchen *n*; **~kovat** F (*-kuji*) herumscharwenzeln (*za kým* um *A*).
ocas|ní, **~ový** Schwanz-.
oceán *m* (*2*; *6. -ě|-u*) Ozean *m*; **~ský** ozeanisch, Ozean-.
ocejchovat *pf.* (*-chuji*) eichen; *fig.* brandmarken.
ocel *f* (*3/4b*) Stahl *m*; **~árna** *f* (*1*; *-ren*) Stahlwerk *n*; **~ář** *m* (*3*) Stahlarbeiter *m*; **~ek** *m* (*2b*; *-lk-*) Eisenspat *m*; **~it** ⟨*po-*, *z-*⟩ stählen; **~orytina** *f* (*1*) Stahlstich *m*; **~ový** Stahl-, stählern.
oce|nění *n* (*3*) Schätzung *f*, Würdigung *f*; **~nit** *pf.* (*-ěn*) (ein)schätzen; würdigen; **~nitelný** schätzbar; **~ňovací** Schätzungs-; **~ňovat** (*-ňuji*) *s. ocenit*.
ocet *m* (*2*; *oct-*; *2. octa*, *6. -ě|-u*) Essig *m*.
ocílka *f* (*1c*; *-lek*) Feuerstahl *m*; Wetzstahl *m*.
ocit|at se, **~nout se** *pf.* (*-tl*) geraten, sich finden; **~ovat** *pf.* (*-tuji*) zitieren.
oct|an *m* (*2a*) Azetat *n*; *hlinitý ~* essigsaure Tonerde *f*; **~árna** *f* (*1*; *-ren*) Essigfabrik *f*; **~ářství** *n* (*3*) Essigerzeugung *f*.
octnout se *pf.* (*-tl*) *s. ocitat se*.
octový Essig-.
ocu|c(áv)at *v/t*, **~ml(áv)at** *v/t* ablutschen (*A*); lutschen (an *D*).
ocún *m* (*2a*) *Bot.* Herbstzeitlose *f*.
oč = *o co* um et. (*A*).
očad|it *pf.* (*-děn/-zen*) schwärzen; **~nout** *pf. von Ruß* schwarz werden.
očaloun|it *pf.* (*-ěn*), **~ovat** (*-nuji*) *s. čalounit*.
očar|ovaný bezaubert; **~ovat** *pf.* (*-ruji*) bezaubern, behexen.
očekáv|ání *n* (*3*) Erwartung *f*; *mimo ~* wider Erwarten; **~at** erwarten.
oče|rňovat (*-ňuji*) *s. černit*; **~s(áv)at** *s. česat*.
oči *f/pl.* (*2*; *7. -ima*) Augen *n/pl.*
očich(áv)at beriechen, beschnüffeln.
očísl|it *pf.*, **~ovat** (*-luji*) numerieren.
očist|a *f* (*1*) Reinigung *f*; *hist.* Gottesgericht *n*; **~ec** *m* (*4*; *-tc-*) *Rel.* Fegefeuer *n*; **~it** *pf.* (*-štěn*) reinigen, säubern.
očiš|tění, **~ťování** *n* (*3*) *Pol.* Säuberung *f*; **~ťovat** (*-ťuji*) *s. očistit*.
očitý Augen- (*z. B. Zeuge*).
očko *n* (*1b*; *-ček*) F Äuglein *n*; Öse *f*; Masche *f*; **~vací** Impf-; **~vanec** *m* (*3*; *-nc-*) Impfling *m*; **~vání** *n* (*3*) Impfung *f*; **~vaný** geimpft; **~vat** ⟨*na-*, *pře-*⟩ (*-kuji*) impfen.
očmuch(áv)at *s. očich(áv)at*.
očn|í Augen-; **~ice** *f* (*2a*) Augenhöhle *f*; *Phys.* Okular *n*.
od, **~e** *Prp.* (*mit 2. Fall*) von (her), von (ab); seit; *klíč ~ domu* Hausschlüssel; *~ srdce rád* von Herzen gern; *platit ~ kusu* stückweise bezahlen; *slovo ~ slova* Wort für Wort.
od- weg-, ab-.
óda *f* (*1*) Ode *f*.

odbarv|ený gebleicht; **~it** *pf.*, **~ovat** (*-vuji*) bleichen.
odbav|ení *n* (*3*) Abfertigung *f*; **~it** *pf.*, **~ovat** (*-vuji*) abfertigen.
odběhnout *pf.* (*-hl*) weglaufen, F davonlaufen; ~ *si pro co* schnell et. holen.
odbelhat se *pf.* forthumpeln.
odběr *m* (*2a*) Bezug *m*, Abnahme *f*; *Phys.* Entnahme *f*.
odběratel *m* (*3*; *-é*), **~ka** *f* (*1c*; *-lek*) Bezieher(in *f*) *m*, Abnehmer(in *f*) *m*; **~ský** Kunden-, Abnehmer-; **~stvo** *n* (*1*) Kundenkreis *m*, Abnehmer *m/pl.*
od|berní, **~běrný** Abnahme-, Bezugs-; **~bíhat** *s. odběhnout.*
odbíj|ená *f* (*Adj. 2*) Volleyball(spiel *n*) *m*; **~ení** *n* (*3*) Abschlagen *n*; (*Uhr*) Stundenschlag *m*; **~enkář** *m* (*3*) Volleyballspieler *m*; **~et** (*3 Pl. -ejí*) *v/i Uhr*: schlagen; *v/t Ball* abschlagen. [*s. odbíjet.*]
od|bírat *s. odebrat*; **~bít** *pf.* (*-biji*)
odbla|nit *pf.* (*-něn*), **~ňovat** (*-ňuji*) *Tier* abhäuten.
odboč|it *pf.* abbiegen, abzweigen; *vom Thema* abschweifen; **~ka** *f* (*1c*; *-ček*) Abzweigung *f*; Zweigstelle *f*, Filiale *f*; *Turn.* Flanke *f*; Abschweifung *f*; F Abstecher *m*; **~mo** *Adv. Sp.* seitwärts; **~ný** Seiten-, Abzweig-; Zweig-; **~ovat** (*-čuji*) *s. odbočit.*
odbod *m* (*2a*) *Sp.* Riposte *f*.
odboj *m* (*4*) Auflehnung *f*, Aufruhr *m*; *Pol.* Widerstandsbewegung *f*; *s. výboj*; **~nický** aufrührerisch, Rebellen-; **~ník** *m* (*1a*), **~nice** *f* (*2a*) Aufrührer(in *f*) *m*; *Pol.* Widerstandskämpfer(in *f*) *m*; **~nost** *f* (*4*) Widerspenstigkeit *f*, Widersetzlichkeit *f*; **~ný** aufrührerisch; widerspenstig; **~ový** Widerstands-.
odbor *m* (*2a*) Fach *n*, Zweig *m*, Abteilung *f*; Gewerkschaft *f*; **~ář** *m* (*3*) Gewerkschaft(l)er *m*; **~ářský** gewerkschaftlich; **~ářství** *n* (*3*) Gewerkschaftswesen *n*; **~nice** *f* (*2a*) Facharbeiterin *f*; **~nický** fachmännisch, Fach-; **~ník** *m* (*1a*) Fachmann *m*; **~nost** *f* (*4*) Fachkenntnis *f*; **~ný** fachmännisch; fachlich, Fach-; ~ *znalec* Sachverständige(r) *m*; **~ový** Abteilungs-; Gewerkschafts-.
odbour(áv)at ab-, niederreißen; *fig.* abbauen; *Preise* senken.
odbreb|entit *pf.*, **~tat** *pf. Gedicht* herunterleiern.
od|bručet *pf.* (herunter)brummen; ~ *si* F *Strafe* abbrummen; **~byrokratizovat** [-tı-] *pf.* (*-zuji*) entbürokratisieren; **~byt** *m* (*2a*) *Hdl.* Absatz *m*; *jít na* ~ Absatz finden; **~být** *pf.* (*s. být*) abfertigen; *Hdl.* absetzen; *Dienst* ableisten; *Arbeit* oberflächlich tun; *Prüfung* ablegen; *Bittsteller* abweisen.
odbyt|í *n* (*3*) Erledigung *f*; Abfertigung *f*; (*Straf-*)Verbüßung *f*; **~ý** *Sache*: erledigt, abgetan; **~iště** *n* (*2a*) Absatzgebiet *n*, -markt *m*; **~né** *n* (*Adj. 3*) Abfindung(ssumme) *f*; **~ný** absetzbar, verkäuflich; **~ový** *Hdl.* Absatz-.
odbývat *s. odbýt.*
odce|dit *pf.* (*-zen*) abseihen; **~stovat** *pf.* (*-tuji*) abreisen, verreisen; **~zovat** (*-zuji*) *s. odcedit.*
odciz|it *pf.*, **~ovat** (*-zuji*) entfremden; *Jur.* entwenden.
od|clánět (*3 Pl. -ějí*), **~clonit** *pf.* (*-ěn*) *Vorhang* zurückschieben, -ziehen; *Schleier* abnehmen; zeigen, entblößen; *Fot.* abblenden; **~čarovat** *pf.* (*-ruji*) wegzaubern; **~čerp(áv)at** abschöpfen.
odči|nění *n* (*3*) Wiedergutmachung *f*; **~nit** *pf.* (*-ěn*) *Schaden* beseitigen; wiedergutmachen; **~nitelný** reparierbar; *Schuld* tilgbar; **~ňovat** (*-ňuji*) *s. odčinit.*
odčí|st *pf.* (*-ečtu*, *-ečten*) abrechnen, subtrahieren; *Hdl.* abziehen; **~tání** *n* (*3*) Subtraktion *f*; **~tat** *s. odčíst.*
odčitatel *m* (*4*; *-é*) *Math.* Subtrahend *m*; **~ný** abziehbar.
oddací: ~ *list* Trauschein *m*, Heiratsurkunde *f*.
oddál|ení *n* (*3*) Entfernung *f*; Aufschub *m*; **~ený** entfernt; **~it** *pf.*, **oddalovat** (*-luji*) entfernen; aufschieben.
odda|nost *f* (*4*) Ergebenheit *f*; **~ný** ergeben; **~t** *pf.* trauen, vermählen; ~ *se č-u* sich ergeben (*D*).
od|dávací Trau(ungs)-; **~dávat** *s. oddat*; **~davky** *f/pl.* (*2*; *-vek*) Trauung *f*.
oddech *m* (*2b*) Aufatmen *n*; Ruhepause *f*, Rast *f*; *bez* ~*u* ohne Pause, ununterbrochen; **~nout si** *pf.* aufatmen; sich erholen; rasten; **~nutí** *n* (*3*) Aufatmen *n*; Atemzug *m*; Er-

holung *f*; **~ovat si** ⟨*po-*⟩ (*-chuji*) atmen; **~ový** Atem-.

odděl|(áv)at abarbeiten; entfernen P beseitigen; ~ se sich (los)lösen; P sich umbringen; **~ení** *n* (*3*) Abteilung *f*; *Esb.* Abteil *n*; **~ený** getrennt, *öst.* separat; **~it** *pf.* abteilen; absondern, -trennen; zuteilen; ~ se sich trennen; **~itelnost** *f* (*4*) Teilbarkeit *f*; **~ovací** Trennungs-; **~ovat** (*-luji*) *s. oddělit.*

od|denek *m* (*2b*; *-nk-*) Wurzelstock *m*; **~díl** *m* (*2*; *6. -e*/*-u*) *Turn.*, *Mil.* Abteilung *f*; (*Sport-*)Verein *m*; (*Buch-*)Abschnitt *m*; **~dílový** Abteilungs-; **~diskutovat** F [-dı-] (*-tuji*) wegdiskutieren, -leugnen; **~dlužit** *pf.* schuldenfrei machen; **~dola** *Adv.* von unten; **~drmolit** *pf.* herunterleiern.

oddro|bit *pf.*, **~bovat** (*-buji*), **~lit** *pf.*, **~lovat** (*-luji*) abbröckeln (*se v*/*i*).

oddvojmoc|nit *pf.*, **~ňovat** (*-ňuji*) die Quadratwurzel ziehen.

oddych *m s. oddech.*

ode|brat *pf.* (*-beru*) abnehmen; wegnehmen; ~ se sich begeben; **~číst** *s. odčíst*; **~dávna** *Adv.* seit langer Zeit, seit jeher; **~hnat** *pf.* (*-ženu*) vertreiben, F davonjagen; **~hrá(va)t** (*pf. -hraji*) ab-, herunterspielen; F *má -áno!* er hat ausgespielt!; ~ se *Thea.* spielen (*v*/*i*); sich abspielen; **~jet** *s. odjet*; **~jít** *pf.* (*s. jít*) fort-, weggehen; *Unwetter*: vorübergehen; *fig.* sich zurückziehen; **~jmout** *pf.* (*odňal*; *odňat*) wegnehmen; **~kdy** seit wann; **~mknout** *pf.* (*-kl*; *-knut*/*-čen*) aufschließen, aufsperren; **~mlít** *pf.* (*s. mlít*) wegschwemmen; F *Gedicht* herunterleiern.

oděn|ec *m* (*3*; *-nc-*) *hist.* Soldat *m* in voller Rüstung; **~í** *n* (*3*) Ankleiden *n*; *hist.* Rüstung *f*, Harnisch *m*.

ode|pírat *s. odepřít*; **~pisovat** *s. odepsat*; **~pnout** *pf.* (*s. pnout*) abschnallen; abknöpfen; *Esb.* abhängen; *El.* abschalten; **~prat** *pf.* (*-peru*) vorwaschen.

odepř|ení *n* (*3*) Ablehnung *f*, Verweigerung *f*; **~ít** *pf.* (*-přu*, *-přel*) ablehnen; *Annahme* verweigern; *Recht* absprechen; *Bitte* abschlagen; ~ *si co* sich et. versagen.

odeps|ání *n* (*3*) Abschreibung *f*; *Hdl.* Nachlaß *m*; **~at** *pf.* (*-piši*) zurückschreiben, beantworten; *Schuld* abschreiben.

oděr|ač *m* (*3*) *verä.* Schinder *m*; **~ek** *m* (*2b*; *-rk-*), **~ka** *f* (*1c*; *-rek*) Abfall *m* (*beim Reiben*); Hautabschürfung *f*.

oderský *Geogr.* Oder-.

odervat *pf.* (*-rvu*) abreißen, wegreißen; ~ se sich losreißen.

odesí|lací Versand-, Absende-; **~lání** *n* (*3*) *s. odeslání*; **~latel** *m*, **odesilatel** *m* (*3*; *-é*), **-lka** *f* (*1c*; *-lek*) Absender(in *f*) *m*.

ode|slání *n* (*3*) Ver-, Absendung *f*, Versand *m*; **~slaný** abgesandt; **~slat** *pf.* (*-šlu*) ab-, versenden, -schicken; *Telegramm* aufgeben; **~stát se** *pf.* (*-stojím*) ungeschehen (*od.* rückgängig) gemacht werden; **~stlat** *pf.* (*-stelu*) das Bett machen, *lit.* aufbetten; **~střít** *pf.* (*-střu*, *-střen*) aufdecken; *ein wenig* wegziehen; **~stýlat** *s. odestlat.*

oděv *m* (*2a*) Kleidung *f*, Kleider *n*/*pl.*; (*Herren-*)Anzug *m*; **~né** *n* (*Adj. 3*) Geld *n* für Bekleidung; **~ní** Kleider-, Bekleidungs-; **~nický** Konfektions-; **~nictví** *n* (*3*) Konfektion *f*.

odevšad *Adv.* von allen Seiten, von überallher.

odevzd|ací Übergabe-; **~á(vá)ní** *n* (*3*) Übergabe *f*; Abgabe *f*; Ablieferung *f*; **~aný** *fig.* ergeben; **~(áv)at** abgeben; übergeben; *lit.* überliefern; ~ se sich ergeben; sich fügen; ~ *se k-u* sich j-m hingeben; **~ávatel** *m* (*3*; *-é*) Überbringer *m*.

ode|vždy *Adv.* von jeher, seit eh und je; **~zní(va)t** verklingen; *Med.* abklingen; **~zva** *f* (*1*) Widerhall *m*; Antwort *f*.

odfouk|at *pf.* wegblasen; **~nout** *pf.* (*-kl*; *-knut*) weg-, fortblasen, -wehen; F ~ *si* tief ausatmen; schnaufen; ~ se abspringen, -splittern, -blättern.

odfrčet *dial. pf.* davonsausen.

odfrk|ávat, **~ovat** (*-kuji*), **~nout** *pf.* (*-kl*/*-knul*) schnauben.

odhad *m* (*2a*) Schätzung *f*; ~ *nákladů* Kostenvoranschlag *m*; **~ce** *m* (*3*) Schätzungsbeamte(r) *m*; **~né** *n* (*Adj. 3*) Schätzungsgebühr *f*; **~ní**, **~ovací** Schätzungs-; **~nout** *pf.* (*-dl*; *-dnut*), **~ovat** (*-duji*) (ab-)schätzen.

odhal|ení *n* (*3*) Enthüllung *f*; *Jur.*

Aufdeckung *f*; *Pol.* Entlarvung *f*; **~ený** entblößt; enthüllt; aufgedeckt; *Pol.* entlarvt; **~it** *pf.*, **~ovat** (*-luji*) entblößen; *Denkmal* enthüllen; *Verbrechen* entdecken, *Verschwörung* aufdecken; *Pol.* entlarven.

odhá|nět (*3 Pl. -ějí*) *s. odehnat*; **~zet** (*3 Pl. -ejí*) *s. odhodit*.

odhl|ásit *pf.* (*-šen*) abmelden; **~asovat** *pf.* (*-suji*) abstimmen (*co* über *A*); beschließen; *Gesetz* verabschieden; **~ášení** *n* (*3*) Abmeldung *f*; **~áška** *f* (*1c*; *-šek*) Abmeldung *f*; **~ašovací** Abmelde-; **~ašovat** (*-šuji*) *s. odhlásit*.

odhodit *pf.* (*-zen*) wegwerfen, abwerfen; *Mar.* über Bord werfen; *fig.* ablegen.

odhodl|ání *n* (*3*) Entschluß *m*; **~anost** *f* (*4*) Entschlossenheit *f*; **~aný** entschlossen; **~at se** *pf.* sich entschließen.

odhra|b(áv)at (*pf. s. hrabat*) (weg-) fegen; **~dit** *pf.* (*-zen*) öffnen.

odhrn|out *pf.*, **~ovat** (*-nuji*) wegstreichen, zurückschieben.

odcházet (*3 Pl. -ejí*) *s. odejít*.

odchlíp|it *pf.*, **~nout** *pf.* (*-pl*; *-pnut*) loslösen; *Med.* ablösen; **~lý** abstehend.

odchlupování *n* (*3*) Enthaarung *f*.

odchod *m* (*2a*) Weggehen *n*; Aufbruch *m*; *Mil.* Abmarsch *m*; (*Schule*) Abgang *m*; *~ ledů* Eisgang *m*; *vysvědčení na ~nou* Abgangszeugnis *n*.

odchov *m* (*2a*) *Zo.* Aufzucht *f*; **~anec** *m* (*3*; *-nc-*), **~anka** *f* (*1c*; *-nek*) Zögling *m*; **~aný** Zucht-; **~(áv)at** *Kinder* großziehen; *Tiere* züchten, aufziehen.

od|chrchlat (si) F *pf.* sich räuspern; **~chvátat** *pf.* davoneilen, F davonlaufen.

odchýl|ení *n* (*3*) *Phys.* Abweichung *f*; **~it** *pf.* ablenken; *~ se* abweichen; *vom Thema* abschweifen.

odchyl|ka *f* (*1c*; *-lek*) Abweichung *f*; (*Pendel-*, *Zeiger-*)Ausschlag *m*; *Geom.* Neigungswinkel *m*; **~nost** *f* (*4*) Abweichung *f*, Unterschied *m*, Verschiedenheit *f*; **~ný** abweichend, unterschiedlich, verschieden; regelwidrig; **~ovat** (*-luji*) *s. odchýlit*.

odiózní widerwärtig; gehässig.

odírat *s. odřít*.

odít *pf.* (*oději*, *-ěl*, *-ěn*) (an)kleiden, anziehen (se sich).

odiv *m* (*2a*) Schau *f*; *stavět co na ~* et. zur Schau stellen.

odív|at ⟨*pře-*, *při-*⟩ *s. odít*; **~ka** *f* (*1c*; *-vek*) Umhang *m*.

odjakživa *Adv.* seit jeher, seit Menschengedenken; zeitlebens.

odje|t *pf.* (*-jedu*, *-jel*) fortfahren, davonfahren; abreisen; *Zug*: abfahren; **~zd** *m* (*2*; *6. -u*/*-ě*) Abfahrt *f*; Abreise *f*.

odjinud *Adv.* anderswoher.

odji|stit *pf.* (*-štěn*), **~šťovat** (*-ťuji*) *Waffe* entsichern.

odjíždět (*3 Pl. -ějí*) *s. odjet*.

odkal *m* (*2a*) Abschaum *m*; **~it** *pf.*, **~ovat** (*-luji*) *Abwässer* klären; **~ovací** Klär-.

odkap *m s. okap*; **~(áv)at** (*pf. s. kapat*), **odkápnout** *pf.* (*-pl*; *-pnut*) tropfen; abtropfen lassen, Tropfen abschütteln.

odkašl(áv)at (*pf. -u*) sich räuspern, hüsteln.

odkaz *m* (*2*; *6. -u*/*-e*) Vermächtnis *n*; Hinweis *m*.

odk|ázaný (*na k-o*, *k-u*) angewiesen (auf *A*); **~ázat** *pf.* (*-žu*/*-ži*) *Erbe* hinterlassen, F vermachen; (*nač*) hinweisen (auf *A*); **~azatel** *m* (*3*; *-é*) Erblasser *m*; **~azovat** (*-zuji*) *s. odkázat*; **~azovník** *m* (*1a*) *Jur.* Vermächtnisnehmer *m*.

odkdy seit wann, von wann ab.

odklad *m* (*2*; *6. -u*/*-ě*) Aufschub *m*; *Hdl.* Stundung *f*; *bez ~u* unverzüglich.

odklád|ací aufschiebend, Aufschub-; Ablage- (*z. B. Tisch*); **~at** *s. odložit*; **~avost** *f* (*4*) Saumseligkeit *f*; *Hdl.* Säumigkeit *f*; **~avý** saumselig; *Schuldner*: säumig.

odkladný aufschiebbar, Aufschub-; *Pol.* Vertagungs-.

odklánět (*3 Pl. -ějí*) *s. odklonit*.

odkláp|ěcí Klapp-; **~ět** (*3 Pl. -ějí*) *Deckel* aufklappen.

odklep|(áv)at (*pf. -u*/*-ám*), **~nout** *pf.* (*-pl*; *-pnut*) abklopfen.

odkl|idit *pf.* (*-zen*), **~ízet** (*3 Pl. -ejí*) wegräumen; *Tisch* abräumen; **~iz** *m* (*2a*) *Bgb.* Abraum *m*; **~ízecí**, **~izovací** Aufräumungs-, Räum-; **~ízení** *n* (*3*) Beseitigung *f*, Räumen *n*.

odkl|ížit *pf.*, **~ižovat** (*-žuji*) *Etikett* ablösen.

odklon *m* (*2a*) Abkehr *f*; *Phys.* Ablenkung *f*; *Pol.* Abschwenken *n*; **~it** *pf.* (*-ěn*) ablenken; *Kopf* abwenden; ~ se sich abwenden, abrücken; *Pol.* abschwenken.

odklop|it *pf.*, **~ovat** (*-puji*) *Deckel* (hoch)heben.

odklusat *pf.* davontraben.

odkoj|enec *m* (*3*; *-nc-*) (liebes) Kind *n*; **~ení** *n* (*3*) Entwöhnung *f*; **~it** *pf.* *Kinder* abstillen; großziehen.

odko|lesnit *pf.* (*-ěn*) *Mil.* abprotzen; **~mandovat** *pf.* (*-duji*) abkommandieren.

odkop *m* (*2a*) *Sp.* Schuß *m*; *Bgb.* Abgraben *n*; **~(áv)at** (*pf. -u*/*-ám*) *Bgb.* abgraben; *mit dem Fuß* wegstoßen; ~ se *Kind*: sich bloßstrampeln, sich aufdecken; **~ávka** *f* (*1c*; *-vek*) Ausgrabungen *f*/*pl.*; **~nout** *pf.* (*-pl*; *-pnut*) *s. odkopat.*

odkor|ek *m* (*2b*; *-rk-*) Schwarte *f*; **~kovat** *pf.* (*-kuji*) entkorken.

odkou|kat *pf.*, **~knout** *pf.* (*-kl*) abschauen (*k-u co j-m A*); **~pit** *pf.* abkaufen; **~sat** *pf.* (*-šu*/*-sám*) abbeißen.

odkrájet (*3 Pl. -ejí*) *s. odkrojit.*

odkrá|dat se, ~st se *pf.* (*s. krást*) sich davonstehlen, F verschwinden.

od|krevnit *pf. s. odkrvit*; **~kročit** *pf.* wegtreten, zur Seite treten.

odkroj|ek *m* (*1b*; *-jk-*) *fig.* Stückchen *n*; **~it** *pf.*, **~ovat** (*-juji*) *Brot* abschneiden; wegschneiden.

odkroutit *pf.* (*-cen*) abdrehen; P *Zeit* abdienen; *iron. Strafe* absitzen.

odkrv|ení *n* (*3*) Blutleere *f*; **~ený** blutleer; **~it** *pf.*, **~ovat** (*-vuji*) Blutleere verursachen.

odkrýt *pf.* (*s. krýt*) entdecken, freilegen; *Mängel* aufdecken; *Grube* abdecken; ~ se sich erschließen, sich öffnen.

odkryt|í *n* (*3*) Aufdeckung *f*, Enthüllung *f*; **~ý** aufgedeckt, entblößt.

odkrývka *f* (*1c*; *-vek*) *Bgb.* Abraum *m*.

odkud woher; **~koli(v)** woher auch immer; **~pak** woher denn; **~si** irgendwoher.

odkulit *pf.* *Stein* wegrollen (*se v*/*i*).

odkup *m* (*2a*) Rückkauf *m*; **~né** *n* (*Adj. 3*) Lösegeld *n*; **~ovat** (*-puji*) abkaufen.

od|kutálet se (*3 Pl. -ejí*) fortrollen, *dial.* wegkollern; **~kvapit** *pf.* davoneilen, weglaufen.

odkv|ést *pf.* (*s. kvést*) verblühen; **~ět** *m* (*2a*) Verblühen *n*, Abblühen *n*; **~étání** *n* (*3*) Verblühen *n*; **~état** *s. odkvést*; **~etlý** verblüht; **~íst** *pf.* *s. odkvést.*

odkyslič|ení *n* (*3*) Desoxydation *f*; **~it** *pf.*, **~ovat** (*-čuji*) desoxydieren; *Boden* entsäuern.

od|kývat *pf.* *ohne Widerspruch* gutheißen, billigen; *fig.* klein beigeben; **~laďovač** *m* (*4*) *Rdf.* Sperrkreis *m*; **~lákat** *pf.* weglocken, F abspenstig machen; **~lakovač** *m* (*4*) Nagellackentferner *m*; Lackauflösungsmittel *n*; **~lámat** *pf.* (*-u*), **~lamovat** (*-muji*) abbrechen; *Felsen* absprengen.

odlehč|ení *n* (*3*) Erleichterung *f*; **~it** *pf.* erleichtern, entlasten, F leichter machen; **~ovací** Entlastung-; **~ovat** (*-čuji*) *s. odlehčit.*

odlehl|ost *f* (*4*) Entfernung *f*, Abgeschiedenheit *f*; **~ý** entlegen.

odlehnout *pf.* (*-hl*) sich wohler fühlen, erleichtert aufatmen.

odlep|it *pf.*, **~ovat** (*-puji*) ablösen; ~ se sich (los)lösen; **~t(áv)at** abätzen, ausradieren.

od|lesk *m* (*2b*) Abglanz *m*; **~lesnit** *pf.* abholzen, *lit.* entwalden; **~let** *m* (*2a*) Abflug *m*; *Zo.* Fortziehen *n*.

odl|état, ~etět *pf.*, **~étnout** *pf.* (*-tl*), **~etovat**[1] (*-tuji*) abfliegen; *Vögel*: fortfliegen; *Knopf* abgehen.

odletovat[2] *pf.* (*-tuji*) ablöten.

odlév|ání *n* (*3*) Abgießen *n*; **~at** *s. odlít.*

odlev|it *pf.*, **~ovat** (*-vuji*) erleichtern, leichter machen; F ~ *si* s-m Herzen Luft machen, sein Herz ausschütten.

odléz(a)t (*pf. s. lézt*) fort-, davonkriechen.

odlež|elý abgelegen; *Wein*: gut abgelagert; **~et** *pf.* mit *e-r Krankheit* bezahlen (müssen); ~ se abliegen (*v*/*i*); *nechat* ~ lagern (*od.* liegen) lassen.

odlíčit *pf.* abschminken.

odlid|nit *pf.* (*-ěn*), **~ňovat** (*-ňuji*) entvölkern.

odlípnout *pf.* (*-pl*; *-pnut*) *s. odlepit.*

odliš|ení *n* (*3*) Unterscheidung *f*; Absonderung *f*; **~it** *pf.* unterscheiden; absondern; **~itelný** zu unterscheiden; **~nost** *f* (*4*) Unterschied *m*, Verschiedenheit *f*, Unterschiedlichkeit *f*; **~ný** unterschiedlich, abweichend, verschieden; **~ovat** (*-šuji*) *s. odlišit.*

odlít- *s. odlét-*.
od|lít *pf.* (*s. lít*) abgießen; wegschütten, -gießen; **~litek** *m* (*2b*; *-tk-*) Abguß *m*; **~liv** *m* (*2a*) Ebbe *f*; *fig.* Abnahme *f*; **~lívat** *s. odlít*; **~livka** *f* (*1c*; *-vek*) (*Trink-*)Glas *n*; Gläschen *n*.
odlom|ek *m* (*2b*; *-mk-*) Bruchstück *n*, Bruchteil *m*; **~it** *pf.* abbrechen.
odlouč|ení *n* (*3*) Trennung *f*; Absonderung *f*; Abgeschiedenheit *f*; **~enost** *f* (*4*) Abgeschiedenheit *f*; *Med.* Isolierung *f*; **~ený** getrennt, abgesondert, isoliert; **~it** *pf.* trennen, absondern (se sich).
odloud|at se *pf.* zögernd weggehen; **~it** *pf.* (*k-u co*) weglocken, F abspenstig machen (j-m *A*).
odloup|at *pf.*, **~nout** *pf.* (*-pl*; *-pnout*) abschälen, ablösen; **~** se sich ablösen, abblättern, absplittern.
odlov *m* (*2a*) Fischfang *m*.
odlož|ení *n* (*3*) Weglegen *n*; Aufschub *m*; Vertagung *f*; **~ený** abgelegt; *Kind*: ausgesetzt; **~it** *pf.* weglegen, ablegen; *Termin* verschieben.
odluč|itelný (ab)trennbar; **~né** *n* (*Adj. 3*) Trennungsgeld *n*; **~ovací** Trennungs-; **~ování** *n* (*3*) Trennung *f*; **~ovat** (*-čuji*) *s. odloučit*.
odlu|ka *f* (*1c*) Trennung *f*; **~povat** (*-puji*) *s. odloupat*.
odma|stit *pf.* (*-štěn*), **~šťovat** (*-ťuji*) entfetten; **~šťovací** Entfettungs-.
odměk *dial. m* (*2b*) Tauwetter *n*.
odmě|na *f* (*1*) Belohnung *f*; **~něný** belohnt; **~nit** *pf.* (*-ěn*), **~ňovat** (*-ňuji*) belohnen; *Arbeiter* entlohnen; **~** se *k-u* vergelten.
odměr|ka *f* (*1c*; *-rek*) Meßbecher *m*; **~ný** Meß-.
odměř|enost *f* (*4*) Gemessenheit *f*, Zurückhaltung *f*; **~ený** gemessen (*Schritt*); zurückhaltend (*Benehmen*); **~it** *pf.* (ab)messen; **~itelný** meßbar; **~ovat** (*-řuji*) *s. odměřit*.
odmést *pf.* (*s. mést*) wegfegen.
odměš|ek *m* (*2b*; *-šk-*) Sekret *n*; **~ování** *n* (*3*) Absonderung *f*; **~ovat** (*-šuji*) absondern.
odmetat *s. odmést*.
odmít|ání *n* (*3*) Ablehnung *f*, Abweisung *f*; Verweigerung *f*; **~at** ablehnen, zurückweisen; *Bitte* abschlagen; **~avost** *f* (*4*) ablehnendes Verhalten *n*; **~avý** ablehnend; *Bescheid*: abschlägig; **~nout** *pf.* (*-tl*; *-tnut*) *s. odmítat*; **~nutí** *n* (*3*) *s. odmítání*.
odml|čet se *pf.* verstummen; **~ka** *f* (*1c*) kurzes Schweigen *n*, Pause *f*.
odmlouvač *m* (*3*) Widersacher *m*; **~nost** *f* (*4*) Widerspruchsgeist *m*; **~ný** widersprechend.
odmlouv|ání *n* (*3*) Widerspruch *m*; **~at** *pf.* widersprechen; **~avý** widersprechend.
odmluva *f* (*1*) Widerrede *f*.
odmoc|něnec *m* (*4*; *-nc-*) *Math.* Grundzahl *f*; **~nina** *f* (*1*) *Math.* Wurzel *f*; **~nit** *pf.* (*-ěn*) *Math.* die Wurzel ziehen; **~nítko** *n* (*1b*; *-tek*) Wurzelzeichen *n*; **~ňovat** (*-ňuji*) *s. odmocnit*.
odmo|čit *pf.* abweichen, loslösen; **~ntovat** *pf.* (*-tuji*) *Teile* abmontieren; *Fabrik* demontieren; **~t(áv)at** abwickeln, abspulen.
odmraz|it *pf.*, **~ovat** (*-zuji*) enteisen, vom Eis befreien, auftauen.
odmršt|ění *n* (*3*) Zurückweisung *f*; Ablehnung *f*; **~it** *pf.* (*-ěn*) wegschleudern, zurückschleudern; ablehnen.
odmy|kat *s. odemknout*; **~slit** *pf.* (*-šlen*) wegdenken, *sich et.* aus dem Sinn schlagen.
odnaproti *dial.* von drüben.
odnárod|nění *n* (*3*) Entnationalisierung *f*; **~nit** *pf.* (*-ěn*), **~ňovat** (*-ňuji*) entnationalisieren.
odnášet (*3 Pl. -eji*) *s. odnést*; **~** se *k č-u* sich beziehen auf (*A*).
odňat *s. odejmout*.
odnauč|it *pf.*, **~ovat** (*-čuji*) abgewöhnen (*k-o č-u* j-m *A*; se *č-u* sich *A*).
od|navykat *s. odnaučit*; **~někud** (von) irgendwoher; **~nést** *pf.* (*s. nést*) wegtragen; (*a. si*) davontragen; büßen (*co* für *A*); **~nětí** *n* (*3*) Wegnahme *f*, Entziehung *f*; **~nikud** nirgends(wo)her; **~ní(mat)** *s. odejmout*; **~nosit** (*-šen*) *s. odnést*.
odnož *f* (*3*) *Bot.* Ableger *m*; *Gr.* Abzweigung *f*; **~it** *pf.*, **~ovat** (*-žuji*) Triebe ansetzen.
odol|(áv)at widerstehen; **~nost** *f* (*4*) Widerstandsfähigkeit *f*; **~ný** widerstandsfähig.
odosob|nit *pf.* (*-ěn*), **~ňovat** (*-ňuji*) entpersönlichen.
odou|t *pf.* (*-duji*, *-dul*), **~vat** aufblasen; **~** se sich (auf)blähen.

odpad *m* (*2a*) Abfall *m*; Abfluß *m*; **~(áv)at** abfallen; *Sitzung*: ausfallen; *Szene*: wegfallen; **~ek** *m* (*2b*; *-dk-*) Abfall *m*, Abfälle *m/pl.*; **~ový** Abfall-; **~lice** *f* (*2a*) Abtrünnige *f*; **~lictví** *n* (*3*) Renegatentum *n*; **~lík** *m* (*1a*) Abtrünnige(r) *m*; **~lý** abtrünnig, abgefallen; **~ní** Abfluß-; ~ *vody* Abwässer *m/pl.*; **~nout** *pf.* (*-dl*) abfallen; **~nutí** *n* (*3*) Wegfall *m*; **~ný** *s. odpadní*; **~ový** Abfall-.

odp|álit *pf.*, **~alovat** (*-luji*) ab-, zurückschlagen; *Geschütz* abfeuern.

odpárat *pf.* abtrennen; ~ **se** sich (los)lösen.

odpař|ení *n* (*3*) Verdampfen *n*; **~it** *pf.* verdampfen; ~ **se** verdunsten, verdampfen (*v/i*); **~ovací** Verdampfungs-; **~ovač** *m* (*4*) Verdampfer *m*; **~ovat** (*-řuji*) *s. odpařit*.

odpásat *pf.* abschnallen.

odpeck|ovač *m* (*4*) Entkerner *m*; **~ovat** *pf.* (*-kuji*) entkernen.

od|pečetit *pf.* (*-ěn*) entsiegeln, das Siegel entfernen; **~pich** *m* (*2b*) *Tech.* Abstich *m*; *Sp.* Abstoß *m*; **~píchnout** *pf.* (*-chl*; *-chnut*), **~pichovat** (*-chuji*) abstechen; *Boot vom Ufer* abstoßen; *Zeit* (ab)stoppen; *Kontrolluhr* stechen; **~pichovátko** *n* (*1b*; *-tek*) Stechzirkel *m*.

odpil|ky *m/pl.* (*2b*) Feilspäne *m/pl*; **~ovat** *pf.* (*-luji*) abfeilen.

od|pínat *s. odepnout*; **~pírat** *s. odepřít*; **~pis** *m* (*2*; *6. -u/-e*) Abschreibung *f*; **~pískat** *pf.* pfeifen (*A*); *Sp.* abpfeifen; **~pisovat** (*-suji*) *s. odepsat*; **~pít** *pf.* (*-piji*) abtrinken; **~plácet** (*3 Pl. -ejí*) *s. odplatit*.

odplat|a *f* (*1*) Vergeltung *f*; *fig.* Lohn *m*; **~it** *pf.* (*-cen*) vergelten; heimzahlen.

odplav|at *pf.* (*-u*) davon-, wegschwimmen; **~it** *pf.*, **~ovat** (*-vuji*) wegschwemmen, -spülen; *Holz* flößen.

odplazit se *pf.* fort-, wegkriechen; sich fortschleichen.

odpliv|ek *m* (*2b*; *-vk-*) Auswurf *m*; **~nout** *pf.* ausspeien.

odpl|ou(va)t (*s. plout*) fortschwimmen; *Schiff*: abfahren; **~utí** *n* (*3*) *Mar.* Abfahrt *f*.

odpl|ynout *pf.*, **~ývat** abfließen; vergehen.

odpočatý P ausgeruht.

odpočet *m* (*2a*; *-čt-*) *Hdl.* Abzug *m*.

odpočin|ek *m* (*2b*; *-nk-*) Ruhe *f*, Rast *f*; Ruhestand *m*; **~out (si)** *pf.* (*-nul*; *-nut od. -čal*; *-čat*) (aus-) ruhen; **~utí** *n* (*3*) Ruhe *f*.

odpočí|st *pf.* (*s. číst*), **~tat** abzählen; *Hdl.* abrechnen; **~taný** abgezählt.

odpo|čitatelný abzugfähig; **~čívadlo** *n* (*1a*; *-del*) Ruhebett *n*; Treppenabsatz *m*; **~čívat** *s. odpočinout*; **~čivné** *n* (*Adj. 3*) Ruhegehalt *n*; **~čtení** *n* (*3*) *Hdl.* Abzug *m*; **~čtový** Abzugs-; **~jit** *pf.*, **~jovat** (*-juji*) *Esb.* abhängen; *El.* abschalten.

odpoledn|e *n* (*2*) Nachmittag *m*; *Adv.* nachmittag(s), am Nachmittag; **~í** Nachmittags-; **~ník** *m* (*2b*) Nachmittagsblatt *n*.

odpolitizovat [-tɪ-] *pf.* (*-zuji*) entpolitisieren.

odpol|a, ~ou *Adv.* zur Hälfte, halb.

odpom|áhat abhelfen; **~oc** *f* (*4*) Abhilfe *f*; **~oci** *pf.* (*-ohu*; *-žen*) *s. odpomáhat*.

odpor *m* (*2a*) Widerstand *m*; Abscheu *f*; *Pol.* Widerstandsbewegung *f*; *Jur.* Einspruch *m*, Widerspruch *m*; **~nost** *f* (*4*) Widerwärtigkeit *f*; **~ný** widerlich, ekelhaft; **~ovací** *Gr.* adversativ; **~ovat** (*-ruji*) widerstehen; widersprechen; sich widersetzen; ~ *si* sich (*od.* einander) widersprechen; **~ový** Widerstands-; **~ující** widersprechend.

odpo|ručit *s. doporučit*; **~slouch(áv)at** *Gespräch* abhören; **~tácet se** *pf.* (*3 Pl. -ejí*) davonwanken.

od|pouštět (*3 Pl. -ějí*) *s. odpustit*; **~pout(áv)at** losmachen, loslassen; *fig.* entfesseln; ~ **se** sich lösen; *Flgw.* sich losschnallen.

odpově|ď *f* (*4a*; *-di*; *7 Pl. -ďmi*) Antwort *f*; Bescheid *m*; **~dět** *pf.* (*-vím*) antworten; **~dnost** *f* (*4*) Verantwortung *f*; **~dný** verantwortlich.

odpovídat *s. odpovědět*; (*zač*) verantwortlich sein (für *A*); (*č-u*) entsprechen (*D*).

odpr|acovat *pf.* (*-cuji*) abarbeiten; *Rest* aufarbeiten; **~ásknout** P *pf.* (*-kl*) niederknallen; **~ašovač** *m* (*4*) Staubsauger *m*; *Tech.* Entstaubungsanlage *f*.

odprav|it *pf.*, **~ovat** (*-vuji*) beseitigen; (er)morden.

odpro|d(áv)at e-n Teil (weiter-verkaufen; **~dej** *m* (*4*) (Teil-

Verkauf *m*; **~sit** *pf.* (*-šen*) Abbitte leisten; **~šení** *n* (*3*) Abbitte *f*; **~šovat** (*-šuji*) *s. odprosit.*
odprýsk|aný abgesprungen; **~(áv)at, ~nout** *pf.* (*-kl*) abspringen, abblättern.
odpř|ahat, ~áhnout *pf.* (*-hl*; *-přažen*) *Pferde* ausspannen.
odpředu von vorn.
odpř|ísahat, ~isáhnout *pf.* (*-hl*; *-hnut*) abschwören; ~ *se č-o* sich lossagen von (*D*).
odpudi|t *pf.* (*-zen*) verstoßen, vertreiben; *fig.* abstoßen; **~vý** abstoßend.
odpůr|ce *m* (*3*) Gegner *m*, Widersacher *m*; **~čí** gegnerisch, (*a. Jur.*) Gegen-; **~kyně** *f* (*2b*) Gegnerin *f*.
odpustit *pf.* (*-štěn*) verzeihen, vergeben; **~elný** verzeihlich.
odpu|stky *m/pl.* (*2b*) *Rel.* Ablaß *m*; **~štění** *n* (*3*) Verzeihung *f*; *Rel.* Vergebung *f*; **~zovat** (*-zuji*) *s. odpudit*; **~zující** abstoßend.
odpyk(áv)at *v/t Strafe* verbüßen; büßen (für *A*); sühnen (*A*).
Odra *f* (*1d*) Oder *f* (*Fluß*).
odradit *pf.* abraten (*k-o od č-o/j-m* von *D*); F *Kunden j-m* abwerben.
odra|ný abgerissen, zerlumpt; **~t** *pf.* (*-deru*) abreißen; herunterreißen; *iron.* rupfen, ausnehmen.
odrátovat *pf.* (*-tuji*) mit Draht umwickeln; verdrahten.
odraz *m* (*2a*) Abprall *m*; Widerschein *m*, Reflex *m*; *Mus.* Nachschlag *m*; *Phil.* Abbild *n*; **~iště** *n* (*2a*) *Sp.* Absprungstelle *f*; **~zit** *pf.* (*-žen*) abschlagen; *Ball* zurückwerfen; *Strahl* reflektieren; *Boot vom Ufer* abstoßen; *Angriff* zurückschlagen; *vom Preis* abziehen; ~ *se* abprallen; *Licht*: sich (wider)spiegeln; *Echo*: widerhallen; *Farben*: sich abheben; **~ka** *f* (*1c*; *-zek*) *Kfz.* Rückstrahler *m*, P Katzenauge *n*; **~ní, ~ný** Prell-; **~ník** *m* (*2b*) *Esb.* Prellbock *m*; **~ovat** (*-zuji*) *s. odradit*; **~ový** Absprung-; Reflexions-; ~ *můstek Sp.* Sprungbrett *n*; *-vé sklo Kfz.* Rückstrahler *m*.
odražen|í *n* (*3*) Abprall *m*; *Phys.* Reflexion *f*; Abwehr *f e-s Angriffs*; **~ina** *f* (*1*) Stoßwunde *f*; **~ý** *Wasser*: abgestanden; *-ná střela* Querschläger *m*.
odráž|et (*3 Pl. -ejí*) *s. odrazit*; **~ka** *f* (*1c*; *-žek*) *Hdl.* Abschlag *m*; *Mus.* Auflöser *m*; *Mil.* (*Patronen-*)Auswerfer *m*.
odrb|aný zerlumpt; *Kleid*: zerfetzt; **~at** *pf.* (*-u/-ám*) abreiben; P rupfen.
odreagovat *pf.* (*-guji*) abreagieren.
odrhn|out *pf.* (*-hl*; *-hnut*) abreiben; *Boden* scheuern; **~utí** *n* (*3*) Abreibung *f*.
odrhovačka *f* (*1c*; *-ček*) *verä.* Gassenhauer *m*.
odrn|it *pf.* (*-ěn*), **~ovat** (*-nuji*) mit Rasen bepflanzen.
odroč|ení *n* (*3*) Vertagung *f*; **~it** *pf.* vertagen, verlegen; **~ovací** Vertagungs-; **~ovat** (*-čuji*) *s. odročit.*
odrodi|lec *m* (*3*; *-lc-*) Abtrünnige(r) *m*; **~lství** *n* (*3*) Renegatentum *n*; **~lý** entartet; abtrünnig; **~t se** *pf.* entarten; abtrünnig werden.
odrostlý erwachsen; ~ *škole* der Schule entwachsen.
odrůda *f* (*1*) Abart *f*.
odrůst(a)t (*pf. s. růst*) heranwachsen; *fig.* entwachsen.
odruš|it *pf.*, **~ovat** (*-šuji*) *Rdf.* entstören; **~ovací** Entstörungs-; **~ovač** *m* (*4*) Entstörungsgerät *n*.
odrý|pat (*-ám/-u*), **~pnout** *pf.* (*-pl*; *-pnut*), **~t** *pf.* (*s. rýt*) *mit dem Spaten* abstechen, abgraben.
odřad *m* (*2a*) Trupp *m*, Staffel *f*.
odřekn|out *pf.* (*-řeknu*, *-kl*; *-knut*) absagen; *Zeitung* abbestellen; ~ *se č-o* entsagen (*D*); ~ *si co* verzichten (auf *A*); **~utí** *n* (*3*) Absage *f*; Verzicht *m*; Abbestellung *f*.
odřen|ina *f* (*1*) Hautabschürfung *f*; **~ý** abgeschunden; schäbig.
odřez|(áv)at (*pf. -žu/-zám*) abschneiden; **~ek** *m* (*2b*; *-zk-*) abgeschnittenes Stück *n*; **~ky** *m/pl.* (*2b*) Abfälle *m/pl.*
od|říci *pf. s. odřeknout*; **~řihost** F *m* (*1*; *-ové*) Nepper *m*.
odřík|ací Verzicht-; **~ání** *n* (*3*) Entsagung *f*; **~at** *pf. s. odřeknout*; **~ávat** *Gedicht* aufsagen; **~avost** *f* (*4*) Entsagung *f*; **~avý** entbehrungsreich; enthaltsam.
odří|t *pf.* (*s. dřít*) abschinden, *iron.* rupfen; *dial.* bewältigen; **~znout** *pf.* (*-zl*; *-znut*) *s. odřezat.*
od|sadit *pf.* (*-zen*) absetzen; *j-n* wegsetzen; **~sakovat** (*-kuji*) versickern.
odsá|t *pf.* (*-saji*) aufsaugen; *Tech.* absaugen; **~vací** Saug-; **~vač, od-**

savač *m* (*4*) Absauger *m*; **~vat** *s. odsát.*
odsed|(áv)at wegrücken, sich wegsetzen (*von j-m*); **~ět** *pf. Strafe* absitzen; **~l(áv)at** *Pferd* absatteln; **~nout (si)** *pf. s. odsedat.*
odsek|(áv)at, ~nout *pf.* (*-kl*; *-knut*) abhauen; F abkanzeln (*k-u*/j-n).
odsh|ora, ~ůry von oben.
odsk|ákat *pf.* (*-ču*) davonhüpfen; *dial.* büßen; ausbaden; **~akovat** (*-kuji*), **~očit** *pf.*, wegspringen, zur Seite springen; *Ball*: abprallen; F *a.* e-n Abstecher machen; **~ok** *m* (*2b*) *Turn.* Nachsprung *m*; *fig.* Sprung *m*; *~ stranou* Seitensprung.
odsl|oužit *pf.*, **~uhovat** (*-huji*) abdienen; *~ se k-o* vergelten (j-m *A*); **~uha** *f* (*1b*) Gegendienst *m.*
od|sluní *n* (*3*) Sonnenferne *f*; **~soudcovat** *pf.* (*-cuji*) *Sp.* den Schiedsrichter machen; **~soudit** *pf.* (*-zen*) verurteilen.
odsouv|ání *n* (*3*) *Gr.* Abwerfen *n*, Wegfallen *n e-s Lautes*, Apokope *f*; **~at** wegrücken; *Gr.* abwerfen.
odsouzen|ec *m* (*3*; *-nc-*) Verurteilte(r) *m*; **~í** *n* (*3*) Verurteilung *f*; **~ý, ~á** (*Adj. 1/2*) Verurteilte *m/f.*
od|spodu von unten; **~stálý** *Ohren*: abstehend; *Getränk*: abgestanden; **~startovat** *pf.* (*-tuji*) starten; **~stát** *pf.* (*-stojím*) lange stehen (müssen); **~stávat** abstehen.
odstav|ec *m* (*4*; *-vc-*) (*Buch-*)Absatz *m*; *Jur.* Artikel *m*; **~ení** *n* (*3*) Abstillen *n*; *Agr.* Entwöhnen *n*; **~it** *pf.*, **~ovat** (*-vuji*) absetzen; *Kind* abstillen; *Zo.* entwöhnen; F (*k-o*) kaltstellen (*fig.*); **~ný** Abstell-.
odstěhovat *pf.* (*-huji*) *v/t* übersiedeln, bringen; *~ se* übersiedeln (*v/i*), ausziehen.
odstín *m* (*2a*) Schattierung *f*, Abstufung *f*; **~ěný** getönt; **~it** *pf.* abstufen, nuancieren, tönen.
odsto|nat *pf.* (*-stůňu*) *v/t* krank machen; büßen; **~pnout** *pf.* (*-pl*; *-pnut*) *Sp.* (ab)stoppen.
odstoup|ení *n* (*3*) Rücktritt *m*, Abdankung *f*; **~it** *pf.* abtreten, zurücktreten; *Amt* niederlegen.
odstra|nění *n* (*3*) Beseitigung *f*; **~nit** *pf.* (*-něn*) *s. odstraňovat*; **~nitelný** ablösbar; **~ňovat** (*-ňuji*) beseitigen.
odstraš|it *pf.*, **~ovat** (*-šuji*) abschrecken; **~ovací** Abschreckungs-; **~ující** abschreckend.
odstr|čit *pf.*, **~kovat** (*-kuji*) abstoßen, zurückstoßen; *fig. j-n* zurücksetzen.
odstroj|it *pf.*, **~ovat** (*-juji*) entkleiden; *Pferd* abschirren; *Schiff* abtakeln; *~ se* sich ausziehen.
odstře|dit *pf. Milch* schleudern; *-děné mléko* Magermilch *f*; **~divka** *f* (*1c*; *-vek*) Zentrifuge *f*, Schleuder *f*; **~divost** *f* (*4*) Zentrifugalkraft *f*; **~divý** Zentrifugal-; **~ďovat** (*-ďuji*) *s. odstředit.*
odstřel *m* (*2a*) *Jagdw.* Abschuß *m*; Sprengschuß *m*; *zkusný ~* Probeschuß; **~it** *pf.*, **~ovat** (*-luji*) abschießen; *Tech.* absprengen.
odstř|ihat *od.* **~íhat** *pf.*, **~ihnout** *pf.* (*-hl*; *-žen*), **~ihovat** (*-huji*) *mit der Schere* abschneiden; **~íknout** *pf.* (*-kl*; *-knut*), **~ikovat** (*-kuji*) abspritzen; **~ižek** *m* (*2b*; *-žk-*) (*Papier-*)Schnitzel *n od. m.*
odstup *m* (*2a*) Abstand *m*; *Jur.* Abtretung *f*; Rücktritt *m* (*e-s Ministers*); **~né** *n* (*Adj. 3*) Abstandszahlung *f*, Abfindung *f*; **~ní** Abtretungs-; **~ňov(áv)at** (*pf. -ňuji*) abstufen; **~ovat** (*-puji*) *s. odstoupit.*
odsud von hier.
odsudek *m* (*2b*; *-dk-*) Verurteilung *f.*
odsun *m* (*2a*) Abschub *m*, Abtransport *m*; *Pol.* Vertreibung *f*; *fig.* Aussiedlung *f*; **~out** *pf.* (*-nul*), **~ovat** (*-nuji*) weg-, abschieben, abtransportieren; aussiedeln.
odsuv|ka *f* (*1c*; *-vek*) *Gr.* Apokope *f*, Wegfall *m* des Auslautes; **~ník** *m* (*2b*) Auslassungszeichen *m.*
od|suzovat (*-zuji*) *s. odsoudit*; **~svědčit** *pf.* beeiden, unter Eid bezeugen; **~světit** *pf.* (*-cen*) entweihen, profanieren; **~sypat** *pf.* (*-u*) wegschütten; **~šifrovat** *pf.* (*-ruji*) entziffern, entschlüsseln; **~šinout** *pf.* wegschieben; *~ se dial.* fortgehen.
odškodn|é *n* (*Adj. 3*) Entschädigung(ssumme) *f*, Schadenersatz *m*; **~ění** *n* (*3*) Entschädigung *f*; **~it** *pf.* (*-ěn*) entschädigen.
odškrab|at *pf.* (*-u*/*-ám*), **~ovat** (*-buji*) abkratzen; **~ek** *m* (*2b*; *-bk-*) Abgeschabtes *n.*
odškrt|(áv)at, ~nout *pf.* (*-tl*; *-tnut*) wegstreichen.
odšoupnout *pf.* (*-pl*; *-pnut*) beiseite schieben, wegschieben.

odšpendl|it *pf.*, **~ovat** (*-luji*) *mit e-r Nadel* abstecken.
odšroubovat *pf.* (*-buji*) abschrauben.
odštěp|ek *m* (*2b*; *-pk-*) Splitter *m*, (*Holz-*)Span *m*; **~enec** *m* (*3*; *-nc-*) Abtrünnige(r) *m*; **~ení** *n* (*3*) Spaltung *f*; **~it** *pf.*, **~ovat** (*-puji*) sich trennen.
od|štípnout *pf.* (*-pl*; *-pnut*), **~štipovat** (*-puji*) abspalten, abzwicken; **~tahat** *pf.*, **~táhnout** *pf.* (*-hl*; *-žen*), **~tahovat** (*-huji*) fortziehen, *Mil.* abmarschieren; **~** se sich zurückziehen; **~tamtud** von dort(her).
odťatý abgeschlagen.
odtaž|ení *n* (*3*) Wegziehen *n*; *Mil.* Abzug *m*, Abmarsch *m*; **~itost** *f* (*4*) Abstraktion *f*; **~itý** begrifflich, abstrakt.
odté|ci *pf.* (*-teče*, *-tekl*), **~kat** abfließen.
odte|lefonovat *pf.* (*-nuji*) zurücktelefonieren, zurückrufen; **~legrafovat** *pf.* (*-fuji*) zurücktelegrafieren; **~sat** *pf.* (*-šu*/*-sám*) abhauen.
od|tít *pf.* (*odetnu*, *odťal*; *-ťat*) abhauen; **~tlouci** *pf.* (*s. tlouci*) abschlagen; *Uhr*: schlagen; **~točit** *pf.* abdrehen; **~tok** *m* (*2b*) Abfluß *m*.
odtrh|(áv)at, **~nout** *pf.* (*-hl*; *-žen*), **~ovat** (*-huji*) abreißen, losreißen; **~** se sich losreißen; *fig.* sich abwenden.
odtroubit *pf.* abblasen.
odtrže|ní *n* (*3*) Abtrennung *f*; **~ný** abgerissen.
odtuč|nit *pf.*, **~ňovat** (*-ňuji*) entfetten; **~ňovací** Abmagerungs-.
od|tud von hier; seit dieser Zeit; daher; **~tušit** *pf.* antworten, entgegnen; **~učit** *pf.* den Unterricht beenden; abgewöhnen (*k-o č-u* j-m *A*).
odúčto|vací Abrechnungs-, Clearing-; **~vání** *n* (*3*) Abrechnung *f*; **~vat** *pf.* (*-tuji*) abrechnen.
odul|ost *f* (*4*) Aufgeblasenheit *f*; **~ý** geschwollen, gebläht; dick; *Lippen*: wulstig.
od|umírat *s. odumřít*; **~úmrť** *f* (*4 od. 4a*; *-ti usw.*) *Jur.* Heimfall *m*; **~úmrtní**, **~úmrtný** heimfällig, Kaduzitäts-; **~umřelý** abgestorben; **~umřít** *pf.* (*s. mřít*) absterben.
od|und(áv)at *dial.* wegtun, weggeben; **~úročit** *pf.* *Hdl.* diskontieren; **~úřadovat** *pf.* (*-duji*) die Bürozeit beenden.
oduř|elý (an)geschwollen, aufgedunsen; **~et** *pf.* (*3 Pl. -ejí*) (an-)schwellen.
odusit *pf.* (*-šen*) *ein wenig* dünsten.
oduše|vnělý beseelt; **~nit** *pf.* (*-ěn*), **~ňovat** (*-ňuji*) beseelen.
odůvod|nění *n* (*3*) Begründung *f*; **~něný** begründet, stichhaltig; **~nit** *pf.* (*-něn*), **~ňovat** (*-ňuji*) begründen.
oduzn|ání *n* (*3*) Aberkennung *f*; **~at** *pf.* aberkennen.
odvá|bit *pf.* weglocken; **~děcí** Abführ-, Ableitungs-, Abzugs-, Abfluß-; **~dění** *n* (*3*) Abführen *n*, Entrichtung *f* (*e-r Gebühr*); *Mil.* Aushebung *f*; **~dět** (*3 Pl. -ějí*) *s. odvést*.
odvaha *f* (*1b*) Mut *m*.
odval *m* (*2a*) Halde *f*; **~it** *pf.*, **~ovat** (*-luji*) wegwälzen; *Verdacht* abwälzen.
od|vanout *pf.* fortwehen, verwehen; **~vápnit** *pf.* (*-ěn*) entkalken; **~var** *m* (*2a*) Absud *m*; *fig. verä.* Abklatsch *m*; **~vát** *pf.* (*-věji*) fortwehen; **~vázat** *pf.* (*-žu*/*-ži*), **~vazovat** (*-zuji*) losbinden; abschnallen; **~vážet** (*3 Pl. -ejí*) *s. odvézt*; **~vážit** *pf.* (ab)wiegen; erwägen; **~** se wagen, sich unterstehen; sich anmaßen (*A*); **~vážka** *f* (*1c*; *-žek*) Abholung *f*; (*Müll-*)Abfuhr *f*.
odvážli|vec *m* (*3*; *-vc-*) waghalsiger Mensch *m*; **~vost** *f* (*4*) Verwegenheit *f*, Tollkühnheit *f*; **~vý** gewagt, verwegen.
odváž|nost *f* (*4*) Kühnheit *f*; **~ný** kühn, mutig.
odvažovat (*-žuji*) *s. odvážit*.
odvděč|it *pf.*, **~ovat** (*-čuji*): **~** se vergelten; sich revanchieren.
odveden|(ý) weggeführt; *Mil.* gemustert, *öst.* assentiert; *Hdl.* zugestellt; **~í** *n* (*3*) Ablieferung *f*; Ableitung *f*.
od|věký ewig, uralt; **~** *nepřítel* Erbfeind *m*; **~velet** *pf.* *Mil.* abkommandieren; **~věsit** *pf.* (*-šen*) *Esb.* abhängen, abkoppeln; **~věsna** *f* (*1*; *-sen*) *Geom.* Kathete *f*; **~vést** *pf.* (*s. vést*) wegführen; *Fluß* ableiten; *Hdl.* abliefern, entrichten; *Mil.* für tauglich befinden; F abspenstig machen.
odvet|a *f* (*1*) Vergeltung *f*; **~ný** Vergeltungs-.
od|větit *pf.* (*-ěn*) antworten, er-

widern; **~větví** *n* (*3*) *fig.* Zweig *m*, Gebiet *n*; *Hdl.* Branche *f*; **~vezení** *n* (*3*) Abholen *n*, Abtransport *m*; **~vézt** *pf.* (*s. vézt*) (hin)bringen, fahren; abholen, abtransportieren; **~vislý** *s. závislý*; **~vívat** fortwehen.
odvlé|ci *pf.* (*s. vléci*), **~kat** ⟨*po-*⟩, **~knout** *pf.* (*-kl*; *-knut*) weg-, fortschleppen; *Auto, Schiff* abschleppen; *Menschen* verschleppen; ~ se sich fortschleppen.
odvlh|čit *pf. feucht* ablösen; **~nout** *pf.* (*-hl*) sich durch Feuchtigkeit ablösen.
odvod *m* (*2a*) Ableitung *f*; *Mil.* Musterung *f*, *öst.* Assentierung *f*; **~it** *pf.* (*-zen*) ableiten; *Phil.* schließen; ~ *důsledky z č-o* die Konsequenzen ziehen aus (*D*); **~itelný** ableitbar; **~nění** *n* (*3*) Entwässerung *f*; **~ní** Ableitungs-; *Mil.* Musterungs-, *öst.* Assentierungs-; **~nit** *pf.* (*-ěn*), **~ňovat** (*-ňuji*) entwässern; **~ný** Ableitungs-, Abzugs-.
odvol|ací Widerrufs-; *Jur.* Berufungs-; **~ání** *n* (*3*) Widerruf *m*; *Jur.* Berufung *f*; Abberufung *f*, Zurückziehung *f*; Abbestellung *f*; *Hdl. a.* Stornierung *f*; **~at** *pf.* widerrufen; *Gesandten* abberufen; *Antrag* zurückziehen; *Sitzung* absagen; *Auftrag* stornieren; ~ *se na co, na k-o* sich berufen auf (*A*); ~ *se z č-o* Berufung einlegen gegen (*A*); ~ *se k vyššímu soudu* an ein höheres Gericht appellieren; ~ *se na zásluhy* auf Verdienste pochen.
odvolatel *m* (*3*; *-é*), **~ka** *f* (*1c*; *-lek*) Berufungskläger(in *f*) *m*; **~nost** *f* (*4*) *Jur.* Widerruflichkeit *f*; Abberufbarkeit *f von Funktionären*; **~ný** widerruflich; abberufbar; *není* ~ unwiderruflich.
odvol|ávat *s. odvolat*; **~it** *pf.* zur Wahl gehen, wählen.
odvoz *m* (*2a*) (*smetí* Müll-)Abfuhr *f*, Abtransport *m*; **~enina** *f* (*1*) *Gr.* abgeleitetes Wort *n*; **~ený** abgeleitet; **~it** *pf. mit e-m Fahrzeug* abholen, abtransportieren; **~ovací** Ableitungs-; **~ovat** (*-zuji*) ableiten, herleiten.
odvrác|ení *n* (*3*) Abwendung *f*; Abkehr *f*; Ablenkung *f*; **~ený** abgekehrt; abgelenkt.
odvracet (*3 Pl. -eji*) *s. odvrátit.*
odvr|at *m* (*2a*) Abkehr *f*; **~átit** *pf.* (*-cen*) abwenden (*se* sich); verhüten; ablenken, abbringen (von *D*).
odvratitel|nost *f* (*4*) Verhütung *f*; **~ný** vermeidbar.
odvrh|nout *pf.* (*-hl*; *-žen*), **~ovat** (*-huji*) wegwerfen; *Tradition* verwerfen; *Scham* ablegen.
odvšivit *pf.* entlausen.
odvyk|ání *n* (*3*) Abgewöhnen *n*, Entwöhnung *f*; **~at, ~nout** *pf.* (*-kl*) abgewöhnen; **~lý** abgewöhnt, entwöhnt.
od|zadu von rückwärts, von hinten; **~zátkovat** *pf.* (*-kuji*) *Flasche* entkorken.
odzbroj|ení *n* (*3*) Entwaffnung *f*; *Pol.* Abrüstung *f*; **~it** *pf.* entwaffnen; abrüsten; **~ovací** Abrüstungs-; **~ovat** (*-juji*) *s. odzbrojit.*
od|zdola von unten (her); **~znak** *m* (*2b*) Abzeichen *n*; **~zpívat** *pf.* absingen, zu Ende singen; F *už mu -ali dial.* mit ihm ist es vorbei; **~zvánět** (*3 Pl. -ějí*), **~zvonit** *pf.* läuten; F *už mu -ili dial.* es ist aus mit ihm; **~žínat, ~žít**[1] *pf.* (*odežnu, -žal*), abmähen; **~žít**[2] (*s. žít*[1]) verleben.
ofajfkovat *pf.* (*-kuij*) *dial.* abhaken.
oféra *f* (*1d*) Opfer *n*, Opfergang *m*.
ofici|ální, ~elní offiziell; **~ózní** halbamtlich.
ofikaný schlecht geschoren.
ofotografovat *pf.* (*-fuji*) († ab)fotografieren.
ofouk|at *pf.*, **~nout** *pf.* (*-kl*; *-knut*) anblasen; *Staub* wegblasen.
ofsajd *m* (*2a*) *Sp.* Abseits *n*.
oh! *Int.* ach!, oh!
ohanbí *n* (*3*) Schamgegend *f*.
ohá|nět (*3 Pl. -ějí*) wegjagen, verscheuchen; ~ *se* um sich schlagen; *fig. iron.* herrschen; F tüchtig zupacken; (*s čím*) *fig.* um sich werfen (mit *D*); **~ňka** *f* (*1c*; *-něk*) Wedel *m*, Schwanz *m*; *Kochk.* Schwanzstück *n*.
oharek *m* (*2b*; *-rk-*) Stummel *m*; (*Zigaretten-*)Kippe *f*; (*Licht-*) Schnuppe *f*.
ohař *m* (*3*) Jagdhund *m*.
ohav|a *f* (*1*) Scheusal *n*, Unhold *m*; **~nice** *f* (*2a*), **~ník** *m* (*1a*) schändliche Person *f*; **~nost** *f* (*4*) Greuel *m*; **~ný** gräßlich, abscheulich.
ohazovat (*-zuji*) *Mauer* anwerfen.
oh|bí *n* (*3*), **~eb** *m* (*2a*) Biegung *f*, Krümmung *f*; *Anat.* Beuge *f*.

oheb|nost *f* (*4*) Biegsamkeit *f*; **~ný** biegsam, geschmeidig; *Gr.* flexibel.
oheň *m* (*4a*; *-hně*, *-hni usw.*) Feuer *n*.
ohl|adit *pf.* (*-zen*) glätten, polieren; **~as** *m* (*2*; *6. -u*/*-e*) Widerhall *m*, Echo *n*; **~ásit** *pf.* (*-šen*), **~ašovat** (*-šuji*) ankündigen; (an)melden.
ohláš|ení *n* (*3*) Anmeldung *f*; Bekanntmachung *f*; Ankündigung *f*; **~ený** angekündigt; **~ka** *f* (*1c*; *-šek*) Versandanzeige *f*; **~ky** *f*/*pl.* (*1c*; *-šek*) *Rel.* Aufgebot *n*.
ohlašov|ací Anmelde-; Melde- (*z. B. Amt*); **~atel** *m* (*3*; *-é*) *Rdf.* Ansager *m*; **~na** *f* (*1*; *-ven*) Meldestelle *f*.
ohlaví *n* (*3*) Kapitell *n*.
ohlávka *f* (*1*; *-vek*) Halfter *m od. n.*
ohled *m* (*2a*) Rücksicht(nahme) *f*; Hinsicht *f*; *mít ~ na* Rücksicht nehmen auf (*A*); *s ~em na co* mit Rücksicht auf; *s ~em* unter Berücksichtigung; *v každém ~u* in jeder Hinsicht, in jeder Beziehung; **~ací** Augenschein-, Befund-; **~(áv)ač** *m* (*3*) Leichenbeschauer *m*; **~ání** *n* (*3*) Beschau *f*; Besichtigung *f*; *Med.* Untersuchung *f*; *místní ~* Lokaltermin *m*; **~(áv)at** beschauen; besichtigen; *Med.* untersuchen; *Puls* fühlen; *Mil.* erkunden; **~ně** (*č-o*) betreffs, hinsichtlich (*G*).
ohléd|nout se *pf.* (*-dl*; *-dnut*) (*po čem*) sich umschauen (nach *D*); zurückblicken; **~nutí** *n* (*3*) Rückblick *m*.
ohledupl|nost *f* (*4*) Rücksichtnahme *f*; **~ný** rücksichtsvoll.
ohlí|dat *pf.* *Kinder* betreuen; **~dnout se** *pf.*, **~žet se** (*3 Pl. -ejí*) *s. ohlédnout se*.
ohlod|aný angefressen; **~(áv)at** benagen, zerfressen.
ohloupit *pf.* verdummen.
ohlubeň *f* (*3*; *-bně*, *-bni usw.*) Brunnenkasten *m*.
ohluch|lý taub (geworden); **~nout** *pf.* taub werden; **~nutí** *n* (*3*) Verlust *m* des Gehörs.
ohlupov|at (*-puji*) *s. ohloupit*; **~ání** *n* (*3*) Verdummung *f*.
ohluš|ení *n* (*3*) Betäubung *f*; **~it** *pf.*, **~ovat** (*-šuji*) betäuben; **~ivý**, **~ující** ohrenbetäubend.
ohmat|aný abgegriffen; **~(áv)at** betasten, befühlen.
ohnat se *pf.* (*-ženu*) um sich schlagen, F herumfuchteln.
ohnice *f* (*2a*) *Bot.* Ackersenf *m*.
ohníček *m* (*2b*; *-čk-*; *2. a. -čka*) Feuerchen *n*.
ohnilý angefault.
ohnípaný P schläfrig, verschlafen.
ohni|sko *n* (*1b*; *-s*[*e*]*k*) Brennpunkt *m*; *Med.* Herd *m*; **~skový** *Phys.* Brenn-; **~ště** *n* (*2a*) Feuerstätte *f*, -stelle *f*.
ohnít *pf.* (*s. hnít*) faulig werden, anfaulen.
ohni|vák *m* (*1a*) *Myth. pták* ♀ Feuervogel *m*; **~vost** *f* (*4*) Feurigkeit *f*, feuriges Wesen *n*; *fig.* Feuer *n*; **~vý** feurig, Feuer-; **~vzdorný** feuerfest.
ohňo|met *m* (*2a*) Flammenwerfer *m*; **~stroj** *m* (*4*) Feuerwerk *n*; **~strůjce** *m* (*3*) Feuerwerker *m*, Pyrotechniker *m*.
oh|nout *pf.* (um)biegen; beugen; F rumkriegen; **~nutí** *n* (*3*) Biegung *f*; Beugung *f*; **~nutitelný** biegsam; **~nutý** gebogen, gekrümmt; **~ňový** Feuer-.
ohoblovat *pf.* (*-luji*) abhobeln.
ohodit *pf.* (*-zen*) *Mauer* anwerfen.
ohodno|cení *n* (*3*) Bewertung *f*; *Sp.* Bewertungsnote *f*; **~tit** *pf.* (*-cen*) bewerten.
ohol|ený rasiert; **~it** *pf.* rasieren.
ohon *m* (*2a*) Schweif *m*; *Jagdw.* Rute *f*.
ohoř|elý abgebrannt; **~et** *pf.*, **~ívat** abbrennen (*v*/*i*).
ohospodařovat (*-řuji*) *s. obhospodařovat*.
ohoz *m* (*2a*) *dial.* Kleid *m*, Anzug *m*.
ohrab|(áv)at (*pf. -u*) (um)scharren, kehren, harken; **~ky** *m*/*pl.* (*2b*; *-bk-*) Abfall *m* beim Rechen.
ohrad|a *f* (*1*) Umfriedung *f*; Holzlager *n*; Hürde *f*, Zwinger *m*; **~it** *pf.* (*-zen*) umzäunen, einzäunen; *~ se* sich verwahren (gegen *A*); *Jur.* Einspruch erheben.
ohr|ádka *f* (*1c*; *-dek*) Umfriedung *f*; (*Tier-*)Auslauf *m*; (*Kinder-*)Laufgitter *n*; **~adní** Umzäunungs-, Umfassungs-; *Mil.* Schanz-.
ohranič|ení *n* (*3*) Abgrenzung *f*; **~ený** abgegrenzt; begrenzt; **~it** *pf.*, **~ovat** (*-čuji*) abgrenzen; begrenzen.
ohra|nit *pf.* (*-něn*), **~ňovat** (*-ňuji*) abkanten; *Tech.* abdecken; **~ný** abgespielt; **~zovat** (*-zuji*) *s. ohradit*.
ohrn|out *pf.*, **~ovat** (*-nuji*) umstülpen; *Kragen* hochschlagen; *Ärmel*

umschlagen; F *Nase* rümpfen; **~ovací** Umschlage-; **~ovačky** *f/pl.* (*1c*; *-ček*) Faltenstiefel *m/pl.*
ohrom|ení *n* (*3*) Bestürzung *f*; **~ený** verblüfft; **~it** *pf. s. ohromovat*; **~nost** *f* (*4*) Ungeheuerlichkeit *f*, gewaltige Größe *f*; **~ný** riesig, gewaltig, Riesen-; **~ovat** (*-muji*) verblüffen.
ohro|zit *pf.* (*-žen*) bedrohen; gefährden; **~žení** *n* (*3*) Bedrohung *f*, Gefährdung *f*; **~žený** bedroht; **~žovat** (*-žuji*) *s. ohrozit.*
ohryz|(áv)at (*pf. -žu/-zám*) abnagen; **~ek** *m* (*2b*; *-zk-*) Kerngehäuse *n*, F Griebs *m*; *Anat.* Adamsapfel *m*; **~ovat** (*-zuji*) *s. ohryzávat.*
ohřát *pf.* (*-hřeji*) (er)wärmen; **~í** *n* (*3*) Erwärmung *f*; **~ý** erwärmt; *Essen*: aufgewärmt.
Ohře *f* (*2*) Eger *f* (*Fluß*).
ohřebit *pf.* Fohlen werfen, fohlen.
ohřív|ací Wärm-; **~ač** *m* (*4*): **~** *vody* Warmwasserspeicher *m*; **~** *vzduchu* Lufterhitzer *m*; **~ání** *n* (*3*) Erwärmung *f*, Erhitzung *f*; **~árna** *f* (*1*; *-ren*) Wärmestube *f*; **~at** *s. ohřát.*
ohyb *m* (*2a*) Biegung *f*; Krümmung *f*; *Phys.* Brechung *f*.
ohýbací Beuge-; *Gr.* Flexions-.
ohybač *m* (*4*) Beugemuskel *m*.
ohýb|adlo *n* (*1a*; *-del*) Biegemaschine *f*; **~ání** *n* (*3*) Biegung *f*, Beugung *f*; *Gr.* Abwandlung *f*; **~aný** gebogen; **~at** ⟨*na- se, z-*⟩ biegen, beugen.
ohybatelný biegsam.
ohyzd|a *f* (*1*) Scheusal *n*; **~nost** *f* (*4*) Abscheulichkeit *f*; **~ný** abscheulich.
ochab|lost *f* (*4*) Abgespanntheit *f*, Schlaffheit *f*; **~lý** abgespannt, schlaff; **~nout** *pf.* (*-bl*) erlahmen, nachlassen; **~nutí** *n* (*3*) Erschlaffen *n*; Nachlassen *n*; *Rdf.* Fading *m*, Schwinden *n*; *Hdl.* Flaute *f*; **~ovat** (*-buji*) *s. ochabnout.*
ochechule *f* (*2*) Seekuh *f*.
ochlad|it *pf.* (*-zen*) (ab)kühlen; **~nout** *pf.* (*-dl*) kühl werden, erkalten; **~nutí** *n* (*3*) Abkühlung *f*; Erkaltung *f*.
ochlast|a P *m* (*5*) Trinker *m*; **~at se** V sich besaufen.
ochlaz|ení *n* (*3*) *s. ochladnutí*; **~ený** (ab)gekühlt; **~ující** kühlend.
ochlupacený behaart.
ochmel|a P *m* (*5*) Trunkenbold *m*, Säufer *m*; **~ený** betrunken; **~it se** P sich betrinken.
ochoč|ený zahm, P kirre; **~it** *pf.*, **~ovat** (*-čuji*) zähmen, P kirre machen.
ocho|dit *pf.* (*-zen*) abtreten, abnutzen; **~řelý** *lit.* krank.
ochot|a *f* (*1*) Bereitwilligkeit *f*, Gefälligkeit *f*; **~nický** Liebhaber-, Laien-; **~nictví** *n* (*3*) Dilettantentum *n*; **~ničit** *beim Laientheater* (mit)spielen; **~ník** *m* (*1a*) Dilettant *m*, Laie *m*, Amateur *m*; **~nost** *f* (*4*) Bereitwilligkeit *f*; **~ný** bereitwillig, entgegen-, zuvorkommend.
ochoz *m* (*2*; *6. -u/-e*) Wandelgang *m*, Galerie *f*; *Tech.* Laufsteg *m*.
ochran|a *f* (*1*) Schutz *m*, Obhut *f*; **~ářství** *n* (*3*) System *n* von Schutzzöllen.
ochrán|ce *m* (*3*) Beschützer *m*, *lit.* Schirmherr *m*; *Rel.* Schutzpatron *m*; **~it** *pf.* (*-ěn*) (be)schützen (*proti č-u* vor *D*).
ochranitel *m* (*3*; *-é*), **~ka** *f* (*1c*; *-lek*) Beschützer(in *f*) *m*; **~ský** Schutz-.
ochra|nný Schutz-; **~ňovat** (*-ňuji*) *s. ochránit*; **~novský** *Rel.* Herrnhuter (*Adj.*).
ochrapt|ělý heiser; **~ění** *n* (*3*) Heiserkeit *f*; **~ět** *pf.* (*3 Pl. -ějí*) heiser werden.
ochrn|out *pf.*, **~ovat** (*-nuji*) gelähmt werden; **~utí** *n* (*3*) Lähmung *f*; **~utý** gelähmt.
ochrom|enost *f* (*4*) *iron.* Lahmheit *f*; **~(ě)lý** lahm; **~ení** *n* (*3*) Lahmlegung *f*; **~ený** lahmgelegt; **~it** *pf.*, **~ovat** (*-muji*) lähmen; *fig. a.* lahmlegen; **~ující** lähmend.
ochudit *pf.* (*-zen*) arm machen.
ochurav|ělý erkrankt, unpäßlich; **~ění** *n* (*3*) Erkrankung *f*; **~ět** (*3 Pl. -ějí*) (*čím*) erkranken (an *D*).
ochutn|at *pf.* kosten, probieren; **~ávárna** *f* (*1*; *-ren*) Probierstube *f*; **~ávat** *s. ochutnat.*
ochuzovat (*-zuji*) *s. ochudit.*
oj, ~e *f* (*3 od. 2*) Deichsel *f*.
ojedinělý einzeln, vereinzelt.
oje|t *pf.* (*-jedu*), **~zdit** *pf.* (*a. -žděn*) *Reifen* abfahren, abnutzen; *Pferd* zureiten; **~zděný, ~žděný** abgefahren, abgenutzt; *Pferd* zugeritten.
ojíně|lý, ~ný mit Reif bedeckt, bereift.
ojí|nit *pf.* (*-ěn*) mit Reif bedecken, bereifen; **~ždět** (*3 Pl. -ějí*) *s. ojet.*

ojnice *f* (*2a*) *Kfz.* Lenkstange *f*; Pleuelstange *f*.

okal *m* (*2a*) *Agr.* Mehltrank *m*; Spülwasser *n*.

okamž|ení *n* (*3*), **~ik** *m* (*2b*) Augenblick *m*; **~itý** augenblicklich, sofortig.

okap *m* (*2a*) Dachrinne *f*, † Traufe *f*.

okartáčovat *pf.* (*-čuji*) ab-, ausbürsten.

oka|tice *f* (*2a*) *Zo.* Neunauge *n*; **~tost** *f* (*4*) Auffälligkeit *f*; **~tý** mit großen Augen; auffällig.

okázal|ost *f* (*4*) Pracht *f*, Gepränge *n*; **~ý** prunkvoll, pompös.

okazní Gelegenheits-.

okenice *f* (*2a*) Fensterladen *m*.

okén(eč)ko *n* (*1b*; *-n[eč]ek*) kleines Fenster *n*, F Fensterchen *n*.

okenní Fenster-.

oklam|aný getäuscht, betrogen; **~(áv)at** (*pf.* *-u*) täuschen, betrügen.

oklátit *pf.* (*-cen*) *Früchte v. Baum* schütteln, abschlagen.

oklep *m* (*2a*) (*Maschinen-*)Abschrift *f*, Durchschlag *m*; *Typ.* Bürstenabzug *m*; **~(áv)at** (*pf.* *-u*/*-ám*) abklopfen; abschreiben, F abtippen; *Obst* abschütteln; **~ek** *m* (*2b*; *-pk-*) *s. oklep*; **~nout** *pf.* (*-pl*; *-pnut*) *s. oklepat*.

okles|tek *m* (*2b*; *-tk-*) Knüttel *m*, Prügel *m*; **~tění** *n* (*3*) Entfernen *n* von Ästen; *fig.* Einschränkung *f*; **~těný** *Baum*: abgeästet; *Rechte*: geschmälert; **~tit** *pf.* (*-štěn*), **~ťovat** (*-ťuji*) *Baum* abästen; *Rechte* schmälern.

okleš|těk *m s. oklestek*; **~ťovat** (*-ťuji*) *s. oklestit*.

oklika *f* (*1c*) Kurve *f*, Krümmung *f*; *-ky pl.* Umwege *m/pl.*, Umschweife *m/pl.*

okluzký (*Adv.* *-o*) schlüpfrig; *Eis*: glatt.

okmínovat *pf.* (*-nuji*) mit Kümmel würzen.

okno *n* (*1*; *oken*) Fenster *n*; *~ ve střeše* Dachfenster; *místo u -na* Fensterplatz *m*.

oko *n* (*1b*) Auge *n*; Masche *f*, Schlinge *f*; *Kochk.* Spiegelei *n*; *na ~* zum Schein; *pl. oči f* (*4*; *7. -ima*, *s. Anhang*) Augen *n/pl.*

okol|ek *m* (*2b*; *-lk-*) Rand *m*; (*Hut-*)Krempe *f*; (*Mond-*)Hof *m*; *-lky m/pl.* Umschweife *m/pl.*; **~í** *n* (*3*) Umgebung *f*; **~ík** *m* (*2b*) *Bot.* Dolde *f*; **~kovat**[1] (*-kuji*) Umstände machen; **~kovat**[2] (*-kuji*) (ab)stempeln; mit Stempelmarken versehen; **~ní** benachbart; umliegend; *~ svět* Umwelt *f*; **~nost** *f* (*4*) Umstand *m*.

okolo *Prp.* (*mit 2. Fall*) um ... herum, rings um (*A*), an (*D*) vorüber; *Adv.* ringsum; ungefähr; *s. kolem*; **~stojící** *m* (*Adj. 1*, *Pl.*) die Umstehenden *m/pl.*

okonč(et)ina *f* (*1*) *Anat.* Glied *n*; *-ny pl. a.* Gliedmaßen *pl.*

okop *m* (*2a*) Erdwall *m*, Schanze *f*; *Mil.* Schützengraben *m*; **~anina** *f* (*1*) Hackfrucht *f*; **~at** *pf.* (*-u*/*-ám*) umgraben, F hacken; *Schuhe* abstoßen.

okopáv|ačka *f* (*1c*; *-ček*) Krauthacke *f*; Hackmaschine *f*; **~at** *s. okopat*; **~ka** *f* (*1c*; *-vek*) Umgraben *n*; *Agr.* Behacken *n*.

oko|pírovat *pf.* (*-ruji*) kopieren, e-e Kopie anfertigen; **~ptěný** berußt, rußig; **~ralý** krustig; aufgesprungen; **~r(áv)at** *Brot*: hart werden; **~řenit** *pf.* (*-ěn*) würzen; **~stice** *f* (*2a*) Beinhaut *f*; **~tit se** *pf.* *Katze*: Junge werfen.

okouk|aný *Adj.* erfahren; F nicht mehr neu; **~at** *pf.*, **~nout** *pf.* (*-kl*/ *-knul*; *-knut*) anschauen, beschauen; (*k-u co*) abgucken (j-m *A*); *~ se* sich umschauen.

okoun *m* (*1*) Barsch *m*; **~ěč** *m* (*3*) *verä.* Gaffer *m*; **~ět** (*3 Pl.* *-ějí*) gaffen, Maulaffen feilhalten.

okous|aný abgenagt; **~at** *pf.* (*-ši*/ *-sám*) benagen; F *~ se* sich zu Tode langweilen.

okoušet (*3 Pl.* *-ejí*) *s. okusit*.

okouzl|ení *n* (*3*) Hexerei *f*; **~ený** verzaubert; **~it** *pf.*, **~ovat** (*-luji*) verzaubern; *fig.* bezaubern.

okov *m* (*2a*) Eimer *m*; *~y pl.* Fesseln *f/pl.*; **~aný** mit Eisen beschlagen; **~at** *pf.* (*-u*/*-ám*) *Pferd* beschlagen.

okrádat bestehlen.

okraj *m* (*4*), **~ek** *m* (*2b*; *-jk-*) Rand *m*, Saum *m*.

okr|ájet *pf.* (*3 Pl.* *-ejí*), **~ajovat** (*-juji*) zuschneiden; *Obst* schälen.

okrasa *f* (*1a*) Zierde *f*, Verzierung *f*.

okrást *pf.* (*-kradu*) *s. okrádat*.

okrášl|ení *n* (*3*) Verschönerung *f*; Beschönigung *f*; **~ený** geschmückt, verschönert; **~it** *pf.* verschönern, schmücken; beschönigen.

okrašlov|ací Verschönerungs-; **~ač**

m (*3*) Dekorateur *m*; **~at** (*-šluji*) *s. okrášlit.*
okres *m* (*2*; *6. -e*/*-u*) Kreis *m*; *öst.* Bezirk *m*; **~lit** *pf.* (*-šlen*) abzeichnen; **~ní** Kreis-; Bezirks-.
okrojit *pf. s. obkrojit.*
okrouhl|ice *f* (*2a*) Wasserrübe *f*; **~ík** *m* (*2b*) Blumentopf *m*; **~ost** *f* (*4*) Rundung *f*; **~ý** rund, rundlich.
okrový ockerfarben.
okrsek *m* (*2b*; *-sk-*) Gebiet *f*, Bereich *m*; *zemský* ~ *poet.* Erdenrund *n*.
okruh *m* (*2b*) (Um-)Kreis *m*, Bereich *m*; *proudový* ~ Stromkreis; ~ *známých* Bekanntenkreis.
okruž|í *n* (*3*) Halskrause *f*; *Anat.* Gekröse *n*; **~ní** Ring-; Rund-.
okrvav|ělý blutbefleckt; **~ět** *pf.* (*3 Pl. -ějí*) blutig werden; **~it** *pf.* mit Blut beflecken.
okřá|lý erfrischt; **~ní** *n* (*3*) Erfrischung *f*; Erholung *f*; **~t** *pf.* (*-křeji*) sich erfrischen, sich erholen.
okřehek *m* (*2b*; *-hk-*) Wasserlinse *f*.
okřídl|ený beflügelt, Flügel-; *Worte*: geflügelt; **~it** *pf.*, **okřidlovat** (*-luji*) beflügeln.
okří|n *m* (*2a*) Napf *m*; **~vat** *s. okřít.*
okřtít (*-těn*) *s. pokřtít.*
okšírovat *pf.* (*-ruji*) P *Pferde* anschirren.
oktrojovat (*im*)*pf.* (*-juji*) *Pol.* oktroyieren, aufzwingen.
okuj *f* (*3*) Sinter *m*.
okulatit *pf.* (*-cen*) abrunden; beschönigen; F hinters Licht führen.
okup|ace *f* (*2*) Besetzung *f*; **~ační** Besatzungs-; **~ovat** (*im*)*pf.* (*-puji*) besetzen.
okurk|a *f* (*1c*; *-rek*) Gurke *f*; **~ový** Gurken-.
okuřovat (*-řuji*) be(weih)räuchern.
okus|it *pf.* (*-šen*) kosten; **~ovat** (*-suji*) abbeißen.
okutí *n* (*3*) Beschlag *m*.
okvět|í *n* (*3*) Blütenhülle *f*; **~ní** Blüten-.
okyslič|ení, ~ování *n* (*3*) Oxydation *f*; **~it** (**se**) *pf.* oxydieren; **~ovací** Oxydations-; **~ovadlo** *n* (*1a*; *-del*) Oxydationsmittel *n*; **~ovat** *-čuji*) *s. okysličit.*
olámat *pf.* (*-u*), **olamovat** (*-muji*) *v*/*t* abbrechen.
olej *m* (*4*) Öl *n*; **~ka** *f* (*1c*; *-jek*) Öllampe *f*; *Bot.* Raps *m*; **~na** *f* (*1*; *-jen*) Ölmühle *f*; **~natý** ölhaltig, Öl-; **~nice** *f* (*2a*) Ölkanne *f*; **~ný** Öl-; **~omalba** *f* (*1*; *-leb*) Ölgemälde *n*.
olejo|tisk *m* (*2b*) Öldruck *m*; **~vat** ⟨*na-*, *pře-*, *za-*⟩ (*-juji*) (ein)ölen; **~vatý** nach Öl schmeckend; **~vitý** ölartig; **~vka** *f* (*1c*; *-vek*) Ölsardine *f*; **~vý** Öl-.
ole|movat *pf.* (*-muji*) einsäumen; **~pit** *pf.*, **~povat** (*-puji*) bekleben; **~zlý** kahl; *Hund*: räudig; *Pelz*: abgeschabt.
olí|bat *pf. s. políbat*; **~nat** *pf.* Haare verlieren, kahl werden.
olistěný belaubt.
olítat *pf. dial.* ablaufen.
oliv|a *f* (*1*) Olive *f*; **~etský**: *O-ká hora* Ölberg *m*; **~ovník** *m* (*2b*) Olivenbaum *m*; **~ový** Oliven-.
oliza *m* (*5*) *scherz.* Leckermaul *n*.
olíz|at *pf.* (*-žu*/*-zám*), **~nout** *pf.* (*-zl*; *-znut*), **olizovat** (*-zuji*) ablecken; belecken.
oloup|aný geschält; **~at** *pf.* (*-u*/ *-ám*) (ab)schälen (*se* sich); **~it** *pf.* berauben.
olov|árna *f* (*1*; *-ren*) Bleigießerei *f*; **~ěnka** *f* (*1c*; *-nek*) Bleiplombe *f*; **~ěný** Blei-; bleigrau; **~natý** bleihaltig; **~nice** *f* (*2a*) Lot *n*; **~o** *n* (*1*; *6. -u*) Blei *n*.
olš|e *f* (*2*) Erle *f*; **~ina** *f* (*1*), **~(ov)í** *n* (*3*) Erlenbusch *m*; **~ový** Erlen-.
oltář *m* (*4*) Altar *m*.
olupov|ač *m* (*3*): ~ *mrtvol* Leichenschänder *m*; **~at** (*-puji*) *s. oloupit u. oloupat.*
olymp|ijský olympisch, Olympia-; **~ský** olympisch, Olymp-.
omáč|et (*3 Pl. -ejí*) eintauchen; **~ka** *f* (*1c*; *-ček*) Soße *f*, Tunke *f*; **~ník** *m* (*2b*) Soßenschüssel *f*.
omak *m* (*2b*) Befühlen *n*; *na* ~ anzufühlen; **~aný** abgegriffen; **~(áv)at** betasten.
omalov|at *pf.* (*-luji*) *s. pomalovat*; **~ánky** *f*/*pl.* (*1c*; *-nek*) Malbuch *n*.
omám|ení *n* (*3*) Betäubung *f*, *fig.* Rausch *m*; **~ený** betäubt; berauscht; **~it** *pf.* betäuben; betören.
omam|ný berauschend, Betäubungs-, Rausch-; ~ *jed* Rauschgift *n*; **~ovat** (*-muji*) *s. omámit*; **~ující** betäubend; berauschend; *fig.* blendend.
omast|ek *m* (*2b*; *-tk-*) Fett *n*, Schmalz *n*; **~it** *pf.* (*-štěn*) schmalzen, fetten.

omaz|at *pf.* (*-žu*), **~ávat, ~ovat** (*-zuji*) (be)schmieren.
omdl|ení *n* (*3*) Ohnmacht *f*; **~elý** ohnmächtig; **~et** (*3 Pl. -ejí*) *pf.*, **~évat, ~í(va)t** ohnmächtig werden.
oměj *m* (*4*) *Bot.* Eisenhut *m.*
omeleta *f* (*1*) Omelett *n*, Eierkuchen *m.*
omelky *m/pl.* (*2b*) Mühlstaub *m.*
omést *pf.* (*-metu*) abkehren.
omešk|ání *n* (*3*) Versäumnis *n*; Verzögerung *f*; **~(áv)at** versäumen; (*k-o*) aufhalten; ~ *se* sich verspäten.
ometat *s. omést.*
omezen|ec *m* (*3*; *-nc-*) beschränkter Mensch *m*; **~í** *n* (*3*) Begrenzung *f*, Beschränkung *f*; Einschränkung *f*; **~ost** *f* (*4*) Beschränktheit *f*; **~ý** begrenzt; beschränkt.
omez|it *pf.* abgrenzen; beschränken; einschränken; beeinträchtigen; *Feuer* eindämmen; **~ovací** Be-, Abgrenzungs-; **~ovat** (*-zuji*) *s. omezit.*
omílat *s. omlít.*
omilostn|ění *n* (*3*) Begnadigung *f*; **~it** *pf.* (*-ěn*) begnadigen.
ominózní ominös.
omít|ačka *f* (*1c*; *-ček*) (*Maurer-*) Kelle *f*; **~ka** *f* (*1c*; *-tek*) Putz *m*, Anwurf *m*; **~at, ~nout** *pf.* (*-tl*; *-tnut*) *Mauer* verputzen.
omlad|ina *f* (*1*) *hist.* Jugend *f* (*koll.*); **~it** *pf.* (*-zen*) verjüngen; **~nice** *f* (*2a*) Wöchnerin *f*; *horečka -ic* Kindbettfieber *n.*
omlád|lý jung (geworden), verjüngt; **~nout** *pf.* (*-dl*) (wieder) jung werden, sich verjüngen.
oml|atek *m* (*2b*; *-tk-*) *Agr.* Drusch *m*, Dreschen *n*; **~átit** *pf.* (*-cen*) abschlagen, abhauen.
omlaz|ení *n* (*3*) Verjüngung *f*; **~ený** jung geworden, verjüngt; **~ování** *n* (*3*) Verjüngung *f*; *Med.* Regeneration *f*; **~ovat** (*-zuji*) verjüngen, (wieder) jung machen; ~ *se s. omládnout.*
oml|etý P abgedroschen; **~ít** *pf.* (*s. mlít*) abreiben, glätten, glatt spülen.
omlouv|ání *n* (*3*) Entschuldigung *f*; **~at** entschuldigen (*se* sich); rechtfertigen (*se* sich).
omluv|a *f* (*1*) Entschuldigung *f*, Rechtfertigung *f*; **~enka** *f* (*1c*; *-nek*) Entschuldigung(sschreiben *n*) *f*; **~it** *pf. s. omlouvat*; **~itelný** entschuldbar, verzeihlich; **~ný** Entschuldigungs-; *-ně Adv.* entschuldigend, zu *seiner* Entschuldigung.
omlžený in Nebel gehüllt; *Brille*: beschlagen.
omo|čit *pf.* eintauchen; benetzen; ~ *si při čem* sich einmischen (in *A*); **~knout** *pf.* (*-kl*) (ein wenig) naß werden; **~t(áv)at** umwickeln, umbinden.
omozečnice *f* (*2a*) weiche Hirnhaut *f.*
omráč|ení *n* (*3*) Betäubung *f*; **~it** *pf.* betäuben; *fig.* überraschen.
omrzat *pf.* frieren.
omrzel|ec *m* (*3*; *-lc-*) verdrossener Mensch *m*; **~ost** *f* (*4*) Überdruß *m*; ~ *ze života* Lebensüberdruß; **~ý** verdrossen; ~ *životem* lebensmüde.
omrz|ení *n* (*3*) Überdruß *m*; **~et** *pf.* verdrießen; P satt bekommen; **~lina** *f* (*1*) Frostbeule *f*; **~lý** erfroren, abgefroren; **~nout** *pf.* (*-zl*) erfrieren, abfrieren.
omše|lý, ~ný mit Moos bewachsen, bemoost; *fig.* alt; *Phrasen*: abgedroschen.
omyl *m* (*2a*) Irrtum *m*; *být na ~u* im Irrtum sein.
omýlit irreführen; ~ *se* sich irren, sich versehen.
omyl|nost *f* (*3*) Irrtümlichkeit *f*; **~ný** irrig; täuschend.
omýt *pf.* (*s. mýt*) abwaschen; *Geschirr* (ab)spülen.
omytí *n* (*3*) Abwaschen *n*, Spülen *n.*
omýv|at *s. omýt*; **~ání** *n* (*3*) *s. omytí.*
omžený *Brille*: angelaufen, beschlagen.
omžít *pf.* mit Tau (*od.* Nebel) benetzen; ~ *se Scheibe*: anlaufen, beschlagen.
on (*ona, ono*; *oni, ony, ona*) er, sie, es; sie (*s. Anhang*).
onač(ejš)í *dial.* besser, schöner.
onady in dieser Richtung; dorther; dorthin.
onak: *tak či ~* so oder so; **~ý** ein anderer; † *a.* nett.
onam dorthin.
ondat|ra *f* (*1d*; *-ter*) Bisamratte *f*; **~ří** Bisam-.
onde dort; *tu i ~* hier und dort, hie und da.
ondul|ace *f* (*2*) Ondulation *f*; *trvalá ~* Dauerwelle *f*; **~ovat** ⟨*na-, z-*⟩ (*-luji*) ondulieren.

ondy, onehda, onehdy vor kurzem, neulich, unlängst.
oněm|ělý verstummt; *fig.* sprachlos; **~ět** *pf.* (*3 Pl.* *-ějí*) verstummen; *fig.* sprachlos werden.
onemocn|ění *n* (*3*) Erkrankung *f*; **~ět** *pf.* (*3 Pl.* *-ějí*) krank werden, erkranken (*čím* an *D*).
onen jener.
oni *s. on*; **~kat** (*k-u*) mit „Sie" anreden.
ono es; jenes *s. on.*
onuce *f* (*2*) Fußlappen *m.*
onudy in jener Richtung; dort hinaus *od.* (hin)durch.
ony *s. on.*
op *m* (*1*; *-ové*/*-i*) Affe *m.*
opačina *f* (*1*) Steuerruder *n.*
opáčit *pf.* entgegnen, erwidern.
opačný entgegengesetzt, umgekehrt, Gegen-.
opad *m* (*2a*) Abfallen *n der Blätter*; Sinken *n des Wassers*; **~alý, ~aný** herabgefallen; **~(áv)ání** *n* (*3*) Abfallen *n*, Sinken *n*; **~(áv)at, ~nout** *pf.* (*-dl*) (her)abfallen; sinken; *Putz*: abbröckeln.
opájet (*3 Pl.* *-ejí*) *s. opojit.*
opak *m* (*2b*) Gegenteil *n*; Gegensatz *m*; **~ovací** Wiederholungs-; Repetier-; *Gr.* frequentativ (*Verb*); **~ování** *n* (*3*) Wiederholung *f*; Wiederkehr *f*; **~ovat** (*-kuji*) wiederholen; nachsprechen (*j-m et.*); **~ovatelný** wiederholbar.
opál|enina *f* (*1*) verbrannte Stelle *f*; **~ený** abgebrannt; *~ od slunce* von der Sonne verbrannt; **~it** *pf.* abbrennen; *Sonne*: verbrennen; *~ se v. der Sonne* braun werden.
opálka *f* (*1c*; *-lek*) *Agr.* Futterschwinge *f*; Strohschüssel *f.*
opalov|ací Brenn-, Seng-; **~ačky** *f/pl.* (*1c*; *-ček*) Strandanzug *m*; **~ání, opálení** *n* (*3*) Abbrennen *n*; Braunwerden *n*; **~at** (*-luji*) *s. opálit.*
opancéřov|aný gepanzert; **~at** *pf.* (*-řuji*) panzern.
opánek *m* (*2b*; *-nk-*) Sandale *f*; (*serbische*) Opanke *f.*
opanovat *pf.* (*-nuji*) beherrschen (*se* sich).
opaprikovat *pf.* (*-kuji*) mit Paprika würzen.
opar *m* (*2a*) leichter Dunst *m*; *Med.* Hitzebläschen *n.*
opaře|ní *n* (*3*) Verbrühen *n*; **~nina** *f* (*1*) *Med.* Verbrennung *f*, Verbrühung *f*; **~ný** verbrüht; *jako ~ fig.* wie vom Blitz getroffen.
opařit *pf.* verbrühen; abbrühen.
opásat *pf.* (*-šu*/*-sám*) (um)gürten (*A*), umbinden (*j-m A*).
opasek *m* (*2b*; *-sk-*) Gürtel *m*, Leibriemen *m*; *Mil.* Koppel *n.*
opat *m* (*1*) Abt *m.*
opatek *m* (*2b*; *-tk-*) (*Schuh-*)Absatz *m.*
opatr|nický übertrieben vorsichtig; **~nictví** *n* (*3*) allzu große Vorsicht *f*; **~nost** *f* (*4*) Vorsicht *f*; **~ný** vorsichtig, behutsam.
opatrov|ací Pflege-; **~anec** *m* (*3*; *-nc-*) Heiminsasse *m*; **~ání** *n* (*3*) Betreuung *f*, Pflege *f*; **~at** (*-ruji*) betreuen, pflegen; **~atel** *m* (*3*; *-é*), **-lka** *f* (*1c*; *-lek*) Betreuer(in *f*) *m*, Pfleger(in *f*) *m*; *Jur.* Wärter(in *f*) *m*; **~na** *f* (*1*; *-ven*) Kinderhort *m*; **~nický** Pflege-; *Jur.* Kuratel-; **~nictví** *n* (*3*) Vormundschaft *f*, Kuratel *f*; **~ník** *m* (*1a*) Pfleger *m*; *Jur.* Kurator *m*; **~nice** *f* (*2a*) Pflegerin *f*, Wärterin *f*; *~ dětí* Kindermädchen *n.*
opatř|ení *n* (*3*) Anschaffung *f*, Besorgung *f*; Versorgung *f*; Maßnahme *f*, Vorkehrung *f*; **~it** *pf.*, *zaanschaffen*, beschaffen; ausstatten; *Wohnung* möblieren; *Gutachten* einholen; *Zeugen* stellen; *Feld* bestellen; *~ se* (*čím*) sich versehen (mit *D*); **~ování** *n s. opatření*; **~ovat** (*-řuji*) *s. opatřit.*
opats|ký Abtei-; **~tví** *n* (*3*) Abtei *f.*
opaž|ení *n* (*3*) Täfelung *f*; Verschalung *f*; **~ený** getäfelt; verschalt; **~it** *pf.* *Tür* verschalen; *Wände* täfeln.
opéci *pf.* (*opečen*) *s. opékat.*
opék|ač *m* (*4*): *~ topinek* Brotröster *m*, Toaster *m*; **~aný** geröstet; gebraten; *-né brambory* Bratkartoffeln *f/pl.*; **~at** rösten; braten.
opelich|aný kahl; schäbig; **~at** *pf.* *Zo.* sich hären; *Vogel*: mausern; schäbig werden.
opentlit *pf.* mit Bändern schmükken; beschönigen; F (*k-o*) hinters Licht führen.
opepř|ený gepfeffert; **~it** *pf.* pfeffern.
opera *f* (*1d*) Oper *f.*
opěra *f* (*1d*) Stütze *f*, Lehne *f*; *Mil.* Schulterstück *n.*
opera|ce *f* (*2*) Operation *f*; **~ční** Operations-.

opěr|adlo *n* (*1a*; *-del*) Lehne *f*; **~ák** *m* (*2b*) Stützbalken *m*.
operat|ér *m* (*1*; *1 Pl.* *-ři*) Operateur *m*; **~ivní** [-tɪːv-] operativ.
operet|a *f* (*1*) Operette *f*; **~ní** Operetten-.
operní Opern-.
opěrný Stütz-.
operovat (*-ruji*) operieren; **~elný** operierbar.
opeř|enec *m* (*3*; *-nc-*) gefiedertes Tier *n*; **~ení** *n* (*3*) Gefieder *n*; **~ený** gefiedert; flügge; **~it** *pf.* mit Federn schmücken; ~ se Federn bekommen, flügge werden.
opeslý F schamlos; unverschämt.
opět wieder(um), nochmals; **~ný** wiederholt, nochmalig; Wieder-; **~ovací** *Gr.* iterativ; **~ování** *n* (*3*) Wiederholung *f*; Erwiderung *f*; **~ovaný** wiederholt; erwidert; *-ná láska* Gegenliebe *f*; **~ovat** (*-tuji*) wiederholen; erwidern; **~ovný** Wieder-, wieder-.
opěvat *pf.* besingen, verherrlichen.
opev|nění *n* (*3*) Befestigung *f*; **~něný** befestigt; **~nit** *pf.* (*-ěn*) befestigen; ~ se sich verschanzen; **~ňovací** Befestigungs-; † Schanz-; **~ňovat** (*-ňuji*) *s. opevnit*.
opěvovat (*-vuji*) *s. opěvat*.
opice *f* (*2a*) Affe *m*.
opič|ácký affenartig; **~áctví** *n* (*3*) Nachäffen *n*; **~ák** *m* (*1a*) Nachäffer *m*; Affengesicht *n*; **~árna** *f* (*1*; *-ren*) Affenkäfig *m*; **~átko** *n* (*1b*; *-tek*) junger Affe *m*, Äffchen *n*; **~ení** *n* (*3*) Nachäffen *n*; **~í** Affen-; **~inec** *m* (*4*; *-nc-*) Affenhaus *n*; **~it se** (*po čem, kom*) nachäffen (*A*); **~ka** *f* (*1c*; *-ček*) Äffchen *n*.
opí|chat *pf.*, **opichovat** (*-chuji*) umstechen; **~jet** (*3 Pl.* *-ejí*) *s. opít*.
opil|ec *m* (*3*; *-lc-*) Betrunkene(r) *m*; **~ecký** Betrunkenen-; **~ost** *f* (*4*) Trunkenheit *f*; *v ~i* in betrunkenem Zustand; **~ovat** *pf.* (*-luji*) abfeilen; **~ství** *n* (*3*) Trunksucht *f*; Trunkenheit *f*; **~ý** betrunken, berauscht.
opín|at umranken, umfassen; **~avý**: *-vé rostliny* Schlingpflanzen *f/pl.*
opiový Opium-.
opírat *s. opřít u. oprat*.
opis *m* (*2*; *6.* *-e/-u*) Abschrift *f*; Umschreibung *f*; ~ *na čisto* Reinschrift *f*; **~ný** umschreibend; **~ovač** *m* (*3*) Abschreiber *m*, † Kopist *m*; **~ovat** (*-suji*) abschreiben; umschreiben; *Kreis, Bahn* beschreiben.
opít *pf.* (*s. pít*) betrunken machen (*A*); ~ se sich betrinken.
opläc|aný rund(lich); dick; **~et** † (*3 Pl.* *-ejí*) *s. oplatit*.
opl|áchnout *pf.* (*-chl*; *-chnut*), **~achovat** (*-chuji*) (ab)spülen.
opla|k(áv)at (*pf. s. plakat*) beweinen; *Verlust* verschmerzen; **~skávat, ~sknout** *pf.* (*-kl*) *Geschwulst*: zurückgehen; **~tit** *pf.* (*-cen*) *Tat* vergelten; *Summe* zurückzahlen.
oplatka *f* (*1c*; *-tek*) Oblate *f*, Waffel *f*.
oplátka *f* (*1c*; *-tek*) Vergeltung *f*; *půjčka za -ku* wie du mir, so ich dir; *na věčnou -ku* auf Nimmerwiedersehen.
oplé|st *pf.* (*s. plést*), **~tat** umflechten, umspinnen; *fig.* umgarnen.
oplet|ačka *f* (*1c*; *-ček-*) Unannehmlichkeit *f*, P Schererei *f*; **~ení** *n* (*3*) Umwicklung *f*; **~ený** umflochten; *-ná láhev* Korbflasche *f*.
oploc|ení *n* (*3*) Einzäunung *f*, *lit.* Umfriedung *f*; **~ený** eingezäunt.
oplod|í *n* (*3*) Fruchthülle *f*; **~nění** *n* (*3*) Befruchtung *f*; **~něný** befruchtet; **~(n)it** *pf.* (*-něn*), **~ňovat** (*-ňuji*) befruchten; *Frau* schwängern.
oplo|tit *pf.* (*-cen*) umzäunen, *lit.* umfrieden; **~zení** *n* (*3*) *s. oplodnění*; **~zovací** Befruchtungs-; **~zovat** (*-zuji*) *s. oplodňovat*.
oplývat (*čím*) Überfluß haben (an *D*).
oplz|lost *f* (*4*) Obszönität *f*; Zote *f*; **~lý** schlüpfrig, unflätig, obszön.
opocovat se *pf.* (*-cuji*) *Glas*: (sich) beschlagen, anlaufen, F schwitzen.
opodál nicht weit entfernt, unweit; *stát ~* abseits stehen.
opodstat|nění *n* (*3*) Begründung *f*; Stichhaltigkeit *f*; **~něný** begründet; stichhaltig; **~nit** *pf.* (*-ěn*), **~ňovat** (*-ňuji*) begründen; stichhaltige Beweise anführen (für *A*).
opoj|ení *n* (*3*) Rausch *m*; *fig.* Taumel *m*; **~ený** berauscht, *lit.* trunken; **~it** *pf.* berauschen; **~ivý, ~ný** berauschend, Rausch-; **~ovat** (*-juji*) *s. opojit*.
opomenout *pf. s. opomíjet*.
opomíj|ení *n* (*3*) Unterlassung *f*; **~et** (*3 Pl.* *-ejí*) unterlassen; *fig.* übergehen.
opomin|out *pf. s. opomíjet*; **~utý** unterlassen; übergangen.

opon|a *f* (*1*) *Thea.* Vorhang *m*; **~ka** *f* (*1c*; *-nek*) Gardine *f*.
oponovat ⟨*za-*⟩ (*-nuji*) opponieren (*k-u, č-u* gegen *A*).
opo|ra *f* (*1d*) Stütze *f*, Halt *m*; *fig.* Bollwerk *n*; **~sice** *f s. opozice*; **~tit se** *pf.* (*-cen*) *s. opocovat se.*
opotřeb|ení *n* (*3*) Abnutzung *f*, Verschleiß *m*; **~it** *pf.* abnutzen, verschleißen; **~ovaný** abgenutzt, verschlissen; *Kleider*: abgetragen; **~ovat** *pf.* (*-buji*) *s. opotřebit.*
opou|štět (*3 Pl. -ějí*) *s. opustit*; **~zdřit** *pf.* einkapseln.
opováž|it se *pf.* wagen, sich unterstehen; **~livec** *m* (*3*; *-vc-*) verwegener Mensch *m*, F Frechling *m*; **~livost** *f* (*4*) Kühnheit *f*, Wagemut *m*; **~livý** kühn, verwegen.
opov|ažovat se (*-žuji*) *s. opovážit se*; **~ěď** *f* (*4a*; *-di usw.*) Meldung *f*, Deklaration *f*; † *a.* Ansage *f*.
opověd|ěný angekündigt; **~ět** *pf.* (*-vím*), **opovídat** ansagen; anmelden.
opovrh|nout *pf.* (*-hl*; *-žen*) verachten (*kým, čím*/*A*); *Liebe* verschmähen; **~ovač** *m* (*3*) Verächter *m*; **~ovaný** verschmäht; **~ovat** (*-huji*) *s. opovrhnout.*
opovrž|ení *n* (*3*) Verachtung *f*, Geringschätzung *f*; **~ený** verachtet, verschmäht; **~livost** *f* (*4*) Verächtlichkeit *f*; **~livý** verächtlich, geringschätzig.
opozd|ilec *m* (*3*; *-lc-*) Zuspätkommende(r) *m*, F Nachzügler *m*; **~ilost** *f* (*4*) Rückständigkeit *f*; **~ilý** verspätet; *fig.* spät, Spät-; rückständig; *Kind* zurückgeblieben; **~it se** *pf.* (*-žděn*) sich verspäten, zu spät kommen; *Esb.* Verspätung haben; *Uhr*: nachgehen.
opozi|ce *f* (*2a*) Opposition *f*; **~ční** oppositionell; **~čník** *m* (*1a*) Anhänger *m* der Opposition, Oppositionelle(r) *m*.
opra|cov(áv)at (*pf. -cuji*) bearbeiten; **~ný** abgewaschen; **~sit se** *pf.* Ferkel werfen, ferkeln.
oprášit *pf.*, **oprašovat** (*-šuji*) abstauben.
oprašov|ač *m* (*4*), **~adlo** *n* (*1a*; *-del*), **~ák** *m* (*2b*) Staubwedel *m*.
oprat *pf.* (*-peru, -prán*) (ab-) waschen.
opratʼ *f* (*4c*; *-tě, -ti usw.*) Lenkseil *n*, Zügel *m*.
oprátka *f* (*1c*; *-tek*) Strang *m*.
oprav|a *f* (*1*) Verbesserung *f*; Instandsetzung *f*; Reform *f*; **~árna** *f* (*1*; *-ren*) *s. opravna*; **~ářský** Werkstatt-.
oprávce *m* (*3*) Reformer *m*; *iron.* Verbesserer *m*.
opravd|ivost, ~ovost *f* (*4*) Wahrhaftigkeit *f*; *fig.* Ernst *m*; **~ivý, ~ovský** wirklich, echt; **~ový** tatsächlich; ernst(haft), *fig.* echt; **~u** *Adv.* tatsächlich, wirklich.
opravit *pf.* reparieren, instandsetzen, überholen; **~elný** noch zu reparieren.
opravna *f* (*1*; *-ven*) Reparaturwerkstätte *f*.
opráv|nění *n* (*3*), **~něnost** *f* (*4*) Berechtigung *f*, Recht *n*; **~něný** berechtigt; **~nit** *pf.* (*-něn*) die Berechtigung erteilen (*k-o*/*D*).
oprav|ný Ausbesserungs-; Verbesserungs-; *Jur.* Rechts-; *-ná zkouška* Wiederholungsprüfung *f*; *-né znaménko* Korrekturzeichen *n*; **~ovat** ⟨*po-*⟩ (*-vuji*) verbessern; reparieren; reformieren; **~ovatel** *m* (*3*; *-é*) Verbesserer *m*.
oprcha|lý herabgefallen; *fig.* verblaßt; **~t** *pf.* herabfallen; schwinden, verblassen.
opro|stit *pf.* (*-štěn*), **~šťovat** (*-ťuji*) losmachen, befreien; vereinfachen; **~štění** *n* (*3*) Befreiung *f*; Vereinfachung *f*; **~štěný** befreit, *fig.* ledig; einfach.
oproti *Prp.* (*mit 3. Fall*) gegenüber (*adversativ*).
opršː|álek *dial. m* (*2b*; *-lk-*; *2 Sg. -a*) Stupsnase *f*; **~elý** herabgefallen; schäbig; **~et** *pf.* herabfallen.
oprudit se *pf.* (*-zen*) sich wund reiben.
opruzen|í *n* (*3*), **~ina** *f* (*1*) Wundreiben *n der Haut*, Wolf *m*; wund(gerieben)e Stelle *f*; **~ený** wundgerieben, entzündet.
oprýsk|aný abgebröckelt; *Lippen*: aufgesprungen; **~(áv)at** abbröckeln; *fig.* abspringen.
opř|ádat umspinnen; *fig.* umgarnen; **~edený** umsponnen; umgarnt; **~ený** gestützt, (an)gelehnt; **~íst** *pf.* (*s. příst*) *s. opřádat*; **~ít** *pf.* (*-přu, -přel, -přen*) (*oč*) sich stützen *od.* lehnen (gegen, auf *A*; se sich); *fig.* bauen (auf *A*); **~ se** (*k-u, č-u*) sich widersetzen (*D*).

ops|aný abgeschrieben; umschrieben; **~at** *pf.* (*s. psát*) abschreiben; umschreiben.
opt|aná *f* (*Adj. 2*), **~ání** *n* (*3*) Nachfrage *f*; **~at se** *pf.* fragen (*na co* nach *D*).
optik [-tɪk] *m* (*1*; *-ové*) Optiker *m*; **~a** *f* (*1c*) Optik *f*.
opti|mální [-tɪ-] optimal; **~mista** *m* (*5a*) Optimist *m*.
opuch|lina *f* (*1*), **~lost** *f* (*4*) Geschwulst *f*; **~lý** geschwollen; **~nout** *pf.* (an)schwellen.
opuka *f* (*1b*) Tonschiefer *m*.
opu|k(áv)at abblättern, abspringen; **~stit** *pf.* (*-štěn*) verlassen, im Stich lassen.
opuště|nost *f* (*4*) Verlassenheit *f*, Einsamkeit *f*; **~ný** verlassen.
opyl|ení *n* (*3*) *Bot.* Bestäubung *f*; **~it** *pf.*, **~ovat** ⟨*do-*⟩ (*-luji*) bestäuben.
orace *dial.* *f* (*2*) *mst pl. fig.* Umstände *m/pl*.
orací Acker-.
oráč *m* (*3*) Acker(s)mann *m*, Pflüger *m*.
oračka *f* (*1c*; *-ček*) Ackermaschine *f*; P Ackern *n*.
orákosovat *pf.* (*-suji*) mit (Schilf-) Rohr bedecken *od.* verkleiden.
orámov|ání *n* (*3*) Umrahmung *f*; **~at** (*-muji*) umrahmen; *Bild* (ein-) rahmen.
oran|ice *f* (*2a*), **~ina** *f* (*1*), **~iště** *n* (*2a*) Ackerboden *m*, -feld *n*.
oranž *f* (*3*) Apfelsine *f*; **~áda** *f* (*1*) Orangeade *f*; **~érie** *f* (*2*) Orangerie *f*; **~ovník** *m* (*2b*) Orangenbaum *m*; **~ový** orangefarben, Orangen-.
orat ⟨*po-, pře-, roz-, z-, za-*⟩ pflügen, ackern.
oratoř *f* (*3*) Oratorium *n*.
orazítkovat *pf.* (*-kuji*) stempeln.
orážet (*im*)*pf.* (*3 Pl. -ejí*) *Putz* abschlagen; *Brief* abstempeln.
orba *f* (*1*; *oreb*) Ackern *n*, Pflügen *n*; † *a.* Ackerbau *m*.
orbita *f* (*1*) *Anat.* Höhle *f*; *Astr.* Umlaufbahn *f*.
ordin|ace [-dɪ-] *f* (*2*) *Med.* Sprechstunde *f*; Behandlungsraum *m*; *Rel.* Priesterweihe *f*; **~ační** Sprech-, Behandlungs-; **~ární** ordinär; **~ář** *m* (*3*) Ordinarius *m*; leitender Arzt *m e-s Krankenhauses*; Diözesanbischof *m*; † *a.* Klassenlehrer *m*; **~ovat** ⟨*na-*⟩ (*-nuji*) ordinieren; *j-m et.* verordnen; *zum Priester* weihen.
orel *m* (*1*; *orl-*) Adler *m*.
organi|cký [-nɪ-] organisch; **~zace** *f* (*2*) Organisation *f*; **~zační** Organisations-; organisatorisch; **~zátor** *m* (*1*; *-ři*) Organisator *m*; **~zátorský** organisatorisch; **~zovanost** *f* (*4*) Organisiertheit *f*; **~zování** *n* (*3*) Organisieren *n*; **~zovaný** organisiert; **~zovat** (*im*)*pf.* ⟨*z-*⟩ (*-zuji*) organisieren.
orchestr *m* (*2a*) Orchester *n*; **~ovat** (*im*)*pf.* (*-ruji*) instrumentieren.
orchide|a *f* (*1/2*), **~j** *f* (*3*) Orchidee *f*.
orient|ace *f* (*2*) Orientierung *f*; **~ační** Orientierungs-; **~álec** *m* (*3*; *-lc-*) Orientale(r) *m*; **~ální** orientalisch; **~ovaný** orientiert, gerichtet; **~ovat** (*im*)*pf.* ⟨*z-*⟩ (*-tuji*) orientieren.
origin|alita *f* (*1*) Originalität *f*; **~ální** original, Original-; originell.
orl|e *n* (*4*) (*Adler-*)Junge(s) *n*; **~í** Adler-; **~ice** *f* (*2a*) Adlerweibchen *n*; Adler *m* (*Wappen*); **~íček** *m* (*1a*; *-čk-*) *s. orlík*; *Bot.* Akelei *f*; **~ičí** Adler-; **~ík** *m* (*1a*) junger (*od.* kleiner) Adler *m*.
orloj *m* (*4*) (astronomische) Turmuhr *f*; (Prager) Aposteluhr.
orlosup *m* (*1*) Lämmergeier *m*.
orn|ice *f* (*2a*) Ackerboden *m*; **~ý** Acker-.
orobinec *m* (*4*; *-nc-*) Rohrkolben *m*.
orodov|ání *n* (*3*) Fürsprache *f*; *Rel.* Fürbitte *f*; **~at** (*-duji*) (*za k-o u k-o*) Fürsprache einlegen, bitten (für *A* bei *D*); **~ník** *m* (*1a*), **~nice** *f* (*2a*) Fürsprecher(in *f*) *m*.
oros|ený mit Tau benetzt; *Blumen*: taufrisch; **~it** *pf.* benetzen.
orsej *m* (*4*) Feigwurz *f*.
ortel *m* (*2a*) Urteil *n*.
orubat *pf. Baum* behauen.
orvat *pf.* (*-rvu*) *Garten, Baum* plündern.
orý|sovat *pf.* (*-suji*) *s. obrýsovat*; **~(va)t** *s. obrýt*.
oř *m* (*3*) *poet.* Roß *n*.
ořech *m* (*2b*) Nuß *f*; Nußbaum *m*; *Kochk.* Kalbskeule *f*; **~ový** Nuß-; Nußbaum-; nußbraun.
ořeš|ák *m* (*2b*; *2. -a*) Walnußbaum *m*; **~í** *n* (*3*), **~ina** *f* (*1*) Haselstrauch *m*; **~ník** *m* (*1a*) *Zo.* Kernbeißer *m*.
ořez|(áv)at (*pf. s. řezat*) *Hecke, Reben* beschneiden, stutzen; *Blei-*

stift spitzen; **~ávátko** *n* (*1b*; *-tek*) Bleistiftspitzer *m*.
oříš|ek *m* (*2b*; *-šk-*) (kleine) Nuß *f*; **~kový** Haselnuß-.
oříz|ka *f* (*1c*; *-zek*) *Typ*. Schnitt *m*; *zlatá* ~ Goldschnitt; **~nout** *pf*. beschneiden.
osa *f* (*1a*) Achse *f*.
osad|a *f* (*1*) Ortschaft *f*, Siedlung *f*, Niederlassung *f*; Kolonie *f*; (*Kirchen*-)Sprengel *m*; **~it** *pf*. (*-zen*) besiedeln; *Beet* bepflanzen.
osádka *f* (*1c*; *-dek*) Belegschaft *f*.
osad|ní Orts-, Gemeinde-; **~ník** *m* (*1a*) Siedler *m*, Kolonist *m*.
osáknout *pf*. (*-kl*), **osakovat** (*-kuji*) *v*/*i* trocknen, trocken werden.
osamě|lost *f* (*4*) Vereinsamung *f*, Einsamkeit *f*; **~lý** einsam; alleinstehend; **~ní** *n* (*3*) Vereinsamung *f*; **~t** *pf*. (*3 Pl*. *-ějí*) einsam werden, vereinsamen.
osamo|cení *n* (*3*), **~cenost** *f* (*4*) Alleinsein *n*, Vereinsamung *f*; **~cený** einsam (da)stehend, *fig*. isoliert; **~statnět** *pf*. (*3 Pl*. *-ějí*) selbständig werden, sich selbständig machen; **~statnit** *pf*. selbständig machen; ~ *se s. osamostatnět*.
osamot|it *pf*. (*-cen*), **~nit** *pf*. *j-n* einsam werden lassen, isolieren; **~nět** *pf*. (*3 Pl*. *-ějí*) vereinsamen; allein bleiben.
osazen|í *n* (*3*) Bepflanzung *f*; **~stvo** *n* (*1*; *-stev*) Belegschaft *f*.
osáz|ený bepflanzt; *fig*. besetzt; **~et** *pf*. (*3 Pl*. *-ejí*) bepflanzen; besetzen.
osazovat (*-zuji*) bepflanzen; besetzen; besiedeln.
oscil|ační Oszillations-, Schwingungs-; **~átor** *m* (*2a*) *Rdf*. Oszillator *m*.
ose|dl(áv)at *Pferde* satteln; F *fig*. ~ *si k-o* j-n kirre machen; **~k(áv)at** abhauen, abhacken.
osel *m* (*1*; *osl-*) Esel *m*.
osemen|í *n* (*3*) *Bot*. Samenhülle *f*; **~it** *pf*. *Zo*. besamen.
osení *n* (*3*) Saat *f*.
oset *m* (*2a*) Ackerdistel *f*.
osev *m* (*2a*) Aussaat *f*; *střídavý* ~ Fruchtfolge *f*; **~ní** Anbau-.
osch|lý trocken; **~nout** *pf*. (*-chl*) trocknen (*v*/*i*).
osídl|enec *m* (*3*; *-nc-*) Siedler *m*; **~ení** *n* (*3*) Besiedlung *f*; **~ený** besiedelt, bevölkert; **~it** *pf*. besiedeln.
osidlo *n* (*1a*; *-del*) Fallstrick *n*, Schlinge *f*.
osídlov|ací Besiedlungs-; **~at** (*-luji*) *s. osídlit*.
osik|a *f* (*1c*) Espe *f*; **~ový** Espen-.
osina *f* (*1*) Granne *f*.
osin|ek *m* (*2b*; *-nk-*) Asbest *m*; **~kový** As-best-.
osípět *pf*. heiser werden.
osiřel|ost *f* (*4*) Verwaistsein *n*, Verlassenheit *f*; **~ý** verwaist, elternlos; verlassen.
osiřet *pf*. (*3 Pl*. *-ejí*) verwaisen.
osí|(va)t (*pf*. *s*. *sít*) besäen; *Feld* bestellen; **~vka** *f* (*1c*; *-vek*) Hungerblümchen *n*.
osivo *n* (*1*) Saatgetreide *n*, Saatgut *n*.
oskeruše *f* (*2*) Eberesche *f*.
oslab|ení *n* (*3*) (Ab-)Schwächung *f*; *Jur*. Entkräftung *f*; **~ený** geschwächt; **~it** *pf*. (ab)schwächen.
osláb|lost *f* (*4*) Erschlaffung *f*; **~lý** geschwächt; *fig*. matt; **~nout** *pf*. (*-bl*) erschlaffen; *fig*. abnehmen.
oslabovat (*-buji*) *s. oslabit*.
osladi|č *m* (*4*) Tüpfelfarn *m*; **~t** *pf*. (*-zen*) süßen; *fig*. *j-m et*. versüßen.
osl|ař, **~ář** *m* (*3*) Eseltreiber *m*; **~átko** *n* (*1b*; *-tek*) Eselfüllen *n*.
oslav|a *f* (*1*) Feier *f*, Fest *n*; **~enec** *m* (*3*; *-nc-*), **~enka** *f* (*1c*; *-nek*) Gefeierte *m u*. *f*; **~ení** *n* (*3*) Verherrlichung *f*; Feiern *n*; **~ený** gefeiert, (viel)gepriesen; **~it** *pf*. feiern; verherrlichen, preisen; **~ný** Fest-, Feier-; Lob- (*z*. *B*. *Rede*); **~ovat** (*-vuji*) *s. oslavit*; **~ovatel** *m* (*1*; *-é*) Lobredner *m*.
oslaz|ený gesüßt, gezuckert; **~ovat** (*-zuji*) *s. osladit*.
osle *n* (*4*) *s. oslátko*.
oslep|ení *n* (*3*) Verblendung *f*; **~ený** geblendet; *fig*. verblendet; **~it** *pf*. blenden; *fig*. verblenden; **~lý** erblindet; **~nout** *pf*. (*-pl*) erblinden, blind werden; **~nutí** *n* (*3*) Erblindung *f*; **~ovat** (*-puji*) *s. oslepit*; **~ující** blendend.
osl|í Esels-; **~ice** *f* (*2a*) Eselin *f*; **~ík** *m* (*1a*), **~íček** *m* (*1a*; *-čk-*) Eselchen *n*; **~ičí** Esels-.
osli|nit *pf*., **~ňovat** (*-ňuji*) mit Speichel benetzen; **~nt(áv)at** begeifern.
osliz|ký, **~lý** schlüpfrig, schleimig; **~nout** *pf*. schleimig (*od*. schlüpfrig) werden.

osl|nit, ~ňovat (*-ňuji*) *s. oslepit*; **~nivý, ~ňující** blendend.
oslov|ení *n* (*3*) Anrede *f*; **~ený** der Angesprochene.
oslovina *f* (*1*) Eselei *f*.
oslov|it *pf.*, **~ovat** (*-vuji*) ansprechen, anreden.
oslov|ský Esels-; **~ství** *n* (*3*) Eselei *f*.
oslun|ěný von der Sonne beschienen, sonnenbestrahlt; **~it** *pf.* der Sonne aussetzen; ~ se sich sonnen, sich in die Sonne legen.
oslyšet *pf. v/t* kein Gehör schenken (*D*), abweisen (*A*); *byl -en* er wurde nicht (an)gehört.
osm (*2, 3, 6, 7. -i*) acht; *v* ~ um acht (Uhr); **~a** *f* (*1*; *osem*) Acht *f*, F Achter *m*.
osmah|lý von der Sonne gebräunt, sonnverbrannt; **~nout** *pf.* (*-hl*) von der Sonne gebräunt werden, F abbrennen, bräunen.
osmanský osmanisch.
osmaž|ený geröstet, geschmort; *-né kuře* Brathähnchen *n*; **~it** *pf.* rösten, braten; *Schnitzel* panieren.
osmdesát achtzig; **~iletý** achtzigjährig; **~ina** *f* (*1*) Achtzigstel *n*; **~iny** *f/pl.* (*1*) achtzigste(r) Geburtstag *m*; **~inka** *f* (*1c*; *-nek*) Achtzig *f*; **~ník** *m* (*1a*), **~nice** *f* (*2a*) F Achtziger(in *f*) *m*; **~ý** achtzigste(r).
osměl|it se, ~ovat se (*-luji*) wagen, sich erkühnen.
osmer|ák *m* (*1a*) *Jagdw.* Achtender *m*; **~ka** *f* (*1c*; *-rek*) *Typ.* Oktav (-format) *n*, Achtelbogen *m*; **~o** *n* (*1b*) acht(erlei); **~onásobný** achtfach; **~ý** achterlei.
osmi|- acht-; **~čka** *f* (*1c*; *-ček*) Acht *f*; **~denní** achttägig; **~dílný** achtteilig; **~hodinný, ~hodinový** achtstündig; **~hran** *m* (*2a*) Achteck *n*; **~hranný** achteckig; **~letka** *f* (*1c*; *-tek*) Achtklassenschule *f*; **~letý** achtjährig; **~měsíční** achtmonatig; **~na** *f* (*1*) Achtel *n*; *Mus.* Achtelnote *f*; **~násobný** achtfach; **~nedělní** achtwöchig; **~nka** *f* (*1c*; *-nek*) *s. osmina*; **~nkový** Achtel-; **~nohý** achtbeinig; **~nový** *s. osminkový*; **~řádkový** achtzeilig; **~stěn** *m* (*2a*) Oktaeder *n*; **~stopý** *Vers*: achtfüßig; **~stovka** F *f* (*1c*; *-vek*) Achthundertmeterlauf *m*; **~stup** *m* (*2a*) Achterreihe *f*; **~třídní** achtklassig; **~úhelník** *m* (*2b*) Achteck *n*; **~úhelný** achteckig; **~válec** F *m* (*4*; *-lc-*) Achtzylinder *m*; **~veslice** *f* (*2a*) *Sp.* Achter *m* (*Boot*).
osm|krát achtmal; **~náct** achtzehn; **~náctiletý** achtzehnjährig; **~náctka** *f* (*1c*; *-tek*) Achtzehn *f*; **~náctý** achtzehnte(r); **~ý** achte(r).
osmýčit *pf.* abkehren, abwischen.
osněžený mit Schnee bedeckt.
osní Achsen-.
osnov|a *f* (*1*) Kettenfaden *m* (*Weberei*); System *n*; Plan *m*, Entwurf *m*; **~at** ⟨z-⟩ (*-nuji*) (an)stiften; *Ränke* schmieden; *Intrigen* spinnen; planen, F im Schilde führen; **~atel** *m* (*1*; *-é*) Anstifter *m*; **~ní** Ketten-; **~ný** *s. základní*.
osob|a *f* (*1*) Person *f*, **~ák** *m s. osobňák*; **~it**: ~ *si co* sich anmaßen (*A*); **~itost** *f* (*4*) Eigenart *f*; **~itý** eigen(artig); **~ivost** *f* (*4*) Anmaßung *f*; **~ivý** anmaßend.
osob|ňák P *m* (*2b*) Personenzug *m*; **~ní** persönlich, Personen-; Personal-; **~nost** *f* (*4*) Persönlichkeit *f*.
osoč|ení *n* (*3*) Verleumdung *f*; **~it** *pf.*, **~ovat** (*-čuji*) verleumden; **~ovatel** *m* (*1*; *-é*) Verleumder *m*.
osolit *pf.* salzen.
osop|it *pf.*, **~ovat** (*-puji*): ~ *se na k-o* j-n grob anfahren.
osoušet (*3 Pl. -eji*) *v/t* (ab)trocknen.
osový Achsen-, axial.
ospal|ec *m* (*3*; *-lc-*) schläfriger Mensch *m*; Langschläfer *m*; F Schlafmütze *f*; **~ost** *f* (*4*) Schläfrigkeit *f*; **~ý** schläfrig, verschlafen.
ospravedl|nění *n* (*3*) Rechtfertigung *f*; **~nit** *pf.*, **~ňovat** (*-ňuji*) rechtfertigen.
osprchovat se *pf.* (*-chuji*) (sich) duschen.
osrdeč|nice *f* (*2a*) Herzhaut *f*; **~ník** *m* (*2b*) Herzbeutel *m*.
osrdí *n* (*3*) Herzgegend *f*; *Kochk.* Lungenhaschee *n*, *öst.* Beuschel *n*.
osrstěn|í *n* (*3*) *Zo.* Haarkleid *n*; **~ý** behaart.
ostat *pf.* (*-stanu*) (ver)bleiben; wohnen.
ostat|ek *m* (*2b*; *-tk-*) Rest *m*, F Überbleibsel *n*; *-tky pl. a.* sterbliche Überreste *m/pl.*; *Rel.* Reliquien *f/pl.*; P *a.* die letzten Faschingstage *m/pl.*; **~ně** *Adv.* übrigens, im übrigen; **~ní** übrig, sonstig, restlich.
ostávat *s. ostat.*
osten *m* (*2a*; *-stn-*) Stachel *m*, Dorn *m*.

ostění *n* (*3*) *Arch.* Futter *n*; Wandverkleidung *f*; ~ *dveří* Türpfosten *m*.
ost|ínit *pf.*, **~iňovat** (*-ňuji*) beschatten.
ostn|atec *m* (*3*; *-tc-*) Drachenfisch *m*; Stachelkäfer *m*; **~atý, ~itý** Stachel-, stachelig.
ostno|kožec *m* (*3*; *-žc-*) Stacheltier *n*, Stachelhäuter *m*; **~srstý** rauhhaarig, Rauhhaar-.
ostouz|eč *m* (*3*) Verleumder *m*; **~ečský** verleumderisch; **~ení** *n* (*3*) Verleumdung *f*; **~et** ⟨z-⟩ (*3 Pl.* *-ejí*) verleumden; ~ *se* sich Schmach zufügen.
ostránkovat *pf.* (*-kuji*) mit Seitenzahlen versehen.
ostražit|ost *f* (*4*) Wachsamkeit *f*; **~ý** wachsem; behutsam.
ostroh *m* (*2b*) Landzunge *f*; Felsvorsprung *m*.
ostro|hranný scharfkantig; **~nosý** mit spitzer Nase; **~srstý** *Zo.* rauhhaarig, Rauhhaar-; **~st** *f* (*4*) Schärfe *f*; *fig. a.* Härte *f*; **~střelba** *f* (*1*; *-leb*) Scharfschießen *n*; **~střelec** *m* (*3*; *-lc-*) Scharfschütze *m*; **~střelecký** Scharfschützen-.
ostrouh(áv)at abschaben; P *fig.* leer ausgehen.
ostroúhlý spitzwink(e)lig.
ostrov *m* (*2*; *2. -a*) Insel *f*; **~an** *m* (*1*; *-é*), **-nka** *f* (*1c*; *-nek*) Inselbewohner(in *f*) *m*, Insulaner(in *f*) *m*.
ostrovid *m* (*1*) Luchs *m*; † *a.* (*2a*) Scharfblick *m*.
ostrov|natý inselreich; **~ní** Insel-.
ostrovtip *m* (*2a*), **~nost** *f* (*4*) Scharfsinn *m*; **~ný** scharfsinnig, geistreich, witzig.
ostruh|a *f* (*1b*) Sporn *m*; **~ový** Sporen-.
ostrůvek *m* (*2b*; *-vk-*) Inselchen *n*.
ostruž|í *n* (*3*) Brombeerhecke *f*; **~ina** *f* (*1*) Brombeere *f*; **~inoví** *n* (*3*) Brombeergestrüpp *n*; **~ník** *m* (*2b*) Brombeerstrauch *m*.
ostrý (*Komp.* *-řejší*; *Adv.* *-ře*, *Komp.* *-řeji*) scharf; *střílet na -ro* scharf schießen.
ostřelovat (*-luji*) beschießen.
ostří *n* (*3*) Schneide *f*; *lit.* Schärfe *f*.
ostříbřit *pf.* versilbern.
ostřice *f* (*2a*) Riedgras *n*.
ostří|ci *pf.* (*-střehu*), **~hat**[1] behüten, beschützen (*k-o od č-o* j-n vor *D*).
ostříhat[2] *od.* **ostřih|at** *pf.*, **~nout** *pf.* (*-hl*; *-žen*), **~ovat** (*-huji*) *Haar, Nägel* schneiden; *Schafe* scheren.
ostříl|ený P gewandt, *iron.* abgebrüht; **~et** *pf.* (*3 Pl.* *-ejí*) zerschießen; ~ se die Scheu ablegen.
ostřit ⟨*na-*, *vy-*, *z-*, *za-*⟩ schärfen.
ostříž *f* (*3*) Lerchenfalke *m*; F *oči jako* ~ Augen wie ein Luchs.
ostřižek *m* (*2b*; *-žk-*) Papierschnitzel *m*.
ostud|a *f* (*1*) Schande *f*; **~it** *pf.* (*-zen*) verunglimpfen; **~nost** *f* (*4*) Schändlichkeit *f*; **~ný** schimpflich, skandalös.
ostych *m* (*2b*), **ostých|ání** *n* (*3*), **~avost** *f* (*4*) Scheu *f*, Schüchternheit *f*; **~at se** sich schämen (*před kým, čím*/vor *D*); **~avý** scheu, schüchtern, schamhaft.
osud *m* (*2a*) Schicksal *n*; **~í** *n* (*3*) (*Wahl-*)Urne *f*; **~nost** *f* (*4*) Verhängnis *n*; **~ný** verhängnisvoll, schicksalhaft; *Irrtum*: folgenschwer; **~ovost** *f* (*4*) Schicksalhaftigkeit *f*; **~ový** schicksalhaft, Schicksals-.
osuš|it *pf.* (ab)trocknen; **~ka** *f* (*1c*; *-šek*) Badetuch *n*; **~ovat** (*-šuji*) *s. osušit*; **~ovátko** *n* (*1b*; *-tek*) Löschwiege *f*.
osvěcovat (*-cuji*) *s. osvítit.*
osvědč|ení *n* (*3*) Bescheinigung *f*; Erklärung *f*; *Med.* Attest *n*; **~ený** bewährt; tüchtig; **~it** *pf.*, **~ovat** (*-čuji*) bescheinigen, beglaubigen; *Gunst* erweisen.
osvět|a *f* (*1*) Volksbildung *f*; (*Volks-*)Kultur *f*; **~ář** *m* (*3*) Kulturreferent *m*; **~ářský** fortschrittlich.
Osvětim *f* (*4*) Auschwitz *n*.
osvětl|ení *n* (*3*) Beleuchtung *f*; *Fot.* Belichtung *f*; **~it** *pf.* beleuchten; *Fot.* belichten; **~ovací** Beleuchtungs-; **~ovač** *m* (*3*) *Thea.* Beleuchter *m*; **~ovat** (*-luji*) *s. osvětlit*.
osvětový Volksbildungs-, Kultur-.
osvěž|ení *n* (*3*) Erfrischung *f*, Erquickung *f*; **~ený** erholt; **~it** *pf.*, **~ovat** (*-žuji*) erfrischen, erquicken; *Erinnerung* auffrischen; **~ivý, ~ující** erfrischend, Erfrischungs-.
osvícen|ec *m* (*3*; *-nc-*) *hist.* Aufklärer *m*; **~í** *n* (*3*) Erleuchtung *f*; **~ost** *f* (*4*) Aufgeklärtheit *f*, *fig.* Bildung *f*; † Durchlaucht *f* (*Titel*); **~ský** Aufklärungs-; **~ství** *n* (*3*) Aufklärung *f*; **~ý** aufgeklärt, † gebildet; *hist.* erlaucht.
osv|it *m* (*2a*) *Fot.*, *Phys.* Belichtung

f; **~ítit** *pf.* (*-cen*) beleuchten, erleuchten; aufklären.

osvobodit *pf.* (*-zen*) befreien; **~el** *m* (*3*; *-é*), **-lka** *f* (*1c*; *-lek*) Befreier (-in *f*) *m*.

osvobo|divý *fig.* befreiend, erlösend; **~zenecký** *s. osvobozovací*; **~zení** *n* (*3*) Befreiung *f*; **~zený** befreit; **~zovací** Befreiungs-; **~zovat** (*-zuji*) *s. osvobodit.*

osvoj|ení *n* (*3*) Aneignung *f*; **~it si** *pf.*, **~ovat si** (*-juji*) sich aneignen.

osychat, osýchat *s. oschnout.*

osyp|(áv)at (*pf. -u*) bestreuen; ~ *se Med.* e-n Ausschlag bekommen; **~ky** *f/pl.* (*1c*; *-pek*) Masern *pl.*

ošac|ení *n* (*3*) Bekleidung *f*, Kleider *n/pl.*; **~ovací** Bekleidungs-.

ošálit *pf.* betrügen.

ošatit *pf.* (*-cen*) (be)kleiden; P *fig.* übers Ohr hauen.

ošatka *f* (*1c*; *-tek*) (*Stroh-*)Brotkorb *m*.

ošemet|ník *m* (*1a*), **~nice** *f* (*2a*) Betrüger(in *f*) *m*; **~nost** *f* (*4*) Heimtücke *f*; **~ný** (heim)tückisch; P verzwickt, heikel.

ošetř|ení *n* (*3*) Behandlung *f*; Pflege *f*, Betreuung *f*; **~it** *pf.* behandeln; pflegen, betreuen; **~ovací** Behandlungs-; Pflege-; **~ovanec** *m* (*3*; *-nc-*), **~ovanka** *f* (*1c*; *-nek-*) Pflegling *m*; **~ovat** (*-třuji*) *s. ošetřit*; **~ovatel** *m* (*3*; *-é*) Pfleger *m*, Betreuer *m*; Wärter *m*; **~ovatelka** *f* (*1c*; *-lek*) Krankenschwester *f*, Pflegerin *f*, Betreuerin *f*; **~ovna** *f* (*1*; *-ven*) Behandlungszimmer *n*; **~ovné** *n* (*Adj. 3*) Behandlungskosten *pl.*; Pflegegeld *n*.

ošid|it *pf.* (*-zen*) betrügen; ~ *se* F hereinfallen; **~ný** trügerisch; *Ähnlichkeit*: täuschend; *Spiel*: falsch.

ší(va)t *s. obšít.*

ošívat se sich kratzen; sich weigern.

ošl|ebovat se (*-buji*), **~íbat se**, **~íbnout se** *pf.* (*-bl*) Grimassen schneiden.

ošklív|ec *m* (*3*; *-vc-*) häßlicher Mensch *m*; **~ět** ⟨z-⟩ (*3 Pl. -ějí*) häßlich werden; **~it** *j-m et.* verekeln; ~ *si co* verabscheuen (*A*), Ekel empfinden (vor *D*); **~ý** häßlich, ekelhaft; *je -vo* es ist abscheuliches Wetter; *je mu -vo* ihm ist übel.

oškr|abat, ~ábat *pf.* (*-u/-ám*), **~abávat** abschaben, abkratzen; *Kartoffeln* schälen; **~abek** *m* (*2b*; *-bk-*) Abgeschälte(s) *n*; **~ábnout** *pf.* (*-bl*; *-bnut*), **~abovat** (*-buji*) *s. oškrabat.*

oškrt *m* (*2a*) Spitzhammer *m*.

oškrobit *pf.* *Wäsche* stärken.

oškub(áv)at (*pf. -u/-am*) abpflükken, abreißen.

oškva|rek *m* (*2b*; *-rk-*) Griebe *f*; **~řit** *pf.*, **~řovat** (*-řuji*) *v/t* schmoren, rösten.

ošlap|aný ausgetreten; **~(áv)at** (*pf. -u/-ám*) *Schuhe, Stufen* austreten; **~ek** *m* (*2b*; *-pk-*) Straßenschmutz *m od.* Schnee *an den Schuhen*; P (*Schuh-*)Putzlappen *m*.

ošlehaný *Gestein*: verwittert.

ošlejch *m* (*2b*) Lauch *m*, Porree *m*

ošoupaný abgewetzt; abgegriffen.

ošplách|at, ~nout *pf.*, **ošplích|at, ~nout** *pf.* (*-chl*; *-chnut*), **ošplouchat** *pf.* *v/t* (ab)spülen, (ab)waschen, *v/i Kinder*: planschen.

oštěnit se *pf.* *Hündin*: Junge bekommen, werfen.

oštěp *m* (*2a*) Speer *m*, † Spieß *m*; **~ař** *m* (*3*), **~ařka** *f* (*1c*; *-řek*) Speerwerfer(in *f*) *m*; **~ek** *m* (*2b*; *-pk-*) Splitter *m*, Span *m*; *Kochk.* geräucherter (Schaf-)Käse *m*; **~iště** *n* (*2a*) Speerschaft *m*; **~ník** *m* (*1a*) † Speerträger *m*; **~ovat** *pf.* (*-puji*) *Agr.* pfropfen.

oština *f* (*1*) Granne *f*.

oštíp|at, ~nout *pf.* (*-pl*; *-pnut*) **oštipovat** (*-puji*) abzwicken; *Gras* zupfen.

ošulit *dial. pf.* betrügen.

ošu|mělý, ~ntělý schäbig, abgetragen.

otáč|ecí Dreh-; **~ení** *n* (*3*) Drehung *f*, Drehbewegung *f*; **~et** ⟨po-⟩ (*3 Pl. -ejí*) *s. otočit*; **~ivý** drehbar, Dreh-; **~ka** *f* (*1c*; *-ček*) Umdrehung *f*, Tour *f*.

otakárek *m* (*1a*; *-rk-*) *Zo.* Schwalbenschwanz *m*.

otál|ení *n* (*3*) Zögern *n*; **~et** ⟨po-⟩ (*3 Pl. -ejí*) zögern (mit *D*).

otava *f* (*1*) Grum(me)t *n*.

otáz|at se *pf.* (*-žu*), **otazovat se** (*-zuji*) (*na co*) fragen (nach *D*), sich erkundigen (bei j-m nach *D*); **~ka** *f* (*1c*; *-zek*) Frage *f*; Problem *n*.

otazník *m* (*2b*) Fragezeichen *n*.

otcovražda *f* (*1*) Vatermord *m*.

otcov|a, ~o *s. otcův*; **~ský** väterlich, Vater-; **~ství** *n* (*3*) Vaterschaft *f*.

otcův (des) Vaters.

otčenáš *m* (*4*), **˷ek** *m* (*2b*; *-šk-*) *Rel.* Vaterunser *n.*
otčím *m* (*1*; *-ové*) Stiefvater *m.*
otčina *f* (*1*) Vaterland *n*, Heimat *f.*
otec *m* (*3*; *otc-*; *1 Pl. otcové*) Vater *m.*
oté|ci *pf.* (*s. téci*), **˷kat** (an-)schwellen.
otekl|ina *f* (*1*) Geschwulst *f*; **˷ý** geschwollen.
otelit se *pf.* kalben.
otep *f* (*4a*) Bündel *n.*
otepl|ení *n* (*3*) Erwärmung *f*; **˷it** *pf.* erwärmen; ˷ se ⟨*po-*⟩ warm werden, sich erwärmen; **˷ovač** *m* (*4*) Bierwärmer *m*; **˷ovat** (*-luji*) *s. oteplit.*
otes|at *pf.* (*-sám*/*-šu*) behauen; abhobeln; *fig. j-m* gute Manieren beibringen; **˷ky** *m*/*pl.* (*2b*) Holzabfälle *m*/*pl.*, Späne *m*/*pl.*
otevř|enost *f* (*4*) Offenheit *f*; **˷ený** offen (*a. fig.*); geöffnet; **˷huba** F *m* (*5*) Maulheld *m*, Großmaul *n*; **˷ít** *pf.* (*-vřu*/*-vru*, *-vřel*, *-vřen*) öffnen.
otěž *f* (*3*) Zügel *m.*
otírat *s. otřít.*
otisk *m* (*2b*) Abdruck *m*; **˷nout** *pf.* (*-kl*; *-štěn*), **˷ovat** (*-kuji*) (ab-)drucken; abdrücken.
otišt|ění *n* (*3*) Abdruck *m*, Veröffentlichung *f*; **˷ěný** gedruckt, veröffentlicht.
otlač|enina *f* (*1*) Schwiele *f*; *Med.* Quetschung *f*; **˷it** *pf.* *v*/*t* (*si* sich *D*) abdrücken, abquetschen (*A*).
otlak *m* (*2b*) *s. otlačenina.*
otlou|ci *pf* (*s. tlouci*), **˷kat** abschlagen; *j-ı* schlagen.
otluče|k *m* (*1a*; *-čk-*) *fig.* Prügelknabe *m*; **˷ný** abgeschlagen; *Hände*: wund.
otoč *m* (*4*) *Turn.* Drehung *f*, Wendung *f*; **˷ení** *n* (*3*) Umdrehung *f*, Wendung *f*; **˷it** *pf.* (um)drehen, (um)wenden; **˷ka** *f* (*1c*; *-ček*) (*Schrauben-*)Windung *f*; *Sp.* Drehung *f*; **˷ný** drehbar, Dreh-.
otok *m* (*2b*) Geschwulst *f*, Schwellung *f.*
otoman *m* (*2*; *6. -u*/*-ě*) Liegesofa *n*, † Ottomane *f.*
otop *m* (*2a*) Beheizung *f*; Brennmaterial *n*; **˷né** *n* (*Adj. 3*) Heiz(ungs)kosten *pl.*; **˷ný**, **˷ový** Heiz-.
otrapa *m* (*5*) *verä.* Vagabund *m*, Halunke *m.*
otrava *f* (*1*) Vergiftung *f*; F *fig.* Lang(e)weile *f*; ˷ *krve* Blutvergiftung; *-vy pl. a.* Vergiftungserscheinungen *f*/*pl.*
otráv|ení *n* (*3*) Vergiftung *f*; **˷ený** gelangweilt, verdrossen; **˷it** *pf.* vergiften; *fig.* vergällen; langweilen, F anöden.
otrav|nost *f* (*4*) Giftigkeit *f*; F Langweiligkeit *f*; **˷ný** giftig; *fig.* langweilig; widerlich; **˷ovat** ⟨*na-se*⟩ (*-vuji*) *s. otrávit.*
otrh|anec *m* (*3*; *-nc-*), **˷ánek** *m* (*1a*; *-nk-*) Haderlump *m*; **˷aný** zerlumpt; *Obst*: gepflückt; **˷(áv)at** abreißen, (ab)pflücken.
otrk|aný erfahren, F abgebrüht; **˷at** *pf.* abschleifen; ˷ se (e-n) Schliff bekommen, F sich die Hörner abstoßen.
otrlý gefühllos, gewissenlos.
otrnout *pf.* nicht mehr weh tun, sich besser fühlen; *fig.* wieder der Alte sein; *už mu -nulo* er fühlt sich besser.
otro|cký sklavisch; **˷ctví** *n* (*3*) Sklaverei *f*; **˷čina** F *f* (*1*) Sklavenarbeit *f*; **˷čit** ⟨*z-*⟩ versklaven, zum Sklaven machen; ˷ *k-u* j-m Sklavendienste leisten, j-s Sklave sein.
otrok *m* (*1a*) Sklave *m*; **˷ář** *m* (*3*) Sklavenhändler *m*; **˷ářský** Sklaven(halter)-; **˷ářství** *n* (*3*) Sklavenhandel *m*; **˷yně** *f* (*2b*) Sklavin *f.*
otruby *f*/*pl.* (*2*) Kleie *f.*
otrušík *m* (*2b*) Arsenik *n.*
otřás(a)t (*pf. s. třást*) (*kým*, *čím*) erschüttern (*A*); schütteln (*A*); (*co*) abschütteln; ˷ se sich schütteln (*čím* vor *D*); rütteln; *Erde*: beben; wanken.
otřel|ost *f* (*4*) Plattheit *f*; Banalität *f*; **˷ý** abgenutzt, abgedroschen.
otřesen|í *n* (*3*) Erschütterung *f*; **˷ý** erschüttert.
otřep|aný zerfranst; *fig.* P abgedroschen, platt; **˷(áv)at** (*pf. -u*/*-ám*) abklopfen, abschütteln; ˷ se sich schütteln; **˷ený** ausgefranst; **˷it** *pf.* ausfransen.
otřes *m* (*2a*) Erschütterung *f*; ˷ *země* Erdstoß *m*; ˷ *nervů* Nervenschock *m*; **˷ný** *lit.* erschütternd.
otřískat *pf.* *Henkel* abschlagen.
otřít *pf.* (*s. třít*) abreiben, abtrocknen; *Füße* abstreichen; ˷ se sich abwischen; sich abwetzen; ˷ se *o k-o* j-n verleumden.
oťuk(áv)at *leicht* anklopfen; *fig.* aushorchen.

otup|ělost *f* (4) Stumpfheit *f*; **~ělý, ~ený** abgestumpft, stumpf; **~ět** *pf.* (*3 Pl. -ějí*) stumpf werden, abstumpfen (*v/i*); **~it** *pf.*, **~ovat** (*-puji*) stumpf machen; *fig.* betäuben.
otuž|ení *n* (*3*), **~enost** *f* (*4*) Abhärtung *f*; **~ilec** *m* (*3*; *-lc-*) abgehärteter Mensch *m*; **~ilý** abgehärtet; **~it** *pf.* abhärten, stählen.
otvír|ací Öffnungs-; **~ač** *m* (*4*), **~adlo** *n* (*1a*; *-del*), **~ák** *m* (*2b*) (*konzerv* Büchsen-)Öffner *m*; **~at** *s.* *otevřít*.
otvor *m* (*2a*) Öffnung *f*.
otyl|ost *f* (*4*) Dickleibigkeit *f*, Korpulenz *f*; **~ý** korpulent.
otýpk|a *f* (*1c*; *-pek*) Bündel *n*, Bund *n*; **~ový** Bund-.
ouklej *f* (*3*) *Zo.* Ukelei *f*.
ouško *n* (*1b*; *-šek*) Öhrchen *n*, Ohr *n*; Henkel *m*; Öhr *n*; *Sp.* Seitenschwimmen *n*; *vepřové* ~ Schweinsohr.
ouvej! *Int.* ohweh!
ovád *m* (*1*) *Zo.* Bremse *f*.
ovad|at, ~nout *pf.* verwelken; **~lý** verwelkt, welk.
ovál|et *pf.* (*3 Pl. -ejí*) wälzen; zerknittern; **~ní, ~ný, ~ový** oval.
ovar *m* (*2a*) Wellfleisch *n*; **~ový**: *-vé koleno* Eisbein *n*.
ovař|it *pf.*, **~ovat** (*-řuji*) abkochen.
ovát *pf.* (*s. vát*) umwehen.
ovázat *pf.* (*-žu/-ži*), **ovazovat** (*-zuji*) umwickeln; *Med.* verbinden.
ovce *f* (*2*) Schaf *n*.
ovč|ácký Schäfer-; **~áctví** *n* (*3*) Schafzucht *f*; **~ák**[1] *m* (*1a*), **~ačka** *f* (*1c*; *-ček*) Schäfer(in *f*) *m*; **~ák**[2] *m* (*1a*) Schäferhund *m*; **~árna** *f* (*1*; *-ren*) Schafstall *f*; Schäferei *f*; **~í** Schaf(s)-; **~ička** *f* (*1c*; *-ček*) Schäfchen *n*; **~ín** *m* (*2*; *2. -a*), **~inec** *m* (*4*; *-nc-*) Schafstall *m*.
ovdov|ělý verwitwet; **~ět** *pf.* (*3 Pl. -ějí*) verwitwen, Witwe(r) werden.
ovečka *f* (*1c*; *-ček*) *s. ovčička*.
ověnč|it *pf.*, **~ovat** (*-čuji*) bekränzen.
overal *m* (*2a*) Arbeitsanzug *m*.
ověř|ení *n* (*3*) Beglaubigung *f*; **~ený** beglaubigt; erwiesen; **~it** *pf.* beglaubigen; beweisen; **~itelný** nachweisbar; **~ovací** Beglaubigungs-; **~ovat** (*-řuji*) *s. ověřit*.
oves *m* (*2*; *-vs-*; *2. ovsa*, *6. -u/-e*) Hafer *m*.
ověsit *pf.* (*-šen*) behängen; ~ *vlajkami* beflaggen.
ovesn|ík *m* (*2b*) Hafersack *m*; **~iště** *n* (*2a*) Haferfeld *n*; **~ý** Hafer-; *-ná polévka* Haferflockensuppe *f*.
ověš|et *pf.* (*3 Pl. -ejí*), **~ovat** (*-šuji*) *s. ověsit*.
ovětr|alý luftgetrocknet; verwittert; **~at** *pf.* an der Luft trocknen; *Betten* lüften; *Schrift*: verwittern.
ovíj|ecí Wickel-; **~et** (*3 Pl. -ejí*) *s. ovinout*; **~ivý** Schling-.
ovin *m* (*2a*) *El.* Windung *f*; **~ek** *m* (*2b*; *-nk-*) *Med.* Umschlag *m*, Wickel *m*; **~ka** *f* (*1c*; *-nek*) *s. ovinovačka*; **~out** *pf.* umwickeln; *Hände* schlingen; ~ *se* sich winden; sich ranken; **~ovací** Wickel-; **~ovačka** *f* (*1c*; *-ček*) Wickelgamasche *f*; **~ovat** (*-nuji*) *s. ovinout*.
oví|t *pf.* (*-viji*) *s. ovinout*; **~vat** umwehen; ~ *se* sich Kühlung zufächeln.
ovlád|ání *n* (*3*) Beherrschung *f*; **~at** beherrschen (*se* sich); **~atelný** lenkbar; beherrschbar; **~nout** *pf.* (*-dl*; *-dnut*) sich bemächtigen (*co/G*); *s. ovládat*; **~nutelný** *s. ovládatelný*; **~nutí** *n* (*3*) Beherrschung *f*, Erlernung *f*.
ovlaž|ení *n* (*3*) Anfeuchten *n*; *fig.* Erfrischung *f*; **~it** *pf.*, **~ovat** (*-žuji*) benetzen, anfeuchten; *fig.* erfrischen.
ovlh|čit *pf.* befeuchten, benetzen; **~lý** feucht; **~nout** *pf.* (*-hl*) feucht werden.
ovliv|nění *n* (*3*) Beeinflussung *f*; **~nit** *pf.*, **~ňovat** (*-ňuji*) beeinflussen.
ovoc|e *n* (*2*) Obst *n*; Früchte *f/pl.* (*a. fig.*); **~enka** *f* (*1c*; *-nek*) Fruchtsaft *m*; **~nář** *m* (*3*) Obsthändler *m*; Obstzüchter *m*; **~nářský** Obst-; **~nářství** *n* (*3*) Obsthandel *m*; Obstbau *m*; **~ný** Obst-.
ovr|oubit *pf.*, **~ubovat** (*-buji*) einfassen, einsäumen.
ovs|ík *m* (*2b*) Glatthafer *m*; **~isko** *n* (*1b*; *-sek*), **~iště** *n* (*2a*) Haferfeld *n*.
ovšedn|ělý alltäglich, banal; **~ět** *pf.* (*3 Pl. -ějí*) alltäglich werden, den Reiz verlieren.
ovšem allerdings, freilich, natürlich.
ovzduší *n* (*3*) Atmosphäre *f*.
ozáb|lý erfroren; **~nout** *pf.*, **~st** *pf.* (*-zebe*) erfrieren.
ozář|ení *n* (*3*) Bestrahlung *f*; **~it** *pf.* beleuchten, bestrahlen; *Sonne*: bescheinen.
ozařov|ač *m* (*4*), **~adlo** *n* (*1a*; *-del*) Scheinwerfer *m*; **~at** (*-řuji*) *s. ozářit*.

ozbroj|enec *m* (*3*; *-nc-*) Bewaffnete(r) *m*; **~ení** *n* (*3*) Bewaffnung *f*; **~ený** bewaffnet; **~it** *pf.*, **~ovat** (*-ju-ji*) bewaffnen.
ozdob|a *f* (*1*), **~ení** *n* (*3*) Zierde *f*, Verzierung *f*; **~ený** geschmückt, verziert; **~it** *pf.* schmücken, verzieren, dekorieren; **~nický** Galanterie-; **~ník** *m* (*1a*) Dekorateur *m*; **~ný** Schmuck-, Zier-; **~ovat** (*-buji*) *s. ozdobit.*
ozdrav|ění *n* (*3*) Genesung *f*, Gesundung *f*; **~ět** *pf.* (*3 Pl. -ějí*) gesund werden, genesen; **~it** *pf.* gesund machen; *fig.* sanieren; **~ný** Heil-; **~ovací** Heilungs-, Genesungs-; **~ovat** (*-vuji*) *s. ozdravět, ozdravit*; **~ovna** *f* (*1*; *-ven*) Genesungsheim *n*, Heilstätte *f*.
ozdůbka *f* (*1c*; *-bek*) (*kleine*) Verzierung *f*, Schnörkel *m*.
ozev *m* (*2a*; *ozv-*) Widerhall *m*; *Mus.* Ansprache *f*.
ozim *m* (*2a*), **~ina** *f* (*1*) Wintersaat *f*; **~ka** *f* (*1c*; *-mek*) Winterweizen *m*; **~ní** Winter-.
ozk|oušet *pf.* (*3 Pl. -ejí*), **~usit** *pf.* (*-šen*) probieren; *Kleider* anprobieren.
ozlac|ení *n* (*3*) Vergoldung *f*; **~ený** vergoldet; **~ovat** (*-cuji*), **ozlatit** *pf.* (*-cen*) vergolden.
označ|ení *n* (*3*) Bezeichnung *f*; **~it** *pf.* bezeichnen, kennzeichnen; *fig.* brandmarken; **~kovat** *pf.* (*-kuji*) *Weg* markieren; *Bücher* signieren; **~ování** *m s. označení*; **~ovat** (*-čuji*) *s. označit.*
oznám|ení *n* (*3*) Bekanntmachung *f*; (*Zeitungs-*, *Rundfunk-*)Meldung *f*; Mitteilung *f*; (*Heirats-*, *Todes-*) Anzeige *f*; Inserat *n*; **~it** *pf.* bekanntgeben, verlautbaren; berichten; ankündigen, anzeigen; **~kovat** *pf.* (*-kuji*) *Brief* freimachen; *Schularbeit* klassifizieren.
oznamova|cí Anzeige-; ~ *deska* Schwarzes Brett; ~ *způsob Gr.* Indikativ *n*; **~t** (*-muji*) *s. oznámit*; **~tel** *m* (*4*) Anzeiger *m*.
oznobe|nina *f* (*1*) Frostbeule *f*; **~ný** erfroren.
ozob(áv)at (*pf. -u*/*-ám*) abpicken; *fig.* abpflücken.
ozoubkovat *pf.* (*-kuji*) mit Zähnen versehen.
ozřejm|ět *pf.* (*3 Pl. -ějí*) deutlich werden; **~it** *pf.*, **~ovat** (*-muji*) klarmachen.
ozub *m* (*2a*) *Tech.* Anschlag *m*; Daumen *m*; **~ec** *m* (*4*; *-bc-*) *Tech.* Klaue *f*; **~ení** *n* (*3*) Verzahnung *f*; **~ený** Zahn-, gezahnt; **~ice** *f* (*2a*) Knochenhaut *f*; **~it** *pf.* zähnen; verzahnen; schartig machen; **~nice** *f* (*2a*) *Tech.* Zahnstange *f*; **~ování** *n* (*3*) *Med.* Zahnen *n*.
ozva *f* (*1*; *ozev*) Widerhall *m*; *Med.* Herzton *m*; **~t se** *pf.* (*ozvu*) erschallen, ertönen; (von) sich hören lassen; wach werden; *Gefühl*: sich regen; Einspruch erheben (*proti k-u* gegen *A*).
ozvěn|a *f* (*1*) Echo *n*, Widerhall *m*; **~ný**, **~ový** Echo-.
ozvuč|nice *f* (*2a*) Schallwand *f*; *Mus.* Resonanzboden *m*; **~nost** *f* (*4*) Resonanz *f*; **~ný** Schall-, Resonanz-.
ozvuk *m* (*2b*) Resonanz *f*; Anklang *m*.
ozývat se *s. ozvat se.*
ožebrač|ení *n* (*3*) Verarmung *f*, Verelendung *f*; **~it** *pf.*, **~ovat** (*-čuji*) an den Bettelstab bringen, völlig ruinieren.
ožeh *m* (*2b*) Schürhaken *m*; **~avost** *f* (*4*) *fig.* Dringlichkeit *f*; **~avý** *fig.* brennend, heikel; **~lý**, **~nutý** versengt, verbrannt; *von der Sonne* gebräunt; **~nout** *pf.* (*-hl*; *-hnut*), **~ovat** (*-huji*) versengen, verbrennen.
oželet *pf.* (*3 Pl. -ejí*/*-í*) *j-n* betrauern; *et.* verschmerzen.
oženit *pf.* e-n *Mann* verheiraten; ~ *se* (*s kým*) heiraten (*A*), sich verheiten mit (*D*) (*vom Mann*).
ožerka P *m* (*5*) Trunkenbold *m*.
oží|hat versengen, abbrennen; **~nat** *mit der Sichel* abmähen; **~rat** *s. ožrat*; **~t**[1] *pf.* (*s. žít*[2]) *s. ožínat*; **~t**[2] *pf.* (*s. žít*[1]), **~vat** wieder lebendig werden, aufleben.
oživ|ení *n* (*3*) Belebung *f*; **~it** *pf.*, **~ovat** (*-vuji*) (neu) beleben, auffrischen; **~lý** lebendig geworden, (neu) belebt; **~nout** (*-vl*) *s. ožít*[2]; **~ovací** Wiederbelebungs-.
ožlutit *pf.* (*-cen*/*-těn*) gelb färben.
ožral|a *m* (*5*), **~ec** *m* (*3*; *-lc-*) Trunkenbold *m*; **~ství** *n* (*3*) Trunksucht *f*, P Suff *m*; **~ý** betrunken, V besoffen.
ožrat *pf.* (*s. žrát*) abfressen; (*k-o*) betrunken machen (*A*); ~ se V sich besaufen.
ožv|ýkat *pf.*, **~ykovat** (*-kuji*) *v*/*t* kauen, lutschen (an *D*).

P

paběr|ek *m* (*2b*; *-rk-*) Nachlese *f*; **~kovat** ⟨*na-*, *z-*⟩ (*-kuji*) nachernten; Ähren lesen.

pablesk *m* (*2b*) Abglanz *m*; **~ovat** (*-kuji*) schimmern, matt glänzen.

pac *f* (*indekl.*), **~ička** *f* (*1c*; *-ček*), **~inka** *f* (*1c*; *-nek*) *Kdspr.* (Patsch-)Händchen *n*; Pfötchen *n*; **~ka** *f* (*1c*; *-ček*) Pfote *f*, Tatze *f*.

pack|al *m* (*1*; *-ové*) Stümper *m*; P Pfuscher *m*; **~ání** *n* (*3*), **~anice** *f* (*2a*) Stümperarbeit *f*, P Pfuscherei *f*; **~at** ⟨*s-*, *z-*⟩ P hudeln, pfuschen.

pacle F *f* (*2*) (*Schokolade-*)Katzenzunge *f*.

pačesy P *m/pl.* (*2*) Haar *n* (*koll.*), Schopf *m*.

páč|idlo *n* (*1a*; *-del*) Brecheisen *n*, -stange *f*; **~it** ⟨*roz-*, *vy-*, *z-*⟩ aus den Angeln heben; *Kasse* aufbrechen, F knacken; **~ka** *f* (*1c*; *-ček*): ~ *plynu Kfz.* Gashebel *m*.

pačok *m* (*2b*) Tünche *f*, Kalkmilch *f*; **~ovat** ⟨*o-*⟩ (*-kuji*) tünchen.

pád *m* (*2*; *6. -u/-ě*) *Gr.*, *Phys.* Fall *m*; Zusammenbruch *m*; Sturz *m*; *Flgw.* Absturz *m*.

pad|ací Fall-; **~ák** *m* (*2b*) Fallschirm *m*; † *a.* Falltür *f*; **~ání** *n* (*3*) Fallen *n*; ~ *hvězd* Sternschnuppe *f*; ~ *vlasů* Haarausfall *m*; **~at** ⟨*u-*⟩ fallen; umfallen; *Haar*: ausfallen.

padav|če *n* (*4*), **~ka** *f* (*1c*; *-vek*) Fallobst *n*.

paděl|ání *n* (*3*) Fälschung *f*; **~aný** gefälscht, Falsch-; **~(áv)at** fälschen, F nachmachen; **~atel** *m* (*3*; *-é*) Fälscher *m*; **~ek** *m* (*2b*; *-lk-*) Fälschung *f*, Falsifikat *n*.

padesát fünfzig.

padesáti|haléř *m* (*4*) Fünfzigheller (-stück *n*) *m*; **~koruna** *f* (*1*) Fünfzigkronennote *f*; **~letí** *n* (*3*) Zeitraum *m* von fünfzig Jahren; **~letý** fünfzigjährig; **~na** *f* (*1*) Fünfzigstel *n*; *-ny pl. a.* fünfzigster Geburtstag; **~násobný** fünfzigfach.

padesát|ka *f* (*1c*; *-tek*) Fünfziger *m*; **~krát** fünfzigmal; **~ník** *m* (*1a*), **~nice** *f* (*2a*) Fünfzigjährige *m od. f*, F Fünfziger(in *f*) *m*; **~ý** fünfzigster.

pádit rennen, stürmen.

padlí *n* (*3*) *Bot.* Mehltau *m*.

pádlo *n* (*1a*; *-del*) Paddel *n*; *člun s -lem* Paddelboot *n*; **~vat** (*-luji*) paddeln.

padlý *m* (*Adj. 1*) Gefallene(r) *m*; *Adj.* gefallen.

pádnost *f* (*4*) Wucht *f*; *Jur.* Triftigkeit *f*.

pad|noucí passend; **~nout** *pf.* (*-dl*) *s. padat*; **~nutí** F *n* (*3*) Umfallen *n*.

pádný wuchtig; schwerwiegend; *Antwort*: treffend; *Beweis*: schlagend; *Grund*: triftig.

padol *m* (*2*; *6. -u/-e*) *Geogr.* Vertiefung *f*, Mulde *f*.

padouc|í: ~ *nemoc* = **~nice** *f* (*2a*) Fallsucht *f*, Epilepsie *f*.

padouch *m* (*1a*) Schuft *m*.

paďour *m* (*1*; *-ři*) *verä.* Spießer *m*; Geck *m*.

padouš|ský niederträchtig, wie ein Schuft; **~ství** *n* (*3*) Schurkerei *f*, Schurkenstreich *m*.

pádový *Gr.* Fall-, Kasus-.

padrť *f* (*4a*; *-ti*) Trümmer *m*; *rozbít na* ~ kurz und klein schlagen.

pahodnota *f* (*1*) Scheinwert *m*.

pahor|ek *m* (*2b*; *-rk-*) Hügel *m*; **~katina** *f* (*1*) Hügelland *n*; **~katý**, **~kovitý** hügelig, Hügel-.

pahrbek *m* (*2b*; *-rbk-*) *s. pahorek*.

pahýl *m* (*2*; *6. -u/-e*) Stummel *m*, Stumpf *m*.

pach *m* (*2b*) Geruch *m*; Gestank *m*.

páchat ⟨*s-*⟩ (*-chám/-šu*) *Verbrechen* begehen, verüben; *Schaden* anrichten.

pachatel *m* (*3*; *-é*), **~ka** *f* (*1c*; *-lek*) Täter(in *f*) *m*; ~ *atentátu* Attentäter(in *f*) *m*.

pách|noucí übelriechend; **~nout** ⟨*za-*⟩ (*-chl*) riechen (*čím* nach *D*).

pachol|átko *n* (*1b*; *-tek*), **~e** *n* (*4*) Knäblein *n*; **~ek** *m* (*1a*; *-lk-*) Knecht *m*; **~ík** *m* (*1a*) *s. pacholátko*; **~kovat** (*-kuji*) als Knecht arbeiten.

pacht F *m* (*2a*) Pacht *f*.

pacht|ění *n* (*3*) Haschen *n*, Streben *n*, Jagd *f* (*po čem* nach *D*); **~it se** ⟨*na-*, *u-*⟩ haschen, streben, jagen

(*po čem, za čím* nach *D*); ~ se (*s čím*) sich abmühen (mit *D*).
pacht|ovat P ⟨*pro-, z-*⟩ (*-tuji*) pachten; **~ovné** *n* (*Adj. 3*) Pachtzins *m*, F Pacht *f*; **~ýř** *m* (*3*) Pächter *m*.
pachuť *f* (*4c*; *-ti*) Nachgeschmack *m*.
pajd|a *m* (*5*), **~al** *m* (*1*; *-ové*) P *verä.* Hinkebein *n*; **~at** F hinken, humpeln; **~avý** hinkend.
páj|ečka *f* (*1c*; *-ček*) Lötkolben *m*; **~et** ⟨*s-, za-*⟩ (*3 Pl. -ejí*), **~kovat** ⟨*s-, -za-*⟩ (*-kuji*) löten; **~ka** *f* (*1c*; *-jek*) Lot *n*.
pak dann; außerdem; *in Zssgn* -~ ... denn *s. copak*.
páka *f* (*1c*) Hebel *m*.
pakatel *m* (*4*) Bagatelle *f*, P Pappenstiel *m*.
pakáž F *f* (*3*) Pack *n*, Gesindel *n*.
pakli(že) wenn aber; anderenfalls.
paklíč *m* (*4*) Nachschlüssel *m*, Dietrich *m*.
paklík P *m* (*2b*) Päckchen *n*.
pakostnice † *f* (*2a*) Gicht *f*.
pakovat F ⟨*za-*⟩ (*-kuji*) packen.
pákov|í *n* (*3*) Gestänge *n*; **~itý** hebelartig.
pakt *m* (*2a*) Pakt *m*; ~ *o neútočení* Nichtangriffspakt; **~ovat** (se) F (*-tuji*) paktieren.
pakůň *m* (*-koně s. Anh.*) *Zo.* Gnu *n*.
palác *m* (*4*) Palast *m*, Palais *n*; **~ový** Palast-.
palačinka *f* (*1c*; *-nek*) *Art* Omelett *n*, Palatschinke *f*.
palach *m* (*2b*) Schilf *n*, Binse *f*.
palanda *f* (*1*) Hängebrett *n*, Pritsche *f*.
palba *f* (*1*; *-leb*) *Mil.* Feuer *n*; ~ *na ostro* Scharfschießen *n*.
pal|cát *m* (*2*; *6. -u/-ě*) Streitkolben *m*; **~cový** Daumen-; daumengroß; Zoll- (*Maß*); **~čák** *dial. m* (*2b*) *s. palečnice*.
palčivý brennend (*a. fig.*); beißend.
palebný *Mil.* Feuer-, Schieß-.
palec *m* (*4*; *-lc-*) Daumen *m*; große Zehe *f*; (*Maß*) Zoll *n*; *Tech.* Finger *m*.
paleč|ek *m 1.* (*2b*; *-čk-*) Däumchen *n*; *2.* (*1a*) *Kdspr.* Däumling *m*; **~nice** *f* (*2a*) Fausthandschuh *m*, F Fäustling *m*.
pálená *f* (*Adj. 2*) Schlagballspiel *n*.
pálen|ík *m* (*1a*), **~kář** *m* (*3*) Branntweinhändler *m od.* -brenner *m*; **~ka** *f* (*1c*; *-nek*) Branntwein *m*; **~í** *n* (*3*) Brennen *n*; Brandschatzung *f*; *líh k* ~ Brennspiritus *m*; **~ý** gebrannt; F durchtrieben, abgebrüht; *-ná sova* Schleiereule *f*.
palestinský [-tɪ-] palästinensisch, Palästina-.
palestra *f* (*1d*) *Sp.* Schlagholz *n*.
paleta *f* (*1*) Palette *f*.
paleto *n* (*1*; *6. -u/-ě*) Mantel *m*.
palic|e *f* (*2a*) Kolben *m*, Keule *f*; *iron.* F Dickschädel *m*; **~ovitý** kolbenförmig.
palič *m* (*3*) Brandstifter *m*.
palič|ák F *m* (*1a*) Trotzkopf *m*, Dickschädel *m*; **~atost** *f* (*4*) Starrsinn *m*; **~atý** starrsinnig, P stur.
paličk|a *f* (*1c*; *-ček*) Klöppel *m*; (*Trommel-*)Schlegel *m*; (*Fleisch-*) Klopfer *m*; *Bot.* Blütenkopf *m*; Brandstifterin *f*; **~ovat** ⟨*u-, z-*⟩ (*-kuji*) klöppeln.
paličství *n* (*3*) Brandstiftung *f*, Brandschatzung *f*.
palírna *f* (*1*; *-ren*) Branntweinbrennerei *f*.
palist *m* (*2*; *6. -u/-ě*) Nebenblatt *n*.
pálit ⟨*o-, po-, roz- se*⟩ brennen, verbrennen; *Mil.* feuern; *fig.* rennen; *palte!* Feuer frei!
paliv|o *n* (*1*) Brennmaterial *n*; Treibstoff *m*; **~ový** Brenn-, Kraftstoff-.
pálivý brennend, *fig.* beißend.
pálka *f* (*1c*; *-lek*) *Sp.* Schläger *m*, Schlagholz *n*; *Agr.* Getreideschwinge *f*.
palm|a *f* (*1*; *-lem*) Palme *f*; **~ový** Palm(en)-.
palný *lit.* brennend; *Mil.* Feuer-; *Su. m* (*Adj. 1*) *Bgb.* Schießmeister *m*.
palouk *m* (*2b*) Wiese *f*, Matte *f*; Anger *m*.
palub|a *f* (*1*) Bord *n*, Deck *m*; *přes -bu* über Bord; **~ní** Bord-, Deck-.
památ|ka *f* (*1c*; *-tek*) Andenken *n*, Erinnerung *f*; *není -ky po něm* es ist keine Spur von ihm zu finden; **~kový** Denkmal-; **~ník** *m* (*2b*) Mahnmal *n*; Gedenkbuch *n*, Album *n*; **~nost** *f* (*4*) Denkwürdigkeit *f*; **~ný** denkwürdig, Gedenk-.
pamatovat ⟨*u-, vz-, za-*⟩ (*-tuji*) *v/t* sich erinnern, denken (an *A*); erinnern (an *A*); ~ se sich erinnern an (*A*); sich fassen, F sich zusammennehmen; ~ *si co* sich merken (*A*); *dobře si pamatujte* wohlgemerkt.
pámbíček F *m* (*1a*; *-čk-*; *-ové*) der liebe Gott.

paměť *f* (*4 od. 4a*; *-ti*) Gedächtnis *n*, Erinnerung *f*; (*Computer-*)Speicher *m*.
pamět|i *f/pl.* (*4 od. 4a*) Memoiren *pl.*, Erinnerungen *f/pl.*; **~ihodnost** *f* (*4*) Sehenswürdigkeit *f*; **~ihodný** denkwürdig; sehenswert; **~livý** eingedenk (*č-o e-r Sache*); **~ná** *f* (*Adj. 2*) Denkzettel *m*, Lehre *f*; **~ní** Gedenk-; Denk-; **~ník** *m* (*1a*) Augenzeuge *m*.
paměťový Gedächtnis-; (*Computer*) Speicher-.
pamflet *m* (*2*; *6. -u/-ě*) Pamphlet *n*, Schmähschrift *f*; **~ář** *m* (*3*), **~ista** *m* (*5a*) Pamphletist *m*. [*m*]
pamlsek *m* (*2b*; *-sk-*) Leckerbissen
pampeliška *f* (*1c*; *-šek*) *Bot.* Löwenzahn *m*.
pán (+ *Name/Titel*: *pan*; *5. pane!*) Herr *m*; *domácí* ~ Hausherr.
paňác *m* (*3*), **~a** *m* (*5*, *2. -i*) Hanswurst *m*.
panáčkovat ⟨*za-*⟩ (*-kuji*) Männchen machen, (*Hund*) schön bitten.
panák *1. m* (*1a*) Hampelmann *m*; *verä.* Geck *m*; *2. m* (*2b*) *Agr.* Puppe *f*.
panam|a *m* (*indekl.*) Panamahut *m*; Korruptionsskandal *m*; **~ský** panamaisch; Panama-.
pánbíč|ek *m s. pámbíček*; **~kářství** *n* (*3*) Frömmelei *f*.
pánbůh *m* (*1*; *pánaboha*, *-ubohu usw.*) Herrgott *m*.
pancéř *m* (*4*) Panzer *m*; **~ák, ~ník** P *m* (*2b*) Panzerwagen *m*; **~ovat** ⟨*vy-*⟩ (*-řuji*) panzern; **~ový** Panzer-.
pancíř *m s. pancéř*.
pand|era, ~éra P *f* (*1d*) Wanst *m*, dicker Bauch *m*.
Páně (*indekl.*) *Rel.* des Herrn.
panečku! F mein Lieber!
panen|ka *f* (*1c*; *-nek*) (*Spiel-*)Puppe *f*; *Anat.* Pupille *f*; *iron.* Jungfrau *f*; **~ský** jungfräulich, Jungfern-; **~ství** *n* (*3*) Jungfräulichkeit *f*.
pánev *f* (*3*; *-nv-*) Pfanne *f*; *Anat.*, *Geol.* Becken *n*.
paní *f* (*s. Anh.*, *Anm. zu fem. Dekl.*) Frau *f*.
panic † *m* (*3*) junger Herr *m*; Junggeselle *m*; **~ký** *1.* jüngling(s)haft; *2.* [-nɪ-] panisch.
panička *f* (*1c*; *-ček*) *verä.* Dame *f*, (Ehe-)Frau *f*.
panik|a [-nɪ-] *f* (*1c*) Panik *f*; **~ář** *m* (*3*) Panikmacher *m*; **~ářství** *n* (*3*) Panikmacherei *f*.
panímáma P *f* (*1*) Frau Mutter *f*; Bäuerin *f*.
panna *f* (*1*; *panen*) Jungfrau *f*; *stará* ~ alte Jungfer.
panoš *m* (*3*) Edelknabe *m*, Knappe *m*, Page *m*.
panov|ačný herrschsüchtig; **~ání** *n* (*3*) Regierung(szeit) *f*; **~at** (*-nuji*) herrschen.
pánovitý herrisch.
panov|nice *f* (*2a*) Herrscherin *f*; **~nický** Herrscher-; **~ník** *m* (*1a*) Herrscher *m*.
pansk|á *f* (*Adj. 2*) Stubenmädchen *n*; Zofe *f*; **~ý** Herren-, herrschaftlich; **~y** *Adv.* herrisch.
pánský Herren-.
panstv|í *n* (*3*) Herrschaft *f*; Herrensitz *m*; **~o** *n* (*1*) Herrschaften *f/pl.*, (*a.* meine) Herren *m/pl.*; † *a.* Adel *m*.
pantáta P *m* (*5*) Vater *m*; *fig.* Vetter *m*, | *a.* Gevatter *m*.
pantof|el *m* (*4*; *-fl-*) Pantoffel *m*; **~líček** *m* (*2b*; *-čk-*) Pantöffelchen *n*.
pantograf *m* (*2a*) *Geom.* Storchschnabel *m*.
panující herrschend.
pánvi|ce *f* (*2a*), **~čka** *f* (*1c*; *-ček*) Pfanne *f*.
páp|erka, ~ěrka *f* (*1c*; *-rek*) Flaumfeder *f*; *fig.* Schatten *m*.
papež *m* (*3*) Papst *m*; **~ský** päpstlich; *-ká stolice* Apostolischer Stuhl; **~ství** *n* (*3*) Papsttum *n*.
papír *m* (*2*; *6. -u/-ře*) Papier *n*; **~ek** *m* (*2b*; *-rk-*) Stückchen *n* Papier; **~enský** Papier-; **~na** *f* (*1*; *-ren*) Papierfabrik *f*; **~nický** Papier-; **~nictví** *n* (*3*) Papiergeschäft *n*; **~ovina** *f* (*1*) Papierbrei *m*; Pappmaché *n*; **~ový** Papier-, papieren.
papouš|čí Papageien-; **~ek** *m* (*1a*; *-šk-*) Papagei *m*; **~kovat** ⟨*od-*, *za-*⟩ (*-kuji*) nachplappern (*co po kom* j-m *A*).
paprik|a *f* (*1c*) Paprika *m*; Paprikafleisch *n*; **~ovat** ⟨*na-*, *o-*, *pře-*⟩ (*-kuji*) mit Paprika würzen; **~ový** Paprika-.
paprs|ek *m* (*2b*; *-sk-*) Strahl *m*; Radspeiche *f*; **~kovitý** strahlenförmig; radial; **~kový** Strahlen-; Speichen-.
papuče *f* (*2*) Hausschuh *m*.
papul|a P *f* (*1a*) Backe *f*; **~atý** pausbackig.
pár[1] *m* (*2a*) Paar *n*; **~**[2] ein paar, einige.

pára *f* (*1d*) Dampf *m*; Dunst *m*.
parabola *f* (*1a*) Parabel *f*; Kegelschnitt *m*.
páračka P *f* (*1c*; *-ček*) Fummelei *f*.
parád|a *f* (*1*) Parade *f*; **~it** P schmücken, putzen; ~ se ⟨*na-, vy-*⟩ sich herausputzen; **~ivý** putzsüchtig; **~ní** Parade-; **~ník** P *m* (*1a*) (*Mode-*)Geck *m*, Stutzer *m*.
parafovat (*im*)*pf*. ⟨*vy-*⟩ (*-fuji*) paraphieren.
paralel|a *f* (*1a*) Parallele *f*; **~ka** F *f* (*1c*; *-lek*) Parallelklasse *f*; **~ní** parallel.
paralytik [-tɪk] *m* (*1a*; *-ové*) Paralytiker *m*, Gelähmte(r) *m*.
párání *n* (*3*) Auftrennen *n*; *dial.* Herumstochern *n*.
parašuti|smus [-tɪz-] *m* (*2a*; *-smu*) Fallschirmspringen *n*; **~sta** *m* (*5a*) Fallschirmspringer *m*; **~stický** [-tɪstɪ-] Fallschirm-, Luftlande-.
párat ⟨*roz-, z-*⟩ auftrennen; ~ *se* *Naht*: aufgehen, sich auftrennen; P ~ se *s čím* sich herumplagen mit (*D*).
párátko *n* (*1b*; *-tek*) Zahnstocher *m*.
parátní bereit, F parat; *Mil.* kampfbereit; *Geld*: verfügbar; *Redner*: schlagfertig.
paraván *m* (*2*; *6. -u/-ě*) Wandschirm *m*, spanische Wand *f*.
páravý mühsam, langweilig.
parazitní parasitär, schmarotzerhaft.
parcel|a *f* (*1a*) Parzelle *f*, Grundstück *n*; **~ace** *f* (*2*) Parzellierung *f*; **~ovat** (*im*)*pf*. ⟨*roz-*⟩ (*-luji*) parzellieren.
parciální partiell, Partial-, Teil-.
pardál *m* (*1*) Panther *m*.
pardon *Int.* Verzeihung!; *Su.* *m* (*2a*) Gnade *f*; **~ovat** (*im*)*pf*. (*-nuji*) begnadigen.
pardus P *m* (*2a*) Tracht *f* Prügel.
párek *m* (*2b*; *-rk-*) Paar *n*, Pärchen *n*; F Liebespaar *n*; *Kochk.* Würstchen *n*, *öst.* Krenwürstel *n*.
parf|ém *m* (*2a*) Parfüm *n*; **~emovat** (*im*)*pf*. ⟨*na-, o-, za-*⟩ (*-muji*) parfümieren.
parchant P *m* (*1*) *verä.* Bastard *m*, Balg *m*.
park *m* (*2b*) Park(anlage *f*) *m*.
parkán *m* (*2*; *6. -u/-ě*) Burggraben *m*; Palisadenzaun *m*.
párkař *m* (*3*) Würstchenverkäufer *m*, P Wurstmaxe *m*.
parket *m* (*2*; *6. -u/-ě*) *Thea.* Parkett *n*; **~a** *f* (*1*) Parkett(fußboden *m*) *n*; **~ář** *m* (*3*) Parkettleger *m*.
parkov|ací *Kfz.* Park-; **~ání** *n* (*3*) Parken *n*; **~at** ⟨*za-*⟩ (*-kuji*) parken; **~iště** *n* (*2a*) Parkplatz *m*; **~ý** Park-.
párkrát P ein paarmal, einige Male.
parlament *m* (*2*; *6. -ě/-u*) Parlament *n*; **~ární** parlamentarisch, Parlaments-; **~ář** *m* (*3*) Parlamentär *m*; **~ní** Parlaments-.
parma *f* (*1*; *-rem*) *Zo.* (*Fluß-*)Barbe *f*.
par|natý Dampf-, dampfhaltig; **~ní** Dampf-; **~ník** *m* (*2b*) Dampfer *m*; **~no** *n* (*1*; *-ren*) Hitze *f*, Glut *f*; je ~ es ist drückend heiß; **~ný** drückend heiß, schwül.
parobek *m* (*1*; *-bk-*) (Bauern-) Bursche *m*.
parodovat ⟨*z-*⟩ (*-duji*) parodieren.
paroh *m* (*2b*): ~*y pl.* Geweih *n*, Gehörn *n*; *fig.* Hörner *m/pl.*; **~atý** mit Geweih, gehörnt; **~ový** Horn-.
parola *f* (*1a*) Parole *f*.
paro|loď *f* (*4d*) Dampfschiff *n*; **~plavba** *f* (*1*; *-veb*) Dampfschiffahrt; **~stroj** *m* (*4*) Dampfmaschine *f*.
párovat ⟨*s-*⟩ (*-ruji*) paaren (se sich).
parovod *m* (*2a*) Dampfleitung *f*.
párový paarig; *Sp.* Paar-.
parta *f* (*1*) Gruppe *f*, Trupp *m*, (*Arbeits-*)Kolonne *f*.
partaj P *f* (*3*) Partei *f*; **~ník** P *m* (*1a*) Parteianhänger *m*.
parť|ák P *m* (*1a*), **~ačka** *f* (*1c*; *-ček*) Vorarbeiter(in *f*) *m*.
part|e P *n* (*indekl.*) Todesanzeige *f*; **~er** *m* (*2a*) *Thea.* Parkett *n*; † *a.* Parterre *n*, Erdgeschoß *n*; **~es** *m* (*2a*) Notenblatt *n*; *fig.* Konzept *n*.
partyzán *m* (*1*), **~ka** *f* (*1c*; *-nek*) Partisan(in *f*) *m*; **~ský** Partisanen-.
paruka *f* (*1c*) Perücke *f*.
parůžek *m* (*2b*; *-žk-*) *s.* *paroh*.
pařák *m* (*2b*) *Kochk.* Dämpfer *m*.
pařát *m* (*2*; *6. -u/-ě*) Klaue *f*, Kralle *f*.
paření *n* (*3*) Brühen *n*; Dämpfen *n*.
páření *n* (*3*) Paarung *f*.
paře|nice *f* (*2a*) *Agr.* Brühfutter *n*; **~niště** *n* (*2a*) Mistbeet *n*; Brutstätte *f*; **~ný** gedämpft; gebrüht.
pařez *m* (*2a*) Baumstumpf *m*.
pařit ⟨*na-, pro-, za-*⟩ dämpfen; brühen; ~ se sich erhitzen.
pářit *1.* ⟨*za-*⟩ dampfen; *2.* ⟨*s-*⟩ paaren (se sich).

Paříž *f* (*3*) Paris *n*; **~an** *m* (*1*; *-é*), **~anka** *f* (*1c*; *-nek*) Pariser(in *f*) *m*; **&ský** Pariser.

pas *m* (*2*; *6. -u*/*-e*) (*Reise-*)Paß *m*; *s. a. pás.*

pás *m* (*2*; *6. -u*/*-e*) Streifen *m*; Gurt *m*; Gürtel *m*; Taille *f*; *běžící ~* Fließband *n*; *horský ~* Bergkette *f*.

pas|áček *m* (*1a*) Hirtenknabe *m*; **~ačka** *f* (*1c*; *-ček*) Hirtenmädchen *n*; **~ák** *m* (*1a*) Hirt *m*; V *a.* Zuhälter *m*; *Sp.* Schlagball(spiel *n*) *m*.

pásat *s. pást.*

pasátní Passat-.

pas|áž *f* (*3*) Passage *f*; **~ažér** *m* (*1*; *-ři*) Fahrgast *m*, Fluggast *m*, Reisende(r) *m*; *slepý ~* blinder Passagier.

pase *f* (*2*) *lit.* Passion *f*.

pásek[1] *m* (*2b*; *-sk-*) Band *n*, Gürtel *m*.

pásek[2] *m* (*1a*; *-sk-*; *-ové*) *verä.* Halbstarke(r) *m*, Gammler *m*.

paseka *f* (*1c*) Holzschlag *m*, Lichtung *f*; *fig. iron.* Durcheinander *n*.

pasivita *f* (*1*) Passivität *f*.

pásk|a *f* (*1c*; *-sek*) Band *n*; (*Arm-*) Binde *f*; **~ový** Band-.

pásm|ice *f* (*2a*) Garnsträhne *f*; **~o** *n* (*1*; *-sem*) Zone *f*, Gebiet *n*; Streifen *m*; *Rdf.* Band *n*; **~ový** Zonen-; Band-.

pas|ování *n* (*3*) *hist.* Ritterschlag *m*; **~ovat** (*im*)*pf.* (*-suji*) zum Ritter schlagen; P ⟨*za-*⟩ passen.

pásovec *m* (*3*; *-vc-*) Gürteltier *n*.

pasový Paß-.

pásový Band-; Gürtel-; *~ traktor* Raupenschlepper *m*; *-vá výroba* Fließbandproduktion *f*.

pasport *m* (*2*; *6. -u*/*-ě*) *Tech.* (*Maschinen-*)Paß *m*, Karte *f*.

paspulka *f* (*1c*; *-lek*) Paspel *f*.

past *f* (*4 od. 4a*) Falle *f*; *~ na myši* Mausefalle.

pást ⟨*na-, za-*⟩ (*pasu, pásl, pasen*) *Vieh* weiden, hüten; (*po čem, kom*) lauern (auf *A*), auflauern (*D*); *~ se* weiden, grasen; *fig. ~ se na čem* sich weiden an (*D*).

pasta *f* (*1*) Paste *f*.

pastel *m* (*2a*) Pastell(malerei *f*) *n*; **~ka** *f* (*1c*; *-lek*) Farbstift *m*; **~ový** pastell(farben).

pastev|ec *m* (*3*; *-vc-*) Hirt *m*; **~ní** Weide-; **~nictví** *n* (*3*) Weidewirtschaft *f*.

pastilka [-tɪ-] *f* (*1c*; *-lek*) Pastille *f*.

pastor *m* (*1*; *-ři*) Pastor *m*; **~ek** *m* *1.* (*1a*; *-rkové*/*-rci*) Stiefsohn *m*; *2.* (*2b*; *-rk-*) *Tech.* Ritzel *n*, Triebrad *n*; **~kový** *Tech.* Trieb-; **~kyně** *f* (*2b*) Stieftochter *f*; **~ský** Pastoren-.

past|oušek *m* (*1*) Hirt(enknabe) *m*; **~ouška** *f* (*1c*; *-šek*) Hirten-, Sennhütte *f*; **~ucha** *m* (*5*) Hirt *m*; **~uší** Hirten-; **~va** *f* (*1*; *-tev*) Weide *f*; **~vina** *f* (*1*), **~visko** *n* (*1b*), **~viště** *n* (*2a*) Weideplatz *m*, Weideland *n*; **~vinářství** *n* (*3*) Weidewirtschaft *f*.

pastýř *m* (*3*), **~ka** *f* (*1c*; *-řek*) Hirt(in *f*) *m*; **~ský** Hirten-.

paša[1] *m* (*5*; *-i*) Pascha *m*; **~**[2] *f* (*1a*; *-i*) Äsung *f*.

paš|ácký großartig; **~ák** P *m* (*1*) Prachtkerl *m*.

pašer|ácký Schmuggler-; **~áctví** *n* (*3*) Schmuggel *m*; **~ák** *m* (*1a*) Schmuggler *m*, *öst.* Pascher *m*.

pašij|e *f* (*2*) Passion *f*; **~ový** Passions-.

paškál *m* (*2a*) Osterkerze *f*; F *vzít na ~ j-n* ins Gebet nehmen, sich *j-n* vorknöpfen.

pašovat (*-šuji*) schmuggeln, *öst.* paschen.

paštik|a *f* (*1c*) Pastete *f*; **~ář** *m* (*3*) Pastetenbäcker *m*.

pata *f* (*1*) Ferse *f*; (*Berg-*)Fuß *m*; F *ukázat -ty* das Weite suchen; *od -ty až k hlavě* vom Scheitel bis zur Sohle; *jít v -tách* auf dem Fuße folgen.

páte|ční Freitags-; **~k** *m* (*2b*; *-tk-*) Freitag *m*; *v ~* am Freitag; *Velký ~* Karfreitag.

patent *m* (*2*; *6. -u*/*-ě*) Patent *n*; **~ka** *f* (*1c*; *-tek*) Patentknopf *m*; **~ní** Patent-; **~ovat** (*im*)*pf.* (*-tuji*) patentieren.

pater|če *n* (*4*): *-čata pl.* Fünflinge *m*/*pl.*; **~o** (*mit G*) fünf (zusammen), fünferlei; **~ý** fünferlei.

páteř *f* (*3*) Rückgrat *n*; *~ lodi Mar.* Kielschwein *n*.

paťhat se P hinken, humpeln.

pati|ce *f* (*2a*) *El.* Sockel *m*; **~čka** *f* (*1c*; *-ček*) *s. patka*; F *Sp.* Fersenstoß *m*.

patisk *m* (*2b*) Nachdruck *m*; **~nout** (*-kl*; *-štěn*) (*widerrechtlich*) nachdrucken.

patka *f* (*1c*; *-tek*) (*Kinder-*)Ferse *f*; *Tech.* Sockel *m*; Fuß *m*; (*Brot-*) Ranft *m*, F Ränftchen *n*; Stirnlocke *f*; Patte *f*.

patl|a: P *hatla ~* drunter und drü-

ber; **~anina** *f* (*1*) Flickwerk *n*; **~at se** ⟨*na-*, *za-*⟩ (*-ám*/*-u*) herumwühlen (*v čem* in *D*); **~avý** *fig.* langweilig.
patnáct fünfzehn; **~erý** fünfzehnerlei; **~iletý** fünfzehnjährig; **~ka** *f* (*1c*; *-tek*) Fünfzehn *f*; **~ý** fünfzehnte(r).
patní Fersen-; **~k** *m* (*2b*) Prellstein *m*.
patoky *m*/*pl.* (*2b*) Dünnbier *n*.
patolízal *m* (*1*; *-ové*) *verä.* Speichellecker *m*; **~ský** kriecherisch.
pátr|ací Nachforschungs-; *Jur.* Fahndungs-; **~ač** *m* (*3*) Kundschafter *m*; **~ačka** F *f* (*1c*; *-ček*) Fahndungsstelle *f*, -abteilung *f*; **~adlo** *n* (*1a*; *-del*) Sonde *f*; **~ání** *n* (*3*) Nachforschungen *f*/*pl.*; Fahndung *f*; **~(áv)at** ⟨*do- se*, *za-*⟩ (*po kom*, *po čem*) forschen, fahnden (nach *D*); (*v čem*) durchsuchen (*A*); **~avý** forschend.
patriarch|a *m* (*5*) Patriarch *m*; **~ální** patriarchal(isch).
patrice *f* (*2a*) Prägestock *m*.
patricij *m* (*3*; *-ové*), **~ka** *f* (*1c*; *-jek*) Patrizier(in *f*) *m*; **~ský** Patrizier-.
patr|ně *Adv.* anscheinend; sichtlich, zusehends; **~no** *Adv.* klar (zu erkennen), offenkundig; **~ný** offensichtlich, klar (erkennbar).
patro *n* (*1*; *6. -tře*; *-ter*) Stockwerk *n*, Etage *f*; *Anat.* Gaumen *m*; *Agr.* Heuboden *m*; *Bgb.* Sohle *f*.
patrol|a *f* (*1a*) Streife *f*; **~ovat** (*-luji*) auf Streife gehen.
patron *m* (*1*), **~ka** *f* (*1c*; *-nek*) Patron(in *f*) *m*; *Rel.* Schutzheilige *m od. f*; Schirmherr(in *f*) *m*; **~a** *f* (*1*) Patrone *f*; Schablone *f*; **~át** *m* (*2*; *6. -u*/*-ě*) Schirmherrschaft *f*, Patenschaft *f*; **~átní** Patenschafts-; **~ka** *f* *s. patron.*
patrový einstöckig; Gaumen-; Etagen-; -~ *in Zssgn* -stöckig.
patř|ící gehörend; **~ičný** gehörig; gebührend, angemessen; **~it** gehören; ziemen, passen; blicken, schauen; anschauen (*nač*/*A*); ~ *se* sich gehören, sich schicken.
pátý fünfte(r); *čaj o -té* Fünfuhrtee *m*; F *-té přes deváté* drunter und drüber.
pauz|a *f* (*1a*) Pause *f*; (*Licht-*)Pause *f*; **~ovací** Paus-.
pauš|ál *m* (*2*; *6. -u*/*-e*) Pauschale *f*, Pauschalsumme *f*; **~al(iz)ovat** (*im*)*pf.* (*-luji*/*-zuji*) pauschalieren; **~ální** Pauschal-.
páv *m* (*1*) Pfau *m*.
pavěd|a *f* (*1*) Pseudowissenschaft *f*; **~ecký** pseudowissenschaftlich.
paví Pfauen-.
pavián *m* (*1*) Pavian *m*.
pávice *f* (*2a*) Pfauenhenne *f*.
pavilón *m* (*2*; *6. -u*/*-ě*) Pavillon *m*; ~ *šelem* Raubtierhaus *n*.
pavlač *f* (*3*) (*überdeckter*) Rundbalkon *m*, Loggia *f*; Hängeboden *m*.
pavouk *m* (*1a*) Spinne *f*; **~ovitý** Spinnen-.
puvučin|a *f* (*1*) Spinnwebe *f*; **~ky** F *f*/*pl.* (*1c*; *-nek*) hauchdünne Strümpfe *m*/*pl.*
pavuza *f* (*1a*) Heubaum *m*.
pazde|rna *f* (*1*; *-ren*) Flachsdarre *f*; **~ří** *n* (*3*) Flachsabfall *m*, Werg *n*.
pazneht *m* (*2*; *6. -u*/*-ě*) Klaue *f*, Huf *m*.
pazour *m* (*2a*) Klaue *f*, Kralle *f*; Pranke *f*, Tatze *f*; **~ek** *m* (*2b*; *-rk-*) (kleine) Kralle *f*; Feuerstein *m*.
pazvuk *m* (*2b*) Nachhall *m*; Nebengeräusch *n*.
pažba *f* (*1*; *-žeb*) (*Gewehr-*)Kolben *m*, Schaft *m*.
paž|dě *f* (*2b*; *2 Pl. -dí*), **~(d)í** *n* (*3*) Achsel *f*; *pod -dí(m)* unter dem Arm; **~e** *f* (*2*) (*Ober-*)Arm *m*.
páže *n* (*4*) Page *m*.
paž|ení *n* (*3*) Verschalung *f*; Täfelung *f*; Verschlag *m*; **~it**¹ ⟨*vy-*, *za-*⟩ verschalen; **~it**² *m* (*2*; *6. -u*/*-ě*) Rasen *m*; **~itka** *f* (*1c*; *-tek*) Schnittlauch *m*; **~ní** (*Ober-*)Arm-.
pec *f* (*3*) Backofen *m*; *Tech.* Ofen *m*; **~ař** *m* (*3*) Schmelzmeister *m*; **~en** *m* (*2a*; *-cn-*) (*Brot-*)Laib *m*.
péci ⟨*na-*, *u-*, *za-*⟩ (*peku*/*peču*, *-če*, *pekl*, *pečen*) backen; *Fleisch* braten.
pecička *f* (*1c*; *-ček*) *s. pecka.*
pecivál *m* (*1*; *-ové*), **~ek** *m* (*1a*; *-lk-*) *verä.* Stubenhocker *m*.
peck|a *f* (*1c*; *-cek*) (*Frucht-*)Kern *m*, Stein *m*; **~ovice** *f* (*2a*) Steinobst *n*.
pecnář *m* (*3*) Brotbäcker *m*.
pečárka *f* (*1c*; *-rek*) Champignon *m*.
péče *f* (*2*) Sorge *f*; Fürsorge *f*; Pflege *f*; ~ *o mládež* Jugendfürsorge; *sociální* ~ Sozialfürsorge; ~ *o tělo* Körperpflege.
pečen|áč *m* (*3*) Brathering *m*; **~ě** *f* (*2b*; *2 Pl. -i*) Braten *m*; **~ý** gebakken; *Fleisch*: gebraten; *-né kuře* Brathähnchen *n*.

pečeť *f* (*4c*) Siegel *n*; *fig.* Stempel *m*.
pečet|it ⟨*z-, za-*⟩ (ver)siegeln; **~ní** Siegel-.
peč|icí Back-, Brat-; **~ínka** F *f* (*1c*; *-nek*) feiner Braten *m*; **~ivárna** *f* (*1*; *-ren*) Feinbäckerei *f*; **~ivo** *n* (*1*) Gebäck *n*, Backwaren *f/pl*.
peč|livost *f* (*4*) Sorgfalt *f*; **~livý** sorgfältig, sorgsam; *Äußeres*: gepflegt; **~ovat** ⟨*na- se*⟩ (*-čuji*) (*o k-o, co*) sorgen (für *A*); pflegen, betreuen (*A*); besorgt ein (um *A*), bedacht sein (auf *A*); **~ovatel** *m* (*3*; *-é*), **-lka** *f* (*1c*; *-lek*) Pfleger(in *f*) *m*, Betreuer(in *f*) *m*.
pedagog *m* (*5*) Pädagoge *m*; **~ický** pädagogisch; **~ika** *f* (*1c*) Pädagogik *f*.
pedál *m* (*2*; *6. -u/-e*) Pedal *n*.
pedel *m* (*1*, *-ové*) Pedell *m*, Universitätsdiener *m*.
pediatr [-dı-] *m* (*1*; *-ři/-rové*) Kinderarzt *m*; **~ie** *f* (*2*) Kinderheilkunde *f*.
pedik|érka [-dı-] *f* (*1c*; *-rek*) Fußpflegerin *f*; **~úra, ~ýra** *f* (*1d*) Fußpflege *f*, Pediküre *f*.
pěch *m* (*2b*) Stößel *m*, Stampfer *m*; *Tech.* Ramme *f*.
pěchota *f* (*1*) Infanterie *f*.
pěchov|ačka *f* (*1c*; *-ček*) Stampfmaschine *f*; **~at** ⟨*na-, u-, za-*⟩ (*-chuji*) stampfen; (hinein)stopfen.
pejsek *m* (*1a*; *-sk-*) Hündchen *n*.
pejzy *m/pl.* (*2*) Schläfenlocken *f/pl*.
pek|áč *m* (*4*) Bratpfanne *f*; F *a.* toller Schlitten *m* (*Auto*); **~árna** *f* (*1*; *-ren*) Bäckerei *f*; Backstube *f*.
pekař *m* (*3*) Bäcker *m*; **~ský** Bäcker-; Back-; **~ství** *n* (*3*) Bäckerei *f*, Bäckerhandwerk *n*.
pekel|ec P *m* (*4*; *-lc-*) Ofennische *f*, † Hölle *f*; **~ník** *m* (*1a*) Höllenbewohner *m*, Teufel *m*; **~ný** Höllen-, höllisch, teuflisch.
peklo *n* (*1a*; *-kel*) Hölle *f*; *hrom a ~!* Himmeldonnerwetter!; *hotové ~* ein wahres Kreuz.
pěkný hübsch, schön, nett, fein.
pel *m* (*2a*) Blütenstaub *m*, Pollen *m*.
pelášit P ⟨*roz- se, u-*⟩ rennen, laufen, F abhauen.
pelech *m* (*2b*) Lager *n*; *verä.* Spelunke *f*.
pelest *f* (*4*) Bettrand *m*.
peleš *f* (*3*) (Laster-)Höhle *f*; (*Räuber-*)Nest *n*; **~it** (se) ⟨*za-*⟩ sein Lager haben, s-n Unterschlupf finden; V *a.* schlafen (*mit e-r Frau*).
pelich|ání *n* (*3*) Mauser(zeit) *f*; **~at** ⟨*roz-, vy-, z-*⟩ *Zo.* mausern; sich hären; *Pelz*: haaren.
peloton *m* (*2a*) *Sp.* (*Radfahrer-*) Feld *n*.
pely|něk *m* (*2b*; *-ňk-*) *Bot.* Wermut *m*; *Kochk.* Beifuß *m*; **~ňkový** Wermut-.
pemza *f* (*1a*) Bimsstein *m*.
peň *lit.*, *dial.* *m* (*4a*; *pně*) (*Baum-*) Stamm *m*.
pěna *f* (*1*) Schaum *m*.
penále *n* (*indekl.*; *7. a. -m*) Vertragsstrafe *f*.
penalta *f* (*1*) *Sp.* Strafstoß *m*.
pendl|ovat (*-luji*) pendeln, im Pendelverkehr fahren; **~ovky** *f/pl.* (*2*; *-vek*) Pendeluhr *f*.
pendrek *m* (*2b*) Lakritzenstange *f*; P *a.* Gummiknüppel *m*.
pěnění *n* (*3*) Schäumen *n*, Schaumbildung *f*.
penězokaz *m* (*1*) Falschmünzer *m*, F Geldfälscher *m*; **~ectví** *n* (*3*) Falschmünzerei *f*.
peněž|enka *f* (*1c*; *-nek*) Geldbörse *f*; **~itý** Geld-, geldlich; **~nictví** *n* (*3*) Finanzwesen *n*; **~ník** *m* (*1a*) Finanzmann *m*, *iron.* Geldmann *m*.
pění *n* (*3*) Singen *n*.
pěnice *f* (*2a*) Grasmücke *f*.
pěni|t ⟨*na-, roz-, vz-, za-, z-*⟩ zum Schäumen (*fig.* Kochen) bringen; *v/i* (*a. ~ se*) schäumen; *fig. Blut usw.*: kochen; **~vý** Schaum-, schäumend.
peníz *m* (*4*) Geldstück *n*, Münze *f*; **~e** *m/pl.* (*4*; *2. peněz*; *-něz-*) Geld *n*; **~ek** *m* (*2b*; *-zk-*) kleines Geldstück *n*; *Bot.* Täschelkraut *n*.
pěnkava *f* (*1*) Fink *m*.
pěn|ovačka *f* (*1c*; *-ček*) Schaumlöffel *m*; **~ovka** *f* (*1c*; *-vek*) Meerschaumpfeife *f*; **~ový** Schaum-.
pentl|e *f* (*2*) Band *n*; **~it** ⟨*o-*⟩ mit Bändern schmücken.
penz|e *f* (*2*) Pension *f*; **~ijní** Pensions-; **~ión** *m* (*2*; *6. -u/-ě*) Pension *f* (*Wohnung*); **~ionovat** (*im*)*pf.* (*-nuji*) pensionieren; **~ista** *m* (*5a*), **-tka** *f* (*1c*; *-tek*) Pensionär(in *f*) *m*.
pepík *m* (*1a*) (Prager) Geck *m*, F eitler Fatzke *m*.
peprn|ík *m* (*2b*) Wasserknöterich *m*; **~ý** (stark) gepfeffert; *fig. a.* gesalzen.

pepř *m* (*4*) Pfeffer *m*; **~enka** *f* (*1c*; *-nek*) Pfefferstreuer *m*; **~it** ⟨*na-*, *o-*, *při-*⟩ pfeffern; **~ový** Pfeffer-.
percent *s. procento.*
perena *f* (*1*) winterfeste (*od.* immergrüne) Pflanze *f*.
perfekt|ní perfekt; **~nost** *f* (*4*) Perfektion *f*.
perfor|ačka F *f* (*1c*; *-ček*) Lochmaschine *f*; **~ovat** (*im*)*pf.* (*-ruji*) perforieren, durchlöchern; lochen.
pergamen *m* (*2*; *6. -u*/*-ě*) Pergament *n*; **~ový** Pergament-.
perif|érie *f* (*2*) Peripherie *f*; **~erní** peripher(isch).
period|a *f* (*1*) Periode *f*; *Astr.* Umlaufzeit *f*; **~ický** [-dɪ-] periodisch; **~izovat** [-dɪ-] (*-zuji*) periodisieren, in Perioden einteilen.
perko *n* (*1b*; *-rek*) Stiefelette *f*.
perla *f* (*1a*; *-rel*) Perle *f*.
perleť *f* (*4c*) Perlmutt(er *f od. n*) *n*; **~ový** Perlmutt(er)-.
perl|ička *f* (*1c*; *-ček*) *dim. zu perla*; Perlhuhn *n*; Perlgraupe *f*; **~ík** *m* (*2b*) Vorschlaghammer *m*; **~it se** ⟨*roz-*, *za-*⟩ perlen; moussieren; **~ivý** perlend.
perlo|nka F *f* (*1c*; *-nek*) Perlonstrumpf *m*; **~nosný** perlentragend; **~očka** *f* (*1c*; *-ček*) Wasserfloh *m*; **~rodka** *f* (*1c*; *-dek*) Perlmuschel *f*; **~vý** Perlen-.
permanent|ka F *f* (*1c*; *-tek*) Zeit-, Dauerkarte *f*; **~ní** permanent.
perna *f* (*1*; *-ren*) *Agr.* Banse *f*, Tennenraum *m*.
pernatý gefiedert.
perník *m* (*2b*) Lebkuchen *m*, Pfefferkuchen *m*; Pumpernickel *m*; **~ový** Lebkuchen-.
perný mühsam, beschwerlich, hart.
pero, péro *n* (*1*; *6. -ře*; *per*) Feder *f*; *kuličkové* ~ Kugelschreiber *m*; **~kresba** *f* (*1*; *-seb*) Federzeichnung *f*.
perón *m* (*2*; *6. -ě*/*-u*) Bahnsteig *m*, Perron *m*; **~ní** Bahnsteig-.
perořízek *m* (*2b*; *-zk-*) Federmesser *n*.
peroutka *n* (*1b*; *-tek*) Federwisch *m*.
pérov|ání *n* (*3*) Federung *f*; **~aný** gefedert; **~at** ⟨*za-*⟩ (*-ruji*) federn; **~ý** Feder-.
pers|ián *m s. perzián*; **♀ie** *f* (*2*) Persien *n*; **~ký** persisch.
personifi|kace [-nɪ-] *f* (*2*) Personifizierung *f*; **~kovat** ⟨*z-*⟩ (*-kuji*) personifizieren.
perspektiv|a [-tɪː-] *f* (*1*) Perspektive *f*; **~ní** perspektivisch; *Pol.* Perspektiv-.
Perš|an *m* (*1*; *-é*) Perser *m*; F *a.* Perserteppich *m*; **♀tina** *f* (*1*) Persisch *n*, persische Sprache *f*.
Peru *n* (*indekl.*) Peru *n*; **~ánec** *m* (*3*; *-nc-*) Peruaner *m*; **♀(án)ský** peruanisch.
peru *s. prát.*
peru|ť *f* (*4c*) Schwinge *f*, Fittich *m*; † *Mil. Flgw.* Geschwader *n*; **~tný** *poet.* beschwingt, beflügelt.
perverz|ita *f* (*1*), **~nost** *f* (*4*) Perversität *f*; **~ní** pervers.
perzek|uce *f* (*2*) Verfolgung *f*; **~vovat** (*-vuji*) (*politisch*) verfolgen.
perzián F *m* (*2a*) Persianer(pelz) *m*; **~ový** Persianer-.
peřej *f* (*3*) Stromschnelle *f*.
peřestek *m* (*2b*; *-tk-*) *Min.* Zinkblende *f*.
peřestý *poet.* bunt.
peř|í *n* (*3*) Federn *f*/*pl.*, Gefieder *n*; **~ina** *f* (*1*) Federbett *n*; **~inka** *f* (*1c*; *-nek*) *Dim. zu peřina*; Windel *f*.
pes *m* (*1*; *ps-*) Hund *m*; **~ík** *m* (*2b*) Grannenhaar *n*; **~kovat** ⟨*vy-*, *z-*⟩ (*-kuji*) ausschimpfen, F anhunzen.
pěst *f* (*4 od. 4c*) Faust *f*; **~ěný** gepflegt.
pestík *m* (*2b*) *Bot.* Stempel *m*.
pěst|it (*-ěn*) *s. pěstovat*; **~itel** *m* (*3*; *-é*), **-lka** *f* (*1c*; *-lek*) Pfleger(in *f*) *m*; (*Tier-*, *Pflanzen-*)Züchter(in *f*) *m*; **~ní** Faust-; **~oun** *m* (*1*) Pflegevater *m*; ~*i pl. a.* Pflegeeltern *pl.*; **~ounka** *f* (*1c*; *-nek*) Pflegemutter *f*; Kindergärtnerin *f*; Pflegerin *f*; **~ování** *n* (*3*) (*Pflanzen-*)Anbau *m*; (*Tier-*) Zucht *f*; ~ *ovoce*, *vína* Obst-, Weinbau; **~ovat** (*-tuji*) *Agr.* anbauen; *Tiere* züchten; *Sport*, *Musik*, *Sprachen usw.* treiben.
pestr|ost *f* (*4*), **~ota** *f* (*1*) Buntheit *f*; **~ý** (*Komp.* *-třejší*; *Adv.* *-tře*, *Komp.* *-třeji*) bunt.
pestř|ec *m* (*4*; *-trc-*/*-třc-*) (Hart-) Bovist *m*; **~it** ⟨*z-*⟩, **~ívat** bunt machen; ~ *se* bunt schillern.
pěšák *m* (*1a*) Fußgänger *m*; *Mil.* Infanterist *m*.
pěšec *m* (*3*; *-šc-*) (*Schach*) Bauer *m*.
pešek *m* (*2b*; *-šk-*; *2. -a*) Knüppel *m*; Plumpsack *m* (*Kinderspiel*).
pěš|í[1] Fuß-; *Mil.* Infanterie-; **~í**[2] *m* (*Adj. 4*) Fußgänger *m*; **~ina** *f* (*1*) Fußweg *f*, Pfad *m*; **~inka** *f* (*1c*;

-*nek*) (schmaler) Pfad *m*; Scheitel *m*; **~ky** *Adv.* zu Fuß.
pět[1] ⟨*za-*⟩ (*pěji*) singen; ~ *o čem* besingen (*A*).
pět[2] fünf; **~advacet** fünfundzwanzig; F e-e Tracht Prügel; **~advacetihaléř** *m* (*4*) Fünfundzwanzighellerstück *n*.
petarda *f* (*1*) Petarde *f*; *Sp. u. fig.* Bombe *f*.
petent *m* (*1*) Bewerber *m*; Bittsteller *m*.
pěti... *in Zssgn* fünf-, Fünf-.
pětiboj *m* (*4*) Fünfkampf *m*; **~ař** *m* (*3*) Teilnehmer *m* am Fünfkampf.
petice [-tɪ-] *f* (*2a*) Petition *f*, Bittschrift *f*.
pěti|ce *f* (*2a*) Fünfergruppe *f*, Fünf *f*; *do* ~ zum fünften Mal; **~cípý** fünfzackig, fünfeckig; **~členný** fünfgliedrig; **~denní** fünftägig; **~haléř** *m* (*4*) Fünfhellerstück *n*; **~hranný** fünfeckig; **~koruna** *f* (*1*) Fünfkronennote *f od.* -stück *n*; **~letí** *n* (*3*) Jahrfünft *n*; **~letka** *f* (*1c*; *-tek*) Fünfjahresplan *m*; **~letý** fünfjährig, Fünfjahres-; **~místný** *Math.* fünfstellig; **~mocný** *Chem.* fünfwertig; **~na** *f* (*1*) Fünftel *n*; **~násobný** fünffach; **~poschoďový** fünfstöckig; **~stěn** *m* (*2a*) Pentaeder *n*; **~stopý** fünffüßig (*Vers*); **~stovka** *f* (*1c*; *-vek*) Fünfhunderter *m*; **~stý** fünfhundertste(r); **~tisící** fünftausendste(r); **~úhelník** *m* (*2b*) Fünfeck *n*; **~úhlý** fünfeckig.
pět|ka *f* (*1c*; *-tek*) Fünf *f*; Fünfersystem *n*; Fünferausschuß *m*, -gruppe *f*; **~krát** fünfmal.
petlice *f* (*2a*) Türkette *f*.
petrklíč *m* (*4*) Schlüsselblume *f*, Primel *f*.
petrolej *m* (*4*) Petroleum *n*; **~ářský** Erdöl-; **~ka** P *f* (*1c*; *-jek*) Erdölraffinerie *f*; Petroleumlampe *f*; **~ový** Petroleum-.
petržel *f* (*3*) Petersilie *f*.
pětsetkrát fünfhundertmal.
pěvec *m* (*3*; *-vc-*) Sänger *m*; *Zo.* Singvogel *m*; **~ký** Gesang-, Sing-; Sänger-.
pěvkyně *f* (*2a*) Sängerin *f*.
pevnin|a *f* (*1*) Festland *n*; **~ský** Kontinental-.
pevn|ost *f* (*4*) Festigkeit *f*, Haltbarkeit *f*; *Mil.* Festung *f*; **~ostní** Festungs-; **~ůstka** *f* (*1c*; *-tek*) Kastell *n*, Fort *n*; **~ý** fest.
pcháč *m* (*4*) Stechdistel *f*.
pí *Abk. für paní.*
pianist|a *m* (*5a*), **~ka** *f* (*1c*; *-tek*) Pianist(in *f*) *m*.
píce *f* (*2*) Futter *n*.
picí Trink-.
pícka *f* (*1c*; *-cek*) (kleiner) Ofen *m*, F Öfchen *n*.
píc|ní Futter-; **~ník** *m* (*2b*) Futterkasten *m*; **~nina** *f* (*1*) Futterpflanze *f*; **~ovat** ⟨*za-*⟩ (*-cuji*) Futter holen.
píď *f* (*4d*; *-dě*) Spanne *f*, Fußbreit *m*; **~alka** *f* (*1c*; *-lek*) *Zo.* Spanner *m*.
pidimužík *m* (*1a*) Heinzelmännchen *n*, Zwerg *m*.
pídit se eifrig suchen (*po čem* nach *D*).
piet|a *f* (*1*) Pietät *f*; **~ní** pietätvoll.
pifka F *f* (*1c*; *-fek*) Pik *m*, Kieker *m*.
pih|a *f* (*1b*) Sommersprosse *f*; **~atý**, **~ovitý** sommersprossig.
pich *m* (*2b*) Stich *m*.
pích|ací Stech-, Kontroll-; **~ačky** F *f/pl.* (*1c*; *-ček*) Stech-, Kontrolluhr *f*; **~at** ⟨*po-*, *za-*⟩ stechen.
pichl|ák *m* (*2b*) Stachel *m*; **~avost** F *f* (*4*) Stichelei *f*; **~avý** stachelig; stechend; spitz.
píchn|out *pf.*, *za-* (*-chl*/*-chnul*; *-chnut*) stechen; **~utí** *n* (*3*) Stich *m*; ~ *pneumatiky* Reifenpanne *f*.
pij|ácký Trink-; **~ák** *m* (*1a*) Trinker *m*; (*2b*) Löschpapier *n*; **~avice** *f* (*2a*), **~avka** *f* (*1c*; *-vek*) Blutegel *m*.
píka *f* (*1c*) Pike *f*; *od -ky* von der Pike auf.
pikle *m/pl.* (*4*) Ränke *pl.*, Umtriebe *m/pl.*
pikol|a *f* (*1a*) Pikkoloflöte *f*; **~ík** *m* (*1a*) Pikkolo *m*.
pil|a *f* (*1a*) Säge *f*; **~ař** *m* (*3*) Sägearbeiter *m*; **~át** *m* (*2a*): *Bot. lékařský* ~ Ochsenzunge *f*; **~atka** *f* (*1c*; *-tek*) Blattwespe *f*.
píle *f* (*2*) Fleiß *m*.
piliny *f/pl.* (*1*) Sägespäne *m/pl.*, Sägemehl *n*; Feilspäne *m/pl.*
pilíř *m* (*4*) Pfeiler *m*.
pílit ⟨*po- si*⟩ *lit.* eilen.
pil|ka *f* (*1c*; *-lek*) Handsäge *f*; **~ník**[1] *m* (*1a*) *scherz.* fleißiger Schüler *m*; **~ník**[2] *m* (*2b*) Feile *f*; **~nost** *f* (*4*) Fleiß *m*; Dringlichkeit *f*; **~ný** fleißig, emsig; dringend; ~ *návrh* Dringlichkeitsantrag *m*.
pilot *m* (*1*), **~ka** *f* (*1c*; *-tek*) Pilot(in *f*) *m*, Flugzeugführer(in *f*) *m*; *Mar.* Lotse *m*; **~ní** Piloten-; **~ovat**

⟨*zasi*⟩ (-*tuji*) *Flugzeug* führen, steuern.
piloun *m* (*1*) Sägefisch *m*.
pilous *m* (*1*) Rüsselkäfer *m*.
pilo|vat ⟨*za-*⟩ (-*luji*) feilen; **~vitý** sägeartig; gezackt, gezähnt; **~vý** Säge-.
pilulka *f* (*1c*; -*lek*) Pille *f*.
pimprl|e † *n* (*4*) (*Draht-*)Puppe *f*, Marionette *f*.
pinč *m* (*3*), *Dim*. **~lík** *m* (*1a*) Pinscher *m*.
pink|at ⟨*za-*⟩, **~nout** *pf*. (-*kl*) *Fink*: schlagen; F *Tennis* üben, spielen.
pión *m* (*1*) (*Schach*) Bauer *m*.
pionýr *m* (*1*; -*ři*), **~ka** *f* (*1c*; -*rek*) Pionier(in *f*) *m*.
pípa *f* (*1*) Zapfhahn *m*.
píp|at ⟨*za-*⟩, **~nout** *pf*. (-*pl*) piep(s)en; *fig*. mucksen.
pipla|čka F *f* (*1c*; -*ček*) langweilige Arbeit *f*; **~l** *m* (*1*; -*ové*) Tändler *m*; **~t se** sich abquälen (*s čím* mit *D*).
pirát *m* (*1*) Pirat *m*; **~ství** *n* (*3*) Piratentum *n*, Seeräuberei *f*.
pírko *n* (*1b*; -*rek*) *Dim. zu pero*.
pis|adlo † *n* (*1a*) Schreibzeug *n*; **~álek** *m* (*1*; -*lk*-; -*ové*) *iron*. Schreiberling *m*.
pís|anka *f* (*1c*; -*nek*) Schreibheft *n*; **~árna** *f* (*1*; -*ren*) Schreibstube *f*; **~ař** *m* (*3*) Schreiber *m*; **~ařka** *f* (*1c*; -*řek*) Schreib-, Bürokraft *f*; **~ařský** Schreib-.
pis|atel *m* (*3*; -*é*), **-lka** *f* (*1c*; -*lek*) Schreiber(in *f*) *m*, Verfasser(in *f*) *m*; **~átko** *n* (*1b*; -*tek*) (*Schreib-*)Griffel *m*.
písč|ina *f* (*1*) Sandboden *m*; Sandbank *f*; **~itý** sandig.
píseč|ník *m* (*2b*) Sandkasten *m*; **~ný** Sand-.
písek *m* (*2b*; -*sk*-) Sand *m*.
písem|ka F *f* (*1c*; -*mek*) schriftliche Arbeit *f od*. Prüfung *f*; **~nictví** *n* (*3*) Schrifttum *n*, Literatur *f*; **~nost** *f* (*4*) Schriftstück *n*; **~ný** schriftlich.
píseň *f* (*3*; -*sně usw.*) Lied *n*.
pisk *m* (*2b*) Pfiff *m*; Federkiel *m*.
pískač *m* (*3*), *Dim*. **~ek** *m* (*1a*; -*čk*-) *Mus*. Pfeifer *m*.
písk|ař *m* (*3*) Sandmann *m*, Sandhändler *m*; **~ání** *n* (*3*) Pfeifen *n*; **~at** ⟨*s-*, *za-*⟩, **~nout** *pf*. (-*kl*) pfeifen; **~nutí** *n* (*3*) Pfiff *m*.
pisklavý, písklavý piepsend.
pískle *n* (*4*) (*Vogel-*)Junge(s) *n*, F (*a. fig.*) Piepmatz *m*.
piskoř *m* (*3*) *Zo*. Schlammbeißer *m*.
pískot *m* (*2a*) Quietschen *n*; Pfeifen *n* (*a. Med.*).
pískov|aný mit Sand bestreut, Sand-; **~at** (-*kuji*) Sand graben *od*. baggern; **~cový** Sandstein-; **~ec** *m* (*4*; -*vc*-) Sandstein *m*; **~iště** *n* (*2a*) sandige Stelle *f*; **~na** *f* (*1*; -*ven*) Sandgrube *f*; **~ý** Sand-; **~** *cukr* Kristallzucker *m*.
písm|ák *m* (*1a*) *hist*. Bibelleser *m*, Dorfgelehrter *m*; **~enkář** P *m* (*3*) *iron*. Wortklauber *m*; **~eno** *n* (*1*; *6*. -*u*/-*ě*) Buchstabe *m*; **~o** *n* (*1*; *6*. -*u*/-*ě*; -*sem*) Schrift *f*; **~olijec** *m* (*3*; -*jc*-) Schriftgießer *m*.
písnič|ka *f* (*1c*; -*ček*) Liedchen *n*; **~ář** *m* (*3*) Volkssänger *m*.
píst *m* (*2*; *6*. -*u*/-*ě*) Kolben *m*; **~nice** *f* (*2a*) Kolbenstange *f*.
pistol|e *f* (*2*) Pistole *f*; **~ník** *m* (*1a*) *verä*. Pistolenheld *m*.
piškot *m* (*2*; *6*. -*u*/-*ě*) Biskuit *n*.
píšťala *f* (*1a*) Pfeife *f*.
pištec † *m* (*3*; -*tc*-) Pfeifer *m*.
píštěl *m* (*4*) *od*. *f* (*3*) Fistel *f*.
pišt|ět ⟨*za-*⟩ pfeifen, quietschen; **~ivý** pfeifend; piepsig.
pít ⟨*na- se*, *vy-*⟩ (*piji*, *pil*, *pit*) trinken.
pitelný trinkbar.
pitev|na *f* (*1*; -*ven*) Seziersaal *m*; **~ní** Sezier-.
pit|í *n* (*3*) Trinken *n*, *poet*. Trank *m*; *k* **~** zu trinken; *léčení* **~m** Trinkkur *f*; **~ka** *f* (*1c*; -*tek*) Trinkgelage *f*, V Sauferei *f*; **~ný** Trink-.
pitom|ec *m* (*3*; -*mc*-) Dummkopf *m*; **~ět** ⟨*z-*⟩ (*3 Pl*. -*ějí*) dumm werden, verdummen; **~ý** dumm, albern.
pitv|a *f* (*1*; -*tev*) Obduktion *f*; **~(áv)at** ⟨*roz-*⟩ sezieren, obduzieren.
pitvo|r *m* (*2a*), **~ra** *f* (*1d*) Zerrbild *n*, Fratze *f*; **~rný** fratzenhaft; grotesk; **~řit se** ⟨*z-*⟩ Grimassen schneiden; **~** *se po kom* nachäffen (*A*).
piv|ák *m* (*2b*) Bierwagen *m*; **~ař** P *m* (*3*) Biertrinker *m*; **~ečko** F *n* (*1b*; -*ček*) Bierchen *n*, *schweiz*. Bierli *n*; **~ní** Bier-; **~nice** *f* (*2a*) Bierhalle *f*, Bierkeller *m*; **~o** *n* (*1*) Bier *n*.
pivoňka *f* (*1c*; -*něk*) Pfingstrose *f*.
pivovar *m* (*2a*) Bierbrauerei *f*; **~nictví** *n* (*3*) Brauereiindustrie *f*; **~ník** *m* (*1a*) Bierbrauer *m*; **~ský** Brau(haus)-.
pizdit F ⟨*z-*⟩ (-*ěn*) verhunzen, verunstalten.

pižlat F ⟨*na-*⟩ säbeln, mit e-m stumpfen Messer schneiden.
pižm|o *n* (*1*) Moschus *m*; Bisam *n*; **~oň** *m* (*3a*) Moschustier *n*; **~ový** Bisam-, Moschus-; *-vá krysa* Bisamratte *f*.
plác! *Int*. patsch!, bums!
plác|ačka *f* (*1c*; *-ček*) Pritsche *f*; Teppichklopfer *m*; (*Fliegen-*)Klappe *f*; **~al** P *m* (*1*; *-ové*) Schwätzer *m*; **~ání** *n* (*3*) Klatschen *n*; *a*. = **~anina** *f* (*1*) dummes Geschwätz *n*; Geschmiere *n*; **~at** ⟨*za-*⟩ klatschen, patschen.
placatý platt, flach.
plac|ení *n* (*3*) Zahlung *f*; **~ený** bezahlt.
placka *f* (*1c*; *-cek*) *Kochk*. Puffer *m*, Fladen *m*; *Med*. Zugpflaster *n*.
plácn|out *pf*. (*-cl*; *-nut*) *s. plácat*; *~ si* einschlagen; **~utí** *n* (*3*) F Klaps *m*; *Hdl*. Handschlag *m*.
pláč *m* (*4*) Weinen *n*.
plač|ící weinend; **~ka** *f* (*1c*; *-ček*) Klageweib *n*; **~ky** *Adv*. weinend, unter Tränen; **~tivý** weinerlich; rührselig; *dial*. regnerisch.
plahoč|ení *n* (*3*) Schinderei *f*; **~it se** ⟨*na-*⟩ sich abrackern; sich schleppen (bis); **~ivý** mühsam.
plachet|ka *f* (*1c*; *-tek*) Kopftuch *n*; **~nice** *f* (*2a*) Segelboot *n*; *výstroj ~ Mar*. Takelung *f*.
pláchnout F *pf*., *u-* (*-chl*/*-chnul*; *-chnut*) sich davonmachen.
plachost *f* (*4*) Schüchternheit *f*, Scheu *f*.
placht|a *f* (*1*; *-chet*) Segel *n*; Wagenplane *f*; *stanová ~* Zeltbahn *f*; **~ař** *m* (*3*) Segelflieger *m*; **~ění** *n* (*3*) Segeln *n*; Segelflug *m*; **~it** ⟨*za-*⟩ segeln; **~oví** *n* (*3*) Takelwerk *n*; **~ovina** *f* (*1*) Segeltuch *n*.
plachý (*Komp*. *plašší*; *Adv*. *plaše*, *Komp*. *-šeji*) scheu, schüchtern.
plakat ⟨*roz- se*, *za-*⟩ (*pláču*/*-či*) weinen; *Augen*: tränen.
plakát *m* (*2*; *6*. *-u*/*-ě*) Plakat *n*; **~ovat** (*im*)*pf*. (*-tuji*) plakatieren; **~ový** Plakat-; *~ sloup* Litfaßsäule *f*.
plaketa *f* (*1*) Plakette *f*.
plam|en *m* (*4*) Flamme *f*; **~eňák** *m* (*1a*) Flamingo *m*; **~enec** *m* (*4*; *-nc-*) *Tech*. Flammrohr *n*; **~ének**, **~ínek** *m* (*2b*; *-nk-*) Flämmchen *n*; *Bot*. Waldrebe *f*.
plamen|ný flammend; *fig*. feurig; **~omet** *m* (*2a*) Flammenwerfer *m*.
plán *m* (*2a*) Plan *m*; *dát do ~u* einplanen.
pláň *f* (*3*) Ebene *f*, Plateau *n*; *Arch*. Planum *n*.
planda *f* (*1*) Leinenkittel *m*, Kutte *f*; **~vý**: *-vé kalhoty* Pluderhosen *f*/*pl*.
pláně *f* (*2b*; *-ní*) Wildling *m*; wildes Obst *n*, Holzapfel *m*, -birne *f usw*.
planet|a *f* (*1*) Planet *m*; **~ář** *m* (*3*) Sterndeuter *m*; **~ární** Planeten-.
planina *f* (*1*) Ebene *f*, Plateau *n*.
plaňka *f* (*1c*; *-něk*) Planke *f*; *Agr*. Wildling *m*, Wildobst *n*.
plan|oucí flammend; *fig*. glühend; **~out** flammen; *fig*. (*čím*) glühen, brennen (vor *D*).
plánov|ací Plan(ungs)-; **~ač** *m* (*3*) Planer *m*; **~ání** *n* (*3*) Planung *f*; **~aný** geplant, Plan-; **~at** ⟨*na-*, *za-*⟩ (*-nuji*) planen; **~itý** planmäßig.
plant|áž *f* (*3*) Plantage *f*; **~ník** *m* (*1a*) Plantagenbesitzer *m*.
planý wild, unfruchtbar; *fig*. leer, eitel.
plápola|t ⟨*vz-*, *za-*⟩ lodern, flakkern; **~vý** lodernd.
plást *f* (*4*), **~ev** *f* (*3*; *-tv-*) Honigwabe *f*; *Bgb*. Flöz *n*.
plasti|cký [-tı-] (*Komp*. *-čtější*; *Adv*. *-cky*, *Komp*. *-čtěji*) plastisch; **~čnost** *f* (*4*) Plastizität *f*, Bildsamkeit *f*; **~k** *m* (*2b*) Kunststoff *m*; **~ka** *f* (*1c*) Plastik *f*.
plástový Waben-.
plaš|e *Adv*. *s*. *plachý*; **~it** ⟨*za-*⟩ scheu machen; verscheuchen; *~ se* scheu werden; *Pferd*: scheuen (*v*/*i*).
plášť *m* (*4a*) Mantel *m*; *Tech*. Gehäuse *n*; *~ do deště* Regenmantel; **~tíček** *m* (*2b*; *-čk-*), **~tík** *m* (*2b*) Mäntelchen *n*; *fig*. Deckmantel *m*; **~ťový** Mantel-.
plat *m* (*2a*) Zahlung *f*; Gehalt *n*, Entgelt *n*, Bezüge *m*/*pl*.
plát *m* (*2a*) Platte *f*; (*Folien-*)Blatt *n*; (*Speck-*)Scheibe *f*.
platan *m* (*2*; *6*. *-u*/*-ě*) Platane *f*; **~ový** Platanen-.
platba *f* (*1*; *-teb*) Zahlung *f*; *den -by* Zahltag *m*.
plátce *m* (*3*) Zahler *m*; (*Post*) Einzahler *m*.
plateb|na *f* (*1*; *-ben*) Zahlstelle *f*; **~ní** Zahlungs-.
platejs *m* (*1*) *Zo*. Scholle *f*; Flunder *f*; Butt *m*.
plátek *m* (*2b*; *-tk-*) Plättchen *n*; *Kochk*. Scheibe *f*; *verä*. Revolverblatt *n* (*Zeitung*).

pláten|ický Leinen-; **~ík** *m* (*1a*) Leinwandhändler *m*; Leinweber *m*.
plátěn|ka *f* (*1c*; *-nek*) Tennisschuh *m*, Leinenschuh *m*; *-ky pl.* Leinenhose *f*; **~ý** Leinen-, Leinwand-.
platidlo *n* (*1a*; *-del*) Zahlungsmittel *n*.
plati|na [-tɪ-] *n* (*1*) Platin *n*; **~nový** Platin-.
platit ⟨*za-*⟩ (*-cen*) zahlen; gelten, gültig sein; *platí!* abgemacht!, es bleibt dabei!
plátno *n* (*1*; *6. -u/-ě*; *-ten*) Leinwand *f*; *promítací ~* Bildwand *f*.
plat|nost *f* (*4*) Geltung *f*, Gültigkeit *f*; *se zpětnou -tí* rückwirkend; *nabýt* (*pozbýt*) *-ti* in (außer) Kraft treten; **~ný** geltend, gültig, wirksam; *není nic -no* es hilft nichts; **~ový** Lohn-, Gehalts-, Besoldungs-.
platýs *m s. platejs.*
plav|ací Schwimm-; **~ák** *m* (*2b*) Schwimmpuppe *f*; (*Pferd*) Falbe *f*; *dial.* Regenguß *m*; **~at** ⟨*po-, za-*⟩ (*-vu*) schwimmen; **~ba** *f* (*1*; *-veb*) Schiffahrt *f*; **~čík** *m* (*1a*) Schwimmmeister *m*; Schiffsjunge *m*; **~ební** Schiffahrts-; **~ec** *m* (*3*; *-vc-*) Schwimmer *m*; Schiffer *m*; **~ecký** Schwimm-; **~ectví** *n* (*3*) Schwimmsport *m*; **~idlo** *n* (*1a*; *-del*) Wasserfahrzeug *n*; **~it** ⟨*s-, za-*⟩ schwemmen; *Holz* flößen; *~ se* auf e-m Schiff fahren; *fig.* segeln; **~ka** *f* (*1c*; *-vek*) falbe Kuh *od.* Stute *f*; **~ky** *f/pl.* (*2*; *-vek*) Badeanzug *m*, -hose *f*; **~kyně** *f* (*2a*) Schwimmerin *f*; **~mo** *Adv.* schwimmend; *skok ~ Turn.* Hechtsprung *m*; **~ný** flott, fließend.
plavovl|áska *f* (*1c*; *-sek*) Blondine *f*; **~asý** blond.
plavuň *f* (*3*; *-ně*) Bärlapp *m*.
plavý (flachs)blond; *Pferd*: falb.
plaz *m* (*1*) Kriechtier *n*; **~it** ⟨*vy-*⟩ *Zunge* herausstrecken; *~ se* kriechen, schleichen; **~ivý** kriechend, schleichend.
pláž *f* (*3*) Strand *m*; *~ u moře* Meeresstrand; **~ový** Strand-.
plebej|ec *m* (*3*; *-jc-*) Plebejer *m*; **~ský** plebejisch.
plec *f* (*3*) Schulter *f*; **~ko** *n* (*1b*; *-cek*) *Kochk.* Schulterstück *n*.
plecí Jät-.
plečka *f* (*1c*; *-ček*) Jäterin *f*; Jäthacke *f*.
pléd *m* (*2a*) Reisedecke *f*; Umhängetuch *n*.
plech *m* (*2b*) Blech *n*; *~y pl. Mus.* Blechbläser *m/pl.* (*koll.*); **~ovka** *f* (*1c*; *-vek*) Blechbüchse *f*; **~ový** Blech-.
plémě *n* (*4a*; *plemen-*) Stamm *m*, Rasse *f*, Geschlecht *n*; *Agr.* Brut *f*, Zucht *f*.
plemen|ění *n* (*3*) Fortpflanzung *f*; **~ice** *f* (*2a*) Zuchtmutter *f*; **~it se** ⟨*roz-*⟩ sich fortpflanzen, sich vermehren; **~ný** Zucht-, Rassen-; **~o** *n* (*1*; *6. -ě/-u*) *s. plémě.*
plen *m* (*2a*) Beute *f*, Raub *m*; *vydat v ~* ausplündern lassen; *vzít v ~* plündern.
plena *f* (*1*) großes Kopftuch *n*; Windel *f*; Häutchen *n*; *mozková ~* Hirnhaut *f*.
plenár|ka F *f* (*1c*; *-rek*) Vollversammlung *f*, Plenarsitzung *f*; **~ní** Voll-, Plenar-.
plenění *n* (*3*) Plünderung *f*, Brandschatzung *f*.
plenér *m* (*2a*): *divadlo v ~u* Freilichtbühne *f*.
plenit ⟨*z-*⟩ (*-ěn*) plündern, verwüsten, brandschatzen.
plenka, plénka *f* (*1c*; *-nek*) *dim. zu plena.*
plenta *f* (*1*) spanische Wand *f*; Ofenschirm *m*.
ples *m* (*2*; *6. -u/-e*; *6 Pl. -ech/-ích*) (*Masken-*)Ball *m*; *fig.* Jubel *m*; **~at** ⟨*roz- se, za-*⟩ jauchzen; **~avý** jubelnd.
plesk![1] *Int.* patsch!, klatsch!
plesk[2] *m* (*2b*) Patsche *f*; Klatsch *m*; **~ačka** *f* (*1c*; *-ček*) Pritsche *f*, Klappe *f*; **~al** *m* (*1*; *-ové*) Schwätzer *m*; **~alka** *f* (*1c*; *-lek*) Klatschbase *f*; **~at** ⟨*na-, za-*⟩ klatschen; F *a.* tätscheln; planschen; *Regen*: plätschern; **~nout** *pf.* ⟨*za-*⟩ (*-kl*) e-n Schlag versetzen (*k-o/D*); F ausplappern, herausplatzen (*co* mit *D*); **~ot** *m* (*2a*) Plätschern *n*; Geschwätz *n*.
plesniv|ec *m* (*3*; *-vc-*) F Graukopf *m*; **~ět** ⟨*o-, z-, za-*⟩ (*3 Pl. -ějí*) schimmelig werden; F *Haar*: grau werden; **~ina** *f* (*1*) Schimmel *m*; **~ý** schimm(e)lig; grau.
pleso *n* (*1a*) Bergsee *m*.
plesový Ball-.
plést ⟨*po-, s-, z-, za-*⟩ (*pletu, pletl, -ten*) (ver)flechten; verschlingen; stricken; durcheinanderwerfen; *j-n* verwirren, F durcheinanderbringen;

~ *si co* verwechseln (*A*); ~ *se* sich irren; ~ *se do č-o* sich einmischen (in *A*).
pleš *f* (*3*) Glatze *f*, *iron.* Platte *f*; **~atět** ⟨*o-*, *z-*⟩ (*3 Pl. -ějí*) e-e Glatze bekommen; **~atý** kahl(köpfig).
pleť *f* (*4a*; *-ti*) (*Gesichts-*)Haut *f*, Teint *m*; *krásná* ~ das schöne Geschlecht.
plet|ací Strick-, Flecht-; **~adlo** *n* (*1a*; *-del*) Strickapparat *m*; **~árna** *f* (*1*; *-ren*) Strickerei *f*; Wirkwarenfabrik *f*; **~ařka** *f* (*1c*; *-řek*) Strickerin *f*; **~ařský** Strick(waren)- **~eň** *f* (*3*; *-eně*) Flechtwerk *n*; **~enec** *m* (*4*; *-nc-*) Zopf *m*; Kranz *m*; **~enina** *f* (*1*) Flechtwerk *n*; Wirkwaren *f/pl.*; **~enka** *f* (*1c*; *-nek*) Zopf *m* (*Gebäck*); **~ený** geflochten; Strick-, Wirk-; ~ *nábytek* Korbmöbel *n/pl.*
pletí *n* (*3*) Jäten *n*.
pletich|a *f* (*1b*): *mst -chy pl.* Ränke *pl.*, Intrigen *f/pl.*; **~ář** *m* (*3*) Intrigant *m*; **~ařit** ⟨*na-*⟩ intrigieren, Ränke schmieden; **~ářka** *f* (*1c*; *-řek*) Intrigantin *f*; **~ářský** ränkevoll, intrigant.
plet|ivo *n* (*1*) Geflecht *n*; **~ka** *f* (*1c*; *-tek*) Verwicklung *f*; *-ky pl.* Händel *pl.*, Scherereien *f/pl.*
pleťový Haut-.
pleva *f* (*1*) Spreu *f*, Spelze *f*.
plevel *m* (*2a od. 4*) Unkraut *n*; **~ovitý** Wucher-.
plexi|sklo *n* (*1a*), **~gláz** *m* (*2a*) Plexiglas *n*.
plch *m* (*1a*) *Zo.* Siebenschläfer *m*.
plíce *f/pl.* (*2a*; *plic*; *-ic-/-íc-*) Lunge *f*; *zápal plic* Lungenentzündung *f*.
plic|ní Lungen-; **~nice** *f* (*2a*) Lungenschlagader *f*; **~ník** *m* (*2b*) Lungenkraut *n*.
plíčky *f/pl.* (*2*; *-ček*) Lungenhaschee *n*.
plih|(l)ý schlaff, schlapp; **~nout** ⟨*z-*⟩ (*-hl*) erschlaffen.
plicht|a F *f* (*1*) *Sp.* Unentschieden *n*; *-tou* unentschieden; **~it** F ⟨*u-*, *z-*⟩ verwirren; *Arbeit* zusammenhudeln; ~ *se s kým* sich zusammentun mit (*D*).
plínka *f* (*1c*; *-nek*) *s. plena.*
plíseň *f* (*3*; *-sn-*) Schimmel *m*.
plísk|anice *f* (*2a*) Matschwetter *n*; **~at**, **~nout** *pf.* (*-kl*) plätschern; **~avice** *f* (*2a*) Delphin *m*; **~avý** naß, schmutzig.
plísn|ění *n* (*3*) Strafpredigt *f*; **~it** ⟨*s-*, *vy-*⟩ *v/t* schelten (*A*), e-e Strafpredigt halten (*D*).
plísňový Schimmel-.
plisovat ⟨*z-*⟩ (*-suji*) plissieren.
plíšek *m* (*2b*; *-šk-*) Metallblättchen *n*, Folie *f*.
plít[1] ⟨*vy-*⟩ (*pleji*, *plel*, *plet*) jäten.
plít[2] ⟨*za-*⟩ (*pliji*, *plil*) spucken.
pliv|anec F *m* (*4*; *-nc-*) Spucke *f*; **~at** ⟨*na-*, *za-*⟩ spucken, speien; **~átko** *n* (*1b*; *-tek*) Spucknapf *m*; **~nout** *pf.* *s. plít*[2], *plivat.*
plíži|t se schleichen; (*po kom*) nachschleichen (*D*); **~vý** schleichend.
plk|(ot)at ⟨*na-*⟩ schwatzen; **~y** *m/pl.* (*2b*) Geschwätz *n*, Tratsch *m*.
pln|ění *n* (*3*) Füllen *n*; Erfüllung *f*; **~ěný** gefüllt; **~icí** Füll-; **~ičký** ganz voll, übervoll; **~idlo** *n* (*1a*; *-del*) Füllmittel *n*; **~it** ⟨*na-*, *s-*, *za-*⟩ füllen; *Wunsch* erfüllen; ~ *se* sich füllen; voll werden; *Wunsch*: in Erfüllung gehen; **~itel** *m* (*3*; *-é*) Vollstrecker *m*.
plno *Adv.* voll(er) (*č-o/G*); **~hodnotný** vollwertig; **~krevník** *m* (*1a*) Vollblutpferd *n*, F Vollblüter *m*; **~krevný** vollblütig; **~květý** voller Blüten; **~letý** volljährig; **~luní** *n* (*3*) Vollmond *m*; **~mocník** *m* (*1a*) Bevollmächtigte(r) *m*; **~mocný** bevollmächtigt; **~právný** vollberechtigt; **~st** *f* (*4*) Fülle *f*; **~stěnný** *Tech.* vollwandig; **~štíhlý** vollschlank; **~tučný** Vollfett-; *-né mléko* Vollmilch *f*; **~vous** *m* (*2a*) Vollbart *m*.
plný voll, Voll-; voller (*G*); *-ná moc* Vollmacht *f*; *-nou měrou* in vollem Maß; *v -ném počtu* vollzählig; *z -na hrdla* aus vollem Halse, aus voller Kehle.
plod *m* (*2a*) Frucht *f* (*a. Bio.*, *fig.*); **~idla** *n/pl.* (*1*; *-del*) Zeugungsorgane *n/pl.*; **~ina** *f* (*1*) Nutzpflanze *f*; Produkt *n*; *lesní -ny* Waldfrüchte *f/pl.*; *krmivová* ~ Futterpflanze *f*; **~it** ⟨*z-*, *za-*⟩ (*-zen*) zeugen; hervorbringen; *fig.* stiften; **~itel** *m* (*3*; *-é*) *Jur.* Erzeuger *m*; **~ivost** *f* (*4*) Zeugungsfähigkeit *f*; *fig.* Produktivität *f*; **~nost** *f* (*4*) Fruchtbarkeit *f*; **~ný** fruchtbar; *fig.* produktiv; **~onosný** fruchtbringend; **~ový** Frucht; *Med.* fötal, Mutter-.
ploch|a *f* (*1b*) Fläche *f*; **~ý** (*Komp. plošší*; *Adv. ploše*) flach, Flach-; platt, Platt-.

plomb|a *f* (*1*) Plombe *f*; **~ovat** ⟨*za-*⟩ (*-buji*) verplomben; *Zahn* plombieren.
plosk|a *f* (*1c*; *-sek*) Fußsohle *f*; *Tech.* Bahn *f*; **~onohý** plattfüßig; **~onosý** plattnasig; **~ý** (*Komp. ploštější*) platt, Platt-.
ploš|ina *f* (*1*) Plattform *f*; *Geogr.* Plateau *n*; *nakládací* ~ Laderampe *f*; *zvedací* ~ Hebebühne *f*; **~ný** Flächen-; **~tější** *s. ploský*; **~tice** *f* (*2a*) Beeren- *od.* Baumwanze *f*; **~tit** ⟨*o-*, *z-*⟩ abplatten; platt drücken.
plot *m* (*2*; *6. -ě/-u*) Zaun *m*; *živý* ~ Heckenzaun.
plot|ice *f* (*2a*) Plötze *f*; **~na** *f* (*1*; *-ten*) Platte *f*; (*Koch-*)Herd *m*; **~ýnka** *f* (*1c*; *-nek*) Kochplatte *f*.
plouhat ⟨*po-*, *za-*⟩ nachschleifen; P ~ *se* schlendern; (*vodou* im Wasser) waten.
plout ⟨*za-*⟩ (*pluji*, *plul*) schwimmen; *Schiff*: fahren, segeln.
plout|ev *f* (*3*; *-tv-*) Flosse *f*; **~vonožec** *m* (*3*; *-žc-*) Flossenfüßer *m*, Robbe *f*.
plouži|t se ⟨*pro-*, *roz-*⟩ sich schleppen; **~vý** schleppend.
plov|ací Schwimm-; **~ák** *m* (*2b*) *Tech.* Schwimmer *m*; Boje *f*; **~árna** *f* (*1*; *-ren*) Schwimmbad *n*; *krytá* ~ Hallenbad *n*; **~at** (*-vu*) *im Wasser* treiben; *s. plavat*; **~oucí** schwimmend, Schwimm-; ~ *mina Mil.* Treibmine *f*.
plsní: ~ *sádlo* Bauchfett, Kernfett *n*.
plst, plsť *f* (*4 od. 4a*; *-ti*) Filz *m*.
plst|ěný Filz-; **~it** ⟨*z-* (*se*)⟩ (*-ěn*) (ver)filzen.
plť *f* (*4c*; *-ti*/*-tě*) Floß *n*; **~ař** *m* (*3*) [Flößer *m*.]
pluh *m* (*2b*) Pflug *m*; *jet ~em Sp.* stemmfahren; **~ový** Pflug-.
plucha *f* (*1b*) Spelze *f*, Getreidehülse *f*.
plující schwimmend; *Mar.* flott.
pluk *m* (*2b*) Regiment *n*; **~ovní** Regiments-; **~ovník** *m* (*1a*) Oberst *m*.
plužní Pflug-.
plyn *m* (*2a*) Gas *n*; **~árenský** Gas-; **~árna** *f* (*1*; *-ren*) Gaswerk *n*; **~atost** *f* (*4*) *Med.* Blähungen *f*/*pl.*; **~atý** gashaltig; **~ně** *Adv.* fließend; **~ný** gasförmig; fließend.
plyno|jem *m* (*2a*) Gasbehälter *m*; **~měr** *m* (*2a*) Gasometer *m*; **~těsný** gasdicht; **~tvorný** gasbildend.
plynout ⟨*u-*⟩ fließen; vergehen; hervorgehen (aus *D*).
plyno|vod *m* (*2a*) Gas(leitung *f*) *n*; **~vý** Gas-.
plynul|ost *f* (*4*) Kontinuität *f*; **~ý** fließend; reibungslos.
plyš *m* (*4*) Plüsch *m*.
plyt|kost *f* (*4*) Flachheit *f*; **~ký** *m* (*Komp. -čejší*) seicht, platt; dünn.
plýtv|ání *n* (*3*) Verschwendung *f*; **~at** ⟨*pro-*, *roz-*⟩ (*čím*) verschwenden (*A*).
Plzeň *f* (*3*; *-zně*) Pilsen *n* (*Stadt*); ♀ F Pilsner Bier; **♀ský** Pilsner.
plž *m* (*3*) Schnecke *f*.
pneumati|cký [-nɛ-umatɪ-] pneumatisch, Luft-; *Tech. a.* Druckluft-; *-ká pošta* Rohrpost *f*; **~ka** *f* (*1c*) *Kfz.* Reifen *m*.
pnít (*3. -í*, *pněl*) *lit.* hängen.
pnout ⟨*na-*, *vy-*⟩ (*pnu*, *pjal*/*pnul*, *pjat*/*-pnut*) spannen; erheben; ~ *se* sich spannen; emporragen; sich ranken.
pnutí *n* (*3*) Spannung *f*.
po *Prp.* (*mit 6. Fall*) nach (*D*) (*zeitl.*); vorbei, vorüber; in ... (herum); auf ... (herum); zum -ten Mal; je(der) ein(e); *fig.* zu ...; (*mit 4. Fall*) bis zu (*D*), bis an (*A*); während (*G*); *Adv.* auf ... Weise, nach -art; ~ *roce* nach e-m Jahr; *je* ~ *dešti* der Regen ist vorbei; *je* ~ *obědě* das Mittagessen ist vorüber; *je* ~ *všem* es ist (alles) aus; *chodit* ~ *městě* in der Stadt herumgehen; *chodit* ~ *pokoji* im Zimmer auf- und abgehen; *plovat* ~ *vodě* auf dem Wasser (herum)schwimmen; *jít* ~ *své práci* seiner Arbeit nachgehen; ~ *druhé* zum zweiten Mal; *dostali* ~ *koruně* sie bekamen je(der) e-e Krone; ~ *dvou* zu zweien, zwei und zwei; ~ *kusech* stückweise; ~ *čtyřech* auf allen vieren; ~ *obou stranách* zu beiden Seiten; ~ *řadě* der Reihe nach; *až* ~ *kolena* bis zu den Knien; *až* ~ *krk* bis zum Hals; ~ *celý den* den ganzen Tag (über); ~ (*celá*) *léta* jahrelang; ~ *dobrém* (*zlém*) aus gutem (bösem); ~ *myslivecku* nach Jägerart; ~ *boku* zur Seite; ~ *ruce* zur Hand; ~ *hlavě* kopfüber; ~ *případě* gegebenenfalls, unter Umständen; ~ *čertech* F *fig.* verdammt; ~ *svém* auf s-e Weise.
po- *in Zssgn* ein wenig; *fig.* einmal, F mal.
pobáda|t (*k č-u*) anspornen (zu *D*); **~vý** anregend.

Pobalt|í *n* (*3*) *Geogr.* Baltikum *n*; **~ský** baltisch.
pobav|ení *n* (*3*) Unterhaltung *f*, Vergnügen *n*; **~it** unterhalten; ~ **se** (*čím*) sich unterhalten (mit *D*), F s-n Spaß finden (an *D*).
poběhl|ík *m* (*1a*), **~ice** *f* (*2a*) Landstreicher(in *f*) *m*.
poberta F *m* (*5*) Langfinger *m*, Dieb *m*.
pobesedovat (si) *pf.* (*-duji*) ein wenig plaudern.
pobíd|ka *f* (*1c*; *-dek*) Anregung *f*, Ansporn *m*; Aufforderung *f*; *Jur.* Betreiben *n*; **~nout** *pf.* anregen, anspornen; auffordern; *fig.* (an-)treiben; **~nutí** *n* (*3*) Anregung *f*, Aufforderung *f*, Anstiftung *f*.
pobíhat herumlaufen, hin- und herlaufen.
pobíj|ečka *f* (*1c*; *-ček*) Handbeil *n*, kleine Hacke *f*; **~et** ⟨z-⟩ (*3 Pl. -ejí*) beschlagen; niedermetzeln, abschlachten.
po|bírat *Gehalt* beziehen; **~bít** *pf.* (*s. bít*) *s. pobíjet*; **~bití** *n* (*3*) *Tech.* Beschlag *m*; Niedermetzelung *f*.
pobíz|ející *fig.* treibend, anspornend; **~ení** *n* (*3*) Aufforderung *f*; **~et** (*3 Pl. -ejí*) *s. pobídnout*; **~ivý** aufmunternd, einladend.
poblácený mit Straßenkot bespritzt.
poblázn|ěný verrückt, närrisch; **~it** *pf. v/t* betören, F verrückt machen (*A*), den Kopf verdrehen (*D*).
pobled|lý (ein wenig) blaß; **~nout** *pf.* (*-dl*) blaß werden; *fig. lit.* verbleichen, verblassen.
poblít se V *pf.* (*-bliji*, *-blil*) sich bekotzen.
pobli|zku, ~že in der Nähe.
poblou|dilec *m* (*3*; *-lc-*) Verirrte(r) *m*; **~dilý** verirrt; **~dit** *pf.* auf Abwege geraten; **~zení** *n* (*3*) Verirrung *f*, Fehltritt *m*.
poboč|ka *f* (*1c*; *-ček*) Zweigstelle *f*, Filiale *f*; *Tech.* Nebenstelle *f*; (*Schule*) Parallelklasse *f*; **~ní** Seiten-; **~ník** *m* (*1a*) Adjutant *m*; **~ný** Zweig-, Neben-; Seiten-.
pobod|at *pf.* durch (*Messer-*)Stiche verletzen; **~nout** *pf.* (*-dl*; *-dnut*) anspornen, antreiben; *Pferd* die Sporen geben.
po|bok *Turn.* in Seitstellung; *stoj* ~ Seitstand *m*; **~bolívat** zeitweise wehtun; **~bořit** *pf.*, **~bourat** *pf.* teilweise zerstören.
pobouř|ení *n* (*3*) Empörung *f*, Aufruhr *m*; **~ený** aufgebracht, empört; **~it** *pf.* (auf)reizen, aufwiegeln.
pobožnost *f* (*4*) Andacht *f*; Frömmigkeit *f*.
pobožnůstkář *m* (*3*) *verä.* Betbruder *m*; **~ka** *f* (*1c*; *-řek*) Betschwester *f*; **~ský** scheinheilig, bigott; **~ství** *n* (*3*) Scheinheiligkeit *f*, Frömmelei *f*.
po|božný andächtig; fromm; **~brat** *pf.* (*s. brát*) (*auf einmal*) mitnehmen, wegnehmen; **~bratim** *m* (*1*; *-ové*) Stammesbruder *m*; *iron.* Busenfreund *m*; **~bratřit se** *pf.* sich verbrüdern; **~bryndat** F *pf.* bekleckern.
pobřež|í *n* (*3*) Küste *f*, Ufer *n*, *poet.* Gestade *n*; *ochrana* ~ *Mil.* Küstenschutz *m*; **~ní** Küsten-, Ufer-; ~ *lázně* Strandbad *n*.
pobřiš|ní Bauch-; **~nice** *f* (*2a*) Bauchfell *n*.
pobuda *m* (*5*) Landstreicher *m*, F Stromer *m*.
pobuř|ování *n* (*3*) Aufwiegelung *f*; **~ovač** *m* (*3*), **~ovatel** *m* (*3*; *-é*) Aufwiegler *m*; **~ovat** (*-řuji*) aufwiegeln, aufhetzen; **~ující** aufwieglerisch, Hetz-.
po|byt *m* (*2*; *6. -u*/*-ě*) Aufenthalt *m*; **~bý(va)t** (*pf. s. být*) bleiben, sich aufhalten; **~cákat** *pf.* bespritzen.
pocel *m* (*2a*) *poet.* Kuß *m*; **~ovat** *pf.* (*-luji*) *poet.* küssen.
pocení *n* (*3*) Schwitzen *n*; *lék k* ~ schweißtreibendes Mittel.
pocestn|ý[1] wandernd, Wander-, *hist.* fahrend; **~ý**[2] *m* (*Adj. 1*) Wanderer *m*.
pocín|ovaný verzinnt, Weiß-; **~ovat** *pf.* (*-nuji*) verzinnen.
po|cit *m* (*2a*) Gefühl *n*, Empfindung *f*; **~cítit** *pf.*, **~ciťovat** (*-tuji*) empfinden, fühlen.
poct|a *f* (*1*) Ehre *f*; *Mil.* (*a. vzdání -ty*) Ehrenbezeigung *f*; **~ít** *pf. v/t* (be)ehren (*A*), die Ehre erweisen (*D*); **~ivec** *m* (*3*; *-vc-*) ehrlicher Mensch *m*, Ehrenmann *m*; **~ivost** *f* (*4*) Ehrlichkeit *f*; **~ivý** ehrlich; keusch.
po|cuchat *pf.* zerzausen; **~cukrovat** *pf.* (*-ruji*) mit Zucker bestreuen; **~cvičit se** *pf.* sich (ein wenig) üben.
počasí *n* (*3*) Wetter *n*; *za každého* ~ bei jedem Wetter.
počastovat *pf.* (*-tuji*) bewirten.
počát|eční Anfangs-, anfänglich;

~ek *m* (*2b*; *-tk-*) Anfang *m*, Beginn *m*; *~ působnosti Jur.* Inkrafttreten *n*; *-tkem* zu Beginn, mit Beginn; *-tkem května* Anfang Mai; **~ky** *m/pl.* (*2b*)· Anfangsgründe *m/pl.*; *v -tcích* im Entstehen; *Med.* im Anfangsstadium.
počatý begonnen.
počernit *pf.* (an)schwärzen.
počest: *na ~* zu Ehren (*G*); **~ný** ehrbar, ehrenhaft, sittsam.
počeš|tit *pf.*, **~ťovat** (*-ťuji*) tschechisieren.
počet *m* (*2a*; *-čt-*) Anzahl *f*, Zahl *f*; *Math.* Rechnung *f*; Rechenschaft *f*; *počty pl.* Rechnen *n* (*Fach*).
početí *n* (*3*) Empfängnis *f*; *Tech.* Inbetriebnahme *f*.
počet|ní Rechnungs-; Rechen-; **~nice** *f* (*2a*) Rechenbuch *n*, **~ník** *m* (*2b*) Rechenheft *n*; **~nost** *f* (*4*) Menge *f*, zahlenmäßige Stärke *f*; **~ný** zahlenmäßig.
počíhat *pf.* (*na k-o*) auflauern (*D*).
počin *m* (*2a*) Veranlassung *f*, *lit.* Tat *f*; *rychlým ~em* mit raschem Zugriff.
počín|aje, **~ajíc** ab, mit Beginn; **~ání** *n* (*3*) Vorgehen *n*, Handlungsweise *f*; *verä.* Getue *n*; **~at** ⟨*za-*⟩ anfangen, beginnen, *lit.* s-n Ursprung haben; *~ se* beginnen (*v/i*); *~ si* sich benehmen; *Jur.* verfahren; **~avý** *Gr.* inchohativ.
počinek *m* (*2b*; *-nk-*) das erste Geld *n*; Kaufbetrag *m*.
poči|stit *pf.* (*-štěn*) reinigen; *Med.* abführen; **~šťovadlo** *n* (*1a*; *-del*) Abführmittel *n*; **~šťovat** (*-ťuji*) *s. počistit.*
po|čít *pf.* (*-čnu*, *-čal*, *-čat*) *s. počínat*; **~čítací** Rechen-, Zähl-; **~čítač** *m* (*4 od. 3*) Rechner *m*; **~čitadlo** *n* (*1a*; *-del*) Rechenmaschine *f*; Zähler *m*; **~čítaje**, **~čítajíc** inbegriffen, einschließlich; **~čítání** *n* (*3*) Rechnen *n*, Zählen *n*; **~čítat** ⟨*pře-*, *za-*⟩ zählen; rechnen; anrechnen (*j-m A*); **~čitek** *m* (*2b*; *-tk-*) Empfindung *f*, Sinneseindruck *m*.
počk|ání *n* (*3*) Warten *n*; *oprava na ~* Schnellreparatur *f*; **~at** *pf.* (*kurze Zeit*) warten; *~ s placením Zahlung* stunden.
po|čmárat *pf.* beschmieren, bekritzeln; **~čnu** *s. počít.*
počtář *m* (*3*), **~ka** *f* (*1c*; *-řek*) Rechner(in *f*) *m*; Rechenkünstler(in *f*) *m*; **~ský** rechnerisch.
počty *s. počet.*
počurat V *pf.* bepinkeln, anpissen.
pod *Prp.* (*mit 7. Fall auf die Frage wo?*; *mit 4. Fall auf die Frage wohin?*) unter (*D*, *A*); unterhalb (*G*); *~ sebou* untereinander; *~ hradem* unterhalb der Burg; *~ trestem* bei Strafe.
podací Aufgabe-, Einlieferungs-.
podál (*mit 2. Fall*) unweit (*G*).
podání *n* (*3*) Überreichung *f*; Eingabe *f*, Einreichung *f e-s Gesuches*; (*Post*) Aufgabe *f*; *Hdl.* Angebot *n*; *lit.* Überlieferung *f*; *Sp.* Aufschlag *m*, Abschlag *m*; *~ ruky* Handschlag *m*; *nejnižší ~* Mindestangebot *n*.
podarovat *pf.* (*-ruji*) beschenken.
podař|ený gelungen; **~it se** *pf.* gelingen, † geraten.
pod(áv)at reichen; überreichen; *Gutachten* abgeben; *Meldung* erstatten; *Antrag* stellen; *Beweis* erbringen; *Post* aufgeben; *Einspruch* erheben; *Arznei* verabreichen; *Speisen* servieren, (herum)reichen.
podatel *m* (*3*; *-é*), **~ka** *f* (*1c*; *-lek*) Überbringer(in *f*) *m*; (*Antrag-*)Steller(in *f*) *m*; *~ stížnosti* Beschwerdeführer(in *f*) *m*.
podavač, podávač *m* (*3*), **~ka** *f* (*1c*; *-ček*) Handlanger(in *f*) *m*; Zubringer(in *f*) *m*.
podávání *n* (*3*) Aufgabe *f*; Verabreichung *f von Speisen.*
podávky *f/pl.* (*2*; *-vek*) Heugabel *f*, Forke *f*.
podbarv|ení *n* (*3*) Grundfarbe *f*; **~it** *pf.* grundieren.
pod|běhnout *pf.* (*-hl*) hindurchlaufen (*co* unter *D*); **~běl** *m* (*2a*) Huflattich *m*; **~běrák** *m* (*2b*) Hohleisen *n*; (*Fisch-*)Kescher *m*; **~bíjet** (*3 Pl. -ejí*) verschalen; **~bírat** (von unten) anfassen; *Bienen* zeideln; *~ se* eitern; **~bízet** (*3 Pl. -ejí*) *Preise* unterbieten.
podbrad|ek *m* (*2b*; *-dk-*) Doppelkinn *n*; **~ník** *m* (*2b*) Kinnriemen *m*.
podbřiš|ek *m* (*2b*; *-šk-*) Unterleib *m*; **~ník** *m* (*2b*) Bauchriemen *m*.
pod|cenit *pf.*, **~ceňovat** (*-ňuji*) unterschätzen; geringschätzen; **~čeleď** *f* (*4c*; *-di/-dě*) *Zo.* Untergruppe *f*; **~dajný** nachgiebig, fügsam.
poddan|ský Untertanen-; **~ství** *n* (*3*) Hörigkeit *f*, Botmäßigkeit *f*; **~ý**

1. hörig; *2. m* (*Adj. 1*) Untertan *m.*

pod|d(áv)at se sich unterwerfen, sich fügen; **~dolovat** *pf.* (*-luji*) unterminieren; **~důstojník** *m* (*1a*) Unteroffizier *m.*

podebra|nina *f* (*1*) Geschwür *n*; **~ný** eitrig, vereitert; **~t** *pf. s. podbírat.*

po|dědit *pf.* erben (*po kom et.* von *D*); **~dej** *m* (*4*) (*Gepäck-*)Annahme *f*; **~dejít** *pf.* (*-jdu, -šel*) herangehen, sich nähern, anrücken; **~dejmout** *pf.* (*-jmu, podjal*) von unten (an)-fassen; ~ se (*č-o*) auf sich nehmen (*A*); sich unterziehen (*D*); **~dejna** *f* (*1*; *-jen*) Postannahmestelle *f.*

poděk|ovací Dank-; **~ování** *n* (*3*) Dank *m*; Dankschreiben *n*; **~ovat** *pf.* (*-kuji*) danken, sich bedanken (*za co* für *A*); ~ (*se*) *k-u* (*za co*) sich bedanken bei j-m (für *A*); ~ se *z úřadu* abdanken, zurücktreten.

podél (*mit 2. Fall*) entlang (*A*), längs (*G*); ~ *řeky* den Fluß entlang.

poděl|aný P vollgemacht, V vollgekackt; *byl ~ strachy* er hatte die Hosen voll; **~at** *dial. pf.* bewältigen; besudeln; ~ se V sich in die Hosen scheißen.

poděl|ek *m* (*2b*; *-lk-*) Aushilfsarbeit *f*; **~it** *pf.*, **~ovat** (*-luji*) (*k-o čím*) verteilen (*et.* unter *A*); *-lit* se (*o co*) sich teilen (in *A*); **~kovat** (*-kuji*) Gelegenheitsarbeit verrichten.

podélný Längs-, Längen-.

pode|mílat *s. podemlít*; **~mletí** *n* (*3*) Unterspülung *f*; **~mlít** *pf.* (*s. mlít*) unterspülen.

podepř|ení *n* (*3*) Abstützung *f*; **~ít** *pf.* (*-přu, -přel, -přen*) (ab)stützen; unterstützen; ~ se (*o co*) sich stützen (gegen *A*); ~ *si* stemmen.

podeps|ání *n* (*3*) Unterzeichnung *f*; **~at** *pf.* (*-píši*) unterschreiben; *Vertrag* unterzeichnen; *spolu* ~ mitzeichnen.

poděs P *m* (*1*; *-ové*) Panikmacher *m*; **~it** *pf.* (*-šen*) *v/t* erschrecken (*A*), Furcht einflößen (*D*); ~ se *čím* erschrecken über (*A*).

pode|stlat *pf.* (*-stelu*) *Agr.* unterstreuen; **~střít** *pf.* (*-stru, -střel*) unterlegen; **~stýlat** *s. podestlat*; **~stýlka** *f* (*1c*; *-lek*) Streu *f.*

poděš|ení *n* (*3*) Bestürzung *f*, Entsetzen *n*; **~ený** bestürzt, entsetzt.

podešev *f* (*3*; *-šv-*) (*Schuh-*)Sohle *f*; *vnitřní* ~ Brandsohle.

podezd|ěný untermauert; **~ít** *pf.* (*-il, -ěn*), **~ívat** untermauern; **~ívka** *f* (*1c*; *-vek*) Grundmauer *f*, Sockel *m.*

podezír|at verdächtigen (*z č-o* wegen *G*); **~avý** argwöhnisch.

podezř|elý verdächtig; **~ení** *n* (*3*) Verdacht *m*; **~ívat** *s. podezírat.*

podfuk *m* (*2b*) Schwindel *m*, Betrug *m.*

podhlav|nice *f* (*2a*) Kopfkissen *n*; **~ník** *m* (*2b*) Keilkissen *n.*

pod|hled *m* (*2a*) Blick *m* von unten; *fig.* Froschperspektive *f*; **~hmat** *m* (*2a*) *Turn.* Kammgriff *m*; **~horský** am Fuße e-s Berges; **~houbí** *n* (*3*) Myzel *n*, Pilzgeflecht *n*; **~hrab(áv)at** (*pf. -u*) untergraben; **~hradí** *n* (*3*) Ansiedlung *f* unterhalb e-r Burg.

podhrn|out *pf.*, **~ovat** (*-nuji*) (auf)-schürzen.

pod|hůří *n* (*3*) Gegend *f* am Fuße e-s Berges; **~chod** *m* (*2a*) Unterführung *f*, Fußgängertunnel *m.*

podchy|covat (*-cuji*), **~tit** *pf.* (*-cen*) auf-, abfangen; *fig.* unter die Arme greifen (*k-o/D*).

podíl *m* (*2*; *6. -e/-u*) Anteil *m*; *Math.* Quotient *m*; **~et** (*3 Pl. -ejí*) *s. podělit*; ~ se (*na čem*) teilnehmen, sich beteiligen (an *D*); **~nictví** *n* (*3*) Teilhaberschaft *f*; **~ník** *m* (*1a*), **~nice** *f* (*2a*) Teilhaber(in *f*) *m*; **~ný** Anteil-; *Gr.* distributiv.

podít se *pf.* (*s. dít*) (hin)geraten, (hin)kommen.

pódi|ový [-dı-] Podiums-; *-vá cvičení* Bodengymnastik *f*, Bodenübungen *f/pl.*; **~um** *n* (*5*) Podium *n.*

podiv *m* (*2a*) Staunen *n*, Verwunderung *f*; Befremden *n.*

podív|aná *f* (*Adj. 2*) Schau *f*, Anblick *m*, Schauspiel *n*; *lit.* Augenweide *f*; *to stojí za -nou* das ist sehenswert; **~at se** *pf.* (*na co*) anschauen (*A*); (*do č-o*) e-n Blick werfen in (*A*); e-n kurzen Besuch machen in (*D*).

podivení *n* (*3*) *s. podiv.*

podivín *m* (*1*) Sonderling *m*, F seltsamer Kauz *m*; **~ka** *f* (*1c*; *-nek*) seltsame Frau *f*; **~ský** seltsam, absonderlich.

podiv|it se *pf.*, **~ovat se** (*-vuji*) sich wundern, staunen (*č-u* über

A); **~ný** seltsam, sonderbar; befremdend; **~uhodný** wunderbar, bewundernswert.
pod|jáhen *m* (*1*; *-hn-*) Subdiakon *m*; **~jaří** *n* (*3*) Vorfrühling *m*; **~jatý** befangen, voreingenommen; **~jeseň** *f* (*3*; *-sn-*) Frühherbst *m*; **~jet** *pf.* (*s. jet*), **~jíždět** (*3 Pl. -ějí*) unterfahren; **~jezd** *m* (*2*; *6. -u*/*-ě*) Unterführung *f*; (*Auto-*)Auffahrt *f*; **~jímat** *s. podejmout.*
podkal *m* (*2a*) Ablagerung *f*; **~it** *pf.*, **~ovat** (*-luji*) verschlammen.
podkasat *pf.* aufschürzen.
podklad *m* (*2*; *6. -ě*/*-u*) Unterlage *f*; Grundlage *f*; *nemít ~u* jeder Grundlage entbehren, *fig.* keinen Anhaltspunkt haben.
podklád|ání *n* (*3*) Unterstellung *f*; **~at** unterlegen; *fig.* unterstellen.
podkladek *m* (*2b*; *-dk-*) Unterlage *f*; (*Stoff-*)Fleck *m*; Nestei *n*.
podkolen|í *n* (*3*) Kniekehle *f*; *závěs v ~ Turn.* Kniehang *m*; **~ka** *f* (*1c*; *-nek*) Kniestrumpf *m*, *Sp.* Stutzen *m*.
pod|komoří *m* (*Adj. 4*; *Pl. n 3*) Unterkämmerer *m*; **~koní** *m* (*Adj. 4*; *Pl. n 3*) Stallmeister *m*.
podkop *m* (*2a*) Stollen *m*, (unterirdischer) Gang *m*; **~(áv)at** (*pf. -u*/*-ám*) untergraben; *Mil.* unterminieren; **~ný** *fig.* Wühl-; **~ový** Minen-.
podkov|a *f* (*1*) Hufeisen *n*; **~ák** *m* (*2b*) Hufnagel *m*; **~ář** *m* (*3*) Hufschmied *m*; **~at** *pf.* (*-u*/*-ám*) *Pferd* beschlagen; **~ovitý** hufeisenförmig.
podkožní Unterhaut-; *Med.* subkutan.
podkresl|it *pf.*, **~ovat** (*-luji*) untermalen.
podkrov|í *n* (*3*) Dachboden *m*; Dachgeschoß *n*, Mansarde *f*; **~ní** Dach-, Mansarden-.
pod|kuřovat (*-řuji*) (*k-u*) beweihräuchern (*A*), schmeicheln (*D*); **~laha** *f* (*1b*) Fußboden *m*; **~lamovat** (*-muji*) *s. podlomit*; **~laží** *n* (*3*) Stockwerk *n*, Geschoß *n*.
podle *Prp.* (*mit 2. Fall*) gemäß (*D*), laut, nach (*D*), entsprechend (*D*); entlang (*A*), längs (*G*), vorüber (an *D*); *~ toho* danach; *~ zákona* nach dem Gesetz; *~ přání* nach Belieben; *kresba ~ ruky* Freihandzeichnen *n*; *~ všeho* vermutlich, allem Anschein nach; *~ potřeby* (je) nach Bedarf.
pod|lec *m* (*3*; *-dlc-*) niederträchtiger Mensch *m*, Schurke *m*; **~léhající** unterliegend; unterstehend; *~ clu* zollpflichtig; *~ zkáze* leicht verderblich; **~léhat** unterliegen; unterstehen; **~lehnout** *pf.* (*-hl*) erliegen, unterliegen.
podlep|it *pf.*, **~ovat** (*-puji*) unterkleben; *Landkarte* aufziehen.
podles|í *n* (*3*) Waldgebiet *n*, waldige Gegend *f*; **~ák** *m* (*1a*) Waldbauer *m*.
pod|léška *f* (*1c*; *-šek*) Leberblümchen *n*; **~letět** *pf. unter et.* (*D*) durchfliegen; **~letí** *n* (*3*) Frühsommer *m*; Spätsommer *m*, Nachsommer *m*; **~lévat** untergießen; *Braten* begießen; *~ se mit Blut* unterlaufen.
podléz|ač *m* (*3*) *verä.* Kriecher *m*; **~(a)t** (*pf. -lezu, -lezl*) kriechen unter (*A*); (*k-u*) kriechen, katzbuckeln (vor *D*).
pod|lít *pf. s. podlévat*; **~litina** *f* (*1*) blutunterlaufene Stelle *f*, Strieme *f*; **~litý** blutunterlaufen; **~lívat** *s. podlévat*; **~lízat** *s. podlézat*; **~lízavý** kriecherisch.
podlom|ení *n* (*3*) Knickung *f*; *Med.* Verstauchung *f*; **~it** *pf.* knicken; lähmen; *fig.* erschüttern; *Tätigkeit* unterbinden, lahmlegen; *~ se* einknicken; fast verstauchen.
pod|lost *f* (*4*) Niedertracht *f*, Gemeinheit *f*; **~loubí** *n* (*3*) Laubengang *m*.
podloudn|ický Schmuggel-; **~ictví** *n* (*3*) Schmuggel *m*; Schleichhandel *m*; **~ík** *m* (*1a*), **~ice** *f* (*2a*) Schmuggler(in *f*) *m*, *öst.* Pascher(in *f*) *m*; **~ý** Schmuggel-; *-ně Adv.* auf betrügerische Art (und Weise).
podlouhlý länglich.
podlož *f* (*3*) Unterlage *f*; **~ený** *Kind*: unterschoben; **~í** *n* (*3*) *Geol.*, *Tech.*, *Bgb.* Sohle *f*; **~it** *pf. v*/*t* unterlegen; *Phil.* zugrunde legen; **~ka** *f* (*1c*; *-žek*) Unterlage *f*.
podlý niederträchtig, gemein.
podmalovat *pf.* (*-luji*) untermalen.
podman|it *pf.* unterwerfen, unterjochen; *fig.* erobern; **~itel** *m* (*3*; *-é*), **-lka** *f* (*1c*; *-lek*) Bezwinger(in *f*) *m*; **~ivý** überwältigend; *fig.* bezaubernd.
podmaň|ovat (*-ňuji*) *s. podmanit*; **~ující** *s. podmanivý*.
podmás|elník (*2b*) Butterpilz *m*; **~lí** *n* (*3*) Buttermilch *f*.

podma|stit *pf.* (*-štěn*) fetten; fett machen; **~zat** F *pf.* (*-žu/-ži*) schmieren, bestechen; **~závka** F *f* (*1c*; *-vek*) Schmiergeld *n*.

podmět *m* (*2*; *6.* *-u/-ě*) *Gr.* Subjekt *n*, Satzgegenstand *m*; **~ný** Subjekt-.

podmín|ečný, **~ěný** bedingt; *-ná lhůta* Bewährungsfrist *f*.

podmín|ka *f* (*1c*; *-nek*) Bedingung *f*; **~kový** Bedingungs-.

pod|miňovací Bedingungs-; *~ způsob* Konditional *m*; **~mořský** Unterwasser-, Untersee-; **~mračný** bewölkt, trüb(e).

podnájem *m* (*2a*; *-jm-*) Untermiete *f*; **~ník** *m* (*1a*), **~nice** *f* (*2a*) Untermieter(in *f*) *m*.

podnapilý (ein wenig) angeheitert.

podneb|í *n* (*3*) Klima *n*; *Anat.* Gaumen *m*; **~ní** klimatisch; Gaumen-.

podněcovat (*-cuji*) *s. podnítit*; **~el** *m* (*3*; *-é*) Anstifter *m*; *~ války* Kriegsbrandstifter *m*.

podnes bis heute, bis zum heutigen Tag.

pod|nět *m* (*2a*) Anlaß *m*, Antrieb *m*, Veranlassung *f*; **~nícený** angeregt; aufgewiegelt.

podnik *m* (*2b*) Betrieb *m*, Unternehmen *n*; Veranstaltung *f*; **~ání** *n* (*3*) *Hdl.* Unternehmen *n*; *lit.* Tun *n*; **~at** unternehmen; **~atel** *m* (*3*; *-é*) Unternehmer *m*; **~avost** *f* (*4*) Unternehmungsgeist *m*; **~avý** unternehmungslustig; **~nout** *pf.* (*-kl*; *-knut*) *s. podnikat*; **~ový** Betriebs-.

pod|nítit *pf.* (*-cen*) anregen, veranlassen; *Menschen* aufhetzen; **~nos** *m* (*2*; *6.* *-e/-u*) Tablett *n*, Servierbrett *n*.

podnož *f* (*3*) Sockel *m*; *a.* = **~ka** *f* (*1c*; *-žek*) Fußschemel *m*; **~ník** *m* (*2b*) *Astr.* Fußpunkt *m*, Nadir *m*.

podob|a *f* (*1*) Ähnlichkeit *f*; Gestalt *f*; **~at se** ähnlich sein, ähneln; scheinen.

poďobaný zerspickt; *~ od neštovic* pockennarbig.

podob|enka *f* (*1c*; *-nek*) Lichtbild *n*, F Foto *n*; **~enství** *n* (*3*) Gleichnis *n*; **~izna** *f* (*1*; *-zen*) Bild *n*, Porträt *n*; **~ný** ähnlich.

podobojí *hist.* *1.* utraquistisch; *2.* *m* (*Adj.* *4*) Utraquist *m*.

podocasník *m* (*2b*) Schwanzriemen *m*.

podod|dělení *n* (*3*), **~díl** *m* (*2*; *6.* *-e/-u*) Unterabteilung *f*.

podolek *m* (*2b*; *-lk-*) Unterteil *m* des Hemdes, *öst.* Hemdstock *m*.

podom|ácku *Adv.* wie zu Hause; **~ek** *m* (*1a*; *-mk-*) Hausdiener *m*; **~ní** Hausier-.

podot|čení *n* (*3*) Bemerkung *f*, Erwähnung *f*; **~knout** *pf.* (*-kl*; *-tčen/-knut*), **~ýkat** bemerken, hinzufügen; **~knutí** *n* (*3*) *s. podotčení*.

podoustev *f* (*3*; *-stv-*) *Zo.* Zärte *f*, Rötling *m*.

pod|pal *m* (*2a*) Feueranmachen *n*; **~pálit** *pf.* anzünden, in Brand setzen; *j-n* aufhetzen; **~palovač** *m* (*4*) Feueranzünder *m*; **~palovat** (*-luji*) *s. podpálit*; **~palubí** *n* (*3*) Unterdeck *n*; **~patek** *m* (*2b*; *-tk-*) (*Schuh-*)Absatz *m*; **~paž(d)í** *n* (*3*) Achselhöhle *f*; (*v*) *~* unter dem Arm; **~pažení** *n* (*3*) Verschalung *f*; **~pěnka** *f* (*1c*; *-nek*) Bauchriemen *m*, Struppe *f*.

podpěr|a *f* (*1d*) Stütze *f*, Stützbalken *m*; **~adlo** *n* (*1a*; *-del*), **~ka** *f* (*1c*; *-rek*) Stütze *f*, Lehne *f*; **~ný** *Arch.* Stütz-, Strebe-.

pod|píchnout *pf.* (*-chl*; *-chnut*), **~pichovat** (*-chuji*) F sticheln, aufstacheln; **~pínadlo** *n* (*1a*) *Med.* Suspensorium *n*; **~pírat** *s. podepřít*.

podpis *m* (*2*; *6.* *-e/-u*) Unterschrift *f*; **~ný** Signatar-; **~ovat** (*-suji*) *s. podepsat*; **~ovatel** *m* (*3*; *-é*) Unterzeichner *m*, Unterzeichnete(r) *m*; **~ový** Unterschriften-.

pod|placení *n* (*3*) Bestechung *f*; **~plácet** (*3 Pl.* *-ejí*), **~platit** *pf.* (*-cen*) bestechen; **~plukovník** *m* (*1a*) Oberstleutnant *m*; **~por** *m* (*2a*) *Turn.* Stütz *m*; *~ ležmo, vznesmo* Liege-, Schwebestütz.

podpor|a *f* (*1d*) Unterstützung *f*, Zuwendung *f*; *Tech.*, *fig.* Stütze *f*; **~ovací** Unterstützungs-; **~ování** *n* (*3*) Unterstützung *f*, Förderung *f*; **~ovat** (*-ruji*) unterstützen; **~ovatel** *m* (*3*; *-é*) Förderer *m*, Gönner *m*.

pod|poručík *m* (*1a*) Unterleutnant *m*; **~pořit** *s. podporovat*.

podprs|eň *f* (*3*; *-sn-*) Brustmauer *f*, Brüstung *f*; **~enka** *f* (*1c*; *-nek*) Büstenhalter *m*, F BH *m*; **~ník** *m* (*2b*) Brustriemen *m*.

pod|průměrný unterdurchschnittlich; **~přízemek** *m* (*2b*; *-mk-*) Kellergeschoß *n*.

podpůr|né *n* (*Adj.* *3*) Zuwendung *f*; **~ný** Unterstützungs-.

podráp|aný zerkratzt; **~at** *pf.* (*-u*/*-ám*) zerkratzen.
podrazit *pf.* (*-žen*) umstoßen, mitreißen; *Bein* stellen; *Schuhe* (be-)sohlen.
podrážd|ění *n* (*3*) Erregung *f*; *Med.* Reizung *f*; **~ěnost** *f* (*4*) Gereiztheit *f*; gereizte Stimmung *f*; **~ěný** gereizt, erregt.
podrážet (*3 Pl.* *-eji*) *s. podrazit.*
podražit *pf.* teurer werden.
podrážka *f* (*1c*; *-žek*) Sohle *f*.
podrb(áv)at (*pf.* *-u*/*-ám*) (leicht) kratzen, kraulen.
podrob|ení *n* (*3*) Unterwerfung *f*, Unterjochung *f*; Unterordnung *f*; **~ený** unterworfen, unterjocht; -pflichtig; ~ *clu* zollpflichtig; ~ *dani* steuerpflichtig; **~it** *pf.* unterwerfen (*se* sich); *j-n e-r Sache* unterziehen; **~nost** *f* (*4*) Ausführlichkeit *f*; Einzelheit *f*, Detail *n*; **~ný** ausführlich, eingehend, Einzel-; *do -na* bis ins Detail, bis ins einzelne; **~ovat** (*-buji*) *s. podrobit.*
pod|rost *m* (*2a*) Unterholz *n*; **~roušený** F angeheitert, beschwipst; **~ručí** *n* (*3*) Botmäßigkeit *f*.
podruhé das nächste Mal, ein andermal; zum zweiten Mal.
podrůst(at) (*pf. s. růst*) nachwachsen.
podružný untergeordnet, sekundär, Neben-; unwesentlich; *-né dělení* Unterteilung *f*.
pod|rý(va)t (*pf. s. rýt*) unterwühlen, untergraben; **~rytí** *n* (*3*) Untergrabung *f*.
podržet *pf.* *e-e Zeitlang* halten; *im Gedächtnis* behalten; *Wohnung* beibehalten; ~ *se* (*č-o*) sich (fest)halten (an *D*).
podřad|ěný untergeordnet; **~it** *pf.* (*-děn*/*-zen*) *s. podřídit*; **~ný** *s. podružný*; minderwertig.
pod|řazený *s. podřaděný*; **~řeknout se** *pf.* sich versprechen; **~řep** *m* (*2a*) Kniebeuge *f*; **~řezat** *pf.* (*-žu*/*-zám*) durchschneiden; **~říci se** *pf.* *s. podřeknout*; **~řídit** *pf.* (*-zen*) unterordnen, unterstellen; ~ *se* sich unterordnen, sich fügen; **~řimovat** (*-muji*) schlummern, einnicken.
podřít se *pf.* (*-dřu*, *-dřel*) sich abmühen, sich plagen.
podříz|ení *n* (*3*) Unterordnung *f*; **~enost** *f* (*4*) Unterstellung *f*; **~ený** untergeordnet.
pod|říznutý abgeschnitten; **~sada** *f* (*1*) *Zo.* Wollhaar *n*, Unterwolle *f*; **~sadit** *pf.* (*-zen*) *Kleid* besetzen; **~sadítý** untersetzt, von untersetzter Gestalt; **~sazení** *n* (*3*) Besatz *m*; **~sazovat** (*-zuji*) *s. podsadit.*
podsek|(áv)at, ~nout *pf.* (*-kl*; *-knut*) abhauen, umhauen.
pod|sekretář *m* (*3*) Untersekretär *m*; *státní* ~ Unterstaatssekretär; **~síň** *f* (*3*; *-ně*) Vorhalle *f*, Diele *f*; **~sklepit** *pf.* unterkellern; **~skupina** *f* (*1*) Untergruppe *f*; **~sněžník** *m* (*2b*) Schneeglöckchen *n*; **~spod** unten, darunter.
podstat|a *f* (*1*) Wesen *n*, Substanz *f*; *v -tě* im Grunde genommen; *konkursní* ~ Konkursmasse *f*; *skutková* ~ Tatbestand *m*; **~ný** wesentlich, erheblich; *s. jméno.*
podstav|a *f* (*1*) Grundfläche *f*, Basis *f*; **~ec** *m* (*4*; *-vc-*) Untersatz *m*, Sockel *m*; *Fot.* Stativ *n*; *malířský* ~ Staffelei *f*; **~it** *pf.*, **~ovat** (*-vuji*) untersetzen, darunterstellen.
podstoupit *pf.* sich stellen, treten unter (*A*); (*co*) sich *e-r Sache* unterziehen.
podstr|čit *pf.*, **~kovat** (*-kuji*) zustecken; unterschieben.
podstrojovat (*-juji*) (*k-u*) *beim Essen heimlich* bevorzugen (*A*), F gute Bissen zustecken (*D*).
podstřeš|ek *m* (*2b*; *-šk-*) Schutzdach *n*; **~ní** Dach-, Mansarden-.
pod|stupovat (*-puji*) *s. podstoupit*; **~stýlat** *s. podestlat*; **~sunout** *pf.* unterschieben.
podsvět|í *n* (*3*) Unterwelt *f*; **~ný** aus der Unterwelt.
pod|svinče *n* (*4*) (*Milch-*)Ferkel *n*, Spanferkel *n*; **~syp(áv)at** (*pf.* *-u*) unterstreuen; **~ší(va)t** (*pf. s. šít*) *Kleid* füttern; **~šitý** gefüttert; *fig.* durchtrieben; **~šívka** *f* (*1c*; *-vek*) (*Kleider-*)Futter *n*; F *fig.* durchtriebener Kerl *m*.
podškrt|at, ~nout *pf.* (*-tl*; *-tnut*) unterstreichen.
pod|škub(áv)at (*pf.* *-u*/*-ám*) die Daunen ausrupfen; **~tajemník** *m* (*1a*) Vizesekretär *m*; **~tečkovat** *pf.* (*-kuji*) Punkte setzen (unter *A*); **~tí(na)t** (*pf. s. tít*) umhauen; **~titul** [-tɪ-] *m* (*2a*) Untertitel *m*; **~tlak** *m* (*2b*) Unterdruck *m*.
podtr|hnout *pf.* (*-hl*; *-tržen*), **~hovat** (*-huji*) unterstreichen; rasch

wegziehen; **~žení** *n* (*3*) Unterstreichung *f*, Hervorhebung *f*.
podtunel|ování *n* (*3*) Untertunnelung *f*; **~ovat** *pf*. (*-luji*) untertunneln.
podučitel *m* (*3*; *-é*) Hilfslehrer *m*.
podůlný *m* (*Adj. 1*) *Bgb*. Steiger *m*.
podunajský Donau-.
podup *m* (*2a*) *Turn*. Aufstampfen *n*; **~at** *pf*. (*-u*/*-ám*) mit Füßen treten, zertreten.
podúředník *m* (*1a*) Unterbeamte(r) *m*.
poduška *f* (*1c*; *-šek*) Kissen *n*.
podvádět (*3 Pl. -ějí*) *s. podvést*.
podval *m* (*2a*) Grundbalken *m*; *Mil*. Sturmschwelle *f*; **~ník** *m* (*2b*) *Tech*. Rollbock *m*.
pod|vaz *m* (*2a*) Unterbindung *f*; **~vázat** *pf*. (*-žu*/*-ži*) unterbinden; *Ader* abbinden; **~vazek** *m* (*2b*; *-zk-*) Strumpfband *n*, Strumpfhalter *m*, **~vazovat** (*-zuji*) *s. podvázat*; **~večer** *m* (*2a*; *2. -a*) früher Abend *m*; gegen Abend, am frühen Abend.
podveden|í *n* (*3*) Betrug *m*; **~ý** betrogen.
podvědom|í *n* (*3*) Unterbewußtsein *n*; **~ý** unterbewußt.
pod|velitel *m* (*3*; *-é*) Unterführer *m*; **~vést** *pf*. (*s. vést*) betrügen.
podvlé|ci *pf*. (*s. vléci*), **~kat** unterziehen; durchziehen (*pod čím* unter *D*); **~kačky** *f*/*pl*. (*2*; *-ček*) Unterhose *f*; **~knout** *pf*. (*-ekl*; *-ečen*) *s. podvléci*.
podvod *m* (*2a*) Betrug *m*; **~ník** *m* (*1a*), **~nice** *f* (*2a*) Betrüger(in *f*) *m*; **~ný** betrügerisch, falsch.
podvojný doppelt; Zwillings-.
podvol|it se *pf*., **~ovat se** (*-luji*) sich bequemen (zu).
pod|vozek *m* (*2b*; *-zk-*) Fahrgestell *n*; **~vracet** (*3 Pl. -ejí*), **~vrátit** *pf*. (*-cen*) umstürzen; untergraben.
podvrat|ník *m* (*1a*) Umstürzler *m*, Diversant *m*; **~ný** umstürzlerisch, Wühl-, destruktiv.
podvrh *m* (*2b*) Fälschung *f*; **~nout** *pf*. (*-hl*; *-žen*), **~ovat** (*-huji*) unterschieben; fälschen.
podvrtn|out *pf*. (*-tl*/*-tnul*; *-tnut*) verstauchen; **~utí** *n* (*3*) Verstauchung *f*.
podvrže|ní *n* (*3*) Fälschung *f*; **~nost** *f* (*4*) Unechtheit *f*; **~ný** gefälscht.
pod|výbor *m* (*2a*) Unterausschuß *m*; **~vyživený** unterernährt; **~výživa** *f* (*1*) Unterernährung *f*; **~zámčí** *n* (*3*) Dorf *n* unterhalb des Schlosses.
podzem|í *n* (*3*) Kellergeschoß *n*; *Pol*. Untergrund *m*; **~ní** unterirdisch; Untergrund-; illegal; *~ dráha* Untergrundbahn, U-Bahn *f*; **~nice** *f* (*2a*) Erdnuß *f*.
podzim *m* (*2a*) Herbst *m*; *na ~* im Herbst; **~ní** Herbst-, herbstlich.
poevropštit [pɔ-ɛv-] *pf*. europäisieren.
pohád|at se *pf*. in Streit geraten; **~ka** *f* (*1c*; *-dek*) Märchen *n*; **~kář** *m* (*3*) Märchenerzähler *m*; **~kový** märchenhaft, Märchen-; fabelhaft.
pohan *m* (*1*; *-é*) Heide *m*.
pohana *f* (*1*) Tadel *m*, Schimpf *m*, Beschimpfung *f*, Schmach *f*.
pohán|ěcí Antriebs-, Treib-, Trieb-; **~ěč** *m* (*3*) (An-)Treiber *m*.
pohan|ění *n* (*3*) Tadel *m*; Verunglimpfung *f*, Schmähung *f*; **~ět** (*3 Pl. -ějí*) tadeln; verunglimpfen, beschimpfen, *lit*. schmähen.
pohánět (*3 Pl. -ějí*) antreiben.
pohan|it *pf*. *s. pohanět*; **~ka** *f* (*1c*; *-nek*) Heidin *f*; *Agr*. Buchweizen *m*; **~kový** Buchweizen-; **~ský** heidnisch; **~ství** *n* (*3*) Heidentum *n*; **~stvo** *n* (*1*) heidnische Welt *f*, *koll*. Heidentum *n*.
pohár *m* (*2a*) Becher *m*, *Sp. u. lit*. Pokal *m*.
pohas|ínat (allmählich) erlöschen; *fig*. verblassen; **~lý** erloschen; *fig*. verblaßt; **~nout** *pf*. (*-sl*) *s. pohasínat*.
po|hašteřit se *pf*. in Streit geraten, sich zanken; **~házet** *pf*. (*3 Pl. -ejí*), **~hazovat** (*-zuji*) bewerfen; hochwerfen; **~hladit** *pf*. (*-zen*) streicheln.
pohlav|ár *m* (*1*; *-ři*) Häuptling *m*; Oberhaupt *n*; Machthaber *m*; **~ek** *m* (*2b*; *-vk-*) Kopfstück *n*; **~í** *n* (*3*) Geschlecht *n*; **~kovat** (*-kuji*) Kopfstücke geben; **~ní** geschlechtlich, Geschlechts-, Sexual-; **~nost** *f* (*4*) Geschlechtlichkeit *f*, Sexualität *f*.
pohlazení *n* (*3*) Streicheln *n*.
pohlc|ení, **~ování** *n* (*3*) Absorption *f*; **~ovat** (*-cuji*) *s. pohltit*.
pohled *m* (*2a*) Blick *m*; Anblick *m* Ansicht *f*; Ansichtskarte *f*; *na ~* beim Anblick; anzusehen, fürs Auge; *~ zpět* Rückblick; *~ odzadu* Rückansicht; *~ na město* Anblick e-r Stadt; **~at** *pf*. lange (F e-e Weile)

suchen; **~ávat** (*na kom*) Forderungen stellen (an *A*); *nemáte tu co ~* Sie haben hier nichts zu suchen; **~ávka** *f* (*1c*; *-vek*) *Hdl.* Forderung *f*, Guthaben *n*.
pohl|edět, **~édnout** *pf.* (*-dl*) blicken, schauen; anblicken, anschauen (*A*); **~ednice** *f* (*2a*) Ansichtskarte *f*; *vánoční ~* Weihnachtskarte; **~ížet** (*3 Pl.* *-eji*) *s. pohledět.*
pohltit *pf.* (*-cen*) aufsaugen, verschlingen; *Chem.* absorbieren, aufnehmen.
pohmat *m* (*2a*) Betasten *n*.
pohmožd|ěnina *f* (*1*) Quetschung *f*; **~it** quetschen; *~ se* sich Quetschungen zuziehen.
pohnat *pf.* (*-ženu*): *~ před soud* gerichtlich belangen; *~ k odpovědnosti* zur Verantwortung ziehen.
pohnoj|ení *n* (*3*) Düngung *f*; **~it** *pf.* düngen.
pohnout *pf.* (*s. hnout*) bewegen, rühren (*čím*/*A*; *se* sich).
pohnut|í *n* (*3*) Rührung *f*, Regung *f*; *bez ~* regungslos; **~ka** *f* (*1c*; *-tek*) Beweggrund *m*, Veranlassung *f*; *Psych.* Triebfeder *f*; **~ý** bewegt, gerührt, ergriffen.
pohoda *f* (*1*) schönes Wetter *n*, günstige Witterung *f*; *duševní ~* Gemüts-, Seelenruhe *f*.
pohodit *pf.* (*-zen*) hinwerfen; *Kind* aussetzen; *~ hlavou* den Kopf zurückwerfen.
pohodl|í *n* (*3*) Komfort *m*; Bequemlichkeit *f*, Behaglichkeit *f*; *udělejte si ~!* machen Sie sich's bequem!; **~nět** ⟨z-⟩ (*3 Pl.* *-ějí*) bequem werden; **~ný** bequem; behäbig.
pohod|nice *f* (*2a*) Abdeckerei *f*; **~ný** *m* (*Adj. 1*) Abdecker *m*.
pohon *m* (*2a*) Antrieb *m*; *~ na všechna kola* Vierradantrieb; **~ný** Antriebs-, Trieb-; *Tech.* Treib-, Kraft-.
pohor|ky *f*/*pl.* (*2*; *-rek*) Bergschuhe *m*/*pl.*; **~ský** Gebirgs-.
pohorš|ení *n* (*3*) Verschlimmerung *f*; Ärgernis *n*, Anstoß *m*; **~ený** verschlechtert; verärgert, ungehalten; **~it** *pf.* verschlechtern, verschlimmern (*se* sich); *j-n* verärgern; *~ se* (*čím*) Anstoß nehmen (an *D*); *~ si* s-e Lage verschlechtern; **~(l)ivý** anstößig; **~ovat** (*-šuji*) *s. pohoršit.*
pohoř|elý abgebrannt; **~et** *v*/*i* abbrennen; F *fig.* übel ankommen.
pohoří *n* (*3*) Gebirge *n*, Gebirgszug *m*.
pohostin|ný gastfreundlich; **~ský** Gast-; **~ství** *n* (*3*) Gastfreundschaft *f*.
poho|stit *pf.* (*-štěn*) bewirten; gastlich aufnehmen; **~štění** *n* (*3*) Bewirtung *f*.
pohotov|ost *f* (*4*) Bereitschaft *f*; Schlagfertigkeit *f*; **~ostní** Bereitschafts-; **~ý** bereit, verfügbar; schlagfertig; *být -vě* bereit sein, sich bereit halten; *mít -vě* bereithalten.
pohov *m* (*2a*) Ruhe *f*; *Mil.* Rast *f*; *~!* rührt euch!, rühren!; **~ět si** *pf.* (*3 Pl.* *-ějí*/*-í*) sich ein wenig ausruhen, F sich's bequem machen; **~ka** *f* (*1c*; *-vek*) Sofa *n*, Diwan *m*, † Kanapee *n*.
pohovo|r *m* (*2a*) Unterredung *f*, Rücksprache *f*; **~řit** *pf.* (*o čem*) sich unterhalten, sprechen (über *A*), besprechen (*A*).
pohrab|áč *m* (*4*) Schürhaken *m*; **~at** *pf.* (*-u*) rechen, harken; *~ se v čem* herumwühlen in (*D*); *im Essen* herumstochern; **~ky** *m*/*pl.* (*2b*) Nachlese *f*; **~ovat** (*-buji*) *s. pohrabat.*
pohranič|í *n* (*3*) Grenzgebiet *n*; **~ní** Grenz-; **~ník** *m* (*1a*) Grenzsoldat *m*, Angehöriger *m* der Grenzwache.
pohrá(va)t (si) (*pf. s. hrát*) *ein wenig* spielen.
pohrd|ání *n* (*3*) Verachtung *f*; **~at** (*kým, čím*) verachten, mißachten (*A*); **~avý** verächtlich; **~nout** *pf.* (*-dl*/*-dnul*) *s. pohrdat.*
pohrob|ek *m* (*1a*; *-bk-*) nachgeborenes Kind *n*, Postumus *m*; **~ní** postum; *~ řeč* Grabrede *f*.
pohroma *f* (*1*) Katastrophe *f*, Verhängnis *n*; *bez -my* unversehrt, F mit heiler Haut.
pohromadě *Adv.* beisammen; *držet ~* zusammenhalten.
pohrouž|ený vertieft, versunken; **~it** *pf.* versenken, untertauchen; *~ se do č-o* (unter)tauchen in (*D*); *fig.* sich vertiefen in (*A*).
po|hrozit *pf.* (*-žen*) drohen; **~hrudnice** *f* (*2a*) Rippen-, Brustfell *n*; **~hrůžka** *f* (*1c*; *-žek*) Androhung *f*; **~hřbí(va)t** begraben, beisetzen.
pohřeb *m* (*2a*; *-hřb-*) Begräbnis *n*, Beisetzung *f*; **~iště** *n* (*2a*) Begräbnisstätte *f*; **~né** *n* (*Adj. 3*) Bestattungskosten *pl.*; **~ní** Bestattungs-,

Begräbnis-, Grab-, Leichen-; ~ *řeč* Grabrede *f*.
pohřeš|it *pf.*, **~ovat** (*-šuji*) (*č-o*) vermissen (*A*); verlieren (*A*).
po|hříchu *Adv.* leider; **~hřížit** *pf.* *v/t* eintauchen; *Schiff* versenken; ~ *se* (*do č-o, v co*) versinken, sich vertiefen (in *A*).
pohub|it *pf.* vernichten, ausrotten; *Land* verwüsten; **~lý** abgemagert; **~nout** *pf.* (*-bl*) abmagern.
pohyb *m* (*2a*) Bewegung *f*; *s. uvést*; **~livý** beweglich; **~ovací** Bewegungs-; **~ovat** (*-buji*) ⟨*za-*⟩ (*čím*) bewegen (*A*); ~ *se* sich bewegen, sich rühren; **~ový** Bewegungs-; *Phys.* kinetisch.
po|cházet (*3 Pl. -eji*) herkommen, (ab)stammen (von *D*); stammen (aus *D*); **~chechtávat se** kichern.
pochleb|nictví *n* (*3*) Schmeichelei *f*; **~ník** *m* (*1a*), **~nice** *f* (*2a*) Schmeichler(in *f*) *m*; **~ný** schmeichelhaft; schmeichlerisch; **~ování** *n* (*3*) Schmeichelei *f*; **~ovat** (*-buji*) schmeicheln.
po|chlubit se *pf.* (*čím*) prahlen mit (*D*); **~chmurný** finster, düster.
pochod *m* (*2a*) Marsch *m*; *Chem.* Verlauf *m*, Prozeß *m*; Verfahren *n*, Vorgang *m*; ~ *vpřed* Vormarsch; *~em v chod!* im Gleichschritt marsch!; *připraven k ~u* marschbereit; **~eň** *f* (*3*; *-dně, -dni usw.*) Fackel *f*; **~it** *pf.* (*-zen*) herumgehen, F abgehen; (*gut od. schlecht*) abschneiden; F *špatně* ~ den kürzeren ziehen; *ne ~ s čím* kein Glück haben mit (*D*); **~ňový** Fackel-; ~ *průvod* Fackelzug *m*; **~ovat** (*-duji*) marschieren; **~ový** Marsch-.
pochop *1. m* (*1*) Häscher *m*, Scherge *m*; *2.* F *m* (*2a*; *4. -a*) Fehltritt *m*; **~ení** *n* (*3*) Verständnis *f*, Einsicht *f*; **~it** *pf.* begreifen, *iron.* kapieren; **~itelný** begreiflich, verständlich; (leicht) faßlich.
pocho|utka *f* (*1c*; *-tek*) Leckerbissen *m*; **~vat** *pf.* auf dem Arm (*od.* in den Armen) halten; **~vávat** bestatten, beerdigen.
po|chrchrlávat hüsteln; **~chromovat** (*-muji*) *pf.* verchromen; **~chroumat** *pf.* beschädigen, verletzen, F arg zurichten; **~chutina** *f* (*1*) Genußmittel *n*; Leckerbissen *m*.
pochutn|ání *n* (*3*) *fig.* Genuß *m*; **~(áv)at si** (*na čem*) sich schmecken lassen (*A*), Geschmack finden (an *D*).
pochůzka *f* (*1c*; *-zek*) Gang *m*; *Mil.* Runde *f*; *Esb.* (*Strecken-*)Begehung *f*; Besorgung *f*.
pochva *f* (*1*; *-chev*) Scheide *f*; *-vy pl.* *a.* Pferdegeschirr *n*.
pochv|ala *f* (*1a*) Belobigung *f*, Lob *n*; **~álit** *pf.* loben; **~alný** lobend, Lob-, Anerkennungs-; **~alovat** (*-luji*) *s. pochválit*.
pochyb|a *f* (*1*) Zweifel *m*; **~ení** *n* (*3*) Fehlgriff *m*, Mißgriff *m*; **~ený** verfehlt; **~it** *pf.* e-n Fehler begehen; verstoßen gegen *et.*; **~nost** *f* (*4*) Bedenken *n*, Zweifel *m*; *uvádět v ~* in Frage stellen; **~ný** zweifelhaft, fragwürdig; **~ovač** *m* (*3*) Zweifler *m*; **~ovačný** zweifelsüchtig, mißtrauisch; **~ovat** (*-buji*) (*o čem*) zweifeln (an *D*), bezweifeln (*A*).
pochýl|ený geneigt; **~it** *pf.*, **pochylovat** (*-luji*) neigen, beugen.
pochyt|at *pf.* einfangen, erhaschen; **~it** *pf.* (*-cen*) auffangen; *Gedanken* aufgreifen; *Sinn* erfassen; F *Wort* aufschnappen.
pojď *s. pojít*.
pojedn|ání *n* (*3*) Abhandlung *f*, Besprechung *f*; **~(áv)at** (*o čem*) behandeln, besprechen (*A*).
po|jednou auf einmal, plötzlich, mit einem Mal; **~jem** *m* (*2a*; *-jm-*) Begriff *m*; F *fig.* Ahnung *f*; **~jet** *pf.* *s. popojet*; **~jetí** *n* (*3*) Auffassung *f*, Einstellung *f*, *fig.* Begriff *m*.
pojíd|ání *n* (*3*) Verzehr *m*, Genuß *m*; **~at** *s. pojíst*.
pojidlo *n* (*1a*; *-del*) Bindemittel *n*.
pojím|ání *n* (*3*) *Jur.* Auffassung *f*; *Zo.* Begattung *f*; **~at** *s. pojmout*.
pojíst *pf.* (*s. jíst*) ein wenig essen.
pojist|it *pf.* (*-stěn*) versichern; sicherstellen; **~ka** *f* (*1c*; *-tek*) Versicherung *f*; *El.* Sicherung *f*; **~né** *n* (*Adj. 3*) Versicherungsgebühr *f od.* -prämie *f*; **~ník** *m* (*1a*) Versicherer *m*; **~ný** Sicherheits-; Versicherungs-.
pojištěn|ec *m* (*3*; *-nc-*), **~ka** *f* (*1c*; *-nek*) Versicherte *m od. f*; **~í** *n* (*3*) Versicherung *f*; *Jur.* Sicherstellung *f*; **~ý** versichert.
pojišť|ovací Versicherungs-; **~ování** *n* (*3*) Versicherung *f*; **~ovat** (*-ťuji*) versichern; **~ovatel** *m* (*3*; *-é*) Versicherungsträger *m*; **~ovna** *f* (*1*; *-ven*) Versicherungsanstalt *f*.

pojit[1] ⟨*při-, s-, za-*⟩ verbinden, knüpfen.
pojit[2] ⟨*na-*⟩ *Pferde* tränken.
pojít *pf.* (*s. jít*) entstehen, hervorgehen (aus *D*); V verrecken, draufgehen, krepieren; (*půjdu, Imp. pojď!*) (hin)gehen, kommen; *s. popojít.*
poj|ítko *n* (*1b*; *-tek*) Bindeglied *n*; **~ivo** *n* (*1*) Bindemittel *n*; **~ivost** *f* (*4*) Bindekraft *f*; **~ivý** bindend.
pojízdný fahrbar, Fahr-; *Tech.* Lauf-; *fig.* Wander-.
pojížd|ěný: *silně* (*slabě*) *~* verkehrsreich (-arm); **~ět** (*3 Pl. -ějí*) befahren; hin- und herfahren *od.* -reiten; gleiten.
pojmenov|ání *n* (*3*) Benennung *f*; **~at** *pf.* (*-nuji*) benennen.
pojm|out *pf.* (*s. jmout*) nehmen, fassen (*za co* an *D*); aufnehmen, einbeziehen; *~ do účtu* in Rechnung stellen; erfassen, ergreifen; *Verdacht* schöpfen; **~ový** begrifflich, Begriffs-.
pokácet *pf.* (*3 Pl. -ejí*) *Wald* abholzen; *Bäume* fällen; *Tische* umwerfen; *Denkmal* stürzen.
pokál|ený besudelt, F dreckig; **~et** *pf.* (*3 Pl. -ejí*) besudeln, F dreckig machen.
pokaňhat F *pf.* beklecksen, bekleckern.
pokání *n* (*3*) Buße *f*.
poka|ňkat *pf. s. pokaňhat*; **~pat** *pf.* (*-u/-ám*) betröpfeln.
pokár|ání *n* (*3*) Verweis *m*; Maßregelung *f*; Züchtigung *f*; **~at** *pf.* zurechtweisen, maßregeln; züchtigen.
po|kašlávat hüsteln; **~katoličtit** *pf.* katholisieren, F katholisch machen; **~kavad** solange; **~kazit** *pf.* (*-žen*) verderben; **~každé** jedesmal; **~kažený** verdorben; **~kdy**: *mít ~ na co* Muße (*od.* freie Zeit) haben für et.; *udělat si ~* sich freimachen; **~kecat** *pf.* bekleckern; *~ si* ein wenig plaudern; **~klad** *m* (*2*; *6. -u/-ě*) Schatz *m*; *~ jazyka* Wortschatz; *hledač ~ů* Schatzgräber *m*; **~kládat** (hin)legen; *Fußboden, Teppich* legen; (*čím*) belegen (mit *D*); *~ k-o za co* j-n für et. halten; *~ co za žert* et. als Scherz auffassen; *~ si co za čest* sich et. als Ehre anrechnen.
poklad|enský Kassen-; **~na** *f* (*1*; *-den*) Kasse *f*; **~ní**[1] *Adj.* Kassen-; **~ní**[2] *m od. f* (*Adj. 4*) Kassierer(in *f*) *m*; **~nice** *f* (*2a*) Schatzkammer *f*; Geldschrank *m*; **~nička** *f* (*1c*; *-ček*) Sparbüchse *f*; Sammelbüchse *f*; **~niční** Kassen-; **~ník** *m* (*1a*) Kassierer *m*; *Mil.* Zahlmeister *m*.
poklást *pf.* (*s. klást*) *s. pokládat.*
poklek|at, ~nout *pf.* (*-kl*) niederknien; **~nutí** *n* (*3*) Kniefall *m*.
poklep *m* (*2a*) Beklopfen *n*, Abklopfen *n*; *Med.* Perkussion *f*; Hammerschlag *m*; **~(áv)at** (*pf. -u/-ám*), **~nout** *pf.* (*-pl*) klopfen; F tätscheln; *Sense* dengeln; *-(áv)at si* ein wenig plaudern; **~nutí** *n* (*3*) Klaps *m*.
pokles *m* (*2a*) (Ab-)Sinken *n*, Rückgang *m*, Abnahme *f*; **~ek** *m* (*2b*; *-sk-*) Fehltritt *m*, Vergehen *n*; **~lost** *f* (*4*) Niedergeschlagenheit *f*; **~nout** *pf.* (*-sl*) (ein)sinken; e-n Fehltritt begehen; *~ na mysli* den Mut sinken lassen; **~nutí** *n* (*3*) Fehltritt *m*.
pokli|ce *f* (*2a*), **~čka** *f* (*1c*; *-ček*) (*Topf-*)Deckel *m*, *dial.* Stürze *f*; *Mus.* Becken *n*; F *pod jednou -čkou* unter einer Decke.
poklid *m* (*2a*) Ruhe *f*; P Aufräumen *n*; **~it** *pf.* (*-zen*) *Wohnung* aufräumen; *Reste* abräumen; *Vieh* versorgen; **~ný** geruhsam.
poklímat (si) *pf.* ein Schläfchen machen.
pokliz|ečka *f* (*1c*; *-ček*) Reinemachefrau *f*; **~et** (*3 Pl. -ejí*) *s. poklidit.*
poklon|a *f* (*1*) Verbeugung *f*; *má ~!* † mein Kompliment!; **~it se** (*k-u*) sich verneigen (vor *D*); **~ka** *f* (*1c*; *-nek*) Knicks *m*; **~kovat** ⟨*u- se*⟩ (*-kuji*) Komplimente machen, *iron.* katzbuckeln.
poklop *m* (*2a*) Deckel *m*; (*Glas-*) Glocke *f*; Falltür *f*; **~ec** F *m* (*4*; *-pc-*) Hosenklappe *f*, Hosenlatz *m*; **~it** *pf.* zudecken; umstürzen.
poklus *m* (*2a*) Laufschritt *m*; *~em* im Laufschritt; **~ávat** traben.
pokochat se *pf.* (*čím*) sich ergötzen (an *D*).
pokoj *m* (*4*) Zimmer *n*; Ruhe *f*; **~í(če)k** *m* (*2b*; *-čk-*) Zimmerchen *n*; **~ný** friedfertig, ruhig; **~ový** Zimmer-; **~ská** *f* (*Adj. 2*) Zimmermädchen *n*.
pokolení *n* (*3*) Generation *f*, Geschlecht *n*; *bibl.* Glied *n*.
pokor|a *f* (*1d*) Demut *f*; **~ný** demütig.

pokoř|ení *n (3)* Demütigung *f*; **~it** *pf.*, **~ovat** *(-řuji)* demütigen; **~ující** demütigend.

pokos *m (2; 6. -u/-e)* Schwade *f*, Mahd *f*; Schrägheit *f*; *Adv.* schräg; *Sp.* Quer-; **~it** *pf.* (ab)mähen.

pokost *m (2a)* Firnis *m*.

po|kousat *pf. (-šu/-sám)* beißen, Bißwunden beibringen; **~koušet** *(3 Pl. -ejí) s. pokusit*; **~koutní** unter der Hand, heimlich; Winkel-; F *-ně obchodovat* schachern; *-ně smluvený* abgekartet.

pokož|ka *f (1c; -žek)* Oberhaut *f*, Epidermis *f*; **~ní** Haut-.

pokrač|ovací Fortbildungs-; **~ování** *n (3)* Fortsetzung *f*; **~ovat** *(-čuji)* fortsetzen, fortschreiten, weitergehen; **~ovatel** *m (3; -é)* Fortsetzer *m*; **~ující** fortschreitend.

pokrad|í, ~mo, ~mu heimlich, verstohlen.

po|kraj *m (4)* Rand *m*; **~krájet** *pf. (3 Pl. -ejí)* in Stücke schneiden, zerschneiden; **~krást** *pf. (s. krást)* (alles weg)stehlen; **~krčit** *pf. Nase* rümpfen; *Schultern* heben; *Stirn* runzeln; *Arme* beugen; *Beine* anziehen; **~kreslit** *pf.* vollzeichnen.

pokrev|enec *m (3; -nc-)* Blutsverwandte(r) *m*; **~enství** *n (3)* Blutsverwandtschaft *f*; **~ní,** † **~ný** blutsverwandt.

pokrm *m (2a)* Speise *f*, Nahrung *f*; **~it** *pf.* speisen; *Vieh* füttern; **~ový** Speise-.

pokroč|ilý fortgeschritten; *Alter*: vorgerückt; *v -lém létě* im Hochsommer; **~it** *pf. s. pokračovat*.

pokrok *m (2b)* Fortschritt *m*; **~ář** *m (3)* Fortschrittler *m*, Anhänger *m* des Fortschritts; **~ový** fortschrittlich.

po|kropit *pf.* besprengen, bespritzen; **~kroutka** *f (1c; -tek)* Zuckerplätzchen *n*, Pastille *f*; **~krov** *m (2a)* Decke *f*, Überzug *m*; **~krutina** *f (1)* Ölkuchen *m*; **~krvácet** *pf. (3 Pl. -ejí)* blutig machen, besudeln; **~krý(va)t** *(pf. s. krýt)* (be-, ein)decken.

pokrytec *m (3; -tc-)* Heuchler *m*; **~ký** *(Adv. -ky)* heuchlerisch; **~tví** *n (3)* Heuchelei *f*.

pokryt|kyně *f (2b)* Heuchlerin *f*; **~ý** bedeckt; *Zunge*: belegt.

pokrýv|ač *m (3)* Dachdecker *m*; **~ka** *f (1c; -vek)* Decke *f*; *Bgb.* Deckschicht *f*; *~ hlavy* Kopfbedeckung *f*; *~ chladiče Kfz.* Kühlerverkleidung *f*.

pokřesťanš|tit *pf.*, **~ťovat** *(-ťuji)* christianisieren.

pokřídovat *pf. (-duji)* ankreiden.

pokřik *m (2b)* Geschrei *n*, Lärm *m*.

pokřiv|ení *n (3)*, **~enina** *f (1)* Verzerrung *f*, Verbiegung *f*; **~ený** verkrümmt, verbogen; *Gesicht*: verzerrt; **~it** *pf.*, **~ovat** *(-vuji)* verbiegen; krümmen; verzerren.

pokřižovat se *pf. (-žuji)* sich bekreuzigen.

pokřt|ěnec *m (3; -nc-)* Täufling *m*, Getaufte(r) *m*; **~ít** *pf. (-ím, -il, -ěn)* taufen.

pokuckávat hüsteln, sich räuspern.

pokud solange; inwieweit; soweit, was anbelangt; *~ možno* womöglich, möglichst.

poku|kovat *(-kuji) (po kom, po čem)* F nachschauen *(D)*, liebäugeln (mit *D)*; **~lhávat** ein wenig hinken, humpeln; *fig.* zurückbleiben; **~řovat si** *(-řuji)* gemütlich rauchen.

pokus *m (2; 6. -u/-e)* Versuch *m*; **~it se** *pf. (o co)* versuchen, probieren; **~nictví** *n (3)* Experimentieren *n*; **~ný** Versuchs-, Experimental-; *-ně* versuchsweise.

pokuš|ení *n (3)* Versuchung *f*; **~itel** *m (3; -é)* Versucher *m*; *fig.* Plagegeist *m*.

pokut|a *f (1)* (Geld-)Strafe *f*, Buße *f*; **~ovat** *pf. (-tuji)* mit e-r Geldstrafe belegen; **~ový** Straf-.

po|kyn *m (2a)* Wink *m*, Fingerzeig *m*; **~out** *pf.* zuwinken; **~kývnout** *pf. (-vl)* nicken; **~kyvovat** *(-vuji)* schütteln.

pól *m (2a)* Pol *m*.

Polab|í *n (3)* Elbtal *n*; **♀ský** Elb-; *Gr.* polabisch.

Polák *m (1a)* Pole *m*.

polám|aný zerbrochen, zerschlagen; **~at** *pf. (-u)* (zer)brechen *(se v/i)*; *~ se Med.* sich verheben.

polapit *pf.* (ab)fangen; *Dieb* ergreifen, F erwischen.

polariz|ační Polarisations-; **~ovat** *(-zuji)* polarisieren.

polár|ka *f (1c; -rek)* Eis *n* am Stiel; ♀ Polarstern *m*; **~ní** Polar-; **~ník** *m (1a)* Polarforscher *m*.

pola|skat *pf.* liebkosen, herzen; **~škovat** *pf. (-kuji)* schäkern; **~tinštit** *pf.* latinisieren.

pole *n* (*2*) Feld *n*; *širé* ~ freies Feld; *svaté* ~ *lit.* Gottesacker *m*; *volné* ~ Spielraum *m*; *ležet* ~*m* *Mil.* lagern.
poledn|e *n* (*2*) Mittag *m*; *v* ~ zu Mittag, mittags; *o -nách* zur Mittagszeit; **~í** Mittags-; **~ice** *f* (*2a*) Mittagshexe *f*; **~ík** *m* (*2b*) Meridian *m*; Mittagsblatt *n*.
po|léhat, ~lehávat kränkeln, oft krank sein.
polehč|ení *n* (*3*) Milderung *f*; **~it** *pf.*, **~ovat** (*-čuji*) mildern, erleichtern; **~ující** mildernd.
pole|hnout *pf.* (*-hl*) sich niederlegen, sich lagern; **~houčku, ~hounku** allmählich, leise; **~cht**(**áv**)**at** (ein wenig) kitzeln; **~kaný** erschrocken; **~kat** *pf.* erschrecken (*se v/i*); **~no** *n* (*1*) Holzscheit *n*; *hluchý jako* ~ stocktaub.
polep|it *pf.*, **~ovat** (*-puji*) bekleben; überkleben.
polepš|ení *n* (*3*) Besserung *f*; **~it** *pf.* (ver)bessern; ~ *se* sich bessern; ~ *si* es besser haben; **~itelný** (ver)besserungsfähig; **~ovací** Besserungs-; **~ovat** (*-šuji*) *s. polepšit*; **~ovna** † *f* (*1*; *-ven*) Besserungsanstalt *f*.
poles|í *n* (*3*) Waldland *n*; Waldrevier *n*; **~ný** *m* (*Adj. 1*) Forstmeister *m*.
polet|avý Flug-, fliegend; flatterhaft; *fig.* flüchtig; **~ět** *pf. s. letět*; **~ovat** (*-tuji*) herumfliegen, schwärmen.
polev *m* (*2a*) *Med.* Übergießen *n*; **~a** *f* (*1*) Guß *m*, Glasur *f*.
polévat begießen; *Kochk.* glasieren.
polev|it *pf.*, **~ovat** (*-vuji*) nachlassen.
polévk|a *f* (*1c*; *-vek*) Suppe *f*; **~ový** Suppen-.
po|lézt *pf. s. lézt*; **~ležet si** *pf.* *e-e Zeitlang* liegen; **~lhůtní** Nach-, im nachhinein; ~ *dodávka* Nachlieferung *f*; **~libek** *m* (*2b*; *-bk-*) Kuß *m*; **~líbit** *pf.* küssen, e-n Kuß geben.
policajt P *m* (*1*) Polizist *m*; **~ský** polizeilich.
police[1] *f* (*2a*) Gestell *n*; ~ *na nádobí* Geschirrbrett *n*.
police[2] *f* (*2a*) (*Versicherungs-*) Police *f*.
polic|ejní Polizei-, polizeilich; **~ie** *f* (*2*) Polizei *f*; **~ista** *m* (*5a*) Polizist *m*.
po|líček *m* (*2b*; *-čk-*) Ohrfeige *f*; **~líčit** *pf.* e-e Falle stellen (*na k-o D*); **~lička** *f* (*1c*; *-ček*) (*kleines*) Gestell *n*; ~ *na knihy* Bücherbrett *n*; **~líčko** *n* (*1b*; *-ček*) (*kleines*) Feld *n*; **~líčkovat** (*-kuji*) ohrfeigen; **~lidštit** *pf.* vermenschlichen.
polír *m* (*1*; *-ři*/*-rové*) Polier *m*, Vorarbeiter *m*.
pólista *m* (*5a*) Polospieler *m*; Wasserballspieler *m*.
polít *pf.* (*s. lit*) begießen.
politi|cký [-tɪ-] (*Adv. -y*) politisch; **~čka** *f* (*1c*; *-ček*) Politikerin *f*; **~k** *m* (*1a*; *-ové*/*-ci*) Politiker *m*; **~ka** *f* (*1c*) Politik *f*; **~kařit** *verä.* Stammtischpolitik treiben; *a.* = **~zovat** ⟨z-⟩ (*-zuji*) politisieren.
poli|tování *n* (*3*) Bedauern *n*; ~ *hodný* bedauernswert; **~tovat** *pf.* (*-tuji*) bedauern; **~tý** begossen.
polív|čička *f* (*1c*; *-ček*) Süppchen *n*; **~ka** *f s. polévka*.
polízan|á F *f* (*Adj. 2*), **~ice** F *f* (*2a*) Schaden *m*, schöne Bescherung *f*.
Polka *f* (*1c*; *-lek*) Polin *f*; ♀ Polka *f* (*Tanz*).
polk|nout *pf.* (*-kl*; *-knut*) (ver-)schlucken; **~nutí** *n* (*3*) Schluck *m*.
pol|ní Feld-, Acker-; **~nice** *f* (*2a*) Signalhorn *n*; **~níček** *m* (*2b*; *-čk-*) *Bot.* Rapünzchen *n*; **~nosti** *f*/*pl.* (*4*) Felder *n*/*pl.*, Grund und Boden *m*.
polo halb, zur Hälfte.
pólo *n* (*1b*) *Sp.* Polo(spiel) *n*; *vodní* ~ Wasserball(spiel *n*) *m*.
polo- *in Zssgn* halb-; **~bdělý** halbwach; **~botka** *f* (*1c*; *-tek*) Halbschuh *m*; **~čas** *m* (*2a*) Halbzeit *f*; **~denní** Halbtags-; **~dlouhý** halblang; **~drahokam** *m* (*2a*) Halbedelstein *m*; **~finále** *n* (*indekl.*) Halbfinale *n*.
poloha *f* (*1b*) Lage *f*.
polo|hedvábí *n* (*3*) Halbseide *f*; **~hlas** *m* (*2a*) gedämpfte Stimme *f*; **~hlasný** halblaut.
polohový Lage-; *Sp.* Lagen-.
polo|koule *f* (*2*) Halbkugel *f*; **~kov** *m* (*2a*) Halbmetall *n*; **~kožený** Halbleder-; **~kruh** *m* (*2b*) Halbkreis *m*; **~kruhový** halbkreisförmig; **~letí** *n* (*3*) Halbjahr *n*, Semester *n*; **~letní** halbjährig, Halbjahres-, Semestral-.
polom *m* (*2a*) Waldschaden *m*, Windbruch *m*.
polo|měr *m* (*2a*) Halbmesser *m*; **~mrtvý** halbtot; **~nahý** (*Adv. -ze*) halbnackt.
polonina *f* (*1*) Hochebene *f*; Alm *f*.

polonizovat [-nı-] *(im)pf.* *(-zuji)* polonisieren.

polo|oficiální halbamtlich, offiziös; **~opice** *f* *(2a)* Halbaffe *m*; **~ostrov** *m* *(2; 2. -a)* Halbinsel *f*; **~plátěný** *Typ.* halbleinen; **~pravda** *f* *(1)* Halbwahrheit *f*; **~prázdný** halbleer; **~rozvalený** halbverfallen; **~samohláska** *f* *(1c; -sek)* *Gr.* Halbvokal *m*; **~sirotek** *m* *(1a; -tk-)* Halbwaise *f*; **~slepý** halbblind; **~spánek** *m* *(2b; -nk-)* Halbschlaf *m*; **~stín** *m* *(2a)* Halbschatten *m*; **~šeptem, ~šeptmo** halblaut, im Flüsterton; **~šero** *n* *(1b)* Halbdunkel *n*; **~těžký** halbschwer; *závodník v -ké váze* *Sp.* Halbschwergewichtler *m*; **~tovar** *m* *(2a)* Halbfabrikat *n*; **~tuhý** halbsteif.

polou halb; *v ~ cestě* auf halbem Weg.

polo|úřední halbamtlich; **~vařený** halbgekocht, halbgar; **~věta** *f* *(1)* *Gr.* Halbsatz *m*.

polov|ice *f* *(2a)* Hälfte *f*; **~ičatost** *f* *(4)* Halbheit *f*; **~ičatý** *verä.* halb, unvollständig; **~ička** *f* *(1c; -ček)* *dim. zu polovice*; **~iční** halb; **~ina** *f* *(1)* Hälfte *f*; *v -ně dubna* Mitte April.

polo|vlna *f* *(1)* Halbwolle *f*; **~vodič** *m* *(4)* Halbleiter *m*; **~vypuklý** flach, halberhaben; **~vzdělaný** halbgebildet; **~zaměstnaný** halbtags beschäftigt.

polož|ení *n* *(3)* Lage *f*; *in Zssgn* -legung *f*; *~ základního kamene* Grundsteinlegung; **~ený** gelegen, -liegend; **~it** *pf.* (hin)legen; *Frage* stellen; *~ se* sich (nieder)legen; *Mil.* (sich) lagern; **~ka** *f* *(1c; -žek)* *Hdl.* Posten *m*, Eintragung *f*.

Polsk|o *n* *(1b)* Polen *n*; **2ý** *(Adv. -y)* polnisch.

polštář *m* *(4)* Polster *n*; **~ovaný** gepolstert, Polster-; **~ovat** ⟨*vy-*⟩ *(-řuji)* (aus)polstern; **~ový** Polster-.

polština *f* *(1)* polnische Sprache *f*, Polnisch(e) *n*.

polyk|ač *m* *(3)* Schlucker *m*; *~ ohně* Feuerfresser *m*; *~ kilometrů iron.* Kilometerfresser *m*; **~(áv)at** ⟨*s-*⟩ (ver)schlucken, verschlingen, *fig.* fressen; F *~ andělíčky* viel Wasser schlucken.

pomačkat *pf.* zerdrücken; *Stoff* zerknittern.

pomahač, pomáhač *m* *(3)*, **pomahatel, pomáhatel** *m* *(3; -é)*, **~ka** *f* *(1c; -ček/-lek)* Helfer(in *f*) *m*; Helfershelfer(in *f*) *m*; Handlanger *m*.

pomáhat ⟨*do-, na-*⟩ helfen.

pomal|ičku F, **~oučku** F, **~ounku** F schön langsam, gemächlich.

po|malovat *pf.* *(-luji)* bemalen; **~malu** *Adv.* langsam; **~málu** *Adv.* wenig; **~malý** langsam, behäbig; **~mást** *pf.* *(s. mást)* verwirren, irre machen; *~ se* irre *(od.* F verrückt) werden; **~mastit** *pf.* *(-štěn)* *Kochk.* fetten, Fett beigeben.

pomaten|ec *m* *(3; -nc-)* Irrsinnige(r) *m*, F Verrückte(r) *m*; **~í** *n* *(3)*, **~ost** *f* *(4)* Verwirrung *f*, Geistesgestörtheit *f*; **~ý** irre, geistesgestört.

pomaz|ání *n* *(3)* Bestreichen *n*; *hist.* Salbung *f*; *poslední ~ Rel.* letzte Ölung; **~ánka** *f* *(1c; -nek)* Brotaufstrich *m*; **~at** *pf.* *(-žu/-ži)* bestreichen, F beschmieren; *hist., Rel.* salben.

pomenší eher klein, nicht groß.

poměr *m* *(2a)* Verhältnis *n*.

pomeranč *m* *(4)* Apfelsine *f*, Orange *f*; **~ový** Apfelsinen-, orangefarben.

pomě|rný verhältnismäßig; **~štit** *pf.* verstädtern, urbanisieren; *~ se* ein städtisches Aussehen annehmen, sich zur Stadt entwickeln.

pomět *pf.* *(-měji)*: *dobře jsme se -ěli* es ist uns gut gegangen *od.* ergangen.

pometat *pf.* *Tier*: verwerfen *(v/i)*.

pometl|ář *m* *(3)* Besenbinder *m*; **~o** *n* *(1a; -tel)* Ofenbesen *m*, Federwisch *m*; *fig. verä.* Tolpatsch *m*.

pomez|í *n* *(3)* Grenze *f*, Scheide *f*; **~ní** Grenz-; *~ rozhodčí Sp.* Linienrichter *m*.

pomí|chat *pf.* vermischen, vermengen; **~jející, ~jivý** vergänglich; **~jet** *(3 Pl. -ejí)* *s. pominout*.

pomi|lovat *pf.* *(-luji)* liebkosen; **~nout** *pf.* vergehen, vorübergehen; schwinden; übergehen, außer Acht lassen; *~ mlčením* stillschweigend übergehen; *~ se* wütend werden; *Hund*: tollwütig werden.

pominu|lý, ~tý verrückt, wütend; *Hund*: tollwütig.

pomísit *pf.* *(-šen)* vermischen, vermengen.

pomístní Lokal-; *~ jméno* Flurname *m*.

pomlázka *f* (*1c*; *-zek*) Osterrute *f*; Ostergeschenk *n*.
poml|čet *pf.* schweigen; **~čka** *f* (*1c*; *-ček*) Gedankenstrich *m*; **~ka** *f* (*1c*) *Mus.* Pause *f*, Pausenzeichen *n*.
pomlouvač *m* (*3*), **~ka** *f* (*1c*; *-ček*) Verleumder(in *f*) *m*; **~ný**, **~ský** (*Adv. -y*) verleumderisch.
pomlouvat verleumden.
pomluv|a *f* (*1*) Verleumdung *f*, üble Nachrede *f*; **~it** *pf. s. pomlouvat.*
pomn|ěnka *f* (*1c*; *-nek*) Vergißmeinnicht *n*; **~ík** *m* (*2b*) Denkmal *n*; **~ít**, **~ět** *pf.* (*3 Pl. -í/-ějí*) ⟨vz-⟩ (*na k-o, na co*) sich erinnern (an *A*), gedenken (*G*); **~ožný**: *-né podstatné jméno Gr.* Pluraletantum *n*, Mehrzahlwort *n*.
pomoc *f* (*4 od. 4b*) Hilfe *f*; (*s*) *~í, za ~i* mit Hilfe; *bez ~i* hilflos; *není mu ~i* ihm ist nicht zu helfen; **~i** *pf.* (*s. moci*; *-možen*) helfen; verhelfen *j-m zu et.*; abhelfen; *fig.* nützen, wirken; *umí si ~* er weiß sich zu helfen; **~nice** *f* (*2a*) Helferin *f*, Gehilfin *f*; **~ník** *m* (*1a*) Helfer *m*, Gehilfe *m*, Geselle *m*; **~ný** Hilfs-, helfend; *~ dělník* Hilfsarbeiter *m*.
po|modlit se *pf.* beten; **~mordovat** P *pf.* (*-duji*) niedermetzeln.
pomořan *m* (*1*; *-é*) Küstenbewohner *m*; **♀y** *m/pl.* (*2*; *-an*) Pommern *n*.
pomoří *n* (*3*) Küstengebiet *n*, Küstenland *n*.
pomoučit *pf.* mit Mehl bestäuben.
pompa *f* (*1*) Pomp *m*.
po|mrkávat blinzeln, zwinkern; **~mrznout** *pf.* (*-zl*) erfrieren; **~mřít** *pf.* (*s. mřít*) wegsterben; aussterben.
pomst|a *f* (*1*) Rache *f*; **~ít** *pf.* (*-il*) rächen; *~ se na kom za co* sich rächen, Rache nehmen an j-m für (*A*); **~ychtivý** rachsüchtig.
pomůcka *f* (*1c*; *-cek*) Hilfsmittel *n*, Behelf *m*; *učebná ~* Lehrmittel *n*.
pomyje *f/pl.* (*2*) Spülwasser *n*.
pomysl *m* (*2a*) Gedanke *m*, Idee *f*, Begriff *m*; **~it** *pf.* (*-šlen*) (be)denken; **~itelný** denkbar, erdenklich; **~ný** imaginär, angenommen.
pomýšlet (*3 Pl. -ejí*) (*na co*) beabsichtigen (*A*), bedacht sein (auf *A*); denken (an *A*).
ponauč|ení *n* (*3*) Belehrung *f*, Lehre *f*; **~it** *pf.* belehren.
ponděl|ek *m* (*2a*; *-lk-*; *2. -lka*), **~í** *n* (*indekl.*) Montag *m*; **~ní** montäglich, am Montag stattfindend; **~ník** *m* (*2b*) Montagsblatt *n*.
poneb|í *n* (*3*) Gaumen *m*; P *a.* Boden *m*; **~ní** *Gr.* Gaumen-.
ponech|ání *n* (*3*) Belassung *f*, Beibehaltung *f*; **~aný** belassen, (sich selbst) überlassen; **~(áv)at** (be-, über-, übrig)lassen; anheimstellen; *-at si* beibehalten, für sich behalten; *Jur.* sich vorbehalten.
ponej|prv(e) zum ersten Mal, erstmalig; **~víc(e)** meist(ens), zumeist, größtenteils.
poněkud einigermaßen; gewissermaßen, ein wenig.
poněmč|ení *n* (*3*) Germanisierung *f*; **~it** *pf.*, **~ovat** (*-čuji*) germanisieren; *Worte* eindeutschen.
ponenáhlý (*Adv. -u*) allmählich.
ponětí *n* (*3*) Begriff *m*; *fig.* Ahnung *f*, P Dunst *m*.
poněvadž weil.
poník *m* (*1a*) Pony *n*.
poniklovat [-nɪ-] *pf.* (*-luji*) vernickeln.
poníž|ení *n* (*3*) Erniedrigung *f*, Demütigung *f*; **~ený** untertänig; ergeben; *-eně* ergebenst; **~it** *pf.* erniedrigen, demütigen.
poniž|ovat (*-žuji*) *s. ponížit*; **~ující** demütigend, erniedrigend.
ponoc|ný *m* (*Adj. 1*) Nachtwächter *m*; **~ovat** (*-cuji*) e-e Nacht durchwachen; Nachtwache halten.
ponor *m* (*2a*) Tiefgang *m*; Schlundloch *n e-s Flusses*; **~ka** *f* (*1c*; *-rek*) Unterseeboot *n*, U-Boot *n*; **~ný** tauchbar; unterirdisch.
ponoř|ení *n* (*3*) Untertauchen *n*, Versenkung *f*; Vertiefung *f*; **~it** *pf.*, **~ovat** (*-řuji*) eintauchen, versenken; *~ se* untertauchen, versinken; *fig.* sich vertiefen.
ponouk|ání *n* (*3*) Eingebung *f*, Betreiben *n*; **~at**, **~nout** *pf.* (*-kl*) anstiften, anleiten, verleiten.
po|nožka *f* (*1c*; *-žek*) Socke *f*; **~nrava** *f* (*1*) Engerling *m*; **~ nůcka** *f* (*1c*; *-cek*) Nachtwache *f*; **~nurý** (*Adv. -ře*) finster, düster; **~obakrát** beide Male; **~obědvat** *pf.* (zu) Mittag essen; **~obnažit** *pf.* (ein wenig) entblößen; **~ocelování** *n* (*3*) *Tech.* Oberflächenhärtung *f*; **~oddálit** *pf.* ein wenig hinausschieben; **~odběhnout** *pf.* (*-hl*) nicht weit weglaufen, sich für e-n

Augenblick entfernen; **~oddechnout** (si) *pf.* (*-chl*) aufatmen, (ein wenig) ausruhen; **~odejít** *pf.* (*s. jít*) (ein wenig) zur Seite treten, ein paar Schritte wegtreten; **~odsednout si** *pf.* (*-dl*) *beim Sitzen* weg-, weiterrücken; **~odstoupit** *pf.* zur Seite treten.

poo|hlédnout se *pf.* (*-dl*), **~hlížet se** (*3. Pl. -ejí*) sich ein wenig umschauen, Umschau halten.

Poohří *n* (*3*) Egerland *n*.

po|okřát *pf.* (*-křeji, -křál*) sich (ein wenig) erholen; **~opravit** *pf.* (nach)verbessern, nachträglich in Ordnung bringen; *Fot.* retuschieren.

pootevř|ený halb geöffnet; **~ít** *pf.* (*s. otevřít*) ein wenig öffnen.

pop[1] *m* (*1*; *-ové*) Pope *m*, *verä.* Pfaffe *m*.

pop[2] *m* (*2a*); *obuvnický* ~ Schusterpech *n*.

popad|at ergreifen; *Angst*: befallen; *nach Atem* ringen; *pf.* nach und nach abfallen; ~ *se za co* sich fassen an (*A*); **~nout** *pf.* (*-dl*) *v/t* greifen (nach *D*), ergreifen (*A*); (an)fassen; *Angst*: befallen; ~ *se s kým* aneinander geraten mit (*D*).

popá|lenina *f* (*1*) Brandwunde *f*; **~lit se** *pf.* sich verbrennen; **~s(a)t se** (*na čem*) sich weiden an (*D*).

popatřit *pf.* (*na co*) anblicken (*A*), e-n Blick werfen auf (*A*).

popel *m* (*2a*; *2. -a*/*-u*) Asche *f*; *ležet ~em* eingeäschert werden, in Schutt und Asche liegen; *shořet na ~* zu Asche verbrennen; **~avý** aschgrau; **~ec** *m* (*4*; *-lc-*) geweihte Asche *f*; *Ⓟec*, *Ⓟeční středa* Aschermittwoch *m*; **~iště** *n* (*2a*) Aschenhaufen *m*; **~it se** ‹*po-, u-, vy-, za-*› (sich) im Staub baden, sich stäuben; **~ka** *f* (*1c*; *-lek*) *Zo.* Feh *n*, Grauwerk *n*; Ⓟ Aschenbrödel *n*; **~nice** *f* (*2a*) Ascheneimer *m*, Mülltonne *f*; Urne *f*; **~níček** *m* (*2b*; *-čk-*) Aschenbecher *m*; **~ník** *m* (*2b*) Aschkasten *m*; **~ový** Aschen-.

po|pepřit *pf.* pfeffern; **~pěrač** *m* (*3*) Leugner *m*; **~pěvek** *m* (*2b*; *-vk-*) Liedchen *n*, Gassenhauer *m*; **~píchat** *pf.* zerstechen; **~píjet** (*3 Pl. -ejí*) trinken, zechen; **~pílek** *m* (*2b*; *-lk-*) Flugasche *f*; **~pílit si** *pf.* sich beeilen.

popín|at se sich ranken; **~avý** Schling-, Kletter-; **~ka** *f* (*1c*; *-nek*) Ranke *f*.

popír|ač *m s. popěrač*; **~at** *s. popřít*; **~atelný** anfechtbar.

popis *m* (*2*; *6. -e*/*-u*) Beschreibung *f*; **~ný** beschreibend, deskriptiv; **~ovat** (*-suji*) beschreiben; *Zeichnung* beschriften; **~ovatel** *m* (*3*; *-é*) Schilderer *m*.

popít *pf.* (*-piji, -pil*) ein wenig trinken.

poplach *m* (*2b*) Alarm *m*.

poplakat si *pf.* (ein wenig) weinen.

poplaš|ený aufgeschreckt, bestürzt; **~it** *pf.* erschrecken, aufscheuchen, *fig.* alarmieren; **~ný** alarmierend, Alarm-.

poplat|ek *m* (*2b*; *-tk-*) Gebühr *f*, Abgabe *f*; *bez -tku* gebührenfrei; **~it** *pf.* (*-cen*) bezahlen; **~kový** Gebühren-; **~ník** *m* (*1a*), **~nice** *f* (*2a*) Steuerzahler(in *f*) *m*, Steuerpflichtige *m od. f*; **~nost** *f* (*4*) Steuerpflicht *f*; **~ný** steuerpflichtig; *hist.* tributpflichtig.

po|plenit *pf.* verwüsten; **~plést** *pf.* (*s. plést*) verwirren, irreleiten; F den Kopf verdrehen (*D*); ~ *si co* verwechseln.

poplet|a *m* (*5*) Wirrkopf *m*, F verdrehter Kerl *m*; **~ený** verwirrt; *Sache*: verworren.

poplicnice *f* (*2a*) Lungenfell *n*.

popl|ít *pf.* (*-iji*), **~(i)vat** anspucken.

popluž|í *n* (*3*) Landgut *n*; **~ní**: ~ *dvůr* Meierei *f*.

popo|běhnout *pf.* (*-hl*) (ein wenig) weiterlaufen; **~háněč** *m* (*3*) Antreiber *m*; **~hánět** (*3 Pl. -ějí*), **~hnat** *pf.* (*-ženu*) antreiben; **~jet** *pf.* (*s. jet*) (ein paar Schritte) weiterfahren *od.* -reiten; **~jít** *pf.* (*s. jít*) (ein wenig) weitergehen; **~lední** Nachmittags-; **~lštit** *pf.* polonisieren; **~nést** *pf.* (*s. nést*) ein wenig weiter tragen; **~řádku** der Reihe nach, nacheinander; **~táhnout** (*-hl*), **~tahovat** (*-huji*) ein wenig weiter ziehen; schnüffeln; **~uzet** (*3 Pl. -ejí*) *s. popudit*; **~vídat si** *pf.* ein wenig plaudern, erzählen; **~zítří** überübermorgen.

poprask *m* (*2b*) großes Aufsehen *n*, F Rummel *m*; (*Börsen-*)Krach *m*; **~aný** rissig; geborsten; **~at** *pf.* Risse bekommen.

popraš|ek *m* (*2b*; *-šk-*) dünne Staubschicht *f od.* Schneedecke *f*.

poprášit *pf.* bestäuben.

po|prat se *pf.* (*-peru*) (sich) raufen; **~prava** *f* (*1*) Hinrichtung *f*; **~pravčí** *1.* Hinrichtungs-; Henkers-; *2. m* (*Adj. 4*; *Pl. n 3*) Scharfrichter *m*.

poprav|iště *n* (*2a*) Hinrichtungsstätte *f*, Richtplatz *m*, *hist.* Schafott *n*; **~it** *pf.*, **~ovat** (*-vuji*) hinrichten.

poprázdninový nach den Ferien beginnend *od.* stattfindend.

poprcháv|ání *n* (*3*) Sprühregen *m*; **~at** tröpfeln, ein wenig regnen.

poprosit *pf.* bitten; *popros!* schön bitten! (*Hund*).

poprs|eň *f* (*3*; *-sně*, *-sni usw.*) *Arch.* Brüstung *f*; **~í** *n* (*3*) Büste *f*; *Fot.* Brustbild *n*.

po|prskat *pf.* mit Speichel bespritzen, F vollsabbern; **~prsník** *m* (*2b*) Brustriemen *m*; **~pruh** *m* (*2b*) Tragriemen *m*, Trag(e)gurt *m*; **~prvé** zum erstenmal, erstmalig; **~prýskat** *pf.* *Haut*: aufspringen, rissig werden; **~přát** *s. přát*; **~popředí** *n* (*3*) Vordergrund *m*; **~předu** *Turn.* nach vorn, vornüber; **~převratový** nach dem Umsturz; **~případě** gegebenenfalls, eventuell; **~přít** *pf.* (*-přu*, *-přel*, *-přen*) leugnen, bestreiten; *toho nelze ~* das läßt sich nicht leugnen; **~psat** *pf.* (*-píšu*/*-píši*) beschreiben, darstellen; beschriften; *Heft* vollschreiben.

popský Pfaffen-.

popt|(áv)at se (*po čem*) sich erkundigen, (nach)fragen (nach *D*); **~avárna** *f* (*1*; *-ren*) Auskunftsstelle *f*, Informationsbüro *n*; **~ávka** *f* (*1c*; *-vek*) Nachfrage *f*, Anfrage *f*; *Hdl.* Bedarf *m*.

popud *m* (*2a*) Anregung *f*, Antrieb *m*, Veranlassung *f*; **~it** *pf.* (*-zen*) erzürnen, (auf)reizen; **~livec** *m* (*3*; *-vc-*) reizbarer Mensch *m*; **~livost** *f* (*4*) Reizbarkeit *f*; **~livý** reizbar, leicht erregbar.

popu|kat *pf.* bersten, (zer)springen; *~ se smíchy* sich halbtot lachen; **~larizovat** ⟨z-⟩ (*-zuji*) popularisieren, allgemeinverständlich darstellen; **~lární** populär.

po|půlnoční nach Mitternacht; **~pustit** *pf.* (*-štěn*) nachlassen, nachgeben; *Kleid* auslassen; **~puzovat** (*-zuji*) *s. popudit*.

pór[1] *m* (*2a*) Pore *f*.

pór[2] *m* (*2a*) Porree *m*.

porad|a *f* (*1*) Beratung *f*, Besprechung *f*; **~ce** *m* (*3*) Berater *m*, Ratgeber *m*; Beirat *m*; **~enský** Beratungs-; **~it** *pf.* (*-děn*) (*k-o*) beraten (*A*), raten, e-n Rat geben (*D*); *~ se* sich beraten; *Arzt* aufsuchen, F *~ se s vaňkem* sich aus dem Staube machen; *~ si* sich zu helfen wissen; **~na** *f* (*1*; *-den*) Beratungsstelle *f*; **~ní** beratend.

poran|ění *n* (*3*) Verletzung *f*; **~ěný** verletzt; **~it** *pf.* verletzen.

porazit *pf.* (*-žen*) umwerfen, über den Haufen rennen, zu Boden werfen, umfahren; *Feind* schlagen; *Regierung* stürzen; *Vieh* schlachten; *Baum* fällen.

poražen|ec *m* (*3*; *-nc-*) Defätist *m*, F Miesmacher *m*; **~ecký** defätistisch; **~ý** niedergeschlagen; besiegt; gefällt; geschlachtet.

poráž|et (*3 Pl. -ejí*) *s. porazit*; **~ka** *f* (*1c*; *-žek*) Niederlage *f*; Schlachtbank *f*; Schlachten *n*; *nucená ~* Notschlachtung *f*.

porce *f* (*2*) Portion *f*.

porcelán *m* (*2*; *6. -u*/*-ě*) Porzellan *n*; **~ka** F *f* (*1c*; *-nek*) Porzellanwarenfabrik *f*; Porzellanerde *f*; † *a.* Tonpfeife *f*; **~ový** Porzellan-.

porcovat ⟨roz-⟩ (*-cuji*) in Portionen (auf)teilen, tranchieren.

porézní porös.

porevoluční Nachrevolutions-, nach der Revolution.

porob|a *f* (*1*), **~ení** *n* (*3*) Knechtschaft *f*, Unterjochung *f*; **~it** *pf.* unterjochen.

porod *m* (*2a*) Geburt *f*, Entbindung *f*; **~it** *pf.* (*-zen*) gebären, zur Welt bringen; **~ní** Geburts-; *~ asistentka od.* † *bába* Hebamme *f*; **~ník** *m* (*1a*) Geburtshelfer *m*; **~nost** *f* (*4*) Geburtenziffer *f*.

porokovat *pf.* (*-kuji*) erörtern, besprechen (*o čem*/*A*).

poros|ený vom Tau benetzt; **~it** *pf.* betauen.

porost *m* (*2a*) Wuchs *m*; (*Wald-*) Bestand *m*; **~lý** bewachsen.

porot|a *f* (*1*) Schwurgericht *n*; **~ce** *m* (*3*), **~kyně** *f* (*2a*) Geschworene *m od. f*; **~ní** Schwurgerichts-; *~ soud s. porota*.

poroučet (*3 Pl. -ejí*) befehlen; *~ se* sich empfehlen.

porouch|ání *n* (*3*) Beschädigung *f*; **~aný** schadhaft, beschädigt, F ka-

putt; ~at *pf.* beschädigen; ~ se schadhaft werden, F kaputtgehen.
pórovit|ost *f (4)* Porosität *f*; ~**ý** porös, porig.
porovn|ání *n (3)* Vergleich *m*, Aussöhnung *f*; ~**(áv)at** vergleichen, aussöhnen; ~**ávací** Vergleichs-; *Gr.* vergleichend.
porození *n (3)* Gebären *n*, Geburt *f*.
porozum|ění *n (3)* Verständnis *n*; ~**ět** *pf.* *(3 Pl. -ějí) (č-u, k-u)* verstehen *(A)*, Verständnis entgegenbringen *(D)*.
porozvitý halb aufgeblüht.
porta *f (1)* Borte *f*; Pforte *f*; *fig.* *(Bier-)*Blume *f*.
port|fej *m (4)* Brieftasche *f*; Geschäftsbereich *m*; ~**monka** *f (1c; -nek)* Geldbörse *f*; ~**ský**: *-ké víno* Portwein *m*.
Portugal|ec *m (3; -lc-)* Portugiese *m*; ~**ka** *f (1c; -lek)* Portugiesin *f*; ~**sko** *n (1b)* Portugal *n*; 2**ský** *(Adv. -y)* portugiesisch.
portýr P *m (1; -ři)* Portier *m*.
porub *m (2a)* Abholzen *n*; *Bgb.* Abbau *m*; ~**at** *pf.* umhauen, niedermetzeln.
poruč|enec *m (3; -nc-)*, ~**enka** *f (1c; -nek)* Mündel *n*; ~**ení** *n (3)* Empfehlung *f*; ~**enský** Vormundschafts-; ~**enství** *n (3)* Vormundschaft *f*; ~**ík** *m (1a)* Leutnant *m*; *generál* ~ Generalleutnant; ~**it** *pf.* befehlen, gebieten; ~ se *k-u* sich empfehlen *(D)*; ~ *si co* sich et. bestellen *(im Gasthaus)*; ~**nický** *s. poručenský*; ~**ník** *m (1a)*, ~**nice** *f (2a)* Vormund *m*; ~**níkovat** *(-kuji)* bevormunden.
poruch|a *f (1b)* Störung *f*; *Kfz.* Panne *f*; ~**ovost** *f (4)* Störanfälligkeit *f*.
Porúří *n (3)* Ruhrgebiet *n*.
porůst *pf.* *(s. růst)* bewachsen, sich bedecken *(čím* mit *D)*.
poruš|ení *n (3)* Beschädigung *f*; Verletzung *f*; ~**it** *pf.*, ~**ovat** *(-šuji)* beschädigen, stören; *fig.* verletzen, brechen.
porůznu hie und da, vereinzelt.
porvat se *pf.* *(-rvu)* (sich) raufen.
Porýní *n (3)* Rheinland *n*.
porýpat se *pf.* *(v čem)* herumstochern (in *D*).
pořad *m (2a)* Reihe(nfolge) *f*; Ordnung *f*; ~ *jednání* Tagesordnung; *právní* ~ Rechtsweg *m*; ~ *jídel* Speisenfolge; ~ *vysílání* Sendeplan *m*.
po|řád immerfort; ~**řadač** *m (4)* *(Büro-)*Ordner *m*; ~**řádat** ⟨s-, us-⟩ ordnen; veranstalten.
pořadatel *m (3; -é)*, ~**ka** *f (1c; -lek)* Ordner(in *f*) *m*; Veranstalter(in *f*) *m*.
po|řádek *m (2b; -dk-)* Ordnung *f*; ~ *slov* Wortstellung *f*; *s. uvést*; ~**řadí** *n (3)* Reihe(nfolge) *f*, Rangordnung *f*.
pořád|kový Ordnungs-; ~**kumilovný** ordnungsliebend; ~**ní** laufend *(Nummer)*; ~**nice** *f (2a)* *Geom.* Ordinate *f*; ~**ník** *m (2b)* Rangliste *f*; ~**nost** *f (4)* Ordnungsliebe *f*, Ordnungssinn *m*; ~**ný** ordentlich; *fig.* tüchtig.
po|řadový Ordnungs-; ~**řekadlo** *n (1a; -del)* Spruch *m*, sprichwörtliche Redewendung *f*; ~**řezat** *pf.* *(-žu/-zám)* schneiden.
poří|čí *n (3)* Flußgebiet *n*; ~**ční** Fluß-; ~**dit** *pf.* *(-zen)* an-, beschaffen; *Abschrift* anfertigen; *Liste* anlegen; *fig.* ankommen; aufkommen *(gegen j-n)*; ~**dku** *Adv.* selten.
pořiz *m (2a)* Schnitzmesser *n*; Schabeisen *n*.
pořízen|á *f (Adj. 2)* Verrichtung *f*, günstige Erledigung *f*; ~**í** *n (3)* Anschaffung *f*; Verrichtung *f*; *poslední* ~ Letzter Wille.
pořizovací Anschaffungs-.
posad|a *f (1)* Hühnerkorb *m*; ~**it** *pf.* *(-zen)* (hin)setzen; ~ se sich (nieder)setzen, Platz nehmen.
posádk|a *f (1c; -dek)* Garnison *f*; *(Schiffs-)*Besatzung *f*; ~**ový** Garnisons-, Standort-.
posaved bisher, bis jetzt; ~**ní** bisherig.
po|sázet *pf.* *(3 Pl. -ejí)* bepflanzen; besetzen; ~**sbírat** *pf.* (alles) auflesen; ~**sečkat** *pf.* abwarten; sich gedulden; *Zahlung* stunden.
posed *m (2a)* Zaunrübe *f*; *Jagdw.* Hochstand *m*; ~**(áv)at** sich wiederholt niedersetzen; unruhig hin- und herrücken; ~**ění** *n (3)* Sitzen *n*; Beisammensein *n*; *vypít na* ~ in e-m Zug austrinken; ~**ět (si)** (ein Weilchen) sitzen bleiben; ~**lost** *f (4)* Besessenheit *f*; ~**lý** besessen; ~**nout** *pf.* *(-dl) v/t* sich bemächtigen *(G)*, ergreifen, befallen *(A)*; *co tě -dlo?* was ist in dich gefahren?; P † näher- *od.* weiterrücken.

posekat *pf.* abmähen; verletzen.
posel *m* (*1*; *-sl-*) Bote *m*; **~kyně** *f* (*2a*) Botin *f*; **~né** *n* (*Adj. 3*) Botenlohn *m*; **~ství** *n* (*3*) Botschaft *f*; **~stvo** *n* (*1*; *-stev*) Abordnung *f*.
po|setý besät, übersät; **~sezónní** Nachsaison-; **~shovět** *pf.* (*3 Pl. -ějí*) sich gedulden; Aufschub gewähren.
poscho|dí *n* (*3*) Stockwerk *n*; **~ďový** einstöckig.
poschov|at *pf.*, **~ávat** (*im*)*pf.* an mehreren Stellen verstecken.
po|sila *f* (*1a*) Stärkung *f*; Kräftigung *f*; *Mil.* Verstärkung *f*; **~sílat** *s. poslat.*
posíl|ení *n* (*3*) Stärkung *f*, Erquikkung *f*; *s. posila*; **~it** *pf.* stärken, kräftigen; *Mil.* verstärken; **~ka** *f* (*1c*; *-lek*) Botengang *m*.
posil|něná *f*: *na -nou* zur Stärkung; **~nit** *pf.*, **~ňovat** (*-ňuji*) stärken, kräftigen; **~ovat** (*-luji*) *s. posílit.*
po|sít *pf.* (*s. sít*) be-, übersäen; **~skákat** *pf.* (*-ču*/*-či*), **~skakovat** <*po-, za-*> (*-kuji*) hüpfen, (herum-) springen; **~skočit** *pf.* e-n Sprung machen, aufspringen; **~skok** *m* *1.* (*2b*) Sprung *m*; *2.* (*1a*; *-ové*) *verä.* Laufbursche *m*, Faktotum *n*; **~skokem** sprungweise; **~skrovnu** *Adv.* spärlich, dürftig, knapp.
poskvrn|a *f* (*1*) Fleck *m*; *fig.* Makel *m*, Schandfleck *m*; **~it** *pf.* beflecken, besudeln.
poskyt|nout *pf.* (*-tl*; *-tnut*) *s. poskytovat*; **~nutí** *n* (*3*) Darbietung *f*; Gewährung *f*; **~ovat** (*-tuji*) bieten, gewähren; *Ersatz* leisten; *Imbiß* verabreichen; *Frist* einräumen; *Schatten* spenden.
poslanec *m* (*3*; *-nc-*) Abgeordnete(r) *m*; **~ký** Abgeordneten-; *-ká sněmovna* Abgeordnetenhaus *n*; Volkskammer *f* (*DDR*); **~tví** *n* (*3*) (*Abgeordneten-*)Mandat *n*.
posl|ání *n* (*3*) Sendung *f*; **~ankyně** *f* (*2b*) Abgeordnete *f*; **~at** *pf.* (*-šlu*) senden, schicken.
posled|ek *m* (*2b*; *-dk-*) Letzte *n*, Ende *n*; **~ně** *Adv.* zuletzt, letztmalig; letzt-; neulich; **~ní** letzt(e); *fig.* jüngst; *~ soud Rel.* Jüngstes Gericht.
poslech *m* (*2b*) Anhören *n*; *Rdf.* Empfang *m*; **~nout** *pf.* (*-chl*; *-chnut*) *v/t* anhören (*A*); (*k-o*) gehorchen (*D*).
po|slepu *Adv.* ohne hinsehen zu müssen, ohne hinzusehen; **~sléz**(e) endlich, schließlich.
posl|ice *f* (*2a*) Botin *f*; **~íček** *m* (*1a*; *-čk-*) Laufbursche *m*.
poslin|it *pf.* mit Speichel anfeuchten; **~tat** *pf.* (be)sabbern.
poslouchat *Radio*, *Musik* hören; lauschen, horchen; *Vorlesung* besuchen; gehorchen (*D*); befolgen (*A*).
posloup|ně der Reihe nach; **~nost** *f* (*4*) Nachfolge *f*; *dědická ~* Erbfolge *f*.
posloužit *pf.* (*k-u*) dienen, nützen (*D*); bedienen (*A*); *~ si* sich bedienen, zugreifen.
posluha *1. f* (*1b*) Bedienung *f*; *2. m* (*5*) Dienstmann *m*.
posluhov|ač *m* (*3*) *verä.* Handlanger *m*; **~ačka** *f* (*1c*; *-ček*) Aufwartung *f*, Aufwartefrau *f*; **~at** (*-huji*) *s. posloužit.*
posluchač *m* (*3*), **~ka** *f* (*1c*; *-ček*) (Zu-)Hörer(in *f*) *m*; *~ načerno* Schwarzhörer; **~stvo** *n* (*1* ; *-stev*) Zuhörerschaft *f*, Zuhörer *m*/*pl.*, Auditorium *n*.
poslu|chárna *f* (*1*; *-ren*) Hörsaal *m*; **~šenství** *n* (*3*), **~šnost** *f* (*4*) Gehorsam *m*, Folgsamkeit *f*; **~šný** gehorsam, folgsam.
poslyšet *pf. s. slyšet.*
posmě|ch *m* (*2b*) Hohn *m*, Spott *m*, Gespött *n*; Verspottung *f*; Hohngelächter *n*; **~šek** *m* (*2b*; *-šk-*) spöttisches Lächeln *n*, Spott *m*; **~šný** spöttisch, höhnisch, Spott-; **~vač** *m* (*3*), **~váček** *m* (*1a*; *-čk-*) Spötter *m*; **~vačný** spöttisch.
posmíva|t se (*k-u*) verspotten (*A*), sich lustig machen über (*A*); **~vý** spöttisch, höhnisch.
po|smrtný nach dem Tode, postum; *-ná maska* Totenmaske *f*; *-ná výstava* Gedächtnisausstellung *f*; **~smutnělý** (ein wenig) traurig.
posnída|t *pf.* frühstücken; **~vka** *f* (*1c*; *-vek*) Gabelfrühstück *n*.
po|solit *pf.* salzen; **~soudit** *pf.* (*-zen*) beurteilen, begutachten.
posouv|ací Schiebe-; verschiebbar; **~adlo** *n* (*1a*; *-del*) Schiebevorrichtung *f*; **~ání** *n* (*3*): *~ souhlásek Gr.* Lautverschiebung *f*; *~ půdy* Erdrutsch *m*; **~at** (ver)schieben, weiterrücken.
posouzení *n* (*3*) Beurteilung *f*; Gut-

achten *n*; Ermessen *n*, Gutdünken *n*; (*Buch-*)Rezension *f*.
pospas *m* (*2a*): *vydat na* ~ preisgeben, auf Gnade und Ungnade ausliefern.
po|spat si *pf.* (*-spím*) ein wenig (*od.* lange) schlafen; **~spěch** *m* (*2b*) Eile *f*; *na* ~ eilig, in Eile; **~spíchat, ~spíšit** *pf.* eilen; ~ *si* (*-spěš si!*) sich beeilen.
pospol|itost *f* (*4*) Gemeinschaft *f*; **~itý, ~ný** gemeinschaftlich; *-ný život* Zusammenleben *n*; **~u** gemeinsam, zusammen.
posrat V *pf.* (*-seru*) bescheißen.
postač|it *pf.* genügen, ausreichen; **~itelný** genügend, hinreichend; **~ovat** (*-čuji*) *s. postačit.*
postar|at se *pf.* (*o k-o*) versorgen (*A*); (*o co*) besorgen (*A*), Vorsorge treffen für (*A*); **~u** nach alter Sitte, wie früher.
postát *pf.* (*-stojím*) (e-e Weile) stehen, ruhig stehen.
postát|nit *pf.*, **~ňovat** (*-ňuji*) verstaatlichen.
postava *f* (*1*) Gestalt *f*, Figur *f*.
postávat herumstehen.
postav|ení *n* (*3*) Stellung *f*; **~it** *pf.*, **~ovat** (*-vuji*) (hin)stellen, aufstellen; *Haus* (er)bauen; *Ofen* setzen; *-it se* sich (auf)stellen.
postel *f* (*3*) Bett *n*.
post|esknout (si) *pf.* (*-kl*), **~ěžovat si** *pf.* (*-žuji*) klagen, F s-m Herzen Luft machen.
postih *m* (*2b*) Regreß *m*; **~ací** Regreß-; **~nout** *pf.* (*-hl*; *-žen*), **~ovat** (*-huji*) ergreifen, ertappen, F erwischen; begreifen; betreffen, ereilen; heimsuchen.
postit se fasten.
postiž|ení *n* (*3*) Ergreifung *f*; Heimsuchung *f*; **~ený** erfaßt; befallen, betroffen; **~itelný** erreichbar; faßlich.
postlat *pf.* (*-stelu*) (be)streuen, bedecken.
postní Fast(en)-.
postoj *m* (*4*) Stellung *f*.
postonávat kränkeln.
postoup|ení *n* (*3*) Vorrücken *n*, *Mil.* Vormarsch *m*; Beförderung *f*; *Hdl.* Abtretung *f*; **~it** *pf.* vorrücken, *Mil.* vordringen; fortschreiten; aufrücken; *j-m et.* abtreten.
postrádat (*č-o*) vermissen, entbehren (*A*); **~elný** entbehrlich.
postrach *m* (*2b*) Schrecken *m*.
postran|ek *m* (*2b*; *-nk-*), **~ěk** *m* (*2b*; *-ňk-*) Zugriemen *m*; **~ice** *f* (*2a*) Seitenbrett *n*; Seitenwand *f*; **~ní** Seiten-, Neben-; *-ně* hinterrücks.
po|strašit *pf.* erschrecken; einschüchtern; **~strčit** *pf.* weiterschieben.
postrk *m* (*2b*) Schub *m*; **~ávat, ~ovat** (*-kuji*) *v/t* weiterrücken; *Esb.* verschieben; *Uhr* vor- *od.* zurückstellen.
postroj *m* (*4*) Pferdegeschirr *n*.
postřeh *m* (*2b*) Wahrnehmung *f*; *bystrý* ~ Scharfblick *m*; **~nout** *pf.* (*-hl*; *-hnut*) wahrnehmen, bemerken, erblicken; **~nutelný** wahrnehmbar.
postřelit *pf.* anschießen.
postříbř|it *pf.*, **~ovat** (*-řuji*) versilbern.
postřih *m* (*2b*) Schur *f*; **~at, postříhat, ~nout** *pf.* (*-hl*; *-žen*), **~ovat** (*-huji*) zuschneiden.
postř|ik *m* (*2b*) Bespritzen *n*; Sprühmittel *n*; **~íkat** *pf.*, **~íknout** *pf.* (*-kl*; *-knut*), **~ikovat** (*-kuji*) bespritzen, (be)sprengen; **~ikový** Spreng-.
po|střílet *pf.* (*3 Pl. -ejí*) abschießen, niederschießen; **~střižiny** *f/pl.* (*1*) *Rel.* Tonsur *f*; **~stup** *m* (*2a*) Fortgang *m*, Verlauf *m*; Vorgang *m*, Vorgehen *n*; Verfahren *n*; *Jur.* Abtretung *f*.
Postupim *f* (*4d*) Potsdam *n*; **~ská** *dohoda* Potsdamer Abkommen *n*.
postup|itel *m* (*3*; *-é*) *Jur.* Abtreter *m*, Zedent *m*; **~ní** Abtretungs-; **~ný** stufenweise, allmählich; *-ná zkouška* Versetzungsprüfung *f*; *-ně* stufenweise, nach und nach; fortlaufend; **~ovat** (*-puji*) *s. postoupit.*
postýlka *f* (*1c*; *-lek*) kleines Bett *n*, Kinderbett *n*.
posud bisher, bis jetzt.
posudek *m* (*2b*; *-dk-*) Beurteilung *f*, Gutachten *n*.
posun *m* (*2a*) Verschieben *n*; *Sp.* Vorschritt *m*, Nachstellen *n*; **~čina** *f* (*1*) Veitstanz *m*; **~ek** *m* (*2b*; *-nk-*), **~ěk** *m* (*2b*; *-ňk-*) Gebärde *f*, Geste *f*; **~kový** Gebärden-, Mienen-; **~out** *pf.* rücken, (ver)schieben; *Uhr* stellen; **~ovací** Schiebe-; ~ *mříž* Scherengitter *n*; **~ovač** *m* (*3*) Rangierer *m*; **~ovatelný, ~utelný** verschiebbar; verstellbar.
posupný finster, düster.

posuv *m* (*2a*) *Tech.* Verschiebung *f*; **~ka** *f* (*1c*; *-vek*) *Mus.* Versetzungszeichen *n*; **~ný** Schiebe-, Schub-.
posuzovat (*-zuji*) *s. posoudit*; **~el** *m* (*3*; *-é*) Rezensent *m*.
posvátný heilig, weihevoll.
posvě|cení *n* (*3*) Weihe *f*; **~tit** *pf.* (*-cen*) (ein)weihen; **~tštit** *pf.* verweltlichen, säkularisieren.
posvícen|í *n* (*3*) Kirchweihfest *n*, F Kirchweih *f*, Kirmes *f*; **~ský** Kirchweih-.
posvítit *pf.* (*-cen*) (e-e Weile) leuchten.
posyp *m* (*2a*) Streumittel *n*; **~at** *pf.* (*-u*/*-ám*) bestreuen.
posýpátko *n* (*1b*; *-tek*) Streusandbüchse *f*.
pošept|at *pf. j-m et.* zuflüstern; **~mo, ~mu** im Flüsterton.
pošetil|ec *m* (*3*; *-lc-*) Dummkopf *m*, † Tor *m*; **~ost** *f* (*4*) Unsinn *m*, Torheit *f*; **~ý** albern, töricht.
po|šilhávat (ein wenig) schielen; **~šinout** *pf.* weiterrücken, -schieben-; **~ší(va)t** (*pf. s. šít*) benähen, besetzen; **~škleb(ovač)ný** höhnisch, hämisch; **~škodit** *pf.* (*-zen*) beschädigen; **~školák** *m* (*1a*) Nachsitzer *m*.
poškozen|ec *m* (*3*; *-nc-*) Beschädigte(r) *m*; Geschädigte(r) *m*; **~í** *n* (*3*) Beschädigung *f*, Schaden *m*; **~ý** schadhaft; beschädigt.
po|šlapat *pf.* (*-u*/*-ám*) zer-, niedertreten; **~šlý** *Jur.* entstanden; *Tier*: verendet; **~šmourný** trübe, düster; **~šoupnout** *pf.* (*-pl*; *-pnut*) *s. posunout, pošinout*; **~špinit** *pf.* beschmutzen.
pošramo|cený schadhaft, zerrüttet; *Ruf*: zweifelhaft; **~tit** *pf.* (*-cen*) beschädigen; übel zurichten.
pošta *f* (*1*) Post *f*.
pošťák F *m* (*1a*) Postbote *m*.
poštěstit se *pf.* glücken, gelingen.
poštěváček *1. m* (*2b*; *-čk-*) *Anat.* Kitzler *m*; *2.* F *m* (*1a*; *-čk-*) Unruhestifter *m*.
poští|pat *pf.* (*-u*/*-ám*) (zer)stechen; **~vat** *s. poštvat*.
poštmistr *m* (*1*; *-ové*) Postmeister *m*.
poštolka *f* (*1c*; *-lek*) Turmfalke *m*.
poštov|na *f* (*1*; *-ven*) Poststelle *f*; **~né** *n* (*Adj. 3*) Porto *n*, Postgebühr *f*; **~ní** Post-; *~ známka* Briefmarke *f*; **~nictví** *n* (*3*) Postwesen *n*; **~ský** postalisch, Post-.
poštvat *pf.* (*-vu*) (auf)hetzen.
pošumavský Böhmerwald-.
pot *m* (*2a*) Schweiß *m*.
potác|et se (*3 Pl. -ejí*) wanken, taumeln; **~ivý** schwankend, taumelnd.
po|tah *m* (*2b*) Gespann *n*; Bezug *m*, Überzug *m*; *Flgw.* Bespannung *f*; **~táhnout** *pf.* (*-hl*; *-tažen*) beziehen, überziehen (mit *D*); ziehen (*za co* an *D*); (hin)ziehen; *~ se* sich in die Länge ziehen; **~tahování** *n* (*3*) *fig.* Schwierigkeiten *f*/*pl.*, F Scherereien *f*/*pl.*; **~tahovat** (*-huji*) *s. potáhnout*.
potaj|í, ~mo, ~mu *Adv.* heimlich.
potak(áv)at (*k č-u*) bejahen (*A*), ja sagen (zu *D*).
potáp|ěcí Tauch-; Taucher-; **~ěč** *m* (*3*) Taucher *m*; **~ění** *n* (*3*) Tauchen *n*, Tauchsport *m*; **~ět** (*3 Pl. -ějí*) *v*/*t* (unter)tauchen; *Schiff* versenken; *~ se* versinken, untergehen; **~ka** *1. f* (*1c*; *-pek*) *Zo.* Taucher *m*; *2.* P *f od. m* (*5*) Modenarr *m*; **~ník** *m 1.* (*1a*) Schwimmkäfer *m*; *2.* (*2b*) Tauchkolben *m*.
potaš *f* (*3*) Pottasche *f*.
po|tatit se F *pf.* dem Vater nachgeraten; **~taz** *m* (*2*; *6. -u*/*-e*) Anfrage *f*; Beratung *f*; **~tázat se** *pf.* (*-žu*/*-ži*) sich beraten; **~tažení** *n* (*3*) Überzug *m*; Bespannung *f*.
poté darauf, nachher, danach.
potěcha *f* (*1b*) Trost *m*.
potemn|ělý (etwas) dunkel, finster; **~ět** *pf.* (*3 Pl. -ějí*) sich verdunkeln, dunkel werden; **~ík** *m* (*1a*) Mehlkäfer *m*.
potenc|e *f* (*2*) Potenz *f*; **~iál** *m* (*2a*) Potential *n*; **~ovat** (*-cuji*) potenzieren.
potěr *m* (*2a*) Estrich *m*; *Zo.* Laich *m*.
potěš|ení *n* (*3*) Vergnügen *n*, Lust *f*; Trost *m*; **~it** *pf.* erfreuen, aufmuntern; trösten; **~itel** *m* (*3*; *-é*) Tröster *m*; **~itelný** erfreulich, tröstlich.
potěžk(áv)at in der Hand abwägen.
potící Schwitz-.
potich(oučk)u still, leise, in aller Stille.
potír|ání *n* (*3*) Bekämpfung *f*; **~at** bestreichen, einreiben; bekämpfen.
potisk|nout *pf.* (*-kl*; *-štěn*), **~ovat** (*-kuji*) bedrucken.
pot|it se ⟨*na-, u-, vy-, za-*⟩ (*-cen*) schwitzen; **~ítko** *n* (*1b*; *-tek*) Schweißblatt *n*; **~ivý** schweißig, Schweiß-.

potíž *f* (*3*) Schwierigkeit *f*, Beschwerde *f*, F Schererei *f*.
potkan *m* (*1*) Wanderratte *f*.
potk|ání *n* (*3*) Begegnung *f*; **~(áv)at** ⟨*na-*⟩ (*k-o*) begegnen (*D*); ~ se einander begegnen, zusammentreffen.
potlač|ení *n* (*3*) Unterdrückung *f*; *Psych*. Verdrängung *f*; **~it** *pf*., **~ovat** (*-čuji*) unterdrücken, verdrängen; **~ovatel** *m* (*3*; *-é*) Unterdrücker *m*.
potlach F *m* (*2b*) Schwätzchen *n*, Plausch *m*.
potlesk *m* (*2b*) Beifall *m*, Applaus *m*.
potlou|ci *pf*. (*s. tlouci*) schlagen; verwunden; hageln; **~kat se** herumlungern, sich herumtreiben.
po|tlučený zerschlagen, verwundet; vom Hagel verwüstet; *Obst*: angeschlagen; **~tmě** im Dunkeln; **~tměchuť** *f* (*4c*; *-ti*) *Bot*. Bittersüß *n*, Nachtschatten *m*.
potměšil|ec *m* (*3*; *-lc-*) Duckmäuser *m*, Heuchler *m*; **~ost** *f* (*4*) Heimtücke *f*; **~ý** heimtückisch, verschlagen.
potní Schweiß-.
potoč|ní Bach-; **~nice** *f* (*2a*) Brunnenkresse *f*.
potok *m* (*2b*; *2. -a*; *6. -ku*/*-ce*) Bach *m*.
potom dann, hierauf, nachher; *brzy* ~ bald darauf.
potom|ek *m* (*1a*; *-mk-*) Nachkomme *m*, *lit*. Sproß *m*; **~ní** nachmalig; **~stvo** *n* (*1*; *-stev*) Nachkommenschaft *f*; *fig*. Nachwelt *f*.
potop|a *f* (*1*) Überschwemmung *f*; ~ *světa* Sintflut *f*; **~ení** *n* (*3*) Versenkung *f*; **~it** *pf*. *s. potápět*.
poťouch|lost *f* (*4*) Heimtücke *f*, Hinterlist *f*; **~lý** (heim)tückisch, hinterlistig; ~ *člověk* Duckmäuser *m*, Mucker *m*.
potra|cení *n* (*3*), **~t** *m* (*2a*) Fehlgeburt *f*; **~tit** *pf*. (*-cen*) e-e Fehlgeburt haben.
potrav|a *f* (*1*) Nahrung *f*, Futter *n*; **~ina** *f* (*1*) Nahrungs-, Lebensmittel *n*; **~inářský** Lebensmittel-; ~ *průmysl* Nährmittelindustrie *f*; **~ový** Lebensmittel-; **~ní** Verzehr-.
potrefený betroffen, benachteiligt.
potrest|ání *n* (*3*) Bestrafung *f*; **~at** *pf*. (be)strafen, maßregeln.
potrh|at *f* zer-, abreißen; ~ se (zer-)reißen, Risse bekommen; F ~ se *smíchy* sich totlachen; **~lost** *f* (*4*) Verrücktheit *f*; **~lý** verrückt; **~nout** *pf*. (*-hl*; *-žen*) zucken.
po|trkat *pf*. *mit den Hörnern* stoßen; **~trojný** dreifach; **~trpět si** *pf*. (*na k-o, na co*) halten auf (*A*), e-e Vorliebe haben für (*A*).
potrub|í *n* (*3*) Rohrleitung *f*; **~ní** Rohr(leitungs)-.
po|trvat *pf*. e-e Zeitlang dauern, andauern, anhalten; **~třás(a)t** (*pf*. *-třesu*) schütteln.
potřeb|a *f* (*1*) Bedarf *m*, Bedürfnis *n*, Notwendigkeit *f*; Gebrauch *m*; ~ *času* Zeitaufwand *m*; *tělesná* ~ Notdurft *f*; *podle -by* (je) nach Bedarf; *bez -by* unnützerweise; *v případě -by* im Bedarfsfall; *k -bě* zum Gebrauch; *je* ~ es ist notwendig, man muß; **~nost** *f* (*4*) Bedarf *m*, Notwendigkeit *f*; Brauchbarkeit *f*; **~ný** brauchbar; notwendig, erforderlich; (be)dürftig; **~ovat** (*-buji*) brauchen; **~y** *f*/*pl*. (*1*) Geräte *n*/*pl*.; (*Reise-*)Bedarf *m*; *Hdl*. Artikel *m*/*pl*., Zubehör *n*; *s. potřeba*.
potřepat *pf*. (*-u*/*-ám*) (*ein wenig*) schütteln, klopfen.
potřešt|ěnec *m* (*3*; *-nc-*) verrückter Kerl *m*, F Schussel *m*; **~ěnost** *f* (*4*) Verrücktheit *f*; **~ěný** verrückt; **~it** *pf*. *j-n* verrückt machen; ~ se verrückt werden, F durchdrehen.
potřís|kat *pf*. zerschlagen, zerschmettern; **~nit** *pf*. (*-ěn*) beflekken.
potřít *pf*. (*s. třít*) bestreichen; *Feind* vernichten, schlagen.
potud bisher; *až* ~ bis hierher; *jen* ~, *pokud* ... nur insoweit, als ...; nur soweit wie ...
potuch|a *f* (*1b*) Ahnung *f*, P Dunst *m*; **~lý** matt, stumpf.
potul|ka *f* (*1c*; *-lek*) Herumlungern *n*; Landstreicherei *f*; *Mil*. Streifzug *m*; **~ný** herumziehend, Wander-; † fahrend; **~ovat se** (*-luji*) herumziehen, sich herumtreiben.
potup|a *f* (*1*) Schimpf *m* (und Schande *f*), Schmach *f*; **~ení** *n* (*3*) Beschimpfung *f*; **~it** *pf*. beschimpfen, schmähen; **~ný** schmählich, schmachvoll.
potutelný verschmitzt, verschlagen.
potvo|ra *f* (*1d*) Ungeheuer *n*, Mißgestalt *f*; P *verä*. Mistvieh *n*, Luder *n*; **~rný** abscheulich, ungeheuerlich; **~řit** verunstalten.
potvr|dit *pf*. (*-zen*) bestätigen; ~ se

sich bestätigen, sich als wahr erweisen; **~zení** *n* (*3*) Bestätigung *f*; **~zenka** *f* (*1c*; *-nek*) Bestätigung *f*, Quittung *f*; **~zovací** Bestätigungs-; **~zovat** (*-zuji*) *s. potvrdit.*
potyčka *f* (*1c*; *-ček*) Zusammenstoß *m*, Streit *m*; *slovní* ~ Rededuell *n*, Wortgefecht *n*.
potýkat se streiten, kämpfen.
pouč|ení *n* (*3*) Belehrung *f*, Anleitung *f*; **~it** *pf.* belehren, aufklären; ~ se (*čím*) lernen (an *D*); **~ka** *f* (*1c*; *-ček*) Lehrsatz *m*; **~ný** belehrend, lehrreich; **~ovat** (*-čuji*) *s. poučit.*
pouh|opouhý F nichts als; **~ý** (*Adv.* -ze) lauter, bloß, *fig.* rein.
pouch *m* (*2b*) *Tech.* Holm *m*; *a.* = **~le** *n* (*4*) leeres Ei *n*; Holzapfel *m*.
pou|kaz *m* (*2*; *6. -u*/*-e*) Hinweis *m*; Bezugsschein *m*, Berechtigungsschein *m*; ~ *na rekreaci* Ferienscheck *m*; *s ~em na co* unter Hinweis auf (*A*); **~kázat** *pf.* (*-žu*/*-ži*) hin-, verweisen; *Geld* anweisen, überweisen; **~kázka** *f* (*1c*; *-zek*) Anweisung *f*; Schein *m*; *poštovní* ~ Postanweisung, Zahlkarte *f*; ~ *k lékaři* Krankenschein *m*; **~kazovací** Anweisungs-; **~kazovat** (*-zuji*) *s. poukázat.*
pouliční Straßen-.
poulit: ~ *oči* große Augen machen, glotzen.
poup|átko *n* (*1b*; *-tek*), **~ě** *n* (*4*) Knospe *f*.
pousmát se *pf.* (*-směji*) lächeln; (*na k-o*) zulächeln (*D*).
poustev|na *f* (*1*; *-ven*) Klause *f*, Einsiedelei *f*; **~nice** *f* (*2a*) Einsiedlerin *f*; **~nický** Einsiedler-; **~ničit** ein Einsiedlerleben führen; **~ník** *m* (*1a*) Einsiedler *m*.
poušť *f* (*4c*; *-tě*) Wüste *f*, Wildnis *f*.
poušt|ěcí Ablaß-; **~ět** (*3 Pl. -ějí*) *s. pustit.*
pouť *f* (*4c*; *-ti*) Wall-, Pilgerfahrt *f*; *lit.* Reise *f*; Wanderung *f*; Kirchweih(-fest *n*) *f*.
pout|ač *m* (*4*) Blickfang *m*; **~at** ‹*při-*, *s-*, *u-*› fesseln; **~avý** fesselnd; **~ko** *n* (*1b*; *-tek*) Schleife *f*, Schlinge *f*; (*Rock-*)Aufhänger *m*; *míč s -kem* Schleuderball *m*; **~ní** Wallfahrts-; **~nice** *f* (*2a*) Pilgerin *f*; **~nický** Pilger-; **~ník** *m* (*1a*) Pilger *m*; Wanderer *m*; **~o** *n* (*1*) Fessel *f*; ~ *na ruce* Handschellen *f*/*pl.*; *pl. fig. a.* Bande *n*/*pl.*
pouzdro *n* (*1*; *6. -u*/*-dře*; *-der*) Hülle *f*, Etui *n*, Futteral *n*; Büchse *f*, Dose *f*; Behälter *m*, Kasten *m*; Gehäuse *n*; *Med.* Kapsel *f*.
pouze *Adv.* nur, lediglich.
použ|ít *pf.* (*-žiji*, *-žil*, *-žit*) (*mst č-o*) benutzen, gebrauchen, anwenden (*A*); **~itelný** brauchbar, verwendbar; *Theorie*: anwendbar; **~ití**, **~ívání** *n* (*3*) Anwendung *f*, Benutzung *f*, Gebrauch *m*; Verwendung *f*; **~ívat** *s. použít*; **~ivatel** *m* (*3*; *-é*) Benutzer *m*; *Jur.* Nutznießer *m*.
povadit se *pf.* in Streit geraten, sich zanken.
povad|lý halb verwelkt, (*Blume*) verblüht; **~nout** *pf.* (*-dl*) verwelken.
povah|a *f* (*1b*) Charakter *m*, Wesen *n*, Natur *f*; *právní* ~ Rechtslage *f*; **~okresba** *f* (*1*; *-seb*), **~opis** *m* (*2*; *6. -e*/*-u*) Charakteristik *f*; **~ový** Charakter-.
poval *m* (*2*; *6. -u*/*-e*) Deckenbalken *m*; *Bgb.* Bühne *f*.
povaleč *m* (*3*), **~ka** *f* (*1c*; *-ček*) Faulenzer(in *f*) *m*, Müßiggänger(in *f*) *m*; **~ný** faul(enzerisch), Faulenzer-.
poválečný Nachkriegs-.
povalečs|ký *s. povalečný*; **~tví** *n* (*3*) Müßiggang *m*, F Bummelei *f*.
poválet *pf.* (*3 Pl. -ejí*) zerdrücken, *Kleid* zerknittern; ~ se ‹z-› sich herumwälzen.
poval|it *pf.* umstoßen, niederwerfen; *Fußgänger* an-, umfahren; niederreiten; **~ovat se** (*-luji*) sich herumwälzen; herumlungern; *Sachen*: herumliegen.
po|vánoční nachweihnachtlich, nach Weihnachten; **~vařit** *pf.* (ein wenig) kochen (lassen).
prováz|at *pf.* (*-žu*/*-ži*) verbinden; **~ka** *f* (*1c*; *-zek*) *Bot.* Flachsseide *f*, Labkraut *n*.
považ|ená: *na -nou* bedenklich, zu überlegen; **~ení** *n* (*3*) Überlegen *n*; **~it** *pf.* bedenken; **~livý** bedenklich; *Mensch*: besonnen.
považovat (*-žuji*) halten (*za co* für *A*); auffassen (als); *být -ván* gelten (als); ~ *si s. vážit si.*
povdě|čný dankbar; **~k** *m* (*2b*) Dank *m*, Dankbarkeit *f*.
po|večeřet *pf.* (*3 Pl. -ejí*/*-í*) zu Abend essen; **~vedený** gelungen; *Mensch*: durchtrieben; **~vědět** *pf.* (*s. vědět*) sagen; ~ *co na k-o* j-n anzeigen, verraten.

povědom|í *n* (*3*) Bewußtsein *n*; **~ost** *f* (*4*) Kenntnis *f*; *fig*. Bewußtsein *n*; **~ý** bekannt; *~ č-o e-r Sache* bewußt; *být ~* bekannt vorkommen.

povel *m* (*2a*) Befehl *m*, Kommando *n*; **~et** *pf*. e-n Befehl geben, befehlen; **~ka** *f* (*1c*; *-lek*) Signalpfeife *f*.

povelikonoční nachösterlich, nach Ostern.

pověr|a *f* (*1d*) Aberglaube *m*; **~čivý**, **~ečný** abergläubisch.

pověřen|ec *m* (*3*; *-nc-*); **~ka** *f* (*1c*; *-nek*), **~kyně** *f* (*2b*) Beauftragte *m od. f*; **~í** *n* (*3*) Beauftragung *f*; *Jur*. Beglaubigung *f*; **~ý** beauftragt, betraut; *~ vedením* geschäftsführend.

pověř|it *pf*. beauftragen, betrauen (*čím* mit *D*); beglaubigen; **~ovací** Beglaubigungs-; *~ list* Kreditbrief *m*; **~ovat** (*-řuji*) *s. pověřit*.

po|veselit se *pf*. sich (ein wenig) vergnügen; **~věsit** *pf*. (*-šen*) aufhängen; *Schloß* vorhängen; **~vést se** *pf*. (*-vede*) gelingen, glücken; *ne~ se* mißlingen.

pověst *f* (*4*) Sage *f*; Ruf *m*, Leumund *m*; Gerücht *n*, Gerede *n*; **~ný** berühmt; berüchtigt.

povětr|nost *f* (*4*) Witterung *f*; **~nostní** Wetter-; **~ný** Wind-; Luft-; Wetter-; **~oň** *m* (*4a*) Meteor *m*.

povětří *n* (*3*) Luft *f*; Wetter *n*; Unwetter *n*; *vyhodit do ~* in die Luft sprengen.

povětšině größtenteils, vorwiegend.

povíd|ačka *f* (*1c*; *-ček*) Gerede *n*; **~álek** *m* (*1a*; *-lk-*), **~álka** *f* (*1c*; *-lek*) redselige Person *f*, Schwätzer(in *f*) *m*; **~ání** *n* (*3*) Gerede *f*; **~at** ⟨*na- se*, *po- si*⟩ sagen, erzählen; **~avý** redselig, F geschwätzig; **~ka** *f* (*1c*; *-dek*) Erzählung *f*, F Geschichte *f*; **~kář** *m* (*3*), **~kářka** *f* (*1c*; *-řek*) Erzähler (-in *f*) *m*.

povidla *n/pl*. (*1*; *-del*) Pflaumenmus *n*, *öst*. Powidel *m*.

povin|ně *Adv*. pflichtmäßig, -gemäß; **~nost** *f* (*4*) Pflicht *f*; **~ný** Pflicht-; *-né ručení* Haftpflicht *f*; *školou ~* schulpflichtig; *díkem ~* zu Dank verpflichtet.

poví|t *pf*. (*-viji*) (ein)wickeln; *Kind* zur Welt bringen; **~vat** wehen, flattern.

po|vláčet *pf*. (*3 Pl*. *-eji*) schleppen, zerren; *Agr*. eggen; **~vlak** *m* (*2b*) Überzug *m*, Bezug *m*; Kruste *f*; *Med*. Belag *m*.

povlé|ci *pf*. (*s. vléci*), **~kat** überziehen; *Bett* beziehen; *~ se* sich bedecken.

povle|čení *n* (*3*) Bettbezug *m*; **~čený**, **~klý** be-, überzogen; *Zunge*: belegt.

povod|eň *f* (*3*; *-dně*, *-dni usw*.) Überschwemmung *f*, Hochwasser *n*; **~í** *n* (*3*) Flußgebiet *n*.

povol|ání *n* (*3*) Beruf *m*; *Jur*. Vorladung *f*; *Mil*. Einberufung *f*; *fig*. Berufung *f*; *~m* von Beruf; **~aný** berufen; **~ávací** Einberufungs-; **~(áv)at** berufen; vorladen; *Mil*. einberufen.

povol|ení *n* (*3*) Bewilligung *f*, Erlaubnis *f*; **~enka** P *f* (*1c*; *-nek*) Berechtigungsschein *m*; **~it** *pf*. lokkern; bewilligen; (*k-u*) nachgeben, s-n Willen lassen (*D*); **~nost** *f* (*4*) Nachgiebigkeit *f*; **~ný** nachgiebig; **~ovací** Bewilligungs-; **~ovat** (*-luji*) *s. povolit*.

povoz *m* (*2*; *6*. *-u*/*-e*) Fuhrwerk *n*; Fuhre *f*; **~it se** spazieren-, herumfahren; **~né** *n* (*Adj*. *3*) Fuhrlohn *m*; **~nictví** *n* (*3*) Fuhrwesen *n*; Speditionsgeschäft *n*; **~ník** *m* (*1a*) Fuhrmann *m*, Spediteur *m*.

povraždit *pf*. niedermetzeln, F umbringen.

povrh|nout *pf*. (*-hl*; *-žen*), **~ovat** (*-huji*) *1*. (*kým*, *čím*) verachten (*A*); *2*. (*-hnut*) vollspeien.

povrch *m* (*2b*) Oberfläche *f*; **~ní** äußerlich; oberflächlich (*a. fig*.); **~ový** Oberflächen-; *Bgb*. Tage-.

povříslo *n* (*1a*; *-sel*) Garbenband *n*.

povstalec *m* (*3*; *-lc-*) Aufständische(r) *m*; **~ký** aufständisch.

povst|ání *n* (*3*) Aufstand *m*; **~(áv)at** (*pf*. *-stanu*) aufstehen; entstehen; sich erheben.

povšechn|ě im allgemeinen, im großen und ganzen; **~ý** allgemein.

povšimn|out si *pf*. (*-ml*; *-mnut*) (*k-o*, *č-o*) bemerken, beachten (*A*); **~utí** *n* (*3*) Beachtung *f*; *bez ~* unbeachtet.

povyk *m* (*2b*) Lärm *m*, Geschrei *n*, Tumult *m*; **~ovat** ⟨*na- se*, *roz- se*, *za-*⟩ (*-kuji*) lärmen, johlen.

povy|razit *pf*. (*-žen*), **~rážet** (*3 Pl*. *-ejí*) ⟨*z-*⟩ unterhalten, zerstreuen; **~ražení** *n* (*3*) Zerstreuung *f*, Vergnügen *n*; **~rostlý** halbwüchsig; **~růst** *pf*. (*s. růst*) wachsen, größer werden.

povýš *Turn.* Hoch-, hoch-.
povýš|enec *m* (*3*; *-nc-*) Emporkömmling *m*; **~ení** *n* (*3*) Beförderung *f*; **~ený** erhöht, gehoben; befördert; überheblich; **~it** *pf.* erhöhen; befördern.
povyšovat (*-šuji*) *s. povýšit*; ~ *se* groß tun, wichtig tun.
povzbu|dit *pf.* (*-zen*) aufmuntern, anregen; **~divý** aufmunternd, anregend; **~zení, ~zování** *n* (*3*) Aufmunterung *f*, Anregung *f*; **~zovat** (*-zuji*) *s. povzbudit*; **~zující** *s. povzbudivý*.
povzdál(i) in einiger Entfernung.
povzdech *m* (*2b*) Seufzer *m*; **~nout (si)** *pf.* (*-chl*) seufzen.
povznáše|jící erhebend, erbaulich; **~t** (*3 Pl. -eji*) *s. povznést*.
povznes|ení *n* (*3*) Hebung *f*, Förderung *f*; Aufschwung *m*; **~enost** *f* (*4*) Überheblichkeit *f*; **~ený** erhoben; erhaben.
povznést *pf.* (*s. nést*) erheben, emporheben.
povždy *lit.* immer, stets.
póza *f* (*1a*) Pose *f*.
pozad|í *n* (*3*) Hintergrund *m*; **~u** hinten; im Rückstand (mit *D*).
pozastav|ení *n* (*3*) Verweilen *n*; Anstoß *m*; **~it se** *pf.* (*nad čím*) sich aufhalten (bei *D*), stutzig werden (über *A*); Anstoß nehmen (an *D*).
pozatýkat *pf. e-n nach dem anderen* verhaften.
pozb|ý(va)t (*pf. s. být*) (*č-o*) verlieren, einbüßen; **~ytí** *n* (*3*) Verlust *m*, Einbuße *f*.
pozd|ě *Adv.* spät; zu spät; **~ěji** *Adv.*, **~ější** *Adj.* später; **~it se** *pf.*, o-, z- sich verspäten; *Uhr*: nachgehen; **~ní** spät, Spät-; *Stunde*: vorgerückt.
pozdrav *m* (*2a*) Gruß *m*; *Mil.* Ehrenbezeigung *f*; **~ení** *n* (*3*) Begrüßung *f*; Besserung *f*, Genesung *f*; *andělské* ~ *Rel.* Englischer Gruß; **~it** *pf.* (be)grüßen; *Mil.* salutieren; ~ *se* genesen, gesund werden; **~ný** Begrüßungs-; *Mil.* Gruß-, Salut-; **~ovat** (*-vuji*) *s. pozdravit*.
pozdržet *pf.* aufhalten, verzögern.
pozdvih|nout *pf.* (*-hl*; *-žen*), **~ovat** (*-huji*) erheben, emporheben.
pozdviž|ení *n* (*3*) Aufrichtung *f*; *fig.* Erhebung *f*; Aufstand *m*, Empörung *f*; Aufsehen *n*; **~ený** erhoben.
pozem|ek *m* (*2b*; *-mk-*) Grundstück *n*; **~kový** Grund-, Boden-; *-vá reforma* Bodenreform *f*; **~ní** Land-; ~ *stavby* Hochbauten *m/pl.*; **~skost** *f* (*4*) *Rel.* das Irdische; **~ský** irdisch, Erden-; **~šťan** *m* (*1*; *-é*) Erdenbürger *m*.
pozi|ce *f* (*2a*) Position *f*; **~ční** Positions-; *Mil.* Stellungs-.
pozinkovat *pf.* (*-kuji*) verzinken.
pozitiv [-ti:f] *m* (*2*; *6. -u/-ě*) *Gr.* Positiv *m*; *Fot.* Abzug *m*; **~ní** [-ti:v-] positiv.
pozítř|ejší übermorgig; **~ek** *m* (*2b*; *-řk-*; *2. -řka*) übernächster, *öst.* übermorgiger Tag *m*; **~í** übermorgen.
pozla|cení *n* (*3*) Vergoldung *f*; **~cený** vergoldet; **~covat** (*-cuji*), **~tit** *pf.* (*-cen*) vergolden.
pozlátko *n* (*1b*; *-tek*) Blattgold *n*, Flittergold *n*.
pozmě|nit *pf.* (*-ěn*), **~ňovat** (*-ňuji*) abändern, modifizieren; **~ňovací** Abänderungs-.
pozna|čit *pf.* bezeichnen, kenntlich machen; **~men(áv)at** bezeichnen, vermerken; bemerken; brandmarken; ~ *si* vormerken, vermerken.
poznám|ka *f* (*1c*; *-mek*) Bemerkung *f*, Andeutung *f*; Vermerk *m*, Notiz *f*; ~ *pod čarou* Fußnote *f*; **~kový** Anmerkungs-, Merk-.
pozn|ání *n* (*3*) Erkennen *n*, *fig.* Erkenntnis *f*; **~at** *pf.* erkennen, kennen lernen; **~atek** *m* (*2b*; *-tk-*) (*gewonnene*) Erkenntnis *f*; **~atelný** erkennbar, wahrnehmbar; **~ávací** Erkennungs-, Kenn-; **~ávání** *n* (*3*) Kennenlernen *n*; ~ *sebe sama* Selbsterkenntnis *f*; **~ávat** *s. poznat*.
poznovu erneut, von neuem.
pozobat *pf.* (*-u/-ám*) aufpicken.
pozor *m* (*2a*) Achtung *f*, *öst.* Obacht *f*; *~! a.* Vorsicht!; *mít se na ~u* sich in acht nehmen; *dá(va)t ~* achtgeben; **~nost** *f* (*4*) Aufmerksamkeit *f*, Augenmerk *n*; **~ný** aufmerksam; **~ovací** Beobachtungs-; *Mil.* Aufklärungs-; **~ování** *n* (*3*) Beobachtung *f*; **~ovat** ⟨z-⟩ (*-ruji*) beobachten, (be)merken; anmerken (*co na kom* j-m *A*); **~ovatel** *m* (*3*; *-é*) Beobachter *m*; **~ovatelna** *f* (*1*; *-len*) Beobachtungsturm *m*, -stand *m*, -posten *m*; **~ovatelný** wahrnehmbar; **~uhodnost** *f* (*4*) Sehenswürdigkeit *f*; **~uhodný** sehenswert, beachtenswert; merkwürdig.

pozoun *m* (*2a*) Posaune *f*; **~ista** *m* (*5a*) Posaunist *m*.

po|zpátku im nachhinein; (nach) rückwärts; **~zřít¹** *pf.* (*-ím, -el*) anschauen, ansehen (*na co*/*A*); **~zřít²** (*-zřu*) verschlucken, verschlingen.

pozůsta|lost *f* (*4*) Nachlaß *m*, Hinterlassenschaft *f*; **~lostní** Erbschafts-; **~lý** *m* (*Adj. 1*) Hinterbliebene(r) *m*; **~tek** *m* (*2b*; *-tk-*) Überrest *m*; **~ávat** bestehen (*z č-o* aus *D*); beruhen (*v čem* auf *D*).

puzůstavit *pf.* hinterlassen; **~el** *m* (*3*; *-é*) *Jur.* Erblasser *m*.

pozv|ání *n* (*3*) Einladung *f*; **~ánka** *f* (*1c*; *-nek*) Einladung(skarte) *f*; **~at** *pf.* (*-zvu*) einladen.

pozved- *s. pozdvih-*.

pozvolný (*Adv. -a*) allmählich.

požád|ání *n* (*3*) Aufforderung *f*, Verlangen *n*; **~at** *pf.* (*o co*) ersuchen (um *A*), bitten (zu).

požad|avek *m* (*2b*; *-vk-*) Forderung *f*; Anspruch *m*; Anforderung *f*; **~ovací** Anforderungs-; **~ovat** *pf.* (*-duji*) fordern, verlangen, beanspruchen.

požalovat (si) *pf.* (*-luji*) sich beklagen (*k-u na co* bei j-m über *A*).

požár *m* (*2a*) Feuer(sbrunst *f*) *n*, Brand *m*; **~ní** Feuer-, Brand-; **~nictvo** *n* (*1*; *-tev*) Feuerwehr (-mannschaft) *f*; **~ník** *m* (*1a*) Feuerwehrmann *m*; **~oviště, požářiště** *n* (*2a*) Brandplatz *m*, -stätte *f*.

požeh *m* (*2b*) Brennen, Sengen *n*; *dát v ~* brandschatzen.

požehn|ání *n* (*3*) Segen *m*; **~at** *pf.* (*k-u, č-u od. k-o, co*) segnen (*A*).

požeh|ovací Brenn-; **~ovačka** *f* (*1c*; *-ček*) Brenneisen *n*; **~ovat** (*-huji*) *v/t fig.* verbrennen; *Fässer* verpichen.

požene *s. pohnat*.

požerák *m* (*2b*) Speiseröhre *f*, F Schlund *m*.

požínat *s. požít¹*.

požíra|t *s. požrat*; **~vý** gefräßig.

požít¹ *pf.* (*s. žít²*) abmähen.

pož|ít² *pf.* (*s. žít¹*; *-žit*) (*č-o, co*) genießen, einnehmen (*A*); *Gift* nehmen; **~itek** *m* (*2b*; *-tk-*) Genuß *m*; *-tky pl. a.* Bezüge *m/pl.*; Gebühren *f/pl.*; **~ití** *n* (*3*) Genuß *m* (*Essen*); **~itkář** *m* (*3*) genußsüchtiger Mensch *m*, *iron.* Lebemann *m*; **~itkářský** genußsüchtig.

poživačn|ost, požívačn|ost *f* (*4*) Genußsucht *f*; **~ý** genußsüchtig.

požív|ání *n* (*3*) Nutznießung *f*; *s. požití*; **~at** ⟨*s-*⟩ (*č-o*) genießen.

poživat|el *m* (*3*; *-é*) Nutznießer *m*; **~elný** genießbar; **~iny** *f/pl.* (*1*) Nährmittel *n/pl.*

pra|- *in Zssgn* Ur-; **~bába** *f* (*1*; *-bab*), **~babička** *f* (*1c*; *-ček*) Urgroßmutter *f*; **~bídný** sehr elend, P miserabel; **~buňka** *f* (*1c*; *-něk*) Urzelle *f*; **~bytost** *f* (*4*) Urwesen *n*.

pracant P *m* (*1*) *fig.* Arbeitstier *n*.

práce *f* (*2*; *7 Sg., 2, 3, 6, 7 Pl. -ac-*) Arbeit *f*; *mít plné ruce ~* alle Hände voll zu tun haben; *to nestojí za -ci* das ist nicht der Mühe wert; *marná ~!* schade um die Arbeit!; *bez ~* arbeitslos; *nemá nic na -ci* er hat nichts zu tun; *je po -ci* es ist Feierabend; **~schopnost** *f* (*4*) Arbeitsfähigkeit *f*.

prací Wasch-.

pracizí wildfremd.

pracka *f* (*1c*; *-ce*) Tatze *f*, Pfote *f*; *öst.* Pratze(n) *f* (*Hand*).

prac|nost *f* (*4*) Arbeitsaufwand *m*; **~ný** mühsam, schwierig.

pracov|at ⟨*na-, po-, u-, za-*⟩ (*-cuji*) arbeiten; (*k č-u*) hinarbeiten auf (*A*); *~ k smrti* im Sterben liegen; **~iště** *n* (*2a*) Arbeitsplatz *m*, -stelle *f*; **~itý** arbeitsam; **~na** *f* (*1*; *-ven*) Arbeitsraum *m*, -zimmer *n*; **~ní** Arbeits-; **~ník** *m* (*1a*) Arbeiter *m*, Schaffende(r) *m*; *odborný ~* Fachkraft *f*; **~nice** *f* (*2b*) Arbeiterin *f*, Beschäftigte *f*, weibliche Arbeitskraft *f*; *sociální ~* Fürsorgerin *f*.

pracující *1.* arbeitend, berufstätig, schaffend; *2. m od. f* (*Adj. 1 od. 2*) Werktätige *m od. f*; *duševně ~* Geistesschaffende(r).

práč *m* (*3*) Raufbold *m*; **~e** *n* (*4*) Spießrute *f*; † *hist.* Schleuderer *m*.

pračka *f* (*1c*; *-ček*) Waschmaschine *f*; Schlägerei *f*.

pra|člověk *m* (*1*; *Pl. -lidé*) Urmensch *m*; **~dávný** uralt; **~děd** *m* (*1*; *-ové*) Urgroßvater *m*; Urahn *m*; ≈ *Geogr.* Altvater(gebirge *n*) *m*; **~dějiny** *f/pl.* (*1*) Urgeschichte *f*.

prádel|na *f* (*1*; *-len*) Waschküche *f*; Wäscherei *f*; **~ní** Wäsche-, Wasch-; **~ník** *m* (*2b*) Wäscheschrank *m*.

pradlena *f* (*1*) Wäscherin *f*.

prádlo *n* (*1a*; *-del*) Wäsche *f*.

pradoba *f* (*1*) Urzeit *f*.

práh *m* (*2b*; *prah-*) Schwelle *f*; Stromschnelle *f*.

Praha *f* (*1b*) Prag *n*.
pra|hloupý stockdumm; **~hmota** *f* (*1*) Urmaterie *f*.
prahnout *pf*. (-*hl*) verdorren; ~ *žízní* verdursten; ~ *po čem* lechzen (nach *D*); ~ *po kom* schmachten (nach *D*).
prahor|ní Urgebirgs-; **~nina** *f* (*1*) Urgestein *n*; **~y** *f/pl*. (*1*) Urgebirge *n*.
prach *m* (*2b*) Staub *m*; (*Schieß-*) Pulver *n*; Flaum *m*, Daune *f*; F *byl v ~u* er war weg, hat sich aus dem Staube gemacht; *~y pl*. F *a*. Geld *n*, Moos *n*, Mäuse *f/pl*.; *~- in Zssgn* P *pra-*; **~árna** *f* (*1*; *-ren*) Pulvermagazin *n*; † Pulvermühle *f*; **~ař** P *m* (*3*) steinreicher Mann *m*; **~atý** P steinreich.
práchni|na *f* (*1*) Moder(geruch) *m*; **~vět** ⟨z-⟩ (*3 Pl*. *-ějí*) (ver)modern, morsch werden; **~vý** morsch.
pracho|jem *m* (*2a*) Staubfänger *m*; **~těsný** staubdicht, -geschützt; **~vka** *f* (*1*; *-vek*) Staubtuch *n*; **~vý** Staub-; Pulver-; Flaum-.
prachudý P bettelarm.
pra|jazyk *m* (*2*; *2*. *-a*; *6*. *-ku/-ce*) Ursprache *f*; **~jednoduchý** ganz einfach.
prak *m* (*2b*) Schleuder *f*.
prakti|cký [-tɪ-] (*Adv*. *-y*) praktisch; **~čka** *f* (*1c*; *-ček*) Praktikerin *f*; **~čnost** *f* (*4*) Zweckdienlichkeit *f*; **~k** *m* (*1*; *-ové*) Praktiker *m*; **~ka** *f* (*1c*) Praktik *f*; **~kovat** ⟨z-⟩ (*-kuji*) praktizieren.
prales *m* (*s*. *les*) Urwald *m*.
pralinka *f* (*1c*; *-nek*) Praline *f*.
prám *m* (*2a*) Fähre *f*; Floß *n*.
pra|málo sehr wenig; **~malý** sehr klein, sehr gering; **~máti** *f* (*3*; *-mateř-*) Stammutter *f*, *lit*. Ahnherrin *f*.
pramen *m* (*4 od*. *2a*) Quelle *f*; (*Haar-*)Strähne *f*; Strang *m*; *El*. Litze *f*; **~iště** *n* (*2a*) Quellgebiet *n*; **~it** entspringen; entstehen; quellen; **~itý** Quell-.
pramice *f* (*2a*) Fähre *f*.
pra|národ *m* (*s*. *národ*) Urvolk *n*; **~nepatrný** ganz unbedeutend; **~nic** gar nichts, überhaupt nichts.
pranice *f* (*2a*) Rauferei *f*, Schlägerei *f*.
pranostika [-tɪ-] *f* (*1c*) volkstümliche Wettervorhersage *f*, Bauernregel *f*.
pranýř *m* (*4*) Pranger *m*; **~ovat** ⟨z-⟩ (*-řuji*) an den Pranger stellen; *fig*. anprangern, brandmarken.
pra|obraz *m* (*2*; *6*. *-e/-u*) Urbild *n*; **~obyčejný** ganz gewöhnlich; **~obyvatel** *m* (*3*; *-é*) Ureinwohner *m*; **~otec** *m* (*s*. *otec*) Stammvater *m*; **~podivný** höchst sonderbar; **~podstata** *f* (*1*) Ursubstanz *f*.
prapor *m* (*2a*) Fahne *f*, Standarte *f*, Banner *n*; Bataillon *n*; *Zo*. Flaumfedern *f/pl*.; **~čík** *m* (*1a*) Fähnrich *m*; **~ečník** *m* (*1a*) Fahnenträger *m*; **~ek** *m* (*2b*; *-rk-*) Fähnchen *n*; *Sp*. Wimpel *m*.
prapra|bába *f* (*1*; *-bab*) Ururgroßmutter *f*; **~děd** *m* (*1*; *-ové*) Ururgroßvater *m*.
pra|předek *m* (*1*; *-dk-*) Urahn *m*; **~příčina** *f* (*1*) eigentliche Ursache *f*; **~rodiče** *m* (*3*) Urgroßeltern *pl*.; Urahnen *m/pl*.
pras|ák *m* (*1a*) Schweinehirt *m*; **~átko** *n* (*1b*; *-tek*) Schweinchen *n*, Ferkel *n*.
prase *n* (*4*) Schwein *n*; **~cký** (*Adv*. *-y*) schweinisch; **~čí** Schweins-, Schweine-; **~čina** *f* (*1*) Schweinestall *m*; **~činec** P *m* (*4*; *-nc-*) *fig*. Saustall *m*; **~čit** P ⟨z-, za-⟩ schweinigeln, Schweinereien treiben *od*. erzählen.
pra|sídlo *n* (*1a*; *-del*) ursprünglicher Sitz *m*; **~síla** *f* (*s*. *síla*) Urkraft *f*.
prasit se ⟨o-⟩ ferkeln.
prask! *Int*. krach!, bum!, bums!
práskaný F gerieben, pfiffig.
práskat *s*. *prásknout*.
prask|avka *f* (*1c*; *-vek*) Springfrucht *f*; Rakete *f*; **~avý** prasselnd, knisternd; **~lina** *f* (*1*) Sprung *m*, Riß *m*; **~lý** gesprungen; **~nout** *pf*., *roz-*, *za-* (*-kl*) (zer)platzen, (zer-)springen, bersten, e-n Riß bekommen; *El*. durchbrennen; krachen, knallen; knistern.
prásknout *pf*., *na-*, *s-*, *za-* (*-kl*) knallen (*čím* mit *D*); einschlagen (*do k-o* auf *A*); ~ *dveřmi* Tür zuschlagen.
prask|nutí *n* (*3*) Knall *m*; Platzen *n*; *Tech*. Bruch *m*; **~ot** *m* (*2a*) Krachen *n*; *Rdf*. Knattern *n*; (*Feuer*) Prasseln *n*.
praslovanský urslawisch.
pras|nice *f* (*2a*) Mutter-, Zuchtsau *f*; **~ný** *Sau*: trächtig.
pra|sprostý hundsgemein; **~starý**

uralt; **~stav** *m* (*2a*) Urzustand *m*; **~strýc** *m* (*s. strýc*) Großonkel *m*; **~svět** *m* (*2*; *2. -a*) Urwelt *f*.

prášek *m* (*2b*; *-šk-*) Stäubchen *n*; *Med.*, *Chem.* Pulver *n*; *~ pro spaní* Schlafpulver.

práš|il P *m* (*1a*; *-ové*) Aufschneider *m*; **~it** ⟨*na-*, *po-*, *za-*⟩ Staub aufwirbeln; *fig. iron.* aufschneiden; *~ se* stauben.

prašiv|ět ⟨*o-*, *z-*⟩ (*3 Pl. -ějí*) räudig werden; **~ina** *f* (*1*) Räude *f*, Krätze *f*; **~ka** *f* (*1c*; *-vek*) giftiger Pilz *m*; **~ý** räudig.

prášk|ovat ⟨*roz-*, *z-*, *za-*⟩ (*-kuji*) pulverisieren; *mit Kunstdünger* düngen; **~ovitý** pulverförmig, in Pulverform; **~ový** Pulver-, Staub-.

prašn|ík *m* (*2b*) *Bot.* Staubbeutel *m*; *Tech.* Staubring *m*; **~ý** staubig; *~á bránu* Pulverturm *m*.

prašpatný sehr schlecht, F miserabel.

prašt|ěný P schwer von Begriff, beschränkt; **~ět** ⟨*za-*⟩ krachen; **~it** P *pf.* schlagen; *~ (s) čím o zem* zu Boden werfen, P hinschmeißen (*A*); *~ sebou* lang hinschlagen; *~ se (o co)* sich stoßen (an *D*).

prát ⟨*na-*, *po-*, *se-*, *za-*⟩ (*peru*, *pral*, *prán*) *Wäsche* waschen; schlagen, prügeln; prasseln; *~ se* raufen; sich reißen (*o co* um *A*).

pra|teta *f* (*1*) Großtante *f*; **~tvar** *m* (*2a*) Urform *f*; **~údolí** *n* (*3*) Urstromtal *n*.

práv: *být ~ č-u* gerecht werden (*D*).

pravák *m* (*1a*) Rechtshänder *m*.

pravd|a *f* (*1*) Wahrheit *f*; wahr; allerdings; *to je ~* das ist wahr; *máte -du* Sie haben recht; *jen co je ~* alles was recht ist; *dát k-u za -du* j-m recht geben; *vzít za -du* für wahr halten, F für bare Münze nehmen; *už je na -dě Boží* er hat das Zeitliche gesegnet; *po -dě* wahrheitsgemäß, -getreu; **~ěpodobný** wahrscheinlich, vermutlich; **~ivý** wahrheitsgetreu; **~omluvný** die Wahrheit sagend, wahrheitsliebend; **~ymilovnost** *f* (*4*) Wahrheitsliebe *f*; **~ymilovný** wahrheitsliebend.

právě *Adv.* (so)eben, gerade; allerdings.

pravěk *m* (*2b*) Urzeit *f*, Vorzeit *f*; **~ý** urzeitlich, Ur-.

právem mit Recht.

pravi|ce *f* (*2a*) Rechte *f* (*a. Pol.*); **~cový** rechtsgerichtet, Rechts-; **~čák** *m* (*1a*) Rechtshänder *m*; *Pol.* Rechtsgerichtete(r) *m*, F Rechte(r) *m*.

pravid|elný regelmäßig; **~lo** (*1a*; *-del*) Regel *f*.

pravit sagen.

pravítko *n* (*1b*; *-tek*) Lineal *n*; *logaritmické ~* Rechenschieber *m*.

pravlast *f* (*4*) Urheimat *f*.

práv|ní Rechts-, rechtlich; **~nický** juristisch, *öst.* juridisch; **~ník** *m* (*1a*) Jurist *m*.

pravnuk *m* (*1a*) Urenkel *m*.

právo *n* (*1*; *6. -u*) Recht *n*.

pravomoc *f* (*1*) Befugnis *f*, Rechtskraft *f*; Wirkungsbereich *m*; **~ný** rechtskräftig.

pravopis *m* (*2*; *6. -e*/*-u*) Rechtschreibung *f*; **~ný** orthographisch.

pravoplat|nost *f* (*4*) Rechtskraft *f*; **~ný** rechtskräftig.

pravoslav|í *n* (*3*) Orthodoxie *f*; **~ný** rechtgläubig, orthodox.

pravost *f* (*4*) Echtheit *f*.

pravo|stranný rechtsseitig; **~točivý** rechtsläufig; **~úhelník** *m* (*2b*) Rechteck *n*; **~úhlý** rechtwink(e)lig.

pravověr|ec *m* (*3*; *-rc-*) Rechtgläubige(r) *m*; **~nost** *f* (*4*) Recht-, Strenggläubigkeit *f*; **~ný** rechtgläubig.

pravý recht; *fig.* gerade, wahr.

pravzor *m* (*2a*) Urbild *n*.

praxe *f* (*2*) Praxis *f*.

prázd|eň *f* (*3*; *-dně*) Freizeit *f*, Muße *f*; **~ninový** Ferien-; **~niny** *f*/*pl.* (*1*) Ferien *pl.*; *o -ninách* in den Ferien; **~nit se** sich leeren; **~no** *n* (*1*; *6. -u*; *-den*) Leere *f*; **~nota** *f* (*1*) Leere *f*, Vakuum *n*; **~ná**: *odešel s -nou* er ging leer aus; **~ný** leer; *Zeit*, *Platz*: frei.

pra|zdroj *m* (*4*) Urquell *m*; **~zvláštní** ganz sonderbar; **~žádný** nicht der geringste, gar kein.

Praž|ák F *m* (*1a*), **~an** *m* (*1*; *-é*), **~anka** *f* (*1c*; *-nek*) Prager(in *f*) *m*.

pražec *m* (*4*; *-žc-*) Schwelle *f*; *Mus.* Griffbrett *n*.

praž|enka *f* (*1c*; *-nek*) Einbrennsuppe *f*; **~ený** geröstet; **~idlo** *n* (*1a*; *-del*) Röstmaschine *f*; **~írna** *f* (*1*; *-ren*) Rösterei *f*; **~it** ⟨*na-*, *u-*⟩ brennen; *Kaffee* rösten.

pražma *f* (*1*; *-žem*) *Zo.* Brasse *f*.

pražský Prager (*Adj.*).

prcek F *m* (*1a*; *-ck-*) Knirps *m*.

prd V *m* (*2*) Furz *m*; **~el** V *f* (*3*) Arsch *m*; **~elka** *f* (*1c*; *-lek*) *Kdspr.* Popo *m*; **~elkovat (se)** F (*-kuji*) herumscharwenzeln; **~ět** V ⟨*po-*, *za-*⟩, **~nout** *pf.* furzen.
pré P: *mít* ~ frei haben.
prebenda *f* (*1*) Pfründe *f*.
precedenční Präzedenz-.
preciz|ní präzis(e); **~ovat** ⟨*vy-*⟩ (*-zuji*) präzisieren.
preclík *m* (*2b*) Brezel *m*, *dial.* Kringel *m*; **~ář** *m* (*3*) Brezelbäcker *m*.
prejz *m* (*2a*) Hohlziegel *m*.
premiant *m* (*1*) Musterschüler *m*.
prémie *f* (*2*) Prämie *f*.
premiér *m* (*1*; *-ři*/*-rové*) Premierminister *m*; **~a** *f* (*1d*) Erstaufführung *f*.
prémi|ovaný prämiiert; **~ovat** (*im*)*pf.* ⟨*z-*⟩ (*-miuji*) prämiieren; **~ový** Prämien-.
premisa *f* (*1a*) Prämisse *f*.
premovat ⟨*o-*, *z-*⟩ (*-muji*) verbrämen.
prepar|ační Präparier-; **~át** *m* (*2*; *6. -u*/*-ě*) Präparat *n*.
préri|e *f* (*2*) Prärie *f*; **~jní** Prärie-.
president [-zɪ-] *m s. prezident.*
prevít P *1. m* (*1*) Nichtsnutz *m*; *2. m* (*2a*) Schund *m*, Unrat *m*.
prezen|ční Präsenz-; *Mil.* aktiv; **~tovat** (*im*)*pf.* (*-tuji*) präsentieren.
prezident *m* (*1*) Präsident *m*.
prch|at ⟨*u-*⟩ verfliegen; *Chem.* sich verflüchtigen; *vor j-m* fliehen; **~avý** flüchtig; **~livost** *f* (*4*) Jähzorn *m*; **~l(iv)ý** jähzornig.
prim *m* (*2a*) *Mus.* Prim *f*; *fig.* erste Geige *f*; **~án** *m* (*1*), **-nka** *f* (*1c*; *-nek*) Primaner(in *f*) *m*; **~ární** primär; **~ář** *m* (*1*) Chefarzt *m*, *öst.* Primar *m*; **~átor** *m* (*1*; *-ři*) Oberbürgermeister *m von Prag*; **~itiv** [-tɪːf] *m* (*1*; *-ové*) Primitive(r) *m*; **~itivní** [-tɪːv-] primitiv.
princ *m* (*3*) Prinz *m*; **~ezna** *f* (*1*; *-zen*) Prinzessin *f*.
priorit|a *f* (*1*) Priorität *f*; **~ní** Prioritäts-.
privilej *f* (*3*) Privileg *n*.
prk|énko *n* (*1b*; *-nek*) Brettchen *n*; **~enný** Bretter-; *fig.* hölzern; **~no** *n* (*1*; *-ken*) Brett *n*.
pro *Prp.* (*mit 4. Fall*) für (*A*), wegen (*G*); ~ *to* dafür; ~ *peníze* um des Geldes willen; (*do*)*jít* ~ *lékaře* (*vodu*) den Arzt (Wasser) holen (gehen); ~ *a proti* Für und Wider.
pro- *in Zssgn* durch-, ver-, herum.
probád|ání *n* (*3*) Erforschung *f*; *Hdl.* Erschließung *f*; **~aný** erforscht, erschlossen; **~at** *pf.* erforschen.
probd|ělý *Nacht*: durchwacht; **~ít** *pf.* (*-ěl*) durchwachen.
proběh|at, **~nout** *pf.* (*-hl*; *-hnut*) durchlaufen; verlaufen; ~ se sich auslaufen, genug laufen.
pro|bendit *pf.* *Geld* verprassen; *Nacht* durchbringen; **~bíhat** *s. proběhat.*
probíj|ečka *f* (*1c*; *-ček*) Lochmaschine *f*, Stanze *f*; **~et** (*3 Pl. -ejí*) stanzen, lochen; ~ se sich durchschlagen.
probír|at *s. probrat*; **~ka** *f* (*1c*; *-rek*) Durchnahme *f*; Durchforstung *f*.
probít *pf.* (*s. bít*) durchschlagen; *Geld* vergeuden.
problém *m* (*2a*) Problem *n*.
problesk|nout *pf.* (*-kl*), **~ovat** (*-kuji*) durchblitzen; *Gedanke*: plötzlich kommen.
probod|(áv)at, **~nout** *pf.* (*-dl*; *-dnut*) durchbohren; *Papier* durchstechen.
probo|jovat *pf.* (*-juji*) durchkämpfen; *e-r Sache* zum Sieg verhelfen; **~řit** *pf. v/t* durchbrechen; ~ se durchbrechen, einbrechen (*v/i*); einstürzen.
probošt *m* (*1*) Propst *m*; **~ství** *n* (*3*) Propstei *f*.
pro|bouzet (*3 Pl. -ejí*) *s. probudit*; **~brat** *pf.* (*-beru*) *Lehrstoff* durchnehmen; *Wald* durchforsten; *Text* durchgehen, -sehen; ~ se erwachen; (*z čeho*) sich erholen (von *D*).
probud|ilý *fig.* aufgeweckt; **~it** *pf.* (*-zen*) (auf)wecken; erwecken; ~ se er-, aufwachen.
probůh! *Int.* um Gottes willen!
probuze|ní *n* (*3*) Erwachen *n*; **~ný** geweckt; *fig.* erwacht.
procedit *pf.* (*-zen*) durchseihen; *Blut*, *Tränen* vergießen.
procent|ní, **~ový**, **~uální** prozentual, Prozent-; **~o** *n* (*1*) Prozent *n*.
proces *m* (*2*; *6. -u*/*-e*) Prozeß *m*.
procesí *n* (*3*) Prozession *f*.
pro|cestovat *pf.* (*-tuji*) durch-, bereisen; *Zeit* auf Reisen verbringen; **~citat**, **~cítat** *pf.* erwachen; **~cítěný** tief empfunden; gefühlvoll; **~cítit** *pf.* tief empfinden; *Schmerz* nachempfinden; **~citnout** *pf.* (*-tl*) *s. procitat*; **~citnutí** *n* (*3*) Erwachen *n*.

procl|ení, ~ívání *n* (*3*) Verzollung *f*; **~í(va)t** (*pf. -clen*) verzollen.
procovský (*Adv. -y*) protzig, überheblich.
procvič|it *pf.*, **~ovat** (*-čuji*) durch-, einüben.
proč warum; *není ~* dazu ist kein Grund.
proče s(áv)at (*pf. -šu*/*-sám*) durchkämmen.
pročež *lit.* (*relativ*) weshalb.
pročíst *pf.* (*s. číst*) durchlesen; (flüchtig) durchgehen.
proči|stit *pf.* (*-štěn*), **~šťovat** (*-ťuji*) reinigen; *fig* läutern; *Med.* abführen; *Tech.* abschlacken.
pročítat *pf. s. pročíst.*
pročpak warum denn.
prod|aný verkauft; **~(áv)at** verkaufen; **~avač** *m* (*3*), **-čka** *f* (*1c*; *-ček*) Verkäufer(in *f*) *m*.
prodej *m* (*4*) Verkauf *m*; *na ~* zu verkaufen; *dát do ~e* in den Handel bringen; **~na** *f* (*1*; *-jen*) Verkaufsstelle *f*; **~ní** Verkaufs-; **~ný** verkäuflich; *Mensch*: käuflich.
proděl|(áv)at durchmachen; *Geld* einbüßen; *Teig* durchkneten; **~ek** *m* (*2b*; *-lk-*) Verlust *m*.
proděrav|ělý löch(e)rig; **~ět** *pf.* (*3 Pl. -ějí*) Löcher bekommen; **~it** *pf.* durchlöchern.
pro|dchnout *pf.* (*-chnut*) durchdringen, *lit.* beseelen; **~dírat se** durchdringen, sich e-n Weg bahnen, F sich durchschlagen.
prodl|ení *n* (*3*) Verzögerung *f*; Verweilen *n*; *bez ~* unverzüglich; *úroky z ~* Verzugszinsen *pl.*; *v ~* im Verzug; *žádat za ~* um Aufschub bitten; **~eva** *f* (*1*) *Mus.* Orgelpunkt *m*; Fermate *f*; **~évat, ~ít** *pf.* (*-el*) (ver-) weilen; zögern; *-ít mimo dům* ausbleiben; **~ívaní** *n* (*3*) *s. prodlení.*
prodlouž|ení *n* (*3*) Verlängerung *f*; **~ený** verlängert; **~it** *pf.* verlängern; *~ se* sich hinziehen; länger werden.
prodluž|ený verschuldet; **~it** *pf.* mit Schulden belasten; **~ovat** (*-žuji*) *s. prodloužit.*
pro|drat *pf.* (*-deru*), **~dřít** *pf.* (*-dřu*; *-dřel*) durchwetzen; *~ se čím* sich durchdrängen (durch *A*); durchdringen (*A*).
produk|ce *f* (*2*) Produktion *f*; *Thea.* Vorstellung *f*; **~ční** Produktions-; **~ovat** ⟨*na-*⟩ (*-kuji*) produzieren; **~tivní** [-tiː-] produktiv.
pro|duševnělý durchgeistigt, beseelt; **~dyšný** luftdurchlässig.
profesionál *m* (*1*; *-ové*) Berufssportler *m*, F Profi *m*; **~ní** Berufs-, berufsmäßig.
profes|or *m* (*1*; *-ři*), **~orka** *f* (*1c*; *-rek*) Professor(in *f*) *m*; **~ura** [-suː-] *f* (*1d*) Professur *f*.
profík F *m* (*1a*) *Sp.* Profi *m*.
profil *m* (*2a*) Profil *n*; *Tech. a.* Querschnitt *m*; *fig. úzký ~* Engpaß *m*; **~ovaný** profiliert; *Tech.* Profil-; **~ovat** ⟨*vy-*⟩ (*-luji*) profilieren.
profouk|(áv)at, ~nout *pf.* (*-kl*; *-knut*), **profukovat** (*-kuji*) durchblasen.
prognóza *f* (*1a*) (*Wetter-*)Vorhersage *f*.
program *m* (*2a*) Programm *n*; **~átor** *m* (*1*; *-ři*) Programmierer *m*; **~ní** Programm-; **~ovat** (*-muji*) programmieren; **~ový** programmgemäß, Programm-.
progresívní progressiv; *Med.* fortschreitend.
pro|hádat *pf.* falsch raten, danebenraten; **~hánět** (*3 Pl. -ějí*) *s. prohnat*; *~ se* sich tummeln; **~házet** (*3 Pl. -ejí*) *s. prohodit*; **~hazovačka** *f* (*1c*; *-ček*) Erdsieb *n*, Wurfgitter *n*; **~hlásit** *pf.* (*-šen*), **~hlašovat** (*-šuji*) bekanntgeben, kundmachen, verkünden; (*za co*) erklären (zu *D*); *zum König* ausrufen; *heilig* sprechen; *Zoll* deklarieren; *~ se* (*za k-o*) sich zu erkennen geben (als); sich ausgeben (für *A*); **~hlášení** *n* (*3*) Erklärung *f*; Kundmachung *f*; *~ neplatnosti* Ungültigkeitserklärung; **~hláška** *f* (*1c*; *-šek*) (*Zoll-*)Erklärung *f*; *-ky pl. a. Rel.* Aufgebot *n*.
prohled(áv)at durchsuchen.
prohléd|nout *pf.* (*-dl*; *-dnut*) durchsehen; *Absicht* durchschauen; besichtigen; *Med.* untersuchen; wieder sehen können; F die Augen aufgehen *j-m*; **~nutí** *n* (*3*) Durchsicht *f*; Wiedergewinnung *f* des Sehvermögens.
prohlíd|ka *f* (*1c*; *-dek*) Besichtigung *f*; *Med.* Untersuchung *f*; (*Zoll-*) Kontrolle *f*; (*Haus-*)Durchsuchung *f*; *Jur.* (*Lokal-*)Termin *m*; **~nout** *pf. s. prohlédnout.*
prohlíž|et (*3 Pl. -ejí*) *s. prohlédnout*; **~itel** *m* (*3*; *-é*) Beschauer *m*.
pro|hlodat *pf.* durchnagen; **~hloubit** *pf.* vertiefen; **~hloupit** *pf.* e-e Dummheit begehen.

prohlub|eň *f* (*3*; *-bně*), **~ina** *f* (*1*) Vertiefung *f*; **~ovat** (*-buji*) *s. prohloubit.*

prohna|nost *f* (*4*) Durchtriebenheit *f*; **~ný** durchtrieben; **~t** *pf.* (*-ženu*) (durch)jagen, treiben, (ab)hetzen; ~ se sich müde laufen, F sich abhetzen.

prohn|ilost *f* (*4*) Fäulnis *f*; **~ilý** faulig, morsch; **~ojit** *pf.* gut (durch-) düngen; **~out** *pf.* (*s. hnout*) einbiegen; *Tech.* verbiegen; *Turn.* beugen, durchbiegen; ~ se sich beugen; sich verbiegen; **~utý** gebogen; verbogen; *Linie*: geschwungen.

proho|dit *pf.* (*-zen*) bemerken, e-e Bemerkung machen; (hin)durchwerfen; *Sp.* überspielen; **~řet** *pf.* durchbrennen; **~spodařit** *pf.* verwirtschaften; **~vořit** *pf.* gründlich besprechen, durchsprechen; **~zení** *n* (*3*) *Sp.* Hochschlag *m*.

prohra *f* (*1d*; *-her*) Verlust *m*; *Sp.* Niederlage *f*.

prohrab(**áv**)**at** (*pf.* *-u*) durchwühlen; *Feuer* schüren.

prohrá|bka *f* (*1c*; *-bek*) Ausbaggern *n*; **~bnout** *pf.* (*-bl*) *Ofen* schüren; **~**(**va**)**t** (*pf. s. hrát*) verspielen; *Sp.* verlieren.

prohř|át *pf.* (*-hřeji*, *-hřál*), **~ívat** durchwärmen.

prohřeš|ek *m* (*2b*; *-šk-*), **~ení** *n* (*3*) Verstoß *m*, Vergehen *n*; **~it se** *pf.*, **~ovat se** (*-šuji*) (*na kom*) sich versündigen (an *D*); (*proti č-u*) verstoßen (gegen *A*).

pro|hyb *m* (*2a*) Vertiefung *f*, Einbuchtung *f*; **~hýbat** *s. prohnout*; **~hýřit** *pf.* verprassen, F verjubeln.

procház|eč *m* (*3*) Spaziergänger *m*; **~ení** *n* (*3*) Durchgehen *n*, Durchfuhr *f*; Transit *m*; Passieren *n e-r Sperre*; Spazierengehen *n*; **~et** (*3 Pl. -eji*) *s. projít*; **~ka** *f* (*1c*; *-zek*) Spaziergang *m*; *jít na -ku* spazierengehen, e-n Spaziergang machen.

prochlad|lý (ab)gekühlt; *fig.* durchfroren; **~nout** *pf.* (*-dl*) sich abkühlen; *Mensch*: durchfrieren.

pro|chlastat V *pf.* versaufen; **~chodit** *pf.* (*-zen*) auf- und abgehen; durchwandern; *fig.* ablaufen; *Schuhe* durchtreten; **~chvět**, **~chví**(**va**)**t** (*pf. s. chvět*) durchwehen; *lit.* erzittern lassen.

projedn|á(**vá**)**ní** *n* (*3*) Verhandlung *f*, Behandlung *f*; **~**(**áv**)**at** behandeln, erörtern; ~ se *Jur.* zur Verhandlung kommen.

projek|ce *f* (*2*) Projektion *f*; **~ční** Projektions-; **~tor** *m* (*2a*) Bildwerfer *m*.

projet *pf.* (*-jedu*) durchfahren durchreiten; ~ se e-e Spazierfahrt machen; ausreiten.

projev *m* (*2a*) Äußerung *f*; Kundgebung *f*; Ansprache *f*; ~ *důvěry* Vertrauensvotum *n*; *s ~em úcty* hochachtungsvoll; **~it** *pf.*, **~ovat** (*-vuji*) äußern, offenbaren; *-it se* sich äußern, sich bemerkbar machen; sich erweisen (*čím* als).

projezdit *pf.* (*-žděn*/*-zděn*) *s. projet.*

projím|adlo *n* (*1a*; *-del*) Abführmittel *n*; **~at** *Med.* durchschlagen, abführen; **~avý** abführend.

pro|jíst *pf.* (*s. jíst*) verprassen; **~jít** *pf.* (*s. jít*) durchgehen; *Land* durchwandern; *Zeit*: vergehen; *Schüler*, *Wahl*, *Gesetz*: durchkommen; ~ se e-e Spaziergang machen; **~jití** *n* (*3*) Passieren *n*; (*Frist-*)Ablauf *m*.

projíž|dět (*3 Pl. -ejí*) *s. projet*; **~ďka** *f* (*1c*; *-děk*) Spazierfahrt *f*, -ritt *m*.

prokáz|aně *Adv.* nachweislich; **~ání** *n* (*3*) Erweisen *n*; ~ *úcty* Ehrenbezeigung *f*; *nucené ~* Ausweiszwang *m*; **~aný** nachgewiesen, erwiesen; **~at** *pf.* (*-žu*/*-ži*) nach-, be-, erweisen; ~ se (*čím*) sich erweisen (als); sich ausweisen (mit *D*).

prokaz|atelný nachweisbar, nachweislich; **~ovat** (*-zuji*) *s. prokázat.*

prokládat einschalten, *fig.* einblenden; *Typ.* sperren; **~ka** *f* (*1c*; *-dek*) Zwischenlage *f*; *Typ.* Durchschuß *m*.

proklam|ace *f* (*2*) Proklamation *f*; **~ovat** (*im*)*pf.* (*-muji*) proklamieren.

proklát *pf.* durchbohren.

proklat|ec *m* (*3*; *-tc-*) Verdammte(r) *m*; **~ý** verflucht, verdammt.

prokle|p(**áv**)**at** (*pf.* *-u*/*-ám*) durchklopfen; *Maschine*: durchschlagen; *Med.* abklopfen; **~stit** *pf.* (*-štěn*) durchhauen; *Weg* bahnen; *Wald* lichten; **~tí** *n* (*3*) Verwünschung *f*; *Rel.* Verdammung *f*.

proklí(**na**)**t** (*pf. s. klít*) verfluchen, verwünschen.

proklouz|ávat, **~nout** *pf.* (*-zl*) durchschlüpfen.

proklu|bat se *pf.* durchlöchern; *fig.*

an den Tag kommen; sich entpuppen; **~zovat** (*-zuji*) rutschen, gleiten.

prokop|(áv)at (*pf. -u*/*-ám*) durchgraben; *Damm* durchstechen; **~ávka** *f* (*1c*; *-vek*) Durchstich *m*; Einschnitt *m*; **~nout** *pf.* (*-pl*; *-pnut*) (mit dem Fuß) durchstoßen, durchtreten.

pro|kouknout *pf.* (*-kl*/*-knul*; *-knut*) durchschauen; **~kouřit** *pf.* verrauchen; **~kous(áv)at** (*pf. -šu*/ *-sám*), **~kousnout** *pf.* (*-sl*; *-snut*) durchbeißen; **~kreslit** *pf.* durchzeichnen; (durch)pausen; **~krmit** *pf.* verfüttern; *Gans* ausmästen.

prokrv|ení *n* (*3*) Durchblutung *f*; **~it** *pf.* durchbluten.

prokřeh|lý (*vor Kälte*) starr, steif; **~nout** *pf.* (*-hl*) durchfrieren.

prokur|átor *m* (*1*; *-ři*) Staatsanwalt *m*; **~ura** [-tu:-] *f* (*1d*) Staatsanwaltschaft *f*; **~ista** *m* (*5a*) Prokurist *m*.

prokv|ést *pf.* (*s. kvést*), **~état** (er-)blühen; *Haar*: grau schimmern; **~etlý** *Haar*: graumeliert; **~íst** *pf.*, **~kvítat** *s. prokvést.*

prolajdat P *pf.* verbummeln.

prolák|lina *f* (*1*) (*Boden-*)Vertiefung *f*; *Geogr.* Mulde *f*, Senke *f*; **~lý** vertieft, eingedrückt.

prolam|ovaný durchbrochen; **~ovat** *pf.* (*-muji*) *v*/*t* durchbrechen; *Knie* einknicken.

prolet *m* (*2a*) Durchfliegen *n*; *Zo.* Ausschwärmen *n*.

prolet|ariát *m* (*2*; *6. -u*/*-ě*) Proletariat *n*; **~ář** *m* (*3*), **-řka** *f* (*1c*; *-řek*) Proletarier(in *f*) *m*; **~ářský** proletarisch.

pro|létat, ~letět, ~létnout *pf.* (*-tl*) durchfliegen; *fig.* vorbeischießen; *Strecke* zurücklegen.

prolév|ání *n* (*3*): ~ *krve* Blutvergießen *n*; **~at** vergießen.

pro|léz(a)t (*pf. -lezu*) durchkriechen; **~lezlý** durchsetzt.

prolež|elý abgelegen; *Kranker*: wundgelegen; **~enina** *f* (*1*) Stockfleck *m*; *Med.* Druckbrand *m*; **~et** *pf.* durchliegen; das Bett hüten (müssen).

prolha|nost *f* (*4*) Verlogenheit *f*; **~ný** verlogen.

prolín|at durchdringen; ~ *se* sich vermischen; **~avost** *f* (*4*) Diffusion *f*; **~avý** porös.

pro|listovat *pf.* (*-tuji*) *Buch* durchblättern; **~lít** *pf.* (*s. lít*) durchgießen; vergießen.

prolít|at, ~nout *s. prolétat*; F ~ *se* herumtollen, sich austollen.

prolnout *pf.* (*-lnul*; *-lnut*) durchdringen.

prolom|ení *n* (*3*) Durchbruch *m*; **~it** *pf.* durchbrechen.

prolong|ace *f* (*2*) Verlängerung *f*; ~ *lhůty* Stundung *f*; **~ovat** (*im*)*pf.* (*-guji*) verlängern.

prolož|ený *Typ.* gesperrt; *Math.* interpoliert; **~it** *pf.* durchlegen; *Typ.* sperren, durchschießen; *Math.* interpolieren; **~ka** *f* (*1c*; *-žek*) *Typ.* Ausschuß *m*, Spatium *n*.

pro|luka *f* (*1c*) Einsenkung *f*; *Geogr.* Joch *n*; Baulücke *f*; **~máčet** (*im*)*pf.* (*3 Pl. -ejí*) *s. promočit.*

promáčk|lý, ~nutý eingedrückt; *Nase*: plattgedrückt; **~nout** *pf.* (*-kl*) eindrücken, durchdrücken; ~ *se* sich (hin)durchzwängen.

pro|marnit *pf.* vergeuden; F *Geld* durchbringen; **~maštěný** fettig, speckig; *Speise*: (sehr) fett; **~mazat** *pf.* (*-žu*/*-ži*) *Kfz.* abschmieren; F *Geld* durchbringen; **~měna** *f* (*1*) Verwandlung *f*; Umwandlung *f*; **~měnit** *pf.* verwandeln; umwandeln; **~měňování** *n* (*3*) Umwandlung(sprozeß *m*) *f*; *Rel.* Wandlung *f*.

proměn|livost *f* (*4*) Wandelbarkeit *f*; **~livý, ~ný** veränderlich, wandelbar.

promenovat se F (*-nuji*) promenieren.

proměňovat (*-ňuji*) *s. proměnit.*

proměř|ení *n* (*3*) *Tech.* Vermessung *f*; **~it** *pf.*, **~ovat** (*-řuji*) *Land* vermessen; genau abmessen.

promešk|ání *n* (*3*) Versäumnis *n*; **~at** *pf.* versäumen.

promí|chat *pf.* (durch)mischen; vermengen; **~jet** (*3 Pl. -ejí*) *s. prominout*; **~jitelný** verzeihlich.

promile *n* (*indekl.*; *a. 7 Sg. -m*, *6 Pl. -ch*) Promille *n*, *mst Pl.*

promin|out *pf.* verzeihen, F durchgehen lassen; *promiňte!* Verzeihung!; **~utí** *n* (*3*) Verzeihung *f*; Nachsicht *f*; *Hdl.* Erlaß *m*.

promí|sit *pf.* (*-šen*) durch-, vermischen; *Kochk.* durchrühren; **~tací** Projektions-; **~tač** *m* (*3*) (*Kino-*)Vorführer *m*; **~tačka** *f* (*1c*; *-ček*) Bildwerfer *m*, Projektor *m*; **~tat, ~tnout** *pf.* (*-tl*) projizieren.

promlč|ecí *Jur.* Verjährungs-; **~ení** *n* (*3*) Verjährung *f*; **~et** *pf.*, **~ovat** (*-čuji*) verschweigen; *Jur.* verjähren.
pro|mlouvat *s. promluvit*; **~mlsat** *pf.* vernaschen; **~mluva** *f* (*1*) Ansprache *f*; **~mluvit** *pf.* e-e Ansprache halten, sprechen (zu, mit *D*); **~moce** *f* (*2*) Promotion *f*; **~močit** *pf.* durchnässen, durchweichen; **~moční** Promotions-; **~modralý** blau (angelaufen); *vor Kälte* blau.
promok|avost *f* (*4*) (*Wasser-*) Durchlässigkeit *f*; **~avý** durchlässig; nicht wasserdicht; **~lý** durchnäßt, durch und durch naß; **~nout** *pf.* (*-kl*; *-knut*) (durch und durch) naß werden.
promovat (*im*)*pf.* (*-muji*) promovieren.
promptní prompt.
pro|mrhat *pf.* verschwenden, vergeuden; **~mrskat** *pf.* durchpeitschen; *Lehrstoff* hastig durchnehmen.
promrz|lý durchfroren; **~nout** *pf.* (*-zl*) durchfrieren.
pro|myslit *pf.* (*-šlen*), **~myšlet** (*3 Pl. -ejí*) durchdenken; **~myšlenost** *f* (*4*) Planmäßigkeit *f*.
promý|(va)t (*pf. -myji*) durchwaschen; *Tech.* schlämmen; **~tit** *pf.* (*-cen*) durchforsten.
pronájem *m* (*2a*; *-jm-*) Vermietung *f*; (*Geschäft usw.*) Verpachtung *f*; **~ce** *m* (*3*) Vermieter *m*, Verpächter *m*.
prona|jímat vermieten, verpachten; *-jme se byt* Wohnung zu vermieten; **~jímatel** *m* (*3*; *-é*) Vermieter *m*; **~jmout** *pf.* (*-jal*) *s. pronajímat*; **~jmutí** *n* (*3*) Vermietung *f*.
pronárod *m* (*2*; *2. -a*, *6. -ě*/*-u*) *verä.* Gesindel *n*, Pack *n*.
pronásled|ování *n* (*3*) Verfolgung *f*; **~ovat** (*-duji*) verfolgen; **~ovatel** *m* (*3*; *-é*) Verfolger *m*.
pro|nášet (*3 Pl. -ejí*), **~nést** *pf.* (*s. nést*) durchbringen; aussprechen; *Wunsch* äußern; *Urteil* fällen; **~** se sich müde tragen; sich durchbiegen, sich senken; sich äußern (*o čem* über *A*).
prondat P *pf.* durchstecken, -ziehen, -schieben.
proněvěř|it *pf.*, **~ovat** ⟨z-⟩ (*-řuji*) veruntreuen.
pronik|ání *n* (*3*) Durchdringen *n*; *Mil.* Vordringen *n*; **~at** durchdringen, durchqueren; *Mil.* vordringen; **~avost** *f* (*4*) Durchdringungsvermögen *n*; *Fot.* Schärfe *f*; **~avý** durchdringend; *fig.* scharf; *Stimme*: schrill; *Erfolg*: schlagend; *Reformen*: durchgreifend; **~nout** *pf.* (*-kl*; *-knut*) *s. pronikat*.
propad|(áv)at durchfallen; *e-r Sache* verfallen; *Frist*: ablaufen; *Flgw.* durchsacken; **~** se versinken; einstürzen; spurlos verschwinden; **~liště** *n* (*2a*) *Thea.* Versenkung *f*; **~lý** durchgefallen; verfallen; *Wangen*: eingefallen; **~nout** *pf.* (*-dl*) *s. propadat*; **~nutí** *n* (*3*) *Flgw.* Durchsacken *n*.
propag|ace *f* (*2*) Propagierung *f*; **~ační** Propaganda-, Werbe-; **~ovat** (*-guji*) propagieren (*A*), Propaganda machen (für *A*).
pro|pachtovat *pf.* (*-tuji*) verpachten; **~pálit** *pf.*, **~palovat** (*-luji*) durchbrennen.
propána|boha!, **~krále!** um Himmels willen!
pro|past *f* (*4*) Abgrund *m*; **~pást** *pf.* (*-pasu*) versäumen, F verpassen; **~pastný** abgrundtief; **~pašovat** *pf.* (*-šuji*) durchschmuggeln; **~péci** *pf.* (*s. péci*) durchbacken; **~pich** *m* (*2b*) Durchstich *m*.
propích|at *pf.*, **~nout** *pf.* (*-chl*; *-chnut*) durchstechen; lochen, F knipsen.
pro|pichovačka *f* (*1c*; *-ček*) Lochzange *f*; **~píjet** (*3 Pl. -ejí*) *s. propít*; **~pilovat** *pf.* (*-luji*) durchfeilen.
propis *m* (*2*; *-u*/*-e*) Durchschrift *f*; **~ovací** Durchschreib-; **~ovat** (*-suji*) durchschreiben.
propít *pf.* (*-piji*) vertrinken.
propl|acení *n* (*3*) Auszahlung *f*; Einlösung *f*; **~ácet** (*3 Pl. -ejí*) *s. proplatit*; **~áchnout** *pf.* (*-chl*; *-chnut*) durchspülen.
propla|kat *pf.* (*-ču*/*-či*) durchweinen; **~tit** *pf.* (*-cen*) auszahlen; bezahlen; *Wechsel* einlösen; **~vat** *pf.* (*-u*) durchschwimmen; **~vit** *pf.* schwemmen.
pro|plést *pf.* (*-pletu*), **~plétat** durchflechten; **~** se sich durchwinden; **~plout** *pf.* (*s. plout*) *Schiff*: durchfahren; **~pocený** durchgeschwitzt; schweißtriefend.
propoč|et *m* (*2a*; *-čt-*) Berechnung *f*; **~ítat** *pf.* berechnen.

propo|druhé für ein andermal; **~jit** *pf.* durchschalten; **~rce** *f* (*2*) Proportion *f*; **~rcionální** proportional; **~zice**: *jaké ~ máte na zítřek?* was schlagen Sie für morgen vor?; **~tit** *pf.* (*-cen*) durchschwitzen.

propoušt|ěcí Entlassungs-, Abgangs-; *Tech.* Ablaß-; **~ět** (*3 Pl. -ějí*) *s. propustit.*

pro|povídat *pf.* *Zeit* verplaudern; **~pracovat** *pf.* (*-cuji*) durcharbeiten; *~ se k č-u* sich *et.* erarbeiten; **~prat** *pf.* (*-peru*) durchwaschen; *Erze* schlämmen.

propůjč|ení *n* (*3*) Verleihung *f*; **~it** *pf.*, **~ovat** (*-čuji*) verleihen; *~ se k č-u* sich hergeben (zu *D*).

propuk|at, ~nout *pf.* (*-kl*) ausbrechen; **~nutí** *n* (*3*) Ausbruch *m*.

propust *f* (*4*) Durchlaß *m*; Schleuse *f*; **~it** *pf.* (*-štěn*) durchlassen; entlassen; **~ka** *f* (*1c*; *-tek*) Passierschein *m*; **~nost** *f* (*4*) Durchlässigkeit *f*; **~ný** durchlässig; undicht.

propuště|ní *n* (*3*) Entlassung *f*; Freilassung *f*; **~ný** entlassen; freigelassen.

pro|radný verräterisch; **~razit** *pf.* (*-žen*) durchschlagen, durchstoßen; durchbrechen, durchdringen.

pror|ažeč *m* (*4*) Locheisen *n*, F Locher *m*; **~ažení** *n* (*3*), **~ážka** *f* (*1c*; *-žek*) *Arch.* Durchbruch *m*; Durchstich *m*.

prorezavělý durchgerostet.

proro|cký (*Adv. -y*) prophetisch; **~ctví** *n* (*3*) Prophezeiung *f*; **~k** *m* (*1a*) Prophet *m*; **~kovat** (*-kuji*) prophezeien.

pro|rostlý *Adj.* durchwachsen; **~růst** *pf.* (*s. růst*) durchwachsen; **~rva** *f s. průrva*; **~rvat** *pf.* (*-u*) durchbrechen; *Geogr.* zerklüften; **~rý(va)t** (*pf. s. rýt*) durchwühlen; **~řeknout, ~říci** *pf.* (*-řeknu*) aussprechen; *~ se* sich versprechen; **~řezat** *pf.* (*-žu*/*-zám*) durchschneiden; *~ se* durchbrechen (*v/i*); **~řidlý** schütter; **~řídnout, ~řidnout** *pf.* (*-dl*) dünn werden; **~sadit** *pf.* (*-zen*) durchsetzen; **~sáklý** durchtränkt, *mit et.* getränkt; **~sáknout** *pf.* (*-kl*; *-knut*), **~sakovat** (*-kuji*) durchsickern; **~sázet** *pf.* (*3 Pl. -ejí*) verwetten; **~sazovat** (*-zuji*) *s. prosadit.*

prosba [-zb-] *f* (*1*; *-seb*) Bitte *f*.

proseb|ník *m* (*1a*), **~nice** *f* (*2a*) Bittsteller(in *f*) *m*; **~ný** Bitt-, flehend.

prosektura [-tu:-] *f* (*1d*) Seziersaal *m*.

prosév|adlo *n* (*1a*; *-del*) großes Sieb *n*; **~ačka** *f* (*1c*; *-ček*) Siebmaschine *f*; **~at** (durch)sieben.

proschnout *pf.* (*-chl*) austrocknen.

prosin|cový Dezember-; **~ec** *m* (*4*; *-nc-*) Dezember *m*.

prosit ⟨*po-, za-*⟩ (*-šen*) bitten (*o, za co* um *A*, *za k-o* für *A*).

pro|sít *pf. s. prosévat*; **~skočit** *pf.*, **~skakovat** (*-kuji*) überspringen; *Gerücht*: entstehen.

proskurník *m* (*2b*) Eibisch *m*.

proslav|ený berühmt, gefeiert; **~it** *pf.* berühmt machen; *~ se* berühmt werden.

pro|slídit *pf.* (*-děn*) durchstöbern; *Feld* absuchen; **~slout** *pf.* (*-sluji, -slul*) berühmt werden.

proslov *m* (*2a*) Ansprache *f*; *lit.* Prolog *m*; **~it** *pf.* (aus)sprechen, *et.* vortragen; *Rede* halten.

proslul|ost *f* (*4*) Berühmtheit *f*; **~ý** berühmt.

pro|slýchat se verlauten; **~smýčit** *pf.* *Schornstein* fegen, (aus)kehren; **~snít** *pf.* durchträumen.

pros|ný Hirse-; **~o** *n* (*1a*) Hirse *f*.

pro|soudit *pf.* (*-zen*) durch e-n Prozeß verlieren; **~sp(áv)at** (*pf. s. spát*) verschlafen; *~ se* sich ausschlafen.

prospěch *m* (*2b*) Nutzen *m*, Vorteil *m*; *na ~* zum Vorteil; *ve ~* zugunsten; *s dobrým ~em* mit gutem Erfolg; *připsat v ~ Hdl.* gutschreiben; **~ář** *m* (*3*) Profitmacher *m*; *Pol.* Opportunist *m*; **~ářský** vorteilhaft; *Pol.* opportunistisch; **~ářství** *n* (*3*) Profitgier *f*.

prospěš|nost *f* (*4*) Nützlichkeit *f*; **~ný** nutzbringend, vorteilhaft; *e-r Sache* förderlich; *obecně ~* gemeinnützig.

pro|spět *pf.* (*-spěji*), **~spívat** (*k-u*) nützen; (gut) bekommen (*D*); *e-r Sache* dienen; *Gesundheit* fördern; Fortschritte machen, gedeihen; *Geschäft*: gut gehen.

prost frei (*č-o* von *D*), -frei; *~ poplatků* gebührenfrei.

pro|sťáček F *m* (*1a*) Einfaltspinsel *m*, *scherz.* Gimpel *m*; **~stát** *pf.* (*s. stát*²) stehend verbringen; **~stavět** *pf.* (*3 Pl. -ějí*) verbauen; **~stě-**

radlo *n* (*1a*; *-del*) Lein-, Bettuch *n*, Laken *n*.
prosti|čký, **~nký** sehr einfach, schlicht.
prostírat *s. prostřít*; ~ se sich erstrecken.
prostitu|ce [-stɪ-] *f* (*2*) Prostitution *f*; **~tka** *f* (*1c*; *-tek*) Prostituierte *f*.
prostná *n/pl.* (*Adj. 3*), ~ *cvičení* Freiübungen *f/pl*.
prosto|cvik *m* (*2b*) Freiübung *f*; **~duchost** *f* (*4*) Einfalt *f*, Treuherzigkeit *f*; **~duchý**, **~dušný** (*Adv. -duše*) einfältig, treuherzig.
prostoj *m* (*4*) Stillstand *m*, Wartezeit *f*.
prosto|myslný einfältig; **~národní** volkstümlich.
prostonat *pf.* (*-stůňu*) (*e-e Zeitlang*) krank sein.
prostopáš|nice *f* (*2a*) liederliches Weib *n*; **~ník** *m* (*1a*) Wüstling *m*; **~ný** ausschweifend, zügellos, liederlich.
prostor *m* (*2a*), **~a** *f* (*1d*) Raum *m*; *volný* ~ *fig.* Spielraum; **~ný** geräumig; **~ový** räumlich, Raum-; *-vá geometrie* Stereometrie *f*.
prosto|řeký vorlaut, *fig.* lose; altklug; **~srdečný** offenherzig; **~ta** *f* (*1*) Schlichtheit *f*; (*Gemüt*) Einfalt *f*.
prostoupit *pf.* durchtreten; durchdringen.
prostovlasý ohne Kopfbedeckung, *lit.* † barhäuptig.
prostran|ek *m s. postraněk*; **~ný** geräumig; **~ství** *n* (*3*) freier Platz *od.* Raum *m*; *široké* ~ freies Gelände.
prostr|čit *pf.*, **~k(ov)at** (*-kuji*) durchstecken; *Kochk.* spicken; *Typ.* sperren.
prostřed|ek *m* (*2b*; *-dk-*) Mitte *f*, Mittelpunkt *m*; Mittelstück *n*; Mittel *n*; *-dkem* (*G*) mitten in, auf (*D*) *od.* durch (*A*); **~í** *n* (*3*) Umgebung *f*, Umwelt *f*, Milieu *n*; **~kovat** ⟨z-⟩ (*-kuji*) vermitteln; **~kovatel** *m* (*3*; *-é*) Vermittler *m*; **~ní** mittlere, Mittel-; mittelmäßig; **~nice** *f* (*2a*) Vermittlerin *f*; **~nictví** *n* (*3*) Vermittlung *f*; **~ník** *1. m* (*1a*) Vermittler *m*; Mittelsmann *m*, -person *f*; *Hdl.* Zwischenhändler *m*; *2. m* (*2b*) Mittelfinger *m*; **~nost** *f* (*4*) Mittelmäßigkeit *f*.
pro|střelit *pf.* durchschießen; **~střený** ausgebreitet; ~ *stůl* gedeckter Tisch; **~střihat**, **~stříhat**, **~střihnout** *pf.* (*-hl*; *-žen*) *mit der Schere* durchschneiden; verschneiden; **~střílet** *pf.* (*3 Pl. -ejí*) *s. prostřelit*; **~střít** *pf.* (*-střu*, *-střel*; *-střen*) ausbreiten; ~ *na stůl* (den) Tisch decken; **~studit** *pf.* (*-zen*) *v/t* durchfrieren; abkühlen; **~studovat** *pf.* (*-duji*) durchstudieren.
prostup *m* (*2a*) Durchdringung *f*; Durchgang *m*; **~nost** *f* (*4*) Durchlässigkeit *f*; **~ný** durchlässig; **~ovat** (*-puji*) durchdringen.
prostý (*Komp. prostší*) einfach; schlicht; *s. prost*; **~m** *okem* mit unbewaffnetem Auge.
prostyd|lý durchfroren; **~nout** *pf.* (*-dl*) *v/i* durchfrieren.
prosvít|at *s. prosvitnout*; **~it** *pf.* (*-cen*) durchleuchten; für Beleuchtung verbrauchen.
pro|svitnout *pf.* (*-tl*) durchschimmern, (hin)durchscheinen; **~sycený** gesättigt; getränkt; **~sychat** *pf. v/i* trocknen; *Pflanze*: vertrocknen, verdorren; **~sýpat**, **~syp(áv)at** (*pf. -u/-ám*) durchschütteln; *Sand*, *Mehl* durchsieben; **~sytit** *pf.* (*-cen*) sättigen; *fig.* durchsetzen; **~šacovat** *pf.* (*-cuji*) *Taschen* durchsuchen; **~šedivělý** graumeliert, angegraut.
prošení *n* (*3*) Bitten *n*; *dal se do* ~ er verlegte sich aufs Bitten.
proší|t *pf.* (*s. šít*) durchnähen, steppen; **~vání** *n* (*3*) Stepparbeit *f*; **~vaný** (ab)gesteppt, Stepp-; **~vat** *s. prošít*.
proškrt|at *pf.*, **~nout** *pf.* (*-tl*; *-tnut*) durchstreichen.
pro|šlapat *pf.* (*-u/-ám*), **~šlápnout** *pf.* (*-pl*; *-pnut*) durchtreten; **~šlehnout** *pf.* (*-hl*) *v/i* durchschlagen.
prošlý vergangen; *Frist* abgelaufen; *Wechsel*: fällig; ~ *světem* vielgereist.
pro|šmejdit *dial. pf.* durchstöbern; **~šoupat** *pf.* (*-u/-ám*) durchwetzen; **~štěpec**, **~štipec** *m* (*4*; *-pc-*) Pinzette *f*.
proštíp|at *pf.* (*-u/-ám*), **~nout** *pf.* (*-pl*; *-pnut*) durchzwicken; *Fahrkarte* lochen, F knipsen.
prošťouch|at *pf.*, **~nout** *pf.* (*-chl*; *-chnut*) durchstechen.
protáčet se *pf.* (*3 Pl. -ejí*) sich auf der Stelle drehen, mahlen.
protáh|lý gedehnt, (lang)gestreckt; länglich; **~nout** *pf.* (*-hl*; *-ažen*) dehnen, strecken; durchziehen; verzögern, F in die Länge ziehen; ~ se

sich strecken; sich (hin)durchzwängen; sich verzögern.

protahov|at (*-huji*) *s. protáhnout*; **~ačka** *f* (*1c*; *-ček*) Streckmaschine *f*, Strecker *m*; Spicknadel *f*.

protan|covat *pf.* (*-cuji*), **~čit** *pf.* durchtanzen.

protaž|ení *n* (*3*) Dehnung *f*; Durchzug *m*; **~ený** gedehnt, langgestreckt; länglich.

protéci *pf.* (*s. téci*) durchfließen, durchströmen.

protějš|ek *m* (*2b*; *-šk-*) Gegenüber *n*; Gegenstück *n*; **~í** gegenüberliegend, Gegen-, jenseitig.

protékat *s. protéci*.

protek|ce *f* (*2*) Protektion *f*; **~ční** Protektions-; **~torát** *m* (*2*; *6. -ě/-u*) Protektorat *n*; **~torovat** (*-ruji*) *Reifen* runderneuern.

protestovat (*-tuji*) protestieren.

protéza *f* (*1a*) Prothese *f*.

protěž *f* (*3*) Edelweiß *n*.

protežovat (*-žuji*) protegieren.

proti *Prp.* (*mit 3. Fall*) gegen (*A*); gegenüber (*D*), im Vergleich zu (*D*); dagegen; ~ *proudu* gegen den Strom, stromaufwärts; *pro a* ~ Für und Wider; *jednat* ~ *č-u* zuwiderhandeln (*D*).

proti- *in Zssgn* gegen-, wider-; anti-; -feindlich; **~akce** *f* (*2*) Gegenaktion *f*; **~církevní** kirchenfeindlich; **~demokratický** [-tɪts-] antidemokratisch; **~důkaz** *m* (*2a*) Gegenbeweis *m*; **~fašistický** [-tɪts-] antifaschistisch; **~hnilobný** fäulnisverhindernd; **~hráč** *m* (*3*) Gegenspieler *m*; **~chůdný** gegensätzlich; entgegengesetzt; **~jed** *m* (*2a*) Gegengift *n*; **~jedoucí** *Fahrzeug*: entgegenkommend; **~kapitalistický** [-tɪ-] antikapitalistisch; **~klad** *m* (*2*; *6. -u/-ě*) Gegensatz *m*; **~kladný** gegensätzlich, entgegengesetzt; **~klerikální** antiklerikal; **~komunistický** [-nɪ-] antikommunistisch; **~konvenční** unkonventionell; **~kulturní** [-uː-] kulturfeindlich; **~lehlý** gegenüberliegend; **~lék** *m* (*2b*) Gegenmittel *m*; **~letadlový** Flugabwehr-, Flak-; **~letecký** Luftschutz-; **~lidový** volksfeindlich; **~militaristický** [-tɪts-] antimilitaristisch; **~mluv** *m* (*2a*) Widerspruch *m*; **~myslný** widersinnig; **~náboženský** antireligiös; **~národní** antinational, volksfeindlich.

protínat *s. protít*.

proti|návrh *m* (*2b*) Gegenvorschlag *m*; **~německý** deutschfeindlich, antideutsch; **~odborářský** gewerkschaftsfeindlich; **~opatření** *n* (*3*) Gegenmaßnahme *f*; **~pancéřový** Panzerabwehr-, panzerbrechend; **~pokrokový** fortschrittsfeindlich; **~policejní** polizeiwidrig; **~požární** Feuer(schutz)-; **~právní** widerrechtlich; rechtswidrig; **~proud** *m* (*2*; *6. -u/-ě*) Gegenströmung *f*; **~přirozený** widernatürlich.

protírat *s. protřít*.

proti|realistický [-tɪts-] antirealistisch; **~reformace** *f* (*2*) Gegenreformation *f*; **~republikánský** antirepublikanisch, republikfeindlich; **~revoluce** *f* (*2*) Gegenrevolution *f*; **~revoluční** konterrevolutionär; **~rozumný** vernunftwidrig; **~síla** *f* (*1a*; *-sil*) Gegenkraft *f*; **~slovanský** slawenfeindlich; **~služba** *f* (*1*; *-žeb*) Gegendienst *m*; **~směr** *m* (*2a*) Gegenrichtung *f*; **~smyslný** widersinnig; **~sociální** asozial; **~sovětský** antisowjetisch; **~státní** staatsfeindlich; **~stávkový** Antistreik-; **~strana** *f* (*1*) Gegenpartei *f*; **~stranický** parteifeindlich, -schädigend.

protít *pf.* (*s. tít*) durchhauen; *Geom.* schneiden.

proti|tah *m* (*2b*) Gegenzug *m*; **~tankový** Panzerabwehr-; **~tlak** *m* (*2b*) Gegendruck *m*; **~účet** *m* (*2a*; *-čt-*) Gegenrechnung *f*; *na* ~ als Gegenwert; **~ústavní** verfassungswidrig; **~útok** *m* (*2b*) Gegenangriff *m*.

protiva *m* (*5*), *f* (*1*) widerliche Person *f*.

proti|váha *f* (*1b*) Gegengewicht *n*; **~válečný** Antikriegs-; **~vědecký** wissenschaftsfeindlich.

protiv|ení *n* (*3*) Widersetzlichkeit *f*; *Jur.* Widerstand *m*; **~enství** *n* (*3*) Widerwärtigkeit *f*; **~it se** *pf.* (*k-u*, *č-u*) sich widersetzen, Widerstand leisten (*D*); zuwider sein (*D*), anwidern (*A*).

proti|vítr *m* (*2a*; *-větr-*) Gegenwind *m*; **~vládní** regierungsfeindlich; Oppositions-; **~vlak** *m* (*2b*) *Esb.* Gegenzug *m*.

protiv|nický gegnerisch; **~nictví** *n* (*3*) Gegnerschaft *f*; **~ník** *m* (*1a*), **~nice** *f* (*2a*) Gegner(in *f*) *m*; **~nost** *f*

(4) Widerwärtigkeit *f*; **~ný** entgegengesetzt, gegensätzlich, Gegen-; widerwärtig; *to je mi -né* das ist mir zuwider.
proti|vývojový entwicklungsfeindlich; **~zákonný** gesetzwidrig; **~žaloba** *f* (*1*) Gegenklage *f*; **~židovský** antisemitisch.
protk|at *pf.* durchwirken; **~nout** *pf.* (*-kl*; *-knut*) durchbohren.
protlač|it *pf.*, **~ovat** (*-čuji*) durchdrücken; *Kochk.* passieren; *~ se* sich hindurchzwängen; *~ se dopředu* sich vordrängen.
pro|tlak *m* (*2b*) Tomatenmark *n*; **~tlouci** *pf.* (*s. tlouci*) durchschlagen.
proto deshalb, daher; *dát k-u co ~* zu schaffen machen (*D*); ausschelten (*A*).
protočit *pf.* durchdrehen.
protokol *m* (*2*; *6. -u*/*-e*) Protokoll *n*; **~ista** *m* (*5a*) Protokollführer *m*; **~ovat** (*im*)*pf.* (*-luji*) zu Protokoll bringen.
protopit *pf.* verheizen.
protože weil, da.
protrh|aný zerfetzt; **~at** *pf.*, **~nout** *pf.* (*-hl*; *-žen*), **~ovat** (*-huji*) *v*/*t* (durch)reißen, durchbrechen; *~ se* reißen (*v*/*i*); bersten, platzen.
protruchlit *pf.* vertrauern.
protrž|ení *n* (*3*) Durchbruch *m*; *~ hráze* Dammbruch; **~ený** durchgerissen.
pro|trás(a)t (*pf. s. třást*) durchschütteln; **~třelost** *f* (*4*) Durchtriebenheit *f*; **~třelý** durchtrieben; erfahren; **~třepat** *pf.* (*-u*/*-ám*) (durch)schütteln.
protřít *pf.* (*s. třít*) durchreiben; *Flachs* hecheln; *~ si oči* sich die Augen reiben; *~ se* sich hindurchzwängen.
protýk|ačka *f* (*1c*; *-ček*) Spicknadel *f*; **~at** *s. protknout.*
proúčtovat *pf.* (*-tuji*) buchen, verrechnen.
proud *m* (*2*; *6. -u*/*-ě*) Strom *m*; Strömung *f*; *po ~u* stromabwärts; *proti ~u* stromaufwärts; *~em* in Strömen; *přivést do ~u* in Gang bringen; *to je v ~u* das ist (bereits) im Gang; **~ění** *n* (*3*) Strömung *f*; **~it**[1] strömen, fluten; **~it**[2] [pro-u-] *pf.* (*-zen*) durchräuchern; **~nice** *f* (*2a*) Stromlinie *f*; **~nicový** Stromlinien-; **~ový** Strom-, Strömungs-; *Tech.* Strahl-; *-vá stíhačka* Düsenjäger *m*.
prouha *f* (*1b*; *pruh*) Streifen *m*; Strieme *f*.
prout|ek *m* (*2b*; *-tk-*) Rute *f*, Gerte *f*, *poet.* Reis *n*; *kouzelný ~* Wünschelrute; **~ěný** Korb-; **~kař** *m* (*3*) Wünschelrutengänger *m*.
prouž|ek *m* (*2b*; *-žk-*) (schmaler) Streifen *m*; **~kov(an)ý** gestreift.
provád|ěcí Durchführungs-; **~ění** *n* (*3*) Durch-, Ausführung *f*; Handhabung *f*; **~ět** (*3 Pl. -ějí*) *s. provést.*
pro|valit se *pf. s. protrhat se*; **~vanout** *pf.*, **~vát** (*-vane*, *-vál*, *-ván*) durchwehen.
provaz *m* (*2*; *6. -e*/*-u*) Strick *m*, Seil *n*; **~árna** *f* (*1*; *-ren*) Seilerei *f*; **~ec** *m* (*4*; *-zc-*), **provázek** *m* (*2b*; *-zk-*) Schnur *f*, Bindfaden *m*; F *jako na -zku* wie am Schnürchen; *vodit na -zku* am Gängelband führen.
provázet (*3 Pl. -ejí*) begleiten, *lit.* geleiten.
provaz|iště *n* (*2a*) Schnürboden *m*; **~nický** Seiler-; **~nictví** *n* (*3*) Seilerhandwerk *n*, Seilerei *f*; **~ník** *m* (*1a*) Seiler *m*; **~olezec** *m* (*3*; *-zc-*) Seiltänzer *m*; **~ový** Strick-.
prov|ažek *m* (*2b*; *-žk-*), **~ážení** *n* (*3*) Gewichtsverlust *m*.
provážet (*3 Pl. -ejí*) *s. provézt.*
provd|aná verheiratet (*Frau*); **~ání** *n* (*3*) Heirat *f*, Verehelichung *f*; **~at** *pf.* verheiraten; *~ se* heiraten (*za k-o*/*A*).
proved|ení *n* (*3*) Durchführung *f*; *Hdl.* Ausführung *f*; *Thea.* Aufführung *f*; *Jur.* Vollstreckung *f*; **~itelný** durchführbar.
prově|rka *f* (*1c*; *-rek*) Überprüfung *f*; **~řit** *pf.*, **~řovat** (*-řuji*) überprüfen.
provést *pf.* (*s. vést*) durchführen, ausführen; *Tat* vollbringen; *Jur.* verüben; *Willen* tun; *Wahl* treffen; *Thea.* aufführen; *iron. et.* anstellen, verbrechen; herumführen.
pro|větrat *pf.* durchlüften; **~vézt** *pf.* (*s. vézt*) durchfahren; herumfahren.
proviant *m* (*2*; *6. -u*/*-ě*) Verpflegung *f*; **~ní** Verpflegungs-.
províjet (**se**) (*3 Pl. -ejí*) sich durchschlängeln.
provincie *f* (*2*) Provinz *f*.
provin|ění *n* (*3*) Verschulden *n*; Verstoß *m*; **~ilec** *m* (*3*; *-lc-*), **~ilka** *f* (*1c*; *-lek*) Schuldige *m od. f*, F Übeltäter(in *f*) *m*; **~ilý** schuldbewußt;

~it se *pf.* (*čím*) sich zu Schulden kommen lassen (*A*), verstoßen (gegen *A*).
proviz|e *f* (*2*) Provision *f*; **~orní** provisorisch.
provívat *s. provát.*
provlé|ci *pf.* (*s. vléci*), **~kat, ~knout** *pf.* (*-kl*; *-ečen*) durchziehen.
provlh|lý ganz naß; **~nout** *pf.* (*-hl*) ganz feucht werden.
pro|vlíkat *s. provléci*; **~vodit** *s. provést.*
provok|ace *f* (*2*) Provokation *f*; **~ační, ~ativní** [-tɪː-] provokatorisch, provozierend; **~atér** *m* (*1*; *-ři*) Provokateur *m*; **~ovat** (*-kuji*) provozieren.
provol|ání *n* (*3*) Aufruf *m*, Appell *m*; **~ávání** *n* (*3*) Rufen *n*, *koll.* Rufe *m/pl.*; **~(áv)at** (*čím*) ausrufen, proklamieren (als); ~ *k-u slávu* Hochrufe ausbringen (auf *A*), hoch leben lassen (*A*).
provoz *m* (*2*; *6.* *-u/-e*) Betrieb *m*; *Kfz.*, *Flgw.* Verkehr *m*; **~ář** *m* (*3*) Betriebsleiter *m*; **~ní** Betriebs-; betriebstechnisch; **~ovací** Aufführungs-; **~ování** *n* (*3*) Ausübung *f*; *Mus.* Aufführung *f*; **~ovat** (*-zuji*) ausüben, (be)treiben; *Thea.* aufführen; **~ovatel** *m* (*3*; *-é*) Ausführende(r) *m*; Betriebsleiter *m*; **~ovna** *f* (*1*; *-ven*) Betriebsstätte *f*, Werksanlage *f*.
pro|vrtat *pf.* durchbohren; **~vzdušnit** *pf.* durchlüften; **~vždy** für immer; *jednou* ~ ein für allemal.
próza *f* (*1a*) Prosa *f*; Prosawerk *n*.
prozahálet *pf.* (*3 Pl.* *-eji*) *Zeit* müßig zubringen, P totschlagen.
proza|ický prosaisch; **~ik** *m* (*1a*) Prosaschriftsteller *m*.
prozář|ení *n* (*3*) Durchleuchtung *f*; **~it** *pf.*, **prozařovat** (*-řuji*) durchleuchten, durchstrahlen.
prozatím *Adv.* indessen, vorläufig; **~ní** vorläufig, einstweilig.
prozíra|vost *f* (*4*) Voraussicht *f*, Umsicht *f*, Weitsicht *f*; **~vý** umsichtig, weitblickend.
pro|zkoumat *pf.* untersuchen, erforschen; **~zpěvovat** (*si*) (*-vuji*) vor sich hin singen.
prozra|dit *pf.* (*-zen*), **~zovat** (*-zuji*) verraten.
prozřetel|nost *f* (*4*) Voraussicht *f*; *Rel.* Vorsehung *f*; **~ný** umsichtig.
pro|žít *pf.* (*s. žít*[1]) verleben; erleben, durchmachen; **~žitek** *m* (*2b*; *-tk-*) Erlebnis *n*; **~žívat** *s. prožít*; **~žluklý** F verdammt, *lit.* vertrackt; **~žrat** *pf.* (*-žeru*) durch-, zerfressen; P *iron.* verfressen.
prs *m* (*2a*) (*weibliche*) Brust *f*; **~a** *n/pl.* (*1*; *2*, *6.* *-ou*) Brust *f*; **~ař** *m* (*3*) Brustschwimmer *m*; **~atý** mit großen Brüsten, vollbusig; **~íčka** *n/pl.* (*1b*; *-ček*) *Kochk.* Brust(stück *n*) *f*.
prsk|ání *n* (*3*) Fauchen *n*; Sprühen *n*; **~at** sprühen, spritzen; *vor Wut* schnauben; *Katze*: fauchen; **~avka** *f* (*1c*; *-vek*) Rakete *f*; **~nout** *pf.* (*-kl/-nul*) *s. prskat.*
prsní Brust-.
prst *m* (*2*; *6.* *-ě/-u*) Finger *m*; Zehe *f*.
prsť *f* (*4a*; *-ti*) (lockere) Erde *f*, Humus(erde *f*) *m*.
prsten *m* (*2a*) (*Finger-*)Ring *m*; *snubní* ~ Ehering; **~cov(it)ý, ~citý** ringförmig, Ring-; **~ec** *m* (*4*; *-nc-*) *Tech.* Ring *m*; Ringellocke *f*; **~ík** *m* (*2b*) Ring-, F Goldfinger *m*.
prst|oklad *m* (*2a*) *Mus.* Fingersatz *m*; **~ový** Finger-; **~ýnek** *m* (*2b*; *-nk-*) Ringlein *n*.
prš|ák P *m* (*2b*) Regenmantel *m*; **~et** ⟨*na-*, *za-*⟩ regnen; **~ka** *f* (*1c*; *-šek*) Regenschauer *m*.
prtačit P *verä.* schustern.
prťák P *m* (*1a*) *verä.* Flickschuster *m*.
prtě *n* (*4a*; *-ťata*) Knirps *m*; † *a.* Schusterjunge *m*.
prů|běh *m* (*2b*) Verlauf *m*; *Jur.* Hergang *m*; **~běr** *m* (*2a*) Durchforstung *f*; *Tech.* Schlitzholz *n*; **~běžný** durchgehend, laufend, Dauer-.
prubířský: ~ *kámen* Probierstein *m*.
průboj *m* (*4*) *lit.* Errungenschaft *f*; *El. s. průraz*; *Tech.* = **~ník** *m* (*2b*) Locheisen *n*, -dorn *m*, -hammer *m*; **~nost** *f* (*4*) Durchschlagskraft *f*; **~ný** *Tat*: bahnbrechend; *Mensch*: tatkräftig, energisch.
průčel|í *n* (*3*) Fassade *f*, Front *f*, Vorderseite *f*; **~ní, ~ný** Stirn-, Frontal-.
prud|ce *s. prudký*; **~kost** *f* (*4*) Heftigkeit *f*; **~ký** (*Komp.* *-ší*; *Adv.* *-ce/-ko*, *Komp.* *-čeji*) heftig, stürmisch, hitzig; *Bewegung*: hastig; *Fluß*: reißend; *Abhang*: steil; *Licht*: grell.
průdu|ch *m* (*2b*) Luftschacht *m*; Luftloch *n*; *Anat.* Pore *f*; *větrací* ~ Entlüftungskanal *m*; **~ška** *f* (*1c*; *-šek*) Bronchie *f*; *zánět* *-šek* Bron-

chitis *f*; **⁓šnice** *f* (*2a*) Luftröhre *f*; **⁓šný** luftdurchlässig.
pruh *m* (*2b*) Streifen *m*; Strieme *f*; P *Med.* Leistenbruch *m*; ⁓ *světla* Lichtstreifen, Streiflicht *n*.
průhled *m* (*2a*) Durchblick *m*; Einblick *m*; **⁓ný** durchsichtig; *fig.* durchschaubar.
průhon *m* (*2*; *6. -u/-ě*) Viehtrift *f*, Durchtrieb *m*.
pruhovaný gestreift.
průhyb *m* (*2a*) Durch-, Einbiegung *f*; (*Seil-*)Durchhang *m*.
průchod *m* (*2*; *6. -u/-ě*) Durchgang *m*, Passage *f*; *Jagdw.* (*Wild-*) Wechsel *m*; *fig.* freier Lauf *m*, Geltung *f*; *volný* ⁓ freie Bahn; **⁓iště** *n* (*2a*) Durchgangsstelle *f*; **⁓ní** Durchgangs-; **⁓ný** Übergangs-.
průjem *m* (*2a*; *-jm-*) Durchfall *m*.
průjezd *m* (*2*; *6. -u/-ě*) Durchfahrt *f*; Hausflur *m*; **⁓ní** passierbar; Durchreise-, Transit- (*Visum*); **⁓ný** Durchgangs-; ⁓ *vlak* D-Zug.
průkaz *m* (*2*; *6. -u/-e*) Aus-, Nachweis *m*, Beleg *m*; *⁓y pl. a.* (*Ausweis-*) Papiere *n/pl.*; **⁓ka** *f* (*1c*; *-zek*) Ausweis(karte *f*) *m*; **⁓nost** *f* (*4*) Beweiskraft *f*; **⁓ný** beweiskräftig; nachweislich.
průklep *m* (*2a*) Durchschlag *m*.
průkop *m* (*2a*) Durchstich *m*; (*Erd-*) Gang *m*, Laufgraben *m*; **⁓nický** bahnbrechend; **⁓ník** *m* (*1a*) Pionier *m*, Bahnbrecher *m*; Vorkämpfer *m*.
průlet *m* (*2a*) Durchfliegen *n*, Durchflug *m*.
průlez *m* (*2a*) Durchgang *m*; Einstieg *m*; Luke *f*; **⁓ka** *f* (*1c*; *-zek*) *Turn.* Sprossenwand *f*.
průlin|a *f* (*1*) Spalte *f*; schneefreie Stelle *f*; Pore *f*; **⁓čitost** *f* (*4*) Porosität *f*; **⁓čitý** porös.
průliv *m* (*2a*) Meerenge *f*.
průlom *m* (*2a*) Durchbruch *m*; *Mil.* Bresche *f*.
průměr *m* (*2a*) Durchschnitt *m*; *Geom.* Durchmesser *m*; *Math.* Mittel(wert *m*) *n*; *světlý* ⁓ lichte Weite; **⁓em**, **⁓ně** *Adv.* durchschnittlich, im Durchschnitt; **⁓ný** durchschnittlich, Durchschnitts-; mittelmäßig.
průmět *m* (*2a*) Projektion *f*.
průmysl *m* (*2a*) Industrie *f*; **⁓nický** Industriellen-; **⁓ník** *m* (*1a*) Industrielle(r) *m*; **⁓ovák** F *m* (*1a*) Gewerbeschüler *m*; **⁓ovka** F *f* (*1c*; *-vek*) Gewerbeschule *f*; **⁓ový** Industrie-; Gewerbe-.
prů|nik *m* (*2b*) Durch-, Eindringen *n*; **⁓pich** *m* (*2b*) Durchstich *m*; **⁓pis** *m* (*2*; *6. -e/-u*) Durchschrift *f*; Doppel *n*; **⁓plach** *m* (*2b*) Durchspülen *n*; *Med.* Spülung *f*, Einlauf *m*; **⁓plav** *m* (*2a*) *Geogr.* Kanal *m*; **⁓plet** *m* (*2a*) Geflecht *n*.
průpov|ěď *f* (*4a*; *-di*), **⁓ídka** *f* (*1c*; *-dek*) Sinnspruch *m*, Spruch *m*.
průprav|a *f* (*1*) Vorbereitung *f*; *Turn.* Vorübung *f*; **⁓ný** Vor(bereitungs)-, vorbereitend.
průramek *m* (*2b*; *-mk-*) Ärmelloch *n*, -ansatz *m*.
průraz *m* (*2a*) Durchschlag *m*; **⁓nost** *f* (*4*) Durchschlagskraft *f*; **⁓ný** durchschlagend.
prů|rva *f* (*1*; *-rev*) Schlucht *f*; Kluft *f*; Durchbruch *m*; **⁓rys** *m* (*2a*) *Tech.* Profil *n*; **⁓řez** *m* (*2a*) Querschnitt *m*; *Geom.* Schnitt *m*.
Prus *m* (*1*; *-ové*; *6. -ech/-ích*) Preuße *m*.
průseč|ík *m* (*2b*) Schnittpunkt *m*; **⁓nice** *f* (*2a*) Schnittlinie *f*, *Geom.* Sekante *f*; **⁓ný** *Geom.* Schnitt-.
průsek *m* (*2b*) Schneise *f*.
Prus|ko *n* (*1b*), † *a.* **⁓y** *m/pl.* (*2. -s*) Preußen *n*; **²ký** preußisch.
prů|smyk *m* (*2b*) *Geogr.* Paß *m*; **⁓střel** *m* (*2a*) Durchschuß *m*.
průsvit|ka *f* (*1c*; *-tek*) Wasserzeichen *n*; **⁓ný** durchscheinend, transparent; Paus-, Kopier-.
prušá|cký *verä.* preußisch; **²k** *m* (*1a*) Preuße *m*.
průšvih P *m* (*2b*) Pleite *f*, F Reinfall *m*; Dämpfer *m* (*fig.*).
prut *m* (*2*; *6. -u/-ě*) Rute *f*, Gerte *f*; (*Gold-*)Barren *m*; (*Gitter-*)Stab *m*.
průta|h *m* (*2b*) Durchzug *m*; Aufschub *m*, Verzögerung *f*; *Mus.* Vorhalt *m*; *bez ⁓u* unverzüglich; F *bez ⁓ů* ohne viel Federlesens; **⁓žný** dehnbar; *Tech.* verziehbar; ⁓ *přízvuk Gr.* Zirkumflex *m*.
průtok *m* (*2b*) Durchfluß *m*; **⁓ový** *Tech.* Durchlauf-.
prutový *Tech.* Stab-; Barren-.
průtrž *f* (*3*) Bruch *m*.
průvan *m* (*2*; *6. -u/-ě*) Zugluft *f*, Luftzug *m*; *je* ⁓ es zieht.
průvod *m* (*2*; *6. -u/-ě*) Begleitung *f*, Geleit *n*, Gefolge *n*; Fest-, Umzug *m*; *svatební* ⁓ Hochzeitszug; **⁓ce** *m* (*3*) Begleiter *m*; Reiseleiter *m*;

Reiseführer *m*; **~čí** *m od. f* (*Adj.* 4) Schaffner(in *f*) *m*; **~ič** *m* (4) *Math.* Leitstrahl *m*; **~ka** *f* (*1c*; *-dek*) (*Post-*)Begleitadresse *f*; *poštovní ~* Paketkarte *f*; **~kyně** *f* (*2b*) Begleiterin *f*; Reiseleiterin *f*; **~ní** Begleit-; *hist.* Geleit-; *Jur.* Beweis-; **~nost** *f* (*4*) *Jur.* Beweiskraft *f*.

průvoz *m* (*2a*) Durchgang *m*, Transit *m*; **~ní** Transit-.

průzev *m* (*2a*; *-zv-*) *Gr.* Hiatus *m*.

průzkum *m* (*2a*) Untersuchung *f*, Erforschung *f*; *Flgw.* Aufklärung *f*; **~ník** *m* (*1a*) *Mil.* Späher *m*; *skupina ~ů* Spähtrupp *m*.

prů|zor *m* (*2a*) Durchblick *m*; *Mil.* Sehschlitz *m*; Visiergerät *n*; **~zračný** durchsichtig; *Flüssigkeit*: klar.

pruž|ení *n* (*3*) Federung *f*; **~ina** *f* (*1*) *Tech.* Feder *f*; **~it** federn; **~nice** *f* (*2a*) *Tech.* (*Trag-*)Feder *f*; **~ník** *m* (*1a*) Schnellkäfer *m*; **~nost** *f* (*4*) Spannkraft *f*, Elastizität *f*; **~ný** elastisch, federnd; biegsam, geschmeidig; *Geist*: rege; *Begriff*: dehnbar; *Pol.* wendig, beweglich.

prv|e vorher, zuvor; *~ než Konj.* ehe, bevor; *~ jmenovaný* erstgenannt; **~ek** *m* (*2b*; *-vk-*) Element *n*, Grundstoff *m*; **~enství** *n* (*3*) Vorrang *m*; Erstlingsrecht *n*; **~ně** *Adv.* zum ersten Mal; **~ní** erste(r); **~nička** *f* (*1c*; *-ček*) Erstgebärende *f*.

prvo|- *in Zssgn* erst-, Ur-; **~bytný** Ur-, ursprünglich; **~činitel** *m* (*4*) *Math.* Primfaktor *m*; **~číslo** *n* (*1a*; *-sel*) Primzahl *f*; **~horní** paläozoisch; **~hory** *f* (*1*) Paläozoikum *n*; Urgebirge *n*; **~pis** *m* (*2*; *6. -e/-u*) Urschrift *f*, Original *n*.

prvopočát|eční ursprünglich; **~ek** *m* (*2b*; *-tk-*) Anbeginn *m*.

prvorozen|ec *m* (*3*; *-nc-*), **~ka** *f* (*1c*; *-nek*) Erstgeborene *m od. f*; **~ý** erstgeboren.

prvořadý erstrangig; erstklassig.

prvosenka *f* (*1c*; *-nek*) Schlüsselblume *f*, Primel *f*.

prvo|tina *f* (*1*) Erstlingswerk *n*; **~tisk** *m* (*2b*) Erstdruck *m*; **~tní**, † **~tný** ursprünglich, Ur-; **~třídní** erstklassig; **~tvar** *m* (*2a*) Urform *f*; **~výroba** *f* (*1*) Grundproduktion *f*; **~výstup** *m* (*2a*) Erstbesteigung *f*.

prvý erste(r); *po -vé* zum ersten Mal; *za -vé* erstens.

prý angeblich; *je ~ bohatý* er soll reich sein.

pryč weg, fort; vorüber, vorbei; P *je celý ~* er ist ganz außer sich.

pryčna *f* (*1*; *-čen*) Pritsche *f*.

prýmek *m* (*2b*; *-mk-*) Borte *f*, Litze *f*, Posament *n*.

prýskat ⟨*od- se*⟩ abbröckeln, abblättern.

pryskyř|ice *f* (*2a*) Harz *n*; **~ičný** harzig, Harz-; **~ník** *m* (*2b*) *Bot.* Hahnenfuß *m*, Ranunkel *f*.

pryšec *m* (*4*; *-šc-*) *Bot.* Wolfsmilch *f*.

prýštit (se) ⟨*roz-*, *vy-*⟩ (hervor-)quellen, sprudeln.

prýt *m* (*2*; *6. -u/-ě*) Trieb *m*; (*Wurst-*) Fülle *f*.

pryž *f* (*3*) Gummi *m*.

przn|ění *n* (*3*) Schändung *f*; **~it** ⟨*z-*⟩ schänden, entehren; *Sprache* verunstalten; **~itel** *m* (*3*; *-é*) Schänder *m*.

prací: *Gr. ~ věta* Wunschsatz *m*.

přádeln|a *f* (*1*; *-len*) Spinnerei *f*; **~ictví** *n* (*3*) Spinnstofferzeugung *f*; **~ík** *m* (*1a*) *s. přadlák*.

přad|eno *n* (*1*) Strähne *f*; **~lák** *m* (*1a*) Spinner *m*; **~lena** *f* (*1*) Spinnerin *f*.

přádlo *n* (*1a*; *6. -e/-u*; *-del*) Gespinst *n*.

přání *n* (*3*) Wunsch *m*; Glückwunsch *m*; *podle ~* wunschgemäß; *koncert na ~* Wunschkonzert *n*.

přástev|na *f* (*1*; *-ven*) Spinnstube *f*; **~nice** *f* (*2a*) Spinnerin *f*; **~ník** *m* (*1a*) *Zo.* Spinner *m*.

přát ⟨*do-*, *po-*⟩ (*přeji*, *přán*) wünschen; gönnen; günstig sein; *j-m* günstig gesinnt (*od.* gewogen) sein.

přátel|é *s. přítel*; **~it se** ⟨*s-*⟩ sich anfreunden, Freundschaft schließen; **~ský** (*Adv. -y*) freundschaftlich; **~ství** *n* (*3*) Freundschaft *f*; **~stvo** *n* (*1*) *koll.* Freunde *m/pl.*; P *a.* Verwandtschaft *f*.

přazka *f* (*1c*; *-zek*) Schnalle *f*.

pře *f* (*2*) Streit *m*, Streitigkeit *f*; Prozeß *m*.

pře|- *in Zssgn* über-, um-, durch-; **~balit** *pf.* umpacken.

přebarv|it *pf.*, **~ovat** (*-vuji*) (um-)färben; *~ se verä.* die Farbe wechseln.

přeběda! *Int.* o weh!

přeběh|lictví *n* (*3*) Fahnenflucht *f*; **~lík** *m* (*1a*) Überläufer *m*; *Mil.* Fahnenflüchtige(r) *m*; **~lý** übergelaufen; **~nout** *pf.* (*-hl*; *-hnut*) *Mil.* desertieren, überlaufen; hinüber- *od.* herüberlaufen; *mit den Augen* überfliegen.

pře|běrek *m* (*2b*; *-rk-*) Ausschuß *m*; **~bídný** ärmlich, armselig; **~bíhat** *s. přeběhnout*; *Jagdw.* wechseln; *Rdf.*, *El.* bestreichen; **~bíjet** (*3 Pl. -eji*) *Karte*: stechen; *fig.* übertrumpfen; *Akku* überladen; **~bílit** *pf.* übertünchen.

přebír|ání *n* (*3*) (*Waren-*)Übernahme *f*; Sortieren *n*; Klauben *n*; **~at** *s. přebrat*; **~ka** *f* (*1c*; *-rek*) Übernahme *f*.

pře|bít *pf.* (*-biji*) *s. přebíjet*; *Esb. Schienen* umnageln, verlegen; **~blahý** (*Komp. -žší*; *Adv. -ze*), **~blažený** glückselig, überglücklich; **~bohatý** steinreich; **~bolestný** überaus schmerzlich; **~bolet** *pf.* (*3 Pl. -eji*) aufhören zu schmerzen.

přebor *m* (*2a*) *Sp.* Wettbewerb *m*, Meisterschaft *f*; **~ník** *m* (*1a*), **~nice** *f* (*2a*) *Sp.* Meister(in *f*) *m*.

přebrat *pf.* (*-beru*, *-brán*) übernehmen; auswählen, sortieren; F wegschnappen; zuviel nehmen, sich übernehmen; P e-n über den Durst trinken.

přebrn|ělý *Bein*: eingeschlafen; **~ět** *pf. fig.* einschlafen.

pře|brodit *pf.* (*-děn*) durchwaten; **~brousit** *pf.* (*-šen*), **~brušovat** (*-šuji*) nachschleifen.

přebudov|ání *n* (*3*) Umbau *m*, Umgestaltung *f*; **~at** *pf.* (*-duji*) umbauen; *fig.* umstellen.

přebuj|elý üppig wuchernd; **~et** *pf.* (*3 Pl. -eji*/*-i*) überwuchern.

přebýt *pf.* (*-budu*) überleben; übrigbleiben.

přebyt|ečný überschüssig, -zählig; **~ek** *m* (*2b*; *-tk-*) Überschuß *m*; *Hdl.* Mehrbestand *m*.

přebývat wohnen, sich aufhalten; übrigbleiben.

přece doch, dennoch; immerhin.

pře|cedit *pf.* (*-zen*) durchseihen, passieren; **~cejchovat** *pf.* (*-chuji*) nacheichen; **~cenit** *pf.*, **~ceňovat** (*-ňuji*) überschätzen; *Waren* überteuern; **~citlivělý** überempfindlich; **~cpaný** überfüllt, F vollgestopft; **~cp(áv)at** (*pf. -u*) überfüllen; *Tiere* überfüttern; F vollstopfen; **~cvičit** *pf.* durchüben.

přečast|o *Adv.*, **~ý** sehr häufig.

přečerp|at *pf.* umfüllen; **~ávací** Pump(speicher)-.

pře|česat *pf.* (*-šu*/*-sám*) nach-, durchkämmen; **~četný** überaus zahlreich; **~čin** *m* (*2a*) Vergehen *n*; **~číslovat** *pf.* (*-luji*) umnumerieren; **~číst** *pf.* (*s. číst*) durchlesen; *Buch* (aus)lesen; *Urteil* verlesen; *fig.* überfliegen; **~čistit** *pf.* (*-štěn*) reinigen; *Chem.* raffinieren; **~čítat** *s. přečíst*; **~čkat** *pf.* überstehen, überdauern.

přečnív|ající überragend; **~at** überragen, herausragen.

přečtení *n* (*3*) Verlesung *f*; Lesen *n*; *to stojí za ~* das ist lesenswert.

před(e) *Prp.* (*auf die Frage wo? mit 7. Fall*; *auf die Frage wohin? mit 4. Fall*) *~ týdnem* vor e-r Woche; *~ časem* vor einiger Zeit; *jít ~ kým* j-m vorangehen; *postavit co ~ k-o* j-m et. vorsetzen.

před- *in Zssgn* vor-, voraus-.

předák *m* (*1a*) Vordermann *m*; *Pol.* führender Parteimann *m*.

pře|daleký sehr weit, himmelweit; **~dá(vá)ní** *n* (*3*) Übergabe *f*; *Jur.* Übertragung *f*; **~d(áv)at** übergeben; *Jur.* übertragen; weitergeben; *-dat se* (*o co*) zuviel (heraus-)geben; **~dávací** Übergabe-; *Sp.* Wechsel-; **~dávka** *f* (*1c*; *-vek*) Übergabe *f*.

před|běhnout *pf.* (*-hl*; *-hnut*), **~bíhat** überholen (*A*), zuvorkommen (*D*); *~ se Uhr*: vorgehen; **~běžný** vorläufig; vorhergehend; Vor-; *~ rozpočet* Kostenvoranschlag *m*; *-ná objednávka* Vorbestellung *f*; **~bojovník** *m* (*1a*) Vorkämpfer *m*; **~bouřkový** gewitterschwül, Gewitter-; **~březnový**: *-vá doba hist.* Vormärz *m*; **~časnost** *f* (*4*) Vorzeitigkeit *f*; **~časný** vorzeitig, verfrüht, Früh-; **~čísli** *n* (*3*) *Math.* Vorperiode *f*.

předčit (*im*)*pf.* (*k-o*) übertreffen (*A*), überlegen sein (*D*).

před|čítat vorlesen; **~čitatel** *m* (*3*; *-é*), **-lka** *f* (*1c*; *-lek*) Vorleser(in *f*) *m*; **~dvoří** *n* (*3*) Vorhof *m*.

přede|hra *f* (*1d*; *-her*) Vorspiel *n*; **~hrá(va)t** (*pf. -hraji*) vorspielen; **~hřát** *pf.* (*-hřeji*) vorwärmen; **~hřívač** *m* (*4*) Vorwärmer *m*; **~jít** *pf.* (*s. jít*) (*k-o*) zuvorkommen (*D*); (*č-u*) vorbeugen (*D*); **~jmout** *pf.* (*-djal*; *-djat*) vorwegnehmen.

předek[1] *m* (*1a*; *-dk-*; *-ové*) Vorfahr *m*, Urahn *m*.

předek[2] *m* (*2b*; *-dk-*) Vorderteil *m*, Vorderseite *f*; *~ lodi Mar.* Bug *m*; *zaječí ~* Hasenklein *n*.

předěl *m* (*2a*) Scheide *f*, Grenze *f*; *Geogr*. Wasserscheide *f*.

předěl|(áv)at umarbeiten; *fig*. verändern; **~ávka** *f* (*1c*; *-vek*) Umarbeitung *f*.

předem (im) voraus, vorher; vorn; *výmyk* ~ *Turn*. Bauchaufschwung *m*.

předen|í *n* (*3*) Spinnen *n*; **~ý** gesponnen.

přede|psání *n* (*3*) Vor-, Verschreibung *f*; **~psaný** vorgeschrieben; vorschriftsmäßig; *Med*. verschrieben, verordnet; Soll-; **~psat** *pf*. (*s. psát*) vorschreiben; verschreiben, verordnen; **~slání** *n* (*3*) Voraussendung *f*; **~s(í)lat** (*pf*. *-šlu*) vorausschicken; **~střít** *pf*. (*-střu*, *-střel*, *-střen*) unterbreiten.

předešl|e *Adv*. vormals, zuvor; letzthin; **~ý** vorausgegangen, vor(her)ig, Vor-.

přede|včírem vorgestern, **~vším** vor allem, zuerst.

před|hánět (*3 Pl*. *-ějí*) *s. předhonit*; ~ *se* sich überbieten; um die Wette laufen; **~hazovat** (*-zuji*) *s. předhodit*; **~historický** vorgeschichtlich; **~hodit** *pf*. (*-zen*) vorwerfen; **~honit** *pf*. (*k-o*) überholen (*A*); zuvorkommen (*D*); übertreffen, überflügeln (*A*); **~hoří** *n* (*3*) Vorgebirge *n*; **~husitský** vorhussitisch; **~hůzka** *f* (*1c*; *-zek*) Vorwurf *m*.

předcház|ející vorhergehend, Vor-; **~et** (*3 Pl*. *-ejí*) (*k-o*) überholen (*A*); vorausgehen (*D*); (*č-u*) vorbeugen (*D*); *fig*. vorangehen (*D*); ~ *si k-o* sich um jmds. Gunst bewerben; ~ *se Uhr*: vorgehen.

předchozí vorherig, Vor-.

předchůd|ce *m* (*3*), **~kyně** *f* (*2b*) Vorgänger(in *f*) *m*, Vorläufer(in *f*) *m*.

předivo *n* (*1*) Gespinst *n*, Gewebe *n*; *fig*. Netz *n*.

před|jarní Vorfrühlings-; **~jaří** *n* (*3*) Vorfrühling *m*; **~jet** *pf*. (*-jedu*) vorfahren; *Kfz*. überholen.

předjím|at *s. předejmout*; **~ka** *f* (*1c*; *-mek*) Vorwegnahme *f*.

předjížd|ění *n* (*3*) Überholen *n*; *zákaz* ~ Überholverbot *n*; **~ět** (*3 Pl*. *-ějí*) *s. předjet*.

předklád|ací Vorlage-; **~at** *s. předložit*.

před|klánět (*3 Pl*. *-ějí*), **~klonit** *pf*. vorbeugen; **~klon** *m* (*2a*) Vorbeugen *n*; *Tech*. Überhang *m*; **~klonný** *Gr*. proklitisch; **~kové** *s. předek*; **~kožka** *f* (*1c*; *-žek*) Vorhaut *f*; **~krm** *m* (*2a*) Vorspeise *f*; **~kupní** Vorkaufs-.

před|loha *f* (*1b*) Vorlage *f*; (*Gesetz-*) Entwurf *m*; *Tech*. Vorgelege *n*; **~loktí** *n* (*3*) Unterarm *m*; **~loni** *Adv*., **~loňský** *Adj*. vor zwei Jahren.

předlouhý (*Adv*. *-ho*/*-ze*) überlang.

předlož|ení *n* (*3*) Vorlage *f*, Einreichung *f*; **~it** *pf*. vorlegen; *Ausweis* vorzeigen; *Speise* vorsetzen; **~ka** *f* (*1c*; *-žek*) *Gr*. Präposition *f*; (*Bett-*)Vorleger *m*.

předluž|ený überschuldet; *Hdl* passiv; **~it** *pf*. überschulden.

předměst|í *n* (*3*) Vorstadt *f*; **~ský** Vorstadt-.

předmět *m* (*2*; *6*. *-u*/*-ě*) Gegenstand *m*; *Hdl*. Artikel *m*; *Gr*. Objekt *n*, Ergänzung *f*; **~ný** gegenständlich; Fach- (*Studium*); *Gr*. Objekt-.

předminul|ost *f* (*4*) Vorvergangenheit *f*; **~ý** vorvergangen; ~ *čas Gr*. Plusquamperfekt *n*.

před|mluva *f* (*1*) Vorrede *f*, Vorwort *n*; **~mostí** *n* (*3*) Brückenkopf *m*; **~nártí** *n* (*3*) *Anat*. Mittelfuß *m*; **~našeč**, **~nášeč** *m* (*3*), **~nášející** *m* (*Adj*. *4*) Vortragende(r) *m*; **~nášet** ⟨*od-*, *za- si*⟩ (*3 Pl*. *-ejí*) vortragen; Vorlesung(en) halten, lesen; **~náška** *f* (*1c*; *-šek*) Vortrag *m*; Vorlesung *f*, Kolleg *n*; **~ně** vor allem, zuerst; **~nedávnem** vor kurzem; **~nější** vordere; *Komp*. wichtiger; vorrangig; **~nes** *m* (*2a*) Vortrag(sweise *f*) *m*; *Rdf*. Wiedergabe *f*; **~nést** *pf*. (*-nesu*) vortragen; vorbringen.

přední vordere, Vorder-; vornehm (-lich); führend; *Flgw*. Bug-; *Mil*. Außen-; ~ *stráž* Vorposten *m*; ~ *dělník* Vorarbeiter *m*.

před|nice *f* (*2a*) Vorderteil *n od*. *m*; **~nos** *m* (*2a*) *Turn*. Schwebestütz *m*.

přednost *f* (*4*) Vorrang *m*, Vorzug *f*; *Kfz*. Vorfahrt *f*; **~a** *m* (*5*) Vorsteher *m*, Leiter *m*; **~ka** *f* (*1c*; *-tek*) Vorsteherin *f*; **~ně** *Adv*. vorzugsweise; vorweg-; **~ní** Vorzugs-, Vorrang-; ~ *vyřízení* Vorwegnahme *f*.

přednož|it *pf*. *Turn*. vorspreizen; **~ka** *f* (*1c*; *-žek*) *Turn*. Kehre *f*; **~mo** *Adv*. beim Vorspreizen, mit Vorhalte der Beine.

předoasijský [-azij-] vorderasiatisch.

předobraz *m* (*2*; *6.* *-e*/*-u*) Vorbild *n*, Symbol *n*.
předobr|otivý überaus gütig; **~ý** (*Adv.* *-ře*) herzensgut; sehr gut.
před|okenní vor dem Fenster (befindlich); **~olympijský** vorolympisch.
předovka *f* (*1c*; *-vek*) Vorderlader *m*.
před|palubí *n* (*3*) Vorderdeck *n*; **~pažit** *pf.* *Arme* vorstrecken; **~pecí** *n* (*3*) Vorherd *m*; *Tech.* Vorfeuerung *f*; **~peklí** *n* (*3*) Vorhölle *f*; **~pětí** *n* (*3*) *El.* Vorspannung *f*.
předpis *m* (*2*; *6.* *-e*/*-u*) Vorschrift *f*; (*Koch-*)Rezept *f*; *Med.* An-, Verordnung *f*; **~ovat** (*-suji*) *s.* *předepsat.*
před|pjatý vorgespannt; Spann- (*Beton*); **~placení** *n* (*3*) Abonnement *n*, Anrecht *n*; **~plácet** (*3 Pl.* *-eji*), **~platit** *pf.* (*-cen*) abonnieren, vorausbezahlen; **~platitel** *m* (*3*; *-é*), **-lka** *f* (*1c*; *-lek*) Abonnent(in *f*) *m*; **~platné** *n* (*Adj.* *3*) Bezugspreis *m*; Vorausbezahlung *f*; **~platní** Abonnements-, Dauer-; **~pojatý** voreingenommen.
předpo|klad *m* (*2a*) Voraussetzung *f*; **~kládat** voraussetzen; annehmen; **~** *o kom něco* j-m et. zumuten.
před|pokoj *m* (*4*) Vorzimmer *n*; **~polední** Vormittags-; **~polí** *n* (*3*) Vorfeld *n*; **~pona** *f* (*1*) *Gr.* Vorsilbe *f*, Präfix *n*; **~poslední** vorletzte(r); **~potopní** vorsintflutlich; **~pověď** *f* (*4a*; *-di*) Vorhersage *f*; **~povědět** *pf.* (*s.* *vědět*), **~povídat** voraussagen, prophezeien, weissagen; **~povídaní** *n* (*3*) Weissagung *f*; **~prodej** *m* (*4*) Vorverkauf *m*; **~prodejna** *f* (*1*; *-jen*) Vorverkaufsstelle *f*; **~prseň** *f* (*3*; *-sně*) Brüstung *f*; Brustwehr *f*; **~předevčírem** vorvorgestern.
předrahý (*Adv.* -ho/-ze) sehr teuer; liebst.
předrážd|ěný überreizt; **~it** *pf.* [überreizen.]
předraž|ení *n* (*3*) Überteuerung *f*; **~it** *pf.*, **~ovat** (*-žuji*) überteuern, zu teuer verkaufen; **~ování** *n* (*3*) Preistreiberei *f*.
předrážka *f* (*1c*; *-žek*) *Mus.* Vorschlag *m*; *Typ.* Vorzeichnung *f*.
předrž|ení *n* (*3*) Überschreiten *n*; Überdauern *n*; **~et** *pf.*, **~ovat** (*-žuji*) überschreiten; überdauern, überstehen; zu lange halten.
předřečník *m* (*1a*) Vorredner *m*.
předřík|(áv)at vorsagen, vorsprechen; **~ávač** *m* (*3*) Vorbeter *m*.
předřít *pf.* (*-dřu*, *-dřel*) durchscheuern; **~** se sich überarbeiten.
před|sálí *n* (*3*) Vorsaal *m*; **~seda** *m* (*5*) Vorsitzende(r) *m*; (*Vereins-*) Obmann *m*; *ministerský* **~** Ministerpräsident *m*; **~** *závodní rady* Betriebsratsvorsitzende(r).
předsed|at (*č-u*) den Vorsitz führen (bei *D*); **~kyně** *f* (*2b*) Vorsitzende *f*; **~nický** Vorstands-; **~nictví** *n* (*3*) Vorsitz *m*; **~nictvo** *n* (*1*; *-tev*) Vorstand *m*, Präsidium *n*; *Pol.* Exekutivkomitee *n*.
předsevz|etí *n* (*3*) Vorsatz *m*, Vorhaben *n*; **~ít** *pf.* (*s.* *vzít*): **~** *si* (*co*) sich vornehmen (*A*).
před|síň *f* (*3*) Vorhalle *f*; (*Haus-*) Flur *m*, Diele *f*; **~skok** *m* (*2b*) *Sp.* Vorsprung *m*; **~stava** *f* (*1*) Vorstellung *f*, Begriff *m*, Idee *f*.
představ|ení *n* (*3*) *Thea.* Vorstellung *f*, Aufführung *f*; **~enstvo** *n* (*1*; *-stev*) *koll.* Vorstand *m*; **~ený** *m* (*Adj.* *1*) Vorgesetzte(r) *m*; Vorsteher *m*; **~it** *pf.*, **~ovat** (*-vuji*) vorstellen; darstellen; **~itel** *m* (*3*; *-é*), **-lka** *f* (*1c*; *-lek*) *Thea.* Darsteller(in *f*) *m*; Repräsentant(in *f*) *m*; **~ivost** *f* (*4*) Vorstellungsvermögen *n*.
předstih *m* (*2b*) Überholung *f*; Vorsprung *m*; *Tech.* Vorzündung *f*; **~nout** *pf.* (*-hl*; *-žen*), **~ovat** (*-huji*) übertreffen, überholen; zuvorkommen (*D*).
předstír|ání *n* (*3*) Vorspiegelung *f* (falscher Tatsachen), Vortäuschung *f*; **~at** vortäuschen, F *j-m et.* vormachen.
před|stižený überholt; **~stojný**: *-ná žláza* Vorsteherdrüse *f*; **~stoupit** *pf.*, **~stupovat** (*-puji*) vortreten; **~stupeň** *m* (*4a*; *-pně*) Vorstufe *f*; **~sudek** *m* (*2b*; *-dk-*) Vorurteil *n*; *bez -dku* vorurteilslos, unbefangen.
předsu|nout *pf.*, **~novat** (*-nuji*) vorschieben; **~nutý** vorgeschoben; **~vka** *f* (*1c*; *-vek*) Vorsetzung *f* *e-s Buchstabens od. e-r Silbe.*
před|školní vorschulpflichtig, Vorschul-; **~taktí** *n* (*3*) Auftakt *m*.
předtan|čit *pf.* vortanzen; **~ečník** *m* (*1a*) Vortänzer *m*.
před|tím vorher, zuvor; **~tisk** *m* (*2b*) Vordruck *m*; **~tucha** *f* (*1b*) Vorahnung *f*.

předurč|ení *n* (*3*) Vorherbestimmung *f*; **~it** *pf.* vorher-, vorausbestimmen.

předvád|ěcí Vorführungs-; **~ěčka** *f* (*1c*; *-ček*) Vorführdame *f*; **~ět** (*3 Pl. -ějí*) *s. předvést.*

před|válečný Vorkriegs-; **~vánoční** vorweihnachtlich.

předvčerejš|ek *m* (*2*; *-šk-*; *2. -ška*) Vorgestern *n*; **~í** vorgestrig.

před|včírem *s. předevčírem*; **~večer** *m* (*2a*; *2. -a*) Vorabend *m*; *svatební* ~ Polterabend; **~vedení** *n* (*3*) Vorführung *f*; **~věký** prähistorisch; **~velikonoční** vorösterlich; **~vést** *pf.* (*s. vést*) vorführen; **~věst** *f* (*4*) Vorsignal *n*; **~větí** *n* (*3*) Vordersatz *m*.

předvíd|at voraus-, vorhersehen; **~avost** *f* (*4*) Voraussicht *f*; **~avý** vorausblickend.

předvoj *m* (*4*) Vorhut *f*, Vortrupp *m*; **~enský** vormilitärisch.

předvol|ání *n* (*3*) Vorladung *f*; **~(áv)at** vorladen.

před|volební vor der Wahl (stattfindend); ~ *propaganda* Wahlpropaganda *f*; **~zápas** *m* (*2*; *6. -e*/*-u*) *Sp.* Vorkampf *m*; **~znamenání** *n* (*3*) Vorzeichen *n*; **~zpěvovat** (*-vuji*) vorsingen; **~zvěst** *f* (*4*) Vorzeichen *n*, *fig.* Vorbote *m*; **~žňový** vor der Ernte.

pře|exponovat *pf.* (*-nuji*) überbelichten; **~formovat** *pf.* (*-muji*) umformen; **~háně̌t** (*3 Pl. -ějí*) übertreiben; **~háňka** *f* (*1c*; *-něk*) Regenschauer *m*; **~házet** *s. přehodit*; **~hláska** *f* (*1c*; *-sek*) Umlaut *m*; **~hlasovat** *pf.* (*-suji*) überstimmen; *Gr.* umlauten.

přehled *m* (*2a*) Übersicht *f*, Überblick *m*; **~nost** *f* (*4*) Übersichtlichkeit *f*.

přehléd|nout *pf.* (*-dl*; *-dnut*) überblicken, überschauen, übersehen; durchsehen; überprüfen; ~ *se* sich versehen; **~nutelný** übersehbar, überschaubar; **~nutí** *n* (*3*) Durchsicht *f*; Versehen *n*.

pře|hledný übersichtlich, Übersichts-; **~hlídka** *f* (*1c*; *-dek*) Besichtigung *f*; *Hdl.* Durchsicht *f*, Revision *f*; *Mil.* Appell *m*; Truppenparade *f*; (*Moden-*, *Sport-*)Schau *f*.

přehlíž|et (*3 Pl. -ejí*) überschauen; nicht beachten, übersehen; verkennen, mißachten; **~itel** *m* (*3*; *-é*) Prüfer *m*, Revisor *m*.

přehluboký sehr tief, *lit.* abgrundtief.

přehluš|it *pf.*, **~ovat** (*-šuji*) übertönen; *Gewissen* betäuben.

pře|hmat *m* (*2a*) Fehlgriff *m*; Übergriff *m*; *Turn.* Griffwechsel *m*; **~hmátnout** *pf.* den Griff wechseln; ~ *se* sich vergreifen, danebengreifen; **~hnaný** übertrieben; **~hnat** *pf.* (*-ženu*) vorübertreiben; F *et.* zu weit treiben; ~ *se* vorüberjagen (*v*/*i*); sich verziehen; **~hnout** *pf.* umlegen; *Tech.* falzen; F übers Knie legen; **~hodit** *pf.* (*-zen*) überwerfen; *Kfz. Gang* umschalten; *Ball* hinüberwerfen; *Beine* übereinanderschlagen.

přehodno|cení *n* (*3*) Umwertung *f*; **~covat** (*-cuji*), **~tit** *pf.* (*-cen*) umwerten.

pře|hojný überreich(lich), sehr reichlich; **~horlivý** übereifrig; **~houpnout se** *pf.* (*-pl*; *-pnut*) sich hinüberschwingen; **~hoz** *m* (*2*; *6. -u*/*-e*) Überwurf *m*, Umhang *m*.

přehrab|at *pf.* (*-u*), **~ovat** (*-buji*) nachrechen; ~ *se v čem* (herum-)wühlen (in *D*).

přehrad|a *f* (*1*) Talsperre *f*; Scheidewand *f*; Verschlag *m*; (*Zoll-*)Schranke *f*; **~it** *pf.* (*-zen*) abdämmen; *Straße* sperren; *mit Brettern* verschalen.

přehrá|(va)t (*pf. s. hrát*) durchspielen; *Platte* (ab)spielen; **~vka** *f* (*1c*; *-vek*) Vorspielen *n*.

přehrazovat (*-zuji*) *s. přehradit.*

přehrn|out *pf.*, **~ovat** (*-nuji*) umstülpen; *Kragen* umlegen; *Getreide* umwerfen.

přehršle P *f*/*pl.* (*2*) alle Hände voll.

pře|hryzat (*-žu*/*-zám*), **~hryznout** *pf.* (*-zl*; *-znut*), **~hrýzt** *pf.* (*-hryzu*) durchnagen; **~hřát** *pf.* (*-hřeji*), **~hřívat** überhitzen; ~ *se* heißlaufen; **~hřátí** *n* (*3*) Überhitzung *f*; **~hřátý** überhitzt; *Motor*: heißgelaufen; **~hyb** *m* (*2a*) Bug *m*, Biegung *f*; Falz *m*; **~hýbat** umbiegen, falzen; **~cházet** (*3 Pl. -ejí*) überschreiten; übergehen; auf- und abgehen; *Jagdw.* wechseln; **~chlazený** tiefgekühlt; unterkühlt.

přechod *m* (*2a*) Übergang *m*; Wechseljahre *n*/*pl.*; **~it** *Krankheit* überstehen; herumgehen; **~ní** Übergangs-; **~ník** *m* (*2b*) *Gr.* Transgressiv *m*; **~ný** vorübergehend, Übergangs-; *Gr.* transitiv.

přechováv|ač *m (3),* **~ačka** *f (1c; -ček)* Hehler(in *f*) *m*; **~ání** *n (3)* Hehlerei *f*; Verwahrung *f*; **~at** verwahren, aufbewahren; beherbergen; **~atel** *m (3; -é)* Hehler *m*; Quartiergeber *m*.

přechválit *pf.* (*si*) über alle Maßen loben.

přechýl|ený *Gr.* abgeleitet; **~it** *pf.* vornüberneigen, vorbeugen.

pře|jedení *n (3)* Überessen *n*; **~jet** *pf.* (*-jedu, -jel*) (*co*) vorüberfahren (an *D*); überqueren (*A*); überfahren (*A*); **~jezd** *m (2; 6. -u/-ě)* Überfahrt *f*; Bahnübergang *m*.

přej|i *s. přát*; **~ící, ~ícný** wohlwollend; freigebig.

přejím|ací Übernahme-; **~ač** *m (3) s. přejímatel*; **~ání** *n (3)* Übernahme *f*; *Gr.* Entlehnung *f*; **~at** übernehmen, abnehmen; *Gr.* entlehnen; **~atel** *m (3; -é)* Übernehmer *m*; **~atelna** *f (1; -len)* Übernahmestelle *f*; **~ka** *f (1c; -mek)* Übernahme *f*, Abnahme *f*.

pře|jinačit *pf.* P verändern, abändern; **~jíst se** *pf.* (*s. jíst*) sich überessen (*č-o* an *D*); **~jít** *pf.* (*s. jít*) vorübergehen, vergehen; (hin-) übergehen; überqueren, überschreiten (*A*); übergehen; *Text* durchgehen, -sehen; **~jíždět** (*3 Pl. -ějí*) *s. přejet*; **~jmenovat** *pf.* (*-nuji*) umbenennen; **~jmout** *pf.* (*-jal*) *s. přejímat.*

překap|at *pf.* (*-u/-ám*) destillieren; **~ávací** Destillier-; **~ávání** *n (3)* Destillation *f*; **~ávat** *s. překapat.*

překazit *pf.* (*-žen*) vereiteln, verhindern.

překažení *n (3)* Hintertreibung *f*.

překáž|et (*3 Pl. -ejí*) (*k-u, č-u*) (be-) hindern, hemmen (*A*); **~ka** *f (1c; -žek)* Hindernis *n*; **~kář** *m (3) Sp.* Hindernisläufer *m*; **~kový** Hindernis-, Hürden-.

pře|klad *m (2; 6. -u/-ě)* Übersetzung *f*; **~kládací** Übersetzungs-; *Esb.* Umlade-; **~kládat** übersetzen; *Esb.* umladen; *Gleise* verlegen; *Termin* verschieben; falten, umlegen; **~kladatel** *m (3; -é),* **-lka** *f (1c; -lek)* Übersetzer(in *f*) *m*; **~kladiště** *n (2a)* Umschlagplatz, -hafen *m*; *zvýšené* ~ Verladerampe *f*; **~kládka** *f (1c; -dek)* Umladen *n*; Verlegen *n* *von Gleisen*; **~kladní** *Hdl.* Umschlags-.

překláp|ěcí Kipp-; **~ět** (*3 Pl. -ějí*) *s. překlopit.*

překlenout *pf.* überwölben; *fig.* überbrücken.

překlep *m (2a),* **~nutí** *n (3)* Tippfehler *m*; **~nout se** *pf.* (*-pl; -pnut*) sich vertippen.

překliž|ka *f (1c; -žek)* Sperrholz (-platte *f*) *n*; **~ovat** (*-žuji*) sperren.

překlo|nit se *pf.* sich hinüberneigen, sich lehnen; **~pit** *pf.* *v/t* (um-) kippen; ~ se umkippen, stürzen (*v/i*); *Mar.* kentern; **~pný** Kipp-.

překon|ání *n (3)* Überwindung *f*, Bewältigung *f*; **~aný** überholt; **~(áv)at** überwinden; *Vergangenheit* bewältigen; *Rekord* brechen; *Leistung* überbieten; übertreffen (*v čem* in *D*); *Sp.* überspielen.

překon|struovat *pf.* (*-uuji*) umbauen; **~trolovat** *pf.* (*-luji*) nachprüfen.

překop *m (2a)* Querschlag *m*; **~(áv)at** (*pf. -u/-ám*) umgraben; **~ávka** *f (1c; -vek)* Erdarbeit *f*; (*Damm-*) Durchstich *m*.

překot *m (2a)* Überschlag *m*, *Turn.* Kippe *f*; *o* ~ um die Wette; *utíkat o* ~ Hals über Kopf fliehen; **~em** kopfüber; in Eile; **~it** (*-cen*) umwerfen; ~ se umfallen, sich überschlagen; *Boot*: kentern; **~nost** *f (4)* Hast *f*; **~ný** übereilt, hastig, *fig.* wild.

překous|at *pf.* (*-šu/-sám*), **~nout** *pf.* (*-sl; -snut*) durchbeißen.

pře|kračovat (*-čuji*) überschreiten; *Plan* übererfüllen; **~krásný** wunderschön; **~krmit** *pf.* überfüttern.

překro|čit *pf.*, **~čovat** (*-čuji*) überschreiten; *Preis* überbieten; *Gesetz* übertreten; *Plan* übererfüllen; **~jit** *pf.* durchschneiden.

překrou|cení *n (3)* Verdrehung *f*; **~tit** *pf.* (*-cen*) über-, verdrehen; *Text* entstellen; *Hahn* überdrehen.

překrucovat (*-cuji*) *s. překroutit.*

překrv|ení *n (3)* Blutandrang *m*; **~ený** hyperämisch; **~it se** *pf.* sich mit Blut überfüllen.

překři|čet *pf.*, **~knout** *pf.* (*-kl; -knut*), **~kovat** (*-kuji*) *j-n, et.* überschreien; *Redner* niederschreien.

překup|ník *m (1a),* **~nice** *f (2a)* Wiederverkäufer(in *f*) *m*.

překvap|ení *n (3)* Überraschung *f*;

~it *pf.*, **~ovat** (*-puji*) überraschen; **~ivý, ~ující** überraschend.

překyp|ět *pf.*, **~ovat** (*-puje*) überquellen; überkochen; *vor Gesundheit* strotzen; **~ující** überschwenglich; strotzend.

pře|ladit *pf.* nach-, umstimmen; **~lakovat** *pf.* (*-kuji*) frisch lackieren, nachlackieren; **~lámat** *pf.* (*-u*) *s. přelomit*; **~lepit** *pf.*, **~lepovat** (*-puji*) überkleben; **~leštit** *pf.* nachpolieren; **~let** *m* (*2a*) Überfliegen *n*; **~létat, ~letět** *pf.*, **~létnout** *pf.* (*-tl*; *-tnut*), **~letovat** (*-tuji*) überfliegen; **~lévat** *s. přelít*; **~levný** spottbillig; **~léz(a)t** (*pf.* *-lezu*) kriechen, klettern (*co* über *A*).

přelež|elý wundgelegen; *Stoff*: verlegen; **~et se** *pf.* sich wund liegen; verliegen.

pře|lhat *pf.* (*-lžu*) belügen; **~líbezný** allerliebst; **~líčení** *n* (*3*) Verhandlung *f*.

přelidněn|í *n* (*3*), **~ost** *f* (*4*) Übervölkerung *f*; **~ý** übervölkert.

pře|listovat (*-tuji*) *s. prolistovat*; **~lít** *pf.* (*s. lít*) übergießen; umgießen; **~lítnout** (*-tl*; *-tnut*) *s. přeletět*; **~liv** *m* (*2a*) Haartönung *f*; Haartöner *m*.

přelom *m* (*2a*) Umbruch *m*, Wende *f*; **~it** *pf.* *v/t* zerbrechen; *Halm* knicken; *Fesseln* sprengen; *Typ.* umbrechen; ~ se zerbrechen (*v/i*).

přelož|ení *n* (*3*) Umladung *f*; Verlegung *f*; Versetzung *f in den Ruhestand*; **~it** *pf.* *s. překládat*; versetzen; **~itelný** übersetzbar.

přelst|ění *n* (*3*) Überlistung *f*; **~ít** *pf.* (*-stěn*) überlisten.

přelud *m* (*2a*) Trugbild *n*, *fig.* Wahn *m*.

přemáh|ající überwältigend; *Tätigkeit*: aufreibend; **~ání** *n* (*3*) Überwindung *f*; Überanstrengung *f*; **~at** *s. přemoci*.

přemalovat *pf.* (*-luji*) übermalen.

přemě|na *f* (*1*) Veränderung *f*, Umwandlung *f*; *Chem.* Umsetzung *f*; *látková* ~ Stoffwechsel *m*; **~nit** *pf.* verändern, umwandeln; *Chem.* umsetzen; **~nitelný** wandelbar; *Chem.* überführbar; **~ňovat** (*-ňuji*) *s. přeměnit*.

pře|měřit *pf.* nachmessen; *fig.* messen; **~met** *m* (*2a*) *Turn.* Überschlag *m*, Kehre *f*; *fig.* Sprung *m*; *Flgw.* Looping *m*; **~mílat** *s. přemlít*; **~mil(en)ý** sehr lieb, liebst; **~míra** *f* (*1d*) Übermaß *n*.

přemíst|ění *n* (*3*) Versetzung *f*; *Tech.* Verlegung *f*; *Mil.* Stellungswechsel *m*; **~it** *pf.* (*-ěn*) versetzen; verlegen; *Werk* verlagern; *Stühle* anders stellen.

přemít|ání *n* (*3*) Nachdenken *n*; **~at** ⟨*z-, za-*⟩ nachsinnen, F nachgrübeln; **~avý** nachdenklich, grüblerisch; *Leben*: beschaulich.

přemlít *pf.* (*s. mlít*) ummahlen; P † *a.* bereden.

přemlouv|ání *n* (*3*) Überreden *n*, F Überredungskunst *f*; **~at, přemluvit** *pf.* überreden; umstimmen; *Film* synchronisieren.

přemnoh|o (*č-o*) überaus viele; **~ý** gar mancher; *-ozí* sehr viele.

přemo|ci *pf.* (*s. moci*) überwinden, überwältigen; ~ se sich beherrschen; **~cný** überaus mächtig, *lit.* allgewaltig; **~stit** *pf.* (*-ěn*) überbrücken.

přemoud|rý (*Adv.* *-dře*) überaus klug, *lit.* allweise; **~řelý** *iron.* super-, überklug; *Kind*: altklug; ~ *člověk* Besserwisser *m*.

přemož|ený überwunden; überanstrengt; **~ný** überwindbar, zu überwinden.

přemrštěn|ec *m* (*3*; *-nc-*) *iron.* Geck *m*, F Angeber *m*; **~ost** *f* (*4*) übertriebene Art *f*, *iron.* Geckenhaftigkeit *f*; **~ý** überspannt, verschroben; *Preis*: überhöht.

přemrzlý starr (vor Kälte).

přemyk *m* (*2b*) *Turn.* Überschwung *m*; **~ač** *m* (*4*) Umschalter *m*.

přemyslit *pf.* (*-šlen*): ~ *si* (*co*) sich überlegen (*A*).

přemýšl|ení *n* (*3*): *bez* ~ ohne zu überlegen; *to dá* ~ das gibt zu denken; **~et** ⟨*po-, za- si*⟩ (*3 Pl.* *-ejí*) (*o čem*) nachdenken (über *A*), überlegen (*A*); **~ivý** nachdenklich.

přenáhl|ení *n* (*3*) Überstürzung *f*; **~ený** übereilt, überstürzt; **~it se** *pf.* (*s čím*) übereilen, überstürzen (*A*).

pře|náramný riesig, gewaltig; **~nášeč, ~našeč** *1. m* (*3*) Überträger *m*; *2. m* (*4*) *El.* Übertrager *m*, Umsetzer *m*.

přenáš|ení *n* (*3*) Übertragung *f*; **~et** (*3 Pl.* *-ejí*) übertragen; ~ se sich fortpflanzen; sich vererben; **~ka** *f* (*1c*; *-šek*) *Hdl.* Übertrag *m*.

přend(áv)at (hin)geben, stellen, nehmen; *Möbel* umstellen.

přenech(áv)at *j-m et.* überlassen; *j-m et.* abtreten.
přenesen|í *n (3)* Übertragung *f*; *Med.* Transplantation *f*; **~ý** übertragen; *Mus.* transponiert.
přenést *pf.* (*s. nést*) übertragen; *Sitz* verlegen; *Gegenstand* hinübertragen; *fig.* ~ *přes srdce* übers Herz bringen; ~ se übergreifen; ~ se *do minulosti* sich in die Vergangenheit zurückversetzen.
přenocovat *(im)pf.* *(-cuji)* übernachten.
přenos *m (2; 6. -u/-e) Rdf.* Übertragung *f*; *Hdl.* Übertrag *m*; **~ka** *f* *(1c; -sek)* Tonabnehmer *m*; **~ný** übertragbar, transportabel; *Med.* ansteckend.
přeočkov|ání *n (3)* Nachimpfung *f*; **~at** *pf.* *(-kuji)* nachimpfen.
přeochotný übereifrig.
přeor|(áv)at (*pf.* *-ám/-ořu*) umpflügen; **~ganizovat** [-nı-] *pf.* *(-zuji)* um-, reorganisieren; **~ientovat** *pf.* *(-tuji)* umorientieren; ~ se sich umstellen.
přepad *m (2a)* Überfall *m*; *Mil.* Handstreich *m*; **~(áv)at** überfallen *(A)*, herfallen (über *A*); P überrumpeln *(A)*; **~ení** *n (3)* Überfall *m*; **~lý** abgemagert; **~nout** *pf. s. přepadat*; **~ový** Überfall-.
pře|pálit *pf.*, **~palovat** *(-luji)* überhitzen; *Ofen* überheizen; verbrennen *(A)*; ~ se verbrennen *(v/i)*; *El.* durchbrennen *(v/i)*; **~pásat** *pf.* *(-šu/-sám)* umgürten.
přepaž|ení *n (3)* Verschalung *f*, Verschlag *m*; **~it** *pf.* verschalen.
pře|pážka *f (1c; -žek)* Schalter *m*; Scheide-, Trennwand *f*; **~péci** *pf.* (*s. péci*), **~pékat** zuviel backen *od.* braten; überbacken; **~pepřit** *pf.* zu stark pfeffern; **~pětí** *n (3)* Überspannung *f*; **~pichovat** *(-chuji)* umstechen; **~pilovat** *pf.* *(-luji)* durchfeilen.
přepín|ač *m (4) El.* Schalter *m*; **~at** überspannen; überanstrengen; *El.* (um)schalten; *Rock* überschlagen; ~ se sich überanstrengen.
přepírat (nochmals) durchwaschen.
přepis *m (2; 6. -e/-u)* Umschreiben *n*; Abschrift *f*; *Gr.* Transkription *f*; ~ *na čisto* Reinschrift; **~ovat** *(-suji)* *s. přepsat.*
přepít se *pf.* *(-piji)* zuviel trinken, F (es) satt haben.
pře|pjatý überspannt; *Gefühl*: überschwenglich; **~plácaný** *dial.* überladen; **~placení** *n (3)* Überzahlung *f*; **~placený** zuviel bezahlt, überzahlt; **~plácet** *(3 Pl. -ejí) s. přeplatit*; **~platek** *m (2b; -tk-)* überzahlter Betrag *m*, Überzahlung *f*; **~platit** *pf.* *(-cen)* überzahlen; **~plavat** *pf.* *(-u)* durchschwimmen; **~plavit** *pf.* *über ein Gewässer* übersetzen (se *v/i*).
přepl|něný überfüllt; **~nit** *pf.* *(-ěn)*, **~ňovat** *(-ňuji)* überfüllen.
pře|plout *pf.* *(-pluji)* hinüberschwimmen; überqueren; **~pnout** *pf.* *(-pjal/-pnul)* überspannen; *El.* umschalten; **~pnutí** *n (3) s. přepětí.*
přepoč|et *m (2a; -čt-)* Umrechnung *f*; *Hdl.* Nachkalkulation *f*; **~íst** *pf.* (*s. číst*) um-, be-, nachrechnen, nachzählen; ~ se sich verrechnen; **~ítací** Umrechnungs-; **~ítat** *s. přepočíst.*
pře|podivný sehr sonderbar; **~podstatnění** *n (3)* Umgestaltung *f*; *Rel.* Wandlung *f*.
přepoj|it *pf.*, **~ovat** *(-juji)* umschalten; **~ovač** *m (4)* Umschalter *m*.
přepona *f (1)* Hypotenuse *f*.
přepouštět *(3 Pl. -ějí) s. přepustit.*
přepracov|ání *n (3)* Neubearbeitung *f*; Überarbeitung *f*; **~aný** umgearbeitet, neu bearbeitet; überarbeitet; **~at** *pf.* *(-cuji)* umarbeiten; ~ se sich überarbeiten.
přeprav|a *f (1)* Beförderung *f*, Transport *m*; **~ce** *m (3)* Spediteur *m*; **~ení** *n (3) s. přeprava*; **~it** *pf.* befördern, transportieren; **~né** *n* *(Adj. 3)* Beförderungsgebühr *f*, Transportkosten *pl.*; **~ní** Fracht-; **~nictví** *n (3)* Transportwesen *n*; **~ovat** *(-vuji) s. přepravit.*
pře|prchávat zeitweise regnen; **~prška** *f (1c; -šek)* Regenschauer *m*; **~přahat, ~přáhnout** *pf.* *(-hl; -žen)* umspannen.
přeps|ání *n (3)* Abschrift *f*; Schreibfehler *m*; **~at** *pf.* (*s. psát*) umschreiben, noch einmal schreiben.
přept|ání *n (3)* Nachfrage *f*, Erkundigung *f*; **~(áv)at se** (*na k-o, po kom, po čem*) nachfragen, sich erkundigen (nach *D*).
pře|půlit *pf.* halbieren; **~pustit** *pf.* *(-štěn)* überlassen; *Kochk.* zerlassen.
přepych *m (2b)* Prunk *m*, Luxus *m*; **~ový** Luxus-, luxuriös.
pře|razit *pf.* *(-žen)*, **~rážet** *(3 Pl.*

-ejí) (zer)brechen, zerschlagen; ~ se (zer)brechen (*v/i*); **~razítkovat** *pf.* (*-kuji*) (über)stempeln; **~rod** *m* (*2a*) Umwandlung *f*; **~rostlý** zu hoch gewachsen, F aufgeschossen; **~rovnat** *pf.* umordnen, *öst.* umschlichten; **~růst(at)** (*pf. s. růst*) hinauswachsen über (*A*); *fig.* hineinwachsen.

přeruš|ení *n* (*3*) Unterbrechung *f*; *Pol.*, *Sp.* Abbruch *m*; ~ *jízdy* Fahrtunterbrechung; **~it** *pf.* unterbrechen; *Strom* ausschalten; *Pol.*, *Sp.* abbrechen; **~ovač** *m* (*4*) Unterbrecher *m*; **~ovat** (*-šuji*) *s. přerušit*.

přerv|a *f* (*1*; *-rev*) *lit.* Unterbrechung *f*; **~at** *pf.* (*-rvu*) *v/t* zerreißen; *fig.* abbrechen.

přerý|t *pf.* (*-ryji*), **~vat** umgraben; unterbrechen; ~ se *El.* intermittieren; **~vka** *f* (*1c*; *-vek*) Zäsur *f*; *Mus.* Atempause *f*.

pře|řadit *pf.* (*-děn/-zen*) umstellen, umdisponieren; *El.* umschalten; einstufen; **~řeknout se** (*-kl*) sich versprechen; **~řeknutí** *n* (*3*) Versprechen *n*; **~řezat** *pf. s. přeříznout*; **~říci se** *pf.* (*-řeknu*) *s. přeřeknout se*; **~řík(áv)at** hersagen; *Gedicht* aufsagen; **~říznout** *pf.* (*-zl*; *-znut*) durchschneiden.

přes *Prp.* (*mit 4. Fall*) über *A* (hinweg); trotz (*G*); ~ *noc* über Nacht; ~ *den* tagsüber; jeden zweiten Tag; ~ *moc* übermäßig; ~ *příliš* allzusehr, viel zuviel; *páté* ~ *deváté* F drunter und drüber; ~ *zákaz* trotz Verbot; *pracovat* ~ *čas* Überstunden machen; *~e vše(chno)* trotz allem; F *jeden ~!* e-n Umsteiger!

pře|sadit *pf.* (*-zen*) umsetzen; *Schüler* versetzen; **~sáhnout** *pf.* (*-hl*; *-sažen*), **~sahovat** (*-huji*) überragen, übersteigen; **~sázet** (*3 Pl. -ejí*) *s. přesadit*; **~sazení**, **~sazování** *n* (*3*) Versetzung *f*.

přesčas *m* (*2*; *-e/-u*) Überstunde *f*.

přese *s. přes*.

přesed|at *pf.* umsteigen; *Turn.* umsitzen; **~ět si** *pf.* (*-den/-zen*) (*co*) *Beine*: einschlafen; **~lat** *pf.* umsatteln; **~nout** *pf.* (*-dl*) umsteigen; ~ *si kam* sich auf e-n anderen Platz setzen.

přesek|at *pf.*, **~nout** *pf.* (*-kl*; *-knut*) durchhauen, durchhacken.

přesch|lý zu trocken (geworden); **~nout** *pf.* (*-chl*) zu trocken werden, vertrocknen.

přesídl|enec *m* (*3*; *-nc-*) Umsiedler *m*; **~ení** *n* (*3*) Übersiedlung *f*; **~it** *pf.* übersiedeln (*v/i*); umsiedeln.

pře|sila *f* (*1a*) Übermacht *f*; **~sí(va)t** (*pf. s. sít*) durchsieben; **~skáčka**: *na -ku* sprungweise; abwechselnd; **~skakovat** (*-kuji*), **~skočit** *pf.* überspringen; *Feuer*: übergreifen; *přeskočilo mu iron.* er ist übergeschnappt; **~skok** *m* (*2b*) Überspringen *n*, Hüpfen *n*; *El.* Überschlag *m*; ~ *skrčmo Turn.* Hocke *f*.

přeskup|ení *n* (*3*) Umgruppierung *f*; **~it** *pf.*, **~ovat** (*-puji*) umgruppieren.

přesla|bikovat *pf.* (*-kuji*) (durch-) buchstabieren; **~dit** *pf.* (*-zen*) übersüßen; **~vný** ruhmreich, hochberühmt.

přeslechnout *pf.* (*-chl*; *-chnut*) überhören; ~ se sich verhören.

přesl|en *m* (*2a*) Spindelrolle *f*, Wirtel *m*; *Bot.* Quirl *m*; **~ice** *f* (*2a*) Spinnrocken *m*, Kunkel *f*; *po -ci* in weiblicher Linie, mütterlicherseits; **~ička** *f* (*1c*; *-ček*) Schachtelhalm *m*.

přesmeknout *pf.* (*-kl*) versetzen, verschieben.

přesmíru über alle Maßen.

přesmyk *m* (*2b*) Verschiebung *f*; **~nout** *pf.* (*-kl*; *-knut*) umstellen, verschieben; ~ se ausgleiten; überspringen.

přesně *Adv.* genau, pünktlich.

přesnice † *f/pl.* (*2a*) ungesäuertes Brot *n*.

přesnídavka *f* (*1c*; *-vek*) zweites Frühstück *n*, Gabelfrühstück *n*, *öst.* Jause *f*.

přes|nost *f* (*4*) Genauigkeit *f*, Pünktlichkeit *f*; **~ný** genau, pünktlich.

pře|solit *pf.* versalzen; **~spání** *n* (*3*) Übernachten *n*; **~sp(áv)at** (*pf. s. spát*) übernachten; verschlafen.

přespočet *m* (*2a*; *-čt-*) Überzahl *f*; **~ný** überzählig, Über-, Mehr-.

přespolní auswärtig; Land-; Überland-; ~ *let* Überlandflug *m*; ~ *běh* Geländelauf *m*; ~ *elektrárna El.* Überlandzentrale *f*.

pře|spříč quer übereinander; **~spříliš** allzusehr, allzuviel, übermäßig; **~stálý** überstanden; *fig.* bestanden; **~stání** *n* (*3*) Aufhören *n*;

bez ~ ununterbrochen, in einem fort, ohne aufzuhören.
přestár|lý überaltert; **~nout** (*im*)*pf.* (*-rnul*/*-rl*) überaltern, zu alt werden.
pře|st(áv)at (*pf. s. stát*³) aufhören; ~ *na čem* sich mit et. begnügen; *ne* ~ andauern; **~stát** *pf.* (*s. stát*²) überstehen, durchmachen.
přestav|a *f* (*1*) Umstellung *f*; *Math.* Permutation *f*; **~ba** *f* (*1*; *-veb*) Umbau *m*; Umstellung *f*, Umgestaltung *f*; **~ení** *n* (*3*) Umstellung *f*; **~ění** *n* (*3*) Umbau *m*; **~ět** *pf.* (*3 Pl. -ějí*) umbauen; **~it** *pf.* umstellen, umgruppieren.
přestáv|ka *f* (*1c*; *-vek*) Pause *f*; *o -vce* in der Pause; *časová* ~ Zeitabstand *m*; ~ *ve vývoji* Stillstand *m*.
pře|stavovat (*-vuji*) *s. přestavět, přestavit*; **~stěhovat** *pf.* (*-huji*) umsiedeln; *Möbel* umstellen; ~ *se* übersiedeln (*v*/*i*), umziehen; **~stlat** *pf.* (*-stelu*) umbetten.
přesto trotzdem, dennoch.
přestoup|ení *n* (*3*) Übertritt *m*; *Jur.* Übertretung *f*, Verstoß *m*; *Esb.* Umsteigen *n*; **~it** *pf. Esb.* umsteigen; *Schwelle* überschreiten; *Gesetz* verletzen; *zu e-m anderen Glauben* übertreten.
přestože obwohl, trotzdem.
pře|strašit *pf. v*/*t* erschrecken; einschüchtern; **~strkat** *pf.* verschieben, umstellen.
přestroj|ení *n* (*3*) Verkleidung *f*; **~it se** *pf.*, **~ovat se** (*-juji*) sich umziehen; sich verkleiden (*za co* als).
přestřel|it *pf.*, **~ovat** (*-luji*) zu hoch schießen, über das Ziel hinausschießen; F übertreiben; **~ka** *f* (*1c*; *-lek*) Schießerei *f*, Feuergefecht *n*.
přestř|íhat, ~ihat, ~ihnout *pf.* (*-hl*; *-žen*) *mit der Schere* durch-, zerschneiden.
přestup *m* (*2a*) Übertritt *m*; *Esb.* Umsteigen *n*; ~ *hranic*(*e*) Grenzübertritt; **~ek** *m* (*2b*; *-pk-*) Übertretung *f*, Vergehen *n*; **~ní** Umsteige-; Übergangs-; **~ný**: ~ *rok* Schaltjahr *n*; **~ovat** (*-puji*) *s. přestoupit.*
přestyd|lý erkältet; erstarrt; **~nout** *pf.* (*-dl*) durchfrieren; *Essen*: kalt werden.
přesun *m* (*2a*) Verschiebung *f*; *Hdl.* Umsetzung *f*; (*Kredit-*)Übertragung *f*; **~out** *pf.* (*-suji, -sul*), **~ovat** (*-nuji*) verschieben; *Hebel* verstellen; *Steuern* umwälzen; **~utí** *n* (*3*) *s. přesun.*
přesvědč|ení *n* (*3*) Überzeugung *f*; **~it** *pf.* überzeugen; **~ivost** *f* (*4*) Überzeugungskraft *f*; **~ivý** überzeugend; **~ovací** Überzeugungs-; *Pol.* Aufklärungs-; **~ovat** (*-čuji*) *s. přesvědčit.*
přesyc|ení *n* (*3*), **~enost** *f* (*4*) Übersättigung *f*; **~ený** (*čím*) übersättigt (mit *D*), überdrüssig (*G*).
pře|syp *m* (*2a*) Düne *f*; **~sýpací** *s. hodiny*; **~sýpat, ~syp(áv)at** (*pf. -u*/*-ám*) umschütten, umfüllen; **~sytit** *pf.* (*-cen*) übersättigen; **~šel** *s. přejít.*
přeší|(va)t (*pf. s. šít*) umändern, umnähen; **~vka** *f* (*1c*; *-vek*) Näharbeit *f*, Umändern *n*; F *a.* geänderte Kleider *n*/*pl.*
přeškoda F (*č-o*) sehr schade (um *A*); F jammerschade.
přeškol|ení *n* (*3*) Umschulung *f*; **~it** *pf.* umschulen; **~ovací** Umschulungs-; **~ovat** (*-luji*) *s. přeškolit.*
přeškrt|at *pf.*, **~nout** *pf.* (*-tl*; *-tnut*) (durch)streichen.
pře|škvařit *pf.* zerlassen; **~šlápnout** *pf.* (*-pl*; *-pnut*) übertreten; **~šlapovat** (*-puji*) von e-m Bein aufs andere treten; trippeln, zappeln; *Tech.* pendeln; stagnieren; **~šlý** vergangen; **~šťastný** überglücklich; **~štípat** *pf.* (*-u*/*-ám*), **~štípnout** *pf.* (*-pl*; *-pnut*), **~štipovat** (*-puji*) durchzwicken; *Holzstück* (zer)spalten; **~švihnout se** *pf.* (*-hl*; *-hnut*) sich hinüberschwingen; **~táčet** (*3 Pl. -ejí*) *s. přetočit*; **~táhnout** *pf.* (*-hl*; *-tažen*), **~tahovat** (*-huji*) (her)überziehen; *Zeit* überschreiten; *Messer* abziehen; *Sp.* abwerben; ~ *holí* e-n Stockhieb versetzen; ~ *se* sich überanstrengen; *Sp.* Tau ziehen.
přeta|vit *pf.*, **~vovat** (*-vuji*) umschmelzen; **~žený** übertrieben.
přeté|ci *pf.* (*s. téci*) überfließen, -strömen; überkochen, -laufen; **~kací** Überlauf-; **~kat** *s. přetéci.*
přetenký hauchdünn.
přetěž|ký überschwer, sehr schwer; **~ování** *n* (*3*) Überforderung *f*; **~ovat** (*-žuji*) *s. přetížit.*
pře|tínat durchhauen, entzweischlagen; *Geom.* schneiden; **~tisk** *m* (*2b*) Nachdruck *m*; *Typ.* Umdruck *m*; **~tisknout** *pf.* (*-kl*; *-štěn*) nach-

drucken; überdrucken; **~tít** *pf.* *přetínat.*

přetíž|ení *n* (*3*) Überlastung *f*; Mehrbelastung *f*; **~ený** überladen; *Mensch*: überanstrengt; **~it** *pf.* *Wagen* überladen, überlasten; *mit Arbeit* überhäufen.

pře|tlak *m* (*2b*) Überdruck *m*; **~tnout** *pf.* (*s. tít*) *s. přetínat.*

přetlumoč|ení *n* (*3*) *lit.* Übertragung *f*; **~it** *pf.* verdolmetschen; *lit. Text* übertragen.

přeto|čit *pf.* *Hahn* überdrehen; *Bier* umfüllen, abzapfen; **~pit** *pf.* überheizen.

přetrh|(áv)at, ~nout *pf.* (*-hl*; *-žen*) *v/t* zerreißen; unter-, abbrechen; (durch)streichen; **~ovaný** unterbrochen.

pře|trpět *pf.* ertragen, erdulden, überstehen; **~trvat** *pf.* überdauern, überleben.

přetrž|ení *n* (*3*) Zerreißen *n*; Unterbrechung *f*; *Tech.* Bruch *m*; **~ený** zer-, gerissen; **~itý** unterbrochen.

pře|trás(a)t (*pf. s. třást*), **~třepat** *pf.* (*-u*/*-ám*) durchschütteln; *Frage* erörtern; P *j-n* durchhecheln; **~třes** *m* (*2a*) Diskussion *f*; *vzít na ~* durch-, besprechen, P aufs Tapet bringen; **~třít** *pf.* (*s. třít*) überstreichen (*A*), fahren (über *A*).

přetvář|et (*3 Pl. -ejí*) *s. přetvořit*; **~ka** *f* (*1c*; *-řek*) Verstellung *f*.

přetvařovat se (*-řuji*) sich verstellen.

pře|tvořit *pf.* umgestalten, umbilden, umformen; **~ubohý** sehr arm, ärmste; **~učený** umgelernt; *iron.* hochgelehrt; **~účtovat** *pf.* (*-tuji*) umbuchen; **~vádět** (*3 Pl. -ějí*) *s. převést*; **~vaha** *f* (*1b*) Übergewicht *n* (*nad čím* über *A*); **~valit** *pf.* umwälzen, umstoßen; *~ se* umfallen; **~vaz** *m* (*2*; *6. -u*/*-e*) Verband *m*; **~vázat** *pf.* (*-žu*/*-ži*) umbinden; *Paket* verschnüren; *Wunde* verbinden; **~vaziště** *n* (*2a*) Verbandplatz *m*; **~vazovat** (*-zuji*) *s. převázat*; **~važek** *m* (*2b*; *-žk-*) Übergewicht *n*, Mehrgewicht *n*.

převáž|ení *n* (*3*) Nachwägen *n*; Transport *m*; **~et** (*3 Pl. -ejí*) *s. převézt*; **~it** *pf.* nachwiegen; vorherrschen; *~ se* das Übergewicht bekommen, sich überschlagen; sich verwiegen; **~ka** *f* (*1c*; *-žek*) Transport *m*; **~ně** *Adv.* über-, vorwiegend; **~ný** überwiegend.

převe|dení *n* (*3*) Überführung *f*; **~lice** überaus, F ungeheuer; **~liký** übergroß, riesig.

pře|věsit *pf.* (*-šen*) umhängen; **~vést** *pf.* (*s. vést*) (hin)überführen; *El.* umleiten; *Hdl.* übertragen; *Math.* (auf)lösen; **~vézt** *pf.* (*s. vézt*) überführen, (hin)bringen; **~víjet** (*3 Pl. -ejí*) wickeln, spulen.

převin|out *pf.*, **~ovat** (*-nuji*) umwickeln; *Kind* trockenlegen.

pře|vis *m* (*2a*) Überhang *m*, (*Fels-*) Vorsprung *m*; **~vít** *pf.* (*s. vít*) *s. převinout*, **~vívat** *Agr.* worfeln, schwingen.

převlád|ající vorherrschend; **~at, ~nout** *pf.* (*-dl*; *-dnut*) vorherrschen, überwiegen; **~nutí** *n* (*3*) Überhandnehmen *n*, Überwiegen *n*.

převléci *pf.* (*s. vléci*) umkleiden; verkleiden.

převleč|ení *n* (*3*) Verkleidung *f*; **~ník** *m* (*1a*) Mantel *m*.

převl|ékárna *f* (*1*; *-ren*) Umkleideraum *m*; **~ékat, ~éknout** *pf.* (*-kl*; *-ečen*), **~íkat** *s. převléci.*

převod *m* (*2*; *6. -u*/*-ě*) Überführung *f*; *Hdl.* Überweisung *f*, Übertragung *f*; *Tech.* Übersetzung *f*; Getriebe *n*; **~itelný** übertragbar; **~ka** *f* (*1c*; *-dek*) Übergabeschein *m*; **~ní** Übertragungs-; Überweisungs-; **~ný** übertragbar; *Hdl.* indossabel; **~ový** Transmissions-.

převor *m* (*1*; *-ové*) Prior *m*.

převoz *m* (*2a*) Überführung *f*, Transport *m*; Fähre *f*; **~né** *n* (*Adj. 3*) Fährgeld *n*; **~ník** *m* (*1a*) Fährmann *m*; **~ný** Fahr-, fahrbar.

převrác|enost *f* (*4*) Verkehrtheit *f*; **~ený** verkehrt; umgestürzt.

převra|cet (*3 Pl. -ejí*) *s. převrátit*; **~t** *m* (*2*; *6. -u*/*-ě*) Umsturz *m*; Umwälzung *f*; *státní ~* Staatsstreich *m*.

převrátit *pf.* (*-cen*) umstürzen, umwälzen, verdrehen; *~ se* umstürzen (*v*/*i*), umfallen; *Schiff*: kentern; *Flgw.* sich überschlagen.

převrat|ný Kipp-; Umsturz-; *fig.* umwälzend; *Math.* Kehr-, reziprok; **~ový** Umsturz-.

pře|vrhnout *pf.* (*-hl*; *-žen*) umwerfen, umstoßen; *~ se* umstürzen, umkippen; **~vrstvit** *pf.* umschichten; **~vtělování** *n* (*3*) Seelenwanderung *f*; **~výchova** *f* (*1*) Umerziehung *f*;

~**vychovat** *pf.* umerziehen; ~**výšit** *pf.*, ~**vyšovat** (*-šuji*) überragen, übersteigen, übertreffen; ~**vzácný** sehr selten.
převz|etí *n* (*3*) Übernahme *f*; ~**ít** *pf.* (*s. vzít*) übernehmen.
přezářit *pf.* überstrahlen.
přezdí|t *pf.* (*3 Pl. -ějí, -dil*), ~**vat** (*k-u*) e-n Spitznamen geben (*D*); ~**vka** *f* (*1c*; *-vek*) Spitzname *m*.
přezim|ování *n* (*3*) Überwintern *n*; ~**ovat** (*im*)*pf.* (*-muji*) überwintern.
přezír|at *s. přezřít*; ~**avý** geringschätzig.
přezka *f* (*1c*; *-zek*) Schnalle *f*.
přezkou|mat *pf.* überprüfen, nachprüfen; ~**šet** *pf.* (*3 Pl. -ejí*) noch einmal (an)probieren; *s. přezkoumat*.
přezmen *m* (*2a*) Schnellwaage *f*.
pře|zou(va)t (**se**) (*pf. -zuji, -zul*) Schuhe wechseln; ~**zpívat** *pf.* zu Ende singen; vorsingen.
přezr|álý, ~**alý** überreif; ~**át** *pf.* (*-zraje*) überreif werden.
pře|zřít *pf.* (*-zřel*) übersehen; ~**zuvka**, ~**zůvka** *f* (*1c*; *-vek*) Überschuh *m*, Galosche *f*; ~**zvat** *pf.* (*-vu*) umbenennen.
přezvěd|ět *pf.* (*s. vědět*) auskundschaften; *Mil.* erkunden; ~**ný** Aufklärungs-, Späh-.
pře|zvídat † *s. přezvědět*; ~**žádoucí** sehr erwünscht; ~**žalostný** überaus kläglich, jammervoll; ~**ž(í)rat** (*pf. -žeru*) durchfressen, zerfressen; ~**žilý**, ~**žitý** überlebt; ~**ží(va)t** (*pf. -žiji*) überleben; ~**žitek** *m* (*2b*; *-tk-*) Überrest *m*; ~**žvýkat** *pf.*, ~**žvykovat** (*-kuji*) wiederkäuen; ~**žvýkavec** *m* (*3*; *-vc-*) Wiederkäuer *m*.
při *Prp.* (*mit 6. Fall*) bei (*D*), an (*D*); während (*G*); ~ *práci* bei der Arbeit; ~ *stole* bei Tisch; ~ *tom* dabei; ~ *světle* bei Licht; *hrát* ~ *zemi Sp.* flach spielen; ~ *smyslech* bei Sinnen; ~ *vší námaze* trotz aller Bemühungen; ~ *vyučování* während des Unterrichts.
při|- *in Zssgn* herbei-, hinzu-, dazu-, ein wenig; ~**balit** *pf.* beipacken, dazupacken; ~**barvit** *pf.* nachfärben; *fig. iron.* frisieren; ~**básnit** *pf.* hinzudichten; andichten (*k-u co j-m A*).
příběh *m* (*2b*) Ereignis *n*, Vorfall *m*, Begebenheit *f*.
při|běhnout *pf.* (*-hl*), ~**bíhat** herbeieilen, P hinlaufen; ~**bíjet** (*3 Pl. -ejí*) *s. přibít*; ~**bírat** *s. přibrat*; ~**bít** *pf.* (*s. bít*) annageln; ~**bitý** angenagelt; F *jako* ~ wie angewurzelt; ~**blblý** tölpelhaft, albern; ~**bledlý** ein wenig bleich.
přibliž|ení *n* (*3*) Annäherung *f*; *pokus o* ~ Annäherungsversuch *m*; ~**it** *pf.* näherbringen; ~ *se* sich nähern; näherkommen (*a. e-r Sache*); *Mil.* anrücken.
při|bližný (*Adv. -ě*) annähernd, ungefähr; ~**bodnout** *pf.* (*-dl*; *-dnut*) anspießen.
příboj *m* (*4*) Brandung *f*.
příbor *m* (*2a*) Besteck *n*; Service *n*.
přiboudl|ina *f* (*1*) brenzliger Geruch *m*; Fuselöl *n*; ~**ý** brenzlig.
při|bouchnout *pf.* (*-chl*; *-chnut*) *Tür* zuschlagen; ~**brání** *n* (*3*) Hinzuziehung *f*; Gewichtzunahme *f*; ~**brat** *pf.* (*-beru*) aufnehmen; zunehmen; ~**brzdit** *pf.* (*-ěn*) abbremsen; ein wenig bremsen.
příbuz|enský verwandtschaftlich; ~**enství** *n* (*3*) Verwandtschaft *f* (*Begriff*); ~**enstvo** *n* (*1*; *-stev*) Verwandtschaft *f koll.*, Verwandte *m/pl.*; ~**nost** *f* (*4*) *fig.* Verwandtschaft *f*; *Chem.* Affinität *f*; ~**ný** verwandt; *Su.* Verwandte(r) *m*.
přibylý hinzu-, angekommen.
přibý|(va)t (*pf. -budu*) ankommen, eintreffen; (*č-o*) zunehmen; ~**vání** *n* (*3*) Zunahme *f*, Anwachsen *n*.
příbyt|ečné *n* (*Adj. 3*) Wohngeld *n*; ~**ek** *m* (*2b*; *-tk-*) Unterkunft *f*; Quartier *n*; Zuwachs *m*, Zunahme *f*.
přicestov|alý zugereist; ~**at** *pf.* (*-tuji*) ankommen, anreisen.
pří|čel *m* (*4*; *-čl-*) *od. f* (*3*) Sprosse *f*; ~**čestí** *n* (*3*) *Gr.* Mittelwort *n*, Partizip *n*; ~**četný** zurechnungsfähig.
přičichnout *pf.* (*-chl*) riechen (*k č-u* an *D*).
příčina *f* (*1*) Ursache *f*, Grund *m*; *za -nou č-o* wegen, zwecks (*G*); *za tou -nou* zu diesem Zweck; *v té -ně* in dieser Hinsicht.
přičin|ění *n* (*3*) Bemühungen *f/pl.*, Zutun *n*; ~**it** *pf.* (hin)zutun, hinzufügen; ~ *se o co* sich bemühen um (*A*), eintreten für (*A*); ~**livý** strebsam, eifrig, emsig.
příčin|nost *f* (*4*) Ursächlichkeit *f*, Kausalität *f*; ~**ný** kausal, Kausal-.
při|čiňovat se (*3 Pl. -ějí*) *s. přičinit se*; ~**číst** *pf.* (*s. číst*) zuzählen, zu-

rechnen; zuschreiben, anrechnen; *Hdl.* gutschreiben.
příčit se *pf.* (*k-u, č-u*) sich widersetzen, widerstreben (*D*); verstoßen (gegen *A*).
přičítat *pf. s. přičíst.*
příčka *f* (*1c*; *-ček*) Sprosse *f*; Strebe *f*; Trennwand *f*; *Geom.* Querlinie *f*, Transversale *f*.
při|členit *pf.* angliedern; **~čmoudlý** angebrannt, brenzlig.
pří|čník *m* (*2b*) Querbalken *m*; **~ční, ~čný** Quer-; diagonal; Transversal-.
pří|ď *f* (*4d*; *-dě*), **~da** *f* (*1*) (*Schiffs-*)Bug *m*.
při|dat *pf.* (*-dám, -dán*) zugeben, hinzufügen, beigeben; sich bemühen, F sich dazuhalten; *Lohn* aufbessern; *j-m et.* zureichen; *~ do kroku* schneller gehen; *~ se (ke k-u)* sich anschließen (an *A*); *(k č-u)* hinzukommen (zu *D*); *~ se na čí stranu* Partei ergreifen für (*A*); auf j-s Seite übergehen; **~datný** zusätzlich; **~davač, ~dávač** *m* (*3*) Handlanger *m*; **~dávat** *s. přidat.*
přídav|ek *m* (*2b*; *-vk-*) Zugabe *f*; (*Lohn-*)Zulage *f*; **~ný**: *-né jméno Gr.* Eigenschaftswort *n*, Adjektiv *n*.
pří|dech *m* (*2b*) *Gr.* Hauchlaut *m*; *fig.* Anflug *m*; **~děl** *m* (*2a*) Zuteilung *f*, Kontingent *n*, Anteil *m*.
přiděl|(áv)at befestigen, F anmachen; mehr machen; **~enec** *m* (*3*; *-nc-*) Zugeteilte(r) *m*, Attaché *m*; **~ení** *n* (*3*) Zuteilung *f*; Zuweisung *f von Personen*; Zuwendung *f von Mitteln*; **~it** *pf.*, **~ovat** (*-luji*) zuteilen, zuweisen; zuwenden.
přídomek *m* (*2b*; *-mk-*) Nebengebäude *n*; Zusatz(titel) *m*, (*Adels-*)Attribut *n*.
přidražit *pf.* verteuern.
přidruž|ený angeschlossen; Neben-; **~it** *pf.* anschließen; *~ se* sich anschließen; sich zugesellen, hinzukommen.
přidrž|et *pf.*, **~ovat** (*-žuji*) festhalten; *~ k-o k č-u* anhalten j-n zu (*D*); *~ se č-o* (sich) festhalten an (*D*); *~ si uši* sich die Ohren zuhalten.
příduska *f* (*1c*; *-sek*) *Mus.* Dämpfer *m*.
při|dušený gedämpft; *Weinen*: unterdrückt; **~frnčet** *pf.* F *Auto*: angesaust kommen.
příhana *f* (*1*) Tadel *m*; Schimpf *m*; *s -nou* tadelnd.
při|hánět (*3 Pl. -ějí*) *s. přihnat*; **~házet** (*3 Pl. -ejí*) *s. přihodit*; **~hladit** *pf.* (*-zen*) glätten, glattstreichen; **~hlásit** *pf.* (*-šen*) (an)melden (*se* sich); *~ se (k č-u)* sich bekennen (zu *D*); **~hláška** *f* (*1c*; *-šek*) Anmeldung *f*; **~hlašovací** Anmelde-, Melde-; **~hlašovat** (*-šuji*) *s. přihlásit*; **~hlédnout, ~hlídnout** *pf.* (*-dl*), **~hlížet** (*3 Pl. -ejí*) (*č-u*) zusehen (*D*); (*k č-u*) berücksichtigen (*A*); Rechnung tragen (*D*); bedacht sein (auf *A*); *ne~ č-o* absehen von (*D*); außer acht lassen (*A*); **~hlouplý** beschränkt, ein wenig dumm; **~hnat** *pf.* (*-ženu*) zutreiben, (heran-)treiben; *~ se fig.* stürzen (*v/i*), angerannt kommen; **~hnout** *pf.* einbiegen; P *~ si* e-n kräftigen Schluck nehmen, zu tief ins Glas schauen.
příhoda *f* (*1*) Vorfall *m*, Begebenheit *f*, Ereignis *n*, Zwischenfall *m*.
přihodit *pf.* (*-zen*) (zu)werfen; *Hdl.* überbieten; *~ se* geschehen, sich ereignen, passieren; *Unglück*: zustoßen; *Fehler*: unterlaufen.
příhodný geeignet, passend; *Jur.* zweckdienlich.
příhon *m* (*2*; *6. -u/-ě*) Zutrieb *m*; (*Vieh-*)Auftrieb *m*; Zuleitungsgraben *m*.
přiho|řklý etwas (*od.* leicht) bitter; **~tovit** *pf.* (vor)bereiten; *~ se (k č-u)* sich anschicken (zu *D*).
přihrádka *f* (*1c*; *-dek*) Fach *n*, Lade *f*.
příhradový: *-vá konstrukce* Fachwerk *n*.
přihrá|(va)t (*pf. -hraji*) zuspielen; *Ball* abgeben; **~vka** *f* (*1c*; *-vek*) *Sp.* Zuspiel *n*, Vorlage *f*.
při|hrblý ein wenig gebückt; **~hrčet** F *pf.* angerasselt kommen; **~hrnout** *pf.*, **~hrnovat** (*-nuji*) zuscharren; *~ se* herbeiströmen; herbeistürzen; **~hr(o)ublý** derb; **~hřá(va)t** (*pf. -hřeji*) auf-, anwärmen; **~hýbat** *s. přihnout*; **~cházet** (*3 Pl. -ejí*) *s. přijít.*
pří|chod *m* (*2a*) Ankunft *f*; Zugang *m*; **~chozí** *m/f* (*Adj. 4*) (Neu-)Ankommende *m od. f*; **~chuť** *f* (*4c*; *-ti*) Beigeschmack *m*.
při|chvátat *pf.* herbeieilen; **~chýlit** *pf.* hinneigen; *~ se* (hin)neigen (*k č-u* zu *D*).
příchyl|nost *f* (*4*) Zutraulichkeit *f*,

Anhänglichkeit *f*; **~ný** zutraulich; *j-m* zugetan.
příchylovat (*-luji*) *s. přichýlit.*
přichy|stat *pf.* (vor)bereiten, herrichten; ~ se sich bereit machen; **~tit** *pf.* (*-cen*) (an)heften; ~ se haften bleiben; (*k-o, č-o*) sich anhängen (an *A*); *Speisen*: anbrennen.
přija|l *s. přijmout*; **~telný** annehmbar, akzeptabel.
příjem *m* (*2a*; *-jm-*) Annahme *f*; Empfang *m*; Einkommen *n*; **~ce** *m* (*3*) Empfänger *m*; **~nost** *f* (*4*) Annehmlichkeit *f*; **~ný** angenehm.
přije|t *pf.* (*s. jet*) ankommen (*do/in D*); ~ *na návštěvu* zu Besuch kommen; **~tí** *n* (*3*) Aufnahme *f*, Empfang *m*. [Zufahrt(straße) *f*.]
příjezd *m* (*2*; *6. -u/-ě*) Ankunft *f*;
příjice *f* (*2a*) Syphilis *f*.
přijím|ací Empfangs-; Aufnahme-; **~ač** *m* (*4*) *Rdf.* Empfänger *m*; **~ání** *n* (*3*) *Rdf.* Empfang *m*; *Rel.* Kommunion *f*, Abendmahl *n*; An-, Aufnahme *f*; **~at** *s. přijmout*; *Rel.* kommunizieren, das Abendmahl empfangen.
při|jít *pf.* (*s. jít*) (an)kommen; (*na k-o*) *Krankheit*: befallen (*A*); *Angst*: überkommen; (*pro co*) abholen (*A*); **~jíždět** (*3 Pl. -ějí*) *s. přijet*.
příjmení *n* (*3*) Familienname *m*, Zuname *m*.
přijmout *pf.* (*-jal, -jat*) annehmen; aufnehmen; empfangen.
příkaz *m* (*2*; *6. -u/-e*) Auftrag *m*, Weisung *f*; ~ *doby fig.* Gebot *n* der Stunde.
přiká|zání *n* (*3*) *Rel.* Gebot *n*; *Hdl.* Zuweisung *f*; **~zat** *pf.* (*-žu/-ži*) befehlen, *lit.* gebieten; zuweisen, zuteilen.
příkaz|ce *m* (*3*) Auftraggeber *m*; Antragsteller *m*; **~ní**, **~ný** verfügbar.
přikazovat (*-zuji*) *s. přikázat*.
příklad *m* (*2*; *6. -u/-ě*) Beispiel *n*; *ku ~u, na ~* zum Beispiel.
přikládat beilegen, beifügen; *Kohle* zulegen; *Hochofen* beschicken; *Bedeutung* beimessen; *Glauben* schenken.
pří|kladný beispielhaft, mustergültig, vorbildlich; exemplarisch; **~klep** *m* (*2a*), **přiklepnutí** *n* (*3*) Zuschlag *m*.
při|klížit *pf.* anleimen; **~klonit** *pf.* anlehnen (*k č-u* an *A*); ~ *se s. přichýlit se*.
příklon|ka *f* (*1c*; *-nek*) *Gr.* Enklitikon *n*; **~ný** enklitisch.
příklop *m* (*2a*) Deckel *m*, Klappe *f*; † *a.* Falltür *f*; *skleněný ~ na sýry* Käseglocke *f*.
přiklopit *pf.* zudecken; zuklappen.
příklopka *f* (*1c*; *-pek*) Verschluß *m*, Klappe *f*; *Anat.* Kehldeckel *m*.
přiklusat *pf.* (*-šu/-sám*) antraben.
pří|kon *m* (*2a*) *El.* Leistungsbedarf *m*; **~kop** *m* (*2*; *6. -u/-ě*) Graben *m*; **~koří** *n* (*3*) Unrecht *n*, Kränkung *f*.
při|koupit *pf.* (da)zukaufen; **~kout** *pf.* (*-kuji, -kul*), **~kovat** *pf.* (*-u/-ám*) anschmieden; **~kovaný** angeschmiedet; F *jako ~* wie angewurzelt; **~kouzlit** *pf.* herbeizaubern; **~krájet** (*3 Pl. -ejí*) *s. přikrojit*.
příkrasa *f* (*1a*) Verzierung *f*; Beschönigung *f*.
přikrást se *pf.* (*-kradu*) heranschleichen.
přikrášl|ení *n* (*3*) *s. přikrášlování*; **~it** *pf.* verschönern; beschönigen; *fig.* schminken; ~ *se* sich putzen, F sich schön machen; **~ování** *n* (*3*) Beschönigung *f*; **~ovat**, **přikrašlovat** (*-luji*) *s. přikrášlit*.
přikrčit se *pf.* sich ducken.
příkrm *m* (*2a*) Zuspeise *f*, Beilage *f*.
přikro|čit *pf.* (*k č-u*) herantreten (an *A*); in Angriff nehmen (*A*); **~jit** *pf.*, **~jovat** (*-juji*) zuschneiden.
pří|krost *f* (*4*) Schroffheit *f*, Barschheit *f*; **~krov** *m* (*2a*) Decke *f*; Bahrtuch *n*; **~krý** (*Komp. -křejší*; *Adv. -kře*) steil; schroff, barsch.
při|krý(va)t (*pf. s. krýt*) zudecken; **~krytý** bedeckt, zugedeckt; verdeckt; **~krývka** *f* (*1c*; *-vek*) Decke *f*; ~ *na postel* Bettdecke.
příkře(jší) *s. příkrý*.
př kulhat *pf.* herbeihumpeln.
příkusek *m* (*2b*; *-sk-*) Imbiß *m*.
při|kusovat (*-suji*) zubeißen; dazu essen; **~kutálet** *pf.* (*3 Pl. -ejí*) heranrollen (*se v/i*); **~kvačit** *pf. lit.* herbeieilen; *Nacht*: einbrechen; **~kyselit** *pf.* säuern, sauer machen; **~kývnout** *pf.* (*-vl*; *-vnut*), **~kyvovat** (*-vuji*) (zu)nicken, zustimmen, ja sagen; **~lákat** *pf.* anlocken, herbeilocken.
přil|ba, příl|ba *f* (*1*), **~bice** *f* (*2a*) Helm *m*.
přiléh|ající anliegend; **~at** *s. přilehnout*; **~avý** anliegend, passend.
přileh|lý angrenzend, Neben-; *Ei*:

angebrütet; **~nout** *pf.* (*-hl*) sich drücken, sich (an)schmiegen, sich (an)pressen (an *A*); (eng) anliegen; passen; *Tür, Deckel*: (gut) schließen.
přílepek *m* (*2b*; *-pk-*) Anhängsel *n*, Angeklebte(s) *n*.
přilep|it *pf.*, **~ovat** (*-puji*) ankleben; ~ *se* festkleben, kleben bleiben.
přilepš|ení *n* (*3*), **~ená** *f* (*Adj. 2*) Aufbesserung *f*, F Zubuße *f*; *na -enou* zur Aufbesserung; **~it** *pf.*, **~ovat** (*-šuji*) aufbessern, F zulegen.
přílet *m* (*2a*) Anflug *m*; *Flgw.* Ankunft *f*.
při|létat, **~letět** *pf.*, **~létnout** *pf.* (*-tl*) herbeifliegen, (an)geflogen kommen; *Flgw.* sich im Anflug befinden, ankommen; **~letovat** *pf.* (*-tuji*) anlöten; **~lévat** *s. přilít*; **~léz(a)t** (*pf. s. lézt*) angekrochen kommen, herankriechen; **~ležet si** *pf.* (länger) liegen bleiben.
příležitost *f* (*4*) Gelegenheit *f*, Anlaß *m*; *při ~i* anläßlich (*G*); **~ný** gelegentlich, Gelegenheits- (*Kauf*).
při|lícit *pf. Gewehr* anlegen, in Anschlag bringen; **~lícovat** *pf.* (*-cuji*) *Tech.* anpassen, anfugen; **~lichotit se** *pf.*, **~lísat se** *pf.* (*ke k-u*) sich einschmeicheln (bei *D*); *Hund*: schwänzeln (um *A*).
příliš zu, allzu; **~ný** übermäßig, übertrieben.
při|lít *pf.* (*s. lít*) nach-, zugießen; **~lítat**, **~lítnout** *pf. s. přilétat*.
příliv *m* (*2a*) Flut *f*; Zufluß *m*, Zustrom *m*.
přiln|avost *f* (*4*) Adhäsion *f*; **~avý** anhaftend; **~out** *pf.* anhaften, festkleben; (*k č-u*) sein Herz hängen an (*A*); **~utí** *n* (*3*) Anhänglichkeit *f*.
příloha *f* (*1b*) Beilage *f*, Anlage *f*; *v -oze* beiliegend.
přiloudat se *pf.* langsam daherkommen.
přilož|ený beiliegend, anbei; **~it** *pf.* beiliegen, beifügen; *Verband, Gewehr* anlegen; *Holz* zulegen.
příložník *m* (*2b*) Reißschiene *f*.
přimáčknout *pf.* (*-kl*; *-knut*) andrücken.
příměr *m* (*2a*) Vergleich *m*.
přiměřený angemessen, entsprechend.
příměří *n* (*3*) Waffenstillstand *m*.
přiměřit *pf.* anmessen; zumessen.
příměs *f* (*4a*), **~ek** *m* (*2b*; *-sk-*) Zusatz *m*, Beimischung *f*; *fig.* Einschlag *m*.
přimět *pf.* (*-měji*) veranlassen, bewegen (*k č-u* zu *D*).
při|mhouřit *pf.*: ~ *oči* die Augen zukneifen, blinzeln; *fig.* ein Auge zudrücken; **~míchat** *pf.*, **~mísit** *pf.* (*-šen*) beimischen, beimengen (*k č-u, do č-o*/*D*); **~míšenina** *f* (*1*) Beimengung *f*, Zusatz *m*.
přími|t <*na-, vz-*> aufrichten; **~vý** *Turn.* Haltungs-.
přímka *f* (*1c*; *-mek*) gerade Linie *f*, Gerade *f*.
při|mknout se (*-kl*; *-knut*) sich anlehnen, sich anschmiegen; sich anschließen (*k č-u* an *A*); **~mlouvat se** *s. přimluvit*.
přímluv|a *f* (*1*) Fürsprache *f*; Befürwortung *f*; **~ce** *m* (*3*) Fürsprecher *m*.
přimluvit se *pf.* (*za k-o*) Fürsprache einlegen (für *A*); (*za co*) befürworten (*A*).
přímluv|kyně *f* (*2b*) Fürsprecherin *f*; **~ný** Empfehlungs-.
přímo *Adv.* gerade(aus); direkt, unmittelbar; geradezu, ohne Umschweife, offen; **~čarý** geradlinig; *fig. a.* aufrichtig.
přimontovat *pf.* (*-tuji*) anmontieren, anbringen.
přímoř|í *n* (*3*) Küstengebiet *n*; **~ský** See-, Küsten-; maritim.
přímost *f* (*4*) Geradheit *f*, Offenheit *m*, Freimut *m*.
přimra|zit *pf.* (*-žen*) *Angst*: *j-n* lähmen; **~žený**: *jako* ~ wie angewurzelt, wie gelähmt.
přimrz|(áv)at, **~nout** *pf.* (*-zl*) an-, zufrieren; **~lý** zugefroren.
přímý (*Adv. -o*) gerade, direkt; freimütig, offen.
při|mykat *s. přimknout*; **~myslit** *pf.* (*-šlen*), **~myšlet** (*3 Pl. -eji*): ~ *si něco* sich hinzudenken (*A*).
přináleż|et (*3 Pl. -i*/*-eji*) *s. náležet*; **~itost** *f* (*4*) Zugehörigkeit *f*.
při|nášeč, **~našeč** *m* (*3*) Überbringer *m*; **~nášet** (*3 Pl. -eji*), **~nést** *pf.* (*s. nést*) (her-, herbei-, mit)bringen; holen.
přínos *m* (*2*; *6. -u*/*-e*) Beitrag *m*; Mitgift *f*.
přinu|cení *n* (*3*) Zwang *m*; *z* ~ zwangsweise, gezwungen, unter Zwang; **~tit** *pf.* (*-cen*) zwingen, nötigen.

při|nýtovat *pf.* (*-tuji*) annieten; **~objednat** *pf.* nachbestellen; **~odít** *pf.* (*-ději*) (be)kleiden.
přiostř|ení *n* (*3*) Verschärfung *f*, Zuspitzung *f*; **~it** *pf.*, **~ovat** (*-řuji*) spitzen, schärfen; *~ se* sich zuspitzen, sich verschärfen.
případ *m* (*2*; *6. -ě*/*-u*) Fall *m*, Vorfall *m*; *po ~ě* gegebenenfalls, unter Umständen; *v daném ~ě* gegebenenfalls; *v žádném ~ě* keinesfalls, auf keinen Fall; *v opačném ~ě* widrigenfalls; *v ~ě potřeby* im Bedarfsfall; *~ od ~u* von Fall zu Fall.
připadat *pf.* entfallen; *Jur.* anheimfallen; (dazu)fallen; *Datum*: fallen; vorkommen.
případ|ně *Adv.* eventuell, unter Umständen; **~ní** etwaig, eventuell; zufällig; (zu)treffend, passend.
při|padnout *pf.* (*-dl*) *s. připadat*; **~pálenina** *f* (*1*) Angebrannte(s) *n*; Brandfleck *m*; Brandgeruch *m*; **~pálit** *pf.*, **~palovat** (*-luji*) anbrennen, versengen; *~ se* sich verbrennen; *Braten*: anbrennen (*v*/*i*); *~ si* um Feuer bitten; **~pamatovat** *pf.* (*-tuji*) erinnern (*~ si*, *k-u co*, *k-o na co* sich, j-n an *A*); **~péci** *pf.* (*s. péci*), **~pékat** anbraten; anbrennen lassen; *~ se* anbacken (*v*/*i*); **~pečený**, **~peklý** angebrannt; angebacken.
připěv *m* (*2a*) Refrain *m*.
připev|nit *pf.*, **~ňovat** (*-ňuji*) befestigen, anbringen.
při|píchnout *pf.* (*-chl*; *-chnut*) anspießen; anheften; *Abzeichen* anstecken; **~píjet** (*3 Pl. -eji*) *s. připít*; **~píkat** *s. připékat*; **~pilovat** *pf.* (*-luji*) nach-, zufeilen.
připín|ací Ansteck-, Heft-; **~áček** *m* (*2b*; *-čk-*) Reißnagel *m*, Reißzwecke *f*; **~adlo** *n* (*1a*; *-del*) (*Heft-*)Klammer *f*, *öst.* Heftel *n*; **~at** *s. připnout.*
připis *m* (*2*; *6. -e*/*-u*) Zuschrift *f*; *Hdl.* Gutschrift *f*; **~ek** *m* (*2b*; *-sk-*) Anmerkung *f*; Zusatz *m*; Glosse *f*.
při|pisovat (*-suji*) *s. připsat*; **~pít** *pf.* (*-piji*) zutrinken; *~ k-u na zdraví* auf j-s Wohl trinken *od.* anstoßen; *~ si s kým* trinken, F anstoßen mit (*D*).
připitek *m* (*2b*; *-tk-*) Trinkspruch *m*, Toast *m*.
připlácet (*3 Pl. -eji*) *s. připlatit*.
příplatek *m* (*2b*; *-tk-*) Zuschlag *m*; Zulage *f*.
připlatit *pf.* (*-cen*) zuzahlen.
příplatkový Zuschlag-.
připla|vat *pf.* (*-u*) (heran)schwimmen; **~vit** *pf.* anschwemmen; *~ se* landen; **~zit se** *pf.* (sich) heranschleichen, gekrochen kommen.
připlé|st *pf.* (*s. plést*), **~tat** anstrikken; *~ se* sich einmischen; F in die Quere kommen; (hin)geraten.
při|plížit se *pf.* (*k č-u*) sich heranschleichen; *Jagdw.* sich heranpirschen (an *A*); **~plout** *pf.* (*s. plout*) *mit dem Schiff* ankommen, landen; **~pnout** *pf.* (*-pjal*/*-pnul*) anhängen, anheften, anstecken.
připoč|íst *pf.* (*-čtu*, *-četl*), **~ítat** anrechnen, hinzurechnen; *~ k tíži Hdl.* belasten; **~tení** *n* (*3*) Zurechnung *f*.
připodob|nění *n* (*3*) Angleichung *f*; *Gr.* Assimilation *f*; **~nit** *pf.*, **~ňovat** (*-ňuji*) angleichen, anpassen.
připochodovat *pf.* (*-duji*) anmarschieren.
přípoj *m* (*4*) Anschluß *m*.
připoj|ení *n* (*3*) Anschluß *m*, Angliederung *f*; Beifügung *f*; **~it** *pf.*, **~ovat** (*-juji*) anschließen, angliedern; bei-, hinzufügen; *Esb.* anhängen.
přípoj|ka *f* (*1c*; *-jek*) *El.* Anschluß *m*; *Tech.* Anschlußstück *n*, Muffe *f*; *Esb.* Anschlußgleis *n*; **~ný** Anschluß-.
připojovací Verbindungs-.
připom|enout *pf.* (*-mněl*/*-menul*), **~ínat** (*k-u co*) erinnern (j-n an *A*); einschärfen (j-m *A*); (*co*, *o čem*) erwähnen, bemerken (*A*); *~ si co* sich erinnern an (*A*); **~enutí** *n* (*3*), **~ínka** *f* (*1c*; *-nek*) Erinnerung *f*; Bemerkung *f*.
přípona *f* (*1*) *Gr.* Nachsilbe *f*, Suffix *n*.
připoušt|ěcí einräumend, *Gr.* Konzessiv-; **~ění** *n* (*3*) Zulassung *f*; *Agr.* Belegen *n*, Decken *n*; **~ět** (*3 Pl. -ějí*) *s. připustit.*
připout(áv)at (*k č-u*) fesseln, anbinden (an *A*); *fig.* bannen; *~ se* sich anschnallen.
přípověď *f* (*4a*; *-di*) Zusage *f*, Versprechen *n*, Jawort *n*.
připo|vědět *pf.* (*-vím*, *3 Pl. -vědí*), **~vídat** zusagen, zusichern, in Aussicht stellen; **~zdívat se** spät werden; Abend werden.
příprav|a *f* (*1*) Vorbereitung *f*; Zu-

bereitung *f*, Herstellung *f*; Zubehör *n*; **~ek** *m* (*2b*; *-vk-*) Präparat *n*, Mittel *n*; Vorrichtung *f*.

připrav|ený bereit, vorbereitet; **~it** *pf.* vorbereiten; *Speisen* zubereiten; zurechtlegen, bereithalten; *Truppen* bereitstellen; *j-n* (*hin*)bringen; ~ *k-o o co* bringen j-n um (*A*).

příprav|ka *f* (*1c*; *-vek*) Vorschule *f*; Vorbereitungskurs *m*; **~ný** Vorbereitungs-, Vor-.

při|přahat, ~přáhnout *pf.* (*-hl*; *-přažen*) vorspannen.

přípřež *f* (*3*) Vorspann *m*.

připsat *pf.* (*s. psát*) zuschreiben, hinzusetzen; widmen; ~ *k dobru* gutschreiben; zugute halten; ~ *na vrub* belasten.

připustit *pf.* (*-štěn*) zulassen; zugeben; *Vieh* belegen lassen; ~ *si co k srdci* sich et. zu Herzen nehmen.

připust|ka *f* (*1c*; *-tek*) Zulassung *f*, Konzession *f*; **~ný** zulässig, statthaft.

při|puštění *n* (*3*) Zulassung *f*; *Agr.* Belegung *f*; **~rachotit** *pf.* angerasselt kommen.

příraz *m* (*2a*) Zuschlag *m*; *Turn.* Kletterschluß *m*; *Mus.* Vorschlag *m*.

při|razit *pf.* (*-žen*), **~rážet** (*3 Pl. -eji*) *Tür* zuschlagen, zuwerfen; *Preis* aufschlagen; *Miete* erhöhen; *Waren* verteuern; *Schiff*: anlegen.

přirážk|a *f* (*1c*; *-žek*) (*Preis-*)Aufschlag *m*; (*Steuer-*)Umlage *f*; **~ový** Zuschlag(s)-, Umlage-.

příročí *n* (*3*) Aufschub *m*; *Jur.* Moratorium *n*.

přírod|a *f* (*1*) Natur *f*; *proti -dě* widernatürlich; *do -dy* ins Freie, F ins Grüne; *v -dě* im Freien; Freilicht-; **~ní** Natur-; **~nina** *f* (*1*) Naturprodukt *n*; *-ny pl. a.* Naturalien *pl.*

přírodopis *m* (*2*; *6. -e*/*-u*) Naturgeschichte *f*; **~ec** *m* (*3*; *-sc-*) Naturhistoriker *m*; **~ný** naturgeschichtlich.

přírodověd|a *f* (*1*) Naturwissenschaft *f*; **~ec** *m* (*3*; *-dc-*) Naturwissenschaftler *m*; **~ecký** (*Adv. -y*) naturwissenschaftlich.

přírodozpyt *m* (*2*; *6. -u*/*-ě*) Naturlehre *f*, Physik *f*; **~ec** *m* (*3*; *-tc-*) Naturforscher *m*.

přírost, ~ek *m s. přírůstek.*

přirostlý angewachsen.

přirovn|ání *n* (*3*) Vergleich *m*; **~(ávat** vergleichen; ~ *se ke k-u* sich messen mit (*D*); **~ávací** vergleichend.

přirozen|í *n* (*3*) P Scham(teile *pl.*) *f*, Glied *n*; † *a.* = **~ost** *f* (*4*) Natürlichkeit *f*; Natur *f*; **~ý** natürlich, Natur-.

příruba *f* (*1*) Flansch *m*.

příruč|í *m* (*Adj. 4*) Gehilfe *m*; (*Forst-*)Adjunkt *m*; **~ka** *f* (*1c*; *-ček*) Handbuch *n*; **~ní** handlich, Hand-.

přirůst(at) (*pf. s. růst*) zu-, anwachsen.

přírůstek *m* (*2b*; *-tk-*) Zunahme *f*, Zuwachs *m*; *Hdl.* Mehr *n*.

při|řadit *pf.* (*-děn*/*-zen*) anreihen, beiordnen; *Math.* zuordnen; **~řčení** *n* (*3*) Zuerkennung *f*; *Hdl.* Zuschlag *m*; **~řez(áv)at** (*pf. s. řezat*), **~říznout** *pf.* (*-zl*; *-znut*) zurechtschneiden, stutzen; **~řknout** *pf.* (*-řkl*; *-řčen*) zuerkennen, zusprechen, zugestehen.

přísada *f* (*1*) Zusatz *m*, Zugabe *f*; *Kochk.* Zutat *f*.

přisadit *pf.* (*-zen*) zusetzen.

přísah|a *f* (*1b*) Eid *m*, Schwur *m*; *křivá* ~ Meineid; *místo -hy* an Eides statt; **~at** ⟨*za-*⟩ schwören; ~ *na k-o fig.* die Hand ins Feuer legen für (*A*), F schwören auf (*A*).

přisám|bohu!, ~bůh! *Int.* bei Gott!

přisát se *pf.* (*-saji*) sich festsaugen (*k č-u, na co* an *D*).

přísav|ka *f* (*1c*; *-vek*) *Zo.* Saugnapf *m*; **~ný** Saug-.

přisazovat (*-zuji*) *s. přisadit.*

přised|at (*ke k-u*) sich (hin)setzen (zu *D*); (*při čem, u č-o*) beisitzen, Beisitzer sein (bei *D*); **~ící** *m* (*Adj. 4*) Beisitzer *m*; **~nout** *pf.* (*-dl*) *s. přisedat.*

přisek|at, ~nout *pf.* (*-kl*; *-knut*) zuhauen, zurechtzimmern.

přísežn|ě *Adv.* eidlich, unter Eid; **~ý** Eides-; beeidet.

při|schnout *pf.* (*-chl*) antrocknen; **~skákat** *pf.* (*-ču*/*-či*), **~skakovat** (*-kuji*), **~skočit** *pf.* herbeispringen, herbeihüpfen.

přískok *m* (*2b*) Sprung vorwärts, Ansprung *m*; **~y** sprungweise.

při|skřípnout *pf.* (*-pl*; *-pnut*) einklemmen, F einquetschen; **~sladit** *pf.* (*-zen*) süßen, süßer machen; **~sládlý** süßlich; **~sleplý** halb blind.

příslib *m* (*2a*) Versprechen *n*, Zusage *f*, *lit*. Verheißung *f*.
pří|slíbit *pf*., **~slibovat** (*-buji*) versprechen, zusagen, *lit*. verheißen; **~slouchat** mithören.
příslov|ce *n* (*2*) *Gr*. Umstandswort *n*, Adverb *n*; **~ečný** sprichwörtlich; *Gr*. adverbial, Adverbial-; **~í** *n* (*3*) Sprichwort *n*.
přisluhov|ač *m* (*3*) Helfershelfer *m*; *Pol*. Steigbügelhalter *m*; **~at** (*-huji*) behilflich sein; bedienen (*k-u*/*A*).
přísluní *n* (*3*) Sonnennähe *f*, Perihel *n*.
přísluš|ející zuständig; zugehörig; gebührend; **~enství** *n* (*3*) Zubehör *n*; **~et** (*3 Pl*. *-ejí*/*-í*) zuständig sein; gehören; gebühren, zustehen; **~ník** *m* (*1a*), **~nice** *f* (*2a*) Angehörige *m u*. *f*; **~nost** *f* (*4*) Zuständigkeit *f*; Zugehörigkeit *f*; *státní* ~ Staatsangehörigkeit; **~ný** zuständig; (da-) zugehörig; entsprechend.
přismah|lý angebrannt; sonnengebräunt; **~nout (se)** *pf*. (*-hl*; *-hnut*), **~ovat se** (*-huji*) anbrennen; *von der Sonne* verbrennen.
přismutnělý traurig.
přísn|ost *f* (*4*) Strenge *f*; **~ý** streng.
při|solit *pf*. nachsalzen; F *j-m* heftig zusetzen; **~soudit** *pf*. (*-zen*) zuerkennen, zusprechen.
přisouv|ání *n* (*3*) *Gr*. Anfügung *f*; **~at** *v*/*t* heranrücken; *Gr*. anfügen.
přisp|at si *pf*. (*-spím*) ein wenig länger schlafen; **~ěchat** *pf*. herbeieilen; ~ *na pomoc* zu Hilfe eilen; **~ění** *n* (*3*) Beihilfe *f*, Hilfeleistung *f*; **~ět** *pf*. (*3 Pl*. *-ějí*) beitragen; *j-m* beistehen; ~ *na pomoc* zu Hilfe kommen; **~ěvatel** *m* (*3*; *-é*) Beitragende(r) *m*.
příspěvek *m* (*2b*; *-vk-*) (*na výživu* Unterhalts-)Beitrag *m*.
přispí|šit si *pf*. sich beeilen; **~vající** beitragend; **~vání** *n* (*3*) Beitragsleistung *f*; **~vat** *s*. *přispět*.
přisprostlý gemein.
příst ⟨*po-*, *u-*, *za-*⟩ (*předu*, *-dl*, *-den*) spinnen; *Katze*: schnurren.
při|stání *n* (*3*) Landung *f*; *Mar*. Anlegen *n*; **~stárlý** ältlich; **~stát** *pf*., **~st(áv)at** (*pf*. *-stanu*) landen; *Boot*: anlegen; *nouzově* ~ notlanden.
přístav *m* (*2*; *6*. *-u*/*-ě*) Hafen *m*.
přistávací Landungs-, Lande-.
přístav|ba *f* (*1*; *-veb*) Anbau *m*; **~ek** *m* (*2b*; *-vk-*) Ansatz *m*; *Gr*. Apposition *f*; Beistellsitz *m*.
přistavět *pf*. (*3 Pl*. *-ějí*) anbauen; aufstocken.
přístaviště *n* (*2a*) Anlegestelle *f*, Landungsplatz *m*.
přistavit *pf*. bereitstellen; beistellen; (hin)rücken, schieben, stellen.
přístav|né *n* (*Adj*. *3*) Standgebühr *f*; **~ní** Hafen-; ~ *můstek* Landungsbrücke *f*.
při|stavovat (*-vuji*) *s*. *přistavět*, *přistavit*; **~stehnout** *pf*. (*-hl*; *-hnut*) anheften.
přistěhoval|ec *m* (*3*; *-lc-*), **~kyně** *f* (*2b*) Einwanderer *m*; *dial*. Zugereiste *m od*. *f*; **~ý** eingewandert; *dial*. zugereist.
přistěhov|ání *n* (*3*) Einwanderung *f*; Einzug *m*; **~at se** *pf*. (*-huji*) einwandern; *in e-e Wohnung* einziehen.
přístěnek *m* (*2b*; *-nk-*) Schlafnische *f*, Alkoven *m*.
přistihnout *pf*. (*-hl*; *-žen*) ertappen, F erwischen.
přistoup|ení *n* (*3*) Beitritt *m*; **~it** *pf*. (*k č-u*) herantreten (an *A*); (*na co*) eingehen auf (*A*); *Vorschlag* annehmen; *Esb*. zusteigen; *e-m Verein* beitreten.
přistr|čit *pf*., **~kovat** (*-kuji*) *v*/*t* heranrücken, -schieben.
přístroj *m* (*4*) Apparat *m*, Gerät *n*, Instrument *n*.
přistroj|it *pf*., **~ovat** (*-juji*) zubereiten, vorbereiten; ankleiden; *Pferde* schirren; ~ **se** sich anziehen, sich herrichten.
přístrop|í *n* (*3*) Deckenraum *m*; **~ní** Decken-; *Thea*. Galerie-.
přístřeš|ek *m* (*2b*; *-šk-*) Vordach *n*, Schutzdach *n*; **~í** *n* (*3*) Obdach *n*, Unterkunft *f*, F Bleibe *f*.
přistřih|nout *pf*. (*-hl*; *-žen*), **~ovat** (*-huji*) zuschneiden; stutzen; **~ovač** *m* (*3*) Zuschneider *m*.
přístup *m* (*2a*) Zutritt *m*, Zugang *m*; Einlaß *m*; **~ný** zugänglich; (*č-u*) empfänglich (für *A*); (gemein-) verständlich.
při|stupovat (*-puji*) *s*. *přistoupit*; **~stýlka** *f* (*1c*; *-lek*) Behelfsbett *n*.
pří|sudek *m* (*2b*; *-dk-*) *Gr*. Prädikat *n*, Satzaussage *f*; *jmenný* ~ Prädikatsnomen *n*; **~sun** *m* (*2a*) Zufuhr *f*; *Mil*. Nachschub *m*.
přisun|out *pf*., **~ovat** (*-nuji*) zu-, hinschieben, heranrücken.

přísuvka *f* (*1c*; *-vek*) *Gr.* Anfügung *f*; Anhängsel *n*.
přisuzovat (*-zuji*) *s. přisoudit.*
přisvědč|it *pf.*, **~ovat** (*-čuji*) zustimmen, beipflichten; (*na co*) bejahen (*A*); zugeben (*A*).
přísvit *m* (*2a*) Zwielicht *n*, Halbdunkel *n*; *poet.* Dämmerschein *m*.
přisvoj|ení *n* (*3*) Aneignung *f*, Besitzergreifung *f*; ~ *za vlastní* Annahme *f* an Kindes statt, Adoption *f*; **~it si** *pf.*, **~ovat si** (*-juji*) sich aneignen; *Jur.* in Besitz nehmen, Besitz ergreifen (*co* von *D*); sich anmaßen (*A*); **~itel** *m* (*3*; *-é*) Adoptivvater *m*; **~ovací** *s. přivlastňovací.*
při|sýpat, ~syp(áv)at (*pf. -u/-ám*) nachfüllen, (hin)zuschütten; F ~ se angesaust (*od.* hereingeschneit) kommen; **~šel** *s. přijít.*
příše|ra *f* (*1d*) Gespenst *n*, Ungeheuer *n*, Spukgestalt *f*; **~rný** unheimlich, gespenstisch, gräßlich; **~ří** *n* (*3*) Halbdunkel *n*, Zwielicht *n*; Dämmerung *f*; **~vek** *m* (*2b*; *-vk-*) Flicken *n*, Fleck *m*.
při|ší(va)t (*pf. s. šít*) annähen; **~školit** *pf.* einschulen; **~škrtit** *pf.* (*-cen*) halb erwürgen; *Tech.* drosseln.
příškvar *m* (*2a*), **~a** *f* (*1d*), **~ek** *m* (*2b*; *-rk-*) Schwarte *f*, Kruste *f*; *Med.* Schorf *m*.
při|škvařit *pf.* anbrennen; anschweißen; **~šlápnout** *pf.* (*-pl*; *-pnut*) festtreten (*co/A*); ~ (*na*) *plyn Kfz.* Gas geben, (auf) das Gaspedal treten; (*k-o*) P zu Boden treten; **~šlý** (an)gekommen; **~šoupnout** *pf.* (*-pl*; *-pnut*) (hin)schieben; *Stuhl* zurechtrücken; **~šourat se** *pf.* P angelatscht kommen; **~špendlit** *pf. mit e-r Stecknadel* anheften, befestigen; **~špičatit** *pf.* (*-těn/-cen*) zuspitzen; **~šroubovat** *pf.* (*-buji*) anschrauben.
příšt|ě *Adv.* das nächste Mal, in Zukunft; ~ *dále* Fortsetzung folgt; **~í** *1. Adj.* nächst; künftig; *2. n* (*3*) *lit.* Zukunft *f*; *Rel.* Ankunft *f*.
příštip|ek *m* (*2b*; *-pk-*) Schuhfleck *m*; **~kář** *m* (*3*) Flickschuster *m*; *verä.* Stümper *m*; **~kařit, ~kovat** ⟨z-⟩ (*-kuji*) (zusammen)flicken, *verä.* pfuschen.
přít se ⟨se-⟩ (*přu/pru, přel*) streiten (*o co* über, um *A*).
při|táhnout *pf.* (*-hl*; *-tažen*), **~tahovat** (*-huji*) anziehen; heranziehen; *Stuhl* heranrücken; *Mil.* anrücken; *zur Arbeit* anhalten.
přitak(áv)at (*k č-u*) bejahen (*A*), ja sagen (zu *D*), zustimmen (*D*); mit dem Kopf nicken.
přitaž|ení *n* (*3*) Anziehen *n*; *Mil.* Anrücken *n*; **~livost** *f* (*4*) Anziehungskraft *f*; *Thea.* Zugkraft *f*; **~livý** anziehend, attraktiv; *Phys.* Anziehungs-; *Thea.* zugkräftig.
přité|ci *pf.* (*s. téci*), **~kat** zufließen, (herein)strömen.
přítel *m* (*3*; *Pl. přátelé*; *2 Pl. přátel*) Freund *m*; **~íček** *m* (*1a*; *-čk-*) *iron.* Freundchen *n*; **~íčkovat se** (*-kuji*) sich anbiedern (*s kým* bei *D*); **~kyně** *f* (*2b*) Freundin *f*.
přites(áv)at (*pf. s. tesat*) behauen; zimmern.
přítěž *f* (*3*) Ballast *m*; *fig.* Last *f*.
přitěž|ovat (*-žuji*) *s. přitížit*; **~ující** erschwerend; *Jur.* belastend.
přitisk|nout *pf.* (*-kl*; *-štěn*), **~ovat** (*-kuji*) an-, aufdrücken; *zu Boden* drücken; zudrücken; ~ se (*ke k-u*) sich anschmiegen (an *A*).
při|tížit *pf.* (*k-u*) belasten (*A*); ~ se *k-u Zustand*: sich verschlimmern; **~tlačit** *pf.* an-, aufdrücken; (*na co*) drücken (auf, gegen *A*).
přítlačný Druck-.
přitlačovat (*-čuji*) *s. přitlačit.*
přitlou|ci *pf.* (*s. tlouci*), **~kat** zuschlagen; zu-, annageln; **~stlý** rundlich, *iron.* beleibt.
přitlum|ený gedämpft; *Scheinwerfer*: abgeblendet; **~it** *pf.* dämpfen; abblenden.
přitmelit *pf.* ankitten.
přítmí *n* (*3*) Halbdunkel *n*, Dämmerlicht *n*.
při|tmít se *pf.* (*3 Pl. -ějí*) dunkel werden; **~točit** *pf.* nachfüllen; *Hahn* zudrehen; *Mar.* beidrehen; P ~ se *ke k-u* sich heranmachen an (*A*); ~ se *k č-u* dazukommen.
přítok *m* (*2b*) Zufluß *m*, Zulauf *m*; Nebenfluß *m*; *El.* Zuleitung *f*.
přitom dabei, anbei; zugleich.
přítom|en anwesend; ~ *duchem* geistesgegenwärtig; **~nost** *f* (*4*) Gegenwart *f*, Anwesenheit *f*; *Phys.* Vorhandensein *n*; *za ~i* in Anwesenheit, im Beisein; **~ný** anwesend, zugegen; gegenwärtig, derzeitig; *Gr.* Präsens-, Gegenwarts-; *Gr. s. čas.*
při|trefit se F *pf.* passieren, ge-

schehen; (*k č-u*) zufällig (dazu-) kommen (zu *D*); **~trhnout** *pf.* (*-hl*; *-žen*) *Mil.* anrücken; *Bein* anziehen; **~troublý** P tölpelhaft, *dial.* dämlich; **~trpklý** (ein wenig) herb.
přítrž *f* (*3*) Einhalt *m*, Unterlaß *m*; *učinit ~ č-u* Einhalt gebieten (*D*); *o ~* ohne Unterlaß, emsig, F was das Zeug hält; aus Leibeskräften.
přituh|nout *pf.* (*-hl*), **~ovat** (*-huje*) härter werden; *Frost*: stärker werden.
při|ťuknout *pf.* (*-kl*) *mit den Gläsern* anstoßen; **~tulit se** *pf.* sich (an-) schmiegen (*ke k-u* an *A*).
přítul|nost *f* (*4*) Zutraulichkeit *f*; **~ný** zutraulich, anschmiegsam.
při|tužit *pf.* stärken; verschärfen (*a.* se sich); **~tvrdlý** (ein wenig) hart; F schwer von Begriff; **~učit** *pf.*, **~učovat** (*-čuji*) Nachhilfeunterricht geben (*k-o č-u* j-m in *D*); *~ se č-u* hinzulernen (*A*).
připočt|ování *n* (*3*) Zu-, Anrechnung *f*; **~ovat** (*-tuji*) anrechnen, (da)zurechnen.
příušnice *f* (*2a*) Ohrspeicheldrüse *f*; *Med. pl. a.* Mumps *m*, F Ziegenpeter *m*.
přivá|bit *pf.* anlocken, herbeilocken; **~dění** *n* (*3*) Zuführung *f*, Zuleitung *f*; **~dět** (*3 Pl. -ějí*) *s. přivést*.
příval *m* (*2a*) Ansturm *m*, Andrang *m*; Platzregen *m*, Regenguß *m*; *~ slov* Wortschwall *m*; *~ vod* Springflut *f*.
přivalit *pf.* heranwälzen; *~ se* hereinströmen; hereinbrechen.
přivandr|ovalec P *m* (*3*; *-lc-*) Zugewanderte(r) *m*, *iron.* Zugereiste(r) *m*; **~ovat** (*-ruji*) einwandern, *iron.* zureisen.
přívara *f* (*1d*) Kesselstein *m*.
při|vařit *pf.* anschweißen; zusätzlich kochen; **~vát** *pf.* (*-věje*) anwehen; **~vázat** *pf.* (*-žu*/*-ži*), **~vazovat** (*-zuji*) anbinden; anseilen, anketten.
přívažek *m* (*2b*; *-žk-*) Übergewicht *n*; Gewichtszuschlag *m*.
přiváž|ení *n* (*3*) Zufuhr *f*, Anlieferung *f*; **~et** (*3 Pl. -ejí*) *s. přivézt*; **~it** *pf.* zuwiegen; **~ka** *f* (*1c*; *-žek*) Zufuhr *f*, Zustellung *f*.
přivdat se *pf.* einheiraten.
přívěs *m* (*2a*) *Kfz.* Anhänger *m*; **~ek** *m* (*2b*; *-sk-*) Anhängsel *n*, Anhang *m*; *Anat.* Fortsatz *m*.
při|věsit *pf.* (*-šen*) anhängen; **~veslovat** *pf.* (*-luji*) heran-, herbeirudern.
přívěsný Anhänge-; *~ vůz* Beiwagen *m*, Anhänger *m*; *~ lodní motor* Außenbordmotor *m*.
při|vést *pf.* (*s. vést*) (hin)führen; (hin)bringen; mitbringen; zuführen, zuleiten; bewegen (*do č-o* zu *D*); **~věšovat** (*-šuji*) *s. přivěsit*.
přívětiv|ost *f* (*4*) Freundlichkeit *f*; **~ý** freundlich.
při|vézt *pf.* (*s. vézt*) (heran)bringen, heranschaffen, (an)liefern; mitbringen; **~víjet** (*3 Pl. -ejí*), **~vinout** *pf.* hinzuwinden; *~ do náručí* in die Arme schließen; *~ k srdci* ans Herz drücken; *~ se ke k-u* sich (an-) schmiegen an (*A*); **~vírat** *s. přivřít*.
přivít|ací Begrüßungs-; **~aná** *f* (*Adj. 2*), **~ání** *n* (*3*) Begrüßung *f*, Empfang *m*, Willkommen *n*; *na -anou* zur Begrüßung; **~at** *pf.* willkommen heißen, begrüßen, empfangen.
přívlast|ek *m* (*2b*; *-tk-*) *Gr.* Attribut *n*, Beifügung *f*; **~kový** attributiv.
přivlast|nit si *pf.* sich aneignen; **~ňovací** zueignend; *Gr.* Possessiv-, besitzanzeigend; **~ňovat si** (*-ňuji*) *s. přivlastnit*.
při|vléci *pf.* (*s. vléci*), **~vlékat**, **~vléknout** *pf.* (*-kl*; *-knut*), **~vlíkat**, **~vlíknout** *pf.* (*-kl*; *-knut*) herbeischleppen; *~ se* sich (hin)schleppen.
přívod *m* (*2a*) Zuführung *f*, Zuleitung *f*, Zufuhr *f*; P Zuleitungsrohr *n*; *~ vzduchu* Luftuzufuhr.
přivodit (*im*)*pf.* (*-děn*/*-zen*) herbeiführen, verursachen; *~ si nemoc* sich e-e Krankheit zuziehen *od.* F holen.
přívod|ní, **~ný**, **~ový** Zuleitungs-; *El.* Einführungs-.
přivol|(áv)at (herbei)rufen, (herbei)holen; *fig.* herabrufen; **~ení** *n* (*3*) Einwilligung *f*, Zustimmung *f*; **~it** *pf.* (*k č-u*) einwilligen (in *A*), zustimmen (*D*). [*č-u* an *D*).
přivonět *pf.* (*3 Pl. -ějí*) riechen (*k*
pří|vora *f* (*1d*) Schlagbaum *m*; **~voz** *m* (*2*; *6. -u*/*-e*) Zufuhr *f*, Anlieferung *f*; Fähre *f*; **~vozník** *m* (*1a*) Fährmann *m*.
přívrat *m* (*2a*) *Sp.* Stemmen *n*; **~ný** Stemm-.
přivrávorat *pf.* angetorkelt kommen.

přívržen|ec *m* (*3*; *-nc-*), **~kyně** *f* (*2b*) Anhänger(in *f*) *m*, Parteigänger(in *f*) *m*.
při|vřít *pf.* (*-vřu*, *-vřen*) halb schließen, nicht ganz zumachen; *Tür* anlehnen; **~vstat si** *pf.* (*-vstanu*) zeitiger (*od.* früher als sonst) aufstehen.
přivtěl|ení *n* (*3*) Einverleibung *f*; **~it** *pf.*, **~ovat** (*-luji*) einverleiben; *Land* annektieren; *Schuld* inkorporieren.
přivyděl(áv)at: *~ si* hinzuverdienen, Nebeneinnahmen haben.
přivyk|at, **~nout** *pf.* (*-kl*) (*k-o č-u*) gewöhnen (j-n an *A*); angewöhnen (j-m *A*); (*č-u*) sich gewöhnen (an *A*); *~ si* sich aneinander gewöhnen; sich einleben; **~lý** (*č-u*) gewöhnt (an *A*).
přizabít *pf.* (*-bij̈i*) halbtot schlagen.
přizdí|t *pf.* anmauern, zumauern; **~vka** *f* (*1c*; *-vek*) Vormauer *f*.
přízdoba *f* (*1*) Verzierung *f*, Beiwerk *n*, Zierat *m*.
přizdobit *pf.* (aus)schmücken, verzieren.
příze *f* (*2*) Garn *n*; *česaná ~* Kamm-[garn.]
přízem|ek *m* (*2b*; *-mk-*), **~í** *n* (*3*) Erdgeschoß *n*, Parterre *n*; *zvýšený -ek* Hochparterre, Zwischengeschoß; **~ní** Parterre-, ebenerdig; *Sp.* Flach-; *fig.* platt, geistlos.
přízeň *f* (*3*; *-zn-*) Gunst *f*, Wohlwollen *n*; F *a.* Verwandtschaft *f*.
příznačný bezeichnend; *~ motiv* Leitmotiv *n*.
příznak *m* (*2b*) Merkmal *n*, Kennzeichen *n*, Anzeichen *n*; *Med.* Symptom *n*; **~ový** *Gr.* thematisch.
přizn|ání *n* (*3*) Bekenntnis *n*, Geständnis *n*; **~(áv)at** bekennen, (ein)gestehen; anerkennen, zugestehen; *~ se k č-u* sich bekennen zu (*D*); *Jur.* geständig sein; **~ávací** (*Steuer-*)Erklärungs-; **~ávka** *f* (*1c*; *-vek*) Steuererklärung *f*.
přízniv|ec *m* (*3*; *-vc-*), **~kyně** *f* (*2b*) Gönner(in *f*) *m*; (*Kunst-*)Freund(in *f*) *m*; **~ý** günstig; *být -v(ý) k-u* wohlgesinnt (*od.* gewogen) sein (*D*).
přízový Zwirn-, Garn-.
přizpůsob|ení *n* (*3*) Anpassung *f*; **~it** *pf.* (*č-u*) anpassen, angleichen; *Gr.* assimilieren; **~ivost** *f* (*4*) Anpassungsfähigkeit *f*; **~ivý** anpassungsfähig; **~ovat** (*-buji*) *s.* *přizpůsobit*.

přízra|čný gespenstisch, Spuk-; phantastisch; **~k** *m* (*2b*) Trugbild *n*, Spukgestalt *f*.
při|zrzlý rötlich; **~zvat** *pf.* (*-zvu*) einladen; zu Rate ziehen.
pří|zvisko *n* (*1b*) Spitzname *n*, Beiname *m*; **~zvučný** betont; **~zvuk** *m* (*2b*) Betonung *f*; *Gr.* Ton *m*.
přizvukovat (*-kuji*) beistimmen, beipflichten; *Mus.* begleiten.
přízvukovat (*-kuji*) betonen; *fig. a.* hervorheben.
při|ženit se *pf.* einheiraten; **~živit se** *pf.* schmarotzen.
příživn|ický (*Adv.* *-y*) parasitär, Schmarotzer-; **~ictví** *n* (*3*) Schmarotzertum *n*; **~ík** *m* (*1a*), **~ice** *f* (*2a*) Schmarotzer(in *f*) *m*.
při|živovat se (*-vuji*) *s.* *přiživit*; **~žloutlý** gelblich.
psa *s.* *pes*.
psací Schreib-.
psanec *m* (*3*; *-nc-*) Geächtete(r) *m*, Verfemte(r) *m*.
psaní *n* (*3*) Schreiben *n*, Brief *m*; **~čko** *n* (*1b*; *-ček*) Brieflein *n*.
psaný geschrieben; schriftlich.
psář *m* (*3*) Hundewärter *m*.
psát ⟨*na-*, *zapsat*⟩ (*píšu*/*píši*, *psal*, *psán*) schreiben.
psav|ec *m* (*3*; *-vc-*) *iron.* Vielschreiber *m*; **~ost** *f* (*4*) Schreiblust *f*; **~ý** schreibfreudig.
pseudonym [-ɛu-] *m* (*2a*) Pseudonym *n*; **~ní** pseudonym.
psí Hunde-; hündisch; *~ dny* Hundstage *m*/*pl.*; *~ víno* wilder Wein.
psice *f* (*2a*) Hündin *f*.
psí(če)k *m* (*1a*; *-čk-*) Hündchen *n*.
psin|a *f* (*1*) P Hetz *f*, Spaß *m*; Hundegeruch *m*; *verä.* Köter *m*; **~ec** *m* (*4*; *-nc-*) Hundezwinger *m*; **~ka** *f* (*1c*; *-nek*) Staupe *f*.
psisko *n* (*1b*; *-sk*/*-sek*) Köter *m*.
psot|a *f* (*1*) Elend *n*; Unwetter *n*, P Hundewetter *n*; Gesindel *n*; **~ník** *m* (*2a*) *s.* *božec*.
pso|vitý hundeartig; **~vod** *m* (*1*) Hundeführer *m*; **~vský** (*Adv.* *-y*) Hunde-; hündisch.
pstru|h *m* (*1a*) Forelle *f*; **~hařství** *n* (*3*) Forellenzucht *f*; **~žník** *m* (*2b*) Forellenteich *m*.
psych|iatr *m* (*1*; *-ové*/*-ři*) Psychiater *m*; **~oanalýza** *f* (*1a*) Psychoanalyse *f*; **~óza** *f* (*1a*) Psychose *f*.
pšeni|ce *f* (*2a*) Weizen *m*; **~čný** Weizen-.

pšouk *m* (*2b*) V Furz *m*; **~at** ⟨*za-*⟩, **~nout** *pf.* (*-kl*/*-knul*) V furzen.

pštros *m* (*1*) Strauß *m*; **~í** Straußen-; *~ politika* Vogel-Strauß-Politik *f*.

pšukat *s. pšoukat.*

ptactvo *n* (*1*) *koll.* Vögel *m/pl.*; Geflügel *n*; Vogelwelt *f*.

ptáče *n* (*4*) (*Vogel-*)Junge(s) *n*, junger Vogel *m*; **~k** *m* (*2b*; *-čk-*) Vöglein *n*.

ptač|í Vogel-; **~inec** *m* (*4*; *-nc-*) *Bot.* Vogelmiere *f*.

ptáčn|ice *f* (*2a*) Vogelkirsche *f*; Vogelflinte *f*; **~ictví** *n* (*3*) Vogelstellen *n*, Vogelfang *m*; **~ík** *m* (*1a*) Vogelsteller *m*; Vogelhändler *m*.

pták *m* (*1a*) Vogel *m*.

ptako|pravec *m* (*3*; *-vc-*) Augur *m*; **~pysk** *m* (*1a*) Schnabeltier *n*.

ptaní *n* (*3*) Fragen *n*; *bez dlouhého ~* ohne viel zu fragen.

ptát se ⟨*zeptat se*⟩ (*k-o, na k-o, co, po kom, čem*) fragen (*A*), sich erkundigen (nach *D*).

pubert|a *f* (*1*) Pubertät *f*; **~ální** Pubertäts-.

publicist|a *m* (*5a*) Publizist *m*; **~ický** [-tɪ-] publizistisch; **~ika** [-tɪ-] *f* (*1c*) Publizistik *f*; **~ka** *f* (*1c*; *-tek*) Publizistin *f*.

publi|cita *f* (*1*) Publizität *f*; **~kace** *f* (*2*) Veröffentlichung *f*, Publikation *f*; **~kační** Publikations-; **~kovat** (*im*)*pf.* (*-kuji*) publizieren; **~kán** *m* (*1*) *bibl.* Zöllner *m*; **~kum** *n* (*5*) Publikum *n*.

pucat ⟨*s-*⟩ *Kdspr.* schießen.

pucek *m* *1.* (*1a*; *-ck-*) pausbackiges Kind *n*, F Dickerchen *n*; *2.* (*2b*) Klumpen *m*.

puč *m* (*4*) Putsch *m*.

pučálka *f* (*1c*; *-lek*) Knackerbse *f*.

pučet ⟨*roz- se, vy-, za-*⟩ sprießen, emporschießen; *Baum*: ausschlagen.

pučist|a *m* (*5a*) Putschist *m*; **~ický** [-tɪ-] umstürzlerisch, Putsch-.

pud *m* (*2a*) Trieb *m*, Instinkt *m*, Drang *m*.

půd|a *f* (*1*) (*Erd-, Dach-*)Boden *m*; (*Wappen-*)Grund *m*; *Geom.* Basis *f*; **~ař** *m* (*3*) Bodendieb *m*.

pudink, puding [-dɪnk] *m* (*2b*) Pudding *m*.

pudit ⟨*po-, za-*⟩ (*-zen*) treiben; drängen.

pudl *m* (*1*), **~ík** *m* (*1a*) Pudel *m* (*Hund*).

půdní Boden-; *~ byt* Dachwohnung *f*.

půdorys *m* (*2*; *6. -u*/*-e*) Grundriß *m*; **~na** *f* (*1*; *-sen*) horizontale Projektionsebene *f*.

pudo|vost *f* (*4*) Triebhaftigkeit *f*; **~vý** triebhaft, Trieb-; instinktiv, Instinkt-.

půdoznal|ectví, ~ství *n* (*3*) Bodenkunde *f*.

pudr *m* (*2a*) Puder *m*; **~(ov)átko** *n* (*1b*; *-tek*) Puderquaste *f*; **~ovat** ⟨*na-, po-, pře-, za-*⟩ (*-ruji*) pudern.

pudřenka *f* (*1c*; *-nek*) Puderdose *f*.

půhon *m* (*2*; *6. -u*/*-ě*) *Jur.* Vorladung *f*; (*na k-o*) gerichtliche Klage (gegen *A*).

puch *m* (*2b*) übler Geruch *m*, Gestank *m*; Flaum *m*.

puchnout ⟨*na-, o-, z-, za-*⟩ (*-chl*) (an)schwellen.

puchřet ⟨*z-*⟩ (*3 Pl. -eji*) morsch werden.

puchýř *m* (*4*) (*Haut-*)Blase *f*; **~ek** *m* (*2b*; *-řk-*) Bläschen *n*, Pustel *f*; **~ník** *1. m* (*1a*) Pflasterkäfer *m*; spanische Fliege *f*; *2. m* (*2b*) Blasenfarn *m*.

půjč|ení *n* (*3*) Borgen *n*, Leihen *n*; **~it** *pf.*, **~ovat** ⟨*vy-*⟩ (*-čuji*) borgen, leihen; *~ si co* sich (aus)leihen (*A*); **~ka** *f* (*1c*; *-ček*) Anleihe *f*, Darlehen *n*; **~ovatel** *m* (*3*; *-é*) Verleiher *m*; **~ovna** *f* (*1*; *-ven*) Leihanstalt *f*, Verleih *m*; (*Bibliotheks-*)Ausleih(stell)e *f*.

půjdu *s. pojít.*

puk *m* (*2b*) *Sp.* (*Hockey-*)Scheibe *f*, Puck *m*; Knospe *f*, Trieb *m*; Bügelfalte *f*.

puk|at ⟨*roz- (se), za-*⟩ platzen, bersten, zerspringen; *Knospen, Lippen*: aufspringen; *Erde*: Risse bekommen, sich spalten; *Herz*: brechen (*v/i*); F *bei e-r Prüfung* durchfallen; **~avec** *m* (*4*) faules Ei *n*; *Bot.* Klatschmohn *m*; **~avý** platzend, aufspringend; rissig.

pukli|ce *f* (*2a*) (*Topf-*)Deckel *m*, Stürze *f*; *Mus.* Becken *n*; *Zo.* Schildlaus *f*; **~na** *f* (*1*) Sprung *m*, Riß *m*.

puk|lý gesprungen, geborsten; rissig; **~nout** *pf.* (*-kl*) *s. pukat.*

půl (*indekl. mit 2. Fall*) halb; *~ roku* ein halbes Jahr; *každé ~ hodiny* alle halbe Stunden; *~ druhého roku* eineinhalb (*od.* anderthalb) Jahre; *na ~ ucha fig.* mit halbem Ohr; *na ~ žerdi* auf Halbmast, halbmast; *o ~ jedné, druhé*; um halb eins, zwei *usw.*;

~arch *m* (*2b*) halber Bogen *m*; **~denní** Halbtags-, halbtägig; **~druha** anderthalb; **~e** *f* (*2*) Hälfte *f*; *Sp.* Halbzeit *f*; *v -li* in der Mitte.
pulec *m* (*3*; *-lc-*) Kaulquappe *f*.
půl|ení *n* (*3*) Halbierung *f*, Zweiteilung *f*; **~hodina** *f* (*1*) halbe Stunde *f*; **~hodinka** *f* (*1c*; *-nek*) halbes Stündchen *n*; F *a.* Frühsport *m*, Morgengymnastik *f*; **~it** ⟨*roz-*⟩ halbieren, in zwei Hälften teilen; **~ka** *f* (*1c*; *-lek*) Hälfte *f*; **~kruh** *m* (*2b*) Halbkreis *m*; **~kruhov(it)ý** halbkreisförmig; **~kulatý** halbrund; **~letní** halbjährlich; **~letý** ein halbes Jahr alt; **~litr** *m* (*2a*) halber Liter *m*, P Halber *m*; **~litrový** Halbliter-; **~měsíc** *m* (*4*) Halbmond *m*; **~měsíční** halbmonatlich; e-n halben Monat alt; **~miliónový**; *-vé město* Stadt *f* mit e-r halben Million Einwohner; **~noc** *f* (*4*) Mitternacht *f*; † *a.* Norden *m*; *o ~i* um Mitternacht; **~noční** mitternächtlich, Mitternachts-; † *a.* Nord-; *~ mše* Christmette *f*; **~nota** *f* (*1*) halbe Note *f*; **~obrat** *m* (*2a*) halbe Drehung *m*.
pulovr *m* (*2a*) Pullover *m*, F Pulli *m*.
půl|ový halb, Halb-; *-vé dveře* Flügeltür *f*; **~roční** halbjährlich; halbjährig (*Dauer*); **~rok** *m* (*2b*) Halbjahr *n*.
puls *m* (*2a*) Puls *m*; **~ovat** [-zo-] ⟨*za-*⟩ (*-suje*) pulsieren.
půl|staletý ein halbes Jahrhundert dauernd; **~století** *n* (*3*) halbes Jahrhundert *n*; **~stránkový** halbseitig.
pult *m* (*2*; *6. -ě/-u*) Pult *n*; Ladentisch *m*; *mrazicí ~* (*Verkaufs-*) Kühltruhe *f*.
půltón *m* (*2a*) Halbton *m*; **~ový** Halbton-; Zwölfton-.
půltucet *m* (*2a*; *-ct-*) halbes Dutzend *n*.
puma *f* (*1*) Bombe *f*; *Zo.* **Puma** *m*; *fig.* F Fünfer *m* (*Note*).
pump|a *f* (*1*) Pumpe *f*; *benzínová ~ a.* Tankstelle *f*; **~ky** *f/pl.* (*1*; *-pek*) Pumphosen *f/pl.*; **~nout** F *pf.* (*-pl*) *j-n* anpumpen; **~ovat** ⟨*za-*⟩ (*-puji*) pumpen.
punc *m* (*4 od. 2a*) Punze *f*, Punzierung *f*; **~ovat** ⟨*o-*, *vy-*⟩ (*-cuji*) punzieren; **~ovna** *f* (*1*; *-ven*) Eichamt *n*.
punč *m* (*4*) Punsch *m*; **~ový** Punsch-.
punčoch|a *f* (*1b*) Strumpf *m*; *modrá ~ iron.* Blaustrumpf; **~árna** *f* (*1*; *-ren*) Strumpffabrik *f*; **~ář** *m* (*3*), **-řka** *f* (*1c*; *-řek*) Strumpfwirker(in *f*) *m*; Strumpfhändler(in *f*) *m*; **~ový** Strumpf-; *-vé kalhoty* Strumpfhose *f*.
punčoška *f* (*1c*; *-šek*) Kinderstrumpf *m*; *Tech.* Glühstrumpf *m*.
punktovat (*im*)*pf.* ⟨*s-*⟩ (*-tuji*) punktieren; P heimlich vorbereiten; nachbrüten (über *A*).
punt|íček *m* (*2b*; *-čk-*) *s. puntík*; **~íčkář** *m* (*3*) Pedant *m*, Tüftler *m*; **~íčkářský** pedantisch, übergenau; **~íčkářství** *n* (*3*) Haarspalterei *f*, Pedanterie *f*; **~ík** *m* (*2b*) Punkt *m*; Detail *n*; **~íkovat** ⟨*vy-*⟩ (*-kuji*) punktieren; F tüpfeln.
pupa *f* (*1*) *Zo.* Puppe *f*, Larve *f*.
pupa|lka *f* (*1c*; *-lek*) *Bot.* Nachtkerze *f*; **~va** *f* (*1*) Eberwurz *f*, wilde Artischocke *f*.
pupe|ční Nabel-; **~k** *m* (*2b*; *-pk-*) Nabel *m*; *verä.* Wanst *m*.
pupen *m* (*2a*), **~ec** *m* (*4*; *-nc-*) Knospe *f*; Hautbläschen *n*.
pupík *m* (*2b*) *s. pupek*.
pupil|a *f* (*1a*) Pupille *f*; **~ární** pupillar(isch), *Jur.* Mündel-; *na ~ jistotu* mündelsicher.
pupínek P *m* (*2b*; *-nk-*) Hautbläschen *n*, *öst.* Wimmerl *n*.
pupk|áč P *m* (*3*) *verä.* Dickwanst *m*; **~atý** dickbäuchig.
puritán *m* (*1*) Puritaner *m*; **~ský** puritanisch.
purkmistr † *m* (*1*; *-tři*) Bürgermeister *m*.
purkrab|í *m* (*Adj. 4*, *Pl. n 3*), **~ě** *m* (*wie n 4a*) Burggraf *m*; **~ský** burggräflich.
purpurový Purpur-, purpurfarben.
pus|a *f* (*1a*) Mund *m*; *iron.* Mundwerk *n*; Maul *n*, Schnauze *f*; Kuß *m*; **~inka** F *f* (*1c*; *-nek*) Mäulchen *n*; Küßchen *n*, *öst.* Busserl *n*; *Kochk.* Baiser *n*, *öst.* Busserl *n*; **~inkovat** F (*-kuji*) (ab)küssen.
působ|ení *n* (*3*) Wirkung *f*, Einwirkung *f*; *zpětné ~* Rückwirkung; **~ící** wirkend; bewirkend; **~iště** *n* (*2b*) Wirkungsstätte *f*, -kreis *m*, -bereich *m*; *Phys.* Angriffspunkt *m*; **~it** ⟨*z-*⟩ wirken; bewirken, verursachen; hinwirken (*k č-u* auf *A*); *~ dále* fortwirken; *~ proti č-u* entgegenwirken (*D*); **~ivost** *f* (*4*) Wirksamkeit *f*, Effekt *m*; **~ivý** wirksam, wirkungs-

voll, effektvoll; **~nost** *f* (*4*) Wirksamkeit *f*, Wirkung *f*; Geltung *f*.
půst *m* (*2*; *6. -u*/*-ě*; *post-*) Fasten *pl*., Fastenzeit *f*; Fasttag *m*.
pust|a *f* (*1*) Pußta *f*; **~ina** *f* (*1*) Wildnis *f*, Ödland *n*.
pustit *pf*. (*-štěn*) (los)lassen; weg-, fortlassen; *Farbe*: abfärben; verschießen; *Maschine* anlassen, in Gang setzen; *Radio* einschalten; ~ *na svobodu* freilassen; ~ *uzdu* die Zügel schießen lassen; ~ *napřed k-o* den Vortritt lassen (*D*), F vorlassen (*A*); ~ *se* loslassen; (*do č-o*) beginnen (mit *D*); sich einlassen (mit *D*); (*kam*) sich (hin)begeben; (*do k-o*) anfahren (*A*); (*za kým*) nachgehen (*D*).
pust|nout ⟨z-⟩ (*-tl*) veröden; *Mensch*: verkommen; **~o** *Adv*. öde, wüst; ~ *a prázdno* öd und leer.
pustoš|ení *n* (*3*) Verwüstung *f*; **~it** ⟨z-⟩ verwüsten, verheeren; **~ivý** verheerend.
pust|ota *f* (*1*) Öde *f*, Wildnis *f*; **~ý** (*Komp*. -[ěj]ší) öd(e), wüst, leer; *Lüge*: infam.
pušk|a *f* (*1c*; *-šek*) Gewehr *n*; **~ař** *m* (*3*) Büchsenmacher *m*; **~ařství** *n* (*3*) Waffengeschäft *n*.
puškvorec *m* (*4*; *-rc-*) *Bot*. Kalmus *m*.
pušťák *m* (*1a*) Zucht-, Deckhengst *m*.
pušt|ění *n* (*3*) Loslassen *n*; Freilassung *f*; ~ *žilou* Aderlaß *m*; **~ěný** entlassen, freigelassen.
puštík *m* (*1a*) Waldkauz *m*.
pu|ta *f* (*1*), **~ťa** *f* (*1*; *2. -ti*) Pute *f*; Henne *f*.
půtka *f* (*1c*; *-tek*) Streit *m*, Gefecht *n*; *slovní* ~ Wortwechsel *m*.
putna *f* (*1*; *-ten*) Butte *f*, Bütte *f*.
putov|ání *n* (*3*) Wandern *n*, Wanderung *f*; Wanderschaft *f*; *Rel*. Wallfahrt *f*; **~at** (*-tuji*) wandern; pilgern; **~ní** Wander-.
putyka P *f* (*1c*) *verä*. Butike *f*, Kneipe *f*.
putýnka *f* (*1c*; *-nek*) *dim. zu putna*.
půvab *m* (*2a*) Reiz *m*, Anmut *f*; *plný* ~*u* reizvoll; *bez* ~*u* reizlos; **~ný** reizend, anmutig, lieblich.
původ *m* (*2a*) Ursprung *m*, Herkunft *f*; Anlaß *m*, Veranlassung *f*; Abstammung *f*; **~ce** *m* (*3*), **~kyně** *f* (*2b*) Urheber(in *f*) *m*; **~ní** ursprünglich, Ur-; Original-.
puzení *n* (*3*) Antrieb *m*, Drang *m*.
pych *m* (*2b*) Frevel *m*.
pýcha *f* (*1b*) Stolz *m*, Hochmut *m*, *lit*. Hoffart *f*; **~t** stolz sein; **~vka** *f* (*1c*; *-vek*) Bovist *m*.
pyj *m* (*4*), **~e** *f* (*2*) (männliches) Glied *n*, Penis *m*.
pykat (*za co*) büßen (für *A*); (*č-o*) *lit*. bereuen (*A*).
pyl *m* (*2a*) Blütenstaub *m*, Pollen *m*.
pýr *m* (*2a*) *Bot*. Quecke *f*.
pyré *n* (*indekl*.) Püree *n*.
Pyreneje *f*/*pl*. (*2*) Pyrenäen *pl*.
pýřavka *f* (*1c*; *-vek*) *s. pýr*.
pýření *n* (*3*) Erröten *n*.
pýří *n* (*3*) Flaum *m*; Milchbart *m*.
pýřit se erröten, (scham)rot werden.
pysk *m* (*2b*) Lippe *f*; *Zo*. Lefze *f*; *zaječí* ~ *Med*. Hasenscharte *f*; *kozí* ~ Hundspetersilie *f*; **~atý** mit großen Lippen; *-tá rostlina* Lippenblütler *m*.
pyšn|ět ⟨z-⟩ (*3 Pl. -ějí*) stolz werden; **~it se** ⟨z-, za-⟩ (*čím*) prahlen, sich brüsten (mit *D*); **~ý** stolz, hochmütig; *-ně si vykračovat* einherstolzieren.
pytel *m* (*4*; *-tl-*; *6. Pl. -tlích*/*-tlech*) Sack *m*; ~ *na mouku* Mehlsack.
Pythagorova věta *f* pythagoreischer Lehrsatz *m*.
pytl|ácký Wilderer-; **~áctví** *n* (*3*) Wilddieberei *f*; **~ačit** ⟨*na-*, *za-*(*si*)⟩ wildern; **~ák** *m* (*1a*) Wilderer *m*, Wilddieb *m*, † *lit*. Wildschütz *m*.
pytl|ík *m* (*2b*) Beutel *m*; Tüte *f*; *verä*. Trottel *m*; **~ovat** (*-luji*) in Säcke füllen, einsacken; **~ovina** *f* (*1*) Sackleinwand *f*; **~ovitý** sackartig; **~ový** Sack-.
pyžam|a *n* (*indekl*.), **~o** *n* (*1*; *6. -u*) Schlafanzug *m*, Pyjama *m*.

R

rab *m* (*1*) Sklave *m*.
rabat *m* (*2a*) Rabatt *m*, Preisnachlaß *m*.
rabiá|k *m* (*1a*), **~t** *m* (*1*) rabiater Mensch *m*.
rabín *m* (*1*) Rabbiner *m*; **~ský** rabbinisch, Rabbiner-.
rabovat ⟨*na-*, *vy-*⟩ (*-buji*) plündern.
rac|čí Möwen-; **~ek** *m* (*1*; *-cci*/ *-ckové*) Möwe *f*.
racie *f* (*2*) Razzia *f*.
racion|alizovat (*im*)*pf*. ⟨*z-*⟩ (*-zuji*) rationalisieren; **~ovat** (*im*)*pf*. (*-nuji*) rationieren.
ráče *n* (*4*) junger Krebs *m*; **~k** *m* (*1a*; *-čk-*) kleiner Krebs *m*.
rač|í Krebs-; **~ice** *f* (*2a*) Krebsweibchen *n*.
ráčit ⟨*z- se*⟩ wollen, *lit*. belieben, geruhen; *račte se posadit!* wollen Sie (bitte) Platz nehmen!; *jak račte?* wie meinen Sie?; F *co hrdlo ráčí* was das Herz begehrt.
ráčkovat ⟨*za- si*⟩ (*-kuji*) ratschen.
rád (*~a*, *~o*; *Komp*. *raději*, F *radši*) gern *et*. *tun*; froh *sein*; *ze srdce ~* herzlich gern; *~o se stalo!* gern geschehen!; *on*(*a*) *~*(*a*) *maso* er (sie) ißt gern Fleisch; *máte raději* (*od*. *radši*) *kávu?* möchten Sie lieber Kaffee?
rada[1] *f* (*1*) Rat *m*, Ratschlag *m*; *nevím si -dy* ich weiß mir keinen Rat; *tu je těžká ~* da ist schwer zu raten; *na mou -du* auf meinen Rat; *podle její -dy* nach ihrem Rat; *na -du lékaře* auf Anraten des Arztes; *schůze -dy* Ratssitzung *f*.
rada[2] *m* (*5*) Rat *m* (*Titel*); *tajný ~* Geheimrat.
radar *m* (*2a*) Radar(gerät) *n*; **~ový** Radar-.
rádce *m* (*3*) Ratgeber *m*, Berater *m*; *čas je nejlepší ~ Sprw*. kommt Zeit, kommt Rat.
raději *s*. *rád*.
radi|ace [-dı-] *f* (*2*) Strahlung *f*; *fig*. Ausstrahlung *f*; **~ální** radial; **~átor** *m* (*2a*) Heizstrahler *m*.
radikál [-dı-] *1*. *m* (*1*; *-ové*) *Pol*. Radikale(r) *m*; *2*. *m* (*2a*) *Chem*. Radikal *n*; **~ní** radikal; **~nost** *f* (*4*) Radikalismus *m*, radikales Vorgehen *n*.
rádio [-dı-] *n* (*1b*) Rundfunk *m*; Rundfunkgerät *n*, F Radio *n*.
radio|aktivita [-dıo-aktı-] *f* (*1*) Radioaktivität *f*; **~aktivní** radioaktiv; **~aparát** *m* (*2*; *6*. *-u*/*-ě*) Rundfunkgerät *n*; **~fonický** [-nı-], **~fonní** drahtlos; **~gram** *m* (*2a*) Funkspruch *m*, Funktelegramm *n*; *Tech*. Radiogramm *n*; **~komunikace** [-nı-] *f* (*2*) Funkverbindung *f*; **~léčba** *f* (*1*) Radiotherapie *f*, Strahlenheilkunde *f*; **~lokace** *f* (*2*) *Rdf*. Ortung *f*; **~lokátor** *m* (*2a*) Funkpeilgerät *n*, Radargerät *n*; **~mechanik** [-nık] *m* (*1a*) Rundfunktechniker *m*; **~navigace** *f* (*2*) Funknavigation *f*; **~technický** [-nı-] funktechnisch; **~technika** [-nı-] *f* (*1c*) Funktechnik *f*; Funkwesen *n*; **~telegrafie** *f* (*2*) drahtlose Telegrafie *f*; **~telegrafista** *m* (*5a*) Funker *m*.
rádiov|ka *f* (*1c*; *-vek*) Baskenmütze *f*; **~ý** Rundfunk-, Funk-; Radium-; *-vá stanice* Funkstation *f*; *~ pramen* radioaktive Quelle.
rádiožurnál † F *m* (*2*; *6*. *-u*/*-e*) Rundfunk *m*.
radit ⟨*do-*, *na-*, *po-*⟩ (*-děn*) (an)raten; beraten; *~ se o čem* (sich) beraten über (*A*); *~ se s lékařem* den Arzt konsultieren.
rádi|um [-dı-] *n* (*5*) Radium *n*; *obsahující ~* radiumhaltig; **~us** *m* (*2a*; *2*. *-dia*) Radius *m*.
rádkyně *f* (*2b*) Ratgeberin *f*, Beraterin *f*.
radlice *f* (*2a*) Pflugschar *f*.
rádlo *n* (*1a*; *-del*) Hakenpflug *m*; *Tech*. Kopierrad *n*.
radn|í *1*. Rats-; *2*. *m* (*Adj*. *4*) Ratsherr *m*; *městský ~* Stadtrat; **~ice** *f* (*2a*) Rathaus *n*; **~iční** Rathaus-; *~ sklep* Ratskeller *m*; **~o** *Adv*. ratsam, angebracht.
rádoby- *in Zssgn iron*. Möchtegern-, Pseudo-; **~kritik** [-tık] *m* (*1b*; *-ové*) Pseudokritiker *m*, Kritikaster

m; **~lidový** scheinbar volkstümlich.

radost *f* (*4*) Freude *f* (*z č-o* an *D*); Vergnügen *n*, Lust *f*; *s ~í* mit Vergnügen; *~ ze života* Lebensfreude, -lust; *plakat ~í* vor Freude weinen; *jedna ~* daß es e-e (wahre) Freude ist *od.* war; **~ný** freudig; vergnügt, froh; *-né svátky!* frohe Feiertage!, frohes Fest!

radová *f* (*Adj. 2*) Rätin *f*.

rad|ování *n* (*3*) Jubel *m*, (große) Freude *f*; **~ovánky** *f/pl.* (*2*; *-nek*) Belustigungen *f/pl.*, Freudenfest *n*, Freuden *f/pl.*

radovat¹ ⟨*vy-*⟩ (*-duji*) (aus)radieren.

radovat² se ⟨*po-, za-*⟩ (*z č-o, nad čím*) sich freuen (an *D*, über *A*); *~ ze života* sich seines Lebens freuen.

radýrovat (*-ruji*) *s. radovat¹*.

ráf † *m* (*2a*) Reifen *m*.

rafat ⟨*po-*⟩ F (*po čem*) schnappen (nach *D*); streiten (*spolu* miteinander).

rafi|čka *f* (*1c*; *-ček*) (kleiner) Zeiger *m*; **~je** *f* (*2*) (großer) Zeiger *m*.

rafin|ace *f* (*2*) Raffinierung *f*; **~áda** *f* (*1*) Raffinade *f*; **~érie** *f* (*2*) Raffinerie *f*; **~ovaný** raffiniert; **~ovat** (*-nuji*) raffinieren.

rafnout *pf.* (*-fl/-fnul*) F *s. rafat*.

ragb|ista *m* (*5a*) Rugbyspieler *m*; **~yový** Rugby-.

ráhno *n* (*1*; *6. -u/-ě*; *-hen*) Rahe *f*, Segelstange *f*.

rachat ⟨*za-*⟩ P Lärm machen; *~ se* (*v čem*) herumwühlen (in *D*).

ráchat se ⟨*vy-*⟩ P *im Wasser* p(l)anschen.

rachejtle P *f* (*2*) Rakete *f*; *verä. stará ~* alte Schachtel *f*, Vettel *f*.

rachiti|k [-tɪk] *m* (*1a*; *-ové*) Rachitiker *m*; **~s**, **~da** *f* (*1*; *-dy*) Rachitis *f*.

racho|cení *n* (*3*), **~t** *m* (*2a*) Getöse *n*, Poltern *n*, Rasseln *n*, Dröhnen *n*; (*Kanonen-*)Donner *m*; Knattern *n der Gewehre*; **~tit** ⟨*po-, roz- se, za-*⟩ rattern, rollen; dröhnen, poltern; *Ketten*: rasseln; *Wagen*: holpern.

ráj *m* (*4*) Paradies *n*.

raj|če *n* (*4*) Tomate *f*; **~ka** *f* (*1c*; *-jek*) Paradiesvogel *m*; **~ský** paradiesisch, Paradies-; Tomaten-; *-ká šťáva* Tomatensaft *m*.

rajt F *m* (*2a*) Rummel *m*, Hast *f*; **~ky** *f/pl.* (*1*; *-tek*) Reithose *f*; Reitstiefel *m/pl.*; **~ovat** ⟨*z-, za-*⟩ P (*-tuji*) reiten; *fig.* (herum)nörgeln (*po čem* an *D*).

rak *m* (*1a*) Krebs *m*.

raket|a *f* (*1*) Rakete *f*; Leuchtkugel *f*; *Sp.* (*Tennis-*)Schläger *m*; **~ový** Raketen-.

rakev *m* (*3*; *-kv-*) Sarg *m*.

rákos *m* (*2*; *6. -u/-e*) Schilfrohr *n*; **~í** *n* (*3*) Schilf(dickicht) *n*; **~ka** *f* (*1c*; *-sek*) Rohrstock *m*; **~ník** *m* (*1a*) *Zo.* Rohrspatz *m*; (*2b*) Rohrnagel *m*; **~ový** Rohr-; Schilf-.

Rakous|ko *n* (*1b*) Österreich *n*; **2ký** österreichisch; **~y** *m/pl.* (*2*; *2. -kous*; *6. -ích*): *Dolní, Horní ~* Nieder-, Oberösterreich *n*.

rakovi|na *f* (*1*) *Med.* Krebs *m*; **~nný** Krebs-; krebsartig; **~tý** *Zo.* krebsartig.

Rakušan *m* (*1*; *-é*), **~ka** *f* (*1c*; *-nek*) Österreicher(in *f*) *m*.

rakvička *f* (*1c*; *-ček*) (*Kinder-*) Sarg *m*.

rám *m* (*2a*) Rahmen *m*; Gestell *n*; **~cový** Rahmen-.

rámě *n s. rameno*.

rám|ec *m* (*4*; *-mc-*) *fig.* Rahmen *m*; **~(eč)ek** *m* (*2b*; *-čk-*) Rähmchen *n*; *s. rám*.

ramen|áč *m* (*3*) breitschultriger Mensch *m*; **~ář** *m* (*3*) Heuchler *m*; **~atý** breitschultrig.

raménko *n s. ramínko*.

ramen|ní Schulter-; **...~ný** *in Zssgn* -armig; **~o** *n* (*1*; *2, 6 Pl. -ou*) Schulter *f*, Achsel *f*; *fig.* Arm *m*; *Geom.* Schenkel *m*.

ramínko *n* (*1b*; *-nek*) *dim. zu rameno*; Kleiderbügel *m*; *Kochk.* Schulter(stück *n*) *f*.

raml|ice *f* (*2a*) Häsin *f*; **~ík** *m* (*1a*) *Jagdw.* Rammler *m*; **~ovat se** (*-luji*) rammeln, sich paaren.

rámov|at ⟨*o-, v-, za-*⟩ (*-muji*) (ein-, um)rahmen; **~ý** Rahmen-.

rampa *f* (*1*) Rampe *f*.

rampouch *m* (*2b*) Eiszapfen *m*.

rampový Rampen-.

rámus P *m* (*2*; *6. -u/-e*) Lärm *m*, Krawall *m*; **~ení** *n* (*3*) Lärmen *n*; **~enka** *f* (*1c*; *-nek*) Geldstrafe *f* wegen Ruhestörung; **~it** ⟨*po- si, za-*⟩ lärmen, Krawall machen.

rána *f* (*1*; *7 Sg., 2, 3, 6, 7 Pl. ran-*) Schlag *m*; Stoß *m*; Schuß *m*; Wunde *f*; *~ holí* Stockhieb *m*; *~ nožem* Messerstich *m*; *chybná ~* Fehlschlag; *~ do hlavy* Kopfschuß; *~ pod pás Sp.*

Tiefschlag; ~ *na hlavě* Kopfwunde; ~ *osudu* Schicksalsschlag; *od -ny* schlagfertig; *zrovna na -ně* in unmittelbarer Nähe.
rand|ál P *m* (*2*; *6. -u/-e*) Radau *m*, Krawall *m*; **~alista** *m* (*5a*) Randalierer *m*, F Radaubruder *m*, Krakeeler *m*.
rand|e F *n* (*indekl.*), **~íčko** F *n* (*1b*; *-ček*) Rendezvous *n*, Stelldichein *n*; **~it** F ein Rendezvous haben.
ran|ec *m* (*4*; *-nc-*) Ranzen *m*; **~eček** *m* (*2b*; *-čk-*) Ränzel *n*.
raněný *m* (*Adj. 1*) Verwundete(r) *m*.
ranhojič † *m* (*3*) Feldscher *m*, Wundarzt *m*.
raní|čko F frühmorgens; **~k** *m* (*2b*) Morgenzeitung *f*, -blatt *n*.
ranit *pf.* ⟨*z-*⟩ (*-ěn*) verwunden, verletzen; *Schlag*: rühren.
ranní Morgen-, Früh-; F ~ *ptáče* Frühaufsteher(in *f*) *m*.
ranný Wund-.
ráno *1. n* (*1b*) Morgen *m*, Frühe *f*; *2. Adv.* morgens, früh; *öst.* in der Früh; *dnes* ~ heute morgen; *zítra* ~ morgen früh; *od -na do večera* von früh bis spät, von morgens bis abends.
raný früh, zeitig, Früh-; F *a.* Frühaufsteher *m*.
rapidní rapid, reißend.
rar|ach *m* (*1a*) Teufel *m*, Kobold *m*; **~ášek** F *m* (*1a*; *-šk-*) kleiner Teufel *m*, Teufelchen *n*.
ras *m* (*1*; *-ové*) Schinder *m*, Abdecker *m*.
ras|a *f* (*1a*) Rasse *f*; **~istický** [-tɪ-] rassistisch.
ras|ovat ⟨*na- se, u-, z-*⟩ P (*-suji*) sich schinden, sich abrackern; **~ovina** P *f* (*1*) Schinderei *f*, Plackerei *f*.
rasový Rassen-, rassisch.
rašelin|a *f* (*1*) Torf *m*; **~ářství** *n* (*3*) Torfgewinnung *f*, Torfstechen *n*; **~ík** *m* (*2b*) Torfmoos *n*; **~iště** *n* (*2b*) Torfmoor *n*; Torflager *n*; **~ný** Torf-, Moor-; *-ná koupel* Moorbad *n*; **~ový** Torf-.
rašit ⟨*roz-, za-*⟩ *Blüten* treiben, ausschlagen.
rašple *f* (*2*) Raspel *f*.
ratejna *f* (*1*; *-jen*) Gesindestube *f*.
ratifik|ace [-tɪ-] *f* (*2*) Ratifizierung *f*; **~ovat** (*im*)*pf*. (*-kuji*) ratifizieren.
ratlík *m* (*1a*) Rattler *m*.
ratolest *f* (*4*) Zweig *m*; *fig.* Sproß *m*.
raubíř P *m* (*3*) Räuber *m*.
raz[1] eins; einmal; ~, *dva, tři!* eins, zwei, drei!
ráz[2] *m* (*2a*) Schlag *m*; Art *f*, Charakter *m*; *Phys.* Stoß *m*; ~ *na* ~ Schlag auf Schlag; **~em** plötzlich, mit e-m Mal; Punkt (... *Uhr*).
razantní rasant.
raz|icí Präge-; **~idlo** *n* (*1a*; *-del*) Prägestock *m*; **~it** ⟨*o-, vy-*⟩ (*-žen*) prägen; *Weg* bahnen; *fig. Bahn* brechen; *Löcher* schlagen; *Stollen* graben; **~ítko** *n* (*1b*; *-tek*) Stempel *m*; (*Dienst-*)Siegel *n*; **~ítkovat** ⟨*o-*⟩ (*-kuji*) stempeln; **~ítkový** Stempel-.
raznice *f* (*2a*) Presse *f*, Stanze *f*.
ráz|nost *f* (*4*) Entschiedenheit *f*, Tatkraft *f*; **~ný** entschieden, tatkräftig; **~ovat** F ⟨*vy-*⟩ (*-zuji*) rüstig ausschreiten, marschieren.
rázovit|ost *f* (*4*) Eigenart *f*, Urwüchsigkeit *f*; **~ý** eigenartig, ausgeprägt, urwüchsig.
razura [-zuː-] *f* (*1d*) Rasur *f*.
ráž, ~e *f* (*3, 2*) *Mil.* Kaliber *n*; Wut *f*, Rage *f*; gehobene Stimmung *f*.
raž|ba *f* (*1*; *-žeb*) Prägen *n*, Prägung *f*; **~ebna** *f* (*1*; *-ben*) Prägeanstalt *f*, Münzstätte *f*, Münze *f*; **~ebné** *n* (*Adj. 3*) Prägegeld *n*; **~ební** Münz-; **~ený** geprägt; gemünzt; *-ná hláska Gr.* Explosivlaut *m*.
-rážní *in Zssgn* -kalibrig.
rc|i!, **~ete!** *lit.* sag!, sagen Sie!
rčení *n* (*3*) Redensart *f*, Redewendung *f*.
rdění *n* (*3*) Erröten *n*.
rdesno *n* (*1*; *6. -u/-ě*; *-sen*) *Bot.* [Knöterich *m*.]
rdít se ⟨*za-*⟩ (*3 Pl. rdějí/rdí*; *rděl*) erröten, rot werden.
rdousit ⟨*po-, za-*⟩ (*-šen*) würgen.
reagovat (*-guji*) reagieren.
reak|ce *f* (*2*) Reaktion *f*; **~cionář** *m* (*3*) Reaktionär *m*; **~cionářský** (*Adv. -y*) reaktionär; **~ční** Reaktions-, Reagenz-; *Pol.* reaktionär.
reaktiv|ace [-tɪ-] *f* (*2*) Reaktivierung *f*; **~ní** reaktiv, Rückstoß-; **~ovat** (*im*)*pf*. (*-vuji*) reaktivieren.
reaktor *m* (*2a*) Reaktor *m*.
reálie *f/pl.* (*2*) Sachkenntnisse *f/pl.*
realis|mus [-zm-] *m* (*2a*; *-sm-*) Realismus *m*; **~ovat** (*-suji*) *s. realizovat*; **~ta** *m* (*5a*), **~tka** *f* (*1c*; *-tek*) Realist (-in *f*) *m*; † *a.* Realschüler(in *f*) *m*; **~tický** [-tɪ-] (*Adv. -y*) realistisch.
reali|ta *f* (*1*) Realität *f*; **~zovat** (*im*)*pf*. ⟨*z-*⟩ (*-zuji*) realisieren.
reál|ka P *f* (*1c*; *-lek*) † Realschule *f*;

~ní reell, *lit.* redlich; *Pol.*, *Hdl.* Real-; **~nost** *f* (*4*) Realität *f*, Sachlichkeit *f*; reelle Art *f*; **~ný** Real-, real; tatsächlich; *-né gymnázium* Realgymnasium *n*.
rebarbora *f* (*1d*) Rhabarber *m*.
rebel *m* (*1*; *-ové*), **~ant** *m* (*1*) Rebell *m*; **~antský** rebellisch, aufrührerisch; **~ie** *f* (*2*) Rebellion *f*; Aufruhr *m*; **~ovat** ⟨*za- si*⟩ (*-luji*) rebellieren.
recenz|e *f* (*2*) Rezension *f*; *~ knihy* Buchbesprechung *f*; **~ní** Rezensions-; **~ovat** ⟨z-⟩ (*-zuji*) besprechen, rezensieren.
recepis *m* (*2*; *6. -e*/*-u*) Empfangsbescheinigung *f*; † Rezept *n*.
recept *m* (*2*; *6. -u*/*-ě*) Rezept *n*; **~ář** *m* (*4*) Rezeptbuch *n*; **~ivní** [-tɪ:-] rezeptiv, aufnahmebereit; **~ní, ~ový** Rezept-; **~ura** [-u:-] *f* (*1d*) Rezeptur *f*.
recidiv|a [-dɪ:-] *f* (*1*) Rückfall *m*; **~ita** *f* (*1*) Rückfälligkeit *f*; **~ní** [-dɪ:-] rückfällig; *Jur.* Rückfall-.
recipro|ční, ~ký reziprok.
recit|ace *f* (*2*) Rezitation *f*; **~ovat** ⟨*od-*, *za-*⟩ (*-tuji*) rezitieren; *Gedicht* vortragen.
redak|ce *f* (*2*) Redaktion *f*; **~ční** redaktionell, Redaktions-; **~tor** *m* (*1*; *-ři*) Redakteur *m*; **~torství** *n* (*3*) Tätigkeit *f* als Redakteur(in), Redaktionsarbeiten *f*/*pl*.
redigovat [-dɪ-] ⟨z-⟩ (*-guji*) redigieren.
reduk|ce *f* (*2*) Reduktion *f*; **~ční** Reduktions-; **~ovat** (*im*)*pf*. (*-kuji*) ⟨z-⟩ reduzieren.
reduta *f* (*1*) Maskenball *m*; *Mil.* Feldschanze *f*.
reedukace *f* (*2*) Umerziehung *f*.
reel|ní reell; **~nost** *f* (*4*) reelle Art *f*.
refektář *m* (*4*) Refektorium *n*.
refer|át *m* (*2*; *6. -u*/*-ě*) Referat *n*; Abteilung *f*; **~ence** *f* (*2*) Referenz *f*, Empfehlung *f*; **~endum** *n* (*1b*; *-nd-*) Volksentscheid *m*; **~ent** *m* (*1*), **-tka** *f* (*1c*; *-tek*) Referent(in *f*) *m*, Sachbearbeiter(in *f*) *m*; **~ovat** (*im*)*pf*. (*-ruji*) referieren.
reflekt|or *m* (*2a*) *Kfz.* Scheinwerfer *m*; *Tech.* Rückstrahler *m*; **~orový** Reflektoren-; **~ovat** (*-tuji*) reflektieren, zurückwerfen, spiegeln; (*o čem*) nachdenken (über *A*); (*na co*) interessiert sein (an *D*).
reflexe *f* (*2*) Reflexion *f*.
reform|a *f* (*1*) Reform *f*; **~ace** *f* (*2*) Reformation *f*; **~ační** Reformations-; **~átor** *m* (*1*; *-ři*) Reformator *m*; **~átorství** *n* (*3*) Reformbestrebungen *f*/*pl*.; **~ista** *m* (*5a*) Reformer *m*; **~ky** † *f*/*pl*. (*2*; *-mek*) Reformhose *f*; **~ní** Reform-; **~ovaný** reformiert; **~ovat** (*im*)*pf*. ⟨z-⟩ (*-muji*) reformieren.
refrak|ce *f* (*2*) Strahlenbrechung *f*; **~ční** Refraktions-; **~tor** *m* (*2a*) *Astr.* Linsenfernrohr *n*.
refrén *m* (*2*; *6. -u*/*-ě*) Refrain *m*, Kehrreim *m*.
refriger|ační *Tech.* Kälte-; **~átor** *m* (*2a*) Kühlapparat *m*.
refund|ace *f* (*2*) Rückerstattung *f*, Rückvergütung *f*; **~ovat** (*im*)*pf*. (*-duji*) rückerstatten, rückvergüten.
refýž *f* (*3*) Verkehrsinsel *f*.
regál *m* (*2*; *6. -u*/*-e*) Regal *n*.
regener|ační Regenerations-; **~átor** *m* (*2a*) Regenerator *m*, Wärmespeicher *m*; **~ovat** (*im*)*pf*. ⟨z-⟩ (*-ruji*) regenerieren; *~ se* sich erholen.
regentství *n* (*3*) Regentschaft *f*.
registr *m* (*2a*) Register *n*; **~ace** *f* (*2*) Registrierung *f*; **~atura** [-tu:-] *f* (*1d*) Registratur *f*; **~ovat** (*im*)*pf*. ⟨z-⟩ (*-ruji*) registrieren.
regul|ace *f* (*2*) Regulierung *f*, Regelung *f*; **~ární, ~érní** regulär; **~ovat** (*im*)*pf*. ⟨z-⟩ (*-luji*) regulieren.
rehabilit|ace *f* (*2*) Rehabilitierung *f*; **~ační** Rehabilitations-; **~ovat** (*im*)*pf*. ⟨z-⟩ (*-tuji*) rehabilitieren.
rehek *m* (*1a*; *-hk-*) *Zo.* Rotschwanz *m*.
rej *m* (*4*) Reigen *m*; *~ čarodějnic* Hexensabbat *m*.
rejd *m* (*2a*) Lenk(vorricht)ung *f*, Wagenachse *f*; *~y pl. a.* Umtriebe *pl*.; **~a** *f* (*1*) Reede *f*; **~ař** *m* (*3*) Reeder *m*; **~ařství** *n* (*3*) Reederei *f*; **~iště** *n* (*2b*) Tummelplatz *m*; **~it** ⟨*po-*, *pro-*, *za-*⟩ sich tummeln, herumtollen; **~ovat** ⟨*za-*⟩ (*-duji*) lenken, steuern (*čím*/*A*).
rejnok *m* (*1a*) Rochen *m*.
rejsek *m* (*1a*; *-sk-*) Spitzmaus *f*.
rejstřík *m* (*2b*) Register *n*.
rejtar † *m* (*1*; *-ři*) Reiter *m*.
rek *m* (*1*; *-ové*) Recke *m*, Held *m*.
reklam|a *f* (*1*) Reklame *f*, Werbung *f*; **~ace** *f* (*2*) Reklamation *f*, Beanstandung *f*; *Jur.* Einspruch *m*; **~ář** *m* (*3*) Werbefachmann *m*; **~ovat**

⟨vy-⟩ (*-muji*) reklamieren, beanstanden.

rekognosk|ace *f* (*2*) Erkundung *f*; **~ovat** (*-kuji*) erkunden, auskundschaften.

rekonstru|kce *f* (*2*) Rekonstruktion *f*, Wiederherstellung *f*; **~ovat** (*im*)*pf*. ⟨z-⟩ (*-uuji*) rekonstruieren, wiederherstellen.

rekonvalesc|ence *f* (*2*) Wiedergenesung *f*; **~ent** *m* (*1*), **-tka** *f* (*1c*; *-tek*) Rekonvaleszent(in *f*) *m*.

rekordman *m* (*1*), **~ka** *f* (*1c*; *-nek*) Spitzensportler(in *f*) *m*; *světový* ~ Weltmeister *m*, -rekordhalter *m*.

rekov|nost *f* (*4*) *lit*. Heldenmut *m*, heldische Gesinnung *f*; **~ný** heldenhaft, heldenmütig.

rekre|ace *f* (*2*) Erholung *f*; *poukaz na -ci* Ferienscheck *m*; **~ační** Erholungs-; Freizeit-; **~ant** *m* (*1*), **-tka** *f* (*1c*; *-tek*) Urlauber(in *f*) *m*, Erholungsuchende *m od*. *f*; **~ovat se** ⟨z-⟩ (*-euji*) sich erholen.

rektifikace *f* [-tı-] (*2*) Berichtigung *f*.

rektor *m* (*1*; *-ři*/*-rové*) Rektor *m*; **~át** *m* (*2*; *6*. *-u*/*-ě*) Rektorat *n*; **~ství** *n* (*3*) Rektorenamt *n*, -würde *f*.

re|kurovat (*im*)*pf*. (*-ruji*) Berufung einlegen, Einspruch erheben; **~kurs** *m* (*2*; *6*. *-u*/*-e*) Berufung *f*, Einspruch *m*.

rekviem *n* (*indekl*.) Requiem *n*, Totenmesse *f*.

rekv|írovat (*im*)*pf*. ⟨z-⟩ (*-ruji*) *Mil*. requirieren; **~izice** *f* (*2a*) Requisition *f*, Anforderung *f*; **~izita** *f* (*1*) Requisit *n*.

rekyně *f* (*2b*) *lit*. Heldin *f*.

rela|ce *f* (*2*) Beziehung *f*; *Rdf*. Sendung *f*; Bericht *m*; **~ční** Relations-.

relativ|istický [-tı-] relativistisch; **~ita** *f* (*1*) Relativität *f*; **~ní** relativ.

relé *n* (*indekl*.) *El*. Relais *n*.

releg|ace *f* (*2*) Relegation *f*; **~ovat** *pf*. (*-guji*) relegieren.

reléový Relais-.

reliéf *m* (*2a*) Relief *n*.

relikviář *m* (*4*) Reliquienschrein *m*.

remilitariz|ace *f* (*2*) Remilitarisierung *f*; **~ovat** (*im*)*pf*. (*-zuji*) remilitarisieren.

reminiscence [-nı-] *f* (*2*) Erinnerung *f*, Anklang *m*.

remíz *m* (*2a*) Schutzgehege *n*; **~a** *f* (*1a*) Remise *f*, Wagenhalle *f*.

remorkér *m* (*2a*) Schleppschiff *n*, Schlepper *m*.

remunerace *f* (*2*) Vergütung *f*.

rendlík *m* (*2b*) Tiegel *m*, Bratpfanne *f*.

renesan|ce *f* (*2*) Renaissance *f*; **~ční** Renaissance-.

reneta *f* (*1*) Renette *f*.

renolt F *m* (*2a*), **~ka** F *f* (*1c*; *-tek*) Renault *m* (*Auto*).

renomovaný renommiert, angesehen.

renov|ace *f* (*2*) Renovierung *f*; **~ační** Instandsetzungs-; **~ovat** (*im*)*pf*. ⟨z-⟩ (*-vuji*) renovieren, instandsetzen.

rent|a *f* (*1*) Rente *f*; **~abilita** *f* (*1*) Rentabilität *f*; **~abilní** rentabel, einträglich; **~ový** Renten-.

rentgen *m* (*2a*) Röntgenapparat *m*; **~ovat** ⟨z-⟩ (*-nuji*) röntgen, F durchleuchten; **~ový** Röntgen-.

reorganiz|ace [-nı-] *f* (*2*) Reorganisierung *f*; **~ovat** (*im*)*pf*. ⟨z-⟩ (*-zuji*) reorganisieren.

repar|ace *f* (*2*) Reparation *f*; **~ační** Reparations-; **~át** † *m* (*2a*) Wiederholungsprüfung *f*.

repatri|ace *f* (*2*) Repatriierung *f*; **~ační** Repatriierungs-; **~ant** *m* (*1*), **-tka** *f* (*1c*; *-tek*) Heimkehrer(in *f*) *m*; **~ovat** (*im*)*pf*. (*-iuji*) repatriieren.

repet|ice [-tı-] *f* (*2a*) Wiederholung *f*; **~ilka** F *f* (*1c*; *-lek*) Schwätzerin *f*, Klatschbase *f*; **~it** ⟨*za-*⟩ F schwatzen, plappern; **~ivý** geschwätzig; **~ovat** (*-tuji*) repetieren, wiederholen.

replik|a *f* (*1c*) Replik *f*, Erwiderung *f*; Wiederholung *f*; **~ovat** (*-kuji*) entgegnen.

report|áž *f* (*3*) Reportage *f*; **~ér** *m* (*1*; *-ři*), **-rka** *f* (*1c*; *-rek*) Reporter(in *f*) *m*, Berichterstatter(in *f*) *m*; **~érský** Reporter-; **~ovat** (*-tuji*) Bericht erstatten; *Hdl*. reportieren.

repot *m* (*2a*) Murren *n*.

represálie *f*/*pl*. (*2*) Repressalien *f*/*pl*.

reprezent|ace *f* (*2*) Vertretung *f*; standesgemäßes Auftreten *n*; **~ační** Repräsentations-; *Sp*. Auswahl-; **~ant** *m* (*1*), **-tka** *f* (*1c*; *-tek*) Vertreter(in *f*) *m*; **~ativní** [-tı:-] repräsentativ; **~ovat** (*-tuji*) repräsentieren, vertreten.

repr|íza *f* (*1a*) *Thea*. Wiederaufführung *f*; *Mus*. Wiederholung *f*; *Hdl*. Erholung *f*; **~izovat** (*-zuji*) *Thea*. wiederholen, wieder aufführen.

reprobovat *(im)pf.* *(-buji)* zurückweisen.
reproduk|ce *f* *(2)* Reproduktion *f*, Wiedergabe *f*; **~ovat** *(im)pf.* ⟨z-⟩ *(-kuji)* reproduzieren, wiedergeben; **~tivní** [-tɪ-] reproduktiv; **~tor** *m* *(1; -ři)* Interpret *m*; *Rdf.* *(2a)* Lautsprecher *m*.
rept|al *m* *(1; -ové)* Nörgler *m*; **~at** ⟨po-⟩ *(na co)* nörgeln (über *A*); *(proti č-u)* murren (über *A*), sich empören (gegen *A*).
republik|a *f* *(1c)* Republik *f*; **~án** *m* *(1)* Republikaner *m*; **~ánský** republikanisch.
re|se- *s. reze-*; **~si-** *s. rezi-*; **~sol-**, **~son-** *s. rezol-, rezon-*.
resort *m* *(2; 6. -u/-ě)* Ressort *n*, Geschäftsbereich *m*.
respekt *m* *(2a)* Respekt *m*, Achtung *f*; **~ive** [-tɪː-] beziehungsweise; oder; **~ovat** *(-tuji)* respektieren, achten.
respirátor *m* *(2a)* Atemgerät *n*.
restaur|ace *f* *(2)* Restaurant *n*, Gaststätte *f*; *hist.* Restauration *f*, Wiederherstellung *f*, Wiedereinsetzung *f*; **~ační** Restaurations-; **~atér** *m* *(1; -ři)* Gastwirt *m*; **~ovat** *(im)pf.* ⟨z-⟩ *(-ruji)* restaurieren; **~** se sich erholen.
re|sultát *s. rezultát*; **~sumovat** [-zɪm-] *(im)pf.* ⟨z-⟩ *(-muji)* resümieren, zusammenfassen; **~šerše** *f* *(2)* Nachforschung *f*, Recherche *f*.
ret *m* *(2a; rt-)* Lippe *f*; **~ní** *s. retný*; **~nice** *f* *(2a)* *Gr.* Lippenlaut *m*, Labial *m*; **~ný** Lippen-.
rétori|cký *(Adv. -y)* rhetorisch; **~ka** *f* *(1c)* Rhetorik *f*, Redekunst *f*.
retozubný *Gr.* labiodental.
retušovat *(im)pf.* ⟨z-, za-⟩ *(-šuji)* retuschieren.
reum- *s. revm-*.
réva *f* *(1)* Rebe *f*.
revanš *f* *(3)* Revanche *f*; **~ista** *m* *(5a)* Revanchist *m*; **~istický** [-tɪ-] revanchistisch; **~ovat se** F *(im)pf.* *(-šuji)* sich revanchieren.
reveň *f* *(3; -vně)* Rhabarber *m*.
re|vér *m* *(2a)* Revers *m*, Aufschlag *m*; **~vers** *m* *(2a)* Kehrseite *f*; *s. revér*.
revír *m* *(2a)* Revier *n*; **~ní** Revier-; **~ník** *m* *(1a)* Revierförster *m*.
reviz|e *f* *(2)* Revision *f*; **~ionista** *m* *(5a)* Revisionist *m*; **~ní** Revisions-; **~or** *m* *(1; -ři/-rové)* Revisor *m*, Prüfer *m*.
revma F *n* *(1b; -tu)* Rheuma(tismus *m*) *n*.
revokace *f* *(2)* *Hdl.* Widerruf *m*; Verweis *m*.
révokaz *m* *(1)* Reblaus *f*.
revol|ta *f* *(1)* Revolte *f*; **~tovat** *(-tuji)* revoltieren; **~uce** *f* *(2)* Revolution *f*.
revolucionář *m* *(3)*, **~ka** *f* *(1c; -řek)* Revolutionär(in *f*) *m*; **~ský** revolutionär.
revolu|cionovat *(im)pf.* ⟨z-⟩ *(-nuji)* revolutionieren; in Aufruhr bringen; **~ční** Revolutions-, revolutionär.
révov|í *n* *(3)* Rebenlaub *n*; **~itý** rebenartig; **~ý** Reben-.
re|vuální [-vɪ- *od.* -vu-] Revue-; **~vue** [-vɪː] *indekl. od. f* *(2)* Revue *f*.
rez *f* *(4b; rz-; od. 2a)* Rost *m*, Brandpilz *m*; *Jagdw.* Harn *m*; **~atý** *s. rezavý*; **~avět** ⟨z-⟩ *(3 Pl. -ějí)* rosten; **~avý** rostig, Rost-; rostbraun.
rezeda *f* *(1)* Reseda *f*.
rezek F *m* *(1a)* Rotkopf *m*, Rothaarige(r) *m*.
rezerv|a *f* *(1)* Reserve *f*; **~ace** *f* *(2)* Reservation *f*; **~át** *m* *(2a)* Reservat *n*; **~ista** *m* *(5a)* Reservist *m*; **~ní** Reserve-; **~oár** *m* *(2a)* Behälter *m*, *fig.* Sammelbecken *n*; **~ovanost** *f* *(4)* Reserviertheit *f*; **~ovat** *(im)pf.* *(-vuji)* reservieren.
reziden|ce *f* *(2)* Residenz *f*; **~ční** Residenz-.
rezign|ace *f* *(2)* Resignation *f*; **~ovat** *(im)pf.* *(-nuji)* resignieren.
rezisten|ční Widerstands-; **~tní** widerstandsfähig.
reziv|ět ⟨z-⟩ *(3 Pl. -ějí)* rosten; **~ý** rostig; rostbraun.
rezolu|ce *f* *(2)* Resolution *f*; *návrh* **~** Resolutionsantrag *m*; **~ční** Resolutions-; **~tní** resolut.
rezon|ance *f* *(2)* Resonanz *f*, Widerhall *m*; **~átor** *m* *(2a)* Resonanzkasten *m*; **~ér** *m* *(1; -ři)* Nörgler *m*, Klugredner *m*; **~ovat** *(-nuji)* mitschwingen, mittönen; räsonieren, nörgeln.
rezult|át *m* *(2; 6. -u/-ě)* Resultat *n*; **~ovat** *(-tuji)* resultieren.
rezuvzdorný nichtrostend, rostfrei.
rež *dial. f* *(4; rž-)* Roggen *m*, Korn *n*.
reži|e *f* *(2)* Regie *f*; **~jní** Regie-.
režim *m* *(2a)* Regime *n*; Ordnung *f*.

režírovat ⟨z-⟩ (*-ruji*) Regie führen.
režisér *m* (*1*; *-ři*), **~ka** *f* (*1c*; *-rek*) Regisseur(in *f*) *m*, Spielleiter(in *f*).
režný P Korn-; *Leinen*, *Mauer*: roh, Roh-, grob.
ribstol *m* (*2*; *6. -u*/*-e*) *Turn.* Sprossenwand *f*.
ricínový Rizinus-.
rigor|osum [-ɔːzum] *n* (*1*; *-sa*) Doktorprüfung *f*; **~ózní** rigoros.
rimesa *f* (*1a*) Rimesse *f*.
riskovat (*im*)*pf*. (*-kuji*) riskieren.
riziko *n* (*1b*) Risiko *n*.
rmen *m* (*2a*) Hundskamille *f*.
rmoutit ⟨*za-* (*se*)⟩ (*rm*[*o*]*ucen*) betrüben; ~ *se* sich grämen, betrübt sein.
rmut *m* (*2a*) Trübung *f*, Niederschlag *m*; (*Bier-*)Maische *f*.
roba *f* (*1*) Magd *f*, † Mädchen *n*.
róba *f* (*1*) Robe *f*, Toilette *f*.
rob|ě *n* (*4*), **~átko** *n* (*1b*; *-tek*) kleines Kind *n*, Baby *n*; **~it** P ⟨*na-*, *vy-*, *z-*, *za-*⟩ machen, herstellen; basteln.
robot *m* (*2*; *2. -u*/*-a*) Roboter *m*; **~a** *f* (*1*) Fronarbeit *f*, -dienst *m*; **~árna** *f* (*1*; *-ren*) (*Zwangs-*)Arbeitshaus *n*; *verä.* Fabrik *f*; **~it** ⟨*na-* (*se*)⟩ Frondienst leisten, roboten; P sich abrackern; **~ník** *m* (*1a*), **~nice** *f* (*2a*) Fronarbeiter(in *f*) *m*; **~n(ick)ý** Fron-, frondienstpflichtig; **~ovat** (*-tuji*) *s. robotit*.
roč|ák *m* (*1a*) Jährling *m*; **~enka** *f* (*1c*; *-nek*) Jahrbuch *n*; **~ní** jährlich, Jahres-; einjährig; **~ník** *m* (*2b*) Jahrgang *m*.
rod *m* (*2*; *6. -ě*/*-u*) Geschlecht *n*; *Bot.* Gattung *f*; *~em* gebürtig, von Geburt; *rovný ~em* ebenbürtig; **~ák** *m* (*1a*), **~ačka** *f* (*1c*; *-ček*) Landsmann *m*, -männin *f*; Gebürtige *m od. f*; **~ič** *m* (*3*) *Jur.* Erzeuger *m*, Vater *m*; *~e pl. a.* Eltern *pl.*; **~ička** *f* (*1c*; *-ček*) Gebärerin *f*, Mutter *f*; **~ičovský** elterlich, Eltern-; **~idla** *n*/*pl.* (*1a*; *-del*) Fortpflanzungsorgane *n*/*pl.*; **~ilý** gebürtig.
rodin|a *f* (*1*) Familie *f*; **~ka** F *f* (*1c*; *-nek*) *a. iron.* liebe Familie *f*; **~kaření** *n* (*3*) Vetternwirtschaft *f*; **~ný** Familien-; Einfamilien(*-Haus*).
rod|iště *n* (*2b*) Geburtsort *m*; **~it** ⟨*na-*⟩ (*-zen*) gebären; hervorbringen; ~ *se* geboren werden, zur Welt kommen; **~ný** Heimat-, Vater-; leiblich; *s. dům*, *list*.
rodo|kmen *m* (*4*) Stammbaum *m*, Ahnentafel *f*; **~pis** *m* (*2*; *6. -e*/*-u*) Genealogie *f*; **~pisný** genealogisch; **~vý** Geburts-, Stammes-.
roh *m* (*2b*) Horn *n*; Ecke *f*; *na ~u* an der Ecke; *za ~em* um die Ecke.
roh|áč *m* (*3*) Hornträger *m*; *Zo.* Hirschkäfer *m*; Haubentaucher *m*; **~áčky** *f*/*pl.* (*1*; *-ček*) Hörnerschlitten *m*; **~ák** P *m* (*2b*) Eckhaus *n*.
rohat|ina *f* (*1*) Hängerechen *m*; *-ny pl. a.* Heugabel *f*; **~kový** *Tech.* Sperr-; **~ý** gehörnt, Horn-.
rohlí|k *m* (*2b*), **~ček** *m* (*2b*; *-čk-*) Hörnchen *n*, *öst.* Kipfel *n*.
rohov|ání *n* (*3*) Boxen *n*; **~at** (*-huji*) boxen; **~ec** *m* (*4*; *-vc-*) Hornstein *m*; **~ina** *f* (*1*) Horn *n* (*Masse*); **~itý** hornartig; **~ka** *f* (*1c*; *-vek*) Hornhaut *f*; **~ník**[1] *m* (*2b*) Johannisbrotbaum *m*; *Tech.* Winkeleisen *n*; **~ník**[2] *m* (*1a*) *Sp.* Boxer *m*; **~ý** Eck-; Horn-.
rohož *f* (*3*) Matte *f*; **~ka** *f* (*1c*; *-žek*) Fußabtreter *m*.
roch|at, **~ňat**, **~tat** grunzen.
roj *m* (*4*) Schwarm *m*; **~ení** *n* (*3*) Schwärmen *n*; **~it se** ⟨*roz- se*, *vyse*⟩ schwärmen; sich häufen; **~nice** *f* (*2a*) *Mil.* Schützenkette *f*.
rok *m* (*2b*; *6. roce*) Jahr *n*; *za ~* in e-m Jahr; *~ co ~* Jahr für Jahr; *do ~a* innerhalb e-s Jahres, binnen Jahresfrist.
rok|le *f* (*2*), **~lina** *f* (*1*) Schlucht *f*.
rokov|ání *n* (*3*) Beratung *f*, Debatte *f*; **~at** (*-kuji*) beraten (*o čem s kým* über *A* mit *D*), besprechen (*A*).
rokyt|a *f* (*1*) Salweide *f*; **~í** *n* (*3*) Binsen *f*/*pl*.
role[1] *f* (*2*) Acker *m*.
role[2] *f* (*2*) Rolle *f*.
roleta *f* (*1*) Rolljalousie *f*, Rollo *n*.
rolička *f* (*1c*; *-ček*) kleine Rolle *f*, Nebenrolle.
rolni|ce *f* (*2a*) Bäuerin *f*; **~cký** landwirtschaftlich; **~ctví** *n* (*3*) Ackerbau *m*; **~ctvo** *n* (*1*) Bauernschaft *f*; **~čka** *f* (*1c*; *-ček*) Schelle *f*.
rolník *m* (*1a*) Bauer *m*, Landwirt *m*.
rolovat P (*-luji*) (ein)rollen.
román *m* (*2*; *6. -ě*/*-u*) Roman *m*.
roman|ce *f* (*2*) Romanze *f*; **~eto** *n* (*1*; *6. -u*/*-ě*) Schauergeschichte *f*; Kurzroman *m*; **~ista** [-nɪ-] *m* (*5a*) Romanist *m*; **~istický** [-nɪstɪ-] romanistisch; **~istika** [-nɪstɪ-] *f* (*1c*) Romanistik *f*; **~opisec** *m* (*3*; *-sc-*) Romanschriftsteller *m*.

román|ový Roman-, romanartig; **~ský** romanisch.
romanti|cký [-tɪ-] romantisch; **~k** [-tɪk] *m* (*1*; *-ové/-ci*), **~čka** *f* (*1c*; *-ček*) Romantiker(in *f*) *m*; **~ka** *f* (*1c*) Romantik *f*.
rondel *m* (*2a*) Rondell *n*; Rundbeet *n*.
ronit ‹z-, za-› vergießen; **~** se rinnen.
rop|a *f* (*1*) Erdöl *n*; **~ovod** *m* (*2a*) Erdölleitung *f*; **~ový** Erdöl-.
ropucha *f* (*1b*) Kröte *f*.
roráty *m/pl.* (*2*) Roratemesse *f*.
ror|ejs, ~ýs *m* (*1 od. 3*) Mauerschwalbe *f*.
ros|a *f* (*1a*) Tau *m*; **~it** ‹o-, po-, za-› betauen; *Flachs* rösten; **~nička** *f* (*1c*; *-ček*) Laubfrosch *m*; **~ný** Tau-, betaut.
rosol *m* (*2*; *6. -u/-e*) Sülze *f*, *öst.* Sulz *m*; Gallert(e) *f*, Aspik *m*; **~ka** *f* (*1c*; *-lek*) Rosenlikör *m*; **~ovatět** ‹z-› (*3 Pl. -ějí*) zu Sülze werden; gelieren; **~ovitý** gallertartig, sülzartig.
rosomák *m* (*1a*) *Zo.* Vielfraß *m*.
rostbíf *m* (*2a*) Roastbeef *n*.
rostlin|a *f* (*1*) Pflanze *f*; **~ář** *m 1.* (*3*) Pflanzensammler *m*, Botaniker *m*; *2.* (*4*) Herbarium *n*, Kräuter-, Pflanzenbuch *n*; **~ka** *f* (*1c*; *-nek*) Pflänzchen *n*; **~ný** Pflanzen-, pflanzlich; **~opis** *m* (*2*; *6. -e/-u*) Pflanzenkunde *f*; **~opisný** botanisch; **~stvo** *n* (*1*) Pflanzenwelt *f*, -reich *n*.
rost|lý gewachsen; **~oucí** (an)wachsend, steigend, zunehmend.
rošt *m* (*2*; *6. -u/-ě*) Rost *n*.
rošťá|cký P Schelmen-; **~ctví** P *n* (*3*) Lumperei *f*; **~ák** P *m* (*1a*) Strolch *m*, Spitzbube *m*.
roštěn|á *f* (*Adj. 2*), **~ka** *f* (*1c*; *-nek*) Rostbraten *m*.
roští *n* (*3*) Reisig *n*, Gestrüpp *n*.
roštový rostförmig, Rost-.
rota *f* (*1*) Rotte *f* (*a. verä.*); *Mil.* Kompanie *f*.
rota|ce *f* (*2*) Rotation *f*; **~čka** *f* (*1c*; *-ček*) Rotationspresse *f*; **~ční** Rotations-, Dreh(ungs)-.
rotit se ‹s-› (*-cen*) sich zusammenrotten.
rot|mistr *m* (*1*; *-ři*) *hist.* Rottmeister *m*; *Mil.* Oberfeldwebel *m*; **~ný** Rotten-, Kompanie-; *Su. m* (*Adj. 1*) Feldwebel *m*.
rotyka F *f* (*1c*) Krawall *m*, Radau *m*.
roub *m* (*2a*) Pflock *m*, Knebel *m*; *Agr.* Pfropfreis *n*; **~ík** *m* (*2b*) Knebel *m*; Bolzen *m*; **~it** ‹na-, ob-› zimmern; **~ovat** ‹o-, za-› (*-buji*) *Agr.* pfropfen.
rouh|ač *m* (*3*) Lästerer *m*; **~ání** *n* (*3*) Lästerung *f*; **~at se** ‹po-, za-› (*č-u, k-u*) lästern (über *A*); **~avý** Läster-, lästerlich.
roucho *n* (*1b*; *6. -chu/-še*) Gewand *n*; *v Adamově -chu*, im Adamskostüm; *vlk v rouše beránčím bibl.* Wolf im Schafspelz.
rouno *n* (*1*; *6. -u/-ě*) Vließ *n*.
roup *m* (*1*) Madenwurm *m*; F *mít ~y* zappeln, zappelig sein.
rour|a *f* (*1d*) Rohr *n*, Röhre *f*; **~árna** *f* (*1*; *-ren*) Röhrenwalzwerk *n*; **~ka** *f* (*1c*; *-rek*) Röhrchen *n*; **~ovitý** röhrenförmig; **~ovna** *f* (*1*; *-ven*) *s. rourárna*; **~ový** Röhren-.
rous *m* (*2a*) Haarzotte *f*; **~y** *pl. Zo.* Rauhfuß *m*, Hose *f*; **~at se** ‹po-, za-› *im taufeuchten Gras* waten; **~natý** rauhfüßig, zottig.
rouška *f* (*1c*; *-šek*) Schleier *m*, Hülle *f*; *fig.* Vorwand *m*; Deckmantel *m*; *pod -kou tajemství* unter dem Siegel der Verschwiegenheit.
rout|a *f* (*1*) Raute *f*; **~ový** Rauten-.
rov *m* (*2*; *6. -u/-ě*) Grabhügel *m*, Grab *n*.
roven *s. rovný*.
roveň: *postaven na ~* gleichgestellt; *není mu ~* es gibt nicht seinesgleichen.
rovin|a *f* (*1*) Ebene *f*, Flachland *n*; **~atý** eben, flach; **~ka** *f* (*1c*; *-nek*): *cílová ~ Sp.* Zielgerade *f*; **~ný** *Geom.* eben.
rovn|a *s. rovný*; **~ací**: *~ deska* Richtplatte *f*; **~ání** *n* (*3*) Ordnen *n*; Ebnen *n*; Richten *n*; Beilegung *f*; Gleichstellung *f*; **~at** ‹na-, po-, s-, vy-, za-› ebnen, planieren; gerade machen; richten, schichten; *Holz* stapeln; *Streit* schlichten; (*k č-u*) vergleichen (mit *D*); *~ se* (*k č-u, ke k-u*) gleichen, gleichkommen (*D*); F (*s kým*) sich gleichstellen, es aufnehmen (mit *D*).
rovně *Adv.* gerade; geradeaus (*fahren*); **~ž** gleichfalls, ebenfalls; *~ tak* ebenso.
rovn|ice *f* (*2a*) Gleichung *f*; **~ík** *m* (*2b*) Äquator *m*; **~íkový** Äquatorial-; **~ítko** *n* (*1b*; *-tek*) *Math.* Gleichheitszeichen *n*.

rovno s. *rovný*; **~běžka** *f* (*1c*; *-žek*) Parallele *f*; *Geogr.* Breitengrad *m*; **~běžník** *m* (*2b*) Parallelogramm *n*; **~běžný** parallel; **~cenný** gleichwertig; ebenbürtig; **~dennost** *f* (*4*) Tagundnachtgleiche *f*; **~měrný** gleichmäßig; **~mocnina** *f* (*1*) Äquivalent *n*; **~mocný** äquivalent, gleichwertig; **~právný** gleichberechtigt; **~ramenný** *Phys.* gleicharmig; *Geom.* gleichschenk(e)lig; **~rodý** ebenbürtig.

rovnost *f* (*4*) Gleichheit *f*; **~ář** *m* (*3*) *Pol.* Gleichmacher *m*; **~ářství** *n* (*3*) *Pol.* Gleichschaltung *f*; Gleichmacherei *f*.

rovno|stranný gleichseitig; **~úhlý** gleichwink(e)lig.

rovnou geradewegs, direkt; *fig. a.* unumwunden.

rovnová|ha *f* (*1b*) Gleichgewicht *n*; **~žný** Gleichgewichts-; waagerecht, horizontal.

rovný eben, gerade; gleich; *~ch sto korun* genau 100 Kronen.

roz- *in Zssgn* (*Trennung*) zer-, auseinander-, entzwei-; (*Beginn*) beginnen zu ..., los-; (*Ziel*) zu et. bringen, er-; (*Verbreitung, Überhandnehmen*) ver-, über und über.

rozbahn|ěný schlammig, verschlammt; **~it** *pf.* in Schlamm verwandeln; ~ se verschlammen (*v*/*i*).

rozbal|it *pf.*, **~ovat** (*-luji*) aus-, aufpacken.

rozběh *m* (*2b*) Anlauf *m*; *Sp.* Vorlauf *m*; **~nout se** *pf.* (*-hl*) Anlauf nehmen; *Tech.* anlaufen; zu laufen anfangen; sich auf den Weg machen; auseinanderlaufen; (*ke k-u*) zulaufen (auf *A*); **~ový** Anlauf-.

rozběsn|ěný rasend geworden; *fig.* entfesselt; **~nit** *pf.* wütend machen; ~ se wütend werden.

rozbíha|t se s. *rozběhnout se*; **~vý** auseinandergehend, divergierend.

rozbíj|eč *m* (*3*) *Pol.* Störer *m*; **~et** (*3 Pl. -ejí*) s. *rozbít*.

rozbíra|cí, ~telný zerlegbar; **~t** s. *rozebrat*.

roz|bít *pf.* (*-biji*) zerbrechen; zerschlagen, zertrümmern; *Versammlung* sprengen; *Zelt* aufschlagen; ~ se zerbrechen (*v*/*i*); *Schiff*: zerschellen; *Plan*: scheitern; **~bitelný** zerbrechlich; **~bití** *n* (*3*) Zerschlagung *f*, Zertrümmerung *f*; Bruch *m*; **~bitý** zerschlagen, zerbrochen, F kaputt; **~blácený** voll(er) Schlamm *od.* Kot; **~bolestnit** *pf.* wehmütig stimmen; **~bolet (se)** (*3 Pl. -í*/*-ejí*) zu schmerzen anfangen, beginnen weh zu tun; **~bor** *m* (*2a*) Analyse *f*; **~bořit** *pf.* niederreißen, zerstören, demolieren; *Festung* schleifen; ~ se einstürzen; **~bourat** *pf.* niederreißen, einreißen.

rozbouř|ený aufgebracht, erregt; *Blut*: aufwallend; *Meer*: stürmisch; *fig.* entfesselt; **~it** *pf.* aufbringen, aufwiegeln; *Blut* in Wallung bringen; ~ se aufbrausen; *Blut*: aufwallen.

roz|brázdit *pf* (*-ěn*) zerfurchen; **~brečet** P *pf.* zu weinen anfangen; **~broj** *m* (*4*) Zwietracht *f*, Streitigkeit *f*.

rozbřed|lý flüssig, breiig; weitschweifig, *iron.* verwässert; **~nout** *pf.* (*-dl*) flüssig werden; aufweichen.

rozbřesk *m* (*2b*) Morgendämmerung *f*, Tagesanbruch *m*; **~nout se** *pf.* (*-kl*), **~ovat se** (*-kuje*) dämmern (*a. fig.*); *Tag a.*: anbrechen.

rozbuj|elý üppig (wuchernd); **~et (se)** *pf.* (*3 Pl. -ejí*/*-í*) üppig wuchern; um sich greifen, überhandnehmen; **~nělý** übermütig; **~nět** *pf.* (*3 Pl. -ějí*) übermütig werden.

rozbuš|it *pf.* zerhämmern; *Herz* höher schlagen lassen; ~ se zu schlagen anfangen; **~ka** *f* (*1c*; *-šek*) *Mil.* Zünder *m*, Sprengkapsel *f*.

roz|cestí *n* (*3*) Scheideweg *m*; **~citlivělý** empfindsam.

rozcuch|anec *m* (*3*; *-nc-*) Struwwelpeter *m*; **~at** *pf.* zerzausen.

rozcupovat *pf.* (*-puji*) zerfasern, zerzupfen.

rozcvič|it se *pf.*, **~ovat se** (*-čuji*) *Turn.* sich warmlaufen, aufwärmen; **~ka** *f* (*1c*; *-ček*) Einturnen *n*, Aufwärmungsübungen *f*/*pl.*

rozčarov|ání *n* (*3*) Ernüchterung *f*; **~aný** ernüchtert, enttäuscht; verstimmt; von e-m Zauber befreit; **~at** *pf.* (*-ruji*) ernüchtern (*A*), die Illusionen nehmen (*D*); verstimmen (*A*).

rozče|chrat *pf.* auflockern; **~pejřený** s. *rozčepýřený usw.*

rozčep|ýřený struppig; **~ýřit se** *pf.* die Federn sträuben; in Zorn geraten.

rozče|rtit F *pf.* zornig machen, in Wut bringen; ~ se zornig werden, in Wut geraten; **~řit** *pf.* kräuseln; in Bewegung bringen; **~sat** *pf.* (*-šu/-sám*) durchkämmen.

rozčilen|í *n* (*3*), **~ost** *f* (*4*) Erregung *f*, Aufregung *f*; **~ý** erregt, aufgeregt.

rozčil|it *pf.*, **~ovat** (*-luji*) erregen, aufregen; ~ se sich erregen, F sich aufregen; **~ující** erregend.

roz|čísnout *pf.* (*-sl*; *-snut*) auseinanderkämmen; spalten; **~čitadlo** *n* (*1a*; *-del*) *Kdspr.* Abzählreim *m*; **~čít(áv)at** berechnen; *Kdspr.* auszählen; **~článkovat** *pf.* (*-kuji*) zergliedern; aufgliedern.

rozčlen|ění *n* (*3*) Gliederung *f*; Zergliederung *f*; **~it** *pf.* (zer)gliedern.

rozčtvr|covat (*-cuji*), **~tit** (*-cen*) vierteilen, in vier Teile teilen.

roz|dá(vá)ní *n* (*3*) Verteilung *f*; Verschenken *n*; **~davač**, **~dávač** *m* (*3*) Verteiler *m*; **~d(áv)at** ⟨*po-*⟩ verteilen, austeilen; verschenken; **~dávka** *f* (*1c*; *-vek*) Verteilen *n*; ~ *karet* Kartengeben *n*.

rozděl|(áv)at ⟨*po-*⟩ *Arbeit* beginnen; *Paket* öffnen; *Motor* auseinandernehmen; *Feuer* anmachen; *Farbe* anrühren; **~ení** *n* (*3*) Teilung *f*, Trennung *f*; Verteilung *f*; Einteilung *f*; **~it** *pf.* teilen, ein-, aufteilen; trennen; ~ se sich teilen (*o co* in *A*); sich trennen; **~itelný** teilbar; **~ovací** Trennungs-; Verteilungs-; **~ování** *n* (*3*) Verteilung *f*; Auf-, Einteilung *f*; **~ovat** (*-luji*) (ein-, auf)teilen; trennen; **~ovatel** *m* (*3*; *-é*) Verteiler *m*; **~ovna** *f* (*1*; *-ven*) Verteilungsstelle *f*; **~ovník** *m* (*2b*) Verteiler *m* (*Schlüssel*).

rozdíl *m* (*2*; *6. -e/-u*) Unterschied *m*; **~et** (*3 Pl. -ejí*) verteilen; **~nost** *f* (*4*) Verschiedenheit *f*; **~ný** verschieden; **~ový** *Math.* Differential-.

rozdírat *s. rozedrat, rozedřít.*

rozdivoč|elý, **~ený** wild geworden; **~it** *pf.* wild machen.

roz|dmýchat *pf.*, **~dmychovat** (*-chuji*) anfachen, schüren.

rozdováděn|ý übermütig; **~t** (*3 Pl. -ějí*) übermütig machen.

rozdrá|pat *pf.* (*-u/-ám*) zerkratzen, aufkratzen; **~sat** *pf.* zerfleischen, zerreißen; **~ždit** *pf.* (*-ěn*) aufreizen, aufhetzen.

roz|drbat *pf.* (*-u/-ám*) zerkratzen; zerreißen; *Haar* zerzausen; **~drobit** *pf.*, **~drolit** *pf.* zerbröckeln; zerstückeln; *Kräfte* verzetteln; **~drtit** *pf.* (*-cen*) zermalmen, zerstampfen, zerquetschen, zerschmettern.

rozdruž|ovač *m* (*4*), **~ovačka** *f* (*1c*; *-ček*) Sortiermaschine *f*; **~ovat** (*-žuji*) sortieren.

rozdupat *pf.* (*-u/-ám*) zertreten, zerstampfen.

rozdurd|ěný aufgebracht, schmollend; **~it** *pf.* erzürnen; ~ se aufbrausen, in Zorn geraten.

rozdvoj|ení *n* (*3*) Spaltung *f*, Zweiteilung *f*, Trennung *f*; **~ený** geteilt, getrennt, gespalten; entzweit; **~it** *pf.*, **~ovat** (*-juji*) teilen, trennen, spalten; entzweien; ~ se sich spalten, sich trennen; sich gabeln; sich entzweien (*s kým* mit *D*).

roz|dychtit se *pf.* (*po čem*) trachten, lechzen, gieren (nach *D*); **~dýmat se** zu qualmen beginnen.

rozebrán, ~a, ~o ausverkauft.

roze|brat *pf.* (*-beru*), **~bírat** auseinandernehmen, zerlegen; *Fabrik* demontieren; *Ware* aufkaufen, vergreifen; zergliedern; erörtern; (*k-o*) ins Gewissen reden (*D*), F ein ernstes Wort reden (mit *D*); **~bírací**, **~bíratelný** zerlegbar; analysierbar; **~číst** *pf.* (*s. číst*) zu lesen anfangen; **~čtený** noch nicht (ganz) ausgelesen; **~dma** *f* (*1*) Lungenblähung *f*; **~dmout** *pf.* (*-dmul*) aufblasen, aufblähen; **~dnění** *n* (*3*) *s. rozbřesk*; **~dní(va)t se** Tag werden, dämmern; **~dranec** *m* (*3*; *-nc-*) zerlumpter Kerl *m*; **~draný** zerlumpt, zerrissen; **~drat** *pf.* (*-deru*) zerreißen, herunterreißen; zerschinden; **~dřený** durchgewetzt; zerschunden; **~dřít** *pf.* (*s. dřít*) durchwetzen; zerschinden; **~hnat** *pf.* (*-ženu*) auseinandertreiben; ~ se ausholen; **~hrání** *n* (*3*) Eröffnung *f*; **~hrá(va)t** (*pf. -hraji*) zu spielen beginnen; ~ se *pf.* sich einspielen; **~hřát** *pf.* (*-hřeji*), **~hřívat** erwärmen, erhitzen; *Butter* zerlassen.

rozechvě|lost *f* (*4*), **~ní** *n* (*3*) Erregung *f*; **~lý** erregt.

rozechv|ět *pf.* (*-ěji*), **~ívat** zum Schwingen bringen; *j-n* erregen; ~ se in Schwingung geraten; erbeben; in Erregung geraten.

rozejít se *pf.* (*s. jít*) auseinandergehen, sich zerstreuen; (*s kým*) sich trennen (von *D*); *rozešlo mě to* ich habe es mir anders überlegt.

roze|klaný *Geogr.* zerklüftet; *Anat.* gespalten; **~mílat, ~mlít** *pf.* (*s. mlít*) zermahlen; **~mletý** gemahlen; **~mnout** *pf.* (*-mnul*) zerreiben; **~mnutý** zer-, gerieben.

rozený geboren; gebürtig, von Geburt.

roze|pjatý *s. rozepnutý*; **~pnout** *pf.* (*-pjal*; *-pjat*) aufknöpfen; *Arme* ausbreiten, ausstrecken; **~pnutý** aufgeknöpft, offen; ausgestreckt, ausgebreitet; aufgespannt; **~praný** beim Waschen aufgerissen; (noch) nicht zu Ende gewaschen; **~pře** *f* (*2*) Streit *m*; *soudní ~* Rechtsstreit; **~přít** *pf.* (*-přu*, *-přel*) *Tech.* verspreizen; **~psání** *n* (*3*) Ausschreiben *n*; **~psaný** *Brief*: nicht zu Ende geschrieben, begonnen; **~psat** *pf.* (*s. psát*) zu schreiben beginnen; ausschreiben; *~ se* ins Schreiben kommen; längere Zeit schreiben; (*o čem*) ausführlich schreiben (über *A*).

rozervan|ec *m* (*3*; *-nc-*) zerfahrener Mensch *m*; **~ost** *f* (*4*) Zerfahrenheit *f*; **~ý** zerrissen; *Mensch*: zerfahren; *Erde*: rissig; zerklüftet.

roze|rvat *pf.* (*-rvu*) zer-, aufreißen; zerrütten; **~řvat** *pf.* (*-řvu*) zu brüllen anfangen, F losbrüllen; anbrüllen, anfahren (*na k-o*/*A*); **~schlina** *f* (*1*) Leck *n*; **~schlý** leck; vertrocknet; **~schnout se** *pf.* (*-chl*) *Mar.* leck werden; **~s(í)lat** (*pf. -šlu*) versenden; *Leute* aussenden; **~smát** *pf.* (*-směji*) zum Lachen bringen; *~ se* zu lachen anfangen; auflachen; **~smutnit** *pf.* traurig stimmen; *~ se* traurig werden; **~spalý** verschlafen, schlaftrunken.

rozestav|ení *n* (*3*) Aufstellung *f*; **~ený** aufgestellt; *Mil.* in Stellung, postiert; **~ěný** im Bau befindlich; aufgestellt; **~ět** *pf.* (*3 Pl. -ějí*) zu bauen anfangen; aufstellen; **~it** *pf.* aufstellen; *~ se* sich aufstellen; *Mil.* Aufstellung nehmen; **~ný** *Sp.* Staffel-.

roze|stírat *s. rozestřít*; **~stlat** *pf.* (*-stelu*) aufbetten; **~střít** *pf.* (*-střu*) ausspannen, ausbreiten; *Netze* auslegen; **~stýlat** *s. rozestlat*; **~štvat** *pf.* (*-u*) verhetzen, aufhetzen.

rozeta *f* (*1*) Rosette *f*.

roze|tnout *pf. s. roztít*; **~třít** *pf.* (*s. třít*) zer-, verreiben; *Kochk.* ausstreichen; **~vlátý** wehend, flatternd.

rozevř|ený geöffnet; *Buch*: aufgeschlagen; **~ít** *pf.* (*-vřu*, *-vřel*) (weit) öffnen; *Buch* aufschlagen; *Arme* ausbreiten.

rozezl|ený erbost, F böse; **~ít** *pf.* verärgern, aufbringen.

roze|znat *pf.* unterscheiden; **~znatelný** zu unterscheiden; erkennbar; **~znávací** Unterscheidungs-; **~znávat** *s. rozeznat*; **~znít se** *pf.* (*3 Pl. -í*/*-ějí*) erklingen, ertönen; **~zvučet** *pf.* erklingen lassen; *~ se* laut (er-)klingen; **~žraný** zerfressen; gefräßig; **~žrat** *pf.* (*-žeru*) zerfressen.

roz|fňukaný (oft) weinend, F quengelig, knautschig; **~foukat** *pf.*, **~fouknout** *pf.* (*-kl*; *-knut*), **~fukovat** (*-kuji*) an-, aufblasen; *Feuer* anfachen.

rozhal|enka *f* (*1c*; *-nek*) (offenes) Sommerhemd *n*; **~ený** mit offenem Hemd; **~it** *pf.*, **~ovat** ⟨*po-*⟩ (*-luji*) öffnen, entblößen.

rozhánět (*3 Pl. -ějí*) *s. rozehnat*.

rozháran|ost *f* (*4*) Zerfahrenheit *f*; Zerrüttung *f*; **~ý** zerfahren; *Ehe*: zerrüttet.

roz|házet *pf.* (*3 Pl. -ejí*), **~hazovat** (*-zuji*) ver-, zerstreuen; *Geld* verschwenden.

rozhazovač *m* (*3*) Verschwender *m*; **~nost** *f* (*4*) Verschwendungssucht *f*; **~ský** verschwendungssüchtig.

roz|hlaholit se *pf.* ertönen, erschallen; **~hlas** *m* (*2*; *6. -e*/*-u*) Rundfunk *m*; **~hlásit** *pf.* (*-šen*) verkündigen; **~hlasový** Rundfunk-, Funk-; *~ pořad* Sendeplan *m*; *s. hra, stanice*; **~hlašovat** (*-šuji*) *s. rozhlásit*; **~hlášení, ~hlašování** *n* (*3*) Bekanntmachung *f*; **~hlášený** berühmt; berüchtigt.

rozhled *m* (*2a*) Aussicht *f*; Überblick *m*; Rundschau *f*; **~na** *f* (*1*; *-den*) Aussichtsturm *m*.

roz|hlédnout se, ~hlídnout se *pf.* (*-dl*), **~hlížet se** (*3 Pl. -ejí*) sich umsehen, umherblicken, Umschau halten; **~hlod(áv)at** zernagen; **~hněvat** *pf.* erzürnen; *~ se* in Zorn geraten, F böse werden.

rozhod|čí *1. m* (*Adj. 4*) Schiedsrichter(in *f*) *m*; *2. Adj.* Schieds-, schiedsrichterlich; **~it** *pf.* (*-zen*) ver-, zerstreuen; *Netze* auswerfen; **~nost** *f* (*4*) Entschiedenheit *f*; **~nout** *pf.* (*-dl*; *-dnut*) entscheiden (*se* sich); *~ se* sich entschließen;

~nutí *n* (*3*) Entscheidung *f*; Entschluß *m*; **~nutý** entscheiden, entschlossen; **~ný** entschieden; entscheidend; **~ovat** (*-duji*) *s. rozhodnout*; **~ující** entscheidend, maßgebend.
rozhoj|nit *pf.*, **~ňovat** (*-ňuji*) vermehren.
rozhorl|ení *n* (*3*) Entrüstung *f*; **~ený** entrüstet.
rozhořč|ení *n* (*3*) Erbitterung *f*; Entrüstung *f*, Unwille *m*; **~ený** erbittert; entrüstet, empört; **~it** *pf.* erbittern; ~ se sich entrüsten.
roz|hořet se *pf.* entbrennen, auflodern, zu brennen anfangen; **~hostit se** *pf.* (*-štěn*) sich (als Gast) niederlassen; *Stille usw.*: einkehren, sich ausbreiten; **~houpat** *pf.* (*-u/-ám*), **~houpnout** *pf.* (*-pl*; *-pnut*) in Schwung bringen; *-at* se in Schwung kommen; **~hovor** *m* (*2a*) Gespräch *n*, Unterredung *f*; Besprechung *f*; Aussprache *f*; **~hovořit se** *pf.* ins Gespräch kommen, gesprächig werden; **~hrab(áv)at** (*pf. -u*) auseinanderrechen; *Feuer* schüren.
rozhran|í *n* (*3*) Grenze *f*, Grenzlinie *f*, *fig.* Scheide *f*; **~ičení** *n* (*3*) Abgrenzung *f*; **~ičit** *pf.* abgrenzen; **~ičovací** Abgrenzungs-; Grenzregulierungs-.
rozhryz(áv)at (*pf. -žu/-zám*) zernagen.
rozhřeš|ení *n* (*3*) Sündenvergebung *f*; **~it** *pf.* (*k-o*) die Sünden vergeben (*D*).
roz|huda *f* (*1*) Quark mit Butter; Butterkäse *m*; **~hýbat** *pf.* (*-u/-ám*) in Bewegung setzen, in Gang bringen; ~ se in Bewegung kommen; sich anschicken; **~cházet se** (*3 Pl. -ejí*) *s. rozejít se*; **~chlíplý** klaffend.
rozchod *m* (*2a*) Auseinandergehen *n*, Abschied *m*; Bruch *m*; Abtreten *n*; *Mil.* Wegtreten *n*; *Esb.* Spurweite *f*; *úzký* ~ Schmalspur *f*; **~it** *pf.* (*-zen*) *Schuhe* austreten; **~ná**: *na -nou* zum Abschied; **~ník** *m* (*2b*) Mauerpfeffer *m*, Sedum *n*; **~ný** ...spurig.
rozchvátit *pf.* (*-cen*) wegraffen; plündern.
rozinka *f* (*1c*; *-nek*) Rosine *f*.
rozjař|ení *n* (*3*) gehobene Stimmung *f*; freudige Erregung *f*; **~ený** heiter, frohgelaunt, in (fröhlicher) Stimmung; **~it** *pf.* erheitern, anregen; ~ se in Stimmung kommen.
rozjásaný jubelnd; (glück)strahlend.
rozjas|nění *n* (*3*) Aufheiterung *f*, Klärung *f*; **~nit** *pf.*, **~ňovat** (*-ňuji*) aufheitern; ~ se sich aufheitern, sich klären.
roz|jedený *iron.* mit gutem Appetit; *verä.* gefräßig; **~jet** *pf.* (*s. jet*) in Bewegung setzen, *fig.* starten; aus-, zerfahren; ~ se sich in Bewegung setzen, losfahren, -reiten; auseinanderfahren, sich zerstreuen; **~jetý** schnell (fahrend), in voller Fahrt; *Weg*: ausgefahren.
rozjezd *m* (*2*; *6. -u/-ě*) Auseinanderfahren *n*; *Tech.* Anlaufen *n*, Anfahren *n*; *Esb.* Anfahrleistung *f*; Anfahrtstrecke *f*, Anlaufstrecke *f*; **~ěný** ausgefahren; **~it** *pf.* (*-žděn/-zděn*) aus-, zerfahren; **~ný** Anfahr-; **~ový** Anfahr-, Anlauf-; *-vá dráha Flgw.* Roll-; *-vá dráha Flgw.* Rollbahn *f*; *Sp.* Anlaufstrecke *f*.
rozjež|enec F *m* (*3*; *-nc-*) Struwwelkopf *m*; **~ený** struppig; **~it** *pf.* sträuben.
rozjídat se viel essen.
rozjih|lý (auf)getaut, geschmolzen; **~nout** *pf.* (*-hl*) *v/i* (auf)tauen, schmelzen.
rozjím|ání *n* (*3*) Nachdenken *n*, Reflexion *f*; *Rel.* Betrachtung *f*, Meditation *f*; **~at** (*o čem*) nachdenken, F (nach)grübeln (über *A*); **~avost** *f* (*4*) Beschaulichkeit *f*; **~avý** nachdenklich, beschaulich, *Rel.* kontemplativ.
rozjitř|ení *n* (*3*) Erregung *f*; **~ený** entfacht; *fig.* aufgewühlt; eitrig; **~it** *pf.* zum Eitern bringen; erregen, entfachen.
rozjíven|ec F *m* (*3*; *-nc-*) Wildfang *m*; **~ý** ausgelassen.
rozjizvený zerfurcht; mit Narben bedeckt, Narben-.
rozjíž|dějící *Esb.* Anlauf-; **~dět** (*3 Pl. -ějí*) *s. rozjet*; **~ďka** *f* (*1c*; *-děk*) *Sp.* Vorlauf *m*, Ausscheidungskampf *m*.
rozka|cený grimmig, wütend; **~tit** *pf.* (*-cen*) in Wut bringen; ~ se in Wut geraten.
roz|kaz *m* (*2*; *6. -u/-e*) Befehl *m*; Auftrag *m*; ~*! Mil.* zu Befehl!; *na* ~, *z* ~*u* auf Befehl, auf Anordnung; **~kázat** *pf.* (*-žu/-ži*), **~kazovat**

(*-zuji*) befehlen, anordnen, *lit.* gebieten.
rozkazova|cí Befehls-; ~ *způsob Gr.* Befehlsform *f*, Imperativ *m*; **~čný** gebieterisch, befehlend.
rozklad *m* (*2a*) Zerlegung *f*; Auflösung *f*, Zersetzung *f*, Verfall *m*, Verwesung *f*; *Jur.* Einspruch *m*; *Pol.* Exposé *n*.
rozklád|ací zerlegbar, ausziehbar, Klapp-; **~at** ‹*po- si, za -si*› zerlegen; zersetzen; ausbreiten; gestikulieren, F (herum)fuchteln; ~ se zerfallen, sich zersetzen; sich ausbreiten, sich erstrecken; **~atelný** zerlegbar; **~ný** zersetzend.
roz|klápět (*3 Pl. -ějí*) *s. rozklopit*; **~klapnout** F *pf.* (*-pl*; *-pnut*) aufklappen.
rozklen|out se *pf.* sich wölben; **~utý** (breit) gewölbt.
rozklep|aný zerklopft; klappernd, zitternd; **~at** *pf.* (*-u*/*-ám*) zerklopfen; *Kochk.* klopfen; *Metall* hämmern; **~nout** *pf.* *Ei* (auf)schlagen.
roz|klížený aus dem Leim gegangen; **~kloktat** *pf.* zerquirlen; **~klopit** *pf.* öffnen, F aufmachen.
rozklov|at *pf.* (*-u*/*-ám*), **~nout** *pf.* (*-vl*; *-vnut*) mit dem Schnabel aufhacken, aufpicken.
rozkmit (*2a*) Schwingungsweite *f*, (*Pendel*-)Ausschlag *m*; **~aný** schwingend; *Bild*: flimmernd; **~at se** *pf.* in Schwingung geraten.
rozkmotřit se *pf.* sich entzweien.
rozkol *m* (*2a*) Spaltung *f*; *Rel.* Schisma *n*.
rozkol|ébat, ~íbat se *pf.* zu schaukeln beginnen; *fig.* sich bequemen.
rozkolís|aný schwankend (geworden); **~at se** *pf.* ins Wanken geraten.
rozkol|nictví *n* (*3*) Glaubensspaltung *f*; **~ník** *m* (*1a*) Abtrünnige(r) *m*, *Rel.* Schismatiker *m*.
rozkomíhat se *pf.* in Schwingung geraten.
rozkop|(áv)at (*pf. -u*/*-am*), **~nout** *pf.* (*-pl*; *-pnut*) aufgraben; *Straße* aufreißen; zertreten.
rozkoš *f* (*3*) Wonne *f*, Lust *f*, Vergnügen *n*; Wollust *f*; **~nice** *f* (*2a*) Lebedame *f*; **~nický** genußsüchtig; **~ník** *m* (*1a*) Genießer *m*, Lebemann *m*; **~ný** entzückend, reizend.
rozkou|k(áv)at se sich umschauen; sich (im Dunkeln) zurechtfinden; **~sat** *pf.* (*-šu*/*-sám*) zerbeißen; **~skovat** *pf.* (*-kuji*) zerstückeln, zerkleinern; *Grundstück* parzellieren.
rozkovat *pf.* (*-u*/*-ám*) *Tech.* aushämmern, schmieden.
rozkrá|dač *m* (*3*) Dieb *m*; *Pol.* Schädling *m*; **~dat** stehlen; sich vergreifen (an *D*); **~jet** *pf.* (*3 Pl. -ejí*) zerschneiden.
rozkrajov|ací *Kochk.* Tranchier-; **~ač** *m* (*4*) *Tech.* Zerteiler *m*; *Kochk.* Tranchiermesser *n*; **~at** (*-juji*) *s. rozkrájet.*
rozkrást *pf.* (*s. krást*) stehlen.
rozkroč|ený breitbeinig; **~it se** *pf.* die Beine spreizen; **~mo** *Adv.* mit gespreizten Beinen; *Turn.* in Grätschstellung.
roz|krojit *pf.* zerschneiden; **~krok** *m* (*2b*) Schrittweite *f*; Schritt *m bei der Hose*; **~kroutit** *pf.* (*-cen*) aufdrehen.
rozkřáp|lý, ~nutý P zerschlagen, zersprungen; *Stimme*: heiser.
roz|křesat *pf.* (*-šu*/*-sám*) *Feuer* schlagen; **~křičet** *pf.* hinausschreien; in Verruf bringen; ~ se zu schreien anfangen; (*na k-o*) anschreien, F anschnauzen (*A*); **~křídlený** beflügelt, beschwingt; **~křiknout se** *pf.* (*-kl*) öffentlich bekannt werden, laut werden; ~ *na k-o s. rozkřičet*; **~kuckat se** *pf.* sich verschlucken; **~kuchat** *pf.* ausnehmen, *Jagdw.* ausweiden; **~kurážit se** *pf.* übermütig werden; **~kvasit** *pf.* (*-šen*) zum Gären bringen.
rozkvé|st *pf.* (*s. kvést*), **~tat** aufblühen; erblühen; *fig.* sich entfalten.
roz|květ *m* (*2a*) Blüte *f*; *fig. a.* Aufschwung *m*; **~kvetlý** aufgeblüht, blühend; **~kvíst** *s. rozkvést*; **~kydat** *pf.* *Mist* ausbreiten; **~kymácet se** *pf.* (*3 Pl. -ejí*) zu schwanken beginnen; **~kyv** *m* (*2a*) Schwingungsweite *f*; ~ *kyvadla* Pendelausschlag *m*; **~kývat** *pf.* in Schwung bringen; ~ se in Schwung kommen.
rozlad|ění *n* (*3*) Verstimmung *f*, Mißstimmung *f*; **~ěný** verstimmt; **~it** *pf.* verstimmen.
roz|lámaný zerbrochen, F kaputt; **~lámat** *pf.* (*-u*), **~lamovat** (*-muji*) *s. rozlomit*; **~léhat se, ~lehnout se** *pf.* (*-hl*) erschallen, ertönen; nachhallen.

rozlehl|ost *f* (*4*) Ausdehnung *f*; **~ý** ausgedehnt, geräumig.

rozlep|it *pf.*, **~ovat** (*-puji*) *Brief* öffnen; ~ se aus dem Leim gehen; **~t(áv)at** ätzen; zersetzen.

roz|let *m* (*2a*) Auffliegen *n*; *Mil.* Streuung *f*; *fig.* Flug *m*; *mladický* ~ jugendlicher Elan; **~létat se, ~letět se** *pf.*, **~létnout se** *pf.* (*-tl*), **~letovat**[1] **se** (*-tuji*) auseinanderfliegen; auseinanderfahren; *Funken*: sprühen, stieben; *Gefäß*: zerspringen; *Flgw.*: starten, Vollgas geben; rennen; *Tür*: auffliegen, aufspringen; *Nachricht*: sich (wie ein Lauffeuer) verbreiten; **~letovat**[2] *pf.* (*-tuji*) auflöten; **~lévat** *s. rozlít*; **~léz(a)t se** (*pf. s. lézt*) auseinanderkriechen, auseinandergehen; sich ausbreiten; **~lezlý** weit ausgedehnt, weit verbreitet; schütter (*od.* unansehnlich) geworden; **~ležet se** *pf.* (durch Liegen) verderben; *Kochk.* abliegen; lange liegen; bettlägerig werden; sich (et. anders) überlegen; *-elo mu to* er hat es sich (anders) überlegt; **~lícený** wütend, wutentbrannt.

rozličn|ost *f* (*4*) Mannigfaltigkeit *f*, Verschiedenheit *f*; **~ý** verschieden (-artig); mannigfaltig.

rozlíhat se *s. rozléhat se.*

rozliš|ení *n* (*3*) Unterscheiden *n*; **~it** *pf.*, **~ovat** (*-šuji*) unterscheiden; **~ovací** Unterscheidungs-.

rozlít *pf.* (*s. lít*) vergießen, ausgießen; ~ se sich ergießen; *Fluß*: über die Ufer treten.

rozlít|áno F: *mám dnes* ~ ich habe heute viel Lauferei; **~(áv)at se** zu fliegen (*od.* zu laufen) anfangen; **~it** *pf.* (*-cen*) in Wut bringen; ~ se in Wut geraten; **~nout** *pf. s. rozlétnout.*

rozlítostn|ělý, ~ěný wehmütig, schmerzerfüllt; **~it** *pf.* wehmütig stimmen, *fig.* mit Schmerz erfüllen; ~ se von Wehmut ergriffen werden.

rozlí|vat *s. rozlít*; **~zat se** *s. rozlézat se.*

rozlo|ha *f* (*1b*) Ausdehnung *f*, Ausmaß *n*; **~mit** *pf. v/t* zerbrechen; **~sovat** *pf.* (*-suji*) ver-, auslosen.

rozlouč|ená *f* (*Adj. 2*), **~ení** *n* (*3*) Abschied *m*; *Jur.* Trennung *f*; *na -nou* zum Abschied; **~it** *pf.* scheiden, trennen; ~ *se* (*s kým*) sich verabschieden, Abschied nehmen (von *D*); *Jur.* sich trennen.

rozlou|p(áv)at (*pf. -ám/-u*), **~pnout** *pf.* (*-pl*; *-pnut*) aufmachen; *a.* = **~skat** *pf. Nüsse* knacken.

rozlož|ení *n* (*3*) Zerlegung *f*; Zersetzung *f*; Analyse *f*; **~it** *pf.* zerlegen, zergliedern; analysieren; *Maschine* auseinandernehmen; *Waren* auslegen; *Papier* auffalten; *Fabrik* demontieren; *Sachverhalt* (genau) erklären, auseinandersetzen; *Mil.* desorganisieren; ~ se sich lagern, F sich hinstrecken; sich ausbreiten; (*na co*) sich auflösen, zerfallen (in *A*).

rozložit|elný zerlegbar; **~ý** ausgedehnt, breit ausladend; *Gestalt*: stämmig.

rozluč|itelný trennbar; *Jur.* lösbar; **~ovací** Trennungs-; *Gr.* disjunktiv; **~ování** *n* (*3*) Trennung *f*, Scheidung *f*; **~ovat** (*-čuji*) *s. rozloučit.*

rozluk|a *f* (*1c*) *Jur.* Trennung *f*; **~ový** Trennungs-.

rozlušt|ění *n* (*3*) (Auf-)Lösung *f*; Entzifferung *f*; **~it** *pf.* (auf)lösen; entziffern; **~itelný** *Rätsel*: lösbar.

rozm|ačkat *pf.*, **~áčknout** *pf.* (*-kl*; *-knut*) zerdrücken, zerquetschen; *Kochk.* stampfen.

rozmáh|ání *n* (*3*) Zunahme *f*, Ausbreitung *f*; **~at se** *s. rozmoci se.*

rozmach *m* (*2b*) Schwung *m*; Aufschwung *m*; *velkým ~em* weit ausholend.

rozmách|lý schwungvoll; **~nout se** *pf.* (*-chl*; *-chnut*) (*čím*) ausholen (mit *D*); schwingen (*A*).

rozmanit|ost *f* (*4*) Vielfalt *f*, Mannigfaltigkeit *f*; **~ý** vielfältig, mannigfaltig; allerlei.

rozmar *m* (*2a*) Laune *f*; **~ný** launenhaft; humorvoll, köstlich.

rozmarýn *m* (*2a*), **~a** *f* (*1*), **~ka** *f* (*1c*; *-nek*) Rosmarin *n*; **~ový** Rosmarin-.

rozmařil|ec *m* (*3*; *-lc-*) *verä.* Prasser *m*; **~ý** verschwenderisch, luxuriös.

rozmaz|anec *m* (*3*; *-nc-*), **~ánek** *m* (*1a*; *-nk-*) Weichling *m*, F Memme *f*; **~(áv)at** (*pf. -žu/-ži*) verschmieren; *Schrift, Spur* verwischen; F *Sache* aufbauschen; *Kind* verhätscheln.

rozmazl|enec *m* (*3*; *-nc-*) verwöhntes Kind *n*, F Muttersöhnchen *n*; **~ený** verwöhnt; verzogen; verweichlicht; **~it** *pf.*, **~ovat** (*-luji*) verwöhnen, verhätscheln; verweichlichen.

rozmáznout *pf.* (*-zl*; *-znut*) *s. rozmazat.*

rozměk|čit *pf. v/t* aufweichen; **~lý** aufgeweicht; **~nout** *pf.* (*-kl*) weich werden, aufweichen.

rozmělnit *pf.* zermahlen, zerreiben; zerkleinern; zermalmen.

rozměr *m* (*2a*) Ausmaß *n*, Ausdehnung *f*, Dimension *f*; *Gr.* Versmaß *n*; **~nost** *f* (*4*) Geräumigkeit *f*, Größe *f*; **~ný** ausgedehnt, geräumig, umfangreich; **~ový** Maß-; *-vě správný* maßgerecht.

rozměř|it *pf.*, **~ovat** (*-řuji*) ausmessen.

roz|mést *pf.* (*s. mést*) auseinanderfegen, zerstreuen; *Typ. Satz* ablegen; **~metací** Streu-; **~metač** *m* (*4*), **~metadlo** *n* (*1a*, *-del*) Düngerstreuer *m*; **~metat** *pf. s. rozmést*; **~mezí** *n* (*3*) Trennungslinie *f*, Grenze *f*; Zeitabstand *m*; **~míchat** *pf.* verrühren; *Karten* mischen; **~mílat** *s. rozemlít*; **~mísit** *pf.* (*-šen*) *Teig* durchkneten; verrühren; vermischen; **~místit** *pf.* (*-stěn*), **~misťovat**, **~mísťovat** (*-ťuji*) verteilen; anordnen; **~míška** *f* (*1c*; *-šek*) Zerwürfnis *n*, Unfrieden *m*; Zweispalt *m*; **~mlátit** *pf.* (*-cen*) zerschlagen, zertrümmern; **~mlouvat** (*s kým*) sprechen (mit *D*); (*k-u co*) abraten (j-m von *D*).

rozmluv|a *f* (*1*) Unterredung *f*, Gespräch *n*, Aussprache *f*; **~it** *pf. s. rozmlouvat.*

rozmnož|ení, **~ování** *n* (*3*) Vermehrung, Fortpflanzung *f*; Vervielfältigung *f*; **~it** *pf.* vermehren, fortpflanzen (*se* sich); vergrößern; **~ovací** Fortpflanzungs-; *Techn.* Vervielfältigungs-; **~ovač** *m* (*4*) Vervielfältigungsapparat *m*; **~ovat** (*-žuji*) *s. rozmnožit.*

roz|moci se *pf.* (*-mohu*, *-žen*) sich vermehren, um sich greifen; e-n Aufschwung nehmen; **~močit** *pf.*, **~moknout** *pf.* (*-kl*) *v/t* aufweichen; *~ se* aufweichen (*v/i*).

rozmont|ování *n* (*3*) Demontage *f*; **~ovat** *pf.* (*-tuji*) *Motor* auseinandernehmen; *Fabrik* demontieren.

rozmotat *pf.* auseinanderwickeln; entwirren.

rozmraz|it *pf.*, **~ovat** (*-zuji*) *v/t* auftauen.

rozmrh|ač *m* (*3*) Verschwender *m*; **~at** *pf.* verschwenden.

rozmrz(áv)at *s. rozmrznout.*

rozmrz|elost *f* (*4*) Verdrießlichkeit *f*, Mißmut *m*; **~elý** verdrossen, verdrießlich; **~et** *pf.* verstimmen, in üble Laune versetzen; *~* se verstimmt werden, F böse werden.

rozmrznout *pf.* (*-zl*) *v/i* auftauen.

rozmysl *m* (*2a*) Überlegung *f*, Erwägung *f*; Umsicht *f*, Vorbedacht *m*, *lit.* Bedacht *m*; *Phil.* Vernunft *f*; **~it (si)** *pf.* (*-šlen*) sich überlegen, bedenken (*A*); *~* se sich besinnen; es sich (anders) überlegen; **~nost** *f* (*4*) Besonnenheit *f*; **~ný** besonnen, mit Bedacht.

rozmýšl|ená *f* (*Adj. 2*) Bedenken *n*; *čas na -nou* Bedenkzeit *f*; **~ení** *n* (*3*) Überlegung *f*, Bedenken *n*; *bez dlouhého* ohne lange zu überlegen; **~et** (*3 Pl. -ejí*) *s. rozmyslit.*

roz|našeč, **~nášeč** *m* (*3*), **-čka** *f* (*1c*; *-ček*) Austräger(in *f*) *m*; *~ novin a.* Zeitungsmann (-frau *f*) *m*.

roznáš|ení *n* (*3*), **~ka** *f* (*1c*; *-šek*) Austragen *n*; **~et** (*3 Pl. -ejí*) austragen; verbreiten.

rozněcov|ač *m* (*4*), **~adlo** *n* (*1a*; *-del*) Zündvorrichtung *f*; **~at** *s. roznítit.*

roz|nemoci se *pf.* (*-mohu*) krank werden; (*čím, na čem*) erkranken (an *D*); **~nést** *pf.* (*-nesu*) *s. roznášet*; ins Gerede bringen; *~* se sich verbreiten.

roznět *m* (*2a*) Zündung *f*; **~ka** *f* (*1c*; *-tek*) Zündhütchen *n*, Zündkapsel *f*.

rozněžn|ělý sentimental (gestimmt); **~it se** *pf.* sentimental werden.

rozní|cení *n* (*3*) Entfachung *f*; Begeisterung *f*; **~cený** entflammt; verzückt, begeistert; **~tit** *pf.* (*-cen*) entzünden; begeistern; *~* se Feuer fangen; sich begeistern.

roznož|it *pf.*, **~ovat** (*-žuji*) grätschen; **~ka** *f* (*1c*; *-žek*) Grätsche *f*; **~mo** *Adv.* mit gespreizten Beinen; *(vý)sed ~* Grätschsitz *m*.

rozoh|něný erhitzt, entflammt; begeistert; **~nit** *pf.*, **~ňovat** (*-ňuji*) entflammen, erhitzen; begeistern; *~* se sich ereifern.

rozorat *pf.* (*-orám*/*-ořu*) aufackern.

rozoumek *m* (*2b*; *-mk-*) Kinderverstand *m*; *iron.* Kindskopf *m*.

rozpačit|ost *f* (*4*) Verlegenheit *f*; **~ý** verlegen.

rozpad *m* (*2a*) Zerfall *m*; **~(áv)at se, ~nout se** *pf.* (*-dl*) zerfallen; verfallen, auseinanderfallen; **~ový** Zerfalls-.
roz|pájkovat *pf.* (*-kuji*) ablöten; **~pakovat** *pf.* (*-kuji*) zögern, unschlüssig sein, Bedenken haben; *dial.* auspacken.
rozpaky *m/pl.* (*2b*) Verlegenheit *f*; Bedenken *pl.*; *uvést, přivést do -ků* in Verlegenheit bringen; *bez -ků* ohne Bedenken.
rozpál|ený glühend; entflammt; **~it** *pf.* erhitzen; erregen; ~ se heiß (*od.* glühend) werden; *Motor*: heißlaufen; *fig.* zornig werden.
rozpárat *pf.* (*-rám/-řu*) auftrennen, aufschlitzen; ~ se aufgehen.
rozpar|celovat *pf.* (*-luji*) parzellieren; **~ek** *m* (*2b*; *-rk-*) Schlitz *m*; **~ovat** (*-ruji*) *s. rozpárat.*
rozpař|it *pf.*, **~ovat** (*-řuji*) durchwärmen; aufweichen.
rozpaž|ení *n* (*3*) *Turn.* Seit(wärts-)heben *n der Arme*; **~it** *pf.*, **~ovat** (*-žuji*) die Arme seitwärts heben.
roz|péci *pf.* (*s. péci*), **~pékat** *Gebäck* aufbacken; *Fleisch* anbraten; **~pečetit** *pf.* entsiegeln; **~pěnit se** *pf.* aufschäumen.
rozpěr|a *f* (*1d*) Strebe *f*, Spreize *f*; **~ák** *m* (*2b*) *Arch.* Spannriegel *m*; **~ný** Spreiz-, Spann-.
roz|pětí *n* (*3*) Spannweite *f*; Spannung *f*; Spannkraft *f*; *hlasové* ~ Stimmumfang *m*; **~píchat** *pf.*, **~píchnout** *pf.* (*-chl*; *-chnut*), **~pichovat** (*-chuji*) zerstechen; **~píjet se** (*3 Pl. -eji*) zerfließen.
rozpín|ací zum Aufknöpfen; Spann-, Spreiz-; **~at** *s. rozepnout*; **~avost** *f* (*4*) Spannkraft *f*, Expansionskraft *f*; *Pol.* Expansionsbestrebungen *f/pl.*; **~avý** expansiv, ausdehnbar; Expansions-.
rozpi|sovat (*-suji*) *s. rozepsat*; **~tvat** *pf. Med.* sezieren; *fig.* gründlich analysieren.
rozplác|lý, ~nutý platt gedrückt, Platt-.
rozpla|kat *pf.* (*-áču/-či*) zum Weinen bringen; ~ se anfangen zu weinen; **~menit** *pf.* entflammen, anfachen.
roz|plánovat *pf.* (*-nuji*) zu planen anfangen; viele Pläne machen; den Produktionsplan aufschlüsseln; **~plašit** *pf.* verscheuchen, zerstreuen.
rozpleme|nit *pf.*, **~ňovat** (*-ňuji*) vermehren, fortpflanzen.
roz|plesat se *pf.* in Jubel ausbrechen; **~pleskly** platt, flach; **~plést** *pf.* (*s. plést*), **~plétat** aufflechten; *Knoten* (auf)lösen; entwirren; ~ se sich lösen; **~plevelit se** *pf.* wuchern.
rozpliz|lý verschwommen; **~nout se** *pf.* (*-zl*; *-znut*) zerfließen, verschwimmen.
rozploz|ovací Fortpflanzungs-; **~ovat se** (*-zuji*) sich vermehren, sich fortpflanzen.
roz|plynout se *pf.*, **~plývat se** zerfließen, schmelzen, zergehen; *Konturen*: verschwimmen; *Rauch*: sich verziehen; **~plynulý** *fig.* (auf)gelöst; **~plýtvat** *pf.* vergeuden, verschwenden; **~plývavý** verschwommen.
rozpoč|et *m* (*2a*; *-čt-*) Kostenvoranschlag *m*; Staatshaushalt *m*, Budget *n*; *udělat čáru přes* ~ *iron.* e-n Strich durch die Rechnung machen; **~ítat** *pf.* berechnen, veranschlagen; **~itadlo** *n* (*1a*; *-del*) Abzählreim *m*; **~tář** *m* (*3*) Kalkulator *m*; **~tový** Voranschlags-; Budget-.
rozpojit *pf.* trennen, (los)lösen.
rozpolcen|í *n* (*3*) Spaltung *f*; **~ý** gespalten; ~ *pysk* Hasenscharte *f*.
rozpoložení *n* (*3*) (*Gemüts-*)Verfassung *f*.
rozpolt|ěný *s. rozpolcený*; **~it** *pf.* (*-cen/-těn*) (zer)spalten.
rozpom|enout se *pf.* (*-mněl/-menul*), **~ínat se** (*na k-o, na co*) sich erinnern (an *A*); **~enutí, ~ínání** *n* (*3*), **~ínka** *f* (*1c*; *-nek*) Erinnerung *f*.
rozpor *m* (*2a*) Widerspruch *m*; Streit *m*; **~a** *f* (*1d*) Strebe *f*, Spreize *f*; *Agr.* Ackerwaage *f*; **~ka** *f* (*1c*; *-rek*) Ortscheit *n*.
rozpos(í)lat (*pf. -šlu*) aussenden; versenden.
rozpoušt|ěcí Lösungs-; **~ědlo** *n* (*1a*; *-del*) Lösungsmittel *n*; **~ět** (*3 Pl. -ějí*) *s. rozpustit.*
rozpout|ání *n* (*3*) Entfesselung *f*; **~(áv)at** entfesseln; ~ se losbrechen; *Kampf*: entbrennen; *Gewitter*: sich entladen.
rozpovíd|aný gesprächig; **~at se** *pf.* gesprächig werden; (*o čem*) lang und breit erzählen (über *A*, von *D*).
rozpozn|ání *n* (*3*) Erkennen *n*; *Jur.*

Einsicht *f*; *Med.* Diagnose *f*; **~(áv)at** (deutlich) erkennen; **~ávací** Erkennungs-; Unterscheidungs-.

rozpracov|aný in Arbeit (befindlich), halbfertig; **~at** *pf.* (*-cuji*) in Angriff nehmen, beginnen (mit); ausarbeiten.

rozprask|aný zersprungen, rissig; *Lippen*: aufgesprungen; **~at se** *pf.*, **~nout se** *pf.* (*-kl*) zerspringen, bersten; aufspringen, rissig werden.

roz|prášit *pf.* zerstäuben, zerstreuen; ~ *se* sich zerstreuen; *Mil.* versprengt werden; **~prašovací** Zerstäubungs-; **~prašovač** *m* (*4*) Zerstäuber *m*; **~prašovat** (*-šuji*) *s. rozprášit*; **~prava** *f* (*1*) Abhandlung *f*; Unterredung *f*, Besprechung *f*; *Parl.* Debatte *f*.

rozpráv|ěč *m* (*3*) Plauderer *m*; **~ět** (*3 Pl. -ějí*) (*o čem*) plaudern (über *A*); erzählen (von *D*); besprechen (*A*); **~ka** *f* (*1c*; *-vek*) Unterredung *f*, Gespräch *n*; **~kový**: ~ *tón* Plauderton *m*.

rozprch|ávat se, ~nout se *pf.* (*-chl*) auseinanderlaufen, nach allen Seiten fliehen; **~lý** zerstreut, geflohen.

rozprod|aný ausverkauft; **~(áv)at** (alles) verkaufen, ausverkaufen.

rozprost|írat, ~řít *pf.* (*-stru, -střen*) ausbreiten, entfalten; *Netze* auslegen, auswerfen.

roz|proudit *pf.* in Gang bringen; ~ *se* in Gang kommen; *Blut*: in Wallung geraten; **~prsknout se** *pf.* (*-kl*; *-knut*) (zer)platzen, zerspringen; **~prýskat se** *pf. s. rozpraskat se*; **~přádat** *s. rozpříst*; **~přahat**, *pf.*, **~přáhnout** (*-hl*; *-přažen*) spannen, ausstrecken; **~příst** *pf.* (*s. příst*) anspinnen; ~ *se* sich entspinnen; **~ptyl** *m* (*2a*) Streuung *f*.

rozptýl|ení *n* (*3*) Zerstreuung *f*; **~ený** zerstreut; versprengt; *-ná palba* Streufeuer *n*.

roz|ptýlit *pf.*, **~ptylovat** (*-luji*) zerstreuen; *Mil.* streuen; ablenken; ~ *se* sich zerstreuen, sich auflösen; **~ptylka** *f* (*1c*; *-lek*) Zerstreuungslinse *f*; **~ptylný, ~ptylový** Zerstreuungs-, Streuungs-.

rozpučet (**se**) *pf.* aufblühen, aufspringen.

rozpůjč|it *pf.*, **~ovat** (*-čuji*) verleihen.

rozpuk *m* (*2b*) Aufblühen *n*; *Bot.* Wasserschierling *m*; **~aný** aufgesprungen, rissig; **~at** (**se**) *pf.* zerspringen, aufspringen, Risse bekommen, bersten; **~lina** *f* (*1*) Riß *m*, Spalte *f*; *Mar.* Leck *n*; **~lý** zersprungen; gespalten; *Blume*: aufgeblüht; **~nout** *pf. s. rozpukat*.

rozpůl|it *pf.*, **~ovat** (*-luji*) halbieren.

rozpust|a *m* (*5a*) *od. f* (*1*) *s. rozpustilec*; **~idlo** *n* (*1a*; *-del*) Lösungsmittel *n*; **~ilec** *m* (*3*; *-lc-*), **~ilka** *f* (*1c*; *-lek*) ausgelassenes Kind, F Wildfang *m*; **~ilý** ausgelassen, ungezogen; **~it** *pf.* (*-štěn*) auflösen; *Fett* zerlassen; *Metall* schmelzen; *im Mund* zergehen lassen; **~ný** löslich, ~ *ve vodě* wasserlöslich.

rozpuštěn|í *n* (*3*) Auflösen *n*; Zerlassen *n*; Entlassung *f*; **~ý** (auf)gelöst; zerlassen.

rozrad|ostněný, ~ovaný hocherfreut (*čím* über *A*), freudig gestimmt; **~ostnit** *pf.*, **~ovat** *pf.* (*-duji*) freudig stimmen, entzücken.

roz|razil *m* (*2a*) *Bot.* Ehrenpreis *n od. m*; **~razit** *pf.* (*-žen*), **~rážet** (*3 Pl. -ejí*) zerschlagen; *Ketten* sprengen; **~ruch** *m* (*2b*) Unruhe *f*, Aufsehen *n*; **~růst(at) se** (*pf. s. růst*) sich ausbreiten; wuchern.

rozruš|ení *n* (*3*) Zerstörung *f*; *Geogr.* Erosion *f*; *Jagdw.* Zerlegen *n*; heftige Erregung *f*; (*Ehe-*)Zerrüttung *f*; **~it** *pf.*, **~ovat** (*-šuji*) zerstören; *Wild* zerlegen; heftig erregen; *Ehe* zerrütten.

rozrůz|nit *pf.*, **~ňovat** (*-ňuji*) trennen, scheiden.

roz|rýp(áv)at (*pf. -ám*/*-u*), **~rýt** *pf.* (*s. rýt*) zerwühlen, aufgraben, zerfurchen; *Straße* aufreißen; **~rytý** aufgewühlt; zerklüftet; **~řadit** *pf.* (*-děn*/*-zen*) einteilen, klassifizieren; *Esb.* rangieren; **~řazovací** *Sp.* Qualifikations-; **~ředit** *pf.* (*-ěn*) verdünnen.

rozřeš|ení *n* (*3*) Auflösung *f*; **~it** *pf.* *Rätsel* (auf)lösen; entziffern.

roz|řezat *pf.* (*-žu*/*-zám*) zerschneiden; *Buch* aufschneiden; ~ *pilou* zersägen; **~řídlý** dünn(flüssig); **~říznout** *pf.* (*-zl*; *-znut*) *s. rozřezat*; **~sadit** *pf.* (*-zen*) auseinander setzen; ~ *se* sich setzen um (*A*); **~sah** *m* (*2b*) Umfang *m*, Ausmaß *n*.

rozsáhl|ost *f* (*4*) Ausdehnung *f*, Umfang *m*; **~ý** ausgedehnt, umfangreich.

roz|sápat *pf.* (*-u/-ám*) zerfleischen, zerreißen; **~sázet, ~sazovat** (*-zuji*) *s. rozsadit.*
rozsed|at se (*im*)*pf.* Risse bekommen, F auseinandergehen; **~ět** *pf.* (*-děn/-zen*) durch Sitzen beschädigen; ~ se sich ans Sitzen gewöhnen; lange sitzen; **~lina** *f* (*1*) Kluft *f*, Spalt *m*; **~lý** geborsten, rissig; zerklüftet; **~nout se** *pf.* (*-dl*; *-dnut*) auseinanderrücken; *s. rozsedat se, rozpukat se.*
rozsek|(áv)at, ~nout *pf.* (*-kl*; *-knut*) zerhacken, spalten.
rozse|tý ausgesät; *fig.* verstreut; **~v** *m* (*2a*) Aussaat *f*; *Mil. střelba ~em* Streufeuer *n*.
rozsév|ací Sä-; **~ač** *m* (*3*) Sämann *m*; **~adlo** *n* (*1a*; *-del*) Sämaschine *f*; **~at** (aus)säen.
roz|sevný Streu-; **~sívat** *s. rozsévat*; **~sivka** *f* (*1c*; *-vek*) Kieselalge *f*; **~skočit se** *pf.* zerspringen, F auseinandergehen; **~skřípat** *pf.* (*-u/-ám*) *Feder* verderben; ~ se zu knarren beginnen; **~smutnělý** traurig gestimmt.
rozsoch|a *f* (*1b*) Gabelstange *f*, Gabelast *m*; **~áč** *m* (*4*) *Mil.* spanischer Reiter *m*; **~atý** gabelförmig, gegabelt.
rozsou|dit *pf.* (*-zen*) *v/t* entscheiden; urteilen (über *A*); **~zení** *n* (*3*) Entscheidung *f*, Beurteilung *f*.
rozstonat se *pf.* (*-stůňu*) krank werden; erkranken (*čím* an *D*).
rozstoup|it *pf.* auseinandergehen, sich öffnen; **~lý** getrennt, geöffnet; geborsten.
rozstřel|it *pf.*, **~ovat** (*-luji*) zerschießen; *Felsen* sprengen.
roz|střih *m* (*2b*) Schlitz *m*; **~stříhat, ~střih(áv)at, ~střihnout** *pf.* (*-hl*; *-žen*) zerschneiden.
rozstřík|at *pf.*, **~nout** *pf.* (*-kl*; *-knut*) verspritzen; zerstäuben.
rozstřik|ovací Spritz-, Streu-; **~ovač** *m* (*4*) Zerstäuber *m*; **~ovat** (*-kuji*) *s. rozstříkat.*
roz|střílet *pf.* (*3 Pl. -ejí*) *s. rozstřelit*; **~stupovat se** (*-puji*) auseinandertreten; sich öffnen; **~stýlat** *s. rozestlat*; **~sudek** *m* (*2b*; *-dk-*) Urteilsspruch *m*, Urteil *n*, Schiedsspruch *m*; **~suzovat** (*-zuji*) *s. rozsoudit*; **~svěcovat** (*-cuji*), **~svítit** *pf.* (*-cen*) anzünden; ~ *se* aufleuchten; **~sychat se** *s. rozeschnout se*; **~sýpat, ~syp(áv)at** (*pf. -u/-ám*) verstreuen, verschütten.
rozšaf|nost *f* (*4*) Rechtschaffenheit *f*; Umsicht *f*; **~ný** rechtschaffen, F bieder; umsichtig.
rozšíř|ení *n* (*3*) Verbreitung *f*, Ausweitung *f*; **~enost** *f* (*4*) *fig.* Verbreitung *f*; **~ený** erweitert; verbreitet; **~it** *pf.* verbreiten; erweitern.
rozšiř|itel, ~ovatel *m* (*3*; *-é*) Verbreiter *m*; **~ovat** (*-řuji*) *s. rozšířit.*
rozškleb|ený verzerrt; grinsend; **~it se** *pf. Gesicht* verzerren; *Mund* verziehen.
rozškr|ábat, ~abat *pf.* (*-u/-ám*), **~ábnout** *pf.* (*-bl*; *-bnut*), **~abovat** (*-buji*) zerkratzen; *Wunde* aufkratzen; **~tnout** *pf.* (*-tl*; *-tnut*) *Zündholz* anzünden.
rozškub|(áv)at (*pf. -u/-ám*), **~nout** *pf.* (*-bl*; *-bnut*) zerreißen (*v/t*), F zerfetzen.
roz|škvařit *pf.* zerlassen, schmelzen; **~šlapat** *pf.* (*-u/-ám*), **~šlápnout** *pf.* (*-pl*; *-pnut*) zertreten; *Schuhe* austreten; **~šlehat** *pf.* zerquirlen; **~šněrovat** *pf.* (*-ruji*) aufschnüren; **~šrotovat** *pf.* (*-tuji*) *Getreide* verschroten; *Eisen* verschrotten; **~šroubovat** *pf.* (*-buji*) auf-, auseinanderschrauben.
rozštěp *m* (*2a*) Spalt *m*, Schlitz *m*; *Bot.* Spaltschnitt *m*; *Turn.* Spagat *m*; **~ení** *n* (*3*) Spaltung *f*; *Tech.* Spaltverfahren *n*; **~it** *pf.*, **~ovat** (*-puji*) *s. rozštípat.*
roz|štípat (*-u/-ám*), **~štípnout** *pf.* (*-pl*; *-pnut*) (zer)spalten; **~štipec** *m* (*4*; *-pc-*) Gabelholz *n*, gespaltene Holzstange *f*; **~táčet** (*3 Pl. -ejí*) *s. roztočit*; **~tahat** *pf.* verschleppen; in Unordnung bringen.
roztáh|lý langgestreckt; **~nout** *pf.* (*-hl*; *-tažen*) in die Länge ziehen, ausdehnen; *Regenschirm* aufspannen; *Netz* (aus)spannen; *Segel* setzen; *Arme* ausbreiten; *Beine* ausstrecken; *Finger* spreizen; *Schuhe* weiten; ~ se sich (aus)dehnen; sich ausbreiten; P *iron.* sich breitmachen.
roztahov|ací Auszieh-, ausziehbar; **~ač** *m* (*4*) *Med.* Dilatator *m*; **~ačný** anmaßend; *iron.* breitspurig; **~at** (*-huji*) *s. roztáhnout.*
roz|tálý geschmolzen, aufgetaut; **~tančený** tanzend; tanzlustig, tanzbegeistert; **~ťapat** P *pf.* (*-u/-ám*) zertreten, zertrampeln; **~tápět**

(*3 Pl. -ějí*) *s. roztopit*; **~ťatý** gespalten; *s. roztít*; **~tá(va)t** (*pf. s. tát*) *v/i* auftauen, schmelzen; zergehen; **~tavit** *pf.*, **~tavovat** (*-vuji*) *v/t* schmelzen, zergehen lassen; *Kochk.* zerlassen.
roztaž|ení *n* (*3*) Ausdehnung *f*; **~(itel)nost** *f* (*4*) Dehnbarkeit *f*; **~(itel)ný** dehnbar.
roz|téci se *pf.* (*-teče*) *v/i* zerfließen; schmelzen; **~tečný** *Tech.* Teil-.
roztěka|nost *f* (*4*) Unaufmerksamkeit *f*, Zerstreutheit *f*; **~ný** unaufmerksam, zerstreut.
roz|tékat se *s. roztéci se*; **~tept(áv)at** (*pf. -ám/-u*) *Blech* (aus)hammern; breitschlagen.
roztěr|ačka *f* (*1c*; *-ček*) Reibschale *f*; **~adlo** *n* (*1a*; *-del*) *Typ.* Reiber *m*, Reibwalze *f*; **~ka** *f* (*1c*; *-rek*) Wischer *m*; Spachtel *m od. f.*
roz|tesknělý wehmütig; **~tětí** *n* (*3*) Spaltung *f*; **~tínat** *s. roztít*; **~tírat** *s. rozetřít*; **~tít, ~etnout** *pf.* (*-etnu*, *s. tít*) zerspalten, durchhauen.
roztlou|ci *pf.* (*s. tlouci*), **~kat** zerschlagen; *Fenster* einschlagen; *Nüsse* knacken; *Kochk.* zerstoßen; zerkleinern.
rozto|č *m* (*3*) Milbe *f*; **~čit** *pf.* aufdrehen; *Motor* ankurbeln; ~ se sich zu drehen beginnen, in Schwung kommen; **~divný** wunderlich, sonderbar.
roztok *m* (*2b*) Lösung *f*.
roztomil|ost *f* (*4*) Liebenswürdigkeit *f*; **~ý** liebenswürdig, entzückend, allerliebst, sehr lieb.
roztopit *pf.* (an)heizen; zerlassen, schmelzen.
roztouž|ení *n* (*3*) Sehnsucht *f*; **~ený** sehnsuchtsvoll; schmachtend; **~it se** *pf.* (*po čem*) sich sehnen (nach *D*).
roztrh|aný zerrissen; **~at** *pf.*, **~nout** *pf.* (*-hl*; *-žen*) *v/t* zerreißen; ~ se (zer)reißen (*v/i*); platzen.
roztrousit *pf.* (*-šen*) zerstreuen, verstreuen; *Gerücht* verbreiten *od.* in Umlauf setzen.
roztrpč|ení *n* (*3*), **~enost** *f* (*4*) Erbitterung *f*, Verbitterung *f*; **~ený** erbittert, verbittert; **~it** *pf.*, **~ovat** (*-čuji*) erbittern, verbittern; ~ se erbittert sein.
roztrušovat (*-šuji*) *s. roztrousit*.
roztrž|ení *n* (*3*) Zerreißung *f*; **~enina** *f* (*1*) Rißwunde *f*; **~itost** *f* (*4*) Zerstreutheit *f*; **~itý** zerstreut; **~ka** *f* (*1c*; *-žek*) Zerwürfnis *n*, Bruch *m*; *Pol.* Spaltung *f*.
roztřás(a)t (*pf. s. třást*) durchschütteln; ~ se anfangen zu zittern.
roztřep|(áv)at (*pf. -u/-ám*) aufschütteln, auflockern; ~ se anfangen zu zittern; **~ený** ausgefranst; zerfasert; **~it** *pf.* ausfransen, zerfasern.
roztřesený durchgeschüttelt; zittrig; F wackelig.
roztříd|ění *n* (*3*) Einteilung *f*, Klassifizierung *f*; **~it** *pf.* einteilen, in Klassen einordnen, sortieren.
roztřiďov|ací Sortier-; **~ač** *m* (*4*) Sortiermaschine *f*; **~at** *s. roztřídit*.
roztřísk|at *pf.*, **~nout** *pf.* (*-kl*; *-knut*) zerschlagen, zertrümmern.
roztříšt|ěnost *f* (*4*) *fig.* Zersplitterung *f*, Verzettelung *f*; **~it** *pf.* *v/t* zersplittern, zertrümmern; ~ se zersplittern (*v/i*); *Schiff*: zerschellen; sich verzetteln.
rozum *m* (*2a*) Verstand *m*, Vernunft *f*; *proti ~u* vernunftwidrig; *jako bez ~u* wie von Sinnen; *při ~u* bei Verstand; *přivést k ~u* zur Vernunft bringen; **~ář** *m* (*3*) Vernunftmensch *m*; *iron.* Überkluge(r) *m*; **~brada** *m* (*5*) *iron.* Neunmalkluge(r) *m*, Klugschwätzer *m*; **~ět** (*3 Pl. -ějí*) (*k-u*, *č-u*) verstehen (*A*); *-ěl jste mi?* verstanden?; *co tím -míte?* was meinen Sie damit?; *to se -mí* selbstverständlich, natürlich; ~ *si s kým* sich mit j-m (gut) verstehen; **~ný** vernünftig; **~ovat** (*-muji*) räsonieren, *iron.* klug reden; **~ový** Vernunft-, vernunftmäßig; rationalistisch.
rozundat *pf.* auseinandernehmen.
roz|utéci se *pf.* (*-uteku/-ču*), **~utíkat** auseinanderlaufen; sich verlaufen.
rozuzl|ení *n* (*3*) Lösung *f*, Auflösung *f*; **~it** *pf.*, **~ovat** (*-luji*) *Knoten* (auf)lösen, öffnen.
rozvád|ěcí Verteilungs-; Leit-; **~ěč** *m* (*4*) *El.* Schaltbrett *n*, Verteiler *m*.
roz|vaděný zänkisch; feindlich; **~váděl** (*3 Pl. -ějí*) *s. rozvést*; **~vadit se** *pf.* (*s kým*) sich verfeinden (mit *D*).
rozvah|a *f* (*1b*) Überlegung *f*, Bedacht *m*; *fig.* Fassung *f*; Bilanz *f*, Rechnungsabschluß *m*; *bez -hy* ohne zu überlegen, unbedacht; *s -hou* wohlüberlegt, mit Bedacht; *zbavit -hy* aus der Fassung bringen; **~ový** Bilanz-, bilanzmäßig.

roz|válcovat *pf.* (*-cuji*) auswalzen; **~valený** verfallen, zerstört; breit und bequem (da)sitzend; **~válený** *Bett*: zerwühlt; ausgewalzt, aufgerollt.

rozval|ina *f* (*1*): *mst. pl.* -*ny* Trümmer *m/pl.*, (*Burg-*)Ruine *f*; *fig.* Schutt *m*; *ležet v -nách* in Schutt und Asche liegen; **~it** *pf.* zertrümmern, zerstören; ~ *se* einstürzen; sich (hin)lümmeln, flegeln; **~ovat se** (*-luji*) sich (herum)wälzen.

rozva|nout *pf. s. rozvát*; **~řit se** *pf.* zerkochen (*v/i*).

rozvášn|ěný wütend, rasend, fanatisiert; **~it** *pf.* maßlos erregen; ~ *se* wütend (*od.* rasend) werden, F außer Rand und Band geraten.

roz|vát *pf.* (*s. vát*) auseinanderwehen; **~vázat** *pf.* (*-žu/-ži*), **~vazovat** (*-zuji*) auf-, losbinden, aufknüpfen, lösen; ~ *se* sich lösen, F aufgehen.

rozváž|eč *m* (*3*) Verkaufsfahrer *m*; ~ *mléka* F Milchmann *m*; ~ *piva* Bierlieferant *m*, † Bierkutscher *m*; **~ená**: *na -nou* zu überlegen; *tři dny na -nou* drei Tage Bedenkzeit; **~ení** *n* (*3*) Abwägen *n*, Bedenken *n*, Überlegung *f*; *Hdl.* Zustellung *f*, Lieferung *f*; Belieferung *f*; **~ený** abgewogen; gut überlegt; verfrachtet; **~et** (*3 Pl. -ejí*) liefern, zustellen, verfrachten; *Dünger* ausfahren; **~it** *pf.* erwägen, bedenken, überlegen; abwägen; *rozvažte si to!* überlegen Sie es sich!; **~ka** *f* (*1c*; *-žek*) Lieferung *f*, Zustellung *f*; Fracht *f*; **~livost, ~nost** *f* (*4*) Besonnenheit *f*, Umsicht *f*; **~livý, ~ný** besonnen, umsichtig; wohlüberlegt.

rozvaž|ný Bilanz-; **~ování** *n* (*3*) Abwägen *n*; Überlegen *n*, Erwägen *n*; *bez* ~ ohne zu überlegen; *to dá* ~ das gibt zu denken; *po dlouhém* ~ nach langem Für und Wider, F nach langem Hin und Her; **~ovat** (*-žuji*) *s. rozvážit.*

rozveden|í *n* (*3*) Trennung *f*; *El.* Verteilung *f*; Ausarbeitung *f*; *Mus.* Durchführung *f e-s Themas*; **~ý** *Ehegatte*: geschieden.

rozvěd|čík *m* (*1a*) Späher *m*, Kundschafter *m*; **~ka** *f* (*1c*; *-dek*) Spähtrupp *m*; **~ný** Erkundungs-; *Mil.* Aufklärungs-.

rozvesel|ení *n* (*3*) Erheiterung *f*; Belustigung *f*; **~ený** erheitert, vergnügt; **~it** *pf.*, **~ovat** (*-luji*) auf-, erheitern; ~ *se* immer lustiger werden, F in Stimmung kommen.

roz|věsit *pf.* (*-šen*) *Wäsche, Bilder* aufhängen; **~vést** *pf.* (*s. vést*) auseinanderbringen, trennen; *Ehe* scheiden; *El.* verteilen; *Gedanken* weiter ausführen, *lit.* ausspinnen; *Mus. Thema* durchführen; ~ *se* sich scheiden lassen.

rozvětv|ení *n* (*3*) Verzweigung *f*; **~ený** verzweigt; weit verbreitet, reich gegliedert; **~it se** *pf.* sich verästeln, sich verzweigen; sich gabeln.

roz|vézt *pf.* (*s. vézt*) liefern, zustellen, verfrachten; F *Leute* nach Hause fahren *od.* bringen; **~vidlení** *n* (*3*) Gabelung *f*.

rozvíj|ecí *Gr.* erweiternd; **~ející** in Entwicklung begriffen, aufblühend; **~ení** *n* (*3*) Entfaltung *f*, Entwicklung *f*; Aufblühen *n*; **~et** (*3 Pl. -ejí*) *s. rozvinout.*

rozvikl|aný wack(e)lig; **~at** lokkern; ins Wanken bringen; *Vertrauen* erschüttern; ~ *se* sich lokkern; *fig.* wankend werden.

rozvin|out *pf.*, **~ovat** (*-nuji*) *Kind* aufwickeln; *Tätigkeit* entfalten; *Papier* aufrollen; *Segel* hissen; **~utí** *n* (*3*) Entfaltung *f*, Entwicklung *f*; **~utý** entfaltet, entrollt; *s ~mi plachtami* mit vollen Segeln.

rozvír|ací aufklappbar; Spring-; **~at** *s. rozevřít.*

roz|vířit *pf.* aufwirbeln; *fig.* aufwühlen; ~ *se* wirbeln; **~vít** *pf. s. rozvinout*; **~vitý** entfaltet; aufgeblüht; *Gr.* erweitert; **~vívat** *s. rozvát*; **~vláčný** weitschweifig, umständlich; schleppend.

rozvlák|nit *pf.*, **~ňovat** (*-ňuji*) zerfasern.

roz|vléci *pf.* (*s. vléci*), **~vlékat** verschleppen; weitschweifig erklären; **~vleklost** *f* (*4*) Weitschweifigkeit *f*; **~vleklý** weitschweifig, umständlich; **~vléknout** *pf.* (*-kl*; *-ečen*) *s. rozvléci.*

rozvln|ěný *See*: bewegt, wogend, aufgewühlt; **~it** *pf.* in Bewegung setzen, aufwühlen; ~ *se* zu wogen beginnen.

rozvod *m* (*2a*) (*Ehe-*)Scheidung *f*; *Tech.* Steuerung *f*; *El.* Verteilung *f*; (*Säge-*)Schränkung *f*; **~í** *n* (*3*) Wasserscheide *f*; **~na** *f* (*1*; *-den*) Schaltraum *m*; Schaltanlage *f*, Schaltwerk *n*; **~nění** *n* (*3*) Überschwemmung *f*, Hochwasser *n*; **~něný** angeschwollen; **~nit** *pf*. *Fluß*: anschwellen, über die Ufer treten; **~ný** *El*. Verteilungs-, Schalt-; Steuer(ungs)-; **~ový** *Jur*. Scheidungs-; Steuer(ungs)-.

rozvoj *m* (*4*) Entwicklung *f*, Entfaltung *f*; Aufschwung *m*; **~ový** Entwicklungs-.

rozvor *m* (*2a*) Achsenabstand *m*, Radstand *m*; **~a** *f* (*1d*) Wagenried *m*.

roz|voz *m* (*2a*) Zustellung *f*, Verfrachtung *f*; **~vraceč** *m* (*3*) *Pol*. Störer *m*, Diversant *m*; **~vrácenost** *f* (*4*) Zerrüttung *f*; **~vrácený** zerrüttet; **~vracet** (*3 Pl. -ejí*); **~vrátit** *pf*. (*-cen*) zerrütten, zerstören, *fig*. zersetzen.

rozvrat *m* (*2a*) Zerrüttung *f*, Zerfall *m*; *Pol*. Zersetzung *f*; **~nictví** *n* (*3*) Zerstörungswerk *n*; *Pol*. Wühlarbeit *f*; **~ník** *m* (*1a*) *Pol*. Diversant *m*; **~ný** *Pol*. zersetzend, subversiv, destruktiv, Wühl-.

rozvrh *m* (*2b*) Entwurf *m*; Auf-, Einteilung *f*, Plan *m*; ~ *hodin* Stundenplan; **~nout** *pf*. (*-žen*), **~ovat** (*-huji*) einteilen; entwerfen; aufteilen, verteilen; *Plan* aufschlüsseln; **~ový** planmäßig; *-vá změna* Stundenplanänderung *f*.

rozvrstv|ení *n* (*3*) Schichtung *f*; *Min*. Verteilung *f*; **~it** *pf*. schichten; verteilen.

rozvrt(áv)at zerbohren; *Boden* zerwühlen.

rozvrz|aný *Wagen*: knarrend; *Stuhl*: wack(e)lig; **~at** *pf*. wack(e)lig machen; ~ se zu knarren anfangen.

rozvrž|ení *n* (*3*) *s. rozvrh*; **~ený** auf-, eingeteilt; geplant; *Zeitpunkt*: anberaumt.

roz|vřeštěný, **~vřískaný** schreiend, plärrend; **~vzteklit** *pf*. wütend machen; ~ se wütend werden.

rozzář|ený strahlend; **~it se** *pf*. erstrahlen.

rozzlob|ený zornig, erzürnt, F böse; **~it** *pf*. erzürnen; ~ se zornig (*od*. F böse) werden.

rozztrácený verloren(gegangen).

rozzuř|ený wütend, F rasend; **~it** *pf*. wütend machen; ~ se wütend werden; sich entladen.

rozžeh *m* (*2b*) Entzündung *f*; **~ací** Zünd-; **~adlo** *n* (*1a*; *-del*) Feueranzünder *m*; **~lit** *pf*. aufbügeln.

roz|žehnat se *pf*. (*s kým*) Abschied nehmen, sich trennen (von *D*); ~ se *se světem* das Zeitliche segnen; **~žehnout** *pf*. (*-žehl/-žal, -hnut/-žat*) anzünden.

rozžhav|ený glühend; ~ *do běla* weißglühend; ~ *do červena* rotglühend; **~it** *pf*., **~ovat** (*-vuji*) glühend machen; ~ se glühend werden; *fig*. erglühen.

rozží|hač *m* (*3*): ~ *lamp* Laternenanzünder *m*; **~hat** *s. rozžehnout*; **~rání** *n* (*3*) Korrosion *f*; **~rat** *s. rozežrat*.

roz|žmolit *pf*. *Papier* zerknüllen; *Brot* zerbröckeln; **~žmoulat** *pf*. im Mund aufweichen; *a*. = **~žvýkat** *pf*. zerkauen.

rožeň *m* (*4a*; *-žně*) Bratspieß *m*; *péci na -žni* am Spieß braten.

rožní Eck-.

rt|ěnka *f* (*1c*; *-nek*) Lippenstift *m*; **~u** *2. Fall v. ret*.

rtuť *f* (*4c*; *-ti*) Quecksilber *n*; **~natý** quecksilberhaltig; **~ový** Quecksilber-.

rty *pl. v. ret*.

rub *m* (*2a*) Rückseite *f*; *fig*. Kehrseite *f*; *Sp*. Schlag *m*; *po ~u* auf der verkehrten Seite; *na ~y* verkehrt; **~ací** *Bgb*. Abbau-; **~áč** *m* (*3*) Häuer *m*; † *a*. Holzfäller *m*.

rubáš *m* (*4*) Totenhemd *n*.

rubat ⟨*na-, po-, z-*⟩ (*-ám/-u*) hakken, hauen; *Bgb*. abbauen; *Feind* schlagen.

rubínový Rubin-.

rubl *m* (*2a*; *Pl. 2 od. 4*) Rubel *m*.

rubopis *m* (*2*; *6. -e/-u*) *Hdl*. Übertragungsvermerk *m*, Giro *n*; **~ný** Indossierungs-.

rubový Rück-, Kehr-.

rubrik|a *f* (*1c*) Rubrik *f*; **~ovat** (*-kuji*) rubrizieren.

ruce *s. ruka*.

ruče *Adv*. flink, F im Handumdrehen.

ručej *m* (*4*) *poet*. Wild-, Gießbach *m*.

ručení *n* (*3*) Bürgschaft *f*, Haftung *f*; *pojištění proti povinnému ~* Haftpflichtversicherung *f*.

ručička *f* (*1c*; *-ček*) Händchen *n*; (*Uhr-*)Zeiger *m*.

ručit ⟨*za-*⟩ (*za k-o*) bürgen, haften (für *A*); garantieren (für *A*); aufkommen (für *A*); **~el** *m* (*3*; *-é*) Bürge *m*; *lit*. Garant *m*.

ruč|ka *f* (*1c*; *-ček*) Händchen *n*; *Tech*. Arm *m* **~kovat** ⟨*za-*⟩ (*-kuji*) *Turn*. hangeln; **~ně** *Adv*. mit der

Hand, Hand-, hand-; ~ *malovaný* handgemalt; **~ní** Hand-, manuell; **~nice** *f* (*2a*) Flinte *f*, Büchse *f*; **~ník** *m* (*2b*) Handtuch *n*.

ruda *f* (*1*) Erz *n*.

rudiment|ální [-dı-], **~ární** *Zo.* rudimentär; Grund-.

rudka *f* (*1c*; *-dek*) Rötel(stift) *m*.

rudn|atost *f* (*4*) Erzgehalt *m*; **~atý** erzhaltig; **~ina** *f* (*1*) Roherz *n*.

rudnout ⟨*na-*, *po-*, *z-*, *za-*⟩ (*-dl*) rot werden; die Farbe verlieren, verschießen.

rudo|armejec *m* (*3*; *-jc-*) Rotarmist *m*; **~bradý** rotbärtig; **~hnědý** rotbraun; **~ch** *m* (*1a*), **~kožec** *m* (*3*; *-žc-*) Indianer *m*, F Rothaut *f*; **~nosný** erzhaltig.

rudost *f* (*4*) Dunkelrot *n*, tiefe Röte *f*.

rudoš|ka *f* (*1c*; *-šek*) Indianerin *f*; **~ský** Indianer-, indianisch.

rudo|vláska *f* (*1c*; *-sek*) Rotblonde *f*, Rothaarige *f*; **~vlasý** rotblond, rothaarig; **~vous** *m* (*1*) Rotbart *m*; **~vousý** mit rotem Bart.

rudý rot; ~ *jako krev* blutrot; *-dě hnědý* rotbraun.

ruch *m* (*2b*) Verkehr *m*; Leben *n*, Treiben *n*, Bewegung *f*; *Turn.*, *Mil.* Tempo *n*.

ruchadlo *n* (*1a*; *-del*) Sturzpflug *m*.

ruin|a *f* (*1*) Ruine *f*; **~ovat** ⟨*z-*⟩ (*-nuji*) *dial.* ruinieren.

ruka *f* (*1c*; *Dual*: *ruce*, *2*, *6*. *-kou*, *7*. *-kama*) Hand *f*; Arm *m*; Handschrift *f*; *podání -ky*, *-kou dání* Handschlag *m*; *k -kám* zu Händen; *od -ky* (Frei-)Hand-; *to mu jde od -ky* das geht ihm von der Hand; *mít po ruce* zur (*od.* bei der) Hand haben; *z -ky do -ky* von Hand zu Hand; *mít v čem ruce* s-e Hände im Spiel haben; ~ *-ku myje* e-e Hand wäscht die andere; *plné ruce práce* alle Hände voll zu tun; *na čtyři ruce Mus.* vierhändig; *vlastní -kou* eigenhändig.

rukáv *m* (*2*) Ärmel *m*; *bez ~ů* ärmellos; F *už je ruka v ~ě* alles ist schon abgemacht; **~ec** † *m* (*4*; *-vc-*) Ärmel *m*; *-vce pl.* P Achselhemd *n* (*der Volkstracht*).

rukav|ice *f* (*2a*) Handschuh *m*; *palcová* ~ Fäustling *m*; **~ička** *f* (*1c*; *-ček*): *glazé* ~ Glacéhandschuh *m*; **~ičkářství** *n* (*3*) Handschuh(fach)-geschäft *n*.

rukávník *m* (*2b*) Muff *m*, Muffe *f*.

ruko|dělný handgearbeitet, Hand-, Manufaktur-; **~jemství** *n* (*3*) Bürgschaft *f*, Gewähr *f*; **~jeť** *f s. rukověť*; **~jmí** *m* (*Adj. 4*) *od. n* (*3*) Geisel *f*; Bürge *m*, Garant *m*.

rukopis *m* (*2*; *6*. *-e*/*-u*) Handschrift *f*; Manuskript *n*; **~ný** handschriftlich, Handschriften-.

rukoudání *n* (*3*) Händedruck *m*, Handschlag *m*.

rukov|at ⟨*na-*⟩ (*-kuji*) P *zum Militär* einrücken; **~ěť** *f* (*4d*; *-ti*; *-tmi*) (Hand-)Griff *m*; Stiel *m*; Handbuch *n*, Leitfaden *m*; *fig.* Handhabe *f*.

...ruký *in Zssgn* -händig.

rula *f* (*1a*) Gneis *m*.

rul|áda *f* (*1*) Roulade *f*; **~eta** *f* (*1*) Roulett(spiel) *n*; **~ička** *f* (*1c*; *-ček*) Röllchen *n*; *stočit do -ky* einrollen; **~ík** *m* (*2b*) Tollkirsche *f*; Haarzopf *m*.

rulový Gneis-.

rum *m* (*2a*) Rum *m*; Schutt *m*, Trümmer *m*/*pl*.

rumělk|a *f* (*1c*; *-lek*) Zinnober *m*; **~ový** zinnoberrot.

ruměn|ec *m* (*4*; *-nc-*) (*Wangen-*) Röte *f*; **~it se** ⟨*o-*, *za-*⟩ erröten; **~ý** *lit.* rot.

rum(ov)iště *n* (*2a*) Schuttabladeplatz *m*; Schutthalde *f*.

rumpál *m* (*2*; *6*. *-u*/*-e*) Hebebaum *m*, Winde *f*; Wellrad *n*; (*Brunnen-*) Haspel *f*.

Rumun *m* (*1*) Rumäne *m*; **~ka** *f* (*1c*; *-nek*) Rumänin *f*; **~sko** *m* (*1b*) Rumänien *n*; **2ský** (*Adv.* *-y*) rumänisch; **2ština** *f* (*1*) rumänische Sprache *f*, Rumänisch(e) *n*.

runa *f* (*1*) Rune *f*.

rup! *Int.* knacks!, bums!; *hej* ~! hau ruck!

rup|at ⟨*za-*⟩ (*3*. *-e*/*-á*), **~nout** *pf.* knistern, knacken, krachen; P durchfallen; **~nutí** *n* (*3*) Knacks *m*.

rus *m* (*1*) Küchenschabe *f*.

Rus[1] *m* (*1*; *-ové*) Russe *m*.

Rus[2] *f* (*4*) *hist.* (*Bílá* Weiß-)Rußland *n*.

rusalka *f* (*1c*; *-lek*) (Wasser-)Nixe *f*, Nymphe *f*, Undine *f*.

rusínský *hist.* ruthenisch.

rusist|a *f* (*5a*) Russist *m*; **~ika** [-tı-] *f* (*1c*) Russistik *f*.

Rus|ka *f* (*1c*; *-sek*) Russin *f*; **~ko** *n* (*1b*) Rußland *n*; **2ký** (*Adv.* *-y*) russisch.

ruso|vláska *f* (*1c*; *-sek*) Blondine *f*; **~vlasý** blond.

růst[1] *m* (*2a*) Wachsen *n*; Anwachsen *n*, Anstieg *m*; (*Körper*-)Wuchs *m*.
růst[2] ⟨*při-, roz- se, vy-, vz-, za-*⟩ (*rostu, rostl*) wachsen; anwachsen; heranwachsen; sich steigern; sich mehren; zunehmen.
rusý (rötlich) blond.
ruš|ení *n* (*3*) Störung *f*; Aufhebung *f*; ~ *klidu* Ruhestörung; **~it** ⟨*na-, po-, z-*⟩ stören; *Gesetz* aufheben, abschaffen; *Dienststelle* auflösen; *Hdl.* stornieren; *Vertrag, Wort* brechen; *Verlobung* lösen; *Tier* ausweiden.
rušitel *m* (*3*; *-é*), **~ka** *f* (*1c*; *-lek*) Störer(in *f*) *m*, Störenfried *m*; ~ *klidu* Ruhestörer(in).
ruš|ivý störend; **~ný** rege, lebhaft; *Straße*: verkehrsreich, belebt; *Leben*: bewegt.
ruštin|a *f* (*1*) russische Sprache *f*, Russisch *n*; **~ář** *m* (*3*), **-řka** *f* (*1c*; *-řek*) Russischlehrer(in *f*) *m*.
různ|ě *Adv.* verschiedentlich; **~ice** *f* (*2a*) Unfrieden *m*, Zwietracht *f*, Uneinigkeit *f*; **~it se** ⟨*od-, roz-*⟩ sich unterscheiden, voneinander abweichen; *Meinungen*: auseinandergehen.
různo|barevný verschiedenfarbig, bunt; **~běžník** *m* (*2b*) Trapezoid *n*; **~běžný** auseinanderlaufend; **~čtení** *n* (*3*) Variante *f*, abweichende Lesart *f*; **~dobý** ungleichzeitig; **~jazyčný** verschiedensprachig; **~jmenný** ungleichnamig; **~ramenný** *Geom.* ungleichschenk(e)lig; **~rodý** ungleichartig, wesensverschieden, heterogen; **~směrný** in verschiedene Richtungen gehend.
různost *f* (*4*) Verschiedenheit *f*, Verschiedenartigkeit *f*.
různo|stranný ungleichseitig; **~tvárný, ~tvarný** ungleichförmig; vielgestaltig; **~značný** in verschiedener Bedeutung.
různý verschieden(artig); allerlei; *Hdl.* divers.
růž|ař *m* (*3*) Rosenzüchter *m*; **~e** *f* (*2*) Rose *f*; ~ *stolistá* Zentifolie *f*.
růžek *m* (*2b*; *-žk-*) (kleines) Horn *n*; F (*im Buch*) Eselsohr *n*.
růžen|cový Rosenkranz-; **~ec** *m* (*4*; *-nc-*) Rosenkranz *m*.
růž|enín *m* (*2a*) Rosenquarz *m*; **~ice** *f* (*2a*) Rosette *f*; *větrná* ~ Windrose *f*; **~ička** *f* (*1c*; *-ček*) Röslein *n*; **~ičkový** Rosen-.

růžo|květý: *-té rostliny Bot.* Rosenblütler *m/pl.*; **~lící** mit rosigen Wangen; **~vět** ⟨*pro-, roz-, z-, za-*⟩ (*3 Pl. -ějí*) rosig werden; **~vník** *m* (*2b*) Rosenstock, -strauch *m*; **~vý** rosa(farben), rosenrot; rosig; Rosen-.
rváč *m* (*3*) Raufbold *m*; Haudegen *m*.
rva|čka *f* (*1c*; *-ček*), **~nice** *f* (*2a*) Handgemenge *n*, Schlägerei *f*, Rauferei *f*, F Keilerei *f*.
rvát ⟨*in Zssgn -rvat: na-, se-, u-*⟩ (*rvu, rval*) raufen, (ab)reißen; zerreißen; ~ se raufen, P sich balgen; (*o co*) sich reißen (um *A*).
rvav|ost *f* (*4*) Rauflust *f*; **~ý** rauflustig.
ryb|a *f* (*1*) Fisch *m*; **~ák** *m* (*1a*) Seeschwalbe *f*; † *a.* Fischer *m*; **~árna** *f* (*1*; *-ren*) Fischerhütte *f*; Fischgeschäft *n*; Fischrestaurant *n*; **~ář** *m* (*3*), **~ářka** *f* (*1c*; *-řek*) Fischer(in *f*) *m*; Angler(in *f*) *m*; **~ařit** ⟨*za- si*⟩ fischen; angeln (gehen); **~ářský** Fischer-; **~ářství** *n* (*3*) Fischfang *m*, Fischerei *f*; **~í** Fisch-; ~ *kost* (Fisch-)Gräte *f*; **~ička** *f* (*1c*; *-ček*) Fischlein *n*; **~ina** *f* (*1*) Fischgeruch *m*; *zapáchá -nou* es riecht nach Fisch.
rybíz *m* (*2a*) Johannisbeere *f*; **~ový** Johannisbeer-.
ryb|ka *f* (*1c*; *-bek*) *s. rybička*; **~natý** fischreich; **~ní** Fisch-; **~niční, ~ničný** Teich-; **~ník** *m* (*2b*; *2. -a*; *6. -ku/-ce*) Teich *m*; **~níkářství, ~nikářství** *n* (*3*) Teichwirtschaft *f*; **~olov** *m* (*2a*) Fischfang *m*.
Rybrcoul *m* (*1*) Rübezahl *m*.
rycí Grab-, Gravier-.
rýč *m* (*4*) Spaten *m*.
ryč|et ⟨*za-*⟩ P lärmen, brüllen; **~ný** *poet.* lärmend, schallend.
rydlo *n* (*1a*; *-del*) Stecheisen *n*, Stichel *m*.
rýh|a *f* (*1b*) Furche *f*, Rille *f*, Kannele *f*; **~ovací** Furchen-, Kannelier-; **~ovat** ⟨*na-, roz-, vy-, z-*⟩ (*-huji*) furchen, rillen; *Papier* riffeln; *Säule* kannelieren; **~ový** Riefen-.
rychl|e *Adv.* schnell; **~ík** *m* (*2b*) Schnellzug *m*; *průběžný* ~ Durchgangszug, D-Zug; **~írna** *f* (*1*; *-ren*) Treibhaus *n*.
rychlo|- *in Zssgn* Schnell-, schnell-; **~běžný** Schnell-; **~bruslařství** *n* (*3*) Eisschnellauf *m*; **~činný** schnellwirkend, Schnell-; **~čistírna** *f* (*1*;

-*ren*) Schnellreinigung *f*; **~doprava** *f* (*1*) Schnellbeförderung *f*; **~dráha** *f* (*1b*) Schnellbahn *f*, S-Bahn *f*; **~lis** *m* (*2*; *6.* -*u*/-*e*) Schnellpresse *f*; **~měr** *m* (*2a*) Geschwindigkeitsmesser *m*, Tachometer *n*; **~nohý** schnellfüßig; **~oprava** *f* (*1*) Schnellreparatur *f*; **~palba** *f* (*1*; -*leb*) Schnellfeuer *n*; **~palný** Schnellfeuer-; **~pis** *m* (*2*; *6.* -*e*/-*u*) Schnellschrift *f*.

rychlost *f* (*4*) Geschwindigkeit *f*, Schnelligkeit *f*; *Kfz.* Gang *m*; *nejvyšší dovolená* ~ Höchstgeschwindigkeit; ~ *větru fig.* Windeseile *f*; *průměrnou* ~*í Sp.* im Schnitt; **~ní** Geschwindigkeits-, Schnell(igkeits)-.

rychlo|tavič *m* (*3*) Schnellschmelzer *m*; **~tisk** *m* (*2b*) Schnelldruck *m*; **~vařič** *m* (*4*) Schnellkochtopf *m*; **~vazač** *m* (*4*) Schnellhefter *m*; **~zboží** *n* (*3*) Eilgut *n*; **~žehlírna** *f* (*1*; -*ren*) Schnellbügelei *f*.

rychlý schnell, Schnell-; rasch; *Hdl.* prompt.

rycht|a *f* (*1*) *hist.* Gemeindeamt *n*; **~ář** *m* (*3*) Dorfschulze *m*; **~ářský** Schulzen-; **~ářství** *n* (*3*) Schulzenamt *n*.

ryjec *m* (*3*; -*jc*-) Kupferstecher *m*; **~tví** *n* (*3*) Radierkunst *f*.

ryk *m* (*2b*) Lärm *m*, Geschrei *n*, Getümmel *n*.

rým *m* (*2a*) Reim *m*; *v* ~*ech* gereimt.

rýma *f* (*1*) Schnupfen *m*.

rým|ař *m* (*3*) Reimer *m*, *verä.* Verseschmied *m*; **~ovaný** gereimt, Reim-; **~ovat** ⟨*z*-, *za*-⟩ (-*muji*) reimen.

Rýn *m* (*2*; *2.* -*a*; *6.* -*ě*/-*u*) Rhein *m*; **≗ský** *1.* Rhein-, rheinisch; *2.* *m* (*Adj. 1*) † Gulden *m*.

rýpací Bagger-.

rypadlo, rýpadlo *n* (*1a*; -*del*) Bagger *m*.

rypák *m* (*2b*) Schnauze *f*, Rüssel *m*.

rýpal *m* (*1*; -*ové*) Wühler *m*, F Stänkerer *m*; **~ství** *n* (*3*) Nörgelei *f*, F Stänkerei *f*.

rýp|anec *m* (*4*; -*nc*-) Rippenstoß *m*, F Knuff *m*, Puff *m*; **~ání** *n* (*3*) Graben *n*; (*Torf*-)Stechen *n*; Nörgeln *n*; **~at** ⟨*na*-, *po*-, *za*-⟩ (-*ám*/-*u*) graben, wühlen; *Torf* stechen; baggern; stoßen; anrempeln; ritzen; nörgeln, F stänkern; ~ *se v čem* herumwühlen (in *D*); *im Essen* herumstochern; *in der Nase* bohren; **~avý** nörgelnd, stänkernd; Stichel- (*Reden*); **~nout** *pf.* (-*pl*/-*pnul*; -*pnut*) *s. rýpat*; **~nutí** *n* (*3*) Stich *m*; Stoß *m*.

rys[1] *m* (*1*) Luchs *m*.

rys[2] *m* (*2*; *6.* -*u*/-*e*) (*Gesichts*-, *Charakter*-)Zug *m*; *Geom.* Riß *m*; Ries *n*.

rysí Luchs-.

ryska *f* (*1c*; -*sek*) (*Kontroll*-)Strich *m*; Riß *m*.

rýsov|ací Reiß-; **~adlo, rysovadlo** *n* (*1a*; -*del*) Reißzeug *n*; **~ání** *n* (*3*) (geometrisches) Zeichnen *n*; **~at** ⟨*na*-, *za*-⟩ (-*suji*) zeichnen, reißen; ~ *se fig.* sich abheben, sich abzeichnen; **~na** *f* (*1*; -*ven*) Zeichensaal *m*, Zeichenbüro *n*.

ryš *m* (*4*) Rüsche *f*, Krause *f*.

ryšav|ec *m* (*3*; -*vc*-) Rotkopf *m*; **~ý** rothaarig, rotblond, rot; -*vá kobyla* Fuchsstute *f*.

rýt ⟨*po*-, *za*-⟩ (*ryji*, *ryl*; *ryt*) (um-)graben; stechen; gravieren; (*do k-o*, *č-o*) sticheln (gegen *A*); herumnörgeln (an *D*); ~ *se v čem* herumwühlen in (*D*).

rytec *m* (*3*; -*tc*-) Graveur *m*; **~ký** Graveur-, Stech-; **~tví** *n* (*3*) Gravierarbeit *f*.

ryt|í *n* (*3*) Graben *n*, Stechen *n*, Gravieren *n*; **~ina** *f* (*1*) (*Kupfer*-)Stich *m*.

rytíř *m* (*3*) Ritter *m*; **~ský** ritterlich; Ritter-; **~ství** *n* (*3*) Rittertum *n*; **~stvo** *n* (*1*) Ritterschaft *f*.

rytmi|cký rhythmisch; **~ka** *f* (*1c*) Rhythmik *f*; rhythmisches Turnen *n*.

ryzák *m* (*1a*) Fuchs *m* (*Pferd*).

ryzec *m* (*4*; -*zc*-) Reizker *m*.

ryzí rein, pur, echt; lauter, gediegen.

ryzka *f* (*1c*; -*zek*) Fuchsstute *f*.

ryzlink *m* (*2b*) Riesling *m*.

ryzost *f* (*4*) Echtheit *f*, Lauterkeit *f*; (*Gold*-)Feingehalt *m*.

rýž|ák *m* (*2b*) Reisbürste *f*; **~e** *f* (*2*) Reis *m*.

rýžov|ač *m* (*3*) Goldwäscher *m*; **~ání** *n* (*3*) Goldwäscherei *f*; **~at** ⟨*na*-, *vy*-, *z*-⟩ (-*žuji*) Gold waschen; **~iště** *n* (*2a*) Reisfeld *n*; *a.* = **~na** *f* (*1*; -*ven*) Goldwäsche *f*; **~ník**[1] *m* (*2b*) Reispflanze *f*; *Kochk.* Reisauflauf *m*; **~ník**[2] *m* (*1a*) *s. rýžovač*; **~ý** Reis-.

rz- *s.* rez-.

rziv|ost *f* (*4*) Rostbildung *f*; *Bot.* Rostkrankheit *f*; **~ý** rostig, Rost-.

ržát ⟨*roze- se*, *za*-⟩ (*3 Pl. ržají*/*ržou*) wiehern.

Ř

řad *m* (*2a*) Reihe *f*; *Agr.* Schwaden *m*; *Hdl.* Order *f*; *Turn.* Glied *n*; Zeche *f*.
řád *m* (*2a*) Ordnung *f*; Orden *m*; Rang *m*; *jednací* ~ Geschäftsordnung; *jízdní* ~ Fahrplan *m*; *prvobytně pospolný* ~ Urgemeinschaft *f*; *prvního* ~*u* erster Güte; *připisovat na* ~ *Hdl.* gutschreiben.
řada *f* (*1*) Reihe *f*; *po -dě* der Reihe nach; *po -dách* reihenweise; *v první -dě fig.* in erster Linie.
řádek *m* (*2b*; *-dk-*) Zeile *f*.
řad|ění *n* (*3*) *El.* Schalten *n*; ~**icí** Schalt-; *Hdl.* Posten-; ~**ič** *m* (*4*) Schalter *m*; (*3*) Ordner *m*; ~**it** ⟨*za-*⟩ (*-děn*/*-zen*) (ein)reihen, (ein)ordnen; zählen (*k č-u* zu *D*); *El.* schalten; ~ *se* sich (ein)reihen; gehören (zu *D*).
řádit ⟨*roz- se, za- si*⟩ toben, wüten, rasen; *Räuber*: sein Unwesen treiben, hausen; *Krankeit*: um sich greifen.
řádk|a *f* (*1c*; *-dek*) *s. řádek*; ~**ovat** ⟨*z-*⟩ (*-kuji*) *Agr.* dibbeln, drillen; ~**ový** Zeilen-; *Agr.* Reihen-.
řadnice *f* (*2a*) Schalttafel *f*.
řád|nost *f* (*4*) Ordentlichkeit *f*, Rechtmäßigkeit *f*; ~**ný** ordentlich, anständig; rechtmäßig; *Tätigkeit*: geregelt.
řádový[1] Ordnungs-, regulär; *Zahl*: laufend; *Mil.* Linien-; *Soldat*: einfach, † gemein.
řádový[2] Ordens-.
...řadý *in Zssgn* -reihig.
řapík *m* (*2b*) Blattstiel *m*; ~**atý** gestielt.
řasa *f* (*1a*) Augenwimper *f*; Falte *f* (*am Kleid*); *Bot.* Alge *f*; Federwolke *f*.
řas(n)it, řásnit ⟨*na-, s-, z-*⟩ in Falten legen, plissieren; ~ *se* Falten werfen.
řasn(at)ý, řásný faltenreich, faltig.
řásnění *n* (*3*) Faltenwurf *m*.
řaso|vaný Falten-; ~**ví** *n* (*3*) Wimpern *f*/*pl.*; Falten *f*/*pl.*; ~**vitý** faltenreich, faltig; *Bot.* bewimpert.
řebčík *m* (*2b*) *Bot.* Kaiserkrone *f*.
řebří|ček *m* (*2b*; *-čk-*) kleine Leiter *f*; *Sp.* Rangliste *f*; *Bot.* Schafgarbe *f*; ~**k** *m s. žebřík*.
Řeck|o *n* (*1b*) Griechenland *n*; ♀**o-katolický** griechisch-katholisch; ♀**ý** griechisch.
řeč *f* (*4*) Sprache *f*, Rede *f*; F *to je* ~! wie kann man nur so reden!; *dostat se k* ~*i* zu Worte kommen; *nadělat mnoho* ~*í fig.* viele Worte machen; *nestojí to za* ~ das ist nicht der Rede wert; *přijít do* ~*í* ins Gerede kommen; *skákat k-u do* ~*i* j-m ins Wort fallen; *bez* ~*i* ohne Widerrede; *zavést* ~ *na co* das Gespräch auf et lenken; *není mi do* ~*i* ich bin nicht zum Sprechen aufgelegt; *za* ~*i* im Laufe des Gesprächs; *není s ním* ~ mit ihm kann man nicht reden; *skoupý na* ~ wortkarg; *vada* ~*i* Sprachfehler *m*; ~*i pl. a.* Gerede *n*; ~**ený** genannt.
řečiště *n* (*2a*) Flußbett *n*.
řečn|ění *n* (*3*) Redekunst *f*, Rede *f*; P Gerede *n*; ~**ice** *f* (*2a*) Rednerin *f*; ~**ický** rhetorisch, Redner-; ~**ictví** *n* (*3*) Redekunst *f*, Rhetorik *f*; ~**ík** *m* (*1a*) Redner *m*; ~**iště** *n* (*2a*) Rednerpult *n*; ~**it** ⟨*na-, roz- se, za-*⟩ reden, e-e Rede halten; ~**ost** *f* (*4*) Redseligkeit *f*; ~**ý** gesprächig, redselig.
řečtin|a *f* (*1*) griechische Sprache *f*; ~**ář** *m* (*3*) Griechischlehrer *m*.
ředěn|í *n* (*3*) Verdünnung *n*; ~**ý** verdünnt.
řed|idlo *n* (*1a*; *-del*) Verdünnungsmittel *n*; ~**ina** *f* (*1*) Dünnbier *n*; ~**it** ⟨*roz-, z-*⟩ verdünnen.
ředitel *m* (*3*; *-é*), ~**ka** *f* (*1c*; *-lek*) Direktor(in *f*) *m*; ~**ová** *f* (*adj. 2*) Direktorsgattin *f*; ~**ský** Direktor(en)-, Direktorial-; ~**ství** *n* (*3*) Direktion *f*; ~**stvo** *n* (*1*; *-stev*) Direktorium *n*.
ředk|ev *f* (*3*; *-kv-*) Rettich *m*; ~**vička** *f* (*1c*; *-ček*) Radieschen *n*.
řehol|e *f* (*2*) *Rel.* (Ordens-)Regel *f*; Orden *m*; ~**ní** Ordens-; ~**nice** *f* (*2a*) Ordensschwester *f*; ~**nictvo** *n* (*1*) Ordensgeistlichkeit *f*; Ordensstand

m; **~ník** *m* (*1a*) Ordensgeistlicher *m*, Ordensbruder *m*.
řeh(t)**ot** *m* (*2a*) lautes (wieherndes) Gelächter *n*.
řeht|ačka *f* (*1c*; *-ček*) Klapper *f*, (*Oster-*)Ratsche *f*; **~at** ⟨*na-* se, *roz-*se, *za-*⟩ wiehern; schnarren; P ~ se laut lachen; **~avý** wiehernd; knarrend, klappernd; zum Lachen aufgelegt.
Řek *m* (*1a*; *-ové*) Grieche *m*.
řeka *f* (*1c*) Fluß *m*; *po řece* stromabwärts; *proti řece* stromaufwärts.
Řekyně *f* (*2b*) Griechin *m*.
řekl *s. říci*.
řemen *m* (*4 od. 2a*) Riemen *m*; **~áč** *m* (*4*) Riemenpeitsche *f*; **~í** *n* (*3*) Riemenzeug *n*; **~ice** *f* (*2a*) Riemenleder *n*; Riemenscheibe *f*; **~ný, ~ový** Riemen-.
řemesl|nice *f* (*2a*) Handwerkerin *f*; **~nický** Handwerks-, handwerksmäßig; **~nictvo** *n* (*1*) *koll.* Handwerker *m*/*pl.*; **~ničit** ein Handwerk treiben; **~ník** *m* (*1a*) Handwerker *m*; **~ný** handwerksmäßig, Handwerks-, gewerbsmäßig; ~ *hráč Sp.* Berufsspieler *m*, F Profi *m*; **~o** *n* (*1a*; *-sel*) Handwerk *n*, Gewerbe *n*; *dát k-o na* ~ j-n ein Handwerk lernen lassen.
řemínek *m* (*2b*; *-nk-*) (kleiner) Riemen *m*; ~ *u obuvi* Schuhriemen *m*.
řep|a *f* (*1*) Rübe *f*; **~ák** *m* (*2b*) Rüb(en)samen *m*; Rübenpflug *m*; **~ař** *m* (*3*) Rübenbauer *m*; **~ařit** Rüben anbauen; **~ařství** *n* (*3*) Rübenbau *m*; **~ice** *f* (*2a*) *Bot.* Rübsen *m*; **~ík** *m* (*2b*) *Bot.* Odermennig *m*; **~ka** *f* (*1c*; *-pek*) Raps *m*; **~koviště** *n* (*2a*) Rapsfeld *n*; **~kový** Raps-; **~ní** Rüben-; **~niště** *n* (*2a*) Rübenfeld *n*; **~ný, ~ový** Rüben-; **~oviště** *n s. řepniště*.
řeřav|ět ⟨*roz-*, *z-*, *za-*⟩ (*3 Pl. -ějí*) glühen, glühend werden; **~ý** glühend.
řeřicha *f* (*1b*) Kresse *f*.
řešení *n* (*3*) Lösung *f*; Austragung *f von Streitigkeiten*.
řešet|ář *m* (*3*) Siebmacher *m*; **~lák** *m* (*2b*) Kreuzdorn *m*; **~o** *n* (*1*; *6. -ě*/*-u*) Sieb *n*; **~ovitý** siebförmig.
řešit ⟨*roz-*⟩ lösen; *Streit* austragen; **~el** *m* (*3*; *-é*) Löser *m*; **~elnost** *f* (*4*) Lösbarkeit *f*; **~elný** lösbar.
řetěz *m* (*2*; *6. -u*/*-e*) Kette *f*; **~ec** *m* (*4*; *-zc-*) Kettchen *n*; *Math.* Kettensatz *m*; *Phil.* Kettenschluß *m*; **~ový** Ketten-.
řetízek *m* (*2b*; *-zk-*) Kettchen *n*; Uhrkette *f*.
řev *m* (*2a*) Gebrüll *n*, Brüllen *n*, Heulen *n*, Schreien *n*.
řevn|ice *f* (*2a*) Brunftschrei *m*; **~iště** *n* (*2a*) Brunftplatz *m*; **~it** eifersüchtig sein; **~ivost** *f* (*4*) Eifersucht *f*; **~ivý** eifersüchtig.
řez *m* (*2a*) Schnitt *m*; Einschnitt *m*; *fig.* Eingriff *m*; P Prügel *pl.*; **~ací** Schneide-; **~ač, ~áč** *m* (*3*) Holzsäger *m*; **~ačka** *f* (*1c*; *-ček*) Schneide-, Häckselmaschine *f*; Holzsägerin *f*; **~ák** *m* (*2b*) Schneidezahn *m*; Gartenmesser *n*; *Jagdw.* Hirschfänger *m*; **~anice** P *f* (*2a*) Schlägerei *f*; **~anka** *f* (*1c*; *-nek*) Häcksel *m od. n*, Häckerling *m*; **~aný** Schneide-, Schnitt-; geschnitzt, Schnitz-; **~at** (*-zám*/*-žu*) ⟨*na-*, *roz-*, *za-*⟩ schneiden; sägen; *Stroh* häckseln; P (*do k-o*) (ver)prügeln (*A*); **~avka** *f* (*1c*; *-vek*) Harnzwang *m*; **~avý** schneidend, scharf.
řezb|a *f* (*1*; *-zeb*) Schnitzerei *f*; **~ář** *m* (*3*) Holzschnitzer *m*; **~ářství** *n* (*3*) Holzschnitzerei *f*.
řezi|ny *f*/*pl.* (*1*) Sägespäne *m*/*pl.*, Sägemehl *n*; **~vo** *n* (*1*) Schnittholz *n*.
řezn|ice *f* (*2a*) Fleischerin *n*, Metzgerin *f*; **~ický** Fleischer-, Metzger-; **~ictví** *n* (*3*) Fleischer-, Metzgerhandwerk *n*; Fleischerei *f*, Metzgerei *f*, Schlächterei *f*; **~ičit** den Metzgerberuf ausüben; **~ík** *m* (*1a*) Fleischer *m*, Metzger *m*; **~ý** Schnitt-.
řež *f* (*3*) Gemetzel *n*; Schlägerei *f*.
říci *pf.* (*řeknu*, *-kl*; *řečen*) sagen; *abych tak řekl* sozusagen; *nemá co* ~ er hat nichts zu sagen; *jak se to řekne česky?* wie heißt das tschechisch?; *to se řekne!* das ist leicht gesagt!; ~ *o její ruku* um ihre Hand anhalten.
řičet ⟨*roz-* se, *za-*⟩ brüllen; wiehern.
říčice *f* (*2a*) Sieb *n*.
řičivý brüllend; wiehernd.
říč|ka *f* (*1c*; *-ček*) Flüßchen *n*; **~ní, ~ný**[1] Fluß-; **~ný**[2] schweißtriefend.
řídce *Adv. s. řídký*.
řídící *1.* Lenk-, Leit-, Regulier-; *2. m* (*Adj. 4*) Schulleiter *m*, Oberlehrer *m*.
řidič *m* (*3*) Fahrer *m*, Lenker *m*;

Chauffeur *m*; ~ *letadla* Flugzeugführer *m*; ~**ka** *f* (*1c*; *-ček*) Fahrerin *f*, Lenkerin *f*; ~**ský** Fahr-; Kraftfahrer-, Führer-; ~ *průkaz* Führerschein *m*; *-ká zkouška* Fahrprüfung *f*.

řídidlo *n* (*1a*; *-del*) Lenkvorrichtung *f*; Regler *m*.

řídina F *f* (*1*) Dünnbier *n*.

řídit ⟨*na-*⟩ (*-zen*) leiten; *Fahrzeug* lenken; *Druck* regulieren; ~ *se kým, čím* sich richten nach (*D*); sich halten an (*A*).

řiditel|nost *f* (*4*) Lenkbarkeit *f*; ~**ný** lenkbar; verstellbar; regulierbar.

řídítko *n* (*1a*; *-tek*): *-ka pl.* (*Fahrrad-*)Lenkstange *f*, F Lenker *m*.

řídk|ost *f* (*4*) Dünnheit *f*; Seltenheit *f*; ~**ý** (*Komp. řidší*; *Adv. -o, řídce, Komp. řidčeji*) dünn; schütter, spärlich; selten.

řidnout ⟨*po-, z-*⟩ dünn(er) werden, sich lichten.

řiďou|čký, ~**nký** F ziemlich dünn.

řidší *s. řídký*.

říh|at ⟨*roz- se, za-*⟩, ~**nout** *pf.* (*-hl v/i*) aufstoßen (*D*); ~**avka** *f* (*1c*; *-vek*) Aufstoßen *n*, V Rülpsen *n*.

říj|e *f* (*2*), ~**ení** *n* (*3*) Röhren *n der Hirsche*, Brunftzeit *f*; ~**en** *m* (*2a*; *-jn-*; *2. -jna*) Oktober *m*; ~**et** ⟨*od-, za-*⟩ (*3Pl. -ejí/-í*) röhren, brünstig sein; ~**iště** *n* (*2a*) Brunftplatz *m*; ~**nový** Oktober-; ~**ný** in der Brunft (-zeit); geil, brünstig.

řík|ačka *f* (*1c*; *-ček*), ~**adlo** *n* (*1a*; *-del*), ~**anka** *f* (*1c*; *-nek*) Spruch *m*, Sprüchlein *n*; ~**(áv)at** sagen; (*k-u*) nennen (*A*); *říká si umělec iron.* er nennt sich Künstler; ~ *co po kom* nachsagen (*od.* nachsprechen) j-m (*A*).

Řím *m* (*2*; *2. -a*) Rom *n*; ~**an** *m* (*1*; *-é*), ~**anka** *f* (*1c*; *-nek*) Römer(in *f*) *m*.

římsa *f* (*1a*) Sims *m*, Gesims *n*.

římsk|okatolický römisch-katholisch; ~**ý** römisch.

řinč|ení *n* (*3*) Klirren *n*, Rasseln *n*; ~**et** ⟨*za-*⟩ klirren, rasseln; ~**ivý** klirrend, rasselnd.

řink! *Int.* bums!; ~**at** ⟨*za-*⟩ klirren; ~**avý** klirrend; ~**nout** *pf.*, *za-* klirren; F (*čím*) hinhauen, knallen; *Tür* zuschlagen; ~**ot** *m* (*2a*) Klirren *n*, Rasseln *n*.

řinout se ⟨*roz-, vy-*⟩ strömen, fließen, rinnen.

řípa *s. řepa*.

říš|e *f* (*2*) Reich *n*; ~**skoněmecký** reichsdeutsch; ~**ský** Reichs-.

řiť *f* (*4c*; *-ti/-tě*) Steiß *m*; Gesäß *n*, P Hintern *m*, V Arsch *m*; *Zo.* Bürzel *m*.

řít *s. říjet*.

řítit se ⟨*z-*⟩ stürzen; sausen, rasen; ~ *se do záhuby* sich ins Verderben stürzen.

řitní Steiß-; After-.

řivnáč *m* (*3*) Holz-, Ringeltaube *f*.

říz *m* (*2a*) Schnitt *m*; P Stich *m*; *mít* ~ *Bier*: süffig sein; *pivo nemá* ~ das Bier ist schal *od.* F taugt nichts.

říza *f* (*1a*) langes (wallendes) Gewand *n*, Talar *m*; Toga *f*.

řízek[1] *m* (*2b*; *-zk-*) Schnitzel *n*; *Bot.* Setzling *m*, Steckling *m*; Zuckerrübenschnitzel *n*.

řízek[2] *m* (*1a*; *-zk-*) Köderfisch *m*; F *fig.* Dickkopf *m*.

řízen|í *n* (*3*) Lenkung *f*; Steuerung *f*; Führung *f*, Leitung *f*; Geschäft *f*, Besorgung *f*; *Hdl.* Verkehr *m*; *Jur.* Verfahren *n*; Behandlung *f*; Erledigung *f*; ~**ý** gelenkt, gesteuert, Lenk-, geleitet.

říz|nout *pf.* (*-zl*; *-nut*), *na-, v-, za-* schneiden; P schlagen; (*do č-o*) unbarmherzig kritisieren (*A*); ~**nost** *f* (*4*) Schneid *m*; ~**nutí** *n* (*3*) Schnitt *m*; ~**ný** scharf; schneidig, energisch.

řku *s. říci*.

řv|áč *m* (*3*) *s. řvoun*; ~**aní** *n* (*3*) Brüllen *n*, Schreien *n*, Gebrüll *n*; ~**át** (*in Zssgn -řvat: na-, roze-, za-*) (*řvu, řval*) brüllen, (laut) schreien; ~**avý** brüllend, (laut) schreiend; F *a.* laut; *Farbe*: schreiend, grell; ~**oun** F *m* (*1*) Brüller *m*, Schreier *m*, Schreihals *m*.

S

s (*vor s, z und mehreren Konsonanten:* se) *Prp.* (*mit 7. Fall*) mit (*D*); (*mit 2. Fall*) von (*D*), von (*D*) herab; † *a.* ab (*D*; *zeitlich*); (*mit 4. Fall*): ~ *to* imstande; ~ *tím* damit; *půjdeš ~ námi?* gehst (*od.* kommst) du mit?; *chléb ~ máslem* Butterbrot; *spadl se stromu* er fiel vom Baum; *zdvihnout co ~ podlahy* et. vom Fußboden aufheben; ~ *dovolením!* gestatten Sie!; ~ *večerem* gegen Abend; ~ *chutí do toho, půl je hotovo Sprw.* frisch gewagt ist halb gewonnen.

s-, se- *in Zssgn* hinab, herab-, hin-, herunter-; zusammen-.

-s P = *jsi*: *kdes byl?* wo warst du?; *tys to řekl* du hast es gesagt.

sabot|áž *f* (*3*) Sabotage *f*; **~ážní** Sabotage-; ~ *čin* Sabotageakt *m*; **~ážnictví** *n* (*3*) Sabotagetätigkeit *f*; **~ážník** *m* (*1a*). **~ér** *m* (*1*; *-ři*) Saboteur *m*; **~ovat** (*-tuji*) sabotieren.

sací Saug-; Lösch- (*Papier*).

sáček *m* (*2b*; *-čk-*) Säckchen *n*; Beutel *m*; Tüte *f*; (*na peníze*) Geldbeutel.

sáčk|ař *m* (*3*) Tütenkleber *m* (*a. iron.*); **~ovat** ‹*na-*› (*-kuji*) in Tüten füllen, F eintüten.

sad *m* (*2*; *6. -ě*/*-u*) (*Obst-*)Garten *m*; Park(anlage *f*) *m*; *městské ~y* Stadtpark.

sáď *f* (*4c*; *-dě*) Pflanz-, Saatgut *n*; *bramborová ~* Saatkartoffeln *f*/*pl.*

sada *f* (*1*) Garnitur *f*, Satz *m*.

sadař *m* (*3*) Obstgärtner *m*, -züchter *m*; **~it** ‹*pro-*› Obstbau treiben; **~ský** Obstgärtner-; Baum-; *-ká pilka* Baumsäge *f*; **~ství** *n* (*3*) Obstgärtnerei *f*, Obstbau *m*.

sadb|a *f* (*1*; *-deb*) Aussaat *f*, Pflanzung *f*; *s. sáď*; **~ový** Saat-, Pflanz-.

sádel|n(at)ý fett, Fett-; **~ník** *1. m* (*1a*) Mastschwein *n*; *2. m* (*2b*) Fetttopf *m*.

sadist|a [-dɪ-] *m* (*5a*), **~ka** *f* (*1c*; *-tek*) Sadist(in *f*) *m*.

sadit *pf.*, *na-*, *roz-*, *v-*, *za-* (*-zen*) pflanzen, setzen; *s. sázet.*

sádk|a *f* (*1c*; *-dek*) Fischbehälter *m*; (*Gewichts-*)Satz *m*; **~ař** *m* (*3*) Fischmeister *m*; **~ovat** (*-kuji*) *Fische* aus- *od.* ansetzen; *Ziegel* setzen; **~ový** Satz-.

sádlo *n* (*1a*; *-del*) Fett *n*, Schmalz *n*.

sadový Garten-.

sáďový Saat-.

sádr|a *f* (*1d*; *-der*) Gips *m*; **~árna** *f* (*1*; *-ren*) Gipsbrennerei *f*; **~ovat** ‹*za-*› (*-ruji*) vergipsen; *Med.* in Gips legen; **~ovec** *m* (*4*; *-vc-*) Gipsstein *m*; **~ovna** *f* (*1*; *-ven*) Gipsformerei *f*; **~ový** Gips-.

sádřina † *f* (*1*) Stuck *m*.

safián|ky F *f*/*pl.* (*1c*; *-nek*) Saffianlederschuhe *m*/*pl.*; **~ový** Saffian (-leder)-.

safír *m* (*2a*) Saphir *m*.

safraporte! verdammt!, verflixt!

ságo *n* (*1b*) Sago *m*; **~vník** *m* (*2b*) Sagopalme *f*; **~vý** Sago-.

sáh *m* (*2b*) Klafter *m od. n.*

sahat ‹*do-*, *za-*›, **sáhnout** *pf.* (*-hl*) (*na co*, *do č-o*, *po čem*) greifen (an, in *A*, nach *D*); *fig.* (*k č-u*) greifen, schreiten (zu *D*); (*na co*) anrühren, (an)fassen, antasten (*A*); (*kam*) reichen (bis).

sáho|dlouhý ellenlang; seitenlang; spaltenlang; *Mensch*: hochaufgeschossen; *Geschichte*: langatmig; **~vat** (*-huji*) *Holz* stapeln; F lange Schritte machen; **~vý** Klafter-.

sacharín *m* (*2a*) Süßstoff *m*

sajdkár *m* (*2a*) Beiwagen *m*.

sajrajt V *m* (*2a*) Sauerei *f*.

sak *m* (*2b*) Sack-, Wurfnetz *n*; P Sack *m*.

sáknout (se) ‹*na-*, *pro-*, *v-*, *za-*› (*-kl*) sickern.

sako *n* (*1b*) Sakko *n*; **~vý** Sakko-.

sakr P *m* (*1*): *k ~u!* zum Teufel!; **~a(ment)!** P verdammt!

sakr|istie [-tɪ-] *f* (*2*) Sakristei *f*; **~ovat** P ‹*za-*› (*-ruji*) fluchen.

sakulentský P verdammt, verflixt.

sál *m* (*2*; *6. -e*) Saal *m*.

salám *m* (*2a*) Wurst *f*, Salami *f*.

salaš *f* (*3*) Senn-, Almhütte *f*; **~nictví** *n* (*3*) Sennerei *f*, Almwirtschaft *f*; **~ník** *m* (*1a*), **~nice** *f* (*2a*) Senner(in *f*) *m*.

salát *m* (*2*; *6. -u*/*-ě*) Salat *m*.
sál|ání *n* (*3*) (Aus-)Strahlung *f*; **~at** ⟨roz-, vy-, za-⟩ *Wärme* ausstrahlen; *v*/*i* glühen, brennen; **~avý** glühend, brennend; strahlend.
sald|ovací Saldierungs-; **~ovat** (*im*)*pf*. ⟨vy-⟩ (*-duji*) saldieren.
salina *f* (*1*) Saline *f*.
salnitr [-nı-] *m* (*2a*) Salpeter *m*.
salón *m* (*2*; *6. -ě*/*-u*) Salon *m*; **~ní** Salon-.
salva *f* (*1*) Salve *f*.
sám (*f sama*, *n samo*) allein; selbst; ~ *a* ~ ganz allein; *jde to samo* das geht von allein *od*. von selbst; *samo o sobě* an und für sich; *to se rozumí samo sebou* das versteht sich von selbst, das ist selbstverständlich; F *je sama druhá* sie ist schwanger; *s. a. samý*.
Samaritán *m* (*1*) Samariter *m*; **°ský** Samariter-.
sam|čí männlich; **~ec** *m* (*3*; *-mc-*), **~eček** *m* (*1a*; *-čk-*) *Zo*. Männchen *n*.
sámek P *m* (*2b*; *-mk-*) Säumchen *n*.
samet *m* (*2*; *6. -u*/*-ě*) Samt *m*; **~ka** *f* (*1c*; *-tek*) Samtband *n*; **~ový** Samt-; *-vě měkký* samtweich.
sami|ce *f* (*2a*), **~čka** *f* (*1c*; *-ček*) *Zo*. Weibchen *n*; **~čí** weiblich.
samičký *s. samoučký*.
samo *s. sám*; ~- *in Zssgn* selbst-, Selbst-; **~bytný** selbständig; **~činný** selbsttätig, automatisch, Selbst-; **~druhá** P schwanger; **~hana** *f* (*1*) Selbstbefleckung *f*; **~hláska** *f* (*1c*; *-sek*) Selbstlaut *m*, Vokal *m*; **~hláskový** vokalisch; **~chvála** *f* (*1a*) Eigenlob *n*; **~jediný** allein(ig), einzig; **~jízdný** Selbstfahr-; **~libost** *f* (*4*) Eigenliebe *f*, Selbstgefälligkeit *f*; **~libý** selbstgefällig; **~mluva** *f* (*1*) Selbstgespräch *n*; **~nabíjecí** selbstladend; **~obsluha** *f* (*1b*) Selbstbedienung *f*; **~pal** *m* (*2a*) Maschinenpistole *f*; **~rostlý** urwüchsig; **~soudce** *m* (*3*) Einzelrichter *m*; **~spasitelný** alleinseligmachend; **~spoušť** *f* (*4c*; *-tě*) *Fot*. Selbstauslöser *m*; **~správa** *f* (*1*) Selbstverwaltung *f*; **~správný** Selbstverwaltungs-; **~statný** selbständig, unabhängig; **~stříl** *m* (*2a*) Armbrust *f*.
samot|a *f* (*1*) Einsamkeit *f*; Einöde *f*; entlegener Ort; einsames Haus; *o -tě* einsam; **~ář** *m* (*3*) Einzelgänger *m*; Eigenbrötler *m*; **~ářský** zurückgezogen, einsam, Einsiedler-; **~ářství** *n* (*3*) Hang *m* zur Einsamkeit; **~inký** F ganz allein, mutterseelenallein; **~ný** allein, F selbst.
samo|účel *m* (*2a*) Selbstzweck *m*; **~učení** *n* (*3*) Selbststudium *n*.
samoučký F ganz allein; *na -kém kraji* knapp am Rande.
samo|uk *m* (*1*; *-ové*), **~učka** *f* (*1c*; *-ček*) Autodidakt(in *f*) *m*; *učebnice pro -uky* Lehrbuch für den Selbstunterricht; **~vařič** *m* (*4*) Schnellkocher *m*; **~vaz** *m* (*2*; *6. -u*/*-e*), **~vazač** *m* (*4*) *Agr*. Selbstbinder *m*; **~vazba** *f* (*1*; *-zeb*) Einzelhaft *f*; **~vláda** *f* (*1*) Alleinherrschaft *f*; **~vládce** *m* (*3*) Alleinherrscher *m*, Autokrat *m*; **~vládný** autokratisch, absolutistisch; **~volný** willkürlich, eigenmächtig; spontan; **~vrah** *m s. sebevrah*; **~vražda** *f* (*1*) Selbstmord *m*; **~vznícení** *n* (*3*) Selbstentzündung *f*; **~zápalný** selbstentzündlich; **~zásobitel** *m* (*3*; *-é*) Selbstversorger *m*; **~zásobování** *n* (*3*) Selbstversorgung *f*; **~zřejmý** selbstverständlich; **~zvanec** *m* (*3*; *-nc-*) Eindringling *m*; *hist*. Thronräuber *m*, Usurpator *m*; **~zvaný** ungebeten; **~žitný** Korn-.
samý lauter; *fig*. rein; *na -mém okraji* unmittelbar am Rand; *od -mého začátku* von (allem) Anfang an; *úloha je -má chyba* die Aufgabe strotzt vor Fehlern; *až do -mého rána* bis zum frühen Morgen; F *ten -mý* derselbe; *s. týž*.
saň *m* (*3a*) Drache *m*, Lindwurm *m*.
sana|ce *f* (*2*) Sanierung *f*; **~ční** Sanierungs-.
sanato|rium *n* (*5*), **~ř** *f* (*3*) Sanatorium *n*.
sandál *m* (*2*; *6. -u*/*-e*) Sandale *f*.
saně, sáně *f*/*pl*. (*2b*; *-ní*) Schlitten *m*.
sanice *f* (*2a*) (*Schlitten-*)Kufe *f*; Schlittenfahrt *f*; F Rodeln *n*; Rodelbahn *f*; *Anat*. Unterkiefer *m*, P Kinnlade *f*.
sani|tář [-nı-] *m* (*3*), **~ťák** *m* F (*1a*) Sanitäter *m*; Sanitätssoldat *m*; **~tářka** *f* (*1c*; *-řek*), **~ťačka** F *f* (*1c*; *-ček*) Sanitäterin *f*; **~tka** P *f* (*1c*; *-tek*) Sanitätsauto *n*, Krankenwagen *m*; Sanitätsstation *f*; **~tní** Sanitäts-, Kranken-.
sáňkař *m* (*3*), **~ka** *f* (*1c*; *-řek*) Rodler (-in *f*) *m*; **~ský** Rodel-.
sank|ce *f* (*2*) Sanktion *f*; **~cionovat**

(*im*)*pf.* (-*nuji*) sanktionieren; **~ční** Sanktions-, Straf-.
sáňk|ovací Rodel-; **~ovat** ⟨*za- si*⟩ (-*kuji*) rodeln, Schlitten fahren; **~y** *f/pl.* (*2*; -*něk*) Schlitten *m*, Rodel *m*.
sanovat (*im*)*pf.* (-*nuji*) sanieren.
sápat se ⟨*na-, roz-, za-*⟩ (-*u*/-*ám*) (*na k-o*) anfallen, wütend angreifen (*A*), F losgehen (auf *A*).
saprlot! F *Int.* verdammt!, *öst.* sapperment!
saranč|e *f* (*2*) Heuschrecke *f*; **~í** Heuschrecken-.
sardel *f* (*3*), **~ka** *f* (*1c*; -*lek*) Sardelle *f*; **~í, ~ový** Sardellen-.
sardink|a [-dı-] *f* (*1c*; -*nek*) Sardine *f*; **~ový** Sardinen-.
Sársk|o *n* (*1b*) Saarland *n*; **2ý** saarländisch, Saar-.
Sas *m* (*1*; -*ové*) Sachse *m*.
sasanka *f* (*1c*; -*nek*) Buschwindröschen *n*, Anemone *f*.
Sask|a *f* (*1c*; -*sek*) Sächsin *f*; **~o** *n* (*1b*) Sachsen *n*; **2ý** sächsisch.
sát ⟨*na-, od-, v-*⟩ (*saji, sál*; *sán/sát*) saugen.
satan *m* (*1*), **~áš** *m* (*3*) Satan *m*; **~ský** satanisch.
satén *m* (*2a*) Satin *m*.
satir|a [-tı-] *f* (*1d*) Satire *f*; **~ický** satirisch; **~ik** *m* (*1*; -*ové*) Satiriker *m*.
saturej *f* (*3*), **~ka** *f* (*1c*; -*jek*) Bohnenkraut *n*.
satyr *m* (*1*; -*ové*) *Myth.* Satyr *m*.
Saúdská Arábie *f* (*2*) Saudiarabien *n*.
savana *f* (*1*) Savanne *f*.
sav|čí Säuge(tier)-; **~ec** *m* (*3*; -*vc-*) Säugetier *n*; **~ý** Saug-; Lösch- (*Papier*).
saxofon *m* (*2a*) Saxophon *n*; **~ista** [-nı-] *m* (*5a*) Saxophonist *m*.
sazák *m* (*2b*) Setzholz *n*.
saz|árna *f* (*1*; -*ren*) *Typ.* Setzerei *f*; **~ba** *f* (*1*; -*zeb*) *Typ.* Satz *m*; *Hdl.* Satz *m*, Tarif *m*, Taxe *f*; *Jur.* (*Straf-*)Maß *n*; *Agr.* Anbau *m*; *podle -by* tarifmäßig; **~bový** Tarif-.
saze *f*, *mst. f/pl.* (*2*) Ruß *m*.
sazeb|na *f* (*1*; -*ben*) Setzerei *f*; **~ní** Satz-; Tarif-; **~ník** *m* (*2b*) Tarif *m*, Tarifbuch *n*, Preistabelle *f*; **~níkový** tarifmäßig.
sázecí Setz-.
sazeč *m* (*3*) *Typ.* Setzer *m*; ~ *písma* Schriftsetzer; **~ka** *f* (*1c*; -*ček*) Setzerin *f*; *Bot.* Setzling *m*; *Agr.* Pflanz-, Setzmaschine *f*; Ofenschieber *m*; **~ský** Setz-; ~ *šotek* Druckfehlerteufel *m*.
sazeni|ce *f* (*2a*), **~čka** *f* (*1c*; -*ček*) Setzling *m*, Steckling *m*.
sázenka *f* (*1c*; -*nek*) Tippschein *m*, Lotto-, Totoschein *m*.
sázený: -*ná vejce* Spiegeleier *n/pl*.
sáz|et ⟨*na-, v-, za-*⟩ (*3 Pl.* -*ejí*) (ein-) setzen, (an)pflanzen; *Typ.* setzen; (*o co*) wetten (um *A*); (*na co*) setzen (auf *A*); **~ítko** *n* (*1b*) *Typ.* Winkelhaken *m*; **~ka** *f* (*1c*; -*zek*) Wette *f*; (*Spiel-*)Einsatz *m*; *dát život v -ku* sein Leben aufs Spiel setzen; **~kový** Wett-; -*vá kancelář* Lotterie-, Lottoeinnahme *f*; Wettannahme (-stelle) *f*; ~ *týden* Spielwoche *f*.
sazový Ruß-; rußgeschwärzt.
sbal|it *pf.*, **~ovat** (-*luji*) einpacken, F zusammenpacken; zusammenballen *od.* -rollen; -*it svých pět švestek iron.* sein Bündel schnüren, s-e sieben Sachen packen.
sběh *m* (*2b*) (*Menschen-*)Auflauf *m*, Tumult *m*; Zusammentreffen *n*; **~nout** *pf.* (-*hl*; -*hnut*) herab-, herunterlaufen; F schnell (hin)laufen; ~ *se* zusammenlaufen, *lit.* herbeiströmen.
sběr *m* (*2a*) Sammeln *n*; **~ací** Sammel-; **~ač** *m* (*3*) Sammler *m*; ~ *míčů Sp.* Balljunge *m*; **~ačka** *f* (*1c*; -*ček*) Sammlerin *f*; Schöpflöffel *m*, Kelle *f*; ~ *klasů* Ährenleserin *f*; **~atel** *m* (*3*; -*é*) Sammler *m*; **~atelský** Sammel-, Sammler-; **~na** *f* (*1*; -*ren*) Sammelstelle *f*; **~ný** Sammel-.
sběř *f* (*3*) Gesindel *n*, Pack *n*.
sbíh|at *s. sběhnout*; **~avost** *f* (*4*) Konvergenz *f*; **~avý** zusammenlaufend, konvergierend, konvergent.
sbíj|ečka *f* (*1c*; -*ček*) Preßlufthammer *m*; **~et** (*3 Pl.* -*ejí*) *s. sbít*.
sbír|aný gesammelt, aufgelesen; *Milch*: entrahmt; **~at** ⟨*na-, po-*⟩ (ein)sammeln, auflesen; *Raupen* (ab)lesen; *Milch* entrahmen; *fig.* abschöpfen; **~ka** *f* (*1c*; -*rek*) Sammlung *f*.
sbít *pf.* (*s. bít*) zusammenschlagen; zusammennageln.
sbl|ížení, ~ižování *n* (*3*) Annäherung *f*; *pokusy o* ~ Annäherungsversuche *m/pl.*; **~ížit** *pf.*, **~ižovat** (-*žuji*) (an)nähern, (einander) näherbringen; ~ *se* sich nähern, (einander) näherkommen; **~ižovací** Annäherungs-.

sbohem! leb(t) wohl!, † ade!; *dát k-u* ~ j-m Lebewohl sagen.
sbor *m* (*2a*) Körperschaft *f*; Kollegium *n*; Korps *n* (*a. Mil.*); *Thea.* Ensemble *n*; *Mus.* Chor *m*; **~em** im Chor; *požární* ~ Feuerwehr *f*; ♀ *národní bezpečnosti* Sicherheitspolizei *f*; **~mistr** *m* (*1*; *-ři*) Chorleiter *m*; **~ník** *m* (*2b*) Sammelband *m*; Jubiläumsband *m*; Almanach *m*; **~ovna** *f* (*1*; *-ven*) Konferenzzimmer *n*; **~ový** Korps-; Kollegial-; Chor-.
sbratř|ení *n* (*3*) Verbrüderung *f*; **~it se** *pf.*, **~ovat se** (*-řuji*) sich verbrüdern.
sbrousit *pf.* (*-šen*), **sbrušovat** (*-šuji*) abschleifen.
sbubnovat *pf.* (*-nuji*) zusammentrommeln.
sbuntovat *pf.* (*-tuji*) *dial.* aufwiegeln; anzetteln; ~ *se* sich verbünden.
scá(va)t V pissen, schiffen.
scedit *pf.* (*-zen*) abseihen; filtrieren; läutern.
scel|ení, ~ování *n* (*3*) Heilen *n*; (*Kunst-*)Stopfen *n*; (*Boden-*)Kommassation *f*; **~it** *pf.*, **~ovat** (*-luji*) verkoppeln, zusammenlegen; stopfen; *-it se* heilen (*v/i*); *Wunde*: sich schließen.
scéna *f* (*1*) Szene *f*; Bühne *f*; Schauplatz *m*; *Thea.* Auftritt *m*.
scenárist|a *m* (*5a*), **~ka** *f* (*1c*; *-tek*) Drehbuchautor(in *f*) *m*.
scénář *m* (*4*) Drehbuch *n*.
scenérie *f* (*2*) Szenerie *f*; *jevištní* ~ Bühnenbild *n*.
scén|ický szenisch, Bühnen-; *-ká úprava* Bühnenbearbeitung *f*; **~ovat** ⟨*vy-*⟩ (*im*)*pf.* (*-nuji*) in Szene setzen, inszenieren.
scest|í *n* (*3*) Abweg *m*, Irrweg *m*; **~ný** abwegig; **~ovat** *pf.* (*-tuji*) be-, durchreisen, *fig.* durchwandern.
scezovat (*-zuji*) *s. scedit.*
scípat *s. chcípat.*
scvrk|(áv)at se (zusammen-, ein-) schrumpfen; **~lý** eingeschrumpft, runz(e)lig; **~nout se** *pf.* (*-kl*) *s. scvrkat se.*
sčes(áv)at (*pf.* *-šu*/*-sám*) zusammen-, herunterkämmen; abpflücken.
sčetlý belesen.
sčísnout *pf.* (*-sl*; *-snut*) *s. sčesat.*
sčít|ací Addier-, Zähl-; ~ *znaménko* Pluszeichen *n*; **~ač** *m* (*3*; *-e*) Zähler *m*; **~anec** *m* (*4*; *-nc-*) Summand *m*; **~ání** *n* (*3*) Zählung *f*; Addition *f*; ~ *lidu* Volkszählung; **~(áv)at** *s. sečíst.*
sčitatel *m* (*3*; *-é*) *s. sčítač*; **~ný** zählbar.
sděl|(áv)at verfassen, zusammenstellen; *Handschuhe* abstreifen; **~ení** *n* (*3*) Mitteilung *f*, Angabe *f*; **~it** *pf.*, **~ovat** (*-luji*) mitteilen; *-it se* sich übertragen; **~ný** mitteilbar; *Med.* übertragbar; **~ovací** Mitteilungs-, Nachrichten-.
sdíl|et (*3 Pl. -ejí*) *fig.* teilen, gemeinsam haben; **~ný** mitteilsam.
sdírat *s. sedrat, sedřít.*
sdostatek genügend, reichlich.
sdrá|pkovat *pf.* (*-kuji*) falzen; **~tovat** *pf.* (*-tuji*) mit Draht zusammenbinden, verdrahten.
sdrh|nout *pf.* (*-hl*; *-hnut*), **~ovat** (*-huji*) abstreifen.
sdruž|ení *n* (*3*) Vereinigung *f*; *Pol.* Koalition *f*; *Phil.* Assoziation *f*; *pěvecké* ~ Gesangverein *m*; ~ *rodičů* Elternbeirat *m*; **~ený** vereinigt; *Sp.* kombiniert; *Tech.* Verbund-; **~it** *pf.*, **~ovat** (*-žuji*) vereinigen, verbinden; *Pol.* koppeln.
se[1] *s. s.*
se[2] *Pron. im A*; sich (*unbetont*); *reflexiv a.* mich, dich, uns, euch; *a.* man *u. Passiv*; *to* ~ *nedělá* das macht man nicht; *dům* ~ *staví* das Haus wird gebaut; *dítě* ~ *myje* das Kind wäscht sich; *jak* ~ *to řekne česky?* wie heißt das tschechisch?; *s. a. si u. Anhang.*
sebe *Pron. im G und A*: sich (*betont od. mit Prp.*); *reflexiv s.* se²; *bez* ~ bewußtlos; außer sich; *dveře se otevřely samy od* ~ die Tür ging von selbst auf; *vedle* ~ nebeneinander; *polož to vedle* ~*!* leg es neben dich!; *zvolili ho ze* ~ sie wählten ihn aus ihrer Mitte; *s. Anhang.*
sebe|- *in Zssgn* Selbst-; **~důvěra** *f* (*1d*) Selbstvertrauen *n*; **~chvála** *f* (*1a*) Eigenlob *n*; **~kázeň** *f* (*3*; *-zně*) Selbstdisziplin *f*; **~klam** *m* (*2a*) Selbstbetrug *m*; **~kritika** [-tɪ-] *f* (*1c*) Selbstkritik *f*; **~láska** *f* (*1c*; *-sek*) Eigenliebe *f*; **~lepší** noch so gut; **~menší** noch so klein *od.* gering; geringste(r); **~obětování** *n* (*3*) Selbstaufopferung *f*; **~ovládání** *n* (*3*) Selbstbeherrschung *f*; **~uspokojení** *n* (*3*) Selbstzufriedenheit *f*; **~vědomí** *n* (*3*) Selbstbewußtsein *n*; **~vědomý** selbstbewußt; **~větší**

noch so groß; größt-; **~víc(e)** noch so sehr, noch so viel; **~vrah** *m* (*1a*; *-zi*/*-hové*) Selbstmörder *m*; **~vražda** *f* (*1*) Selbstmord *m*; **~vražednice** *f* (*2a*), **~vražedkyně** *f* (*2b*) Selbstmörderin *f*; **~vražedný** selbstmörderisch; **~zachování** *n* (*3*) Selbsterhaltung *f*; **~zapření** *n* (*3*) Selbstverleugnung *f*.

sebou *Pron. im I*: *reflexiv s.* se²; *mezi* ~ untereinander; *měli všechno s* ~ sie hatten alles mit; *přinést s* ~ mitbringen; *vzít s* ~ mitnehmen; *trhnout* ~ vor Schreck zusammenfahren; *to se rozumí samo* ~ das ist selbstverständlich; *šli za* ~ sie gingen hintereinander; *to máme za* ~ das haben wir hinter uns.

sebran|ka *f* (*1c*; *-nek*) Gesindel *n*, Pack *n*; **~ý** gesammelt; gestohlen.

sebrat *pf.* (*-beru*) (ein)sammeln, zusammentragen; zusammenraffen; *vom Boden* aufheben, auflesen; *j-n* festnehmen; wegnehmen, F wegschnappen; stehlen; *Rahm* abschöpfen; *fig. j-n* mitnehmen; *j-m* zusetzen; ~ *se* sich zusammennehmen; davonlaufen; sich erheben (*proti k-u* gegen *A*); zusammenkommen; sich erholen; eitern.

seces|e *f* (*2*) Sezession *f*; **~ní**: ~ *sloh* Jugendstil *m*.

secí: ~ *stroj* Sämaschine *f*.

seč¹ *f* (*3*) Gefecht *n*; Gemetzel *n*; Mahd *f*; Holzschlag *m*; Lichtung *f*.

seč²: ~ *jsem* was ich kann, wozu ich imstande bin; *učiním*, ~ *budu* ich werde mein möglichstes tun; *utíkal* ~ *byl* er rannte aus Leibeskräften.

sečíst *pf.* (*s. číst*), **s(e)čítat** zusammenzählen, addieren.

sečka *f* (*1c*; *-ček*) Sämaschine *f*.

sečk(áv)at (ab)warten; *Hdl.* stunden.

seč|na *f* (*1*; *-čen*) *Geom.* Sehne *f*, Sekante *f*; **~ný** Hieb-; *-ná rovina* Schnittebene *f*.

sed *m* (*2a*) *Turn.* Sitz *m*; ~ *zpříma* Strecksitz.

seda|cí Sitz-; ~ *nerv* Ischiasnerv *m*; **~čka** *f* (*1c*; *-ček*) Hocker *m*; **~čkový** Sitz-; *-vá lanovka* Sessellift *m*; **~dlo** *n* (*1a*; *-del*) Sitz *m*; Sitzfläche *f*; **~dlový** Sitz-; *in Zssgn* -sitzig.

sed|ání *n* (*3*) Sitzen *n*; *hist.* Turnier *n*; **~(áv)at** *s. sedět*; *-at se* sich setzen; gerinnen; **~átko** *n* (*1b*; *-tek*) Sitz *m*, Sitzbrett *n*; **~avý** sitzend, Sitz-; **~ě** *Adv.* sitzend, im Sitzen; **~elní** Sattel-; **~ění** *n* (*3*) Sitzen *n*, Sitzung *f*; **~ět** ⟨*po-*, *roz- se*⟩ sitzen.

sedl|ácký Bauern-; *po -cku* nach Bauernart; **~ačina** *f* (*1*) Bauernarbeit *f*; **~ačit** Ackerbau treiben, Bauer sein; **~ák** *m* (*1a*) Bauer *m*, Landwirt *m*.

sedl|ání *n* (*3*) Sattelzeug *n*; **~ář** *m* (*3*) Sattler *m*; **~ářství** *n* (*3*) Sattlerei *f*; Sattlerhandwerk *n*; **~at** ⟨*o-*, *pod-*⟩ satteln.

sedlina *f* (*1*) (*Boden-*)Satz *m*; Ablagerung *f*; *Chem.* Niederschlag *m*; *Geol.* Sediment *n*; ~ *krve* Blutgerinnsel *n*; ~ *lidstva* Abschaum *m* der Menschheit.

sedlo *n* (*1a*; *-del*) Sattel *m*; **~vý** Sattel-.

sedlý abgelagert; (*Milch*) geronnen.

sedm sieben; **~a** *f* (*1*; *-dem*) Sieben *f*, F Siebener *m*.

sedmdesát siebzig; **~iletý** siebzigjährig; **~iny** *f*/*pl.* (*1*) siebzigster Geburtstag *m*; **~ka** *f* (*1c*; *-tek*) Siebzig *f*; **~ník** *m* (*1a*) Siebziger *m*; **~ý** siebzigste(r).

sedmer|o sieben(erlei); **~onásobný** siebenfach; **~ý** siebenerlei.

sedmi|- *in Zssgn* sieben-; **~barevný** siebenfarbig; **~bolestný** *Rel.* schmerzensreich; **~čka** *f* (*1c*; *-ček*) Sieben *f*, F Siebener *m*; **~denní** siebentägig; **~hlásek** *m* (*1a*; *-sk-*; *-kové*) Spottdrossel *f*; **~hodinový** siebenstündig.

Sedmihrad|sko *n* (*1b*), **~y** *m*/*pl.* (*2*; *-hrad*) *Geogr.* Siebenbürgen *n*.

sedmi|hranný siebeneckig; **~kráska** *f* (*1c*; *-sek*) Gänseblümchen *n*; **~letka** *f* (*1c*; *-tek*) Siebenjahrplan *m*; **~letý** siebenjährig; **~měsíční** siebenmonatig; **~mílový** Siebenmeilen-; **~na** *f* (*1*) Sieb(en)tel *n*; **~násobní** siebenfach; **~ramenný** siebenarmig; **~stý** siebenhundertste; **~třídní** siebenklassig; **~úhelník** *m* (*2b*) Siebeneck *n*.

sedmkrát siebenmal.

sedmnáct siebzehn; **~iletý** siebzehnjährig; **~ý** siebzehnte(r).

sedmý siebente(r).

sednice F *f* (*2a*) (*Wohn-*)Stube *f*.

sednout si *pf.*, *po-*, *za-* (*-dl*) sich (nieder)setzen; *sedněte si!* nehmen Sie Platz!; F *sedl na lep* er ist auf den Leim gegangen; *sedl na něj strach* er bekam es mit der Angst zu tun.

se|dnout se *pf. Flüssigkeit*: sich setzen; *Milch*: gerinnen; **~drat** *pf.* (*-deru, -drán*) ab-, herunterreißen; *Federn* schleißen; **~dřít** *pf.* (*s. dřít*) abschinden; *Haut* abschürfen; **~hnat** *pf.* (*-ženu*) her-, hinunterjagen; zusammentreiben; *Geld, Ware* auftreiben, beschaffen.

sehn|out *pf.* beugen; *Ast* herabholen; ~ se sich beugen, sich bükken, F sich ducken; **~utý** gebeugt, gebückt.

se|hraný eingespielt, aufeinander abgestimmt; **~hrát** *pf.* (*s. hrát*) *Stück* spielen; *Sp. Spiel* austragen.

seji *s. sít.*

sejímat *s. snímat.*

sejít *pf.* (*-jdu, -šel*) hinab-, hinunter-, heruntergehen; herunter-, herabkommen; *vom Weg* abkommen; *Gegend* durchstreifen, abgehen; ankommen (auf *A*); herunterkommen; sterben; abkommen *von e-r Sache*; ~ se zusammenkommen, zusammentreffen, sich versammeln.

sejmout *pf.* (*sňal/-jmul, sňat/-jmut*) herunter-, abnehmen; *Flagge* streichen; *Karten* abheben.

sek *m* (*2b*) Hieb *m*; **~ací** Hack-; *Agr.* Mäh-; **~áč** *1. m* (*3*) Schnitter *m*, Mäher *m*; *Zo.* Weberknecht *m*; *fig.* Haudegen *m*; *Pol.* Scharfmacher *m*; *2. m* (*4*) Meißel *m*; **~áček** *m* (*2b*; *-čk-*) Hackmesser *n*; Meißel *m*; **~áčka** *f* (*1c*; *-ček*) Schnitterin *f*, Mäherin *f*; Mähmaschine *f*; Häckselmaschine *f*; **~aná** *f* (*Adj. 2*), **~anina** *f* (*1*) Hackbraten *m*, *öst.* Faschiertes *n*; **~aný** gehackt, Hack-; **~at** ⟨*na-, za-*⟩ hauen; *Holz, Fleisch* hacken; *Gras* mähen; *Tech.* meißeln; P ~ se einander scharf angreifen.

sekatura [-tuː-] P *f* (*1d*) Quälerei *f*, *öst.* Sekkiererei *f*.

sek|ce *f* (*2*) Sektion *f*; **~ční** Sektions-, Abteilungs-.

seker|a *f* (*1d*) Axt *f*, Beil *n*; **~ničit** P radikal vorgehen, Holzhammerpolitik treiben; **~ník** *m* (*1a*) Mühlbauer *m*; P Scharfmacher *m*, Radikalinski *m*.

sekn|out *pf.* (*-kl*; *-knut*) hauen (*A*), e-n Hieb versetzen, F e-e runterhauen (*D*); *fig.* treffen; F ~ se danebentreffen; **~utí** *n* (*3*) Hieb *m*, Schnitt *m*.

sekret|ariát *m* (*2*; *6. -ě/-u*) Sekretariat *n*; **~ář** *m* (*3*), **~ářka** *f* (*1c*; *-řek*) Sekretär(in *f*) *m*.

sekt|a *f* (*1*) Sekte *f*; **~ář** *m* (*3*) Mitglied *n* e-r Sekte; *Pol.* Sektierer *m*; **~ářský** Sekten-; **~ářství** *n* (*3*) Sektenbildung *f*; *Pol.* Sektiererei *f*; **~orový**: ~ *nábytek* Anbaumöbel *n/pl.*

sekund *m* (*2a*) *Mus.* zweite Stimme *od.* Geige *f*; **~a** *f* (*1*) Sekunde *f*; (*Klasse*) Sekunda *f*; **~án** *m* (*1*) Sekundaner *m*; **~ární** sekundär, Sekundär-; **~ář** *m* (*3*) Assistenzarzt *m*; **~ista** [-dɪ-] *m* (*5a*) zweiter Geiger *m*; **~ovat** (*-duji*) sekundieren; **~ový** Sekunden-; ~ *hlas Mus.* zweite Stimme.

sekvestr|ace *f* (*2*) Zwangsvollstrekkung *f*; **~ovat** (*im*)*pf.* (*-ruji*) mit Beschlag belegen.

sekyra *f s. sekera.*

sekýrovat P (*-ruji*) schikanieren, *öst.* sekkieren.

selanka *f* (*1c*; *-nek*) Idylle *f*.

se|látko *n* (*1b*; *-tek*), **~le** *n* (*4*) Ferkel *n*; *vrhnout selata* ferkeln.

selek|ce *f* (*2*) Zuchtwahl *f*; **~tivita** [-tɪ-] *f* (*1*) *Rdf.* Trennschärfe *f*; **~tivní** [-tɪː-] trennscharf.

selh|ání *n* (*3*) Versagen *n*; **~a(vá)t** (*pf. -lžu*) lügen; *Gewehr*: versagen; *Hoffnung*: fehlschlagen; *Versuch*: mißlingen.

sel|ka *f* (*1c*; *-lek*) Bäuerin *f*; **~ský** Bauern-, bäuerlich; **~ství** *n* (*3*) Bauerntum *n*.

sem her, hierher; *cesta* ~ Herfahrt *f*; ~ *tam* hin und her, auf und ab; ~ *a tam* hie(r) und da, hin und wieder; von Zeit zu Zeit.

semafor *m* (*2a*) (*Verkehrs-*)Ampel *f*; *Esb.* Signal(mast *m*) *n*.

sémě *n* (*2. semene*) *s. semeno.*

semen|ář *m* (*3*) Samenzüchter *od.* -händler *m*; **~ářský** Saatzucht-; **~ářství** *n* (*3*) Sämerei *f*, Samenhandlung *f*; **~ec** *m* (*4*; *-nc-*) Hanfsamen *m*; Kanarienfutter *n*; **~ice** *f* (*2a*) Samenpflanze *f*; **~ík** *m* (*2b*) Fruchtknoten *m*; **~iště** *n* (*2a*) Samenbeet *n*; *lit.* Pflanzstätte *f*; *verä.* Brutstätte *f*, Herd *m*; **~ný** Samen-.

semeno *n* (*1*) Same(n) *m*; **~tok** *m* (*2b*) Samenfluß *m*.

semhle hierher; ~ *tamhle* hie und da, hier und dort.

semifinále *n* (*indekl.*) *Sp.* Halbfinale *n*, Vorschlußrunde *f*.

semílat *s. semlít.*
semin|arista *m* (*5a*) Seminarist *m*; **~árka** F *f* (*1c*; *-rek*) Seminararbeit *f*; **~ář** *m* (*4*) Seminar *n*.
semiš *m* (*4*) Sämischleder *n*.
Semit|a *m* (*5a*), **~ka** *f* (*1c*; *-tek*) Semit(e) *m*, -in *f*; **♀ský** semitisch.
semkn|out *pf.* (*-kl*; *-knut*) zusammenschließen; ~ se sich zusammenschließen, zusammenrücken; **~utí** *n* (*3*) Zusammenschluß *m*; **~utost** *f* (*4*) Geschlossenheit *f*; **~utý** *fig.* geschlossen.
semlít *pf.* (*s. mlít*) ver-, ausmahlen; *Fleisch* durchdrehen; F ~ se sich ereignen; *tam se něco semlelo* dort war etwas los.
semo *s. sem.*
sen *m* (*2a*; *sn-*) Traum *m*; Schlaf *m*; *ze sna* aus dem Schlaf; *mluvit ze sna* im Traum reden; *ve snách*, *ve snu* im Schlaf, im Traum.
senát *m* (*2*; *6. -ě*/*-u*) Senat *m*; **~or** *m* (*1*; *-ři*) Senator *m*.
sendvič *m* (*4*) Sandwich *m od. n*, belegtes Brötchen *n*.
Senegal|sko *n* (*1b*) Senegal *m*; **♀ský** Senegal-, senegalesisch.
seník *m* (*2b*) Heuboden *m*.
senilní [-nɪl-] senil.
sen|ný Heu-; **~o** *n* (*1*) Heu *n*; **~oseč** *f* (*3*) Heuernte *f*.
sens- *s. senz-.*
sentence *f* (*2*) Sentenz *f*.
sentimentální [-tɪ-] sentimental.
senzace *f* (*2*) Sensation *f*; **~chtivý** sensationslüstern.
senzač|ní sensationell, Sensations-; **~nost** *f* (*4*) Sensationelle *n*.
senzál *m* (*1*; *-ové*) Börsenmakler *m*.
senzi|bilita *f* (*1*), **~tivnost** [-tɪːv-] *f* (*4*) Sensibilität *f*.
separ|ace *f* (*2*) Trennung *f*; F Einzelhaft *f*; **~át** *m* (*2*; *6. -u*/*-ě*) Sonderdruck *m*; **~atista** [-tɪ-] *m* (*5a*) Separatist *m*; **~atistický** [-tɪstɪ-] separatistisch; **~átní** Separat-, Sonder-, gesondert; **~ovat** (*im*)*pf.* (*-ruji*) separieren.
sépie *f* (*2*) Sepia *f*; *Zo.* Tintenfisch *m*.
se|pisovat (*-suji*) *s. sepsat*; **~pnout** *pf.* (*-pjal*, *-pjat*) zusammenknüpfen, verbinden; *Esb.* (zusammen)koppeln; *Hände* falten; **~prat** *pf.* (*-peru*, *-prán*) *Wäsche* durchwaschen; ~ se *Wäsche*: einlaufen; F raufen; **~psání** *n* (*3*) Niederschrift *f*, schriftliche Ausfertigung *f*;
~psat *pf.* (*s. psát*) zusammenstellen, niederschreiben, ab-, verfassen.
serenáda *f* (*1*) Serenade *f*.
séri|e *f* (*2*) Serie *f*, Reihe *f*; **~ový** Serien-; *-vě Adv.* serienweise, serienmäßig.
serióz|ní seriös; **~nost** *f* (*4*) Seriosität *f*.
serpentin|a [-tɪː-] *f* (*1*) Serpentine *f*; **~ový** Serpentinen-.
seru *s. srát.*
servat *pf.* (*-vu*) ab-, herunterreißen; ~ se raufen (*s kým* mit *D*).
servír|ka *f* (*1c*; *-rek*) Serviererin *f*; **~ovací** Servier-; **~ovat** (*im*)*pf.* (*-ruji*) servieren.
servít *m* (*2*), **~ek** *m* (*2b*; *-tk-*) Serviette *f*, Mundtuch *n*.
seřa|diště *n* (*2a*) Sammelplatz *m*; **~dit** *pf.* (*-děn*/*-zen*), **~ďovat**, **~zovat** (*-ďuji*/*-zuji*) aneinanderreihen, ordnen, formieren; *Esb.* rangieren; **~ďovací**, **~zovací** Rangier-, Verschiebe-.
se|řezat *pf.* (*-žu*/*-zám*) ab-, wegschneiden; F verprügeln; P (*Kritik*) herunterreißen; **~řídit** *pf.* (*-zen*) herrichten; *Uhr* stellen; *Bild* einstellen; **~řiditelný** einstellbar; **~říznout** *pf.* (*-zl*; *-znut*) weg-, abschneiden; *Baum* stutzen.
seřiz|ovací Einstell-; **~ovat** (*-zuji*) *s. seřídit.*
ses = *jsi* + *se* (*A*).
sesadit *pf.* (*-zen*) absetzen, entheben; *Tech.* zusammensetzen; **~elný** absetzbar.
sesaz|ení *n* (*3*) Absetzung *f*, Enthebung *f*; Zusammensetzung *f*; **~ovat** (*-zuji*) *s. sesadit.*
sesbírat *pf.* zusammenklauben, (auf)sammeln.
sesed|at (*im*)*pf.*, **~nout** *pf.* (*-dl*) absitzen, *vom Pferd* steigen; ~ se sich zusammensetzen, zusammenrükken; *Boden*: sich senken.
sesek|at, **~nout** *pf.* (*-kl*; *-knut*) abhacken; abmähen.
seshora *s. shora.*
sesch|lý eingetrocknet; *fig.* dürr; **~nout** (**se**) *pf.* (*-chl*; *-chnut*) eintrocknen.
se|sílat *s. seslat*; **~skákat** *pf.* (*-ču*/*-či*), **~skakovat** (*-kuji*), **~skočit** *pf.* herunterspringen; *Flgw.* abspringen; **~skládat** *pf.* abladen; zusammenfalten; *Tech.* zusammensetzen; **~skok** *m* (*2b*) Absprung *m*.

seskup|ení *n* (3) Gebilde *f*, Gruppe *f*; **~it** *pf.*, **~ovat** (*-puji*) gruppieren, zusammenstellen; *-it se* sich scharen.
seslat *pf.* (*-šlu*) herabsenden.
sesle F *f* (2) Sessel *m*.
se|smeknout *pf.* (*-kl*; *-knut*) herunter-, abnehmen; ~ *se* ab-, ausrutschen; **~soukat** *pf. Garn* abspulen; ~ se herunterklettern; **~sou(va)t se** (*pf.* *-suji*, *-sul*) einstürzen; ins Rutschen kommen; **~stava** *f* (1) Zusammenstellung *f*; *Sp.* Aufstellung *f*; *volná* ~ *Turn.* Kür(übung) *f*; **~stávat** bestehen.
sestav|ba *f* (1; *-veb*) Montage *f*, **~ení** *n* (3) Zusammensetzen *n*; *Tech.* Aufstellen *n*, Montage *f*; Abfassung *f*; ~ *protokolu* Protokollaufnahme *f*; **~it** *pf.* zusammenstellen; *Tech.* zusammensetzen, montieren; *Sp.*, *Mil.* aufstellen; *Plan* entwerfen; *Math. Gleichung* ansetzen; *Brief* aufsetzen; **~ování** *n* (3), **~ovat** (*-vuji*) *s. sestavení*, *sestavit*.
sesteh|nout *pf.* (*-hl*; *-hnut*), **~ovat** (*-huji*) zusammenheften; *Loch* (zu-)stopfen.
sesterský Schwester-, schwesterlich.
sestoupit *pf.* ab-, herab-, heruntersteigen; † ~ se zusammentreten.
sestra *f* (1d; *-ter*) Schwester *f*; *zdravotní* ~ Krankenschwester.
sestr|čit *pf.*, **~kat** *pf.* **~kovat** (*-kuji*) herab-, hinunterstoßen; zusammenrücken (*v/t*).
sestroj|it *pf.*, **~ovat** (*-juji*) zusammenstellen; konstruieren.
sestřel *m* (2a) Abschuß *m*; **~it** *pf.*, **~ovat** (*-luji*) abschießen.
sestř|enice *f* (2a) Kusine *f*, Base *f*; **~ička** *f* (1c; *-ček*) Schwesterchen *n*.
sestřih *m* (2b) Schnitt *m*; **~at, sestříhat** *pf.*, **~nout** *pf.* (*-hl*; *-žen*), **~ovat** (*-huji*) abschneiden; *Film* schneiden; *Hecke* beschneiden.
sestřílet *pf.* (3 *Pl.* *-ejí*) *s. sestřelit*.
sesun *m* (2a): ~ *půdy* Erdrutsch *m*; **~out** *pf.*, **~ovat** (*-nuji*) hinunterschieben, abschieben; ~ se einstürzen; **~utí, sesutí** *n* (3) Einsturz *m*; ~ *země* Erdrutsch *m*.
sesu|tý eingestürzt; abgerutscht; *-té kamení* Steinschlag *m*; **~v** *m* (2a) *Geol.* Rutsch *m*, Verwerfung *f*.
se|sychat se *s. seschnout se*; **~sypat** *pf.* (*-u*/*-ám*), **~sýpat** *impf.* herunterschütten; zusammenschütten; ~ se herunterfallen; *Haus*: einstürzen; herfallen (*na k-o* über *A*); **~šikovat** *pf.* (*-kuji*) aufstellen, formieren.
sešin *m* (2a) *Turn.* Felgabschwung *m*; **~out** *pf.* herunterschieben; ~ se abrutschen.
se|šit *m* (2) Heft *n*; **~ší(va)t** (*pf. s. šít*) zusammennähen, -heften; broschieren; **~šitový** Heft-, in Heften; **~šitý** geheftet, broschiert.
sešív|ací Heft-; **~ač** *m* (4) Hefter *m*; **~ačka** *f* (1c; *-ček*) Heftmaschine *f*; Heftnadel *f*; Hefterin *f*.
sešklebit *pf.*: ~ *obličej* das Gesicht verziehen.
seškr|abat, ~ábat *pf.* (*-u*/*-ám*), **~ábnout** *pf.* (*-bl*; *-bnut*), **~abovat** (*-buji*) abkratzen; *Mauer* abputzen; *Rest* zusammenkratzen.
se|škrtat *pf.* zusammenstreichen; **~šlapat** *pf.* (*-u*/*-ám*), **~šlápnout** *pf.* (*-pl*; *-pnut*) niedertreten; *Bremse* treten; *Boden* festtreten; *Schuhe* abtreten; **~šlehat** *pf.* auspeitschen.
sešl|ost *f* (4) Verfall *m*, Altersschwäche *f*; **~ý** verfallen; *Haus*: baufällig; *Anzug*: abgetragen; *fig.* heruntergekommen, elend.
se|šmodrchat *pf.* verwickeln, F verfitzen; **~šněrovat** *pf.* (*-ruji*) zusammenschnüren; *fig.* einengen.
sešoup|at *pf.* (*-u*/*-ám*), **~nout** *pf.* (*-pl*; *-pnut*) zusammenrücken (*v/t*); hinunterschieben.
se|šplhat *pf.* herabklettern; **~špulit** *pf. Mund* spitzen; **~šrotovat** *pf.* (*-tuji*) verschrotten; *Getreide* schroten; **~šroubovat** *pf.* (*-buji*) zusammenschrauben, verschrauben; **~štípat** *pf.* (*-u*/*-ám*) ein-, abzwicken; **~štvat** *pf.* (*-u*) hetzen; **~šup** F *m* (2a) *Sp.* Schußfahrt *f*; **~švagřit se** *pf.* sich verschwägern.
set[1] *m* (2a) *Sp.* Satz *m*.
set[2] *G/pl. von sto.*
setb|a *f* (1; *-teb*) Saat *f*; **~ový** Saat-.
setí *n* (3) Säen *n*, Anbau *m*; *obilí na* ~ Saatgetreide *n*.
setin|a *f* (1) Hundertstel *n*; **~ný** Zentesimal-.
setk|aná *f* (*Adj.* 2), **~ání** *n* (3) Begegnung *f*, Treffen *n*, Zusammenkunft *f*; **~(áv)at** verweben; ~ se (*s kým*) zusammentreffen (mit *D*), sich treffen; einander begegnen; zusammenlaufen *od.* -fließen; (*s čím*) treffen, stoßen (auf *A*).

setm|ělý dunkel geworden; **~ění** *n* (*3*) Einbruch *m* der Dunkelheit; **~ět se, ~ít se** *pf.* dunkel werden.
setn|ík † *m* (*1a*) Hauptmann *m*; **~ina** *f* (*1*) Hundertschaft *f*.
setnout *pf.* (*sťal, sťat*) *s. stít.*
seťový Saat-.
setrvačn|ík *m* (*2b*) Schwungrad *n*; (*Uhr*) Unruh *f*; **~ost** *f* (*4*) Beharrungsvermögen *n*; Trägheit *f*; **~ý** beharrlich, träge; *Tech.* Schwung-.
se|trv(áv)at verharren, bleiben; (*na čem*) festhalten (an *D*), bestehen (auf *D*); **~třás(a)t** (*pf. -třesu*) (her-) abschütteln; **~třep(áv)at** (*pf. -u/ -ám*) abschütteln; **~třít** *pf.* (*s. třít*) ab-, wegwischen; *Farben* verwischen.
setý gesät.
sever *m* (*2a*) Norden *m*; **~ák** *m* (*2b*) Nordwind *m*; **≗ka** *f* (*1c*; *-rek*) Polarstern *m*; **~ní** nördlich, Nord-.
severo|americký nordamerikanisch; **~český** nordböhmisch; **~východ** *m* (*2*) Nordosten *m*; **~západ** *m* (*2*) Nordwesten *m*.
severský nordisch.
seveřan *m* (*1*; *-é*), **~ka** *f* (*1c*; *-nek*) Nordländer(in *f*) *m*.
sevřen|í *n* (*3*) Umklammerung *f*; Beklommenheit *f*; F *fig.* Klemme *f*; **~ost** *f* (*4*) Geschlossenheit *f*; **~ý** umklammert; geschlossen; blockiert; verkrampft.
sevřít *pf.* (*-vřu, -vřel*; *-vřen*) umklammern, einschließen; einklemmen; *Kehle* zusammenschnüren; **~ se** sich schließen, sich zusammenziehen.
sexu|ální sexuell, Sexual-, Geschlechts-; **~alita** *f* (*1*) Sexualität *f*.
sezení *n* (*3*) Sitzen *n*; Sitzung *f*; *místo k* ~ Sitzplatz *m*.
sezn|am *m* (*2a*) Verzeichnis *n*; Liste *f*; **~ámit** *pf.*, **~amovat** (*-muji*) bekannt machen; **~ se** (*s kým*) kennen lernen (*A*), Bekanntschaft machen mit (*D*); **~(áv)at** erkennen, einsehen; *Jur.* aussagen.
sezob|at *pf.* (*-u/-ám*), **~nout** *pf.* (*-bl*; *-bnut*) aufpicken.
sezón|a *f* (*1*) Saison *f*; **~ní** Saison-, saisonbedingt.
se|zou(va)t (*pf. -zuji, -zul*) *Schuhe* ausziehen; **~zpívat se** *pf.* sich einsingen; **~zvat** *pf.* (*-u*) einladen, zusammenrufen, F -trommeln; **~žehnout** *pf.* (*-hl*; *-hnut*), **~žíhat** verbrennen, versengen; **~žírat** *s. sežrat*; **~žmolit** *pf.* zerdrücken; *Papier* zerknüllen; *Stoff* zerknittern; **~žnout, ~žít** *pf.* (*s. žít²*) (ab-) mähen; **~žrat** *pf.* (*-žeru*) auffressen; **~žvýkat** *pf.* (zer)kauen.
sfárat *pf. Bgb.* einfahren.
sféra *f* (*1d*) Sphäre *f*; ~ *působnosti* Wirkungsbereich *m*.
sfinga, sfinx *f* (*1b*; *-ngy*) Sphinx *f*.
sfouk|at *pf.*, **~nout** *pf.* (*-kl*; *-knut*) wegblasen, wegwehen; *Licht* ausblasen; F schaffen, aus dem Ärmel schütteln.
shánět (*3 Pl. -ějí*) *s. sehnat*; ~ *se po čem* begierig suchen nach (*D*), *e-r Sache* nachjagen; (*po kom*) fahnden (nach *D*).
sháňka *f* (*1c*; *-něk*) Nachfrage *f*, Suche *f*, Jagd *f* (nach *D*).
sh|ázet *pf.* (*3 Pl. -ejí*), **~azovat** (*-zuji*) abwerfen; zusammenwerfen; P ~ *se* sich blamieren.
shla|dit [zhl-] *pf.* (*-zen*), **~zovat** (*-zuji*) glätten; vertilgen, ausrotten.
shled|aná: *na -nou!* auf Wiederseh(e)n!; **~ání** *n* (*3*) Wiedersehen *n*; **~(áv)at** zusammensuchen; vorfinden; wahrnehmen; feststellen, finden.
shl|édnout, ~ídnout *pf.* (*-dl*), **~ížet** (*3 Pl. -ejí*) herabschauen.
shluk *m* (*2b*) Auflauf *m*, Ansammlung *f*, Anhäufung *f*; Zusammentreffen *n*; **~nout se** *pf.* (*-kl*), **~ovat se** (*-kuji*) sich ansammeln, sich zusammenrotten; **~nutí, ~ování** *n* (*3*) Anhäufung *f*, Ansammlung *f*.
shnil|ost *f* (*4*), **~ot(in)a** *f* (*1*) Fäulnis *f*; **~ý** faul(ig), verfault.
shnít *pf.* (*shniji, -il*) verfaulen.
shoblovat *pf.* (*-luji*) abhobeln.
shoda *f* (*1*) Übereinstimmung *f*, Einvernehmen *n*, Eintracht *f*; *Sp.* Einstand *m*.
shodit *pf.* (*-zen*) abwerfen, herunterwerfen; P ~ *se* sich blamieren.
shod|nost *f* (*4*) Übereinstimmung *f*; *Geom.* Kongruenz *f*; **~nout se** *pf.* (*-dl*) (*o čem*) übereinkommen, sich einigen (über *A*); (*na čem*) vereinbaren (*A*); (*s kým*) gut auskommen (mit *D*); **~ný** übereinstimmend; gleichlautend; *Geom.* kongruent; **~ovat se** (*-duji*) übereinstimmen, einig sein; (*s kým*) gut auskommen (mit *D*).
shon *m* (*2a*) Andrang *m*, Auflauf *m*,

Getümmel *n*, Leben und Treiben *n*; Hast *f*, F Jagd *f*.
shora von oben (herab), abwärts; bergab; ~ *uvedený* oben erwähnt.
shořet *pf.* abbrennen.
shov|ět ⟨*po-*⟩ (*3 Pl.* *-ějí*), **~ívat** ⟨*po-*⟩ (*k-u*) Nachsicht (*od.* Geduld) haben (mit *D*); **~ívavost** *f* (*4*) Nachsicht *f*, Geduld *f*; **~ívavý** nachsichtig, geduldig.
shoz *m* (*2a*) Abwurf *m*, Abwerfen *n*.
shrab|at *pf.* (*-u*) zusammenrechen, zusammenscharren; F *Feld* einstreichen; **~ky** *m/pl.* (*2b*) Nachlese *f*; **shrábnout** *pf.* (*-bl*; *-bnut*), **~ovat** (*-buji*) *s. shrabat*.
shrb|ený gebückt, gebeugt; **~it** *pf.*, **~ovat** (*-buji*) krümmen, beugen.
shrn|out *pf.* zusammenfassen; aufhäufen; herunterschieben; ~ *se* sich häufen; sich zusammenrollen; (*na k-o*) sich stürzen (auf); **~ovací** Roll-, Falt-; Stulpen-; **~ovat** (*-nuji*) *s. shrnout*; **~utí** *n* (*3*) Zusammenfassung *f*.
shromážd|ění *n* (*3*) Versammlung *f*; **~iště** *n* (*2a*) Versammlungsort *m*; Sammelort *m*; Treffpunkt *m*; **~it** *pf.* (ver)sammeln, *poet.* scharen; ~ *se* ⟨*na-*⟩ sich versammeln, zusammenkommen; *Pol.* zusammentreten.
shromažď|ovací Versammlungs-; **~ovat** (*-ďuji*) *s. shromáždit*; **~ovatel** *m* (*3*; *-é*) Einberufer *m e-r Versammlung*.
shřebný trächtig (*Stute*).
shůry [zh-] von oben (herab).
shyb *m* (*2a*) *Turn.* Beuge *f*; ~ *ve visu* Beugehang *m*.
shýb|at, ~nout *pf.* (*-bl*; *-bnut*) beugen; ~ *se* sich beugen, sich bücken; **~nutý** gebeugt, gebückt.
scház|et (*3 Pl.* *-ejí*), **~ívat** *iter.* fehlen; hinuntergehen, herunterkommen; *Schnee*: schmelzen; ~ *se* sich versammeln, zusammenkommen.
schéma *n* (*1*; *-tu*; *6.* *-u/-ě*) Schema *n*.
schematický [-tı-] schematisch.
schlíp|ený, ~lý hängend; **~nout** *pf.* (*-pl*; *-pnut*) schlaff werden; hängen lassen.
schnout ⟨*pro-, u-, vy-, za-*⟩ (*schnul, schla*) trocken werden, eintrocknen; (*Mensch*) abmagern; ~ *čím* vergehen vor *Durst usw.*
schod *m* (*2*; *6.* *-ě/-u*) Stufe *f*; **~ek** *m* (*2b*; *-dk-*) Fehlbetrag *m*, Defizit *n*; **~iště** *n* (*2a*) Treppenhaus *n*; **~išťový** Treppen-; **~ný** gangbar; unvollständig; **~ovitý** stufen-, terrassenförmig; **~y** *m/pl.* (*2*) Treppe *f*, Stiege *f*; *pohyblivé* ~ Rolltreppe; *točité* ~ Wendeltreppe.
schop|en *s. schopný*; **~nost** *f* (*4*) Fähigkeit *f*, Befähigung *f*; *Mil.* Tauglichkeit *f*; ~ *vidět* Sehkraft *f*; ~ *přizpůsobení* Anpassungsfähigkeit *f*; **~ný** (*č-o, k č-u od. Inf.*) fähig (zu *D*); ~ *odporu* widerstandsfähig; ~ *všeho* zu allem fähig; ~ *práce*, ~ *pracovat* arbeitsfähig.
schoulit se *pf.* sich kauern, sich ducken; F sich kuscheln.
schovan|á *f* (*Adj. 2*) Versteckspiel *n*; **~ec** *m* (*3*; *-nc-*) Pflegesohn *m*; **~ka** *f* (*1c*; *-nek*) Pflegetochter *f*; **~ý** versteckt, verborgen.
schov|at *pf.* aufbewahren, aufheben; verbergen, verstecken; **~atel** *m* (*3*; *-é*), **~ávač** *m* (*3*) Verwahrer *m*; **~ávačka** *f* (*1c*; *-ček*) Versteck *n*, Schlupfwinkel *m*; Versteckspiel *n*; *hrát na -ku* Verstecken spielen; **~ávaná** *f s. schovaná*; **~ávat** ⟨*u-*⟩ *s. schovat*.
schramstnout *pf.* (*-tnul/-tl*; *-tnut*) verschlingen.
schrán|a *f* (*1*) Behälter *m*, Kasten *m*; **~ět** (*3 Pl.* *-ějí*) *s. schraňovat*; **~it** (*im*)*pf.* (auf)bewahren, verwahren; *Geld* sparen; **~ka** *f* (*1c*; *-nek*) Kasten *m*, Etui *n*, Dose *f*; *poštovní* ~ Briefkasten; **~livý** sparsam.
schraňovat (*-ňuji*) *Geld* zurücklegen, sparen.
schroup|at (*-u/-ám*), **~nout** *pf.* (*-pl*; *-pnut*) aufknabbern.
schrupnout si *pf.* (*-pl/-pnul*) ein Schläfchen machen.
schůd|ek *m* (*2b*; *-dk-*) Stufe *f*; Trittbrett *n*; **~nost** *f* (*4*) Gangbarkeit *f*; **~ný** gangbar; *Berg*: besteigbar.
schumlat *pf.* zerknittern; *Wolle*: verfitzen.
schůz|e *f* (*2*) Versammlung *f*; **~ka** *f* (*1c*; *-zek*) Zusammenkunft *f*, Treffen *n*; Beisammensein *n*; Stelldichein *n*; **~ovat** F (*-zuji*) (häufig, ständig) Sitzungen *od.* Versammlungen abhalten.
schvál|ení *n* (*3*) Genehmigung *f*; *Parl.* Annahme *f*; **~it** *pf.* genehmigen; annehmen; billigen; **~ný** absichtlich, vorsätzlich.

schval|ovací Genehmigungs-; *Pol.* Ratifikations-; **~ovat** (*-luji*) *s. schválit.*
schýlit *pf.* beugen, neigen.
schyl|mo *Adv. Turn.* gebeugt; **~ovač** *m* (*4*) Beugemuskel *m*; **~ovat** (*-luji*) *s. schýlit.*
schyt(áv)at auf-, abfangen.
si sich (*D*); *s. on.*
Sibiř *f* (*3*) Sibirien *n*; **2ský** sibirisch.
sic *selt.*, **~e** zwar; allerdings; sonst.
síci ⟨*na-, po-, za-*⟩ (*seku/-ču, sekl; sečen*) mähen.
Sic|ílie *f* (*2*) Sizilien *n*; **2ilský** sizilianisch.
sidecar [sajtka:r] *m* (*2a*) Beiwagen *m*.
síd|elní Residenz-; Siedlungs-; **~liště** *n* (*2a*) Siedlung *f*, Wohngebiet *n*; **~lit** ⟨*o-, u-*⟩, **~lívat** *iter.* siedeln, wohnen, residieren; **~lo** *n* (*1a*; *-del*) Sitz *m*, Wohnsitz *m*, Residenz *f*.
sign|ál *m* (*2*; *6. -u/-e*) Signal *n*; **~alizační** Signal-; **~alizovat** (*-zuji*) signalisieren; anzeigen; **~álka** *f* (*1c*; *-lek*) Signalhorn *n*; **~ální, ~álový** Signal-; **~atura** [-tu:-] *f* (*1d*) Signatur *f*; **~ovat** (*im*)*pf.* (*-nuji*) signieren.
síla *f* (*1a*; *7 Sg.*, *2, 3, 6, 7 Pl. sil-*) Kraft *f*; Stärke *f*; große Menge *f*.
sil|ácký Kraft-, athletisch; **~áctví** *n* (*3*) Kraftmeierei *f*; **~ačka** *f* (*1c*; *-ček*) kräftige Frau *f*; **~ák** *m* (*1a*) Kraftmensch *m*, Athlet *m*, P Bulle *m*.
siláž *f* (*3*) *Agr.* Silage *f*, Einlagerung *f* im Silo; **~ní** Silo-; **~ovat** ⟨*u-, za-*⟩ (*-žuji*) silieren, im Silo (ein)lagern.
silenka *f* (*1c*; *-nek*) Leimkraut *n*.
sílet ⟨ze-⟩ (*3 Pl. -ejí*) stark (*od.* kräftig) werden, erstarken; *Frost, Wind*: zunehmen.
silice *f* (*2a*) ätherisches Öl *n*.
síl|ící kräftigend, Stärkungs-; **~it** ⟨*po-, ze-*⟩ stärken, kräftigen; *s. sílet.*
silni|ce *f* (*2a*) Landstraße *f*; *výpadová ~* Ausfallstraße *f*; **~čář** P *m* (*3*) Straßenbauer *m*; *Sp.* Straßenrennfahrer *m*; **~ční** Straßen-.
sil|nit *s. sílit*; **~noproudý** Starkstrom-; **~ný** stark, kräftig.
silo|křivka *f* (*1c*; *-vek*) *Phys.* Kraftlinie *f*; **~měr** *m* (*2a*) Kraftmesser *m*.
siluet|a *f* (*1*) Silhouette *f*, Schattenriß *m*; **~ový** schattenhaft.
silvestr *m* (*1*) Silvester(abend) *m*; *na ~a* zu Silvester, am Silvesterabend; **~ovský** Silvester-.
símě *s. semě.*
simulovat ⟨*za- si*⟩ (*-luji*) simulieren.
simultán|ka *f* (*1c*; *-nek*) Simultanspiel *n*; **~ní** Simultan-.
síň *f* (*3*) Saal *m*; Halle *f*; Hausflur *m*, Vorraum *m*.
sin|alý totenblaß, fahl; **~at** ⟨*z(e)-*⟩, **~avět** ⟨*za-, ze-*⟩ (*3 Pl. -ějí*) blaß (*od.* fahl) werden; **~avý** *s. sinalý.*
singl *m* (*2a*) *Sp.* Einzel(spiel) *n*; (*Ruderboot*) Einer *m*.
síňka *f* (*1c*; *-něk*) (*Haus-*)Flur *m*.
siný bläulich, fahl; totenbleich.
sionist|a [-nɪ-] *m* (*5a*) Zionist *m*; **~ický** [-tɪ-] zionistisch.
síp|at ⟨*roz- se, za-*⟩ (*-ám/-u*) keuchen, heiser sprechen; **~avý** heiser, keuchend; **~ět, sipět** ⟨*za-*⟩ zischen; schnauben; **~ot** *m* (*2a*) Zischen *n*; Heiserkeit *f*.
sír|a *f* (*1d*) Schwefel *m*; **~an** *m* (*2a*) Sulfat *n*.
siréna *f* (*1*) Sirene *f*.
sirk|a *f* (*1c*; *-rek*) Zündholz *n*, Streichholz *n*; **~árna** *f* (*1*; *-ren*) Zündholzfabrik *f*.
sirn|atost *f* (*4*) Schwefelgehalt *m*; **~atý** schwefelhaltig; **~ík** *m* (*2b*) Sulfid *n*; **~ý** Schwefel-, schwefel[haltig.]
sirob *m s. sirup.*
sirobný verwaist, Waisen-.
sirot|a *m* (*5*) *od. f* (*1*) Waise *f*, Waisenkind *n*; **~čí** Waisen-; **~činec** *m* (*4*; *-nc-*) Waisenhaus *n*; **~ek** *m* (*1a*; *-tk-*) *s. sirota.*
siro|uhlík *m* (*2b*) Schwefelkohlenstoff *m*; **~vodík** *m* (*2b*) Schwefelwasserstoff *m*.
sírový Schwefel-.
sirup *m* (*2a*) Sirup *m*.
siřiči|tan *m* (*2a*) Sulfit *n*; **~tý** schwef(e)lig.
sířit ⟨*vy-, za-*⟩ schwefeln.
sis = *jsi* + *si* (*D*).
sistovat *pf.* (*-stuji*) einstellen.
sít ⟨*na-, po-, roz-, vy-, za-*⟩ (*seji, sel, set*) säen.
síť *f* (*4c*; *-tě*) Netz *n*; *fig.* Garn *n*.
sítař *m* (*3*) Siebmacher *m*.
síťař *m* (*3*) Netzmacher *m*.
sít|ěný Binsen-; **~í** *n* (*3*), **~ina** *f* (*1*) Schilf(rohr) *n*, Binse *f*; **~inový** Binsen-.
síťka *f* (*1c*; *-těk*) (kleines) Netz *n*; [Raster *m*.]

sítko *n* (*1b*) (*Tee-*)Sieb *n*, Handsieb *n*; Sieblöffel *m*.
síťkov|ací Netz-, Filet-; **~ání** *n* (*3*) Netz-, Filetarbeit *f*; **~aný** Netz-; **~at** ⟨*u-*⟩ (*-kuji*) netzartig stricken, filieren.
sítnice *f* (*2a*) Netzhaut *f*.
síto *n* (*1*; *6. -u/-ě*) Sieb *n*.
síťokřídlý *m* (*Adj. 1*) *Zo.* Netzflügler *m*.
síťov|at (*-ťuji*) *s. síťkovat*; **~ina** *f* (*1*) Netzstoff *m*; **~itý** netzartig; **~ka** *f* (*1c*; *-vek*) Netztasche *f*; Netz(fahr)karte *f*.
sítový Sieb-.
síťový Netz-.
situ|ace *f* (*2*) Situation *f*, Lage *f*; **~ovat** (*im*)*pf*. (*-uuji*) situieren; *dobře -aný* gut situiert.
sivák *m* (*1a*) Grauschimmel *m*; Ringeltaube *f*.
sivo|modrý graublau; **~oký** mit grauen Augen; **~zelený** graugrün.
sivý aschgrau.
sjedn|ání *n* (*3*) Vereinbarung *f*, Abschluß *m*; **~(áv)at** vereinbaren, abschließen; *-at mír* Frieden schließen.
sjedno|cení *n* (*3*) Vereinigung *f*; Vereinheitlichung *f*; *Pol. a.* Wiedervereinigung; **~cený** vereinigt; vereinheitlicht; **~covací** Unifizierungs-; Wiedervereinigungs-; **~covat** (*-cuji*), **~tit** *pf*. (*-cen*) vereinigen; vereinheitlichen.
sjet *pf*. (*s. jet*) herab-, herunterfahren; herab-, hinabreiten; abgleiten; her-, hinunterrutschen; *Länder* bereisen; ~ *se* zusammenkommen, sich treffen, sich versammeln.
sjezd *m* (*2*; *6. -u/-ě*) Treffen *n*, Kongreß *m*, (*Partei-*)Tag *m*; *Sp.* Abfahrtslauf *m*; ~ *do údolí* Talfahrt *f*; **~ař** *m* (*3*) *Sp.* Abfahrtsläufer *m*; **~it** *pf*. (*-žděn/-zděn*) *Länder* bereisen; *Weg* befahren; P abkanzeln; ausschimpfen; **~ovka** *f* (*1c*; *-vek*) *Sp.* Abfahrtbahn *od.* -strecke *f*; Abfahrtschi *m*; **~ový** Kongreß-; Abfahrts-.
sjí|zdný (be)fahrbar; **~ždět** (*3 Pl. -ějí*) *s. sjet*.
skácet *pf*. (*3 Pl. -ejí*) umwerfen, umstürzen; *Bäume* fällen; ~ *se* umfallen, stürzen, zu Boden fallen.
skafandr *m* (*2a*) Taucher- *od.* Raumanzug *m*.
skák|ací Sprung-; **~ání** *n* (*3*) Springen *n*; *šňůra na* ~ Sprungseil *n*; ~ *v pytli* Sackhüpfen *n*; **~at** ⟨*do-, po-, za- si*⟩ (*-ču/-či*) springen; **~avý** springend, hüpfend; sprunghaft.
skála *f* (*1a*; *2 Pl. skal*; *3, 6, 7 Pl. -ál/-al-*) Fels(en) *m*, Felsblock *m*.
skalice *f* (*2a*) Vitriol *n*.
skal|ina *f* (*1*) Felsen *m*; **~isko** *n* (*1b*; *-sk/-sek*) Felsblock *m*, Klippe *f*, Riff *n*; **~ka** *f* (*1c*; *-lek*) kleiner Felsen *n*; Steingarten *m*; **~natý** Felsen-, felsig; **~ní** Felsen-, Stein-; F fanatisch; **~ník** *1. m* (*1a*) Felsenbewohner *m*; *2. m* (*2b*) Steinbrecher *m*.
skálopevný felsenfest.
skalp|el *m* (*2a*) Skalpell *n*; **~ovat** (*im*)*pf*. (*-puji*) skalpieren.
skamarádit se *pf*. Freundschaft schließen.
skandál *m* (*2*; *6. -u/-e*) Skandal *m*; F Lärm *m*; **~ní** skandalös.
Skandináv|ec [-dɪ-] *m* (*3*; *-vc-*), **~ka** *f* (*1c*; *-vek*) Skandinavier(in *f*) *m*; **~ie** *f* (*2*) Skandinavien *n*; **♀ský** skandinavisch.
skanout *pf*. herabtropfen, (herab-)rinnen.
skap(áv)at (*pf. -u/-ám*), **skápnout** *pf*. (*-pl*) *s. skanout*.
ská|t *pf*. (*skal*), **~vat** ⟨*se-*⟩ zwirnen.
skaut *m* (*1*), **~ka** *f* (*1c*; *-tek*) Pfadfinder(in *f*) *m*; **~ství** *n* (*3*) Pfadfinderwesen *n*.
skelný Glas-.
skep|se *f* (*2*) Skepsis *f*; **~tický** [-tɪ-] skeptisch; **~tik** [-tɪk] *m* (*1*; *-ové*) Skeptiker *m*.
sket|a *m* (*5*) *od. f* (*1*) Feigling *m*, *verä.* Memme *f*, F Hasenfuß *m*; **~ský** feig(e).
skic|a *f* (*1a*; *2. -i*) Skizze *f*; **~ák** *m* (*2b*), **~ář** *m* (*4*) Skizzenheft *n*, -buch *n*, -mappe *f*; **~ovat** (*im*)*pf*. ⟨*na-*⟩ (*-cuji*) skizzieren; **~ovitý** skizzenhaft; **~ový** Skizzen-.
sklad *m* (*2*; *6. -u/-ě*) Zusammensetzung *f*; *Hdl.* Lager *n*, Magazin *n*; ~ *střeliva* Munitionsdepot *n*; *na* ~*ě* auf Lager, vorrätig; *bez ladu a* ~*u* durcheinander, F drunter und drüber.
skládací zusammenlegbar, Klapp-, Falt-; ~ *člun* Faltboot *n*; **~at** ⟨*po-*⟩ abladen; zusammensetzen; (zusammen)legen, falten; *Tech.* falzen; (hin)legen; dazulegen; *Amt* niederlegen; *Hoffnung* setzen; *Gedicht*

verfassen; *Lied* komponieren; *Eid, Prüfung* ablegen; *Geld* hinterlegen; *Kompliment* machen; *Gesuch* abfassen.

sklad|atel *m* (*3*; *-é*) Komponist *m*; Verfasser *m*; **~ba** *f* (*1*; *-deb*) *Mus.* Komposition *f*; Zusammensetzung *f*, Struktur *f*; *Gr.* Satzlehre *f*, Syntax *f*; **~ebný** Kompositions-; strukturell; *Gr.* syntaktisch.

skladišt|ě *n* (*2a*) Lagerraum *m*, Lagerhaus *n*, Magazin *n*, Depot *n*; **~né** *n* (*Adj. 3*) Lagergebühr *f*; **~ní** Lager-, Magazin-.

skládk|a *f* (*1c*; *-dek*) Abladen *n*; Abladeplatz *m*; Ablagerung *f*; **~ový** Ablade-, Ablage-.

sklad|né *n* (*Adj. 3*) Abladegebühr *f*; Lagergeld *n*; **~ní** Lager-; **~ník** *m* (*1a*) Lagerverwalter *m*; **~ný** gut zu verladen; harmonisch; geräumig; *~ nábytek* raumsparende Möbel; *-ná taška* praktische Tasche (*in der man viel unterbringen kann*); **~ovat** (*-duji*) (ein)lagern; **~ový** Lager-.

sklánět (*3 Pl. -ějí*) *s. sklonit.*

skláp|ěcí Kipp-; Klapp-, Falt-, zusammenfaltbar; **~ěč** *m* (*4*) Kipper *m*, Kippwagen *m*; **~ět** (*3 Pl. -ějí*), **sklapnout** *pf.* (*-pl*; *-pnut*) zu(sammen)klappen; *fig.* fehlschlagen.

sklapov|ací *s. sklápěcí*; **~at** (*-puji*) *s. sklápět.*

sklárna *f* (*1*; *-ren*) Glashütte *f*.

sklář *m* (*3*) Glasarbeiter *m*; **~ský** Glas(hütten)-, Glasmacher-; **~ství** *n* (*3*) Glasindustrie *f*.

sklát *pf.* (*-ál*; *-án*) niederstrecken, töten; *Krankheit*: *j-n* dahinraffen; *j-s Herz* durchbohren.

sklátit *pf.* (*-cen*) herabschütteln, herunterschlagen; *fig.* dahinraffen.

sklenář *m* (*3*) Glaser *m*; **~ský** Glaser-; **~ství** *n* (*3*) Glaserei *f*.

sklen|ěný Glas-, gläsern; **~ice** *f* (*2a*) (*Trink-*)Glas *n*; **~ička** *f* (*1c*; *-ček*) Gläschen *n*; Schoppen *m*; **~ík** *m* (*2b*) Glasschrank *od.* -kasten *m*; **~íkový** Treibhaus-; **~ka** *f* (*1c*; *-nek*) (*Likör-*, *Schnaps-*, *Wein-*)Glas *n*; *~ před obědem* Frühschoppen *m*; *~ před večeří* Dämmerschoppen *m*; **~kář** *m* (*3*) Glaswarenhändler *m*.

sklenout *pf.* wölben.

sklep *m* (*2*; *2. -a*) Keller *m*; (*vinné*) *~y* (Wein-)Kellerei *f*.

sklep|(áv)at (*pf. -u/-ám*) abklopfen; flachklopfen, hämmern; *Sense* dengeln; F *fig.* schaffen, hinkriegen; F bereden, durchhecheln; **~ení** *n* (*3*) Gewölbe *n*; *hradní ~* Burgverlies *n*; **~mistr** *m* (*1*; *-ři*) Kellermeister *m*; **~ní** Keller-; **~nice** *f* (*2a*) Kellnerin *f*; **~nický** Kellner-; **~ník** *m* (*1a*) Kellner *m*; **~nout** *pf.* (*-pl*; *-pnut*) *s. sklepat.*

skles|lost *f* (*4*) Schlaffheit *f*; *Med.* Senkung *f*; Niedergeschlagenheit *f*; (*Sitten-*)Verfall *m*; **~lý** schlaff; niedergeschlagen, beklommen; gesunken; (*Stimme*) gebrochen; **~nout** *pf.* (*-sl*) sinken; sich niederlassen; *~ na mysli* den Mut sinken lassen; **~nutí** *n* (*3*) Senkung *f*.

sklíč|enost *f* (*4*) Depression *f*; **~ený** niedergeschlagen, bedrückt; **~it** *pf.* entkräften, erschöpfen; bedrücken, niederdrücken.

sklíčko *n* (*1b*; *-ček*) (*Uhr-*, *Brillen-*) Glas *n*; *odrazové ~* *Kfz.* Rückstrahler *m*, F Katzenauge *n*.

skli|čovat (*-čuji*) *s. sklíčit*; **~dit** *pf.* (*-zen*) ab-, wegräumen; ernten (*a. fig.*); *Feld* abernten.

sklínka *f* (*1c*; *-nek*) *s. sklenka.*

sklípek *m* (*2b*; *-pk-*) *dim. zu sklep*; *plicní ~* Lungenalveole *f*.

sklípkan *m* (*1*) Vogelspinne *f*.

sklivec *m* (*4*; *-vc-*) *Anat.* Glaskörper *m*.

sklízeč *m* (*4*) Erntemaschine *f*.

sklizeň *f* (*3*; *-zně*, *-zni usw.*) Ernte *f*.

sklízet (*3 Pl. -ejí*) *s. sklidit.*

sklížit *pf.* (zusammen)leimen.

sklo *n* (*1a*; *skel*) Glas *n*.

sklon *m* (*2a*) Neigung *f*; Geneigtheit *f*; Hang *m*; Gefälle *n*; Abhang *m*, Böschung *f*; **~ek** *m* (*2b*; *-nk-*) Neige *f*, Ende *n*; **~ění** *n* (*3*) Neigung *f*; **~ěný** gesenkt, gebeugt; **~it** *pf.* neigen, beugen, senken (se sich); **~itý** geneigt; *Geogr.* abfallend; **~nost** *f* (*4*) Neigung *f*; *Gr.* Deklinierbarkeit *f*; **~ný** *s. skloňovatelný*; **~oměr** *m* (*2a*) Neigungsmesser *m*.

skloňov|ací Deklinations-; **~ání** *n* (*3*) Deklination *f*; **~at** <*pro-*> (*-ňuji*) deklinieren; **~atelný** deklinierbar.

sklop *m* (*2*), **~ec** *m* (*4*; *-pc-*) Falle *f*; Falltür *f*; **~it** *pf.* zuklappen; *Sitz* herunterklappen; *Augen* niederschlagen, senken; *Kopf*, *Ohren* hängen lassen; **~ka** *f* (*1c*; *-pek*) *Turn.* Kippe *f*; **~ník** *m* (*2b*) Kippvorrichtung *f*; **~ný** Kipp-, Klapp-.

skloubit *pf.* zusammenfügen.

sklouz|(áv)at (*pf. -zám/-žu*), **~nout** *pf.* (*-zl*) (aus-, herunter-, herab)rutschen; gleiten; **~avý**: ~ *let* Gleitflug *m*.
sklov|ina *f* (*1*) Glasmasse *f*; Email *n*; Zahnschmelz *m*; **~itý** glasartig, glasig.
skluz *m* (*2a*) Rutsche *f*; *Mar.* Schlipp *m*; Gleiten *n*; P *a.* Planrückstand *m*; **~avka** *f* (*1c*; *-vek*) Rutschbahn *f*; **~nice** *f* (*2a*) *Sp.* Gleitfläche *f*; **~ný** Gleit-, Rutsch-.
skob|a *f* (*1*), **~ka** *f* (*1c*; *-bek*) Haken *m*; Klammer *f*.
skobl|e *f* (*2*) Schabmesser *n*, F Schaber *m*; **~it** schaben.
skobovitý hakenförmig.
skoč|cový Rizinus-; **~ec** *m* (*4*; *-čc-*) Rizinus *m*.
skoč|it *pf.*, *do-*, *po-*, *za-* springen; ~ *pro k-o* holen (*A*); ~ *k-u do řeči* j-m ins Wort fallen; ~ *do ohně fig.* durchs Feuer gehen; **~mo** sprungweise; **~ný** Spring-, Tanz-, Hüpf-.
skok *m* (*2b*) Sprung *m*, Satz *m*; *jedním ~em* mit e-m Satz; ~ *po hlavě*, *do dálky* Kopf-, Weitsprung; *s. tyč*; *výška ~u* Sprunghöhe *f*; **~an** *m* (*1*) Springer *m*; Springfrosch *m*; **~anský** Sprung-.
skolit *pf. s. sklát.*
skomír|at ⟨*za-*⟩ dahinsiechen; allmählich erlöschen; **~avý** erlöschend, ersterbend.
skon *m* (*2a*) Hinscheiden *n*, Ende *n*, Ableben *n*; **~at** *pf.* verscheiden, entschlafen.
skon|covat *pf.* (*-cuji*) beend(ig)en, ein Ende machen; **~čit** *pf.* beend(ig)en, zu Ende führen; *Streit* beilegen; *Tafel* aufheben; ~ *se* enden, s-n Abschluß finden; ausfallen.
skontro *n* (*1b*; *-ter*) Abrechnung *f*.
skop(áv)at (*pf. -u/-ám*) abgraben; abtragen.
skop|ec (*3*; *-pc-*) Hammel *m*, Schöps *m*, Widder *m*; **~ičina** F *f* (*1*) dummer Streich *m*, F Bock *m*.
skop|it *pf.* häufeln, sammeln; **~nout** *pf.* (*-pl*; *-pnut*) *s. skopat.*
skop|ová *f* (*Adj. 2*) Hammelbraten *m*; **~ové** *n* (*Adj. 3*), **~ovina** *f* (*1*) Hammelfleisch *n*; **~ovice** *f* (*2a*) Schafleder *n*; **~ový** Hammel-.
skóre *n* (*indekl.*) *Sp.* Punkt- *od.* Torverhältnis *n*; Ergebnis *n*.
skoro (P *a. skorem*) fast, beinahe; P zeitig (früh).
skórovat (*im*)*pf.* ⟨*za-*⟩ (*-ruji*) *Sp.* ein Tor schießen; e-n Punkt erzielen.
skořápk|a *f* (*1c*; *-pek*) Schale *f*; **~ový** Schalen-.
skořep|a, **~ina** *f* (*1*) *Tech.* Schale *f*; **~inový** *s. skořápka, skořápkový.*
skořic|e *f* (*2a*) Zimt *m*; **~ovník** *m* (*2b*) Zimtbaum *m*; **~ový** Zimt-.
skosit *pf.* (*-sen*) abmähen; *Mil.* niedermähen; dahinraffen.
skot *m* (*2a*) Rinder *n/pl.*; *chov ~u* Rinderzucht *f*.
Skot *m* (*1*; *-ové*) Schotte *m*.
skot|áctví *n* (*3*), **~ačina** *f* (*1*) dummer Streich *m*, F Blödsinn *m*; **~ačit** ⟨*na- se*, *vy- se*, *za- si*⟩ Unsinn treiben; ausgelassen sein; **~ačivost** *f* (*4*) Ausgelassenheit *f*; **~ačivý** ausgelassen; **~ák** *m* (*1a*) Viehhirt *m*; F gemeiner Kerl *m od.* Bengel *m*.
Skot|ka *f* (*1c*; *-tek*) Schottin *f*; **♀ský** schottisch.
skoulet se *pf.* (*3 Pl. -ejí*) *s. skutálet se.*
skoupit *pf.* aufkaufen.
skoup|ost *f* (*4*) Kargheit *f*; Geiz *m*; **~ý** karg; geizig; ~ *na slovo* wortkarg.
skout *pf.* (*skuji*, *skul*), **skovat** *pf.* (*-u/-ám*) zusammenschmieden.
skrájet *pf.* (*3 Pl. -ejí*) *s. skrojit.*
skráň *f* (*3*; *-ně*, *-ni usw.*) Schläfe *f*; **~ový** Schläfen-.
skráp|ět (*3 Pl. -ějí*) *s. skropit*; **~nout** *pf.* (*-pl*) herabrollen.
skrbl|ictví *n* (*3*) Knauserei *f*; **~ík** *m* (*1a*) Geizhals *m*; **~it** ⟨*na-*, *u-*⟩ geizen (*čím*/mit *D*).
skrč|ek P *m* (*1a*; *-čk-*; *-čkové*) Knirps *m*, Dreikäsehoch *m*; **~ený** *Beine*: angezogen; zusammengekauert; **~it** *pf.* zusammenziehen; *Beine* anziehen; *Stirn* runzeln; *Rücken* krümmen; *Arme*, *Knie* beugen; ~ *se* sich bücken; sich ducken; **~ka** *f* (*1c*; *-ček*) *Turn.* Hocke *f*; **~mo** *Turn.* Hock-, in Hockstellung.
skroj|ek *m* (*2b*; *-jk-*) Brotanschnitt *m*, Ranft *m*; **~it** *pf.* ab-, wegschneiden; *Brot* anschneiden.
skrom|nost *f* (*4*) Bescheidenheit *f*; **~ný** bescheiden, genügsam.
skrop|it *pf.*, **~ovat** (*-puji*) *s. pokropit.*
skroutit *pf. s. kroutit.*
skrov|nost *f* (*4*) Dürftigkeit *f*, Knappheit *f*; **~ný** gering, dürftig, spärlich, karg, knapp.
skrucovat (*-cuji*) *s. kroutit.*

skrumáž *f* (*3*) *Sp.* Gedränge *f*, Handgemenge *n*.
skrupule *f* (*2*) Skrupel *m*.
skrut|átor *m* (*1*; *-ři*) Wahlhelfer *m*, Stimmen(aus)zähler *m*; **~inium** [-tɪːnɪ-] *n* (*5*) Wahlgang *m*.
skruž *f* (*3*) *Arch.* Lehrbogen *m*, Bogengerüst *n*, Kranzstück *n*, Segment *n*.
skrýš(e) *f* (*2 od. 3*) Versteck *n*, Schlupfwinkel *m*; *lupičská* ~ Räuberhöhle *f*.
skryt *m* (*2a*) Verborgene *n*; *v* ~*u srdce* im Grunde s-s Herzens; *s. skrýt*.
skrýt *pf.* (*s. krýt*) verbergen, verstecken; ~ se in Deckung gehen.
skryt|ě *Adv.* heimlich, insgeheim; *Mil.* in Deckung; **~ost** *f* (*4*) Heimlichkeit *f*; **~ý** verborgen, versteckt; heimlich; *Mil.* (gut) getarnt.
skrýv|ačka *f* (*1c*; *-ček*) Versteck(-spiel) *n*; Vexierbild *n*; **~at** *s. skrýt*; **~ka** *f* (*1c*; *-vek*) Abraum *m*.
skrz (*bei schwier. Aussprache*: **skrze**) *Prp.* (*mit 4. Fall*) durch (*A*); ~ *les* (quer) durch den Wald; ~ *naskrz* durch und durch; ~ *tebe* deinetwegen.
skřečet ⟨*za-*⟩ kreischen.
skřehot *m* (*2a*) Kreischen *n*; (*Frösche*) Quaken *n*; **~at** ⟨*roz- se, za-*⟩ kreischen; quaken; **~avý** kreischend.
skřek *m* (*2b*) Kreischen *n*; Geschrei *n*; ~ *ptáků* Vogelschrei *m*.
skřele *f* (*2*) Kiemendeckel *m*.
skřet *m* (*1*) Kobold *m*, Geist *m*.
skříň *f* (*3*) (*na šaty* Kleider-) Schrank *m*; Kasten *m*; Schrein *m*; ~ *motoru* Motorgehäuse *n*; *výkladní* ~ Schaufenster *n*; **~ka** *f* (*1c*; *-něk*), **skřínka** *f* (*1c*; *-nek*) (kleiner) Kasten *m*, Kästchen *n*; Schränkchen *n*; *agitační* ~ *Pol.* Schaukasten; ~ *na nářadí* Werkzeugkasten; ~ *na šperky* Schmuckkassette, F Schatzkästchen.
skří|ňkový, ~nkový Kasten-; ~ *šicí stroj* Koffernähmaschine *f*; **~ňový** Kasten-, Koffer-.
skříp|ání *n* (*3*) Knarren *n*, Knirschen *n*; Kratzen *n*; ~ *zubů* Zähneknirschen; **~at** ⟨*za-*⟩ (*u-*/*-ám*) knarren, knirschen; *Zähne*: klappern; *Geige*: kratzen; **~avý** knarrend, knirschend.
skřipec *m* (*4*; *-pc-*) Zwicker *m*, Kneifer *m*; *Tech.* Spannzange *f*, (*Feil-*)Kloben *m*; *hist.* Folter(-bank) *f*.
skřípět ⟨*za-*⟩ *s. skřípat*.
skřipky *f/pl.* (*2*; *-pek*) Fiedel *f*.
skříp|nout *pf.* *v/i* knarren, knirschen; F *v/t* zwicken, kneifen; **~ot** *m* (*2a*) *s. skřípání*.
skřítek *m* (*1a*; *-tk-*) Heinzelmännchen *n*, Kobold *m*; *horský* ~ Berggeist *m*.
skřiv|an *m* (*1*), **~ánek** *m* (*1a*) Lerche *f*; **~ánčí** Lerchen-.
skučet ⟨*roz- se, za-*⟩ heulen, winseln.
skuhr|al *m* (*1*; *-ové*) Jämmerling *m*; **~at** ⟨*na- se, roz- se, za-*⟩ jammern, wimmern, winseln.
skulin|a *f* (*1*) Spalt *m*, Spalte *f*, Ritze *f*; Leck *n*; **~atý** leck.
skulit *pf. s. skutálet*.
skup|ení *n* (*3*) Gruppe *f*; Gruppierung *f*; **~enství** *n* (*3*) Aggregatzustand *m*; *v kapalném* ~ in flüssigem Zustand; *v plynném* ~ in Gasform.
skupin|a *f* (*1*) Gruppe *f*; **~ář** *m* (*3*) Gruppenleiter *m*; **~ový** Gruppen-.
skup|it *pf.*, se- anhäufen; gruppieren; ~ se sich scharen; **~ovat** ⟨*se-*⟩ (*-puji*) aufkaufen, *iron.* zusammenkaufen.
skus *m* (*2a*) *Anat.* Biß *m*; **~ovat** (*-suji*) zusammenbeißen.
skutálet *pf.* (*3 Pl. -eji*) herunter-, hinunter-, herab-, hinabwälzen *od.* -rollen; ~ se herab-, hinabrollen (*v/i*).
skutečn|ost *f* (*4*) Wirklichkeit *f*, Tatsache *f*; *Jur.* Tatbestand *m*; **~ý** wirklich, wahrhaftig, tatsächlich.
skut|ek *m* (*2b*; *-tk-*) Tat *f*, Werk *n*; *Jur.* Handlung *f*; **~kový** Tat-, tatsächlich.
skútr *m* (*2a*) Motorroller *m*.
skvěl|ost *f* (*4*) Glanz *m*, Pracht *f*, Herrlichkeit *f*; **~ý** glänzend, prachtvoll, herrlich; Glanz-.
skvít se ⟨*roze-, za-*⟩ (*-ím*/*-ěji*; *3 Pl. -í*/*-ějí*, *-ěl*) glänzen, leuchten, *poet.* prangen.
skvost *m* (*2a*) Schmuck *m*, Juwel *n*, Kleinod *n*; **~ný** glänzend, prachtvoll, herrlich.
skvoucí *s. skvělý*.
skvrn|a *f* (*1*) Fleck *m*; (*Tinten-, Farb-*)Klecks *m*; *fig.* Makel *m*, Schandfleck *m*; **~itý** fleckig; *Zo.*

gefleckt; *Med.* Fleck-; **~ivka** *f* (*1c*; *-vek*) Flecktyphus *m*; **~ka** *f* (*1c*; *-nek*) (kleiner) Fleck *m*, Tüpfel *n*.

skýtat ⟨*po-*⟩, **skytnout** *pf.* (*-tl*; *-tnut*) gewähren, bieten.

skýva *f* (*1*) Schnitte *f*.

sláb *s. slabý*.

slabi|čný Silben-; **...~** *in Zssgn* -silbig; **~ka** *f* (*1c*) Silbe *f*; **~kář** *m* (*4*) Fibel *f*; **~kovat** ⟨*pro-, pře-, za-*⟩ (*-kuji*) buchstabieren.

slabin|a *f* (*1*) *Anat.* Weiche *f*, Leiste *f*; *fig.* Schwäche *f*, Blöße *f*; **~ný** Leisten-.

slábnout ⟨*o-*, ze-⟩ (*-bl*) schwach (*od.* schwächer) werden, nachlassen.

slabo|duchý beschränkt (*fig.*); **~ch** *m* (*1a*) Schwächling *m*; **~myslnost** *f* (*4*) Schwachsinn *m*; **~myslný** schwachsinnig; **~proudý** Schwachstrom-; **~st** *f* (*4*) Schwäche *f*; Schwachheit *f*; **~šský** charakterschwach; willenlos; *fig.* ohnmächtig; **~šství** *n* (*3*) Willensschwäche *f*; **~učký, ~unký** F schwächlich, ziemlich schwach; **~zraký** schwachsichtig.

sla|bůstka *f* (*1c*; *-tek*) *fig.* Schwäche *f*, schwache Seite *f*; **~bý** (*Komp.* *-bší*) schwach.

slad *m* (*2a*) Malz *n*.

sladce *Adv.* süß; *fig.* sanft.

sládě *n* (*4a*; *Pl.* *-ďata*) Süßapfel *m*.

sládek *m* (*1a*; *-dk-*) Brauer *m*.

slad|idlo *n* (*1a*; *-del*) Süßstoff *m*; **~it**[1] ⟨*o-, pře-, vy-*⟩ (*-zen*) süßen; zuckern.

sladit[2] *pf.* (*-děn*) (ab)tönen, abstimmen, in Einklang bringen.

sladko|bolný wehmütig; **~hořký** bittersüß; **~kyselý** süßsauer.

sladk|ost *f* (*4*) Süße *f*; Süßigkeit *f*; **~ovodný** Süßwasser-; **~ovonný** süß(lich) duftend; **~ý** (*Komp.* *-dší*; *Adv.* *-dce*, *Komp.* *-dčeji*) süß.

sládnout ⟨*za-*, ze-⟩ (*-dl*) süß werden.

slaďou|čký, ~nký F zuckersüß, sehr süß.

sladov|ací Malz-; **~ina** *f* (*1*) Malzextrakt *m*; **~na** *f* (*1*; *-ven*) Mälzerei *f*, Malzdarre *f*; **~nický** Brauer-; **~nictví** *n* (*3*) Braugewerbe *n*; **~ník** *m* (*1a*) Mälzer *m*; **~ý** Malz-.

sladší *s. sladký*.

slajd *m* (*2a*) *Sp.* Rollsitz *m*.

sláma *f* (*1*; *2 Pl.* *slam*) Stroh *n*.

slam|ák P *m* (*2b*) Strohhut *m*; **~ěnka** *f* (*1c*; *-nek*) Strohschüssel *f*; Strohblume *f*; **~ěný** Stroh-.

slámka *f* (*1c*; *-mek*) Strohhalm *m*.

slam|natý strohartig, Stroh-; **~ník** *m* (*2b*) Strohsack *m*.

slámový strohgelb; Stroh-.

slaneček *m* (*1a*; *1 Pl.* *-čci*/*-čky*) (*Salz-*)Hering *m*; *uzený* ~ Bückling *m*.

slanina *f* (*1*) Speck *m*.

slánka *f* (*1c*; *-nek*) Salzstreuer *m*, -büchse *f*.

slan|ost *f* (*4*) Salzigkeit *f*, Salzgehalt *m*; **~ý** salzig, Salz-.

slap *m* (*2a*) Stromschnelle *f*, Wasserfall *m*.

slast *f* (*4*) Wonne *f*; **~(ipl)ný** wonnevoll, *poet.* wonnig.

slát|anina F *f* (*1*) *verä.* Machwerk *n*, Flickwerk *n*; **~at** *pf.* zusammenflicken.

slatin|a *f* (*1*) Moor *n*; **~iště** *n* (*2a*) Moorboden *m*; Moorgrube *f*; **~ný** Moor-; *Med.* Schlamm-.

sláva *f* (*1*) Ruhm *m*; Pracht *f* und Herrlichkeit *f*; **~!** heil!

slav|ičí Nachtigallen-; **~ík** *m* (*1a*) Nachtigall *f*.

slavist|a *f* (*5a*), **~ka** *f* (*1c*; *-tek*) Slawist(in *f*) *m*; **~ika** [-tɪ-] *f* (*1c*) Slawistik *f*.

slavit ⟨*o-, pro-*⟩ feiern; preisen, festlich begehen.

slavnost *f* (*4*) Feier *f*, Fest *n*; **~ní** feierlich, festlich, Fest-.

slavný berühmt; ruhmreich; denkwürdig; F *fig.* glänzend.

slavo|brána *f* (*1*) Triumphbogen *m*; **~mam** *m* (*2a*) Größenwahn *m*.

slávychtivý ruhmsüchtig.

slazený gesüßt, gezuckert.

sleč|na *f* (*1*; *-čen*), *dim.* **~inka** *f* (*1c*; *-nek*) Fräulein *n*; *iron.* Mamsell *f*; *-na v bufetu* kalte Mamsell.

sled *m* (*2a*) Spur *f*; (Reihen-)Folge *f*; *Mil.* (Angriffs-)Welle *f*.

sle|ď *f* (*4d*; *-dě*; *Pl.* *-dě*/*-di*) Hering *m*; **~dí** Herings-.

sledov|at ⟨*ná-, pro(ná)-*⟩ (*-duji*), **~ávat** *iter.* folgen (*D*), verfolgen (*A*).

sléhat, slehávat entbinden, niederkommen; ~ **se** sich denken, sich setzen; zusammengedrückt werden.

sleh|lý zusammengedrückt, fest; dicht; *fig.* (be)drückend; **~nout** *pf.* (*-hl*; *-hnut*) *s. sléhat*; **~nutí** *n* (*3*) Entbindung *f*, Niederkunft *f*; *Geogr.* Senkung *f*.

slech *m* (*2b*) Gerücht *n*; *Jagdw.* Löffel *m*, Lauscher *m*.
slejv|ák P *m* (*2b*) Platzregen *m*; **~at**: F ~ *se ze školy* die Schule schwänzen; ~ *se z práce* sich vor der Arbeit drücken.
slep|ě *Adv.* blind, blindlings; **~ec** *m* (*3*; *-pc-*) Blinde(r) *m*; **~ecký** Blinden-.
slepenec *m* (*4*; *-nc-*) Konglomerat *n*.
slepi|ce *f* (*2a*) Henne *f*, Huhn *n*; *chov -ic* Hühnerzucht *f*; **~čárna** *f* (*1*; *-ren*) Hühnerfarm *f*; **~čí** Hühner-; **~činec** *m* (*4*; *-nc-*) Hühnerstall *m*.
slepit[1] *pf.* zusammenkleben, -leimen.
slepit[2] † (*im*)*pf.* ⟨*o-*, *za-*⟩ *j-n* blenden.
slepka *f* (*1c*; *-pek*) (*Film-*)Kleberaum *m*.
slep|nout ⟨*o-*, *při-*⟩ (*-pl*) erblinden; **~o** *Adv. fig.* blind; *letět na* ~ blind fliegen; *rána na* ~ blinder Schuß; **~ota** *f* (*1*) Blindheit *f*; **~ý** blind; Blind-; ~ *od narození* blindgeboren; *-pá bába* Blindekuh(spiel *n*) *f*; *-pá kolej* totes Gleis; *-pá ulička* Sackgasse *f*; *-pé střevo* Blinddarm *m*; **~ýš** *m* (*3*) Blindschleiche *f*.
slet *m 1.* (*2a*) Abwärtsflug *m*; Versammlung *f von Vögeln*; *2.* (*2 od. 2a*) (*Jugend-*)Treffen *n*, Zusammenkunft *f*.
slétat, sletět *pf.* herunter-, herabfliegen; ~ se zusammenfliegen, sich scharen.
sletiště *n* (*2a*) (*Sokol-*)Turnplatz *m*.
slétnout *pf.* (*-tl*) *s. slétat.*
sletovat *pf.* (*-tuji*) (zusammen-)löten, verlöten.
sleva *f* (*1*) Ermäßigung *f*, (Preis-)Nachlaß *m*.
slévací Gieß-.
slévač, slevač *m* (*3*) Gießer(eiarbeiter) *m*; **~ský** Gieß(erei)-; **~ství** *n* (*3*) Gießerei *f*.
slév|árenský Gießerei-; **~árna** *f* (*1*; *-ren*) Gießerei *f*; **~at** gießen; abgießen; zusammengießen; verschmelzen, legieren; ~ se zusammenfließen; *Farben*: verfließen.
slev|enka *f* (*1c*; *-nek*) ermäßigte Eintritts- *od.* Fahrkarte *f*; **~it** *pf.*, **~ovat** (*-vuji*) nachlassen, ermäßigen.
slez *m* (*2a*) Labmagen *m*.
sléz *m* (*2a*) Malve *f*.
Slez|an *m* (*1*; *-é*), **~ák** F *m* (*1a*), **~anka** *f* (*1c*; *-nek*) Schlesier(in *f*) *m*.
slézat *s. slézt.*
slezin|a *f* (*1*) Milz *f*; **~ný** Milz-.
Slez|sko *m* (*1b*) Schlesien *n*; **2ský** schlesisch.
slézt *pf.* (*s. lézt*) herunterklettern *od.* -kriechen; *vom Pferd* absteigen; *Haar*: ausfallen; ~ *se* zusammenkriechen, F sich treffen.
slež|elý verlegen; **~et se** *pf.* verliegen.
slib *m* (*2a*) Versprechen *n*, Zusage *f*; Gelöbnis *n*; *Rel.* Gelübde *n*.
slíbat *pf.* *Tränen usw.* ab-, wegküssen.
slíbit *pf.* versprechen, zusagen; *Rel. u. lit.* geloben.
slibný vielversprechend, verheißungsvoll, aussichtsreich.
slibovat (*-buji*) *s. slíbit.*
slič|nost *f* (*4*) Anmut *f*, Lieblichkeit *f*; **~ný** anmutig, lieblich.
slída *f* (*1*) *Geol.* Glimmer *m*.
slíd|ění *n* (*3*) Nachspüren *n*, P Schnüffelei *f*; **~ič** *m* (*3*), **~il** *m* (*1*; *-ové*) Aufpasser *m*, Spitzel *m*, F Schnüffler *m*; **~it** ⟨*na- se*, *vy-*, *za-*⟩ (*po čem*) spähen, schnüffeln (nach *D*); nachspüren, F nachspionieren (*D*); (*po kom*) auflauern (*D*); **~ivost** *f* (*4*) Schnüffelei *f*.
slíd|natý glimmerhaltig; **~ovec** *m* (*4*; *-vc-*) Glimmerschiefer *m*; **~ový** Glimmer-.
slimák *m* (*1a*) Schnecke *f*.
slín *m* (*2a*) *Min.* Mergel *m*.
slina *f* (*1*) Speichel *m*.
slínek *m* (*2b*; *-nk-*) Klinker *m*.
slin|it ⟨*na-*, *po-*, *za-*⟩ mit Speichel benetzen; geifern; **~ivka** *f* (*1c*; *-vek*) Speicheldrüse *f*; **~ný** Speichel-; **~ovat** (*-nuji*) *Tech.* sintern.
slint|ák *m* (*2b*), *dim.* **~áček** *m* (*2b*; *-čk-*) Speichellatz *m*, F Sabberlätzchen *n*; **~at** ⟨*o-*, *po-*, *za-*⟩ speicheln; geifern; F sabbern, schlabbern.
slípat *pf. s. slepit.*
slípka *f* (*1c*; *-pek*) junge Henne *f*; *vodní* ~ Wasserhuhn *n*.
slisovat *pf.* (*-suji*) (zusammen-)pressen.
slít *pf. s. slévat.*
slít- *s. slét-.*
slit|ek *m* (*2b*; *-tk-*) Gußstück *n*, Abguß *m*; **~ina** *f* (*1*) Legierung *f*; *krevní* ~ Blutklumpen *m*, -gerinnsel *n*.

slitov|ání *n* (*3*) Erbarmen *n*, Mitleid *n*; **~at se** *pf.* (*-tuji*) (*nad kým*) sich erbarmen (*G*).
slitý *s. slévat.*
slíva *f* (*1; 2 Pl. -iv/-ív*) Pflaume *f*.
slivky *m/pl.* (*2b*) *od. f/pl.* (*1; -vek*) Abguß *m*; F Tropfbier *n*.
sliv|oň *f* (*3*) Pflaumenbaum *m*; **~ovice** *f* (*2a*) Sliwowitz *m*, Pflaumenschnaps *m*.
slívový Pflaumen-, Zwetschgen-.
sliz *m* (*2a*) Schleim *m*; **~ký** schleimig; schlüpfrig; **~natý** schleimig; **~ní** *Med.* Schleim-; **~nice** *f* (*2a*) Schleimhaut *f*.
sliznout *pf.* (*-zl; -znut*) ablecken; F *fig.* ausfressen.
slizo|tok *m* (*2b*) Schleimfluß *m*; **~vatý, ~vitý** schleimig, schleimartig; **~vka** *f* (*1c; -vek*) Schleimpilz *m*; **~vý** Schleim-.
sloh *m* (*2b*) Stil *m*.
sloha *f* (*1b*) *s. sloka*; (*Papier*) Lage *f*, Block *m*.
slohový Stil-, stilistisch; *-vě výrazný* stilvoll.
sloj *f* (*3*) Flöz *n*.
sloka *f* (*1c*) Strophe *f*.
slon *m* (*1*) Elefant *m*; **~í** Elefanten-; **~ice** *f* (*2a*) Elefantenkuh *f*; **~ovina** *f* (*1*) Elfenbein *n*; **~ov(inov)ý** Elfenbein-.
slosov|ání *n* (*3*) Verlosung *f*; **~at** *pf.* (*-suji*) verlosen.
slota *f* (*1*) F Hundewetter *n*; Elend *n*; Gesindel *n*.
slouč|enina *f* (*1*) *Chem.* Verbindung *f*; **~it** *pf.* verbinden, vereinigen; *fig.* in Einklang bringen; ~ *se* sich verbinden; verschmelzen (*v/i*).
slouha *f* (*5*) Gemeindehirt *m*; † *verä.* Knecht *m*; ungehobelter Kerl, Grobian *m*.
sloup *m* (*2; 6. -u/-ě*) Säule *f*; Pfeiler *m*; *Tech.* Mast *m*; *telegrafní* ~ Telegraphenstange *f*; *hraniční* ~ Grenzpfahl *m*; ~ *dýmu* Rauchsäule *f*, Rauchpilz *m*.
sloup(áv)at (*pf. -ám/-u*) abschälen.
sloup|cový Säulen-; *Typ.* Fahnen-; **~ec** *m* (*4; -pc-*) *s. sloupek*; *Typ.* Spalte *f*; (*Zahlen-*)Kolonne *f*; **~ek** *m* (*2b; -pk-*) kleine Säule, Pfosten *m*, Pfahl *m*; Kolumne *f*, kleines Feuilleton *n*.
sloupnout *pf.* (*-pl; -pnut*) *s. sloupat.*
sloupo|řadí *n* (*3*) Säulengang *m*; Säulenreihe *f*; **~vý** Säulen-.
slout ⟨*pro-*⟩ (*sluji, -ul*) heißen.
slouž|ící *1.* dienend, bedienstet; *2. m* (*Adj. 4*) Bedienstete(r) *m*; **~it** ⟨*po-, za-*⟩ dienen; (*k-u*) gut bekommen (*D*); *ať -ží!* wohl bekomm's!
Slovác|ko *m* (*1b*) Mährische Slowakei *f*; **2ký** südostmährisch.
Slovák *m* (*1a*) Slowake *m*.
Slovan *m* (*1; -é*) Slawe *m*; **~ka** *f* (*1c; -nek*) Slawin *f*; **2ský** slawisch; **~stvo** *n* (*1*) Slawentum *n*.
Sloven|ka *f* (*1c; -nek*) Slowakin *f*; **~sko** *n* (*1b*) Slowakei *f*; *na -ku* in der Slowakei; **2ský** slowakisch; **2ština** *f* (*1*) Slowakisch(e) *n*.
slověnština *f* (*1*): *stará* ~ Altkirchenslawisch *n*.
sloves|nost *f* (*4*) Schrifttum *n*; **~ný** literarisch; *Gr.* Zeitwort-, Verbal-; **~o** *n* (*1a; 6. -e/-u*) Verb *n*.
slovíčk|ář *m* (*3*) Wortklauber *m*; **~ářství** *n* (*3*) Wortklauberei *f*; **~o** *n* (*1b*) Wörtchen *n*; Vokabel *f*.
Slovin|ec *m* (*3; -nc-*) Slowene *m*; **~ka** *f* (*1c; -nek*) Slowenin *f*; **2ský** slowenisch.
slov|ní Wort-; **~níček** *m* (*2b; -čk-*) kleines Wörterbuch *n*; Wörterverzeichnis *n*, Vokabular *n*; Vokabelheft *n*; **~ník** *m* (*2b*) Wörterbuch *n*; Lexikon *n*; **~níkář, ~nikář** *m* (*3*) Lexikograph *m*; **~níkový** Wörterbuch-, lexikalisch; *-vé heslo* Stichwort *n*; **~ný** wörtlich, wortgetreu; *-né znění* Wortlaut *m*.
slovo *n* (*1; 6. -ě/-u*) Wort *n*; ~ *od -va* Wort für Wort; *-vem i obrazem* in Wort und Bild; *-vy* in Worten; *ani -va* kein Wort (mehr); *beze -va* wortlos; *hra se -vy* Wortspiel *n*; *na* ~ aufs Wort; *přihláška ke -vu* Wortmeldung *f*; F *být od -va* schlagfertig sein; F *mít hlavní* ~ das große Wort führen; **~sled** *m* (*2a*) Wortstellung *f*.
slovutn|ost *f* (*4*) Berühmtheit *f*; † Wohlgeboren *n*; **~ý** berühmt, angesehen.
slože|ní *n* (*3*) *Hdl.* Entladen *n*; Zusammensetzung *f*; Zusammenstellen *n*; *Tech.* Konstruktion *f*; Satz *m*; *Jur.* Hinterlegung *f*; Erlag *m*; **~nina** *f* (*1*) Zusammensetzung *f*; **~nka** *f* (*1c; -nek*) Zahlkarte *f*, *öst.* Erlagschein *m*.
slož|it *pf. s. skládat*; **~itost** *f* (*4*) Kompliziertheit *f*; **~itý** kompliziert; *-té účetnictví* doppelte Buch-

führung; **~ka** *f* (*1c*; *-žek*) Bestandteil *m*; (*Papier-*)Lage *f*; **~né** *n* (*Adj.* *3*) Entladegebühr *f*; **~ní** Depositen-; **~nokvětý**: *-tá rostlina* Korbblütler *m*.

sluč|itelný vereinbar; Verbindungs-, Vereinigungs-; **~ovat** (*-čuji*) *s. sloučit*.

sluha *m* (*5*) Diener *m*.

sluch *m* (*2b*) Gehör *n*; Gehörsinn *m*; *Jagdw*. Löffel *m*; *fig*. Ohr *n*; **~adlo** *n* (*1a*; *-del*) Hörgerät *n*, -apparat *m*; **~átko** *n* (*1b*; *-tek*) (*Telefon-*)Hörer *m*; *Rdf*. Kopfhörer *m*; **~ový** Gehör-.

sluj *f* (*3*) Höhle *f*, Grotte *f*.

sluka *f* (*1c*) Schnepfe *f*.

slunce *n* (*2*) Sonne *f*; *skvrny na -ci* Sonnenflecken; *ležet na -ci* an der Sonne liegen; *za ~, při -ci* bei Sonnenschein; *jasné jako ~* sonnenklar.

slůně *n* (*4a*) junger Elefant *m*, F Elefantenbaby *n*.

sluneč|ko F *n* (*1b*; *-ček*, *-ách*) liebe Sonne *f*; Marienkäfer *m*; **~ní** Sonnen-; **~nice** *f* (*2a*) Sonnenblume *f*; **~ník** *m* (*2b*) Sonnenschirm *m*; **~no** sonnig; *za -na* bei Sonnenschein; **~ný** sonnig, Sonnen-.

slun|íčko *n s. sluníčko*; **~it se** ⟨*o-*, *vy-*, *za-*⟩ sich sonnen, ein Sonnenbad nehmen; **~ko** F *n* (*1b*; *-nek*) (liebe) Sonne *f*; *od -ka do -ka* von Sonnenaufgang bis Sonnenuntergang, von früh bis in die Nacht hinein; **~ný** sonnig; **~ovrat** *m* (*2a*) Sonnenwende *f*.

slup|at *pf*. gierig aufessen, verschlingen; **~ina** *f* (*1*), **~ka** *f* (*1c*; *-pek*) Schale *f*, Hülse *f*; **~nout** *pf*. (*-pl*/*-pnul*; *-pnut*) *s. slupat*.

sluš|et ⟨*při-*⟩ (*3 Pl.* *-eji*/*-í*) geziemen, zukommen; *Kleid*: gut passen; *~ se* sich schicken, sich gehören; **~ivý** kleidsam, apart; **~nost** *f* (*4*) Anstand *m*, Schicklichkeit *f*; **~ný** anständig, artig; F ziemlich gut, ordentlich.

slůvko *n* (*1b*; *-vek*) Wörtchen *n*; Vokabel *f*.

služb|a *f* (*1*; *-žeb*) Dienst *m*; *~ zákazníkům* Kundendienst; *-by boží* Gottesdienst; F *měsíční ~* Monatslohn *m*; *nástup do -by* Dienstantritt *m*; *-bu konající* diensthabend; *ve -bách* im Dienst(e); *k -bám* zu Diensten; **~ičkovat** F (*-kuji*) *iron*. katzbuckeln; **~odárce** *m* (*3*) Dienstherr *m*.

služeb|na *f* (*1*; *-ben*) Dienststelle *f*; Dienstzimmer *n*; **~ná** *f* (*Adj.* *2*) Dienstmädchen *n*; Magd *f*; *~ u krav* Kuhmagd; **~ní** dienstlich, Dienst-; *-ně starší* dienstältere(r); **~nice** *f* (*2a*) Dienerin *f*; **~nický** servil, knechtisch; **~nictvo** *n* (*1*; *-tev*) Dienerschaft *f*; Dienstpersonal *n*; **~ník** *m* (*1a*) Diener *m*; **~nost** *f* (*4*) Dienstbarkeit *f*; **~ný** Dienst-, dienstbar.

služ|ka *f* (*1c*; *-žek*) Dienstmädchen *n*, Hausgehilfin *f*; **~né** *n* (*Adj.* *3*) Gehalt *n*; *Thea*. Gage *f*.

slých|at, **~ávat** *iter*. oft hören; *neslýcháno!* unerhört! [durch *A*).]

slynout ⟨*pro-*⟩ berühmt sein (*čím*)

slyšen|á: *na -nou!* auf Wiederhören!; **~í** *n* (*3*) Hören *n*, Hörensagen *n*; *Jur*. Anhören *n*; Audienz *f*, Empfang *m*.

slyš|et ⟨*po-*, *u-*, *za-*⟩ hören (*co na kom* et. von j-m, et. über j-n); **~itelný** hörbar, vernehmbar.

slz|a *f* (*1a*) Träne *f*; **~avý** tränend; **~ení** *n* (*3*) Tränen(fluß *m*) *n*; *Bot*. Guttation *f*; **~et** ⟨*o-*, *pro-*, *roz- se*, *za-*⟩ (*3 Pl.* *-ejí*/*-í*) tränen, weinen; **~ička** *f* (*1c*; *-cek*) kleine Träne; *fig*. Tröpfchen *n*; *-ky pl.* (*Panny Marie*) Kartäusernelke *f*; **~ivý** tränend, Tränen-; **~ní**, **~ný** Tränen-; **~otok** *m* (*2b*) Tränenfluß *m*; **~otvorný** tränenerregend, Tränen-; **~ovod** *m* (*2a*) Tränenkanal *m*.

smáčet (*3 Pl.* *-eji*) *s. smočit*.

smačk(áv)at, **smáčknout** *pf*. *s.* [*zmačk-*.]

smalt *m* (*2a*) Email *n*.

smaltov|aný Email-, emailliert; **~at** ⟨*vy-*⟩ (*-tuji*) emaillieren; **~na** *f* (*1*; *-ven*) Emailwarenfabrik *f*; **~ý** Email-, Schmelz-.

smát se ⟨*na-*, *po-*, *roze-*, *u-*, *za-*⟩ (*směji se*) lachen (*k-u*, *č-u*/über *A*); anlachen (*na k-o*/*A*); *~ na celé kolo* über das ganze Gesicht lachen; *není se č-u smát!* da gibt es nichts zu lachen!

smavý lachend.

smaz(áv)at (*pf.* *-žu*/*-ži*) weg-, abwischen; *Tonband* löschen.

smažen|ec *m* (*4*; *-nc-*), **~ka** *f* (*1c*; *-nek*) Eierkuchen *m*, *öst*. Schmarren *m*; **~í** *n* (*3*) Backen *n*, Braten *n*; **~ý** gebacken, gebraten, Brat-, geröstet, Röst-.

smažit ⟨*na-*, *o-*, *pro-*, *vy-*, *za-*⟩ backen, braten, rösten.

smeč *f* (*3*) *Sp.* Schmetterball *m.*
smečka *f* (*1c*; *-ček*) Rudel *n*, Meute *f*; *fig. verä.* Bande *f.*
smečovat (*im*)*pf.* (*-čuji*) *Sp.* schmettern.
smek|(áv)at, ~nout (*-kl*/*-knul*; *-knut*) *Hut* abnehmen; ~ se ausgleiten.
smël|ec *m* (*3*; *-lc-*) verwegener Kerl *m*, Wagehals *m*; **~ost** *f* (*4*) Kühnheit *f*, Mut *m*; Dreistigkeit *f*; **~ý** kühn, mutig; verwegen; gewagt, dreist; *jen -le!* nur Mut!
smën|a *f* (*1*) Wechsel *m*; (Aus-) Tausch *f*; (*Wach-*)Ablösung *f*; (*Arbeits-*)Schicht *f*; **~árna** *f* (*1*; *-ren*) Wechselstube *f*; **~árník** *m* (*1a*) (Geld-)Wechsler *m*, Wechselstubenbesitzer *m*; **~ečník** *m* (*1a*) *Hdl.* Trassat *m*; **~ečný** Wechsel-; **~idlo** *n* (*1a*; *-del*) Tauschmittel *n*; **~it** *pf.* wechseln, tauschen; **~itelný** auswechselbar; *Ware*: umtauschbar *Math.* vertauschbar; **~ka** *f* (*1c*; *-nek*) *Hdl.* Wechsel *m*; *vydaná* ~ Trasse *f*; **~kový** Wechsel-; **~ný** Tausch-; Schicht-; **~ový** Schicht-.
směr *m* (*2a*) Richtung *f*; *Pol.* Kurs *m*; *fig.* Hinsicht *f*; ~ *hodinových ruček* Uhrzeigersinn *m*; *~em* in Richtung, *fig.* gegen; *všemi ~y* in allen Richtungen; **~nice** *f* (*2a*) Richtlinie *f*; **~ný** Richt-; ~ *bod* Anhaltspunkt *m*; **~odatný** maßgebend, ausschlaggebend; richtungweisend; **~ovka** *f* (*1c*; *-vek*) Fahrtrichtungsanzeiger *m*, F Blinker *m*, Winker *m*; **~ovnice** *f* (*2a*) Richtungsschild *n*; **~ový** Richtungs-; *Flgw.* Seiten-.
směřovat (*-řuji*) (*k č-u, kam*) (ab-) zielen (auf *A*); führen (nach); gehen, laufen, fahren (nach, in Richtung auf); bezwecken (*A*); *fig.* hinauslaufen (auf *A*).
směs *f* (*4a*) Mischung *f*, Gemisch *n*; *krmná* ~ Mischfutter *n*; **~ice** *f* (*2a*) Wirrwarr *m*, Durcheinander *n*; **~ka** *f* (*1c*; *-sek*) *Agr.* Misch-, Mengkorn *n*; **~ný** Misch-; *Phys.* Grenz-.
smést *pf.* (*s. mést*) ab-, wegkehren; zusammenfegen.
směstn(áv)at hineinpressen, -stopfen; ~ se hineingehen, -passen.
směš|nost *f* (*4*) Lächerlichkeit *f*; **~ný** lächerlich.
směšov|ací Misch-; **~ač** *m* (*4 od. 3*) Mischer *m*; **~at** (*-šuji*) *s. smísit.*
smět (*3 Pl. -ějí*) dürfen; *smím ...?* darf ich ...?
smet|áček *m* (*2b*; *-čk-*) Handfeger *m*, -besen *m*; Federwisch *m*; **~ák** *m* (*2b*) (Stiel-)Besen *m.*
smet|ana *f* (*1*) Rahm *m*, Sahne *f*, *öst.* Obers *n*; **~anka** *f* (*1c*; *-nek*) *Bot.* Löwenzahn *m*; **~ánka** *f* (*1c*; *-nek*) *fig.* Creme *f*, Elite *f*; **~anový** Rahm-, Sahne(n)-.
smet|(áv)at *s. smést*; **~ek** *m* (*2b*; *-tk-*) *s. smetky*; **~í** *n* (*3*) Unrat *m*, Müll *m*; *s. a. smetky*; **~iště** *n* (*2a*), **~isko** *n* (*1b*) Müllhaufen *m* (*a. fig.*); Müllabladeplatz *m*; **~ky** *m*/*pl.* (*2b*) Kehricht *m od. n*, Abfälle *m*/*pl.*
smích *m* (*2b*) Lachen *n*, Gelächter *n*; Spott *m*; *to není k ~u* das ist nicht zum Lachen; da gibt es nichts zu lachen; *do ~u* zum Lachen; *~y* vor Lachen.
smích(áv)at (ver)mischen.
smil|nice *f* (*2a*) lasterhafte Frau, P liederliches Weibsstück; **~ník** *m* (*1a*) Wüstling *m*, Sittenstrolch *m*; **~nit** ⟨ze-⟩ Unzucht treiben, ausschweifend leben; **~ný** unzüchtig, lasterhaft.
smilov|ání *n* (*3*) Erbarmen *n*; *bez* ~ erbarmungslos; **~(áv)at se** (*pf. -luji*) sich erbarmen (*nad kým*/*G*).
smilstvo *n* (*1*; *-stev*) Unzucht *f*; *násilné* ~ Notzucht *f*; *krevní* ~ Blutschande *f.*
smím *s. smět.*
smír *m* (*2a*) Versöhnung *f*; Vergleich *m*; **~čí** Friedens-, Schieds-.
smir|ek *m* (*2b*; *-rk-*) Schmirgel *m*; **~kovat** ⟨*o-, vy-*⟩ schmirgeln; **~kový** Schmirgel-.
smí|rný versöhnlich, friedlich, gütlich; **~řit** *pf.* ⟨*u-*⟩ aus-, versöhnen; ~ se sich aus- *od.* versöhnen; *Jur.* sich vergleichen; (*s čím*) sich abfinden (mit *D*); **~řlivý** versöhnlich.
smísit *pf.* (*-šen*) (ver)mischen, vermengen; **~elný** mischbar.
smíšek *m* (*1a*; *-šk-*) Lacher *m*, *scherz.* Lachtaube *f.*
smíšen|í *n* (*3*) Mischen *n*; Verwechseln *n*; **~ina** *f* (*1*) Mischung *f*, Gemisch *n*, Gemenge *n*; **~ý** gemischt, Misch-.
smlčet *pf.* verschweigen, verheimlichen.
smlouv|a *f* (*1*; *smluv*) Vertrag *m*, Abkommen *n*; **~at** ⟨*do-, u-, vy-, za-*⟩ verabreden; (*o co*) handeln, feilschen (um *A*).

smls|at *pf.*, **~nout** *pf.* (*-sl/-snul*; *-snut*) vernaschen; *-nout si na čem* sich et. schmecken lassen.
smluv|ený vereinbart; **~it** *pf.* verabreden, vereinbaren; **~ně** *Adv.* vertragsmäßig; **~ní** Vertrags-; vertragschließend.
smočit *pf.* benetzen.
smokvoň *f* (*3*) Feigenbaum *m*.
smol|a *f s. smůla*; **~ař** *m* (*3*), **~ařka** *f* (*1c*; *-řek*) F *fig.* Pechvogel *m*; **~ík** *m* (*1a*) Schmutzfink *m*; **~il** *m* (*1*; *-ové*) Pfuscher *m*; **~inec** *m* (*4*; *-nc-*) *Min.* Pechblende *f*; **~it** ⟨*o-, po-, se-, za-*⟩ verpichen; F *iron.* verpfuschen; **~natý** harzreich; **~nice** *f* (*2a*) Pechfackel *f*; **~nička** *f* (*1c*; *-ček*) Kienspan *m*; Pechnelke *f*; **~ný** Pech-, Kien-; **~ový** Pech-; *-vě černý* pechschwarz.
smontovat *pf.* (*-tuji*) zusammensetzen, -bauen.
smot|(áv)at zusammenrollen; *Wolle* aufwickeln; *Haare* zusammenknoten; *Zigarette* drehen; *Tech.* abhaspeln; **~ek** *m* (*2b*; *-tk-*) (*Papier-*) Rolle *f*; (*Stoff-*)Ballen *m*; F Selbstgedrehte *f* (*Zigarette*).
smoud *m* (*2a*) Brandgeruch *m*.
smrad *m* (*2*; *6. -u/-ě*) Gestank *m*; V *fig.* Aas *n*, Saukerl *m*; **~it** P ⟨*pro-, za-*⟩ verstänkern, die Luft verpesten; **~lavý** stinkend, stinkig.
smrák|ání *n* (*3*) Dämmerung *f*; **~at se** dämmern.
smrč|í *n* (*3*), **~ina** *f* (*1*) Fichtenwald *m*.
smrd|ět ⟨*za-*⟩ stinken (*čím* nach *D*); *~ leností* stinkfaul sein; **~utý** stinkend; *-tá puma* Stinkbombe *m*.
smrk[1] *m* (*2b*) Fichte *f*.
smrk[2] V *m* (*2b*) Rotz *m*; **~áč** P *m* (*3*) *verä.* Rotznase *f*; **~at** ⟨*po-, vy-, za-*⟩, **~nout** *pf.* (*-kl*) (sich) schneuzen.
smrkový Fichten-.
smrsk|at se, **~nout se** *pf.* (*-kl*) zusammenschrumpfen, sich zusammenziehen; *Geol.* sich verwerfen.
smršť *f* (*4c*; *-tě*) Windhose *f*; *vodní ~* Wasserhose *f*.
smrš|tit se *pf.*, **~ťovat se** (*-tuji*) *s. smrskat se*.
smrt *f* (*4a*) Tod *m*; *až do ~i* bis zum Tod, *poet.* bis in den Tod; *na ~ nemocen* todkrank; *na ~ bledý* totenbleich; *na ~ zarmoucen* zu Tode betrübt; *zemřít přirozenou ~í* e-s natürlichen Todes sterben.
smrtel|ník *m* (*1a*), **~nice** *f* (*2a*) *lit.* Sterbliche *m od. f*; **~nost** *f* (*4*) Sterblichkeit *f*; **~ný** sterblich; *Krankheit*, *Wunde*: tödlich; Todes- (*Kampf*, *Angst*); Sterbe- (*Lager*); Tod- (*Sünde*); *Smrtelná neděle* Totensonntag *m*.
smrt|icí, **~ící** tödlich, todbringend; **~ihlav** *m* (*1*; *-ové*) Totenkopf *m*; **~ka** *f* (*1c*; *-tek*) Todesgöttin *f*; **~onosný** tödlich; Todes-.
smrž *m* (*4*) Morchel *f*.
smůla *f* (*1a*) Pech *n*.
smut|eční Trauer-; **~ek** *m* (*2b*; *-tk-*) Trauer *f*; **~ný** (*Adv. -ně, -no*) traurig; *je mi -no* mir ist traurig zumute.
smyč|cový *Mus.* Streich-; *hráč na ~ nástroj Mus.* Streicher *m*; **~ec** *m* (*4*; *-čc-*) *Mus.* Bogen *m*.
smýčit ⟨*o-, od-, pře-, vy-, za-*⟩ abstauben, abkehren.
smyčka *f* (*1c*; *-ček*) Schleife *f*; Schlinge *f*.
smyk *m* (*2b*) Gleiten *n*; *Kfz.* Schleudern *n*; *Mus.* Bogenstrich *m*; Ackerschleppe *f*; (*Holz-*)Riese *f*; *Sp.* Querschwung *m*.
smýk|ací Gleit-; **~at**, **~nout** *pf.* (*-kl*) schleppen, schleifen, zerren; (*čím*) schleudern, F schmeißen (*A*).
smyk|nout *pf.* (*-kl*), **~ovat** ⟨*u-, za-*⟩ (*-kuji*) *s. smýkat*; **~ový** Schub-.
smysl *m* (*2a*) Sinn *m*; *~ pro povinnost* Pflichtgefühl *n*; **~it** *pf.* (*-šlen*) *lit.* erdenken; *~ si co* sich et. in den Kopf setzen; **~nost** *f* (*4*) Sinnlichkeit *f*; **~ný** sinnlich, Sinnen-; **~ový** Sinnes-; **~uplný** sinnvoll.
smýšlení *n* (*3*) Gesinnung *f*, Denkweise *f*; (*Börsen-*)Stimmung *f*.
smyšl|enka *f* (*1c*; *-nek*) *fig.* Erfindung *f*, F Hirngespinst *n*; **~ený** ersonnen, erdacht.
smýšlet (*3 Pl. -ejí*) beabsichtigen; denken, gesinnt sein; *Pol.* eingestellt sein.
smý(va)t (*pf. s. mýt*) abwaschen; *Schuld* tilgen.
sn- *s. sen.*
snad vielleicht, wohl, etwa; hoffentlich.
snad|nost *f* (*4*) Leichtigkeit *f*; **~ný** (*Komp. -nější/snazší*; *Adv. -no, -ně*; *Komp. -něji/snáze*) leicht.
snaha *f* (*1b*) Streben *n*, Bestreben *n*, Bemühung *f*; *~ po uplatnění* Geltungsstreben.

snacha *f* (*1b*) Schwiegertochter *f*.
sňal *s. sejmout.*
snář *m* (*4*) Traumbuch *n*.
snáše(n)liv|ost *f* (*4*) Verträglichkeit *f*; *Pol.*, *Rel.* Toleranz *f*; **~ý** verträglich; tolerant.
snáš|et (*3 Pl. -ejí*) *s. snést*; **~ka** *f* (*1c*; *-šek*) *Hdl.* Übertrag *m*.
sňat|ek *m* (*2b*; *-tk-*) Vermählung *f*, Trauung *f*, Ehe(schließung) *f*, Heirat *f*; **~kový** Heirats-.
snáze, snazší *s. snadný.*
snaž|ení *n* (*3*) Bestreben *n*, Bemühung *f*, Trachten *n*; **~it se** ⟨(*vy-*) *na-*⟩ (*o co*) streben (nach *D*), anstreben (*A*), trachten, bestrebt sein (*et.* zu tun); sich bemühen, F sich anstrengen; **~ivec** *m* (*3*; *-vc-*) strebsamer Mensch *m*; **~ivost** *f* (*4*) Strebsamkeit *f*, Emsigkeit *f*; **~ivý** strebsam, eifrig, emsig; **~ný** dringend, inständig; eifrig.
snědek: *něco k -dku* et. zu essen; *podávat něco k -dku* e-n (kleinen) Imbiß reichen.
snědý braun, bräunlich; brünett.
sněh|obílý schneeweiß; **~ovka** *f* (*1c*; *-vek*) Schneeschuh *m*; Schneeschaufel *f*; **~ový** Schnee-; **~ulák** *m* (*1a*) Schneemann *m*; **~urka** *f* (*1c*) Schneewittchen *n*.
sněm *m* (*2a*) *Pol.* Parlament *n*, Versammlung *f*; *církevní ~* Konzil *n*, Kirchentag *m*; *lidový ~* Volkskammer *f*; *spolkový ~* Bundestag *m*; **~ovat** ⟨*pro-*⟩ (*-muji*) *Pol.* tagen; **~ovna** *f* (*1*; *-ven*) Parlament(sgebäude) *n*; *Parl.* Haus *n*, Kammer *f*; **~ovní** Parlaments-, Landtags-, Reichstags-.
snění *n* (*3*) Träumen *n*, Träumerei *f*.
snesitelný erträglich, F leidlich.
snést *pf.* (*s. nést*) hinab-, heruntertragen, -holen, -bringen; zusammentragen, herbeischaffen, sammeln; *Eier* legen; ertragen, (er-)dulden, ausstehen, hinnehmen, sich gefallen lassen, *Med.* vertragen; **~ se** sich niederlassen, niedergehen; *Flgw.* tiefergehen, F heruntergehen; *poet.* herabschweben; (*s kým*) sich vertragen, (gut) auskommen (mit *D*).
sněť *f* (*4a*) *Med.*, *Bot.* Brand *m*.
snětí *n* (*3*) Abnahme *f*, Herunternehmen *n*; *~ s kříže* Kreuzabnahme.
snětivý vom Brand befallen, brandig.
sněž|ení *n* (*3*) Schneefall *m*; **~enka** *f* (*1c*; *-nek*) Schneeglöckchen *n*; **~it** ⟨*na-*, *za-*⟩ schneien; **~nice** *f* (*2a*) Schneereifen *m*; Schneeschuh *m*; **~ný** Schnee-.
snídaně *f* (*2b*; *2 Pl. -í*), *dial.* **~aní** *n* (*3*) Frühstück *n*; **~at** ⟨*na- se*, *po-*, *pře-*⟩ frühstücken.
sníh *m* (*2b*; *sněh-*) Schnee *m*.
snílek *m* (*1a*; *-lk-*; *-lkové*) Träumer *m*; **~kovství** *n* (*3*) Träumerei *f*.
sním|ací abnehmbar; (*Ton-*, *Bild-*) Aufnahme-; Kopier-, Paus-; **~ač** *m* (*4*) *El.* Abnehmer *m*; (*Film-*)Abtaster *m*; **~at** abnehmen; **~atelný** abnehmbar; **~ek** *m* (*2b*; *-mk-*) *Fot.* Aufnahme *f*, Lichtbild *n*, F Foto *n*, Bild(chen) *n*; Kopie *f*; *zvukový ~* Ton(band)aufnahme; **~kovací**: *~ stanice* Schirmbildstelle *f*; **~kování** *n* (*3*): *řadové ~* Röntgenreihenuntersuchung *f*; *~ ze štítu Med.* Schirmbildaufnahme *f*; **~kovat** (*-kuji*) *Bild* aufnehmen; Aufnahme(n) machen (von *D*); **~kový** *Fot.* Aufnahme-; Kopier-; *Typ.* Faksimile-.
sníst *pf.* (*sním*, *3 Pl. snědí*, *snědl*, *-den*) aufessen.
snít[1] ⟨*po- si*, *za- se*⟩ (*snil*) träumen.
snít[2] *pf. s. sejmout.*
snítka *f* (*1c*; *-tek*) Ästchen *n*, Zweiglein *n*.
sniv|ost *f* (*4*) Träumerei *f*; **~ý** träumerisch, verträumt.
snížen|í *n* (*3*) Senkung *f*; (*Preis-*) Nachlaß *m*; (Ver-)Minderung *f*; **~ina** *f* (*1*) *Geogr.* Senke *f*; **~ka** *f* (*1c*; *-nek*) ermäßigte Fahrkarte *f*.
snížit *pf.* senken; † erniedrigen; *Preis a.* herabsetzen; vermindern; *~ se* sich herablassen; sich senken.
sniž|ovací Abbau-; **~ovat** (*-žuji*) *s. snížit.*
snop *m* (*2a*) Garbe *f*; **~ek** *m* (*2b*; *-pk-*) Büschel *n*; **~kovat** (*-kuji*) in Garben binden.
snosit (*-šen*) *s. snést.*
snoub|enec *m* (*3*; *-nc-*) Verlobte(r) *m*; *-nci pl. a.* Brautpaar *n*, F Brautleute *pl.*; **~enka** *f* (*1c*; *-nek*) Verlobte *f*; **~it se** ⟨*za-*⟩ sich verloben.
snout ⟨*při-*⟩ (*snuji*, *snul*; *snut*) abwickeln; anzetteln; F im Schilde führen.
snov|ací Zettel-; **~ač** *m* (*3*) Anzettler *m*; **~adlo** *n* (*1a*; *-del*) Schärmühle *f*, Weberrolle *f*; **~at** *s. snout.*

snový Traum-.

snubní Verlobungs-.

snůška *f* (*1c*; *-šek*) Sammlung *f*; Ertrag *m*; ~ *lží* Lügengewebe *n*.

snýtovat *pf*. (*-tuji*) vernieten.

sob *m* (*1*) Ren(n)tier *n*, *Zo*. Ren *n*.

sobě sich (*D*); *s*. *on*; *po* ~ nacheinander; ~ *rovný* seinesgleichen.

sobec *m* (*3*; *-bc-*) Egoist *m*; **~kost** *f* (*4*) Egoismus *m*, Selbstsucht *f*; **~ký** (*Komp*. *-čtější*) egoistisch, selbstsüchtig; **~tví** *n* (*3*) *s*. *sobeckost*.

soběstač|nost *f* (*4*) Unabhängigkeit *f*, Selbständigkeit *f*; *Pol*. Autarkie *f*; **~ný** (wirtschaftlich) unabhängig.

sobí Ren(ntier)-.

sobol *m* (*1*) Zobel *m*; **~ina** *f* (*1*) Zobelfell *n*.

sobot|a *f* (*1*) Samstag *m*, Sonnabend *m*; *v -tu* am Sonnabend, sonnabends; *Bílá* ~ Karsamstag; **~ní** Samstags-, Sonnabend-.

socan P *m* (*1*) *iron*. Sozi *m*.

sociali|smus [-zm-] *m* (*2b*; *-ismu*) Sozialismus *m*; **~sta** *m* (*5a*) Sozialist *m*; **~stický** [-tɪ-] (*Adv*. *-y*) sozialistisch; **~zovat** (*im*)*pf*. ⟨*po-*, *ze-*⟩ (*-zuji*) sozialisieren.

sociáln|ě *Adv*. sozial; ~ *politický* sozialpolitisch; **~í** sozial, Sozial-.

sočit (*na k-o*) anfeinden (*A*), feindlich (gesinnt) sein (*D*).

sod|a *f* (*1*) Soda *f*; **~ík** *m* (*2b*) Natrium *n*; **~íkový**, **~ný** Natrium-; **~ovka** *f* (*1c*; *-vek*) Selters(wasser) *n*, Soda(wasser) *n*; **~ový** Soda-.

sofistický [-tɪ-] sophistisch.

socha *f* (*1b*) Standbild *n*, Statue *f*, Skulptur *f*; **~ř** *m* (*3*) Bildhauer *m*; **~ství** *n* (*3*) Bildhauerkunst *f*, Skulptur *f*.

sochor *m* (*2a*) Knüttel *m*; Brechstange *f*, Brecheisen *n*.

soj|čí (Eichel-)Häher-; **~ka** *f* (*1c*; *-jek*) Eichelhäher *m*.

sójový Soja(bohnen)-.

sok *m* (*1a*; *-ové*) Rivale *m*, Gegner *m*; Nebenbuhler *m*.

sokl *m* (*2a*) Sockel *m*.

sokol *m* (*1*) Falke *m*; ♀ „Sokol" (*nation*. *Turnverein*); **~í** Falken-; **~ník** *m* (*1a*) Falkner *m*; **~ovna** *f* (*1*; *-ven*) Turnhalle *f* des „Sokol"; **~ský** Sokol-.

sok|ovství *n* (*3*) Rivalität *f*; **~yně** *f* (*2b*) Rivalin *f*.

sol- *s*. *sůl*.

solank|a *f* (*1c*; *-nek*) Sole *f*; Salzbinse *f*; **~ový** Sol-.

solený gesalzen, Salz-; *-né maso* Pökelfleisch *n*.

solidar|ita *f* (*1*) Solidarität *f*; **~izovat se** (*-zuji*) sich solidarisieren, sich solidarisch erklären.

solidní solid(e).

sólist|a *m* (*5a*), **~ka** *f* (*1c*; *-tek*) Solist(in *f*) *m*.

solit ⟨*na-*, *o-*, *při-*, *za-*⟩ salzen.

solivar *m* (*2a*), **~na** *f* (*1*; *-ren*) Saline *f*; † Salzsiederei *f*; **~nictví** *n* (*3*) Salinenbetrieb *m*.

solnat|ost *f* (*4*) Salzgehalt *m*; **~ý** salzhaltig.

soln|í Salz-; **~ice** *f* (*2a*) Salzkammer *f*; **~ička** *f* (*1c*; *-ček*) Salzstreuer *m*, Salzbüchse *f*; **~ý** salzig, Salz-.

sólo *n* (*1a*; *6*. *-u*/*-e*) Solo *n*; **~vý** Solo-.

solven|ce *f* (*2*) Zahlungsfähigkeit *f*; **~tní** zahlungsfähig.

Somál|ec *m* (*3*; *-lc-*) Somali *m*; **~sko** *n* (*1b*) Somalia *n*; **♀ský** somalisch.

somnambul *m* (*1*; *-ové*) Nachtwandler *m*; **~ský** nachtwandlerisch.

son|áta *f* (*1*) Sonate *f*; **~atina** [-tɪː-] *f* (*1*) Sonatine *f*; **~átový** Sonaten-.

sond|a *f* (*1*) Sonde *f*; **~ace** *f* (*2*), **~áž** *f* (*3*) Sondierung *f*; **~ovací** Sondier(ungs)-; **~ovat** ⟨*pro-*, *vy-*⟩ (*-duji*) sondieren.

sonet *m* (*2a*) Sonett *n*.

sopeč|natý vulkanreich; **~ný** vulkanisch, Vulkan-.

sopel P *m* (*2a od*. *4*; *-pl-*) Rotz *m*; *verä*. Rotznase *f*.

sopka *f* (*1c*; *-pek*) Vulkan *m*.

sopouch *m* (*2b*) Rauchabzug *m*; Krater *m*.

sopr|án *m* (*2a*) Sopran *m*, -stimme *f*; **~anistka** [-nɪ-] *f* (*1c*; *-tek*) Sopranistin *f*; **~ánový** Sopran-.

soptit ⟨*na- se*, *roz- se*, *vy-*, *za-*⟩ speien, *fig*. sprühen; ~ *vztekem* vor Wut schnauben.

sosá|ček *m* (*2b*; *-čk-*), **~k** *m* (*2b*) *Zo*. Saugrüssel *m*.

sosn|a *f* (*1*; *-sen*) Kiefer *f*, *lit*. Föhre *f*; **~oví** *n* (*3*) Kiefernwald *m*; **~ový** Kiefern-, Föhren-.

soška *f* (*1c*; *-šek*) Statuette *f*, Figürchen *n*.

sotva kaum.

sou|běžný parallel; **~boj** *m* (*4*) Zweikampf *m*, Duell *n*.

soubor *m* (*2a*) Zusammenstellung *f*, Kollektion *f*; Komplex *m*; *Thea*.

Ensemble *n*, Gruppe *f*; *Tech.* Satz *m*, Garnitur *f*; **~ně** *Adv.* zusammen (-gefaßt), als Gesamtausgabe; **~ný** Gesamt-, Sammel-; zusammenfassend.

sou|cit *m* (*2a*) Mitleid *n*, Mitgefühl *n*; **~cítit** Mitleid haben, mitfühlen; **~citný** mitleidvoll, mitfühlend.

současník *m* (*1a*) Zeitgenosse *m*; **~ný** gleichzeitig; gegenwärtig.

součást *f* (*4*), **~ka** *f* (*1c*; *-tek*) Bestandteil *m*; Einzelteil *n*; Werkstück *n*.

souček *m* (*2b*; *-čk-*) *s. suk.*

součet *m* (*2a*; *-čt-*) Summe *f*; Gesamtzahl *f*.

součin *m* (*2a*) *Math.* Produkt *n*; **~itel** *m* (*4*; *-é*) Koeffizient *m*; **~nost** *f* (*4*) Mitwirkung *f*; *za ~i* unter Mitwirkung; **~ný** mitwirkend.

soud *m* (*2*; *6. -u/-ě*) Gericht *n*; Prozeß *m*; Urteil *n*; Meinung *f*; **~ce** *m* (*3*) Richter *m*; *Sp.* Schiedsrichter *m*; **~covat** (*-cuji*) als Schiedsrichter tätig sein; **~covský** richterlich, Richter-.

soud|eček *m* (*2b*; *-čk-*), **~ek** *m* (*2b*; *-dk-*) Fäßchen *n*.

soudit ⟨*po-, pře-, roz-, u-, vy-*⟩ (*-zen*) *v/t* richten (*A*), *lit.* Gericht halten (über *A*); *v/i* (*o kom, o čem*) urteilen, denken (über *A*); (*z čeho nač*) folgern, schließen (aus *D* auf *A*).

soud|kyně *f* (*2b*) Richterin *f*; **~ní** gerichtlich, Gerichts-; **~nictví** *n* (*3*) Gerichtswesen *n*; Gerichtsbarkeit *f*; Rechtspflege *f*; **~nička** *f* (*1c*; *-ček*) Bericht *m* aus dem Gerichtssaal; **~nost** *f* (*4*) Urteilskraft *f*; **~ný** urteilsfähig; vernünftig; Richter-; *-ná stolice* Richterstuhl *m*; *~ den bibl.* Jüngstes Gericht.

soudobý gleichzeitig; zeitgenössisch.

soudru|h *m* (*1a*) Genosse *m*; Kollege *m*; **~žka** *f* (*1c*; *-žek*) Genossin *f*; **~žský** kameradschaftlich.

soudrž|nost *f* (*4*) Kohäsion *f*, Bindekraft *f*; *fig.* Gemein(schafts)sinn *m*; **~ný** zusammenhaltend.

souhlas *m* (*2*; *6. -e/-u*) Übereinstimmung *f*; Zustimmung *f*, Einverständnis *n*; Genehmigung *f*; **~it** ⟨*za-*⟩ (*s kým v čem*) übereinstimmen (mit j-m in *D*); einverstanden sein (mit *D*); (*s čím*) billigen (*A*), zustimmen (*D*).

souhláska *f* (*1c*; *-sek*) Konsonant *m*, Mitlaut *m*.

souhlas|nost *f* (*4*) Übereinstimmung *f*; **~ný** übereinstimmend; (*Text*) gleichlautend; billigend, zustimmend.

sou|hra *f* (*1d*; *-her*) Zusammenspiel *n*; Zusammentreffen *n von Zufällen*; **~hrn** *m* (*2a*) Zusammenfassung *f*; **~hrnný** zusammenfassend; **~hvězdí** *n* (*3*) Sternbild *n*.

souchotinář *m* (*3*) Schwindsüchtige(r) *m*; **~ský** schwindsüchtig.

souchotiny *f/pl.* (*2*) Schwindsucht *f*.

soujmen|ný gleichnamig; **~ovec** *m* (*3*; *-vc-*) Namensvetter *m*.

souk|ací Spul-; **~adlo** *n* (*1a*; *-del*) Spulrad *n*; **~at** ⟨*na-, po-, pře-, v-, za-*⟩ spulen; zwirnen; *Speisen* mit Mühe hinunterwürgen; *Worte* mit Mühe hervorbringen.

souken|ický Tuchmacher-, Tuch-; **~ík** *m* (*1a*) Tuchmacher *m*; Tuchhändler *m*; **~ný** Tuch-.

soukmen|ný stammverwandt; **~ovec** *m* (*3*; *-vc-*) Stammesgenosse *m*.

soukolí *n* (*3*) Getriebe *n*, † Räderwerk *n*.

soukrom|í *n* (*3*) Privatleben *n*; *říci v ~* im Vertrauen sagen; *žít v ~* privatisieren; **~nice** *f* (*2a*) nicht berufstätige Frau *f*; **~ník** *m* (*1a*) Privatmann *m*, Privatier *m*; **~ohospodářský** privatwirtschaftlich; **~oprávní** privatrechtlich, zivilrechtlich; **~ý** privat, Privat-.

soulad *m* (*2a*) Einklang *m*, Harmonie *f*; **~ný** harmonisch.

soulož *f* (*3*) Beischlaf *m*; **~it** beischlafen; **~nice** *f* (*2a*) Konkubine *f*; **~ník** *m* (*1a*) Günstling *m*; Liebhaber *m*.

soumar *m* (*1*; *-rové/-ři*) Last-, Saumtier *n*; *fig.* Packesel *m*.

souměr|nost *f* (*4*) Symmetrie *f*; **~ný** symmetrisch; gleichmäßig.

souměřitelný vergleichbar.

souminulý: *~ čas Gr.* Imperfekt *n*.

soumrak *m* (*2b*) Dämmerung *f*.

sounáležit|ost *f* (*4*) Zusammengehörigkeit *f*; **~ý** zusammengehörig.

sounož, ~mo *Turn.* mit beiden Beinen.

sou|ostroví *n* (*3*) Archipel *m*, Inselgruppe *f*; **~osý** gleichachsig; *El.* koaxial.

soupaž, ~mo, ~ně *Turn.* beidarmig, mit beiden Armen.

soupeř *m* (*3*), **~ka** *f* (*1c*; *-řek*) Rivale *m*, -in *f*; Gegner(in *f*) *m*, Nebenbuhler(in *f*) *m*; **~it** wetteifern, rivalisieren; **~ství** *n* (*3*) Gegnerschaft *f*, Rivalität *f*.
soupis *m* (*2*; *6*. *-e*/*-u*) Verzeichnis *n*, Aufstellung *f*; **~ka** *f* (*1c*; *-sek*) Liste *f*; **~nice** *f* (*2a*), **~ník** *m* (*2b*) Inventarbuch *n*, Verzeichnis *n*; **~ný**, **~ový** Inventar-; Konskriptions-.
souprav|a *f* (*1*) Garnitur *f*; **~ička** *f* (*1c*; *-ček*) Babygarnitur *f*.
souproud *m* (*2*; *6*. *-u*/*-ě*) Gleichstrom *m*.
souput|ník *m* (*1a*), **~nice** *f* (*2a*) Reisegefährte *m*, -in *f*; Trabant(in *f*) *m*; *Pol*. Mitläufer(in *f*) *m*.
souro|dý ebenbürtig; homogen; **~zenci** *m*/*pl*. (*3*) Geschwister *pl*.
souruč *Turn*. beidarmig, mit beiden Armen; **~enství** *n* (*3*) Gemeinschaft *f*.
souřad|it (*im*)*pf*. (*-děn*/*-zen*) beiordnen, koordinieren; **~nice** *f* (*2a*) *Geom*. Koordinate *f*; **~nost** *f* (*4*) Koordinierung *f*; *Gr*. Parataxe *f*; **~ný** beigeordnet, koordiniert; *Gr*. parataktisch; *-né souvětí* Satzverbindung *f*.
soused *m* (*1*; *-é*), **~ka** *f* (*1c*; *-dek*) Nachbar(in *f*) *m*; *Jur*. Anlieger(in *f*) *m*; **~ící** Nachbar-, benachbart; **~it** (*s kým*) Nachbar sein (*G*, von), zum Nachbar haben (*A*); (*s čím*) grenzen (an *A*); **~ní** Nachbar-, benachbart; angrenzend; **~ská** *f* (*Adj*. *2*) *Mus*. Ländler *m*; **~ský** Nachbar-, nachbarlich; **~ství** *n* (*3*) Nachbarschaft *f*; **~stvo** *n* (*1*) *koll*. Nachbarschaft *f*, Nachbarn *m*/*pl*.
sousled|nost *f* (*4*) Aufeinanderfolge *f*; *~ časů Gr*. Zeitenfolge *f*; **~ný** aufeinanderfolgend; *Gr*. konsekutiv.
soustátí *n* (*3*) Staatenbund *m*.
soustav|a *f* (*1*) System *n*; *tělesná ~* körperliche Konstitution *f*; **~ný** systematisch, planmäßig.
sousto *n* (*1*; *6*. *-u*) Bissen *m*.
soustrast *f* (*4*) Beileid *n*, Mitgefühl *n*, Anteilnahme *f*; **~ný** Beileids-, Kondolenz-.
soustrojí *n* (*3*) Maschinensatz *m*, Aggregat *n*.
soustruh *m* (*2b*) Drehbank *f*; **~ovat** (*-huji*) *s. soustružit*.
soustruž|it ⟨*o-*, *pře-*, *u-*⟩ drechseln; *Metall* drehen; **~na** *f* (*1*; *-žen*) Drechslerei *f*; **~nický** Drechsler-, Dreh-; **~ník** *m* (*1a*) Drechsler *m*; (*Metall-*)Dreher *m*.
soustřed|ění *n* (*3*), **~ěnost** *f* (*4*) Konzentration *f*; **~it** *pf*. ⟨se-⟩ konzentrieren, sammeln; **~ivý** zentripetal; **~ný** konzentrisch.
soustřeďovat (*-ďuji*) *s. soustředit*.
souš *f* (*3*) Festland *n*, Land *n*; dürres Holz *n*, trockener Baum *m*; leere Wabe *f*; *na vodě i na ~i* zu Wasser und zu Lande; *po ~i* auf dem Landwege.
soutěska *f* (*1c*; *-sek*) Gebirgspaß *m*, Klamm *f*.
soutěž *f* (*3*) Wettbewerb *m*; Wettkampf *m*; *Hdl*. Konkurrenz *f*; **~ící** im Wettbewerb stehend, konkurrierend; **~it** ⟨*za-*⟩ im Wettbewerb stehen, wetteifern; konkurrieren; sich mitbewerben; **~itel** *m* (*3*; *-é*) Mitbewerber *m*; **~ivost** *f* (*4*) Konkurrenzfähigkeit *f*; Freude *f* am Wettbewerb; **~ní** Wettbewerbs-, Wettkampf-.
sou|tok *m* (*2b*) Zusammenfluß *m*; **~trpný** mitleidig; **~věkovec** *m* (*3*; *-vc-*) Zeitgenosse *m*; **~věký** zeitgenössisch; **~věrec** *m* (*3*; *-rc-*) Glaubensgenosse *m*; **~větí** *n* (*3*) Satzgefüge *n*.
souvis|et (*3 Pl*. *-í*/*-ejí*) zusammenhängen; **~lost** *f* (*4*) Zusammenhang *m*; **~lý** zusammenhängend.
sou|vztažný wechselseitig, korrelativ; **~značný** gleichbedeutend; sinnverwandt, synonym; **~znít** (*3 Pl*. *-znějí*), **~zvučet** mitklingen, mittönen, harmonieren; **~zvučný** gleichgklingend, harmonisch; **~zvuk** *m* (*2b*) Ein-, Gleichklang *m*, Harmonie *f*.
souž|ení *n* (*3*) Plage *f*, Kummer *m*, Qual *f*; **~it** ⟨*na-*, *po-*, *u-*⟩ plagen, quälen; *~* se sich plagen; sich grämen.
soužití *n* (*3*) Zusammenleben *n*; *Pol*. Koexistenz *f*; *Bot*. Symbiose *f*.
sova *f* (*1*) Eule *f*; *pálená ~* Schleiereule.
sovět *m* (*2a*) Sowjet *m*; **~čík** *m* (*1a*) Sowjetmensch *m*; **~skoruský** sowjetrussisch; **~ský** sowjetisch, Sowjet-.
soví Eulen-.
spací Schlaf-.
spáč *m* (*3*) Schläfer *m*.
spad *m* (*2a*) Fallout *m*, radioaktiver Niederschlag *m*.

spád *m* (*2a*) Abhang *m*; Gefälle *n*; Abdachung *f*; *fig.* Wendung *f*; ~ *řeči* Tonfall *m*; ~*y pl. dial.* Schliche *m/pl.*, Kniffe *m/pl.*
spad(áv)at (her)abfallen; *Hang*: abstürzen; zusammenfallen, sich dekken; gehören zu (*D*), fallen in (*A*).
spad|eno: *mít* ~ *na co* es abgesehen haben auf (*A*); ~**lý** herabgefallen; *-lé ovoce* Fallobst *n*; ~**nout** *pf.* (*-dl*) herab-, herunterfallen; herab-, herunterstürzen; billiger werden, F heruntergehen; hineingeraten; ~ *se* mager werden, *an Gewicht* abnehmen; ~**nutí** *n* (*3*) Fall *m*, Sturz *m*; Herabfallen *n*; *děšť je na* ~ es kann jeden Augenblick regnen; *dům je na* ~ das Haus droht einzustürzen.
spád|ný abschüssig; steil; ~**ový** Fall-, Gefälle-; *Esb.* Ablauf-.
spáchat *pf. Verbrechen* begehen, verüben.
spáj *f* (*3*) Lötstelle *f*; ~**ecí** Löt-; ~**ený** gelötet, Löt-; ~**ečka** *f* (*1c*; *-ček*), ~**edlo** *n* (*1a*; *-del*) Lötkolben *m*; ~**et** (*3 Pl. -eji*) (zusammen)löten.
spakovat P *pf.* (*-kuji*) zusammenpacken; ~ *se* sich packen.
spála *f* (*1a*) Scharlach *m*.
spálen|í *n* (*3*) Einäscherung *f*; ~**ina** *f* (*1*) Brandwunde *f*; Brandgeruch *m*; *je cítit -nou* es riecht angebrannt; ~**iště** *n* (*2a*) Brandstätte *f*; ~**ý** verbrannt, versengt; *El.* durchgebrannt.
spálit *pf.* verbrennen, verheizen, F verfeuern; niederbrennen.
spalničk|y *f/pl.* (*1*; *-ček*) Masern *pl.*; ~**ový** Masern-.
spal|ný, ~**ovací** Verbrennungs-; ~**ovač** *m* (*4*) Verbrennungsapparat *m*; ~ *kouře* Rauchverzehrer *m*; ~**ování** *n* (*3*) Verbrennung *f*; Feuerbestattung *f*; ~**ovat** (*-luji*) *s. spálit*; ~**ovna** *f* (*1*; *-ven*) Verbrennungsanlage *f*; ~ *odpadků* Müllverbrennungsanlage.
spálový Scharlach-.
spánek *m* (*2b*; *-nk-*) Schlaf *m*; Schläfe *f*.
spánembohem *Adv.* in Gottes Namen; *dát k-u* ~ Abschied nehmen von (*D*).
spaní *n* (*3*) Schlafen(gehen) *n*; *před* ~*m* vor dem Zubettgehen; *čas* ~ Zeit schlafen zu gehen, F Schlafenszeit *f*.

spanilomysl|nost *f* (*4*) Edelmut *m*; ~**ný** edelmütig.
spanil|ost *f* (*4*) Anmut *f*, Lieblichkeit *f*; ~**ý** anmutig, reizend.
spánkový Schlaf-; Schläfen-.
spár *m* (*2a*) Klaue *f*, Kralle *f*.
spára *f* (*1d*) Spalte *f*, Spalt *m*, Ritze *f*; Fuge *f*.
spárat *pf.* (*-rám/-řu*) abtrennen.
spár|ek *m* (*2b*; *-rk-*) *Jagdw.* Schale *f*; ~**katý**: *-tá zvěř* Schalenwild *n*.
spárkovat *pf.* (*-kuji*) paarweise aufstellen; paaren.
spárovat[1] *pf.* (*-ruji*) *s. spárkovat.*
spárovat[2] <*vy-, za-*> (*-ruji*) *Arch.* (aus)fugen.
spar|ťanský, ~**t(an)ský**, ~**tánský** spartanisch.
spař|enina *f* (*1*) Verbrühung *f*; ~**it** *pf.*, ~**ovat** (*-řuji*) verbrühen (*se* sich); abbrühen; ~ *čaj* Tee aufgießen *od.* -bruhen.
spářit *pf.* paaren.
spása *f* (*1a*) Heil *n*, Rettung *f*.
spásat abweiden, abgrasen.
spas|it *pf.* retten (*se* sich), erlösen; *Rel.* selig machen; 2**itel** *m* (*1*; *-é*) *Rel.* Erlöser *m*, Heiland *m*.
spás(onos)ný heilbringend, heilsam, rettend.
spást *pf.* (*s. pást*) abweiden; abgrasen.
spát <*na-, po- si, vy- se, zaspat*> (*spím, spal*) schlafen; *jít spat* schlafen gehen, zu Bett gehen.
spatný: ~ *stoj Turn.* Grundstellung *f*.
spatra von oben herab (*anschauen*); aus dem Stegreif (*sprechen*).
spatřit *pf.* erblicken, wahrnehmen.
spav|ost *f* (*4*) Schlafsucht *f*; ~**ý** Schlaf-, schlafsüchtig, F verschlafen; *-vá nemoc* Schlafkrankheit *f*.
spéci se *pf.* (*s. péci*) zusammenbacken (*v/i*); F *Haare usw.*: verkleben (*v/i*); (zusammen)schrumpfen.
speciali|sta *m* (*5a*), ~**stka** *f* (*1c*; *-tek*) Spezialist(in *f*) *m*; ~**ta** *f* (*1*) Spezialität *f*; ~**zace** *f* (*2*) Spezialisierung *f*; ~**zovat** (*im*)*pf.* (*-zuji*) spezialisieren (*se* sich).
speciálka F *f* (*1c*; *-lek*) *Geogr.* Sonderkarte *f*; Spezial- *od.* Sonderklasse, -abteilung *f usw.*
specifi|cký spezifisch; ~**kovat** (*im*)*pf.* (*-kuji*) spezifizieren.

spečen|ec *m* (*3*; *-nc-*), **~ina** *f* (*1*) Agglomerat *n*; Sinter *m*; *~ý* zusammengebacken; *fig.* verklebt.
spedi|ce [-dɪ-] *f* (*2a*) Spedition(sbetrieb *m*) *f*; **~ční** Speditions-, Fracht-; **~tér** *m* (*1*; *-ři*) Spediteur *m*; **~térství** *n* (*3*) Speditionsfirma *f*.
spěch *m* (*2b*) Eile *f*, Hast *f*; *není ~* (es) eilt nicht; **~at** ‹*do-, při-, u-, za-*› (sich be)eilen; *to -chá* es eilt.
spék|ací *Bgb.* Sinter-; **~at** *Bgb.* sintern; *s. spéci*; **~avý** Back-.
speklý *s. spečený.*
spektrální Spektral-, spektral.
spekul|ace *f* (*2*) Spekulation *f*; **~ant** *m* (*1*) Spekulant *m*; **~ativní** [-tɪːv-] spekulativ; **~ovat** ‹*vy-, za- si*› (*-luji*) spekulieren.
spěnka *f* (*1c*; *-nek*) *Zo.* Fessel *f*, Fesselgelenk *n*.
spěš|nina *f* (*1*) Eilgut *n*, Eilfracht *f*; **~nost** *f* (*4*) Dringlichkeit *f*; **~nostní** Eil-; **~ný** eilig, Eil-, dringend.
spět (*spěji, 3 Pl. spějí*) *lit.* eilen; *fig.* eilen, streben; *~ k-u v ústrety* j-m entgegeneilen; (*k č-u*) *fig.* auf et. hinauslaufen; *~ ke konci* dem Ende entgegengehen.
spěž *f* (*3*) Bronze *f*.
spích|at *pf.*, **~nout** *pf.* (*-chl*; *-chnut*), **spichovat** (*-chuji*) zusammenheften.
spiklen|ec *m* (*3*; *-nc-*), **~ka** *f* (*1c*; *-nek*) Verschwörer(in *f*) *m*; **~ecký** Verschwörer-, verschwörerisch; **~ectví** *n* (*3*) verschwörerische Umtriebe *pl*.
spik|lý verschworen; **~nout se** *pf.* (*-kl*) sich verschwören; **~nutí** *n* (*3*) Verschwörung *f*.
spíl|ání *n* (*3*) Schimpfen *n*, Schmähungen *f/pl.*; **~at** ‹*na-, vy-, za-*› (*k-u*) beschimpfen, schmähen (*A*).
spilovat *pf.* (*-luji*) abfeilen.
spím *s. spát.*
spín|ací Heft-; *El.* Schalt-; *~ špendlík* Sicherheitsnadel *f*; **~ač** *m* (*4*) *El.* Schalter *m*; **~at** ‹*po-*› zusammenheften; (zusammen)koppeln; *El.* schalten; *Hände* falten; aneinanderketten; **~átko** *n* (*1b*; *-tek*) Heftklammer *f*; Büroklammer *f*.
spinkat ‹*vy- se*› *Kdspr.* schlafen, F heia machen.
spirál|a *f* (*1a*) Spirale *f*; **~ka** *f* (*1c*; *-lek*) Spiralfeder *f*; **~ní** Spiral-; **~ovitý** spiralförmig, Spiral-.
spis *m* (*2*; *6. -e/-u*) Schrift *f*, Werk *n*; Schriftstück *n*; *Jur.* Akte *f*; *sebrané ~y* gesammelte Werke; *došlé ~y Hdl.* Eingang *m*; *přiložit ke ~ům* zu den Akten legen.
spískat P *pf.* anrichten, anstellen.
spisovat (*-suji*) *s. sepsat.*
spisovatel *m* (*3*; *-é*), **~ka** *f* (*1c*; *-lek*) Schriftsteller(in *f*) *m*; Verfasser(in *f*) *m*; **~ský** schriftstellerisch, Schriftsteller-; **~ství** *n* (*3*) Schriftstellerberuf *m*.
spisov|na *f* (*1*; *-ven*) Registratur *f*, Aktenraum *m*; **~ný** Schrift-; **~ý** Akten-.
spíš(e) *Adv.* eher, lieber, vielmehr; *co nej~* höchstwahrscheinlich; F ehestens.
spíž *f* (*3*), **~e** *f* (*2*) *s. špižírna.*
splác|anina *f* (*1*) Flickwerk *n*; **~at** P *pf.* zusammenstoppeln, zusammenkleistern; *Speisen* durcheinanderessen; *dummes Zeug* schwätzen.
splác|ení *n* (*3*) Ab-, Rückzahlung *f*; **~et** (*3 Pl. -ejí*) *s. splatit.*
spláchnout *pf.* (*-chl*; *-chnut*) weg-, abspülen.
splachov|ací Spül-; Schwemm-; **~ač** *m* (*4*) Spülvorrichtung *f*, Spülung *f*; **~at** (*-chuji*) *s. spláchnout.*
splask|lý schlaff; **~nout** *pf.* (*-kl*) schlaff werden; einschrumpfen; *Med.* zurückgehen, abklingen.
splaš|enec *m* (*3*; *-nc-*) Verrückte(r) *m*, *iron.* Schussel *m*; **~ený** verrückt, F schusselig; **~it** *pf.* scheu machen; F *Geld* auftreiben; *~ se* scheu werden, durchgehen; F verrückt werden.
splašky *m/pl.* (*2b*) Abwässer *pl.*; Spülwasser *n*.
splatit *pf.* (*-cen*) ab-, zurückzahlen; *fig.* vergelten; *Schuld* abtragen; **~elný** rückzahlbar, tilgbar.
splát|ka *f* (*1c*; *-tek*) Ab-, Teil-, Ratenzahlung *f*; **~kový** Teilzahlungs-, Abzahlungs-, Raten-.
splat|nost *f* (*4*) Fälligkeit *f*; **~ný** fällig, (rück)zahlbar.
splav *m* (*2a*) Schleuse *f*, Wehr *n*; **~at** *pf.* (*-u*) stromabwärts schwimmen; F Mißerfolg haben.
splávek *m* (*2b*; *-vk-*) *dim. zu splav*; (*Kork- usw.*) Schwimmer *m*; *Bgb.* Herd *m*.
splav|it *pf. Holz* flößen; *Sand* abschwemmen; **~nit** *pf.* ‹*u-*› schiffbar machen; **~ný** schiffbar; **~ovat** (*-vuji*) *s. splavit.*

splaz *m* (*2a*) (*Holz-*)Rutsche *f*, Schleife *f*; *ledovcový* ~ Gletscherzunge *f*.
splesk|at *pf.*, **~nout** *pf.* (*-kl*; *-knut*) flachschlagen; *Hände* zusammenschlagen; **~lý** flach, platt.
splést *pf. s. plést.*
spleť *f* (*4c*; *-ti*, *7 Pl.* *-tmi*) Gewirr *n*, F Durcheinander *n*, Wirrwarr *m*.
splétat *s. plést.*
splet|enina *f* (*1*), **~enice** *f* (*2a*) Gewirr *n*; **~itost** *f* (*4*) Verworrenheit *f*; **~itý** verwickelt, verworren, kompliziert.
splín *m* (*2a*) Spleen *m*.
spln|ění *n* (*3*) Erfüllung *f*, **~it** *pf.* erfüllen; *Frist* einhalten; *Wort* halten; *Befehl* ausführen; **~itelný** erfüllbar.
splňovat (*-ňuji*) *s. splnit.*
splyn|out *pf.* herabfließen; zusammenfließen; verschmelzen; (*Farben*) verfließen, verschwimmen; **~utí** *n* (*3*) Verschmelzung *f*; *Geogr.* Zusammenfluß *m*; *Sp.* Gleiten *n*.
splýva|t *s. splynout*; **~vý** herabwallend; *Farben*: verschwommen.
spočinout *pf.* (aus)ruhen (*a. fig.*).
spočí|st *pf.* (*s. číst*), **~tat** *pf.* zusammenzählen, addieren; berechnen; ~ *tržbu* Kasse machen; ~ *na prstech* an den Fingern abzählen; **~vat** beruhen, liegen; lasten (auf *D*).
spod|ek *m* (*2b*; *-dk-*) Unterteil *n*, Boden *m*; Sockel *m*, Unterbau *m*; Gestell *n*; (*Schuh-*)Sohle *f*; (*1a*; *-dk-*) (*Kartenspiel*) Bube *m*, Unter *m*; **~em** unten; von unten; **~ina** *f* (*1*) *s. spodek*; *Anat.* Basis *f*; *Agr.* (Unter-)Grund *m*; unterste Schicht, *verä.* Abschaum *m des Volkes*; **~ky** *m/pl.* (*2b*; *6.* *-cich/-kách*) Unterhose *f*; *selt.* Hose *f*; **~ní** untere, Unter-; ~ *voda* Grundwasser *n*; **~nice** *f* (*2a*), **~nička** *f* (*1c*; *-ček*) Unterrock *m*, Unterkleid *n*; F *a.* Unterbett *n*; **~ničkář** *m* (*3*) *iron.* Schürzenjäger *m*.
spodob|a *f* (*1*) *Gr.* Angleichung *f*, Assimilation *f*; **~(n)it** *pf.*, **~(ň)ovat** (*-[ň]uji*) angleichen, assimilieren.
spoj *m* (*4*) *od.* *f* (*3*) Verbindung(slinie) *f*, Anschluß *m*; Naht *f*; *Esb.* Kupp(e)lung *f*; *poštovní a telegrafní* ~e Post- und Fernmeldewesen *n*; **~ař** *m* (*3*) Fernmeldetechniker *m*, Angestellte(r) *m* im Fernmeldewesen.
spojenec *m* (*3*; *-nc-*) Verbündete(r) *m*, Bundesgenosse *m*; *Mil. a.* Alliierte(r) *m*; **~ký** verbündet; *Mil.* alliiert; **~tví** *n* (*3*) Bündnis *n*, Allianz *f*.
spojen|í *n* (*3*) Verbindung *f*; Anschluß *m*; *El.* Kontakt *m*; *Pol.* Vereinigung *f*; *krátké* ~ Kurzschluß *m*; **~kyně** *f* (*2b*) Verbündete *f*, Bundesgenossin *f*; **~ý** verbunden; verein(ig)t.
spojit *pf.* verbinden; *Pol.* vereinigen; ~ *se zemí El.* erden; ~ *šrouby* ver-, zusammenschrauben; ~ *se* sich vereinigen, sich zusammentun; sich verbünden.
spoji|tost *f* (*4*) Zusammenhang *m*; **~tý** zusammenhängend; *Phys.* kommunizierend; **~vka** *f* (*1c*; *-vek*) Bindehaut *f*; **~vý** verbindend, bindend.
spoj|ka *f* (*1c*; *-jek*) *Gr.* Konjunktion *f*, Bindewort *n*; Verbindungsstück *n*, -rohr *n*, -straße *f*, -strecke *f*; *Tech.*, *Kfz.* Kupplung *f*; *Phys.* Sammellinse *f*; *Mil.* Melder *m*, Ordonnanz *f*; *Sp.* Halblinke(r) *m*; **~kový** Verbindungs-; Kupplungs-; **~nice** *f* (*2a*) *Geom.* Verbindungslinie *f*; **~ník** *m* (*2b*) Verbindungsstück *n*; **~ný** Verbindungs-; Kupplungs-; *Turn.* Grund-; **~ovací** Verbindungs-, Binde-; *Kfz.* Kupplungs-; ~ *způsob Gr.* Konjunktiv *m*, Möglichkeitsform *f*; **~ovat** *s. spojit.*
spokojen|ost *f* (*4*) Zufriedenheit *f*; **~ý** zufrieden; behaglich.
spokoj|it se *pf.*, *u-* (*kým, čím*) sich abfinden (mit); sich begnügen (mit); **~ivý** zufriedenstellend; **~ovat se** ⟨*u-*⟩ (*-juji*) *s. spokojit se.*
spolč|enec *m* (*3*; *-nc-*) Bundesgenosse *m*; **~it se** *pf.*, **~ovat se** (*-čuji*) sich verbünden, sich zusammentun; sich verschwören.
společen|skost *f* (*4*) Geselligkeit *f*; **~ský** gesellschaftlich, Gesellschafts-; gesellig; **~ství** *n* (*3*) Gemeinschaft *f*; **~stvo** *n* (*1*; *-stev*) Innung *f*; *hist.* Gilde *f*.
společ|nice *f* (*2a*), **~ník** *m* (*1a*) Gesellschafter(in *f*) *m*; Partner(in *f*) *m*; Teilhaber(in *f*) *m*, Kompagnon *m*; **~nost** *f* (*4*) Gesellschaft *f*; **~ný** gemeinsam, gemeinschaftlich; ~ *pas* Sammelpaß *m*; *-ná smlouva* Kollektivvertrag *m*; *-né vlastnictví* Mitbesitz *m*; ~ *hrob* Massengrab *n*.

spoléhat *s. spolehnout.*
spoleh|livost *f (4)* Zuverlässigkeit *f*, Verläßlichkeit *f*; **~livý** zuverlässig, verläßlich, *fig.* einwandfrei; **~nout (se)** *pf.* (*-hl*) sich verlassen (*na k-o, na co* auf *A*); **~nutí** *n (3)* Verlaß *m.*
spolek *m (2b; -lk-)* Verein *m*; *Pol.* Bund *m.*
spolkař *m (3) iron.* Vereinsmeier *m*; **~ení** *n (3)* Vereinsmeierei *f.*
spolknout *pf.* (*-kl*; *-knut*) verschlucken, verschlingen.
spolkový Vereins-; *Pol.* Bundes-.
spolu zusammen; gemeinsam; miteinander; **~-** *in Zssgn* Mit-; **~autor** *m (1; -ři)* Mitverfasser *m*, Koautor *m*; **~bližní** *m (Adj. 4)* Mitmensch *m*; Nächste(r) *m*; **~bojovník** *m (1a)* Mitkämpfer *m*; **~bydlící** *m (Adj. 4)* Mitbewohner *m*; **~cestující** *m (Adj. 4)* Mitreisende(r) *m*, Reisegefährte *m*; **~hráč** *m (3)* Mitspieler *m*; **~jezdec** *m (3; -dc-)* Beifahrer *m*; **~majitel** *m (3; -é)* Mitinhaber *m*, Mitbesitzer *m*; **~občan** *m (1; -é)* Mitbürger *m*; **~obyvatel** *m (3; -é)* Mitbewohner *m*; **~pachatel** *m (3; -é)* Mittäter *m*; **~pachatelství** *n (3)* Mittäterschaft *f*; **~práce** *f (2)* Mitarbeit *f*; Zusammenarbeit *f*; **~pracovat** (*-cuji*) mitarbeiten; zusammenarbeiten; **~pracovník** *m (1a)*, **-nice** *f (2a)* Mitarbeiter(in *f*) *m*; **~působení** *n (3)* Mitwirkung *f*; **~trpitel** *m (3; -é)* Leidensgenosse *m*; **~účastník** *m (1a)* Mitbeteiligte(r) *m*; Teilnehmer *m*; **~účinkování** *n (3)* Mitwirkung *f*; **~uchazeč** *m (3)* Mitbewerber *m*; **~vězeň** *m (3a; -zně, Pl. -zňové)* Mitgefangene(r) *m*; **~vina** *f (1)* Mitschuld *f*; **~viník** *m (1a)* Mitschuldige(r) *m*; **~vinný** mitschuldig (*na čem* an *D*); **~vlastník** *m (1a)* Mitinhaber *m*; **~zakladatel** *m (3; -é)* Mitbegründer *m*; **~žák** *m (1a)*, **~žákyně** *f (2b)* Mitschüler(in *f*) *m*; **~žití** *n (3)* Zusammenleben *n.*
spolykat *s. spolknout.*
spon|a *f (1)* Spange *f*, Schnalle *f*; *Esb.* Lasche *f*; *Gr.* Kopula *f*; **~ka** *f (1c; -nek)* Klammer *f*, Schließe *f*; Häkchen *n.*
spontánní spontan.
spor *m (2a)* Streit *m*; *Jur.* Prozeß *m.*
spora *f (1d) Bot.* Spore *f.*
sporák F *m (2b)* Sparherd *m.*
spor|nost *f (4)* Fragwürdigkeit *f*; *Jur.* Anfechtbarkeit *f*; **~ný** strittig, umstritten, Streit-.
sport *m (2a)* Sport *m.*
sporťák F *m (2b)* Sportwagen *m.*
sport|it, ~ovat ⟨*za-*⟩ (*-tuji*) Sport treiben; **~ka** F *f (1c)* Sporttoto *n*; **~ovec** *m (3; -vc-)*, **~ovkyně** *f (2b)* Sportler(in *f*) *m*; **~oviště** *n (2a)* Sportplatz *m*; **~ovní** Sport-, sportlich.
sporý (*Komp. -řejší*) *lit.* spärlich; stämmig, untersetzt; *Körper*: gedrungen; (*Nahrung*) reichlich, kräftig.
spořád|aný geregelt, geordnet; **~at** *pf., u-* ordnen; *Dinge* zurechtlegen; F *übel* zurichten.
spořil *m (1; -ové) iron.* Sparmeister *m.*
spořit ⟨*na-, u-, za- si*⟩ sparen.
spořitel|na *f (1; -len)* Sparkasse *f*; **~ní** Sparkassen-; **~nička** *f (1c; -ček)* Sparbüchse *f.*
spořiv|ost *f (4)* Sparsamkeit *f*; **~ý** sparsam.
spotřeb|a *f (1)* Bedarf *m*, Verbrauch *m*; **~** *práce* Arbeitsaufwand *m*; *věci hromadné -by* Massenbedarfsartikel *m/pl.*; **~ič** *m (3)*, **~itel** *m (3; -é)* Verbraucher *m*; **~ní** Verbrauchs-, Bedarfs-, Konsum-; **~ovat** *pf.* (*-buji*) verbrauchen, verzehren.
spousta *f (1)* Masse *f*, Menge *f*, F Unmenge *f*; Verwüstung *f*, Verheerung *f.*
spoušť[1] *f (4d; -tě) Tech.* Abzug *m*, F Drücker *m*; *Fot.* Auslöser *m.*
spoušť[2] *f (4d; -tě)* Verheerung *f*, Verwüstung *f.*
spouště|cí Anlaß-, Auslöse-; Senk-, Fall-; **~č** *m (4) Kfz.* Anlasser *m*, Starter *m*; **~ní** *n (3) Tech.* Anlassen *n*; Ingangsetzen *n*; Inbetriebnahme *f*; *Mar.* Stapellauf *m*; **~t** (*3 Pl. -ějí*) *s. spustit.*
spoutat *pf.* fesseln.
sprásk|at *pf.* verprügeln; *dial.* verschlingen; **~nout** *pf.* (*-kl*; *-knut*) *Hände* zusammenschlagen.
sprasný *Sau*: trächtig.
spraš *f (3)* Löß *m.*
sprát *pf.* (*speru, spral*) verprügeln.
spratek *m (1a; -tk-; -tkové) verä.* (Gift-)Zwerg *m*; Teufel *m.*
správ|a *f (1)* Verwaltung *f*, Leitung *f*; Ausbesserung *f*, Reparatur *f*; *duchovní* **~** Seelsorge *f*; **~ce** *m (3)*

Verwalter *m*, Leiter *m*; *Hdl.* Treuhänder *m*; **~ová** *f* (*Adj. 2*) Frau *f* des Verwalters; Verwalterin *f*; Hausbesorgerin *f*; **~covství** *n* (*3*) Verwalterposten *m*, -stelle *f*.

spravedl|ivý gerecht; *fig.* verdient; *slušné a -vé* recht und billig; **~nost** *f* (*4*) Gerechtigkeit *f*; Justiz *f*.

spravit *pf.* ausbessern, reparieren; zurechtmachen; F zustandebringen, ausrichten; besorgen, versorgen; ~ *se* sich erholen; zunehmen; F in Ordnung gehen.

správk|a *f* (*1c*; *-vek*) Reparatur *f*, Instandsetzung *f*; **~árna** *f* (*1*; *-ren*) Reparaturwerkstatt *f*; **~ař** *m* (*3*) Reparaturschlosser *m*; F Flickschuster *m*; ~ *aut* Autoschlosser; **~ařský, ~ový** Reparatur-; **~yně** *f* (*2b*) *s. správcová.*

správn|í Verwaltungs-; **~ost** *f* (*4*) Richtigkeit *f*; *Jur.* Rechtmäßigkeit *f*; **~ý** richtig, recht.

spravovat (*-vuji*) *s. spravit*; verwalten; ~ *se* (*čím*) sich richten (nach *D*).

sprch|a *f* (*1b*) Dusche *f*, Brause *f*; **~nout** *pf.* (*-chl*) ein wenig regnen; **~ovací** Dusch-, Brause-; **~ovat** (*-chuji*) duschen, abbrausen; ~ *se* ⟨*o- se, vy- se*⟩ sich duschen, ein Duschbad nehmen; **~ový** Dusch-, Brause-.

sprintovat (*-tuji*) *Sp.* sprinten.

spropitné *n* (*Adj. 3*) Trinkgeld *n*.

sprosť|ácký gemein, ordinär; **~áctví** *n* (*3*) Gemeinheit *f*; **~ačit** gemeine Reden führen; **~ák** *m* (*1a*) gemeiner Kerl *m*.

sprost|ota *f* (*1*) Gemeinheit *f*; **~ý** gemein, niederträchtig.

sprovodit *pf.* (*-zen*): ~ *ze světa* aus der Welt schaffen, beseitigen.

spŕška *f* (*1c*; *-šek*) Regenschauer *m*.

spřádat *s. spříst.*

spřahat, spřáhnout *pf.* (*-hl*; *spřežen*/*spřažen*) zusammeneinspannen, koppeln; P ~ *se* sich verbünden.

spřáhlo *n* (*1a*; *-hel*) *Esb.* Kupplung *f*.

spřátel|ený befreundet; **~it se** *pf.* Freundschaft schließen, sich anfreunden.

spřež *f* (*3*) Gesindel *n*, Pack *n*; **~enec** *m* (*3*; *-nc-*) Mitverschworene(r) *m*; **~ení** *n* (*3*) Gespann *n*; **~ka** *f* (*1c*; *-žek*) *Typ.* Ligatur *f*; *Gr.* Zusammenrückung *f*, Juxtaposition *f*.

spříseženl|ec *m* (*3*; *-nc-*) Eidgenosse *m*; **~stvo** *n* (*1*) Eidgenossenschaft *f*.

spříst *pf.* (*s. příst*) verspinnen; *Pläne* schmieden.

spustit *pf.* (*-štěn*) herunterlassen, herablassen; *Geom.* fällen; *Anker* werfen; *Flagge* niederholen *od.* streichen; *Tech.* anlassen, in Gang setzen; *Rdf.* anstellen, *dial.* anmachen; *Abzughahn* (ab)drücken; beginnen zu (*Inf.*); *Blick, Augen* abwenden; ~ *se* sich herablassen, sich senken; *Flgw.* niedergehen; sich einlassen; verkommen; ~ *se po laně* sich abseilen.

spuštění *n* (*3*) Anlassen *n*, Inbetriebnahme *f*; *Mar.* Stapellauf *m*; *s. spustit.*

srab *m* (*1*), **~ař** *m* (*3*) Stümper *m*, F Pfuscher *m*; **~ařina** *f* (*1*) Stümperei *f*; **~ařit** F patzen.

sráč V *m* (*3*) Scheißer *m*.

sra|čka V *f* (*1c*; *-ček*) Scheißerei *f*; **~nda** *f* (*1*) P Jux *m*, Hetz *f*.

srát V ⟨*in Zssgn -srat: na-, po-, vy-se, za-*⟩ (*seru, sral*; *srán*) scheißen.

sraz *m* (*2a*) Zusammenkunft *f*, Treffen *n*; Zusammenstoß *m*.

sráz *m* (*2a*) Abhang *m*; Abschüssigkeit *f*.

srazit *pf.* (*-žen*) herunterschlagen, -stoßen, *lit.* hinabstürzen (*v/t*); zusammenschlagen, zu Boden schlagen; *Hdl.* abziehen, abrechnen; *Chem.* fällen; *Milch* gerinnen lassen; abbringen (*j-n von D*); ~ *se* zusammenstoßen; sich zusammenschließen; *Chem., Phys.* sich niederschlagen, sich kondensieren; (*Milch*) gerinnen; (*Stoff*) einlaufen; *Kochk.* nicht aufgehen.

srázný abschüssig, steil.

sraženina *f* (*1*) Ablagerung *f*, *Geol.* Sediment *n*; *Med.* Gerinnsel *n*.

sráž|et (*3 Pl. -ejí*) *s. srazit*; **~ka** *f* (*1c*; *-žek*) Zusammenstoß *m*; Niederschlag *m*; *Hdl.* Abzug *m*, Abschlag *m*, Diskont *m*; **~koměr** *m* (*2a*) Regenmesser *m*; **~kový** Niederschlags-; *Hdl.* Abzugs-.

Srb *m* (*1*; *-ové*), **~ka** *f* (*1c*; *-bek*) Serbe *m*, -in *f*; (Lausitzer) Sorbe *m*, -in *f*; **♀skochorvatský** serbokroatisch; **♀ský** (*Adv. -y*) serbisch; sorbisch.

srčet rieseln.

srdce *n* (*2*) Herz *n*; *fig.* Mut *m*; (*Glocken-*)Klöppel *m*; † Schwengel *m*; *klid* ~ Seelenruhe *f*; *bez* ~ herz-

los; *od*, ze ~ von Herzen; **~lomný, ~rvoucí, ~ryvný** herzzerreißend.
srdcov|itý herzförmig; **~ka** *f* (*1c*; *-vek*) Herzkirsche *f*; Herzblume *f*; *Esb.* Herzstück *n*; **~ý** Herz-.
srd|čitý herzförmig; *Bot.* herzblättrig; **~éčko** F *n* (*1b*; *-ček*) Herzchen *n*.
srdeč|ní *Anat.* Herz-; **~nice** *f* (*2a*) Herz(schlag)ader *f*; **~nost** *f* (*4*) Herzlichkeit *f*; **~ný** herzlich.
srdíčko *n* (*1b*; *-ček*) *s. srdéčko*.
srdnatý beherzt, mutig; herzhaft.
srk *m* (*2b*) Schluck *m*; **~at** ⟨*za-*⟩, **~nout** *pf.* ⟨*na-, u-, v-, vy-, za-*⟩ (*-kl*; *-knut*) schlürfen; (*č-o*) nippen (von *D*); **~avý** schlürfend.
srn|a *f* (*1*) Reh *n*; **~če** *n* (*4*) Rehkitz *n*; **~čí** Reh-; **~ec** *m* (*3*; *-nc-*) Rehbock *m*; **~ina** *f* (*1*) Rehfleisch *n*; **~ka** *f* (*1c*; *-nek*) Rehgeiß *f*, Ricke *f*; Habichtspilz *m*.
sroc|ení *n* (*3*) Zusammenrottung *f*; **~ovat se** (*-cuji*) sich zusammenrotten.
srolovat *pf.* (*-luji*) zusammenrollen.
srostitý konkret.
srostlý verwachsen, zusammengewachsen.
srotit se *pf.* (*-cen*) sich zusammenrotten.
sroubit *pf.* (zusammen)zimmern.
srovn|at *pf.* vergleichen; ausgleichen, schlichten; ordnen; *Rechnung* begleichen; ~ se sich versöhnen; *Jur.* sich vergleichen; (*s čím*) übereinstimmen (mit *D*), entsprechen (*D*); **~atelný** vergleichbar; *Math.* kommensurabel; **~ávat** *s. srovnat*.
srozuměn|á: *dát k-u co na -ou* j-m et. zu verstehen geben; **~í** *n* (*3*) Einverständnis *n*; *ve* ~ *s kým* im Einvernehmen mit (*D*); **~ý** einverstanden.
srozumět *pf.* (*3 Pl. -ějí*) verstehen; ~ se sich einig werden.
srozumitel|nost *f* (*4*) Verständlichkeit *f*; **~ný** verständlich.
srp *m* (*2a*) Sichel *f*; **~ek** *m* (*2b*; *-pk-*): ~ *měsíce* Mondsichel *f*; **~en** *m* (*2a*; *-pn-*; *2. -pna*) August *m* (*Monat*); **~kov(it)ý** sichelförmig; **~nový** August-.
srst *f* (*4*) Fell *n*, (*Tier-*)Haar *n*; *proti ~i fig.* gegen den Strich; **~ka** *f* (*1c*; *-tek*) Stachelbeere *f*; **~natý** haarig, Pelz-.
sršatý stachelig; F wütend.
sršeň *m* (*3a*) *u. f* (*3*; *-šně*) Hornisse *f*.
srš|et ⟨*za-*⟩ sprühen; **~ivý** sprühend.
srub *m* (*2a*) Blockhaus *n*; Brunnenkasten *m*; *Bgb.* Schachtkranz *m*; *hist.* Bollwerk *n*.
srůst[1] *pf.* (*s. růst*) zusammen-, verwachsen.
srůst[2] *m* (*2a*) Zusammenwachsen *n*, Verwachsung *f*; **~at** *s. srůst*[1].
sřezat *s. seřezat*.
stabil|izace *f* (*2*) Stabilisierung *f*; **~izovat** (*im*)*pf.* (*-zuji*) stabilisieren; **~ita** *f* (*1*) Stabilität *f*; **~ní** stabil.
stáč|ecí Abfüll-; **~et** (*3 Pl. -ejí*) *s. stočit*.
stačit (*im*)*pf.* ⟨*po-, vy-*⟩ genügen, (aus)reichen, genug sein; genug haben; auskommen (mit *D*).
stadión *m* (*2a*) Stadion *n*; *na ~u* im Stadion.
stád|ní, ~n Herden-; **~o**ý *n* (*1*; *6. -u*/*-ě*) Herde *f*; Rudel *n*.
stáhnout *pf.* (*-hl*; *stažen*) abziehen (*se v*/*i*); herab-, herunterlassen; *Beine* anziehen; *Hand* zurückziehen; *Segel* streichen; (*a. si*) *Decke* hochziehen; (sich) *et.* überziehen, -stülpen; ~ *z oběhu* aus dem Verkehr ziehen; ~ *se a.* sich zusammenziehen.
stahov|ací Roll-; Falt-; Zug-; **~at** (*-huji*) *s. stáhnout*.
stáj *f* (*3*) Stall *m*; **~ní, ~ový** Stall-; **~ník** *m* (*1a*) Stallknecht *m*.
stále *Adv.* fortwährend, ständig, immerfort.
staletý jahrhundertelang, -alt.
stálice *f* (*2a*) Fixstern *m*.
stál|obarevný farbecht; **~ost** *f* (*4*) Beständigkeit *f*; **~ožárný** Dauerbrand-; **~ý** ständig, beständig, dauernd, dauerhaft.
stan *m* (*2*; *6. -u*/*-ě*) Zelt *n*; *Mil. hlavní* ~ Hauptquartier *n*.
standardní Standard-, Norm-.
stánek *m* (*2b*; *-nk-*) (*Verkaufs-*) Stand *m*.
stání *n* (*3*) Stehen *n*; *Jur.* Gerichtsverhandlung *f*; Stand *m*, Box *f*; *nemá* ~ er hat keine Ruhe *od.* F kein Sitzfleisch.
stani|ce *f* (*2a*) Station *f*; Haltestelle *f*; *benzínová* ~ Tankstelle *f*; *rozhlasová* ~ Rundfunksender *m*; **~ční** Stations-.
staniol [-nɪ-] *m* (*2a*) Stanniol *n*, F Silberpapier *n*.

stanný: *-né právo* Standrecht *n*.

stanout † *pf*. stehen bleiben.

stanov|ání *n* (*3*) Zelten *n*; Zeltlager *n*; **~at** (*-nuji*) zelten; **~ina** *f* (*1*) Zeltstoff *m*; **~isko** *n* (*1b*; *2 Pl*. *-sk*/*-sek*) Standpunkt *m*; **~iště** *n* (*2a*) Standort *m*, Stand *m*; *Kfz*. Halteplatz *m*, Parkmöglichkeit *f*; **~it** *pf*., *u-* bestimmen, festsetzen; **~y** *f*/*pl*. (*1*) Satzungen *f*/*pl*, Statuten *n*/*pl*.

stanový Zelt-.

stanu se *s*. *stát*³ *se*.

starat se ⟨*po-*, *u-*⟩ (*o co*, *o k-o*) sich sorgen, sich kümmern (um *A*).

stárek *m* (*1a*) Altgeselle *m*.

stárn|out ⟨ze-⟩ (*-rl*/*-rnul*) alt werden; **~utí** *n* (*3*) Altern *n*.

staro- *in Zssgn* alt-, Alt-.

starob|a *f* (*1*) Greisenalter *n*; **~inec** *m* (*4*; *-nc-*) Altersheim *n*; **~ní** Alters-; **~ný** Greisen-, greisenhaft.

staro|bylý alt(ertümlich); **~český** altschechisch; **~dávný** uralt; althergebracht; *od -na* von altersher, seit den ältesten Zeiten; *po -nu* nach altem Brauch.

staroch P *m* (*1a*) Alte(r) *m*.

staro|křesťanský altchristlich; **~městský** Altstädter-; **~módní** altmodisch; **~německý** altdeutsch; **~panenský** altjüngferlich; **~pramen** *m* (*4 od*. *2a*) Urquell *m*; **~pražský** Altprager; **~slavný** altehrwürdig; **~slovanský**, **~slověnský** alt(kirchen)slawisch.

starost *f* (*4*) Sorge *f*; *mít ~ o k-o* sich sorgen um (*A*); *o to nemám ~i* darüber mache ich mir keine Sorgen.

starost|a *m* (*5*) Bürgermeister *m*; (Gemeinde-)Vorsteher *m*; **~livý** sorgsam; besorgt (*o co* um *A*); (*Gesicht*) sorgenvoll; **~ová** *f* (*Adj*. *2*) Frau Bürgermeister (*des Bürgermeisters*).

staro|svat *m* (*1*; *-ové*) Hochzeitsvater *m*; Brautwerber *m*; **~světský** altväterlich; altmodisch; **~usedlík** *m* (*1a*) Alteingesessene(r) *m*; Altbauer *m*.

staroušek F *m* (*1a*; *-ové*) Alte(r) *m*; *-škové pl*. die Alten (*Eltern*, *Eheleute*).

staro|věk *m* (*2b*) Altertum *n*; **~věký** altertümlich; **~věrný** altgläubig; **~zákonný** alttestamentarisch.

starožit|ník *m* (*1a*) Antiquitätenhändler *m*; **~nost** *f* (*4*) Antiquität *f*; *pl*. *a*. Altertümer *pl*.; **~ný** altertümlich.

star|ší *Komp*. *von starý*; *Su*. *m* (*Adj*. *4*) Älteste(r) *m*; Altmeister *m* (*e-r Zunft*); **~šina** *m* (*5*) *Mil*. *etwa* Hauptfeldwebel *m*.

start *m* (*2a*) Start *m*; **~ér** *m* *1*. (*1*; *-ři*) *Sp*. Starter *m*; *2*. (*2b*) *Kfz*. Anlasser *m*; **~ovací** Start-; **~ovat** (*im*)*pf*. (*-tuji*) starten; **~ovní** Start.

staruška P *f* (*1c*; *-šek*) Alte *f*.

starý (*Komp*. *starší*; *Adv*. *staře*, *Komp*. *stařeji*) alt, Alt-.

stařec *m* (*3*; *-rc-*) Greis *m*; **~kost** *f* (*4*) Greisenhaftigkeit *f*; **~ký** greisenhaft, Greisen-.

staře|na *f* (*1*) Greisin *f*; **~šina** *m* (*5*) Dienst-, Rangälteste(r) *m*, Obmann *m*.

stáří *n* (*3*) Alter *n*.

stař|ičký hochbetagt, bejahrt, *iron*. steinalt; **~ík** *m* (*1a*) Greis *m*.

stát¹ *m* (*2*) Staat *m*; *hlava ~u* Staatsoberhaupt *n*; *majetek ~u* Staatseigentum *n*; *Spojené ~y* Vereinigte Staaten.

stát² ⟨*na- se*, *po-*⟩ (*stojím*, *stál*) stehen; kosten (*Preis*); *~ proti k-u* gegenüberstehen (*D*); *~ před kým* bevorstehen (*D*); *~ o co* trachten nach (*D*); *~ o děvče* sich um ein Mädchen bewerben; *~ ke k-u* beistehen (*D*); *~ kolem* herumstehen; *~ ve slově* sein Wort gegeben haben; *~ za řeč* der Rede wert sein; *~ za zmínku* erwähnenswert sein; *~ za to* dafür stehen, *fig*. sich lohnen.

stát³ **se** *pf*. (*stanu se*, *stal se*) werden (*čím*/zu, *et*.); geschehen, sich ereignen; *co se stalo?* was ist geschehen *od*. F los?

stať *f* (*4c*) (*Zeitungs-*)Artikel *m*; Abhandlung *f*.

stateč|nost *f* (*4*) Tapferkeit *f*; **~ný** tapfer, wacker, F tüchtig.

statek *m* (*2b*; *-tk-*) Gut *n*.

statisíce *m*/*pl*. (*4*) Hunderttausende *pl*.

statisti|cký [-tɪstɪ-] statistisch; **~ka** *f* (*1c*) Statistik *f*.

statk|ář *m* (*3*) Gutsbesitzer *m*; **~ový** Guts-.

stát|ní Staats-, staatlich; **~nice** F *f* (*2a*) Staatsexamen *n*; **~nický** staatsmännisch; **~ník** *m* (*1a*) Staatsmann *m*.

statnost *f* (*4*) Rüstigkeit *f*; Tüchtigkeit *f*.

státnost *f* (*4*) Staatssinn *m*, Staatsbewußtsein *n*.
statný stattlich; rüstig, tüchtig.
státopráv|ní staatsrechtlich; **~ník** *m* (*1a*) Staatsrechtler *m*.
státo|tvorný staatserhaltend, -bildend; **~věda** *f* (*1*) Staatswissenschaft *f*; **~vědný** staatswissenschaftlich.
státovka *f* (*1c*; *-vek*) Geldschein *m*, Banknote *f*.
stav^1 *m* (*2a*) Zustand *m*, Verfassung *f*; Stand *m*; Bestand *m*; ~ *věcí* Sachverhalt *m*; Tatbestand *m*.
stav^2 *m* (*2a*) Webstuhl *m*.
stavař F *m* (*3*) Bauschüler *m*; Bauingenieur *m*; **~ina** *f* (*1*), **~ství** *n* (*3*) F Baufach *n*.
stávat *iter. s. stát*^{2}.
stav|ba *f* (*1*; *-veb*) Bau *m*; *Thea.* Aufbau *m*; **~bař** *m* (*3*) Baufachmann *m*; **~byvedoucí** *m* (*Adj. 4*) Bauleiter *m*.
staveb|ní Bau-, baulich; **~nice** *f* (*2a*) Baukasten *m*; **~nictví** *n* (*3*) Bauwesen *n*; **~ník** *m* (*1a*) Bauherr *m*; **~ný** *s. stavební*.
stavě|cí *Tech.* Stell-, Einstell-; ~ *pes* Vorstehhund *m*; **~č** *m* (*4*) Aufstellvorrichtung *f für Kegel, Bowling usw.*; **~dlo** *n* (*1a*; *-del*) *Esb.* Stellwerk *n*.
staven|í *n* (*3*) Gebäude *n*; *Med.* Verhaltung *f*; Stauung *f*; **~iště** *n* (*2a*) Baustelle *f*.
stavět ⟨*po-*, *vy-*⟩ (*3 Pl. -ějí*) (er-)bauen, errichten; aufstellen; setzen, stellen; ~ *se* sich stellen; ~ *se k-u na odpor* sich widersetzen (*D*); ~ *se k obraně* sich zur Wehr setzen; ~ *se k-u na roveň* sich gleichstellen (mit *D*); ~ *se hloupým* sich dumm stellen.
stavi|cí *Med.* stopfend; (*blut-*)stillend; **~dlo** *n* (*1a*; *-del*) Schleuse *f*; Stauanlage *f*; *pohyblivé* ~ Schütze *f*.
stavit^1 *pf.*, *poza-*, *za-* anhalten, hemmen; *Blut* stillen; *Wasser* stauen; ~ *se* (*kde*) einkehren (bei *D*); vorbeikommen (bei *D*); (*pro k-o, co*) (ab)holen (*A*).
stavit^2 *pf.* zusammenschmelzen, legieren.
stavitel *m* (*3*; *-é*) Baumeister *m*; Erbauer *m*; **~ný** *Tech.* ein-, verstellbar; **~ský** Bau-, Baumeister-; **~ství** *n* (*3*) Bauwesen *n*; Baufach *n*; Baukunst *f*.
stavivo *n* (*1*) Baumaterial *n*.
stávk|a *f* (*1c*; *-vek*) Streik *m*; **~ař** *m* (*3*) Streikende(r) *m*; Strumpfwirker *m*, Stricker *m*; **~okaz** *m* (*1*) Streikbrecher *m*; **~ovat** (*-kuji*) streiken; **~ový** Streik-; Strick-, Wirk-, Trikot-; **~ující** streikend.
stavov|at (*-vuji*) *s. stavit*^{2}; **~ský** Standes-; *hist.* Stände-; **~ství** *n* (*3*) Standesbewußtsein *n*.
stáž *f* (*3*) Forschungsstudium *n*; Praktikum *n*.
stéblo *n* (*1a*; *-bel*) Halm *m*.
stéci *pf.* (*s. téci*) herabfließen, rinnen; ~ *se* zusammenfließen.
steh *m* (*2b*) Stich *m* (*beim Nähen*).
stehenní Schenkel-.
stehlík *m* (*1a*) Stieglitz *m*.
stehno *n* (*1*; *6. -ě/-u*; *-hen*) Schenkel *m*; *Kochk.* Keule *f*.
stehovací Heft-.
stěhovací Übersiedlungs-, Umzugs-; ~ *vůz* Möbelwagen *m*.
stehovačka *f* (*1c*; *-ček*) Heftmaschine *f*; Heftnadel *f*; Heftgarn *n*.
stěhování *n* (*3*) Übersiedlung *f*, Umzug *m*; ~ *národů* Völkerwanderung *f*; ~ *ptáků* Vogelzug *m*.
stehovat ⟨*pro-*, *při-*, *za-*⟩ (*-huji*) heften, steppen.
stěhov|at se ⟨*od-*, *pře-*, *při-*⟩ (*-huji*) übersiedeln, umziehen; wandern, ziehen; **~avý** wandernd, Wander-; ~ *pták* Zugvogel *m*.
stejně *Adv.* gleich, ebenso; ohnehin, F sowieso.
stejno|- *in Zssgn* gleich-, Gleich-; **~barevný** gleichfarbig; **~dobý** gleichzeitig; **~jmenný** gleichnamig; **~kroj** *m* (*4*) Uniform *m*; **~měrný** gleichmäßig; **~pis** *m* (*2*; *6. -e/-u*) gleichlautende Abschrift *f*; **~ramenný** gleicharmig; *Geom.* gleichschenk(e)lig; **~rodý** gleichartig, homogen; **~směrný**: ~ *proud* Gleichstrom *m*.
stejnost *f* (*4*) Gleichheit *f*; Gleichförmigkeit *f*.
stejno|stranný gleichseitig; **~značný** gleichbedeutend; sinnverwandt; **~zvučný** gleichlautend.
stejný gleich; gleichartig; gleichbleibend.
stékat *s. stéci*.
stelivo *n* (*1*) Streu *f*.
stélka *f* (*1c*; *-lek*) Brandsohle *f*; *Bot.* Thallus *m*.
stelný *Kuh*: trächtig.
stelu *s. stlát*.
sten *m* (*2a*) Stöhnen *n*, Ächzen *n*.
stěna *f* (*1*) Wand *f*; *Tech.* Wandung *f*; *zvuková* ~ Schallmauer *f*.

stén|ání *n* (*3*) Stöhnen *n*, Ächzen *n*; **~at** ⟨*po-*, *za-*⟩ stöhnen, ächzen: ~ *bolestí* vor Schmerzen stöhnen.
stenograf *m* (*1*; *-ové*) Stenograph *m*; **~ovat** ⟨*na-*⟩ (*-fuji*) stenographieren.
stenotypistka *f* (*1c*; *-tek*) Stenotypistin *f*.
stěnový Wand-.
step *f* (*4a*) Steppe *f*.
step|natý steppenreich; **~ní** Steppen-.
stěrač *m* (*4*) *Kfz.* Scheibenwischer *m*.
stereofonický stereophon, Stereo-.
steril|ita *f* (*1*), **~nost** *f* (*4*) Sterilität *f*; **~izovat** ⟨*vy-*⟩ (*-zuji*) sterilisieren; **~ní** steril.
stěrka *f* (*1c*; *-rek*) Spachtel *f*; *Med.* Spatel *f*.
ster|onásobný hundertfach; **~ý** hunderterlei.
stesat *pf.* (*-šu*/*-sám*) abhauen; behauen, zimmern.
stesk *m* (*2b*) Sehnsucht *f* (*po čem* nach *D*); Traurigkeit *f*, Wehmut *f*; Klage *f*, Beschwerde *f* (*na co* über *A*); **~nout (si)** *pf.* (*-kl*) sich beklagen (*na co* über *A*).
stěsn(áv)at zusammendrängen, -pressen.
stětí *n* (*3*) Enthauptung *f*.
stevard *m* (*1*) Steward *m*; **~ka** *f* (*1c*; *-dek*) Stewardeß *f*.
stezka *f* (*1c*; *-zek*) Pfad *m*, Fußweg *m*, *lit.* Steg *m*.
stěžej *f* (*3*) *od. m* (*4*) Türangel *f*; **~ka** *f* (*1c*; *-jek*) Scharnier *n*; **~ní, ~ný** Angel-; *fig. a.* Haupt-, Grund-.
stěžeň *m* (*4a*; *-žně*) Mast(baum) *m*; *hlavní* ~ Großmast.
stěží *Adv.* schwerlich; kaum, F mit knapper Not.
stěžňov|í *n* (*3*) Mastwerk *n*; **~ý** Mast-.
stěž|ování *n* (*3*) Beschwerde *f*, Klage *f*; **~ovat si** ⟨*na-*, *za-*⟩ (*-žuji*) (*na k-o, co, do k-o, č-o*) sich beschweren (über *A*); **~ovatel** *m* (*3*; *-é*) Beschwerdeführer *m*.
stíha|cí Verfolgungs-; *Mil.* Jagd-; **~č** *m* (*3*) Verfolger *m*; Jagdflieger *m*; **~čka** *f* (*1c*; *-ček*) Jagdflugzeug *n*, F Jäger *m*.
stíhání *n* (*3*) Verfolgung *f*; *Jur.* Ahndung *f*.
stíhat ⟨*do-*, *za-*⟩ verfolgen; *Jur.* ahnden.
stihnout *pf.* (*-hl*; *-žen*) ⟨*do-*, *za-*⟩ einholen, erreichen; treffen, befallen, *lit.* ereilen.
stihomam *m* (*2a*) Verfolgungswahn *m*.
stilizovat (*-zuji*) *s. stylizovat.*
stín *m* (*2a*) Schatten *m*.
stín|ací Richt-; **~at** *s. stít.*
stín|icí *Rdf.* Schirm-, Abschirm-; **~idlo** *n* (*1a*; *-del*) (*Lampen-*) Schirm *m*; **~it** ⟨*o-*, *za-*⟩ beschatten; *Rdf.* abschirmen; **~ítko** *n* (*1a*; *-tek*) *s. stínidlo*; Leuchtschirm *m*.
stinka P *f* (*1c*; *-nek*) Wanze *f*.
stinný schattig, Schatten-.
stíno|hra *f* (*1d*; *-her*) Schattenspiel *n*; **~vat** ⟨*od-*, *pro-*⟩ (*-nuji*) schattieren; **~vý** Schatten-.
stipend|ijní [stɪ-dɪ-] Stipendien-; **~ista** [-dɪ-] *m* (*5a*) Stipendiat *m*.
stír|ač *m* (*4*) Wischer *m*; **~at** *s. setřít.*
stisk *m* (*2b*) Druck *m*; **~ací** Druck-; **~átko** *n* (*1b*; *-tek*) Druckknopf *m*; **~nout** *pf.* (*-kl*, *-knut*) zusammendrücken; (nieder)drücken; **~nutí** *n* (*3*) Druck *m*; ~ *ruky* Händedruck.
stísn|ěnost *f* (*4*) Beklommenheit *f*; **~ěný** zusammengedrängt; beklommen, beengt, *fig.* gedrückt; **~it** *pf.* zusammendrücken *od.* -pressen; bedrücken, bedrängen.
stít *pf.* (*setnu*, *sťal*, *sťat*) enthaupten, F köpfen.
stižen *s. stihnout.*
stížnost *f* (*4*) Beschwerde *f*.
stlač|ený zusammengedrückt; Preß-, Druck-; **~it** *pf.*, **~ovat** (*-čuji*) zusammen-, herab-, niederdrücken; komprimieren.
stlát ⟨*in Zssgn -stlat*: *po-*, *roze-*, *u-*, *vy-*, *za-*⟩ (*stelu*, *stlal*, *stlán*) streuen; das Bett (*od.* die Betten) machen, F betten.
stlou|ci *pf.* (*stluču*/*-ku*), **~k(áv)at** (her)ab-, zusammenschlagen; zusammenstoßen; *Butter* schlagen; *Körner* zerstoßen.
stmel|it *pf.*, **~ovat** (*-luji*) zusammenkitten.
stmívat se dunkel werden, dämmern; *s. a. setmít se.*
sto hundert; *dvě stě* zweihundert; *jeden ze sta* e-r unter Hunderten.
stočit *pf.* zusammendrehen, -rollen, -wickeln; *Bier* abziehen; *Schritte* lenken; ~ *se* sich zusammenrollen; sich wenden; abbiegen (*v*/*i*).
stodola *f* (*1a*) Scheune *f*, Scheuer *f*.
stoh *m* (*2b*) Schober *m*.

stoj *m* (*4*) *Turn.* Stellung *f*, Stand *m*; ~ *na hlavě* Kopfstand.
stoj|ací Stand-, Steh-; **~an** *m* (*2*; *6.* *-u*/*-ě*) Ständer *m*, Gestell *n*; *Fot.* Stativ *n*; *Mus.* Pult *n*; **~ánek** *m* (*2b*; *-nk-*) (kleiner) Ständer *m*; **~atý** stehend, Steh-; **~e** *s. stojmo*; **~ící** stehend; *Geld* kostend; **~ím**, **~í** *s. stát*²; **~ka** *f* (*1c*; *-jek*) *Turn.* Stand *m*; **~mo** *Adv.* stehend, im Stehen; **~né** *n* (*Adj. 3*) Standgeld *n*; *Mar.* Liegegeld *n*; **~ný** Stand-.
stok *m* (*2b*) Zusammenfluß *m*; **~a** *f* (*1c*) Kanal *m*, Gosse *f*; Gully *m*; Abflußgraben *m*; **~ař** *m* (*3*) Kanalräumer *m*.
stokilometrový Hundertkilometer-.
stoklas *m* (*2*; *6.* *-e*/*-u*), **~a** *f* (*1a*) *Bot.* Trespe *f*.
sto|koruna *f* (*1*) Hundertkronennote *f*; **~krát** hundertmal.
stolař *dial.* *m* (*3*) Tischler *m*, Schreiner *m*; **~ství** *n* (*3*) Tischlerei *f*.
stol|ec *m* (*4*; *-lc-*) Thron *m*; **~eček** *m* (*2b*; *-čk-*), **~ek** *m* (*2b*; *-lk-*) kleiner Tisch *m*, Tischchen *n*.
stolet|í *n* (*3*) Jahrhundert *n*; **~ý** hundertjährig, hundert Jahre alt.
stolice *f* (*2a*) *Tech.*, *fig.* Stuhl *m*.
stolič|ka *f* (*1c*; *-ček*) Schemel *m*, Hocker *m*; Backenzahn *m*; Stuhlgang *m*; **~ná** *f* (*Adj. 2*) Büffetdame *f*; **~ní**, **~ný** Gerichts-; Haupt-.
stolistka *f* (*1a*; *-tek*) *Bot.* Zentifolie *f*.
stol|ní Tisch-, Tafel-; **~ník** *m* (*1a*) *hist.* Truchseß *m*; **~ovat** (*-luji*) tafeln, schmausen; **~ovník** *m* (*1a*) Tischgenosse *m*; **~ový** Tafel-, Tisch-.
sto|marka *f* (*1a*; *-rek*) Hundermarkschein *m*; **~metrovka** F *f* (*1c*; *-vek*) Hundertmeterlauf *m* *od.* -schwimmen *n*; **~metrový** von hundert Metern, Hundertmeter-.
ston *m* (*2a*) Stöhnen *n*.
stonásob hundertfach; **~ný** hundertfach, hundertfältig.
ston|at ‹*po-*, *pro-*, *roz- se*› (*stůňu*) krank (*od.* erkrankt) sein (*na co*, *čím* an *D*); **~avý** kränklich, krank.
stonek *m* (*2b*; *-nk-*) Stengel *m*.
stonožka *f* (*1c*; *-žek*) Tausendfüßler *m*.
stop *m* (*2a*) Stopp *m*; ~ *cen* Preisstopp; F *jet ~em* per Anhalter fahren.
stop|a *f* (*1*) Spur *f*; *Jagdw.* Fährte *f*; (*Maß*) Fuß *m*; *ve -ách otce* F in den Fußstapfen des Vaters; **~ař** *m* (*3*) Pfadfinder *m*; **~ka** *f* (*1c*; *-pek*) Stiel *m*; Schaft *m*; *Mus.* Hals *m*; Likörglas *n*, Gläschen *n*; **~ky** *f*/*pl.* (*1*; *-pek*) Stoppuhr *f*; **~nout** *pf.* (*-pl*/*-pnul*; *-pnut*) stoppen; **~ovat** ‹*pro-*, *vy-*› (*-puji*) verfolgen; *Ball* stoppen; **~ový** Spuren-.
stoprocentní hundertprozentig.
stóra *f* (*1d*) Store *m*.
sto|šest: F *pracuje o* ~ er arbeitet wie ein Wilder; **~tina** *f* (*1*) Hundertstel *n*; **~tisíc** hunderttausend.
stoup|a *f* (*1*) Stampf-, Hammerwerk *n*; *dát do -py* einstampfen; **~ací** Steig-; **~ačka** *f* (*1c*; *-ček*) Steigleitung *f*; Steigeisen *n*; **~ání** *n* (*3*) Steigen *n*, Steigung *f*; (*Preis-*)Anstieg *m*; **~at**, **~nout** *pf.* (*-pl*) (auf-, empor-, an)steigen; treten; **~avý** Steig-.
stoupen|ec *m* (*3*; *-nc-*) Anhänger *m*; **~ectví** *n* (*3*) Anhängerschaft *f*; **~ka** *f* (*1c*; *-nek*), **~kyně** *f* (*2b*) Anhängerin *f*.
stověžatý hunderttürmig.
stovka *f* (*1c*; *-vek*) Hundert *f*, Hunderter *m*, Hundertkronennote *f*; F Hundertmeterlauf *m*.
stožár *m* (*2a*) Mast *m*.
strač|í Elster-; **~ka** *f* (*1c*; *-ček*) *Bot.* Rittersporn *m*.
strádat ‹*po-*, *za-*› leiden (*čím*/*A*, an *D*), entbehren.
strach *m* (*2b*) Furcht *f*, Angst *f* (*před čím*, *z č-o* vor *D*; *o co* um *A*); **~ovat se** ‹*na-*, *za-*› (*-chuji*) sich fürchten (*č-o* vor *D*); besorgt sein, sich ängstigen (*o co* um *A*); **~uplný** angstvoll.
straka *f* (*1c*) Elster *f*; scheckige Kuh *f*, F Schecke *f*; **~poud**, **~púd**, P **~poun** *m* (*1*) Buntspecht *m*; **~tina** *f* (*1*) Kunterbunt *n*; **~tit se** ‹*po-*, *za-*› bunt schillern; scheckig, bunt sein.
stran *Prp.* (*mit 2. Fall*) betreffs, hinsichtlich (*G*).
stráň *f* (*3*) Abhang *m*, Berghang *m*.
strana *f* (*1*) Seite *f*; Partei *f*; *do -ny* zur Seite; *z této* (*oné*) *-ny* dies(jen-)seits; *po obou -nách* zu (*od.* auf) beiden Seiten; *z mé -ny* meinerseits.
stranic|kopolitický [-tɪts-] parteipolitisch; **~kost** *f* (*4*) Parteilichkeit *f*; **~ký** Partei-, parteilich; parteiisch;

Jur. befangen; **~tví** *n* (*3*) Parteiwesen *n*; *Jur.* Befangenheit *f*.
stran|ík *m* (*1a*) Parteimitglied *n*, Parteigenosse *m*; Parteigänger *m*; **~it** (*k-u*) halten (zu *D*), Partei ergreifen (für *A*); begünstigen (*A*); ~ se *k-o*, *č-o* meiden (*A*), aus dem Weg gehen (*D*).
stránk|a *f* (*1c*; *-nek*) (*Buch-*)Seite *f* (*a. fig.*); Hinsicht *f*; **~ovat** ⟨*o-*, *pře-*⟩ (*-kuji*) paginieren, mit Seitenzahlen versehen; **~ový** Seiten-.
...**stranný** *in Zssgn* -seitig.
stranou beiseite, abseits; *skok* ~ Seitensprung *m*.
strast *f* (*4*) Kummer *m*, Leid *n*, Trübsal *f*; **~(ipl)ný** jammervoll, kummervoll.
straš|ák *m* (*1a*) Gespenst *n*, Vogelscheuche *f*, Popanz *m*; **~idelný** gespenstisch, gruselig, Grusel-, Spuk-; **~idlo** *n* (*1a*; *-del*) Gespenst *n*; **~it** ⟨*na-*, *za-*⟩ spuken; (*k-o*) Furcht einflößen (*D*); **~livý**, **~ný** schrecklich, furchtbar; **~pytel** *m* (*1 od. 3*; *-tl-*; *-ové*) *iron.* Hasenfuß *m*.
strat|ég *m* (*1a*) Stratege *m*; **~egický** strategisch.
strava *f* (*1*) Kost *f*, Verpflegung *f*.
stráv|ení *n* (*3*) Verdauung *f*; **~it** *pf.* verdauen; *Zeit, Urlaub usw.* verbringen; *Brand, Feuer*: vernichten, zerstören; *Krankheit usw.*: verzehren.
strav|itelný verdaulich; genießbar; **~né** *n* (*Adj. 3*) Kostgeld *n*, Verpflegungsgeld *n*.
strávník *m* (*1a*) Kostgänger *m*.
stravov|ací Verpflegungs-; **~ání** *n* (*3*) Verpflegung *f*; **~at** (*-vuji*) *s. strávit*; **~na** *f* (*1*; *-ven*) Kantine *f*; † Mittagstisch *m* für Bedürftige, Speisehaus *n*.
strázeň *f* (*3*; *-zně*) *s. strast*.
stráž *f* (*3*) Wache *f*; *Pohraniční* ~ Grenzschutz *m*; *závodní* ~ Werkschutz *m*; **~ce** *m* (*3*) Wächter *m*, Bewacher *m*; (*Leuchtturm-*)Wärter *m*; **~mistr** *m* (*1*; *-ři*) Wachtmeister *m*; **~ní** Wach-, Wächter-; **~nice** *f* (*2a*) Wachstube *f*; *požární* ~ Feuerwache *f*; **~ník** *m* (*1a*) Schutzmann *m*, Polizist *m*; **~ný** Wach-, Schutz-; *Su. m* (*Adj. 1*) Wachtposten *m*.
strčit ⟨*po-*, *pro-*, *v-*, *vy-*, *za-*⟩ stekken; stoßen.
strejda P *m* (*5*) Onkel *m*.
strh|(áv)at, **~nout** *pf.* (*-hl*; *-žen*) abreißen; *Mauer* niederreißen; fortreißen (*a. fig.*); (hin)reißen (*k č-u* zu *D*); *Lärm* schlagen; *Geschrei* erheben; *Arbeit* erledigen, hinter sich bringen; *vom Gehalt* abziehen; *j-n v. der Schule* nehmen; ~ *na sebe* an sich reißen; ~ *s sebou* mitreißen; ~ se ausbrechen, F losgehen.
strh|ovat (*-huji*) *s. strhnout*; **~ující** hinreißend, überwältigend.
strk *m* (*2b*), **~anec** *m* (*4*; *-nc-*), **~anice** *f* (*2a*) Hin- und Herstoßen *n*, Stoß *m*; **~at** *s. strčit*.
strm|ět ⟨*vy-*, *vze-*⟩ emporragen; **~ý** steil, schroff, abschüssig.
strnad *m* (*1*) (Gold-)Ammer *f*.
strni|sko *m* (*1b*), **~iště** *n* (*2a*) Stoppelfeld *n*.
strn|out *pf.*, *u-* erstarren; **~ulost** *f* (*4*) Starre *f*, Starrheit *f*, Erstarrung *f*; **~ulý** starr, steif, erstarrt; *-lé myšlení* Starrsinn *m*; **~utí** *n* (*3*) Starre *f*, Erstarrung *f*; *Med.* Starrkrampf *m*.
strohý (*Komp. strožejší*; *Adv. -ze*) schroff, streng, rauh.
stroj *m* (*4*) Maschine *f*; Triebwerk *n*; **~ař** *m* (*3*) Maschinenbauer *m*, -ingenieur *m*; F *a.* Student *m* des Maschinenbaus; **~ařství** *n* (*3*) Maschinenbaufach *n*; **~ek** *m* (*2b*; *-jk-*) (*Rasier-*)Apparat *m*; (*Küchen-*)Maschine *f*; (*Uhr-*)Werk *n*.
strojen|ost *f* (*4*) Geziertheit *f*, Getue *n*; **~ý** gekünstelt, geziert, affektiert, *fig.* steif.
strojír|enský Maschinen-; **~enství** *n* (*3*) Maschinenbau *m*; **~na** *f* (*1*; *-ren*) Maschinenfabrik *f*.
strojit ⟨*při-*, *u-*, *za-*⟩ (an)kleiden; vor-, zubereiten; ~ se sich kleiden, sich anziehen; sich vorbereiten.
stroj|ivý putzsüchtig; **~mistr** *m* (*1*; *-ři*) Maschinenmeister *m*; **~ní** Maschinen-, maschinell, mechanisch; **~nický** Maschinen(bau)-; Maschinisten-; **~nictví** *n* (*3*) Maschinenkunde *f*; **~ník** *m* (*1a*) Maschinist *m*; **~ovna** *f* (*1*; *-ven*) Maschinenraum *m*; **~ový** Maschinen-, maschinell; **~vedoucí** *m* (*Adj. 4*), **~vůdce** *m* (*3*) Lok(omotiv)führer *m*.
strok *m* (*1a*) *Sp.* Schlagmann *m*.
strom *m* (*2*) Baum *m*; *silný jako* ~ baumstark; **~e(če)k** *m* (*2b*; *-m[eč]k-*) Bäumchen *n*; Weihnachtsbaum *m*; **~ořadí** *n* (*3*) Allee *f*; **~ovka**

f (*1c*; *-vek*) Baumgarten *m*; **~ový** Baum-.
strop *m* (*2*) *Arch.* Decke *f*; **~ní** Decken-; **~nice** *f* (*2a*) Deckenbalken *m*.
strouha *f* (*1b*; *struh*) Graben *m*, Rinne *f*.
strouh|ací Reib-, Schab-; **~anka** *f* (*1c*; *-nek*) Reibteig *m*; **~at** ⟨*na-*, *o-*, *u-*, *za-*⟩, **~nout** *pf.* (*-hl*; *-hnut*) reiben, schaben.
stroužek *m* (*2b*; *-žk-*): ~ *česneku* Knoblauchzehe *f*.
strožejší *s. strohý*.
strp|ení *n* (*3*) Geduld *f*; Nachsicht *f*; **~ět** *pf.* ertragen, (er)dulden.
struč|nost *f* (*4*) Kürze *f*, Knappheit *f*; **~ný** kurz(gefaßt), knapp.
struh *m* (*2b*) Reib-, Schabeisen *n*; Schnittmesser *n*; **~ačka** *f* (*1c*; *-ček*) Raspel *f*; **~adlo** *n* (*1a*; *-del*), **~átko** *n* (*1b*; *-tek*) Reib-, Schabeisen *n*; Gurkenhobel *m*.
strůjce *m* (*3*) Urheber *m*, Anstifter *m*; ~ *spiknutí* Rädelsführer *m*.
struk *m* (*2b*) Schote *f*, Hülse *f*; Knoblauchzehe *f*; *Zo.* Zitze *f*.
strun|a *f* (*1*) Saite *f*; *o čtyřech -ách* viersaitig; **~ný**, **~ový** Saiten-.
strup *m* (*2a*) Kruste *f*, Rinde *f*; *Med.* Schorf *m*, Grind *m*; **~atý** mit Schorf bedeckt.
struska *f* (*1c*; *-sek*) Schlacke *f*.
stružit ⟨*o-*⟩ fräsen.
stružka *f* (*1c*; *-žek*⟩ *dim. zu strouha*.
strý|c *m* (*3*), *dim.* **~ček** *m* (*1a*; *-čk-*; *-ové*) Onkel *m*; **~čkování** *n* (*3*) Vetternwirtschaft *f*; **~čkovat** (*-kuji*) *k-u* F *fig.* protegieren (*A*); **~čkovství** *n* (*3*) Onkelschaft *f*; Vetternwirtschaft *f*.
strž *f* (*3*) Abgrund *m*, Schlucht *f*; Eisgang *m*; (*Damm-*)Bruch *m*.
stržit *pf.* einnehmen, einlösen; *Spott* ernten.
střád|al *m* (*1*; *-ové*) Sparer *m*; **~anka** *f* (*1c*; *-nek*) Sparbüchse *f*; **~at** ⟨*na-*, *se-*, *u-*⟩ sparen.
střadatel *m* (*3*; *-é*) *s. střádal*.
střap|áč *m* (*3*) F Wuschelkopf *m*, Struwwelpeter *m*; **~atý** zottig, struppig; **~ec** *m* (*4*; *-pc-*) Quaste *f*, Troddel *f*.
střás|ací Rüttel-; **~(a)t** (*pf. s. třást*) herab-, zusammenschütteln.
střeb|(áv)at (*pf. -u*/*-ám*) auf-, einsaugen; **~avost** *f* (*4*) Saugfähigkeit *f*.
střeč|ek *m* (*1a*; *-čk-*) *Zo.* Bremse *f*, Biesfliege *f*; **~kovat** ⟨*po-*, *za- si*⟩ (*-kuji*) (herum)tollen; *Vieh*: biesen.
střed *m* (*2a*) Mitte *f*, Zentrum *n*, Mittelpunkt *m*; ~ *otáčení* Angelpunkt *m*; ~ *města* Stadtzentrum; **~em** *Prp.* (*mit 2. Fall*) mitten durch (*A*); **~a** *f* (*1*) Mittwoch *m*; *ve -du* am Mittwoch, mittwochs; *Popeleční*, *Škaredá* ~ Aschermittwoch; **~eční** Mittwoch-; **~isko** *n* (*1b*; *-sek*/*-sk*) Mittelpunkt *m*, Zentrum *n*; Zentrale *f*; *agitační* ~ *Pol.* Aufklärungslokal *n*; *zdravotnické* ~ Poliklinik *f*; **~ní** Mittel-, mittlere, Zentral-; *Gr.* sächlich; ~ *rod* Neutrum *n*; **~nice** *f* (*2a*) Mittellinie *f*; **~ník** *m* (*2b*) Semikolon *n*, Strichpunkt *m*.
středo|- *in Zssgn* Mittel-, mittel-; **~cestí** *n* (*3*) Mittelweg *m*; **~český** mittelböhmisch; **~evropský** mitteleuropäisch; **~hoří** *n* (*3*) Mittelgebirge *n*; **~mořský** Mittelmeer-; **~školák** *m* (*1a*) Mittelschüler *m*, (*in Deutschland*) Oberschüler *m*; **~věk** *m* (*2b*) Mittelalter *n*; **~věký** mittelalterlich.
střeh *m* (*2b*) Lauerstellung *f*; *Sp.* Fechtstellung *f*.
střecha *f* (*1b*) Dach *n*; (*Hut-*) Krempe *f*.
střechýl *m* (*2*; *6. -e*/*-u*) Eiszapfen *m*.
střel|a *f* (*1a*) Geschoß *n*; *nevybuchlá* ~ Blindgänger *m*; *dráha -ly* Flugbahn *f*; **~ba** *f* (*1*) Schießen *n*, *Mil.* Feuer *n*; ~ *na ostro* Scharfschießen; ~ *děl* Geschützfeuer; **~ec** *m* (*3*; *-lc-*) Schütze *m*; ~ *branky Sp.* Torschütze; **~ecký** Schützen-; **~iště** *n* (*2a*) Schießstand *m*; **~it** *pf.* ⟨*o-*, *vy-*, *za-*⟩ schießen, e-n Schuß abgeben; **~ivo** *n* (*1*) Munition *f*; **~ka** *f* (*1c*; *-lek*) Magnetnadel *f*; **~mistr** *m* (*1*; *-ři*) Sprengmeister *m*; **~nice** *f* (*2a*) Schießplatz *m*; † Schützenhaus *n*; **~ný** Schieß- (*z.B. Pulver*); Schuß- (*z.B. Waffe*, *Verletzung*).
střemhlav kopfüber; *Mil.* Sturzkampf-; *utéci* ~ F Hals über Kopf fliehen.
střemcha *f* (*1b*) Traubenkirsche *f*.
střenka *f* (*1c*; *-nek*) (*Messer-*)Griff *m*.
střep *m* (*2a*) Scherbe *f*.
střepat *s. setřepat*.
střepin|a *f* (*1*) *s. střep*; **~ový** Scherben-.
střešní Dach-.
střet *m* (*2a*) Zusammenprall *m*; **~(áv)at se**, **~nout se** *pf.* (*-tl*) (*s*

kým) begegnen (*D*); aneinandergeraten (mit *D*); **~nutí** *n* (*3*) Zusammenstoß *m*, Begegnung *f*; *Sp.* Anstoß *m*.
střeví|c *m* (*4*), *dim.* **~íček** *m* (*2b*; *-čk-*) Schuh *m*; **~čník** *m* (*2b*) *Bot.* Frauenschuh *m*.
střevl|e *f* (*2*) *od. n* (*4*) Elritze *f*; **~ík** *m* (*1a*) Laufkäfer *m*.
střev|ní Darm-; **~o** *n* (*1*) (*slepé, tenké, tlusté* Blind-, Dünn-, Dick-) Darm *m*; P *fig.* Trottel *m*, Tölpel *m*.
střežit *s. stříci.*
stříbr|ňák *m* (*2b*) Silbermünze *f*, *bibl.* Silberling *m*; **~natý** silberhaltig; Silber-; **~ník** *m* *1.* (*1a*) Silberschmied *m*; *2.* (*2b*) Silberschrank *m*; **~ný** Silber-, silbern.
stříbro *n* (*1*; *6*; *-ře*) Silber *n*; **~lesklý** silbrig; **~nosný** silberhaltig; **~šedý** silbergrau; **~tepec** *m* (*3*; *-pc-*) Silberschmied *m*; **~vlasý** mit silbernem Haar.
stříbř|it ⟨*na-, o-*⟩ versilbern; **~itý** silberweiß, silbrig.
stříci ⟨*o-*⟩ (*střehu, střežeš*; *střehl, střežen*) (be)hüten; **~ se** (*k-o, před kým*) sich hüten (vor *D*).
stříd|a *f* (*1*) *s. střídka*; Schicht *f*, Ablösung *f*; *Bgb.* Strecke *f*; **~ač** *m* (*3*) Schichtarbeiter *m*; *fig.* Ablösung *f*; **~ačka** *f* (*1c*; *-ček*) Schicht *f*; *Sp.* Wechselbank *f*; **~ání** *n* (*3*) Abwechslung *f*, Wechsel *m*; **~at** ⟨*vy-*⟩ abwechseln; *j-n* ablösen; **~ se** (ab-) wechseln (*v/i*); **~avý** (ab)wechselnd; Wechsel-; *-vé vyučování* Schichtunterricht *m*; **~ka** *f* (*1c*; *-dek*) Brotkrume *f*.
střídm|ost *f* (*4*) Mäßigkeit *f*; **~ý** mäßig.
střídnice *f* (*2a*) Wechsellaut *m*.
střih *m* (*2b*) Schnitt *m*; (*Schaf-*) Schur *f*; **~ací, stříhací** Schneide-; Scher-; **~ač** *m* (*3*) Zuschneider *m*; **~ačka** *f* (*1c*; *-ček*) Schneidemaschine *f*; Zuschneiderin *f*.
stř|ihat, ~íhat ⟨*o-, při-, za-*⟩, **~ihnout** *pf.* (*-hl/-hnul*; *-žen*) *mit der Schere* schneiden.
střik *m* (*2b*) Spritzer *m*, Wasserstrahl *m*; Schorle(morle) *f*, *öst.* Gespritzter *m* (*Wein*).
střík|ací Spritz-; **~ač** *m* (*3*) Spritz(enmeist)er *m*; **~ačka** *f* (*1c*; *-ček*) Spritze *f*; **~adlo** *n* (*1a*; *-del*) Spritzapparat *m*; **~anec** *m* (*4*; *-nc-*) Spritzer *m*; **~at** ⟨*o-, po-, u-, za-*⟩, **~nout** *pf.* (*-kl*; *-knut*) spritzen, (be-) sprengen.
stříl|et ⟨*od-, pře-, u-, vy-, za-*⟩ (*3 Pl. -ejí*) schießen; **~na** *f* (*1*; *-len*) Schießscharte *f*.
střípek *m* (*2b*; *-pk-*) *dim. zu střep.*
stříška *f* (*1c*; *-šek*) *dim. zu střecha.*
střízlí|k *m* (*1a*), *dim.* **~ček** *m* (*1a*; *-čk-*) *Zo.* Zaunkönig *m*.
střízliv|ět ⟨*o-, vy-, ze-*⟩ (*3 Pl. -ějí*) nüchtern werden; **~ost** *f* (*4*) Nüchternheit *f*; **~ý** nüchtern.
stříž *f* (*3*) (*Schaf-*)Schur *f*; Münzschrot *m*; *Turn.* Schere *f*; **~ní, ~ný** Kurzwaren-; Schur-.
stůč|ck *m* (*2b*; *-čk-*), **~ka** *f* (*1c*; *-ček*) Rolle *f*; **~kovací, ~kový** Roll-.
stud *m* (*2a*) Scham *f*.
studen|o *n* (*1*) Kälte *f*; *za -na* in kaltem Zustand, *Tech.* auf kaltem Wege; *dát do -na* kalt stellen; **~okrevný** *Zo.* Kaltblut-, kaltblütig.
student *m* (*1*), **~ka** *f* (*1c*; *-tek*) Student(in *f*) *m*; **~ský** Studenten-, studentisch; **~stvo** *n* (*1*) Studentenschaft *f*.
studený kalt, kühl.
stud|ie [-uːdɪɛ] *f* (*2*) Studie *f*; **~ijní** Studien-.
studit ⟨*na-, pro-, vy-, za-*⟩ (*-zen*) sich kühl anfühlen, kalt sein.
studium [-dɪ-] *n* (*5*) Studium *n*.
studn|a *f* (*1*; *-den*), **~ě** *f* (*2b*; *-ní*), **~ice** *f* (*2a*) Brunnen *m*; **~iční** Brunnen-.
stud|ovat ⟨*pro-, pře-, vy-*⟩ (*-duji*) studieren; **~ující** *m* (*Adj. 4*) Studierende(r) *m*, Student *m*; **~ovna** *f* (*1*; *-ven*) Studierstube *f*.
stuha *f* (*1b*) Band *n*, Schleife *f*.
stůj! halt!; *s. stát*[2].
stůl *m* (*2*; *stol-*; *6. -e*) Tisch *m*; *u stolu, za stolem* bei Tisch.
stulík *m* (*2b*) Teichrose *f*.
stulit se *pf.* sich aneinanderschmiegen; sich kauern.
stup|ačka *f* (*1c*; *-ček*), **~adlo** *n* (*1a*; *-del*), **~átko** *n* (*1b*; *-tek*) Trittbrett *n*; **~eň** *m* (*4a*; *-pn-*) Stufe *f*; Grad *m*; **~ínek** *m* (*2b*; *-nk-*) (kleine) Stufe *f*; Podium *n*; **~nice** *f* (*2a*) Skala *f*; *Mus.* Tonleiter *f*; **~noměr** *m* (*2a*) Gradmesser *m*; **~ňovací** Steigerungs-; **~ňování** *n* (*3*) Steigerung *f*; **~ňovat** ⟨*vy-, vze-*⟩ (*-ňuji*) steigern; **~ňovitý** stufenförmig; *Arch.* gestaffelt; **~ňový** Stufen-, Grad-, Staffel-.

stužk|a *f* (*1c*; *-žek*) Band *n*, Schleife *f*; **~onoska** *f* (*1c*; *-sek*) *Zo.* Ordensband *n*.
stvol *m* (*2a*) *Bot.* Schaft *m*.
stvoř|ení *n* (*3*) Erschaffung *f*, Schöpfung *f*; Geschöpf *n*; **~it** *pf.* (er)schaffen; **~itel** *m* (*3*; *-é*) Schöpfer *m*.
srvrdit *pf.* (*-zen*) bestätigen, bekräftigen.
stvrzen|í *n* (*3*) Bestätigung *f*, Bekräftigung *f*; **~ka** *f* (*1c*; *-nek*) (*Schein*) Bestätigung *f*, Bescheinigung *f*; Quittung *f*.
stvrzovat (*-zuji*) *s. stvrdit.*
stvůra *f* (*1d*) *verä.* Kreatur *f*.
stý hundertste(r); **~druhý** hundertzweite.
stýblo *n s. stéblo.*
styč|nice *f* (*2a*) Lasche *f*; **~ník** *m* (*2b*) *Tech.* Knoten *m*; **~ný** Berührungs-, Kontakt-; *Mil.* Verbindungs-.
styd|ět se ⟨*za-*⟩ sich schämen (*k-o, č-o*/*G*; *za k-o* für *A*); **~ký** Scham-; **~lavost, ~livost** *f* (*4*) Schamgefühl *n*; **~lavý, ~livý** schamhaft; **~no**: *je mi ~* ich schäme mich; *člověku je ~* man sollte sich schämen.
styd|lý kalt geworden; *Blut*: geronnen; **~nout** ⟨*vy-, za-*⟩ (*-dl*) kalt werden, erkalten, *öst.* auskühlen; **~nutí** *n* (*3*) Erkalten *n*.
styk *m* (*2b*) Berührung *f*, Fühlung *f*, Kontakt *m*; Verkehr *m*, Umgang *m*, Beziehung *f*; *Tech.* Stoß *m*.
stýkat se sich berühren; (*s kým*) verkehren, Umgang pflegen (mit *D*).
styl *m* (*2a*) Stil *m*; **~istický** [-tɪts-] stilistisch; **~izovat** ⟨*na-, se-*⟩ (*-zuji*) stilisieren; *Brief* aufsetzen; **~ový** Stil-, stilgerecht.
stýsk|al *m* (*1*; *-ové*) Jammerer *m*, Quengler *m*; **~at si** ⟨*na-, po-, za-*⟩ (*na k-o, co*) klagen, sich beklagen (über *A*); **~at se** ⟨*na-, po-, za-*⟩ (*k-u po kom, čem*) bange sein (j-m nach *D*); sich sehnen (nach *D*).
subjektiv|ita [-tɪv-] *f* (*1*), **~nost** *f* (*4*) Subjektivität *f*.
subskri|bovat (*im*)*pf.* (*-buji*) subskribieren, zeichnen; **~pce** *f* (*2*) Subskription *f*.
substan|ce *f* (*2*) Substanz *f*; **~tivní** [-tɪːv-] substantivisch.
substitu|ce [-tɪ-] *f* (*2*) Substitution *f*; Vertretung *f*; **~ovat** (*im*)*pf.* (*-tuuji*) substituieren.
subven|ce *f* (*2*) Subvention *f*; **~covat** (*-cuji*) subventionieren; **~ční** Subventions-.
súčtovat *pf.* (*-tuji*) zusammenrechnen; abrechnen.
sud *m* (*2*; *6. -u*/*-ě*) Faß *n*.
súdánský sudanesisch, Sudan-.
sudba *f* (*1*; *-deb*) Schicksal *n*, Los *n*.
Sude|ťák *m* (*1a*), **~toněmec** *m* (*3*; *-mc-*) Sudetendeutsche(r) *m*; **♀tský** Sudeten-.
sudič|ka *f* (*1c*; *-ček*) Schicksalsgöttin *f*, Parze *f*; **~ský** prozeßsüchtig.
sudlice *f* (*2a*) Hellebarde *f*, † Pike *f*.
sudo|kopytník *m* (*1a*) Paarhufer *m*; **~prstý** paarzehig.
sudový Faß-.
sudý *Zahl*: gerade, paar.
suezský Suez-.
suge|rovat (*im*)*pf.* ⟨*na-*⟩ (*-ruji*) suggerieren; **~stivní** [-stɪːv-] suggestiv; **~stivnost** *f* (*4*) Suggestivkraft *f*.
such|ar *m* (*2a*) Zwieback *m*; **~o** *1. Adv.* trocken, dürr; *2. n* (*1b*) Trockenheit *f*, Dürre *f*; trockenes Land *n*; *období -cha* Trockenzeit *f*; *v -chu* trocken; im trockenen; *na -chu i na moři* zu Wasser und zu Lande; *váha za -cha* Trockengewicht *n*; F *nechat na -chu j-n* im Stich lassen.
sucho|pár *m* (*2a*) trockene Erde *od.* Heide *f*; *lit.* Trockenheit *f*, Dürre *f*; **~párný** trocken, dürr, schal; **~pýr** *m* (*2a*) Wollgras *n*.
sucho|st *f* (*4*), **~ta** *f* (*1*) Trockenheit *f*; **~zemský** Festland-.
suchý (*Komp. sušší*; *Adv. suše, sucho, Komp. sušeji*) trocken, Trocken-.
suk *m* (*2b*) Knorren *m*, Ast *m*.
suk|énka *f* (*1c*; *-nek*) Röckchen *n*; **~ně** *f* (*2b*; *-ní*) (*Frauen-*)Rock *m*; **~ničkář** *m* (*3*) *iron.* Schürzenjäger *m*; **~no** *n* (*1*; *6. -u*/*-ě*; *-ken*) Tuch *n*; **~ňový** Rock-.
sukov|atý, ~itý knorrig, astreich; **~ice** *f* (*2a*), **~ka** *f* (*1c*; *-vek*) Knotenstock *m*.
sukýnka *f* (*1c*; *-nek*) *s. sukénka.*
sůl *f* (*4b*; *sol-*) Salz *n*.
sultán *m* (*1*) Sultan *m*; **~ka** *f* (*1c*; *-nek*) Sultanine *f*; Sultansfrau *m*.
sum|a *f* (*1*) Summe *f*; **~ární** summarisch.
sumec *m* (*3*; *-mc-*) Wels *m*.
sumka *f* (*1c*; *-mek*) Patronentasche *f*.

sund(áv)at (her)abnehmen, herunternehmen.
sunout ⟨*od-*, *po-*, *pro-*, *za-*⟩ schieben, rücken.
sup *m* (*1*) Geier *m*.
supat *s. supět.*
superiorita *f* (*1*) Überlegenheit *f*.
supersonický Überschall-.
supět ⟨*vy-*, *za-*⟩ schnauben, keuchen.
supí Geier-.
supivý schnaubend, keuchend.
surovárna *f* (*1*; *-ren*) Rohzuckerfabrik *f*; Rohglashütte *f*.
surov|ec *m* (*3*; *-vc-*) roher Mensch *m*, Rohling *m*; *Sp.* roher Spieler *m*, F Holzer *m*; **~ět** ⟨ze-⟩ (*3 Pl. -ějí*) roh werden; *Sp.* roh spielen, F holzen; **~ina** *f* (*1*) Rohstoff *m*; *základní -ny* Grundstoffe *m/pl.*; **~inný**, **~inový** Rohstoff-; **~ost** *f* (*4*) Roheit *f*; *Sp.* rohes Spiel *n*; **~ý** roh, Roh-.
surrealista *m* [sır-] (*5a*) Surrealist *m*.
suřík *m* (*2b*) Minium *n*, Mennige *f*.
suspen|dovat *pf.* (*-duji*) suspendieren; **~ze** *f* (*2*) Suspendierung *f*.
suš|árna *f* (*1*; *-ren*) Trockenraum *m*, Darre *f*; **~enka** *f* (*1c*; *-nek*) Keks *m od. n*; **~ený** getrocknet, Trocken-; **~ič** *m* (*4*), **~idlo** *n* (*1a*; *-del*) Trockner *m*, Trockenapparat *m*; **~ina** *f* (*1*) Trockenmasse *f*; dürrer Baum *m*; **~írna** *f* (*1*; *-ren*) *s. sušárna*; **~it** ⟨*na-*, *o-*, *u-*, *vy-*⟩ trocknen, dörren; **~ší** *s. suchý.*
suť *f* (*4d*; *-ti*/*-tě*) Schutt *m*.
sutana *f* (*1*) Soutane *f*.
sutina *f* (*1*) Schutt-, Trümmerhaufen *m*; *ležet v -ách* in Trümmern liegen.
sůva *f s. sova.*
suver|enita *f* (*1*) Souverenität *f*; **~énní** souverän.
suvný Gleit-, Schub-.
sužovat ⟨*po-*, *u-*⟩ (*-žuji*) peinigen, plagen, quälen; **~el** *m* (*3*; *-é*) Peiniger *m*, Quälgeist *m*.
svač|ina *f* (*1*) zweites Frühstück *n*; Nachmittagskaffee *m*; Vesperbrot *n*; *öst.* Jause *f*; **~it** ⟨*na- se*, *po-*⟩, **~ívat** das zweite Frühstück einnehmen; (nachmittags) Kaffee trinken.
sváda *f* (*1*) Zank *m*, Streit *m*.
svádě|cí Ableitungs-; **~t** (*3 Pl. -ějí*) *s. svést.*
svah *m* (*2b*) Abhang *m*, Böschung *f*.
sval *m* (*2a*) Muskel *m*.
válet (*3 Pl. -ejí*), **svalit** *pf. v/t* herabwälzen, hinab-, herunterrollen; wälzen, abwälzen; umstürzen, kippen.
svalnatý muskulös; gedrungen, *fig.* sehnig.
svalovat (*-luji*) *s. sválet.*
sval|ovec *m* (*3*; *-vc-*) Trichine *f*; **~ový** Muskel-; **~stvo** *n* (*1*) Muskulatur *f*.
svar *m* (*2a*) Schweißnaht *f*.
svár *m* (*2a*) Streit *m*, Zwist *m*; **~livec** *m* (*3*; *-vc-*) streitsüchtiger Mensch, F Streithammel *m*; **~livý** streitsüchtig.
svář|ecí Schweiß-; **~eč** *m* (*3*) Schweißer *m*; **~ení** *n* (*3*) Schweißen *n*.
svařenina *f* (*1*) Absud *m*.
svářet (*3 Pl. -ejí*) *Tech.* schweißen.
svařit *pf.* abkochen; schweißen.
svářit se (sich) streiten.
svárka *f* (*1c*, *-řek*) Schweißung *f*.
svařov|at (*-řuji*) *s. svářet*, *svařit*; **~na** *f* (*1*; *-ven*) Schweißerei *f*.
svat P *m* (*1*) Brautwerber *m*, Hochzeitsvater *m*; **~ba** *f* (*1*; *-teb*) Hochzeit *f*; **~ebčan** *m* (*1*; *-é*) Hochzeitsgast *m*; **~ební** Hochzeits-.
sváte|ční Feiertags-, Festtags-, festlich; **~k** *m* (*2b*; *-tk-*) Feiertag *m*; Namenstag *m*.
svato|dušní Pfingst-; **~janský** Johannis-; **~krádce** *m* (*3*) Kirchendieb *m*; **~krádež** *f* (*3*) Kirchenraub, -diebstahl *m*; **~kupectví** *n* (*3*) Simonie *f*, Ämterkauf *m*; **~petrský** (Sankt-)Peters-; **~řečit** (*im*)*pf.* heiligsprechen.
svatost *f* (*4*) Heiligkeit *f*.
svátost *f* (*4*) *Rel.* Sakrament *n*.
svato|stánek *m* (*2b*; *-nk-*) *Rel.* Tabernakel *n*; **~svatý** hochheilig; *dial.* hoch und heilig.
svatouš|ek *m* (*1a*; *-šk-*) Scheinheilige(r) *m*; **~(kov)ský** scheinheilig; **~(kov)ství** *n* (*3*) Scheinheiligkeit *f*.
svato|václavský (Sankt-)Wenzels-; **~vítský** (Sankt-)Veits-.
svat|večer *m* (*2a*; *2. -a*) Vorabend *m*; festlicher Abend *m*; **~ý** (*Komp. světější*) heilig, Sankt; *Všech ~ch* Allerheiligen *n*; **~yně** *f* (*2b*) Heiligtum *n*, Tempel *n*.
svaz *m* (*2a*) Bund *m*, Verband *m*; *Anat.* Sehne *f*; *Sovětský ~* Sowjetunion *f*; *~ spisovatelů* Schriftstellerverband; **~ačka** *f* (*1c*; *-ček*), **~ák** *m* (*1a*) Verbandsmitglied *n*.

svázat *pf.* (*-žu*/*-ži*) zusammenbinden; *Buch* binden.
svaz|ek *m* (*2b*; *-zk-*) Bund *n*, Bündel *n*; (*Buch*) Band *m*; Bündnis *n*, Bund *m*; **~ovací** Binde-; **~ovat** (*-zuji*) *s. svázat*; **~ový** Verbands-, Bundes-.
svážet (*3 Pl. -ejí*) *s. svézt.*
svážit se *pf.* sinken.
svažitý abschüssig, steil abfallend.
svažný, svážný *Bgb.* Brems-.
svažovat se (*-žuji*) *s. svážit se.*
své *s. svůj.*
svébytný eigenartig; selbständig.
svěcen|í *n* (*3*) Weihe *f*, Einweihung *f*; **~ý** geweiht, Weih-.
svěd|čit ⟨*do-, o-, vy-*⟩ zeugen, Zeugnis ablegen; (*o čem*) bezeugen (*A*); (*k-u*) zusagen (*D*); *Kleid*: gut passen (*D*); **~ecký** Zeugen-; **~ectví** *n* (*3*) Zeugnis *n*; *Jur.* Zeugenaussage *f*; **~ek** *m* (*1*; *-dk-*) Zeuge *m*.
svedení *n* (*3*) *Tech.* Ableitung *f*; *Jur.* Verführung *f*.
svěd|ění *n* (*3*) Juckreiz *m*; Jucken *n*, Brennen *n*; **~ět, ~it** ⟨*za-*⟩ jucken, brennen; **~ivý** juckend, brennend.
svědkyně *f* (*2b*) Zeugin *f*.
svědom|í *n* (*3*) Gewissen *n*; *výčitky* ~ Gewissensbisse *pl.*; **~itý** gewissenhaft.
svéhlav|ec *m* (*3*; *-vc-*) eigensinniger Mensch *m*, F Starrkopf *m*; **~ost** *f* (*4*) Eigensinn *m*; Starrsinn *m*; **~ý** eigensinnig, starrköpfig, F stur.
své|mocný eigenmächtig, unbefugt; **~pomoc** *f* (*4*) Selbsthilfe *f*; **~právný** selbstberechtigt, mündig.
svěr|a *f* (*1d*) Klemme *f*; **~ací** Spann-, Klemm-; ~ *kazajka* Zwangsjacke *f*; **~ač** *m* (*4*) Schließmuskel *m*; **~adlo** *n* (*1a*; *-del*) Klemme *f*; **~ák** *m* (*2b*) Schraubstock *m*.
svéráz *m* (*2a*) Eigenart *f*, Eigentümlichkeit *f*; *národní* ~ Volkstum *n*; **~ný** eigenartig, urwüchsig, *lit.* urtümlich.
svěřen|ec *m* (*3*; *-nc-*), **~ka** *f* (*1c*; *-nek*) Pflegling *m*; **~ý** anvertraut; übertragen.
sveřep *m* (*2a*) *Bot.* Trespe *f*; **~ost** *f* (*4*) Grausamkeit *f*; Grimmigkeit *f*; **~ý** grimmig, wild.
svěř|it *pf.*, **~ovat** (*-řuji*) anvertrauen; *Jur.* übertragen, verleihen; ~ *se* (*k-u*) sich anvertrauen (*D*).
svěsit *pf.* (*-šen*) (herab)hängen lassen.
svést *pf.* (*s. vést*) herabführen; zusammenführen, -bringen; *Mädchen* verführen; (*s č-o*) abbringen (von *D*); irreführen; zustandebringen; *Schuld* abwälzen; *Schlacht* liefern; *Kampf* austragen.
svět *m* (*2*; *2. -a*) Welt *f*; *okolní* ~ Umwelt; *současný* ~ Mitwelt; *letem ~em* rund um die Welt; *do širého ~a* in die weite Welt hinaus; *~em prošlý* weitgereist; *co* ~ *~em stojí* solange die Welt besteht; **~ácký** leichtlebig, F flott; **~áctví** *n* (*3*) flottes Leben *n*; **~ačit** ⟨*za- si*⟩ flott leben; **~ačka** *f* (*1c*; *-ček*) Lebedame *f*; **~adíl** *m* (*2*; *6. -u*/*-e*) Weltteil *m*, Erdteil *m*; **~ák** *m* (*1a*) Lebemann *m*.
svět|ec *m* (*3*; *-tc-*) Heilige(r) *m*; **~ější** *s. svatý*; **~élko, ~ýlko** *n* (*1b*; *-lek*) Licht *n*; Irrlicht *n*; **~élkovat** ⟨*roz- se, za-*⟩ (*-kuji*) phosphoreszieren; **~elnost** *f* (*4*) Lichtstärke *f*; **~elný** Licht-; **~ice** *f* (*2a*) Heilige *f*; **~icí** Weih-; **~it** ⟨*vy-, za-*⟩ (*-cen*) weihen; feiern; **~lat se** ⟨*pro-, za-*⟩ schimmern, leuchten; **~lice** *f* (*2a*) Leuchtrakete *f*; **~lík** *m* (*2b*) Oberlicht *n*; Lichtschacht *m*; *Bot.* Augentrost *m*; **~lina** *f* (*1*) Lichtung *f*; **~lo** *n* (*1a*; *-tel*) Licht *n*; *vyjít na* ~ ans Licht kommen, *za -la* bei Tage(slicht).
světlo|barevný hell(farbig); **~červený** hellrot; **~měr** *m* (*2a*) Lichtmesser *m*, Photometer *n*; **~met** *m* Scheinwerfer *m*; **~plachý** lichtscheu.
světlost *f* (*4*) Helligkeit *f*; Lichtstärke *f*, Leuchtkraft *f*; *Mil.* Kaliber *n*.
světlo|tisk *m* (*2b*) Lichtdruck *m*; **~vlasý** blond; **~zelený** hellgrün.
světl|uška *f* (*1c*; *-šek*) Leuchtkäfer *m*, Glühwürmchen *n*; **~ý** hell, licht.
světnice *f* (*2a*) Stube *f*.
světo|běžník *m* (*1a*) Landstreicher *m*; **~bol** *m* (*2a*) Weltschmerz *m*; **~borný** welterschütternd; **~dějný** weltgeschichtlich; **~občan** *m* (*1*; *-é*) Weltbürger *m*; **~vláda** *f* (*1*) Weltherrschaft *f*; **~vost** *f* (*4*) Weltbedeutung *f*, Weltruf *m*; **~vý** Welt-; **~známý** weltbekannt.
svetr *m* (*2a*) Strickjacke *f*.
světsk|ost *f* (*4*) Weltlichkeit *f*; **~ý** weltlich, Welt-.

svévol|e *f* (*2*), **~nost** *f* (*4*) Mutwille *m*, Eigensinn *m*; **~ník** *m* (*1a*) eigensinniger Mensch *m*; **~ný** mutwillig, eigensinnig.
svézt *pf.* (*s. vézt*) hinab-, herabfahren; zusammenfahren, -bringen; *Ernte* einbringen; (*k-o*) mitnehmen, abholen (*A*); ~ *se* mitfahren; hinabgleiten, herunterrutschen.
svěž|est *f* (*4*) Frische *f*; **~í** frisch.
svéživotopisný autobiographisch.
svíc|e *f* (*2*) Kerze *f*; ~ *života* Lebenslicht *n*; **~en** *m* (*2a*; *-cn-*) Kerzenhalter *m*, Leuchter *m*.
svíčka *f* (*1c*; *-ček*) Kerze *f*; *rovný jako* ~ kerzengerade.
svíčkový: *-vá pečeně* Lenden-, *öst.* Lungenbraten *m*, Filet(braten *m*) *n*.
svída *f* (*1*) *Bot.* Hartriegel *m*.
svidřík *m* (*2b*) Drillbohrer *m*.
svíjet (*3 Pl. -ejí*) *s. svinout*; ~ *se* sich winden, sich krümmen.
sviň|áctví P *n* (*3*) Schweinerei *f*, Sauerei *f*; **~ačit** P schweinigeln, schweinische Witze erzählen; **~ák** *m* (*1a*) Schweinehirt *m*; *verä.* Schweinigel *m*; **~árna** *f* (*1*; *-ren*) Zote *f*, F Schweinigelei *f*.
svin|čík P *m* (*2b*) Schweine-, Saustall *m*; **~ě** *f* (*2b*; *-ní*) Sau *f*; **~it** ⟨*u-, za-*⟩ besudeln; P Zoten reißen, derbe Witze erzählen; **~ka** *f* (*1c*; *-nek*) Mauerassel *f*.
svinout *pf.* zusammen-, einrollen; *Film* rollen; *Zigarette* drehen.
svin|ský, sviňský Schweine-, Sau-; **~stvo** *n* (*1*; *-stev*) Schweinerei *f*.
sviňucha *f* (*1b*) Meerschweinchen *n*.
svír|ací Klemm-; **~ání** *n* (*3*) Beklemmung *f*; **~at** *s. sevřít*; **~avý** klemmend; (*Schmerz*) beklemmend; ~ *prostředek Med.* Adstringens *n*; **~ka** *f* (*1c*; *-rek*) Klinke *f*.
svis *m* (*2*; *6. -u/-e*) *Turn.* Streckhang *m*; **~lice** *f* (*2a*) Lot *n*; *Geom.* Senkrechte *f*; **~lý** herabhängend, Hänge-; *Geom.* lotrecht, vertikal.
svist *m* (*2a*), **~ot** *m* (*2a*) Pfeifen *n*, Sausen *n*.
svišť *m* (*3a*; *-tě*) Murmeltier *n*.
svištět ⟨*za-*⟩ pfeifen; sausen.
svit *m* (*2a*) Schein *m*; Schimmer *m*.
svít *pf.* (*s. vít*) *s. svinout.*
svít|ání *n* (*3*) Morgendämmerung *f*; Tagesanbruch *m*; **~at** ⟨*pro-, za-*⟩ dämmern, *poet.* tagen.
svitek *m* (*2b*; *-tk-*) Rolle *f*.
svítek *m* (*2b*; *-tk-*) Pfann-, Eierkuchen *m*.
svíti|cí Leucht-, Beleuchtungs-; **~dlo** *n* (*1a*; *-del*) Beleuchtungskörper *m*, Leuchte *f*; **~lna** *f* (*1*; *-len*) Laterne *f*; **~plyn** *m* (*2a*) Leuchtgas *n*.
svít|it ⟨*o-, roz-, za-*⟩ (*-cen*) scheinen, leuchten; glänzen; **~ivost** *f* (*4*) Leuchtkraft *f*; **~ivý** leuchtend, Leucht-.
svitnout *pf.*, *pro-, za-* (*-tl*) leuchten, scheinen; (*Tag*) dämmern; *fig.* aufgehen.
svízel *m* (*4*) *od. f* (*3*) Mühe *f*, Plage *f*; Widerwärtigkeit *f*; *Bot.* Labkraut *n*, **~ný** mühsam, schwierig.
sviž|ník *m* (*1a*) Sandkäfer *m*; **~ný** flink; geschmeidig.
svlačec *m* (*4*; *-čc-*) *Bot.* Winde *f*.
svlaž|it *pf.*, **~ovat** (*-žuji*) anfeuchten; *Feld* berieseln.
svlé|ci *pf.* (*s. vléci*), **~kat**, **~knout** *pf.* (*-ekl*; *-ečen*), **svlíkat** ⟨*vy-*⟩ ausziehen; ~ *se* sich ausziehen, sich entkleiden; **~kárna** *f* (*1*; *-ren*) Kleiderablage *f*; Umkleideraum *m*.
svobod|a *f* (*1*) Freiheit *f*; *na -dě* in Freiheit, auf freiem Fuß; *bojovník za -du* Freiheitskämpfer *m*; *touha po -dě* Freiheitsdrang *m*; **~árna** *f* (*1*; *-ren*) Ledigenheim *n*; **~nice** *f* (*2a*) Ledige *f*; **~ník** *m* (*1a*) Gefreiter *m*; **~ný** frei, Frei-; ledig; **~omyslník** *m* (*1a*) Freidenker *m*; **~omyslný** freisinnig, freidenkerisch.
svod *m* (*2a*) Verführung *f*; Verlokkung *f*; Ableitung *f*; Sammlung *f*; **~ič** *m* (*4*) *El.* Abnehmer *m*, Konduktor *m*; **~ný** Ableitungs-.
svoje *s. svůj.*
svol|ání *n* (*3*) Einberufung *f*; **~(ávat** zusammenrufen, einberufen; **~ávací** Einberufungs-.
svol|ení *n* (*3*) Einwillung *f*, Erlaubnis *f*, Genehmigung *f*; **~it** *pf.*, **~ovat** (*-luji*) (*k č-u*) einwilligen (in *A*), s-e Zustimmung geben (zu *D*), einverstanden sein (mit *D*); **~ný** (*k č-u*) willig, bereit (zu *D*), einverstanden (mit *D*).
svor *m* (*2a*) Band *n*, Klammer *f*; *Min.* Glimmerschiefer *m*; **~a** *f* (*1d*), **~ka** *f* (*1c*; *-rek*) Klemme *f*, Schließe *f*, Spange *f*; *-ka na prádlo* Wäscheklammer *f*; **~ník** *m* (*2b*) Bolzen *m*.
svor|nost *f* (*4*) Eintracht *f*, Einmütigkeit *f*; **~ný** einträchtig, einig.

svoz *m* (*2a*) Einbringung *f*, Einfahren *n*; **~it** *pf*. (*-žen*) *s. svézt*.
svrab *m* (*2a*) Krätze *f*, (*bei Tieren*) Räude *f*; **~ovitý** räudig.
svrask(a)lý runz(e)lig, faltig; eingeschrumpft.
svrašt|ět (se) ⟨ze-⟩ (*3 Pl. -ějí*) runz(e)lig (*od.* faltig) werden, einschrumpfen; **~it** *pf*., *na-* runzeln, zusammenziehen; ~ se einschrumpfen, sich in Falten legen; *Med.* schrumpfen.
svrb|ění *n* (*3*) Jucken *n*, F Kribbeln *n*; **~ět** F ⟨*za-*⟩ jucken, brennen (*v/i*).
svrh|nout *pf*. (*-hl*; *-žen*), **~ovat** (*-huji*) (hin-, her)abwerfen; *Regierung* stürzen; *Verantwortung* abwälzen; *Fesseln* abstreifen; *von e-m Amt* absetzen.
svrch|ní Ober-; **~nice** *f* (*2a*) Oberbett *n*, Deckbett *n*; **~ník** *m* (*2b*) Mantel *m*, *öst.* Überzieher *m*.
svrchovan|ost *f* (*4*) Oberhoheit *f*, Souveränität *f*; *státní* ~ Staatshoheit *f*; **~ý** souverän; höchst, äußerst; ~ *čas* höchste Zeit; *-ně Adv.* äußerst, in höchstem Maß.
svrchu oben; von oben; ~ *jmenovaný* obenerwähnt; *dívat se na k-o* ~ j-n von oben herab anschauen; F *mít na k-o* ~ es auf j-n abgesehen haben.
svrš|ek *m* (*2b*; *-šk-*) Oberteil *n od. m*; (*1a*) (*Kartenspiel*) Ober *m*; *-šky pl. a.* Oberbekleidung *f*; *Jur.* Mobilien *pl.*, bewegliche Güter *n/pl.*; **~kovice** *f* (*2a*) Oberleder *n*.
svržení *n* (*3*) Sturz *m*.
svůd|ce *m* (*3*; *-ové*), **~ník** *m* (*1a*) Verführer *m*; **~nice** *f* (*2a*) Verführerin *f*; **~nictví** *n* (*3*) Verführungskunst *f*; **~ný** verführerisch.
svůj (*svá/svoje, své/svoje*) *refl. Pron.*, *bezieht sich auf das Subjekt desselben Satzes*: mein, dein, sein, unser, euer/Ihr, ihr; *mám svou knihu* ich habe mein (eigenes) Buch; *svůj k svému Sprw.* jedem das Seine; *vidět na své oči* mit eigenen Augen sehen; *zaplatit ze svého* aus der eigenen Tasche bezahlen; *jít svou cestou* s-n Weg gehen; *stát na svém* bei s-r Ansicht bleiben; *jsou svoji* sie sind verheiratet; *jdi po svých!* F mach dich weg!, P hau ab!; *hleďte si svého!* kümmern Sie sich um ihre eigenen Angelegenheiten!; *přijmout k-o za svého* j-n als eigen annehmen.
sýc *m* (*3*) Kauz *m*.
syčák P *m* (*1a*) Gauner *m*, Vagabund *m*. [Schwarzseher *m*.]
sýček *m* (*1a*; *-čk-*) Kauz *m*; *iron.*
syčet ⟨*za-*⟩ zischen.
sýčkovat F ⟨*za-*⟩ (*-kuji*) unken.
sychrav|ost *f* (*4*) Naßkälte *f*; **~ý** (*Adv. -o*) naßkalt.
syk|at ⟨*za-*⟩ zischen; **~avka** *f* (*1c*; *-vek*) Zischlaut *m*; **~avý** zischend; **~nout** *pf*. (*-kl*) *s. sykat*.
sýkor|a *f* (*1d*), **~ka** *f* (*1c*; *-rek*) Meise *f*; **~čí** Meisen-.
sykot *m* (*2a*) Zischen *n*.
symbol *m* (*2a*) Symbol *n*.
symetrický symmetrisch.
sympati|cký [-tɪ-] sympathisch; **~zovat** ⟨*za-*⟩ (*-zuji*) sympathisieren.
sympo|sion, **~zium** *n* (*5*) Symposion *n*, wissenschaftliche Tagung *f*.
syn *m* (*1*; *5. -u!*; *-ové*) Sohn *m*; **~áček** *m s. syneček*.
synagóga *f* (*1b*) Synagoge *f*.
syne|ček *m* (*1a*; *-čk-*), **~k** *m* (*1a*; *-nk-*) Junge *m*, F Söhnchen *n*.
synchroniz|ace [-nɪ-] *f* (*2*) Synchronisierung *f*; **~ační** Synchronisierungs-, Gleichlauf-; **~ovat** (*im*)*pf*. (*-zuji*) synchronisieren.
synod *m* (*2a*), **~a** *f* (*1*) Synode *f*; **~(ál)ní** Synodal-; **~ický** [-dɪ-] synodisch.
synov|ec *m* (*3*; *-vc-*) Neffe *m*; **~ský** Sohnes-.
syn|tax *f* (*3*) Syntax *f*; **~téza** *f* (*1a*) Synthese *f*; **~tetický** [-tɪ-] synthetisch, Kunst-.
syp|ací Schütt-, Streu-; **~anka** *f* (*1c*) Streusel *m*; **~aný** Schütt-; *Kochk.* Streusel-; **~at** ⟨*na-, pro-, roz-, vy-, za-*⟩ (*-u/-ám*) schütten, streuen; ~ *se* dicht fallen, stark regnen *od.* schneien; *fig.* hageln; F auslaufen, auseinandergehen; **~átko** *n* (*1b*; *-tek*) Streuer *m*; **~ek** *m* (*2b*; *-pk-*) Inlett *n*.
sypk|ovina *f* (*1*) Inlettstoff *m*; **~ý** locker, lose; Schütt-.
sýr *m* (*2a*; *2. -a*) Käse *m*; **~árna** *f* (*1*; *-ren*) Käserei *f*; **~ec** *m* (*4*; *-rc-*), **~eček** *m* (*2b*; *-čk-*) Frischkäse *m*.
Sýrie *f* (*2*) Syrien *n*.
syrovátka *f* (*1c*; *-tek*) Molke *f*.
sýrovina *f* (*1*) Kasein *n*.
syrov|inka *f* (*1c*; *-nek*) Brot-, Milchpilz *m*; **~ý** roh, ungekocht; *Holz*: naß, frisch; *za -va* in rohem Zustand.

sýrový Käse-.
syrský syrisch.
syrý *lit.* feucht, kalt.
Syřan *m (1; -é)*, **~ka** *f (1c; -nek)* Syrer(in *f*) *m*.
syř|idlo *n (1a)*, **~iště** *n (2a)* Lab *n*.
sýřit ⟨*za-*⟩ käsen.
sys|el *m (1; -sl-)*, **~lík** *m (1a) Zo.* Ziesel *m*.
syst|ém *m (2a)* System *n*; **~ematický** [-tɪ-] (*Adv. -y*) systematisch.
syt (*~a, ~o*) *s. sytý*; **~it** ⟨*do-, na-, za-*⟩ (*-cen*) sättigen; **~ivý** sättigend; **~ost** *f (4)* Sattheit *f*; **~ý** satt, gesättigt.
syžet *m (2a)* Sujet *n*, Stoff *m*.
sžehnout *pf.* (*-žehl*; *-hnutý*) verbrennen, versengen.
sžír|at *s. sežrat*; **~ se** *čím* sich verzehren vor (*D*); **~avý** zehrend, nagend; (*Ironie*) beißend.
sžít¹ *pf.* (*sežnu, sžat*) abmähen.
sží|t² se *pf.* (*sžiji*), **~vat se** sich einleben, sich (aneinander) gewöhnen.

Š

šábes P *m* (*2a*) Sabbat *m*.
šablon|a *f* (*1*) Schablone *f*; **~ovitý** schablonenhaft.
šacovat P ⟨*o-*⟩ (*-cuji*) (*j-m* die Taschen) durchsuchen.
šafrán *m* (*2a*) Safran *m*; Krokus *m*; **~ový** safrangelb; Safran-.
šáh, šach[1] *m* (*1a*) Schah *m*.
šach[2] *m* (*2b*) Schach(spiel) *n*; **~etní** Schacht-; **~ista** *m* (*5a*) Schachspieler *m*.
šácholan *m* (*2a*) *Bot.* Magnolie *f*.
šáchor *m* (*2a*) Binse *f*.
šachov|aný schachbrettartig gemustert; **~at** (*-chuji*) Schach bieten; **~nice** *f* (*2a*) Schachbrett *n*; **~ý** Schach-.
šacht|a *f* (*1*; *-chet*) Schacht *m*; Massengrab *n*; **~ový** Schacht-.
šakal *m* (*1*) Schakal *m*.
šál[1] *m* (*2*; *6. -u*/*-e*) Rindskeule *f*.
šál[2] *m* (*2*; *6. -u*/*-e*), **~a** *f* (*1a*) Schal *m*.
šalamounek *m* (*2b*; *-nk-*) *Bot.* Eisenhut *m*.
šalanda *f* (*1*) Gesindestube *f*.
šal|ba *f* (*1*; *-leb*) Täuschung *f*; **~ebný** täuschend, trügerisch, Trug-.
šálek *m* (*2b*; *-lk-*) Tasse *f*, Schale *f*; *~ kávy* e-e Tasse Kaffee; *~ na kávu* Kaffeetasse.
šál|ení *n* (*3*) Täuschung *f*, Betrug *m*; **~it** ⟨*o-*⟩ täuschen, (be)trügen; **~ivý** täuschend, trügerisch.
šalmaj *f* (*3*) Schalmei *f*.
Šalomoun *m* (*1*) Salomo(n) *m*; **♀ský** salomonisch.
šalování *n* (*3*) Verschalung *f*.
šalupa *f* (*1*) Schaluppe *f*.
šalvěj *f* (*3*) Salbei *m*; **~ový** Salbei-.
šamot *m* (*2*; *6. -u*/*-ě*) Schamotte *f*; **~ka** *f* (*1c*; *-tek*) Schamotteziegel *m*; **~ový** Schamotte-.
šampaňské *n* (*Adj. 3*) Champagner *m*, Sekt *m*.
šampión *m* (*1*) Champion *m*.
šampon *m* (*2a*) Schampun *n*.
šampus F *m* (*2a*) Champagner *m*.
šance *f* (*2*) Chance *f*.
šankr *m* (*2a*) *Med.* Schanker *m*.
šanon *m* (*2a*) Briefordner *m*.
šanse *f* *s.* *šance*.
šantala *m* (*5*) Schwätzer *m*; Herumtreiber *m*.
šantán *m* (*2*; *6. -u*/*-ě*) Tingeltangel *n*.
šantročit ⟨*za-*⟩ (*čím*) schachern (mit *D*).
šaráda *f* (*1*) Scharade *f*; Silbenrätsel *n*.
šaravary *f*/*pl.* (*1*) Pluderhosen *f*/*pl.*
šar|lach † *m* (*2b*) *s. spála*; **~lat** *m* (*2*; *6. -u*/*-ě*) (*Farbe*) Scharlach *m*.
šarlatán *m* (*1*) Scharlatan *m*; **~ství** *n* (*3*) Scharlatanerie *f*.
šarlatový scharlachrot.
šarmantní P scharmant.
šarnýr F *m* (*2a*) Scharnier *n*.
šarvátka *f* (*1c*; *-tek*) Scharmützel *n*, Geplänkel *n*.
šarže *f* (*2*) Dienstgrad *m*, Rang *m*.
šasi *n* (*indekl.*) Chassis *n*.
šašek *m* (*1a*; *-šk-*) Narr *m*, Clown *m*; Spaßvogel *m*.
šašk|ář *m* (*3*) Possenreißer *m*; **~ovina** *f* (*1*) Posse *f*, Streich *m*; **~ovský** Narren-; **~y** *m*/*pl.* (*2b*) Possen *f*/*pl.*
šat *m* (*2*; *6. -u*/*-ě*), *mst.* *~y pl.* Kleidung *f*, Kleid *n*, Anzug *m*.
šáteček *m* (*2b*; *-ck-*) Tüchlein *n*.
šatečky *m*/*pl.* (*2b*; *-čk-*) Kleidchen *n*; *~ ke hraní* Spielanzug *m*.
šátek *m* (*2b*; *-tk-*) (Kopf- *od.* Hals-) Tuch *n*.
šat|enka *f* (*1c*; *-nek*) Bezug(s)schein *m* für Textilien; **~ičky** *m*/*pl.* *s. šatečky*; **~it** ⟨*o-*⟩ (*-cen*) (be)kleiden.
šatlava P *f* (*1*) Arrest *m*, F Kittchen *n*.
šat|na *f* (*1*; *-ten*) Garderobe *f*, Kleiderablage *f*; **~nář** *m* (*3*) Garderobier *m*; **~nářka** *f* (*1c*; *-řek*) Garderobenfrau *f*; **~ní** Kleider-; **~ník** *m* (*2b*) Kleiderschrank *m*; **~ovka** *f* (*1c*; *-vek*) Kleiderstoff *m*; **~stvo** *n* (*1*; *6. -u*) Kleidung *f*, Garderobe *f*; **~y** *pl. v. šat.*
šavl|e *f* (*2*), *dim.* **~ička** *f* (*1c*; *-ček*) Säbel *m*; **~ovitý** säbelförmig, Säbel-.
šeď *f* (*4d*; *-di*) Grau *n*.
šedesát sechzig; **~iletý** sechzigjährig; **~ina** *f* (*1*) Sechzigstel *n*; *-ny pl.*

a. sechzigster Geburtstag *m*; **~ka** *f* (*1c*; *-tek*) Sechzig *f*; **~krát** sechzigmal; **~ník** *m* (*1a*), **~nice** *f* (*2a*) Sechziger(in *f*) *m*; **~ý** sechzigste.

šedi|ny *f/pl.* (*1*) graues Haar *n* (*koll.*); **~vec** *m* (*3*; *-vc-*) F Graukopf *m*; **~vět** ⟨*o-*, *po-*, *za-*, *z-*⟩ (*3 Pl.* *-ějí*) grau werden, ergrauen; **~ivost** *f* (*4*) Grau *n*; **~ivý** grau.

šednout ⟨*po-*, *za-*, *ze-*⟩ (*-dl*) grau werden.

šedo|černý grauschwarz; **~hlavý** grauhaarig; **~oký** mit grauen Augen; **~st** *f* (*4*) Grau *n*; **~vlasý** grauhaarig, mit grauem Haar; **~zelený** graugrün.

šedý (*Adv.* *-ě*, *-o*) grau; *viděl vše -dě* F er sah alles grau in grau; *barvit na -do* grau färben.

šéf *m* (*1*; *-ové*) Chef *m*; **~redaktor** *m* (*1*; *-ři*) Chefredakteur *m*.

šejdíř P *m* (*3*) Hochstapler *m*, Schwindler *m*.

šejdrem P schief, schräg.

šejch, šejk *m* (*1a*) Scheich *m*.

šek *m* (*2b*) Scheck *m*; **~ový** Scheck-.

šelak *m* (*2b*) Schellack *m*.

šelest *m* (*2a*) Geräusch *n*, Rauschen *n*; **~it** ⟨*za-*⟩ rauschen, rascheln, knistern.

šelm|a *f* (*1*; *-lem*) Raubtier *n*; † *a.* Spitzbube *m*; Schelm *m*; **~ička** *f* (*1c*; *-cek*) Schelmin *f*; **~ovitý** raubtierartig; **~ovský** schelmisch; **~ovství** *n* (*3*) Schelmenstreich *m*.

šenk P *m* (*2b*) Ausschank *m*; **~ovat** P (*-kuji*) ausschenken; **~ovna** *f* (*1*; *-ven*) Schankstube *f*; **~ýř** P *m* (*3*) Schankwirt *m*.

šep|lat ⟨*za-*⟩ lispeln; **~lavý** lispelnd; **~ot** *m* (*2a*) Flüstern *n*; **~tanda** P *f* (*1*) Flüsterpropaganda *f*, Gemunkel *n*; **~tat** ⟨*na-*, *po-*, *vy-*, *za-*⟩ flüstern; munkeln; **~avý** flüsternd, Flüster-; **~tem** im Flüsterton; **~tnout** *pf.*, *za-* (*-tl*) flüstern; **~ty** *m/pl.* (*2*) Gerücht *n*.

šered|a *m* (*5*) *od.* *f* (*1*) häßlicher Mensch *m*; **~it** ⟨*z-*⟩ verhunzen; **~nost** *f* (*4*) Häßlichkeit *f*, Abscheulichkeit *f*; **~ný** häßlich, abscheulich.

šerm *m* (*2a*) Fechten *n*; **~írna** *f* (*1*; *-ren*) Fechtsaal *m*; Paukboden *m*; **~íř** *m* (*3*) Fechter *m*; **~ířství** *n* (*3*) Fechtkunst *f*; **~ovat** ⟨*za-*⟩ (*-muji*) fechten.

šer|o *n* (*1*; *6.* *-u*) Dämmerung *f*, Dunkel *n*; *za -ra* in der Dämmerung; **~osvit** *m* (*2a*) Helldunkel *n*; **~ý** (*Adv.* *-o*) dunkel, düster.

šeřík *m* (*2b*) Flieder *m*; **~ový** Flieder-; lila(farben).

šeřit se ⟨*roz-*, *za-*⟩ dämmern.

šest sechs; **~ák** *m* (*2b*) Sechser *m*; **~erák** *m* (*1a*) *Jagdw.* Sechsender *m*; **~eronásobný** sechsfach; **~erý** sechserlei.

šesti|denní sechstägig; *Sp.* Sechstage-; **~dílný** sechsteilig; **~hran** *m* (*2a*) Sechseck *n*; **~hranný** sechseckig; **~letý** sechsjährig; **~měr** *m* (*2a*) Hexameter *m*; **~měsíční** sechsmonatig; **~místný** sechsstellig; **~na** *f* (*1*) Sechstel *n*; **~násobný** sechsfach; **~nedělí** *n* (*3*) Wochenbett *n*; **~nedělka** *f* (*1c*; *-lek*) Wöchnerin *f*; **~stěn** *m* (*2a*) Hexaeder *n*; **~stý** sechshundertste(r); **~třídní** sechsklassig; **~úhelník** *m* (*2b*) Sechseck *n*; **~úhlý** sechseckig; **~válec** *m* (*4*; *-lc-*) *Kfz.* Sechszylinder *m*.

šest|ka *f* (*1c*; *-tek*) Sechs *f*; **~krát** sechsmal; **~náct** sechzehn; **~náctý** sechzehnte(r).

šestý sechste(r).

šešul|e *f* (*2*) Hülse *f*, Schote *f*; **~ka** *f* (*1c*; *-lek*) *Anat.* Wirbel *m*.

šetr|nost *f* (*4*) Sparsamkeit *f*; (*ke k-u*) Rücksicht *f* (gegen *A*); **~ný** sparsam; schonend, rücksichtsvoll.

šetř|ení *n* (*3*) Sparen *n*, Haushalten *n* (*čím* mit *D*); Schonung *f*; (*č-o*) Wahrung *f*, Befolgung *f*, Berücksichtigung *f* (*G*, von *D*); *Jur.* Ermittlung *f*, Erhebung *f*; **~it** ⟨*na-*, *u-*, *za-*⟩ sparen (*na kom* an *D*; *čím* mit *D*); schonen; (*č-o*) wahren, befolgen, berücksichtigen (*A*).

šev *m* (*2a*; *šv-*) Naht *f*; *Med.* Narbe *f*.

ševc- *s.* *švec.*

ševcov|á *f* (*Adj. 2*) Schustersfrau *f*; **~ský** Schuster-; **~ství** *n* (*3*) Schusterhandwerk *n*.

ševčík *m* (*1a*) Schusterjunge *m*.

ševel *m* (*2a*), **~ení** *n* (*3*) Lispeln *n*; **~it** ⟨*za-*⟩ rauschen, säuseln, *lit.* raunen.

šibal *m* (*1*; *-ové*) Spitzbube *m*, Schelm *m*; **~ský** schelmisch; **~ství** *n* (*3*) Schelmenstreich *m*.

šiben|ice *f* (*2a*) Galgen *m*; **~iční** Galgen-; **~ičník** F *m* (*1a*) Galgenvogel *m*.

šibřinky *f/pl.* (*1*; *-nek*) Maskenball *m*, Faschingsveranstaltung *f*.

šicí Näh-.
šička *f* (*1c*; *-ček*) Näherin *f*.
šid|it ⟨*o-*⟩ (*-zen*) betrügen; necken, foppen, ärgern; **~ítko** *n* (*1b*; *-tek*) Lutscher *m*, Schnuller *m*.
šídlo *n* (*1a*; *-del*) Ahle *f*, Pfriem *m*; *Zo*. Libelle *f*, Wasserjungfrau *f*; **~vitý** ahlenförmig.
šifón *m* (*2a*) Chiffon *m*.
šifr|a *f* (*1d*; *-fer*) Chiffre *f*; **~ovaný** chiffriert, verschlüsselt; **~ovat** (*im*)*pf*. ⟨*za-*⟩ (*-ruji*) chiffrieren, verschlüsseln.
šichta P *f* (*1*) Schicht *f*.
šíje *f* (*2*) Nacken *m*, Genick *n*; *Geogr*. Landenge *f*.
šik[1] *m* (*2b*) *Mil*. Reihe *f*, Glied *n*; *válečný* ~ Schlachtordnung *f*.
šik[2] P chic, schick.
šikan|a F *f* (*1*) Schikane *f*; **~ovat** F (*-nuji*) schikanieren.
šikm|o *Adv*. schräg, schief; **~ooký**, schlitzäugig; **~ý** schräg, schief, quer.
šiknout se P (*im*)*pf*. (*-kl*/*-knul*) passen, sich schicken.
šikovat ⟨*za-*⟩ (*-kuji*) in Reih und Glied stellen; ~ se sich ordnen; **~el** † *m* (*3*; *-é*) Feldwebel *m*.
šikov|nost *f* (*4*) Geschicklichkeit *f*; **~ný** geschickt, gewandt.
šílen|ec *m* (*3*; *-nc-*) Wahnsinnige(r) *m*; **~ost** *f* (*4*), **~ství** *n* (*3*) Wahnsinn *m*, F Verrücktheit *f*, *Med*. Irrsinn *m*; **~ý** wahnsinnig, F verrückt, *Med*. irrsinnig; P rasend.
šíl|et (*3 Pl*. *-eji*), **~it** ⟨*roz- se, ze-*⟩ wahnsinnig sein.
šilh|at ⟨*po-, za-*⟩ schielen; **~avost** *f* (*4*) Schielen *n*; **~avý** schielend.
šilink *m* (*2b*) Schilling *m*.
šiml P *m* (*1*) (*Amts-*)Schimmel *m*.
šimpanz *m* (*3*; *-ové*) Schimpanse *m*.
šimrat ⟨*po-, za-*⟩ kitzeln, kribbeln.
šindel *m* (*4*) Schindel *f*; **~ový** Schindel-.
šinout ⟨*do-, v-*⟩ (*-nul*) schieben, langsam bewegen.
šíp *m* (*2a*) Pfeil *m*; **~atka** *f* (*1c*; *-tek*) Pfeilkraut *n*; **~ek** *m* (*2b*; *-pk-*) Heckenrose *f*; Hagebutte *f*.
šipka *f* (*1c*; *-pek*) Pfeil *m*; F *Kfz*. Winker *m*; *Sp*. Hechtsprung *m*; *Flgw*. Keilformation *f*.
šíp|kový Hagebutten-; Heckenrosen-; *Šípková Růženka* Dornröschen *n*; **~ový** Pfeil-.
širák *m* (*2b*) breitkrempiger Hut *m*.
širo|ce *Adv*. breit; **~čina** *f* (*1*) Breitaxt *f*; **~kánský** P sehr breit *od*. weit; **~ko** *Adv*. breit; ~ *daleko* weit und breit.
široko|kolejný breitspurig; **~plecí**, **~ramenný** breitschult(e)rig.
širo|kost *f* (*4*) Breite *f*, Weite *f*; **~koúhlý** weitwink(e)lig, Weitwinkel-; ~ *film* Breitwandfilm *m*; **~ký** (*Komp*. *širší*; *Adv*. *široce*, *-ko*; *Komp*. *šíře*) breit; weit; **~širý** F unendlich weit; *v -rém světě* auf der ganzen weiten Welt.
šir|ší *s*. *široký*; **~ý** weit, breit; frei; *pod ~m nebem* unter freiem Himmel; *-ré moře* die offene See.
šíř(e) *f* (*3 od*. *2*) Breite *f*, Weite *f*; *Adv*. breiter.
šíř|ení *n* (*3*) Verbreitung *f*; (*Schall-*) Fortpflanzung *f*; **~it** ⟨*roz-, z-*⟩ verbreiten; erweitern; ~ se sich verbreiten; (*Krankheit*) sich ausbreiten, um sich greifen; ~ *se o čem* sehr ausführlich behandeln (*A*), F sich auslassen (über *A*).
šiřitel *m* (*3*; *-é*) Verbreiter *m*.
šířk|a *f* (*1c*; *-řek*) Breite *f*; Weite *f*; **~ový** *Geogr*. Breiten-.
šiš|ák *m* (*2b*) *hist*. Helm *m*, Pickelhaube *f*; **~atý** kegel-, zapfenförmig; schief, schräg; **~inka** *f* (*1c*; *-nek*) Zirbeldrüse *f*; **~ka** *f* (*1c*; *-šek*) Zapfen *m*; Wecken *m*; *pl*. *a*. Stopfnudeln *f*/*pl*.
šišla|t ⟨*po-*⟩ mit der Zunge anstoßen; zischeln; **~vý** zischelnd.
šít ⟨*po-, u-, za-*⟩ (*šiji*, *šil*, *šit*) nähen.
šit|í *n* (*3*) Nähen *n*; Nähzeug *n*; **~ý** genäht; *ručně* ~ handgenäht.
šiz|ení *n* (*3*) Betrug *m*, Betrügerei *f*; **~uňk** P *m* (*1a*) Schwindler *m*.
škádli|t ⟨*po-, za-*⟩ necken, F ärgern; **~vý** neckisch.
škála *f* (*1a*) Skala *f*, Maßeinteilung *f*; *Mus*. Tonleiter *f*.
škandál *m s*. *skandál*.
škapulíř *m* (*4*) *Rel*. Skapulier *n*.
škára *f* (*1d*) Scharte *f*; *Med*. Lederhaut *f*.
škared|a *m* (*5*) *od*. *f* (*1*) häßliche Person *f*, Scheusal *n*; **~it se** ⟨*ze-*⟩ finster dreinblicken, F ein saures Gesicht machen; **~ost** *f* (*4*) Häßlichkeit *f*; **~ý** häßlich, F scheußlich; garstig; (*Blick*) finster; *s*. *středa*.
škarohlíd *m* (*1*), **~ka** *f* (*1c*; *-dek*) Schwarzseher(in *f*) *m*; **~ství** *n* (*3*) Schwarzseherei *f*.

škarpa *f* (*1*) Straßengraben *m*.

škatul|e *f* (*2*), **~ka** *f* (*1c*; *-lek*) Schachtel *f*; **~kovat** P ⟨*za-*⟩ (*-kuji*) genau einteilen.

škeble *f* (*2*) Muschel *f*.

škemr|al P *m* (*1*; *-ové*) Bettler *m*, F Schnorrer *m*; **~at** ⟨*za-*⟩ betteln, F schnorren.

škleb *m* (*2a*) Fratze *f*, Grimasse *f*; **~it** ⟨*na-*, *roz-*, *za-*⟩ *Gesicht* verziehen; ~ *se* grinsen; Gesichter schneiden; ~ *se na k-o* angrinsen (*A*); **~ivý** grinsend; fratzenhaft.

šklubat *s. škubat*.

škobrt|at F ⟨*za-*⟩, **~nout** *pf*. (*-tl*/*-tnul*) stolpern (*o co* über *A*).

škod|a *f* (*1*) Schaden *m*; ~ *č-o* schade um (*A*); ~ *na zdraví* Schaden an der Gesundheit; **~it** ⟨*u-*⟩ (*-zen*) schaden; **~livina** *f* (*1*) Schadstoff *m*; **~livý** schädlich; **~ná** *f* (*Adj. 2*) Raubwild *n*; Schädling *m*; **~ný** schädlich; **~libý** schadenfroh.

škol|a *f* (*1a*) Schule *f*; **~ácký** Schüler-; schülerhaft; **~áček** *m* (*1a*; *-čk-*) Schulkind *n*, F ABC-Schütze *m*; **~ačka** *f* (*1c*; *-ček*) Schulmädchen *n*; **~ák** *m* (*1a*) Schuljunge *m*; **~ení** *n* (*3*) Schulung *f*; **~ený** geschult; **~it** ⟨*pro-*, *pře-*, *za-*⟩ schulen; **~itel** *m* (*3*; *-é*) Schulungsleiter *m*; **~ka** *f* (*1c*; *-lek*) Baumschule *f*; F *a*. Kindergarten *m*; **~né** *n* (*Adj. 3*) Schulgeld *n*; **~ní** Schul-; **~ník** *m* (*1a*) Schuldiener *m*; **~ometský** *verä*. schulmeisterlich; **~ský** Schul-; **~ství** *n* (*3*) Schulwesen *n*.

škopek *m* (*2b*; *-pk-*) Schaff *n*.

škorpil *m* (*1*) Zänker *m*, F Streithammel *m*.

škorpión *m* (*1*) Skorpion *m*; *s. štír*.

škorp|it se ⟨*po-*⟩ sich herumstreiten; **~ivý** streitsüchtig.

škrab|ací Kratz-, Schab-; **~ačka** *f* (*1c*; *-ček*) Schabeisen *n*; Schäler *m*; **~adlo** *n* (*1a*; *-del*) Kratzeisen *n*; **~ák** *m* (*1a*) *verä*. Schreiberseele *f*; **~anice** *f* (*2a*), **~anina** *f* (*1*) Gekritzel *n*, P Schmiererei *f*.

škr|ábat, **~abat** ⟨*na-*, *po-*, *za-*⟩ (*-u*) kratzen; schaben; kritzeln; kraulen.

škrabátko *n* (*1b*; *-tek*) *s. škrabadlo*.

škráb|nout *pf*. (*-bl*; *-bnut*) *s. škrábat*; **~nutí** *n* (*3*) Kratzer *m*, Schramme *f*.

škraboška *f* (*1c*; *-šek*) Maske *f*.

škraloup *m* (*2*; *6*. *-u*/*-ě*) (*Milch-*) Haut *f*; Kruste *f*.

škrkavka *f* (*1c*; *-vek*) Spulwurm *m*.

škrob *m* (*2a*) Stärke *f*; (*1*) Knauser *m*; **~árenský** Stärke-; **~árna** *f* (*1*; *-ren*) Stärkefabrik *f*; **~ený** *Wäsche*: gestärkt; *fig*. steif; **~it** ⟨*na-*, *o-*, *pře-*, *vy-*⟩ stärken; **~natý** stärkehaltig; **~ovina** *f* (*1*) Dextrin *n*; **~ový** Stärke-.

škrt *m* (*2a*) Strich *m*; Streichung *f*; *Hdl*. Abstrich *m*; **~at** ⟨*od-*, *pro-*, *vy-*, *za-*⟩ (durch)streichen; anritzen; F kratzen.

škrt|icí *Tech*. Drossel(ungs)-; **~il** P *m* (*1*; *-ové*) Knauser *m*; **~it** ⟨*po-*, *se-*, *za-*⟩ (*-cen*) würgen; *Tech*., *fig*. drosseln; *Kleidung*: spannen; P knausern (*čím* mit *D*).

škrt|nout *pf*. (*-tl*; *-tnut*) *s. škrtat*; **~nutí** *n* (*3*) *s. škrt*.

škub|ánky *m*/*pl*. (*2b*) (Kartoffel-) Sterz *m*, *öst*. Nocken *m*; **~at** ⟨*po-*, *za-*⟩ (*-u*/*-ám*) reißen; *Haare* raufen; *Gänse* rupfen; ~ *se*, ~ *sebou* zukken; P sich sträuben; **~avý** ruckartig, zuckend; **~nout** *pf*., *u-*, *za-* (*-bl*) zusammenfahren, rucken; **~nutí** *n* (*3*) Ruck *m*; *Med*. Zuckung *f*.

škůdce *m* (*3*) Schädling *m*.

škudlit F knausern.

škuner *m* (*2a*) *Mar*. Schoner *m*.

škvár *m* (*2a*) Schund *m*; Schmöker *m* (*Buch*).

škvára *f* (*1d*) Schlacke *f*.

škvarek *m* (*2b*; *-rk-*) Griebe *f*; *Med*. Schorf *m*.

škvárový Schund-; Schlacken-; *Sp*. Aschen-.

škvařit ⟨*roz-*, *vy-*, *za-*⟩ zergehen lassen, F auslassen.

škvíra *f* (*1d*) Spalt *m*, Spalte *f*.

škvor *m* (*1*; *-ové*) Ohrwurm *m*; F *nasadit k-u ~a do ucha* j-m e-n Floh ins Ohr setzen.

škvrně *n* (*4a*) Fratz *m*, Knirps *m*.

škyt|at ⟨*za-*⟩, **~nout** *pf*. (*-tl*) schluchzen; schlucken, aufstoßen; **~avka** *f* (*1c*; *-vek*) Schlucken *n*, F Schluckauf *m*.

šlágr *m* (*2a*) Schlager *m*.

šlahoun *m* (*2*; *6*. *-u*/*-ě*) *Bot*. Schößling *m*, Trieb *m*; Ranke *f*.

šlach|a *f* (*1b*) Sehne *f*; **~ovitý** sehnig.

šlak *m* *1*. P (*2b*) Schlag(anfall) *m*; *2*. P (*1a*) Teufel *m*; **~ovitý** P verdammt, verflixt.

šlap|ací Tret-; Tritt- (*z.B. Bremse*); Fuß- (*z.B. Hebel, Antrieb*); **~adlo** *n* (*1a*; *-del*) Trittbrett *n*; Fußhebel *m*, Pedal *n*; Fußsohle *f*; **~at** ⟨*na-, u-, za-*⟩ (*-u|-ám*) treten; **~átko** *n* (*1b*; *-tek*) Pedal *n*.
šláp|nout *pf.* (*-pl*; *-pnut*) treten, s-n Fuß setzen; **~ota** *f* (*1*) Fußstapfe *f*, Fußspur *f*.
šle *f/pl.* (*2*) Hosenträger *m/pl.*
šleh *m* (*2b*) Hieb *m*, Streich *m*; Blitzstrahl *m*; **~ačka** *f* (*1c*; *-ček*) Schlagsahne *f*, *öst.* Schlagobers *n*; *Kochk.* Schneeschläger *m*; P *a.* Osterrute *f*; **~at** ⟨*po-, vy-, za-*⟩, **~nout** *pf.*, *vy-, za-* (*-hl*; *-hnut*) peitschen, schlagen; P *Mißstände* geißeln; *Feuer*: lodern; *Blitz*: zucken; *Funken*: sprühen; **~avý** geißelnd.
šlechet|nost *f* (*4*) Edelmut *m*; **~ný** edel(mütig), hochherzig.
šlecht|a *f* (*1*) Adel *m*; **~ic** *m* (*3*) Ad(e)liger *m*; **~icí** Veredlungs-; Pflege-; **~ický** ad(e)lig, Adels-; **~ictví** *n* (*3*) Adel(sstand) *m*; **~ična** *f* (*1*) Ad(e)lige *f*; **~it** ⟨*po-, u-, ze-*⟩ (*-těn*) veredeln; adeln; *Haut* pflegen; schmücken; **~** se sich putzen; **~itelský** *Agr.* Veredlungs-, Zucht-.
šlem *m* (*2a*) Schleim *m*; **~ovitý** schleimig.
šlépěj(e) *f* (*3 od. 2*) Fußstapfen *m*.
šmahem *Adv.* durchweg(s), völlig, F in Bausch und Bogen.
šmajdat F ⟨*roz-, u-*⟩ schlurfen, F latschen.
šmakovat P (*-kuji*) schmecken.
šmarjá! P Jesus Maria!
šmatat *s. hmatat.*
šma|ťhat, ~tlat ⟨*za-*⟩ P latschen.
šmejd P *m* (*2a*) Schund *m*; **~il** P *m* (*1*; *-ové*) *verä.* Schnüffler *m*, Schleicher *m*; **~it** P ⟨*pro-, vy-, za-*⟩ herumschnüffeln, herumkriechen.
šmelin|a P *f* (*1*) Schleich-, Schwarzhandel *m*; **~ář** P *m* (*3*) Schwarzhändler *m*, P Schieber *m*; **~ařit** ⟨*za-*⟩ Schwarzhandel treiben, P schieben; **~ářství** *n* (*3*) *s. šmelina.*
šmi|dlat, ~kat F schnippeln, schnipseln; *~dlat* ⟨*za-*⟩ *verä.* fiedeln.
šmodrch|a P *m* (*5*) *od. f* (*1b*) Patzer *m*, Patzerin *f*; **~at** ⟨*u-, za-*⟩ verwirren; P **~** se torkeln.
šmolk|a *f* (*1c*; *-lek*) Waschblau *n*; **~ovat** ⟨*na-*⟩ (*-kuji*) *Wäsche* bläuen.
šmou|ha *f* (*1b*), **~ra** *f* (*1d*) Streifen *m*, Striemen *m*.
šmudla P *m* (*5*) *od. f* (*1a*; *-del*) Schmutzfink *m*.
šmytec *m* (*4*; *-tc-*) *s. smyčec.*
šnecí Schnecken-.
šnek P *m* (*1a*) Schnecke *f*; **~ový** *Tech.* Schnecken-.
šněrov|ací Schnür-; **~ačka** *f* (*1c*; *-ček*) Mieder *n*; **~adlo** *n* (*1a*; *-del*) Schnürsenkel *m*; **~ání** *n* (*3*) Verschnürung *f*; **~at** ⟨*s-, u-, za-*⟩ (*-ruji*) schnüren.
šňořit P ⟨*na-, vy-*⟩ (auf)putzen.
šňup|ací Schnupf-; **~ák** *m* *1.* (*1a*) Schnupfer *m*; *2.* P (*2b*) Schnupftuch *n*; **~at** ⟨*po-, za-*⟩ (*-u|-ám*) schnupfen; **~avý** Schnupf-; **~ec** *m* (*4*; *-pc-*) Prise *f*; **~ka** *f* (*1c*; *-pek*) Prise *f*; Nasenstüber *m*; F Rüffel *m*; **~nout si** *pf.*, *po-, za-* e-e Prise (Schnupftabak) nehmen.
šňůr|a *f* (*1d*), **~ka** *f* (*1c*; *-rek*) Schnur *f*; (*Hunde-*)Leine *f*; *jako na -rce* F wie am Schnürchen.
šnytlík P *m* (*2b*) Schnittlauch *m*.
šofér *m* (*1*; *-ři*) (Kraft-)Fahrer *m*, Chauffeur *m*.
šohaj *m* (*3*) (*Dorf-*)Bursche *m*; **~ka** *f* (*1c*; *-jek*) Dirndl *n*.
šortky *f/pl.* (*1*; *-tek*) Shorts *pl.*
šos *m* (*2*; *6. -u|-e*) (*Rock-*)Schoß *m*; **~ácký** spießbürgerlich; **~áctví** *n* (*3*) Spießbürgertum *n*; **~ák** *m* (*1a*) Spießbürger *m*; **~atý** Schoß-.
šotek *m* (*1a*; *-tk-*; *-ové*) Kobold *m*; (*scherz.*) Teufel *m*.
šoup|ací Schiebe-; **~álek** *m* (*1a*; *-lk-*) *Zo.* Baumläufer *m*; **~at** P ⟨*pře-, vy-, za-*⟩ (*-u|-ám*) schieben, rücken; (*mit den Füßen*) schlurfen; **~átko** *n* (*1b*; *-tek*) Schieber *m*; **~avý** schlurfend; *-vě* ruckweise; **~nout** P *pf.* (*-pl*; *-pnut*) schieben; stecken.
šoura|t ⟨*u-, za-*⟩ schlurfen; P **~** se schlendern; **~vý** schlurfend.
šourek *m* (*2b*; *-rk-*) Hodensack *m*.
šourem *Adv.* schräg, quer; (*gehen*) langsam.
šoust|at ⟨*o-, po-, vy-*⟩, **~nout** *pf.* (*-tl*) scheuern; schwippen; P verschlingen.
šov|én *m* (*1*), **~inista** [-nɪ-] *m* (*5a*) Chauvinist *m*.
špač|ek[1] *m* (*1a*; *-čk-*) *Zo.* Star *m*; **~ek**[2] P *m* (*2b*; *-čk-*) (*Zigaretten-, Bleistift-*)Stummel *m*; **~kovat** F (*-kuji*) zetern, keifen; beschimpfen (*na k-o, co|A*).
špagát *m* (*2a*) Bindfaden *m*.

špachtle *f* (*2*) Spachtel *f*; *Med.* Spatel *m*.
špalda *f* (*1*) Spelt *m*, Spelz *m*, *dial.* Dinkel *m*.
špal|ek *m* (*2b*; *-lk-*), *dim.* **~íček** *m* (*2b*; *-čk-*) Klotz *m*, Block *m*, Stock *m*; **~ík** *m* (*2b*) Hemmschuh *m*, Bremsklotz *m*.
špalír *m* (*2a*) Spalier *n*.
Španěl *m* (*1*; *-é*), **~ka** *f* (*1c*; *-lek*) Spanier(in *f*) *m*; **~sko** *n* (*1b*) Spanien *n*; **♀ský** spanisch; **♀ština** *f* (*1*) spanische Sprache *f*.
špás P *m* (*2a*) Spaß *m*.
špat|nost *f* (*4*) Schlechtigkeit *f*; **~ný** schlecht, übel.
špeh *m* (*1a*; *-ové*), **~oun** P *m* (*1*) *verä.* Spitzel *m*; **~ovat** ⟨*pro-*, *vy-*⟩ (*-huji*) bespitzeln, nachspionieren (*k-o*/*D*).
špejl P *m* (*2a*), **~e** *f* (*2*) Speiler *m*, Holzstäbchen *n*.
špek P *m* (*2b*) Speck *m*; **~áček** *m* (*2b*; *-čk-*) Speckwurst *f*; **~ový** Speck-.
špendl|ík *m* (*2b*), *dim.* **~íček** *m* (*2b*; *-čk-*) Stecknadel *f*; **~it** ⟨*při-*, *za-*⟩ mit Stecknadeln(zusammen)heften.
šperk *m* (*2b*) Schmuck *m*, Schmuckstück *n*; **~ovat** ⟨*o-*, *vy-*⟩ (*-kuji*) schmücken.
špetka *f* (*1c*; *-tek*) Prise *f*.
špetnout *pf.*, *za-* (*-tl*) mucksen.
špic *m* (*3*) Spitz *m* (*Hund*).
špice *f* (*2a*) Radspeiche *f*.
špičák[1] *m* (*2b*) Eckzahn *m*; Spitzhacke *m*; *Sp.* Eispickel *m*.
špičák[2] *m* (*1a*) *Jagdw.* Spießbock *m*.
špičat|ět ⟨*na-*, *při-*, *za-*⟩ (*3 Pl. -ějí*) spitz werden; **~it** ⟨*o-*, *při-*, *za-*⟩ spitzen; **~ý** spitz, zugespitzt.
špičk|a *f* (*1c*; *-ček*) Spitze *f*; F Rausch *m*; Zipfel *m*; *Bot.* Lauchschwamm *m*; *El.* Spitzenbelastung *f*; **~ovat** (*-kuji*) sticheln; **~ový** Spitzen-.
špičník P *m* (*2b*) Birken-, Kapuzinerpilz *m*.
špikov|ací Spick-; **~ačka** *f* (*1c*; *-ček*) Spicknadel *f*; **~ovat** ⟨*na-*, *pro-*, *vy-*⟩ (*-kuji*) spicken.
špína *f* (*1*) Schmutz *m*; *s. špinavec.*
špinav|ec *m* (*3*; *-vc-*) Schmutzfink *m*, *verä.* Dreckskerl *m*; **~ý** schmutzig (*a. fig.*).
špinit ⟨*po-*, *u-*, *za-*⟩ beschmutzen.
špionáž *f* (*3*) Spionage *f*.
špíže *f* (*2*), **špižírna** *f* (*1*; *-ren*) Speisekammer *f*.
špláchat *s. šplíchat.*
šplh *m* (*2b*) Klettern *n*; **~adlo** *n* (*1a*; *-del*) Kletterstange *f*; **~at** ⟨*do-*, *vy-*, *za-*⟩ klettern; *fig. verä.* kriechen; F sich anstrengen, ordentlich lernen; **~avec** *m* (*3*; *-vc-*) Klettervogel *m*; *fig.* = **~oun** *m* (*1*) *verä.* Streber *m*; **~ounství** *n* (*3*) Streberei *f*, Strebertum *n*.
šplích|at ⟨*o-*, *po- se*, *roz-*⟩, **~nout** *pf.* (*-chl*) plätschern; **~ se** planschen; **~ot** *m* (*2a*) Plätschern *n*.
šplouch|at, **~nout** *s. šplíchat.*
šponovky *f*/*pl.* (*1*; *-vek*) Keilhose *f*.
špoulit *s. špulit.*
šprtat P büffeln, pauken.
šprým *m* (*2a*) Scherz *m*, Spaß *m*; **~ař** *m* (*3*) Spaßvogel *m*; **~ovat** ⟨*za-si*⟩ (*-muji*) Spaß machen, scherzen; **~ovný** spaß-, scherzhaft.
špulit ⟨*při-*, *za-*⟩ *Mund* spitzen.
špunt P *m* (*2*) Stöpsel *m*, Spund *m*.
šrafovat ⟨*vy-*, *za-*⟩ (*-fuji*) schraffieren.
šrám *m* (*2a*) Kratzwunde *f*, Schramme *f*; Narbe *f*.
šramot *m* (*2a*) Geräusch *n*; **~it** ⟨*po-*, *za-*⟩ lärmen.
šrot *m* (*2a*) Schrot *m*; Schrott *m*; **~ovat** ⟨*roz-*, *ze-*⟩ (*-tuji*) *Getreide* schroten; *Eisen* verschrotten; **~ovník** *m* (*2b*) Schrotmühle *f*.
šroub *m* (*2a*) Schraube *f*; **~ovací** Schraub-; **~** *tužka* Drehbleistift *m*; **~ovák** *m* (*2b*) Schraubenzieher *m*; **~ovat** ⟨*za-*⟩ (*-buji*) schrauben; **~ovitý** schraubenförmig, Schrauben-; **~** *vrták* Spiralbohrer *m*.
štáb *m* (*2a*) *Mil.* Stab *m*; **~ní** Stabs-.
štafeta *f* (*1*) Stafette *f*; Staffellauf *m*.
štamprle P *f* (*2*) Gläschen *n*, *öst.* Stamperl *n*.
šťára *f* (*1d*) Razzia *f*, Streife *f*.
šťárat (**se**) ⟨*po-*, *vy-*⟩ stochern, (herum)wühlen.
šťast|livec *m* (*3*; *-vc-*) Glückskind *n*, F Glückspilz *m*; **~ný** glücklich; Glücks-.
šťáva *f* (*1*) Saft *m*.
šťavel *m* (*4*) Sauerklee *m*; **~an** *m* (*2a*) *Chem.* Oxalat *n*; **~ový** Klee-; Oxal-.
šťavnatý saftig, Saft-.
štěbetal *m* (*1*; *-ové*), **~ka** *f* (*1c*; *-lek*) Schwätzer(in *f*) *m*.
štěbet|at ⟨*na-*, *za-*⟩ zwitschern; (*Gans*) schnattern; schwatzen; **~avost** *f* (*4*) Geschwätzigkeit *f*; **~avý**

zwitschernd; schnatternd; geschwätzig.

štědr|ost *f* (*4*) Freigebigkeit *f*; **~ovečerní** Weihnachtsabend-; **~ý** (*Komp.* *-dřejší*; *Adv.* *-dře*, *Komp.* *-dřeji*) freigebig; reichlich; Weihnachts-, Christ-.

štěk|ání *n* (*3*) Bellen *n*, Gebell *n*; *verä.* Keifen *n*; **~at** ⟨*za-*⟩, **~nout** *pf.* (*-kl*) bellen; (*na k-o*) anbellen (*A*); **~na** *f* (*1*; *-ken*) Keiferin *f*; **~ot** *m* (*2a*) *s. štěkání*.

štěně *n* (*4a*) junger Hund *m*, Welpe *m*.

štěnice *f* (*2a*) Wanze *f*.

štěp *m* (*2a*) Pfropfreis *n*; Obstbaum *m*.

štěpař *m* (*3*) Obstbaumzüchter *m*; **~ský** Obstbaum-; Pfropf-; **~ství** *n* (*3*) Obstbau *m*.

štěp|ina *f* (*1*) Holzscheit *m*; Span *m*; **~it** ⟨*o-*, *pře-*⟩ pfropfen; spalten; **~ný** spaltbar; Pfropf-; Edel- (*Obst*); **~ovat** ⟨*na-*, *v-*⟩ (*-puji*) *s. štěpit*.

štepovat ⟨*vy-*, *za-*⟩ (*-puji*) steppen.

štěrbák *m* (*2b*) Endivie *f*.

štěrbin|a *f* (*1*) Spalte *f*, Spalt *m*, Ritze *f*; **~ový** *Fot.* Schlitz-.

štěrk *m* (*2b*) Schotter *m*.

Štěstěna *f* (*1*) Glücksgöttin *f*, Fortuna *f*.

štěstí *n* (*3*) Glück *n*; *odvážnému ~ přeje* dem Mutigen gehört die Welt.

štětec *m* (*4*; *-tc-*) Pinsel *m*.

štětin|a *f* (*1*) Borste *f*; **~áč** *m* (*3*) Borstentier *n*; **~atý** borstig, Borsten-; **~ka** *f* (*1c*; *-nek*) Borstenhaar *n*.

štětk|a *f* (*1c*; *-tek*) (kleiner) Pinsel *m*; Maurer- *od.* Malerbürste *f*; Gemsbart *m*; *verä.* Dirne *f*; **~ář** *m* (*3*) Bürstenbinder *m*.

štičí Hecht-.

štíhl|onohý mit schlanken Beinen; **~ost** *f* (*4*) Schlankheit *f*; **~oučký**, **~ounký** sehr schlank; **~ý** schlank.

štika *f* (*1c*) Hecht *m*.

štíp|ací Kneif-, Zwick-; **~ačky** *f/pl.* (*1*; *-ček*) Kneifzange *f*; **~anec** *m* (*4*; *-nc-*) *s. štípnutí*; **~at** ⟨*roz-*⟩ (*-u*/*-ám*) spalten; *Holz* hacken; kneifen, zwicken; *Fahrkarte* knipsen; (*Insekt*) stechen; **~atelný** spaltbar; **~avý** beißend.

štip|ec *m* (*4*; *-pc-*) Prise *f*; F Rüffel *m*; **~eček** *m* (*2b*; *-čk-*) ein wenig, ein bißchen.

štípit *s. štěpit*.

štipka *f* (*1c*; *-pek*) *s. štipec*.

štiplavý beißend, stechend; *fig.* bissig.

štíp|nout *pf.* (*-pl*; *-pnut*) *s. štípat*; **~nutí** *n* (*3*) (*Mücken-*)Stich *m*.

štír *m* (*1*; *-ové*) Skorpion *m*; *být na ~u* in Feindschaft leben; **~ek** *m* (*1a*; *-rk-*) Bücherwurm *m*; **~ovník** *m* (*2b*) Hornklee *m*.

štířit se P schmunzeln, grinsen; P (*na k-o*) wütend sein (auf *A*).

štít *m* (*2*; *6.* *-ě*/*-u*) Schild *n u. m*; *Arch.* Giebel *m*; Bergspitze *f*; *Zo.* Panzer *m*; *Med.* (*Röntgen-*)Schirm *m*; **~ek** *m* (*2b*; *-tk-*) Schildchen *n*; (*Tür-*)Schild *n*; (*Mützen-*)Schirm *m*; Etikett *n*; **~it se** ⟨*za-*⟩ (*k-o*, *č-o*) Abscheu (*od.* Ekel) empfinden (vor *D*); sich scheuen (zu); **~ivý** widerwillig; **~ný** Schild-; **~ový** Giebel-; **~ovitý** giebelförmig.

štkát ⟨*za-*⟩ schluchzen.

štoček *m* (*2b*; *-čk-*) Klischee *n*, Druckstock *m*.

štola *f* (*1a*) *Bgb.* Stollen *m*.

štóla *f* (*1a*) Stola *f*.

štolba *m* (*5*) Stallmeister *m*.

šťopka *f* (*1c*; *-pek*) *s. stopka*.

štoudev *f* (*3*; *-dv-*) Wasserbottich *m*.

šťouch|at P ⟨*o-*, *za-*⟩, **~nout** P *pf.* (*-chl*; *-chnut*) stoßen.

šťour|alství P *n* (*3*) Nörgelei *f*; **~at** P ⟨*po-*, *za-*⟩ nörgeln; *~ se* (herum-)kramen; *im Essen* herumstochern.

šťovík *m* (*2b*) Sauerampfer *m*.

štrachat (se) P kramen; klettern; schlendern; (*s čím*) mit sich herumschleppen (*A*).

štruple P *f* (*2*) Strippe *f*.

študák P *m* (*1a*) Studiker *m*, Studiosus *m*.

štuk *m* (*2b*) *Arch.* Stuck *m*; **~atér** *m* (*1*; *-ři*) Stuckarbeiter *m*; **~atura** [-tu:-] *f* (*1d*) Stukkatur *f*.

štulec *m* (*4*; *-lc-*) Rippenstoß *m*, F Schubs *m*.

šturm|ovat P ⟨*za-*⟩ (*-muji*) stürmen; **~ovština** F *f* (*1*) Stoßarbeit *f zwecks Planerfüllung*.

štváč *m* (*3*) Hetzer *m*; **~ský** Hetz-; **~ství** *n* (*3*) Hetze *f*.

štvan|ec *m* (*3*; *-nc-*) Gehetzte(r) *m*; *Pol.* Geächtete(r) *m*, Verfemte(r) *m*; F *s. darebák*; **~ice** *f* (*2a*) Hetzjagd *f*, Kesseltreiben *n*; *Pol.* Hetzkampagne *f*; P *a.* Hast *f*.

štvát ⟨*po-, uštvat*⟩ (*štvu, štval*) hetzen; aufhetzen (gegen *A*); ~ se sich abhetzen.
štvavý Hetz-.
štych F *m* (*2b*) (*Karten-*)Stich *m*.
štýrský stei(e)risch.
šuhaj *m s. šohaj*.
šukat ⟨*po-*⟩ (geschäftig) hin- und herlaufen.
šulit P ⟨*o-*⟩ schummeln, mogeln.
šum *m* (*2a*) Rauschen *n*, Geräusch *n*.
šumař *m* (*3*) Spielmann *m*, F Musikant *m*; **~it** P musizieren.
šum|ěnka P *f* (*1c*; *-nek*) Brausepulver *n*; **~ět** ⟨*za-*⟩ (*3 Pl. í/ějí*) rauschen, brausen, sausen; *Wein*: schäumen; **~icí** Brause-; **~ivka** *f* (*1c*; *-vek*) Brauselimonade *f*; **~ivý** rauschend, brausend, schäumend; **~ný** geräuschvoll; *fig.* rauschend; **~ot** *m* (*2a*) *s. šum*.
šunka *f* (*1c*; *-nek*) Schinken *m*.
šup! *Int.* schwupps!
šup|ák *m* (*1a*) Landstreicher *m*, Strolch *m*; **~at** F (*-u/-ám*) schwippen, peitschen; gierig essen.
šupin|a *f* (*1*) Schuppe *f*; **~áč** *m* (*3*) Schuppentier *n*; **~atý** schuppig.
šupl|átko *n* (*1b*; *-tek*), **~e** F *f* (*2*), **~ík** F *m* (*2b*) Schublade *f*.
šust *m* (*2a*) Geräusch *n*, Rascheln *n*; **~**! *Int.* husch!
šus|ťák F *m* (*2b*) Nylon(regen)mantel *m*, Regenhaut *f*; **~tět**, **~tit** ⟨*za-*⟩ rascheln.
šust|nout (**se**) *pf.*, *za-* (*-tl*) huschen; **~ot** *m* (*2a*) *s. šust*.
šušk|anda P *f* (*1*) *s. šeptanda*; **~at** ⟨*po-*⟩ tuscheln, munkeln.
šváb *m* (*1*) Küchenschabe *f*.
Šváb *m* (*1*; *-ové*) Schwabe *m*; **⁓ský** schwäbisch.
švadlena *f* (*1*) Näherin *f*, Schneiderin *f*.
švadronit P ⟨*za-*⟩ plaudern, plappern.
švagr *m* (*1*; *-ři/-rové*) Schwager *m*; **~ová** *f* (*Adj. 2*) Schwägerin *f*.
švand|a *f* (*1*) Spaß *m*, Jux *m*; **~ovní** ulkig, spaßig.
švarný schmuck, nett, fesch.
švec *m* (*3*; *ševc-*) Schuster *m*; *Zo.* Schlei *m*.
Švéd *m* (*1*; *-ové*), **~ka** *f* (*1c*; *-dek*) Schwede *m*, -in *f*; **~sko** *n* (*1b*) Schweden *n*; **⁓ský** schwedisch; **⁓ština** *f* (*1*) schwedische Sprache *f*.
švegruše *f* (*2*) Schwägerin *f*.
švehol *m* (*2a*), **~ení** *n* (*3*) Zwitschern *n*; **~it** ⟨*za-*⟩ zwitschern.
švejkov|at ⟨*za- si*⟩ (*-kuji*) den (Braven Soldaten) Schwejk nachahmen; **~ina** *f* (*1*) Schwejk-Streich *m*; Schwejk-Gesinnung *f*.
švestk|a *f* (*1c*; *-tek*) Pflaume *f*, Zwetschge *f*; **~ový** Pflaumen-.
švih *m* (*2b*) Peitschenhieb *m*; *Sp.* Schwung *m*.
švih|ácký geckenhaft; **~adlo** *n* (*1a*; *-del*) Schwungseil *n*; **~ák** *m* (*1a*) Geck *m*, Stutzer *m*; **~at** ⟨*pro-, za-*⟩, **~nout** *pf.* (*-hl*) *mit der Peitsche od. Rute* schlagen; P schmeißen; *-nout sebou* sich hinwerfen, hinfallen.
švito|rka P *f* (*1c*; *-rek*) Plaudertasche *f*; **~řit** ⟨*po-, za-*⟩ zwitschern; *iron.* schwatzen; **~řivý** zwitschernd; P geschwätzig.
Švýcar *m* (*1*; *-ři*), **~ka** *f* (*1c*; *-rek*) Schweizer(in *f*) *m*; **~sko** *n* (*1b*) Schweiz *f*; **⁓ský** Schweizer (*Adj.*).

T

ta *Pron.* die(se); *s. ten.*
tabáční Tabak-.
tabák *m* (*2b*) Tabak *m*; **~ový** Tabak-.
tabatěrka *f* (*1c*; *-rek*) Tabakdose *f*.
tabel|a *f* (*1a*) Tabelle *f*; **~ární** tabellarisch.
tablet|a *f* (*1*), **~ka** *f* (*1c*; *-tek*) Tablette *f*.
table-tennis [tejbl-tenɪs] *m* (*2*; *6. -u/-e*) Tischtennis *n*.
tábor *m 1.* (*2*; *2. -a*; *6. -u/-ře*) Lager *n* (*a. fig.*); (*Volks-*)Versammlung *f*; F Volksfest *n*; *2.* (*1*; *-ři*) *s. táborita*; **~ák** P *m* (*2b*) Lagerfeuer *n*; **~ita** *m* (*5a*) *hist.* Taborit *m*; **~itský** taboritisch; **~nictví** *n* (*3*) Camping *n*; **~ník** *m* (*1a*) Campingfreund *m*, F Camper *m*, Zeltler *m*; **~ový** Lager-.
táboř|ení *n* (*3*) Zelten *n*; **~iště** *n* (*2a*) Lager-, Campingplatz *m*; **~it** ⟨*u- se*⟩ lagern, zelten.
tabul|e *f* (*2*) Tafel *f*; (*Fenster-*) Scheibe *f*; (*Schneider-*)Tisch *m*; **~ka** *f* (*1c*; *-lek*) Täfelchen *n*; (*Schokolade-*)Tafel *f*; Schild(chen) *n*; Tabelle *f*; **~(k)ovat** (*-kuji*) täfeln; **~kový** Tafel-; *Sp.* Tabellen-.
taburet *m* (*2*; *6. -u/-ě*) Hocker *m*.
tác *m* (*2*; *6. -u/-e*) Tablett *n*; **~ek** *m* (*2b*; *-ck-*) Untertasse *f*; Bieruntersetzer *m*.
táčky *f/pl.* (*1*; *-ček*) Plauderstündchen *n*, F Plausch *m*.
tady hier, da.
táflování *n* (*3*) Wandverkleidung *f*, Täfelung *f*.
tágo *n* (*1b*) Billardstock *m*, Queue *n*.
tah *m* (*2b*) Zug *m*; Strich *m*; **~ací** Zieh-; **~ač** *m* (*4*) Schlepper *m*; **~ačka** F *f* (*1c*; *-ček*) *s. tahanice*; **~ák** *m* (*2b*) Zughaken *m*; F *a.* Spickzettel *m*; Bestseller *m*, Zugstück *n*, Reißer *m*; **~anice** F *f* (*2a*), *mst pl.*: ~ Scherereien *f/pl.*, Papierkrieg *m*, Hickhack *n*; Balgerei *f*; **~at** ⟨*po-*, *za-*⟩ (*za co*) ziehen (an *D*); ~ se sich schleppen; **~avý** schleppend, langsam.
tahle(ta) diese (hier, da); *s. tenhle* (*-ten*).
táhl|o *n* (*1a*; *-hel*) *Tech.* Zugstange *f*; *-la pl.* Gestänge *n*; **~ý** gedehnt, langgezogen.
táhnout ⟨*po-*, *za-*⟩ (*-hl*; *tažen*) ziehen (*za co* an *D*); ~ se sich (hin)ziehen, sich schleppen.
tahoun *m* (*1*) Zugtier *n*; *fig.* Arbeitstier *n*.
taj *m* (*4*) *lit.* Geheimnis *n*.
tajem|nictví *n* (*3*) Sekretariat *n*; **~ník** *m* (*1a*), **~nice** *f* (*2a*) Sekretär *m*, Sekretärin *f*; **~ný** geheim; geheimnisvoll; **~ství** *n* (*3*) Geheimnis *n*.
tajenka *f* (*1c*; *-nek*) Vexierbild *n*; Worträtsel *n*.
taj|it ⟨*u-*, *za-*⟩ verheimlichen, verbergen; ~ *se s čím* verhehlen, verbergen, geheimhalten (*A*); **~nost** *f* (*4*) Geheimnis *n*; Heimlichkeit *f*; **~nůstkář** *m* (*3*) Geheimniskrämer *m*; **~nůstkářství** *n* (*3*) Geheimniskrämerei *f*; **~ný**¹ (*Adv.* *-ně*, *lit.* *-no*) geheim, heimlich; **~ný**² F *m* (*Adj. 1*) Geheimagent *m*.
tajtrlík F *m* (*1a*) Hanswurst *m*.
tajuplný geheimnisvoll.
tak so; **~é** auch; **~hle** so, auf diese Art; **~měř** *lit.* beinahe, fast; **~ový** solche(r, -s), derartige(r, -s); **~řka** sozusagen; fast.
takt *m* (*2a*) Takt *m*.
tak|tak mit knapper Not, gerade noch; F mit Ach und Krach; **~též** ebenfalls, gleichfalls.
takti|cký [-tɪ-] taktisch; **~ka** *f* (*1c*) Taktik *f*.
takt|ní taktvoll; **~nost** *f* (*4*) Takt *m*, Taktgefühl *n*.
takto so, also; folgendermaßen.
takt|ovat ⟨*za-*⟩ (*-tuji*) taktieren; den Takt geben; **~ovka** *f* (*1c*; *-vek*) Taktstock *m*; **~ový** Takt-.
taky F *s. také*.
taký *lit. s. takový*.
tak|zvaný sogenannt; **~ž**: *jakž* ~ so leidlich; **~že** so daß.
talár *m* (*2a*) Talar *m*; Robe *f*.
talek *m* (*2b*; *-lk-*) Talk *m*, Speckstein *m*.
talent *m* (*2a*) Talent *n*; **~ovaný** talentiert, talentvoll.

talián *m* (*2a od. 1a*) Knackwurst *f*.
talíř *m* (*4*) Teller *m*; *Mus.* Becken *n*; **~ek** *m* (*2b*; *-řk-*) kleiner Teller *m*; Untertasse *f*.
tam dort; dorthin; *tu a ~* hie und da; ab und zu; *~ a zpět* hin und zurück; *sem a ~* hin und her; *cesta ~* Hinweg *m*, -reise *f*, -fahrt *f*; *byl ten ~* er war über alle Berge *od.* plötzlich weg.
tamaryšek *m* (*2b*; *-šk-*) Tamariske *f*.
tamburína *f* (*1*) Tamburin *n*.
tam|ější dortig; **~hle** dort; **~odtud** von dorther; **~ten, ~ta, ~to** der, die, das dort; **~též, ~že** ebendort, ebenda; **~tudy** dort hindurch, dort hinunter *od.* hinauf.
tancov|ačka F *f* (*1c*; *-ček*) Tanz (-vergnügen *n*) *m*, -fete *f*, Tanzerei *f*; **~at** ⟨*po-, za- si*⟩ (*-cuji*) tanzen.
tanč|írna *f* (*1*; *-ren*) Tanzsaal *m*, -lokal *n*; **~it** ⟨*pro-, za-*⟩ *s. tancovat*.
tane|c *m* (*4*; *-nc-*) Tanz *m*; **~ční** Tanz-; **~čník** *m* (*1a*), **~čnice** *f* (*2a*) Tänzer(in *f*) *m*.
tání *n* (*3*) Schmelzen *n*; Tauwetter *n*.
tank *m* (*2b*) Tank *m*; *Mil.* Panzer (-kampfwagen) *m*; **~ista** *m* (*5a*) Panzergrenadier *m*; **~ovat** ⟨*na-*⟩ (*-kuji*) tanken; **~ový** Tank-; *Mil.* Panzer-.
tanout ⟨*za-*⟩: *~ na mysli j-m* vor Augen schweben.
táp|at ⟨*do-, pro- se*⟩ (*-u/-ám*) tappen; tasten; **~avý** tappend; tastend.
tapet|a *f* (*1*) Tapete *f*; **~ář** *m* (*3*) Tapezierer *m*; **~ovat** ⟨*vy-*⟩ (*-tuji*) tapezieren; **~ový** Tapeten-.
tapír *m* (*1*; *-ři*) Tapir *m*.
ťap|ka *f* (*1c*; *-pek*) Pfötchen *n*; Fußspur *f*; **~(k)at** ⟨*po-*⟩ trippeln; **~nout** *pf.* (*-pl/-pnul*) hineinpatschen.
taras *m* (*2*; *6. -u/-e*) Erdwall *m*, Böschung *f*, Terrasse *f*; **~it** ⟨*za-*⟩ (*-sen*) verrammeln, verbarrikadieren.
tarbík *m* (*1a*) Springmaus *f*.
tarif *m* (*2a*) Tarif *m*; *mzda podle ~u* Tariflohn *m*; **~ní, ~ový** tariflich, Tarif-; *-ní smlouva* Tarifvertrag *m*.
tasemnice *f* (*2a*) Bandwurm *m*.
tasit *pf.* ⟨*vy-*⟩ *Schwert* ziehen, zücken.
tašk|a *f* (*1c*; *-šek*) Tasche *f*; Dachziegel *m*; **~ář** *m* (*3*) Spitzbube *m*, Schwindler *m*; **~ařice** *f* (*2a*), **~ařina** *f* (*1*), **~ářství** *n* (*3*) Streich *m*; **~ářský** spitzbübisch, Schelmen-; **~ový** Ziegel-.
taštička *f* (*1c*; *-ček*) Täschchen *n*.
tát ⟨*od-, roz- se*⟩ (*3. taje*) schmelzen, tauen (*v/i*).
táta F *m* (*5*) Vater *m*, F Papa *m*.
tatam *s. tentam*.
Tatar *m* (*1*; *-ři*) Tatar(e) *m*; **♀ský** tatarisch.
tatáž dieselbe.
tatí|(če)k F *m* (*1a*; *-čk-*), **~nek** F *m* (*1a*; *-nk-*) Vater *m*, F Vati *m*.
tato diese.
tatranský Tatra-.
Tatry *f/pl.* (*1*; *-ter*) Tatra *f*.
tav|ba *f* (*1*; *-veb*), **~ení** *n* (*3*) Schmelzen *n*; **~enina** *f* (*1*) Schmelzmasse *f*; **~icí** Schmelz-; **~írna** *f* (*1*; *-ren*) Schmelzwerk *n*; Schmelzerei *f*; Schmelzhalle *f*; **~it** ⟨*roz-, u-*⟩ schmelzen (*v/t*); **~itelný** schmelzbar; **~ný** schmelzbar; Schmelz-.
tax|a *f* (*1a*) Taxe *f*; **~ace** *f* (*2*) Taxierung *f*; **~i** *n* (*indekl.*), **~ík** P *m* (*2b*; *2. -u/-a, 4.* F *-a*) Taxi *n*, F Taxe *f*; **~ovat** ⟨*o-*⟩ (*-xuji*) taxieren.
táz|ací Frage-; **~at se** ⟨*do-, o-*⟩ (*-žu/-ži*) fragen (*k-o* [*G*] *na co, po čem* j-n nach *D*).
tazatel *m* (*3*; *-é*) Fragesteller *m*.
tázavý fragend.
táž dieselbe.
tаž|ební Ziehungs-; **~ení** *n* (*3*) Zug *m*; Feldzug *m*; *zpáteční ~* Rückzug; *být v posledním ~* in den letzten Zügen liegen; **~nost** *f* (*4*) Dehnbarkeit *f*; **~ný** dehnbar; *Zo.* Zug-.
té, tě, tebe, tebou *s. ten*; *ty*.
téci (*3. teče, 3 Pl. -kou/-čou, tekl*) fließen; triefen.
tečk|a *f* (*1c*; *-ček*) Punkt *m*; **~ovat** ⟨*na-, po-*⟩ (*-kuji*) punktieren.
tečn|a *f* (*1*; *-čen*) Tangente *f*; **~(ov)ý** Tangential-.
teď, P **~ka** jetzt, nun.
tedy also.
teh|da, ~dáž, ~dy damals, † dazumal; *jen ~, když …* nur dann, wenn …; **~dejší** damalig.
těhot|enství *n* (*3*) Schwangerschaft *f*; **~ný** schwanger.
techni|cký [-nɪ-] technisch; **~čka** *f* (*1c*; *-ček*) Technikerin *f*; **~k** *m* (*1a*) Techniker *m*; **~ka** *f* (*1c*) Technik *f*; **~zovat** (*im*)*pf.* ⟨*z-*⟩ (*-zuji*) technisieren.
technolog *m* (*1a*; *-ové*) Technologe *m*; **~ický** technologisch.
…tékat *s. téci*.
těk|at ⟨*roz- se*⟩ (herum)irren, (her-

um)schweifen; **~avost** *f* (*4*) Flatterhaftigkeit *f*; *Chem.* Flüchtigkeit *f*; **~avý** unstet; flatterhaft; *Chem.* flüchtig.
tekut|ina *f* (*1*) Flüssigkeit *f*; **~ost** *f* (*4*) flüssiger Zustand *m*; **~ý** flüssig.
tel|átko *n* (*1b*; *-tek*; *6 Pl.* *-ách*) Kälbchen *n*; **~e** *n* (*4*) Kalb *n*; P *Mil.* Tornister *m*, F Affe *m*; **~ecí** Kalbs-; ~ *maso* Kalbfleisch *n*.
telefon *m* (*2a*) Telefon *n*; **~ický** [-nɪ-] telefonisch; **~ista** *m* (*5a*), **~istka** *f* (*1c*; *-tek*) Telefonist(in *f*) *m*; **~ní** Fernsprech-, Telefon-; ~ *automat* Münzfernsprecher *m*; ~ *číslo* Rufnummer *f*; **~ovat** ⟨*za-*⟩ (*-nuji*) (*k-u*, *s kým*) anrufen (*A*), telefonieren (mit *D*).
telegraf *m* (*2a*) Telegraf *m*; **~ický** telegrafisch; **~ní** Telegrafen-; **~ovat** (*im*)*pf*. ⟨*pro-*, *za-*⟩ (*-fuji*) telegrafieren.
tele|gram *m* (*2a*) Telegramm *n*; *schweiz.* Depesche *f*; **~komunikace** [-nɪ-] *f* (*2*) Fernmeldewesen *n*.
těles|ný körperlich, leiblich; Körper-, Leibes-; *Rel.* fleischlich; **~o** *n* (*1a*; *6.* *-e*/*-u*) Körper *m*.
teletina *f* (*1*) Kalbsleder *n*; Kalb(s-)fell *n*; Kalbfleisch *n*.
televiz|e *f* (*2*) Fernsehen *n*; **~ní** Fernseh-; **~or** *m* (*2a*) Fernsehgerät *n*, F Fernseher *m*.
tělísko *n* (*1b*; *-sek*) *Med.* Körperchen *n*; *Phys.* Korpuskel *n*.
telit se ⟨*o-*, *vy-*⟩ kalben.
tělnat|ět ⟨*z-*⟩ (*3 Pl.* *-ějí*) Fett ansetzen, F dick werden; **~ost** *f* (*4*) Korpulenz *f*; **~ý** beleibt, korpulent.
telný *Kuh*: trächtig.
tělo *n* (*1a*) Körper *m*; Leib *m*; *část -la* Körperteil *m*; *-lem i duší* mit Leib und Seele; *Boží* ~ Fronleichnam(sfest *n*) *m*; **~cvična** *f* (*1*; *-čen*) Turnhalle *f*; **~cvičný** Turn-; **~cvik** *m* (*2b*) Turnen *n*; Leibeserziehung *f*; *nápravný* ~ Heilgymnastik *f*; **~cvikář** *m* (*3*) Turner *m*; Sportlehrer *m*; Sportstudent *m*; **~vý** hautfarben; **~výchova** *f* (*1*) Körpererziehung *f*.
téma *n* (*1*; *témat-*; *2, 3, 6.* *-tu*) Thema *n*.
témě *n s.* *temeno*.
temen|ní Scheitel-; **~o** *n* (*1*; *6.* *-u*/*-i*) Scheitel *m*; Gipfel *m*.
téměř beinahe, fast.
temn|ět ⟨*za-*⟩ (*3 Pl.* *-ějí*) dunkel werden; **~ice** *f* (*2a*) *hist.* Kerker *m*; *Fot.* Dunkelkammer *f*; **~it** ⟨*pro-*, *u-*, *za-*⟩ verdunkeln; **~no** *n* (*1*) Finsternis *f*, Dunkelheit *f*; *Adv.* finster, dunkel; **~omodrý** dunkelblau; **~ost** *f* (*4*), **~ota** *f* (*1*) Finsternis *f*, Dunkelheit *f*; **~ý** (*Adv.* *-ě*, *-o*) finster, dunkel; *fig.* dumpf.
temperament *m* (*2a*) Temperament *n*; **~ní** temperamentvoll.
templ *m* (*2a*) Tempel *m*; **~ář** *m* (*3*) *hist.* Templer *m*.
ten *Pron.* der; dieser; *s.* *tam*; *pan* ~ *a* ~ ein Herr so und so.
tenata *n*/*pl.* (*1*) Fangnetz *n*, *fig.* Garn *n*.
ten|ce, ~čeji, ~čí *s.* *tenký*; **~čit** ⟨*z-*⟩ verdünnen; ~ *se* dünner werden; abnehmen (*v*/*i.*).
tenden|ce *f* (*2*) Tendenz *f*; **~ční** tendenziös, Tendenz-; **~čnost** *f* (*4*) Mangel *m* an Objektivität, tendenziöser Inhalt *usw*.
tendr *m* (*2a*) Tender *m*.
tenhle(**ten**) dieser (hier, da).
tenis [-nɪs] *m* (*2*; *6.* *-u*/*-e*) Tennis *n*; **~ák** F *m* (*2b*) Tennisball *m*; **~ka** *f* (*1c*; *-sek*) Tennisschuh *m*; **~ový** Tennis-; **~ta** *m* (*5a*), **~tka** *f* (*1c*; *-tek*) Tennisspieler(in *f*) *m*.
tenko *Adv.* dünn; **~stěnný** dünnwandig.
tenkrát damals.
tenký (*Komp.* *-čí*; *Adv.* *-ce*, *-ko*, *Komp.* *-čeji*) dünn; *fig.* fein, zart.
tenor *m* *1.* (*2a*) Tenor *m*; *2.* (*1*; *-ové*), **~ista** *m* (*5a*) Tenor(sänger) *m*; **~ový** Tenor-.
tenou|čký, ~nký sehr dünn, hauchdünn.
tentam verschwunden, F auf und davon, über alle Berge.
tento dieser; **~krát**(**e**) diesmal, dieses Mal; *pro* ~ für dieses (eine) Mal.
tentýž derselbe.
teolog *m* (*1a*; *-ové*) Theologe *m*; **~ický** theologisch.
teor|etický [-tɪ-] theoretisch; **~etik** [-tɪk] *m* (*1a*) Theoretiker *m*; **~ie** *f* (*2*) Theorie *f*.
tep *m* (*2a*) Schlag *m*; *Med.* Puls(-schlag) *m*; **~aný** geschlagen; *Metall*: getrieben; *-né zlato* Blattgold *n*; **~at** ⟨*po-*, *vy-*⟩ (*-u*/*-ám*) schlagen; *Metall* hämmern, treiben; *Pol.* schonungslos kritisieren.
tepelný Wärme-, Thermo-; *-ná elektrárna* Wärmekraftwerk *n*.

teplák|ový: *-vá bunda* Trainingsjacke *f*; *-vá souprava* Schi- *od.* Trainingsanzug *m*; **~y** *m/pl.* (*2b*; *6 Pl. a. -kách*) Trainingshose *f*; Schi- *od.* Trainingsanzug *m*.

tepl|árna *f* (*1*; *-ren*) Fernheizwerk *n*; Heizkraftwerk *n*; **~ice** *f/pl.* (*2a*) Thermalquelle *f*.

teplo *n* (*1a*; *6. -e/-u*) Wärme *f*; *Adv.* warm; *být v -le* sich warm halten; *za -la* in warmem Zustand; F brühwarm (*et. erzählen*); **~jem** *m* (*2a*) Wärmespeicher *m*; **~krevný** warmblütig, Warmblut-; **~měr** *m* (*2a*) Thermometer *n*; **~met** *m* (*2a*) Strahlofen *m*, Heizstrahler *m*; **~milný** wärmeliebend; **~st** *f* (*4*) *fig.* Wärme *f*; **~ta** *f* (*1*) Wärme *f*; Temperatur *f*; **~vodní** Warmwasser-; **~vzdorný** hitzebeständig; **~vzdušný** Warmluft-.

teplý (*Adv.* -e, -o) warm.

tep|na *f* (*1*; *-pen*) Schlagader *f*, Arterie *f*; **~ot** *m* (*2a*) Schlagen *n*, Hämmern *n*; Pulsschlag *m*.

teprv(e) erst.

teras|a *f* (*1a*) Terrasse *f*; **~ovitý** terrassenartig.

terc|e *f* (*2*) Terz *f*; **~et** *m* (*2a*), **~eto** *n* (*1*; *6. -u*) Terzett *n*.

terč *m* (*4*) Scheibe *f*; Zielscheibe *f*.

terén *m* (*2*; *6. -u/-ě*) Gelände *n*; **~ní** Gelände-; *Kfz.* geländegängig.

teriér *m* (*1*; *-ři*) Terrier *m*.

teritoriální territorial.

těrka *f* (*1c*; *-rek*) Wischer *m*.

term|a *f* (*1*) Therme *f*, Thermalquelle *f*; **~ální** thermal; **~ický** thermisch.

termín *m* (*2a*) Termin *m*; **~ový** [Termin-.

termit *m* (*1*) Termite *f*.

termo|for *m* (*2a*) Wärm(e)flasche *f*; **~nukleární** thermonuklear, Fusions-.

teror *m* (*2a*) Terror *m*; **~izovat** ⟨z-⟩ (*-zuji*) terrorisieren; **~ista** *m* (*5a*), **~istka** *f* (*1c*; *-tek*) Terrorist(in *f*) *m*; **~istický** [-tɪts-] terroristisch, Terror-.

terpentýn *m* (*2a*) Terpentin *n*; **~ový** Terpentin-.

tes *m* (*2a*) Hieb *m*; **~ák** *m* (*2b*) Hirschfänger *m*; Fangzahn *m*, Hauer *m*.

tesař *m* (*3*) Zimmermann *m*; **~ík** *m* (*1a*) Bockkäfer *m*; **~ský** Zimmer(-manns)-; **~ství** *n* (*3*) Zimmermannsberuf *m*.

tesat ⟨o-, u-⟩ (*-šu/-sám*) (be)hauen, zimmern; meißeln.

tesk|livost *f* (*4*) *s. tesknost*; **~livý** bange, wehmütig; **~nit** ⟨po-, za-⟩ (*po kom, čem*) sich sehnen (nach *D*); **~nost** *f* (*4*), **~nota** *f* (*1*) Bangigkeit *f*; **~ný** (*Adv. -no*) bange.

tesl|a *f* (*1a*; *-sel*), **~ice** *f* (*2a*) Zimmermannsaxt *f*.

těsn|at ⟨v-⟩ hineinzwängen; **~icí** Dichtungs-; Pack-; **~it** ⟨s-, za-⟩ (ab)dichten; **~opis** *m* (*2*; *6. -e/-u*) Stenographie *f*, Kurzschrift *f*; **~opisec** *m* (*3*; *-sc-*) Stenograph *m*; **~opisný** stenographisch; **~ost** *f* (*4*), **~ota** *f* (*1*) Enge *f*; Knappheit *f*; **~ý** eng, knapp.

testament *m* (*2*; *6. -u/-ě*) Testament *n*.

těsto *n* (*1*; *6. -u/-ě*) Teig *m*.

testovat ⟨o-⟩ (*-tuji*) testieren; testen.

těsto|viny *f/pl.* (*1*) Teigwaren *f/pl.*; **~vitý** teig(förm)ig; **~vý** Teig-.

těši|t ⟨po-, u-⟩ trösten; (er)freuen; *-ší mě!* freut mich sehr!, sehr erfreut!; *~ se* sich freuen (*z č-o* über *A*; *na k-o, co* auf *A*); (*č-u*) sich erfreuen (an *D*); genießen (*A*); **~tel** *m* (*3*; *-é*) Tröster *m*, Trostspender *m*; **~vý** tröstend, tröstlich.

teta *f* (*1*) Tante *f*.

tetelit se ⟨za-⟩ beben, zittern.

teti|čka F *f* (*1c*; *-ček*), **~nka** F *f* (*1c*; *-nek*) Tantchen *n*.

tětiva *f* (*1*) Bogensehne *f*; *Geom.* Sehne *f*.

tetka *f* (*1c*; *-tek*) Tante *f*; P *a.* Weib *n*.

tetovat ⟨v-, vy-⟩ (*-tuji*) tätowieren.

tetř|ev *m* (*1*) Auerhahn *m*; **~ívek** *m* (*1a*; *-vk-*) Birkhuhn *n*.

texasky F *f/pl.* (*2*; *-sek*) Niethosen *f/pl.*

text *m* (*2a*) Text *m*.

textil [-tɪl] *m* (*2a*) Textilien *pl.*; F *s. textilnictví*; **~ák** F *m* (*1a*) Textilarbeiter *m*; **~ní** Textil-; **~nictví** *n* (*3*) Textilindustrie *f*; **~ník** *m* (*1a*) Textilwarenerzeuger *m*.

teze *f* (*2*) These *f*.

též auch, ebenfalls; *s. a. totéž.*

těžař *m* (*3*) Bergwerksbesitzer *m*; **~ský** Bergwerks-; **~stvo** *n* (*1*; *-tev*) *Bgb.* Knappschaft *f*.

těž|ba *f* (*1*; *-žeb*) Förderung *f*, Gewinnung *f*, Abbau *m*; *denní ~* Tage-

bau *m*; **~ební** Förder-; **~ení** *n* (*3*) Gewinnung *f*, Förderung *f*.
těžce *Adv.* schwer.
těž|isko *n* (*1b*; *-sk/-sek*), **~iště** *n* (*2a*) Schwerpunkt *m*; **~it** ⟨*vy-*⟩ *Bgb.* fördern, gewinnen; (*z č-o*) Nutzen ziehen (aus *D*), ausnützen (*A*); **~ítko** *n* (*1b*; *-tek*) Briefbeschwerer *m*; **~ivec** *m* (*4*; *-vc-*) Schwerspat *m*.
těžko *Adv.* schwer(lich); **~myslnost** *f* (*4*) Schwermut *f*; **~myslný** schwermütig; **~pádnost** *f* (*4*) Schwerfälligkeit *f*; **~pádný** schwerfällig.
těžk|ost *f* (*4*) Schwere *f*; Schwierigkeit *f*, Mühe *f*; **~ý** (*Komp.* *-žší*; *Adv.* *-ce*, *-ko*, *Komp.* *tíže*) schwer, Schwer-; schwierig.
těž|ní Förder-; **~nice** *f* (*2a*) Mittellinie *f*.
Thaj|sko *n* (*1b*) Thailand *n*; **♀ský** thailändisch.
tchán *m* (*1*) Schwiegervater *m*.
tchoř *m* (*3*) Iltis *m*.
tchyně *f* (*2b*) Schwiegermutter *f*.
ti dir; *s. a. ten*.
tíha *f* (*1b*) Schwere *f*, Last *f*.
tíhnout ⟨*při-*⟩ (*-hl*) hinneigen, hinstreben.
tich|nout ⟨*u-*, *z-*⟩ (*-chl*) verstummen, still werden; **~o** *n* (*1b*) Stille *f*, Ruhe *f*; *~!* Ruhe!; *Adv.* still, ruhig; **~omořský** pazifisch; **~ost** *f* (*4*) Stille *f*; **~ošlápek** *m* (*1a*; *-pk-*) Duckmäuser *m*; **~oučký**, **~ounký** (*Adv.* *-ce*) ganz still, F mäuschenstill; **~ý** (*Komp.* *tišší*; *Adv.* *tiše/ticho*, *Komp.* *tišeji*) still.
tik|ání *n* (*3*) Ticken *n*; **~at** ⟨*roz- se*⟩ ticken.
tík|at, **~nout** *pf.*, *za-* (*-kl*) piep(s)en; **~ot** *m* (*2a*) Piep(s)en *n*.
tikot *m* (*2a*) *s. tikání*.
tílko *n* (*1b*; *-lek*) zarter Körper *m*; Leibchen *n*, Trikot *n*, Turn-, Unterhemd *n*.
tím *s. ten*; dadurch; damit; um so, desto, je; *nad ~* darüber; *pod ~* darunter; *za ~* dahinter; *~ lépe* um so besser; **~to** damit; *s. tento*.
tinktura [tɪnktu:-] *f* (*1d*) Tinktur *f*.
típat *s. tíkat*.
tipec *m* (*4*; *-pc-*), **típek** *m* (*2b*; *-pk-*) Pips *m*; F *vzít k-u ~* j-n kirre machen.
tiplice *f* (*2a*) Schnake *f*, *öst.* Gelse *f*.
tipovat [tɪ-] (*-puji*) tippen.
tis *m* (*2a*) Eibe *f*.
tíseň *f* (*3*; *-sn-*) Enge *f*, Bedrängnis *f*, F Klemme *f*; Beklommenheit *f*; *bytová*, *peněžní ~* Wohnungs-, Geldnot *f*.
tisíc *1.* tausend; *2.* *m* (*4*) Tausend *n*; *dva ~e* zweitausend; *sto ~* hunderttausend; *na ~e* zu Tausenden; *do ~ů* in die Tausende; **~eronásobný** tausendfach; **~erý** tausenderlei; *~ dík!* tausend Dank!; **~í** tausendste(r).
tisíci|hlavý tausendköpfig; **~koruna** *f* (*1*) Tausendkronennote *f*; **~letí** *n* (*3*) Jahrtausend *n*; **~letý** tausendjährig; **~marka** *f* (*1c*; *-rek*) Tausendmarkschein *m*; **~na** *f* (*1*) Tausendstel *n*.
tisíc|krát tausendmal; **~ovka** F *f* (*1c*; *-vek*) Tausender *m*.
tisk *m* (*2b*) Druck *m*; Presse *f*; **~ací** Druck-; **~árenský** Druckerei-; **~árna** *f* (*1*; *-ren*) Druckerei *f*; **~ař** *m* (*3*) Drucker *m*; **~ařství** *n* (*3*) Druckerei *f*; Buchdruckkunst *f*; **~átko** *n* (*1b*; *-tek*) Prägestempel *m*; Drucktaste *f*; **~nout** ⟨*s-*, *vy-*⟩ (*-kl*; *-knut*) drücken, pressen; (*-kl*; *-štěn*) *Typ.* drucken; **~opis** *m* (*2*; *6. -e/-u*) Drucksache *f*; **~ovina** *f* (*1*) Druckerzeugnis *f*, gedruckte Schrift *f*; **~ový** Druck-; Presse-; *-vá kancelář* Pressebüro *n*.
tísn|it ⟨*za-*⟩ bedrängen, bedrücken; *Schuh*: drücken; *~ se* sich drängen; **~ivý** beklemmend, drückend.
tiš|e *Adv.* ruhig, leise; *Tech.* geräuschlos; **~ina** *f* (*1*) Stille *f*; **~it** ⟨*u-*, *z-*⟩ besänftigen, beruhigen; *Schmerz*, *Sehnsucht* stillen; **~ivý** beruhigend; *Med.* Beruhigungs-.
tišší *s. tichý*.
tít *pf.*, *za-* (*tnu*, *tal/tnul*, *ťat*) hauen, e-n Hieb versetzen.
titánský titanisch.
titěr|a *f* (*1d*) *od.* *m* (*5*), *dim.* **~ka** *f* (*1c*; *-rek*) *od.* *m* (*5*) *verä.* Knirps *m*; **~nost** *f* (*4*) Lappalie *f*; Tand *m*; **~ný** winzig; *fig.* läppisch.
titrovat [tɪ-] ⟨*pře-*⟩ (*-ruji*) titrieren.
titul [tɪ-] *m* (*2a*) Titel *m*; **~ární** Titular-; **~ek** *m* (*2b*; *-lk-*) Beschriftung *f*; Schlagzeile *f*; (*Film-*)Untertitel *m*; **~ní** Titel-; **~ovat** ⟨*o-*⟩ (*-luji*) betiteln; *Film* mit Untertiteln versehen; **~ový** *Typ.* Titel-.
tíž *f* (*3*), **~e**[1] *f* (*2*) Schwere *f*, Last *f*; Schwierigkeit *f*; *lit. a.* Bürde *f*; *zemská ~e* (Erd-)Gravitation *f*; *stav*

bez ~e Zustand *m* der Schwerelosigkeit.
tíž|e² *s. těžký*; *Adv.* schwerer; **~it** ⟨*o-, z-, za-*⟩ belasten, beschweren; bedrücken; **~ivý** drückend, beklemmend.
tkací Web(e)-.
tkadle|c *m* (*3*; *tkalc-*), **~na** *f* (*1*) Weber(in *f*) *m*.
tkalcov|at ⟨*za-*⟩ (*-cuji*) Weber sein, das Weberhandwerk treiben; **~ina** *f* (*1*) *s. tkalcovství*; **~ský** Weber-; **~ství** *n* (*3*) Weberei *f*, Weberhandwerk *n*.
tkáň *f* (*3*) Gewebe *n*.
tkaní|ce *f* (*2a*), *dim.* **~čka** *f* (*1c*, *-ček*) Band *n*, Bändchen *n*; F *a.* Schnürsenkel *m*; **~na** *f* (*1*) Gewebe *n*; *-ny pl.* Textilwaren *f/pl.*; **~ivo** *n* (*1*) Gewebe *n*.
tkát ⟨*na-, za-*⟩ (*-al*) weben; *Strümpfe* wirken.
tklivý rührend, wehmütig.
tknout se *pf.*, *do-* (*tknul, tkla*; *tknut*) berühren; betreffen.
tkvít ⟨*za-*⟩ (*3 Pl.* *-í/-ějí*; *tkvěl*) (*v čem*) stecken, *fig.* liegen (in *D*); geheftet sein (auf *A*), haften (auf *D*).
tlač|enice *f* (*2a*) Gedränge *n*; **~enka** *f* (*1c*; *-nek*) Preßwurst *f*, *dial.* Preßsack *m*; **~it** ⟨*po-, s-, za-*⟩ drücken, pressen; ~ *se* sich drängen; **~ítko** *n* (*1b*; *-tek*) Druckknopf *m*, Taste *f*.
tlach *m* (*2b*); *mst* ~*y pl.* Klatsch *m*, Geschwätz *n*; **~al** *m* (*1*; *-ové*), **~alka** *f* (*1c*; *-lek*) Schwätzer(in *f*) *m*, F Klatschmaul *n*; **~at** ⟨*na-, za- si*⟩ klatschen, schwatzen, tratschen; **~avost** *f* (*4*) Geschwätzigkeit *f*; **~avý** geschwätzig, klatschsüchtig.
tlak *m* (*2b*) Druck *m*; **~oměr** *m* (*2a*) Barometer *n*; **~ostroj** *m* (*4*) Druckpumpe *f*; **~ový** Druck-.
tlam|a *f* (*1*) Maul *n*, Rachen *m*, V Fresse *f*; **~atý** großmäulig; *-tá rostlina* Rachenblütler *m*; **~pač** *m* *1.* (*4*) Lautsprecher *m*; *2.* † (*3*) Hochzeitsredner *m*.
tlap|a *f* (*1*) Tatze *f*, Pfote *f*; **~at** ⟨*za-*⟩ (*-u/-ám*) trippeln; stampfen.
tlení *n* (*3*) Moder *m*; Verwesung *f*.
tlesk *m* (*2b*), **~ání** *n* (*3*) Klatschen *n*, Beifall *m*; **~at** ⟨*po-, za-*⟩, **~nout** *pf.* (*-kl*) klatschen, applaudieren; **~ot** *m* (*2a*) *s. tlesk*.
tlít ⟨*z-, za-, ze-*⟩ (*3 Pl.* *tlejí/tlí*, *tlel*) modern, faulen; morsch werden.
tlouci ⟨*po-, za-*⟩ (*tluču/-ku, tloukl*; *tlučen*) schlagen; *Gewürz, Zucker* (zer)stoßen; *Butter* machen; ~ *na buben* die Trommel schlagen; P ~ *hubou* das Maul wetzen; ~ *na dveře* anklopfen.
tlouk *m* (*2b*) *Kochk.* Schläger *m*, Stampfer *m*, Stößel *m*.
tloustnout ⟨*z-*⟩ (*-tl*) dick werden.
tloušť *m* (*3a*; *-tě*) *Zo.* Döbel *m*; **~ka** *f* (*1c*; *-tek*) Stärke *f*; Dickleibigkeit *f*, Korpulenz *f*.
tluč *f* (*3*) Schrot *m od. n*; *papírová* ~ Pappmaché *n*; **~ení** *n* (*3*) Schlagen *n*, Klopfen *n*, Schläge *m/pl.*; **~huba** *m* (*5*) P Maulheld *m*.
tluk|ač *m* (*4*), **~adlo** *n* (*1a*; *-del*) *s. tlouk*; **~ot** *m* (*2a*) *s. tlučení*.
tlum|ený gedämpft; **~ič** *m* (*4*) (*zvuku, nárazů* Schall-, Stoß-) Dämpfer *m*; **~it** ⟨*u-, z-*⟩ dämpfen, unterdrücken; **~ítko** *n* (*1b*; *-tek*) *Mus.* Dämpfer *m*, **~ivka** *f* (*1a*; *-vek*) *Rdf.* Drosselspule *f*.
tlumoč|it ⟨*z-*⟩ dolmetschen; zum Ausdruck bringen; **~ník** *m* (*1a*), **~nice** *f* (*2a*) Dolmetscher(in *f*) *m*.
tlumok *m* (*2b*) Rucksack *m*, Ranzen *m*; Reisetasche *f*.
tlupa *f* (*1*) Bande *f*, Schar *f*, Trupp *m*.
tlusto|kožec *m* (*3*; *-žc-*) Dickhäuter *m*; **~stěnný** dickwandig.
tlusťou|čký, **~nký** F ganz schön dick, rundlich.
tlustý (*Komp. tlustší*) stark, beleibt, F dick.
tma *f* (*1*) Dunkelheit *f*, Finsternis *f*; *Adv.* dunkel, finster.
tmář *m* (*3*) Dunkelmann *m*, Obskurant *m*; **~ství** *n* (*3*) Dunkelmännertum *n*.
tmav|ět ⟨*z-*⟩ (*3 Pl.* *-ějí*), **~nout** *pf.* (*-vl*) dunkel werden.
tmavo|barevný dunkel(farbig); **~červený** dunkelrot; **~modrý** dunkelblau; **~vláska** *f* (*1c*; *-sek*) Brünette *f*; **~vlasý** dunkelhaarig, brünett.
tmavý dunkel; finster, düster.
tmel *m* (*2a od. 4*) Kitt *m*; **~it** ⟨*s-, za-*⟩ kitten.
tm|ět se, **~ít se** ⟨*se-, za-*⟩ (*3 Pl.* *-ějí*) dunkel werden.
tnout *pf. s. tít*.
to das, dieses; da; *s. ten*; *co* ~? was ist los?
toalet|a *f* (*1*) Toilette *f*; **~ní** Toiletten-.

tobě dir; *s. ty.*
tobolka *f* (*1c*; *-lek*) Brieftasche *f*, Geldbörse *f*; *Bot.* Kapsel *f*; Hirtentäschelkraut *n.*
toč *m* (*4*) *Turn.* Welle *f*; Felge *f*; **~enka** *f* (*1c*; *-nek*) *Kochk.* Schnecke *f*; **~ení** *n* (*3*) Drehen *n*; Zapfen *n*; **~ený** gedreht, gewunden; **~ič** *m* (*3*) Dreher *m*; (*Bier-*)Zapfer *m*; **~it** ⟨*o-*, *roz-*, *za-*⟩ (*čím*) drehen (*A*, an *D*); wenden (*A*); *Hut* schwenken; *Bier* zapfen; *~ se* sich drehen; *Bot.* sich winden; sich ranken; *Weg*: sich schlängeln; *Haar*: sich kräuseln; **~itý** Wendel-; **~ivý** drehbar, Dreh-, rotierend, Rotations-; **~na** *f* (*1*; *-čen*) *Geogr.* Pol *m*; *Esb.* Drehscheibe *f*; *Tech.* Drehbalken *m*; **~nový** Polar-; Dreh-, Rotations-.
tohle(to) dieses (hier, da); *s. tenhle(ten).*
toho *s. to*; *do ~!* vorwärts!, los!; *z ~* davon, daraus.
tok¹ *m* (*2b*) Fließen *n*, Fluß *m*, Lauf *m.*
tok² *m* (*2b*) Balz *f.*
tokajské *n* (*Adj. 3*) Tokajer *m.*
tokání *n* (*3*) *s. tok*².
tokat ⟨*roz- se*, *za-*⟩ balzen.
tolar *m* (*2a*) Taler *m.*
toler|ance *f* (*2*) Toleranz *f*; **~anční** Toleranz-; **~antní** tolerant; **~ovat** (*-ruji*) tolerieren.
tolik (*mit 2. Fall*) soviel, so viel; *~ a ~* soundsoviel; *do ~a* bis (um) wieviel; **~aletý** so viele Jahre alt; **~átý** sovielte; **~erý** sovielerlei; **~éž** ebensoviel, gleichviel; **~o** nur; **~rát** sovielmal, so oft.
tom *s. ten, to.*
tomát *m* (*2a*), **~o** *n* (*1*) Tomate *f*; **~ový** Tomaten-.
tomu dem, diesem; dazu; *s. ten, to.*
tón *m* (*2a*) Ton *m.*
tonáž *f* (*3*) Tonnage *f.*
tónina *f* (*1*) Tonart *f.*
tonout ⟨*u-*, *v-*, *za-*⟩ untergehen, sinken; dem Ertrinken nahe sein, *pf.* ertrinken; *fig.* versinken, schwimmen.
tón|ovat (*im*)*pf.* ⟨*z-*⟩ (*-nuji*) *v/t* tönen, tonen; **~ový** Ton-.
tonzura [-zu:-] *f* (*1d*) Tonsur *f.*
topas, topaz *m* (*2*; *6. -u/-e*) Topas *m.*
topen|ář *m* (*3*) Heizungsmonteur *m*; **~í** *n* (*3*) Heizung *f*, Heizen *n*; **~iště** *n* (*2a*) Heizraum *m.*
top|ič *m* (*3*) Heizer *m*; **~inka** *f* (*1c*; *-nek*) Toast *m*; **~írna** *f* (*1*; *-ren*) Heizanlage *f*; **~it**¹ ⟨*za-*⟩ heizen.
topit² ⟨*po-*, *u-*⟩ ertränken; *Tiere* ersäufen; *~ se* (*impf.* fast) ertrinken; F *fig.* schwimmen (in *D*).
topi|vo *n* (*1*) Brennstoff *m*, Heizmaterial *n*; **~vost** *f* (*4*) Heizkraft *f.*
ťopka *f* (*1c*; *-pek*) Truthenne *f*, Pute *f.*
topný Heiz-.
topol *m* (*2*; *6. -el/-u*) Pappel *f.*
topor *m* (*2a*) (*Axt-*)Stiel *m*; † *s. sekera*; **~ný** steif, unbeholfen.
topůr|ek *m* (*2b*; *-rk-*), **~ko** *n* (*1b*; *-rek*) (*Beil-*, *Hacken-*)Stiel *m.*
tor|ba *f* (*1*; *-reb*) (*Jagd-*)Tasche *f*; *Zo.* Backentasche *f*; *a.* = **~na** *f* (*1*; *-ren*) Tornister *m*; Rucksack *m*, Ranzen *m.*
tornádo *n* (*1*; *6. -u*) Tornado *m.*
torpédo *n* (*1*; *6. -u/-ě*) Torpedo *m*; **~borec** *m* (*4*; *-rc-*) (Torpedoboot-)Zerstörer *m*; **~vat** *pf.* (*-duji*) torpedieren; **~vka** *f* (*1c*; *-vek*) Torpedoboot *n*; **~vý** Torpedo-.
toť das; das ist.
totali|tní totalitär; **~zátor** *m* (*1*; *-ři*) Totalisator *m*; Fußballtoto *n*; *sázka u ~a* Toto(wette *f*) *n.*
totální total.
to|též dasselbe; **~tiž** nämlich; **~to** dieses.
totož|nost *f* (*4*) Identität *f*; **~ný** identisch.
touha *f* (*1b*; *tuh*) Sehnsucht *f* (*po čem*, *kom* nach *D*).
toul *m* (*2*; *6. -u/-e*) Köcher *m.*
toul|at se ⟨*po-*, *roz-*⟩ umherwandern, (herum)ziehen, streifen; **~avost** *f* (*4*) Wandertrieb *m*; **~avý** Wander-; *hist.* fahrend; **~ka** *f* (*1c*; *-lek*), *dim.* **~ačka** *f* (*1c*; *-ček*) Wanderung *f*, F Vagabundieren *n*, Bummeln *n.*
touš *m* (*4*) *1.* As *n*; † Daus *m*; *2. Sp.* Scheibe *f.*
touž|ebnost *f* (*4*) Sehnsucht *f*; **~ebný** sehnsüchtig, *poet.* sehnlich; **~ení** *n* (*3*) Sehnsucht *f*, *poet.* Sehnen *n*; **~ený** ersehnt; **~it** ⟨*za-*⟩ sich sehnen (*po čem* nach *D*).
tovar *m* (*2a*) Erzeugnis *n*, Fertigware *f.*
továr|enský Fabrik(s)-; **~na** *f* (*1*; *-ren*) Fabrik *f*; **~ní** Fabrik(s)-; **~ník** *m* (*1a*) Fabrikant *m.*
tovaryš *m* (*3*) Geselle *m*, Handwerksbursch(e) *m*; **~it** als Geselle arbeiten; **~ský** Gesellen-.

tož so, also.
trabl F *m* (*4*) Schwierigkeit *f*.
tračník *m* (*2b*) *Anat.* Grimmdarm *m*.
tradi|ce [-dɪ-] *f* (*2a*) Tradition *f*; **~ční** traditionell.
trafik|a *f* (*1c*) Tabakkiosk *m*, *öst.* Trafik *f*; **~ant** *m* (*1*) Tabak(waren-)händler *m*.
trag|édie *f* (*2*) Tragödie *f*; **~ický** tragisch; **~ičnost** *f* (*4*) Tragische *n*; **~ik** *m* (*1*; *-ové*) Tragödiendichter *m*; **~ika** *f* (*1c*) Tragik *f*; **~ikomický** tragikomisch.
trakař *m* (*4*) Schubkarren *m*.
traktát *m* (*2*; *6. -u/-ě*) Traktat *m*.
traktor *m* (*2a*) Traktor *m*; **~ista** *m* (*5a*), **~istka** *f* (*1c*; *-tek*) Traktorist *m*, Traktoristin *f*; **~ový** Traktoren-.
trám *m* (*2*; *6. -u/-ě*), **~ec** *m* (*4*; *-mc-*), **~ek** *m* (*2b*; *-mk-*) Balken *m*; **~oví** *n* (*3*) Gebälk *n*; **~ový** Balken-.
tramp|ota *f* (*1*) Qual *f*, Plage *f*; **~otný** mühsam, qualvoll; **~ovat** ⟨*za- si*⟩ (*-puji*) trampen.
tramvaj *f* (*3*) Straßenbahn *f*, *öst.* Tram(bahn) *f*; **~ák** F *m* (*1a*), **~ačka** F *f* (*1c*; *-ček*) Straßenbahnschaffner *m*, -schaffnerin *f*, F Straßenbahner *m*, -bahnerin *f*; **~enka** F *f* (*1c*; *-nek*) Straßenbahnfahrschein *m*; **~ový** Straßenbahn-.
trans|ferovat (*im*)*pf.* (*-ruji*) transferieren; **~formátor** *m* (*2a*) Transformator *m*; **~fúze** *f* (*2*) Transfusion *f*; **~parent** *m* (*2a*) Transparent *n*, Spruchband *n*.
transport *m* (*2*; *6. -u/-ě*) Transport *m*, Beförderung *f*; Verkehr *m*; **~ér** *m* (*2a*) Förderer *m*; Förderband *n*; *Mil.* Truppentransporter *m*, Mannschaftswagen *m*; **~ní** Transport-, Beförderungs-.
tranzistor F *m* (*2a*), **~ák** F *m* (*2b*) Transistor(radio *n*) *m*.
tranzitní Transit-.
trápení *n* (*3*) Qual *f*; ~ *zvířat* Tierquälerei *f*.
trapič *m* (*3*) Quäler *m*, F Quälgeist *m*.
trapista *m* (*5a*) Trappist *m*.
trápit ⟨*na-*, *po-*⟩ quälen, plagen.
trap|livý, **~ný** peinlich.
tras|a *f* (*1a*) Trasse *f*; Route *f*, Reiseweg *m*; **~ovat** ⟨*vy-*⟩ (*-suji*) *Wechsel* ausstellen.
trať *f* (*4c*; *-ti/-tě*) Strecke *f*; *Sp.* Bahn *f*; † *a.* Flur *f*.
tratit ⟨*z-*⟩ (*-cen*) verlieren.
trativod *m* (*2a*) Entwässerungsgraben *m*; *Agr.* Drängraben *m*.
traťmistr *m* (*1*; *-ři*) Bahn-, Streckenmeister *m*.
tratoliště *n* (*2a*) Lache *f*.
traťový Strecken-; *hist.* Flur-.
tráva *f* (*1*; *trav*) Gras *n*.
trávení *n* (*3*) Verdauung *f*; Vergiftung *f*.
traverza *f* (*1a*) Traverse *f*; *ocelová* ~ Stahlträger *m*.
travič *m* (*3*), **~ka** *f* (*1c*; *-ček*) Giftmischer(in *f*) *m*; **~ský** Gift-; **~ství** *n* (*3*) Giftmord *m*.
travina *f* (*1*) *lit.* Gras *n*.
trávit ⟨*pro-*, *s-*⟩ verdauen; *Zeit* verbringen; ⟨*o-*⟩ vergiften.
trav|natý grasbewachsen; Gras-, Rasen-; **~ní, trávní** Gras-.
tráv|ník *m* (*2b*) Rasen *m*; Anger *m*; **~ově**: ~ *zelený* grasgrün; **~ový** Gras-.
trč|et ⟨*vy-*⟩ emporragen; *Schlüssel*: stecken; **~it** ⟨*vy-*⟩ *Turn.* stoßen.
trdl|ice *f* (*2a*) Flachsbreche *f*; **~o** *n* (*1a*; *-del*) P *fig.* Tölpel *m*; **~ovat** ⟨*za- si*⟩ (*-luji*) *Flachs* brechen; P tanzen; ~ se herumtappen.
tré (*G*) drei.
tref|a F *f* (*1*) Treffer *m*; **~it** ⟨*na-*⟩ treffen; **~ný** treffend.
trém|a F *f* (*1*) Angst *f*, Lampenfieber *n*; **~ovat** ⟨*z-*⟩ (*-muji*) einschüchtern.
trén *m* (*2a*) *Mil.* Train *m*, Troß *m*.
trenér *m* (*1*; *-ři*) Trainer *m*; Turnlehrer *m*.
trén|ink *m* (*2b*), **~ování** *n* (*3*) Training *n*; **~ovat** ⟨*na-*, *za-*⟩ (*-nuji*) trainieren.
trenýrky *f/pl.* (*1*; *-rek*) Turnhose *f*.
treperenda P *f* (*1*) geschwätzige Frau *f*, Klatschbase *f*.
trepka *f* (*1c*; *-pek*) Hausschuh *m*, Pantoffel *m*.
tres|čí Dorsch-; **~ka** *f* (*1c*; *-sek*) Dorsch *m*, Kabeljau *m*; *sušená* ~ Stockfisch *m*.
trest *m* (*2a*) Strafe *f*; *bez* ~*u* ungestraft; *Jur.* ungeahndet; *pod* ~*em* bei Strafe; *z* ~*u* strafweise; *za* ~ zur Strafe; ~ *na svobodě* Freiheitsstrafe.
tresť *f* (*4d*; *-ti*) Essenz *f*, Extrakt *m*; *fig.* Wesentliche(s).
trest|anec *m* (*3*; *-nc-*), **~ankyně** *f* (*2b*) Sträfling *m*; **~aný** gestraft; vorbestraft; **~at** ⟨*po-*⟩ (be)strafen (*pro co* wegen *G*; *za co* für *A*; *čím*

mit *D*); (*co*) ahnden (*A*); **~ní** Straf-; **~nice** *f* (*2a*) Strafanstalt *f*; **~uhodný** sträflich; *Jur.* strafbar, -würdig.
tret|a *f* (*1*), *dim.* **~ka** *f* (*1c*; *-tek*) Kleinigkeit *f*; Tand *m.*
tret|er *m* (*2a*; *-tr-*), **~ra** *f* (*1d*; *-ter*) Renn-, Laufschuh *m*, Spike *m.*
trh *m* (*2b*) Markt *m*; *Sp.* Reißen *n*; **~ací** Reiß-; Spreng-; **~ač** *m* (*3*), **~áček** *m* (*1a*; *-čk-*) Pflücker *m*; **~ačka** *f* (*1c*; *-ček*) Pflückerin *f*; Reißwolf *m*; F Abreißblock *m*; **~ák** *m* (*2b*) Reißzahn *m*; F *Sp.* Spurt *m*; *Thea. fig.* Reißer *m*; **~an** *m* (*1*) Haderlump *m*; **~anec** *m* (*4*; *-nc-*) *Kochk.* Schmarren *m*; **~ání** *n* (*3*) Reißen *n*, Pflücken *n*; Sprengung *f*; **~aný** abgerissen, gepflückt; *-ná rýže* Bruchreis *m.*
trhat ⟨*na-*, *vy-*, *za-*⟩ reißen; *Huhn* rupfen; *Obst* pflücken; *Unkraut* jäten; *Felsen* sprengen; (*čím*) zerren (an *D*); *mit dem Kopf* zucken; ~ se reißen (*v/i*); platzen, explodieren; F (*o co*) sich reißen (um *A*).
trhav|ina *f* (*1*) Sprengstoff *m*; **~ý** reißend, zuckend, ruckartig; Spreng-.
trhl|ina *f* (*1*) Riß *m*, Spalte *f*, Sprung *m*; *Mar.* Leck *n*; **~inatý** rissig; leck; **~ý** F verrückt.
trhnout *pf.*, *na-*, *pro-*, *vy-* (*-hl*/ *-hnul*; *-žen*) (*čím*, *za co*) reißen (an *D*); (*co při čem*) F profitieren (von *D*); ~ *sebou* zusammenfahren, -zucken; ~ se reißen (*v/i*); sich trennen.
trhov|ec *m* (*3*; *-vc-*) Marktverkäufer *m*; **~kyně** *f* (*2b*) Marktfrau *f*; **~ý** Kauf-.
tribun|a *f* (*1*) Tribüne *f*; **~ál** *m* (*2*; *6. -u*/*-e*) Gericht(shof *m*) *n.*
tričko *n* (*1b*; *-ček*) Trikot(leibchen) *n.*
trich|ína *f* (*1*) Trichine *f*; **~inózní** trichinös.
trik *m* (*2b*) Trick *m.*
triko *n* (*1b*), **~t** *m* (*2a*) Trikot *n.*
trikový Trick-.
trilión *m* (*2a*) Trillion *f.*
triumf *m* (*2a*) Triumph *m*; **~ální** triumphal; **~ofat** (*im*)*pf.* ⟨*za-*⟩ (*-fuji*) triumphieren.
trk|ač *m* (*4*) *Tech.* Stoßheber *m*; **~at** ⟨*po-*, *za-*⟩, **~nout** *pf.* (*-kl*; *-knut*) *mit den Hörnern* stoßen; **~nutý** F verrückt.
trlice *f* (*2a*) Flachsbreche *f.*
trmácet ⟨*na-*, (*z*)*u-*⟩ (*3 Pl. -ejí*) strapazieren; ~ se sich abmühen, sich (ab)plagen.
trn *m* (*2a*) Dorn *m*; **~í** *n* (*3*) Dorngebüsch *n*, *koll.* Dornen *pl.*; **~itý** dornig, Dornen-; dornenvoll; **~ka** *f* (*1c*; *-nek*) Schlehe *f*, Schlehdorn *m*; **~kový** Schleh(en)-.
trnout ⟨*o-*, *s-*, *za-*⟩ erstarren, (er-) schaudern, zittern.
trnový Dornen-.
trnož *m* (*4*) Tisch-, Fußgestell *n.*
trofej *f* (*3*) Trophäe *f.*
trocha *f* (*1b*) ein bißchen, ein wenig.
trochej *m* (*4*) Trochäus *m*; **~ský** trochäisch.
troch|et *m* (*2a*; *-cht-*), **~u** *Adv.* ein bißchen, ein wenig.
troj|- *in Zssgn* drei-, Drei-; *s. a. tří-*; **~ák** *m* (*2b*) *Jagdw.* Drilling *m*; **~boj** *m* (*4*) Dreikampf *m*; **~boký** dreiseitig; **~čata** *n*/*pl.* (*4*) Drillinge *m*/*pl.*; **~četný** dreiblättrig; **~čit** F toll sein; **~členka** *f* (*1c*; *-nek*) *Math.* Regeldetri *f*; **~dílný** dreiteilig.
troje (*Num. für Pluralwörter*) drei.
troj|hláska *f* (*1c*; *-sek*) Triphthong *m*; **~hlasý** dreistimmig; **~hlavý** dreiköpfig; **~honný**: *-né hospodářství Agr.* Dreifelderwirtschaft *f*; **~hran** *m* (*2a*) Dreikant *m*; **~hvězdí** *n* (*3*) Dreigestirn *n.*
trojí dreierlei.
troji|ce *f* (*2a*) Dreiergruppe *f*; Drei (-zahl) *f*; *Rel.* Dreieinigkeit *f*; **~tý** dreifach, Drei-, Tripel-.
troj|jazyčný dreisprachig; **~jediný** *Rel.* dreieinig; **~ka** *f* (*1c*; *-jek*) Drei *f*; Dreigespann *n*; **~kolka** *f* (*1c*; *-lek*) Dreirad *n*; **~listý** dreiblättrig; **~místný** dreistellig; **~mo** *Adv.* dreifach, in dreifacher Ausfertigung; **~moc** *f* (*4*) *Math.* dritte Potenz *f*, Kubus *m*; **~mocný** *Chem.* dreiwertig; **~násob** *Adv.*, **~násobný** dreifach; **~nožka** *f* (*1c*; *-žek*) Dreifuß *m*; **~osý** dreiachsig; **~rozměrný** dreidimensional, Raum-; **~skok** *m* (*2b*) Dreisprung *m.*
trojský trojanisch.
troj|slabičný dreisilbig; **~spolek** *m* (*2b*; *-lk-*) *Pol.* Dreibund *m*; **~spřeží** *n* (*3*) Dreigespann *n*; **~stěžník** *m* (*2b*) Dreimaster *m*; **~třídní** dreiklassig; **~úhelník** *m* (*2b*) Dreieck *n*; **~úhlý** dreieckig; **~zub** *m* (*2a*), **~zubec** *m* (*4*; *-bc-*) Dreizack *m*; **~zvuk** *m* (*2b*) Dreiklang *m.*

trolej|bus *m* (*2*; *6*. *-u*/*-e*) Obus *m*, Trolleybus *m*; **~ový**: *-vá tyč* Stromabnehmer *m*.
trolit ⟨*roz-*, *u-*⟩ (zer)bröckeln.
tromb|ón *m* (*2a*) Posaune *f*; **~onista** [-nɪ-] *m* (*5a*) Posaunist *m*.
tropický tropisch, Tropen-.
tropit ⟨*na-*⟩ *Unsinn* treiben; ~ *si z k-o smích* sich über j-n lustig machen.
tropy *f*/*pl*. (*1*) Tropen(länder) *pl*.
tros|ečnický schiffbrüchig; **~ečník** *m* (*1a*) Schiffbrüchige(r); **~ka** *f* (*1c*; *-sek*) Ruine *f*, Trümmer *pl*.; *-ky pl*. *Mar*. Wrack *n*; *hist*. Ruine *f*.
troš|ek, **~(ič)ku**, **~inku**, **~ka** ein (klein) wenig, ein bißchen, etwas; *s. trochu*.
troub|a *f* (*1*; *trub*) Röhre *f*, Rohr *n*; F *a*. Dummkopf *m*; † *a*. Trompete *f*; *hlásná* ~ Sprachrohr; **~el** *m* (*4*) *od*. *f* (*3*) Pfeifenrohr *n*; **~it** ⟨*od-*, *po-*, *za-*⟩ *Mus*. blasen; *Kfz*. hupen; P *a*. gaffen.
troud *m* (*2a*) Zunder *m*.
trouf|alost *f* (*4*) Kühnheit *f*; **~alý** kühn, gewagt; **~at**, **~nout** *pf*. **si** ⟨*za-*⟩ (*-fl*) sich (ge)trauen, wagen.
trouch *m* (*2b*) Moder *m*; **~nivět** ⟨*z-*⟩ (*3 Pl*. *-ějí*) modern, verwesen; **~nivý** modernd; (*Holz*) morsch.
troup P *m* (*1*) Tölpel *m*, Trottel *m*; **~ský** tölpelhaft, albern.
trousit ⟨*na-*, *roz-*, *vy-*, *za-*⟩ (*-šen*) (ver)streuen; ~ se F *Menschen*: schlendern; langsam (nacheinander) kommen *od*. gehen.
trpasl|ičí Zwerg-; **~ík** *m* (*1a*), **~ice** *f* (*2a*) Zwerg(in *f*) *m*.
trpce *Adv*. bitter.
trpěli|vost *f* (*4*) Geduld *f*; **~vý** geduldig.
trp|ěný geduldet; **~ět** ⟨*s-*, *u-*, *vy-*⟩ (*čím*) leiden (an, unter *D*); dulden, ertragen (*A*); (*k-u co*) erlauben (j-m *A*); ~ *hlad*, *nouzi*, *škodu* Hunger, Not, Schaden leiden; **~ící** leidend; leidvoll.
trp|knout ⟨*z-*⟩ (*-kl*/*-knul*) bitter werden; **~kost** *f* (*4*) Herbheit *f*, Bitterkeit *f*; **~ký** (*Komp*. *-čí*; *Adv*. *-ce*, *Komp*. *-čeji*) herb, bitter; **~nost** *f* (*4*) Passivität *f*; **~ný** passiv; ~ *rod Gr*. Passivum *n*, Leideform *f*.
trs *m* (*2a*) Staude *f*, (*Blumen-*, *Reb-*) Stock *m*.
trs|ací *Mus*. Zupf-; **~at** ⟨*za-*⟩ zupfen; **~átko** *n* (*1b*; *-tek*) *Mus*. Spielblättchen *n*, Plektron *n*.
trubač *m* (*3*) Hornist *m*, Trompeter *m*.
trub|čí Drohnen-; **~ec** *m* (*3*; *-bc-*) Drohne *f*.
trubi|ce *f* (*2a*) Rohr *n*, Röhre *f*; **~čka** *f* (*1c*; *-ček*) Röhrchen *n*; *Kochk*. Rolle *f*.
trubka *f* (*1c*; *-bek*) Rohr *n*; Trompete *f*; *Kfz*. Hupe *f*; *poštovská* ~ Posthorn *n*.
truc P *m* (*4*) Trotz *m*; *na* ~, *z* ~*u* zum Trotz; **~ovat** ⟨*za-*⟩ (*-cuji*) trotzen; **~ovitý** trotzig.
trud[1] *m* (*3a*) Kummer *m*; Mühe *f*; **~**[2] *m* (*2a*) Finne *f*, Mitesser *m*, F Pickel *m*; **~it** ⟨*z-*, *za-*⟩ betrüben; ~ se (*čím*) sich abmühen (mit *D*); (*pro co*) sich grämen, F sich ärgern (über *A*).
trudnomysl|nost *f* (*4*) Schwermut *f*, Trübsinn *m*; **~ný** schwermütig, trübsinnig.
trudný mühselig; *Arbeit*, *Los*: hart; *Gedanken*: traurig.
trudov|atý *s. trudovitý*; **~ina** *f* (*1*) Finnenausschlag *m*, *Med*. *a*. Akne *f*; **~itý** voller Mitesser *od*. Finnen, F pick(e)lig.
truhl|a *f* (*1a*; *-hel*) Truhe *f*; **~árna** *f* (*1*; *-ren*) Tischlerwerkstatt *f*; **~ář** *m* (*3*) Tischler *m*, Schreiner *m*; **~ařit** tischlern, das Tischlerhandwerk treiben; **~ářství** *n* (*3*) Tischlerei *f*, Schreinerei *f*; **~ice** *f* (*2a*) (kleine) Truhe *f*, Lade *f*; **~ík** *m* (*2b*) Kasten *m*; Schublade *f*.
truchl|ení *n* (*3*) Trauern *n*; **~ící** trauernd, leidtragend; **~it** ⟨*za-*⟩ (*nad čím*; *pro co*) trauern (um *A*), traurig sein (über *A*; wegen *G*); **~ivý** traurig, *lit*. betrübt; **~ohra** *f* (*1d*; *-her*) Trauerspiel *n*.
trulant P *m* (*1*) Tölpel *m*, Trottel *m*.
trumf *m* (*2a*) Trumpf *m*; **~nout si** *pf*. (*-fl*/*-fnul*; *-fnut*), **~ovat** ⟨*vy-*⟩ (*-fuji*) auftrumpfen.
trumpet|a *f* (*1*) *1*. Trompete *f*; *2*. P Trottel *m*; **~ista** [-tɪ-] *m* (*5a*) Trompeter *m*.
trůn *m* (*2*; *6*. *-u*/*-ě*) Thron *m*; **~it** ⟨*za-*⟩ thronen; **~ní** Thron-.
trup *m* (*2a*) Rumpf *m*; **~el** *m* (*4 od*. *2a*; *-pl-*) Klumpen *m*; **~elnatý** verdorrt, sperr.
trus *m* (*2a*) Mist *m*, Exkremente *n*/*pl*.; *Jagdw*. Losung *f*.

trv|ací *Gr.* durativ; **~alka** *f* (*1c*; *-lek*) Staude *f*, Dauerblume *f*; **~alost** *f* (*4*) Beständigkeit *f*; **~alý** dauerhaft, dauernd, ständig; Dauer-; anhaltend; nachhaltig; *na -lo* auf die Dauer; *Su. -lá* F *s. ondulace*.
trvanlivý dauerhaft, haltbar.
trvat ⟨*pro-, pře-, vy-*⟩ dauern; anhalten; (*na čem*) bestehen (auf *D*), verbleiben (bei *D*).
trychtýř *m* (*4*) Trichter *m*; **~ovitý** trichterförmig.
tryl|ek *m* (*2b*; *-lk-*) Triller *m*; **~kovat** ⟨*za-*⟩ (*-kuji*) trillern.
trysk *m* (*2b*) Galopp *m*; Strahl *m*; *~em* im Galopp; **~a** *f* (*1c*; *-sek*) Düse *f*; **~áč** F *m* (*4*) Düsenflugzeug *n*; **~at** ⟨*vy-*⟩, **~nout** *pf.* (*-kl*) quellen, sprudeln, hervorschießen; **~ový** Düsen.
trýzeň *f* (*3*; *-zně*) Qual *f*, Pein *f*.
tryzna *f* (*1*; *-zen*) Begräbnisfeier *f*.
trýzn|it ⟨*u-, z-*⟩ quälen, peinigen; **~itel** *m* (*3*; *-é*) Peiniger *m*; **~ivý** quälend, peinlich.
trž|ba *f* (*1*; *-žeb*) Erlös *m*; **~ební** Handels-, Markt-; **~iště** *n* (*2a*) Marktplatz *m*; Absatzgebiet *n*; **~it** ⟨*s-, u-*⟩ einnehmen; *fig.* ernten; **~né** *n* (*Adj. 3*) Marktgebühr *f*; **~ní** Markt-, Kauf-; **~nice** *f* (*2a*) Markthalle *f*; **~ný** Riß-.
třapec *m* (*4*; *-pc-*) Quaste *f*.
třas † *m s. třes*.
třáseň *f* (*3*; *-sně*) Franse *f*.
třask *m* (*2b*) Knall *m*; *~! Int.* bumm!; **~at** *s. třeskat*; **~avina** *f* (*1*) Sprengstoff *m*; **~avost** *f* (*4*) Brisanz *f*; **~avý** Knall-, Spreng-, explosiv.
třaslavý zitternd, zittrig.
třást ⟨*o-, roze-, vy-, za-*⟩ (*třesu, třásl*; *třesen*) rütteln (*čím* an *D*); *~ se* zittern, beben (*zimou* vor Kälte).
třeba[1] nötig, notwendig; *je ~* man muß.
třeba[2], **~s**, **~že** obwohl, wenn auch; vielleicht; meinetwegen.
třecí Reib-; *El.* Reibungs-; Frottee-; *Zo.* Laich-.
třech, třem *s. tři*.
třemen *m* (*2a*) Steigbügel *m*.
třemi *s. tři*.
třeň *m* (*4a*) Stiel *m*; Strunk *m*.
třenák *m* (*2b*) Mahl-, Backenzahn *m*.
třen|í *n* (*3*) Reiben *n*; Flachsbrechen *n*; *Zo.* Laichen *n*; **~ice** *f* (*2a*) Reiben *n*; Eistreiben *n*; **~ovec** *m* (*4*; *-vc-*) Backenzahn *m*, Mahlzahn *m*; **~ovní** Backen-; **~ý** gerieben; gerührt; *Gr.* Reibe-.
třep|ačka *f* (*1c*; *-ček*) Klappe *f*; **~at** ⟨*o-, roz-, za-*⟩ (*-u*/*-ám*) (*čím*) rütteln, schütteln (*A*); *mit den Flügeln* schlagen; *~ se* (*zimou*) zittern (vor Kälte); **~etat** *s. třepat*; **~it** ⟨*roz-, vy-*⟩ fasern, zupfen; *~ se* sich ausfransen.
třes *m* (*2a*) Zittern *n*; **~avka** *f* (*1c*; *-vek*) Schüttelfrost *m*; Zittern *n*; **~avý** zitternd, bebend; **~ení** *n* (*3*) Zittern *n*, Beben *n*.
třesk *m* (*2b*) Knall *m*, Krachen *n*; Rasseln *n*; *~! Int.* krach!; *~y plesky* leeres Gerede, F papperlapapp; **~at** knallen, krachen; **~ot** *m* (*2a*) *s. třesk*; **~utý** grimmig.
třeslice *f* (*2a*) Zittergras *n*.
třeš|eň *f* (*3*; *-šně*) Kirschbaum *m*; **~ně** *f* (*2b*; *-í*) Kirsche *f*; **~ňovka** *f* (*1c*; *-vek*) Kirschgarten *m*; Kirschwasser *n*, -likör *m*.
třešt|idlo *n* (*1a*; *-del*), **~il** *m* (*1*; *-ové*) F Rappelkopf *m*, Spinner *m*; **~it** ⟨*z-, za-*⟩ verrückt sein, F spinnen; **~ivý** verrückt.
třetí dritte(r); *~ největší* drittgrößte(r); *půl ~* halb drei; *na ~ Math.* zum Kubus; *po ~* zum drittenmal; *za ~* drittens.
třeti|ce: *do ~* zum drittenmal; **~hory** *f/pl.* (*1*) Tertiär *n*; **~na** *f* (*1*) Drittel *n*.
třezalka *f* (*1c*; *-lek*) Johanniskraut *n*.
tři drei; *~ čtrvti na ~* dreiviertel drei; *po třech* je drei; drei und drei.
tří|- *in Zssgn* drei-; *s. a. troj-*; **~aktovka** *f* (*1c*; *-vek*) Dreiakter *m*; **~barevný** dreifarbig; **~barvotisk** *m* (*2b*) Dreifarbendruck *m*.
tříbit ⟨*pro-, vy-*⟩ reinigen, läutern; *Öl* raffinieren.
tři|caterý dreißigfach, dreißigerlei; **~cátník** F *m* (*1a*) Dreißiger *m*; **~cátý** dreißigste(r); **~cet** dreißig; **~cetiletý** dreißigjährig; **~cetina** *f* (*1*) Dreißigstel *n*; **~cetkrát** dreißigmal; **~cítka** *f* (*1c*; *-tek*) Dreißig *f*.
tří|čárkovaný *Mus.* dreigestrichen; **~čtvrteční** Dreiviertel-; *Ärmel*: dreiviertellang; **~čtvrtinový** *Pol.* Dreiviertel-.
třída *f* (*1*) Klasse *f*; (*Großstadt-*) Straße *f*.
třídenní dreitägig.

třídič *m 1.* (*3*) Sortierer *m*; *2.* (*4*) Sortiermaschine *f*.
třídílný dreiteilig.
tříd|it ⟨*pro-, roz-, vy-, za-*⟩ klassifizieren, in Klassen einteilen; *Ware, Briefe* sortieren; **~ní** *1.* Klassen-; *2. m* (*Adj. 4*) Klassenvorstand *m*, Klassenlehrer *m*; **~nice** *f* (*2a*) F Klassenbuch *n*; (*Post*) Sortierschrank *m*; **~nictví** *n* (*3*) Klassenleitung *f*.
tří|fázový Dreiphasen-; **~hodinový** dreistündig; **~kolka** *f* (*1c*; *-lek*) Dreirad *n*; **~králový** Dreikönigs-.
třikrát dreimal.
tříletý dreijährig.
třímat ⟨*za-*⟩ (fest)halten.
tří|měsíční dreimonatig; **~metrový** drei Meter lang; **~mílový** Dreimeilen-; **~místný** *Math.* dreistellig; **~motorový** dreimotorig.
třináct dreizehn; **~iletý** dreizehnjährig; **~ka** *f* (*1c*; *-tek*) Dreizehn *f*; **~ý** dreizehnte(r).
tří|nedělní dreiwöchig; **~nohý** dreibeinig; **~nožka** *f* (*1c*; *-žek*) Dreibein *n*; **~osý** dreiachsig; **~patrový** dreistöckig; **~proudový** dreispurig; **~rohý** Dreiecks-; *~ klobouk* Dreispitz *m*; **~rychlostní** *Kfz.* mit drei Gängen.
třísel|natý gerbstoffhaltig; **~ní, ~ný** Gerb-; *Anat.* Leisten-.
třísk|a *f* (*1c*; *-sek*) Span *m*, Splitter *m*; **~at** ⟨*po-, za-*⟩, **~nout** *pf.* (*-kl*) schlagen; (*do č-o*) hineinschlagen (in *A*); *~ čím o podlahu* zu Boden schmettern (*A*); *~ dveřmi* die Tür zuschlagen, F mit der Tür knallen; **~ot** *m* (*2a*) Poltern *n*, Schlagen *n*.
tříslabičný dreisilbig.
třísl|an *m* (*2a*) gerbsaures Salz *n*; **~it** ⟨*vy-*⟩ gerben; **~o** *n* (*1a*; *-sel*) Gerberlohe *f*; *Anat.* Schamleiste *f*; **~ovina** *f* (*1*) Gerbstoff *m*, Tannin *n*; **~ový** Gerb-.
třísnit ⟨*po-, za-*⟩ beflecken, besudeln.
tří|staletý dreihundertjährig; **~stupňový** dreistufig; **~svazkový** dreibändig.
tříšť *f* (*4c*; *-tě*) Splitter *m*; Treibeis *n*.
tříš|tit ⟨*roz-*⟩ *v/t* zersplittern; *~ se* zersplittern (*v/i*); sich verzetteln; **~tivost** *f* (*4*) Sprengkraft *f*; **~ťka** *f* (*1c*; *-těk*) *s. tříska*.
třít ⟨*o-, pro-, roze-, za-*⟩ (*třu, třel*; *třen*) reiben; streichen; *Flachs* brechen; F *Not* leiden; *~ se* sich reiben; *Zo.* laichen.
třítýdenní dreiwöchig.
třmen *m s. třemen*.
třpyt *m* (*2a*) Schimmer *m*, Glanz *m*; **~it se** ⟨*za-*⟩ schimmern, funkeln, glitzern; **~ivý, ~ný** schimmernd, funkelnd.
třtin|a *f* (*1*) Rohr *n*, Schilf *n*; *cukrová ~* Zuckerrohr; **~ový** Rohr-.
tu da, hier; *~ a tam* hie(r) und da.
tuba *f* (*1*) Tube *f*; *Mus.* Tuba *f*.
tuberkul|e *f* (*2*) Tuberkel(bazillus) *m*; **~óza** *f* (*1a*) Tuberkulose *f*, Tbc *f*; **~ózní** tuberkulös.
tuc|et *m* (*2a*; *-ct-*) Dutzend *n*; **~tový** Dutzend-.
tuč|ek *m* (*2b*; *-čk-*) Speckstein *m*; **~ňák** *m* (*1a*) Pinguin *m*; **~nět** ⟨*z-*⟩ (*3 Pl. -ějí*) fett werden; **~nolistý** dickblättrig; **~nost** *f* (*4*) Fettigkeit *f*; Korpulenz *f*; **~ný** fett.
tudíž daher, deshalb; folglich.
tudy(hle) hier durch, da, auf diesem Weg.
tuha *f* (*1b*) Graphit *m*.
tuhle da, hier; (da) unlängst; F *a.* diese (*A*).
tuh|nout ⟨*při-, z-*⟩ (*-hl*) fest (*od.* steif) werden, erstarren; **~nutí** *n* (*3*) Steifwerden *n*, Erstarrung *f*; **~ost** *f* (*4*) Festigkeit *f*, Zähigkeit *f*.
tuhý (*Komp. -žší*; *Adv. -ho/-ze, Komp. -žeji*) fest, zäh, starr; *Frost, Winter*: hart.
tuhýk *m* (*1a*) *Zo.* Würger *m*, Neuntöter *m*.
tucha *f* (*1b*) *poet.* Ahnung *f*.
tuchnout ⟨*z-*⟩ dumpf (*od.* muffig) werden.
túje *f* (*2*) Thuja *f*, Lebensbaum *m*.
tuk *m* (*2b*) Fett *n*, Fettstoff *m*.
ťuk *Int.* tipp!, tapp!; **~at** ⟨*po-, při-, za-*⟩, **~nout** *pf.* (*-kl*) (leicht) klopfen, schlagen, tippen; *~ si na co* anstoßen (*lit.* das Glas erheben) auf (*A*); **~nutý** angeschlagen; F angeheitert.
tukový Fett-, Talg-.
tul|ácký Landstreicher-, Vagabunden-; **~áctví** *n* (*3*) Landstreicherei *f*; **~ačit** herumstreifen; **~ák** *m* (*1a*) Landstreicher *m*, *verä.* Strolch *m*.
tulej *f* (*3*), *Dim.* **~ka** *f* (*1c*; *-jek*) Tülle *f*.
tule|ň *m* (*3a*; *-eně*) Seehund *m*, Robbe *f*; **~ní** Robben-,

tulipán *m* (*2a*) Tulpe *f*; *fig. verä.* Tölpel *m*.
tulit se ⟨*při-, s-, v-*⟩ (*ke k-u*) sich (an)schmiegen (an *A*).
tulpas P *m* (*1*) Trottel *m*.
tů|ň *f* (*3*), **~ně** *f* (*2b*; *-í*) tiefe Stelle, Tiefe *f* (*im Fluß*).
tuna *f* (*1*) Tonne *f* (*Gewicht*).
tuňák *m* (*1a*) Thunfisch *m*.
tunel *m* (*2a*) Tunnel *m*; **~ování** *n* (*3*) Tunnelbau *m*; Untertunnelung *f*; **~ovat** ⟨*pod-, vy-*⟩ (*-luji*) untertunneln.
Tunis|ko [-nɪs-] *n* (*1b*) Tunesien *n*; **2ký** tunesisch.
tup|ec *m* (*3*; *-pc-*) Dummkopf *m*; **~ět** ⟨*z-*⟩ (*3 Pl. -ějí*) stumpf werden; **~it** ⟨*o-, z-*⟩ stumpf machen; *fig.* schmähen, herabsetzen; **~ohlavý** stumpfsinnig; **~ohranný** stumpfkantig; **~ost** *f* (*4*) Stumpfheit *f*; Stumpfsinn *m*; **~oúhlý** stumpfwinklig; **~ý** stumpf; stumpfsinnig.
tur *m* (*1*; *-ři*) Auerochs *m*.
túra *f* (*1d*) Tour *f*, Partie *f*.
turban *m* (*2*; *6. -u*/*-ě*) Turban *m*.
turbín|a *f* (*1*) Turbine *f*; **~ový** Turbinen-.
Tur|ecko *n* (*1b*) Türkei *f*; **2ecký** türkisch; Türken-; **2ečtina** *f* (*1*) türkische Sprache *f*, Türkisch(e) *n*; **~ek** *m* (*1a*; *-rk-*) Türke *m*; **2ek** *m* (*2b*; *-rk-*) *dial.* Kürbis *m*; F *a.* türkischer Kaffee *m*.
turist|a *m* (*5a*), **~ka** *f* (*1c*; *-tek*) Tourist(in *f*) *m*; **~ický** [-tɪts-] touristisch, Touristen-, Reise-; **~ika** [-tɪka] *f* (*1c*) Touristik *f*.
Turkyně *f* (*2b*) Türkin *f*.
turnaj *m* (*4*) Turnier *n*, Wettkampf *m*.
turné *n* (*indekl.*) Tournee *f*.
tuří Auerochsen-, Bison-.
tuřín *m* (*2a*) Kohlrübe *f*, Wruke *f*.
tuš[1] *m* (*4*) *Mus.* Tusch *m*.
tuš[2] *f* (*3*) Tusche *f*.
tuš|ení *n* (*3*) Ahnung *f*, Vermutung *f*; **~ím** *Adv.* glaube ich; **~it** ⟨*po-, vy-*⟩ ahnen, vermuten.
tušov|at ⟨*vy-*⟩ (*-šuji*) mit Tusche zeichnen; F *a.* vertuschen; **~ý** Tusch-.
tutlat ⟨*u-, z-, za-*⟩ verbergen, verhehlen.
tuto hier, an dieser Stelle; diese (*f, A*).
tuze *Adv.* fest; sehr, allzu sehr.
tuzem|ec *m* (*3*; *-mc-*) Inländer *m*, Einheimische(r); Eingeborene(r); **~sko** *n* (*1b*) Inland *n*; **~ský** inländisch, heimisch.
tuzér P *m* (*2a*) Trinkgeld *n*.
tužba *f* (*1*; *-žeb*) Sehnsucht *f*, Verlangen *n*.
tuž|it ⟨*o-, při-, z-*⟩ steif machen; stärken, abhärten; *Arch.* stemmen; **~ítko** *n* (*1b*; *-tek*) *s.* *tužlík*; **~ka** *f* (*1c*; *-žek*) Bleistift *m*; **~kový** Bleistift-; **~lík** *m* (*2b*) Stemmeisen *n*, Stemmmeißel *m*; **~ší** *Komp. v.* *tuhý*.
tvá *s.* *tvůj*.
tvar *m* (*2a*) Form *f*; *fig.* Gestalt *f*.
tvár|livost *f* (*4*) Formbarkeit *f*, Bildsamkeit *f*; **~livý** bildsam, formbar, knetbar; **~nice** *f* (*2a*) Formziegel *m*, Blockstein *m*.
tvaroh *m* (*2b*) Quark *m*, *dial.* Topfen *m*, Weißkäse *m*.
tvaroslov|í *n* (*3*) *Gr.* Formenlehre *f*; **~ný** morphologisch.
tvar|ovací *Tech.* Profil(ier)-; **~ování** *n* (*3*) Formgebung *f*, Gestaltung *f*; **~ovaný** profiliert, gerillt; **~ovat** ⟨*vy-, z-*⟩ (*-ruji*) gestalten, formen.
tvarůžek *m* (*2b*; *-žk-*) *s.* *homolka*.
tvář *f* (*3*) Wange *f*, Backe *f*; Gesicht *n*, *lit.* Antlitz *n*; *fig.* Gestalt *f*, Wesen *n*; Aussehen *n*; Miene *f*; **~í v ~** von Angesicht zu Angesicht, Aug(e) in Auge; *němá* **~** stumme Kreatur.
tvářit ⟨*vy-*⟩ formen; **~** *se* sich stellen, sich gebärden (+ *Adv.*); **~** *se smutně* e-e traurige Miene machen; **~** *se tajemně* geheimnisvoll tun; **~** *se nemocným* sich krank stellen.
tvářnost *f* (*4*) Form *f*, Gestalt *f*, Aussehen *n*.
tvé, tvoje *s.* *tvůj*.
tvor *m* (*1*; *-ové*) Geschöpf *n*; **~ba** *f* (*1*; *-reb*) Schaffen *n*, Gestaltung *f*, Schöpfung *f*.
tvoř|ení *n* (*3*) Schaffen *n*; Bildung *f*; **~ící** bildend, schaffend; **~it** ⟨*s-, vy-*⟩ bilden, schaffen; **~ivost** *f* (*4*) Schaffen *n*; Schaffenskraft *f*; **~ivý** schöpferisch.
tvrd|it ⟨*u-, z-, za-*⟩ (*-zen*) härten; behaupten; **~nout** ⟨*z-*⟩ (*-dl*) hart werden; **~ohlavec** *m* (*3*; *-vc-*) Trotzkopf *m*, F Dickschädel *m*; **~ohlavost** *f* (*4*) Starrköpfigkeit *f*, Starrsinn *m*; **~ost** *f* (*4*) Härte *f*; **~ošíjnost** *f* (*4*) Hartnäckigkeit *f*; **~ošíjný** hartnäckig, zäh; störrisch, F stur.
tvrdý (*Komp.* *-ší*; *Adv.* *-ě*/*-o*) hart,

Hart-; *Schlaf*: tief; ~ *jako kámen* steinhart; *vařený na -do* hartgekocht; *slévání na -do* Hartguß *m*; *za -da* in hartem Zustand.

tvrz *f* (*3*) Festung *f*; Fort *n*; *fig.* Bollwerk *n*; **~ení** *n* (*3*) Härten *n*; Behauptung *f*; **~ený** Hart-; **~iště** *n* (*2a*) Festungsanlage *f*; *hist.* befestigter Herrensitz *m*.

tvůj (*tvá, tvé*) dein(e).

tvůr|ce *m* (*3*), **~kyně** *f* (*2b*) Schöpfer(in *f*) *m*; **~čí** schöpferisch.

ty du.

tyč *f* (*3*) Stange *f*; *Sp.* Stab *m*; *skok o ~i* Stabhochsprung *m*; **~inka** *f* (*1c*; *-nek*) Stäbchen *n*; Lippenstift *m*; *Bot.* Staubgefäß *n*; **~it se** ⟨*vy-*⟩ emporragen, sich erheben; **~ka** *f* (*1c*; *-ček*) Stange *f*; **~kař** F *m* (*3*) Stabhochspringer *m*; **~kový** Stab-; Latten-; **~oví** *n* (*3*) Gestänge *n*

týden *m* (*4*; *-dn-*; *6. -u*/*-i*, *1.*, *7. Pl.* *-y*) Woche *f*; *za* ~ in e-r Woche; **~ík** *m* (*2b*) Wochenschrift *f*, -blatt *n*; (*Film*)Wochenschau *f*; **~ní** wöchentlich, Wochen-.

týdně *Adv.* wöchentlich, P in der Woche.

tyf|(us) *m* (*2a*; *-fu*) Typhus *m*; **~ový** Typhus-.

tygr *m* (*1*; *-ři*) Tiger *m*.

tygř|í Tiger-; **~ice** *f* (*2a*) Tigerweibchen *n*, Tigerin *f*.

tykadlo *n* (*1a*; *-del*) Fühler *m*.

tyk|ání *n* (*3*) Duzen *n*; **~at** (*k-u*) duzen (*A*).

týkat se (*č-o*) betreffen, an(be)langen (*A*).

tyk|ev *f* (*3*; *-kv-*) Kürbis *m*; **~vice** *f* (*2a*) wilder Kürbis *m*; **~vový** Kürbis-.

tyl *m* (*2a*) Tüll *m*.

týl *m* (*2*; *2. -u*/*-a*; *6. -u*/*-e*) Genick *n*, Nacken *m*; *Mil.* Hinterland *n*, † Etappe *f*; **~ní** *Anat.* Hinterhaupts-; **~ový** *Mil.* Rücken-, rückwärtig.

tým *m* (*2a*) Team *n*.

tymián *m* (*2a*) Thymian *m*.

tympán *m* (*2a*) *Mus.* (Kessel-) Pauke *f*.

týnský: ≗ *chrám* Teinkirche *f* (*in Prag*).

typ *m* (*2a*) Typ *m*; *Typ.* Type *f*; **~ický** typisch; **~ičnost** *f* (*4*) Typische *n*; **~ograf** *m* (*1*; *-ové*) Buchdrucker *m*; *Typ.* Schweizerdegen *m*; **~ový** Typen-.

tyran *m* (*1*) Tyrann *m*; **~ie** *f* (*2*) Tyrannei *f*; **~izovat** [-nı-] ⟨*z-*⟩ (*-zuji*) tyrannisieren; **~ský** tyrannisch, Tyrannen-; **~ství** *n* (*3*) *s. tyranie*.

týrat ⟨*u-, z-*⟩ quälen, mißhandeln; schikanieren.

tyrkys *m* (*2a*) Türkis *m*; **~ový** türkisfarben *od.* -grün.

tyrol|áček F *m* (*2b*; *-čk-*) Tirolerhut *m*; **~ský** Tiroler.

týt ⟨*o-, z-*⟩ (*tyji, tyl*) fett werden, Fett ansetzen; (*z č-o*) zehren (von *D*); (*z k-o*) ausnützen (*A*).

týž derselbe.

U

u *Prp.* (*mit 2. Fall*) bei (*D*); (*Gasthausschilder*) zu, zum, zur; ~ *toho* dabei; ~ *č-o* wobei; *kapsa* ~ *vesty* Westentasche *f*; ~ *vytržení* in Verzückung.
u- *in Zssgn* (*bei Su. mst* **ú-**) ab-, weg-, fort-; be-, er-.
ubednit *pf.* verschalen.
uběh|at: ~ *se* sich müde laufen; ~ *si nohy* sich die Füße wundlaufen *od.* F *fig.* ablaufen; **~nout** *pf.* (*-hl*) ent-, davonlaufen; *Zeit*: vergehen; *Strecke* zurücklegen; ~ *se* sich müde laufen.
úběl *m* (*2a od. 4*) Alabaster *m*; **~ový** Alabaster-.
ubezpeč|ení *n* (*3*) Zusicherung *f*, Versicherung *f*; **~it** *pf.*, **~ovat** (*-čuji*) versichern (*k-o* j-m; *k-o čím, o čem* j-n *G*); (*čím*) sich vergewissern (*G*).
úběžník *m* (*2b*) *Geom.* Fluchtpunkt *m*.
ubičovat *pf.* (*-čuji*) zu Tode peitschen.
ubí|hat *s. uběhnout*; **~jet** (*3 Pl. -ejí*) *s. ubít*.
ubikace *f* (*2*) Unterkunft *f*.
ubírat weg-, abnehmen; (*k-u č-o*) entziehen (j-m *A*); *fig.* schmälern, herabsetzen; ~ *se* (hin)ziehen, sich begeben.
ubít *pf.* (*s. bít*) erschlagen, (*a. fig.*) töten.
ublátit *pf.* (*-cen*) mit Kot beschmutzen.
ubl|ížit *pf.*, **~ižovat** (*-žuji*) (*k-u*) Schaden zufügen (*D*); Unrecht tun (*D*); mißhandeln (*A*); ~ *na cti* kränken (*A*).
úbočí *n* (*3*) Abhang *m*.
ubodat *pf.* erstechen.
ubo|host *f* (*4*) Ärmlichkeit *f*; **~hý** (*Komp. -žejší*; *Adv. -ze*, *Komp. -žeji*) arm; armselig; erbärmlich, elend.
úbor *m* (*2a*) Anzug *m*, Kleid *n*; *Bot.* Blütenkorb *m*.
ubož|ák *m* (*1a*), **~átko** F *n* (*1b*; *-tek*) Unglückliche(r), F armer Schlucker *od.* Teufel *m*.
ubránit *pf.* mit Erfolg verteidigen; ~ *se č-o* sich erwehren (*G*).
ubrat *pf.* (*s. brát*) *s. ubírat*.
ubrečený P verweint, verheult.
ubrou|sek *m* (*2b*; *-sk-*) Serviette *f*; **~sit** *pf.* (*-šen*) abschleifen.
ubrus *m* (*2*; *6. -e/-u*) Tischtuch *n*.
ubrušovat (*-šuji*) *s. ubrousit*.
ubýt *pf.* (*ubudu*; *s. být*) (*č-o*) abnehmen, weniger werden.
úbyt|ě *f/pl.* (*2b*; *-í*) Schwindsucht *f*; **~ek** *m* (*2b*; *-tk-*) Abnahme *f*, Rückgang *m*; Schwund *m*; ~ *na váze* Gewichtsverlust *m*.
ubytov|ací Unterbringungs-; **~ání** *n* (*3*) Unterbringung *f*; *Mil.* Einquartierung *f*; **~at** *pf.* (*-tuji*) unterbringen; *Mil.* einquartieren; **~atel** *m* (*3*; *-é*) Quartiermacher *m*.
ubýv|ání *n* (*3*) Abnahme *f*, Rückgang *m*; **~at** *s. ubýt*.
ucel|ený abgerundet, *fig.* in sich geschlossen; **~it** *pf.* abrunden.
ucítit *pf.* empfinden, (ver)spüren.
ucourat *pf.* schmutzig machen; ~ *se* schmutzig werden.
ucp|at *pf.* (*-u*) verstopfen, zustopfen; abdichten; **~ávací** Dicht-; **~ávat** *s. ucpat*; **~ávka** *f* (*1c*; *-vek*) Dichtung *f*; Abdichtung *f*.
úcta *f* (*1*) Achtung *f*, Verehrung *f*, Hochachtung *f* (*k č-u, ke k-u* vor *D*); *v dokonalé -tě* hochachtungsvoll; *v -tě oddaný* sehr ergeben.
uct|ění *n* (*3*) Ehrung *f*; Bewirtung *f*; *na -nou k-o* zu Ehren von (*D*), j-m zu Ehren; **~í(va)t** (*pf. -ěn*) verehren; bewirten; **~ívání** *n* (*3*) Verehrung *f*, Kult *m*; **~ivost** *f* (*4*) Ehrerbietigkeit *f*, Ehrfurcht *f*; **~ivý** ehrerbietig, *fig.* verbindlich.
učarovat *pf.* (*-ruji*) bezaubern, verhexen.
účast *f* (*4*), **~enství** *n* (*3*) Teilnahme *f*, Beteiligung *f*; Anteilnahme *f*; *za -ti* unter Beteiligung; **~enský** Teilnehmer-; **~ník** *m* (*1a*), **~nice** *f* (*2a*) Teilnehmer(in *f*) *m*; *Hdl.* Teilhaber(in *f*) *m*; **~nit se** ⟨z-⟩ (*č-o, v od. při čem*) teilnehmen, beteiligt

sein, teilhaben (an *D*); **~ný** (*č-o*) beteiligt (an *D*); teilnahmsvoll.
učebn|a *f* (*1*; *-ben*) Schulzimmer *n*; Lehrsaal *m*; **~í, ~ý** Lehr-; **~ice** *f* (*2a*) Lehrbuch *n*.
učedn|ice *f* (*2a*) Lehrmädchen *n*; **~ický** Lehr-; **~ík** *m* (*1a*) Lehrling *m*, F Lehrjunge *m*.
účel *m* (*2a*) Zweck *m*; *za ~em č-o* zwecks (*G*); *za tímto ~em* zu diesem Zweck.
učeli|vost *f* (*4*) Lernbegierde *f*; **~vý** gelehrig, lernbegierig.
účel|nost *f* (*4*) Zweckmäßigkeit *f*; **~ný** zweckmäßig; **~ový** Zweck-; *Gr.* Final-, Absichts-.
uče|ň *m* (*3a*; *učně*) Lehrling *m*; **~nec** *m* (*3*; *-nc-*) Gelehrte(r); **~ní** *n* (*3*) Lehre *f*, Unterricht *m*, Studium *n*; Schulsachen *pl.*; **~nlivý** *s. učelivý*; **~nost** *f* (*4*) Gelehrsamkeit *f*, Gelehrtheit *f*; **~ný** gelehrt.
učernit *pf.* (*-ěn*) schwarz machen, schwärzen.
účes *m* (*2a*) Frisur *f*.
učesat *pf.* (*-šu*/*-sám*) kämmen, frisieren.
účet *m* (*2*; *-čt-*; *6. -u*/*-ě*) Rechnung *f*; **~ní** *1. Adj.* Rechnungs-; *2. m* (*Adj. 4*) Buchhalter *m*; *Mil.* Rechnungsführer *m*; **~nický** Buchhaltungs-; **~nictví** *n* (*3*) Buchhaltung *f*; Rechnungswesen *n*.
učiliště *n* (*2a*) Lehranstalt *f*.
účin *m* (*2a*) Wirkung *f*; **~ek** *m* (*2b*; *-nk-*) Auswirkung *f*, Nachwirkung *f*; Tat *f*; *Jur.* Wirkung *f*; *bez -nku* wirkungslos.
učin|ěný getan, begangen; leibhaftig, vollendet; **~it** *pf.* tun, machen; *Anzeige* erstatten; *Antrag* stellen; *Maßnahme, Entscheidung* treffen; *Entschluß* fassen; *Frieden* schließen; *Verpflichtung* eingehen; *e-r Pflicht* nachkommen; *Schaden* anrichten; *Gewalt* antun.
účin|kovat ⟨*za-*⟩ (*-kuji*) (ein-) wirken; *Thea.* mitwirken; sich auswirken; **~livost** *f* (*4*) Wirksamkeit *f*; *nabytí ~i* Inkrafttreten *n*; *se zpětnou ~í* rückwirkend; **~livý** (rechts)wirksam.
účin|nost *f* (*4*) Wirksamkeit *f*; **~ný** wirksam; Wirkungs-.
učit ⟨*na-*⟩ (*k-o č-u*) lehren (j-n *A*); unterweisen (j-n in *D*); *Hund* abrichten; *~ se* (*č-u*) lernen (*A*).
učitel *m* (*3*; *-é*), **~ka** *f* (*1c*; *-lek*) Lehrer(in *f*) *m*; **~ování** *n* (*3*) Lehrtätigkeit *f*; **~ský** Lehr(er)-; **~ství** *n* (*3*) Lehramt *n*; **~stvo** *n* (*1*) Lehrkörper *m*.
uč|ivo *n* (*1*) Lehrstoff *m*; **~nice** *f* (*2a*) Lehrmädchen *n*; **~ňovský** Lehr-; Lehrlings-.
uč(m)oudit *pf.* (*-zen*) rußig machen, F verräuchern.
účt|árna *f* (*1*; *-ren*) Buchhaltung(s-stelle) *f*; *Mil.* Rechnungskanzlei *f*; **~enka** *f* (*1c*; *-nek*) Rechnungsblatt *n*; **~ovací** Verrechnungs-; **~ování** *n* (*3*) Verrechnung *f*; Buchung *f*; **~ovat** ⟨*pro-*, *s-*, *za-*⟩ (*-tuji*) verrechnen; berechnen, buchen; (*s kým*) abrechnen (mit *D*); *Pol.* brechen (mit *D*).
úd *m* (*2a*) Glied *n*; *~y pl. a.* Gliedmaßen *pl.*
údaj *m* (*4*) Angabe *f*; **~ný** angeblich.
událost *f* (*4*) Ereignis *n*, Vorfall *m*; *hotová ~* vollendete Tatsache *f*.
udání *n* (*3*) Angabe *f*; *Jur.* Anzeige *f*.
udat *pf.* angeben; *Jur.* anzeigen; *Pol.* denunzieren; *Geld* anbringen.
udát se *pf.* sich ereignen, geschehen.
udat|nost *f* (*4*) Tapferkeit *f*; **~ný** tapfer, wacker.
udavač, udávač *m* (*3*) Zuträger *m*, Denunziant *m*; **~ství** *n* (*3*) Zuträgerei *f*, Denunziantentum *n*, F Angeberei *f*.
udávat *s. udat.*
udáv|ení *n* (*3*) Ersticken *n*; **~it** *pf.* erwürgen; *~ se čím, na čem* ersticken an (*D*).
úděl *m* (*2a*) Anteil *m*, Teil *m*; Los *n*.
uděl|at *pf.* (fertig)machen; (*k-u co*) antun (j-m *A*); *s. dělat*; **~ení** *n* (*3*) Erteilung *f*, Verleihung *f*; **~it** *pf.* erteilen, verleihen, gewähren; *Strafe* verhängen.
údělný Teil-.
udělov|ací Verleihungs-; **~at** (*-luji*) *s. udělit.*
úder *m* (*2a*) Schlag *m*; **~ka** *f* (*1c*; *-rek*) Kadergruppe *f*; **~nický** Aktivisten-; **~ník** *m 1.* (*1a*) Aktivist *m*; *2.* (*2b*) Schlagbolzen *m* (*am Gewehr*); **~ný** Stoß-; *Mil.* Sturm-.
udeřit *pf.* schlagen, stoßen; *~ čím o zem* zu Boden werfen (*A*); *~ do č-o* einschlagen in (*A*); *~ na k-o* losschlagen gegen, einschlagen auf (*A*); *~ se o co* sich stoßen an (*D*).
úděs *m* (*2a*) Bestürzung *f*, Entsetzen *n*.

uděsit *pf.* (*-šen*) erschrecken, erschaudern lassen.
udi|ce *f* (*2a*) Angel *f*; **~dlo** *n* (*1a*; *-del*) (*Zaum-*)Gebiß *n*, Mundstück *n*.
udílet (*3 Pl. -ejí*) *s. udělit.*
ud|írna *f* (*1*; *-ren*) Räucherkammer *f*; **~it** ⟨*pro-*⟩ (*uzen*) räuchern, *dial.* selchen.
údiv *m* (*2a*) Verwunderung *f*, Staunen *n*; Befremden *n*.
udiv|ený erstaunt, verwundert; **~it** *pf.*, **~ovat** (*-vuji*) in Staunen versetzen, verwundern.
údobí *n* (*3*) Zeitraum *m*, Periode *f*.
udobř|ená *f* (*Adj. 2*): *na -nou!* zur Versöhnung!; **~it** *pf.*, **~ovat** (*-řuji*) besänftigen, beruhigen; versöhnen (*s kým* mit *D*); *-řit se s kým* sich aussöhnen mit (*D*).
udol(áv)at überwältigen, überwinden.
údol|í *n* (*3*) Tal *n*; **~ní** Tal-.
udro|bit *pf.*, **~lit** *pf.* abbröckeln.
údržb|a *f* (*1*; *-žeb*) Instandhaltung *f*, Wartung *f*; **~ářský** Instandhaltungs-, Reparatur-, Wartungs-.
udrž|ení *n* (*3*) Erhaltung *f*; **~et** *pf.* erhalten; ~ se sich halten; sich behaupten; *neudržet se smíchy* sich vor Lachen nicht halten können; **~ování** *n s. udržení*; **~ovat** (*-žuji*) *s. udržet.*
udř|ený abgearbeitet; **~ít** *pf.* (*-u*, *-el*): ~ se sich abplagen.
udu|p(áv)at (*pf. -u*/*-am*) *Gras* zertreten; *a.* = **~s(áv)at** *Schnee*, *Boden* feststampfen, festtreten; **~sit** *pf.* (*-šen*) erwürgen, erdrosseln; *Feuer* ersticken; *Aufstand* niederschlagen; *Fleisch* dünsten; **~šení** *n* (*3*) Ersticken *n*; *fig.* Niederschlagung *f*, -werfung *f*; *smrt ~m* Erstickungstod *m*; **~šovat** (*-šuji*) *s. udusit.*
udých|aný außer Atem; **~at se** *pf.* außer Atem kommen.
uhá|jit *pf.* behaupten, erfolgreich verteidigen; ~ se sich erwehren, sich behaupten; **~nět** F (*3 Pl. -ějí*) dahinjagen, sausen; *s. uhnat.*
uhas|ínat, **~nout** *pf.* (*-sl*) erlöschen, ausgehen; **~it** *pf.* (*-šen*) löschen.
uhel *m* (*4 od. 2a*; *-hl-*) Kohle(stückchen *n*) *f*.
úhel *m* (*2a*; *-hl-*) Winkel *m*.
uhel|na *f* (*1*; *-len*) Kohlenschuppen *od.* -keller *m*; *Bgb.* Zeche *f*; **~natět** ⟨*z-*⟩ (*3 Pl. -ějí*) zu Kohle werden, verkohlen; **~natý** *Chem. s. kysličník.*
úhelnice *f* (*2a*) Winkelmaß *n*, -eisen *n*.
úhel|ník *m* (*2b*) Winkel *m*; *Arch.* Eckstein *m*; **~ný** Winkel-, Eck-.
uhelný Kohle(n)-.
uher *m* (*1*; *-hr-*; *-ři*) Mitesser *m*, Pickel *m*; *Zo.* Finne *f*.
Uher *m* (*1*; *-hr-*; *-ři*/*-rové*) *hist.* Ungar *m*; **~sko** *n* (*1b*) Ungarn *n*; **°ský** ungarisch, Ungarn-.
uhladit *pf.* (*-zen*) glätten, glatt streichen; *fig.* ausfeilen.
uhlák *m* (*2b*) Kohlenwagen *od.* -kasten *m*; *Med.* Karbunkel *m*.
úhlavní: ~ *nepřítel*, *protivník* Erz-, Todfeind *m*.
uhlaz|enost *f* (*4*) Glätte *f*; *fig.* Schliff *m*, Feinheit *f*; **~ený** glatt; *fig.* fein; **~ovat** (*-zuji*) *s. uhladit.*
úhled|nost *f* (*4*) angenehmes (*od.* anziehendes, hübsches) Aussehen *n od.* Äußere(s); **~ný** anziehend, hübsch, gefällig.
uhlí *n* (*3*) (*černé od. kamenné* Stein-, *hnědé* Braun-)Kohle *f*.
uhličit|an *m* (*2a*) Karbonat *n*; **~ý** Kohlen(säure)-.
uhlídat *pf.* behüten, bewachen; [sehen.
uhlík *m* (*2b*) Kohlenstoff *m*; *El.* Kohle *f*; **~ový** Kohlen(stoff)-.
uhlíř *m* (*3*) Köhler *m*; Kohlenhändler *m*, -träger *m*; **~ství** *n* (*3*) Kohlenhandlung *f*; † Kohlenbrennerei *f*.
uhlodat *pf.* abnagen.
uhlohydrát *m* (*2a*) Kohlehydrat *n*.
úhlo|měr *m* (*2a*) Winkelmesser *m*; **~příčka** *f* (*1c*; *-ček*) Diagonale *f*; **~příčný** diagonal.
uhlo|vodík *m* (*2a*) Kohlenwasserstoff *m*; **~vý** Kohlen-.
úhlový Winkel-; *Phys.* Dreh-.
uhmataný abgegriffen.
uhnat *pf.* (*uženu*) abhetzen; ~ se sich müde laufen, F sich abhetzen; ~ *si co* sich et. zuziehen.
uhníst *pf.* (*s. hníst*) kneten.
uhní(va)t (*pf. s. hnít*) abfaulen.
uhn|ízdit *pf.*, **~izďovat** (*-ďuji*): ~ se sich einnisten.
uhnout *pf.* (*-u*, *-ul*) *v*/*i* abbiegen; ~ se ausweichen.
uhodit *pf.* (*-zen*) e-n Schlag versetzen (*D*), schlagen; treffen; ~ *na k-o* angreifen (*A*); F ins Gebet nehmen, sich vornehmen (*A*); ~ *se o co* sich stoßen an (*D*).

uhodnout *pf.* (*-dl*; *-dnut*) erraten.
úhona *f* (*1*) Schaden *m*, Makel *m*, Fehler *m*; *bez -ny* tadellos, makellos.
uhonit *pf. s. uhnat.*
úhor *m* (*2a*) Brachfeld *n*; *ležet* **~***em* brach liegen.
úhoř *m* (*3*) Aal *m*.
uhoř|elý abgebrannt; **~et** *pf. Kerze*: niederbrennen; *Menschen, Tiere*: in den Flammen umkommen.
úhoří Aal-.
úhořit *Feld* brachliegen lassen; brachliegen.
uhospodařit *pf.* ersparen, erwirtschaften.
uhostit *pf.* (*-štěn*) einquartieren; bewirten (*čím* mit *D*).
úhoz *m* (*2a*), **uhození** *n* (*3*) Schlag *m*; *Mus.* Anschlag *m*.
úhrabky *m/pl.* (*2b*) Spreu *f*.
úhrada *f* (*1*) Vergütung *f*, Ersatz(-leistung *f*) *m*; Deckung *f*.
uhradit *pf.* (*-zen*) vergüten; *Kosten* decken.
uhran|čivý *Blick*: böse, behexend; **~out** *pf.*, **~ovat** (*-nuji*) behexen.
úhrn *m* (*2a*) Ganze(s), Zusammenfassung *f*; Gesamtsumme *f*; **~***em* alles in allem, zusammen; **~ný**, **~ový** Gesamt-.
uhrov|atý, **~itý** voller Mitesser, pick(e)lig; *Fleisch*: finnig, mit Finnen durchsetzt.
Uhry *f/pl.* (*1*; *-her*) *hist.* Ungarn *n*.
uhryz|(áv)at (*pf. -žu/zám*), **~nout** *pf.* (*-zl*; *-znut*), **uhrýzt** *pf.* (*nur Pt. -zl, -yzen*) abnagen.
uhřát (*-hřeje*): **~** *se pf.* sich erhitzen; **~ý** erhitzt.
uhýbat *s. uhnout.*
uhynout *pf.* eingehen, umkommen.
ucháč *m* (*4*) Henkeltopf *m*; *Bot.* Speiselorchel *f*.
uchazeč *m* (*3*), **~ka** *f* (*1c*; *-ček*) Bewerber(in *f*) *m*.
ucház|ející leidlich, annehmbar; **~ení** *n* (*3*) Bewerbung *f*, Werbung *f*; Entweichen *n*; **~et** (*3 Pl. -ejí*) *s. ujít*; **~** *se* sich bewerben (*o co* um *A*); *um die Hand e-s Mädchens* anhalten.
uchlácholit *pf.* besänftigen, beschwichtigen.
ucho *n* (*1b*) Ohr *n*; Henkel *m*; Nadelöhr *n*; *verä.* Rekrut *m*; *s. uši.*
uchodit *pf.* (*-zen*) *Schuhe* abtreten; **~** *se* sich müde laufen.
uchop|ení *n* (*3*) Ergreifung *f*; **~it se** *pf.* (*č-o*) ergreifen (*A*).
uchov|alý erhalten; **~ání** *n* (*3*) Erhaltung *f*, Bewahrung *f*; **~(áv)at** (*před čím, od č-o*) bewahren, behüten (vor *D*); **~** *se* sich erhalten.
uchozený vom Gehen müde; *Schuhe*: abgetragen.
uchr|ánit *pf.*, **~aňovat** (*-ňuji*) bewahren (*k-o* [*od*] *č-o* j-n vor *D*); **~** *se* (*č-o*) sich hüten (vor *D*).
uchvácen, **~a**, **~o** (*čím*) entzückt, hingerissen (von *D*); **~í** *n* (*3*) Ergriffenheit *f*, Entzücken *n*; **~** *moci* Machtergreifung *f*.
uchv|acovat (*-cuji*) *s. uchvátit*; **~átaný** außer Atem, atemlos; **~átit** *pf.* (*-cen*) ergreifen; an sich reißen; *Tod, Krankheit*: *j-n* hinwegraffen; (*čím*) begeistern, entzücken (durch *A*); *dát se* **~** (*čím*) sich hinreißen lassen (von *D*); **~atitel** *m* (*3*; *-é*) Usurpator *m*; **~** *trůnu* Thronräuber *m*.
úchvatný entzückend, hinreißend.
uchýl|ení *n* (*3*) Abweichung *f*; **~it** *pf.* ablenken (*od č-o* von *D*); **~** *se* abweichen, abkommen (*od č-o* von *D*); **~** *se kam* (hin)bringen; **~** *se ke k-u* Zuflucht suchen bei (*D*); **~** *se do soukromí* sich ins Privatleben zurückziehen.
úchyl|ka *f* (*1c*; *-lek*) Abweichung *f*; Abschweifung *f*; **~kář** *m* (*3*) *Pol.* Abweichler *m*, Sektierer *m*; **~ný** abweichend, a(b)normal.
uchy|lovat (*-luji*) *s. uchýlit*; **~st(ávat)** (zu)bereiten; *Werkzeug* bereitlegen; **~tit** *pf.* (*-cen*) fassen; festhalten; **~** *se č-o* ergreifen (*A*); **~** *se kam* unterkommen, festen Fuß fassen (bei, in *D*).
ujařm|it *pf.*, **~ovat** (*-muji*) unterjochen, knechten.
ujas|nění *n* (*3*) Klarstellung *f*; **~nit** *pf.*, **~ňovat** (*-ňuji*) klarmachen, klarstellen; **~** *si co* sich klarwerden (über *A*).
ujec † P *m* (*3*; *ujc-*) Oheim *m*.
ujedn|ání *n* (*3*) Vereinbarung *f*, Übereinkunft *f*; **~áno**! abgemacht!; **~(áv)at** abmachen, verabreden; **~ávka** *f* (*1c*; *-vek*) *Hdl.* Abschluß *m*.
ujet *pf.* (*s. jet*; *ujet*) davonfahren *od.* -reiten; *Weg* zurücklegen; wegrutschen; ausgleiten.
újezd *m* (*2*; *6. -u/-ě*) Hohlweg *m*; † Bezirk *m*, Sprengel *m*.
ujezdit *pf.* (*-žděn/-zděn*) befahren;

abfahren; ~ se vom vielen Fahren müde sein.
ujídat *s. ujíst.*
ujím|ání *n* (*3*) Entziehen *n*, Abnehmen *n*; *Med.* Kolik *f*; *Tech.* Verjüngung *f*; **~at** *s. ujmout.*
ujíst *pf.* (*s. jíst*) wegessen; ~ se (*čím*) sich überessen (an *D*).
ujistit *pf.* (*-štěn*) versichern (*k-o čím* j-n *G*); beteuern (j-m *A*).
ujiš|tění, ~ťování *n* (*3*) Versicherung *f*, Beteuerung *f*; **~ťovat** (*-ťuji*) *s. ujistit.*
ujít *pf.* (*ujdu, ušel*) entgehen, entrinnen (*D*); *Weg* zurücklegen; *Zeit*: vergehen; *Gas*: ausströmen; *ujde to* es geht (so leidlich); ~ *se s. uchodit se.*
ujíždět (*3 Pl. -ějí*) *s. ujet.*
újma *f* (*1*) Nachteil *m*, Schaden *m*; *na -mu* zum Nachteil, zum Schaden; *uložit si -mu* sich einschränken; *bez -my* ohne Beeinträchtigung; *o své -mě* eigenmächtig, auf eigene Faust.
ujmout *pf.* (*s. jmout*): ~ se (*č-o, k-o*) sich annehmen (*G*); *Amt, Macht* übernehmen; *Wort* ergreifen; *Pflanze*: Wurzeln schlagen; sich einbürgern; *Med. Impfung*: aufgehen.
ukájet (*3 Pl. -ejí*) *s. ukojit.*
ukamenovat *pf.* (*-nuji*) (zu Tode) steinigen.
ukanout *pf. s. ukápnout.*
ukap|ávat, ~ovat (*-puji*) tropfen, tropfenweise ausfließen.
ukápnout *pf.* (*-pl*) e-n Tropfen fallen lassen; P *fig.* abfallen.
úkaz *m* (*2a*) Erscheinung *f*, Zeichen *n*.
ukáz|ání *n* (*3*) Vorzeigen *n*; **~at** *pf.* (*-žu/-ži*) zeigen; *Ausweis* vorzeigen; hinweisen (auf *A*); ~ se sich sehen lassen; ~ *se čím* sich erweisen als.
ukazatel *m* (*4*; *-e/-é*) Zeiger *m*; Wegweiser *m*; Sachregister *n*, Inhaltsverzeichnis *n*; Kennziffer *f*; ~ *směru Kfz.* Richtungsanzeiger *m*.
ukázk|a *f* (*1c*; *-zek*) Probe *f*, Muster *n*; **~ový** Probe-.
ukázn|ěnost *f* (*4*) Disziplin *f*, Zucht *f*; **~ěný** diszipliniert; **~it** *pf.* in (strenge) Zucht nehmen.
ukazov|ací Zeige-; *Gr.* hinweisend, Demonstrativ-; **~áček** *m* (*2b*; *-čk-*) Zeigefinger *m*; **~atel** *m s. ukazatel*; **~at** (*-zuji*) *s. ukázat*; **~átko** *n* (*1b*; *-tek*) Zeigestab *m*.
úklad *m* (*2a*): **~y** *pl.* Intrigen *f/pl.*; Nachstellungen *f/pl.*, Anschlag *m*.
ukládací *Hdl.* Anlage-; **~at** (*o k-o*) nachstellen (*D*); (*u k-o od. kam*) hinterlegen (bei *D*); *Geld* zurücklegen; *Hdl.* anlegen; *schriftlich* niederlegen; (*k-u co*) befehlen, auftragen (j-m *A*); beauftragen (j-n mit *D*); ~ se sich schlafen legen; *Geol.* sich ablagern; ~ *si co* sich auferlegen, sich zur Aufgabe machen (*A*).
ukladatel *m* (*3*; *-é*) Deponent *m*.
úklad|ník *m* (*2b*) heimtückischer Mensch *m*; **~ný** heimtückisch, Meuchel-.
uklánět (*3 Pl. -ějí*) *s. uklonit.*
úklej *f* (*3*) Weißfisch *m*, Ukelei *m*.
úklid *m* (*2a*) Aufräumen *n*, Reinemachen *n*.
uklid|it *pf.* (*-zen*) auf-, wegräumen; ~ se sich entfernen, F sich davonmachen; sich verkriechen; **~nit** *pf.*, **~ňovat** (*-ňuji*) beruhigen, besänftigen; *pf.* ~ se sich beruhigen; *Wind*: sich legen; **~ňující** beruhigend; *Med.* Beruhigungs-.
ukliz|ečka *f* (*1c*; *-ček*) Raumpflegerin *f*, Reinemachefrau *f*; **~et** (*3 Pl. -ejí*) *s. uklidit.*
úklon *m* (*2a*), **~a** *f* (*1*) Verbeugung *f*; *Tech.* Neigung *f*; *Turn.* Rumpfbeuge *f*.
uklonit *pf.* (*-ěn*) (seitwärts) neigen, beugen; ~ *se k-u* sich verneigen (vor *D*).
uklouznout *pf.* (*-zl*) ausgleiten, F ausrutschen; entweichen, F entwischen.
ukoj|it *pf.*, **~ovat** (*-juji*) *Hunger* stillen; *Bedarf, Trieb* befriedigen.
úkol *m* (*2a*) Aufgabe *f*; (*Plan-, Tages-*)Soll *n*; Leistungs-, Stücklohn *m*; **~ář** *m* (*3*) Vorkalkulator *m*, Normierer *m*.
ukoléb|(áv)at in den Schlaf wiegen; ~ *se v co, čím fig.* sich wiegen in (*D*); **~avka** *f* (*1c*; *-vek*) Wiegenlied *n*.
ukolíb(áv)at *s. ukoléb(áv)at.*
úkolov|at (*-luji*) *Arbeit* normen; **~ý** Akkord-, Stück-, Leistungs-.
úkon *m* (*2a*) Verrichtung *f*; (*Amts-*) Handlung *f*; (*Arbeits-*)Leistung *f*; *početní* ~ Rechnungsart *f*.
ukonč|ení *n* (*3*) Beendigung *f*; **~it** *pf.*, **~ovat** (*-čuji*) beenden, abschließen; *Versammlung* schließen; ~ se enden.

ukonejšit *pf.* beruhigen, besänftigen.
ukopat *pf.* (*-u/-ám*) *Boden* abgraben, abtragen; durch Fußtritte töten, zu Tode treten.
ukoptěný schmutzig.
úkor *m* (*2a*) Schmach *f*, Schande *f*; Nachteil *m*; *na* ~ zum Nachteil, zum Schaden, *fig.* auf Kosten.
ukořistit *pf.* (*-stěn*) erbeuten; *fig.* F erhaschen.
úkos *m* (*2*; *6.* *-u/-e*) Schrägheit *f*; *Tech.* Abschrägung *f*, Neigung *f*; *hledět na k-o* ~*em* j-n von der Seite anschauen.
ukous|at *pf.* (*-šu/-sám*), **~nout** *pf.* (*-sl*; *-snut*) abbeißen; *Tier*: totbeißen; *-at se nudou* sich zu Tode langweilen.
ukout *pf.* (*ukuji, ukul*), **ukovat** *pf.* (*-u/-ám*) schmieden; ~ *do pout* fesseln.
ukrácení *n* (*3*) Verkürzung *f*; *pro* ~ *dlouhé chvíle* zum Zeitvertreib.
ukracovat (*-cuji*) *s. ukrátit.*
ukrádat *s. ukrást.*
úkrad|kem, ~mo *Adv.*, **~mý** *Adj.* verstohlen, heimlich.
ukradnout *pf.* (*-dl*; *-den*) *s. ukrást.*
ukrajinský ukrainisch.
ukrást *pf.* (*ukradnu usw.*; *s. krást*) stehlen, *lit.* entwenden.
ukrátit *pf.* (*-cen*) ver-, abkürzen; *Zeit* vertreiben.
ukrocení *n* (*3*) Zähmung *f*, Bändigung *f*.
úkrojek *m* (*2b*; *-jk-*) Abschnitt *m*; *Geom.* Schnitt *m*.
ukrojit *pf.* abschneiden.
úkrok *m* (*2b*) Schritt *m* seitwärts.
úkrop *m* (*2a*) Knoblauchsuppe *f*, *dial.* Wassersuppe *f*; **~ek** *m* (*1a*; *-pk-*), *dim.* **~eček** *m* (*1a*; *-čk-*) armer Teufel *m*, *dial.* armes Hascherl *n*; *verä.* Duckmäuser *m*.
ukrotit *pf.* (*-cen*) zähmen, bändigen.
ukroutit *pf.* (*-cen*) ab-, umdrehen; *Hals* verrenken; *Zigarette* drehen.
ukrut|ánský F riesig, gewaltig, unheimlich (groß); **~enství** *n* (*3*) Grausamkeit *f*; **~ník** *m* (*1a*) grausamer Mensch *m*, Unmensch *m*; **~nost** *f* (*4*) Grausamkeit *f*; **~ný** grausam; F *fig.* schrecklich, ungeheuer (-lich).
úkryt *m* (*2*; *6.* *-u/-ě*) Versteck *n*; *Mil.* Deckung *f*; *protiletecký* ~ Luftschutzraum *m*.
ukrý|t *pf.* (*s. krýt*) verbergen, verstecken; **~vač** *m* (*3*) Hehler *m*; **~vání** *n* (*3*) Hehlerei *f*; **~vat** *s. ukrýt.*
ukřičet *pf.* niederschreien; ~ *se* sich heiser schreien.
ukřivdit *pf.* (*-ěn*) Unrecht tun (*k-u/D*); *bylo mi -děno* mir ist Unrecht geschehen.
ukřiž|ování *n* (*3*) Kreuzigung *f*; **~ovat** *pf.* (*-žuji*) kreuzigen.
ukvap|ený übereilt, voreilig; **~it se** *pf.* sich überstürzen, voreilig sein.
úl *m* (*2*; *6.* *-e/-u*) Bienenstock *m*.
ulámat *pf.* (*-u*), **ulamovat** (*-muji*) *v/t.* abbrechen.
uléhat *s. ulehnout.*
ulehč|ení *n* (*3*) Erleichterung *f*; **~it** *pf.*, **~ovat** (*-čuji*) erleichtern; ~ *si* s-m Herzen Luft machen.
ulehnout *pf.* (*-hl*) sich (nieder)legen, zu Bett gehen; erkranken; *Boden*: sich senken.
ulejv|ák P *m* (*1a*) Drückeberger *m*; **~at se** (*z č-o*) sich drücken (vor *D*).
úlek *m* (*2b*) Schrecken *m*.
ulek|nout *pf.* (*-kl*) erschrecken (*A*; *se č-o v/i* vor *D*); **~nutí** *n* (*3*) *s. úlek.*
ulétat, uletět *pf.*, **ulétnout** *pf.* (*-tl*), **uletovat** (*-tuji*) davon-, fortfliegen; *Flgw.* zurücklegen.
úleva *f* (*1*) Erleichterung *f*; *Hdl.* Ermäßigung *f*; *Med.* Linderung *f*.
ulévat *s. ulít.*
ulev|it *pf.*, **~ovat** (*-vuji*) (*k-u*) Erleichterung bringen (*D*); *Schmerz, Frost*: nachlassen; ~ *se* sich bessern; ~ *si* sich erleichtern, F s-m Herzen Luft machen.
ulež|elý abgelegen; *Obst*: weich; **~et se** *pf.* durch Liegen reif werden, nachreifen.
ulice *f* (*2a*) Straße *f*, Gasse *f*.
ulič|ka *f* (*1c*; *-ček*) Gäßchen *n*; *slepá* ~ Sackgasse *f*; **~ní** Straßen-; **~nice** *f* (*2a*) Range *f*, Gör(e) *f*; **~nický** ausgelassen, mutwillig; **~nictví** *n* (*3*) Bubenstreich *m*; **~ník** *m* (*1*) Lausbub *m*, Schlingel *m*.
ulis|ník *m* (*1a*) Schmeichler *m*; **~nost** *f* (*4*) Schmeichelei *f*; **~ný** schmeichelhaft, *fig.* falsch.
ulít *pf.* (*s. lít*) abgießen; *Glocke* gießen; *Feuer* löschen; *Geld* veruntreuen; ~ *se od č-o* sich drücken vor (*D*); *Schule* schwänzen.
ulita *f* (*1*) Schneckenhaus *n*.
ulít|at *s. ulétat*; F ~ *se* sich abhetzen; **~nout** *pf.* *s. ulétnout.*

ulitý: F *kabát padne jako* ~ der Rock sitzt wie angegossen.
ulí|vat *s.* *ulít*; **~zat** *pf.* (*-žu*/*-zám*), **~znout** *pf.* (*-zl*) ablecken.
úloha *f* (*1b*) Aufgabe *f*; *Thea.* Rolle *f*.
úlomek *m* (*2b*; *-mk-*) Bruchstück *n*, Fragment *n*; Splitter *m*.
ulomit *pf.* *v*/*t* abbrechen (*se v*/*i*).
úlomkovitý bruchstückartig, fragmentarisch.
ulopotit se *pf.* (*-cen*) sich abarbeiten, P sich abrackern.
uloup|it *pf.* rauben; **~nout** *pf.* (*-pl*; *-pnut*) abschälen, ablösen; ~ se sich loslösen.
úlovek *m* (*2b*; *-vk-*) Fang *m*, (*Jagd-*) Beute *f*.
ulovit *pf.* erjagen, fangen; *iron.* aufgabeln; ~ *si co* ergattern (*A*).
ulož|ení *n* (*3*) Auftrag *m*; Lagerung *f*; (*Kapital-*)Anlage *f*; (*Straf-*) Verhängung *f*; *Geol.*, *Med.* Ablagerung *f*; *Tech.* Bettung *f*; Beilegung *f e-s Streites*; *Gottes* Fügung *f*; **~it** *pf.* weglegen; aufbewahren; hinterlegen; *Waren* einlagern; *Dinge* einordnen, einräumen; *j-n* zu Bett bringen; *Kranke* betten; *Tote* beisetzen; *Geld* anlegen; *Ersparnisse* zurücklegen; *Gedanken* (schriftlich) niederlegen; *Strafe* verhängen; *Steuern* auferlegen; *mit Zoll* belegen; (*k-u co*) auftragen, aufgeben, zur Pflicht machen (j-m *A*); ~ se sich (nieder)legen; sich ablagern.
úlož|ka *f* (*1c*; *-žek*) (kleine)Aufgabe *f*; *Thea.* Nebenrolle *f*; *Hdl.* Depositum *n*; **~na** *f* (*1*; *-žen*) Aufbewahrungsstelle *f*; **~né** *n* (*Adj.* *3*) Lagergebühr *f*; **~ní**, **~ný** Lager-; *Arch.* Fuß-.
ulp|ět *pf.* (*3 Pl.* *ulpí*, *ulpěl*), **~ívat** haftenbleiben; verharren.
ulti|mativní [-tɪmatɪ:-] ultimativ; **~mátum** *n* (*1*; *-ta*; *6.* *-tu*) Ultimatum *n*.
ultra|fialový ultraviolett; **~zvuk** *m* (*2b*) Ultraschall *m*.
um *m* (*2a*) *lit.*, *poet.* Verstand *m*; Können *n*.
umáčet *pf.* (*3 Pl.* *-ejí*) naß machen.
uma|čkat *pf.* erdrücken; **~stit** *pf.* (*-štěn*) *Papier* fett machen; **~zat** *pf.* (*-žu*/*-ží*) beschmieren, beschmutzen; *Schrift* wegwischen.
umdl|enost *f* (*4*) Müdigkeit *f*, Ermüdung *f*; **~ený** müde, abgespannt; **~et**, **~ít** *pf.* (*3 Pl.* *-ejí*), **~évat** müde werden, ermüden.
umělec *m* (*3*; *-lc-*) Künstler *m*; **~kohistorický** kunstgeschichtlich; **~koprůmyslný** kunstgewerblich, Kunstgewerbe-; **~ký** künstlerisch, Kunst-; kunstvoll; **~tví** *n* (*3*) Künstlertum *n*, Kunst *f*.
uměl|kovanost *f* (*4*), **~kování** *n* (*3*) Künstelei *f*; **~kovaný** gekünstelt; **~kyně** *f* (*2b*) Künstlerin *f*; **~ost** *f* (*4*) Künstlichkeit *f*; **~ůstka** *f* (*1c*; *-tek*) Künstelei *f*; *pl.* *a.* Nippsachen *pl.*; **~ý** künstlich, Kunst-; kunstvoll, künstlerisch.
umění *n* (*3*) Kunst *f*; Können *n*; *smysl pro* ~ Kunstsinn *m*; **~milovnost** *f* (*4*) Kunstbeflissenheit *f*; **~milovný** kunstsinnig.
umenš|it *pf.*, **~ovat** (*-šuji*) verkleinern, vermindern; schmälern.
úměr *m* (*2a*) richtiges Verhältnis *n*; **~a** *f* (*1d*) Proportion *f*; **~nost** *f* (*4*) Proportionalität *f*; Angemessenheit *f*; (*Form*) Ebenmaß *n*; **~ný** proportional; (wohl)proportioniert; angemessen; *nebýt* (*č-u*) ~ in keinem Verhältnis stehen (zu *D*).
uměřený maßvoll, gemessen.
umést *pf.* (*s.* *mést*) ab-, weg-, zusammenkehren, -fegen.
umět (*3 Pl.* *-ějí*) können, verstehen, wissen; *umí si pomoci* er weiß sich zu helfen.
umetat *s.* *umést*.
umín|ěnec *m* (*3*; *-nc-*) eigensinniger Mensch *m*, F Dickschädel *m*; **~ěnost** *f* (*4*) Eigensinn *m*; **~ěný** eigensinnig; **~it si** *pf.*, **umiňovat si** (*-ňuji*) sich vornehmen, *iron.* sich in den Kopf setzen.
umír|áček *m* (*2b*; *-čk-*) Sterbeglocke *f*; **~ající** sterbend; **~ání** *n* (*3*) Sterben *n*; **~at** sterben, im Sterben liegen; dahinsterben.
umírnit *pf.*, **umirňovat** (*-ňuji*) mäßigen, lindern.
umís|tění *n* (*3*) Unterbringung *f*; **~těnka** *f* (*1c*; *-nek*) Einweisung(sschein *m*) *f*; **~tit** *pf.*, **~ťovat** (*-tuji*) unterbringen; anbringen; Platz anweisen (*D*); *in die Arbeit* einweisen; *Geld* anlegen; ~ se sich plazieren.
umlá|cený todmüde, F wie gerädert; **~tit** *pf.* (*-cen*) zu Tode prügeln; P ~ se sich abrackern; ~ *se smíchy* sich totlachen.
umlč|et *pf.*, **~ovat** (*-čuji*) zum Schweigen bringen; *Pol.* totschweigen.

umlít *pf.* (*s. mlít*) (ver)mahlen; ~ *na prášek* pulverisieren.
umlk|at, ~nout *pf.* (*-kl*) verstummen; **~lý** verstummt.
umlouvat *s. umluvit.*
úmluv|a *f* (*1*) Verabredung *f*, Übereinkunft *f*; *Pol.* Abkommen *n*; *společenská* ~ Gesellschaftsvertrag *m*; *podle -vy* vereinbarungsgemäß; **~ce** *m* (*3*) Vertragspartner *m*, Kontrahent *m*.
umluvit *pf.* verabreden, vereinbaren; P beschwatzen (*k-o*/*A*); *umluveno!* abgemacht!; ~ *se* sich heiser reden.
umný *lit.* kunstvoll.
umoc|nit *pf.*, **~ňovat** (*-ňuji*) *Math.* potenzieren; *-nit na třetí* zur dritten Potenz erheben; ~ *se* sich steigern.
umok|lý naß (geworden); **~nout** *pf.* (*-kl*) naß werden.
úmor *m* (*2a*) völlige Erschöpfung *f*; *Hdl. s. umoření*; *pracovat do ~u* bis zur völligen Erschöpfung arbeiten, P sich totarbeiten; **~ný** aufreibend; *Hitze*: drückend.
umoř|ení, ~ování *n* (*3*) Tilgung *f*, Amortisierung *f*.
úmoří *n* (*3*) Meeresgebiet *n*.
umoř|it *pf.* zu Tode quälen; verhungern lassen; *Schulden* tilgen; ~ *se* sich aufreiben; **~itelný** tilgbar; **~ovací** Tilgungs-; **~ovat** (*-řuji*) *s. umořit.*
umotat *pf.* flechten, wickeln; *Zigarette* drehen.
umoudř|it *pf.*, **~ovat** (*-řuji*) zur Vernunft bringen; ~ *se* zur Einsicht kommen; *Wetter*: sich bessern.
umounit F *pf.* beschmutzen, beschmieren (*se* sich).
umož|nit *pf.*, **~ňovat** (*-ňuji*) ermöglichen.
umrav|nit *pf.*, **~ňovat** (*-ňuji*) zur Moral erziehen; **~ňovatel** *m* (*3*; *-é*) Sittenprediger *m*, Moralist *m*.
umrl|čí Leichen-, Toten-; **~čina** *f* (*1*) Leichengeruch *m*; **~ec** *m* (*3*; *-lc-*) Tote(r) *m*; **~ý** tot, verstorben.
úmrt|í *n* (*3*) Tod *m*, Ableben *n*; **~né** *n* (*Adj. 3*) Sterbegeld *n*; **~ní** Toten-, Sterbe-, Todes-; ~ *list* Sterbeurkunde *f*; ~ *oznámení* Todesanzeige *f*; **~nost** *f* (*4*) Sterblichkeit *f*.
umrtv|it *pf.*, **~ovat** (*-vuji*) abtöten; *Med. a.* betäuben; *Rel.* kasteien.
umrz|lý erfroren; abgefroren; *Boden*: (hart)gefroren; **~nout** *pf.* (*-zl*) erfrieren; abfrieren; (hart) gefrieren.
umření *n* (*3*) Sterben *n*; *být na* ~ dem Tode nahe sein; *vedro k* ~ e-e Hitze zum Umkommen.
umřít *pf.* (*umřu*/*-ru*, *-řel*) sterben (*přirozenou smrtí* e-s natürlichen Todes, *nudou, strachem* vor Langeweile, Angst, *na mor* an der Pest, *na rány* an *s-n* Wunden, *hlady* vor Hunger, *za vlast* für sein Vaterland).
umuč|ení *n* (*3*) Folterqualen *f*/*pl.*; *Rel.* Leiden *n*; Passion *f*; **~it** *pf.* zu Tode quälen.
úmysl *m* (*2u*) Absicht *f*, Vorsatz *m*; *bez ~u* unabsichtlich; *mít v ~u* vorhaben, im Schilde führen; **~ný** absichtlich, vorsätzlich.
umýt *pf.* (*s. mýt*) (ab)waschen.
umýv|ací Wasch-; **~ačka** *f* (*1c*; *-ček*) Abwaschfrau *f*; **~adlo** *n* (*1a*; *-del*) Waschbecken *n*, -schüssel *f*, -tisch *m*; **~árna** *f* (*1*; *-ren*) Waschraum *m*; ~ *vozidel* (*Auto-*)Waschanlage *f*; **~at** *s. umýt.*
unáhl|ení *n* (*3*), **~enost** *f* (*4*) Überstürzung *f*; **~ený** überstürzt, übereilt; **~it se** *pf.*, **~ovat se** (*-luji*) sich übereilen (*v čem*, *s čím*/mit *D*); *Ereignisse*: sich überstürzen.
unáš|ecí *Tech.* Mitnehmer-; **~ející** entzückend, hinreißend; **~et** (*3 Pl. -ejí*) fort-, wegtragen; wegwehen, treiben; *fig. s. unést.*
únava *f* (*1*) Ermüdung *f*, Müdigkeit *f*; *přílišná* ~ Übermüdung *f*.
unav|en(ý) müde (*čtením* vom Lesen; *z cesty* von der Reise); ~ *válkou* kriegsmüde; ~ *životem* lebensmüde; ~ *bojem* abgekämpft; ~ *na smrt* todmüde; **~it** *pf.*, **~ovat** (*-vuji*) ermüden, müde machen; ~ *se* ermüden (*v*/*i*), müde werden.
unce *f* (*2*) Unze *f*.
unesen|í *n* (*3*) Entführung *f*; Entzücken *n*; **~ý** entführt; entzückt, hingerissen; überwältigt (*čím* von *D*).
unést *pf.* (*s. nést*) tragen (können); ertragen; fort-, wegtragen; *Person* entführen; *fig.* entzücken, hinreißen; *dát se* ~ sich hinreißen lassen (zu).
unie [u:nıε] *f* (*2*) Union *f*.
unifik|ace [unı-] *f* (*2*) Vereinheitlichung *f*; **~ovat** (*im*)*pf.* (*-kuji*) vereinheitlichen; *Hdl.* unifizieren.

uniform|a [unɪ-] *f* (*1*; *-rem*) Uniform *f*; **~ovat** (*im*)*pf*. (*-muji*) uniformieren.
únik *m* (*2b*) Entkommen *n*, Flucht *f* (*a. fig.* ze skutečnosti vor der Realität); Entweichen *n des Dampfes*; *Sp.* pokus o ~ Ausreißversuch *m*.
unik|ání *n* (*3*) *s. únik*; **~at, ~nout** *pf*. (*-kl*) entkommen; entweichen; entgehen (*a. der Strafe, j-s Aufmerkkeit usw.*).
unitář [unɪ-] *m* (*3*) *Rel.* Unitarier *m*.
univerzální [unɪ-] universal.
univerzit|a [unɪverzi-] *f* (*1*) Universität *f*; **~ní** Universitäts-.
únor *m* (*2a*; *2. -a*) Februar *m*, *öst.* Feber *m*; **~ový** Februar-.
únos *m* (*2*; *6. -u*/*-e*) Entführung *f*; **~ce** *m* (*3*) Entführer *m*; **~nost** *f* (*4*) *Tech.* Tragfähigkeit *f*; Erträglichkeit *f*; **~ný** tragfähig; *Zustand*: erträglich.
unošený *Kleid*: abgetragen.
unožit *pf.* den Fuß seitwärts spreizen.
únožka *f* (*1c*; *-žek*) Spreizsprung *m*.
unudit *pf*. (*-ěn*) zu Tode langweilen.
unylý (ver)schmachtend; *Lied*: wehmütig.
uondat F *pf*. ermüden; ~ se sich abhetzen.
úpad *m* (*2a*) *Bgb.* Fallort *m*; pracovat do ~u sich totarbeiten.
upad(áv)at *s. upadnout*.
úpadek *m* (*2b*; *-dk-*) Verfall *m*, Niedergang *m*; *Hdl.* Konkurs *m*.
upadnout *pf*. (*-dl*) (hin-, um)fallen; verfallen, verkommen; (hin)geraten; zurückgehen, abnehmen.
upachtit se *pf*. (*-ěn*) sich abhetzen.
úpal *m* (*2*; *6. -u*/*-e*) Hitze *f*, Sonnenglut *f*; *Med.* Sonnenstich *m*, Hitzschlag *m*.
upál|ení *n* (*3*) Verbrennung *f*, Feuertod *m*; **~it** *pf*., **upalovat** (*-luji*) verbrennen.
upamatovat *pf*. (*-tuji*) erinnern (na co an *A*; se sich).
úpatí *n* (*3*) Fuß *m e-s Berges*.
upatlaný beschmutzt, besudelt.
upaž|ení *n* (*3*) *Turn.* Seitstrecken *n*; na ~ auf Armlänge; **~it** *pf.* Arme seitwärts strecken.
upéci *pf.* (*s. péci*) (gar)backen, braten.
upěchovat *pf*. (*-chuji*) feststampfen.
upejp|ání *n* (*3*) Geziertheit *f*, Prüderie *f*, F Getue *n*; **~at se** sich zieren, spröde tun, F zimperlich sein; **~avost** *f* (*4*) *s. upejpání*; **~avý** geziert, prüde, F zimperlich.
úpě|ní *n* (*3*) Wehklagen *n*; **~nlivý** klagend; *Bitte*: flehentlich; **~t** ⟨*za-*⟩ (*3 Pl. -ějí*/*-í*) wehklagen, jammern; *Wind*: heulen.
upev|nění *n* (*3*) Festigung *f*; Befestigung *f*; **~nit** *pf*., **~ňovat** (*-ňuji*) festigen; befestigen (na co an *D*); **~ňovací** Befestigungs-.
upích|at *pf*. totstechen; **~nout** P *pf*. (*-chl*/*-chnul*; *-chnut*) überreden (na co zu *D*); e-e Stelle verschaffen (k-o j-m); ~ se na co sich versteifen auf, erpicht sein auf (*A*).
upíjet (*3 Pl. -ejí*) *s. upít*.
upilovat *pf*. (*-luji*) abfeilen.
upín|ací Befestigungs-, Spann-; **~ač** *m* (*4*), **~adlo** *n* (*1a*; *-del*) Einspannvorrichtung *f*; **~at** *s. upnout*.
upír *m* (*1*; *-ři*) Vampir *m*; *fig.* Blutsauger *m*.
upírat *s. upřít*.
upíří Vampir-.
úpis *m* (*2*; *6. -e*/*-u*) *Jur.* Verschreibung *f*; Zeichnung *m e-r Anleihe*.
upis|ovací Subskriptions-, Zeichnungs-; **~ovat** (*-suji*) subskribieren, zeichnen; *j-m et.* verschreiben; **~ovatel** *m* (*3*; *-é*) Subskribent *m*.
upít F *pf*. (*s. pít*) abtrinken, e-n Schluck trinken (č-o von *D*); ~ se sich zu Tode trinken.
upjat|ost *f* (*4*) Unnahbarkeit *f*, Steifheit *f*; **~ý** unnahbar, steif, F zugeknöpft; gespannt, geheftet.
uplácat *pf*. flach schlagen, klatschen (*v*/*i*), placken.
uplác|ení *n* (*3*) Teil-, Abzahlung *f*; Bestechung *f*; **~et** (*3 Pl. -ejí*) *s. uplatit*.
upláchnout P *pf*. (*-chl*/*-chnul*) entwischen, F durchbrennen.
uplak|aný verweint; *Thea.* Rühr-; **~at se** *pf*. (*s. plakat*) sich ausweinen.
úplat|a *f* (*1*) Bezahlung *f*, Entgelt *n*; (*selten*) Bestechung *f*; **~ek** *m* (*2b*; *-tk-*) Bestechungsgeld *n*, P Schmiergeld *n*.
uplatit *pf*. (*-cen*) *Schuld* abzahlen; *j-n* bestechen.
úplatkář *m* (*3*) *jem.* der Bestechungsgelder gibt *od.* annimmt; **~ství** *n* (*3*) Bestechung *f*, Korruption *f*.
úplatkový Bestechungs-.

uplat|nit *pf.*, **~ňovat** (*-ňuji*) geltend machen; *Ansicht* zur Geltung bringen; ~ se zur Geltung kommen; sich nützlich machen.
úplat|nost *f* (*4*) Bestechlichkeit *f*; **~ný** bestechlich.
uplavat *pf.* (*-u*) davonschwimmen; (schwimmend) zurücklegen.
úplavice *f* (*2a*) *Med.* Ruhr *f*, heftiger Durchfall *m*.
uplé|st *pf.* (*s. plést*), **~tat** flechten; *Kranz* winden; *Strumpf* stricken.
úpln|ěk *m* (*2b*; *-ňk-*) Vollmond *m*; **~ost** *f* (*4*) Vollständigkeit *f*; **~ý** vollständig, vollkommen, ganz
uplyn|out *pf.* verfließen; *Zeit*: vergehen; *Frist*: ablaufen; **~ulý** vergangen, abgelaufen; **~utí** *n* (*3*) Ablauf *m*.
uplývat *s. uplynout.*
upnout *pf.* (*s. pnout*) zuknöpfen; spannen; *Augen* heften (*na k-o, co* auf *A*).
upocený verschwitzt, schweißgebadet.
upokoj|ení *n* (*3*) Beruhigung *f*; **~it** *pf.*, **~ovat** (*-juji*) beruhigen.
upolín *m* (*2a*) Trollblume *f*.
upomenout *pf.* (*-mněl*/*-menul*) erinnern (*na co* an *A*; *se* sich); (*o co*) mahnen (wegen *G*).
upomín|ací Mahn-; **~ání** *n* (*3*) Mahnung *f*; **~at** *s. upomenout*; **~atel** *m* (*3*; *-é*) Mahner *m*; **~ka** *f* (*1c*; *-nek*) Erinnerung *f*; Mahnbrief *m*, Mahnung *f*; *v -ku od. k -nce na co* zur Erinnerung an (*A*); **~kový** Gedenk-; ~ *předmět* Souvenir *n*, Andenken *n*.
úpon|ka *f* (*1c*; *-nek*), (*selten*) **~ek** *m* (*2b*; *-nk-*) Ranke *f*; **~kovitý** rankenartig; Schling-; **~kový** Ranken-.
úporný hartnäckig, zäh; (*Nachdenken*) angestrengt.
uposlechn|out *pf.* (*-chl*; *-chnut*) gehorchen (*k-o*/*D*); *Rat, Befehl* befolgen; **~utí** *n* (*3*) Gehorchen *n*; Befolgung *f*.
upotit se *pf.* (*-cen*) in Schweiß geraten, schwitzen.
upotřebení *n* (*3*) Benutzung *f*, Verwendung *f*, Anwendung *f*; *návod k* ~ Gebrauchsanweisung *f*; *poplatek za* ~ Benutzungsgebühr *f*; *opětné* ~ Wiederverwendung *f*.
upotřebit *pf.* (*č-o*) gebrauchen, benutzen, anwenden (*A*); **~elnost** *f* (*4*) Verwendbarkeit *f*, Brauchbarkeit *f*; **~elný** brauchbar, verwendbar.
upouštět (*3 Pl. -ějí*) *s. upustit.*
upout|aný gefesselt (*na co, k č-u* an *A*); ~ *balón* Fesselballon *m*; **~(áv)at** fesseln.
upovídaný F redselig, geschwätzig.
upozor|nění *n* (*3*) Beachtung *f*; **~nit** *pf.*, **~ňovat** (*-ňuji*) aufmerksam machen, hinweisen.
upracovat se *pf.* (*-cuji*) sich abarbeiten.
upráš|ený staubig; **~it** *pf.* staubig machen; ~ *se* staubig werden, verstauben.
úprava *f* (*1*) *Kochk.* Zubereitung *f*; Einrichtung *f*; Instandsetzung *f*; *Hdl.* Regelung *f*; *Thea.* Bearbeitung *f*; Ausstattung *f*, Aufmachung *f*; Zurechtmachen *n*; *fig.* Schliff *m*; *Bgb.* Aufbereitung *f*; (*Fluß-*)Regulierung *f*.
uprav|it *pf.*, **~ovat** ⟨*po-*⟩ (*-vuji*) *Speisen* zubereiten; *Wohnung* einrichten; *Gebäude* instandsetzen; *Preis, Arbeitszeit* regeln; *Thea., Mus.* bearbeiten; *Bühne, Buch* ausstatten; *Kleid, Haar* in Ordnung bringen; *Tisch* herrichten; *Erz* aufbereiten; *Fluß* regulieren; ~ *se* sich zurechtmachen, F sich schön machen.
úprav|na *f* (*1*; *-ven*) *Tech.* Aufbereitungsanlage *f*; Appreturwerkstatt *f*; (*selten*) Waschraum *m*; **~ný** gut aussehend, nett, gefällig; *Wohnung*: gut (*od.* schön) eingerichtet; *Essen*: appetitlich zubereitet.
uprázdn|ěný frei, offen, unbesetzt; **~it** *pf.*, **uprazdňovat** (*-ňuji*) frei machen, räumen; ~ *se* frei werden.
upražit *pf.* rösten.
uprch|lík *m* (*1a*) Flüchtling *m*; *Mil.* Fahnenflüchtige(r) *m*, Deserteur *m*; **~lý** entflohen, flüchtig; **~nout** *pf.* (*-chl*) fliehen, flüchten, F ausreißen; *Mil.* fahnenflüchtig werden; **~nutí** *n* (*3*) Flucht *f*; *Mil.* Fahnenflucht *f*.
úprk *m* (*2b*) wilder Lauf *m*, Galopp *m*; **~em** fluchtartig, sehr schnell, *lit.* spornstreichs.
uprosit *pf.* (*-šen*) durch Bitten bewegen (zu) *od.* erreichen (*A*); *nedat se* ~ hart bleiben.
uprostřed (*č-o*) inmitten (*G*), mitten in (*D*); mittendurch (*schneiden, verlaufen*); ~ *srpna* Mitte August.
upřádat *s. upříst.*

upřený *Blick*: starr, fest, unverwandt.
upřesnit *pf.* präzisieren.
upřílišit *pf.* übertreiben.
upřím|nost *f* (*4*) Aufrichtigkeit *f*; **~ný** aufrichtig, offen.
upříst *pf.* (*s. příst*) spinnen.
upřít *pf.* (*upřu, -el*) abstreiten, ableugnen; *Jur.* aberkennen; ~ *zrak* den Blick heften.
ups|ání *n* (*3*) Zeichnung *f e-r Anleihe*; **~aný** verschrieben (*D*); **~at** *pf.* (*s. psát*) verschreiben; *Anleihe* zeichnen; subskribieren; ~ *si prsty* F sich die Finger wund schreiben.
upustit *pf.* (*-štěn*) fallen lassen; (*od č-o*) ablassen, absehen, abgehen (von *D*), verzichten (auf *A*); (*od k-o*) sich lossagen (von *D*).
uráčit se *pf.* belieben, geruhen.
úrada *f* (*1*) Beratung *f*; *po -dě* nach Rücksprache.
uradit se *pf.* (*s kým o čem*) sich beraten (mit j-m über *A*); (*na čem*) beschließen (*A*).
uragán *m* (*2a*) Orkan *m*.
uran *m* (*2a*) *Chem.* Uran *n*; **~ový** Uran-.
úraz *m* (*2*; *6. -u/-e*) Unfall *m*, Verletzung *f*; *fig.* Anstoß *m*.
urazit *pf.* (*-žen*) beleidigen; abschlagen, abhauen; *Strecke* zurücklegen; ~ *se* (*čím*) sich beleidigt fühlen (durch *A*), Anstoß nehmen (an *D*), übel (P krumm) nehmen (*A*).
úraz|ovka *f* (*1c*; *-vek*) Unfallversicherung(sanstalt) *f*; **~ovost** *f* (*4*) Unfallhäufigkeit *f*; **~ový** Unfall-.
uražen|ec *m* (*3*; *-nc-*) Beleidigte(r) *m*; **~ost** *f* (*4*) Kränkung *f*; **~ý** beleidigt, gekränkt; *Henkel*: abgeschlagen; *Weg*: zurückgelegt.
uráž|et (*3 Pl. -ejí*) *s. urazit*; **~ka** *f* (*1c*; *-žek*) Beleidigung *f*; **~livost** *f* (*4*) Ausfälligkeit *f*, Anzüglichkeit *f*; **~livý** beleidigend, anstößig.
urč|ení *n* (*3*) Bestimmung *f*; **~ený** bestimmt; festgelegt; **~it** *pf.* bestimmen, festsetzen; **~itelný** bestimmbar; **~itost** *f* (*4*) Bestimmtheit *f*; **~itý** bestimmt; **~ovat** (*-čuji*) *s. určit*.
urobit *pf.* herstellen, machen.
úroč|ení *n* (*3*) Verzinsung *f*; **~it** ⟨*z-*⟩ verzinsen; **~itel** *m* (*4*) Zinsfaktor *m*.
úroč|ky *m/pl.* (*2b*) Milchschorf *m*; **~ník** *m* (*2b*) Wundklee *m*.
úroda *f* (*1*) Ernte *f*.
urodit se *pf.* (*-zen*) gut geraten, gut gedeihen.
úrod|nost *f* (*4*) Fruchtbarkeit *f*, *Agr.* Produktivität *f*; **~ný** fruchtbar; reich (*čím, na co* an *D*).
úrok *m* (*2b*) Zins *m*; *~y z prodlení* Verzugszinsen; *bez ~ů* zins(en)frei; **~ovat** ⟨*z-*⟩ (*-kuji*) verzinsen; **~ový** Zins-.
uronit *pf.* *Tränen* vergießen.
urosit *pf.* betauen.
urostlý schön gewachsen.
urousat se *pf.* vom Tau naß werden.
úroveň *f* (*3*; *-vně, -vni*) Niveau *n*.
urovn|á(vá)ní *n* (*3*) Beilegung *f*, Regelung *f*; **~anost** *f* (*4*) Ausgeglichenheit *f*; **~(áv)at** ebnen; *Streit* schlichten; *Sachen* ordnen *od.* F ins Reine bringen.
urozen|ost *f* (*4*) vornehme Herkunft *f*, Adel *m*; † Hochwohlgeboren; **~ý** edel, vornehm.
urput|ník *m* (*1a*) Starrkopf *m*; **~nost** *f* (*4*) Starrsinn *m*, Hartnäckigkeit *f*; Erbitterung *f*; **~ný** starrsinnig, hartnäckig; erbittert.
urůst *pf.* (*s. růst*²) *den Kleidern* entwachsen.
urv|aný abgerissen, entrissen; **~at** *pf.* (*-u*) abreißen; *Macht, Besitz* an sich reißen.
urychl|it *pf.*, **~ovat** (*-luji*) beschleunigen; **~ovač** *m* (*4*) *Phys.* Beschleuniger *m*, Akzelerator *m*.
úryv|ek *m* (*2b*; *-vk-*) Bruchstück *n*; Ausschnitt *m*; **~kovitý** bruchstückhaft, fragmentarisch.
úřad *m* (*2*; *6. -ě/-u*) Amt *n*, Behörde *f*; **~a** *m* (*5*) *iron.* Kanzleifuchs *m*; **~ování** *n* (*3*) Amtsführung *f*; **~ovat** ⟨*po-, za- si*⟩ (*-duji*) amtieren; **~ovna** *f* (*1*; *-ven*) Amtslokal *n*, Kanzlei *f*.
úřed|ní amtlich, Amts-; *z ~ moci* von Amts wegen; **~nice** *f* (*2a*) Beamtin *f*; **~nický** Beamten-; **~nictvo** *n* (*1*) Beamtenschaft *f*; **~ník** *m* (*1a*) Beamte(r) *m*.
uřeknout se *pf.* (*-kl*) *s. uříci* se.
uřez|at *pf.* (*-žu/-zám*), **~ávat** ab-, wegschneiden; absägen; *Bein* abnehmen; **~átko** *n* (*1b*; *-tek*): ~ *doutníků* Zigarrenabschneider *m*.
úřezek *m* (*2b*; *-zk-*) Abschnitt *m*, F Schnitzel *n*.
uříci se *pf.* (*s. říci*) sich versprechen.

uřítit se *pf.* (*-cen*) sich erhitzen, in Schweiß geraten.

uřkn|out *pf.* (*-kl*; *-knut*) beschreien, behexen; **~utí** *n* (*3*) Behexung *f.*

uřvat *pf.* (*-u*) niederschreien; ~ *se* sich heiser schreien.

usadit *pf.* (*-zen*) hin-, ansetzen; *Leute* ansiedeln; ~ *se* sich ansiedeln, sich niederlassen; *Mil.* sich festsetzen; *Wein*: sich klären.

usaz|enina *f* (*1*) Ansatz *m im Kessel*; (*Kaffee-, Boden-*)Satz *m*; *Geol.* Ablagerung *f*; **~ovat** (*-zuji*) *s. usadit.*

úseč *f* (*3*) *Geom.* Segment *n*, (*Kreis-*) Abschnitt *m*; **~ka** *f* (*1c*; *-ček*) Abszisse *f*; *Geom.* Strecke *f*; **~nost** *f* (*4*) Gedrängtheit *f*, Knappheit *f*; **~ný** kurz (angebunden); *Sprache*: abgehackt; *-ně Adv.* kurz und bündig.

used|(áv)at ⟨*po-*⟩ sich setzen; Platz nehmen; *srdce -dá* P das Herz bricht; **~avý** herzzerreißend; **~lík** *m* (*1a*) Insasse *m*; **~lina** *f* (*1*) Bodensatz *m*; *Chem.* Niederschlag *m*; **~lost** *f* (*4*) Bauerngut *n*; Seßhaftigkeit *f*; Gesetztheit *f*; **~lý** seßhaft, (orts)ansässig; *Wesen*: gesetzt; **~nout** *pf.* (*-dl*) *s. usedat.*

úsek *m* (*2b*) Abschnitt *m*; *časový* ~ Zeitspanne *f*; *odborový* ~ gewerkschaftliche (Basis-)Gruppe *f*; **~ář** F *m* (*3*) Gewerkschaftssekretär *m.*

usek|(áv)at, ~nout *pf.* (*-kl*; *-knut*) abhauen, abhacken.

úsekový Abschnitts-.

useň *f* (*3*; *-sně*; *-sni*) Leder *n.*

usch|lý trocken; dürr, verdorrt; **~nout** *pf.* (*-chl*) trocknen, trocken werden; verdorren.

úschova *f* (*1*) Aufbewahrung *f*; *Jur.* Verwahrung *f*; *dát do -vy* in Verwahrung geben, deponieren.

uschov(áv)at aufbewahren, aufheben; *Jur.* verwahren.

úschovn|a *f* (*1*; *-ven*) Aufbewahrung(sstelle) *f*; ~ *zavazadel* Gepäckaufbewahrung; **~né** *n* (*Adj. 3*) Aufbewahrungsgebühr *f*; **~ní** Aufbewahrungs-.

uschránit *pf.* (*-ěn*) ersparen.

usídl|enec *m* (*3*; *-nc-*) Siedler *m*; **~it** *pf.*, **~ovat** (*-luji*) ansiedeln.

úsil|í *n* (*3*) Anstrengung *f*, Bemühung *f*; **~ný** angestrengt, emsig, eifrig; ~ *pochod* Gewaltmarsch *m.*

usil|ování *n* (*3*) Bemühungen *f/pl.*, Bestrebungen *f/pl.*; **~ovat** (*-luji*) (*o co*) sich bemühen (um *A*), streben (nach *D*), anstreben (*A*); sich einsetzen (für *A*); **~ovný** angestrengt, eifrig.

usínat *s. usnout.*

usípaný heiser.

usjednotit *pf.* (*-cen*): ~ *se na čem* sich einigen über (*A*), vereinbaren (*A*).

uskakovat (*-kuji*) *s. uskočit.*

úskalí *n* (*3*) Klippe *f*, Riff *n.*

uskladnit *pf.* (*-ěn*) einlagern; ~ *do sklepa* einkellern.

uskočit *pf.* zur Seite springen, ab-, wegspringen; (erschrocken) zurückfahren, -prallen.

úskoč|nost *f* (*4*) Hinterlist *f*, Tücke *f*; **~ný** hinterlistig, tückisch.

úskok *m* (*2b*) Hinterlist *f*; F Schlich *m*, Kniff *m*; *Sp.* Sprung *m* seitwärts; *~y pl.* Ränke *pl.*

uskro|mnit se *pf.*, **~mňovat se** (*-ňuji*), **~vnit se** *pf.*, **~vňovat se** (*-ňuji*) sich einschränken, sich mäßigen.

uskřinout *pf.*, **uskřípnout** *pf.* (*-pl*; *-pnut*) einklemmen.

uskup|ení *n* (*3*) Gruppierung *f*; **~it** *pf.* gruppieren.

uskuteč|nit *pf.* verwirklichen, bewerkstelligen, realisieren; **~nitelnost** *f* (*4*) Durchführbarkeit *f*; **~nitelný** durchführbar, realisierbar; **~ňovat** (*-ňuji*) *s. uskutečnit.*

uslin|it *pf.*, **~tat** *pf.* begeifern.

úsloví *n* (*3*) Redensart *f*, Phrase *f.*

úslu|ha *f* (*1b*) Gefälligkeit *f*, Gefallen *m*, Dienst *m*; **~žnost** *f* (*4*) Dienstfertigkeit *f*; **~žný** bereitwillig; entgegenkommend, zuvorkommend.

uslyšet *pf.* (bekommen zu) hören; † erhören.

uslzený naß von Tränen.

usmát se *pf.* (*usměji*) (*č-u, nad čím*) lächeln (über *A*); (*na k-o*) anlächeln (*A*); sich (halb) totlachen.

usmažit *pf.* braten, rösten.

usměr|nit *pf.*, **~ňovat** (*-ňuji*) *El.* gleichrichten; *Pol.* gleichschalten; in die richtige Bahn lenken; **~ňovací** *Rdf.* Gleichrichter-.

úsměš|ek *m* (*2b*; *-šk-*) Verspottung *f*, Hohn *m*; *dělat si z k-o -šky* j-n verhöhnen; **~ný** spöttisch, höhnisch.

úsměv *m* (*2a*) Lächeln *n*; **usměvavý, ~ný** lächelnd.

usmíř|ení *n* (*3*), **~ená** *f* (*Adj. 2*) Versöhnung *f*, Aussöhnung *f*; *na -enou, k -ení* zur Versöhnung; **~it** *pf.* versöhnen.
usmív|at se *s. usmát se*; **~avý** *s. usměvavý.*
usmolit P *pf.* dreckig machen; *Arbeit* zusammenflicken.
usmrc|ení, ~ování *n* (*3*) Tötung *f*, Töten *n*; **~ovat** (*-cuji*) *s. usmrtit.*
usmrkanec *m* (*3*; *-nc-*) *verä.* Rotzlöffel *m*, -nase *f*.
usmrtit *pf.* (*-cen*) töten, umbringen.
usmyslit si *pf.* (*-šlen*) sich *et.* in den Kopf setzen.
usnad|nění *n* (*3*) Erleichterung *f*; **~nit** *pf.*, **~ňovat** (*-ňuji*) erleichtern.
usnášet se (*3 Pl. -ejí*) *s. usnést se.*
usn|esení *n* (*3*) Beschluß *m*; *podle ~* laut Beschluß; *učinit ~* e-n Beschluß fassen; **~ést se** *pf.* (*s. nést*) beschließen (*na čem*/*A*).
usnout *pf.* (*-nul*) einschlafen.
usoptěný außer Atem.
usou|dit *pf.* (*-zen*) schließen (*z č-o* aus *D*); entscheiden; *bibl.* fügen; **~žit** *pf.* zu Tode quälen; *~ se* sich abhärmen.
usp|(áv)at (*pf. s. spát*) einschläfern; **~ávací** Schlaf-; **~ávadlo** *n* (*1a*; *-del*) Schlafmittel *n*; Narkotikum *n*.
úspěch *m* (*2b*) Erfolg *m*.
uspěchaný abgehetzt.
úspěšný erfolgreich.
uspět *pf.* (*uspěji*) Erfolg haben (*s čím* mit, bei *D*).
uspíšit *pf.* beschleunigen.
usplavnit *pf.* (*-ěn*) schiffbar machen; kanalisieren.
uspokoj|ení *n* (*3*) Befriedigung *f*; **~it** *pf.*, **~ovat** (*-juji*) befriedigen, zufriedenstellen; **~ivý** befriedigend, zufriedenstellend.
úspor|a *f* (*1d*) Ersparnis *f*; Einsparung *f*; **~nost** *f* (*4*) Wirtschaftlichkeit *f*, Sparsamkeitsgründe *m*/*pl.*; **~ný** wirtschaftlich, Ersparnis-, Spar-.
uspořád|ání *n* (*3*) Ordnung *f*, Regelung *f*; Veranstaltung *f*; **~at** *pf.* ordnen, einrichten, regeln; *Fest* veranstalten.
uspořit *pf.* ersparen.
ústa *n*/*pl.* (*1*) Mund *m*.
ustál|ení *n* (*3*) Stabilisierung *f*; *Pol.* Konsolidierung *f*; *Fot.* Fixieren *n*; **~enost** *f* (*4*) Stabilität *f*, Beständigkeit *f*; **~it** *pf.* stabilisieren; *Pol.* konsolidieren; *Fot.* fixieren.
ustalov|ací Fixier-; **~ač** *m* (*4*) *Fot.* Fixiermittel *n*, -salz *n*; *Tech.* Stabilisator *m*; **~at** (*-luji*) *s. ustálit.*
ustá|lý abgestanden; *Chem.* geklärt; **~ní** *n* (*3*) Aufhören *n*; *bez ~* ohne Unterlaß, unablässig.
ustanov|ení *n* (*3*) Bestimmung *f*, Verfügung *f*, Anordnung *f*; Ernennung *f*, Einsetzung *f*; Festsetzung *f*; *až do dalšího ~* bis auf weiteres; **~it** *pf.*, **~ovat** (*-vuji*) bestimmen, verfügen (*o čem* über *A*); anordnen; (*čím*) ernennen (zu *D*), einsetzen (als *A*); *Frist* festsetzen, *lit.* anberaumen; *Versammlung* ansetzen; *~ se* (*na čem*) beschließen (*A*), sich entschließen (zu *D*).
ustaraný abgehärmt.
ustat *pf.* (*ustanu*) aufhören; *Wind usw.*: nachlassen.
ustát se *pf.* (*ustojím*) sich klären, sich setzen.
ústav *m* (*2*; *6. -u*/*-ě*) Anstalt *f*, Institut *n*; **~a** *f* (*1*) Verfassung *f*; *podle -vy* verfassungsgemäß; *proti -vě* verfassungswidrig.
ustávat (se) *s. ustat, ustát se.*
ustavení *n* (*3*) Konstituierung *f*, Gründung *f*.
ustavič|nost *f* (*4*) Beständigkeit *f*; **~ný** beständig, unablässig, ununterbrochen.
ustavit *pf.* gründen, stiften; *~ se* sich konstituieren, zusammentreten.
ústav|ní Anstalts-, Instituts-; verfassungsmäßig, konstitutionell, Verfassungs-; **~odárný** verfassunggebend.
ustavovat (*-vuji*) *s. ustavit.*
ústavověrný verfassungstreu.
úst|(eč)ka *n*/*pl.* (*1b*; *-e[če]k*) Mündchen *n*, Mäulchen *n*; **~í** *n* (*3*) Mündung *f*; (*Straßen-*)Einmündung *f*; **~it** ⟨v-⟩ (ein)münden.
ustlat *pf.* (*ustelu*) (auf)betten.
ústní mündlich, Mund-.
ustoup|ení *n* (*3*) Rücktritt *m*; *Mil.* Rückzug *m*; **~it** *pf.* (zurück)weichen, sich zurückziehen, *Mil. a.* den Rückzug antreten; (*k-u*) nachgeben (*D*); *~ k-u z cesty* aus dem Weg gehen (*D*); *~ od č-o* ablassen von (*D*); *~ od práva* sein Recht aufgeben; *~ od žaloby* die Klage zurücknehmen.

ústraní *n* (*3*) Zurückgezogenheit *f*, Abgeschiedenheit *f*, Einsamkeit *f*.
ustraš|ený erschrocken, ängstlich; **~it** *pf. v/t.* erschrecken.
ústrety: *jít, spěchat k-u v ~* j-m entgegengehen, -eilen.
ústrk *m* (*2b*) Unrecht *n*, Zurücksetzung *f*, Demütigung *f*.
ustrkovat (*-kuji*) zurücksetzen.
ustrn|out *pf.* erstarren; *~ nad čím* erschrecken über (*A*); *~ na čem* sich versteifen auf (*A*); *~ se nad kým* sich erbarmen (*G*); **~ulý** erstarrt, starr; verblüfft; **~utí** *n* (*3*) Erstarren *n*; Entsetzen *n*; Verblüffung *f*.
ústroj *m* (*4*) Werkzeug *n*; *Anat.* Organ *n*; Kleidung *f*; **~enec** † *m* (*4*; *-nc-*) *Anat. s. ústrojenství.*
ustrojení *n* (*3*) Bekleidung *f*; Veranlagung *f*, *fig.* Wesen *n*.
ústroj|enství *n* (*3*) *Anat.* Organismus *m*; *Ling.* Struktur *f*; **~í** *n* (*3*) Organe *n/pl.*; *Tech.* Mechanismus *m*, Werk *n*; *hodinové ~* Uhrwerk; *ochranné ~* Schutzvorrichtung *f*.
ustrojit *pf.* zubereiten, zurichten; *j-n* ankleiden; *Pferd* (an)schirren; *~ se* sich anziehen, Toilette machen.
ústroj|nost *f* (*4*) *Biol.* Organismus *m*; **~ný** organisch; gegliedert.
ustrojovat (*-juji*) *s. ustrojit.*
ustrouhat *pf.* abreiben, abschaben.
ustřádat *pf.* ersparen.
ústředí *n* (*3*) Zentralstelle *f*, Hauptstelle *f*.
ustředit *pf.* (*-ěn*) konzentrieren; [*Tech.* zentrieren.]
ústřed|na *f* (*1*; *-den*) Zentrale *f*; **~ní** Zentral-, zentral.
ústřel *m* (*2a*) Hexenschuß *m*.
ustřel|it *pf.*, **~ovat** (*-luji*) wegschießen; *Felsen* absprengen.
ústři|ce *f* (*2a*) Auster *f*; **~cový**, **~čný** Austern-.
ustřih|at, ustříhat *pf.*, **~nout** *pf.* (*-hl*; *-žen*), **~ovat** (*-huji*) *mit der Schere* abschneiden; *Haar, Fingernägel* schneiden.
ústřižek *m* (*2b*; *-žk-*) Abschnitt *m*, Kupon *m*.
ústup *m* (*2a*) Rückzug *m*; *Bgb.* Vorsatz *m*; **~ek** *m* (*2b*; *-pk-*) Zugeständnis *n*; Mauerabsatz *m*; **~nost** *f* (*4*) Nachgiebigkeit *f*; **~ný** nachgiebig; **~ový** Rückzugs-.
ustupovat (*-puji*) *s. ustoupit.*
ustyd|lý erkaltet, ausgekühlt; **~at, ~nout** *pf.* (*-dl*) erkalten, auskühlen; sich erkälten.
ustýlat *s. ustlat.*
úsud|ek *m* (*2b*; *-dk-*) Urteil *n*, Meinung *f*, Schluß *m*; *podle mého -dku* meines Erachtens, nach meinem Dafürhalten; **~kový** Urteils-, Schluß-.
usu|šit *pf.* trocknen (*se v/i*), dörren; **~zovat** (*-zuji*) *s. usoudit.*
usvědč|ení *n* (*3*) Überführung *f*; **~ený** überführt; **~it** *pf.*, **~ovat** (*-čuji*) (*k-o z č-o*) überführen (j-n *G*), nachweisen (j-m *A*).
úsvit *m* (*2*; *6. -u/-ě*) Morgendämmerung *f*, Morgengrauen *n*; *fig. lit.* Anbruch *m*; *na ~ě* bei Tagesanbruch.
usychat, usýchat *s. uschnout.*
usyp(áv)at (*pf. -u/-ám*), **usýpat** abschütten.
uš|ák *m* *1.* (*1a*) Langohr *n* (*Hase, Esel*); *2.* (*2b*) Lehnstuhl *m*; **~atec** *m* (*3*; *-tc-*) *iron.* Langohr *n*; **~atý** mit langen Ohren; *~ šroub* Flügelschraube *f*.
ušetř|it *pf.*, **~ovat** (*-řuji*) *Geld, Arbeit* ersparen; (*k-o č-o*) bewahren (j-n vor *D*), verschonen (j-n mit *D*).
uši *f/pl.* (*Dual*; *4b*; *7. -ima*) Ohren *n/pl.*; *s. ucho.*
ušít *pf.* (*s. šít*) nähen, *Anzug a.* machen.
ušit|í *n* (*3*) Nähen *n*; **~ý** fertig (genäht).
úšklebek *m* (*2b*; *-bk-*) Grimasse *f*, Fratze *f*; Spott *m*.
ušklebovat se (*-buji*), **ušklíb|at se, ~nout se** *pf.* (*-bl*) Grimassen schneiden, das Gesicht verzerren, grinsen.
uško|dit *pf.* (*-zen*) (*k-u*) schaden (*D*), schädigen (*A*); **~zení** *n* (*3*) Schädigung *f*.
uškrabat, uškráb|at (*-u/-ám*), **~nout** *pf.* (*-bl*; *-bnut*) abkratzen, abschaben.
uškr|cení *n* (*3*) Erdrosselung *f*; **~tit** *pf.* (*-cen*) erwürgen, erdrosseln.
uškub|(áv)at (*pf. -u/-ám*), **~nout** *pf.* (*-bl*; *-bnut*) abrupfen, abreißen; *Blume* abpflücken; *Hand* wegziehen; P *Geld* erraffen; P *-nout se* (*na k-o*) *fig.* anfahren (*A*).
ušlap(áv)at (*pf. -u/-ám*) *Boden, Schnee* festtreten; *Gras* niedertreten; *Sohlen* abtreten; *Weg* austreten; *Menschen* tottreten.
úšlapek *m* *1.* *m* (*2b*; *-pk-*) Zurück-

setzung *f*, Erniedrigung *f*; *2*. P (*1a*; *-pk-*) benachteiligter Mensch *m*, armer Kerl *m*.
ušlápnout *pf*. (*-pl*; *-pnut*) *auf den Fuß* treten (*k-o*/*D*).
ušlehat *pf*. *Sahne* schlagen.
ušlecht|ilost *f* (*4*) Edelmut *m*, edles Wesen *n*, Adel *m*; **~ilý** edel(mütig), Edel-; *Bot*. veredelt; **~it** *pf*. veredeln.
ušlý müde vom (vielen) Gehen; *Gewinn*: entgangen.
ušm|ouraný, **~udlaný** P dreckig, schmierig, schmudd(e)lig.
ušní Ohr- (*z.B. Muschel*), Ohren- (*z.B. Arzt*).
ušpinit *pf*. (*-ěn*) beschmutzen, schmutzig machen; *~ se* schmutzig werden.
uštědř|it *pf*., **~ovat** (*-řuji*) reichlich schenken, bescheren.
uštěpačný spöttisch, hämisch.
úšt|ěpek, *selten* **~ipek** *m* (*2b*; *-pk-*) Spott *m*, Hohn *m*; *~ dřeva* Holzsplitter *m*.
uštíp|at *pf*. (*-u*/*-ám*) totstechen, totbeißen; **~nout** *pf*. (*-pl*; *-pnut*), **uštipovat** (*-puji*) abzwicken, abkneifen; *Holz* abspalten.
uštkn|out *pf*. (*-kl*; *-knut*) beißen; **~utí** *n* (*3*) Schlangenbiß *m*.
uštvat *pf*. (*-u*) zu Tode hetzen; *Pferd* abhetzen.
utábořit se *pf*. ein Lager aufschlagen, sich lagern.
utahat F *pf*. strapazieren, F abrackern; *Kleider* abtragen.
utáhnout *pf*. (*-hl*; *utažen*) zu-, fest-, zusammenziehen; *Bremse* anziehen; *Riemen* enger schnallen; P *~ si k-o* sich lustig machen (über *A*).
utahov|ací Spann-, Anzieh-; **~ák** *m* (*2b*) Spannholz *n*, -kette *f*; **~at** (*-huji*) *s. utáhnout*.
utaj|it *pf*., **~ovat** (*-juji*) verheimlichen, verbergen; *Jur*. unterschlagen; *Sache* geheimhalten.
utápět ⟨*z-*⟩ (*3 Pl. -ějí*) *s. utopit*.
uťatý abgehauen, (ab)gestutzt; *Bot*. abgestumpft.
utéci *pf*. (*uteku*/*-ču*, *-kl*) (ent)fliehen, davonlaufen; *Zeit*: (schnell) vergehen; *Milch*: überlaufen; *~ se ke k-u*, *kam* Zuflucht suchen (*od*. nehmen) zu *od*. bei (*D*).
útěcha *f* (*1b*) Trost *m*; *pro -chu* zum Trost; *bez -chy* trostlos; *cena -chy* Trostpreis *m*.
útek *m* (*2b*) (*Weberei*) Schuß *m*, Einschlag *m*.
útěk *m* (*2b*) Flucht *f*; *dát se na ~* die Flucht ergreifen; *zahnat na ~* in die Flucht schlagen; *pokus ~u* Fluchtversuch *m*; *~ z venkova* Landflucht.
utěr|ač *m* (*3*) Putzer *m*; **~ák** *m* (*2b*), **~ka** *f* (*1c*; *-rek*) Scheuer-, Wisch-, Staubtuch *n*.
úter|ek *m* (*2b*; *-rk-*; *2*. *-rka*) Dienstag *m*; *do -rka* bis Dienstag; **~ní** dienstäglich, Dienstags-; **~ý** *m* (*Adj. 1*, *indekl*.) *s. úterek*; *v ~* (am) Dienstag.
útes *m* (*2*; *6*. *-u*/*-e*) Felswand *f*; Klippe *f*, Riff *n*.
utěsnit *pf*. (*-ěn*) abdichten.
utěš|ený getröstet; erfreulich, reizend; **~it** *pf*., **~ovat** (*-šuji*) trösten; **~itel** *m* (*3*; *-é*) Tröster *m*.
útěš|livý, **~ný** tröstend, trostreich.
útěžek *m* (*2b*; *-žk-*) Schwangerschaft *f*; *být s -žkem* schwanger sein.
utich|lý still geworden, verstummt; **~at**, **~nout** *pf*. (*-chl*) still werden, verstummen.
utíkat ⟨*roz- se*⟩ laufen, rennen; *Auto*: sausen; fliehen, davonlaufen, F abhauen; *s. utéci*.
utínat *s. utít*.
utírat *s. utřít*.
útisk *m* (*2b*) Bedrückung *f*, Unterdrückung *f*, Unbill *f*.
utiskovat (*-kuji*) bedrücken, unterdrücken, drangsalieren; **~el** *m* (*3*; *-é*) Bedrücker *m*, Unterdrücker *m*.
utiš|it *pf*., **~ovat** (*-šuji*) beruhigen, besänftigen; *Hunger*, *Sehnsucht* stillen; *~ se* sich beruhigen, zur Ruhe kommen; *Wind*: sich legen.
utít *pf*. (*s. tít*) abhauen; F *Wort* abschneiden.
utk|ání *n* (*3*) Zusammenstoß *m*; *Sp*. Begegnung *f*, Treffen *n*; *mezinárodní ~* Länderkampf *m*; *přátelské ~* Freundschaftsspiel *n*; **~(áv)at** fertigweben; *~ se* zusammenstoßen, -treffen, -kommen, aneinandergeraten.
utkv|ělý starr; *Idee*: fix; **~ět** *pf*. haftenbleiben; *lit*. verharren.
utlač|it *pf*., **~ovat** (*-čuji*) be-, unterdrücken; **~ování** *n* (*3*) Unterdrückung *f*; **~ovatel** *m* (*3*; *-é*) Unterdrücker *m*.
útlak *m* (*2b*) Be-, Unterdrückung *f*.

útlocit *m* (*2a*) Zartgefühl *n*, Feingefühl *n*; **~ný** zart-, feinfühlend.

útlost *f* (*4*) Zartheit *f*.

utlou|ci *pf*. (*s. tlouci*), **~kat** ab-, wegschlagen, *Eier*, *Sahne* schlagen; *Gewürz*, *Zucker* zerstoßen; *Zeit*, *Menschen* totschlagen.

útlum *m* (*2a*) Dämpfung *f*; *Psych*. Hemmung *f*.

utlum|ený gedämpft; *Schrei*: erstickt; *Epidemie*: erloschen; **~it** *pf*. dämpfen; niederhalten, ersticken; *Gefühl* betäuben; *Trieb* hemmen.

útlý zart.

utnout *pf*. *s. utít*.

útočiště *n* (*2a*) Zuflucht(sort *m*) *f*.

utočit *pf*. (zusammen)drehen; abdrechseln.

útoč|it ⟨*za-*⟩ (*na k-o, co*) angreifen (*A*); *Jagdw.* angehen (*A*); **~ivost** *f* (*4*) Angriffslust *f*; **~ivý** angriffslustig; **~ník** *m* (*1a*) Angreifer *m*; Attentäter *m*; *Sp*. Stürmer *m*; **~nost** *f s. útočivost*; **~ný** Angriffs-, Sturm-, Offensiv-; aggressiv, offensiv.

útok *m* (*2b*) Angriff *m*; Sturm *m*; Anschlag *m*; *hnát ~em* Sturm laufen.

uton|out *pf*. ertrinken; *Schiff*: untergehen; **~ulý** ertrunken; **~utí** *n* (*3*) Tod *m* durch Ertrinken.

utop|enec *m* (*3*; *-nc-*) Ertrunkene(r) *m*; **~ení** *n* (*3*) Ertrinken *n*; **~ený** ertrunken; **~it** *pf*. ertränken, (*Tiere*) ersäufen; *~ se* ertrinken; sich ertränken.

utrác|et (*3 Pl. -ejí*) *s. utratit*; **~ivý** verschwenderisch.

utrakvist|a *m* (*5a*) *hist*. Utraquist *m*; **~ický** [-tɪts-] utraquistisch; (*Schule*) zweisprachig.

útrapa *f* (*1*) Plage *f*, Mühe *f*, Strapaze *f*.

utráp|ený abgehärmt; **~it** *pf*. zu Tode quälen, *fig*. unter die Erde bringen.

útrat|a[1] *f* (*1*) Ausgabe *f*, Zeche *f*; *-ty pl*. Kosten *pl*., Unkosten *pl*., Auslagen *f/pl*., Spesen *pl*.; *peníze na -tu* Taschengeld *n*; **~a**[2] P *m* (*5*) Verschwender *m*.

utratit *pf*. (*-cen*) ausgeben; vergeuden, verschwenden; (*k-o*) umbringen (*A*).

útratné *n* (*Adj. 3*) Zehrgeld *n*, Diäten *pl*.; *denní ~* Tagegeld *n*.

utrejch P *m* (*2b*) Arsenik *n*.

utrhač *m* (*3*) Verleumder *m*, F Lästermaul *n*; **~ný** verleumderisch; **~ství** *n* (*3*) Verleumdung *f*, Ehrabschneiderei *f*.

utrh|ání *n* (*3*) *s. utrhačství*; **~(áv)at**, **~nout** *pf*. (*-hl*; *-žen*), **~ovat** (*-huji*) ab-, wegreißen; *Hand* zurückziehen; *~ k-u na cti* an s-r Ehre kränken (*A*); *~ k-u na mzdě* vom Lohn abziehen (*D*); *~ se* sich losreißen; *Felsen*: sich loslösen; *~ se na k-o* anfahren, anherrschen, P anschnauzen (*A*); *~ si od úst* sich vom Munde absparen.

utrmácet *pf*. (*3 Pl. -ejí*) ermüden, strapazieren; *~ se* sich erschöpfen, F sich abrackern.

útroba *f* (*1*) Innere(s) *n*; *-by pl*. Eingeweide *n*.

utrolit *pf*. *v/t* abbröseln, abbröckeln.

utrousit *pf*. (*-šen*) verstreuen; *Worte* verlieren.

utrp|ení *n* (*3*) Leiden *n*, Pein *f*; *Rel*. Martyrium *n*; **~ět** *pf*. erleiden.

útrp|nost *f* (*4*) Mitleid *n*; **~ný** mitleidig.

utrušovat (*-šuji*) *s. utrousit*.

utrýznit *pf*. (*-ěn*) zu Tode quälen.

útržek *m* (*2b*; *-žk-*) Abschnitt *m*.

utržit *pf*. *Geld* einnehmen; *Wunden* davontragen; *dát k-u co ~* j-n et. verdienen lassen.

útržkový Abreiß-.

utřídit *pf*. (*-ěn*) sortieren, sichten; klassifizieren.

utřinos *m* (*1a*) *verä*. Rotznase *f*.

utřít *pf*. (*s. třít*) abwischen; *Geschirr* abtrocknen; *Kochk*. zerreiben; *Flachs* brechen; *~ se* sich abreiben.

utuh|lý erstarrt; **~nout** *pf*. (*-hl*) erstarren, hart werden.

utuch|lý erloschen, geschwunden; **~at** ⟨*po-*⟩, **~nout** *pf*. (*-chl*) erlöschen, abflauen; *Gerücht*: verstummen.

útul|ek *m* (*2b*; *-lk-*) Zuflucht(sort *m*) *f*; **~na** *f* (*1*; *-len*) Asyl *n*, Heim *n*; *horská ~* Schutzhütte *f*; **~nost** *f* (*4*) Gemütlichkeit *f*, Behaglichkeit *f*; **~ný** gemütlich, behaglich; *poet*. traut, lauschig.

ututl(áv)at vertuschen.

utuž|it *pf*., **~ovat** (*-žuji*) festigen; *Bande* fester knüpfen.

útvar *m* (*2a*) Gebilde *n*; *Geol*., *Mil*. Formation *f*; Abteilung *f*.

utvář|ení *n* (*3*) Gestaltung *f*; **~et** (*3 Pl. -ejí*), **~it** ⟨*z-*⟩ formen, gestalten, bilden.

utvoř|ení *n* (*3*) Bildung *f*; ~ *mraků* Wolkenbildung; **~it** *pf.* bilden, schaffen, gründen.

utvrd|it *pf.* (*-zen*) festigen, härten; (*v čem*) bestärken, vervollkommnen (in *D*); **~lý** hart geworden, verhärtet; **~nout** *pf.* (*-dl*) hart (*od.* fest) werden, verhärten.

utvrz|ení *n*, **~ování** *n* (*3*) Festigung *f*; **~ovat** (*-zuji*) *s. utvrdit.*

utýrat *pf.* zu Tode quälen.

uvad|at, **~nout** *pf.* (*-dl*) (ver)welken; dahinwelken; **~lý** verwelkt, welk.

uvaděč, **uváděč** *m* (*3*), **~ka** *f* (*1c*; *-ček*) Platzanweiser(in *f*) *m*.

uvád|ění *n* (*3*) Einführung *f der Gäste*; Anführung *f*, Angabe *f von Gründen*; **~ět** (*3 Pl. -ějí*) *s. uvést.*

úvaha *f* (*1b*) Erwägung *f*, Betrachtung *f*, Überlegung *f*; Abhandlung *f*; *po zralé úvaze* nach reiflicher Überlegung; *přicházet v -hu* in Betracht (*od.* in Frage) kommen; *brát v -hu* in Erwägung ziehen, erwägen, bedenken.

úval *m* (*2*; *6. -u*/*-e*) Talgrund *m*, [-senke *f*.]

uválet *pf.* (*3 Pl. -ejí*) festwalzen; *Teig* auswalzen, kneten; *Kleider* zerknittern.

uval|ení *n* (*3*) Aufbürden *n*; *Jur.* Verhängung *f*; **~it** *pf.*, **~ovat** (*-luji*) (*na k-o*) aufbürden, aufladen, F aufhalsen (*D*); *Strafe* verhängen; *Konkurs* eröffnen; ~ *na sebe podezření* den Verdacht auf sich lenken; ~ *na sebe vinu* die Schuld auf sich nehmen.

uvarov|ání *n* (*3*) Vermeidung *f*; *Med.* Verhütung *f*; **~at** *pf.* (*-ruji*) (*č-o*) bewahren, behüten (vor *D*); ~ *se č-o* sich hüten (*od.* in Acht nehmen) vor (*D*), vermeiden (*A*); ~ *se škody* sich vor Schaden bewahren.

uvařit *pf.* (gar) kochen; ~ *na měkko* weich kochen.

uvázat *pf.* (*-žu*/*-ži*) anbinden, festbinden; *Blumen* binden; ~ *se* (*v co*) sich verpflichten (zu *D*); *Besitz*, *Amt* übernehmen; ~ *si šátek* sich ein Tuch umbinden.

úvazek *m* (*2b*; *-zk-*) Verpflichtung *f*; *učební* ~ Lehrauftrag *m*.

uváz|nout *pf.* (*-zl*) stecken bleiben; *Verkehr*: stocken; *Hdl.* zum Stillstand kommen; *Mar.* auflaufen; **~nutí** *n* (*3*) Stockung *f*; Stillstand *m*.

uvazovat (*-zuji*) *s. uvázat.*

uváž|ená *f* (*Adj. 2*), **~ení** *n* (*3*) Überlegen *n*, Bedenken *n*; *lhůta na -enou* Bedenkzeit *f*; *dal mu to na -enou* er überließ es s-m Ermessen; *po mém* (*od. podle mého*) *-ení* meines Erachtens, nach m-m Ermessen; **~ený** überlegt; **~it** *pf.* (*co*, *o čem*) bedenken, erwägen, überlegen (*A*), nachdenken (über *A*); **~livost** *f* (*4*) Bedacht(samkeit *f*) *m*; **~livý** besonnen, bedächtig.

uvažovat (*-žuji*) *s. uvážit.*

uvede|ní *n* (*3*) Einführung *f*; Anführung *f*, Aufzählung *f*, Angabe *f*; ~ *v chod* Inbetriebsetzung *f*; ~ *v náležitý stav* Instandsetzung *f*; ~ *na scénu* Inszenierung *f*; **~ný** angeführt, erwähnt, genannt; ~ *pán* der besagte Herr; *shora* ~ obenangeführt; *posledně* ~ letztgenannt.

uvědom|ělost *f* (*4*) Bewußtsein *n*; **~ělý** bewußt; *národně*, *třídně* ~ national-, klassenbewußt; **~ění** *n* (*3*) Bewußtsein *n*; Benachrichtigung *f*; **~it** *pf.*, **~ovat** (*-muji*) (*o čem*) in Kenntnis setzen, verständigen (von *D*); (*k-o*) *j-s* Selbstbewußtsein heben; ~ *se* sich bewußt werden; ~ *si* (*co*) sich bewußt werden (*G*), sich vergegenwärtigen (*A*), sich klar werden (über *A*).

uvelebit se *pf.* sich gemütlich nie-[derlassen.]

úvěr *m* (*2a*) Kredit *m*, P Borg *m*; *dát co na* ~ kreditieren, auf Kredit leihen; *schopný* ~*u* kreditfähig; **~ce** *m* (*3*) Kreditgeber *m*; **~ní** Kredit-; **~nictví** *n* (*3*) Kreditwesen *n*; **~ník** *m* (*1a*) Kreditnehmer *m*; **~ovat** (*im*)*pf.* (*-ruji*) kreditieren; **~uhodný** kreditwürdig; **~uschopný** kreditfähig.

uveřej|nění *n* (*3*) Veröffentlichung *f*, Publikation *f*; **~nit** *pf.*, **~ňovat** (*-ňuji*) veröffentlichen, publizieren.

uvěř|ení *n* (*3*) Glauben *n*; *sotva k* ~ kaum zu glauben; **~it** *pf.* (*k-u*) glauben (*D*); (*č-u*) Glauben schenken (*e-r Sache*); **~itelný** glaubhaft, glaubwürdig.

uvést *pf.* (*s. vést*) einführen; anführen, angeben, zitieren; ~ *v pohyb*, *do pohybu*, *v činnost*, *v chod* in Bewegung, in Gang setzen; *Thea.* aufführen, in Szene setzen; ~ *v oběh Geld* in Umlauf setzen; ~ *v pokušení* in Versuchung führen; ~ *na správnou cestu* auf den rechten Weg, *na mysl od. paměť* in Erinnerung, *v po-*

řádek od. do pořádku in Ordnung, *v soulad* in Einklang bringen.
uvěz|nění *n* (*3*) Inhaftierung *f*, Einkerkerung *f*; **~nit** *pf.*, **~ňovat** (*-ňuji*) einkerkern, ins Gefängnis werfen, F einsperren.
uvézt *pf.* (*s. vézt*) zu transportieren imstande sein, *fig.*, *Kfz.* tragen.
uvidět *pf.* erblicken; (wieder)sehen; *uvidíme!* wir werden (schon) sehen!
uvíjet (*3 Pl. -ejí*), **uvít** *pf.* (*s. vít*) winden; *Blumen* binden.
uvít|ací Begrüßungs-; **~aná** *f* (*Adj. 2*), **~ání** *n* (*3*) Begrüßung *f*, Willkommen *n*, Empfang *m*; *na -anou* zur Begrüßung; **~at** *pf.* empfangen, begrüßen, willkommen heißen.
uvíz- *s. uváz-*.
uvláčet *pf.* (*3 Pl. -ejí*) *Feld* eggen; *Kleid* abtragen; *j-n* zu Tode schleifen.
uvléci *pf.* (*s. vléci*) imstande sein (*od.* F es schaffen) zu schleppen, tragen; von der Stelle bringen.
uvnitř *Adv.* innen, im Innern, *dial.* drin(nen); *Prp.* (*mit 2. Fall*) innerhalb, im Innern (*G*).
úvod *m* (*2*; *6. -u*/*-ě*) Einführung *f*, Einleitung *f*; Vorwort *n*; *~em* zur Einführung; eingangs, einleitend.
úvodí *n* (*3*) Flußgebiet *n*, Flußsystem *n*.
uvodit *s. uvést*.
úvod|ní Einführungs-, Einleitungs-; *~ poznámka* Vorbemerkung *f*; **~ník** *m* (*2b*) Leitartikel *m*; **~níkář**, **~nikář** *m* (*3*) Leitartikelschreiber *m*, F Leitartikler *m*.
uvol|it se *pf.* (*k č-u*) sich bereit erklären, sich herablassen, sich bequemen (zu *D*); einwilligen (in *A*); **~nění**, **~ňování** *n* (*3*) Freigabe *f*, Freimachen *n*; Lockerung *f*, Lösung *f*; **~něnost** *f* (*4*) Auflockerung *f*; **~nit** *pf.*, **~ňovat** (*-ňuji*) frei machen, freigeben; lockern, lösen; *Muskel* entspannen; *Sp.* freispielen; *Schiff* flottmachen; **~ovat se** (*-luji*) *s. uvolit se*.
úvoz *m* (*2*; *6. -u*/*-e*) Hohlweg *m*.
uvozov|ací Anführungs-; **~ka** *f* (*1c*; *-vek*) Anführungszeichen *n*.
úvrať *f* (*4c*; *-tě*) Pflugwende *f*; *Esb.* totes Gleis *n*.
uvrhnout *pf.* (*-hl*; *-žen*) werfen, stürzen.
uvrstvit *pf.* schichten.
uvrtat P *pf.* (*do č-o*) fesseln (an *A*), bringen (zu *D*).
uvyk|at, **~nout** *pf.* (*-kl*) sich gewöhnen (*č-u*, *k-u* an *A*); **~lý** gewohnt.
uzákon|ění *n* (*3*) gesetzliche Festlegung *f*, Kodifizierung *f*; **~ěný** gesetzlich festgelegt, zum Gesetz erhoben; **~it** *pf.* (*-ěn*) gesetzlich festlegen, kodifizieren.
uzam|čení *n* (*3*) Verschließen *n*; **~knout** *pf.* (*-kl*; *-knut*/*-čen*), **~ykat** ⟨*po-*, *z-*⟩ ab-, verschließen.
uzard|ělý gerötet, (scham)rot; **~ění** *n* (*3*) Erröten *n*; *bez ~* ohne zu erröten; **~it se** *pf.*, **~ívat se** erröten.
uzátkovat *pf.* (*-kuji*) verkorken, F zustöpseln.
uzávěr *m* (*2a*), **~a** *f* (*1d*) Verschluß *m*, Sperre *f*; **~ka** *f* (*1c*; *-rek*) *Hdl.* Abschluß *m*; *Fot.* Verschluß *m*.
uzavír|ací Verschluß-, Sperr-, Abschluß-; **~at** *s. uzavřít*; **~atelný** abschließbar; Schließ-.
uzavř|ení *n* (*3*) Abschluß *m*; Schließung *f*; Grenz-, Straßensperre *f*; *~ sňatku* Eheschließung; **~enost** *f* (*4*) Abgeschlossenheit *f*, Abgeschiedenheit *f*; (*Wesen*) Verschlossenheit *f*; **~ený** geschlossen; verschlossen; *Straße*: gesperrt; **~ít** *pf.* (*s. zavřít*) absperren, (ver)schließen; *Strom*, *Gas* abstellen; *Rechnung*, *Buch* abschließen; *Vertrag*, *Ehe*, *Frieden* schließen; *Feind* einschließen; *Armee* einkesseln; *~ se* sich absperren.
úzce *Adv.* eng; *fig. a.* innig; *s. úzký*.
uzda *f* (*1*) Zaum *m*, Zügel *m*.
uzdrav|ení *n* (*3*) Genesung *f*, Heilung *f*, Besserung *f*; **~it** *pf.*, **~ovat** (*-vuji*) heilen (*z č-o* von *D*); *~ se* genesen, (wieder) gesund werden.
uzdvihnout *pf.* (*-hl*; *-žen*) imstande sein (*od.* F es schaffen) *et.* zu heben.
uzel *m* (*2a*; *-zl-*) Knoten *m*; Bündel *n*; *Phys.*, *Esb.* Knotenpunkt *m*.
území *n* (*3*) Gebiet *n*; *Sp.* (*trestné* Straf-)Raum *m*.
uzem|nění *n* (*3*) *El.*, *Rdf.* Erdung *f*, Erdanschluß *m*; **~něný** geerdet; **~nit** *pf.*, **~ňovat** (*-ňuji*) erden.
uzen|áč *m* (*3*) geräucherter Hering *m*, Bückling *m*; **~ář** *m* (*3*) Wurstmacher *od.* -händler *m*; *öst.* Selcher *m*; **~ářský** Wurstwaren-; **~é** *n* (*Adj. 3*) Rauchfleisch *n*, *öst.* Selchfleisch *n*, *dial.* Geselchtes *n*; **~ice** *f* (*2a*) Knackwurst *f*; **~ina** *f* (*1*) Räucherware *f*, *öst.* Selchware *f*; **~ka** *f* (*1c*; *-nek*) Raucherwurst *f*, Bock-

wurst *f*; **~ý** geräuchert, Rauch(er)-, *öst.* Selch-.
úzko *Adv.* eng, schmal; bange; **~hrdlý** enghalsig; **~kolejný** *Esb.* Schmalspur-; **~profilový** *fig.* Engpaß-; **~prsý** engbrüstig; engherzig; **~rozchodný** *Esb.* schmalspurig.
úzkost *f* (*4*) Enge *f*; Angst *f*, Bangigkeit *f*; *být v ~ech* in Angst *od.* Sorge sein; *s ~í* mit Bangen; *~í mlčet* vor Angst schweigen; **~iplný** angstvoll; **~livec** *m* (*3*; *-vc-*) ängstlicher Mensch *m*, F Angstmeier *m*; **~livý** ängstlich, bange; peinlich (genau); **~ný** bange; Angst-.
úzký (*Komp. užší*; *Adv. úzko, úzce*; *Komp. úže*[*ji*]) eng, schmal; *~ profil fig.* Engpaß *m*; *být v ~ch* F in der Klemme sein; *zahnat k-o do ~ch* F j-n in die Enge treiben.
uzl|í(če)k *m* (*2b*; [*-čk-*]) kleiner Knoten *m*; Bündel *n*; **~ina** *f* (*1*) *Anat.* Ganglion *n*, Nervenknoten *m*; **~inový** Ganglien-; **~it**, **~ovat** ⟨*za-*⟩ (*-luji*) knoten, knüpfen; **~ovatý**, **~ovitý** knotig, voller Knoten; **~ový** Knoten-.
uzlobit *pf.* zu Tode ärgern.
uzmout *pf.* (*uzmul*; *-ut*) *s. odejmout, vzít.*
uznal|ost *f* (*4*) Erkenntlichkeit *f*; **~ý** erkenntlich; anerkennend.
uzn|ání *n* (*3*) Anerkennung *f*; Einsicht *f*; **~aný** anerkannt; **~(áv)at** (*za co*) anerkennen (als *A*); einsehen; **~ávací** Anerkennungs-.
uzou|čký, **~(li)nký** (*Adv.* -ce) P ganz eng, sehr schmal.
uzpůsob|ení *n* (*3*) Anpassung *f*; **~ený** geeignet; angepaßt; **~it** *pf.*, **~ovat** (*-buji*) (*k č-u*) geeignet machen (zu *D*); anpassen.
uzrá|lý reif, gereift; **~t** *pf.* (*uzraji*), **~vat** reif werden, heranreifen.
uzřít *pf.* (*-ím*, *-el*) erblicken, zu Gesicht bekommen.
uzvednout *pf.* (*-dl*; *-dnut*) *s. uzdvihnout.*
už schon, bereits; *~ ne-* nicht mehr; *~už* beinahe, fast.
úžas *m* (*2*; *6. -u*/*-e*) Staunen *n*, Erstaunen *n*, Verblüffung *f*.
užas|lý erstaunt, verblüfft; **~nout** *pf.* (*-sl*) erstaunt (*od.* verblüfft, entsetzt) sein (*nad čím* über *A*); **~nutí** *n* (*3*) *s. úžas.*
úžasný erstaunlich, verblüffend; *fig.* schrecklich, fürchterlich; *~ pořádek* heillose Unordnung; *-ně laciný* erstaunlich billig.
uždib|nout *pf.* (*-bl*/*-bnul*; *-bnut*), **~ovat** (*-buji*) P ein Stückchen abbrechen.
úže(ji) *s. úzký.*
úžeh *m* (*2b*) Hitzschlag *m*, Sonnenstich *m*.
úžení *n* (*3*) *Gr.* Verengung *f*.
užilý freigebig, nicht kleinlich.
úžina *f* (*1*) Enge *f*; *zemská ~* Landenge; *Gibraltarská ~* Straße *f* von Gibraltar.
uží|nat abmähen; **~rat** *s. užrat*; **~t**[1] *pf.* (*užiji*, *-il*, *-it*) (*č-o, co*) gebrauchen, benutzen, anwenden (*A*); *Ferien* genießen; *Medizin* einnehmen; *Dienste* in Anspruch nehmen; *von der Waffe* Gebrauch machen; *zle ~* mißbrauchen.
užít[2] *pf.* (*užnu*; *s. žít*[2]) abmähen.
úžit ⟨*z-, za-*⟩ enger machen; einengen, schmälern; *~ se* enger (*od.* schmaler) werden, sich verengen.
užiteč|nost *f* (*4*) Nützlichkeit *f*; **~ný** nützlich; *Tech.* Nutz-.
užit|ek *m* (*2b*; *-tk-*) Nutzen *m*, Vorteil *m*, Gewinn *m*; *Jur.* Nutzung *f*; *brát, dávat ~* Nutzen ziehen, bringen; *k -tku* zum Nutzen; **~í** *n* (*3*) Gebrauch *m*, Benutzung *f*, Anwendung *f*; **~kovost** *f* (*4*) Nutzleistung *f*; **~kový** Nutz-; **~ný** Gebrauchs-, Nutzungs-.
užív|ací Gebrauchs-, Nutzungs-; P *~ soda* Natron *n*; **~ání** *n* (*3*) *s. užití*; **~aný** gebräuchlich, (viel) benutzt, oft gebraucht; **~at** ⟨*po-*⟩ *s. užít*[1].
uživatel *m* (*3*; *-é*), **~ka** *f* (*1c*; *-lek*) Benutzer(in *f*) *m*; *Jur.* Nutznießer *m*, Nutznießerin *f*; **~ný** (be)nutzbar; **~ství** *n* (*3*) Nutz(ungs)recht *n*.
uživit *pf.* ernähren; *~ se s-n* Lebensunterhalt verdienen; *sein* Fortkommen finden; *sotva se -ví* er hat kaum genug zu leben.
úžlab|í *n* (*3*), **~ina** *f* (*1*) Schlucht *f*, Hohlweg *m*, Talmulde *f*; *fig.* Winkel *m*; *Bot.* Achsel *f*.
užmolit *pf. s. usmolit.*
užnout *pf.* (*-žnu*; *-žal*; *-žat*) *s. užít*[2].
užovka *f* (*1c*; *-vek*) Natter *f*; *obecná ~* Ringelnatter.
užrat *pf.* (*užeru*) abfressen; P *~ se* sich totärgern.
užší *s. úzký.*
užuž fast, beinahe.
užvan|ěný schwatzhaft; **~it se** F *pf.* zuviel schwatzen.
užvýkat *pf.* zerkauen.

V

v (*bei schwier. Aussprache* ve) *Prp.* (*mit 6. Fall*) in (*D*: *örtlich auf die Frage wo?*; *zeitlich auf die Frage wann?*); (*mit 4. Fall*) in (*A*: *Ziel, Ergebnis*); um ... (Uhr), an (*D*), am, zu (*Zeitangabe, Tag*); ~ *Praze* in Prag; *ve vodě* im Wasser; ~ *létě* im Sommer; *ve dne* bei Tage; ~ *noci* in der Nacht; *spojit* ~ *celek* zu e-m Ganzen verbinden; ~ *náš prospěch* zu unserem Vorteil; *bít si* ~ *prsa* sich an die Brust schlagen; *proměnit* ~ *zlato* in Gold verwandeln; ~ *pět hodin* um fünf Uhr; *ve všední den* an Werktagen, werktags; ~ *neděli* am Sonntag, sonntags; ~ *poledne* zu Mittag; *věřit* ~ *Boha* an Gott glauben; *hrát* ~ *karty* Karten spielen; ~- *in Zssgn mst* hinein-, ein-.

váb|ení *n* (*3*) Locken *n*; **~idlo** *n* (*1a*; *-del*) Lockmittel *n*; **~it** ⟨*při-, z-*⟩ locken; **~ivý** (ver)lockend, reizend; **~nička** *f* (*1c*; *-ček*) *Jagdw.* Lockpfeife *f*; **~ný** *s. vábivý*.

václavka *f* (*1c*; *-vek*) *Bot.* Hallimasch *m.*

váček *m* (*2b*; *-čk-*) Beutel *m*, Säckchen *n.*

vačic|e *f* (*2a*) Beuteltier *n*; Opossum(fell) *n*; **~ový** Opossum-.

vačka *f* (*1c*; *-ček*) *Tech.* Nocke *f.*

vačnatec *m* (*3*; *-tc-*) Beuteltier *n.*

vada *f* (*1*) *Med.* Fehler *m*; Mangel *m*, Schaden *m*, Gebrechen *n.*

váda *f* (*1*) Zank *m*, Streit *m.*

vadi|t ⟨*za-*⟩ (*k-u, č-u*) (be)hindern, beeinträchtigen (*A*); hinderlich sein, im Wege stehen (*D*); *to nevadí!* das macht nichts!; ~ *se* streiten, sich zanken; **~vý** zänkisch, streitsüchtig.

vadnout ⟨*z-, za-*⟩ (*-dl*) welken, verblühen.

vadný mangelhaft, fehlerhaft.

vagón *m* (*2*; *6. -u/-ě*) Eisenbahnwagen *m*, † Waggon *m*; **~ka** P *f* (*1c*; *-nek*) Waggonfabrik *f.*

váha *f* (*1b*; *2 Pl. vah*; *7 Sg.*, *3, 6, 7 Pl. a. vah-*) Waage *f*; Gewicht *n*; *fig.* Wert *m*; *na -hu* nach Gewicht; *být na -hách* unentschlossen sein, schwanken; *klást velkou -hu na co* großen Wert legen auf (*A*); *to nepadá na -hu* das fällt nicht ins Gewicht.

vahadlo *n* (*1a*; *-del*) Waagebalken *m*; ~ *u pumpy* Pumpenschwengel *m.*

váh|ání *n* (*3*) Zögern *n*; *bez* ~ ohne Bedenken, ohne zu zögern; **~at** ⟨*za-*⟩ zögern, schwanken; **~avec** *m* (*3*; *-vc-*) Zauderer *m*; **~avost** *f* (*4*) Unentschlossenheit *f*, Saumseligkeit *f*; **~avý** zögernd, unschlüssig; **~ový** Gewichts-.

vaječ|ník *m* (*2b*) *Anat.* Eierstock *m*; *Kochk.* Eierkuchen *m*, **~ný** Eier-; *Bio.* Ei-.

vajíčko *n* (*1b*; *-ček*) (kleines) Ei *n.*

vak *m* (*2b*) Beutel *m*, (*Reise-*)Tasche *f*; (*Schlaf-*)Sack *m.*

val *m* (*2*; *6. -u/-e*) Wall *m*, Schanze *f.*

vál *m* (*2*; *6. -u/-e*) Küchen-, Nudelbrett *n.*

valach *m* (*1a*) *Zo.* Wallach *m*; Schafhirt *m.*

valaš|ka *f* (*1c*; *-šek*) Hammerbeil *n der Hirten*, Hirtenstab *m*; **~ský** walachisch.

valbový: *-vá střecha* Walmdach *n.*

valcíř *m* (*3*) Arbeiter *m* im Walzwerk.

válc|ovací Walz-; **~ovačka** *f* (*1c*; *-ček*) Walze *f*; **~ovaný** *Tech.* Walz-; **~ovat** ⟨*pře-, roz-, vy-, za-*⟩ (*-cuji*) walzen; **~ovitý** walzenförmig; *Geom.* zylindrisch; **~ovna** *f* (*1*; *-ven*) Walzwerk *n*; **~ový** Walzen-; *Geom.* zylindrisch, Zylinder-.

válč|ení *f* (*3*) Kriegführen *n*, Kriegführung *f*; **~ící** kriegführend.

valčík *m* (*2b*) Walzer *m.*

válčit ⟨*za- si*⟩ Krieg führen.

vál|ec *m* (*4*; *-lc-*) Walze *f*; Zylinder *m*; **~eček** *m* (*2b*; *-čk-*) (kleine) Walze *f*; Rolle *f*; *Kochk.* Nudelholz *n*; **~ečkový** rollen-, walzenförmig; Rollen-; Walzen-.

váleč|nický kriegsmäßig; **~nictví** *n* (*3*) Kriegswesen *n*; **~ník** *m* (*1a*) Krieger *m*; **~ný** Kriegs-.

válek *m* (*2b*; *-lk-*) Nudelholz *n.*

valem in Scharen; schnell, rasch.

valence *f* (*2*) *Chem.* Valenz *f*, Wertigkeit *f*.
valený gewälzt; *Arch.* Tonnen-.
vál|ený gewalzt, Walz-; **~et** ‹*po-*, *z-*, *za-*› (*3 Pl.* *-ejí*) wälzen, rollen; walzen; *Teig* kneten; ~ se sich (herum)wälzen, F faulenzen.
valch|a *f* (*1b*) Waschbrett *n*; *Tech.* Walke *f*; **~ovat** ‹*pro-*, *vy-*, *z-*› (*-chuji*) (durch)walken; **~ovna** *f* (*1*; *-ven*) Walkmühle *f*, Walke *f*.
valit ‹*po-*, *pře-*, *vy-*, *za-*› wälzen, rollen; ~ se sich wälzen; eindringen, hereinbrechen.
válka *f* (*1c*; *-lek*) Krieg *m*.
valník *m* (*2b*) *Kfz.* Plattformwagen *m*.
valný groß, zahlreich; *-ná hromada* Plenarsitzung *f*; *-né shromáždění* Haupt-, Vollversammlung *f*; *to není -né* damit ist es nicht weit her.
valoun *m* (*2a*) Rollstein *m*; *~y pl.* Geröll *n*.
valut|a *f* (*1*) Währung *f*; Devisen *pl.*; **~(ár)ní**, **~ový** Währungs-.
vám euch (*D*); ♀ Ihnen; *s. on.*
van *m* (*2a*) *poet.* Hauch *m*.
vana *f* (*1*) Wanne *f*.
vandr P *m* (*2a*) Wanderschaft *f*; **~ák** *m* (*1a*) Landstreicher *m*; **~ovat** ‹*pro-*, *za-*› P (*-ruji*) wandern; **~ovník** *m* (*1a*) Wanderbursch *m*, Wandergeselle *m*.
ván|ek *m* (*2b*; *-nk-*) Lüftchen *n*, Brise *f*; **~í** *n* (*3*) Wehen *n*; **~ice** *f* (*2a*) Schneetreiben *n*.
vanička *f* (*1c*; *-ček*) kleine Wanne *f*, Kinderbadewanne *f*.
vanilk|a [-nɪ-] *f* (*1c*; *-lek*) Vanille *f*; **~ový** Vanille-.
váno|ce *f*/*pl.* (*2*; *2. -oc*, *3. -ům*, *7. -emi*/*-i*) Weihnachten *f*/*pl. od. n*; *o -cích* zu Weihnachten; **~čka** *f* (*1c*; *-ček*) Weihnachtsstriezel *m*, -stollen *m*; **~ční** Weihnachts-.
vanout ‹*za-*› (*-nul*) wehen.
vanový Wannen-.
vápen|atět ‹*z-*› (*3 Pl.* *-ějí*) verkalken; **~atý** kalkhaltig, Kalk-; **~cový** Kalkstein-; **~ec** *m* (*4*; *-nc-*) Kalkstein *m*; **~ice** *f* (*2a*) Kalkofen *m*; **~ík** *m* (*1a*) Kalkbrenner *m*; **~itý** kalkhaltig, Kalk-; **~ka** *f* (*1c*; *-nek*) Kalkbrennerei *f*; **~ný** Kalk-.
vápn|ík *m* (*2b*) Kalzium *n*; **~it** ‹*po-*, *z-*› *Agr. Boden* kalken; **~o** *n* (*1*; *6. -ě*/*-u*) Kalk *m*; **~odusík** *m* (*2b*) Kalkstickstoff *m*.
var *m* (*2a*) Sieden *n*, Kochen *n*; *přivést do ~u* zum Sieden bringen.
varhanář *m* (*3*) Orgelbauer *m*.
varhánek *m* (*2b*; *-nk-*) Falte *f*; Eselsohr *n*.
varhaník *m* (*1a*) Organist *m*.
varhánk|ovity faltenreich; *a.* = **~ový** Falten-; **~y** *f*/*pl.* (*1c*; *-nek*) Kleinorgel *f*; *s. varhánek*; *děti jako ~* Kinder wie die Orgelpfeifen.
varhan|ní, **~ový** Orgel-; **~y** *f*/*pl.* (*1*) Orgel *f*.
vari! weg!, (pack dich) fort!
variace *f* (*2*) Variation *f*.
várka *f* (*1c*; *-rek*) Gebräu *n*, Sud *m*.
varle *n* (*4*) Hode *f*, Hoden *m*.
var|mistr *m* (*1*; *-ři*) Braumeister *m*; **~na** *f* (*1*; *-ren*) Siederei *f*; **~ní**, **~ný** Koch-, Sud-; Bräu-.
varov|ání *n* (*3*) Warnung *f*; **~at** ‹*za-*› (*-ruji*) warnen; **~ný** warnend, Warn-.
varta P *f* (*1*) Wache *f*; *stát na ztracené -tě* auf verlorenem Posten stehen.
vař|ák *m* (*2b*) Kochtopf *m*; **~ečka** *f* (*1c*; *-ček*) Kochlöffel *m*; **~ící** kochend, siedend; **~ič** *m* (*4*) Kocher *m*; **~it** ‹*na-*, *po-*, *pro-*, *u-*, *za-*› kochen, sieden (*se v*/*i*); *Bier* brauen; **~ivo** *n* (*1*) Nährmittel *n*/*pl.*; **~ivý** Koch-.
vás euch; ♀ Sie, Euch; (*von*) Ihnen.
vasal *m s. vazal.*
váš, **vaše** euer, eure; ♀ Ihr(e); Euer; Eure; *z Vaší strany* Ihrerseits.
váš|eň *f* (*3*; *-šně*, *-šni usw.*) Leidenschaft *f*; **~nivost** *f* (*4*) Leidenschaft (-lichkeit) *f*; **~nivý** leidenschaftlich.
vát ‹*na-*, *po-*, *za-*› (*3. věje*, *vál*, *vát*) *Wind*: wehen, blasen.
vat|a *f* (*1*) Watte *f*; **~elín** *m* (*2*; *6. -u*/*-ě*) Watteline *f*.
vatikánský [-tɪ-] vatikanisch, Vatikan-.
vatov|at ‹*vy-*› (*-tuji*) wattieren; **~ka** *f* (*1c*; *-vek*) wattierte Jacke *f*.
vatra *f* (*1d*; *-ter*) (*Lager-*)Feuer *n*.
vavřín *m* (*2*; *6. -u*/*-ě*) Lorbeer *m*; **~ový** Lorbeer-.
vaz¹ *m* (*2a*) Genick *n*, Nacken *m*; *Anat.* Gelenkband *n*; F *zlom ~!* Hals- und Beinbruch!
vaz² *m* (*2a*) Ulme *f*.
váza *f* (*1b*) Vase *f*; *~ na květiny* Blumenvase.
vázací Binde-.

vazač *m* (*3*) Binder *m*; **~ka** *f* (*1c*; *-ček*) Binderin *f*; Bindemaschine *f*.

váz|ané *n* (*Adj. 3*) Geburts- *od.* Namenstagsgeschenk *n*, † Angebinde *n*; **~ání** *n* (*3*) Binden *n*; *Sp.* Bindung *f*; **~anka** *f* (*1c*; *-nek*) Krawatte *f*, Schlips *m*; **~aný** gebunden; *Teppich*: geknüpft; **~at** ⟨*na-*, *při-*, *u-*, *za-*⟩ (*vážu*/*-ži*) binden; *Teppich* knüpfen.

vaz|ba *f* (*1*; *-zeb*) Haft *f*, *lit.* Gewahrsam *m*; Binden *n*; (*Buch-*) Einband *m*; *Chem.* Bindung *f*; *Gr.* Konstruktion *f*, Wendung *f*; *Phys.*, *Rdf.* Koppelung *f*; **~ební**, **~ebný** Verband-, Verbindungs-; **~ivo** *n* (*1*) *Anat.* Binde-, Zellgewebe *n*; *Tech.* Bindemittel *n*; **~ivový** Bindegewebs-; **~kost** *f* (*4*) Viskosität *f*; **~ký** feucht, zäh(flüssig); **~nice** *f* (*2a*) *Arch.* Pfette *f*; *Mar.* Steven *m*; **~ník** *m* (*2b*) Bindebalken *m*; **~nost** *f* (*4*) Bindekraft *f*.

váznout ⟨*u-*, *za-*⟩ (*-zl*) stocken, F steckenbleiben; *Schulden*: hapern; steckenbleiben; *Schulden*: lasten, haften.

vazný Binde-; *Typ.* Bund-.

vážen|í *n* (*3*) Wiegen *n*, Wägen *n*; **~ka** *f* (*1c*; *-nek*) Waag(e)schein *m*; **~ý** (*in Anreden*) (sehr) geehrt, wert; geachtet, geschätzt; *auf der Waage* gewogen.

vážit ⟨*do-*, *po-*, *roz-*, *u-*, *z-*, *za-*⟩ wiegen; wägen; *Wasser* schöpfen: ~ *si č-o* (hoch)schätzen, zu schätzen wissen, würdigen (*A*); **~elný**, **važitelný** wägbar.

váž|ka *f* (*1c*; *-žek*) Libelle *f*, Wasserjungfer *f*; *-ky pl.* (kleine) Waage *f*; *být na -kách* unentschlossen sein; *Sache*: in der Schwebe sein; **~né** *n* (*Adj. 3*) Waagegeld *n*, Wägegebühr *f*; **~nět** ⟨*z-*⟩ (*3 Pl. -ějí*) ernst werden; **~ní** Waag(e)-; **~nice** *f* (*2a*) Waagehaus *n*; † *a.* Ziehbrunnen *m*; **~nost** *f* (*4*) Achtung *f*, Ansehen *n*, Würde *f*; Wichtigkeit *f*; Ernst *m*; ~ *k sobě* Selbstachtung; *mít ve ~i* in Ehren halten; *j-n* schätzen; **~ný**[1] ernst, ernsthaft, *fig.* gesetzt; *-ně* im Ernst; *zcela -ně* mit vollem Ernst, allen Ernstes; **~ný**[2] *m* (*Adj. 1*) Waagemeister *m*.

vběhnout *pf.* (*-hl*), **vbíhat** (hinein-) laufen; ~ *k-u do cesty* j-m in den Weg laufen.

vbí|jet (*3 Pl. -ejí*), **~t** *pf.* (*s. bít*) (hinein-)einschlagen, stanzen.

vbod|nout *pf.* (*-dl*; *-dnut*) (hin)einstechen; **~nutí** *n* (*3*) Einstich *m*.

vbrzku bald, in Kürze.

vcelku insgesamt, im (großen und) ganzen.

vcepovat *pf.* (*-puji*) einpauken, *iron.* einhämmern.

vcít|ění *n* (*3*) Einfühlung *f*; *schopnost* ~ Einfühlungsgabe *f*; **~it se** *pf.* (*do č-o*) sich einfühlen, sich hineinversetzen (in *A*).

včas *Adv.* rechtzeitig, zur rechten Zeit; **~ný** rechtzeitig; *Jur.* fristgerecht.

včel|a *f* (*1a*) Biene *f*; ~ *dělnice* Arbeitsbiene; *chov včel* Bienenzucht *f*; **~ař** *m* (*3*) Imker *m*, Bienenzüchter *m*; **~ařit** ⟨*za- si*⟩ Bienenzucht treiben; **~ařský** Bienen-, Imker-; **~ařství** *n* (*3*) Bienenzucht *f*; **~í** Bienen-; **~ička** *f* (*1c*; *-ček*) Bienchen *n*; **~ín** *m* (*2*; *2. -a*) Bienenstock *m*, **~ník** *m* (*2b*) Bienenkorb *m*; **~ojed** *m* (*1*) *Zo.* Bienenfresser *m*; **~stvo** *n* (*1*; *-stev*) Bienenvolk *n*.

včer|a gestern; **~ejšek** *m* (*2b*; *-šk-*; *2. -ška*) gestrige Tag *m*; *od* (*do*) *-ška* seit (bis) gestern; **~ejší** gestrig, von gestern.

včetně einschließlich; *Hdl.* inbegriffen.

včítat (*co do č-o*) anrechnen (*et.* auf *A*).

včle|nit *pf.*, **~ňovat** (*-ňuji*) eingliedern (*se* sich).

vdaná verheiratet (*Frau*).

vdá|t *pf.*, **~vat** ⟨*pro-*, *za-*⟩ (*za k-o*) *Mädchen* verheiraten (mit *D*); ~ *se* heiraten (*A*), sich verheiraten (mit *D*); **~vání** *n* (*3*) Heirat(en *n*) *f*; *je na* ~ sie ist im heiratsfähigen Alter.

vdav|ekchtivá heiratslustig (*Frau*); **~ky** *f*/*pl.* (*1*; *-vek*) Heirat(en *n*) *f*.

vděč|it ⟨*od- se*, *za- se*⟩ (*za co*) verdanken (*A*); **~nost** *f* (*4*) Dankbarkeit *f*; **~ný** dankbar; *fig.* lohnend.

vdech *m* (*2b*) Einatmen *n*; **~nout** *pf.* (*-chl*), **~ovat** (*-chuji*) einatmen; *Med.* inhalieren; **~ovací** Inhalations-.

vděk *m* (*2b*) Dank *m*; *poet.* Anmut *f*, Reiz *m*; *s. zavděk*; **~uplný** anmutig, reizvoll.

vdolek *m* (*2b*; *-lk-*) *Kochk.* Dalken *m*.

vdov|a *f* (*1*) Witwe *f*; **~ec** *m* (*3*; *-vc-*) Witwer *m*; **~ička** *f* (*1c*; *-ček*) junge (hübsche) Witwe *f*; **~ský** Witwen-; **~ství** *n* (*3*) Witwenstand *m*.

vdýchnout *pf. s. vdechnout.*
ve *s. v.*
véba *f* (*1*) Webe *f.*
věc *f* (*4*) Sache *f*; Gegenstand *m*; *Jur.* Angelegenheit *f*; *Hdl.* (*Akten*) betrifft; *prokázaná* ~ Tatsache; *doličná* ~ Corpus delicti *n*; **~ně** *Adv.* sachgemäß, sachlich, zur Sache; **~nost** *f* (*4*) Sachlichkeit *f*; **~ný** sachlich, Sach-.
vecp(áv)at (*pf.* *-u*) hineinstopfen, hineinzwängen.
več = *v co* woran, worauf.
večer *1. m* (*2a*; *2. -a*) Abend *m*; *dobrý ~!* guten Abend!; *od rána do ~a* von früh bis abend; *2. Adv.* abends, am Abend; *dnes* ~ heute abend; **~ka** *f* (*1c*; *-rek*) *Mil.* Zapfenstreich *m*; **~ní** Abend-, abendlich; **~nice** *f* (*2a*) Abendstern *m*; **~ník** *m* (*2b*) Abendblatt *n*, Abendzeitung *f.*
večeř|adlo *n* (*1a*; *-del*) Speisesaal *m*; **~e** *f* (*2*) Abendessen *n*; *Rel.* Abendmahl *n*; **~et** ⟨*na- se, po-*⟩ (*3 Pl. -eji/-í*) zu Abend essen.
večír F *s. večer*; **~ek** *m* (*2b*; *-rk-*) (*Unterhaltungs-*)Abend *m*, Abendveranstaltung *f.*
věč|nost *f* (*4*) Ewigkeit *f*; *být na -sti* im Jenseits sein; **~ný** ewig.
ved... *in Zssgn s. vést.*
věd|a *f* (*1*) Wissenschaft *f*; **~ec** *m* (*3*; *-dc-*) Wissenschaftler *m*; **~ecký** wissenschaftlich.
vedení *n* (*3*) Führung *f*, Leitung *f*; ~ *pře* Prozeßführung.
věd|ění *n* (*3*) Wissen *n*; *touha po* ~ Wissensdurst *m*; **~ět** (*vím, 3 Pl. vědí, věděn*) wissen; *dát* ~ wissen lassen; *toť se ví!* selbstverständlich!, natürlich!; **~kyně** *f* (*2b*) Wissenschaftlerin *f*, Gelehrte *f.*
vedle *1. Prp.* (*mit 2. Fall*) neben (*auf die Frage wo? mit D*; *wohin? mit A*); *2. Adv.* daneben, nebenan; außer (*D*).
vedlejš|ek *m* (*2b*; *-šk-*) Nachbarschaft *f*, anliegender Teil *m*; *od -ška* von nebenan; **~í** Neben-, anliegend; nebensächlich.
vědní Wissens-.
vědom, ~a (*č-o*) bewußt (*G*); **~ě** *Adv.* bewußt, mit vollem Wissen; **~í** *n* (*3*) Bewußtsein *n*; *fig.* Wissen *n*; *při* ~ bei vollem Bewußtsein; *bez mého* ~ ohne mein Wissen; *brát na* ~ zur Kenntnis nehmen; **~ky** *s. vědomě*; **~o** *s. vědom*; **~ost** *f* (*4*) Wissen *n*, Kenntnis *f*; **~ý** bewußt, wissentlich; ~ *viny* schuldbewußt.
vedoucí *1.* führend, leitend; *2. m* (*Adj. 4*) Leiter *m.*
vedrat se *pf.* (*vderu*) eindringen, sich hineindrängen.
vedro *n* (*1b*; *-der*) Hitze *f*, Schwüle *f.*
vědro *n* (*1b*; *-der*) Eimer *m*, Kübel *m.*
vedřiny *f/pl.* (*1*) Hitzeferien *pl.*
vedví entzwei.
vědychtiv|ost *f* (*4*) Wissensdrang *m*, Wißbegierde *f*; **~ý** wißbegierig, lernbegierig.
veget|ace *f* (*2*) Vegetation *f*; **~arián** *m* (*1*) Vegetarier *m*; **~ářský** vegetarisch; **~ativní** [-tɪː-] vegetativ; **~ovat** (*-tuji*) (dahin)vegetieren.
věhlas *m* (*2*; *6. -u/-e*), **~nost** *f* (*4*) Berühmtheit *f*, Weltruf *m*; **~ný** berühmt, von Weltruf.
vehnat *pf.* (*vženu*) hineintreiben, -jagen.
věch|et *m* (*2b*; *-cht-*), *dim.* **~ýtek** *m* (*2b*; *-tk-*) Strohwisch *m*; Weinkranz *m*; *fig.* Hauch *m.*
vejc|e *n* (*2*; *2 Pl. vajec*) Ei *n*; **~ovitý** eiförmig; **~ovod** *m* (*2a*) *Anat.* Eileiter *m.*
vejčitý eiförmig, oval.
věje *s. vát.*
věji|ce *f* (*2a*), *dim.* **~čka** *f* (*1c*; *-ček*) Leimrute *f*; F *sednout na -ku* auf den Leim gehen.
vějíř *m* (*4*) Fächer *m*; **~ovitý** fächerförmig; **~ový** Fächer-.
vejít *pf.* (*-jdu, -šel*) hineingehen, eintreten; ~ *se* (*kam*) *fig.* hineingehen, Platz haben.
vejpůl P entzwei.
věk *m* (*2b*) (*Lebens-*)Alter *n*; Zeitalter *n*; *na ~y* für alle Zeiten, *poet.* auf ewig; *na ~y ~ů* in alle Ewigkeit; *v mladém ~u* in jungen Jahren; *přetrvat ~y* Jahrhunderte (*od.* Zeiten) überdauern.
veka P *f* (*1c*) Wecken *m.*
věkov|itý jahrhundertealt, uralt; **~ý** Alters-.
velbloud *m* (*1*) Kamel *n*; **~ář** *m* (*3*) Kameltreiber *m*; **~í** Kamel-; **~ice** *f* (*2a*) Kamelstute *f.*
vele... hoch-, sehr, Hoch-, Hohe-, Groß-.
veleb|ení *n* (*3*) Verherrlichung *f*, Lobpreisung *f*; **~it** ⟨*z-*⟩ preisen, rühmen, verherrlichen; **~ník** *m* (*1a*) geistlicher Herr *m*; **~nost** *f* (*4*) Herr-

lichkeit *f*; Majestät *f*; **~ný** erhaben, feierlich; *Rel.* hochwürdig; *-ná svátost* das Allerheiligste.

vele|ctěný sehr geehrt; **~dílo** *n* (*1a*; *-děl*) Meisterwerk *n*; **~důležitý** äußerst wichtig; **~hora** *f* (*1d*) Bergriese *m*; **~horstvo** *n* (*1*; *-stev*), **~hory** *f*/*pl.* (*1*) Hochgebirge *n*; **~chrám** *m* (*2a*) Dom *m*, Kathedrale *f*; **~jemný** hochfein, überaus fein; **~kněz** *m* (*3*; *Pl. -kněží*), **~kněžka** *f* (*1c*; *-žek*) Hohepriester(in *f*) *m*.

velení *n* (*3*) Kommando *n*, Befehl *m*.

vele|píseň *f* (*3*; *-sn-*) *Rel.* Hohelied *n*; **~říše** *f* (*1*) Großreich *n*; **~slavný** hochberühmt.

velet ⟨*po-*, *za-*⟩ befehlen; *lit.* gebieten.

vele|toč *m* (*4*) *Turn.* Riesenwelle *f*; **~tok** *m* (*2b*) (Haupt-)Strom *m* (*Fluß*); **~trh** *m* (*2b*) *Hdl.* Messe *f*; **~tržní** Messe-; **~vážený** sehr geehrt; hochverehrt; **~významný** bedeutungsvoll; **~zrada** *f* (*1*) Hochverrat *m*; **~zrádce** *m* (*3*) Hochverräter *m*; **~zrádný** hochverräterisch.

velice *Adv.* sehr.

velící kommandierend.

velič|enstvo *n* (*1*; *-stev*) Majestät *f*; **~ina** *f* (*1*) Größe *f*; **~it** ⟨*u-*, *z-*⟩ größer machen.

velikán *m* (*1*) Riese *m*; **~ský** riesig, mächtig.

velikáš *m* (*3*) Gernegroß *m*, Wichtigtuer *m*; **~ský** überheblich, größenwahnsinnig; **~ství** *n* (*3*) Größenwahn *m*.

velikono|ce *f*/*pl.* (*2*; *2. -noc*; *3. -ům*; *7. -emi*/*-i*) Ostern *pl. od. n*; **~ční** Oster-.

velik|ost *f* (*4*) Größe *f*; **~ý** *s. velký.*

velitel *m* (*3*; *-é*) Befehlshaber *m*, Kommandant *m*; **~ský** gebieterisch; *Mil.* Kommando-; **~ství** *n* (*3*) Kommando *n*, Kommandantur *f*.

velko|dušnost *f* (*4*) Großmut *f*; **~dušný** großmütig, hochherzig; **~knížectví** *n* (*3*) Großfürstentum *n*; **~lepý** großartig, prächtig; **~město** *n* (*1*) Großstadt *f*; **~městský** großstädtisch; **~moravský** Großmährisch; **~myslnost** *f* (*4*) Großmut *f*; **~myslný** großmütig, hochherzig; **~nákupna** *f* (*1*; *-pen*) Großeinkaufsstelle *f*; **~obchod** *m* (*2*) Großhandel *m*; **~obchodník** *m* (*1a*) Großhändler *m*, Großist *m*; **~panský** (hoch)herrschaftlich; **~páteční** Karfreitags-; **~podnik** *m* (*2b*) Großbetrieb *m*; **~průmysl** *m* (*2a*) Großindustrie *f*; **~rážní** großkalibrig; **~ruský** großrussisch; **~rysost** *f* (*4*) Großzügigkeit *f*; **~rysý** großzügig; **~statek** *m* (*2b*; *-tk-*) Großgrundbesitz *m*; **~statkář** *m* (*3*) Großgrundbesitzer *m*; **~vévodství** *n* (*3*) Großherzogtum *n*; **~výroba** *f* (*1*) Groß-, Massenproduktion *f*; **~výrobní** en gros; **~závod** *m* (*2*) Großbetrieb *m*; **~zrnný** großkörnig.

velký groß; *-ká voda* Hochwasser *n*.

velmi sehr.

vel|mistr *m* (*1*; *-ři*) Großmeister *m*; **~moc** *f* (*4*) Großmacht *f*; **~mocenský** Großmacht-; **~mož** *m* (*3*) Magnat *m*; **~možný** großmächtig.

velryb|a *f* (*1*) Wal(fisch) *m*; **~ář** *m* (*3*) Walfänger *m*; **~ářský** Walfang-; **~í** Wal(fisch)-.

velterový: *-vá váha Sp.* Weltergewicht *n*.

velvyslanec *m* (*3*; *-nc-*) Botschafter *m*; **~ský** Botschafts-; **~tví** *n* (*3*) Botschaft *f*.

vem(te)! P nimm! (nehmen Sie!).

vem|eno *n* (*1*) Euter *n*; **~ínko** *n* (*1b*; *-nek*) *Kochk.* Euter *n*.

vemlouvat einreden; ~ *se k-u* sich einschmeicheln bei (*D*).

ven hinaus, heraus.

véna *f* (*1*) Vene *f*.

věn|coví *n* (*3*) Girlande *f*, Gewinde *n*; **~čit** ⟨*o-*, *za-*⟩ bekränzen; **~čitý** *Anat.* Kranz-, Koronar-; **~ec** *m* (*4*; *-nc-*) Kranz *m*; **~eček** *m* (*2b*; *-čk-*) Kränzchen *n*.

venek *m* (*2b*; *-nk-*) *s. venkov*; *na ~* aufs Land; nach außen.

venerický venerisch, Geschlechts-.

venkoncem P durch und durch, ganz und gar.

venkov *m* (*2*; *2. -a*) Land *n*, Provinz *f*; *v městě i na ~ě* in Stadt und Land; *z ~a* vom Lande; von draußen; **~an** *m* (*1*; *-é*), **~anka** *f* (*1c*; *-nek*) Land-, Dorfbewohner(in *f*) *m*; **~ní** außen befindlich, Außen-; **~ský** ländlich, Land-.

venku draußen; auswärts, außen.

věn|ný Mitgift-; **~o** *n* (*1*) Mitgift *f*, Aussteuer *f*.

věnov|ací Widmungs-; **~ání** *n* (*3*) Widmung *f*, *poet.* Zueignung *f*; **~at** (*im*)*pf.* (*-nuji*) widmen; **~atel** *m* (*3*; *-é*) Stifter *m*, Spender *m*.

ventil [-tɪl] *m* (*2a*) Ventil *n*; **~ace** *f* (*2*) Lüftung *f*; **~ační** Lüftungs-; **~átor** *m* (*2a*) Ventilator *m*; **~ovat** ⟨*vy-*, *z-*⟩ (*-luji*) lüften; F *Frage* erörtern; **~ový** Ventil-.
Venuše *f* (*2*) Venus *f*.
veplout *s. vplout.*
vepř *m* (*3*) Schwein *n*; **~ín** *m* (*2*; *2. -a*), **~inec** *m* (*4*; *-nc-*) Schweinestall *m*; **~ovice** *f* (*2a*) Schweinsleder *n*; ungebrannter Ziegel *m*; **~ovina** *f* (*1*) Schweinefleisch *n*; **~ový** Schweine-; *-vá* F *f* (*Adj. 2*) Schweinebraten *m*.
vepsat *pf.* (*v[e]píšu/-ši*) einschreiben, eintragen.
vepsí: F *být ~* auf den Hund gekommen sein.
verbež P *f* (*3*) Pack *n*, Gesindel *n*.
verbovat ⟨*na-*, *z-*⟩ (*-buji*) P werben; † *Soldaten* anwerben.
věr|nost *f* (*4*) Treue *f*; **~ný** treu; *~ opis* genaue Abschrift.
věro|hodnost *f* (*4*) Glaubwürdigkeit *f*; **~hodný**, **~jatný** glaubwürdig; **~lomnost** *f* (*4*) Treubruch *m*; **~lomný** wortbrüchig, treulos; **~učný** dogmatisch; **~uka** *f* (*1c*) Glaubenslehre *f*.
verpánek *m* (*2b*; *-nk-*) Schusterschemel *m od.* -bank *f*.
versálka *f s. verzálka.*
verse *f s. verze.*
versta *f* (*1*) Werst *f*.
verš *m* (*4*), *dim.* **~í(če)k** *m* (*2b*; [*-čk-*]) Vers *m*; **~otepec** *m* (*3*; *-pc-*) *iron.* Verseschmied *m*; **~ovat** ⟨*z-*⟩ (*-šuji*) Verse machen; **~ový** Vers-.
věru *Adv.* wahrhaftig, wirklich; *na mou ~!* meiner Treu!
verv|a *f* (*1*) Begeisterung *f*, Schwung *m*; **~ní** schwungvoll.
verzál|ka *f* (*1c*; *-lek*) *Typ.* Versal *m*; **~ní** Versal-.
verze *f* (*2*) Version *f*.
veřej|(e) *f* (*3 od. 2*) Türflügel *m*; **~e** *f/pl.* (*2*) Türpfosten *m*, Türstock *m*.
veřej|nost *f* (*4*) Öffentlichkeit *f*; **~ný** öffentlich.
věř|ící gläubig; **~it** ⟨*u-*, *za-*⟩ glauben, Glauben schenken; *~ v k-o, co* glauben an (*A*); **~itel** *m* (*3*; *-é*) Gläubiger *m*.
ves *f* (*4b*; *vs-*) Dorf *n*; *ode vsi ke vsi* von Dorf zu Dorf.
vesel|í *n* (*3*) Fröhlichkeit *f*; Fest *n*; **~ice** *f* (*2a*) Volksfest *n*; **~it se** ⟨*o-*, *po-*, *roz-*, *za-*⟩ sich vergnügen, lustig sein, sich freuen; **~ka** *f* (*1c*; *-lek*) Hochzeitsfest *n*; **~ohra** *f* (*1d*; *-her*) Lustspiel *n*; **~ost** *f* (*4*) Fröhlichkeit *f*, Heiterkeit *f*; **~ý** lustig, fröhlich, heiter, froh; *tam je -lo* dort geht es lustig zu.
věsit ⟨*po-*, *s-*, *za-*⟩ (*-šen*) (auf)hängen; *Kopf, Ohren* hängen lassen.
veskrz(e) *Adv.* durch und durch; durchaus.
veslař *m* (*3*) Ruderer *m*; **~ský** Ruder-; **~ství** *n* (*3*) Rudersport *m*.
vesl|ice *f* (*2a*) Ruderboot *n*; **~o** *n* (*1a*; *-sel*) Ruder *n*; **~ovat** ⟨*pro-*, *za-*⟩ (*-luji*) rudern; **~ový** Ruder-.
vesměs *Adv.* insgesamt; durchweg(s), lauter.
vesmír *m* (*2a*) Weltall *n*, *poet.* All *n*; *let do ~u* (Welt-)Raumflug *m*; **~ný**, **~ový** kosmisch.
vesna *f* (*1*; *-sen*) *poet.* Lenz *m*, Frühling *m*.
vesni|ce *f* (*2a*) Dorf *n*; **~cký** Dorf-, ländlich; **~čan** *m* (*1*; *-é*), **~čanka** *f* (*1c*; *-nek*) Dorfbewohner(in *f*) *m*; **~čka** *f* (*1c*; *-ček*) Dörfchen *n*, kleines Dorf *n*.
vespod(u) unten; *~ č-o* unterhalb [(*G*).
vespol|ek *Adv.* gemeinsam, untereinander, zusammen, *öst.* miteinander; **~ný** † gemeinschaftlich, gegenseitig.
vést ⟨*do-*, *po-*, *pro-*, *při-*, *s-*, *za-*⟩ (*vedu*, *-dl*, *-den*) führen; leiten; *zur Arbeit* anleiten; *~ se* Hand in Hand (*od.* Arm in Arm) gehen; ergehen; *~ si* sich benehmen; verfahren, vorgehen; *jak se Vám vede?* wie geht es Ihnen?
vesta *f* (*1*) Weste *f*.
vesta|věný: *~ nábytek* Einbaumöbel *n/pl.*; **~vět** *pf.* (*3 Pl. -ějí*) einbauen; **~vit** *pf.* hineinstellen.
Vestfál|sko *n* (*1b*) Westfalen *n*; **⁂ský** westfälisch.
vestibul [-stɪ-] *m* (*2a*) Vorhalle *f*.
věst|it (*-štěn*) *v/t* verkünden; hindeuten (auf *A*); **~ník** *m* (*2b*) Anzeiger *m*, Mitteilungs-, Verordnungsblatt *n*.
veš *f* (*4a*; *vš-*; *7 Pl. vešmi*) Laus *f*.
věš|ák *m* (*2b*) Kleiderrechen *m*, -ständer *m*; Aufhänger *m*; **~et** ⟨*na-*, *po-*, *při-*, *z-*, *za-*⟩ (*3 Pl. -ejí*) (auf-)hängen; F *~ se k-u na krk* sich j-m an den Hals hängen; *~ se na paty fig.* an den Fersen haften; *~ hlavu* den Kopf hängen lassen.

veškerý alle, gesamt, jegliche.
věšt|ba *f* (*1*; *-teb*) Weissagung *f*, Prophezeiung *f*; **~ec** *m* (*3*; *-tc-*) Seher *m*; **~ecký** prophetisch; **~ění** *n* (*3*) Wahrsagen *n*, Wahrsagerei *f*; **~it** ⟨*za-*⟩ weissagen, prophezeien; **~ka** *f* (*1c*; *-tek*), **~kyně** *f* (*2b*) Seherin *f*, Prophetin *f*; Wahrsagerin *f*.
veštvat *pf*. (*-u*) hineinhetzen, hineintreiben.
veta *f* (*1*) Ende *n*, Schluß *m*; *je po něm* ~ es ist aus mit ihm; *je po všem* ~ alles ist verloren; *za -tu* um die Wette.
věta *f* (*1*) Satz *m*, Lehrsatz *m*.
veterán *m* (*1*) Veteran *m*.
větérek *m* (*2b*; *-rk-*) Lüftchen *n*, Brise *f*.
veterin|ární veterinär, tierärztlich; **~ář** *m* (*3*) Veterinär *m*, Tierarzt *m*.
veteš *f* (*3*) Trödelkram *m*, Gerümpel *n*, Plunder *m*; **~nický** Trödel-, Trödler-; **~nictví** *n* (*3*) Altwarenhandlung *f*; **~ník** *m* (*1a*), **~nice** *f* (*2a*) Altwarenhändler(in *f*) *m*, Trödler(in *f*) *m*.
větev *f* (*3*; *-tv-*) Ast *m*, Zweig *m*; **~natý** verzweigt, verästelt, astreich.
vetch|ost *f* (*4*) Gebrechlichkeit *f*; **~ý** gebrechlich; *Stoff*: schäbig, abgenutzt; *Haus*: baufällig; *Holz*: morsch.
vetk|(áv)at einweben; **~nout** *pf*. (*-kl*; *-knut*) einfügen, (hin)einstecken, einstechen.
vět|ný *Gr*. Satz-; **~osled** *m* (*2a*) Satzfolge *f*.
větoslov|í *n* (*3*) Satzlehre *f*, Syntax *f*; **~ný** syntaktisch.
vetovat (*im*)*pf*. (*-tuji*) ein Veto einlegen.
větr|- *s. vítr*; **~ací** Lüftungs-; *Bgb*. Wetter-; **~ák** *m* (*2b*) Lüftung(svorrichtung) *f*; **~ání** *n* (*3*) Ventilation *f*; Lüften *n*; *Bgb*. Bewetterung *f*; **~at** ⟨*o-*, *od-*, *pro-*, *roz-*, *vy-*, *z-*⟩ (aus-)lüften; *Felsen*: verwittern; *Bier*: schal werden; **~ňák** P *m* (*2b*) Windmühle *f*; **~ník** *m* (*2b*) Windmühle *f*; Wetterfahne *f*; Lüfter *m*, Ventilator *m*; **~ný** Wind-, windig; *-ná bouře* Gewittersturm *m*, *poet*. Sturmwind *m*; ~ *zámek fig*. Luftschloß *n*; *je -no* es ist windig.
větro|jem *m* (*2a*) Windfang *m*; **~lam** *m* (*2a*) Windschutzgürtel *m*; **~měr** *m* (*2a*) Windmesser *m*; **~ň** *m* (*4a*) Segelflugzeug *n*; **~plach** *m* (*1a*) *iron*. Windbeutel *m*, Leichtfuß *m*.
větr|ovka *f* (*1c*; *-vek*) Anorak *m*, Windjacke *f*; Luftgewehr *n*; **~ový** Wind-; **~y** *m*/*pl*. (*2*) *Med*. Blähungen *f*/*pl*., Winde *m*/*pl*.; *Bgb*. schlagende Wetter *pl*.
vetřel|ec *m* (*3*; *-lc-*), **~kyně** *f* (*2b*) Eindringling *m*.
vetřít *pf*. (*-třu*, *-třel*, *-třen*) einreiben; ~ *se* (*kam*) eindringen, sich hineindrängen.
větř|ení *n* (*3*) *Jagdw*. Witterung *f*, Wind *m*; **~it** ⟨*pro-*, *vy-*, *z-*, *za-*⟩ wittern, *fig*. *iron*. Lunte riechen, Wind bekommen (von *D*).
vetšet ⟨*po-*, *z-*⟩ (*3 Pl*. *-ejí*) alt (*od*. morsch, baufällig) werden.
větší (*Komp*. *zu velký*) größer; ~ *potřeba* Mehrbedarf *m*.
většin|a *f* (*1*) Mehrheit *f*, Mehrzahl *m*; ~ *hlasů* Stimmenmehrheit; *usnesení -ny* Mehrheitsbeschluß *m*; *v převážné -ně případů* in den allermeisten Fällen; **~ou** größtenteils, meist; **~ový** Mehrheits-.
větv|ička *f* (*1c*; *-ček*) kleiner Zweig, Ästchen *n*; **~oví** *n* (*3*) Astwerk *n*.
větýrek *m s. větérek*.
vever|čí Eichhörnchen-; **~ka** *f* (*1c*; *-rek*) Eichhörnchen *n*.
vevnitř *Adv*. innen, inwendig.
vévod|a *m* (*5*) Herzog *m*; **~it** (*č-u*) *lit*. thronen (über *D*), beherrschen (*A*); **~kyně** *f* (*2b*) Herzogin *f*; **~ský** herzoglich, Herzogs-; **~ství** *n* (*3*) Herzogtum *n*.
věz! *lit*. wisse!, nimm zur Kenntnis!; *s. vědět*.
vezdejší täglich; *Leben*: irdisch, zeitlich.
vezdít *pf*. (*-il*, *-ěn*) einmauern.
vězeň *m* (*3a*; *-zně*, *-zni usw*.), **~kyně** *f* (*2b*) Häftling *m*, Strafgefangene(r) *m*/*f*.
věze|ní *n* (*3*) Gefängnis *n*; Haft (-strafe) *f*; *domácí* ~ Hausarrest *m*; **~ňský** *1*. Gefangenen-, Gefängnis-; *2*. *m* (*Adj*. *1*) Gefangenenaufseher *m*, Gefängniswärter *m*, *hist*. Kerkermeister *m*.
vězet stecken; *v čem to -zí?* woran liegt das?; F *tu to -zí!* da liegt der Hund begraben!
vezm... *in Zssgn s. vzít*.
vězn|ění *n* (*3*) Gefangenschaft *f*, Haftzeit *f*; **~ice** *f* (*2a*) Strafanstalt *f*;

~it ⟨*u-*⟩ (*-ěn*) gefangenhalten; **~itel** *m* (*3*; *-é*) Kerkermeister *m*.
vézt ⟨*do-, na-, od-, po-, pře-, při-, u-, za-*⟩ (*vezu, -zl, -zen*) *v/t* fahren; befördern, bringen, schaffen; *~ se v/i* (*na saních* Schlitten) fahren.
věž *f* (*3*) Turm *m*; *skoky s ~e Sp.* Turmspringen *n*; **~ák** *m* (*2b*) Hochhaus *m*, Wohnturm *m*; **~atý** mit vielen Türmen (verziert *od.* bewehrt); **~ička** *f* (*1c*; *-ček*) Türmchen *n*; *Arch.* Dachreiter *m*; **~it** ⟨*na-*⟩ (auf)türmen; *~ se* sich türmen; **~ní** Turm-; **~ník** *m* (*1a*), **~ný** *m* (*Adj. 1*) Turmwächter *m*; **~ový** Turm-, *in Zssgn* -türmig.
vhánět (*3 Pl. -ějí*) *s. vehnat.*
vházet *pf.* (*3 Pl. -ejí*), **vhazovat** (*-zuji*) *s. vhodit.*
vhod *Adv.* recht, gelegen, erwünscht; *být ~* recht sein, passen; *udělat co ~* et. recht machen.
vhodit *pf.* (*-zen*) einwerfen.
vhod|nost *f* (*4*) Zweckmäßigkeit *f*, Eignung *f*; **~ný** passend, geeignet, treffend; *Zeit*: recht, gelegen; *neuznávám za -né* ich finde es nicht angebracht.
vhození *n* (*3*) Einwurf *m*.
vhrknout *pf.* (*-kl/-knul*): *~ do očí Tränen*: in die Augen treten.
vhrnout se *pf.* hineinstürzen; *Menge*: strömen; *Blut*: schießen.
vcházet (*3 Pl. -ejí*) *s. vejít.*
vchod *m* (*2a*) Eingang *m*; Eintritt *m*; *~ zakázán!* Eintritt verboten!
vchrstnout *pf.* (*-tl/-tnul*) rasch hineinschütten; *Getränk* hinunterstürzen; *ins Gesicht* spritzen.
ví, víte *s. vědět.*
viadukt *m* (*2*; *6. -u/-ě*) Viadukt *m*, Überführung *f*.
vibr|ace *f* (*2*) Vibration *f*; **~ovat** ⟨*roz-, za-*⟩ (*-ruji*) vibrieren.
víc(e) *Adv.* mehr; *~ než sto korun* über 100 Kronen; *tím ~* um so mehr; *-e méně* mehr oder weniger; *~ a ~* immer mehr; *čím ~* je mehr; *in Zssgn* mehr-.
více|barevný mehrfarbig; **~krát** mehrmals; **~místný** mehrstellig; **~násobný** mehrfach; **~práce** *f* (*2*) Mehrarbeit *f*; **~stranný** mehrseitig.
víckrát *s. vícekrát.*
vičenec *m* (*4*; *-nc-*) *Bot.* Esparsette *f*.
víčko *n* (*1b*) Deckel *m*; Augenlid *n*.
vid *m* (*2a*) *Gr.* Aspekt *m*, Aktionsart *f*; F *ani ~u ani slechu* keine Spur.
viď(te)? *Int.* nicht wahr?, *öst.* gelt?
vida! sieh da!, sieh (mal) an!; *s. a. vidět.*
vídat öfter sehen *od.* treffen.
viděn|á *f* (*Adj. 2*) Wiedersehen *n*; *na -nou!* auf Wiedersehen!; *směnka na -nou Hdl.* Sichtwechsel *m*; **~í** *n* (*3*) Sehen *n*; Erscheinung *f*, Vision *f*.
vídeňský Wiener.
vid|ět ⟨*u-*⟩ sehen; *je ~* es ist zu sehen; *~ co na kom* j-m et. ansehen; *jak ~* wie man sieht; *viz nahoře!* siehe oben!; **~ina** *f* (*1*) Vision *f*, Trugbild *n*; Ideal *n*; **~itelný** sichtbar; sichtlich, merklich.
vidl|ák *m* (*1a*) Gabelhirsch *m*; **~e** *f/pl.* (*2*) (*Heu-, Mist-*)Gabel *f*; **~ice** *f* (*2a*) *Tech., El.* Gabel *f*; **~icovitý** gabelförmig, Gabel-; **~ička** *f* (*1c*; *-ček*) (*Eß-*)Gabel *f*.
vid|mo *n* (*1*; *-dem*) Spektrum *n*; **~no** ersichtlich, zu sehen; **~omý**, **~oucí** sehend; **~ovat** (*im*)*pf.* (*-duji*) vidieren, unterschreiben.
Vietnam *m* (*2a*) Vietnam *n*; **~ský** vietnamesisch.
vích *m* (*2b*) (*Stroh-*)Wisch *m*.
vich|r *m* (*2a*), **~řice** *f* (*2a*) Sturm *m*, Orkan *m*; **~řicový**, **~řičný** stürmisch; **~řit** ⟨*za-*⟩ *Sturm*: toben, tosen; schwingen, fuchteln (mit *D*).
vij|adlo *n* (*1a*; *-del*), **~ák** *m* (*2b*) Winde *f*, Haspel *f*.
vika *f* (*1c*) Wicke *f*.
vikář *m* (*3*) Vikar *m*; **~ství** *n* (*3*) Vikariat *n*.
víkend *m* (*2*; *6. -u/-ě*) Wochenende *n*; **~ový** Wochenend-.
vikev *f* (*3*; *-kv-*) Wicke *f*.
vikl|at ⟨*po-, roz-, z-, za-*⟩ (*čím*) wackeln (mit *D*), rütteln (an *D*); *~ se* wackeln; *fig.* wankend werden; **~avý** wack(e)lig; *fig.* wankend.
víko *n* (*1b*) Deckel *m*.
vikýř *m* (*4*) Dacherker *m*; Dachfenster *n*, Dachluke *f*.
vila *f* (*1a*) Villa *f*.
víla *f* (*1a*) Fee *f*, (*Wasser-*)Nixe *f*.
vilař P *m* (*3*) Villenbesitzer *m*.
vilka *f* (*1c*; *-lek*) kleine Villa *f*.
viln|ík *m* (*1a*) Wollüstling *m*; **~ost** *f* (*4*) Wollust *f*, Geilheit *f*; *vražda z ~i* Lustmord *m*; **~ý** wollüstig, geil.
vilový Villen-.
vina *f* (*1*) Schuld *f*, Verschulden *n*;

vědomí -ny Schuldbewußtsein *m*; *důkaz -ny* Schuldbeweis *m*; *bez -ny* schuldlos; *to není mou -nou* ich bin nicht schuld daran.
vin|árenský Wein(stuben)-; **~árna** *f* (*1*; *-ren*) Weinstube *f*; **~ař** *m* (*3*) Weinbauer *m*, Winzer *m*; Weintrinker *m*; **~ařit** Weinbau treiben; **~ařský** Winzer-; **~ařství** *n* (*3*) Weinbau *m*.
vindra *f* (*1d*; *-der*) F *nemám ani -ru* ich habe keinen roten Heller mehr.
vín(eč)ko *m* (*1b*; *-[č]ek*) guter Wein *m*, F guter Tropfen *m*.
vínek *m* (*2b*, *-nku*) Kränzchen *n*, Taufband *n*; *dát do -nku* als Patengeschenk geben.
vinen (*čím*) schuld(ig) an (*D*); *nejsem tím ~* das ist nicht meine Schuld.
viněta *f* (*1*) Vignette *f*.
vinice[1] *f* (*2a*) Weinberg *m*.
vin|ice[2] *f* (*2a*) Schuldige *f*; **~ík** *m* (*1a*) Schuldige(r) *m*; **~it** ⟨*za-*⟩ (*k-o z č-o*) beschuldigen (j-n *G*), zur Last legen (j-m *A*).
vin|na, ~no, ~ný[1] *s. vinen.*
vinný[2] Wein-.
víno *n* (*1*; *6. -ě|-u*) Wein *m*.
vino|braní *n* (*3*) Weinlese *f*; **~hrad** *m*; (*2*; *6. -ě|-u*) Weinberg *m*; **~palna** P *f* (*1*; *-len*) Branntweinbrennerei *f*; **~rodý** weinreich.
vinout ⟨*na-*, *po-*, *pro-*, *s-*, *za-*⟩ winden, wickeln; *~ se* sich winden, (*Weg*) sich schlängeln; *~ se* (*ke k-u*) sich (an)schmiegen (an *A*).
vínový Wein-; *-vě červený* weinrot.
vinšovat P ⟨*po-*, *za-*⟩ (*-šuji*) wünschen.
vinutí *n* (*3*) Winden *n*; *El.* Windung *f*, Wicklung *f*.
viol|a *f* (*1a*) Bratsche *f*, Viola *f*; **~ista** *m* (*5a*) Bratschist *m*; **~ový** Bratschen-; **~ka** *f* (*1c*; *-lek*) Veilchen *n*.
vír *m* (*2a*) Wirbel *m*, Strudel *m*; Wirbelwind *m*; *fig.* Taumel *m*.
víra *f* (*1d*; *2 Pl. věr*) Glaube *m* (*v co* an *A*).
virgule *f* (*2*) Wünschelrute *f*.
vírný wirbelnd, sich drehend.
virtuóz|ní virtuos; **~nost** *f* (*4*) Virtuosität *f*.
viržink|a *f* (*1c*; *-nek*), **~o** *n* (*1b*; *-nek*) Virginiazigarre *f*.
víř|ení *n* (*3*) Wirbeln *n*; (*Trommel-*) Wirbel *m*; **~enka** *f* (*1c*; *-nek*) Glokkentierchen *n*; **~it** ⟨*roz-*, *za-*⟩ wirbeln; **~ivý** wirbelnd, Wirbel-; *Kfz.* Verwirbelungs-.
vis *m* (*2a*) *Turn.* Hang *m*; *~ střemhlav* Sturzhang; **~ací** Hänge-; *~ zámek* Vorhängeschloß *n*; **~ačka** *f* (*1c*; *-ček*) *Hdl.* Hängekarte *f*, Lagerfachkarte *f*; **~et** ⟨*od-*⟩ *v/i* hängen.
viska F *f* (*1c*) *s. whisky.*
víska *f* (*1c*; *-sek*) Dörfchen *n*; *vgl. ves.*
vískat ⟨*po-*⟩: *~ ve vlasech* Läuse suchen (im Haar), lausen (*A*).
viskózní viskos, zähflüssig, klebrig.
vismo *Adv. Turn.* (herab)hängend; *~ ručkovat* hangeln.
visutý hängend, Hänge-; *-tá dráha* Schwebebahn *f*.
viš|eň *f* (*3*; *-šně*, *-šni usw.*) Weichselbaum *m*; **~ně** *f* (*2b*; *-í*) Weichsel *f*, (Sauer-)Kirsche *f*; **~ňovka** *f* (*1c*; *-vek*) Weichsellikör *m*; Stock *m* (*od* Pfeife *f*) aus Weichselholz; **~ňový** Weichsel-; *lit.* kirschrot.
Vít *m* (*1*): *tanec sv. ~a Med.* Veitstanz *m*; *s. chrám.*
vít ⟨*na-*, *po-*, *za-*⟩ (*viji*, *vil*, *vit*) winden, flechten; *Blumen* binden; *s. vát.*
vítací Begrüßungs-, Empfangs-.
vit|alita *f* (*1*) Vitalität *f*; **~ální** vital; **~amín** *m* (*2a*) Vitamin *n*; *obsahující ~* vitaminhaltig; *bohatý na ~y* vitaminreich.
vít|án willkommen; **~ání** *n* (*3*) Begrüßung *f*; **~aný** *s. vítán*; **~at** ⟨*při-*, *u-*, *za-*⟩ begrüßen, willkommen heißen; *-ám tě!* (sei) willkommen!
víte *s. vědět.*
vítěz *m* (*3*; *-ové*) Sieger *m*; **~it** ⟨*z-*⟩ (*nad kým*) siegen (über *A*); besiegen (*A*); **~ný** siegreich, Sieges-, Triumph-; **~osláva** *f* (*1*) Siegeszug *m*; Triumph *m*; **~oslavný** triumphal, Triumph-; **~ství** *n* (*3*) Sieg *m*; *~ o body Sp.* Punktsieg.
vítr *m* (*2a*; *-vět-*; *5 Sg.*, *-ře!*) Wind *m*; *severní ~* Nordwind; *~ v zádech* Rückenwind; *~ z protivné strany* Gegenwind; *po větru* in Windrichtung; *Mar.* unter dem Wind; *cítit se za větrem* sich geborgen fühlen; *je kam ~, tam plášť fig.* er hängt den Mantel nach dem Wind; *s. a. větry.*
vitr|ážka *f* (*1c*; *-žek*) Scheibengardine *f*; **~ína** *f* (*1*) Vitrine *f*, Schaukasten *m*.

viz! siehe (*tam* dort)!; *s. vidět.*
viz|e *f* (*2*) Vision *f*; **~írka** *f* (*1c*; *-rek*) *Fot. s. hledáček.*
vizit|a *f* (*1*) Visite *f*, Krankenbesuch *m*; **~ka** *f* (*1c*; *-tek*) Visit(en)karte *f*.
vizuální visuell.
vízum *n* (*5*) Visum *n*.
vížka *f* (*1c*; *-žek*) Türmchen *n*.
vjedno zusammen.
vjem *m* (*2a*) Wahrnehmung *f*, Eindruck *m*.
vjet *pf.* (*vjedu, vjel*) (hin-, her)einfahren (*a. Esb.*); hineinreiten; *~ na dno Mar.* auf Grund laufen; *~ do přístavu* in den Hafen einlaufen.
vjezd *m* (*2*; *6. -u/-ě*) Einfahrt *f*; (feierlicher) Einzug *m*; **~ový** *Esb.* Einfahrt-.
vjíždět (*3 Pl. -ějí*) *s. vjet.*
vkapávat (ein)träufeln.
vklad *m* (*2*; *6. -u/-ě*) Einlage *f*; Spareinlage *f*; (*Spiel-*)Einsatz *m*; *Jur.* Einverleibung *f*; **~atel** *m* (*3*; *-é*) Einzahler *m*.
vkládat *s. vložit.*
vklad|ní Einlage-; **~ný** *Gr.* eingeschoben, beweglich (*z.B.* -e-).
vkleče *Adv.* kniend, auf den Knien.
vklínit *pf.* einkeilen; verkeilen.
vkloubit *Pf. Glied* einrenken.
vklouznout *pf.* (*-zl*) hineinschlüpfen, hineinrutschen.
vkrá|dat se, ~st se *pf.* (*vkradu, -dl*) sich (hin)einschleichen; *Angst*: befallen.
vkrát|ku, ~ce *Adv.* in Kürze, binnen kurzer Zeit.
vkročit *pf.* eintreten; *~ do pokoje* das Zimmer betreten.
vkus *m* (*2a*) Geschmack *m*; *bez ~u* geschmacklos; *věc ~u* Geschmacksache *f*; **~ný** geschmackvoll.
vláček *m* (*2b*; *-čk-*) Züglein *n*.
vláč|et ⟨*na-, o-, po-, pod-, pře-, z-, za-*⟩ (*3 Pl. -ejí*) schleppen; *Rock, Menschen* schleifen; *Feld* eggen; **~ivý** schleppend; **~ka** *f* (*1c*; *-ček*) Eggen *n*.
vláč|nět ⟨z-⟩ (*3 Pl. -ějí*) geschmeidig (*od.* dehnbar) werden; **~nost** *f* (*4*) Geschmeidigkeit *f*, Biegsamkeit *f*, Dehnbarkeit *f*; **~ný** geschmeidig, biegsam, dehnbar.
vláda *f* (*1*) Regierung *f*; Macht *f*; Herrschaft *f*.
vladař *m* (*3*), **~ka** *f* (*1c*; *-řek*) Herrscher(in *f*) *m*, Regent(in *f*) *m*; **~ení** *n* (*3*) Herrschaft *f*, Regierung *f*; **~it** herrschen, regieren; **~ský** Herrscher-; **~ství** *n* (*3*) Regentschaft *f*.
vlád|ce *m* (*3*), **~kyně** *f* (*2b*) Herrscher(in *f*) *m*, Gebieter(in *f*) *m*; **~ní** Regierungs-; **~noucí** herrschend; **~nout** ⟨*za-*⟩ (*-dl*) (*čím, k-u, nad čím, kým*) regieren, beherrschen (*A*); herrschen (über *A*); *~ prostředky* über die Mittel verfügen; *~ perem, štětcem* die Feder, den Pinsel führen; *~ údy* die Glieder frei bewegen; **~ychtivost** *f* (*4*) Herrschsucht *f*; **~ychtivý** herrschsüchtig.
vladyka *m* (*5*) *hist.* (niederer) Edelmann *m*; Oberhaupt *n*.
vláha *f* (*1b*) Nässe *f*, Feuchtigkeit *f*.
vlah|oměr *m* (*2a*) Hygrometer *n*; **~ý** lau(warm), feucht(warm), mild.
vlaj|ečka *f* (*1c*; *-ček*) Fähnchen *n*, Wimpel *m*; **~ící** wehend, *fig.* fliegend; **~ka** *f* (*1c*; *-jek*) Flagge *f*, Fahne *f*; *ozdoben ~mi* beflaggt, fahnengeschmückt; **~konoš** *m* (*3*) Fahnenträger *m*; **~kosláva** *f* (*1*) *Sp.* Flaggenparade *f*; **~kový** Flaggen-; *-vá tyč* Fahnenstange *f*.
vlak *m* (*2b*) Zug *m*; *jízda ~em* Bahnfahrt *f*.
vlákat *pf.* (hinein)locken.
vlák|énko *n* (*1b*; *-nek*) Fäserchen *n*; **~enný** Faser-; **~nina** *f* (*1*) Zellstoff *m*; *Bot.* Faserstoff *m*; *Med.* Fibrin *n*; **~nitý** faserartig, Faser-; **~no** *n* (*1*; *-ken*; *6. -u/-ě*) Faser *f*; Faden *m*; Strich *m* (*beim Kämmen*); *žhavicí ~ El.* Glühfaden.
vlak|opis *m* (*2*; *6. -e/-u*) *Esb.* Fahrbericht *m*; **~ový** Zug-, Bahn-; **~vedoucí** *m* (*Adj. 4*) Zugführer *m*.
vlákýnko *n s. vlákénko.*
vlámat (se) *pf.* (*-u*) einbrechen (*kam* in *A*).
vlámský flämisch.
vlas *m* (*2*; *6. -e/-u*) Haar *n*; (*Uhr-*) Unruhfeder *f*; Angelschnur *f*; *Bot.* Fadenlage *f*; *Typ.* Abstrich *m*; *vzrůst ~ů* Haarwuchs *m*; *olej na ~y* Haaröl *n*; *proti ~u* gegen den Strich; *~y pl. a. koll.* Haar *n*; **~áč** *m* (*3*) Langhaarige(r) *m*.
vlas|atice *f* (*2a*) Komet *m*; **~atý** langhaarig; behaart; **~ec** *m* (*4*; *-sc-*) Angelschnur *f*.
vlás|ečnice *f* (*2a*) Kapillargefäß *n*; **~ek** *m* (*2b*; *-sk-*) Härchen *n*, Haar *n*; **~enka** *f* (*1c*; *-nek*) Perücke *f*, Zweitfrisur *f*; Haarnadel *f*; Haar-

nadelkurve *f*; **~enkář** *m* (*3*) Perückenmacher *m*; **~kovitý** haarförmig; haarfein; **~nička** *f* (*1c*; *-ček*) Haarnadel *f*; *s. a. vlásenka.*
vlasov|itý *s. vláskovitý*; **~ý** Haar-, haarfein; *Med.* Kapillar-.
vlast *f* (*4*) Vaterland *n*, Heimat *f*; *láska k ~i* Vaterlandsliebe *f*.
vlást † *s. vládnout.*
vlasten|čení *n* (*3*) Hurrapatriotismus *m*; **~čit** ⟨*po-, za- si*⟩ den großen Patrioten spielen; **~ec** *m* (*3*; *-nc-*) Patriot *m*; **~ecký** patriotisch; vaterländisch, Heimat-; **~ectví** *n* (*3*) Patriotismus *m*, Vaterlandsliebe *f*; **~ka** *f* (*1c*; *-nek*) Patriotin *f*.
vlasti|věda *f* (*1*) Heimat-, Vaterlandskunde *f*; **~vědný** heimatkundlich; **~zrada** *f* (*1*) Landesverrat *m*; **~zrádce** *m* (*3*) Landes-, Vaterlandsverräter *m*; **~zrádný** landesverräterisch.
vlast|ně *Adv.* eigentlich, im Grunde genommen; **~ní** eigen; *Sohn usw.*: leiblich; Selbst-, Eigen-; eigentlich; **~nice** *f* (*2a*) Eigentümerin *f*; **~nický** Eigentums-; **~nictví** *n* (*3*) Eigentum *n*; **~ník** *m* (*1a*) Eigentümer *m*; **~nit** besitzen; *~ si* ⟨*při-*⟩ sich aneignen; **~noruční** eigenhändig; **~nost** *f* (*4*) Eigenschaft *f*.
vlášení *n* (*3*) *Bot.* Wurzelhaar *n*.
vlašský welsch; *~ ořech* Walnuß *f*.
vlaštov|(i)čí Schwalben-; **~ice** *f* (*2a*), *dim.* **~ička** *f* (*1c*; *-ček*), **~ka** *f* (*1c*; *-vek*) Schwalbe *f*; **~ičník** *m* (*2b*) Schöllkraut *n*.
vlát ⟨*o(be)-, pro-, za-*⟩ (*3. vlaje*) *Fahne*: wehen, flattern; *Haare*: fliegen; *Kleid*: wallen.
vlaž|ička P *f* (*1c*; *-ček*) wohltuender Regen *m*; **~it** ⟨*na-, o-, pro-, za-*⟩ befeuchten, benetzen; **~nost** *f* (*4*) Lauheit *f*; **~ný** lauwarm; *fig.* lau, lässig.
vlč|ák *m* (*1a*) Wolfshund *m*; **~átko** *n* (*1b*; *-tek*), **~e** *n* (*4*) Jung-, Nestwolf *m*; **~ek** *m* (*1a*; *-čk-*) junger Wolf *m*; (*2b*; *-čk-*) Kreisel *m* (*Spiel*); **~í** Wolfs-; *~ mák* Klatschmohn *m*; *~ mlha* Tagblindheit *f*; **~ice** *f* (*2a*) Wölfin *f*; **~ina** *f* (*1*) Wolfsfell *n*.
vléci ⟨*do-, po-, pře-, za-*⟩ (*vleku/-ču, -kl, -čen*) schleppen, schleifen.
vleč|ka *f* (*1c*; *-ček*) Schleppe *f*; *Esb.* Anschlußgleis *n*; **~ňák** P *m* (*2b*) (*Auto-*)Anhänger *m*; **~ný** Schlepp-; *-ná cesta* Treidelweg *m*.
vlek *m* (*2b*) Schleppen *n*; Schleppzug *m*; **~lý** schleppend, langwierig; *Med.* schleichend.
vlepit *pf.* einkleben; P *~ jednu j-m* e-e Ohrfeige geben, e-e schmieren.
vletět, vlétnout *pf.* (*-tl*) hineinfliegen; *fig.* hereinstürzen.
vlévat (hin)eingießen; *~ se* sich ergießen, münden.
vlevo links; *~ hleď! Mil.* die Augen links!; *~ v bok!* links um!
vlézt *pf.* (*vlezu, -zl*) (hinein)kriechen.
vleže *Adv.* liegend, im Liegen.
vlha *f* (*1b*) *Zo.* Bienenfresser *m*.
vlh|čit ⟨*na-, o-, pro-, za-*⟩ anfeuchten; **~ko** *n* (*1b*) Feuchtigkeit *f*, Nässe *f*; *Adv.* feucht; *chránit od -ka!* vor Nässe schützen!; **~koměr** *m* (*2a*) Hygrometer *n*; **~kost** *f* (*4*) Feuchtigkeit *f*; **~ký** (*Komp. -č[ejš]í*; *Adv. -ce*) feucht, naß; **~nout** ⟨*na-, pro-, za-*⟩ (*-hl*) feucht werden.
vlíd|nost *f* (*4*) Freundlichkeit *f*; **~ný** freundlich, zuvorkommend.
vlichotit se *pf.* (*k-u*) sich einschmeicheln (bei *D*).
vlít *pf.* (*vliji/ -eji, -il*) (hin)eingießen; einflößen.
vlítnout *pf. s. vletět.*
vliv *m* (*2a*) Einfluß *m*, Einwirkung *f*.
vlívat *s. vlévat.*
vlivný einflußreich.
vlk *m* (*1a*) Wolf *m*; (*2b*) Kreisel *m* (*Spiel*); *Bot.* Nebentrieb *m*; **~odlak** *m* (*1a*) Werwolf *m*.
vlna[1] *f* (*1*) Welle *f*, Woge *f*.
vln|a[2] *f* (*1*) Wolle *f*; **~ař** *m* (*3*) Wollhändler *od.* -arbeiter, -fabrikant *m*; **~ařský** Woll(e)-; **~ařství** *n* (*3*) Wollhandel *m*.
vlnění *n* (*3*) Wellengang *m*, Wogen *n*; *Phys.* Schwingung *f*.
vlněný wollen, Woll-.
vlni|t ⟨*na-, po-, pro-, roz-, z-, za-*⟩ kräuseln; *~ se* wogen; sich kräuseln; **~tý** gewellt, wellenförmig, Wellen-; Well-(*Pappe, Blech*).
vlno|bití *n* (*3*) Wellenschlag *m*; **~lam** *m* (*2a*) Wellenbrecher *m*; **~měr** *m* (*2a*) Wellenmesser *m*; **~vitý** wellenförmig; **~vka** *f* (*1c*; *-vek*) Wellenlinie *f*; **~vý** Wellen-.
vločk|a *f* (*1c*; *-ček*) Flocke *f*; **~ovitý** flockig; **~ový** Flocken-.
vloha *f* (*1b*), *mst -hy pl.* (geistige) Veranlagung *f*, Begabung *f*.
vlom *m* (*2a*) Einbruch *m*.

vloni voriges Jahr, im Vorjahr.
vloudit se *pf.* sich einschleichen (*do č-o* in *A*); *Fehler*: unterlaufen.
vloup|ání *n* (*3*) Einbruch *m*; *bezpečný proti* ~ einbruchsicher; **~at se** *pf.* (*-u*/*-ám*) einbrechen (*do č-o, kam* in *A*).
vlož|ení *n* (*3*) Einlage *f*; *Jur.* Eintragung *f*; **~it** *pf.* einlegen, einfügen, einschalten; *Aufgabe* übertragen; *in ein Buch* eintragen; F ~ *ku srdci* ans Herz legen; ~ *se do č-o* dazwischentreten, eingreifen, sich ins Mittel legen; **~ka** *f* (*1c*; *-žek*) Einlage *f*; Einlageblatt *n*; Einsatz *m*; *Gr.* Schaltsatz *m*; ~ *do knihy* Lesezeichen *n*; *izolační* ~ Isolierglied *n*; **~ková** Einsatz-, Einlage-, Einlege-.
Vltav|a *f* (*1*) Moldau *f* (*Fluß*); **2ský** Moldau-.
vlys *m* (*2a*) *Arch.* Fries *m*.
vmačkat *pf.* hineinpressen; eindrücken.
vmést *pf.* (*s. mést*) hineinfegen; *Beleidigung* ins Gesicht schleudern.
vměstnat *pf.* hineinzwängen; ~ se sich hineindrängen.
vměšov|ání *n* (*3*) Einmischung *f*; **~at se** (*-šuji*) sich (hin)einmischen.
vmet|ek *m* (*2b*; *-tk-*) Blutgerinnsel *n*, Embolus *m*; **~nout** *pf.* (*-tl*; *-tnut*) (hinein)schleudern.
vmí|chat, ~sit *pf.* (*-šen*) hineinmischen; ~ se sich einmischen.
vmontovat *pf.* (*-tuji*) einbauen.
vmyslit se *pf.*, **vmýšlet se** (*3 Pl. -eji*) (*do č-o*) sich hineindenken (in *A*), sich (hinein)versetzen (in *j-s Lage*).
vnad|a *f* (*1*) Reiz *m*, Lockmittel *n*; *Jagdw.* Köder *m*; *pl. fig. a.* (weibliche) Reize *m*/*pl.*; **~idlo** *n* (*1a*; *-del*) Köder *m*, Lockmittel *n*; **~it** ⟨*na-*⟩ ködern, (an)locken; **~ný** reizend, reizvoll, anmutig.
vnášet (*3 Pl. -eji*) *s. vnést.*
vně *Adv.* außen, außerhalb; *Prp.* (*č-o*) außerhalb (*G*).
vnějš|ek *m* (*2b*; *-šk-*) Außenseite *f*, Äußere *n*; **~í** äußere, äußerlich, Außen-; **~kový** äußerlich.
vnést *pf.* (*s. nést*) hineintragen, (hinein)bringen.
vnik|at, ~nout *pf.* (*-kl*) eindringen; **~nutí** *n* (*3*) Eindringen *n*.
vním|ání *n* (*3*) Wahrnehmung *f*; ~ *hudby* Musikempfinden *n*; **~at** wahrnehmen, (geistig) erfassen; **~atelný** wahrnehmbar; **~avost** *f* (*4*) Empfänglichkeit *f*, Aufnahmefähigkeit *f*; **~avý** empfänglich, aufnahmefähig.
vniterný innerlich.
vnitro *n* (*1b*; *-ter*) Innere(s) *n*; *ministerstvo -va* Innenministerium *n*; ~*- in Zssgn* inner-; **~evropský** innereuropäisch; **~německý** innerdeutsch; **~stranický** innerparteilich; **~zemí** *n* (*3*) Binnenland *n*; **~zemský** Binnen-; **~žilní** intravenös.
vnitř *s. uvnitř*; **~ek** *m* (*2b*; *-třk-*) Innere(s) *n*, Innenseite *f*, Innenraum *m*; *výzdoba -řku* Innendekoration *f*; *ve -řku* innerhalb; *ze -řku* von innen heraus; **~hmat** *m* (*2a*) *Sp.* Ell(en)griff *m*; **~ně** *Adv.* innerlich, inwendig; **~ní** innere, Innen-; *Med.* intern; *Hdl.* Binnen-; **~nosti** *f*/*pl.* (*4*) Eingeweide *n*.
vniveč *Adv.* in nichts, zunichte; *obrátit co* ~ zunichte machen.
vnořit *pf.* eintauchen, versenken.
vnouč|átko *n* (*1b*; *-tek*), **~e** *n* (*4*) Enkelkind *n*; **~ek** F *m* (*1a*; *-čk-*) *s. vnuk.*
vnuc|ený erzwungen, aufgezwungen, Zwangs-; **~ovat** (*-cuji*) *s. vnutit.*
vnu|čka *f* (*1c*; *-ček*) Enkelin *f*, Enkeltochter *f*; **~k** *m* (*1a*) Enkel (-sohn) *m*; *-kové pl.* Enkel(kinder) *pl.*
vnuk|(áv)at, ~nout *pf.* (*-kl*; *-knut*) *fig.* eingeben, einflößen; **~nutí** *n* (*3*) Eingebung *f*.
vnutit *pf.* (*-cen*) aufzwingen.
vod|a *f* (*1*) Wasser *n*; *sladká* ~ Süßwasser; ~ *z vodovodu* Leitungswasser; ~ *na vlasy* Haarwasser; *po -dě* auf dem Wasser, Wasser-; *na -dě a na zemi, po -dě i na souši* zu Wasser und zu Lande; *nepouštět -du* wasserdicht sein; *pod -dou* unter Wasser; *držet se nad -dou* sich über Wasser halten; *růst jako z -dy fig.* in die Höhe schießen; *vařit z -dy Sprw.* mit Wasser kochen; *-dy pl. a.* Gewässer *pl.*; **~ácký** Wassersport-; **~áctví** *n* (*3*) Wassersport *m*; **~ák** *m* (*1a*) Brunnenmeister *m*; P Wassersportler *m*; **~árenský** Wasser(werks)-; **~na** *f* (*1*; *-ren*) Wasserwerk *n*; Wasserturm *m*; **~ěnka** P *f* (*1c*; *-nek*) Wässerchen *n*.

vodi|cí Leit-, Führungs-; *El.* Leitungs-; **~č** *m 1.* (*3*) Führer *m*; *2.* (*4*) *Phys.* Leiter *m.*
vodička *f* (*1c*; *-ček*) *dim. zu voda*; *Med.* Wasser *n*, Lösung *f.*
vodík *m* (*2b*) Wasserstoff *m*; **~ový** Wasserstoff-.
vod|it ⟨*do-, pro-, za-*⟩ (*-ěn*) *Iter. zu vést*; ~ *se* Arm in Arm (F eingehakt) gehen; **~ítko** *n* (*1b*; *-tek*) Richtschnur *f*, Anhaltspunkt *m*; **~ivost** *f* (*4*) Leitfähigkeit *f*; **~ivý** *El.* leitend, Leit-.
vodka *f* (*1c*; *-dek*) Wodka *m.*
Vodnář *m* (*3*) *Astr.* Wassermann *m.*
vodnat|elnost *f* (*4*) Wassersucht *f*; **~elný** wassersüchtig; **~ět** ⟨*z-*⟩ (*3 Pl. -ějí*) wässerig werden; **~ost** *f* (*4*) Wasserreichtum *m*, Wassergehalt *m*; (*Obst*) Wäßrigkeit *f*; ~ *mozku Med.* Wasserkopf *m*; **~ý** wasserreich, wasserhaltig; *Sauce, Schnee*: wässerig.
vod|né *n* (*Adj. 3*) Wassergeld *n*; **~ní** Wasser-; **~nice** *f* (*2a*) Wasserrübe *f*; **~ník** *m* (*1a*) Wassermann *m*, -geist *m*; **~ný** Wasser-.
vodo|cestný Wasserstraßen-; **~čet** *m* (*2a*; *-čt-*) Pegel *m*; **~hospodářství** *n* (*3*) Wasserwirtschaft *f*; **~jem** *m* (*2a*; *-jm-*) Wasserspeicher *m*, Becken *n*; Wassertank *m*; **~léčba** *f* (*1*; *-čeb*) Hydrotherapie *f*; Wasserkur *f*; **~léčebný** Wasserheil-; **~malba** *f* (*1*; *-leb*) Aquarell *n*; **~měr** *m* (*2a*) Hydrometer *n*; **~měrka** *f* (*1c*; *-rek*) *Zo.* Wasserläufer *m*; **~mil** *m* (*1*; *-ové*) Wasser-, Schwimmkäfer *m*; F *fig.* Wassernarr *m*; **~pád** *m* (*2*; *6. -u/-ě*) Wasserfall *m*; **~pis** *m* (*2*; *6. -e/-u*) Gewässerkunde *f*, Hydrographie *f*; **~právní** wasserrechtlich; **~rovnost** *f* (*4*) waagrechte Lage *f*; **~rovný** waagrecht, horizontal; **~technický** hydrotechnisch; **~těsný** wasserdicht; **~tisk** *m* (*2b*) Wasserdruck *m*; **~trysk** *m* (*2b*) Springbrunnen *m*; **~uch** *m* (*1a*) Wasserspinne *f*; **~uš** *m* (*3*) *Zo.* Strandläufer *m*; **~váha** *f* (*1b*) Wasserwaage *f*, Libelle *f*; **~vod** *m* (*2a*) Wasserleitung *f*; **~vý** Wasser-; **~znak** *m* (*2b*) Wasserzeichen *n*; Pegel *m.*
vodstvo *n* (*1*; *-tev*) Gewässer *n*/*pl.*
vochl|e *f* (*2*), **~ice** *f* (*2a*) Hechel *f*; **~ovat** ⟨*na-, pro-, z-*⟩ (*-luji*) (durch)hecheln; P verprügeln.
voj *m* (*4*) Truppe *f*; *hlavní* ~ Hauptmacht *f*; *přední, zadní* ~ Vor-, Nachhut *f.*
vojá|cký militärisch; Soldaten-; **~ctví** *n* (*3*), **~ckost** *f* (*4*) kriegerischer (*od.* militärischer) Geist *m.*
vojačka *f* (*1c*; *-ček*) Soldatenweib *n.*
vojá|čkovat (*-kuji*) *iron.* Soldaten spielen; **~k** *m* (*1a*) Soldat *m*; **~kovat** P (*-kuji*) Soldat sein.
vojan|čení *n* (*3*), **~čina** *f* (*1*) Militärdienst *m*; **~da** *f* (*1*) Soldatendirne *f.*
voje|nský Militär-, militärisch; Soldaten-; **~nství** *n* (*3*) Kriegswesen *n*; **~vůdce** *m* (*3*) Heerführer *m*, Feldherr *m.*
voj|ín (*1*) Soldat *m*, **~na** *f* (*1*; *-jen*) Militär *n*; P Krieg *m*; *dát se na -nu* zum Militär gehen; *být na -ně* beim Militär dienen; **~sko** *n* (*1b*) Heer *n*, Truppen *pl.*, Militär *n.*
vojtěška *f* (*1c*; *-šek*) *Bot.* Luzerne *f.*
vojvoda *m s. vévoda.*
vokální Vokal-.
vokativ [-tiːf] *m* (*2a*) *Gr.* Vokativ *m*, Ruffall *m* (*5. Fall*).
vol- *s. vůl.*
volací Ruf-, Anruf-.
voláč *m* (*3*) Kropftaube *f.*
volající rufend; ~ *do nebe* himmelschreiend.
volák *m* (*1a*) Ochsenknecht, -treiber *m.*
volán *m* (*2*; *6. -u/-ě*) Faltensaum *m*, Falbel *f.*
volání *n* (*3*) Rufen *n*, Ruf *m*; (*Telefon-*)Anruf *m.*
volant *m* (*2*; *6. -u/-ě*) *Kfz.* Lenkrad *n*; *za ~em* am Steuer.
volat ⟨*za-*⟩ rufen; (telefonisch) anrufen (*k-u/A*); ~ *k-o zpět* zurückrufen (*A*); ~ *co na k-o* j-m et. zurufen; ~ *za kým* nachrufen (*D*).
volav|čí Reiher-; **~ka** *f* (*1c*; *-vek*) Reiher *m*; *fig.* Lockvogel *m*, Lockspitzel *m.*
volba *f* (*1*; *-leb*) Wahl *f*; *-by do obcí* Gemeindewahlen; *oprávněn k -bě* wahlberechtigt.
vole *n* (*4*) Kropf *m.*
volební Wahl-.
volej *m* (*4*), **~bal** *m* (*2*; *6. -u/-e*) Volleyball *m*; **~ista** *m* (*5a*) Volleyballspieler *m*; **~ový** Volleyball-.
volek *m* (*1a*; *-lk-*) junger Ochs(e) *m.*
volenka *f* (*1c*; *-nek*) Damenwahl *f.*
vol|ící Wahl-; **~ič** *m* (*3*), **~ička** *f* (*1c*; *-ček*) Wähler(in *f*) *m*; **~ičský** Wähler-; **~ičstvo** *n* (*1*; *-tev*) Wählerschaft *f.*

volit ⟨*vy-, z-*⟩ wählen; **~el** *m* (*3*; *-é*), **~elka** *f* (*1c*; *-lek*) Wähler(in *f*) *m*; **~elnost** *n* (*4*) Wählbarkeit *f*; **~elný** wählbar; Wahl- (*z.B. Fach*).
volky: ~ *nevolky* wohl oder übel.
vol|ňásek P *m* (*2b*; *-sk-*; *2.-a*, *4.-/-a*) Freikarte *f*; **~ně** *Adv.* frei; langsam; lose, locker; **~ní** Willens-; **~no** *Adv.* frei; *fig.* leicht, wohl; *~!* herein!
volno|běžka *f* (*1c*; *-žek*) Freilauf *m*; **~běžný** freilaufend; **~myšlenkář** *m* (*3*) Freidenker *m*; **~myšlenkářství** *n* (*3*) Freidenkertum *n*.
voln|ost *f* (*4*) Freiheit *f*, Zwanglosigkeit *f*; **~ý** frei; Frei-; freistehend (*unbesetzt*); ungezwungen; *Gang*: langsam; *Kleid*: lose, locker; *Sp.* Kür-; Frei- (*Stoß*, *Stil*); *~ čas* Freizeit *f*; *-ná jízdenka* Freifahrschein *m*; *-né zavazadlo* Freigepäck *n*; *~ kop* Freistoß *m*.
volontér *m* (*1*; *-ři*) Volontär *m*.
vol|ovice *f* (*2a*) Ochsenhaut *f*; **~ovina** P *f* (*1*) Dummheit *f*, Blödsinn *m*; **~ský** Ochsen-; *-ké oko Arch.* Ochsenauge *n*; *Bot.* Rindsauge *n*; *Kochk.* Spiegelei *n*.
volžský Wolga-.
voňav|ka *f* (*1c*; *-vek*) Parfüm *n*; *-ky pl. a.* Parfümeriewaren *pl.*; **~kářství** *n* (*3*) Parfümerie *f*; **~kovat** ⟨*na-*⟩ (*-kuji*) (ein)parfümieren; **~kový** Parfüm(erie)-; **~ý** wohlriechend, duftend; *-vé mýdlo* Feinseife *f*.
vonět ⟨*na-, roz- se, za-*⟩ (*3 Pl. -ějí*/*-í*) duften (*fialkami* nach Veilchen), riechen (*jako plyn* nach Gas; *k č-u* an *D*).
von|ící, **~ný** wohlriechend, duftend.
vor *m* (*2a*) Floß *n*; *splavný pro ~y* flößbar; **~ař** *m* (*3*) Flößer *m*; **~ařit** P Flößerei treiben, von Flößerei leben; **~ařství** *n* (*3*) Flößerei *f*; **~ový** Floß-; Flöß- (*Holz*).
vorvaň *m* (*3a*) Pottwal *m*.
voříšek *m* (*1a*; *-šk-*) Köter *m*.
vos|a *f* (*1a*) Wespe *f*; **~í** Wespen-.
vosk *m* (*2b*) Wachs *n*; F *on je ~ fig.* er ist Luft; *žlutý jako ~* wachsgelb; **~ovací** Wachs-; **~ovaný** gewachst, Wachs-; **~ovat** ⟨*na-, za-*⟩ (*-kuji*) wachsen; *Fußboden* bohnern; **~ovice** *f* (*2a*) Wachskerze *f*; **~ovitý** wachsartig; **~ový** Wachs-; wachsgelb.
vošt|ěný Wachs-; **~ina** *f* (*1*) (*Honig-*) Wabe *f*.
vous *m* (*2a*) Barthaar *m*; *na ~* haargenau; *~y pl.* Bart *m*; **~áč** *m* (*3*) Mann *m* mit langem (*od.* dichtem) Bart; **~atý** bärtig; **~ka** *f* (*1c*; *-sek*) Bartweizen *m*.
voz- *s. vůz.*
voz|ač *m* (*3*) *Bgb.* Förderer *m*; **~árna** *f* (*1*; *-ren*) Wagenfabrik *f*; Remise *f*; **~ataj** † *m* (*3*; *-ové*) Kutscher *m*.
voz|her *m* (*2a*; *-hr-*), **~hřivka** *f* (*1c*; *-vek*) Rotz(krankheit *f*) *m*; **~hřivý** an Rotz erkrankt.
voz|íček *m* (*2b*; *-čk-*) Wägelchen *n*; **~ík** *m* (*2b*) (*Hand-*)Wagen *m*; *důlní ~ Bgb.* Hunt *m*; **~idlo** *n* (*1a*; *-del*) Fahrzeug *n*; **~it** (*-žen*) *s. vézt*; *~ se* herumfahren, sich herumfahren lassen; **~ítko** *n* (*1b*; *-tek*) *Kfz.* Klein(st)wagen *m*; **~ka** *m* (*5*) Kutscher *m*; (*a. Astr.* ♎) Fuhrmann *m*; **~mistr** *m* (*1*; *-ři*) Wagenmeister *m*; **~nice** *f* (*2a*) Wasserwagen *m*; *~ na hnojůvku* Jauchenwagen *m od.* -faß *n*; **~ovka** *f* (*1c*; *-vek*) Fahrbahn *f*; Wagenfabrik *f*; **~ovna** *f* (*1*; *-ven*) Wagenhalle *f*, Remise *f*; **~ový** Wagen-; *-vá cesta* Fahrweg *m*; *-vá hradba* (*hussitische*) Wagenburg *f*.
vožení *n* (*3*) Beförderung *f*, Transport *m*.
vpád *m* (*2a*) Einfall *m*, Invasion *f*; *hist.* Raubzug *m*.
vpad|at, **~nout** *pf.* (*-dl*) einfallen, einbrechen; *~ do pokoje* ins Zimmer (herein)stürzen; *~ do řeči* ins Wort fallen; *~ k-u do zad* j-m in den Rücken fallen; *Mus.* (*Instrument*) einsetzen; *~ do písně* in ein Lied einstimmen; **~lý** *Augen*: eingefallen, hohl.
vpálit *pf.*, **vpalovat** (*-luji*) einbrennen; *~ znamení* (*k-u*) brandmarken (*A*); *~ si kuli do hlavy* sich e-e Kugel in den Kopf jagen; P *~ k-u jednu* j-m e-e kleben *od.* schmieren.
vpašovat *pf.* (*-šuji*) einschmuggeln.
vpěchovat *pf.* (*-chuji*) hineinzwängen, -stopfen.
vpich *m* (*2b*) Einstich *m*.
vpíchnout *pf.* (*-chl*; *-chnut*), **vpichovat** (*-chuji*) (hin)einstechen.
vpí|jet (*3 Pl. -ejí*), **~t** *pf.* (*s. pít*) einsaugen, (in sich) aufnehmen.
vpis *m* (*2*; *6. -e*/*-u*), **~ek** *m* (*2b*; *-sk-*)

Randbemerkung *f*, Glosse *f*; **~ovat** (*-suji*) *s. vepsat.*
vplacení, vplácení *n* (*3*) Einzahlung *f*.
vplácet (*3 Pl. -ejí*) *s. vplatit.*
vplátce *m* (*3*) Einzahler *m*.
vplat|it *pf.* (*-cen*) einzahlen; **~ní** Einzahlungs-.
vplé|st *pf.* (*s. plést*), **~tat** einflechten; *~ se do č-o* sich einmischen (in *A*).
vplížit se *pf.* sich einschleichen.
vpl|ou(va)t (*pf. s. plout*) *Schiff*: einlaufen; **~utí** *n* (*3*) *Mar.* Einlaufen *n*; **~ynout** *pf.*, **~ývat** einströmen, hineinfließen; *~ do pokladny* der Kasse zufließen.
vpodvečer *lit.* am (*od.* gegen) Abend.
vpolo P *s. vpůli.*
vpotácet se *pf.* (*3 Pl. -ejí*) herein-, hineintaumeln.
vpouštět (*3 Pl. -ějí*) *s. vpustit.*
vpovzdáli *Adv.* in einiger Entfernung, abseits.
vpravdě *Adv.* wirklich, tatsächlich.
vprav|it *pf.*, **~ovat** (*-vuji*) hineinbringen, einfügen; *Med.* einführen; F *j-m et.* beibringen; *~ se do č-o* sich hineinfinden (in *A*).
vpravo *Adv.* rechts; nach rechts; *~ hleď! Mil.* Augen rechts!; *~ v bok!* rechts um!
vprostřed *Adv.* in der Mitte; *Prp.* (*mit 2. Fall*) inmitten (*G*).
vpřed vorwärts; **~u** vorn; *~ uvedený* oben-, vorerwähnt.
vpříč quer; *~ napravo! Turn.* halb rechts!
vpůli: *~ srpna* Mitte August; *~ cesty* auf halbem Wege.
vpu|stit *pf.* (*-štěn*) (her)einlassen; **~štění** *n* (*3*) Einlaß *m*.
vrab|čák P *m* (*1a*) *s. vrabec*; **~čátko** *n* (*1b*; *-tek*), **~če** *n* (*4*) junger Sperling *m*; **~čí** Spatzen-, Sperlings-; **~ec** *m* (*3*; *-bc-*) Sperling *m*, Spatz *m*.
vrac|ení, vrácení *n* (*3*) Rückgabe *f*, Rückerstattung *f*; Rückkehr *f*; **~et** ⟨*na-*⟩ (*3 Pl. -ejí*) *s. vrátit.*
vrah *m* (*1a*) Mörder *m*; *loupežný ~* Raubmörder.
vrak *m* (*2b*) Wrack *n*.
vrán|a *f* (*1*; *vran*; *3, 6, 7 Pl. vrán-/vran-*) Krähe *f*; *popelová ~* Nebelkrähe; *bílá ~* weißer Rabe; **~ě** *n* (*4a*) junge Krähe *f*.
vran|í Krähen-; **~ík** *m* (*1a*) Rappe *m*; **~ka** *f* (*1c*; *-nek*) schwarze Stute *f*; **~ý** (raben)schwarz; *~ kůň s. vraník.*
vrás|a *f* (*1a*) *Geol.* Falte *f*; **~čit se** ⟨*po-*⟩ runz(e)lig werden; **~čitý** runz(e)lig; **~ka** *f* (*1c*; *-sek*) Runzel *f*, Hautfalte *f*; **~kovat** ⟨*z-*⟩ (*-kuji*) *Stirn* runzeln; **~kovatět** ⟨*z-*⟩ (*3 Pl. -ějí*) runz(e)lig werden.
vrašt|ět (se) ⟨*s-*⟩ (*3 Pl. -ějí*), **~it se** ⟨*s-*⟩ *s. vráskovat.*
vrata *n/pl.* (*1*) Tor *n*; Pforte *f*; *zavření vrat* Torschluß *m*.
vratce *s. vratký.*
vrát|ek *m* (*2b*; *-tk-*) (Hub-)Winde *f*, Haspel *f*; **~eň** *f* (*3*; *-tně, -tni usw.*) Torflügel *m*.
vratič *m* (*4*) Webe(r)baum *m*; *Arch.* Stuhlbalken *m*; *Bot.* Rainfarn *m*; **~ka** *f* (*1c*; *-ček*) Mondraute *f*.
vrati|dlo *n* (*1a*; *-del*) *Tech.* Windeisen *n*; *Mar.* Spill *n*; **~plachta** *f* (*1*; *-chet*) *Mar.* Gaffelsegel *n*; **~ráhno** *n* (*1*; *-hen*) Gaffel *f*.
vrátit *pf.* (*-cen*) zurückgeben; *Hdl.* zurückzahlen, rückvergüten; *~ se* zurückkehren, zurückkommen.
vrátka *n/pl.* (*1b*; *-tek*) (kleines) Tor *n*.
vrat|kost *f* (*4*) Hinfälligkeit *f*; **~ký** (*Komp. -ší*; *Adv. -ce, Komp. -čeji*) schwankend, unbeständig; hinfällig.
vrát|ná *f* (*Adj. 2*) Pförtnerin *f*; **~nice** *f* (*2a*) Pförtnerloge *f*; *Anat.* Pfortader *f*; **~ník** *m* (*2b*) *Anat.* Pförtner *m*; **~ný** *m* (*Adj. 1*) Pförtner *m*, Portier *m*.
vratný umkehrbar, Kehr-, Wende-, Rück-; *~ bod* Wendepunkt *m*; *-ná doprava* Pendelverkehr *m*.
vratší *s. vratký.*
vrávora|t ⟨*za-*⟩ taumeln, wanken; **~vý** taumelnd, schwankend.
vráz *Adv.* auf einmal, plötzlich.
vrazit *pf.* (*-žen*) (hinein)stoßen, (hin)einschlagen; *~ do k-o, č-o* anstoßen (an *A*), anrempeln (*A*), (an-)rennen (gegen *A*); *~ do sebe* aufeinanderprallen; *~ do pokoje* ins Zimmer stürmen; P *~ k-u jednu* j-m eine herunterhauen; *~ si trn do nohy* sich e-n Dorn in den Fuß treten; *~ si třísku* sich e-n Splitter einziehen.
vražd|a *f* (*1*) (*dítěte, jedem* Kindes-, Gift-)Mord *m*; *podezření z -dy* Mordverdacht *m*; **~ění** *n* (*3*) Morden *n*, Hinschlachten *n*; **~dit** ⟨*po-*, *za-*⟩ morden.
vražed|nický mörderisch; **~ník** *m*

(*1a*), **~nice** *f* (*2a*) Mörder(in *f*) *m*; **~ný** Mord-; *Kampf*, *Feuer*: mörderisch.
vrážet (*3 Pl. -ejí*) *s. vrazit.*
vrb|a *f* (*1*) *Bot.* Weide *f*; **~(ov)í** *n* (*3*), **~(ov)ina** *f* (*1*), **~(ov)iště** *n* (*2a*) Weidengebüsch *n*; **~ovka** *f* (*1c*; *-ovek*) Weidenröschen *n*; **~ový** Weiden-.
vrče|ní *n* (*3*) Knurren *n*; (*Motoren-*) Gebrumm *n*; Schnurren *n*; **~t** ⟨*za-*⟩ knurren (*a. fig.*); *Spinnrad*: schnurren; *Motor*: brummen.
vrh *m* (*2b*) Wurf *m*; (*Billard*) Stoß *m*; *~ koulí* Kugelstoßen *n*; **~ací** Wurf-; **~ač** *m 1.* (*3*) *Sp.* Werfer *m*; *2.* (*4*) *Mil.* Werfer *m*; **~ání** *n* (*3*) Werfen *n*; *~ oštěpem* Speerwerfen *n*; **~at** ⟨*za-*⟩, **~nout** *pf.* (*-hl*; *-žen*) (*co, čím*) werfen, schleudern (*A*); *Kugel* stoßen; *ins Verderben* stürzen (*A*); *-nout se* sich werfen *od.* stürzen (in *A*); sich übergeben; P *~ se po kom* j-m nachgeraten; **~nutí** *n* (*3*) Wurf *m*; *Med.* Erbrechen *n*; *prostředek pro ~* Brechmittel *n*.
vrch *m* (*2b*) Berg *m*, Hügel *m*; Gipfel *m*; *fig.* Oberhand *f*; *~em naložený* vollgeladen; *~em přístupný* von oben zugänglich; **~lík** *m* (*2b*) Kugelabschnitt *m*; **~ní** Ober-, obere; *Su. m* (*Adj. 4*) Ober(kellner) *m*; **~nost** *f* (*4*) Obrigkeit *f*.
vrchol *m* (*2*; *6. -u/-e*) Gipfel *m*; *fig.* Höhepunkt *m*; **~ek** *m* (*2b*; *-lk-*) Gipfel *m*; (*Baum-*)Wipfel *m*; *Geom.* Eckpunkt *m*; **~ík** *m* (*2b*) *Bot.* Trugdolde *f*; **~it** ⟨*za-*⟩ gipfeln; *Astr.* kulminieren; **~ný** Gipfel-, Spitzen-, Höchst-; *fig. a.* Glanz-; *Astr.* Kulminations-; **~ový** *Geom.* Scheitel-; *El.*, *Turn.* Spitzen-.
vrchov|atý gehäuft (voll); *-tou měrou* in höchstem Maße; **~ina** *f* (*1*) Berg-, Hügelland *n*; **~iště** *n* (*2a*) Quellgebiet *n*; Hochmoor *n*; **~itý** hügelig, Hügel-.
vrkat ⟨*za-*⟩ girren.
vrkoč *m* (*4*) Zopf *m*.
vrkot *m* (*2a*) Girren *n*.
vrn|ět ⟨*za-*⟩ wimmern; **~ivý** wimmernd, winselnd.
vroč|ení *n* (*3*) Datierung *f*, Zeitangabe *f*; Druckjahr *m*; **~it** *pf.* datieren.
vrostlý (hin)eingewachsen.
vroub|ek *m* (*2b*; *-bk-*) Kerbe *f*, Einschnitt *m*; P *mít ~* et. auf dem Kerbholz haben; ein Hühnchen zu rupfen haben (*u k-o* mit *D*); **~ení** *n* (*3*) Einfassung *f*; **~it** ⟨*o-*, *za-*⟩ einsäumen, einfassen; *fig.* umrahmen; **~kovat** ⟨*vy-*⟩ (*-kuji*) kerben, zähnen.
vrouc|í siedend; *fig.* innig, heiß; **~nost** *f* (*4*) Innigkeit *f*, *lit.* Inbrunst *f*; **~ný** innig(st).
vrozený angeboren.
vrstevnat|ost *f* (*4*) Schichtung *f*; **~ý** geschichtet.
vrstevn|ík *m* (*1a*), **~ice** *f* (*2a*) Alters-, Zeitgenosse *m*, -sin *f*; **~íci** *pl. a.* Mitwelt *f*.
vrstv|a *f* (*1*; *-tev*) Schicht *f*; *Bgb.* Lage *f*, Flöz *m*; **~it** ⟨*na-*, *z-*⟩ schichten; *~ se* sich anlagern.
vrš *f* (*3*) Fischreuse *f*.
vrš|ek *m* (*2b*; *-šk-*) *dim. zu vrch*; **~it** ⟨*na-*, *za-*⟩ (an)häufen; *~ se* zur Neige gehen.
vrt *m* (*2a*) Bohrung *f*; *Bgb.* Bohrloch *n*; **~ací** Bohr-; **~ač** *m* (*3*) Bohrer *m* (*Mann*); **~ačit** P ⟨*z-*⟩ Dummheiten machen; **~ačka** *f* (*1c*; *-ček*) Bohrmaschine *f*; **~adlo** *n* (*1a*; *-del*) Bohrwerkzeug *n*; **~ák** *m 1.* (*2b*) Bohrer *m*; *2.* P (*1a*) Dummkopf *m*; **~ání** *n* (*3*) Bohren *n*, Bohrung *f*; **~at** ⟨*po-*, *pro-*, *za-*⟩ bohren; **~ba** *f* (*1*; *-teb*) *s. vrtání.*
vrtět ⟨*po-*, *roz-*, *za-*⟩ (*čím*) (um-) rühren, quirlen (*A*); *~ hlavou* den Kopf schütteln; *~ ocasem* mit dem Schwanz wedeln; *~ se(bou)* unruhig sitzen, auf dem Stuhl hin- und herrutschen; sich drehen.
vrt|idlo *n* (*1a*; *-del*) Rührscheit *n*; **~ichvost** *m* (*1*) Speichellecker *m*; **~il** P *m* (*1*), *dim.* **~ílek** P *m* (*1a*; *-lk-*) Zappelphilipp *m*; **~kavost** *f* (*4*) Unbeständigkeit *m*, Wankelmut *m*; **~kavý** unbeständig, wankelmütig; **~nout se** *pf.* (*-tl/-tnul*) sich wenden; **~ný** Bohr-.
vrtohlav|ec *m* (*3*; *-vc-*) Wirrkopf *m*; **~ost** *f* (*4*) *Zo.* Drehkrankheit *f*; P *iron.* Verrücktheit *f*; **~ý** drehkrank; verrückt.
vrtoch *m* (*2b*) Schrulle *f*, Laune *f*, Grille *f*.
vrtošiv|ec P *m* (*3*; *-vc-*) Rappelkopf *m*; **~ost** *f* (*4*) Launenhaftigkeit *f*; **~ý** schrullig, launenhaft.
vrtul|e *f* (*2*) Propeller *m*, (*Schiffs-*) Schraube *f*; **~ník** *m* (*2b*) Hubschrauber *m*; **~ový** Propeller-; *Mar.* Schrauben-.

vrub *m* (*2a*) Einschnitt *m*; Kerbe *f*; *na jeho* ~ *Hdl.* zu seinen Lasten; *jednat na svůj* (*vlastní*) ~ auf eigene Faust handeln; **~opis** *m* (*2a*) *Hdl.* Belastung *f*; **~ořez** *m* (*2a*) Kerbschnitt *m*; **~oun** *m* (*1*) *Zo.* Pillendreher *m*; **~ovat** (*-buji*) *s. vroubit.*
vrůst(at) (*pf. s. růst*²) (hin)einwachsen.
vrut *m* (*2*; *6. -u/-ě*) *Sp.* Schraube *f*; *Tech.* Holzschraube *f*.
vryp *m* (*2a*) Ritz *m*, Kratzer *m*; **~nout** *pf.* (*-pl*; *-pnut*) einritzen.
vrý(va)t (*pf. s. rýt*) einritzen, eingravieren; *ins Gedächtnis* einprägen.
vrz *m* (*2a*) Knarren *n*; *jedním* ~*em* auf einmal; **~at** ⟨*po-*, *za-*⟩ (*-žu/-zám*), **~nout** *pf.* (*-zl*) knarren; *Schnee*: knirschen; *auf der Geige* kratzen; **~ot** *m* (*2a*) Knarren *n*.
vrž|ení *n* (*3*) Werfen *n*, Wurf *m*, Schleudern *n*; **~iště** *n* (*2a*) Wurf-, Stoßanlage *f*.
vřadit *pf.* (*-děn/-zen*) einreihen, einordnen.
vřava *f* (*1*) Getöse *n*, Lärm *m*.
vřec|katý: *-té houby* Schlauchpilze *m/pl.*; **~ko** *n* (*1b*; *-cek*) *Bot.* Schlauch *m*.
vřed *m* (*2a*) Geschwür *n*; **~ovatění** *n* (*3*) Geschwürbildung *f*; **~ovitý** mit Geschwüren bedeckt, ulzerös.
vřel|e *Adv. fig.* wärmstens, heiß, innig(st); **~ost** *f* (*4*) Wärme *f*, Innigkeit *f*; Inbrunst *f*; **~ý** heiß, siedend; *Worte*: innig, bewegt, zu Herzen gehend.
vření *n* (*3*) Kochen *n*; Wallung *f*; *fig.* Gären *n*.
vřes *m* (*2a*) Heidekraut *n*, Erika *f*.
vřesk *m* (*2b*), **~ot** *m* (*2a*) Kreischen *n*.
vřesoviště *n* (*2a*) Heide(land *n*) *f*.
vřeš|ťan *m* (*1*) Brüllaffe *m*; **~tět** ⟨*roz-*, *za-*⟩ brüllen, kreischen; *Kind*: plärren; **~tivý** kreischend; **~ťoun** *m* (*1*) Schreier *m*, Schreihals *m*; F (*Kind*) Heulpeter *m*.
vřeten|ní: ~ *kost Anat.* Speiche *f*; **~o** *n* (*1*; *6. -u/-ě*) Spindel *f*; **~ovitý** spindelförmig; **~ový** Spindel-.
vřez *m* (*2a*) Einschnitt *m*; **~(áv)at** (*pf. -žu/-zám*) einschneiden, einritzen.
vřídek *m* (*2b*; *-dk-*) Eiterbläschen *n*, Pustel *f*.
vříd|elní Sprudel-; **~lo** *n* (*1a*; *-del*) heiße Quelle *f*; *karlovarské* ~ Karlsbader Sprudel.
vřísk|at ⟨*za-*⟩, **~nout** *pf.* (*-kl*) kreischen, schreien, plärren; **~avý** kreischend.
vřít ⟨*na-*, *po-*⟩ (*3. vře*, *vřel*) *v/i* sieden, kochen, brodeln; *fig. a.* gären.
vřítit se *pf.* hineinstürmen, hereinstürzen.
vsadit *pf.* (*-zen*) einsetzen; setzen auf (*A*); ~ *se* wetten (*o co s kým* mit j-m um *A*).
vsáhnout *pf.* (*-hl*) eingreifen.
vsák|lý eingesickert; **~nout** (*se*) *pf.* (*-kl*), **vsakovat** (*-kuji*) einsickern.
vsát *pf.* (*vsaji*) ein-, aufsaugen; ~ *se fig.* einziehen (*v/i*).
vsazení *n* (*3*) Einsetzen *n*, Einfügung *f*; (*Spiel-*)Einsatz *m*.
vsázet (*3 Pl. -ejí*), **vsazovat** (*-zuji*) *s. vsadit.*
vsed|ě sitzend, im Sitzen; **~at**, **~nout** *pf.* (*-dl*) sich hineinsetzen; (*do vlaku* in den Zug) einsteigen; (*na koně od. na kůň* ein Pferd, *na loď* ein Schiff) besteigen.
vsítit *pf.* (*-těn*) *Ball* ins Tor (*od.* ins Netz) schießen.
vskutku *Adv.* wirklich, tatsächlich.
vsolit *pf.* ~ *k-u jednu* P j-m eine herunterhauen.
vsou(va)t (*pf. vsuji*, *-ul*) einschieben.
vstá(va)t (*pf. s. stát*³) aufstehen; *Haare*: zu Berge stehen; *Tote*: auferstehen.
vstav|ač *m* (*4*) Knabenkraut *n*; **~áček** *m* (*1a*; *-čk-*) Stehaufmännchen *n*; **~ět** *pf. s. vestavět*; **~it** *pf. s. vestavit.*
vstoje stehend.
vstoup|ení *n* (*3*) Eintreten *n*; ~ *v platnost* Inkrafttreten *n*; **~it** *pf.* eintreten; ~ *do pokoje* das Zimmer betreten; ~ *na cestu* e-n Weg beschreiten; ~ *v platnost* in Kraft treten.
vstrčit *pf.* (hin)einstecken.
vstřeb(áv)at (*pf. -u/-ám*) aufsaugen, resorbieren.
vstřel *m* (*2a*) Einschuß(öffnung *f*) *m*; **~it** *pf.* hineinschießen.
vstříc *Adv.* entgegen; **~ný** *Bot.* gegenständig.
vstřik *m* (*2b*), **~nutí** *n* (*3*) Einspritzung *f*; **~ovat** (*-kuji*), **vstříknout** *pf.* (*-kl*; *-knut*) einspritzen; **~ovací** *Med.* Injektions-; *Tech.* Einspritz-.
vstup *m* (*2a*) Eintritt *m*; **~enka** *f* (*1c*; *-nek*) Eintrittskarte *f*; **~né** *n* (*Adj. 3*) Eintrittsgeld *n*; **~ní** Eintritts-, Ein-

gangs-(*Tor*, *Halle*); ~ *řeč* Antrittsrede *f*; ~ *vízum* Einreisevisum *n*; **~ovat** (*-puji*) *s. vstoupit.*
vsun|out *pf.* (*vsuji*, *vsul*; *vsut*), **~ovat** (*-nuji*) *s. vsout.*
vsuv|ka *f* (*1c*; *-vek*) Einschiebsel *n*; **~ný** einschiebbar; ~ *kontakt* Steckkontakt *m.*
vsyp(áv)at (*pf.* *-u*/*-ám*) (hinein-)schütten.
všade, všady *s. všude.*
však (*an 2. Stelle im Satz*) aber, jedoch; ~ *uvidíš!* du wirst schon sehen!; ~ *to neudělá!* er tut es ja nicht!
všanc: *dát co* ~ et. aufs Spiel setzen.
vše alles; *konec* ~ *napraví Sprw.* Ende gut, alles gut; ~ *nejlepší* alles Gute.
všec|ek, ~ka, ~ko ganz, alle(s); *dim.* **~ičko, ~inko**; *-ko dobré* alles Gute; *-ko jedno* alles gleich.
všed|nět ⟨ze-⟩ (*3 Pl.* *-ějí*) alltäglich werden; **~ní** alltäglich, Alltags-; Werktags-, Wochen-; ~ *den* Werktag *m*; *ve* ~ *den* an Werktagen, werktags; **~nost** *f* (*4*) Alltägliche(s) *n*, Alltäglichkeit *f.*
všehochuť *f* (*4c*; *-ti*) Allerleigewürz *n*; buntes Allerlei *n*, F Mischmasch *m*; *Mus.* Quodlibet *n.*
všech|en, ~na, ~no (*s. Anh.*) alle; *beim Objekt* ganz; *ve vší tichosti* in aller Stille; *Všech svatých Rel.* Allerheiligen *n*; *beze všeho* ohne weiteres; *je po všem* es ist alles aus *od.* vorbei; *podle všeho* allem Anschein nach; *pro -chno* für alle Fälle; *přese vše* trotz allem; *se vším všudy* mit Sack und Pack; mit Mann und Maus (*untergehen*); *u všech všudy!* zum Henker!, in aller Welt.
vše|kaz *m* (*1*) Termite *f*; **~lék** *m* (*2b*) Allheilmittel *n*; **~lico(s)** mancherlei, allerlei; **~lidový**: *-vé vlastnictví* Volkseigentum *n*; Gemeingut *n*; **~lidský** allgemein menschlich.
všeli|jak auf verschiedene Weise; **~jaký** allerlei, mancherlei; **~kde(s)** an manchen Orten, mancherorts; **~ký** jeder, allerlei, sämtliche.
vše|mocný, ~mohoucí allmächtig, allgewaltig; **~mohoucnost** *f* (*4*) Allmacht *f*; **~možný** alle mögliche; alle erdenkliche; **~národní** die ganze Nation betreffend; **~německý** gesamtdeutsch; **~obecnost** *f* (*4*) Allgemeinheit *f*; **~obecný** allgemein; **~obsáhlý** allumfassend; **~odborový**: ~ *svaz* Gewerkschaftsbund *m.*
všeptat *pf.* (*k-u do ucha* j-m ins Ohr) flüstern.
vše|ruský allrussisch; **~slovanský** allslawisch; **~stranný** allseitig; **~svazový** Allunions-.
všeteč|ka *m* (*5*) vorwitziger (*od.* vorlauter) Mensch *m*; **~nost** *f* (*4*) vorwitziges (*od.* vorlautes) Wesen *n*; **~ný** vorwitzig, vorlaut.
vše|uměl *m* (*1*; *-ové*) Tausendkünstler *m*; **~užitečný** gemeinnützig; **~věd** *m* (*1*; *-ové*) Alleswisser *m*; *doktor* ~ Doktor Allwissend; **~vědoucí** allwissend; **~vidoucí** alles sehend; **~vládnoucí, ~vládný** all(be)herrschend.
všichni, všickni (*s. Anhang*) alle (*m belebt*); ~ *vespolek* alle miteinander; *s. a. všechen.*
vším|at si ⟨*po-*⟩ (*č-o*) achten (auf *A*), berücksichtigen (*A*); **~avost** *f* (*4*) Achtsamkeit *f*; **~avý** aufmerksam.
všimnout si *pf.* (*-ml*; *-mnut*) bemerken, wahrnehmen, beachten (*č-o*/*A*).
vší(va)t (*pf. s. šít*) einnähen.
všiv|áctví *n* (*3*) Lausbüberei *f*; **~ák** *m* (*1a*) Lausbub *m*; **~ý** P *fig.* lausig, lumpig.
všoupnout *pf.* (*-pl*; *-pnut*) einschieben.
všourat se *pf.* hereinschlürfen.
vštěpovat (*im*)*pf.* (*-puji*), **vštípit** *pf.* einpfropfen; *j-m et.* beibringen.
všud|e, ~y überall, allerorts; *-y všeho* alles in allem; **~ybyl** *m* (*1*; *-ové*) F Hans Dampf in allen Gassen, Allerweltskerl *m*; **~ypřítomnost** *f* (*4*) Allgegenwart *f*; **~ypřítomný** allgegenwärtig.
vtáhnout *pf.* (*-hl*; *vtažen*), **vtahovat** (*-huji*) (hin)einziehen; *Mil.* einrücken, einmarschieren.
vtaž|ení *n* (*3*) Einzug *m*, Einmarsch *m*; **~ený** eingezogen; **~itelný** einziehbar.
vté|ci *pf.* (*s. téci*), **~kat** (hin)einfließen; (ein)münden.
vtěl|ení *n* (*3*) Verkörperung *f*; *Rel.* Menschwerdung *f*, Inkarnation *f*; *Jur.* Einverleibung *f*, Eintragung *f*; **~ený** verkörpert, *fig.* leibhaftig; **~it** *pf.*, **~ovat** ⟨*pře-*, *při-*⟩ (*-luji*) verkörpern (*se* sich); *Jur.* einverleiben, eintragen.

vteřin|a *f* (*1*) Sekunde *f*; *za -nu* in e-r Sekunde; **~ový** Sekunden-.
vtěsn(áv)at hineinzwängen, hineinpferchen.
vtip *m* (*2a*) Witz *m*; Scharfsinn *m*; **~álek** *m* (*1a*; *-lk-*) *s. vtipkář.*
vtípit se P *pf.* begreifen, F kapieren, draufkommen.
vtip|kář *m* (*3*) Witzbold *m*; **~kování** *n* (*3*) Witzelei *f*; **~kovat** ⟨*po-, za-*⟩ (*-kuji*) Witze machen, F witzeln (*o kom, čem* über *A*); **~nost** *f* (*4*) Scharfsinn *m*, Witz *m*; **~ný** witzig.
vtíra|t einreiben; *~ se k-u* sich aufdrängen (*D*); **~vost** *f* (*4*) Auf-, Zudringlichkeit *f*; **~vý** auf-, zudringlich.
vtisk|(áv)at, ~ovat (*-kuji*), **~nout** *pf.* (*-kl*; *-štěn*) eindrücken, einprägen; *Stempel* aufdrücken; (*-knut*) *~ do ruky* in die Hand drücken.
vtít *pf.* (*s. tít*) einhauen; F *~ políček j-m* e-e herunterhauen.
vtlač|it *pf.*, **~ovat** (*-čuji*) hineindrücken; *~ se* sich hineindrängen.
vtlouci *pf.* (*s. tlouci*) (*do č-o*) einschlagen (in *A*); P *j-m* eintrichtern (*A*).
vtok *m* (*2b*) Einmündung *f*.
vtom da, plötzlich.
vtrhnout *pf.* (*-hl*; *-žen*) einfallen, eindringen.
vtrousit *pf.* (*-šen*) einstreuen.
vůbec überhaupt; im allgemeinen, ganz und gar.
vůči *Prp.* (*mit 3. Fall*) gegenüber (*D*), angesichts (*G*); **~hledě** zusehends.
vůdc|e *m* (*3*) Führer *m*; *Mil.* Feldherr *m*, Heerführer *m*; **~ovský** Führer-; **~ovství** *n* (*3*) Führung *f*.
vůd|čí leitend, führend, Leit-, Führer-; **~kyně** *f* (*2b*) Führerin *f*.
vůkol ringsumher.
vůl *m* (*1*; *vol-*) Ochse *m*.
vůle[1] *f* (*2*) Wille *m*; *síla ~* Willenskraft *f*; *bez ~* willenlos; *slabost ~* Willensschwäche *f*; *k -li* zuliebe; *máte na -li* es bleibt Ihnen überlassen; *po -li* nach (*seinem*) Willen; *pro dobrou -li* um des guten Einvernehmens willen; *proti -li* wider Willen; *při nejlepší -li* beim besten Willen; *z dobré ~, o své -li* aus freien Stücken, eigenmächtig; *buď ~ Tvá! Bibl.* dein Wille geschehe!
vůle[2] *f* (*2*) *Tech.* Spielraum *m*, Luft *f*.
vulgární vulgär.
vulk|án *m* (*2a*) Vulkan *m*; **~anizovat** [-nı-] (*im*)*pf.*, z- (*-zuji*) vulkanisieren.
vůně *f* (*2b*; *-í*) Duft *m*, (Wohl-) Geruch *m*.
vuřt P *m* (*2*; *6. -u*/*-ě*) Wurst *f*, Knackwurst *f*; *Int.* wurst!
vústit *pf.* einmünden.
vůz *m* (*2*; *voz-*; *6. -e*/*-u*) Wagen *m*; † Fuhrwerk *n*; *páté kolo u vozu* das fünfte Rad am Wagen; *Velký, Malý* ♀ *Astr.* Großer, Kleiner Bär.
vy ihr; *Vy* Sie.
vy- (*mit Su. oft vý-*) *in Zssgn mst* aus-; heraus-, hinaus-.
vy|bádat *pf.* ausforschen, ergründen; **~bagrovat** *pf.* (*-ruji*) ausbaggern; **~bájit** *pf. s. vybásnit.*
vybal|it *pf.*, **~ovat** (*-luji*) auspacken.
vy|barvit *pf.* färben; *~ se* P sich entpuppen; **~básnit** *pf.* erdichten, *poet.* ersinnen.
výbava *f* (*1*) Ausstattung *f*, Aussteuer *f*.
vybav|ení *n* (*3*) Ausstattung *f*, Ausrüstung *f*; Dotierung *f*; **~it** *pf.*, **~ovat** (*-vuji*) ausstatten; ausrüsten; *Hdl.* entschulden; befreien (*z č-o* von *D*); *-it se* sich losmachen; *fig.* auftauchen; *-it si co* sich erinnern an (*A*); sich vergegenwärtigen (*A*).
výbavné *n* (*Adj. 3*) Ausstattung(sgeld *n*) *f*.
výběh *m* (*2b*) Auslauf *m*; Freigehege *n*.
vyběh|at *pf.* durch Laufen erreichen; *~ se* sich müde laufen; **~nout** *pf.* (*-hl*) heraus-, hinauslaufen; *Berg* hinauflaufen.
vyběl|et *pf.* (*3 Pl. -ejí*) (aus)bleichen (*v*/*i*); **~it** *s. vybílit.*
výběr *m* (*2a*) Auswahl *f*; *Bio.* Auslese *f*, Zuchtwahl *f*; *Hdl.* Sortiment *n*; *na ~* zur Auswahl, zur Wahl; *podle ~u* nach Wahl.
vyběračný wählerisch.
výběr|čí *m od. f* (*Adj. 4*) Einnehmer *m*, Einnehmerin *f*; *~ daní* Steuereinnehmer(in); **~ový** Wahl-; *-vé zboží* Ware erster Qualität.
výběžek *m* (*2b*; *-žk-*) Ausläufer *m*, (*Fels-*)Vorsprung *m*.
vybičovat *pf.* (*-čuji*) auspeitschen.
vybíd|ka *f* (*1c*; *-dek*), **~nutí** *n* (*3*) Aufforderung *f*; **~nout** *pf.* (*-dl*; *-dnut*) auffordern.
vybí|hat hinauslaufen; (her)vorspringen, herausragen; **~jecí** *El.*

Entladungs-; **~ječ** *m* (*4*) Entlader *m*; **~jení** *n* (*3*) Entladung *f*; **~jet** (*3 Pl. -ejí*) entladen; **~lit** *pf.* weißen; *Wäsche* bleichen; P *Lokal* demolieren; *Gäste* hinauswerfen; *Geschäft* plündern; *Zeitung* zensieren.
vybír|ání *n* (*3*) Herausnehmen *n*; *Hdl.* Behebung *f*; *bez dlouhého ~* ohne lange zu wählen; **~at** *s. vybrat*; **~avý** wählerisch.
vy|bít *pf.* (*s. bít*) herausschlagen; *Fenster* einschlagen; *Wild* ausrotten; *El.*, *Gewehr* entladen; **~bití** *n* (*3*) *El.* Entladung *f*; **~bízet** (*3 Pl. -ejí*) *s. vybídnout*; **~bláznit se** P *pf.* sich austoben.
vybled|lý bleich; *Farbe*: verblaßt, F verschossen; **~nout** *pf.* (*-dl*) (aus-) bleichen (*v/i*), verblassen.
vy|bleptat P *pf.* ausplappern; **~blít** P *pf.* (*-ijí*, *-il*) ausspeien, V auskotzen; **~bočení** *n* (*3*) Abweichung *f*; Abschweifung *f* (*z č-o* von *D*); *~ z mezí* Ausschweifung *f*.
vybod|nout *pf.* (*-dl*; *-dnut*) ausstechen; **~ovat** *pf.* (*-duji*) *Sp.* auspunkten, nach Punkten schlagen.
výboj[1] *m* (*4*) Eroberung *f*; *válka na ~* Eroberungskrieg *m*; *spolek na odboj a ~* Schutz- und Trutzbündnis *n*.
výboj[2] *m* (*4*) *El.* Entladung *f*; **~ka** *f* (*1c*; *-jek*) Entladungsröhre *f*.
výboj|ník *m* (*1a*) *lit.* Eroberer *m*; Draufgänger *m*; **~nost** *f* (*4*) Eroberungslust *f*; Draufgängertum *n*; **~ný** eroberungssüchtig; Eroberungs-; draufgängerisch; aggressiv; *Mil.* offensiv; *Reden*: ausfallend.
vy|bojovat *pf.* (*-juji*) erkämpfen; *e-n Kampf* austragen; *~ si co na kom* abringen (j-m *A*); **~bombardovat** *pf.* (*-duji*) ausbomben.
výbor *m* (*2a*) Auswahl *f*; Auslese *f*; *Pol.* Ausschuß *m*, Komitee *n*; *Národní ~* Nationalausschuß; **~ný** vorzüglich, ausgezeichnet, glänzend, vortrefflich; **~ovka** P *f* (*1c*; *-vek*) Vorstandssitzung *f*; **~ovna** *f* (*1*; *-ven*) Sitzungssaal *m*, Tagungsraum *m*; **~ový** Ausschuß-, Vorstands-.
vybouchnout *pf.* (*-chl*/*-chnul*; *-chnut*) explodieren, platzen.
vyboul|ení *n* (*3*), **~enina** *f* (*1*) Ausbauchung *f*; **~ený** ausgebaucht; *-né oči* Glotzaugen *n/pl.*; **~it** *pf.* ausbauchen, ausbeulen; P *~ oči* glotzen.
vy|bouřit *pf.* *durch Lärm* aufwecken; *~ se* sich austoben; **~brakovat** *pf.* (*-kuji*) *Ware* ausrangieren; **~braná** *f* (*Adj. 2*) Auswahl *f*; *na -nou* zur Auswahl; **~brání** *n* (*3*) *Flgw.* Abfangen *n*; **~braný** ausgesucht, (aus)erlesen; **~brat** *pf.* (*s. brát*) herausnehmen; *Erde* aushöhlen; *Briefkasten* leeren; *Geld* abheben; *Nest* ausnehmen; *Auswahl* treffen; *Bank* ausplündern; *Geld* kassieren; *Fall* herausgreifen; *~ si* auswählen, aussuchen; *~ se* (*kam*) sich begeben; *~ se na cestu* sich auf den Weg machen; *~ se z č-o* sich erholen (von *D*); *~ se* *Wetter*: sich (auf)klären; **~breptat** *pf.* ausplappern; **~brousit** *pf.* (*-šen*) schärfen, (aus)schleifen; läutern.
vybroušen|ost *f* (*4*) Schliff *m*; **~ý** geschliffen; fein.
výbrus *m* (*2a*) Schliff *m*.
vy|brušovat (*-šuji*) *s. vybrousit*; **~břednout** *pf.* (*-dl*) herauswaten; *fig.* sich herausarbeiten; **~bubnovat** *pf.* (*-nuji*) austrommeln; P an die große Glocke hängen.
vybudov|ání *n* (*3*) Aufbau *m*; Ausbau *m*; *fig.* Errichtung *f*; **~at** *pf.* (*-duji*) aufbauen; *Hafen* ausbauen; (aus)gestalten.
výbuch *m* (*2b*) Ausbruch *m*; Explosion *f*.
vybuch|nout *pf.* (*-chl*), **~ovat** (*-chuji*) platzen, explodieren; *in Gelächter* ausbrechen; *fig.* aufbrausen.
výbuchový Explosions-.
vy|bujet *pf.* (*3 Pl. -ejí*) üppig aufwachsen, emporschießen; **~burcovat** *pf.* (*-cuji*) aufrütteln.
výbuš|(n)ina *f* (*1*) Explosivstoff *m*, Sprengstoff *m*; **~nost** *f* (*4*) Detonationskraft *f*, Sprengkraft *f*; **~ný** Explosiv-, Spreng-; F leicht aufbrausend; *~ motor* Explosionsmotor *m*.
vybý|t *pf.* (*-budu*, *-byl*), **~vat** P übrigbleiben.
vyce|dit *pf.* (*-zen*): *~ krev* Blut vergießen; **~nit** *pf.* abschätzen; *Zähne* fletschen; **~povat** *pf.* (*-puji*) P drillen, *iron.* schleifen.
vy|cídit *pf.* blank putzen; **~cinkat** *pf.* (*k-u*) P herunterputzen (*A*), die Leviten lesen (*D*); **~cítit** *pf.* herausfühlen.
vycl|ení *n* (*3*) Zollabfertigung *f*; **~í(va)t** (*pf. -clen*) verzollen.
vycp|at *pf.* (*-u*) ausstopfen; **~ávka** *f*

(*1c*; *-vek*) Polsterung *f*; (*Tür-*) Füllung *f*; **~ávat** *s. vycpat.*

vycucat *pf.* aussaugen; *fig.* ~ *si co z prstů* sich et. aus den Fingern saugen.

vycvič|ený ausgebildet; geschult; **~it** *pf.* ausbilden; *Tier* abrichten.

výcvik *m* (*2b*) Ausbildung *f*, Abrichtung *f*; **~ový** Ausbildungs-.

vyčaloun|it *pf.*, **~ovat** (*-nuji*) (aus-) tapezieren.

vy|čárkovat *pf.* (*-kuji*) stricheln, schraffieren; **~čarovat** *pf.* (*-ruji*) hervorzaubern; **~časit se** *pf.* sich aufheitern; **~částovat** *pf.* (*-tuji*) reichlich bewirten; **~čenichat** *pf.* *Wild* aufspüren.

výčep *m* (*2a*) Ausschank *m*; Schenke *f*; **~ní** Schank-; **~ník** *m* (*1a*) Schankwirt *m*.

vyčepovat *pf.* (*-puji*) ausschenken.

vyčerp|ání *n* (*3*), **~anost** *f* (*4*) Erschöpfung *f*; **~at** *pf.* erschöpfen; *Wasser* auspumpen; **~ávající** erschöpfend; *Arbeit*: aufreibend; **~ávat** *s. vyčerpat.*

vyčes(áv)at (*pf.* *-sám*/*-šu*) auskämmen.

výčet *m* (*2a*; *-čt-*) Aufzählung *f*; Liste *f*.

vyčíh|at *pf.*, **~nout** *pf.* (*-hl*/*-hnul*) erspähen; *Augenblick* abpassen.

vyčich|at *pf.* aufspüren; **~lý** abgestanden, schal; **~nout** *pf.* sich verflüchtigen, verduften.

vy|činit *pf.* (*k-u*) ausschimpfen (*A*), F den Kopf waschen (*D*), *Fell* gerben; **~číslit** *pf.* beziffern, in Zahlen ausdrücken; **~číst** *pf.* (*s. číst*) herauslesen; *an den Augen* ablesen; (*k-u co*) vorwerfen (j-m *A*); **~čistit** *pf.* *s. čistit*; **~čištění** *n* (*3*) Reinigung *f*, Säuberung *f*.

vyčít|at vorwerfen; **~avý** vorwurfsvoll.

výčitka *f* (*1c*; *-tek*) Vorwurf *m*; *s. svědomí.*

vyčk|(áv)at zu-, abwarten; **~ávací** abwartend.

výčnělek *m* (*2b*; *-lk-*) Vorsprung *m*; *Anat.* Fortsatz *m*.

vyčn|ělý, ~ívající herausragend, vorspringend, vorstehend; **~í(va)t** (*pf. 3 Pl.* *-í*/*-ějí*; *-ěl*) hervor-, emporragen.

vyčouhlý P lang aufgeschossen, schmächtig.

vyčp|ělý abgestanden; **~ět, ~ít** *pf.* (*3 Pl.* *-čpí*; *-čpěl*) abstehen.

vyču|hovat P (*-huji*) herausschauen; **~rat se** V *pf.* pissen, P pinkeln.

výdaj *m* (*4*) *Hdl.* Ausgabe *f*, Auslage *f*; **~e** *pl.* Kosten *pl.*; Spesen *pl.*; ~ *za cestu* Reisekosten; **~ový** Ausgabe(n)-.

vydání *n* (*3*) Ausgabe *f*; (*Buch-*) Auflage *f*; Aushändigung *f*, Herausgabe *f*, Auslieferung *f*; Kostenaufwand *m*, Spesen *pl.*; *Hdl.* Ausstellung *f e-s Wechsels*; F *ze starého* ~ vom alten Schlag.

vydaný (her)ausgegeben; *Buch*: erschienen; *Wechsel*: gezogen.

vydař|ený (gut) geraten, gelungen; **~it se** *pf.* (gut) geraten, gelingen.

vydat *pf.* (her)ausgeben; aushändigen; *Hdl.* ausliefern; *Buch* verlegen; *Jur. Rechenschaft* geben; *Urteil* abgeben, verkünden; *Gesetz* erlassen; *Hdl. Scheck* ausstellen; *Wechsel* trassieren; *j-n e-r Gefahr od. dem Gespött* aussetzen; *Losung* ausgeben; *Zeugnis* ablegen; *Früchte* tragen; *fig. Frucht* bringen; *e-n Laut* von sich geben; *Wärme, Duft* ausstrahlen; ~ *se* sich begeben; ~ *se na cestu* sich auf den Weg machen; ~ *se z peněz* sich verausgaben; ~ *se za kým j-m* nachreisen; ~ *se na dobrodružství* auf Abenteuer ausgehen; ~ *se v nebezpečí* sich e-r Gefahr aussetzen; ~ *se za co* sich für et. ausgeben; **~nost** *f* (*4*) Ergiebigkeit *f*; **~ný** ausgiebig, ergiebig; ~ *účinek* nachhaltige Wirkung.

vydáv|ání *n s. vydání*; **~at** *s. vydat.*

vydavatel *m* (*3*; *-é*), **~ka** *f* (*1c*; *-lek*) Verleger(in *f*) *m*, Herausgeber *m*, Herausgeberin *f*; *Hdl.* Aussteller *m*, Ausstellerin *f e-s Wechsels*; **~ský** Verlags-; **~ství** *n* (*3*), **~stvo** † *lit.* *n* (*1*; *-stev*) Verlag *m*.

vydávit *pf.* ausspeien; ~ *se* sich übergeben.

vyděd|ěnec *m* (*3*; *-nc-*) Enterbter *m*; **~ění** *n* (*3*) Enterbung *f*; **~ěný** enterbt; **~it** *pf.* enterben.

výdech *m* (*2b*) Ausatmen *n*.

vydech|nout *pf.* (*-chl*), **~ovat** (*-chuji*) ausatmen; *Duft* ausströmen; *Seele* aushauchen.

výdej *m* (*4*) Ausgabe *f*; ~ *jízdenek* Fahrkartenausgabe; ~ *balíků* Paketausgabe; **~ka** *f* (*1c*; *-jek*) Ausgabeschein *m*; **~na** *f* (*1*; *-jen*) Ausgabestelle *f*.

vyděl(áv)at *Geld* verdienen; *Leder* gerben; P ~ *se* sich entleeren.
výděl|ečný Erwerbs-; **~ek** *m* (*2b*; *-lk-*) Erwerb *m*, Verdienst *m*; Gewinn *m*, Profit *m*; *schopný -lku* erwerbsfähig; *být bez -lku* erwerbslos sein; *daň z -lku* Einkommensteuer *f*; **~kář** *m* (*3*) profitgieriger Mensch *m*, P Profitjäger *m*; **~kářství** *n* (*3*) Gewinnsucht *f*; **~kový** Einkommen-, Erwerbs-.
vyděrač *m* (*3*), **~ka** *f* (*1c*; *-ček*) Erpresser(in *f*) *m*; **~ný**, **~ský** erpresserisch, Erpressungs-; **~ství** *n* (*3*) Erpressung *f*.
vyděsit *pf.* (*-šen*) *v/t* auf-, erschrecken; ~ *se* erschrecken (*v/i*).
vyděšen|í *n* (*3*) Schreck *m*; **~ost** *f* (*4*) Bestürzung *f*; **~ý** erschrocken; bestürzt, verstört.
vydír|ání *n* (*3*) Erpressung *f*; *pokus o* ~ Erpressungsversuch *m*; **~at** erpressen.
vydlabat *pf.* (*-u*/*-ám*) ausmeißeln, aushöhlen, ausstemmen.
vydláž|dění *n* (*3*) Pflasterung *f*; **~dit** *pf.*, **vydlažďovat** (*-ďuji*) *Straße* pflastern.
vydloub|(áv)at (*pf. -u*/*-ám*), **~nout** *pf.* (*-bl*; *-bnut*) aushöhlen; *Augen* ausstechen.
vydluž|ený (aus)geliehen; **~it** *pf.* ausleihen, (aus)borgen (*od k-o* von *D*).
vy|dmout *pf.* (*-dmul*; *-dmut*) aufblähen; *Brust* herausstrecken; ~ *se* (an)schwellen; **~dobý(va)t** (*pf. s. dobýt*) *Schulden* eintreiben; *Sieg* erringen; **~dolovat** *pf.* (*-luji*) *Bgb.* fördern, schürfen; **~dou(va)t** (*pf. s. dout*) aufblasen; *fig.* aufbauschen; ~ *se* sich aufblähen; **~dovádět se** *pf.* (*3 Pl. -ějí*) sich austoben.
vydra *f* (*1d*; *-der*) Fischotter *m*.
vydrancovat *pf.* (*-cuji*) ausplündern.
vydráp|at *pf.* (*-u*/*-ám*), **~nout** *pf.* auskratzen; ~ *se* (*kam*) mühsam hinaufklettern; ~ *se z č-o* sich mit Mühe herausarbeiten.
vy|drat *pf.* (*-deru*) entreißen, *aus der Hand* reißen; ~ *se z č-o* sich entwinden (*D*); *Schrei*: sich entringen; **~dráždit** *pf.* aufreizen; **~dražďovat** *pf.* (*-ďuji*) reizen, aufpeitschen.
vydraž|ení *n* (*3*) Versteigerung *f*; **~it** *pf.* versteigern; bei e-r Versteigerung erwerben.
vy|drbat *pf.* (*-u*/*-ám*) herausreiben; *Med.* auskratzen; *fig.* austreiben; **~drhnout** *pf.* (*-hl*; *-hnut*) scheuern, ausreiben; **~drobit** *pf. v/t* zerbröckeln; zerkleinern.
vydrol|it *pf.*, **~ovat** (*-luji*): ~ *se* abbröckeln; *Körner*: herausfallen.
vydrov|ice *f* (*2a*), **~ka** *f* (*1c*; *-vek*) Otter(fell)mütze *f*.
výdrž *f* (*3*) *Turn.* Halte *f*; ~ *paží* Armhalte.
vydrž|ení *n* (*3*) Aushalten *n*; *Jur.* Ersitzen *n*; *to není k* ~ das ist nicht auszuhalten; **~et** aushalten, ertragen; *Recht* ersitzen; *Ton* halten; **~ovací** Erhaltungs-, Unterhalts-; **~ování** *n* (*3*) Unterhalt *m*; **~ovat** (*-žuji*) *Familie* unterhalten; ~ *si koně* sich ein Pferd halten; **~ovatel** *m* (*3*; *-é*) Erhalter *m*.
výdřeva *f* (*1*) Täfelung *f*; *Bgb.* Zimmerung *f*.
vydřevit *pf.* auszimmern.
vydří Fischotter-.
vydři|duch *m* (*1*; *-ové*) Halsabschneider *m*, Leuteschinder *m*, Blutsauger *m*; **~dušský** halsabschneiderisch; **~dušství** *n* (*3*) Halsabschneiderei *f*, Erpressung *f*.
vydřina *f* (*1*) Otterfell *n*; Otterfleisch *n*.
vydřít *pf.* (*-dřu*, *-dřel*) herausreiben; herausreißen; P durch harte Arbeit verdienen; P *Wissen* einbüffeln.
vydumat *pf.* ersinnen.
výdumek P *m* (*2b*; *-mk-*) leeres Ei *n*.
vydup(áv)at (*pf. -u*/*-ám*): P ~ *ze země* aus dem Boden stampfen.
vydu|tí *n* (*3*), **~tina** *f* (*1*), **výduť** *f* (*4c*; *-tě*) Ausbauchung *f*; Aushöhlung *f*, Delle *f*, F Beule *f*; **~tý** aufgebläht, hohl; *Linse*: konkav.
vydých|at *pf.* *Luft* verbrauchen; **~nout** *pf.* (*-chl*) ausatmen.
vyfárat *pf.* *Bgb.* ausfahren.
vyfint|ěný F aufgeputzt, aufgedonnert; **~it se** P sich herausputzen.
vyfouknout *pf.* (*-kl*; *-knut*) ausblasen; P klauen.
výfuk *m* (*2b*) Auspuff *m*; **~ový** Auspuff-.
vy|gumovat *pf.* (*-muji*) P ausradieren; **~háčkovat** *pf.* (*-kuji*) aushäkeln; *Geflügel* ausnehmen; **~háknout** *pf.* (*-kl*; *-knut*) los-, aushaken; **~hánět** (*3 Pl. -ějí*) *s. vyhnat*.
vyhas|it *pf.* (*-šen*) auslöschen; *Kalk* löschen; **~lý** erloschen; **~nout** *pf.* erlöschen, ausgehen.

vy|házet (*3 Pl. -ejí*), **~hazovat** (*-zuji*) *s. vyhodit*; **~hazov** P *m* (*2a*) Laufpaß *m*; *iron.* Hinauswurf *m*.
výheň *f* (*3*; *-hně, -hni usw.*) (*Feuer-*) Esse *f*; Glut(hitze) *f*.
výher|ce *m* (*3*), **~kyně** *f* (*2b*) Gewinner(in *f*) *m*; **~ní** Gewinn-.
vyhladit *pf.* (*-zen*) glätten; *lit.* (völlig) ausrotten.
vyhladov|ělý ausgehungert; **~ění** *n* (*3*) Verhungern *n*; *smrt* *~m* Hungertod *m*; **~ět** *pf.* (*3 Pl. -ějí*) hungrig werden; **~it** *pf.* aushungern.
vyhlásit *pf.* (*-šen*) bekanntgeben, verkünden; *Krieg* erklären; *Standrecht* verhängen; (*k-o za co*) erklären (j-n zu *D*); *Konkurs* anmelden; ~ *za svatého* heiligsprechen.
vyhláš|ení *n* (*3*), **~ka** *f* (*1c*; *-šek*) Bekanntmachung *f*, Proklamation *f*; **~ený** erklärt; berühmt; berüchtigt.
vyhlašovat (*-šuji*) *s. vyhlásit*.
vyhlaz|ení *n* (*3*) (völlige) Ausrottung *f*, Vernichtung *f*; **~ovací** Vernichtungs-; **~ování** *n* (*3*) *s. vyhlazení*; *zbraně hromadného* ~ Massenvernichtungswaffen *f/pl.*
výhled *m* (*2a*) Aussicht *f*, Ausblick *m*.
vy|hledat herausfinden, ermitteln; ~ *lékařskou pomoc* ärztliche Hilfe in Anspruch nehmen; **~hlédat** *s. vyhlížet*.
vyhled|ávací Ermittlungs-; **~ávaný** viel besucht; **~ávat** *s. vyhledat*; **~ět** *pf.*: ~ *si oči* sich die Augen aus dem Kopf schauen.
vyhléd|nout *pf.* (*-dl*; *-dnut*): ~ *z okna* aus dem Fenster schauen; ~ *si* aus(er)wählen; **~nutý** ausersehen.
výhledový: ~ *plán* Perspektivplan *m*.
vyhlíd|at *s. vyhlížet*; **~ka** *f* (*1c*; *-dek*) Aussicht *f*, Fernsicht *f*; Guckloch *n*, Guckfenster *n*; *fig.* Aussicht *f*, Chance *f*; **~kový** Aussichts-; **~nout** *s. vyhlédnout*.
vy|hlížet ⟨*po-*⟩ (*3 Pl. -ejí*) hinausschauen; Ausschau halten; (gut) aussehen; **~hlodat** *pf.* ausnagen; *Geol.* korrodieren; **~hloubit** *pf.*, **~hlubovat** (*-buji*) aushöhlen; ausschachten; *Graben* ausheben; *Fluß* ausbaggern; **~hmatat** *pf.*, **~hmátnout** *pf.* (*-tl*; *-tnut*) abtasten; *Problem* herausgreifen.
vyhn|anec *m* (*3*; *-nc-*), **~ankyně** *f* (*2b*) Verbannte *m od. f*; **~ání** *n* (*3*) Vertreibung *f*, Verbannung *f*; *Med.* Abtreibung *f*; **~anství** *n* (*3*) Verbannung *f*, Exil *n*; **~at** *pf.* (*-ženu*) vertreiben, P davonjagen; verbannen; *Med.* abtreiben; *Mauer* (auf-) bauen.
vy|hnilý verfault; *Baum*: hohl; **~hnisat** *pf.* vereitern; *Geschwür*: aufbrechen (*v/i*); **~hníst** *pf.* (*s. hníst*) durchkneten; **~hnít** *pf.* (*s. hnít*) heraus-, verfaulen; **~hnojit** *pf.* gut düngen.
vyhn|out *pf.* (*-nul*): ~ *se k-u* ausweichen (*D*); **~utí** *n* (*3*) Ausweichen *n*; *fig.* Ausweg *m*.
výhoda *f* (*1*) Vorteil *m*; *Hdl.* Begünstigung *f*; *Sp.* Vorgabe *f*; *být ve -dě* im Vorteil sein; *největší* ~ Meistbegünstigung *f*.
vyhod|it *pf.* (*-zen*) hinauswerfen, P rausschmeißen; hinaufwerfen; in die Luft sprengen; *Karte* ausspielen; ~ *si z kopýtka* P sich e-n guten Tag machen; *fig.* auf die Pauke hauen; **~nocení** *n* (*3*) Auswertung *f*.
výhodnost *f* (*4*) Vorteilhaftigkeit *f*.
vyhodnotit *pf.* (*-cen*) auswerten.
výhodný vorteilhaft, günstig.
vyhoj|ení *n* (*3*) Heilung *f*, Genesung *f*; **~it** *pf.* (*z č-o*) heilen (von *D*); ~ *se* heilen (*v/i*), genesen; **~itelný** heilbar.
vyholit *pf.* aus-, glattrasieren.
výhon *m* (*2a*), **~ek** *m* (*2b*; *-nk-*) *Bot.* Trieb *m*, Schößling *m*; (*Vieh-*) Trift *f*.
vyhoř|elý abgebrannt; ausgebrannt; **~et** *pf.* ab-, nieder-, ausbrennen.
výhost *m* (*2a*) Entlassung *f*; *dát k-u* ~ entlassen, verstoßen (*A*), P den Laufpaß geben (*D*); *dát* ~ *č-u lit.* sich abwenden (von *D*).
vyhostit *pf.* (*-štěn*) ausweisen, verstoßen, ausstoßen.
vyhoštěn|ec *m* (*3*; *-nc-*) Ausgestoßene(r) *m*, Verbannte(r) *m*; **~í** *n* (*3*) Ausweisung *f*; **~ý** ausgewiesen, des Landes verwiesen.
vyhotov|ení *n* (*3*) Anfertigung *f*; *Jur.* Ausfertigung *f*; **~ený** ausgefertigt, verfaßt; **~it** *pf.*, **~ovat** (*-vuji*) anfertigen; *Jur.* ausfertigen, verfassen.
vyhoupnout se *pf.* (*-pl/-pnul*; *-pnut*) sich emporschwingen; ~ *se do sedla* sich in den Sattel schwingen.
vyhov|ět *pf.* (*3 Pl. -ějí/-í*), **~ovat** (*-vuji*) (*k-u, č-u*) entgegenkommen (*D*); *e-m Wunsch* nachkommen, *e-n*

Wunsch erfüllen; *e-m Gesuch* stattgeben; *e-r Einladung* Folge leisten; *e-r Vorschrift* entsprechen; *Ansprüchen* gerecht werden; *e-r Pflicht* nachkommen; **~ující** entsprechend.
výhoz *m* (*2a*) *Hdl.*, *Tech.* Ausschuß *m*; *Sp.* Abwurf *m*.
vyhození *n* (*3*) Hinauswerfen *n*; (*Geld*-)Verschwendung *f*; Sprengung *f*.
výhra *f* (*1d*; *-her*) Gewinn *m*, Treffer *m*.
vyhrab|at *pf.* (*-u*), **~ávat, ~ovat** (*-buji*) ausgraben; *Loch* graben; ~ se sich mühsam herausarbeiten.
výhrada *f* (*1*) Vorbehalt *m*; *s -dou* unter (dem) Vorbehalt, vorbehaltlich (*G*).
vyhradit *pf.* (*-zen*) vorbehalten, ausbedingen.
výhradní ausschließlich, Allein-.
vyhrání *n* (*3*) Gewinn *m*.
vyhrá|t *pf.* (*s. hrát*), **~vat** gewinnen; siegen; *Mus. ein Ständchen* bringen; *zum Tanz* (auf)spielen.
vyhraz|ený vorbehalten, reserviert; **~ovat** (*-zuji*) *s. vyhradit.*
vyhrknout *pf.* (*-kl*/*-knul*) hervorstoßen, P herausplatzen; *Tränen*: in die Augen treten.
vyhrn|out *pf.*, **~ovat** (*-nuji*) *Ärmel* aufkrempeln; *Rock* schürzen; *Kragen* hochschlagen; *Nase* rümpfen; ~ se herausströmen; **~utý** auf-, hochgeschlagen.
vyhro|cení *n* (*3*) Zuspitzung *f*; **~covat se** (*-cuji*), **~tit se** *pf.* (*-cen*) sich zuspitzen.
vyhrož|ování *n* (*3*) Drohung *f* (mit *D*); Androhung *f* (von); **~ovat** ⟨*na- se*⟩ (*-žuji*) (*čím*) drohen (mit *D*), androhen (*A*).
vyhrůžka, výhrůžka *f* (*1c*; *-žek*) Drohung *f*.
výhružný drohend, Droh-.
vyhryz|(áv)at (*pf. -žu*/*-zám*), **~nout** *pf.* (*-zl*; *-znut*), **~ovat** (*-zuji*), **vyhrýzt** *pf.* (*-hryzu*, *-zl*; *-zen*) ausnagen.
vy|hřát *pf.* (*-hřeji*) durchwärmen, heizen; ~ *se* sich wärmen; sich sonnen; **~hřátý** durchwärmt, geheizt.
výhřev|nost *f* (*4*) Heizkraft *f*; **~ný** Heiz-.
výhřez *m* (*2a*) *Med.* Vorfall *m*.
vyhřez|nout *pf.* (*-zl*; *-znut*) *Med.* heraustreten; **~nutí** *n* (*3*) Heraustreten *n*, Vorfall *m*.
vyhřív|ací Heiz-; **~ač** *m* (*4*) Heizgerät *m*; **~at** heizen; ~ se sich sonnen.
vyhub|ení *n* (*3*) Ausrottung *f*; **~it** *pf.* ausrotten, (*Unkraut*) vertilgen; **~lý** abgemagert (*na kost* zum Skelett); **~nout** *pf.* (*-bl*) abmagern; **~ovat** *pf.* (*-buji*) (*k-u*, *k-o*) ausschimpfen (*A*).
vyhýb|ání *n* (*3*) Ausweichen *n*; **~at se** *s. vyhnout*; **~avý** ausweichend.
výhybk|a *f* (*1c*; *-bek*) *Esb.* Weiche *f*; **~ář** *m* (*3*) Weichensteller *m*; **~ový** Weichen-; Ausweich-.
vyhyn|out *pf.* aussterben; **~ulý** ausgestorben; **~utí** *n* (*3*) Aussterben *n*.
vycház|et (*3 Pl. -ejí*) *s. vyjít*; **~ka** *f* (*1c*; *-zek*) *Med.*, *Mil.* Ausgang *m*; **~kový** Ausgangs-; ~ *oblek* Ausgehanzug *m*.
vychládat *s. vychladnout.*
vychla|dit *pf.* (*-zen*) kühlen, auskühlen lassen; **~nout** *pf.* (*-dl*) auskühlen, erkalten; *dát* ~ kalt stellen.
vychlastat P *pf.* aussaufen.
vychlípit *pf.* vorstülpen.
vychloub|ač *m* (*3*) Prahler *m*, F Prahlhans *m*; **~ačnost** *f* (*4*) Prahlerei *f*, Prahlsucht *f*; **~ačný** prahlerisch, prahlsüchtig; **~at se** (*čím*) prahlen (mit *D*); **~av-** *in Zssgn s. vychloubač-.*
východ *m* (*2*; *6. -u*/*-ě*) Ausgang *m*; Osten *m*; (*Sonnen-*, *Mond-*)Aufgang *m*; *na* ~ě im Osten; *na* ~ nach Osten, östlich; *k* ~*u* gegen Osten; **~isko** *n* (*1*; *-sk*/*-sek*), **~iště** *n* (*2a*) Ausgangspunkt *m*; Ausweg *m*.
vychodit *pf.* (*-zen*) *Weg* austreten; *Schule*, *Kurs* bis zu Ende besuchen, absolvieren; ~ se sich auslaufen.
východní östlich, Ost-; orientalisch.
východo|- *in Zssgn* Ost-, ost-: **~asijský** ostasiatisch, Ostasien-; **~český** *Geogr.* ostböhmisch; **~evropský** osteuropäisch; **~německý** ostdeutsch; **~zemec** *m* (*3*; *-mc-*) Orientale *m*; **~zemský** orientalisch, morgenländisch.
výchova *f* (*1*) Erziehung *f*; Ausbildung *f*; *branná* ~ Wehrertüchtigung *f*.
vychovan|ec *m* (*3*; *-nc-*), **~ka** *f* (*1c*; *-nek*) Zögling *m*.
vychov|ání *n* (*3*) Erziehung *f*; **~at** *pf.* erziehen, großziehen; *Nachwuchs* heranbilden; *Tiere* aufziehen; **~atel** *m* (*3*; *-é*), **~atelka** *f* (*1c*; *-lek*) Erzieher(in *f*) *m*; Ausbilder(in *f*) *m*;

~atelský erzieherisch, pädagogisch; **~atelství** *n* (*3*) Erziehungswesen *n*, Pädagogik *f*; **~ávací** Erziehungs-; **~ávat** ⟨*do-*, *při-*⟩ *s. vychovat.*
výchov|na *f* (*1*; *-ven*) Erziehungsanstalt *f*; **~ný** erzieherisch, Erziehungs-.
vychoz|ení *n* (*3*) Absolvierung *f*; **~ený** ausgetreten; *Tech.* ausgelaufen.
výchozí Ausgangs-.
vychr|chlat *pf.* aushusten; **~lit** *pf.* ausspeien, auswerfen; **~stnout** *pf.* (*-tl*/*-tnul*; *-tnut*) herausspritzen, -schütten; **~tlý** mager, dürr, ausgezehrt; F spindeldürr.
vy|chřadlý mager, heruntergekommen; **~chutn(áv)at** auskosten; **~chválit** *pf.* sehr loben, rühmen, preisen.
vychvalov|at (*-luji*) *s. vychválit*; **~aný** (viel)gepriesen; **~atel** *m* (*3*; *-é*) Lobredner *m.*
vychýlit *pf.* herausbiegen; *Lichtstrahl* ablenken; abbringen; ~ *se* sich hinauslehnen; abweichen, abschwenken, abkommen (von *D*); *Waage*: ausschlagen.
výchylka *f* (*1c*; *-lek*) Abweichung *f*; *Phys.* Ablenkung *f*; *Astr.* Deklination *f*; (*Pendel-*, *Zeiger-*)Ausschlag *m.*
vy|chylovat (*-luji*) *s. vychýlit*; **~chytat** *pf.* (alle) weg-, einfangen.
vychytra|čit *pf.* ausklügeln; **~lost** *f* (*4*) Pfiffigkeit *f*; **~lý** pfiffig, schlau; *Lächeln*: verschmitzt.
vyjádř|ení *n* (*3*) Äußerung *f*; Erklärung *f*; Gutachten *n*; **~it** *pf.* ausdrücken, äußern (se sich); erklären (se sich); **~itelný** aussprechbar.
vyjadřov|ací Ausdrucks-; **~ání** *n* (*3*): *způsob* ~ Ausdrucksweise *f*; **~at** (*-řuji*) *s. vyjádřit.*
vyjas|nění *n* (*3*) Aufheiterung *f*; *fig.* Klärung *f*; **~nit** *pf.*, **~ňovat** ⟨*po-*⟩ (*-ňuji*) aufklären, klären, erhellen; *-nit se* sich aufheitern, sich (auf-) klären.
vyjedn|aný vereinbart; **~at** *pf.* vereinbaren, F ausmachen; **~avač**, **~ávač** *m* (*3*) Unterhändler *m*, Vermittler *m*; **~ávání** *n* (*3*) Verhandeln *n*, Verhandlungen *pl.*; **~ávat** (*o čem*) verhandeln (über *A*); **~avatel**, **~ávatel** *m* (*3*; *-é*) *s. vyjednavač.*
vyjeknout *pf.* (*-kl*) aufschreien.
vyjet *pf.* (*s. jet*) (hin)ausfahren, -reiten; hinauffahren, -reiten; *Zug*: abgehen; ~ *z kolejí* entgleisen; P ~ *s čím* herausrücken mit (*D*); ~ *si* e-n Spaziergang, Ritt, e-e Autofahrt unternehmen; **~í** *n* (*3*) Entgleisung *f*; **~ý** ausgefahren.
výjev *m* (*2a*) Szene *f*, Auftritt *m.*
vyjev|ení *n* (*3*) Offenbarung *f*; Erfüllung *f e-s Traumes*; P Bestürzung *f*; *jako u* ~ wie aus allen Wolken gefallen; **~it** *pf.* offenbaren, ans Licht bringen; ~ *se* sich erfüllen; *aus dem Schlaf* auffahren; an den Tag kommen.
výjezd *m* (*2*; *6.* *-u*/*-ě*) Ausfahrt *m*; Auffahrt *f.*
vyjezdit *pf.* (*-žděn*/*-zděn*) ausfahren (*v*/*t*).
výjezdní Ausreise-.
vyjídat *s. vyjíst.*
vyjím|aje, **~ajíc** ausgenommen (*A*), mit Ausnahme (*G*); **~at** *s. vyjmout.*
výjim|ečně *Adv.* ausnahmsweise; **~ečný** Ausnahme-; außergewöhnlich; **~ka** *f* (*1c*; *-mek*) Ausnahme *f*; *-kou* ausnahmsweise; *s -kou* mit Ausnahme; *bez -ky* ohne Ausnahme, ausnahmslos.
vy|jíst *pf.* (*s. jíst*) aus-, leeressen; P *j-n* arm essen; **~jít** *pf.* (*s. jít*) hinausgehen; ausgehen; herauskommen; *Buch*: erscheinen; *Sonne*, *Mond*: aufgehen; *Math.* ergeben; *Rechnung*: aufgehen; *Schuß*: losgehen; *Los*: gezogen werden; *als Sieger* hervorgehen; *Schule* absolvieren, verlassen; *Arbeit*, *Prüfung*: gut ausfallen; ~ *s kým* (gut) auskommen mit j-m; ~ *s penězi* mit dem Geld auskommen *od.* reichen; ~ *z módy* aus der Mode kommen; ~ *z paměti* dem Gedächtnis entschwinden; ~ *z domu* das Haus verlassen; ~ *najevo* klar werden, herauskommen; ~ *na světlo*, *na povrch* ans Licht, an die Oberfläche kommen; ~ *na jedno* auf dasselbe hinauslaufen; ~ *s prázdnou* leer ausgehen; ~ *na lov* auf die Jagd gehen; ~ *k-u vstříc*, *naproti* j-m entgegengehen *od.* -kommen; ~ *na cestu* aufbrechen; ~ *si na procházku* e-n Spaziergang machen; **~jíždět** (*3 Pl.* *-ějí*) *s. vyjet*; **~jížďka** *f* (*1c*; *-děk*) (Aus-)Fahrt *f*; Spazierfahrt *f od.* -ritt *m*; ~ *autem* Autofahrt; ~ *na kole* Radtour *f.*
vyjma *s. vyjímaje.*
vyjmen|ování *n* (*3*) Aufzählung *f*;

~**ovat** *pf.* (*-nuji*) aufzählen, (einzeln) anführen.
vyjmou|c *s. vyjímaje*; ~**t** *pf.* (*-jmu, -ňal, -ňat*) (her)ausnehmen; *Beispiel* herausgreifen.
vy|kácet *pf.* (*3 Pl. -ejí*) abholzen, ausroden; ~**kachlíčkovat** *pf.* (*-kuji*) (aus)kacheln.
výkal *m* (*2a*) Kot *m*; ~*y* Fäkalien *pl.*, Exkremente *pl.*
vy|kartáčkovat *pf.* (*-kuji*) ausbürsten; ~**kasat** *pf. Ärmel* hochkrempeln; *Rock* aufschürzen; ~**kašlat** *pf.* (*-u*) (her)aushusten; P ~ *se na co* auf et. pfeifen; ~**kat** ⟨*za-*⟩ (*k-u*) mit „Sie" anreden, siezen (*A*).
výkaz *m* (*2*; *6. -u*/*-e*) Ausweis *m*; Nachweis *m*.
vykázat *pf.* (*-žu*/*-ži*) (*k-u co*) *Platz* anweisen; *Arbeit* zuweisen; (*k-o z č-o*) *aus e-r Wohnung* weisen; *aus der Stadt* verweisen; *Erfolge* aufweisen; *Betrag* nachweisen; ~ *se* sich ausweisen.
vykaz|atelný nachweisbar; ausweisbar; ~**ovat** (*-zuji*) *s. vykázat*.
výklad *m* (*2a*) Erklärung *f*; Auslegung *f e-s Textes*; (*Traum-*)Deutung *f*; Vortrag *m*, Ausführungen *pl.*; Auslage *f*, Schaufenster *n*.
vy|kládací Entlade-; ~**kladač**, ~**kládač** *m* (*3*) Entlader *m*; Interpret *m*, Deuter *m*; ~**kládání** *n* (*3*) Ausladen *n*; *Mar.* Löschen *n*; Auslegung *f*, Interpretation *f*, Deutung *f*; *umělé* ~ Einlegearbeit *f*, Intarsie *f*; ~ *dřevem* Täfelung *f*; ~ *karet* Kartenlegen *n*; ~**kládat** ⟨*po-, roz-, za-*⟩ *s. vyložit*; ~ *karty* Karten legen; ~**kladatel** *m* (*3*; *-é*) *s. vykladač*.
výkladiště *n* (*2a*) Abladeplatz *m*.
vykládka *f* (*1c*; *-dek*) Entladen *n*.
výkladní Auslage-, Schau-.
vyklánět se (*3 Pl. -ějí*) *s. vyklonit se*.
vykláp|ěcí Kipp-; ~**ět** (*3 Pl. -ějí*) *v*/*t* (um)kippen.
výklenek *m* (*2b*; *-nk-*) Nische *f*.
vyklen|out *pf.* (aus)wölben; ~**utý** gewölbt.
vy|klep(áv)at (*pf. -u*/*-ám*) ausklopfen; *Sense* dengeln; F (ab)tippen; ~**klestit** *pf.* (*-štěn*/*-stěn*), ~**klešťovat** (*-ťuji*) *Bäume* aushauen; *Tiere* kastrieren.
vyklešt|ěnec *m* (*3*; *-nc-*) Verschnittene(r) *m*, Kastrat *m*, Eunuch *m*; ~**ěný** kastriert.
vy|klíčit *pf. Saat*: aufgehen, keimen; ~**klidit** *pf.* (*-zen*) (aus)räumen; *Mil.* räumen; *Gebiet* evakuieren; ~**klizení**, ~**klízení** *n* (*3*) Räumung *f*, Evakuierung *f*; ~**klizovací** Räumungs-; ~**klizovat** (*-zuji*), ~**klízet** (*3 Pl. -ejí*) *s. vyklidit*; ~**kloktat** *pf.* (aus)gurgeln; ~**klonit se** *pf.* sich hinauslehnen; *Pendel*: ausschlagen; ~**klopit** *pf. v*/*t* (um)kippen, (um)stürzen.
výklop|ník *m* (*2b*) Kippwagen *m*, F Kipper *m*; ~**ný** Kipp-.
vykloub|ení *n* (*3*) Verrenkung *f*; ~**it** *pf.* verrenken.
vy|klouznout *pf.* (*-zl*) ausgleiten, ausrutschen; F *fig.* entschlüpfen; ~**klovat** *pf.* (*-u*/*-ám*) aushacken, auspicken; ~**klubat se** *pf.* aus dem Ei kriechen; F *fig.* sich entpuppen; ~**koktat** *pf.* stotternd hervorbringen.
vykolej|ení *n* (*3*) Entgleisung *f*; ~**it** *pf.* zur Entgleisung bringen; ~ *se* entgleisen.
vykombinovat (si) *pf.* (*-nuji*) (sich) ausdenken, austüfteln.
výkon *m* (*2a*) Vollzug *m*; (*Arbeits-, Nutz-*)Leistung *f*; Ausführung *f e-r Arbeit*; (*Amts-*)Handlung *f*.
vykon|ání *n* (*3*) Vollstreckung *f*; ~**aný** geleistet, vollbracht, getan; ~**(áv)at** tun, ausführen, vollbringen; leisten; *Besuch* abstatten; *Reise* unternehmen; *Vorbereitungen* treffen; *Eid, Prüfung* ablegen; *Befehl* ausführen; *Urteil* vollstrecken; *Aufsicht* führen; *Funktion* ausüben; *Notdurft* verrichten; ~**avatel** *m* (*3*; *-é*) Vollstrecker *m*; *soudní* ~ Gerichtsvollzieher *m*.
výkon|nost *f* (*4*) Leistungsfähigkeit *f*; Arbeitsleistung *f*; ~**ní** Leistungs-; ~**ný** Vollzugs-, Exekutiv-; ausübend, ausführend; leistungsfähig; ~**ový** Leistungs-.
vykonstruovaný ausgeklügelt.
výkop *m* (*2a*) Ausgrabung *f*; *Sp.* Anstoß *m*; ~**ový** Ausgrabungs-, Ausschachtungs-.
vykop|(áv)at (*pf. -u*/*-ám*) ausgraben; *Wurzeln* roden; *Grab* schaufeln; *Schützengräben* ausheben; *Sp.* anstoßen; ~**ávka** *f* (*1c*; *-vek*) Ausgrabung *f*; ~**nout** *pf.* (*-pl*; *-pnut*) mit e-m Fußtritt hinauswerfen *od.* wegschlagen.
vyko|řenit *pf.* entwurzeln; *fig.* ausrotten; ~**řistit** *pf.* (*-stěn*) ausbeuten.

vykořisťov|ání *n* (*3*) Ausbeutung *f*; **~at** (*-ťuji*) *s. vykořistit*; **~atel** *m* (*3*; *-é*) Ausbeuter *m*; **~atelský** Ausbeuter-, ausbeuterisch.
vykotl|aný *Zahn*: hohl; **~(áv)at** aushöhlen; ~ *se Zahn* hohl (*od.* F schlecht) werden.
vykoupat *pf. v/t* baden; ~ *se* baden (gehen); ~ *si nohy* ein Fußbad nehmen.
vykoup|ení *n* (*3*) Freikaufen *n*; *Rel.* Erlösung *f*; **~it** *pf.* loskaufen; *lit. fig.* erkaufen; *Rel.* erlösen.
vykou|řit *pf.* (aus)rauchen, zu Ende rauchen; *Raum, Nest* ausräuchern; ~ *se* sich verflüchtigen, *Zorn*: verrauchen; **~sat** *pf.* (*-šu*/*-sám*) (her-)ausbeißen; P (*k-o*) hinausbeißen (*A*); **~(va)t** *s. vykovat*; **~zlit** *pf.* hervorzaubern.
vykovat *pf.* (*-u*/*-ám*) (aus)hämmern; *lit. Bund* schmieden.
výkovek *m* (*2b*; *-vk-*) Schmiedestück *n*.
vy|kračovat (*-čuji*) stolz einherschreiten, einherstolzieren; F *statně si* ~ wacker ausschreiten; **~krádat** *s. vykrást*; **~kradený** ausgeraubt, ausgeplündert; **~krájet** *pf.* (*3 Pl. -ejí*) (her)ausschneiden.
vykrajov|ačka *f* (*1c*; *-ček*) *Kochk.* Ausstechform *f*; **~at** (*-juji*) ausschneiden; *Teig, Rasen* ausstechen.
vy|krákat *pf.*: ~ *k-u, k-o za vlasy* an den Haaren ziehen (*A*); **~kramařit** P *pf.* hervorkramen; **~krást** *pf.* (*s. krást*) ausrauben, ausplündern; (*k-o*) bestehlen (*A*), einbrechen (bei *D*); **~krášlit** *pf.* ausschmücken.
výkres *m* (*2*; *6. -e*/*-u*) Zeichnung *f*.
vykreslit *pf.* (auf)zeichnen.
výkrm *m* (*2a*) Mast *f*; ~ *vepřů* Schweinemast.
vykrm|ený gemästet, Mast-; **~it** *pf.*, **~ovat** (*-muji*) mästen; *Heu* verfüttern.
výkrm|na *f* (*1*; *-men*) Mästerei *f*; **~ný**, **~ový** Mast-.
vykročit *pf.* heraus-, hervortreten; aufbrechen, gehen.
výkroj *m* (*4*), *dim.* **~ek** *m* (*2b*; *-jk-*) Ausschnitt *m*.
vykrojit *pf.* ausschneiden; *Tech.* ausbuchten, schweifen.
výkrok *m* (*2b*) *Turn.* Schritt *m* vorwärts.
výkrop *m* (*2a*) Einsegnung *f*.
vy|kropit *pf.* besprengen; *Rel.* einsegnen; **~kroutit** *pf.* (*-cen*) (her-)ausdrehen; *Arm* ausrenken; entwinden (*j-m A*); ~ *se* sich herauswinden; entschlüpfen; **~kroužit** *pf.* abzirkeln; (aus)drechseln; *Tech.* schweifen; **~krucovat** (*-cuji*) *s. vykroutit*.
výkrut *m* (*2a*) *Turn.* Rolle *f*, Überschlag *m*.
vy|kružovat (*-žuji*) *s. vykroužit*; **~krvácet** *pf.* (*3 Pl. -ejí*) ver-, ausbluten; **~krystalizovat** *pf.* (*-zuji*) auskristallisieren; **~křehlý** aus-, durchgefroren; **~křes(áv)at** (*pf. -šu*/*-sám*) *Feuer* schlagen; *nur pf.* F *-sat se z nemoci* sich von e-r Krankheit erholen.
vykřič|ený verrufen; **~et** *pf.* hinausschreien; ~ *se* sich ausschreien; P ~ *si plíce* sich heiser schreien; **~ník** *m* (*2b*) Rufzeichen *n*.
výkřik *m* (*2a*) Schrei *m*; ~ *o pomoc* Hilferuf *m*.
vykřik|nout *pf.* (*-kl*), **~ovat** (*-kuji*) } [aufschreien.
vyku|chat *pf. Tiere* ausnehmen; *Jagdw.* ausweiden; **~kovat** F (*-kuji*) hinaus-, herausschauen; **~lit** *pf.*: ~ *oči* große Augen machen.
výkup *m* (*2a*) Frei-, Los-, Abkaufen *n*; *Agr.* Erfassung *f*, Aufkauf *m*.
Vykupitel *m* (*3*; *-é*) Erlöser *m*, Heiland *m*.
výkup|na *f* (*1*; *-pen*) *Agr.* Erfassungsstelle *f*; **~né** *n* (*Adj. 3*) Lösegeld *n*; Ablösungsgebühr *f*; **~ní** Aufkauf-, Erfassungs-; **~ný** Ablösungs-, Einstands-.
vyku|povat (*-puji*) *s. vykoupit*; **~řovat** (*-řuji*) *s. vykouřit*; **~sovat** (*-suji*) *s. vykousat*; **~tálený** P durchtrieben, gerieben.
vykvasit *pf.* (*-šen*) aus-, vergären.
vykvé|st *pf.* (*3. -ete*, *-etl*), **~tat** aufblühen.
výkvět *m* (*2a*) *fig.* Blüte *f*, Elite *f*.
vy|kvetlý aufgeblüht; **~kydat** *pf.* hinauswerfen; ~ *hnůj z chléva* Stall ausmisten; **~kynout** *pf. Teig*: aufgehen; **~kypět** *pf.* überkochen, F überlaufen; **~kysat** *pf.* (*3. -še*/*-sá*) aus-, vergären.
výkyv *m* (*2a*) (*Pendel-*)Ausschlag *m*; *Phys.* Schwingungsweite *f*; *Pol.* Ruck *m*.
vylad|ění *n* (*3*) (Ab-)Stimmung *f*; **~it** *pf. Mus.* stimmen; *Farben* aufeinander abstimmen; *Rdf.* genau einstellen; *El.* abstimmen.

vyladʼov|ač *m* (*4*) *Rdf.* Sperrkreis *m*; **~at** (*-ďuji*) *s. vyladit.*
vy|lákat *pf.* herauslocken; ~ *co na kom* entlocken, P abluchsen (j-m *A*); **~lámat** *pf.* (*-u*), **~lamovat** (*-muji*) *v/t* ausbrechen; *Pflaster* aufreißen; **~léčit** *pf.* ausheilen, F (aus-) kurieren; ~ *se* genesen, gesund werden; **~léčitelný** heilbar; **~lehčit** *pf.* erleichtern.
vylek|aný erschrocken, verstört; **~at** *pf. v/t* erschrecken (*se v/i*); ~ *ze spaní* aus dem Schlaf fahren.
vylep|it *pf.*, **~ovat** (*-puji*) auskleben; *Plakate* (an)kleben.
vyle|ptat *pf.* ätzen, (aus)beizen; **~štit** *pf.* blank putzen, polieren; *Fußboden* bohnern.
výlet *m* (*2*; *6. -u*/*-ě*) Ausflug *m*.
vy|létat, ~letět *pf.* (hin)ausfliegen, heraus-, auffliegen; ~ *do povětří* in die Luft fliegen; F ~ *z kůže fig.* aus der Haut fahren.
výlet|iště *n* (*2a*) Ausflugsort *m*; **~ní** Ausflugs-; **~ník** *m* (*1a*), **~nice** *f* (*2a*) Ausflügler(in *f*) *m*.
vylétnout *pf.* (*-tl*) *s. vyletět.*
výlev *m* (*2a*) Ausguß *m*; *Med.*, *fig.* Erguß *m*; ~ *krve* Bluterguß.
vylév|ací Gieß-; **~ač** *m* (*4*) Gießvorrichtung *f*; **~árna** *f* (*1*; *-ren*) Gießerei *f*; **~at** ausgießen, ausschütten (*a. fig. sein Herz*); P ~ *si zlost* (*na kom*) s-e Wut (an j-m) auslassen; ~ *se* sich ergießen; ~ *se z břehů* *Fluß*: über die Ufer treten.
výlevka *f* (*1c*; *-vek*) Ausguß *m*; Schnauze *f*, Tülle *f*.
vyléz|at ⟨*po-*⟩, **~t** *pf.* (*s. lézt*) heraus-, hervorkriechen; ~ *nahoru* hinaufklettern; ~ *na horu* e-n Berg besteigen.
vylež|elý (gut) abgelagert; **~et se** *pf.* lange genug auf der faulen Haut liegen.
vylh|aný erlogen; **~at** *pf.* (*s. lhát*) erlügen; ~ *si co* sich et. ausdenken.
vylícovat *pf.* (*-cuji*) *Tech.* einpassen.
vylíč|ení *n* (*3*) Schilderung *f*, Darstellung *f*; **~it** *pf.*, **vyličovat** (*-čuji*) schildern, darstellen.
vylid|něný menschenleer; **~nit** *pf.*, **~ňovat** (*-ňuji*) entvölkern.
vy|líhnout *pf.* (*-hl*) ausbrüten; P *Plan* aushecken; ~ *se* aus dem Ei kriechen *od.* schlüpfen; **~línat** *pf.* Haare (*od.* Federn) verlieren; sich mausern.
výlisek *m* (*2b*; *-sk-*) Preßstück *n*; ~ *z plechu* Stanzteil *m*.
vy|lisovat *pf.* (*-suji*) (aus)pressen; *Wein* keltern; **~lít** *pf.* (*s. lít*) ausgießen; aus-, weg-, verschütten; *s. a. vylévat*; **~lití** *n* (*3*) Ausgießen *n*; *Rel.* Ausgießung *f*; **~lítnout** *pf.* (*-tl*) *s. vyletět*; **~lívat** *s. vylévat.*
výlivka (*1c*; *-vek*) *s. výlevka.*
vylízat *pf.* (*-zám*/*-žu*) auslecken; F ~ ~ *se z nemoci* sich von e-r Krankheit (gut) erholen.
vylod|ění *n* (*3*) *Mar.* Ausschiffung *f*, Entladen *n*; *Mil.* Landung *f*; **~it** *pf.* (*-ěn*) *Fracht* löschen, entladen; *Truppen* landen; ~ *se* an Land gehen.
výloha *f* (*1b*) Auslage *f*, Schaufenster *n*; *-hy pl.* Auslagen *f/pl.*, Unkosten, Spesen *pl.*
vylom|eniny P *f/pl.* (*1*) Unfug *m*, Unsinn *m*; **~it** *pf.* (her)ausbrechen; *Tür* aufbrechen.
vy|losovat *pf.* (*-suji*) ver-, auslosen; **~loučení** *n* (*3*) Ausschluß *m*; *fig.* Ausschaltung *f*; ~ *z církve Rel.* Exkommunikation *f*; *s* ~*m veřejnosti* unter Ausschluß der Öffentlichkeit; ~ *ze školy* Verweisung *f* von der Schule, Relegation *f*; **~loučen**(**ý**), *Adv. -no* ausgeschlossen; **~loučit** *pf.* ausschließen; *Waren, Bücher* aussondern, F ausrangieren; *von der Arbeit* aussperren; *Math.* eliminieren; *Schüler* verweisen, relegieren; *Sp.* vom Platz weisen; disqualifizieren; *Rel.* exkommunizieren; *Chem.* ausscheiden (*v/t*); *Med.* absondern; **~loudit** *pf.* (*-ěn*) entlocken; *Geld* herauslocken.
vyloup|at *pf.* (*-u*/*-ám*) ausschälen; entkernen, enthülsen; **~ení** *n* (*3*) (Aus-)Plünderung *f*, Beraubung *f*; **~it** *pf.* (aus)plündern, aus-, berauben; **~nout** *pf.* (*-pl*; *-pnut*) *s. vyloupat.*
vylou|skat *pf.* enthülsen, entkernen; *Nüsse* knacken; **~žit** *pf.* auslaugen.
výlov *m* (*2a*) Abfischen *n e-s Teiches.*
vylovit *pf.* herausfischen, P herausangeln; *Teich* abfischen; *Ertrunkene* bergen.
vyložen|í *n* (*3*) *s. vykládání*; **~ý** *Tech.* hervorstehend; *fig.* ausgesprochen; ~ *nesmysl* reiner Unsinn.
vyložit *pf.* auslegen; erklären; *Sachverhalt* erläutern; *Traum* deuten; *Ware* ab-, ausladen; *Fahrzeug* ent-

laden; *Mar.* *Ladung* löschen; *Wand* verkleiden; *Karten* auflegen; ~ *se z okna* sich aus dem Fenster lehnen.

výlož|ka *f* (*1c*; *-žek*), **~ek** *m* (*2b*; *-žk-*) (*Rock-*)Aufschlag *m*.

výluč|nost *f* (*4*) Ausschließlichkeit *f*; **~ný** ausschließlich, exklusiv.

vyluč|ovací Ausscheidungs-; **~ování** *n* (*3*) Ausscheidung *f*; ~ *potu* Schweißbildung *f*; **~ovat** (*-čuji*) *s. vyloučit.*

vyl(o)uhovat (*-huji*) *s. vyloužit.*

výluka *f* (*1c*) Aussperrung *f*.

vylupat P (*-ám*/*-u*) verprügeln (*k-u*/*A*).

výlupek *m* (*2b*; *-pk-*) ausgeschälte Nuß *f*, *fig.* Ausbund *m*.

vylup|ovač *m* (*3*) Plünderer *m*; **~ovat** (*-puji*) *s. vyloupat u. vyloupit.*

vyluštit *s. vyloupat*; ~ *hádanku* Rätsel lösen; **~elný** lösbar.

vy|luzovat (*-zuji*) *s. vyloudit*; **~mačkat** *pf.* auspressen, ausdrük-ken; **~máčknout** *pf.* (*-kl*; *-knut*) *mit e-m Mal* herausdrücken; *Fenster* eindrücken.

vymáh|ací Eintreibungs-; **~ání** *n* (*3*) *Jur.* Eintreibung *f*; *Hdl.* Einforderung *f*; **~at** *s. vymoci.*

vymách|aný: *-ná huba* P loses Mundwerk; **~at** *pf.* ausspülen; *Wäsche* (aus)schweifen.

vy|malovat *pf.* (*-luji*) ausmalen; *et. an die Wand* malen; abmalen; **~mámit** *pf.* (*co na kom*) erschleichen, erschwindeln, F ergaunern (*et.* von *D*); *Geheimnis* entlocken (*D*); **~mandlovat** *pf.* (*-luji*) *Wäsche* mangeln; **~manit** *pf.* (*z č-o*) befreien (von *D*); ~ *se* sich freimachen; **~mastit** *pf.* (*-štěn*) mit Fett (*od.* Butter) ausschmieren; F viel Fett verbrauchen.

výmaz *m* (*2a*) *Jur.* Tilgung *f*, Löschung *f*.

vy|mazat *pf.* (*-žu*/*-ži*) ausradieren; *Text* löschen; *Hdl.* tilgen; ausschmieren (*čím* mit *D*); P verschmieren; **~máznout** P *pf.* (*-zl*/*-znul*; *-znut*) verschwinden, abhauen; ~ *se* der Länge lang hinfallen.

výměn|a *f* (*1*) Tausch *m* (*za co* gegen *A*); Austausch *m*; Umtausch *m*; Wechsel *m*; Auswechseln *n*; ~ *peněz* Geldumtausch, -wechsel; ~ *látek* Stoffwechsel; ~ *slov* Wortwechsel; ~ *zkušeností* Erfahrungsaustausch; *-nou* durch Tausch, tauschweise; *Pol.* im Austausch; *na -nu* auf Tausch; **~ek** *m* (*2b*; *-nk-*) Altenteil *n*, *öst.* Ausgedinge *n*; **~ík** *m* (*2b*) *Tech.* (*Wärme-*)Austauscher *m*; *Esb.* Weichenbock *m*.

vyměnit *pf.* (*co za co*) ein-, aus-, umtauschen (*et.* gegen *A*); (aus-)wechseln, vertauschen; *Geld* ein- *od.* umwechseln; ~ *si místa, úlohy* Plätze, Rollen tauschen; **~elný** auswechselbar.

výměnkář *m* (*3*), **~ka** *f* (*1c*; *-řek*) Altenteiler(in *f*) *m*, *öst.* Ausgedinger(in *f*) *m*.

výměnný Tausch-.

vyměňovat (*-ňuji*) *s. vyměnit.*

výměr *m* (*2a*) Ausmessung *f*; Bescheid *m*, Erledigung *f*; *Phil.* Bestimmung *f*, Definition *f*; ~ *pojmu* Begriffsbestimmung; **~a** *f* (*1d*) Ausmaß *n*; ~ *trestu* Strafmaß *n*; *ve výměře* (*č-o*) im Ausmaß von; **~ek** *m* (*2b*; *-rk-*) Pauschalbetrag *m od.* -summe *f*, Pauschale *f*.

vyměř|ení *n* (*3*) Bemessung *f*; Vermessung *f*; **~it** *pf.* aus-, vermessen; *fig.* bemessen; **~ovací** Vermessungs-; *Jur.* Bemessungs-; **~ování** *n* (*3*) *s. vyměření*; **~ovat** (*-řuji*) *s. vyměřit.*

výměsek *m* (*2b*; *-sk-*) Ausscheidung *f*, Absonderung *f*, Sekret *n*.

vymést *pf.* (*s. mést*) ausfegen, auskehren.

výměšek *m* (*2b*; *-šk-*) *s. výměsek.*

vyměšov|ací Ausscheidungs-; **~ání** *n* (*3*) Ausscheidung *f*, Absonderung *f*; *Med.* Sekretion *f*; **~at** (*-šuji*) ausscheiden, absondern.

výmět *m* (*2a*) Auswurf *m*; *Tech.* Ausschuß *m*; *Zo.* Exkrement *n*.

vyme|t(áv)at *s. vymést*; P *fig.* abgrasen; (*a. se*) *Getreide*: in die Ähren schießen; **~zit** *pf.*, **~zovat** (*-zuji*) be-, abgrenzen.

vymílat *s. vymlít.*

výminečn|ě *Adv.* ausnahmsweise; bedingt; **~ý** bedingt; außergewöhnlich, Ausnahme-.

výminek *m* (*2b*; *-nk-*) *s. výměnek.*

vyminit si *pf.* zur Bedingung machen, sich ausbedingen.

výmink|a *f* (*1c*; *-nek*) Bedingung *f*; **~ář** *s. výměnkář.*

vy|mírat *s. vymřít*; **~mísit** *pf.* (*-šen*) *Teig* auskneten; **~miškovat** P *pf.* (*-kuji*) kastrieren; **~mítat** *pf.* *Teufel*

austreiben; **~mizet** *pf.* (*3 Pl. -eji/-í*) verschwinden; **~mknout** *pf.* (*-kl; -knut*) *v/t* ausrenken; ~ *si co* sich verrenken (*A*); ~ *se k-u* sich entwinden, entschlüpfen (*D*); **~mknutí** *n* (*3*) Verrenkung *f.*
výmlat *m* (*2a*), **~ek** *m* (*2b*; *-tk-*) Drusch *m.*
vy|mlátit *pf.* (*-cen*) ausdreschen; P (*k-u*) verdreschen (*A*); **~mlít** *pf.* (*s. mlít*) *Getreide* ausmahlen; *Straße* unterspülen; **~mlouvat** *s. vymluvit.*
výmluva *f* (*1*) Ausrede *f.*
vymluvit *pf.* (*k-u co*) ausreden (j-m *A*); abbringen (j-n von *D*); ~ *se* sich aussprechen; ~ *se čím, na co* sich (her)ausreden (mit *D*).
výmluv|nost *f* (*4*) Beredsamkeit *f*; **~ný** rede-, sprachgewandt; *fig.* vielsagend.
vy|mnout *pf.* (*-mnul; -mnut*) herausreiben; **~moci** *pf.* (*s. moci*) (*na kom*) durchsetzen, erwirken (bei *D*); *Schulden* eintreiben; **~močit** *pf.* wässern; *Flachs* rösten; ~ *se* urinieren.
vymód|ěný aufgeputzt, P aufgedonnert; **~it se** P *pf.* sich aufputzen.
vymodlit *pf.*: ~ *si* erflehen, erbeten.
výmol *m* (*2; 6. -u/-e*) Schlagloch *m*; Auswaschung *f*; *Geol.* Erosion *f.*
vy|montovat *pf.* (*-tuji*) *Tech.* ausbauen, herausnehmen; **~motat** *pf.* entwirren; ~ *se* sich herauswinden; herausfinden; **~moženost** *f* (*4*) Errungenschaft *f*; **~mrskat** *pf.* auspeitschen; *Boden* erschöpfen; **~mrštit** *pf.* hinausschleudern; hochwerfen; ~ *se* emporschnellen; *Mil.* vorschnellen; **~mrznout** *pf.* (*-zl*) ausfrieren; *Agr.* auswintern.
vymř|elý ausgestorben; **~ení** *n* (*3*) Aussterben *n*; **~ít** *pf.* (*s. mřít*) aussterben; *fig.* erlöschen.
vy|mstít se *pf.* (*-ěn*) sich rächen (*na kom za co* an j-m für *A*); **~mudrovat** *pf.* (*-ruji*) ausklügeln; **~mycovat** (*-cuji*) *s. vymýtit.*
vymydl|ený F geschniegelt und gebügelt, piekfein; **~it** *pf.* Seife verbrauchen; abseifen (*A*).
výmyk *m* (*2b*) *Turn.* Aufschwung *m*, Felge *f.*
vymykat se *fig.* sich entziehen; *to se -ká každému líčení* das spottet jeder Beschreibung.
výmysl *m* (*2a*) Erfindung *f*, Fiktion *f*, Hirngespinst *n.*
vy|myslit *pf.* (*-šlen*), **~mýšlet** (*3 Pl. -ejí*) ausdenken, erfinden; **~mýšlivý** erfinderisch; **~mýt** *pf.* (*s. mýt*) auswaschen; **~mýtit** *pf.* (*-cen*) abholzen, roden; *fig.* ausmerzen; **~mývat** *s. vymýt*; **~nadat** *pf.* (*k-u*) ausschimpfen (*A*); **~nadívat se** *pf.* sich satt sehen (*na co* an *D*); **~nadivit se** *pf.* (*č-u*) sich nicht genug wundern können (über *A*).
vynahra|dit *pf.* (*-zen*), **~zovat** (*-zuji*) ersetzen; ~ *si co* sich entschädigen (für *A*).
vyna|cházet (*3 Pl. -ejí*) *s. vynajít*; **~chválit si** *pf.* über alle Maßen loben; **~jít** *pf.* (*s. jít*) auffinden; erfinden; ausfindig machen; **~kládat** *s. vynaložit.*
vynález *m* (*2a*) Erfindung *f.*
vynaléz|at erfinden; entdecken; **~avost** *f* (*4*) Erfindungsgabe *f*; Findigkeit *f*; **~avý** erfinderisch.
vynález|ce *m* (*3*), **~kyně** *f* (*2b*) Erfinder(in *f*) *m*; Entdecker(in *f*) *m.*
vynalézt *pf.* (*s. nalézt*) *s. vynalézat.*
vynalož|ení *n* (*3*) Aufwand *m*, Aufgebot *n*; **~it** *pf.* auf-, verwenden; *fig.* aufbieten.
vynasnaž|it se *pf.*, **~ovat se** (*-žuji*) sich bemühen, bestrebt sein; ~ *všemožně* sich alle erdenkliche Mühe geben.
vy|nášeč, **~našeč** *m* (*3*) Austräger *m*; **~nášet** (*3 Pl. -ejí*) *s. vynést.*
výňatek *m* (*2b*; *-tk-*) (*Text-*)Auszug *m.*
vynd(áv)at herausnehmen, hervorholen.
vynech|á(vá)ní *n* (*3*), **~ávka** *f* (*1c*; *-vek*) Auslassung *f*, Wegfall *m*; **~(áv)at** aus-, weglassen; *Unterricht* versäumen; *Tech.* aussetzen (*v/i*).
vy|nesení *n* (*3*) Erlaß *m*, Verordnung *f*; **~nést** *pf.* (*s. nést*) hinaustragen, hinausschaffen; hinauftragen, -schaffen; *Hdl.* einbringen; *Karte* ausspielen; *Urteil* fällen; *ans Tageslicht* bringen; *Geheimnis* ausplaudern; **~nětí** *n* (*3*) Herausnahme *f*, Enthebung *f.*
vynik|ající hervorragend, glänzend; **~at**, **~nout** *pf.* (*-kl*) hervorragen; überragen, übertreffen; hervortreten, F sich hervortun.
vynoř|it se *pf.*, **~ovat se** (*-řuji*) auftauchen, aufsteigen.

výnos *m* (*2*; *6*. *-u*/*-e*) Ertrag *m*; Erlaß *m*, Verordnung *f*; *čistý* ~ Reinertrag; ~*em ze dne* durch Verordnung vom; **~nost** *f* (*4*) Einträglichkeit *f*, Rentabilität *f*; **~ný** einträglich, ergiebig, rentabel.

vynu|covat (*-cuji*), **~tit** *pf*. (*-cen*) (*co na kom*) erzwingen (*et*. von *D*); *Geld* erpressen; *Respekt* verschaffen.

vyobcov|ání *n* (*3*) Ausstoßung *f*, Verbannung *f*; *Rel*. Bann *m*; **~at** *pf*. (*-cuji*) ausweisen; verbannen, ausstoßen.

vyobraz|ení *n* (*3*) Abbildung *f*; **~it** *pf*., **~ovat** (*-zuji*) abbilden, bildlich darstellen.

vyor|at *pf*. (*-rám*/† *-řu*) *Kartoffeln*, *Rüben* ernten; ~ *brázdu* Furche ziehen; **~ávač** *m* (*4*): ~ *brambor* Kartoffelerntemaschine *f*; **~ávat** *s*. *vyorat*.

vypáčit *pf*. aufbrechen, aufsprengen.

výpad *m* (*2a*) Ausfall *m*.

vypad|at[1] *pf*. (her)ausfallen; **~at**[2] aussehen, sich ausnehmen; **~ávání** *n* (*3*): ~ *vlasů* Haarausfall *m*; **~ávat** *vypadat*[1].

výpadní Ausfall-.

vypadnout *pf*. (*-dl*) (her)ausfallen; *j-m* entfallen; *Mil*. e-n Ausfall machen; *Sp*. ausscheiden; P verschwinden; ~ *z role* aus der Rolle fallen; *jakoby z oka vypadl* wie aus dem Gesicht geschnitten.

výpadový Ausfall-.

vy|pálit *pf*., **~palovat** (*-luji*) *v*/*t* ausbrennen, ausglühen; *Stadt* niederbrennen; *Mal* einbrennen; *Mil*. Feuer geben, e-n Schuß abgeben; P vor der Nase wegschnappen.

výpalky *m*/*pl*. (*2b*) Schlempe *f*.

výpar *m* (*2b*) Ausdünstung *f*.

vyparádit se F *pf*. sich herausputzen.

vypárat *pf*. (*-řu*/*-rám*) auftrennen.

výparný Verdampfungs-.

vypař|it *pf*., **~ovat** (*-řuji*) ausbrühen; *Kochk*. abbrühen; ~ *se* verdampfen, sich verflüchtigen, verdunsten.

vypasený P (*Mensch*) dick, fett.

vypást *pf*. (*3*. *-pase*; *s*. *pást*) *Wiese* abweiden; *Tiere* mästen.

vypátr|ání *n* (*3*) Nachforschung *f*, Ermittlung *f*; **~at** *pf*. erforschen, ermitteln, F herausbekommen; ausfindig machen; *Mil*. auskundschaften.

vy|péci *pf*. (*s*. *péci*) ausbacken; *Fleisch* durchbraten; P *fig*. an der Nase herumführen; **~pečený** (aus-) gebacken; gut durchgebraten; P *fig*. durchtrieben; **~peckovat** *pf*. (*-kuji*) *Obst* entkernen; **~pékat** *s*. *vypéci*; **~pelichat** *pf*. (sich) hären; *Vögel*: mausern; **~pérovaný** gefedert; *Sp*. federnd; **~peskovat** *pf*. (*-kuji*) ausschelten, abkanzeln, V anscheißen.

výpěstek *m* (*2b*; *-stk-*) Züchtung *f*, Zucht *f*.

vypěstovat *pf*. (*-tuji*) züchten, auf-, großziehen.

vypětí *n* (*3*) Anspannung *f*; *fig*. Aufbietung *f*; *El*. Ausschalten *n*.

vypích|at *pf*., **~nout** *pf*. (*-chl*/*-chnul*; *-chnut*), **vypichovat** (*-chuji*) (her-) ausstechen (*a*. *fig*.).

vypilovat *pf*. (*-luji*) ausfeilen.

vypín|ací Auslöse-, Auslösungs-; *El*. Ausschalt-; **~ač** *m* (*4*) *El*. Schalter *m*; **~at** *s*. *vypnout*; ~ *se* emporragen; P sich brüsten, überheblich sein; **~avost** *f* (*4*) Überheblichkeit *f*; Prahlsucht *f*; **~avý** überheblich, F protzig.

výpis *m* (*2*; *6*. *-e*/*-u*), *dim*. **~ek** *m* (*2b*; *-sk-*) Auszug *m*, Exzerpt *n*.

vypísk|at *pf*. auspfeifen; **~nout** *pf*. (*-kl*) aufkreischen.

vy|pisovat (*-suji*) *s*. *vypsat*; **~pít** *pf*. (*s*. *pít*) (aus)trinken; *Glas* leeren; F einen heben, *dial*. picheln; P *fig*. ausbaden, auslöffeln; **~plácat** P *pf*. verschwenden.

vyplac|eně *Adv*. *Hdl*. frei, franko; **~ení** *n* (*3*) Auszahlung *f*.

vyplác|ení *n* (*3*) regelmäßige (Aus-) Zahlung *f*; Frankatur *f*; **~et** (*3 Pl*. *-ejí*) *s*. *vyplatit*.

výplach *m* (*2b*) Ausspülung *f*; *střevní* ~ *Med*. Einlauf *m*; ~ *žaludku* Magenspülung *f*.

vy|pláchnout *pf*. (*-chl*; *-chnut*), **~plachovat** (*-chuji*) ausspülen; **~plakat se** *pf*. (*-pláču*/*-či*) sich ausweinen; **~plašit** *pf*. aufscheuchen.

výplat|a *f* (*1*) Auszahlung *f*; Zahlung *f*; *Mil*. Löhnung *f*; **~ce** *m* (*3*), **~čí** *m* (*Adj*. *4*) Zahlmeister *m*.

vyplatit *pf*. (*-cen*) auszahlen; *Scheck* einlösen; *Brief* frankieren; P (*scherz*.) verprügeln; ~ *se* sich lohnen, sich bezahlt machen.

výplat|na *f* (*1*; *-ten*) Zahlstelle *f*; **~né** *n* (*Adj. 3*) Freigebühr *f*; **~ní** Zahl-.
vyplav|at *pf.* (*-u*) herausschwimmen; auftauchen; **~it** *pf.* (aus-) schwämmen; *Kreide* schlämmen; an Land spülen.
vy|plazit *pf.*, **~pláznout** *pf.* (*-zl/-znul*), **~plazovat** (*-zuji*) *Zunge* herausstrecken; **~plenit** *pf.* ausplündern, ausrauben; ausrotten.
vy|pleskat *pf. dial.* ausplappern; **~plést** *pf.* (*s. plést*) flechten; auswickeln; *Wolle* verbrauchen, verstricken; *Tennisschläger* bespannen.
výplet *m* (*2a*) Bespannung *f*.
vy|plétat *s. vyplést*; **~plísnit** *pf. lit.* (*k-o*) ausschelten (*A*), e-e Strafpredigt halten (*D*); **~plít**[1] *pf. s. plít*[1]; **~plít**[2] *pf.* (*-pliji*), **~plivat, ~plivnout** *pf.* (*-vl/-vnul*; *-vnut*) ausspucken; P *~ se na co fig.* auf et. pfeifen; **~plížit se** *pf.* hinausschleichen.
výpl|ň *f* (*3*), **~něk** *m* (*2b*; *-ňk-*) Füllung *f*, Einsatz *m*.
vypln|ění *n* (*3*) Erfüllung *f*; Ausfüllen *n*; **~it** *pf.* erfüllen; *Fragebogen, Lücke* ausfüllen; *~ se* in Erfüllung gehen, eintreffen; **~itelný** erfüllbar.
výplňkový Füll-; *Geom.* Supplement-.
vyplň|ovací *Arch.* Füll-; **~ovat** (*-ňuji*) *s. vyplnit*.
výplod *m* (*2a*) Erzeugnis *n*, Produkt *n*; *iron.* Ausgeburt *f*.
vyplou|t *pf.* (*s. plout*), **~vat** *s. vyplavat*; *Mar.* auslaufen, abfahren, *lit.* in See stechen.
vy|plutí *n* (*3*) *Mar.* Auslaufen *n*; **~plynout** *pf.* (her)ausfließen; *fig.* hervorgehen, folgen (aus *D*); *s. vyplavat*; **~plýtvat** *pf.* verschwenden, vergeuden; **~plývat** hervorgehen, folgen; **~pnout** *pf.* (*s. pnout*) *El.* aus-, abschalten; *Maschine* abstellen; *Brust* herausstrecken; **~pnutí** *n* (*3*) *El.* Ausschalten *n*; *Tech.* Abstellen *n*.
výpočet *m* (*2a*; *-čt-*) Berechnung *f*; **~ní** Rechen-, Rechnungs-.
vypoč|íst *pf.* (*s. číst*), **~ítat** *pf.* aus-, berechnen; aufzählen; **~itatelný** berechenbar; **~ítavost** *f* (*4*) Berechnung *f*; **~ítavý** berechnend.
výpočtový Rechen-; *-vé středisko* Rechenzentrum *n*.
vypodob|ení *n* (*3*) Abbildung *f*; **~(n)it** *pf.* abbilden, bildlich darstellen; F treffen.
vy|pojit *pf.* ausschalten; auskuppeln; **~poklonkovat** P *pf.* (*-kuji*) hinauskomplimentieren; **~polštářovat** *pf. s. polštářovat*; **~pomáhat** *s. vypomoci*. [hilfe *f*.]
výpomoc *f* (*4 od. 4b*; *-emi*) Aus-
vypomoci *pf.* (*s. moci*; *-možen*) aushelfen; *~ si čím* sich behelfen (mit *D*).
výpomocn|ě *Adv.* aushilfsweise, als Aushilfe; **~ný** Hilfs-.
výpon *m* (*2a*) *Turn.* Zehenstand *m*.
vypořád|ání *n* (*3*) Auseinandersetzung *f*; **~at** *pf.* in Ordnung bringen; *Rechnung* begleichen; *~ se s kým* abrechnen (mit *D*); *~ se s čím* sich auseinandersetzen (mit *D*).
vyposl|echnout *pf.* (*-chl*; *-chnut*), **~ouchat** *pf.* zu Ende hören; *Gespräch* belauschen.
výpotek *m* (*2b*; *-tk-*) *Med.* Exsudat *n*.
vypo|tit *pf.* (*-cen*) ausschwitzen; F *~ se* ordentlich schwitzen; **~třebovat** *pf.* (*-buji*) verbrauchen, aufbrauchen.
vypou|klý *s. vypuklý*; **~lit** *pf.*: *~ oči* die Augen weit aufreißen; *~ oči na k-o* anstarren, F anglotzen (*A*).
vypoušt|ěcí Ablaß-, Abfluß-; **~ět** *s. vypustit*.
výpověď *f* (*4d*; *-di*; *7 Pl. -ďmi/-dmi*) Kündigung *f*; *Jur.* Aussage *f*.
vypověd|ěnec *m* (*3*; *-nc-*) Verbannte(r) *m*, Landesverwiesene(r) *m*; **~ění** *n* (*3*) Kündigung *f*; Verbannung *f*; *~ války* Kriegserklärung *f*; **~ět** *pf.* (*s. vědět*; *a. -vězen*) aussprechen; *Jur.* aussagen; kündigen; *Gehorsam* verweigern; verbannen; ausweisen, *lit.* des Landes verweisen; *Krieg* erklären; *Tech.* versagen; **~itelnost** *f* (*4*) Kündbarkeit *f*; **~itelný** kündbar; aussprechbar.
výpovědní Kündigung-.
vypo|věz- *s. vypověd-*; **~vídat** *s. vypovědět*.
vypracov|ání *n* (*3*) Ausarbeitung *f*; **~(áv)at** (*pf.* *-cuji*) ausarbeiten; *Feinheiten* herausarbeiten; *Teig* durchkneten; *Körper* durchtrainieren; *~ se* sich emporarbeiten.
vyprah|lost *f* (*4*) Dürre *f*, Trockenheit *f*; **~lý** dürr, trocken; **~nout** *pf.* (*-hl*) austrocknen.
výprask *m* (*2b*) Prügel, Schläge *pl.*; F e-e Tracht Prügel.

vy|práskat P *pf.* (*k-u*) verprügeln (*A*); F hinausprügeln; **~prášit** *pf.* ausstäuben; *Kleider* ausklopfen; **~prat** *pf.* (*s. prát*) auswaschen.

výprav|a *f* (*1*) Expedition *f*; Exkursion *f*; *Esb.* Abfertigung *f*; *Thea.* Ausstattung *f*; *křižácká ~ hist.* Kreuzzug *m*; **~ce** *m* (*3*), **~čí** *m* (*Adj. 4*) Expedient *m*; *Esb.* Fahrdienstleiter *m*, Abfertigungsbeamte(r) *m*.

vypravěč, vyprávěč *m* (*3*), **~ka** *f* (*1c*; *-ček*) Erzähler(in *f*) *m*.

vy|právět (*3 Pl. -ějí*) *s. vypravovat*; **~pravit** *pf. Zug* abfertigen; *Waren* absenden; *Tochter, Buch, Raum* ausstatten; *j-n* mit allem Nötigen versehen; *Heer* ausrüsten; *Thea.* inszenieren; *Sohn* zum Studium schicken; *Begräbnis* bestellen; *Worte* heraus-, hervorbringen; *~ se* sich begeben; sich auf den Weg machen, aufbrechen; abreisen.

výprav|na *f* (*1*; *-ven*) Abfertigung(sstelle) *f*; *Hdl.* Expedition *f*; **~né** *n* (*Adj. 3*) Abfertigungsgebühr *f*; **~ní** Abfertigungs-; Expeditions-; **~ný** episch, erzählend; *Thea.* Ausstattungs-.

vypravov|ání *n* (*3*) Nacherzählen *n*; **~at** (*-vuji*) erzählen; *Güter* abfertigen; *~ co po kom* nacherzählen; *~ se* aufbrechen (*v/i*); **~atel** *m* (*3*; *-é*) *s. vyprávěč, povídkář.*

vyprázdn|ění *n* (*3*) Leerung *f*; Räumung *f*; *Med.* Entleerung *f*; **~it** *pf.*, **vyprazdňovat** (*-ňuji*) leeren; *Med.* entleeren; *Wohnung* räumen.

vy|pražený ausgedörrt; **~prchat** *pf.* sich verflüchtigen; *fig.* verfliegen; **~prod(áv)at** ausverkaufen.

výprodej *m* (*4*) Ausverkauf *m*.

vypro|sit *pf.* (*-šen*) (*na kom*) erbitten (von *D*); *~ si co* sich et. ausbitten; **~stit** *pf.* (*-štěn*) befreien; *~ se z č-o* sich befreien, sich frei machen (von *D*); **~šovat** (*-šuji*) *s. vyprosit*; **~štění** *n* (*3*) Befreiung *f*; *Mil.* Entsatz *m*; **~vázet** (*3 Pl. -ejí*), **~vodit** *pf.* (*-zen*) begleiten; *lit.* das (letzte) Geleit geben (*D*); *iron. j-n* vor die Tür setzen.

vypră|elý *Frist*: abgelaufen; **~ení** *n* (*3*) Ablauf *m*; *po ~* nach Ablauf; **~et** *pf. Frist*: ablaufen; *~ se* aufhören zu regnen, F sich ausregnen.

vyprýštit (**se**) *pf.* hervorquellen.

vypřah|at *pf.*, **~ovat** (*-huji*), **vypřáhnout** *pf.* (*-hl*; *-přažen*) *Pferde* ausspannen.

vyps|ání *n* (*3*) Ausschreibung *f*; **~at** (*s. psát*) ausschreiben; schildern; *Preis* aussetzen.

vypt|at se *pf.* sich erkundigen (*na co* nach *D*; *k-o* bei *D*); ausfragen (*A*); **~ávání** *n* (*3*) Erkundigungen *pl.*; Ausfragen *n*; **~ávat se** *s. vyptat se.*

vypu|čet *pf.* aufkeimen; *Saat*: aufgehen; *Bäume*: ausschlagen; **~dit** *pf.* (*-zen*) vertreiben, austreiben, verjagen.

vypůjč|it si *pf.*, **~ovat si** (*-čuji*) ausleihen, (aus)borgen.

výpůjčka *f* (*1c*; *-ček*) *Hdl.* Anleihe *f*; *Ling.* Entlehnung *f*.

vypuk|lina *f* (*1*) Ausbauchung *f*; Wulst *f*; Erhöhung *f*; **~lý** bauchig; *Phys.* erhaben, konvex, Konvex-; **~nout** *pf.* (*-kl*) ausbrechen (*v/i*); **~nutí** *n* (*3*) Ausbruch *m*.

vypumpovat *pf.* (*-puji*) (her)auspumpen.

výpust *f* (*4 od. 4a*) Ausflußöffnung *f*; (*Hochofen-*)Abstich *m*; *~ rybníka* Teichablaß *m*.

vypustit *pf.* (*-štěn*) herauslassen; ab-, weglassen; freilassen; *Ballon* steigen lassen; *~ duši lit.* den Geist aufgeben.

výpust|ka *f* (*1c*; *-tek*) Abflußrohr *n*; *Gr.* Auslassung *f*, Ellipse *f*; **~kový** elliptisch; **~ný** *Tech.* Ablaß-, Ausfluß-.

vypuštění *n* (*3*) Auslassen *n*; *Tech.* Ablassen *n*; (*Hochofen-*)Abstich *m*.

vypuz|ení *n* (*3*) Vertreibung *f*; **~ovat** (*-zuji*) *s. vypudit.*

výr *m* (*1*; *-ři*) Uhu *m*; *kýho ~a!* zum Teufel!, zum Kuckuck!

vy|rábět (*3 Pl. -ějí*) *s. vyrobit*; **~rabovat** P *pf.* (*-buji*) ausplündern; **~rašit** *pf.* sprießen; *Bot.* treiben.

výraz *m* (*2a*) Ausdruck *m*.

vyrazit *pf.* (*-žen*) (her)ausschlagen; *Tech.* ausstanzen; *Stempel* aufdrücken; *Tür* aufbrechen; *Fenster* einschlagen; *Schrei* ausstoßen; aufbrechen (*v/i*); (plötzlich) hervorschießen; *Mil.* vorstoßen, vorwärtsstürmen; *Bot.* ausschlagen, Knospen treiben; † P *~* (*se* sich) unterhalten, zerstreuen.

výraz|ivo *n* (*1*) Ausdrucksmittel *n/pl.*; Wortschatz *m*; **~nost** *f* (*4*) Ausprägung *f*; Vielfalt *f* des Ausdrucks; **~ný** ausdrucksvoll; **~ovost**

f (*4*) Ausdrucksfähigkeit *f*; **~ový** Ausdrucks-.
výražek *m* (*2b*; *-žk-*) *s. výražka.*
vyražení P † *n* (*3*) Unterhaltung *f*, Vergnügen *n*.
vyráž|et (*3 Pl. -ejí*) *s. vyrazit*; **~ka** *f* (*1c*; *-žek*) *Med.* Ausschlag *m*.
výražka *f* (*1c*; *-žek*) feinstes Mehl *n*, Auszugsmehl *n*.
vyretušovat *pf.* (*-šuji*) nachträglich verbessern, retuschieren.
výrob|a *f* (*1*) Erzeugung *f*, Produktion *f*, Herstellung *f*; *~ na běžícím pásu* Fließbandproduktion; *~ automobilů* Automobilbau *m*; *~ oděvů* Konfektion *f*; **~ce** *m* (*3*) Hersteller *m*, Produzent *m*, Erzeuger *m*; **~ek** *m* (*2b*; *-bk-*) Erzeugnis *n*, Produkt *n*, Fabrikat *n*.
vyrob|ení *n* (*3*) Herstellung *f*, Erzeugung *f*; **~it** *pf.* herstellen, erzeugen, produzieren.
výrob|kyně *f* (*2b*) *s. výrobce*; **~na** *f* (*1*; *-ben*) Produktionsstätte *f*; **~ní** Herstellungs-, Produktions-; *~ cena* Herstellungs- *od.* Selbstkostenpreis *m*; *~ prostředky* Produktionsmittel *n*/*pl.*; **~nost** *f* (*4*) Produktivität *f*; Leistungsfähigkeit *f*.
výroč|í *n* (*3*) Jahrestag *m*; **~ní** Jahres-, Gedenk-; *~ trh* Jahrmarkt *m*.
vyrojit *pf.* ausschwärmen.
výrok *m* (*2b*) Aussage *f*, Äußerung *f*; *Jur.* Spruch *m*.
výron *m* (*2a*) Ausfluß *m*; Erguß *m*.
výrostek *m* *1.* (*1a*; *-tk-*) Halbwüchsige(r) *m*, F Bursch(e) *m*; *2.* (*2b*; *-tk-*) *Bot.* Auswuchs *m*.
vyrovn|ání *n* (*3*) Ausgleich *m*; *Hdl.* Begleichung *f*; Einebnung *f*; **~anost** *f* (*4*) Ausgeglichenheit *f*; **~aný** ausgeglichen; *Hdl.* beglichen; **~at** *pf.* ausgleichen; *Rechnung* begleichen; *Boden* einebnen, planieren; *Streit* austragen; *~ se k-u* gleichkommen, gleichen (*D*); *~ se s kým* sich vergleichen (F einigen) mit (*D*); *~ se s čím* sich vertraut machen; sich abfinden mit (*D*); **~ávací** Ausgleichs-; **~ávat** *s. vyrovnat.*
vyrozum|ění *n* (*3*) Verständigung *f*; **~ět** *pf.* (*3 Pl. -ějí*), **~ívat** (*z č-o*) ersehen (aus *D*); entnehmen (*D*); (*o čem*) benachrichtigen (von *D*).
vy|rubat *pf. Wald* abholzen; *Bgb.* aushauen; **~rudnout** *pf.* (*-dl*) die Farbe verlieren, F verschießen; **~rukovat** P *pf.* (*-kuji*) ausrücken; herausrücken (mit *D*); **~růst(at)** (*pf. s. růst*[2]) auf-, heranwachsen.
výrůstek *m* (*2b*; *-tk-*) Auswuchs *m*.
vyruš|it *pf.*, **~ovat** (*-šuji*) stören.
vyrvat *pf.* (*-u*) herausreißen; *j-m et.* entreißen; *~ se* sich losreißen.
vyrýp|at *pf.* (*-ám*/*-u*), **~nout** *pf.* (*-pl*/*-pnul*; *-pnut*) *Rasen* ausstechen.
vyrý|t pf. (*s. rýt*), **~vat** ausgraben; auf-, herauswühlen; eingravieren; **~žovat** *pf.* (*-žuji*) *Gold* waschen.
vy|řadit *pf.* (*-děn*/*-zen*) ausscheiden, F ausrangieren; **~řádit se** *pf.* sich austoben.
vyřa|ďovací, **~zovací** Ausscheidungs-; **~ďovat** (*-ďuji*), **~zovat** (*-zuji*) *s. vyřadit.*
vyřčení *n* (*3*) Ausspruch *m*; *Jur.* Spruch *m*.
výřeč|nost *f* (*4*) Beredsamkeit *f*, *iron.* Zungenfertigkeit *f*; P *a.* Aussprache *f*; **~ný** redegewandt, beredt, *iron.* F nicht auf den Mund gefallen.
vyřešit *pf.* lösen; *Math.* auflösen.
výřez *m* (*2a*) Ausschnitt *m*.
vyřez|at *pf.* (*-žu*/*-zám*) (her)ausschneiden; schnitzen; *Tiere* kastrieren; **~ávaný** geschnitzt, Schnitz-; **~ávat** *s. vyřezat.*
výřezek *m* (*2b*; *-zk-*) Ausschnitt *m*.
vyříd|ilka F *f* (*1c*; *-lek*) gutes Mundwerk *n*; **~it** *pf.* (*-zen*) ausrichten, mitteilen; *Botschaft* überbringen; *Befehl* ausführen; *Streit* schlichten; *Bestellung* ausführen; F vernichten, erledigen; *~ se Turn.* sich ausrichten; *~ si co* et. zu erledigen haben.
vy|řinout se *pf.* herausströmen, hervorquellen; **~řítit se** *pf.* herausstürzen, hervorbrechen; *~ na k-o* sich stürzen auf (*A*), herfallen über (*A*).
vyříz|ení *n* (*3*) Ausführung *f*, Erledigung *f*; **~ený** erledigt.
vy|říznout *pf.* (*-zl*; *-znut*) (her)ausschneiden; **~řizovat** (*-zuji*) *s. vyřídit*; **~řknout** *pf.* (*-řkl*; *-řčen*/*-řknut*) aussprechen; *Urteil* fällen.
výsad|a *f* (*1*) Vorrecht *n*, Privileg *n*, Patent *n*; **~ba** *f* (*1*; *-deb*) (An-)Pflanzung *f*; **~ek** *m* (*2b*; *-dk-*) Fallschirmjägerabteilung *f*.
vysadit *pf.* (*-zen*) (her)aussetzen; heraus-, hinaufheben; *an Land* setzen; einpflanzen; *~ na dlažbu* F auf die Straße setzen.
výsad|kář *m* (*3*) Fallschirmjäger *m*;

Sp. Fallschirmspringer *m*; **~kářský, ~kový** *Mil.* Fallschirm-, Luftlande-; **~ní** privilegiert, Monopol-.
vysá|t *pf.* (*s. sát*) aussaugen; **~vací** Saug-; **~vač** P *m* (*3*) Blutsauger *m*, Leuteschinder *m*; **~vat** *s. vysát.*
vy|savač *m* (*4*) (*a. ~ prachu*) Staubsauger *m*; **~sazení** *n* (*3*) Aussetzung *f*; Absetzung *f*; *Mil.* Luftlandung *f*; **~sázet** (*3 Pl. -eji*), **~sazovat** (*-zuji*) *s. vysadit*; **~scat se** V *pf.* pissen.
vý|seč *f* (*3*) *Geom.* Ausschnitt *m*, Sektor *m*; **~sed** *m* (*2a*) *Turn.* Sitz *m.*
vysed|(áv)at herumsitzen, F -hokken; **~ět** *pf.* (*-děn|-zen*) *Eier* ausbrüten; **~lina** *f* (*1*) Vorsprung *m*, Höcker *m*; **~lý** (her)vorstehend; **~nout** P *pf.* (*-dl*) aussteigen.
výsek *m* (*2b*) Ausschnitt *m*; Abholzung *f*; *nucený ~* Freibank *f.*
vysek|(áv)at, ~nout *pf.* (*-kl|-knul*; *-knut*) (her)aushauen, herausschlagen; *-kat se* sich durchschlagen.
vysemenit se *pf. Bot.* Samen streuen.
výsev *m* (*2a*) Aussaat *f.*
vysévat *s. vysít.*
výsev|ní, ~ný Saat-, Anbau-.
vysch|lý ausgetrocknet; *Mensch*: mager; **~nout** *pf.* (*-chl*) austrocknen; *Quelle*: versiegen.
vysídl|enec *m* (*3*; *-nc-*) Aussiedler *m*; Umsiedler *m*; **~it** *pf.* aussiedeln.
vysíl|ací Sende-, Funk-; **~ač** *m* (*4*), **~ačka** *f* (*1c*; *-ček*) Sender *m*, Funkstation *f*; **~ání** *n* (*3*) *Rdf.* Sendung *f*; **~at** *s. vyslat*; **~ení** *n* (*3*) Entkräftung *f*; **~ený** erschöpft, entkräftet; **~it** *pf.*, **vysilovat** (*-luji*) erschöpfen, *fig.* aufreiben.
vy|sířit *pf.* ausschwefeln; **~sít** *pf.* (*s. sít*) aussäen; **~skákat** *pf.* (*-ču|-či*) herausspringen; *~ se* herumspringen; F sich austollen; **~skakovat** (*-kuji*) *s. vyskočit.*
výsk|ání *n* (*3*) Jauchzen *n*; F Gejohle *n*; **~at** ⟨*za-*⟩, **~nout** *pf.* (*-kl*) jauchzen, *lit.* frohlocken; **~nutí** *n* (*3*) Jauchzer *m*, Freudenschrei *m.*
vyskočit *pf.* herausspringen; hinaufspringen; *auf e-n Wagen* aufspringen; *vom Zug* abspringen.
výskok *m* (*2b*) Sprung *m*, Aufspringen *n.*
výskot *m* (*2a*) Jauchzen *n*, Jubel *m.*
výskyt *m* (*2a*) Vorkommen *n.*
vyskyt|at se, vyskýtat se, ~nout se *pf.* (*-tl*), **~ovat se** (*-tuji*) vorkommen, auftreten, erscheinen.
vysláblý entkräftet, schlaff.
vyslanec *m* (*3*; *-nc-*) Gesandte(r) *m*; **~ký** Gesandtschafts-, Legations-; **~ství** *n* (*3*) Gesandtschaft *f.*
vysl|ání *n* (*3*) Entsendung *f*; **~at** *pf.* (*-šlu*) aus-, absenden; *Rdf.* senden; *Pol.* delegieren; *~ co za kým* nachsenden (j-m *A*).
výsled|ek *m* (*2b*; *-dk-*) Ergebnis *n*, Ausgang *m*, Erfolg *m*; *bez -dku* ergebnislos; **~kový** *Gr.* Konsekutiv-; **~ní, ~ný** Schluß-, resultierend; **~nice** *f* (*2a*) Resultierende *f*, Resultante *f.*
výslech *m* (*2b*) Verhör *n*, (*Zeugen-*) Vernehmung *f.*
vy|slechnout *pf.* (*-chl*; *-chnut*) anhören; *Jur.* vernehmen; *Gespräch* belauschen; *Telefon* abhören; *Gefangene* verhören; **~slídit** *pf.* aufspüren, ausfindig machen, F dahinterkommen.
vyslouž|ilec *m* (*3*; *-lc-*) ausgedienter Soldat *m*, Veteran *m*; **~ilý** ausgedient; **~it** *pf.* ausdienen; *~ si co* (v)erdienen (*A*).
vyslov|it *pf.*, **~ovat** (*-vuji*) aussprechen; *~ se* sich äußern, sich erklären; *~ se krátce* sich kurz fassen.
výslov|nost *f* (*4*) Aussprache *f*; **~ný** ausdrücklich.
výsluha *f* (*1*) *s. výslužba.*
výslun|í *n* (*3*) Sonnenseite *f*; **~ný** sonnig, Sonnen-.
výslu|žba *f* (*1*; *-žeb*) Ruhestand *m*; **~ka** *f* (*1c*; *-žek*) Gastgeschenk *n*; **~né** *n* (*Adj. 3*) Ruhegehalt *n.*
vyslýchat *s. vyslechnout.*
vyslyšet *pf.* erhören.
vysmah|lý dürr, trocken; **~nout** *pf.* (*-hl*) verdorren, vertrocknen.
vysmát se *pf.* (*-směji*) (*k-u*) auslachen (*A*); (*č-u*) lachen (über *A*).
výsměch *m* (*2b*) Hohn *m*, Spott *m.*
vysmeknout se *pf.* (*-kl*; *-knut*) entgleiten, entschlüpfen.
výsměš|ek *m* (*2b*; *-šk-*) Gespött *n*, Spott *m*; **~ný** spöttisch, höhnisch, Hohn-.
vysměv|ač *m* (*3*), **~áček** *m* (*1a*; *-čk-*) Spötter *m*; **~ačný, ~avý** spöttisch.
vysmívat se *s. vysmát se.*
vysmol|ený ausgepicht; P *~ hlas* Bierbaß *m*; **~it** *pf.* auspichen.
vy|smrkat se *pf.* sich (die Nase)

schneuzen; **~smýčit** *pf.* ausfegen; P durchstöbern.
vysn|ěný *lit.* erträumt; **~ít** *pf.* austräumen, *lit.* erträumen.
vyso|ce *Adv.* hoch; **~čina** *f* (*1*) Hochland *n*, Hochebene *f*; Höhe *f*.
vysok|ačky P *f/pl.* (*2*; *-ček*) (*Schaft-*) Stiefel *m/pl.*; **~(an)ánský** P himmelhoch.
vysoko *Adv.* hoch; **~frekventní** Hochfrequenz-; **~hodnotný** hochwertig; **~kmenný** hochstämmig; **~myslnost** *f* (*4*) Hochmut *m*; **~myslný** hochmütig; **~nohý** hochbeinig; **~pecní** Hochofen-; **~školák** *m* (*1a*), **~školačka** *f* (*1c*; *-ček*) Hochschüler(in *f*) *m*; **~školský** Hochschul-; **~tlak(ov)ý** Hochdruck-.
vysoký (*Komp. vyšší*; *Adv. -o, vysoce, Komp. výše*) hoch, Hoch-; (*Körperlänge*) groß; *z -ka fig.* herablassend, F von oben herab; *-ké tóny Phys.* Obertöne *pl.*
vysoptit *pf. Lava* speien; P *~ se* sich austoben.
výsost *f* (*4*) Hoheit *f*; *na ~ Adv.* höchst, überaus; *na ~ech* im Himmel; **~ný** Hoheits-.
vysou|dit *pf.* (*-zen*) *Jur.* erlangen, erzielen; *Phil.* schließen; **~kat** *pf.*: *~ si rukávy* sich die Ärmel hochstreifen *od.* F aufkrempeln; *Segel* hochziehen; **~struhovat** *pf.* (*-huji*) drechseln; *Metall* drehen.
vysouš|ecí Trocken-; **~eč** *m* (*4*) Trockner *m*; *~ vlasů* Fön *m*; **~ení** *n* (*3*) Austrocknung *f*; Trockenlegung *f von Sümpfen*; **~et** (*3 Pl. -eji*) (aus-)trocknen (*v/t*), trocknen lassen; *Sumpf* trocken legen.
vysou|t *pf.* (*-suji, -sul*; *-sut*) *s. vysunout*; **~vat** *it.* herausschieben; ausstoßen.
výspa *f* (*1*; *-sep*) Sandbank *f*; Riff *n*; Werder *m*.
vysp|alý ausgeschlafen; **~at se** *pf.* (*-spím*), **~ávat se** sich ausschlafen; *jak jste se -al?* wie haben Sie geschlafen?; *-ěte se dobře!* schlafen Sie gut!
vyspě|lost *f* (*4*) Reife *f*; **~lý** entwickelt; **~t** *pf.* (*3 Pl. -ějí*) heranwachsen; *~ v muže lit.* zum Mann reifen.
vy|spravit *pf.* ausbessern, reparieren; **~srážet** *pf.* (*3 Pl. -ejí*) *Chem.* ausfällen.
vystač|it *pf.*, **~ovat** (*-čuji*) ausreichen, genügen; *~ na měsíc* für e-n Monat reichen; *~ s čím* auskommen mit (*D*); **~ující** aus-, hinreichend.
vy|stálý ausgestanden; **~starat** *pf.*: F *mít -ráno dial.* ausgesorgt haben; **~stát** *pf.* (*-stojím*) stehend zubringen, (lange) stehen; ausstehen, leiden (können).
výstav|a *f* (*1*) Ausstellung *f*; **~ba** *f* (*1*; *-veb*) Aufbau *m*.
vystav|ení *n* (*3*) Ausstellen *n*; **~ění** *n* (*3*) Erbauung *f*; **~ět** *pf.* (*3 Pl. -ějí*) (er)bauen.
výstaviště *n* (*2a*) Ausstellungsplatz *m*, -gelände *n*.
vystavit *pf.* ausstellen; aussetzen; *~ na slunce* der Sonne aussetzen.
výstav|ka *f* (*1c*; *-vek*) kleine Ausstellung *f*, Schau *f*; **~ní** Ausstellungs-; **~nost** *f* (*4*) schöne Bauform *f*, † Gebäude *n*; **~ný** schön gebaut, prächtig.
vystavovat (*-vuji*) *s. vystavit*; **~el** *m* (*3*; *-é*) Aussteller *m*.
vystěhoval|ec *m* (*3*; *-lc-*) Auswanderer *m*, Emigrant *m*; **~ecký** Auswanderungs-, Auswanderer-; **~ectví** *n* (*3*) Auswanderung *f*, Emigration *f*; **~kyně** *f* (*2b*) Emigrantin *f*.
vystěhovat *pf.* (*-huji*) ausquartieren; *~ se* übersiedeln, ausziehen (*v/i*); auswandern.
výstelka *f* (*1c*; *-lek*) *Anat.* Epithel *n*.
vystih|nout *pf.* (*-hl*; *-žen*), **~ovat** (*-huji*) begreifen, erfassen, *fig.* treffen; zum Ausdruck bringen.
vystiž|ený richtig erfaßt; treffend zum Ausdruck gebracht; **~itelný** faßlich, begreiflich.
výstiž|nost *f* (*4*) Trefflichkeit *f*; **~ný** treffend.
vy|stlat *pf.* (*-stelu*) aufbetten; (viel) streuen, bestreuen; *Nest* auslegen; **~stonat se** *pf.* (*-stůňu*) (wieder) gesund werden; **~stopovat** P *pf.* (*-puji*) aufspüren; **~stoupení** *n* (*3*) Austritt *m*; (*na horu* Berg-)Besteigung *f*; *Thea.* Auftritt *m*; *tělocvičné ~* Schauturnen *n*, Turnveranstaltung *f*; **~stoupit** *pf.* austreten; *Esb.* aussteigen; *Berg* besteigen; *Thea.* auftreten; *~ proti k-u* entgegentreten (*D*), Stellung nehmen gegen (*A*); **~stouplý** hervortretend; hervorgetreten; ausgetreten.
výstraha *f* (*1b*) Warnung *f*.

vystraš|ený erschrocken, bestürzt; **~it** *pf.* *v/t* erschrecken, aufschrekken (*A*); ~ *se* erschrecken (*v/i*).
výstražný Warnungs-, warnend.
vystr|čit *pf.*, **~kávat** heraus-, hervorstrecken; hinausschieben; F *j-n* hinauswerfen; **~kov** P *m* (*2*; *2. -a*) entlegener Ort *m*, F Hintertupfingen *n*, wo die Füchse einander gute Nacht sagen; *na ~ě* am Ende der Welt; **~kovat** (*-kuji*) *s. vystrčit.*
vystrnadit P hinausbeißen, verdrängen, *fig.* ausstechen.
výstroj *f* (*3*) Ausrüstung *f*.
vystroj|it *pf.*, **~ovat** (*-juji*) ausrüsten, ausstatten; *Fest(mahl)* ausrichten, geben; *Weihnachtsbaum* schmücken; *Begräbnis* bereiten; F aufputzen, zurechtmachen.
výstružník *m* (*2a*) Reibahle *f*.
vystřebat *pf* (*-u/-ám*) aussaugen; *Chem.* resorbieren; *j-n* erschöpfen.
výstředn|í exzentrisch, überspannt; **~ice** *f* (*2a*) überspannte Frau *f*; **~ík** *m 1.* (*2b*) *Tech.* Exzenter *m*; *2.* (*1a*) Exzentriker *m*; **~íkový** Exzenter-; **~ost** *f* (*4*) Exzentrizität *f*; *fig.* Überspanntheit *f*; **~ý** *Tech.*, *Geom.* exzentrisch.
výstřel *m* (*2a*) Schuß *m*; **~ek** *m* (*2b*; *-lk-*) Exzentrizität *f*, F Torheit *f*; *-lky pl.* Auswüchse *m/pl.*
vystřel|ení *n* (*3*) Abfeuern *n*, *Mil.* Feuer *n*; **~it** *pf.* (ab)schießen, e-n Schuß abgeben; *Auge* ausschießen; *Gewehr*: losgehen; ~ *si* zum Schuß kommen; P ~ *si z k-o* j-n zum Narren halten.
vystříd|ání *n* (*3*) (Aus-)Wechseln *n*; Abwechslung *f*; *Mil.* Ablösung *f*; **~at** *pf.* (ab)wechseln; *Sp.* auswechseln; ablösen.
výstřih *m* (*2b*) Ausschnitt *m*.
vystříhat[1] **se** (*im*)*pf.* (*č-o*) meiden (*A*), sich hüten (vor *D*).
vystřih|at[2] *pf.*, **~ávat, vystřih|at** *pf.*, **~nout** *pf.* (*-hl*; *-žen*) (mit der Schere) (her)ausschneiden; **~ovánka** *f* (*1c*; *-nek*) Ausschneidebogen *m*.
vystřík|at *pf.*, **~nout** *pf.* (*-kl*; *-knut*), **vystřikovat** (*-kuji*) (her)ausspritzen; aufspritzen.
vystřílet *pf.* (*3 Pl. -ejí*) aus-, verschießen.
vystřízliv|ění *n* (*3*) Ernüchterung *f*; **~ět** *pf.* (*3 Pl. -ějí*) (wieder) nüchtern werden.

výstřižek *m* (*2b*; *-žk-*) (*Zeitungs-*) Ausschnitt *m*.
vystudovat *pf.* (*-duji*) das Studium beenden, zu Ende studieren; *Schule* absolvieren.
výstup *m* (*2a*) Aufstieg *m*; *Thea.* Auftritt *m*; *Tech.* Austritt *m*; **~ek** *m* (*2b*; *-pk-*) Vorsprung *m*, Erker *m*; **~iště** *n* (*2a*) *Esb.* Ankunftseite *f*; *Tech.* Austrittsstelle *f*; **~ní** Austritt-; Ausgangs-.
vystup|ňovat *pf.* (*-ňuji*) steigern; F *fig.* auf die Spitze treiben; **~ovat** (*-puji*) *s. vystoupit.*
vystyd|lý erkaltet, ausgekühlt; **~nout** *pf.* (*-dl*) erkalten, auskühlen.
vystýlat *s. vystlat.*
vysun|out *pf.* herausschieben, ausstoßen; ~ *se* sich loslösen; **~ovací** Auszieh-; **~ovat** (*-nuji*) *s. vysunout*; **~ovatelný** ausziehbar.
vysuš|it *pf.* austrocknen (*v/i*); trockenlegen; **~ovací** Trocken-; **~ovač** *m* (*4*) Trockenapparat *m*; Fön *m*; Löschwiege *f*; **~ovat** (*-šuji*) *s. vysušit.*
vysut|í *n* (*3*) *Gr.* Elision *f*; **~ý** vorgeschoben.
výsuv|ka *f* (*1c*; *-vek*) *Gr.* Synkope *f*, Lautausfall *m*; **~ný** ausziehbar.
vysvě|cení *n* (*3*) Einweihung *f*; (*Priester-*)Weihe *f*; **~covat** (*-čuji*) *s. vysvětit*; **~dčení** *n* (*3*) Zeugnis *n*; **~tit** *pf.* (*-cen*) (ein)weihen; ~ *na kněze* zum Priester weihen.
vysvětl|ená: *na -nou* zur Erklärung; **~ení** *n* (*3*) Erklärung *f*; Erläuterung *f*, Aufschluß *m*; **~it** *pf.* erklären, erläutern, aufklären; **~itelný** erklärbar, erklärlich; **~ivka** *f* (*1c*; *-vek*) Erläuterung *f*; **~ovací** erklärend; **~ovat** (*-luji*) *s. vysvětlit.*
vysv|ítat hervorleuchten; *aus den Wolken* hervorbrechen; hervorgehen, sich ergeben (aus *D*); **~ítit** *pf.* (*-cen*) *Strom*, *Öl* verbrauchen; **~ítnout** *pf.* (*-tl*) *s. vysvítat.*
vysvlé|ci *pf.* (*s. vléci*), **~kat, ~knout** *pf.* (*-kl*; *-vlečen*) ausziehen, *lit.* entkleiden (*do košile* bis aufs Hemd); ~ *se z kabátu* den Rock ausziehen *od.* ablegen.
vysvlík|at, ~nout P *s. vysvlé-.*
vysvobodit *pf.* (*-zen*) befreien, retten; *von Leiden* erlösen; *Festung* entsetzen; **~el** *m* (*3*; *-é*), Retter *m*, Erlöser *m*, Befreier *m*.
vysvoboz|ení *n* (*3*) Befreiung *f*, Er-

lösung *f*; *Mil.* Entsatz *m*; **~ený** befreit, erlöst; **~ovat** (*-zuji*) *s. vysvobodit.*
vysychat, vysýchat *s. vyschnout.*
vysyp|at *pf.* (*-u*), **vysýpat, ~ávat** ausschütten; *-pat se* verschüttet werden.
výsyp|ka *f* (*1c*; *-pek*) Kippe *f*, Schütte *f*; **~ník** *m* (*2b*) Selbstentlader *m.*
výš *s. výše*[2].
výše[1] *f* (*2*) Höhe *f*; *~ ramen* Schulterhöhe; *z ~ 10 metrů* aus e-r Höhe von 10 m; *tlaková ~* Hoch(druckgebiet) *n.*
výše[2] *Adv.* höher; *s. vysoký*; *~ od 10 marek* von 10 Mark aufwärts; *~ uvedený* der oben angeführte.
vyšeptalý entkräftet; *Stimme*: hohl, heiser.
vyšetř|ení *n* (*3*) Untersuchung *f*; **~it** *pf.* untersuchen; **~ovací** Untersuchungs-; **~ovák** P *m* (*2b*) Untersuchungshaft *f*; **~ovanec** *m* (*3*; *-nc-*), **-nka** *f* (*1c*; *-nek*) Untersuchungshäftling *m*; **~ování** *s. vyšetření*; **~ovat** (*-řuji*) *s. vyšetřit*; **~ující** Untersuchungs-; **~ovatel** *m* (*3*; *-é*) *Jur.* Untersuchungsrichter *m*, -führer *m*; **~ovna** *f* (*1*; *-ven*) *Med.* Untersuchungszimmer *n.*
výšin *m* (*2a*) *Esb.* Entgleisung *f*; *Turn.* Aufzug *m.*
výšin|a *f* (*1*) Anhöhe *f*, Höhe *f*; **~ný** Höhen-.
vyšin|out *pf.*, **~ovat** (*-nuji*) aus dem Gleichgewicht bringen; *Zug* zur Entgleisung bringen; *-out se* aus dem Gleichgewicht kommen; *Zug*: entgleisen; sich emporschwingen *od.* emporarbeiten; **~utí** *n* (*3*) *Esb.* Entgleisung *f*; *fig.* Aufstieg *m*, Vorwärtskommen *n.*
vyší(va)t (*pf. s. šít*) sticken.
výšit ⟨*po-, vy-, z-*⟩ erhöhen, erheben.
vyšív|ací Stick-; **~ačka** *f* (*1c*; *-ček*) Stickerin *f*; Stickmaschine *f*; **~ání** *n* (*3*) Sticken *n*; Stickerei *f*, Stickarbeit *f*; **~aný** gestickt.
výšiv|ka *f* (*1c*; *-vek*) Stickerei *f*; **~kářský** Stickerei-; **~kový** Stick-.
výšk|a *f* (*1c*; *-šek*) Höhe *f*; *~ těla* Körpergröße *f*; *~ tónů* Tonhöhe, -lage *f*; *~ vody* Wasserstand *m*; *~ nad mořem* Höhe über dem Meeresspiegel; **~ař** F *m* (*3*) Hochspringer *m.*
vyškemrat P *pf. v/t* erbetteln.
výšklebek *m* (*2b*; *-bk-*) Hohn *m*; höhnisches Grinsen *n*; Grimasse *f.*
vyškl|ebovat se, ~ibovat se P (*-buji*) (*k-u*) Grimassen schneiden (*D*), verhöhnen (*A*).
vyškol|ení *n* (*3*) Schulung *f*; **~it** *pf.* schulen, heranbilden; **~ovací** Schulungs-; **~ovat** (*-luji*) *s. vyškolit.*
výško|měr *m* (*2a*) Höhenmesser *m*; **~vka** P *f* (*1c*; *-vek*) *Flgw.* Höhenruder *n*; **~vý** Höhen-.
výškrab *m* (*2a*) *Med.* Auskratzung *f*, Kürettage *f.*
vyškr|abat, ~ábat *pf.* (*-u*/*-ám*), **~abávat** aus-, wegkratzen; ausradieren.
výškrab|ek[1] *m* (*1a*; *-bk-*), *dim.* **~eček** F *m* (*1a*; *-čk-*) Nesthäkchen *n* (*Kind*); **~ek**[2] *m* (*2b*; *-bk-*) Ausgekratzte(s) *n.*
vyškrábnout *pf.* (*-nut*) auskratzen.
vyškrt|(áv)at, ~nout *pf.* (*-tl*; *-tnut*) *Wort* aus-, durchstreichen; *aus e-r Liste* streichen; **~nutí** *n* (*3*) Streichung *f.*
vyškub|(áv)at (*pf. -u*/*-ám*), **~nout** *pf.* (*-bl*; *-bnut*) (her)ausreißen, (aus-)rupfen; *-nout se k-u* sich losreißen (von *D*).
vyškvařit *pf. Fett* auslassen.
výšlap P *m* (*2a*) Spaziergang *m*, Ausflug *m.*
vyšlap|(áv)at (*pf. -u*/*-ám*) aus-, abtreten; P *-pat si* erwirken, sich verschaffen; **~ovat si** P (*-puji*) stolz einherschreiten, stolzieren.
výšleh *m* (*2b*) Aufflammen *n*, Auflodern *n.*
vyšleh|at *pf.* hinauspeitschen; *~ k-u* mit der Rute züchtigen (*A*); **~nout** *pf.* (*-hl*; *-hnut*) mit der Rute (hinaus)schlagen; *Flamme*: lodern, hochschlagen.
vyšlý herausgekommen; *Buch*: erschienen; hervorgegangen (aus *D*); *Los*: gezogen; *~ ze školy* der Schule entwachsen.
vyšňoř|ený P aufgeputzt, *dial.* geschniegelt und gebügelt; **~it** P *pf.* aufputzen, zurechtmachen.
vy|šperkovat † *pf.* (*-kuji*) reich schmücken; **~šplechtnout** P *pf.* (*-tl*; *-tnut*) (*co*) ausplappern (*A*); herausplatzen mit (*D*).
výšplechty P *m* (*2*) Geschwätz *n.*
vyšplhat se *pf.* hinaufklettern; *~ na strom* e-n Baum erklettern.

vyšplích|at *pf.*, **~nout** *pf.* (*-chl*; *-chnut*) *v/i.* *Wasser*: überschwappen, herausspritzen.

vy|špulit *pf.* *Mund* spitzen; **~šroubovat** *pf.* (*-buji*) herausschrauben; *Preise* hinauftreiben.

vyšší *Adj.* höhere, Ober-(*Schule*); *s. vysoký.*

vy|šťárat P *pf.* aufstöbern, hervorkramen; *Reste aus den Zähnen* herausholen; **~štěknout** *pf.* (*-kl*) aufbellen; ~ *na k-o* anbellen (*A*); P *fig.* anfahren (*A*); **~štěrkovat** *pf.* (*-kuji*) (aus)schottern.

vyštíp|at *pf.* (*-u/-ám*), **~nout** *pf.* (*-pl*; *-pnut*) *fig.* P (*k-o*) hinausbeißen (*A*), *Konkurrenz* ausstechen.

vy|šťourat *s. vyšťárat*; **~štvat** P *pf.* (*-u*) *j-n* (hinaus)hetzen, hinausekeln.

výšvih *m* (*2b*) *Turn.* Aufschwung *m.*

vyšvihnout *pf.* (*-hl*; *-hnut*): ~ *se* sich aufschwingen; ~ *se do sedla* sich in den Sattel schwingen.

výt ⟨*za-*⟩ (*vyji, vyl*) heulen.

vytáč|et (*3 Pl. -ejí*) *s. vytočit*; *Honig* schleudern; im Kreis drehen, F schwenken; **~ivý** *fig.* ausweichend; **~ka** *f* (*1c*; *-ček*) Ausrede *f*, Ausflucht *f*.

výtah *m* (*2b*) Aufzug *m*; Auszug *m.*

vy|tahat *pf.* heraus-, hervorholen; ~ *za vlasy* an den Haaren ziehen; **~táhlý** hoch aufgeschossen, schmächtig; **~táhnout** *pf.* (*-hl*; *-tažen*) herausziehen; hinaufziehen; *Flagge* hissen; in die Länge ziehen, (aus)dehnen, weiten, strecken; hervorziehen (unter *D*); *Leiche* bergen; *mit Tusche* ausziehen; *Arme* hochheben; *Bremse* ziehen; P *Geld* herausholen; P ~ *paty* das Weite suchen, abhauen; F ~ *paty z domu* für kurze Zeit das Haus verlassen; ~ *se* sich (aus)dehnen; *fig.* in die Höhe schießen, schnell wachsen; sich hervortun; P *iron.* wichtig tun; F ~ *se z č-o* sich aus der Schlinge ziehen.

vytahov|ací Auszieh-; ~ *pero* Reißfeder *f*; **~ač** *m* (*4*) Kork(en)zieher *m*; *Mil.* Auswerfer *m*; **~at** (*-huji*) *s. vytáhnout.*

výtahový Aufzugs-.

vytan|covat se *pf.* (*-cuji*), **~čit se** *pf.* sich austanzen, genug (*od.* viel) tanzen.

vytanout *pf.* auftauchen.

vytáp|ěcí Heiz-; **~ění** *n* (*3*) Beheizung *f*, Heizen *n*; **~ět** (*3 Pl. -ějí*) *s. vytopit.*

vy|tapetovat *pf.* (*-tuji*) (aus)tapezieren; **~tasit** *pf.* *Schwert* ziehen, zücken; P ~ *se s čím* mit et. herausrücken.

výtažek *m* (*2b*; *-žk-*) Auszug *m*, Extrakt *m.*

vytažen|í *n* (*3*) Heraus-, Aus-, Aufziehen *n*; Dehnung *f*; *Mil.* Ausmarsch *m*; **~ý** *s. vytáhnout.*

vytčen|í *n* (*3*) Beanstandung *f*; Erwähnung *f*; Hervorhebung *f*, Betonung *f*; **~ý** hervorgehoben; *Ziel*: gesteckt, gesetzt.

vy|téci *pf.* (*s. téci*) ausfließen, auslaufen; **~tečkovat** *pf.* (*-kuji*) (aus-) punktieren.

výtečn|ík *m* (*1a*) hervorragender Mensch *m*, *fig.* Kapazität *f*, Größe *f*; **~ost** *f* (*4*) Vortrefflichkeit *f*; **~ný** ausgezeichnet, vortrefflich; *-ně!* bravo!

vy|tékat *s. vytéci*; **~tep(áv)at** (*pf.* *-u/-ám*) *Metall* (aus)hämmern, treiben.

vytěr|adlo *n* (*1a*; *-del*) Wischlappen *m*; **~ák** *m* (*2b*) Putzstock *m*; *Mil.* Wischer *m*; **~átko** *n* (*1b*; *-tek*) *s. vytěradlo.*

vytes(áv)at (*pf.* *-sám/-šu*) ausmeißeln, aushauen, in Stein hauen; herausarbeiten.

výtěžek *m* (*2b*; *-žk-*) Ertrag *m*, Gewinn *m*; *Bgb.* Ausbeute *f.*

vytěžit *pf.* gewinnen; *Geld* einnehmen; *Bgb.* fördern; *fig.* herausholen.

vytí *n* (*3*) Heulen *n*, Geheul *n.*

vy|tínat *s. vytít*; **~tírat** *s. vytřít.*

výtisk *m* (*2b*) Abdruck *m*, Exemplar *n*; *zvláštní* ~ Sonderdruck *m.*

vyti|sknout *pf.* (*-kl*; *-sknut*) verdrängen; (*-štěn*) *Buch* drucken; *Stempel* aufdrücken; **~štění** *n* (*3*) Druck(legung *f*) *m.*

vytít *pf.* (*s. tít*) aushauen, aushacken; P ~ *k-u jednu* j-m e-e herunterhauen.

výtka *f* (*1c*; *-tek*) Vorwurf *m*; Verweis *m*; Beanstandung *f*; *činit -tky* Vorwürfe machen; *nemíním to jako -tku* das soll kein Vorwurf sein; *po -tce* vorzugsweise, besonders, namentlich, vorwiegend.

vytknout *pf.* (*-kl*; *-tčen/-tknut*) hervorheben, betonen; festsetzen, markieren, abstecken; ~ *k-u, č-u co* vorwerfen (j-m *A*); aussetzen, beanstanden (et. an *D*); ~ *si za cíl* sich (*D*) zum Ziel setzen; ~ *si cíl* sich (*D*) ein Ziel setzen.

vytlač|it *pf.*, **~ovat** (*-čuji*) (her)auspressen; ausdrücken; eindrücken (*do č-o* in *A*); ~ *vzhůru* hinaufdrücken; *fig. j-n* verdrängen.

výtlač|ky *m/pl.* (*2b*) Treber *m*, Trester *m*; Ölkuchen *pl.*; **~ný** Druck-; *-né potrubí* Steigleitung *f*.

vytlachat P *pf.* ausplaudern.

výtlak *m* (*2b*) *Mar.* Wasserverdrängung *f*; *Phys.* Auftrieb *m*.

vytlou|ci *pf.* (*s. tlouci*), **~kat** (her-) ausschlagen; *Fenster* einschlagen; F *-kat hospody* sich in Wirtshäusern herumtreiben.

vy|tmavit P *pf. scherz.* klarmachen; **~tnout** *pf.* (*-tnu, -ťal; -ťat*) *s. vytít*; **~točit** *pf.* herausdrehen, herausschrauben; *Bier* zapfen; ~ *se* sich drehen; ~ *se z č-o* sich herauswinden (aus *e-r Sache*).

výtok *m* (*2b*) Ausfluß *m*; **~ový** Ausfluß-, Auslauf-, Ablaß-.

výtopek P *m* (*2b*; *-pk-*) Putzer *m*, Rüffel *m*.

vytopit *pf.* beheizen; ertränken; überschwemmen.

výtop|na *f* (*1*; *-pen*) Heizwerk *n*; *Esb.* Lokomotivschuppen *m*; **~ný** heizbar, Heiz-.

vytouž|ený lang-, heißersehnt; **~it** *pf.* ersehnen, herbeisehnen.

vytrácet (*3 Pl. -ejí*) *s. vytratit*.

výtrat *m* (*2a*), **~ek** *m* (*2b*; *-tk-*), **~a** *f* (*1*) *Hdl.* Schwund *m*.

vytratit *pf.* (*-cen*) (unmerklich) verlieren; ~ *se* sich unbemerkt entfernen, F verschwinden, verduften, sich verkrümeln; *Spur*: sich verlieren.

vytráv|ení *n* (*3*) Verdauung *f*; *na* ~ zur Verdauung; **~it** *pf.* verdauen.

vytrénovat *pf.* (*-nuji*) trainieren.

vytrh|(áv)at, ~nout *pf.* (*-hl*; *-žen*) (her)ausreißen; *Zahn* ziehen; *aus der Hand* reißen; *j-m et.* entreißen; *Mil.* sich in Marsch setzen; ~ *se k-u* sich entwinden (*D*).

vytrou|bit *pf.* blasen; *fig.* ausposaunen, F an die große Glocke hängen; **~sit** *pf.* (*-šen*) ausstreuen; nach und nach verlieren; P ~ *se* sich hinausstehlen, sich verdrücken.

vy|trpět *pf.* erdulden, erleiden; **~trubovat** (*-buji*) *s. vytroubit*.

výtrus *m* (*2a*) *Bot.* Spore *f*; **~ný, ~ový** Sporen-.

vytrval|ec *m* (*3*; *-lc-*), **~kyně** *f* (*2b*) ausdauernder (*od.* standhafter) Mensch; *Sp.* Langstreckenläufer(in *f*) *m*; *-ec v chůzi Sp.* Dauergeher *m*; **~ost** *f* (*4*) Ausdauer *f*, Standhaftigkeit *f*; **~ostní** *Sp.* Dauer-; **~ý** ausdauernd, beharrlich, standhaft; *Regen*: langanhaltend, Dauer-; *Winter*: hart; *Pflanze*: immergrün, den Winter überdauernd.

vytrv(áv)at ausharren, durchhalten.

výtrysk *m* (*2b*) Strahl *m*; ~ *vody* Wasserstrahl.

vytrysk|nout *pf.* (*-kl*), **~ovat** (*-kuji*) hervorsprudeln, -quellen; aufspritzen, hervorschießen.

vytržen|í *n* (*3*) Verzückung *f*, Ekstase *f*; **~ý** herausgerissen; *fig.* verklärt.

výtrž|ník *m* (*1a*) Unruhestifter *m*; Ruhestörer *m*, Randalierer *m*, Krakeeler *m*; **~nost** *f* (*4*) Ausschreitung *f*, Ruhestörung *f*, Exzeß *m*; Krawall *m*.

vytřás|adlo *n* (*1a*; *-del*) Schüttelapparat *m od.* -kasten *m*; **~(a)t** (her)ausschütteln; durchschütteln.

vytřepet(áv)at ausschütteln; ausklopfen.

vytřešt|ěný *Blick*: stier, irr; *Augen*: weit aufgerissen; **~it** *pf.*: ~ *oči* die Augen weit aufreißen; ~ *oči na k-o* anstarren, F anstieren (*A*).

vytřib|enost *f* (*4*) Feinheit *f*, Schliff *m*; **~ený** fein, geläutert; **~it** *pf.* verfeinern, *lit.* läutern; *Verse* feilen.

vy|třídit *pf.* (aus)sortieren; **~třískat** P *pf. Fenster* einschlagen; *Kapital* herausschlagen; **~třít** *pf.* (*s. třít*) auswischen; *Fußboden* aufwischen; **~tušit** *pf.* herausfühlen, ahnen.

výtvar *m s. výtvor*; **~nice** *f* (*2a*) bildende Künstlerin *f*; **~nictví** *n* (*3*) bildende Kunst *f*; Formgebung *f*; **~ník** *m* (*1a*) bildender Künstler *m*; *jevištní* ~ Bühnenbildner *m*; **~ný** bildend; plastisch.

vytvářet (*3 Pl. -ejí*) *s. vytvořit*.

výtvor *m* (*2a*) Schöpfung *f*, Gebilde *n*, Werk *n*, (geistiges) Produkt *n*.

vytvoř|ení *n* (*3*) Bildung *f*, Schaffung *f*; **~it** *pf.* schaffen, hervorbringen; bilden, formen, darstellen; *Rekord* aufstellen; ~ *se* sich bilden, entstehen.

vytyč|it *pf.*, **~ovat** (*-čuji*) *mit Pfäh-*

len abstecken; trassieren; *Grenze* ziehen; *Richtlinien* aufstellen; *Ziel* setzen.
vytýkat *s. vytknout.*
vyuč|ená *f (Adj 2)*: *dát učni za -nou* Lehrling freisprechen; *list za -nou* Lehrbrief *m*; F *dostat za -nou* Lehrgeld zahlen müssen; *dát k-u pořádně za -nou* j-m e-e Lehre erteilen, e-n Denkzettel geben; **~ený** gelernt; **~it** *pf. (k-o č-u)* unterrichten (j-n in *D*); ~ *se č-u* erlernen (*A*); auslernen (*v/i*).
výuč|né *n (Adj. 3)* Lehrgeld *n*; **~ní, ~ný** Lehr-; *-ní list* Lehrbrief *m.*
vyučov|ací Unterrichts-; Lehr-; **~ání** *n (3)* Unterricht *m*; **~ovat** *(-čuji)* unterrichten *(k-o č-u od. v čem* j-n in *D*).
vyúčtovat *pf. (-tuji)* verrechnen.
vyudit *pf. (-zen)* ausräuchern; *Fleisch* räuchern, *öst.* selchen.
výuka *f (1c)* Unterweisung *f*, Unterricht *m.*
vyumělkovaný gekünstelt, unnatürlich.
vyúst|ění *n (3)* Einmündung *f*; *lit.* Ausgang *m*; **~it** *pf.*, **vyúsťovat** *(-ťuji)* (ein)münden.
využít *pf. (s. užít*[1]*) (č-o)* ausnützen; verwenden, verwerten; *Zeit* nützen.
využit|í, ~kování, využívání *n (3)* Ausnutzung *f*, Verwendung *f*, Verwertung *f*; **~kovat** *pf. (-kuji)*, **využívat** *s. využít.*
vy|vábit *pf.* herauslocken; **~vádět** ⟨*za- si*⟩ *(3 Pl. -ějí)* herausführen; *Dummheiten* machen, *Unsinn* treiben; F *co to -díš?* was treibst du (da)?; **~válcovat** *pf. (-cuji)* auswalzen.
vývalek *m (2b; -lk-) Tech.* Walzstück *n.*
vyválet *pf. (3 Pl. -eji)* auswälzen; *Teig* auskneten; F ~ *se* sich (ständig) herumwälzen; herumlungern.
vyval|it *pf.*, **~ovat** *(-luji)* herausrollen, -wälzen; ~ *oči* große Augen machen; *-lit se* herausströmen; F *-lovat se* auf der faulen Haut liegen.
vyvanout *pf.* verfliegen.
vývar *m (2a)* Brühe *f.*
vyvarovat se *pf. (-ruji) (č-o)* sich hüten vor (*D*); *Unglück* verhüten.
vy|vářet *(3 Pl. -ejí)*, **~vařit** *pf.*, **~vařovat** *(-řuji)* auskochen; ~ *se* verdampfen (*v/i*); **~vát** *pf. (-věji) Getreide* worfeln; **~vázat** *pf. (-žu/-ži)* binden, knüpfen; *(k-o z č-o)* entlasten (j-n von *D*).
vyváz|nout *pf. (-zl) (z č-o)* davonkommen (bei *D*); entkommen, *lit.* entrinnen (*D*); **~nutí** *n (3)* Entkommen *n*, Entrinnen *n.*
vyvazov|ací Knüpf-; *Jur.* Entlastungs-; **~at** *(-zuji) s. vyvázat.*
vývažek *m (2b; -žk-)* Übergewicht *f*; Zuwaage *f.*
vyváž|ení *n (3) s. vyvážka*; Ausbalancieren *n*; **~et** *(3 Pl. -ejí) s. vyvézt*; **~ka** *f (1c; -žek)* Ausfuhr *f*, Export *m.*
vyvažov|ací Tarier-; **~at** *(-žuji) s. vyvážit.*
vyvd(áv)at *Tochter* verheiraten, F unter die Haube bringen.
vyvěrat hervorquellen; *Fluß*: entspringen.
vývěsek *m (2b; -sk-)* Aushang *m*, Anschlag *m*; *Typ.* Aushängebogen *m.*
vyvěsit *pf. (-šen)* aushängen; *Fahne* heraushängen.
vývěs|ka *f (1c; -sek) s. vývěsek*; **~ní, ~ný** Aushänge-.
vy|vést *pf. (s. vést)* hinaus-, herausführen; ~ *nahoru* hinaufführen; *et.* anstiften, F *iron.* anstellen, *e-n Streich* spielen; ~ *k-o aprílem* j-n in den April schicken; **~věšovat** *(-šuji) s. vyvěsit.*
vyvětr|alý abgestanden, schal; **~(á-v)at** *v/t* (aus)lüften; *v/i Getränk*: schal werden.
vývěva *f (1)* Luftpumpe *f*; *Tech.* Saug-, Vakuumpumpe *f.*
vy|vezení *n (3)* Ausführung *f*; Ausfuhr *f*; **~vézt** *pf. (s. vézt) v/t auf e-m Fahrzeug* hinausbefördern; ~ *nahoru* hinaufbefördern, -fahren; *Waren* ausführen, exportieren; *Ausländer* abschieben.
vyvíj|eč *m (4) Tech.* Entwickler *m*; **~ení** *n (3)* Entwicklung *f*; Entfaltung *f*; **~et** *(3 Pl. -ejí) s. vyvinout.*
vyviklat *pf.* lockern; ~ *se* locker werden, sich lockern.
vyvin|out *pf.*, **~ovat** *(-nuji)* entwickeln, entfalten *(se* sich); (her-) auswickeln; *-out se k-u* sich entwinden (*D*); **~utí** *n (3)* Entwicklung *f*; **~utý** entwickelt; *málo -té země* unterentwickelte Länder, Entwicklungsländer *n/pl.*; *silně* ~ stark ausgeprägt.

vyvírat *s. vyvěrat.*
vyvlast|nění, ~ňování *n* (*3*) Enteignung *f*; **~nit** *pf.*, **~ňovat** (*-ňuji*) enteignen; **~ňovací** Enteignungs-.
vyvlé|ci *pf.* (*s. vléci*), **~kat, ~knout** P *pf.* (*-kl*; *-ečen*), **vyvlíknout** P *pf.* (*-kl*; *-knut*) heraus-, hinaufschleppen, heraus-, hinaufziehen.
vývod *m* (*2a*) *Phil.* Folgerung *f*, Deduktion *f*; *Tech.* Ausführung *f*; *Anat.* Ausscheidungskanal *m*.
vyvodit (*im*)*pf.* (*-zen*) ableiten, e-n Schluß ziehen; ~ *důsledky* die (nörigen) Konsequenzen ziehen.
vývodní *El.* Ableitungs-; *Jur.* Entlastungs-; *Biol.* Ausscheidungs-.
vývoj *m* (*4*) Entwicklung *f*, Entfaltung *f*, Werdegang *m*; *stupeň ~e* Entwicklungsstadium *n*; **~ka** *f* (*1c*; *-jek*) *Fot.* Entwickler *m*; **~nice** *f* (*2a*) *Fot.* Entwicklungsdose *f*; **~ový** Entwicklungs-.
vyvol|ací Ausruf-; **~at** *pf.* herausrufen; *Namen* ausrufen; *Schüler* aufrufen; *Eindruck* erwecken; *Verwirrung* hervorrufen; *Konflikt* heraufbeschwören; *Erinnerungen* wachrufen, wecken; *Unruhe* stiften; *Wirkung* erzielen; *Fot.* entwickeln; **~ávací** Ausruf(ungs)-; **~avač, ~ávač** *m* (*3*) Ausrufer *m*; *Fot.* Entwickler *m*; **~ávat** *s. vyvolat.*
vyvo|lení *n* (*3*) Wahl *f*; **~lený** (aus-) erwählt; **~lit** *pf.* auswählen, erwählen; *lit.* auserwählen.
vývoz *m* (*2a*) Export *m*, Ausfuhr *f*; *zákaz ~u* Ausfuhrverbot *n*; **~ce** *m* (*3*) Exporteur *m*; **~ní** Export-, Ausfuhr-.
vyvozov|ání *n* (*3*) Folgerung *f*, Ableitung *f*; **~at** (*-zuji*) *s. vyvodit.*
vyvr|ácení *n* (*3*) Widerlegung *f*; *Pol.* Dementi *n*; Entwurzeln *n*; **~acet** (*3 Pl. -eji*) *s. vyvrátit.*
vývr|at *m* (*2a*), **~ať** *f* (*4c*; *-tě*) Windbruch *m*, Fallholz *n*.
vyvr|átit *pf.* (*-cen*) umstürzen, umwerfen; *Baum* entwurzeln; *Stadt* zerstören; widerlegen; *Nachricht* dementieren; **~ávorat (se)** *pf.* heraustaumeln; **~aždit** *pf.* hinmorden, niedermetzeln.
vyvrh|el *m* (*4*) Auswurf *m*; *fig.* Abschaum *m der Menschheit*; **~nout** *pf.* (*-hl*; *-žen*), **~ovat** (*-huji*) hinauswerfen; ausstoßen (aus *D*); *Speisen* erbrechen; *Jagdw.* ausweiden.
vyvrchol|ení *n* (*3*) Gipfel(punkt) *m*; **~it** *pf.* den Höhepunkt erreichen; *Astr.* kulminieren.
vývrt *m* (*2a*) Bohrloch *n*, Bohrung *f*.
vyvrt|at *pf.* ausbohren; *Loch* bohren; **~ávací** Bohr-; **~ávačka** *f* (*1c*; *-ček*) Bohrmaschine *f*; **~ávat** *s. vyvrtat.*
vývrtk|a *f* (*1c*; *-tek*) Kork(en)zieher *m*; *Flgw.* Trudeln *n*; *řítit se -kou* ins Trudeln kommen; **~ovitý** schraubenförmig.
vyvrtn|out *pf.* (*-tl*/*-tnul*; *-tnut*) verrenken, verstauchen; **~utí** *n* (*3*) Verrenkung *f*.
vyvržen|ec *m* (*3*; *-nc-*) Verstoßene(r) *m*, Außenseiter *m*; **~í** *n* (*3*) Ausschluß *m*, F *iron.* Hinauswurf *m*.
vyvřel|ina *f* (*1*) vulkanisches Gestein *n*, Lavamassen *pl.*; **~ý** Eruptiv-.
vy|vřísknout *pf.* (*-kl*) aufkreischen; **~vřít** *pf.* (*s. vřít*) hervorquellen, hervorsprudeln; **~vst(áv)at** (*pf. -anu*; *s. stát*[3]) sich erheben, entstehen; *Zweifel*: auftauchen; *Schweiß*: ausbrechen.
vyvýšen|í *n* (*3*) Erhöhung *f*; **~ina** *f* (*1*) Bodenerhebung *f*, *Geogr.* Schwelle *f*; **~ost** *f* (*4*) Erhabenheit *f*; **~ý** erhöht; erhaben.
vy|výšit *pf.*, **~vyšovat** (*-šuji*) erhöhen; **~vzdorovat si** *pf.* (*-ruji*) (*co na kom*) ertrotzen (von j-m *A*); abtrotzen (j-m *A*); **~vzpomenout si** *pf.* (*-nul*) sich ausdenken; **~vztekat se** *pf.* sich austoben.
vyza *f* (*1a*) *Zo.* Hausen *m*.
vyzábl|ost *f* (*4*) Magerkeit *f*; **~ý** mager, hager.
vyzářit *pf.* ausstrahlen.
vyzařov|ání *n* (*3*) *Phys.* Ausstrahlung *f*, Irradiation *f*; **~at** (*-řuji*) *s. vyzářit.*
výzbroj *f* (*3*) Ausrüstung *f*; *Tech.* Ausstattung *f*; *lit. fig.* Rüstzeug *n*; *~ auta* Autozubehör *n*.
vyzbroj|ení *n* (*3*) Bewaffnung *f*, Ausrüstung *f*; **~ený** ausgerüstet; *fig.* gewappnet; **~it** *pf.*, **~ovat** (*-juji*) ausrüsten, ausstatten; bewaffnen; armieren, bestücken; *fig.* wappnen.
výzbrojní, vyzbrojovací Ausrüstungs-.
vyzdí|t *pf.* (*-il*, *-ěn*) *Arch.* ausmauern, verkleiden; **~vání** *n* (*3*), **~vka** *f* (*1c*; *-vek*) Ausmauerung *f*, Verkleidung *f*.
výzdoba *f* (*1*) Ausschmückung *f*,

Verzierung *f*, Dekoration *f*; *květinová* ~ Blumenschmuck *m*; *vlajková* ~ Beflaggung *f*, Flaggenschmuck *m*.
vyzdob|it *pf.*, **~ovat** (*-buji*) (aus-) schmücken, verzieren, dekorieren.
vyzdvi|hnout *pf.* (*-hl*; *-žen*), **~hovat** (*-huji*) auf-, hoch-, emporheben; *Schiff* heben; *Geld* abheben; *Verdienste* hervorheben; **~žení** *n* (*3*) Hebung *f e-s Schiffes*; Emporheben *n*, Erheben *n*.
vyz|í Hausen-; **~ina** *f* (*1*) Hausenblase *f*.
vy|zimovat *pf.* (*-muji*) überwintern; **~zírat** *lit.* (hin)ausschauen; **~získat** *pf.* gewinnen, profitieren, F herausholen (aus *D*); **~zkoumat** *pf.* erforschen; **~zkoušet** *pf.* (*3 Pl. -ejí*) (durch)prüfen; erproben; *Kleider* anprobieren.
výzkum *m* (*2a*) Forschung *f*, Erforschung *f*; **~nictví** *n* (*3*) Forschungswesen *n*, Forschertätigkeit *f*; **~ník** *m* (*1a*), **~nice** *f* (*2a*) Forscher(in *f*) *m*; **~ný** Forschungs-.
vyzla|covat (*-cuji*), **~tit** *pf.* (*-cen*) vergolden.
vyznač|ení *n* (*3*) Bezeichnung *f*; (*Weg*-)Markierung *f*; **~it** *pf.*, **~ovat** (*-čuji*) bezeichnen; *Weg* markieren; *Ware* auszeichnen; ~ *se čím* sich auszeichnen durch (*A*).
význačný bezeichnend, ausgeprägt; bedeutend.
význam *m* (*2a*) Bedeutung *f*; *bez ~u* bedeutungslos, belanglos; *změna ~u Gr.* Bedeutungswandel *m*.
vyznamen|ání *n* (*3*) Auszeichnung *f*; **~(áv)at** auszeichnen; bevorzugen; ~ *se* sich auszeichnen, sich hervortun.
význam|ný bedeutend, bedeutungsvoll, vielsagend; **~oslovný** bedeutungsmäßig, semantisch; **~ový** bedeutungsmäßig, Bedeutungs-.
vyzn|ání *n* (*3*) Bekenntnis *n*; *Jur.* Geständnis *n*; ~ *víry* Glaubensbekenntnis; *bez ~* konfessionslos; **~at** *pf.* bekennen; *Jur.* gestehen; **~at se**[1] *pf.* (*z č-o*) *Schuld*, *Liebe* gestehen, bekennen; **~at se**[2] (*im*)*pf.* sich auskennen, bewandert sein (in *D*), vertraut sein (mit *D*); Bescheid wissen; **~avač** *m* (*3*) Bekenner *m*; ~ *slunce* F Sonnenanbeter *m*; **~ávat** *s. vyznat*.
vy|zní(va)t (*pf. s. znít*) ausklingen; ~ *naprázdno fig.* keinen Widerhall finden; **~zobat** *pf.* (*-u*/*-ám*) aus-, aufpicken; **~zou(va)t** (*pf. s. zout*): ~ *se z bot* die Schuhe ausziehen; F ~ *se z povinností* sich *s-n* Pflichten entziehen; **~zpěvovat si** (*-vuji*) vor sich hin singen; **~zpívat** *pf.* zu Ende singen; F besingen; ~ *si* sich (*D*) ersingen; **~zpovídat** *pf.* (*k-o*) *Rel.* die Beichte abnehmen (*D*); *Jur.* ins Verhör nehmen (*A*); ~ *se z č-o* beichten (*A*); **~zradit** *pf.* (*-zen*) verraten.
vyzrá|lý ausgereift; **~t** *pf.* (*s. zrát*) ausreifen; P ~ *na k-o* j-m beikommen.
vyzraz|ení *n* (*3*) Verrat *m*, Preisgabe *f*; **~ený** verraten; **~ovat** (*-zuji*) *s. vyzradit*.
výztu|ha *f* (*1b*), **~ž** *f* (*3*) Strebe *f*, Versteifung *f*; *Flgw.* Verstrebung *f*.
vyztuž|ení *n* (*3*) Versteifung *f*, Verstärkung *f*; Verstrebung *f*; **~it** *pf.*, **~ovat** (*-žuji*) versteifen, verstärken; verstreben.
vy|zunknout P *pf.* (*-kl*/*knul*; *-knut*) *Glas* leeren, hinuntergießen, kippen; **~zuřit se** *pf.* sich austoben.
výzva *f* (*1*; *-zev*) Aufforderung *f*; Aufruf *m*; *Mil.* Aufgebot *n*; *na její -vu* auf ihre Anregung (hin); *volat k-u na -vu* mit Voranmeldung anrufen (*A*).
vyzván|ění *n* (*3*) Glockengeläut *n*; **~ět** (*3 Pl. -ějí*) die Glocken läuten; ~ *na mši* zur Messe läuten; ~ *k-u umíráčkem* die Sterbeglocke läuten (für *A*).
vyzv|ání *n* (*3*) Aufforderung *f*; Herausforderung *f zum Kampf*; **~at** *pf.* (*-u*) auffordern; herausfordern; *zum Duell* fordern.
vyzvědač *m* (*3*), **~ka** *f* (*1c*; *-ček*) Spion(in *f*) *m*; *Mil.* Späher(in *f*) *m*; **~ský** Spionage-; **~ství** *n* (*3*) Spionage(tätigkeit) *f*.
vy|zvědět *pf.* (*s. vědět*) auskundschaften, F ausspionieren; ~ *na kom* herausbekommen (aus *D*); **~zvednout** *pf. s. vyzdvihnout, zvednout*.
výzvěd|ný Erkundungs-, Nachrichten-; *Mil.* Späh-; *-ná hlídka* Spähtrupp *m*; ~ *let* Aufklärungs-, Erkundungsflug *m*; **~y** *m*/*pl.* (*2*; *6. -ech*/*-ách*) Erkundung *f*, Kundschaft *f*.
vy|zvídat *s. vyzvědět*; **~zvonit** *pf.* ausläuten; P *fig.* ausposaunen, an die große Glocke hängen.

vyzýv|ací *Jur.* Provokations-; **~at** *s. vyzvat*; **~atel** *m* (*3*; *-é*) Herausforderer *m*; **~avost** *f* (*4*) herausfordernde Art *f*; Herausforderung *f*; **~avý** herausfordernd.
vyžádat *pf.*: ~ *si* erbitten (*co na kom A* von *D*); *Gutachten* einholen; *Opfer* fordern; *Zeit* erfordern; ~ *si slovo* ums Wort bitten.
vyžado|nit *pf.*: P ~ *si* sich *et.* erbetteln; **~vat** (*-duji*) erfordern, beanspruchen.
vy|žalovat *pf.* (*-luji*) einklagen; **~ždímat** *pf.* auswinden, auswringen; F *Geld* herauspressen; **~žebrat** (**si**) *pf.* erbetteln (*A*); **~žehlit** *pf.* (aus)bügeln, plätten; **~žehnout** *pf.* (*-hl*; *-hnut*), **~žehovat** (*-huji*) ausbrennen, ausglühen; **~ženit** *pf.* erheiraten, durch Heirat erwerben; **~žíhat** *s. vyžehnout*; **~žilý** abgelebt; **~žínat** abmähen.
vyžír|ač *m* (*3*) Schmarotzer *m*, Parasit *m*; **~at** *s. vyžrat*; **~ka** *1. f* (*1c*; *-rek*) Gelage *n*, V Fresserei *f*; *2. m* (*5*) *dial. s. vyžírač*.
vyžít¹ *pf.* (*s. žít*¹) genießen; ~ **se** sich ausleben.
vyžít² *pf.* (*s. žít*²) abmähen.
výživa *f* (*1*) Ernährung *f*; Nahrung *f*; Lebensunterhalt *m*, F Auskommen *n*; *nedostatečná* ~ Unterernährung.
vyživit *pf.* ernähren.
výživ|né *n* (*Adj. 3*) Unterhaltsbeitrag *m*, Alimente *pl.*; *mít právo na* ~ unterhaltsberechtigt sein; **~nost** *f* (*4*) Nahrhaftigkeit *f*; Nährwert *m*; **~ný** nahrhaft; Nähr-.
vyživov|ací Ernährungs-; Unterhalts-; **~at** (*-vuji*) *s. vyživit*.
vyžle *n* (*4*) Spürhund *m*; P *fig.* schwächliches Kind *n*.
vyžra|ný ausgefressen; *Zahn*: hohl; **~t** *pf.* (*s. žrát*) ausfressen; P ~ *k-o* arm fressen (*A*); ~ *se Zahn*: schlecht werden; P sich anfressen.
vyžvanit P *pf.* ausplaudern.
vz- *in Zssgn* auf-, empor-, in die Höhe.
vzác|nost *f* (*4*) Seltenheit *f*; Kostbarkeit *f*; **~ný** selten, rar; kostbar, teuer; Edel-, edel.
vzad *Adv.* nach hinten, nach rückwärts; *čelem* ~! *Mil.* ganze Abteilung kehrt!; **~u** *Adv.* hinten, rückwärts; *zůstávat* ~ zurückbleiben; ~ *ležící* rückwärtig.
vzájem|ně *Adv.* einander; mit-, untereinander; **~nost** *f* (*4*) Gegenseitigkeit *f*; Wechselseitigkeit *f*, Reziprozität *f*; **~ný** gegen-, wechsel-, beiderseitig; Gegen-, Wechsel-; *-ná pomoc* gegenseitige Hilfeleistung *f*; *-né působení* Wechselwirkung *f*; *-ná služba* Gegendienst *m*; *-ná láska* Gegenliebe *f*; ~ *souhlas* beiderseitige Zustimmung *f*.
vzal *s. vzít*.
vzápětí unmittelbar darauf; *mít* ~ [zur Folge haben.]
vzat|ek *m* (*2b*; *-tk-*) Bestechungsgeschenk *n*; (*Kartenspiel*) Stich *m*; **~ý** genommen; *Besitz*: weggenommen; *Stadt*: eingenommen; *přesně -to* streng genommen; ~ *z oběhu* aus dem Verkehr gezogen; ~ *pod přísahu* beeidet, beeidigt; *na slovo* ~ bedeutend; *s. vzít*.
vzbouř|enec *m* (*3*; *-nc-*) Aufrührer *m*, Rebell *m*, Aufständische(r) *m*; **~ení** *n* (*3*) Aufruhr *m*, Revolte *f*, Erhebung *f*; **~it** *pf.* aufwiegeln, zum Aufstand anstiften; in Unruhe versetzen; ~ *se* (*proti k-u*) sich empören *od.* auflehnen, sich erheben (gegen *A*); meutern.
vzbu|dit *pf.* (*-zen*), **~zovat** ⟨po-⟩ (*-zuji*), **vzbouzet** ⟨po-⟩ (*3 Pl. -eji*) (auf)wecken; *Eindruck* erwecken; *Unwillen* erregen; *Erinnerung* wachrufen; *Achtung* einflößen; ~ **se** erwachen, hochfahren.
vzdál|ení *n* (*3*) Fernbleiben *n*; **~enost** *f* (*4*) Entfernung *f*; Weite *f*; *ve větších* **~ech** in größeren Abständen; **~ený** fern, entfernt; abgelegen; ~ *od světa* zurückgezogen; **~it** *pf.*, **vzdalovat** (*-luji*) entfernen, fernhalten (*se* sich; *č-o* von *D*); ~ *se č-o a.* meiden (*A*).
vzdá|ní *n* (*3*): ~ *díků* Danksagung *f*; ~ **se** (*č-o*) Aufgabe *f e-s Betriebes*; *Mil.* Übergabe *f*; Verzicht *m* (auf *A*); Rücktritt *m* (von *D*); ~ *se trůnu* Abdankung *f*; **~(va)t** *Dank* abstatten, sagen; *Ehre* erweisen; *Ehrenbezeigung* leisten; ~ **se** sich ergeben; *fig.* aufgeben; ~ **se** (*č-o*) verzichten (auf *A*); sich zurückziehen (von *D*); *Amt* niederlegen; *Dienst* quittieren; ~ **se** *trůnu* abdanken; ~ *se k-u* sich hingeben (*D*).
vzdech *m* (*2b*) Seufzer *m*; **~nout** *pf.* (*-chl*) (auf)seufzen; (*Tier*) e-n Laut von sich geben; F ~ *po kom* an j-n denken; **~nutí** *n* (*3*) *s. vzdech*.

vzděl|anec *m* (*3*; *-nc-*), **~ankyně** *f* (*2b*) Gebildete *m od. f*; *-nci pl. a.* Intelligenz *f* (*koll.*); **~ání** *n* (*3*), **~anost** *f* (*4*) Bildung *f*; **~anstvo** *n* (*1*) *s. vzdělanci*; **~aný** gebildet; *Feld*: bebaut, bestellt; *~ národ* Kulturvolk *n*; *velice ~* hochgebildet; **~(áv)at** (heran)bilden; *Sprache* vervollkommnen; *Boden* bearbeiten; *Feld* bestellen; *Wüste* kultivieren, urbar machen; *~ se* Bildung erwerben; (*mst impf.*) (*v čem*) sich ausbilden (lassen) in (*D*); *~ se dále* sich weiterbilden; **~ávací** Bildungs-; **~avatel** *m* (*3*; *-é*) Erzieher *m*; *Pol.* Aufklärer *m*; **~avatelný** bildungsfähig, bildsam; *Agr.* anbaufähig, für die Bebauung geeignet.

vzdor *m* (*2a*) Trotz *m*; *na ~y* zum Trotz; **~ný** trotzig; *Med.* widerstandsfähig; **~opapež** *m* (*3*) Gegenpapst *m*; **~ovat** ⟨*za-* *si*⟩ (*-ruji*) (*k-u*, *č-u*) trotzen (*D*); widerstandsfähig sein (gegen *A*); **~ovitost** *f* (*4*) Trotz *m*, Renitenz *f*; **~ovitý** trotzig; **~ovláda** *f* (*1*) Gegenregierung *f*.

vzdou(va)t (*pf. s. dout*) aufblasen; *Meer* aufwühlen; *Wasser* stauen; *~ se* sich stauen; *Meer*: hochgehen.

vzduch *m* (*2b*) Luft *f*; *tlak ~u* Luftdruck *m*; *změna ~u* Luftveränderung *f*.

vzducho|loď *f* (*4d*) Luftschiff *n*; **~plavba** *f* (*1*; *-veb*) Luftschiffahrt *f*; **~plavec** *m* (*3*; *-vc-*) Luftschiffer *m*; **~plavecký** Luftschiffahrts-, aeronautisch; **~prázdný** luftleer; **~těsný** luftdicht.

vzduchov|ka *f* (*1c*; *-vek*) Luftgewehr *n*; **~ý** Luft-.

vzduš|nice *f* (*2a*) *Zo.* Trachee *f*; *Tech.* Luftschleuse *f*; **~ný** luftig; Luft-.

vzdut|í *n* (*3*) Schwellung *f*; Stauung *f*; *~ moře* Seegang *m*; **~ý** geschwellt; *Wasser*: gestaut; *See*: schwer, hochgehend.

vzdych|ání *n* (*3*) Seufzen *n*, Stöhnen *n*; **~at** ⟨*po-*, *roz-*, *za-*⟩ seufzen; *~ bolestí* vor Schmerz stöhnen; **~nout** *pf.* (*-chl*) (auf)stöhnen, aufseufzen.

vze- *s. vz-*.

vze|dmout (*-dmu*, *-dmul*; *-dmut*) *s. vzdout*; **~jít** *pf.* (*s. jít*) hervorgehen, entstehen; *Astr.* aufgehen; **~jmout se** *pf.* (*vzňal*) *Feuer*: ausbrechen; Feuer fangen, in Brand geraten; **~pětí** *n* (*3*) Bogenhöhe *f*; *fig.* Aufschwung *m*, *poet.* Höhenflug *m*; **~pjatý** hoch aufgerichtet; emporgestreckt; **~pnout se** *pf.* (*s. pnout*) sich hoch aufrichten; *Pferd*: sich bäumen; **~pření** *n* (*3*): *Sp. ~ břemene* Gewichtheben *n*; *Turn. ~ vzklopmo* Kippe *f*; **~přít** *pf.* (*-přu*, *-přel*, *-en*) stemmen; *Sp. Gewicht* heben; *~ se* sich verklemmen; *~ se k-u* sich widersetzen (*D*); *~ se proti č-u* sich sträuben, sich auflehnen (gegen *A*).

vzestup *m* (*2a*) Aufstieg *m*; Ansteigen *n*, Anstieg *m*; *hospodářský ~* wirtschaftlicher Aufschwung *m*; *náhlý ~ cen* Emporschnellen *n* der Preise; *být na ~u* (an)steigen; **~ný** steigend; *Math.* aufsteigend; *Hdl.* Progressiv-.

vze|šlý aufgegangen; *aus dem Volk* hervorgegangen; entstanden; **~tí** *n* (*3*) Nehmen *n*; Wegnahme *f*; *Hdl.* Entnahme *f*; *~ zpět* Rücknahme *f*; **~zření** *n* (*3*) Aussehen *n*, Äußere(s) *n*; Miene *f*.

vzhled *m* (*2a*) Aussehen *n*; *~em k č-u* in Anbetracht (*G*), mit Rücksicht, im Hinblick (auf *A*); hinsichtlich, angesichts (*G*); **~nost** *f* (*4*) gefälliges Aussehen *n*, Ansehnlichkeit *f*.

vzhl|édnout *pf.* (*-dl*), **~ížet** (*3 Pl. -ejí*) aufblicken, emporblicken (*k*/zu *D*).

vzhůru *Adv.* hinauf, aufwärts, empor; *hlavu ~!* Kopf hoch!; F *celé město bylo ~* die ganze Stadt war auf den Beinen; *je už ~* er ist schon auf (-gestanden); *~!* auf!

vzcházet (*3 Pl. -ejí*) *s. vzejít*.

vzchopit se *pf.* sich aufraffen, den Mut aufbringen (*k č-u* zu *D*).

vzít *pf.* (*vezmu*, *vzal*, *vzat*) *s. brát*.

vzk|az *m* (*2*; *6. -u*/*-e*) Botschaft *f*, Nachricht *f*; **~ázat** *pf.* (*-žu*/*-ži*), **~azovat** ⟨*na-*⟩ (*-zuji*) sagen lassen; *Gruß* bestellen; *~ pro k-o* holen (*od.* rufen) lassen (*A*).

vzklíčit *pf.* aufkeimen; *Saat*: aufgehen.

vzklopka *f* (*1c*; *-pek*) *Turn.* Kippe *f*.

vzkřik|nout *pf.* (*-kl*) aufschreien; **~nutí** *n* (*3*) Aufschrei *m*.

vzkří|sit *pf.* (*-šen*) auferwecken, ins Leben zurückrufen; *aus der Ohnmacht* erwecken; **~šení** *n* (*3*) Auferweckung *f*; *Rel.* Auferstehung *f*.

vzkvé|st *pf.* (*s. kvést*), **~tat** aufblühen; *Geschäft*: florieren.
vzkypět *pf.* aufbrausen, aufwallen.
vzlet *m* (*2a*) Aufstieg *m*; *Flgw.* Start *m*, Abheben *n*; *fig.* Aufschwung *m*;
schwingt. [aufsteigend.
vzlínav|ost *f* (*4*) Kapillarität *f*; **~ý**
vzletný schwungvoll; *fig.* beschwingt.
vzlínav|ost *f* (*4*) Kapillarität *f*; **~ý** aufsteigend.
vzlítnout *pf.* (*-tl*) *s. vzlétat.*
vzlyk *m* (*2b*), **~ání** *n* (*3*), **~ot** *m* (*2a*) Seufzer *m*, Schluchzen *n*; **~at** ⟨*po-*⟩, **~nout** *pf.* (*-kl*), *po-*, *za-* aufschluchzen, (auf)seufzen.
vzmáhat se, vzmoci se *pf.* (*s. moci*) zunehmen, wachsen; um sich greifen; e-n Aufschwung nehmen; es zu *et.* bringen.
vzmach *m* (*2b*) Aufschwung *m*; ~ *křídel* Flügelschlag *m*.
vzmužit se *pf.* sich aufraffen, *lit.* sich ermannen.
vznáš|edlo *n* (*1a*; *-del*) Luftkissenfahrzeug *n*; **~et** (*3 Pl. -eji*) *s. vznést*; ~ *se* schweben.
vzněcovat (*-cuji*) *s. vznítit.*
vznes|ení *n* (*3*) Erhebung *f*; *Jur.* Einreichung *f*; **~ený** übertragen; **~mo** *s. podpor.*
vznést *pf.* (*s. nést*) erheben; *Antrag* stellen; *Bitte* richten; *Aufgabe* übertragen; ~ *se* sich erheben, emporsteigen, aufsteigen.
vznešený erhaben; vornehm.
vznět *m* (*2a*) *lit.* Entbrennen *n*; *fig.* Glut *f*, Verzückung *f*; **~livec** *m* (*3*; *-vc-*) Hitzkopf *m*; **~livost** *f* (*4*) Entzündlichkeit *f*; Reizbarkeit *f*, Erregbarkeit *f*; **~livý** entzündlich, brennbar; reizbar, erregbar.
vznik *m* (*2b*) Entstehung *f*, Ursprung *m*, Aufkommen *n*; **~ající** im Entstehen begriffen; **~at, ~nout** *pf.* (*-kl*) entstehen, aufkommen, auftauchen; *Krieg*, *Feuer*: ausbrechen.
vznítit *pf.* (*-cen*) entfachen, entzünden.
vznos *m* (*2a*) Schwebe *f*; Aufstieg *m*; Aufschwung *m*; **~ný** schwungvoll, beschwingt; *iron.* hochtrabend.
vzor *m* (*2a*) Muster *n*; Vorbild *n*; Vorlage *f*; **~ec** *m* (*4*; *-rc-*) *Chem.*, *Math.* Formel *f*; Formblatt *n*; **~ek** *m* (*2b*; *-rk-*) Muster *n*; Warenprobe *f*; **~kárna** *f* (*1*; *-ren*) Modelltischlerei *f*; Musterabteilung *f*; **~kař** *m* (*3*) Modelltischler *m*; Probenehmer *m*; Mustermacher *m*; **~kovat** ⟨*o-*, *vy-*⟩ (*-kuji*) mustern; Proben entnehmen; **~kovna** *f* (*1*; *-ven*) Modellager *n*; **~kovačka** *f* (*1c*; *-ček*) Mustermaschine *f*; **~kovnice** *f* (*2a*), **~(kov)ník** *m* (*2b*) Musterkarte *f*, Musterblatt *n*; **~kový** Muster-; **~ník** *m* (*2b*) Musterkollektion *f*, Probenbuch *n*; **~ný** musterhaft, vorbildlich, Muster-; **~ový** Muster-.
vzpamatovat se *pf.* (*-tuji*) zur Besinnung kommen, sich fassen, sich erholen (von *D*).
vzpaž|ení *n* (*3*) *Turn.* Hochhalte *f*; **~it** *pf.* die Arme hochheben.
vzpěr|a *f* (*1d*) Spreize *f*, Strebe *f*; **~ač** *m* (*3*) Schwerathlet *m*, Gewichtheber *m*; **~áčství** *n* (*3*) *Sp.* Gewichtheben *n*; **~ný** Stütz-, Strebe-; ~ *oblouk Arch.* Schwibbogen *m*.
vzpínat se *s. vzepnout se.*
vzpír|ání *n* (*3*) *Sp.* Gewichtheben *n*; **~at** *s. vzepřít.*
vzplanout *pf.* (*s. planout*) aufflammen, auflodern; Feuer fangen.
vzpom|enout *pf.* (*-mněl/-menul*), **~ínat** (*k-o*, *č-o*) sich erinnern (an *A*); ~ *na k-o* denken an (*A*), gedenken (*G*); **~enutí, ~ínání** *n* (*3*), **~ínka** *f* (*1c*; *-nek*) Erinnerung *f*, Andenken *n*, *lit.* Gedenken *n*; *-ínky f/pl.* Memoiren *pl.*, Erinnerungen *pl.*; **~ínkový** Gedenk-.
vzpor *m* (*2a*) *Turn.* Liegestütz *m*; ~ *o pažích* Rückschwung *m*.
vzpou|ra *f* (*1d*) Aufruhr *m*, Revolte *f*, Meuterei *f*; **~zet se** (*3 Pl. -eji*) (*proti č-u*) sich auflehnen (gegen *A*), sich widersetzen (*D*).
vzpruha *f* (*1b*) Ansporn *m*; Triebfeder *f* (*fig.*).
vzpruž|it *pf.*, **~ovat** (*-žuji*) anregen, aufmuntern; elastisch machen.
vzpříčit *pf.* entgegenstemmen; ~ *se* sich verklemmen, sich verspreizen; sich widersetzen.
vzpřim *m* (*2a*), **vzpřímení** *n* (*3*) *Turn.* Aufrichten *n*.
vzpřím|ený hochaufgerichtet, aufrecht, gerade; **~it** *pf.* aufrichten, emporheben; ~ *se* sich strecken.
vzpur|nost *f* (*4*) Trotz *m*, Widerspenstigkeit *f*; **~ný** trotzig, widerspenstig; störrisch.
vzrostlý hochgewachsen; *napolo* ~ halbwüchsig.

vzruch *m* (*2b*) Aufregung *f*, Aufsehen *n*.
vzrůst[1] *m* (*2a*) Wuchs *m*, Gestalt *f*; Wachstum *n*; Zunahme *f*, Anwachsen *n*; Überhandnehmen *n*.
vzrůst[2] *pf.* (*s. růst*[2]) anwachsen; sich steigern; *Kind*: aufwachsen; **~ající** wachsend, steigend; **~at** *s. vzrůst*[2].
vzruš|ení *n* (*3*) Erregung *f*; **~it** *pf.*, **~ovat** (*-šuji*) erregen; **~ující** aufregend; aufsehenerregend.
vztah *m* (*2b*) Beziehung *f*, Bezug *m*, Verhältnis *n*.
vztáhnout *pf.* (*-hl*; *-tažen*): *~ ruku po čem* die Hand ausstrecken (nach *D*); *~ ruku na k-o* sich vergreifen (an *D*).
vztahova|čný *Mensch*: alles auf sich beziehend; **~t** (*-huji*) *Hand* ausstrecken; (*na co*) beziehen (auf *A*); *~ se na co* Bezug nehmen (auf *A*).
vztažný *Gr.* Relativ-, † bezüglich.
vztek *m* (*2b*) Wut *f*; *lit.* Grimm *m*; **~at se** ⟨*na-, po-, vy-, za-*⟩ wüten, toben; *Kinder*: herumtollen; **~lice** *f* (*2a*) wütendes Weib *n*, Furie *f*; **~lík** *m* (*1a*), **~livec** *m* (*3*; *-vc-*) jähzorniger Mensch *m*, Wüterich *m*; **~lina** *f* (*1*) Tollwut *f*; **~lost** *f* (*4*) Wut *f*, Raserei *f*; **~loun** F *m* (*1*) *s. vzteklík*; **~lý** wütend; (jäh)zornig, F wild; *Zo.* tollwütig; **~nout se** *pf.* (*-kl*) wütend werden, F aus der Haut fahren; *Zo.* von der Tollwut befallen werden.
vztlak *m* (*2b*) Auftrieb *m*.
vztyč|it *pf.*, **~ovat** ⟨*po-*⟩ (*-čuji*) aufrichten; *Geom.* errichten; *Flagge* hissen; *Bajonett* aufpflanzen.
vztyk *m* (*2b*) Aufrichten *n*; *Turn.*, *Mil.* auf!
vzúpět *pf.* (*3 Pl. -ějí*/*-í*) aufschreien, (auf)seufzen.
vzýv|ání *n* (*3*) Anrufung *f*, Anbetung *f*; **~at** anflehen, anrufen; *Gott* anbeten.
vždy(cky) immer, jederzeit.
vždyť (*an erster Stelle im Satz*) ja, doch; allerdings (*im Deutschen enklitisch*).
vží(va)t se (*pf. s. žít*[1]) sich einleben; sich (hinein)versetzen *in e-e Lage*; *Brauch*: sich einbürgern.

W

wagner|ián [vaː-] *m* (*1*), **~ovec** *m* (*3*; *-vc-*) Wagnerverehrer *m*, Wagnerianer *m*.
waterproof [ˈvɔːtrpruːf] *m* (*2a*) wasserdichter Stoff *od.* Mantel *m*.
whisky *f* (*indekl.*) Whisky *m*.
worcesterský: *-ká omáčka* Worcestersoße *f*.

X

x: *nohy do ~* X-Beine; *s nohama do ~* x-beinig.
xantipa [-tɪ-] *f* (*1*) Xanthippe *f*.
x-násob|ek *m* (*2b*; *-bk-*) X-fache *n*; **~ný** x-fach.
xylóza *f* (*1b*) Xylose *f*.

Y

Yor|k *m* (*2b*) York *n*; **♀ský** Yorker.
ypsilon *m* (*2a*) Ypsilon *n*.

Z

z (*bei schwieriger Aussprache*: ze) *Prp.* (*mit 2. Fall*) aus (*D*); (*Fahrtrichtung, Abstammung, zurückliegendes Datum*) von (*D*); ~ *dveří* zur Tür hinaus; ~ *jara* im Frühling; ~ *továrny* ab Fabrik; *jeden* ~ *nás* einer von uns; ~ *polovice* zur Hälfte; *radost ze života* Freude am Leben, Lebensfreude *f*; ~ *čeho* woraus; *poznat* ~ *č-o* an et. (*D*) erkennen; *co* ~ *toho máš?* was hast du davon; ~ *počátku* am Anfang, anfangs; *dopis ze dne 7. 5.* Brief vom 7. 5.; *žít* ~ *vlastní práce* von eigener Arbeit leben.

za *Prp. 1.* (*mit 7. Fall*) hinter (*D, auf die Frage wo?*); nach (*D = hintereinander, hinterher*); um (*A*); jenseits (*G*); *2.* (*mit 4. Fall*) hinter (*A, auf die Frage wohin?*); für (*A, Tauschwert od. Ziel*); an (*D, anfassen, ergreifen, ziehen, halten*); als (*A*), zu (*D, ernennen, wählen*); während (*G*), binnen (*G*), in (*D = nach Ablauf*); *3.* (*mit 2. Fall*) während (*G*), zur Zeit (*G*), in *od.* zu (*e-r bestimmten Zeit*), bei (*D, Wetter, Tageszeit*); (*7. Fall*) ~ *sebou* nach-, hintereinander; *to mám* ~ *sebou* das habe ich hinter mir; ~ *tím* dahinter; *běžet* ~ *kým* j-m nachlaufen; *krok* ~ *krokem* Schritt für Schritt; *auto* ~ *autem* ein Auto nach dem anderen; ~ *rohem* um die Ecke; ~ *tím účelem* zu diesem Zweck; ~ *tou příčinou* aus diesem Grund; ~ *stolem* am Tisch, bei Tisch; (*4. Fall*) ~ *dům* hinters Haus; ~ *marku* für (*od.* um) e-e Mark; ~ *to* dafür; ~ *nic* für nichts; ~ *mír* für den Frieden; ~ *trest* zur Strafe; F *co je to* ~ *člověka?* was ist das für ein Mensch?; *táhnout* ~ *vlasy* an den Haaren ziehen; *chytit k-o* ~ *slovo* j-n beim Wort nehmen; F *vodit k-o* ~ *nos* j-n an der Nase herumführen; *sloužit* ~ *čeledína* als Knecht dienen; *pro mne* ~ *mne!* meinetwegen!; *jdu* ~ *tebe* ich gehe an deiner Stelle; *mít k-o* ~ *blázna* j-n zum Narren halten; *zvolit* ~ *poslance* zum Abgeordneten wählen; ~ *týden* in (*od.* binnen) e-r Woche; ~ *chvilku* in e-r kleinen Weile; ~ *rok* in e-m Jahr; im Jahr, pro Jahr; ~ *den* am Tag, täglich; an e-m Tag; (*2. Fall*) ~ *války* während des Krieges; ~ *Karla IV.* zur Zeit Karls IV.; ~ *starých časů* in alten Zeiten; ~ *života* zu Lebzeiten; ~ *mlhy* bei Nebel; ~ *světla* bei (Tages-)Licht; ~ *těchto okolností* unter diesen Umständen.

zabahněný verschlammt, versumpft.

zábal *m* (*2*; *6. -u*/*-e*) Verpackung *f*.

zabal|it *pf.*, **~ovat** (*-luji*) ein-, verpacken, F einwickeln.

zabarv|ení *n* (*3*) Färbung *f*; *fig.* Einschlag *m*; **~it** *pf.*, **~ovat** (*-vuji*) färben; ~ se sich verfärben.

zábava *f* (*1*) Unterhaltung *f*, Vergnügen *n*.

zabav|ení *n* (*3*) Beschlagnahme *f*; **~it** *pf.* beschlagnahmen; **~itelný** pfändbar.

zábav|ní Vergnügungs-; **~ný** unterhaltend, unterhaltsam, Unterhaltungs-.

zabavovat (*-vuji*) *s. zabavit.*

zabedn|ělost *f* (*4*) Beschränktheit *f*, Borniertheit *f*; **~ělý** beschränkt, borniert; **~ění** *n* (*3*) Verschalung *f*, Verschlag *m*; **~ěný** verschalt; vernagelt; *Hdl.* in Kisten verpackt; *fig.* beschränkt; **~nit** *pf.* zunageln, vernageln; verschalen.

záběh *m* (*2b*) *Tech.* Einlaufen *n*; (*Produktions-*)Anlauf *m*.

zaběh|aný eingeführt, bewährt; **~at se** *pf.* sich einlaufen, in Gang kommen; **~lý** entlaufen; **~nout** *pf.* (*-hl*) laufen (bis zu); *Sp. Strecke* zurücklegen; ~ se sich verlaufen; *Tech.* sich einlaufen.

záběl *m* (*2a*) Federweiß *n*.

zabělat se *pf.* weiß schimmern.

záběr *m* (*2a*) *Tech.* Ineinandergreifen *n*, Eingriff *m*; Spanntiefe *f*; Schnittbreite *f*; *přímý* ~ *Kfz.* Direktgang *m*; ~ *pažemi* Armzug *m beim Schwimmen*; ~ *vesly* Ruderschlag *m*; *Fot. celkový* ~, ~ *zblízka*

Total-, Nahaufnahme *f*; P *na jeden* ~ mit einem Hieb; auf einen Zug.
zabezpeč|ení *n* (*3*) Sicherung *f*; **~ený** gesichert; versichert; **~it** *pf.* sichern, gewährleisten; ~ se sich vergewissern; *Mil.* sichern; **~ovací** Sicherungs-; **~ovat** (*-čuji*) *s. zabezpečit.*
zabíhat *s. zaběhnout.*
zabij|ácký mordgierig; gewalttätig; **~ačka** *f* (*1c*; *-ček*) Schweineschlachten *n*, Schlachtfest *n*; **~ák** *m* *1.* (*1a*) Mörder *m*, Totschläger *m*; *2.* (*2b*) Mordwaffe *m*; Schlachtmesser *n*; Schlagring *m*.
zabí|jení *n* (*3*) Morden *n*, Schlachten *n*; **~jet** (*3 Pl. -ejí*) *s. zabít*; **~lit** *pf.* tünchen, weiß anstreichen; **~rat** *s. zabrat.*
zabít *pf.* (*s. bít*) töten, erschlagen, P totschlagen, umbringen; *Tiere* schlachten; *Spielkarte* stechen.
zabit|í *n* (*3*) Tötung *f*, *Jur.* Totschlag *m*; **~ý** erschlagen; getötet; geschlachtet.
zablá|cený *Schuh*: schmutzig, F dreckig; **~tit** *pf.* (*-cen*) *mit Straßenkot* beschmutzen.
záblesk *m* (*2b*) Aufblitzen *n*, Schimmer *m*; Lichtstrahl *m*.
zablesk|nout se *pf.* (*-kl*) blitzen, aufleuchten; **~nutí** *n* (*3*) Aufblitzen *n*.
zabloudit *pf.* sich verirren.
zaboč|it *pf.*, **~ovat** (*-čuji*) einbiegen; *Fahrzeug*: abbiegen; *vom Thema* abschweifen.
zabod|ávat, **~nout** *pf.* (*-dl*; *-dnut*) *v/t* hineinstoßen, hineinstechen; erstechen; ~ se sich einbohren, steckenbleiben.
zaboha P um nichts in der Welt, um keinen Preis.
zabolet *pf.* (*s. bolet*) (anfangen zu) schmerzen, wehtun.
zábor *m* (*2a*) Beschlagnahme *f*; **~ový** Konfiskations-.
zaboř|it *pf.*, **~ovat** (*-řuji*) versenken, vergraben; ~ *se* versinken, einsinken; *fig.* sich vertiefen.
zabouch|at *pf.* klopfen, pochen; **~nout** *pf.* (*-chl*; *-chnut*) *Tür* zuschlagen; *j-n* erschießen; P ~ se (*do k-o*) sich verlieben, F sich vergaffen (in *A*); **~nutý** zugeschlagen; P *a.* verliebt, F verknallt, verschossen.
zabouřit *pf.* donnern, heftig schlagen, toben.
zábradlí *n* (*3*) Geländer *n*.
zabrán *in Gedanken* versunken.
zábrana *f* (*1*) Schranke *f*, Barriere *f*; Hemmung *f*; Verhinderung *f*, Verhütung *f*; ~ *úrazu* Unfallverhütung.
za|brání *n* (*3*) Beschlagnahme *f*; *Mil.* Besetzung *f*, Annexion *f*; *Tech.* Anlaufen *n*; *Rel.* Einkehr *f*; **~bránit** *pf.*, **~braňovat** (*-ňuji*) (*č-u*) verhindern, verhüten (*A*); (*k-u v čem*) hindern (j-n an *D*); verwehren (j-m *A*).
zábranný hemmend.
zabra|ňovací: ~ *palba Mil.* Sperrfeuer *n*; **~ný** beschlagnahmt; annektiert.
zabrat *pf.* (*s. brát*) wegnehmen, okkupieren; in Anspruch nehmen; (*Pferd*) ziehen; ~ se sich vertiefen.
za|brousit *pf.* (*-šen*) zu-, einschleifen; (*irgendwohin*) geraten; abschweifen, F e-n Abstecher machen; **~bručet** *pf.*, **~brumlat** *pf.* brummen, murmeln; **~brušovat** (*-šuji*) *s. zabrousit*; **~brzdit** *pf.* bremsen; **~břednout** *pf.* (*-dl*) versinken, tief hineingeraten; ~ *do dluhů* in Schulden geraten.
zábřesk *m* (*2b*) Morgendämmerung *f*, Morgengrauen *n*.
zabříst *pf. s. zabřednout.*
zábst ⟨*za-*⟩ (*3. zebe*) frieren.
za|bubnovat *pf.* (*-nuji*) trommeln; **~bučet** *pf.* brüllen, F muhen; **~bydlit se** *pf.* heimisch werden; **~být se** (*čím*) sich beschäftigen (mit *D*); **~celit** *pf. v/t* heilen; ~ se zu-, verheilen, verwachsen; **~cinknout** *pf.* (*-kl*) klingen, schellen; klirren; **~cínovat** *pf.* (*-nuji*) verzinnen; **~clánět** (*3 Pl. -ějí*) *j-m Aussicht* verdecken; *im Licht* stehen; *mit der Hand Augen* schützen.
záclona *f* (*1*) Vorhang *m*, Gardine *f*.
zaclo|nit *pf.*, **~ňovat** (*-ňuji*) *Licht* abblenden; *Fenster* verdunkeln; *Augen* bedecken.
zacloumat *pf.* (*čím*) herumzerren (an *D*).
zácpa *f* (*1*) Verstopfung *f*; Stauung *f*; (*Verkehrs-*)Stockung *f*.
zacp|(áv)at (*pf. -u*) verstopfen, zustopfen; **~ávka** *f* (*1c*; *-vek*) Stöpsel *m*, Verschluß *m*; *Med.* Tampon *m*.
zacvak|at *pf.*, **~nout** *pf.* (*-kl*) klappern; *Tür*: zuschnappen.
zacvič|it *pf.*, **~ovat** (*-čuji*) *j-n* anlernen; trainieren.
zač wofür; worum; für wieviel; *ne-*

máte ~!, *není* ~! keine Ursache!; *s.* co.
za|čadit *pf.* (*-zen*) verrauchen; verrußen; **~čal** *s. začínat*; **~čarovat** *pf.* (*-ruji*) verzaubern, verhexen, verwünschen; **~čas** nach einiger Zeit; *jednou* ~ ab und zu, hie und da; **~časté** oft(mals), mehrfach, wiederholt.
začáteč|ní anfänglich, Anfangs-, Elementar-; **~nice** *f* (*2a*) Anfängerin *f*; **~nický** Anfänger-; stümperhaft; **~ník** *m* (*1a*) Anfänger *m*.
začátek *m* (*2b*; *-tk-*) Anfang *m*, Beginn *m*; *na -tku* am Anfang, zu Beginn; *ze -tku* anfangs; *-tky pl.* Anfänge *m/pl.*, Anfangsstadium *n*.
zača|tý angefangen, begonnen; *s. začínat*; **~zený** verraucht, rauchgeschwärzt; verrußt.
zače|pejřit *pf.* die Haare (*od.* Federn) sträuben; **~povat** *pf.* (*-puji*) verzapfen.
začern|alý schwärzlich, schwarz geworden; **~at se** *pf.* schwarz werden; **~ěný** schwarz (geworden); verrußt; **~it** *pf.* schwärzen; schwarz übermalen.
začerven|alý rötlich; errötet; **~at se** *pf.* rot werden, erröten.
začesat *pf.* (*s. česat*) durch Kämmen verdecken, F zukämmen.
začež wofür, weshalb.
začínat (**se**), **začít** *pf.* (*-čnu*, *-čal*, *-čat*) beginnen, anfangen (*mit Inf.* zu ...; [s] *čím* mit *D*); ~ *si* (*co s kým*) sich einlassen (mit j-m in *A*).
začíst se *pf.* (*s. číst*) sich einlesen.
začle|nit *pf.*, **~ňovat** (*-ňuji*) eingliedern, einreihen.
za|čmárat *pf.* verschmieren; unleserlich machen; **~č(m)oudit** *pf.* (*-zen*) verrauchen, verqualmen; **~čtveračit si** *pf.* Unsinn treiben.
záď *f* (*4c*; *-di*/*-dě*) Hinterteil *n*; *Mar.* Heck *n*.
záda *n/pl.* (*1*; *zad*) Rücken *m*.
zadák *m* (*1a*) *Sp.* Hintermann *m*; F Geber *m* (*beim Kartenspiel*).
zadaný vergeben; bestellt, reserviert.
zadarmo umsonst, unentgeltlich, F gratis.
za|d(áv)at *Stelle*, *Arbeit* vergeben; *Platz* reservieren; *Position* aufgeben; *Gesuch* einreichen; ~ *k-u v čem* nachstehen j-m in (*D*); ~ *se* sich vergeben; ~ *si* sich e-e Blöße geben; sich wegwerfen; **~dávací** Vergebungs-; Einreichungs-; **~davatel** *m* (*3*; *-é*) *Hdl.* Verteiler *m*; **~dávit** *pf. v/t* erwürgen, erdrosseln; ~ *se* ersticken; **~dávka** *f* (*1c*; *-vek*) Bestellung *f*; Zuteilung *f*.
zad|eček F *m* (*2b*; *-čk-*) Po(po) *m*; **~ek** *m* (*2b*; *-dk-*) Hinterteil *n*; Gesäß *n*; *Zo.* Steiß *m*; Kruppe *f*.
zaděl|at *pf.* verschlagen, zumachen; einsetzen, einbauen; *Teig* anmachen; *Obst*, *Fleisch* einwecken, F einmachen; **~ávací** Einweck-, F Einmach-; **~ávat** *s. zadělat*.
zadem hintenherum, durch die Hintertür.
záděra *f* (*1d*) Neidnagel *m*.
zadešťov|ací *Agr.* Berieselungs-, Beregnungs-; **~ač** *m* (*4*) Regner *m*, Sprenger *m*.
zadina *f* (*1*) *Agr.* Hinterkorn *n*, Hintergetreide *n*.
za|dírat einreiben; P ~ *se k-u* gegen den Strich gehen (*D*); **~dívat se** *pf.* (*na co*) den Blick richten (auf *A*); scharf ansehen (*A*); ~ *se do dálky*, *do očí* in die Ferne, in die Augen schauen; **~dlouho** *Adv.* nach langer Zeit.
zadluž|ení *n* (*3*), **~enost** *f* (*4*) Verschuldung *f*; **~ený** verschuldet; **~it** *pf.*, **~ovat** (*-žuji*) mit Schulden belasten; ~ *se* in Schulden geraten, F sich in Schulden stürzen.
zad|ní Hinter-, Rück-, rückwärtig; ~ *sedadlo* Rücksitz *m*; ~ *voj Mil.* Nachhut *f*; *na* ~ *straně* auf der Rückseite; **~nice** *f* (*2a*) Hinterteil *n*, Gesäß *n*, P Hintern *m*.
zadobře: *být* (*s kým*) ~ freundschaftliche Beziehungen pflegen, F gut Freund sein (mit *D*).
zadopatrový Hintergaumen-, *Gr.* Velar-.
za|dost: *učinit* ~ Genüge tun; *den Pflichten* nachkommen; *den Anforderungen* gerecht werden; **~dost-t(i)učinění** *n* (*3*) Genugtuung *f*; **~dout** *pf.* (*s. dout*) wehen, blasen; *Wind*: sich erheben; ~ *do rohu* ins Horn stoßen; **~dovádět si** *pf.* (*3 Pl. -ějí*) ein wenig Unsinn treiben.
zadovka *f* (*1c*; *-vek*) Hinterlader *m*.
za|drátovat *pf.* (*-tuji*) mit Draht bespannen; **~drbat se** *pf.* (*-u*/*-ám*) sich kratzen, sich jucken.
zádrh *m* (*2b*) Schlinge *f*; Verknotung *f*; Verwicklung *f*.
zadrh|ávat *s. zadrhnout*; **~lý** ver-

wickelt, verknotet, verfitzt; **~nout** *pf.* (*s. drhnout*), **~ovat** (*-huji*) verknoten, verfitzen; stocken; Wörter aus e-r anderen Sprache einmengen; ~ *se* sich festhaken, sich verfangen.

za|drmolit P *pf. s. drmolit*; **~drnčet** *pf. s. drnčet.*

zádruha *f* (*1b*) Haus- *od.* Wirtschaftsgemeinschaft *f*, *hist.* Großfamilie *f*.

zadržet *pf.* zurückhalten, aufhalten, auffangen; *Zug, Person, Atem* anhalten; *Zorn, Lachen* unterdrücken; *Katastrophe* abwehren; *Fortschritt* hemmen, *Lohn* einbehalten; *Geld* unterschlagen; ~ *se* (*č-o*) sich festhalten (an *D*).

zádrž|ka *f* (*1c*; *-žek*) Stockung *f*, Hemmung *f*; Bremse *f*, Hemmschuh *m*; **~ný** Sperr-.

zadržovat (*-žuji*) *s. zadržet.*

zadřít *pf.* (*s. dřít*) einreißen; ~ *si třísku* sich e-n Splitter einziehen.

záducha *f* (*1b*) Atemnot *f*, Asthma *n*.

zadum|ání *n* (*3*) tiefes Nachsinnen *n*, Grübeln *n*, Träumen *n*; **~aný** in Gedanken versunken, verträumt; **~at se** *pf.* sich in Gedanken verlieren, grübeln, träumen.

zádumčiv|ec *m* (*3*; *-vc-*) schwermütiger Mensch *m*; **~ost** *f* (*4*) Schwermut *f*; **~ý** schwermütig, trübsinnig.

zadu|nět *pf.* (er)dröhnen, krachen; **~pat** *pf.* (*-u/-ám*) stampfen; zertreten; **~pnout si** *pf.* (*-pl/-pnul*) mit dem Fuß aufstampfen; **~sit** *pf.* (*-šen*) ersticken (*se v/i*).

zadušen|í *n* (*3*) Ersticken *n*; *smrt* **~m** Erstickungstod *m*; **~ý** erstickt (*a. fig.*).

záduš|í *n* (*3*) Kirchengut *n*; Stiftung *f*; **~ní** Kirchen-; ~ *mše* Seelenmesse *f*, Totenmesse *f*; **~ný** asthmatisch; Keuch- (*Husten*).

za|dušovat se P *pf.* (*-šuji*) beteuern, bei *s-m* Seelenheil schwören; **~dutí** *n* (*3*): ~ *větru* Windstoß *m*.

zádveří *n* (*3*) Windfang(tür *f*) *m*.

zadých|aný *Luft*: stickig; *Fenster*: beschlagen; *Mensch*: atemlos; **~at** *pf.* anhauchen; ~ *se* außer Atem kommen, F sich abhetzen.

za|fačovat P *pf.* (*-čuji*) bandagieren; **~fičet** *pf.* zischen, schwirren; *Zug*: vorbeisausen; **~flákat** P *pf.* mit Kot bespritzen, P dreckig machen.

záhad|a *f* (*1*) Rätsel *n*, Problem *n*; **~ný** rätselhaft, geheimnisvoll, mysteriös.

zaháj|ení *n* (*3*) Eröffnung *f*, Beginn *m*; **~it** *pf.* eröffnen, beginnen, einleiten; *Jagdw.* abhegen, einschonen.

zahajov|ací Eröffnungs-; **~at** (*-juji*) *s. zahájit*; **~atel** *m* (*3*; *-é*) Eröffner *m e-r Sitzung.*

zaháknout *pf.* (*-kl*; *-knut*) einhaken.

zahálčiv|ost *f* (*4*) Müßiggang *m*; **~ý** faul, träge, arbeitsscheu.

zahálеč *m* (*3*), **~ka** *f* (*1c*; *-ček*) Müßiggänger(in *f*) *m*, Faulenzer(in *f*) *m*, F Faulpelz *m*; **~nost** *f* (*4*) *s. zahálčivost*; **~ný**, **~ský** *s. zahálčivý*; **~ství** *n* (*3*) *s. zahálčivost.*

zahálet ⟨*na- se, pro-, za- si*⟩ (*3 Pl. -eji*) faulenzen, F bummeln; *Maschine*: stillstehen.

zahal|it *pf.*, **~ovat** (*-luji*) verhüllen, einhüllen.

zahálka *f* (*1c*; *-lek*) *s. zahálčivost.*

zahanb|ení *n* (*3*) Beschämung *f*; **~ený** beschämt; **~it** *pf.*, **~ovat** (*-buji*) beschämen, bloßstellen.

zahánět (*3 Pl. -ějí*) *s. zahnat.*

záhať *f* (*4c*) Infarkt *m*.

za|házet *pf.* (*3 Pl. -eji*), **~hazovat** (*-zuji*) *s. zahodit*; *Grube* zuschaufeln; *-ovat se* P *s. zahodit se.*

zahek|at *pf.*, **~nout** *pf.* (*-kl*) stöhnen, ächzen.

zahladit *pf.* (*-zen*) glätten; unkenntlich machen, verwischen, F *fig.* vertuschen.

záhlaví *n* (*3*) Hinterkopf *m*, Genick *n*; (*Brief-*)Kopf *m*; Kopfende *n am Bett.*

zahlaz|ení *n* (*3*) Verwischen *n*; *Hdl.* Tilgung *f*; *Pol.* Vernichtung *f*, Ausrottung *f*; **~ovat** (*-zuji*) *s. zahladit.*

za|hledět se *pf.* (*na co*) s-n Blick richten (auf *A*); **~hlédnout** *pf.* (*-dl*) erblicken, bemerken; **~hlenění** *n* (*3*) Verschleimung *f*; **~hlídn-** *s. zahlédn-.*

zahloub|at se *pf.* (*do č-o*) sich vertiefen (in *A*); (*nad čím*) (nach)grübeln (über *A*); **~it** *pf. lit. Dolch* hineinstoßen; (hin)eingraben.

zahnat *pf.* (*s. hnát*) vertreiben, verjagen.

záhněda *f* (*1*) *Min.* Rauchtopas *m*.

zahněd|lý bräunlich; **~nout** *pf.* (*-dl*) braun werden.

zahn|ilý angefault, faul(ig); **~ít** *pf.* (*s. hnít*) faul(ig) werden, verfaulen;

~ívání *n* (*3*) Verwesung(sprozeß *m*) *f*; **~ívat** *s. zahnít.*
zahnízdit se *pf.* sich einnisten.
zahn|out *pf.* (*-nul*; *-nut*) umbiegen; einbiegen *in e-e Straße*; (*links, rechts*) abbiegen; **~utý** gebogen, krumm.
zahodit *pf.* (*-zen*) wegwerfen, P wegschmeißen; *Sp.* verschießen; *Ball* verschlagen; F ~ *se* sich kompromittieren, sich et. vergeben.
záhodno *Adv.* ratsam, angebracht.
zahojit *pf.* *v/t* heilen, kurieren; ~ *se* (ver)heilen, zuheilen, vernarben.
záhon *m* (*2*; *-u*/*-ě*) Beet *n*; † *a.* Acker *m*, Furche *f*.
zahořet *pf.* (*čím*) entbrennen, entflammen (*láskou* in Liebe).
zahořk|lost *f* (*4*) bitterer Geschmack *m*; *fig.* Bitterkeit *f*; **~lý** bitterlich; *Mensch*: verbittert; **~nout** *pf.* (*-kl*) bitter werden; verbittern.
za|hospodařit *pf.* erwirtschaften, ersparen; **~hostit se** *pf.* (*-štěn*) einkehren; *Unsitten*: einreißen.
zahouk|at *pf.*, **~nout** *pf.* (*-kl*) (auf-) heulen, (er)dröhnen; *Kfz.* hupen; anschreien (*na k-o*/*A*).
zahoust|lý dick(flüssig); dicht (gewachsen); **~nout** *pf.* (*-tl*) dick werden, sich verdicken.
zahra|b(áv)at (*pf. -u*) verscharren, vergraben; *Grube* zuschütten; ~ *se* sich vergraben, F sich einbuddeln; **~da** *f* (*1*) Garten *m*; **~dit** *pf.* (*-zen*) einzäunen; *Zugang* sperren; *Tür* verrammeln; *Land* eindämmen; *Wasser* stauen; ~ *se* sich verbarrikadieren.
zahrád|ka *f* (*1c*; *-dek*) Gärtchen *n*, Kleingarten *m*; *rodinná* ~ Schrebergarten *m*; **~kář** *m* (*3*) Kleingärtner *m*.
zahrad|ní Garten-; **~nice** *f* (*2a*) Gärtnerin *f*; **~nický** Gärtner-; Gartenbau- (*Schule*); **~nictví** *n* (*3*) Gärtnerei *f*; Gartenbau *m*; **~ničit** F (*im*)*pf.* Gartenbau treiben, P gärtnern; **~ník** *m* (*1a*) Gärtner *m*.
zahranič|í *n* (*3*) Ausland *n*; **~ní** ausländisch, auswärtig, Auslands-; *Pol., Hdl.* Außen-.
zahrá|t *pf.* (*s. hrát*) (vor)spielen, zu spielen anfangen; *fig.* ein Spiel treiben (mit *D*); F ~ *k-u* j-m e-n Denkzettel geben; ~ *si* ein wenig Musik machen; F ein Spielchen machen; **~vat si** (*s kým*) spielen, scherzen, spaßen (mit *D*).
zahraz|ení *n* (*3*) Umzäunung *f*; (Ab-)Sperrung *f*; **~ovací** Absperrungs-; **~ovat** (*-zuji*) *s. zahradit.*
zahr|čet *pf.*, **~kat** *pf.*, **~knout** *pf.* (*-kl*/*-knul*) schnarren, rasseln, schnurren, knarren; *Motor*: rattern.
zahrn|out *pf.* (*-nul*; *-nut*), **~ovat** (*-nuji*) zudecken; zuscharren; *Ärmel* um-, aufschlagen; *j-n* überschütten (mit *D*); ~ *do č-o* einbeziehen, einbegreifen in (*D*); einschließen, umfassen; **~ující** einschließlich, inbegriffen; **~utý** inbegriffen, eingeschlossen, einbezogen; zugedeckt; aufgekrempelt; (*čím*) überhäuft, überladen (mit *D*).
záhrob|í *n* (*3*) Jenseits *n*; **~ní** jenseitig, überirdisch.
zahroc|ení *n* (*3*) Zuspitzung *f*; **~ený** zugespitzt; gerichtet (gegen *A*); **~ovat** (*-cuji*) *s. zahrotit.*
zahro|movat *pf.* (*-muji*) fluchen, F ein Donnerwetter loslassen; **~tit** *pf.* (*-cen*) zuspitzen; *fig.* gegen *j-n* richten; **~zit** *pf.* drohen.
za|hryznout *pf.* (*-zl*; *-znut*), **~hrýzt** *pf.* (*-hryzu*) hineinbeißen; annagen; ~ *se do č-o* sich verbeißen in (*A*).
zahřát *pf.* (*-hřeji*) erwärmen; **~í** *n* (*3*) Erwärmen *n*; *Tech.* Heißlaufen *n*.
záhřevný Wärme-.
zahřímat *s. zahřmět.*
zahřív|ací Wärme-; **~ač** *m* (*4*), **~adlo** *n* (*1a*; *-del*) Wärmeapparat *m*, Vorwärmer *m*; Heizkissen *n*; **~at** *s. zahřát.*
zahřm|ět, **~ít** *pf.* (*3. -í*; *-ěl*) donnern.
záhuba *f* (*1*) Verderben *n*, Vernichtung *f*, Untergang *m*.
zahubit *pf.* verderben, vernichten, ausrotten.
záhubný verderbenbringend, tödlich.
zahu|bovat *pf.* (*-buji*) schimpfen, wettern; **~čet** *pf.* brausen, rauschen, tosen; **~hlat** *pf.*, **~hňat** *pf.* durch die Nase sprechen, näseln; **~lit** P *pf.* vollrauchen, verqualmen.
záhumen|ek *m* (*2b*; *-mk-*) Privatacker *m e-s Genossenschaftsbauern*; **~í** *n* (*3*), **~ice** *f* (*2a*) Ort (*od.* Acker) *m* hinter der Scheune; **~ní** hinter der Scheune befindlich.
zahu|stit *pf.* (*-štěn*), **~šťovat** (*-ťuji*) verdicken; *Kochk.* eindicken.

zahvízd|at *pf.*, **~nout** *pf.* (*-dl*) pfeifen; **~nutí** *n* (*3*) Pfiff *m*.
záhy früh(zeitig); P bald.
záhyb *m* (*2a*) Falte *f*, Bug *m*; (*Weg-*) Krümmung *f*.
zahýbat *pf.* (*-u*/*-ám*) rütteln, bewegen (*čím*/*A*); berühren (*A*); *s. zahnout.*
zahyn|out *pf.* untergehen, umkommen, zugrunde gehen, P draufgehen; *Pflanze*, *Tier*: eingehen; **~utí** *n* (*3*) Untergang *m*.
zahýřit *pf.* (*čím*) schwelgen (in *D*); ~ *si* über die Stränge schlagen.
zacház|ení *n* (*3*) (*s čím*) Umgang *m* (mit *D*), Behandlung *f* (*G*); **~et** (*3 Pl.* *-ejí*) *Kfz.* einbiegen; *Sonne*: untergehen; *Bot.* eingehen; ~ *příliš daleko* zu weit gehen; ~ *s kým*, *s čím* umgehen mit (*D*), behandeln (*A*); *Tech.* bedienen (*A*); ~ *si* e-n Umweg machen; **~ka** *f* (*1c*; *-zek*) Umweg *m*.
zachechtat se *pf.* laut auflachen, kichern.
zachla|dit *pf.* (*-zen*), **~zovat** (*-zuji*) abkühlen, erkälten; ~ se sich erkälten, *öst.* sich verkühlen.
zachmuř|ený finster, trüb(e), düster; **~it** *pf.* *Stirn* runzeln; ~ se düster (*od.* dunkel) werden, sich verdüstern.
záchod *m* (*2*) Klosett *n*, Toilette *f*, P Klo *n*; *polní* ~ *Mil.* Latrine *f*; *veřejné* **~ky** öffentliche Bedürfnisanstalt *f*.
zachoulený eingehüllt, F vermummt.
zachoval|ost *f* (*4*) Unbescholtenheit *f*; *vysvědčení o* **~i** Führungs-, Leumundszeugnis *n*; **~ý** gut erhalten; unbescholten, F unverdorben.
zachov|ání *n* (*3*) Erhaltung *f*, Wahrung *f*; Beachtung *f*; **~at** *pf.* (auf-)bewahren; aufsparen, ersparen; behüten, erhalten; *Ordnung* halten; *Anordnung* befolgen; *Gesetze*, *Regeln* beachten; *Schein* wahren; ~ se sich erhalten; sich benehmen; sich richten (*podle č-o* nach *D*); Stellung nehmen (*k č-u* zu *D*); es recht machen (*k-u*/*D*); **~ávání** *n* (*3*) Erhaltung *f*; Wahrung *f*; Aufrechterhaltung *f*; ~ *v tajnosti* Geheimhaltung *f*; **~ávat** *s. zachovat*; **~ávatel**, **~avatel** *m* (*3*; *-é*) Erhalter *m*, Bewahrer *m*.
záchrana *f* (*1*) Rettung *f*; Bergung *f*; Sicherung *f*; *Esb.* Notbremse *f*.
zachrán|ce *m* (*3*) Retter *m*; **~ění** *n* (*3*) Rettung *f*, Errettung *f*; **~it** *pf.* (er)retten; bergen; **~kyně** *f* (*2b*) Retterin *f*.
záchranný Rettungs-; *-ná plachta* Sprungtuch *n*; *s. a. brzda.*
zachraňov|ací Rettungs-, Bergungs-; **~at** (*-ňuji*) *s. zachránit.*
zachtít se *pf.* (*3. -chce*, *-chtělo*) (*č-o*) Lust bekommen *od.* haben (zu + *Inf.*), gern tun *usw.*, mögen (*A*), *lit.* gelüsten (nach *D*).
zachum|elený verschneit; **~l(áv)at se** (*do č-o*) sich einhüllen, F sich einkuscheln (in *A*).
za|chutnat *pf.* schmecken, F behagen; **~chvácený** ergriffen, befallen; **~chvacovat** (*-cuji*) *s. zachvátit.*
záchvat *m* (*2a*) Anfall *m*; Anwandlung *f*; ~ *mrtvice* Schlaganfall.
zachvátit *pf.* (*-cen*) ergreifen, anfallen, befallen.
zachv|ěj *m* (*4*), **záchvěv** *m* (*2a*) Beben *n*, Zittern *n*; *El.* Schwingung *f*; **~ět**, **~ít** *pf.* (*-chvěji*, *-ěl*) (*čím*) schütteln, bewegen (*A*); ~ se (er)zittern, beben; schaudern; vibrieren.
zachy|covat (*-cuji*), **~tit** *pf.* (*-cen*) auffangen, (ein)fangen, festhalten; ~ se (*č-o*) sich festhalten (an *D*); sich verfangen (*o co* in *D*), hängenbleiben (an *D*).
záchytka *f* (*1c*; *-tek*) Schnapper *m*; Fallbremse *f*; P *a.* Ausnüchterungszelle *f*.
záchytný Auffang-.
zainteresov|anost *f* (*4*) Interessiertheit *f*, Interesse *n*; **~at** *pf.* (*-suji*) interessieren.
zajásat *pf.* aufjauchzen, jubeln.
zajat|ec *m* (*3*; *-tc-*) Gefangene(r) *m*; **~ecký** Gefangenen-; **~kyně** *f* (*2b*) Gefangene *f*; **~ý** gefangen(genommen).
zaječet *pf.* kreischen, aufschreien.
zaječ|í Hasen-; **~ice** *f* (*2a*) Häsin *f*; **~ina** *f* (*1*) Hasenfleisch *od.* -fell *n*, -geruch *m*.
zajedno einig; *nebýt* ~ uneins sein.
zájem *m* (*2a*; *-jm-*) Interesse *n* (*na čem*, *o co* an *D*, für *A*); Beschlagnahme *f*; **~ce** *m* (*3*), **~kyně** *f* (*2b*) Interessent(in *f*) *m*; **~ní** Pfändungs-; **~nice**, **~ník** *s. zájemce.*
zajet *pf.* (*s. jet*) fahren, reiten (bis nach, zu); *j-n* überfahren; ~ *si* e-n Umweg machen.
zajetí *n* (*3*) Gefangennahme *f*; Gefangenschaft *f*; *fig.* Bann *m*.

zájezd *m* (*2*; *6.* *-u*/*-ě*) Ausflug *m*, (kurze) Fahrt *f*, Tour *f*; *Thea.* Tournée *f.*
zajezdit *pf.* (*-žděn*/*-zděn*) einfahren; *Pferde* einreiten; ~ *si* fahren; *Schi* laufen.
zájezd|ní Einkehr-; *Mil.* fliegend; **~ový** *Thea.* Wander-.
zají|c *m* (*3*) Hase *m*; *pečený* ~ Hasenbraten *m*; **~ček** *m* (*1a*; *-čk-*) Häschen *n*; *velikonoční* ~ Osterhase *m.*
zajídat *s. zajíst*; ~ *se* satt bekommen.
zajík|(áv)at se, ~nout se *pf.* (*-kl*) stottern; **~avý, ~lý** stotternd, stammelnd.
zajím|at *s. zajmout*; interessieren, fesseln; ~ *se* (*o co*) sich interessieren für *A*; **~avost** *f* (*4*) Interessante(s) *n*, Sehenswürdigkeit *f*; *pro* ~ interessehalber; **~avý** interessant.
za|jiskřit (se) *pf.* funkeln, aufblitzen; **~jíst** *pf.* (*s. jíst*) dazuessen (*zum Schnaps usw.*); **~jisté** gewiß, bestimmt, sicher(lich); **~jistit** *pf.* (*-štěn*) sichern, sicherstellen, gewährleisten.
zajišťov|ací Sicherungs-; **~at** (*-ťuji*) *s. zajistit*; **~na** *f* (*1*; *-ven*) Rückversicherung(sanstalt) *f.*
zajít *pf.* (*s. jít*) gehen, sich begeben; vorbeikommen (*ke k-u* bei *D*); holen (*pro k-o, co*/*A*); *Sonne*: untergehen; *Tier*: verenden; *Pflanze*: eingehen; *Appetit, Zeit*: vergehen; *Farben*: verblassen; ~ *si* e-n Umweg machen.
zajizv|ený vernarbt; **~it se** *pf.* vernarben.
zajíž|dět (*3 Pl.* *-ějí*) *s. zajet*; **~ďka** *f* (*1c*; *-děk*) Umweg *m*; F *a.* Abstecher *m.*
zájmen|ný *Gr.* pronominal; **~o** *n* (*1*; *6.* *-u*/*-ě*) Pronomen *n*, Fürwort *n.*
zajmout *pf.* (*s. jmout*) gefangennehmen, fangen; *fig.* fesseln.
zájmový Interessen-.
zakabonit se *pf.* sich bewölken, sich verfinstern.
zákal *m* (*2a*) *Med.* Star *m.*
za|kalit *pf.* trüben; härten; **~kalkulovat** *pf.* (*-luji*) einkalkulieren; **~kalovat** (*-luji*) *s. zakalit*; **~karpatský** jenseits der Karpaten liegend; karpatoukrainisch; **~kašl(áv)at** (*pf.* *-u*) husten.
zákaz *m* (*2*; *6.* *-u*/*-e*) (*kouření, parkování* Rauch-, Park-)Verbot *n.*
zakáz|aný verboten; **~at** *pf.* (*-žu*/*-ži*) verbieten; **~ka** *f* (*1c*; *-zek*) Auftrag *m*, Bestellung *f*; **~kový**: *-vá práce* Arbeit *f* auf Bestellung.
zákazn|ictvo *n* (*1*) Kundenkreis *m*, Kundschaft *f*, Kunden *m*/*pl.*; **~ík** *m* (*1a*), **~ice** *f* (*2a*) Kunde *m*, -in *f*; Auftraggeber(in *f*) *m*; *Jur.* Klient(in *f*) *m*; *stálý* ~ Stammkunde *od.* -in.
zakazovat (*-zuji*) *s. zakázat*; ~ *si* sich (*D*) *et.* verbitten.
zákeř|nický heimtückisch, hinterhältig; **~nictví** *n* (*3*) Hinterhältigkeit *f*, Tücke *f*; **~ník** *m* (*1a*) Bandit *m*, Wegelagerer *m*; Meuchelmörder *m*; **~nost** *f* (*4*) *s. zákeřnictví*; **~ný** *s. zákeřnický.*
základ *m* (*2*; *6.* *-ě*/*-u*) Grundlage *f*, Grund *m*; Untergrund *m*, Fundament *n*; Basis *f*; *Jur.* Pfand *n*; *Hdl.* Stammkapital *n*, Einsatz *m.*
zaklá|dací Gründungs-, Stiftungs-; **~dat** *s. založit*; ~ *se* (*na čem*) beruhen, basieren (auf *D*); ~ *si* (*na čem*) halten (auf *A*), F sich et. einbilden (auf *A*).
zakladatel *m* (*3*; *-é*), **~ka** *f* (*1c*; *-lek*) Gründer(in *f*) *m*, Begründer(in *f*) *m*, Stifter(in *f*) *m.*
základ|ka *f* (*1c*; *-dek*) Lesezeichen *n*; Sperrklinke *f*; *Bgb.* Versatz *m*; **~na** *f* (*1*; *-den*) *Geom.* Grundlinie *f*, -ebene *f*; Grundlage *f*; *Phil.* Basis *f*; *fig.* Plattform *f*; *Sp.* Meßstrecke *f*; **~ní** Grund-, grundlegend; *Hdl.* Stamm-.
za|klánět (*3 Pl.* *-ějí*) *Turn.* rückwärtsbeugen; **~klapnout** *pf.* (*-pl*; *-pnut*) zuschnappen, zuklappen; **~klátit** *pf.* (*-cen*) (*čím*) hin und her bewegen (*A*); ~ *se* schwanken, wanken; **~klení** *n* (*3*) Verwünschung *f.*
zaklen|out *pf.* (ein)wölben; **~utý** gewölbt.
zakle|pat *pf.* (*-u*/*-ám*) anklopfen; klopfen; **~snout** *pf.* (*-sl*) befestigen, einhaken, schlingen, (ver)knoten; ~ *se* sich verfangen; **~tí** *n* (*3*) Zauber(-bann) *m*, Fluch *m*, Verwünschung *f*; **~tý** verwunschen, verzaubert.
zaklín|ací Zauber-, Beschwörungs-; **~ač** *m* (*3*) Beschwörer *m*; **~adlo** *n* (*1a*; *-del*) Zauberformel *f*; **~ání** *n* (*3*) Beschwörung *f*; Beteuerung *f*; **~at** *s. zaklít*; **~it** *pf.* verkeilen.
zaklít *pf.* (*s. klít*) fluchen; *j-n* verfluchen; *Geister* beschwören; verzaubern (*k-o v co* j-n in *A*); ~ *se* beteuern.
zaklížit *pf.* verkleben, zuleimen.

záklon *m* (*2a*) *Turn.* Rückbeuge *f*; Rumpfbeuge *f* nach rückwärts.
záklop *m* (*2a*) Deckel *m*; *Agr.* Sturzboden *m*; *hist.* Falltür *f*.
zaklopit *pf.* zudecken; *Deckel* zuklappen.
záklop|ka *f* (*1c*; *-pek*) Klappe *f*; Ventil *n*; **~ní, ~ný** Fall-, Sturz-.
zákloubí *n* (*3*) *Anat.* Handwurzel *f*.
zakloubit *pf.* einhaken, einfügen; *Med.* einrenken.
zákluz *m* (*2a*) *Mil.* Rücklauf *m*.
zakmenění *n* (*3*) Baumbestand *m*.
zákmih *m* (*2b*) *Turn.* Rückschwung *m*.
zákmit *m* (*2a*) Schimmer *m*, Aufblitzen *n*.
zakmit|at *pf.*, **~nout** *pf.* (*-tl*) aufblitzen, aufleuchten.
zaknihovat *pf.* (*-huji*) verbuchen, (in ein Buch) eintragen.
zakódovaný chiffriert.
zákon *m* (*2*; *2. -a*; *6. -ě*/*-u*) Gesetz *n*; *bibl.* *Starý*, *Nový* ~ Altes, Neues Testament.
zakonč|ení *n* (*3*) Beendigung *f*; *Gr.* Auslaut *m*; **~it** *pf.*, **~ovat** (*-čuji*) beenden (*A*); ~ se enden.
zákon|ík *m* *1.* (*2b*; *2. -a*) Gesetzbuch *n*; *2.* (*1a*) *bibl.* Schriftgelehrte(r) *m*; **~itost** *f* (*4*) Gesetzmäßigkeit *f*; *Jur.* Rechtmäßigkeit *f*; **~itý** gesetzmäßig; gesetzlich, legitim; **~nost** *f* (*4*) Legalität *f*; **~ný** gesetzlich.
zákonodár|ce *m* (*3*) Gesetzgeber *m*; **~ný** gesetzgebend; **~ství** *n* (*3*) Gesetzgebung *f*.
zákop *m* (*2a*) Schützengraben *m*.
zakop(áv)at (*pf. -u*/*-ám*) vergraben; *Tote* begraben; *fig.* untergraben; ~ se *Mil.* sich eingraben; P *a.* sich zugrunde richten.
zákop|nický Pionier-, Schanz-; **~ník** *m* (*1a*) *Mil.* Pionier *m*.
zakopnout *pf.* (*-pl*) (*o co*) mit dem Fuß stoßen (an *A*); stolpern (über *A*).
zákopový Graben-; *-vá válka* Stellungskrieg *m*.
za|kořenit se *pf.* sich einwurzeln; Wurzeln schlagen; F sich einbürgern; **~kotvit** *pf.* Anker werfen, vor Anker gehen; F *fig.* festen Fuß fassen; **~koukat se** P *pf.* sich vergaffen (*do k-o* in *A*); **~koupit** *pf.* ankaufen; **~kouřit** *pf.* anrauchen; *Stube* verqualmen; ~ *si* ein wenig rauchen; **~kousat** *pf.* (*-šu*/*-sám*) totbeißen; **~kousnout** *pf.* (*-sl*; *-snut*) anbeißen; e-n Imbiß nehmen; ~ se sich verbeißen; **~koušet** (*3 Pl. -ejí*) *s. zakusit.*
zákoutí *n* (*3*) abgeschiedener Ort *m*; *fig.* Winkel *m*; Schlupfwinkel *m*.
zákož|ka *f* (*1c*; *-žek*) Milbe *f*; **~nice** *f* (*2a*) *Med.* Mitesser *m*.
za|krátit *pf.* (*-cen*) kürzen; **~krátko** bald, in kurzer Zeit, in Kürze; **~krechtovat** *pf.* (*-tuji*) *Kartoffeln* einmieten.
zákres *m* (*2*; *6. -u*/*-e*) Einzeichnung *f*, Eintragung *f*.
zakreslit *pf.* einzeichnen, eintragen.
zakrn|ělý verkümmert, zurückgeblieben; **~ět** *pf.* (*3 Pl. -ějí*) verkümmern, verkrüppeln, *fig.* zurückbleiben.
zakroč|it *pf.*, **~ovat** (*-čuji*) einschreiten, eingreifen.
zákročný: ~ (*po*)*stoj Turn.* Schrittstellung *f*.
zakrojit *pf.* (hin)einschneiden.
zákrok *m* (*2b*) Einschreiten *n*; Intervention *f*; *Med.* Eingriff *m*.
zakroutit *pf.* (*-cen*) verdrehen; *Haar* eindrehen; *Kopf* schütteln; P *j-m den Hals* umdrehen.
zakrs|(a)lý verkümmert; **~(áv)at** verkümmern.
zákrsek *m* (*2b*; *-sk-*) Zwergbaum *m*; *iron.* Knirps *m*.
zakrslík *m* (*1a*) *iron.* Knirps *m*, Zwerg *m*.
zakru|covat (*-cuji*) *s. zakroutit*; **~čet** *pf. Magen*: knurren.
zákrut *m* (*2a*) Windung *f*, Krümmung *f*; Serpentine *f*; *Tech.* Gewinde *f*; Drall *m*.
zakrvácet *pf.* (*3 Pl. -ejí*) mit Blut beflecken; ~ se sich blutig machen; verbluten.
zakrvav|ělý blutunterlaufen; **~ět** *pf.* (*3 Pl. -ějí*) blutig werden; **~it** *pf.* blutig machen.
zákryt *m* (*2a*) Deckung *f*; *Turn.* Ausrichten *n*; Aufdecken *n*.
zakrý(va)t (*pf. s. krýt*) verdecken, zudecken, verhüllen; F *fig.* bemänteln.
zakřik|lý verschüchtert, kleinlaut; **~nout** *pf.* (*-kl*) aufschreien; *j-n* einschüchtern; *Redner* niederschreien; (*na k-o*) anschreien, P anbrüllen (*A*); (*co*) beschreien, verscheuchen (*A*).
zakřiv|ení *n* (*3*) Krümmung *f*; **~it** *pf.* krümmen.

zaktivovat [-tɪv-] *pf.* (*-vuji*) aktivieren, mobilisieren.
za|kuckat se *pf.* sich verschlucken; **~kukat** *pf. Kuckuck*: rufen.
zakukl|enec *m* (*3*; *-nc-*) vermummte Gestalt *f*; **~ení** *n* (*3*) Vermummung *f*, F Maskerade *f*; **~it** *pf.* verhüllen, vermummen; **~ se** *Zo.* sich verpuppen.
zakulatit *pf.* (*-cen*) abrunden.
zákulis|í *n* (*3*) *Thea.* Raum *m* hinter den Kulissen; *fig.* Hintergrund *m*; **~ní** Kulissen-; *fig.* hinter den Kulissen.
zakuňkat *pf.* quaken; unken.
zákup *m* (*2a*) Einkauf *m*, Ankauf *m*; **~ní** Einkaufs-; **~ník** *m* (*1a*) Einkäufer *m*.
zaku|povat (*-puji*) *s. zakoupit*; **~řovat** (*-řuji*) *s. zakouřit*.
zákusek *m* (*2b*; *-sk-*) Imbiß *m*; Nachtisch *m*.
zaku|sit *pf.* durchmachen, ausstehen, erdulden; **~tálet se** *pf.* (*3 Pl. -ejí*) (*irgendwohin*) rollen, wegrollen (*v/i*).
zákvas *m* (*2a*) Sauerteig *m*.
zakvasit *pf.* (*-šen*) einsäuern.
zakvedl|at *pf.*, **~ovat** *pf.* (*-luji*) einquirlen, einrühren.
zakvílet *pf.* (*3 Pl. -ejí*) jammern, wehklagen.
zakých|at *pf.*, **~nout** *pf.* (*-chl*) niesen.
zakymácet *pf.* (*3 Pl. -ejí*) schütteln (*čím*/*A*).
zakys|lý säuerlich, sauer geworden; **~nout** *pf.* (*-sl*) sauer werden; *fig.* versauern.
za|kývat *pf.* (*na k-o, k-u*) zuwinken (*D*); **~lamovat** (*-muji*) anbrechen, einknicken (*A*); *Typ.* umbrechen; **~laškovat si** *pf.* (*-kuji*) ein wenig schäkern; **~látat** *pf.* flicken; **~leděný** mit Eis bedeckt, vereist; **~léhat** *s. zalehnout*.
zaleh|lý verstopft; *Stimme*: belegt; **~nout** *pf.* (*-hl*; *-hnut*) *Schall, Laut*: dringen; *Ohren*: gellen; **~ k-o** im Schlaf erdrücken (*A*).
za|leknout *pf.* (*-kl*) erschrecken; einschüchtern; **~ se** (*č-o*) erschrekken, zurückschrecken (vor *D*); **~lemovat** *pf.* (*-muji*) einsäumen, verbrämen; **~len(oš)it si** *pf.* ein wenig faulenzen; **~lepit** *pf.* zukleben.
zálepka *f* (*1c*; *-pek*) Kartenbrief *m*, Leichtbrief *m*.
záles|ácký hinterwäldlerisch; **~ák** *m* (*1a*) Hinterwäldler *m*; Trapper *m*.
zalesknout se *pf.* (*-kl*) (er)glänzen, aufblitzen.
zalesn|ění *n* (*3*) Aufforstung *f*; **~ěný** bewaldet; aufgeforstet; **~it** *pf.* aufforsten.
zalesňov|ací Aufforstungs-; **~at** (*-ňuji*) *s. zalesnit*.
zálet *m* (*2a*) Flug *m*; F *jít na ~y* auf Eroberung ausgehen.
za|létat *pf.*, **~letět** *pf.* (hin)fliegen; F *Flgw.* einfliegen (*v/t*); **~ se** sich verfliegen.
zálet|nice *f* (*2a*) Kurtisane *f*, Dirne *f*; **~nický** dirnenhaft, *fig.* zweideutig; **~ník** *m* (*1a*) Schwerenöter *m*, F Schürzenjäger *m*.
zalétnout *pf.* (*-tl*) *s. zalétat*.
záletný auf Liebesabenteuer ausgehend, F verliebt.
za|letovat[1] (*-tuji*) *s. zalétat*; **~letovat**[2] *pf.* (*-tuji*) zulöten; **~lévat** *s. zalít*; **~léz(a)t** (*pf. s. lézt*) (*wohin*) kriechen; sich verkriechen; P **~** *si na k-o j-n* schikanieren; **~ležet se** *pf.* sich verliegen; faulen.
zálež|et (*na kom, na čem*) liegen an (*D*); abhängen von (*D*); (*v čem*) beruhen (auf *D*); *dát si ~ na čem* achten auf (*A*), sich et. angelegen sein lassen; **~itost** *f* (*4*) Angelegenheit *f*.
zalhat *pf.* (*-lžu*) *j-m et.* vorlügen.
záliba *f* (*1*), **zalíbení** *n* (*3*) Vorliebe *f* (*v čem* für *A*); Gefallen *m* (an *D*).
zalíbit *pf.*: **~** *se k-u* gefallen (*D*); **~** *si v čem* Gefallen finden an (*D*).
zálib|nost *f* (*4*) Gefallsucht *f*; **~ný** gefallsüchtig, kokett.
zalíc|ení *n* (*3*) Anschlag *m*; **~it** *pf. Gewehr* in Anschlag bringen, anlegen.
zalid|nění *n* (*3*), **~něnost** *f* (*4*) Bevölkerung(sdichte) *f*; **~nit** *pf.*, **~ňovat** (*-ňuji*) besiedeln, bevölkern.
zalichotit *pf.* schmeicheln; **~ se** (*k-u*) sich einschmeicheln (bei *D*).
za|lít *pf.* (*s. lít*) begießen; *Blumen* gießen; überfluten; **~lítat** *s. zalétat*; **~litý** begossen; überströmt; *Magen*: überfüllt.
záliv *m* (*2a*) Bucht *f*, Meerbusen *m*, Golf *m*.
zalí|vat *s. zalít*; **~zat** *s. zalézt*.
zalk|at *pf.* jammern, wehklagen; **~nout se** *pf.* (*-kl*/*-knul*) ersticken (*čím* an *D*); **~nutí** *n* (*3*) Ersticken *n*.
záloh|a *f* (*1b*) Rückhalt *m*, Reserve *f*;

Vorschuß *m*, Anzahlung *f*; Hinterhalt *m*; **~ovat** *(im)pf.* (*-huji*) Vorschuß zahlen; **~ově** *Adv.* als Vorschuß; **~ový** Vorschuß-, Anzahlungs-.

záloktí *n* (*3*) Oberarm *m*.

zalomcovat *pf.* (*-cuji*) (*čím*) rütteln (an *D*), schütteln (*A*).

zalom|it *pf.*, **~ovat** (*-muji*) anbrechen; einknicken; ~ *rukama* die Hände ringen.

založ|ení *n* (*3*) Gründung *f*; Veranlagung *f*; Einschlag *m*; **~it** *pf.* gründen; *Konto* anlegen; verlegen; ablegen; aufbauen, basieren (auf *D*); *Seite* einbiegen; *Stoff* einschlagen; ~ *k o penězi* Geld vorstrecken (*D*); ~ *co penězi* finanzieren (*A*); ~ *ruce v klín* die Hände in den Schoß legen.

zálož|ka *f* (*1c*; *-žek*) Saum *m*, Aufschlag *m*; Lesezeichen *n*; **~ní** Reserve-; Vorschuß-; ~ *řada Sp.* Läuferreihe *f*; **~ník** *m* (*1a*) *Mil.* Reservist *m*; *Sp.* Läufer *m*.

zálud *m* (*2a*) Finte *f*, List *f*, F Kniff *m*, Schlich *m*; **~ník** *m* (*1a*) Betrüger *m*; **~nost** *f* (*4*) Hinterhältigkeit *f*, Tücke *f*; **~ný** tückisch, hinterhältig; *-ná otázka* verfängliche Frage *f*.

zalupat *s. zaluskat.*

zálusk *m* (*2b*) Begierde *f*, Lust *f*.

zalusk|at *pf.*, **~nout** *pf.* (*-kl*) knakken; schnalzen.

za|lykat *s. zalknout*; **~mačkat** *pf.*, **~máčknout** *pf.* (*-kl*; *-knut*) erdrücken, zerdrücken; **~malovat** *pf.* (*-luji*) bemalen; übermalen; **~manout (se)** *pf.* in den Sinn kommen; P ~ *si co* sich et. einfallen lassen; **~maskovat** *pf.* (*-kuji*) tarnen; **~mastit** *pf.* (*-štěn*) fett machen; **~maštěný** fett(ig), schmierig; **~mazat** *pf.* (*-žu/-ži*) beschmieren, beschmutzen; *Schrift* übermalen; *Arch.* verputzen; *mit Lehm* verschmieren; ~ *sádrou* vergipsen; ~ *se* sich schmutzig machen.

zamč|ení *n* (*3*) Verschließen *n*; Sperre *f*; **~ený** verschlossen; *s. zamknout.*

zámecký Schloß-.

zámeč|ek *m* (*2b*; *-čk-*) Schlößchen *n*; **~nický** Schlosser-; **~nictví** *n* (*3*) Schlosserei *f*; Schlosserhandwerk *n*; **~ník** *m* (*1a*) Schlosser *m*.

zámek *m* (*2b*; *-mk-*) Schloß *n*.

záměna *f* (*1*) Tausch *m*, Umtausch *m*; Verwechslung *f*.

zamě|nit *pf.*, **~ňovat** (*-ňuji*) vertauschen, verwechseln; um-, eintauschen (*za co* gegen *A*); **~nitelný** vertauschbar, auswechselbar.

záměn|ka *f* (*1c*; *-nek*) Buchstabenrätsel *n*; **~ný** Tausch-.

záměr *m* (*2a*) Absicht *f*, Vorhaben *n*; Vorsatz *m*; *Mil.* Zielen *n*; *čára ~u* Visierlinie *f*; **~ka** *f* (*1c*; *-rek*) *Mil.* Richtstab *m*, Visierlatte *f*; **~nost** *f* (*4*) Vorsätzlichkeit *f*; *fig.* Tendenz *f*; **~ný** absichtlich; zielbewußt; tendenziös; *Mil.* Ziel-.

zaměř|it *pf.* (ab)zielen; *Geschütz* richten; *Schritte* lenken; (ab)messen; *Land* vermessen; ~ *se* sich konzentrieren; **~ovací** Meß-; **~ovač** *m* (*4*) Visier(gerät) *n*; Peilgerät *n*; **~ovat** (*-řuji*) *s. zaměřit.*

zamést *pf.* (*s. mést*) (aus)kehren.

zaměstn|anec *m* (*3*; *-nc-*) Angestellte(r) *m*; **~anecký** Angestellten-; **~ání** *n* (*3*) Anstellung *f*, Beschäftigung *f*; **~ankyně** *f* (*2b*) Angestellte *f*; **~anost** *f* (*4*) Beschäftigungsgrad *m*; Arbeit(sweise) *f*; **~aný** angestellt, beschäftigt; **~(áv)at** beschäftigen, anstellen; ~ *se* (*čím*) sich beschäftigen *od.* befassen (mit *D*); **~avatel** *m* (*3*; *-é*) Arbeitgeber *m*.

zamešk|ání *n* (*3*) Versäumnis *n*; **~at** *pf.* versäumen, F verpassen.

zamet|ací Kehr-; **~ač** *m* (*3*) Straßenfeger *m*, -kehrer *m*; **~at** *s. zamést.*

zamezení *n* (*3*) Verhinderung *f*, Verhütung *f*.

zámezí *n* (*3*) *Sp.* Out *n*, Aus *n*.

zamez|it *pf.*, **~ovat** (*-zuji*) verhindern, verhüten; zunichte machen.

za|mhouřit *pf.* *Augen* zumachen, F *fig.* zudrücken; **~míhat se, ~mihnout se** *pf.* (*-hl*) aufblitzen, flimmern; vorüberhuschen; **~míchat** *pf.* (ver)mischen; *Kochk.* einrühren.

zamilov|anec *m* (*3*; *-nc-*) Verliebte(r) *m*; **~aný** verliebt; Liebes-; **~at** (*-luji*): ~ *se* sich verlieben; ~ *si* liebgewinnen, F ins Herz schließen.

záminka *f* (*1c*; *-nek*) Vorwand *m*; *fig.* Deckmantel *m*.

za|minovat *pf.* (*-nuji*) verminen; **~mířit** *pf.* zielen; *s-e* Schritte lenken; **~mísit** *pf. s. zamíchat.*

zámiš *m* (*4*) Sämischleder *n*; **~ový** Sämisch(leder)-.
zamít|at, ~nout *pf.* (*-tl*; *-tnut*) abweisen, zurückweisen; ablehnen; **~nutí** *n* (*3*) Ablehnung *f*, Zurückweisung *f*.
zamknout *pf.* (*-kl*; *-knut*/*-čen*) (zu-) schließen, verschließen; einsperren.
zamlada in der Jugend, in jungen Jahren.
zamlč|ení *n* (*3*) Verschweigen *n*, Verheimlichung *f*; **~et** *pf.*, **~ovat** (*-čuji*) verschweigen, verheimlichen; -et se verstummen.
zamlkl|ost *f* (*4*) Verschlossenheit *f*; **~ý** verschlossen, schweigsam.
zaml|ouvat, ~uvit *pf.* verreden; das Gespräch auf et. anderes lenken; ~ *si* bestellen; *-vat* se gefallen, zusagen; *-uvit* se sich verpflichten; **~uvený** (voraus)bestellt, reserviert.
zamlžený nebelig; *Stimme*: belegt.
zamodr|alý bläulich; **~at se** *pf.* blau werden; blau schimmern; **~chat** P *pf.* verwirren, verfitzen.
zamořený verseucht, P verpestet.
zámoří *n* (*3*) Übersee *f*.
zamoř|it *pf.*, **~ovat** (*-řuji*) verseuchen, P verpesten.
zámořský Übersee-, überseeisch.
zamotat *pf.* verwickeln.
zámotek *m* (*2b*; *-tk-*) Kokon *m*, Gespinsthülle *f*.
zamouč(n)it *pf.* mit Mehl bestäuben.
zámož|nost *f* (*4*) Reichtum *m*, Wohlstand *m*; **~ný** wohlhabend, vermögend, begütert.
zamrač|ený bewölkt; finster, düster; **~it se** *pf.* sich bewölken, sich bedecken; finster dreinblicken.
zámraz *m* (*2a*) erster Frost *m*.
zamraz|ení *n* (*3*) Frösteln *n*, Schauer *m*; **~it** *pf.* frösteln, (er-) schauern; einfrieren (lassen).
zamrk|at *pf.*, **~nout** *pf.* (*-kl*/*-knul*) zwinkern.
zamrz|at *pf.* gefrieren; *Teich*: zufrieren; *Rohr*: einfrieren; **~et** *pf.* verdrießen; **~lý** eingefroren; zugefroren; **~nout** *pf.* (*-zl*) *s. zamrzat*.
zamřelý abgelegen; mürbe; F leicht angegangen.
zamřìž|it *pf.*, **~ovat** (*-žuji*) vergittern, mit e-m Gitter versehen.
zamudrovat si F *pf.* (*-ruji*) grübeln, spintisieren.
zámyčka *f* (*1c*; *-ček*) Klappe *f*, Ventil *n*; Sperriegel *m*, Sperre *f*.
zamykat *s. zamknout*; **~elný** ab-, verschließbar.
zámysl *m* (*2a*) Absicht *f*, Vorhaben *n*.
zamyslit se *pf.* (*-šlen*) nachdenken, in Gedanken versinken.
zamyšl|ení *n* (*3*) Nachdenklichkeit *f*; **~ený** nachdenklich; in Gedanken versunken.
zamýšl|ený beabsichtigt, geplant; **~et** (*3 Pl. -ejí*) beabsichtigen, vorhaben, zu tun gedenken; ~ *se s. zamyslit se*.
zamž|ený in Nebel gehüllt, neb(e)lig; verschleiert; *iron.* benebelt; **~ít** *pf.* (*-il*; *-en*) fein regnen; ~ se *Fenster*: beschlagen; feucht werden.
zaň = *za něho, za něj*.
záňadří *n* (*3*) Busen *m*, (*Kleid-*) Ausschnitt *m*.
zánártí *n* (*3*) *Anat.* Fußwurzel *f*.
zanáš|et (*3 Pl. -ejí*) *s. zanést*; ~ se (*čím*) sich beschäftigen (mit *D*); **~ka** *f* (*1c*; *-šek*) Schüttboden *m*; Steiggerüst *n*; Eintragung *f*.
zand(áv)at P hineingeben, -stecken; *Loch* ver-, zustopfen; *mit Brettern* zumachen.
zaněcovat (*-cuji*) *s. zanítit*.
zanedb|alost, ~anost *f* (*4*), **~á(vá)ní** *n* (*3*) Verwahrlosung *f*; **~alý, ~aný** vernachlässigt, verwahrlost; *fig.* verwildert; **~(áv)at** vernachlässigen, verkommen lassen.
zane|dlouho bald, in kurzer Zeit, binnen kurzem; ~ *poté* kurze Zeit danach; **~ch(áv)at** hinterlassen, zurücklassen; (*č-o*) sein lassen, aufgeben (*A*).
zaneprázdn|ění *n* (*3*) Beschäftigung *f*; Inanspruchnahme *f*; Verhinderung *f*; **~it** *pf.* beschäftigen; in Anspruch nehmen; verhindern.
zaneřádit *pf.* verunreinigen, P versauen.
zanes|ení *n* (*3*) *1.* Verstopfung *f*; Versandung *f*; *2.* Eintragung *f*; **~ený** verstopft; F *mit Arbeit* überlastet.
zanést *pf.* (*s. nést*) (hin)tragen (*A*); *mit Sand* verstopfen; ~ *k-o čím* überschütten (j-n mit *D*); ~ se sich verstopfen, sich füllen; verschlammen, versanden; verrußen.
zánět *m* (*2a*) *Med.* Entzündung *f*; **~livý** (leicht) entzündlich.
zanevřít *pf.* (*-vřu, -vřel*) feindlich gesinnt sein, F böse sein (*na k-o*/*D*);

~ *na svět Rel.* der Welt entsagen.

zanic um keinen Preis, um nichts in der Welt.

zanícen|ec *m (3; -nc-)* Enthusiast *m*, Begeisterte(r) *m*; **~í** *n (3)* Begeisterung *f*; **~ý** begeistert; entzückt.

zánik *m (2b)* Untergang *m*; Erlöschen *n*; Niedergang *m*.

zanik|at untergehen, zugrunde gehen; *Firma*: erlöschen; *Zeitung*: eingehen; *Interesse*: schwinden; *Chem.* sich verflüchtigen; **~lý** untergegangen; erloschen; **~nout** *pf. (-kl) s. zanikat.*

za|nítit *pf. (-cen)* anzünden, entzünden; *fig.* entflammen, begeistern; **~notovat** *pf. (-tuji) Lied* anstimmen.

zánovní fast neu, wenig gebraucht.

zanožit *pf. Turn. Fuß* rückspreizen.

zánožka *f (1c; -žek) Turn.* Wendung *f*, Wende *f*.

zanýtovat *pf. (-tuji)* vernieten.

zaobal|it *pf.*, **~ovat** *(-luji)* verpacken, einpacken; P *fig.* durch die Blume sagen.

za|oblit *pf.* abrunden; **~oceánský** Übersee-; **~okrouhlit** *pf.* abrunden; *Math.* aufrunden.

zaopatř|ení *n (3)* Be-, Versorgung *f*; *Hdl.* Beschaffung *f*; **~it** *pf.*, **~ovat** *(-řuji)* besorgen, verschaffen, herbeischaffen; *Rel.* versehen; **~ovací** Versorgungs-.

zaor(áv)at *(pf. -rám/-řu)* unterpflügen.

zaostal|ec *m (3; -lc-)* rückständiger Mensch *m*; **~ost** *f (4)* Rückständigkeit *f*; **~ý** rückständig.

za|ost(áv)at *(pf. -stanu)* zurückbleiben; rückständig sein; **~ostřit** *pf.* schärfen, zuspitzen.

západ *m (2; 6. -u/-ě)* Westen *m*; *(Sonnen-)*Untergang *m*; *na ~ě* im Westen; *na ~* nach (dem) Westen; *zamknout na dva ~y* den Schlüssel zweimal umdrehen.

zapad|ací Fall-, Schnapp-; *~ závora* Schlagbaum *m*; **~ající** untergehend; **~ák** P *m (2b)* üble Kneipe *f*, Kaschemme *f*; **Ⴈákov** P *m (2; 2. -a)* Krähwinkel *m*, Kaff *n*; **~at** *(im)pf. s. zapadnout.*

západka *f (1c; -dek)* Sperrklinke *f*; Schließhaken *m*.

zapadlý *Ort*: weltabgeschieden; *Augen*: eingefallen; *~ sněhem* verschneit.

západ|ní westlich, West-; **~nický** westlich orientiert, mit Vorliebe für den Westen; **~ník** *m (1a)* Westler *m*.

zapadnout *pf. (-dl) (za co, do č-o)* fallen (hinter *A*, in *A*); einsinken; untergehen (in, hinter *D*); gelangen; einkehren (in, bei *D*); sich verlieren, untertauchen (in, hinter *D*); *Tech.* ineinandergreifen, ein-, zuschnappen; (hinein)passen; *cesta -dla sněhem* der Weg ist zugeschneit.

západo- *in Zssgn* west-, West-.

zápach *m (2b)* (unangenhmer) Geruch *m*, Gestank *m*.

zapách|ající übelriechend, P stinkend; ranzig; **~at** (übel) riechen, P stinken *(čím* nach *D)*; **~avý** *s. zapáchající.*

zápal *m (2a) Med.* Entzündung *f*; *fig.* Begeisterung *f*, Inbrunst *f*.

zapál|ení *n (3) s. zápal*; **~ený** entzündet; entflammt; glühend rot; **~it** *pf.* an-, entzünden; *Mil.* in Brand schießen; *~ se* sich entzünden, Feuer fangen; *fig.* erröten, erglühen; sich begeistern *(pro* für *A)*.

zápal|ka *f (1c; -lek)* Streich-, Zündholz *n*; *Tech.* Zündkapsel *f*, Zündhütchen *n*; *Mil.* Zünder *m*; **~nice** *f (2a)* Zündschnur *f*; **~ník** *m (2b)* Zündstift *m*; **~ný** leicht entzündlich, feuergefährlich; *Mil.* Zünd- *(Nadel)*; Brand- *(Bombe, Opfer)*; *-ná teplota* Verbrennungstemperatur *f*.

zapalov|ací Zünd-, Brenn-; **~ač** *m (4)* Feuerzeug *n*; **~ání** *n (3)* Entzünden *n*; *Tech.* Zündung *f*; **~at** *(-luji) s. zapálit.*

zápalubí *n (3) Mar.* Achterdeck *n*.

zapamatovat si *pf. (-tuji)* sich *(D)* merken.

zaparkovat *pf. (-kuji) Wagen* parken.

zapař|enina *f (1)* Verbrühung *f*; **~it** *pf.* einbrühen; *~ se* sich erhitzen; **~ovací** Verdampfungs-; Maisch-.

zápas *m (2; 6. -e/-u)* Ringen *n*; Kampf *m*; *Sp.* Wettkampf *m*; **~iště** *n (2a)* Kampfplatz *m*; **~it** ringen, kämpfen; **~nický** Ring(er)-; **~ník** *m (1a)* Kämpfer *m*, Ring(kämpf)er *m*, Athlet *m*; **~ový** Ringkampf-.

zapaž|ení *n (3)* Verschalung *f*; *Turn.* Rückwärtsstoßen *n* der Arme; **~it** *pf.* verschalen; Arme rückwärts stoßen.

zapéci *pf.* (*s. péci*; *-pečen*) einbacken; überbacken.
zápec|í *n* (*3*) Platz *m* hinter dem Ofen; P *fig.* Rückständigkeit *f*; **~ní** *fig.* P rückständig, beschränkt.
za|pečetit *pf.* versiegeln; **~pěchovat** *pf.* (*-chuji*) ein-, feststampfen; **~pékat** *s. zapéci*; **~peklitý** verstockt, verbissen; P *Situation*: heikel, verfahren.
zápěst|í *n* (*3*) Handwurzel *f*; **~ní** Hand-.
za|pět *pf.* (*3 Pl. -ějí*) *Lied* anstimmen; **~píchnout** *pf.* (*s. píchnout*), **~pichovat** (*-chuji*) (hin)einstechen; *Dorn* eintreten; erstechen; *Tier* abstechen; **~píjet** (*3 Pl. -ejí*) *s. zapít.*
zapín|ací Schnall-, Knöpf-; *El.* Schalt-; *~ špendlík* Sicherheitsnadel *f*; **~ač** *m* (*4*) Schnalle *f*, Spange *f*, † Schließe *f*; *Tech.* Schalter *m*; Anlasser *m*; **~at** *s. zapnout.*
zapírat *s. zapřít u. zaprat.*
zápis *m* (*2*; *6. -e*/*-u*) Eintragung *f*; (*Schule*) Einschreibung *f*; *Hdl.* Buchung *f*; Aufzeichnung *f*; Protokoll *n*; **~ek** *m* (*2b*; *-sk-*) Notiz *f*; *-sky pl. a.* Memoiren *pl.*
zapísk|at *pf.*, **~nout** *pf.* (*-kl*) pfeifen; **~nutí** *n* (*3*) Pfiff *m.*
zápis|né *n* (*Adj. 3*) Einschreibgebühr *f*; Aufnahmegebühr *f*; **~ní** Notiz-, Einschreibe-; Immatrikulations-; **~ník** *m* (*2b*) Notizbuch *n.*
zapisov|ací Einschreibe-, Registrier-; **~at** (*-suji*) *s. zapsat*; **~atel** *m* (*3*; *-é*), **~atelka** *f* (*1c*; *-lek*) Schriftführer(in *f*) *m*, Protokollführer(in *f*) *m.*
za|pít *pf.* (*s. pít*) nachtrinken; P *Ereignis* begießen; *Schmerz* ertränken; **~placení** *n* (*3*) Bezahlung *f*; **~plakat** *pf.* (*s. plakat*) (anfangen zu) weinen; **~planout** *pf.* (*-nul*), **~plápolat** *pf.* aufflammen, auflodern; *fig.* entbrennen, entflammen; **~plašit** *pf.* verjagen, verscheuchen.
zaplát *pf.* (*-ám*/ *-ají*) *s. zaplanout.*
záplat|a *f* (*1*) Fleck(en) *m*, Lappen *m*; **~ář** *m* (*3*) *verä.* Flickschneider *m.*
zaplatit *pf.* (*-cen*) bezahlen; *Hdl. Kosten* decken; *~ předem* vorausbezahlen; *~ dodatečně* nach(be)zahlen; *zaplať Pánbůh!* vergelt's Gott!; Gott sei Dank!
záplatovat (*-tuji*) flicken.
záplava *f* (*1*) Überschwemmung *f*; Flut *f*, *verä.* Wust *m*; *fig.* (*Häuser-*, *Lichter-*)Meer *n*; *~ slov* Wortschwall *m.*
zaplav|at *pf.* (*-u*) *Sp. Strecke* schwimmen; **~it** *pf.* überschwemmen, überfluten.
záplav|ní, ~ný Flut-.
zaples|at *pf.* (auf)jauchzen, jubeln; **~kat** *pf.*: *~ rukama* in die Hände klatschen.
zaplé|st *pf.* (*s. plést*), **~tat** (ver-) flechten; *~ se* sich verfangen, sich verwickeln.
zapletený geflochten; verworren.
záplet|ka *f* (*1c*; *-tek*) Verwicklung *f*, Intrige *f*; *-tky pl. a.* Wirren *pl.*; **~kový** Intrigen-.
za|plevelit *pf.* mit Unkraut bewachsen; **~plombovat** *pf.* (*-buji*) plombieren.
zaplynovat *pf.* (*-nuji*) vergasen.
zapnout *pf.* (*s. pnout*) zuknöpfen; zuschnallen; *El.* einschalten.
zápočet *m* (*2a*; *-čt-*) Anrechnung *f*; Zwischenprüfung *f.*
zapo|čínat *s. započít*; **~číst** *pf.* (*s. číst*) anrechnen, einrechnen; **~čít** *pf.* (*s. počít*) beginnen, anfangen; **~čítat** *s. započíst*; **~čitatelný** anrechenbar; *Hdl.* verrechenbar; **~čtený** ein-, angerechnet; **~jení** *n* (*3*) Anschluß *m*; Eingliederung *f*; **~jit** *pf.*, **~jovat** (*-juji*) einschalten, eingliedern; **~jovací** Anschluß-, Schalt-; *Pol.* Eingliederungs-.
zápolí *n* (*3*) *Mil.* Hinterland *n.*
zápolit ringen, kämpfen.
zapomen|out *pf.* (*-mněl*/*-menul*; *-menut*) vergessen (*co*, *na co od. k-o*/ *A*); **~utí** *n* (*3*) Vergessenheit *f*; Vergessen *n*; **~utý** *Adj.* vergessen.
zapom|ínat *s. zapomenout*; **~nětlivost** *f* (*4*) Vergeßlichkeit *f*; **~nětlivý** vergeßlich.
zápor[1] *m* (*2a*), P **~a** *f* (*1d*) Riegel *m*, Schranke *f*; *Arch.* Strebe *f*, Stütze *f.*
zápor[2] *m* (*2a*) Verneinung *f*; Mangel *m*; **~ka** *f* (*1c*; *-rek*) *Gr.* Verneinung(swort *n*) *f*; **~ný** verneinend; *Antwort*: abschlägig, negativ; **~ový** Verneinungs-.
zapo|šít *pf.* (*s. šít*) ver-, ein-, übernähen; **~tácet se** *pf.* (*3 Pl. -ejí*) taumeln, ins Wanken geraten; **~tit se** *pf.* (*-cen*) schwitzen, in Schweiß geraten; **~třebí** *Adv.* nötig, notwendig.
zapouštět (*3 Pl. -ějí*) *s. zapustit.*
zápověď † *f* (*4d*; *-di*; *7 Pl. -ďmi*/ *-dmi*) Verbot *n*, *hist.* Interdikt *n.*

zapovědět *pf.* (*s. vědět*; *a.* -*vězen*) verbieten.

zápověd|ní, ~ný Verbots-.

za|povídat *s. zapovědět*; **~pracovat se** *pf.* (-*cuji*) sich einarbeiten; **~pradávna** seit jeher.

zaprask|at *pf.*, **~nout** *pf.* (-*kl*) knacken, knistern, prasseln.

zapráskl|at *pf.*, **~nout** *pf.* (-*kl*) knallen, zuschlagen.

zapráš|ený staubig, verstaubt; **~it** *pf.* staubig machen; P ~ *si fig.* aufschneiden.

zaprašov|ač *m* (*4*) Zerstäuber *m*; **~at** (-*šuji*) *s. zaprášit*.

zaprat *pf.* (-*peru*) *Fleck* auswaschen; verwaschen.

zaprav|it *pf.*, **~ovat** (-*vuji*) bezahlen, begleichen.

zápraží *n* (*3*) Vorflur *m*, Beischlag *m*.

zapražit *pf. Kochk.* einbrennen.

zápražka *f* (*1c*; -*žek*) Einbrenne *f*.

zaprod|ajný bestechlich, käuflich; **~anec** *m* (*3*, -*nc*-) *verä.* käufliches Subjekt *n*; **~at** *pf.* verkaufen, verschachern.

záprstí *n* (*3*) *Anat.* Mittelhand *f*.

záprška P *f* (*1c*; -*šek*) Schauer *m*.

záprtek *m* 1. (*2b*; -*tk*-) Windei *n*; 2. (*1a*; -*tk*-) P *verä.* Knirps *m*, Wicht *m*.

za|prádat *s. zapříst*; **~přahat** *pf.*, **~přáhnout** *pf.* (-*hl*; -*přažen*) anspannen; einspannen, *Pferd* anschirren; **~přená**: *na -nou* inkognito.

zápřež *f* (*3*) Gespann *n*; Bespannung *f*.

za|přísahat *pf. s. přísahat*; **~příst** *pf.* (*s. příst*) einspinnen; *Gespräch* anknüpfen; **~přít**[1] *pf.* (*s. přít*) (ab-, ver)leugnen; verneinen; **~přít**[2] *pf.* stützen; *Tür* verriegeln; **~psat** *pf.* (*s. psát*) einschreiben, eintragen; ~ *si co* sich et. aufschreiben; ~ se sich eintragen, immatrikulieren; ~ *se ďáblu* sich dem Teufel verschreiben; **~pudit** *pf.* (-*zen*) verstoßen, verdrängen, verscheuchen; **~půjčit** *pf. s. půjčit*.

zápůjč|ka *f* (*1c*; -*ček*) Darlehen *n*, Anleihe *f*; **~ní** Darlehens-; Leih-.

za|působit *pf. s. působit*; **~pustit** *pf.* (-*štěn*) einlassen, versenken; *Wurzeln* schlagen; **~puzovat** (-*zuji*) *s. zapudit*; **~pýřit se** *pf.* erröten; **~rám(c)ovat** *pf.* (-*m*[*c*]*uji*) einrahmen.

zaranžovat *pf.* (-*žuji*) arrangieren, einrichten.

záraz *m* (*2a*) (*Ruder*-)Schlag *m*; Fangstoß *m*; = **~ák** *m* (*2b*) *Jagdw.* Hirschfänger *m*.

zarazit *pf.* (-*žen*) einschlagen, einrammen; aufhalten, zum Stehen bringen; unterbrechen; *Wort* abschneiden; *j-n* stutzig machen, verblüffen; ~ *se* stehenbleiben, halten; *Atem*: stocken; stutzig werden (*čím* über *A*).

záraz|ní, ~ný Brems-; **~ník** *m* (*2b*) Bremsvorrichtung *f*.

zarážející befremdend.

zaražen|í *n* (*3*), **~ost** *f* (*4*) Bestürzung *f*, Ratlosigkeit *f*; **~ý** angehalten; stillgelegt; verhalten; bestürzt, betroffen.

zaráž|et (*3 Pl.* -*ejí*) *s. zarazit*; **~ka** *f* (*1c*; -*žek*) Sperre *f*, Hemmschuh *m*; (*Skalen*-)Anschlag *m*; *Typ.* Einzug *m*.

zarděl|lost *f* (*4*) (*Scham*-)Röte *f*; **~lý** gerötet, rot; **~nky** *f/pl.* (*1*; -*nek*) *Med.* Röteln *pl*.

za|rdít se *pf.* (*s. rdít se*) erröten, (scham)rot werden; **~rdousit** *pf.* (-*šen*) erwürgen, erdrosseln; **~rezavělý** verrostet.

zarmou|cenost *f* (*4*) Trübsal *f*; **~cený** betrübt, niedergeschlagen; **~tit** *pf.* (-*cen*) betrüben, kränken; ~ *se* (*čím*) traurig, betrübt sein (über *A*).

zármutek *m* (*2b*; -*tk*-) Kummer *m*, Gram *m*.

zárod|ečný Keim-; rudimentär; Ur-; **~ek** *m* (*2b*; -*dk*-) Keim *m*; Embryo *n*; *fig.* Beginn *m*; **~kový** *s. zárodečný*.

za|rosit *pf.* mit Tau benetzen; ~ *se* feucht werden; **~rostlý** verwachsen, verwildert; bärtig; *Nagel*: eingewachsen.

zároveň *Adv.* gleichzeitig, zugleich.

zarovn(áv)at gerade machen, planieren; (ein)ordnen.

zarputil|ec *m* (*3*; -*lc*-) Dickschädel *m*; **~ost** *f* (*4*) Hartnäckigkeit *f*, P Sturheit *f*; **~ý** hartnäckig, verbissen; verstockt, P stur.

zárub|a *f* (*1*) Verhau *m*; **~eň** *f* (*3*; -*bně*, -*bni usw.*) Türfutter *n*.

zaruč|ený garantiert, sicher, verbürgt; **~it** *pf.*, **~ovat** (-*čuji*) garantieren, verbürgen; beglaubigen.

záruční Garantie-.

zarudlý rötlich, gerötet.

záruka *f* (*1c*) Garantie *f*, Bürgschaft *f*; *lit.* Unterpfand *n*.
za|růst(a)t (*pf. s. růst*[2]) bewachsen, verwachsen; **~růžovělý** rosig; **~rý(va)t** (*pf. s. rýt*) graben; ein-, vergraben; **~rytý** vergraben; *fig.* verstockt, eingefleischt.
zář *f* (*3*) Schein *m*, Glanz *m*; *alpská ~* Alpenglühen *n*; *severní ~* Nordlicht *n*.
za|řadit *pf.* (*-děn*/*-zen*) einordnen, eingliedern; *Kfz. Gang* schalten; *Mil.* zuteilen; **~řádit (si)** *pf.* wüten, sich austoben.
zařa|ďovač, ~zovač *m* (*4*) Ordner *m*; **~ďovat** (*-ďuji*), **~zovat** (*-zuji*) *s. zařadit.*
záře *f* (*2*) *s. zář.*
zařeh(o)tat *pf.* wiehern.
zařeknout *pf. s. zaříci.*
záření *n* (*3*) Leuchten *n*; *Phys.* Strahlung *f*.
zářez *m* (*2a*) Einschnitt *m*, Kerbe *f*.
zařez|at, ~ávat[1] *s. zaříznout*; **~ávat**[2] P schuften.
září *n* (*3*) September *m*.
zaří|ci *pf.* (*-řeknu, -kl*) beschwören; *~ se* beteuern; geloben, sich fest vornehmen; **~dit** *pf.* (*-zen*) einrichten; veranlassen; *~ se* sich einrichten; *s. a. řídit.*
zářijový September-.
zařík|ací Beschwörungs-; **~adlo** *n* (*1a*; *-del*) Beschwörungsformel *f*, Zauberspruch *m*; **~(áv)ání** *n* (*3*) Beschwörung *f*; **~(áv)at** *s. zaříci.*
zařinčet *pf.* rasseln; klirren.
zář|it ⟨*o-, pro-, vy-, za-*⟩ glänzen, strahlen, schimmern; **~ivka** *f* (*1c*; *-vek*) Leuchtröhre *f*; **~ivost** *f* (*4*) Leuchtkraft *f*; **~ivý** strahlend, leuchtend, glänzend.
zaříz|ení *n* (*3*) Einrichtung *f*; *Tech.* Vorrichtung *f*, Anlage *f*; Maßnahme *f*; **~nout** *pf.* (*-zl*; *-znut*) einschneiden, einkerben; *Tiere* schlachten.
zařizov|ací Einrichtungs-; *El.* Installations-; **~at** (*-zuji*) *s. zařídit.*
zářný *lit.* strahlend, leuchtend.
zařvat *pf.* (*-u*) (auf)brüllen; V krepieren.
zas wieder, wiederum; dagegen (*adversativ*).
zásada *f* (*1*) Grundsatz *m*; *Chem.* Base *f*; *ze -dy, v -dě* grundsätzlich.
zasadit *pf.* (*-zen*) einsetzen; *Schlag* versetzen; *~ se (o co)* sich einsetzen für (*A*).
zásad|itý basisch; **~ní** grundsätzlich; **~ový** konsequent, (prinzipien-)treu, charakterfest.
zásah *m* (*2b*) *Mil.* Treffer *m*, Einschlag *m*; Eingriff *m*; *Sp.* Schlag *m*.
za|sáhnout *pf.* (*-sažen*), **~sahovat** (*-huji*) eingreifen; treffen; reichen bis (zu); **~sálat** *pf.* Wärme ausstrahlen, glühen; **~sázet** (*3 Pl. -ejí*), **~sazovat** (*-zuji*) *s. zasadit.*
zase *s. zas.*
zased|ací Sitz(ungs)-; **~ání** *n* (*3*) Sitzung *f*, Tagung *f*; **~at, ~nout** *pf.* (*-dl*) Platz nehmen, sich setzen; tagen, e-e Sitzung abhalten.
zásek *m* (*2b*) Verhau *m*; Einschnitt *m*; Hieb *m*.
zasek|(áv)at, ~nout *pf.* (*-kl*; *-knut*) einschlagen (*v*/*t*); *Weg* versperren; *~ se* steckenbleiben; *Mil.* einschlagen; F *~ se do dluhů* sich in Schulden stürzen.
zásev *m* (*2a*) Anbau *m*, Saat *f*; *obilí na ~* Saatgut *n*.
zasév|ač *m* (*3*) Sämann *m*; **~ačka** *f* (*1c*; *-ček*) Sämaschine *f*; **~at** *s. zasít.*
zasch|lý eingetrocknet; **~nout** *pf.* (*-chl*) (ein)trocknen, vertrocknen.
zasíl|ací Versand-, Fracht-; **~ání** *n* (*3*) Versand *m*; **~at** *s. zaslat*; **~atel, zasilatel** *m* (*3*; *-é*) Einsender *m*; Spediteur *m*; **~atelství, zasilatelství** *n* (*3*) Speditionsgeschäft *n*.
zásilka *f* (*1c*; *-lek*) Sendung *f*.
zasíp|at *pf.*, **~ět** *pf.* (auf)zischen.
zasít *pf.* (*s. sít*) (aus)säen.
zaskl|ení *n* (*3*) Verglasung *f*; **~í(va)t** verglasen.
zaskočit *pf.* (hin)springen, e-n Sprung machen; *Tür*: zufallen; (*k-o*) in den Rücken fallen (*D*), täuschen (*A*); *~ k-u cestu* den Weg abschneiden (*D*); *~ za k-o* einspringen für (*A*); *-čilo mu* er hat sich verschluckt.
záskok *m* (*2b*) Sprung *m*, F Abstecher *m*; *fig.* Einspringen *n*.
zaskříp|at *pf.* (*-u*/*-ám*), **~ět** *pf.* knarren, ächzen; *Tür*: quietschen; *Finger* einquetschen; *mit den Zähnen* knirschen.
za|skvít se *pf.* (*s. skvít*) erstrahlen, erglänzen; **~sládlý** süßlich; **~slání** *n* (*3*) Ein-, Zu-, Übersendung *f*; **~sláno** *n* (*1*) Leserzuschrift *f*; **~slat** *pf.* (*-šlu*) senden, ein-, zu-, versenden; **~slechnout** *pf.* (*-chl*; *-chnut*) hören, vernehmen.

zaslepen|ec *m* (*3*; *-nc-*) Verblendete(r) *m*; **~í** *n* (*3*), **~ost** *f* (*4*) Verblendung *f*; **~ý** verblendet, unüberlegt.
zaslep|it *pf.*, **~ovat** (*-puji*) blenden; betören.
záslib *m* (*2a*), **zaslíbení** *n* (*3*) (feierliches) Versprechen *n*.
zaslíb|ený versprochen, *lit.* verheißen; *-ná země* das Gelobte Land; **~it** *pf.* versprechen; *~ se* sich verloben; sich weihen (*D*).
zaslin|it *pf.* mit Speichel benetzen; **~tat** *pf.* begeifern.
zaslouž|eně *Adv.* gebührend, verdienterweise; **~ený** verdient; **~ilý** verdienstvoll, verdient; **~it** *pf.* verdienen; *~ se* (*o co*) sich verdient machen (um *A*).
zásluha *f* (*1b*) Verdienst *n*.
zasluhovat (*-huji*) *s. zasloužit.*
záslužný verdienstvoll.
zasmát se *pf. s. smát se.*
zasmažit *pf. Kochk.* einbrennen.
zásmažka *f* (*1c*; *-žek*) Einbrenne *f*.
za|smolený mit Pech verschmiert; F *fig.* vom Pech verfolgt; **~smoudlý** angebrannt, brenzlig; **~smradit** *pf.* (*-ěn*) verstänkern.
zasmrád|lý stinkend, verpestet; **~nout** *pf.* (*-dl*) zu stinken anfangen, stinkig werden.
zasmuš|ilost *f* (*4*) Traurigkeit *f*, Betrübnis *f*; **~ilý** betrübt, mißmutig; finster, düster; **~it** *pf.*, **~ovat** (*-šuji*) verfinstern, verdüstern; *j-n* traurig stimmen; *~ se* sich verdüstern; in e-e traurige Stimmung verfallen.
zasněn|í *n* (*3*) Träumerei *f*; **~ý** verträumt.
zasněžit *pf.* verschneien, einschneien.
zasnoub|ení *n* (*3*) Verlobung *f*; **~it se** *pf.* sich verloben.
zásnubní Verlobungs-.
zasnubovat se (*-buji*) *s. zasnoubit se.*
zásnuby *f/pl.* (*1*) Verlobung *f*; *oznámení o -bách* Verlobungsanzeige *f*.
zásob|a *f* (*1*) Vorrat *m*; *Hdl.* Bestand *m*; **~árna** *f* (*1*; *-ren*) Vorratslager *n*, Magazin *n*; **~ení** *n* (*3*) Versorgung *f*; **~iště** *n* (*2a*) Versorgungsstelle *f*; **~it** *pf.*, **~ovat** (*-buji*) versorgen; *~ se* (*čím*) sich versorgen, sich eindecken (mit *D*); **~ní** Vorrats-, Reserve-; **~ník** *m* (*2b*) Behälter *m*; Bunker *m*; (*Briefmarken-*)Steckalbum *n*; *Mil.* (*Patronen-*)Magazin *n*, Ladestreifen *m*; **~ovací** Versorgungs-; *Mil.* Verpflegungs-; **~ovatel** *m* (*3*; *-é*) Beschaffer *m*; Versorger *m*.
zasol|it *pf.*, **~ovat** (*-luji*) einsalzen, (ein)pökeln; F (*k-u*) *fig.* einheizen (*D*).
zasou|t *pf.* (*-suji*, *-sul*; *-sut*) zuschütten; **~vací** Schiebe-; *El.* Schalt-; **~vat** *s. zasout u. zasunout.*
zaspat *pf.* (*s. spát*) verschlafen.
zaspořit (si) *pf.* ersparen.
zasraný V beschissen, Scheiß-.
zastán|ce *m* (*3*), **~kyně** *f* (*2b*) Fürsprecher(in *f*) *m*; *fig.* Verteidiger(in *f*) *m*; **~í** *n* (*3*) Vertretung *f*; Fürsprache *f*; Verfechtung *f*, Verteidigung *f*.
zastar|a einst, vor alten Zeiten; **~alý** veraltet; **~at** *pf.* veralten; sich überleben.
zastat *pf.* (*-stanu*) verrichten, bewältigen; *Amt* ausüben; *Ansicht* vertreten; *j-n* antreffen, (vor)finden; vertreten (*v čem* in *D*); *~ se* (*č-o*) sich annehmen (*G*), sich einsetzen (für *A*).
zástava *f* (*1*) Pfand *n*; Hypothek *f*, Grundschuld *f*; Verpfändung *f*; Hindernis *n*; Stauwerk *n*; *Mil.* Stander *m*; *~ moče Med.* Harnverhaltung *f*; *hra na -vy* Pfänderspiel *n*.
zastavár|enský Pfandleih-; **~na** *f* (*1*; *-ren*) Leihhaus *n*, Pfandleihe *f*; **~ní** Pfandleih-.
zastávat *s. zastat.*
zástavba *f* (*1*; *-veb*) Verbauung *f*.
zastaven|í *n* (*3*) Stehenbleiben *n*; *Tech.* Abstellen *n*; Stillstand *m*; Einstellung *f*, Stillegung *f*; **~íčko** *n* (*1b*; *-ček*) Ständchen *n*.
zastav|ění *n* (*3*) Bebauung *f*; **~ěný** verbaut; eingebaut; **~ět** *pf.* (*3 Pl. -ějí*) verbauen; verstellen; **~it** *pf.* an-, auf-, zurückhalten; *Tech.* abstellen; *Betrieb* stillegen; *Mil. Feuer* einstellen; *Blut* stillen; verpfänden, versetzen; *Weg* versperren; *Eingang* verstellen; *~ se* stehenbleiben, halten (*v/i*); einkehren, sich aufhalten (*u k-o* bei *D*); innehalten, stocken; **~itelný** bebaubar; verpfändbar.
zastávka *f* (*1c*; *-vek*) Haltestelle *f*; Aufenthalt *m*; *udělat -ku* Halt machen; *bez -ky* ohne Halt(en), ohne zu halten; ohne Aufenthalt; *let bez -ky* Direktflug *m*.

zástavní Pfand-, Hypothekar-.
za|stavovat ⟨po-⟩ (*-vuji*) *s. zastavit*; **~stehovat** *pf.* (*-huji*) (zu)heften, vernähen.
zástěna *f* (*1*) Schutzwand *f*; spanische Wand *f*, Blende *f*; Ofenschirm *m*; *Thea.* Kulisse *f*.
zasténat *pf.* (auf)seufzen, stöhnen.
zástěr|a *f* (*1d*) Schürze *f*; **~ka** *f* (*1c*; *-rek*) Schürzchen *n*; Vorwand *m*, Deckmantel *m*; F *mluvit bez -ky* kein Blatt vor den Mund nehmen; **~kář** P *m* (*3*) Schürzenjäger *m*; **~ový** Schürzen-.
za|stesknout *pf.* (*-kl*): *~ si* (*na co*) klagen (über *A*); (*po čem*) sich (zurück)sehnen (nach *D*); *-klo se mu po domově* er hatte Heimweh; **~stihnout** *pf.* (*-hl*; *-žen*) ertappen, F erwischen; *j-n* antreffen; *Brief*: *j-n* erreichen; **~stínit** *pf.*, **~stiňovat** (*-ňuji*) beschatten; *fig.* überschatten; *Eindruck* abschwächen; *fig.* in den Schatten stellen; *~ se* sich verdunkeln.
zastír|ací *Pol.* Verschleierungs-, Tarn-; **~ání** *n* (*3*) Verhüllung *f*, *iron.* Bemäntelung *f*; *Mil.* Tarnung *f*; **~at** *s. zastřít*.
zástoj P *m* (*4*) *s. záležitost*.
zastoup|ení *n* (*3*) Vertretung *f*; **~it** *pf.* *j-n* vertreten; *~ za k-o* treten hinter (*A*); *~ k-u cestu* sich j-m in den Weg stellen.
zastraš|it *pf.* erschrecken (*v/t*); einschüchtern; abschrecken (*od č-o* von *D*); **~ovací** Einschüchterungs-; **~ování** *n* (*3*) Einschüchterung *f*; **~ovat** (*-šuji*) *s. zastrašit*.
zástrč *f* (*3*) *Arch.* (*Fenster-*)Riegel *m*.
zastrč|ený vorgeschoben; entlegen; *fig.* versteckt; **~it** *pf.* (hinein-)stecken, (hinein)schieben; verbergen; zuriegeln; *~ se* sich einsperren *od.* verstecken.
zástrčka *f* (*1c*; *-ček*) *s. zástrč*; *El.* Stecker *m*.
zastrk|(áv)at, ~ovat (*-kuji*) *s. zastrčit*.
zastřel|ení *n* (*3*) Erschießung *f*; **~it** *pf.* erschießen; **~ovat se** (*-luji*) *Mil.*, *Sp.* sich einschießen.
zastřený verhüllt; verhängt; *Licht*: abgeblendet.
zástřeš|ek *m* (*2b*; *-šk-*), **~í** *n* (*3*) Vordach *n*; (*Kanzel-*)Dach *n*.
zastřešit *pf.* überdachen.
zastříbřený silberhell (glänzend).
zástřih *m* (*2b*) Schnitt *m*; *~ vlasů* Haarschnitt.
zastřih|nout *pf.* (*-hl*/*-hnul*; *-žen*), **~ovat** (*-huji*) zuschneiden; (hin-)einschneiden; *Haare* schneiden.
za|střílet se *pf.* (*3 Pl. -ejí*) *s. zastřelovat se*; **~střít** *pf.* (*-střu*, *-el*, *-en*) verhüllen, verdecken; *Mil.* tarnen; *fig.* bemänteln; **~studit** *pf.* (*-zen*) kühlen; (se sich) erkälten.
zástup *m* (*2a*) Haufen *m*, Schar *f*, (*Menschen-*)Menge *f*; *Mil.* Linie *f*; **~ce** *m* (*3*), **~kyně** *f* (*2b*) Vertreter(in *f*) *m*; *Jur.* Anwalt *m*, Anwältin *f*; Geschäftsträger(in *f*) *m*.
zastupitel|ný vertretbar; *Hdl.* auswechselbar; **~ský** Vertretungs-, repräsentativ; **~ství** *n* (*3*) Vertretung *f*; *Jur.* Anwaltschaft *f*; **~stvo** *n* (*1*; *-stev*) *koll.* Vertretung *f*.
zastupovat (*-puji*) *s. zastoupit*.
zastuz|ení *n* (*3*) Erkältung *f*; **~ený** erkältet.
zastyd|ět se *pf.* sich schämen; **~lý** erkältet; ausgekühlt; **~nout se** *pf.* (*-dl*) sich erkälten.
zasun|out *pf.* (hinein)schieben *od.* -stecken; *Riegel* vorschieben; *Schublade* zuschieben; *Kfz.* *Gang* einschalten; **~ovací** Schiebe-.
zasut|í *n* (*3*) Verschüttung *f*; **~ý** verschüttet.
zásuv|ka *f* (*1c*; *-vek*) Schublade *f*, Schubfach *n*; *El.* Steckdose *f*; **~ný** Schiebe-.
zasvěc|enec *m* (*3*; *-nc-*) Eingeweihte(r) *m*; Vertraute(r) *m*; Kenner *m*; **~ení** *n* (*3*) Einweihung *f*, Weihe *f*; **~enost** *f* (*4*) Kenntnis *f* (*G*), Vertrautheit *f* (mit *D*); **~ený** (*č-u*) geweiht, verfallen (*D*); vertraut, bewandert; **~ovat** (*-cuji*) *s. zasvětit*.
zásvětí *n* (*3*) Jenseits *n*; *fig.* Einsamkeit *f*.
zasvětit *pf.* (*-cen*) weihen; einweihen (in *A*); *~ se* sich widmen.
zásvětn|í, ~ý *Rel.* jenseitig; überirdisch.
zasvištět *pf.* pfeifen, sausen; *Pfeil*: schwirren.
zásvit *m* (*2a*) Schimmer *m*, Strahl *m*.
za|svítit *pf.*, **~svitnout** *pf.* (*-tl*) aufleuchten, aufblitzen, funkeln; (hin-)durchschimmern; beleuchten, erhellen.
zasyc|ení *n* (*3*) Sättigung *f*; **~ovat** (*-cuji*) *s. zasytit*.
zasyčet *pf.* (auf)zischen.

zasychat, zasýchat *s. zaschnout.*

zásyp *m* (*2a*) Aufschüttung *f*; Einpudern *n*; *Med.* Puder *m*; Streupulver *n*; Streufutter *n*; *Jagdw.* Futterplatz *m.*

za|sypat *pf.* (*-u|-ám*), **~sýpat, ~sypávat** verschütten; *Grube* zuschütten; überhäufen (*čím* mit *D*); *Agr.* (ein)streuen; vorschütten; *Mil. mit Bomben* belegen; **~sytit** *pf.* (*-cen*) sättigen; *Hunger, Sehnsucht* stillen; **~šantročit** P *pf.* verschachern; *Geld* durchbringen; *et.* verlegen, *dial.* verkramen, verbuddeln; *Mädchen* verkuppeln; **~šed(ivě)lý** ein wenig grau, leicht angegraut, ergraut.

zašept|at *pf.*, **~nout** *pf.* (*-tl*; *-tnut*) flüstern; *j-m et.* zuflüstern.

zášeří *n* (*3*) Dämmerschein *m*, Halbdunkel *n.*

zášijek *m* (*2b*; *-jk-*) Hinterkopf *m*, Nacken *m*; Kopfstück *n* (*Schlag*).

za|ší(va)t (*pf. s. šít*) zu-, ver-, einnähen; *Strumpf* stopfen; **~škaredit (se)** *pf.* ein finsteres Gesicht machen; (*na k-o j-n*) böse anblicken; **~šklebit se** *pf.* grinsen; den Mund verziehen.

záškod|nický hinterhältig; *Pol.* Schädlings-, Sabotage-, Diversanten-; **~nictví** *n* (*3*) Sabotage(tätigkeit) *f*; **~ník** *m* (*1a*) *Pol.* Saboteur *m*, Schädling *m*; *hist.* Freibeuter *m.*

zaškol|it *pf.*, **~ovat** (*-luji*) (ein)schulen; *j-n* einarbeiten, anlernen; **~ovací** Schulungs-.

zaškrcení *n* (*3*) Erdrosselung *f*; *smrt ~m* Erstickungstod *m.*

záškrt *m* (*2a*) Diphtherie *f.*

za|škrtit *pf.* (*-cen*) erwürgen, erdrosseln; **~škrtnout** *pf.* (*-tl*; *-tnut*) *Worte* anstreichen; **~šlapat** *pf.* (*-u|-ám*), **~šlápnout** (*-pl*; *-pnut*) zertreten; *lit. fig.* mit Füßen treten; *Teppich* schmutzig machen.

zášleh *m* (*2b*) Aufblitzen *n*, Aufleuchten *n.*

za|šlý vergangen; *Farbe*: verblaßt; *Mensch*: heruntergekommen; *Pflanze*: eingegangen; **~šněrovat** *pf.* (*-ruji*) zu-, verschnüren; **~špendlit** *pf.* mit Stecknadeln zustecken; **~špičatit** *pf.* zuspitzen; *Bleistift* spitzen; **~špinit** *pf.* (*-ěn*) beschmutzen; **~šroubovat** *pf.* (*-buji*) zuschrauben.

zášť *f* (*4c*; *-tě*) Haß *m*; Groll *m.*

zaštěk|at *pf.*, **~nout** *pf.* (*-kl*) bellen; anbellen (*na k-o|A*).

záští *n* (*3*) *s. zášť.*

záštita *f* (*1*) *fig.* Bollwerk *n*; Schutz *m*; Schirmherrschaft *f.*

zášvih *m* (*2b*) *Turn.* Schwung *m.*

zašvihnout *pf.* (*-hl|-hnul*) mit der Peitsche schlagen *od.* knallen.

zatáč|et (*3 Pl. -ejí*) *s. zatočit*; **~ka** *f* (*1c*; *-ček*) Kurve *f*, Kehre *f*; Windung *f*, Krümmung *f.*

zátah *m* (*2b*) Zug *m*; *Tech.* Zugkraft *f*; *fig.* Jagd *f*; Razzia *f.*

zatah|at *pf.*, **~ovat** (*-huji*), **zatáhnout** *pf.* (*-hl*; *-tažen*) (*čím, za co*) ziehen (an *D*); *j-n* ziehen, zerren; *Weg* versperren; *Vorhang* zuziehen; *~ se* sich (*mit Wolken*) bedecken.

zataj|ení *n* (*3*) Verheimlichung *f*; Geheimhaltung *f*; **~it** *pf.*, **~ovat** (*-juji*) verheimlichen, verbergen; *Atem* anhalten; geheimhalten.

zatan|covat (si) *pf.* (*-cuji*), **~čit (si)** tanzen.

za|tápět (*3 Pl. -ějí*) *s. zatopit*; **~tarasit** *pf.* (*-sen*) versperren, verbarrikadieren; *fig.* verdecken; **~ťatý** eingeschlagen; *Faust*: geballt; *s. zatít*; **~tavit** *pf.* einschmelzen; **~tažený** bewölkt, bedeckt.

zatčen|í *n* (*3*) Verhaftung *f*, Festnahme *f*; **~ý** verhaftet.

zaté|ci *pf.* (*s. téci*), **~kat** fließen; *Med.* anschwellen.

zateklý (an)geschwollen.

zatem|nělý dunkel, düster; **~nění** *n* (*3*) Verdunk(e)lung *f*; **~nit** *pf.*, **~ňovat** (*-ňuji*) verdunkeln; *lit.* umnachten; *~ se* sich verfinstern, dunkel werden.

zatěsnit *pf.* abdichten; *Spalt* verstopfen.

zátěž *f* (*3*) Belastung *f.*

zatěž|k(áv)ací Belastungs-; **~kat** *pf.* belasten, beschweren; **~ko** *Adv.* schwer; **~ovací** *s. zatěžkací*; **~ovat** (*-žuji*) *s. zatěžkat.*

zatím inzwischen, einstweilen, vorläufig; *~ co, ~co* während; **~ní** vorläufig, einstweilig, Interims-; *~ most* Notbrücke *f*; **~nost** *f* (*4*) Übergangsstadium *n*, Provisorium *n.*

zatí|nat *s. zatít, zatnout*; **~rat** *s. zatřít.*

zátiší *n* (*3*) ruhiger, windstiller Ort *m*; *Mal.* Stilleben *n*; Soldatenheim *n*; *lit.* Abgeschiedenheit *f.*

zatít *pf.* (*s. tít*) einschlagen, einhauen; *Lippen, Zähne* zusammenbeißen; *Faust* ballen.
zatíž|ení *n* (*3*) Belastung *f*; **\~it** *pf.* belasten, beschweren.
zátka *f* (*1c*; *-tek*) Stöpsel *m*, Pfropfen *m*, Korken *m*.
zatknout *pf.* (*-kl*; *-tčen*) verhaften, festnehmen; (*-tknut*) (hinein-) stecken.
zátkov|ací Kork-, Stöpsel-; **\~at** (*-kuji*) verkorken; **\~nice** *f* (*2a*) Spundloch *n*.
zatlač|it *pf.*, **\~ovat** (*-čuji*) hineindrücken; (hinein)schieben; zurück-, verdrängen; P (*k-u*) helfen (*D*), protegieren (*A*).
za|tleskat *pf. in die Hände* klatschen; *mit den Flügeln* schlagen; **\~tlouci** *pf.* (*s. tlouci*) *Nagel* einschlagen; *Fenster* vernageln; *an die Tür* pochen; **\~tlučený** zugenagelt, vernagelt; *Straße*: verstopft; **\~tmelit** *pf.* verkitten.
zatmě|lost *f* (*4*) Dunkelheit *f*; *Pol.* Rückständigkeit *f*; **\~lý** *s. zatemnělý*; **\~ní** *n* (*3*) *Astr.* (*slunce* Sonnen-) Finsternis *f*; **\~t se** *pf.* (*3 Pl. -ějí*), **zatmí(va)t se** dunkel werden; sich verfinstern.
zatnout *pf. s. zatít.*
zato dafür; statt dessen; aber, jedoch.
zátoč *m* (*4*) *od. f* (*3*) *Turn.* Wendung *f*, Schwenkung *f*; **\~ina** *f* (*1*) *s. zatáčka.*
zatočit *pf.* (*co, čím*) umdrehen, schwenken (*A*); *Kfz.* einbiegen; *Turn.* einschwenken; *Gespräch* lenken; \~ se sich (im Kreis) drehen; *Kfz.* wenden; einbiegen; F sich einhüllen (*do č-o* in *A*).
záto|čka *f* (*1c*; *-ček*) *s. zatáčka*; (*im Tanz*) Drehung *f*; **\~ka** *f* (*1c*) Bucht *f*, Golf *m*, Haff *n*; *mořská* \~ Meerbusen *m*.
zátoň *f* (*3*) Damm *m*, Sandbank *f*.
zátop *m* (*2a*): *dříví na* \~ Brennholz *n*.
zátopa *f* (*1*) Flut *f*, Hochwasser *n*; P \~ *krve* Blutbad *n*.
za|topit[1] *pf.* (ein)heizen; **\~topit**[2] *pf.* überschwemmen, überfluten; *j-n* ertränken; **\~toulat se** *pf.* sich verirren; *Hund*: sich verlaufen; **\~toužit** *pf.* sich sehnen (*po čem, kom* nach *D*).
zatra! P verdammt!, verflucht!
zatrac|enec *m* (*3*; *-nc-*) Verdammte(r) *m*; **\~ení** *n* (*3*) Verdammung *f*, † *Rel.* Verdammnis *f*; **\~ený** verdammt.
zatra|covat (*-cuji*), **\~tit** *pf.* (*-cen*) verdammen.
zatrh|(áv)at, **\~nout** *pf.* (*-hl*; *-žen*) (*čím, za co*) reißen, ziehen (an *D*); *mit Bleistift* anstreichen; \~ se sich verfangen; stecken bleiben; **\~ovat** (*-huji*) stottern, radebrechen.
za|trnout *pf.* erstarren; **\~trolený** F verdammt, verflixt; **\~troubit** *pf.* *Mus.* blasen.
zatrpk|lost *f* (*4*) Verbitterung *f*; **\~lý** bitter(lich); verbittert; **\~nout** *pf.* (*-kl*/*-knul*) e-n bitteren Geschmack bekommen; verbittern.
za|třást *pf.* (*-třesu*) (*čím*) schütteln (*A*); \~ se erbeben, (er)zittern; **\~třepat** *pf.* (*-u*/*-ám*) schütteln (*A*); \~ *nohama* mit den Füßen zappeln; **\~třít** *pf.* (*s. třít*) verwischen; *Med.* einreiben; **\~třpytit se** *pf.* aufleuchten, aufblitzen; *lit.* erstrahlen; **\~tuhnout** *pf.* (*-hl*) fest (*od.* hart) werden.
zatuch|lý vermodert; muffig, dumpf(ig); **\~nout** *pf.* (*-chl*) vermodern; dumpfig (*od.* muffig) werden.
za|ťukat *pf.* anklopfen; **\~tušovat** *pf.* (*-šuji*), **\~tutlat** P *pf.* vertuschen.
zatvrd|it *pf.* (*-zen*) hart machen; \~ se hart(herzig) werden; **\~lina** *f* (*1*) *Med.* Verhärtung *f*; **\~lý** hart (geworden); gefühllos; **\~nout** *pf.* (*-dl*) hart werden; verstockt werden; *Haut*: rauh werden.
zatvrz|elec *m* (*3*; *-lc-*) verstockter Mensch *m*; **\~elost** *f* (*4*) Hartherzigkeit *f*, Verstocktheit *f*; **\~elý** hartherzig; verstockt; *Widerstand*: hartnäckig; **\~ovat** (*-zuji*) *s. zatvrdit.*
za|týkací Haft-; **\~tykač** *m* (*4*) Steckbrief *m*; *stíhán \~em* steckbrieflich verfolgt; **\~týkat** *s. zatknout.*
zátylek *m* (*2b*; *-lk-*) Genick *n*; *Zo.* Widerrist *m*, Kamm *m*.
zaučený geübt, geschult.
zaúčtov|aný eingerechnet; verbucht; \~ *v ceně* im Preis inbegriffen; **\~at** *pf.* (*-tuji*) ver-, berechnen; (ver)buchen.
zaujat|ost *f* (*4*) Voreingenommenheit *f*; Befangenheit *f*; **\~ý** voreingenommen; *Jur.* befangen.
za|ujetí *n* (*3*) *s. zaujatost*; Einneh-

men *n*; *Mil.* Beziehen *n*; ~ *stanoviska* Stellungnahme *f*; **~ujímat, ~ujmout** *pf.* (*s. jmout*) einnehmen; *Mil.* beziehen; *Amt* bekleiden; *Buch*: *j-n* fesseln; *Zeit* in Anspruch nehmen; **~úpět** *pf.* (*3 Pl. -ějí*/*-í*) jammern, stöhnen.
zauzl|ení *n* (*3*), **~ina** *f* (*1*) Verknotung *f*; *Med.* Verschlingung *f*; *Anat.* Ganglion *n*; *Thea.* Verwicklung *f*; **~it** *pf.* verknoten, verknüpfen; ~ se sich verwickeln.
závada *f* (*1*) Hindernis *n*; Mangel *m*; Mißstand *m*; *bez -dy* anstandslos; *být* (*č-u*) *na -du* hinderlich sein, im Wege stehen (*D*).
za|vádět (*3 Pl. -ějí*) *s. zavést*; **~vadit** *pf.* (*o co*) anstoßen (an *A*); streifen, berühren (*A*).
závadný fehlerhaft; mangelhaft; *fig.* anstößig, bedenklich.
zavalit *pf. Bgb.* verschütten; *Grube* zuschütten; *Weg* versperren; *j-n mit Arbeit* überhäufen; **~ý** untersetzt, gedrungen.
závan *m* (*2a*) Hauch *m*.
za|vánět (*3 Pl. -ějí*) riechen, duften (*čím* nach *D*); **~vanout** *pf.* wehen.
závar *m* (*2a*) *Kochk.* Einlage *f*.
zavař|enina *f* (*1*) eingemachte Früchte *f*/*pl.*, Marmelade *f*; **zavářet** (*3 Pl. -ejí*), **~it** *pf.* einkochen; F *Obst* einmachen; *Tech.* einschweißen; *-it se* heißlaufen; **~ovací** Einweck-; **~ovat** (*-řuji*) *s. zavařit.*
zavát *pf.* (*3. -věje*) wehen; verwehen (*A*).
zavazadlo *n* (*1a*; *-del*) Gepäck (-stück) *n*; *-la pl. koll.* Gepäck *n*; *síť na -la* Gepäcknetz *n*; **~vý** Gepäck-.
zavazák *m* (*2b*) *Jagdw.* Hirschfänger *m*.
zaváz|án, ~aný ein-, zugebunden; *fig.* verbunden, (zu Dank) verpflichtet; **~at** *pf.* (*-žu*/*-ži*) zu-, ver-, festbinden; zuschnüren; *fig.* verpflichten, binden.
závaz|ek *m* (*2b*; *-zk-*) Verpflichtung *f*; *čestný* ~ Ehrenpflicht *f*; ~ *mlčení* Schweigepflicht *f*; *bez -zku* unverbindlich; ohne Gewähr; **~nost** *f* (*4*) Verbindlichkeit *f*; **~ný** verbindlich; bindend; obligat(orisch).
za|vazovat (*-zuji*) *s. zavázat*; **~vážet** (*3 Pl. -ejí*) *s. zavézt*.
závaž|í *n* (*3*) Gewicht *n*, Lot *n*; **~nost** *f* (*4*) Wichtigkeit *f*; Stichhaltigkeit *f von Beweisen*; Ernst *m e-r Lage*; **~ný** wichtig; schwerwiegend; *Grund*: triftig.
zavčas *Adv.* rechtzeitig, beizeiten.
zavd|aná P *f* (*Adj. 2*) Zutrinken *n*; **~(áv)at** (*k-u*) zutrinken (*D*); ~ *si s kým* anstoßen mit (*D*).
závdavek *m* (*2b*; *-vk-*) Anzahlung *f*; † Handgeld *n*.
zavděčit se *pf.* (*k-u*) e-n Gefallen tun (*D*); für sich gewinnen (*A*); sich beliebt machen (bei *D*).
zavděk: *vzít* ~ (*čím*) vorliebnehmen (mit *D*); *učinit k-u co* ~ j-m e-n Gefallen tun.
zaveden|í *n* (*3*) Einführung *f*; **~ý** eingeführt.
závěj *f* (*3*): *mst pl.* ~e (Schnee-) Verwehungen *f*/*pl*.
závěr *m* (*2a*) Schluß *m* (*a. Phil.*); Abschluß *m*; *Tech.* Verschluß *m*; **~a** *f* (*1d*) Verschluß *m*; Sperre *f*.
zavěrač *m* (*3*) Schließer *m*; **~ka** *f* (*1c*; *-ček*) Sperrkette *f*.; Schließerin *f*.
závěr|ečný Schluß-, Abschluß-; **~em** zum (Ab-)Schluß, schließlich; **~ka** *f* (*1c*; *-rek*) Verschluß *m*; Schluß *m*; Abschluß *m*, Finale *n*; **~ný, ~ový** Verschluß-, Schließ-; Schluß-.
závěs *m* (*2*; *6. -u*/*-e*) Gehänge *n*; Tür-, Fensterband *n*; Aufhänger *m* (*am Rock*); Gardine *f*; Rolladen *m*; *Mil., Sp.* Hang *m*; ~*y m*/*pl. Jagdw.* Löffel *m*/*pl.*; *v* ~*u Mar.* im Schlepp (-tau); *v těsném* ~*u Sp.* dicht hintereinander; **~ek** *m* (*2b*; *-sk-*) Anhängsel *n*; (*Uhr-*, *Armband-*)Anhänger *m*.
zavěsit *pf.* (*-šen*) (auf)hängen; um-, einhängen; einhaken; *Fenster* verhängen; ~ se sich einhängen.
závěs|ka *f* (*1c*; *-sek*) Aufhänger *m*; **~ník** *m* (*2b*) Aufhängehaken *m*; Seitengewehrtasche *f*; *Arch.* Hängebalken *m*; ~ *u pušky* Gewehrriemen *m*; **~ný** Hänge-, Aufhänge-; *-né hodiny* Wanduhr *f*; ~ *zámek* Vorhängeschloß *n*; ~ *řemen* Schulterriemen *m*.
zavést *pf.* (*s. vést*) *v*/*t* (hin)führen; einführen; eröffnen, in die Wege leiten; *Gespräch* anknüpfen; ~ *k-o* j-n irreführen, verleiten, verführen.
závěť *f* (*4d*; *-ti*; *7 Pl. -ťmi*/*-tmi*) Testament *n*, letzter Wille *m*.
závětí *n* (*3*) *Gr.* Nachsatz *m*.
závět|ní, ~ný Testaments-.

závětří *n* (*3*) windgeschützter Ort *m*; *Mar.* Leeseite *f*; *Arch.* Windfang *m*; *lit.* Geborgenheit *f*.
zavézt *pf.* (*s. vézt*) *v/t* fahren, befördern, bringen; *Grube* zuschütten.
závid|leníhodný beneidenswert; **~ět** beneiden (*k-u co* j-n um *A*).
zavíj|eč *m* (*3*) *Zo.* Wickler *m*; **~et** (*3 Pl. -ejí*) *s. zavít.*
zavilý verbissen, verstockt; verwickelt.
závin *m* (*2a*) *Kochk.* Strudel *m*; (*Fleisch-*)Roulade *f*.
zavin|áč *m* (*3*) Rollmops *m*; **~ění** *n* (*3*) Verschulden *n*; **~it** *pf. v/t* verschulden; **~out** *pf.*, **~ovat** (*-nuji*) einwickeln, einhüllen.
zavír|ací Schließ-, Sperr-; **~ač** *m* *1.* (*3*) (Tür-)Schließer *m* (*Mann*); *2.* (*4*) Türschließer *m*; **~ák** *m* (*2b*) Federmesser *n*; **~ání** *n* (*3*) Schließen *n*; ~ *obchodů* Ladenschluß *m*; **~at** *s. zavřít.*
závis|et (*3 Pl. -í/-ejí*) abhängen (*na kom, na čem* von *D*); **~lost** *f* (*4*) Abhängigkeit *f*; **~lý** abhängig.
závist *f* (*4*) Neid *m*; **~ivec** *m* (*3*; *-vc-*) *s. závistník*; **~ivý**, **~ný** neidisch; **~ník** *m* (*1a*) Neider *m*.
zavít *pf. s. zavinout.*
závit *m* (*2*; *6. -u/-ě*) Windung *f*; Gewinde *n*; *Anat.* Schnecke *f*; *Arch.* Schnörkel *m*; *Mil.* Drall *m*.
zavítat *pf.* kommen (zu), erscheinen, einkehren (bei).
závit|ek *m* (*2b*; *-tk-*) *s. závit*; *Kochk.* Roulade *f*; **~kovec** *m* (*3*; *-vc-*) Schraubenalge *f*; **~kový** gewunden, spiralförmig; schneckenförmig; *Tech.* Spiral-, Schnecken-; **~nice** *f* (*2a*) Spirale *f*; Schneideeisen *n*; **~ník** *m* (*2b*) Gewindebohrer *m*; **~ový** Gewinde-, Spiral-.
zavláčet *pf.* (*3 Pl. -ejí*) eineggen.
závlačka *f* (*1c*; *-ček*) Sperrstift *m*, Splint *m*.
zavlád|at, **~nout** *pf.* (*-dl*) herrschen; um sich greifen.
závlaha *f* (*1b*) Bewässerung *f*.
zavlaž|ení, **~ování** *n* (*3*) Bewässerung *f*; **~it** *pf.*, **~ovat** (*-žuji*) bewässern, berieseln.
zavl|éci *pf.* (*s. vléci*), **~ékat**, **~éknout** *pf.* (*-kl*; *-ečen*) (ver)schleppen; *Med.* einschleppen; **~ečení** *n* (*3*) Verschleppung *f*; **~ečený** verschleppt; eingeschleppt.
zavlh|lý feucht; **~nout** *pf.* (*-hl*) feucht werden.
závod *m* (*2*; *6. -u/-ě*) Betrieb *m*, Fabrik *f*, Werk *n*; *Hdl.* Firma *f*; Wette *f*; *Sp.* Wettkampf *m*, Wettspiel *n*; *cyklistický* ~ Radrennen *n*; ♀ *míru* „Friedensfahrt" *f*; *o* ~ um die Wette; **~čí** *m* (*Adj. 4*) *Mil.* Postenführer *m*; **~ění** *n* (*3*) Wettstreit *m*, Konkurrenzkampf *m*; **~iště** *n* (*2a*) Rennbahn *f*; **~it** wetteifern, konkurrieren; **~ní** Betriebs-, Werks-; *Sp.* Renn-; **~ník** *m* (*1a*), **~nice** *f* (*2a*) Wettläufer(in *f*) *m*; Rennfahrer(in *f*) *m*.
zavodnit *pf.* bewässern.
závoj *m* (*4*) Schleier *m*; **~natka** *f* (*1c*; *-tek*) Schleierfisch *m*.
zavol|aná: *jako na -nou* wie gerufen; **~at** *pf. s. volat.*
závor|a *f* (*1d*) Riegel *m*; Sperre *f*; *Esb.* Schranke *f*; **~ka** *f* (*1c*; *-rek*) (*hranatá, kulatá* eckige, runde) Klammer *f*; *dát do -rek* einklammern.
závra|ť *f* (*4c*) Schwindel *m*, Taumel *m*; **~tný** schwindelerregend, atemberaubend.
zavrávorat *pf.* taumeln, schwanken.
zavražd|ění *n* (*3*) Ermordung *f*; **~it** *pf.* ermorden.
zavrh|nout *pf.* (*-hl*; *-žen*), **~ovat** (*-huji*) verwerfen, mißbilligen; verschmähen; *Antrag* ablehnen.
zavr|šit *pf.* zu Ende führen; aufhäufen; **~tat** *pf.* einbohren; **~tět** *pf.* *Kochk.* einrühren; (*čím*) drehen (*A*); *den Kopf* schütteln; *mit dem Schwanz* wedeln.
zavrž|enec *m* (*3*; *-nc-*) Verdammte(r) *m*, Geächtete(r) *m*; **~ení** *n* (*3*) Verwerfung *f*; Verdammung *f*, Ächtung *f*; **~eníhodný** verabscheuungswürdig, verwerflich.
zavř|ení *n* (*3*) Schließung *f*; **~enost** *f* (*4*) Geschlossenheit *f*; **~ít** *pf.* (*-vřu, -vřel, -vřen*) (zu)schließen, absperren; ab-, verschließen; *j-n* einsperren; ~ *na závoru* verriegeln.
za|výt *pf.* (*s. výt*) aufheulen; **~zátkovat** *pf.* (*-kuji*) verkorken; *Faß* verspunden; **~zdít** *pf.* (*-zděn*) vermauern; **~zelenat se** *pf.* grün werden, grünen.
zázemí *n* (*3*) Hinterland *n*.
zazlít *pf.* (*-il*) (*k-u co*) übelnehmen (j-m *A*).
záznam *m* (*2a*) Eintragung *f*, Ver-

merk *m*, Notiz *f*; Verzeichnis *n*; *Hdl.* Notierung *f*; *Jur.* Register *n*; *zvukový* ~ Tonaufzeichnung *f*.
zaznamenat *pf.* eintragen, vermerken; *Hdl.* vormerken, notieren; *Bild, Ton* aufzeichnen.
záznam|né *n* (*Adj.* 3) Vormerkgebühr *f*; **~ní** Notiz-; Registrier-; **~ník** *m* (*2b*) Merkheft *n*.
za|znít *pf.* (*s. znít*) erklingen, ertönen; **~zobaný** P steinreich; **~zpívat** *pf.* (vor)singen; *Lied* anstimmen.
zázra|čný wunderbar, Wunder-; **~k** *m* (*2b*) Wunder *n*.
zazší weiter hinten befindlich; rückwärtig.
zazvonit *pf.* läuten, klingeln; er-klingen.
zázvor *m* (*2a*) Ingwer *m*; **~ka** *f* (*1c*; *-rek*) Ingwergebäck *n*; **~ový** Ingwer-.
zazvučet *pf.* ertönen.
zážeh *m* (*2b*) Entzündung *f*; *Tech.* Zündung *f*; Schein *m*.
zažeh(áv)at *s. zažehnout.*
zažehnat *pf.* beschwören, bannen.
za|žehnout *pf.* (*-hl*; *-hnut*), **~žehovat** (*-huji*), **~žíhat** anzünden; **~žírat se** *s. zažrat se*; **~žít** *pf.* (*s. žít*[1]) erleben; *Zeit* verbringen; *Speise* verdauen.
zážitek *m* (*2b*; *-tk-*) Erlebnis *n*.
zažití *n* (*3*): *přeji vám dobré(ho)* ~! wohl bekomm's!
zaživa zu Lebzeiten.
zažív|ací Verdauungs-; **~ání** *n* (*3*) Verdauung *f*; **~at** *s. zažít.*
záživný verständlich, leicht faßlich; leicht (*od.* gut) verdaulich.
zažloutlý gelblich; vergilbt.
zažluk|lý ranzig; **~nout** *pf.* (*-kl*) ranzig werden.
zažra|ný eingefleischt, leidenschaftlich; **~t se** *pf.* (*s. žrát*) sich einfressen.
zbaběl|ec *m* (*3*; *-lc-*) Feigling *m*; **~ost** *f* (*4*) Feigheit *f*; **~ý** feige.
zbádat *pf.* er-, durchforschen.
zbahnělý versumpft.
zbalamutit *pf.* (*-cen*) verwirren.
zbankrotělý bankrott.
zbarvit *pf.* färben.
zbásnit *pf.* erdichten.
zbav|ení *n* (*3*) Befreiung *f*, Erlösung *f* (von); Amts-, Dienstenthebung *f*, Suspendierung *f*; **~it** *pf.*, **~ovat** (*-vuji*) (*č-o*) erlösen, befreien (von *D*); aberkennen (*A*); ~ *k-o č-o* j-n um et. bringen; ~ *haraburdí* entrümpeln; ~ *se* (*č-o*) sich befreien (von *D*), sich entledigen (*G*); loswerden (*A*)
zbědovaný verelendet; erbärmlich.
zběh *m* (*1a*; *-ové*) Überläufer *m*, Deserteur *m*; **~at** *pf.* durchlaufen, F ablaufen; **~le** *Adv.* gewandt, geübt; fließend (*lesen*); **~lý** entlaufen, entsprungen; *Mil.* fahnenflüchtig; bewandert, erfahren; **~nout** *pf.* (*-hl*) entlaufen; *Mil.* desertieren; überlaufen; ~ *se* sich ereignen, geschehen; **~nutí** *n* (*3*) Fahnenflucht *f*.
zbělet *pf.* (*3 Pl. -ejí*) weiß werden; verblassen.
zběsil|ec *m* (*3*; *-lc-*) Rasende(r) *m*; **~ost** *f* (*4*) Raserei *f*, Wüten *n*; **~ý** wütend, rasend, F toll.
zběžný flüchtig, oberflächlich; geläufig.
zbičovat *pf.* (*-čuji*) auspeitschen, † geißeln.
zbídačelý verelendet, bettelarm.
zbít *pf.* (*s. bít*) verprügeln.
zbláznit *pf.* verrückt machen; ~ *se* wahnsinnig (F verrückt) werden; P ~ *se do k-o* sich vergaffen (in *A*).
zblb|ět *pf.* (*3 Pl. -ějí*), **~nout** *pf.* (*-bnul*/*-bl*) dumm werden, P verblöden; **~nutí** *n* (*3*) Verdummung *f*.
zblití: V *to je k* ~ das ist zum Kotzen.
zblízka *Adv.* aus der Nähe; *boj* ~ Nahkampf *m*.
zblo † *n* (*1a*): *ani -la* nicht das geringste, gar nichts.
zbloud|ilec *m* (*3*; *-lc-*) Verirrte(r) *m*; **~it** *pf.* sich verirren; sich verfahren.
zbohat|lický *iron.* neureich; **~lík** *m* (*1a*) Neureiche(r) *m*; **~nout** *pf.* (*-tl*) reich werden.
zbojácnět *pf.* (*3 Pl. -ějí*) es mit der Angst zu tun bekommen.
zboj|nický Räuber-; **~ník** *m* (*1a*) Bandit *m*, Wegelagerer *m*; Rebell *m*.
zbortit se *pf.* (*-cen*) einstürzen; *Holz*: sich verziehen.
zboř|ení *n* (*3*) Abriß *m*; **~enina** *f* (*1*) Ruine *f*; **~eniště** *n* (*2a*) Trümmerhaufen *m*; **~it** *pf.*, **zbourat** *pf.* nieder-, ab-, einreißen; *Stadt* zerstören; ~ *se* einstürzen.
zboží *n* (*3*) Ware *f*; **~znalství**, **~znalectví** *n* (*3*) Warenkunde *f*.
zbož|nit *pf.*, **~ňovat** (*-ňuji*) vergöttern, anbeten; **~nost** *f* (*4*) Frömmigkeit *f*; **~ňovatel** *m* (*3*; *-é*) Verehrer *m*; **~ný** fromm.

zbraň *f* (*3*) Waffe *f*; **~ovat** (*-ňuji*) (*k-u v čem*) hindern (j-n an *D*); verwehren (j-m *A*).
zbrázdit *pf.* (*-zděn*) furchen; *fig. Welt* bereisen.
zbrkl|ost *f* (*4*) Verrücktheit *f*; **~ý** närrisch, verrückt.
zbrocený befleckt, besudelt; ~ *krví* blutbefleckt.
zbroj *f* (*3*) (*Ritter-*)Rüstung *f*; **~ař** *m* (*3*) Waffenproduzent *m*; **~ařský** Rüstungs-; **~írna** *f* (*1*; *-ren*) Waffenschmiede *f*; **~íř** *m* (*3*) Waffenschmied *m*; Waffenmeister *m*; **~it** ⟨*o-*, *vy-*⟩ rüsten, sich bewaffnen; **~mistr** *m* (*1*; *-ři*) Waffen-, Zeugmeister *m*; **~ní** Waffen-, Rüstungs-; **~nice** *f* (*2a*) Waffenkammer *f*, Arsenal *n*; *hist.* Zeughaus *n*; *požární* ~ Spritzenhaus *n*; **~noš** *m* (*3*) *hist.* Waffenträger *m*; **~ovka** *f* (*1c*; *-vek*) Waffenfabrik *f*.
zbrotit *pf.* (*-cen*) besudeln, beflecken.
zbrousit *pf.* (*-šen*) abschleifen; *lit.* durchwandern; P abgrasen.
zbrunátělý dunkelrot, feuerrot.
zbrusu: ~ *nový* ganz neu, F funkelnagelneu.
zbřídit *pf.* verderben, F verpfuschen, P verhauen.
zbubř|elý angeschwollen; **~et** *pf.* (*3 Pl. -eji*/*-í*) anschwellen.
zbudovat *pf.* (*-duji*) erbauen, errichten.
zbůhdarma *Adv.* umsonst, vergebens.
zbuj|elý üppig; **~nělý** übermütig; **~nický** übermütig; rebellisch; **~ník** *m s. zbojník*; **~nost** *f* (*4*) Übermut *m*; Rebellion *f*; **~ný** übermütig; rebellisch.
zburcovat *pf.* (*-cuji*) auf-, wachrütteln.
zbylý übriggeblieben, Rest-.
zbyrokratizovat [-tı-] *pf.* (*-zuji*) bürokratisieren.
zbystra *Adv.* rasch, schnell, flink.
zbystřit *pf.* schärfen; *Ohren* spitzen; *Schritte* beschleunigen.
zbýt *pf.* (*zbudu*, *zbyl*) übrigbleiben; ~ se (*č-o*) sich entledigen (*G*), loswerden (*A*).
zbyt|eček *m* (*2b*; *-čk-*) kleiner Rest; **~ečnost** *f* (*4*) Überflüssigkeit *f*, Nutzlosigkeit *f*; **~ečný** überflüssig; unnütz; **~ek** *m* (*2b*; *-tk-*) Rest *m*, Überrest *m*; **~í** *n* (*3*) Ausweg *m*; **~kový** Rest-.
zbytn|ění *n* (*3*) Wucherung *f*, Hypertrophie *f*; **~ět** *pf.* (*3 Pl. -ějí*) (über)wuchern; **~ý** überschüssig; *-ná potřeba* Mehrbedarf *m*.
zcela *Adv.* ganz, gänzlich, völlig.
z|cepenět *pf.* (*3 Pl. -ějí*/*-í*) verenden, V verrecken; **~civilizovat** *pf.* (*-zuji*) zivilisieren; **~cizit** *pf.* entfremden; *Jur.* veräußern; **~cuchat** *pf.* durcheinanderbringen; *Haar* zerzausen.
zcukernat|ělý verzuckert; **~ět** *pf.* (*3 Pl. -ějí*) verzuckern.
z|části *Adv.* teilweise, zum Teil; **~černalý** geschwärzt; *Schrift*: nachgedunkelt; **~čerstva** *Adv.* frisch, rasch, flink; **~červenalý** gerötet, rot geworden; **~červivělý** wurmstichig; **~čeřený** gekräuselt; *Meer*: bewegt; **~češtit** *pf.* ins Tschechische übertragen; ~ se tschechisch werden; **~čista**: ~ *jasna* plötzlich, F wie ein Blitz aus heiterem Himmel; **~čistit** *pf.* (*-štěn*) reinigen, klären.
zda, ~li ob.
zdaleka *Adv.* von weitem; ~ *ne* bei weitem nicht.
zdáli *Adv.* weit, fern.
zdali|pak, ~ž *s. zda.*
zdání *n* (*3*) Schein *m*; Ahnung *f*; Meinung *f*; *podle mého* ~ meines Erachtens; *dobré* ~ Gutachten *n*.
zdanit *pf.* be-, versteuern.
zdánlivý scheinbar.
zdaňova|cí Besteuerungs-, Steuerbemessungs-; **~t** (*-ňuji*) *s. zdanit.*
zdar *m* (*2a*) Erfolg *m*, Gedeihen *n*, *lit.* Heil *n*; *lovu* ~! Weidmanns Heil!
zdarma *Adv.* umsonst, unentgeltlich.
zdárný erfolgreich, ersprießlich.
zdařbůh! glückauf!
zdař|ilý (gut) gelungen, wohlgeraten; **~it se** *pf.* (gut) gelingen, wohlgeraten.
zdát se ⟨*u-*, *za-*⟩ scheinen; träumen.
zdatný tüchtig.
zdávna *Adv.* seit jeher, P seit eh und je.
zde hier, da.
zděd|ěný geerbt, *lit.* ererbt; vererbt; **~it** *pf.* (*po kom*) erben (von *D*).
zdech|lina *f* (*1*) Aas *n*, Kadaver *m*; **~lý** verendet; **~nout** *pf.* (*-chl*) verenden, V verrecken.
zdejší hiesig, von hier.

zdělat *pf.* verarbeiten; zurichten.
zdéli *Adv.* lang; der Länge nach.
zděný gemauert.
zděravět *pf.* (*3 Pl.* -*ějí*) Löcher bekommen, löcherig werden.
zděř *f* (*3*) *Tech.* Büchse *f*, Ring *m.*
zdesateronásobit *pf.* verzehnfachen.
zděsit *pf.* (-*šen*) *j-n* erschrecken; ~ se erschrecken (vor *D*); sich entsetzen (über *A*).
zděšen|í *n* (*3*) Schrecken *m*, Entsetzen *n*; **~ý** entsetzt.
zdětinšt|ělý kindisch; **~ět** *pf.* (*3 Pl.* -*ějí*) kindisch werden.
zdířka *f* (*1c*; -*řek*) *Rdf.* Kontakthülse *f*, Anschlußbuchse *f*.
zdít ‹o-, pře-, za-› (*zdil*; *zděn*) mauern.
zdivo *n* (*1*) Mauerwerk *n*, Gemäuer *n.*
zdivoč|elý, **~ilý** verwildert; **~et** *pf.* (*3 Pl.* -*ejí*) verwildern.
zdlouh|a *Adv.* lang; **~avý** langsam; langweilig, schleppend.
zdloužit *pf.* verlängern.
zdob|a *f* (*1*) *lit.* Zierde *f*, *poet.* Zier *f*; **~it** *pf.* schmücken, verzieren; **~ný** dekorativ, Schmuck-.
zdokonal|it *pf.*, **~ovat** (-*luji*) vervollkommnen.
zdola *Adv.* von unten (her).
zdol(áv)at bezwingen, überwältigen; *Sache* bewältigen.
zdomácn|ělý heimisch geworden; **~ět** *pf.* (*3 Pl.* -*ějí*) heimisch werden, sich einbürgern.
zdráh|ání *n* (*3*) Weigerung *f*, Bedenken *n*; **~at se** ‹za-› sich weigern; zögern; sich zieren; **~avost** *f* (*4*) Zurückhaltung *f*; **~avý** zurückhaltend, zögernd, F zimperlich.
zdrá|pat P *pf.* (-*u*/-*ám*), **~sat** *pf.* zerkratzen; *fig.* aufwühlen.
zdráv gesund; *s. zdravý*; *buď*(te) ~! leb(en Sie) wohl!; **Ꙩas** *m* (*2a*) Ave Maria *n.*
zdrav|í *n* (*3*) Gesundheit *f*; *na* ~! zum Wohl!, Prosit!; **~ice** *f* (*2a*) Trinkspruch *m*; **~íčko** *n* (*1b*; -*ček*) F *s. zdraví*; **~it** ‹po-› grüßen; **~otní** Gesundheits-; **~otnický** Sanitäts-; **~otnictví** *n* (*3*) Gesundheitswesen *n*; **~ověda** *f* (*1*) Gesundheitslehre *f*; **~ý** gesund.
zdraž|ení *n* (*3*) Verteuerung *f*; Preisaufschlag *m*; **~it** *pf.*, **~ovat** (-*žuji*) verteuern; *Preis* erhöhen; **~ovatel** *m* (*3*; -*é*) Preistreiber *m.*
zdrc|ený *fig.* niedergeschlagen; **~ovat** (-*cuji*) *s. zdrtit*; **~ující** erschütternd; *Niederlage*: vernichtend; *Mehrheit*: erdrückend.
zdrh|nout *pf.* (-*hl*/-*hnul*; -*hnut*) zusammenziehen, -schnüren; P entwischen; **~ovadlo** *n* (*1a*; -*del*) Reißverschluß *m.*
zdrchat *pf.* verwirren, zerzausen; *Kleid* zerknittern.
zdrob|nělina *f* (*1*) *Gr.* Diminutiv *n*; **~nělý** verkleinert; *Gr.* Verkleinerungs-; **~nění** *n* (*3*) Verkleinerung *f*; **~nit** *pf.*, **~ňovat** (-*ňuji*) verkleinern.
zdroj *m* (*4*) Quelle *f* (*a. fig.*); *poet.* Born *m.*
zdr|snělý rauh, grob; **~tit** *pf.* (-*cen*) zermalmen, niederschmettern.
združstevnit *pf.* vergenossenschaften.
zdrž *f* (*3*) Staubecken *n*; *brzdová* ~ Bremsklotz *m*; **~e(n)livý** enthaltsam; zurückhaltend; **~ení** *n* (*3*) *Esb.* Aufenthalt *m*; ~ *se hlasu* Stimmenthaltung *f*; **~et** *pf.*, **~ovat** ‹po-› (-*žuji*) auf-, zurückhalten; (*od č-o*) abhalten (von *D*); verzögern; ~ *se* sich aufhalten; ~ *se č-o* sich *e-r Sache* enthalten; **~né** *n* (*Adj. 3*) *Esb.* Standgebühr *f.*
zdřev|ěnělý hölzern; *fig.* starr; **~ěnět** *pf.* (*3 Pl.* -*ějí*) verholzen; erstarren; **~natělý** holzig.
zdřímnout (si) *pf.*, *po-* ein wenig schlafen, F einnicken.
zduchovnělý durchgeistigt.
zdůli *s. zdola.*
zdupat *pf.* (-*u*/-*ám*) zer-, niedertreten, zerstampfen.
zdůrazn|ění *n* (*3*) Hervorhebung *f*, Nachdruck *m*; **~it** *pf.* hervorheben, betonen.
zduře|lý aufgedunsen; angeschwollen; **~ní** *n* (*3*), **~nina** *f* (*1*) Anschwellung *f*, Verdickung *f*; Ödem *n.*
zdůvodnit *pf.* begründen.
zdvih *m* (*2b*) *Tech.* Hubhöhe *f*; *Mus.* Erhöhung *f*; *pumpa na* ~ Saugpumpe *f*; **~ací** Hub-; **~ač** *m* (*4*) (*Wagen*-)Heber *m*; **~adlo** *n* (*1a*; -*del*) Elevator *m*, Winde *f*; **~ák** *m* (*2b*) Hebebaum *m*; **~at** ‹vy-›, **~nout** *pf.* (-*hl*; -*žen*) (hoch-, auf)heben; ~ *se* sich erheben.
zdviž *f* (*3*) Fahrstuhl *m*, Lift *m.*
zdvoj|(násob)it *pf.*, **~ovat** (-*juji*) verdoppeln.

zdvořil|ost *f* (*4*) Höflichkeit *f*; **~ostní** Höflichkeits-; **~ý** höflich.
zdýmací Stau-.
zdymadlo *n* (*1a*; *-del*) Schleuse *f*, Stauwerk *n*.
zdýmat (auf)blähen; *Wasser* stauen.
ze *s. z.*
zebe *s. zábst.*
zebra *f* (*1d*; *-ber*) Zebra *n*; F Zebrastreifen *m*.
zeď *f* (*4 od. 4a*; *zdi usw.*) Mauer *f*.
zednář *m* (*3*) Freimaurer *m*; **~ství** *n* (*3*) Freimaurerei *f*; **~stvo** *n* (*1*) *koll.* Freimaurer *m/pl.*
zedn|í Mauer-; **~ický** Maurer-; **~ictví** *n* (*3*), **~ičina** P *f* (*1*) Maurerhandwerk *n*, -arbeit *f*; **~ičit** ⟨*za-*⟩ Maurer sein; **~ík** *m* (*1a*) Maurer *m*.
ze|drat *pf.* (*zderu*), **~dřít** *pf.* (*s. dřít*) zerreißen, zerschinden.
zející klaffend, gähnend.
zejk *m* (*2b*) Kerbe *f*.
zejména *Adv.* besonders, namentlich.
zejtra F *s. zítra.*
Zéland *m* (*2*; *6. -u/-ě*): *Nový* ~ Neuseeland *n*.
zelektrizovat *pf.* (*-zuji*) elektrisieren.
zeleň *f* (*3*) Grün *n*.
zelen|á *f* (*Adj. 2*) Grün *n*, F Grüne *f*; *pod -nou* unter freiem Himmel; *svátek pod -nou Rel.* Laubhüttenfest *n*; **~áč** *m 1.* (*4*) grüner Apfel *m*; *2.* (*3*) F Grünschnabel *m*; **~at se** ⟨*pro-*, *za-*⟩ grün werden; grünen; **~avý** grünlich; **~ět** *pf.* (*3 Pl. -ějí*) *s. zelenat*; **~ina** *f* (*1*) Gemüse *n*, F Grünzeug *n*; **~ka** *f* (*1c*; *-nek*) Grünling *m* (*Pilz*); **~o** *n* (*1*) Grüne *n*; *do -na* ins Grüne; *zbarvit do -na* grün färben; **~ožlutý** grüngelb; **~ý** grün, Grün-.
zelí *n* (*3*) Kraut *n*, Kohl *m*.
zelinář *m* (*3*), **~ka** *f* (*1c*; *-řek*) Gemüsegärtner(in *f*) *m od.* -händler(in *f*) *m*; **~ství** *n* (*3*) Gemüse(an)bau *m*; Gemüsehandlung *f*.
zeln|ice *f* (*2a*) Gemüsegarten *m*; Kohlsuppe *f*; **~iště** *n* (*2a*) Krautfeld *n*; **~ý** Kohl-, Kraut-.
zem *f* (*3*) *s. země*; **~ák** P *m* (*2b*) Kartoffel *f*; F *s. zeměpis*; **~an** *m* (*1*; *-é*) Landedelmann *m*; **~anstvo** *n* (*1*) *koll.* Landadel *m*.
zemdl|elý, **~ený** ermüdet, matt; **~et** (*3 Pl. -ejí*), **~ít** *pf.* ermüden.
země *f* (*2b*; *-í*) Erde *f*; *Agr.* Boden *m*; Land *n*; **~brana** *f* (*1*) Landwehr *f*; **~dělec** *m* (*3*; *-lc-*) Landwirt *m*; **~dělský** landwirtschaftlich; **~dělství** *n* (*3*) Landwirtschaft *f*; **~díl** *m* (*2*; *6. -e/-u*) Erdteil *m*; **~koule** *f* (*2*) Erdkugel *f*; **~měřič** *m* (*3*) Landvermesser *m*; **~pán** *m* (*1*) Landesherr *m*; **~pis** *m* (*2a*) Geographie *f*, Erdkunde *f*; **~pisec** *m* (*3*; *-sc-*) Geograph *m*; **~pisný** geographisch; **~plaz** *m* (*1*) Reptil *n*, Kriechtier *n*; **~středný** geozentrisch; **~třesení** *n* (*3*) Erdbeben *n*; **~zrada** *f* (*1*) Landesverrat *m*; **~zrádce** *m* (*3*), **~zrádkyně** *f* (*2b*) Landesverräter(in *f*) *m*; **~zrádný** landesverräterisch; **~žluč** *f* (*3*) Tausendgüldenkraut *n*.
zem|ina *f* (*1*) Erdmasse *f*; Erdgeruch *m*; **~itý** erdig; F urwüchsig; *Ausdruck*: treffend; **~ní** Erd-.
zemř|elý verstorben; **~ít** *pf.* (*s. mřít*) sterben.
zemský Erd-; irdisch; Land(es)-; *Agr.* Boden-.
zepředu *Adv.* von vorn; *vgl. zpředu.*
zept|ání *n* (*3*) An-, Nachfrage *f*; **~at se** *pf.* (*k-o*, *2. Fall*) fragen (*A*); anfragen (bei *D*).
zerav *m* (*2a*) *Bot.* Thuja *f*, Lebensbaum *m*.
zesekat P *pf.* verprügeln, verdreschen.
zesíl|ení *n* (*3*) (Ver-)Stärkung *f*; Erstarkung *f*; **~it** *pf.* verstärken; (*a.* **~et**) stärker werden.
zesilov|ač *m* (*4*) Verstärker *m*; **~at** (*-luji*) *s. zesílit.*
zesi(na)vět *pf.* (*3 Pl. -ějí*) blaß, bleich werden.
zeslab|ení *n* (*3*) Schwächung *f*; **~it** *pf.* schwächen.
zesláb|lost *f* (*4*) Schwächezustand *m*; **~lý** geschwächt; **~nout** *pf.* (*-bl*) schwach (*od.* schwächer) werden.
zesměšnit *pf.* lächerlich machen.
zesmutn|ět *pf.* (*3 Pl. -ějí*) traurig werden; **~it** *pf.* traurig stimmen.
zesn|out *pf.* (*-snul*) entschlafen, *lit.* verscheiden; **~ulý** verstorben.
zesocializovat *pf.* (*-zuji*) sozialisieren.
zespod, **~a**, **~u** von unten (herauf).
zespoleč|enštit *pf.*, **~nit** *pf.* vergesellschaften.
zest|arat *pf.*, **~árnout** *pf.* (*-rnul/-rl*) alt werden, altern.
zestátn|ění *n* (*3*) Verstaatlichung *f*; **~it** *pf.* verstaatlichen.
ze|surovět *pf.* (*3 Pl. -ějí*) verrohen, verwildern; **~světštělý** verwelt-

licht; **~šedivělý** ergraut, grau geworden; **~šeřelý** dunkel, düster; **~šikmit** *pf.* abschrägen.
zešil|ení: *to je k ~!* das ist zum Verrücktwerden!; **~et** *pf.* (*3 Pl. -eji*) wahnsinnig (F verrückt) werden.
ze|široka breit, weitschweifig, F lang und breit; **~špatnět** *pf.* (*3 Pl. -ějí*) sich verschlechtern; **~štíhlet** *pf.* (*3 Pl. -eji*) schlank werden.
zet ⟨*roz- se, za-*⟩ (*3 Pl. zeji*) klaffen, gähnen.
zeť *m* (*3a*; *-tě*, *-ti/-ťovi*; *-ťové*) Schwiegersohn *m*.
zetl|elina *f* (*1*) Moder *m*; **~elost** *f* (*4*) Morschheit *f*; **~elý** vermodert, morsch; **~ení** *n* (*3*) Verwesung(sprozeß *m*) *f*; **~ít** *pf.* (*s. tlít*) verwesen, (ver)faulen.
zevl|oun *m* (*1*) Gaffer *m*; **~ovat** ⟨*po-, vy-, za-*⟩ (*-luji*) gaffen, P glotzen; *~ na k-o* anstarren (*A*).
zevn|ě *Adv.* außen; *Med.* äußerlich; **~ějšek** *m* (*2b*; *-šk-*; *2. -šku/-ška*) Äußere(s) *n*; Aussehen *n*; *podle -šku* dem Anschein nach; **~(ějš)í** äußere, äußerlich, Außen-; **~itř** *Adv.* außen, draußen; (*Tür*) von innen.
zevropštit *pf.* europäisieren.
zevrub|nost *f* (*4*) Ausführlichkeit *f*; **~ný** ausführlich, eingehend.
zevšad *Adv.* von überall(her), von allen Seiten.
zevšedn|ělý alltäglich (geworden); **~ět** *pf.* (*3 Pl. -ějí*) alltäglich werden.
ze|všeobecnit *pf.* verallgemeinern; **~vzdáli** *Adv.* aus der Ferne; **~zadu** *Adv.* von rückwärts, von hinten.
zežlout|lý vergilbt; **~nout** *pf.* (*-tl*) gelb werden; *Papier*: vergilben.
zfamfrn|ělý P vernarrt, verrückt; **~ět** *pf.* P verrückt werden; **~it** *pf.* verrückt machen.
zfilmovat *pf.* (*-muji*) verfilmen.
zformovat *pf.* (*-muji*) formen.
zhan|ět *pf.* (*3 Pl. -ějí*), **~it** *pf.* beschimpfen, F schlecht machen; **~obit** *pf.* entehren, schänden.
zhas|ínat, ~nout *pf.* (*-sl*) erlöschen, F ausgehen; **~it** *pf.* (*-šen*) (aus-) löschen.
zhatit *pf.* (*-cen/-těn*) verderben, vereiteln; *~ se* mißlingen.
zheb(oun)ka *Adv.* zart.
zhl|édnout *pf.*, **~ídnout** *pf.* (*-dl*; *-dnut*) erblicken; *~ se*, **~ížet se** *pf.* (*3 Pl. -eji*) sich betrachten.
zhloubi *Adv.* tief, der Tiefe nach.
zhloup|lý verdummt; **~nout** *pf.* (*-pl*) verdummen, dumm werden.
zhlt|at *pf.*, **~it** *pf.* (*-cen*), **~nout** *pf.* (*-tl/-tnul*; *-tnut*) verschlingen.
zhluboka *Adv.* aus der Tiefe.
zhmožd|ěnina *f* (*1*) Quetschung *f*; **~it** *pf.* (zer)quetschen.
zhnědlý gebräunt, braun.
zhnisalý vereitert.
zhnus|ený angewidert; **~it** *pf.* verekeln; *~ se k-u* anekeln (*A*).
zhodnotit *pf.* (*-cen*) (be)werten, einschätzen.
zhojit *pf. v/t* heilen, F (aus)kurieren; *~ se* heilen (*v/i*); **~elný** heilbar.
zhola *Adv.* ganz und gar, durchaus.
zhorš|ení *n* (*3*) Verschlimmerung *f*, Verschlechterung *f*; **~it** *pf.* verschlimmern, verschlechtern.
zhořk|a *Adv.* bitter, voll Bitterkeit; **~nout** *pf.* (*-hl*) bitter werden.
zhospodárnit *pf.* rationalisieren.
zhostit *pf.* (*-štěn*) (*č-o*) befreien (von *D*); *~ se* sich entledigen (*G*).
zhotov|it *pf.*, **~ovat** (*-vuji*) herstellen, anfertigen; **~itel** *m* (*3*; *-é*) Hersteller *m*, Erzeuger *m*.
zhoub|a *f* (*1*) Verderben *n*, Ruin *m*; **~ce** *m* (*3*) Verderber *m*; **~nost** *f* (*4*) Verderblichkeit *f*; **~ný** verderblich; *Med.* bösartig.
zhoustnout *pf.* (*-tl*) dick werden, sich verdicken; dichter werden.
zhovadil|ost *f* (*4*) Bestialität *f*; **~ý** bestialisch.
zhrbatělý verwachsen, bucklig.
zhrd|(áv)at, ~nout *pf.* (*-dl/-dnul*) verachten; stolz werden; **~lý** hochmütig.
zhrou|cení *n* (*3*) Zusammenbruch *m*; **~tit se** *pf.* (*-cen*) einstürzen, zusammenbrechen; *fig.* fehlschlagen.
zhrub|a *Adv.* grob, derb; beiläufig, ungefähr; **~(ě)lý** grob, rauh; **~ět** *pf.* (*3 Pl. -ějí*), **~nout** *pf.* (*-bl*) grob werden, verrohen.
zhrzený verschmäht.
zhřešit *pf.* sündigen; sich versündigen.
zhřívat *pf.* wärmen.
zhuben|ělý abgemagert; **~ět** *pf.* (*3 Pl. -ějí*) abmagern.
zhu|bičkovat *pf.* (*-kuji*) abküssen; **~bit** *pf.* vernichten, vertilgen; **~bnout** *pf.* (*-bl*) *s. zhubenět*; **~debnit** *pf. Mus.* vertonen.

zhurta *Adv.* ungestüm, frisch; brüsk, barsch.
zhusta *Adv.* oft, des öfteren.
zhustit *pf.* (*-štěn*) verdichten; komprimieren; *Kochk.* eindicken.
zhušťov|ací Kompressions-; **~ač** *m* (*4*) Kompressor *m*; **~at** (*-tuji*) *s. zhustit.*
zhýčkat *pf.* verwöhnen, F verhätscheln.
zhynout *pf.* zugrunde gehen, umkommen.
zhýral|ec *m* (*3*; *-lc-*) Wüstling *m*; **~ý** lasterhaft, P liederlich.
zhyzdit *pf.* (*-žděn*) verunstalten, entstellen.
zchátralý verkommen, heruntergekommen.
zchla|dit *pf.* (*-zen*) (ab)kühlen; **~dnout** *pf.* (*-dl*) erkalten; **~zený** abgekühlt; tiefgekühlt; **~zovat** (*-zuji*) *s. zchladit.*
zchodit *pf.* (*-zen*) ablaufen, abgehen.
zchoulostiv|ělost *f* (*4*), **~ění** *n* (*3*) Verweichlichung *f*; **~ý** verweichlicht; **~it** *pf.* verweichlichen.
zchrom|it *pf.* lähmen; **~lý** gelähmt; **~nout** *pf.* (*-ml*) lahm werden, erlahmen.
zchrupnout si F *pf.* ein Schläfchen machen.
zchud|lý verarmt; **~nout** *pf.* (*-dl*) verarmen; **~nutí** *n* (*3*) Verarmung *f.*
zchystat *pf.* vorbereiten, herrichten.
zchytr|a *Adv.* schlau, pfiffig; **~alec** P *m* (*3*; *-lc-*) Schlaumeier *m*; **~alost** *f* (*4*) Schlauheit *f*; **~alý** schlau, pfiffig.
zchytřet *pf.* (*3 Pl. -ejí*) klug werden.
zídka *f* (*1c*; *-dek*) kleine Mauer *f.*
zim|a *Adv.* kalt; *Su. f* (*1*) Kälte *f*; Winter *m*; **~ní** winterlich, Winter-; **~nice** *f* (*2a*) Schüttelfrost *m*; Fieber *n*; **~ničný** fieberhaft; **~ník** *m* (*2b*) Wintermantel *m.*
zimo|lez *m* (*2a*) *Bot.* Geißblatt *n*; **~mřivý** fröstelnd, kälteempfindlich; **~stráz** *m* (*2a*) Buchsbaum *m*; **~tvorný** *Tech.* Kälte-, Kühl-; **~vat** ⟨*pře-*⟩ (*-muji*) überwintern; **~vzdorný** winterbeständig.
zin|ečnatý *Chem.* Zink-; **~ek** *m* (*2b*; *-nk-*) Zink *n*; **~kovat** ⟨*po-*⟩ (*-kuji*) verzinken; **~kovna** *f* (*1*; *-ven*) Zinkhütte *f*; **~kový** Zink-.
zintenzivnit *pf.* intensivieren.
zip *m* (*2a*) Reißverschluß *m.*
zírat ⟨*na-*, *o(be)-*, *za-*⟩ blicken; starren.
zisk *m* (*2b*) Gewinn *m*, Nutzen *m*; *Hdl. na Váš ~ a ztrátu* auf Ihre Rechnung und Gefahr.
získat *pf.*, *vy-* gewinnen, erwerben; profitieren; *~ trhy* Märkte erschließen.
ziskuchtiv|ost *f* (*4*) Gewinnsucht *f*; **~ý** gewinnsüchtig, habgierig.
zišt|nost, **~ný** *s. ziskuchtiv|ost, -ý.*
zít|ra morgen; **~řejší** morgig; **~řek** *m* (*2b*; *-řk-*; *2. -řka*) morgige Tag *m*; *do -řka* bis morgen; *od -řka* ab morgen; *za lepší ~* für e-e bessere Zukunft.
zív|ání *n* (*3*) Gähnen *n*; **~at** ⟨*za-*⟩, **~nout** *pf.* (*-vl*) gähnen.
zjakostnit *pf.* die Qualität verbessern.
zjara im Frühling.
zjasn|ět *pf.* (*3 Pl. -ějí*) sich aufheitern; **~it** *pf. v/t* erhellen.
zjednat *pf.* verschaffen; *Ordnung* schaffen; *j-n* dingen.
zjednoduš|ení *n* (*3*) Vereinfachung *f*; **~it** *pf.* vereinfachen.
zjemn|ělý verfeinert; **~ět** *pf.* (*3 Pl. -ějí*) feiner werden; **~it** *pf.* verfeinern.
zjev *m* (*2a*) Erscheinung *f*; **~ení** *n* (*3*) *Rel.* Offenbarung *f*; Erscheinung *f* (*6. Jan.*); Vision *f*; **~it** *pf.* offenbaren, F an den Tag bringen; *~ se* sichtbar werden, erscheinen; **~ný** offenkundig, klar (erkennbar).
zjezdit *pf.* bereisen; P *j-n* abkanzeln.
zježit *pf.* sträuben.
zjihlý aufgetaut; *fig.* gerührt, weich.
zjinačit *pf.* (ab)ändern.
zji|stit *pf.* (*-štěn*) feststellen, ermitteln; **~stitelný** feststellbar; **~šťovací** Ermittlungs-; Kontroll-; *Gr.* Entscheidungs-; **~šťovat** (*-tuji*) *s. zjistit.*
zjitra *Adv.* am frühen Morgen, frühmorgens.
zjitř|it *pf.*, **~ovat** (*-řuji*) (auf)reizen, aufwiegeln; *~ se* eitrig werden; *lit.* sich empören.
zjizvený narbig, voller Narben.
zkadeřený gekräuselt, lockig.
zkal|ení *n* (*3*) Trübung *f*; **~it** *pf.* trüben; *Stahl* härten.
zkamen|ělina *f* (*1*) Versteinerung *f*, Fossil *n*; **~ělý** versteinert; **~ět** *pf.* (*3 Pl. -ějí*) versteinern.
zkapaln|ěný: *~ vzduch* flüssige Luft; **~it** *pf.* verflüssigen.

zkáza *f* (*1a*) Verderben *n*; Untergang *m*.
zkazit *pf.* (*-žen*) verderben, vernichten, ruinieren.
zkazka *f* (*1c*; *-zek*) *lit.* Überlieferung *f*, Sage *f*.
zkázonosný verderbenbringend.
zkažen|ost *f* (*4*) Verderbtheit *f*; **~ý** verdorben.
zklam|ání *n* (*3*) Enttäuschung *f*; **~at** *pf.* (*-u*) enttäuschen; ~ se sich täuschen.
zkolektivizovat [-tı-] *pf.* (*-zuji*) kollektivieren.
zkomol|ení *n* (*3*), **~enína** *f* (*1*) Verstümmelung *f*, Entstellung *f*; **~it** *pf.* abstumpfen; verstümmeln, entstellen.
z|konejšit *pf.* beruhigen, besänftigen; **~konfiskovat** *pf.* (*-kuji*) konfiszieren; **~konkrétnit** *pf.* konkretisieren; **~koprnělý** P *fig.* starr, sprachlos.
zkormou|cení *n* (*3*) Kummer *m*; **~cený** betrübt; **~covat** (*-cuji*), **~tit** *pf.* (*-cen*) betrüben.
zkornatě|ní *n* (*3*) *Med.* Verkalkung *f*; **~lý** verkalkt.
zkosit *pf.* abschrägen.
zkostnatělý verknöchert.
zkoum|ací Prüfungs-; **~adlo** *n* (*1a*; *-del*) *Chem.* Reagens *n*; *Med.* Sonde *f*; **~ání** *n* (*3*) Forschung *f*, Untersuchung *f*; **~at** ⟨*pro-*, *pře-*, *vy-*⟩ (über)prüfen, untersuchen; erörtern; **~atelný** nachweisbar; **~avý** forschend, prüfend.
zkoupat *pf.* (*-u*/*-ám*) eintunken; P ~ se hereinfallen.
zkouš|ecí Prüf-; Versuchs-; **~eč** *m* (*3*), **~ející** *m* (*Adj. 4*) Prüfer *m*; **~enec** *m* (*3*; *-nc-*) Prüfling *m*; **~et** ⟨*pro-*, *pře-*⟩ (*3 Pl. -ejí*) prüfen; *s. zkusit*; **~ka** *f* (*1c*; *-šek*) Prüfung *f*; *Thea.* Probe *f*; *Tech.* Erprobung *f*; Versuch *m*; (*Kleid*) Anprobe *f*; *na -ku* probe-, versuchsweise; **~kový** Prüfungs-.
zkrác|ení *n* (*3*) Verkürzung *f*; **~ený** ver-, gekürzt; benachteiligt.
zkracovat (*-cuji*) *s. zkrátit.*
zkrachovaný F verkracht.
zkrásn|ět *pf.* (*3 Pl. -ějí*) schön(er) werden; **~it** *pf.*, **zkrášlit** *pf.* schön machen, verschönern.
zkrat *m* (*2a*) *El.* Kurzschluß *m*.
zkrátit *pf.* (*-cen*) ver-, abkürzen; *fig.* schmälern; benachteiligen.
zkratka *f* (*1c*; *-tek*) Abkürzung *f*.
zkrátka *Adv.* kurz; kurzerhand.
zkreslit *pf.* entstellen, verzerren.
zkrmit *pf.* (ver)füttern.
zkroc|ený gezähmt; **~ovat** (*-cuji*) *s. zkrotit.*
zkropit *pf.* besprengen, benetzen.
zkrot|it *pf.* (*-cen*) zähmen, bändigen; **~lý** zahm, P kirre; **~nout** *pf.* (*-tl*) zahm, P kirre werden; klein beigeben.
zkroucen|í *n* (*3*) Verdrehung *f*; *Med.* Torsion *f*; **~ý** verdreht.
zkroušen|ost *f* (*4*) Reue *f*, † Zerknirschung *f*; **~ý** reumütig.
zkroutit *pf.* (*-cen*) drehen, verdrehen; entstellen; ~ se sich verziehen; sich krümmen.
zkrucov|ač *m* (*3*), **~atel** *m* (*3*; *-é*): ~ *práva* Rechtsverdreher *m*.
zkruš|it *pf.* zermürben; F *j-n* kirre machen; **~ující** zermürbend.
zkrut *m* (*2a*) *s. zkrucení.*
zkrv|ácený, **~avený** blutig; **~avět** *pf.* (*3 Pl. -ějí*) blutig (*od.* blutrot) werden; **~avit** *pf.* mit Blut beflecken.
zkřeh|lý steif, erstarrt; **~nout** *pf.* (*-hl*) steif werden, erstarren.
zkřesat *pf.* (*-šu*/*-sám*) abhauen; P verhauen; *fig.* herunterreißen.
zkřiv|ení *n* (*3*) *Med.* Verkrümmung *f*; **~it** *pf.* (ver)krümmen; *Gesicht* verziehen.
zkřížit *pf.* kreuzen; *Plan* durchkreuzen.
zkulatět *pf.* (*3 Pl. -ějí*) rund werden.
zkumavka *f* (*1c*; *-vek*) Reagenzglas *n*, Eprouvette *f*.
zkus|it *pf.* (*-šen*) versuchen; prüfen, erproben; *Kleid* anprobieren; *Kochk.* kosten, probieren; erfahren, durchmachen, ausstehen; **~mý** (*Adv. -mo*) versuchs-, probeweise; **~ný** Probe-.
zkuš|ebna *f* (*1*; *-ben*) Prüfungsraum *m*; *Chem.* Labor(atorium) *n*; *Kfz.* Prüfstand *m*; **~ebné** *n* (*Adj. 3*) Prüfungsgebühr *f*; **~ební** Prüfungs-; Probe-; **~ená** *f* (*Adj. 2*) Probezeit *f*; **~enost** *f* (*4*) Erfahrung *f*; **~ený** erfahren.
zkynout *pf.* *Teig*: aufgehen.
zkypřit *pf.* (auf)lockern.
zkys|at *pf.* (*3. -še*/*-sá*), **~nout** *pf.* (*-sl*) sauer werden; **~(a)lý** sauer.
zlacen|í *n* (*3*) Vergoldung *f*; **~ý** vergoldet.

zlacin|ět *pf.* (*3 Pl.* *-ějí*) billiger werden; **~it** *pf.* verbilligen.
zlačnět *pf.* (*3 Pl.* *-ějí*) hungrig werden.
zladit *pf.* *Mus.* stimmen; *Rdf.* abstimmen.
zlajdačelý liederlich; verbummelt.
zlámat *pf.* (*-u*) (zer)brechen (*se v/i*).
zlaťák *m* (*2b*) Goldstück *n*; *hist.* Gulden *m*.
zlat|ič *m* (*3*) Vergolder *m*; **~íčko** *n* (*1b*; *-ček*) F Goldkind *n*; **~it** ⟨*o-*, *po-*, *za-*⟩ (*-cen*) vergolden; **~ka** P † *f* (*1c*; *-tek*) Gulden *m*; **~nický** Goldschmiede-; **~nictví** *n* (*3*) Goldschmiedekunst *f*; **~ník** *m* *1.* (*1a*) Goldschmied *m*; *2.* (*2b*) Gulden *m*; **~o** *n* (*1*) Gold *n*.
zlato|hlav *m* (*2a*) Goldbrokat *m*; **~hlávek** *m* (*1*; *-vk-*) Goldfink *m*; Gold-, Rosenkäfer *m*; **~hnědý** goldbraun; **~kop** *m* (*1*; *-ové*) Goldgräber *m*; **~lesklý** goldglänzend; **~nosný** goldhaltig; **~plavý** goldblond; **~skvoucí** goldschimmernd; **~tkaný** goldgewirkt.
zlaťou|čký, **~nký** F goldig.
zlatoušek F *m* (*1a*; *-šk-*) Goldkind *n*.
zlato|vláska *f* (*1c*; *-sek*): *princezna ~* Prinzessin Goldhaar; **~vlasý** goldhaarig; **~vý** goldfarben; *Kochk.* goldbraun **~žlutý** goldgelb.
zlatý *1.* *Adj.* golden, Gold-; *2.* *m* (*Adj. 1*) Gulden *m*.
zle *s. zlý*.
zlé *n* (*Adj. 3*) Böse(s) *n*, Übel *n*; *mít za ~* übelnehmen; *po ~m* im bösen; *nic ve ~!* nichts für ungut!
zledov(at)ět *pf.* (*3 Pl.* *-ějí*) vereisen.
zlehč|ení *n* (*3*) Erleichterung *f*; Verringerung *f*; **~it** *pf.*, **~ovat** (*-čuji*) erleichtern; verringern; herabsetzen.
zleh|ka, P **~oučka**, **~ounka** leicht, sacht; **~komyslnět** *pf.* (*3 Pl.* *-ějí*) leichtsinnig werden.
zlen|ivět *pf.* (*3 Pl.* *-ějí*), **~ošit** *pf.* faul (*od.* träge) werden.
zlepš|ení *n* (*3*) Besserung *f*; **~it** *pf.* (ver)bessern; **~ovací** Verbesserungs-; **~ovák** P *m* (*2b*) Verbesserungsvorschlag *m*; **~ovat** (*-šuji*) *s. zlepšit*; **~ovatel** *m* (*3*; *-é*) Verbesserer *m*; *Pol.* Neuerer *m*.
zletil|ost *f* (*4*) Volljährigkeit *f*, Mündigkeit *f*; **~ý** voll-, großjährig, mündig.
zlevn|ění *n* (*3*) Verbilligung *f*, Ermäßigung *f*; **~it** *pf.* verbilligen; *Preis* herabsetzen.
zléz(a)t (*pf.* *-lezu*, *-zl*) ersteigen.
zlhostejnělý gleichgültig geworden.
zlíbat *pf.* abküssen.
zlíbit se *pf.* gefallen, belieben.
zlid|ovění *n* (*3*) *Pol.* Nationalisierung *f*; **~ovět** *pf.* (*3 Pl.* *-ějí*) volkstümlich werden; **~štět** *pf.* (*3 Pl.* *-ějí*) menschlich(er) werden; **~štit** *pf.* vermenschlichen.
zlo *n* (*1a*) Böse *n*, Übel *n*, Unheil *n*.
zlob|a *f* (*1*) Bosheit *f*; **~it** ⟨*na-*, *po-*, *roz-*, *za-*⟩ erzürnen, F ärgern; *~ se* (*na k-o*) böse sein (*D*), sich ärgern (über *A*); **~ivý**, **~ný** böse, verärgert.
zloboh *m* (*1a*) böser Geist *m*, Dämon *m*.
zločin *m* (*2a*) Verbrechen *n*; **~ec** *m* (*3*; *-nc-*), **~kyně** *f* (*2b*) Verbrecher (-in *f*) *m*; **~ecký**, **~ný** verbrecherisch; **~nost** *f* (*4*) Kriminalität *f*.
zloděj *m* (*3*), **~ka** *f* (*1c*; *-jek*) Dieb *m*, Diebin *f*; *nur -ka* Lochsäge *f*; *Zo.* Raubbiene *f*; **~na** P *f* (*1*; *-jen*) Gaunerei *f*; Diebesbande *f*; **~ský** diebisch; Diebes-; **~ství** *n* (*3*) Diebstahl *m*; F Diebshandwerk *n*.
zlo|duch *m* (*1a*) böser Geist *m*; **~lajník** *m* (*1a*) Lästerer *m*; **~lajný** Läster-.
zlom *m* (*2a*) Bruch *m*; **~ek** *m* (*2b*; *-mk-*) *Math.* Bruch *m*; Bruchstück *n*, Fragment *n*; Bruchteil *m*; **~enina** *f* (*1*) *Med.* Bruch *m*; **~it** *pf.* *v/t* (zer-) brechen; *~ si ruku* sich (*D*) den Arm brechen; **~kovitý** bruchstückhaft, fragmentarisch; **~kový** Bruch-.
zlomysl|ník *m* (*1a*) Bösewicht *m*; **~nost** *f* (*4*) Bosheit *f*; **~ný** böswillig, boshaft.
zlo|pověstný berüchtigt; **~řád** *m* (*2a*) Mißstand *m*; **~řečení** *n* (*3*) Verwünschung *f*; **~řečit** *pf.* (*k-u*, *č-u*, *na k-o*) verwünschen, verfluchen (*A*).
zlost *f* (*4*) Zorn *m*, P Wut *f*; **~ník** *m* (*1a*) boshafter Mensch *m*; **~ný** zornig.
zlo|syn *m* (*1*; *-ové*) Verbrecher *m*, Schurke *m*; **~třilý** ruchlos; verlottert; **~věstný** unheilverkündend; **~volný** böswillig; **~zvuk** *m* (*2b*) Mißklang *m*; **~zvyk** *m* (*2b*) Unsitte *f*.
zlý (*Komp.* *horší*; *Adv.* *zle*, *Komp.*

hůř[e]) böse, schlecht; übel, schlimm, arg.
zlynčovat *pf.* (*-čuji*) lynchen.
zmáčet (*3 Pl. -ejí*) *s. zmočit.*
zmačkat *pf.*, **zmáčknout** *pf.* (*-kl; -knut*) zerdrücken; *Papier* zerknittern, zerknüllen.
zmáhat *s. zmoci.*
zmáchat *s. zmočit.*
zmalátn|ělost *f* (*4*) Abgespanntheit *f*; **~ělý** abgespannt, schlaff, matt; **~ět** *pf.* (*3 Pl. -ějí*) ermatten.
zmalomysln|ět *pf.* (*3 Pl. -ějí*) verzagen; **~it** *pf.* entmutigen.
zmalovat *pf.* (*-luji*) bemalen; P verdreschen.
zmámit *pf.* betäuben; verblenden, betören.
zmapovat *pf.* (*-puji*) kartographieren.
zmar *m* (*2a*) Verderben *n*; **~nit** *pf.* vergeuden, verprassen.
zmařit *pf.* verderben; *Vorhaben* vereiteln, hintertreiben.
zmasovět *pf.* (*3 Pl. -ějí*) weite Verbreitung finden.
zmást *pf.* (*zmatu, -tl, -ten*) verwirren.
zmat|eční, ~ečný *Jur.* ungültig, nichtig; **~ek** *m* (*2b*; *-tk-*), **~ení** *n* (*3*) Verwirrung *f*, F Durcheinander *n*; **~enost** *f* (*4*) Verwirrung *f*; Verlegenheit *f*; **~ený** verwirrt, wirr; **~it** P *pf.* matt setzen.
zmazat *pf.* (*-žu*/*-ži*) beschmieren; P verprügeln.
změkč|ení *n* (*3*) Erweichung *f*; **~ilost** *f* (*4*) Verweichlichung *f*; **~ilý** verweichlicht, weichlich; **~it** *pf.*, **~ovat** (*-čuji*) aufweichen; *Wasser* enthärten; *Laut* erweichen.
změk|nout *pf.* (*-kl*) weich werden; aufweichen (*v*/*i*); **~nutí** *n* (*3*) *Med.* Erweichung *f*.
změn|a *f* (*1*) Änderung *f*, Veränderung *f*; Wechsel *m*; Wandlung *f*; **~it** *pf.* (ver)ändern, ab-, umändern; verwandeln; (um)wechseln; **~itelný** veränderlich.
zmenš|ení *n* (*3*) Verkleinerung *f*, Verringerung *f*; **~enina** *f* (*1*) Verkleinerung *f*; **~it** *pf.*, **~ovat** (*-šuji*) verkleinern; vermindern.
změřit *pf.* (ab-, nach)messen; *fig.* ermessen.
změsk|ání *n* (*3*) Versäumnis *n*; **~at** *pf.* versäumen, F verpassen.
změšťáčtět *pf.* (*3 Pl. -ějí*) *verä.* verbürgerlichen, verspießern.
změť *f* (*4d*; *-ti*; *7 Pl. -ťmi*) Gewirr *n*.
zmet|at *pf. Zo.* e-e Fehlgeburt haben; **~ek** *m* (*2b*; *-tk-*) *Tech.* Ausschuß *m*, Fehlproduktion *f*; (*1a*) Mißgeburt *f*; † Wechselbalg *m*; *fig.* Ausgeburt *f*; **~kov(it)ost** *f* (*4*) Ausschußquote *f*; **~kový** Ausschuß-.
změtení *n s. zmatení.*
zmezinárod|nit *pf.*, **~ňovat** (*-ňuji*) internationalisieren.
zmije *f* (*2*) Kreuzotter *f*, Viper *f*.
zmín|ěný erwähnt; **~it se** *pf.* (*o čem*) erwähnen (*A*); **~ka** *f* (*1c*; *-nek*) Erwähnung *f*.
zmiňovat se (*-ňuji*) *s. zmínit se.*
zmírat *lit.* (*čím*) (dahin)sterben (an *D*), verschmachten (vor *D*).
zmírn|ění *n* (*3*) Mäßigung *f*, Milderung *f*; ~ *napětí Pol.* Entspannung *f*; **~it** *pf.* mäßigen, mildern; *Schmerz* lindern.
zmítat <*roze-, za-*> (*čím*) schütteln, heftig bewegen (*A*); ~ se schwanken.
zmizet (*3 Pl. -ejí*/*-í*) verschwinden.
zmlad|a *Adv.* von Jugend auf; in *s-r* Jugend; **~it** *pf.* (*-zen*) verjüngen, jung machen.
zmlád|nout *pf.* (*-dl*) (wieder) jung werden; **~nutí** *n* (*3*) Verjüngung *f*.
zmlátit *pf.* (*-cen*) (aus)dreschen; P verprügeln.
zmlaz|ení, ~ování *n* (*3*) Verjüngung *f*; **~ovat** (*-zuji*) *s. zmladit.*
zmlk|(áv)at, ~nout *pf.* (*-kl*) verstummen.
zmlsaný naschhaft.
zmno|honásobit *pf.* vervielfachen; **~žit** *pf.* vermehren.
zmoci *pf.* (*s. moci*) vermögen; *Arbeit* bewältigen; überwältigen.
zmoc|něnec *m* (*3*; *-nc-*) Bevollmächtigte(r) *m*; **~nění** *n* (*3*) Ermächtigung *f*; **~nit** *pf.* bevollmächtigen; † stärken; ~ se (*č-o*) sich bemächtigen (*G*); (*k-o*) befallen, ergreifen (*A*); **~nitel** *m* (*3*; *-é*) Mandant *m*; **~ňovat** (*-ňuji*) *s. zmocnit.*
zmo|čit *pf.* naß machen, benetzen; **~dernizovat** [-nɪ-] *pf.* (*-zuji*) modernisieren; **~drat** *pf.* blau werden, blau anlaufen; **~hutnět** *pf.* (*3 Pl. -ějí*) mächtig (*od.* stark) werden.
zmok|lý naß geworden, durchnäßt; **~nout** *pf.* (*-kl*) naß werden.
zmořit *pf.* entkräften.
zmotat *pf.* verwirren, F verfitzen.

zmoudřet *pf.* (*3 Pl.* *-ejí*) vernünftig (*od.* klug) werden.

zmozolnět *pf.* (*3 Pl.* *-ějí*) schwielig werden.

zmraz|ek *m* (*2b*; *-zk-*) gefrorener Erdklumpen *m od.* Schnee *m*; **~ení** *n* (*3*) Unterkühlung *f*; Tiefkühlung *f*; **~ený** tiefgekühlt, Gefrier-; **~it** *pf.*, **~ovat** (*-zuji*) vereisen; *Med.* unterkühlen; *Tech.* tiefkühlen; **~ovací** Gefrier-; **~ování** *n* (*3*) *s. zmrazení*; ~ *cen* Preisstopp *m*.

zmrhat *pf.* vergeuden; † *Mädchen* schänden.

zmrskat *pf.* auspeitschen.

zmrtv|ět *pf.* (*3 Pl.* *-ějí*) absterben, erstarren; **~it** *pf.* abtöten; **~ýchvstání** *n* (*3*) Auferstehung *f*.

zmrzačit *pf.* verstümmeln, zum Krüppel machen.

zmrz|at gefrieren; erfrieren; **~et** *pf.* verdrießen; **~lík** *m* (*1a*) leicht frierender Mensch *m*; **~lina** *f* (*1*) (*Speise-*)Eis *n*; **~linář** *m* (*3*) Eisverkäufer *m*; **~lý** gefroren; erfroren; **~nout** *pf.* (*-zl*) *s. zmrzat*.

zmučit *pf.* (zu Tode) quälen, foltern.

zmuchlat *pf.* zerknittern, zerknüllen.

zmuž|ilost *f* (*4*) Mannhaftigkeit *f*; **~ilý** mannhaft; **~it se** *pf.* sich aufraffen, (neuen) Mut fassen; **~nět** *pf.* (*3 Pl.* *-ějí*) zum Mann werden.

zmydlit F *pf.* ordentlich verprügeln.

zmýl|ená *f* (*Adj. 2*) Irrtum *m*; **~it** *pf.* irreführen; ~ *se* sich irren; ~ *se při počítání* sich verrechnen.

znač|it ⟨*o-*, *vy-*. *za-*⟩ markieren, bezeichnen; bedeuten; **~ka** *f* (*1c*; *-ček*) Kennzeichen *n*, Zeichen *n*; (*Weg-*)Markierung *f*; *Kfz.* Verkehrszeichen *n*; *Hdl.* (Schutz-) Marke *f*; Warenzeichen *n*; Etikett *n*; (*Buch-*)Signatur *f*; *Chem.*, *Math.* Formel *f*; **~kovací** Signier-; **~kovat** ⟨*o-*, *pře-*, *vy-*⟩ (*-kuji*) bezeichnen, markieren; *Buch* signieren; **~ný** bedeutend, beträchtlich, erheblich.

znak[1] *m* (*2b*) Wappen *n*; Merkmal *n*, Zeichen *n*, Sinnbild *n*.

znak[2] *m* (*2b*) Rücken *m*, Nacken *m*; **~ař** *m* (*3*), **~ařka** *f* (*1c*; *-řek*) *Sp.* Rückenschwimmer(in *f*) *m*.

znako|mluva *f* (*1*) Zeichensprache *f*; **~plavka** *f* (*1c*; *-vek*) Wasserwanze *f*.

znal|ec *m* (*3*; *-lc-*), **~kyně** *f* (*2b*) Kenner(in *f*) *m*; Sachverständige *m od. f*; **~ecký** sachkundig, Fach-; Kenner-; **~ost** *f* (*4*) Kenntnis *f*; **~ý** (*č-o*) kundig, mächtig *e-r Sache*.

znamen|at ⟨*po-*, *za-*⟩ bedeuten, heißen, bezeichnen; bemerken, wahrnehmen; ~ *si* (*co*) vermerken (*A*); ~ *se* unterzeichnen; ~ *se křížem* sich bekreuzigen; **~í** *n* (*3*) Zeichen *n*; Wahrzeichen *n*; Mal *n*; Lesezeichen *n*; **~itost** *f* (*4*) Vorzüglichkeit *f*; Sehenswürdigkeit *f*; **~itý** bedeutend; vortrefflich, großartig, glänzend.

znam|énko, ~ínko *n* (*1b*; *-nek*) (kleines) Zeichen *n* (*a. Gr.*, *Math.*).

znám|ka *f* (*1c*; *-mek*) Marke *f*; (*Schul-*)Note *f*; Zeichen *n*; *Med.* Anzeichen *n*; **~kař** *m* (*3*) Briefmarkensammler *m*; **~kovat** ⟨*o-*⟩ (*-kuji*) *Brief* frankieren; *Hdl.* (aus-) zeichnen; (*Schule*) benoten, zensieren; **~ost** *f* (*4*) Bekanntschaft *f* (*a. fig.*); Kenntnis *f*, Vertrautheit *f*; **~ý** *1.* (*Adv.* *-o*) bekannt; *2. m* (*Adj. 1*) Bekannte(r) *m*.

znárod|nění *n* (*3*) *Pol.* Nationalisierung *f*; **~něný** volkseigen; **~nět** *pf.* (*3 Pl.* *-ějí*) volkstümlich werden; **~nit** *pf.*, **~ňovat** (*-ňuji*) nationalisieren, in Volkseigentum überführen.

znásil|nit *pf.*, **~ňovat** (*-ňuji*) vergewaltigen.

znásob|it *pf.*, **~ovat** (*-buji*) vervielfachen; *Math.* multiplizieren.

znát (*in Zssgn -znat*: *po-*, *při-*) kennen; *dát* (*co*) ~ erkennen (*od.* sich anmerken) lassen (*A*); ~ *se* einander kennen; ~ *se* (*k č-u*) sich bekennen (zu *D*); *neznat se* (*čím*) außer sich geraten *od.* sein (vor).

znatelný erkennbar, bemerkbar; merklich.

znavit *pf.* *v/t* ermüden; ~ *se* müde werden.

znázor|nit *pf.*, **~ňovat** (*-ňuji*) veranschaulichen, darstellen.

zne|ctít *pf.* (*s. ctít*) entehren, schänden; **~čistit** *pf.* (*-štěn*) verunreinigen; **~hodnotit** *pf.* (*-cen*) entwerten.

znechu|cení *n* (*3*) Überdruß *m*; **~cený** (*čím*) überdrüssig (*G*), angewidert (von *D*); **~covat** (*-cuji*), **~tit** *pf.* (*-cen*) verleiden, F verekeln; ~ *si co* überdrüssig werden (*G*); ~ *se* (*k-u*) zuwider sein (*D*).

znějící lautend; *stejně* ~ gleichlautend.

zneklid|nět *pf.* (*3 Pl. -ějí*) unruhig werden; **~nělý** beunruhigt; **~nit** *pf.*, **~ňovat** (*-ňuji*) beunruhigen; **~ňující** beunruhigend, alarmierend.
znělec *m* (*4; -lc-*) *Min.* Phonolith *m.*
znelíbit se *pf.* mißfallen.
zněl|ka *f* (*1c; -lek*) Sonett *n*; *Rdf.* Funksignal *n*; *Sp.* Fanfare *f*; **~ý** *Gr.* stimmhaft.
změmč|it *pf.*, **~ovat** (*-čuji*) verdeutschen, germanisieren.
znemožnit *pf.* unmöglich machen.
znemravn|ět *pf.* (*3 Pl. -ějí*) moralisch verkommen; **~it** *pf.* demoralisieren.
zne|nadání *Adv.* unverhofft, unerwartet, überraschend; **~náhla** *Adv.* allmählich, langsam.
znění *n* (*3*) Tönen *n*, Klang *m*; Wortlaut *m*, Fassung *f.*
znepokoj|it *pf.*, **~ovat** (*-juji*) beunruhigen; **~ující** besorgniserregend.
zne|přátelit *pf.* verfeinden; **~příjemnit** *pf.* verleiden.
znervózn|ět *pf.* (*3 Pl. -ějí*) nervös werden; **~it** *pf.* nervös machen.
znesnadnit *pf.* erschweren.
znesvě|covat (*-cuji*), **~tit** *pf.* (*-cen*) entweihen.
zne|škodnit *pf.* unschädlich machen; **~švařit** *pf.* verunstalten; *Straße* verunreinigen.
znetvoř|enina *f* (*1*), **~ení** *n* (*3*) Mißbildung *f*; Entstellung *f*; **~it** *pf.* mißbilden; entstellen.
zneuctí(va)t (*pf. s. ctít*) entweihen; schänden.
zneuzn|á(vá)ní *n* (*3*) Verkennung *f*; **~(áv)at** verkennen.
zneuž|ití *n* (*3*) Mißbrauch *m*; **~ít** *pf.* (*-žiji, -žil, -žit*) mißbrauchen (*č-o*/*A*).
znevážit *pf.* geringschätzen, mißachten.
znič|ení *n* (*3*) Vernichtung *f*; **~it** *pf.* vernichten; **~ se** sich zugrunde richten; **~ující** vernichtend.
znít ⟨*do-, pro-, roze-, za-*⟩ (*3 Pl. -í*/*-ějí, zněl*) klingen, tönen; *Text*: lauten.
znorm|alizovat *pf.* (*-zuji*) normalisieren; **~ovat** *pf.* (*-muji*) normen.
znov|a, ~u *Adv.* von neuem, erneut, wieder(um), nochmals; **~u-** *in Zssgn* wieder-.
znudit *pf.* (*-ěn*) langweilen.
zob *m* (*2a*) Vogel-, Streufutter *n*; **~ák** *m* (*2b*), *dim.* **~áček** *m* (*2b; -čk-*), **~an** *m* (*2a*), **~ec** *m* (*4; -bc-*) Schnabel *m*; **~at** ⟨*po-, vy-, za-*⟩ (*-u*/*-ám*) (auf-) picken; **~covitý** schnabelförmig; **~cový** Schnabel-.
zobecn|ělý allgemein; **~ěný** verallgemeinert; **~ět** *pf.* (*3 Pl. -ějí*) allgemein üblich werden; **~it** *pf.* verallgemeinern.
zobnout *pf.* (*-bl; -bnut*), picken, *mit dem Schnabel* hacken; P *a.* klauen.
zobonoska *f* (*1c; -sek*) Rüsselkäfer *m.*
zobracet *pf.* (*3 Pl. -ejí*) umkehren; durchwühlen; *Beet* umstechen.
zobraz|ení *n* (*3*) Abbildung *f*; **~it** *pf.* (*-zen*) abbilden, (bildlich) darstellen; **~ovatel** *m* (*3; -é*) Darsteller *m.*
zocel|it *pf.*, **~ovat** (*-luji*) stählen.
zoctovatět *pf.* (*3 Pl. -ějí*) zu Essig werden.
zočit *pf.* erblicken, gewahr werden.
zodbornit *pf.* spezialisieren.
zodpov|ědět, ~ídat *s. odpovědět.*
zohavit *pf.* entstellen; verstümmeln.
zohýbat (*im*)*pf.* verbiegen.
zohyzdit *pf.* (*-žděn*) entstellen.
zóna *f* (*1*) Zone *f.*
zoo *n* (*1; 6. -u od. indekl.*) Zoo *m*; **~log** *m* (*1a; -ové*) Zoologe *m*; **~logický** zoologisch; **~technik** [-nık] *m* (*1a; -ové*) Zootechniker *m.*
zora *f* (*1d*) *poet.* Morgenröte *f*, Morgenrot *n.*
zorat *pf.* (*-rám*/*-řu*) ackern, pflügen.
zorni|ce *f* (*2a*), *dim.* **~čka** *f* (*1c; -ček*) Pupille *f*; P † *a.* Morgenstern *m.*
zornit *pf.* urbar machen.
zorný Blick-, Gesichts-, Seh-.
zosnovat *pf.* (*-nuji*) anzetteln, anstiften; *Unruhe* stiften; **~el** *m* (*3; -é*) Anstifter *m*, Urheber *m*; **~ *války*** Kriegsbrandstifter *m.*
zosob|nění *n* (*3*) Verkörperung *f*, Personifizierung *f*; **~nit** *pf.*, **~ňovat** (*-ňuji*) verkörpern, personifizieren.
zostouzet (*im*)*pf.* (*3 Pl. -ejí*) verunglimpfen, P schlecht machen.
zostra *Adv.* scharf; rasch; streng.
zostř|it *pf.*, **~ovat** (*-řuji*) schärfen; *fig.* verschärfen; **~ se** sich zuspitzen.
zostudit *pf.* (*-zen*/*-děn*) verunglimpfen; bloßstellen, blamieren.
zoškliv|ět *pf.* (*3 Pl. -ějí*) häßlich werden; **~it** *pf.* häßlich machen; verleiden, P verekeln (*k-u co j-m A*).
zotav|ená *f* (*Adj. 2*), **~ení** *n* (*3*) Erholung *f*; *na -enou* zur Erholung; **~it se** *pf.*, **~ovat se** (*-vuji*) sich er-

holen; **~ovací** Erholungs-; **~ovna** *f* (*1*; *-ven*) Erholungsheim *n*.
zotročit *pf*. versklaven, knechten.
zoub|ek *m* (*2b*; *-bk-*) Zähnchen *n*; *Tech*. Zahn *m*; Zacken *m*; **~kovat** ⟨*o-*⟩ (*-kuji*) zähnen; (aus)zacken.
zouf|alec *m* (*3*; *-lc-*) Verzweifelte *m*; **~alství** *n* (*3*), **~alost** *f* (*4*) Verzweiflung *f*; **~alý** verzweifelt; **~ání** *n* (*3*) Verzweifeln *n*; **~at (si)** ⟨*pro-, za-*⟩ (*nad čím, na čem*) verzweifeln (an *D*, über *A*).
zou|t *pf*., *vy-* (*zuji, zul, zut*), **~vat** ⟨*vy-*⟩: *~ boty* die Schuhe ausziehen; **~vák** *m* (*2b*) Stiefelknecht *m*.
zpáčit se *pf*. zurücktreten; sein Wort zurücknehmen; F sich weigern.
zpachtovat *pf*. (*-tuji*) (ver)pachten.
zpaměti *Adv*. auswendig.
zpanšt|ělý herrisch; **~ět** *pf*. (*3 Pl. -ějí*) herrschaftliche Manieren annehmen, F den großen Herrn spielen.
zpátečn|í Rück-; *~ lístek* Rückfahrkarte *f*; **~ický** rückschrittlich, reaktionär; **~ictví** *n* (*3*) *Pol*. Reaktion *f*; **~ík** *m* (*1a*) Reaktionär *m*.
zpátky *Adv*. zurück.
zpečetit *pf*. besiegeln.
zpěčovat se *pf*. (*-čuji*) sich weigern.
zpeněž|ení *n* (*3*) Veräußerung *f*, Verkauf *m*; **~it** *pf*. veräußern, F zu Geld machen; **~itelný** verkäuflich.
zpěn|ěný schäumend, schaumbedeckt; **~it** *pf*. schäumen lassen; *~ se* (auf)schäumen.
zpeřený *Bot*. gefiedert, federspaltig.
zpestř|ení *n* (*3*) Abwechslung *f*; **~it** *pf*. bunt(er) machen.
zpět *Adv*. zurück; *tam a ~* hin und zurück; *pohled ~* Rückblick *m*; **~ný** Rück-, Gegen-; *se -nou platností* mit Rückwirkung; *~ há(če)k* Widerhaken *m*; *-né zrcátko Kfz*. Rückspiegel *m*; *-ná voda* Stauwasser *n*.
zpěv *m* (*2a*) Gesang *m*; **~ácký** Gesang-; **~ák** *m* (*1a*), **~ačka** *f* (*1c*; *-ček*) Sänger(in *f*) *m*; **~avý** Sing-; **~ník** *m* (*2b*) Gesang-, Liederbuch *n*.
zpevnit *pf*. festigen; *Tech*. härten; *Normen* vorfristig erfüllen; *Pol*. konsolidieren.
zpěv|ný sangbar, singbar; melodisch; sangesfroh; **~ohra** *f* (*1d*; *-her*) Singspiel *n*.
zpíjet se (*3 Pl. -ejí*), **zpít se** *pf*. (*zpiji, -il*) sich betrinken.
zpilý *poet*. trunken; *s. zpitý*.
zpitom|ělý betäubt; P blöd; **~ět** *pf*. *-ějí*) dumm werden.
zpitvořit *pf*. verzerren, verunstalten.
zpitý betrunken.
zpív|ání *n* (*3*) Singen *n*; **~aný** gesungen; *-ná mše Rel*. Hochamt *n*; **~at** ⟨*od-, vy-, za-*⟩ singen.
zplakat *pf*. (*zpláču/-či*) in Tränen ausbrechen (*nad čím* über *A*).
zplanět *pf*. (*3 Pl. -ějí*) *Bot*. unfruchtbar werden, verwildern.
zplan(ýr)ovat *pf*. (*-ruji/-nuji*) planieren.
zplesnivět *pf*. (*3 Pl. -ějí*) verschimmeln.
zplešatět *pf*. (*3 Pl. -ějí*) e-e Glatze bekommen.
zplihlý weich, schlapp.
zplna *Adv*. voll, ganz.
zplnomoc|něnec *m* (*3*; *-nc-*) Bevollmächtigte(r) *m*; **~něný** bevollmächtigt; **~nit** *pf*., **~ňovat** (*-ňuji*) (*k-o*) bevollmächtigen (*A*), Vollmacht erteilen (*D*); **~nitel** *m* (*3*; *-é*) *Jur*. Auftraggeber *m*.
zplod|ina *f* (*1*) Produkt *n*; **~it** *pf*. (*-zen*) (er)zeugen; hervorbringen; **~itel** *m* (*3*; *-é*) *Jur*. Erzeuger *m*.
zploštělý abgeflacht.
zplozen|ec *m* (*3*; *-nc-*) *fig*. Sohn *m*; *verä*. Ausgeburt *f*; **~í** *n* (*3*) Zeugung *f*; **~ý** gezeugt.
zplstěný verfilzt.
zplynovač *m* (*4*) Vergaser *m*.
zpocený durch(ge)schwitzt, verschwitzt.
zpočátku *Adv*. zu Beginn; anfangs.
zpod *Adv*. von unten hervor; *Prp*. (*mit 2. Fall*) unter (*D*) hervor.
zpodob|it *pf*., **~ovat** (*-buji*) abbilden; *Mal*. darstellen.
zpodstatnělý *Gr*. substantivisch (gebraucht).
zpohodln|ět *pf*. (*3 Pl. -ějí*) bequem(er) werden; **~it** *pf*., **~ňovat** (*-ňuji*) bequem(er) machen, erleichtern.
zpokrokovět *pf*. (*3 Pl. -ějí*) fortschrittlich werden.
zpola *Adv*. halb, zur Hälfte.
zpolehou|čka, ~nka *Adv*. ganz (*od*. schön) langsam, leicht.
zpolíčkovat *pf*. (*-kuji*) ohrfeigen.
zpolitizovat [-tɪ-] *pf*. (*-zuji*) politisieren, mit Politik verbinden *od*. erfüllen.

zpolovic(e) *Adv.* zur Hälfte, halb; halbwegs.
zpomal|it *pf.*, **~ovat** (*-luji*) verlangsamen; **~ovač** *m* (*4*) Zeitlupe *f*.
zponenáhl|a, ~u *Adv.* allmählich, nach und nach.
zpopeln|ění *n* (*3*) Einäscherung *f*; **~it** *pf*. einäschern.
zpopul|arizovat *pf*. (*-zuji*), **~árnit** *pf*. popularisieren, populär machen; **~árnět** *pf*. (*3 Pl*. *-ějí*) populär werden.
zpo|rážet *pf*. (*3 Pl*. *-ejí*) umwerfen; *Baum* fällen; *Vieh* abschlachten; **~tit** *pf*. (*-cen*) durchschwitzen; ~ se in Schweiß geraten; **~tvořit** *pf*. entstellen.
zpově|ď *f* (*4a*; *-di*) Beichte *f*; **~dní** Beicht-; **~dnice** *f* (*2a*) Beichtstuhl *m*; **~dník** *m* (*1a*) Beichtvater *m*.
zpovídat die Beichte abnehmen; ~ se ⟨vy-⟩ beichten.
zpovšech|nit *pf*., **~ňovat** (*-ňuji*) verallgemeinern.
zpovzdál|(**eč**)**í, ~i** *Adv*. von weitem, aus einiger Entfernung.
zpoza *Prp*. (*mit 2. Fall*) hinter (*D*) hervor.
zpozdil|ec *m* (*3*; *-lc-*) Nachzügler *m*; P *a*. Dummkopf *m*, Spätzünder *m*; **~ost** *f* (*4*) Albernheit *f*; **~ý** albern, töricht.
zpozdit *pf*. (*-žděn*) verzögern; ~ se sich verspäten; *Uhr*: nachgehen.
zpozorovat *pf*. (*-ruji*) (be)merken, gewahr werden.
zpožděn|í *n* (*3*) Verspätung *f*; **~ý** verspätet.
zpracov|ání *n* (*3*) Bearbeitung *f*; *Tech*. Verarbeitung *f*; **~at** *pf*. (*-cuji*), **~ávat** bearbeiten; verarbeiten; **~atel** *m* (*3*; *-é*) Bearbeiter *m*.
zprahlý verdorrt.
zprachniv|ělý vermodert, morsch; verwest; **~ět** *pf*. (*3 Pl*. *-ějí*) vermodern; verwesen.
zprava *Adv*. von rechts.
zpráva *f* (*1*) Nachricht *f*, Bericht *m*; *Jur*. Bescheid *m*; ~ *o činnosti* Tätigkeitsbericht; *předběžná* ~ Vorbericht; *neblahá* ~ Hiobsbotschaft *f*.
zpravidla *Adv*. meist, in der Regel.
zprav|it *pf*., **~ovat** (*-vuji*) benachrichtigen (*o čem* von *D*); **~odaj** *m* (*3*) Berichterstatter *m*; **~odajský** Nachrichten-; **~odajství** *n* (*3*) Nachrichtendienst *m*; Informationsbüro *n*; Berichterstattung *f*; *dálkové* ~ Fernmeldewesen *n*.
zpražit *pf*. versengen; P (*k-o*) e-e Abfuhr erteilen (*D*).
zproduktivnit [-tɪ-] *pf*. produktiv machen.
zprohýbaný verbogen.
zpronevě|ra *f* (*1d*), **~ření** *n* (*3*) Veruntreuung *f*; **~řit** *pf*., **~řovat** (*-řuji*) veruntreuen, unterschlagen; *e-r Sache* (*D*) untreu werden.
zpropadený F verdammt, verflixt.
zprostit *pf*. (*-štěn*) befreien, entlasten, entbinden, lossprechen (*k-o č-o* j-n von *D*).
zprostřed (*mit 2. Fall*) aus der Mitte (*G*); **~ka** *Adv*. in der Mitte.
zprostředkov|ací Vermittlungs-; **~at** *pf*. (*-kuji*), **~ávat** vermitteln; **~atel** *m* (*3*; *-é*) Vermittler *m*; *Jur*. Mittelsperson *f*; *Mil*. Unterhändler *m*; **~atelna** *f* (*1*; *-len*) Vermittlung(sstelle) *f*.
zprotivit *pf*. verleiden; ~ se zuwider werden; sich widersetzen.
zprudit *pf*. (*-zen*) wund reiben.
zprudka *Adv*. heftig, rasch, stürmisch.
zpruha *f* (*1b*) *Tech*. (Spann-, Sprung-)Feder *f*.
zprůmysl|nění, ~ovění *n* (*3*) Industrialisierung *f*; **~nit** *pf*. industrialisieren.
zpruzenina *f* (*1*) *Med*. Wolf *m*.
zpruž|ina *f* (*1*) *Tech*. Feder *f*; **~**(**n**)**it** *pf*. elastisch machen.
zprvu *Adv*. anfangs, zuerst, zunächst.
zprznit *pf*. schänden, entehren.
zpředu von vorn; (*zeitlich*) anfangs, zu Beginn; *pohled* ~ Vorderansicht *f*.
zpřeházet *pf*. (*3 Pl*. *-ejí*) durcheinanderwerfen.
zpře|lámat *pf*. (*-u*), **~rážet** *pf*. (*3 Pl*. *-ejí*) *v/t* zerbrechen, knicken; **~snit** *pf*. präzisieren; **~trhat** *pf*. *v/t* zerreißen; **~vracet** (*im*)*pf*. (*3 Pl*. *-ejí*) umwerfen, umlegen; durcheinanderwerfen.
zpříč|ení *n* (*3*) Verklemmung *f*; Querlage *f*; **~it** *pf*. querlegen; ~ se sich verklemmen; *lit*. sich aufbäumen.
zpří|jemnit *pf*. angenehm machen; **~kra** *Adv*. schorff, barsch; **~ma** *Adv*. gerade, aufrecht; *fig*. glattweg, geradeheraus; **~mit** *pf*. gerade machen, begradigen; ~ se sich auf-

richten; **~stupnit** *pf.* zugänglich machen; **~tomnit** *pf.* vergegenwärtigen.

zpuch|lina *f* (*1*) Geschwulst *f*; **~nout** *pf.* (*-chl*) anschwellen.

zpuchř|elý morsch; **~et** *pf.* (*3 Pl. -eji*/*-í*) vermodern.

způli *Adv.* halb, zur Hälfte.

zpup|nost *f* (*4*) Hochmut *m*, Hoffart *f*; **~ný** hochmütig, übermütig; *hist.* Allodial-, lehnfrei.

způsob *m* (*2a*) Art *f*, Weise *f*, Art und Weise *f*; Benehmen *n*, Umgangsform *f*; *Gr.* Form *f*; *tím ~em* auf diese Weise; *týmž ~em* in gleicher Weise; *žádným ~em* keinesfalls; *volný ~ Sp.* Freistil *m*; *vhodným ~em* in geeigneter Weise; **~a** *f* (*1*) *Rel.* Gestalt *f*; **~ilost** *f* (*4*) Befähigung *f*; **~ilý** befähigt, fähig; **~it** *pf.*, **~ovat** (*-buji*) bewirken, verursachen; *Aufsehen* erregen; *~ si co* sich et. zufügen; **~nost** *f* (*4*) Schicklichkeit *f*; **~ný** artig, anständig; **~ový** *Gr.* modal.

zpust|lík *m* (*1a*) Wüstling *m*; **~lost** *f* (*4*) Verwüstung *f*; Verwahrlosung *f*; **~lý** verwildert, verwahrlost, wüst; **~nout** *pf.* (*-tl*) veröden; verwildern; verkommen; **~ošení** *n* (*3*) Verwüstung *f*; **~ošit** *pf.* verwüsten, verheeren.

zpuštění *n* (*3*) *s. zpustlost.*

zpyšnět *pf.* (*3 Pl. -ějí*) hochmütig werden.

zpytov|ání *n* (*3*): *~ svědomí Rel.* Gewissenserforschung *f*; **~at** *pf.* (*-tuji*) (er)forschen.

zračit se erscheinen, sich zeigen, sichtbar werden.

zráčit se P *pf.* belieben.

zrada *f* (*1*) Verrat *m*.

zrád|ce *m* (*3*), **~kyně** *f* (*2b*) Verräter(in *f*) *m*; **~covský** verräterisch.

zradikalizovat [-dɪ-] *pf.* (*-zuji*) radikalisieren.

zrádn|ě *Adv.* hinterrücks; *fig.* schmählich; **~ý** verräterisch, treulos.

zrak *m* (*2b*) Sehkraft *f*, Gesichtssinn *m*, Augenlicht *n*; *fig.* Auge *n*; Blick *m*; **~ový** Gesichts-; Seh-; *fig.* optisch.

zral|ost *f* (*4*) Reife *f*; **~ý** reif.

zrána *Adv.* früh, morgens, *öst.* in der Frühe; *časně ~* frühmorgens.

zran|ění *n* (*3*) Verletzung *f*, Verwundung *f*; **~it** *pf.* verletzen, verwunden; **~itelný** verwundbar.

zrát ⟨*do-, vy-*⟩ (*zraji, zrál*; *Su. zrání*) reifen.

zrazovat (*-zuji*) *s. zradit.*

zrcad|élko *n* (*1b*; *-lek*) *s. zrcátko*; **~lení** *n* (*3*) Spiegelung *f*; **~lit se** ⟨*za-*⟩ sich (wider)spiegeln; **~lo** *n* (*1a*; *-del*) Spiegel *m*; **~lovka** *f* (*1c*; *-vek*) *Fot.* Spiegelreflexkamera *f*; **~lový** Spiegel-.

zrcátko *n* (*1b*; *-tek*) (*kapesní* Taschen-)Spiegel *m*.

zregulovaný geregelt.

zrez|avělý, ~ivělý verrostet, rostig; **~avět, ~ivět** *pf.* (*3 Pl. -ějí*) (ver-)rosten.

zrn|ečko, ~éčko, ~íčko *n* (*1b*; *-ček*) Körnchen *n*; **~ění** *n* (*3*) Granulation *f*; **~ěný** gekörnt; **~itý** körnig; **~ko** *n* (*1b*; *-nek*) Korn *n*, Körnchen *n*; (*Kaffee-*)Bohne *f*; **~kový**: *-vá káva* Bohnenkaffee *m*; **~o** *n* (*1*; *6. -u*) Korn *n*; *ječné ~ Med.* Gerstenkorn.

zrobit *pf.* anfertigen.

zrod *m* (*2*; *6. -u*/*-ě*) Geburt *f*, Entstehung *f*; **~it** *pf.* (*-zen*) gebären, zur Welt bringen; *~ se* geboren werden, zur Welt kommen.

zro|hovatět *pf.* (*3 Pl. -ějí*) verhornen; **~sit** *pf.* mit Tau benetzen; *~ se* feucht werden; **~solovatět** *pf.* (*3 Pl. -ějí*) gelieren; *öst.* sulzig werden.

zrov|na *Adv.*, P **~(n)inka** gerade, genau.

zrovnopráv|nění *n* (*3*) Gleichberechtigung *f*; **~něný** gleichberechtigt; **~nit** *pf.*, **~ňovat** (*-ňuji*) gleichberechtigen, -stellen (*s kým*/*D*).

zrozen|í *n* (*3*) *lit.* Entstehung *f*; **~ý** entstanden, geboren.

zrozpačitělý in Verlegenheit geraten, verlegen.

zručn|ost *f* (*4*) Geschicklichkeit *f*; *~ prstů* Fingerfertigkeit *f*; F *má v tom ~* er hat es im Griff; **~ý** geschickt, gewandt.

zrůda *f* (*1*) Mißgestalt *f*; Mißbildung *f*.

zrudlý errötet; *Med.* gerötet; rot.

zrůdnost *f* (*4*) Entartung *f*; Ruchlosigkeit *f*.

zrudnout *pf.* (*-dl*) erröten, rot werden.

zrůdný mißgestaltet, entartet; *Tat*: ruchlos.

zruš|ení *n* (*3*) Aufhebung *f*, Abschaffung *f*; *Hdl.* Stornierung *f*; **~it** *pf.* aufheben, abschaffen; *Vertrag* lösen; *Betrieb*, *Ehe* auflösen; *Hdl.*

stornieren; **~ovací** Aufhebungs-; **~ovat** (*-šuji*) *s. zrušit.*
zrychl|ení *n* (*3*) Beschleunigung *f*; **~ený** beschleunigt; ~ *vlak* Eilzug *m*; **~it** *pf.*, **~ovat** (*-luji*) beschleunigen; **~ovač** *m* (*4*) Zeitraffer *m.*
zrychtovat P *pf.* (*-tuji*) herrichten; P übel zurichten.
zrýmovaný gereimt, Reim-.
zrý|pat *pf.* (*-ám*/*-u*), **~t** *pf.* (*zryji, -yl, -yt*), **~vat** umgraben.
zrz|avý rotblond; **~ek** *m* (*1a*; *-zk-*), **~oun** *m* (*1*) P Rotkopf *m.*
zřasit *pf.* in Falten legen; *Kleid* plissieren.
zřed|ění *n* (*3*) Verdünnung *f*; **~it** *pf.* verdünnen.
zřejm|ost *f* (*4*) Deutlichkeit *f*; **~ý** offenkundig, klar, deutlich.
zřeknout se *pf.* (*-kl*) *s. zříci se.*
zření *n* (*3*) Sehen *n*; *lit.* Einsicht *f*; *s. zřetel.*
zřetel *m* (*4*) Rücksicht(nahme) *f*; Berücksichtigung *f*; Augenmerk *n*; Gesichtspunkt *m*, Standpunkt *m*; *se ~em k č-u, na co* mit Rücksicht (*od.* im Hinblick) auf (*A*); *~e hodný* bemerkenswert; *hlavní ~* Hauptaugenmerk *n*; **~nost** *f* (*4*) Deutlichkeit *f*; **~ný** deutlich; klar.
zřezat P *pf.* (*-žu*/*-zám*) verprügeln; *Arbeit* verhauen.
zřícenina *f* (*1*) Ruine *f*; *lit. koll.* Trümmer *m*/*pl.*
zříci se, zřeknout se *pf.* (*zřeknu, -kl*) (*č-o*) verzichten (auf *A*); *lit.* entsagen (*G*).
zřídelní Quell(en)-.
zřídit *pf.* (*-zen*) errichten; *Weg, Verzeichnis* anlegen; *Geld* stiften; *Tech.* instandsetzen; *Regierung* bilden; *Verbindung* herstellen.
zřídka *Adv.* selten.
zřídlo *n* (*1a*; *-del*) Quelle *f*; *poet.* Born *m.*
zříd|lý, zřid|lý verdünnt; **~nout** *pf.* (*-dl*) dünner werden.
zříkat se *s. zříci se.*
zřít ⟨*do-, na-, po-, u-*⟩ (*zřel*) sehen, schauen; **~elnice** *f* (*2a*) Pupille *f*; *fig.* Augapfel *m.*
zřítit se *pf.* einstürzen.
zřízen|ec *m* (*3*; *-nc-*), **~kyně** *f* (*2b*) Bedienstete *m od. f*; **~ecký** Angestellten-; **~í** *n* (*3*) Errichtung *f*, Einrichtung *f*; *Pol.* Ordnung *f.*
zřizovat (*-zuji*) *s. zřídit.*
zsinalý leichenblaß.
zšednout *pf.* (*-dl*) grau werden; sich grau färben.
zšíři *Adv.* der Breite nach.
ztaj|it *pf.*, **~ovat** (*-juji*) verheimlichen.
zté|ci † *pf.* (*s. téci*), **~kat** erstürmen.
zteč *f* (*3*) *Mil.* Sturm *m*; **~ení** *n* (*3*) Erstürmung *f.*
ztěles|nění *n* (*3*) Verkörperung *f*; **~nit** *pf.*, **~ňovat** (*-ňuji*) verkörpern.
ztemnět *pf.* (*3 Pl. -ějí*) dunkel werden.
zten|čit *pf.*, **~čovat** (*-čuji*) verdünnen; verringern; **~ka** *Adv.* dünn.
ztepat *pf.* (*-u*/*-ám*) schlagen; *fig.* herunterreißen.
ztepil|ost *f* (*4*) Schlankheit *f*; **~ý** schlank, gut gebaut.
ztepl|alý abgestanden; **~at, ~et** *pf.* (*3 Pl. -ejí*) warm werden.
ztěžka *Adv.* schwer(lich).
ztěžovat (*-žuji*) *s. ztížit.*
ztich|a *Adv.* still, leise, ruhig; **~lý** verstummt; **~nout** *pf.* (*-chl*) still (*od.* ruhig) werden, verstummen.
ztišit *pf.* besänftigen; ~ *se* sich beruhigen; *Sturm*: sich legen.
ztížit *pf.* erschweren.
ztlouci *pf.* (*s. tlouci*) verprügeln.
ztlou|stnout *pf.* (*-tl*) dick werden; **~šti** *Adv.* dick, stark; ~ *prstu* fingerdick.
ztlum|ený gedämpft, verhalten; **~it** *pf.* dämpfen; *Kfz. Licht* abblenden.
ztluštět *pf.* (*3 Pl. -ějí*) sich verdicken.
ztopit *pf.* verheizen; P mausen, stibitzen.
ztotož|nit *pf.*, **~ňovat** (*-ňuji*) identifizieren.
ztracen|ec *m* (*3*; *-nc-*) Verlorene(r) *m*; *pl. hist. a.* Vorhut *f*, Spähtrupp *m*; **~ý** verloren.
ztrácet (*3 Pl. -ejí*) *s. ztratit.*
ztrápený abgehärmt, vergrämt.
ztráta *f* (*1*) Verlust *m.*
ztratit *pf.* (*-cen*) verlieren; ~ *se* verlorengehen; entschwinden.
ztrémovat *pf.* (*-muji*) aus der Fassung bringen; P ~ *se* Lampenfieber bekommen.
ztrestat *pf.* bestrafen.
ztrh|aný verzerrt; *Augen*: gebrochen; **~at** *pf.*, **~nout** *pf.* (*-hl*; *-žen*) niederreißen; *fig.* herunterreißen.
ztroj|mocnit *pf.* zur dritten Potenz erheben, kubieren; **~násobit** *pf.* verdreifachen.

ztropit *pf.* anrichten, anstellen.
ztroskot|anec *m* (*3*; *-nc-*) Schiffbrüchige(r) *m*; **~ání** *n* (*3*) Schiffbruch *m*; Scheitern *n*; **~at** *pf.* scheitern; *Mar.* Schiffbruch erleiden, stranden.
ztrouchnivělý morsch, vermodert.
ztrpč|it *pf.*, **~ovat** (*-čuji*) verbittern.
ztrýznit *pf.* martern, mißhandeln.
ztřeštěný verrückt, P toll.
ztuč|nělost *f* (*4*) Fettsucht *f*; **~nělý** verfettet; **~nění** *n* (*3*) Verfettung *f*; **~nět** *pf.* (*3 Pl. -ějí*) fett werden; **~ňovací** Mast-.
ztuh|a *Adv.* fest, streng; *Tech.* schwer; **~lost** *f* (*4*) Starre *f*; **~lý** erstarrt, starr; **~nout** *pf.* (*-hl*) erstarren; steif werden; **~nutí** *n* (*3*) Versteifung *f*.
ztuch|lina *f* (*1*) Modergeruch *m*; **~lý** muffig; **~nout** *pf.* (*-chl*) muffig werden.
ztup|ělý abgestumpft; stumpfsinnig; **~ět** *pf.* (*3 Pl. -ějí*) stumpf werden, abstumpfen; **~it** *pf.* stumpf machen; beschimpfen.
ztuž|ení *n* (*3*) Versteifung *f*; Härtung *f*; **~it** *pf.*, **~ovat** (*-žuji*) versteifen; (ver)härten.
ztvárnit *pf.* formen, gestalten.
ztvrd|it *pf.* (*-zen*) härten; **~lina** *f* (*1*) Verhärtung *f*; **~lý** verhärtet; **~** *na kámen* steinhart; **~nout** *pf.* (*-dl*) hart werden; *fig.* sich verhärten.
ztýrat *pf.* mißhandeln, quälen.
zub *m* (*2a*) Zahn *m*; Zacke *f*, Zinke *f*; Schlüsselbart *m*; **~ačka** P *f* (*1c*; *-ček*) Zahnradbahn *f*; **~ař** F *m* (*3*) Zahnarzt *m*; **~atý** mit großen Zähnen; zackig, gezahnt; *Su.* *-tá* P *f* (*Adj. 2*) Sensenmann *m*; **~it se** ⟨*o-*, *za-*⟩ P die Zähne zeigen; grinsen; **~ní** Zahn-; **~nice** *f* (*2a*) *Gr.* Dental *m*, † Zahnlaut *m*; **~oléčba** *f* (*1*; *-čeb*) Zahnbehandlung *f*; **~olékařský** zahnärztlich.
zubov|ačka *f* (*1c*; *-ček*) Schränkeisen *n*; **~ina** *f* (*1*) Zahnbein *n*; **~itý** zackig; **~ka** *f* (*1c*; *-vek*) Zahnleiste *f*; **~ý** Zahn-; Zahnrad-.
zubožen|í *n* (*3*) Verarmung *f*, Verelendung *f*; Elend *n*; **~ý** verarmt, elend.
zubr *m* (*1*; *-ři*) Auerochs *m*.
zúčast|nění *n* (*3*) Beteiligung *f*, Teilnahme *f*; **~něný** beteiligt; **~nit se** *pf.*, **~ňovat se** (*-ňuji*) sich beteiligen, teilnehmen (*č-o* an *D*).
zúčtov|ací Verrechnungs-, Buchungs-; **~ání** *n* (*3*) Ab-, Verrechnung *f*; **~(áv)at** (*pf.* *-tuji*) verrechnen; abrechnen (*a. fig.*).
zuheln(at)|ělý verkohlt; **~ět** *pf.* (*3 Pl. -ějí*) verkohlen (*v/i*).
zúkolovat *pf.* (*-luji*) norm(ier)en.
zulíbat *pf.* abküssen.
zúmysl|nost *f* (*4*) Absicht(lichkeit) *f*; **~ný** absichtlich, vorsätzlich.
zunk|at ⟨*vy-*⟩ P mit Behagen trinken; **~nout (si)** F *pf.* (*-kl/-knul*) e-n Schluck nehmen.
zúplna *Adv.* ganz, völlig, P ganz und gar.
zurčivý murmelnd.
zúroč|ení *n* (*3*) Verzinsung *f*; **~it** *pf.*, **~ovat** (*-čuji*) verzinsen; **~itelný** verzinsbar, verzinslich.
zúrodnit *pf.* urbar machen; fruchtbar machen; † befruchten.
zúrokovat † *pf.* (*-kuji*) *s. zúročit.*
zuř|ení *n* (*3*) Wüten *n*, Toben *n*; Raserei *f*; **~ící** wütend, tobend; **~it** ⟨*roz- se*, *za-*⟩ toben, wüten; **~ivec** *m* (*3*; *-vc-*) Rasende *m*; **~ivost** *f* (*4*) Wut *f*; *Med.* Tobsucht *f*; **~ivý** wütend, rasend.
zúspornit *pf.* rationalisieren.
zůst|at *pf.* (*-stanu*) bleiben, übrig-, zurückbleiben; wohnen; **~atek** *m* *m* (*2b*; *-tk-*) Rest(bestand) *m*, Überrest *m*; **~atkový** Bestand-; **~ávat** *s. zůstat.*
zůstav|it *pf.* hinterlassen, zurücklassen; überlassen, anheimstellen; **~itel** *m* (*3*; *-é*), **-lka** *f* (*1c*; *-lek*) Erblasser(in *f*) *m*; **~itelský** testamentarisch; **~ovat** (*-vuji*) *s. zůstavit.*
zušlech|tit *pf.*, **~ťovat** (*-ťuji*) veredeln; **~ťovací** Veredlungs-.
zutínat *pf.* abhauen.
zúž|ení *n* (*3*) Verengung *f*; **~it** *pf.* verengen, enger machen.
zu|žitkov(áv)at (*pf.* *-kuji*) *s. využít*; **~žovat** (*-žuji*) *s. zúžit.*
zvábit *pf.* verlocken, anlocken.
zvací Einladungs-.
zvad|lý welk, verwelkt; **~nout** *pf.* (*-dl*) (ver)welken.
zválcovat *pf.* (*-cuji*) walzen.
zválet *pf.* (*3 Pl. -ejí*) walzen; *Bett* zerwühlen; *Kleid* zerknittern.
zvalchovat *pf.* (*-chuji*) durchwalken.
zvan|í *n* (*3*) Einladung *f*; **~ý** (eingeladen; genannt; *jen pro -né* nur für Geladene; *tak* **~** sogenannt.
zvápenat|ění *n* (*3*) Verkalkung *f*; **~ět** *pf.* (*3 Pl. -ějí*) verkalken.

zvát (*in Zssgn -zvat: na-, o-, po-*) einladen; auffordern; (be)nennen; ~ *jménem* beim Namen nennen; ~ *se* heißen.
zvážit *pf.* abwägen; *fig.* ermessen; ~ se sich überschlagen, (um)kippen.
zvážnělý ernst (geworden).
zvečera *Adv.* gegen Abend, abends.
zvěčn|ělý verewigt; *fig.* selig; **~it** *pf.* verewigen.
zvěd *m* (*1*; *-ové*) Späher *m*, Kundschafter *m*.
zved- *in Zssgn s. zdvih-.*
zvědav|ec *m* (*3*; *-vc-*) Neugierige *m*; **~ost** *f* (*4*) Neugier(de) *f*; **~ý** neugierig.
zvědečtit *pf.* auf e-e wissenschaftliche Grundlage stellen.
zvedený gut erzogen, *lit.* wohlgeraten; *fig.* gehoben; übel zugerichtet.
zvěd|ět *pf.*, do- se (*zvím*, *3 Pl. zvědí*) erfahren; **~ný** Aufklärungs-; **~y** *m/pl.* (*2*; *6. -ách*) *Mil.* Erkundung *f*; Fernaufklärung *f*; P *být na -dách* herumschnüffeln.
zveleb|ení, ~ování *n* (*3*) Förderung *f*; *fig.* Aufschwung *m*; **~it** *pf.*, **~ovat** (*-buji*) fördern, F in die Höhe bringen; **~itel, ~ovatel** *m* (*3*; *-é*) Förderer *m*.
zvelič|ení *n* (*3*) Vergrößerung *f*; **~it** *pf.* vergrößern; übertreiben.
zven|čí, ~ku *Adv.* von draußen; von außen, von außerhalb.
zverbovat P *pf.* (*-buji*) (an)werben.
zvěro|kruh *m* (*2b*) *Astr.* Tierkreis *m*; **~lékař** *m* (*3*) Tierarzt *m*; **~lékařský** tierärztlich, Veterinär-; **~lékařství** *n* (*3*) Tierheilkunde *f*.
zvěrstvo *n* (*1*; *-tev*) Greueltat *f*.
zveršovat *pf.* (*-šuji*) in Verse bringen.
zvěř *f* (*3*) Wild *n*.
zveřejnit *s. uveřejnit.*
zvěřin|a *f* (*1*) Wildbret *n*; **~ec** *m* (*4*; *-nc-*) Menagerie *f*.
zvesela *Adv.* fröhlich, lustig.
zvést *pf.* (*s. vést*) übel zurichten; ~ se gut geraten; F ~ *se po kom* j-m nachgeraten.
zvěst *f* (*4*) *poet.* Botschaft *f*, Kunde *f*; Nachricht *f*; **~ování** *n* (*3*) Verkündigung *f*; ♀ *Panny Marie* Mariä Verkündigung; **~ovat** (*-tuji*) verkünd(ig)en; **~ovatel** † *m* (*3*; *-é*) Herold *m*.
zvětr|alý verwittert; abgestanden, schal; **~(áv)at** *Min.* verwittern; *Bier*: schal werden.
zvětřit *pf.* wittern, aufspüren; ~ se scheu werden.
zvetšelý schäbig, abgenutzt.
zvětš|enina *f* (*1*) *Fot.* Vergrößerung *f*; **~it** *pf.* vergrößern; *fig.* erweitern, steigern; **~ovací** Vergrößerungs-; **~ovat** (*-šuji*) *s. zvětšit.*
zvíci von der Größe; ~ *pěsti* faustgroß.
zvíd|at ⟨*pře-, vy-, za-*⟩ forschen; nachfragen (bei *D*); ausfragen (*A*); **~avost** *f* (*4*) Wißbegier *f*; **~avý** wißbegierig; *Blick*: forschend.
zviklat *pf.* erschüttern, ins Wanken bringen; ~ se ins Wanken geraten; *fig.* sich lockern.
zvíř|e *n* (*4*), *dim.* **~átko** *n* (*1b*; *-tek*) Tier *n*; **~ecí** Tier-; **~ecký** tierisch; **~ectvo** *n* (*1*), **~ena** *f* (*1*) Tierwelt *f*, Tierreich *n*, Fauna *f*; **~etník** *m* (*2b*) *s. zvěrokruh.*
zvířit *pf.* aufwirbeln.
zvítězit *pf.* siegen; (*nad kým*) besiegen (*A*).
zvlád|at, *pf.* **~nout** (*-dl*) bewältigen; *lit. fig.* meistern; **~nutelný** zu bewältigen.
zvláš|ť, ~tě *Adv.* besonders; getrennt, separat; extra; **~tní** Sonder-, speziell, besondere; eigenartig, seltsam, sonderbar; **~tnost** *f* (*4*) Besonderheit *f*, Eigenart *f*; Absonderlichkeit *f*, Seltsamkeit *f*; Seltenheit *f*; Denkwürdigkeit *f*; *Kochk.* Spezialität *f*; **~tnůstka** *f* (*1c*; *-tek*) Schrulle *f*.
zvlčelý, zvlčilý verwildert.
zvlhčit *pf.* anfeuchten, benetzen.
zvln|ěný *Meer*: bewegt; *Haar*: gewellt; **~it** *pf.* in Bewegung bringen; ~ se sich wellen; Wellen machen.
zvnitřnit *pf.* verinnerlichen.
zvodnatět *pf.* (*3 Pl. -ějí*) wässerig werden.
zvol|ací *Gr.* Ausruf(ungs)-, Ruf-; **~ání** *n* (*3*) Zwischenruf *m*; **~at** *pf.* ausrufen; *Mil.* (*na k-o*) anrufen (*A*).
zvol|ení *n* (*3*) Wahl *f*; **~it** *pf.* (aus-) wählen, *lit.* erwählen; **~itelnost** *f* (*4*) Wählbarkeit *f*; **~itelný** wählbar.
zvol|na *Adv.* langsam, allmählich; **~nit** *pf.*, **~ňovat** (*-ňuji*) verlangsamen; *Druck, Geschwindigkeit* verringern.
zvon *m* (*2a*) Glocke *f*; **~ař** *m* (*3*) Glockengießer *m*; **~ařství** *n* (*3*) Glockengießerei *f*; **~ec** *m* (*4*; *-nc-*) Glocke *f*, Sturz *m*; **~(eč)ek** *m* (*2b*;

-*n*[*eč*]*k*-) Glöckchen *n*, Klingel *f*; Schelle *f*; Glockenblume *f*; **~ění** *n* (*3*) Läuten *n*; **~ice** *f* (*2a*) Glockenturm *m*; **~ík** *m* (*1a*) Glöckner *m*; **~it** ⟨*po*-, *za*-⟩ läuten; **~ítko** *n* (*1b*; -*tek*) Glockenzug *m*; (*am Wecker*) Läutewerk *n*; **~ivka** *f* (*1c*; -*vek*) Klinkerziegel *m*; **~ivý** glockenrein; *Münze*: klingend; **~kohra** *f* (*1d*; -*her*) Glockenspiel *n*; **~kový** Glokken-, Klingel-; **~ovina** *f* (*1*) Glokkenspeise *f*, -metall *n*; **~ový** Glocken-.

zvracení *n* (*3*) Erbrechen *n*; Brechreiz *m*.

zvrácen|ost *f* (*4*) Verkehrtheit *f*; **~ý** umgestürzt; verkehrt.

zvracet (*3 Pl.* -*ejí*) sich übergeben, (er)brechen.

zvrás|kovatět *pf.* (*3 Pl.* -*ějí*) Runzeln bekommen; **~nit** *pf.* riffeln.

zvrat *m* (*2a*) Wendung *f*; Rückschlag *m*.

zvrátit *pf.* (-*cen*) *v*/*t* umwerfen, umstoßen, umstürzen; *s. zvracet*; ~ *se* umfallen, umstürzen; kentern.

zvrat|itelný widerlegbar; **~nost** *f* (*4*) *Gr.* Reflexivität *f*; *Med.*, *Jur.* Rückfall *m*; **~ný** *Gr.* reflexiv, rückbezüglich; *Med.* Rückfall-; *Jur.* rückfällig; ~ *překot* Salto *m*; ~ *hmat* Kammgriff *m*.

zvrh|lík *m* (*1a*) Entartete(r) *m*; **~lost** *f* (*4*) Entartung *f*; Ruchlosigkeit *f*; **~lý** entartet; *Tat*: ruchlos; **~nout** *pf.* (-*hl*; -*žen*) umwerfen, umstoßen; ~ *se* umstürzen, umkippen; *Boot*: kentern; entarten; ~ *po kom* nachgeraten (*D*); ~ *v co* umschlagen, ausarten in (*A*).

zvroucn|ění *n* (*3*) Verinnerlichung *f*; **~it** *pf.* verinnerlichen.

zvrt|ačelý, **~ačilý** verwirrt; **~nout** *pf.* (-*tl*/-*tnul*; -*tnut*) umstoßen; ~ *se* zunichte werden; ~ *si ruku* sich die Hand verstauchen.

zvuč|et ⟨*za*-⟩ (er)tönen, (er)schallen; **~nost** *f* (*4*) Klangfülle *f*; **~ný** tönend, klangvoll.

zvuk *m* (*2b*) Schall *m*, Klang *m*, Ton *m*; **~ař** *m* (*3*) Tonmeister *m*; **~omalba** *f* (*1*; -*leb*) Lautmalerei *f*; **~oměr** *m* (*2a*) Phonometer *n*; **~otěsný** schalldicht; **~ovka** *f* (*1c*; -*vek*) Schalldose *f*; **~ovod** *m* (*2a*) *Anat.* Gehörgang *m*; **~ový** Ton-, Schall-, Klang-; -*vé pásmo* Tonband *n*; -*vé písmo* phonetische Umschrift, Lautschrift *f*.

zvůle *f* (*2*) Willkür *f*; F *ponechat* -*li j-m s-n* Willen lassen.

zvýhodn|ění *n* (*3*) Begünstigung *f*; **~it** *pf.* begünstigen.

zvyk *m* (*2b*) Gewohnheit *f*, Angewohnheit *f*, Brauch *m*, Sitte *f*; *to je ~em* das ist üblich; *to není mým ~em* das ist nicht meine Art; **~at** (**si**) sich gewöhnen (*k-u*, *č-u*; *na k-o*, *na co* an *A*); **~lost** *f* (*4*) *s. zvyk*; **~lý** gewöhnt, gewohnt; **~nout** (**si**) *pf.* (-*kl*) *s. zvykat*; **~ový** Gewohnheits-.

zvýraznit *pf. s. zdůraznit*.

zvysoka *Adv. fig.* von oben herab.

zvýš|ení *n* (*3*) Erhöhung *f*; Steigerung *f*; **~enina** *f* (*1*) Erhöhung *f*; Rampe *f*; **~i** *Adv.* hoch, der Höhe nach; **~it** *pf.*, **zvyšovat** (-*šuji*) erhöhen; *fig.* steigern, verschärfen; ~ *se* sich erhöhen; *fig.* (an)steigen.

zželet se *pf.* (*k-u č-o*) Mitleid haben (mit *D*), leid tun (*D*).

zženšt|ění *n* (*3*) Verweichlichung *f*; **~ilý** unmännlich, weibisch; weichlich; **~it** *pf.* *v*/*t* verweichlichen.

zžíhat *pf. lit.* verbrennen (*v*/*t*).

Ž

žába *f* (*1*; *žab*) Frosch *m*; F *fig.* Teenager *m*, † Backfisch *m*.

žab|ák *m* (*1a*) Frosch *m* (*Männchen*); **~árna** *f* (*1*; *-ren*) Froschteich *m*; *fig. verä.* Kleinbetrieb *m*; **~ař** *m* (*3*) P *Sp. verä.* Niete *f*, Flasche *f*; **~aření**, **~ařství** *n* (*3*) P Pfuscherei *f*; **~ařit** P patzen; **~ařský** stümperhaft.

žábě *n* (*4*) junger Frosch *m*; P *a.* kleines Mädchen *n*, kleine Krabbe *f*.

žabec P *m* (*3*; *-bc-*) kleiner Fratz *m*.

žabern|atý, **~í** Kiemen-.

žab|í Frosch-; **~ička** *f* (*1c*; *-ček*) Fröschlein *n*; **~ikuch** P *m* (*2b*) stumpfes Messer *n*; **~inec** *m* (*4*, *-nc-*) *Bot.* Fadenalge *f*; Vogelmiere *f*; **~ka** *f* (*1c*, *-bek*) *Mus.* Frosch *m*; Knallfrosch *m*.

žábra *f* (*1d*; *žaber*) Kieme *f*.

žací Mäh-.

žactvo *n* (*1*; *-tev*) Schülerschaft *f*, Schuljugend *f*, *koll.* Schüler *pl.*

žáček *m* (*1a*; *-čk-*) Schuljunge *m*, -bub *m*, F ABC-Schütze *m*.

žačka *f* (*1c*; *-ček*) Schülerin *f*.

žád|ací Wunsch-; **~anka** *f* (*1c*; *-nek*) Wunschzettel *m*; *Hdl.* Bestellschein *m*; **~aný** gewünscht, verlangt; **~at** ⟨*po-*, *vy-*⟩ verlangen, fordern; ersuchen, ansuchen (*o co*, *za co* um *A*); **~** *si* sich (*D*) wünschen; *-dá se* es wird gebeten; **~** *zpět* zurückverlangen.

žadatel *m* (*3*; *-é*), **~ka** *f* (*1c*; *-lek*) Antragsteller(in *f*) *m*; Bewerber(in *f*) *m*.

žádný kein.

žadonit ⟨*za-*⟩ (*o co*) dringend bitten, F betteln (um *A*).

žádost *f* (*4*) Verlangen *n*, Ersuchen *n*; Gesuch *n*; Begierde *f*; **~** *o milost* Gnadengesuch; *k Vaší* **~***i* auf Ihr Ersuchen; *na všeobecnou* **~** auf allgemeinen Wunsch; **~ivost** *f* (*4*) Begierde *f*, Gier *f*; **~** *peněz* Geldgier; **~ivý** begierig; *být -iv* (*č-o*) gierig sein (nach *D*), F erpicht sein (auf *A*).

žádoucí (*Adv.* *-cně*) ersehnt, wünschens-, erstrebenswert.

žáha *f* (*1b*) Sodbrennen *n*; P *chladit si -hu* (*na čem*) sein Mütchen kühlen (an *D*).

žah|adlo *n* (*1a*; *-del*) Stachel *m*; Brenneisen *n*; *Tech.* Schneidbrenner *m*; *Med.* Thermokauter *m*; **~at** *s. žehat*; **~avka** *f* (*1c*; *-vek*) Brennnessel *f*; **~avý** brennend; *fig.* beißend; **~** *chlup Bot.* Brennhaar *n*.

žák *m* (*1a*) Schüler *m*.

žaket *m* (*2*; *6. -u/-ě*) Jackett *n*.

žák|ovský Schüler-; **~yně** *f* (*2b*) Schülerin *f*.

žal *m* (*2a*) *1.* Kummer *m*, Leid *n*, (Seelen-)Schmerz *m*; *2. s. žít*[2].

žalář *m* (*4*) Kerker *m*; **~ní** Kerker-; **~ník** *m* (*1a*) Kerkermeister *m*; **~ovat** (*-řuji*) einkerkern.

žalm *m* (*2a*) Psalm *m*.

žalný *lit.* traurig; klagend, kläglich.

žalob|a (*1*) Klage *f*; *Jur. a.* Anklage *f* (*na k-o* gegen *A*; *o co* wegen *G*); **~ce** *m* (*3*), **~kyně** *f* (*2b*) Kläger(in *f*) *m*, öffentliche Ankläger(in *f*) *m*; **~ní**, **~ný** (An-)Klage-; **~ník** *m* (*1a*), **~nice** *f* (*2a*) Zuträger(in *f*) *m*, P Klatschmaul *n*, Petze *f*.

žalost *f* (*4*) Kummer *m*, Leid *n*, Gram *m*; *k mé* **~***i* zu m-m Bedauern; **~***í* vor Kummer; **~ivý**, **~ný** kläglich, traurig; jämmerlich.

žalov|aný *m* (*Adj. 1*) Beklagte(r) *m*; **~at** ⟨*ob-*, *po-*, *za-*⟩ (*-luji*) klagen (*k-u co* j-m *A*); sich beklagen (*na k-o* über *A*); **~** *k-o o náhradu škody* j-n wegen Schadenersatz verklagen; F **~** *na spolužáka* s-n Mitschüler verpetzen; **~** *na sebe fig.* sich anklagen; **~atelný** klagbar.

žalozpěv *m* (*2a*) Klagelied *n*; Trauergesang *m*.

žaltář *m* (*4*) Psalter *m*.

žalud *m* (*2a*) Eichel *f*.

žalud|eční Magen-; **~ek** *m* (*2b*; *-dk-*) Magen *m*; *potíže s -dkem* Magenbeschwerden *f/pl.*; **~kový** Magen-.

žalud|ový Eichel-; **~ský** Eichel-, Treff- (*Kartenspiel*).

žaluzie *f* (*2*) Jalousie *f*, Rolladen *m*; Rollo *n*; **~** *chladiče* Kühlergrill *m*.

žampión *m* (*2a*) Champignon *m*.

žandár P † *m* (*1*; *-ři*/*-rové*) Gendarm *m*.
žánr *m* (*2a*) Genre *n*; **~ový** Genre-.
žár *m* (*2a*) Glut *f*, Hitze *f*.
žárl|ení *n* (*3*) Eifersucht *f*; **~it** <*roz-se, za-*> (*na k-o*) eifersüchtig sein (auf *A*); **~ivec** *m* (*3*; *-vc-*) eifersüchtiger Mann *m*; **~ivý** eifersüchtig.
žár|nice *f* (*2a*) Heizrohr *n*; **~ný** *poet.* glühend, heiß; **~oměr** *m* (*2a*) Pyrometer *n*; **~oviště** *n* (*2a*) Brandplatz *m*; Feuerstelle *f*; *hist.* Leichenverbrennungsstätte *f*; **~ovka** *f* (*1c*; *-vek*) Glühbirne *f*; **~ový** Glut-; **~uvzdorný** hitzebeständig, feuerfest.
žasn|out <*u-*> (*-sl*) staunen (*nad čím* über *A*); **~utí** *n* (*3*) Verblüffung *f*.
žatva *f* (*1*; *-tev*) Ernte *f*; Mahd *f*.
žblunk! *Int.* plumps!; **~at** <*za-*> plätschern; *Magen*: knurren; F *ins Wasser* plumpsen.
ždát (*č-o, po čem*) *lit.* ersehnen.
ždibec F *m* (*4*; *-bc-*) kleines Stück (-chen), Bröckchen *n*.
ždím|ačka *f* (*1c*; *-ček*) Wringmaschine *f*; **~at** <*pro-, vy-, za-*> auswinden, auswringen; *fig.* (*k-o*) ausnützen (*A*); P *Geld* erpressen.
že daß; weil; *fig.* soll; *to ~ je káva?* das soll Kaffee sein?; *~ ano?* nicht wahr?; *~ se ještě ptáš!* wie kannst du noch fragen?
žeb|erní Rippen-; **~írko** *n* (*1b*; *-rek*) *Kochk.* Rippchen *n*; Rippenstück *n*, Kotelett *n*.
žebr|ácký Bettel-; **~ák** *m* (*1a*), **~ačka** *f* (*1c*; *-ček*) Bettler(in *f*) *m*; **~ání** *n* (*3*) Bettelei *f*; **~at** <*do-, po-, pro-, vy-, za-*> betteln; **~avý** Bettel-.
žebro *n* (*1*; *6. -u*) Rippe *f*.
žebr|onit <*na- se, vy-*> inständig bitten, F betteln; **~ota** *f* (*1*) Bettelei *n*, Betteln *n*; P *verä.* Bettelpack *n*; *přijít na -tu* an den Bettelstab kommen.
žebř|ík *m* (*2b*) Leiter *f*; **~íček** *m* (*2b*; *-čk-*) kleine Leiter; *Sp.* Rangliste *f*; **~ina** *f* (*1*) Sprosse *f*; *Turn. pl. a.* Sprossenwand *n*; **~iňák** *m* (*2b*) Leiterwagen *m*; **~inový** Leiter-.
žeh *m* (*2b*) *poet.* Glut *f*, Feuer *n*; *pohřeb ~em* Einäscherung *f*; Feuerbestattung *f*; **~at** <*po-, za-*> sengen, brennen.
žehl|icí Bügel-, Plätt-; **~ička** *f* (*1c*; *-ček*) Bügel-, Plätteisen *n*; **~írna** *f* (*1*; *-ren*) Bügelei *f*, Plättanstalt *f*; **~írka** *f* (*1c*; *-řek*) Plätterin *f*; **~it** <*pře-, vy-, za-*> bügeln, plätten.
žehnat <*po-, za-*> (*k-u od. k-o*) segnen (*A*); *~ se* sich bekreuzigen; † *a.* Abschied nehmen.
žehnout <*o-, po-, roz-, za-*> (*-žehl*) *s. žhnout.*
žehra|t <*za-*> (*na k-o pro co*) eifersüchtig sein (auf *A* wegen *G*); mißgönnen (j-m *A*); **~vost** *f* (*4*) Eifersucht *f*; **~vý** eifersüchtig, mißgünstig.
žejdlík *m* (*2b*) Schoppen *m* (*Wein*); † *a.* Seidel *n* (*Bier*).
žel *s. žal*; *~ bohu* leider Gottes.
želatina [-tiː-] *f* (*1*) Gelatine *f*.
želé *n* (*indekl.*) Gelee *n*.
želet <*o-, po-, za-*> (*3 Pl. -ejí*/*-í*) bedauern, bereuen (*č-o*/*A*).
želez|árenský Eisenhütten-; **~árna** *f* (*1*; *-ren*) Eisenhüttenwerk *n*; **~ář** *m* (*3*) Eisen(waren)händler *m*; **~ářství** *n* (*3*) Eisenindustrie *f*; Eisenhandlung *f*; **~itý** eisenhaltig, Eisen-; *Chem.* Ferri-; **~ňák** *m* (*2b*) eiserner Topf *m*; **~natý** eisenhaltig, Eisen-; *Chem.* Ferro-; **~nice** *f* (*2a*) Eisenbahn *f*; **~ničář** *m* (*3*) Eisenbahnangestellte(r) *m*, F Eisenbahner *m*; **~niční** Eisenbahn-, Bahn-; **~ník** *m* (*1a*) Eisenhändler *m*; **~ný** eisern; Eisen-; **~o** *n* (*1*; *6. -e*/*-u*) Eisen *n*; *pl. a.* Fesseln *pl.*; *Jagdw.* Fangeisen *n*; *stoupací -za* Steigeisen *n*/*pl.*; **~obeton** *m* (*2a*) Eisenbeton *m*; **~ový** Eisen-.
želízko *n* (*1b*; *-zek*) *dim. zu* železo; Klinge *f*; *fig.* Eisen *n*; † *pl. a.* Schlittschuhe *pl.*; *-ka na ruce* Handschellen *pl.*
želv|a *f* (*1*) Schildkröte *f*; **~ovina** *f* (*1*) Schildpatt *n*; **~ový** Schildkröten-.
žeml|e *f* (*2*), *dim.* **~ička** *f* (*1c*; *-ček*) Semmel *f*; **~ovka** *f* (*1c*; *-vek*) *Kochk. öst.* Semmelschmarren *m*, Scheiterhaufen *m*; **~ový** Semmel-; semmelblond.
žeň *f* (*3*; *žně*): *mst pl. žně* Ernte(-zeit) *f*.
žen|a *f* (*1*) Weib *n*, Frau *f*; **~áč** P *m* (*3*), **~atec** P *m* (*3*; *-tc-*) Verheiratete(r) *m*; **~atý** verheiratet (*Mann*); **~ění** *n* (*3*) Heirat(en *n*) *f*.
ženevský Genfer (*Adj.*).
ženich *m* (*1a*) Bräutigam *m*.
ženi|jní [-nɪ-] *Mil.* Pionier-; **~sta** *m* (*5a*) Pionier *m*.

žen|it *Sohn* verheiraten; ~ se ⟨*o-*⟩ (*s kým*) *Mann*: heiraten (*A*), sich verheiraten (mit *D*); **~itba** *f* (*1*; *-teb*) Heirat *f*; **~ská** P *f* (*Adj. 2*) Weib(sbild) *n*, Frau(ensperson) *f*; **~skost** *f* (*4*) das Weibliche, Weiblichkeit *f*; **~ský** weiblich; Frauen-; **~ština** *f* (*1*) *s. ženská*; **~ství** *n* (*3*) *s. ženskost.*
žentour *m* (*2a*) *Agr.* Göpel *m.*
ženuška F *f* (*1c*; *-šek*) Frauchen *n*, Weibchen *n*, liebe Gattin *f.*
žerď *f* (*4d*; *-di*/*-dě*; *-děmi*) Fahnenstange *f*; *bradlová* ~ *Turn.* Holm *m*; *půl -rdi* halbmast.
žernov *m* (*2*; *6. -ě*/*-u*) Mühlstein *m.*
žert *m* (*2a*), *dim.* **~í(če)k** *m* (*2b*; *-čk-*) Scherz *m*, Spaß *m*; **~ovat** ⟨*po-* (*si*), *za-* (*si*)⟩ (*-tuji*) scherzen, spaßen; **~ovný** spaßig, scherzhaft.
žertva *f* (*1*; *-tev*) Brandopfer *n.*
žeru *s. žrát.*
žervé *n* (*indekl.*) Gervais *m* (*Käse*).
žes P = *že jsi.*
žesť *f* (*4c*; *-ti*), *mst pl. -tě Mus.* Blech *n*; **~ový** Blech(blas)-.
žezlo *n* (*1*; *6. -u*/*-e*; *-zel*) Zepter *n.*
žežul|čí Kuckucks-; **~ka** *f* (*1c*; *-lek*) Kuckuck *m.*
žhář *m* (*3*), **~ka** *f* (*1c*; *-řek*) Brandstifter(in *f*) *m*; **~ství** *n* (*3*) Brandstiftung *f.*
žhav|ení *n* (*3*) *Rdf.* Heizung *f*; **~icí** *Rdf.* Heiz-; **~it** ⟨*pro-*, *roz-*, *vy-*⟩ glühend machen; *fig.* heizen.
žh|nout ⟨*pro-*⟩ glühen, brennen; **~oucí** glühend (heiß).
Žid, *Rel.* **žid** *m* (*1*; *-é*) Jude *m.*
židle *f* (*2*) Stuhl *m.*
židov|ka *f* (*1c*; *-vek*) Jüdin *f*; **~ský** jüdisch; **~ství** *n* (*3*) *fig.* Judentum *n*; **~stvo** *n* (*1*) *koll.* Judentum *n*, Juden *pl.*
žíhací Glüh-.
žihadlo *n* (*1a*; *-del*) Stachel *m.*
žíh|aný gebrannt; gestreift; **~at** ⟨*po-*, *roz-*, *za-*⟩ glühend machen; brennen (*A*); mit Streifen versehen; **~avý** brennend, stechend; ~ *plamen* Stichflamme *f.*
žíla *f* (*1a*; *žil*; *7 Sg.*, *2*, *3*, *6*, *7 Pl.* *žil-*/*žil-*) Ader *f*; *Jagdw.* Rute *f*; † *a.* Ochsenziemer *m*; *dial.* Sehne *f.*
žiletka *f* (*1c*; *-tek*) Rasierklinge *f.*
žilk|a *f* (*1c*; *-lek*) *dim. zu žíla*; *Bot.* Ader *f*; **~ování** *n* (*3*) Maserung *f*; **~ovat** ⟨*od-*⟩ (*-kuji*) ädern, masern; **~ovaný**, **~ovatý** geädert.
žil|natina *f* (*1*) *Anat.* Adergewebe *f*; *Bot. koll.* Blattadern *f*/*pl.*; **~ní**, **~ný**, **~ový** Venen-, Ader-; venös; **~obití** *n* (*3*) Pulsschlag *m.*
žíně *f* (*2b*; *-í*) Roßhaar *n*; **~nka** *f* (*1c*; *-nek*) Matratze *f*; *Sp.* Matte *f*; **~ný** Roßhaar-; † *lit.* hären.
žínka *f* (*1c*; *-nek*) F Weibchen *n*; Waschlappen *m.*
žír *m* (*2a*) Mast *f*, Mästung *f.*
žirafa *f* (*1*) Giraffe *f.*
žírav|ina *f* (*1*) Ätzmittel *n*; Laugensalz *n*; Alkali *n*; **~inný** Alkali-, alkalisch; **~ý** ätzend, Ätz-.
žírný fett, Mast-.
žiro *n* (*1*, *6. -u*) Giro *n*; **~vý** Giro-.
žít¹ ⟨*do-*, *po-*, *za-*⟩ (*žiji*, *žil*) leben; *ať žije!* es lebe!
žít² ⟨*na-*, *od-*, *po-*, *pro-*, *u-*, *vy-*⟩ (*žnu*, *žal*, *žat*) mähen.
žití *n* (*3*) Leben *n*, Dasein *n.*
žit|ná *f* (*Adj. 2*) Korn(branntwein) *m*; **~nice** *f* (*2a*) Kornkammer *f* (*a. fig.*); **~niště** *n* (*2a*) Korn-, Roggenfeld *n*; **~ný** Korn-; **~o** *n* (*1*) Korn *n.*
živ (**~a**, **~o**) lebendig; *být* ~ leben; *na ~u* am Leben; *za ~a* bei lebendigem Leib, lebend; zu Lebzeiten.
živec *m* (*4*; *-vc-*) Feldspat *m.*
živel *m* (*2a*; *-vl-*) Element *n*; **~ní** Elementar-, elementar; ~ *pohroma* Naturkatastrophe *f*; **~ný** spontan; unwiderstehlich.
živ|ice *f* (*2a*) Erdpech *n*; **~ičn(at)ý** bituminös; **~ina** *f* (*1*) Nährstoff *m.*
živit ⟨*o-*, *u-*, *vy-*⟩ (er)nähren; ~ *se* (*čím*) sich ernähren *od.* leben (von *D*); **~el** *m* (*3*; *-é*), **~elka** *f* (*1c*; *-lek*) Ernährer(in *f*) *m.*
živnost *f* (*4*) Gewerbe *n*; **~enský**, **~nický** Gewerbe-; gewerblich; **~nictvo** *n* (*1*) *koll.* Gewerbetreibende(n) *m*/*pl.*; **~ník** *m* (*1a*), **~nice** *f* (*2a*) Gewerbetreibende *m od. f.*
živný nahrhaft; Nähr-.
živo *Adv.* lebhaft; **~bytí** *n* (*3*) Lebensunterhalt *m*; Dasein *n*, Existenz *f*; **~čich** *m* (*1a*) Lebewesen *n*; **~čišný** tierisch, Tier-; **~čišstvo** *n* (*1*) Tierwelt *f*; **~rodý** *Zo.* lebendgebärend.
živoř|ení *n* (*3*) Dahinvegetieren *n*; **~it** ⟨*pro- se*⟩ ärmlich leben, F dahinvegetieren.
živost *f* (*4*) Lebendigkeit *f*, Lebhaftigkeit *f.*
život *m* (*2*; *2. -a*) Leben *n*; Leib *m*, Bauch *m*; Leibchen *n*; *doba ~a* Lebensdauer *f*; *družka ~a* Lebens-

gefährtin *f*; *pojištění na* ~ Lebensversicherung *f*; *po celý* ~ zeitlebens; *za* ~*a* zu Lebzeiten; ~**ní** Lebens-, Daseins-; lebenswichtig; ~**nost** *f* (*4*) Lebenskraft *f*; Lebensdauer *f*; ~**ný** lebendig; *Gr.* belebt.

životo|pis *m* (*2*; *6.* -*u*/-*e*) Lebensbeschreibung *f*; ~**pisec** *m* (*3*; -*sc*-) Biograph *m*; ~**pisný** biographisch; ~**správa** *f* (*1*) Lebensführung *f*.

živ|oucí lebend(ig); ~**ůtek** *m* (*2b*; -*tk*-) Leibchen *n*; ~**ý** lebend, lebendig; lebhaft, rege; Lebe-; P *-vou mocí, za* ~ *svět* auf keinen Fall; *nebyla tam -vá duše* dort war keine Seele; *ťal do -vého fig.* er hat den Nagel auf den Kopf getroffen.

žízeň *f* (*3*; -*zně*, -*zni usw.*) Durst *m* (*po čem* nach *D*); *trpět -zní* Durst leiden; *umírat, hynout -zní* verdursten, vor Durst umkommen; ~ *po činech* Tatendrang *m*.

žízni|t ⟨*za*-⟩ (*po čem*) dürsten, *lit.* lechzen (nach *D*); ~**vý** durstig.

žížala *f* (*1a*) Regenwurm *m*.

žlab *m* (*2*; *6.* -*u*/-*ě*) (*Dach*-)Rinne *f*; Viehtrog *m*; Futterkrippe *f*; ~**atka** *f* (*1c*; -*tek*) Gallwespe *f*.

žláb|(eč)ek *m* (*2b*; -*b*[*eč*]*k*-) Rille *f*, Falz *m*, Fuge *f*; ~**kový** Rillen-, Kehl-, Falz-.

žláz|a *f* (*1a*) Drüse *f*; ~**ový** Drüsen-.

žleb *m* (*2a*) Hohlweg *m*; Talmulde *f*.

žlout|ek *m* (*2b*; -*tk*;) (Ei-)Dotter *m*, Eigelb *n*; ~**enka** *f* (*1c*; -*nek*) Gelbsucht *f*; ~**kový** Dotter-; dottergelb; ~**nout** ⟨*na*-, *pro*-, *za*-⟩ (-*tl*) gelb werden; vergilben.

žluč *f* (*4b*; -*e*/-*i*) Galle *f*; ~**ník** *m* (*2b*) *Anat.* Gallenblase *f*; *choroba* ~*u* Gallenleiden *n*; ~**ovitý** gallig; ~**ový** Gallen-.

žluk|lý ranzig; ~**nout** (*im*)*pf.* ⟨*za*-⟩ (-*kl*) ranzig werden.

žluna *f* (*1*) Grünspecht *m*.

žluť *f* (*4c*; -*ti*) Gelb *n*, gelbe Farbe *f*; ~**ák** P *m* (*2b*) Dotterblume *f*; ~**ásek** *m* (*1a*; -*sk*-) Zitronenfalter *m*.

žlut|at se ⟨*pro*-, *za*-⟩ gelb(lich) schimmern; ~**avý** gelblich; ~**ice** P *f* (*2a*) gelber Lehm *m*; ~**it** ⟨*na*-, *o*-, *za*-⟩ (-*cen*) gelb färben.

žluťou|čký, ~**nký** F schön gelb.

žluto|vlasý mit gelbem Haar; ~**zelený** gelbgrün.

žlutý gelb; ~ *filtr Fot.* Gelbfilter *n*; *barvit -tě, na -to,* gelb färben.

žluva *f* (*1*) Goldamsel *f*, Pirol *m*.

žmol|ek *m* (*2b*; -*lk*-) Klumpen *n*, Batzen *m*; ~**it** ⟨*roz*-, *u*-, *za*-⟩ zerbröckeln, zerreiben; zerknüllen.

žně *f*/*pl.* (*2*) Ernte(zeit) *f*.

žne|c *m* (*3*), ~**čka** *f* (*1c*; -*ček*) Schnitter(in *f*) *m*.

žnout *s. žít*².

žňový Ernte-.

žok *m* (*2b*) (großer) Sack *m*; ~**ovat** (-*kuji*) einsacken.

žold *m* (*2a*) Sold *m*; ~**néř** *m* (*3*), *verä.* ~**ák** *m* (*1a*) Söldner *m*; ~**néřský** Söldner-.

žráč P *m* (*3*) Fresser *m*.

žrádlo *n* (*1a*; -*del*) Fraß *m*, Fressen *n*.

žral|očí Haifisch-; ~**ok** *m* (*1a*) Hai *m*.

žran|í *n* (*3*) Fressen *n*; ~**ice** P *f* (*2a*) Fresserei *f*, Freßgelage *n*.

žrát (*in Zssgn* -*žrat*: *na*-, *po*-, *se*-, *vy*-) (*žeru, žral*) fressen.

žrav|ost *f* (*4*) Gefräßigkeit *f*; ~**ý** gefräßig; V verfressen.

žrout *m* (*1*) P Fresser *m*, *verä.* Vielfraß *m*.

žudr *m* (*2a*), ~**o** (*1*; *6.* -*u*) *dial.* Vorraum *m*, Türüberdachung *f*.

žul|a *f* (*1a*) Granit *m*; ~**ový** Granit-.

žumpa *f* (*1*) Senk-, Jauchengrube *f*; Kalkgrube *f*; † *iron.* Gefängnis *n*.

žup|a *f* (*1*) Gau *m*; *hist.* (*in Ungarn*) Komitat *n*, Gespanschaft *f*; ~**an**¹ *m* (*1*; -*é*) Gaugraf *m*; † Gespan *m*.

župan² *m* (*2*; *6.* -*u*/-*ě*) Schlafrock *m*.

župní Gau-.

žurnál *m* (*2*; *6.* -*u*/-*e*) Journal *n*; *Hdl.* Tagebuch *m*.

žurnalist|a *m* (*5a*), ~**ka** *f* (*1c*; -*tek*) Journalist(in *f*) *m*; ~**ický** [-tɪts-] journalistisch.

žvachtat P schwatzen, schwätzen.

žvanec P *m* (*4*; -*nc*-) Bissen *m*; Gekautes *n*.

žvan|ění *n* (*3*) Geschwätz *n*; ~**il** *m* (*1*; -*ové*), ~**ilka** *f* (*1c*; -*lek*) P *iron.* Schwätzer(in *f*) *m*; ~**it** ⟨*na*-, *vy*-, *za*-⟩ schwatzen, schwätzen, P plappern, quatschen; ~**ivý** P geschwätzig.

žvást, žvast P *m* (*2a*) Geschwätz *n*.

žvást|al P *m* (*1*; -*ové*) Schwätzer *m*; ~**at** P ⟨*na*-⟩ *s. žvanit.*

žvatlat ⟨*na*-, *po*-, *za*-⟩ *s. žvanit.*

žvatlav|ost *f* (*4*) Schwatzhaftigkeit *f*; ~**ý** schwatzhaft.

žvýk|ací Kau-; ~**ačka** *f* (*1c*; -*ček*) Kaugummi *m*; ~**ání** *n* (*3*) Kauen *n*; ~**at** ⟨*po*-, *pro*-, *za*-⟩ kauen.

žžonka *f* (*1c*; -*nek*) Glühpunsch *m*.

Muster der Deklination und Konjugation

Vzory skloňování a časování

Im Tschechischen unterscheidet man „harte“ und „weiche“ Konsonanten. Als „weiche“ gelten: c, j, č, ď, ň, ř, š, ť, ž. Als strenges Gesetz der Lautfolge gilt, daß **nach** l, s, z, h, ch, k, g, r, q, x und allen weichen Konsonanten sowie am Anfang eines Wortes oder einer Silbe der Buchstabe **ě** nicht stehen darf. **ě** darf deshalb nur nach b, d, f, m, n, p, t, v (und w) geschrieben werden.
Der Buchstabe ů wird als Schreibvariante nur in der Mitte und am Ende eines Wortes verwendet. Am Anfang steht immer ú (für langes u).
Dies bedingt zahlreiche Eigenheiten der Konjugation und Deklination, die als Ausnahmen — besonders beim Imperativ und Präpositiv (6. Fall) — durch einheitliche Musterwörter nicht zu erfassen sind.

I. Deklination der Substantive

a) Reihenfolge der Kasus (Fälle) waagerecht: Nominativ (1. Fall), Genitiv (2. Fall), Dativ (3. Fall), Akkusativ (4. Fall), Vokativ (5. Fall = Ruffall!), Präpositiv (6. Fall, steht immer mit Präposition), Instrumental (7. Fall) im Singular und (darunter) im Plural.

b) Abweichungen sind im Wörterverzeichnis vermerkt.

Maskulina

1. belebte, mit **hartem** Konsonanten im Auslaut

m (1)	1.	2.	3.	4.	5.	6.	7.
m (1)	holub	-a	-u/-ovi	-a	-e!	-u/-ovi	-em
Pl.	holub|i/-ové	-ů	-ům	-y	-i/-ové!	-ech	-y

Zu *m* (**1**): Im 1. und 5. Fall Pl. bevorzugen einsilbige Mask. oft die Endung **-ové**: pánové, Norové, Rusové. — Im 5. Fall Sg. wird nach Konsonanten **r** zu **ře**: bratr — bratře!, aber: doktor — doktore!
Im 3. und 6. Fall Sg. wird die Endung **-ovi** von einsilbigen Substantive bei Verwendung von Präpositionen und bei aufeinanderfolgenden Namen, Titeln usw. vom letzten Substantiv bevorzugt, z. B. pan**u** profesor**u** doktor**u** Antonín**u** Kvapil**ovi**.
Fremde Eigennamen auf **-us, -os, -es** verlieren diese Endungen in allen Fällen mit Beugungslaut: Romulus, 2. Fall Romula, 3. u. 6. -ovi usw., Pythagoras, 2. Fall -ra od. -ry.

belebte auf **h, ch, k**:

	1.	2.	3.	4.	5.	6.	7.
m (**1a**)	soudruh	-a	-u/-ovi	-a	-u!	-u/-ovi	-em
Pl.	soudru|zi	-hů	-hům	-hy	-zi!	-zích	-hy
	hoch	-a	-u/-ovi	-a	-u!	-u/-ovi	-em
Pl.	ho|ši	-chů	-chům	-chy	-ši!	-ších	-chy
	žák	-a	-u/-ovi	-a	-u!	-u/-ovi	-em
Pl.	žá|ci	-ků	-kům	-ky	-ci!	-cích	-ky

Zu *m* (**1a**): Das bewegliche **-e-** fällt bei den Wörtern auf **-ek** in den Flexionsendungen aus: špaček, 2. Fall Sg. špačka usw.; 1. u. 5. Fall Pl. špačci und špačkové. — Der 5. Fall von člověk lautet člověče! — Wegfall von **-e-** in den Flexionsendungen wird angegeben: *-čk-*, *-lk-*, *-nk-* usw.

2. unbelebte mit **hartem** Konsonanten im Auslaut:

	1.	2.	3.	4.	5.	6.	7.
m (**2**)	hrad	-u	-u	—	-e!	-ě	-em
Pl.	hrad|y	-ů	-ům	-y	-y!	-ech	-y
m (**2a**)	wie *m* (**2**), jedoch im 6. Fall Sg. -u						

Zu *m* (**2**) und (**2a**): Im 2. Fall Sg. haben einige Maskulina die von dem Musterwort abweichende Endung **-a** bzw. **-a** neben **-u.** Dies wird beim Stichwort angegeben. — Nach **l, s, z** steht im 6. Fall Sg. **-e** (s. Einführung zur Deklination S. 551). Die Endung **-u** dringt hier immer stärker vor. Wenn es mehrere Möglichkeiten gibt, werden diese angegeben: **6.** *-u/-e* bzw. *-u/-ě*. Das **r** wird oft zu **-ře.** — Der Ausfall von beweglichem **-e-** in den Flexionsendungen wird angegeben wie oben *-čk-*, *-lk-* usw., ebenso auch Abweichungen wie: stůl, 2. Fall Sg. stolu usw. als Hinweis: stol-. Fremdwörter auf **-us, -os, -es** verlieren diese Endung in den Fällen mit Beugungslaut. — Die Mask. auf **-ismus** (= 1., 4. und 5. Fall Sg.) haben im 2., 3. und 6. Fall die Endung -ismu, 7. -ismem. Plural ist meist ungebräuchlich.

unbelebte auf **h, ch, k**:

	1.	2.	3.	4.	5.	6.	7.
m (**2b**)	pluh	-u	-u	—	-u!	-u	-em
Pl.	-y	-ů	-ům	-y	-y!	pluzích	-y
	hřích	wie pluh, jedoch:				hříších	
	balík	wie pluh, jedoch:				balících	

Zu *m* (**2b**): Wo in den Flexionsendungen das bewegliche **-e-** ausfällt, wird dies angegeben: *-čk-*, *-lk-*, *-mk-* usw. — Maskulina auf **-ček, -sek,** auch manche auf **-ák** bilden den 6. Fall Pl. auf -čkách, -skách, -kách; nur selten verwendet man noch -čcích/-scích.

3. belebte, mit **weichem** Konsonanten im Auslaut:

	1.	2.	3.	4.	5.	6.	7.
m (**3**)	muž	-e	-i/-ovi	-e	-i!	-i/-ovi	-em
Pl.	muž|i/-ové	-ů	-ům	-e	-i/-ové!	-ích	-i
m (**3a**)	tule|ň	-ně	-ni/-ňovi	-ně	-ni!	-ni/-ňovi	-něm
Pl.	tule|ni/-ňové	-ňů	-ňům	-ně	-ni/-ňové!	-ních	-ni

Zu *m* (**3**) und (**3a**): Wo das bewegliche **-e-** in den Flexionsendungen ausfällt, wird dies angedeutet (*-nc-*, *-lc-* usw.). — Maskulina auf **-ec** haben im 5. Fall Sg. die Endung **-če**!: otec — otče! Die Mask. auf **-ce** bilden den 1. Fall Sg. wie den 5. Fall Sg. auf **-ce,** sonst deklinieren sie wie *m* (**3**). — Maskulina auf **-tel** haben im 1. Fall Pl. die Endung **-é.**

4. unbelebte, mit **weichem** Konsonanten im Auslaut:

	1.	2.	3.	4.	5.	6.	7
m **(4)**	stroj	-e	-i	—	-i!	-i	-em
Pl.	stroj|e	-ů	-ům	-e	-e!	-ích	-i
m **(4a)**	pláš|ť	-tě	-ti	-ť	-ti!	-ti	-těm
Pl.	-tě	-ťů	-ťům	-tě	-tě!	-tích	-ti
	povětro|ň	-ě	-ni	-ň	-ni!	-ni	-něm
Pl.	-ně	-ňů	-ňům	-ně	-ně!	-ních	-ni

Zu *m* **(4)** und **(4a)**: Wenn das bewegliche **-e-** in den Flexionsendungen ausfällt, wird dies angedeutet (s.o.), ebenso die Abweichungen wie **nůž**, 2. Fall Sg. **nože** usw.

5. belebte auf **-a** und auf **-ista, -ita**:

	1.	2.	3.	4.	5.	6.	7.
m **(5)**	sluh|a	-y	-ovi	-u	-o!	-ovi	-ou
Pl.	-ové	-ů	-ům	-y	-ové!	sluzích	-y
m **(5a)**	turist|a	-y	-ovi	-u	-o!	-ovi	-ou
Pl.	-é	-ů	-ům	-y	-é!	-ech	-y

Zu *m* **(5)** und **(5a)**: Die Maskulina auf **-ha, -cha, -ka** erhalten im 6. Fall Pl. die Endungen **-zích, -ších, -cích.** Einige haben im 1. Fall Pl. auch die Endung **-i** (nicht nach h, ch, k).

Ausnahmen: **kůň, kněz** (belebt) und **den** (unbelebt):

	1.	2.	3.	4.	5.	6.	7.
	kůň	koně	koni/ koňovi	koně	koni!	koni/ koňovi	koněm
Pl.	koně	koňů/ koní	koňům/ koním	koně	koně!	koních	koni/ koňmi
	kněz	wie *m* **(3)**					
Pl.	kněží	kněží	kněžím	kněze	kněží!	kněžích	kněžími
	den	dne	dni	den	dni!	dni	dnem
Pl.	dni/dnové	dní/dnů	dnům	dni/dny	dni!	dnech	dny

Feminina

1. Feminina auf **-a**:

f **(1)**	1.	2.	3.	4.	5.	6.	7.
	ryb|a	-y	-ě	-u	-o!	-ě	-ou
Pl.	-y	—	-ám	-y	-y!	-ách	-ami

Feminina auf **-la, -sa, -za** bilden den 3. und 6. Fall Sg. auf **-e**:

f **(1a)**	1.	2.	3.	4.	5.	6.	7.
	kobyl|a kos|a bříz|a	-y	-e	-u	-o!	-e	-ou

Plural wie *f* **(1)**

Feminina auf **-ha, -cha** bilden den 3. und 6. Fall Sg. auf -ze, -še:

	1.	2.	3.	4.	5.	6.	7.
f (**1b**)	kni|ha	-hy	-ze	-hu	-ho!	-ze	-hou
	stře|cha	-chy	-še	-chu	-cho!	-še	-chou
Plural wie *f* (**1**)							

Feminina auf **-ka, -ra** bilden den 3. und 6. Fall Sg. auf -ce bzw. -ře:

	1.	2.	3.	4.	5.	6.	7.
f (**1c**)	ře|ka	-ky	-ce	-ku	-ko!	-ce	-kou
f (**1d**)	komo|ra	-ry	-ře	-ru	-ro!	-ře	-rou
Plural wie *f* (**1**)							

2. Feminina auf **-e**:

	1.	2.	3.	4.	5.	6.	7.
f (**2**)	růž|e	-e	-i	-i	-e!	-i	-í
Pl.	-e	-í	-ím	-e	-e!	-ích	-emi

Feminina auf **-ice, -ile** und **-yně**:

	1.	2.	3.	4.	5.	6.	7.
f (**2a**)	lavice, košile	wie *f* (**2**), jedoch **2.** Fall Pl. (meist ohne Endung): lavic, košil					
f (**2b**)	kuchyn|ě	-ě	-i	-i	-ě!	-i	-í
Pl.	kuchy|ně	-ň/(-ní)	-ním	-ně	-ně!	-ních	-němi

3. Feminina mit verschiedenen **Konsonanten** im Auslaut:

	1.	2.	3.	4.	5.	6.	7.
f (**3**)	daň	daně	dani	daň	dani!	dani	daní
Pl.	dan|ě	-í	-ím	-ě	-ě!	-ích	-ěmi
	věž, postel	-e	-i	—	-i!	-i	-í
Pl.	wie *f* (**2**)						

4. Feminina auf **-st** und andere **Konsonanten** (-i-Deklination):

	1.	2.	3.	4.	5.	6.	7.
f (**4**)	kost	-i	-i	—	-i!	-i	-í
Pl.	kost|i	-í	-em	-i	-i!	-ech	-mi

Auf Konsonant, mit Abweichungen in einzelnen Fällen

f (**4a**)	myš	*Singular* wie *f* (**4**) *Plural* wie *f* (**4**), jedoch 4. -ím und 6. -ích
f (**4b**)	mysl	*Singular* wie *f* (**4**) *Plural* wie *f* (**4a**), jedoch 7. -emi

Auf **-ď** und **-ť**

	1.	2.	3.	4.	5.	6.	7.
f (**4c**)	labu|ť	-ti/tě	-ti	-ť	-ti!	-ti	-tí
	-tě	-tí	-tím	-tě	-tě!	-tích	-těmi
f (**4d**)	lo|ď	-di/dě	-di	-ď	-di!	-di	-dí
	-di/dě	-dí	-dím	-di/dě	-di/dě!	-dích	-ďmi/děmi

Anmerkungen zur Deklination der Feminina:

1. **paní** bleibt im *Sg.* unverändert, *Pl.* wird dekliniert wie *n* (3).
2. Einige Feminina verlieren das bewegliche **-e-** in allen Fällen mit Beugungslaut: píseň — písně.
3. Bei vielen Feminina (auf **-ba, -árna, -írna, -ovna, -la, -na, -ra** und besonders auf **-ka**) wird im 2. Fall Pl. das bewegliche **-e-** eingeschoben, z. B.: dílna — dílen, matka — matek usw.
4. Viele Feminina kürzen in einigen oder in allen Fällen mit Beugungslaut den langen Stammvokal, z. B.: chvíle — 2. Pl. chvil, hůl — 2. Sg., 1. Pl. hole usw.
5. Die Besonderheiten der Deklination des Duals (oči, uši, 7. -ima), der nach den Deklinationsmustern der fem. Substantive dekliniert wird, stehen im Wörterverzeichnis nach dem Stichwort.

Neutra

1. Auf **-o** bzw. **-lo, -so, -zo**

	1.	2.	3.	4.	5.	6.	7.
n (**1**)	měst|o	-a	-u	-o	-o!	-ě	-em
Pl.	-a	—	-ům	-a	-a!	-ech	-y
n (**1a**)	kol|o mas|o želez|o	wie *n* (1), jedoch 6. Sg. -e					

Auf **-ho, -cho, -ko**

	1.	2.	3.	4.	5.	6.	7.
n (**1b**)	jh|o	-a	-u	-o	-o!	-u	-em
Pl.	-a	jeh	-ům	-a	-a!	-ách	-y
	rouch|o	-a	-u	-o	-o!	-u	-em
Pl.	-a	—	-ům	-a	-a!	-ách	-y
	jabl|ko	-ka	-ku	-ko	-ko!	-ku	-kem
Pl.	-ka	-ek	-kům	-ka	-ka!	-kách/ (-cích)	-ky

2. Auf **-e**

	1.	2.	3.	4.	5.	6.	7.
n (**2**)	moř|e	-e	-i	-e	-e!	-i	-em
Pl.	-e	-í	-ím	-e	-e!	-ích	-i

Auf **-iště**

	1.	2.	3.	4.	5.	6.	7.
n **(2a)**	hřišt|ě	-ě	-i	-ě	-ě!	-i	-ěm
Pl.	-ě	hřišť/(-í)	-ím	-ě	-ě!	-ích	-i

3. Auf **-í**

	1.	2.	3.	4.	5.	6.	7.
n **(3)**	psan|í	-í	-í	-í	-í!	-í	-ím
Pl.	-í	-í	-ím	-í	-í!	-ích	-ími

4. Mit **-t-** und **-n-**Stamm

	1.	2.	3.	4.	5.	6.	7.
n **(4)**	kuře	-te	-ti	—	-!	-ti	-tem
Pl.	kuřat|a	—	-ům	-a	-a!	-ech	-y
n **(4a)**	štěně	mládě	kotě	wie *n* (4)			
Pl.	štěňat|a	mláďat|a	koťat|a				

5. Fremdwörter auf **-eum, -ium, -uum**

	1.	2.	3.	4.	5.	6.	7.
n **(5)**	muze|um	-a	-u	-um	-um!	-u	-em
Pl.	-a	-í	-ím	-a	-a!	-ích	-i

Anmerkungen zur Deklination der Neutra:

1. Bei vielen Neutra wird im 2. Fall Pl. ein bewegliches **-e-** eingeschoben. Einige Substantive bilden Doppelformen: středisko — středisk und středisek.
2. Neutra auf **-mo, -ro, -ivo, -ctvo, -stvo** bilden den 6. Fall Sg. meist auf **-u.**
3. Einige Formen, z. B. des Duals **oči, uši** und **děti** (Plural von **dítě**) werden nach den Mustern der femininen Deklination gebeugt. Dies wird nach dem Stichwort vermerkt, ebenso wie Abweichungen beim Dual von **rameno, koleno, prsa.**

II. Deklination der Adjektive

(Typ **nový**)

Fall	Adj. 1 (männlich) unbelebt		Adj. 1 (männlich) belebt	Adj. 2 (weiblich)	Adj. 3 (sächlich)
1. Sg.	nový		nový	nová	nové
2.		nového		nové	nového
3.		novému		nové	novému
4.	nový		nového	novou	nové
5.		nový		nová	nové
6.		novém		nové	novém
7.		novým		novou	novým
1. Pl.	nové		noví	nové	nová
2.			nových		
3.			novým		
4.	nové		nové	nové	nová
5.	nové		noví	nové	nová
6.			nových		
7.			novými		

Anmerkung:

Adjektive mit **-r-**, **-k-**, **-h-**, **-ch-** im Stammauslaut sowie auf **-ský** und **-cký** bilden im 1. und 5. Fall Pl. folgende Formen (männlich, unbelebt/belebt): dobré/dob**ří**, drahé/dra**zí**, hluché/hlu**ší**, hezké/hez**cí**, české/če**ští** und německé/němec**tí**.

(Typ **cizí**: Adj. 4)

Sg.	männlich unbelebt		männlich belebt	weiblich	sächlich	Plural für *m*, *f* und *n*
1.	cizí		cizí	cizí	cizí	cizí
2.		cizího		cizí	cizího	cizích
3.		cizímu		cizí	cizímu	cizím
4.	cizí		cizího	cizí	cizí	cizí
5.			wie 1. Fall			
6.		cizím		cizí	cizím	cizích
7.		cizím		cizí	cizím	cizími

Possessivadjektive. Zu ihnen gehören die Adjektive des Typs bratr-*ův*, -ova, -ovo (*Pl.* -ovi, -ovy, -ova) *des Bruders* und matč-*in*, -ina, -ino (*Pl.* -ini, -iny, -ina) *der Mutter.*

Deklination:

Typ bratrův (sestřin)

Fall	männlich unbelebt	männlich belebt	sächlich	weiblich
1. *Sg.*	bratrův	bratrův	bratrovo	bratrova
2.		bratrova		bratrovy
3.		bratrovu		bratrově
4.	bratrův	bratrova	bratrovo	bratrovu
6.	(o) bratrov|ě/-u (sestřin|ě/-u)			(o) bratrově
7.		bratrovým		bratrovou
1. *Pl.*	bratrovy	bratrovi (sestřini)	bratrova	bratrovy
2.		bratrových		
3.		bratrovým		
4.	bratrovy	bratrovy	bratrova	bratrovy
6.		(o) bratrových		
7.		bratrovými		

III. Adverbien

Das vom Adjektiv abgeleitete Adverb ähnelt meist dem 1. Fall der sächl. Adjektive des Typs **nový**, hat aber in der Endung kurzes **-ě** bzw. **-e**: nově, aber: dobrý — dobře, zlý — zle. Einige Adverbien (bsd. von Adjektiven auf -ký) haben die Endung **-o**: vysoký *hoch* — vysoko, blízký *nah* — blízko. Von Adjektiven auf **-ský, -cký** gebildete Adverbien haben die Endung **-y**: česky, německy usw.

IV. Steigerung der Adjektive und Adverbien

1. Adjektive und Adverbien haben im Komparativ die Suffixe **-ější** bzw. **-ěji** (nach l, s, z: **-ejší/-eji**):

   krut|ý — krut**ější**
   krut|ě — krut**ěji**
   směl|ý — směl**ejší**
   směl|e — směl**eji**

   Der Superlativ wird gebildet durch Vorsetzen der Vorsilbe **nej-** vor die Komparativform.

2. Vor den Komparativendungen findet Konsonantenwechsel statt: **-k-/-č-, -h-/-ž-, -ch/-š-**, bei Adverbien auch **-c-/-č-, -z-/-ž-**; **-sk-** wird zu **-šť-** und **-ck-** zu **-čť-**.

   Beispiele: strohý/strožejší — strože/strožeji; divoký/divočejší — divoce/divočeji; vetchý/vetšejší; lidský/lidštější; dobrácký/dobráčtější.

3. Unregelmäßige oder schwer zu bildende Komparativformen werden beim Stichwort angegeben.

V. Pronomen

1. Personalpronomen

Fall	ich	du	sich	wir	ihr (Sie)
1.	já	ty	—	my	vy
2.	mne, mě	tebe, tě	sebe	nás	vás
3.	mně, mi	tobě, ti	sobě, si	nám	vám
4.	mne, mě	tebe, tě	sebe, se	nás	vás
6.	(o) mně	(o) tobě	(o) sobě	(o) nás	(o) vás
7.	mnou	tebou	sebou	námi	vámi

	er	sie	es	sie *Pl.*
1.	on	ona	ono	oni, ony, ona
2.	(je)ho	jí	(je)ho	jich
3.	(je)mu	jí	(je)mu	jim
4.	(je)ho, jej	ji	je	je
6.	(o) něm	(o) ní	(o) něm	(o) nich
7.	jím	jí	jím	jimi

1. Der 5. Fall lautet: **ty!** (2. Pers. Sg.), **vy!** (2. Pers. Pl.).
2. Die Höflichkeitsform „Sie" lautet **Vy, Vás, Vám** usw.
3. Nach Präpositionen verwandeln sich in der 3. Pers. Sg. und Pl. **je, ji, jí** in **ně-, ni-, ní-**: od něho *von ihm*, s ním *mit ihm*. Die unbetonten Formen **mi, mě, ti, tě, si, se, mu, ho, jej** sind enklitisch.
4. Das Reflexivpronomen (*sebe, sobě, si* usw.) tritt für alle Personen im Sg. und Pl. ein, wenn sie sich auf das Subjekt desselben Satzes zurückbeziehen. Die Kurzformen **se, si** dienen zur Bildung der reflexiven Verben.

2. Possessivpronomen: **můj** *mein* [mého; mému; mého (můj); (o) mém; mým]; **moje, má** *meine* [mé; mé; mou, moji; (o) mé; mou]; **moje, mé** *mein n* [mého; mému; mé, moje; (o) mém; mým]; **moji (mí), mé, má** *meine Pl.* [mých; mým; mé, má; (o) mých; mými].

tvůj *dein* und **svůj** (*reflexiv*) werden wie **můj** dekliniert; **jeho** *sein(e)* und **jejich** *ihr* (Pl.) sind undeklinierbar; **její** *ihr* (Sg. fem.) wird wie **cizí, náš** *unser* und **váš** *euer, Ihr* (höfl.) werden wie folgt dekliniert: *m* und *n* — 1. náš, naše, *Pl.* naše/naši, naše; 2. našeho, *Pl.* našich; 3. našemu, *Pl.* našim; 4. náš/našeho, naše, *Pl.* naše; 6. našem, *Pl.* našich; 7. naším, *Pl.* našimi, *f* — naše — im 2., 3., 6. *Sg.* naší, im 4. *Sg.* naši, im 1. u. 4. *Pl.* naše, sonst wie *m* u. *n*.

3. Interrogativpronomen kdo, co

Fall	1.	2.	3.	4.	6.	7.
	kdo	koho	komu	koho	(o) kom	kým
	co	čeho	čemu	co (-č)	(o) čem)	čím)

Die Form des 4. Falles mit **-č** wird mit Präpositionen **na, o, za** und **v** gebildet: **nač, oč, zač, več.**

Wie **kdo, co** werden auch die Zusammensetzungen **kdopak, copak, někdo, nikdo, něco, nic, kdosi, cosi, kdokoli, cokoli** usw. dekliniert.

4. Demonstrativpronomen: d(ies)er: ten / toho / tomu / toho (ten) / (o) tom / tím; **die(se):** ta / té / té / tu / (o) té / tou; **das, dieses:** to / toho / tomu / to / (o) tom / tím; **die(se)** *Pl.*: ti (ty), ty, ta / těch / těm / ty, ty, ta / (o) těch / těmi.

Demonstrativpronomen (ten)týž, tatáž, totéž *der-, die-, dasselbe* und Relativpronomen jenž *welcher, der*:

Fall	männlich unbelebt	männlich belebt	sächlich	weiblich
1. Sg.	jenž/(ten)týž	jenž/(ten)týž	jež/totéž	jež/(ta)táž
2.		jehož/téhož		jíž/téže
3.		jemuž/témuž		jíž/téže
4.	jejž/(ten)týž	jehož, jejž/téhož	jež/totéž	již/touž, tutéž
6.		(o) němž/témž, témže		níž/téže
7.		jímž/týmž		jíž/touž, toutéž
1. Pl.	jež/tytéž	již/(titíž)	jež/tatáž	jež/tytéž
2.		jichž, jejichž/týchž		
3.		jimž/týmž		
4.	jež/tytéž	jež/tytéž	jež/tatáž	jež/tytéž
6.		(o) nichž/týchž		
7.		jimiž/týmiž		

VI. Zahlwörter

1. Grundzahlen

1 jeden, jedna, jedno
2 dva *m*, dvě *f*, *n*
3 tři
4 čtyři
5 pět
6 šest
7 sedm
8 osm
9 devět
10 deset
11 jedenáct
12 dvanáct
13 třináct
14 čtrnáct
15 patnáct
16 šestnáct
17 sedmnáct
18 osmnáct
19 devatenáct
20 dvacet
21 jedenadvacet, dvacet jeden
30 třicet
40 čtyřicet
50 padesát
60 šedesát
70 sedmdesát
80 osmdesát
90 devadesát
100 sto
103 sto tři
125 stopětadvacet, sto dvacet pět
200 dvě stě
300 tři sta
400 čtyři sta
500 pět set
600 šest set

700	sedm set	3 000	tři tisíce
800	osm set	4 000	čtyři tisíce
900	devět set	5 000	pět tisíc
1 000	tisíc	1 000 000	milión
1 592	tisíc pět set devadesát dva	2 000 000	dva milióny
2 000	dva tisíce	5 000 000	pět miliónů

Jeden, jedna, jedno werden wie Demonstrativpronomen ten, ta, to dekliniert. Zahlwörter **dva, dvě** haben folgende Deklinationsformen:

1. und 4. Fall	dva, dvě
2. und 6. Fall	dvou
3. und 7. Fall	dvěma

Nach diesem Muster werden auch die Zahlwörter **oba** und **obě** dekliniert. Die Zahlwörter **tři** und **čtyři** werden wie folgt dekliniert:

1. und 4. Fall	tři	čtyři
2. Fall	tří	čtyř
3. Fall	třem	čtyřem
6. Fall	(o) třech	(o) čtyřech
7. Fall	třemi	čtyřmi

Die Zahlwörter 5 (pět) bis 99 (devětadevadesát) haben nur zwei Formen: im 1., 4. und 5. Fall ohne Endung (pět mužů), in allen anderen Fällen die Endung **-i** (pěti vojáků).

Sto, tisíc und **milión** werden wie Substantive dekliniert: sto wie město (*n* 1), tisíc wie stroj (*m* 4) und milión wie hrad (*m* 2a).

2. Ordnungszahlen

1.	první (prvý, -á, -é)	30.	třicátý, -á, -é
2.	druhý, -á, -é	40.	čtyřicátý, -á, -é
3.	třetí	50.	padesátý, -á, -é
4.	čtvrtý, -á, -é	60.	šedesátý, -á, -é
5.	pátý, -á, -é	70.	sedmdesátý, -á, -é
6.	šestý, -á, -é	80.	osmdesátý, -á, -é
7.	sedmý, -á, -é	90.	devadesátý, -á, -é
8.	osmý, -á, -é	100.	stý, -á, -é
9.	devátý, -á, -é	**121.**	stý dvacátý první
10.	desátý, -á, -é	200.	dvoustý, -á, -é
11.	jedenáctý, -á, -é	300.	třístý, -á, -é
12.	dvanáctý, -á, -é	400.	čtyřstý, -á, -é
13.	třináctý, -á, -é	500.	pětistý, -á, -é
14.	čtrnáctý, -á, -é	600.	šestistý, -á, -é
15.	patnáctý, -á, -é	700.	sedmistý, -á, -é
16.	šestnáctý, -á, -é	800.	osmistý, -á, -é
17.	sedmnáctý, -á, -é	900.	devítistý, -á, -é
18.	osmnáctý, -á, -é	1 000.	tisící
19.	devatenáctý, -á, -é	2 000.	dvoutisící
20.	dvacátý, -á, -é	10 000.	desetitisící
21.	dvacátý, -á, -é první; jedenadvacátý, -á, -é	1 000 000.	milióntý, -á, -é

Ordnungszahlen werden wie Adjektive dekliniert: první, třetí und tisící wie cizí, alle anderen Zahlen wie nový.

VII. Konjugation der Verben

Die tschechischen Verben werden in 6 Konjugationsklassen eingeteilt. Der Infinitiv (die im Wörterverzeichnis angegebene Form) lautet bei fast allen Verben auf -t, bei einigen auf -ci. Die Konjugationsklasse erkennt man an der Endung des Infinitivs: 2. Kl. -nout; 3. Kl. -ět od. -et; 4. Kl. -it; 5. Kl. -at; 6. Kl. -ovat. Die 1. Kl. hat kein einheitliches Kennzeichen vor dem -t. Zur leichteren Auffindung des Konjugationsmusters kann man — nach den Präsensendungen — die Verben wie folgt einteilen:

I. 1. Pers. Sg. Präsens -u

Infinitiv: nést, minout, brát

Pers.	Singular			Plural		
	a)	b)	c)			
1	nes-u	min-u	ber-u	nes-eme	min-eme	ber-eme
2	nes-eš	min-eš	ber-eš	nes-ete	min-ete	ber-ete
3	nes-e	min-e	ber-e	nes-ou	min-ou	ber-ou

II. 1. Pers. Sg. Präsens -ím/-ám

Infinitiv: umět, prosit, dělat

Pers.	Singular			Plural		
	a)	b)	c)			
1	umí-m	prosí-m	dělá-m	umí-me	prosí-me	dělá-me
2	umí-š	prosí-š	dělá-š	umí-te	prosí-te	dělá-te
3	umí	prosí	dělá	uměj-í*)	prosí	dělaj-í

*) Diese Endung wird beim Verb jeweils angegeben.

III. 1. Pers. Sg. Präsens -i (-u)

Infinitiv: pít, kupovat, mazat

Pers.	Singular			Plural		
	a)	b)	c)			
1	pij-i	kupuj-i	maž-i (-u)	pij-eme	kupuj-eme	maž-eme
2	pij-eš	kupuj-eš	maž-eš	pij-ete	kupuj-ete	maž-ete
3	pij-e	kupuj-e	maž-e	pij-í	kupuj-í	maž-í(-ou)

Zu I. a) nach dem Muster **nést — nesu** werden Verben konjugiert, deren Stamm auf Konsonant endet: **vézt — vezu, vést — vedu, číst — čtu, kvést — kvetu** usw. Die Endung **-u** und evtl. andere abweichende Formen werden im Wörterverzeichnis angegeben;

b) nach dem Muster **minout — minu** werden alle Verben konjugiert, die zwischen Stamm und Endung im Infinitiv die Lautgruppe **-nou-** haben. Die Präsensendung wird im Wörterverzeichnis nicht angegeben;

c) nach dem Muster **brát — beru** werden konjugiert: **cpát — cpu, drát — deru, drápat — drápu, hrabat — hrabu, chápat — chápu, chrápat — chrápu, kašlat — kašlu, klamat — klamu, lámat — lámu, prát — peru, plavat — plavu, rvát — rvu, zvát — zvu, hnát — ženu, řvát — řvu, dlabat — dlabu.**

Anmerkung: Viele Verben, die nach diesem Muster konjugiert werden, weisen im Präsens Doppelformen auf: **dřímat — dřímu — dřímám, kopat — kopu — kopám** (vgl. Tabelle II). Im Wörterverzeichnis wird darauf hingewiesen.

Zu II. a) wie **umět — umím** werden Verben konjugiert, die zwischen Stamm und Endung im Infinitiv den Bindelaut **-e-** (**-ě-**) haben. Der Präsensstamm endet auf **-í-**: **sázet — sázím, stavět — stavím** usw. Die Endung der 3. Pers. Pl. **-ejí** (**-ějí**) wird im Wörterverzeichnis angegeben;

b) wie **prosit — prosím** werden Verben konjugiert, deren Infinitiv- und Präteritumstamm auf **-i-** endet: **lovit — lovím, nosit — nosím** usw.;

c) nach dem Muster **dělat — dělám** wird der größte Teil der Verben konjugiert, deren Infinitiv- und Präteritumstamm auf **-a-** endet: **volat — volám, dávat — dávám** usw.

Zu III. a) nach dem Muster **pít — piji** werden Verben mit einem Vokal im Stammauslaut (Infinitiv- und Präteritumstamm) konjugiert. Präsens = Stammauslaut + ji: **bít — biji, mýt — myji** usw. Entsprechende Hinweise im Wörterverzeichnis beim Stichwort;

b) wie **kupovat — kupuji** werden Verben mit der Lautgruppe **-ova-** vor der Infinitiv- und Präteritumendung konjugiert. 1. Pers. Sg. ist beim Verb angegeben;

c) nach dem Muster **mazat — maži/mažu** werden Verben mit Lautveränderung der Konsonanten konjugiert. Der Infinitiv- und Präteritumstamm endet auf **-a-**, der Präsensstamm auf einen Zischlaut. Viele Verben dieses Typs bilden Doppelformen: **česat — češi/češu** und **česám.** Im Wörterverzeichnis finden sich entsprechende Hinweise.

Futur

Die Formen des Futurs der perfektiven Verben sind gleich den Präsensformen der imperfektiven Verben: **nesu** — *pf.* **přinesu, prosím** — *pf.* **poprosím.** Der Futur der imperfektiven Verben wird mit dem Futur des Hilfsverbs **být** + Infinitiv gebildet:

Pers.	Singular	Plural
1	budu psát	budeme psát
2	budeš psát	budete psát
3	bude psát	budou psát

Präteritum

Es gibt nur eine Form der Vergangenheit. Sie besteht aus dem aktiven Partizip des Präteritums des entsprechenden Verbs und in der 1. und 2. Person aus der Präsensform des Hilfsverbs **být.**

Zur Bildung des Partizips werden an den Stamm des Verbs die Endungen **-l** (*m*), **-la** (*f*), **-lo** (*n*) im Sg. und **-li** (*m, belebt, auch Männer und Frauen*), **-ly** (*m, unbelebt* und *f*), **-la** (*n*) im Pl. angehängt:

Pers.	Singular		Plural	
1	nesl, -a	jsem	nesli, -y	jsme
2	nesl, -a	jsi	nesli, -y	jste
3	nesl, -a, -o		nesli, -y, -a	

Die Höflichkeitsformen lauten: nesl jste (*Mann*), nesla jste (*Frau*).

Bei einigen Verben im Wörterverzeichnis wird die zur Bildung des Präteritums notwendige l-Form angegeben. Präteritum der Verben auf **-nout** ist meist -nul, -nula, -nulo.

Konditional

Präsens:

Pers.	Singular		Plural	
1	přinesl, -a	bych	přinesli, -y	bychom
2	přinesl, -a	bys	přinesli, -y	byste
3	přinesl, -a, -o	by	přinesli, -y, -a	by

Präteritum:

Pers.	Singular		Plural	
1	byl, -a	bych přinesl, -a	byli, -y	bychom přinesli, -y
2	byl, -a	bys přinesl, -a	byli, -y	byste přinesli, -y
3	byl, -a, -o	by přinesl, -a, -o	byli, -y, -a	by přinesli, -y, -a

Passive Partizipien des Präteritums

bildet man vom gekürzten Verbalstamm unter Hinzufügung von **-n** (mask.), **-na** (fem.), **-no** (neutr.) bzw. **-t** (mask.), **-ta** (fem.), **-to** (neutr.).
nést — nesen, -a, -o; Pl. -i (*m* belebt), -y (*m* unbelebt u. *f*), -a (*n*)
vést — veden, -a, -o usw.
péci — pečen; tisknout — tištěn; prosit — prošen; brát — brán; dělat — dělán; kupovat — kupován; mazat — mazán; trpět — trpěn; pohnout — pohnut; říznout — říznut; umýt — umyt; vzít — vzat; pít — pit.
Oft kommt es zu einem Konsonantenwandel: chytit: chycen; soudit: souzen; zkazit: zkažen. — Passive Partizipien des Präteritums werden meist nur von perfektiven Verben gebildet. — Für zahlreiche Formen gibt es keine feste Regel. Sie sind deshalb beim betreffenden Verb angegeben.

Transgressiv

1. Transgressiv der **Gleichzeitigkeit** wird von der 3. Pers. Plural des Präsens gebildet.
2. Transgressiv der **Vorzeitigkeit** wird vom — manchmal veränderten — Stamm des Präteritums von präfigierten (perfektiven) Verben gebildet.

Die Transgressive werden kaum noch verwendet. Sie gehören ausschließlich der Schriftsprache an und werden heute durch entsprechende Wortfolge ersetzt.

Imperativ

Da die Imperativformen häufig unregelmäßig gebildet werden, kann eine genaue Regel nicht gegeben werden. Der Imperativ wird für eine „du"-, eine „ihr"- oder „Sie"- und eine „wir"-Person verwendet. Die 3. Pers. Pl. Präsens gibt Anhaltspunkte für die Bildung der jeweiligen Form: Verben auf -ejí (-ějí) bilden den Imperativ auf -ej (-ěj), auf -ají: -ej!, auf -ují: -uj!, die anderen nehmen -i, -ete (-ěte) an oder lassen die Endung weg: mluvit — mluv! (-te!). Wo dies möglich ist, wird der Konsonant erweicht: hodit — hoď! Häufig wird der Stamm gekürzt: hlásit — hlas!, nést — nes!

Infinitiv	3. Pers. Pl. Präsens	„du"-Form	„wir"-, „ihr/Sie"-Form	
nést	nes-ou	nes!	nesme!	neste!
minout	min-ou	miň!	miňme!	miňte!
ukázat	ukáž-ou	ukaž!	ukažme!	ukažte!
umět	uměj-í	uměj!	umějme!	umějte!
dělat	dělaj-í	dělej!	dělejme!	dělejte!
prosit	pros-í	pros!	prosme!	proste!
kupovat!	kupuj-í	kupuj!	kupujme!	kupujte!
pít	pij-í	pij!	pijme!	pijte!
tisknout	tiskn-ou	tiskni!	tiskněme!	tiskněte!
poslat	pošl-ou	pošli!	pošleme!	pošlete!

Liste der unregelmäßigen oder schwer zu bildenden Imperative

Seznam nepravidelných a nesnadno tvořitelných imperativů

bájit: baj!
bát se: boj se!
bavit: bav!
bdít: bdi!, bděte!
beranit: beraň!
bílit: bil!
blít: blij!
blížit: bliž!
bloudit: bluď!
bolet: bol!
boulet: bouli!, -lete! *od.* bul!
bouřit: buř!
bránit: braň!
brát: ber!
brebentit: brebenti!, -těte!
brnět: brň!, -něte!
brodit: broď!
brousit: brus!
bručet: bruč!
břídit: břiď!
bříst: břiď!
budit: buď!
být: buď!

cedit: ceď!
cenit: ceň!
cídit: ciď!
cítit: ciť!
clít: cli!, clete!
cpát: cpi!, cpěte!
ctít: cti!, ctěte!
cvrčet: cvrč!

čadit: čaď!
čakanit: čakaň!
černit: černi!, -něte!
čertit: čerti!, -těte!
červenit: červeň!
číst: čti!, čtěte!
čistit: čisti!, -těte!
č(m)oudit: č(m)uď!, č(m)oudi!, -děte!
čnět, čnít: čněj!
čtveračit: čtverači!, -č(e)te!
čubrnět: čubrň! čubrněj!

dát: dej!
dávit: dav!
dědit: děď!
dělit: děl!
dít se: děj se!
dlaždit: dlažď!
dlít (*verweilen*): dlej!
dlít (*verzögern*): dli!
dloužit: dluž!
dmout: dmi!, dměte!
dohloubit: dohloubi! / dohlub!
dohnat: dožeň!
dostat: dostaň!
dout: duj!
dovřít: dovři!, -řete!
drápat: drap! / drápej!
drát: der!
dráždit: dráždi!, -ěte!
drbat: drb(ej)!
drnčet: drnč!
drtit: drť!
držet: drž!
dřít: dři!, dřete!
durdit: durdi!, -děte!
duřet: duř!

fičet: fič!
fučet: fuč!
funět: fuň!

hájit: haj!
hamonit: hamoň!
hladit: hlaď!

hlásit: hlas!
hledět: hleď!, P hele!
hloubit: hloubi!, -ěte! / hlub!
hlučet: hluč!
hnát: žeň!
hnědit: hněď!
hníst: hněť!
hnít: hnij!
hnízdit: hnízdi!, -děte!
hnout: hni!, hněte!
hodit: hoď!
honit: hoň!
horlit: horli!, -lete!
hořet: hoř!
houst: huď!
hovět: hov(ěj)!
hrabat: hrab(ej)!
hránit: hraň!
hrát: hraj!
hrčet: hrč!
hrnout: hrň!
hrýzat: hryž! / hrýzej!
hřát: hřej!
hřížit: hřiž!
hučet: huč!
hustit: husť! / husti!, -těte!
hvozdit: hvozdi!, -děte!
hyzdit: hyzdi!, -děte!

chladit: chlaď!!
chodit: choď!
chránit: chraň!
chrástat: chrasť!
chrlit: chrli!, -ete!
chtít: chtěj!
chválit: chval!
chvět se: chvěj se!
chystit: chysť!

jet: jeď!
jezdit: jezdi!, jezděte!
jíst: jez!
jít: jdi!, jděte!
jmout: jmi!, jměte!

kabonit: kaboň!
kadit: kaď!
kapat: kap(ej)!
kašlat: kašli!, -lete! / kašlej!
kázat: kaž!
klást: klaď!
klátit: klať!
klestit: klesti!, -ěte!
klevětit: klevěť!
klidit: kliď!

klít: klej!
klnout: klň!
klonit: kloň!
kňučet: kňuč!
kohoutit se: kohouti se!, -těte!
konejšit: konejši!, -šete!
kořenit: kořeň!
koupit: kup!
kouřit: kuř!
kout: kuj!
krátit: krať!
kreslit: kresli!, -lete!
krotit: kroť!
kroutit: kruť!
kroužit: krouži!,-žete! / kruž!
krýt: kryj!
křičet: křič!
křísit: křis!
křtít: křti!, -těte!
kutit: kuť!
kvést: kveť!

ladit: laď!
lakotit: lakoť!
lámat: lam! / lámej!
lát: laj!
léčit: leč!
lenit: leň!
letět: leť!
lézt: lez!
ležet: lež!
lhát: lži!, lžete!
líbit se: lib se!
líčit: lič!
lichotit: lichoť!
lít: lej! / lij!
lízat: lízej / (liž!)
loudit: loudi!, -děte!
lpít: lpi!, lpěte!

mást: mať!
mastit: masť! / masti!, -těte!
mátožit: mátož(i)!
mazat: maž!
mečet: meč!
měnit: měň!
mdlít: mdli, mdlete!
mhouřit: mhouři!,-řete! / (mhuř!)
mínit: miň!
mířit: měř! / miř!
mísit: měs! / (mis!)
mít: měj!
mladit: mlaď!
mlátit: mlať!

mlít: mel!
mnout: mni!, mněte!
moci: moz!
modlit se: modli se!, modlete se!
mručet: mruč!
mrzet: mrz!
mřít: mři!, mřete!
mstít: msti!, mstěte!
mýlit: myl!
mýt: myj!
mýtit: myť!

nést: nes!
nítit: niť!
nížit: niž!
nudit: nuď!
nutit: nuť!

obléci: oblec!
obout: obuj!
obránit: obraň!
obrátit: obrať!
odepřít: odepři!, -přete!
opásat: opaš! / opásej!
orat: orej! / († oř!)
osvobodit: osvoboď!
otevřít: otevři!, -řete!
otrávit: otrav!

páčit: pač!
pádit: pádi!, -děte!
pálit: pal!
pařit: páři!, -řete! / pař!
pást: pas!
pečetit: pečeť!
pěstit: pěsti!, -stěte! / pěsť!
pět: pěj!
pít: pij!
plakat: plač!
planit: plaň!
planout: plaň!
platit: plať!
plést: pleť!
plít: plij!
plížit se: pliž se!
plout: pluj!
plovat: plov(ej)!
pnout: pni!, pněte!
pohostit: pohosť! / pohosti!, -těte!
pohroužit: pohruž!
pojít (*kommen*): pojď!
pojít V (*verrecken*): pojdi!, -jděte!
poslat: pošli!, -lete!
pospíšit: pospěš!

posvětit: posvěť!
potit se: poť se!
praštit: prašť!
prát: per!
prostřít: prostři!, -řete!
proudit: proudi!, -děte!
pršet: prš!
přát: přej!
přelstít: přelsti!, -lstěte!
přestat: přestaň!
příst: před!
psát: piš!
pustit: pusť!
pýřit se: pyř se!

ráčit: rač!
radit: raď!
rachotit: rachoť!
ranit: raň!
razit: raž!
rdít: rdi!, rděte!
repetit: repeť!
rmoutit: rmuť!
ronit: roň!
růst: rosť!
rvát: rvi!, rvěte!
ryčet: ryč!
rýt: ryj!
rzát: rzi!, rzete!

řádit: řaď!
řezat: řež!
říci: řekni!, -něte! († rci!, rcete)
řídit: řiď!
řít: řij!
řítit se: řiť se!
řvát: řvi!, -ete!

sadit: saď!
sílit: sil!
sít: sej!
sjednotit: sjednoť!
skřípět: skřip!
skvít se: skvěj se!
sladit: slaď!
slíbit: slib!
slídit: sliď!
sloučit: sluč!
slout: sluj!
sloužit: služ!
smát se: směj se!
smět: směj!
smýčit: smyč!
sníst: sněz!
snížit: sniž!

soudit: suď!
soustředit: soustřeď!
spát: spi!, spěte!
srát V: ser!
sršet: srš!
stát: stůj!
stát se: staň se!
stavět: stavěj!
stlát: stel!
stoupit: stup!
stranit: straň!
strmět: strm!
strnout: strň!
studit: stuď!
stydět se: styď se!
svědčit: svědč(i)!
světit: svěť!
svítit: sviť!
svléci: svlec!
svrbět: svrb!
sypat: syp(ej)!

šálit: šal!
šatit: šať!
šinout: šiň!
šířit: šiř!
šít: šij!
škaredit: škareď!
škodit: škoď!
šlapat: šlap(ej)!
špinit: špiň!
šumět: šum(ěj)!
šustět: šusť!

tázat se: taž se!
téci: tec!
tít: tni!, tněte!
tkát: tkej!
tkvít: tkvi!, tkvěte!
tlouci: tluc! / tluč!
tmít se: tměj se!
toužit: tuž!
tratit: trať!
trávit: trav!
trčet: trč!
troubit: trub!
trpět: trp!
trudit: truď!
třít: tři!, třete!
tvářit: tvař!
tvrdit: tvrď!
týt: tyj!

udit: uď!
uchýlit: uchyl!
ujmout: ujmi!, -měte!

upřít: upři!, upřete!
usmrtit: usmrť!

vanout: vaň!
vát: věj!
vázat: važ!
večeřet: večeř!
vědět: věz!
vedrat se: vedři se!, -řete!
velet: vel!
vést: veď!
věštit: věšti!, -ěte!
větřit: větř(i)!, -ete!
vetřít se: vetři se!, -třete!
vézt: vez!
vidět: viz!
vinout: viň!
vířit: viř!
vít: vij!
vklinit: vkliň!
vlát: vlaj!
vléci: vlec! / vleč!
vodit: voď!
vonět: voň! / voněj!
vrátit: vrať!
vraždit: vražď!
vstát: vstaň!
vyloučit: vyluč!
vyšinout: vyšiň!
výt: vyj!
vzdálit: vzdal!
vzít: vezmi!, -měte! (P vem!)
vzkřísit: vzkřis!

zábst: zeb!
začít: začni!, -něte!
zarputit: zarpuť!
zaslat: zašli!, -lete!
zavřít: zavři!, -řete!
zlatit: zlať!
zprudit: zpruď!
zradit: zraď!
zrát: zraj!
zřít: zři!, zřete!
zvát: zvi!, zvěte!
zvonit: zvoň!

želet: žel!
ženit: žeň!
žít (*leben*): žij!
žít (*mähen*): žni!, žněte!
žnout: žni!, žněte!
žrát: žer!

Die wichtigsten tschechischen und slowakischen Abkürzungen

Nejdůležitější české a slovenské zkratky

aj. *a jiné* und anderes, u. a.
a.j.v. *a jiných více* und andere mehr, u.a.m.
akad. *akademický* akademisch.
ap., apod. *a podobné* und ähnliches, u. ä.
a. s. *akciová společnost* Aktiengesellschaft, AG.
a spol. *a společnost* und Kompanie, u. Co.
atd. *a tak dále* und so weiter, usw.
AV *Akademie věd* Akademie der Wissenschaften.
AVU *Akademie výtvarných umění* Akademie der bildenden Künste.

b. m. *bez místa* ohne Ortsangabe, o. O.
b. r. *bez roku* ohne Jahreszahl, o. J.
brož. *brožovaný* broschiert.
bři, bří *bratři, bratří* Brüder, Gebrüder.
býv. *bývalý*, ehemalig, ehem.

CS *Internationales Kennzeichen für* ČSFR.
ct. *ctěný* geehrter.

č. 1. *číslo* Nummer, Ziffer; 2. *český* tschechisch.
ČEDOK *Československá dopravní kancelář* Tschechoslowakisches (staatl.) Reisebüro.
ČF *Česká filharmonie* Tschechische Philharmonie.
čj. *číslo jednací* laufende Nummer, lfd. Nr.
ČK *Červený kříž* Rotes Kreuz, RK.
čl. *článek* Paragraph, Artikel, Abschnitt.
ČLR *Čínská lidová republika* Volksrepublik China.
č.-m. *česko-moravský* böhmisch-mährisch.
ČNR *Česká národní rada* Tschechischer Nationalrat.
ČOS *Československá obec sokolská Sportorganisation.*
čp. *číslo popisné* Hausnummer.
ČR *Česká republika* Tschechische Republik.
čs. *československý* tschechoslowakisch.
ČS 1. *Československý spisovatel* Tschechoslowakischer Schriftsteller (*Verlag*); 2. *als Autonummer*: *Československo.*
ČSA *Československé aerolinie* Tschechoslowakische Fluglinien.
ČSAD *Československá (státní) automobilová doprava* Tschechoslowakischer Autoverkehr.
ČSAV *Československá akademie věd* Tschechoslowakische Akademie der Wissenschaften.
ČSČK *Československý červený kříž* Tschechoslowakisches Rotes Kreuz.
ČSD *Československé státní dráhy* Tschechoslowakische Staatsbahnen.
ČSFR *Česká a Slovenská federativní republika* Tschechische und Slowakische föderative Republik.
ČSKOS *Československá konfederace odborových svazů* Tschechoslowakische Konföderation der Gewerkschaftsverbände.
ČSL *Československá strana lidová* Tschechoslowakische Volkspartei.
ČSLA *Československá lidová armáda* Tschechoslowakische Volksarmee.
ČSOB *Československá obchodní banka* Tschechoslowakische Handelsbank.

ČSP *Československá pošta* Tschechoslowakische Post.
ČSR bis 1960: *Československá republika*; 1969–1990: *Česká socialistická republika* Tschechische sozialistische Republik.
ČSS *Československá strana socialistická* Tschecholowakische sozialistische Partei.
ČSSD *Československá sociální demokracie* Tschechoslowakische Sozialdemokratie.
ČSSR *Československá socialistická republika hist.* Tschechoslowakische Sozialistische Republik.
ČSTV *Československý svaz tělesné výchovy* Tschechoslowakischer Verband für Körperkultur.
ČT *Československá televize* Tschechoslowakisches Fernsehen.
ČTK *Československá tisková kancelář* Tschechoslowakische Presseagentur.
č. v. *čistá váha* Nettogewicht.
ČVUT *České vysoké učení technické* Technische Hochschule.

DILIA *Divadelní a literární agentura* Theater- und Literatur-Agentur.
dkg *dekagram* Dekagramm (= 10 Gramm).
doc. *docent* Dozent.
dop. *dopoledne* vormittag(s), vorm.
DP(HMP) *Dopravní podník* (*hlavního města Prahy*) Verkehrsbetrieb (der Hauptstadt Prag).
dř. *dříve* früher.
důst. *důstojník* Offizier, Offz.
DV *dlouhé vlny* Langwelle, LW.

EHS *Evropské hospodářské společenství* Europäische Wirtschaftsgemeinschaft, E(W)G.
ES *Evropská společenství* Europäische Gemeinschaft, EG.
ev.č. *evidenční číslo* eingetragene Nummer.

fa. *firma* Firma, Fa.
fil. *filiálka* Filiale, Fil.
FM(F) *Federální ministerstvo* (*financí*) (Finanz)Ministerium.
FS *Federální shromáždění* Bundesversammlung.

g *gram* Gramm, gr.
gen. řed. *generální ředitel* Generaldirektor, Gen.-Dir.

h *haléř(ů)* Heller.
h., hod. *hodina* Stunde, Uhr.
hl. *hlavní* Haupt-; **hl. m.** *hlavní město* Hauptstadt.
hl. n. *hlavní nádraží* Hauptbahnhof.
HMP *Hlavní město Praha* Hauptstadt Prag.
HS *horská služba* Bergrettungsdienst.
HSD *Hnutí za samosprávnou demokracii* Bewegung für autonome Demokratie.
HUKO *Hutní kombinát* Hüttenkombinat.
h. v. *hrubá váha* Bruttogewicht.

i *informace* Information.
il. *ilustrace*, *ilustrovaný* Illustration, illustriert.
inž. *inženýr* Ingenieur, Ing.
IS *informační služba* Informationsdienst.

j. 1. *jih* Süd(en); S; 2. *jižní* Süd-.
jm. *jméno* Name.
JUDr *Juris utriusque doctor* Dr. jur.
jv. *jihovýchod* Südost(en), SO.
jz. *jihozápad* Südwest(en), SW.
JZD *Jednotné zemědělské družstvo* Landwirtschaftliche Einheitsgenossenschaft, LPG.

KCOF *Koordinační centrum Občanského fóra* Koordinationszentrum des Bürgerforums.
Kčs *koruna československá* tschechoslowakische Krone.
KČsT *Klub československých turistů* Tschechoslowakischer Touristenklub.
KDH *Kresťanskodemokratické hnutie* (*SR*) Christlich-Demokratische Bewegung.
KDS *Křesťanskodemokratická strana* Christlich-Demokratische Partei.
KI *Komunistická internacionála* Kommunistische Internationale (KOMINTERN).
kl. *klapka* Durchwahl, Apparat.

km *kilometr* Kilometer, km.
KNV *krajský národní výbor* Bezirks-Nationalausschuß.
k.p. *komunální podnik* Städt. Betrieb, Stadtwerke.
kř. jm. *křestní jméno* Vorname.
KS 1. *koňská síla* Pferdestärke, PS; 2. *Komunistická strana* Kommunistische Partei, KP.
KSČ, KSS *Komunistická strana Československa (Slovenska)* Kommunistische Partei (KP) der Tschechoslowakei (Slowakei).
KU *Karlova universita* (Prager) Karls-Universität.
KUK *Konfederace umění a kultury* Kunst- und Kulturkonföderation.
KV 1. *krátké vlny* Kurzwelle, KW; 2. *krajský výbor* Bezirkskomitee.
KZO *Komise pro zahraniční obchod* Außenhandelskommission.
l. *list* Blatt, Bl.
let. *letectvo* Luftwaffe, LW.
LF 1. *Lékařská fakulta* Medizinische Fakultät; 2. *Léčební fond* Heilfonds.
LK 1. *Lékařská komora* Ärztekammer; 2. *lidová knihovna* Volksbibliothek.
LKOF *Liberální klub OF* Liberaler Klub des Bürgerforums.
LM *Lidové milice hist.* Volkspolizei.
m. *mužský* männlich, männl.
M 1. *metro* U-Bahn; 2. *Muži (WC)* Männer.
MBV *Mezinárodní brněnský veletrh* Internationale Messe in Brünn.
MF *Ministerstvo financí* Finanzministerium.
mil. *milión* Million, Mill., Mio.
mj. *mimo jiné* u. a.
ml. *mladší* der jüngere.
mld. *miliarda* Milliarde, Md., Mrd.
m. m. *minulého měsíce* im vergangenen Monat.
MMF *Mezinárodní měnový fond* Internationaler Währungsfonds.
MNO *Ministerstvo národní obrany* Verteidigungsministerium.
MNV *místní národní výbor* Orts-Nationalausschuß.
MPSV *Ministerstvo práce a sociálních věcí* Ministerium für Arbeit und soziale Angelegenheiten.
m. r. *minulého roku* im vergangenen Jahr, v. J.
MS *Mistrovství světa* Weltmeisterschaft.
m. sl. *mimo službu* außer Dienst, a.D.
MUDr. *Medicinae universae doctor* Dr. med.
MV *Ministerstvo vnitra* Innenministerium.
MVDr. *Medicinae veterinae doctor* Dr. vet.
MVO *Ministerstvo vnitřního obchodu* Ministerium für Binnenhandel.
MZO *Ministerstvo zahraničního obchodu* Ministerium für Außenhandel.
MZV *Ministerstvo zahraničních věcí* Außenministerium.

n. *nebo* oder, od.
nad. *nadace* Stiftung.
nám. 1. *náměstek* Stellvertreter; 2. *náměstí* (Markt-)Platz.
např. *na příklad* zum Beispiel, z. B.
nar. *narozený* geboren.
nár. *národní* national.
ND *Národní divadlo* Nationaltheater.
NDR *Německá demokratická republika hist.* Deutsche Demokratische Republik, DDR.
NF *Národní fronta* Nationale Front.
NG *Národní Galerie* Nationalgalerie.
n. l. *našeho letopočtu* unserer Zeitrechnung.
n. L. *nad. Labem* an der Elbe.
n. N. *nad Nisou* an der Neiße.
n. o. *na odpočinku* im Ruhestand, i. R.
n. O. *nad Odrou* an der Oder.
n.p. *národní podnik* volkseigener Betrieb.
n. Sáz. *nad Sázavou* an der Sázava.
NS *Národní shromáždění* Nationalversammlung.
NV *Národní výbor* Nationalausschuß.

ObNV *Obvodní národní výbor* Distriktsnationalausschuß *(Prag und Bratislava)*.
odd. *oddělení* Abteilung.
odj. *odjezd* Abfahrt.
odl. *odlet* Abflug.

odp. *odpoledne* nachmittag(s), nachm.
OF *Občanské fórum* Bürgerforum.
okr. *okres(ní)* Kreis-, Bezirk(s-).
ONV *obvodní od. okresní národní výbor* Kreis-Nationalausschuß.
OSN *Organizace spojených národů* Vereinte Nationen, UNO.

p. 1. *pan* Herr; 2. *pošta* Post.
P *parkoviště* Parkplatz.
pc. *procento* Prozent, %.
Ph. Mr. *Pharmaciae Magister* approbierter Apotheker.
pí. *paní* Frau.
p. m. *příštího měsíce* nächsten Monat.
po Kr. *po Kristu* nach Christus, n. Chr.
PNM *Památník národního písemnictví* Museum des nationalen Schrifttums.
PNS *Poštovní novinová služba* Postzeitungsvertrieb.
pohl. *pohlaví* Geschlecht.
popl. *poplatek* Gebühr, Abgabe.
pošt. př. *pöstovní přihrádka* Postschalter.
pov. *povolání* Beruf.
pp. *pánové* (die) Herren.
prom. *promovaný* Diplom, Dipl.
př. 1. *před* vor; 2. *příklad* Beispiel.
př. Kr. *před Kristem* vor Christus, v. Chr.
příj. *příjezd* Ankunft.
příl. *přílet* Ankunft (*Flughafen*).
přípl. *příplatek* Zuschlag.
PS *pohraniční stráž* Grenzschutz.
PVV *Pražský vzorkový veletrh* Prager (Muster-)Messe.

r *rok* Jahr, *früher*: *roku* im Jahre.
ROH *Revoluční odborové hnutí hist.* (Einheits-)Gewerkschaft.
roz. *rozená* geborene (*Frau*).
rozv. *rozvedený*, *-á* geschieden.
RVHP *Rada vzájemné hospodářské pomoci* Rat für gegenseitige Wirtschaftshilfe, RGW.

ř. *řada* Reihe.
řed. *ředitel* Direktor, Dir.
římkat. *římskokatolický* römisch-katholisch, röm.-kath.

s. 1. *sever* Nord(en), N; 2. *severní* Nord-.
SAV *Slovenská akadémia vied* Slowakische Akademie der Wissenschaften.
SB *Světová banka* Weltbank.
SBČS *Státní banka československá* Tschechoslowakische Staatsbank.
sl. 1. *slečna* Fräulein; 2. *slovenský* slowakisch.
Sl. *Slovensko* Slowakei.
SNB *Sbor národní bezpečnosti* Polizei(truppe).
SNR *Slovenská národná rada* (*SR*) Slowakischer Nationalrat.
SNS *Slovenská národná strana* (*SR*) Slowakische Nationalpartei.
SOF *Světová odborová federace* Weltgewerkschaftsbund, WGB.
spol. s r. o. *společnost s ručením omezeným* GmbH.
sr. *srovnej* vergleiche, vgl.
SR *Slovenská republika* Slowakische Republik.
SRC *Světová rada církevní* Weltkirchenrat.
SRM *Světová rada míru* Weltfriedensrat.
SRN *Spolková republika Německo* Bundesrepublik Deutschland, BRD.
SSR *Slovenská socialistická republika hist.* Slowakische Sozialistische Republik.
SSSR *Svaz sovětských socialistických republik* Sowjetunion, SU, UdSSR.
st. 1. *starší* der Ältere, d.Ä.; 2. *státní* Staats-, staatlich; 3. *stupeň* Grad (Celsius); 4. *stanice* Haltestelle.
StB *Státní bezpečnost* Staatspolizei, Sicherheitsdienst.
stol. *století* Jahrhundert, Jh.
str. *strana* (Buch-)Seite, S.
sv. 1. *svazek* Band, Bd.; 2. *svatý* heilig, hl.; 3. *severovýchod* Nordost(en), NO.
SV *střední vlny* Mittelwelle, MW.
svob. *svobodný*, *-á* ledig.
sz. *severozápad* Nordwesten, NW.
SZO *Světová zdravotnická organizace* Weltgesundheitsorganisation.
šk. *škola*, *školní*, *školský* Schule; Schul-.

t. 1. *tamtéž* ebenda; ebd.; 2. *totéž* dasselbe, dass.
tb. *tabulka* Tabelle, Tafel, Tab.
tc. *tucet* Dutzend, Dtzd.
t. č. *toho času* derzeit, zur Zeit.
tel.č. *telefoní číslo* Telefonnummer.
tis. *tisíc* tausend.
tj., t. j. *to je* das heißt, d. h.
t.m. *toho(to) měsíce* dieses Monats, laufenden Monats, d.M., lfd. M.
t. r. *toho(to) roku* (des) laufenden Jahres, dieses Jahres, d.J.
tř. *třída* Klasse; Straße, Kl., Str.
tzn. *to znamená* das heißt, das bedeutet.
tzv. *tak zvaný* sogenannt, sog.

Ú. *Ústav* ... Institut für ...
ÚA *Ústřední archiv* Zentralarchiv.
UK 1. *Universitní knihovna* Universitäts-Bibliothek; 2. *Universita Karlova* (*Prager*) Karls-Universität; 3. *Univerzita Komenského* Komensky-Universität (*Bratislava*).
ul. *ulice* Straße, Str.
ÚNV *Ústřední národní výbor* Zentraler Nationalausschuß.
ÚNZ *Ústav národního zdraví* Volksgesundheitsinstitut.
ÚRD *Ústřední rada družstev* Zentralrat der Genossenschaften.
úř. *úřad, úřední* Amt; amtlich, Amts-.
ÚS *ústřední svaz* Zentralverband, ZV.
úv. *úvod* Einführung, Einleitung.
ÚV *Ústřední výbor* Zentralkomitee, ZK.

v. 1. *viz* siehe; 2. *východ* Ost(en), O; 3. *východní* Ost-.
VA *Vojenská akademie* Militärakademie.
váz. *vázaný* gebunden, gebd.
váž. *vážený, -á* geehrte(r) (*Anrede*).
VB *Veřejná bezpečnost* Polizei.
v.d. *výrobní družstvo* Produktionsgenossenschaft.
vdan. *vdaná* verheiratet (*von der Frau*).
ved. *vedoucí* Leiter, Geschäftsführer.
VKV *velmi krátké vlny* Ultrakurzwelle, UKW.
vlkm. *vlakový kilometr* Bahnkilometer.
vl. nař. *vládní nařízení* Regierungsverordnung, RVO.
v. n. *vysoké napětí* Hochspannung.
VP *Vojenská policie* Militärpolizei, MP.
VPN *Verejnosť proti násiliu* Öffentlichkeit gegen Gewalt (*polit. Bewegung*).
VPŠ *Vyšší pedagogická škola* Pädagogische Hochschule, PH.
v r. *v roce* im Jahre, i. J.
v. r. *vlastní rukou, vlastnoručně* eigenhändig.
v. ř. *vedoucí ředitel* leitender Direktor.
VŠ *vysoká škola* Hochschule, HS.
VŠE *Vysoká škola ekonomická* Wirtschaftshochschule.
VŠZ *Vysoká škola zemědělská* Landwirtschaftliche Hochschule.
vt. *vteřina* Sekunde, Sek.
v.t. 1. *viz též* siehe auch; 2. *viz tam* siehe dort.
VU *Vysokoškolská unie* Hochschulverband.
VÚ *výzkumný ústav* Forschungsinstitut.
v. v. *ve výslužbě* im Ruhestand, i. R.
výn. *výnos* Erlaß, Dekret.
v z. *v zastoupení* in Vertretung, i.V.

z. 1. *západ* West(en), W.; 2. *západní* West-.
zák. 1. *zákon* Gesetz; 2. *zákonný* gesetzlich.
zást. *zástupce* Vertreter.
zejm. *zejména* besonders, bes.
zkr. 1. *zkratka* Abkürzung, Abk.; 2. *zkrácený* abgekürzt.
zn. *značka* (Fabrik-)Marke, Zeichen.
zř. *zřídka* selten.
ZŠ *Základní škola* Grundschule.
z. s. s r.o. *zapsaná společnost s ručením omezeným* eingetragene Gesellschaft mit beschränkter Haftung, G.m.b.H.
zvl. *zvláště* besonders, bes.

ž. *ženský* weiblich, w.
Ž. *Ženy* (*WC*) Damen, D.
žen. *ženatý* verheiratet (*vom Mann*).

Zusätzliches alphabetisches Verzeichnis geographischer Namen mit vom Deutschen abweichender Schreibung*)

Dodatečný seznam zeměpisných jmen

Alsasko *n* (*1b*) Elsaß *n*
Alžír *m* (*2a*) Algier
Amster(o)dam *m* (*2a*) Amsterdam
Antverpy *f/pl.* (*1*) Antwerpen

Bělák *m* (*2b*) Villach
Bělehrad *m* (*2*) Belgrad
Benátky *f/pl.* (*1*; *-tek*) Venedig
Blatenské jezero *n* (*1*; *6. -ře*) Plattensee *m*
Bohumín *m* (*2*; *2. -a*) Oderberg
Boubín *m* (*2*; *2. -a*) Kubany *m* (*Berg*)
Bratislava *f* (*1*) Preßburg
Brémy *f/pl.* (*1*) Bremen
Brno *n* (*1*) Brünn
Broumov *m* (*2*; *2. -a*) Braunau (*in Böhmen*)
Brunšvík *m* (*2b*) Braunschweig
Brusel *m* (*2a*) Brüssel
Břeh *m* (*2b*) Brieg
Budapešť *f* (*4c*; *-ti*) Budapest
Budějovice *s.* České B.
Budín *m* (*2*; *2. -a*) Ofen (*Stadtteil von Budapest*)
Budyšín *m* (*2*; *2. -a*) Bautzen
Bukurešť *f* (*4c*; *-ti*) Bukarest

Cáchy *f/pl.* (*1*) Aachen
Celovec *m* (*4*; *-vc-*) Klagenfurt
Curych *m* (*2b*) Zürich
Cypr *m* (*2a*) Zypern
Černá Hora *f* (*1d*) Montenegro *n*
České Budějovice *m/pl.* (*2. -ic*) Budweis
Český les *m* (*2*; *-a*) Böhmerwald *m*
Český Těšín *m* (*2*; *2. -a*) Teschen
Čtyřkantonské jezero *n* (*1*; *6. -ře*) Vierwaldstätter See *m*

Damašek *m* (*2b*; *-šk-*) Damaskus
Děčín *m* (*2*; *2. -a*) Tetschen
Dillí [dɪ-] *n* (*indekl.*) Delhi
Desava *f* (*1*) Dessau
Domažlice *m/pl.* (*4*; *2. -ic*; *7. -emi*) Taus
Doupovské hory *f/pl.* (*1d*) Duppauer Gebirge *n*
Drážďany *m/pl.* (*2*; *2. -an*) Dresden
Dráva *f* (*1*) Drau *f*
Dunaj *m* (*4*) Donau *f*
Durynsko *n* (*1b*) Thüringen *n*
Dvina *f* (*1*) Düna *f*
Dvůr Králové *m* (*2., 3. usw. dvor-*; *2. -a*; *6. -ře*) Königinhof
Dyje *f* (*2*) Thaya *f*

Emže *f* (*2*) Ems
Enže *f* (*2*) Enns *f*

Florencie *f* (*2*) Florenz
Františkovy Lázně *f/pl.* (*3*) Franzensbad
Frýdlant *m* (*2*; *6. -ě/-u*) Friedland

Gdaňsk *m* (*2b*), **Gdansko** *n* (*1b*) Danzig

Hamburk *m* (*2b*; *2. -a/-u*) Hamburg
Havola *f* (*1a*) Havel *f*
Hlučín *m* (*2*; *2. -a*) Hultschin
Hnězdno *n* (*1*) Gnesen
Hradčany *m/pl.* (*2*; *2. -an*) Hradschin *m*
Hradec Králové *m* (*4*; *-dc-*) Königgrätz
Hradec Štýrský *m* (*4*; *-dc-*) Graz

*) Städtenamen im Deutschen Neutra

Hrob *m* (*2a*) Klostergrab
Hron *m* (*2a*) Gran *m*
Hřensko *n* (*1b*) Herrnskretschen

Cheb *m* (*2a*) Eger
Chotěbuz *f* (*3*) Kottbus, Cottbus

Inšpruk *m* (*2b*) Innsbruck

Jablonec (**nad Nisou**) *m* (*4*; *-nc-*) Gablonz (an der Neiße)
Jáchymov *m* (*2*; *2. -a*) Joachimstal
Janov *m* (*2*; *2. -a*) Genua
Jeseník *m* (*2b*; *2. -u*/*-a*) *1.* Freiwaldau †; *2.* Altvatergebirge *n*
Jihlava *f* (*1*) Iglau
Jindřichův Hradec *m* (*4*; *-dc-*) Neuhaus
Jizera *f* (*1d*) Iser *f*
Jizerské hory *f*/*pl.* (*1d*) Isergebirge *n*
Josefov *m* (*2*; *2. -a*) Josefstadt

Kahýra *f* (*1d*) Kairo
Kalkata *f* (*1*) Kalkutta
Kamenec *m* (*4*; *-nc-*) Kamenz
Kamenice (**Saská**) *f* (*2a*) Chemnitz
Kapsko *n* (*1b*) Kapland *n*; **Kapské Město** *n* (*1*) Kapstadt
Kavkaz *m* (*2*; *6. -e*/*-u*) Kaukasus *m*
Kladsko *n* (*1b*) Glatz
Klajpeda *f* (*1*) Memel
Klínovec *m* (*4*; *-vc-*) Keilberg *m*
Kolín nad Rýnem *m* (*2*; *2. -a*) Köln (am Rhein)
Korutany *m*/*pl.* (*2*; *2. -an*) Kärnten *n*
Kostnice *f* (*2a*) Konstanz
Kostřín *m* (*2*; *2. -a*) Küstrin
Košice *m*/*pl.* (*4*; *2. -ic*; *7. -cemi*) Kaschau
Královec *m* (*4*; *-vc-*) Königsberg
Krakov *m* (*2*; *-a*) Krakau
Kraňsko *n* (*2b*) Krain *n*
Kras *m* (*2*; *6. -u*/*-e*) Karst *m* (*Gebirge*)
Kremže *f* (*2*) Krems
Kreščak *m* (*2b*) Crécy
Krkonoše *m*/*pl.* (*4*; *2. -oš*; *7. -šemi*/*-ši*) Riesengebirge *n*
Krnov *m* (*2*; *2. -a*) Jägerndorf
Kroměříž *f* (*3*) Kremsier

Krušné hory *f*/*pl.* (*1*) Erzgebirge *n*
Kutná Hora *f* (*1d*) Kuttenberg

Lehnice *f* (*2a*) Liegnitz
Liberec *m* (*4*; *-rc-*) Reichenberg
Lindava *f* (*1*) Lindau
Linec *m* (*4*; *-nc-*) Linz
Lisabon *m* (*2a*) Lissabon
Litava *f* (*1*) Leitha *f*
Londýn *m* (*2*; *2. -a*) London
Lotrinsko *n* (*1b*) Lothringen *n*
Lutych *m* (*2b*; *2. -u*/*-a*) Lüttich
Lvov *m* (*2*; *2. -a*) Lemberg

Mariánské Lázně *f*/*pl.* (*3*) Marienbad
Maribor *m* (*2a*) Marburg
Metuje *f* (*2*) Mettau *f*
Mety *f*/*pl.* (*1*) Metz
Mezibor *m* (*2a*) Merseburg
Mikulov *m* (*2*; *2. -a*) Nikolsburg
Milán *m* (*2*; *2. -a*) Mailand
Míšeň *f* (*3*; *-šn-*) Meißen
Mohan *m* (*2a*) Main *m*
Mohuč *f* (*3*) Mainz
Morava *f* (*1*) *1.* March *f* (*Fluß*); *2.* Mähren *n*; *na -vě* in Mähren
Moravské pole *n* (*2*) Marchfeld *n*
Mosa *f* (*1a*) Maas *f*
Mosela *f* (*1a*) Mosel *f*
Most *m* (*2*) Brüx

Neapol *f* (*3*) Neapel
Němen *m* (*2a*) Memel *f* (*Fluß*)
Nisa *f* (*1a*) Neiße (*Fluß f u. Stadt*)
Norimberk *m* (*2b*; *2. -a*; *6. -rku*/*-rce*) Nürnberg

Ochranov *m* (*2*; *2. -a*) Herrnhut
Olomouc *f* (*3*) Olmütz
Opava *f* (*1*) Troppau
Opolí *n* (*3*) Oppeln
Orlické hory *f*/*pl.* (*1d*) Adlergebirge *n*
Ostrava *f* (*1*) Ostrau
Ostřihom *m* (*2*; *2. -a*; *6. -u*/*-ě*) Gran

Pád *m* (*2*) Po *m* (*Fluß*)
Pasov *m* (*2*; *2. -a*) Passau
Perno *n* (*1*) Pirna

Pětikostelí *n* (*3*) Fünfkirchen
Plavno *n* (*1*) Plauen
Poznaň *f* (*3*) Posen
Praděd *m* (*2a*; *2. -u*/*-a*) Altvater *m.*

Rába *f* (*1*) Raab *f*
Remeš *f* (*3*) Reims
Roztoky *m*/*pl.* (*2b*; *2. -ok*) Rostock
Řezno *n* (*1*) Regensburg

Sála *f* (*1a*) Saale *f*
Sársko *n* (*1b*) Saarland *n*
Sasko *n* (*1b*) Sachsen *n*
Sáva *f* (*1*) Save *f*
Sibiř *f* (*3*) Sibirien *n*
Skotsko *n* (*1b*) Schottland *n*
Slavkov *m* (*2*; *2. -a*) *hist.* Austerlitz
Slovinsko *n* (*1b*) Slowenien *n*
Smrčiny *f*/*pl.* (*1*) Fichtelgebirge *n*
Sněžka *f* (*1c*) Schneekoppe *f*
Sněžník *m* (*2b*) Schneeberg *m*
Soča *f* (*2*; *2. -e*; *3, 6. -i*; *4. -u*; *7. -ou*) Isonzo *m*
Solná komora *f* (*1d*) Salzkammergut *n*
Solnohrad *m* (*2*; *6. -ě*/*-u*) Salzburg
Soluň *f* (*3*) Saloniki
Sopron *f* (*3*) Ödenburg
Spišsko *n* (*1b*) Zips *f*
Spréva *f* (*1*) Spree *f*
Srbsko *n* (*1b*) Serbien *n*
Srědec † *m* (*4d*; *-dc-*) Sofia
Stolní hora *f* (*1d*) Tafelberg *m*
Střekov *m* (*2*; *2. -a*) Schreckenstein
Stříbro *n* (*1*; *6. -ře*) Mies
Sušice *f* (*2a*) Schüttenhofen
Svatý Havel *m* (*1*; *-vl-*) Sankt Gallen
Svatý Hypolit *m* (*1*) Sankt Pölten
Svídnice *f* (*2a*) Schweidnitz

Špandava *f* (*1*) Spandau
Špicberky *m*/*pl.* (*2b*) Spitzbergen
Špičák *m* (*2b*) Spitzberg *m*
Štětín *m* (*2*; *2. -a*) Stettin
Štýrsko *n* (*1b*) Steiermark *f*
Šumava *f* (*1*) Böhmerwald *m*
Švábsko *n* (*1b*) Schwaben *n*

Temže *f* (*2*) Themse *f*
Teplice *f*/*pl.* (*2a*) Teplitz
Terezín *m* (*2*) Theresienstadt
Terst *m* (*2a*) Triest
Tisa *f* (*1a*) Theiß *f*
Trevír *m* (*2a*; *2. -a*) Trier
Tyrolsko *m* (*1b*) Tirol *n*

Ústí nad Labem *n* (*3*) Aussig
Uznoj(e)m *m* (*2a*; *-jm-*) Usedom

Váh *m* (*2b*) Waag *f*
Valašsko *n* (*1b*) Walachei *f*
Varšava *f* (*1*) Warschau
Velký Zvon *m* (*2a*) Großglockner *m*
Vezera *f* (*1d*) Weser *f*
Vídeň *f* (*3*; *-dně, -dni usw.*) Wien
Vilno *n* (*1*) Wilna, Vilnius
Visla *f* (*1a*) Weichsel *f*
Vltava *f* (*1*) Moldau *f*
Volha *f* (*1b*) Wolga *f*
Vratislav *f* (*4a*; *2. -i*/*-ě*) Breslau
Výmar *m* (*2a*) Weimar

Záhaň *f* (*3*) Sagan
Zhořelec *m* (*4*; *-lc-*) Görlitz
Znojmo *n* (*1*) Znaim
Zvěřín *m* (*2a*; *2. -a*) Schwerin
Zvolen *m* (*2a*; *2. -a*) Altsohl

Žandov *m* (*2*; *2. -a*) Bad Schandau
Žatec *m* (*4*; *-tc-*) Saaz
Železná Ruda *f* (*1*) Eisenstein (*Böhmen*)
Ženeva *f* (*1*) Genf
Žitava *f* (*1*) Zittau
Žitný ostrov *m* (*2*; *2. -a*) Schüttinsel *f.*

Tschechische Vornamen

Alžběta Elisabeth
Anděla Angel(ik)a
Andulka F Anna, Ännchen
Anežka Agnes
Arnošt Ernst

Barbora (F **Bára**) Barbara
Barnabáš Barnabas
Bedřich (F **Béda**) Friedrich
Běta (F **Bětuška**) Li(e)sbeth
Blažej Blasius
Blažena Beate; Beatrix
Bohumil Gottlieb

Cilka Cäcilie
Čeněk Vinzenz

Děpold Theobald
Dětřich Dietrich
Dorota Dorothea

Eliška Else, Elsa
Evžen Eugen

František Franz(iskus)

Goliáš Goliath

Hana Johanna, Hanna
Hanuš Hans
Háta Agathe
Havel Gallus
Hynek Heinz; Ignaz

Izajáš Jesaja

Jadviga Hedwig
Jáchym Joachim
Jakub Jakob(us)
Jan(a) Johann(a); *f a.* Hanna
Jeno(vé)**fa** Genoveva
Jeroným Hieronymus
Jiljí Ägidius
Jindřich Heinrich
Jindřiška Henriette
Jiří Georg
Jitka Jutta

Karla Karla, Karoline
Kašpar Kaspar
Kateřina Katharina
Kliment Klemens, Clemens
Kryštof Christoph

Kunhuta Kunigunde
Květa Flora

Lenka F Lenchen
Linhart Leonhard

Madlenka F Magda(lene)
Marek Markus
Markéta Margaret(h)e
Matěj, Matyáš Matthias
Matouš Matthäus
Metoděj Method
Mikuláš Nikolaus
Mojžíš Moses

Oldřich Ulrich
Oldřiška Ulrike
Ondřej Andreas

Pavla Paula, Pauline
Pepík, Pepa F Josef
Petr Peter, *bibl.* Petrus
Pilát Pilatus

Růžena Rosa(lie)

Řehoř Gregor

Stázička F Anastasia

Šebestián Sebastian
Štěpán Stephan(us)

Tadeáš Thaddäus
Tomáš Thomas
Tonda, Toník F Toni

Václav (F **Vašek, Vávra, Váša** *u. a.*) Wenzel
Vavřinec Lorenz; Laurentius
Vilém Wilhelm
Vintíř Günt(h)er
Vítězslav Siegfried
Vojtěch Adalbert
Voršila Ursula

Zachariáš Zacharias
Zdeněk F (Sidonius)
Zdeňka F (Sidonia)
Zikmund Siegmund, Sigismund
Zora F (Aurora)

Žibřid Siegfried; Siegmund
Žofie Sophie

LANGENSCHEIDTS
TASCHENWÖRTERBÜCHER

LANGENSCHEIDTŮV
KAPESNÍ SLOVNÍK
JAZYKA ČESKÉHO A NĚMECKÉHO

Druhý díl

německo-český

zpracoval

dr. BEDŘICH KABESCH

LANGENSCHEIDT

BERLÍN · MNICHOV · VÍDEŇ · CURYCH · NOVÝ YORK

LANGENSCHEIDTS

TASCHENWÖRTERBUCH

DER TSCHECHISCHEN UND DEUTSCHEN SPRACHE

Zweiter Teil

Deutsch-Tschechisch

von

DR. FRIEDRICH KABESCH

LANGENSCHEIDT

BERLIN · MÜNCHEN · WIEN · ZÜRICH · NEW YORK

Inhaltsverzeichnis

Obsah

Auflage	9.	8.	7.	*Letzte Zahlen*
Jahr:	1993	92	91	*maßgeblich*

Druck: Graph. Betriebe Langenscheidt, Berchtesgaden/Obb.
Printed in Germany · ISBN 3-468-10365-4

Vorwort

Vor einigen Jahren entschloß sich der Verlag, eine seit langem fühlbare Lücke in seinem Programm zu schließen und die Bearbeitung eines Taschenwörterbuches für die tschechische Sprache in Angriff zu nehmen.

Für den deutsch-tschechischen Teil wurden aus dem reichen deutschen Wortschatz, der jederzeit durch neue Zusammensetzungen grenzenlos erweitert werden kann, etwa 35 000 Stichwörter ausgewählt und ins Tschechische übersetzt. Neben den aus der Schrift- und Umgangssprache geschöpften Stichwörtern wurden zahlreiche Ausdrücke, Wendungen und Mustersätze berücksichtigt, die dem Benutzer in Zeitungen, Rundfunk und Fernsehen häufig begegnen.

Der allgemeine Wortschatz wird durch die wichtigsten Fachwörter aus den Gebieten der Technik, des Sports, der Medizin, Psychologie, Rechtswissenschaft, Mathematik, Physik und anderer Wissenschaften ergänzt. Besonders Rechnung getragen wurde auch den Veränderungen im politischen und gesellschaftlichen Leben des deutschen und tschechischen Volkes in den letzten Jahrzehnten.

Um dem Benutzer die Wahl der richtigen tschechischen Übersetzung zu erleichtern, wurden — wie auch in den anderen Werken des Verlages — verschiedene lexikologische Mittel verwendet:

Zur bedeutungsmäßigen Bestimmung wurde das Gebiet, auf das sich das Wort bezieht, durch Abkürzungen und Zusätze angedeutet, z. B.:

> **Lot** *n* olovnice *f*; (*Lötmetall*) pájka *f*; *Math.* kolmice *f*; *Mar.* hloubkoměr *m*; (*Gewicht*) lot *m* ...

Der Zusammenhang, in dem das Wort auftreten kann, wird durch Zusätze verschiedener Art umrissen, z. B.:

niederschlagen ... *Aufstand*: potlačovat [-čit]; *Augen*: [s]klopit; *Jur. Verfahren*: zastavovat [-stavit]; ...

Als Mittel, welche die Wörter verknüpfen helfen, dienen Kasusangaben und Präpositionen, die in Klammern hinter dem deutschen Stichwort und/oder den tschechischen Übersetzungen stehen, z. B.:

nachfolgen (*D*) následovat (*A*); ...

Nähere Erklärungen zu diesen Hilfen findet der Benutzer in den Vorbemerkungen auf S. 585—587.

Das Wörterbuch ist das Ergebnis einer mehrjährigen Tätigkeit des Verfassers als Lexikograph. Sein Tod hat es ihm leider unmöglich gemacht, die Arbeit am Manuskript zu vollenden und die Herausgabe des Werkes selbst zu überwachen; sie wurde von der Langenscheidt-Redaktion und von Herrn Peter Vilimek, Berlin, der in sehr dankenswerter Weise die endgültige Manuskriptfassung erstellte, in seinem Sinne bis zum Abschluß weitergeführt.

Der Verlag

Předmluva

Nakladatelství se před několika lety rozhodlo, že vyplní ve svém programu již dlouho trvající mezeru a zpracuje kapesní slovník českého jazyka.

Z bohaté zásoby slov, která může být kdykoli rozšířena novými složeninami slov, bylo vybráno pro německo-českou část slovníku asi 35 000 hesel a přeloženo do češtiny. Vedle hesel ze spisovného a hovorového jazyka bylo přihlédnuto i k četným výrazům, obratům a vzorkovým větám, s kterými se používatel často setká v novinách, rozhlase a televizi.

Všeobecná zásoba slov je doplněna nejdůležitějšími odbornými výrazy z oborů techniky, sportu, lékařství, psychologie, právních věd, matematiky, fyziky a jiných vědních oborů. Obzvlášť bylo přihlédnuto i ke změnám v politickém a společenském životě německého a českého národa v posledních desetiletích.

Aby byla používateli usnadněna volba správného českého výrazu, bylo — tak jako u jiných děl nakladatelství — použito různých slovníkových prostředků:

K významovému určení byl obor, na který se slovo vztahuje, naznačen zkratkami a dodatky, např.:

Lot *n* olovnice *f*; (*Lötmetall*) pájka *f*; *Math.* kolmice *f*; *Mar.* hloubkoměr *m*; (*Gewicht*) lot *m* ...

Souvislost, v které se slovo může vyskytnout, je vyznačena dodatky různého druhu, např.:

niederschlagen ... *Aufstand*: potlačovat [-čit]; *Augen*: [s]klopit *Jur. Verfahren*: zastavovat [-stavit]; ...

Jako prostředky pro slovní sloučeniny slouží údaje o pádech a předložkách, které stojí v závorkách za německým heslem a/nebo za českými výrazy, např.:

nachfolgen (*D*) následovat (*A*); ...

Bližší vysvětlení k těmto pomocným údajům nalezne používatel v poznámkách na str. 585—587.

Slovník je výsledkem několikatelé činnosti autora jako lexikografa. Jeho úmrtí mu bohužel nedopřálo, aby dokončil práci na rukopisu a aby sám mohl dohlížet na vydání tohoto díla; tato práce byla dokončena v jeho smysle redakcí nakladatelství Langenscheidt a panem Petrem Vilímkem v Berlíně, který upravil rukopis do konečného znění způsobem, který zavazuje k velkým díkům.

Nakladatelství

Vorbemerkungen

Diese Vorbemerkungen sollen sorgfältig durchgelesen werden, denn sie erleichtern das Nachschlagen und erhöhen das Verständnis für den Inhalt des Wörterbuches.

Alphabetische Anordnung. An ihrem alphabetischen Platz sind gegeben:

a) die wichtigsten Abkürzungen;
b) die meisten Länder- und Völkernamen sowie die davon abgeleiteten Adjektive;
c) die unregelmäßigen Formen des Imperativs und des Imperfekts;
d) die verschiedenen Formen der Pronomen usw.

Im allgemeinen ist in bezug auf den Wortschatz noch folgendes zu beachten.

Fremdwörter, die gleiche Bedeutung und Schreibung in beiden Sprachen aufweisen, sind oft weggelassen worden, so auch manche auf **...ieren** (= ...ovat) und **...tion** (= ...ce).

Von Diminutivwörtern sind hauptsächlich nur die durch Umlaut gebildeten aufgenommen worden, sonst entspricht **...chen** oder **...lein** meist den Endungen ...e(če)k, ...(eč)ka, ...(ič)ko.

Weggelassen wurden auch fast alle von Länder- oder Städtenamen abgeleiteten Adjektive auf **...er** (= ...ský, z. B. Münchener — mnichovský). Aus Platzgründen konnten viele Eigennamen — obwohl sie im Tschechischen anders lauten — nicht berücksichtigt werden.

Im allgemeinen sind Adverbien nicht besonders aufgeführt, wenn sie sich leicht nach den allgemeinen Regeln durch Umwandlung der Endungen **-ý**, **-á**, **-é** und **-í** zu **-ě** oder **-e** (vor dem **h** zu **z**, **ch** zu **š**, **k** zu **c**, **r** zu **ř** wird) wiedergeben lassen. Ebenso sind die reflexiven und passiven Verben, die durch Hinzufügung von **se** gebildet werden, meist nicht angegeben worden, z. B. *sich verkaufen* und *verkauft werden* — prodat se.

Das Partizip Präsens auf **-d** ist meist nur angegeben, wenn es als Adjektiv, Adverb oder Substantiv verwendet wird: dringend, Vorsitzende(r) usw. Dasselbe gilt auch für Partizip Präteritum.

Gruppenartikel. Wo die Deutlichkeit und Übersichtlichkeit es gestattete, sind Zusammensetzungen und Ableitungen oft der Raumersparnis wegen zu Nestern vereinigt worden, wobei der senkrechte Strich (|) beim ersten Stichwort den Teil abtrennt, der allen folgenden Stichwörtern dieses Nestes gemeinsam ist. Dieser Strich gilt nicht als Trennungszeichen.

Zusammengesetzte Wörter sind oft nicht aufgenommen worden, wenn das Bestimmungswort durch eine am Anfang des Nestes gegebene Übersetzung wiedergegeben werden kann, oder wenn sowohl das Bestimmungs- als auch Grundwort die übliche Bedeutung beibehalten (vgl. Blatt-, Feuer-, Haupt-, Land- usw.).

Insbesondere beachte man, daß der substantivierte Infinitiv und das Verbalsubstantiv auf **...ung**, sowie Wörter auf **...heit** und **...keit** (auch **...ei**), die meist durch die Endung -í, die dem passiven Partizip angehängt wird, wiedergegeben werden können, oft weggelassen worden sind.

Betonung. Die Betonung der deutschen Stichwörter wird durch einen Strich (ˈ) vor der zu betonenden Silbe angegeben, wenn die erste Silbe **nicht** betont wird: abonˈnieren, erˈgiebig (aber: blutig, Erde). Da die Betonung im Tschechischen immer auf der ersten Silbe liegt, wird sie im Wörterbuch nicht angegeben. Zwei Tonzeichen in einem Wort bezeichnen zwei Möglichkeiten der Betonung, auch wenn das Wort mit Hilfe einer Tilde (s. unten) gebildet wurde, z.B.: durch...; wandern = ˈdurchˈwandern. Trägt ein mit Hilfe der Tilde gebildetes Wort ein Tonzeichen, so ist dieses Zeichen für die Betonung dieses Wortes maßgebend, unabhängig davon, ob und wie das erste Stichwort des Nestes oder die vorangehenden, mit Hilfe einer Tilde gebildeten Wörter betont werden. In einigen Fällen erfolgt die Angabe der Betonung bei der phonetischen Umschrift in eckigen Klammern.

Aussprache. Die Bezeichnung der Aussprache mit Hilfe der phonetischen Umschrift nach dem API-System ist nur bei solchen Fremdwörtern oder Lautverbindungen angegeben worden, deren Aussprache dem Benutzer Schwierigkeiten bereiten könnte.

Der **Bindestrich** (-) ersetzt einen leicht zu ergänzenden Teil des vorhergehenden Wortes, z.B.: nemocný (-cen) = nemocen, dobrodruh (-družka) = dobrodružka, od-, u-lévat [-lít] = odlévat, ulévat, odlít, ulít.

Der höhergestellte **Punkt** (·) in deutschen Wörtern zeigt an, daß die Laute getrennt oder mit festem Einsatz (Knacklaut) gesprochen werden müssen: Häus·chen (nicht sch), ab·ändern usw.

Die halbfette **Tilde** (**~**, beim jeweiligen Wechsel von Groß- zu Kleinschreibung oder umgekehrt: **♀**) ersetzt das ganze Stichwort oder bei der Anwendung des senkrechten Striches (|) nur den vor diesem Strich stehenden Teil. Die gewöhnliche Tilde (~ bzw. ♀) ersetzt das ganze vorhergehende Stichwort, auch wenn es mit Hilfe der halbfetten Tilde gebildet wurde, z.B.:

Auslauf *m* ...; **♀en** ... (= auslaufen); sich ~ (= sich auslaufen)

Geschlecht. Das grammatische Geschlecht ist bei allen deutschen Substantiven angegeben, bei der Übersetzung nur dann, wenn es vom Geschlecht des deutschen Stichworts abweicht, z.B.:

Erˈwerb *m* nabytí *n*, koupě *n*; (*Verdienst*) výdělek; (*Gewerbe*) živnost *f*.

Rektion. Wo die Rektion in beiden Sprachen übereinstimmt, sind besondere Hinweise nur in Ausnahmefällen gegeben worden. Die Rektion ist durch Kasusangabe (z.B. *A* = Akkusativ, *L* = Lokativ usw.) oder durch Hinzufügung eines Objekts (j-m = jemandem, k-o = koho) gekennzeichnet.

Zum Zweck der Unterscheidung von Person und Sache sind die deutschen Angaben mit den tschechischen nach Möglichkeit in Übereinstimmung gebracht worden:

abkaufen odkupovat [-koupit] (j-m et. co od k-o *od.* k-u).

Rechtschreibung. Sowohl im Deutschen als auch im Tschechischen ist die neueste Rechtschreibung angewandt worden. Bei Doppelformen wird auf die gebräuchlichere Schreibung verwiesen.

Bedeutung und Übersetzung. Für jede Bedeutung eines Wortes ist eine entsprechende Übersetzung gegeben worden, wobei die gebräuchlichere Bedeutung meist an erster Stelle steht; erklärt wurde nur das, was beiden Sprachen nicht gemeinsam ist. Besondere Abstufungen der Bedeutung des betreffenden Wortes sind oft durch Beispiele veranschaulicht. Die Bedeutungsunterschiede ein und desselben Wortes sind gekennzeichnet:

a) durch vorgesetzte Synonyme (sinnverwandte Wörter), deutsche Objekte, Subjekte oder andere erläuternde Wörter — meist in runden Klammern;

b) durch Abkürzungen;

c) durch Angabe der entgegengesetzten Bedeutung (z.B. **Land ...** (*Ggs. Stadt*) ...;

Das Semikolon (;) trennt eine gegebene Bedeutung von einer neuen, wesentlich unterschiedlichen Bedeutung.

Oft ist bei einem Wort auf ein anderes Wort verwiesen worden, wo sich noch sinnverwandte und ergänzende Bedeutungen befinden.

Wörter mit gleicher Schreibung aber von verschiedener Abstammung und abweichender Bedeutung sind in der Regel als besondere Stichwörter aufgeführt und mit hochstehenden kleinen Ziffern ^{1}, ^{2} usw. versehen.

Die **Aspekte** oder **Aktionsarten** sind bei der Übersetzung wie folgt bezeichnet:

a) der perfektive Aspekt (*pf.*) steht in eckigen Klammern [], z.B.:

[vy]cvičit	*impf.* cvičit	*pf.* vycvičit
odpínat [odepnout]	„ odpínat	„ odepnout
odvádět [-vést]	„ odvádět	„ odvést

b) der imperfektive Aspekt (*impf.*) steht in runden Klammern (), z.B.:

ohlod(áv)at	*impf.* ohlodávat	*pf.* ohlodat
odloup(áv)at [-pnout]	„ odloupávat	„ odloupat und odloupnout

Nur im perfektiven Aspekt vorkommende Verben werden mit *pf.* gekennzeichnet. Verben, die nur im imperfektiven Aspekt gebraucht werden, bleiben unbezeichnet.

Im Anhang wird ein Verzeichnis der unregelmäßigen und starken Verben sowie der Grund- und Ordnungszahlen gegeben.

Erklärung der im Wörterbuch verwendeten Abkürzungen

Výklad zkratek v slovníku užívaných

†	veraltet — zastaralý výraz
A	Akkusativ — 4. pád
a.	auch — také
Abk.	Abkürzung — zkratka
Adj.	Adjektiv — přídavné jméno
Adv.	Adverb — příslovce
Agr.	Landwirtschaft — zemědělství
amtl.	amtlich — úředně
Anat.	Anatomie — anatomie
Arch.	Baukunst, Bauwesen — architektura, stavebnictví
Art.	Artikel — člen
Astr.	Astronomie — astronomie
attr.	attributiv — jako přívlastek
Bgb.	Bergbau — hornictví
bibl.	biblisch — biblický výraz
Bio.	Biologie — biologie
Bot.	Botanik — botanika
bsd.	besonders — zvláště
Chem.	Chemie — chemie
č-o	*čeho*
č-u	*čemu*
D	Dativ — 3. pád
dem.	demonstrativ — ukazovací
dgl.	dergleichen — takový, podobný
d.h.	das heißt — to je
dial.	dialektisch — nářeční výraz
Dim.	Diminutiv — zdrobnělé jméno
ehm.	ehemals — dříve
einm.	einmalig — jednorázový
El.	Elektrotechnik — elektrotechnika
e-e	*eine*
e-*m*	*einem*
e-*n*	*einen*
engS.	im engeren Sinne — v užším smyslu
e-*r*	*einer*
e-*s*	*eines*
Esb.	Eisenbahnwesen — železniční obor
et.	etwas — (ně)co
F	familiär, umgangssprachlich — výraz důvěrný, hovorový
f	Femininum — ženský rod
Fecht.	Fechtkunst — šermířství
fig.	figürlich — obrazně, přeneseně
Fin.	Finanzwesen — finančnictví
Flgw.	Flugwesen — letectví
Forst.	Forstwesen — lesnictví
Fot.	Fotografie, Film — fotografie, filmařství
f/pl.	Femininum Plural — pomnožné jméno ženského rodu
Fut.	Futurum — budoucí čas
G	Genitiv — 2. pád
Geogr.	Geographie — zeměpis
Geol.	Geologie — geologie
Geom.	Geometrie — geometrie
G/pl.	Genitiv Plural — 2. pád množ. čísla
Ggs.	Gegensatz — opačný význam
Gr.	Grammatik — mluvnice
Hdl.	Handel — obchod
hist.	historisch — historický
I	Instrumental — 7. pád
Imp.	Imperativ — rozkazovací způsob
impf.	imperfektiv — nedokonavé sloveso
(im)pf.	imperfektiv und perfektiv — nedokonavé a dokonavé sloveso

Ind. Indikativ — oznamovací způsob
indekl. undeklinierbar — nesklonné (jméno)
Inf. Infinitiv — infinitiv
Int. Interjektion — citoslovce
iron. ironisch — ironický (výraz)
iter. iteratives Verb — opětovací sloveso

Jagdw. Jagdwesen — myslivectví
jem. jemand — (ně)kdo
j-m jemandem — (ně)komu
j-n, j-s jemanden, jemandes — (ně)koho
Jur. Rechtswesen — právnictví

Kdspr. Kindersprache — dětská mluva
Kfz. Kraftfahrzeugwesen — motorová vozidla
Kj. Konjunktion — spojka
k-o *koho*
Kochk. Kochkunst — kuchařství
koll. kollektiv — hromadné jméno
Komp. Komparativ — komparativ, druhý stupeň
Konj. Konjunktiv — spojovací způsob
k-u *komu*

L Lokativ — 6. pád
Ling. Sprachwissenschaft — jazykověda
lit. literarisch — spisovně

m Maskulinum — mužský rod
Mal. Malerei — malířství
Mar. Schiffahrt — plavba
Math. Mathematik — matematika
Med. Medizin — lékařství
m-e *meine*
m/f Maskulinum und Femininum — mužský a ženský rod
Mil. Militärwesen — vojenství
Min. Mineralogie — mineralogie
m-m *meinem*
m-n *meinen*
m/pl. Maskulinum Plural — pomnožné jméno mužského rodu
m-r *meiner*
m-s *meines*
mst meist(ens) — většinou
Mus. Musik — hudební věda
Myth. Mythologie — mytologie

n Neutrum — střední rod
N Nominativ — 1. pád
n/pl. Neutrum Plural — pomnožné jméno středního rodu
Num. Zahlwort — číslovka

o. ohne — bez
od. oder — nebo
öst. österreichisch — rakouský výraz

P populär, derb — lidový, drsný výraz
Parl. parlamentarischer Ausdruck — parlamentární výraz
Pass. Passivum — trpný rod
pf. perfektiv — dokonavé sloveso
Pers. Person — osoba
Phil. Philosophie — filosofie
Phys. Physik — fyzika
pl., Pl. Plural — množné číslo
poet. poetisch — básnický (výraz)
Pol. Politik — politika
Pr. Präsens — přítomný čas
präd. prädikativ — jako přísudek
Pron. Pronomen — zájmeno
Prov. Provinzialismus — oblastní výraz
Prp. Präposition — předložka
Psych. Psychologie — psychologie
Pt. Präteritum — minulý čas

Rdf. Rundfunk, Fernsehen — rozhlas, televize
refl. reflexiv — zvratný
Rel. Religion — náboženství

s. siehe — viz
S. Seite — stránka
scherz. scherzhaft — žertovný (výraz)
schweiz. schweizerisch — švýcarský výraz
s-e *seine*
S-e Sache — věc
sg., Sg. Singular — jednotné číslo
s-m *seinem*

s-n	*seinen*
s-s	*seines*
Sp.	Sport — sportovní výraz
Spr.	Sprichwort — přísloví
Su.	Substantiv — podstatné jméno
Sup.	Superlativ — třetí stupeň
Tech.	Technik — technika
Tel.	Fernmeldewesen — telekomunikace
Thea.	Theater — divadelnictví
Turn.	Turnen — tělocvik
Typ.	Druckgewerbe — tiskařství
u.	und — a
unps.	unpersönlich — neosobní
unv.	unverändert, undeklinierbar — nesklonné (jméno)
usw.	und so weiter — a tak dále
V	vulgär — vulgární, hrubý
v.	von — z(e)
verä.	verächtlich — hanlivý, pejorativní
Vet.	Veterinärmedizin — zvěrolékařství
vgl.	vergleiche — srovnej
v/i	intransitives Verb — nepřechodné sloveso
Vn.	Vorname — rodné jméno
Vok.	Vokativ — 5. pád
v/r	reflexives Verb — zvratné sloveso
v/t	transitives Verb — přechodné sloveso
z.B.	zum Beispiel — na příklad
Zo.	Zoologie — zoologie
zs.-	*zusammen*
Zssg(n)	Zusammensetzung(en) — složenina (-ny)

A

A, a *n* (*unv.*) A, a; *von A bis Z* od a do zet; *wer A sagt, muß auch B sagen* kdo řekne á, ať řekne také bé.
A *n Mus.* a.
Aachen *n* Cáchy *f/pl.*
Aal *m* úhoř; **~en:** *fig. sich ~* F provalovat se; **~glatt** hladký jako úhoř; **~reuse** *f* vrš *f* na úhoře.
a. a. O. *Abk. für am angeführten Ort* na uvedeném místě.
Aar *m poet.* orel.
Aas *n* zdechlina *f*, mrcha *f*; V (*Schimpfwort*) mrcha *f*; *kein ~* (*niemand*) nikdo; **~en:** *mit et. ~* F (*verschwenden*) plýtvat čím [proplýtvat co], **~fliege** *f* masařka; **~geier** *m* sup hnědý; *fig.* vydřiduch; **~ig** (*ekelhaft*) hnusný; **~käfer** *m* mrchožrout.
ab 1. *Adv.* (*herunter*) dolů; (*fort*) pryč; *Gewehr ~!* k noze zbraň!; *Hut ~!* klobouk dolů!; *~ und zu* občas; **2.** *Prp.* (*D*) *örtlich*: z (*G*), *z. B. ~ Prag* z Prahy; *zeitlich*: od (*G*), *z. B. ~ 1. Mai* od 1. května; *~ hier* odtud; *~ dort* odtamtud; *~ heute* ode dneška; *~ Unkosten* po odečtění útrat.
ab·änder|lich pozměnitelný; **~n** [(po)z]měnit; (*umarbeiten*) předěl(áv)at; **~ung** *f* změna; předělávka; **~ungs·antrag** *m* pozměňovací návrh.
ab·arbeiten *v/t Schuld*: odpracov(áv)at (si); (*abnutzen*) opotřebov(áv)at; *v/r sich ~* upracovat se *pf.*, udřít se *pf.*
Ab·art *f* odrůda; **~ig** zvhrý.
ab·ästen oklešťovat [-štit].
Abb. *Abk. für Abbildung.*
Abbau *m Bgb.* dobývání *n*, těžba *f*; (*Verminderung*) snížení *n*, omezení *n*; (*Entlassung*) propuštění *n*; *Tech.* demontáž *f*; **~en** *Bgb.* dobý(va)t, vytěžit; (*vermindern*) snižovat [snížit], omezovat [-zit]; (*entlassen*) propouštět [-pustit]; demontovat (*im*)*pf.*
ab|beißen ukusovat [ukousnout, ukousat]; **~beizen** od-, vy-lept(áv)at; **~bekommen** (*lösen*) dost(áv)at dolů; (*erhalten*) dost(áv)at; F *et. ~* slíznout *pf.* něco.
abberuf|en odvol(áv)at; **~ung** *f* odvolání *n.*
abbestell|en odříkávat [-říci], odvol(áv)at; **~ung** *f* odřeknutí *n*, odvolání *n.*
abbetteln: *j-m et. ~* vyžebr(áv)at co na kom.
abbezahlen splácet [splatit].
abbiegen *v/t* (*zur Seite*) ohýbat [ohnout]; *fig.* (*verhindern*) zmařit *pf.*; *v/i vom Weg ~* z cesty odbočovat [-čit]; (*nach*) *rechts ~* odbočovat [-čit] napravo.
Abbild *n* obraz *m*, vyobrazení; **~en** vyobrazovat [-zit]; **~ung** *f* vyobrazení *n*; (*Bild*) ilustrace, obrázek *m.*
abbinden *v/t* (*losbinden*) od-, rozvazovat [-vázat]; podvazovat [-vázat]; *v/i* (*Mörtel*) [z]tuhnout.
Abbitte *f* odprošení *n*; *~ tun od. leisten* odprošovat [-prosit], poprosit za odpuštění.
ab|blasen *Staub*: sfouk(áv)at [-knout]; *Jagd*: odtrubovat [-troubit]; *fig.* F *Streik usw.*: odvol(áv)at; (*abbrechen*) [u]končit; **~blättern** *v/t* zbavovat [-avit] listů; *v/i* opad(áv)at [-dnout]; *Verputz*: oprýsk(áv)at [-knout].
abblend|en *Licht, Auto usw.*: [z]tlumit; *Fot.* [za]clonit; **~licht** *n Kfz.* tlumené světlo.
ab|blitzen F (*abgewiesen werden*) nepochodit *pf.*; *j-n ~ lassen* odbý(va)t k-o; **~blühen** odkvétat [-kvést]; **~brausen** *v/t* [o]sprchovat (*sich* se); *v/i* F vychle odjet; **~brechen** *v/t* ulamovat [ulomit, ulámat]; (*niederreißen*) strh(ov)at [-hnout], [z]bořit, [z]bourat; (*unterbrechen*) přerušovat [-šit]; *alle Brükken hinter sich ~* zbořit za sebou všechny mosty; *v/i* lámat [zlomit *od.* zlámat] se; (*aufhören*) [s]končit (se); **~bremsen** [za]brzdit; **~brennen** *v/t* (*niederbrennen*) s-, vypalovat [-pálit]; *v/i Haus usw.*: s-, vy-hořet *pf.*; *Person*: vyhořet *pf.*;

abgebrannt sn (*ohne Geld*) F vyhořet *pf.*
abbringen: *j-n von et.* ~ odvracet [-vrátit] k-o od č-o; *vom rechten Weg* ~ svádět [svést] z pravé cesty.
abbröckeln *v/t* oddrobit *pf.*; *v/i* oddrobit se *pf.*; *Verputz usw.*: odprýsk(áv)at; *Kurse*: klesat [-snout].
Abbruch *m* stržení *n*, zboření *n*, zbourání *n*; (*Unterbrechung*) přerušení *n*; ~ *tun* (*D*) uškodit (*D*).
ab|brühen s-, o-pařovat [-řit]; *fig. abgebrüht gegen* otrlý proti (*D*); **~brummen** F *Strafe*: odsedět (si) *pf.*; **~buchen** *Hdl.* od(e)pisovat [odepsat]; **~bürsten** vy-, o-kartáčovat *pf.*
abbüß|en odpyk(áv)at si; **²ung** *f* odpykání *n.*
Abc *n* abeceda *f*; *fig.* základy *m/pl.*; **~-Buch** *n* slabikář *m*; **~-Schütze** *m* školáček.
abdämm|en zahrazovat [-hradit]; **²ung** *f* zahrazení *n.*
Abdampf *m* odpadová (*od.* výfuková) pára; **²en** (*verdampfen*) vypařovat [-řit]; F (*sich entfernen*) odejít (odcházet); (*fahrend*) odjíždět [-jet]; *Mar.* odplou(va)t.
abdämpfen *Schall*: [z]tlumit.
abdank|en vzdá(va)t se úřadu (*od.* trůnu), odstupovat [-stoupit]; **²ung** *f* vzdání se *n* úřadu (*od.* trůnu), odstoupení *n*, abdikace.
abdeck|en (*Ggs. zudecken*) odkrý(va)t; *Tisch*: sklízet [sklidit] se (*G*); *Haus*: shazovat [shodit] střechu s (*G*); (*verdecken*) pokrý(va)t; (*bezahlen*) *Hdl.* [za]platit; **²er** *m* pohodný, ras; **²e'rei** *f* pohodnice, rasovna.
abdicht|en utěsnovat [-snit]; **²ung** *f* těsnění *n.*
ab|dienen odsluhovat [-sloužit] si; **~drängen** (*vom Platz*) vytlačovat [-čit]; **~drehen** *v/t* (*drehend lösen*) ukrucovat [ukroutit]; *Gas, Wasser*: uzavírat [-vřít]; *Licht*: vypínat [-pnout]; *v/i Mar.* změnit *pf.* kurs; **~dreschen** vymlacovat [-mlátit]; *abgedroschen* F otřepaný; **~drosseln** *Tech.* [z]tlumit.
Abdruck *m* otisk; **²en** otiskovat [-knout].
abdrücken *v/t Siegel, Münzen*: otiskovat [-knout]; *Gewehr*: stiskovat [-knout] kohoutek (*G*), vystřelovat [-lit] z (*G*); *Herz*: svírat [sevřít]; F *Kind*: objímat [obejmout]; *v/r sich* (*D*) *den Fuß* ~ otlačovat [-čit] si nohu.
abdunkeln zatemňovat [-nit].
ab·ebben *Flut*: opadávat [-dnout] (*a. fig.*).
Abend *m* večer; *des* ~*s* večer; *heute* (*gestern, morgen*) ² dnes (včera, zítra) večer; *Sonntag* ² v neděli večer; *am* (*späten*) ~ (pozdě) večer; *gegen* ~ k večeru, navečer; *guten* ~! dobrý večer!; *Heiliger* ~ Štědrý večer; *es wird* ~ chýlí se k večeru; *man soll den Tag nicht vor dem* ~ *loben* nechval dne před večerem; *s. a. essen*; **~andacht** *f* večerní pobožnost; **~anzug** *m* večerní oblek; **~blatt** *n* večerník *m*; **~brot** *n* večeře *f*; **~dämmerung** *f* soumrak *m*, šero *n*; **~essen** *n s. Abendbrot*; **²füllend** celovečerní; **~gebet** *n* večerní modlitba *f*; **~geläut** *n* večerní klekání; **~gesellschaft** *f* večerní společnost; **~gottesdienst** *m* večerní bohoslužby *f/pl.*; **~kasse** *f* večerní pokladna; **~kleid** *n* večerní šaty *f/pl.*; **~land** *n* Západ *m*; **²ländisch** západní; **²lich** večerní; **~lied** *n* večerní píseň *f*; **~mahl** *n* večeře *f*; *Rel. das Heilige* ~ večeře Páně; **~messe** *f* večerní mše; **~rot** *n*, **~röte** *f* (večerní) červánky *m/pl.*; **²s** navečer; **~schule** *f* večerní škola; **~sonne** *f* večerní (*od.* zapadající) slunce; **~stern** *m* večernice *f*; **~stunde** *f* večerní hodina; **~unterhaltung** *f* večerní zábava; **~vorstellung** *f* večerní představení; **~zeitung** *f* večerní noviny, večerník *m.*
Abenteuer *n* dobrodružství; *auf* ~ *ausgehen* vyhled(áv)at dobrodružství; **~film** *m* dobrodružný film; **²lich** dobrodružný; **~lust** *f* dobrodružnost.
Abenteurer(in *f*) *m* dobrodruh (-družka).
aber *Kj.* (*am Anfang des Satzes*) ale (*mst*), avšak (*immer*); *sonst*: však; ² *n* háček *m.*
Aber|glaube *m* pověra *f*; **²gläubisch** pověrčivý.
ab·erkenn|en (*absprechen*) odpírat [odepřít], zbavovat [-avit] (*j-m et.* k-o č-o); **²ung** *f* odepření *n*, zbavení *n.*
aber|malig opětovný; **~mals** znovu, opět.

ab|ernten sklízet [sklidit]; **~essen** *v/t (leeren)* vyjídat [-jíst]; *v/i (Essen beenden)* dojídat [-jíst].

Abes'sin|ien *n* Habeš *f*; **~ier(in** *f*) *m* Habešan(ka); **Ωisch** habešský.

Abf. *Abk. für* Abfahrt.

abfahren *v/t Last*: odvážet [-vézt]; *Fuß*: ujet *pf.*, ojíždět [ojet, ojezdit]; *v/i* odjíždět [-jet]; *(Schiff)* odplou(va)t; *(hinunterfahren)* sjíždět [sjet]; F *fig. j-n ~ lassen* odbý(va)t k-o.

Abfahrt *f* odjezd *m*; *Mar.* odplutí *n*; *(Sport)* sjezd *m*; **Ωbereit** připravený k odjezdu; **~slauf** *m (Sport)* sjezd (na lyžích); **~(s)signal** *n*, **~(s)zeichen** *n* znamení k odjezdu, **~(s)zeit** *f* doba k odjezdu.

Abfall *m* padání *n*; *(Neigung)* spád, sklon; *(oft Abfälle pl.)* odpadky *m/pl.*, odpad; *(Lossagung)* odpadnutí *n*; **~eimer** *m* nádoba *f* na odpadky; **Ωen** opad(áv)at [-dnout]; *(sich lossagen)* odpad(áv)at [-dnout]; *(sich neigen)* spadat, svažovat se; *(abmagern)* spadat [-dnout se]; *(übrigbleiben)* zbý(va)t; F *bei e-m Geschäft fällt nicht viel ab* obchod mnoho nevynáší.

abfällig *fig.* nepříznivý.

Abfall|produkt *n* odpad *m*; **~verwertung** *f* využití *n* odpadu.

abfang|en *(erwischen)* chytat [-tit]; *Brief usw.*: zachycovat [-chytit]; *Kunden*: přeb(i)rat; *(auflauern)* počíh(áv)at na *(A)*; *Arch., Bgb.* podpírat [podepřít]; *Auto*: vyrovn(áv)at; **Ωjäger** *m Mil.* obranná stíhačka.

abfärben pouštět [pustit] barvu; *fig. auf j-n ~* změnit k-o, mít vliv na k-o.

abfass|en *(schreiben)* psát [napsat], s(e)pisovat [sepsat]; **Ωung** *f* napsání *n*, sepsání *n*.

ab|faulen uhní(va)t; **~fegen** smetat [smést]; **~feilen** u-, o-pilov(áv)at.

abfertig|en *(abgehen lassen)* vypravovat [-pravit]; *Kunden*: obsluhovat [-sloužit]; *(abweisen)* odbý(va)t; **Ωung** *f* vypravení *n*; obsluha; odbytí *n*.

abfeuern vypalovat [-pálit] *(ein Gewehr* z pušky).

abfind|en *v/t (zufriedenstellen)* uspokojovat [-jit], vyrovn(áv)at se s *(I)*; *v/r sich ~ mit et.* spokojovat [-jit] se (s) čím; **Ωung** *f (Ausgleich)* vyrovnání *n*; *a.* = **Ωungssumme** *f* odbytné *n*.

ab|fischen *Teich*: vylovovat [-lovit]; **~flachen** zplošťovat [-štit]; **~flauen** ochabovat [-bnout]; **~fliegen** odlétat [-letět]; **~fließen** odtékat [-téci]; **Ωflug** *m* odlet.

Abfluß *m* odtok; **~graben** *m* odpadní strouha *f*; **~rinne** *f* odtokový žlábek; **~rohr** *n* odpadní roura *f*.

ab|fordern: *j-m et. ~* vyžadovat [-žádat] si co od k-o; **~formen** [vy]tvořit, [z]formovat; **~fragen**: *j-m et. ~* vypt(áv)at se k-o *(G)* na co; **~fressen** vy-, o-žírat; **~frieren** *Ohr usw.*: omrzat [-znout].

Abfuhr *f (Abtransport)* odvezení *n*, odvoz *m*; *Fecht. (Niederlage)* porážka; *fig.* F *(Abweisung)* odmítnutí *n*; *j-m e-e ~ erteilen* odmítat [-tnout] k-o; *e-e ~ erhalten, sich e-e ~ holen* být odmítnut, zle pochodit *pf.*

abführ|en *v/t (zu Fuß)* odvádět [-vést]; *(mit Wagen)* odvážet [-vézt]; *(vom Thema)* zavádět [-vést]; *(verhaften)* zatýkat [-tknout]; *(abliefern)* odvádět [-vést]; *v/i* projímat; **Ωen** *n* projímání; **~end** projímavý; **Ωmittel** *n* projímadlo.

abfüll|en stáčet [stočit]; **Ωung** *f* stáčení *n*.

abfüttern nakrmit *pf.*; *Kleid*: podší(va)t.

Abgabe *f* odevzdání *n*; *(e-r Erklärung usw.)* podání *n*; *(Gebühr)* dávka, poplatek *m*; **Ωn·frei** osvobozený od poplatků; **Ω(n)pflichtig** podrobený poplatkům; **~soll** *n* dodávková povinnost.

Abgang *m* odchod; *(mit Wagen)* odjezd; *Mar.* odplutí *n*; *(Absatz)* odbyt; *(Verlust)* úbytek, schodek, ztráta *f*.

Abgangs|prüfung *f* zkouška na odchodnou; **~zeugnis** *n* vysvědčení na odchodnou.

Abgas *n* kouřový plyn; *(Auto)* výfukový plyn.

abgeben *v/t (überreichen)* odevzd(áv)at; *(niederlegen)* vzdá(va)t se *(G)*; *(verkaufen)* prod(áv)at; *Urteil usw.*: pod(áv)at; *Wärme*: vyd(áv)at; *von et. ~* dá(va)t; *(überlassen)* přenech(áv)at; *(es sein)* být *(I)*; *e-n Schuß ~* vystřelovat [-lit]; *v/r sich mit (et.) ~* ob(i)rat se *(od.* zabývat se) kým (čím).

abge|brannt *s. abbrennen*; **~-**

brüht *s. abbrühen*; **~droschen** *s. abdreschen*; **~feimt** zchytralý, prohnaný; **~griffen** *fig.* otřelý; **~hackt** *fig.* kusý, úsečný; **~härmt** utrápený; **~härtet** otužilý.
abgehen (*weggehen*) odcházet [odejít]; (*abfahren*) odjíždět [-jet]; *Mar.* odplou(va)t; (*sich loslösen*) oddělovat [-lit] se; (*abweichen*) uchylovat [uchýlit] se; (*aufgeben*) upouštět [upustit] od (*G*); (*Weg*) odbočovat [-čit]; *Hdl.*, *Math.* (*Betrag*): odčítat [odečíst] se; (*fehlen*) scházet; *Ware*: mít odbyt; F (*enden*) dopadat [-dnout]; ~ *lassen* vypravovat [-pravit].
abge|kämpft zemdlený bojem; *fig.* vyčerpaný; **~klärt** zkušený, zralý; **~kürzt** zkrácený; **~lagert** uleželý; **~laufen** uplynulý; **~legen** (*entfernt*) vzdálený.
abgelten splácet [-atit].
abge|macht ujednaný; **~!** dobrá!, ujednáno!; **~magert** přepadlý, vyhublý; **~neigt:** *e-r Sache* (*D*) *nicht* ~ *sn* nebýt proti č-u; *nicht* ~ *sn zu* ... být ochoten (*Inf.*); **~nutzt** opotřebovaný.
Abge·ordne|te(r) *m/f* poslanec (-nkyně); **~ten-** poslanecký; **~tenhaus** *n* poslanecká sněmovna; **~tenwahl** *f* volby *f/pl.* do poslanecké sněmovny.
abge|rechnet bez (*G*), mimo (*A*); **~rissen** *Person*: otrhaný, rozedraný; *Rede*: nesouvislý; **2sandte(r)** *m/f* posel *m*, vyslanec (-nkyně *f*) *m*.
abgeschieden odloučený; **2heit** *f* odloučenost.
abgeschliffen obroušený; *fig.* uhlazený.
abgeschlossen uzavřený; (*vollendet*) ukončený; (*isoliert*) odloučený; **2heit** *f* odloučenost.
abgeschmackt *fig.* nechutný, nevkusný; **2heit** *f* nechutnost, nevkus *m*.
abgesehen: ~ *von* (*D*) nehledě k (*D*).
abgespannt *fig.* unavený, malátný; **2heit** *f* únava, malátnost.
abge|standen odstálý; (*Bier*) zvětralý; **~storben** odumřelý, zmrtvělý; *fig. mein Bein ist mir* ~ zdřevěněla mi noha, nemám v noze cit; **~stumpft** otupený; *Geom.* komolý; *fig.* otupený, otupělý; **~winnen:** *j-m et.* ~ získ(áv)at co na kom; *j-m Geld* ~ vyhrá(va)t na kom peníze; *e-r Sache* (*D*) *Geschmack* ~ přicházet [přijít] č-u na chuť; **~wöhnen** (*j-m A* k-o *D*) odnaučovat [-čit] (*sich* se), odnavykat [-knout] (*sich* si); **~zehrt** vyhublý, vyzáblý.
abgießen od-, u-lévat [-lít] (*G*); (*in Gips*) odlévat [-lít].
Abglanz *m* odlesk *m* (*a. fig.*).
abgleiten smekat [-knout]; (*Auto*) dost(áv)at smyk; (*versagen*) selh(á-v)at.
Ab|gott *m* modla *f*; *fig.* zbožňovaný člověk; **~götte'rei** *f* modlářství *n*; **2göttisch** modlářský; ~ *verehren* zbožňovat; **~gottschlange** *f* hroznýš *m* královský.
ab|graben od-, s-kop(áv)at; (*ableiten*) *Wasser*: odvádět [-vést]; *fig. j-m das Wasser* ~ F vypalovat [-pálit] k-u rybník; **~grämen:** *sich* ~ [u]soužit se; **~grasen** spás(a)t; *fig.* (*absuchen*) prohled(áv)at, F zbrousit *pf.*; **~grenzen** ohraničovat [-čit]; *Pflichten*: vymezovat [-zit]; **2grund** *m* propast *f*; **~gründig, ~grundtief** propastný; **~gucken** F: *j-m et.* ~ odkouk(áv)at k-u co.
Abguß *m* odlitek.
ab|hacken od-, u-sek(áv)at [-knout]; **~haken** snímat [sejmout] s háku; *Namen*: zatrh(áv)at [-hnout].
abhalt|en (*hindern*) zdržovat [-žet]; (*veranstalten*) [vy]konat; **2ung** *f* (*Durchführung*) konání *n*.
abhandeln (*erörtern*) pojedn(áv)at o (*L*); *j-m et.* ~ [u]smlouvat co na kom; *vom Preis* ~ utrhovat [-hnout] na ceně.
ab'handen: ~ *kommen* ztrácet [ztratit] se.
Ab|handlung *f* pojednání *n*; **~hang** *m* stráň *f*, svah; **2hängen** *v/t* (*herunternehmen*) snímat [sejmout]; (*abkoppeln*) odpojovat [-jit]; *Tel.* zavěšovat [-věsit]; *v/i* ~ *von* (*abhängig sn*) záviset na (*L*).
abhängig: ~ *von* závislý na (*L*); **2keit** *f* závislost.
abhärt|en otužovat [-žit] (*sich* se); **2ung** *f* otužení *n*.
ab|haspeln *Garn*: odvíjet [-vinout]; *Rede*: [od]drmolit; **~hauen** *v/t* (*abschlagen*) urážet [urázit]; (*abhacken*) od-, u-sek(áv)at [-knout]; *v/i* F (*davonlaufen*) [z]mizet; **~häuten** stah(ov)at [stáhnout] kůži s (*G*); **~heben** *v/t Deckel*: odklopovat [-pit]; *Karten*: snímat [sejmout]; *Geld*:

vyb(i)rat; *v/i Flgw.* odpoutat se *pf.*; *v/r sich ~* odrážet se (*von* et. od č-o); **~heilen** [za]hojit se; **~helfen** odpomáhat [-moci]; *dem ist leicht abzuhelfen* tady je snadná pomoc; **~hetzen** *v/t* štvát [uštvat], uhnat *pf.*; *v/r sich ~* uhnat se *pf.*

Abhilfe *f* odpomoc; *~ schaffen s. abhelfen.*

abhobeln [o]hoblovat; *fig.* [vy]cepovat.

abhold: *~ sn* (*D*) nemít rád (*A*); *s. abgeneigt.*

abholen docházet [dojít] pro (*A*); (*mit dem Wagen*) přijíždět [-jet] pro (*A*); *~ lassen* pos(í)lat pro (*A*); **2ung** *f* donáška.

abholzen [vy]kácet, [vy]mýtit.

Abhör·anlage *f* odposlouchávací zařízení *n.*

abhorchen *Med.* vyšetřovat [-řit] poslechem; † *s. belauschen.*

Abhör|dienst *m* odposlouchávací služba *f*; **2en** (*abfragen*) vyzkoušet (*j-m* et. k-o z č-o); (*Radio*) poslouchat [-slechnout]; *Tel.* odposlouch(áv)at.

ab·irr|en zbloudit (*vom Weg* z cesty); (*abweichen*) uchylovat [uchýlit] se (*von* od *G*); **2ung** *f* zbloudění *n*, úchylka.

Abi'tur *n* maturita *f*, zkouška [dospělosti.]

Abituri'ent *m* abiturient, maturant.

ab|jagen *v/t Beute*: vyrv(áv)at, odnímat [odejmout]; *v/r sich ~* uhánět [uhnat, uhonit] se; **~kanzeln** F [vy-]plísnit; **~karten:** *mit j-m et. ~* umlouvat [umluvit] co s kým; **~kaufen** odkupovat [-koupit] (*j-m* et. co od k-o *od.* k-u).

Abkehr *f* odvrat *m*, odvrácení *n*; **2en** *v/t* (*abfegen*) s-, u-metat [-mésti]; *v/r sich ~ von* odvracet [-rátit] se od (*G*).

ab|klappern F zbrousit *pf.*, zchodit *pf.* (*nach* za *I*); **~klären** *v/t Wein*: vyčistit; *v/r sich ~* (*Flüssigkeit*) usazovat [usadit] se; **2klatsch** *m Typ.* otisk; *fig.* pouhá kopie; **~klauben** obírat [obrat]; **~klemmen** uštipovat [-típnout, -típat]; **~klingen** (*verklingen*) dozní(va)t; *fig.* (*nachlassen*) polevovat [-levit], ust(áv)at; **~klopfen** *v/t* oklep(áv)at; proklep(áv)at (*a. Med.*); F *s. abklappern*; *v/i Mus.* odklep(áv)at; **~knabbern** F ohlod(áv)at; **~knallen** F odstřelovat [-lit], odděl(áv)at; **~knicken** ulamovat [ulomit, ulámat]; **~knipsen** F *Draht*: uštipovat [-típnout]; **~knöpfen** odpínat [odepnout]; F *j-m* et. *~* připravovat [-pravit] k-o oč; **~kochen** uvařit *pf.*; **2kochung** *f* odvar *m*; wývar *m*; **~kommandieren** odvelet *pf.*, odkomandovat *pf.*

Abkomm|e *m* potomek; **2en** scházet [sejít] (*vom Wege* z cesty); (*v. Thema usw.*) odchylovat [-chýlit] se od (*G*); (*v. e-r Meinung usw.*) upouštět [upustit] od (*G*); (*v. Brauch usw.*) (za)nechavát [(za)nechat] (*G*); *~ können* moci přijít; *man ist davon abgekommen* sešlo z toho; *gut vom Start ~* dobře odstartovat *pf.*; **~en** *n* dohoda *f*, ujednání; *ein ~ treffen* dohodnout se; **~enschaft** *f* potomstvo *n*, potomci *m/pl.*

abkömm|lich volný; **2ling** *m* potomek; *Chem.* derivát.

ab|koppeln (*losbinden*) odvazovat [-vázat]; *Wagen*: odvěšovat [-věsit]; **~kratzen** *v/t* oškrab(áv)at; *v/i* F (*davonlaufen*) odtáhnout *pf.*; (*sterben*) zemřít *pf.*, natahovat [-táhnout] bačkory; **~kriegen** F *s. abbekommen.*

abkühl|en *v/t* vy-, o-chlazovat [-ladit]; *v/i* (*a. sich ~*) ochlazovat se [ochladnout], [vy]stydnout; **2ung** *f* (o-, vy)chlazení *n.*

Abkunft *f* původ *m.*

abkürz|en zkracovat [zkrátit]; **2ung** *f* zkrácení *n*; (*Abgekürztes*) zkratka; **2ungszeichen** *n* zkracovací znaménko.

abküssen [z]líbat.

ablade|n skládat [složit]; *Wagen usw.*: vykládat [vyložit]; F *Sorgen*: sdělovat [-lit]; **2platz** *m* skládka *f*, skladiště *n*; (*Schutt2*) smetiště *n.*

Ablage *f* místo *n* na odkládání, úschovna.

ablager|n *v/t Güter*: ukládat [uložit]; *Sand*: nanášet [-nést, -nosit]; *v/i* uležet se *pf.*; *v/r sich ~* usazovat [usadit] se; **2ung** *f* skládání; *Geol.* nános *m.*

Ablaß *m Rel.* odpustky *m/pl.*; **~brief** *m* odpustkový list.

ablassen *v/t Wasser usw.*: vypouštět [-pustit]; *Zug*: vypravovat [-pravit]; (*verkaufen*) přenech(áv)at; et. *vom Preis ~* slevovat [slevit] co z ceny; *v/i* přest(áv)at; *~ von* upouštět [upustit] od (*G*).

Ablaß|hahn *m* výpustný kohout(ek); **~rohr** *n* výpustná trouba.

Ablativ *m Gram.* ablativ, šestý pád.

Ablauf *m* (*Abfluß*) odtok; (*e-r Frist*) vypršení *n*, uplynutí *n*; (*Verlauf*) průběh; *nach* ~ (*G od. von*) po (*L*); *vor* ~ (*G od. von*) do (*G*); **2en** *v/i* (*abfließen*) odtékat [-téci]; (*Zeit*) [u]plynout, procházet [projít]; (*Sport*) startovat (*im*)*pf.*; (*Film*) odvíjet [-vinout] se; (*Wechsel*) dospívat [-spět]; (*enden*) dopadat [-dnout]; *v/t Schuhe*: ochodit *pf.*; *die Stadt* ~ *nach* zběhat *pf.* město po (*L*); *j-m den Rang* ~ předstihovat [-hnout] k-o; *sich* (*D*) *die Beine* ~ *nach* uběhat *pf.* si nohy po (*L*); *sich* (*D*) *die Hörner* ~ [z]moudřit se *pf.*

ablauschen: *j-m ein Geheimnis* ~ vyslýchat [-slechnout] čí tajemství.

Ablaut *m Gram.* ablaut, střídání *n* samohlásek.

able|ben zemřít *pf.*, umírat [umřít]; **2ben** *n* úmrtí, skon *m*; **~cken** olizovat [olízat]; *Teller*: vylizovat [-lízat]; **~gen** *Kleidung, Post usw.*: odkládat [odložit]; F (*aufgeben*) upouštět [upustit] od (*G*); *Typ.* rozmet(áv)at; *bitte, legen Sie ab!* prosím, odložte si!; *s. a. Eid, Gelübde, Rechenschaft usw.*; **2ger** *m Bot.* odnož *f*; *fig.* odbočka *f*.

ablehn|en od-, za-mítat [-mítnout]; **~end** od-, za-mítavý; **2ung** *f* od-, za-mítnutí *n*.

ableisten [vy]konat.

ableit|en *Wasser usw.*: odvádět [-vést]; (*herleiten*) odvozovat [-vodit] (*a. Math.*); **2er** *m El.* svodič.

Ableitung *f* odvádění *n*; *El.* svod *m*; (*Herleitung*) odvození *n* (*a. Math.*); (*Wort*) odvozenina; **~s·rohr** *n* odvodná roura; **~s·silbe** *f* odvozovací slabika.

ablenk|en odchylovat [-ýlit]; *Aufmerksamkeit, Verdacht*: odvracet [-átit]; (*zerstreuen*) rozptylovat [-ýlit]; **2ung** *f Phys.* úchylka; (*Zerstreuung*) rozptýlení *n*; **2ungsmanöver** *n* snaha *f* odvést pozornost.

ablesen *Rede*: přečíst *pf.*; *Anzeige e-r Skala*: od(e)čítat [od(e)číst]; *Raupen, Trauben*: [se]sbírat; *an den Augen* ~ vyčítat [-číst] z očí.

ableugn|en po-, za-pírat [-přít]; **2ung** *f* po-, za-pření *n*.

abliefer|n (*abgeben*) odevzd(áv)at, *Waren*: dod(áv)at; **2ung** *f* odevzdání *n*; (*Waren*) dodání *n*.

Ablieferungs|pflicht *f* dodávková povinnost; **~schein** *m* dodací list; **~soll** *n* norma *f* povinných dodávek, kontingent *m*; **~tag** *m* dodací den; **~termin** *m*, **~zeit** *f* dodací lhůta.

ab|liegen ležet stranou; *s. abgelegen*; **~listen:** *j-m et.* ~ vymámit *pf.* lstivě co na kom; **~locken:** *j-m et.* ~ vylákat *pf.* co na kom; **~löschen** *Feuer, Kalk*: [u]hasit; *Tinte*: vypijákovat *pf.*; *Geschriebenes*: [s]mazat; *Tafel*: utírat [utřít].

ablös|en *v/t* (*abtrennen*) oddělovat [-lit], odlučovat [-loučit]; *Rinde*: odloup(áv)at [-pnout]; *Wache, Arbeiter*: vystříd(áv)at; *Rente, Schuld*: splácet [splatit]; *v/r sich* ~ vystřídat se; (*Farbe*) odprýsk(áv)at; **2ung** *f* (*Trennung*) oddělení *n*, odloučení *n*; (*Wechsel*) vystřídání *n*; (*Tilgung*) splácení *n*; *frei durch* ~ poštovné paušalováno.

abmach|en (*beseitigen*) odstraňovat [-stranit]; (*vereinbaren*) ujedn(áv)at; (*erledigen*) vyřizovat [-řídit]; **2ung** *f* úmluva, ujednání *n*.

abmager|n [z]hubenět, [z]hubnout; **2ung** *f* hubnutí *n*; **2ungskur** *f* odtučňovací kúra.

Abmarsch *m* odchod; **2ieren** odcházet [odejít], odpochodovat *pf.*, [od]táhnout.

abmeld|en odhlašovat [-hlásit]; **2eschein** *m* odhláška *f*; **2ung** *f* odhlášení *n*, odhláška.

abmess|en vyměřovat [-řit]; *Worte*: odměřovat [-řit]; **2ung** *f* vyměření *n*, rozměr *m*.

ab|montieren odmontov(áv)at; **~mühen:** *sich* ~ [na]lopotit se; **~murksen** P usmrcovat [-rtit], V odděl(áv)at; **~nagen** ohlod(áv)at, ohryz(áv)at [ohryzt].

Abnäher *m* fazónový šev.

Abnahme *f* (*Bezug*) odběr *m*; (*Herunternahme*) sejmutí *n*; (*Verminderung*) úbytek *m*, pokles *m*; (*der Prüfung, Parade*) konání *n*; (*Eid2*) přijetí *n*, odnětí *n*; *Hdl.* odbyt *m*; ~ *finden* jít na odbyt.

abnehm|bar snímatelný; **~en** *v/t* (*herunternehmen*) snímat [sejmout]; (*übernehmen*) přejímat [přejmout, převzít]; *Ware*: odbírat [odebrat]; (*wegnehmen*) odnímat [odejmout]; *Obst*: [o]česat; *Prüfung, Parade*:

[vy]konat; *den Hut* ~ smekat [-knout] klobouk; *j-m den Eid* ~ brát [vzít] k-o pod přísahu; *Maschen* ~ pouštět [pustit] oko; *j-m ein Versprechen* ~ přijímat [přijmout] slib od k-o (*G*); *sich* (*D*) *den Bart* ~ *lassen* dá(va)t se oholit; *v/i* (*sich verringern*) ubý(va)t (et. č-o); (*sinken*) klesat [-snout]; *der Mond* (*der Tag*) *nimmt ab* měsíce (dne) ubývá; *ich nehme* (*an Gewicht*) *ab* ubývá mi na váze; **≈er**(**in** *f*) *m* odběratel(ka).

Abneigung *f* odpor *m* (*gegen* proti *D*), nechuť (k *D*).

ab'norm abnormální; **≈i'tät** *f* abnormalita.

abnötigen: *j-m* et. ~ vynucovat [-nutit] co na kom, *Lächeln*: vyluzovat [-loudit].

abnutz|en, abnütz|en opotřebov(áv)at; *Kleidung*: obnosit *pf.*; **≈ung** *f* opotřebení *n*.

Abonnement [-'maŋ] *n* předplacení; **~(s)karte** *f* předplatní lístek *m*; **~(s)preis** *m* předplatné *n*; **~(s)vorstellung** *n* abonentní představení.

Abon'nent(**in** *f*) *m* předplatitel(ka), abonent(ka).

abon'nieren předplácet [-platit] si; *abonniert sein auf* odbírat [odebrat] (*A*); *ich habe die Zeitung abonniert* mám předplaceny noviny.

ab·ordn|en vys(í)lat, delegovat (*im-*) *pf.*; **≈ung** *f* poselstvo *n*, delegace.

A'bort[1] *m* záchod.

A'bort[2] *m* *Med.* potrat.

ab|passen (*abwarten*) vyčíh(áv)at si; **~pfeifen** *Sp.* odpísk(áv)at; **~pflücken** *Blumen*: [o]trhat [utrhnout]; *Obst*: [o]česat; **~plagen** *s. abmühen*; **~platten** zplošťovat [-štit].

Abprall *m* odraz; **≈en** odrážet [-razit] se (*a. fig.*).

ab|pressen: *j-m* et. ~ vynucovat [-nutit] co na kom; **~protzen** *Mil.* odkolesňovat [-snit].

Abputz *m* *Arch.* omítka *f*; **≈en** (*säubern*) [o]čistit; *Arch.* omítat [-tnout].

ab|quälen: *sich* ~ [na]soužit se; **~quetschen** *Finger*: rozmačk(áv)at [-máčknout]; **~rackern** F *s. abquälen*; **~rahmen** *Milch*: sbírat [sebrat] smetanu z (*G*); **~rasieren** [o]holit; **~raten:** *j-m* (*von*) et. ~ od-, z-razovat [-radit] k-o od č-o; **≈raum** *m* *Bgb.* skrývka *f*; **~räumen** odklízet [-klidit]; *den Tisch* ~ sklízet sklidit se stolu.

abrechn|en *v/t* (*abziehen*) odpočít(áv)at, odčítat [odečíst]; (*verrechnen*) vyúčto(vá)vat; *v/i fig. mit j-m* ~ zúčtovat *pf.* s kým; **≈ung** *f* (*Verrechnung*) vyúčtování *n*; odpočet *m*, odečtení *n*; *fig.* zúčtování *n*; **≈ungsstelle** *f* účtárna, odúčtovna.

Abrede *f* (*Vereinbarung*) úmluva, ujednání *n*; *in* ~ *stellen* popírat [-přít].

abreib|en (*frottieren*) otírat [otřít]; (*reinigen*) [vy]drhnout; (*abnutzen*) ošoup(áv)at; **≈ung** *f* otření *n*; vydrhnutí *n*; F (*Prügel*) výprask *m*.

Abreise *f* odcestování *n*; (*Abfahrt*) odjezd *m*; (*Abflug*) odlet *m*; **≈n** odcestovat *pf.*; odjíždět [-jet]; odlétat [-letět].

abreiß|en *v/t* utrhávat [-hnout, -hat], (*beim Objekt im pl.*) otrh(áv)at; (*herunter-, niederreißen*) strh(áv)at [-hnout], strhovat, [z]bořit; *Kleider*: roztrh(áv)at; *fig. man wird dir nicht den Kopf* ~ hlavu ti neutrhnou, nejde o život; *v/i* (*reißen*) utrh(áv)at [-hnout] se, *nicht* ~ (*nicht aufhören*) neust(áv)at; **≈kalender** *m* útržkový kalendář.

abricht|en *Tiere*: [vy]cvičit; **≈ung** *f* [výcvik *m*.]

abriegeln *Tür*: uzavírat [-vřít] (na závoru); *s. absperren.*

Abriß *m* náčrtek, nástin; (*e-s Hauses*) zbourání *n*.

abrollen *v/t* (*abspulen*) odvíjet [-vinout]; (*wegbringen*) odvážet [-vézt] (valníkem); *v/i* (*von e-r Rolle*) odvíjet [-vinout] se; (*wegfahren*) odjíždět [-jet]; (*Film*) předvádět [-vést]; (*Zeit*) [u]plynout; (*sich abwickeln*) vyvíjet [-vinout] se.

abrücken *v/t* odstavovat [-stavit]; *v/i fig. von j-m* ~ upouštět [upustit] od k-o (*G*); *Math.* [od]táhnout.

Abruf *m* odvolání *n*; *Hdl. auf* ~ na pozdější dodání; **≈en** odvol(áv)at; (*ausrufen*) vyvol(áv)at; *Geld*: vypovídat [-vědět].

abrund|en zaokrouhlovat [-lit]; *fig.* uhlazovat [-ladit]; **≈ung** *f* zaokrouhlení *n*; *abgerundete Summe* zaokrouhlená částka.

abrupfen [o]škubat.

abrüst|en *Mil.* odzbrojovat [-jit]; **≈ung** *f* odzbrojení *n*; **≈ungskonferenz** *f* odzbrojovací konference.

abrutschen sklouzávat [-znout].
Abs. *Abk. für* Absatz, Absender.
absacken *Flgw.* propadnout se *pf.*; (*im Wasser*) rychle se potopit *pf.*
Absage *f* odřeknutí *n*, odvolání *n*; (*Ablehnung*) odmítnutí *n*; *j-m* e-e ~ *erteilen* odmítat [-tnout] k-o; **2n** *v/t* odříkat [-říci, -řeknout], odvol(áv)at.
ab|sägen od-, u-řez(áv)at [-říznout] (pilou); *fig.* F (*kaltstellen*) odstavovat [-stavit]; **~satteln** *v/t* odsedl(áv)at.
Absatz *m* (*Abschnitt*) odstavec; (*Unterbrechung*) přestávka *f*, přestání *n*; (*Schuh2*) podpatek; (*Treppen2*) odpočívadlo *n*; (*Waren2*) odbyt; ~ *finden* jít na odbyt; **~eisen** *n* podkůvka *f*; **2fähig** odbytný; **~gebiet** *n* odbytiště; **~krise** *f* odbytová krize; **~markt** *m s.* Absatzgebiet; **~stockung** *f* váznutí *n* odbytu; **2weise** (*mit Unterbrechungen*) s přestávkami; (*in Abschnitten*) po odstavcích.
absaufen P potopit *pf.* se, ponořit *pf.* se.
absaug|en odsá(va)t; **2pumpe** *f* odsávací čerpadlo *n*.
abschaben o-, se-škráb(áv)at.
abschaff|en (*weggeben*) vzdá(va)t se (*G*), dá(va)t pryč; (*aufheben*) zrušovat [-šit]; *Mißbrauch*: učinit *pf.* přítrž (*D*); **2ung** *f* zrušení *n*.
abschälen olupovat [oloupit]; *sich* ~ odloupat [-pnout] se.
abschalt|en *El.* vypínat [-pnout]; *s.* abstellen; **2ung** *f* odpojení *n*, vypnutí *n*.
abschätz|en odhadovat [-dnout], oceňovat [ocenit]; **2er** *m* odhadce; **~ig** nepříznivý, odmítavý; **2ung** *f* odhad *m*, ocenění *n*.
Abschaum *m* odkal; *fig.* vyvrhel.
Abscheu *m od. f* odpor *m*, ošklivost *f*, hnus *m*; ~ *haben* (*od.* empfinden) vor (*D od.* gegen) mít (*od.* pociťovat [-cítit]) odpor k (*D*).
abscheuern [vy]drhnout; (*abnutzen*) ošoup(áv)at; *Haut*: odírat [odřít].
ab'scheulich ohavný, šeredný; **2keit** *f* ohavnost, šerednost.
abschicken pos(í)lat pryč, odes(í)lat.
abschieben *v/t* odsunovat [-nout], odstrk(áv)at [-strčit]; *fig.* (*polizeilich entfernen*) pos(í)lat odstrkem; *Schuld, Verantwortung*: svalovat [-lit]; *v/i fig.* (*weggehen*) odcházet [odejít]; P *schieb ab!* kliď se!
Abschied *m* rozloučení *n* (*von* s *I*); (*Entlassung*) propuštění *n*; ~ *vom Leben* odchod ze života; *zum* ~ na rozloučenou; *s-n* ~ *bekommen* být propuštěn; *j-m den* ~ *geben* propouštět [-pustit] k-o; ~ *nehmen* rozloučit se *pf.* (*von* s *I*); *um s-n* ~ *ersuchen* zažádat *pf.* za propuštění.
Abschieds|besuch *m* návštěva *f* na rozloučenou; **~brief** *m* dopis na rozloučenou; **~feier** *f* slavnost na rozloučenou; **~gesuch** *m* žádost *f* o propuštění; **~kuß** *m* polibek na rozloučenou; **~rede** *f* řeč na rozloučenou; **~stunde** *f* hodina rozloučení.
ab|schießen *Bein usw.*: ustřelovat [-lit]; *Schußwaffe, Rakete, Pfeil*: vystřelovat [-lit]; *Panzer, Wild*: odstřelovat [-lit]; *Flugzeug*: sestřelovat [-střelit, -střílet]; *fig. den Vogel* ~ vyzrát *pf.* na to; **~schinden** *v/t Haut*: odírat [odřít]; *v/r* F *sich* ~ udřít se *pf.*, upracovat se *pf.*; **~schirmen** [za]cloniti; **~schlachten** *Tier*: porážet [-razit]; (*morden*) zabí(je)t.
Abschlag *m* (*Preis2*) srážka *f*, sleva *f*; *Sp.* odraz, odpálení *n*; *auf* ~ *zahlen* na splátky; **2en** (*abhauen*) od-, u-rážet [-razit]; *Kopf, Obst*: srážet [srazit]; *Verputz*: otloukat [otlouci]; *Wald*: vykácet *pf.*; (*ablehnen*) od-, za-mítat [-mítnout]; *Angriff*: odrážet [-razit].
abschlägig odmítavý.
Abschlagszahlung *f* (*Vorschuß*) zálohová výplata; (*Rate*) splátka.
abschleifen obrušovat [obrousit]; *fig. a.* uhlazovat [uhladit].
Abschlepp|dienst *m* vyprošťovací služba *f*; **2en** *v/t* odvlékat [-vléci]; *v/r sich mit et.* ~ utahat se *pf.* čím; **~wagen** *m* vyprošťovací vozidlo *n*.
abschließen *v/t* (*verschließen*) zamykat [-mknout], zavírat [-vřít]; (*beenden*) uzavírat [-vřít], dokončovat [-čit]; *Geschäft, Vertrag*: sjedn(áv)at, uzavírat [-vřít]; *v/i* skoncovat [-nčit] (*mit et.* s čím); *mit dem Leben* ~ rozloučit *pf.* se se životem; *v/r sich* ~ uzavírat [-vřít] se (*von der Welt* od světa); **~d** závěrečný; (*endgültig*) definitivní, konečný.
Abschluß *m* uzávěr; (*Ende*) konec; (*Geschäfts2*) uzávěrka *f*; (*Abmachung*) sjednání *n*, uzavření *n*; *zum* ~ *bringen* skoncov(áv)at; *zum* ~ *kommen* skončit (se); **~bilanz** *f*

závěrečná bilance; **~prüfung** *f* závěrečná zkouška; **~zeugnis** *n* vysvědčení na odchodnou.

ab|schmecken ochutn(áv)at; ochut(n)it *pf.*; **~schmieren** *v/t* (*einfetten*) [na]mazat; F (*abschreiben*) opisovat [opsat]; **~schminken** odličovat [-líčit]; **~schnallen** odpínat [odepnout]; **~schneiden** *v/t* od-, u-řez(áv)at [-říznout], krájet [ukrojit]; (*mit Schere*) od-, u-střih(ov)at [-hnout]; *Haare, Nagel*: [o]stříhat; *fig.* (*blockieren*) zamezovat [-zit]; *Rückzug*: odřezávat [-říznout]; *den Weg* ~ (*abkürzen*) nadejít [nadcházet] si; *j-m den Weg* ~ zaskakovat [-skočit] k-u cestu; *das Wort* ~ brát [vzít] slovo; *v/i* F *gut* (*schlecht*) ~ pochodit *pf.* dobře (špatně); *von der Welt abgeschnitten* odříznutý od světa.

Abschnitt *m* odřezek, ústřižek; (*Teilstück*) oddíl, úsek (*a. Mil.*); kupon; (*Absatz*) odstavec; (*Zeit*♀) období *n*, úsek; *Math.* úseč *f*; **♀weise** po oddílech, po odstavcích.

ab|schnüren odvazovat [-vázat], podvazovat [-vázat]; *es schnürt mir die Kehle ab* stahuje mi to hrdlo; **~schöpfen** sbírat [sebrat] (*a. fig.*); **~schrägen** [z]kosit; **~schrauben** odšroubov(áv)at.

abschreck|en odstrašovat [-šit]; *Eier usw.*: odrážet [-razit]; **~end** odstrašující, výstražný; **♀ung** *f* odstrašení *n*; **♀ungsmittel** *n* odstrašující prostředek *m*.

abschreib|en *v/t* opisovat [opsat]; *Betrag, auf e-n Brief*: odpisovat [odepsat]; *Feder*: opotřebov(áv)at (psaním); *fig. j-n abgeschrieben haben* nepočítat s kým; *v/i* (*absagen*) písemně odříkat [-říci]; **♀er(in** *f*) *m* opisovač(ka); **♀ung** *f* odepsaní *n*, odpis *m*.

abschreiten *Feld*: přecházet [-jít] krokem; *Entfernung*: odměřovat [-řit] na kroky; *Mil.* (*Front*): přehlížet [-hlédnout].

Abschrift *f* opis *m*; **♀lich** v opise.

abschuppen *Fisch*: oškrabat *pf.* šupiny.

abschürf|en odírat [odřít]; **♀ung** *f* odřenina.

Abschuß *m* (*Schuß*) výstřel; (*e-s Flugzeugs*) sestřelení *n*; (*Wild*) odstřel; **~basis** *f Mil.* odpalovací základna.

ab|schüssig spádný, srázný; **~schütteln** setřás(a)t; *fig. j-n* ~ zbavit se *pf.* k-o; *lästige Erinnerungen* ~ zapudit *pf.* nemilé vzpomínky; **~schwächen** *v/t* zeslabovat [-bit]; (*mildern*) zmírnit; *v/r sich* ~ [o]slábnouti; (*abnehmen*) ubý(va)t (et. č-o).

abschweif|en uchylovat [-chýlit] se; **♀ung** *f* úchylka, odchylka.

ab|schwellen (*Beine*) [s]plasknout; (*Fluß*) opadati (*im*)*pf.*; (*Dröhnen*) slábnouti; **~schwenken** (*vom Weg*) za-, od-bočovat [-čit]; **~schwören** odpřisahnout *pf.* (*A*).

abseh|bar dohledný; **~en** *v/t j-m et.* ~ odpozorov(áv)at, F odkouk(áv)at (k-u co); (*in der Schule*) opisovat [opsat] (*von j-m et.* od k-o [*G*] co); (*übersehen*) předvídat, předpokládat; *j-m an den Augen* ~ vyčítat [-číst] k-u co na očích; *v/i es auf j-n od. et. abgesehen haben* mít spadeno na k-o *od.* nač; *von der Bestrafung* ~ upouštět [upustit] od potrestání; ~ *von* nepřihlížet k (*D*), nehledě na (*A*); *abgesehen von* nehledě k (*D*); *abgesehen* (*davon*), *daß* ... nehledě k tomu, že ...; *davon abgesehen* (*außerdem*) mimoto; (*übrigens*) ostatně.

ab|seifen namydlit *pf.*; **~seilen** spouštět [spustit] po laně (*sich* se).

abseits *Adv.* stranou, opodál; *Prp.* ~ *des Weges* opodál cesty; ♀ *n Sp.* postavení mimo hru.

absend|en odes(í)lat; **♀er(in** *f*) *m* odesílatel(ka); **♀ung** *f* odeslání *n*.

absengen sežehovat [-hnout], opalovat [-lit].

absetz|bar sesaditelný; *die Ware ist nicht* ~ zboží je neprodejné, nejde na odbyt; **~en** *Last*: skládat [složit]; *Hut*: smekat [-knout]; *Gewehr*: odsazovat [-sadit]; *Glas* (*vom Mund*): brát [vzít]; *Regierung*: sesazovat [-sadit]; *Fahrgäste*: vysazovat [-dit]; *Termin*: odkládat [odložit]; *Ware*: odbý(va)t, prod(áv)at; *Typ.* vysazovat [-zet]; *vom Spielplan* (*von der Tagesordnung*) ~ brát [vzít] z repertoáru (z pořadu); *v/i* (*aussetzen*) přest(áv)at; *ohne abzusetzen* bez přestání; *v/r* (*sich niederschlagen*) usazovat [usadit] se; *Mil.* odpout(áv)at se; **♀ung** *f* (*e-r Regierung*) sesazení *n*.

Absicht *f* úmysl *m*, záměr *m*; *die* ~ *haben, sich mit der* ~ *tragen* mít v

úmyslu; *mit* ~ úmyslně; **2lich** úmyslný, záměrný, schválný; **2slos** neúmyslný, bezděčný.
ab|singen [za]zpívat (*vom Blatt* z listu); **~sinken** [po]klesnout; **~sitzen** *v/t Strafe*: odsedět (si) *pf.*; *v/i* (*vom Pferd*) sesedat [-dnout] (s koně).
abso'lut absolutní; **~e** *Mehrheit* absolutní (*od.* naprostá, nadpoloviční) většina; **2i'on** *f* absoluce, rozhřešení *n*; **2'ismus** *m* absolutismus, samovláda *f*.
Absol|'vent(in *f*) *m* absolvent(ka); **2'vieren** absolvovat (*im*)*pf*.
ab'sonderlich *Adj.* zvláštní; *Adv.* zvlášť, zvláště; **2keit** *f* zvláštnost.
absonder|n *v/t* (*trennen*) oddělovat [-lit], izolovat (*im*)*pf.*; (*ausscheiden*) vylučovat [-loučit]; *Med.* vyměšovat [-mísit]; *v/r sich von j-m* ~ stranit se k-o (*G*); **2ung** *f* oddělování *n*; *Med.* vyměšování *n*; *Phys.* výměšek *m*.
absor'bieren absorbovat (*im*)*pf*.
abspann|en (*lockern*) popouštět [pustit]; *Pferd*: vypřahat [-přáhnout]; **2ung** *f* (*Müdigkeit*) únava.
abspeisen *v/t fig.* odbý(va)t (*mit leeren Worten* planými slovy); *sich nicht* ~ *lassen mit* nedat *pf.* se odbýt.
abspenstig: ~ *machen* odluzovat [-loudit].
absperr|en *v/t Tür*: zamykat [-mknout]; *Straße, Gas, Wasser*: uzavírat [-vřít]; (*verrammeln*) zatarasit; **2hahn** *m* uzavírací kohout (-ek); **2kette** *f* uzavírací řetěz; (*Polizei2*) kordón; **2ung** *f* uzavření *n*; zatarasení *n*; **2vorrichtung** *f* uzávěr(k)a.
ab|spielen *v/t* [za]hrát (*vom Blatt* z listu), *Schallplatte*: obehrá(va)t; *v/r fig. sich* ~ stá(va)t se, dít [udát] se, odehrá(va)t se; **2sprache** *f* úmluva, dohoda; **~sprechen** (*aberkennen*) upírat [upřít]; (*verabreden*) umlouvat [-luvit]; **~springen** (*herunterspringen*) seskakovat [-skočit, -skákat]; *Knopf*: utrh(ov)at [-hnout] se; *Lack*: odprýsk(áv)at [-knout, -kat]; (*abprallen*) odrážet [-razit] se; *fig.* (*sich trennen*) odtrhávat [-hnout] se; **2sprung** *m* seskok; *Sp.* odraz; **~spülen** oplachovat [opláchnout].
abstamm|en pocházet (*von* z *G*); **2ung** *f* původ *m*; **2ungslehre** *f* descendenční teorie.
Abstand *m* (*Entfernung*) vzdálenost; (*Zwischenraum*) odstup; ~ *halten* zachovávat (*od.* udržovat) odstup; *in Abständen* v odstupech; **~s·geld** *n*, **~s·summe** *f* odstupné *n*.
abstatten: *j-m e-n Besuch* ~ vykonat návštěvu u k-o (*G*), navštěvovat [-vštívit] k-o; *Dank* ~ vzdá(va)t díky, poděkovat *pf*.
ab|stauben, ~stäuben oprašovat [-ášit].
abstech|en *v/t Erde, Torf usw.*: od-, u-rý(va)t; (*töten*) zapichovat [-píchnout, -píchat]; *v/i* (*sich abheben*) odlišovat (*od.* odrážet) se (*von, gegen* od *G*); **2er** *m* odbočka *f*; (*zu Fuß*) zacházka *f*; (*mit Wagen*) zajížďka *f*; *e-n* ~ *machen* zacházet [zajít] si; zajíždět [-jet] si.
absteck|en *Grenzen, Gelände*: vytyčovat [-čit] (*a. fig.*); *Kleid*: [se-]špendlit; **2pfahl** *m*, **2stange** *f* výtyčka.
abstehen (*abseits stehen*) stát opodál; (*aufgeben*) upouštět [upustit] (*von* od *G*); *das Bier ist abgestanden* pivo zvětralo; **~de** *Ohren* odstávající uši.
absteige|n (*heruntersteigen*) sestupovat [-stoupit] (*vom Pferd* s koně); (*sinken, abwärts führen*) klesat, snižovat [snížit] se; (*sich einquartieren*) ubytovat se *pf.*; **~nde** *Linie* sestupná linie; **2quartier** *n* přechodný (*od.* vedlejší) byt; (*Stundenhotel*) hodinový hotel.
abstell|en (*wegstellen*) odstavovat [-stavit]; (*absetzen*) skládat [složit]; (*parken*) [za]parkovat; *Gas, Wasser*: uzavírat [-vřít]; *Motor*: zastavit *pf.*; *Maschine*: odstavit *pf.*; *Radio*: vypínat [-pnout]; (*beseitigen*) odstraňovat [-stranit]; *auf et. abgestellt sein* být zaměřen na (*A*); **2gleis** *n* odstavná kolej; **2raum** *m* komora *f* (pro odložené věci), odkládací prostor.
ab|stempeln [o]razítkovat; (*mit Stempelmarke*) [o]kolkovat; *fig.* [o]cejchovat; **~sterben** (*sterben*) odumírat [-mřít] *pf.*; (*eingehen*) osychat [uschnout]; *Glieder*: [z]dřevěnět, [z]mrtvět; **2stich** *m* (*Flüssigkeit*) stáčení *n*; (*Hochofen*) odpich; **2stieg** *m* sestup; *fig.* pokles, úpadek.
abstimm|en *v/t Radio*: naladovat [-ladit]; *aufeinander* ~ vzájemně

sladit; *v/i* ~ *über* et. hlasovat o čem [odhlasovat co]; ~ *lassen* dá(va)t hlasovat (*über* et. o čem); **2ung** *f* naladění *n*; hlasování *n*; *zur* ~ *bringen* dá(va)t hlasovat; *sich der* ~ *enthalten* zdržovat [-žet] se hlasování.

absti'nen|t abtinentní, zdrženlivý; **2t(in** *f*) *m* abstinent(ka); **2z** *f* abstinence, zdrženlivost; **2zler(in** *f*) *m* F *s. Abstinent(in)*.

abstoppen zastavovat [-stavit]; *Zeit*: stopovat [-pnout].

Abstoß *m* (*Fußball*) odkop; **2en** *v/t* (*wegstoßen*) odrážet [-razit]; *Ecken, Kanten*: u-, s-rážet [-razit]; *Ärmel*: roztřepovat [-pit]; *Ware*: odprod(áv)at, odbý(va)t; (*Ekel erregen*) odpuzovat [-pudit], *sich* (*D*) *die Hörner* ~ *fig.* [z]moudřet, F otrk(á-v)at se; *v/i Mar.* odrážet [-razit]; *v/r sich* (*gegenseitig*) ~ odpuzovat [-pudit] se; **2end** odpuzující, odporný.

ab|stottern F [za]platit ve splátkach; **~stra'hieren** abstrahovat (*im*)*pf*.

ab'strakt abstraktní; **2i'on** *f* abstrakce.

abstrei|chen *v/t Füße*: otírat [otřít]; *Schaum*: stírat [setřít]; *Asche*: oklep(áv)at; *fig.* (*abzeichnen*) škrtat [-tnout]; *v/i* (*wegfliegen*) odlétat [-letět]; **~fen** (*abzupfen*) otrh(á-v)at; (*abziehen*) stah(ov)at [stáhnout]; (*ausziehen*) svlékat [svléci]; *Gegend*: procházet [-chodit]; **~ten** upírat [upřít].

Abstrich *m* (*beim Schreiben*) čárka *f* dolů; (*Abzug*) škrt; *Med.* výtěr.

abstuf|en *v/t* (*gliedern*) [od]stupňovat; *Farben*: odstiňovat [-stínit]; *v/r sich* ~ stupňovitě se svažovat; **2ung** *f* (*Gliederung*) odstupňování *n*; (*Farben2*) odstín *m*.

ab|stumpfen *v/t* otupovat [-pit] (*a. fig.*); *v/i* [o]tupět (*a. fig.*); **2sturz** *m* pád, zřícení *n*; (*Abgrund*) sráz; **~stürzen** [z]řítit se; (*steil abfallen*) spadat; **~stützen** podpírat [podepřít]; **~suchen** (*ablesen*) [po-]sbírat; (*durchsuchen*) prohled(áv)at (*nach* po *L*).

Absud *m* odvar.

ab'surd absurdní, nesmyslný.

Abs'zeß *m Med.* absces, vřed.

Abs'zisse *f Math.* úsečka, abscisa.

Abt *m* opat.

abtasten ohmat(áv)at.

Ab'tei *f* opatství *n*; (*Nonnen2*) abatyšství *n*.

Ab'teil *n Esb.* oddělení, kupé; **2en** ['ap-] (*trennen*) oddělovat [-lit]; (*einteilen*) rozdělovat [-lit]; **~ung** ['ap-] *f* oddělení *n*; oddíl *m*; [-'taɪ-] (*Werks2*) provoz *m*, cech *m*, útvar *m*; *Mil.* družstvo *n*; **~ungs·chef** *m*, **~ungsleiter** *m* vedoucí oddělení (*od.* cechu, útvaru *usw.*); **~ungszeichen** ['ap-] *n Gram.* rozdělovací znaménko.

Äb'tissin *f* abatyše.

abtöt|en umrtvovat [-tvit]; *fig.* potlačovat [-čit]; **2ung** *f* umrtvení *n*.

ab|tragen *Hügel*: skop(áv)at; (*abreißen*) [z]bourat; *Schuld*: splácet [splatit]; *Kleider*: obnosit *pf.*; (*Tisch abdecken*) sklízet [sklidit] s (*G*); **~träglich** škodlivý; ~ *sein* neprospívat, být na škodu.

Abtransport *m* odvoz, odtransportování *n*; **2ieren** odvážet [-vézt].

abtreib|en *v/t* (*wegtreiben*) od-, zahánět [-hnat]; *Med.* vyhánět [-hnat]; *Pferd*: uhnat *pf.*; *v/i Mar.* uchylovat [uchýlit] se od směru; **2ung** *f Med.* vyhnání *n* plodu.

abtrennen (*ablösen*) oddělovat [-lit]; (*loslösen*) odlučovat [-loučit]; *Genähtes*: odparovat [-párat].

abtret|en *v/t Absätze, Schuhe*: sešlap(áv)at; (*überlassen*) postupovat [-stoupit]; *v/i* (*sich zurückziehen*) odstupovat [-stoupit]; *Thea.* odcházet [odejít]; *von* et. ~ upouštět [upustit] od č-o; **2er** *m* rohožka *f*; **2ung** *f* postoupení *n*.

Ab|trift *f Mar.* odchylka, úchylka; **2trinken** upí(je)t; **~tritt** *m* postoupení *n*; *Thea.* odchod; (*Abort*) záchod; **2trocknen** osušovat [-šit].

abtrünnig odpadlý; ~ *werden* odpadat [-dnout]; **2e(r)** *m/f* odpadlík (-ice); **2keit** *f* odpadlictví *n*.

abtun (*beiseite schieben, schnell erledigen*) odbý(va)t; *mit e-r Handbewegung* ~ odbýt mávnutím ruky; *Kleider*: sund(áv)at si; *Unsitte usw.*: upouštět [upustit] od (*G*); *abgetan* (*erledigt*) vyřízený.

ab·urteil|en odsuzovat [-soudit]; **2ung** *f* odsouzení *n*.

ab|verlangen: *j-m* et. ~ vyžadovat [vyžádat] si co od k-o (*G*); **~wägen** odvažovat [-vážit]; **~wälzen** *fig.* svalovat [-lit] (*von sich* ze sebe).

abwand|eln (*variieren*) obměňovat

[-měnit]; *Gram.* ohýbat; (*deklinieren*) skloňovat; (*konjugieren*) časovat; ≈**lung** *f* *Gram.* flexe, ohýbání *n*, skloňování *n*, časování *n*.
abwander|n [od]stěhovat se; (*Kapital*) unikat [-knout]; ≈**ung** *f* odstěhování *n*.
abwarten vyčk(áv)at, čekat [počkat] na (*A*); ~*de Haltung* vyčkávací stanovisko.
abwärts dolů; ~**gehen:** *es geht mit ihm* ~ jde to s ním s kopce; *es geht mit et.* ~ něco jde špatně.
Abwasch *m* (špinavé) nádobí; ≈**bar** omyvatelný; ≈**en** umý(va)t; ~**tisch** *m* mycí stůl; ~**wasser** *n* pomyje *f/pl.*
Abwässer *n/pl.* odpadní vody *f/pl.*, splašky *m/pl.*
abwechs|eln *v/t* [vy]střídat; *v/i u. v/r sich* ~ [vy]střídat se; ~**elnd** střídavý; ≈**lung** *f* střídání *n*; (*Veränderung*) změna; (*Mannigfaltigkeit*) rozmanitost; *zur* ~, *der* ~ *wegen* pro změnu; ~**lungsreich** pestrý, rozmanitý.
Abweg *m* scestí *n*; *auf* ~*e führen* svádět [svést] na scestí; *auf* ~*e geraten* dost(áv)at se na scestí; ≈**ig** scestný, pochybený.
Abwehr *f* obrana (*gegen* před *I*); (*Schutz*) ochrana; (*Spionage*≈) kontrašpionážní služba; ≈**en** odrážet [-razit]; *Fliegen*: odhánět [odehnat]; (*verhüten*) zabraňovat [-bránit] (*D*), odvracet [-vrátit]; ~**maßnahme** *f* obranné opatření; ~**spieler** *m* obránce; ~**stoff** *m* *Med.* obranná látka.
abweich|en *v/i* odchylovat [-chýlit] se (*von* od *G*); (*verschieden sein*) lišit se, různit se; *v/t* odmáčet [-močit]; ~**end** odchylný; ≈**ung** *f* úchylka; *Phys.* deklinace.
abweis|en (*ablehnen*) odmítat [-mítnout]; *Angriff*: odrážet [-razit]; ~**end** odmítavý; ≈**ung** *f* odmítnutí *n*.
ab|wenden odvracet [-vrátit] (*sich* se); *Unglück, Krieg*: zabraňovat [-bránit] (*D*); ~**werben** odlák(áv)at, odluzovat [-loudit]; ~**werfen** shazovat [shodit, sházet]; (*einbringen*) při-, vy-nášet [-nést].
abwert|en znehodnocovat [-notit]; *Währung*: devalvovat (*im*)*pf.*; ≈**ung** *f* znehodnocení *n*; devalvace.
abwesen|d nepřítomný; *fig.* rozptýlený, roztržitý, zamyšlený; ~ *sein* být nepřítomen; ≈**heit** *f* nepřítomnost.
abwick|eln odvíjet [-vinout]; *Geschäft*: vyřizovat [-řídit]; ≈**lung** *f* vyřízení *n*.
ab|wiegen odvažovat [-vážit]; ~**wimmeln** F zbavovat [-avit] se (*G*); ~**wirtschaften** dohospodařovat [-řit]; ~**wischen** utírat [utřít]; ~**wracken** *Mar.* rozbírat [rozebrat].
Abwurf *m* shoz(ení *n*); (*Sport*) výhoz.
ab|würgen [u]škrtit, [za]rdousit; F *Motor*: zarážet [-razit]; ~**zahlen** splácet [splatit]; ~**zählen** [s]počítat (*an den Fingern* na prstech).
Abzahlung *f* splácení *n*; (*Betrag*) splátka; *auf* ~ na splátky; ~**s·geschäft** *n* splátkový obchod.
abzapfen stáčet [stočit]; *j-m Blut* ~ brát vzít k-u krev, pouštět [pustit] k-u žilou; F *fig. j-m Geld* ~ ob(í)rat k-o o peníze.
Abzeich|en *n* odznak *m*; ≈**nen** *v/t* obkreslovat [-lit]; (*signieren*) vyznačovat [-čit]; *v/t sich* ~ *gegen* (*sich abheben*) odrážet se od (*G*), rýsovat se na (*L*).
Abzieh|bild *n* obtisk *m*; ≈**en** *v/t* stah(ov)at [stáhnout]; *Math.* odčítat [odečíst]; (*vom Lohn, Preis*) srážet [srazit] (*von* od *G*); *Bett*: svlékat [-knout]; *Wein*: stáčet [stočit]; (*kopieren*) pořizovat [-řídit] kopii (*G*); *Typ., Messer*: obtahovat [-táhnout]; *Schlüssel*: vytahovat [-táhnout]; *Truppen*: stahovat [stáhnout] zpět; *s-e Hand von j-m* ~ odnímat [odejmout] pomocnou ruku k-u; *v/i* (*weggehen*) odcházet [odejít]; *Mil.* [od]táhnout; (*Rauch*) unikat [-knout], odcházet [odejít]; ~**stein** *m* brousek.
abzielen: ~ *auf* (*A*) [za]mířit na (*A*), směřovat k (*D*).
Ab|zug *m* (*Fortziehen*) odchod; (*Rauch*≈) vývod; (*am Gewehr*) spoušť *f*, kohoutek; (*Subtraktion*) odečtení; (*Abschlag*) srážka *f*; *Fot.* kopie *f*, snímek; *Typ.* obtah; ≈**züglich** po srážce, po odečtení (*G*).
abzugs|fähig odpočitatelný; ~**frei** beze srážky; ≈**graben** *m* odvodňovací příkop, strouha *f*; ≈**kanal** *m* stoka *f*; ≈**klappe** *f*, ≈**rohr** *n* vývodní roura *f*.
abzweig|en *v/i* (*Weg*) odbočovat

[-čit]; *v/t Geld usw.*: oddělovat [-lit]; **2ung** *f* odbočka, pobočka.
abzwingen: *j-m* et. ~ vynucovat [-nutit] co na kom.
ach! ach!; ~ *ja!* ba, ba!; ~ *nein!* ba ne!, i kdepak!; ~ *so!* aha!; ~ *wo!* kdepak!; ~ *was!* i což!
Ach *n*: F *mit* ~ *und Krach* stěží, jen taktak.
A'chat *m* achát.
A'chillesferse *f* Achillova pata.
Achse *f* osa; (*am Wagen a.*) náprava; *per* ~ vozem; F *auf* ~ *sein* být na cestě.
Achsel *f* rameno *n*, rámě *n*; *mit den* ~*n zucken* [po]krčit rameny; *j-n über die* ~ *ansehen* [po]dívat se na k-o přes rameno; ~**höhle** *f* podpaží(d)í *n*; ~**klappe** *f*, ~**stück** *n Mil.* náramenik *m*, epoleta *f*; ~**zucken** *n* (po)krčení rameny.
Achs|lager *n* nápravové ložisko; ~**schenkel** *m* čep nápravy.
acht osm; *in* ~ *Tagen* za týden; *vor* ~ *Tagen* před týdnem; **2**[1] *f* osm(ičk)a *f*.
Acht[2] *f* (*Aufmerksamkeit*) pozor *m*; (*Fürsorge*) péče; *außer* **2** *lassen* (*A*) nevšímat [-šimnout] si (*G*); *sich in* **2** *nehmen vor* (*D*) mít se na pozoru před (*I*).
Acht[3] *f* (*Bann*) klatba; † *in die* ~ *erklären* dá(va)t do klatby.
acht- *in Zssgn mst* osmi-.
achtbar vážený, úctyhodný; **2keit** *f* váženost, úctyhodnost.
achte|(r) osmý; *der* ~ *des Monats* osmý den; *den* (*od. am*) ~*n April* osmého dubna; *heute ist der* ~ *März* dnes je osmého března.
Acht·eck *n* osmiúhelník; **2ig** osmiúhelný.
acht·ein'halb osm a půl, půl devátého.
Achtel *n* osmina; (*Maß*) *mst* osminka; ~**note** *f Mus.* osminová nota, osmina; ~**pause** *f* osminová pomlka.
achten *v/t* (*beachten*) dbát (*G*), vážit si (*G*); *v/i* ~ *auf* (*A*) *s. achtgeben.*
ächten dá(va)t do klatby.
achtens za osmé.
Achter-[1] *in Zssgn Mar.* záďový.
Achter[2] *m* (*Ziffer*) osm(ičk)a *f*; *Sp.* osmiveslice *f*, osma *f*.
Achter|bahn *f* horská dráha; ~**deck** *n* záďová paluba.
achter'lei (*unv.*) osmerý, osmero *n* (*G*).
achtern *Mar.* na zádi; záďový; směrem na záď.
acht|fach, ~**fältig** osminásobný.
acht|geben, ~**haben** dá(va)t pozor.
'acht'hundert osm set; ~**ste(r)** osmistý.
achtjährig osmiletý.
achtlos nevšímavý, nedbalý; **2igkeit** *f* nevšímavost, nedbalost.
achtmal osmkrát; ~**ig** osminásobný.
achtsam bedlivý; **2keit** *f* bedlivost.
acht|seitig osmistranný; **2'stundentag** *m* osmihodinový pracovní den; ~**stündig** osmihodinový; ~**tägig** osmidenní.
Achtung *f* (*Hoch***2**) úcta; (*Aufmerksamkeit*) pozornost (*vor D* k *D*); ~! pozor!; ~ *haben vor j-m* mít úctu ke k-u; *alle* ~ *vor Ihrer Arbeit* všechna čest vaší práci; *bei j-m in hoher* ~ *stehen* být u k-o ve velké úctě.
Ächtung *f* vyhlášení klatby; (*Verbot*) zákaz *m*.
achtung|einflößend, ~**gebietend** úctyhodný, budící úctu; ~**s·voll** uctivý; *s. hochachtungsvoll.*
achtzehn osmnáct; ~**jährig** osmnáctiletý; **2tel** *n* osmnáctina *f*; ~**te(r)** osmnáctý.
achtzig osmdesát; **2er(in** *f*) *m* osmdesátník (-nice); ~**jährig** osmdesátiletý; **2stel** *n* osmdesátina *f*; ~**ste(r)** osmdesátý.
Achtzylinder *m* (*Auto*) osmiválec.
ächzen [za]sténat.
Ächzen *n* sténání.
Acker *m* pole *n*, (*Feld*) role *n*; ~- *in Zssgn mst* polní; ~**bau** *m* zemědělství *n*; **2bautreibend** zemědělský; ~**boden** *m* orná půda; ~**feld** *n s. Acker*; ~**furche** *f* brázda; ~**gaul** *m* tažný kůň; ~**gerät** *n* orné nářadí; ~**land** *n s. Ackerboden.*
ackern [z]orat; P dřít (se).
Ackern *n* orání.
a. D. *Abk. für außer Dienst.*
Adams|apfel *m Anat.* Adamovo jablko, ohryzek; ~**kostüm** *n*: *im* ~ v rouše Adamově.
ad'dier|en sčítat [sečíst]; **2maschine** *f* sčítací stroj *m*.
Additi'on *f* sčítání *n*; ~**s·fehler** *m* chyba *f* při sčítání.
a'de sbohem; ~ *sagen* dá(va)t sbohem.

Adel *m* (*Stand*) šlechtictví *n*; (*Adlige*) šlechta *f*; *fig.* ušlechtilost *f*; **2n** povyšovat [-výšit] do šlechtického stavu; *fig.* [u-, zu]šlechtit.

Adels|brief *m*, **~patent** *n* šlechtický diplom; **~herrschaft** *f* panství *n* šlechty; **~stand** *m* šlechtický stav, šlechtictví *n*; *in den ~ erheben s. adeln.*

Ader *f* céva; (*Vene*) žíla (*a. Bgb.*); (*Arterie*) tepna; *dichterische ~* básnické nadání, F basnická žíla; *j-n zur ~ lassen* pouštět [pustit] k-u žilou (*a. fig.*).

Äderchen *n* žilka *f*.

ad(e)rig, äd(e)rig žilnatý, žilkovaný.

Aderlaß *m* pouštění *n* žilou.

ädern žilkovat.

a'dieu *s. ade.*

Adjektiv *n* přídavné jméno, adjektivum; **2isch** adjektivní.

Adju'tant *m* pobočník, adjutant.

Adler *m* orel; *~- in Zssgn mst* orlí; **~horst** *m* orlí hnízdo *n*; **~gebirge** *n* Orlické hory *f/pl.*; **~weibchen** *n* orlice *f*.

adlig šlechtický; **2e(r)** *m/f* šlechtic (-ična *f*) *m*; *pl.* šlechta *f*.

Administra|ti'on *f* administrace, správa; **2'tiv** administrativní, správní; **~tor** [-'ra:-] *m* administrátor, správce.

Admi'ral *m* admirál; **~i'tät** *f* admiralita.

adop'tieren adoptovat (*im*)*pf.*

Adopti'on *f* adopce.

Adop'tiv- *in Zssgn* adoptivní; **~eltern** *pl.* adoptivní rodiče *m/pl.*; **~kind** *n* adoptivní dítě; **~mutter** *f* adoptivní matka; **~vater** *m* adoptivní otec.

Adres'sat(in *f*) *m* adresát(ka).

A'dreßbuch *n* adresář *m*.

A'dresse *f* adresa; *an die falsche ~ geraten* přijít *pf.* na nepravého, nepochodit *pf.*

adres'sieren adresovat (*im*)*pf.* (*an A* k-u *D*).

a'drett čisťounký, švarný.

Adria *f* Adrie, Jadran *m*; **~tisches Meer** [-'a:-] *n* Jaderské moře.

Ad'vent *m* advent; *~- in Zssgn* adventní.

Ad'verb *n* příslovce, adverbium; **2i'al** příslovečný, adverbiální; **~i'alsatz** *m* příslovečná věta.

Advo'kat *m* advokát; **~en-** *in Zssgn mst* advokátní; **~ur** [-'tu:ʁ] *f* advokacie.

Aerody'na|mik *f* aerodynamika; **2misch** aerodynamický, proudnicový.

Af'färe *f* aféra; *sich aus der ~ ziehen* dost(áv)at se z nemilé aféry.

Äffchen *n* opičátko.

Affe *m* opice *f*, (*Männchen*) opičák.

Af'fekt *m* afekt; *im ~* v rozrušení, v afektu.

affek'tiert afektovaný, strojený; **2heit** *f* afektovanost, strojenost.

Affen- *in Zssgn* opičí; **2artig** opičí, opičácký; **~liebe** *f* opičí láska; **~pintscher** *m Zo.* opičí pinč(lík); **~schande** F *f* hrozná ostuda; **~theater** F *n* hotový blázinec, opičina *f*; **~weibchen** *n* opice *f* (samice).

Äffe'rei *f* opičení *n*, úšklebky *m/pl.*

affig P opičácký.

Äffin *f* opice (samice).

Af'ghan|e(rin *f*) *m* Afg(h)ánec (-nka); **2isch** afg(h)ánský; **~istan** *n* Afg(h)ánistán *m*.

Afrika *n* Afrika *f*; **~ner(in** *f*) [-'a:-] *m* Afričan(ka); **2nisch** [-'a:-] africký.

After *m Anat.* řiť *f*, řitní otvor; **~mieter** *m s. Untermieter.*

AG *Abk. für Aktiengesellschaft.*

ä'gäisch: *2es Meer* Egejské moře.

A'gende *f Rel.* agenda, rituál *m*.

A'gent *m* agent; **~'ur** *f* agentura.

Aggre'gat *n Tech.* agregát *m*; **~zustand** *m Phys.* skupenství *n*.

Aggres|si'on *f* agrese, útok *m*; **~si'onspolitik** *f* agresivní politika; **2'siv** agresivní, útočný; **~sivi'tät** *f* agresivita, útočnost; **~sor** [-'gʀɛ-] *m* agresor, útočník.

Ä'gide *f* egida, záštita.

Agio *n Hdl.* ažio.

Agita|ti'on *f* agitace; **~tor** [-'ta:-] *m* agitátor; **2'torisch** agitační.

agi'tieren agitovat.

Ago'nie *f* agónie, smrtelný zápas.

A'grar- *in Zssgn* agrární, zemědělský; **~land** *n* zemědělské pozemky *m/pl.*; **~politik** *f* agrární politika; **~reform** *f* agrární reforma; **~staat** *m* agrární stát.

Agrikul'tur *f* agrikultura, zemědělství *n*.

Agro'nom *m* agronom.

Ä'gypt|en *n* Egypt *m*; **~er(in** *f*) *m* Egypťan(ka); **2isch** egyptský.

a'ha! aha! vida!

Ahle *f* šídlo *n*.

Ahn *m* praotec, předek.

ahnd|en (*strafen*) [po]trestat; (*rächen*) [po]mstít se za (*A*); **2ung** *f* trest *m*; pomsta.

Ahne *f* pramáti, předkyně.

ähneln podobat se.

ahnen tušit; *nichts Böses* ~*d* netuše nic zlého.

Ahn|entafel *f* rodokmen *m*; **~frau** *f* *s. Ahne*; **~herr** *m s. Ahn*.

ähnlich podobný (-ben); ~ *sehen od. sein* podobat se; *das sieht ihm* ~ to je mu podobné, to se dá od něho čekat; **2keit** *f* podobnost, podoba (*a. Math.*); 2 *haben mit* podobat se (*D*).

Ahnung *f* tušení *n*, předtucha; F *keine* ~! ale kdepak!, ani pomyšlení!; *keine* (*blasse*) ~ *haben von* nemít ani (nejmenší) potuchy (*od.* ani zdání) o (*L*); **2s·los** nic netušící; *Adv.* bez nejmenšího tušení; **2s·voll** pln(ý) předtuch.

Ahorn *m* javor; ~- *in Zssgn* javorový.

Ähre *f* klas *m*, *Dim.* klásek *m*; ~*n lesen* [se]sbírat klásky, paběrkovat.

Aka|de'mie *f* akademie; **~'demiker** *m* akademik (*Mitglied e-r Akademie*); **2'demisch** akademický.

A'kazie *f Bot.* akácie; (*unechte* ~) akát *m*.

Akklamati'on *f* aklamace; *Wahl durch* ~ volba aklamací.

Akklimati|sati'on *f* aklimatizace; **2'sieren** aklimatizovat (*im*)*pf*.

Ak'kord *m* akord (*a. Stücklohn*); ~- *in Zssgn* úkolový, akordní; *auf od. in* ~ *arbeiten* pracovat v úkolu *od.* v akordu; **~arbeit** *f* úkolová (*od.* akordní) práce; **~arbeiter(in** *f*) *m* akordní dělník (-nice), akordník (-nice); **~lohn** *m* akordní (*od.* úkolová) mzda.

Ak'kordeon *n* akordeon *m*, tahací harmonika.

akkredi'tieren: *j-n bei j-m* ~ akreditovat (*im*)*pf*., pověřovat [-řit] k-o u k-o (*G*).

Akkredi'tiv *n* akreditiv *m*.

Akku *m* F, **~mu'lator** *m* akumulátor; **~mulati'on** *f* akumulace.

akku|'rat přesný, pečlivý; **2ra'tesse** *f* přesnost, † akuratesa.

Akkusativ *m* akuzativ, 4. pád.

A'kontozahlung *f Hdl.* splátka na účet.

Akro'bat(in *f*) *m* akrobat(ka).

Akt *m* (*Handlung*) akt, čin; (*Kunst*) akt; *Thea.* akt, jednání *n*; **~e** *f* spis *m*, akt *m*; *zu den* ~*n legen* založit ke spisům.

Akten|deckel *m* desky *f/pl.* na spisy; **~mappe** *f* aktovka; **2mäßig** ve spisech; **~stück** *n* spis *m*; **~zeichen** *n* značka *f* spisu.

Aktie *f* akcie; ~*n*- *in Zssgn* akciový; **~n·gesellschaft** *f* akciová společnost; **~n·kapital** *n* akciový kapitál.

Akti'on *f* akce, činnost; *in* ~ *treten* vstupovat [vstoupit] v akci (v činnost).

Aktio'när(in *f*) *m* akcionář(ka).

Akti'onsradius *m* akční rádius *od.* poloměr.

ak'ti|v *Adj.* aktivní; **2v** ['ak-] *n Gram.* činný rod; **~'vieren** aktivovat (*im*-)*pf.*; **~'vist(in** *f*) *m* aktivista, úderník (-nice); **~vi'tät** *f* aktivita, činnost; **~'vistenbewegung** *f* údernické hnutí.

Aktu|ali'tät *f* aktualita, časovost; **2'ell** aktuální.

A'kust|ik *f* akustika; **2isch** akustický.

a'kut akutní; *Frage a.*: palčivý.

Ak'zent *m* přízvuk, akcent; **2u'ieren** přízvukovat, akcentovat.

Ak'zept *m Hdl.* akcept; (*Annahme e-s Wechsels*) přijetí směnky; (*Wechsel*) přijatá směnka; **~'ant** *m Hdl.* akceptant, příjemce směnky; **2'ieren** akceptovat (*im*)*pf*., přijímat [-jmout].

Ala'baster *m* alabastr, úběl; ~- *in Zssgn* alabastrový, úbělový.

A'larm *m* poplach, alarm; ~ *blasen od. schlagen* zatroubit (*od.* bít [udeřit]) na poplach; *blinder* ~ planý poplach; ~- *in Zssgn* poplachový, poplašný, alarmní; **~bereitschaft** *f* poplachová (*od.* poplašná) pohotovost; **2ieren** [-'mi:-] [z]alarmovat; ~*d* poplašný, alarmující; **~signal** *n* poplašný signál.

A'laun *m* kamenec; ~- *in Zssgn* kamencový; **~stein** *m* kamenec na holení.

Al'ban|ien *n* Albánie *f*; **~(i)er(in** *f*) *m* Albánec (-nka); **2isch** albánský.

albern pošetilý; **2heit** *f* pošetilost.

Album *n* album.

Alchi'mist *m* alchymist; **2isch** alchymistický.

Alge *f Bot.* (mořská) řasa.

Algebra *f* (*indekl.*) algebra; **2isch** [-ˈbʀaː-] algebraický.
Alˈgeri|en *n* Alžírsko, Alžír *m*; **~er(in** *f*) *m* Alžíran(ka); **2sch** alžírský.
Algier *n* Alžír *m*.
Alibi *n* alibi; *sein* ~ *nachweisen* prokazovat [-kázat] alibi.
Aliˈmente *n/pl.* alimenty *m/pl.*
Alˈkali *n Chem.* alkálie *f*, zásada *f*; **2sch** alkalický, zásadový.
Alkohol *m* alkohol, líh; ~- *in Zssgn s. alkoholisch*; **2frei** lihuprostý.
Alkoˈholi|ker(in *f*) *m* alkoholik (-ička); **2sch** alkoholický, lihový.
Alkoholvergiftung *f* otrava alkoholem.
Alˈkoven *m* alkovna *f*, přístěnek *m*.
all všechen, všecek; *~e beide* oba dva *m*, obě dvě *f od. n*; *~e* (*vier*) *Tage* každý (čtvrtý) den; *~e Welt* celý svět; *~es Gute!* vše dobré!; *~es mögliche* vše(cko) možné; *das Kind ist ihr ein und ~es* dítě je jí vším; *~es in ~em* celkem; *in ~er Eile* v největším spěchu; *in ~er Frühe* časně ráno; *in ~er Ruhe* docela klidně; *Mädchen für ~es* děvče pro všechno; *vor ~em, vor ~en Dingen* především; *vor ~er Augen* před očima všech.
All *n* vesmír *m*.
all|ˈabendlich každovečerní; **ˈ~bekannt** všeobecně známý; **ˈ~deutsch** všeněmecký.
alle *Adj. s. all*; *Adv.* F *et. ist ~* je po něčem, něco dochází (dojde).
Alˈlee *f* alej, stromořadí *n*.
Allegoˈrie *f* alegorie.
alleˈgorisch alegorický.
alˈlein *Adj.* sám, jediný; (*einsam*) samotný (-ten); *Adv.* jen toliko; *Kj.* ale, avšak; *einzig und ~* samojediný; *nicht ~ ..., sondern auch* nejen ..., nýbrž i.
alˈlein- *in Zssgn oft* výhradní; **~berechtigt** výhradně oprávněný; **2handel** *m* výhradní právo *n* obchodu; **2herrschaft** *f* samovláda; **~herrscher(in** *f*) *m* samovládce (-dkyně); **~ig** samojediný; **~seligmachend** samospasitelný; **~stehend** osamělý; *Person*: na sebe odkázaný; *s. a. ledig*; **2verkauf** *m*, **2vertrieb** *m* výhradní prodej.
ˈalleˈmal pokaždé, vždy(cky); *ein für ~* jednou provždy.
ˈallenˈfalls nanejvýš(e).
ˈallentˈhalben všude, všady.
aller- *mit Sup.* ze všeho, ze všech, nej-; **~art** různý, všelijaký; **ˈ~ˈbest** nejlepší; **ˈ~ˈdings** ovšem; **ˈ~ˈerst** nejprvnější.
alˈlergisch alergický.
aller|größt největší; **ˈ~ˈhand** všelijaký, (*vor Adj.*) všelico(s); *~ Neues* všelicos nového; *das ist ja ~!* to je přespříliš!; **ˈ2ˈheiligen(fest)** *n* (svátek) Všech svatých; **ˈ2ˈheiligste(s)** svatostánek *m*; *Rel.* nejsvětější svátost *f* oltářní; **ˈ~ˈhöchst** nejvyšší; **ˈ~ˈkleinst** nejmenší; **ˈ~ˈlei** *s. allerhand*; **ˈ2ˈlei** *n* všelicos, směs *f*; **ˈ~ˈletzt** nejposlednější; **ˈ~ˈliebst** nejmilejší; (*reizend*) roztomilý; *am ~en* ze všeho nejraději; **ˈ~ˈmeist** velká většina; *am ~en* nejvíc(e); **ˈ~ˈnächst** nejbližší; *am ~en* nejblíž(e); **ˈ~ˈneuest** nejnovější; **ˈ~ˈorten, ˈ~ˈorts** všude, všady; **ˈ2ˈseelen(tag** *m*) *n* Dušičky *pl.*; **ˈ~ˈseits** (*nach allen Seiten*) na všechny strany; (*auf allen Seiten*) na všech stranách; **ˈ~ˈwärts, ˈ~ˈwege(n), ˈ~ˈwegs** *s. allerorten*; **ˈ2ˈweltskerl** F *m* všudybyl, chlapík; **ˈ~ˈwenigsten:** *am ~* nejméně; **ˈ2ˈwerteste(r)** F zadnice *f*.
ˈalle|ˈsamt všichni vespolek; **~ˈzeit** vždy(cky).
Allˈgegen|wart *f* všudypřítomnost; **2wärtig** všudypřítomný.
allgeˈmein všeobecný; *im ~en* všeobecně; **2bildung** *f* všeobecné vzdělání; **2heit** *f* všeobecnost; (*Publikum*) veřejnost; **2verständlich** obecně srozumitelný, populární.
Allˈheilmittel *n* univerzální lék *m*.
Alliˈanz *f* aliance, spojenectví *n*.
Alliˈgator *m* aligátor.
Alliˈierte(r) spojenec.
all|jährlich každoroční; **2macht** *f* všemohoucnost; **~ˈmächtig** všemohoucí; **~ˈmählich** nenáhlý, pomalý; *Adv.* ponenáhlu, znenáhla; **ˈ~ˈmonatlich** měsíční; *Adv.* každého měsíce.
Alˈlotria *pl.* alotria *n/pl.*, nezbednost *f*; *~ treiben* [z]tropit alotria.
All|radantrieb *m* pohon na všechna kola; **2russisch** všeruský; **2seitig** všestranný; **~stromgerät** *n* (*Radio*) univerzální přijímač *m*; **~tag** *m* všední den; **ˈ2ˈtäglich, ~tags**- každodenní; *fig.* všední; **2umfassend** všestranný, univerzální.

Al'lüren *f/pl.* chování *n*, způsoby *m/pl.*, P manýry *f/pl.*
all|wissend vševědoucí; **'~'wöchentlich** každotýdenní; *Adv.* každý týden; **'~'zeit** (po)vždy; **~zu**, **'~zu'sehr** příliš, přespříliš; **'~zu'viel** příliš mnoho.
Alm *f* alma, horská, pastvina.
Almanach *m* almanach, ročenka *f*.
Almosen *n* almužna *f*; **~empfänger** *m* příjemce almužny.
Aloe *f Bot.* aloe *n od. f.*
Alp[1] *m* zlý duch, skřet; *s. Alpdrücken.*
Alp[2] *f* alpa, horská pastvina.
Al'paka *n* alpaka *f*; *s. a. Neusilber.*
Alpdrücken *n* můra *f*, děsivý sen.
Alpen *f/pl.* Alpy *f/pl.*; *in Zssgn* alpský; **~glühen** *n* alpské červánky *m/pl.*; **~rose** *f Bot.* alpská růže; **~stock** *m* alpská hůl; **~veilchen** *n Bot.* brambořík *m.*
Alpha'bet *n* abeceda *f*; **⁀isch** abecední.
al'pi|n alpský; **⁀'nist(in** *f*) *m* alpinist(k)a, horolezec (-zkyně).
Alptraum *m* můra *f*; *fig.* hrůza *f*.
als (*zeitlich*) když; (*in der Eigenschaft* ~) jako; (*nach Komp. und Verneinung*) než; ~ *ob*, ~ *wenn* jako by; ~ *daß* (než) aby; *sobald* ~ *möglich* co (možná) nejdříve; *sowohl* ... ~ *auch* i ... i, jak ... tak; **~'bald** (i)hned; **~'dann** potom, pak.
also tedy.
alt starý (stár); ~ *werden* [ze]stárnout; *mein* ~*er Herr* můj táta; *m-e* ~*e Dame* moje máma; ~ *und jung* staří a mladí *pl.*; *auf m-e* ~*en Tage* na moje stará kolena; *beim* ~*en bleiben* zůst(áv)at při starém; *beim* ~*en lassen* nech(áv)at při starém; *in* ~*en Zeiten* v starých dobách; *wie* ~ *bist du?* kolik je ti let?; *ich bin 20 Jahre* ~ je mi dvacet let; *wir sind gleich* ~ jsme stejně staří; *fig. er ist immer der* ~*e* je pořád stejný.
Alt *m Mus.* alt.
Al'tar *m* oltář; ~- *in Zssgn* oltářní, oltářový; *zum* ~ *führen* oženit se *pf.*, mít svatbu; **~bild** *n* oltářní obraz *m.*
alt|backen ztvrdlý, staropečený; (*altmodisch*) staromódní; **~bekannt** odedávna známý; **~deutsch** staroněmecký; **⁀eisen** *n* staré železo, šrot *m.*
Alte|(r)[1] (*Mann*) stařec, F starý; starouš; (*Chef*) šéf; (*Frau*) stařena, F stará; *die* ~*n* (*hist.*) staří (národové) *m/pl.*
Alter[2] *n* věk *m*; (*Greisen⁀, Zeit des Bestehens*) stáří; *im* ~ *von fünf Jahren* ve věku pěti let; *er ist in m-n* ~ je v mých letech; *von ⁀s her* odedávna.
älter starší.
altern [ze]stárnout.
Alterna'tive *f* alternativa.
alters *s. Alter.*
Alters|erscheinung *f* příznak *m* stáří; **~genosse** *m*, **~genossin** *f* vrstevník (-nice); **~grenze** *f* věková hranice; **~heim** *n* starobinec *m*; **~klasse** *f* věková třída; **~präsident** *m* předseda podle stáří; **~rente** *f* starobní důchod *m*; **⁀schwach** sešlý věkem, vetchý; **~schwäche** *f* sešlost věkem, marasmus *m*, **~unterschied** *m* věkový rozdíl; **~versicherung** *f* starobní pojištění *n*; **~versorgung** *f* zaopatření *n* ve stáří; **~zulage** *f* starobní přídavek *m.*
Alter|tum *n* starověk *m*, antika *f*; **⁀tümlich** starobylý, starožitný.
Altertums|forscher *m s. Archeologe*; **~kunde** *f s. Archeologie.*
ältest- nejstarší; **⁀enrat** *m* (*Parlament*) rada *f* nejstarších; **⁀e(r)** (*Vorsteher*) představený; *mein* ~*er* můj nejstarši syn.
alt|gläubig starověrný; **~'hergebracht** tradiční, starobylý; **~hochdeutsch** starohornoněmecký.
Al'tist(in *f*) *m* altist(ka).
ältlich starši, obstárlý.
Alt|material *n* starý materiál; **~metall** *n* kovový odpad, starý kov; **⁀modisch** staromódní; **~papier** *n* starý papír; **~philologie** *f* klasická filologie; **~stadt** *f* Staré město; **~vater** *m* Praděd (*Berg in ČSSR*); **~warenhändler** *m* veteśník; **~'weibergeschwätz** *n* babské tlachy *m/pl.*; **~'weibersommer** *m* babí léto *n.*
Alu'minium *n* hliník *m*, aluminium; ~- *in Zssgn* aluminiový, hliníkový.
am = *an dem*; ~ *besten* nejlépe; ~ *ersten Mai* (dne) prvního května; ~ *Montag* v pondělí; ~ *Morgen* (*Abend*) ráno (večer).
amalga'mieren amalgamovat.
Ama'teur *m* amatér; **~photograph** *m* fotográf amatér.

Ama'zone *f* Amazonka; *fig.* amazonka.
Amber *m* ambra *f.*
Amboß *m* kovadlina *f.*
ambu'lant ambulantní.
Ambu'lanz *f* ambulance; **˷wagen** *m* sanitní vůz.
Ameise *f* mravenec *m*; **˷n-** *in Zssgn* mravenčí; **˷n·bär** *m Zo.* mravenečník; **˷n·haufen** *m* mraveniště *n*; **˷n·säure** *f* kyselina mravenčí.
Amen *n* amen; *Adv. zu et.* (*D*) *ja und* ˷ *sagen* přitak(áv)at k č-u.
A'meri|ka *n* Amerika *f*; **˷'kaner(in** *f*) *m* Američan(ka); **♀'kanisch** americký.
Ame'thyst *m* ametyst.
Ami F *m Abk. für* Amerikaner.
Amme *f* kojná, chůva; **˷n·märchen** *n* dětská povídačka.
Ammer *f Zo.* strnad *m.*
Ammoni'ak *n Chem.* čpavek *m*, amoniak *m.*
Amne'stie *f* amnestie; **♀ren** amnestovat (*im*)*pf.*, promíjet [-minout] trest.
A'möbe *f* měnivka, améba.
a'morph amorfní, beztvarý.
Amorti|sati'on *f Hdl.* amortizace, umořování *n*; **♀'sieren** amortizovat (*im*)*pf.*, umořovat [-řit].
Ampel *f* (*Hängelampe*) visací lampa; (*Blumen♀*) visací váza, visací koš.
Am'pere *n El.* ampér *m*; **˷'meter** *n* ampérmetr *m.*
Ampfer *m Bot.* šťovík.
Am'phib|ie *f Zo.* obojživelník *m*; **˷ienfahrzeug** *n* obojživelné vozidlo, amfibie *f*; **♀isch** obojživelný.
Am'phitheater *n* amfiteátr *m.*
Am'pulle *f* ampulka.
Ampu|tati'on *f* amputace; **♀'tieren** amputovat (*im*)*pf.*
Amsel *f Zo.* kos *m.*
Amt *n* úřad *m*; *Rel.* zpívání mše; *das Auswärtige* ˷ ministerstvo zahraničí; *von* ˷*s wegen* z úřední moci, úředně.
am'tieren úřadovat.
amtlich úřední.
Amts|anmaßung *f* zneužití *n* úřední moci; **˷antritt** *m* nastoupení *n* úřadu; **˷arzt** *m* úřední lékař; **˷befugnis** *f* úřední pravomoc; **˷bezirk** *m* úřední obvod; **˷blatt** *n* úřední věstník *m*; **˷diener** *m* úřední sluha; **˷eid** *m* úřední přísaha *f*; **˷enthebung** *f* odnětí *n* úřadu, sesazení *n* z úřadu; **˷führung** *f* úřadování *n*; **˷geheimnis** *n* úřední tajemství; **˷gericht** *n* (*in Deutschland*) obvodový soud; **˷gewalt** *f* úřední moc; **˷handlung** *f* úřední jednání *n*; **˷miene** *f* úřední vzezření *n*; **˷mißbrauch** *m* zneužití *n* úřadu; **˷person** *f* úřední osoba; **˷pflicht** *f* úřední povinnost; **˷richter** *m* (*in Deutschland*) obvodový soudce; **˷schimmel** F *m* úřední šiml; **˷siegel** *n* úřední pečeť *f*; **˷sitz** *m* sídlo *n* úřadu; **˷stunden** *f/pl.* úřední hodiny *f/pl.*; **˷tracht** *f* úřední oblek *m*; **˷vergehen** *n* porušení (úřední) povinnosti; **˷vorsteher** *m* přednosta úřadu; **˷zeit** *f* úřední doba; **˷zimmer** *n* úřední místnost *f.*
Amu'lett *n* amulet *m.*
amü|'sant zábavný; **˷'sieren** [pobavit (*sich* se).
an I. *Prp.* **1.** *mit D auf die Frage*: a) *wo?* (*auf*) na (*L*), *z. B.* ˷ *der Wand hängen* viset na stěně; (*nahe bei*) u (*G*), *z. B. am Fenster sitzen* sedět u okna; ˷ ... *vorbei* kolem (*G*), *z. B. am Haus vorbei* kolem domu; b) *woran?* (*bei*) za (*A*), *z. B. am Rock ziehen* tahat [zatáhnout] za kabát; (*nach*) po (*L*), *z. B.* ˷ *der Stimme erkennen* pozn(áv)at po hlase, (*gelegen am*) nad (*I*), *z. B. Frankfurt am Main* Frankfurt nad Mohanem; c) *wann?*: *am ersten Mai* prvního května; ˷ *diesem Tage* toho(to) dne; *am nächsten, ersten usw. Tag* příštího, prvního *usw.* dne; *am Sonntag, Montag usw.* v neděli, v pondělí *usw.*; d) *bleibt vor dem Sup. unübersetzt*: *z. B. am schnellsten* nejrychleji; **2.** *mit A auf die Frage wohin?* (*auf*) na (*A*), *z. B.* ˷ *die Wand hängen* věšet [pověsit] na stěnu; (*zu*) k (*D*), *z. B.* ˷ *den Fluß gehen* jít [chodit] k řece; (*gegen*) o (*A*), *z. B. sich* ˷ *et. schlagen* udeřit se *pf.* oč; (*ungefähr*) na (*A*), asi, *z. B.* ˷ *die 100 Stück* na (*od.* asi) sto kusů; *bis* ˷ (*örtlich*) (až) po (*A*), *z. B. bis* ˷ *die Knie* (až) po kolena; (*zeitlich*) (až) do (*G*), *z. B. bis* ˷ *den Tod* (až) do smrti; **II.** *Adv. von* ... ˷ od (*G*), *z. B. von der Kindheit* ˷ od dětství; *von heute* ˷ ode dneška; *von jetzt* (*od. nun*) ˷ od nynějška.
ana'lo|g analogický, obdobný; **♀'gie** *f* analogie, obdoba.

An·alpha'bet *m* analfabet, negramotný člověk; **~entum** *n* negramotnost *f*.

Ana'ly|se *f* analýza, rozbor *m*; **≈'sieren** analyzovat (*im*)*pf*., rozbírat [rozebrat]; **≈tisch** analytický.

Anä'mie *f Med*. anemie, chudokrevnost.

Ananas *f* ananas *m*; ~- *in Zssgn* [ananasový.]

Anar'chie *f* anarchie.

a'nar|chisch anarchický; **≈'chismus** *m* anarchismus; **≈'chist(in** *f*) *m* anarchist(ka).

Ana|'tom *m* anatom; **~to'mie** *f* anatomie; **≈'tomisch** anatomický.

an|bahnen připravovat [-pravit], zahajovat [-jit]; **~bändeln:** F *mit e-m Mädchen* ~ začí(na)t si známost s děvčetem.

Anbau *m* (*Getreide≈*) pěstování *n*; *Arch*. přístavba *f*; **≈en** *Agr*. [vy-]pěstovat; *Arch*. přistavovat [-stavět]; **~fläche** *f* osevní plocha; **~möbel** *n/pl*. sektorový nábytek.

Anbeginn *m* počátek.

anbehalten nech(áv)at si na sobě.

an'bei v příloze.

anbeißen *v/t* nakusovat [-kousnout, -kousat]; *v/i* (*Fisch*) brát; F (*sich entschließen*) odhodl(áv)at se; **≈** *n*: *sie ist zum* ~ *hübsch* je hezká k nakousnutí.

anbe|langen: *was das anbelangt* co se toho (*G*) týče; **~raumen** ustanovovat [-novit]; **~ten** *Rel*. vzývat; *fig*. zbožňovat; **≈ter(in** *f*) *m* ctitel(ka), zbožňovatel(ka); **≈tracht** *m*: *in* ~ (*G*) vzhledem k (*D*), se zřetelem k (*D*) *od*. na (*A*); **~treffen** *s. anbelangen*.

Anbetung *f Rel*. vzývání *n*; *fig*. zbožňování *n*; **≈s·würdig** zbožňovatelný.

an|biedern: *sich bei j-m* ~ [s]bratříčkovat se s kým; **~bieten** nabízet [-bídnout]; (*reichen*) pod(áv)at; **~binden** *v/t* přivazovat [-vázat]; *v/i fig*. začí(na)t si; F *kurz angebunden sein* (*mürrisch sein*) být nevrlý; **~blasen** *Feuer*: rozdmychovat [-dmýchat]; *Hochofen*: zapalovat [-pálit]; *fig*. *j-n* ~ (*anherrschen*) obořovat [-řit] se na k-o.

Anblick *m* (*G*) pohled *m* na (*A*); (*Bild*) podívaná *f*; *beim ersten* ~ na první pohled; **≈en** (*A*) podívat se na (*A*), pohlížet [-hlédnout] na (*A*).

an|bohren navrt(áv)at; F *fig*. *j-n wegen* (*od*. *um*) *et*. ~ vypůjčit si od k-o (*G*) co; **~braten** lehce opékat [opéci]; **~brechen** *v/t* nalamovat [-lomit, -lámat]; *Flasche*, *Vorrat*: načí(na)t; *v/i* (*beginnen*) nast(áv)at; **~brennen** *v/t* zapalovat [-pálit]; *v/i* (*Holz*) chytat [chytnout] se; (*Speisen*) připalovat [-pálit] se; *angebrannt* připálený; **~bringen** (*befestigen*) připevňovat [-vnit]; (*unterbringen*) umisťovat [umístit]; (*verkaufen*) odbý(va)t; *Gesuch usw*. pod(áv)at; *angebracht*: *diese Bemerkung war hier gut* ~ tato poznámka se sem výborně hodila.

Anbruch *m* (*Bruchstelle*) nalomenina *f*; (*Beginn*) příchod, počátek; ~ *der Nacht* setmění *n*, soumrak *m*.

anbrüllen řvát [zařvat] (*j-n* na k-o).

An|dacht *f* pobožnost; (*Gebet*) modlitba; *mit* ~ = **≈dächtig, ≈dachtsvoll** nábožný, pobožný.

andauern potrvat; **~d** trvalý.

Andenken *n* památka *f* (*a*. *Souvenir*), vzpomínka *f*; *j-m ein gutes* ~ *bewahren* uchov(áv)at k-o v dobré paměti; *zum* ~ *an* (*A*) na památku (*G*).

ander- jiný; (*zweiter*) druhý; *kein* ~*er* nikdo jiný; *alle* ~*en* všichni ostatní; *e-r nach dem* ~*en* jeden za druhým; *am* ~*n Tage* druhého dne; *alles* ~*e* vše ostatní; *nichts* ~*es* nic jiného než; *der e-e* ..., *der* ~*e* jeden ..., druhý; *unter* ~*em* mezi jiným; **~(er)seits** na druhé straně.

ändern změnit *pf*.; (*umarbeiten*) předěl(áv)at.

andern|falls, ~teils jinak.

anders jinak; *jemand* ~ někdo jiný; *niemand* ~ nikdo jiný; *wer* ~ *als* kdo jiný než; *die Sache verhält sich* ~ je tomu jinak; *sich* ~ *besinnen* rozmýšlet [-myslit] se jinak; **~denkend** jinak smýšlející.

anders|gläubig jinověrný; **≈gläubige(r)** jinověrec; **~wie** nějak jinak; **~wo** (někde) jinde; **~woher** odjinud; **~wohin** (někam) jinam.

andert'halb půl druhé(ho); **~fach** půldruhanásobný.

Änderung *f* změna, přeměna; **~svorschlag** *m* pozměňovací návrh.

ander|wärtig jin(ak)ý; **~wärts** (*wohin?*) někam jinam; (*wo?*) někde jinde.

andeut|en naznačovat [-čit]; **≈ung**

f naznačení *n*, náznak *m*; **~ungsweise** náznakem.
an|dichten: *j-m et.* ~ přibájit *pf.* k-u co; **&drang** *m* nával, tlačenice *f*; **~drängen** přitlačovat [-čit] se (*an A* k *D*).
An'dreas *m* Ondřej.
andrehen (*festdrehen*) utahovat [utáhnout]; *Licht, Radio*: zapínat [-pnout]; *Gas, Heizung*: otvírat [otevřít]; *Motor*: natáčet [-točit]; F *fig. j-m et.* ~ namlouvat [-mluvit] k-u co.
andre(r) *s. ander-.*
androh|en: *j-m et.* ~ pohrozit *pf.* k-u čím; **&ung** *f* pohrůžka.
an|drücken přitisknout *pf.*, přitlačovat [-čit] (*an A* k *D*); **~ecken** *s. anstoßen.*
an·eign|en: *sich (D) et.* ~ přisvojovat [-jit] si co, přivlastňovat [-tnit] si co; *fig.* osvojovat [-jit] si; **&ung** *f* přivlastnění *n.*
an·ein'ander k sobě, na sebe, spolu; **~fügen** spojovat [-jit]; **~geraten** dost(áv)at se do sebe; **~grenzen** hraničit; **~reihen** seřaďovat [-řadit]; *vgl. zusammen(...).*
Anek'do|te *f* anekdota; **&tisch** anekdotický.
an·ekeln [z]protivit se, [z]ošklivit se (*j-n* k-u).
Ane'mone *f Bot.* sasanka.
an|empfehlen doporučovat [-čit]; *vgl. anbieten;* **&erbieten** *n* nabídka *f.*
an·erkannt uznaný, nesporný; **~er'maßen** nesporně, uznaně.
an·erkenn|en uzn(áv)at; *s. anerkannt;* **~end** uznalý; **~enswert** hodný (-den) uznání; **&ung** *f* uznání *n*; (*Lob*) pochvala.
anfachen rozdmychovat [-dmýchat] (*a. fig.*).
anfahr|en *v/t* (*her~*) přivážet [-vézt]; (*rammen*) vrážet [vrazit] (*j-n* do k-o *G*), *fig.* F obořovat [-řit] se (*j-n* na k-o); *v/i* (*ankommen*) přijíždět [-jet]; (*sich in Bewegung setzen*) rozjíždět [-jet] se; **&t** *f* příjezd *m*; (*Zufahrtsweg*) přijezdní solnice.
Anfall *m* (*Ausbruch, a. Med.*) záchvat; nával; *im ~ von Jähzorn* v návalu hněvu; **&en** *v/t* napadat [-dnout]; *v/i Jur.* připadat [-dnout]; (*entstehen*) vznikat [-knout]; **~de** *Kosten* vzniklé náklady.
anfällig náchylný (*gegen* k *D*); **&keit** *f* náchylnost.
Anfang *m* po-, za-čátek; ~ *Januar* počátkem ledna; *am ~, zu ~* na počátku; *von ~ an* od počátku; *den ~ machen* začí(na)t (*mit et.* co); ~ *nehmen* začí(na)t se; *aller ~ ist schwer* každý začátek je těžký; **&en** *v/t* po-, za-čí(na)t; *Gespräch*: zahajovat [-ájit]; *was soll ich (damit) ~?* co si mám (s tím) počít?; *damit ist nichts anzufangen* s tím není nic; *v/i* po-, za-čí(na)t (se).
Anfäng|er(in *f*) *m* začátečník (-nice); (*Neuling*) nováček; **~erkurs** *m* kurs pro začátečníky; **&lich** počáteční.
anfangs *Adv.* zpočátku, zprvu.
Anfangs- *in Zssgn* za-, po-čáteční; **~buchstabe** *m* začáteční písmeno *n*; **~gehalt** *n* počáteční plat *m*; **~gründe** *m/pl.* prvopočátky *m/pl.*, základy *m/pl.*; **~stadium** *n* počáteční stadium.
an|fassen chápat [uchopit] se (*G*); (*in Angriff nehmen*) pouštět [pustit] se (et. do č-o); (*behandeln*) zacházet (*j-n* s kým); **~faulen** nahní(va)t.
anfecht|bar popíratelný; **&barkeit** *f* popíratelnost; **~en** popírat [-přít]; *Jur.* brát [vzít] v odpor; (*in Versuchung bringen*) pokoušet; **&ung** *f* (*G*) popírání *n* (*G*); *Jur.* odpor *m* (proti *D*); (*Versuchung*) pokušení *n.*
anfeinden [o]sočit (*j-n* na k-o), nevražit (*j-n* na k-o).
anfertig|en zhotovovat [-tovit]; **&ung** *f* zhotovení *n.*
anfeucht|en navlhčovat [-čit]; **&er** *m* navlhčovač.
an|feuern zatápět [-topit] (*den Ofen* v kamnech, *den Kessel* pod kotlem); *fig.* podněcovat [-nítit]; **~flehen** snažně [po]prosit (*um et.* oč); (*anrufen*) vzývat (*um et.* oč).
an|fliegen: *v/t den Flughafen ~* přilétat [-letět] na letiště; *v/i angeflogen kommen* přilétat [-letět]; **&flug** *m* (*Heranfliegen*) nálet (na *A*); (*Hauch*) nádech; (*Andeutung*) náznak; *im ~* v náletu.
anforder|n vyžadovat [-žádat] si; **&ung** *f* požadavek *m*; (*Anspruch*) nárok *m.*
Anfrage *f* dotaz *m* (*an A* k *D*); *Parl. a.* interpelace; **&n** (*bei*) ptát [zeptat] se, dotazovat [-ázat] se k-o nač.
an|fressen *v/t* nahryzovat [-zat, -znout], ožírat; *Chem.* rozež(í)rat; **~freunden:** *sich ~* spřátelovat [-lit]

se; **~frieren** (*sn*) přimrzovat [-znout] (*an A* k *D*); **~fügen** připojovat [-jit]; **~fühlen** *v/t* hmatat [hmátnout] (et. nač); *v/r*: *sich hart usw.* ~ být tvrdý *usw.* na dotek; **2fuhr** *f* dovoz *m*, přívoz *m*.

anführ|en (*befehligen*) vést (*A*), velet (*D*); (*vorbringen*) uvádět [uvést]; (*zitieren*) [o]citovat; (*täuschen*) podvádět [-vést]; **2er(in** *f*) *m* náčelník (-nice), velitel(ka); (*Anstifter*) původce (-dkyně); **2ung** *f* (*Befehl*) velení *n*; (*Erwähnung*) uvádění *n*; (*Zitieren*) citování *n*; **2ungszeichen** *n* uvozovací znaménko, uvozovky *f/pl*.

anfüllen naplňovat [-plnit] (*mit et.* čím).

Angabe *f* (*Mitteilung*) udání *n*, údaj *m*; (*Anzeige*) oznámení *n*; (*Weisung*) návod *m*; (*Tennis*) podání *n*; F (*Prahlerei*) vychloubavost; *nähere ~n* podrobnější údaje.

angängig možný, přípustný.

angeb|en *v/t* (*mitteilen*, *nennen*) uvádět [uvést]; (*zeigen*) ukazovat [-ázat]; (*anzeigen*) ud(áv)at; (*behaupten*) tvrdit; *den Ton* ~ ud(áv)at tón; *v/i* (*Karten*) vynášet [-nést]; F (*wichtig tun*) nafukovat se, naparovat se; **2er(in** *f*) *m* (*Denunziant*) udavač(ka); F vychloubač(ka), naparovač(ka); **2e'rei** *f* udavačství *n*; vychloubání *n*, naparování *n*.

Angeb|inde *n* vázané *n*, dáreček *m*; **2lich** *Adj.* domnělý; *Adv.* domněle, prý, jak se povídá; (*wie man behauptet*) jak tvrdí, údajně.

ange|boren vrozený, přirozený; **2bot** *n* nabídka *f*; **~bracht** vhodný; *s. anbringen*; **~brochen** načatý; **~bunden** uvázaný; *s. a. anbinden*; **~deihen**: *j-m et.* ~ *lassen* poskytovat [-tnout] k-u co; **2denken** *n* památka *f*, vzpomínka *f*; *mein Vater seligen ~s*, *m-e Mutter seligen ~s* nebožtík otec, nebožka matka; **~gossen**: *fig. wie* ~ jako ulitý; **~griffen** *fig.* přepadlý, vyčerpaný; *s. angreifen*; **~heiratet** přiženilý; **~heitert** F rozjařen(ý), podnapilý.

angehen *v/t* (*bitten*) *j-n um et.* ~ obracet [obrátit] se s prozbou na k-o oč; (*angreifen*) napadnout [-dat]; (*betreffen*) týkat se (*G*); *was mich angeht* co se mne týče; *was geht das Sie an?* co je Vám do toho?; *er geht mich nichts an* není mi nic do něho; *v/i* (*genügen*) ucházet [ujít], stačit (*im*)*pf.*; *das geht nicht an* to nejde; **~d** nastávající, budoucí.

angehören náležet, patřit.

angehörig náležející, příslušející; **2e(r)** *m/f* příslušník (-nice); **2e(n)** *pl.* (*Verwandte*) příbuzní; **2keit** *f* příslušnost.

Angeklagte(r) *m/f* obžalovaný (-ná).

Angel *f* (*Tür2*) stěžej *f od. m*; (*Fischerei*) udice; *fig. die Welt aus den ~n heben* otřást *pf.* světem v základech; *zwischen Tür und* ~ ve chvatu, na odchodu.

angelangen *s. ankommen*.

angelegen: *sich* (*D*) *et.* ~ *sein lassen* dá(va)t si na čem záležet; **2heit** *f* záležitost; **~tlich** *Adj.* naléhavý, důtklivý; *Adv.* (*nachdrücklich*) horlivě, usilovně.

Angel|fischerei *f* chytání *n* ryb na udici; **~gerät** *n* rybářské náčiní; **~haken** *m* háček (na udici); **2n** [u]lovit ryby na udici; F ~ *nach et.* ulovit (*A*); **~n** *n* lovení ryb na udici; **~punkt** *m* stěžejní bod; **~rute** *f* rybářský prut; **~schnur** *f* rybářský vlas.

Angel|sachse *m* Anglosas; **2sächsisch** anglosaský.

Angelsport *m* rybářský sport.

Angelusläuten *n* klekání.

angemessen přiměřený; **2heit** *f* přiměřenost.

angenehm příjemný; (*lieb*) milý; (*bei Vorstellungen*) *sehr ~!* těší mě!

angenommen přijatý; ~, *daß* ... dejme tomu, že ...; *s. annehmen*.

Anger *m* trávník, palouk.

ange|säuselt F podnapilý; **~schlagen** *s. anschlagen*.

Angeschuldigte(r) *m/f* obviněný (-ná).

angesehen vážený.

Angesicht *n* obličej *m*, tvář *f*; *von* ~ *zu* ~ tváří v tvář; **2s** (*G*) vzhledem k (*D*).

ange|spannt napjatý; **~stammt** vrozený, dědičný; **~strengt** namáhavý, usilovný.

Angestellte(r) *m/f* zaměstnanec (-ankyně).

ange|tan: *die Sache ist nicht danach* ~ věc není takového rázu; *s. antun*; **~trunken** podnapilý; **~wandt** užitý; **~wöhnen** *v/t* navykat [-knout] (*j-m et.* k-o č-u); *v/r*: *sich* ~ přivykat [-knout], zvykat

[-knout] (et. č-u); **2wohnheit** *f* zvyk *m*, návyk *m*; **~wurzelt:** *wie ~* jako přimražen; **~zeigt** záhodný, radný.

An'gina *f Med.* angína; *~ pectoris* srdeční angína.

angleichen přizpůsobovat [-bit], připodobnovat [-dnit].

Angler(in *f*) *m* rybář(ka).

anglieder|n přičleňovat [-členit], připojovat [-jit]; **2ung** *f* přičlenění *n*, připojení *n*.

angli'kanisch anglikánský.

An'glist(in *f*) *m* anglista (-tka).

angreif|bar napadnutelný; **~en** *v/t* (*A*) (*anfassen*) sahat [sáhnout] na (*A*); (*anfallen*) [za]útočit na (*A*); (*anfechten*) popírat [-přít]; (*anfangen*) začí(na)t; (*in Anspruch nehmen*) sahat [sáhnout] na (*A*); (*anstrengen*) zeslabovat [-bit]; (*schaden*) [u]škodit (*D*); *j-s Ehre ~* sahat [sáhnout] k-u na čest; *s. angegriffen*; *v/r sich weich usw. ~* být měkký *usw.* na dotek; **2er(in** *f*) *m* útočník (-nice).

angrenzen hraničit (*an A* s *I*); **~d** sousední.

Angriff *m* útok; (*Flieger2, Luft2*) nálet; *in ~ nehmen* spouštět [spustit] se do (*G*); *zum ~ übergehen* přejít *pf.* do útoku; *~ abweisen* odrazit *pf.* útok.

Angriffs|befehl *m* rozkaz k útoku; **~front** *f* útočná řada; **~krieg** *m* útočná válka; **2lustig** útočný, výbojný; **~politik** *f* útočná politika; **~punkt** *m* slabina *f* pro útok; **~waffe** *f* útočná zbraň; **~ziel** *n* cíl útoku.

Angst *f* strach *m* (*vor D* před *I*, *um* o *A*), úzkost (*um* o *A*); *~ einjagen* nahánět [-hnat] strach; *vor ~ zittern* třásti se bázní; *~ bekommen* dost(áv)at strach; *2 Adj. mir ist* (*wurde*) *~* (*und bange*) pojímá (pojal) mě strach; **2erfüllt** ustrašený; úzkostný; **~geschrei** *n* úzkostný křik; **~hase** F *m* strašpytel, bázlivec.

ängstigen *v/t* znepokojovat [-jit]; *v/r sich ~* být v úzkostech, strachovat se (*um* o *A*).

ängstlich úzkostlivý; **2keit** *f* úzkostlivost.

Angst|neurose *f* neurózná úzkost; **~röhre** F *f* cylindr *m*; **~schweiß** *m* studený pot.

an|gucken F podívat se na (*A*); *s. ansehen*; **~haben** *Kleidung*: mít na sobě; *j-m et. ~* uškodit k-u; **~haften** (*D*) lpět na (*A*); *fig. es haftet ihm an* trpí tím.

anhalten *v/t* (*aufhalten*) zadržovat [-žet]; (*zum Stehen bringen*) zastavovat [-stavit]; *j-n zu et. ~* přidržovat [-žet] k-o k č-u; *den Atem ~* zadržovat [-žet] (*od.* zatajovat [-jit]) dech; *v/i* (*stehenbleiben*) zastavovat [-stavit] se; (*aufhören*) ust(áv)at; (*fortdauern*) [po]trvat; *bei j-m ~ um* ucházet se u k-o o (*A*); *v/r s. sich festhalten*; **~d** stálý, vytrvalý; *Beifall*: dlouhotrvající.

Anhalt|er F *m*: *per ~ reisen* cestovat autostopem; **~s·punkt** *m* podklad.

anhand (*G*) podle, na základě.

Anhang *m* (*Nachtrag*) dodatek; (*Anhängerschaft*) přívrženci *m/pl.*, stoupenci *m/pl.*; *e-e Witwe ohne ~* bezdětná vdova.

anhäng|en *v/t* (*aufhängen*) věšet [pověsit]; (*hinzufügen*) připojovat [-jit]; *Tel. Hörer*: zavěšovat [-věsit]; F *j-m allerhand ~* (*nachsagen*) všemožně k-o pomlouvat [-mluvit]; *v/r: sich ~ an* (*A*) přidržovat [-žet] se (*G*); **2er** *m* (*Beiwagen*) vlečný vůz, vlečňák; (*Anhängsel*) přívěsek; (*Person*) (*-in f*) příverženec (-nkyně), stoupenec (-nka); **2erschaft** *f* příverženci *m/pl.*, stoupenci *m/pl.*; **~ig:** *~ machen Jur.* pod(áv)at u soudu; **~lich** příchylný, oddaný; **2lichkeit** *f* příchylnost, oddanost; **2sel** *n* přívěsek *m*.

anhauchen (*A*) dýchat [dýchnout] na (*A*); F *fig.* (*zurechtweisen*) přikázat.

anhäuf|en [na]hromadit; **2ung** *f* [na]hromadění *n*.

an|heben *v/t* nadzdvihovat [-hnout]; *Gebühren, Preis*: zvyšovat [zvýšit]; *v/i* (*anfangen*) počí(na)t; **~heften** (*befestigen*) připevňovat [-vnit], (*annähen*) přistěhovat *pf.*; **~heimelnd** útulný; **~'heimfallen** připadat [-dnout]; *der Vergessenheit ~* upadat [-dnout] v zapomenutí; **~'heimstellen** ponech(áv)at; **~heiraten** přiženit se (*im*)*pf.*; **~heischig** †: *sich ~ machen* nabízet [nabídnout] se; **~heizen** (*A*) zatápět [-topit] (*e-n Ofen* v kamnech); **~herrschen** (*A*) osopovat [-pit] (*od.* rozkřikovat [-knout]) se na (*A*); **~heuern** *Mar.* najímat [-jmout].

Anhieb *m*: *auf* ~ na první ráz, (i)hned.
Anhöhe *f* výšina, návrší *n*.
anhör|en *v/t* po-, vy-slýchat [-slechnout]; (*heraushören*) pozn(áv)at (*j-m* na kom); *v/r sich* ~ poslouchat [-slechnout] si; *das hört sich gut an* to se pěkně poslouchá.
Ani'lin *n Chem.* anilín *m*; *in Zssgn* anilínový.
ani|'malisch animální, živočišný; ~**'mieren** animovat (*im*)*pf*.; ⁓**'miermädchen** *n* P animírka *f*.
A'nis *m Bot.* anýz; ~- *in Zssgn* anýzový.
Ank. *Abk. für Ankunft*.
Ankathete *f Math.* přilehlá odvěsna.
ankämpfen bojovat (*gegen A* proti *D*).
Ankauf *m* nákup, koupě *f*; ⁓**en** *v/t* nakupovat [-koupit]; *v/r sich* ~ zakupovat [-koupit] se.
Anker *m* kotva *f*, *vor* ~ *gehen* zakotvovat [-tvit]; *vor* ~ *liegen s. ankern*; *den* ~ *lichten* zdvihat [-hnout] kotvu; ~**boje** *f* kotevní bóje; ~**kette** *f* kotevní řetěz *m*.
ankern [za]kotvit.
Anker|platz *m* kotviště *n*; ~**tau** *n* kotevní lano; ~**winde** *f* kotevní vrátek *m*.
an|ketten uvazovat [-vázat] na řetěz; připout(áv)at; ~**kitten** přilepovat [-pit].
Anklage *f* (ob)žaloba; *gegen j-n e-e* ~ *erheben, j-n unter* ~ *stellen* pod(á-v)at žalobu na k-o, [ob]žalovat k-o (*wegen* pro *A*); ~**bank** *f* lavice obžalovaných; ⁓**n** [ob]žalovat (*G od. wegen* pro *G*).
Ankläger *m* (*öffentlicher* veřejný) žalobce.
Anklage|rede *f* obžalovací řeč; ~**schrift** *f* obžalovací spis *m*.
anklammern *v/t* připevňovat [-vnit] skobou; *v/r sich* ~ *an* (*A*) přidržovat [-žet] se (*G*).
Anklang *m*: ~ *an* (*A*) náznak (*G*); (*Beifall*) ohlas; ~ *finden* potk(áv)at se s ohlasem.
ankleben *v/t* na-, při-lepovat [-lepit]; *v/i* lepit se (*an D* na *A*).
ankleide|n oblékat [obléci]; ⁓**raum** *m*, ⁓**zimmer** *n* oblékárna *f*, šatna *f*.
an|klopfen *v/i* zaklepat (*fig. bei j-m* u k-o); ~**knipsen** F zapínat [-pnout] světlo; ~**knöpfen** připínat [-pnout] (na knoflík).
anknüpf|en *Beziehungen*: navazovat [-vázat]; *Bemerkung*: připojovat [-jit]; ⁓**ungspunkt** *m* styčný bod, východisko *n*.
ankommen (*zu Fuß*) přicházet [přijít]; (*fahrend*) přijíždět [-jet]; *Mar.* připlou(va)t; *Flgw.* přilétat [-letět]; (*geboren werden*) narodit se (*bei j-m* k-u); (*angestellt werden*) dost(áv)at místo; *gut* (*schlecht*) ~ pochodit *pf*. dobře (špatně); (*abhängen*) záležet (*auf j-n, et.* na kom, čem); ~ *gegen* čelit (*D*); *es kommt darauf* (*nicht*) *an, ob* (ne)záleží na tom; *es nicht darauf* ~ *lassen* nedopustit, aby k tomu došlo; *es auf e-n Prozeß usw.* ~ *lassen* dopouštět [-pustit], aby přišlo ke sporu; *wir wollen es darauf* ~ *lassen!* na to se podíváme!
An|kömmling *m* příchozí; (*Neugeborener*) novorozeně *n*; ⁓**koppeln** přivěšovat [-věsit]; ⁓**kotzen** V: *das kotzt mich an!* to se mi z hloubi duše protiví!; ⁓**kreiden** *fig. j-m et.* ~ nezapomínat [-menout] k-u co; ~ *lassen* kupovat (*od.* brát) na dluh; ⁓**kreuzen** označovat [-čit] křížkem.
ankünd|(ig)en *v/t* ohlašovat [ohlásit], oznamovat [oznámit]; (*verheißen*) slibovat [slíbit]; *v/r sich* ~ (*bevorstehen*) přihlásit se *pf*.; ⁓**igung** *f* návěští *n*, oznámení *n*.
Ankunft *f* (*zu Fuß*) příchod *m*; (*mit Fahrzeug*) příjezd *m*; *Mar.* připlutí *n*; *Flgw.* přílet *m*; (*Geburt*) narození *n*.
ankuppeln připojovat [-jit]; *s. ankoppeln*.
ankurbel|n *Tech.* natáčet [-točit]; *fig. Wirtschaft*: oživovat [oživit]; ⁓**ung** *f* natočení *n*; oživení *n*.
an|lächeln (*A*) usmívat [usmát] se na (*A*); ~**lachen** (*A*) zasmát se na (*A*).
Anlage *f* (*Gründung, Errichtung*) založení *n*, zřízení *n*; (*Fabrik*⁓) závod *m*; (*Bauten*) stavby *f/pl.*, (*Geld*⁓) uložení *n*; (*Plan*) rozvrh *m*, plán *m*; (*Fähigkeit*) vloha (*mst* vlohy *pl.*), nadání *n*; (*Neigung*) náchylnost (*zu* k *D*); (*Beilage*) příloha; (*Park*) sad *m* (*oft* sady *pl.*), park *m*; ~**kapital** *n* základní kapitál; ~**kosten** *pl.* výlohy *f/pl.* na zařízení, investiční náklad.
anlangen F *s. ankommen, anbelangen*.

Anlaß *m* (*Grund*) příčina *f*; (*Anstoß*) podnět (zu k *D*); (*Gelegenheit*) příležitost *f*; *aus* ~ *s. anläßlich*; *aus gegebenem* ~ při příležitosti.

anlass|en *v/t* (*in Gang bringen*) spouštět [spustit]; (*laufen lassen*) *Wasser*: napouštět [-pustit]; (*anbehalten*) nech(áv)at na sobě; *Tech. Stahl*: popouštět [-pustit]; *v/r* F *sich* ~ ukazovat [ukázat] se; *sich gut* ~ vzbuzovat [vzbudit] dobré naděje; **ȣer** *m Tech.* spouštěč, startér.

anläßlich (*G*) při příležitosti (*G*), při (*L*).

Anlauf *m* rozběh (*a. fig.*); *Flgw.* rozjezd; *im ersten* ~ *Mil.* prvním náporem; ~ *nehmen* rozbíhat [-běhnout] se; *fig.* pouštět [pustit] se do toho; **ȣen** *v/t Mar. e-n Hafen* ~ vjíždět [vjet] do přístavu; *e-e Küste* ~ [při]plout k pobřeží; *v/i* (*anschwellen, sich verfärben*) nabíhat [-běhnout]; (*Maschine*) rozbíhat [-běhnout] se, začí(na)t běžet; (*Kosten*) [vz]růst; (*Brille, Fenster*) [o]potit se; (*Film*) běžet; *blau* ~ nabíhat [-běhnout] do modra; ~ *gegen* nabíhat [-běhnout] na (*A*); *angelaufen kommen* přibíhat [-běhnout]; **~zeit** *f* rozběhová doba; náběhový čas.

Anlaut *m Gram.* počátek slova *od.* slabiky; **ȣen** začí(na)t (*mit et.* čím).

anläuten (*anrufen*) zazvonit *pf.* u k-o.

anlege|n *v/t* (*a. Gewehr, Verband, Hand*) přikládat [přiložit]; *Leiter*: přistavovat [-stavit]; *Geld*: ukládat [uložit]; *Kleider*: oblékat [obléci]; *Orden, Schmuck*: brát [vzít]; (*errichten*) zřizovat [zřídit], zakládat [založit]; (*geben*) dá(va)t; *Feuer* ~ zakládat [založit] oheň; *Handschellen* ~ dát *pf.* k-u pouta; *Hand an et.* (*A*) ~ přikládat [přiložit] ruku k č-u; *e-n strengen Maßstab an et.* ~ posuzovat [-soudit] přísně (*A*); *v/i auf j-n* ~ (*zielen*) zamířit na k-o; *Mar.* přist(áv)at, přirážet [-razit]; **ȣplatz** *m*, **ȣstelle** *f Mar.* přístaviště *n*.

anlehnen opírat [opřít] (*an A* o *A*); *Tür usw.*: přivírat [-vřít].

Anleihe *f* půjčka; *e-e* ~ *machen od. aufnehmen* sjedn(áv)at půjčku.

anleimen přiklížovat [-žit].

anleit|en navádět [-vést]; (*unterweisen*) poučovat [-čit]; **ȣung** *f* návod *m*.

anlernen zaučovat [-čit], zaškolovat [-lit].

anlieg|en *v/i* přiléhat (*an A* k *D*); **ȣen** *n* žádost *f*, prosba *f* (*an A* k *D*); *ich habe ein* ~ *an Sie* mám k Vám naléhavou prosbu; **~end** (*Kleid*) přiléhavý; (*benachbart*) přilehlý, sousední; **ȣer** *m* soused.

an|locken [při]vábit, [při]lákat; **~löten** připájet (*im*)*pf.*, přiletovat *pf.*; **~lügen** obelh(áv)at; **~machen** (*befestigen*) přiděl(áv)at; *Feuer, Farben, Mörtel*: rozděl(áv)at; *Teig*: zaděl(áv)at; *Salat*: připravovat [-pravit]; *s. anknipsen, andrehen*; **~malen** *v/t* pomalov(áv)at; *v/r* F *sich* ~ [na-]malovat se.

Anmarsch *m* příchod; *im* ~ *sein* blížit se, přibližovat se; **ȣ'ieren** připochovat *pf.*, přicházet [přijít] pochodem.

anmaß|en: *sich* (*D*) *et.* ~ osobovat [-bit] si co; (*sich erlauben*) troufat si, odvažovat [-vážit] se; **~end** domýšlivý, arogantní; **ȣung** *f* domýšlivost, arogance.

Anmelde|formular *n* přihlašovací formulář *m*; **ȣn** přihlašovat [-hlásit]; (*anzeigen*) ohlašovat [ohlásit]; **~pflicht** *f* přihlašovací povinnost; **~stelle** *f* ohlašovna.

Anmeldung *f* přihláška.

anmerk|en (*notieren*) poznamen(áv)at; *j-m et.* ~ spozorovat co na kom; *sich nichts* ~ *lassen* ned(áv)at na sobě nic znát; **ȣung** *f* poznámka.

anmessen: *j-m et.* ~ brát [vzít] k-u míru nač; *s. angemessen*.

anmuster|n *Mar.* najímat [-jmout]; **ȣung** *f Mar.* najímání *n*.

Anmut *f* půvab *m*; **ȣig** půvabný, líbezný.

annageln přibí(je)t hřebíkem; F *wie angenagelt* jako přibitý.

annähen přiší(va)t (*an et.* k č-u).

annäher|n přibližovat [-blížit] (*sich* se); **~nd** přibližný; **ȣung** *f* přiblížení *n*; *fig.* sblížení *n*; **ȣungsversuch** *m* pokus o sblížení.

Annahme *f* přijetí *n*, příjem *m*; (*Vermutung*) domněnka, předpoklad *m*; ~ *an Kindes Statt* adoptování dítěte za vlastní; *in der* ~, *daß* ... v domněnce, že ...; **~bescheinigung** *f* potvrzení *n* o přijetí; **~stelle** *f* přijímací kancelář; (*für Gepäck*)

podatelna; **~verweigerung** *f* odepření *n* příjmu, nepřijetí *n*.
An'nalen *f/pl.* anály *m/pl.*, letopisy *m/pl.*
annehm|bar přijatelný; **~en** *v/t* přijímat [-jmout]; *Form, Gestalt usw.*: nabý(va)t; *Gewohnheit*: osvojovat [-jit] si; (*vermuten*) domnívat se, předpokládat; *Verstand* (*od. Vernunft*) ~ přicházet [přijít] k rozumu; *an Kindes Statt* ~ přijímat [-jmout] za vlastní; *v/r*: *sich* ~ (*G*) ujímat [ujmout] se (*G*); **2lichkeit** *f* příjemnost; (*Komfort*) pohodlí *n*.
annek'tieren anektovat (*im*)*pf.*, zab(í)rat, přivtělovat [-lit].
Annexi'on *f* anexe, zábor *m*.
annieten přinýtovat *pf.*
Anno roku; F ~ *dazumal* před léty.
An'non|ce *f* inzerát *m*; **2'cieren** inzerovat.
annul'lier|en anulovat (*im*)*pf.*, [z]rušit; **2ung** *f* anulování *n*, zrušení *n*.
A'node *f* anoda; **~n-** *in Zssgn* anodový.
an·öden u-, z-nudit.
anomal anomální, odchylný.
ano'nym anonymní; **2i'tät** *f* anonymita.
Anorak *m* větrovka.
an·ordn|en (*bestimmen*) nařizovat [-řídit] (*a. Med.*); (*einrichten*) uspořád(áv)at; **2ung** *f* nařízení *n*; uspořádání *n*.
an·organisch anorganický.
anpacken popadat [-dnout]; *fig.* F chápat [chopit] se (*G*).
anpass|en přizpůsobovat [-bit] (*sich* se); *Tech. a.* přilícovat *pf.*; (*anprobieren*) zkusit *pf.*; **2ung** *f* přizpůsobení *n*; přilícování *n*; **2ungsfähigkeit** *f*, **2ungsvermögen** *n* přizpůsobilost *f*.
anpeilen *Mar.*, *Flgw.* zaměřovat [-řit].
anpflanz|en zasazovat [-sadit, -sázet], sázet; (*anbauen*) pěstovat; **2ung** *f* sázení *n*, vysazování *n*; výsadba; osázená plocha.
an|pirschen: *sich* ~ do-, při-soulat se; **~pöbeln**: *j-n* ~ sprostě se zachovat ke k-u, F vyjet (si) *pf.* na k-o; **~pochen** *s. anklopfen*.
Anprall *m* náraz; **2en** narážet [-razit] (*an A* na *A*).
an|prangern [z]pranýřovat (*a. fig.*); **~preisen** vychvalovat [-chválit]; **~pressen** [při]tisknout, [při]tlačit.
Anpro|be *f* zkouška; **2bieren** zkoušet [zkusit].
an|pumpen: F *j-n* ~ vydlužovat [-žit] si co od k-o (*G*); P pumpnout *pf.* k-o oč; **2rainer** *m s. Anlieger*; **~raten** [po]radit, doporučovat [-čit]; **2raten** *n*: *auf sein* ~ na jeho radu; **~rauchen** *Zigarette usw.*: při-, zapalovat [-pálit]; *Pfeife*: zakuřovat [-kouřit].
anrechn|en (*berechnen*) [s]počítat, [z]účtovat; (*einbeziehen*) započít(áv)at; (*hinzurechnen*) přičítat [-číst], pokládat (*als* za *A*); *sich* (*D*) *zur Ehre* ~ pokládat si za čest; **2ung** *f* započítání *n*.
Anrecht *n* právo, nárok *m* (*auf A* na *A*).
Anrede *f* oslovení *n*; **~fall** *m* vokativ, pátý pád; **2n** oslovovat [-ovit]; *wie soll ich ihn* ~? jak ho mám titulovat?
anreg|en povzbuzovat [-budit]; (*veranlassen*) dá(va)t podnět (*od.* popud) (*et.* k č-u); *s. angeregt*; **~end** povzbuzující; (*interessant*) podnětný; **2ung** *f* podnět *m*, popud *m*; *auf* ~ *von* z podnětu, z popudu (*G*); **2ungsmittel** *n* sílicí prostředek *m*.
anreicher|n obohacovat [-hatit]; **2ung** *f* obohacení *n*.
an|reisen přicestovat *pf.*, přibývat [-bat]; **~reißen** natrhovat [-hnout]; (*anfangen*) načí(na)t.
Anreiz *m* podráždění *n*; (*Antrieb*) popud *m*; **2en** [po]dráždět, popouzet [popudit].
an|rempeln vrážet [vrazit] (*j-n* do k-o); **~rennen**: ~ *gegen j-n* vrážet [vrazit] do k-o; *Mil.* útočit (*gegen* na *A*); *angerannt kommen* přihánět [-hnat] se.
Anrichte *f* příborník *m*, kredenc (*a. m*); **2n** (*vorbereiten*) připravovat [-pravit]; (*verursachen*) způsobovat [-bit]; *es ist angerichtet* je prostřeno; *was hast du da angerichtet?* cos to provedl?; **~tisch** *m s. Anrichte*.
an|rollen *v/i* přijíždět [-jet]; *v/t Güter*: dovážet [-vézt]; **~rüchig** pověstný, vykřičený; **~rücken** *v/t* přisunovat [-nout]; *v/i* [při]blížit se.
Anruf *m* zavolání *n*; **2en** (*A*) [za-]volat (na); (*um Hilfe bitten*) dovol(áv)at se (*G*); *Rel.* vzývat; *Tel.* [za]telefonovat (k-u), [za]volat (k-o *od.* k-u).

anrühren (*A*) dotýkat [-tknout] se (*G*); *Teig usw.*: rozděl(áv)at; *Farben*: [roz-] ředit.
Ansage *f* ohlášení *n*, oznámení *n*; (*im Rundfunk*) hlášení *n*; **2n** oznamovat [oznámit], ohlašovat [ohlásit]; [o]hlásit; **~r**(**in** *f*) *m* (*Rundfunk*) hlasatel(ka); konferenciér(ka).
ansamm|eln *v/t* [na]hromadit; *v/r sich ~* (*Sachen*) [na]hromadit se; (*Menschen*) shromažďovat [-máždit] se, shlukovat [-knout] se; **2lung** *f* nahromadění *n*; shromáždění *n*, shluknutí *n*.
ansässig usedlý; *~ werden, sich ~ machen* usazovat [usadit] se.
Ansatz *m Tech.* nástavek; *Math.* sestavení *n*; (*Ablagerung*) usazenina *f*; (*Anlauf*) rozběh; (*Neigung*) sklon; (*Anfang*) počátek; *Mus.* nasazení *n*; **~punkt** *m* výchozí bod; **~rohr** *n Mus.* nátrubek *m*; **~stück** *n* nástavek *m*.
ansaug|en nasá(va)t; **2rohr** *n* sací (*od.* nasávací) trouba *f*.
anschaff|en opatřovat [-řit], pořizovat [-řídit]; **2ung** *f* opatření *n*, pořízení *n*; (*konkret*) věci *f/pl.*, nákup *m*; **2ungskosten** *pl.* pořizovací náklady *m/pl.*; **2ungspreis** *m* nákupní cena *f*; **2ungswert** *m* pořizovací hodnota *f*.
anschau|en (*A*) [po]dívat se (*od.* [po]hledět) na (*A*); **~lich** názorný; *~ machen* znázorňovat [-rnit]; **2lichkeit** *f* názornost.
Anschauung *f* názor *m*, mínění *n*; **~s·unterricht** *m* názorné vyučování; **~s·weise** *f* způsob *m* nazírání.
Anschein *m* zdání *n*; *dem* (*od. allem*) *~ nach* jak se zdá; *den ~ haben* zdát se; *sich den ~ geben* tvářit se; **2end** *Adv.* patrně, jak se zdá.
an|schicken: *sich ~* připravovat [-pravit] se (*zu et.* k č-u); *sich ~, et. zu tun* [při]chystat se co učinit; **~schieben** *v/t* přisunovat [-nout]; **~schießen** *v/t* postřelovat [-lit]; *v/i angeschossen kommen* přihánět [-hnat] se; **~schirren** zapřahovat [-přáhnout].
Anschlag *m* (*Anschlagen, a. e-r Taste*) úhoz; (*Aufprall, Schlag*), úder; (*Plakat*) plakát, návěští *n*; *Tech.* doraz, narážka; (*Schätzung*) rozpočet, odhad *m*; (*Komplott*) úklad; (*Attentat*) atentát, (*Gewehr*) přilícení *n*; *e-n ~ machen* (*od. verüben*) spáchat *pf.* atentát; *in ~ bringen fig.* brát [vzít] zřetel na (*A*), hledět na (*A*); **~brett** *n* návěštní tabule *f*; **2en** *v/t* (*befestigen*) přitloukat [-tlouci], přibí(je)t; *Plakat a.*: vyvěšovat [-věsit]; (*beschädigen*) natloukat [-tlouci]; *Tasten*: bít [uhodit] (do *G od.* na *A*); (*schätzen*) [o]cenit, odhadovat [-dnout]; *Gewehr*: [na]mířit; *Thema*: přicházet [přijít] na (*A*); *fig. e-n anderen Ton ~* spouštět [spustit] jinou; *v/i* (*anstoßen*) narážet [-razit] (*gegen od. an A* na *A od.* o *A*); (*Hund*) oz(ý)vat se; (*wirken*) účinkovat; *angeschlagen* (*Tasse*) otlučený; (*Obst*) natlučený; (*Mensch*) vysílen; **~säule** *f* návěštní sloup *m*.
anschleichen: *sich ~* připližovat [-plížit] se (*an A* k *D*).
anschließen *v/t* (*anfügen*) připojovat [-jit]; *v/i* (*Kleid, Tür*) přiléhat; (*angrenzen*) sousedit (*an A* s *I*); *v/r sich ~* (*D*) připojovat [-jit] se k (*D*); (*folgen*) následovat; (*sich zugesellen*) přidružovat [-žit] se (*an A* k *D*); **~d** *Adv.* (*danach*) potom.
Anschluß *m* připojení *n*; *Tech. a.* přípojka *f*; *Tel.* spojení *n*; (*Bekanntschaft*) styk; *im ~ an* po (*L*), hned; *im ~ daran* hned potom; **~dose** *f El.* přípojná krabice; **~gleis** *n Esb.* vlečka *f*; **~stück** *n Tech.* přesuvka *f*.
an|schmieden přikov(áv)at; **~schmiegen:** *sich ~ an* (*A*) přitulovat [-lit] se k (*D*); (*Kleid*) přiléhat; **~schmieren** [na]mazat; F *fig.* napalovat [-pálit].
anschnall|en připínat [-pnout]; **2gurt** *m* upínací pás.
anschnau|zen F obořovat [-řit] se na (*A*); **2zer** *m* F důtka *f*, nos *m*.
an|schneiden (*mit Messer*) nařezávat [-říznout, -řezat]; *Nahrungsmittel, Leder a.*: nakrojovat [-krojit, -krájet]; (*mit Schere*) nastřihovat [-hnout]; *fig.* (*erörtern*) začí(na)t mluvit o (*L*); **~schnitt** *m* nářez; nástřih; (*Brot*) skrojek, patka *f*; **~schrauben** přišroub(áv)at; **~schreiben** (*aufschreiben*) psát [napsat]; (*vermerken*) zapisovat [-psat]; *fig. bei j-m gut* (*schlecht*) *angeschrieben sein* být dobře (špatně) u k-o (*G*) zapsán; **~schreien** křičet [křiknout] na (*A*).
Anschrift *f* adresa.
an|schuldigen *s. anklagen*; **~schü-**

ren *Feuer*: rozdmychovat [-dmýchat]; *fig.* rozněcovat [-nítit]; **~schwärzen** načerňovat [-rnit]; *fig.* očerňovat [-nit].

anschwell|en *Körperteil*: otékat [otéci]; *Fluß*: rozvodňovat [-dnit] se; *fig.* (*zunehmen*) vzrůs(ta)t; **≈ung** *f Med.* otok *m.*

anschwemm|en (*ablagern*) naplavovat [-plavit]; (*anspülen*) připlavovat [-plavit]; **≈ung** *f* náplav *m.*

anschwindeln podvádět [-vést].

anseh|en [po]dívat se na (*A*); *j-m et.* ~ [u]vidět (*od.* [z]pozorovat) co na kom; ~ *für* pokládat za (*A*); *sich* (*D*) *et.* ~ [po]dívat se nač; *schön anzusehen* hezký na pohled; *s. angesehen*; **≈en** *n* podívání; (*Achtung*) vážnost *f*; *in hohem* ~ *stehen* těšit se velké vážnosti; *ohne* ~ *der Person* bez zření na osobu; **~nlich** (*stattlich*) statný; (*bedeutend*) značný.

anseilen přivazovat [-vázat] na lano.

ansetzen *v/t* (*anfügen*) nastavovat [-stavit]; nasazovat [-sadit]; (*anlegen*) přikládat [přiložit]; *Leiter, Topf*: přistavovat [-stavit]; *Termin, Preis*: stanovovat [-novit], určovat [-čit]; *Bowle, Wein usw.*: připravovat [-pravit]; *Fett*: zakládat na (*A*), [z]tučnět; *Rost*: chytat; *v/i* (*beginnen*) začí(na)t; ~ *zu et.* pustit se do č-o, pokusit se oč; *zum Sprung* ~ rozbehnout se ke skoku; *zur Landung* ~ nasadit na přistání; *sich* ~ usazovat se.

Ansicht *f* pohled *m* (*G* na *A*); (*Meinung*) názor *m*, mínění *n*; *zur* ~ na ukázku; *nach meiner* ~ podle mého názoru; *ich bin der* ~, *daß* ... jsem toho mínění, myslím, že ...

Ansichts|(post)karte *f* pohlednice; **~sache** *f* věc názoru; **~sendung** *f* zásilka na ukázku.

ansied|eln usidlovat [usídlit] (*sich* se); **≈ler(in** *f*) *m* osadník (-nice); **≈lung** *f* osada, kolonie.

Ansinnen *n* požadavek *m*; *ein* ~ *an j-n stellen* očekávat od k-o (*G*).

anspann|en napínat [napnout]; *Pferde*: zapřahat [-přáhnout]; *s. angespannt*; **≈ung** *f fig.* napětí *n.*

anspiel|en (*Sport*) začí(na)t hrát; (*Karten*) vynášet [-nést]; (*hindeuten*) narážet [-razit] (*auf A* na *A*); **≈ung** *f* narážka.

anspinnen *v/t fig.* zapřádat [-příst]; *v/r sich* ~ rozpřádat [-příst] se, vyvinovat [-nout] se.

anspitzen přihrocovat [-rotit]; *Bleistift a.*: ořez(áv)at.

Ansporn *m* pobídka *f*; **≈en** *Pferd*: pobízet [-bídnout] ostruhami; *fig.* povzbuzovat [-budit].

Ansprache *f* oslovení *n*; (*Rede*) proslov *m*; ~ *halten* promluvit k (*D*).

ansprechen *v/t.* oslovovat [oslovit]; *v/i* (*gefallen*) zamlouvat se (*D*); (*Apparat usw.*) reagovat; ~ *als* pokládat za (*A*); **~d** sympatický, milý.

anspringen *v/t* skákat [skočit] na (*A*), *v/i* (*Motor*) zab(i)rat, F naskakovat [-skočit]; *angesprungen kommen* přibíhat [-běhnout] poskokem.

anspritzen postřikovat [-stříknout, -stříkat].

Anspruch *m* (*Anrecht*) nárok (*auf A* na *A*); (*Forderung*) požadavek; ~ *erheben auf* (*A*) učinit si nárok na (*A*); *Ansprüche stellen* klást požadavky; *in* ~ *nehmen* (*verwenden*) uží(va)t (*G*); (*beschäftigen*) zaměstn(áv)at; (*Zeit*) zab(í)rat; **≈s·los** nenáročný; **~s·losigkeit** *f* nenáročnost; **≈s·voll** náročný.

an|spucken plivat [-vnout] na (*A*); **~spülen** *s. anschwemmen*; **~stacheln** podněcovat [-nítit].

Anstalt *f* ústav *m*; *s. a. Besserungs-, Erziehungs-, Heilanstalt usw.*; **~en** *treffen* [u]činit opatření (*od.* přípravy); **~s-** *in Zssgn* ústavní.

Anstand *m* slušnost *f*, slušné chování; (*Jagd*) čekaná *f*; *keinen* ~ *nehmen zu* ... (*Inf.*) neváhat.

anständig slušný; **≈keit** *f* slušnost.

Anstands|besuch *m* zdvořilostní návštěva *f*; **~gefühl** *n* smysl *m* pro slušnost; **≈halber** ze slušnosti; **≈los** *Adv.* beze všeho.

anstarren [při]hledět upřeně na (*A*).

an'statt (*G*) místo (*G*); ~ *daß*, ~ *zu* ... (*Inf.*) místo aby.

an|staunen [po]dívat se s údivem na (*A*); **~stechen** napichovat [-píchnout, -píchat]; *Faß*: narážet [-razit], načí(na)t; **~stecken** (*befestigen*) nastrkovat [-strčit, -strkat]; (*anzünden*) zapalovat [-pálit]; *Med.* nakažovat [-kazit]; **~steckend** *Med.* nakažlivý.

Ansteckung *f* nákaza; **~s·gefahr** *f* nebezpečí *n* nákazy.

anstehen (*in e-r Reihe*) stát ve frontě

(*nach* na *A*); (*Jagd*) být na čekané; (*nicht beglichen sn*) trvat; ~ *lassen* odkládat [odložit]; † *ich stehe nicht an, zu* ... nepřísluší mi, abych ...
ansteigen stoupat; *fig.* stoupat [-pnout]; **~d** stoupající.
an'stelle *Prp.* (*G*) místo (*G*).
anstell|en *v/t* (*heranrücken*) postavovat [-stavit], přistavovat [-stavit] (*an A* k *D*); *Beamte*: ustanovovat [-novit] (*als I*); (*ausführen*) provádět [-vést]; *Rundfunk*: pouštět [pustit]; *Heizung*: otvírat [otevřít]; *angestellt sein* být zaměstnán; *v/r sich* ~ (*Schlange stehen*) postavovat [-stavit] se do řady (*nach* na *A*); (*sich verhalten*) mít se; (*tun, als ob*) stavět se (*als ob* jako by); **2ung** *f* ustanovení *n*; (*Stelle*) postavení *n*, místo *n*.
Anstich *m* napíchnutí *n*; (*Faß*) naražení *n*.
Anstieg *m* stoupání *n*; *fig.* vzestup.
anstieren F [po]dívat se ztrnule na (*A*).
anstift|en (*verursachen*) způsobovat [-bit]; (*verleiten*) navádět [-vést]; (*anzetteln*) [z]osnovat; **2er(in** *f*) *m* původce (-dkyně), osnovatel(ka); **2ung** *f* návod *m*, popud *m*.
anstimmen [za]zpívat, zanotovat *pf.*; *fig.* dá(va)t se do (*G*).
Anstoß *m* (*Stoß*) náraz; (*Fußball*) výkop; (*Ärgernis*) pohoršení *n*; (*Antrieb*) podnět, popud; *der Stein des* **~es** kámen úrazu; ~ *erregen fig.* [z]působit pohoršení; ~ *nehmen an* (*D*) pohoršovat [-šit] se (*I*); **2en** *v/t* vrážet [vrazit] do (*G*); *v/i* narážet [-razit] (*an A* na *A*); (*angrenzen*) sousedit (*an A* s *I*); *bei j-m* ~ (*kränken*) urážet [urazit] k-o; *mit den Gläsern* ~ přiťukávat [-knout] si; *mit der Zunge* ~ zadrhovat [-hnout]; *~d* přilehlý, sousední.
anstößig pohoršlivý, neslušný; **2keit** *f* pohoršlivost.
anstreben [vyna]snažit se o (*A*).
anstreich|en natírat [-třít]; *Stelle im Buch*: zatrhávat [-hnout]; *Fehler*: podškrtávat [-tnout, -tat]; *Streichholz*: rozškrtávat [-tnout]; *fig. j-m et.* ~ odplácet [-platit] k-u co; **2er** *m* natěrač.
anstreng|en namáhat (*sich* se); *Klage*: pod(áv)at; *Prozeß*: zahajovat [-hájit]; *s. angestrengt*; **~end** namáhavý; **2ung** *f* námaha.
An|strich *m* nátěr; malba *f*; *fig.* vzezření *n*, vzhled; **2stricken** připlétat [-plést]; **2stücke(l)n** nastavovat [-stavit]; **~sturm** *m* útok; *fig.* nával; **2stürmen** [sn] [za]útočit (*gegen* na *A*); **2suchen**: *bei j-m um et.* ~ požádat (k-o) oč; **~suchen** *n* žádost *f*; *auf* ~ na žádost.
Ant'arkt|is *f* Anarktida, Antarktis; **2isch** antarktický.
antasten (*a. fig.*) sahat [sáhnout] na (*A*), dotýkat [-tknout] se (*G*).
Anteil *m* podíl (*an D* na *L od.* z *G*); (*Teilnahme*) účast *f* (*an D* v *L od.* při *L*); (*lebhaften*) ~ *nehmen an* (*D*) zajímat se (živě) o (*A*); **2mäßig** podílný; **~nahme** *f* účast; **~schein** *m* podílný list.
An'tenne *f* anténa; **~n-** *in Zssgn* anténový.
Antholo'gie *f* antologie, výbor *m*.
Anthra'zit *m* antracit.
Anthropolo'gie *f* antropologie.
anti- *in Zssgn*, proti-, anti-; **2alko'holiker** *m* antialkoholik; **2'babypille** *f* antikoncepční pilulka; **~biotisch** antibiotický; **2christ** *m* antikrist; **~demokratisch** protidemokratický, antidemokratický; **2fa'schist(in** *f*) *m* antifašista (-tka); **~fa'schistisch** antifašistický, protifašistický.
an'tik antický; **2e** *f* antika.
An'tillen *f/pl.* Antily *f/pl.*
Anti'lope *f* antilopa.
Antimilita'rist *m* antimilitarista.
Anti'mon *n* antimon *m*.
Anti|pa'thie *f* antipatie (*gegen* k *D*); **2'pathisch** antipatický; **~'pode** *m* protinožec, antipod.
An'tiqua *f Typ.* antikva.
Anti'quar *m* antiquář; **~i'at** *n* antikvariát *m*; **2isch** antikvární.
Antiqui'tät *f* starožitnost, antikvita; **~enhandlung** *f* obchod se starožitnostmi.
Antise'mit *m* antisemita.
anti'septisch antiseptický.
Antlitz *n* obličej *m*, tvář *f*.
Anton Antonín, F Toník.
Antrag *m* návrh; (*Angebot*) nabídka *f*; *e-n* ~ *stellen* pod(áv)at návrh; **~steller** *m* navrhovatel.
an|treffen zastihovat [-hnout]; **~treiben** *v/t* pohánět; (*anspornen*) pobízet [-bídnout]; (*drängen*) naléhat, nutit; *zur Eile* ~ [z]rychlit; *v/i* (*Strandgut*) připlou(va)t; **~treten** *v/t* nastupovat [-stoupit]; *Motorrad*:

našlapovat [-šlápnout]; *v/i* nastupovat [-stoupit].

Antrieb *m Tech.* pohon; *fig.* podnět, popud; *aus eigenem* ~ z vlastního popudu; **~s-** *in Zssgn, mst Tech.* hnací.

antrinken upí(je)t; *sich e-n Rausch* ~ podnapít se; *sich Mut* ~ pít na kuráž.

Antritt *m* nastoupení *n*; **~s·besuch** *m* návštěva *f* při nastoupení (úřadu); **~s·rede** *f* inaugurační řeč.

antun (*erweisen*) prokazovat [-kázat]; (*zufügen*) [z]působit; *Gewalt* ~ dopouštět [-pustit] se násilí (*j-m* na kom); *sie hat es mir angetan* očarovala mě; *sich (D) et.* ~ sahat [sáhnout] si na život; *tun Sie ihm das nicht an!* nedělejte mu to!; *s. angetan.*

Antwort *f* odpověď; *Rede und* ~ *stehen über et.* (*A*) zodpovídat se z č-o; **≈en** odpovídat [-vědět] (*auf A* na *A*); **~schreiben** *n* písemná odpověď.

anver|trauen svěřovat [-řit] (*sich* se); **~wandt** příbuzný, spřízněný.

anvisieren zaměřovat [-řit] (et. nač).

anwach|sen přirůs(ta)t (*an A* k *D*); (*anwurzeln*) ujímat [ujmout] se; *fig.* (*größer werden*) vzrůs(ta)t; **≈sen** *n* vzrůst *m*.

Anwalt *m Jur.* advokát, právní zástupce; (*Bevollmächtigter, Verfechter*) obhájce; **~s-** *in Zssgn* advokátní; **~schaft** *f* právní zastoupení *n*, advokatura; **~s·kammer** *f* advokátní komora *f*.

anwand|eln přicházet [přijít] (*j-n* na k-o); *Lust wandelt ihn an* dostává chuť; **≈(e)lung** *f* záchvat *m*, nával *m*.

anwärmen nahřívat [-hřát].

Anwärter(in *f*) *m* čekatel(ka).

Anwartschaft *f* čekatelství *n*.

anweis|en (*zuweisen*) vykazovat [-kázat]; *Geld*: poukazovat [-kázat]; (*anleiten*) dá(va)t návod; (*befehlen*) ukládat [uložit] (*D*); *s. angewiesen*; **≈ung** *f* návod *m*, pokyn; (*Geld≈*) poukázání *n*; (*konkret*) poukázka.

anwend|bar upotřebitelný, použivatelný; **~en** použí(va)t (*G*) (*auf A* k *D*); **≈ung** *f* (po)užití *n*, upotřebení *n*; **≈ungsmöglichkeit** *f* možnost použití.

anwerb|en najímat [-jmout]; *Mitglieder*: získ(áv)at; **≈ung** *f* najímání *n*; nábor *m*.

anwerfen *v/t Mörtel*: omítat [-tnout]; *Motor*: spouštět [spustit].

Anwesen *n* usedlost *f*.

anwesen|d přítomný (-men); **≈heit** *f* přítomnost; *während m-r* ~ *in* (*D*) za mého pobytu v (*L*); **≈heitsliste** *f* prezenční listina.

an|widern [z]protivit se (*j-n* k-u); **≈wohner(in** *f*) *m* soused(ka); **~wurzeln** zakořeňovat [-řenit] se; *s. angewurzelt.*

Anzahl *f* (*Zahl*) počet *m*; (*Menge*) množství *n*; **≈en** dá(va)t závdavek (*A* na *A*); **~ung** *f* závdavek *m*, záloha.

anzapfen *Faß*: načí(na)t, narážet [-razit]; *Kabel, Leitung*: udělat si tajnou přípojku k (*D*); F *fig.* vytahovat [-táhnout, -tahat] peníze (*j-n* na kom).

Anzeichen *n* příznak *m*, známka *f*; *alle* ~ *sprechen dafür, daß* ... vše nasvědčuje tomu, že ...

Anzeige *f* (*Heirats≈, Todes≈*) oznámení *n*; (*Meldung a.*) udání *n*; (*Inserat*) inzerát *m*; (*e-s Gerätes*) údaj *m*; ~ *erstatten* učinit oznámení (*gegen j-n* na k-o); *e-e* ~ *aufgeben* dá(va)t inzerát; **≈n** oznamovat [oznámit]; ud(áv)at; inzerovat; (*zeigen*) ukazovat [ukázat]; *für angezeigt halten* pokládat za vhodné; **~r** *m* (*Zeitung*) oznamovatel, věstník; (*Apparat*) ukazovatel, indikátor; ukazatel, index.

anzetteln *fig.* [z]osnovat.

anzieh|en *v/t* (*her~*) přitahovat [-táhnout] (*an A* k *D*); (*spannen*) napínat [-pnout]; *Kleid*: oblékat [obléci]; *Schuhe*: obou(va)t si; *Handschuhe*: navlékat [-vléci]; *Schraube*: utahovat [utáhnout]; *Zügel*: přitahovat [-táhnout]; *Wasser usw.*: nasáknout; *fig.* (*anlocken*) [při]vábit, přitahovat; *v/i* (*den ersten Zug tun*) [za]táhnout první; (*Pferd, Maschine*) zab(i)rat; (*Preis, Nachfrage*) stoupat [-pnout]; *angezogen kommen* přiblížit se; **~end** poutavý, zajímavý; **≈ung** *f* přitažlivost; (*Reiz*) půvab *m*, kouzlo *n*; **≈ungskraft** *f* přitažlivá síla, přitažlivost.

Anzug *m* oblek, oděv; *im* ~ *sein* blížit se.

anzüglich jízlivý, urážlivý; **≈keit** *f* jízlivost, urážlivost.

anzünd|en zapalovat [-pálit]; *Licht*:

rozsvěcovat [-svítit]; **⁓er** *m* (*Person*) rozsvěcovač; *Tech.* zapalovač.
anzweifeln pochybovat o (*L*).
a'part apartní, nevšední.
A'partment *n* apartmá.
Apa'th|ie *f* apatie, lhostejnost; **⁓isch** [-'pa:-] apatický, lhostejný.
Apfel *m* jablko *n*; *in Zssgn mst* jablečný, hablkový; *der ⁓ fällt nicht weit vom Baum* jablko nepadne daleko od stromu; **⁓baum** *m* jabloň *f*; **⁓kuchen** *m* jablkový koláč; **⁓mus** *n* jablečná povidla; **⁓schimmel** *m* jablečák; **⁓'sine** *f* pomeranč *m*; *⁓n- in Zssgn mst* pomerančový; **⁓wein** *m* jablečné víno.
apo'plektisch apoplektický.
A'postel *m* apoštol; **⁓geschichte** *f* skutky *m/pl.* apoštolské.
apo'stolisch apoštolský; *⁓er Stuhl* Apoštolska stolice.
Apo'stroph *m* odsuvník, apostrof; **⁓'ieren** apostrofovat (*im*)*pf*.
Apo'theke *f* lékárna; *⁓n- in Zssgn* lékárnický; **⁓r(in** *f*) *m* lékárník (-nice); *⁓- in Zssgn* lékárnický; **⁓rwaage** *f* lékárnické váhy *f/pl.*
Appa'rat *m* aparát, přístroj.
Ap'pell *m* apel, výzva *f*; **⁓a'tion** *f* apelace, odvolání *n*; *⁓s- in Zssgn* apelační, odvolační; **⁓ieren** [-'li:-] apelovat (*an A* na *A*), dovol(áv)at se (*an A G*); *s. Berufung einlegen.*
Appe'tit *m* chuť *f*; *guten ⁓!* dobrou chuť!; **⁓anregend** vzbuzující chuť; **⁓lich** chutný; *fig.* vábný; **⁓losigkeit** *f* nechutenství *n*.
applau|'dieren aplaudovat, [za]tleskat; **⁓s** [a'plaus] *m* aplaus, potlesk.
appor'tieren [při]aportovat, přinášet [-nést].
appre|'tieren apretovat (*im*)*pf*.; **⁓'tur** *f* apretura, úprava.
Appro|bati'on *f* aprobace; **⁓'bieren** aprobovat (*im*)*pf*., schvalovat [schválit].
Apri'kose *f* meruňka; *⁓n- in Zssgn* meruňkový.
A'pril *m* duben; *⁓- in Zssgn* dubnový, aprílový; *Anfang ⁓* počátkem dubna; *j-n in den ⁓ schicken* vyvádět [-vést] aprílem; **⁓scherz** *m* aprílový žert; **⁓wetter** *n* aprílové počasí.
apropos [-'po:] mimochodem, abych nezapomněl.
Aqua'rell *n* akvarel *m*; **⁓farbe** *f* akvarelová (*od.* vodová) barva.
A'quarium *n* akvárium.
Ä'quator *m* rovník; **⁓i'al** rovníkový.
Äquiva'lent *n* ekvivalent *m*.
Ar *n* ar *m*.
Ära *f* éra, doba, období *n*.
Araber(in *f*) *m* Arab(ka); (*Pferd*) arabský kůň.
Ara'beske *f* arabeska.
a'rabisch arabský; *Vereinigte ⁓e Republik* Sjednocená arabská republika.
Arbeit *f* práce; *sich an die ⁓ machen, an die ⁓ gehen* dá(va)t se do práce; *an die ⁓!* do práce!; *zur ⁓ gehen* jít [chodit] do práce; *bei j-m in ⁓ stehen* pracovat u k-o; **⁓en** *v/t* vyrábět [-robit] z; *v/i* pracovat (*an A* o *L od.* na *L*).
Arbeiter|(in *f*) *m* (*allgemein*) pracovník (-nice); (*Lohn⁓*) dělník (-nice); *⁓- in Zssgn* dělnický; **⁓bewegung** *f* dělnické hnutí; **⁓dichter** *m* dělnický básník; **⁓frage** *f* dělnická otázka; **⁓klasse** *f* dělnická třída; **⁓partei** *f* dělnická strana; **⁓schaft** *f* dělnictvo *n*; **⁓siedlung** *f* dělnické sídliště; **⁓viertel** *n* dělnická čtvrť.
Arbeit|geber *m* zaměstnavatel; **⁓nehmer(in** *f*) *m* zaměstnanec (-ankyně); **⁓sam** pracovitý.
Arbeits|amt *n* úřad *m* práce; **⁓anzug** *m* pracovní oblek; **⁓aufwand** *m* spotřeba *f* práce, pracnost *f*; **⁓ausfall** *m* nevykonaná práce; **⁓bedingungen** *f/pl.* pracovní podmínky; **⁓beschaffung** *f* opatření *n* práce; **⁓biene** *f* včela dělnice; **⁓buch** *n* pracovní knížka *f*; **⁓dienst** *m* pracovní služba *f*; **⁓fähig** schopný (-pen) práce; **⁓fähigkeit** *f* pracovní schopnost; **⁓feld** *n* pole působnosti; **⁓gang** *m* pracovní pohod *od.* postup; výrobní operace *f*; *Tech.* pracovní pohyb; **⁓gemeinschaft** *f* (*Team*) pracovní kroužek *m od.* kolektiv *m*; **⁓gericht** *n* pracovní soud; **⁓kraft** *f* pracovní síla; **⁓leistung** *f* pracovní vykon *m*; výkonnost; **⁓lohn** *m* mzda *f*; **⁓los** nezaměstnaný; **⁓losen·unterstützung** *f* podpora v nezaměstnanosti; **⁓losenversicherung** *f* pojištění *n* proti nezaměstnanosti; **⁓losigkeit** *f* nezaměstnanost; **⁓markt** *m* trh práce; **⁓nachweis** *m s. Arbeitsvermittlung*; **⁓niederlegung** *f* zastavení *n* práce; **⁓norm** *f* pracovní norma; **⁓pause** *f* pracovní přestávka; **⁓platz** *m* pracoviště *n*; **⁓raum**

m pracovna *f*; pracovní prostor; **~recht** *n* právo na práci, pracovní právo; **2reich** bohatý na práci; **2scheu** štítící se práce; **~scheu** *f* zahálčivost, lenost; **~schutz** *m* ochrana *f* práce; **~stelle** *f s. Arbeitsplatz*; **~suche** *f* hledání *n* práce; **~tag** *m* pracovní den; **~teilung** *f* dělba práce; **~tisch** *m* pracovní stůl; **2unfähig** neschopný (-pen) práce; **~unfähigkeit** *f* pracovní neschopnost; **~verhältnis** *n* pracovní poměr *m*; **~vermittlung** *f* zprostředkování *n* práce; **~vertrag** *m* pracovní smlouva *f*; **~vorbereitung** *f* příprava práce (*od.* výroby); **~weise** *f* způsob *m* práce; **~zeit** *f* pracovní doba; **~zeugnis** *n* pracovní vysvědčení.

Archäo'lo|ge *m* archeolog; **~'gie** *f* archeologie; **2gisch** archeologický.

Arche *f* archa.

Archi'pel *m* souostroví, archipel *m*.

Archi'tek|t *m* architekt; **2'tonisch** architektonický; **~'tur** *f* architektura.

Ar'chiv *n* archív *m*; **~'ar** *m* archivář.

Are'al *n* areál *m*.

A'rena *f* aréna.

arg *Adj.* (*schlimm*) zlý; (*groß*) vel(i)ký; *Adv.* F (*sehr*) tuze, velmi, moc, notně; *das ist zu ~* to je přílišné; *er treibt es zu ~* to je hrůza, co dělá.

Arg *n*: *poet. ohne ~* bezelstně; *es ist kein ~ an ihm* je bezelstný; *et. liegt im 2en* s něčím je zle.

Argen'tini|en *n* Argentina *f*; **~er(in** *f*) *m* Argentinec (-inka); **2sch** argentinský.

Ärger *m* (*Verdruß*) mrzutost *f*; (*Zorn*) zlost *f*, hněv; *s-n ~ an j-m auslassen* vylévat [-lít] si zlost na kom.

ärger *Komp. zu arg*; **~lich** (*unerfreulich*) mrzutý; (*zornig*) zlostný, hněvivý; *~ sein* zlobit se (*über A* na *A*); **~n** *v/t* [roz]zlobit, [roz]hněvat, F dopalovat [-pálit]; *v/r sich ~* [roz]zlobit se, [roz]hněvat se (*über j-n* na k-o, *über et.* proč); **2nis** *n* pohoršení; *~ erregen* [z]působit pohoršení.

Arg|list *f* lstivost; **2listig** lstivý; **2los** bezelstný; **~losigkeit** *f* bezelstnost; **~wohn** *m* podezření *n*; **2wöhnen** podezírat; **2wöhnisch** podezíravý.

Arie *f Mus.* árie.

Aristo'kra|t *m* aristokrat; **~'tie** *f* aristokracie; **2tisch** aristokratický.

Arith'met|ik *f* aritmetika; **2isch** aritmetický.

Arkt|is *f* Arktis *f*; **2isch** arktický.

arm chudý (*an et.* [*D*] čím); (*bedauernswert*) ubohý; F *~er Schlucker* (*od. Teufel*) ubožák *m*, chudák *m*; *~ werden* [z]chudnout.

Arm *m Anat.* rameno *n*, paže *f*, † rámě *n*; (*bei Sachen, a. Tech.*) rameno *n*; *die (beiden) Arme* náručí *n*; *in den ~en* v náručí; *in die ~e schließen* brát [vzít] do náručí, objímat [obejmout]; *unter dem ~*, *~ in ~* pod paždím; *fig. j-m unter die ~e greifen* přispívat [-spět] k-u (*mit D* čím).

Arma'tur *f* armatura; **~enbrett** *n* (*Auto*) přístrojová deska.

Arm|band *n* náramek *m*; **~banduhr** *f* náramkové hodinky *f/pl.*; **~binde** *f* páska (na rukávě); **~bruch** *m* zlomení *n* ruky (*od.* paže); **~brust** *f* samostříl, kuše; **2dick** tlustý jako ruka.

Ar'mee *f* armáda, vojsko *n*; *in Zssgn mst* armádní; **~befehl** *m* armádní rozkaz; **~korps** *n* armádní sbor.

Ärmel *m* rukáv; **~aufschlag** *m* manžeta *f*; **~ausschnitt** *m* průramek; **~kanal** *m Geogr.* Lamanšský průliv, Kanál; **2los** bez rukávu.

Armenhaus *n* chudobinec *m*.

Ar'men|ien *n* Arménie *f*; **~ier(in** *f*) *m* Armén(ka); **2isch** arménský.

Armenrecht *n Jur.* chudinské právo.

ar'mieren *Tech.* armovat; *Arch.* vystužovat.

Arm|lehne *f* loketní opěra; **~leuchter** *m* několikaramenný svícen; F *s. Arschloch.*

ärmlich chudobný, nuzný.

armlos bezruký.

armselig bídný, nuzný; **2keit** *f* bída, nuznost.

Arm|sessel *m*, **~stuhl** *m* křeslo *n* s opěradlem, lenoška *f*.

Armut *f* chudoba; **~s·zeugnis** *n* vysvědčení chudoby; *fig. sich ein ~ ausstellen* dokazovat [-kázat] svou neschopnost.

Armvoll *m* náruč *f* (*G*).

A'roma *n* aróma, vůně; **2tisch** [-'maː-] aromatický, libovonný.

Arrak *m* arak.

arran'gieren [z]aranžovat.

Ar'rest *m* vězení *n*, vazba *f*.
arre'tieren zatýkat [-tknout], † aretovat *pf*.
arro'gan|t arogantní, domýšlivý; **℥z** *f* arogance, domýšlivost.
Arsch V *m* zadnice *f*, V prdel *f*; **~kriecher** V *m* patolízal *m*; **~loch** V *n fig*. prďoch, prďola *m*.
Ar'sen *n* arzén *m*.
Arse'nal *n* arzenál *m*.
Ar'senik *n Chem*. arzenik *m*, otrušík *m*.
Art *f* (*Weise*) způsob *m*; (*Wesen*) povaha; (*Benehmen*) způsoby *m/pl*., chování *n*; *Bio*. druh *m*; *auf diese ~* tím(to) způsobem; *aus der ~ schlagen* zvrhat [-hnout] se.
Ar'terie *f* tepna, artérie; **~n-verkalkung** *f* kornatění *n* tepen, arterioskleróza.
ar'tesisch artéský.
artig způsobný; *~es Kind* poslušné dítě; **℥keit** *f* způsobnost.
Ar'tikel *m* (*Aufsatz*) článek, stať *f*; *Hdl*. druh zboží, F artikl; (*e-s Gesetzes usw*.) článek, odstavec, *Gram*. člen.
Artille'r|ie *f* dělostřelectvo *n*, artilerie; *~- in Zssgn* dělostřelecký; **~ist** *m* dělostřelec.
Arti'schocke *f Bot*. artyčok *m*.
Ar'tist *m* artista; **~ik** *f* artistika; **~in** *f* artistka; **℥isch** artistický.
Arz'nei *f* lék *m*; **~buch** *n* lékopis *m*; **~flasche** *f* lékovka; **~kunde** *f* lékarnictví *n*; **~mittel** *n* léčivý prostředek, léčivo *n*.
Arzt *m* lékař; **~helferin** *f s. Sprechstundenhilfe*.
Ärztin *f* lékařka.
ärztlich lékařský.
As[1] *n* (*Karte*) eso.
As[2] *n Mus*. as.
As'best *m* azbest, osinek.
Aschbecher *m* popelník.
Asche *f* popel *m*; *in Schutt und ~ legen* obrátit v prach a popel, [vypálit *pf*.]
Äsche *f Zo*. lipan.
Aschen|bahn *f* škvárová dráha; **~becher** *m s. Aschbecher*; **~brödel** *n* Popelka; **~grube** *f* jáma na popel; **~krug** *m* urna *f*, popelnice *f*; **~puttel** *n s. Aschenbrödel*.
Ascher *m s. Aschbecher*; **~mittwoch** *m* Popeleční středa *f*.
asch|fahl popelavě bledý, bledý jako stěna; **~farben** popelavý; **~grau** popelavě šedý.
äsen [po]pást se.
a'septisch aseptický.
Asi'at|(in *f*) *m* Asijec (-jka), Asiat (-ka); **℥isch** asijský.
Asien *n* Asie *f*.
As'ke|se *f* askeze; **~t** *m* asket.
asozial asociální.
As'pekt *m* aspekt, vzhled; *Gram*. slovesný vid; *unter diesem ~* z tohoto hlediska.
As'phal|t *m* asfalt; *in Zssgn* asfaltový; **℥'tieren** [vy]asfaltovat.
Aspi'ran|t(in *f*) *m* aspirant(ka), čekatel(ka); **~'tur** *f* aspirantura.
aß *s*. essen.
Assel *f Zo* svinka.
Assimi|lati'on *f* asimilace, přizpůsobení *n*; **℥'lieren** asimilovat (*im*)*pf*., přizpůsobit [-bovat].
Assi'stent(in *f*) *m* asistent(ka).
Assi'stenz *f* asistence; **~arzt** *m* asistenční lékař.
assi'stieren asistovat.
Assozi|ati'on *f* asociace; *Psych*. sdružování představ; **℥'ieren** asociovat (*im*)*pf*.
As'syr|ien *n* Asýrie *f*; **℥isch** asyrský.
Ast *m* větev *f*; (*im Holz*) suk.
Aster *f Bot*. astra.
Äs'thet|ik *f* estetika; **℥isch** estetický.
Asthma *n Med*. záducha *f*, astma *n od. f*; **~tiker** [-'mɑ:-] *m* astmatik; **℥tisch** [-'mɑ:-] dýchavičný, astmatický.
Ast|loch *n* díra po suku; **℥reich** větevnatý; sukovitý.
Astro'lo|ge *m* astrolog; **~'gie** *f* astrologie; **℥gisch** astrologický.
Astro'naut *m* astronaut, kosmonaut.
Astro'nom *m* astronom, hvězdář; **~ie** [-'mi:] *f* astronomie, hvěsdářství *n*; **℥isch** astronomický, hvězdářský.
Asyl *n* azyl *m*, útočiště, útulek *m*; *~ für Obdachlose* útulek pro lidi bez přístřeší; **~recht** *n* právo azylu.
asym'metrisch nesouměrný, asymetrický.
Ate'lier *n* ateliér *m*.
Atem *m* dech; *~ holen* (*od. schöpfen*) oddechovat [-chnout], nab(í)rat dech(u); *außer ~* bez dechu; *außer ~ kommen* pozbý(va)t dechu; **~beschwerden** *f/pl*. obtíže při dýchání; **~gerät** *n* dýchací přístroj *m*, dýchač *m*; **~holen** *n* oddychování; **℥los** *Adj*. bezdechý; *Adv*. bez dechu;

~not *f* záducha, dušnost; **~pause** *f* chvíle oddechu; **~zug** *m* dech, vydechnutí *n*; *bis zum letzten ~* až do posledního dechu.
Athe'is|mus *m* ateismus; **~t(in** *f*) *m* ateist(k)a; **²tisch** ateistický.
Äther *m* éter; **²isch** [-'teː-] éterický.
Äthi'op|ien *n* Etiopie *f*; **~ier(in** *f*) *m* Etiop(ka); **²isch** etiopický.
Ath'let|(in *f*) *m* atlet(ka); **~ik** *f* atletika; **²isch** atletický.
At'lant|ik *m* Atlantik, Atlantský oceán; **²isch** atlantický, atlantský.
Atlas *m* atlas (*a. Stoff*); *in Zssgn* atlasový.
atmen dýchat [dýchnout].
Atmo'sphär|e *f* atmosféra; **~en'überdruck** *m* atmosférický přetlak; **²isch** atmosférický.
Atmung *f* dýchání *n*; **~s-** *in Zssgn* dýchací; **~s·organe** *n/pl.* dýchací ústrojí *m/pl.*
A'tom *n* atom *m*; *in Zssgn* atomový; **~behörde** *f*: *Internationale ~* Mezinárodní atomový úřad; **~bombe** *f* atomová bomba (*od.* puma); **~energie** *f* atomová energie; **~gewicht** *n* atomová váha; **~kern** *m* atomové jádro; **~kernphysik** *f* fyzika atomového jádra; **~kernspaltung** *f* štěpení *n* atomového jádra; **~kraft** *f* atomová síla; **~kraftwerk** *n* atomová (*od.* jaderná) elektrárna; **~krieg** *m* atomová válka; **~physik** *f* atomová fyzika; **~versuch** *m* atomový pokus; **~waffen** *f/pl.* atomové zbraně; **²waffenfrei** bezatomový; **~zertrümmerung** *f* rozbití *n* (*od.* roztříštění *n*) atomu; **~zeitalter** *n* atomový věk.
Attaché [-'ʃe] *m* atašé.
Atten|'tat *n* atentát *m*; **~täter** *m* atentátník.
At'test *n* atest *m*, osvědčení; **²'ieren** osvědčovat [-čit].
Attrakti'on *f* atrakce.
attrak'tiv atraktivní, přitažlivý.
At'trappe *f* atrapa.
Attri'bu|t *n Gram.* přívlastek *m*, atribut *m*; **²'tiv** přívlastkový, atributivní.
ätz|en *Chem.* [vy]leptat; *Med.* vypalovat [-pálit]; **~end** leptavý, žíravý (*beide a. fig.*); **²kalk** *m* pálené vápno; **²mittel** *n* žíravina *f*; **²ung** *f* leptání *n*.
auch také, též, (*steigernd*) i; *wenn ~* i když, i třebaže (*mit Ind.*), i kdyby (*mit Konj.*); *sowohl ... als ~* i ... i, jak ... tak; *nicht nur ..., sondern ~* nejen ... nýbež i (*od.* ale i); *wer* (*was*) *es ~ sei* (*od. sein mag*) ať je to kdokoli (cokoli); *wie dem ~ sei* (*od. sein mag*) ať je tomu jakkoli; *was er ~ immer sagen mag* ať si říká, co chce; *was ~ immer geschehen mag* děj se co děj; *wo ~ immer* kdekoli.
Audi'enz *f* audience, slyšení *n*.
Audi'torium *n* auditorium.
Aue *f* luh *m*, palouk *m*, *poet.* niva.
Auer|hahn *m* tetřev hlušec; **~ochs** *m* zubr.
auf 1. *Prp. D* (*wo?*) na (*L*): *~ dem Tisch* na stole; (*umher*) po (*L*): *~ dem Rasen* po trávníku; *A* (*wohin?*) na (*A*): *~ den Baum* na strom; (*bei Zeitangaben*) na (*A*). *~ fünf Monate* na pět měsíců; (*in bezug auf*) na (*A*): *~ j-s Befehl* na čí rozkaz; (*bis auf*) (až) do (*G*): *bis ~ den letzten Mann* (až) do posledního muže; (*Rechenfolge*) po (*L*): *Bier ~ Wein trinken* pít pivo po víně; *vor dem Sup. unübersetzt*: *~s beste* nejkrásněji; (*in ... Sprache*) po (*L*): *~ tschechisch* po česku; *~ den ersten Blick* na první pohled; *~ Raten* na splátky; *das hat nichts ~ sich* to nic neznamená; **2.** *Adv.*: *~ und ab* (*hin und her*) sem tam; *~ und nieder* nahoru dolů; *~ und davon* pryč; *von ... ~* od (*G*): *von Jugend ~* od mládí; *~ sein* (*nicht schlafen*) být vzhůru; (*offen sein*) být otevřen; **3.** *Kj.* † *~ daß s. damit*; **4.** *Int.* *~!* vzhůru! vstávat!
auf|arbeiten zpracov(áv)at; **~atmen** vydechovat [-chnout]; *fig.* oddechovat [-chnout] si; **~bahren** *Leiche*: vystavovat [-stavit].
Aufbau *m* (vy)budování *n*, výstavba *f* (*beide a. fig.*); *Arch.*, *Mar.* nástavba *f*; (*Gliederung*) (vý)stavba *f*, struktura *f*; organizace *f*; **²en** [vy-]budovat, [vy]stavět (*beide a. fig.*); (*wiedererrichten*) znovu vybudovat; **~kräfte** *f/pl.* budovatelské síly.
auf|bäumen: *sich ~* vzpínat [vzepřít] se; *fig.* vzpírat [vzepřít] se (*gegen* proti *D*); **~bauschen** nadýmat [-dmout]; *fig.* zveličovat [-čit]; **~begehren** rozhořčovat [-čit] se (*gegen j-n od. et.* na k-o *od.* nad čím); **~behalten** *Hut*: nech(áv)at na hlavě; *Augen*: nezavírat [-vřít];

~bekommen *Tür*: otvírat [otevřít]; *Aufgaben*: dost(áv)at.
aufbereit|en *Erze*: upravovat [upravit]; **2ung** *f* úprava.
aufbesser|n zlepšovat [-šit]; *Gehalt*: zvyšovat [zvýšit]; **2ung** *f* zlepšení *n*; zvýšení *n*.
aufbewahr|en uschov(áv)at, ukládat [uložit]; **2ung** *f* uschování *n*; **2ungsfrist** *f* doba úschovy; **2ungsgebühr** *f* úschovné *n*; **2ungsraum** *m* místo na uložení, úschovna *f*.
auf|bieten *Brautpaar*: ohlašovat [ohlásit]; (*anwenden*) vynakládat [-naložit]; *Mil.* svol(áv)at; **~binden** (*losbinden*) rozvazovat [-vázat]; (*höher binden*) uvazovat [uvázat] do výšky; F *fig. j-m e-n Bären* ~ věšet [pověsit] k-u bulíka na nos, babulíkovat *pf.* k-u co; **~blähen** nadýmat [-dmout]; *aufgebläht fig.* nadutý, nafoukaný; **~blasen** nafukovat [-fouknout, -kat]; *aufgeblasen fig.* nafoukaný, nadutý; **~bleiben** (*wachen*) zůst(áv)at vzhůru, bdít; (*offen bleiben*) zůst(áv)at otevřený; **~blenden** roztemňovat [-mnit]; **~blicken** vzhlížet [vzhlédnout]; *er blickte von der Arbeit nicht auf* nezvedl oči od práce; **~blühen** *Bot.* rozkvést [-kvétat] (*a. fig.*); **~brauchen** spotřebov(áv)at; **~brausen** [vz]kypět (*a. fig.*); *~d fig.* vznětlivý, prchlý; **~brechen** *v/t Tür*: [vy]páčit; *Brief*: otvírat [otevřít]; *v/i* (*Knospen*) rozví(je)t se; (*Geschwür, Wunde*) provalovat [-lit] se; (*fortgehen*) mít se k odchodu; (*abreisen*) vyd(á)vat se na (*A*) cestu; **~bringen** (*öffnen*) otvírat [otvřít]; *Knoten*: rozvazovat [-vázat]; (*beschaffen*) shánět [sehnat]; *Mil.* sbírat [sebrat]; *Schiff*: lapat [lapit]; (*einführen*) zavádět [-vést]; *Gerücht*: vymýšlet [-myslit]; (*erzürnen*) [roz]zlobit; *den Mut* ~ odvažovat [-vážit] se; *aufgebracht fig.* rozzlobený (*über A* na *A*).
Aufbruch *m* odchod; (*Abfahrt*) odjezd.
auf|brühen spařovat [-řit]; **~bügeln** přežehlovat [-lit]; **~bürden:** *j-m et.* ~ uvalovat [-lit] co na k-o; **~decken** *v/t Tischtuch*: prostírat [-střít]; (*enthüllen*) odkrý(va)t; *fig.* odhalovat [-lit]; *v/r sich* ~ odkrý(va)t se; **~drängen** *v/t*: *j-m et.* ~ vnucovat [vnutit] k-u co; *v/r sich* ~ vnucovat [vnutit] se, vtírat [vetřít] se; **~drehen** *Hahn*: otvírat [otevřít]; *Grammophon, Uhr*: natahovat [-táhnout]; *Schraube*: povolovat [-lit].
aufdringlich dotěrný, vtíravý; **2keit** *f* dotěrnost.
Auf|druck *m Typ.* nátisk; (*Briefmarke*) přetisk; **2drücken** *v/t Tür*: otvírat [otevřít]; *Siegel*: přitiskovat [-knout]; *Geschwür*: vymačkávat [-knout, -kat]; *v/i* (*beim Schreiben*) přitlačovat [-čit].
auf·ein'ander (*wohin?*) na sebe; (*wo?*) na sobě; (*Reihenfolge*) po sobě, za sebou; **2folge** *f* posloupnost; **~folgen** sledovat za sebou, jít [chodit] za sebou; *~d* postupný; **~legen** klást [položit] na sebe.
Auf·enthalt *m* (*Verweilen*) pobyt; (*Verzögerung*) zdržení *n*; *Esb.* zastávka *f*; ~ *haben* stát; **~s·dauer** *f* trvání (*od.* doba) pobytu; **~s·erlaubnis** *f* povolení *n* (k) pobytu; **~s·ort** *m* místo *n* pobytu.
auf·erlegen ukládat [uložit]; *sich* (*D*) *Zwang* ~ přemáhat [-moci] se.
auf·ersteh|en vstá(va)t (*von den Toten* z mrtvých); **2ung** *f* zmrtvýchvstání *n*, vzkříšení *n*.
auf·erwecken vzkřísit *pf.* (*vom Tode* z mrtvých).
auf·essen sníst *pf.*
auffädeln navlékat [-vléci].
auffahren *v/i* (*auf et.*) narážet [-razit] na (*A*), najíždět [-jet] (nač); (*zornig*) [roz]kypět (*vor Zorn* hněvem); *aus dem Schlaf* ~ prob(í)rat se náhle ze spánku; (*heranfahren*) předjíždět [-jet] (*vor D* před *A*); (*in die Höhe fahren*) vyskakovat [-skočit]; *v/t* (*Ernte*) navážet [-vézt]; (*Geschütze*) *Mil.* rozestavovat [-stavit]; (*vorsetzen*) přinášet [-nést], pod(áv)at; **~d** *fig.* vznětlivý.
Auffahrt *f* příjezd *m*.
auf|fallen padat [padnout]; *fig. j-m* ~ být k-u nápadný, bít k-u do očí; **~fallend, ~fällig** nápadný.
auffang|en zachycovat [-chytit]; **2lager** *n*, **2stelle** *f* sběrný tábor.
auffas|sen *fig.* chápat [pochopit]; **2sung** *f* pojetí *n*; (*Meinung*) názor *m*.
Auffassungs|fähigkeit *f*, **~gabe** *f*, **~kraft** *f*, **~vermögen** *n* chápavost *f*.
auffind|bar: *nicht* ~ zmizelý, ztracený; **~en** nalézt(a)t, nacházet [-jít]; **2ung** *f* nalezení *n*, nález *m*.

auf|fischen vylovovat [-lovit]; **~flackern** [vz]planout (*a. fig.*); **~flammen** [vz]planout (*a. fig.*); **~fliegen** vylétat [-letět]; *Tür*: rozletovat [-tět] se; F *fig.* (*scheitern*) ztroskot(áv)at (se), nedařit [nevydařit] se.

aufforder|n vyz(ý)vat, vybízet [-bídnout]; **2ung** *f* výzva, pobídka.

aufforst|en zalesňovat [-snit]; **2ung** *f* zalesnění *n*, zalesňování *n*.

auffressen s(e)žírat [sežrat].

auffrischen obnovovat [-novit] (*a. fig.*).

aufführ|en *v/t* (*errichten*) [vy]stavět; *Thea.* [se]hrát; (*Hdl. verzeichnen*) zaznamen(áv)at; (*nennen*) uvádět [uvést]; *v/r sich ~ s. sich benehmen*; **2ung** *f* (*Bau*) stavba; *Thea.* představení *n*; (*Benehmen*) chování *n*.

auffüttern vykrmovat [-mit].

Aufgabe *f* (*Verzicht*) vzdání *n*; (*Brief, Gepäck*) podání *n*; (*Pflicht, Schul2*) úkol *m*, úloha, *sich* (*D*) *zur ~ machen* vytyčovat [-čit] si za úkol; *~ stellen* uložit k-u co; *~- in Zssgn mst* podací.

aufgabeln nabodávat [-dnout, -dat], napichovat [-píchnout, -píchat]; F *fig.* shánět [sehnat].

Aufgaben|bereich *m*, **~kreis** *m* oblast *f*, působnost *f*; **~sammlung** *f* sbírka úloh.

Aufgabestempel *m* (*Post*) podací razítko *n*.

Aufgang *m* vchod, výstup; *Astr.* východ.

aufgeben (*verzichten*) vzdá(va)t se (*G*); *e-n Kranken*: pochybovat o uzdravení (*G*); *Brief, Gepäck*: pod(áv)at; *Lektion*: dá(va)t; (*auftragen*) ukládat [uložit]; *den Geist* (*od. die Seele*) *~* vypouštět [-pustit] ducha.

aufge|bläht, ~blasen *s. aufblähen, aufblasen.*

Aufgebot *n* (*Brautpaar*) ohlášky *f/pl.*; *Mil.* † výzva *f*; (*Polizei*) oddělení; *mit* (*dem*) *~ aller Kräfte* s vypětím všech sil.

aufgedunsen odulý.

aufgehen *Gestirne*: vycházet [vyjít]; *Teig*: [vy]kynout; (*sich öffnen*) otvírat [otevřít] se; (*Vorhang*) zvedat [-dnout] se; *Geschwür*: provalovat [-lit] se; *Saat*: vzcházet [vzejít]; *Knoten*: rozvazovat [-vázat] se; *Naht*: rozparovat [-párat] se; *Rechnung*: vycházet [vyjít]; (*verschmelzen*) splývat [splynout] (*in D* s *I*); *fig.* (*kommen*) vznikat [-knout] (*j-m* v kom); *in et.* (*D*) *~* být zaujat (*I*); *mir geht ein Licht auf* rozbřeskuje se mi; *die Augen gingen ihm auf* otevřely se mu oči; *in Flammen ~* obrátit se v prach a popel.

aufgeklärt *fig.* osvícený; *s. a. aufklären.*

Aufgeld *n Hdl.* (*Agio*) ážio, příplatek *m*.

aufge|legt: *gut* (*schlecht*) *~* v dobré (špatné) náladě; *~ sein zu ...* (*Inf.*) mít chuť; *ich bin nicht zu Scherzen ~* není mi do žertů; **~räumt** *fig.* v dobrém rozmaru; *s. aufräumen*; **~regt** rozčilený; **~schlossen** *fig.* vnímavý; přístupný; **~weckt** *fig.* čilý, bystrý.

auf|gießen nalévat [-lít]; *Tee*: spařovat [-řit]; **~greifen** chytat [chytit]; *fig.* chápat [chopit] se (*G*).

Aufguß *m* nálev.

auf|haben mít na sobě; *Hut*: mít na hlavě; F (*offen lassen*) mít otevřený; (*zu leisten haben*) mít uloženo; *v/i der Laden hat noch auf* krám je ještě otevřený; **~hacken** *Eis*: prosek(áv)at; *Boden*: [z]kopat; *Straße*: rozkop(áv)at; **~halten** *v/t* (*hemmen*) *örtlich*: zadržovat [-žet], *zeitlich*: zdržovat [-žet]; (*offen halten*) mít otevřený; *v/r sich ~* (*verweilen*) zdržovat [-žet] se, pobý(va)t; *sich über* (*A*) *et. ~* pozastavovat [-stavit] se nad čím.

aufhäng|en věšet [pověsit]; (*henken*) věšet [oběsit]; *fig. j-m et. ~* namlouvat [-mluvit] k-u co; **2er** *m* (*Öse*) poutko *n*.

aufhäufen [na]hromadit.

aufheb|en (*emporheben*) zdvíhat [zdvihnout]; (*abschaffen, außer Kraft setzen*) zrušovat [-šit]; (*aufbewahren*) ukládat [uložit], uschov(áv)at; (*beenden*) [za]nechat; *Sitzung*: rozpouštět [-pustit]; *Tafel ~* vstát od stolu, skončit hostinu; *sich ~ Math., Phys.* [z]rušit se, vyrovnat se; *er ist gut aufgehoben* o něho je dobře postaráno; **2en** *n*: *viel ~s von et. machen* [na]dělat mnoho hluku s čím; **2ung** *f* zrušení *n*; rozpouštění *n*.

aufheiter|n *v/t* rozveselovat [-lit]; *v/r sich ~* rozveselovat [-lit] se; *Himmel*: vyjasňovat [-snit] se; **2ung**

f rozveselení *n*; (*Wetter*) vyjasnění *n*.

aufhellen *v/t* zesvětlit *pf.*, vyjasňovat [-snit]; *v/r sich* ~ (*Wetter*) vyjasňovat [-snit] se.

aufhetz|en štvát [poštvat] (*a. fig.*); **≗ung** *f* štvaní *n*, popichování *n*.

auf|holen dohánět [-hnat *od.* -honit]; **~horchen** pozorně naslouchat, napínat [-pnout] sluch; **~hören** přest(áv)at; ~ *mit od. mitten in* (*D*) ust(áv)at v (*L*); F *da hört (sich) doch alles auf!* to už přestává všecko!; **~jagen** vyplašovat [-šit].

Aufkauf *m* na-, s-koupení *n*; **≗en** na-, s-kupovat [koupit].

Aufkäufer(in *f*) *m* nakupovač(ka).

aufklappen odklápět [odklopit].

aufklär|en *v/t*: *j-n* ~ *über* (*A*) poučovat [-čit] *od.* informovat (*im*)*pf.* k-o o (*L*); et. ~ vysvětlovat [-lit] co; *Mil.* provádět průzkum; *s. aufgeklärt*; *v/r sich* ~ vysvětlovat [-lit] se; (*Himmel*) vyjasňovat [-snit] se; **≗er** *m* osvětový pracovník; *Flgw.* rozvědčík, výzvědné letadlo; **≗ung** *f* vysvětlení *n*; (*Belehrung*) poučení *n*; *Pol.* agitace; *hist.* osvícenství *n*; *Mil.* průzkum *m*.

auf|kleben nalepovat [-pit]; **≗kleber** *m* nálepka *f*; **~knacken** (*Nüsse*) louskat [rozlousknout, rozlouskat]; **~knöpfen** rozpínat [rozepnout]; **~knüpfen** rozvazovat [-vázat]; F *fig.* (*j-n*) věšet [pověsit]; **~kochen** *v/t* [u]vařit; *v/i* vzkypět *pf.*

aufkommen (*entstehen*) vznikat [-knout], povst(áv)at; (*Schiff, sich nähern*) [při]blížit se; (*Sport*) přid(áv)at; (*nicht*) ~ *lassen* (ne)připouštět; *für et.* ~ ručit [zaručit] se za co, nahrazovat [-hradit] co; *gegen j-n* ~ vyrovn(áv)at se k-u.

Aufkommen *n* (*Entstehung*) vznik *m*; (*Steuer≗*) příjmy *m/pl.*

auf|kratzen rozškrab(áv)at; **~kreischen** vřískat [-knout]; **~krempeln** vyhrnout [-novat], vykas(áv)at; **~kriegen** F *s. aufbekommen*; **~kündigen** vypovídat [-vědět], *s. kündigen*; **~laden** nakládat [naložit] (*a. fig.*); *El.* nabí(je)t; **≗lage** *f* (*Schicht*) vrstva; (*eines Buches usw.*) vydání *n*; (*Verpflichtung*) závazek *m*; (*Stütze*) opěra; *in zweiter* ~ druhé vydání; **~lauern** (*D*) vyčíh(áv)at si na (*A*).

Auflauf *m* sběh, shluk; *Kochk.* nákyp; **≗en** *v/i* (*Schiff*) najíždět [-jet] na dno; (*anschwellen*) nabíhat [-běhnout]; (*Betrag*) vzrůs(ta)t; *v/r*: *sich* (*D*) *die Füße* ~ uběhat *pf.* si nohy.

aufle|ben oživovat [oživnout], oží(va)t (*a. fig.*); **~gen** pokládat [položit] (et. *auf* et. co nač); *Pflas*[illegible]: přikládat [přiložit]; *Tischtuch*: [illegible]-stírat [-střít]; *Schallplatte*: vkládat [vložit]; *Hörer*: zavěšovat [-věsit]; *Anleihe*: vypisovat [-psat]; *Listen, Zeitschrift, Karten usw.*: vykládat [vyložit]; *Buch*: vyd(áv)at (*neu* znovu); *Schminke* ~ [na]líčit se.

auflehn|en *v/t* (*stützen*) opírat [opřít] (*sich* se, *auf A* o *A*); *sich* ~ (*sich empören*) vzpírat [vzepřít] se (*gegen j-n od.* et. k-u *od.* č-u); **≗ung** *f* odpor *m*, vzpoura.

auf|lesen sbírat [sebrat] (F *a. fig.*); F *Krankheit*: přinášet [-nést] domů; **~leuchten** zasvitnout *pf.*; **~lockern** uvolňovat [-lnit] (*a. fig.*); *Boden*: [z]kypřit; (*abwechslungsreicher gestalten*) zpestřovat [-řit].

auflösbar *Chem.* rozpustný; **≗keit** *f* rozpustnost.

auflös|en *v/t Knoten*: rozvazovat [-vázat]; *Chem., Haar, Versammlung*: rozpouštět [-pustit]; *Rätsel, Math.*: [roz]řešit; *Ehe, Verlobung*: zrušovat [-šit]; *v/r* (*zerfallen*) *sich* ~ rozpadat [-dnout] se (*in A* v *A*); (*verschwinden*) zmizet; (*Verein*) rozcházet [rozejít] se; *Chem.* rozpouštět [-pustit] se; *s. aufgelöst*; *sich in Tränen* ~ rozplývat [-plynout] se v slzách; **≗ung** *f Chem.* rozpuštění *n*; *Math.* (roz)řešení *n*; (*Aufhebung*) zrušení *n*; (*Zerfall*) rozklad *m*; **≗ungszeichen** *n Mus.* odrážka *f*.

aufmach|en *v/t* (*öffnen*) otvírat [otevřít]; (*lösen*) rozvazovat [-vázat]; (*herrichten*) upravovat [upravit]; *v/r sich* ~ *s. aufbrechen*; **≗ung** *f* úprava.

Aufmarsch *m Sp., Mil.* nástup; (*Festzug*) slavnostní pochod; **~gebiet** *n Mil.* nástupiště; **≗ieren** nastupovat [-pit]; slavnostně pochodovat.

aufmerksam pozorný; (*gefällig*) úslužný; ~ *machen auf* (*A*) upozorňovat [-rnit] na (*A*); **≗keit** *f* pozornost; *die* ~ *lenken* (*od. richten*) *auf* (*A*) *s. aufmerksam machen*; *die* ~ *auf sich ziehen* obracet [obrátit] pozornost na sebe.

aufmunter|n (*ermutigen*) povzbu-

zovat [-budit]; (*aufheitern*) rozveselovat [-lit]; **⎕ung** *f* povzbuzení *n*; rozveselení *n*.
Aufnahme *f* (*Eröffnung*) zahájení *n*; (*Beginn*) započetí *n*; (*e-s Mitglieds*) přijetí *n*; (*von Geldern*) výpůjčka; (*e-s Protokolls usw.*) sepsání *n*; (*e-s Schadens*) zjištění *n*; (*Vermessung*) měření *n*; *Fot.* snímek *m*; (*e-s Filmes*) natáčení *n*; (*Ton*2) nahrávka, zvukový záznam; ~- *in Zssgn mst* přijímací; **~bedingung** *f* podmínka přijetí; **~fähigkeit** *f* kapacita; (*geistig*) vnímavost; **~gerät** *n* fotografický přístroj; filmová kamera; (*Ton*2) nahrávací přístroj *m*; **~leiter** *m* (*Film*) vedoucí produkce; **~prüfung** *f* přijímací zkouška.
aufnehmen (*aufheben*) zdvihat [-hnout] (*vom Boden* se země); (*einfügen, bewirten*) přijímat [-jmout] (*als* za *A*); (*beginnen, eröffnen*) zahajovat [-hájit]; *Kampf*: pouštět [pustit] se do (*G*); (*erneuern*) obnovovat [-novit] (*G*); *Geld*: vypůjčovat [-čit] si; *Anleihe* sjedn(áv)at; *Protokoll*: spisovat [sepsat]; *Fot.* pořizovat [-řídit] (snímek), [vy]fotografovat; *Schallplatte*: nahrá(va)t; *Maschen*: nab(í)rat; *es mit j-m* ~ změřit se s kým; *übel* ~ brát [vzít] ve zlém; *Geogr. in e-r Karte* ~ [z]mapovat; *Fahrt* ~ nabírat rychlost.
auf·opfer|n obětovat (*im*)*pf.*; ~*d* obětavý; **2ung** *f* obětování *n*; (*Hingabe*) obětavost.
aufpacken (*öffnen*) rozbalovat [-lit]; nakládat [naložit] (*j-m* na k-o).
aufpass|en *v/i* dá(va)t pozor (*auf A* na *A*); **2er(in** *f*) *m* dohlížitel(ka), dozorce (-rkyně); (*Spion*) slídil(ka), F špehoun(ka).
auf|peitschen vybičov(áv)at, vydražďovat [-dráždit]; **~pflanzen** *Fahne*: vztyčovat [-čit]; *Bajonett*: nasazovat [-sadit]; **~picken** sezob(áv)at; **~platzen** pukat [-knout]; **~prägen** *fig.* vtiskovat [-knout]; **2prall** *m* náraz; **~prallen** narážet [-razit (se)]; **2preis** *m* přirážka *f* k ceně; **~pumpen** [na]pumpovat; **~putschen** *s. aufhetzen*; *aufpeitschen*.
Aufputz *m* ozdoba *f*.
auf|quellen nabobtn(áv)at; **~raffen** *v/t* sbírat [sebrat]; *v/r sich* ~ vzchopovat [-pit] se, sbírat [sebrat] se; **~ragen** strmět; **~rauhen** [z]drsnit.
aufräum|en *v/t* uklízet [uklidit]; *v/i fig. mit et.* ~ učinit konec č-u; **2ungs·arbeiten** *f/pl.* odklízení *n*, odklizovací práce *f/pl.*
aufrecht vzpřímený; *Adv.* zpříma; *fig.* přímý; **~erhalten** udržovat [-žet]; **2erhaltung** *f* udržení *n*.
aufreg|en rozčilovat [-lit]; **~end** rozčilující; **2ung** *f* rozčilení *n*.
aufreiben *v/t Haut*: odírat [odřít] si; *Feind*: potírat [-třít]; *Gesundheit, Kraft*: podrý(va)t; *v/r sich* ~ odírat [odřít] se; *fig.* vyčerp(áv)at se; **~d** úmorný.
auf|reihen seřaďovat [-řadit]; *Perlen*: navlékat [-vléci]; **~reißen** *Brief usw.*: otvírat [otevřít]; *Haut*: rozdrás(áv)at; *Straße, Erdboden*: rozkop(áv)at; (*weit öffnen, a. fig.*) otvírat [otevřít] dokořán; *v/i* (*aufplatzen*) rozpuk(áv)at (se); **~reizen** vydražďovat [-dráždit]; **~richten** *v/t* napřimovat [-přímit]; (*errichten*) [vy-]stavět; (*aufstellen*) stavět [postavit]; *fig.* (*trösten*) povzbuzovat [-vzbudit]; *v/r sich* ~ vzpřimovat [vzpřímit] se; *sich im Bett* ~ posazovat [-sadit] se v posteli.
aufrichtig upřímný; **2keit** *f* upřímnost.
auf|riegeln odstrkovat [-strčit] závoru; **2riß** *m* nárys, nákres; **~rollen** (*aufwickeln*) navíjet [-vinout]; (*entfalten*) rozvíjet [-vinout]; *fig. Frage*: nadhazovat [-hodit]; *Mil.* dobý(va)t; **~rücken** (*vorrücken*) postupovat [-stoupit] (výše).
Aufruf *m* zavolání *n*; (*Appell*) provolání *n*, výzva *f*; **2en** (*beim Namen*) vyvol(áv)at; (*auffordern*) vyz(ý)vat.
Aufruhr *m* (*Unruhe*) pobouření *n*; (*Aufstand*) vzpoura *f*; *in* ~ *geraten* [vz]bouřit se.
aufrühr|en [za]míchat (et. čím); *Volk*: [po]bouřit; (*entfesseln*) rozpout(áv)at; F (*erwähnen*) připomínat [-menout], F ohřívat [ohřát]; **2er (-in** *f*) *m* buřič(ka), odbojník(-nice); **~erisch** buřičský, odbojný.
aufrunden zaokrouhlovat [-lit].
aufrüst|en znovu vyzbrojovat [-jit]; **2ung** *f* znovuvyzbrojení *n*.
aufrütteln [vy]burcovat.
aufs = *auf das*.
aufsässig nevraživý; ~ *sein* nevražit (*j-m* na k-o).
Aufsatz *m* (*aufgesetztes Stück*) nástavec, nástavek; (*Tafel*2) stolní

stojánek; (*Visier*) hledí *n*; (*Schul*≗) slohová úloha; (*Abhandlung*) článek, stať *f*.

auf|saugen vsá(va)t; *fig*. pohlcovat [-hltit]; **~schauen** vzhlížet [vzhlednout]; **~scheuchen** vyplašovat [-šit]; **~schichten** navrstvovat [-tvit].

aufschieb|en *Tür, Schubfach*: odsunovat [-sunout]; *fig*. odkládat [odložit]; **≗ung** *f* odklad *m*, průtah *m*.

aufschießen *Flammen*: vyšlehovat [-hnout]; *Bot*. vyrážet [-razit].

Aufschlag *m* (*Fall*) náraz, úder; (*Mil. Geschoß*) dopad; (*Ärmel*≗) manžeta *f*; (*Hosen*≗) záložka *f*; (*Rock*≗) klopa *f*, revér; (*Preis*≗) přirážka *f*; (*Tennis*) podání *n*, servis *m*; **≗en** *v/t* (*zerschlagen*) rozbí(je)t, roztloukat [-tlouci]; *Buch*: otvírat [otevřít]; *Stelle im Buch*: vyhled(áv)at; *Lager, Zelt*: rozbí(je)t; *Karten*: vykládat [vyložit]; *Preis*: zvyšovat [zvýšit]; *Ärmel, Kragen*: vyhrnovat [-nout]; *Augen*: pozdvihovat [-hnout], pozvedat [-dnout]; *s-n Wohnsitz ~* ubytov(áv)at se; *v/i* (*aufprallen*) narážet [-razit]; (*Mil. Geschoß*) dopadat [-dnout]; (*teurer werden*) stoupat [-pnout] v ceně; (*Flammen*) vyrážet [-razit].

auf|schließen (*öffnen*) odmykat [odemknout]; *Chem*. rozštěpovat [-pit]; *Bgb*. otvírat [otevřít]; *fig. Herz*: odhalovat [-lit]; **~schlitzen** rozparovat [-párat]; **≗schluß** *m* vysvětlení *n*; *~ geben* vysvětlovat [-lit] (*über A* co); **~schlüsseln** *Plan usw*.: rozep(i)sat; *s. entschlüsseln*; **~schlußreich** poučný; **~schnallen** (*anschnallen*) připínat [-pnout]; (*lösen*) rozpínat [rozepnout]; **~schnappen** *v/t* lapat [-pnout]; *fig*. pochycovat [-chytit]; *v/i* (*Schloß*) vyskakovat [-skočit].

aufschneid|en *v/t* (*mit Messer, Säge*) rozřezávat [-říznout, -řezat]; *Nahrungsmittel, Leder*: rozkrojovat [-krojit, -krájet]; (*mit Schere*) rozstřihovat [-hnout, -hat]; *v/i* přepínat, F prášit; **≗er** F *m* mluvka, chvastoun; **≗erei** F *f* přepínání *n*, chvastání *n*.

Auf|schnitt *m Kochk*. (*kalter* studený) nářez; **≗schrauben** (*anschrauben*) našroubov(áv)at; (*losschrauben*) rozšroubov(áv)at; **~schrei** *m* výkřik; **≗schreiben** psát [napsat]; **≗schreien** vykřikovat [-knout]; **~schrift** *f* nápis *m*; (*Überschrift*) nadpis *m*; **~schub** *m* odklad, odročení *n*; *ohne ~* bez prodlení; **≗schütten** *Erde usw*.: nasyp(áv)at; **~schüttung** *f* násyp *m*; **≗schwatzen** F napovídat [-vědět] (*j-m et*. k-u co); **≗schwemmen** naplavovat [-plavit]; **≗schwingen**: *sich ~* vyšvihovat [-hnout] se; F *fig*. vzmáhat [vzmoci] se; **~schwung** *m Turn*. výsmyk; *fig*. rozmach; *~ nehmen* rozmáhat [-moci] se.

aufsehen vzhlížet [vzhlédnout].

Aufsehen *n* rozruch *m*, senzace *f*; *ohne ~* bez hluku, v tichosti; *~ machen od. erregen* vzbudit *pf*. pozornost; **≗erregend** budící rozruch, senzační.

Aufseher(in *f*) *m* dozorce (-rkyně), dohlížitel(ka).

auf|sein *s. auf*; **~setzen** *v/t* (*ansetzen*) nasazovat [-sadit]; (*aufstellen*) stavět [postavit]; *Stockwerk*: přistavovat [-stavět]; *Brille, Hut*: nasazovat [-sadit]; *Schriftstück*: sestavovat [-stavit], spisovat [sepsat]; *e-e strenge usw. Miene ~* tvářit se přísně *usw*.; *v/r sich ~* sesazovat [-sadit] se; *v/i* (*Flugzeug*) přistá(va)t; **~seufzen** zhluboka vzdychat [-chnout].

Aufsicht *f* dozor *m*, dohled *m* (*über A* na *A*); (*Person*) dozorce [-rkyně]; *die ~ haben od. führen über* (*A*) mít dozor nad (*I*), dozírat na (*A*); *ohne ~* bez dozoru.

Aufsichts|behörde *f* dozorčí úřad *m*; **~personal** *n* dozorčí personál *m*; **~rat** *m* dozorčí rada *f*.

auf|sitzen (*sich setzen*) sedat si [posadit se]; (*aufs Pferd*) nasedat [-dnout]; *Mar*. uváznout *pf*. na mělčině; *fig. j-m ~* sedat [-dnout] na lep; *j-n ~ lassen* nech(áv)at k-o na holičkách; **~spalten** rozštěpovat [-pit]; **~spannen** napínat [-pnout]; *Schirm*: rozevírat [-vřít]; **~sparen** [u]šetřit, [u]spořit; **~speichern** ukládat [uložit] na sýpku, *fig*. [na]hromadit; **~sperren** otvírat [otevřít], odmykat [odemknout]; **~spielen** *v/i* zahrá(va)t; *v/r sich ~ als* zahrát si na (*A*); **~spießen** nabodávat [-dnout, -dat], napichovat [-píchnout, -píchat]; **~springen** (*hochspringen*) vyskakovat [-skočit]; (*auf die fahrende Bahn usw*.) naskakovat [-skočit]; (*sich öffnen*) rozvírat [rozevřít] se; *Haut*: pukat [rozpukat se]; **~spritzen** *v/t* nastříkat [-stříknout]; *v/i* (*hochspritzen*) vytryskovat [-knout]; **~spüren:** et. ~ slídit po čem [vyslídit co] (*a. fig.*); **~stacheln** popichovat [-píchnout], podněcovat [-nítit].

Aufstand *m* povstání *n*.

aufständisch povstalecký; **Ꞩe(r)** *m/f* povstalec (-lkyně).

auf|stapeln [na]hromadit; **~stechen** propichovat [-píchnout, -píchat]; **~stecken** (*anstecken*) nastrkovat [-strčit, -strkat]; *Haar*: upevňovat [-vnit] (jehlicí); *Kleid*: vykas(áv)at; *Fahne*: vztyčovat [-čit]; F (*aufgeben*) zanech(áv)at; e-e *Amtsmiene* ~ [na]tvářit se úředně; **~stehen** vstá(va)t, povst(áv)at; (*offen sn*) být otevřený.

aufsteigen (*emporsteigen*) stoupat, vystupovat [-stoupit]; *Gewitter*: [při]blížit se; *fig.* (*befördert werden*) postupovat [-stoupit]; (*entstehen*) vznikat [-knout] (*in j-m* v kom), přicházet [přijít] (*in j-m* k-u); ~ *lassen* [vy]pouštět; **~d** (*Linie*) vzestupný.

aufstell|en *v/t* (*hinstellen*) stavět [postavit]; (*bestimmen*) stanovit *pf.*, ustanovovat [-novit] (*als I*); (*postieren*) rozestavit *pf.*; (*zs.-stellen*) sestavovat [-stavit]; *Behauptung*: vyslovovat [-slovit]; *Maschine*: instalovat; *v/r sich* ~ stavět [postavit] se; **Ꞩung** *f* postavení *n*; rozmístění *n*; instalování *n*; (*Bestimmung*) zastanovení *n* (*als I*); (*e-s Kandidaten*) jmenování *n*; sestavení *n*; (*Liste*) soupis *m*, seznam *m*; ~ *nehmen* postavovat [-stavit] se.

aufstemmen *v/t* [vy]páčit, otvírat [otevřít] (dlátem); (*aufstützen*) opírat [opřít] se (*I*) (*auf A* o *A*); *v/r sich* ~ opírat [opřít] se (*mit* et. čím).

Auf|stieg *m* výstup, stoupání *n*; *fig.* vzestup, rozmach; **Ꞩstöbern** vypátr(áv)at (*a. fig.*); **Ꞩstoßen** *v/t* (*öffnen*) vyrážet [-razit]; *auf* et. (*A*) ~ narážet [-razit] nač; *v/i* (*Speisen*) způsobit říhání; (*rülpsen*) říhat [-hnout]; (*begegnen, sich zeigen*) vyskytovat [-tnout] se; **~stoßen** *n* říhání; **Ꞩstreben** strmět do výše; **~d** *fig.* snaživý; **Ꞩstreichen** [na-]mazat (*Butter aufs Brot* chléb máslem); natírat [-třít] (*Farbe auf* et. barvou co); **Ꞩstreifen** vykasat *pf.*; **~strich** *m* (*Ggs. Abstrich*) vlasová čára; (*fürs Brot*) pomazánka *f*; (*Farb*Ꞩ) nátěr; **Ꞩstülpen** *Hut*: narážet [-razit] si; **Ꞩstützen** *v/t* o-, pode-pírat [-přít] (*auf* et. o *A*); *v/r sich* ~ (*mit* et., *auf* et.) otírat [otřít] se (čím, oč); **Ꞩsuchen** (*besuchen*) navštěvovat [-vštívit]; *Arzt*: jít (chodit) k (*D*); (*nachsehen*) vyhled(áv)at; **Ꞩtakeln** *Mar.* opatřovat [-řit] lanovím; *fig.* vyšňořovat [-řit], F [vy]parádit; **~takt** *m Mus.* předtaktí *n*; *fig.* počátek (*zu* et. č-o); **Ꞩtanken** [na]tankovat, doplňovat [-plnit]; **Ꞩtauchen** vynořovat [-řit] se (*a. fig.*); **Ꞩtauen** *v/t* roztavovat [-tavit]; *v/i* roztá(va)t (*a.* F *fig.*).

aufteil|en rozdělovat [-lit]; **Ꞩung** *f* rozdělení *n*.

auftischen dá(va)t (*od.* přinášet [-nést]) na stůl; F *fig.* [vy]tasit se s (*I*).

Auftrag *m* (*Befehl*) příkaz; *Hdl.* objednávka *f*, zakázka *f*; *im* ~ *von* z příkazu (*G*); *in* ~ *geben* zad(áv)at; **Ꞩen** nanášet [-nést]; *Speisen*: přinášet [-nést] na stůl; *Kleider*: donášet [-nosit]; (*befehlen*) přikazovat [-kázat]; F *fig. zu stark* ~ nadsazovat [-sadit]; **~geber(in** *f*) *m* objednavatel(ka), zákazník [-nice].

Auftrags|bestätigung *f* potvrzení *n* objednávky; **~buch** *n* kniha *f* objednávek *od.* zakázek; **Ꞩgemäß** podle příkazu.

auf|treffen dopadat [-dnout] (*auf* et. nač); **~treiben** *Reifen*: narážet [-razit]; *Staub*: [z]vířit; *Wild*: vyplašovat [-šit]; (*aufblühen*) nadýmat [-dmout]; F *fig.* (*bekommen*) shánět [sehnat]; **~trennen** rozparovat [-párat].

auftret|en *v/i* (*den Fuß aufsetzen*) našlapovat [-šlápnout]; (*schreiten*) vykračovat [-kročit]; *fig.* (*sich benehmen*) vystupovat [-stoupit] (*a. Thea.*), počín(áv)at si; (*erscheinen*) objevovat [-vit] se; (*vorkommen*) vyskytovat [-tnout] se; **Ꞩen** *n* (*Benehmen*) vystupování, chování; *Thea.* vystoupení; (*Vorkommen*) výskyt *m*.

Auf|trieb *m* (*auf die Alm*) vyhánění *n*; *Phys.*, *Mar.* vztlak; *fig.* (*Schwung*) rozmach; (*Ansporn*) popud; **~tritt** *m Thea.* vystoupení *n*, výstup (*a. fig.*); **Ꞩtrumpfen** vyhazovat [-hodit] trumpf; *fig.* jednat rázně; **2tun** F otvírat [otevřít] (*sich* se); *Essen*: nakládat [naložit]; **2türmen** *v/t* nakupovat [-kupit]; *v/r sich* ~ nakupit se *pf.* (*a. fig.*); **2wachen** probouzet [-budit] se (*a. fig.*); **2wachsen** vyrůs(ta)t.

aufwall|en vzkypět *pf.* (*a. fig.*); *das Blut wallte auf* krev vzkypěla; **2ung** *f fig.* záchvat *m.*

Aufwand *m* (*an Geld, Kraft, Zeit*) vynaložení *n* (*G*); (*Kosten*2) náklad; **~s·entschädigung** *f* náhrada osobních výdajů, úhrada za reprezentaci.

aufwärmen ohřívat [ohřát] (*a. fig.*).

Aufwart|efrau *f* posluhovačka; **2en** (*D*) obsluhovat [-sloužit] (*A*); přinášet [-nést] k-u; *mit Neuigkeiten* ~ přinést novinky.

aufwärts vzhůru, do výše; **~gehen** [z]lepšit se; **2entwicklung** *f* vzestup *m*; **2haken** *m* (*Boxen*) rána *f* pod bradu.

Aufwartung *f* posluha; *s. Aufwartefrau*; *j-m s-e* ~ *machen* navštěvovat [-vštívit] k-o.

Aufwasch *m s. Abwasch*; **2en** *Geschirr*: [u]mýt; *Fußboden*: [vy-] drhnout.

auf|wecken probouzet [-budit]; *s. aufgeweckt*; **~weichen** *v/t Wäsche*: namáčet [-močit]; *Weg*: rozmáčet [-močit] (se *v/i*); **~weisen** ukazovat [ukázat], mít; **~wenden** vynakládat [-naložit]; **2wendung** *f* náklad *m*, výdaj *m*; **~werfen** *v/t* (*emporwerfen*) vyhazovat [-házet]; *Damm*: nahazovat [-házet]; *fig. Frage*: nadhazovat [-hodit]; *v/r sich* ~ *zu od. als* dělat se (*I*).

aufwert|en zhodnocovat [-notit]; **2ung** *f* zhodnocení *n*, valorizace.

aufwickeln (*zs.-rollen*) navinovat [-nout]; (*auswickeln*) rozvinovat [-nout] (*a. Kind*).

aufwiegel|n pobuřovat [-bouřit]; **2ung** *f* pobuřování *n.*

auf|wiegen vyvažovat [-vážit]; **2wind** *m* vzestupný vítr; **~winden** *s. aufwickeln*; (*hinaufziehen*) zdvihovat [-hnout]; **~wirbeln** *Staub*: [z]vířit; *fig. viel Staub* ~ naděl(áv)at mnoho hluku; **~wischen** utírat [utřít]; **~wühlen** rozrý(va)t (*a. fig.*).

aufzähl|en vypočít(áv)at; **2ung** *f* vý(po)čet *m.*

auf|zäumen (*A*) dá(va)t uzdu (*D*); **~zehren** *Vorräte*: spotřebov(áv)at; *Vermögen*: utrácet [utratit]; *Kräfte*: vyčerp(áv)at.

aufzeichn|en [na]kreslit; (*anmerken*) zaznamen(áv)at; **2ung** *f* nákres *m*; záznam *m.*

auf|ziehen *v/t* (*hochziehen*) vytahovat [-táhnout, -tahat]; *Uhr*: natahovat [-táhnout]; *Landkarte, Foto*: napínat [-pnout]; *Fest usw.*: [us]pořádat, [z]organizovat; (*großziehen*) vychov(áv)at; *Bot*: [vy]pěstovat; F (*foppen*) dob(i)rat si; *fig. andere Saiten* ~ začí(na)t jinak (*od.* přísněji); *v/i* (*Gewitter, Wolken*) hnát [přihnat] se; (*Wache*) nastupovat [-stoupit]; **2zucht** *f* (od)chov *m*; **2zug** *m Thea.* jednání *n*, dějství *n*; *Tech.* výtah, zdviž *f*; (*Anzug*) úbor; (*Umzug*) průvod; **~zwängen, ~zwingen** vnucovat [vnutit].

Aug·apfel *m* bulva *f*; *wie s-n* ~ *hüten* opatrovat (*od.* střežit) jako oko v hlavě.

Auge *n* oko; *Bot.* očko; (*Masche*) oko, očko; *fig. ein* ~ *zudrücken* přimhuřovat [-mhouřit] oko; *~n rechts* (*links*)! vpravo (vlevo) hleď!; *große ~n machen* vyvalovat [-lit] oči; *aus den ~n lassen* pouštět [pustit] z očí; *im* ~ *behalten* nepouštět [-pustit] z očí, mít stále na zřeteli; *im* ~ *haben* mít na mysli; *in die ~n fallen od. springen* bít do očí; *mit bloßem* ~ pouhým okem; *unter die ~n treten* jít [chodit] na oči; *unter vier ~n* mezi čtyřma očima; *vor ~n haben* mít na očích; *vor m-n* ~ před mýma očima; *Sprw. aus den ~n, aus dem Sinn* sejde z očí, sejde z mysli.

Augen- *in Zssgn* oční; **~arzt** *m* oční lékař; **~blick** *m* okamžik; **2'blicklich** okamžitý; **~braue** *f* obočí *n*; **~entzündung** *f* oční zánět *m*; **2fällig** patrný, zřejmý; **~glas** *n* monokl *m*; (*Brille*) brejle *f/pl.*; **~heilkunde** *f* oční lékařství *n*; **~höhle** *f* oční důlek *m*; **~klappe** *f* oční klapka; **~klinik** *f* oční klinika; **~krankheit** *f*, **~leiden** *n* oční choroba *f*; **~licht** *n* zrak *m*; **~lid** *n* víčko; **~maß** *n* odhad *m* podle oka; **~nerv** *m* oční nerv; **~ränder** *m/pl.*, **~ringe** *m/pl.* kruhy *m/pl.* pod očima; **~schein** *m* zhlédnutí *n*; *Jur.* ohledání *n*, pohled; *in* ~ *nehmen* zhlížet [zhlednout]; *nach dem* ~ na pohled; **2scheinlich** zřejmý; **~stern** *m* zornička *f*, zřítelnice *f*; **~trost** *m Bot.* světlík lékařský; **~weide** *f* pastva pro oči; **~wimper** *f* řasa; **~winkel** *m*: *aus den ~n* koutkem očí; **~zahn** *m* špičák; **~zeuge** *m* očitý svědek; **~zeugin** *f* očitá svědkyně; **~zwinkern** *n* mrkání.

Äuglein *n* očko.

Au'gust *m* srpen; **~-** *in Zssgn* srpnový.

Augu'stiner *m*, **~mönch** *m* augustinián.

Aukti'o|n *f* aukce, dražba; **~'nator** *m* odhadce (při dražbě).

Aula *f* aula, slavnostní síň.

aus *Prp.* (*D*) z, (*bei schwerer Aussprache*) ze (*G*), *z. B.*: *aus Prag* z Prahy; *aus Eisen* ze železa; *aus Liebe* z lásky; *Adv. von ... aus* z(e) (*G*), *z. B.*: *von Wien ~* z Vídně; *vom Fenster ~* z okna; *von hier* (*od. da*) *~* odtud; *bei j-m ~ und ein gehen* být u k-o (*G*) jako doma; (*ausgeschaltet*) vypnutý.

Aus *n Sp.* aut.

aus·arbeit|en vypracov(áv)at; **2ung** *f* vypracování *n*.

aus·art|en zvrhat [-hnout] se; **2ung** *f* zvrhnutí *n*, degenerace.

aus·atm|en vydechovat [-chnout] (*a. fig.*); **2ung** *f* výdech *m*.

ausbaden F *fig.*: *et. ~ müssen* pykat zač [odpykat co].

ausbaggern [vy]bagrovat.

Ausbau *m Arch.* výstavba *f*; vymontování *n*, demontáž; *Bgb.* výstroj; *fig.* vybudování *n*; **2en** vystavovat [-stavět], vybudovat (*a. fig.*); *Beziehungen usw.*: prohlubovat [-hloubit]; *Maschinenteil*: vymontov(áv)at.

aus|bedingen vyjedn(áv)at; *sich von j-m et. ~* vymínit si něco od k-o; **~beißen** *Zahn*: vylamovat [-lomit, -lámat] si (*a. fig.*; *an D* na *L*).

ausbesser|n opravovat [opravit]; (*flicken*) spravovat [spravit]; **2ung** *f* oprava; správka.

Ausbeut|e *f* výtěžek *m* (*an D* z *G*); **2en** [vy]těžit z (*G*); (*j-n*) vykořisťovat [-stit]; **~er** *m* vykořisťovatel; **~ung** *f* vytěžení *n*, vykořisťování *n*.

ausbieten nabízet [-bídnout] ke koupi.

ausbild|en (*schulen*) vzděl(áv)at; (*abrichten*) [vy]cvičit; **2er** *m* školitel; cvičitel, instruktor; **2ung** *f* vzdělání *n*; výchova, výcvik *m*.

ausbitten: *sich* (*D*) *~* vyprošovat [-prosit] si.

ausblasen (*löschen*) sfoukávat [-knout, -kat]; *Ei*: vyfoukávat [-knout, -kat].

ausbleib|en nepřicházet [-přijít]; *Reaktion usw.*: nenast(áv)at; *die Post blieb heute aus* pošta dnes nedošla; **2en** *n* nepřítomnost *f*, nedostavení.

aus|bleichen *v/t* [vy]bělit; *v/i* [vy-]blednout; **~blenden** vyclonit *pf.*; **2blick** *m* výhled, pohled do dálky; **~bohren** vyvrt(áv)at; **~bomben** vybombardovat *pf.*; **~booten** *Mar.* vyloďovat [-lodit]; F *fig.* vynd(áv)at, vypuzovat [-pudit].

ausbrech|en *v/t* vylamovat [-lomit, -lámat]; (*erbrechen*) zvracet [zvrátit]; *v/i* (*sich befreien*) vylamovat [-lámat] se; (*plötzlich entstehen, a. Krieg, Feuer usw.*) pro-, vy-pukat [-puknout], (*Schweiß*) vyrážet [-razit] se; *~ in Gelächter, Tränen usw.* dá(va)t se do (*G*); **2er(in** *f*) *m* uprchlík (-lice).

ausbreit|en *v/t Tücher, Wäsche*: [roz]prostírat [-střít]; *Arme*: rozvírat [rozevřít]; *v/r sich ~* (*sich ausdehnen*) rozprostírat [-střít] se; (*sich vermehren*) [roz]šířit se; **2ung** *f* rozšíření *n*.

aus|brennen *v/t* vypalovat [-pálit]; *v/i* (*Feuer*) dohořívat [-řet]; (*Gebäude*) [vy]hořet; **2bruch** *m* (*Kriegs2*) vypuknutí *n*, vznik; (*Vulkan2*) výbuch (*a. fig.*); (*Flucht*) útěk; **~brüten** *Eier*: sedět na (*L*) [vysedět (*A*)]; *fig.* vymýšlet [-myslit]; **2buchtung** *f* vypuklina; vyboulení *n*; **~bügeln** [vy]žehlit.

Ausbund *m*: *ein ~ von ...* vtělený ...; (*im guten Sinn a.*) vzor (*G*); (*im schlechten Sinn a.*) vyvrhel (*G*).

ausbürger|n (*A*) odní(ma)t občanské právo (*D*); **2ung** *f* odnětí *n* občanského práva.

ausbürsten [vy]kartáčovat.

Ausdauer *f* vytrvalost; **2nd** vytrvalý.

ausdehn|en roztahovat [-táhnout, -tahat]; (*erweitern*) rozšiřovat [-šířit]; (*verlängern*) protahovat [-táhnout]; *ausgedehnt* (*umfangreich*) rozsáhlý; **2ung** *f* roztažení *n*; *Math.* rozměr *m*; *Geogr.* rozloha; (*Erweiterung*) rozšíření *n*; (*Umfang*) rozsah *m*; **2ungsfähigkeit** *f* roztaživost, rozpínavost.

aus|denken vymýšlet [-myslit]; **~deuten** vykládat [vyložit]; **~dorren** vysýchat [-schnout]; **~dörren** vysušovat [-šit]; **~drehen** *Gas usw.*: zhášet [zhasit]; *El.* vypínat [-pnout]; *Glühbirne*: vyšroubov(áv)at; *Tech.* vysoustruhovat [-stružit]; **~dreschen** vymlacovat [-mlátit].

Ausdruck *m* výraz; ~ *geben, zum* ~ *bringen* vyjadřovat [-jádřit].

ausdrück|en (*auspressen*) vymačk(áv)at; *fig.* vyjadřovat [-jádřit]; **~lich** výslovný.

ausdrucks|los bezvýrazný; **~voll** výrazný; **≗weise** *f* spůsob vyjadřování.

aus|dunsten, ~dünsten vypařovat [-řit] se; ~ *lassen* (*auslüften*) vyvetr(áv)at; **≗dunstung** *f*, **≗dünstung** *f* (*mst pl.*) (*Dunst*) výpar *m*; (*Geruch*) pach *m*.

aus·ein'ander od sebe; *in Zssgn* roz(e) ...; **~bringen** (*et.*) dost(áv)at od sebe; (*j-n*) rozlučovat [-loučit]; **~fallen** rozpadat [-dnout] se; **~gehen** rozcházet [rozejít] se (*a. fig.*); **~halten** (*unterscheiden*) rozlišovat [-šit], rozezn(áv)at; **~jagen** rozhánět [rozehnat]; **~kommen** (*im Gedränge*) ztrácet [ztratit] se; F *fig.* (*sich entfremden*) odcizovat [-zit] se; **~laufen** rozutík(áv)at se; **~nehmen** rozbírat [rozebrat]; **~setzen** *v/t fig.* (*darlegen*) vysvětlovat [-lit]; *v/r sich* ~ vypořád(áv)at se (*mit* s *I*); **≗setzung** *f* (*Streit*) hádka; (*Aussprache*) rozklad *m*.

aus·er|koren, ~lesen vyvolený, vybraný; **~sehen** vyvolovat [-lit]; *Adj.* vyvolený; **~wählen** *s. ausersehen.*

ausfahr|en *v/t* (*j-n*) vyjíždět [-jet] s (*I*); (*et.*) vyjíždět [-jezdit]; *Fahrwerk, Periskop*: vysouvat [-sunout]; *ausgefahren* (*Weg*) vyježděný; *v/i* vyjíždět [-jet]; *Bgb.* vyfár(áv)at; **≗t** *f* výjezd *m*; (*Spazierfahrt*) vyjížďka; (*Torweg*) výjezd *m*, vrata *n/pl.*; *Bgb.* vyfárání *n*.

Ausfall *m* vypadnutí *n*, vypadávání *n*; (*Verlust*) schodek, ztráta *f*; (*Mil.*, *Sport*) výpad; (*Angriff*) útok; (*Ergebnis*) výsledek; **≗en** vypadávat [-dnout, -dat]; (*unterbleiben*) nekonat se, odpadat [-dnout]; *gut* (*schlecht*) ~ dobře (špatně) dopadat [-dnout]; **≗end, ausfällig** útočný; **~straße** *f* výpadová silnice.

aus|fechten vybojov(áv)at; **~fegen** vymetat [-mést]; **~feilen** vypilov(áv)at (*a. fig.*).

ausfertig|en vyhotovat [-tovit], spisovat [sepsat]; **≗ung** *f* vyhotovení *n*, sepsání *n*.

aus|findig: ~ *machen* vypátr(áv)at; **~fliegen** vylétat [-letět]; F *fig.* (*verschwinden*) [z]mizet; **~fließen** vytékat [-téci].

Aus|flucht *f* výmluva, vytáčka; *Ausflüchte machen* vymlouvat [-luvit] se, vykrucovat [-kroutit] se; **~flug** *m* výlet, vycházka *f*; *e-n* ~ *machen* podnikat [-knout] výlet; (*zu Fuß*) vycházet [-jít] si; (*mit Wagen*) vyjíždět [-jet] si; **~flügler(in** *f*) *m* výletník (-nice); **~flugs·ort** *m* výletní místo; **~fluß** *m* výtok; **≗fragen** vypt(áv)at se (*j-n nach et.* k-o [*G*] nač); **≗fräsen** vyfrezov(áv)at; **≗fressen** vyž(í)rat; F *fig.* provádět [-vést].

Ausfuhr *f* vývoz *m*, export *m*; ~- *in Zssgn* vývozní, exportní; **~artikel** *m* vývozní (*od.* exportní) zboží *n*.

ausführbar proveditelný; **≗keit** *f* proveditelnost.

ausführen *Waren*: vyvážet [-vézt], exportovat (*im*)*pf.*; (*j-n*) jít (chodit) s (*I*); *Hund*: [vy]venčit; (*durchführen*) provádět [-vést]; (*darlegen*) vysvětlovat [-lit].

Ausfuhrhandel *m* vývozní obchod, export.

aus'führlich obšírný, podrobný; **≗keit** *f* obšírnost, podrobnost.

Ausfuhr|schein *m* vývozní list; **~überschuß** *m* vývozní přebytek.

Ausführung *f* provedení *n*; (*Darlegung*) vývod *m*; **~s·bestimmung** *f* prováděcí ustanovení *n*.

Ausfuhr|verbot *n* zákaz *m* vývozu; **~zoll** *m* vývozní clo *n*.

ausfüllen vyplňovat [-plnit]; *fig. Stelle, Platz, Posten*: hodit se na (*A*).

ausfüttern [vy]krmit; *Kleidung*: podší(va)t; *Ofen usw.*: vykládat [vyložit].

Ausgabe *f* výdej *m*; *Typ.* vydání *n*; **~n·buch** *n* výdajová kniha; **~stelle** *f* výdejna.

Ausgang *m* východ; *Tech. a.* výstup; (*Ende*) konec, závěr; (*e-s Romans*) rozuzlení *n*; (*Ergebnis*) výsledek; (*Anfang*) východisko *n*; (*Spaziergang*) vycházka *f*; ~ *haben* mít volno;

~s·punkt *m* východisko *n*, počátek; **~s·stellung** *f* výchozí postavení *n* (*od.* poloha); *Sp.* základní postoj *m*.
ausgeben *v/t* vyd(áv)at; (*spendieren*) [za]platit; *v/r sich ~ für* vyd(áv)at se za (*A*).
ausge|bombt vybombardovaný; **℞burt** *f* výplod *m*; *~ der Hölle* zplozenec pekla, vtělený ďábel; **~glichen** vyrovnaný.
Ausgeh|anzug *m* vycházkový oblek; **℞en** (*weggehen*) vycházet [vyjít] si; *Zigarette*: dohořívat [-řet]; *Licht*: zhasnout *pf.*; (*zur Neige gehen*) docházet [dojít]; *Farbe*: pouštět [pustit]; *Haare*: vypad(áv)at; (*enden*) končit (se) (*auf et.* čím); *straflos ~* vyváznout *pf.* beztrestně, unikat [-knout] trestu; *gut* (*schlecht*) *~* dobře (špatně) dopadat [-dnout]; *leer ~* vycházet [vyjít] naprázdno; *~ (dar)auf* (*A*) (*abzielen*) vycházet [vyjít] na (*A*); *fig.* myslit na (*A*); *~ in* (*A*) vyhýbat (*I*); *die Geduld ist ihm ausgegangen* trpělivost ho přešla; **~verbot** *n* zákaz *m* vycházet.
ausgekocht *fig.* prohnaný.
ausgelassen rozpustilý; **℞heit** *f* rozpustilost.
ausge|leiert vyběhaný, opotřebovaný; **~macht:** *es ist ~* je ujednáno; **~mergelt** vyhublý, vychrtlý; **~nommen** vyjma, kromě (*G*); **~prägt** výrazný, vyhraněný; **~rechnet** zrovna, právě; **~schlossen** vyloučený; *~!* vyloučeno!; **~sprochen** (*eindeutig*) vyložený.
ausgestalt|en vybavovat [-bavit], upravovat [upravit]; **℞ung** *f* vybavení *n*, úprava.
ausge|storben vymřelý; **~sucht** vybraný; **~treten** *Schuhe*: rozšlapaný; *Weg*: vyšlapaný; **~zeichnet** výborný, výtečný.
ausgiebig vydatný.
ausgießen vylévat [-lít]; *Form*: ulévat [ulít].
Ausgleich *m* vyrovnání *n*, kompenzace *f*; *~s- in Zssgn* vyrovnávací; **℞en** vyrovn(áv)at; **~s·getriebe** *n* diferenciál *m*.
ausgleiten sklouzávat [-znout] se.
ausgrab|en vykop(áv)at; **℞ung** *f* vykopávání; (*Stelle*) vykopávka *f*.
ausgreifen *Pferd*: přid(áv)at do kroku; *weit ~d* dalekosáhlý.
Ausguck *m Mar.* hlídka na stěžni; **℞en** F vyhlížet [-hlédnout] (*nach j-m* po kom); *sich* (*D*) *die Augen ~* vykouk(áv)at si oči (*nach j-m* za kom).
Ausguß *m* výlevka *f*.
aus|hacken (*mit d. Schnabel*) vyklovávat [-vnout, -vat]; (*mit d. Beil*) vysekávat [-knout, -kat]; (*mit d. Hacke*) vykopávat [-pnout, -pat]; **~haken** od-, vy-hákovat *pf.*, -háknout *pf.*; **~halten** vydržovat [-žet]; *mit ihm ist es nicht auszuhalten* nelze to s ním vydržet.
aushändig|en doručovat [-čit]; **℞ung** *f* doručení *n*.
Aushang *m* vývěska *f*, vyhláška *f*.
aushänge|n (*herausheben*) vysazovat [-sadit]; (*anschlagen*) vyvěšovat [-věsit]; **℞schild** *n* vývěstný štít; *fig.* pláštík *m*.
aus|harren vyčk(áv)at, vytrv(áv)at; **~härten** *v/t* vytvrzovat [-rdit] (se *v/i*); **~hauchen** vydechovat [-chnout]; **~hauen** (*mit d. Beil*) vysek(áv)at; *Holz, Stein a.*: vytes(áv)at; *Wald*: prosek(áv)at.
aushebe|en *Fenster, Tür*: vyvěšovat [-věsit]; (*ausgraben*) vykop(áv)at; *fig. Diebesnest usw.*: vyb(í)rat; *Rekruten*: odvádět [-vést]; *Truppen*: povol(áv)at; **℞ung** *f* vykopá(vá)ní *n*; vyb(í)rání *n*.
aus|hecken F vymýšlet [-myslit]; **~heilen** *v/t* vyhojit *pf.*, vyléčit *pf.* (se *v/i*); **~helfen** vypomáhat [-moci].
Aushilf|e *f* výpomoc; *a.* = **~s·kraft** *f* výpomocná síla; **℞s·weise** na výpomoc, výpomocně.
aushöhl|en vyhlubovat [-hloubit]; **℞ung** *f* vyhloubení *n*; dutina.
aus|holen *v/i* (*zum Schlag*) napřahat [-přáhnout] (*mit der Hand* ruku); *fig.* začí(na)t zdaleka (*od.* ze široka); *v/t j-n ~ über et.* vyzvídat *pf.* co na kom; **~holzen** vyklešťovat [-klestit], vysek(áv)at; **~horchen** vyzvídat [-vědět] (*j-n über et.* co na kom); **~hungern** vyhladovit *pf.*; **~husten** vykašl(áv)at; **~jäten** [vy]plít; **~kämmen** vyčes(áv)at; **~kämpfen** *v/i* dobojov(áv)at; **~kaufen** skupovat [skoupit]; **~kehlen** vykroužit *pf.*; **~kehren** vymetat [-mést]; **~kennen:** *sich ~ in* (*D*) vyzn(áv)at se v (*L*); **~kippen** vyklopit *pf.*; **~klammern** vytýkat [-tknout] před závorku; *fig.* vylučovat [-loučit].
Ausklang *m* dozvuk (*a. fig.*).
aus|kleben vylepovat [-pit]; **~klei-**

den (*ausziehen*) svlékat [svléci] (*sich* se); (*bedecken*) vykládat [vyložit]; **⁀kleidung** *f* vyložení *n*; výstelka; vyzdívka; *Bgb.* výstroj *m*; **⁓klingen** dozní(va)t; *fig.* vyzní(va)t; **⁓klinken** vysmek(áv)at [-smeknout] (západku); *Bombe usw.*: shazovat [shodit]; **⁓klopfen** vyklep(áv)at; **⁀klopfer** *m* klepadlo *n*; **⁓klügeln** mudrovat o (*L*) [vymudrovat (*A*)]; **⁓kneifen** F upláchnout *pf.*; **⁓knipsen** F *s. ausschalten*; **⁓knobeln** F vyšťár(áv)at; **⁓kochen** vyvařovat [-řit]; **⁓kommen** (*reichen*) vycházet [vyjít], stačit (*im*)*pf.*, vystačit *pf.* (*mit et.* s čím); (*sich vertragen*) snášet [snést] se, vycházet [vyjít] (*mit j-m* s kým); **⁀kommen** *n* (*Einkommen*) příjmy *m/pl.*; (*Einvernehmen*) shoda *f*; *es ist kein ⁓ mit ihm* s ním se nelze snést; **⁓kosten** vychutn(áv)at; **⁓kramen** F (*ausräumen*) vyklízet [-klidit]; *fig.* (*sehen lassen*) uplatňovat [-tnit]; *Neuigkeiten ⁓* vytasovat [-sit] se s novinkami; **⁓kratzen** *v/t* vyškrab(ov)at; *v/i* F *fig.* brát [vzít] do zaječích; **⁀kratzung** *f Med.* výškrab *m*; **⁓kriechen** (*aus dem Ei*) [vy]líhnout se; **⁓kugeln:** *sich den Arm ⁓* vymknout si paži.

auskundschaft|en vyzvídat [-vědět]; *Gegend*: prozkoum(áv)at; **⁀ung** *f* výzvědy *m/pl.*

Auskunft *f* zpráva, informace; *j-m ⁓ geben od. erteilen über* (*A*) dát (dávat *od.* pod[áv]at) zprávu o kom, o čem (*L*); **⁓'ei** *f*, **⁓s·büro** *n* informační kancelář *f*; **⁓s·stelle** *f* informační středisko *n od.* stůl *m*.

aus|kuppeln *Tech.* vypojovat [-jit]; **⁓kurieren** [vy]hojit, [vy]léčit; **⁓lachen** (*A*) vysmívat [-smát] se (*D*).

auslade|n *v/t Waren*: skládat [složit]; *Wagen*: vykládat [vyložit]; *Gäste*: odříkat [-říci] (*D*); *v/i Arch.* vyčnívat; **⁓nd** (*breit*) prostranný; (*Geste*) rozmáchlý; **⁀platz** *m*, **⁀stelle** *f* výkladiště *n*.

Aus|ladung *f* (*Waren*) zložení *n*, skládání *n*; *Arch.* výčnělek *m*; **⁓lage** *f* (*Geld*) vydání *n*; (*Ausgestaltung*) klad *m*, vystavené zboží; (*Schaufenster*) výklad *m*, výkladní skříň; *Sp.* střeh *m*; **⁓land** *n* zahraničí; (*Fremde*) cizina *f*; *im Inland und ⁓* doma i za hranicemi, u nás i v zahraničí.

Ausländ|er(in *f*) *m* cizinec (-nka), cizozemec (-mka); **⁀isch** cizozemský, zahraniční.

Auslands- *in Zssgn mst* zahraniční; **⁓aufenthalt** *m* pobyt v zahraničí; **⁓beziehungen** *f/pl.* styky *m/pl.* s cizinou (*od.* se zahraničím); **⁓korrespondent** *m* zahraniční dopisovatel (*od.* zpravodaj); **⁓markt** *m* zahraniční trh; **⁓reise** *f* cesta do zahraničí.

Auslaß *m Tech.* výpusť *f*; (*für Gase*) výfuk; *in Zssgn* výpustný, vypouštěcí.

auslass|en *v/t* (*weglassen*) vynech(á-v)at; *Kleid*: popouštět [-pustit]; *Ärger, Zorn usw.*: vylévat [-lít] si (*an D* na *L*); (*schmelzen*) rozpouštět [-pustit]; *v/r sich ⁓ über* (*A*) vyslovovat [-slovit] se o (*L*); **⁀ung** *f* vynechání *n*; (*Äußerung*) projev *m*.

Auslaßventil *n* výpustný (*od.* výfukový) ventil.

Auslauf *m* (*Ausfluß*) výtok; (*für Tiere*) výběh; **⁀en** *v/i* (*Flüssigkeit*) vytékat [-téci]; *Mar.* vyplou(va)t; *in* (*A*) *et. ⁓* vybíhat več; (*enden*) [s]končit (se) (*in A, I*); *v/r* F *sich ⁓* vyběhat se *pf.*; **⁓en** *n Mar.* vyplutí.

Ausläufer *m Geogr.* výběžek; *Bot.* odnož *f*, výhonek.

Auslaut *m* (*Wort⁀*) konec slova; (*Silben⁀*) konec slabiky; **⁀en:** *⁓ auf* (*A*) končit (*I*).

aus|leben: *sich ⁓* vyží(va)t se; **⁓lecken** vylizovat [-líznout, -lízat]; **⁓leeren** vyprazdňovat [-prázdnit].

ausleg|en vykládat [vyložit] (*a. fig. deuten u. mit et. ⁓*); (*bezahlen*) zaplácet [-platit]; **⁀er** *m Tech.* rameno *n*, výložník; (*Boots⁀*) krakorec; *vgl. Deuter*; **⁀ung** *f* (*Erklärung*) výklad *m*.

ausleiern F vydírat [-drít]; *sich ⁓* vybeh(áv)at se.

Ausleih|e *f* půjčovna; **⁀en** *v/t j-m et. ⁓* [za]půjčit k-u co; *v/r sich et. ⁓* vypůjčovat [-čit] si.

auslernen do-, vy-učovat [-čit] se.

Auslese *f* (*Auswahl*) výběr *m*; (*Anthologie*) výbor *m*; **⁀n** (*auswählen*) vyb(i)rat; (*zu Ende lesen*) do-, přečítat [-číst].

ausliefer|n vyd(áv)at; expedovat (*im*)*pf.*; **⁀ung** *f* vydání *n*; **⁀ungsvertrag** *m* smlouva *f* o vydávání.

aus|liegen být vyložen; **⁓löffeln** vyb(i)rat (*od.* vyjídat [-jíst]) lžicí; F *fig.* odnášet [-nést], vypí(je)t (si);

~löschen *v/t Feuer*: u-, z-hášet [u-, z-hasit]; *Schrift*: smaz(áv)at; (*ausradieren*) vymaz(áv)at; *fig.* vyhlazovat [-hladit], [vy]hubit; **~losen** [vy]losovat; **~lösen** (*loskaufen*) vykupovat [-koupit]; (*bewirken*) [z]působit; (*erwecken*) vzňuzovat [vzbudit]; *Mechanismus*: vybavovat [-bavit]; **ℒlöser** *m Fot.* spoušť *f*; *Tech.* spouštěč; **ℒlosung** *f* vylosování *n*; **ℒlösung** *f* (*Loskauf*) výkup *m*; *Fot.* stisknutí spouště; **~lüften** vy-, pro-větr(áv)at; **~machen** (*löschen*) u-, z-hášet [u-, z-hasit]; (*vereinbaren*) ujedn(áv)at, smlouvat [smluvit]; (*bedeuten*) znamenat; (*betragen*) dělat, činit; *das macht nichts aus* to nic nedělá; **~mahlen** se-, vy-mílat [-mlít]; **~malen** [vy]malovat, *fig.* [vy]líčit; *fig. sich et.* ~ představovat [-tavit] si co; **ℒmarsch** *m* odchod; **ℒmaß** *n* výměra *f*, rozsah *m*, rozměr *m*; **~mauern** vyzdí(va)t; **~meißeln** vytes(áv)at, vydlab(áv)at; **~mergeln** vysilovat [-sílit]; **~merzen** odstraňovat [-stranit].

ausmess|en vyměřovat [-řit]; **ℒung** *f* vyměřování *n*.

aus|misten [vy]kydat hnůj z (*G*); F *fig.* vyčistit *pf.* chlév; **~münden** ústit, vlévat se; **~mustern** vyb(í)rat, vyřaďovat [-řadit] (zmetky).

Ausnahme *f* výjimka; *e-e ~ machen* udělat výjimku; *mit ~ (G) od. von* s výjimkou (*G*); *~- in Zssgn mst* výjimečný; **~fall** *m* výjimečný případ; **~gesetz** *n* výjimečný zákon; **~stellung** *f* výjimečné (*od.* zvláštní) postavení *n*; **~zustand** *m* výjimečbý stav, stanné právo.

ausnahms|los bezvýjimečný; **~weise** výjimečný; *Adv.* výjimečně.

aus|nehmen *v/t* (*her~*) vyb(í)rat; (*ausschließen*) vyjímat [-jmout]; (*ausweiden*) [vy]háčkovat; P (*berauben, beim Spiel usw.*) ob(í)rat; *v/r sich gut usw.* ~ vypadat dobře *usw.*; *~d* neobyčejný, nevšední; **~nutzen, ~nützen** využí(va)t (*G*); **ℒnutzung** *f* využití *n*; **~packen** *v/t* vybalovat [-lit]; *Koffer usw.*: rozbalovat [-lit]; *v/i* F *fig.* (*erzählen*) vysýpat, vysypávat [-sypat]; *also, pack aus!* tak, ven s tím!; **~peitschen** vymrsk(áv)at; **~pfeifen** vypísk(áv)at; **~pflanzen** vysazovat [-sázet, -sadit]; **~pichen** vysmolovat [-lit]; *ausgepicht fig.* F vysmolený.

Au'spizien *n/pl.* záštita *f*, patronance *f*.

aus|plätten vyžehlovat [-lit]; **~plappern** F, **~plaudern** [vy]žvanit.

ausplünder|n (*et.*) vylupovat [-loupit]; (*j-n*) olupovat [oloupit]; **ℒung** *f* vyloupení *n*.

aus|posaunen F *fig.* vytrubovat [-troubit]; **~prägen** *v/t Münzen*: [vy]razit; *v/r fig. sich ~* obrážet [-razit] se; **~pressen** vytlačovat [-čit], vymačk(áv)at; *bsd. Tech.* vylisovat *pf.*; *fig.* vydírat [-dřít] (*j-m et.* co na kom); **~probieren** [vy]zkoušet.

Auspuff *m Tech.* výfuk; **~gas** *n* výfukový plyn; **~rohr** *n* výfuková roura; **~topf** *m* tlumič výfuku.

aus|pumpen [vy]pumpovat, vyčerp(áv)at; *fig. ausgepumpt* vyčerpaný; **~punkten** *Sp.* vybodovat *pf.*; **~pusten** F *s. ausblasen.*

Ausputz *m* (*Zierat*) o-, vý-zdoba *f*; **ℒen** (*reinigen*) [vy]čistit; (*ausschmükken*) vykrašlovat [-krášlit].

aus|quartieren vystěhov(áv)at; **~quetschen** vymačkávat [-máčknout, -mačkat]; F *fig. j-n ~* vypt(áv)at se k-o (*G*); **~radieren** vymaz(áv)at, vyškrab(áv)at; *fig.* vyhlazovat [-hladit]; **~rangieren** vyřaďovat [-řadit]; *fig.* propustit [-pouštět]; **~rasieren** vyholovat [-lit]; **~rauben** (*et.*) vylupovat [-loupit]; (*j-n*) olupovat [oloupit]; **~räuchern** vykuřovat [-kouřit]; **~raufen** vytrh(áv)at; *sich (D) die Haare ~* rvát [vyrvat] si vlasy; **~räumen** (*leeren*) vyklízet [-klidit]; (*säubern*) [vy-]čistit; **~rechnen** vypočít(áv)at; *s. ausgerechnet*; **~recken** *v/t Hand*: vztahovat [vztáhnout]; *v/r sich den Hals ~ nach s. ausrenken.*

Ausrede *f* výmluva; **ℒn** *v/t j-m et. ~* vymlouvat [-mluvit] k-u co; *v/i* (*zu Ende reden*) domlouvat [-mluvit]; *v/r sich ~* vymlouvat [-mluvit] se.

ausrei|chen stačit (*im*)*pf.*, vystačit *pf.*; *~d* dostačitelný, dostatečný (*a. Zensur*); **~fen** do-, vy-zrá(va)t.

Ausreise *f* odjezd *m*, odcestování *n*; **~erlaubnis** *f* povolení k odjezdu; **ℒn** [od]cestovat, odjíždět [-jet]; **~visum** *n* výjezdní vizum.

ausreiß|en *v/t* (*her~*) vytrhávat [-trhnout, -hat]; *Bäume*: vyvracet

[-vrátit]; *v/i* F *fig.* (*weglaufen*) utíkat [utéci], F upláchnout *pf.*; (*Pferd*) [s]plašit se; **2er(in** *f*) *m* F uprchlík (-lice).
aus|reiten vyjíždět [-jet] (na koni); **~renken** vymykat [-mknout]; *sich* (*D*) *den Hals ~ nach* vykrucovat [-kroutit] si krk za (*I*); **~richten** (*ordnen*) vyrovn(áv)at (*a. Mil.*); (*bestellen*) vyřizovat [-řídit]; (*erreichen*) pořizovat [-řídit]; (*veranstalten*) uspořád(áv)at.
Ausritt *m* vyjížďka *f* (koňmo).
aus|roden [vy]kácet; **~rollen** *v/t Teig*: rozvalovat [-válet]; *v/i Flgw.* dobíhat [-běhnout] (při přistání).
ausrott|en vyhlazovat [-hladit], [vy]hubit; **2ung** *f* vyhlazení *n*, vyhubení *n*.
ausrücken *v/i* dá(va)t se na pochod; (*flüchten*) utíkat [utéci], F upláchnout *pf.*; *v/t Tech.* vysunovat [-nout].
Ausruf *m* zvolání *n*; **2en** *v/i* [z]volat; *v/t* (*bekanntmachen*) vyvol(áv)at; *~ als od. zu* provol(áv)at za (*A*); **~er** *m* vyvolávač; **~ungszeichen** *n Gram.* vykřičník *m*.
aus|ruhen (*a. sich ~*) odpočívat [-počinout] (si); *j-n ~ lassen* popřá(va)t k-u odpočinek; **~rupfen** *Federn*: vyškubovat [-bnout, -bat]; *Unkraut*: vytrhávat [-hnout, -hat].
ausrüst|en vystrojovat [-jit]; *Mil.* vyzbrojovat [-jit]; **2ung** *f* výstroj; výzbroj, *Tech. a.* úprava; apretura; **2ungsgegenstand** *m* součástka *f* výzbroje.
ausrutschen sklouzat [-znout].
Aussaat *f* zasetí *n*, setba.
aussäen vysévat [-sít].
Aussage *f* výpověď; výrok *m*; *Gram.* přísudek; **2n** vypovídat [-vědět]; **~verweigerung** *f* odepření *n* výpovědi.
aus|sägen vyřezávat [-říznout]; **2satz** *m Med.* malomocenství *n*; **~sätzig** malomocný; **~saufen** (*Tiere*) vychlast(áv)at; **~saugen** vysá(va)t (*a. fig.*); **~schaben** vyškrab(áv)at; **~schachten** vyhlubovat [-hloubit].
ausschalt|en *Tech.* vypojovat [-jit]; *El.* vypínat [-pnout]; *fig.* (*j-n*) vylučovat [-loučit]; **2er** *m El.* vypínač.
Ausschank *m* výčep.
ausscharren vyhrab(áv)at.
Ausschau *f* vyhlídka; *nach j-m ~ halten* = **2en** rozhlížet [-hlédnout] se po kom.
ausscheid|en *v/t* vylučovat [-loučit] (*a. Chem.*); *v/i* (*austreten, abgehen*) vystupovat [-stoupit] (*aus* z *G*); *Sp.* byt vyřazen, F vypadnout *pf.*; **2en** *n* (*Austritt*) vystoupení; (*Abgang*) odchod *m*; **2ung** *f* vyloučení *n*; *Med.* výměsek *m*, vyloučenina; **2ungskampf** *m Sp.* vylučovací zápas.
aus|schelten (*A*) hubovat na (*A*) vyhubovat (*D*); **~schenken** [na]čepovat, nalévat [-lít]; (*verkaufen*) čepovat, mít výčep; **~scheren** *v/i* vybočovat [-čit]; **~schicken** vy-, po-s(í)lat.
ausschiff|en vyloďovat [-lodit] (*sich* se); **2ung** *f* vylodění *n*.
aus|schimpfen hubovat na (*A*) [vyhubovat (*D*)]; **~schlachten** (*ausweiden*) vysek(áv)at; *fig.* (*ausbeuten*) využí(va)t; *Tech.* demontovat (*im*)*pf.*; **~schlafen** *v/t Rausch, Zorn*: vysp(áv)at se z (*G*); *v/i* vysp(áv)at se.
Ausschlag *m Med.* vyrážka *f*; (*Pendel2*) výkyv; (*Magnetnadel*) výchylka *f*; (*Waage*) vychýlení *n* (jazýčku); *Bot.* výhonek; *fig. den ~ geben* rozhodovat [-dnout]; **2en** *v/t* (*her~*) vyrážet [-razit], vytloukat [-tlouci]; (*verkleiden*) vykládat [vyložit]; (*ablehnen*) odmítat [-tnout]; *v/i* (*Pferd*) vyhazovat [-hodit], kopat [kopnout]; (*ausschwingen*) vychylovat [-chýlit] se; (*Waage*) klánět [naklonit] se; (*Feuer*) vyšlehovat [-hnout]; *Bot.* [vy]pučet; *die Uhr hat ausgeschlagen* hodiny dobily; *das schlägt dem Faß den Boden aus!* to přestává všechno!; **2gebend** rozhodný, rozhodující.
ausschließ|en vylučovat [-loučit]; *sich ~ von* vzdalovat [vzdálit] se; **~lich** *Adj.* výhradní, výlučný; *Prp.* vyjma (*G*), kromě (*G*).
aus|schlüpfen (*aus dem Ei*) [vy]líhnout se; **2schluß** *m* vyloučení *n*; *Typ.* výplněk; *Jur. unter ~ der Öffentlichkeit* s vyloučením veřejnosti; **~schmelzen** *Metalle*: [vy]tavit; *Fett*: [vy]škvařit; **~schmieren** vymaz(áv)at.
ausschmück|en vyzdobovat [-bit]; [**2ung** *f* výzdoba.]
aus|schneiden (*mit Messer, Säge*) vyřezávat [-říznout, -řezat]; *Nahrungsmittel, Leder*: vykrajovat [-krojit, -krájet]; (*mit Schere*) vystřihovat [-hnout, -hat]; **2schnitt** *m* výřezek,

výkrojek, výstřižek; (*Kleid*≈) výstřih; *Geom.* výseč; (*des Lebens*) úsek; **~schöpfen** vyčerp(áv)at (*a. fig.*); **~schrauben** vyšroubov(áv)at.
ausschreib|en vypisovat [-psat] (*a. Stelle, Wahlen usw.*); (*ausstellen, ausfüllen*) napsat *pf.*, vyplnit *pf.*; *Steuern, Wettbewerb*: rozpisovat [rozepsat]; (*zu Ende schreiben*) dopisovat [-psat]; *ausgeschriebene Hand* vypsaná ruka; **≈ung** *f* vypsání *n*, rozepsání *n*.
ausschreit|en vykračovat (si); [**≈ung** *f* výtržnost.]
Ausschuß *m* (*Kommission*) výbor; (*Abfall*) brak, zmetek, F šmejd; **~mitglied** *n* člen výboru; **~quote** *f* procento *n* zmetků, zmetkovitost.
aus|schütteln vytřás(a)t; **~schütten** vysyp(áv)at; *Flüssiges*: vylévat [-lít]; *Dividende*: rozdílet [-dělit]; *fig. j-m sein Herz ~* vylévat [-lít] k-u srdce; F *sich vor Lachen ~* válet se smíchy; **~schwärmen** vyrojovat [-jit] se; **~schwefeln** vysiřovat [-siřit].
ausschweif|en *v/t Tech.* vykružovat [-kroužit]; *v/i* (*v. Thema abkommen*) u-, za-bíhat, uchylovat [-chýlit] se; (*Genußleben führen*) odd(áv)at se hýření, hýřit; **~end** výstřední, nevázaný; **≈ung** *f* výstřednost, prostopášnost.
aus|schweigen: *sich ~* zamlčovat [-čet]; **~schwenken** vyplachovat [-pláchnout]; **~schwitzen** *v/t* vypocovat [-potit]; *v/i* [vy]potit se.
aussehen *v/i* vypadat; *~ nach* (*Ausschau halten*) podívat se po (*L*); *v/r sich* (*D*) *die Augen ~ nach* vyhledět si *pf.* oči po (*L*); *es sieht nach Regen aus* vypadá to na déšť; *das sieht nach nichts aus* není to ani takové ani makové; F *so siehst du aus!* to je ti podobné!
Aussehen *n* vzezření *n*, vzhled *m*; *dem ~ nach* podle vzhledu.
aussein (*am Ende sn*) být u konce; *damit ist es aus* už je po tom, už je toho.
außen vně, venku; *nach ~* (*hin*) ven; *von ~* (*her*) zvenku, zvenčí; ≈- *in Zssgn mst* vnější, venkovní; **≈ansicht** *f* vnější pohled *m* na (*A*); **≈aufnahme** *f* vnější záběr *m*, exteriér *m*; **≈bezirk** *m* vnější okres; **≈bordmotor** *m* přívěsný motor.
aussenden vys(í)lat.
Außen|dienst *m* služba *f* venku; **~hafen** *m* vnější přístav; **~handel** *m* zahraniční obchod; **~minister** *m* ministr zahraničí; **~politik** *f* zahraniční politika; **≈politisch** zahraničně politický; **~seite** *f* vnější strana, zevnějšek *m*; **~seiter** *m* outsider; (*Einzelgänger*) samotář; **~stände** *m/pl. Hdl.* pohledávky *f/pl.*; **~stürmer** *m Sp.* křídelní útočník, křídlo *n*; **~temperatur** *f* teplota venku; **~welt** *f* vnější svět *m*.
außer *Prp.* (*D*) (*außerhalb*) mimo (*A*); (*ausgenommen*) kromě (*G*), vyjma (*A*); *~ allem Zweifel* nade vši pochybnost; *~ Dienst* mimo službu; *~ Atem sein* sotva dechu popadat; *~ Betrieb sein* nebýt v provozu; *~ sich* (*D*) *sein* být bez sebe; *Konj. ~ daß* ledaže; *~ wenn* leda když; **~dem** mimo to, kromě toho; **~dienstlich** mimoslužební.
äußere vnější, zevnější.
Äußere|(s) (ze)vnějšek *m*; *dem ~n nach* podle zevnějšku; *Minister des ~n* ministr zahraničních věcí.
außer|ehelich mimomanželský; **~fahrplanmäßig** *Zug*: zvláštní; **~gerichtlich** mimosoudní; **~gewöhnlich** kromobyčejný; **~halb** *Prp.* (*G*) mimo (*A*); *Adv.* vně, venku; *von ~* zvenku, zvenčí.
äußerlich *Adj.* zevní, vnější; *Adv.* zevně; *fig.* na pohled; **≈keit** *f* povrchnost, formalita.
äußern *v/t* (*zeigen*) projevovat [-jevit]; (*aussprechen*) vyslovovat [-slovit]; *v/r sich ~* projevovat [-jevit] se; (*Meinung*) vyjadřovat [-jádřit] se (*über A* o *L*).
außer|ordentlich neobyčejný; *Professor*: mimořádný; **~parteilich** mimostranický; **~planmäßig** mimoplánový, neplánovaný.
äußerst *Adj.* krajní, nejzazší; *fig.* (*höchst*) nejvyšší, svrchovaný; (*niedrigst*) nejnižší; (*ärgst*) nejhorší; *im ~en Falle* v krajním (*od.* nejhorším) případě; *Adv.* (na)nejvýš(e), krajně; **≈e(s)** (*Extrem*) krajnost *f*, extrém *m*; (*Ärgstes*) nejhorší; *ich werde mein ~es tun* udělám, seč budu; *auf das ~e gefaßt sein* být připraven na nejhorší; *bis zum ~en treiben* hnát do krajnosti.
'außer'stande: *~ sein* nebýt s to, aby ..., nemoci ... (*Inf.*).
Äußerung *f* projev *m*; (*Bemerkung*) vyjádření *n*, výrok *m*; *eine ~ tun od. fallenlassen* vyslovit se o čem.

aussetz|en *v/t Fahrgäste*: vysazovat [-sadit], vyloďovat [-lodit]; *Boot*: spouštět [spustit] (na vodu); *Pflanzen*: vysazovat [-sadit, -sázet]; *Kind*: odkládat [odložit]; *Preis, Belohnung*: ustanovovat [-novit]; (*unterbrechen*) přerušovat [-šit]; (*verschieben*) odkládat [odložit]; et. *an j-m* (*od.* et.) ~ (*od. auszusetzen haben*) vytýkat [-tknout] co k-u *od.* č-u; *j-n der Gefahr* ~ vyd(áv)at k-o v nebezpečí; *sich dem Gelächter* ~ vyd(áv)at se v posměch; *v/i* (*Atem*) váznout *pf.*; (*Motor, Puls*) vynech(áv)at; (*Maschine*) selh(áv)at; *mit et.* ~ přerušovat [-šit] co; **2ung** *f* vysazování *n*; vyloďování *n*; spouštění *n*; (*Kindes*2) odložení *n*; (*der Gefahr*) vystavování *n*; (*e-s Preises*) vypsání *n*, stanovení *n*; (*e-s Verfahrens*) zastavení *n*.

Aussicht *f* vyhlídka, rozhled *m*; *fig.* naděje; *in* ~ *haben* mít vyhlídku *od.* naději (et. nač); *in* ~ *stellen* slibovat [slíbit].

aussichts|los beznadějný; **2losigkeit** *f* beznaděj(nost); **2punkt** *m* výhled; **~reich** nadějný, (mnoho-)slibný; **2turm** *m* rozhledna *f*; **~voll** *s. aussichtsreich.*

aussieben prosévat [-sít] (*a. fig.*).

aussied|eln vystěhov(áv)at, odsunovat [-nout]; **2ler(in** *f*) *m* vystěhovalec (-lkyně); **2lung** *f* vystěhování *n*.

Aussig *n Geogr.* Ustí nad Labem.

aussinnen vymýšlet [-myslit].

aussöhn|en smiřovat [smířit]; **2ung** *f* smíření *n*, smír *m*.

aus|sondern vylučovat [-loučit]; *Ware*: vyb(í)rat; *Med.* vyměšovat; **~sortieren** [vy]třídit; **~spähen** vypátr(áv)at.

ausspann|en *v/t* (*ausbreiten*) rozestírat [-střít]; *Pferde*: vypřahat [-přáhnout]; *v/i fig.* (*ausruhen*) odpočívat [-činout] si, oddechovat [-chnout si]; **2ung** *f* odpočinek *m*, oddech *m*.

aus|sparen vynech(áv)at, rezervovat (*im*)*pf.*; *Tech.* vyb(í)rat; **2sparung** *f Tech.* vybrání *n*; dutina; **~speien** vyplivovat [-plivnout, -plivat].

aussperr|en (*nicht hereinlassen*) zavírat [-vřít] dveře (*j-n* před kým); *Arbeiter*: vylučovat [-loučit] z práce; **2ung** *f* výluka.

ausspiel|en *v/t Karte*: vynášet [-nést]; (*zu Ende spielen*) dohrá(va)t; *e-e Person gegen e-e andere* ~ nastrkovat [-strčit] k-o proti k-u; *v/i* dohrá(va)t (*a. fig.*); **2ung** *f* losování *n*.

aus|spionieren vypátr(áv)at; **2sprache** *f* výslovnost; (*Erörterung*) rozhovor *m*, diskuse; **~sprechen** *v/t* vyslovovat [-slovit]; *v/i* (*zu Ende sprechen*) domlouvat [-mluvit]; *v/r sich* ~ vyslovovat [-slovit] se; (*sich Luft machen*) vypovídat se *pf.*; *sich offen über et.* ~ otevřeně pohovořit o (*L*); **~spritzen** vystřikovat [-stříknout, -stříkat]; **2spruch** *m* výrok; **~spucken** vyplivovat [-plivnout, -plivat]; **~spülen** (*reinigen*) vyplachovat [-pláchnout]; *Ufer*: vy-, pode-mílat [-mlít]; **~staffieren** F vystrojovat [-jit]; **2stand** *m* (*Streik*) stávka *f*; *Ausstände m/pl. Hdl.* pohledávky *f/pl.*; *in den* ~ *treten* zahajovat [-hájit] stávku.

ausstatt|en (*ausrüsten*) vybavovat [-bavit]; (*beschenken*) obdarovat [-řit]; (*mit Rechten usw.*) opatřovat [-řit]; *Buch*: vypravovat [-pravit]; **2ung** *f* vybavení *n*; (*Aussteuer*) výbava; *Thea.* výprava; *Typ., Tech.* úprava.

aus|stechen vypichovat [-píchnout, -píchat]; *Pflanzen, Rasen*: vyrý(va)t; *fig. einen Nebenbuhler* ~ vyhodit *pf.* soupeře ze sedla; **~stehen** *v/t* (*erleiden*) vystá(va)t, snášet [snést]; *j-n nicht* ~ *können* nemoci vystát k-o; *v/i* (*noch fehlen*) nedocházet [-dojít]; *~de Forderungen, Beträge usw.* nezaplacené pohledávky, částky; **~steigen** vystupovat [-stoupit].

ausstell|en *Posten, Wache*: po-, roze-stavovat [-stavit]; (*zur Schau*) vystavovat [-stavit], vykládat [vyložit]; (*ausfertigen*) vystavovat [-stavit], vyd(áv)at; **2er(in** *f*) *m* vystavovatel(ka); (*e-r Urkunde*) vydavatel(ka); **~fenster** *n* (*Auto*) větrací okénko; **2ung** *f* výstava; (*Ausfertigung*) vystavení *n*, vydání *n*; (*Rüge*) výtka.

aussterben vymírat [-mřít]; *Zo., Bot.* [vy]hynout; *fig. die Stadt ist wie ausgestorben* město je jako po vymření.

Aussteuer *f* výbava; **2n** *Tochter*: vybavovat [-bavit]; *Erwerbslose, Kranke*: zbavovat [zbavit] podpory.

Ausstieg *m* (*Luke*) průlezný otvor, průlez; (*Tür*) výstupní dveře *n*.
ausstopfen vycp(áv)at.
Ausstoß *m* (*Produktion*) výstav, odvádění *n* (výrobků); **2en** vyrážet [-razit]; (*ausschließen*) vylučovat [-loučit]; *Gr.* vysouv(áv)at; (*produzieren*) vyrábět [-robit]; *Drohungen* ~ pronášet [-nést] hrozby; *e-n Schrei* ~ vykřikovat [-knout]; *e-n Seufzer* ~ povzdychávat [-chnout] (si); **2ung** *f* vyloučení *n*.
ausstrahl|en vyzařovat [-zářit]; *Wärme a.*: [vy]sálat; **2ung** *f* vyzařování *n*; sálání *n*.
aus|strecken *v/t* (*dehnen*) natahovat [-táhnout]; *Hand*: vztahovat [vztáhnout]; *v/r sich* ~ protahovat [-táhnout] se; **~streichen** (*durchstreichen*) vyškrtávat, [-tnout, -tat]; *Fugen, Backform*: vymaz(áv)at; (*glätten*) [u]hladit; **~streuen** vytrušovat [-trousit]; *Samen*: rozsévat [-sít]; **~strömen** *v/t Geruch, Wärme*: vyd(áv)at; *fig. Ruhe usw.*: [roz]šířit kolem sebe; *v/i* (*herausfließen*) vytékat [-téci], proudit ven; (*entweichen*) unikat [-knout]; **~suchen** vyhled(á-v)at, vyb(í)rat; *fig. ausgesucht* hledaný, vybraný, znamenitý.
Austausch *m* výměna *f*; ~- *in Zssgn* výměnný; **2bar** vyměnitelný; **2en** vyměňovat [-měnit] (*gegen* za *A*); **~student** *m* cizí student vyslaný na výměnu, výměnný stipendista.
austeil|en rozdílet, rozdělovat [-lit]; *Befehle*: dá(va)t; *Schläge*: rozd(á-v)at; **2ung** *f* rozdělení *n*.
Auster *f* ústřice; ~(*n*)- *in Zssgn mst* ústřicový.
austoben: *sich* ~ vybouřit se *pf*.
aus|tragen *Briefe usw.*: roznášet [-nést]; *Gerüchte*: roztrušovat [-trousit]; *Kind*: donosit *pf*.; *Sp.* vybojov(áv)at; *Streit*: urovn(áv)at; **2-träger(in** *f*) *m* roznášeč(ka).
Austral|ien *n* Austrálie *f*; **~ier(in** *f*) *m* Australan(ka), Austrálec; **2isch** australský.
austreib|en *v/t* vyhánět [-hnat, -honit]; (*vertreiben a.*) vypuzovat [-pudit]; *Geister*: vymítat; *Tech. Keil*: vyrážet [-razit]; **2ung** *f* (*Vertreibung*) vypuzení *n*.
austreten *v/t Feuer*: zašlapávat [-šlápnout, -šlapat]; *Weg*: vyšlap(á-v)at; *Schuhe*: sešlap(áv)at; *v/i* (*verlassen*) vystupovat [-stoupit]; F (*Notdurft verrichten*) jít (*od.* chodit) na stranu.
austrinken do-, vy-pí(je)t.
Austritt *m* vystoupení *n*; (*Abgang*) odchod; **~s·erklärung** *f* prohlášení *n* o výstupu.
austrocknen *v/t* vysušovat [-šit]; *v/i* vysychat [-schnout].
aus·üb|en konat, vykon(áv)at; (*betreiben*) provozovat; *Rechte usw.*: použí(va)t (*G*); *Anziehungskraft, Reiz*: působit (*I*); **2ung** *f* (vy)konání *n*; plnění *n*; provozování *n*.
Ausverkauf *m* výprodej; **2en** vyprod(áv)at.
auswachsen *v/i* vyrůs(ta)t; *Bot.* zrůs(ta)t; *v/t* F (*Kleid*) vyrůs(ta)t z (*G*); *ausgewachsen* vyrostlý; F (*verwachsen*) zakrslý; *v/r fig. sich* ~ *zu* vyrůst(at) v (*A*); F *das ist zum 2!* to je k zbláznění!
Aus|wahl *f* výběr *m*; (*Auslese*) výbor *m*; *e-e* ~ (*G*) *treffen* vyb(í)rat si (*A*); **2wählen** vyvolovat [-lit]; (*aussuchen*) vyb(í)rat.
Auswahl|mannschaft *f Sp.* vybrané (*od.* závodní) mužstvo *n*; **~sendung** *f* zásilka na vybranou.
auswalzen vyválcovat *pf*.
Auswan|derer *m*, **~d(r)erin** *f* vystěhovalec (-lkyně); **2dern** [vy]stěhovat se; **~derung** *f* vystěhování *n*.
auswärt|ig (*Ggs. am Ort*) venkovský, přespolní; (*ausländisch*) cizozemský, zahraniční; *das ~e Amt* ministerstvo zahraničních věcí; **~s** (*nach außen hinaus*) ven; (*aufs Land*) na venkov; (*ins Ausland*) do ciziny, za hranice; (*außerhalb*) venku; (*auf dem Land*) na venkově; (*im Ausland*) v cizině, za hranicemi; ~ *essen* jíst mimo dům; *von* ~ (*von draußen*) zvenčí; (*vom Land*) z venkova; (*aus dem Ausland*) z ciziny.
auswaschen vymý(va)t; *Wäsche*: vyp(í)rat; (*aushöhlen*) vymílat [-mlít].
auswechsel|bar vyměnitelný; **~n** vyměňovat [-měnit].
Ausweg *m* východ; *fig.* východisko *n*; **2los** *fig.* beznadějný.
ausweich|en vyhýbat [-hnout] se; *~de Antwort* vyhýbavá odpověď; **2flugplatz** *m* diversní letiště *n*; **2gleis** *n Esb.* výhybná kolej; **2-stelle** *f Esb.* výhybka.

aus|weiden *Tier*: vyvrhovat[-hnout]; **~weinen:** *sich* ~ vyplak(áv)at se; *sich* (*D*) *die Augen* ~ vyplak(áv)at si oči.

Ausweis *m* průkaz, legitimace *f*; (*Nachweis*) výkaz; **2en** *v/t* (*entfernen*) vypovídat [-vědět], vyhošťovat [-hostit]; *v/r sich* ~ prokazovat [-kázat] se, legitimovat se (*im*)*pf.*; **~papiere** *n/pl.* průkazní listiny *f/pl.*; **~ung** *f* vykázání *n*, vyhoštění *n*, zákaz *m* pobytu.

aus|weiten (*dehnen*) roztahovat [-táhnout]; (*erweitern*) rozšiřovat [-šířit]; **~wendig** *Adj.* (*Ggs. inwendig*) zevnější; *Adv.* vně, zevnitř; (*aus d. Gedächtnis*) nazpaměť; ~ *lernen* (*A*) [na]učit se (*D*) nazpaměť; **~werfen** (*her~, hin~*) vyhazovat [-hodit, -házet]; (*ausspeien*) [vy-]chrlit; *Auge*: vyrážet [-razit]; *fig. Betrag, Rente*: určovat [-čit]; (*für e-n bestimmten Zweck*) vyznačovat, [-čit].

auswert|en (*A*) využí(va)t (*G*), vytěžit z (*G*); **2ung** *f* vyhodnocení *n*, využití *n*.

auswintern *Getreide*: vymrzat [-znout].

auswirk|en *v/t* (*erwirken*) vymáhat [-moci]; *v/r sich* ~ projevovat [-jevit] se, účinkovat; **2ung** *f* důsledek *m*, účinek *m*.

aus|wischen vytírat [-třít]; *sich* (*D*) *die Augen* ~ protírat [-třít] si oči; *fig.* F *j-m eins* ~ usazovat [usadit] k-o; **~wringen** [vy]ždímat; **2wuchs** *m* výrůstek; *fig. Auswüchse pl.* výstřelky *m/pl.*; **~wuchten** vyvažovat [-vážit]; **2wurf** *m Med.* hlen, chrchel; *fig.* vyvrhel; **~zahlen** vyplácet [-platit] (*sich* se); **~zählen** vy-, s-počít(áv)at; *Sp.* odpočít(áv)at; **2zahlung** *f* vyplacení *n*, výplata; **2zehrung** *f* úbytě *f/pl.*

auszeichn|en *Waren*: označovat [-čit]; (*ehren*) vyznamen(áv)at; *sich* ~ vynikat [-knout]; *vgl. ausgezeichnet*; **2ung** *f* vyznamenání *n*.

auszieh|bar vytahovací, vysouvací, výsuvný; **~en** *v/t* (*her~, dehnen*) vytahovat [-táhnout, -tahat]; *Kleider*: svlékat [svléci]; *Schuhe*: vyzou(va)t; (*exzerpieren*) [u]dělat výpisky, vypisovat [-psat] z (*G*); *Zahn*: vytrhávat [-hnout]; *Zeichnung usw.*: vytahovat [-táhnout, -tahat]; F *fig.* (*j-n*) ob(i)rat; *v/i* (*umziehen, auswandern*) [od]stěhovat se; (*abmarschieren*) odcházet [odejít]; *Mil.* [vy]táhnout; *v/r sich* ~ svlékat [svléci] se; **2tisch** *m* vytahovací stůl.

Auszug *m* výtah; *Chem.* výtažek, tresť *f*; odstěhování *n*; (*Abgang*) odchod; **2s·weise** ve výtahu, zkráceně.

au'thentisch autentický, hodnověrný.

Auto *n* auto; ~ *fahren* jet [jezdit] autem; ~- *in Zssgn mst* automobilový, autový; **~bahn** *f* autostráda, dálnice; **~biogra'phie** *f* vlastní životopis, autobiografie; **~bus** *m* autobus; **~di'dakt** *m* samouk, autodidakt; **~fahrer(in** *f*) *m* automobilista (-tka); **~fahrt** *f* jízda autem; **2'gen** autogenní; **~'gramm** *n* autogram *m*, vlastnoruční podpis; **~kra'tie** *f* samovláda, autokracie; **2'kratisch** samovládný, autokratický; **~'mat** *m* automat; **2'matisch** automatický, samočinný; **2mati'sieren** automatizovat (*im*)*pf.*; **~mati'sierung** *f* automatizace; **~mechaniker** *m* automechanik; **2'nom** autonomní, samosprávný; ~*es Gebiet* autonomní území; **~no'mie** *f* autonomie, samospráva; **~p'sie** *f* (*Obduktion*) pitva.

Autor *m* autor, spisovatel.

Auto|reifen *m* pneumatika *f*, autoplášť; **~repara'turwerkstatt** *f* správkárna aut, F autosprávkárna.

autori|'sieren autorizovat (*im*)*pf.*; **2'tät** *f* autorita, vážnost; ~ *genießen* mí(va)t autoritu; *er ist eine* ~ *auf seinem Gebiet* je na slovo vzatým znalcem ve svém oboru; **~'tär** auroritativní; **~ta'tiv** směrodatný, hodnověrný.

Auto|schlosser *m* automechanik; **~straße** *f* autostráda, dálnice; **~verkehr** *m* automobilová doprava, autoprovoz; **~verleih** *m*, **~vermietung** *f* půjčovna aut.

avan'cieren být povýšen, F avansovat (*im*)*pf.*, postupovat [-stoupit].

Axt *f* sekera.

Aza'lee *f*, **A'zalie** *f Bot.* azalka.

Aze'tat *n Chem.* octan *m*, acetát *m*.

Azety'len *n* acetylén *m*.

A'zur *m* azur, blankyt, nebeská modř; **2blau** azurový, blankytný.

B

B, b *n unv.* B, b.
b *n Mus.* b.
Baby *n* děťátko; *~- in Zssgn mst* dětský; **~ausstattung** *f* dětská výbavička.
Bach *m* potok.
Bächlein *n* potůček *m.*
Bachstelze *f Zo.* konipas *m,* třasořitka.
Backblech *n* plech na pečení.
Backbord *n Mar.* levý bok, levobok.
Backe *f* tvář, líce; *Tech.* čelist; *dicke ~* oteklá tvář; F *au ~!* koukejme se!
backen *v/t* [u]péci; (*in der Pfanne*) [u]smažit; *Obst*: [u]sušit; *Ziegel*: [vy]pálit; *v/i* [u]péci se, [u]smažit se; (*Schnee*) [na]lepit se.
Backen|bart *m* licousy *m/pl.,* kotlet(k)y *f/pl.*; **~knochen** *m* lícní kost *f*; **~zahn** *m* stolička *f.*
Bäcker *m* pekař; **~ei** [-ˈʀaɪ] *f* (*Handwerk*) pekařství *n*; (*Backstube*) pekárna; (*Laden*) pekařský krám; **~geselle** *m* pekařský tovaryš; **~laden** *m* pekařský krám; **~meister** *m* pekařský mistr.
Back|fisch *m* smažená ryba; F *fig.* mladé děvče, F žába *f,* žabka *f*; **~form** *f* forma na pečení; **~hähnchen** *n,* **~huhn** *n* smažené kuře; **~obst** *n* sušené ovoce, křížaly *f/pl.*; **~ofen** *m* pec *f*; **~pfanne** *f* pekáč *m*; **~pfeife** F *f* pohlavek *m*; **~pflaume** *f* sušená švestka; **~pulver** *n* prášek *m* do pečiva; **~stein** *m* pálená cihla; **~stube** *f* pekárna; **~trog** *m* díž(e) *f*; **~ware** *f,* **~werk** *n* pečivo.
Bad *n* (*Baden*) lázeň *f,* koupelna *f*; (*Badeort*) lázně *f/pl.*; (*Badezimmer*) koupelna *f*; *ein ~ nehmen s. baden*; *ins ~ reisen* jet do lázní.
Bade|anstalt *f* lázně *f/pl.*; koupaliště *n*; **~anzug** *m* koupací oblek; **~arzt** *m* lázeňský lékař; **~gast** *m* lázeňský host; **~haube** *f* koupací čepice; **~haus** *n* lázeňský dům; **~hose** *f* plavky *f/pl.*; **~kappe** *f* koupací čepice; **~mantel** *m* koupací plášť; **~meister** *m* lázeňský, plavčík.
baden *v/t* [vy]koupat; *v/i u. v/r* (*sich ~*) [vy]koupat se.
Baden *n* koupání.
Bade|ofen *m* koupelnová kamna; **~ort** *m* lázně *f/pl.,* lázeňské místo; **~saison** *f* lázeňská sezóna; **~salz** *n* sůl *f* do koupele; **~schuhe** *m/pl.* koupačky *f/pl.*; **~strand** *m* pláž *f*; **~wanne** *f* koupací vana; **~zeit** *f* doba koupání; lázeňská sezóna; **~zeug** *n* koupací prádlo.
baff F: (*ganz*) *~ sein über* (*A*) být (všecek) zaražen z (*G*); F být (všecek) paf nad (*I*).
Baˈgage *f* zavazadla *n/pl.*; P *fig.* holota; P pakáž.
Bagaˈtelle *f* bagatela, maličkost.
Bagger *m* bagr, rýpadlo *n*; **≗n** [vy]bagrovat, [vy]hloubit.
Bahn *f* (*Weg*) dráha, cesta; *Esb.* dráha, železnice; *~- in Zssgn mst* železniční; *Sp.* (závodní) dráha, závodiště *n*; *mit der* (*od. per*) *~* drahou, po dráze; *freie ~ dem Tüchtigen!* volnou dráhu (*od.* cestu) schopnému!; *sich ~ brechen* [pro-] razit si cestu; *fig. auf die schiefe ~ geraten* dost(áv)at se na šikmou plochu; **≗brechend** *fig.* průkopnický, průbojný; **~brecher** *m* průkopník, pionýr; **~damm** *m* železniční násep.
bahnen *Weg*: [pro]razit; *sich den Weg ~* prodírat se.
Bahn|fahrt *f* jízda drahou (*od.* po železnici); **~gleis** *n* kolejnice *f,* železniční koleje *f/pl.*; **~hof** *m* nádraží *n*; **~hofshalle** *f* nádražní dvorana; **~hofsvorsteher** *m* přednosta stanice; **~körper** *m* trať *f*; **~linie** *f* železniční trať; **~rennen** *n Sp.* závody *m/pl.* na dráze; **~schranke** *f* železniční (*od.* drážní) závora; **~steig** *m* nástupiště *n,* F perón; **~steigkarte** *f* perónní lístek *m,* lístek *m* na nástupiště, F perónka; **~strecke** *f* železniční trať; **~übergang** *m* železniční přejezd; **~wärter** *m* železniční hlídač, hlídač trati; **~wärterhäus·chen** *n* strážní domek *m.*

Bahre *f* nosítka *n/pl.*; (*Toten*∼) máry *f/pl.*
Baiser [be'ze:] *n Kochk.* bezé *n*, pusinka.
Bajo'nett *n* bodák *m*, bajonet *m*; **∼verschluß** *m* bajonetový uzávěr.
Bake *f Mar.* bóje, plovák *m*.
Bak'teri|e *f* bakterie; **∼'ell** bakteriální; **∼o'logisch** bakteriologický; **∼'zid** bakteri(o)cidní.
Ba'lance *f* rovnováha, F balanc *m*.
balan'cier|en *v/i* udržovat [-žet] rovnováhu, balancovat (se); **∼stange** *f* balanční tyč.
bald brzy, brzo; (*fast*) skoro, málem; *möglichst* ∼, *so* ∼ *als* (*od. wie*) *möglich* co nejdříve; ∼ ..., ∼ ... hned ..., hned ...
Baldachin *m* baldachýn.
Bälde *f*: *in* ∼ vbrzku.
baldig brzký; **∼st** *Adv.* nejdříve.
Baldrian *m Bot.* kozlík lékařský, baldrián; **∼tropfen** *m/pl.* baldriánové kapky *f/pl.*
Balg[1] *m* (*Fell*) (stažená) kůže *f*; (*harmonikaartig ausziehbar, a. Blase*∼) měch.
Balg[2] *m od. n* (*Kind*) spratek; *ein ungezogener* ∼ nevychovaný spratek, neřád.
balge|n: *sich* ∼ prát [poprat] se; **∼'rei** *f* pranice, rvačka.
Balkan *m* Balkán; *in Zssgn mst* balkánský.
Balken *m* kláda *f*, trám; (*Träger*) nosník; **∼waage** *f* dvouramenná váha.
Balkon *m* balkón (*a. Thea.*).
Ball[1] *m* (*Spiel*∼) míč; (*Schnee*∼) koule *f*.
Ball[2] *m* (*Tanz*) ples, F bál.
Bal'lade *f* balada.
Ballast *m* přítěž *f*, balast.
Ballen *m* balík; *Med.* bříško *n*.
ballen *v/t Faust*: zatínat [-tnout] (pěst); *Schnee*: [u]dělat sněhovou kouli; *v/r sich* ∼ (*Schnee*) [na-]lepit se; (*Wolken*) [na]kupit se; *v/i* hrát si s míčem.
Bal'lett *n* balet *m*; **∼tänzer** *m* baletní tanečník; **∼tänzerin** *f* baletka, baletní tanečnice.
ballförmig kulovitý.
Bal'list|ik *f* balistika; **∼isch** balistický.
Bal'lon *m* balón; (*Flasche*) demižón, baňatá láhev; **∼sperre** *f* balónová uzávěra.
Ballsaal *m* plesová síň.
Balsam *m* balzám; F balšám; **∼'ieren** [na]balzamovat.
Balt|e *m* Balt; **∼ikum** *n* Pobaltí; **∼isch** pobaltský, baltský.
Balz *f* tokání *n*, tok *m*; **∼en** [za]tokat; **∼zeit** *f* doba tokání; *fig.* doba lásky, máj.
Bambus *m* bambus; *in Zssgn mst* bambusový; **∼rohr** *n* bambusová třtina.
ba'nal banální, všední; **∼i'tät** *f* banálnost, všednost.
Ba'nane *f* banán *m*; ∼*n- in Zssgn mst* banánový; **∼n·stecker** *m El.* zástrčka *f*, banánek.
Ba'nause *m* hnidopich, šosák, nevzdělanec.
Band 1. *n* (*Haar*∼, *Seiden*∼) stuha *f*, tkanice *f*; *Anat.* svaz *m*; *Rdf.* pásmo; *Tech.* pás *m*; (*Ton*∼) pásek *m*; *laufendes* ∼ běžící pás; (*Fessel*) pouto (*a. fig.*); *fig. am laufenden* ∼ na běžícím páse, nepřetržitě; *außer Rand und* ∼ *sein* být všeck bez s ebe, F být celý pryč; **2.** *m* (*Buch*) svazek; *das spricht Bände* to mluví za celé knihy; **3.** [bend] *f* (*Kapelle*) banda.
Ban'da|ge *f* bandáž; **∼'gieren** obvazovat [-vázat], [za]bandážovat.
Bandaufnahme *f* záznam *m* na pásek.
Bändchen *n* stužka *f*, tkanička *f*; (*Büchlein*) svazeček *m*.
Bande *f* tlupa, banda; (*Billard*) mantinel *m*.
Band·eisen *n* pás(k)ová ocel.
Bande'role *f* (*Steuer*) zdaňovací páska.
bändig|en [z]krotit (*a. fig.*); **∼er(in** *f*) *m* krotitel(ka); **∼ung** *f* zkrocení *n*.
Ban'dit *m* bandita, lupič.
Band|maß *n* měřící (*od.* měřické) pásmo; **∼säge** *f* pásová pila; **∼scheibe** *f* meziobratlová ploténka; **∼wurm** *m Med.* tasemnice *f*.
bange teskný, tísnivý; *mir ist angst und* ∼ *vor* bojím se (*G*); *mir ist* ∼ *nach* stýská se mi po (*L*); ∼ *machen* nahánět [-hnat] strach; **∼n** (*um*) strachovat se o (*A*).
Bank[1] *f* (*Sitz*∼) lavice; (*Werk*∼) pracovní stůl; (*Sand*∼) písčina, mělčina; *fig. auf die lange* ∼ *schieben* odkládat [odložit]; *durch die* ∼ vesměs.
Bank[2] *f* (*Geldinstitut*) banka; (*Spiel*∼) bank *m*; ∼ *halten* mít bank; *die* ∼

sprengen rozbí(je)t bank; **~angestellte(r)** bankovní zaměstnanec; **~anweisung** *f* bankovní poukázka; **~ausweis** *m* bankovní výkaz; **~beamte(r)** bankovní úředník.
Bänkelsänger *m* pouliční (*od.* jarmareční) písničkář.
Ban'kett *n* banket *m*, hostina *f*.
Bank|guthaben *n* pohledávka *f* u banky; **~ier** [-'kie:] *m* bankéř; **~konto** *n* bankovní účet *m*; **~note** *f* bankovka; **~notenumlauf** *m* oběh bankovek.
Bank'rott *m Hdl.* bankrot, úpadek; *~ machen* upadnout v konkurs.
bank'rott neschopný (-pen) platit; *ich bin ~* jsem hotov, jsem u konce.
Bank|verkehr *m* bankovní styk; **~wesen** *n* bankovnictví.
Bann *m Rel.* klatba *f*; (*Zauber*) pouto *n*, kouzlo *n*; *in den ~ tun* dá(va)t do klatby; **2en** *Geister, Gefahr*: zažehn(áv)at; *fig.* (*fesseln*) okouzlovat [-lit]; (*festhalten*) zachycovat [-chytit]; *wie gebannt* jako přimrazen.
Banner *n* korouhev *f*, prapor *m*.
Bann|fluch *m* klatba *f*; **~kreis** *m* soudní obvod, okrsek; **~meile** *f* obvod *m* města; **~strahl** *m* vyrčení *n* klatby; **~ware** *f* pašované zboží.
Bap'tist(in *f*) *m* baptista (-tka).
bar (*Haupt*) holý, obnažený; (*frei von*) prostý; *Hdl.* hotový; *~es Geld* hotové (peníze); *gegen* (*od. in*) *~* za hotové, hotově; *~ bezahlen* zaplatit hotově (*od.* hotovými); *fig.* et. *für ~e Münze nehmen* brát [vzít] co za bernou minci (*od.* vážně).
Bar *f* bar *m*; *~- in Zssgn mst* barový.
Bär *m* medvěd; (*Rammklotz*) beran; *Astr. Großer* (*Kleiner*) *~* Velký (Malý) vůz; *fig. j-m e-n ~en aufbinden* [o]balamutit k-o.
Ba'racke *f* barák *m*.
Bar'bar(in *f*) *m* barbar(ka).
Barba'r|ei *f* barbarství *n*; **2isch** [-'ba:-] barbarský.
Barbe *f Zo.* parma.
bärbeißig hašteřivý, mrzutý.
Barbestand *m* pokladní hotovost *f*.
Barchent *m* barchet; *~- in Zssgn mst* barchetový.
Bardame *f* barmanka.
Bären- *in Zssgn mst* medvědí; **~dienst** *m* škodlivá pomoc; **~fell** *n* medvědice *f*; **~führer** *m* medvědář; **~haut** *f fig.*: *auf der ~ liegen* povalovat se, lenošit; **~hunger** F *m*: *~ haben* mít hlad jako vlk; **~klau** *m Bot.* paznehtník; **~mütze** *f* medvědice; **2stark** silný jako medvěd; **~tatze** *f* medvědí tlapa, pracka (*a. fig.*); **~zwinger** *m* medvědinec.
Ba'rett *n* baret *m*.
bar|fuß bos; **~füßig** bosý.
barg *s. bergen.*
Bargeld *n* hotové peníze *m/pl.*; **2los** bezpeněžní. bezhotovostní; *~er Zahlungsverkehr* žirový platební styk.
Bargeschäft *n* obchod *m* za hotové.
bar|haupt, ~häuptig prostovlasý, s obnaženou hlavou.
Bärin *f* medvědice.
Bariton *m* baryton; (*Sänger*) baryton(ista).
Bar|'kasse *f* barkasa; **~ke** *f Mar.* bárka, (rybářský) člun.
Barkeeper *m* barmistr; barman.
Bärlapp *m Bot.* plavuň.
barm'herzig milosrdný; **2keit** *f* milosrdenství *n*.
ba'rock barokní, barokový; **2stil** *m* barokní (*od.* barokový) sloh.
Baro'meter *n* tlakoměr *m*, barometr *m*; **~stand** *m* stav tlakoměru (*od.* barometru).
Ba'ron(in *f*) *m* baron(ka).
Barren *m* (*Gold2*) prut; (*Turn2*) bradla *n/pl.*; **~gold** *n* zlato v prutech.
Barri'kade *f* barikáda.
Barsch *m Zo.* okoun.
barsch hrubý, příkrý.
Barschaft *f* hotovost.
barst *s. bersten.*
Bart *m* vousy *m/pl.*; (*Schlüssel2*) zub; *in den ~ brummen* [za]bručet si; F *fig. j-m um den ~ gehen* [za]lichotit; *Streit um des Kaisers ~* [po]hádat se pro nic za nic; *so ein ~!* to už známe!; **~flechte** *f Med.* lišej *m*; *Bot.* lišejník bradatý.
bärtig vousatý.
bartlos bezvousý.
Bar|verkauf *m* prodej za hotové; **~zahlung** *f* placení *n* hotovými.
Ba'salt *m* čedič; *~- in Zssgn mst* čedičový.
Ba'sar *m* bazar.
Base[1] *f* (*Kusine*) sestřenice.
Base[2] *f Chem.* zásada, báze; (*Basis*) základna.
ba'sieren zakládat se (*auf D* na *L*).
Basis *f* základna, báze; *Math.* mocněnec *m*; *auf gesunder ~* na zdravém základě; *auf der ~ von* na základě.

Baskenmütze *f* rádiovka, baskická čapka.
Basketball *m* košíková *f*, basketbal; **~spieler** *m* hráč košíkové, basketbalista.
Baß *m Mus.* bas; ~- *in Zssgn mst* basový; **~geige** *f* basa.
Bassin [ba'sɛ̃] *n* bazén *m*, vodní nádrž *f*.
Bas'sist *m* basista.
Baßschlüssel *m Mus.* basový klíč.
Bast *m* lýko *n*, lýčí *n*; ~- *in Zssgn mst* lýkový.
basta F basta!, dost!
Bastard *m* bastard; (*Kind a.*) levoboček; *Zo.*, *Bot.* míšenec, kříženec.
bast|eln kutit (et. na čem); **ᘏeln** *n* kutilství; **ᘏler** *m* kutil.
Basti'on *f* bašta.
bat *s. bitten.*
Batail'lon *n Mil.* prapor *m*.
Ba'tist *m* batist; ~- *in Zssgn mst* batistový.
Batte'rie *f* baterie; ~- *in Zssgn mst* bateriový.
Batzen *m* (*Klumpen*) kus, hrouda *f*; *das kostet e-n schönen ~ Geld* to je hodně mastné.
Bau *m* stavba *f*; (*Körper*ᘏ) složení (*od.* stavba) těla; (*Tierhöhle*) doupě *n*, brloh; (*Bauplatz*) staveniště *n*; **~amt** *n* stavební úřad *m*; **~arbeit** (**-en** *pl.*) *f* stavební práce; **~arbeiter** *m* stavební dělník; **~art** *f* konstrukce.
Bauch *m* břicho *n*; *Tech.* kmitna *f*; ~- *in Zssgn mst* břišní; **~binde** *f* břišní pás *m*; **~fell** *n* pobřišnice *f*; **~fellentzündung** *f Med.* zánět *m* pobřišnice; **~höhle** *f Anat.* břišní dutina.
bauchig, bäuchig břichatý; *Gefäß a.*: baňatý.
Bauch|landung *f Flgw.* přistání *n* na břicho; **~redner** *m* břichomluvec; **~schmerzen** *m/pl.* bolení *n* břicha; **~schuß** *m* střelná rána do břicha; **~speicheldrüse** *f Anat.* břišní slinivka.
Bau|darlehn *n* stavební půjčka *f*; **~element** *n* stavební (*od.* konstrukční) prvek *m*; prefabrikát *m*; **ᘏen** *v/t* [vy]stavět, obděl(áv)at; *Pflanzen*: pěstovat; *v/i ~ auf* (*A*) spoléhat [-lehnout] na (*A*).
Bauer[1] *m* sedlák, rolník; (*Schach*) pěšec.
Bauer[2] *n* klec *f*.
Bäuer|in *f* selka, rolnice; **ᘏisch** selský, venkovský; **ᘏlich** selský, rolnický; *von ~er Herkunft* selského (*od.* rolnického) původu.
Bauern- *in Zssgn mst* selský; **~aufstand** *m* selské povstání; **~befreiung** *f* osvobození *n* sedláků z nevolnictví, zrušení *n* roboty; **~bursche** *m* chasník; **~fänger** *m* taškář, podvodník; **~gut** *n* selský statek; **~haus** *n* selský dům; **~hof** *m* selský dvůr; **~regel** *f* selská pranostika; **~schaft** *f* rolnictvo *n*, sedláci *m/pl.*; **~stand** *m* selský (*od.* rolnický) stav; **~volk** *n* rolníci *m/pl.*
Bauersfrau *f s. Bäuerin.*
Bau|fach *n* stavební obor *m*; **ᘏfällig** chatrný, na spadnutí; **~führer** *m* vedoucí stavby, stavbyvedoucí; **~gelände** *n* stavební pozemky *m/pl. od.* parcela *f*; **~genossenschaft** *f* stavební družstvo *n*; **~gerüst** *n* stavební lešení; **~gewerbe** *n* stavební živnost *f*; **~herr** *m* stavebník; **~holz** *n* stavební dříví; **~ingenieur** *m* stavební inženýr; **~kasten** *m* stavebnice *f*; **~klotz** *m* špalíček ze stavebnice; **~kosten** *pl.* stavební náklady *m/pl.*; **~kostenzuschuß** *m* příspěvek na stavební náklady; **~kunst** *f* stavitelské umění; **ᘏlich** stavební.
Baum *m* strom; **ᘏartig** stromovitý.
Baumaterial *n* stavební materiál.
Baum|bestand *m* stromoví *n*, porost; **~blüte** *f* doba květu.
Bäumchen *n* strom(eč)ek *m*.
Baumeister *m* stavitel.
baumeln klátit se, houpat se; *die Beine ~ lassen* klátit nohama.
Baum|eule *f* lesní sova; **~grenze** *f* hranice stromoví; **~krone** *f* koruna stromu; **ᘏlang** dlouhý jako strom; **~marder** *m Zo.* lesní kuna *f*; **~rinde** *f* stromová kůra; **~schere** *f* zahradnické nůžky *f/pl.*; **~schule** *f* školka, štěpnice; **~stamm** *m* kmen, peň; **ᘏstark** silný jako strom; **~stumpf** *m* pařez; **~wolle** *f* bavlna; *Baumwoll- in Zssgn* = **ᘏwollen** bavlněný; **~wollspinnerei** *f* přádelna bavlny; **~wollstrauch** *m* bavlník; **~zucht** *f* pěstování *n* stromů, sadaření *n*; **~züchter** *m* sadař.
Bau|muster *m* typ, model; **~plan** *m* stavební výkres; **~platz** *m* staveniště *n*.

bäurisch *s. bäuerisch.*
Bausch *m* (*Watte*≗) chomáč(ek); *Med.* tampón; (*Kleid*) záhyb, náběr; *fig. in ~ und Bogen* se vším všudy; **≗ig** nabraný, vzdutý.
Bau|schutt *m* rum; **~stein** *m* stavební kámen; **~stelle** *f* staveniště *n*; **~stil** *m* stavební (*od.* stavitelský) sloh; **~stoff** *m* stavivo *n*, stavební hmoty *f/pl.*; **~tätigkeit** *f* stavební ruch *m*; **~teil** *n* konstrukční součást *f*; **~ten** *m/pl. s. Bau*; **~unternehmen** *n* stavební podnik *m*; **~unternehmer** *m* podnikatel staveb (*od.* stavby); **~werk** *n* stavba *f*, budova *f*; **~wesen** *n* stavitelství, stavebnictví. [**~us** *m* bacil.]
Ba'zill|enträger *m* nosič bacilů;
be'absichtigen zamýšlet *pf.*
be'acht|en (*A*) všímat [(po)všimnout] si (*G*); **~enswert** hodný povšimnutí, pozoruhodný; **~lich** značný; **≗ung** *f* povšimnutí *n*, pozornost.
Be'amte(r) úředník.
Be'amten|laufbahn *f* úřednická dráha (*od.* kariéra); **~schaft** *f* úřednictvo *n*, úředníci *m/pl.*
be'ängstigen znepokojovat [-jit]; **~d** tísnivý, znepokojující.
be'anspruch|en (*A*) domáhat se (*G*), požadovat (*A*); *Zeit*: zab(í)rat, vyžadovat [-žádat]; *Tech.* namáhat; **≗ung** *f Tech.* namáhání *n*.
be'anstand|en (*A*) pozastavovat [-stavit] se nad (*I*), namítat [-tnout] proti (*D*); **≗ung** *f* pozastávka, výtka.
be'antragen navrhovat [-knout].
be'antwort|en (*A*) odpovídat [-vědět] na (*A*); **≗ung** *f* (*G*) odpověď na (*A*); *in* ≗ (*G*) odpovídaje (-jíc, -jíce) na (*A*).
be'arbeit|en zpracov(áv)at; *Tech.* obrábět [-robit]; *Acker*: obděl(á-v)at; *fig.*: *j-n ~* přesvědčit [-čovat] k-o; **≗er(in** *f*) *m* zpracovatel(ka); (*bei Büchern*) upravovatel(ka); **≗ung** *f* zpracování *n*; obrobení *n*.
be'aufsichtig|en (*A*) dohlížet [-hlédnout] na (*A*); **≗ung** *f* (*G*) dohled *m* na (*A*).
be'auftrag|en: *j-n mit et. ~* pověřovat [-řit] k-o čím; **≗te(r)** pověřenec (-nka); **≗ung** *f* pověření *n*.
be'bau|en *Agr.* obděl(áv)at; *Arch.* zastavovat [-stavět]; **≗ung** *f* zastavění *n*, zástavba.
beben [za]chvět se, [za]třást se.
Beben *n* chvění; *s. a. Erdbeben.*
Becher *m* pohár, číše (*a. fig.*); *Tech.* koreček; *Bot.* číška *f.*
Becken *n* (*Gefäß*) mísa *f*; (*Bassin*) nádrž *f*; (*Wasch*≗) umývadlo; *Anat.* pánev *f*; *Geog.* kotlina *f*, pánev *f*; *Mus.* činely *m/pl.*, puklice *f/pl.*, talíře *m/pl.*
be'dacht (*überlegend*) rozvážlivý; (*achtsam*) dbalý (*auf A* č-o); *auf* (*A*) et. *~ sein* dbát č-o.
Be'dacht *m* rozvaha *f*; (*Vorsicht*) opatrnost *f*; *mit ~ handeln* jednat obezřele.
be'dächtig, be'dachtsam (*überlegend*) rozvážlivý; (*vorsichtig*) opatrný; **≗keit** *f* rozvážlivost, opatrnost.
be'danken: *sich ~* poděkovat (*bei j-m für* et. k-u zač).
Be'darf *m* potřeba *f* (*an D* č-o); (*Nachfrage*) poptávka *f*; *nach ~* podle potřeby; *~ haben* (*an D*) *s. bedürfen.*
Bedarfs|artikel *m* předmět spotřeby; **~fall** *m*: *im ~e* v případě potřeby; **~güter** *n/pl.* spotřební zboží *n*; **~haltestelle** *f* zastávka podle potřeby.
be'dauerlich politováníhodný, neradostný; **~erweise** bohužel.
be'dauern (*j-n*) [po]litovat k-o; (*et.*) litovat č-o; *ich bedauere sehr, daß* lituji velice, že.
Be'dauern *n* politování; *zu m-m ~* k své lítosti.
be'deck|en pokrý(va)t; (*schützend*) přikrý(va)t; (*verdecken*) zakrý(va)t; *sich ~* (*Himmel*) zatahovat [-táhnout] se; *bedeckt* po-, při-, za-kryt(ý); (*Himmel*) zatažený; **≗ung** *f* po-, při-, za-krytí *n*; (*Decke*) pokrývka; (*Hdl. Deckung*) úhrada; (*Mil. Geleit*) ozbrojený průvod.
be'denk|en *v/t* u-, roz-važovat [-vážit]; *zu ~ geben* dá(va)t na uváženou; *j-n mit et. ~* pamatovat na k-o čím; *v/r sich ~* (*sich besinnen*) rozmýšlet [-myslit] se; (*zögern*) rozpakovat se, otálet; *sich e-s Besseren ~* rozmýšlet [-myslit] se jinak; **≗en** *n* rozvaha *f*, úvaha *f*; (*Zweifel*) pochyby *f/pl.*; *ohne ~* bez rozpaků; *~ tragen* (*od. haben*) pochybovat (*wegen* o *L*); **~lich** (*kritisch*) povážlivý; (*nachdenklich*) zamyšlen(ý); **≗zeit** *f* lhůta (*od.* doba) na rozmyšlenou.

be'deut|en znamenat; (*zu verstehen geben*) dá(va)t na srozuměnou; *was hat das zu ~?, was soll das ~?* co to znamená?; *das hat nichts zu ~* to nic neznamená; **~end** významný; (*beträchtlich*) značný; **~sam** důležitý, významný.

Be'deutung *f* význam *m*; (*Sinn*) smysl *m*; (*Wichtigkeit*) důležitost; *die Sache ist nicht von ~* věc je bezvýznamná; **≗s·los** bezvýznamný; **≗s·voll** významný; **~s·wandel** *m Gram.* změna *f* významu.

be'dienen *v/t* (*j-n*) posluhovat [-sloužit] k-u; (*et.*) obsluhovat [-sloužit] co; (*Kartenspiel*) *Farbe ~* přizn(áv)at barvu; *werden Sie schon bedient?* dostáváte už?; *v/r sich ~* (*G*) použí(va)t (*G*); *bitte, ~ Sie sich!* račte si posloužit!

Be'dienung *f* ob-, po-sluha; (*Dienerschaft*) služebnictvo *n*; *Tech.* obsluhování *n*; **~s·hebel** *m* ovládací páka *f*; **~s·mannschaft** *f*, **~s·personal** *n* obsluha *f*.

be'dingen (*erfordern*) vyžadovat [-žádat]; (*bewirken*) přinášet [-nést].

be'dingt podmíněný, podmínečný; **≗heit** *f* podmíněnost.

Be'dingung *f* podmínka; *unter der ~, daß* s podmínkou, že; *unter jeder ~* za všech podmínek, stůj co stůj; *unter keiner ~* za žádných okolností; **≗s·los** bezpodmínečný.

be'dräng|en (*A*) sotírat na (*A*); *in bedrängter Lage sein* být v těžké situaci (*od.* v tísni); **≗nis** *f* tíseň, nesnáz.

be'droh|en (*j-n*) ohrožovat k-o; **~lich** hrozivý; **≗ung** *f* pohrůžka, ohrožování *n*.

be'drucken potiskovat [-knout].

be'drück|en (*unterdrücken*) utiskovat [-knout], utlačovat [-čit]; (*seelisch*) tísnit; **≗er(in** *f*) *m* utiskovatel(ka), utlačovatel(ka); **≗ung** *f* útisk *m*, útlak *m*.

Bedu'ine *m* Beduín.

be'dungen *s. bedingen.*

be'dürfen potřebovat; *es bedarf* (*G*) je třeba (*od.* je potřebí *G*).

Be'dürfnis *n* potřeba *f*; **~anstalt** *f* záchod(k)y *m/pl.*; **≗los** skromný, nenáročný; **~losigkeit** *f* skromnost, nenáročnost.

be'dürftig nuzný, chudý; **≗keit** *f* nuznost, chudoba.

Beefsteak ['bi·fste:k] *n* biftek *m*.

be'ehren poctí(va)t; *~ Sie uns bald wieder!* navštivte nás zas brzo!

be'eid(ig)en (*et.*) odpřisáhnout *pf.*, stvrzovat [svrdit] přísahou.

be'eilen: *sich ~* pospíchat [-spíšit] si.

be'eindrucken (*A*) [u]dělat dojem na (*A*); *ich war davon tief beeindruckt* učinilo to na mne hluboký dojem.

be'einfluss|en [za]působit na (*A*), ovlivňovat [-vnit]; **≗ung** *f* vliv *m*, ovlivnění *n*.

be'einträchtig|en (*A*) zkracovat [zkrátit] (*A*), [u]škodit (*D*); **≗ung** *f* újma, zkrácení *n*.

be'end(ig)|en s-, u-, do-končit; **≗ung** *f* u-, do-končení *n*.

be'engen zužovat [zúžit]; (*beklemmen*) [s]tísnit; (*einschränken*) omezovat [-zit].

be'erben [po]dědit (*j-n* po kom).

be'erdig|en pochov(áv)at, pohřbí(va)t; **≗ung** *f* pohřeb *m*; **≗ungsinstitut** *n* pohřební ústav *m*.

Beere *f* bobule, jahoda; **~n·obst** *n* bobulovité ovoce *m/pl.*, bobuloviny *f/pl.*

Beet *n* záhon *m*.

be'fähig|en [u]činit způsobilým (*zu* k *D*); **~t** spůsobilý; **≗ung** *f* způsobilost; **≗ungsnachweis** *m* průkaz způsobilosti.

be'fahl *s. befehlen.*

be'fahr|bar sjízdný; *Mar.* splavný; **~en** (*A*) jet [jezdit] po (*L*); *Mar.* plout po (*L*); *Adj. stark ~* (*Straße*) velmi živá, frekventovaná.

be'fallen (*A*) přicházet [přijít] na (*A*); *Krankheit:* postihovat [-hnout]; *eine schwere Krankheit befiel ihn* zachvátila (*od.* postihla) ho těžká nemoc.

be'fangen (*vorlegen*) nesmělý; (*nicht objektiv*) zaujatý; **≗heit** *f* nesmělost, zaujatost.

be'fassen: *sich ~ mit* zabývat se, obírat se (*I*).

be'fehden (*j-n*) válčit s kým, potírat k-o (*a. fig.*).

Be'fehl *m* rozkaz; *Mil.* povel; (*Befehlsgewalt*) velení *n*, komando *n*; *auf ~* podle rozkazu; *zu ~!* rozkaz!; *~ geben* poručit [poroučet] (*D*); *den ~ haben über* (*A*) *s. befehligen*; **≗en** rozkazovat [-kázat], poroučet [-ručit]; *wie Sie ~* podle vašeho přání; **≗igen** (*A*) velet (*D*); **~s·ausgabe** *f Mil.* vydání *n* rozkazu;

~s·form *f Gram.* rozkazovací způsob *m*; **~s·haber** *m Mil.* velitel; *oberster ~* vrchní velitel; **~s·verweigerung** *f* odepření *n* poslušnosti; **≈s·widrig** proti rozkazu, příčící se rozkazu.
be'festig|en při-, u-pevňovat [-pevnit] (*an A* k *D*); *Mil.* opevňovat [-vnit]; *fig.* utvrzovat [-rdit]; **≈ung** *f* upevnění *n*; *Mil.* opevnění *n*; *fig.* utvrzení *n*.
be'feuchten navlhčovat [-čit].
be'fiehl *s. befehlen.*
be'find|en *v/t* (*für*) shled(áv)at (*I*), uzn(áv)at (za *A*); *v/r sich ~* nalézat se, být; *sich wohl* (*schlecht*) *~* mít se dobře (špatně); *wie ~ Sie sich?* jak se máte?; **≈en** *n* (*Gesundheitszustand*) zdraví, zdravotní stav *m*; (*Urteil*) mínění, úsudek *m*; **~lich** jsoucí; (*liegend*) ležící.
be|'flaggen ozdobovat [-bit] praporem (*pl.* -ry), vyvěšovat [-věsit] prapor (*pl.* -ry); **~'flecken** poskvrňovat [-rnit] (*a. fig.*); (*mit Blut*) potřísňovat [-snit] (*I*); **~'fleißigen:** *sich ~* (*G*) hledět si (*G*), usilovat o (*A*); **~'fliegen:** *e-e Strecke ~* létat po trati.
be'flissen horlivý, snaživý; **≈heit** *f* horlivost, snaživost.
be'folgen (*gehorchen*) poslouchat [(u)poslechnout]; (*sich richten nach*) řídit se (*I*).
be'förder|n (*transportieren*) dopravovat [-pravit]; (*aufrücken lassen*) povyšovat [-výšit] (*zu* na *A*); (*unterstützen*) podporovat; **≈ung** *f* doprava; povýšení *n*.
Be'förderungs|gebühr *f* poplatek *m* za dopravu; **~kosten** *pl.* dopravní náklady *m/pl.*; **~mittel** *n* dopravní prostředek *m*.
be'frag|en (*um Rat fragen*) [po]radit se (*j-n* s kým); *j-n ~ nach* (*um, über A, wegen*) vypt(áv)at se k-o (*G*) na (*A*); **≈ung** *f* dotázání *n*, zeptání *n*; (*Umfrage*) dotazování *n*.
be'frei|en osvobozovat [-bodit] (*von* od *G*; *sich* se); *fig.* (*von e-r Pflicht usw.*) zprošťovat [zprostit] (*G*); zbavovat [zbavit] (*sich* se); **≈er(in** *f*) *m* osvoboditel(ka); **≈ung** *f* osvobození *n*; zproštění *n*; **≈ungskampf** *m* osvobozovací boj; **≈ungskrieg** *m* osvobozovací válka *f*.
be'fremd|en udivit [-vovat]; *et. befremdet mich* něco je mi podivné; **≈en** *n* podiv *m*, podivení; **~end, ~lich** překvapující, podivný.
be'freunden: *sich ~* [s]přátelit se (*a. fig.*); *er ist mit mir befreundet* je mým přítelem.
be'frieden (*A*) dá(va)t mír (*D*), uklidňovat [-dnit].
be'friedig|en uspokojovat [-jit]; **~end** uspokojující; uspokojivý; **≈ung** *f* uspokojování *n*, uspokojení *n*.
Be'friedung *f* uklidnění *n*.
be'fristet vázaný lhůtou.
be'frucht|en oplodňovat [-dnit]; *Bot.* oplozovat [plodit]; **≈ung** *f* oplodnění *n*.
Be|'fugnis *f* oprávnění *n*; *die ~se überschreiten* přestoupit svou pravomoc; **≈'fugt** oprávněný; **≈'fühlen** ohmat(áv)at; **~'fund** *m* nález; *Med.* posudek; **≈'funden** *s. befinden.*
be'fürcht|en (*A*) obávat se, strachovat se (*G*); *Sie haben nichts zu ~* nemáte se čeho bát; **≈ung** *f* obava.
be'fürwort|en (*A*) přimlouvat [-mluvit] se za (*A*), doporučovat [-ručit] (*A*); **≈ung** *f* přímluva, doporučení *n*.
be'gab|t nadaný; **≈ung** *f* nadání *n*.
be'gangen *s. begehen.*
be'gann *s. beginnen.*
be'gatt|en: *sich ~* (*Menschen*) souložit; (*Tiere*) [s]pářit se; (*Vögel*) pojímat se; **≈ung** *f* souložení *n*; *Zo.* páření *n*; pojímání *n*; **≈ungszeit** *f* doba páření.
be'geben *v/t Hdl.* vyd(áv)at; *v/r sich ~* (*gehen*) odeb(i)rat se; (*sich ereignen*) udá(va)t se, přiházet [-hodit] se, stá(va)t se; *sich ~* (*G*) (*verzichten*) vzdá(va)t se (*G*); *sich auf die Reise* (*in Gefahr*) *~* vyd(áv)at se na cestu (v nebezpečí); **≈heit** *f* událost, příhoda.
be'gegn|en (*D*) (*treffen, vorkommen*) potk(áv)at (*A*); (*sich verhalten*) [za]chovat se k (*D*); (*entgegentreten*) opírat [opřít] se proti (*D*), čelit (*D*); (*zustoßen*) stíhat [stihnout] (*A*); **≈ung** *f* potkání *n*; *Sp.* setkání *n*.
be'gehen (*A*) (*durchwandern*) jít (chodit) po (*L*); (*besichtigen*) ohled(áv)at; (*feiern*) [o]slavit; (*tun, verüben*) dopouštět [-pustit] se (*G*); *Verbrechen*: spáchat *pf.*
be'gehren (*verlangen*) požádat (*von j-m et.* k-o oč); (*wünschen*) přát si; *die Ware ist sehr* (*wenig*) *begehrt*

po zboží je velká (malá) poptávka; **~s·wert, ~s·würdig** žádoucí.
be'gehrlich chtivý, žádostivý; **2keit** *f* dychtivost, žádostivost.
Be'gehung *f* ohledání *n*; oslavení *n*; spáchání *n*; *s. a. begehen.*
be'geister|n nadchnout *pf.*, uchvacovat [uchvátit]; *sich für et.* ~ nadchnout se pro (*A*); *ich war ganz begeistert* byl jsem všecek u vytržení; **2ung** *f* nadšení *n*.
Be'gier *f*, **~de** *f* žádostivost, dychtivost; **2ig** (*auf A od. nach*) žádostivý (*G od.* na *A*), dychtivý (*A od.* po *L*).
be'gießen zalévat [-lít], polévat [-lít]; F (*feiern*) zapí(je)t; F *wie ein begossener Pudel* jako zmoklá slepice.
Be'ginn *m* po-, za-čátek; *zu* ~ na počátku; **2en** po-, za-čí(na)t.
be'glaubig|en (*bestätigen, bezeugen*) dosvědčovat [-čit]; *Schriftstück*: ověřovat [-řit]; *Pol.* pověřovat [-řit]; **2ung** *f* dosvědčení *n*; ověření *n*; pověření *n*; **2ungsschreiben** *n* pověřovací list *m*.
be'gleichen zaplácet [-platit], vyrovn(áv)at.
Be'gleit|brief *m* průvodní list; **2en** doprovázet [-vodit]; **~er(in** *f*) *m* průvodce (-dkyně); **~erscheinung** *f* průvodní zjev *m*; **~schein** *m* průvodní list, průvodka *f*; **~schreiben** *n s. Begleitbrief*; **~ung** *f* doprovod *m*.
be'glücken oblažovat [-žit], obšťastňovat [-tnit].
be'glückwünsch|en (*A*) blahopřát (*D*); **2ung** *f* blahopřání *n*.
be'gnadig|en omilostňovat [-tnit], udělovat [-lit] milost (*D*), amnestovat (*im*)*pf.*; **2ung** *f* (*G*) omilostnění *n*, udělení *n* milosti (*D*), amnestie; **2ungsgesuch** *n* žádost *f* o milost.
be|'gnügen: *sich* ~ *mit et.* spokojovat [-jit] se (s) čím; **~'gonnen** *s. beginnen*; **~'graben** pohřbí(va)t, pochov(áv)at; F *fig. da liegt der Hund ~!* tady to vězí!, tady je háček!; **2'gräbnis** *n* pohřeb *m*; **~-** *in Zssgn* pohřební; **~'gradigen** napřimovat [-přímit]; **~'greifen** (*verstehen*) pochopovat [-pit], chápat.
be'greiflich pochopitelný; ~ *machen* objasňovat [-snit], vykládat [vyložit]; **~er'weise** pochopitelně.
be'grenz|en ohraničovat [-čit], omezovat [-zit]; **2ung** *f* ohraničení *n*; omezení *n*.
Be'griff *m* pojem; (*Vorstellung*) představa *f*; (*Auffassungsgabe*) chápavost *f*; *sich e-n* ~ *machen* představovat [-vit] si co; *das geht über s-e ~e* to přesahuje jeho představu; *im* ~ *sn od. stehen* chystat se; F *schwer von* ~ *sein* těžko chápat; **~s·bestimmung** *f* vymezení *n* pojmů; **2s-stutzig** nechápavý; **~s·vermögen** *n* chápavost *f*; **~s·verwirrung** *f* zmatení *n* pojmů.
be'gründ|en (*untermauern*) odůvodňovat [-dnit]; (*gründen*) zakládat [založit]; **2ung** *f* odůvodnění *n*; založení *n*.
be'grüß|en pozdravovat [-zdravit]; (*willkommen heißen*) [u]vítat; **~enswert** potěšitelný, vítaný; **2ung** *f* pozdrav *m*; uvítání *n*; **~s-** *in Zssgn mst* pozdravný.
be'günstig|en *v/t* nadržovat (*D*); napomáhat [-moc] (*D*); (*unterstützen*) podporovat; **2ung** *f* podporování *n*; *Jur.* nadržování *n*.
be'gut·acht|en posuzovat [-soudit]; **2ung** *f* dobrozdání *n*, posudek *m*.
be|'gütert majetný, zámožný; **~'haart** (*Mensch*) porostlý vlasy, vlasatý; (*Tier*) porostlý chlupy, chlupatý; **~'häbig** (*dicklich*) obtloustlý; (*bequem*) pohodlný; **~'haftet** (*mit*) stižen(ý) (*I*); pln(ý) (*G*); *mit Schulden* ~ *sein* být zadlužen.
be'hag|en být vhod, líbit se; *es behagt mir nicht, daß ...* není mi vhod, že ...; **2en** *n* blaho, líbost *f*; *mit* ~ s rozkoší; **~lich** útulný, příjemný; (*geruhsam*) poklidný; **2lichkeit** *f* útulnost.
be|'halten (*zurückhalten*) ponech(á-v)at, podržovat [-žet] (si); (*aufbewahren*) uchov(áv)at; *recht* ~ mít pravdu; *bei sich* ~ (*verschweigen*) zamlčovat [-čet], *vgl. a.* Auge, Gedächtnis; **2'hälter** *m* nádrž(ka) *f*; (*Kästchen*) schránka *f*; (*Dose*) krabice *f*; (*Gefäß*) nádobí *n*; *Esb.* kontejner, přepravník.
be'hand|eln *v/t* zacházet (*od.* nakládat) *s* (*I*); *Thema*: pojedn(áv)at o (*L*); *Med.* ošetřovat [-řit], [vy]léčit; *~der Arzt* ošetřující lékař; **2lung** *f* zacházení *n*, nakládání *n*; pojednání *n*; *Med.* ošetřování *n*, léčení *n*.
be'harr|en (*bleiben*) vytrv(áv)at; ~ *auf* (*D od. bei*) setrv(áv)at na (*L*); **~lich** vytrvalý; **2lichkeit** *f* vytrva-

lost; **2ung** *f* setrvání *n*; *a.* = **2ungsvermögen** *n Phys.* setrvačnost *f*.

be'hauen *Balken, Stein usw.*: otes(áv)at; *Baum usw.*: osek(áv)at.

be'haupt|en (*versichern*) tvrdit; (*festhalten*) udržovat [-žet], uhajovat [uhájit]; *s-n Standpunkt* ~ stá(va)t na svém; *sich* ~ udržovat [-žet] se; **2ung** *f* tvrzení *n*; udržení *n*.

Be|'hausung *f* příbytek *m*, obydlí *n*; **2'heben** odklízet [-klidit], odstraňovat [-stranit]; **2'heimatet:** ~ *in* (*D*) usedlý (*od.* domovem) v (*L*); **2heizen** vytápět [-topit].

Be'helf *m* pomůcka *f*, pomoc *f*; **2en:** *sich* ~ pomáhat [-moci] si; *sich* ~ *ohne* obejít se *pf.* bez (*G*); **~s·brücke** *f* nouzový most; **~sheim** *n* nouzový byt; **2s·mäßig** nouzový, zatímní.

be'hen|de hbitý; **2digkeit** *f* hbitost.

be'herberg|en (*A*) poskytovat [-tnout] přístřeší (*D*); **2ung** *f* poskytnutí *n* přístřeší.

be'herrsch|en ovládat [-dnout] (*a. fig.*); *sich* ~ ovládat [-dnout] se, opanov(áv)at se; **2er(in** *f*) *m* vládce (-dkyně), vladař(ka); **2ung** *f* ovládání *n*.

be'herzigen brát [vzít] si k srdci; **~s·wert** hodný (-den) uvážení.

be'herzt srdnatý; **2heit** *f* srdnatost.

be'hilflich: ~ *sein bei* pomáhat [-moci] při (*L*); ~ *sein zu* dopomáhat [-moci] k (*D*).

be'hinder|n (*A*) překážet (*D*) [překazit (*A*)], vadit (*D*); (*erschweren*) znesnadňovat [-nit] (*D*); **2ung** *f* překážka; znesnadnění *n*.

Be'hörd|e *f* úřad *m*; **2lich** úřední.

be'hüten (*beschützen*) [u]chránit, opatrovat (*j-n vor D* k-o *od.* č-o); *Gott behüte!* chraň bůh!

be'hutsam opatrný, obezřelý; **2keit** *f* opatrnost, obezřelost.

bei (*D*) *Prp.* u (*G*), *z. B.* ~ *der Stadt* u města; (*dicht* ~, *neben*) při (*L*), *z. B.* ~ *Tisch* při stole; ~ *der Abfahrt des Zuges* při odjezdu vlaku; (*während*) za (*G*); v(e) (*L*), *z. B.* ~ *Regen* za deště; ~ *Nacht* v noci; (*bei den Verben des Fassens*) za (*A*), *z. B.* ~ *der Hand nehmen* brát [vzít] za ruku; ~ *sich haben* mít u sebe (*od.* při sobě); *nicht* ~ *sich sein* být bez sebe.

beibehalt|en podržovat [-žet] (si), zachov(áv)at (si), ponech(áv)at (si); **2ung** *f* podržení *n*, zachování *n*, ponechání *n*; *unter* ~ (*G od. von*) ponechávaje (-jíc, -jíce) (*A*).

beibringen uvádět [uvést]; (*lehren*) [na]učit (*j-m* et k-o č-u), vštěpovat [vštípit]; (*mitteilen*) zpravovat [zpravit] (*j-m* et. k-o o čem); (*zufügen*) [z]působit, zasazovat [-sadit].

Beicht|e *f* zpověď; *j-m die* ~ *abnehmen* vyzpovídat k-o; *zur* ~ *gehen* jít (chodit) ke zpovědi; **2en** (*A*) vyzpovídat se z (*G*); **~stuhl** *m* zpovědnice *f*; **~vater** *m* zpovědník.

beide oba *m*, obě *f u. n*; *wir* ~ my s vámi (*od.* s tebou); *einer von* ~*n* jeden z obou; *eins von* ~*n* jedno z obojího (*od.* jedno nebo druhé); *keines von* ~*n* ani to ani ono; *alle* ~ oba dva *m* (*od.* obě dvě *f u. n*).

beider|lei obojí; **~seitig** oboustranný; **~seits** *Adv. u. Prp.* (*G*) po obou stranách (*G*).

bei|drehen *Mar.* stáčet [stočit], zpomalovat [-lit] plavbu; **~ein'ander** při sobě, u sebe, pospolu; **2fahrer** *m* spolujezdec; **2fall** *m* potlesk; (*Zustimmung*) souhlas, pochvala *f*; ~ *finden* docházet [dojít] souhlasu *od.* pochvaly; ~ *klatschen* [za]tleskat; **~fällig** pochvalný, souhlasný; *Adv.* s pochvalou.

Beifalls|bezeigung *f* projev *m* souhlasu potleskem; **~sturm** *m* bouře *f* potlesku, bouřlivý potlesk.

beifolgend † přiložený, v příloze.

beifüg|en (*D*) připojovat [-jit] k (*D*); **2ung** *f Gr.* přívlastek *m*.

Beifuß *m Bot.* pelyněk, černobýl.

Beigabe *f* přídavek *m*, přísada.

beige béžový.

bei|geben přid(áv)at; *klein* ~ povolovat [-volit]; **2geschmack** *m* příchuť *f*; **2hilfe** *f* přispění *n*; (*Unterstützung*) podpora; *Jur.* napomáhání *n*; **~kommen:** *j-m* ~ dost(áv)at se ke k-u; **2kost** *f* příkrm *m*.

Beil *n* sekera *f*, sekyra *f*.

Bei|lage *f* příloha; *Kochk.* příkrm *m*; **2läufig** *Adj.* náhodný, nahodilý; *Adv.* (*nebenbei*) mimochodem.

beileg|en přikládat [přiložit]; (*zuschreiben*) přičítat [-číst]; (*schlichten*) urovn(áv)at; **2ung** *f* urovnávání *n*.

bei'leibe: ~ *nicht!* kdepak!, za nic na světě!

Beileid *n* soustrast *f*; *sein* ~ *bezeigen*

vyslovovat [-slovit] soustrast; **~s-besuch** *m* kondolenční návštěva *f*; **~s·bezeigung** *f* projev *m* soustrasti.
beiliegen (*D*) být přiložen k (*D*); **~d** přiložený.
Beilstiel *m* topůrko *n*.
bei|mengen *s. beimischen*; **~messen** (*zuschreiben*) přičítat [-číst].
beimisch|en (*D*) přimích(áv)at, přiměšovat [-mísit] k (*D*); **&ung** *f* příměsek *m*, primíšenina.
Bein *n* noha *f*; nožka *f*; (*Knochen*) kost *f*; *j-m ein ~ stellen* nastavovat [-stavit] k-u nohu; F *j-m ~e machen* popohánět [-hnat] k-o; *j-m auf die ~e helfen* pomáhat [-moci] k-u na nohy (*a. fig.*); F *wieder auf die ~e kommen* sbírat [sebrat] se.
bei'nah(e) skoro, bezmála, téměř.
Beiname *m* přízvisko *n*, přídomek; (*Spitzname*) přezdívka *f*.
Bein|bruch *m* zlomení *n* nohy; F *Hals- und ~!* zlom si vaz!; **~kleid** *n s. Hose(n)*.
bei·ordn|en (*j-n*) přidělovat [-lit]; (*et.*) přiřaďovat [-řadit]; **&ung** *f* přidělení *n*; přiřadění *n*; *Gr.* souřadnost.
bei|pflichten (*D*) souhlasit s (*I*); **&programm** *n* vedlejší program *m*; **&rat** *m* (*Ratgeber*) poradce, rádce; (*Körperschaft*) poradní sbor.
be'irren [z]mást, [z]mýlit.
bei'sammen pohromadě, pospolu; *seine Gedanken ~ haben* být soustředěn; F *er hat seine fünf Sinne ~* má všech pět pohromadě; *das Mädchen ist gut ~* je to hezké děvče; **&sein** *n* schůzka *f*, beseda *f*.
Bei|schlaf *m* soulož(ení *n*) *f*; **~sein** *n* přítomnost *f*; *im ~* (*G od. von*) za přítomnosti (*G*).
bei'seite stranou, opodál; *Spaß ~!* nechme žertů!; **~legen** klást [položit] stranou; **~schaffen** odklízet [-klidit].
beisetz|en *s. beerdigen, beigeben*; **&ung** *f s. Beerdigung*.
beisitz|en (*D*) přisedat u (*G*); **&er(in** *f*) *m* přísedící *m u. f*.
Beispiel *n* příklad *m*; *zum ~* (*Abk. z. B.*) na příklad (*Abk.* např.); *sich ein ~ nehmen an* (*D*) brát [vzít] si (*A*) za příklad; **&haft** příkladný, vzorný; **&los** bezpříkladný; **&s-weise** například.
beispringen *fig.* pomáhat [-moci].
beiß|en kousat [-snout]; (*Insekten*) štípat [-pnout]; (*Pfeffer usw.*) pálit, štípat; (*Schlange*) uštknout *pf.*; F *fig. ins Gras ~* zemřít, natahovat [-táhnout] bačkory; **~end** štiplavý, ostrý; *fig.* jízlivý, uštěpačný; **&-zange** *f s. Kneifzange*.
Bei|stand *m* pomoc *f*, přispění *n*; (*Helfer*) pomocník; *Jur.* právní zástupce; **&stehen** (*D*) přispívat [-spět], pomáhat [-moci]; **&steuern** přispívat [-spět]; **&stimmen** *s. zustimmen*.
Beitrag *m* příspěvek; *~ liefern* (*od. leisten*) přispívat [-spět] nač; **&en** přispívat [-spět].
Beitrags|leistung *f* přispívání *n*; **~satz** *m* výše *f* příspěvků; **~zahlung** *f* placení *n* příspěvků.
bei|treiben shánět [sehnat]; **~treten** (*D*) vstupovat [vstoupit] do (*G*); (*beipflichten*) souhlasit s (*I*); **&tritt** *m* vstup; (*zu e-m Vertrag, Pakt*) přistoupení *n*, připojení *n*; **&tritts-erklärung** *f* přihláška ke vstupu; **&wagen** *m* (*Straßenbahn*) vlečný vůz; (*Motorrad*) přívěsný vozík, F sajdka *f*; **&werk** *n* přídavek *m*; ozdoba *f*; **~wohnen** (*D*) (*dabei sein*) [z]účastnit se (*G*); (*Geschlechtsverkehr*) souložit s (*I*).
Beize *f* (*Holz&*) mořidlo *n*; *Kochk.* marináda; (*Jagd*) honba sokolem.
bei'zeiten včas, časně.
beiz|en [na]mořit; (*Jagd*) lovit se sokolem; **&en** *n* moření *n*.
be'jahen (*A*) přisvědčovat [-čit] k (*D*); **~d** kladný.
be'jahrt letitý.
Be'jahung *f* (*G*) přisvědčení *n* (k *D*); (*bejahende Antwort*) kladná odpověď.
be'kämpf|en (*A*) bojovat proti (*D*); **&ung** *f* (*G*) boj *m* proti (*D*).
be'kannt znám(ý); *j-n mit j-m ~ machen* seznamovat [-známit] k-o s kým; **&e(r)** *m/f* známý (-má); **~er'maßen** jak známo; **&gabe** *f s. Bekanntmachung*; **~lich** *s. bekanntermaßen*; **~machen** oznamovat [oznámit]; **&machung** *f* oznámení *n*, vyhláška; **&schaft** *f* známost; (*Bekanntenkreis*) okruh *m* známých; *j-s ~ machen* seznamovat [-známit] se s kým; **~werden** být vyhlášen (*od.* uveřejněn).
be'kehr|en *v/t Rel.* obracet [obrátit] (*zu* na *A*); přivádět [-vést] (*zu* k *D*); *v/r sich ~ Rel.* obracet [obrátit] se;

(*sich bessern*) napravovat [-pravit] se; ⁲**ung** *f* obrácení *n*.

be'kennen *v/t* (*A*) (*gestehen*) přizn(áv)at se k (*D*); *Rel.* vyzn(áv)at (*A*); *fig. Farbe* ~ upřímně promluvit; *v/r sich zu et.* ~ přizn(áv)at se k č-u; *sich (als od. für) schuldig* ~ přizn(áv)at se k vině.

Be'kenntnis *n Rel.* vyznání; *Jur.* přiznání; *ein* ~ *ablegen* [u]činit přiznání; ~**freiheit** *f* svoboda vyznání; ~**kirche** *f* vyznavačská církev; ~**schule** *f* konfesijní škola.

be'klagen *v/t* želet (*G*) [oželet (*A*)]; *v/r sich* ~ *bei j-m über* (*A*) stěžovat si k-u na (*A*); *es ist zu* ~, *daß* ... je k politování, že ...; ~**s·wert,** ~**s·würdig** politováníhodný.

Be'klagte(r) *Jur.* obžalovaný, obviněný.

be'kleben polepovat [-pit].

be'kleck|ern, ~**sen** [po]kaňkat.

be'kleid|en oblékat [obléci], [o]šatit; (*überziehen*) potahovat [-táhnout]; (*bedecken*) vykládat [vyložit]; *Amt usw.*: zast(áv)at; ⁲**ung** *f* oděv *m*, šaty *m/pl.*; ⁲**ungs·industrie** *f* oděvní průmysl *m*; ⁲**ungsstück** *n* část *f* oděvu.

be'klemm|en stísnit *pf.*; ~**end** skličující, tísnivý; ~*e Stille* tísnivé ticho; ⁲**ung** *f* tíseň.

be'kommen *v/t* dost(áv)at, obdržovat [-žet]; *geschenkt* ~ dost(áv)at darem; ~ *Sie schon?* už vás obsluhují?; *sie hat ein Kind* ~ narodilo se jí dítě; *alle Auslagen bekomme ich vergütet* všechny výlohy se mi nahradí; *wo bekommt man das?* kde se to dostane?; F *wenn ich ihn zu greifen bekomme* až se mu dostanu na kůži; *sie haben sich endlich* ~ konečně jsou svoji; *v/i* (*bekömmlich sn*) svědčit, prospívat; *wohl bekomm's!* ať slouží!, ke zdraví!; (*guten Appetit*) dobrou chuť!

be'kömmlich prospěšný, zdravý.

be'köstig|en [vy]živit, stravovat; ⁲**ung** *f* výživa, stravování *n*.

be'kräftig|en u-, po-tvrzovat [-tvrdit]; ⁲**ung** *f* u-, po-tvrzení *n*; *zur* ~ (*G*) na důkaz (*G*).

be|'kränzen ověnčovat [-čit]; ~**'kreuz(ig)en** (*sich*) pokřižovat (se); ~**'kritteln** malicherně posuzovat; ~**'kritzeln** (*A*) čmárat po (*L*), [počmárat *A*]; ~**'kümmern** (*A*) [u]dělat starosti (*D*), [za]rmoutit; *sich* ~ *um* [po]starat se o (*A*); ~**'kunden** (*aussagen*) vypovídat [-vědět]; (*offenbaren*) projevovat [-jevit]; ~**'lächeln** (*A*) usmívat [usmát] se (*D*); ~**'laden¹**: *et.* ~ *mit* nakládat [naložit] (*A*) na (*A*); *j-n* ~ *mit* nakládat [naložit] k-u (*A*); ~**'laden²** naložený; *schwer* ~ s těžkým nákladem.

Be'lag *m Tech.* obložení *n*; *Med.* povlak; (*am Fenster*) povlak, nádech; *Butterbrot mit* ~ obložený chléb s máslem.

Be'lager|er *m* oblehatel; ⁲**n** obléhat [-lehnout]; ~**ung** *f* obležení *n*; ~**ungszustand** *m* stav *m* obležení.

Be'lang *m*: *von* (*ohne*) ~ (ne)důležitý; ~*e pl.* zájmy *m/pl.*; ⁲**en** *Jur.* [ob-]žalovat; (*betreffen*) týkat se; *was mich belangt* co se mne týče; ⁲**los** nedůležitý.

be'lassen ponech(áv)at; *es dabei* ~ spokojit [-jovat] se tím, zůst(áv)at při tom.

be'lasten zatěžovat [-tížit]; *Jur.* usvědčovat [-čit]; *fig.* přitěžovat [-žit]; *Hdl. j-s Konto mit e-m Betrag* ~ připisovat [-psat] částku na čí účet; *erblich belastet* dědičně zatížený; ~**d** přitěžující.

be'lästig|en obtěžovat; ⁲**ung** *f* obtěžování *n*.

Be'lastung *f* zátěž, zatížení *n* (*a. fig., Tech.*); (*Bürde*) břímě *n*; *Jur., Hdl.* (*Verschuldung*) břemeno *n*, zadlužení *n*.

Belastungs|material *n Jur.* přitěžující materiál *m*; ~**probe** *f* zatěžkávací zkouška; ~**zeuge** *m* přitěžující svědek.

be|'lauben: *sich* ~ dost(áv)at listí; *belaubt* listnatý; ~**'lauern** číhat (na *A*); ~**'laufen**: *sich* ~ *auf* (*A*) činit (*A*); ~**'lauschen** nasslouch(áv)at (*D*), tajně poslouchat [-slechnout].

be'leb|en oživovat [oživit]; ~**end** oživující; ~**t** živý; ⁲**theit** *f* živost, oživenost; ⁲**ung** *f* oživení *n*.

be'lecken olizovat [olízat].

Be'leg *m* doklad; ⁲**en** (*bedecken*) obkládat [obložit], pokrý(va)t; *Platz*: zajišťovat [-jistit] si; (*beweisen*) dokládat [doložit]; *Vorlesung*: dá(va)t se zapsat do (*G*); (*mit Strafe usw.*) uvalovat [-lit] trest *usw.* na (*A*); ~**exemplar** *n* povinný výtisk; ~**schaft** *f* zaměstnanci *m/pl.*, osazenstvo *n*.

be'lehnen *hist.* dá(va)t v léno; (*beleihen*) et. ~ půjčovat [-čit] nač.
be'lehr|en poučovat [-čit] (*über A* o *L*); *eines Besseren* ~ říkat [říci] k-u jak to vlastně je; *sich* ~ *lassen* vzít [brát] po(na)učení; **~end** poučný; **2ung** *f* poučení *n*.
be'leibt tělnatý; **2heit** *f* tělnatost.
be'leidig|en urážet [urazit]; *sich beleidigt fühlen* cítit se uražen; **~end** urážlivý; **2ung** *f* urážka.
be'lesen sčetlý; **2heit** *f* sčetlost.
be'leucht|en osvětlovat [-lit] (*a. fig.*); **2er** *m* osvětlovač; **2ung** *f* osvětlení *n* (*a. fig.*); **2ungskörper** *m* osvětlovací těleso *n*.
Belg|ien *n* Belgie *f*; **~ier(in** *f*) *m* Belgičan(ka); **2isch** belgický.
be'licht|en *Fot.* exponovat (*im*)*pf.*; **2ung** *f Fot.* osvit *m*, expozice; **2ungsdauer** *f Fot.* expoziční doba; **2ungsmesser** *m* expozimetr, osvitoměr; **2ungstabelle** *f* expoziční tabulka.
be'lieb|en ráčit; *wie Sie* ~ (*od. wie es Ihnen beliebt*) jak ráčíte (*od.* jak je vám libo); **2en** *n* libost *f*; *nach* ~ podle libosti; **~ig** libovolný; *jeder* ~*e* kterýkoli, jakýkoli.
be'liebt oblíbený; *sich* ~ *machen bei* získ(áv)at si čí oblibu; **2heit** *f* obliba, oblíbenost.
be'liefer|n (*mit*) dod(áv)at (*A*); zásobovat [-bit] (*I*); **2ung** *f* dodávání *n*, dodávka.
bellen [za]štěkat.
Belle'trist|ik *f* beletristika, krásná literatura; **2isch** beletristický, zábavný.
be'lobig|en pochvalovat [-chválit]; **2ung** *f* pochvala.
be'lohn|en odměňovat [-měnit] (*et.* co, *j-n für et.* k-o zač); **2ung** *f* odměna; *zur* ~ za odměnu.
be'lüft|en [pro]větrat; **2ung** *f* větrání *n*, ventilace; **2ungs·anlage** *f* provzdušovací zařízení *n*.
be'lügen obelh(áv)at.
be'lustig|en obveselovat [-lit]; **~end** zábavný; **2ung** *f* zábava, obveselení *n*.
be|'mächtigen: *sich* ~ (*G*) zmocňovat [-cnit] se (*G*); **~'malen** pomalov(áv)at; **~'mängeln** vytýkat [-tknout] (*et. an od. bei j-m* co k-u).
be'mann|en *Mar.*, *Flgw.* osazovat [osadit] (mužstvem); **~t** osazený; **2ung** *f* mužstvo *n*, (p)osádka.
be'merk|bar pozorovatelný, patrný; *sich* ~ *machen* upozorňovat [-nit] na sebe; (*in Erscheinung treten*) projevovat [-jevit] se; **~en** (*wahrnehmen*) [z]pozorovat; (*äußern*) podotýkat [-tknout]; **~enswert** pozoruhodný; **2ung** *f* poznámka.
be|'messen vyměřovat [-řit]; **~'mitleiden** [po]litovat; **~'mittelt** majetkový, zámožný; **~'mogeln** F [o]šidit; **~'moost** pokrytý mechem; *fig.* starý.
be'müh|en namáhat, obtěžovat; *sich* ~, *bemüht sein* (*um*) usilovat o (*A*), snažit se o (*A*); **2ung** *f* námaha, snaha, úsilí *n*.
be'muttern pečovat mateřsky o (*A*).
be'nachbart sousední.
be'nachrichtig|en: *j-n* ~ *von* zpravovat [zpravit] k-o o (*L*), oznamovat [oznámit] k-u co; **2ung** *f* zpráva, oznámení *n*.
be'nachteilig|en (*A*) [u]škodit (*D*); *sich benachteiligt fühlen* cítit se zkrácen; **2ung** *f* zkrácení *n*, újma.
be|'nagen ohlod(áv)at, ohryzovat [ohryzat]; **~'nebelt** F *s. beschwipst*; **~'nehmen** *v/t j-m et.* ~ brát [vzít] k-u co; *v/r sich* ~ [za]chovat se (*gegen* k *D*); **2'nehmen** *n* chování; † (*Einvernehmen*) dohoda *f*; *sich ins* ~ *setzen* dohodovat [-dnout] se (*über A* o *L*); *im* ~ *mit* v dohodě s (*I*).
be'neiden: *j-n um et.* ~ závidět k-u co; **~swert** záviděníhodný.
be'nenn|en [po]jmenovat, naz(ý)vat; **2ung** *f* pojmenování *n*; (*Name*) jméno *n*, název *m*.
ben'galisch bengálský.
Bengel F *m* klacek; *süßer* ~ roztomilý capart.
be'nommen (*betäubt*) omámený; **2heit** *f* omámenost.
be'nötigen potřebovat.
be'nutz|en (*A*) použí(va)t (*G*); **2er(in** *f*) *m* používatel(ka); **2ung** *f* používání *n*.
Ben'zin *n* benzín, benzin *m*; ~- *in Zssgn mst* benzínový; **~behälter** *m* nádržka *f* na benzín.
Ben'zol *n* benzen *m*, benzol *m*.
be'obacht|en (*betrachten*) pozorovat; (*wahrnehmen*) [z]pozorovat; (*befolgen*) zachov(áv)at; **2er(in** *f*) *m* pozorovatel(ka); **2ung** *f* pozorování *n*; zpozorování *n*; zachování *n*; ~*en anstellen über* (*A*) [vy]pozorovat (*A*);

²ungsgabe *f* pozorovací nadání *n*; **²ungsposten** *m* *Mil.* pozorovatel.
be|'ordern: *j-n zu et.* ~ přikazovat [-kázat] k-u co; *j-n zu sich* ~ obes(í)lat; **~'packen** *s. beladen.*
be'pflanz|en osazovat [osázet]; **²ung** *f* osázení *n*.
be'quem pohodlný; (*träge*) pomalý; *es sich (D)* ~ *machen* [u]dělat si pohodlí; **~en:** *sich* ~ *zu* přivolovat [-volit] k (*D*); **²lichkeit** *f* pohodlí *n*.
be'rat|en *v/t* (*A*) [po]radit (*D*); *v/i* (*u. v/r sich* ~) [po]radit se (*über A* o *L*); **~end** poradní; *mit* ~*er Stimme* s poradním hlasem; **²er(in** *f*) *m* poradce (-dkyně); **²ung** *f* porada, **²ungsstelle** *f* poradna.
be'raub|en: *j-n e-r Sache (G)* ~ olupovat [oloupit] k-o oč; *fig.* připravovat [-pravit] k-o oč; **²ung** *f* oloupení *n*.
be'rauschen opí(je)t (*sich* se); *fig.* opájet [opojit] se (*an D et.* čím *I*); *berauscht* opilý; *fig.* opojený; **~d** opojný.
be'rechenbar vypočítatelný.
be'rechn|en pro-, vy-počítávat [-číst, -čítat]; **~end** vypočítavý; **²ung** *f* výpočet *m*; *fig.* vypočítavost.
be'rechtig|en opravňovat [-ávnit] (*zu* k *D*); **~t** oprávněný; **²ung** *f* oprávnění *n*.
be'reden *v/t* (*besprechen*) [pro]mluvit o (*L*); (*überreden*) přemlouvat [-mluvit]; F (*verleumden*) pomlouvat [-mluvit]; *v/r* F *sich* ~ [po]radit se.
be'redsam výmluvný, výřečný; **²keit** *f* výmluvnost, výřečnost.
be'redt *s. beredsam.*
be'regn|en zadešťovat *pf.*; **²ungsanlage** *f* zadešťovací zařízení *n*.
Be'reich *m* obvod; (*Reichweite*) dosah; (*Kompetenz²*, *Meß²*) rozsah; (*Fach*) obor; *im* ~ *der Möglichkeit liegen* být v mezích.
be'reicher|n obohacovat [-hatit] (*sich* se); **²ung** *f* obohacení *n*.
be'rei|fen 1. (*Faß*) pobí(je)t obručemi; (*Auto*) nasazovat [-sadit] pneumatiky na (*L*); **2.** (*mit Rauhreif bedecken*) pokrý(va)t jinovatkou; **²fung** *f* (*Auto*) pneumatiky *f/pl.*; **~nigen** upravovat [upravit]; *Mißverständnisse a.*: vysvětlovat [-lit]; **~sen** *Land*: cestovat po (*L*) [procestovat *A*].
be'reit připravený, hotový; *sich* ~ *erklären* projevovat [-jevit] ochotu; **~en 1.** připravovat [-pravit]; (*verursachen*) [z]působit; **2.** (*zu Pferde*) objíždět [-jet] na koni; *Pferd*: zajíždět [-jezdit], [vy]cvičit v jízdě; **~halten** přichyst(áv)at; **~machen** připravovat [-pravit] (*sich* se); **~s** již, už; **²schaft** *f* pohotovost; **²schaftsdienst** *m* pohotovostní služba *f*; **~stehen** být připraven; **~stellen** přichyst(áv)at; dá(va)t k dispozici; **²stellung** *f* přichystání *n*; **²ung** *f* připravování *n*, příprava; **~willig** ochotný (-ten); **²willigkeit** *f* ochota.
be'reuen (*A*) litovat, želet (*G*).
Berg *m* hora *f*, vrch; *fig.* hromada *f*; *goldene* ~*e versprechen* slibovat [slíbit] hory doly; *fig. mit et. hinter dem* ~*e halten* skrývat, tajit (*A*); *über den* ~ *sn* být z nejhoršího venku; *über alle* ~*e sn* být už bůhvíkde; *die Haare standen ihm zu* ~*e* vlasy mu (na hlavě) vstávaly; **²'ab** shora dolů, s kopce; *fig. es geht mit ihm* ~ jde to s ním s kopce; **~abhang** *m* horský svah, úbočí *n*; **~ahorn** *m* klen; **~akademie** *f* báňská akademie; **~amt** *n* báňský úřad; **²'an** vzhůru, do vrchu; **~arbeiter** *m* horník; **²'auf** *s. bergan*; **~bahn** *f* horská dráha; **~bau** *m* hornictví *n*; **~besteigung** *f* vystoupení *n* na horu; **~bewohner(in** *f*) *m* horal(ka).
Berge|geld *n* odměna *f* za zachránění věcí; **²n** (*retten*) zachraňovat [-chránit]; (*verbergen, enthalten*) skrý(va)t.
Berg|geist *m* horský duch, skřítek; **~grat** *m* úzký skalní hřeben; **²ig** hornatý; **~kamm** *m* horský hřeben; **~kessel** *m* horská kotlina; **~kristall** *m* křišťál; **~land** *n* hornatina *f*; **~mann** *m* horník; **²männisch** hornický; **~predigt** *f* kázání *n* na hoře; **~rücken** *m* horský hřbet; **~rutsch** *m* sesouvání *n* hory; **~spitze** *f* vrchol *m* hory; **~sport** *m* alpinismus, horolezectví *n*; **~station** *f* horní stanice; **~steiger(in** *f*) *m* horolezec (-zkyně); **~sturz** *m* zřícení *n* skal; **~tour** *f* horská túra; **~- und Tal-Bahn** *f* horská dráha; **~ung** *f* zachránění *n*, záchrana; **~wandern** *n* horská turistika; **~werk** *n* důl *m*, doly *m/pl.*; ~*s- in Zssgn* hornický, báňský; **~wesen** *n* hornictví.
Be'richt *m* zpráva *f*; (*Zusammen-*

stellung) výkaz; *laut* ~ podle zprávy; ~ *erstatten* pod(áv)at zprávu; **2en:** *j-m et.* (*od. über et. A*) ~ pod(áv)at zprávu k-u o (*L*), zpravovat k-o o (*L*); **~erstatter(in** *f*) *m* zpravodaj (-ka), reportér(ka); **~erstattung** *f* zpravodajství *n*; výkaznictví *n*; **2igen** opravovat [opravit]; **~igung** *f* oprava; **~s·jahr** *n* správní rok *m*.

be'riechen očich(áv)at.

be'riesel|n zavlažovat [-žit]; **2ung** *f* zavlažování *n*.

be'ritten jízdní, na koni.

Ber'lin|er(in *f*) *m* Berlíňan(ka); **~er, 2isch** berlínský.

Bernstein *m* jantar; **~-** *in Zssgn mst* jantarový.

bersten pukat [-knout] (*a. fig.*); *zum* 2 *voll* přeplněn k prasknutí.

be'rüchtigt pověstný.

be'rücksichtig|en (*A*) mít na zřeteli, brát [vzít] ohled na (*A*), přihlížet [-hlédnout] k (*D*); **2ung** *f* zřetel *m*, ohled *m* (na *A*); *unter* ~ se zřetelem, s přihlédnutím.

Be'ruf *m* povolání *n*, profese *f*; *von* ~ z povolání.

be'ruf|en *v/t* povol(áv)at; *sich* ~ *auf* (*A*) dovol(áv)at se (*G*); *Adj.* povolaný; **~lich** odborný, pracovní; *Adv.* z povolání; **~e** *Tätigkeit* činnost v povolání; ~ *verhindert sn* být vázán povoláním.

Be'rufs|ausbildung *f* výchova k povolání; **~beratung** *f* porada o volbě povolání; **~genosse** *m* druh v povolání; **~genossenschaft** *f* odborné společenstvo; **~heer** *n* vojsko z povolání; **~kleidung** *f* pracovní oděv *m*; **~krankheit** *f* nemoc z povolání; **~leben** *n* život *m* v povolání; **2mäßig** *Adj.* vyplývající z povolání; *Adv.* z povolání; **~schule** *f* odborná škola; **~soldat** *m* voják z povolání; **~sportler** *m* profesionál; **2tätig** zaměstnaný, pracující; **~wahl** *f* volba povolání.

Be'rufung *f* povolání *n*; *Jur.* odvolání *n* (*gegen* proti *D*); *unter* (*od. mit*) ~ *auf* (*A*) se odvolávaje (-jíc, -jíce) na (*A*), vzhledem k (*D*); ~ *einlegen* odvol(áv)at se; **~s·frist** *f* odvolací lhůta; **~s·gericht** *n* odvolací soud *m*; **~s·recht** *n* právo odvolat se.

be'ruhen zakládat se (*auf D* na *L*); *et. auf sich* ~ *lassen* ponech(áv)at co, jak to je.

be'ruhig|en uklidňovat [-dnit], upokojovat [-jit]; **~end** uklidňující; **2ung** *f* uklidnění *n*, uspokojení *n*; **2ungsmittel** *n Med.* uklidňující prostředek *m*.

be'rühmt proslulý, slavný; ~ *machen* proslavovat [-lavit] koho; **2heit** *f* proslulost, sláva; (*Person*) proslulá osoba.

be'rühr|en (*A*) dotýkat [-tknout] se (*G*) (*a. fig.*); (*erwähnen*) zmiňovat [zmínit] se o (*L*); *sich* ~ do-, s-týkat se; *nicht* ~! nedotýkat se!; **2ung** *f* dotek *m*, dotyk *m*; (*Verkehr*) styk *m*; *in* ~ *kommen mit* přicházet [přijít] do styku; **2ungsfläche** *f* styková plocha, plocha do-, s-tyku; **2ungsgift** *n* dotykový jed; **2ungslinie** *f Geom.* tečna; **2ungspunkt** *m Geom.* bod dotyku; *fig.* styčný bod.

be|'säen po-, o-sévat [-sít]; **~'sagen** (*angeben*) naznačovat [-čit]; (*bedeuten*) znamenat.

Be'san *m Mar.* vratiplachta *f*; **~baum** *m* vratipeň.

be'sänftig|en upokojovat [-jit], uchlácholit *pf.*; *vgl. beruhigen*; **2ung** *f* uklidnění *n*, utišení *n*.

Be'satz *m* obruba *f*, lem.

Be'satz|er *m* okupant; **2ung** *f Mil.* posádka; *Mar.* mužstvo; (*e-s Landes*) okupace; okupantství *n*.

Be'satzungs|kosten *pl.* okupační náklady *m/pl.*; **~macht** *f* okupační mocnost; **~recht** *n* právo na okupaci; okupační právo; **~statut** *n* okupační statut *m*; **~truppen** *f/pl.* okupační vojsko *n*; **~zone** *f* okupační pásmo *n*.

be'saufen V: *sich* ~ zpí(je)t se, ochlast(áv)at se.

be'schädig|en (*et.*) poškozovat [-škodit], porouchat; **~t** porouchán (-aný); **2ung** *f* poškození *n*.

be'schaff|en *v/t* opatřovat [-řit]; *Adj. wie* ~ jaký; *so* ~ takový; *anders* ~ jinaký; *wie ist es damit* ~? jak se to s tím má?; **2enheit** *f* (*Qualität*) jakost; (*Zustand*) stav *m*; (*Charakter*) povaha; **2ung** *f* opatření *n*, pořízení *n*; **2ungskosten** *pl.* pořizovací náklady *m/pl.*

be'schäftig|en zaměstn(áv)at; *sich* ~ *mit* zabývat se čím; **2tenzahl** *f* počet *m* zaměstnaných; **2ung** *f* zaměstnání *n*; **~ungslos** nezaměstnaný, bez zaměstnání.

be'schäm|en zahanbovat [-bit];

~end zahanbující; **~t** zahanbený; **≈ung** *f* zahanbení *n.*

be'schatt|en zastiňovat [-stínit]; (*überwachen*) sledovat, stopovat; **≈er** *m* (policejní) slídil.

be'schau|en (*A*) [po]dívat se na (*A*); (*prüfen*) ohledávat [ohledat]; **≈er** *m* divák; ohledávač; **~lich** rozjímavý; **≈lichkeit** *f* rozjímání *n*, rozjímavost.

Be'schei|d *m* (*Entscheidung*) výměr, rozhodnutí *n*; (*Antwort*) odpověď *f*; (*Auskunft*) zpráva *f*, informace *f*; *j-m ~ geben* (*od. sagen*) zpravovat [zpravit] k-o; *~ wissen über* (*A*) být zpraven o (*L*), zmínit (*A*); **≈den**¹ *v/t* (*austeilen*) přisuzovat [-soudit]; (*kommen lassen*) povol(áv)at (*vor Gericht* před soud); *abschlägig ~* zamítat [-tnout]; *v/r sich ~ mit* spokojovat [-jit] se ([s] *I*); **≈den**² *Adj.* skromný; **~denheit** *f* skromnost; **≈nen** ozařovat [ozářit]; **≈nigen** potvrzovat [-tvrdit]; **~nigung** *f* potvrzení *n.*

be'schenken (*j-n mit*) darovat (*im-*) *pf.* k-u co, obdarov(áv)at k-o čím.

be'scher|en: *j-m et. ~ s. beschenken*; *was hat Ihnen das Christkind beschert?* co vám nadělil Ježíšek?; **≈ung** *f* (*Weihnachts≈*) nadílka; F *fig. da haben wir die ~!* tu to máme!; *das ist e-e schöne ~!* to je pěkné nadělení!

be'schicken obes(í)lat; *Tech.* zavážet; zásobovat.

be'schieß|en postřelovat, ostřelovat, bombardovat; **≈ung** *f* (p)ostřelování *n*, bombardování *n.*

be'schimpf|en [po]tupovat, [po-]hanit; **≈ung** *f* potupení *n*, pohana.

be'schirmen ochraňovat [-ánit].

Be'schiß V *m* podvod, podfuk.

be'schlafen *e-e Sache*: vysp(áv)at se na (*A*).

Be'schlag *m Tech.* kování *n*; (*Überzug, Hauch*) povlak, nádech; (*Beschlagnahme*) zabavení *n*; *in ~ nehmen, mit ~ belegen* zabavovat [-bavit]; **≈en**¹ *Adj. fig.* kovaný, zběhlý (*in D* v *L*); (*Fenster*) opocený; **≈en**² *v/t* okov(áv)at, pobí(je)t; *v/i, v/r* (*sich ~*) (*Fenster*) opocovat [opotit] se; **~nahme** *f* zabavení *n*; **≈nahmen** zabavovat [-bavit].

be'schleichen (*A*) [při]plížit se k (*D*); (*überkommen*) přepadat [-dnout].

be'schleunig|en z-, u-rychlovat [-lit]; **≈ung** *f* z-, u-rychlení *n.*

be'schließen (*beenden*) [u]končit; (*entscheiden*) usnášet [usnést] se (et. na čem); (*sich entschließen*) rozhodovat [-dnout] se; *beschlossen* rozhodnutý.

Be'schluß *m* usnesení *n*, rozhodnutí *n*; *s. a. fassen, beschließen*; **≈fähig** způsobilý usnášet se; **~fähigkeit** *f* způsobilost usnášet se; **~fassung** *f* učinění *n* rozhodnutí.

be'schmieren pomaz(áv)at.

be'schmutzen zašpiňovat [-špinit].

be'schneid|en ořez(áv)at; *Bäume*: prořez(áv)at; (*mit der Schere*) ostřih(áv)at; (*rituell*) obřez(áv)at; *fig.* (*schmälern*) omezovat [-zit], zkracovat [zkrátit]; **≈ung** *f* (*rituell*) obřízka.

be'schneit zasněžený.

be'schnüffeln, be'schnuppern očich(áv)at.

be'schönig|en zkrášlovat [-šlit], zastírat [-střít]; **≈ung** *f* zkrášlování *n*, zastírání *n.*

be'schränk|en omezovat [-zit] (*sich* se); **~t** omezený (*a fig.*); *~er Mensch* omezenec *m*, zabedněnec *m.*

be'schrankt *Esb.-Übergang*: chráněný.

Be'schränk|theit *f* omezenost; **≈ung** *f* omezení *n.*

be'schreib|en popisovat [-psat]; *Kreis usw.*: opisovat [opsat]; **≈ung** *f* popis *m*; opsání *n.*

be'schrift|en opatřovat [-řit] nápisy; **≈ung** *f* popsání *n*; popis *m.*

be'schuldig|en: *j-n e-r Sache* (*G*) *~* obviňovat [-vinit] k-o z č-o; **≈te(r)** *m/f* obviněný (-ná); **≈ung** *f* obvinění *n.*

be'schummeln F *s. beschwindeln.*

Be'schuß *m Mil.* ostřelování *n.*

be'schütz|en ochraňovat [ochránit] (*vor D* před *I*); *Gott beschütze!* chraň bůh!; **≈er(in** *f*) *m* ochránce (-nkyně); **≈ung** *f* ochrana.

Be'schwerde *f* obtíž, potíž (*a. Med.*); (*Klage*) stížnost (*a. Jur.*); *~ führen über* (*A*) *s. sich beschweren*; **~buch** *n* kniha *f* stížností; **~schrift** *f* písemná stížnost.

be'schwer|en za-, ob-těžovat [-tížit]; *sich ~ über* (*A*) [po]stěžovat si na (*A*); **~lich** obtížný; **≈lichkeit** *f* nesnáz, obtížnost.

be|'schwichtigen uklidňovat

[-dnit]; **~'schwindeln** ošizovat [ošidit], podvádět [-vést]; **~'schwingt** *fig.* vzletný; *Melodie*: skočný; **~'schwipst** F stříknutý, nalíznutý.

be'schwör|en (*beeiden*) potvrzovat [-tvrdit] přísahou, odpřisáhnout*pf.*; (*anflehen*) zapřisahat [-přisáhnout]; *Geister*: (*herbeizaubern*) vyvol(áv)at, citovat (*im*)*pf.*; (*bannen*) zaklí(na)t, zařík(áv)at; **2ung** *f* zapřisahání *n*; zaklínání *n*, zaříkávání *n*.

be|'seelen oduševňovat [-vnit]; *beseelt von* naplněný, proniknutý (*I*); **~'sehen** prohlížet [-hlédnout] (si); *sich im Spiegel ~* zhlížet se v zrcadle.

be'seitig|en odklizovat [-klidit], odstraňovat [-stranit]; (*j-n*) likvidovat (*im*)*pf.*; **2ung** *f* odklizení *n*, odstranění *n*; likvidace.

Besen *m* koště *n*; (*Staub2*) smeták; *neue ~ kehren gut* nové koště dobře mete; **~binder** *m* košťatář; **~stiel** *m* násada *f* koštěte.

be'sessen *s. besitzen*; (*von et.*) posedlý; **2heit** *f* posedlost.

be'setz|en *v/t* obsazovat [-sadit]; *Kleid*: naší(va)t na (*A*) (*mit et.* co); **~t** obsazen(ý); **2t·zeichen** *n* obsazovací tón *m*; **2ung** *f* obsazení *n*; (*e-s Landes*) okupace, okupování *n*.

be'sichtig|en prohlížet [-hlédnout] (si); *Mil.* přehlížet; **2ung** *f* prohlídka; *Mil.* přehlídka.

be'sied|eln osídlovat [-lit]; **2(e)lung** *f* osídlení *n*.

be'sieg|eln zapečeťovat [-četit]; *fig.* zpečeťovat [-četit]; *sein Schicksal ist besiegelt* jeho osud je zpečetěn; **~en** (*A*) přemáhat [-moci] (*A*), porážet [-razit] (*A*), [z]vítězit nad (*I*); **2er** *m* přemožitel, vítěz; **2te(r)** *m/f* přemožený (-ná), poražený (-ná).

be'singen opěvovat.

be'sinnen: *sich ~ auf* (*A*) rozpomínat [-menout] se na (*A*), vzpomínat [-menout] (si) na (*A*); *sich e-s anderen* (*od.* *Besseren*) *~* rozmýšlet [-myslit] se jinak.

Be'sinnen *n* (*Überlegen*) rozmýšlení.

Be'sinnung *f* (*Bewußtsein*) vědomí *n*; (*Fassung*) rozvaha; *die ~ verlieren* pozbý(va)t vědomí (*od.* rozvahy); *zur ~ kommen* nabý(va)t vědomí (*od.* rozvahy); *bei ~ sein* být při vědomí; **2s·los** bezvědný; **~s·losigkeit** *f* bezvědomí *n*.

Be'sitz *m* držení *n*, držba *f*; (*Eigentum*) vlastnictví *n*; (*konkret*) majetek, jmění *n*; *~ ergreifen* (*von*), *et. in ~ nehmen* uvazovat [uvázat] se v držení č-o, zmocňovat [-cnit] se č-o; *in ~ e-r Sache* (*G*) *sein* mít co; **2en** mít; **2end** majetný; **~er** *m* majitel, vlastník; *Jur.* držitel; **~ergreifung** *f* uvázání *n* (*od.* vzetí *n*) v držbu; **~erin** *f* majitelka, vlastnice; *Jur.* držitelka; **2los** nemajitelný; **~losigkeit** *f* nemajitelnost; **~nahme** *f* převzetí *n* v držbu; **~stand** *m* držebnost *f*, majetek; **~tum** *n* vlastnictví, majetek *m*; **~ung** *f* majetek *m*; (*Kolonie*) država, osada; **~urkunde** *f* držební listina.

be'soffen V opilý, ožralý.

be'sohlen podrážet [-razit].

be'sold|en (*A*) vyplácet [-platit]; **2ung** *f* (*Gehalt*) služné *n*; (*Sold*) žold *m*.

be'sonder zvláštní; *im ~(e)n* obzvláště; **2heit** *f* zvláštnost; **~s** zvláště, obzvláště.

be'sonnen rozvážný, rozvážlivý; **2heit** *f* rozvážnost, rozvážlivost.

be'sorgen (*A*) (*verschaffen*) obstar(áv)at; (*versorgen*) pečovat o (*A*); (*ausführen*) vyřizovat [-řídit]; *s. besorgt*.

Be'sorgnis *f* obava, znepokojení *n*; **2erregend** znepokojivý, znepokojující.

be'sorgt (*treusorgend*) starostlivý; (*in Sorge*) znepokojený (*um et.* čím).

Be'sorgung *f* obstarávání *n*; *~en machen* obstar(áv)at všelicos.

be'spann|en (*mit et.*) potahovat [-táhnout] (*I*); **2ung** *f* potažení *n*; potah *m*.

be'spitzeln stopovat, sledovat.

be'sprech|en (*A*) [pro]mluvit o (*L*); *Buch*: posuzovat [-soudit], [z]recenzovat; *Krankheit*: zařík(áv)at; *Schallplatte*: namlouvat [-mluvit] (*A*); *sich ~* [pro]mluvit, [po]radit se (*mit j-m über A* s kým o *L*); **2ung** *f* (*Erörterung*) rozhovor *m*, rozmluva; (*Beratung*) porada, konference; (*Beurteilung*) posudek *m*, recenze.

be'spritzen postřikovat [-stříknout, -stříkat].

be'sprochen *s. besprechen*.

be'spülen omý(va)t, oplachovat [opláchnout].

besser *Adj.* lepší; *Adv.* lépe; *desto ~* tím lépe; **2e(s)** lepší; *vgl. belehren*; **~n** (*j-n*) polepšovat [-šit]; (*et.*) zlepšovat [-šit]; **~stellen** nadlepšovat [-šit] (*D*); **&ung** *f* polepšení *n*, zlepšení *n*; **&ungs·anstalt** *f* polepšovna; **&wisser** *m* rozumbrada, F mudrlant.

best- *Adj.* nejlepší; *Adv. am ~en, aufs ~e* nejlépe; *der erste ~e* kdokoli, ledajaký; *mein &er* můj nejmilejší; *zum ~en geben* dá(va)t k lepšímu; *fig. zum ~en haben* tropit si žerty z k-o; **&e(s)** (to) nejlepší; (*Vorteil*) prospěch *m*, blaho; *zum ~en* ve prospěch; *sein ~es tun* udělat co je možno.

be'stall|en uvádět [uvést] v úřad, ustanovovat [-novit]; **&ung** *f* uvedení v úřad, ustanovení *n*.

Be'stand *m* (*Bestehen*) bytí *n*, existence *f*; (*Dauer*) trvání *n*; (*Vorrat*) zásoba *f* (*an* et. *D* č-o); (*Anzahl*) počet; (*Kassen&*) stav; (*Wald&*) porost; *eiserner ~* minimální stav, železná zásoba; *~ haben, von ~ sein* potrvat.

be'standen *s. bestehen.*

be'ständig stálý, trvalý; **&keit** *f* stálost, trvalost.

Be'stand|s·aufnahme *f* inventarizace, inventura; **~teil** *m* součást(ka) *f*.

be'stärken utvrzovat [utvrdit].

be'stätig|en potvrzovat [-tvrdit]; **&ung** *f* potvrzení *n*, stvrzenka.

be'statt|en pochov(áv)at, pohřbí(va)t; **&ung** *f* pohřeb *m*; pohřbívání *n*; **&ungs·institut** *n* pohřební ústav *m*.

be'stäub|en zaprašovat [-prášit]; *Bot.* opylovat [-lit]; **&ung** *f* poprašování *n*; *Bot.* opylení *n*.

beste *s. best.*

be'stech|en podplácet [-platit]; *fig.* okouzlovat [-lit]; **~end** okouzlující, *Adv. a.* podmanivě; **~lich** úplatný; **&lichkeit** *f* úplatnost; **&ung** *f* pod-, u-plácení *n*.

Be'steck *n* (*Eß&*) příbor *m*; náčiní; *Med.* (chirurgické) instrumentarium.

be'stehen *v/t* (*überstehen*) přestá(va)t; *Prüfung*: vykon(áv)at (*A*), obstá(va)t při (*L*); *v/i* (*vorhanden sein*) být, existovat; (*Bestand haben*) [po]trvat, zůst(áv)at; *~ auf* (*D*) [po]trvat na (*L*); *~ aus* skládat se z (*G*); *~ in* (*D*) záležet v (*L*).

be'stehlen okrádat [okrást].

be'steig|en (*A*) *Berg, Kanzel usw.*: vystupovat [-stoupit] na (*A*); vstupovat [vstoupit] (*ein Schiff* na loď; *e-n Wagen* do vozu); *Pferd*: vsedat [-dnout] na (*A*); *Thron*: nastupovat [-stoupit] na (*A*); **&ung** *f* (*G*) vystoupení *n*; nastoupení *n*.

Be'stell|buch *n* kniha *f* objednávek; **&en** (*kommen lassen*) obes(í)lat; *Waren*: objedn(áv)at; (*überbringen*) doručovat [-čit], dod(áv)at; (*ausrichten*) vyřizovat [-řídit]; *Feld*: obděl(áv)at; (*einsetzen*) ustanovovat [-novit] (*als od. zu I*); *es ist damit gut (schlecht) bestellt* jde s tím dobře (špatně); **~er(in** *f*) *m* objednavatel(ka); **~ung** *f* (*Auftrag*) objednávka, zakázka; (*Feld&*) obdělávání *n*; *auf ~ gemacht, geliefert* zakázkový; **~zettel** *m* žádanka *f*.

bestenfalls v nejlepším případě.

bestens nejlépe; *danke ~!* děkuji pěkně!

be'steuer|n (*j-n*) ukládat [uložit] daň (*D*); (*et.*) zdaňovat [zdanit]; **&ung** *f* (*G*) uložení *n* daně na (*A*), zdanění *n*.

besti'ali|sch bestiální, zvířecký; **&'tät** *f* bestialita, zvířeckost.

be'stimm|bar určitelný; **~en** (*veranlassen*) přimět *pf.*, pohnout *pf.*; (*entscheiden*) rozhodovat [-dnout] (*über A* o *L*); (*festsetzen*) určovat [-čit], stanovit (*im*)*pf.* (*a. Bot.*); (*einsetzen*) ustanovovat [-novit] (*zu* za *A od. I*); **~d** určující, rozhodující.

be'stimmt (*festgesetzt*) určený, stanovený; (*sicher*) určitý, jistý; (*resolut*) rozhodný; **&heit** *f* určitost, jistota, rozhodnost.

Be'stimmung *f* určení *n*; (*Vorführung*) ustanovení *n*; (*Schicksal*) určení *n*, osud *m*; **~s·ort** *m* místo *n* určení.

Bestleistung *f* nejlepší výkon *m*; *Sp.* rekord *m*.

be'stochen *s. bestechen.*

be'stohlen *s. bestehlen.*

be'straf|en [po]trestat (*für* za *A*); **&ung** *f* potrestání *n*, trest *m*.

be'strahl|en ozařovat [-ářit] (*a. Med.*); **&ung** *f* ozařování *n*.

Be'streben *n* snaha *f*, úsilí.

be|'streichen (*mit Farbe*) natírat [-třít]; (*mit Fett*) pomaz(áv)at; *Mil.* ostřelovat; **~'streiten** popírat [-přít]; (*bezahlen*) uhrazovat [uhradit], zapravovat [-pravit]; **~'streuen** posyp(áv)at; **~'stücken** *Mil.*,

Mar. vyzbrojovat [-jit] děly; **~'stürmen** (*A*) *Mil.* hnát útokem na (*A*); *fig.* *j-n* ~ doléhat [-lehnout] na (*A*).

be'stürz|t zděšený, ohromený (*über A*/*I*); **~ung** *f* ohromení *n*, zděšení *n*.

Be'such *m* návštěva *f*; *zu* (*od.* *auf*) ~ *sein* být na návštěvě; ~ *abstatten* (*D*) *s.* *abstatten*; **~en** navštěvovat [-vštívit]; *e-e Schule* ~ chodit do školy; **~er(in** *f*) *m* návštěvník (-nice); **~erzahl** *f* počet *m* návštěvníků.

Be'suchs|karte *f* navštívenka; **~tag** *m* den návštěv, návštěvní den; **~zeit** *f* doba návštěv, návštěvní doba.

be'sudeln [po-, za]špinit.

be'tagt stařičký, letitý.

be'tätig|en *Tech.* uvádět, uvést do pohybu (*od.* v činnost); *Hebel*: [s]tlačit; *Knopf*: stiskat [-knout]; *sich* ~ (*tätig sein*) být činný; (*sich beteiligen*) [z]účastnit se (*bei G*); **~ung** *f* (uvedení *n* v) činnost; (*Teilnahme*) účast; **~s-** *in Zssgn Tech.* ovládací; **~ungsfeld** *n* pole (*od.* obor *m*) působnosti.

be'täub|en (*durch Lärm*) ohlušovat [-šit]; (*durch Schlag*) omračovat [omráčit]; *Sinne*: omamovat [omámit]; (*beruhigen*) [u]konejšit; *Med.* usp(áv)at, nakortizovat (*im*)*pf.*; **~ung** *f* omráčení *n*; omámení *n*; narkóza; **~ungsmittel** *n* omamný prostředek.

Bete *f* *Bot.* červená řepa.

be'teilig|en (*an et. D*) dá(va)t k-u podíl na (*L*), zapojovat [-jit] k-o do (*G*); *sich* ~ *an* (*D*) [z]účastnit se (*G*); **~t** (*an D*) [z]účastněn(ý) (*G*); **~ung** *f* (*an D*) účast(enství *n*) *f* (*G*).

beten [po]modlit se.

Beten *n* modlení; **~de(r)** modlící se.

be'teuer|n: *j-m et.* ~ ujišťovat [ujistit] k-o čím; **~ung** *f* ujišťování *n*.

be'titeln (*et.*) dá(va)t název (*D*); (*j-n*) [o]titulovat.

Be'ton *m* beton; **~-** *in Zssgn mst* betonový; **~'ieren** [vy]betonovat.

be'tonen (*A*) klást [položit] přízvuk na (*A*); *fig.* zdůrazňovat [-znit].

Be'tonmisch|er *m*, **~maschine** *f* míchačka na beton.

be'ton|t přízvučný; **~ung** *f* přízvuk *m*, důraz *m*.

be'tören *s.* *bezaubern*.

betr. *Abk. für betreffend, betreffs, betrifft.*

Be'tracht *m* zřetel; *außer* ~ *lassen* (*A*) nepřihlížet [-hlédnout] k (*D*); *in* ~ *kommen* zasluhovat [-sloužit] povšimnutí; *in* ~ *ziehen* přihlížet [-hlédnout] k (*D*).

be'tracht|en (*ansehen*) pozorovat; (*halten für*) pokládat (*als* za *A*); (*erwägen*) uvažovat o (*L*) [uvážit (*A*)]; **~er** *m* pozorovatel; **~ung** *f* pozorování *n*; (*Erwägung*) úvaha; *~en anstellen über* (*A*) uvažovat o (*L*) [uvážit (*A*)].

be'trächtlich značný.

Be'trag *m* částka *f*; *im ~e von* ve výši (*od.* v částce) (*G*); **~en** činit, F dělat; *sich* ~ [za]chovat se; **~en** *n* chování.

be'trau|en: *j-n mit et.* ~ pověřovat [-řit] k-o čím; **~ern** (*A*) truchlit pro (*A*).

Be'treff *m* věc *f*; *in* ~ *s.* *betreffs*; **~en** (*zustoßen*) postihovat [-hnout]; (*angehen*) týkat se (*G*); *s.* *betroffen*; *~d* týkající se (*G*); (*genannt*) dotčený; (*zuständig*) příslušný; **~s** (*G*) stran (*G*), se zřetelem k (*D*).

be|'treiben (*ausüben*) provozovat; (*beschleunigen*) popohánět [-hnat]; *auf sein* ~ na podnět (*G*); **~'treten** *v/t* vkročit *pf.*, vstupovat [vstoupit] do (*G*); *Adj.* zmatený, zaražený; **~'treten** *n* (*G*) vstup *m* do (*G*); *das* ~ *des Rasens ist verboten* chodit po trávníku je zakázáno.

be'treu|en *Kranke*: ošetřovat [-řit]; *Kinder*: opatrovat; **~ung** *f* ošetřování *n*; opatrování *n*.

Be'trieb *m* (*Arbeiten, Wirken*) chod, provoz; provozování *n*; *Esb.* doprava *f*; (*lebhaftes Treiben*) ruch; (*Unternehmen*) závod, podnik; *volkseigener* ~ národní podnik; *außer* ~ *sein* být mimo provoz; *außer* ~ *setzen* vyřaďovat [-řadit] z provozu; *in* ~ *setzen* uvádět [uvést] do provozu.

Be'triebs- *in Zssgn mst* provozní; závodní.

be'triebsam podnikavý; **~keit** *f* podnikavost.

Be'triebs|arzt *m* závodní lékař; **~führung** *f* vedení *n* podniku; **~geheimnis** *n* provozní tajemství; **~kapital** *n* provozní kapitál *m*; **~kosten** *pl.* provozovací náklady *m*/*pl.*; **~leiter** *m* vedoucí podniku; **~leitung** *f* závodní (*od.* podniková) správa; **~rat** *m* závodní rada *f*; **~-**

schutz *m* závodní milice *f* (*od.* stráž *f*); **~sicherheit** *f* bezpečnost provozu; **~stoff** *m* pohonná látka; **~störung** *f* provozní porucha; **~unfall** *m* provozní nehoda *f*; **~versammlung** *f* závodní schůze; **~wirtschaftslehre** *f* nauka o racionálním hospodaření.

be|'trinken: *sich ~* opí(je)t se; **~'troffen** zaražený; **~'trog(en)** *s. betrügen.*

be'trüb|en zarmucovat [-moutit]; **~lich** zarmucující, truchlivý; **2nis** *f* zármutek *m*; **~t** zarmoucený.

Be'trug *m* podvod.

be'trüg|en podvádět [-vést], [o]klamat; *j-n um et. ~* [o]šidit k-o oč; **2er** *m* podvodník; **2e'rei** *f* podvádění *n*; **2erin** *f* podvodnice; **~erisch** podvodný, podvodnický.

be'trunken opilý.

Bett *n* postel *f*; (*Fluß2*) řečiště *n*; (*Feder2*) peřina *f*; *Tech.* lože; *das ~ hüten* ležet v posteli; *ans ~ gefesselt sein* být upoután na lůžko; *zu ~ bringen* ukládat [uložit] na lůžko; *zu ~ gehen* jít (chodit) spat; **~couch** *f* lůžkový gauč (*od.* kauč); **~decke** *f* přikrývka.

'bettel|'arm chudý jako žebrák, chudičký; **2brief** *m* žebravý dopis.

Bette'lei *f* žebrota.

Bettel|mönch *m* žebravý mnich; **2n** žebrat (*um* o *A*); *~ gehen* jít (chodit) žebrat (*od.* žebrotou); **~orden** *m* žebravý řád; **~stab** *m* žebravá hůl; *an den ~ bringen* přivádět [-vést] na mizinu, ožebračovat [-čit].

betten stlát [ustlat]; *fig. auf Rosen gebettet sein* mít ustláno na růžích; *wie man sich bettet, so schläft man* jak si usteleš, tak si lehneš.

bett|lägerig nemocný (-cen), upoutaný na lůžko; **2laken** *n* prostěradlo.

Bettler(in *f*) *m* žebrák (-račka).

Bett|ruhe *f* ležení *n* v posteli; **~stelle** *f* lůžko *n*, postel; **~(t)uch** *n* prostěradlo; **~überzug** *m* povlak (na peřiny), cícha *f*; **~vorleger** *m* předložka *f*; **~wäsche** *f*, **~zeug** *n* ložní prádlo *n*, lůžkoviny *f/pl.*; **~zeugkasten** *m*, **zeugtruhe** *f* péřak *m*, skříňka *f* na lůžkoviny.

be'tupfen *Med.* potírat [-třít].

beug|en ohýbat [ohnout], sklánět [sklonit]; *Gr.* ohýbat; *Recht*: porušovat [-šit]; *sich ~* sklánět [sklonit] se; *fig.* podrobovat [-bit] se; *gebeugt* ohnutý; *fig.* sklíčený; **2ung** *f* ohýbání *n* (*a. Gr.*), sklánění *n*.

Beule *f* boule; **~npest** *f Med.* hlízový mor.

be'unruhig|en znepokojovat [-jit]; **~end** znepokojující; **2ung** *f* znepokojení *n*.

be'urkunden dosvědčovat [-čit], prokazovat [-kázat] listinami.

be'urlaub|en (*A*) dá(va)t dovolenou (*D*); **2ung** *f* dovolená.

be'urteil|en posuzovat [-soudit]; **2ung** *f* posouzení *n*, posudek *m*.

Beute *f* kořist.

Beutel *m* pytlík, váček, měšec; **2n** (*A*) (*schütteln*) protřást (*I*); *Mehl*: prosévat [-sít]; *fig.* (*beim Spiel*) ob(í)rat; **~ratte** *f Zo.* vačice; **~tier** *n Zo.* vačnatec *m*.

Beutezug *m* kořistná výprava.

be'völker|n zalidňovat [-dnit]; **2ung** *f* zalidnění *n*; (*Einwohner*) obyvatelstvo *n*.

Be'völkerungs|abnahme *f* ubývání *n* obyvatelstva; **~dichte** *f* hustota obyvatelstva; **~politik** *f* zalidňovací (*od.* populační) politika; **~stand** *m* lidnatost *f*, stav zalidnění; **~zunahme** *f* přibývání *n* obyvatelstva.

be'vollmächtig|en z(plno)mocňovat [-cnit]; **2te(r)** zmocněnec (-nkyně), plnomocník (-cnice); **2ung** *f* zmocnění *n*.

be'vor dříve než.

be'vormund|en (*A*) (*Vormund sein*) být poručníkem (*D*); (*gängeln*) poručníkovat k-u (*od.* k-o), poroučet (*D*); **2ung** *f* poručníkování *n*.

be'vor|recht(ig)en obdařovat [-řit] privilegiem; † privilegovat (*im*)*pf.*; *bevorrechtigt* privilegovaný; přednostní; **~stehen** nast(áv)at; **~d** nastávající; **~zugen** (*A*) dá(va)t přednost (*D*), protežovat (*A*); *bevorzugt* mající přednost, přednostní; **2zugung** *f* dávání *n* přednosti; favorizování *n*.

be'wach|en hlídat, střežit; **2er** *m* strážník, strážný; **2ung** *f* hlídání *n*, střežení *n*.

be'wachsen *v/t* porůst(at) na *od.* po (*L*), obrůst(at) (*A*); *Adj.* po-, zarostlý.

be'waffn|en ozbrojovat [-jit]; **~et** ozbrojený; **2ung** *f* ozrojení *n*.

Be'wahr|anstalt *f* opatrovna; **2en**

(*schützen*) [u]chránit (*vor D* před *I*); (*behalten*) zachov(áv)at; *Gott bewahre mich vor* (*D*) chraň mě bůh od (*G*).
be|'währen: *sich* ~ osvědčovat [-čit] se; **~'wahrheiten:** *sich* ~ potvrzovat [-tvrdit] se; **~'währt** osvědčený.
Be'währ|ung *f* osvědčení *n*; **~ungsfrist** *f* zkušební doba; *Jur. mit* ~ podmíněně.
be'wald|et zalesněný; **2ung** *f* zalesnění *n*, lesní porost *m*.
be|'wältigen *Arbeit*: zmáhat [zmoci]; *Schwierigkeiten*: zdol(áv)at; **~'wandert** zběhlý (*od.* zkušený) (*in D* v *L*); **2'wandtnis** *f* okolnost; *mit ihm hat es folgende* ~ s ním se to má takto; *damit hat es s-e eigene* ~ při tom jsou zvláštní okolnosti; **~'warb** *s. bewerben*; **~'wässern** zavodňovat [-dnit].
Be'wässerung *f* zavodňování *n*; **~s·anlage** *f* zavodňovací zařízení *n*; **~s·graben** *m* zavodňovací příkop; **~s·system** *n* zavodňovací systém *m*.
be'weg|en (*A*) hýbat [hnout], pohybovat [-hnout] (*I*); (*veranlassen*) pohnout *pf.*, přimět *pf.* (*zu* k *D*); (*rühren*) pohnout *pf.*, dojímat [-jmout]; **~lich** pohyblivý; (*flink*) čilý; *~e Habe* movitý majetek; **2lichkeit** *f* pohyblivost; čilost; **~t** pohnutý (*a. fig.*); **2theit** *f* pohnutí *n*; **2ung** *f* pohyb *m*; *Pol., Rel.* hnutí *n*; (*Rührung*) pohnutí *n*; *in* ~ *setzen* uvádět [uvést] v pohyb; *fig.* (*daransetzen*) uvádět [uvést] do pohybu, vynakládat [-naložit]; *sich in* ~ *setzen* dá(va)t se do pohybu.
Be'wegungs|fähigkeit *f* pohybová schopnost; **~freiheit** *f* volnost pohybu; **~krieg** *m Mil.* pohybová válka; **2los** nehybný; **~losigkeit** *f* nehybnost.
be'weinen oplak(áv)at.
Be'weis *m* důkaz; *zum* ~ na důkaz; *e-n* ~ *führen* dokazovat [-kázat]; *als* ~ *dafür, daß* důkazem toho, že; **~aufnahme** *f* zkoumání *n* důvodů; **2bar** dokazatelný; **2en** dokazovat [-kázat]; (*erweisen*) prokazovat [-kázat]; **~führung** *f* dokazování *n*, argumentace; **~kraft** *f Jur.* průkaznost; **2kräftig** průkazný; **~mittel** *n Jur.* důkaz *m*; = **~stück** *n* věc doličná, corpus delicti *m od. n.*
be'wenden: *es bei et.* ~ *lassen* nech(áv)at tak, jak to je; *und damit soll es sein* 2 *haben* při tom ať zůstane jak to je.
be'werb|en: *sich* ~ *um* ucházet se o (*A*); **2er(in** *f*) *m* uchazeč(ka); **2ung** *f* ucházení *n*; **2ungsschreiben** *n* žádost *f* o místo.
be'werkstelligen uskutečňovat [-čnit], vykon(áv)at.
be'wert|en [z]hodnotit; **2ung** *f* zhodnocení *n*.
be'wetter|n *Bgb.* větrat; **2ung** *f* *Bgb.* větrání *n*.
be'willig|en povolovat [-lit]; *ein Gesuch* ~ vyhovovat [-hovět] žádosti; **2ung** *f* povolení *n*.
be'wirken způsobovat [-bit].
be'wirten [po]hostit, [vy]častovat.
be'wirtschaft|en obhospodařovat [-řit]; **2ung** *f* obhospodařování *n*.
Be'wirtung *f* pohoštění *n*.
be'wöge, be'wog *s. bewegen*.
be'wohn|bar obyvatelný; **~en** (*A*) obývat (*A*), bydlit v (*L*); **2er(in** *f*) *m* obyvatel(ka).
be'wölk|en: *sich* ~ [za]mračit se; **~t** zamračený; **2ung** *f* oblačnost.
be'worben *s. bewerben*.
Be'wunder|er *m*, **~in** *f* obdivovatel(ka); **2n** (*A*) obdivovat (*A*), podivovat [-divit] se (*D*); **2nswert, 2nswürdig** ob-, po-divuhodný; **~ung** *f* obdiv *m*, podiv *m*.
Bewurf *m Arch.* omítka *f*.
be'wußt (*klar erkennend*) vědomý; (*im Bewußtsein vorhanden*) uvědomělý; (*bekannt*) znám(ý), povědomý; **~los** bezvědomý; **2losigkeit** *f* bezvědomí *n*; **2sein** *n* vědomí; uvědomění; *zum* ~ *kommen* přijít k sobě; (*klarwerden*) uvědomovat [-mit] si; **2seinsstörung** *f* porucha vědomí.
bez. *Abk. für bezahlt, bezüglich*.
be'zahl|en [za]platit; *mit dem Leben* ~ zaplácet [-platit] co životem; *sich bezahlt machen* vyplácet [-platit] se; **2ung** *f* zaplacení *n*; (*Entgelt*) mzda, plat *m*.
be'zähm|bar zkrocený; **~en** [z]krotit, ochočovat [-čit] (*a. fig.*); *sich* ~ ovládat [-dnout] se, [z]krotit se; **2ung** *f* zkrocení *n*, ochočení *n*; ovládání *n*.
be'zaubern okouzlovat [-lit]; **~d** okouzlující.
be'zeichn|en označovat [-čit]; (*bedeuten*) znamenat, značit; **~end** příznačný, charakteristický; **2ung** *f*

označení *n*; (*Ausdruck*) výraz *m*; (*Benennung*) označení *n*, název *m*.

be'zeug|en dosvědčovat [-čit], potvrzovat [-tvrdit]; **≗ung** *f* dosvědčení *n*, potvrzení *n*.

be'zichtigen *s. beschuldigen*.

be'zieh|bar *Wohnung*: uprázdněný, volný; *Hdl.* připravený k odběru; **~en** (*überziehen*) potahovat [-táhnout]; *Betten*: povlékat [-vléci]; *Wohnung*: [na]stěhovat se do (*G*); *Zeitung*: abonovat (*im*)*pf*.; *Gehalt*: dost(áv)at; *Waren*: odbírat [odebrat]; et. ~ *auf* (*A*) vztahovat co na (*A*); *sich* ~ *auf* (*A*) (*betreffen*) vztahovat se na (*A*); (*sich berufen*) odvol(áv)at se na (*A*); **≗er**(**in** *f*) *m* odběratel(ka); abonent(ka); **≗ung** *f* vztah *m* (*zu* k *D*); (*Verbindung*) styk *m* (*zu* s *I*); *in dieser* (*mancher, jeder*) ~ po této (leckteré, každé) stránce; *mit* ~ *auf* (*A*) po stránce (*G*), vzhledem k (*D*); **~ungsweise** (*Abk. bzw.*) po případě.

be'ziffern (*mit Ziffern versehen*) [o]číslovat; *sich* ~ *auf* (*A*) (*betragen*) činit.

Be'zirk *m* (*Amts≗*) okres; (*in der DDR*) kraj; (*Bereich*) obvod; **~s-amt** *n* okresní úřad; **~s-leitung** *f* okresní vedení *n*.

be'zogen *s. beziehen*.

Be'zug *m* (*Überzug*) povlak, potah; (*Waren, Zeitung*) odběr; (*Beziehung*) zřetel; *Bezüge pl.* příjmy *m/pl.*, plat *m*, požitky *m/pl.*; *in* ≗ *auf* (*A*) se zřetelem k (*D*); ~ *haben auf* (*A*) souviset s (*I*); ~ *nehmen auf* (*A*) *s. sich beziehen auf*; **~s-** *in Zssgn mst* vztažný.

be'züglich *Adj.* příslušný, toho se týkající; *Gr.* vztažný; *Prp.* (*G*) stran (*G*), co se týče (*G*).

Be'zug|nahme *f*: *unter* ~ *auf* (*A*) vzhledem k (*D*); **~schein** *m* odběrní list (*od.* poukaz).

be'zwang *s. bezwingen*.

be'zwecken (*A*) zamýšlet (*A*), směřovat k (*D*).

be'zweifeln (*A*) pochybovat o (*L*); *es ist nicht zu* ~ nelze o tom pochybovat.

be'zwing|en přemáhat [-moci], zdol(áv)at; *Berg*: zléz(a)t; **≗er**(**in** *f*) *m* (*G*) vítěz nad (*I*).

BGB *Abk. für Bürgerliches Gesetzbuch* občanský zákoník.

Bibel *f* bible; *in Zssgn mst* biblický; **≗fest** sčetlý v bibli; **~spruch** *m* biblická průpověď; **~stelle** *f* citát *m* z bible; **~stunde** *f* biblická hodina.

Biber *m* bobr; *in Zssgn mst* bobří, bobrový; **~fell** *n* bobřina *f*; **~schwanz** *m Arch.* bobrovka *f*.

Biblio'graph *m* bibliograf; **~ie** [-'fi:] *f* bibliografie, knihopis *n*; **≗isch** bibliografický, knihopisný.

Biblio'thek *f* knihovna, bibliotéka; **~ar**(**in** *f*) [-'kɑ:-] *m* knihovník (-nice), bibliotekář(ka).

biblisch biblický.

bieder bodrý, počestný; **≗mann** *m* poctivec; **≗meier** *n* biedermeier; biedermeierovský sloh.

bieg|en *v/t* ohýbat [ohnout]; *v/i* zahýbat [-hnout] (*um* za *A*); *sich* ~ ohýbat [ohnout] se; **≗en** *n* ohýbání, ohnutí; *es geht auf* ~ *oder Brechen* jde do tuhého; **~sam** ohebný; **≗samkeit** *f* ohebnost; **≗ung** *f* ohyb *m*; (*Kurve*) zatáčka; *Gr.* ohybání *n*.

Biene *f* včela.

Bienen|fleiß *m* včelí píle *f*; **~königin** *f* včelí královna; **~korb** *m* pletený úl; **~schwarm** *m* roj včel; **~stich** *m* včelí bodnutí *n od.* píchnutí *n*; **~stock** *m* úl; **~zucht** *f* chov *m* včel, včelařství *n*; **~züchter** *m* včelař.

Bier *n* pivo; **~bauch** F *m* tlusté břicho; **~braue'rei** *f* pivovar *m*; **~faß** *n* pivní sud *m*; **~flasche** *f* láhev na pivo *od.* od piva; **~glas** *n* pivní sklenice *f*; **~halle** *f* pivnice; **~seidel** *m* pivní žejdlík; **~stube** *f* pivnice; **~würze** *f* mladin(k)a.

Biest F *n fig.* bestie *f*.

bieten (*an~*) nabízet [-bídnout], (*dar~*) poskytovat [-tnout]; *die Stirn* ~ čelit, vzdorovat; *das lasse ich mir nicht* ~ to si nenechám líbit; *sich* ~ naskýtat [-skytnout] se.

Biga'mie *f* bigamie, dvojženství *n*.

bi'gott bigotní, pobožnůstkářský.

bikon|'kav bikonkávní, dvojdutý; **~'vex** bikonvexní, dvojvypuklý.

Bi'lanz *f* bilance, účetní rozvaha; *e-e* ~ *aufstellen od. ziehen* [u]dělat bilanci.

bilate'ral bilaterální, dvoustranný.

Bild *n* obraz *m*; *Fot.* snímek *m*; *fig. sich* (*D*) *ein* ~ *machen von* představovat [-stavit] si (*A*); **~band** *m* obrazový svazek, album; **~beilage** *f* obrazová příloha; **~bericht** *m* foto-

reportáž *f*; **~berichter** *m*, **~bericht·erstatter** *m* fotoreportér; **~chen** *n* obrázek.
bilden (*gründen, formen*) [u]tvořit; (*sein*) být; (*aus~*) vzděl(áv)at; **~d** (*schöpferisch*) tvůrčí; (*belehrend*) vzdělávací; *~e Kunst* výtvarné umění.
Bilder|ausstellung *f* výstava obrazů; **~bogen** *m* obrázkový arch; **~buch** *n* obrázková kniha; **~galerie** *f* obrazová galerie, obrazárna; **~rätsel** *n* skrývačka *f*, rebus *m*; **²reich** bohatý na obrazy; **~schrift** *f* obrázkové písmo; **~stürmer** *m* obrazoborec.
Bild|fläche *f* plocha obrazu; (*Filmleinwand*) promítací stěna; *fig. auf der ~ erscheinen* objevovat [-jevit] se na obzoru; *von der ~ verschwinden* [z]mizet z obzoru; **~funk** *m* telefoto *n*; **~hauer(in** *f*) *m* sochař (-ka); **~haue'rei** *f*, **~hauerkunst** *f* sochařství *n*; **²hübsch** hezký jako obrázek; **²lich** obrazný; **~nis** *n* obraz *m*; **~röhre** *f* obrazovka; **²sam** tvárný, tvárlivý; *fig.* schopný (-pen) vzdělání; **~schärfe** *f* ostrost obrazu; **²schön** krásný jako obrázek; **~schirm** *m* stínítko *n* (obrazovky); **~störung** *f* porucha obrazu; **~streifen** *m* filmový pás; **~ung** *f* (*Formen*) vytváření *n*, tvorba; (*Gebilde*) výtvor *m*; (*Aus²*) vzdělání *n*.
Bildungs|anstalt *f* vzdělávací ústav *m*; **~gang** *m* postup vzdělání; **~grad** *m* stupeň vzdělanosti.
Bild|wand *f* promítací plátno *n*; **~werfer** *m* promítací (*od.* projekční) přístroj; **~werk** *n* výtvarné dílo; **~wörterbuch** *n* obrazový slovník.
Billard *n* kulečník *m*, biliár *m*; **~kugel** *f* kulečníková koule; **~stock** *m* kulečníkové tágo; **~zimmer** *n* kulečníková síň.
Bil'let *n* lístek *m*.
billig laciný, levný: (*recht*) spravedlivý, správný, slušný; *recht und ~* správné a spravedlivé; **~en** schvalovat [schválit], souhlasit s (*I*); **²keit** *f* láce, levnost, spravedlnost; **²ung** *f* schválení *n*, souhlas *m*.
Billi'on *f* bilion *m*.
Bimsstein *m* pemza *f*.
bi'när binární; dvojkový.
Binde *f* páska; *Med.* obvaz *m*, obinadlo *n*; **~gewebe** *n Med.* vazivo; **~glied** *n* pojítko, spojovací člen *m*.
Bindehaut *f Anat.* spojivka; **~entzündung** *f Med.* zánět *m* spojivky.
binden [s]vázat (*a. Buch*); (*an~*) [při]vázat (*an A* k *D*); (*um~*) [o]vázat (*um* okolo *G*); (*fesseln*) svazovat [svázat]; *Faß*: pobí(je)t; F *fig. j-m et. auf die Nase ~* věšet [pověsit] k-u co na nos; *fig. gebunden sein an* (*A*) být vázán (*I*); *gebundene Rede* (*Wirtschaft*) vázaná řeč (hospodářství); *sich ~ an* (*A*) zavázat se (*I*); **~d** zavazující, závazný.
Binder *m* vazač; (*Faß²*) bednář; (*Krawatte*) vázanka *f*, kravata *f*; **~in** *f* vazačka.
Binde|strich *m* spojovací čárka *f*; **~wort** *n Gr.* spojka *f*.
Bind|faden *m* motouz, provázek; **~ung** *f* vazba, spojení *n*; (*Verpflichtung*) závazek *m*; (*Ski²*) vázání *n*.
binnen (*G od. D*) během (*G*), do (*G*), za (*A*); *~ e-s Jahres* během roku, do roka, za rok; *~ kurzem* zakrátko, zanedlouho.
Binnen|gewässer *n/pl.* vnitrozemské vodstvo *n*; **~hafen** *m* vnitrozemský přístav; **~handel** *m* vnitrozemský obchod; **~land** *n* vnitrozemí; **~schiffahrt** *f* vnitrozemská plavba; **~see** *m* jezero *n*; **~verkehr** *m* vnitrozemská doprava.
Binse *f Bot.* sítina, ostřice; **~nwahrheit** *f* otřepaná (*od.* všední) pravda.
Bio|che'mie *f* biochemie; **~'chemiker** *m* biochemik; **²'chemisch** biochemický.
Bio'graph *m* životopisec, biograf; **~ie** [-'fi:] *f* životopis *m*, biografie; **²isch** životopisný, biografický.
Bio'log|e *m* biolog; **~ie** [-'gi:] *f* biologie; **²isch** biologický.
Birke *f* bříza.
Birken|holz *n* březové dříví; **~pilz** *m* kozák; **~saft** *m* březová míza.
Birk|hahn *m*, **~huhn** *n* tetřívek *m*; **~henne** *f* tetřevice.
Bir|ma *n* Barma *f*; **~'mane** *m* Barmánec; **²'manisch** barmský.
Birn- *in Zssgn mst* hruškový; **~baum** *m* hrušeň *f*, hruška *f*; **~e** *f* hruška; *El.* žárovka.
birst *s. bersten.*
bis *Prp.* (až) do (*G*); *~ Prag* (až) do Prahy; *~ Samstag* (až) do soboty; *~ dahin* (*örtlich*) až tam; (*zeitlich*) až do té doby; *~ hierher* (*örtlich*) až sem; (*zeitlich*) dosud; *~ jetzt*

(až) do nynějška; ~ *heute* (až) do dneška; ~ *auf weiteres* (až) do dalšího opatření; *alle* ~ *auf e-n* všichni mimo jednoho; *Konj.* až; *warte*, ~ *ich komme!* počkej, až přijdu!
Bisam *m* pižmo *n*; (*Pelz*) bizam; **~ratte** *f* krysa pižmová, ondatra.
Bischof *m* biskup.
bischöflich biskupský.
Bischofs|amt *n* biskupství; **~hut** *m* biskupský klobouk; **~mütze** *f* biskupská mitra; **~sitz** *m* biskupské sídlo; **~stab** *m* biskupská berla.
bis'her dosud, doposud; **~ig** dosavadní.
Bisku'it *n* piškot *m*, biskvit *m*.
bis'lang dosud, podnes.
Bison *m Zo.* bizon.
Biß *m* kousnutí *n*; (*Schlangen*~) uštknutí *n*; (*Insekten*~) štípnutí *n*.
bißchen: *das* (*od.* ein) ~ trochu, trošku.
Bissen *m* sousto *n*.
bissig kousavý; *fig. a.* uštěpačný, jizlivý; *~er Hund!* zlý pes!; **~keit** *f* kousavost; uštěpačnost, jizlivost.
Biß|stelle *f*, **~wunde** *f* rána způsobená kousnutím *od.* uštknutím.
Bistum *n* biskupství.
bis'weilen někdy, občas.
Bitte *f* prosba (*um* o *A*); e-e ~ *an j-n haben* (*od. richten*) mít prosbu ke k-u; **~n** [po]prosit (*um* o *A*); (*einladen*) zvát [pozvat]; *bitte!* prosím!; *ich lasse* ~ řekněte mu, aby vstoupil; *um Antwort wird gebeten* prosí se o odpověď; **~n** *n* prošení, prosby *f/pl.*; *sich aufs* ~ *verlegen* uchylovat [uchýlit] se k prosbám.
bitter hořký (*Adv.* -řce); (*herb*) trpký (*Adv.* -pce); *Kälte*: tuhý; **~böse** F roztrpčený; **~keit** *f* hořkost, trpkost; **~lich** nahořklý, zatrpklý; ~ *weinen* hořce (*od.* trpce) zaplakat; **~nis** *f* hořkost, trpkost; **~salz** *n* hořká sůl; **~süß** hořkosladký; *fig.* sladkobolný; **~wasser** *n* hořká minerálka.
Bitt|gang *m Rel.* procesí *n*, prosebný průvod; **~gesuch** *n*, **~schrift** *f* písemná žádost, prosba *f*.
Biwak *n* bivak *m*, tábor *m* pod širým nebem; **~'ieren** bivakovat, tábořit pod širým nebem.
bi'zarr bizarní, podivný.
Bizeps *m* biceps *m*.

Bl. *Abk. für Blatt.*
blähen nadýmat [-dmout] (*a. Med.*).
Bläh|sucht *f Med.* nadýmání *n*, větry *m/pl.*; **~ung** *f*: *mst pl.* **~en** *Med.* větry *m/pl.*
Bla|'mage *f* ostuda, blamáž; **~'mieren** blamovat (*im*)*pf.*, zastouzet [-studit] (*sich* se).
blank třpytný, lesklý; (*bloß*) pouhý, holý; (*rein*) čistý; *~e Waffe* tasená zbraň.
blanko: *Hdl. in* ~ nevyplněný; **~vollmacht** *f* částečně vyplněná plná moc.
Bläs·chen *n Phys.*, *Chem.* bublinka *f*; *Med.* puchýřek *m*.
Blase *f* (*Wasser*~) bublina; (*Haut*~) puchýř *m*; (*Harn*~) měchýř *m*; (*Hohlraum*) dutinka, dírka; V *fig.* (*Bande*) sebranka; **~balg** *m* měch.
blasen [za]foukat; *Flöte*: [za]pískat; *Horn, Trompete*: [za]troubit; *Glas*: vyfukovat [-fouknout]; *fig. mit j-m in dasselbe Horn* ~ táhnout s kým za jeden provaz.
Blasen|entzündung *f Med.* zánět *m* měchýře; **~leiden** *n* měchýřové bolesti *f/pl.*; **~stein** *m* měchýřový kamínek.
Bläser *m* (*Glas*~) foukač; *Mus.* trubač.
bla'siert blazeovaný, znuděný.
Blas|instrument *n* dechový nástroj; **~musik** *f* dechová hudba, F dechovka.
Blasphe'mie *f* blasfemie.
Blasrohr *n* (*Glasbläser*) sklářská píšťala; (*Lötrohr*) dmuchavka *f*.
blaß bledý; ~ *werden* [z]blednout; **~blau** bleděmodrý.
Blässe *f* bledost.
Blatt *n* list *m*; (*Ruder, Jagdw.*) lopatka *f*; (*Karten*~) karta *f*; (*Beil, Säge*~) čepel *m*; (*Zeitung*) noviny *f/pl.*; *fig. kein* ~ *vor den Mund nehmen* neb(i)rat si ubrousek před ústa, povědět všechno přímo; *das* ~ *wendet sich* karta se obrací; *Mus. vom* ~ *spielen* [za]hrát z listu.
Blättchen *n* lísteček *m*.
Blatter *f Med.* neštovička; **~n** *pl.* neštovice *f/pl.*
blätt(e)rig listnatý.
blätter|los bezlistý; **~magen** *m Zo.* kniha *f*; **~n** listovat, obracet [obrátit] listy; *sich* ~ [o]loupat se.
Blatternarb|e *f* neštovičný dolíček; **~ig** dolíčkovatý.

Blätter|pilz *m Bot.* bedla *f*; **~teig** *m* lístkové těsto.
blatt|förmig listovitý; **2gold** *n* lístkové zlato, pozlátko; **2grün** *n* listová zeleň; **2laus** *f Zo.* mšice; **2pflanze** *f* listnatá rostlina.
blättrig *s. blätterig.*
Blatt|salat *m* zelený salát; **~schuß** *m* zásah do lopatky; **~wespe** *f Zo.* pilatka.
blau modrý; F (*betrunken*) opilý; *~ werden* [z]modrat; *fig. ~er Brief* modrý arch; *~er Fleck* modřina *f*; *j-m ~en Dunst vormachen* [o]balamutit k-o; *~en Montag machen* [o]slavit modrý pondělek; *sein ~es Wunder erleben* být překvapen; *mit e-m ~en Auge davonkommen* lacino vyváznout *pf.*
Blau *n* modro, modř *f*; *ins ~e hineinreden* [pro]mluvit naprázdno; *die Fahrt ins ~e* výlet do neznáma; **2äugig** modrooký; **~beere** *f* borůvka, F černá jahoda.
Bläue *f s. Blau*; (*Blaufäule*) namodralost.
Blaufuchs *m* modrá liška.
bläulich modravý, namodralý.
Blau|meise *f Zo.* modřinka; **~papier** *n* kopírovací papír *m*; **~pause** *f* modrák *m*; **~säure** *f Chem.* kyselina kyanovodíková; **~stift** *m* modrá tužka; **~strumpf** *m fig.* mužatka *f*, mudrlantka *f*.
Blech *n* plech *m*; F (*Unsinn*) nesmysl *m*; **~büchse** *f*, **~dose** *f* plechová krabice, plechovka; **2en** F *s. bezahlen*; **2ern** plechový; *Stimme*: nakřáplý; **~musik** *f* plechová (*od.* dechová) hudba; **~schere** *f* nůžky *f/pl.* na plech; **~ware** *f* plechové zboží.
Blei[1] *m Zo.* cejn.
Blei[2] *n* olovo; **~ader** *f* olověná žíla.
Bleibe *f* F bydlení *n*, byt *m*.
bleiben zůst(áv)at; (*beharren*) potrvat (*bei* na *L*); (*übrig~*) zbý(va)t; *wo ~ Sie so lange?* kde vězíte tak dlouho?; *es bleibt dabei* zůstane při tom; *am Leben ~* zůst(áv)at naživu; *bei der Sache (Wahrheit) ~* neodchylovat [-chýlit] se od věci (od pravdy); **~d** trvalý; **~lassen** (*A*) ponech(áv)at (*A*), zanech(áv)at (*G*).
bleich bledý; *~ werden* [z]blednout; **2e** *f* bílení *n*; *vgl. Bleichplatz*; **~en** *v/t* [vy]bílit; *v/i* [vy]blednout; **2platz** *m* bělidlo *n*; **2sucht** *f Med.* blednička; **~süchtig** *Med.* stižený bledničkou.
bleiern olověný (*a. fig.*).
Blei|erz *n* olověná ruda; **2farben, 2farbig** olověně šedý; **2haltig** olovnatý; **~kristall** *n* olovnatý křišťál; **~lot** *n* olovnice *f*; **~oxyd** *n* kysličník olovnatý; **~plombe** *f* olověná plomba, † olověnka; **~rohr** *n* olověná trubka *od.* roura; **~soldat** *m* olověný vojáček; **~stift** *m* tužka *f*; **~stift·anspitzer** *m* ořezávátko *n* na tužky; **~vergiftung** *f* otrava olovem; **~wasser** *n* olověná vodička; **~weiß** *n* běloba olovnatá.
Blend|e *f* (*blindes Fenster*) slepé okno; (*blinde Tür*) zazděné dveře *f/pl.*; (*Nische*) výklenek *m*; *Fot.* clon(k)a; *Min.* blejno *n*; (*am Kleid*) lemovka; **2en** (*blind machen*) oslepovat [-pit]; *Glanz, Schnee*: oslňovat [-lnit]; (*täuschen*) zaslepovat [-pit]; **2end** oslňující (*a. fig.*); **~laterne** *f* zlodějská svítilna, F zlodějka *f*; **~ung** *f* oslepení *n*; oslnění *n*; zaslepení *n*; **~werk** *n* šalba *f*, klam *m*.
Blesse *f* lysina, lyska.
Blick *m* pohled; *auf den ersten ~* na první pohled; *e-n ~ werfen auf* (*A*) vrhat [-hnout] pohled na (*A*); **2en** hledět (*od.* pohlížet [-hlédnout]) (*auf A* na *A*); *sich ~ lassen* ukazovat [ukázat] se; *das läßt tief ~* to je povážlivé; **~feld** *n* obzor *m*, zorné pole; **~punkt** *m* zorný bod; **~winkel** *m* zorný úhel.
blieb *s. bleiben.*
blies(e) *s. blasen.*
blind slepý; *fig. a.* zaslepený; *~ werden* [o]slepnout; *~er Alarm* planý poplach; *~er Passagier* slepý (*od.* černý) pasažír; **2darm** *m Anat.* slepé střevo; **2darm·entzündung** *f* zánět *m* slepého střeva.
Blindekuh *f*: *~ spielen* [za]hrát si na slepou bábu.
Blinden|anstalt *f* ústav *m* slepců; **~hund** *m* pes provázející slepce; **~schrift** *f* slepecké písmo.
Blind|flug *m Flgw.* let naslepo; **~gänger** *m Mil.* nevybuchlá střela; **~heit** *f* slepota; **2lings** slepě, naslepo; **~schleiche** *f Zo.* slepýš *m*; **2schreiben** psát [napsat] (na stroji) naslepo.
blink|en [za]blýsknout se, [za]třpytit se; (*Zeichen geben*) signalizovat

(*im*)*pf.*; ≗**er** *m* blikač; ≗**feuer** *n* *Mar.* kmitavé světlo; ≗**leuchte** *f* blikač *m*; ≗**zeichen** *n* blikavé návěští; zábleskový signál.

blinzeln [za]mžourat.

Blitz *m* blesk; *wie vom* ~ *getroffen* jako bleskem omráčen; ~**ableiter** *m* bleskosvod, hromosvod; ≗**ähnlich,** ≗**artig** bleskový; ≗**blank** čistý jako sklo; ≗**en** blýskat [zablesknout]; *es blitzt* blýská se; ~**gerät** *n* *Fot.* blesková lampa, F blesk *m*; ~**lampe** *f* *Fot.* blesková žárovka; ~**licht** *n* *Fot.* bleskové světlo; ~**schlag** *m* úder blesku; ≗**schnell** rychlý jako blesk; ~**strahl** *m* zákmit (*od.* šlehnutí *n*) blesku; ~**telegramm** *n* bleskový telegram.

Block *m* blok; ~- *in Zssgn* blokový.

Blo'ckade *f* blokáda.

Block|flöte *f* *Mus.* zobcová flétna; ~**haus** *n* srub *m*.

blo'ckieren blokovat (*im*)*pf*.

Block|kalender *m* útržkový kalendář; ~**stelle** *f* *Esb.* hradlo *n*; ~**walzwerk** *n* bloková válcovací trať.

blöd|e F blbý, pitomý; *s. a. dumm*; ≗**ian** F *m* blbec, trouba; ≗**heit** *f* blbost, pitomost.

Blödsinn *m* slabomyslnost *f*, blbost *f*; *fig.* nesmysl; ≗**ig** blbý; ~**ige(r)** blbec *m*.

blöken *Kälber*: [za]bučet; *Schafe*: [za]bečet.

blond plavý; F blond; ≗**e** *f*, ≗**ine** *f* blondýnka; ≗**kopf** *m* plavovlásek (-ska *f*) *m*.

bloß *Adj.* (*allein*) pouhý; (*nackt*) nahý; *Erde*: holý; *Füße*: bosý; *Kopf*: holý, obnažený; *Adv.* (*nur*) pouze, jen; *nicht* ~ ..., *sondern auch* nejen ..., nýbrž i.

Blöße *f* (*Nacktheit*) nahota; (*Wald*≗) holina, paseka; *fig.* (*Schwäche*) slabina; *sich* (*D*) *e-e* ~ *geben* zad(áv)at si.

bloß|legen odhalovat [-lit], odkrý(va)t; ~**liegen** ležet nepřikryt (*od.* odhalen); ~**stellen** [z]kompromitovat, zostouzet [-studit].

Bluff *m* bluf, klam; F podfuk.

blubbern bublat.

Blue jeans [blu:ˈdʒi:ns] *pl.* džínsy *m/pl.*

blühen kvést; *fig.* rozkvétat [-kvést].

Blühen *n* rozkvět *m* (*a. fig.*).

Blümchen *n* květinka *f*, kvíte(če)k *m*.

Blume *f* květina; (*Bier*) pěna; (*Wein*) vůně; (*Schwanz d. Hasen*) pírko *n*; *fig. durch die* ~ skrytě, obrazně.

Blumen|beet *n* květinový záhon; ~**erde** *f* květinová prsť; ~**garten** *m* květinová zahrada, květnice *f*; ~**händler(in** *f*) *m* obchodník (-nice) s květinami; ~**handlung** *f* obchod *m* s květinami; ~**kohl** *m* *Bot.* květák, karfiól; ~**laden** *m* *s. Blumenhandlung*; ~**mädchen** *n* květinářka *f*, prodávačka květin; ≗**reich** květnatý; ~**schere** *f* květinářské nůžky *f/pl.*; ~**spende** *f* květinový dar; ~**sprache** *f* květomluva; ~**ständer** *m* stojan na květiny; ~**stengel** *m*, ~**stiel** *m* lodyha *f*; ~**strauß** *m* kytice *f*; ~**topf** *m* květináč; ~**vase** *f* květinová váza; ~**zucht** *f* pěstování *n* květin; ~**zwiebel** *f* květinová cibule.

blumig květnatý; *Duft*: květinový.

Bluse *f* blůza, halenka.

Blut *n* krev *f*; *fig. junges* ~ mladičký hoch, mladičká dívka; *Bande des* ~*es* pokrevní svazky; *kaltes* ~ *bewahren* zachov(áv)at chladnou krev; *viel böses* ~ *machen* [na]dělat mnoho zlé krve; (*nur*) *ruhig* ~*!* jen klidně!; *bis aufs* ~ do krve; *das liegt mir im* ~*e* to mám v krvi.

Blut|andrang *m* nával krve; ~**apfelsine** *f* krvavý pomeranč; ≗**arm** *Med.* chudokrevný; F *fig.* chudičký; ~**armut** *f* chudokrevnost; ~**bad** *n* krveprolití; ~**bahn** *f* krevní cesta; ≗**befleckt** potřísněný (*od.* zbrocený) krví; ~**bild** *n* krevní obraz *m*; ≗**bildend** krve-, krvotvorný; ~**druck** *m* krevní tlak; ≗**dürstig** krvežíznivý, krvelačný.

Blüte *f* květ *m*; *fig.* výkvět *m*; *in* ~ *stehen s. blühen*; *s. a. Blütezeit.*

Blut·egel *m* pijavka *f*, pijavice *f*.

bluten krvácet (*a. fig.*).

Blüten|honig *m* květový med; ~**kelch** *m* (květinový) kalich; ≗**los** nekvetoucí; ~**pflanze** *f* *Bot.* jevnosnubná rostlina; ≗**reich** květnatý, plný květů; ~**stand** *m* *Bot.* květenství *n*; ~**staub** *m* pyl, pel; ~**stengel** *m* lodyha *f*, stonek květu.

Blut|er *m* *Med.* člověk náchylný ke krvácení; ~**erguß** *m* krevní výron; ~**er·krankheit** *f* krvácivost, hemofilie.

Blütezeit *f* doba květu; *fig.* doba rozkvětu.

Blut|farbstoff *m* krevní barvivo *n*; **~gefäß** *n Anat.* krevní céva *f*; **~gerinnsel** *n* krevní sraženina *f*; **~geschwür** *n* nežit *m*, furunkl *m*; **~gier** *f* krvelačnost; **~gruppe** *f* krevní skupina; **~husten** *m* chrlení *n* krve.

blutig krvavý; *~ schlagen* [z]bít do krve.

blut|jung mladičký; **2konserve** *f* krevní konzerva; **2körperchen** *n* krvinka *f*; **2kreislauf** *m* krevní oběh; **~leer** bezkrevný; **2plasma** *n* krevní plazma; **2probe** *f* krevní zkouška; **2rache** *f* krevní msta; **~reinigend** čistící krev; **~rot** krvavý; **~rünstig** krvelačný; **2sauger** *m fig.* vyděrač; *s. a. Blutegel*; **2schande** *f* krvesmilství *n*; **2schänder** *m* krvesmilník; **2spender** *m* dárce krve; **2spur** *f* krvavá stopa; **~stillend** stavící krev; **2s·tropfen** *m* kapka *f* (*od.* krůpěj *f*) krve; **2sturz** *m* chrlení *n* krve; **~s·verwandt** pokrevně příbuzný; **2sverwandtschaft** *f* pokrevní příbuzenstvo *n*; **2tat** *f* krvavý čin, vražda; **2transfusion** *f s. Blutübertragung*; **~triefend** krvácející; **2ung** *f* krvácení *n*; **~überströmt** zalitý krví; **2übertragung** *f* transfuze krve; **~unterlaufen** podlitý krví; **2vergießen** *n* krveprolití; **2vergiftung** *f* otrava krve; **2verlust** *m* ztráta *f* krve; **2wurst** *f* jelito *n*; **2zeuge** *m* mučedník.

Bö *f* náraz *m* větru.

Boa *f Zo.* hroznýš *m*, boa.

Bob *m Sp.* bob; **~fahrer** *m* závodník na bobu; **~rennen** *n* bobové závody.

Bock *m* (*Ziegen2*) kozel; (*Schaf2*, *Sturm2*) beran; (*Tech.*, *Turnen*) koza *f*; (*Kutsch2*) kozlík; F *fig.* (*Fehler*) chyba *f*, F bota *f*; *e-n ~ schießen* [u]dělat botu; *~ springen* skákat [skočit] přes kozu; **~bier** *n* kozel *m*, silné černé pivo; **2en** vyhazovat [-hodit]; **2ig** *fig.* vzpurný; **~springen** *n* skákání přes kozu; **~sprung** *m* skok přes kozu; **~wurst** *f* párek *m*, buřtík *m*.

Boden *m* země *f*, půda *f*; (*Gefäß2*) dno *n*; (*Fuß2*) podlaha *f*; (*Dach2*) půda *f*; *den ~ unter den Füßen verlieren* pozbý(va)t půdy pod nohami; *am ~ liegen* ležet na zemi; *zu ~ fallen* padat [(u)padnout] na zem; *die Augen zu ~ schlagen* sklopit oči k zemi; **~abwehr** *f Mil.* pozemní protiletecká obrana; **~belag** *m Arch.* podlahová krytina; **~beschaffenheit** *f* jakost půdy; **~erzeugnisse** *n/pl.* zemědělské plodiny *f/pl.*; **~fenster** *n* okénko na půdě, vikýř *m*; **~kammer** *f* podkrovní komora; **2los** bezdný; *fig.* nesmírný; bezpříkladný; **~personal** *n Flgw.* pozemní personál *m*; **~probe** *f* vzorek *m* zeminy; **~reform** *f* pozemková reforma; **~satz** *m* sedlina *f*; **~schätze** *m/pl.* nerostné bohatství; **~see** *m* Bodamské jezero; **2ständig** usedlý, domorodý; **~temperatur** *f* teplota půdy; **~truppen** *f/pl. Mil.* pozemní vojsko *n*; **~turnen** *n* prostná (cvičení); **~verdichter** *m Tech.* (vibrační) dusadlo *n*.

bog, böge *s. biegen.*

Bogen *m* oblouk; (*Kurve*) oheb; (*Waffe*) luk; (*Papier2*) arch; (*Geigen2*) smyčec; *in Bausch und ~ s. Bausch*; **~fenster** *n* obloukové okno; **2förmig** obloukovitý; **~gang** *m* podloubí *n*, arkáda *f*; **~lampe** *f* oblouková lampa, obloukovka; **~schießen** *n Sp.* lukostřelba *f*; **~schütze** *m* lukostřelec, lučištník; **~sehne** *f* tětiva luku; **~strich** *m Mus.* tah smyčcem; **2weise** po arších.

Boheme *f* bohéma.

Bohle *f* fošna.

Böhm|e *m* (*Tscheche*) Čech; **~en** *n* Čechy *f/pl.*; *Böhmerwald* Šumava *f*; **~in** *f* (*Tschechin*) Češka; **2isch** český.

Bohne *f* fazole, bob *m*; (*Kaffee2*) zrnko *n*; (*Kugel*) kulka.

Bohnen|kaffee *m* zrnková káva; **~stange** *f* tyčka k fazolím; F *fig.* kolohnát *m*, F tyčka; **~stroh** *n* fazolová sláma; F *fig. dumm wie ~* hloupý jako špalek, hloupý až bučí.

Bohner|besen *m* leštič podlah; **2n** [vy]leštit, [na]voskovat; **~wachs** *n* pasta *f* (*od.* vosk *m*) na parkety.

bohr|en (*aus~*) [vy]vrtat; (*durch~*) [pro]vrtat; *in der Nase ~* dloubat se v nose; *Mar. in den Grund ~* potápět [-topit]; *~d fig.* hlodavý; **2er** *m Tech.* nebozez, vrták; (*Arbeiter*) vrtač, vrtař; **2loch** *n* vývrt *m*, vrtný otvor; **2maschine** *f* vrtačka, vrtací stroj *m*; **2turm** *m* vrtací věž; **2ung** *f* (*Bohren*) vrtání *n*; (*Öffnung*) (vý)vrt *m*.

böig *Wetter*: větrný, bouřlivý; *Wind*: nárazovitý.
Boiler *m* bojler.
Boje *f Mar.* bóje, plavatka.
bolivi'anisch bolivijský.
Bollwerk *n* bašta *f* (*a. fig.*).
Bolsche|'wismus *m* bolševismus; **~'wist(in** *f*) *m* bolševik (-ička); **≈'wistisch** bolševický.
Bolzen *m* kolík, svorník; (*Schieß≈*) šíp; (*Plätteisen*) želízko *n*.
bombar'dieren [z]bombardovat.
Bom'bast *m* bombast, nabubřelost *f*; **≈isch** bombastický, nabubřelý.
Bombe *f* puma, bomba.
Bomben|angriff *m* pumový útok; **~anschlag** *m*, **~attentat** *n* pumový atentát; **~erfolg** F *m* ohromný úspěch; **≈fest** odolný proti pumám; **~flugzeug** *n* bombardovací letadlo; **~geschäft** F *n fig.* ohromný obchod; **~geschwader** *n* bombardovací peruť *f*; **~rolle** *f Thea.* efektivní role; **~schacht** *m Flgw.* pumovnice *f*; **~schütze** *m* bombometčík; **≈sicher** bezpečný před pumami; F *fig.* zcela jistý; **~splitter** *m* střepina *f* pumy; **~trichter** *m* trychtýř po pumě.
Bon *m* bon.
Bon'bon *m od. n* bonbón *m*, cukrátko *n*; **~ni'ere** *f* bonboniéra, krabice bonbónů.
Bonze *m* bonz.
Boot *n* člun *m*, loďka *f*.
Boots|deck *n* člunová paluba; **~fahrt** *f* projížďka na loďce; **~haken** *m* lodní hák; **~mann** *m* loďmistr.
Borax *m* borax.
Bord[1] *m Mar. Flgw.* paluba *f*; lodní bok; *an ~ gehen* jít (chodit) na palubu; *Mann über ~!* muž přes palubu!; *über ~ werfen* házet [hodit] přes palubu (*a. fig.*).
Bord[2] *m* (*Rand, Kante*) okraj.
Bord[3] *n* (*Bücher≈*) police *f*, prkno.
Bor'dell *n* nevěstinec *m*, V bordel *m*.
Bord|funker *m Flgw.* palubní radista; **~mechaniker** *m Flgw.* palubní mechanik; **~waffe** *f* palubní zbraň; **~wand** *f* lodní bok *m*.
Borg *m* úvěr, půjčka *f*; *auf ~* na účet; **≈en:** *j-m et. ~* půjčovat [-čit] k-u co; *von j-m et. ~* [vy]půjčovat [-čit] si od k-o co (*G*).
Borke *f* (vnější) kůra; *Med.* strup *m*; **~n·käfer** *m Zo.* kůrovec.
bor'niert omezený; **≈heit** *f* omezenost.
Borretsch *m* brutnák.
Bor|salbe *f* bórová mast; **~säure** *f* kyselina bórová.
Börse *f* (*Geldbeutel*) peněženka, tobolka; *Hdl.* burza.
Börsen|bericht *m* burzovní správa *f*; **~krise** *f* burzovní krize; **~kurs** *m* burzovní kurs; **~makler** *m* burzovní dohadce *od.* sensál; **~spekulant** *m* burzovní spekulant.
borst, börste *s. bersten.*
Borste *f* štětina; **~n·vieh** *n* štětináč *m*, štětinatý dobytek.
borstig štětinatý (*a. fig.*).
Borte *f* lemovka, prýmek *m*, porta.
Borwasser *n* bórová voda.
bös·artig zlý; *Med.* zhoubný; **≈keit** *f* zloba, zlá povaha; *Med.* zhoubnost.
Böschung *f* svah *m*, úbočí *n*.
böse *Adj.* zlý; (*schlecht*) špatný; (*ärgerlich*) hněvivý; (*wund*) bolavý, (*Geschwür*) zhoubný; (*Blick*) uhrančivý; *~ machen* [roz]zlobit; *~ werden* [roz]zlobit se; *auf j-n ~ sein, j-m ~ sein* hněvat se na k-o; *es ist nicht ~ gemeint* není to zle míněno; **≈(r)** zlý člověk, zlá žena; **≈(s)** zlé, zlo; **≈wicht** *m* darebák.
bos|haft zlomyslný; **≈heit** *f* zlomyslnost.
Bosn|ien *n* Bosna *f*; **≈isch** bosenský.
böswillig zlovolný; **≈keit** *f* zlovůle.
bot *s. bieten.*
Bo'tan|ik *f* botanika, rostlinopis *n*; **~iker** *m* botanik, rostlinopisec; **≈isch** botanický, rostlinopisný.
Bote *m* posel; (*Post≈*) listonoš.
Boten|frau *f* poslice, poselkyně; **~gang** *m* posílka *f*; **~lohn** *m* poselné *n*.
botmäßig podřízený, poddaný.
Botschaft *f* (*Nachricht*) poselství *n*, zpráva; (*dipl. Vertretung*) velvyslanectví *n*; **~er** *m* velvyslanec.
Böttcher *m* bednář; **~'ei** *f* bednářství *n*.
Bottich *m* káď *f*, bečka *f*.
Bouillon [bʊl'jɔŋ] *f* bujón *m*, vývar *m*; **~würfel** *m* bujónová kostka.
Bourgeois [buʁ'ʒoa] *m* buržoa, měšťák; **~ie** [-'zi:] *f* buržoasie, měšťáctvo *n*.
Bowle ['bo:lə] *f* bowle.
Box *f* box *m*, přepážka.
box|en boxovat, rohovat; **≈en** *n* boxování, rohování; **≈er** *m* boxer, rohovník; (*Hund*) boxer; **≈handschuh** *m* boxerská rukavice; **≈-**

∼kampf *m* boxerský zápas; **∼ring** *m* boxerský ring.
Boy'kot|t *m* bojkot *m*; **∼'tieren** bojkotovat.
brach ležící ladem; *vgl. a. brechen.*
Brach|acker *m*, **∼feld** *n*, **∼land** *n* úhor *m*, lada *n*; **∼liegen** ležet ladem (*a. fig.*).
Brachse(n *m*) *f Zo.* pražma *f*, cejn *m*.
brachte, brächte *s. bringen.*
Brackwasser *n* brakická voda.
Bram|segel *n Mar.* bramová plachta; **∼stenge** *f* bramová čnělka.
Branche *f* branže, obor *m*, odvětví *n*; **∼(n)kundig** znalý svého oboru; **∼(n)kenntnis** *f* odborné znalosti *f/pl.*
Brand *m* požár, oheň; *Med., Bot.* sněť *f*; F *fig.* (*Durst*) žízeň *f*; *s-n ∼ löschen* ukojovat [-jit] žízeň; *in ∼ geraten* vzněcovat [vznítit] se; *in ∼ setzen od. stecken* zapalovat [-pálit].
Brand|blase *f Med.* puchýř *m* po spálení, spálenina; **∼bombe** *f* zápalná puma; **∼brief** *m* (*Drohbrief*) paličský list; (*eiliger Bittbrief*) naléhavý dopis; **∼en** narážet [-razit] na (*A*); **∼fackel** *f* pochodeň (*a. fig.*); **∼gefahr** *f* nebezpečí *n* požáru; **∼geruch** *m* zápach spáleniny; **∼herd** *m* ohnisko *n* požáru; **∼ig** přičmoudlý; *Med., Bot.* snětivý; **∼mal** *n* v(y)pálené znamení; *fig.* znamení viny; **∼marken** (*A*) v(y)palovat [-pálit] znamení na (*A*); *fig.* označovat [-čit] (*als* za *A*); **∼mauer** *f* (proti)požární zeď; **∼meister** *m* hasičský velitel; **∼salbe** *f* mast na spáleninu; **∼satz** *m* zápalná slož; **∼schaden** *m* škoda *f* způsobená požárem; **∼schatzen** (*A*) ukládat [uložit] vypálené (*D*); (*plündern*) [vy]drancovávat; **∼sohle** *f* stélka; **∼stätte** *f*, **∼stelle** *f* požářiště *n*, spáleniště *n*; **∼stifter(in** *f*) *m* palič(ka), žhář(ka); **∼stiftung** *f* paličství *n*, žhářství *n*.
Brandung *f* příboj *m*.
Brand|wache *f* požární hlídka; **∼wunde** *f* spálenina.
brannte *s. brennen.*
Branntwein *m* kořalka *f*, pálenka *f*; **∼brennerei** *f* vinopalna; **∼steuer** *f* daň z lihovin.
Bra'sil|ien *n* Brazílie; **∼i'aner(in** *f*) *m* Brazilec (-lka); **∼i'anisch** brazilský; **∼zigarre** *f* brazilský doutník.
Brasse *f*, **∼n** *m s. Brachsen.*
braten *v/t* [u]péci; *v/i* péci se.
Braten *m* pečeně *f*; *fetter ∼* tučné sousto; F *fig. den ∼ riechen* [z]větřit nebezpečí.
Brat|fisch *m* pečená ryba; **∼hähnchen** *n* pečený kohoutek; **∼kartoffeln** *f/pl.* pečené brambory *m(f)/pl.*; **∼ofen** *m* pec *f* na pečení; **∼pfanne** *f* pánev, pekáč *m*; **∼röhre** *f* pečicí trouba; **∼rost** *m* rost (na pečení).
Bratsche *f Mus.* viola.
Brat|spieß *m* rožeň; **∼wurst** *f* klobása.
Brauch *m* zvyk, obyčej; **∼bar** potřebný, užitečný; **∼barkeit** *f* potřebnost, užitečnost; **∼en** (*nötig haben*) potřebovat; (*gebrauchen*) (po-)uží(va)t, upotřebovat [-bit] (*G*); *gebraucht* upotřebený; **∼tum** *n* zvyky *m/pl.*, obyčeje *m/pl.*
Braue *f s. Augenbraue.*
brau|en [u]vařit; *Trunk a.*: připravovat [-pravit]; **∼er** *m* sládek; **∼e'rei** *f* pivovar *m*; (*Bierherstellung*) pivovarství *n*.
braun hnědý; (*Haut*) snědý; (*sonnengebräunt*) osmahlý; **∼äugig** hnědooký; **∼bär** *m* medvěd hnědý, brtník.
Bräun|e *f* hněď, hnědá barva; F *Med.* záškrt *m*, angina; **∼en** [o]barvit na hnědo; *Kochk.* [za]smažit do hněda; *Sonne*: opalovat [opálit]; *sich ∼* [z]hnědnout; *sich ∼ lassen* opalovat [opálit] se.
braun|gebrannt opálený do hněda, osmahlý; **∼kohle** *f* hnědé uhlí; **∼kohlenbrikett** *n* hnědouhelná briketa; **∼stein** *m Min.* burel.
bräunlich nahnědlý, zahnědlý.
Braus *s. Saus.*
Brause *f* (*Gießkannen∼*) kropáč *m*; (*Dusche*) sprcha; (*Getränk*) šumivá limonáda; **∼bad** *n* sprchová lázeň, sprcha *f*; **∼limonade** *f* šumivá limonáda; **∼n** [za]šumět; F (*schnell fahren*) hnát se, letět; *sich ∼* [o]sprchovat se; **∼n** *n* šumění; **∼pulver** *n* šumicí (*od.* šumivý) prášek.
Braut *f* nevěsta; *∼- in Zssgn mst* svatební, nevěstin; **∼bett** *n* svatební lože; **∼führer** *m* družba, mládenec.
Bräutigam *m* ženich.
Braut|jungfer *f* družička; **∼kleid** *n* svatební šaty *m/pl.*; **∼kranz** *m* svatební vínek; **∼leute** *pl.* snoubenci *m/pl.*, ženich a nevěsta; **∼-**

nacht *f* svatební noc; **~paar** *n s. Brautleute*; **~schau** *f* námluvy *f/pl.*; **~schleier** *m* svatební závoj; **~schmuck** *m* nevěstiny šperky; **~werber** *m* dohazovač, starosvat; **~werbung** *f* námluvy *f/pl.*

brav (*artig*) hodný; (*tüchtig*) řádný; (*tapfer*) statečný, udatný.

bravo! bravo!, výborně!

Bra'vour *f* bravura.

BRD *Abk. für Bundesrepublik Deutschland.*

brechbar lámavý, lomivý; **≈keit** *f* lomivost.

Brech|bohne *f Bot.* fazolová luska; **~durchfall** *m* cholerína *f*, průjem se zvracením; **~eisen** *n* sochor *m*, páčidlo; **~e** *f* třepačka, trdlice; **≈en** *v/t* (*entzwei~*) lámat [rozlomit, rozlámat]; *Bein usw.*: lámat [zlomit, zlámat]; (*pflücken*) trhat [utrhnout], [na]trhat; *Stein*: [na]lámat; (*erbrechen*) zvracet [zvrátit], [vy]vrhnout; *fig. Ehe, Eid, Treue, Vertrag*: [po]rušit; *Schweigen*: přerušovat [-šit]; *sein Wort ~* nedostá(va)t slovu; *et. übers Knie ~* odbý(va)t co; *v/i* prasknout [-kat]; trhat [-hnout] se; (*sich erbrechen*) vrhnout; (*Auge*) [z]hasnout; (*Eis, Glas, Herz*) pukat [-knout]; *mit j-m ~* přerušovat [-šit] styky s kým; *mit et. ~* zanech(áv)at č-o; *v/r sich ~* lámat se; *sich Bahn ~* [pro]razit si cestu (*a. fig.*); *gebrochen* zlomený; (*Mensch*) zdrcený; (*Sprache*) lámaný; (*Linie*) lomený; *gebrochen Tschechisch sprechen* lámat češtinu; **~en** *n* lámání, praskání; zvracení; **~er** *m* drtič; (*Welle*) příbojová (vysoká) vlna; **~mittel** *n* dávidlo, prostředek *m* pro zvracení; **~reiz** *m* dráždění *n* ke zvracení.

Brechung *f Phys.* lom *m*; **~s·winkel** *m* úhel lomu.

Brei *m* kaše *f*, (*dim.*) kašička *f*; **≈(art)ig** kašovitý.

breit široký; *weit und ~* daleko široko; **≈band-** *in Zssgn* širokopásmový; **~beinig** *Adv.* rozkročmo; **≈e** *f* šíř(e), šířka; **~en** (*aus~*) prostírat [-střít]; (*streuen*) rozhazovat [-hodit, -házet]; **≈engrad** *m Geogr.* stupeň (zeměpisné) šířky, rovnoběžka *f*, šířkový stupeň; **~schlagen** F *fig.* přemlouvat [-mluvit]; **~schult(e)rig** ramenatý; **≈seite** *f Mar.* bok *m*; **≈spurgleis** *n* širokorozchodná kolej; **~spurig** *Esb.* širokokolejný; *fig.* rozvláčný; **~treten** (*A*) rozvláčně vyprávět; **≈wand** *f* široké plátno; **≈wandfilm** *m* širokoúhlý film.

Brems|backe *f* brzdová čelist; **~belag** *m* brzdové obložení; **~berg** *m Esb.* svážná *f*; **~druck** *m* brzdový tlak.

Bremse *f Zo.* masařka, ovád *m*, střeček *m*; *Tech.* brzda; **≈n** [za]brzdit; **~r** *m* brzdař.

Brems|hebel *m* brzdová páka; **~klotz** *m* brzdový špalík; **~licht** *n* brzdové světlo; **~pedal** *n* brzdový pedál, pedál *m* brzdy; **~probe** *f* brzdná zkouška; **~rakete** *f* brzdicí raketa; **~spur** *f* brzdová stopa; **~trommel** *f* brzdový buben; **~weg** *m* brzdná dráha; **~zeit** *f* brzdná doba.

brenn|bar hořlavý; **≈barkeit** *f* hořlavost; **≈dauer** *f* doba pálení; doba spalování; **≈eisen** *n* (*Brandeisen*) vypalovací tlačítko; (*Friseur≈*) kadeřítka, F ondulovačka *f*; **~en** *v/t* (*ver~*) [s]pálit; *Kaffee*: [u]pražit; *Branntwein, Ziegel*: [vy]pálit; *Haar*: [na]pálit; (*brandmarken*) vypalovat [-pálit]; *v/i* hořet; (*Auge, Gewürz, Sonne, Wunde*) pálit; *fig.* (*vor D*) planout, hořet (*I*); *es brennt!* hoří!; **~d** hořící; *fig.* palčivý; **≈er** *m* (*Gas≈*) hořák; (*Branntwein≈*) lihovarník; **≈e'rei** *f* lihovar *m*, vinopalna; **≈glas** *n* čočka *f*; **≈holz** *n* palivové dříví; **≈kammer** *f* spalovací komora; **≈material** *n* palivo, topivo.

Brennessel *f* kopřiva.

Brenn|ofen *m* vypalovací (*od.* žíhací) pec *f*; **~punkt** *m* ohnisko *n* (*a. fig.*); **~schere** *f s. Brenneisen*; **~spiritus** *m* líh na pálení; **~stoff** *m* palivo *n*, topivo *n*; **~stoffverbrauch** *m* spotřeba *f* paliva; **~weite** *f* ohnisková vzdálenost *od.* dálka.

brenzlig připálený, přičmoudlý; *fig.* podezřelý.

Bresche *f* průlom *m*; *e-e ~ schlagen in* (*A*) [u]činit průlom do (*G*) (*a. fig.*).

Brett *n* prkno; **~er** *pl. Thea.* jeviště *n*, divadlo *n*; F (*Schi*) lyže *f/pl.*, prkýnka *n/pl.*; *schwarzes ~* černá tabule; *fig. e-n Stein im ~ haben* být dobře zapsán; *ein ~ vor dem Kopf haben* být zabedněn; **~chen** *n* prkénko.

Bretter|verschlag *m*, **~wand** *f*

prkenné pažení *n*; **~zaun** *m* prkenný plot.
Brettspiel *n* hra *f* na šachovnici.
Bre'vier *n* breviář *m*, brevíř *m*.
Brezel *f* preclík *m*.
Brief *m* dopis, psaní *n*, list; *Bibl.* epištola *f*; *~e wechseln* dopisovat si (*mit j-m* s kým).
Brief|annahme *f* přijímání *n* dopisů; **~ausgabe** *f* vydávání *n* dopisů; **~beschwerer** *m* těžítko *n* (na dopisy); **~bogen** *m* arch dopisního papíru; **~bote** *m* listonoš; **~chen** *n* psaníčko; **~form** *f*: *in ~* jako dopis; **~kasten** *m* schránka *f* na dopisy; (*Haus*≗) poštovní schránka *f*; **~kopf** *m* záhlaví *n* dopisu; **≗lich** písemný; *mit j-m ~ verkehren* dopisovat si s (*I*); **~marke** *f* poštovní známka.
Briefmarken|album *n* album *m* poštovních známek; **~sammler** *m* sběratel poštovních známek, filatelista; **~sammlung** *f* sbírka poštovních známek.
Brief|öffner *m* nůž na otvírání dopisů; **~ordner** *m* pořadač (*od.* třídič) dopisů; **~papier** *n* dopisní papír *m*; **~porto** *n* poštovné, porto (na dopis); **~schreiber(in** *f*) *m* pisatel(ka) dopisu, korespondent (-ka); **~steller** *m* (*Buch*) dopisovatel; **~stil** *m* dopisový sloh; **~tasche** *f* náprsní taška, tobolka; **~taube** *f* poštovní holub *m*; **~telegramm** *n* listovní telegram *m*; **~träger** *m* listonoš; **~umschlag** *m* (dopisní) obálka *f*; **~waage** *f* listovní váha; **~wechsel** *m* dopisování *n*, korespondence *f*; *mit j-m im ~ stehen* dopisovat si s kým (*I*).
briet *s. braten.*
Bri'gade *f* brigáda.
Brigg *f Mar.* briga.
Bri'kett *n* briketa *f*; **~fabrik** *f* briketárna.
Bril'lant *m* bril(i)ant; *~- in Zssgn mst* bril(i)antový; **~'ine** *f* brilantina.
Brille *f* brýle *f/pl.*; **~n·fassung** *f* obruba brýlí; **~n·futteral** *n* pouzdro na brýle; **~n·glas** *n* sklo do brýlí; **~n·schlange** *f Zo.* brejlovec *m*.
bringen *tragend*: (*her~*) přinášet [-nést]; (*hin~*) donášet [-nést]; *fahrend*: (*her~*) přivážet [-vést]; (*hin~*) dovážet [-vézt]; *führend*: (*her~*) přivádět [-vést]; (*hin~*) dovádět [-vést]; (*einbringen, zur Folge haben, zuteil werden lassen*) přinášet [-nést]; *vgl. a.* überbringen, übermitteln; (*mit Adv.*) *j-n* (*od.* et.) *dahin ~, daß ...* přivádět [-vést] k-o (*od.* co), aby ...; (*mit Prp.*) et. *an sich ~* nabý(va)t č-o; *mit sich ~, daß ...* přinášet [-nést] s sebou; *j-n um et. ~* připravovat [-pravit] k-o oč; *von der Stelle ~* dost(áv)at z (*G*); *j-n zu et. ~* přimět (*od.* pohnout k-o) k (*D*); *es zu et. ~* dotáhnout to (v životě) někam; *er hat es zu nichts gebracht* nikam to nedotáhl.
bri'sant brizantní.
Brise *f* větřík *m*, vánek *m*.
Bri'tannien *n* Británie *f*.
Brit|e *m* Brit; **~in** *f* Britka; **≗isch** britský.
bröck|(e)lig drobivý; **~eln** [roz-] drobit (se *v/i*).
Brocken *m* drobet, kousek; *ein paar ~ Tschechisch* několik drobtů (*od.* slůvek) česky; **≗weise** po drobtech.
brodeln [za]klokotat.
Bro'kat *m* brokát; *~- in Zssgn* brokátový.
Brom *n Chem.* bróm *m*.
Brombeer|e *f* ostružina; **~strauch** *m* ostružník.
Bromsilberpapier *n* bromostříbrný papír.
Bronchi'alkatarrh *m* katar průdušek.
Bronchi|en *f/pl.* průdušky; **~tis** [-'çi:-] *f* bronchitida, bronchitis, zánět *m* průdušek.
Bronze *f* bronz *m*; **≗n** bronzový; **~zeit** *f* bronzová doba.
bron'zier|en [po]bronzovat; **≗ung** *f* bronzování *n*.
Brosche *f* brož.
bro|'schieren [z]brožovat; **≗'schüre** *f* brožur(k)a.
Brot *n* chléb *m*, F chleba *m*; (*Unterhalt*) výdělek *m*; **~aufstrich** *m* pomazánka *f*; **~bäcker** *m* pekař; **~bäcke'rei** *f s. Bäckerei*; **~baum** *m Bot.* chlebovník; **~beutel** *m* chlebník.
Brötchen *n* chlebíček *m*; (*Semmel*) houska *f*.
Brot|erwerb *m* obživa *f*, živobytí *n*; **~fabrik** *f* továrna na chléb; **~getreide** *n* chleboviny *f/pl.*; **~kanten** *m* chlebová kůrka; **~karte** *f* chlebenka, lístek *m* na chléb; **~korb** *m* koš na chléb; *fig. j-m den ~ höher hängen* držet k-o zkrátka; **~krume**

f chlebová střídka; **~laib** *m* bochník; **2los** bez chleba; *~ machen* připravovat [-pravit] o chléb; *~ werden* přicházet [přijít] o chléb; **~mehl** *n* chlebová mouka; **~messer** *n* nůž *m* na chléb; **~neid** *m* nízká závist; **~rinde** *f* chlebová kůrka; **~röster** *m s. Toaster*; **~schnitte** *f* krajíc *m* (*od.* krajíček *m*) chleba, skýva; **~suppe** *f* chlebová polévka.

Bruch[1] *m* (*Zerbrechen*) zlomení *n*; (*Bruchstelle*) lom; (*Bruchstücke*) kusy *m/pl.*; (*Knick*) záhyb; (*Spalte*) trhlina *f*; *Med.* zlomenina *f*; (*Leisten2*) kýla *f*, průtrž *f*; *Math.* zlomek; *fig.* (*Zerwürfnis*) roztržka *f*; (*Verletzung*) porušení *n*; *in die Brüche gehen* rozpadat [-dnout] se.

Bruch[2] *m od. n* (*Sumpf*) slatina *f*, močál *m*.

Bruch|band *n* kýlní pás *m*; **~bude** F *f* bouračka; **~festigkeit** *f* pevnost.

brüchig (*zerbrechlich*) lámavý; (*spröde*) křehký; *fig.* zchátralý; **2keit** *f* lámavost; křehkost.

Bruch|landung *f Flgw.* přistání *n* s poškozením (letadla); **~operation** *f Med.* operace kýly; **~rechnung** *f* počítání *n* se zlomky; **~stein** *m* lomový kámen; **~stelle** *f* lom *m*; **~strich** *m Math.* zlomková čára; **~stück** *n* úlomek *m*, zlomek *m*; **~teil** *m* část *f*, zlomek; **~zahl** *f* zlomkové číslo.

Brücke *f* most *m*; *Mar.*, *Turn.*, *Med.*, *El.* můstek *m*; (*Teppich*) malý koberec, spojka; *s. abbrechen.*

Brücken|bau *m* mostní stavitelství *n*; (*konkret*) stavba *f* mostu; **~bogen** *m* mostní oblouk; **~geländer** *n* mostní zábradlí; **~geld** *n* mostné; **~joch** *n* bárka *f*; **~kopf** *m* předmostí *n* (*a. Mil.*); **~kran** *m* mostový jeřáb; **~pfeiler** *m* mostní pilíř; **~waage** *f* mostová váha; **~zoll** *m* mostné *n*.

Bruder *m* bratr; **~-** *in Zssgn mst* bratrský; F *~ Lustig* veselá kopa; V *warmer ~* teplý *m*, teplouš.

Brüder|chen *n*, **~lein** *n* bratříček *m*.

Bruderkrieg *m* bratrovražedná válka.

brüderlich bratrský, přátelský; **2keit** *f* bratrství *n*.

Bruder|liebe *f* bratrská láska; **~mord** *m* bratrovražda *f*; **~mörder** *m* bratrovrah.

Brüderschaft *f* bratrství *n*; *~ trinken* připí(je)t si na bratrství.

Brüh|e *f Kochk.* silná polévka; F (*trübe Flüssigkeit*) břečka, brynda; *fig. in der ~ sitzen* F být v bryndě; **2en** [s]pařit; **2heiß** vařící, vřelý; **~warm** F *fig.* (*ganz frisch*) zbrusu nový; *Adv. a.* za tepla; **~würfel** *m* polévková kostka; **~wurst** *f*, **~würstchen** *n* uzenka *f* k ohřívání.

Brüll|affe *m Zo.* vřešťan; **2en** řvát [zařvat]; **~en** *n* řvaní, řev *m*.

Brumm|bär F *m fig.* bručoun; **2en** [za]bručet; (*Insekten*) [za]bzučet; F *im Knast ~* bručet v base; *mir brummt der Kopf* brní mě hlava; **~er** *m Zo.* bzučivý hmyz; F *fig.* bručoun; **2ig** bručivý; **~kreisel** *m* vlk; **~schädel** *m* F: *ich habe e-n ~* brní mě hlava.

brünett (*Haar*) snědý; (*Mensch*) tmavovlasý; **2e** *f* brunetka.

Brunft *f* říje; **2en** [za]říjet; **2ig** říjný, říjící; **~zeit** *f* doba říje, říjení *n*.

Brünn *n Geogr.* Brno.

Brunnen *m* studna *f*, studně *f*; (*Quelle*) pramen, zřídlo *n*; (*Wasser*) léčivá voda, (minerální) pramen; **~kresse** *f Bot.* řeřicha potoční; **~kur** *f* lázeňské léčení; **~wasser** *n* studniční voda.

Brunst *f s. Brunft.*

brünstig (*sinnlich*) smyslný; *Jagdw.* říjný; *vgl. brunftig.*

brüsk bryskní, příkrý; **~'ieren** [za]chovat se příkře (*j-n* ke k-u).

Brust *f* prsa *n/pl.*, hruď; (*Busen*) prs *m*, ňadra *n/pl.*; *Kochk.* hrudí *n*; *fig. sich in die ~ werfen* nadýmat [-dmout] se; *aus voller ~* z plna hrdla; **~bein** *n* hrudní kost; **~beklemmung** *f* úzkost (*od.* tíseň) na prsou; **~bild** *n* poprsí, busta *f*.

brüsten: *sich ~* vynášet se, vypínat se (*mit* et. čím).

Brust|fell *n* pohrudnice *f*; **~fellentzündung** *f* zánět *m* pohrudnice; **~kasten** *m*, **~korb** *m* hrudník; **~krebs** *m* rakovina *f* prsu; **2krank, 2leidend** nemocný (-cen) na prsa; **~schwimmen** *n* plavání (*od.* plování) na prsou; **~stück** *n Kochk.* hrudí, (*Geflügel*) prsíčka *n/pl.*; **~umfang** *m* objem prsou.

Brüstung *f* parapet *m*, poprsník *m*.

Brust|warze *f* prsní bradavka; **~wehr** *f Mil.* předprseň.

Brut *f* mláďata *n/pl.*; (*Fisch*2) potěr *m*; *fig.* plémě *n*, havěť.
bru'tal brutální, hrubý; 2**i'tät** *f* brutalita, hrubost.
Brut|anstalt *f* líhňový podnik; **~-apparat** *m* líheň *f*.
brüten sedět na vejcích; *fig.* ~ *über* (*D*) přemýšlet o (*L*).
Brut|henne *f* kvočna; **~hitze** *f* strašné vedro; **~kasten** *m Med.* inkubátor; **~ofen** *m* líheň *f*; **~reaktor** *m* množivý reaktor; **~stätte** *f* líhniště *n*; *fig.* pařeniště *n*, semeniště *n*.
brutto zhruba, brutto; 2**einnahme** *f* hrubý příjem; 2**ertrag** *m* hrubý výtěžek; 2**gewicht** *n* hrubá váha; 2**registertonne** *f* hrubá rejstříková tuna.
Brutzeit *f* doba k líhnutí.
Brüx *n Geogr.* Most *m*.
Bub *m* kluk, hoch.
Bube *m* (*Schurke*) darebák; (*Karten*) spodek.
Bubi|kopf *m* chlapecký účes, F mikádo *n*.
Buch *n* kniha *f*; *Hdl.* ~ *führen* vést knihy.
Buch|besprechung *f* posudek *m* (*od.* recenze) knihy; **~binder** *m* knihař; **~binderei** *f* knihařství *n*; (*konkret*) knihárna; **~druck** *m* knihtisk; **~drucker** *m* knihtiskař; **~druckerei** *f* tiskárna; **~druckerkunst** *f* tiskařské umění; **~druck(er)presse** *f* tiskařský lis.
Buch|e *f Bot.* buk *m*; **~ecker** *f* bukvice.
Buch·einband *m* vazba *f* knihy; desky *f/pl.*
buchen *Hdl.* [za]účtovat.
Buchenholz *n* bukové dřevo.
Bücher|abschluß *m Hdl.* účetní uzávěrka *f*; **~brett** *n* police *f* (*od.* polička f) na knihy; **~ei** [-'raɪ] *f* knihovna; **~katalog** *m* katalog knih; **~narr** *m* knihomol; **~regal** *n* *s. Bücherbrett*; **~revisor** *m Hdl.* revizor knih; **~sammlung** *f* sbírka knih; **~schrank** *m* knihovna *f*, skříň *f* na knihy; **~verzeichnis** *n* seznam *m* knih; **~weisheit** *f* knižní (*od.* papírová) moudrost; **~wurm** *m* knihomol (*a. fig.*).
Buchfink *m Zo.* pěnkava *f*.
Buch|führung *f* účetnictví *n*; **~halter(in** *f*) *m* účetní *m/f*; **~haltung** *f s. Buchführung*; **~händler** *m* knihkupec; **~handlung** *f* knihkupectví *n*; **~macher** *m* bookmaker; **~rücken** *m* hřbet knihy; **~titel** *m* nadpis (*od.* titul) knihy.
Buchsbaum *m Bot.* zimostráz.
Buchse *f* zdířka; pouzdro *n*, vložka.
Büchse *f* (*Dose*) krabice, plechovka; (*Geld*2) pokladnička; (*Gewehr*) puška; **~n·fleisch** *n* maso z konzervy, masová konzerva; **~n·macher** *m* puškař; **~n·öffner** *m* otvírač konzerv.
Buchstabe *m* písmeno *n*; *toter* ~ mrtvá litera; *dem ~n nach* doslova; **~n·rätsel** *n* písmenková hádanka; **~n·rechnung** *f* algebra.
buch|sta'bieren [pře]slabikovat; **~stäblich** *Adj.* doslovný; *Adv.* doslova.
Bucht *f* záliv *m*, zátoka.
Buchung *f* zaúčtování *n*; **~s·maschine** *f* účtovací stroj *m*.
Buchweizen *m Bot.* pohanka *f*.
Buchzeichen *n* knižní značka *f*, záložka *f* do knihy.
Buckel *m* (*Höcker*) hrb; (*Rücken*) hřbet, záda *n/pl.*; P *er kann mir den ~ runterrutschen* může mi vlézt na záda.
buck(e)lig (*Person*) hrbatý; (*Boden*) hrbolatý; 2**e(r)** *m/f* hrbáč (hrbačka *f*) *m*.
bück|en shýbat [sehnout] (*sich* se); *sich vor j-m* ~ klanět [uklánět] se k-u; 2**ling**[1] *m* poklona *f*; *e-n tiefen ~ machen* uklonit [-lánět] se hluboko; 2**ling**[2] *m* (*Hering*) uzenáč, uzený sleď.
Buddel|kasten F *m* pískoviště *n*; 2**n** F hrabat (se), rýpat (se).
Bud'dhis|mus *m* buddhismus; **~t(in** *f*) *m* buddhista (-tka); 2**tisch** buddhistický.
Bude *f* bouda; F *j-m auf die ~ rücken* překvapit [-povat] k-o doma.
Budget [bʏ'dʒe:] *n* budžet *m*, rozpočet *m*; *~- in Zssgn* rozpočtový.
Budweis *n* Budějovice *m/pl.*
Bü'fett *n* bufet *m*; *kaltes* ~ studený nářez.
Büffel *m Zo.* buvol.
büffeln F dřít se, biflovat.
Bug *m Mar., Flgw.* příď *f*; *Kochk.* plecko *n*, raminko *n*; **~anker** *m* hlavní kotva *f*.
Bügel *m* (*Griff*) držadlo *n*; (*Steig*2) třemen; (*an e-r Flinte*) třmínek; (*e-r Säge*) oblouk; (*Kleider*2) ra-

mínko *n*; **~brett** *n* žehlící prkno; **~eisen** *n* žehlička *f*; **~falte** *f* záhyb *m*, F puk *m*; **≈frei** k vyvěšení; **~maschine** *f* žehličí stroj *m*; **≈n** [vy]žehlit; **~n** *n* žehlení.

Bügler(in *f*) *m* žehlíř(ka).

Bugrad *n Flgw.* příďové kolo.

bug'sieren vléci, brát [vzít] do vleku.

Bugwelle *f* příďová vlna.

Buhle † *m od. f* záletník (-nice *f*) *m*; **≈n** † [po]milovat se (*mit* s *I*).

Buhne *f* zpevnění *n* hráze, výhon *m*.

Bühne *f Thea.* jeviště *n*; *Esb.*, *Bgb.* plošina.

Bühnen|anweisung *f* scénická poznámka; **~beleuchtung** *f* jevištní osvětlení *n*; **~bild** *n* scénický obraz; **~dichter** *m* dramatický básník, dramatik; **~dichtung** *f* dramatická báseň; **~sprache** *f* divadelní řeč; **~stück** *n* divadelní kus *m od.* hra *f*.

Bu'kett *n* kytice *f*; (*Wein*) buket *m*, vůně *f*.

Bu'lette *f* smažená kroketa.

Bul'gar|e *m* Bulhar; **~ien** *n* Bulharsko; **~in** *f* Bulharka; **≈isch** bulharský.

Bull·auge *n Mar.* lodní okno.

Bulldogge *f* buldok *m*.

Bulle[1] *m* býk.

Bulle[2] *f* bula, listina.

Bullen|beißer *m* (*Hund*) buldok, hafan; **~hitze** P *f* strašné vedro.

Bulletin [bʏlə'tɛ̃ː] *n* bulletin; *Med.* lékařská zpráva; (*Zeitschrift*) vědecký věstník.

Bummel F *m* (*Spaziergang*) procházka *f*, potulka *f*; **~'ei** *f* flákání *n*, lajdáctví *n*; (*Langsamkeit*) loudání *n*; **≈ig** zahálčivý, lajdácký, pomalý; **≈n** (*schlendern*) potulovat se; F flákat se; (*langsam machen*) loudat se; (*sich vergnügen*) hýřit, P flámovat; **~zug** *m Esb.* P krcálek.

Bummler *m* (*Nichtstuer*) povaleč, flákač; (*Nachtschwärmer*) hýřil, F flamendr.

bums! bác!

Bund[1] *m* (*Bündnis*) svazek, spolek; *im ~e* ve spojení; *e-n ~ schließen* vstupovat [vsroupit] ve svazek (*od.* ve spolek).

Bund[2] *n* (*Schlüssel≈*) svazek *m*; (*Holz≈*, *Stroh≈*) otýpka *f*; (*Hosen≈*) pasovka *f*.

Bündel *n* (*Akten≈*) svaz(eč)ek *m*; (*Holz*, *Stroh*) otýpka *f*; (*Wäsche*) uzlí(če)k *m*; *Phys.* svazek *m*; F *sein ~ schnüren* [s]balit svých pět švestek; **≈weise** po svaz(eč)cích, po otýpkách.

Bundes- *in Zssgn mst* spolkový; **~bahn** *f* spolková dráha; **≈eigen** spolkový, svazový; **~gebiet** *n* spolkové území; **~genosse** *m* spojenec; **~kanzler** *m* spolkový kancléř; **~lade** *f* archa úmluvy; **~minister** *m* spolkový ministr; **~post** *f* spolková pošta; **~präsident** *m* spolkový president; **~rat** *m* spolková rada; **~republik** *f*: *~ Deutschland* Německá spolková republika (*NSR*); **~regierung** *f* spolková vláda; **~staat** *m* spolkový stát; **~straße** *f etwa*: silnice 1. třídy; **~tag** *m* spolkový sněm; **~verfassung** *f* spolková ústava.

bündig (*überzeugend*) přesvědčivý, (*knapp*) výstižný, stručný; *kurz und ~* krátce a výstižně; **≈keit** *f* přesvědčivost; stručnost.

Bündnis *n* spolek *m*; *ein ~ schließen* vcházet [vejít] ve spolek; **~partner** *m* článek spolku.

Bunker *m* bunkr; (*Kohlen≈*) (uhelná) jímka.

Bunsenbrenner *m* Bunsenův kahan.

bunt (*farbig*) barevný; (*mehrfarbig*, *fig.*) pestrý, strakatý; *~ durcheinander* páté přes deváté; *fig. das wird mir zu ~* to je mi přespříliš; *es zu ~ treiben* počí(na)t si divoce; *es geht dort ~ zu* je tam rušno.

Bunt|druck *m* barvotisk; **≈farbig** pestrobarevný, strakatý; **~heit** *f* pestrost, strakatost; **~metall** *n* barevný kov; **~papier** *n* barevný papír; **≈scheckig** pestrý, strakatý; **~specht** *m Zo.* strakapúd; **~stift** *f* barevná tužka.

Bürde *f* břemeno *n*, tíže.

Burg *f* hrad *m*.

Bürg|e *m* ručitel; *~ sein* (*für*) = **≈en** ručit [zaručit se] (*für* za *A*).

Bürger|(in *f*) *m* (*Städter*) měšťan (-ka); (*Staats≈*) občan(ka); **~krieg** *m* občanská válka; **≈lich** měšťanský, občanský; *~e Kost* domácí strava; *Verlust der ~en Ehrenrechte* ztráta čestných práv občanských; *~es Gesetzbuch* (*BGB*) občanský zákoník; **~meister** *m* starosta; **~recht** *n* občanské právo; **~schaft** *f* měšťanstvo *n*, občanstvo *n*; **~stand** *m* měšťanský stav, měšťanstvo *n*; **~steig** *m*

chodník; **~tum** *n* měšťanstvo, buržoazie *f*; **~wehr** *f* občanská milice.
Burgfriede(n) *m* hradní mír; *Pol.* dočasné zastavení *n* politického boje.
Bürgschaft *f* záruka, ručení *n*.
Büro *n* kancelář *f*, úřadovna *f*, F byró; **~angestellte(r)** *m/f* kancelářský (-ská) zřízenec (-ňkyně); **~bedarf** *m* kancelářské potřeby *f/pl.*; **~diener** *m* kancelářský sluha; **~klammer** *f* spínátko *n*.
Büro'kra|t *m* byrokrat; **~'tie** *f* byrokracie; **♀tisch** byrokratický.
Büro|möbel *n/pl.* kancelářský nábytek; **~stunden** *f/pl.* úřední hodiny; **~vorsteher** *m* přednosta kanceláře.
Bursch(e) *m* mladík, jinoch; (*Student*) buršák; (*Lehrling*) učeň, učedník; *Mil.* důstojnický sluha.
Burschenschaft *f* buršácký spolek; **~(l)er** *m* buršák.
burschi'kos buršikózní.
Bürste *f* kartáč *m*, (*kleine*) kartáček *m*; **♀n** [o]kartáčovat; **~n·abzug** *m* *Typ.* kartáčový otisk *od.* obtah; **~nbinder** *m* kartáčník; *fig.* F *saufen wie ein ~* pít jako duha.
Bus *m* autobus, bus.
Busch *m* keř; (*Gebüsch*) křoví *n*, houština *f*; *vgl. Büschel*; *fig. auf den ~ klopfen* vyzvídat; *fig.* F *sich in die Büsche schlagen* [z]mizet v houští.
Büschel *n* (*Haare, Blätter*) chomáček *m*; *Bot.* kytička; *f*; (*Vögel*) chocholka *f*.
busch|ig chomáčovitý, hustý; (*Boden*) křovinatý; **♀werk** *n* křoví, houští.
Busen *m* ňadra *n/pl.*, prsa *n/pl.*; (*Meer♀*) záliv, zátoka *f*; **~freund** *m* důvěrný přítel.
Bussard *m Zo.* káně *f* lesní, myšilov.
Buße *f Rel.* pokání *n*; (*Geld♀*) pokuta; *~ tun* [u]činit pokání, [po]kát se.
büßen (*A*) pykat za (*A*) [odpykat (*A*)].
Büßer|(in *f*) *m* kajícník (-nice); **~gewand** *n*, **~hemd** *n* kajícnické roucho.
buß|fertig kajícný; **♀geld** *n* pokuta *f*; **♀tag** *m*: *Buß- und Bettag* den pokání a modliteb.
Büste *f* (*Plastik*) poprsí *n*, busta; (*Busen*) ňadra *n/pl.* prsa *n/pl.*; **~nhalter** *m* podprsenka *f*.
Butt *m Zo.* platýs malý, platejs.
Butte *f*, **Bütte** *f* džber *m*, káď.
Büttenpapier *n* ruční papír *m*.
Butter *f* máslo *n*; **~birne** *f* máslovka; **~blume** *f* blatouch *m*; **~brot** *n* chléb *m* s máslem; **~dose** *f* nádoba na máslo, máslenka; **~faß** *n* máselnice *f*; **~maschine** *f* (strojní) máselnice; **~milch** *f* podmáslí *n*; **~pilz** *m* klouzek, (pod)máselník; **~säure** *f Chem.* kyselina máselná; **~schmalz** *n* přepuštěné máslo; **~schnitte** *f*, F **~stulle** *f s. Butterbrot*; **♀weich** měkký jako máslo.
Butzenscheibe *f* vypuklá skleněná tabulka.
byzan'tinisch byzantský; *fig.* podlézavý.
Bz. *Abk. für Bezirk* okres *m* (*Abk.* okr.), *in DDR* kraj *m*.
bzw. *Abk. für beziehungsweise.*

C

(*S. a. unter K, Sch und Z*)

C, c *n unv.* C, c; *Mus.* c.
C *Abk. für Celsius.*
ca. *Abk. für circa* asi, kolem.
Café *n* kavárna *f.*
Camembert *m* camembert.
Camping *n* camping *m*, táboření pod širým nebem; **~ausrüstung** *f* nářadí *n* ke campování; **~lager** *n* tábor *m*; **~platz** *m* tábořiště *n*; **~wagen** *m* obytný přívěs, karavana *f.*
Cape *n* pláštěnka *f.*
Catcher *m* (profesionální) zápasník.
CDU *Abk. für Christlich-Demokratische Union* Křesťanskodemokratická unie.
C-Dur *n Mus.* tónina c-dur.
Cel'list *m* cellista.
Cello *n* cello.
Cello'phan *n* celofán *m.*
Cembalo *n* cembalo.
Ceylo|n *n* Cejlon *m*; **~'nese** *m* Cejloňan; **♀'nesisch** cejlonský.
Cha'grin *n*, **~leder** *n* šagrén *m.*
Cha'mäleon *n* chameleón *m* (*a. fig.*).
cha'mois šamoa, žlutohnědý.
Cham'pagner *m* šampaňské (víno) *n*, P šampus; **~glas** *n* sklenka *f* na šampaňské.
Champignon *m* žampión.
Champion *m Sp.* přeborník, šampión.
Chance *f* naděje, vyhlídka na úspěch, šance.
Chaos *n* chaos *m.*
cha'otisch chaotický.
Cha'rakter *m* charakter, povaha *f*; (*Merkmal, Gepräge a.*) ráz; **~bild** *n* povahopisný obraz; **~eigenschaft** *f* charakterová vlastnost; **~fehler** *m* charakterový (*od.* povahový) kaz; **♀fest** charakterní (*od.* pevné) povahy; **~festigkeit** *f* pevnost povahy.
charakteri'sieren charakterizovat (*im*)*pf.*, vyznačovat [-čit].
Charakte'r|istik *f* charakteristika; **♀istisch** charakteristický, význačný; **♀los** [-'ra-] bezcharakterní; **~losigkeit** [-'ra-] *f* bezcharakternost; **~zug** [-'ra-] *m* povahový (*od.* charakterový) rys.
Charge *f* hodnost, šarže.
char'mant *s. scharmant.*
Charme *f* půvab *m*, šarm *m.*
chartern *Mar., Flgw.* najímat [-jmout].
Chas'sis *n* šasi.
Chauf'feur *m* šofér, řidič.
chauf'fieren řídit vůz, P šoférovat.
Chaus'see *f* dálková silnice.
Chauvi'ni|smus *m* šovinismus; **~st(in** *f*) *m* šovinist(k)a; **♀stisch** šovinistický.
Chef *m* šéf, představený; *Mil.* velitel; **~arzt** *m* vedoucí lékař, šéflékař; **~redakteur** *m* šéfredaktor, hlavní redaktor.
Che'mie *f* chemie, lučba; **~faser** *f* umělé (*od.* chemické) vlákno.
Chem|i'kalien *f/pl.* chemikálie, lučebniny; **'~iker** *m* chemik; **'♀isch** chemický.
Chiffre *f* šifra, značka.
chif'frieren šifrovat (*im*)*pf.*
Chile *n* Chile; **~ne** [-'le:-] *m* Chilan; **~nin** [-'le:-] *f* Chilanka; **♀nisch** [-'le:-] chilský.
China *n* Čína *f*; **~rinde** *f* chinová kůra.
Chin'chilla *f* činčila.
Chi'ne|se *m* Číňan; **~sin** *f* Číňanka; **♀sisch** čínský.
Chi'nin *n* chinin *m.*
Chi'rur|g *m* chirurg; **~'gie** *f* chirurgie; **♀gisch** chirurgický.
Chlor *n* chlór *m*; **~gas** *n* plynný chlor; **♀haltig** obsahující chlór; **~kalk** *m* chlórové vápno.
Chloro|'form *n* chloroform; **~for'mieren** chloroformovat (*im*)*pf.*; **~'phyll** *n* chlorofyl.
Chlor|säure *f Chem.* kyselina chlorečna; **~wasserstoff** *m Chem.* chlorovodík.
Cholera *f* cholera; **~bazillus** *m* bacil cholery; **~kranke(r)** nemocný cholerou.
Cho'le|riker *m* cholerik; **♀risch** cholerický.
Chor[1] *m* sbor, chór.

Chor[2] *m od. n* (*Kirchen*≗) kůr *m*, kruchta *f*.
Cho'ral *m* chorál, církevní píseň *f*.
Chor|gesang *m* sborový zpěv; **~hemd** *n Rel.* alba *f*; **~'ist** *m* sborový zpěvák; (*Kirche*) zpěvák na kůru; **~knabe** *m* zpěváček na kůru; **~sänger** *m s. Chorist.*
Chrestoma'thie *f* chrestomatie, výběr *m* četby.
Christ *m* křesťan; **~** *in Zssgn mst* vánoční; **~baum** *m* vánoční strom(eč)ek; **~baumschmuck** *m* ozdoby *f/pl.* na vánoční stromek; **~enheit** *f*, **~entum** *n* křesťanstvo *n*; **~enverfolgung** *f* pronásledování *n* křesťanů; **~fest** *n* vánoce *f/pl.*; **~kind** (**-lein**) *n* Ježíšek *m*; **≗lich** křesťanský; **~messe** *f* půlnoční mše; **~nacht** *f* štědrovečerní noc; **~rose** *f Bot.* čemeřice; **~stolle** *f* vánočka.
Christ|us *m* Kristus; *vor ~o od. ~i Geburt* před Kristovým narozením; *nach ~o od. ~i Geburt* po Kristově narození.
Chrom *n Chem.* chróm *m*.
chro'matisch chromatický.
Chrom|erz *n* chromová ruda; **~leder** *n* chromitá useň; **~säure** *f Chem.* kyselina chromová; **~stahl** *m* chromová ocel.
Chronik *f* kronika; **~schreiber** *m* kronikář.
chronisch chronický, vleklý.
Chro'nist *m* kronikář, letopisec.
Chrono|lo'gie *f* chronologie; **≗'logisch** chronologický; **~'meter** *n* chronometr *m*.
Chrysan'theme *f* chryzantéma.
Cis *n Mus.* cis; *~-Dur* stupnice cis-dur.
Clearing *m Hdl.* clearing *m*; **~** *in Zssgn* clearingový.
Clique *f* klika, skupina.
Clou *m* zlatý hřeb, clou *n*.
Clown *m* klaun, šašek.
Co. *Abk. für Compagnie, Kompanie Hdl.* společnost.
Cockpit *n Mar.* kokpit *m*; *Flgw.* pilotní kabina *f*.
Cocktail *m* koktail.
Cœur *n* (*Herz, Rot*) srdce, červená barva; **~** *in Zssgn* srdcový, červený.
Comics *pl.*, **Comic strips** *pl.* comics, obrázkové seriály.
Com'puter *m* (samočinný) počítač.
Conferen'cier *m* konferenciér.
Copyright *n* nakladatelské (*od.* autorské) právo.
Couch *f* gauč *m*.
Cou'plet *n* kuplet *m*.
Cou'pon *m* kupon.
Cour *f j-m die ~ machen* dvořit se k-u.
Cou'rage *f* odvaha, P kuráž.
Cou'sin *m* bratranec; **~e** *f* sestřenice.
Crawl *m* (*Sport*) kraul.
Creme *f* krém *m*; **≗farben** smetanově žlutý, krémový.
Crou'pier *m* croupier.
Csárdás *m* čardáš.
CSU *Abk. für Christlich-Soziale Union* Křesťanskosociální unie.
Cutaway *m* žaket.
Cutter(**in** *f*) *m* střihač(ka).

D

D, d *n unv.* D, d (*a. Mus.*).
da *Adv.* (*hier*) tu, tady, zde; (*zeitlich*) tu, tehdy; *dieses Buch* ~ tato kniha; *hier und* ~ tu a tam; *wer* ~? kdo tam? (*a. Mil.*); *von* ~ *ab* (*od. an*) (*örtlich*) odtud; (*zeitlich*) od té doby; *wer* ~ *glaubt, daß* ... kdo si myslí, že ...; *Konj.* (*weil*) poněvadž, ježto.
da'bei při tom, u toho; (*im Begriff*) ~ *sein zu lesen* dá(va)t se do čtení; **~bleiben** zůst(áv)at; **~sein** (*beteiligt sein*) zúčastňovat [-nit] se.
dableiben zůst(áv)at.
Dach *n* střecha *f*; *fig.* F *j-m eins aufs* ~ *geben* dá(va)t k-u přes hlavu; *j-m aufs* ~ *steigen* vypůjčovat [-čit] si k-o, *unter* ~ *und Fach sein* být pod střechou.
Dach|antenne *f* nástřešní anténa; **~balken** *m* střešní nosník; **~boden** *m* půda *f*, podstřeší *n*; **~decker** *m* pokrývač; **~fenster** *n* střešní vikýř *m*; **~first** *m* hřeben střechy; **~garten** *m* zahrada *f* na střeše; **~gesellschaft** *f* vrcholná organisace (trustů); **~kammer** *f* podkrovní světnička, mansarda; **~luke** *f s. Dachfenster*; **~organisation** *f s. Dachgesellschaft*; **~pappe** *f* střešní lepenka; **~pfanne** *f Arch.* pánev; **~rinne** *f* okapní žlab *m*.
Dachs *m Zo.* jezevec; **~bau** *m* jezevčí doupě *n*.
Dach|schiefer *m* pokryvačská břidlice; **~sparren** *m* krokev *f*; **~stube** *f* podkrovní světnice; **~stuhl** *m* krov; **~wohnung** *f* podkrovní byt *m*; **~ziegel** *m* taška *f*.
Dackel *m* jezevčík, F dakl.
da'durch tím; ~, *daß* ... tím, že.
da'für (*statt dessen*) za to; (*zugunsten*) pro to; F (*denn*) zato, neboť; ~ *oder dagegen* pro nebo proti; ~ *sein* být pro(to); **~halten** mít za to.
Da'fürhalten *n*: *nach m-m* ~ podle mého mínění.
da'gegen *Adv.* proti tomu; *Konj.* naproti tomu, kdežto; **~halten** (*vergleichen*) srovn(áv)at (et. s čím); (*erwidern*) vytýkat [-tknout].
da'heim doma.
Da'heim *n* domov *m*.
da'her *Adv.* (*von da*) odtud; *bis* ~ až potud; ~, *daß* ... tím, že ...; *Konj.* (*deshalb*) proto; **~laufen** přibíhat [-běhnout] sem; **~reden** mluvit sem tam.
da'hin (*dorthin*) tam; ~ *und dorthin* sem a tam; ~ *und dorthin* sem a tam; *bis* ~ (až) do té doby; **'~ab** tudy dolů; **'~auf** tudy vzhůru; **'~aus** tudy ven; **~eilen** odkvapit; (*zeitlich*) ubíhat [uběhnout]; **'~ein** tudy sem dovnitř; **~fliegen** míjet [minout]; **~geben** obětovat; **~gehen** (*zeitlich*) [u]plynout; *meine Meinung geht dahin* mé mínění je; **~gehören** patřit; **~gestellt:** ~ *sein lassen* nech(áv)at nerozhodnuto; **~leben** žít si; **~schwinden** [z]mizet; **~sein:** ... (*A*) *ist dahin* je po ... (*L*); **~siechen** [z]chřadnout.
da'hinten vzadu, pozadu.
da'hinter za tím; *fig.* ~ *sein* dá(va)t si na tom záležet; *es ist nichts* ~ F nestojí to za nic; **~kommen** přicházet [přijít] na to; **~setzen:** *sich* ~ dá(va)t si na tom záležet; **~stecken** vězet za tím.
dahin|über tudy, přes to; **~unter** tudy dolů.
Dahlie *f Bot.* jiřin(k)a, dahlie.
da|lassen zanech(áv)at; **~liegen:** *ausgestreckt* ~ ležet tu jak dlouhý, tak široký.
damal|ig tehdejší; **~s** tehdy, tenkrát.
Da'mast *m* damašek; **2en** damaškový.
Dame *f* dáma.
Damebrett *n* šachovnice *f*.
Damen- *in Zssgn mst* dámský; **~binde** *f* dámská vložka, měsíční pás *m*; **~friseur** *m* dámský kadeřník; **2haft** jako dáma; **~hut** *m* dámský klobouk; **~kleidung** *f* dámské šaty *m/pl.*; **~schneider(in** *f*) *m* dámský (-ká) krejčí (-čová); **~schuh** *m* dámský střevíc; **~wäsche** *f* dámské prádlo; **~wahl** *f* (*Tanz*) dámská volenka.

Dame|spiel *n* dáma *f*, hra *f* v dámu; **~stein** *m* kámen (ve hře v dámu).
Damhirsch *m Zo.* daněk.
da'mit *Adv.* (s) tím; *her ~!* sem s tím!; *Konj.* aby.
dämlich F hloupý; **≗keit** F *f* hloupost.
Damm *m* hráz *f*; F *fig. j-n auf den ~ bringen* pomáhat [-moci] k-u na nohy; *auf dem ~ sein* být zdráv; **~bruch** *m* protržení *n* hráze.
dämmen [za]hradit; *fig.* zadržovat [-žet], potlačovat [-čit].
dämmer|ig šerý; **≗licht** *n* pološero; **~n** šeřit se; *fig. es dämmert mir* rozbřeskuje se mi; **≗ung** *f* šero *n*.
Dämon *m* démon; **≗isch** [-'mo:-] démonský.
Dampf *m* pára *f*; *~- in Zssgn* parní; **~antrieb** *m* parní pohon; **~druck** *m* tlak (*od.* napětí *n*) páry.
dampfen *v/i* kouřit se (et. z č-o); (*fahren*) jet (jezdit); *Mar.* plout.
dämpfen *Kochk.* [u]dusit; (*mäßigen*) [z]tlumit (*a. Mus.*); *mit gedämpfter Stimme* ztlumeným hlasem.
Dampfer *m* parník.
Dämpfer *m Mus.* dusítko *n*; *Tech.* tlumič; *Kochk.* pařák; F *fig. j-m e-n ~ aufsetzen* [z]krotit k-o.
Dampf|hammer *m* parní buchar; **~heizung** *f* parní topení *n*; **~kessel** *m* parní kotel; **~kochtopf** *m* parní hrnec, pařák; **~maschine** *f* parní stroj *m*; **~schiff** *n* parník *m*; **~schiffahrt** *f* paroplavba; **~turbine** *f* parní turbina; **~walze** *f* parní válec *m*.
Damwild *n Zo.* dančí zvěř *f*.
danach (*hernach*) potom; (*demgemäß*) podle toho; *er sieht ganz ~ aus* je to na něm vidět.
Däne *m* Dán.
da'neben vedle toho; **~gehen, ~treffen** míjet [minout] se cíle (*a. fig.*).
Dänemark *n* Dánsko.
da'nieder dolů na zem; **~liegen** (*krank sein*) ležet nemocen; *Hdl.* ležet ladem.
Dän|in *f* Dánka; **≗isch** dánský.
Dank *m* dík, *mst pl.* díky; *besten* (*od. vielen*) *~!* srdečný dík!; *Gott sei ~!* díky bohu; *j-m ~ wissen* být vděčen k-u (*für* za *A*); **≗** *Prp.* (*D, G*) dík(y) (*D*), pro (*A*); *oft durch I*: *≗ s-r Arbeit* (*Hilfe*) jeho prací (přičiněním).
dankbar vděčný (-čen); **≗keit** *f* vděčnost.
danken (*ver~*) [po]děkovat (*j-m* et. k-u zač); *danke sehr* (*bestens, schön*)! děkuji pěkně!; **~s·wert** hodný (-den) díků.
dank|erfüllt proniknut(ý) vděčností; **≗gebet** *n* děkovná modlitba *f*; **≗opfer** *n* děkovná oběť; **≗sagung** *f* díky *m/pl.*, díkůvzdání *n*; **≗schreiben** *n* děkovný dopis.
dann pak, potom; *nur ~* jen tehdy; *~ und wann* někdy, občas.
dannen †: *von ~* odtud.
daran na tom; *vgl. dran*; *nahe ~* blízko u toho; *nahe ~ sein* (*wollen*) chtít, chystat se; *ich war nahe ~ zu fallen* málem bych byl upadl; *gut* (*übel*) *~ sein* mít se dobře (špatně); *jetzt bin ich ~* nyní je (řada) na mne; *es ist et. ~* něco je na tom; *es ist nichts ~* na tom nic není; *es liegt mir* (*viel*) *~* záleží mi na tom (velice); *was liegt ~?* co na tom záleží?; *ich habe gut ~ getan, daß* ... udělal jsem dobře, že ...; F *ich denke nicht ~!* ani mě to nenapadne!
dar'an|gehen, F **sich ~machen** začí(na)t; **~halten:** *sich ~* držet se (*G*); **~setzen** vynakládat [-naložit].
darauf (*wo?*) na tom; (*wohin?*) na to; (*dann*) pak, potom; *vgl. drauf*; *ein Jahr ~* za rok; *das Jahr ~* příštího roku; *bald ~* brzy poté, zanedlouho; *viel* (*nichts*) *~ geben* (ne)dá(va)t mnoho (nic) na to; *~ kommen* přicházet [přijít] na to; *~ rechnen* počítat s tím; **~folgend** následující, příští; **~hin** nato, potom.
daraus z toho; *~ folgt* z toho plyne.
darben strádat, mít nouzi.
dar|bieten (*anbieten*) nabízet [-bídnout]; (*reichen*) pod(áv)at; (*bieten*) poskytovat [-tnout]; **≗bietung** *f Thea. usw.* vystoupení *n*; výkon *m*; **~bringen** *Geschenk*: přinášet [-nést]; (*opfern*) obětovat (*im*)*pf*.
dar|ein do toho; **~in**(**nen**) v tom; *vgl. drin*.
darleg|en vykládat [vyložit]; **≗ung** *f* výklad *m*.
Darlehn *n* zápůjčka *f*; **~s·kasse** *f* zápůjční (*od.* úvěrní) pokladna; **~s·nehmer**(**in** *f*) *m* vypůjčovatel (-ka).
Darm *m* střevo *n*; *~- in Zssgn* střevní; **~blutung** *f* krvácení *n* ze

střeva; **~entzündung** *f* zánět *m* střeva; **~katarrh** *m* střevní katar; **~saite** *f Mus.* střevová struna; **~verschlingung** *f* zauzlení *n* střev.

dar|'nach, ~'neben, ~'nieder *s. danach usw.*

dar'ob † *s. darüber.*

Darre *f* sušárna.

darreichen pod(áv)at.

darren [u]sušit.

darstell|en (*zeigen*) ukazovat [ukázat]; (*bildlich*) vy-, z-obrazovat [-obrazit]; (*schildern*) [vy]líčit; (*verkörpern*) znamenat, být; *Thea.* hrát; **~end** (*Kunst*) výtvarný; *~e Geometrie* deskriptivní geometrie; **2er** (**-in** *f*) *m Thea.* představitel(ka); **2ung** *f* zobrazení *n*, znázornění *n*; vylíčení *n*; hra.

dartun (*erklären*) vykládat [vyložit]; (*beweisen*) dokazovat [-kázat].

darüber (*wo?*) nad tím; (*wohin?*) nad to; (*~ hinaus*) přes to; (*davon*) o tom; (*außerdem*) nadto; *fig. ~ geht nichts* není nadto; *ich bin ~ hinaus* mám to za sebou.

darum (*um dieses*) o to; (*dafür*) za to; (*deshalb*) proto.

darunter (*wo?*) pod tím; (*wohin?*) pod to; (*unter, dazwischen*) mezi to, mezi ně; mezi tím, mezi nimi; (*niedriger*) níž(e); (*weniger*) méně; (*dadurch*) tím; **~fallen** patřit, příslušet (k k-u, č-u).

das *s. der.*

dasein (*anwesend sein*) být tu (*od.* přítomen); (*vorhanden sein*) být tu, existovat; *nie dagewesen* nebývalý.

Dasein *n* (*Anwesenheit*) přítomnost *f*; *Phil.* bytí; (*Leben*) život *m*, existence *f*; **~s·berechtigung** *f* právo *n* na život; **~s·kampf** *m* boj o život *od.* o existenci.

da'selbst † (právě) zde (*od.* tu).

dasitzen [po]sedět si.

dasjenige *s. derjenige.*

daß 1. (*in Aussagesätzen*) že *mit Ind. od. Konj.*: *ich glaube, ~ er kommt* myslím, že přijde; *glaubst du nicht, ~ er käme?* nemyslíš, že by přišel?; **2.** (*in Wunschsätzen*) abych *usw. a. mit Konj.*: *ich bitte, ~ du schreibst* prosím, abys psal; *nach Imp. im Hauptsatz a.* ať *mit Ind. des Präs.*: *sage ihm, ~ er schreibt!* řekni mu, ať píše (*od.* aby psal); *~ ... doch* kéž *mit Ind. od. Konj.*: *~ er doch schwiege!* kéž mlčí! (*od.* kéž by mlčel!); **3.** (*nach Verben des Fürchtens*) že *mit Ind.*, abych *usw. a. mit Konj. und verneintem Verb*: *ich fürchte, ~ der Vater kommen wird* bojím se, že otec přijde (*od.* aby otec nepřišel); **4.** (*in Konsekutivsätzen*) so ..., *daß* ... tak ..., že ...; *er ist so klein, ~ er nichts sieht* je tak malý, že nic nevidí; so *~* takže; *er ist klein, so ~ er nichts sieht* je malý, takže nic nevidí; **5.** (*in Finalsätzen*) *~, auf ~* (*damit*) abych *usw. a. mit Konj.*: *ich beeile mich, daß ich rechtzeitig hinkomme* spěchám, abych tam včas přišel; **6.** *mit Prp. anstatt ~* místo abych, *außer ~* ledaže, *ohne ~* aniž.

das'selbe *s. derselbe.*

dastehen [po]stát.

Daten *pl. s. Datum*; **~verarbeitung** *f* zpracování *n* údajů *od.* informací; **~verarbeitungsanlage** *f* stroj *m* na zpracování informací.

da'tieren *v/t* datovat (*im*)*pf.*; *v/i* datovat se, pocházet.

Dativ *m Gr.* dativ, třetí pád.

dato: *bis ~* až do dneška.

Dattel *f Bot.* datle; **~palme** *f* datlová palma, datlovník *m*.

Datum *n* datum; *Daten pl.* data *pl.*, údaje *m/pl.*

Daube *f* dužina.

Dauer *f* (*Bestand*) trvání *n*; (*Zeit*) doba; *auf die ~* trvale, nadlouho; *von ~ sein* [po]trvat; **~aufenthalt** *m* trvalý pobyt; **~brandofen** *m*, **~brenner** *m* stáložárná kamna *n/pl.*

dauerhaft trvalý, stálý; (*Stoff*) trvanlivý, pevný; **2igkeit** *f* trvalost, stálost, pevnost.

Dauer|karte *f* permanentní lístek *m*, F permanentka; **~lauf** *m Sp.* vytrvalostní běh; **2n** [po]trvat; *v/t* † ... *dauert mich* je mi *k-o* (*c-o*) líto; **2nd** trvalý, stálý.

Dauer|stellung *f* stálé (*od.* trvalé) zaměstnání; **~tropf·infusion** *f* kapénková infúze; **~welle** *f* trvalá ondulace; **~wurst** *f* trvanlivý salám; **~zustand** *m* stálý (*od.* trvalý) stav.

Daumen *m* palec; **~schraube** *f* palečnice.

Däumling *m* (*Handschuh*) palec rukavice; (*Märchengestalt*) Paleček.

Daune *f* pírko *n*; *~n pl.* prachové peří, prach *m*; **~n·bett** *n* prachová peřina; **~n·decke** *f* prachová přikrývka.

Davidstern *m* Davidova (*od.* židovská) hvězda.

davon (*von et. hinweg*) od toho; (*aus et. heraus*) z toho; (*darüber*) o tom; *was habe ich* ~? co mám z toho?

da'von|fliegen ulétat [uletět]; **~gehen** odcházet [odejít]; **~jagen** *v/t* odhánět [odehnat]; *v/i* uhánět (pryč); **~kommen** vyváznout *pf.*; *mit knapper Not (mit dem Leben)* ~ vyváznout s bídou (životem); **~laufen** utíkat [utéci]; **~machen:** F *sich* ~ prchat [prchnout]; **~tragen** odnášet [-nést]; *Krankheit*: ulovit si *pf.*; *Preis, Sieg*: dobý(va)t (*G*).

davor (*wo?*) před tím; (*wohin?*) před to; *hüte dich* ~! střež se toho!

da'wider *s. dagegen.*

dazu k tomu; *was sagst du* ~? co tomu říkáš?; ~ *geben* přid(áv)at; ~ *gehören* náležet (*od.* patřit) k tomu; **~gehörig** náležející (*od.* patřící) k tomu; **~kommen** přicházet [přijít] k tomu.

dazumal *s. damals.*

da'zutun přid(áv)at.

da'zwischen (*wo?*) mezi tím; (*wohin?*) mezi to; **~kommen** (*einschreiten*) zakročovat [-čit]; *wenn nichts dazwischenkommt* nepřijde-li nic do toho; **~reden** mluvit (*od.* plést se) *k-u* do (*G*); **~treten** zakročovat [-čit].

DB *Abk. für Deutsche Bundesbahn* Německá spolková dráha.

DDR *Abk. für Deutsche Demokratische Republik* Německá demokratická republika.

De'bat|te *f* debata, rozprava; **≈'tieren** (*über A*) [po]debatovat, [po]rokovat o (*L*).

De'bü|t *n* debut *m*; **~'tant(in** *f*) *m* debutant(ka), začátečník (-nice); **≈'tieren** debutovat (*im*)*pf.*

De'chant *m* děkan.

dechif'frieren dešifrovat (*im*)*pf.*

Deck *n Mar.* paluba *f*; ~- *in Zssgn* palubní; **~adresse** *f* fingovaná adresa; **~bett** *n* svrchnice *f*; **~blatt** *n* krycí list *m*.

Decke *f* po-, při-krývka; *Arch.* strop *m*; *fig.* F *mit j-m unter e-r* ~ *stecken* být s kým zajedno; *sich nach der* ~ *strecken* vystačovat [-čit] s málem.

Deckel *m* víko *n*, *dim.* víčko *n*; (*Topf≈*) poklice *f*, *dim.* poklička *f*; (*Buch≈*) desky *f/pl.*; F *fig. eins auf den* ~ *kriegen* dostat jednu přes hlavu (*od.* V na kokos).

decken [po]krýt; *Hdl.* (*ersetzen*) krýt, [u]hradit; *sich* ~ (*zs.-fallen*) [s]krýt se, shodovat [-dnout] se; (*sich schützen*) [za]krýt se.

Decken|beleuchtung *f* stropní osvětlení *n*; **~gemälde** *n* nástropní malba *f*.

Deck|farbe *f* krycí barva; **~fracht** *f* palubní náklad *m*; **~mantel** *m fig.* pláštík, rouška *f*; **~name** *m* pseudonym, krycí jméno *n*; **~offizier** *m Mar.* palubní důstojník; **~passagier** *m Mar.* palubní cestující.

Deckung *f* (*Decken*) krytí *n*; *Hdl.* úhrada, kryt *m*; ~ *nehmen, in* ~ *gehen* krýt se.

Deduk|ti'on *f* dedukce, vývod *m*; **≈'tiv** deduktivní.

de-'facto-'Anerkennung *f* uznání *n* de facto.

de'fekt defektní, vadný.

De'fekt *m* defekt, vada *f*, porucha *f*.

Defensiv- *in Zssgn* defenzivní, obranný; **~e** *f* defenziva, obrana.

defi'ni|eren definovat (*im*)*pf.*; **≈ti'on** *f* definice; **~'tiv** definitivní.

Defizit *n* deficit *m*, schodek *m*.

Deflati'on *f* deflace.

Defor|mati'on *f* deformace, znetvoření *n*; **≈'mieren** [z]deformovat, znetvořovat [-řit]; **~'mierung** *f s. Deformation.*

deftig šťavnatý, silný.

Degen *m* kord.

Degene|rati'on *f* degenerace; **≈'rieren** degenerovat (*im*)*pf.*, zvrhat [-hnout] se.

degra'dier|en degradovat (*im*)*pf.*; **≈en** *n*, **≈ung** *f* degradace *f*.

dehnbar roztažitelný; (*Metall*) tažný; **≈keit** *f* roztažitelnost, tažnost.

dehn|en (*in die Länge*) natahovat [-táhnout]; (*in die Breite*) roztahovat [-táhnout]; *Gr.* [z]dloužit; *sich* ~ protahovat se; (*Weg*) táhnout se; (*Zeit*) vléci se; *Phys.* roztahovat [-táhnout] se; *gedehnt* (*Ton*) táhlý; **≈ung** *f* natažení *n*, roztažení *n*; *Gr.* dloužení *n*.

Deich *m* hráz *f*.

Deichsel *f* oj; **≈n** F dokazovat [-kázat].

dein *a. der, die, das* ~(*ig*)*e* tvůj, tvá, tvé; *refl.* svůj, svá, své; *das* ≈(*ig*)*e* tvůj (svůj) majetek *m*; *die* ≈(*ig*)*en* tvoji (lidé) *m/pl.*

deiner (*G von du*) tebe; **~seits** co se tebe týče.
'deines'gleichen tobě rovný, jako ty.
'deinet|'halben, ~'wegen, ~'willen kvůli tobě, pro tebe.
deinige *s. dein.*
de-'jure-'Anerkennung *f* uznání *n* de jure, právní uznání *n*.
Deka- *in Zssgn* deka-, *z. B.* **~gramm** *n* dekagram *m*.
De'kade *f* dekáda, desítka.
deka'den|t dekadentní, úpadkový; **2z** *f* dekadence, úpadek *m*.
De'kan *m* děkan.
Dekla|mati'on *f* deklamace, přednes *m*; **2'mieren** [za]deklamovat, přednášet [-nést]; **~rati'on** *f* deklarace; **2'rieren** deklarovat (*im*)*pf.*; **~s-'sieren** deklasovat (*im*)*pf.*
Dekli|nati'on *f Gr.* skloňování *n*, deklinace; *Phys.* úchylka; **2'nieren** *Gr.* skloňovat.
Dekolle|'té *n* dekoltáž *f*, dekolté; **2'tiert** dekoltovaný.
De'kor *m* dekor, ozdoba *f*.
Dekora'teur *m* dekoratér.
Dekorati'on *f* dekorace; **~s·maler** *m* malíř *m* dekorací; **~s·stoff** *m* dekorační látka *f*.
deko|ra'tiv ozdobný, dekorativní; **~'rieren** dekorovat (*im*)*pf.*
De'kre|t *n* dekret *m*; **2'tieren** dekretovat (*im*)*pf.*
Dele|gati'on *f* delegace; **2'gieren** delegovat *pf. u.* (*im*)*pf.*; **~'gierte(r)** *m/f* delegát(ka).
deli'kat delikátní.
Delika'tesse *f* delikatesa, lahůdka; **~n·geschäft** *n* delikatesní (*od.* lahůdkářský) obchod *m*, lahůdkářství *n*.
De'likt *n* trestný čin, delikt *m*.
Delin'quent *m* delikvent, provinilec.
De'lirium *n* delirium.
Delle *f* prohlubenina.
Del'phin *m Zo.* delfín, plískavice *f*.
Delta *n* delta *f*.
dem *s. der*; *wie ~ auch sei* ať je tomu jakkoli; *wenn ~ so ist* je-li tomu tak.
Dema'go|ge *m* demagog; **~'gie** *f* demagogie; **2gisch** demagogický.
De'marche *f* demarše.
Demarkati'onslinie *f* demarkační čára.
demas'kieren demaskovat (*im*)*pf.*
De'men|ti *n* dementi; **2'tieren** dementovat (*im*)*pf.*
'dem|ent'sprechend podle toho; **~gegen'über** naproti tomu; **~gemäß** *s. dementsprechend.*
Demissi'o|n *f* demise; **2'nieren** pod(áv)at demisi.
dem|nach podle toho, proto, tedy; **~nächst** brzy, zakrátko.
demobili'sier|en demobilizovat (*im*)*pf.*; **2ung** *f* demobilizace.
Demo'kra|t *m* demokrat; **~'tie** *f* demokracie; **2tisch** demokratický; **2ti'sieren** demokratizovat; **~ti-'sierung** *f* demokratizace, zdemokratizování *n*.
Demonstrati'on *f* demonstrace.
demonstra'tiv demonstrativní; *Gr.* ukazovací; **2pronomen** *n Gr.* ukazovací zájmeno.
demon'strieren demonstrovat (*im-*)*pf.*
Demon|'tage *f* demontáž, **2'tieren** demontovat (*im*)*pf.*, rozbírat [rozbrat].
demorali'sier|en demoralizovat (*im*)*pf.*; **2ung** *f* demoralizace.
Demosko'pie *f s. Meinungsforschung.*
Demut *f* pokora.
demütig pokorný; **~en** pokořovat [-řit]; **2ung** *f* pokoření *n*, ponížení *n*.
demzufolge podle toho, proto.
Denk|art *f* myšlení *n*; **2bar** (po-)myslitelný; **2en** [po]myslit (*an A* na *A*); (*gesonnen sein*) smýšlet; (*vorhaben*) zamýšlet; (*nach~*) přemýšlet (*über A* o *L*); *Sprw.* der Mensch *denkt, Gott lenkt* člověk míní, pánbůh mění; **~en** *n* myšlení; **2faul** líný myslit; **~faulheit** *f* lenost myslit; **~mal** *n* pomník *m*; **~mal(s)-pflege** *f* památková péče; **~mal(s)-schutz** *m* ochrana *f* památek; **~schrift** *f* pamětní spis *m*; **~vermögen** *n* myšlenková schopnost; **~weise** *f* způsob *m* myšlení; **2würdig** památný, pamětihodný; **~würdigkeit** *f* památnost, pamětihodnost; *~en pl.* paměti *f/pl.*; **~zettel** *m* pamětní lístek; *fig. j-m e-n ~ geben* dá(va)t k-u na pamětnou.
denn neboť; *nach Komp.* než; (*in Fragesätzen*) pak; es sei *~, daß ...* leda(že).
dennoch přece.
Denun|zi'ant *m* denunciant; **~ziati'on** *f* denunciace, udání *n*; **2'zieren** denuncovat (*im*)*pf.*, ud(áv)t.
depo'nieren deponovat (*im*)*pf.*, ukládat [uložit].

Depor|tati'on *f* deportace; **♀'tieren** deportovat *(im)pf.*
De'pot *n Hdl.* depot; *(Hinterlegtes)* uložená věc.
Depressi'on *f* deprese.
depri'mieren deprimovat *(im)pf.*, skličovat [sklíčit].
Depu|'tat *n* deputát *m*; **~tati'on** *f* deputace; **~'tierte(r)** deputant, člen deputace.
der: ~, *die, das Artikel fehlt im Tschechischen*: *der Baum* strom; *Pron. demonstrativ*: *(dieser)* ten(to), ta(to), to(to); *relativ*: jenž, jež, jež.
der·art tak; **~ig** takový.
derb *(grob)* hrubý, drsný; *(fest)* tuhý, pevný; **♀heit** *f* hrubost, drsnost.
der'einst jednou, někdy.
derent|halben, ~wegen, ~willen pro kterou, pro niž; *pl.* pro které, pro něž.
der|gestalt *s. derart*; **~gleichen** takový, podobný; *und* ~ a podobně; **~jenige:** ~, *diejenige, dasjenige* ten, ta, to *(od.* onen, ona, ono); **~lei** takový, podobný; **~maßen** tak; **~'selbe:** ~, *die'selbe, das'selbe* ten(týž), ta(táž), to(též); *ein und dasselbe* jedno a totéž; **~'weil** *s. während.*
Derwisch *m* derviš.
derzeit toho času, nyní; **~ig** nynější.
des *s. der.*
Des *n Mus.* des.
Deser|'teur *m* zběh, dezertér; **♀'tieren** dezertovat *pf.*, zběhnout *pf.*; **~ti'on** *f* dezerce, zběhnutí *n.*
des|'gleichen *Adj.* *(was für ein)* jaký; *(solch)* takový; *Adv.* *(ebenso)* rovněž; **'~halb** proto.
Des·infekti'on *f* dezinfekce; **~s-** *in Zssgn mst* dezinfekční.
des·infi'zieren dezinfikovat *(im)pf.*
Des·odo'rans *n* dezodorační prostředek *m*, dezodorans *m.*
deskrip'tiv deskriptivní, popisný.
Des·organi|sati'on *f* dezorganizace, rozklad *m*, zmatek *m*; **♀'sieren** dezorganizovat *(im)pf.*
Des'po|t *m* despot; **♀tisch** despotický; **~'tismus** *m* despotismus.
dessen *s. der*; **~'ungeachtet** nicméně.
Des'sert *n* dezert *m*, zákusek *m*; **~-** *in Zssgn* dezertní.
Destil'la|t *n* destilát *m*; **~ti'on** *f* destilace.
destil'lier|en [vy]destilovat; **♀kolben** *m* destilační baňka *f.*
desto tím; *je* ... ~ čím ... tím.
destruk'tiv destruktivní, bořící, podvratný.
deswegen *s. deshalb.*
De'tail *n* detail, podrobnost *f*; **♀'lieren** detail(iz)ovat *(im)pf.*; *detailliert* podrobný, detailní.
Detek'tiv *m* detektiv; **~büro** *n* detektivní kancelář *f.*
De'tektor *m* detektor.
Deto|nati'on *f* detonace, výbuch *m*; **♀'nieren** detonovat *(im)pf.*, vybuchovat [-chnout].
Deut *m*: *keinen* ~ *wert sein* nemít ceny; *keinen* ~ *besser sein* nebýt o chlup lepší.
Deute'l|ei *f* mudrování *n*; **'♀n** mudrovat *(an D o L).*
deuten *v/t* vykládat [vyložit]; *v/i* ~ *auf (A)* ukazovat [ukázat] na *(A).*
deutlich *(klar)* jasný; *(sichtbar)* zřetelný; *(vernehmlich)* zřejmý; **♀keit** *f* jasnost; zřetelnost.
deutsch německý; *♀e Demokratische Republik (DDR)* Německá demokratická republika (NDR); *♀e Mark (DM)* německá marka; **♀** *n* němčina *f*; *Adv. auf* ~ německy; **'♀ameri'kaner** *m* americký Němec; **♀e** *f* Němka; **♀e(r)** Němec; **~feindlich** protiněmecký; **♀land** *n* Německo; *s. a. Bundesrepublik*; **~national** německonacionální; **~sprachig** německy mluvící; **'~-'tschechisch** německo-český; **♀tum** *n* němectví.
Deutung *f* výklad *m*, vysvětlení *n.*
De'vise *f* devíza, heslo *n*, zásada; **~n** *pl. Hdl.* devize *f/pl.*; **~n·bestimmungen** *f/pl.* devizová ustanovení *n/pl.*; **~n·geschäft** *n* devizový obchod; **~n·sperre** *f* zákaz *m* volného prodeje deviz; **~n·vergehen** *n* přestupek *m* proti devizovému hospodaření; **~n·verkehr** *m* devizový obchod.
De'zember *m* prosinec; **~-** *in Zssgn* prosincový.
de'zent decentní, slušný.
dezentrali'sier|en decentralizovat *(im)pf.*; **♀ung** *f* decentralizace.
Dezer'n|at *n* decernát *m*, referát *m*; **~ent** *m* decernent, vedoucí referent.
Dezi- *in Zssgn* deci-; **~'liter** *n* decilitr *m.*
dezi'mal desetinný, decimální; **♀-**

bruch *m* desetinný zlomek; **♀waage** *f* decimální váha; F decimálka.
dezi'mieren [z]decimovat.
DGB *Abk. für Deutscher Gewerkschaftsbund* Svaz německých odborů.
dgl. *Abk. für dergleichen.*
d. Gr. *Abk. für der Große;* **d. h.** *für das heißt;* **d. i.** *für das ist.*
Dia *n s. Diapositiv.*
dia'bolisch ďábelský, diabolický.
Dia'betiker(in *f*) *m* diabetik (-ička).
Dia'dem *n* diadém *m*, čelenka *f*.
Dia'gno|se *f* diagnóza; ~ *stellen* určovat [určit] nemoc; **♀stisch** diagnostický; **♀sti'zieren** diagnostikovat (*im*)*pf*.
diago'nal úhlopříčný, diagonální; **♀e** *f* úhlopříčka, diagonála.
Dia'gramm *n* diagram *m*.
Dia|'kon *m* diákon, jáhen; **~ko'nissin** *f* diákonka.
Dia'lek|t *m* nářečí *n*; **~tik** *f* dialektika; **♀tisch** dialektický, nářeční.
Dia'log *m* dialog, rozhovor.
Dia'mant *m* diamant, *poe.* démant; **♀en** diamantový.
Diaposi'tiv *n* diapozitiv *m*.
Diar'rhöe *f Med.* průjem *m*, P běhavka.
Di'ät *f* dieta; ~ *halten,* ♀ *leben* zachov(áv)at dietu; *~en pl.* diety; *vgl. Tagegeld.*
dicht *Adj.* hustý; (*ganz nahe*) těsný; *Adv.* hustě; (*nahe*) těsně, hned, zrovna; ~ *machen s. dichten*[1]; **~bevölkert** hustě zalidněný.
Dichte *f* hustota, houšťka.
dichten[1] *Tech.* [u]těsnit.
dichten[2] [z]básnit; (*ersinnen*) vymýšlet [-myslit].
Dichter|(in *f*) *m* básník (-ířka); **♀isch** básnický; *s. Ader;* **~ling** *m* básnílek.
dicht|halten mlčet, F držet jazyk za zuby; **♀heit** *f*, **♀igkeit** *f* hustota, houšťka.
Dicht|kunst *f* = **~ung**[1] *f* básnictví *n*; (*Werk*) báseň.
Dichtung[2] *f Tech.* (u)těsnění *n*; (*konkret*) ucpávka.
dick tlustý; (*geschwollen*) naběhlý, steklý; (*Flüssigkeit*) hustý; ~ *werden* [z]tloustnout; *durch ~ und dünn* cestou necestou; F *fig. ~e Freunde* důvěrní přátelé; *~e Luft* napjatá atmosféra; *~e Milch* sražené mléko; *ein ~es Fell haben* mít hroší kůži; *e-n ~en Schädel haben* mít tvrdou hlavu; **~bäuchig** objemný; F otylý, břichatý; **♀darm** *m* tlusté střevo.
Dicke *f* tloušťka; (*Dichte*) hustota; **~e(r)** F tlouštík *m*, tlusťoch *m*.
dick|fellig mající hroší kůži; **~flüssig** hustý; **♀häuter** *m Zo.* tlustokožec; **~häutig** *s. dickfellig.*
Dickicht *n* houština *f*, houští.
Dick|kopf *m* F tvrdá palice; **♀köpfig** hlavatý.
Di'dak|tik *f* didaktika; **♀tisch** didaktický.
die *s. der.*
Dieb *m* zloděj; **~e'rei** *f* zlodějství *n*.
Diebes|bande *f* zlodějská banda; **~gut** *n* ukradené zboží; **♀sicher** jistý před zloději.
Dieb|in *f* zlodějka; **♀isch** zlodějský; *~e Elster* straka zlodějka; *fig.* e-e *~e Freude* ohromná (*od.* ďábelská) radost.
Diebstahl *m* krádež *f*; **~versicherung** *f* pojištění *n* proti krádeži.
diejenige *s. derjenige.*
Diele *f* (*Brett*) podlahové prkno; (*Fußboden*) podlaha; (*Flur*) předsíň, chodba; **♀n** klást [položit] podlahu.
dienen [po]sloužit (*a. Mil.*); ~ *als* (*od.* zu) být (*I*); *damit ist mir nicht gedient* tím mi není pomoženo.
Diener *m* sluha, služebník; e-*n* ~ *machen* klanět [poklonit] se; **~in** *f* služebnice; **~schaft** *f* služebnictvo *n*.
dienlich prospěšný, užitečný.
Dienst *m* služba *f*; *außer* ~ (*a. D.*) mimo službu (*m. sl.*); ~ *am Kunden* služby zákazníkům; *zu ~en stehen* být k službám; **~abteil** *n Esb.* služební kupé; **~abzeichen** *n* služební odznak *m*.
Dienstag *m* úterý *n*, úterek; **♀s**, *an ~en* v úterý.
Dienst|alter *n* služební stáří; **~antritt** *m* nastoupení *n* služby; **~anweisung** *f* služební instrukce; **♀bar** služebný; **~bote** *m* služebná osoba; *~n pl.* služebnictvo *n*; **~eid** *m* služební přísaha *f*; **~eifer** *m* horlivost *f* ve službě; **♀eifrig** horlivý ve službě; **♀fähig** způsobilý ke službě; **♀fertig** úslužný; **~fertigkeit** *f* úslužnost; **♀frei** prost(ý) služby, volný; **~grad** *m Mil.* služební hodnost *f*; **♀habend** konající službu; **~kleidung** *f* služební oblek *m*;

~leistung *f* služební výkon *m*, služba; **∼lich** služební; **~mädchen** *n*, **~magd** *f* služka *f*, služebná *f*; **~mann** *m s. Gepäckträger*; **~ordnung** *f* služební řád *m*; **~pflicht** *f* služební (*od. Mil.* vojenská) povinnost; **∼pflichtig** *Mil.* povinný vojenskou službou; **~reise** *f* služební (*od.* úřední) cesta; **~sache** *f* služební věc; **~stelle** *f* služební (*od.* úřední) místo *n*; **~stunden** *f/pl.* služební (*od.* úřední) hodiny; **∼tauglich** schopný k (vojenské) službě; **∼tuend** konající službu; **∼unfähig, ∼untauglich** neschopný k (vojenské) službě; **~verweigerung** *f* odepření *n* služebního výkonu (*Mil.* vojenské služby); **~vorschrift** *f* služební předpis *m*; **~weg** *m* služební cesta *f*; *auf dem ~* služební cestou; **∼willig** ochotný k službě; **~wohnung** *f* služební byt *m*; **~zeit** *f* služební doba.

dies *s. dieser*; **~bezüglich** *Adj.* příslušný, dotyčný; *Adv.* stran toho, [v té věci.

dieselbe *s. derselbe.*

Diesel|(motor) *m* dieselový (*od.* Dieselův) motor; **~lok(omotive)** *f* dieslová lokomotiva, F dieselovka; **~öl** *n* motorová nafta.

dieser: *~, diese, dieses* ten(to), ta(to) to(to).

diesig mlhavý, nejasný.

dies|jährig letošní; **~mal** tentokrát, nyní; *für ~* pro tentokrát; **~malig** nynější; **~seitig** ležící na této straně; **~seits** (*G*) na této straně (*G*); **∼seits** *n* vezdejší život *m*.

Dietrich *m* (*Nachschlüssel*) paklíč.

Differen'tial *m Math., Tech.* diferenciál; **~getriebe** *n* diferenciál *m*; **~gleichung** *f Math.* diferenciální rovnice; **~rechnung** *f* diferenciální počet *m*.

Diffe'ren|z *f* rozdíl *m*, diference; (*Zwist*) rozpor *m*; **∼'zieren** diferencovat (*im*)*pf.*; **~'zierung** *f* diferenciace.

diffe'rieren [roz]lišit se.

Dik'ta|t *n* diktát *m*; *nach ~* podle diktátu; **~tor** *m* diktátor; **∼'torisch** diktátorský; **~'tur** *f* diktatura.

dik'tier|en [na]diktovat (*a. fig.*); **∼gerät** *n* diktovací přístroj *m*.

Dilet'tan|t(in *f*) *m* diletant(ka), ochotník (-nice); **∼tisch** diletantský; **~'tismus** *m* diletantství *n*, ochotnictví *n*.

Dill *m Bot.* kopr.

Dimensi'on *f Math.* rozměr *m*, dimenze.

DIN *Abk. für Deutsche Industrie-Norm* technická norma, standard *m*; **~-For'mat** *n* normalizovaný formát.

Diner *n* oběd *m*.

Ding *n* věc *f*; F (*Mädchen*) děvče; *vor allen ~en* především; *guter ~e sein* být dobré mysli; *Sprw. gut ~ braucht Weile* práce kořepná málo platná; *aller guten ~e sind drei* všeho dobrého do třetice; **∼lich** *Jur.* věcný; **~wort** *n Gr.* podstatné jméno.

Diö'zese *f* diecéze.

Diphthe|'rie *f*, **~'ritis** *f Med.* záškrt *m*, difterie.

Diph'thong *m* dvojhláska *f*.

Di'plom *n* diplom *m*; *~- in Zssgn mst* diplomovaný; **~arbeit** *f* diplomová práce.

Diplo'ma|t *m* diplomat; **~'tie** *f* diplomacie; **∼tisch** diplomatický.

Di'plom|ingenieur *m* (diplomovaný) inženýr; **~kaufmann** *m* diplomovaný kupec; **~landwirt** *m* (diplomovaný) agronom; **~prüfung** *f* závěrečná zkouška.

dir tobě, ti.

di'rekt *Adj.* přímý; *Adv.* přímo.

Direkti'on *f* ředitelství *n*, vedení *n*, správa.

Di'rektor(in [-'to:-] *f*) *m* ředitel(ka).

Direkt|sendung *f*, **~übertragung** *f* přímý přenos.

Diri|'gent *m* dirigent; **∼'gieren** dirigovat, řídit.

Dirne *f* (*Magd*) děvče *n*; (*Straßen∼*) děvka, nevěstka.

Dis *n Mus.* dis.

Dishar|mo'nie *f Mus.* disharmonie, nesouzvuk *m* (*a. fig.*); **∼'monisch** neharmonický, neladný.

Dis'kont *m Hdl.* diskont; **∼'ieren** *Hdl.* diskontovat (*im*)*pf.*; **~satz** *m* diskontní sazba *f*.

Disko'thek *f* diskotéka.

Diskre'panz *f* diskrepance, nepoměr *m*.

dis'kret diskrétní; **∼i'on** *f* diskrétnost.

Diskrimi'nierung *f* diskriminace.

Diskus *m* disk.

Diskussi'on *f* diskuse, beseda.

Diskuswerf|en *n* hod *m* diskem; **~er** *m* diskař.

dis|ku'tieren (*über A*) [pro]diskutovat (o *L*, *pf.*: *A*); **2'patscher** *m* dispečer; **~po'nieren** (*über A*) disponovat (*I*), volně nakládat [naložit] (s *I*); **2positi'on** *f* dispozice; *zur ~ stehen* být k dispozici; *zur ~ stellen* dá(va)t k dispozici.

Disqualifi|kati'on *f* diskvalifikace; **2'zieren** diskvalifikovat (*im*)*pf*.

Dissertati'on *f* disertace.

Disso'nanz *f Mus.* disonance, nelibozvuk *m*.

Di'stanz *f* vzdálenost, distance.

Distel *f Bot.* bodlák *m*; **~fink** *m Zo.* stehlík.

Di'strikt *m* distrikt, obvod; **~s** *in Zssgn mst* obvodní.

Diszi'pli|n *f* disciplína, (*Zucht a.*) kázeň; **~'narstrafe** *f* disciplinární trest *m*, trest *m*, trest *m* pro nekázeň; **~'narverfahren** *n* disciplinární řízení, F disciplinárka *f*.

dito dto, rovněž tak, taktéž.

di'vers rozličný, různý.

Divi'dend *m* dělenec; **~e** *f Hdl.* dividenda, podíl *m* na zisku.

divi'dieren dělit.

Divisi'on *f Math.* dělení *n*; *Mil.* divize; **~s·kommandeur** *m* velitel divize.

Di'visor *m Math.* dělitel.

Diwan *m* divan, pohovka *f*.

d. J. (**M.**) *Abk. für dieses Jahres* (*Monats*).

dkg *Abk. für Dekagramm*; **dkl** *für Dekaliter*; **dl** *für Deziliter*; **dm** *für Dezimeter*.

DM *Abk. für Deutsche Mark* německá marka.

doch přece; (*jedoch*) avšak, ale (*beide an 1. Stelle des Satzes*); (*ja*) ano; *wenn ~!* kéž!

Docht *m* knot.

Dock *n Mar.* dok *m*.

Doge *m hist.* dóže.

Dogge *f Zo.* doga.

Dogma *n* dogma; **2tisch** [-'mɑː-] dogmatický.

Dohle *f Zo.* kavka.

doktern F doktorovat.

Dokto|r *m* doktor (*der Medizin* medicíny; *der Rechte* práv); *s. Arzt*; *seinen ~ machen* stá(va)t se doktorem; **~'rand** *m* doktorand; **~'rat** *n* doktorát *m*.

Dok'tri|n *f* doktrína; **2'när** doktrinářský.

Doku'men|t *n* dokument *m*, doklad *m*; **2'tarisch** dokumentární; **2'tieren** dokumentovat (*im*)*pf*., dokládat [doložit].

Dolch *m* dýka *f*; **~stich, ~stoß** *m* rána *f* (*od.* bodnutí *n*) dýkou.

Dolde *f Bot.* okolík *m*.

Dolle *f* havlena.

dolmetsch|en tlumočit; **2er** *m* tlumočník.

Dom *m* dóm, velechrám.

Do'mäne *f* doména; (*Landgut*) panství *n*, velkostatek *m*.

Domherr *m* kanovník.

domi'nieren dominovat; (*überwiegen*) převládat.

Domini'kaner *m* dominikán.

Domino[1] *m* (*Kostüm*) domino *n*.

Domino[2] *n* domino; **~spiel** *n* hra *f* v domino; **~stein** *m* dominová kostka.

Dom|kapitel *n* kapitula *f*; **~kirche** *f* biskupský (vele)chrám; **~pfaff** *m Zo.* hýl.

Domp'teu|r *m* krotitel dravé zvěře; **~se** *f* krotitelka dravé zvěře.

Donau *f* Dunaj *m*; **~-** *in Zssgn mst* dunajský.

Donner *m* hrom; **~-** *in Zssgn* hromný, hromový; *wie vom ~ gerührt* jako omráčen; **2n** [za]hřmět, [za-]hřímat; **~schlag** *m* hromová rána, zahřmění *n*.

Donnerstag *m* čtvrtek; **2s** ve čtvrtek.

Donnerwetter F *n* (*Schelte*) hromobití, rámus *m*; **~!** u sta hromů!, hrom a peklo!

dop|en dopovat; **2ing** *n* doping *m*.

Doppel *n* duplikát *m*; (*Tennis*) čtyřhra *f*; **~bett** *n* dvojlůžko; **~boden** *m* dvojité dno; **~decker** *m Flgw.* dvojplošník; **2deutig** dvojsmyslný; **~fenster** *n* dvojité okno; **~flinte** *f* dvojhlavňová brokovnice, *Jagdw.* dvojka; **~gänger** *m* dvojník; **2gleisig** *Esb.* dvoukolejný; **~kinn** *n* dvojitá brada; **~laut** *m Gr.* dvojhláska *f*; **~posten** *m Mil.* zdvojená hlídka; **~punkt** *m Gr.* dvojtečka *f*; **2seitig** oboustranný; **~sinn** *m* dvojsmysl *m*; **2sinnig** dvojsmyslný; **~spiel** *n* čtyřhra *f*; *fig.* dvojí hra *f*.

doppelt dvojitý, dvojnásobný; **~e** *Buchführung* podvojné účetnictví; *~ so schön usw.* dvakrát tak krásný *usw.*

Doppel|tür *f* dvojité dveře *f/pl.*; **~verdiener** *m* osoba *f* s dvojím

příjmem; **~zentner** *m* metrický cent; **~zimmer** *n* dvoulůžkový pokoj; **2züngig** obojetný; **~züngigkeit** *f* obojetnictví *n*.
Dorf *n* ves *f*, vesnice *f*; ~- *in Zssgn* vesnický; *fig.* böhmische (spaniche) Dörfer tomu nerozumím; **~bewohner(in** *f*) *m* vesničan(ka).
Dörfchen *n* vesnička *f*, víska *f*.
Dorfgemeinde *f* vesnická obec.
Dorn *m* trn; er ist mir ein ~ im Auge je mi trnem v oku; *Sprw.* keine Rose ohne ~en není růže bez trní; **~busch** *m* trní *n*; **2envoll** pln(ý) trní, trnitý; **2ig** trnitý (*a. fig.*); **~'röschen** *n* (*Märchenfigur*) Šípková Růženka.
dörr|en [u]sušit; **2fleisch** *n* sušené (*od.* uzené) maso; **2gemüse** *n* sušená zelenina; **2obst** *n* sušené ovoce.
Dorsch *m Zo.* treska *f*.
dort tam; **~her** odtamtud; **~hin** tam; **~ig** tamní, tamější.
Dose *f* krabice; (*Blech*2) plechovka.
dösen podřimovat.
Dosen·öffner *m* otvírač konzerv.
do'sieren dozovat, dávkovat.
Dosis *f* dávka, doze.
Dotati'on *f* dotace.
do'tieren dotovat (*im*)*pf*.
Dotter *m* žloutek; **~blume** *f Bot.* blatouch *m*.
Double *n* náhradník *m*.
Do'zent *m* docent.
do'zieren přednášet; *fig.* obšírně poučovat.
Dr. *Abk. für* Doktor.
Drache *m Myth.* drak, saň *f*; **~n** *m* (*Papier*2) drak *m*; (*zänkisches Weib*) dračice *f*.
Dra'gee *n od. f Med.* dražé *n*.
Dra'goner *m* dragoun.
Draht *m* drát; ~- *in Zssgn mst* drátěný; **~adresse** *f*, **~anschrift** *f* telegrafická adresa; **~antwort** *f* telegrafická odpověď; **~auslöser** *m* drátěná spoušť; **~bürste** *f* drátěný kartáč; **2en** [za]telegrafovat; **~funk** *m* rozhlas po drátě; **~geflecht** *n* drátěné pletivo; **2ig** obratný; **2los** bezdrátový; **~matratze** *f* drátěnka; **~seil** *n* drátěné lano; **~seilbahn** *f* lanová dráha, lanovka; **~stift** *m* drátěný hřebík, drátěnka *f*; **~verhau** *m Mil.* drátěná překážka; **~zange** *f* drátovky *f/pl.*, kleště *f/pl.* na drát; **~zieher** *m* tažeč drátu, drátař; *fig.* tajný původce.
drall statný, švarný; pevný, plný.
Drall *m* zákrut; (*Windungen im Lauf*) závit; *Phys.* moment hybnosti.
Drama *n* drama.
Dra'ma|tik *f* dramatická tvorba; *fig.* napínavost; **~tiker** *m* dramatik; **2tisch** dramatický; ~er Schriftsteller spisovatel *m* činoher; **2ti'sieren** [z]dramatizovat; **~'turg** *m* dramaturg; **~tur'gie** *f* dramaturgie.
Drä'nage *f* drenáž, odvodňování *n*.
Drang *m* pud, nával, nátlak; *fig.* (*Streben*) touha *f*.
dräng|eln F [pro]tlačit se; **~en** [za]tlačit; (*antreiben*) naléhat [-lehnout] na (*A*); es drängt mich nutí mě to; die Zeit drängt čas kvapí; sich ~ [pro]tlačit se; **2en** *n* tlačení, naléhání.
Drangsa|l *f* trápení *n*, soužení *n*; **2'lieren** trápit, sužovat; P sekýrovat.
drä'nieren odvodňovat [-dnit] (drénážemi).
drastisch drastický.
drauf F *s.* darauf; **2gänger** *m* odvážlivec, smělec; **~gängerisch** odvážlivý, násilnický; **~gehen** F (*verbraucht sein*) [s]potřebovat se; (*zugrundegehen*) [za]hynout; **2sicht** *f* pohled *m* shora.
draus F *s.* daraus.
draußen venku.
Drechsel|bank *f* soustruh *m* na dřevo; **2n** [vy]soustruhovat.
Drechsler *m* soustružník.
Dreck F *m* špína *f*, bláto *n*, výkal; V hovno *n*; das geht dich e-n ~ an je ti houby po tom; sich e-n ~ daraus machen z toho si pranic nedělat; sich um jeden ~ kümmern starat se o každou maličkost; **~fink** F *m* umouněnec; **2ig** F špinavý; es geht ihm ~ vede se mu bídně.
Dreh- *in Zssgn* točivý, otočný, rotační; **~achse** *f* osa otáčení; **~bank** *f* soustruh *m*; **2bar** otáčivý; **~bleistift** *m* šroubovací tužka *f*; **~brücke** *f* otočný most; **~buch** *n* scénář *m*; **~bühne** *f Tech.* točna; *Thea.* otáčivé jeviště; **2en** otáčet [otočit]; *Film*: natáčet [-točit]; *Fäden, Haare usw.*: stáčet [stočit]; *Zigarette*: [u]kroutit; *fig.* es dreht sich um jde o (*A*).
Dreher *m* soustružník.
Dreh|kondensator *m* otočný kondenzátor; **~moment** *n* točivý (*od.*

kroutící) moment; **~orgel** *f* kolovrátek *m*, F flašinet *m*; **~punkt** *m* střed točení; **~scheibe** *f* otáčivý kotouč; *Esb.* točna, točnice; **~strom** *m El.* třífázový (střídavý) proud; **~stuhl** *m* otáčivá židle; **~ung** *f* otáčení *n*, zkroucení *n*; **~zahl** *f* otáčky *f/pl.*, počet *m* otáček.

drei tři; *es waren unser ~* byli jsme tři; *halb ~ (Uhr)* půl třetí (hodiny).

Drei *f* trojka.

Drei|achser *m* trojosý automobil; **≈achsig** trojosý; **~achteltakt** *m Mus.* tříosminový takt; **≈aktig** tříaktový; **≈bändig** třísvazkový; **≈dimensional** trojrozměrný; **~eck** *n* trojúhelník *m*, **≈eckig** trojúhelníkový; '**≈ein'halb** tři a půl, půl čtvrta; **≈'einig** trojjediný; **~'einigkeit** *f Rel.* svatá Trojice; **~er** *m* trojka *f*; **≈erlei** trojí; **≈fach** trojnásobný; **~'faltigkeit** *f Rel* svatá Trojice; **~farbendruck** *m* tříbarvotisk; **≈farbig** trojbarevný; **~felderwirtschaft** *f* trojpolné hospodaření, trojpolní soustava; **~fuß** *m* třínožka *f*, trojnožka *f*; **~gespann** *n* trojspřeží; '**≈'hundert** tři sta; '**≈'hundertste(r)** třístý; **≈jährig** tříletý; **~kampf** *m Sp.* trojboj; **≈kantig** trojhranný; **~'käsehoch** F *m* skrček; **~klang** *m Mus.* trojzvuk; **~'königsfest** *n* svátek *m* (*od.* den *m*) Tří králů; **≈mal** třikrát; **≈malig** třikrát se opakující; **~master** *m* (*Schiff*) trojstěžník; **≈monatlich, ~monats-** *in Zssgn* tříměsíční; **≈motorig** třímotorový.

drei|phasig trojfázový; **≈rad** *n* tříkolka *f*; **~rädrig** tříkolý, trojkolý; **≈satzrechnung** *f* trojčlenka; **~seitig** trojstranný; **~silbig** trojslabičný; **~sitzig** třísedadlový; **~spaltig** třísloupcový; **≈spänner** *m s. Dreigespann*; **≈spitz** *m* třírohák; **~sprachig** trojjazyčný; **≈sprung** *m Sp.* trojskok; **~spurig** (*Straße*) tříproudový.

dreißig třicet; **≈er(in** *f*) *m* třicátník (-nice); **~jährig** třicetiletý; **≈stel** *n* třicetina *f*; **~ste(r)** třicátý.

dreist smělý; **≈igkeit** *f* smělost.

drei|stellig třímístný; **~stimmig** troj-, tří-hlasný; **~stöckig** třípatrový, tříposchoďový; **~stufig** třístupňový; **~tägig** třídenní; '**~'tausend** tři tisíce; '**~'tausendste(r)** třitisící; **~teilig** třídílný; **≈viertel-** *in Zssgn* tříčtvrteční; **≈'vierteltakt** *m Mus.* tříčtvrteční takt; **~wertig** *Chem.* trojmocný; **~wöchentlich** opakující se každé tři týdny; **~wöchig** třítýdenní, třínedělní; **≈zack** *m* trojzub(ec); **~zehn** třináct; **~zehnjährig** třináctiletý; **≈zehntel** *n* třináctina *f*; **~zehnte(r)** třináctý; **≈'zimmerwohnung** *f* třípokojový byt.

Drell *m s. Drillich.*

Dresch|boden *m* mlat; **~e** P *f* (*Prügel*) výprask *m*; **≈en** [vy]mlátit; *fig.* P (*prügeln*) mlátit (*A*) [namlátit (*D*)]; *leeres Stroh ~* mlátit hubou; **~en** *n* mlácení; **~er** *m* mlatec; **~flegel** *m* cep; **~maschine** *f* mlátička; **~tenne** *f* mlat *m*.

Dreß *m* dres.

dres|'sieren [vy]cvičit; **≈'our** *f* drezúra, výcvik *m*.

dribbeln *Sp.* driblovat.

Drift *f Mar.* (*Treiben*) snesení *n*, snos *m*.

Drill *m s. Drillich*; *Mil.* dril; **~bohrer** *m* svidřík; **≈en** *Mil.* [vy]cvičit, [vy]cepovat; *Agr.* [vy]řádkovat; *Tech.* roztáčet [-točit].

Drillich *m* drilich; **~-** *in Zssgn* drilichový.

Drilling *m* trojče *n*; (*Gewehr*) trojka *f*; **~e** *pl.* trojčata.

drin *s. darin, drinnen.*

dringen (*durch~*) pronikat [-knout]; (*heraus~*) vyrážet [-razit]; (*ein~*) vnikat [-knout]; (*Laut*) dorážet [-razit]; *fig. ~ auf* (*A*) *od. in* (*A*) naléhat na (*A*); **~d** naléhavý; (*eilig*) pilný.

dringlich naléhavý; **≈keit** *f* naléhavost; pilnost; **≈keits·antrag** *m* pilný návrh.

drinnen uvnitř.

drisch, ~(e)st *s. dreschen.*

dritt: *zu ~* ve třech; **~e(r)** třetí; **~ens** za třetí; **~letzte(r)** třetí od konce; **≈el** *n* třetina *f*; **~eln** [roz]dělit na tři díly.

DRK *Abk. für Deutsches Rotes Kreuz* Německý červený kříž.

droben (tam) nahoře.

Dro|ge *f* droga; **~ge'rie** *f* drogerie; **~'gist** *m* drogista.

Droh|brief *m* výhružný dopis; **≈en** [po]hrozit; **≈end** hrozivý, výhružný.

Drohn *m*, **~e** *f Zo.* trubec; *fig.* povaleč *m*.

dröhnen [za]dunět.
Dröhnen *n* dunění.
Drohung *f* hrozba, vyhrůžka.
drollig žertovný, veselý.
Drome'dar *n Zo.* dromedár *m.*
Droschke *f* drožka; taxík *m*; **~nkutscher** *m* drožkář.
Drossel *f Zo.* drozd *m*; *El.* tlumivka; *Tech.* (*~klappe*) škrticí klapka; *Jgdw.* chřtán *m*, hrdlo *n*; **2n** (*würgen*) [u]škrtit, [za]rdousit; *Tech.*, *fig.* [při]škrtit.
drüben na druhé straně; (*im Jenseits*) tam, na onom světě.
drüber *s. darüber*; *drunter.*
Druck *m* stisknutí *n*, stisk; *Tech.*, *Med.*, *fig.* tlak; (*Zwang*) nátlak; *Typ.* tisk; *~- in Zssgn Tech.* tlakový; *Typ.* tiskový; **~bogen** *m* tiskový arch; **~buchstabe** *m* tiskací písmeno *n.*
Drückeberger F *m* ulejvák.
drucken [vy]tisknout; *er lügt wie gedruckt* lže, jako když tiskne.
drücken tisknout, tlačit; *Hand*: [s]tisknout; *Preise*: stlačovat [-čit]; *fig.* (*be~*) [s]tísnit; *~ an* (*A*) [při-] tisknout, přivinovat [-nout] k (*D*); F *sich ~ vor* ulejvat se od (*G*); **~d** tíživý, tísnivý; (*heiß*) parný, dusný.
Drucker *m* tiskař; *~- in Zssgn* tiskařský.
Drücker *m* (*Tür2*) klika *f*; (*Abzug*) spoušť *f.*
Drucke'rei *f* tiskárna; *~- in Zssgn* tiskárenský.
Drucker|presse *f* tiskařský lis; **~schwärze** *f* tiskařská čerň.
Druck|fehler *m* tisková chyba; **2fertig** připravený do (*od.* k) tisku; **~festigkeit** *f* pevnost v tlaku; **~kabine** *f Flgw.* přetlaková kabina; **~knopf** *m* stiskací knoflík; *El.* tlačítko *n*; **~kosten** *pl.* výdaje *m/pl.* na tisk; **~legung** *f* (vy)tištění *n*, vydání *n* tiskem; **~luft** *f* stlačený vzduch; *~- in Zssgn oft* pneumatický, tlakovzdušný; **~luftbremse** *f* vzduchotlaková brzda; **~maschine** *f Typ.* tiskový stroj; **~messer** *m* tlakoměr; **~mittel** *n fig.* donucovací prostředek *m*; **~papier** *n* tiskový papír; **~probe** *f* (*Versuch*) zkouška tlakem; *Typ.* nátisk *m*; **~pumpe** *f* tlakové čerpadlo; **2reif** zralý pro tisk; **~sache** *f* tiskopis *m*, tiskovina; **~schrift** *f Typ.* tiskové písmo; (*Werk*) tištěný spis; **~taste** *f* tlačítko *n*; *~n- in Zssgn* tlačítkový; **~versuch** *m* *s. Druckprobe*; **~welle** *f* tlaková vlna.
drum F *s. darum*; *2 und Dran* vše(chno) všudy.
drunten (tam) dole.
drunter F *s. darunter*; *dort geht alles ~ und drüber* tam jde vše páté přes deváté.
Drüse *f* žláza.
Dschungel *m*, *f od. n* džungle *f.*
Dtzd. *Abk. für Dutzend.*
du (*in Briefen 2*) ty; *j-n mit ~ anreden* tykat k-u; *zueinander ~ sagen* tykat si; *mit j-m auf ~ und ~ stehen* tykat si s kým.
Du'al *m Gr.* duál, dvojné číslo; **~'ismus** *m* dualismus; **~system** *n* dvojková soustava.
Dübel *m* hmoždík, hmoždinka *f.*
Du'blee *n* dublé.
Du'blette *f* dubleta.
duck|en *Kopf*: schylovat [schýlit]; *fig.* (*j-n*) [z]krotit; *sich ~* [s]krčit se; **2mäuser** *m* tichošlápek; (*Heuchler*) potměšilec.
Dudelsack *m Mus.* dudy *f/pl.*
Du'el|l *n* souboj *m*, duel *m*; **2'lieren:** *sich ~* duelovat se.
Du'ett *n Mus.* dueto.
Duft *m* vůně *f*; **2en** vonět, páchnout (*nach* et. čím); **2end** vonný, voňavý; **2ig** zcela jemný, jako nadýchnutý.
duld|en (*leiden*) [vy]trpět, snášet [snést]; (*zulassen*) [s]trpět; *vgl. erdulden*; **~sam** snášenlivý; **2samkeit** *f* snášenlivost; **2ung** *f* trpění *n*, snášení *n.*
dumm hloupý; *~ werden* [z]hloupnout; *sich ~ stellen* udělat ze sebe hloupého; *das wird mir zu ~* mám toho již dost; *~es Zeug* taková hloupost; **2heit** *f* hloupost; **2kopf** *m* hlupák.
dumpf (*moderig*) zatuchlý; (*Luft*) dusný; (*Ton*) temný; (*Schmerz*) tupý.
Düne *f* duna.
Dung *m s. Dünger.*
Dünge|mittel *n* hnojivo; **2n** [po-] hnojit; **~r** *m* hnůj, hnojivo *n.*
Düngung *f* (po)hnojení *n.*
dunkel tmavý, temný; (*finster*) pochmurný; *fig.* (*unklar*) nejasný, tajemný; *~ werden* stmívat [setmít] se; *2 n s. Dunkelheit*; *im ~n* potmě; **~blau** tmavomodrý; **~braun** tmavohnědý; **~grau** tmavošedý; **2heit** *f* temno *n*, temnota; **2kammer** *f*

Fot. temná komora; **~n** stmívat [setmít] se; **~rot** tmavočervený.
dünken: es dünkt mich (*od.* mir) zdá se mi; sich ~ et. považovat se zač.
dünn tenký, slabý; (*spärlich, dünnflüssig, verdünnt*) řídký; (*schmächtig*) hubený; ~ werden [z]řídnout; durch dick und ~ cestou necestou; **≗darm** *m* tenké střevo; **~flüssig** (řídko-) tekutý, řídký; **~wandig** tenkostěnný.
Dunst *m* výpar(y *pl.*), pára *f*; (*Meteorologie*) kouřmo *n*; F *fig.* j-m blauen ~ vormachen [o]balamutit k-o, [o]klamat k-o; keinen blassen ~ haben nemít ani ponětí (*od.* ani páru) (von et. o čím).
dünsten [u]dusit.
dunst|ig plný výparů, dusný, mlhavý; **≗wolke** *f* mlhovina, shluk *m* par.
Dünung *f Mar.* vlnobití *n.*
Dupli'kat *n* duplikát *m.*
Dur *n Mus.* dur.
durch *Prp.* (*örtlich*) skrz(e); *wird mst mit Instrumental übersetzt, z.B.*: ~ den Wald gehen jít lesem; (*zeitlich*) po (*A*), *z. B.*: ~ die ganze Nacht (po) celou noc; (*Mittel*) *nur Instrumental, z.B.*: ~ die Post poštou; *Adv.* ~ und ~ skrznaskrz; (*ganz und gar*) docela, nadobro; er ist ~ (*vorbei*) prošel; (*hindurch*) protlačil se; (*außer Gefahr*) vyvázl z nebezpečí; (*durchs Examen*) obstál při zkoušce; er hat das Buch ~ přečetl knihu; die Schuhe sind ~ boty jsou děravé; fünf Uhr ~ pět hodin pryč.
durch·arbeiten propracov(áv)at; sich ~ (*sich e-n Weg bahnen*) prod(i)rat se.
'durch'aus naprosto, decela; ~ nicht naprosto ne.
durch|backen propékat [-péci]; **~beißen** prokousávat [-snout, -sat]; *fig.* F sich ~ protloukat [-tlouci] se; **~blasen** profukovat [-fouknout, -foukat]; **~blättern** listovat v (*L*) [prolistovat (*A*)].
Durchblick *m* průhled; **≗en** [po-] dívat se (durch et. čím); ~ lassen dá(va)t najevo.
durch|'bohren provrt(áv)at; (*mit Blicken*) probodávat [-dnout, -dat]; **~brechen**[1] *v/t* prolamovat [-lomit, -lámat], prorážet [-razit]; *v/i* (*Pflanzen*) vyrážet [-razit]; (*Zähne*) prořez(áv)at se; *fig.* pronikat [-knout]; **~'brechen**[2] prolamovat [-lomit, -lámat], porušovat [-šit], překročovat [-čit]; *fig.* nedbat (*G*); **~brennen** propalovat [-pálit]; *v/i* prohořívat [-hořet]; F [u]pláchnout; **~bringen** (*tragend*) pronášet [-nést]; (*fahrend*) provážet [-vézt]; (*führend*) provádět [-vést]; *Kranke*: zachraňovat [-chránit]; *Antrag*: prosazovat [-sadit]; *Geld*: promrh(áv)at; sich ~ protloukat [-tlouci] se; **~'brochen** *s.* durchbrechen[2]; **≗bruch** *m* průlom; *Mil.* proražení *n*; *fig.* zum ~ kommen projevovat [-jevit] se.
durch|'denken důkladně promýšlet [-myslit]; **~drehen** [pro]točit; (*durch e-e Maschine*) semílat [-mlít]; **'~'dringen** pronikat [-knout] (*v/t* co *od.* čím); **~drücken** protlačovat [-čit]; *fig.* prosazovat [-sadit]; **~'eilen** probíhat [-běhnout, -běhat].
durch·ein'ander *Adv.* jedno přes druhé, F páté přes deváté; **≗** *n* nepořádek *m*; (*Verwirrung*) zmatek *m*; **~bringen** [s]plést; **~werfen** přehazovat [(z)přeházet].
'durch|'fahren projíždět [-jet] (*v/t* čím); **≗fahrt** *f* průjezd *m*; **≗fall** *m Med.* průjem; F (*Mißerfolg*) propadnutí *n*; **~fallen** propadat [-dnout] (*a. fig.*); **~finden:** sich ~ nacházet [najít] cestu; **~'fließen** protékat [-téci]; **≗fluß** *m* průtok; **~'forschen** *v/t* prozkoum(áv)at; **~fressen** prož(i)rat; F sich ~ přiživovat [-živit] se; **~frieren** promrzat [-znout]; durchgefroren promrzlý.
durchführ|bar proveditelný; **~en** provádět [-vést] (*a. fig.*); **≗ung** *f* provedení *n*, provádění *n*; **≗ungsbestimmung** *f* prováděcí ustanovení *n.*
Durch|fuhrverbot *n* zákaz *m* průjezdu; **~gang** *m* průchod; (*Verkehr*) tranzit; **≗gängig** všeobecný, průchodný, vesměs; **~gangsverkehr** *m* průvozní (*od.* průběžná) doprava, průvoz; **~gangszug** *m* přímý vlak; **≗geben** *Nachricht*: [o]hlásit; **≗gehen** *v/t* procházet [projít] (et. čím); (*durchsehen*) prohlížet [-hlédnout]; *v/i* (*entfliehen*) utíkat [utéci]; (*Pferd*) [s]plašit se; j-m et. ~ lassen promíjet [-minout] k-u co; **≗gehend** průběžný; *Esb.* přímý; **≗greifen** sahat [sáhnout]

(*durch* et. čím); *fig.* zakročovat [-čit]; **⁓greifend** pronikavý, rozhodný; **⁓halten** vydržovat [-žet]; **⁓hauen** pře-, pro-sekávat [-knout, -kat]; *j-n* ~ [z]bít; **⁓helfen** pomáhat [-moci]; *sich* ~ protloukat [-tlouci] se; **⁓kämmen** pročes(áv)at (*a. fig.*); **⁓kämpfen** probojov(áv)at; *sich* ~ [pro]klestit si cestu (bojem); **⁓kauen** přežvykovat [-žvýkat]; *fig.* [z]opakovat; **⁓kneten** [pro]hníst; **⁓kommen** (*zu Fuß*) procházet [projít]; (*fahrend*) projíždět [-jet]; (*Prüfung*) obstát *pf.*, projít *pf.* (bei při *L*); (*sich retten*) zachránit se *pf.*; *s. a. davonkommen*; **⁓kosten** ochutn(áv)at; *fig.* okoušet [okusit]; **'⁓'kreuzen** přeškrtávat [-tnout] křížem; *fig.* [z]mařit; **⁓kriechen** protéz(a)t.

Durch|laß *m* propust *f*; *vgl. Durchgang*; **⁓lassen** propouštět [-pustit].

durchlässig propustný; **⁓keit** *f* propustnost.

'durch|laufen¹ *v/i* (*durch A*) probíhat [-běhnout] (*I od. A*); (*Flüssigkeit*) protékat [-téci]; **~'laufen²** *v/t* probíhat [-běhnout]; *Schule*: procházet [projít] (*I*); **⁓lauf·erhitzer** *m* průtokový ohřívač; **~lesen** přečítat [-číst]; **~leuchten¹** prosvítat [-svitnout]; **~'leuchten²** *Med.* prosvěcovat [-svítit], [z]rentgenovat; **~'leuchtung** *f Med.* prosvěcování *n*; **~liegen:** *sich* ~ proležet se *pf.*; **~'löchern** [pro]dírkovat; *durchlöchert* děravý; **~lüften** provětr(áv)at; **~machen** proděl(áv)at; (*erleben*) proží(va)t; (*erdulden*) přestá(va)t; *Lehrgang, Schule*: procházet (*I*) [prochodit (*A*)]; **⁓marsch** *m* pochod, průchod; **⁓messer** *m* průměr; **~mischen** promích(áv)at; **~müssen** F musit; *s. durchkommen, durchkriechen*; **~'nässen** promočívat [-čit]; *durchnäßt* promoklý; **~nehmen** prob(i)rat; **~pausen** [pro]kopírovat; **~peitschen** [z]bičovat; *fig.* promrsk(áv)at; **~prob(ier)en** [pro]zkoušet; **~'queren** *s. überqueren*; **~rechnen** přepočít(áv)at; **~regnen:** *es regnet durch* prší skrz (dovnitř); *es hat den ganzen Tag durchgeregnet* den, kdy pršelo bez ustání; **⁓reiche** *f* servírovací okénko *n*; **⁓reise** *f* cesta; *auf der* ~ cestou; **~reisen¹** *v/i* projíždět [-jet] (*I*); **~'reisen²** *v/t* cestovat po (*L*) [procestovat (*A*)]; **⁓reisevisum** *n* průjezdní vízum; **~reißen** *v/t* přetrhovat [-hnout, -hat] (*v/i* se); **~rosten** zrezavět *pf.*

Durch|sage *f* oznámení *n*; **⁓sagen** pod(áv)at zprávu dále; *vgl. durchgeben*; **⁓sägen** pro-, pře-řezávat [-říznout], -řezat] (pilou); **'⁓'schauen¹** *v/t* prohlížet [-hlédnout]; **⁓schauen²** *s. durchblicken*; **⁓scheinen** prosvítat [-svitnout], prosvěcovat [-svítit]; **⁓schießen¹** *v/i* prostřelovat [-střelit, -střílet]; **'⁓'schießen²** *v/t Typ.* prokládat [proložit]; **~schimmern** probleskovat [-knout], prokmitat [-tnout]; **'⁓'schlafen** pro-, pře-sp(áv)at.

Durchschlag *m Tech.* průbojník; (*Kopie*) průklep; *Kochk.* cedník; **⁓en** *v/t Löcher*: prorážet [-razit]; *Kochk.* procezovat [-cedit]; *sich* ~ probí(je)t se; *v/i* (*Erfolg haben*) mít úspěch; *Med.* prohánět [-hnat]; **⁓end** přesvědčivý; **~papier** *n* průklepový papír; **~s·kraft** *f* průbojnost (*a. fig.*).

durch|schlüpfen proklouzávat [-znout]; **'~'schneiden** pro-, přeřezávat [-říznout, -řezat]; (*mit d. Schere*) pro-, pře-střihovat [-hnout, -hat].

Durchschnitt *m* průřez; (*Mittelwert*) průměr; *im* ~ průměrně; **⁓lich** průměrný; **~s·alter** *n* průměrný věk; **~s·ertrag** *m* průměrný výtěžek; **~s·mensch** *m* průměrný (*od.* obyčejný) člověk; **~s·wert** *m* průměrná hodnota; **~s·zahl** *f* průměrné číslo.

durch|schreiben propisovat [-psat]; **~schreiten** kráčet, procházet [projít] (*durch* et. čím); **⁓schrift** *f* průpis *m*; **⁓schuß** *m Mil.* průstřel; *Typ.* prokládka *f*, proložka *f*; (*Weberei*) útek *m*; **~schütteln** protřás(a)t; **'~'schwimmen** *v/i u. v/t* [pro]plavat (*durch* et. čím *od.* přes *A*); **~schwindeln:** *sich* ~ pomáhat [-moci] si šejdířstvím; **~sehen** *v/t* (*prüfen*) prohlížet [-hlédnout]; *v/i* [po]dívat se; **~setzen¹** prosazovat [-sadit] (*sich* se); **~'setzen²** pronikat [-knout]; *durchsetzt* (*mit*) prosycený, prostoupený, prorostlý (*I*).

Durchsicht *f* průhled *m*; (*Prüfung*) prohlédnutí *n*; *e-r* ~ *unterziehen s. durchsehen*; **⁓ig** průhledný (*a. fig.*); **~igkeit** *f* průhlednost.

durch|sickern prosakovat [-sáknout]; *fig.* pronikat [-knout]; **~sieben** prosévat [-sít] (*a. fig.*); **~sitzen** prosedět *pf.*; **~sprechen** (*erörtern*) [pro]mluvit důkladně o (*L*); **~'stechen** propichovat [-píchnout, -píchat]; *vgl. durchbohren, durchstoßen*; **~stecken** prostrkovat [-strknout, -strčit]; **≈stich** *m* průkop; *Med.* průpich; **~'stöbern** prohled(áv)at; **~'stoßen** prorážet [-razit]; *s. a. durchbohren, durchbrechen*; **~streichen** přeškrtávat [-tnout, -tat]; **~'strömen** protékat (*I*); **~'suchen** prohled(áv)at; **≈'suchung** *f* prohlídka; **~'tränken** napouštět [-pustit]; **~treten** prošlap(áv)at.

durch'trieben prohnaný, mazaný, F pálený; **≈heit** *f* prohnanost, F mazanost.

durch|'wachen [pro]bdít, **~wachsen[1]** prorůst(at); **~'wachsen[2]** *Adj.*: *~es Fleisch* prorostlé maso; **'~'wandern** cestovat (*I*) [pro-, z-cestovat (*A*)], (*a. v/i*) procházet [projít]; **~'wärmen** prohřívat [-hřát]; **~'waten** přebrodit *pf.*; **~weg(s)** vesměs, bez vyjímky; **~'weichen[1]** *v/t* promáčet [-močit]; **~weichen[2]** *v/i* promokat [-knout]; **~'wühlen** prohrab(áv)at; *vgl. durchstöbern*; **~zählen** přepočít(áv)at; **~zeichnen** ob-, pro-kreslovat [-lit]; **~ziehen[1]** *v/t* protahovat [-táhnout], provlékat [-vléci]; *v/i* (*durchwandern*) chodit (*I*) [pro-, z-chodit (*A*)]; (*mit dem Wagen*) táhnout (*durch I*); **~'ziehen[2]** *v/t s. durchwandern, durchfließen*; **≈zug** *m* (*zu Fuß*) průchod; (*Durchfahren*) průjezd; (*Vogelzug*) průlet; (*Luft≈*) průvan.

dürfen smět, mít; *er hätte das nicht tun ~* neměl to dělat; *das dürfte wohl wahr sein* to je asi pravda; *er dürfte wohl damit einverstanden sein* je s tím asi srozumněn.

dürftig nuzný; **≈keit** *f* nuznost.

dürr (*trocken*) suchý; (*mager*) hubený; et. *mit ~en Worten sagen* říci co střízlivě (bez příkrasy); **≈e** *f* sucho *n*; (*Magerkeit*) hubenost.

Durst *m* žízeň *f*; **≈löschend, ≈stillend** hasící (*od.* zahánějící) žízeň; **≈en** mít (*od.* trpět) žízeň.

dürsten žíznit (*nach* po *L*).

durstig žíznivý; *ich bin ~* mám žízeň.

Dusch|bad *n*, **~e** *f* sprcha *f*; *fig. kalte Dusche* studená sprcha; **≈en** osprchovat (*sich* se).

Düse *f Tech.* tryska, dýza; **~nantrieb** *m* reaktivní pohon; **~nflugzeug** *n* reaktivní (*od.* tryskový) letoun.

düster pochmurný, temný; *fig.* chmurný, trudný; **≈heit** *f*, **≈keit** *f* temnota, pochmurnost.

Dutzend *n* tucet *m*; **≈mal** dvanáctkrát; *fig.* mnoho; **~mensch** *m* tuctový člověk; **~ware** *f* tuctové zboží; **≈weise** na tucty.

duz|en tykat si s (*I*); **≈bruder** *m*, **≈freund** *m*: *er ist mein ~* tykám si s ním.

Dy'nam|ik *f* dynamika; **≈isch** dynamický.

Dyna'mit *n* dynamit *m*.

Dy'namo *m*, **~maschine** *f* dynamo *n*.

Dyna'stie *f* dynastie, panovnický rod.

dz. *Abk. für Doppelzentner.*

Dz. *Abk. für Dutzend.*

D-Zug *m Esb.* rychlík, přímý dálkový vlak.

E

E, e *n* E, e (*a. Mus.*).
Ebbe *f* odliv *m*; ~ *und Flut* odliv a příliv; *fig. in m-m Geldbeutel ist* ~ moje peněženka je prázdná.
eben *Adj.* rovinný; rovný; *zu* ~*er Erde* v přízemí; *Adv.* právě, zrovna; *das ist es* ~ to je právě to; ~ *nicht!* a zrovna ne!; **2bild** *n* věrný obraz; *er ist das* ~ *s-s Vaters* je celý tatínek; **~bürtig** rovný rodem; (*gleich stark*) rovný; **2bürtigkeit** *f* rovnost; **~'da'her** právě odtud; *a.* = **~'dar'um** *s. ebendeshalb*; **~'da'selbst** právě tam; **~'der'selbe** (ten)týž; **~'des'halb** právě proto.
Ebene *f* rovina; *schiefe* ~ šikmá plocha (*a. fig.*); *auf die schiefe* ~ *geraten* dostat [-távat] se na scestí.
ebenfalls rovněž.
Ebenholz *n* ebenové dřevo.
Ebenmaß *n* souměrnost *f*; úměrnost *f*.
ebenso právě tak; **~sehr** právě tak; **~viel** právě tolik; **~wenig** právě tak málo.
Eber *m* kanec.
Eber·esche *f Bot.* jeřáb *m*.
ebnen urovn(áv)at (*a. fig.*); *den Weg* ~ *fig.* připravovat cestu.
Echo *n* ozvěna *f*, echo *n* (*a. fig.*); **~lot** *n Mar.* ozvěnový hloubkoměr; *Flugw.* zvukový výškoměr *m*.
echt pravý; **2heit** *f* pravost.
Ecke *f* roh *m*; *um die* ~ za rohem; P *um die* ~ *bringen* sprovodit *pf.* ze světa; *an allen* ~*n und Enden* na všech stranách, všude.
Ecker *m* (*Buch2*) bukvice *f*; (*Spielkarten*) žaludy *m/pl.*
Eck|haus *n* nárožní (*od.* rohový) dům; **2ig** hranatý (*a. fig.*); **~pfeiler** *m* nárožní (*od.* rohový) pilíř; **~platz** *m* místo *n* na rohu; **~stein** *m* rohový kámen (*od.* kvadr); (*Hauptstütze*) hlavní opora *f*; káro *n*; **~zahn** *m* špičák; (*bei Tieren*) kel.
edel šlechetný, ušlechtilý; (*adlig*) urozený; (*Metall*) drahý; **2gas** *n* vzácný plyn; **2mann** *m* (*pl. Edelleute*) šlechtic; **2metall** *n* drahý (*od.* vzácný) kov; **2mut** *m* šlechetnost *f*, ušlechtilost *f*; **~mütig** šlechetný, ušlechtilý; **2stahl** *m* ušlechtilá (*od.* jakostní) ocel; **2stein** *m* drahokam; **2tanne** *f* jedle; **2weiß** *n Bot.* protěž *f* alpská; **2wild** *n* vysoká zvěř.
E'dikt *n* edikt *m*.
Editi'on *f* edice.
Efeu *m Bot.* břečťan.
Ef'fekt *m* efekt, účinek; *Phys.* jev.
Ef'fekten *pl.* cenné papíry *m/pl.*; **~börse** *f* bursa na cenné papíry.
Ef'fekthascherei *f* pachtění *n* po efektu.
effek'tiv skutečný, efektivní.
ef'fektvoll efektní, účinný.
e'gal stejný; *Adv.* F (*gleich*) všechno jedno.
Egel *m Zo.* pijavice *f*.
Egge *f* brány *f/pl.*; **2n** [z]vláčet.
Ego|'ismus *m* egoismus, sobectví *n*; **~'ist**(**in** *f*) *m* egoist(k)a, sobec *m*; **2'istisch** egoistický, sobecký.
ehe *Konj.* dříve než.
Ehe *f* manželství *n*; *die* ~ *schließen od. eingehen* uzavírat [-vřít] manželství; **~anbahnung** *f* zprostředkování *n* sňatků; **~beratung** *f* porada před manželstvím; **~bett** *n* manželské lože; **2brechen** [z]cizoložit; **~brecher**(**in** *f*) *m* cizoložník (-nice); **2brecherisch** cizoložný; **~bruch** *m* cizoložství *n*; **~bund** *m* manželský svazek.
ehedem kdysi, dříve.
Ehe|frau *f* manželka, choť; **~gatte** *m* manžel, choť; **~gattin** *f*, F **~hälfte** *f s. Ehefrau*; **~hindernis** *n* překážka *f* manželství; **~leute** *pl.* manželé *m/pl.*; **2lich** manželský; **2lichen** *Mann*: [o]ženit se s (*I*); *Frau*: vdá(va)t se za (*A*); **2los** svobodný (-den); **~losigkeit** *f* svobodný stav.
ehe|malig dřívější, bývalý; **~mals** dříve, kdysi.
Ehe|mann *m* manžel, choť; **~paar** *n* manželé *m/pl.*
eher dříve; (*lieber*) raději; (*leichter*) spíš(e); *je* ~, *je lieber* čím dříve, tím lépe.

Ehe|recht *n* manželské právo; **~ring** *m* snubní prsten.
ehern kovový, železný.
Ehe|scheidung *f* rozvod *m*; **~schließung** *f* uzavření *n* manželství *od.* sňatku.
ehest (*zuerst*) nejdříve; (*am leichtesten*) nejsnáze.
Ehestand *m* manželský stav.
ehestens (co) nejdříve.
Ehe|streit *m* manželská hádka; **~versprechen** *n* slib *m* manželství; **~vertrag** *m* manželská smlouva.
Ehr|abschneider(in *f*) *m* nactiutrhač(ka); **⁀bar** počestný, poctivý; **~barkeit** *f* počestnost, poctivost.
Ehre *f* čest; *auf ~!* na mou čest!, *ein Mann von ~* čestný muž; *habe die ~!* má úcta!; *j-m ~ erweisen* prokazovat [-kázat] k-u čest; *in ~n halten* ctít, vážit si (*G*); *j-m zu ~n* na počest k-u; **⁀n** [u]ctít; *geehrt* ctěný; *sehr geehrter* ... velectěný.
Ehren- *in Zssgn* čestný; **~amt** *n* čestný úřad; **⁀amtlich** čestný, neplacený; *Adv.* bez platu; **~bezeigung** *f Mil.* salutování *n*; **~bürger** *m* čestný občan; **~bürgerschaft** *f* čestné občanství; **~doktor** *m* čestný doktor; **~erklärung** *f* čestné prohlášení; **~geleit** *n* čestný doprovod; **⁀haft** počestný; **~haftigkeit** *f* počestnost; **⁀halber** pro čest; **~kompanie** *f* čestná rota; **~mal** *n* pomník *m*; **~mann** *m* čestný muž, počestný člověk; **~mitglied** *n* čestný člen; **~platz** *m* čestné místo; **~preis** *m* čestná cena; *Bot.* rozrazil; **~rettung** *f* ochrana cti; **⁀rührig** urážlivý; **~sache** *f* čestná záležitost *od.* věc; **~tag** *m* památný den; **~urkunde** *f* čestná listina; **⁀voll** čestný; **~wache** *f* čestná stráž; **⁀wert** ctihodný; **~wort** *n* čestné slovo; *auf ~!* na čestné slovo!; **~zeichen** *n* čestný odznak.
ehr|erbietig uctivý; **⁀erbietung** *f*, **⁀furcht** *f* úcta, uctivost (*vor* ke *D*); **~fürchtig, ~furchtsvoll** (hluboce) uctivý; **⁀gefühl** *n* smysl *m* pro čest; **⁀geiz** *m* ctižádost *f*; **~geizig** ctižádostivý; **~lich** poctivý; *Adv.* upřímně; **⁀lichkeit** *f* poctivost; **~los** bezectný, nepoctivý; **⁀losigkeit** *f* bezecnost, nepoctivost; **⁀ung** *f* uctění *n*, vyznamenání *n*; **⁀verlust** *m* ztráta *f* cti; **⁀würden:** *Euer ~* Vaše důstojnost; **~würdig** ctihodný, důstojný; **⁀würdigkeit** *f* ctihodnost, důstojnost.
ei! aj!, hle!
Ei *n* vejce; *hart-, weichgekochtes ~* vejce na tvrdo, na měkko; *wie ein ~ dem anderen gleichen* být podobni jako vejce vejci.
Eibe *f Bot.* tis *m*; *~n- in Zssgn* tisový.
Eibisch *m Bot.* ibišek, proskurník.
Eich·amt *n* cejchovní úřad *m*.
Eiche *f Bot.* dub *m*.
Eichel *f* žalud *m*; (*Spielkarten*) žaludy *m/pl.*; **~häher** *m Zo.* sojka *f*.
Eichen *n s. Eichung.*
eichen[1] *v/t* [o]cejchovat.
eichen[2] *Adj.* dubový; **⁀hain** *m*, **⁀wald** *m* dubový les, doubí *n*.
Eichhörnchen *n* veverka *f*.
Eich|maß *n* cejchovní míra *f*, etalon *m*; **⁀ung** *f* cejchování *n*.
Eid *m* přísaha *f*; *e-n ~ leisten od. ablegen* skládat [složit] přísahu, přísahat [-sáhnout]; *unter ~* pod přísahou; *an ~es Statt* místo přísahy; **~bruch** *m* porušení *n* přísahy; **⁀brüchig** nepametliv své přísahy.
Eidechse *f Zo.* ještěrka; *~n- in Zssgn* ještěrčí.
Eiderdaunen *f/pl.* (kajčí) prachové peří.
Eides|formel *f* přísežná formule; **~leistung** *f* vykonání *n* (*od.* složení *n*) přísahy; **⁀stattlich** místopřísežný; *e-e ~e Erklärung abgeben* prohlásit *pf.* místopřísežně.
Eid|genosse *m* Švýcar; **~genossenschaft** *f*: *Schweizerische ~* Spříseženstvo švýcarské; **⁀genössisch** spříseženský, švýcarský; **⁀lich** přísežný; *Adv.* pod přísahou.
Eidotter *m od. n* žloutek.
Eier|becher *m* kalíšek na vejce; **~handgranate** *f* vejčitý (ruční) granát; **~kuchen** *m* svítek, smaženec; **~likör** *m* vaječný koňak; **~pilz** *m s. Pfifferling*; **~schale** *f* vaječná skořápka; **~schwamm** *m s. Pfifferling*; **~speise** *f* vaječný pokrm; **~stock** *m Anat.* vaječník.
Eifer *m* horlivost *f*; *in ~ geraten* rozohnit se *pf.*; *blinder ~* přílišná horlivost; **~sucht** *f* žárlivost; **⁀süchtig** žárlivý; *~ sein od. werden* žárlit.
eiförmig vejčitý.
eifrig horlivý; (*lebhaft*) čilý, živý.
Eigelb *n* žloutek *m*.

eigen vlastní; (*besonder*) zvláštní, osobitý; *auf* ~*e Faust* na svůj vrub; *in* ~*er Person* osobně, sám; *sich zu* ~ *machen* osvojovat [-jit] si; **2art** *f* zvláštnost, svéráznost; **~artig** svláštní; **2bedarf** *m* vlastní potřeba *f*; **2bericht** *m* zpráva *f* od vlastního zpravodaje; **2brötler** *m* podivín, F pavouk; **2gewicht** *n* vlastní váha *f*; **~händig** vlastnoruční; **2heim** *n* rodinný domek; **2heit** *f* zvláštnost; **2liebe** *f* sebeláska; **2lob** *n* sebechvála *f*; **~mächtig** svémocný; *Adv.* o své újmě; **2name** *m* vlastní jméno *n*; **2nutz** *m* vlastní prospěch, zištnost *f*; **~nützig** zištný.

eigens schválně, zvláště.

Eigenschaft *f* vlastnost; **~s·wort** *n* *Gr.* přídavné jméno.

Eigen|sinn *m* svéhlavost *f*; **2sinnig** svéhlavý, umíněný; **2tlich** vlastní; *Adv.* vlastně; **~tum** *n* vlastnictví, majetek *m*; ~*s- in Zssgn* vlastnický; **~tümer(in** *f*) *m* majitel(ka), vlastník (-nice); **2tümlich** zvláštní, osobitý; **~tümlichkeit** *f* zvláštnost; **~tumswohnung** *f* vlastnický byt; **~verbrauch** *m* vlastní spotřeba *f*; **~wechsel** *m* *Hdl.* vlastní směnka *f*; **2willig** svévolný, zvláštní.

eign|en: *sich* ~ hodit se (*zu, für* k *D*); **2ung** *f* způsobilost; **2ungsprüfung** *f* zkouška způsobilosti *od.* vhodnosti.

Eil- *in Zssgn* rychlý, spěšný.

Eiland *n* ostrov *m*.

Eil|bote *m* spěšný posel; *durch* ~*n* spěšně; **~brief** *m* spěšný dopis, expres.

Eile *f* spěch *m*, kvap *m*, chvat *m*; *in (aller)* ~ ve spěchu; *ich bin in* ~ mám naspěch.

Eileiter *m* *Anat.* vejcovod.

eil|en spěchat, pospíchat [-íšit] (si); *Eilt!* Spěchá!, Pilné!; *eile mit Weile!* spěchej s rozvahou!; **~ends** spěšně, kvapem; **~fertig** kvapný, ukvapený; **2gut** *n* rychlozboží, spěšnina *f*; **~ig** kvapný, spěšný; *Adv. a.* naspěch; *es* ~ *haben* mít naspěch; **~igst** kvapně, spěšně; **2marsch** *m* spěšný pochod; **2post** *f* spěšná pošta; **2schritt** *m*: *im* ~ ostrým krokem; **2zug** *m* spěšný vlak; **2zustellung** *f* spěšné doručení.

Eimer *m* okov, vědro *n*; (*Bagger2*, *Kübel*) koreček; **2weise** po vědrech.

ein (~*er*, ~*e*, ~*es*) *Art. bleibt unübersetzt*: ~ *Haus* dům; *Pron.* někdo, kdosi; *Num.* jeden *m*, jedna *f*, jedno *n*; ~ *für allemal* jednou provždy; *in* ~*em fort* v jednom kuse; ~*er Meinung sein* být téhož mínění; *die* ~*en* ... *die anderen* jedni ... jiní; ~*es Tages* jednoho dne; *manch* ~*er* leckterý; ~*er von uns* jeden z nás.

Ein·akter *m* *Thea.* (jedno)aktovka *f*.

ein'ander vespolek, navzájem, jeden druhého *od.* druhému, sebe, se, sobě, si.

ein·arbeiten zapracov(áv)at (*sich* se; *in A* do *G*).

ein·armig jednoruký; *Tech.* jednoramenný.

ein·äscher|n spalovat [spálit]; *Leiche*: zpopelňovat [-lnit]; **2ung** *f* spálení *n*, zpopelnění *n*, kremace.

ein·atm|en vdechovat [-chnout]; **2ung** *f* vdechování *n*.

ein·äugig jednooký.

Einbahnstraße *f* jednosměrná ulice.

einbalsamieren [na]balzamovat.

Einband *m* vazba *f* (knihy); *a.* = **~decke** *f* desky *f/pl.*

Einbau *m* vmontování *n*, vestavění *n*; **2en** při-, v-, za-montovat *pf.*, vestavovat [-avět]; **~möbel** *n* vestavěný nábytek; **~schrank** *m* skříň *f* ve zdi.

einbehalten zadržovat [-žet].

einbeinig jednonohý.

einberuf|en svol(áv)at; *Mil.* povol(áv)at; **2ung** *f* svolání *n*; *Mil.* povolání *n*; **2ungsbefehl** *m* povol(áv)ací rozkaz.

einbett|en *Tech.* ukládat [uložit]; *eingebettet (in D)* obklopen(ý) (*I*); **2zimmer** *n* jednolůžkový pokoj.

einbeziehen pojímat [-jmout].

einbiegen zahýbat [-hnout] (*in A* do *G*).

einbild|en: *sich et.* ~ domýšlet se č-o; *sich et.* ~ *auf (A)* zakládat si na čem; *sich (D) viel* ~ myslit si mnoho o sobě; *s. eingebildet*; **2ung** *f* přelud *m*; (*Dünkel*) domýšlivost; **2ungskraft** *f* obrazivost, fantazie.

ein|binden *Buch*: [s]vázat; **~blenden** *Bild, Ton*: zapojovat [-jit].

Einblick *m* nahlédnutí *n*; ~ *gewähren od. geben (in A)* dá(va)t nahlédnout (do *G*); ~ *gewinnen od. bekommen (in A)* nahlížet [-hlédnout] (do *G*).

einbrech|en *v/t* (*gewaltsam öffnen*) vylomit *pf.*, vypáčit *pf.*, vyrážet

[-razit]; *v/i* (*einstürzen*) probořovat [-řit] se; (*zs.-stürzen*) [z]bořit se; (*Dieb*) vloup(áv)at se; (*Feind*) vtrhnout *pf.*; (*Nacht*) nast(áv)at; **2er** *m* zloděj, lupič.

Einbrenn|e *f Kochk.* zápražka, jíška; **2en** v(y)palovat [-pálit].

einbringen *Ernte*: svážet [svézt]; *Klage, Resolution usw.*: pod(áv)at; *Gewinn*: vynášet [-nést]; (*in die Ehe*) přinášet [-nést].

Einbruch *m* vloupání *n*; *Mil.* vpád; (*Beginn*) příchod; **~s·diebstahl** *m* vloupání *n*; **~s·versicherung** *f* pojištění *n* proti vloupání.

Einbuchtung *f* (*Einschnitt*) záhyb *m* dovnitř; (*Vertiefung*) prohl(o)ubenina.

einbürger|n přijímat [-jmout] za občana; *v/r sich ~ fig.* zdomácnět; **2ung** *f* přijetí *n* za občana.

Ein|buße *f* ztráta, škoda; **2büßen** ztrácet [-atit], pozbý(va)t se (*G*); **2dämmen** zahrazovat [-hradit]; *fig.* omezovat [-zit], [z]tlumit; **2dekken:** *sich ~* zásobovat [-bit] se (*mit I*); **~decker** *m Flgw.* jednoplošník; **2deichen** *s. eindämmen*; **2deutig** jednoznačný; **2dicken** zahušťovat [-hustit]; **2drehen** vkrucovat [vkroutit]; *Haare*: zakrucovat [-kroutit].

eindring|en vnikat [-knout]; **~end, ~lich** důtklivý, naléhavý; **2ling** *m* vetřelec.

Ein|druck *m* otisk, vtištění *n*; *fig.* dojem; *~ machen* [z]působit dojem; **2drücken** vtiskávat [-knout]; (*zerstören*) promačk(áv)at [-máčknout]; **2drucksvoll** působivý, účinný.

ein·einhalb jeden a půl, půl druhé(ho).

einen *s. ein(igen)*.

ein·engen zužovat [-úžit]; *s. beschränken*.

einer *s. ein*.

Einer *m Math.* jednotka *f*; (*Boot*) jednoveslice *f*, skif; **2lei** (*gleichartig*) stejný, týž; *das ist mir ~* to je mi jedno; **~lei** *n* jednotvárnost *f*; *das ewige ~* věčné totéž *n*; **2seits:** *~ ... ander(er)seits* jednak ... jednak, dílem ... dílem.

einesteils *s. einerseits*.

ein·exerzieren *Mil.* [na]cvičit.

einfach *Adj.* jednoduchý; (*schlicht*) prostý; *Adv.* přímo, prostě; **2heit** *f* jednoduchost, prostota.

ein|fädeln navlékat [-vléci, -vléknout]; *fig. anstiften, anzetteln*; **~fahren** *v/t Ernte*: svážet [svézt]; *Auto, Pferd*: zajíždět [-jezdit]; *v/i* vjíždět [vjet]; *Bgb.* sjíždět [sjet]; *v/r sich ~* [vy]cvičit se v jízdě.

Einfahrt *f* vjezd *m*; *Bgb.* sjezd *m*; **~s·signal** *n Esb.* vjezdové návěští (*od. konkret*: návěstidlo).

Einfall *m Mil.* vpád; *fig.* nápad; **2en** (*einstürzen*) [z]bořit se; (*eindringen*) vpad(áv)at [-dnout] (*a. Mus.*); (*Licht*) dopadávat [-dnout]; (*in den Sinn kommen*) napad(áv)at [-dnout]; F *das fällt mir im Traum nicht ein* to mě ve snu nenapadne; *laß dir das ja nicht ~* ať ti to ani nenapadne; **2s·reich** vynalézavý; **~s·winkel** *m* úhel dopadu.

Einfalt *f* prostoduchost, pošetilost, prostota.

einfältig prostoduchý, pošetilý; **2keit** *f* prostota, omezenost.

Einfaltspinsel F *m* pošetilec.

Ein|familienhaus *n* rodinný domek; **2fangen** chytat [chytit]; *fig.* zachycovat [-chytit]; **2farbig** jednobarevný.

einfass|en (*umgeben*) ohrazovat [-radit]; (*umranden*) obrubovat [-roubit]; *Edelstein*: zasazovat [-sadit]; **2ung** *f* obruba, lem *m*.

ein|fetten [na]mastit, [na]mazat; **~finden:** *sich ~* dostavovat [-stavit] se (*bei j-m* ke k-u); **~fliegen** (*hinein~*) vlétat, vlítat [vletět], zalét(áv)at (*a. Flgw.*); **~fließen** vtékat [vtéci], vlévat [vlít] se; **~flößen** vlévat [vlít]; *fig.* [vz]budit (*j-m* v kom).

Einfluß *m* vtok; *fig.* vliv; *über j-n ~ gewinnen* získ(áv)at vliv u k-o; **2reich** vlivný; **~sphäre** *f*, **~zone** *f* oblast (*od.* sféra) vlivu; *das liegt nicht in seiner ~* to je mimo jeho vliv.

einfordern: et. *~* žádat co [zažádat si o co].

einförmig jednotvárný, monotonní; **2keit** *f* jednotvárnost.

einfried(ig)|en ohrazovat [-radit]; **2ung** *f* ohrada.

ein|frieren *v/i* zamrz(á)vat [-znout]; *v/t* zmrazovat [-zit]; *eingefroren* zamrzlý; **~fügen** *Sachen*: zasazovat [-sadit]; *Worte*: vsazovat, vsunovat [-nout]; *sich ~* přizpůsobit [-bovat].

einfühl|en: *sich ~* vcítit se *pf.*;

2ungsvermögen *n* schopnost *f* vcítit se.
Ein|fuhr *f* dovoz *m*, import *m*; **~fuhrbeschränkung** *f* dovozní omezení *n*; **2führen** *Waren*: dovážet [-vézt], importovat (*im*)*pf*.; *Person*: uvádět [-vést]; *Ordnung usw.*: zavádět [-vést]; (*gut*) *eingeführt sein* být (dobře) zaveden.
Einfuhr|genehmigung *f* dovozní povolení *n*; **~handel** *m* dovozní obchod; **~tarif** *m* dovozní tarif.
Einführung *f* (*An-, Einleitung*) úvod *m*; (*e-r Person*) uvádění *n*, uvedení *n*; (*e-s Gesetzes usw.*) zavedení *n*; **~s·preis** *m* úvodní snížená cena.
Einfuhr|verbot *n* zákaz *m* dovozu; **~waren** *f/pl.* dovozní zboží *n*; **~zoll** *m* dovozní clo *n*.
einfüll|en (*vollfüllen*) naplňovat [-plnit]; (*einschütten*) vsyp(áv)at; *vgl.* *eingießen*; **2öffnung** *f* plnicí otvor *m*.
Eingabe *f* podání *n* (*an A* k *D*).
Eingang *m* vchod; (*Zutritt*) přístup; (*Eintreffen*) příchod; *~s- in Zssgn* počáteční, vstupní; *~ finden* ujímat [ujmout] se; **2s** zpočátku.
einge|ben *Arznei*: dá(va)t; *Gedanken*: vnukat [-knout]; (*einreichen*) pod(áv)at (*an A* k *D*); **~bildet** domnělý, domýšlivý; **~boren** (*einheimisch*) domorodý; (*angeboren*) vrozený; **2borene(r)** *m/f* domorodec *m*, domorodkyně *f*; **2bung** *f* vnuknutí *n*; **~denk** (*G*) pamětlivý; *sei dessen ~!* měj to na paměti!; **~fleischt** zarytý; **~froren** *s. einfrieren*; **~gangen** *s. eingehen*.
eingeh|en *v/t Geschäft, Vertrag*: sjedn(áv)at; *Vergleich*: vyrovn(áv)at se; *Wette*: sázet [vsadit] se; *e-e Ehe ~* vstupovat [vstoupit] ve sňatek; *v/i* (*hineingehen*) vcházet [vejít]; (*ankommen*) docházet [dojít]; (*Schrumpfen*) srážet [srazit] se; (*sterben, verdorren*) zacházet [zajít]; (*auf et. A*) přistupovat [-stoupit] na co; *eingegangen* (*eingetroffen*) došlý; **~end** podrobný.
einge|keilt *s. einkeilen*; **~legt** *s. einlegen*; **2machte(s)** zavařenina *f*.
eingemeind|en pojímat [-jmout] do obce; **2ung** *f* pojetí *n* do obce.
einge|nommen zaujat(ý), předpojat(ý); *von sich ~* domýšlivý; **~schnappt** *s. einschnappen*; **~schneit** *s. einschneien*; **~schränkt** omezený, skrovný; **~schrieben** (*Brief*) doporučený; *s. eingetragen*; **~sessen** usedlý, domovský; **~standenermaßen** podle přiznání; **2ständnis** *n* přiznání; **~stehen** přizn(áv)at (*sich* se); **~tragen** zapsaný; **2weide** *n* vnitřnosti *f/pl.*, útroby *f/pl.*; **~weiht** zasvěcen(ý); **~wöhnen**: *sich ~* z-, na-vykat [-knout] si č-u.
ein|gießen nalévat [-lít], vlévat [vlít]; **~gleisig** *Esb.* jednokolejný.
einglieder|n včleňovat [-nit]; **2ung** *f* včlenění *n*.
ein|graben zakop(áv)at; *sich ~* (*Tiere*) zahrab(áv)at se; *Mil.* zakop(áv)at se; **~gravieren** vrý(va)t; **~greifen** *Tech.* zab(í)rat; *fig.* (*intervenieren*) vkládat [vložit] se; zasahovat [-sáhnout] (*in A* do *G*); *s. einschreiten, sich einmischen*; **2greifen** *n* zakročení, zákrok *m*; **2griff** *m* zasahování *n*; *Med.* zákrok, zásah; **2guß** *m* vlití *n*; vtok; **~haken** [za]hákovat; *sich ~* (*bei*) zavěsit se *pf.* (do *G*).
Einhalt *m*: *~ gebieten* [za]bránit (*A*), [u]činit přítř (*D*); **2en** *v/t* (*erfüllen*) dodržovat [-žet]; *v/i* (*aufhören*) přest(áv)at (*mit* s čím); **~ung** *f* dodržování *n*, dodržení *n*.
ein|hämmern *fig.* vtloukat [-louci] do hlavy; **~händig** jednoruký; *Adv.* jednou rukou; jednoruč; **~hängen** zavěšovat [-věsit]; *vgl.* *einhaken*; **~hauen** F rozbí(je)t; (*in Stein*) vytes(áv)at; *s. a. einschlagen*; V (*fressen*) žrát; **~heften** vší(va)t, vstehovat.
einheimisch domácí; **2e(r)** *m/f* domácí obyvatel(ka).
einheiraten *Mann*: přiženívat [-nit] se; *Frau*: přivd(áv)at se.
Einheit *f* jednota; *Math., Phys., Mil.* jednotka; *~s- in Zssgn* jednotkový; **2lich** jednotný; **~lichkeit** *f* jednotnost; **~s·kurzschrift** *f* jednotný těsnopis; **~s·partei** *f* jednotná strana; **~s·preis** *m* jednotná cena; **~s·schule** *f* jednotná škola.
einheizen zatápět [-topit]; *fig.* F *j-m gehörig ~* řádně k-o prohánět [-hnat].
einhellig jednomyslný; **2keit** *f* jednomyslnost, svornost.
ein'her|gehen, ~schreiten vykračovat si *pf*.
ein|holen (*erreichen, nachholen*) do-

hánět [-honit]; (*erwirken*) vyžadovat [-žádat] si; *Auskünfte*: opatřovat [-třit] si; (*abholen*) jít, chodit (*j-n* pro k-o); (*einkaufen*) nakupovat [-koupit]; *Flagge*: stahovat [stáhnout]; *j-s Rat* ~ poradit se s kým; **≈horn** *n* jednorožec *m*; **≈hufer** *m* jednokopytník; **≈hüllen** zahalovat [-lit].

einig jednotný, svorný; jediný; *über et.* (*A*) ~ *sein* shodovat se v čem, být zajedno v (*od.* o) čem; *über et.* (*A*) ~ *werden s. sich einigen*; **~e** někteří (-ré, -rá), několik (*G*); *in ~er Entfernung* opodál; *vor ~er Zeit* nedávno; **~e'mal** několikrát; **~en** sjednocovat [-notit]; *sich* ~ *über et.* (*A*) shodovat [-dnout] se na (*L*). **~er'maßen** nějak, jaksi, poněkud, jakžtakž; **~es** něco (*G*); **≈keit** *f* jednota, svornost; **≈ung** *f* sjednocení *n*; (*Übereinkunft*) dohoda.

ein|impfen: *j-m et.* ~ očkovat k-o čím [na-, v-očkovat k-u co] (*a. fig.*); **~jagen:** *j-m Furcht* (*od. Angst*) ~ nahánět [-hnat] k-u strach; **~jährig** jednoroční; **~kalkulieren** v-, zakalkulovat *pf.*, započít(áv)at; **≈-kammersystem** *n Pol.* jednokomorová soustava; **~kassieren** vyb(í)rat, inkasovat (*im*)*pf.*

Einkauf *m* koupě *f*, nákup; *Einkäufe machen* = **≈en** nakupovat [-koupit].

Einkäufer(in *f*) *m* nákupčí *m*/*f*.

Einkaufs|genossenschaft *f* nákupní družstvo *n*; **~netz** *n* nákupní síťka *f*; **~preis** *m* nákupní cena *f*; **~tasche** *f* nákupní taška; **~zentrum** *n* obchodní centrum.

Einkehr *f* zastavení *n*; (*Insichgehen*) zahloubání *n* (v sebe); **≈en** (*rasten*) zastavovat [-stavit] se; ubytov(áv)at se (*a. fig.*).

ein|keilen vklíňovat [vklínit]; *eingekeilt fig.* vražen(ý); **~kellern** ukládat [uložit] do sklepa; **~kerben** udělat vrub *od.* vroubek, vroubkovat *pf.*; **~kerkern** uvězňovat [-znit]; **~klagen** soudně vymáhat [-moc]; **~klammern** dá(va)t do závorek; **≈klang** *m Mus.* souzvuk; *fig. in* ~ *bringen* srovn(áv)at; *im* ~ *stehen* shodovat se; **~kleben** vlepovat [-pit]; **~kleiden** oblékat [-léci]; *Rel.* přijímat [-jmout] do řádu; **~klemmen** při-, u-skřipovat [-skřípnout] (si); **~klinken** *v/t* zavírat [-vřít] na kliku; **~knicken** *v/t* (*anbrechen*) nalamovat [-lomit]; (*biegen*) zahýbat [-hnout]; *v/i* (*Knie*) klesat [-snout]; **~kochen** *v/t* zavařovat [-řit]; *v/i* svařovat [-řit] se.

Einkommen *n* příjem *m*, důchod *m*; **~steuer** *f* daň z příjmu; důchodová daň; **~s·verhältnisse** *n/pl.* příjmové poměry *m/pl.*

einkreis|en obkličovat [-klíčit], svírat [sevřít]; **≈ung** *f* obklíčení *n*, sevření *n*.

Einkünfte *pl.* příjmy *m/pl.*, důchody *m/pl.*

einkuppeln zasunovat [-nout] (*od.* zapínat [-pnout]) spojku.

einlad|en *Lasten*: nakládat [-ložit]; *Gäste*: zvát [pozvat]; **~end** lákavý, vábný; **≈ung** *f* pozvání *n*.

Ein|lage *f* vložka; (*im Brief*) příloha; (*Geld≈*) vklad *m*; **≈lagern** uskladňovat [-nit]; **~laß** *m* vstup; *Tech.* vtok, vpust; ~ *begehren* [po]žádat o vstup; ~- *in Zssgn mst* vpouštěcí; **≈lassen** vpouštět [vpustit]; *Wasser*: napouštět [-pustit]; *sich in et.* (*A*) ~ pouštět [pustit] se do č-o; *sich in ein Gespräch* ~ dá(va)t se do hovoru; *sich auf et.* (*A*) ~ přistupovat [-stoupit] na co; *sich mit j-m* ~ začí(na)t s kým.

Einlaß|karte *f* vstupenka; **~ventil** *n* (*Auto*) sací ventil *m*.

Einlauf *m* (*Eingang*) vchod; *Mar.* vplutí *n* (do přístavu); *Med.* klystýr; **≈en** (*hin~*) vbíhat [vběhnout]; (*einfließen*) vtékat [vtéci]; (*Schiff, Zug*) vjíždět [vjet]; (*Stoff*) srážet [srazit] se; *sich* ~ *Tech.* zabíhat [-běhnout] se; *vgl. eingehen.*

einläuten vyzvánět [-zvonit].

einleben: *sich* ~ vží(va)t se.

einlege|n (*hineintun*) vkládat [vložit]; (*konservieren*) nakládat [naložit]; *Berufung*: odvol(áv)at se; *Protest*: protestovat *pf.*, ohrazovat [ohradit] se; *für j-n ein gutes Wort* ~ přimlouvat [-mluvit] se za k-o; *eingelegt Arbeit*: vykládaný; *Kochk.* nakládaný; **≈arbeit** *f* vykládání *n*, inkrustace *f*; **≈sohle** *f* vložka (do bot).

einleit|en (*einführen*) zavádět [-vést]; (*beginnen*) zahajovat [-hájit] (*a. Jur.*); *ein Buch* ~ psát [napsat] úvod ke knize; **~end** úvodní; **≈ung** *f* zavedení *n*; *Jur.* zahájení *n*; (*Vorwort*) úvod *m*, předmluva.

ein|lenken *fig.* povolovat [-lit],

[u]mírnit se; **~leuchten** být zřejmý, být jasný; ~*d* zřejmý, jasný.
einliefer|n dod(áv)at; *Häftling, Patienten*: přivádět [-vést]; **2ung** *f* dodání *n*; přivedení *n*; **2ungsschein** *m* dodací list.
ein|liegend vložený; *Adv.* v příloze; **~lochen** P zamykat [-mknout].
einlös|en *Pfand*: vyplácet [-platit]; *Wechsel*: zaplácet [-platit]; *Versprechen*: dostá(va)t (slibu); **2en** *n*, **2ung** *f* výplata; zaplacení *n*; (*Versprechen*) splnění *n*.
einmach|en (*konservieren*) zavařovat [-řit]; **2glas** *n* zavařovací sklenice *f*.
einmal jednou, jedenkrát; *auf* ~ najednou; (*doch, mal*) kdysi, jednou; *nicht* ~ ani; *es ist nun* ~ *so* to už není jinak; es *war* ~ (*in Märchen*) byl jednou jeden; *sagen Sie* ~ povězte; **~ig** jediný; jednorázový.
Ein'mann- jednomužný, dopravovaný (*od.* obsluhovaný) jednou osobou; **~wagen** *m* autobus bez průvodčího.
Einmarsch *m* příchod, vtáhnutí *n*, vtažení *n*; **2ieren** [v]táhnout.
Ein|master *m Mar.* jednostěžník; **2mauern** zazdí(va)t; **~mieten** *Kartoffeln*: [z-, za]krechtovat; *sich* ~ ubytov(áv)at se; **~mischen** vměšovat [vmísit] (*sich* se); **~monatig** (jedno)měsíční; **~motorig** jednomotorový.
einmünd|en [vy]ústit (*a. fig.*); vtékat [vtéci]; **2ung** *f* ústí *n*, vtok *m*, vyústění *n* (*a. fig.*).
einmütig jednomyslný; **2keit** *f* jednomyslnost.
einnähen vší(va)t, zaší(va)t.
Einnahme *f* příjem *m*; *Mil.* dobytí *n*; **~quelle** *f* zdroj *m* příjmů.
einnehmen *Geld*: [s-, u]tržit; *Steuer*: vyb(í)rat; *Arznei*: uží(va)t; *Mahlzeit*: [po]jíst; *Mil.* dobý(va)t (*G*); *Raum*: zaujímat [-jmout], zab(í)rat; *Platz* ~ sedat [-dnout] si; *fig. j-n für* (*A*) ~ získ(áv)at k-o pro (*A*); **~d** milý, příjemný.
ein|nicken usínat [usnout]; **~nisten:** *sich* ~ zahnizďovat [-hnízdit] se (*a. fig.*); **2öde** *f* pustina, samota; **~ölen** [na]mazat olejem.
ein·ordn|en v-, za-řaďovat [-řadit] (*sich* se); **2en** *n*, **2ung** *f* zařazení *n*.
ein|packen zabalovat [-lit]; *fig.* P klidit se *pf.*; **~passen** vpravovat [vpravit]; **~pflanzen** zasazovat [-sadit, -sázet]; *fig.* vštěpovat [vštípit]; **~planen** naplánovat *pf.*; **~pökeln** nasolovat [-lit]; *fig.* P *du kannst dich* ~ *lassen* nestojíš za nic; **~polig** *El.* jednopólový; **~prägen** vyrážet [-razit]; (*einschärfen*) vštěpovat [vštípit] (*sich* si *D*); **~pressen** v(y)tiskovat [-knout], vlisovat *pf.*
einquartier|en ubytov(áv)at (*sich* se); **2ung** *f* ubytování *n*.
ein|rahmen [za]rámovat; *fig.* [o]vroubit; **~rammen** [za]beranit; **~rasten** *v/i* zapadat [-dnout]; **~räumen** (*unterbringen, hineinstellen*) umísťovat [-stit], postavovat [-stavit]; *Wohnung*: zařizovat [-řídit]; *fig.* (*zugestehen*) přizn(áv)at; *Kredit*: poskytovat [-tnout]; **~rechnen** započít(áv)at.
Einrede *f* námitka; **2n:** *j-m et.* ~ namlouvat [-mluvit] k-u co; *auf j-n* ~ domlouvat [-mluvit] k-u.
einregnen: *es regnet sich ein* nastává deštivé počasí.
einreib|en vtírat [vetřít]; (*mit et.* natírat [-třít] (*I*); **2ung** *f* v-, natírání *n*; (*Mittel*) mazání *n*.
ein|reichen pod(áv)at; [za]žádat o (*L*); **~reihen** za-, v-řaďovat [-řadit] (*sich* se); **~reihig** jednořadový.
Einreise *f* příjezd *m*; **~bewilligung** *f*, **~erlaubnis** *f*, **~genehmigung** *f* povolení *n* příjezdu; **2n** prijíždět [-jet].
ein|reißen *v/t* natrhávat [-hnout, -hat] (*v/i* se); *v/i fig.* [roz]šířit se; **~renken** vpravovat [vpravit] do kloubu; *fig.* F napravovat [-pravit].
einricht|en napravovat [-pravit]; (*Wohnung, a. zustande bringen*) zařizovat [-řídit]; (*gründen*) zřizovat [zřídit]; *sich häuslich* ~ zařídit se po domácku; *sich* ~ *auf* (*A*) připravovat [-pravit] se na (*A*); **2er** *m Tech.* seřizovač; **2ung** *f* zařízení *n*; (*Wohnungs2*) nábytek *m*.
ein|ritzen vyrý(va)t, veškrábat *pf.*; **~rollen** svíjet [svinout]; **~rosten** [z]rezavět (*a. fig.*); **~rücken** *v/t Tech.* zasunovat [-nout], zapínat [-pnout]; *Anzeige*: dá(va)t; *Typ.* zařaďovat [-řadit]; *v/i Mil.* dostavovat [-stavit] se; **~rühren** v-, za-míchat *pf.*
eins jeden; *s. ein*; *es ist* ~ je jedna (hodina); ~ *sein* být zajedno; ~ *werden* shodovat [-dnout] se; *j-m* ~ *geben* dá(va)t k-u ránu; *noch* ~

trinken vypí(je)t ještě jednu (sklenici).

Eins *f* jednička.

einsalzen nasolovat [-lit].

einsam osamělý, samotný; **2keit** *f* osamělost, samota.

einsammeln sbírat [sebrat].

Einsatz *m* (*eingesetztes Stück*) vložka *f*; (*Blusen2 usw.*) záložka *f*; (*Spiel, Wette*) sázka *f*; (*Verwendung*) použití *n*; (*Mittel, Kräfte, Truppen*) nasazení *n* (*a. Mus.*); *unter ~ aller Kräfte* s použitím všech sil; *unter ~ des Lebens* s nasazením života; **2-bereit** pohotový k použití, pohotový zasadit se.

ein|säuern *Kochk.* naložit [nakládat] do octa; **~saugen** vsá(va)t (*a. fig.*); **~säumen** [o]lemovat; **~schalten** zasunovat [-nout]; *El.* zapínat [-pnout], zapojovat [-jit]; (*einfügen*) vkládat [vložit], vsunovat [-nout]; (*eingliedern*) začleňovat [-členit]; **~schärfen** vštěpovat [vštípit], nakazovat [-kázat].

einschätz|en odhadovat [-dnout], oceňovat [ocenit]; **2ung** *f* odhad *m*, ocenění *n*.

ein|schenken nalévat [-lít]; *fig. j-m reinen Wein ~* povídat [-vědět] k-u čistou pravdu; **~schichtig** jednosměnový, jednosměnný; **~schicken** zas(i)lat; **~schieben** vsunovat [-nout]; **~schießen** *Fenster*: prostřelovat [-lit]; *Gewehr*: zastřelovat [-střílet] (*sich* se).

einschiff|en nakládat [naložit] na loď; *sich ~* vstupovat [vstoupit] na loď; **2ung** *f* naloďování *n*, nalodění *n*; vstupování *n* na loď.

ein|schlafen usínat [usnout] (*a. fig.*); (*Glieder*) [za]brnět; **~schläfern** usp(áv)at (*a. fig.*); **~d** uspávací.

Einschlag *m* (*e-s Geschosses*) dopad; (*Blitz2*) úder; (*am Kleid*) záložka *f*; (*Weberei*) útek; *Forstw.* porub; *vgl. Zusatz, Beimischung*; **2en** *v/t Nagel*: zatloukat [-tlouci]; (*zerstören*) rozbí(je)t; *Fenster*: vyrážet [-razit]; (*einwickeln*) zabalovat [-lit]; *Weg*: dá(va)t se (*I*); *Laufbahn*: [z]volit; *Kleid*: zakládat [založit]; *v/i ~ auf* (*A*) bít, udeřit [uhodit] (*A*) (*a. Blitz*); (*Geschoß*) dopadat [-dnout]; (*Erfolg haben*) mít úspěch.

ein|schlägig příslušný; **~schleichen:** *sich ~* [v]loudit se (*a. fig.*); **~schleppen** zavléci [-lékat].

einschließ|en zavírat [-vřít], svírat [sevřít]; *Mil.* obkličovat [-klíčit]; *fig.* pojímat [-jmout], zahrnovat [-nout]; *eingeschlossen* (*A*) = **~lich** (*G*) včetně (*G*).

Ein|schluß *m Min.* uzavřenina *f*; *mit* (*od. unter*) *~* (*G*) s (*I*), včetně (*G*); **2schmeicheln:** *sich bei j-m ~* vlichocovat [-chotit] se k-u; **~d** lichotný; **2schmelzen** roztavovat [-tavit]; **2schmieren** [na]mazat; **2schmuggeln** [v]pašovat (*a. fig.*); **2schnappen** zapad(áv)at [-dnout]; *fig.* F (*übelnehmen*) zazlívat, mít za zlé; *er ist eingeschnappt* je uražen(ý); **2schneiden** zařezávat [-říznout, -řezat]; (*mit der Schere*) zastřihovat [-střihnout, -stříhat]; **~d** *fig.* pronikavý; **2schneien** *v/t* zasněžovat [-žit]; *v/i* zapad(áv)at [-dnout] sněhem; *eingeschneit* zasněžený; **~schnitt** *m* zářez, zástřih; (*Kerbe*) vrub, vroubek; *fig.* mezník.

einschränk|en omezovat [-zit]; *sich ~* uskrovňovat [-vnit]; **2ung** *f* omezení *n*; uskrovnění *n*.

einschrauben zašroubo(vá)vat.

Einschreib|(e)brief *m* doporučený dopis; **~e·gebühr** *f* zápisné *n*; (*Post*) doporučné *n*; **2en** zapisovat [-psat] (*sich* se); *~ lassen Brief*: doporučovat [-čit], rekomandovat (*im*)*pf.*; *~!* doporučeně!; **~ung** *f* zápis *m*.

einschreiten zakročovat [-čit].

einschüchter|n zastrašovat [-šit], nahánět [-hnat] strachu (*D*); **2ung** *f* zastrašování *n*, zastrašení *n*.

einschul|en přikazovat [-kázat] škole; **2ung** *f* přiškolení *n*.

Einschuß(**öffnung** *f*) *m* otvor proražený kulkou.

einschütten nasyp(áv)at; (*eingießen*) v-, na-lí(va)t.

einsegn|en *s.* (*ein*)*weihen*; konfirmovat (*im*)*pf.*; **2ung** *f* konfirmace.

ein|sehen (*sehen können, überblicken*) vidět; *Akten usw.*: nahlížet [-hlédnout] do (*G*); (*begreifen*) uzn(áv)at; *ein 2 haben* mít uznání; **~seifen** namydlit *pf.*

einseitig jednostranný; **2keit** *f* jednostrannost.

einsend|en po-, za-s(i)lat; **2er**(**in** *f*) *m* zasílatel(ka); **2ung** *f* zas(i)lání *n*.

einsetz|en zasazovat [-sadit, -sázet], vsazovat [vsadit]; (*als Erben*) ustanovovat [-novit] (*I*); (*in ein Amt*) dosazovat [-sadit]; *Mil.* pos(i)lat do boje; *Kraft, Leben*: nasazovat [-sadit]; *v/i Mus.* spouštět [spustit]; (*eintreten*) nast(áv)at; *sich für j-n* (*od.* et.) ~ zasazovat [-sadit] se o k-o (*od.* co); 𝔖**ung** *f* zasazení *n*; ustanovení *n*; *s. a. Einsatz.*

Einsicht *f* (*Einblick*) nahlédnutí *n*; (*Vernunft*) rozum *m*; ~ *haben* mít uznání; *zur* ~ *gelangen* nabý(va)t rozumu; *s. einsehen*; 𝔖**ig** rozumný; *a.* = 𝔖**s·voll** rozvážný.

einsickern vsakovat [vsáknout].

Einsiedler *m* poustevník; 𝔖**isch** poustevnický; ~**krebs** *m Zo.* poustevníček mořský.

ein|silbig jednoslabičný (*a. fig.*); ~**sinken** zapadat [-dnout]; ~**spannen** zapřahat [-přáhnout] (*a. fig.*); *Tech.* na-, u-pnout [-pínat]; 𝔖**spänner** *m* jednospřežný vůz; ~**sparen** [u]šetřit; ~**sperren** zavírat [-vřít]; ~**spielen** obehrá(va)t; *sich* ~ [vy-] cvičit se ve hře; *sie sind gut aufeinander eingespielt* jsou dobře sehráni; ~**springen**: *für j-n* ~ zastupovat [-stoupit], zaskakovat [-skočit] k-o.

einspritz|en [na]kropit; *Med.* vstřikovat [vstříknout, vstříkat]; 𝔖**motor** *m* vstřikový motor; 𝔖**pumpe** *f* vstřikovací čerpadlo *n*; 𝔖**ung** *f* injekce, vstřikování *n*, vstříknutí *n*.

Einspruch *m* námitka *f*; ~ *erheben* ohrazovat [-radit] se (*gegen A* proti *D*).

einspurig *Esb.* jednokolejný; *Fahrzeug*: jednostopý; *Straße*: jednoproudový.

einst (*vormals*) kdysi, jednou; (*künftig*) někdy, jednou.

ein|stampfen našlapovat [-pat]; (*vernichten*) dá(va)t do stoupy; 𝔖**stand** *m* ručení *n*; *Sp.* rovnost *f* bodů; ~**stechen** zapichovat [-píchnout, -píchat]; ~**stecken** *v/t* zastrkovat [-strčit, -strkat]; *v/i* P (*hinnehmen*) snášet [snést], [s]trpět; ~**steigen** vstupovat [vstoupit]; (*Dieb*) vloup(áv)at se; *Esb.* 𝔖! nastupte!

einstell|en *v/t* (*unterbringen*) stavět [postavit]; *Maschine*: nařizovat [-řídit]; *Radio*: [na]ladit; *Fot. usw.* (*Schärfe*) zaostřovat [-třit]; *Arbeiter*: přijímat [-jmout]; (*aufhören*) zastavovat [-stavit]; et. ~ *auf* (*A*) upravovat [-vit] co pro (*A*); *demokratisch eingestellt sein* smýšlet demokraticky; *auf j-n eingestellt sein* být určen pro (*A*); *gegen j-n eingestellt sein* nepřát k-u; *v/r sich* ~ (*kommen*) dostavovat [-stavit] se; ~**ig** *Math.* jednomístný; 𝔖**ung** *f* na-, se-řízení *n*, (na)ladění *n*; přijetí *n*; zastavení *n*; stanovisko *n*, postoj *m*; (*beim Filmen*) záběr *m*.

Einstieg *m* (*Tür*) vstupní dveře *f/pl.*; ~**luke** *f* vstupní otvor *m*.

einstimmig *Mus.* jednohlasný; *fig.* jednomyslný; 𝔖**keit** *f* jednohlasnost; jednomyslnost.

einst|malig, ~**mals** *s. einst.*

ein|stöckig jednopatrový; ~**stoßen** zatloukat [-tlouci], vyrážet [-razit]; ~**streichen** *fig.* shrab(ov)at [shrábnout]; ~**streuen** nasyp(áv)at; *fig.* vplétat [vplést]; ~**strömen** vproudit *pf.*, vtékat [vtéci]; ~**studieren** [na]studovat; ~**stufen** zařaďovat [-řadit]; ~**stufig** jednostupňový.

Ein|sturz *m* sesutí *n*, zřícení *n*; 𝔖**stürzen** [z]bořit se, sesou(va)t se.

einstweil|en (pro)zatím; ~**ig** (pro-) zatímní; ~*e Verfügung Jur.* prozatímní opatření *n*.

ein|tägig jednodenní; 𝔖**tagsfliege** *f Zo.* jepice obecná; ~**tauchen** *v/t* ponořovat [-řit]; *Feder*: namáčet [-močit]; *v/i* potápět [-topit] se; ~**tauschen** vyměňovat [-měnit] si (*gegen A* za *A*).

einteil|en rozdělovat [-lit] (*in A* na *A*); ~**ig** jednodílný, jednoduchý; 𝔖**ung** *f* rozdělení *n*, rozvržení *n*.

eintönig jednotvárný; 𝔖**keit** *f* jednotvárnost.

Ein|tracht *f* svornost; 𝔖**trächtig** svorný; ~**trag** *m s. Eintragung*; 𝔖**tragen** zapisovat [-psat]; *s. einbringen, eingetragen*; 𝔖**träglich** výnosný; ~**tragung** *f* zápis *m*, záznam *m*; 𝔖**träufeln** nakap(áv)at.

eintreff|en (*zu Fuß*) přicházet [přijít]; (*fahrend*) přijíždět [-jet]; *Flgw.* přilétat [-letět]; *Nachrichten*: docházet [dojít]; (*sich erfüllen*) splňovat [splnit] se; 𝔖**en** *n* příchod *m*; příjezd *m*; splnění.

ein|treiben *Nagel*: zatloukat [-tlouci]; *Vieh*: přihánět [-hnat]; *Schulden*: vymáhat [-moci]; ~**treten** *v/i* (*hin*~) vstupovat [-toupit] (*a. fig.*); (*sich ereignen*) nast(áv)at; *für j-n* ~ zast(áv)at se k-o (*G*); *v/t* (*in die Erde*) zašlap(áv)at; (*neue Schuhe*) rozšlapávat [-šlápnout, -šlapat]; (*Dorn usw.*) vrážet [vrazit] (*sich D*

si); **≈tritt** *m* vstup; (*das Kommen*) příchod.
Eintritts|karte *f* vstupenka; **~preis** *m* vstupné *n*.
ein|trocknen *v/i* vysychat [vyschnout]; **~üben** nacvičovat [-čit]; **~verleiben** vtělovat [-lit]; *sich* et. ~ osvojovat [-jit] si co; **≈vernehmen** *n* shoda *f*; *sich mit j-m ins ~ setzen* dorozumívat [-mět] se s kým; **~verstanden**: *~ sein* souhlasit *pf*. (*mit* s *I*); *~!* souhlasím!; **≈verständnis** *n* dohoda *f*, shoda *f*, souhlas *m*; **~wachsen¹** v-, zarůs(ta)t; **~wachsen²** *Fußboden usw.*: napouštět [-pustit] voskem, [na-] voskovat.
Einwand *m* námitka *f*; *~ erheben* učinit námitku.
Einwand|erer *m*, **~(r)erin** *f* přistěhovalec (-lkyně); **≈ern** [při]stěhovat se; **~erung** *f* přistěhování *n*.
einwandfrei bezvadný.
ein|wechseln vyměňovat [-měnit] (*gegen A* za *A*); **~wecken** zavařovat [-řit]; **≈weckglas** *n* zavařovací sklenice, zavařovačka *f*; **≈wegflasche** *f* nevratná láhev; **~weichen** namáčet [-močit].
einweih|en zasvěcovat [-světit]; *Rel.* vysvěcovat [-větit]; *fig.* F *ein neues Kleid ~* mít šaty po prvé na sobě; **≈ung** *f* vysvěcení *n*.
ein|weisen *s. anleiten, einführen, einliefern*; nařídit *pf*. umístění; **~wenden** namítat [-tnout]; *ich habe nichts dagegen einzuwenden* nemám nic proti tomu; **~werfen** *Fenster usw.*: vytloukat [-tlouci]; (*hin~*) vhazovat [vhodit, vházet]; *fig. s. einwenden*; (*bemerken*) prohazovat [-hodit].
einwertig *Chem.* jednomocný.
einwickel|n zabalovat [-lit]; *sich ~* (*in A*) zahalovat [-lit] se (*I*, do *G*); F *sich ~ lassen* nech(áv)at se obalamutit; **≈papier** *n* balicí (*od.* obalový) papír.
einwillig|en svolovat [-lit] (*in A* k *D*); **≈ung** *f* svolení *n*.
einwirk|en (*auf A*) [za]působit, mít vliv(na *A*); **≈ung** *f* působení *n*, vliv *m*.
Einwohner|(in *f*) *m* obyvatel(ka); **~schaft** *f* obyvatelstvo *n*.
Einwurf *m Sp.* vhození *n*; (*Öffnung*) otvor; *fig. s. Einwand, Bemerkung*.
Einzahl *f Gr.* jednotné číslo *n*.
einzahl|en vplácet [vplatit], [zaplatit; **≈er(in** *f*) *m* vplátce *m*; **≈ung** *f* v-, za-placení *n*.
einzäun|en ohrazovat [-radit] plotem, oplocovat [-lotit]; **≈ung** *f* ohrazení *n* plotem; (*Zaun*) oplocení *n*, ohrada.
Einzel *n* (*Tennis*) dvouhra *f*, singl *m*; **~fall** *m* jednotlivý případ; **~gänger** *m* samotář; **~haft** *f* samovazba; **~handel** *m* maloobchod; **~heit** *f* jednotlivost; *sich auf ~en einlassen* pouštět [pustit] se do jednotlivostí; **~kabine** *f* jednolůžková kajuta.
einzeln *Adj.* jednotlivý; *Adv.* = *im ~en* jednotlivě.
Einzel|person *f* jednotlivec *m*, jedinec *m*; **~stück** *n* (jednotlivý) kus; **~teil** *n* jednotlivá část; *Tech. a.* součást *f*; **~verkauf** *m* prodej v malém (*od.* drobném); **~wesen** *n* jedinec *m*; **~zimmer** *n* jednolůžkový pokoj.
einziehen *v/t* vtahovat [vtáhnout]; *Faden usw.*: navlékat [-vléci]; (*einsetzen*) vsazovat [vsadit]; (*einatmen*) vdechovat [-chnout]; (*einsaugen*) nasá(va)t; *Geld, Schwanz, Flagge*: stahovat [stáhnout]; *Beine*: [s]krčit; *Steuer*: vyb(í)rat; (*beschlagnahmen*) zabavovat [-bavit]; *Mil. Rekruten*: povol(áv)at; *Erkundigungen über j-n ~* vyptá(va)t se na k-o; *v/i* (*einrücken*) [v]táhnout; (*Mieter*) [při]stěhovat se (*in e-e Wohnung* do bytu; *bei j-m* ke k-u); (*beginnen*) nast(áv)at.
einzig jediný; *ein ~er* jen jeden; *kein ~er* ani jeden; *~ und allein* samojediný; **~artig** jedinečný.
Ein'zimmerwohnung *f* jednopokojový byt.
Einzug *m* (*zu Fuß*) příchod; (*mit Wagen*) vjezd; (*in e-e Wohnung*) přistěhování *n*; (*Beginn*) začátek; (*der Steuern*) vyb(í)rání *n*.
Eipulver *n* vaječný prášek.
Eis *n* led *m*; (*Speise≈*) zmrzlina *f*; *~- in Zssgn* ledový; ledovitý, ledovatý; *fig.* F *auf ~ legen* odkládat [odložit]; **~bahn** *f* kluziště *n*; **~bär** *m* lední medvěd; **~bein** *n* vepřové kolínko; **~berg** *m* ledovec, ledová hora; **~beutel** *m* ledový obklad; **~block** *m* ledový balvan; **~blume** *f* ledový květ; **~brecher** *m Mar.* ledo-

borec; **~decke** *f* ledový povlak; **~diele** *f* zmrzlinárna.

Eisen *n* železo; F *fig. zwei ~ im Feuer haben* mít dvě želízka v ohni; *zum alten ~ werfen* házet [hodit] do starého železa.

Eisenbahn *f* železnice, dráha; *vgl. a. Bahn*; *~- in Zssgn mst* železniční; *fig.* F *höchste ~* (je) nejvyšší čas; **~abteil** *n* oddělení ve vlaku; **~damm** *m* železniční násep; **~er** *m* železničář; **~fahrplan** *m* železniční jízdní řád; **~netz** *n* železniční síť *f*; **~strecke** *f* železniční trať; **~überführung** *f* železniční nadjezd *m*; **~unglück** *n* nehoda *f* (*od.* neštěstí) na dráze; **~unterführung** *f* železniční podjezd *m*; **~verbindung** *f* železniční spojení *n*; **~verkehr** *m* železniční doprava *f*; **~wagen** *m* železniční vůz; **~zug** *m* vlak.

Eisen|bergwerk *n* železný důl; **~beschlag** *m* železné kování; **~beton** *m* železobeton; *~- in Zssgn* železobetonový; **~blech** *n* železný plech; **~erz** *n* železná ruda; **~gießerei** *f* slévárna železa; **≗haltig** železitý; **~handlung** *f s. Eisenwarengeschäft*; **≗hart** tvrdý jako železo; **~hütte** *f* železárna, železná huť; **~industrie** *f* železářský průmysl; **~träger** *m* železný nosič; **~waren** *f/pl.* železné zboží; **~warengeschäft** *n* obchod *m* (se) železným zbožím; **~werk** *n* železárna *f*; **~zeit** *f* železný věk, železná doba.

eisern železný (*a. fig.*).

eis|frei bez ledu, prost(ý) ledu; **≗gang** *m* odchod ledu; **~gekühlt** mrazivě (*od.* ledově) studený, mrazivý; **≗glätte** *f* náledí *n*; **≗heilige** *m/pl.* ledoví muži; **≗hockey** *n* lední hokej.

eisig ledový (*a. fig.*).

Eis|kaffee *m* mražená káva; **≗kalt** studený jako led, ledový; **~keller** *m* lednice *f*; **~kruste** *f* ledov(at)ka; **~kunstlauf** *m* krasobruslařství *n*; **~lauf** *m* bruslení *n*; **~läufer(in** *f*) *m* bruslař(ka); **~maschine** *f* stroj *m* na výrobu ledu *od.* zmrzliny; **~meer** *n* Ledové moře; **~pickel** *m* horolezecký špičák, cepín; **~regen** *m* zmrzlý déšť; **~schnellauf** *m* rychlobruslařství *n*, rychlobruslení *n*; **~scholle** *f* ledová kra; **~schrank** *m* lednička *f*; **~sport** *m* lední sport; **~verkäufer** *m* zmrzlinář; **~vogel** *m* *Zo.* ledňáček; **~würfel** *m* ledová kostka; **~zapfen** *m* rampouch; **~zeit** *f* ledová doba.

eitel (*eingebildet*) marnivý; (*nichtig*) marný; (*lauter*) pouhý; **≗keit** *f* marnivost.

Eiter *m* hnis; **~beule** *f*, **~geschwulst** *f* nádor *m*, vřed *m*.

eit(e)rig hnisavý.

eiter|n podbírat [-debrat] se, [z]hnisat; *~d* hnisající; **≗ung** *f* hnisání *n*.

Eiweiß *n* bílek *m*; **≗haltig** bílkovitý; **~stoff** *m* bílkovina *f*.

Eizelle *f Med.* buňka vaječná.

EKD *Abk. für Evangelische Kirche in Deutschland* Evangelická církev v Německu.

Ekel[1] *m* ošklivost *f*, hnus *m* (*vor D* z *G*); *~*[2] F *n* (*Person*) protiva *m/f*; **≗haft** hnusný, protivný, odporný; **≗n:** *sich ~ vor* (*D*) [z]ošklivit si (*A*); *es ekelt mich od. mir* ošklivi se mi.

EKG *Abk. für Elektrokardiogramm* elektrokardiogram.

eklig *s. ekelhaft.*

Ek'stase *f* vytržení *n*, ekstáze.

Ek'zem *n Med.* ekzém *m*, lišej *m*.

E'lan *m* nadšení *n*, elán.

e'lasti|sch pružný, elastický; **≗zi'tät** *f* pružnost.

Elch *m Zo.* los.

Ele'fant *m* slon; *~en- in Zssgn* sloní, slonový.

ele'gan|t elegantní, vkusný; **≗z** *f* elegance, uhlazenost.

Ele'g|ie *f* elegie, žalozpěv *m*; **≗isch** [-'le:-] elegický, žalostivý.

elektrifi'zier|en [z]elektrifikovat; **≗ung** *f* elektrifikace.

E'lek|triker *m* elektrikář, elektromontér; **≗trisch** elektrický; **≗e** F *f* elektrika; **≗tri'sieren** elektrizovat (*im*)*pf.*

Elektrizi'tät *f* elektřina; **~s·werk** *n* elektrárna *f*.

Elek'trode *f* elektroda.

E'lektro|karren *m* elektrický vozík; *~'lyse* *f* elektrolýza; **~motor** *m* elektromotor.

Elek'tron *n* elektron *m*; *~en- in Zssgn* elektronový; **~enrechner** *m* samočinný (*od.* elektronický) počítač; **~enröhre** *f* elektronka.

E'lektro|schock *m* elektrický šok; **~techniker** *m* elektrotechnik; **~therapie** *f* elektroterapie, elektroléčba.

Ele'ment *n Phys.* (galvanický) člá-

nek *m*; *Chem.* prvek *m*; (*Naturgewalt*) živel *m*; **~e** *n/pl.* (*Anfangsgründe*) začátky *m/pl.*
elemen'tar elementární; **≈schule** *f* elementární škola; **≈teilchen** *n Phys.* elementární částice *f.*
elend bídný.
Elend *n* bída *f*; **~s·viertel** *n* čtvrť *f* chudých.
elf jedenáct.
Elf[1] *f* jedenáctka.
Elf[2] *m* elf, skřítek; **~e** *f* víla, rusalka.
Elfenbein *n* slonová kost, slonovina *f*; **~-** *in Zssgn* ze slonové kosti.
elf|fach jedenáctkrát; **~jährig** jedenáctiletý; **≈'meter** *m* jedenáctimetrový kop, F jedenáctka *f.*
elfte jedenáctý; **≈l** *n* jedenáctina *f*; **~ns** za jedenácté.
E'lite *f* elita, výkvět *m.*
Ellbogen *m* loket; **~-** *in Zssgn* loketní.
Elle *f* loket *m*; **≈nlang** dlouhý jako loket; *fig.* sáhodlouhý.
El'lip|se *f* elipsa; **≈senförmig, ≈tisch** eliptický.
Elster *f Zo.* straka *f*; *s. diebisch.*
elterlich rodičovský, rodičů.
Eltern *pl.* rodiče *m/pl.*; **~beirat** *m* rodičovská rada; **~haus** *n* rodný dům; **~liebe** *f* láska rodičů; **≈los** osiřelý, bez rodičů; **~teil** *m* jeden z rodičů.
E'mail *n*, **~le** *f* smalt *m*, email *m*; **≈'lieren** smaltovat, emailovat (*im*)*pf.*
Emanzi|pati'on *f* emancipace; **≈'pieren** emancipovat (*im*)*pf.*
Em'bargo *n* embargo.
Em'blem *n* emblém *m.*
Embo'lie *f Med.* embolie.
Embryo *m* enbryo *n*, zárodek.
emeri'tiert emeritní, ve výslužbě.
Emi'gr|ant(in *f*) *m* vystěhovalec (-lkyně), emigrant(ka); **≈ieren** [vy]stěhovat se, emigrovat (*im*)*pf.*
emi'nen|t znamenitý, vynikající, eminentní; **≈z** *f Rel.* eminence.
Emis'sion *f* emise.
emit'tieren dá(va)t do oběhu; *Hdl.* emitovat *pf.*
emp'fahl *s. empfehlen.*
emp'fand *s. empfinden.*
Emp'fang *m* příjem, přijetí *n*; (*Radio*) poslech; (*Begrüßung*) uvítání *n*; **≈en** přijímat [-jmout]; [u]vítat; (*schwanger werden*) otěhotnět *pf.*, *Bibl.* počít *pf.*
Emp'fäng|er *m* příjemce *m*; (*Radio*) přijímač *m*; **≈lich** přístupný (*für A* č-u *D*); *Med.* náchylný k č-u (*D*); **~lichkeit** *f* přístupnost, náchylnost.
Emp'fängnis *f* početí *n*; *fig.* vnímání *n*; **~verhütung** *f* zabránění *n* otěhotnění; **~verhütungsmittel** *n* prostředek *m* proti otěhotnění.
Emp'fangs|apparat *m* (*Radio*) přijímač; **≈berechtigt** oprávněný přijímat [-jmout] (*A*); **~bescheinigung** *f*, **~bestätigung** *f* stvrzenka; **~chef** *m* ředitel; **~tag** *m* přijímací den; **~zimmer** *n* přijímací pokoj *m.*
emp'fehl|en doporučovat [-čit]; *sich* ~ (*sich verabschieden*) poroučet se, (*weggehen*) odcházet [odejít]; *es empfiehlt sich* je záhodno *od.* radno; **~enswert** hodný (hoden) doporučení, doporučitelný; **≈ung** *f* doporučení *n*; (*Gruß*) poručení *n*; **~s-** *in Zssgn* doporučovací.
emp'find|en cítit, pociťovat [-cítit]; **~lich** citlivý, citelný; **≈lichkeit** *f* citlivost, citelnost; **~sam** citový, citlivý; **≈samkeit** *f* citovost; **≈ung** *f* pocit *m*, vjem *m.*
emp'findungslos bezcitný; **≈igkeit** *f* necitelnost.
Emp'findungsvermögen *n* citelnost *f.*
emp'fing *s. empfangen.*
emp'fohlen doporučitelný, doporučený; *s. empfehlen.*
Em'pha|se *f* důraznost; **≈tisch** důrazný, pat(h)etický.
emp'funden *s. empfinden.*
em'por vzhůru; **~arbeiten:** *sich* ~ (*zu*) úspěšně se dopracov(áv)at(č-o), F dotahovat [-táhnout] to (na co); **~blicken** vzhlížet [vzhlédnout].
em'pören po-, buřovat [-bouřit]; *sich* ~ [vz]bouřit se; *empört sein über* (*A*) být rozhořčen (*I*); **~d** pohoršlivý; *das ist einfach* ~! to už přestává všechno!
em'por|fliegen vylétat [-letět]; **~kommen** *fig.* vzmáhat [vzmoci] se; **≈kömmling** *m* povýšenec; **~ragen** čnít (*od.* strmět) do výše; *fig.* vynikat [-knout] (*über A* nad *I*); **~schwingen:** *sich* ~ vyšvihovat [-hnout] se; **~steigen** vystupovat [-stoupit].
Em'pörung *f* rozhořčení *n*; (*Aufruhr*) vzpoura.
emsig horlivý, přičinlivý; **≈keit** *f* horlivost, přičinlivost.
Emulsi'on *f* emulze; *Fot.* citlivá vrstva.

End|bahnhof *m* konečná stanice, konečné nádraží; **~betrag** *m* konečná částka; **~buchstabe** *m* koncové (*od.* poslední) písmeno.

Ende *n* konec *m*; (*Rand*) okraj *m*; (*Stück*) kousek *m*; ~ *April* koncem dubna; ~ *der Welt* konec světa; *fig. das dicke* ~ ten pravý konec; *letzten* ~*s* konec konců; *am* ~ *sein* být u konce; *ein* ~ *nehmen* skončit (se); *zu* ~ *bringen od. führen* [do]končit; *zu* ~ *gehen* [s]končit (se); *Sprw.* ~ *gut, alles gut* konec vše napraví.

end|en [s]končit (se); **2ergebnis** *n* konečný výsledek; **~gültig** konečný; **2kampf** *m Mil.* konečná fáze boje; *Sp.* finále *n*, závěrečný závod; **2lauf** *m Sp.* závěrečný závod; **~lich** konečný; *Adv.* konečně, posléze; **~los** nekonečný; **2losigkeit** *f* nekonečnost; **2produkt** *n* konečný produkt *od.* výrobek; **2punkt** *m* konečný bod; **2silbe** *f* koncová slabika; **2spurt** *m* finiš, F špurt; **2station** *f s. Endbahnhof*; **2summe** *f* konečný součet; **2ung** *f* koncovka; **2ziel** *n* konečný cíl; **2zweck** *m* konečný účel.

Ener'gie *f* energie; **~wirtschaft** *f* energetické hospodářství.

e'nergisch energický, rázný.

eng těsný; (*schmal*) úzký; *Adv.* těsně; úzce; ~*er machen* (*werden*) zužovat [zúžit] (se).

Enga|ge'ment *n* angažmá; **2'gieren** angažovat (*im*)*pf.*

eng|anliegend těsně přiléhající; **2e** *f* těsnost; *fig.* tíseň; *in die* ~ *treiben* přivádět [-vést] do tísně.

Engel *m* anděl; **2gleich, 2haft** andělský.

Engerling *m* ponrava *f.*

engherzig malicherný; **2keit** *f* malichernost.

England *n* Anglie *f.*

Engländer|(**in** *f*) *m* Angličan(ka); ~ *Tech.* anglický klíč.

englisch anglický; *Adv.* (*auf*) ~ anglicky, po anglicku; 2 *n* angličtina *f.*

Engpaß *m* soutěska *f*, průsmyk; *fig.* úzký profil.

en gros ve velkém.

engstirnig malicherný.

Enkel *m*, **~in** *f*, **~kind** *n* (*a.* **~sohn** *m*, **~tochter** *f*) vnuk *m*, vnučka *f.*

e'norm nesmírný, ohromný.

En'klave *f* enkláva.

En'semble *n Thea.* soubor *m.*

ent'art|en zvrhat [-hnout] se; **~et** zvrhlý, degenerovaný; **2ung** *f* zvrhnutí *n.*

ent'behr|en (*nicht haben*) postrádat, nemít; (*auskommen ohne*) obejít se *pf.* bez (*G*); **~lich** postradatelný; **2ung** *f* strádání *n.*

ent'bind|en zprošťovat [-rostit] (*von* et. č-o); *die Frau wurde von e-m Kind entbunden* žena porodila dítě; **2ung** *f* zproštění *n* (*von* et. č-o); *Med.* porod *m*; **2ungs·anstalt** *f* porodnice.

ent|'blößen obnažovat [-žit]; **~'brennen** [vz]planout (*a. fig.*); **~'bunden** *s. entbinden.*

ent'deck|en objevovat [-jevit], odkrý(va)t, odhalovat [-lit]; **2er**(**in** *f*) *m* objevitel(ka); **2ung** *f* objev *m*, objevení *n*, odhalení *n.*

Ente *f* kachna.

ent'ehr|en zneuctí(va)t, [z]hanobit; **~end** ponižující, nečestný; **2ung** *f* zneuctění *n.*

ent'eign|en vyvlastňovat [-tnit]; **2ung** *f* vyvlastnění *n.*

Enten|braten *m* pečená kachna; **~ei** *n* kachní vejce; **~jagd** *f* lov *m* kachen; **~teich** *m* kachní rybník.

ent'erben vydědit *pf.*

Enterhaken *m Mar.* zlézačský hák.

Enterich *m* kačer.

entern *Mar.* zléz(a)t nepřátelskou loď.

ent|'fachen rozdmychovat [-dmýchat], roznítit *pf.* (*a. fig.*); **~'fahren** uklouzávat [-znout]; **~'fallen** vypadávat [-dnout, -dat] (*den Händen* z rukou) (*a. fig.*); *auf j-n* ~ připadat [-dnout] na k-o; (*nicht stattfinden*) odpadat [-dnout].

ent'falt|en rozvíjet [-vinout] (*sich* se; *a. fig.*); **2ung** *f* rozvoj *m.*

ent'fern|en vzdalovat [vzdálit] (*sich* se), odstraňovat [-stranit]; *j-n* ~ *lassen* dá(va)t vyvést k-o; **~t** vzdálený, daleký; ~*e Ähnlichkeit* jakási podobnost; *ich bin weit* (*davon*) ~ *zu* + *Inf.* jsem dalek toho, aby; *nicht im* ~*esten* ani zdaleka; **2ung** *f* vzdálenost, dálka; (*Entlassung*) odstranění *n*; **2ungsmesser** *m* dálkoměr.

ent'fesseln zbavovat [zbavit] pout; *fig.* rozpout(áv)at.

ent'fett|en zbavovat [-vit] tuku, odtučňovat [-čnit]; **2ung** *f* odtučňování *n*; **ℒungskur** *f* odtučňovací kúra.

ent'flammen (*anzünden*) zapalovat [-pálit]; (*begeistern*) rozohňovat [-ohnit] (*sich* se).

ent'flecht|en *Kartelle*: dekartelizovat (*im*)*pf*.; **ℒung** *f* dekartelizace.

ent'fliehen prchat [(u)prchnout].

ent'fremd|en odcizovat [-zit]; **ℒung** *f* odcizení *n*.

ent'führ|en unášet [unést]; **ℒer(in** *f*) *m* únosce *m*; **ℒung** *f* únos *m*.

ent'gegen *Prp*. (*D*) proti (*D*); *Adv*. (*auf, zu*) naproti, vstříc (*D*); **~arbeiten** pracovat proti; **~bringen** přinést vstříc; *Gefühl*: projevovat [-jevit]; **~eilen** spěchat vstříc; **~gehen** přijít vstříc (*od*. naproti); **~gesetzt** opačný; **~halten** (*einwenden*) namítat [-tnout]; (*vergleichen*) srovn(áv)at (*j-m et*. k-o s čím); **~handeln** jednat; **~kommen** přijít vstříc; *fig*. vycházet [vyjít] vstříc; **~d** ochotný, laskavý.

Ent'gegen|kommen *n* ochota *f*, laskavost *f*; **ℒnehmen** přijímat [-jmout]; **ℒsehen** (*D*) hledět vstříc; (*erwarten*) očekávat (*A*); **ℒsetzen** = **ℒstellen** stavět [postavit] na odpor; *sich* ~ vzpírat [vzepřít] se; **ℒtreten** stavět [postavit] se na odpor; *fig*. čelit; **ℒwirken** *s. entgegenarbeiten*.

ent'gegn|en odpovědět [-vídat], odvětit *pf*.; **ℒung** *f* odpověď.

ent'gehen *s. entkommen*; *sich et*. ~ *lassen* promešk(áv)at co.

Ent'gelt *n* odměna *f*, odplata *f*, plat *m*; *gegen* ~ za odměnu; *ohne* ~ zadarmo; **ℒen** (*büßen*) pykat za (*A*) [od~ (*A*)]; *j-m et*. ~ odplácet [-platit] k-u co.

ent'gleis|en *v/i* vykolejovat [-jit] se; *fig*. klopýtat [-pýtnout]; *zum* ℒ *bringen* vykolejit *pf*.; **ℒung** *f* vykolejení *n*; *fig*. poklesek *m*.

ent|'gleiten vypadávat [-dnout, -dat] (*D* z *G*); **ℒ'haarungsmittel** *n* depilátor *m*.

ent'halt|en obsahovat; *sich* ~ (*G*) zdržovat [-žet] se (*G*); **~sam** zdrženlivý; **ℒsamkeit** *f* zdrženlivost.

ent'haupt|en stí(na)t hlavu (*D*); **ℒung** *f* stětí *n*.

ent'heben (*G*) zprošťovat [zprostit] (*G*).

ent'hüll|en odhalovat [-lit] (*a. fig*.); **ℒung** *f* odhalení *n*.

Enthu|si'asmus *m* nadšení *n*, entuziasmus; **~si'ast(in** *f*) *m* nadšenec (-nka), entuziast(ka).

ent|'kernen zbavovat [zbavit] jader, odpeckov(áv)at; **~'kleiden** svlékat [svléci] (*sich* se); (*s-s Amtes*) zbavovat [zbavit]; **~'kommen** (*D*) unikat [-knout] (*D*); *s. entfliehen*; **ℒ'kommen** *n* únik *m*; **~'korken** odzátkov(áv)at; **~'körnen** odzrňovat [-rnit].

ent'kräft|en vysilovat [-sílit]; *Jur*. vyvracet [-vrátit]; **ℒung** *f* vysílení *n*, vyvrácení *n*.

ent'lad|en vykládat [-ložit] náklad z (*G*); *Gewehr*: vytahovat [-táhnout, -tahat] náboj z (*G*); *El*. vyb(í)jet (*sich* se); *sich* ~ (*Waffe*) spouštět [spustit]; (*Gewitter*) rozpout(áv)at se; *sein Zorn entlud sich über uns* jeho hněv se vylil na nás; **ℒung** *f* vykládání *n*; *El*. výboj *m*.

ent'lang (*Adv. u. Prp mit A*) podél (*G*), *z. B*.: *den Fluß* ~ podél řeky.

ent'larven *fig*. odhalovat [-lit].

ent'lass|en propouštět [-pustit]; **ℒung** *f* propuštění *n*; **ℒungsschein** *m*, **ℒungszeugnis** *n* propouštěcí vysvědčení *n*.

ent'last|en ulehčovat [-čit] (*j-n* k-u); **ℒung** *f* zbavení *n* nákladu; *Hdl*. odpis *m*; *Jur*. zproštění *n* žaloby; **~s**- *in Zssgn mst* odlehčovací; **ℒungsstraße** *f* výpomocná cesta, objezd *m*; **ℒungszeuge** *m* vývodní svědek.

ent'laubt bez listí, bezlistý.

ent'laufen *v/i* utíkat [utéci]; *Adj*. zběhlý, uprchlý.

ent'laus|en odvšivovat [-všivit]; **ℒungs·anstalt** *f* odvšivovací stanice.

ent|'ledigen: *sich* ~ (*G*) zbavovat [zbavit] se, zprošťovat [zprostit] se; (*e-s Auftrages*) vyřizovat [-řídit] (*A*); **~'leeren** vyprazdňovat [-prázdnit]; **~'legen** odlehlý, vzdálený; **~'lehnen, ~'leihen** vypůjčovat [-čit] si.

ent'lob|en: *sich* ~ [z]rušit zasnoubení *n*; **ℒung** *f* zrušení *n* zasnoubení.

ent'locken: *j-m et*. ~ vylákat *pf*. na kom co; vyluzovat [-loudit] (*et. e-r Sache* co z č-o).

ent'lohn|en odměňovat [-měnit]; **ℒung** *f* odměna, mzda.

ent'lüft|en [vy]větrat; **ℒer** *m* odsávač, exhaustor; větrák; **ℒung** *f* větrání *n*.

ent'mann|en vyklešťovat [-klestit]; **2ung** *f* (vy)kleštění *n*.
ent|militari'sieren demilitarizovat (*im*)*pf*.; **~'mündigen** dá(va)t pod poručenství; **~'mutigen** brát [vzít] všechnu odvahu (*D*); **2'nahme** *f* vyb(í)rání *n*, odběr *m*; **~nazifi'zieren** denacifikovat (*im*)*pf*.; **~'nehmen** brát [vzít] co z č-o; *fig*. (*folgern*) sezn(áv)at co z č-o; **~'ölen** zbavovat [zbavit] oleje; **~'puppen:** *sich* ~ vylétat [-letět] z kukly; F *fig*. *s. sich erweisen*; *er hat sich als Schwindler entpuppt* vyklubal se z něho podvodník; **~'rahmen** sbírat [sebrat] smetanu s (*G*); **~'rätseln** [roz]řešit; **~'reißen** vytrhovat [-hnout, -hat]; *fig*. vyrv(áv)at; **~'richten** [za]platit.
ent'rüst|en rozhořčovat [-čit]; *entrüstet sein über j-n* (*et.*) být rozhořčen na k-o (nad čím); *sich ~ über* (*A*) rozhořčovat [-čit] se na (*A*); **2ung** *f* rozhořčení *n*.
Ent'safter *m* odlučovač šťáv.
ent'sag|en (*D*) vzdá(va)t (*od*. zříkat [zříci]) se (*G*); **2ung** *f* odříkání *n*.
Ent'satz *m* vysvobození *n*.
ent'schädig|en odškodňovat [-dnit] (*j-n für et*. k-o zač); **2ung** *f* odškodnění *n*; **2ungs·anspruch** *m* nárok na odškodnění.
ent'schärfen *Bombe usw*.: vytahovat [-táhnout, -tahat] zapalovač z (*G*).
Ent'scheid *m* rozhodnutí *n*; (*Volks2*) usnesení *n* lidu, plebiscit; **2en** rozhodovat [-dnout] (*sich* se; *über et*. co *od*. o čem); **2end** rozhodný, rozhodující; *Adv*. rozhodně; **~ung** *f* rozhodnutí *n*; **~ungskampf** *m* *Mil*. rozhodný boj; *Sp*. rozhodující zápas.
ent'schieden rozhodný; **2heit** *f* rozhodnost.
ent'schließ|en: *sich* ~ odhodl(áv)at se (*zu* k *D*); **2ung** *f* rozhodnutí *n*.
ent'schlossen odhodlaný (-lán); **2heit** *f* odhodlanost.
ent'schlüpfen uklouzávat [-znout] (*a*. *fig*.).
Ent'schluß *m* rozhodnutí *n*; *s. a. fassen*; **~kraft** *f* rozhodnost.
ent'schlüsseln dešifrovat (*im*)*pf*., [roz]luštit.
ent'schuldbar omluvitelný.
ent'schuldig|en omlouvat [-luvit] (*sich* se); ~ *Sie!* odpusťte!, promiňte!; **2ung** *f* omluva; (*bitte um*) ~*!* odpusťte!, promiňte!
ent'send|en vys(í)lat; **2ung** *f* odeslání *n*, vyslání *n*.
ent'setz|en *Festung*: vyprošťovat [-prostit]; *sich ~ über* (*A*) *od*. *vor* (*D*) [z]hrozit se (*G*); **2en** *n* (*Furcht*) hrůza *f*, úžas *m*; **~lich** hrozný, děsný; **2ung** *f* (*Entsatz*) vysvobození *n*.
ent|'sichern *Waffe*: odjišťovat [-jistit]; **~'siegeln** rozpečeťovat [-četit]; **~'sinnen:** *sich* ~ (*G*) [u]pamatovat se na (*A*).
ent'spann|en uvolňovat [-lnit] (*sich* se) (*a*. *Pol*.); *sich ~en* (*sich erholen*) odpočívat (si) [-činout si, -čnout (si)]; **2ung** *f* uvolnění *n*; relaxace.
ent|'sprechen (*D*) (*gemäß sein*) odpovídat [-vědět] (*D*); srovn(áv)at se s (*I*); (*erfüllen*) splňovat [splnit] (*A*); **~d** (*angemessen*) vhodný, přiměřen(ý); (*gemäß, nach*) podle (*G*); **~'springen** *s. entfliehen*; (*Gewässer*) vznikat [-knout]; *fig*. pocházet z (*G*); **~'stammen** (*D*) pocházet z (*G*).
ent'steh|en vznikat [-knout], povst(áv)at; **2en** *n*, **2ung** *f* vznik *m*; (*Beginn*) počátek *m*.
ent|'steigen (*D*) vystupovat [-stoupit] z (*G*); **~'steinen** *s. entkernen*.
ent'stell|en znetvořovat [-řit]; (*falsch wiedergeben*) [z]komolit; **2ung** *f* znetvoření *n*; zkomolení *n*.
ent'stör|en *El*. odrušovat [-šit]; **2ung** *f* odrušení *n*; **~s-** *in Zssgn* odrušovací.
ent'täusch|en [z]klamat; **2ung** *f* zklamání *n*.
ent'trümmer|n odklízet [-klidit] trosky (*A s G*); **2ung** *f* odklizení *n* trosek.
ent'völker|n vylidňovat [-dnit]; **~t** vylidněný; **2ung** *f* vylidnění *n*.
ent'wachsen (*D*) vyrůs(ta)t; (*zu groß od. zu reif werden*) odrůs(ta)t.
ent'waffn|en odzbrojovat [-jit]; **2ung** *f* odzbrojení *n*.
Ent'warnung *f* konec *m* leteckého poplachu.
ent'wässer|n odvodňovat [-dnit]; **2ung** *f* odvodnění *n*; **2ungs·anlage** *f* odvodňovací zařízení *n*; **2ungsgraben** *m* trativod.
ent'weder: ~ ... *oder* buď ... anebo.
ent|'weichen unikat [-knout]; **~'weihen** znesvěcovat [-větit]; **~'wenden** [u]krást, odcizovat [-zit]; **~'werfen** *Bild*: načrtávat [-tnout];

projektovat (*im*)*pf*., navrhovat [-hnout].
ent'wert|en znehodnocovat [-notit]; **≈ung** *f* znehodnocení *n*.
ent'wick|eln vyvíjet [-vinout] (*sich* se); (*darlegen*) rozvíjet [-vinout] (se); *Fot.* vyvol(áv)at; **≈ler** *m Fot.* vývojka *f*.
Ent'wicklung *f* vývoj *m*; rozvoj *m*; *Fot.* vyvol(áv)ání *n*; **~s·geschichte** *f* dějiny *f/pl.* vývoje; **~s·jahre** *n/pl.* pohlavní dospívání *n*, puberta *f*; **~s·land** *n* hospodářsky méně vyvinutá země; **~s·lehre** *f* nauka o vývoji.
ent|'wirren rozmot(áv)at; *fig.* roz uzlovat [-lit]; **~'wischen** (u)prchnout *pf*.
ent'wöhn|en odvykat [-knout] (*sich* si); *Kind*: odstavovat [-stavit]; **≈ung** *f* odstavení *n*; odvyknutí *n*.
ent'würdig|en ponižovat [-nížit]; **~end** ponižující; **≈ung** *f* ponížení *n*.
Ent|'wurf *m* náčrt(ek), nástin; plán; (*Gesetz≈*) osnova *f*, návrh; **≈'wurzeln** vyvracet [-vrátit] z kořene, vykořeňovat [-řenit] (*a. fig.*); **≈'ziehen** (*wegnehmen*) odnímat [odejmout]; (*verweigern*) od(e)pírat [odepřít]; *sich e-r Pflicht ~* vyhýbat [-hnout] se (*D*); *das entzieht sich meiner Kenntnis* o tom mi není nic známo; **≈'ziffern** [roz]luštit, dešifrovat (*im*)*pf*.; **≈'zücken** uchvacovat [uchvátit], nadchnout *pf*.; *entzückt über* (*A*) *od. von* (*D*) uchvácen(ý) (*I*).
Ent'zücken *n* nadšení, zanícení; **≈d** úchvatný.
ent'zünd|bar vznětlivý; **~en** zapalovat [-pálit]; *fig.* rozněcovat [-nítit]; *sich ~* vzněcovat [vznítit] se; *Med.* zaněcovat [-nítit] se; **~et** zanícen(ý), zapálen(ý); **≈ung** *f Med.* zánět *m*; zápal *m*.
ent'zwei na dvě části, na dva díly, ve dví, F vejpůl; **~brechen** *s. zerbrechen*; **~en** rozdvojovat [-jit] (*sich* se); **~gehen** *s. zerbrechen*; **≈ung** *f* rozdvojení *n*.
Enzian *m Bot.* hořec, encián; (*Schnaps*) hořcová *f*.
Enzyklo|pä'die *f* encyklopedie; **≈'pädisch** encyklopedický.
Epi|de'mie *f* epidemie; **≈'demisch** epidemický; **~'gramm** *n* epigram *m*, (krátká) průpověď.

Epik *f* epika, epická poesie; **~er** *m* epik.
Epi|lep'sie *f Med.* epilepsie, padoucnice; **~'leptiker(in** *f*) *m* epileptik (-tička); **≈'leptisch** epileptický; **~'log** *m* epilog, doslov.
episch epický, vyprávěcí.
Episko'pat *n* episkopát *m*, biskupství.
Epi'sod|e *f* epizoda, příběh *m*; **≈isch** epizodický, vedlejší.
E'pistel *f* epištola; *fig. j-m die ~ lesen* číst k-u levity, vyplísnit k-o.
E'poche *f* epocha, období *n*; **≈machend** epochální.
Epos *n* epos *m*, epopej *m*.
er on.
er|'achten pokládat (*für A* za *A*); **≈'achten** *n* zdání, mínění; *m-s ~s* podle mého zdání *od.* mínění; **~'arbeiten** zpracov(áv)at; *Kenntnisse usw.*: dopracov(áv)at se (*G*); **~'barmen:** *sich ~* slitov(áv)at se (*G od.* nad *I*); *daß Gott erbarme!* bůh nám buď milostiv!; **≈'barmen** *n* slitování; **~'bärmlich** žalostný, ubohý; *vgl. elend.*
er'barmungs|los nemilosrdný; **~voll** milosrdný, soucitný.
er'bau|en [vy]stavět, [z]budovat; povznášet [-nést] (*sich* se); **≈er** *m* budovatel; **~lich** povznášející; **≈ung** *f* zbudování *n*; *fig.* povznesení *n*.
Erb|begräbnis *n* rodinná hrobka; **≈berechtigt** oprávněn(ý) dědit; **~e**[1] *m* dědic; **~e**[2] *n* dědictví; **≈en** [z]dědit (*von od. nach j-m* po kom).
er'beuten ukořisťovat [-stit].
erb|fähig způsobilý dědit; **≈fehler** *m* dědičná (*od.* zděděná) vada; **≈feind** *m* úhlavní nepřítel; **≈folge** *f* dědičná posloupnost; **≈gut** *n* dědictví.
er'bieten: *sich ~* nabízet [-bídnout] se (k č-u).
Erbin *f* dědička.
er'bitten vyprošovat [-prosit].
er'bitter|n rozhořčovat [-čit]; **~t** rozhořčen(ý) (*über A* nad *I*); **≈ung** *f* rozhořčení *n*.
Erbkrankheit *f* dědičná choroba.
er'blassen [z]blednout.
Erb|lasser(in *f*) *m* zůstavitel(ka); **≈lich** dědičný; *~ belastet* dědičně zatížen(ý); **~lichkeit** *f* dědičnost.
er'blicken spatřovat [-řit].
er'blind|en [o]slepnout; **≈ung** *f* oslepení *n*.

er'blühen rozkvétat [-vést].
er'bost rozhněvaný, F naštvaný.
Erb|pacht *f* zákup *m*; **~prinz** *m* dědičný princ.
er'brech|en (*aufbrechen*) [vy]páčit; (*öffnen*) otvírat [otevřít]; *Med.* (*sich*) zvracet [zvrátit], [z]vrhnout; **2en** *n* zvracení, vrhnutí.
Erbrecht *n* dědické právo.
er'bringen *Beweis*: pod(áv)at.
Erbschaft *f* dědictví *n*; **~s·anspruch** *m* právo *n* na dědictví; **~s·steuer** *f* dědická daň.
Erbse *f* hrách *m*; *~n- in Zssgn* hrachový; **~n·brei** *m* hrachová kaše; **~n·suppe** *f* hrachová polévka.
Erb|sünde *f* dědičný hřích *m*; **~teil** *m Jur.* dědický podíl.
Erd|achse *f* zemská osa; **~arbeiten** *f/pl.* zemní práce *f/pl.*; **~arbeiter** *m* zemní dělník; **~ball** *m* zeměkoule *f*; **~beben** *n* zemětřesení; **~beere** *f* jahoda; **~boden** *m* země *f*, půda *f*; **~e** *f* země, zem; *Astr.* Země; (*Welt*) svět *m*; (*Humus*) prsť; *unter die ~ bringen* přivádět [-vést] do hrobu; *Chem. seltene ~n f/pl.* vzácné zeminy *f/pl.*
erden *El.* uzemňovat [-mnit]; **2-bürger** *m* pozemšťan, člověk.
er'denklich vymyslitelný.
Erd|ferne *f Astr.* odzemí *n*; **~floh** *m Zo.* dřepčík; **~gas** *n* zemní plyn *m*; **~geist** *m* skřítek; **~geschoß** *n* přízemí.
er'dichten [vy]básnit, vymýšlet [-myslit] (si).
erdig zemitý.
Erd|karte *f* světová mapa; **~kreis** *m* svět; **~kugel** *f* zeměkoule; **~-kunde** *f* zeměpis *m*; **~magnetismus** *m* zemský magnetismus; **~nähe** *f Astr.* blízkozemí *n*, **~nuß** *f* podzemnice olejná; (*Frucht*) burský oříšek; **~oberfläche** *f* zemský povrch.
Erd·öl *n* nafta *f*, petrolej *m*; **~chemie** *f* petrochemie; **~leitung** *f* ropovod *m*, naftovod *m*; **~raffinerie** *f* rafinerie minerálních olejů.
er'dolchen probodávat [-dnout, -dat] dýkou.
Erd|pech *n* zemní asfalt *m*; **~reich** *n* země *f*, půda *f*.
er'dreisten: *sich ~* opovažovat [-vážit] se.
Erdrinde *f* zemská kůra.
er|'drosseln [za]rdousit, [u]škrtit; **~'drücken** umačk(áv)at; *~d Beweis*: pádný; *Mehrheit*: ohromný.
Erd|rutsch *m* sesutí *n* půdy, zemní sesuv; **~satellit** *m* družice *f* Země; **~schicht** *f* vrstva země; **~scholle** *f* hrouda; **~spalte** *f* zemní trhlina; **~stoß** *m* otřes země; **~strich** *m* pásmo *n* země; **~teil** *m* díl světa.
er'dulden snášet [snést], [vy]trpět.
Erd|umfang *m* objem země; **~umseg(e)lung** *f* plavba kolem světa; **~ung** *f El.* uzemnění *n*.
er|'eignen: *sich ~* dít [udát] se, přiházet [-hodit] se; **2'eignis** *n* událost *f*, příhoda *f*; *fig. freudiges ~* radostná událost, narození *n* dítěte; **~'eilen** zastihovat [-hnout] (*a. fig.*); **~'fahren** *v/t* (*hören*) dovídat [-vědět] se; (*erleben*) zakoušet [-kusit], zaží(va)t; *Adj.* zkušený.
Er'fahrung *f* zkušenost; *in ~ bringen* dovědět [-vídat] se; *~en sammeln* nabý(va)t zkušeností; **~s-austausch** *m* výměna *f* zkušeností; **2s·gemäß** podle zkušeností.
er'fass|en chápat se č-o [uchopit co, chopit se č-o]; (*begreifen*) chápat [pochopit]; (*registrieren*) zachycovat [-chytit]; **2ung** *f* zachycení *n*, evidence.
er'find|en vynaléz(a)t; (*ersinnen*) vymýšlet [-myslit] (si); **2er**(**in** *f*) *m* vynálezce (-zkyně); **~erisch** vynalézavý; **2erschutz** *m* ochrana *f* vynálezu; **2ung** *f* vynález *m*; (*Erdichtung*) smyšlenka, výmysl *m*; **2ungsgabe** *f* vynalézavost.
er'flehen vyprošovat [-prosit].
Er'folg *m* výsledek; *~ haben mit* pochodit s čím; **2en** (*eintreffen*) docházet [dojít]; (*folgen*) následovat; (*geschehen*) dít [udát] se; **2los** neúspěšný; **~losigkeit** *f* neúspěšnost; **2reich** úspěšný; **2versprechend** mnohoslibný.
er'forder|lich potřebný, žádoucí, náležitý; *~ sein* je-li třeba; **~lichenfalls** je-li (*od.* bude-li) třeba; **~n** vyžadovat [-žádat] (si) (*G*); **2nis** *n* požadavek *m*, potřeba *f*.
er'forsch|en [vy]zkoumat; *Gewissen*: [vy]zpytovat; **2er**(**in** *f*) *m* badatel(ka); **2ung** *f* výzkum *m*, probádání *n*; *Geol.* průzkum *m*.
er'fragen dopt(áv)at se (et. na co).
er'freu|en [po]těšit; *erfreut sein über et.* být potěšen čím; *sich ~ an* (*D*) [po]těšit se čím; *sich* (*G*) ~

těšit se č-u; **~lich** potěšitelný; **~licherweise** potěšitelně.

er'frier|en [z]mrznout; **≗ung** *f Med.* omrzlina.

er'frisch|en občerstvovat [-tvit]; **~end** občerstvující; **≗ung** *f* občerstvení *n*, osvěžení *n*; **≗ungsraum** *m* bufet.

er'füll|en splňovat [splnit] (*sich* se), naplňovat [-plnit]; **≗ung** *f* splnění *n*; *in ~ gehen s. sich erfüllen.*

er'gänz|en doplňovat [-plnit]; **~end** doplňující; **≗ung** *f* doplnění *n*, dodatek *m*; *Gr.* doplněk *m*; *~s- in Zssgn* doplňovací.

er'geb|en[1] (*liefern*) dá(va)t, poskytovat [-tnout]; (*beweisen*) dokazovat [-kázat]; *sich ~* (*aus D*) vyplývat (z *G*); (*sich zeigen*) projevovat [-jevit] se; (*kapitulieren*) vzdá(va)t se; (*sich fügen*) podrobovat [-bit] se (*D*); (*sich hingeben*) odd(áv)at se (*D*); **~en**[2] *Adj.* oddán, oddaný; (*in Briefen*) *Ihr ~er* Váš oddaný; **≗enheit** *f* oddanost; **≗nis** *n* výsledek *m*; **~nislos** marný; *Adv.* bez výsledku; **≗ung** *f* oddanost; *Mil.* vzdání *n*.

er'gehen *Verordnung usw.*: vycházet [vyjít]; *~ lassen* (*verkünden usw.*) vyd(áv)at; *über sich* (*A*) *~ lassen* snášet [snést]; *wie wird es mir ~?* jak se mi povede?; *sich ~* procházet [projít] se; *sich ~ in* (*D*) rozplývat se (*I*).

er'giebig vydatný; **≗keit** *f* vydatnost.

er|'gießen: *sich ~ in* (*A*) vlévat se do (*G*); *sich ~ über* (*A*) vylévat [-lít] se po (*L*); **~'glühen** rozpalovat [-pálit] se (*a. fig. vor D/I*).

er'götz|en [po]bavit; *sich ~ an* (*D*) [po]kochat se (*I*); **≗en** *n*, **≗ung** *f* rozkoš *f*, zábava *f*; **~lich** zábavný.

er'grau|en [ze]šedivět; **~t** prošedivělý.

er'greif|en chápat [chopit] se (*G*); (*festnehmen*) dopad(áv)at [-dnout]; *fig.* (*rühren*) dojímat [-jmout]; *Wort*: ujímat [ujmout] se (*G*); *s. a. Flucht*; **~end** dojímavý; **≗ung** *f* dopadení *n*.

er'griffen (*bewegt*) dojat(ý); (*erfaßt*) zachvácen(ý); **≗heit** *f* dojetí *n*.

er'gründen dopátrat se *pf.* (*G*); *s. a. erforschen.*

er'haben vyvýšen(ý); *fig.* vznešený; *~ sein über* (*A*) být povznešen nad (*A*); **≗heit** *f* vyvýšenina; *fig.* povznešenost.

Er'halt *m Hdl.* příjem; **≗en** (*empfangen*) dost(áv)at, obdržet *pf.*; (*bewahren*) udržovat [-žet]; (*unterhalten*) vydržovat [-žet]; *gut ~* dobře zachovaný (-ván); *sich ~* udržovat [-žet] se; **≗ung** *f* udržování *n*, údržba.

er'hältlich: *ist ~* lze dostat, je k dostání.

er'häng|en: *sich ~* věšet [oběsit] se; **≗en** *n* oběšení.

er'härten (*bekräftigen*) dokládat, doložovat [-žit].

er'heb|en (*heben*) zdvíhat [zdvihnout]; *fig.* (*rühmen*) vychvalovat [-chválit], (*ermitteln*) vyšetřovat [-třit]; *Anspruch, Einwand*: [u]činit; *Zoll, Steuern*: vyb(í)rat; *Stimme*: zvyšovat [-výšit]; (*vorbringen*) přednášet [-nést]; *Protest, Klage*: pod(áv)at; *Widerspruch ~* odporovat (*D*); *sich ~* zvedat [-dnout] se (*a. fig.*), zdvíhat [zdvihnout] se; (*emporsteigen a.*) vznášet [vznést] se; (*revoltieren a.*) [vz]bouřit se; (*entstehen*) vznikat [-knout]; **~end** povznášející; **~lich** značný; **≗ung** *f* (*Boden≗*) vyvýšenina; (*Ermittlung*) vyšetřování *n*; (*Steuer≗*) vybírání *n*; (*Aufstand*) vzbouření *n*; *~en anstellen* vyšetřovat [-řit].

er|'heitern obveselovat [-lit]; **~'hellen** osvětlovat [-lit]; *fig.* objasňovat [-snit]; *sich ~* vyjasňovat [-snit] se; **~'hitzen** rozehřívat [-hřát]; *fig.* rozohňovat [-hnit]; *sich ~* uhřát se *pf.*; *fig.* rozčilovat [-čílit] se; **~'hoffen** očekávat.

er'höh|en zvyšovat [zvýšit]; **≗ung** *f* zvyšování *n*, zvýšení *n*; (*Anhöhe*) vyvýšenina.

er'hol|en: *sich ~* zotavovat [-tavit] se (*von G* z *G*); **≗ung** *f* zotavení *n*; (*Ausruhen*) oddech *m*.

Erholungs|heim *n* zotavovna *f*; **~reise** *f* cesta na zotavenou; **~urlaub** *m* dovolená *f* na zotavenou.

er'inner|lich: *es ist mir ~* pamatuji se; **~n:** *j-n an et. ~* připomínat [-menout] k-u co; *sich ~* (*G od. an A*) vzpomínat [-menout] (si) na co; **≗ung** *f* vzpomínka; (*Gedächtnis*) paměť; (*Mahnung*) připomenutí *n*; *zur ~ an* (*A*) na památku (*G*); **≗ungsvermögen** *n* paměť *f*.

er'kalten [vy]stydnout; *fig.* [o]chladnout.

er'kält|en: *sich ~* nastudit se *pf.*,

nastydnout *pf.*; **≗ung** *f* nastuzení *n*, nastydnutí *n*.

er|'kämpfen vybojov(áv)at; **~'kaufen:** *et. teuer ~* zaplatit *pf.* draze zač; **~'kennbar** (po)znatelný, patrný; **~'kennen** *v/t* pozn(áv)at; (*wahrnehmen*) rozezn(áv)at; (*einsehen*) uzn(áv)at; *zu ~ geben* dá(va)t na srozuměnou; *~ lassen* da(va)t najevo, ukazovat [ukázat]; *v/i Jur. auf ein Jahr Gefängnis ~* odsuzovat [-soudit] na rok vězení.

er'kennt|lich (po)znatelný, vděčný (-čen); **≗lichkeit** *f* vděčnost; **≗nis**[1] *f* poznání *n*; *zur ~ kommen s. erkennen*; **≗nis**[2] *n Jur.* nález *m*; **≗nis·theorie** *f Phil.* teorie poznání.

Er'kennung *f* poznání *n*.

Erkennungs|dienst *m* vyšetřující služba *f*; **~marke** *f Mil.* poznávací plíšek *m*; **~wort** *n Mil.* heslo; **~zeichen** *n* poznávací značka *f*.

Erker *m* arkýř.

er'klär|bar vysvětlitelný; **~en** (*erläutern*) vysvětlovat [-lit]; (*verlautbaren*) prohlašovat [-hlásit]; *den Krieg ~* vypovídat [-vědět] válku; *s-e Liebe ~* vyzn(áv)at lásku; *sich für (gegen) et. ~* vyslovovat [-slovit] se pro (*A*) *od.* proti (*D*); **~lich** vysvětlitelný; **~t** vyslovený; **≗ung** *f* vysvětlení *n*, prohlášení *n*.

er'klettern vyléz(a)t na (*A*).

er'klimmen [vy]šplhat (se) na (*A*).

er'krank|en onemocňovat [-nět] (*an D/I*); **≗ung** *f* onemocnění *n*, nemoc.

er'kunden vyzvídat [-zvědět].

er'kundig|en: *sich ~ über (A) od. nach* popt(áv)at se k-o (*G*) po (*L*); dotazovat [-tázat] se k-o (*G*) na (*A*); **≗ung** *f* poptávka, dotaz *m*; *s. einziehen*.

Er'kundung *f* průzkum *m*.

er'lang|en dosahovat [-sáhnout] (*G*, *a. fig.*); *fig.* dobý(va)t (*G*); **≗ung** *f* dosažení *n*, nabytí *n*.

Er'laß *m* výnos; (*Straf≗*) prominutí *n*.

er'lassen *Dekret*: vyd(áv)at; *Strafe, Schuld*: promíjet [-minout].

er'laub|en dovolovat [-lit] (*sich* si); **≗nis** *f* dovolení; **~t** dovolený, přípustný.

er'läutern *s. erklären*.

Erle *f Bot.* olše.

er'leb|en doží(va)t se (*G*); (*erfahren*) zaží(va)t; F *der kann was ~!* ten uvidí!; **≗nis** *n* příhoda *f*, příběh *m*.

er'ledig|en (*zu Ende bringen*) vyřizovat [-řídit]; *Arbeit*: doděl(áv)at; (*beantworten*) odpovídat [-vědět] na (*A*); F (*beseitigen*) sprovodit *pf.* ze světa; **~t** uprázdněný; *fig.* vyčerpaný (-pán); **≗ung** *f* vyřízení *n*, uprázdnění *n*.

er'legen skládat [složit] (*a. Wild*).

er'leichter|n ulehčovat [-čit], usnadňovat [-dnit]; F *j-n um et. ~* připravovat [-pravit] k-o o co; **≗ung** *f* ulehčení *n*; (*Vergünstigung*) úleva.

er'leiden [u]trpět (*a. fig.*).

er'lern|en *Handwerk*: [vy]učit se (*D*); *Lektion*: [na]učit se (*D*); **≗en** *n*, **≗ung** *f* vyučení *n*; naučení *n*.

er'lesen *Adj.* vybraný.

er'leucht|en osvětlovat [-lit]; *fig.* osvěcovat [osvítit]; **≗ung** *f* osvětlení *n*; osvícení *n*.

er'liegen podléhat [-lehnout].

Erlkönig *m* král elfů.

er|'logen vylhaný (-lhán); **≗'lös** *m* výtěžek; **~'löschen** vyhasínat [-snout]; *fig. Vertrag usw.*: vypršet *pf.*; *Firma*: zanikat [-knout]; *Geschlecht*: vymírat [-mřít]; *Auge*: pozbý(va)t lesku; *mit ~der Stimme* slábnoucím hlasem.

er'lös|en (*befreien*) vysvobozovat [-bodit]; *Rel.* spasit *pf.*, vykupovat [-koupit]; **≗er** *m* vysvoboditel; *Rel.* Spasitel, Vykupitel; **≗ung** *f* vysvobození *n*, spása, vykoupení *n*.

er'mächtig|en zmocňovat [-cnit]; **≗ung** *f* zmocnění *n*.

er'mahn|en napomínat [-menout]; **≗ung** *f* napomenutí *n*.

er'mangel|n nemít co, být bez č-o; **≗ung** *f*: *in ~ (G)* z nedostatku (*G*).

er'mäßig|en snižovat [snížit]; *zu ermäßigten Preisen* za snížené ceny; **≗ung** *f* snížení *n*; (*Nachlaß*) sleva.

er'mess|en uvažovat [uvážit]; **≗en** *n* uvážení; *nach eigenem ~* podle vlastního uvážení.

er'mitt|eln vyšetřovat [-řit], zjišťovat [zjistit]; **≗lung** *f* vyšetření *n*, zjištění *n*; **≗lungsverfahren** *n Jur.* přípravné řízení.

er'möglichen umožňovat [-žnit].

er'mord|en [za]vraždit; **≗ung** *f* zavraždění *n*.

er'müd|en unavovat [unavit] (*v/i*

se); **~end** únavný; *ermüdet* unavený; **Ձung** *f* unavení *n*, únava.

er'munter|n (*anregen, ermutigen*) povzbuzovat [-budit]; **Ձung** *f* povzbuzení *n*; *zur ~* na povzbuzenou.

er'mutigen *s. ermuntern.*

er'nähr|en vyživovat [-živit]; *sich ~* živit se; **Ձer**(**in** *f*) *m* živitel(ka); **Ձung** *f* výživa.

er'nenn|en jmenovat (*im*)*pf*. (*zu D, I*); *s. befördern*; **Ձung** *f* jmenování *n*.

er'neuer|n obnovovat [-novit]; **Ձung** *f* obnovení *n*, obnova *f*.

er'neut opakovaný (-ván), opětovný; *Adv. a.* opět, znovu.

er'niedrig|en ponižovat [-nížit]; **~end** ponižující, pokořující; **Ձung** *f* ponížení *n*, pokoření *n*.

Ernst *m* vážnost *f*; *im ~, in vollem ~, allen ~es* vážně; zcela vážně.

ernst vážný; *et. ~ nehmen* brát [vzít] vážně; **~haft** vážný, opravdový; **Ձhaftigkeit** *f* vážnost, opravdovost; **~lich** *s. ernst.*

Ernte *f* žeň, sklizeň (*a. fig.*); **~arbeit** *f* žňová práce; **~(dank)fest** *n* obžínky *f/pl.*, dožínky *f/pl.*; **Ձn** sklízet [sklidit] (*a. fig.*); **~zeit** *f* žně *f/pl.*, doba žní.

er'nüchter|n *fig.* (*enttäuschen*) rozčarovat *pf.*, zbavovat [zbavit] iluzí; *ernüchtert werden* [vy]střízlivět; **Ձung** *f* vystřízlivění *n*.

Er'ober|er *m* dobyvatel; **Ձn** dobý(va)t (*G*) (*fig. sich* si); **~ung** *f* dobytí *n*; *fig. e-e ~ machen* dobý(va)t srdce; **~ungskrieg** *m* dobyvačná válka; **~ungspolitik** *f* dobyvačná (*od.* výbojná) politika.

er'öffn|en (*öffnen*) otvírat [otevřít]; (*beginnen*) zahajovat [-hájit]; (*mitteilen*) oznamovat [-námit]; *Konto usw.*: zřizovat [zřídit]; **Ձung** *f* otevření *n*; zahájení *n*; oznámení *n*; zřízení *n*; *~s- in Zssgn* zahajovací.

er'örter|n vykládat [vyložit]; **Ձung** *f* výklad *m*.

Erosi'on *f Geol.* erose, vymílání *n*.

E'rot|ik *f* erotika; **Ձisch** erotický.

Erpel *m* kačer.

er'press|en vydírat [-dřít] (*von j-m* na kom); *j-m ein Geständnis ~* vynucovat [-nutit] přiznání na kom; **Ձer**(**in** *f*) *m* vyděrač(ka); *~- in Zssgn* vyděračný; **~erisch** vyděračský; **Ձung** *f* vydírání *n*.

er|'proben [vy]zkoušet; *erprobt* osvědčen(ý); **~'raten** uhodnout *pf.*; **~'rechnen** vypočít(áv)at.

er'reg|bar popudlivý; **Ձbarkeit** *f* popudlivost; **~en** (*aufregen*) rozčilovat [-lit]; (*hervorrufen*) [vz]budit; **Ձer** *m* původce; *Med.* zárodek, bacil; **Ձung** *f* rozčilení *n*.

er'reich|bar dosažitelný, dostižitelný; **~en** *Ziel*: dosahovat [-sáhnout]; (*einholen*) dostihovat [-hnout]; *Alter*: doží(va)t se (*G*); (*j-n antreffen*) zastihovat [-hnout]; *den Zug ~* chytit *pf.* vlak.

er'richt|en (*aufstellen*) postavovat [-stavit], (*gründen*) zřizovat [zřídit]; **Ձung** *f* postavení *n*; zřízení *n*.

er|'ringen dobý(va)t (*G*); *Sieg*: získ(áv)at; **~'röten** [za]rdít se (*über A* pro *A*); **Ձ'röten** *n* červeň *f*, zardění.

Er'rungenschaft *f* vymoženost.

Er'satz *m* (*Gegenwert*) náhrada *f*; (*Stoff*) náhražka *f*; *Mil., Sp.* náhradní mužstvo; *~- in Zssgn* náhradní; **~anspruch** *m* nárok na náhradu; **~mann** *m* náhradník; **~reifen** *m* rezervní pneumatika, F rezerva *f*; **~stück** *n*, **~teil** *m* náhradní součást(ka) *f*; **~truppen** *f/pl.* náhradní oddíly *m/pl.*, reserva *f*; **~wahl** *f* doplňovací volba.

er'schaff|en [s]tvořit; **Ձung** *f* stvoření *n*.

er'schallen zazní(va)t; (*laut werden*) ozývat [ozvat] se.

er'schein|en ob-, z-jevovat [-jevit] se; (*kommen*) dostavovat [-vit] se (*in D* do *G*); *Buch*: vycházet [vyjít]; (*den Anschein haben*) zdát se; **Ձen** *n* ob-, z-jevení; dostavení; vycházení; **Ձung** *f* (z)jev *m*, zjevení *n*; *in ~ treten s. erscheinen*; **Ձungsjahr** *n* rok *m* vydání.

er'schieß|en zastřelit *pf.*; *sich ~* zastřelovat [-lit] se; **Ձung** *f* zastřelení *n*.

er'schlaff|en ochabovat [-bnout]; **Ձung** *f* ochabnutí *n*; *Med.* zeslábnutí *n*.

er|'schlagen zabí(je)t; F *fig. ich fühle mich wie ~* (*müde*) jsem k smrti unaven; *ich bin (wie) ~* (*verblüfft*) jsem užaslý; **~'schleichen** [vy]mánit (*von j-m* na kom); **~'schließen** (*öffnen, entdecken*) objevovat [-jevit], odkrý(va)t; (*zugänglich machen*) zpřístupňovat [-pnit];

(*nutzen*) využitkov(áv)at; (*urbar machen*) vzděl(áv)at, [z]kultivovat.
er'schöpf|en vyčerp(áv)at (*a. fig.*); **~end** *fig.* úplný, podrobný; **~t** vyčerpaný, vysílený; **2ung** *f* vyčerpání *n*.
er'schreck|en [po]děsit (*v/i über et.* se č-o *G*); **~end** děsivý.
er'schrocken poděšený.
er'schütter|n otřás(a)t (*I*); *fig.* (*erregen*) rozrušovat [-šit]; **~d** zdrcující; **2ung** *f* otřes *m*; zdrcení *n*.
er|'schweren ztěžovat [ztížit], znesnadňovat [-dnit]; **~d** přitěžující; **~'schwindeln** [vy]mámit (*von j-m* na kom); **~'schwinglich** co lze sehnat; *Preis*: slušný; **~'sehen** vidět; *daraus ist zu ~* z toho je vidět; **~'sehnt** toužebně očekávaný; **~'setzen** (*a. Schaden*) nahrazovat [-radit] (*et. durch A* co *I*); **~'sichtlich** patrný, zřejmý; **~'sinnen** vymýšlet [-myslit] si; **~'spähen** pátrat po (*L*) [vypátrat (*A*)].
er'spar|en [u-, na]šetřit; *j-m et. ~* [u]šetřit k-o č-o; *dies blieb ihm erspart* toho byl ušetřen; *mir bleibt nichts erspart* mne nic nemine; **2nis** *f* úspora.
erst nejdříve; (*nur, nicht eher als*) teprve; (*schon*) již; *~ jetzt, eben ~* teprve teď; *jetzt ~ recht nicht* teď teprve ne.
er'starken [ze]sílit.
er'starr|en [z]tuhnout; *fig.* [z]trnout; **2ung** *f* ztuhnutí *n*, ztrnutí *n*.
er'statt|en (*zurückgeben*) vracet [vrátit]; *s. ersetzen*; *Bericht usw.*: pod(áv)at (*über A* o *L*); *Jur. Anzeige ~* [u]činit oznámení; **2ung** *f* vrácení *n*; *Jur.* pod(áv)ání *n* oznámení.
Erst·aufführung *f* premiéra.
er'staun|en *v/i* (*über A*) [u]žasnout (nad *I*), [po]divit se (*D*); *ich bin erstaunt* žasnu(nad *I*); **2en** *n* úžas *m*, podiv *m*; *in ~ setzen* uvádět [uvést] v úžas; **~lich** úžasný.
erste *Num.* první; *der 2 in der Klasse* první žák ve třídě; *Karl der 2* Karel První; *2 Hilfe* první pomoc; *Fahrkarte ~r Klasse* první třídy; *am ~n März* prvního března; *am 2n* prvního; *fürs ~* nejdříve.
er|'stechen probod(áv)at [-dnout]; **~'steigen** vystupovat [-toupit] (na *A*), zléz(a)t (*A*).
erstenmal: *zum ~* poprvé.
erst|geboren prvorozený; **2geburt** *f* prvorozenství *n*; **~genannt** svrchujmenovaný.
er'stick|en *v/t* [za]rdousit; *Feuer*: [u]dusit; *fig.* potlačovat [-čit]; *v/i* [za]dusit se; **2en** *n* udušení; **~end** dusivý; **2ungsgefahr** *f* nebezpečí *n* udušení.
erst|klassig prvotřídní; **2ling** *m* prvorozenec; (*Buch*) prvotina *f*; **~malig** vyskytující se poprvé; **~mals** po prvé, poprvé.
er'streben usilovat (*A*); **~s·wert** hodný (hoden) usilování.
er'strecken: *sich ~* rozprostírat se; (*betreffen*) vztahovat se (*auf A* na *A*).
er'stürm|en dobý(va)t (*G*) útokem; **2ung** *f* dobytí *n* útokem.
er'such|en [po]žádat (*j-n um et.* k-o o co); **2en** *n* žádost *f*; *auf ~* na žádost.
er'tappen přistihovat [-hnout] (*bei D* při *L*).
er'teil|en udělovat [-lit], dá(va)t; **2ung** *f* udělení *n*.
er'tönen zazní(va)t.
Er'trag *m* výtěžek, výnos; **2en** snášet [snést].
er|'träglich snesitelný, obstojný; **~'tragreich** výnosný; **~'tränken** utápět [utopit] (*a. fig.*); **~'träumen** vysnít *pf.*; **~'trinken** [u]topit se, [u]tonout; **2'trinken** *n* utonutí; **~'trotzen** [vy]vzdorovat (*von j-m et.* co na kom).
er'trunken utopený, utonulý; **2e(r)** *m/f* utopenec (-ná).
er'tüchtig|en otužovat [-žit]; **2ung** *f* otužení *n*.
er'übrigen *v/t* (*ersparen*) ušetřit *pf.*; *Zeit*: mít; *v/i* zbývat; *es erübrigt sich* je zbytečné.
Erupti'on *f s. Ausbruch.*
er'wach|en probouzet [-budit] se (*a. fig.*); **2en** *n* probuzení, procitnutí.
er'wachsen *v/i* (*groß werden*) vzrůs(ta)t; (*entstehen*) vznikat [-knout]; *Adj.* dorostlý; (*Person*) dospělý; **2e(r)** *m/f* dospělá osoba, dospělý (muž *m*), dospělá (žena *f*).
er'wäg|en uvažovat (o *L*) [uvážit (*A*)]; **2ung** *f* uvážení *n*, úvaha; *in ~ ziehen* brát [vzít] v úvahu.
er'wählen [vy-, z]volit.
er'wähn|en zmiňovat [zmínit] se o (*L*); **~enswert** hodný (hoden) zmínění; **2ung** *f* zmínka.

er'wärm|en (*sich*) oteplovat [-lit] (se), zahřívat [-hřát] (se); *fig.* rozehřívat [-hřát] (*sich* se; *für A* pro *A*); **2ung** *f* oteplování *n*, oteplení *n*; ohřev *m*, ohřátí *n*.
er'wart|en čekat na (*A*), očekávat (*A*); *kaum* ~ *können* nemoc se dočkat (*G*); **2en** *n* očekávání; *wider* (*od. über*) ~ mimo očekávání; **2ung** *f* očekávání *n*; (*Hoffnung*) naděje; **~ungsvoll** pln(ý) očekávání.
er'wecken *fig.* [vz]budit.
er'wehren: *sich* ~ (*G*) [u]bránit se (*D*).
er'weich|en [z]měkčit; *sich* ~ *lassen fig.* obměkčovat [-čit] se; **2ung** *f* (z)měkčení *n*, (z)měknutí *n*.
er'weisen do-, pro-kazovat [-kázat]; *sich* ~ *als* osvědčovat [-čit] se, ukazovat [-kázat] se (*I*).
er'weiter|n rozšiřovat [-šířit] (*sich* se); **2ung** *f* rozšíření *n*.
Er'werb *m* (*Kauf*) nabytí *n*, koupě *f*; (*Verdienst*) výdělek; (*Gewerbe*) živnost *f*; **2en** nybý(va)t (*G*), získ(áv)at (*A*); *sich Verdienste* ~ *um* (*A*) zasloužit se *pf.* o (*A*).
er'werbs|fähig výdělku schopný (-pen); **~los** bez výdělku, nezaměstnaný; *vgl. arbeitslos*; **2quelle** *f* zdroj *m* výdělku; **~tätig** výdělečně činný; **~unfähig** výdělku neschopný (-pen); **2unfähigkeit** *f* výdělečná neschopnost; **2zweig** *m* odvětví *n* živnosti, živnost *f*.
Er'werbung *f s. Erwerb.*
er'wider|n odpovídat [-vědět], odvětit *pf.*; *Besuch*: opětovat; **2ung** *f* odpověď; opětování *n*.
er'wiesenermaßen jak dokázáno.
er|'wirken vymáhat [-moci]; **~'wischen** F (*ertappen*) přistihovat [-hnout]; (*fassen*) chytat [chytit]; (*bekommen*) dost(áv)at; **~'wünscht** žádoucí; (*willkommen*) vítaný; *es wäre sehr* ~ bylo by to jen velmi vítané; **~'würgen** [za]rdousit, [u]škrtit.
Erz *n* ruda *f*.
er'zähl|en vypravovat [-rávět]; **2er (-in** *f*) *m* vypravěč(ka); **2ung** *f* vypravování *n*, vyprávění *n*; povídka *f*.
Erzbergbau *m* rudné hornictví *n*.
Erz|bischof *m* arcibiskup; **2bischöflich** arcibiskupský; **~engel** *m* archanděl.
er'zeug|en (*herstellen*) vyrábět [-robit]; (*hervorbringen*) [z]působit; (*zeugen*) [z]plodit; **2er** *m* zploditel; (*Hersteller*) výrobce; **2nis** *n* výrobek *m*; (*Frucht*) (vý)plod *m*, výtvor *m*; **2ung** *f* vyrábění *n*, výroba.
Erzfeind *m* úhlavní nepřítel.
Erz|gebirge *n* Krušné hory *f/pl.*; **~grube** *f* rudný důl; **2haltig** rudnatý.
er'zieh|en vychov(áv)at; **2er(in** *f*) *m* vychovatel(ka); **~erisch** vychovatelský; **2ung** *f* výchova.
Er'ziehungs|anstalt *f*, **~heim** *n* vychovatelna *f*; **~beihilfe** *f* výchovné *n*; **~wesen** *n* vychovatelství.
er|'zielen *s. erlangen*; *Sp.* (*Tore*) získat *pf.*, střelit *pf.*; **~'zittern** zachvívat [-chvět] se (*vor D/I*); **~'zürnen** rozhněv(áv)at, rozlobit *pf.* (*v/i a.* se); **~'zwingen** vynucovat [-nutit] (*von j-m* na kom).
es ono (*a.* on, ona, *je nach dem Geschlecht des ersetzten Substantivs*); (*dieses*) toto; ~ *gibt*, ~ *ist*, ~ *sind* je(st); (*bleibt in unpers. Wendungen unübersetzt*) ~ *ist spät* je pozdě; ~ *regnet* prší.
Es *n Mus.* es.
Esche *f Bot.* jasan *m*; **~n-** *in Zssgn* jasanový.
Esel *m* osel; **~'ei** *f* oslovství *n*; **~in** *f* oslice.
Esels- *in Zssgn* oslí; **~brücke** F *f* oslí můstek *m*; **~ohr** *n fig.* oslí ucho.
Eskimo *m* Eskymák.
Es'korte *f* eskorta.
Espe *f Bot.* osika; **~n-** *in Zssgn* osikový; **~nlaub** *n*: *zittern wie* ~ třást se jako osika.
eß|bar jedlý, poživatelný; **2besteck** *n* příbor *m*.
Esse *f* komín *m*; (*Schmiede2*) výheň.
essen [po]jíst; *zu Mittag* ~ [po]obědvat; *zu Abend* ~ [po]večeřet; *sich satt* ~ najíst se (dosyta).
Essen *n* jedení *n*; (*Speise*) jídlo; *s. a. Mittag-, Abendessen*; **~s·zeit** *f* čas *m* k jídlu.
Es'senz *f* esence.
Esser(in *f*) *m* jedlík *m*, jedlice *f*.
Eß|gabel *f* vidlička; **~geschirr** *n* stolní náčiní; **~gier** *f* hltavost.
Essig *m* ocet; *fig.* F *es ist* ~ (*damit*) je s tím konec; **~flasche** *f* láhev s octem; (*leer*) láhev na ocet; **~gurke** *f* kyselá okurka; **2sauer** kyselý jako ocet; **~säure** *f* kyselina octová.
Eß|löffel *m* lžíce *f*; **~nische** *f* jídelní

kout *m*; **~tisch** *m* jídelní stůl; **~waren** *f/pl.* potraviny *f/pl.*; **~zimmer** *n* jídelna *f.*
Estrich *m* bezespárá podlaha; mazanina *f.*
eta'bli|eren zařizovat [-řídit]; *sich ~ Hdl.* usazovat [usadit] se; **2sse'ment** *n* podnik *m*, závod *m.*
E'tage *f* poschodí *n*, patro *n.*
E'tagen|bett *n* patrová postel; **~heizung** *f* patrové vytápění; **~wohnung** *f* etážový byt.
E'tappe *f* etapa (*a. Mil.*); **2n·weise** po etapách, postupně.
E'tat *m* rozpočet; **~s·jahr** *n* účetní rok *m*; **2mäßig** podle rozpočtu.
Ethik *f* etika, mravouka.
ethisch etický, mravní.
Ethno'gra|ph *m* etnograf; **~'phie** *f* etnografie; **2phisch** etnografický.
Eti'kett(e[1] *f*) *n* etiketa, nálepka; **~e**[2] *f* etiketa.
etiket'tieren označovat [-čit] nálepkou, etiketovat (*im*)*pf.*
etlich: *mst pl.* ~e několik (*G*); **~emal** několikkrát.
E'tui *n* pouzdro.
etwa (*ungefähr*) asi; (*wohl, gar*) snad; **~ig** nahodilý, případný.
etwas *Pron.* něco (*G*); *so ~* něco takového; *Adv.* (*ein wenig*) trochu; *ein gewisses 2* cosi.
Etymo'lo|ge *m* etymolog; **~'gie** *f* etymologie; **2gisch** etymologický.
euch (*in Briefen 2*) **1.** (*D*) vám; *refl.* sobě; **2.** (*A*) vás; *refl.* sebe, se.
euer (*in Briefen 2*) vás; (*a. der, die, das* **eure,** *pl. die* **euren**) váš, vaše, váš; *refl.* svůj, svá, své.
Eule *f* sova; **~n·spiegel** *m* Enšpígl, šprýmař.
eurerseits s vaší strany, od vás.
euresgleichen vám rovný, jako vy.
euret|halben, ~wegen, ~willen pro vás, kvůli vám.
eurig *s. euer.*
Eu'ro|pa *n* Evropa *f*; **~'päer(in** *f*) *m* Evropan(ka); **2'päisch** evropský; **~pa·rat** *m* Evropská rada.
Euter *n* vemeno.
ev. *Abk. für evangelisch.*
e. V. *Abk. für eingetragener Verein.*
evaku'ier|en evakuovat (*im*)*pf.*; **~t** evakuovaný; **2ung** *f* evakuace.
evan'ge|lisch evangelický; **2'list** *m* evangelista; **2lium** *n* evangelium.
Eventu|ali'tät *f* možný případ, možnost, eventualita; **2'ell** *Adj.* případný, možný, eventuální; *Adv.* nebo, popřípadě, eventuálně.
evi'dent zcela jasný, evidentní.
Evoluti'on *f* evoluce, vývoj *m*; **~s·theorie** *f* vývojová (*od.* evoluční) teorie.
evtl. *Abk. für eventuell.*
E-Werk *Abk. für Elektrizitätswerk.*
EWG *Abk. für Europäische Wirtschaftsgemeinschaft* Evropská hospodářská rada.
ewig věčný; *auf ~* navěky; **2keit** *f* věčnost; *in alle ~* na věky věků.
Ex- *in Zssgn* bývalý.
ex'akt exaktní, přesný; **2heit** *f* exaktnost, přesnost.
Ex'amen *n* zkouška *f.*
exami'nieren examinovat, [vy]zkoušet.
Exeku|ti'on *f* exekuce; **2'tiv** exekutivní, výkonný; **~'tive** *f* exekutiva, výkonná moc (*od.* správa); **~'tivkomitee** *n* výkonný výbor.
Ex'empel *n* příklad *m*; *ein ~ statuieren* dá(va)t výstražný příklad.
Exem'plar *n* exemplář, kus *m*; (*Buch*) výtisk *m*; **2isch** exemplární.
exer'zier|en *Mil.* [vy]cvičit; **2platz** *m* cvičiště *n.*
exhu'mier|en exhumovat (*im*)*pf.*; **2ung** *f* exhumace.
E'xil *n* exil *m*, vyhnanctví; **~regierung** *f* vláda v exilu.
exi'stent jsoucí, skutečný.
Exi'stenz *f* existence; **~berechtigung** *f* nárok *m* na existenci; **~minimum** *n* existenční minimum; **~mittel** *n/pl.* prostředky *m/pl.* k obživě.
exi'stieren existovat; (*dasein*) být; (*bestehen*) žít.
e'xotisch exotický, cizokrajný.
Expansi'on *f* expanze.
Expe|di'ent *m* expedient; **2'dieren** expedovat (*im*)*pf.*, odes(i)lat; **~diti'on** *f* expedice, odes(i)lání *n.*
Experi'men|t *n* pokus *m*, experiment *m*; **~'tal-** *in Zssgn* experimentální, pokusný; **2'tieren** [u]dělat pokusy, experimentovat (*im*)*pf.*
Ex'perte *m* odborník, znalec, expert.
explo|'dieren vybuchovat[-chnout], explodovat (*im*)*pf.*; **2si'on** *f* vý-

buch *m*, exploze; **~'siv** výbušný, explozivní; **2'sivstoff** *m* výbušnina *f*, explozivní látka *f*.
expo'nieren vystavovat [-stavit], exponovat (*im*)*pf*. (*a. Fot.*).
Ex'port *m* vývoz, export; **~artikel** *m* exportní (*od.* vývozní) zboží *n*.
Expor|'teur *m* exportér, vývozce; **2'tieren** vyvážet [-vézt], exportovat (*im*)*pf*.
Ex'preß *m Esb.* expres; **~bote** *m* rychlý posel; **~zug** *m Esb.* expresní vlak.
extra *Adv.* extra; **2blatt** *n* zvláštní list *m*; **~fein** velejemný.
Ex'trakt *m* extrakt; *Chem.* výtažek; (*aus Büchern*) výtah.
Extra|wurst *f*: *fig.* P *j-m e-e ~ braten* [u]dělat pro k-o výjimku; **~zug** *m* zvláštní vlak.
ex'trem krajní, extrémní.
Ex'trem *n* krajnost *f*, extrém *m*; *von e-m ~ ins andere fallen* přecházet z extrému do extrému; **~i'tät** *f Anat.* končetina.
Exzel'lenz *f* excelence.
ex'zentrisch excentrický; (*überspannt a.*) výstřední.
Ex'zeß *m* exces; (*Maßlosigkeit*) výstřelek *m*.

F

F, f *n unv.* F, f (*a. Mus.*).
Fa. *Abk. für Firma.*
Fabel *f* bajka; (*e-s Dramas*) fabule; (*Unding*) smyšlenka; **~dichter** *m* bajkář; **2haft** báječný; **2n** bájit.
Fa'brik *f* továrna; **~anlage** *f* tovární závod *m*; **~'ant** *m* továrník; **~arbeit** *f* tovární práce; **~arbeiter (-in** *f*) *m* tovární dělník (-nice); **~'at** *n* tovární výrobek *m*; **~ati'on** *f* výroba; **~ati'onsgeheimnis** *n* výrobní tajemství; **~besitzer**(**in** *f*) *m* majitel(ka) továrny; **~leiter** *m* ředitel továrny; **~marke** *f* výrobní značka; **2neu** nový z továrny; **~ware** *f* tovární zboží *n*; **~zeichen** *n s. Fabrikmarke.*
fabri'zieren vyrábět [-robit].
Fach *n* (*Schub2*) přihrádka *f*; (*Wissensgebiet*) odbor *m*; **~-** *in Zssgn mst* odborný.
Fach|arbeiter *m* odborný dělník; **~arzt** *m* odborný lékař; **~ausdruck** *m* odborný název (*od.* výraz); **~bildung** *f* odborné vzdělání.
fächeln ovívat [ovát].
Fächer *m* vějíř; **2förmig** vějířovitý.
Fach|gelehrte(r) odborný učenec, odborník; **2gemäß** odborn(ick)ý; **2gerecht** odborně provedený; **~geschäft** *n* odborný závod; **~kenntnisse** *f/pl.* odborné znalosti *f/pl.*; **2kundig** odborný; **2lich** odborný; **~mann** *m* odborník; **2männisch** odborn(ick)ý; **~schule** *f* odborná škola; **2simpeln** [pro]mluvit o svém oboru; **~unterricht** *m* odborné vyučování; **~werk** *n Lit.* odborné dílo; *Arch.* příhradovina *f*; **~wissen** *n s. Fachkenntnisse*; **~zeitschrift** *f* odborný časopis.
Fackel *f* pochodeň; **2n** F *fig.* váhat; *ohne zu ~* bez váhání; **~träger** *m* nosič pochodní; **~zug** *m* pochodňový průvod.
fade (*schal*) zvětralý; (*geschmacklos*) nechutný; (*langweilig*) nudný.
Faden *m* nit *f*; *Mar.* sáh; *fig. an e-m ~ hängen* viset na nitce; **2förmig** vláknitý; **~kreuz** *n* vláknový kříž; **~nudeln** *f/pl.* nitkové nudle *f/pl.*; **2scheinig** otřený, ošumělý; *fig.* nicotný.
Fadheit *f* nudnost, fádnost.
Fa'gott *n Mus.* fagot *m*; **~bläser** *m* fagotista.
fähig schopný (-pen); **2keit** *f* schopnost.
fahl bledý, zsinalý.
Fähnchen *n* praporek *m*.
fahnd|en pátrat (*nach D* po *L*); **2ung** *f* pátrání *n*.
Fahne *f* prapor *m*; *Mil.* korouhev; *Typ.* obtah *m*.
Fahnen|eid *m* přísaha *f* na prapor; **~flucht** *f* zběhnutí *n* od praporu; **~flüchtige(r)** zběh; **~stange** *f* žerď praporu; **~träger** *m* praporečník.
Fähnrich *m Mil.* praporčík.
Fahr|bahn *f* jízdní dráha; **2bar** (*mobil*) pojízdný, pojížděcí.
Fährboot *n* (převoznická) pramice *f*.
Fahr|damm *m s. Fahrbahn*; **~dienstleiter** *m Esb.* výpravčí vlaků.
Fähre *f* přívoz *m*, trajekt *m*.
fahren *v/t* (*befördern*) vézt, vozit (*iter.*), dovážet [-vézt]; (*lenken*) řídit; *v/i* jet, jezdit (*iter.*) (*mit D/I*, na *L*); (*mit d. Schiff*) plavit se, plout; *auf Grund ~* najíždět [-jet] na dno; *aus der Haut ~* vyletět *pf.* z kůže; *der Gedanke fuhr ihm durch den Kopf* myšlenka mu probleskla hlavou; *der Schreck fuhr ihm durch alle* (*od. in die*) *Glieder* zděšení mu projelo všemi údy; *sich in die Haare ~* dost(áv)at se do sebe; *in die Höhe ~* vyleťet *pf.* do výše; *j-m über den Mund ~* dá(va)t k-u přes pusu; *gut* (*od. schlecht*) *~* pochodit *pf.* dobře (*od.* špatně); *zum Teufel ~* jít k čertu.
Fahr|en *n* jetí, ježdění; *s. Fahrt*; **~er** *m* řidič, šofér; **~erflucht** *f* útěk *m*; **~gast** *m* cestující; **~gastschiff** *n* osobní loď *f*; **~geld** *n* jízdné; **~gestell** *n Kfz.* šasi; *Flgw.* podvozek *m*.
fahrig nestálý, těkavý.
Fahr|karte *f* jízdenka; **~kartenausgabe** *f* výdej *m* jízdenek; **2läs-**

sig nedbalý; ~*e Tötung* zabití *n* z nedbalosti; **~lässigkeit** *f* nedbalost; **~lehrer** *m* řidičský instruktor.
Fährmann *m* převozník.
Fahr|plan *m* jízdní řád; **2planmäßig** podle jízdního řádu; **~preis** *m* jízdné *n*; **~prüfung** *f* řidičská zkouška; **~rad** *n* (jízdní) kolo; **~rinne** *f Mar.* plavební dráha; **~schein** *m* jízdenka *f*; **~schule** *f* škola pro řidiče aut, F autoškola; **~spur** *f* jízdní stopa; (*Fahrstreifen*) dopravní pruh *m*; **~stuhl** *m* výtah.
Fahrt *f* jízda; *Mar.* plavba; (*Reise*) cesta; (*Ausflug*) výlet *m*; *auf der ~ nach* cestou do (*G*); *in voller ~* plnou parou.
Fährte *f* stopa.
Fahrt|richtung *f* směr *m* jízdy; **~unterbrechung** *f* přerušení *n* jízdy.
Fahr|verbot *n* zákaz *m* jízdy; **~wasser** *n* plavební dráha *f*; *fig.* živel *m*; **~weg** *m* vozová cesta *f*; **~werk** *n Flgw.* podvozek *m*; **~zeit** *f* doba jízdy; **~zeug** *n* vozidlo; *Mar.* plavidlo.
fair slušný, (po)čestný, fair.
Fä'kalien *pl.* fekálie *f/pl.*, výkaly *m/pl.*
Fak'simile *n* faksimile.
faktisch faktický, skutečný.
Fakto|r *m* faktor; *Math.* činitel; **~'rei** *f* faktorie.
Fak'totum *n* faktótum, (něčí)pravá ruka.
Faktum *n* fakt(um *n*) *m*.
Fak'tu|r *f Hdl.* faktura; **2'rieren** [za]fakturovat; **~'riermaschine** *f* fakturovací stroj *m*; **~'ristin** *f* fakturistka.
Fakul|'tät *f* fakulta; **2ta'tiv** fakultativní, nepovinný.
falb *Pferd*: plavý; **2e(r)** plavý kůň, plavák.
Falke *m* sokol.
Fall *m* (*Sturz, Gr.*) pád; *fig., Med., Jur.* případ; *zu ~ bringen* porážet [-razit]; *fig.* přivádět [-vodit] pád (*G*); *zu ~ kommen* padat [upadnout]; *fig.* klesat [-snout]; *gesetzt den ~, daß* dejme tomu, že ...; *das wird nie der ~ sein* to se nikdy nestane; *auf alle Fälle, auf jeden ~* v každém případě; *auf keinen ~* v žádném případě; *im ~e* (*G*) v případě (*G*); *in diesem ~* v daném případě; *im ~e, daß* ... jestliže ...; *von ~ zu ~* případ od případu.
Fallbeil *n* gilotina *f*.
Falle *f* past; *fig. a.* osidla *n/pl.*; *j-m e-e ~ stellen* [na]strojit k-u osidla; *in die ~ gehen* padat [upadnout] do osidel.
fallen padat [-dnout] (*a. fig., mst pf.*: *Festung, Regierung, im Krieg, Licht, Schatten, Verdacht usw.*), spadat [-dnout] (*a. fig.*: *Temperatur, Druck, Preise usw.*); (*sinken a.*) klesat [-snout]; *s. a. ab-, aus-, ent-, zufallen, Herz, Kopf, Nerv, Tür, Wolke usw.*; *~ lassen* upouštět [upustit]; *an j-n ~* připadat [-dnout] k-u; *zum Opfer ~* padat [-dnout] v (*od.* za) oběť; *aus dem Rahmen ~* být jiného druhu, odlišovat se; *j-m ins Wort ~* skákat [skočit] k-u do řeči; *ins Schloß ~* zapadat [-dnout]; *in Ungnade ~* upadat [-dnout] v nemilost.
Fallen *n* padání, pád *m*.
fällen *Baum*: [po]kácet; *Urteil*: vynášet [-nest] (*über A* o *L*); *Senkrechte*: spouštět [spustit]; *Chem.* srážet [srazit]; *e-e Entscheidung ~ s. entscheiden.*
fallen|lassen (*A*) vzdá(va)t se (*G*), upouštět [upustit] (od *G*); **2steller** *m* lovec, traper.
Fall|gatter *n* padací mříž *f*; **~grube** *f* vlčí jáma.
fällig (*zahlbar*) splatný; *Wechsel a.*: dospělý; **2keit** *f* splatnost; dospělost; **2keitstermin** *m* lhůta *f* splatnosti.
Fall·obst *n* spadané ovoce.
falls jestliže, kdyby, kdy, -li.
Fallschirm *m* padák; **~jäger** *m Mil.* parašutista, výsadkář; **~springen** *n* parašutismus *m*; **~springer** *m s. Fallschirmjäger*; **~truppe** *f* výsadkové vojsko.
Fall|strick *m fig.* léčka *f*; **~sucht** *f Med.* padoucnice; **2süchtig** stižen(ý) padoucnicí, epileptický; **~tür** *f* padací (*od.* sklápěcí) dveře *f/pl.*
falsch (*unecht, gefälscht*) nepravý, falešný, padělaný; (*unrichtig*) nesprávný, chybný; (*unaufrichtig*) falešný; *die Uhr geht ~* hodiny jdou špatně.
Falsch *m*: *es ist kein ~ an ihm, er ist ohne ~* je upřímný.
fälsch|en padělat *pf.*, [z]falšovat; **2er(in** *f*) *m* padělatel(ka).

Falsch|geld *n* padělané peníze *m/pl.*; **~heit** *f* faleš(nost).
fälschlich *Adj.* nesprávný, mylný; **~erweise** *Adv.* nesprávně, mylně.
Falsch|meldung *f* nesprávná zpráva; **~münzer** *m* penězokaz, padělatel peněz; **~spieler** *m* podvodný hráč.
Fälschung *f* padělání *n*, padělek *m*, falzifikát *m*.
Faltboot *n* skládací člun *m* (*od.* kajak *m*).
Falte *f* záhyb *m*, řasa; (*Runzel*) vráska; *in ~n legen* [u]dělat záhyby; *die Stirn in ~n ziehen* [s]vraštit čelo.
falten (*zs.-legen*) skládat [složit]; *Hände*: spínat [sepnout]; **2rock** *m* nabíraná (*od.* skládaná) sukně.
Falter *m Zo.* motýl.
faltig řasnatý, nabíraný; *Gesicht*: vráščitý.
Falz *m Tech.* (polo)drážka *f*; *Typ.* přehyb; **~bein** *n* hladítko; *Typ.* kostka *f* ke skládání; **2en** [vy]drážkovat; *Typ.* překládat [přeložit].
famili'är domácky, rodinný; *~ tun* chovat se důvěrně.
Fa'milie *f* rodina; *Bot., Zo.* čeleď.
Fa'milien- *in Zssgn* rodinný; **~angehörige(r)** člen rodiny; **~anschluß** *m* rodinný styk; **~glück** *n* rodinné štěstí; **~leben** *n* rodinný život; **~name** *m* rodinné jméno; **~stand** *m* rodinný stav; **~vater** *m* otec rodiny.
fa'mos famózní.
Fa'na|tiker *n* fanatik; (*Sport2*) fanoušek; **2tisch** fanatický; **~'tismus** *m* fanatismus.
fand *s. finden.*
Fan'fare *f* fanfára.
Fang *m Jagdw.* lov; (*Beute*) kořist *f*; (*Maul*) morda *f*; *Fänge pl.* spáry *m/pl.*; *~- in Zssgn* záchytný, lapací; **2en** chytat [chytit], lapat [(po)lapit]; *Feuer ~* vzněcovat [vznítit] se (*a. fig.*); *er läßt sich nicht ~* nedá se nachytat.
Fänger *m* lapač, chytač; *Tech.* jímač.
Fang|schlinge *f Jagdw.* léčka, osidlo *n*; **~schuß** *m* dostřelná rána; **~stoß** *m* doražení *n*; *den ~ geben* dorážet [-razit]; **~vorrichtung** *f* zachycovací (*od.* lapací) zařízení *n*; **~zahn** *m* špičák, tesák; **~zeit** *f Jagdw.* doba lovu.
Farb- *in Zssgn mst* barevný; **~band** *n* barvicí páska; **~e** *f* barva; *die ~ wechseln s. rot, blaß werden*; *fig.* změnit *pf.* (politické) přesvědčení; **2echt** stálobarevný, nepouštějící barvy.
färben [na-, o]barvit.
farben|blind barvoslepý; **2blindheit** *f* barvoslepost; **2druck** *m* barvotisk; **~freudig** barvitý; **2lehre** *f* nauka o barvách; **2pracht** *f* nádhera barev; **~reich** barvitý; **2spiel** *n* hra *f* barev.
Färber|(in *f*) *m* barvíř(ka); **~'ei** *f* (*Gewerbe*) barvířství *n*; (*Betrieb*) barvírna.
Farb|fernsehen *n* barevná televize; **~film** *m* barevný film; **2ig** barevný; **~kasten** *m* barevnice *f*; **2los** bezbarvý; **~losigkeit** *f* bezbarvost (*a. fig.*); **~photographie** *f* barevná fotografie; **~stift** *m* barevná tužka; **~stoff** *m* barvivo *n*; **~ton** *m* barevný odstín.
Färbung *f* z(a)barvení *n*.
Farce *f* fraška.
Farm *f* farma; **~er(in** *f*) *m* farmář(ka).
Farn *m*, **~kraut** *n Bot.* kapradí *n*.
Färse *f* jalovice.
Fa'san *m Zo.* bažant; **~e'rie** *f* bažantnice.
Fasching *m* masopust.
Fa'schis|mus *m* fašismus; **2tisch** fašistický.
Fase'lei *f* blábolení *n*, žvanění *n*.
faseln F [za]blábolit, žvanit.
Faser *f* vlákno *n*; **2ig** vláknitý.
Faß *n* sud *m*; *das schlägt dem ~ den Boden aus* to je vrchol všeho.
Fas'sade *f Arch.* fasáda, průčelí *n*; *fig.* vnějšek *m*.
faßbar pochopitelný.
Faß|bier *n* sudové pivo; **~binder** *m* bednář.
Fäßchen *n* soud(eč)ek *m*.
fassen (*greifen*) chápat [(u)chopit], popadat [-dnout] (*bei* za *A*); (*erwischen*) chytat [-tit]; *Edelsteine*: zasazovat [-sadit]; (*in sich aufnehmen*) pojímat [-jmout]; *Verpflegung*: dost(áv)at; (*begreifen*) pochopovat [-pit]; (*formulieren*) vyjadřovat [-jádřit]; *e-n Beschluß ~* usnášet [-nést] se; *e-n Entschluß ~* rozhodovat [-dnout] se; *ins Auge ~* přihlížet [-hlédnout] k (*D*); *sich ~* vzpamatov(áv)at se; *sich kurz ~* vyjadřovat [-jádřit] se stručně.
faßlich pochopitelný; **2keit** *f* pochopitelnost.

Fas'son *f* střih *m*, fazóna.
Faßreifen *m* sudová obruč.
Fassung *f* (*Ein*~) obruba; (*Wortlaut*) text *m*, znění *n*; (*Ruhe*) klid *m*, duševní rovnováha; *El.* objímka; *die ~ verlieren, aus der ~ kommen* pozbý(va)t rovnováhy; *aus der ~ bringen* přivádět [-vést] z rovnováhy.
fassungs|los zaražen(ý); **~vermögen** *n* kapacita *f*, jímavost *f*; (*Begriffsvermögen*) chápavost *f*.
faßweise na sudy, po sudech.
fast skoro, téměř, málem.
fast|en postit se; **~en** *n* půst *m*, postní doba *f*; **~enkur** *f* léčba postením; **~nacht** *f* masopustní úterek *m*; **~tag** *m* postní den, půst.
faszi'nieren okouzlovat [-lit], fascinovat (*im*)*pf*.
fa'ta|l osudný, fatální; **~'lismus** *m* víra *f* v osud, fatalismus; **~'list(in** *f*) *m* fatalista (-tka); **~'listisch** fatalistický.
Fatum *n* osud *m*, fátum *m*.
Fatzke F *m* šašek, hejsek, P pásek.
fauchen (*Tier*) prskat [-knout]; (*Maschine*) [za]supět.
faul (*verfault*) shnilý; (*morsch*) práchnivý, trouchnivý; (*verdorben*) zkažený; (*träge*) líný, lenívý, zahálčivý; F (*bedenklich*) povážlivý; *~er Witz* hloupý žert; *~e Ausreden* nejapné vytáčky; *sich auf die ~e Haut legen* odd(áv)at se zahálce.
Faulbaum *m Bot.* krušina *f*; **~rinde** *f* krušinová kůra.
Fäule *f s. Fäulnis.*
faulen [s]hnít; (*vermodern*) [z]trouchnivět; (*verderben*) [z]kazit se *pf.*
faulenz|en lenošit, zahálet *pf.*; **~er** *m* lenoch, zahálеč; **~e'rei** *f* lenošení *n*, zahálka.
Faulheit *f* lenost, lenivost.
Fäulnis *f* hniloba; trouchnivění *n*; *in ~ übergehen s. faulen.*
Faul|pelz F *m* lenivec, lenoch; **~tier** *n Zo.* lenochod (*a. fig.*).
Fauna *f* zvířena, fauna.
Faust *f* pěst; *auf eigene ~* na vlastní vrub, na svou pěst; **~ball** *m* (*Spiel*) odbíjená *f* (přes provaz).
Fäustchen *n* pěstička *f*; *sich ins ~ lachen* [za]smát se do vousů.
faust|dick F *Lüge*: nejapný, hrubý; *es ~ hinter den Ohren haben* mít za ušima; **~groß** tlustý jako pěst; **~handschuh** *m* palečnice *f*, F palčák; **~kampf** *m* rohování *n*, box; **~kämpfer** *m* rohovník, boxer; **~pfand** *n* ruční zástava *f*; **~recht** *n* pěstní právo; **~regel** *f* hrubé pravidlo; **~schlag** *m* rána *f* pěstí.
Favo'rit *m* favorit.
Faxen *f/pl.* (*Späße*) čtveráctví *n*, šibalství *n*; (*Ziererei, Umstände*) upejpání *n*; *~ machen* tropit šprýmy *od.* žerty; *mach keine ~!* jen se neupejpej!
Fazit *n* facit *m*.
FDP *Abk. für Freie Demokratische Partei* Svobodná demokratická strana.
Februar *m* únor; *in Zssgn* únorový.
Fecht|boden *m* šermírna *f*; **~en** šermovat; *fig.* bojovat; **~en** *n* šerm *m*; **~er** *m* šermíř; **~handschuh** *m* šermířská rukavice; **~kunst** *f* šermířství *n*; **~meister** *m* učitel šermu.
Feder *f* (*Zo., Schreib*~) pero *n*; *Tech.* pružina; *dim.* pérko *n*, pírko *n*; *~n pl.* peří *n*; **~ball** *m* opeřený míček; (*Spiel*) badminton; **~bett** *n* peřina *f*; **~busch** *m* chochol; **~gewicht** *n Sp.* pérová váha *f*; **~halter** *m* držátko *n*, násadka *f*; **~kasten** *m* pouzdro *n* na pera; **~kiel** *m* brko *n*; **~kraft** *f* pružnost; **~leicht** lehký jako pírko; **~lesen** *n*: F *nicht viel ~s machen* nedělat mnoho okolků.
federn *Tech.* pružit *pf.*, pérovat *pf.*; *Vögel*: *sich ~* ztrácet [ztratit] peří.
Feder|strich *m* škrt(nutí *n*) *m* perem; **~ung** *f Tech.* pružení *n*, pérování *n*; **~vieh** *n* drůbež *f*; **~waage** *f* pérová váha; **~wild** *n* pernatá zvěř; **~wolke** *f* řasa; **~zeichnung** *f* perokresba.
Fee *f* víla.
feenhaft čarovný.
Fegefeuer *n* očistec *m*.
fegen *v/t* zametat [-mést], vymetat [-mést]; *v/i* (*sausen*) letět, hnát, uhánět.
Fehde *f* spor *m*, rozepře; **~handschuh** *m*: *den ~ hinwerfen* vyz(í)vat k-o k (sou)boji.
Fehl *n*: *ohne ~* bez vady; *~- in Zssgn mst* vadný, chybný; *~ am Platz* nebýt na místě; **~anzeige** *f* chyba; **~belichtung** *f Fot.* chybná exposice; **~betrag** *m* schodek; **~diagnose** *f* chybná diagnóza.
fehlen *v/t Ziel*: míjet [minout]; *v/i* (*abwesend sn, vermißt werden*) chybět, (*nicht vorhanden sn a.*) scházet;

(*Fehler begehen*) chybovat [-bit]; *es fehlt* (*mir*) *et. od. an et.* schází mi, nedostává se (mi) č-o; *es nicht ~ lassen an* (*D*) nelitovat (*G*); *was fehlt Ihnen?* co je Vám?; *es fehlte nicht viel und ...* moc nescházelo a ..., málo chybělo a ..., málem ...; *das fehlte* (*gerade*) *noch!* to by tak scházelo!, to by tak bylo!; *weit gefehlt!* chyba lávky!; *an mir soll es nicht ~* udělám, co bude možno; *du wirst uns ~* budeš nám chybět.

Fehler *m* chyba *f*; (*Mangel, Gebrechen*) vada *f*; **2frei** bez chyby, bezvadný; **2haft** chybný, vadný; **2los** *s. fehlerfrei.*

Fehl|farbe *f* chybná barva; **~geburt** *f* potrat *m*; **2geh(e)n** (*sich verirren*) [z(a)]bloudit; (*sich irren*) [z]mýlit se; *fig. s. fehlschlagen*; **~gewicht** *n* nedovažek *m*; **~griff** *m* přehmat; **~schaltung** *f* chybné zapojení; **~schlag** *m* neúspěch, nezdar; **2schlagen** (*mißlingen*) nedařit [nezdařit] se; **~schluß** *m* chybný závěr; **2sichtig** chybný na zrak; **~sichtigkeit** *f* vada zraku; **2treten** klopýtat [-tnout]; **~tritt** *m* klopýtnutí *n* (*a. fig.*); **~urteil** *n* chybný rozsudek; **~zündung** *f Kfz.* vadné zapalování.

Feier *f* oslava; (*Fest*) slavnost; **~abend** *m* konec práce, F fajrum(t), fajrunt; *~ machen* přest(áv)at pracovat; **2lich** slavnostní; **~lichkeit** *f* slavnostní nálada *f*, slavnostní ráz *m*; (*Fest*) slavnost.

feiern *v/t* [o]slavit, oslavovat; *v/i* (*ausruhen*) nepracovat, odpočívat od práce; *Bgb.* zameškat *pf.* směnu; F *krank ~* předstírat nemoc.

Feiern *n* slavení, oslava *f.*

Feier|schicht *f Bgb.* volná směna; **~stunde** *f* (*Fest*) slavnost; **~tag** *m* svátek.

feige zbabělý.

Feige *f Bot.* fík *m*; **~n·baum** *m* fík(ovník); **~n·blatt** *n* fíkový list.

Feig|heit *f* zbabělost; **~ling** *m* zbabělec.

feil prodejný (*a. fig.*); **~bieten** nabízet [-bídnout] ke koupi.

Feil|e *f* pilník *m*; **2en** pilovat (*a. fig. an D/A*).

feilhalten *s. feilbieten, Maulaffe.*

Feilkloben *m* ruční svěrka *f*, svěradlo *n.*

feilschen smlouvat (*um* o *A*).

Feilspäne *m/pl.* piliny *f/pl.* při pilování.

fein jemný (*a. fig.: erlesen, anständig, schlau, scharf, vornehm usw.*); (*rein, pur*) ryzí; *das ist* (*aber*) *~!* to je hezké!; **2arbeit** *f* přesná práce; **2bäckerei** *f* pekařství *n* jemného pečiva; **2blech** *n* tenký plech.

Feind *m* nepřítel; *s. a. Gegner*; *sich j-n zum ~ machen* znepřátelit si k-o; **~es·land** *n* nepřátelská země; **~in** *f* nepřítelkyně; **2lich** nepřátelský; **~schaft** *f* nepřátelství *n*; **2selig** nepřátelský, nenávistný; **~seligkeit** *f* nepřátelství *n* (*a. Mil.* **~en** *pl.*).

Fein|einstellung *f* jemné (vy)ladění; přesné nastavení; **2fühlend, 2fühlig** jemnocitný, útlocitný; **~gebäck** *n* jemné pečivo; **~gefühl** *n* jemnocit *m*, útlocit *m*; **~gehalt** *m* ryzost *f*; **~gold** *n* ryzí zlato; **~heit** *f* jemnost; **2körnig** jemnozrnný; **~kost** *f* lahůdky *f/pl.*; **~kosthandlung** *f* lahůdkářství *n*; **2machen:** *sich ~* [vy]parádit se, [vy]šňořit se; **~mechanik** *f* jemná mechanika; **~mechaniker** *m* mechanik na jemné přístroje; **~meßgerät** *n* přístroj *m* na přesné měření; **~schmecker** (**-in** *f*) *m* labužník (-nice); **~schnitt** *m* cigaretový tabák; **2sinnig** jemnomyslný, jemnocitny.

feinst, Feinst- velejemný.

feist *s. fett.*

Feld *n* pole; (*Acker a.*) role *f*; *Mil. a.* bojiště; *das ~ räumen* vyklidit *pf.* pole; *aus dem ~e schlagen* ovládnout *pf.* úplně pole.

Feld|arbeit *f* polní práce; **~artillerie** *f Mil.* polní dělostřelectvo *n*; **~bestellung** *f* obdělávání *n* polí; **~bett** *n* skládací postel *f*; **~blume** *f* polní květina; **~flasche** *f* polní láhev; **~frevel** *m* polní pych; **~geistliche(r)** *Mil.* vojenský duchovní; **~gottesdienst** *m* polní bohoslužby *f/pl.*; **2grau** zelenošedý; **~herr** *m* vojevůdce; **~hüter** *m* polní hlídač; **~küche** *f* polní kuchyně; **~lazarett** *n* polní nemocnice *f*; **~lerche** *f* skřivan *m* polní; **~marschall** *m* polní maršálek; **2marschmäßig** v polním úboru; **~maus** *f* hraboš *m* polní; **~post** *f* polní pošta; **~spat** *m* živec; **~stecher** *m* polní dalekohled; **~stuhl** *m* skládací sedátko *n*; **~uniform** *f* polní stejnokroj *m*; **~webel** *m Mil.* šikovatel;

~weg *m* polní cesta *f*; **~zug** *m Mil.* válečné (*od.* polní) tažení; *fig.* (*Kampagne*) akce *f*, kampaň *f*.
Felge *f* loukoť; (*Radkranz*) ráf(ek) *m* (*a. Kfz.*); *Sp.* výmyk *m*.
Fell *n* kůže *f*, kožešina *f*; *fig.* F *ein dickes ~ haben* mít hroší kůži; *j-m das ~ über die Ohren ziehen* sdírat [sedřít] k-u kůži z těla.
Fels *m* skála *f*; **~abhang** *m* svah skály; **~block** *m*, **~brocken** *m* úlomek skály, balvan.
Felsen *m s. Fels*; **~-** *in Zssgn* skalní.
felsen|fest skálopevný; **2klippe** *f* skalisko *n*, úskalí *n*; **2kluft** *f* skalní rozsedlina; **2riff** *n s. Felsenklippe*; **2spalte** *f* puklina v skále.
fels|ig skalnatý; **2wand** *f* skalní stěna.
Feme|gericht *n* féma *f*, tajný soud; **~mord** *m* fémová vražda.
Fenchel *m Bot.* fenykl.
Fenster *n* okno; **~brett** *n* okenní prkno; **~flügel** *m* okenní křídlo *n*; **~glas** *n* okenní sklo; **~laden** *m* okenice *f*; **~nische** *f* okenní výklenek *m*; **~öffnung** *f* okenní otvor *m*; **~platz** *m* místo u okna; **~putzer** *m* čistič oken; **~rahmen** *m* okenní rám; **~riegel** *m* okenní závorka *f*; **~scheibe** *f* okenní tabulka; **~sturz** *m*: *Prager ~* pražská defenestrace; **~vorhang** *m* záclona *f* do okna.
Ferien *f/pl.* prázdniny *f/pl.*; (*Urlaub*) rekreace *f*; *~ machen* [u]dělat si prázdno; **~heim** *n* rekreační chata *f*; **~reise** *f* cesta o prázdninách; **~zentrum** *n* rekreační středisko *n*.
Ferkel *n* sele, podsvinče; *fig.* prase; **2n** [o]prasit se, vrhnout *pf.* selata.
Fer'ment *n* ferment *m*.
fern *Adj.* vzdálen(ý); *s. a. entfernt*; *Adv. a.* daleko; *von ~(e)* zdáli; *von nah und ~* zblízka i zdáli.
Fern|amt *n Tel.* meziměstská ústředna *f*; **~aufklärer** *m* dálkozvědný letoun; **~bedienung** *f* dálkové řízení *n*; **2bleiben** (*D*) nezúčastnit se *pf.* (*G*), zamešk(áv)at (*A*); **~blick** *m* rozhled (do dálky).
Ferne *f* dálka; *aus der ~* zdáli; *in der ~* vdáli; *in die ~* do dálky.
ferner *Adj.* další; *Adv.* dál(e); **~hin** nadál(e), budoucně.
Fern|fahrer *m* řidič dálkového autovlaku; **~flug** *m Flgw.* dálkový let; **2gelenkt** řízen(ý) na dálku; **~geschütz** *n* dalekonosné dělo; **~gespräch** *n Tel.* meziměstský telefonní hovor; **2gesteuert** *s. ferngelenkt*; **~glas** *n* dalekohled *m*; **2halten** zdržovat [-žet]; **~heizung** *f* dálkové topení *n*; **~lastzug** *m* dálkový autovlak; **~leitung** *f Tel.* meziměstská linka; **~lenkung** *f* dálkové řízení; **~lenkwaffe** *f* řízená střela; **~meldewesen** *n Tel.* telekomunikace *f*; **2mündlich** telefonický; **~rohr** *n s. Fernglas*; **~ruf** *m* telefonní číslo *n*; **~schreiber** *m* dálnopis.
Fernseh- *in Zssgn* televizní; **~en** *n* televize *f*; **2en** dívat se na televizi; **~gerät** *n* televizní přijímač, televizor; **~sendung** *f* televizní vysílání *n*.
Fernsicht *f* rozhled (do dálky) *m*; **2ig** *Med.* dalekozraký.
Fernsprech- *in Zssgn* telefonní; **~amt** *n* telefonní úřad *m*; **~anschluß** *m* telefonní přípojka *f*; **~er** *m* telefon; **~gebühr** *f* telefonní poplatek *m*; **~teilnehmer** *m* telefonní účastník; **~verbindung** *f* telefonicke spojení *n*; **~zelle** *f* telefonní kabina.
fern|stehen (*D*) nemít nic společného s (*I*); **~stehend** vzdálen(ý); **2steuerung** *f s. Fernlenkung*; **2studium** *n* dálkové studium; **~verkehr** *m* dálková doprava; **~verkehrsstraße** *f* dálková silnice; **~zug** *m Esb.* dálkový vlak.
Ferse *f* pata; *j-m auf den ~n sein* být k-u v patách; **~ngeld** *n*: F *~ geben* brát [vzít] nohy na ramena.
fertig (*vollendet*) dodělaný (-lán), dokončen(ý); (*bereit*) připraven(ý), hotov(ý); (*geschickt*) obratný; *~ sein mit j-m* nemít již nic s (*I*); *~ sein mit et.* [s]končit (*A*); *~ werden mit j-m* vypořád(áv)at se s (*I*); *~ werden mit et.* dodél(áv)at (*A*); **~bekommen, ~bringen** dokazovat [-kázat]; **~en** vyrábět [-robit], **2kleidung** *f s. Konfektion*; zhotovovat [-tovit]; **2gericht** *n* hotové jídlo; **2haus** *n* dům z prefabrikovaných dílců, typizovaný dům; **2keit** *f* obratnost, dovednost; **2kleidung** *f s. Konfektion*; **~machen** (*vorbereiten*) připravovat [-pravit]; (*beenden*) dodél(áv)at, dokončovat [-čit]; F *j-n ~* [z]trhat k-o; **~stellen** dodél(áv)at, dokončovat [-čit]; **2stellung** *f* dohotovení *n*, dokončení *n*; **2teil** *n*

Arch. prefabrikát *m*, panel *m*; **&ung** *f* výroba.
Fertigungs|kosten *pl.* výrobní náklady *m/pl.*; **~methode** *f* výrobní metoda; **~programm** *n* výrobní program *m*; **~straße** *f* výrobní linka.
Fertigware *f* hotové výrobky *m/pl.*
Fes *m* fez.
fesch F švarný, fešácký.
Fessel *f* pouto *n* (*a. fig.*); *~n pl.* okovy *m/pl.*; (*der Pferde*) spěnka *f*; *in ~n legen od. schlagen s. fesseln*; **~ballon** *m* upoutaný balón; **&n** [s]poutat; *fig.* [u]poutat; *~d fig.* poutavý, zajímavý.
fest *Adj.* pevný, tuhý; *Schlaf*: tvrdý; (*nicht mobil*) stálý, trvalý; *Adv.* pevně; F (*sehr*) pořádně, velmi; *~ sein in* (*D*) být zběhlý (*L*); *~ werden* [z]tuhnout, [z]tvrdnout; *~er Wohnsitz* stálé bydliště.
Fest *n* slavnost *f*, svátek *m*; *frohes ~!* veselé svátky!
fest|backen *v/i* zapéci [-pékat] se; zadřít se *pf.*; **~binden** přivazovat [-vázat] (*an A* k *D*); **~bleiben** zůst(áv)at pevný.
Fest·essen *n* hostina *f*, banket *m*.
fest|fahren: *sich ~* [u]váznout; **~fressen:** *sich ~ s. festbacken*; **~gesetzt** stanovený, určený; **~halten** zadržovat [-žet] (*sich* se); (*im Bild*) zachycovat [-chytit]; *v/i ~ an* (*D*) přidržovat [-žet] se (*G*).
festig|en upevňovat [-vnit]; **&keit** *f* pevnost, tuhost; **&ung** *f* upevnění *n*, utužení *n*.
fest|kleben *v/t* přilepovat [-pit] (*an A* k *D*); *v/i* lpět (*an D* na *L*); **~klemmen** *v/t* (*sichern*) zajišťovat [-jistit]; *s. a. einklemmen*; **&land** *n* pevnina *f*; **~legen** (*bestimmen*) stanovovat [-novit]; *Geld*: ukládat [uložit] pevně; *sich auf et.* (*A*) *~* zavazovat [-vázat] se k č-u.
festlich slavnostní; **&keit** *f* slavnost.
fest|machen *v/t* připevňovat [-vnit]; *Geschäft*: smlouvat [smluvit]; *Mar.* uvázat (uvazovat); **&meter** *n* plnometr *m*; **~nageln** přitlouci (-tloukat); přibit (-bíjet); F *fig. wie festgenagelt* jako přibitý; **&nahme** *f* zatčení *n*; **~nehmen** zatýkat [-tknout].
Fest|rede *f* slavnostní řeč; **~redner** *m* slavnostní řečník; **~saal** *m* slavnostní (*od.* banketní) síň *f*.
festschrauben (pevně) [při]šroubovat, utahovat [utáhnout].
Festschrift *f* slavnostní spis *m*.
fest|setzen (*bestimmen*) stanovovat [-novit]; (*verhaften*) uvězňovat [-znit]; F *sich ~* usazovat [usadit] se; **~sitzen** [u]tkvít, uváznout *pf.*
Festspiele *n/pl.* festival *m*.
fest|stampfen [u]dusat, [u]pěchovat; **~steh(e)n:** *es steht fest, daß ...* je jisté, že ...; **~stellen** *Tech.* aretovat *pf.*; *fig.* (*ermitteln*) zjišťovat [zjistit]; **&stellung** *f* zjištění *n*.
Fest|tafel *f* slavnostní stůl *m*; **~tag** *m s. Feiertag, Fest.*
festtreten ušlap(áv)at.
Festung *f* pevnost, tvrz; **~s·haft** *f* pevnostní vězení *n*.
Festwoche *f* festival *m*.
festziehen utáhnout (utahovat).
Festzug *m* slavnostní průvod.
fett tučný, tlustý; (*fettig*) mastný; *~ werden* [z]tloustnout.
Fett *n* tuk *m*; (*Speck, Schmalz*) sádlo; *Kochk.* omastek *m*; *~- in Zssgn* mastný, tukový; *~ ansetzen s. fett werden*; **~auge** *n* (mastné) oko; **&en** *v/t s. einfetten*; **~fleck** *m* mastná skvrna; **~gehalt** *m* tučnost *f*; **&ig** mastný; **&leibig** otylý; **~leibigkeit** *f*, **~sucht** *f* otylost.
Fetzen *m* hadr; (*zerrissenes Kleid*) [cár.
feucht vlhký; *~ werden* [z]vlhnout; **&igkeit** *f* vlhkost.
Feuchtigkeits|gehalt *m* obsah vlhkosti; **~grad** *m* stupeň vlhkosti; **~messer** *m* vlhkoměr, hydrometr.
feu'da|l feudální; **&'lismus** *m* feudalismus.
Feuer *n* oheň *n*; (*Brand*) požár *m*; *Mil.* palba *f*; (*Temperament*) zápal *m*; (*Glanz*) lesk *m*; *~!* hoří!; *~ machen* rozděl(áv)at oheň; *j-m ~ geben* dá(va)t k-u připálit; *für j-n durchs ~ gehen* skákat [skočit] pro k-o do ohně.
Feuer|alarm *m* požární poplach; **&beständig** ohnivzdorný, žárovzdorný; **~bestattung** *f* pohřeb *m* žehem; **~eifer** *m* zápal, nadšení *n*; **&fest** *s. feuerbeständig*; **&gefährlich** zápalný, požárně nebezpečný; **~haken** *m* hasičský hák; (*Schüreisen*) pohrabáč; **~herd** *m* (*im Haushalt*) domácí krb; **~leiter** *f* požární žebřík *m*; **~linie** *f Mil.* bitevní čára; **~löscher** *m* hasicí přístroj; **~melder** *m* požární hlásič.

feuern (*heizen*) zatápět [-topit]; (*schießen*) střílet [vystřelit].

Feuer|probe *f* zkouška ohněm; *Rel.* očista; **~raum** *m* ohniště *n*; **2rot** ohnivý, rudý; **~s·brunst** *f* požár *m*; **~schaden** *m* škoda *f* způsobená ohněm; **~schein** *m* ohnivá záře; **~schiff** *n* majáková loď; **~schutz** *m* protipožární ochrana *f*; **~sgefahr** *f* nebezpečí *n* ohně; **2speiend** soptící oheň; **~spritze** *f* požární (*od.* hasičská) stříkačka; **~stätte** *f s. Brandstätte*; **~stein** *m* pazourek, křesací kámen; **~taufe** *f* křest *m* ohněm; **~ung** *f* topení *n*; topeniště *n*; **~versicherung** *f* požární pojištění *n*; **~wache** *f* požární hlídka; **~waffe** *f* střelná zbraň; **~wehr** *f* požárníci *m/pl.*, hasiči *m/pl.*; **~wehrmann** *m* požárník, hasič; **~werk** *n* ohňostroj *m*; **~werker** *m* pyrotechnik; **~zange** *f* ohňové kleště *f/pl.*; **~zeug** *n* zapalovač *m*.

Feuille'to|n *n* fejeton *m*; **~'nist(in** *f*) *m* fejetonist(k)a.

feurig ohnivý (*a. fig.*).

ff. *Abk. für folgende* následující; *sehr fein* velmi jemný.

Fi'asko *n* nezdar *m*, fiasko.

Fibel *f* (*Buch*) slabikář *m*; (*Spange*) fibule, spona.

Fiber *f* vlákno *n*; (*Vulkan2*) fibr *m*.

Fichte *f* smrk *m*; **~n·nadeln** *f/pl.* smrkové jehličí *n*; **~n·wald** *m* smrkový les.

ficken V čubčit se.

fi'del vesel(ý).

Fieber *m* horečka *f* (*a. fig.*); **~anfall** *m* horečný záchvat; **2frei** bez horečky; **2haft** horečný, zimničný; **2krank** mající korečku; **~kurve** *f* křivka teploty; **~mittel** *n* prostředek *m* proti horečce, antipyretikum; **2n** mít horečku; *fig.* ~ *nach* (*D*) dychtit, bažit po (*L*); **~thermometer** *n* lékařský teploměr *m*; **~wahn** *m* horečné blouznění *n*.

fiebrig horečný, zimničný.

fiel *s. fallen*.

Fi'gur *f* figura; (*Gestalt*) postava; (*Abbildung*) vyobrazení *n*; *Math.* obrazec *m*; (*Schach2*) figurka.

figürlich obrazný.

Fikti'on *f* fikce, smyšlenka.

Filet [-'le:] *n* filé; **~braten** *m* svíčková pečeně.

Fili'al|e *f* filiálka, pobočka; **~leiter** *m* ředitel filiálky.

Film *m* film; **~atelier** *n* filmový ateliér; **~aufnahme** *f* filmový snímek, natáčení *n* filmu; **2en** [na-, z-] filmovat; **~festspiele** *n/pl.* filmový festival; **~industrie** *f* filmový průmysl; **~kamera** *f* filmový (*od.* filmovací) kamera; **~kunst** *f* filmové umění; **~leinwand** *f* filmové plátno; **~reportage** *f* reportážní film *m*; **~schauspieler(in** *f*) *m* filmový herec (filmová herečka); **~star** *m* filmová hvězda; **~theater** *n* biograf *m*, kino; **~vorführung** *f* promítání *n* filmu; **~vorstellung** *f* filmové představení *n*.

Filter *m* filtr; **~papier** *n* filtrační papír *m*.

filtern [pře-, z]filtrovat.

Filz *m* plst *f*; F (*Geizhals*) lakomec *m*; **2en** zhotovovat [-vit] plst; F (*durchsuchen*) prošťour(áv)at; **~hut** *m* plstěný klobouk; **2ig** plstěný; F (*geizig*) lakomý; **~laus** *f Zo.* muňka, F filcka; **~schuh** *m* plstěný střevíc; **~stiefel** *m* válenka *f*.

Fimmel F *m* libůstka *f*, koníček; *e-n* ~ *haben* mít brouky v hlave.

Fi'nale *n* finále.

Fi'nanz- *in Zssgn* finanční; **~amt** *n* finanční úřad *m*; **~en** *f/pl.* finance *f/pl.*; **2i'ell** finanční, peněžní; **2'ieren** financovat (*im*)*pf.*; **~'ierung** *f* financování *n*; **~mann** *m* finančník; **~ministerium** *n* ministerstvo financí; **~wesen** *n* finančnictví.

Findel|haus *n* nalezinec *m*; **~kind** *n* nalezenec *m*.

finden nacházet [najít], naléz(a)t (*a. fig. Freude, Geschmack usw.*; *an D* v *L*); *Beifall, Anerkennung*: docházet [dojít] (*G*); (*meinen, halten für*) shled(áv)at; *sich in et.* (*A*) ~ vpravovat [-avit] se do č-o.

Finder|(in *f*) *m* nálezce (-zkyně); **~lohn** *m* nálezné *n*.

findig důvtipný; **2keit** *f* důvtipnost.

Findling *m Geol.* bludný balvan; *s. Findelkind*.

fing *s. fangen*.

Finger *m* prst; *der kleine* ~ malíček; *die* ~ *davon lassen* nech(áv)at to; F *keinen* ~ *rühren* nehýbat [-hnout] ani prstem; **~abdruck** *m* otisk prstu; **2breit** na prst široký; **2dick** na prst tlustý; **~fertigkeit** *f* zručnost; **~gelenk** *n* kloub *m* prstu; **~glied** *n* článek *m* prstu; **~hut** *m* náprstek; *Bot.* náprstník; **~ling** *m*

prst rukavice; **~nagel** *m* nehet u prstu; **~satz** *m Mus.* prstoklad; **~spitze** *f* špička prstu; **~spitzengefühl** *n fig.* jemnocitnost *f*; **~übung** *f* cvičení *n* prstů; **~zeig** *m fig.* pokyn.
fin'giert fingovaný.
Fink *m Zo.* pěnkava *f*; **~enschlag** *m* pinkání *n*.
Finne[1] *f Med.* uher *m*; (*Flosse*) ploutev.
Finne[2] *m*, **Finnin** *f* Fin(ka).
finnisch finský; **2**, **2e** *n* finština.
Finnland *n* Finsko.
finster temný, tmavý; *Blick, Gesicht*: zamračen(ý), zachmuřený; (*unheimlich*) příšerný; *es ist ~* je tma; *im 2n* ve tmě, potmě; *fig. im 2n tappen* být v nejistotě; **2nis** *f* tma; *Astr.* zatmění *n*.
Finte *f Sp.* (*Fecht.*) finta, zálud *m*; *fig.* lest, F finta.
Firlefanz F *m* (*Flitterkram*) cetky *f/pl.*, tretky *f/pl.*; (*Unsinn*) láryfáry *m/pl.*, hlouposti *f/pl.*
firm *s. fest, sicher.*
Firma *f* firma.
Firma'ment *n* obloha *f*.
firmen [o]biřmovat.
Firmen|inhaber(in *f*) *m* majitel(ka) firmy; **~register** *n* firemní rejstřík *m*; **~schild** *n* firemní štít *m*.
Firmung *f* biřmování *n*.
Firn *m* firn, srež.
Firnis *m* fermež *f*; *fig.* nátěr.
Firnschnee *m* firnový sníh.
First *m Arch.* hřeben střechy.
Fisch *m* ryba *f*; *~- in Zssgn* rybí, rybný, rybní; F *weder ~ noch Fleisch* ani ryba ani rak; *kleine ~e!* to nestojí ani za řeč!; **~angel** *f* udice; **~behälter** *m* sádka *f*; **~bein** *n* kostice *f*; **~brut** *f* potěr *m*, násada; **~chen** *n* rybička *f*; **~dampfer** *m* rybářská loď; **2en** chytat [chytit] (*od.* [u]lovit) ryby, rybařit; *fig. im trüben ~* lovit v kalných vodách; **~en** *n* rybaření.
Fischer *m* rybář; **~boot** *n* rybářský člun; **~dorf** *n* rybářská vesnice; **~ei** [-'raɪ] *f* rybářství *n*; **~in** *f* rybářka.
Fisch|fang *m* rybolov; **~gericht** *n* jídlo *n* z ryb; **~geschäft** *n* rybárna *f*, obchod *m* s rybami; **~gräte** *f* rybí kost; **~grätenmuster** *n* rybí kostra *f*, rybina *f*; **~händler** *m* obchodník *m* rybami; **~konserve** *f* rybí konzerva; **~kutter** *m* rybářský kutr; **~laich** *m* rybí potěr; **~markt** *m* rybní trh; **~milch** *f* rybí mlíčí *n*; **~netz** *n* rybářská síť; **~otter** *m* vydra *f*; **2reich** rybnatý; **~reiher** *m* volavka popelavá; **~reuse** *f* vrš; **~rogen** *m* jikry *f/pl.*; **~schuppe** *f* rybí šupina; **~teich** *m* rybník; **~tran** *m* rybí tuk; **~vergiftung** *f* otrava rybím masem; **~zucht** *f* chov *m* ryb, rybníkářství *n*.
fis'kalisch fiskální.
Fiskus *m* fiskus, státní pokladna *f*.
Fistel *f Med.* píštěl *m od. f*, fistule (*a. Mus.*); **~stimme** *f* falzet *m*, fistulkový hlas *m*.
fit fit, v nejlepší formě.
Fittich *m* peruť *f*; *fig. j-n unter seine ~e nehmen* vzít [brát] k-o do ochrany.
fix fixní; (*fest*) pevný, stálý; (*flink*) hbitý; *~ und fertig* být zcela hotov; *~e Idee* utkvělá myšlenka, fixní idea.
Fi'xier|bad *n Fot.* ustalovací lázeň *f*; **2en** (*anstarren*) upírat [-přít] zrak na (*A*); (*festlegen*) pevně ustanovat [-novit]; *Fot.* ustalovat [-tálit]; **~salz** *n Fot.* ustalovací sůl *f*.
Fixstern *m* stálice *f*.
Fixum *n* stálý plat, fixum.
FKK *Abk. für Freikörperkultur.*
flach plochý, rovný; (*seicht*) mělký (*a. fig.*); *~e Hand* dlaň *f*; **2bau** *m* nízká stavba; **2dach** *n* plochá střecha.
Fläche *f* plocha (*a. Math.*); (*Ebene*) rovina.
Flächen|ausdehnung *f* plošný rozsah; **~inhalt** *m Math.* (plošný) obsah; **~maß** *n* plošná míra.
Flach|heit *f* plochost; *fig.* povrchnost; **~land** *n* rovina *f*; **~rennen** *n* závody *m/pl.* na ploché dráze.
Flachs *m* len; **~bau** *m* lnářství *n*; **2blond** plavovlasý; *Haar*: plavý; **~brechen** *n* tření *n* lnu; **~hechel** *f* česačka *f* lnu; **~kopf** F *m* plavovlásek (-ska *f*) *m*; **~spinnerei** *f* přádelna *f* lnu.
Flachzange *f* ploché kleště *f/pl.*
flackern [za]plápolat.
Fladen *m* mazanec, lívanec.
Flagge *f* vlajka; **2n** vyvěšovat [-věsit] vlajku.
Flaggschiff *n Mar.* admirálská (*od.* vlajková) loď.
fla'grant flagrantní, zřejmý; *Jur. in ~i* při činu.
Flak *Abk. für Flugzeugabwehrka-*

none; *a.* = **~artillerie** *f* protiletadlové dělostřelectvo.
Flame *m*, **Flämin** *f* Vlám(ka), Flám(ka).
Flamingo *m Zo.* plameňák.
flämisch vlámský, flámský; **&**, **&e** *n* vlámština *f*, flámština *f*.
Flämmchen *n* plamínek *m*.
Flamme *f* plamen *m* (*a. fig.*); F (*Geliebte*) milá, milenka; *in ~n aufgehen* stát se obětí plamenů; **&n** [za]plápolat, [za]plát (*a. fig.*); **&nd** plamenný (*a. fig.*).
Flammen|meer *n* moře *n* plamenů; **~tod** *m* smrt *f* v plamenech; **~werfer** *m Mil.* plamenomet.
Flammeri *n Kochk.* flameri.
Fla'nell *m* flanel; *~- in Zssgn* flanelový.
Flanke *f* bok *m*, strana; *Anat.* slabina, (*Turnen*) odbočka; **~n·angriff** *m Mil.* boční útok; **~n·deckung** *f* boční kryt *m*.
flan'kieren stá(va)t po boku (*G*).
Flansch *m Tech.* příruba *f*.
Fläschchen *n* lahvička *f*.
Flasche *f* láhev.
Flaschen|bier *n* lahvové pivo; **~hals** *m* lahvové hrdlo; F *fig. s. Engpaß*; **~öffner** *m* otvírač lahví; **~wein** *m* víno *n* v láhvích; **~zug** *m* kladkostroj.
flatter|haft těkavý; **&haftigkeit** *f* těkavost; **~n** poletovat, [za]třepetat (se); *Fahne, Haare usw. a.*: vlát; **&tiere** *n/pl. Zo.* letouni *m/pl*.
flau (*schwach*) slabý (sláb); *Hdl.* chabý, mdlý; (*schal*) zvětralý; **&heit** *f* slabost, chabost.
Flaum *m* prachové peří, prach; (*Bart*) chmýří *n*; **~feder** *f* pírko *n*; **&ig** měkký jako prachové peří.
Flaus *m*, **Flausch** *m* (*Stoff*) flauš *m*.
Flause *f*: *mst pl. ~n* tlachy *m/pl.*, plané řeči *f/pl.*; F *~n machen* vymlouvat [-luvit] se.
Flaute *f Mar.* bezvětří *n*; *Hdl.* mdlá nálada.
Flech|se *f* šlacha; **&sig** šlachovitý.
Flecht|e *f* pletenec *m*; *Bot.* lišejník *m*; *Med.* lišej *m*; **&en** *Haar*: [u]plést; *Kranz*: [u]vít; **~werk** *n* pletivo.
Fleck *m* (*Stelle*) místo *n*; (*Schmutz&, Makel*) skvrna *f*; (*Flicken*) záplata *f*; (*am Schuh*) příštipek; F *blauer ~* modřina *f*; *nicht vom ~ kommen* nehýbat [-hnout] se z místa; **~chen** *n* místečko; skvrnka *f*.
Flecke *m/pl. Kochk.* dršťky *f/pl*.
Flecken *m* skvrna *f*; (*Ortschaft*) městys; **&los** neposkvrněný; *Adv. a.* bez skvrny (*a. fig.*); **~reiniger** *m* čistič skvrn.
Fleck|fieber *n Med.* skvrnitý tyfus; **&ig** skvrnitý; **~typhus** *m s. Fleckfieber*.
Fleder|maus *f* netopýr *m*; **~wisch** *m* peroutka *f*, kosinka *f*.
Flegel *m* cep; (*Grobian*) klacek; **~ei** [-'laɪ] *f* klackovství *n*; **&haft** klackovitý; **~jahre** *n/pl.* klackovská léta *n/pl*.
flehen úpěnlivě [po]prosit (*um et.* oč, *zu j-m* k-o); **&** *n* úpěnlivé prosby *f/pl.*; **~tlich** úpěnlivý.
Fleisch *n* maso; (*Frucht& a.*) dužina *f*; *wildes ~ Med.* divoké maso; *fig. sich ins eigene ~ schneiden* řezat [říznout] do vlastního masa; **~beschauer** *m* ohledač masa; **~brühe** *f* masová polévka.
Fleischer *m* řezník; **~laden** *m* řeznický krám.
Fleisch|extrakt *m* masný extrakt; **~farbe** *f* masová barva; **&farben** masné barvy; **~fliege** *f* masařka; **&fressend** masožravý; **~gericht** *n* masité jídlo; **~händler** *m* obchodník masem; **&ig** masitý; *Früchte a.*: dužnatý; **~konserve** *f* masová konzerva; **~kost** *f* masitá strava; **&lich** tělesný; **&los** bezmasý; **~speise** *f* masitý pokrm; **~vergiftung** *f* otrava masem; **~waren** *f/pl.* masné výrobky; **~wolf** *m* strojek na maso; **~wunde** *f* rána v mase.
Fleiß *m* píle *f*, pilnost *f*; **&ig** pilný.
flek'tieren *Gr. s. beugen, deklinieren, konjugieren*.
flennen F *s. heulen*.
fletschen: *die Zähne ~* [vy]cenit zuby.
fle'xibel ohebný.
Flexi'on *f Gr.* flexe; *vgl. flektieren*.
Flick|arbeit *f* správka; *fig.* slátanina; **&en** spravovat [spravit]; *fig. j-m et. am Zeuge ~* dá(va)t k-u co proto; **~en**[1] *m* záplata *f*; (*am Schuh*) příštipek; **~en**[2] *n*, **~e'rei** *f* správkaření *n*; **~schneider** *m* záplatář; **~schuster** *m* příštipkář; **~werk** *n* slátanina *f*; **~wort** *n* výplňkové slovo; **~zeug** *n* (*Fahrrad&*) potřeby *f/pl.* pro lepení duší.
Flieder *m* bez, šeřík.
Fliege *f Zo.* moucha; (*Krawatte*)

motýlek *m*; *fig.* *zwei ~n mit e-r Klappe* (*schlagen*) zabí(je)t dvě mouchy jednou ranou.

fliegen *v/i* létat, lítat, letět; F (*v. d. Schule usw.*) [po-, vy]letět; (*aus d. Sattel ~, stürzen a.*) vylétat [-letět], vylítat [-tnout]; *in Stücke ~* rozletět se *pf.* na kusy; *v/t* (*befördern*) dopravit (-vovat) letadlem; (*Flugzeug lenken*) řídit letadlo, létat, letět; **~d** létací, lítací, létavý, lítavý.

Fliegen|dreck P *m* muší trus; **~fänger** *m* mucholapka *f*; **~fenster** *n* síťové okno; **~gewicht** *n Sp.* muší váha *f*; **~klappe** *f*, **~klatsche** *f* plácačka na mouchy; **~pilz** *m* muchomůrka *f*; **~schnäpper** *m Zo.* lejsek.

Flieger *m Flgw.* letec; *s. a. Flugzeug*; **~abwehr** *f* protivzdušná obrana; **~abwehrkanone** *f* protiletadlové dělo; **~alarm** *m* letecký poplach; **~angriff** *m* letecký útok; **~bombe** *f* letecká bomba *od.* puma.

Fliege'rei *f* (*Flugwesen*) letectví *n*; (*Fliegen*) létání *n*.

Flieger|in *f* letkyně; **~horst** *m* letecká základna; **~offizier** *m* důstojník letectva.

fliehen *v/t* vyhýbat [-hnout] se (*D*); *v/i* utíkat [utéci], prchat [prchnout] (*vor D* před *I*); **~de** *Stirn* ustupující čelo.

Fliehkraft *f* odstředivá síla.

Fliese *f* dlaždice, dlaždička.

Fließ|arbeit *f* proudový způsob výroby, plynulá práce; **~band** *n* běžící pás *m*; **~bandfertigung** *f* pásová výroba, výroba na pásu; **2en** téci; *ins Meer ~* vlévat se do moře; **~d** tekoucí; (*flüssig*) tekutý; *fig.* plynný; **~papier** *n* sací (*od.* pijavý) papír *m*.

Flimmer *m* třpyt, kmit; **2n** [za-] třpitit se, kmitat [-tnout] se; *es flimmert mir vor den Augen* dělají se mi mžitky před očima.

flink hbitý; (*lebhaft*) čilý; (*Tier*) mrštný.

Flinte *f* ručnice, puška, F flinta.

Flirt *m* flirt, koketování *n*; **2en** [za]flirtovat (si), [za]koketovat (si).

Flittchen *n* coura *f*, běhn(ičk)a *f*.

Flitter *m* cetka *f* (*a. fig.*); **~gold** *n* pozlátko; **~kram** *m* cetky *f/pl.*, tretky *f/pl.*; **~wochen** *f/pl.* líbánky *f/pl.*

Flitz|bogen *m* dětský luk, lučík; **2en** F letět, pádit; (*flüchten*) [od-] pelášit.

flocht *s. flechten.*

Flock|e *f* vločka; **2ig** vločkovitý.

flog, flöge *s. fliegen.*

Floh *m* blecha *f*; **~-** *in Zssgn* bleší; *fig. j-m e-n ~ ins Ohr setzen* nasazovat [-sadit] k-u brouka do hlavy.

floh *s. fliehen.*

Flor *m* (smuteční) flór.

Flora *f* flóra, květena.

Flo'rett *n* fleret *m*, končíř *m*.

flo'rieren vzkvétat [-vést].

Floskel *f* floskule.

floß *s. fließen.*

Floß *n* vor *m*.

Flosse *f* ploutev; *Flgw.* ocasní [plocha.]

flöß|en [do-, s]plavit; **2er** *m* vorař; **2holz** *n*, **2material** *n* vorové dříví.

Flöte *f* flétna; **2n** [za]hrát na flétnu; F (*singen*) flétovně [za]zpívat; (*sprechen*) [pro]mluvit flétovým hlasem; **2ngehen** F *fig.* ztrácet [ztratit] se; **~n·spiel** *n* hra *f* na flétnu.

Flö|tenspieler *m*, **~'tist** *m* flétista.

flott *Mar.* plovoucí; (*lustig*) vesel(ý); (*flink*) hbitý; (*gewandt*) obratný; (*schick*) švihácký.

Flotte *f Mar.* loďstvo *n*.

Flotten|manöver *n* lodní manévry *m/pl.*; **~stützpunkt** *m Mil.* námořní opěrný bod.

Flot'tille *f Mar.* flotila.

flottmachen *Mar.* uvolňovat [-lnit].

Flöz *n Bgb.* sloj *m*.

Fluch *m* kletba *f*; *e-n ~ ausstoßen* [za]láteřit; **2beladen** kletbou stižen(ý); **2en** [za]klít.

Flucht *f* útěk *m*; (*Häuser2, Zimmer2*) směr *m*, řada; *die ~ ergreifen* dát se na útěk; *in die ~ schlagen* zahnat na útěk.

flüchten utíkat [utéci] (*sich* se), prchat [(u)prchnout].

flüchtig (*fliehend*) na útěku, utíkající, prchající; (*vergänglich*) prchavý, letmý (*Adv.* letmo); (*oberflächlich*) povrchní; *Chem.* těkavý; *~ werden s. flüchten*; **2keit** *f* prchavost, povrchnost; **2keitsfehler** *m* chyba *f* z povrchnosti.

Flüchtling *m* uprchlík, utečenec (*a. Pol.*); **~s·lager** *n* tábor *m* (politických) utečenců.

Flucht|linie *f Arch.* stavební čára; **~verdacht** *m* podezření *n* o útěk; **~versuch** *m* pokus o útěk; **~weg** *m* cesta *f* útěku.

Flug *m* let; *im* ~*e* v letu, letmo; ~**abwehr** *f s. Fliegerabwehr*; ~**bahn** *f* dráha letu; 2**bereit** připraven k letu (*od.* startu); ~**blatt** *n* leták *m*; ~**boot** *n* hydroplán *m*; ~**dauer** *f* doba letu.
Flügel *m* křídlo *n* (*a. fig.*, *Mus.*); *Poet.* peruť *f*; ~**decke** *f Zo.* krovka; 2**los** bez křídel, neokřídlený; ~**mann** *m Mil.* křídelník; ~**mutter** *f Tech.* křídlatá matice; ~**rad** *n Tech.* křídlové kolo; ~**tür** *f* dvojkřídlové dveře *f/pl.*
Flug|feld *n* letištní plocha *f*; *s. Flugplatz*; ~**gast** *m* cestující *m* letadlem
flügge opeřen(ý) na vylétnutí; ~ *werden* dospívat [-pět].
Flug|geschwindigkeit *f* rychlost letu; ~**gesellschaft** *f* letecká společnost; ~**hafen** *m* (dopravní) letiště *n*; (*Gebäude*) letecké nádraží, ~**kapitän** *m s. Flugzeugführer*; ~**leitung** *f* letištní dispečerská služba; ~**linie** *f s. Flugbahn, Flugstrecke*; ~**loch** *n* (*im Bienenkorb*) česno; ~**maschine** *f* letadlo *n*; ~**modell** *n* létající model *m*; ~**motor** *m* letecký (*od.* letadlový) motor; ~**plan** *m* letový řád; ~**platz** *m* letiště *n*; ~**post** *f s. Luftpost.*
flugs letmo, letem.
Flug|sand *m* navátý písek; ~**schein** *m* letenka *f*; ~**schrift** *f* leták *m*; ~**sicherungsdienst** *m* letecká zabezpečovací služba; ~**sport** *m* sportovní letectví *n*; ~**strecke** *f* letecká trať *od.* linka; ~**stunde** *f* hodina letu, letová hodina; ~**verbindung** *f* letecké spojení; ~**verkehr** *m* letecká doprava; ~**wesen** *n* letectví; ~**wetter** *n* počasí při letu; ~**zeit** *f* doba letu.
Flugzeug *n* letadlo, letoun *m*; ~**abwehrkanone** *f* protiletadlové dělo; ~**führer** *m* pilot, letec; ~**halle** *f* hangár *m*; ~**schleuder** *m* katapult; ~**träger** *m* letadlová loď; ~**werk** *n* továrna *f* na letadla.
Flunder *f Zo.* platýs *m*, platejs *m* (malý).
flunkern F prášit, lhát.
Fluor *n Chem.* fluor *m*.
Flur[1] *m* (*Diele*) předsíň *f*; (*Gang*) chodba *f*.
Flur[2] *f* niva, pole *n*; ~**bereinigung** *f* scelování *n* pozemků, komasace *f*.
Flurgarderobe *f* předšíňová stěna.
Flur|hüter *m* polní hlídač; ~**schaden** *m* škoda *f* na polích.
Fluß *m* řeka *f*; ~- *in Zssgn* říční; (*Fließen*) tok; *fig.* proud; *Med. weißer* ~ bělotok *m*; *in* ~ *kommen fig.* přicházet [přijít] do proudu; 2**ab**(**wärts**) po proudu; ~**arm** *m* rameno *n* řeky; 2**auf**(**wärts**) proti proudu; ~**bett** *n* řečiště.
Flüßchen *n* říčka *f*.
Fluß|fisch *m* říční ryba *f*; ~**gebiet** *n* poříčí.
flüssig tekutý, kapalný; *s. fließend*; *Geld*: volný; 2**keit** *f* tekutina; 2**keitsbremse** *f* kapalinová brzda; ~**machen** *Geld*: uvolňovat [-nit].
Fluß|krebs *m* rak říční; ~**lauf** *m* říční tok; ~**mündung** *f* ústí *n* řeky; ~**pferd** *n Zo.* hroch *m*; ~**regulierung** *f* úprava (*od.* regulace) toku; ~**schiffahrt** *f* říční plavba; ~**spat** *m* fluorit, kazivec; ~**tal** *n* údolí řeky.
flüster|n [po]šeptat; 2**propaganda** *f* šeptavá propaganda, F šeptanda; 2**stimme** *f* šeptavý hlas; 2**ton** *m*: *im* ~ šeptem.
Flut *f* příliv *m*; *fig.* spousta; ~*en pl.* vlny *f/pl.*, spousty vod; 2**en** *v/i* proudit, valit se; *v/t* zaplavit (-vovat); ~**licht** *n* osvětlení světlomety; ~**welle** *f* přílivová vlna.
focht *s. fechten.*
Fock|mast *m Mar.* příďový stěžeň *od.* stozár; ~**segel** *n* příďová plachta.
Födera|'lismus *m* federalismus; ~**ti'on** *f* federace, svaz *m*; 2**'tiv** federativní, spolkový.
Fohlen *n* hříbě.
fohlen [o]hřebit se, vrhat hříbě.
Föhn *m* fén.
Föhre *f Bot.* borovice; ~**n**- *in Zssgn* borovicový.
Folge *f* (*Ergebnis, Wirkung*) následek *m*; (*Reihe*) pořadí *n*; (*Nacheinander*) sled *m*, postup *m*; serie; (*Zeitschrift*) číslo *n*; ~ *leisten* (*D*) vyhovovat [-hovit] (*D*); *in der* ~ (*künftig*) v budoucnu; *zur* ~ *haben* mít za následek; ~**erscheinung** *f* účinek *m*.
folgen (*D*) (*nachgehen*) jít (chodit) za (*I*); (*danach kommen*) následovat po (*L*); (*verstehen*) sledovat (*A*); (*sich ergeben*) vyplývat; *wie folgt* takto; *Schluß folgt* konec příště; *j-m auf Schritt* ~ být k-u v patách; ~**d** následující, tento; *am* ~*en Tage* druhého dne; ~**der'maßen** takto; ~**schwer** závažný.

folgerichtig důsledný; **⁀keit** *f* důslednost.

folge|rn vyvozovat [-vodit]; **⁀rung** *f* důsledek *m*; **⁀satz** *m Gr.* účinková věta; **⁀zeit** *f* následující doba; *in der ~* později.

folglich tedy, protož, pročež.

folgsam poslušný (-šen); **⁀keit** *f* poslušnost.

Folie *f* fólie.

Folio *n* folio, půlarchový formát.

Folklore *f* folklór *m*.

Folter *f* mučení *n*; (*Gerät*) skřipec *m*, mučidlo *n*; *fig.* F *auf die ~ spannen* napínat [-pnout] na skřipec; **~kammer** *f* mučírna; **~knecht** *m* katan; **⁀n** mučit, trýznit; **~qual** *f* muka *n/pl.* (*a. fig.*); **~werkzeug** *n* nástroj *m* na mučení.

Fön *m* fén, elektrický vysoušeč.

Fond *m* fond; (*Rücksitz*) zadní sedadlo *n*.

Fonds *m* fond.

Fon'täne *f* fontána, vodotrysk *m*.

foppe|n dob(i)rat si k-o; **⁀'rei** *f* posměch *m*.

for'cieren [pře]forsírovat.

Förder|anlage *f Tech.* dopravní stroj *m*; **~band** *n* dopravní pás *m*; *Bgb.* těžní pás *m*; **~er** *m* podporovatel, příznivec; *Tech.* transportér, dopravník; **~korb** *m Bgb.* těžní klec *f*; **~leistung** *f* dopravní výkon *m*; *Bgb.* těžný výkon; **⁀lich** prospěšný; **~maschine** *f Bgb.* težní stroj *m*.

fordern požádat (*von j-m et.* k-o zač *od.* oč); (*erfordern*) vyžadovat [-žádat]; (*vor Gericht*) předvol(áv)at k (*D*); (*heraus~*) vyz(ý)vat.

förder|n (*begünstigen*) podporovat *pf.*; *Pumpe*: čerpat; *Bgb.* [vy]těžit; *zutage ~* odhalovat [-lit]; **⁀schacht** *m Bgb.* těžní šachta *f*; **⁀turm** *m Bgb.* těžní věž *f*.

Forderung *f* (*Verlangen*) požadavek *m*; (*Geld⁀*) pohledávka.

Förderung *f* podporování *n*; *Bgb.* těžba.

Fo'relle *f* pstruh *m*; **~n·zucht** *f* chov *m* pstruhů; (*Betrieb*) pstruhárna.

Forke *f* podávky *f/pl.*

Form *f* forma; *die ~ wahren* zachov(áv)at (společenskou) formu; *in ~ sein* být ve formě; **⁀'al** formální; **⁀a'listisch** formalistický; **~ali'tät** *f* formalita.

For'mat *n* formát *m*; **~i'on** *f* útvar *m*, formace.

Form|beständigkeit *f* stálost tvaru; **~blatt** *n* formulář *m*; **~dreher** *m Tech.* formař.

Formel *f* vzorec *m*, formule.

for'mell formální.

formen tvořívat [-řit], u-, vy-tvářet [-tvořit], formovat; **⁀lehre** *f Gr.* tvarosloví *n*.

Form|er *m* formíř; **~e'rei** *f* formovna; **~fehler** *m* formální chyba *f*; **~gebung** *f Tech.* tvarování *n*, určování *n* tvaru; **~guß** *m* lití *n* do forem.

for'mieren [z]formovat (*a. Mil.*).

förmlich korektní, přesný, jasný; *Adv.* doslova, přímo; **⁀keit** *f* formálnost.

form|los beztvarý; *fig.* neomalený; **⁀sand** *m* formovací písek; **~schön** působivý; **⁀stahl** *m* tvarová (*od.* profilová) ocel; **⁀stück** *n* tvarová součast; tvarovka *f*.

Formu|'lar *n* formulář *m*; **⁀'lieren** formulovat (*im*)*pf.*; **~'lierung** *f* formulace.

Formung *f* formovaní *n*, tváření *n*.

forsch statný, rázný.

forsch|en bádat, zkoumat; (*suchen*) pátrat (*nach* po *L*); **~end** bádavý, zkoumavý; **⁀er(in** *f*) *m* badatel(ka), výzkumník (-nice); **⁀ung** *f* bádání *n*, výzkum *m*; **⁀ungs·institut** *n* výzkumný ústav; **⁀ungsreise** *f* výzkumná cesta.

Forst *m* les, hvozd; **~akademie** *f* lesnická akademie; **~amt** *n* lesní úřad *m*; **~beamte(r)** lesní úředník.

Förster *m* lesní(k); **~ei** [-'raɪ] *f* myslivna.

Forst|haus *n* myslivna *f*; **~kunde** *f* nauka o lesním hospodářství, lesnictví *n*; **~meister** *m* lesmistr; **~-wesen** *n* lesnictví; **~wirtschaft** *f* lesní hospodářství *n*.

Fort *n Mil.* pevnůstka *f*, bašta *f*.

fort pryč; (*weiter*) dále; *~ sein* být pryč; *in e-m ~, ~ und ~* neustále; *und so ~* a tak dále.

fort|'an od toho času; **~bestehen** potrvat (dále); **~bewegen:** *sich ~* pohybovat [-hnout] se dále; **⁀bewegung** *f* pohyb *m* vpřed; **~bilden:** *sich ~* vzděl(áv)at se dále; **⁀bildung** *f* další vzdělání *n*; **~bringen** *s. fortfahren, fortschaffen*; **⁀dauer** *f* další trvání *n*; **~dauern** [po]trvat dále; **~dauernd** trvalý.

forte *Mus.* silně, důrazně.

fort|fahren *v/t* odvážet [-vézt]; *v/i* odjíždět [-jet]; *mit et.* ~ *od.* ~ *zu* (+ *Inf.*) pokračovat (v čem); **~fallen** vynech(áv)at se; **~führen** (*j-n*) odvádět [-vést]; *s. fortsetzen*; **°~führung** *f s. Fortsetzung*; **°~gang** *m* (*Weggang*) odchod; (*Fortschreiten*) postup, chod, pokračování *n*; (*Erfolg*) prospěch; **~gehen** *s. weggehen, weitergehen*; **~geschritten** pokročilý; **~gesetzt** ustavičný; **~jagen** zahánět [-hnat]; **~kommen** (*weiterkommen*) dost(áv)at se dále; F *mach, daß du fortkommst!* kliď se!; **°~kommen** *n* (*Unterhalt*) živobytí; **~lassen** pouštět [pustit]; **~laufen** utíkat [utéci] pryč; **~laufend** nepřetržitý; ~*e Nummer* číslo *n* běžné (*od.* pořadové); **~müssen** F musit (*od.* muset) pryč; **~nehmen** odeb(í)rat; **~pflanzen:** *sich* ~ *Bio.* rozmnožovat [-žit] se; *Phys.* (*Wellen usw.*) [roz]šířit se; **°~pflanzung** *f* rozmnožování *n*; šíření *n*; **~reißen** uchvacovat [-vátit] (*a. fig.*); **~rennen** odbíhat [-běhnout]; *s. fortlaufen*; **~schaffen** odklízet [-klidit]; **~schicken** pos(í)lat pryč; *s. abschicken*; **~schreiten** postoupit (-stupovat), pokračovat [-ročit]; **~schreitend** postupný; **°~schritt** *m* pokrok; **~schrittlich** pokrokový, progresivní; **~setzen** pokračovat v (*L*); **°~setzung** *f* pokračování *n*; ~ *folgt* příště dále; **~spülen** odplavit (-vovat); **~treiben** *v/t* zahánět [-hnat]; *v/i* (*abgetrieben werden*) být odnesen (vodou); **~während** ustavičný; **~ziehen** *v/t* odtahovat [-táhnout, -tahat]; *v/i* (*aus der Wohnung*) [od]stěhovat se; (*weggehen*) odcházet [odejít]; *Vögel*: odlétat [-letět].

fos'sil fosilní, zkamenělý.

Fos'sil *n* fosilie *f*, zkamenělina *f*.

Foto- *s. Photo-*.

Foul *n* faul *m*; **°~en** [vy-, z]faulovat (*im*)*pf*.

Foyer [fŏa'je:] *n* foyer *m od. n*.

fr. *Abk. für frei* vyplaceně, franko.

Fracht *f* (*Ladung*) náklad *m*; (*Ware*) nákladní zboží *n*; (~*geld*) dovozné *n*; **~brief** *m* nákladní list; **~dampfer** *m* nákladní parník; **~er** *m s. Frachtschiff*; **°~frei** *Adv.* vyplaceně; **~gut** *n* nákladní zboží; **~raum** *m* nákladní prostor; **~schiff** *n* nákladní loď *f*; **~tarif** *m* tarif pro nákladní zboží; **~verkehr** *m* nákladní doprava *f*.

Frack *m* frak.

Frage *f* otázka, dotaz *m*; *e-e* ~ *stellen* ptát [zeptat] se; *das ist keine* ~, *das steht außer* ~ o tom není pochyby; *an j-n e-e* ~ *richten* obrátit (obracet) se s dotazem na k-o; *das ist die* ~ to je pochybné; *das kommt nicht in* ~ o to nejde; **~bogen** *m* dotazník; **°~n** (*j-n über A, um, nach*) [o]tázat se, ptát [zeptat] se (*G*, na *A*, po *L*); *es fragt sich* je otázka; **°~nd** tázavý; *Gr.* tázací; **~r(in** *f*) *m*, **~steller(in** *f*) *m* tazatel(ka); **~stellung** *f* kladení *n* otázky; **~wort** *n* tázací slovo; **~zeichen** *n* otazník *m*.

frag|lich (*zweifelhaft*) pochybný; ~*e Sache* (*um die es geht*) věc, o kterou jde; **~los** *Adv.* bez otázky.

Frag'ment *n* zlomek *m*, fragment *m*; **°~'arisch** zlomkovitý, fragmentární.

fragwürdig pochybný.

Frakti'on *f* frakce; *Pol.* skupina, křídlo *n*.

Frak'tur *f Typ.* frakturové písmo *n*; *Med.* fraktura.

fran'kier|en frankovat (*im*)*pf.*, vyplácet [-platit]; **°~maschine** *f* známkovací (*od.* frankovací) stroj *m*.

franko vyplaceně, franko.

Frankreich *n* Francie *f*.

Franse *f* třáseň, třepení *n*.

Franzbranntwein *m* francovka *f*.

Franzis'kaner *m* františkán.

Fran|'zose *m* Francouz; *Tech.* francouzský klíč, F francouz; **~'zösin** *f* Francouzka; **°~'zösisch** francouzský; *Adv.* (*auf*) ~ francouzsky, po francouzsku; *das* ~(*e*) francouzština *f*.

frap|'pant frapantní, překvapivý; **~'pieren** frapovat (*im*)*pf.*, překvapovat [-pit].

Fräs|e *f* (*Boden°~*) fréza; **°~en** frézovat; **~er** *m* fréza *f*; (*Person*) frézař; **~maschine** *f* frézka.

Fraß *m* žrádlo *n*; *Med.* žravost *f*.

fraß *s. fressen*.

Fratz *m* fracek, spratek.

Fratze *f* úšklebek *m*; ~*n schneiden* [u]šklebit se.

Frau *f* žena; (*Anrede*) paní; *alte* ~ stařena; **~chen** *n* ženuška *f*.

Frauen- ženský, dámský; **~arzt** *m* ženský lékař; **~bewegung** *f* ženské hnutí; **ˆhaft** ženský, ženského rázu; **˷krankheit** *f*, **˷leiden** *n* ženská nemoc; **˷rechte** *n/pl.* ženská práva *n/pl.*; **˷s·person** *f* P ženská; **˷tracht** *f* ženský kroj; **˷zimmer** *n* P ženská.

Fräulein *n* slečna *f*.

fraulich ženský.

frech drzý; **ˆdachs** F *m* drzoun; **ˆheit** *f* drzost.

Fre'gatte *f Mar.* fregata; **˷n·kapitän** *m Mar.* fregatní kapitán.

frei volný (*a. Zimmer, Platz, Zeit, Fahrt usw.*), svobodný (-den) (*a. Bürger, Beruf, Wahl, Land usw.*); *˷ von* (*D*) prost(ý) (*G*); *˷es Feld* širé pole; *Hdl. ˷ Haus* franko dům; *˷ haben* mít volno; *˷ machen* (*räumen*) uprázdnit (-razdňovat); uvolňovat [-lnit] (*sich* se); *sich ˷ machen* (*sich ausziehen*) svlékat [-knout, svléci] (si); F *˷ von der Leber weg sprechen* [pro]mluvit přímo *od.* bez obalu; *ich bin so ˷* dovoluji si; *˷ erfunden* vymyšlený; *s. a. Fuß, Himmel usw.*

Frei|bad *n* volná plovárna; **ˆbekommen** uvolnit *pf.*; (*freie Zeit bekommen*) dost(áv)at volno; **ˆberuflich:** *˷ tätig* svobodný; **˷betrag** *m s. Steuerfreibetrag*; **˷beuter** *m s. Seeräuber*; **ˆbleibend** *Hdl.* nezávazný; **˷brief** *m* výsadní listina *f*, privilej *f*; propustný list; **˷denker** *m* volnomyšlenkář; **ˆdenkerisch** volnomyšlenkářský.

Freie *n*: *im ˷n* pod širým nebem; *ins ˷* do (volné) přírody.

freien *s. werben.*

Freier *m* nápadník; **˷s·füße:** *auf ˷n gehen* ohlížet [ohlédnout] se po nevěstě.

Frei|exemplar *n* volný výtisk; **˷fahrschein** *m* volný lístek; **˷fahrt** *f* volná jízda; **˷frau** *f* svobodná paní, baronka; **˷gabe** *f* uvolnění *n*; **ˆgeben** propustit [-pouštět]; uvolňovat [-lnit]; *freigegeben* uvolněný; (*Film usw.*) dovolený; **ˆgebig** štědrý; **˷gebigkeit** *f* štědrost, štědrota; **˷gepäck** *n* volné zavazadlo; **ˆhaben** mít volno *od.* prázdno; **˷hafen** *m* svobodný přístav; **ˆhalten** [za]platit (*j-n* za k-o); *e-n Platz ˷* [po]držet volné místo; **˷handel** *m* volný obchod; **ˆhändig** z (volné) ruky.

Freiheit *f* svoboda; (*Vorrecht*) volnost; *j-m die ˷ geben* pouštět [pustit] na svobodu; *sich die ˷ nehmen* dovolovat [-lit] si; **ˆlich** svobodomilovný, svobodářský.

Freiheits|beraubung *f* odnětí *n* svobody; **˷bewegung** *f* osvobozenecké hnutí; **˷kämpfer** *m* bojovník za svobodu; **˷krieg** *m* válka *f* za svobodu; **ˆliebend** svobodomilovný, milující svobodu; **˷strafe** *f* trest *m* na svobodě, trest *m* odnětí svobody.

frei|her'aus přímo, bez obalu; **ˆherr** *m* svobodný pán, baron; **ˆkarte** *f* volná vstupenka (*od.* jízdenka); **ˆkörperkultur** *f* nudismus *m*; **˷lassen** propouštět [-pustit] na svobodu; **ˆlassung** *f* propuštění *n* (na svobodu); **ˆlauf** *m Tech.* volnoběh; (*beim Fahrrad*) volnoběžka *f*; **˷legen** odkrý(va)t.

freilich ovšem, arci, pravda.

Frei|lichtbühne *f* divadlo *n* v přírodě; **ˆmachen** *s. frankieren*; (*sich befreien, zeitlich*) [u]dělat si *pf.* (*A*); **˷marke** *f* poštovní známka; **˷maurer** *m* svobodný zednář; **˷maure'rei** *f* svobodné zednářství; **˷mut** *m* upřímnost *f*; **ˆmütig** upřímný; **ˆschaffend** (*Künstler*) svobodný, neodvislý; **˷schärler** *m* gerilový bojovník, partyzán; **ˆsinnig** svobodomyslný; **ˆsprechen** osvobozovat [-bodit], zprošťovat [-rostit] (*a. Jur.*); **˷spruch** *m* zprošťující rozsudek, osvobozující výrok (soudu); **˷staat** *m* svobodný stát; **ˆstehen** (*D*): *es steht dir frei* máš na vůli, je ti dovoleno; **ˆstehend** osamělý; **˷stelle** *f* volné místo; **ˆstellen** (*anheimstellen*) ponech(áv)at na vůli; **˷stil** *m* (*Sport*) volný styl; **˷stoß** *m* (*Sport*) volný kop; **˷tag** *m* pátek; **˷tod** *m* sebevražda *f*; **˷treppe** *f* schody *m/pl.* zvenčí; **˷übungen** *f/pl.* prostná cvičení *n/pl.*, prostocvik *m*; **ˆwillig** dobrovolný; **˷willige(r)** dobrovolník; **˷wurf** *m* (*Handball*) volný hod.

Freizeit *f* volno *n*; rekreace; **˷gestaltung** *f* organizování *n* volného času; **˷sport** *m* rekreační sport; **˷zentrum** *n* rekreační středisko.

Freizügigkeit *f* volnost pohybu, svoboda pobytu.

fremd cizí; **˷artig** cizorodý; **ˆartigkeit** *f* cizost.

Fremde[1] *f* cizina; **˷e**[2] *f* (*Person*) cizinka; **˷e(r)** *m* cizinec.

Fremden|buch *n* kniha cizinců *od.* hostů; **~führer** *m* průvodce *m* cizinců; **~legion** *f* cizinecká legie; **~verkehr** *m* turistický ruch; **~zimmer** *n* pohostinský pokoj.

Fremd|heit *f* cizost, cizota; **~herrschaft** *f* cizovláda; **~körper** *m* cizorodé těleso *n*; **2ländisch** cizokrajný, cizozemský; **~ling** *m s. Fremde(r)*; **~sprache** *f* cizí jazyk *m*; **~sprachenkorrespondentin** *f* cizojazyčná korespondentka; **2sprachig, 2sprachlich** cizojazyčný; **~wort** *n* cizí slovo; **~wörterbuch** *n* slovník *m* cizích slov.

fre'netisch: *~er Beifall* frenetický (*od.* bouřlivý) potlesk.

Fre'quenz *f* frekvence, kmitočet *m*; **~band** *n*, **~bereich** *m* kmitočtové (*od.* frekvenční) pásmo.

Fresk|e *f*, **~o** *n* freska *f*.

Freskomalerei *f* malování *n* fresek, nástěnná malba.

Fres|se V *f* huba; V *halt die ~!* drž hubu!; **2sen** žrát [sežrat]; *fig. an j-m ~* zžírat k-o; *s. zerfressen*; **~sen** *n* žraní; (*Futter*) žrádlo; *fig. das ist ein gefundenes ~ für ihn* to je něco pro něho; **~ser(in** *f*) *m* žrout *m*, nenasyta *m*; **~se'rei** *f* žraní *n*, žranice.

Freß|gier *f* žravost, hltavost; **~napf** *n s. Futternapf.*

Frettchen *n Zo.* fretka *f*.

Freude *f* radost; *mit ~n* s radostí; *j-m ~ machen* [po]těšit k-o; *seine ~ haben* (*an D*) mít radost z (*G*); *Freud und Leid* strasti i slasti.

Freuden|botschaft *f* radostná zpráva; **~fest** *n* slavnost *f*; **~feuer** *n* oheň *m* radosti; **~haus** *n* nevěstinec *m*; **~mädchen** *n* nevěstka *f*; **~rausch, ~taumel** *m* radostné opojení.

freude|strahlend zářící radostí; **~trunken** opojený radostí.

freu|dig radostný; **~en** [po]těšit (*sich* se), [za]radovat (*sich* se; *über A* z *G*); *es freut mich* těší mě.

Freund *m* (**~in** *f*) přítel(kyně); (*Liebhaber, Geliebte*) milenec (-nka); *dicke ~e* nerozluční přátelé; (*kein*) *~ sein von* (ne)milovat (*A*); **~es-** *in Zssgn* přátelský.

freundlich přívětivý, vlídný; (*gefällig*) laskav(ý); *Wetter*: pěkný; **2keit** *f* přívětivost, vlídnost; laskavost.

Freundschaft *f* přátelství *n*; *~ schließen mit j-m* [s]přátelit se s (*I*); **2lich** přátelský; **~s·kampf** *m* (*Sport*) přátelský zápas; **~s·vertrag** *m Pol.* smlouva *f* o přátelství.

Frevel *m* rouhání *n* (*bsd. Rel.*); (*Verbrechen*) zločin; (*Feld2, Wald2*) pych; **2haft** rouhavý, bezbožný; zločinný; **2n** [po]rouhat se (*gegen j-n* k-u); **~tat** *f s. Frevel.*

Frevler(in *f*) *m* rouhač(ka).

Friede *m*, **~n** *m* mír; (*Ruhe*) pokoj; *~n stiften* sjedn(áv)at mír; *~n schließen* uzavřít (-vírat) mír; *in ~n lassen* nech(áv)at na pokoji; *laß mich in ~!* dej mi pokoj!; *ruhe in ~n!* odpočívej v pokoji!; *~ seiner Asche!* pokoj jeho popelu!

Friedens|abkommen *n* mírová smlouva; **~angebot** *n* návrh *m* na uzavření míru; **~bedingung** *f* podmínka míru; **~bedrohung** *f* ohrožení *n* míru; **~bewegung** *f* mírové hnutí; **~bruch** *m* porušení *n* míru; **~konferenz** *f* mírová konference; **~lager** *m* mírový tábor; **~liebe** *f* mírumilovnost; **~nobelpreis** *m* Nobelova mírová cena; **~politik** *f* mírová politika; **~schluß** *m* sjednání *n* míru; **~stifter** *m* mírotvorce, smiřovatel; **~störer(in** *f*) *m* rušitel(ka) míru; **~verhandlungen** *f/pl.* vyjednávání *n* o mír, mírová jednání *n/pl.*; **~vertrag** *m* mírová smlouva; **~wirtschaft** *f* mírové hospodářství; **~zeit** *f* doba míru.

fried|fertig smířlivý, snášenlivý; *s. friedliebend*; **2fertigkeit** *f* smířlivost, snáše(n)livost; **2hof** *m* hřbitov; **~lich** mírový; (*gütlich*) smírný; (*ruhig, friedfertig*) mírný, klidný; **~liebend** mírumilovný.

frieren [za]mrznout; *ich friere, mich friert, es friert mich* mrznu, zebe mě; *es friert* mrzne, je mráz.

Fries *m Arch.* frýz, vlys.

Friesland *n* Frísko.

fri'gid(e) frigidní.

Frika'delle *f* masový knedlíček.

Frikas'see *n Kochk.* frikasé.

Frikti'ons- *Tech.* třecí, frikční.

frisch čerstvý, svěží; *auf ~er Tat ertappen* přistihovat [-hnout] při činu; *~ gebacken* čerstvě pečený; **2e** *f* čilost; (*Kühle, Sauberkeit*) čerstvost; **2gemüse** *n* čerstvá zelenina; **2haltepackung** *f* obal *m* k uchování čerstvého zboží; **2fleisch** *n* čerstvé maso; ≈**wasser** *n* čerstvá (pitná) voda.

Fri|'seur *m* kadeřník; ~**'seurladen** *m* kadeřnictví *n*; ~**'seuse** *f* kadeřnice.

fri'sier|en [na]kadeřit (*a. fig.*); ≈**haube** *f* kadeřnická přílba; ≈**salon** *m* kadeřnický salon; ≈**toilette** *f* toaletní stolek; ≈**umhang** *m* kadeřnický přehoz.

friß *s. fressen.*

Frist *f* lhůta; *in kürzester* ~ co nejdříve; ≈**en:** *sein Leben mühsam* ~ živořit *pf.*, protloukat [-tlouci] se; ≈**gebunden** vázán lhůtou; ≈**gemäß,** ≈**gerecht** včas, ve (stanovené) lhůtě; ~**gewährung** *f* poskytnutí *n* lhůty; ≈**los** bezodkladný; ~*e Entlassung* výpověď *f* na hodinu; ~**überschreitung** *f* překročení *n* lhůty; ~**verlängerung** *f* prodloužení *n* lhůty.

Fri'sur *f* účes *m*, † frizúra.

fri'vol frivolní, nestoudný; ≈**i'tät** *f* frivolnost, nestoudnost.

Frl. *Abk. für Fräulein.*

froh radostný; ~ *sein* být rád; *über et.* ~ *sein* [za]radovat se z č-o.

fröhlich vesel(ý); ~ *sein* [za]veselit se; ≈**keit** *f* veselost.

froh|'locken [za]jásat (*über A* nad *I*); ≈**sinn** *m* veselost *f*, veselá mysl.

fromm zbožný, dobrotivý.

Frömm|e'lei *f* pobožnůstkářství *n*; ~**igkeit** *f* zbožnost; ~**ler(in** *f*) *m* svatoušek (-škyně).

Fron *f*, ~**arbeit** *f*, ~**dienst** *m* robota *f* (*a. fig.*).

frönen (*D*) (*sich hingeben*) odd(áv)at se, holdovat (*D*).

Fron'leichnam *m* Boží tělo *n*.

Front *f Arch.* průčelí *n*; *Mil.* fronta; (*geschlossene Reihe*) řada; ~ *machen gegen* stavět [postavit] se proti (*D*); ~**abschnitt** *m Mil.* úsek *m* fronty *od.* bojiště; ≈**'al** čelní, přední; ~**'alangriff** *m* frontální útok; ~**antrieb** *m* přední pohon; ~**dienst** *m Mil.* služba *f* na frontě; ~**kämpfer** *m*, ~**soldat** *m* frontový bojovník *od.* vojín; ~**wechsel** *m* změna *f* fronty.

fror *s. frieren.*

Frosch *m* žába *f*; *e-n* ~ *im Hals haben* chraptět; ~**mann** F *m* (vojenský) potápěč; ~**schenkel** *m* žabí stehno *m*.

Frost *m* mráz; ≈**beständig** mrazuvzdorný; ~**beule** *f* omrzlina.

frösteln: *mich fröstelt* mrazí mě.

Frösteln *n* mrazení.

frost|frei bez mrazu; ~**ig** mrazivý (*a. fig.*); ≈**igkeit** *f fig.* (mrazivý) chlad; ≈**schaden** *m* škoda *f* způsobená mrazem; ≈**schutzmittel** *n* protimrazový prostředek; ≈**wetter** *n* mrazivé počasí.

frot'tier|en [u]třít (se); ≈**tuch** *n* frotovací ručník *m*.

Frucht *f* plod (*a. fig.*); *Früchte pl. a.* ovoce *n*.

fruchtbar úrodný, plodný; ≈**keit** *f* úrodnost, plodnost.

Frucht|eis *n* ovocná zmrzlina; ~**fleisch** *n* dužina *f*; ~**folge** *f* osevní postup *m*; ~**kapsel** *f Bot.* tobolka; ~**knoten** *m Bot.* semeník; ≈**los** neplodný; *fig.* bezvýsledný, marný; ~**presse** *f* lis *m* na ovoce; ~**saft** *m* ovocná šťáva; ~**wasser** *n Med.* voda *f* při porodu; ~**wechsel** *m s. Fruchtfolge.*

früh *Adj.* časný, raný; (*vorzeitig*) předčasný; *Adv.* časně, raně; (*am Morgen*) ráno; *am* ~*en Morgen* časně ráno *od.* zrána; *in* ~*er Jugend* v útlém mládí; *von* ~ *bis spät* od rána do večera; *s. a. früher, frühestens.*

Früh|aufsteher(in *f*) *m fig.* ranní ptáče *n*; ~**beet** *n* záhon *m* ranní zeleniny; ~**e** *f* ranní čas *m*, jitro *n*; *in aller* ~ časně ráno; ≈**er** (*eher, zeitiger*) časnější, ranější; (*vorherig, ehemalig*) dřívější; *Adv.* dřív(e); ~ *oder später* dříve nebo později; ≈**estens** nejdříve; ~**frost** *m* ranní mráz; ~**geburt** *f* předčasný porod; ~**gemüse** *n* raná zelenina; ~**jahr** *n s. Frühling*; ~**kartoffel** *f* raný brambor; ~**ling** *m* jaro *n*; ~*s- in Zssgn* jarní; *im* ~ na jaře; ~**messe** *f Rel.* ranní mše; ≈**'morgens** časně ráno; ~**obst** *n* rané ovoce; ≈**reif** *fig.* předčasně dospělý; ~**reife** *f fig.* předčasná dospělost; ~**schicht** *f* ranní směna; ~**schoppen** *m* ranní doušek.

Frühstück *n* snídaně *f*; *zweites* ~ přesnídávka *f*; ≈**en** [po]snídat; ~**spause** *f* přestávka pro snídani.

früh|zeitig časný; ≈**zug** *m* ranní vlak; ≈**zündung** *f Tech.* předzápal *m*, předstih *m*.

Fuchs *m* liška *f* (*a. Pelz*), lišák (*a. fig.*); (*Pferd*) ryzka *f*; ~**bau** *m* liščí doupě *n*.

Fuchsie *f Bot.* fuchsie.
Füchsin *f* liška, samice lišky.
Fuchs|pelz *m* (*Fell*) liščina *f*; (*Mantel a.*) liščí kožich; **2rot** ryšavý; **~schwanz** *m* liščí ohon; (*Säge*) ocaska *f*, ohonka *f*; *Bot.* laskavec; **2teufelswild** F rozzuřený.
Fuchtel *f*: *unter j-s ~ geraten* dostat se *pf.* pod čí knutu; *unter j-s ~ stehen* být pod čí knutou; **2n** mávat (*mit I*); *mit den Armen ~* šermovat rukama.
Fuder *n s. Fuhre.*
Fug *m*: *mit ~ und Recht* vším právem.
Fuge *f Arch.* spára, okulina; *Mus.* fuga; *fig. aus den ~n gehen* [z]hroutit se; **2n** *Tech.* spojovat [-jit]; *Mauer*: [vy]spárovat.
fügen *s. ineinander-, zusammenfügen*; *sich ~* (*D*) podrobovat [-bit] se (*D*); *sich ~ in* (*A*) vpravovat [vpravit] se do (*G*); *es fügte sich, daß ...* náhoda tomu chtěla, že ...
fugenlos beze spár.
fügsam poddajný; **2keit** *f* poddajnost.
Fügung *f* spojení *n*; *Gr.* vazba; *fig.* řízení *n*; *Gottes ~* řízení boží.
fühl|bar citelný; *sich ~ machen* projevovat [-jevit] se citelně; **~en** [po]cítit (*sich* se); (*berühren*) sahat [sáhnout] na (*A*); *Puls*: obhmat(áv)at; *fig.* F *j-m auf den Zahn ~* sahat [sáhnout] k-u na zoubek; *ich fühle mich wohl* (*besser*) je mi dobře (lépe); *wie ~ Sie sich?* jak je vám?; **2er** *m* tykadlo *n*; *fig. s-e ~ ausstrecken* opatrně zkoumat *pf.*; **2ung** *f* styk *m*; *mit j-m ~ aufnehmen* vcházet [vejít] ve styk s kým; **2ungnahme** *f* dotek *m*, styk *m*.
fuhr *s. fahren.*
Fuhre *f* fůra, náklad *m*.
führen *v/t* vést (*a. fig.*: *Beweis, Bücher, Geschäft, Haushalt, Krieg, Prozeß usw. u. v/i*), vodit (*Iter.*); (*hin~*) dovádět [-vést]; (*geleiten*) doprovázet [-vodit]; (*bei sich haben*) mít u sebe, nosit (*Iter.*); (*lenken, leiten*) řídit; (*handhaben*) zacházet (*I*); *Waren*: mít na skladě; *s. a. herum-, anführen*; *Klage ~ über* (*A*) naříkat si na (*A*); *in Versuchung ~* uvádět [uvést] v pokušení; *sich ~* uvést se; **~d** vedoucí, vůdčí.
Führer *m* vůdce; (*Fremden2, Reise2*) průvodce; (*Lenker*) řidič; *Flgw.* pilot; *s. a. Fahrer, Fuhrmann*; **~in** *f* vůdkyně; průvodkyně; řidička; **2los** bez vůdce; *Flgw.* bez pilota; **~haus** *n* (*Auto*) kabina *f* řidiče; *Esb.* strojvůdcovská budka *f*; **~schaft** *f* vůdcovství *n*; **~schein** *m* řidičský průkaz; **~sitz** *m* sedadlo *n* řidiče; *Flgw.* pilotní sedadlo *n*; **~stand** *m Esb.* stanoviště *n* strojvedoucího (*od. Flgw.* pilota).
Fuhr|geld *n*, **~lohn** *m* dovozné *n*; **~mann** *m* povozník, vozka.
Führung *f* vedení *n*; (*Benehmen*) chování *n*; (*Besichtigung mit Führer*) provádění *n*; *in ~ liegen* vést; **~szeugnis** *n* vysvědčení zachovalosti.
Fuhr|unternehmen *n* povoznictví; **~werk** *n* povoz *m*.
Fülle *f* plnost (*a. fig.*); *in Hülle und ~* v hojnosti.
füllen [na]plnit; *Kochk.* nadí(va)t; *Zahn*: [za]plombovat; (*auf Flaschen*) stáčet [stočit].
Füllen *n s. Fohlen.*
Füll|er F *m*, **~federhalter** *m* plnicí pero *n*; **~horn** *n* roh *m* hojnosti; **2ig** tělnatý, přitloustlý; **~mittel** *n* plnivo, plnidlo; **~sel** *n Kochk.* nádivka *f*; **~ung** *f* (na)plnění *n*; *Kochk.* nadívání *n*; (*in Flaschen*) stáčení *n*; (*Stoff*) náplň; (*Zahn2*) plomba; (*Tür2*) výplň, náplň; *s. a. Füllsel.*
Fund *m* nález.
Funda'men|t *n* základy *m/pl.*, fundament *m*; **2'tal** základní, fundamentální.
Fund|büro *n* oddělení *n* nálezů; **~grube** *f fig.* pramen *m*, zdroj *m*; **~ort** *m* naleziště *n*; **~sache** *f* nalezená věc.
fünf pět; *zu ~(en)* po pěti; *halb ~* půl páté; F *~(e) gerade sein lassen* být shovívavý.
Fünf *f* pětka; (*5 Personen*) pětice; **~eck** *n* pětiúhelník *m*; **2eckig** pětiúhlý; **2ein'halb** pět a půl, půl šesté(ho); **~er** *m s. Fünf*; (*Münze*) pětní(če)k; **2fach, 2fältig** pateronásobný; **'2'hundert** pět set; **'2-'hundertste(r)** pětistý; **2jährig** pětiletý; **~'jahresplan** *m* pětiletka *f*; **~kampf** *m Sp.* pětiboj; **2mal** pětkrát; **2malig** *s. fünffach*; **2stellig** (*Zahl*) pětimístný; **2stöckig** pětipatrový; **2tägig** pětidenní; **'2'tausend** pět tisíc; **'2'tausendste(r)** pětitisící; **2te(r)** pátý; **~tel** *n* pětina *f*; **2tens** za páté; **2wertig** *Chem.* pětimocný.

fünfzehn patnáct; **~jährig** pátnáctiletý; **2tel** *n* patnáctina *f*; **~te(r)** patnáctý.

fünfzig padesát; **2er(in** *f*) *m* padesátník (-nice); **~jährig** padesátiletý; **2stel** *n* padesátina *f*; **~ste(r)** padesátý.

fun'gieren fungovat, působit (*als* jako).

Funk *m* radiokomunikace *f*, radiotelegrafie *f*, (*Sprech2*) radio(tele)fonie *f*; *s. a. Rundfunk*; **~amateur** *m* radioamatér; **~bericht** *m* radiová (*od.* jiskrová) zpráva; **~bild** *n* fototelegram *m*.

Fünkchen *n* jiskerka *f* (*a. fig.*).

Funk|e *m* jiskra *f* (*a. fig.*); **2eln** [za]jiskřit se; **~d** jiskrný, jiskřivý; **2elnagelneu** zbrusu nový; **~en** *m s. Funke*; *~ geben*, *~ sprühen* dá(va)t jiskry; *kein ~* není jiskry, ani jiskra; **2en** *v/i* jiskřit; *v/t* vys(í)lat, sdělovat [-lit] rádiem; **~enbildung** *f* jiskření *n*; **~enfänger** *m Esb.* jiskrojem.

Funker *m* rad(iotelegraf)ista, radiotelefonista, (*Bord2 a.*) radiooperatér.

Funk|feuer *n* radiomaják *m*; **~gerät** *n* rádiový přístroj; **~navigation** *f* radionavigace; **~ortung** *f* radiolokace; **~peilgerät** *n* radiogoniometrický přístroj, rádiový zaměřovač; **~raum** *m* radiokabina *f*; **~sprechverkehr** *m* radiotelefonní spoj *m*; **~spruch** *m* radio(tele)gram; **~station** *f* rádiová stanice, radiostanice; **~stille** *f* rádiové ticho; **~streife(nwagen** *m*) *f* policejní motorizovaná hlídka.

Funkti'o|n *f* funkce; činnost; **~'när(in** *f*) *m* funkcionář(ka); **2'nell** funkční; **2'nieren** fungovat.

Funk|turm *m* rozhlasová věž; **~verbindung** *f*, **~verkehr** *m* radiotelegrafní styk; **~wagen** *m s. Funkstreifenwagen*; **~wesen** *n* radiotechnika *f*; **~zeitzeichen** *n* rozhlasové časové znamení.

für 1. *Prp.* (*A*) (*Zweck, Bestimmung*) pro, za (*A*), *z. B.*: *dieses Buch ist nicht ~ Kinder* ta kniha není pro děti; *für e-e bessere Zukunft* za lepší budoucnost; (*gegen*) proti (*D*), *z. B.*: *ein Mittel ~ Kopfschmerzen* prostředek proti bolení hlavy; (*Vertretung, Ersatz*) za (*A*), *z. B.*: *für alle sprechen* mluvit za všechny; (*Preis, Menge*) za (*A*), *z. B.*: *~ 3 Mark Obst* za 3 marky ovoce; (*Verhältnis, Vergleich*) na (*A*), *z. B.*: *~ sein Alter ist er groß* na svůj věk je velký; (*Zeitangabe*) na (*A*), z. *B.*: *~ heute abend* na dnes večer; *~ 3 Monate* na 3 měsíce; *~s erste s. erste*; (*Meinung*; = *als*) za (*A*), *z. B.*: *~ gut halten* pokládat za dobré; (*Einteilung*) *Jahr ~ Jahr* rok od roku; *Mann ~ Mann* muž za mužem; *Tag ~ Tag* den ode dne, den co den; (*was ... betrifft*) *ich ~ m-e Person* co se mne týče; *was ~ (ein) ...* jaký ...; *was ist er ~ ein Mensch* co je to za člověka; *das hat et. ~ sich* to má něco do sebe; **2.** *Adv. ~ und ~* napořád.

Für *n*: *das ~ und Wider* pro a proti.

Fürbitte *f* přímluva.

Furche *f* rýha; *Agr.* brázda; (*Runzel*) vráska; **2en** [z]rýhovat, [roz-]brázdit.

Furcht *f* strach *m* (*vor D* z *G*, před *I*); *aus ~ vor* (*D*) ze strachu před (*I*); **2bar** strašný, hrozný.

fürchten (*A*), **sich ~** (*vor D*) bát se (*G*), strachovat se (*G*).

fürchterlich *s. furchtbar*.

furcht|los neohrožený, nebojácný; **2losigkeit** *f* neohroženost, nebojácnost.

furchtsam bázlivý, bojácný; **2keit** *f* bázlivost, bojácnost.

fürein'ander *Adv.* jeden pro druhého, pro sebe.

Furie *f Myth.* Fúrie; *fig. wie e-e ~* jako fúrie.

Fur'nier *n* dýha *f*; **2en** obkládat [obložit] dýhami, dýhovat (*im*)*pf*.

Fu'rore *n*: *~ machen* dělat furóre.

fürs = *für das*.

Fürsorge *f* péče; (*Hilfstätigkeit für Bedürftige*) sociální péče; **~r** *m* sociální pracovník; **~rin** *f* sociální pracovnice, P sociálka; **~stelle** *f* sociální oddělení *n*.

für|sorglich pečlivý; **2sprache** *f* přímluva; *~ einlegen für* přimluvit [-louvat] se za k-o; **2sprecher(in** *f*) *m* přímluvce (-vkyně).

Fürst *m* kníže; **~en-** *in Zssgn* knížecí; **~entum** *n* knížectví; **~in** *f* kněžna; **2lich** knížecí; *Adv.* jako kníže.

Furt *f* brod *m*.

Fu'runk|el *m Med.* vřed, nežit, furunkl; **~u'lose** *f* furunkulosa.

für'wahr zajisté, věru.

Fürwort *n Gr.* zájmeno.

Furz V *m* prd; **~en** V prdět [prdnout].
Fusel *m*, **~schnaps** *m* špatná kořalka.
Fusion *f* skládání *n*, sloučení *n*.
Fuß *m* noha *f*; (*e-s Berges*) pata *f*, úpatí *n*; (*e-r Säule*) podstavec *m*; (*e-s Glases*) držadlo *n*; (*Vers~*) stopa *f*; *s. Bein*; *stehenden ~es* bez prodlení; *weder Hand noch ~ haben* nemít ani hlavy ani paty; *festen ~ fassen* usazovat [usadit] se; *den ~ setzen in* (*A*) vkračovat [-ročit] do (*G*); *auf dem ~e folgen* být v patách; *auf freien ~ setzen* propouštět [-pustit] (na svobodu); *auf großem ~e leben* žít skvěle; *auf gutem ~e stehen* být zadobře; *auf schwachen Füßen stehen* mít slabé základy; *von Kopf bis ~* od hlavy do paty; *von e-m ~ auf den anderen treten* přešlapovat [-pávat]; *zu ~* pěšky; *zu Füßen des Bettes* v nohách postele; *gut zu ~ sein* být dobrý chodec.
Fuß|abstreicher *m*, škrabák na boty; **~bad** *n* koupel *f* nohou.
Fußball *m* kopací (*od.* fotbalový) míč; (*Spiel*) kopaná *f*, fotbal; **~spiel** *n* fotbalový zápas, zápas *m* v kopané, kopaná *f*; **~(spiel)er** *m* hráč kopané, fotbalista.
Fuß|bekleidung *f* obuv; **~boden** *m* podlaha *f*; **~bodenbelag** *m* podlahová krytina; **~breit** stopu široký; *keinen ~ weichen* neustupovat [-stoupit] ani o píď; **~bremse** *f* nožní brzda.
Füßchen *n* nož(ič)ka *f*.
Fuß|decke *f* pokrývka na nohy; **~en:** *~ auf* (*D*) zakládat [založit] se na (*L*); **~ende** *n* nohy *f/pl.*; **~fall** *m* *s. Kniefall*.
Fußgänger *m* chodec, pěší; **~überweg** *m* přechod pro chodce.
Fuß|gelenk *n* chodidlový kloub; **~hebel** *m* nožní páka *f*, pedál; **~hoch** zvýši stopy *od.* nohy; **~knöchel** *m* kotník; (*bei Tieren*) kloub; **~lappen** *m* onuce *f*; **~leiste** *f* krycí lišta.
Füßling *m* chodidlo *n*.
Fuß|matte *f* rohožka; **~note** *f* poznámka pod čarou; **~pfad** *m* stezka *f*, pěšin(k)a *f*, **~pflege** *f* pedikerství *n*; pedikúra; **~pilz** *m Med.* plísňová choroba; **~punkt** *m Astr.* podnožník, nadir; *Math.* průmětný bod; **~sohle** *f* chodidlo *n*; **~spur** *f*, **~(s)tapfe** *f* stopa, šlépěj; *in j-s ~n treten* jít (chodit) po čí stopě (*od.* čích stopách); **~tour** *f* pěší túra; **~tritt** *m* kopnutí *n*; **~volk** *n* pěchota *f*; **~wanderung** *f* pěší cesta, vycházka pěšky; **~wärmer** *m* ohřívadlo *n* na nohy; **~weg** *m* chodník; *s. Fußpfad*; **~wurzel** *f* zánártí *n*.
futsch F pryč.
Futter[1] *n* (*Tier~*) krmě *f*, píce *f*, krmení; P (*Essen*) jídlo; *~- in Zssgn* krmný.
Futter[2] *n* podšívka *f*; *Tech.* sklíčidlo; vložka *f*; (*Ofen~*) vyzdívka *f*.
Futte'ral *n* pouzdro.
Futter|getreide *n* obrok *m*; **~kasten** *m* krmítko *n*; **~krippe** *f* žlab *m*, koryto *n*; **~mangel** *m* nedostatek píce; **~mittel** *n* krmivo.
füttern[1] [na]krmit.
füttern[2] *Kleid usw.*: podší(va)t.
Futter|napf *m* miska na krmení, krmítko *n*; **~pflanze** *f* pícnina; **~raufe** *f* jesle *f/pl.*; **~rübe** *f* krmná řepa.
Futterstoff *m* podšívkovina *f*, podšívková látka.
Futter|stroh *n* sláma *f* na krmení; **~trog** *m* žlab, koryto *n*.
Fütterung *f* (*der Tiere*) krmení *n*.
Futu'rismus *m* futurismus.
Fu'turum *n Gr.* budoucí čas *m*, futurum.

G

G, g *n unv.* G, g (*a. Mus.*).
g *Abk. für Gramm.*
gab *s. geben.*
Gabar'dine *m* gabardén *m.*
Gabe *f* (*Geschenk*) dar *m*; (*Begabung*) nadání *n*; (*Dosis*) dávka; *milde* ~ milodar *m.*
Gabel *f* vidlička; (*Heu*≗) vidle *f/pl.*, podávky *f/pl.*; (*am Geweih*) vidle *f/pl.*; *Tel.* vidlice; **≗förmig** vidličnatý, vidlicovitý; **~frühstück** *n* přesnídávka *f*, snídaně na vidličku; **≗n:** *sich* ~ [roz]dělit se; **~stapler** *m Tech.* vidlicový vysokozdvižný (*od.* stohovací) vozík; **~ung** *f* rozdělení *n*; *Tech.* rozdvojení *n*, rozvětvení *n.*
gackern [za]kdákat; *fig.* žvanit.
gaff|en zevlovat; **≗er** *m* zevloun.
Gage *f* gáže, služné *n.*
gähnen zívat [-vnout].
Gähnen *n* zívání.
Gala *f* slavnostní oděv *m*, F gala *n*; ~- *in Zssgn* slavnostní.
ga'lant galantní; (*zuvorkommend*) úslužný; **≗e'rie** *f* zdvořilost, galantnost; **≗e'riewarenhandlung** *f* obchod *m* galanterním zbožím.
Ga'leere *f* galeje; **~n·sklave** *m*, **~n·sträfling** *m* galejník.
Gale'rie *f* galerie, obrazárna.
Galgen *m* šibenice *f*; *an den* ~ *bringen* přivést [-vádět] k-o na šibenici; *an den* ~ *kommen* [s]končit na šibenici; **~frist** *f* šibeniční lhůta; **~humor** *m* šibeniční humor; **~strick** *m*, **~vogel** *m* šibeničník.
Gall·apfel *m Bot.* duběnka *f.*
Galle *f* žluč; *fig. s-e* ~ *ausschütten* vylí(va)t si hněv na kom; **~n-** *in Zssgn* žlučový; **≗(n)bitter** hořký jako žluč; **~n·blase** *f* žlučník *m*; **~n·kolik** *f* žlučníková kolika; **~n·stein** *m* žlučový kámen.
Gal|lert *n*, **~'lerte** *f* huspenina *f*, rosol *m*; **≗lert·artig** rosolovitý.
gallig žlučový, žlučovitý.
Ga'lop|p *m* cval, trysk; *im* ~ cvalem, tryskem; **≗'pieren** jet (jezdit *Iter.*) tryskem, cválat.
Ga'losche *f* galoše.
galt *s. gelten.*
gal'van|isch galvanický; **~i'sieren** galvanizovat (*im*)*pf.*
Gal'vano *n Typ.* galvanotyp *m*; **~'plastik** *f* galvanoplastika; **~'skop** *n* galvanoskop *m*; **~thera'pie** *f* galvanoterapie.
Ga'masche *f* kamaše.
gamm|eln flákat se, potloukat se; **≗ler** *m* flákač, povaleč.
Gang *m* (*Gehen*) chůze *f*; (*Weg*) pochůzka *f*, cesta *f*; (*Verlauf*) průběh; (*Korridor*) chodba *f*; *Tech.* chod, pohyb; *Bgb.* žíla *f*; (*Speisenfolge*) chod, jídlo *n*; (*Auto*) rychlost *f*; *in* ~ *sein* být v chodu; *in* ~ *bringen od. setzen* uvádět [uvést] do chodu; *in* ~ *kommen* přicházet [přijít] do chodu.
gang: *das ist* ~ *und gäbe* to je obvyklé, to je na denním pořádku.
Gang|art *f* chůze; (*e-s Pferdes*) běh *m*; **≗bar** *Weg*: schůdný; *Münze*: běžný.
Gängel|band *n* vodítko; *fig. am* ~ *führen* vodit [-dívat] na provázku; **≗n** poručníkovat, mentorovat.
gängig *Hdl.* odbytný, jdoucí na odbyt.
Gan'grän *n* gangréna *f.*
Gang|schaltung *f* (*Auto*) řazení *n* rychlostí; **~spill** *n Mar.* vratidlo.
Gangster *m* gangster; **~-** *in Zssgn* gangsterský.
Gangway *f Mar.* naloďovací schody *m/pl.*; *Flgw.* pojízdné schody *m/pl.*
Ga'nove *m s. Gauner.*
Gans *f* husa; *fig. dumme* ~*!* huso hloupá!
Gäns·chen *n fig.* husička *f.*
Gänse- *in Zssgn* husí; **~blümchen** *n Bot.* chudobka *f*; **~braten** *m* husí pečeně *f*; **~fleisch** *n* husí maso; **~haut** *f* husí kůže; *e-e* ~ *überlief mich* naskočila mi husí kůže; **~hirt** *m* husák, husopas; **~kiel** *m* husí brk; **~klein** *n* husí drůbky *m/pl.*; **~leberpastete** *f* husí paštika; **~marsch** *m*: *im* ~ husím pochodem; **~rich** *m* houser; **~schmalz** *n* husí sádlo; **~wein** *m scherz.* husí víno *n.*
ganz *Adj.* celý, všecek; *Adv.* do-

cela, zcela; celkem; ~ *und gar* naprosto; ~ *und gar nicht* nikterak; *im* ~*en (genommen), im großen (und)* ~*en* celkem.

Ganz|e(s) *n* celek *m*; (*alles*) všecko *n*; *im Ganzen* celkem; *aufs Ganze gehen* jít na to zostra; *als Ganzes* jako celost; **~heit** *f* cel(istv)ost; **≈heitlich** celistvý; **≈jährig** celoroční; **~lederband** *m* celokožená vazba.

gänzlich celý, úplný; *Adv.* zcela, úplně.

ganz|tägig, ≈tags- celodenní; **≈ton** *m Mus.* celý tón.

gar *Adj.* (*gekocht*) dovařen(ý); (*gebraten*) dopečen(ý); (*fertig*) hotov(ý); *Adv.* (*sogar*) dokonce, docela; (*sehr*) velmi, velice; ~ *nicht* nikterak; ~ *keiner* vůbec nikdo; ~ *nichts* zhola nic, pranic; ~ *zu* (*sehr*) příliš; *warum nicht* ~! snad ne!

Ga'rage *f* garáž.

Ga'ran|t *m* ručitel, garant; **~'tie** *f* záruka, ručení *n*; **~'tiefrist** *f* záruční doba; **≈'tieren** [za]ručit, garantovat (*im*)*pf.*; **~'tieschein** *m* záruční list.

Gar·aus *m*: *j-m den* ~ *machen* dorážet [-razit] k-o.

Garbe *f* snop *m*; (*Schuß≈*) dávka; **~n·binder** *m* vazač snopů.

Garde *f Mil.* garda.

Garde'robe *f* šatna; (*Kleidung*) garderoba, šatstvo *n*; **~n·frau** *f* šatnářka; **~n·haken** *m* věšák; **~n·marke** *f* lístek *m* od šatny.

Garderobi'ere *f Thea.* kostýmářka.

Gar'dine *f* záclona; *hinter schwedischen* ~*n* za mřížemi; **~n·predigt** F *f* kázání *n*; **~n·stange** *f* konzole.

gär|en kvasit (*fig. a.* se); *es gärt im Volke* v lidu to vře; **≈futter** *n* kyselá píce.

Garn *n* příze *f*; (*Netz*) síť *f*; *ins* ~ *gehen* jít na lep.

Gar'nele *f Zo.* garnát *m* obecný.

gar'nier|en *Kleider usw.*: [o]lemovat; *Kochk.* obkládat [obložit]; **≈ung** *f* (o)lemování *n*, volán *m*; obložení *n*, obkládání *n*.

Garni'son *f* posádka, garnizona; ~(*s*)- *in Zssgn* posádkový.

Garni'tur *f* (*Besatz*) lemování *n*; (*Satz*) souprava, garnitura.

Garnknäuel *n* klubko příze.

garstig ošklivý, škaredý.

Gärtchen *n* zahrádka *f*.

Garten *m* zahrada *f*; (*Obst≈*) sad; ~- *in Zssgn* zahradní; **~bau** *m* zahradnictví *n*; **~erdbeere** *f* jahoda zahradní; **~fest** *n* zahradní slavnost *f*; **~häus·chen** *n*, **~laube** *f* zahradní domek, besídka *f*; **~lokal** *n*, **~restaurant** *n* zahradní restaurace *f*; **~schere** *f* zahradnické nůžky *f/pl.*; **~schlauch** *m* zahradnická hadice; **~stadt** *f* zahradní město *n*; **~weg** *m* zahradní pěšina *f*; **~zaun** *m* zahradní plot.

Gärtne|r(in *f*) *m* zahradník (-nice); *Gärtner- in Zssgn* zahradnický; **~'rei** *f* zahradnictví *n*.

Gärung *f* kvašení *n* (*a. fig.*); **~s-erreger** *m* kvasidlo *n*, ferment.

Gas *n* plyn *m*; ~ *geben* přid(áv)at plynu.

Gas|angriff *m Mil.* plynový útok; **~anstalt** *f* plynárna; **~anzünder** *m* zapalovač plynu; **~behälter** *m* plynojem; **~beleuchtung** *f* plynové osvětlení; **~brenner** *m* plynový hořák; **≈dicht** plynotěsný; **~flamme** *f* plynový plamen; **~flasche** *f* láhev s plynem; láhev na plyn; **≈förmig** plynný; **~generator** *m* plynový generátor; **~hahn** *m* plynový kohout(ek); **≈haltig** obsahující plyn; **~hebel** *m Flgw.* páka *f* ovládání připusti; *s. Gaspedal*; **~heizung** *f* plynové topení; **~herd** *m* plynový sporák; **~kammer** *f* plynová komora; **~kocher** *m* plynový vařič; **~koks** *m* plynárenský koks; **~krieg** *m* plynová válka *f*; **~leitung** *f* plynovod *m*; **~licht** *n* plynové světlo; **~mann** F *m* výběrčí poplatků za plyn; **~maske** *f* plynová maska; **~messer** *m*, **Gaso'meter** *m* plynoměr; **~ofen** *m* plynová kamna; **~pedal** *n* plynový pedál; **~rohr** *n* plynová roura.

Gasse *f* ulice; **~n·hauer** *m* pouliční píseň *f*, odrhovačka *f*; **~n·junge** *m* uličník.

Gast *m* host; (*Besucher*) návštěvník; *zu* ~ *sein* být hostem; **~arbeiter(in** *f*) *m* dělník (-nice) z cizozemska.

Gästebuch *n* kniha *f* hostí.

gast|frei, ~freundlich pohostinný; **≈freundschaft** *f* pohostinnost; **≈geber(in** *f*) *m* hostitel(ka); **≈haus** *n s. Gaststätte*; *a.* = **≈hof** *m* (zájezdní) hostinec; **~'ieren** *Thea.* vystupovat [-stoupit] pohostinsky; **~lich** *s. gastfrei*; **≈mahl** *n* hostina *f*; **≈recht** *n* pohostinské právo; **≈rolle** *f* pohostinská úloha; **≗spiel** *n Thea.* pohostinské vystoupení; **≗stätte** *f* hospoda; **≗stube** *f* hostinská místnost; **≗vorlesung** *f* přednáška hosta; **≗wirt(in** *f*) *m* hostinský (-ská); **≗wirtschaft** *f s. Gaststätte*; **≗zimmer** *n* hostinský pokoj.

Gas|uhr *f* plynoměr *m*; **~vergiftung** *f* otrava plynem; **~werk** *n* plynárna *f*.

Gatte *m* manžel, choť.

Gatter *n* mříž *f*; *a.* = **~säge** *f* rámová pila, rámovka.

Gattin *f* manželka, choť.

Gattung *f* druh *m*; *Zo., Bot.* rod *m*.

Gau *m* župa, okres *m*, kraj *m*.

Gaudium *n* obveselení, gaudium.

Gauk|e'lei *f* kejklířství *n*, komediantství *n*; **~ler(in** *f*) *m* kejklíř(ka), komediant(ka).

Gaul *m* kůň; (*Mähre*) herka *f*.

Gaumen *m* patro *n*; **~segel** *n Anat.* měkké patro.

Gauner *m* šejdíř; **~bande** *f* gaunerská tlupa; **~ei** [-'raɪ] podvod *m*; šibalství *n*; **~sprache** *f* zlodějská hantýrka.

Ga'votte *f Mus.* gavota.

Gaze *f* gáz *m*; **~-** *in Zssgn* gázový.

Ga'zelle *f* gazela.

Ge'ächtete(r) psanec, vyhnanec.

ge·ädert žilkovaný.

geb. *Abk. für geboren, gebunden.*

Ge|'bäck *n* pečivo; **≗'backen** pečený.

Ge'bälk *n* trámoví.

ge'bar *s. gebären.*

Ge'bärde *f* posunek *m*; **≗n:** *sich ~* počínat [počinout] si; **~n·sprache** *f* posunková řeč.

Ge'baren *n* počínání.

ge'bär|en [po]rodit; *fig.* [z]rodit; **≗mutter** *f Anat.* děloha.

Ge'bäude *n* budova *f*.

Ge'bein *n*: *~e pl.* (tělesné) pozůstatky *m/pl.*

Ge'bell *n* štěkot *m*.

geb|en dá(va)t; *es gibt Sg.* je, *Pl.* jsou; *was gibt es (Neues)?* co je (nového)?; *es gibt zu sehen* lze vidět; *sich ~ s. nachlassen, aufhören, sich ausgeben*; **≗en** *n* dávání; *ich bin am ~* dávám; **≗er(in** *f*) *m* dárce (dárkyně); *Geber Tel.* vysílač.

Ge'bet *n* modlitba *f*; *fig. ins ~ nehmen* brát [vzít si] na paškál; **~buch** *n* modlitební kniha *f*, modlitby *f/pl.*; **~s·teppich** *m* modlák; **~s·zeit** *f* doba modlení.

Ge'biet *n* území; *fig.* obor *m*.

ge'biet|en (*befehlen*) poroučet [-ručit]; (*erfordern*) vyžadovat [-žádat] (si); *~ über (A)* vládnout (*D od.* nad *I*); **≗er(in** *f*) *m* velitel(ka), pán (paní *f*); **~erisch** velitelský.

Ge'biets|abtretung *f* odstoupení *n* území; **~erweiterung** *f* rozšíření *n* území.

Ge'bild|e *n Geol.* útvar *m*; (*Erzeugnis*) výtvor *m*; **≗et** vzdělaný.

Ge|'bimmel *n* cinkot *m*, cinkání; **~'binde** *n* svazek *m*, snop *m*; (*Kranz*) věnec *m*; (*Strauß*) kytice; **~'birge** *n* pohoří; *Bgb., Geol. a.* hornina *f*; **≗'birgig** hornatý.

Ge'birgs- *in Zssgn* horský; *s. a. Berg-*; **~ausläufer** *m* horský výběžek; **~bewohner(in** *f*) *m* horal(ka); **~kamm** *m s. Gebirgsrücken*; **~kette** *f* horské pásmo; **~paß** *m* horský průsmyk; **~rücken** *m* horský hřeben; **~zug** *m s. Gebirgskette.*

Ge|'biß *n* chrup *m*; (*am Zaum*) udidlo; **≗'bissen** *s. beißen*; **~'bläse** *n* dmychadlo; **≗'blümt** květovaný; *fig.* květnatý; **~'blüt** *n* rod *m*, krev *f*; *vgl. Geschlecht*; **≗'bogen** ohnutý, ohýbaný; **≗'boren** *s. gebären*; narozený; *er ist zum Künstler ~* je rozený umělec; *... geborene Müller ...* rozená Müllerová.

ge'borgen bezpečný; *sich ~ fühlen* cítit se v bezpečí; **≗heit** *f* bezpečí *n*.

Ge'bot *n* příkaz *m*; (*Preisangebot*) nabídka *f*; *die Zehn ~e (Gottes)* desatero *n* (božích přikázání); *zu ~e stehen* být k službám; **≗en** nutný; *s. bieten*; **~s·schild** *n* kulatá dopravní značka.

gebr. *Abk. für gebräuchlich, gebraucht.*

Gebr. *Abk. für Gebrüder.*

ge'brannt *Ziegel*: pálený; *Kaffee*: pražený; *fig. ~es Kind scheut das Feuer* každý se spálí jen jednou.

ge'braten *s. braten, Brat-.*

Ge'bräu *n* špatný nápoj *m*, brynda *f*.

Ge'brauch *m* (po)užívání *n*, upotřebení *n*; (*Sitte*) zvyk, obyčej; *von et. ~ machen* uží(va)t č-o; **≗en** (po)uží(va)t, upotřebovat [-bit] (*G*); *s. a. brauchen*; *zu nichts zu ~* nehodí se k ničemu; *gebraucht* upotřebený, starý; *Kleider*: odnošený.

ge'bräuchlich obvyklý, běžný.
Gebrauchs- *in Zssgn mst* užitkový; **~anweisung** *f* návod *n* k použití; **2fähig** upotřebitelný; **2fertig** schopný použití, hotov(ý) k použití; **~gegenstand** *m* předmět denní potřeby; **~graphik** *f* užitá grafika; **~muster** *n* užitný vzor; **~wert** *m* užitná hodnota.
Ge'brauchtwagen *m* ojetý (*od.* starý) vůz.
Ge'brech|en *n* vada *f*; **2lich** vetchý; **~lichkeit** *f* vetchost.
ge'brochen ulomený, zlomený; *~ sprechen* mluvit [-vívat] lámaně; *er ist ganz ~* je tělesně i duševně hotov.
Ge'brüder *pl.* bratři *m/pl.*
Ge'brüll *n* řev *m*, řvaní; *vgl. brüllen.*
Ge'bühr *f* poplatek *m*; *nach ~* jak náleží; *über ~* přes míru; **2en** (*D*) náležet (k *D*); *es gebührt sich* sluší se, patří se; *~d* náležitý; *Adv.* jak náleží; **2enfrei** prostý poplatků; **2enpflichtig** podrobený poplatku.
ge'bunden *s. binden*; vázaný; *~e Rede* vázaná řeč, verše; **2heit** *f* vázanost.
Ge'burt *f* narození *n*; (*Gebären*) porod *m*; (*Frucht*) plod *m*; (*Herkunft*) rod *m*; *seit der ~, von ~ an* od narození; *von ~ Tscheche* je rodem Čech.
Ge'burten|beschränkung *f* omezení *n* porodů; **~regelung** *f* úprava *f* populace; **~rückgang** *m* pokles (*od.* snížení *n*) porodnosti; **~überschuß** *m* nadbytek porodů; **~zahl** *f* porodnost.
ge'bürtig rodilý, rodem; *~er Prager* rodilý Pražan.
Ge'burts|anzeige *f* oznámení *n* narození; **~fehler** *m* vrozená vada; **~helfer(in** *f*) *m* porodní asistent(ka); **~hilfe** *f* pomoc *f* při porodu; porodnictví *n*; **~jahr** *n* rok *m* narození; **~land** *n* rodná země *f*; **~ort** *m* rodiště *n*; **~schein** *m s. Geburtsurkunde*; **~tag** *m* narozeniny *f/pl.*; *an seinem* (*ihrem*) *~* v den jeho (jejich) narozenin.
Geburtstags|feier *f* narozeninové oslavy *f/pl.*; **~geschenk** *n* narozeninový dárek; **~kind** *n* jubilant(ka).
Geburts|urkunde *f* rodný list; **~wehen** *f/pl.* porodní bolesti *f/pl.*; **~zange** *f* porodní kleště *f/pl.*
Ge'büsch *n* houští, křoví.

Geck *m* hejsek, švihák; **2enhaft** hejskovitý.
Ge'dächtnis *n* paměť *f*; *zum ~* na památku; *im ~ behalten* zapamatovat si *pf.*; uchov(áv)at v paměti; *ins ~ rufen* připomínat [-menout] (*sich* si); **~feier** *f* pamětní slavnost; **~lücke** *f* mezera ve vzpomínkach; **~schwund** *m* ztráta *f* paměti.
ge'dämpft (z)tlumený; *Kochk.* dušený.
Ge'danke *m* myšlenka *f*; *auf den ~n bringen* přivádět [-vést] na myšlenku; *auf den ~n kommen* přicházet [přijít] na myšlenku; *in ~n sein* být (zabrán) v myšlenkách; *sich* (*D*) *~n machen über* (*A*) myslit [-lívat] na (*A*); *sich mit dem ~n tragen* obírat se myšlenkou.
Ge'danken|austausch *m* výměna *f* myšlenek; **~blitz** *m* náhlá myšlenka, nápad *m*; **~freiheit** *f* svoboda myšlení; **~gang** *m* myšlenkový pochod; **~leser** *m* čtenář myšlenek; **2los** bezmyšlenkovitý; **~losigkeit** *f* bezmyšlenkovitost; **~strich** *m* pomlčka *f*; **~übertragung** *f* přenášení *n* myšlenek; **2voll** bohatý myšlenkami, duchaplný; zamyšlený.
Ge'därm *n* střeva *n/pl.*
Ge'deck *n* (*Besteck*) příbor *m*; (*Menü*) menu.
ge'deih|en (*sich gut entwickeln*) prospívat [-spět]; (*fortschreiten*) dospívat [-spět]; **2en** *n* zdar *m*, úspěch *m*; **~lich** prospěšný, zdárný.
ge'denk|en pamatovat (*G* na *A*); *vgl. beabsichtigen*; **2en** *n* vzpomínka *f*; **2münze** *f* pamětní mince; **2tafel** *f* pamětní deska; **2tag** *m* pamětní den; (*Jahrestag*) výroční den.
Ge'dicht *n* báseň *f*.
ge'diegen *Min.* ryzí, čistý; *fig.* dobrý.
ge'dieh(**en**) *s. gedeihen.*
Ge'dräng|e *n* tlačenice *f*; *fig. ins ~ kommen* dostat se do tísně; **2t** stručný, stísněný; *Tech.* kompaktní; *~ voll* (úplně) natřískaný, natřískaný.
Ge'dröhn *n* dunění.
ge'drückt stísněný.
ge'drungen (*untersetzt*) zavalitý; (*kompakt*) stěsnaný, kompaktní.
Ge'duld *f* trpělivost; *mir platzt die ~* přechází mě trpělivost; *~ haben* = **2en:** *sich ~* mít strpení; **2ig** trpělivý; *das Papier ist ~* papír snese všecko.

Gedulds|probe *f* zkouška trpělivosti; **~spiel** *n* hra *f* trpělivosti.
ge'dunsen naduřelý.
ge'eignet způsobilý (*zu, für* k *D*); (*passend*) vhodný.
Ge'fahr *f* nebezpečí *n*; *auf die ~ hin* ačkoli hrozí nebezpečí; *auf eigene ~* na vlastní nebezpečí; *in ~ bringen* vyd(áv)at v nebezpečí.
ge'fähr|den vyd(áv)at v nebezpečí, ohrožovat [ohrozit]; *gefährdet sein* být ohrožen, být v nebezpečí; **߂dung** *f* ohrození *n*.
Ge'fahren|quelle *f* pramen *m* nebezpečí; **~zone** *f* nebezpečné pásmo; **~zulage** *f* nebezpečnostní příplatek *m*.
ge'fährlich nebezpečný; **߂keit** *f* nebezpečnost.
ge'fahrlos bezpečný.
Ge'fährt *n* povoz *m*; **~e** *m*, **~in** *f* druh (družka *f*) *m*, společník (-nice).
ge'fahrvoll plný nebezpečí.
Ge'fälle *n* spád *m*.
ge'fallen[1] *s. fallen.*
ge'fallen[2] [za]líbit se; *wie es Ihnen gefällt* jak (je) vám libo; *sich ~ in* (*D*) libovat si v čem; *sich ~ lassen* [s]trpět co, souhlasit s čím; *das lasse ich mir nicht ~* to si nedám líbit.
Ge'fallen 1. *m* laskavost *f*; *e-n ~ erweisen od. tun* prokazovat [-kázat] laskavost; *tun Sie mir den ~!* buďte tak laskav! **2.** *n* záliba *f*; *an et.* (*D*) *~ finden* mít zálibu v (*L*).
Ge'fallene(r) padlý.
ge'fällig ochotný, laskavý; (*angenehm*) milý; *was ist (Ihnen) ~?* co je (vám) libo?; **߂keit** *f* ochotnost, laskavost; **~st** laskavě.
Ge'fangen|e(r) (*Straf߂*) vězeň(kyně *f*) *m*; *s. Kriegsgefangene(r)*; **~enaustausch** *m* výměna *f* zajatců; **~enfürsorge** *f* péče *f* o vězně; **~enlager** *n* zajatecký tábor; **~enwärter** *m* žalářník; **߂halten** věznit; *Mil.* držet v zajetí; **~nahme** *f* zatčení *n*; *Mil.* zajetí *n*; **߂nehmen** zatýkat [-tknout]; *Mil.* zajímat [-jmout]; **~schaft** *f* vazba; *Mil.* zajetí *n*; **߂setzen** *s. gefangennehmen.*
Ge'fängnis *n* vězení; *ins ~ werfen od. stecken* [u]věznit; **~strafe** *f* trest *m* vězení, vězení *n*.
Ge'fasel *n* blábolení, žvanění.
Ge'fäß *n* nádoba *f*; *Anat.* céva *f*; **~erkrankung** *f* cévní choroba; **~haut** *f* (*im Auge*) cévnatka.
ge'faßt klidný, připraven(ý); *sich ~ machen auf* (*A*) připravovat [-pravit] se na (*A*).
Ge'fecht *n* boj *m*; (*Scharmützel*) půtka *f*; *in der Hitze des ~s* v zápalu, v ohni; *außer ~ setzen* [u]činit neschopným k boji.
Ge'fechts|ausbildung *f* bojový výcvik; **~bereitschaft** *f* bojová pohotovost; **~stand** *m* velitelské stanoviště.
ge'feit chráněný (*gegen* před *I*).
Ge'fie|der *n* peří *n*; **߂dert** *Zo.* opeřený; *Bot.* zpeřený.
Ge'filde *n Poet.* pole, niva *f*.
gefl. *Abk. für gefälligst.*
Ge'flecht *n* pletivo.
ge'fleckt strakatý, kropenatý.
Ge'flügel *n* drůbež *f*; **~farm** *f* drůbežárna; **~händler(in** *f*) *m* drůbežník (-nice); **~handlung** *f* drůbežnictví *n*; **߂t** okřídlený (*a. fig.*); **~zucht** *f* chov *m* drůbeže, drůbežnictví *n*.
Ge'flüster *n* šepot *m*.
Ge'folg|e *n* družina *f*, průvod *m*; *im ~ haben fig.* mít vzápětí; **~schaft** *f* přívrženci *m/pl.*; (*Belegschaft*) osazenstvo *n*.
ge'fräßig žravý; **߂keit** *f* žravost.
Ge'freite(r) *Mil.* svobodník.
Ge'frier|anlage *f* zařízení *n* k zmrazování; **߂en** [za]mrznout; *~ lassen* [za]mrazit; **~fach** *n* mrazicí prostor *m*; **~fleisch** *n* mražené maso; **~punkt** *m* bod mrazu; **~truhe** *f* mrazicí skříň.
Ge'frorene(s) zmrzlina *f*.
Ge'füg|e *n* složení, struktura *f*; **߂ig** poddajný, povolný; **~igkeit** *f* poddajnost, povolnost.
Ge'fühl *n* cit *m*; (*Empfindung*) pocit *m*; (*Tastsinn*) hmat *m*; **߂los** bezcitný; **~losigkeit** *f* bezcitnost; **~sduse'lei** *f* rozcitlivělost, sentimentalita; **߂s·mäßig** podle citu; **~smensch** *m* citový člověk; **߂voll** cituplný.
ge'geben *s. geben*; **~en'falls** případně, v daném případě.
gegen (*A*) (*wider*) proti (*D*); (*in Richtung auf, in Beziehung auf*) k, ke (*D*); (*annähernd*) asi; (*im Austausch für*) za (*A*); *~ Quittung* na stvrzenku.
Gegen|angriff *m* protiútok; **~be-**

fehl *m* protirozkaz; **~besuch** *m* vzájemná návštěva; *e-n ~ machen* oplácet [oplatit] návštěvu; **~beweis** *m* protidůkaz; *~ antreten* dokazovat [-kázat] opak.

Gegend *f* kraj *m*, krajina; (*Himmels*≗) strana; (*Umgebung, Nähe*) okolí *n*; *in unserer ~* u nás, v našem kraji.

Gegen|dienst *m* protislužba *f*; **~druck** *m* protitlak; **≗ein'ander** proti sobě; **~forderung** *f* protipohledávka; **~geschenk** *n* protidar *m*; **~gewicht** *n* protiváha *f*; *das ~ halten* (*D*) být protiváhou (*D*); **~gift** *n* protijed *m*; **~klage** *f Jur.* protižaloba; **~leistung** *f s. Gegendienst*; **~licht** *n* světlo z opačné strany; **~liebe** *f* vzájemná láska; *keine ~ finden* nesetk(áv)at se s láskou; **~maßnahme** *f* protiopatření *n*; **~mittel** *n* protiprostředek *m*; **~partei** *f Jur.* druhá strana, odpůrce; **~pol** *m* opačný pól, protější točna *f*; **~probe** *f* kontrolní zkouška; **~rechnung** *f* protiúčet *m*; *Hdl.* vzájemný účet *m*; **~rede** *f* replika, odpověď; **~revolution** *f* protirevoluce; **~satz** *m* protiklad, opak; *im ~ zu* v rozporu *s* (*I*); **≗sätzlich** protivný, opačný; **~schlag** *m* odvetný úder, protiúder; **~seite** *f* protější strana, protějšek *m*; *Jur.* druhá strana, protivník *m*; **≗seitig** vzájemný; **~seitigkeit** *f* vzájemnost; *auf ~ beruhen* být vzájemný; **~sprechverkehr** *m* duplexní provoz; **~spieler** *m* soupeř, protihráč; **~stand** *m* předmět; **≗ständlich** předmětný, věcný; **≗standslos** bezpředmětný, bezpodstatný; **≗steuern** řídit na opačnou stranu; **~stoß** *m* protiúder; *s. Gegenangriff*; **~strömung** *f* protiproud *m*; **~stück** *n* protějšek *m*, doplněk *m*; **~teil** *n* opak *m*; *im ~* naopak; **≗teilig** opačný.

gegen'über *Prp.* (*D*) (na)proti (*D*); *Adv.* naproti; ≗ *n* protějšek *m*; **~liegend** protější, protilehlý; **~stehen** (*D*) stát proti (*D*); *fig.* chovat se; **~stellen** (*D*) stavět [postavit] proti (*D*); *Jur.* stavět [postavit] tváři v tvář, konfrontovat (*im*)*pf.*; (*vergleichen*) srovn(áv)at s (*I*); **≗stellung** *f* postavení *n* tváří v tvář, konfrontace; srovná(vá)ní *n*.

Gegen|vorschlag *m* protinávrh; **~wart** *f* přítomnost; *Gr.* přítomný čas; **≗wärtig** přítomný; *das ist mir nicht ~* nepamatuji se na to; **~wehr** *f* obrana; **~wert** *m* protihodnota *f*; **~wind** *m* protivítr; **~winkel** *m Math.* protilehlý úhel; **~wirkung** *f* opačný účinek *m*; **≗zeichnen** spolupod(e)pisovat [-podepsat]; **~zug** *m Esb.* protivlak; (*im Spiel*) protitah.

Gegner|(**in** *f*) *m* odpůrce (-rkyně), protivník (-nice); **≗isch** odpůrčí, nepřátelský; **~schaft** *f* nepřátelství *n*; (*alle Gegner*) odpůrci *m/pl.*

Ge'habe *n s. Getue.*

Ge'hackte(**s**) sekaná (pečeně) *f*.

Ge'halt 1. *m* obsah; (*Wert*) cena *f*, hodnota *f*; **2.** *n* (*Vergütung*) služné, plat *m*; **≗los** neobsažný; **~losigkeit** *f* neobsažnost.

Ge'halts|empfänger *m* příjemce *m* služného; **~erhöhung** *f* zvýšení *n* (platu); **~forderung** *f* žádost o plat; **~zulage** *f s. Gehaltserhöhung.*

ge'haltvoll obsažný; (*nahrhaft*) výživný.

ge'harnischt obrněný; *fig.* rázný, rozhodný.

ge'hässig nevraživý; **≗keit** *f* nevraživost.

Ge'häuse *n* (*Uhr*≗, *Lager*≗, *Kern*≗) pouzdro; *Tech. a.* kryt *m*, plášť *m*, skříň *f*; (*Schnecken*≗) ulita *f*.

Ge'hege *n* ohrada *f*; (*Wald*≗) obora *f*; *fig. j-m ins ~ kommen* plést se k-u do jeho záležitostí, F lézt k-u do zelí.

ge'heim tajný; *Adv. im ~en* tajně, potají; *s. a. geheimnisvoll.*

Ge'heim|abkommen *n* tajná dohoda; **~agent** *m* vyzvědač, agent výzvědné služby; **~bund** *m* tajný spolek; **~dienst** *m* tajná služba, vyzvědačská organizace; **~fach** *n* tajná přihrádka; **~gang** *m* tajná chodba; **≗halten** [za]tajit; **~mittel** *n* tajný prostředek *m*.

Ge'heimnis *n* tajemství; *~ preisgeben* sejmout [snímat] roušku tajemství; **~krämer** F *m* tajnůstkář; **~krämerei** F *f* tajnůstkářství *n*; **≗voll** tajemný, tajuplný.

Ge'heim|polizei *f* tajná policie; **~polizist** *m* tajný (policista); **~rat** *m* tajný rada; **~schrift** *f* tajné písmo, tajnopis *m*; **~versteck** *n* tajná skrýš; **~zeichen** *n* tajné znamení.

Ge'heiß *n* rozkaz *m*.

gehen jít, chodit (*Iter.*); *s. a. ab-,*

heran-, weggehen, führen, Bett, Ende, Erfüllung, zugrunde usw.; *j-n* ~ *lassen* nech(áv)at jít; *ich höre e-e Tür* ~ slyším otvírat (*od.* zatvírat) dveře; *die Fenster* ~ *nach Norden* okna jdou na sever; *an die Arbeit* ~ pustit se do práce; *auf Reisen* ~ vydat se na cestu; *j-m aus dem Weg* ~ vyhýbat se k-u; *über et.* ~ (*mehr wert sein*) být nad (*A*); (*überschreiten*) přesahovat co; *vor sich* ~ probíhat, konat se; *zur Schule* ~ (*besuchen*) chodit do školy; *sich* ~ *lassen* počínat si volně; *sich's gut* ~ *lassen* popř(áv)at si; *es geht!* ujde to!; *wie geht es Ihnen?* jak se vám vede?; *es geht das Gerücht* povídá se; *es geht ein starker Wind* fouká mocný vítr; *wenn es nach mir ginge* kdyby šlo po mém; *es geht um ...* (*A*) jde o ..., běží o ... (*A*); ... *geht nicht* (*ist nicht möglich*) ... nelze; *das geht nicht!* to se nesmí!

Gehen *n* chůze *f*.

Geher *m Sp.* chodec.

ge'heuer: *mir ist nicht recht* ~ není mi příliš volno.

Ge'heul *n* řev *m*, řvaní.

Ge'hilf|e *m* pomocník; **~in** *f* pomocnice.

Ge'hirn *n* mozek *m*; **~blutung** *f* mozkové krvácení; **~entzündung** *f* zánět *m* mozku; **~erschütterung** *f* otřes *m* mozku; **~erweichung** *f* změknutí *n* mozku; **~hautentzündung** *f* zánět *m* mozkových blan; **~schlag** *m* mozková mrtvice.

ge'hoben *s. heben*; *Adj. Sprache*: vzletný; *Stellung*: vyšší; *Stimmung*: povznesený.

Ge'höft *n* dvorec *m*, selský dvůr.

Ge'hölz *n* houští, lesík *m*.

Ge'hör *n* sluch *m*; ~ *finden* být vyslyšen; *j-m* ~ *schenken* [po]přát k-u sluchu; *nach* ~ podle sluchu.

ge'horchen (*D*) poslouchat [(u)poslechnout] (*G*).

ge'hör|en (*D od. zu*) náležet, patřit; *es gehört sich* patří se, sluší se; **≈gang** *m* zvukovod; **~ig** (*D od. zu*) (*gehörend*) náležející; (*gebührend*) náležitý; (*tüchtig*) pořádný, notný; F *j-m* ~ *die Meinung sagen* říkat [říci] k-u pořádně své mínění; **~los** bez sluchu, hluchý; **≈losigkeit** *f* hluchota.

Ge'hörn *n* parohy *m/pl.*; **≈t** rohatý.

ge'horsam (*D*) poslušný (-šen) (*G*).

Ge'horsam *m* poslušnost *f*.

Ge'hörsinn *m* sluch.

Geh|steig *m s. Bürgersteig*; **~versuch** *m* pokus chodit; **~weg** *m* pěšina *f*.

Geier *m* sup.

Geifer *m* slina *f*; *fig.* zášti *n*; **≈n** slintat; *vor Wut* ~ prskat vztekem.

Geige *f* housle *f/pl.*; *die erste* ~ *spielen* hrát první housle (*a. fig.*); ~ *spielen* = **≈n** [za]hrát na housle.

Geigen|bogen *m* smyčec; **~macher** *m* houslař; **~spieler(in)** = **Geiger** (-**in** *f*) *m* houslista (-tka).

Geigerzähler *m Phys.* Geiger-Müllerův počítač.

geil (*üppig*) bujný; (*brünstig*) vilný; **≈heit** *f* vilnost.

Geisel *f* rukojmí *m od. n.*

Geiser *m* gejzír.

Geiß *f* koza; **~bock** *m* kozel.

Geißel *f* bič *m*; (*Plage*) pohroma, metla; **≈n** [z]bičovat; *fig. a.* ostře kritizovat.

Geist *m* duch; (*Gespenst*) zjevení *n*, strašidlo *n*; *der böse* ~ zloduch; *der Heilige* ~ Duch svatý; *den* ~ *aufgeben* vypustit ducha.

Geister|beschwörung *f* vyvolávání *n* duchů; **≈haft** strašidelný; **~stunde** *f* hodina duchů, půlnoční hodina.

geistes|abwesend nepřítomný (-men) duchem; **≈arbeit** *f* duševní práce; **≈arbeiter** *m* duševní pracovník; **≈blitz** *m* záblesk ducha; **≈gegenwart** *f* duchapřítomnost; **~gestört, ~krank** choromyslný; **≈krankheit** *f* choromyslnost; **≈schärfe** *f* bystrost ducha; **~schwach** slabomyslný; **≈schwäche** *f* slabomyslnost; **≈störung** *f* pomatenost; **≈wissenschaften** *f/pl.* duchovní vědy *f/pl.*

geistig duševní; ~*e Getränke n/pl.* lihoviny *f/pl.*

geistlich duchovní; **≈e(r)** duchovní *m*; **≈keit** *f* duchovenstvo *n*.

geist|los duchaprázdný; **~reich** duchaplný, vtipný; **~tötend** duchamorný; **~voll** *s. geistreich.*

Geiz *m* lakota *f*; **≈en** skrblit (*mit et.* čím); **~hals** *m* lakomec, skrblík; **≈ig** lakomý; **~kragen** *m s. Geizhals.*

Ge|'kicher *n* chechtání; **~'klapper** *n* klepot *m*; **~'klimper** *n* břinkání; **~'klirr** *n* řinčení, třeskot *m*; **~'knatter** *n* praskání; *Mil.* rachot *m*;

ᘕ'kniffen *s. kneifen*; **~'knister** *n* praskání; **ᘕ'kocht** vařený; **ᘕ'konnt** *Adv.* dovedně; **~'krächz(e)** *n* krákot *m*, krák(or)ání; **~'kritzel** *n* čmáranice *f*, klikyháky *m/pl.*

Ge'kröse *n Anat.* okruží; *Kochk.* (*Kalb, Lamm*) vnitřnosti *f/pl.*

ge|'künstelt vyumělkovaný, strojený; **ᘕ'lächter** *n* smích *m*; *zum ~ werden* být na posměch; **~'laden** *Gast*: pozvaný; *El., Waffe*: nabitý; **ᘕ'lage** *n* hostina *f*, hody *m/pl.*; (*Saufᘕ*) pitka *f*; **~'lähmt** ochromený, ochrnutý.

Ge'lände *n* území, terén *m*; **~fahrzeug** *n* terénní vozidlo; **~lauf** *m Sp.* přespolní běh.

Ge'länder *n* zábradlí.

ge'lang *s. gelingen.*

ge'langen (*an A, nach*) dost(áv)at se, dospět *pf.* (*A*, na *A*, k *D*); (*erwerben; in*) nabý(va)t (*A od. G*); *an die Macht ~* dostat se k moci; *ans Ziel ~* dosáhnout cíle.

ge'lassen klidný, trpělivý; **ᘕheit** *f* klid *m*, lhostejnost.

Gela'tine *f* želatina.

ge'läufig zběžný; (*flüssig, leicht*) plynný; **ᘕkeit** *f* zběžnost, plynnost.

ge'launt: *gut* (*schlecht*) *~* v dobrém (špatném) rozmaru.

Ge'läut(e) *n* zvonění.

gelb žlutý; *~ werden* [ze]žloutnout.

Gelb *n* žluť *f*; **~fieber** *n Med.* žlutá zimnice; **~filter** *m Fot.* žlutý filtr; **~guß** *m* mosazná litina; **ᘕlich** žlutavý; **~sucht** *f Med.* žloutenka; **ᘕsüchtig** mající žloutenku.

Geld *n* peníze *m/pl.*; *bares ~ s. Bargeld*; *das geht ins ~* to jde do peněz; *zu ~ machen* zpeněžovat [-žit]; *bei ~e sein* mít peníze; *Sprw. Zeit ist ~* čas jsou peníze; **~angelegenheit** *f* peněžní záležitost; **~anlage** *f* ukládání *n* peněz; **~beutel** *m*, **~börse** *f* peněženka *f*, tobolka *f*; **~briefträger** *m* peněžní listonoš; **~buße** *f* peněžní pokuta; **~einlage** *f* peněžitý vklad; **~einwurf** *m* (*Schlitz*) otvor pro mince; **~entwertung** *f* znehodnocení *n* peněz; **~fälscher** *m* padělatel peněz; **~geber** *m* peněžník, finančník; **~geschenk** *n* peněžitý (*od.* peněžní) dar; **ᘕgierig** žadostiv(ý) peněz; **~heirat** *f* sňatek *m* pro peníze; **~institut** *n* peněžní ústav *m*; **~mann** *m s. Geldgeber*; **~schein** *m* papírový peníz; **~schrank** *m* nedobytná pokladna; **~schrankknacker** *m* kasař; **~sendung** *f* zásilka peněz; **~spende** *f s. Geldgeschenk*; **~strafe** *f* peněžitá pokuta; **~stück** *n s. Münze*; **~umlauf** *m* oběh *m* peněz; **~verlegenheit** *f* peněžní tíseň; **~verlust** *m* peněžitá ztráta; **~wechsel** *m* výměna *f* peněz; **~wechsler** *m* směnárník; **~wert** *m* peněžní hodnota *f*; **~wesen** *n* peněžnictví; **~wucher** *m* peněžní lichva *f*.

Ge'lee *n* želé, rosol *m*.

ge'legen (*liegend*) ležící, položený; (*passend*) příhodný, vhodný, *~ kommen* přicházet [přijít] vhod; *es ist mir (sehr) daran ~, daß ...* záleží mi (velice) na tom, aby ...

Ge'legenheit *f* příležitost; *bei ~* příležitostně; *die ~ beim Schopf ergreifen* chápat [chopit] se příležitosti; **~s·arbeiter** *m* příležitostný dělník; **~s·kauf** *m* příležitostná koupě, okaze *f*.

ge'legentlich *Adj.* příležitostný; *Adv.* příležitostně.

ge'lehr|ig uče(n)livý; **ᘕigkeit** *f* uče(n)livost; **ᘕsamkeit** *f* učenost; **~t** učený; **ᘕte(r)** učenec.

Ge'leise *n* kolej *f*; *fig. aus dem ~ kommen* [vy]šinout se z kolejí, vykolejit [-jovat] (se); *s. Gleis.*

Ge'leit *n* doprovod *m*, průvod *m*; *j-m das letzte ~ geben* doprovodit k-o na poslední cestě; *freies ~* volný průchod *od.* odchod; *j-m das ~ geben s. geleiten*; **~brief** *m* průvodní list; **ᘕen** doprovázet [-vodit]; **~schiff** *n* doprovodná loď; **~schutz** *m* ochranný doprovod; **~wort** *n* úvod *m*; **~zug** *m Mar.* konvoj.

Ge'lenk *n* kloub *m* (*a. Tech.*); *~- in Zssgn* kloubový; **~entzündung** *f* zánět *m* kloubu, arthritis; **ᘕig** obratný; **~igkeit** *f* obratnost; **~rheumatismus** *m* kloubový revmatismus.

ge'lernt vyučený, kvalifikovaný.

Ge'liebte *f* milenka; **~(r)** milenec.

ge'liehen půjčený.

ge'linde mírný; F *~ gesagt* mírně řečeno.

ge'lingen [po]dařit se.

Ge'lingen *n* zdar *m*.

gellen zaječet; **~d** pronikavý.

ge'loben přislibovat [-slíbit]; (*eidlich*) přísahat [odpřisáhnout]; *Bibl. das Gelobte Land* zaslíbená země *f*.

Ge'löbnis *n* slib *m*.

ge'locht dírkovaný.
ge'logen *s. lügen.*
gelt|en platit [-tívat]; (*bestimmt sein*) týk(áv)at se (*G*); (*Einfluß haben*) mí(va)t vliv; (*angesehen werden als*) být pokládán za (*A*); ~ *lassen* připouštět [-pustit]; *es gilt!* platí!; **~end** platný; ~ *machen* uplatňovat [-tnit]; **2ung** *f* platnost; *zur* ~ *bringen* zjedn(áv)at platnost; *zur* ~ *kommen* nabý(va)t platnosti; **2ungsbedürfnis** *n* touha *f* uplatnit se.
Ge'lübde *n s. Gelöbnis.*
ge'lungen *s. gelingen; Adj.* (*geglückt*) zdařilý.
Ge'lüst *n* choutka *f*, laskominy *f/pl.*; **2en:** *es gelüstet mich ...* bažím po (*L*), chce se mi (*G*).
Ge'mach *n* komnata *f*.
ge'mächlich pohodlný, klidný; **2keit** *f* pohodlnost, klidnost.
Ge'mahl(in *f*) *m* manžel(ka), choť *m/f*.
Ge'mälde *n* obraz *m*, malba *f*; **~ausstellung** *f* výstava obrazů; **~galerie** *f* obrazárna.
ge'mäß (*D*) *Prp.* podle (*G*); *s. angemessen, würdig*; **~igt** mírný.
ge'mein obyčejný; (*gemeinsam*) společný; (*gewöhnlich*) sprostý; ~*er Kerl* sprosťák; ~*er Soldat* prostý vojín.
Ge'meinde *f* obec; **~amt** *n* obecní úřad *m*; **~be·amte(r)** obecní úředník; **~bezirk** *m* obecní obvod; **~haus** *n* obecní dům *m*; **~rat** *m* obecní rada *f*; (*Person*) obecní radní *m*; **~verwaltung** *f* obecní správa; **~vorsteher** *m* obecní starosta.
Ge'mein|eigentum *n* společné (*od.* kolektivní) vlastnictví; **2gefährlich** obecně nebezpečný; **~gut** *n* společný majetek; **~heit** *f* sprostota; **~jahr** *n* obyčejný rok; **2nützig** obecně užitečný; **~platz** *m* otřepaný citát; **2sam** společný; *mit j-m* ~*e Sache machen* být s kým zajedno; **~schaft** *f* společenství *n*; *in* ~ *mit* spolu s (*I*); **2schaftlich** společný, kolektivní; **~schaftsarbeit** *f* společná práce; **~schaftsverpflegung** *f* společné stravování; **~wohl** *n* obecné dobro.
Ge'meng|e *n*, **~sel** *n* směs *f*; (*Gewühl*) vřava *f*.
ge'messen *s. messen*; odměřený.
Ge'metzel *n* řež *f*.
Ge'misch *n* směs *f*, smíšenina *f*; **2t** smíšený.
Gemse *f* kamzík *m*.
Ge'murmel *n* mručení; (*des Baches usw.*) bublání.
Ge'müse *n* zelenina *f*; *fig. junges* ~ mládež *f*; **~bau** *m* zelinářství *n*; **~garten** *m* zelinářská zahrada; **~händler(in** *f*) *m* zelinář(ka); **~konserve** *f* zeleninová konzerva; **~markt** *m* zelný trh; **~suppe** *f* zeleninová polévka.
ge'mustert *Stoff*: vzorkovaný.
Ge'müt *n* nálada *f*, mysl *f*; (*Herz*) srdce; (*Seele*) duše; F *sich et. zu* ~*e führen* poprá(va)t si něco; **2lich** útulný; *Person*: srdečný; **~lichkeit** *f* útulnost; srdečnost.
Ge'müts|art *f* způsob *m* smýšlení; **~bewegung** *f* hnutí *n* mysli; **2krank** trudnomyslný; **~krankheit** *f* trudnomyslnost; **~ruhe** *f* duševní klid *m*; **~stimmung** *f*, **~verfassung** *f*, **~zustand** *m* nálada *f*, stav *m* mysli.
ge'mütvoll citupIný.
gen *s. gegen.*
Gen. *Abk. für Genosse, Genitiv,* (2) *genannt.*
ge'nas *s. genesen.*
ge'nau přesný; *Adv.* přesně, právě, zrovna; ~*er gesagt* abych mluvil určitěji; **2igkeit** *f* přesnost.
Gen'darm *m* četník; **~e'rie** *f* četnictvo *n*.
ge'nehm příjemný; *wenn es Ihnen* ~ *ist* je-li vám libo.
ge'nehmig|en schvalovat [schválit]; *s. bewilligen, annehmen*; F *sich noch e-n Schnaps* ~ dopřá(va)t si ještě jednu kořalku; **2ung** *f* schválení *n*.
ge'neigt skloněn(ý), nakloněn(ý) (*a. fig.*); **2heit** *f* náklonost.
Gene'ral *m* generál; ~- *in Zssgn mst* generální; hlavní; **~direktor** *m* generální ředitel; **~i'tät** *f* generalita; **~konsul** *m* generální konsul; **~probe** *f* generální zkouška; **~sekretär** *m* generální tajemník; **~stab** *m* generální štáb; **~streik** *m* generální (*od.* všeobecná) stávka; **~überholung** *f* generální prohlídka; **~versammlung** *f* valné shromáždění; **~vollmacht** *f* generální (*od.* všeobecná) plná moc.
Generati'on *f* generace, pokolení *n*.
Gene'rator *m* generátor; **~gas** *n* generátorový plyn.

gene'rell všeobecný, generální.

Ge'nese *f* původ *m*, zrod *m*.

ge'nes|en uzdravovat [uzdravit] se; **≗ung** *f* uzdravení *n*; **≗ungs·heim** *n* zotavovna *f*, ozdravovna *f*.

geni'al geniální; **≗i'tät** *f* genialita, geniálnost.

Ge'nick *n* šíje *f*, vaz *m*; **~schuß** *m* střelení *n* do týlu; **~starre** *f Med.* ztrnutí *n* šíje; **~stoß** *m* rána *f* do týlu.

Ge'nie *n* génius *m*.

ge'nieren (*j-n stören*) překážet (*D*); (*j-m peinlich sein*) být trapné; *sich* ~ ostýchat se.

ge'nieß|bar poživatelný; *vgl.* *eß-, trinkbar*; **~en** poží(va)t (*G*); (*auskosten*) uží(va)t (*G*); *Ansehen usw.*: těšit [těšívat] se (*D*); *s. a. essen, trinken*; *er genoß e-e gute Ausbildung* dostalo se mu dobrého vzdělání, **≗er** *m* požitkář.

Geni'talien *pl.* pohlavní ústrojí *n*, genitálie *f/pl.*

Genitiv *m Gr.* genitiv, druhý pád.

Genius *m* génius.

ge'normt normalizovaný.

ge'noß *s. genießen.*

Ge'nosse *m* soudruh.

Ge'nossenschaft *f* družstvo *n*; **≗lich** družstevní; **~s·bauer** *m* družstevní rolník, družstevník.

Ge'nossin *f* soudružka.

ge'nötigt (při)nucený.

Genre *n* žánr *m*; **~malerei** *f* žánrové malířství.

ge'nug dost(i); *nicht* ~ (*damit*), *daß* ... nejen že ...; (*das ist*) ~! už ani slovo!

Ge'nüg|e *f*: *zur* ~ dost(i); ~ *leisten od. tun* [u]činit zadost k-u; **≗en** [po]stačit; *das genügt* to stačí; **~end** dostatečný; **≗sam** skromný; (*mäßig*) střídmý; **~samkeit** *f* skromnost; střídmost.

ge'nug|tun: *j-m* ~ zadost [u]činit k-u; **≗tuung** *f* zadostiučinění *n*.

Genus *n* rod *m*.

Ge'nuß *m* (*Verbrauch*) požívání *n*; (*Vergnügen*) požitek; (*Nutzung*) užívání *n*; *mit* ~ s požitkem; **~mittel** *n* pochutina *f*; **~sucht** *f* požitkářství *n*; **≗süchtig** požitkářský.

Geo|dä'sie *f* geodézie *f*; **~gra'phie** *f* zeměpis *m*, geografie; **≗'graphisch** geografický; **~'loge** *m* geolog; **~lo'gie** *f* geologie; **≗'logisch** geologický; **~me'trie** *f* geometrie; *darstellende* ~ deskriptivní geometrie; **≗'metrisch** geometrický; **~phy'sik** *f* geofyzika.

Ge'päck *n* zavazadlo; **~abfertigung** *f* výprava zavazadel; **~annahme** *f* příjem *m* zavazadel; **~aufbewahrung** *f* úschovna zavazadel; **~ausgabe** *f* výdej *m* zavazadel; **~halter** *m* držadlo *n* na zavazadla; **~netz** *n* síť *f* na zavazadla; **~raum** *m* zavazadlový prostor; **~schein** *m* zavazadlový lístek,; **~stück** *n* zavazadlo; **~träger** *m* nosič *m* zavazadel; **~versicherung** *f* pojištění *n* zavazadel; **~wagen** *m* zavazadlový vůz.

ge|'panzert obrněný, pancéřový; **~'pfeffert** pepřený, peprný (*a. fig.*); *Preis*: příliš vysoký; **~'pfiffen** *s. pfeifen*; **~'pflegt** pěstěný; *s. a. pflegen*; **≗'pflogenheit** *f* zvyk *m*, obyčej *m*; **≗'plänkel** *n* šarvátka *f*, potyčka *f*; **≗'plapper** *n* tlachání; **≗'plärr** *n* vřeštění; **~pökelt** nasolený, naložený; **≗'polter** *n* rachot *m*, hřmot *m*; **≗'präge** *n fig.* (*besondere Note*) ráz *m*; **≗'pränge** *n* okázalost *f*; **~'priesen** *s. preisen*; **~'punktet** *Stoff*: puntíčkovaný, tečkovaný.

ge'rade *Adj.* přímý, rovný; (*aufrichtig*) upřímný; *Zahl*: sudý; *Adv.* přímo, rovně; (*soeben, ausgerechnet*) právě, zrovna.

Ge'rade *f* přímka; *Sp.* (*Boxen*) direkt *m*; (*Ziel≗*) cílová rovinka.

gerade|'aus, ~her'aus přímo.

ge'rade|machen, ~richten narovn(áv)at; **~sitzen** sedět zpříma; **~stehen** stát zpříma; *fig.* odpovídat (*für* zač); **~(s)wegs** *s. geradeaus*; **~'zu** *s. geradeheraus.*

Ge'rad|heit *f* přímost, rovnost; *fig.* upřímnost; **≗linig** přímočarý.

Ge'rät *n* nářadí, náčiní; (*Apparat*) přístroj *m*; ~*e- in Zssgn* na nářadí; přístrojový.

ge'raten 1. *v/i* (*hinkommen*) dost(áv)at se; (*gelingen*) [po]dařit se, zvést se *pf.*; *nach j-m* ~ zvést se po kom; *ins Stocken* ~ [u]váznout; *außer sich* ~ být bez sebe; *aneinander* ~ dost(áv)at se do sebe; **2.** *Adj.* podařený; *Kind*: zdárný; *Adv.* (*ratsam*) radno, záhodno.

Ge'räteturnen *n* cvičení *n* na nářadí.

ge'räuchert uzený.
Ge'ratewohl *n*: *aufs* ~ nazdařbůh.
ge'raum: ~*e Zeit* dlouhý čas; *seit* ~*er Zeit* již dávno.
ge'räumig prostorný; **$keit** *f* prostornost.
Ge'räusch *n* šum *m*, hluk *m*; **$dämpfend** tlumící hluk; **$los** bezhlučný; *Adv.* bez hluku; **~losigkeit** *f* bezhlučnost; **$voll** hlučný.
gerben vyděl(áv)at (*od.* [vy]činit) kůži; *fig.* F *j-m das Fell* ~ nabí(je)t k-u.
Gerber *m* koželuh; **~ei** [-'raɪ] *f* (*Handwerk*) koželužství *n*; (*Werkstatt*) koželužna; **~lohe** *f* (rostlinné) tříslivo, tříslo *n*.
Gerb|mittel *n* tříslivo; **~rinde** *f* tříslová kůra; **~säure** *f* tříslovina *f*; **~stoff** *m s. Gerbmittel, Gerbsäure*; **~verfahren** *n* způsob *m* činění.
ge'recht spravedlivý; (*verdient*) zasloužený; ~ *werden* (*j-m*) [u]činit po právu (*D*); (*e-r Sache*) vyhovovat [-hovět]; **~fertigt** oprávněný; **$igkeit** *f* spravedlnost; (*e-s Urteils*) oprávněnost; *j-m* ~ *widerfahren lassen* zjedn(áv)at k-u právo; **$igkeitssinn** *m* cit pro spravedlnost.
Ge'rede *n* povídání, tlach *m*; *ins* ~ *bringen* přivádět [-vést] do řeči.
ge'reizt podrážděný; **$heit** *f* podrážděnost.
Ge'richt *n Kochk.* jídlo; *Jur.* soud *m*; *das Jüngste* ~ *Rel.* poslední soud, soudný den; *fig. mit j-m ins* ~ *gehen* [od]soudit k-o; *zu* ~ *sitzen über j-n* [vy]konat soud nad kým; *vor* ~ *erscheinen* dostavovat [-stavit] se k soudu; **$lich** soudní; ~ *verfolgen* soudně stíhat.
Ge'richts|barkeit *f* soudní pravomoc; **~behörde** *f* soud *m*; **~beschluß** *m* soudní rozhodnutí *n*; **~bote** *m* soudní poslíček; **~diener** *m* soudní sluha; **~gebühren** *f/pl.* soudní poplatky *f/pl.*; **~hof** *m* soudní dvůr; **~kosten** *pl.* soudní útraty *f/pl. od.* výlohy *f/pl.*; **~medizin** *f* soudní lékařství *n*; **~ordnung** *f* soudní řád *m*; **~saal** *m* soudní síň *f*; **~sachverständige(r)** soudní znalec; **~termin** *m* den *m* stání (před soudem); **~verfahren** *n* soudní řízení; **~verhandlung** *f* soudní jednání *n*; **~vollzieher** *m* (soudní) exekutor; **~wesen** *n* soudnictví.
ge'rieben *s. reiben*; *fig.* prohnaný.
ge'ring malý, nepatrný; *nicht im* ~*sten* ani dost málo; **~fügig** nepatrný, bezvýznamný; **$fügigkeit** *f* nepatrnost, bezvýznamnost; **~schätzen** podceňovat [-nit] (*G*); **~schätzig** nevážný; **$schätzung** *f* nevážnost.
ge'rinn|en srážet [srazit] se; **$sel** *n* (*Med.* krevní) sraženina *f*, sedlina *f*; **$ung** *f* koagulace.
Ge'rippe *n* kostra (*a. Tech.*).
ge'rippt žebrovaný; *Papier*: rýhovaný; *Tech.* žebrovitý.
ge'rissen *s. reißen*; *fig.* prohnaný; *vgl. durchtrieben.*
Ger'ma|ne *m* Germán; **$nisch** germánský; **$ni'sieren** [z]germanizovat; **~'nismus** *m* germanismus; **~'nist(in** *f*) *m* germanista (-tka); **~'nistik** *f* germanistika.
gern(e) rád; *herzlich* (*od. recht*) ~ milerád; *nicht* ~ nerad; *ich möchte* ~ *wissen* rád bych věděl; F *er kann mich* ~ *haben!* ať mi dá svatý pokoj!, V ať mi vleze na záda!
ge'rochen *s. riechen.*
Ge'röll *n* (říční) štěrk *m*, oblázky *m/pl.*
ge'ronnen *s. gerinnen.*
Gerste *f* ječmen *m*; ~**n-** *in Zssgn* ječný; **~n·korn** *n Med.* ječné zrno.
Gerte *f* prut *m*, *Dim.* proutek *m*.
Ge'ruch *m* (*Sinn*) čich; (*Ausdünstung*) zápach; (*Duft*) vůně *f*; *übler* ~ odporný zápach; *fig. im* ~ *stehen* mít dobrou pověst; **$frei, $los** nepáchnoucí, *Adv. a.* bez zápachu.
Ge'rücht *n* pověst *f*; *es geht das* ~ proslýchá se; **$weise** jak se proslýchá.
ge'ruh|en † [u]ráčit se; **~sam** klidný; (*ohne Eile*) pozvolný.
Ge'rümpel *n* harampádí.
Ge'rüst *n* kostra *f*, konstrukce *f*; (*Bau$*) lešení.
ge'sammelt sebraný; ~*e Werke* sebrané spisy *m/pl.*
ge'samt (*all*) všechen, *pl.* všichni; (*ganz, global*) celkový, úhrnný, souhrnný; **$ansicht** *f* celkový pohled; **$ausgabe** *f Lit.* úplné vydání; **$betrag** *m* úhrnná částka; **$bild** *n* celkový (*od.* úhrnný) obraz; **~deutsch** celoněmecký; **$eindruck** *m* celkový dojem; **$einnahme** *f* celkový příjem; **$ergebnis** *n* celkový výsledek; **$fläche** *f* celková

plocha; **2gewicht** *n* celková vaha; **2heit** *f* celek *m*, úhrn *m*; (*alle*) všichni *m/pl.*; **2summe** *f* souhrn *m*, úhrnná suma; **2vermögen** *n* celkový majetek; **2werk** *n* úhrn *m* tvorby, dílo; **2wertung** *f* *Sp.* celkové hodnocení; **2wohl** *n* obecné blaho; **2zahl** *f* celkový počet; *s. Gesamtheit, Gesamtsumme.*

Ge'sandt|e(r) vyslanec; **~schaft** *f* vyslanectví *n*.

Ge'sang *m* zpěv; **~buch** *n* zpěvník *m*; **~s·lehrer(in** *f*) *m* učitel(ka) zpěvu; **~verein** *m* pěvecký spolek.

Ge'säß *n* zadek *m*, F zadnice *f*.

ge'sättigt nasycený.

Ge'schäft *n* *Hdl.* obchod *m*; (*Beschäftigung*) práce *f*, zaměstnání; (*Angelegenheit*) věc *f*, záležitost *f*; **~emacher** *m* dohazovač; **2ig** činný, čilý; **~igkeit** *f* činnost, čilost; **2lich** obchodní.

Ge'schäfts|abschluß *m* sjednání *n* obchodu; **~anteil** *m* podíl *m* na obchodu; **~bereich** *m* obor *m* působnosti; *Minister ohne ~* ministr bez portfej; **~bericht** *m* jednatelská zpráva; **~brief** *m* obchodní dopis; **~fähigkeit** *f* *Jur.* schopnost jednání; **~freund** *m* obchodní přítel; **~führer** *m* obchodvedoucí; **~führung** *f* vedení *n* obchodu; **~gang** *m* obchody *m/pl.*; **~inhaber(in** *f*) *m* majitel(ka *f*) *m* obchodu; **~jahr** *n* správní rok *m*; **~kosten** *pl.*: *auf ~* na firemní útraty; **~lage** *f* obchodní situace; **~leiter** *m* *s. Geschäftsführer*; **~lokal** *n* obchodní místnost *f*; **~mann** *m* obchodník; **2mäßig** obchodnický; **~ordnung** *f* jednací řád *m*; **~reise** *f* obchodní cesta; **~schluß** *m* skončení *n* práce v obchodu; **~stelle** *f* byró; **~stunden** *f/pl.* obchodní hodiny *f/pl.*; (*Dienststunden*) úřední hodiny *f/pl.*; **~tätigkeit** *f* obchodní jednání *n*; **~träger** *m* *Pol.* správce *m* vyslanectví; **2tüchtig** obchodně zdatný; *~ sein* F mít obchodního ducha; **~unfähigkeit** *f* neschopnost jednání; **~verbindung** *f* obchodní spojení *n*; **~verkehr** *m* obchodní styky *m/pl.*; **~viertel** *n* obchodní čtvrť *f*; **~zentrum** *n* obchodní středisko; **~zweig** *m* obchodní odvětví *n*.

ge'schah *s. geschehen.*

ge'schätzt *s. schätzen.*

ge'scheckt strakatý.

ge'scheh|en dít se, stá(va)t se; *~ lassen* dopouštět [-pustit]; *es muß et. ~* něco se musí dít; *es ist um ihn ~* je s ním amen; **2en** *n* dění; **2nis** *n* událost *f*, příhoda *f*.

ge'scheit chytrý; *du bist wohl nicht ganz (recht) ~?* máš rozum?

Ge'schenk *n* dar *m*, *Dim.* dárek *m*; *zum ~ machen* [po]darovat.

Ge'schicht|e *f* dějiny *f/pl.*; (*Wissenschaft*) dějepis *m*; (*Erzählung*) povídka, historka; (*Angelegenheit*) věc, záležitost; **2lich** dějinný, historický.

Ge'schichts dějepisný, historický; **~fälschung** *f* dějinný padělek, padělání *n* dějin; **~forscher** *m* historik; **~forschung** *f* historické (*od.* dějinné) bádání; **~quelle** *f* historický pramen; **~schreibung** *f* dějepisectví *n*, historiografie; **~unterricht** *m* vyučování *n* dějepisu; **~werk** *n* historický spis.

Ge'schick *n* osud *m*; *a.* = **~lichkeit** *f* obratnost.

ge|'schickt obratný, zručný; **~'schieden** rozvedený; **~'schieht** *s. geschehen*; **~'schienen** *s. scheinen*; **2'schimpfe** F *n* spílání, (stálé) nadávání.

Ge'schirr *n* nádobí; (*Pferde2*) postroj *m*; **~schrank** *m* (kuchyňský) příborník; **~tuch** *n* utěrka *f* (na nádobí).

Ge'schlecht *n* pohlaví; (*Stamm*) rod *m* (*a. Gr.*); (*Generation*) pokolení; **2lich** pohlavní.

Ge'schlechts|akt *m* pohlavní akt, soulož *f*; **2krank** pohlavně nemocný; **~krankheit** *f* pohlavní choroba; **2los** bezpohlavní; **~organ** *n* pohlavní ústrojí; **2reif** pohlavně dospělý; **~reife** *f* pohlavní dospělost; **~teil** *n*, *a. m* pohlavní úd; **~trieb** *m* pohlavní pud; **~verkehr** *m* pohlavní styk; **~wort** *n* *s. Artikel.*

ge|'schlichen *s. schleichen*; **~'schliffen** broušený; *fig.* uhlazený.

ge'schlossen (u)zavřený; *fig.* (*geeint*) jednotný, sjednocený; **2heit** *f* jednotnost, semknutost.

ge'schlungen *s. schlingen.*

Ge'schmack *m* chuť *f*; *fig.* vkus; *~ finden an* (*D*) mít zálibu v (*L*); **2los** bez chuti, nechutný; bez vkusu, nevkusný; **~losigkeit** *f* nechutnost; nevkusnost; **~sache** *f* věc vkusu; **2voll** vkusný.

ge'schmeichelt *s. schmeicheln.*
Ge'schmeide *n* šperky *m/pl.*, skvosty *m/pl.*
ge'schmeidig (*formbar*) ohebný; (*gelenkig*) svižný; (*aalglatt*) hladký; **£keit** *f* ohebnost; svižnost; hladkost.
ge|'schmissen *s. schmeißen;* **~'schmolzen** roztavený; (*aufgetaut*) roztálý; **~'schniegelt** vyšňořený; **~'schnitten** (na)krájený; **~'schoben** *s. schieben;* **~'scholten** *s. schelten.*
Ge'schöpf *n* tvor *m.*
ge'schoren ostříhaný.
Ge'schoß *n* (*Projektil*) střela; (*Stockwerk*) patro, poschodí; **~bahn** *f* dráha střely.
ge'schossen *s. schießen.*
ge'schraubt *s. geziert.*
Ge'schrei *n* křik *m*, povyk *m.*
ge|'schrieben *s. schreiben;* **~'schrien** *s. schreien;* **~'schult** školený; **~'schunden** *s. schinden;* **~'schuppt** šupinatý.
Ge'schütz *n* dělo; **~feuer** *n* dělostřelba *f.*
ge'schützt chráněný.
Ge'schwader *n Mar., Flgw.* eskadra *f.*
Ge'schwätz *n* tlachání; **£ig** tlachavý; **~igkeit** *f* tlachavost.
ge'schweige: ~ *denn* neřku-li.
ge'schwind rychlý; **£igkeit** *f* rychlost (*a. Tech.*).
Ge'schwindigkeits|begrenzung *f* omezení *n* rychlosti; **~messer** *m* rychloměr, tachometr; **~überschreitung** *f* překročení *n* (dovolené) rychlosti.
Ge'schwister *pl.* sourozenci *m/pl.*; **~paar** *n* bratr a sestra.
ge|'schwollen *Med.* oteklý, opuklý; *fig.* nabubřelý; **~'schwommen** *s. schwimmen;* **~'schworen** *s. schwören;* **£'schworene(r)** porotce; *vgl. Schwurgericht;* **£'schwulst** *f Med.* nádor *m*, tumor *m*; **~'schwunden** *s. schwinden;* **~'schwungen** *s. schwingen;* (*gewölbt*) obloukovitý.
Ge'schwür *n* vřed *m*; **£ig** vředovitý.
Ge'sell|e *m* tovaryš; **£en:** *sich* ~ (*D od. zu*) [při]družit se (k *D*); **~enprüfung** *f* tovaryšská zkouška; **£ig** společenský; **~igkeit** *f* družnost.
Ge'sellschaft *f* společnost; ~ *mit beschränkter Haftung* společnost s omezeným ručením; *j-m* ~ *leisten* být k-u společníkem; **~er(in** *f*) *m* společník (-nice); **£lich** společenský.
Ge'sellschafts|abend *m* společenský večírek; **~kapital** *n* společenský kapitál; **~ordnung** *f* společenský řád; **~reise** *f* společenská cesta; **~spiel** *n* společenská hra; **~wissenschaften** *f/pl.* společenské vědy *f/pl.*
Ge'senk *n Tech.* zápustka *f*; **~schmied** *m* zápustkový kovář.
ge'sessen *s. sitzen.*
Ge'setz *n* zákon *m*; (*Regel*) pravidlo; **~buch** *n* zákoník *m*; **~entwurf** *m* návrh zákona.
Ge'setzes|kraft *f* platnost zákona; **~sammlung** *f* sbírka zákonů; **~vorlage** *f* osnova († předloha) zákona.
ge'setzgeb|end zákonodárný; **£er** *m* zákonodárce; **£ung** *f* zákonodárství *n.*
ge'setz|lich zákonitý, zákonný; ~ *bestimmt od. geregelt* zákonem ustanovený; **£lichkeit** *f* zákonitost, zákonnost; **~los** bezprávný; **£losigkeit** *f* bezpráví *n*, bezprávnost; **£mäßig** zákonitý; **~mäßigkeit** *f* zákonitost *f.*
ge'setzt usedlý, klidný; ~ *den Fall* dejme tomu.
ge'setzwidrig protizákonný; **£keit** *f* protizákonnost.
ge'sichert zajištěný.
Ge'sicht *n* obličej *m*, tvář *f*; (*Aussehen*) vzezření; *ein langes* ~ *machen* tvářit se zklamaně; *~er schneiden* šklebit [-bívat] se; *sein* ~ *wahren* zachov(áv)at vnější slušnost; *aus dem* ~ *verlieren* ztrácet [ztratit] z očí; *wie aus dem* ~ *geschnitten* jako by mu z oka vypadl; *j-m et. ins* ~ *sagen* říci [říkat] k-u co do očí; *zu* ~ *bekommen* [u]vidět.
Ge'sichts|ausdruck *m* výraz tváře; **~feld** *n* zorné pole; **~kreis** *m* obzor; **~punkt** *m* hledisko *n*; *unter diesem* ~ z tohoto hlediska; **~winkel** *m* zorný úhel; **~züge** *m/pl.* rysy *m/pl.* tváře.
Ge'sims *n* římsa *f.*
Ge'sinde *n* čeleď *f*, čeládka *f.*
Ge'sindel *n* sběř *f*, V pakáž *f.*
ge'sinnt smýšlející; *j-m gut* ~ *sein* smýšlet s kým.
Ge'sinnung *f* smýšlení *n*; **£s·los** bezcharakterní; **~s·losigkeit** *f* bez-

charakternost; ♀**s·treu** věrný svým zásadám; **~s·wechsel** *m* obrat smýšlení.
ge'sittet vzdělaný, kultivovaný.
Ge'söff P *n* brynda *f*, břečka *f*.
ge|'soffen *s. saufen*; **~'sogen** *s. saugen*; **~'sondert** zvláštní; *Adv.* zvlášť; **~'sonnen:** ~ *sein* zamýšlet, hodlat; **~'sotten** vařený; **~'spalten** rozštěpený (-pen).
Ge'spann *n* spřežení, potah *m*.
ge'spannt napjatý; ~ *sein auf* (*A*) být zvědav na (*A*); *auf ~em Fuße leben* nesrovnávat se; ♀**heit** *f* napětí *n*.
Ge'spenst *n* strašidlo, duch *m*; ♀**erhaft,** ♀**ig,** ♀**isch** strašidelný.
Ge'spinst *n* předivo; (*e-r Spinne*) pavučina *f*.
ge'sponnen *s. spinnen*.
Ge'spött *n* posměch *m*; *zum ~ werden* být na posměch.
Ge'spräch *n* (roz)hovor *m*, rozmluva *f*; ♀**ig** hovorný.
Ge'sprächs|partner *m* společník při besedě, účastník rozmluvy; **~stoff** *m* látka *f* rozmluvy; ♀**weise** při hovoru.
ge|'spreizt *fig. Stil*: strojený, vyumělkovaný; *s. a. spreizen*; **~'sprenkelt** kropenatý; **~'sprochen** *s. sprechen*; *Wort*: vyslovený, mluvený; **~'sprungen** *s. springen*; *Glas*: puklý, prasklý.
gest. *Abk. für gestorben*.
Ge'stade *n Poet.* břeh *m*, pobřeží.
Ge'stalt *f* tvar *m*, podoba; (*Wuchs*) postava; ~ *annehmen* nabý(va)t podoby; *von hoher ~* vysoké postavy; ♀**en** utvářet [utvořit]; *sich ~* vytvářet se, vyvíjet se; ♀**los** beztvárný; **~er** *m* (*Designer*) návrhář; **~ung** *f* utváření *n*; **~ungskraft** *f* tvořivá síla.
Ge'stammel *n* koktání.
ge'standen *s.* (*ge*)*stehen*.
ge'ständ|ig: ~ *sein* přizn(áv)at se; ♀**nis** *n* přiznání, doznání.
Ge'stank *m* smrad, zápach.
Ge'stänge *n* táhla *n/pl.*, tyčoví; (*Bohr*♀) soutyčí.
ge'statten dovolovat [-lit].
Geste *f* posunek *m*, gesto *n*.
ge'steckt *Ziel*: vytčený, stanovený.
ge'steh|en přizn(áv)at se k (*D*), dozn(áv)at; *offen gestanden* po pravdě řečeno; ♀**ungskosten** *pl. Hdl.* výrobní náklad(y *pl.*) *m*.
ge'steigert zvýšený.
Ge'stein *n* (*Stein*) kamení; *Min.* hornina *f*.
Ge'stell *n* stojan *m*, regál *m*; (*Wand*♀) police *f*; *Tech.* (*Rahmen*) podstavec *m*; (*Brillenfassung*) obruba *f*.
Ge'stellungsbefehl *m Mil.* povol(áv)ací rozkaz.
gestern včera; *bis ~* do včerejška; *seit ~* od včerejška; F *ich bin nicht von ~* nejsem hloupý.
ge|'stiefelt v botách; **~'stiegen** *s. steigen*; **~'stielt** s rukojetí; *Bot.* řapíkatý.
gestiku'lieren [za]gestikulovat.
Ge'stirn *n* hvězda *f*; (*Sternbild*) souhvězdí; ♀**t** hvězdnatý.
Ge|'stöber *n* chumelenice *f*, vánice *f*; ♀**'stochen** *s. stechen*; ~ *scharf* velmi ostrý; ♀**'stohlen** kradený; *s. u. stehlen*; ♀**'storben** *s. sterben*; ♀**'stört** rušený; *geistig ~* duševně chorý; **~'stotter** *n* koktání; **~'sträuch** *n* křoví, roští; ♀**'streift** pruhovaný, žíhavý; ♀**'streng** přísný; ♀**'strichelt** (přerušeně) čárkovaný; ♀**'strichen** (vy)škrtnutý; *s. streichen.*
gestrig včerejší.
ge'stritten *s. streiten*.
Ge'strüpp *n* křoví, houští.
Ge'stüt *n* hřebčinec *m*.
Ge'such *n* žádost *f*.
ge'sund zdravý (zdráv); ~ *werden* uzdravovat [-ravit] se; **~en** *s. genesen*; ♀**heit** *f* zdraví *n*; *zur ~!* na zdraví!; **~heitlich** zdravotní.
Ge'sundheits|behörde *f* zdravotní úřad *m*; **~dienst** *m* zdravotnická (*od.* zdravotní) služba; **~fürsorge** *f* zdravotní péče; ♀**halber** ze zdravotních důvodů; **~pflege** *f* péče o zdraví; ♀**schädlich** zdraví škodlivý; **~wesen** *n* zdravotnictví *n*; **~zustand** *m* zdravotní stav.
Ge|'sundung *f s. Genesung*; *fig.* ozdravění *n*; ♀**'sungen** *s. singen*; ♀**'sunken** potopený; *s. a. sinken*; ♀**'tan** *s. tun*; ♀**'tarnt** maskovaný, kamuflovaný; *s. tarnen*; ♀**'tauft** (po)křtěný; *s. taufen*; **~'töse** *n* hlomoz *m*, hřmot *m*; ♀**'tragen** *Kleider*: obnošený; **~'trampel** *n* dupot *m*, dusot *m*.
Ge'tränk *n* nápoj *m*; *geistige ~e* alkoholické nápoje *m/pl.*, lihoviny *f/pl.*; **~e·steuer** *f* nápojová daň.
ge'trauen: *sich ~* odvažovat [-vážit] se.

Ge'treide *n* obilí; **~abgabe** *f* odvádění *n* obilí; **~anbaufläche** *f* obilní osevní plocha; **~art** *f* druh *m* obilí, obilnina; **~bau** *m* obilnářství *n*; **~brand** *m* obilní sněť *f*; **~feld** *n* obilné pole; **~mähmaschine** *f* obilní žací stroj *m*; **~rüßler** *m Zo.* pilous obilní; **~speicher** *m* obilní skladiště *n*, sýpka *f*.

ge'trennt oddělený, odloučený; *~ leben Jur.* žít v rozluce.

ge'treu(lich) věrný; *vgl. treu.*

Ge'triebe *n* soukolí, (ozubený) převod; (*Schalt*~) převodovka *f*; *fig.* ruch *m*, shon *m*; **~kasten** *m* skříň *f* převodovky; převodovka *f*; **~n** *s. treiben*; **~öl** *n* převodový olej.

ge|'troffen (*von D*) zasažený (-žen) (*I*); *s. a. treffen, triefen*; **~'trogen** *s. trügen*; **~'trost** klidně; **~'trunken** *s. trinken*; **~'tue** *n* okázalé chování; **~'tümmel** *n* dav *m*, shon *m*, vřava *f*; **~'übt** dovedný.

Ge'vatter *m* kmotr; **~in** *f* kmotra; **~schaft** *f* kmotrovství *n*.

Ge'viert *n* čtverec *m*; *Typ.* čtverčík *m*.

Ge'wächs *n* rostlina *f*; *Med.* nádor *m*; **~haus** *n* skleník *m*.

ge|'wachsen (u)rostlý; *~ sein (D)* stačit na (*A*); *vgl. a. wachsen*; **~'wagt** odvážný; **~'wählt** vybraný (*a. fig.*); **~'wahr:** *~ werden (A od. G)* [z]pozorovat.

Ge'währ *f* jistota, záruka; *~ leisten* zaručit [-čovat]; *ohne ~* bez záruky; **~en** poskytovat [-tnout]; *j-n ~ lassen* ponech(áv)at k-u volnost; **~leisten** zaručovat [-čit].

Ge'wahrsam[1] *m* (*Obhut*) opatrování *n*.

Ge'wahrsam[2] *n* (*Gefängnis*) vězení; *j-n in ~ nehmen* vzít do vazby.

Ge'währ|s·mann *m* hodnověrná osoba, hodnověrný zpravodaj; **~ung** *f* (*Hilfe*) poskytnutí *n*; (*Bitte*) splnění *n*.

Ge'walt *f* násilí *n*; (*Kraft*) síla; *~- in Zssgn* násilný, násilnický; *höhere ~* vyšší moc; *~ antun (D)* znásilňovat [-lnit] (*A*); *~ haben über (A)* mít moc nad (*I*); *in s-r ~ haben* mít ve své moci; *sich in der ~ haben* ovládat [-dnout] se; *mit ~* násilím, násilně; *mit aller ~* vší silou; **~herrschaft** *f* násilnická vláda; **~herrscher** *m* despota, tyran; **~ig** (*riesenhaft*) ohromný; (*mächtig*) mocný; *sich ~ irren* mýlit se pořádně; **~maßnahme** *f* násilné opatření; **~mensch** *m* násilník, surovec; **~sam** násilný; **~tat** *f* násilný čin; **~tätig** násilnický; **~tätigkeit** *f* násilnictví *n*.

Ge'wand *n* oděv *m*, šaty *m/pl.*

ge'wandt obratný; **~heit** *f* obratnost.

ge'wann *s. gewinnen.*

ge'wärtig: *~ sein (G)* = *et.* **~en** očekávat (*A*).

Ge'wäsch F *n s. Geschwätz.*

ge'waschen umytý; *Wäsche usw.* vypraný; *s. a. waschen.*

Ge'wässer *n* vodstvo.

Ge'webe *n* tkanina *f*; *Anat.* tkáň *f*; *fig.* tkanivo.

ge'weckt čilý, čiperný; *s. wecken.*

Ge'wehr *n* puška *f*, ručnice *f*; **~kolben** *m* hlaviště *n* pušky; **~lauf** *m* hlaveň *f*.

Ge'weih *n* parohy *m/pl.*

ge'weiht svěcený; *s. weihen.*

ge'wellt zvlněný.

Ge'werbe *n* živnost *f*; (*Handwerk*) řemeslo; (*Beruf*) zaměstnání; *ein ~ (be)treiben* provozovat živnost; **~freiheit** *f* živnostenská volnost; **~schein** *m* živnostenské povolení; **~schule** *f* průmyslová škola; **~steuer** *f* živnostenská daň; **~treibende(r)** živnostník.

ge'werb|lich, ~s·mäßig živnostenský; *Adv.* po živnostensku.

Ge'werkschaft *f* odborová organizace, odbory *m/pl.*; **~ler** *m* odborář; **~lich** odborářský; **~s·bewegung** *f* odborové hnutí; **~s·bund** *m* odborový svaz.

ge'wesen *s. sein*; (*ehemalig*) bývalý.

ge'wichen *s. weichen.*

Ge'wicht *n* váha *f*; (*zum Wiegen*) závaží; (*Wichtigkeit*) důležitost *f*; *fig. ~ legen auf (A)* přikládat váhu (*D*); *ins ~ fallen* padat [padnout] na váhu; **~heben** *n Sp.* vzpírání; **~heber** *m* vzpěrač; **~ig** závažný, důležitý; **~s·abnahme** *f* úbytek *m* na váze; **~s·angabe** *f* udání *n* váhy; **~s·klasse** *f* váhová třída; **~s·verlust** *m* ztráta *f* na váze; **~s·zunahme** *f* přibytek *m* na váze, přírůstek *m* váhy.

ge'wieft F chytrácký.

ge'wiegt zběhlý, zkušený.

Ge'wieher *n* řehtání, řehot *m*.

ge'wiesen *s. weisen.*

ge'willt: ~ *sein* zamýšlet [-myslit], hodlat.
Ge'wimmel *n* hemžení.
Ge'winde *n* (*Schrauben*≈) závit *m*; (*Blumen*) věncoví; **~bohrer** *m* závitník; **~fräsmaschine** *f* frézka na závity; **~gang** *m* otočka *f* (*od.* chod) závitu; **~schneidmaschine** *f* závitovka; **~schneidmutter** *f* závitové očko.
Ge'winn *m* zisk; (*Treffer*) výhra *f*; (*Nutzen*) prospěch; **~anteil** *m* podíl na zisku; **~beteiligung** *f* podíl dělníků na zisku; **≈bringend** výnosný; **≈en** *v/t* získ(áv)at; (*bekommen*) nabý(va)t (*G*); (*im Spiel, Wette*) vyhrá(va)t; *Bgb.* dobý(va)t, těžit; ~ *an* (*D*) et. nabý(va)t č-o; *Sprw. wie gewonnen, so zerronnen* jak nabyl, tak pozbyl; **≈end** *fig.* milý, příjemný; **~er(in** *f*) *m* výherce (-rkyně); **~spanne** *f* ziskové rozpětí; **~sucht** *f* ziskuchtivost; **≈süchtig** ziskuchtivý; **~ung** *f* získávání *n*; *Bgb.* těžba, těžení *n*; **~verteilung** *f* rozdělení *n* zisku.
Ge'winsel *n* kňučení.
Ge'wirr *n* spleť *f*, motanice *f*.
ge'wiß *Adj.* jistý; *Adv.* jistě, zajisté; *ein gewisser Herr* jakýsi pán; ~ *sein, daß* ... být (si) jist, že ...
Ge'wissen *n* svědomí; **≈haft** svědomitý; **~haftigkeit** *f* svědomitost; **≈los** nesvědomitý; **~losigkeit** *f* nesvědomitost.
Ge'wissens|bisse *m/pl.* výčitky *f/pl.* svědomí; **~frage** *f* otázka svědomí; **~freiheit** *f* svoboda svědomí; **~konflikt** *m*, **~not** *f* spor *m* svědomí, duševní konflikt *m*; **~zwang** *m* mravní nátlak *m*.
ge'wisser'maßen jaksi, poněkud.
Ge'wißheit *f* jistota; *die* ~ *haben* bezpečně vědět; *sich* ~ *verschaffen* přesvědčit [-čovat] se.
Ge'witter *n* bouřka *f*; **~neigung** *f* náchylnost k bouřkám; **~schauer** *m* přeháňková bouřka; **~sturm** *m* bouře *f*, vichřice *f*; **~wolke** *f* bouřkový mrak.
ge|'wittrig bouřlivý; **~'witzigt** zmoudřelý (*durch Schaden* škodou); **~'witzt** *s. schlau.*
ge'wogen *s. wiegen*; (*zugetan*) nakloněný k-u; **≈heit** *f* náklonnost.
ge'wöhnen *v/t* (*an A*) na-, při-vykat [-knout] (*D*, na *A*, k *D*), [na]učit (*D*); *sich* ~ *an* (*A*) na-, z-vykat [-knout] (si) (*D*, *A*); *ich bin daran gewöhnt* jsem tomu zvyklý.
Ge'wohnheit *f* zvyk *m*, návyk *m*; (*Brauch*) obyčej *m*; **≈s·mäßig** ze zvyku; *Raucher, Spieler usw.*: náruživý; **~s·mensch** *m* otrok svých zvyků; **~s·recht** *n* zvykové právo; **~s·verbrecher** *m* zločinec ze zvyku.
ge|'wöhnlich obyčejný, obvyklý; (*ordinär*) sprostý; **~wohnt** obvyklý; (*A*) na-, z-vyklý (*D*); **~wöhnt** (*an A*) zvyklý (*D*); **≈wöhnung** *f* navyknutí *n*; **≈'wölbe** *n* klenutí, klenba *f*; **~wölbt** klenutý; **~'wonnen** *s. gewinnen*; vyhraný; **~'worben** *s. werben*; **~'worden** *s. werden*; **~'worfen** *s. werfen*; **~'wunden** vinutý; *fig. Rede*: strojený; *s. a. winden*; **≈wühl** *n* tlačenice *f*; **~'würfelt** kostkovaný, čtverečkovaný.
Ge'würz *n* koření, **~gurke** *f* kořeněná okurka; **~nelke** *f* hřebíček *m*; **≈t** kořeněný.
ge'wußt *s. wissen.*
gez. *Abk. für gezeichnet.*
ge'zackt, ge'zahnt ozubený, zubatý.
Ge'zänk *n* hádání, hašteření.
ge'zeichnet nakreslený; (*gekennzeichnet*) značkovaný; (*unterschrieben*) podepsaný.
Ge'zeiten *pl.* příliv *m* a odliv *m*; **~kraftwerk** *n* přílivová elektrárna.
Ge'zeter *n* nářek *m*, naříkání, bědování.
ge'ziemen: *sich* ~ slušet (se), náležet; **~d** slušný, náležitý.
ge'ziert strojený; **≈heit** *f* strojenost.
ge'zogen *s. ziehen.*
Ge'zwitscher *n* švitoření.
ge'zwungen nucený; **~er'maßen** z donucení; **≈heit** *f* nucenost.
gib, gib(s)t *s. geben.*
Gicht[1] *f Med.* dna, pakostnice.
Gicht[2] *f Tech.* sazebna; (*Beschikkungsmenge*) vsázka; **~gas** *n* vysokopecní plyn *m*.
gicht|isch *Med.* dnavý; **~krank** nemocný dnou.
Giebel *m* lomenice *f*, štít; **~fenster** *n* okno ve štítě; **~wand** *f* štítová zeď *od.* stěna; **~zimmer** *n* štítový pokoj.
Gier *f* žádostivost; **≈ig** žádostiv(ý) (*nach* et. č-o).
Gieß|bach *m* bystřina *f*, horský potok; **≈en** *v/t* lít, nalévat [-lít]; *Pflanzen*: zalévat [-lít]; *Tech. a.* slévat [slít]; *v/i* lít se; *es gießt in Strömen* prší, jen se leje; **~er** *m*

slévač; **~e'rei** *f* slévárna; (*Tätigkeit*) slévárenství *n*; **~form** *f* licí forma; **~kanne** *f* kropicí konev, kropička.
Gift *n* jed *m*; **~drüse** *f* jedová žláza; **~gas** *n* jedovatý plyn; **2ig** jedovatý; **~igkeit** *f* jedovatost; **~mischer(in** *f*) *m* travič(ka); **~mittel** *n* otravný prostředek; **~mord** *m* vražda *f* jedem; **~pflanze** *f* jedovatá rostlina; **~schlange** *f* jedovatý had; **~zahn** *m* jedovatý zub.
Gi'gant *m* gigant, velikán; **2isch** gigantský, obrovský.
Gilde *f Hist.* gilda; (*Innung*) cech *m*, společenstvo *n*.
gilt *s. gelten.*
Gimpel *m Zo.* hejl, hýl.
Gin *m* džin, jalovcová *f*.
ging *s. gehen.*
Ginster *m Bot.* kručinka *f*.
Gipfel *m* vrchol(ek) (*a. fig.*); **~höhe** *f Flgw.* dostup *m*; **~konferenz** *f* konference na nejvyšší úrovni.
gipfeln [vy]vrcholit.
Gips *m* sádra *f*; **~abdruck** *m* sádrový otisk; **~verband** *m Med.* sádrový obvaz.
gipsen [za]sádrovat.
Gi'raffe *f* žirafa.
gi'rieren *Hdl.* převádět [-vést] rubopisem, žirovat (*im*)*pf*.
Gir'lande *f* girlanda.
Giro *n Hdl.* rubopis *m*, žiro; **~bank** *f* žirová banka; **~konto** *n* žirový účet *m*; **~verkehr** *m* žirový obchod.
girren [za]vrkat; *fig.* cukrovat (se).
Gischt *m* pěna *f*.
Gi'tarre *f* kytara; **~(n)spieler(in** *f*) *m* kytarista (-tka).
Gitter *n* mříž *f*; **~fenster** *n* zamřížované okno; **2förmig** mřížovitý; **~mast** *m* mřížový stožár; **~werk** *n* mřížovina *f*.
Glacéhandschuh *m* hlazená rukavice, glazé *n*.
Gladi'ole *f Bot.* mečík *m*, gladiola.
Glanz *m* lesk (*a. fig.*); **~-** *in Zssgn* lesklý.
glänzen *v/i* [za]lesknout, [za]třpytit; *v/t* [vy]leštit; **~d** lesklý; *fig.* skvělý.
Glanz|leder *n* lakovaná kůže *f*; **~leistung** *f* skvělý výkon; **2los** bez lesku, nelesklý; **~nummer** *f* skvělé (*od.* vrcholné) číslo; **~papier** *n* lesklý papír; **~punkt** *m fig.* vrchol, rozkvět; **~stück** *n* zlatý hřeb; *s. Glanznummer, Glanzleistung*; **2voll** skvělý; **~zeit** *f* skvělá doba.
Glas *n* sklo; (*Trink2*) sklenice *f*; *Dim.* sklen(ič)ka *f*; *Gläser pl.* brýle *f/pl.*; *s. a. Fern-, Operngias*; **~-** *in Zssgn* skleněný, skelný; F *zu tief ins ~ sehen* [po]dívat se sklenici na dno; **2artig** sklovitý; **~bläser** *m* foukač skla.
Gläs·chen *n* sklen(ič)ka *f*; *vgl. Glas.*
glas|en *s. verglasen*; **2er** *m* sklenář; **~e'rei** *f* sklenářství *n*.
Gläser *s. Glas*; **2n** skleněný, skelný.
Glas|fabrik *f* sklárna; **~faser** *f* skleněné vlákno; **~glocke** *f* skleněný poklop *od.* zvon; **2hart** tvrdý jako sklo; **~haus** *n* skleník *m*; **~hütte** *f* sklářská huť.
gla'sieren glazovat (*im*)*pf.*, † glazurovat (*im*)*pf.*, opatřovat [-řit] glazurou *od.* polevou.
glas|ig sklovitý; *Augen*: skelný; *Kartoffeln*: lojovitý; **2industrie** *f* sklářský průmysl; **2körper** *m Med.* sklivec (v oku); **2male'rei** *f* malba na skle; **~masse** *f* sklovina; **~papier** *n* skelný papír; **2perle** *f* skleněná perla; **2scheibe** *f* skleněná tabule; **2scherbe** *f* střepina; **2schleifer** *m* brusič *m* skla; **2schrank** *m* zasklená skříň; skleník; **2splitter** *m* skelná střepina, úlomek skla; **2tür** *f* zasklené dveře *f/pl.*
Gla'sur *f* glazura, poleva.
Glas|watte *f* skleněná vata; **~ware** *f* skleněné zboží; **~wolle** *f* skelná vlna.
glatt *Adj.* hladký (*a. fig.*); *Adv.* hladce; (*ohne weiteres*) naprosto, docela.
Glätte *f* hladkost, kluzkost; *Chem.* klejt *m*.
Glatt·eis *n* náledí; *fig. aufs ~ führen* vést, vodit (*Iter.*) na led.
glätten [u]hladit; *sich ~* uklidňovat [-dnit] se.
glatt|rasiert hladce oholený; **~weg** bez obalu.
Glatz|e *f* pleš, lysina; **~kopf** F *m* plešatec; **2köpfig** plešatý.
Glaube *m*, **~n** *m* víra *f* (*an A* v *A*); (*Vertrauen*) důvěra *f*; *j-m ~n schenken* [u]věřit k-u; *auf Treu und ~n* s (plnou) důvěrou; *in gutem ~n* v plné víře.
glauben (*A od. an A*) [u]věřit (*D od.* v *A*); (*denken, annehmen*) myslit [-lívat], domnívat se; *fig.* F *d(a)ran ~ müssen* neucházet [-ujít] svému

osudu; *j-m ~ machen, daß* ... chtít namluvit k-u, že ...

Glaubens|bekenntnis *n* vyznání *n* (víry); **~eifer** *m* horlivost *f* víry; **~freiheit** *f* náboženská svoboda; **~genosse** *m* souvěrec; **~lehre** *f* věrouka; **~satz** *m* článek víry.

glaubhaft hodnověrný.

gläubig věřící; **≗e(r)** *m/f* věřící *m/f*; **≗er(in** *f*) *m Hdl.* věřitel(ka); **≗keit** *f* nábožnost.

glaubwürdig hodnověrný; **≗keit** *f* hodnověrnost.

gleich *Adj.* stejný, rovný; *Adv.* stejně; (*sofort*) ihned; *Math. ist ~* je, jsou; *das ist mir ganz ~* to je mi zcela jedno; *am ~en Tage* téhož dne; *in ~er Weise* stejně; *mit ~er Münze heimzahlen* splácet [splatit] stejnou mincí; *zu ~er Zeit* v stejnou dobu.

gleich|altrig stejného věku; **~artig** stejnorodý; *s. gleich*; **~bedeutend** souznačný; **~berechtigt** rovnoprávný; **≗berechtigung** *f* rovnoprávnost; **~bleibend** stálý, konstantní; **~en** rovnat se; *er gleicht ganz s-m Vater* podobá se svému otci; **'~er'maßen, '~er'weise** stejně; **~falls** rovněž, taktéž; **~förmig** (*gleich*) stejný, stejnotvárný; (*eintönig*) jednotvárný; **~gesinnt** stejně smýšlející; **~gestellt** stejně postavený, rovný (*j-m* s kým); **≗gewicht** *n* rovnováha *f*; **~gültig** lhostejný; **≗gültigkeit** *f* lhostejnost; **≗heit** *f* stejnost, rovnost; **≗heitszeichen** *n* rovnítko; **≗klang** *m Mus.* souzvuk; **~kommen** vyrovn(áv)at se (*j-m* s kým); **~laufend** rovnoběžný; *Tech.* souběžný; **~lautend** souhlasný; **~machen** vyrovn(áv)at; *dem Erdboden ~* srovn(áv)at se zemí; **≗mache'rei** *f* rovnostářství *n*; **~mäßig** stejnoměrný, rovnoměrný; *Adv.* stejně; **≗mäßigkeit** *f* stejnoměrnost; **≗mut** *m* klidná mysl, duševní klid; **~mütig** klidný; **~namig** stejnojmenný; *Math.* se stejným zlomkem; **≗nis** *n* podobenství; **~richter** *m El.* usměrňovač; **~sam** jako, takřka; **~schalten** usměrňovat [-rnit]; **≗schaltung** *f Pol.* usměrnění *n*, sjednocení *n*; **~schenk(e)lig** *Math.* rovnoramenný; **≗schritt** *m* stejný krok; **~seitig** rovnostranný; **~stellen** stavět [postavit] na roveň (*mit et.* č-u); **≗strom** *m* stejnoměrný proud; **~tun** vyrovn(áv)at se (*j-m* s kým); **≗ung** *f Math.* rovnice; **'~'viel** to je jedno; **~wertig** rovnocenný; **≗wertigkeit** *f* rovnocennost; **~'wie** jako(ž); **~wink(e)lig** *Math.* rovnoúhlý; **'~'wohl** nicméně, přece; **~zeitig** současný; **≗zeitigkeit** *f* současnost.

Gleis *n s. Geleise*; **~abschnitt** *m* kolejový úsek; **~kettenfahrzeug** *n* pásové vozidlo.

Gleit|bahn *f* skluzná dráha, kluz *m*; **~boot** *n* (vodní) kluzák *m*; **≗en** klouzat [-znout]; **~fläche** *f* kluzná plocha; **~flug** *m* klouzavý let; **~flugzeug** *n* kluzák *m*, větroň *m*.

Gletscher *m* ledovec.

glich(en) *s. gleichen.*

Glied *n* úd *m*; (*Ketten≗*) článek *m*; *Math.* člen *m*; (*Penis*) pohlavní úd, pyj; *s. a. Mitglied*; *in Reih und ~* v šiku, v řadě.

glieder|n [roz]členit; **≗puppe** *f* pohyblivá loutka; **≗reißen** *n*, **≗schmerz** *m* lámání *n* v údech; **≗ung** *f* (roz)členění *n*.

Gliedmaßen *pl.* údy *m/pl.*, končetiny *f/pl.*

glimmen [za]doutnat.

Glimmer *m Min.* slída *f*.

glimpflich *Adj.* mírný; *Adv.* šetrně, bez větší škody.

glitsch|(e)rig *s. schlüpfrig*; **~ig** *Brot*: špatně vypečený, brouskovitý.

glitt(en) *s. gleiten.*

glitzern [za]třpytit se; **≗** *n* třpyt *m*, [lesk *m*.]

Globus *m* glóbus.

Glöckchen *n* zvon(eč)ek *m*.

Glocke *f* zvon *m*; *Chem.* klobouček *m*; *et. an die große ~ hängen* vyzvánět [-zvonit] co.

Glocken|blume *f* zvonek *m*; **≗förmig** zvon(k)ovitý; **~geläut** *n* zvonění; **~gießer** *m* zvonař; **≗hell** jasný jako zvon; **~schlag** *m* úder zvonu; *mit dem ~ „drei"* rázem třetí hodiny; **~spiel** *n* zvonková hra; **~turm** *m* zvonice *f*.

Glöckner *m* zvoník; (*Küster*) kostelník.

glomm *s. glimmen.*

Glorie *f* sláva; **~n·schein** *m* svatozář *f*.

glorreich slavný.

Glosse *f* glosa; F *s-e ~n machen* [u]dělat své poznámky.

Glotz|auge *n* vyvalené oko; **≗äugig** s vyvalenýma očima, okatý; **≗en** vyvalovat [-lit] oči.

Glück *n* štěstí; ~ *wünschen* blahopřát (*j-m zu et.* k-u k č-u); *auf gut* ~ nazdařbůh; *zum* ~ na štěstí; ~ **auf!** zdařbůh!; ≗**bringend** přinášející štěstí, šťastný.

Gluck|e *f*, ~**henne** *f* kvočna; ≗**en** [za]kvokat.

glücken [z]dařit se, poštěstit se *pf.*

glücklich šťastný (-ten); ~**er'weise** na štěstí, šťastně.

glückselig blažený; ≗**keit** *f* blaženost.

glucksen škytat [-tnout].

Glücks|fall *m* šťastná náhoda; ~**göttin** *f* Štěstěna; ~**kind** *n* miláček *m* Štěstěny; ~**pfennig** *m* peníz pro štěstí; ~**pilz** F *m* šťastlivec; ~**ritter** *m* dobrodruh; ~**sache** *f* věc štěstí; ~**spiel** *n* hazardní hra *f*; ~**stern** *m* dobrá hvězda.

glück|strahlend zářící (štěstím); ~**verheißend** slibující štěstí; ≗**wunsch** *m* blahopřání *n*; ~- *in Zssgn* blahopřejný.

Glüh|birne *f s. Glühlampe*; ≗**en** *v/t* [roz]žhavit; *v/i* [ze]žehnout, být žhavý; *fig.* [vz]planout (*vor D/I*); ~*d* žhavý, žhoucí (*a. fig.*); ~**lampe** *f* žárovka; ~**ofen** *m* žíhací pec *f*; ~**wein** *m* horké víno; ~**würmchen** *n Zo.* světluška *f*.

Glut *f* žár *m* (*a. fig.*); (*glühende Kohle*) řeřavé uhlí.

Glyze'rin *n* glycerin *m*.

GmbH *Abk. für Gesellschaft mit beschränkter Haftung.*

Gnade *f* milost; *ohne* ~ bez milosti; *auf* ~ *und Ungnade* na milost a nemilost.

Gnaden|akt *m* udělení *n* milosti; ~**bild** *n* zázračný obraz; ~**brot** *n* chléb *m* z milosti; ~**frist** *f* poslední lhůta; ~**gesuch** *n* žádost *f* o milost; ~**stoß** *m* dobití *n*, doražení *n*.

gnädig milostivý; *Gott sei uns* ~! bůh budiž nám milostiv!

Gneis *m Geol.* rula *f*.

Gnom *m* (podzemní) skřítek, trpaslík.

Gnu *n Zo.* pakůň *m*, gnu *m*.

Gobelin [-'lɛ̃] *m* gobelín.

Gold *n* zlato; ~- *in Zssgn oft* zlatý; ~**ader** *f* zlatá žíla; ~**ammer** *f Zo.* strnad *m* obecný; ~**barren** *m* prut zlata; ~**bestand** *m* zásoba *f* zlata; ≗**en** zlatý; ~**fisch** *m* zlatá rybka; ~**füllung** *f* zlatá plomba; ~**gehalt** *m* obsah zlata; ≗**gelb** zlatový, zlatožlutý; ~**gräber** *m* zlatokop; ~**grube** *f* zlatý důl; ~**hähnchen** *n Zo.* králíček *m*, zlatohlávek *m*; ≗**haltig** obsahující zlato, zlatonosný; ~**hamster** *m* křeček zlatý.

goldig zlatý; *fig.* (rozto)milý.

Gold|klumpen *m* hrouda *f* zlata; ~**lack** *m Bot.* žlutá fiala; ~**medaille** *f* zlatá medaile; ~**regen** *m Bot.* čilimník; ~**schmied** *m* zlatník; ~**schnitt** *m* zlatá ořízka; ~**stickerei** *f* vyšívání *n* zlatem; ~**stück** *n* zlatý (peníz); ~**waage** *f* zlatnické vážky *f/pl.*; *auf die* ~ *legen* odvažovat [-vážit] co na (zlatých) vážkách; ~**währung** *f* zlatá měna; ~**waren** *f/pl.* zlat(nick)é zboží.

Golf *m* golf; ~**(spiel)** *n* golf *m*; ~**platz** *m* golfové hřiště; ~**strom** *m Geogr.* Golfský proud.

Gondel *f* gondola (*a. Flgw.*).

gönn|en dopřá(va)t (*j-m et.* k-u č-o *od.* co); ≗**er**(**in** *f*) *m* příznivec (-vkyně); ~**erhaft** blahosklonný; ≗**erschaft** *f* přízeň, protekce; (*alle Gönner*) příznivci *m/pl.*

Göpel *m Tech.* žentour.

gor *s. gären.*

Gör *n*, ~**e** *f* nezbedník (-nice *f*) *m*; ~*en* F *pl.* děti *n/pl.*

Go'rilla *m* gorila *f*.

goß *s. gießen.*

Gosse *f* stoka, strouha; *fig.* bahno *n*.

Got|e *m* Got; ~**ik** *f* gotika; ≗**isch** gotický.

Gott *m* bůh; *Rel.* Bůh; *s. Herrgott*; *Mutter* ~*es* Matka *f* boží; *in* ~*es Namen!* pro mne!; ~ *sei Dank!* díky bohu, bohudík; *um* ~*es willen!* proboha!; *leider* ~*es* bohužel; *der Mensch denkt,* ~ *lenkt* člověk míní, Pán Bůh mění; ≗*bewahre!* chraň (*od.* uchovej) bůh; ≗**ergeben** oddaný do vůle boží.

Gottes|dienst *m* bohoslužby *f/pl.*; ~**furcht** *f* bohabojnost, bázeň boží; ≗**fürchtig** bohabojný; ~**gabe** *f* boží dar *m*; ~**gericht** *n* boží soud *m*; ~**haus** *n* chrám *m* Páně; ~**lästerung** *f* rouhání *n*; ~**mutter** *f* Matka boží.

gottgefällig bohumilý.

Gottheit *f* božství *n*; Bůh *m*.

Gött|in *f* bohyně; ≗**lich** božský; ~**lichkeit** *f* božství *n*.

gott|'lob chválabohu; ~**los** bezbožný; ≗**lose(r)** *m/f* bezbožník (-nice *f*) *m*; ≗**losigkeit** *f* bezbožnost; ≗**sei'bei·uns** *m* ďábel; ~**ver-**

lassen bohem opuštěný; F *fig.* zpustlý; **~voll** F božský, skvělý.
Götze *m*, **~n·bild** *n* modla *f*; **~n-dienst** *m* modlářství *n*; **~n·tempel** *m* modlářský chrám.
Gouver|'nante *f* vychovatelka, guvernantka; **~ne'ment** *n* státní správa *f*; správní obvod *m*; **~'neur** *m* guvernér, místodržitel.
Gr. *Abk. für Grad*; *Groß.*
Grab *n* hrob *m*; *bis zum ~e* až do hrobu; *zu ~e tragen* pocho(vá)vat; **~denkmal** *n s. Grabmal.*
graben kopat, rýt.
Graben *m* příkop; *Mil.* zákop; **~-krieg** *m* poziční (*od.* zákopová) válka.
Gräberfeld *n* pohřebiště.
Grabes|stille *f* hrobové ticho; **~-stimme** *f* hrobový hlas.
Grab|gewölbe *n* hrobka *f*; **~hügel** *m* hrob; *Poet.* rov; **~inschrift** *f* náhrobní nápis *m*; **~legung** *f* pohřbení *n*; **~mal** *n* náhrobek *m*; **~rede** *f* pohřební řeč; **~stätte** *f* pohřebiště *n*, hrob *m*; **~stein** *m* pohřební kámen; **~stichel** *m* rycí jehla *f*, rydlo *n*.
Grad *m* stupeň; *Mil.* hodnost *f*; *in hohem ~e* vysokou měrou; **~-einteilung** *f* rozdělení *n* na stupně; **~messer** *m fig.* (*Maßstab*) měřítko *n*, kritérium *n*; **≗u'iert** graduovaný.
Graf *m* hrabě *m*.
Gräfin *f* hraběnka.
Grafschaft *f* hrabství *n*.
Gram *m* hoře *n*, žal.
gram: *j-m ~ sein* (*werden*) hněv(á-v)at se na (*A*).
grämen: *sich ~ über* (*A*) [za]rmoutit se pro (*A*); *sich zu Tode ~* usoužit se *pf.* (über *A* pro *A*).
Gramm *n* gram *m*.
Gram'ma|tik *f* mluvnice, gramatika; **≗ti('kali)sch** mluvnický, gramatický; **~tiker** *m* gramatik.
Grammo'phon *n* gramofon *m*; **~-nadel** *f* gramofonová jehla; **~platte** *f* gramofonová deska.
Gra'nat *m Min.* granát *m*; **~apfel** (**-baum**) *m* granátové jablko; **~e** *f Mil.* granát *m*; **~splitter** *m* granátová střepina; **~werfer** *m* granátomet.
grandi'os mohutný, grandiosní.
Gra'nit *m* žula *f*; *~- in Zssgn* žulový.
Granne *f Bot.* osina.

Grapefruit *f* grapefruit *m*, F gre(j)p *m*.
Graph|ik *f* grafika; **~iker** *m* grafik; **≗isch** grafický.
Gra'phit *m* tuha *f*, grafit; *~- in Zssgn* grafitový.
Grapho'lo|ge *m* grafolog; **~'gie** *f* grafologie.
Gras *n* tráva *f*; *~- in Zssgn* travnatý; F *das ~ wachsen hören* slyšet trávu růst.
gras|artig trávovitý; **~en** *v/i* pást se; **≗fläche** *f* trávník *m*; **~fressend** býložravý; **≗futter** *n* zelená píce; **~grün** zelený jako tráva; **≗halm** *m* travní stéblo *n*; **≗hupfer** F *m* kobylka *f*, koníček; **≗land** *n* lučina *f*, travnatá půda *f*; **≗mäher** *m* travní žací stroj; **≗mücke** *f Zo.* pěnice; **≗narbe** *f* drn *m*; **≗platz** *m* trávník.
gras'sieren [za]řádit, [za]zuřit.
gräßlich (*entsetzlich*) děsný, hrozný; (*scheußlich*) hnusný; F strašný; **≗-keit** *f* hnusnost.
Grassteppe *f* travnatá step.
Grat *m* (*scharfe Kante*) ostrá hrana; *Tech.* výronek, otřep; (*Dach≗, Berg-≗*) hřeben.
Gräte *f* rybí kůstka.
Gratifikati'on *f s. Vergütung.*
gratis zdarma; **≗exemplar** *n* volný výtisk.
Grätsch|e *f Sp.* roznožka; **≗en** *v/i* roznožovat [-žit]; *v/t* skákat [skočit] rozkročmo; **~stellung** *f* stoj *m* roznožmo.
Gratu|'lant(in *f*) *m* gratulant(ka *f*) *m*; **~lati'on** *f* blahopřání *n*, gratulace; *~s- in Zssgn* blahopřejný, gratulační; **≗'lieren:** *j-m ~ zu* blahopřát, [po]gratulovat k-u k č-u.
grau šed(iv)ý (*a. fig.*); (*öde, trostlos a.*) všední; *~e Haare* šediny *f/pl.*, šedé vlasy *m/pl.*; *Med. ~er Star* šedý zákal; *~ werden* [ze]šedivět; *in ~er Vorzeit* v šerém dávnověku.
Grau *n* šeď *f*, šedivost *f*; **~bart** *m* šedobradec; **~brot** *n* tmavý chléb.
grauen[1] šedivět, šednout; *der Morgen graut* rozednívá se, šeří se.
grauen[2]**:** *mir graut davor* hrozím se toho; *sich ~ vor* [z]hrozit se (*G*).
Grauen *n* hrůza *f*; **≗erregend, ≗-haft, ≗voll** budící hrůzu, hrozny, hrůzyplný.
Grau|guß *m Tech.* odlitky *m/pl.* ze šedé litiny; **≗haarig** šedovlasý, šedivý.

gräulich našedivělý.

graupe|ln: *es graupelt* padají kroupy; **2n** *f/pl.* (ječné) kroupy *f/pl.*, krupky *f/pl.*; (*Brei*) kaše *f*.

grausam ukrutný; **2keit** *f* ukrutnost.

graus|en: *mir graust* obchází mě hrůza, hrozím se; **~ig** hrozný, děsný.

Gra'veur *m* rytec.

gra'vieren [vy]rýt; **~d** *fig.* přitěžující.

Gravitati'on *f Phys.* přitažlivost, gravitace; **~s·feld** *n* gravitační pole *n*; **~s·kraft** *f* gravitační síla.

gravi'tätisch vážný, důstojný.

Grazie *f* půvab *m*, grácie.

grazi'ös půvabný.

Greif *m* (*Fabeltier*) noh.

greif|bar uchopitelný, dosažitelný; (*bereit*) pohotový; (*offenbar*) zřejmý; *in ~er Nähe* na dosah (ruky); **~en** *v/t* (*fassen*) chytat [chytit]; *v/i* (*langen*) sahat [sáhnout] (*in* et. do č-o; *nach* et. po čem); *fig. aus der Luft ~* vymýšlet [-myslit] si co; *man kann es mit Händen ~* to je zřejmé; *j-m ans Herz ~* svírat [sevřít] k-u srdce; *um sich ~* [roz-]šířit se; *j-m unter die Arme ~* pomáhat [-moci] k-u; *zur Feder ~* chápat [chopit] se pera; **2er** *m Tech.* drapák; zachycovač.

Greis *m* stařec.

greis stařičký.

Greisen·alter *n* staroba *f*, kmetství.

Greisin *f* stařena.

grell *Licht*: zářivý; *Farbe*: křiklavý; *Ton*: pronikavý.

Gremium *n* grémium, společenstvo.

Grena'dier *m* granátník; (*Infanterist*) pěší voják.

Grenz|bahnhof *m* pohraniční nádraží *n*; **~bewohner** *m* hraničář.

Grenze *f* hranice; (*Feld2*) mez; *~n ziehen* vytyčovat [-čit] hranice; **2n** (*an A*) hraničit (s *I*); **2nlos** bez mezí, neomezený; **~r** *m* pohraničník; *s. a. Grenzbewohner.*

Grenz|fall *m* krajní případ; **~gänger** *m* pracující *m* za hranicemi; **~gebiet** *n*, **~land** *n* pohraniční území, pohraničí; **~linie** *f* hraniční čára; **~ort** *m* pohraniční místo *n*; **~pfahl** *m* hraniční kůl; **~schutz** *m* ochrana *f* hranic; (*Truppe*) pohraniční stráž *f*; **~sperre** *f* uzavření *n* hranic; **~station** *f* pohraniční stanice; **~stein** *m* mezník; **~streifen** *m* pohraniční pásmo *n*; **~übergang** *m* hraniční přechod; **~verkehr** *m* pohraniční styk; **~verletzung** *f* porušení *n* hranic; **~wächter** *m* pohraniční strážník; **~wert** *m* mezní hodnota *f*; **~zwischenfall** *m* pohraniční incident.

Greuel *m* hrůza *f*; hanebnost *f*, ohavnost *f*; *... ist mir ein ~ ...* se mi hnusí *od.* protiví; **~propaganda** *f* štvavá propaganda; **~tat** *f* nelidský čin, zvěrstvo *n*.

greulich *s. grauenvoll.*

Griebe *f* škvarek *m*.

Griebs *m* ohryzek.

Griech|e *m* Řek; **~enland** *n* Řecko; **~in** *f* Řekyně; **2isch** řecký.

Gries|gram *m* bručoun; **2grämig** mrzutý.

Grieß *m* krupice *f*; (*Harn2*) písek (v moči); **~brei** *m* krupicová (*od.* krupičná) kaše *f*; **2ig** krupičkovitý, krupičnatý; **~suppe** *f* krupičná polévka.

Griff *m* rukověť *f*, držadlo *n*; (*Griffart*) hmat; *Sp.* chvat; (*Arbeits2*) úkon; *Mus.* prstoklad; et. *im ~ haben* dovést *pf.* co popaměti; *glücklicher ~* šťastná trefa.

griff *s. greifen*; **~bereit:** *~ haben* mít po ruce; **2brett** *n Mus.* hmatník *m*.

Griffel *m* pisátko *n*; *Bot.* čnělka *f*.

Grill *m* gril, rošt *m* na pečení; *vom ~* na grilu.

Grille *f Zo.* cvrček *m*; *fig.* vrtoch *m*; **2nhaft** vrtošivý.

Gri'masse *f* grimasa; *~n schneiden* [u]dělat grimasy.

Grimm *m* vztek, zloba *f*; **2ig** vzteklý, zuřivý; *es ist ~ kalt* je třeskutá zima.

Grind *m Med.* strup; **2ig** strupatý; **~wal** *m Zo.* kulohlavec.

grinsen šklebit se, ušklíbat [-bnout] se.

Grippe *f Med.* chřipka.

Grips F *m* důvtip.

grob hrubý; *~e Arbeit* těžká práce; *aus dem Gröbsten heraus* být z nejhoršího; **2heit** *f* hrubost; **~körnig** hrubozrnný.

Grobian *m* hrubec, hrubián.

gröblich hrubý.

grob|schlächtig hrubý; **2schmied** *m* kovář.

Grog *m* grog.

grölen F [za]hulákat.
Groll *m* zášť *f*, hněv; **≈en** (*Donner*) [za]rachotit; *j-m* ~ [za]hněvat se na k-o.
Grön|land *n* Grónsko; **~landwal** *m* velryba *f* grónská; **≈ländisch** grónský.
Gros[1] *n* (*12 Dutzend*) veletucet *m*.
Gros[2] *n* hlavní část *f*.
Groschen *m* groš.
groß vel(i)ký; ~- *in Zssgn oft* velko-; *Karl der ≈e* Karel Veliký; ~ *und klein* (*alle*) velcí malí *m/pl.*; *in ~en Zügen* v hlavních rysech; *im ~en* (*en gros*) ve velkém; *j-n ~ ansehen* dívat se na k-o udiveně; F *ganz ~!* velmi dobře!
Groß|abnehmer *m* velkoodběratel; **≈artig** velkolepý; **~aufnahme** *f* *Fot.* snímek *m* ve velkém měřítku; **~bank** *f* velkobanka; **~bauer** *m* veliký sedlák; *Pol.* kulak; **~betrieb** *m* velkopodnik, velký podnik; **~britannien** *n* Velká Británie; **~buchstabe** *m* velké písmeno.
Größe *f* velikost; *Math.* veličina; (*Persönlichkeit*) kapacita *f*.
Groß|einkauf *m* nákup ve velkém; **~eltern** *pl.* dědeček *m* a babička *f*.
Größenwahn *m* velikášství *n*, slavoman.
größer větší.
Groß|familie *f* velkorodina; **~fertigung** *f* velkovýroba; **~feuer** *n* velký požár *m*; **~fürst** *m* velkokníže; **≈gewachsen** vyrostlý; **~grundbesitz** *m* velkostatek; **~grundbesitzer** *m* velkostatkář; **~handel** *m* velkoobchod; **~händler** *m* velkoobchodník; **~handelspreis** *m* velkonákupní (*od.* velkoobchodní) cena *f*; **≈herzig** šlechetný; **~herzigkeit** *f* šlechetnost; **~herzogtum** *n* velkovévodství; **~industrie** *f* velkoprůmysl *m*.
Grossist *m s. Großhändler.*
groß|jährig zletilý, plnoletý; **≈jährigkeit** *f* zletilost, plnoletost; **≈kaufmann** *m s. Großhändler*; **≈kraftwerk** *n* velkoelektrárna *f*; **≈küche** *f* velkokuchyně; **≈macht** *f* velmoc; **≈maul** F *n* velká huba, mluvka; **≈meister** *m* velmistr; **≈mut** *f* velkomyslnost *f*; **~mütig** velkomyslný; **≈mutter** *f* babička; **≈'reinemachen** *n* velký úklid; **~schreiben** psát [napsat] velkým písmenem; **≈serienfertigung** *f* velkosériová výroba; **≈sprecher** *m* chvastoun, chvástal; **~sprecherisch** velkohubý, chvástavý; **~spurig** nadutý; **≈stadt** *f* velkoměsto *n*; **~städtisch** velkoměstský; **≈tat** *f* velký čin *m*.
größt-, am ~en největší; **~enteils** většinou; **~möglich** co největší.
groß|tun vychloubat [-lubovat] se; **≈vater** *m* děd(eček); **≈verbraucher** *m* velkospotřebitel; **≈verkauf** *m* velkoprodej; **≈vieh** *n* skot *m* a koně *m/pl.*; **≈wild** *n* velká zvěř; **~ziehen** vychov(áv)at; **~zügig** velkorysý; **≈zügigkeit** *f* velkorysost.
gro'tesk groteskní.
Grotte *f* jeskyně, sluj.
grub *s. graben.*
Grübchen *n* dolíček *m*.
Grube *f* jáma; *Bgb.* důl *m*; *Sprw. wer anderen e-e .. gräbt, fällt selbst hinein* kdo jinému jámu kopá, sám do ní padá.
Grübe'l|ei *f* hloubání *n*; **'≈n** [za-] hloubat (*über A* o *L*).
Gruben|arbeiter *m* horník; **~gas** *n* důlní plyn *m*; **~lampe** *f* důlní lampa.
Grübler(in *f*) *m* hloubal(ka).
Gruft *f* hrobka.
grün zelený; *fig.* nezralý, nezkušený; *~er Junge* zelenáč *m*; ~ *werden* [ze]zelenat; F *j-n ~ und blau schlagen* zbít k-o do modra.
Grün *n* zeleň *f*; *im ~en* v přírodě; **~anlage** *f* park *m*; (*Rasen*) trávník *m*.
Grund *m* dno *n*; (*Boden*) půda *f*; (*Tiefe, Innerstes*) hloub *f*; (*Ursache*) důvod; *s. a. Grundlage*; ~ *und Boden* pozemky *m/pl.*; *auf* ~ (*G od. von*) na základě (*G*); *bis auf den* ~ do základů, do gruntu; *e-r Sache auf den* ~ *gehen* důkladně co prozkoum(á-v)at; *von* ~ *auf od. aus* od základů, z gruntu; *aus welchem ~e?* z jakého důvodu?; *aus diesen Gründen* z těchto důvodů; *im ~e* (*genommen*) v podstatě, vlastně; *ohne* ~ bezdůvodně; *mit* ~ právem; **~bedeutung** *f* základní význam *m*; **~bedingung** *f* základní podmínka; **~besitz** *m* pozemkové vlastnictví; **~besitzer(in** *f*) *m* majitel(ka) pozemků; **~buch** *n* pozemková kniha; **≈ehrlich** naprosto (*od.* F v gruntu) poctivý; **~eigentum** *n s. Grundbesitz*; **~eis** *n* hlubinný led.

gründ|en zakládat [založit] (*sich auf A* se na *L*); **⁓er**(**in** *f*) *m* zakladatel(ka); **⁓erjahre** *n/pl. Hist.* gründerství *n*, doba *f* gründerů.
grund|falsch naprosto nesprávný; **⁓farbe** *f* základní barva; **⁓fehler** *m* základní chyba *f*; **⁓fläche** *f* základní plocha; **⁓form** *f* základní tvar *m*; **⁓frage** *f* základní otázka; **⁓gebühr** *f* hlavní poplatek *m*; **⁓gesetz** *n* základní zákon *m*.
grun'dieren podkládat [podložit] (barvou).
Grund|kapital *n* základní kapitál *m*; **⁓lage** *f* základ *m* (*a. fig.*); (*Basis*) základna; **⁓legend** základní.
gründlich důkladný; **⁓keit** *f* důkladnost.
Gründling *m Zo.* hrouzek obecný, řízek.
Grund|linie *f Math.* základna; (*Richtlinie*) základní směrnice; **⁓lohn** *m* základní mzda *f*; **⁓los** (*tief*) bezedný; (*unbegründet*) bezdůvodný; **⁓losigkeit** *f* bezdůvodnost, bezednost; **⁓mauer** *f* základní zeď.
Grün'donnerstag *m* Zelený čtvrtek.
Grund|pfeiler *m* základní pilíř; **⁓regel** *f* základní pravidlo *n*; **⁓riß** *m* půdorys; (*kurze Darstellung*) stručný přehled; **⁓satz** *m* zásada *f*; **⁓sätzlich** zásadní; **⁓schule** *f* základní škola; **⁓stein** *m* základní kámen; *fig.* základ; **⁓steinlegung** *f* položení *n* základního kamene; **⁓stellung** *f* základní postoj *m od.* postavení *n*; **⁓steuer** *f* pozemková daň; **⁓stoff** *m* základní surovina *f*; *Chem.* prvek; **⁓stoff·industrie** *f* průmysl *m* základních surovin; **⁓stück** *n* pozemek, parcela *f*; **⁓stufe** *f Gr.* první stupeň *m*; **⁓tarif** *m* základní tarif; **⁓ton** *m* základní tón (*a. fig.*); **⁓übel** *n* základní zlo.
Gründung *f* založení *n*.
grund|verschieden zcela odlišný; **⁓wasser** *n* podzemní voda *f*; **⁓zahl** *f s. Kardinalzahl*; (*Potenz⁓*) mocněnec *m*; (*Logarithmus⁓*) základ *m*; **⁓zug** *m* základní rys.
grünen [za]zelenat se.
Grün|fläche *f s. Grünanlage*; **⁓futter** *n* zelená píce; **⁓kohl** *m* listová kapusta; **⁓lich** zelenavý; **⁓schnabel** F *m fig.* holobrádek; **⁓span** *m* měděnka *f*; **⁓specht** *m* žluna *f* zelená; **⁓streifen** *m* zelený pruh (dálnice).
grunzen [za]chrochtat.
Grünzeug *n* zelenina *f*.
Gruppe *f* skupina; *Mil.* družstvo *n*; (*Artillerie⁓*) oddíl *m*; *Flgw.* roj *m*; **⁓n·bild** *n* skupin(k)a *f*; **⁓n·leiter** *m* skupinář; **⁓n·reise** *f* skupinová cesta *od.* jízda; **⁓n·weise** po skupinách.
grup'pier|en seskupovat [-pit]; **⁓ung** *f* seskupení *n*.
Grus *m* jemná drť; (*Kohlen⁓*) uhelná drť.
Grusel|film *m* hrůzostrašný film; **⁓ig** děsný, děsivý; **⁓n**: *mir* (*od. mich*) *gruselt* děsím se.
Gruß *m* pozdrav; **⁓-** *in Zssgn* pozdravný; *mit herzlichen Grüßen* se srdečným pozdravem.
grüßen [po]zdravit; **⁓** *lassen* pozdravovat, vzkázat *pf.* (*od.* vyřídit) pozdrav(ení); *grüß Gott!* pozdrav pánbůh!
Grütze *f* krupice; (*gekocht*) krupičná kaše; *fig.* rozum *m*.
guck|en [po]dívat se, koukat [kouknout]; *s. sehen*; **⁓kasten** *m* kukátko *n*; **⁓loch** *n* (zorné) okénko, kukátko *n*.
Gue'rilla|kämpfer *m* gerilový bojovník; **⁓krieg** *m* gerila *f*, gerilová válka.
Guillo'tine *f* gilotina.
Gulasch *n* guláš *m*; **⁓kanone** F *f* polní kuchyně.
Gulden *m* zlatý.
gültig platný; **⁓keit** *f* platnost.
Gummi *n od. m* guma *f*, pryž *f*; **⁓absatz** *m* pryžový podpatek; **⁓artig** gumovitý; **⁓band** *n* gumová páska, guma *f*, gumička *f*; **⁓baum** *m* fíkus; **⁓bereifung** *f* (gumové) pneumatiky *f/pl.*; **⁓eren** gumovat (*im*)*pf.*; **⁓handschuh** *m* gumová rukavice; **⁓knüppel** *m* gumový obušek; **⁓linse** P *f* zoom *m*, transfokátor *m*; **⁓mantel** *m* gumový plášť, F gumák; **⁓schlauch** *m* pryžová hadice; **⁓schuh** *m* kaloše *f*, galoše *f*; **⁓sohle** *f* pryžová (*od.* gumová) podešev; **⁓stiefel** *m/pl.* gumové holinky *f/pl.*, F gumovky *f/pl.*; **⁓zug** *m* guma *f*.
Gundermann *m Bot.* popenec, poponec.
Gunst *f* přízeň *f*; (*Vorteil*) prospěch *m*; *zu Ihren ⁓en* ve váš prospěch; *in j-s ⁓ stehen* být v čí přízni.
günst|ig příznivý; (*vorteilhaft*) vý-

hodný; ~ *sein* (*D*) *s. begünstigen*; **≈ling** *m* oblíbenec.
Gurgel *f* hrdlo *n*, chřtán *m*; **≈n** (*rauschen*) [za]bublat; (*Hals spülen*) [vy]kloktat (se).
Gurgeln *n* bublání; kloktání.
Gurke *f* okurka; **~n·salat** *m* okurkový salát.
gurren *s. girren.*
Gurt *m* popruh; *s. Gürtel*; *Mil.* nábojový pás.
Gürtel *m* pás, opasek; *Geogr.* pásmo *n*; **~rose** *f Med.* pásový opar; **~tier** *n Zo.* pásovec *m*.
gürten opás(áv)at.
Guß *m Tech.* lití *n*, slévání *n*; (*Regen*) liják; *Kochk.* glazura *f*, poleva *f*; *aus e-m* ~ dokonalý; **~eisen** *n* litina *f*; **≈eisern** litinový; **~form** *f* licí forma; **~stahl** *m* litá ocel.
Gut *n* dobro; (*Besitz*) majetek *m*; (*Land≈*) statek *m*; (*Ware*) zboží.
gut *Adj.* dobrý; *Adv.* dobře; *s. a. gutmütig, tüchtig, einwandfrei, brauchbar, nützlich usw.*; *so* ~ *wie fertig* takřka hotov; *~en Mutes sein* být dobré mysli; *j-m* ~ *sein* být s kým zadobře; et. *für* ~ *finden* uzn(áv)at co za dobré; *schon* ~! dobře!; *kurz und* ~ zkrátka a dobře, slovem; ~ *riechen* příjemně vonět [-nívat]; ~ *daran tun* [u]dělat dobře; *es ist* ~, *daß* ... je dobře, že ...; *laß es* ~ *sein!* nech to!; *du hast* ~ *reden* tobě se to řekne.
Gut|achten *n* dobrozdání; **~achter** *m* znalec; **≈artig** dobré povahy; *Med.* nezhoubný; **~dünken** *n* mínění; *nach* ~ podle libosti.
Gute(s) dobré, dobro; *im Guten* po dobrém; *s. a. all.*
Güte *f* dobrota; (*Qualität*) jakost; *in aller* ~ po dobrém; *die* ~ *haben* být tak laskav; **~klasse** *f* jakostní třída; **~kontrolle** *f* kontrola jakosti.
Güter|abfertigung *f* výpravna zboží; **~annahme** *f* příjem *m* zboží; **~bahnhof** *m* nákladové nádraží; **~beförderung** *f* doprava zboží; **~gemeinschaft** *f* majetkové společenství; **~schuppen** *m* skladiště *n* zboží; **~tarif** *m* nákladní tarif; **~trennung** *f* dělení *n* majetku; **~verkehr** *m* doprava *f* zboží; **~wagen** *m* nákladní vůz; **~zug** *m* nákladní vlak.
Gütezeichen *n* jakostní značka *f*.
gut|gelaunt v dobré náladě; **~gemeint** dobře míněný; **~gläubig** důvěřivý; **≈haben** *n Hdl.* pohledávka *f*; **~heißen** schvalovat [schválit]; **~herzig** dobrosrdečný; **≈herzigkeit** *f* dobrosrdečnost.
güt|ig dobrotivý, **~lich** přátelský; *Adv.* po dobrém; *sich* ~ *tun an* (*D*) popřát si (*G*).
gut|machen napravovat [-pravit], odčiňovat [-činit]; **~mütig** *s. gutherzig.*
Gutsbesitzer(**in** *f*) *m* statkář(ka).
Gut|schein *m* dobropis, bon; **≈schreiben** *Hdl.* připisovat [-psat] ve prospěch; **~schrift** *f Hdl.* dobropis *m*, záznam *m* ve prospěch.
Gutsherr(**in** *f*) *m s. Gutsbesitzer.*
gut|tun: *j-m* ~ prospívat [-pět]; *Medizin*: ulehčovat [-čit]; **~willig** dobrovolný; **≈willigkeit** *f* dobrovolnost.
Gymna|si'al- *in Zssgn* gymnasijní; **~si'ast**(**in** *f*) *m* gymnasista (-tka); **~sium** [-'nɑ:-] *n* gymnasium; **~stik** [-'na-] *f* gymnastika; **≈stisch** [-'na-] gymnastický.
Gynäko'lo|ge *m* gynekolog; **~'gie** *f* gynekologie.

H

H, h *n* (*unv.*) H, h (*a. Mus.*).
h. *Abk. für heilig.*
ha *Abk. für Hektar.*
Haar *n* vlas; *koll.* vlasy *m/pl.*; (*der Tiere*) chlup *m*; *koll.* chlupy *m/pl.*; *um ein ~ s. Haaresbreite; mit Haut und ~(en) s. ganz (und gar); aufs ~* navlas; *sich in den ~en liegen* ležet si ve vlasech; *sich die ~e raufen* rvát [porvat] si vlasy; *die ~e stehen ihm zu Berge* vlasy mu vstávají; *~e auf den Zähnen haben* být troufalý; *sich deshalb keine grauen ~e wachsen lassen* proto nezešedivět; *an den ~en herbeigezogen* za vlasy přitažené.
Haar|ausfall *m* vypadávání *n* vlasů; **~band** *n* stužka *f* do vlasů; **~breit** *n*: *um kein ~* ani o píď; *vgl. Haaresbreite*; **~bürste** *f* kartáč *m* na vlasy; **~büschel** *n* chumáč(ek) *m* vlasů *od.* chlupů; **2en** *v/i u. sich ~* [vy]línat; **~entferner** *m* prostředek na odstranění chloupků; **~esbreite** *f*: *um ~* málem; **~farbe** *f* barva vlasů (*od.* chlupů); **~färbemittel** *n* barvivo na vlasy; **2fein** tenký jako vlas, tenounký; *fig.* velmi jemný; **2genau** navlas přesný.
haarig vlasatý, chlupatý; *fig.* F zlý.
Haar|kamm *m* hřeben; **2klein** *Adv.* do podrobností; **~locke** *f* kadeř; **2los** bezvlasý; (*ohne Wolle*) bezchlupatý; **~nadel** *f* vlásnička; jehlice do vlasů; **~nadelkurve** *f* ostrá zatáčka *od.* serpentina; **~netz** *n* síťka *f* na vlasy; **~öl** *n* olej *m* na vlasy; **2scharf** ostrý jako břitva; *fig.* navlas přesný; **~schneiden** *n* stříhání vlasů; **~schnitt** *m* účes; **~spalte'rei** *f* puntičkářství *n*; **~spray** *n* lak *m* na vlasy; **2sträubend** vlasy vstávají hrůzou; **~strich** *m* vlasový tah; **~tracht** *f s. Haarschnitt*; **~trockner** *m* osušovač vlasů; **~waschmittel** *n* prostředek *m* na mytí vlasů; **~wasser** *n* vod(ičk)a *f* na vlasy; **~wickel** *m* natáčka *f* na vlasy; **~wild** *n* srstnatá zvěř; **~wuchs** *m* růst vlasů; **~wurzel** *f* vlasový kořínek.

Habe *f s. Gut.*
haben a) *als Hilfszeitwort unübersetzbar*; b) *v/t* mít; *ich habe es gut* mám se dobře; *du hast gut reden* tobě se to řekne; *ich habe zu ...* (*muß*) mám, musím; *ich habe zu tun* mám co dělat; *er hat nichts zu lesen* nemá co číst; *sie ist noch zu ~* je ještě nezadána; *das hat nichts auf sich* to nic neznamená; *j-n unter sich ~* být k-u nadřízen.
Haben *n*: *Soll und ~* má dát a dal.
Habenichts *m* chuďas, chudák.
Habenseite *f* strana „Dal".
Habgier *f* lakota; **2ig** lakotný.
habhaft: *~ werden* (*G*) zmocňovat [-cnit] se (*G*).
Habicht *m* jestřáb.
Habili|tati'on *f* habilitace; **2'tieren** habilitovat (*sich* se) (*im*)*pf.*
Hab|seligkeiten *f/pl.* krámy *m/pl.*, věci *f/pl.*; **~sucht** *f s. Habgier.*
Hack|beil *n* seker(k)a *f*; **~block** *m* špalek; **~braten** *m* sekaná *f*; **~brett** *n* prkno na sekání masa; *Mus.* cimbál *m.*
Hacke[1] *f Agr.* motyka, plečka.
Hacke[2] *f*, **~n** *m* pata *f*; (*Schuh2*) podpatek; F *j-m auf den ~n sein* být k-u v patách.
hacken (*spalten*) [na]sekat; *Agr.* [o]kopat; *Vögel*: klofat [-fnout].
Hack|fleisch *n* masová sekanina, sekané maso; **~frucht** *f* okopanina; **~messer** *n* sekáček *m.*
Häcksel *m od. n* řezanka *f*, sečka *f.*
Hader[1] *m* hádka *f*, svár; **~**[2] *m* hadr, onuce *f*; **2n** [po]hádat se.
Hafen *m* přístav (*a. fig.*); **~amt** *n* přístavní úřad *m*; **~arbeiter** *m* přístavní dělník; **~geld** *n* poplatek *m* za zakotvení v přístavu; **~stadt** *f* přístavní město *n.*
Hafer *m* oves; F *ihn sticht der ~* pálí ho dobré bydlo; **~brei** *m* ovesná kaše; **~flocken** *f/pl.* ovesné vločky; **~mehl** *n* ovesná mouka; **~schleim** *m* (hustá) ovesná polévka.
Haft *f* vazba; *in ~ nehmen* [u]věznit; *s. verhaften*; **2bar** závazný; **~be-**

fehl *m* rozkaz k zatčení, zatykač; **~dauer** *f* doba vazby.
haften lpít *(im)pf.* (*an D* na *L*); ručit (*für A* zač); **~bleiben** tkvít.
Häftling *m* vězeň.
Haftpflicht *f* povinné ručení; **~versicherung** *f* pojištění *n* proti povinnému ručení.
Haft|schalen *f/pl.* kontaktní skla *n/pl. od.* čočky *f/pl.*; **~ung** *f* ručení *n*, závazek *m*.
Hage|butte *f Bot.* šípek *m*; **~dorn** *m Bot.* hloch.
Hagel *m* krupobití *n*; *fig.* spousta *f*; **~korn** *n* kroupa *f*, **2n**: *es hagelt* padají kroupy; **~schaden** *m* škoda *f* způsobená kroupami; **~schauer** *m* přeháňka *f* s krupobitím.
hager hubený.
Häher *m Zo.* sojka *f*.
Hahn *m* kohout; *Tech.*, *Mil.* kohoutek; *es kräht kein ~ danach* toho si nikdo nevšímá.
Hähnchen *n* kohoutek, kuře *n*.
Hahnen|fuß *m Bot.* pryskyřník; **~kampf** *m* kohoutí zápas; **~schrei** *m* kokrhání *n*; **~tritt** *m* (*im Ei*) zárodek.
Hahnrei *m* podváděný manžel, paroháč.
Hai *m*, **~fisch** *m* žralok.
Hain *m Poet.* háj.
Häkchen *n* háček *m* (*a. fig.*).
häkel|n [u]háčkovat; **2n** *n* háčkování; **2nadel** *f* háček *m*.
haken *v/i* zasekávat se; **2** *m* hák; *die Sache hat e-n ~* to má své potíže; **2kreuz** *n* hákový kříž.
halb *Adj.* poloviční, půl; *ein ~es Dutzend* půl tuctu; *eine ~e Stunde* půl hodiny, půlhodina *f*; *ein ~er Tag* půl dne, půlden *m*; *es ist ~ eins* je půl jedné; *Adv.* napolo, zpola; *~ so groß* o polovinu menší; *~ so gut* ani zdaleka tak dobrý; *~ und ~* napolo, zpola; *Sprw. frisch gewagt ist ~ gewonnen* s chutí do toho a půl je hotovo.
halb|amtlich poloúřední; **~automatisch** poloautomatický; **2bildung** *f* polovičaté vzdělání *n*, polovzdělanost; **2bruder** *m* polobratr; **2dunkel** *n* přítmí; **2edelstein** *m* polodrahokam.
...halben, ...halber *nur in Zssgn* pro, kvůli.
Halb|fabrikat *n* polotovar *m*; **2fertig** napolo hotov(ý); **2fett** *Typ.* polotučný; **~franzband** *m* polokožená vazba; **~geschoß** *n Arch.* polopatro; **~geschwister** *pl.* nevlastní sourozenci *m/pl.*; **~gott** *m* polobůh; **~heit** *f* polovičatost.
hal'bieren [roz]půlit.
Halb|insel *f* poloostrov *m*; **~jahr** *n* pololetí; **2jährig** pololetní; **2jährlich** opakující se každého půl roku; **~kreis** *m* půlkruh; *Geom. a.* půlkružnice *f*; **~kugel** *f* polokoule; **2laut** polohlasný; **~leinen** *n* poloplátno; **~leiter** *m* polovodič; **~-** *in Zssgn* polovodičový; **~mast**: (*auf*) *~ flaggen* spouštět [spustit] vlajku na půl žerdi; **~messer** *m* poloměr *m*; **2monatlich** půlměsíční; **~monatsschrift** *f* čtrnáctideník *m*; **~mond** *m* půlměsíc; **2offen** polootevřený; **2part** na polovinu, napolovic; **~pension** *f*: *Zimmer mit ~* pokoj s polodenním stravováním; **2rund** půlkruhový; **~schatten** *m* polostín; **~schlaf** *m* polospánek; **~schuhe** *m/pl.* polobotky *f/pl.*; **~schwergewicht** *n Sp.* polotěžká váha; **~schwester** *f* polosestra; **~starke(r)** výrostek; chuligán; **2stündlich** opakující se každé půl hodiny; **2tägig** polodenní; **~tagsarbeit** *f* polodenní zaměstnání *n*; **~ton** *m Mus.* půltón; **2tot** polomrtvý (-tev); **2voll** poloplný; **~waise** *f* polosirotek *m*; **2wegs** poněkud; **~welt** *f* polosvět *m*; **~wüchsige(r)** nedorostek, výrostek; **~zeit** *f Sp.* poločas *m*.
Halde *f* (*Schutt2*) odval *m*, halda.
half *s. helfen.*
Hälfte *f* polovice, polovina, půlka; *zur ~* napolo.
Halfter *f od. n* ohlávka.
Halle *f* dvorana, hala; *s. Flugzeug-*, *Markt-*, *Turnhalle.*
hallen [za]znít.
Hallen|(schwimm)bad *n* krytá plovárna; **~sport** *m* sport v hale.
hal'lo haló; **2** *n* hluk *m*, povyk *m*.
Halluzinati'on *f* přelud *m*, halucinace.
Halm *m* stéblo *n*.
Hals *m* krk; (*Gurgel*) hrdlo *n*; (*Nakken*) šíje *f*; (*Flaschen2*) hrdlo *n*; *~ über Kopf* o překot; *um den ~ fassen od. fallen* padat [-dnout] kolem krku; *aus vollem Halse* z plna hrdla; *fig. sich et. vom Halse schaffen* zbavovat [zbavit] se č-o; *~- und Beinbruch!* zlom (si) vaz!

Hals|abschneider *m* hrdlořez; **~ausschnitt** *m* výstřih u krku; **~band** *n* (*Schmuck*) náhrdelník *m*; (*Hunde*≗) obojek *m*; **~binde** *f* kravata, vázanka; **~bräune** *f Med.* záškrt *m*; ≗**brecherisch** krkolomný; **~entzündung** *f* zánět *m* hrtanu; **~kette** *f* řetěz *m* na krk, náhrdelník *m*; **~-Nasen-Ohren-Arzt** *m* krční, nosní a ušní lékař; **~schlag·ader** *f* krční tepna, krkavice; **~schmerzen** *m/pl.* bolení *n* v krku; **~schmuck** *m* náhrdelník; ≗**starrig** tvrdošíjný; **~starrigkeit** *f* tvrdošíjnost; **~tuch** *n* šátek *m* na krk; **~weh** *n s. Halsschmerzen*; **~wirbel** *m Anat.* obratel krční.

Halt *m* (*Halten*) zastávka *f*; (*Stütze*) opora *f* (*a. fig.*); *e-n ~ bieten* (*D*) zastavovat [-stavit] co.

halt stůj!; *Adv.* inu.

haltbar (*dauerhaft*) trvalý; (*fest*) pevný; ≗**keit** *f* trvanlivost; pevnost.

halten *v/t* držet (*an D* za *A*); (*einhalten, befolgen*) [při]držet se (*G*); *s. a. erhalten, abhalten, festhalten, Rede, Wort, warm usw.*; *j-n od. et. ~ für* (*A*) k-o *od.* co pokládat zač; *v/i.* (*Bestand haben*) [vy]držet; (*haltmachen*) zastavovat [-stavit] se; *~ auf* (*A*) dbát (*G*); *sich ~* držet se; udržovat se; *sich an j-n ~* držet se k-o (*G*); *sich rechts ~* držet se vpravo.

Halte|platz *m* stanoviště *n*; **~punkt** *m* opěrný bod.

Halter *m* držitel; (*Griff*) držák.

Halte|signal *n* signál „stůj"; **~stelle** *f* zastávka; **~verbot** *n* zákaz *m* zastavení.

halt|los (*wankelmütig*) kolísavý; (*unbegründet*) bezpodstatný; **~machen** zastavovat [-stavit] se; ≗**ung** *f* držení *n* (těla); (*Benehmen*) chování *n*; *in aufrechter ~* zpříma; *in gebückter ~* nakloněný.

Ha'lunke *m* holomek.

hämisch potutelný.

Hammel *m* skopec; **~braten** *m* skopová pečeně; **~fleisch** *n* skopové maso; **~keule** *f* skopová kýta; **~sprung** *m Pol.* hlasování *n*.

Hammer *m* kladivo *n*; *unter den ~ kommen* přicházet [přijít] do dražby.

Hämmerchen *n* kladívko.

Hammerhai *m* žralok kladivoun.

hämmern bušit (*a. fig.*); *Tech.* vyklepávat; (*schmieden*) kout, kovat.

Hammer|schlag *m* úder *m* kladivem; (*Zunder*) okuje *f*; **~werfen** *n Sp.* hod *m* kladivem.

Hämorrhoiden *f/pl. Med.* hemoroidy *f/pl.*

Hamster *m Zo.* křeček; **~er** P *m* křeček; ≗**n** [z]křečkovat, [na]chamtit.

Hand *f* ruka; *Anat.* paže; *flache ~* dlaň; *geballte ~* pěst; *hohle ~* hrst; *öffentliche ~* veřejná správa; *an die ~ gehen* být nápomocen; *es liegt auf der ~* je na bíledni; *aus der ~ geben* vzdá(va)t se č-o; *aus erster ~* z první ruky; *bei der ~* při ruce; *~ in ~* ruku v ruce; *von ~ zu ~* z ruky do ruky; *von langer ~* (*her*) dlouho; *von der ~ gehen* jít od ruky; *zu Händen* k rukám; *Hände hoch!* ruce vzhůru!; *freie ~ haben* mít volné ruce; *die letzte ~ anlegen* doděl(áv)at; *~ aufs Herz* ruku na srdce; *von der ~ in den Mund leben* žít z ruky do úst; *s-e ~ ins Feuer legen* zaručovat [-čit] se za k-o; *~ und Fuß haben* mít hlavu a patu; *s-e ~ im Spiel haben* mít v tom prsty; *e-e ~ wäscht die andere* ruka ruku myje; *an ~ von* podle (*G*).

Hand|antrieb *m* ruční pohon; **~arbeit** *f* ruční práce; **~aufheben** *n* zdvihnutí ruky; **~ball** *m* házená *f*; **~bewegung** *f* pohyb *m* ruky; *mit e-r ~ abtun* odbý(va)t mávnutím ruky; ≗**breit** široký jako ruka; **~bremse** *f* ruční brzda; **~buch** *n* příručka *f*.

Händchen *n* ruč(ič)ka *f*.

Hände|druck *m* stisknutí *n* ruky; **~klatschen** *n* potlesk *m*.

Handel *m* obchod; *~ treiben* (*mit*) *s. handeln* (*mit*); *~ und Wandel* žití a bytí.

handeln (*verfahren*) [po]jednat; (*Handel treiben*) obchodovat (*mit* [s] *I*); *das Buch handelt von ...* kniha jedná o (*L*); *es handelt sich um* jde (*od.* běží) o (*A*).

Handels|abkommen *n* obchodní dohoda *f*; **~artikel** *m* obchodní věc *f*, zboží *n*; **~bank** *f* obchodní banka; **~betrieb** *m* obchodní podnik; **~beziehungen** *f/pl.* obchodní styky *m/pl.*; ≗**einig** *sein od. werden* smlouvat [smluvit] se; **~flotte** *f* obchodní loďstvo *n*; **~gericht** *n* obchodní soud *m*; **~gesellschaft** *f* obchodní společnost; **~gesetzbuch** *n* obchodní zákoník *m*; **~hochschule** *f* vysoká obchodní škola; **~kammer** *f* obchodní komora; **~korrespondenz** *f* obchodní korespondence; **~krieg** *m* obchodní válka *f*; **~marine** *f s. Handelsflotte*; **~minister** *m* ministr *m* obchodu; **~recht** *n* obchodní právo; **~register** *n* obchodní rejstřík; **~reise** *f* obchodní cesta; **~reisende(r)** *s. Handlungsreisende(r)*; **~schiff** *n* obchodní loď *f*; **~schule** *f* obchodní škola; **~schüler(in** *f*) *m* žák(yně *f*) *m* obchodní školy; **~stadt** *f* obchodní město *n*; **~straße** *f* obchodní ulice.

handels|üblich obvyklý v obchodě; **⁲unternehmen** *n* obchodní podnik *m*; **⁲verkehr** *m* obchodní styky *m/pl.*; **⁲vertrag** *m* obchodní smlouva *f*; **⁲vertreter** *m* obchodní zástupce; **⁲vertretung** *f* obchodní zastupitelství *n*; **⁲zweig** *m* obchodní odvětví *n*.

handeltreibend obchodující.

händeringend spínající ruce.

Hand|feger *m* smetáček; **~fertigkeit** *f* zručnost; **~fesseln** *f/pl.* pouta *n/pl.* na ruce; **⁲fest** silný; **~feuerwaffe** *f* ruční střelná zbraň; **~fläche** *f* dlaň; **⁲ge·arbeitet** rukodílný; **~geld** *n* závdavek *m*; **~gelenk** *n* zápěstní kloub *m*; *fig. aus dem ~* snadno; **~gemenge** *n* rvačka *f*; **~gepäck** *n* příruční zavazadlo; **~granate** *f* ruční granát *m*; **⁲greiflich** patrný, zřejmý; *~ werden* dá(va)t se do sebe; **~griff** *m* držadlo *n*, rukojeť *f*; (*Handhabung*) hmat; (*kleine Mühe*) maličkost *f*; **~habe** *f fig.* důvod *m*, příčina; *keine ~ haben für* nemít žádný důvod; **⁲haben** zacházet s (*I*); **~habung** *f* zacházení *n* s (*I*).

Handikap *n Sp.* vyrovnávací závod *m*; *fig.* nevýhoda *f*.

Hand|karren *m* ruční vozík; **~koffer** *m* (ruční) kufřík; **~korb** *m* ruční košík; **~kurbel** *f* ruční klika; **~kuß** *m* políbení *n* ruky; **~langer** *m* nádeník, podavač.

Händler(in *f*) *m* obchodník (-nice).

Hand|lexikon *n* příruční slovník *m*; **⁲lich** příruční, snadno ovladatelný.

Handlung *f* jednání *n*, čin *m*; *Lit.* děj *m*; *Hdl.* obchod *m*.

Handlungs|gehilfe *m* obchodní příručí; **~reisende(r)** obchodní cestující; **~weise** *f* způsob *m* jednání, jednání *n*.

Hand|pflege *f* pěstění *n* rukou, manikúra *f*; **~presse** *f* ruční lis *m*; **~ramme** *f* ruční buchar *m*; **~reichung** *f* pomoc; **~schellen** *f/pl. s. Handfesseln*; **~schlag** *m* úder rukou, podání *n* ruky; **~schreiben** *n* vlastnoruční list *m*; **~schrift** *f* písmo *n*; (*Manuskript*) rukopis *m*; **⁲schriftlich** rukopisný, písemný; **~schuh** *m* rukavice *f*; **~schuhkasten** *m* odkládací skříňka v přístrojové desce; **~stand** *m* stoj na rukách, stojka *f*; **~steuerung** *f* ruční řízení *n*; **~streich** *m* přepadení *n*; puč; **~tasche** *f* ruční kabelka; **~tuch** *n* ručník *m*; **~tuchhalter** *m* věšák na ručníky; **~umdrehen** *n*: *im ~* obrátkou; **~voll** *f* hrst(ka); **~wagen** *m* ruční vozík; **~werk** *n* řemeslo; **~werker** *m* řemeslník; **~werksgeselle** *m* řemeslnický tovaryš; **~werkszeug** *n* řemeslnické nástroje *m/pl.*; **~wörterbuch** *n* příruční slovník *m*; **~wurzel** *f* zápěstí *n*; **~zeichnung** *f* ruční kresba.

Hanf *m* konopí *n*.

Hänfling *m Zo.* konopka *f*.

Hanfseil *n* konopný provaz, konopné lano.

Hang *m* stráň *f*, svah; *fig.* náchylnost *f*.

Hänge|boden *m* pavlač *f*; **~brücke** *f* visatý most; **~lampe** *f* závěsné svítidlo; **~matte** *f* visutá (*od.* houpací) síť.

hängen *v/t* věšet [pověsit] (*an A* na *A*); *v/i* viset; *fig.* (*zugetan sein*) lnout (*an D* k *D*); (*nicht weiterkommen*) [u]váznout; *der Baum hängt voller Früchte* strom je obsypán plody; **~bleiben** zachycovat [-chytit] se (*an D* za *A*); *fig.* [u]váznout; **~lassen** nechat viset; *Arme, Kopf*: svěšovat [svěsit].

hanse'atisch hansovní, hanseatský.

hänseln dob(í)rat si.

Hans'wurst *m* šašek, kašpárek, F tajtrlík.

Hantel *f* činka.

han'tieren zacházet (*mit D* čím).

hapern: *es hapert an* (*D*) jsou s tím obtíže.

Happen *m* sousto *n*.

Härchen *n* vlásek *m*, chloupek *m*.

Häre'sie *f* kacířství *n*, herese.

Harfe *f Mus.* harfa; **~n·spieler(in** *f*) *m* harfeník (-nice).

Harke *f* hrábě *f/pl.*; **2n** [s]hrabat.
Harlekin *m* šašek, harlekýn.
harmlos neškodný; bezelstný, dobrácký; **2igkeit** *f* neškodnost; bezelstnost.
Harmo'nie *f* soulad *m*, harmonie; **2ren** shodovat se, harmonovat.
Har'moni|ka *f* harmonika; **2sch** souladný, harmonický; **~um** *n* harmonium.
Harn *m* moč *f*; *~ lassen s. harnen*; **~blase** *f* močový měchýř *m*; **2en** močit [vymočit se].
Harnisch *m* brnění *n*, pancíř; *in ~ bringen* [ro]zlobit.
Harn|leiter *m Anat.* močovod; **~röhre** *f* močová trubice; **~stein** *m* močový kamínek; **~stoff** *m* močovina *f*; **2treibend** močopudný; **~untersuchung** *f* vyšetřování *n* moče.
Har'pune *f* harpuna.
harren čekat [očekávat] (*auf A/A*).
Harsch *m* zmrzlý (*od.* tvrdý) sníh.
hart *Adj.* tvrdý (*a. fig.*); *~ werden* [z]tvrdnout; *Adv.* tvrdě; *~ auf ~ gehen* jít do tuhého; *~ am Fluß* nedaleko řeky.
Härte *f* tvrdost (*a. fig.*); (*Grausamkeit*) krutost; **2n** [u]tvrdit; *Stahl*: [za]kalit.
hart|gekocht uvařený natvrdo; **2geld** *n* kovové peníze *m/pl.*; **~gesotten** *s. hartgekocht*; *fig.* otrlý; **2gummi** *n* tvrdá guma, ebonit *m*; **~herzig** zatvrzelý; **2herzigkeit** *f* zatvrzelost; **2holz** *n* tvrdé dřevo; *koll.* tvrdé dříví; **~leibig** trpící zácpou; **2leibigkeit** *f Med.* zácpa; **~näckig** tvrdošíjný; *~ bestehen auf* trv(áv)at zatvrzele na; **2näckigkeit** *f* tvrdošíjnost.
Härtung *f* kalení *n*.
Harz *n* pryskyřice; **2ig** pryskyřičnatý, smoln(at)ý.
Ha'sard *n* hazard *m*; **~spiel** *n* hazardní hra *f*.
haschen chytit [-tat]; *v/i ~ nach* lapit [-pat]; *fig.* [za]bažit po (*L*).
Häs·chen *n* zajíček *m*.
Häscher *m* (*Büttel*) dráb, pochop; (*Verfolger*) stíhatel.
Hase *m* zajíc; F *wissen, wie der ~ läuft* vědět co a jak.
Hasel *f Bot.* líska; **~huhn** *n* jeřábek *m*; **~maus** *f* plch *m*; **~nuß** *f* lískový ořech.
Hasen|braten *m* zaječí pečeně *f*; **~fuß** F *m fig.* bázlivec; **~scharte** *f Med.* zaječí pysk *m*.
Häs|in *f* zaječice; **~lein** *n s. Häschen.*
Haspe *f* stěžej.
Haspel *f* rumpál *m*; viják *m*; **2n** (*hochziehen*) vytahovat [-táhnout] rumpálem; (*wickeln*) navinovat [-nout].
Haß *m* nenávist *f*.
hassen nenávidět.
haß·erfüllt pln(ý) nenávisti.
häßlich šeredný; **2keit** *f* šerednost.
Hast *f* chvat *m*, spěch *m*; **2en** chvátat, spěchat, pospíchat; **2ig** kvapný, spěšný.
hätscheln F [z]hýčkat.
hatte *s. haben.*
Häubchen *n* čepeček *m*.
Haube *f* čepec; (*der Vögel*) chochol(ka *f*) *m*; *Tech.* příklop *m*; *fig. unter die ~ bringen* provd(áv)at; *unter die ~ kommen* vdá(va)t se; **~n·lerche** *f Zo.* chocholouš *m*.
Hau'bitze *f* houfnice.
Hauch *m* dech (*a. fig.*); (*Luft2*) van; *Gr.* přídech; **2dünn** jako nadýchnutý, tenoučký; **2en** dýchat [dechnout]; **~laut** *m Gr.* dyšná hláska.
Haudegen *m fig.* starý bojovník.
Haue *f* (*Hacke*) motyka; F (*Prügel*) výprask *m*; **2n** (*fällen*) [po]kácet; (*zerhacken*) [roz]štípat; (*mähen*) [po]sekat; (*schlagen*) [z]bít; *s. a. behauen*; *in Stücke ~* rozbí(je)t (na kusy); *fig. übers Ohr ~* [o]šidit; **~r** *m* (*Reißzahn*) tesák; *Bgb. s. Häuer.*
Häuer *m Bgb.* havíř.
Häufchen *n* hromádka *f*.
häufeln okop(áv)at.
Haufen *m* hromada *f* (*a. fig.*); F *über den ~ schießen* zastřelit *pf.*; *über den ~ werfen* zvracet [zvrátit].
häufen [na]hromadit.
haufenweise hromadně, v hromadách.
häufig častý, hojný; *Adv.* často, hojně; **2keit** *f* hojnost.
Häufung *f* hromadění *n*.
Haupt *n* hlava *f*; *aufs ~ schlagen* porážet [-razit] na hlavu.
Haupt- *mst* hlavní; **~altar** *m* hlavní oltář; **~augenmerk** *n* pozornost *f*; **~bahnhof** *m* hlavní nádraží *n*; **~bestandteil** *m* hlavní součástka *f*; **~eingang** *m* hlavní vchod; **~fach** *n* (*Schule*) hlavní předmět *m*; **~figur** *f* hlavní postava; **~leitung** *f Tech.* hlavní vedení *n*; *s. a. Hauptver-*

waltung; **~gewinn** *m* hlavní zisk (*od.* výhra *f*).
Häuptling *m* náčelník.
Haupt|linie *f* hlavní čára; *Esb.* hlavní trať; **~macht** *f* hlavní síla; **~mann** *m* setník; *Mil.* kapitán; **~person** *f* hlavní osoba; **~post·amt** *n* hlavní poštovní úřad *m*; **~quartier** *n Mil.* hlavní stan *m*; **~rolle** *f* hlavní úloha (*a. fig.*); **~sache** *f* hlavní věc; *in der* ~ v podstatě; **2sächlich** hlavní, podstatný; **~satz** *m Gr.* hlavní věta *f*; **~schlag·ader** *f Anat.* srdečnice, aorta; **~stadt** *f* hlavní město *n*; **2städtisch** velkoměstský; **~straße** *f* hlavní silnice; (*in der Stadt*) hlavní třída; **~versammlung** *f* hlavní shromáždění *n*; **~verwaltung** *f* hlavní správa; **~wort** *n Gr.* podstatné jméno.
Haus *n* dům *m*; (*Heim*) domov *m*; (*Familie*) rodina *f*; (*Geschlecht*) rod *m*; ~ *und Hof* statek *m*; *fig. altes* ~ starý brach; *von* ~ *aus* původně; *von* ~ *zu* ~ dům od domu; *zu* ~*e sein* být doma; (*herstammen*) být domovem; *fig.* (*sich auskennen*) vyzn(áv)at se (*in D* v *L*).
Haus|angestellte *f* služebná; **~anschluß** *m Tel.* domovní přípojka *f*; **~apotheke** *f* domácí lékárn(ičk)a; **~arbeit** *f* domácí práce; *s. Hausaufgabe*; **~arrest** *m* domácí vězení *n*; **~arzt** *m* domácí lékař; **~aufgabe** *f* domácí úloha; **2backen** doma pečený; *fig.* domácký; **~bedarf** *m* domácí potřeba *f*; **~besitzer(in** *f*) *m* majitel(ka *f*) *m* domu; **~bewohner(in** *f*) *m* obyvatel(ka *f*) *m* domu; **~brand** *m* domácí otop.
Häus·chen *n* dom(eč)ek *m*; F *ganz aus dem* ~ *sein* (*od. geraten*) rozčilovat [-čilit] se.
Haus|diener *m* sluha; (*im Hotel*) podomek; **~drache** *m* F domácí drak.
hausen bydlit [-lívat]; (*wüten*) řádit [-dívat].
Häuser *s. Haus*; **~block** *m* skupina *f* domů.
Haus|flur *m* předsíň *f*; **~frau** *f* domácí paní, hospodyně; **~freund** *m* domácí přítel; **~friedensbruch** *m* porušení *n* domácího klidu; **2gemacht** domací, doma vyrobený; **~genosse** *m*, **~genossin** *f s. Hausbewohner*; **~gerät** *n* domácí nářadí; **~halt** *m* domácnost *f*; (*Etat*) rozpočet; **~hälterin** *f* hospodyně; **~halts·artikel** *m* domácí zboží *n*; **~haltsplan** *m* rozpočet; **~haltung** *f* domácnost; **~herr** *m* hospodář, otec *m* rodiny; majitel *m* domu; **2hoch** vysoký jako dům, vysokánský.
hau'sier|en obchodovat po domech; **2er** *m* podomní obchodník.
Haus|industrie *f* domácí průmysl *m*; **~kleid** *n* domácí oblek *m*; **~knecht** *m* podomek; **~lehrer(in** *f*) *m* domácí učitel(ka).
häuslich domácí; (*wirtschaftlich*) hospodárný; *Adv.* po domácku, domácky; **2keit** *f* domácnost, rodinný krb *m*.
Haus|mädchen *n* služebná *f*; **~mannskost** *f* domácí strava; **~meister(in** *f*) *m* domovník (-nice); **~mittel** *n* domácí prostředek *m*; **~mutter** *f* hospodyně; **~ordnung** *f* domácí řád *m*; **~rat** *m* domácí nářadí *n*; **~schlüssel** *m* klíč od domu; **~schuh** *m* domácí střevíc; **~schwamm** *m* dřevomorka *f*.
Hausse *f Hdl.* haussa.
Haus|stand *m* domácnost *f*; **~suchung** *f Jur.* domovní prohlídka; **~telephon** *n* domácí telefon *m*; **~tier** *n* domácí zvíře; **~tür** *f* domovní dveře *f/pl.*; **~vater** *m* hlava *f* rodiny; **~verwalter** *m* správce *m* domu; **~verwaltung** *f* správa domu; **~wart** *m* vrátný, klíčník; **~wirt(in** *f*) *m* hospodář (-dyně), bytný (-ná); **~wirtschaft** *f* domácí hospodářství *n*.
Haut *f* kůže; *Anat.* blána; (*Teint*) pleť; (*Milch*2) škraloup *m*; *durchnäßt bis auf die* ~ promočen až na kůži; *mit heiler* ~ se zdravou kůží; *sich s-r* ~ *wehren* bránit se; *fig. ehrliche* ~ poctivec *m*; *nur* ~ *und Knochen* jen kost a kůže; **~abschürfung** *f* oděrka, odřenina; **~arzt** *m* lékař kožních chorob; **~ausschlag** *m* vyrážka *f*.
Häutchen *n Anat.* blána *f*.
häuten: *sich* ~ svlékat [svléci] kůži.
Haut|farbe *f* pleť; **~krankheit** *f* kožní choroba; **~pflege** *f* pěstění *n* kůže (*od.* pleti).
Häutung *f* svlékání *n* kůže.
Hava'rie *f* havarie.
Hbf. *Abk. für Hauptbahnhof.*
H-Bombe *f* vodíková bomba.

he! he!, aj!
Hebamme *f* porodní asistentka.
Hebe|baum *m* sochor; **~bühne** *f* hydraulický zvedák.
Hebel *m* páka *f*; **~arm** *m* rameno *n* páky.
heben zdvihat [-hnout] (*sich* se); (*steigern*) zvyšovat [zvýšit]; (*fördern*) povznášet [-nést] (*sich* se); F *e-n* ~ (*trinken*) přihýbat [-hnout] si.
Hebevorrichtung *f* zdvihací ústroj *m*, zdvihadlo *n*.
he'bräisch hebrejský.
Hebung *f* zdvihání *n*; zvýšení *n*.
Hechel *m* česačka *f*; **2n** [po]česat; *fig.* pomlouvat [-mluvit].
Hecht *m* štika *f*; **~sprung** *m Sp.* šipka *f*.
Heck *n Mar. Flgw.* záď *f*.
Hecke *f* živý plot; **2n** [s]pářit se; **~n·rose** *f* šípek *m*; **~n·schütze** *m* záškodník.
Heck|leuchte *f Kfz.* zadní svítilna; **~motor** *m* motor *m* umístěný vzadu; **~scheibe** *f* zadní okno *n*.
heda! hej!, hola!
Heer *n* vojsko; (*große Menge*) [množství.]
Heeres|dienst *m* vojenská služba; **~lieferant** *m* dodavatel vojenské správy.
Heer|führer *m* velitel vojska, vojevůdce; **~schar** *f* vojenský zástup; **~schau** *f* vojenská přehlídka; **~straße** *f* vojenská silnice; **~wesen** *n* vojenství.
Hefe *f* kvasnice *f/pl.*, droždí *n*; (*Bodensatz*) sedlina; **~(n)teig** *m* kynuté těsto.
Heft *n* (*Schreib2*) sešit *m*; (*Zeitschrift*) číslo, sešit *m*; (*Stiel, Griff*) rukojeť *f*, držadlo; *fig. das ~ in der Hand haben* mít vedení v rukou; **2en** (*anstecken*) připínat [-pnout]; (*lose nähen*) [při]stěhovat; *Buch, Akten*: seší(va)t; *die Augen* (*od.* *den Blick*) *~ an* (*A*) upírat [upřít] oči (*od.* zrak) na (*A*); *sich an j-n ~* pronásledovat k-o; **~er** *m* pořadač *m* dopisů; **~faden** *m* stehovací nit *f*.
heftig prudký (*a. fig.*); **2keit** *f* prudkost.
Heft|klammer *f* sponka *f*, svorka *f*; **~pflaster** *n Med.* lepivá náplast *f*, leukoplast; **~zwecke** *f* napínáček *m*.
heg|en hájit [uhajovat]; (*bewahren*) chovat; *Hoffnung, Verdacht, Zweifel*: mít; *~ und pflegen* bedlivě opatrovat; **2er** *m* hajný.
Hehl *n*: *kein ~ machen aus* (*D*) netajit se (*I*); **2en** *Jur.* přechov(áv)at; **~er(in** *f*) *m Jur.* přechovávač(ka); **~e'rei** *f Jur.* přechovávačství *n*.
Heide[1] *m* pohan.
Heide[2] *f* vřesoviště *n*; **~kraut** *n Bot.* vřes *m* obecný, erika *f*.
Heidelbeere *f* borůvka.
Heiden|angst F *f* ohromný strach *m*; **~geld** F *n* ohromné peníze *m/pl.*; **~lärm** F *m* pekelný rámus.
Heid|entum *n* pohanství; **~in** *f* pohanka; **2nisch** pohanský.
heikel choulostivý; (*wählerisch*) vybíravý.
Heil *n* blaho; (*Glück*) spása *f*; (*Gruß*) nazdar; *sein ~ versuchen* zkoušet [zkusit] své štěstí; *zum ~* na prospěch.
heil *Adj.* (*ganz*) celý; (*unversehrt*) neporušený; (*gesund*) zdráv, zdravý.
Heiland *m Rel.* Spasitel.
Heil|anstalt *f* léčebný ústav; **2bar** vyléčitelný; **2en** [vy]léčit, [vy]hojit (*v/i* se); **~gymnastik** *f* zdravotní gymnastika.
heilig svatý; (*geheiligt*) posvátný; **2abend** *m* Štědrý večer; **2e(r)** *m/f* svatý (-tá), světec (-tice); **2enbild** *n* obraz *m* svatého (světce) *od.* svaté (světice); **2enschein** *m* svatozář *f*; **2keit** *f* svatost, posvátnost; **~sprechen** vyhlašovat [-hlásit] za svatého (*od.* za svatou); **2tum** *n* (*Ort*) svatyně *f*; (*Gegenstand*) posvátná věc, svátost *f*; **2ung** *f* (po-)svěcení *n*.
Heil|kraft *f* léčivá síla; **2kräftig** léčivý; **~kraut** *n s. Heilpflanze*; **~kunde** *f*, **~kunst** *f* lékařství *n*; **2los** zoufalý, žalostný; **~methode** *f* léčebná metoda; **~mittel** *n* léčivý prostředek, lék *m*; **~pflanze** *f* léčivá rostlina; **~praktiker** *m* přírodní léčitel; **~quelle** *f* léčivý pramen, léčivé zřídlo; **2sam** léčivý; *fig.* prospěšný.
Heils·armee *f* Armáda spásy.
Heil|serum *n* léčivé sérum; **~stätte** *f* léčebné místo; **~ung** *f* vyléčení *n*, uzdravení *n*; **~verfahren** *n* léčba *f*, způsob *m* léčení.
Heim *n* domov *m*; *fig.* dům *m*.
heim domů; **2arbeit** *f* domácká práce; **2arbeiter(in** *f*) *m* domácí dělník (-nice).
Heimat *f* domov *m*; (*Vaterland*)

vlast; **≈berechtigt** mající domovské právo; **~kunde** *f* vlastivěda; **~land** *n* rodná země, otčina *f*; **≈lich** rodný; **≈los** bez domova; **~recht** *n* domovské právo; **~vertriebene(r)** *m/f* odsunutý (-tá), vyhnanec (-nkyně *f*) *m* z vlasti.

Heimchen *n Zo.* cvrček *m*.

Heim|fahrt *f* jízda domů; *s. Heimreise*; **≈führen** vést (vodit *Iter.*) domů; **~gang** *m fig.* smrt *f*; **≈gehen** jít (chodit *Iter.*) domů; *fig.* umřít; **~industrie** *f* domácí (*od.* domácký) průmysl *m*; **≈isch** (*im Land*) rodný; (*im Haus, in der Heimat*) domácí; *~ werden* zdomácnět; **~kehr** *f* návrat *m* (domů); **≈kehren, ≈kommen** vracet [vrátit] se domů; **~kehrer** *m* navrátilec; **≈leuchten** (*D*) *fig.*: *j-m* hrubě odbý(va)t k-o.

heimlich tajný, skrytý; *Adv.* tajně, potají; *~ tun* děl(áv)at co skrytě (*od.* potají); **≈keit** *f* taj(em)nost.

Heim|reise *f* cesta *f* domů; **≈schicken** pos(í)lat domů; **~stätte** *f* domov *m*; (*Siedlung*) domovina, usedlost; **≈suchen** (*besuchen*) navštěvovat [-vštívit]; (*treffen*) stíhat [stihnout]; **~suchung** *f* utrpení *n*; **~tücke** *f* potměšilost; **≈tückisch** potměšilý; **≈wärts** *s. heim*; **~weg** *m* cesta *f* domů; **~weh** *n* stesk *m* po domově; **≈zahlen** oplácet [oplatit] (*mit gleicher Münze* stejně).

Heinzelmännchen *n* šotek *m*, skřítek *m*.

Heirat *f* sňatek *m*; *s. a. Ehe, Hochzeit*; **≈en** *Mann*: [o]ženit se (*j-n* s kým); *Frau*: vdá(va)t se (*j-n* za k-o).

Heirats|antrag *m* nabídka *f* k sňatku; **~anzeige** *f* oznámení *n* sňatku; **≈fähig** schopný sňatku (*od.* manželství); **~schwindler** *m* sňatkový podvodník; **~urkunde** *f* oddací list *m*; **~vermittler(in** *f*) *m* zprostředkovatel(ka *f*) *m* sňatku, dohazovač(ka); **~versprechen** *n* slib *m* manželství.

heiser chraptivý; *~ werden* [o]chraptět; **≈keit** *f* chraptivost.

heiß horký; (*glühend*) žhavý; *fig.* horoucí; *mir ist ~* je mi horko; **~blütig** horkokrevný.

heißen *v/t* (*nennen*) [po]jmenovat, naz(ý)vat; (*befehlen*) poroučet [-ručit]; *v/i* (*sich nennen*) jmenovat se, nazývat se; (*bedeuten*) znamenat; *wie heißt das auf tschechisch?* co to znamená po česku?; *das heißt* (*Abk.* d. h.) to je (*Abk.* t. j.); *es heißt, daß ...* praví se (*od.* proslýchá se), že ...; *was soll das ~?* co to znamená?

Heiß|hunger *m* velký hlad; *Med.* hltavost *f*; **≈hungrig** velice hladový, hltavý; **≈laufen** (*sich*) *Tech.* zahřá(va)t se; **~luft** *f* horký vzduch; **~sporn** *m* vznětlivý (*od.* horkokrevný) muž; **~wasser** *n* horká (*od.* vřelá) voda; **~'wasserheizung** *f* vytápění *n* horkou vodou; **~'wasserspeicher** *m* zásobník horké vody.

heiter vesel(ý); *Himmel*: jasný; **≈keit** *f* veselost.

Heiz|batterie *f* žhavicí baterie; **≈en** [vy]topit; **~er** *m* topič; **~fläche** *f* výhřevná plocha; **~gerät** *n* (elektrické) topidlo; **~kissen** *n* elektrická poduška; **~körper** *m* otopné těleso, radiátor; **~kraft** *f Phys.* výhřevnost; **~kraftwerk** *n* teplárna *f*; **~lüfter** *m* elektrický topný ventilátor; **~material** *n* topivo; **~öl** *n* olej *m* na topení; **~platte** *f* zahřívací deska; **~raum** *m* ohniště *n*, topeniště *n*; **~sonne** *f* elektrické slunce *n*; **~spirale** *f* topná spirála; **~technik** *f* technika topení; **~ung** *f* topení *n*; *El.* žhavení *n*; **~wert** *m* výhřevnost *f*.

Hektar *n* hektar *m*.

Hekto|'graph *m* hektograf; **'~'liter** *n* hektolitr *m*.

Held *m* hrdina, rek.

helden|haft hrdinný, hrdinský; **≈mut** *m* hrdinná odvaha; **~mütig** hrdinný; **≈sage** *f* hrdinská pověst; **≈tat** *f* hrdinný (*od.* hrdinský) čin; **≈tod** *m* hrdinská smrt; **≈tum** *n* hrdinství.

Heldin *f* hrdinka, rekyně.

helfen pomáhat [-moci]; *sich zu ~ wissen* věďet, jak si pomoci.

Helfer|(in *f*) *m* pomocník (-nice); **~s·helfer(in** *f*) *m* přisluhovač(ka).

Helium *n Chem.* hélium.

hell jasný; (*Farbe*) světlý; *~ werden* vyjasňovat [-snit] se; *ein ~er Kopf* bystrá hlava; *am ~en Tag(e)* za jasného (*od.* bílého) dne; **~blau** světlomodrý.

Helle *f* jasnost.

Heller *m* haléř; *das ist keinen ~ wert* nestojí to ani za haléř; *auf ~ und Pfennig bezahlen* zaplácet [-platit] až do posledního haléře.

helleuchtend jasně svítící.
hell|hörig jasně slyšící; *Arch.* průslyšný; **ˆigkeit** *f* jasnost; (*Fernsehen*) jas *m*; **~sehen** vidět [-dívat] do budoucna; **ˆseher(in** *f*) *m* jasnovidec (-dka).
Helm *m* přilba *f*.
Hemd *n* košile *f*; *bis aufs ~ ausziehen, ausplündern* obrat [obírat] k-o o všechno; **~hose** *f* kalhotové kombiné; **~s·ärmel** *m* rukáv *m* košile.
Hemi'sphäre *f* polokoule, hemisféra.
hemm|en zdržovat [-žet], [za]brzdit; **ˆnis** *n* překážka *f*; **~schuh** *m* *Esb.* brzdící zarážka *f*; *fig. s. Hemmnis*; **ˆung** *f* zdržování *n*, brzdění *n*; (*psychisch*) překážka, zábrana; **~ungslos** nespoutaný, nezřízený.
Hengst *m* hřebec.
Henkel *m* ucho *n*; **~korb** *m* koš s uchy.
henken věšet [pověsit].
Henker *m* kat, popravčí; **~s·mahl** (**-zeit** *f*) *n* poslední jídlo *n* odsouzencovo.
Henne *f* slepice.
her sem; *von außen ~* zvenčí; *von oben ~* shora; *von unten ~* sdola; *hin und ~* sem tam; *schon lange ~* již dávno; *wie lange ist es ~?* jak dlouho je tomu?
her'ab dolů; *von oben ~* shora dolů; **~blicken** shlížet [shlédnout] (*a. fig.*); **~fallen** spad(áv)at [-dnout]; **~hängen** viset dolů; **~kommen** scházet [sejít] (*a. fig.*); **~lassen** spouštět [spustit] (*sich* se); *fig.* snižovat [snížit] se; **~d** blahosklonný; **~setzen** *fig.* snižovat [snížit]; **ˆsetzung** *f* snížení *n*; **~sinken** klesat [-snout]; **~steigen** sestupovat [-stoupit]; **~ziehen** stahovat [stáhnout, stahat].
her'an sem (blíže); **~bilden** vzdělá(áv)at; **ˆbildung** *f* vzdělání *n*, výchova; **~brechen** nast(áv)at; **~fahren** přivážet [-vézt]; **~fliegen** přilétat [-letět]; **~gehen** [při]blížit se; *an et. ~* dá(va)t se do č-o; **~kommen** *s. herangehen*; **~machen:** *sich an j-n ~* [při]blížit se ke k-u; *sich an et. ~* dá(va)t se do č-o; **~nahen** *s. herangehen*; **~reichen** dosahovat [-sáhnout] (*an et.* nač *od.* k č-u); **~rücken** přisunovat [-nout]; *v/i s. herangehen*; **~schleichen:** *sich ~* připližovat [-plížit] se (*an et.* k č-u); **~treten** přistupovat [-stoupit] (*an A* k *D*); **~wachsen** dorůs(ta)t; **~wagen:** *sich ~* odvažovat [-vážit] se (*an A* k *D*); **~ziehen** přitahovat [-táhnout, -tahat]; *fig.* získ(áv)at.
her'auf (sem) nahoru; **~beschwören** *Geister*: vyvol(áv)at; (*herbeiführen*) způsobovat [-bit]; **~kommen** přicházet [přijít] nahoru; **~ziehen** *v/t* vytahovat [-táhnout, -tahat]; *v/i* táhnout nahoru; *Gewitter*: [při]blížit se.
her'aus ven; **~bekommen** dost(áv)at ven; (*entdecken*) přicházet [přijít] na (*A*); *Geld*: dost(áv)at zpět; *Fleck*: vyčišťovat [-čistit]; **~brechen** vylamovat [-lomit, -lámat]; **~bringen** dost(áv)at ven; (*tragen*) vynášet [-nést]; *Typ. s. herausgeben*; *Wort*: vypravovat [-pravit]; **~drehen** vykrucovat [-kroutit]; **~dürfen** smět (vyjít) ven; **~fallen** vypadávat [-dnout, -dat]; **~finden** vynaléz(a)t; *sich ~* pomáhat [-moci] si (ven); **~fliegen** vyletovat [-letět, -létat]; **~fließen** vytékat [-téci]; **~fordern** vyz(ý)vat; **ˆforderung** *f* vyzvání *n*; **~führen** (*gehend*) vyvádět [-vést]; (*fahrend*) vyvážet [-vézt]; **ˆgabe** *f* vydá(vá)ní *n*; **~geben** dá(va)t ven; *Buch*: vyd(áv)at; *Geld*: dá(va)t nazpět; **ˆgeber** *m* vydavatel; **~gehen** vycházet [vyjít]; *Fleck*: pouštět [pustit]; *nicht aus sich ~* být zamlklý; **~greifen** vyb(í)rat; **~haben** F mí(va)t venku; *er hat es heraus* přichází na to; **~helfen** pomáhat [-moci]; **~holen** [při]jít pro (*A*); **~hören** [u]slyšet; **~kehren** *fig.* chovat se jako; **~kommen** vycházet [vyjít] (*a. fig.*); (*bekanntwerden*) přicházet [přijít] najevo; *es kommt auf eins heraus* to je jedno; *was kommt dabei heraus?* co z toho bude?; **~können** moci ven; **~kriechen** vyléz(a)t; **~lassen** vypouštět [-pustit]; **~laufen** vybíhat [-běhnout]; (*Flüssigkeit*) vytékat [-téci]; **~legen** vykládat [vyložit]; **~lesen** (*aussuchen*) vyb(í)rat; (*aus einem Buch*) vyčítat [-číst]; **~locken** [vy]lákat (*aus j-m* na kom); **~machen** dost(áv)at ven; F *sich ~* (*erholen*) sbírat [sebrat] se; **~nehmen** vynd(áv)at; *fig. sich ~* dovolovat [-lit] si; **~-**

platzen vyjíždět [-jet] (*mit D* s *I*); **~pressen** vytlačovat [-čit]; *fig.* vynucovat [-nutit]; **~putzen** vyšňořovat [-řit]; **~ragen** vyční(va)t; **~reden:** *sich ~* vymlouvat [-mluvit] se; **~reißen** vytrhovat [-hnout, -hat] (*a. fig.*); **~rücken** *v/t Geld*: vyd(áv)at; *v/i*: *mit der Sprache ~* [pro-] mluvit; *mit der Wahrheit ~* říci pravdu; **~schaffen** vyklízet [-klidit]; **~schlagen** vytloukat [-tlouci]; F *Geld*: [vy]těžit; **~schmeißen** vyhazovat [-hodit, -házet]; **~schneiden** vyřezávat [-říznout, -řezat]; **~schütteln** vytřást [-třesat]; **~schwimmen** vyplavat [-lout]; **~sein** F: *das ist noch nicht heraus* to je ještě neznámo, to se teprve ukáže; **~springen** vyskakovat [-skočit, -skákat]; **~st(r)ecken** vystrkovat [-strčit, -strkat]; *Zunge*: vyplazovat [-plaznout]; **~stellen** stavět [postavit] ven; (*j-n hervorheben*) ukazovat [ukázat] na (*A*); (*et. hervorheben*) vytýkat [-tknout]; **~streichen** vyškrtovat [-škrtnout, -škrtat]; *fig.* vynášet [-nést]; **~strömen** proudit ven [vyproudit]; **~suchen** vyhled(áv)at; **~tragen** vynášet [-nést, -nosit]; **~treten** vystupovat [-stoupit]; (*hervorragen*) vyční(va)t; **~wachsen** vyrůs(ta)t; **~wagen:** *sich ~* odvažovat [-vážit] se ven; **~winden:** *sich ~* vyplétat [-plést] se; **~wollen** chtít ven; *nicht mit der Sprache ~* nechtít [pro]mluvit; **~ziehen** vytahovat [-táhnout, -tahat] (*sich* se z *G*).

herb trpký (*a. fig.*).

Her'barium *n* herbář *m*.

her'bei sem; (*vgl. heran..., hinzu-...*); **~bringen** *s. herbeitragen, herbeiführen*; **~eilen** přikvapovat [-pit]; **~führen** (*bewirken*) [z]působit, přivodit *pf.*; **~holen** docházet [dojít] pro (*A*); **~lassen:** *sich ~ zu j-m* podvolovat [-lit] se (*D*); **~laufen** přibíhat [-běhnout, -běhat]; **~locken** [při]lákat; **~rufen** přivol(áv)at; **~schaffen** opatřovat [-řit]; **~schleppen** přivlékat [-vléci]; **~strömen** *fig.* [při]hrnout se; **~tragen** přinášet [-nést]; **~ziehen** přitahovat [-táhnout, -tahat].

her|bekommen F dost(áv)at sem; **~bemühen:** *j-n ~* žádat k-o, aby sem přišel; *sich ~* neobtěžovat se přijít.

Herberg|e *f* noclehárna; (*Wirtshaus*) hospoda; **~s·vater** *m* hospodář.

herbestellen objedn(áv)at.

Herbheit *f* trpkost.

her|bitten (*j-n*) [po]žádat k-o aby sem přišel; **~bringen** (*tragend*) přinášet [-nést]; (*führend*) přivádět [-vést]; (*fahrend*) přivážet [-vézt] (sem).

Herbst *m* podzim; *Poet.* jeseň *f*; *im ~* na podzim; *es wird ~* nastává podzim; **2lich** podzimní; **~zeitlose** *f Bot.* ocún *m*.

Herd *m* krb, sporák; *Tech.* (*Feuerraum*) nístěj; *fig.*, *Med.* ohnisko *n*.

Herde *f* stádo *n*; (*Gänse2*) hejno *n*; **2nweise** ve stádech, houfně.

Herdplatte *f* plát *m* sporáku, nístějka.

her'ein dovnitř; *~!* dále!, vstupte!; *vgl. hinein*; **~brechen** *Nacht*: nast(áv)at; *Unglück*: postihovat [-hnout] (*über j-n* k-o); **~bringen** *s. hereintragen, herbringen*; **2fall** (*mst* F **Reinfall**) *m* nesnáz *f*, F brynda *f*; **~fallen** *fig.* napalovat [-pálit] se; **~holen** (*et.*) přinášet [-nést]; (*j-n*) přivádět [-vést]; **~kommen** vcházet [vejít]; **~können** moci sem *od.* vejít; **~lassen** vpouštět [vpustit]; **~legen** F [o]šidit; **~platzen** F neočekávaně přicházet [přijít]; **~schneien:** *fig. hereingeschneit kommen* neočekávaně se objevovat [-jevit]; **~tragen** vnášet [vnést].

her|fahren *v/t* přivážet [-vézt]; *v/i* přijíždět [-jet]; **2fahrt** *f* jízda sem; **~fallen:** *über j-n ~* vrhat [-hnout] se na k-o; *fig.* pouštět [pustit] se (*über j-n* do k-o *G*); **~führen** přivádět [-vést]; **2gang** *m* (*Verlauf*) průběh; **~geben** dá(va)t; *gib es her!* dej to sem!; *sich ~ zu* propůjčovat [-čit] se k (*D*); **~gehen** (*geschehen*) dít se, být; *hinter j-m* (*neben j-m*) *~* jít za kým (vedle k-o *G*); *es geht hier hoch her* je zde veselo; *s. herkommen*; **~haben** mí(va)t odkud; **~halten** *v/t Hand*: nastavovat [-stavit]; *v/i* (*büßen*) [u]trpět.

Hering *m Zo.* sleď; *s. Salzhering*; *zusammengedrängt wie ~e* natlačený jako slanečci; *~s-* sleďový, slanečkový.

her|kommen přicházet [přijít]; **~kömmlich** obvyklý; **2kunft** *f* původ *m*; **~laufen** přibíhat [-běh-

nout]; *hinter j-m* ~ běžet (běhat *Iter.*) za kým; **~leiten** odvozovat [-vodit]; **~machen** F: *sich* ~ *über* (*A*) pouštět [pustit] se do (*G*).
Herme'lin[1] *n Zo.* hranostaj *m*; ~[2] *m* (*Pelz*) hermelínová kožešina, hermelín *m*.
her'metisch hermetický, neprodyšný.
her'nach potom, poté.
hernehmen odněkud brát [vzít]; *fig.* F *j-n* ~ ztrh(áv)at.
Hero'in *n* heroin *m*.
he'ro|isch heroický, hrdinský; **♀-'ismus** *m s. Heldentum.*
Herr *m* pán; *Attr. im Sg.* pan; *m-e* ~*en!* pánové!; F *alter* ~ otec; ~ *werden* (*G*) zmáhat [zmoci] (*A*).
Herren|anzug *m* pánský oblek; **~fahrrad** *n* pánské kolo; **~haus** *n* pánský dům; **♀los** bez pána; **~partie** *f* partie *f* bez dam; **~schnitt** *m* (*Frisur*) pánský účes; **~sitz** *m s. Herrenhaus*; (*beim Reiten*) pánské sedlo; **~zimmer** *n* pánský pokoj.
Herrgott *m* pánbůh.
herrichten (*instand setzen*) upravovat [-pravit]; (*vorbereiten*) připravovat [-pravit].
Herr|in *f* paní; **♀isch** pánovitý.
herrlich nádherný, velkolepý; **♀keit** *f* velkolepost, nádhera.
Herrschaft *f* (*Gewalt, Macht*) vláda, moc; (*Personen*) panstvo *n*; (*Besitz*) panství *n*; **♀lich** panský.
herrschen panovat (*über A* nad *I*); *fig.* (*vorhanden sein*) být; **~d** panující; (*heutig*) dnešní.
Herrscher *m* panovník; **~haus** *n* panovnický rod; **~in** *f* panovnice.
Herrsch|sucht *f* panovačnost; **♀süchtig** panovačný.
her|rühren pocházet; **~sagen** odřík(áv)at; **~schaffen** *s. herbeischaffen*; **~stammen** *s. herrühren.*
herstell|en (*anfertigen*) vyrábět [-robit]; *Med.* [vy]léčit; **♀er** *m* výrobce; **♀ung** *f* výroba; *Med.* vyléčení *n*; **♀ungskosten** *f/pl.* výrobní náklady *m/pl.*
her'über sem; **~bitten** *s. herbitten*; **~bringen, ~holen** (*tragend*) přenášet [-nést]; (*fahrend*) převážet [-vézt]; **~kommen** přecházet [přejít]; **~reichen** podá(va)t sem; **~schicken** pos(í)lat sem; **~werfen** přehazovat [-hodit] sem.
her'um kolem, okolo; *s. umher*; *um die Ecke* ~ za roh; **~balgen:** *sich* ~ rvát [porvat] se; **~blättern** prolistovávat; **~drehen** otáčet [otočit]; **~drücken** F: *sich* ~ potulovat se; **~fahren** *v/i* F jezdit; cestovat; *um et.* ~ jet (jezdit *Iter.*) kolem (*G*); *mit den Händen* ~ rozkládat rukama; **~führen** (*um A*) vést [vodit] kolem (*G*); *in der Stadt* ~ provádět [-vést] po městě; F *fig. j-n an der Nase* ~ vést [vodit] k-o za nos; **~geben** dá(va)t kolovat; **~gehen** (*um A*) obcházet [obejít] (*A*); F (*umhergehen*) [do]chodit sem tam; *das geht mir im Kopf herum* to mi nejde z hlavy; **~horchen** F naslouch(áv)at všude; **~kommen** F *s. herumfahren*; (*um A*) přicházet [přijít] kolem (*G*); (*fahrend*) přijíždět [-jet] kolem (*G*); (*sich drücken*) vyhýbat [-hnout] se (*um et.* č-u); *weit* ~ [s]cestovat mnoho; **~kriegen** F přemlouvat [-mluvit]; **~liegen** F povalovat se; **~lungern** F potloukat se; **~reichen** pod(áv)at kolem; **~schlagen** F *fig. sich* ~ *mit* [po]rvat se (s *I*); **~schnüffeln** F strkat do všeho nos; **~stehen** F stát (kolem); **~streiten** F: *sich* ~ hádat se; **~tragen** F nést (nosit *Iter.*) s sebou; **~treiben** F: *sich* ~ potloukat se; **♀treiber** *m* potloukač; **~wälzen:** *sich* ~ povalovat se; **~wirtschaften** F piplat se, párat se; **~wühlen** F hrab(áv)at se.
her'unter dolů; *s. herab, hinunter*; ~ *damit!* dolů s tím!; **~bringen** snášet [snést] (dolů); **~fallen** spadávat [-dnout, -dat]; **~hängen** F *s. herabhängen*; **~kommen** scházet [sejít]; *fig.* přicházet [přijít] na mizinu; *heruntergekommen* sešlý; **~lassen** spouštět [spustit]; **~machen** F *fig.* ztrh(áv)at; **~nehmen** snímat [sejmout]; **~reißen** F strh(ov)at [-hnout]; **~schlagen** srážet [srazit]; **~schlucken** polykat [(s)polknout]; **~springen** seskakovat [-skočit, -skákat]; **~stürzen** [z]řítit se, [s]kácet se; **~ziehen** stah(ov)at [stáhnout].
her'vor ven; **~brechen** vyrážet [-razit]; **~bringen** vynášet [-nést]; (*bilden*) [vy]tvořit; (*verursachen*) [z]působit; **~gehen** vycházet [vyjít]; (*entstehen*) vznikat [-knout]; (*folgen*) vyplývat [-lynout]; **~heben** *fig.* vytýkat [-tknout]; **~holen** vynd(áv)at; **~kommen** vycházet [vy-

jít]; (*erscheinen*) objevovat [-jevit] se; **~ragen** vyční(va)t; *fig.* vynikat [-knout]; *~d fig.* vynikající; **~rufen** vyvol(áv)at; *fig.* (*bewirken*) [z]působit; (*erwecken*) [vz]budit; **~stehen** vyční(va)t; **~treten** vystupovat [-stoupit]; *fig.* vynikat [-knout]; **~tun:** *sich ~* vynikat [-knout]; **~ziehen** vytah(ov)at [-táhnout].

Herweg *m* cesta *f* sem.

Herz *n* srdce (*a. fig.*); (*Mittelpunkt*) střed *m*; (*des Salats*) srdíčko; (*Cœur*) červené *f/pl.*; *ein ~ und eine Seele* jedna duše; *von ~en gern* ze srdce rád; *vom ganzen ~en* z celého srdce; *es ist mir schwer ums ~* je mi těžko u srdce; *das ~ ist ihm in die Hosen gefallen* srdce mu spadlo do kalhot; *j-m et. ans ~ legen* klást [vložit] k-u co na srdce; *sich ein ~ fassen* dod(áv)at si odvahy; *sich zu ~en nehmen* brát [vzít] si k srdci; *es ist ihm ein Stein vom ~en gefallen* spadl mu kámen ze srdce.

herzählen vypočít(áv)at.

Herz|anfall *m Med.* srdeční záchvat; **~beklemmung** *f Med.* svírání *n* srdce; **~beutel** *m Anat.* osrdečník; **2brechend** srdcelomný.

herzen [po]laskat; *vgl. liebkosen.*

Herzens|brecher *m* donchuán; **~freude** *f* upřímná radost; **~freund** *m* zvláště milý (*od.* důvěrný) přítel; **2froh** ze srdce vesel(ý); **2gut** od srdce dobrý; **~güte** *f* dobrota srdce; **~lust** *f s. Herzensfreude*; *nach ~* do libosti; **~wunsch** *m* srdečné přání.

herz|ergreifend dojemný; **2fehler** *m* srdeční vada *f*; **~förmig** srdcovitý; **2gegend** *f Med.* osrdí *n*; **~haft** srdnatý; **~ig** roztomilý; **2infarkt** *m* srdeční záhať, infarkt; **2klappe** *f Anat.* srdeční chlopeň *f*; **2kammer** *f Anat.* srdeční komora; **2klopfen** *n* tlukot *m* (*od.* bušení) srdce; **~krank** nemocný (-cen) srdcem; **2krankheit** *f* srdeční choroba; **~lich** srdečný; *~ gern* ze srdce rád; **2lichkeit** *f* srdečnost; **~los** bez srdce; **2losigkeit** *f* necitelnost.

Herzog(in *f*) *m* vévoda (-dkyně); **~tum** *n* vévodství.

Herz|schlag *m* tlukot srdce; *Med.* srdeční mrtvice *f*; **~schwäche** *f* slabost srdce; **2stärkend** sílící srdce; **~tätigkeit** *f* činnost srdce; **~verfettung** *f* ztučnění *n* srdce; **~verpflanzung** *f* transplantace srdce; **2zerreißend** srdcervoucí.

her'zu *vgl. heran..., herbei...*

Hessen *n* Hessensko.

hessisch hessenský.

Hetz|blatt *n* štvavý časopis; **~e** *f* štvanice; (*Eile*) spěch *m*; **2en** štvát [poštvat]; **~jagd** *f* štvanice.

Heu *n* seno; F *fig. Geld wie ~* peněz jako železa; **~boden** *m* seník.

Heuch|e'lei *f* pokrytectví *n*; **2eln** *v/t* předstírat; *v/i* přetvařovat se.

Heuchler|(in *f*) *m* pokrytec *m*; **2isch** pokrytecký.

Heuer *f Mar.* mzda námořníků, **2n** *Mar.* najímat [-jmout].

Heu|ernte *f* senoseč; **~fieber** *n* senná horečka; **~gabel** *f* podávky *f/pl.*; **~haufen** *m* kupa *f* sena.

heulen [za]výt; *Wind*: [za]skučet; F (*weinen*) [za]vřeštět, řvát.

Heu|mahd *f s. Heuernte*; **~pferd** *n s. Heuschrecke.*

heurig letošní.

Heu|schnupfen *m* senná rýma; **~schober** *m* stoh sena; **~schrecke** *f Zo.* kobylka; **~wendemaschine** *f* stroj *m* na obracení sena.

heute dnes; *von ~ s. heutig*; *von ~ ab od. an* ode dneška; *bis ~* dodnes; *~ in acht Tagen* ode dneška za týden; *Prag von ~* Praha dnešní.

heut|ig dnešní; (*gegenwärtig*) nynější; **~zutage** dnes, za naší doby.

He'xameter *m* šestiměr, hexametr.

Hexe *f* čarodějnice; **2n** [za]čarovat; **~n·kessel** *m fig.* zmatek, chaos; **~n·schuß** *m Med.* bederní ústřel, F houser.

Hexe'rei *f* čáry *m/pl.*

HGB *Abk. für Handelsgesetzbuch.*

hieb *s. hauen.*

Hieb *m* rána *f*, úder; *fig.* jizlivá poznámka; *~e pl. s. Prügel*; **~waffe** *f* sečná zbraň; **~wunde** *f* sečná rána.

hielt *s. halten.*

hier zde; *von ~ aus* odtud; *~ und da* zde a tam; *nach ~* sem.

Hierar'chie *f* hierarchie; církevní hodnostáři *m/pl.*; **2isch** [-'aʀ-] hierarchický, kněžský.

hier|auf (*danach*) potom, pak; **~aus** z toho; **~bei** u toho, při tom; (*inliegend*) v příloze, současně; **~bleiben** zůst(áv)at zde; **~durch** (*auf diese Weise*) tím; **~für** za to; **~'gegen** proti tomu; **'~'her** sem; *bis ~*

až sem, až potud; ~- *in Zssgn vgl. her...*; **~hin** sem; **~in** v tom; **~mit** (s) tím; **~nach** (*demnach*) podle toho; (*dann*) potom.
Hiero'glyphe *f* hieroglyf *m*.
hier|über (*darüber*) o tom; **~unter** (*wohin?*) pod to; (*wo?*) pod tím; (*dazwischen*) mezi tím; *vgl. darunter*; **~von** o tom; **~zu** k tomu; **~zulande** v této zemi.
hiesig zdejší.
hieß *s. heißen*.
hilf *s. helfen*.
Hilfe *f* pomoc; *Erste ~* první pomoc; *zu ~* na pomoc; *mit ~* pomocí; *~ leisten* poskytovat [-tnout] pomoc; **~leistung** *f* poskytnutí *n* pomoci; **~ruf** *m* volání *n* o pomoc.
hilf|los bez pomoci, bezmocný; **2losigkeit** *f* bezmocnost; **~reich** nápomocný.
Hilfs|aktion *f* pomocná akce; **~arbeiter** *m* pomocný dělník; **2bedürftig** nuzný; **2bereit** úslužný; **~kraft** *f* pomocná síla; **~linie** *f Math.* pomocná čára; **~mittel** *n* pomocný prostředek; **~organisation** *f* pomocná organisace; **~quelle** *f* pomocný zdroj; **~schule** *f* pomocná škola; **~werk** *n* pomocné dílo; **~zeitwort** *n* pomocné sloveso.
Himbeer|e *f* malina; **~saft** *m* malinová šťáva.
Himmel *m* nebe *n*, nebesa *n/pl.*; *um ~s willen* proboha; *unter freiem ~* pod širým nebem; *aus heiterem ~* zčistajasna; **2angst**: *mir wird ~* mám ohromný strach; **~bett** *n* postel *f* s nebesy; **2blau** blankytný; **~fahrt** *f*: *Christi ~* Nanebevstoupení *n* Páně; *Mariä ~* Nanebevzetí *n* Panny Marie; **2hoch** nebetyčný; **~reich** *n* království nebeské; **2schreiend** do nebe volající.
Himmels|gegend *f* světová strana; **~karte** *f Astr.* nebeská (*od.* hvězdářská) mapa; **~körper** *m* nebeské těleso; **~richtung** *f s. Himmelsgegend*; **~zelt** *n Poet.* obloha *f*.
himmel|wärts k nebi, k nebesům; **~weit** nesmírně daleký; *fig.* ohromný.
himmlisch nebeský (*a. fig.*).
hin tam; (*weg*) pryč; *~ und her* sem (a) tam; *~ und zurück* tam a zpět; *~ und wieder* občas; F *er ist ~* (*erschöpft*) je utrmácený; (*ruiniert*) je zničen; *et. ist ~* po čem je veta.
hin'ab dolů; **~fahren** sjíždět [sjet]; **~gehen** scházet [sejít]; **~steigen** sestupovat [-stoupit].
hin'an nahoru.
hin·arbeiten: *auf et. ~* usilovat oč.
hin'auf nahoru, vzhůru; **~arbeiten**: *sich ~* dost(áv)at se nahoru; *fig.* povznášet [-nést] se; **~fahren** jet (jezdit *Iter.*) nahoru; **~führen** vodit [vést] nahoru; **~gehen** jít (chodit *Iter.*) nahoru; **~klettern, ~klimmen** [vy]lézt nahoru; **~steigen** vystupovat [-stoupit]; **~tragen** přinášet [-nést] nahoru.
hin'aus ven; *zur Tür ~* ze dveří ven; *~ mit dir!* kliď se!; **~begleiten** vyprovázet [-vodit] (ven); **~blicken** vyhlížet [-hlédnout] ven; **~drängen** vytlačovat [-čit] (ven); **~fahren** *v/t* vyvážet [-vézt]; *v/i* vyjíždět [-jet]; **~fallen** vypad(áv)at [-dnout]; **~führen** vyvádět [-vést]; **~gehen** jít ven, vycházet [vyjít]; **~können** moci ven; **~laufen** vybíhat [-běhnout]; *fig. auf et. ~* směřovat k č-u; *es läuft auf eins hinaus* konec konců je to jedno; **~schaffen** *s. hinaustragen*; **~schieben** *fig.* odkládat [odložit]; **~schießen** *fig. über et. ~* přesahovat [-sáhnout] co; **~schmeißen** *s. hinauswerfen*; **~sehen** *s. hinausblicken*; **~sein** *fig. über et. ~* mít co za sebou; **~tragen** vynášet [-nést]; **~wagen**: *sich ~* odvažovat [-vážit] se ven; **~werfen** vyhazovat [-hodit, -házet]; **~wollen** chtít ven, chtít vyjít; *fig.* (*streben*) směřovat; **~ziehen** *v/t* vytah(ov)at [-táhnout]; (*verzögern*) protahovat [-táhnout]; *v/i* [od]táhnout.
Hin|blick *m*: *im ~ auf* (*A*) vzhledem k (*D*); **2bringen** donášet [-nést]; (*hinführen*) dovádět [-vést]; (*fahrend*) dovážet [-vézt]; *Zeit*: [s]trávit.
hinder|lich závadný; *~ sein* překážet; **~n** [za]bránit (*j-n an D* k-u v *L*); *vgl. hinderlich sein*; **2nis** *n* překážka *f*; **2nisrennen** *n* dostihy *m/pl.* s překážkami.
hindeuten ukazovat [-kázat] (*auf et.* nač).
hin'durch skrz; *ein ganzes Jahr ~* (po) celý rok; **~gehen** procházet [projít].
hin·eilen spěchat [pospíšit si] (tam).
hin'ein dovnitř; *ins Haus ~* do domu; **~blicken** nahlížet [-hlédnout] (*in et.* do *G*); **~denken**: *sich ~* vmýšlet

[vmyslit] (*in A* v *A*); **~drängen:** *sich ~* [v]tlačit se (dovnitř); **~drükken** vtlačovat [-čit]; **~fahren** vjíždět [vjet]; **~finden:** *sich ~* vpravovat [vpravit] se; **~führen** uvádět [uvést] (dovnitř); **~gehen** vcházet [vejít]; (*Platz haben*) vcházet [vejít se]; **~geraten** dost(áv)at se (*in A* do *G*); **~gießen** vlévat [vlít]; **~greifen** zasahovat [-sáhnout]; **~kommen** vcházet [vejít]; **~kriechen** vléz(a)t; **~lassen** vpouštět [vpustit]; **~laufen** vbíhat [vběhnout]; **~leben:** *in den Tag ~* žít ze dne na den; **~legen** vkládat [vložit]; **~mengen, ~mischen:** *sich ~* vměšovat [vmísit] se (*in et.* do č-o); **~passen** hodit se; **~reden** [pro-] mluvit (*in et.* do č-o); **~springen** vskakovat [vskočit]; **~stecken** vstrkovat [vstrčit]; **~steigen** vstupovat [vstoupit]; **~stellen** postavovat [-stavit] dovnitř; **~tragen** vnášet [vnést]; **~treiben** vhánět [vehnat]; **~tun** vkládat [vložit]; **~ziehen** vtahovat [vtáhnout]; *fig.* (*verwikkeln*) zaplétat [-plést]; **~zwängen** vtlačovat [-čit] násilím.

hin|fahren *v/t* [do]vézt tam; *v/i* jet (jezdit *Iter.*) tam; **♀fahrt** *f* jízda *f* tam; *Hin- und Rückfahrt* jízda tam a zpět; **~fallen** padat [upadnout]; **~fällig** slabý, sešlý; *s. gegenstandslos*; **~fliegen** letět tam.

hin'fort budoucně, příště.

hinführen dovádět [-vést]; *vgl. hinbringen.*

hing *s. hängen.*

Hingabe *f* oddanost; (*Begeisterung*) zápal *m.*

hingeb|en (*weggeben*) vzdá(va)t se (*G*); (*opfern*) obětovat; *sich ~* odd(áv)at se; **♀ung** *f s. Hingabe.*

hin'gegen proti tomu.

hin|gehen jít (chodit *Iter.*) tam; (*vergehen*) [u]plynout; *~ lassen* promíjet [-minout]; **~gehören** náležet; **~gelangen** *s. hinkommen*; **~geraten** ocitat [-tnout] se; **~gerissen** F: *~ sein* být uchvácen; **~halten** (*reichen*) pod(áv)at; (*verzögern*) zdržovat [-žet]; (*vertrösten*) [u]konejšit.

hinken kulhat; **~d** kulhavý.

hin|kommen přicházet [přijít] tam; **~länglich** dostatečný; **~laufen** bežet [odběhnout] tam; **~legen** klást [položit] tam; *sich ~* lehat si [lehnout (si)]; **~nehmen** přijímat [-jmout]; (*sich gefallen lassen*) snášet [snést]; **~neigen** přiklánět [-klonit] se (*nach od. zu* k *D*).

hinreichen *v/t* pod(áv)at; *v/i* [po-] stačit; **~d** *vgl. genügend.*

Hinreise *f s. Hinfahrt.*

hinreißen uchvacovat [uchvátit]; **~d** úchvatný.

hinricht|en popravovat [-pravit]; **♀ung** *f* poprava.

hin|scheiden *s. sterben*; **~schicken** pos(i)lat tam; **~schmeißen** *s. hinwerfen*; **~sehen** [po]dívat se tam; **~setzen** postavovat [-stavit]; *sich ~* posazovat [-sadit] se.

Hinsicht *f* zřetel *m*; *in dieser ~* po této stránce; *in ~ auf (A)* = **♀lich** (*G*) se zřetelem k (*D*) *od.* na (*A*); *vgl. betreffs.*

hin|siechen [z]chřadnout; **~stellen** postavovat [-stavit]; *~ als (A)* prohlašovat [-hlásit] za (*A*); **~strecken** *Hand*: natahovat [-táhnout]; (*töten*) zabí(je)t; **~stürzen** padat [(u)padat]; (*rennen*) řítit se.

hint'an|setzen, ~stellen opomíjet [-menout].

hinten vzadu; *nach ~* dozadu; *von ~* zezadu; **~herum** F *fig.* (*heimlich*) tajně.

hinter *Prp.* (*wo? D, wohin? A*) za (*wo? I, wohin? A*); *z. B. ~ dem Haus* za domem; *~ das Haus* za dům; *Adj.* zadní; **♀achse** *f* zadní náprava; **♀bein** *n* zadní noha *f*; **♀'bliebene(n)** *m,f/pl.* pozůstalí *m/pl.*; **~'bringen** donášet [-nést]; **♀deck** *n Mar.* zadní paluba *f*; **~'drein** (*örtlich*) vzadu; (*zeitlich*) potom.

Hintere(r) P *s. Hintern.*

hinter|ein'ander za sebou, po sobě; **♀gedanke** *m* tajná myšlenka, obmysl; **~'gehen** [o]klamat; **♀grund** *m* pozadí *n* (*a. fig.*); *in den ~ treten* [u]stoupit do pozadí; **♀halt** *m* záloha *f*; *fig.* nástraha *f*; **~hältig** úskočný; **♀haus** *n* zadní dům *m.*

hinter'her pozadu; (*zeitlich*) potom; **~gehen** (*D*) jít (chodit *Iter.*) za kým; **~sein** (*bedacht sein*) dbát (č-o, na co).

Hinter|hof *m* zadní dvůr; **~kopf** *m* týl, záhlaví *n*; **~lader** *m* zadovka *f*; **~land** *n* zázemí (*a. Mil.*); **♀'lassen** zanech(áv)at, zůstavovat [-stavit]; **~'lassenschaft** *f* pozůstalost; **♀'legen** ukládat [uložit]; *hinterlegter*

Betrag složená částka; **~'leger(in** *f*) *m* deponent(ka), vkladatel(ka); **~list** *f* lest; **2listig** lstivý; **~mann** *m* zadák; *fig.* člověk v pozadí.
Hintern P *m* zadnice *f*.
Hinterrad *n* zadní kolo; **~antrieb** *m* pohon *m* zadního kola.
hinter|rücks zezadu; *fig.* lstivě; **2seite** *f* zadní strana; **2teil** F *n* zadek *m*; **2treffen** *n*: *ins ~ geraten* být odstrčen; **~'treiben** *s. hindern, vereiteln*; *fig.* [z]mařit; **2treppe** *f* zadní schody *m/pl.*; **2tür** *f* zadní dveře *f/pl.*; *fig. sich eine ~ lassen* [po]nechat si (otevřená) zadní dvířka; **~wärts** dozadu; **~'ziehen** zpronevěřovat [-řit].
hin|tragen donášet [-nést]; **~tun** F dá(va)t.
hin'über na druhou stranu, tam; **~-** *in Zssgn* pře-; **~bringen** přepravovat [-pravit]; **~fahren** *v/t* převážet [-vézt]; *v/i* přejíždět [-jet]; **~springen** přeskakovat [-skočit]; **~ziehen** pře- *od.* protahovat [-táhnout].
Hin- und 'Rückfahrkarte *f* jízdenka *f* tam a zpět.
hin'unter dolů; **~bringen** snášet [snést]; **~fallen** spad(ov)at [-dnout]; **~gehen** scházet [sejít]; **~schlucken** polykat [(s)polknout]; **~tragen** snášet [snést]; **~werfen** shazovat [shodit, sházet].
Hinweg *m* cesta *f* tam.
hin'weg pryč; **~gehen** pomíjet [-minout] (*über A A*); **~helfen** pomoci (*über et.* přes *A*); **~setzen:** *sich ~ über* (*A*) nevšímat [-všimnout] si (*G*).
Hinweis *m* poukaz, odkaz; **2en** poukazovat [-kázat], odkazovat [-kázat]; *Gr. ~des Fürwort* ukazovací zájmeno.
hin|werfen házet [hodit] (tam); *Wort*: prohodit *pf.*; **~wirken** [za-] působit (*auf et.* na *A*); **~ziehen** přitahovat [-táhnout] (*j-n zu sich* k-o k sobě); *s. verzögern.*
hin'zu k tomu; **~-** *in Zssgn* při-; **~denken** přimýšlet [-myslit] si; **~fügen** připojovat [-jit]; **~kommen** přicházet [přijít] (k tomu); *es kommt noch hinzu, daß ...* k tomu ještě přijde (*od.* přistupuje), že ...; **~rechnen** připočít(áv)at; **~setzen** *s. hinzufügen*; **~treten** přistupovat [-stoupit]; *fig. s. hinzukommen*; **~tun** *s. hinzufügen*; **~zählen** *s. hinzurechnen*; *vgl. hinzufügen*; **~ziehen** přib(í)rat; *Arzt*: povol(áv)at.
Hiobs|botschaft *f*, **~post** *f* Jobova zvěst.
Hirn *n* mozek *m*; *s. Gehirn*; **~gespinst** *n* výmysl *m*; **~haut** *f Anat.* mozková blána; **~haut·entzündung** *f Med.* zánět *m* mozkových blan; **~schädel** *m*, **~schale** *f* lebka *f*; **~schlag** *m Med.* mozková mrtvice *f*; **2verbrannt** potřeštěný, pomatený.
Hirsch *m* jelen; **~-** *in Zssgn* jelení; **~fänger** *m Jagdw.* tesák; **~fleisch** *n* jelení maso; **~hornsalz** *n Chem.* sůl *f* z jeleního rohu; **~käfer** *m Zo.* roháč obecný; **~kalb** *n* kolouch *m*; **~kuh** *f* laň.
Hirse *f* proso *n*; (*Grütze*) jáhly *f/pl.*
Hirt *m* pastýř.
Hirten|brief *m Rel.* pastýřský list; **~flöte** *f* pastýřská flétna; **~junge** *m*, **~knabe** *m* mladý pastýř, pasáček; **~mädchen** *n* mladá pastýřka, pasačka *f*.
Hirtin *f* pastýřka.
His *n Mus.* his.
hissen vztyčovat [-čit].
Hi'stor|iker *m* historik, dějepisec; **2isch** historický.
Hitze *f* horko *n*, žár *m*; *fig.* zápal *m*; *in ~ geraten* vzplanout [vzplát] vášní; **2beständig** žáropevný, žárovzdorný; **~grad** *m* stupeň horka *od.* žáru; **~welle** *f* tepelná vlna, vedro *n*.
hitz|ig horký; (*heftig*) prudký; *~ werden* rozpalovat [-pálit] se; **2kopf** *m* prchlivec; **2schlag** *m Med.* úpal.
hl. *Abk. für heilig.*
hl *Abk. für Hektoliter.*
HO *Abk. für Handelsorganisation* (*DDR*) znárodněný maloobchod.
hob *s. heben.*
Hobby *n* koníček *m*, libůstka *f*.
Hobel *m* hoblík; (*Kraut2*) kruhadlo *n*; **~bank** *f* hoblice; **~eisen** *n* želízko hoblíku; **~maschine** *f* hoblovací stroj *m*, hoblovka; **~späne** *m/pl.* hobliny *f/pl.*
hobeln [o]hoblovat; *Kraut*: [na-] krouhat.
Ho'boe *f s. Oboe.*
hoch vysoký (*Adv.* vysoko); *fig.* velice; (*Ehre, Fest*) velký; *hohe See* širé moře; *Hände* (*Kopf*) *~!* ruce (hlavu) vzhůru!; *drei Meter ~* tři metry vysoký; *Math. vier ~ drei* čtyři (povýšeno) na třetí (mocninu);

hohes Alter vysoké stáří; *hohe Schule* vysoká škola; *höhere Schule* vyšší škola; *das ist für mich zu ~* na to je můj rozum krátký; (*zu*) *~ hinauswollen* směřovat vysoko; *~ und heilig* svatosvatě.

Hoch *n* (*Ruf*) sláva *f*; (*Wetter*2) tlaková výšě.

hoch|achten vysoce si vážit [-žívat] (*G*); **2achtung** *f* dokonalá úcta; **~achtungsvoll** v dokonalé úctě; **2altar** *m* hlavní oltář; **2amt** *n Rel.* velká mše *f*; **2antenne** *f* venkovní anténa; **2bahn** *f* nadzemní dráha; **2bau** *m* pozemní stavba *f*; **~begabt** velice nadaný; **~betagt** letitý; **2betrieb** *m* čilý ruch; **2burg** *f fig.* tvrz, bašta; **2deutsch** *n* spisovná němčina; **2druck** *m* vysoký tlak; *Typ.* tisk z výšky; *~- in Zssgn* vysokotlaký; *mit ~ arbeiten* (plnou) parou; **2ebene** *f* náhorní rovina; **~empfindlich** vysoce citlivý; **~erfreut** velice potěšený; **~fahrend** pánovitý, domýšlivý; **~fliegend** *fig.* dalekosáhlý; **2form** *f* (*Sport*) vrcholná forma, vrcholný výkon; **2frequenz** *f El.* vysoká frekvence; *~- in Zssgn* vysokofrekvenční; **~geachtet** velice vážený; **~gebildet** velice vzdělaný; **2gebirge** *n* velehory *f/pl.*; **~geehrt** velectěný; **~gehen** *See*: rozvlňovat [-vlnit] se; F (*aufbrausen*) [vz]planout (hněvem); **~gelegen** vysoko položený; **2genuß** *m* skvělý požitek; **~gestellt** vznešený; **~gewachsen** vysoký; **2glanz** *m* vysoký (*od.* zrcadlový) lesk; **~gradig** značný; **~halten** držet [drživat] ve výši; *Turn.* vzpažit [-žívat]; **2haus** *n* výškový dům; **~heben** zdvihnout [-hovat] do výše; **~herzig** velkodušný; **~interessant** velmi zajímavý; **~kant** na stojato, na ostro; **~klappen** odklápět [-lopit], zdvihat [-hnout]; **2konjunktur** *f* vysoká konjuktura; **2land** *n* vysočina *f*; **~leben**: *j-n ~ lassen* připí(je)t (*D*); **2leistungs-** vysokovýkonný; **2moor** *n* vrchoviště; **2mut** *m* pýcha *f*; **~mütig**, F **~näsig** pyšný, F nafoukaný; **~nehmen** vyzdvihnout [-hovat]; *fig. j-n ~* obrat [obírat] k-o o peníze; **2ofen** *m* vysoká pec; *~- in Zssgn* vysokopecní; **2parterre** *n* svýšený přízemek; **~prozentig** vysokoprocentní; **~rot** živě červený; **2ruf** *m* provolávání *n* slávy; **2saison** *f* hlavní sezóna; **~schätzen** *s. hochachten*; **2schule** *f* vysoká škola; **2schüler** (**-in** *f*) *m* vysokoškolák (-lačka); **2schullehrer(in** *f*) *m* vysokoškolský (-ská) učitel(ka); **~schwanger** (jsoucí) v pokročilém těhotenství; **2see** *f* širé moře; **2seefischerei** *f* námořní rybářství *n*; **2sommer** *m* plné (*od.* parné) léto; **2spannung** *f El.* vysoké napětí; **2sprache** *f* spisovná řeč; **2sprung** *m* (*Sport*) skok do výšky.

höchst nejvyšší; *Adv.* (na)nejvýše; *es ist ~e Zeit* je svrchovaný čas; **2betrag** *m* nejvyšší částka *f*.

Hochstap|e'lei *f* podvodnictví *n*; **~ler(in** *f*) *m* podvodník (-nice), F hochštapler(ka).

hoch|stehend *Person*: vznešený; **~stellen** *s. hochklappen*; (*kanten*) stavět [postavit] na hranu.

höchstens (na)nejvýš.

Höchst|fall *m*: *im ~* v nejkrajnějším případě; **~geschwindigkeit** *f* největší rychlost; **~leistung** *f* nejvyšší výkon *m*; rekord *m*; **~preis** *m* nejvyšší cena *f*; **~stufe** *f Gr.* superlativ *m*, třetí stupeň *m*; **'2wahr'scheinlich** nejpravděpodobněji.

hoch|tourig vysokootáčkový; **~trabend** nabubřelý, bombastický; **~ver·ehrt** velectěný; **2verrat** *m* velezrada *f*; **2wald** *m* vysoký les; **2wasser** *n* velká voda, povodeň *f*; **~wertig** vysokohodnotný; **2wild** *n* vysoká zvěř; **2würden** (*Ew.* Vaše) Veledůstojnost; **~würdig** veledůstojný, velebný.

Hochzeit *f* svatba; **2lich** svatební; **~s·reise** *f* svatební cesta; **~s·tag** *m* den svatby.

Hocke *f Turn.* dřep *m*; *Agr.* mandel *m*; **2n** dřepět, sedět [sedívat] na bobku.

Hocker *m* stolička *f*.

Höcker *m* hrbol; (*Buckel*) hrb; **2ig** hrbatý, hrbolatý.

Hockey *n* hokej *m*.

Hoden *f/pl. od. m* varle *n*; **~sack** *m* šourek.

Hof *m* dvůr; (*Hotel*) hotel; (*Gut*) dvorec; (*Halo*) kolo *n*; *j-m den ~ machen* dvořit se k-u.

Hoffart *f* pýcha.

hoffärtig pyšný.

hoffen douf(áv)at (*auf A* v *A*); (*erwarten*) očekávat (*A*); **~tlich** bohdá, snad; doufám(e), že ...

Hoffnung *f* naděje; *guter ~ sein* kojit se nadějí; *s-e ~ setzen auf* (*A*) skládat naději v (*A*); **⁀s·los** beznadějný; **~s·losigkeit** *f* beznadějnost; **~s·schimmer** *m*, **~s·strahl** *m* paprsek naděje; **⁀s·voll** pln(ý) naděje.
Hof|gesinde *n* dvorní služebnictvo; **~hund** *m* domácí pes.
höfisch dvorský.
höflich zdvořilý; **⁀keit** *f* zdvořilost; **⁀keitsbesuch** *m* zdvořilostní návštěva *f*.
Höhe *f* výška, výše; (*Hügel*) výšina; *fig.* výše; *das ist die ~!* to je vrchol!; *in die ~ fahren* rozčilovat [-lit] se; *Preise in die ~ treiben* hnát [vyhnat] ceny do výše.
Hoheit *f* vznešenost; (*Titel*) Výsost; *Pol.* svrchovanost; **~s·abzeichen** *n* výsostný odznak; **~s·gewässer** *n/pl.* výsostné vody *f/pl.*; **~s·recht** *n* výsostné právo.
Höhen|flug *m Flgw.* výškový let; **~kur·ort** *m* horské lázeňské místo; **~leitwerk** *n* vodorovné ocasní plochy; **~luft** *f* horský vzduch; **~messer** *m* výškoměr; **~messung** *f* měření *n* výšek; **~rekord** *m Flgw.* výškový rekord; **~ruder** *n* výškovka *f*; **~sonne** *f Med.* horské slunce; **~zug** *m* pohoří *n*.
Höhepunkt *m* vrchol *a. fig.*
höher vyšší; *Adv.* výše.
hohl dutý; *~e Hand* dlaň; *~er Zahn* vykotlaný zub; **~äugig** mající vpadlé oči.
Höhle *f* dutina; (*Grotte*) jeskyně; (*Tier⁀*) doupě *n*.
höhlen [vy]hloubit; **⁀bewohner** *m* obyvatel jeskyně.
Hohl|heit *f* dutost; *fig.* jalovost; **~kehle** *f Arch.* výžlabek *m*; **⁀köpfig** *s. dumm*; **~körper** *m* duté těleso; **~maß** *n* dutá míra; **~raum** *m* dutý prostor, dutina *f*; **~saum** *m* dutá obruba; **~spiegel** *m* duté zrcadlo; **~weg** *m* úvoz, újezd, roklina *f*.
Höhlung *f* vyhloubenina, dutina.
Hohlziegel *m* dutá cihla.
Hohn *m* posměch, potupa *f*.
höhnen posmívat se (*D*).
Hohngelächter *n* posměch *m*.
höhnisch posměšný, potupný.
hohn|lachen (*D*) posmívat se; **~sprechen** (*D*) příčit se.
Hokus'pokus *m* hokus pokus, kejkle *f/pl.*
hold půvabný; *j-m ~ sein* být k-u nakloněn.
holen dojít pro (*A*); (*fahrend*) dojet pro (*A*); *Atem ~* vzdechovat [-chnout]; *~ lassen* pos(í)lat pro (*A*); *sich ~* (*D*) přinášet [-nést] si; *hol's der Teufel!* vzal to ďas!
holla! hola!, hej!
Holland *n* Holandsko.
Holländ|er(in *f*) *m* Holanďan(ka); **⁀isch** holandský; *Adv.* po holandsku, holandsky.
Hölle *f* peklo *n*; *j-m die ~ heiß machen* zatápět [-topit] k-u.
Höllen|angst *f* smrtelná úzkost; **~lärm** *m* pekelný řev; **~maschine** *f* pekelný stroj; **~stein** *m Chem.* lápis, pekelný kamínek.
höllisch pekelný; *fig.* ohromný.
holp(e)rig kostrbatý; *fig.* drsný.
Ho'lunder *m Bot.* bez; *~- in Zssgn* bezový.
Holz *n* dřevo; *koll.* dříví; *~- in Zssgn* dřevný, dřevní; **~apfel** *m* plané jablko; **~arbeit** *f* práce ze dřeva; **~art** *f* druh *m* dřeva; **~bau** *m* dřevěná stavba; **~bock** *m Zo.* klíště *n*; **~bündel** *n* otýpka *f* dříví.
hölzern dřevěný (*a. fig.*).
Holz|essig *m* dřevný ocet; **~fäller** *m* drvoštěp, dřevorubec; **~faser** *f* dřevní vlákno *n*; **~faserplatte** *f* dřevovláknitá deska; **⁀frei** bezdřevný; **~frevel** *m* lesní pych; **~geist** *m Chem.* dřevný líh; **~hacker** *m s. Holzfäller*; **~häher** *m Zo.* sojka *f*; **~hammer** *m* dřevěná palice; **~handel** *m* obchod (s) dřívím; **~händler** *m* obchodník (s) dřívím; **~hauer** *m s. Holzfäller*; **~haus** *n* dřevěný dům; **⁀ig** dřevnatý; **~industrie** *f* dřevoprůmysl *m*; **~kohle** *f* dřevěné uhlí; **~kopf** *m* F *fig.* dřevěná hlava; **~scheit** *n* poleno; **~schlag** *m* kácení *n* dříví; (*Stelle*) paseka *f*; **~schnitt** *m* dřevořez(ba *f*) *m*; **~schnitzer** *m* řezbář; **~schnitzerei** *f* řezbářství *n*, řezba (*a. Gegenstand*); **~schraube** *f* šroub *n* do dřeva, vrut *m*; **~schuh** *m* dřevák; **~schuppen** *m* dřevník, kůlna *f* na dříví; **~span** *m*, **~splitter** *n* tříska *f*; **~stich** *m* dřevoryt(ina *f*) *m*
⁀verarbeitend: *~e Industrie* dřevodělný průmysl; **~verschlag** *n* dřevěná přepážka; **~weg** *m*: *fig. auf dem ~ sein* být na špatné cestě

~wolle *f* dřevitá vlna; **~wurm** *m* červotoč.

homo'gen homogení, stejnorodý.

Homöo'pa|th *m* homeopat; **~'thie** *f* homeopatie; **~thisch** homeopatický.

homosexu'ell homosexuální.

Honig *m* med; **~biene** *f* včela medonosná; **~kuchen** *m* perník; **~monat** *m* líbánky *m/pl.*; **~schleuder** *f* medomet *m*; **~süß** sladký jako med; **~wein** *m* medovina *f*.

Hono|'rar *n* honorář *m*; **~'rieren** honorovat *(im)pf.*

Hopfen *m* chmel; **~-** *in Zssgn mst* chmelový; **~stange** *f* chmelná tyč, chmelovka.

hopsen [za]hopkovat (si).

Hör|apparat *m* sluchadlo *n*, naslouchátko *n*; **~bar** slyšitelný.

horch|en: ~ *auf* (*A*) naslouchat [-slechnout] (*D*); *horch!* slyš!; **~er(in** *f*) *m* naslouchač(ka); **~gerät** *n* naslouchací přístroj *m*; **~posten** *m Mil.* naslouchač.

Horde *f* horda, smečka; stádo *n*.

hören [u]slyšet; (*zu~, hin~*) poslouchat [poslechnout] si; *schwer ~* nedoslýchat; *von sich ~ lassen* dát o sobě vědět; *wer nicht ~ will, muß fühlen* kdo nechce poslouchat, musí pykat; *es vergeht e-m ~ und Sehen* přechází k-o zrak i sluch; **~sagen** *n*: *vom ~* z doslechu.

Hörer *m* posluchač; *Tech.* sluchátko *n*; **~in** *f* posluchačka; **~schaft** *f* posluchačstvo *n*.

Hör|fehler *m* omyl při naslouchání; **~funk** *m* rozhlas; **~gerät** *n s. Hörapparat.*

hörig: *j-m ~ sein* být k-u poddaný; **~keit** *f* poddanost, poslušnost.

Hori'zon|t *m* obzor; **~'tal, ~'tal-** *in Zssgn* vodorovný.

Hor'mon *n* hormon *m*.

Horn *n* roh *m* (*a. Mus.*); *sich* (*D*) *die Hörner abstoßen* otrk(áv)at se; *j-m die Hörner aufsetzen* nasazovat [-sadit] parohy.

Hörnchen *n* růžek *m*; (*Gebäck*) rohlí(če)k *m*.

Hornhaut *f Anat.* rohovka; (*Schwiele*) mozol *m*.

Hor'nisse *f* sršeň.

Hor'nist *m* trubač, hornista.

Hornvieh *n* skot *m*; V *fig.* hlupák *m*, vůl *m*.

Horo'skop *n* horoskop *m*.

Hör|rohr *n* stetoskop *m*, naslouchátko; **~saal** *m* posluchárna *f*; **~spiel** *n* rozhlasová hra.

Horst *m* (orlí) hnízdo *n*, peleš *f*.

Hort *m* poklad; (*Zuflucht*) záštita *f*; *s. Kinderhort*; **~en** [na]hromadit.

Hor'tensie *f Bot.* hortenzie.

Hörweite *f* (vzdálenost *f* na) doslech; *außer ~* z doslechu.

Hös·chen *n* kalhotky *f/pl.*

Hose *f* kalhoty *f/pl.*; F *j-m die ~n stramm ziehen* [z]tlouci (*A*).

Hosen|bein *n* nohavice *f*; **~boden** *m* spodek kalhot; *sich auf den ~ setzen* [za]sednout (si); **~tasche** *f* kapsa u kalhot; **~träger** *m* šle *f/pl.*

Hospi|'tal *n* nemocnice *f*, chorobinec *m*; **~'tant(in** *f*) *m* hospitant(ka).

Ho'stess *f* hosteska.

Hostie *f Rel.* hostie.

Ho'tel *n* hotel *m*; **~-** *in Zssgn* hotelový, hotelní; **~besitzer(in** *f*) *m* majitel(ka *f*) *m* hotelu; **~eigen** hotelový; **~halle** *f* hotelová hala; **~zimmer** *n* hotelový pokoj.

hrsg. *Abk. für herausgegeben*; **~** *m Abk. für Herausgeber.*

Hub *m* zdvih.

hüben na této straně; *~ und drüben* na této a na oné straně, tu i tam.

Hubraum *m Tech.* zdvihový objem (*od.* obsah).

hübsch hezký, pěkný.

Hub|schrauber *m* vrtulník, helikoptéra *f*; **~stapler** *m* stohovač.

huckepack nést (nosit *Iter.*) na zádech.

hudeln hudlařit.

Huf *m* kopyto *n*; **~eisen** *n* podkova *f*; **~eisenförmig** podkovovitý; **~lattich** *m Bot.* devětsil; **~schlag** *m* (*Geräusch*) dusot kopyt; **~schmied** *m* podkovář.

Hüft|bein *n* kyčelní kost *f*; **~e** *f* kyčel; **~n** *pl.* bedra *n/pl.*; **~gelenk** *n Anat.* kyčelní kloub *m*; **~gürtel** *m*, **~halter** *m* podvazkový pás.

Huftier *n* kopytník.

Hügel *m* pahorek; **~ig** pahorkovitý, pahorkatý; **~kette** *f* řada pahorků; **~land** *n* pahorkatina *f*.

Huhn *n* kuře.

Hühnchen *n* kuřátko; F *mit j-m ein ~ rupfen* mít s kým co vyřídit.

Hühner *s. Huhn*; **~-** *in Zssgn* slepičí; **~auge** *n Med.* kuří oko; **~augenpflaster** *n* náplast *f* na kuří oko; **~braten** *m* pečené kuře; **~brühe** *f* slepičí polévka; **~farm** *f* slepičí farma; **~fleisch** *n* slepičí maso; **~habicht** *m* jestřáb; **~hof** *m* dvůr pro drůbež, slepičárna *f*; **~leiter** *f* hřadiště *n*; **~stall** *m* kurník; **~stange** *f* hřada; **~suppe** *f s. Hühnerbrühe*; **~zucht** *f* chov *m* slepic (*od.* drůbeže).

Huld *f* přízeň, laskavost.

huldig|en (*D*) holdovat; *fig. a.* oddávat se (*D*); *e-r Ansicht ~* být (toho) názoru; **2ung** *f* hold *m.*

huld|reich, ~voll milostivý, blahosklonný.

Hülle *f* obal *m*, plášť *m*; pokrývka; *fig. sterbliche ~* tělesná schránka; *s. a. Fülle*; **2n:** *sich in Schweigen ~* zachov(áv)at mlčení; **2nlos** nahý, neoblečený; *Adv.* naze.

Hülse *f* (*Schale*) slupka; (*Schote*) lusk *m*; *Tech.* objímka; (*Behälter*) pouzdro *n*; *s. Patronen-, Zigarettenhülse*; **~n·frucht** *f* luštěnina.

hu'man humánní; **2i'tät** *f* humanita.

Humbug *m* balamucení *n*, F humbuk.

Hummel *f* čmelák *m*, F medák *m.*

Hummer *m* humr, homar.

Hu'mo|r *m* humor, dobrá nálada; **~'reske** *f* humoreska; **~'rist** *m* humorista; **2'ristisch** humoristický.

humpeln belhat (se), kulhat.

Humpen *m* korbel.

Humus *m* humus *m*, trouch *m.*

Hund *m* pes; *Bgb.* důlní vozík; F *wie ~ und Katze leben* žít jako pes s kočkou; *fig. auf den ~ kommen* přicházet [přijít] ve psí; *vor die ~e gehen* přicházet [přijít] na zmar.

Hündchen *n* psí(če)k *m.*

Hunde|arbeit F *f* psí práce; **~hütte** *f* psí bouda; **'~'kälte** F *f* zima jako v psinci, psinská zima; **~kuchen** *m* psí suchar; **~leben** *n fig.* P psí život *m*; **~leine** *f* provázek *m* na psa; **~loch** *n* brloh *m*, díra *f*; **~marke** *f* psí známka; **'2'müde** F utahaný jako pes.

hundert sto; *vier von ~* čtyři ze sta; **2** *n* sto; *zu ~en* sta a sta; **~erlei** sterý; **~fach, ~fältig** stonásobný; **2'jahrfeier** *f* sté výročí; **~jährig** stoletý; **~mal** stokrát; **~prozentig** stoprocentní; **2schaft** *f* setnina; **~ste(r)** stý; *vom 2n ins Tausendste kommen* mluvit [-vívat] páté přes deváté; **2stel** *n* setina *f.*

Hunde|sperre *f* kontumace psů; **~steuer** *f* daň ze psů; **~wetter** *n* psí počasí, psovský čas; **~zwinger** *m* psinec.

Hünd|in *f* čub(k)a; **2isch** psovský.

hunds|gemein (pra)sprostý; **2tage** *m/pl.* psí dni *m/pl.*

Hüne *m* obr, velikán; **~n·grab** *n* mohyla *f.*

Hunger *m* hlad (*fig. nach D* po *L*); **~kur** *f* hladová léčba; **~leider** F *m* hladovec, hladový úředníček; **~lohn** *m* hladová mzda; **2n** hladovět, lačnět (*fig. nach D* po *L*); **2nd** hladovějící; **~s·not** *f* hladomor *m*; **~streik** *m* hladovka *f*; **~tuch** *n*: *fig. am ~e nagen* mít bídu s nouzí, hladovět.

hungrig hladový, lačný.

Hupe *f* houkačka; **2n** [za]houkat.

hüpf|en poskakovat [-skočit] si; **~end** poskakující.

Hürde *f* (*Obst2*) líska, košatina; (*Vieh2*) ohrada; (*Hindernis*) překážka; **~n·lauf** *m* (*Sport*) překážkový běh.

Hure V *f* kurva; **2n** V kurvit se; **~'rei** V *f* kurvení *n.*

hur'ra! hurá!; **2patriotismus** *m* hurávlastenectví *n.*

Hurrikan *m* hurikán, vichřice *f.*

hurtig hbitý, čiperný.

Hu'sar *m* husar.

huschen kmitat [-tnout] se.

hüsteln [po]kašlávat.

husten [za]kašlat.

Husten *m* kašel; **~anfall** *m* záchvat kašle; **~mittel** *n* prostředek *m* proti kašli.

Hut[1] *m* klobouk; *den ~ ziehen* smekat [-knout] klobouk; *fig. unter e-n ~ bringen* dost(áv)at pod jeden klobouk.

Hut[2] *f* ochrana; *auf der ~ sein s. sich hüten.*

Hütchen *n* klobouček *m.*

hüt|en (*bewachen*) [o]hlídat; *Vieh* [na]pást; *Geheimnis*: střežit; *das Bett ~* být připoután na lože; *sich ~* mít se na pozoru (*vor D* před *I*); **2er(in** *f*) *m* strážce (-žkyně), hlídač(ka).

Hut|krempe *f* okolek *m* (*od.* střecha) klobouku; **~macher(in** *f*) *m* kloboučník (-nice); **~schachtel** *f* krabice na klobouky.

Hütte *f* chata, chatrč; *Tech.* huť.

Hütten|arbeiter *m* hutník, dělník v huti; **~industrie** *f* hutní průmysl *m*; **~kunde** *f* (nauka o) hutnictví, metalurgie; **~werk** *n* huť *f*, hutní závod *m*; **~wesen** *n* hutnictví.
Hyäne *f* hyena.
Hya'zinthe *f* hyacint *m*.
Hy'drant *m* hydrant.
Hy'drau|lik *f* hydraulika; **⁀lisch** hydraulický.
Hygi'en|e *f* hygiena, zdravověda; **⁀isch** hygienický, zdravotní.
Hymne *f* hymna.
Hy'perbel *f Math.* hyperbola.
Hyp'no|se *f* hypnóza; **⁀ti'sieren** hypnotizovat (*im*)*pf*.
Hypo'chond|er *m* hypochondr; **~'rie** *f* hypochondrie; **⁀risch** hypochondrický.
Hypo|te'nuse *f Math.* přepona; **~'thek** *f* hypotéka; **⁀the'karisch** hypotekární; **~'these** *f* hypotéza; *fig.* domněnka; **⁀'thetisch** hypotetický; *fig.* domnělý.
Hyste'r|ie *f* hysterie, duševní výstřednost; **⁀isch** [-'teː-] hysterický.

I

I, i *n* (*unv.*) I, i.

i. *Abk. für in od. im*; **i. A.** *Abk. für im Auftrage.*

Iambus *m* jamb(us).

i'berisch iberský; **2**e *Halbinsel* Iberský poloostrov.

Ibis *m Zo.* ibis.

ich já; ~ *für m-e Person* co se týče mne; **2form** *f*: *e-e Erzählung in der* ~ vypravování *n* v první osobě; **2sucht** *f* sobectví *n*, sebeláska.

ide'a|l ideální; **~li'sieren** idealizovat (*im*)*pf.*; **2'lismus** *m* idealismus; **2'list(in** *f*) *m* idealista (-tka); **~'listisch** idealistický.

I'dee *f* idea; *gute* ~! skvělý nápad!

ide'ell ideální; pomyslný.

identifi'zieren identifikovat (*im*)*pf.*

i'denti|sch identický, totožný; **2'tät** *f* totožnost, identita.

Ideo'lo|ge *m* ideolog; **~'gie** *f* ideologie; **2gisch** ideologický.

Idi'om *n* idiom *m*; **2atisch** [-'maː-] idiomatický.

Idi'o|t *m* idiot; V blbec; **~tenhügel** F *m* lyžařský terén pro začátečníky; **2tensicher** F skutečně prostý v použití; **~'tie** *f Med.* idiotie; *fig.* idiotství *n*, blbost; **2tisch** idiotický; idiotský, blbý; **~'tismus** *m Gr.* idiotismus; *Med. s. Idiotie.*

I'dyll *n*, **~e** *f* idyla *f*; **2isch** idylický.

IG *Abk. für* **1.** *Industriegewerkschaft* průmyslová odborová organisace; **2.** *Interessengemeinschaft* zájmová organisace.

Igel *m* ježek.

Igno|'rant(in *f*) *m* ignorant(ka); **~'ranz** *f* ignorance; **2'rieren** ignorovat (*im*)*pf.*

ihm jemu; (*tonlos*) mu; (*nach Prp.*) němu.

ihn jeho, jej; (*tonlos*) ho; (*nach Prp.*) něho, něj.

ihnen jim; (*nach Prp.*) nim; 2 Vám.

ihr (*N/pl. v. du, in Briefen* 2) vy; (*D v. sie*) jí; (*nach Prp.*) ní; (*possessiv*) její, *pl.* jejich; 2 Váš; svůj *usw. s. dein.*

ihrerseits z její (jejich) strany; 2 z Vaší strany.

ihresgleichen jí rovný, *pl.* jim rovný; 2 Vám rovný.

ihret|halben, ~wegen, ~willen pro ni, *pl.* pro ně; 2 pro Vás.

ihrige: *der, die, das* ~ *s. ihr.*

i. J. *Abk. für im Jahre.*

illeg|al ilegální, nezákonný; **2ali'tät** *f* ilegalita, nezákonnost; **~itim** ilegitimní, nelegitimní.

Illumi|nati'on *f* slavnostní osvětlení *n*, iluminace; **2'nieren** slavnostně osvětlovat [-lit], iluminovat (*im*)*pf.*

Illu|si'on *f* iluze, přelud *m*; **2'sorisch** iluzorní; **~strati'on** *f* ilustrace; **2'strieren** ilustrovat (*im*)*pf.*; **~'strierte** *f* ilustrovaný časopis.

Iltis *m* tchoř.

im = *in dem.*

imagi'när imaginární, zdánlivý.

Imbiß *m* zákusek; *e-n* ~ (*ein*)*nehmen* pojíst [pojídat] co; **~stube** *f* jídelna, bufet *m*.

Imi|tati'on *f* imitace, napodobenina; **2'tieren** napodobovat [-bit] co; **2'tiert** napodobený, nepravý; (*gefälscht*) padělaný.

Imker *m* včelař.

imma'nent imanentní.

Immatriku|lati'on *f* imatrikulace; **2'lieren** imatrikulovat (*im*)*pf.*

immer vždy; (*ständig*) stále, pořád (*bsd. vor Komp.*); *noch* ~ *od.* ~ *noch* stále ještě; ~ *mehr* stále víc; ~ *wieder* zase a zase; *wer* (*auch*) ~ kdokoli; *was* (*auch*) ~ cokoli; *auf* ~, *für* ~ navždy; **~'dar** pořád, stále; **~'fort** *s. immerzu*; **~grün** stále zelený; **2grün** *n Bot.* brčál *m*; **~'hin** přece; **'~während** ustavičný; **~'zu** ustavičně.

Immo'bilien *pl.* nemovitosti *f/pl.*

im'mun imunní; **2i'tät** *f* imunita.

Imper|ativ *m Gr.* imperativ, rozkazovací způsob; **~fekt** *n Gr.* imperfektum, nedokonalý čas.

Imperia'lis|mus *m* imperialismus; **~t** *m* imperialista; **2tisch** imperialistický.

imperti'nen|t drzý, impertinentní; **2z** *f* drzost, impertinence.

impf|en [na]očkovat; **≈ling** *m* očkovanec; **≈schein** *m* očkovací vysvědčení *n*; **≈stoff** *m* očkovací sérum *n*; **≈ung** *f* očkování *n*; **≈zwang** *m* povinné očkování.
impo'nieren [za]imponovat.
Im'por|t *m* dovoz, import; **~'teur** *m* dovozce, importér; **≈'tieren** dovážet [-vézt], importovat *(im)pf.*
impo'sant impozantní.
Impotenz *f* impotence; *Med.* pohlavní neschopnost.
impräg'nier|en impregnovat *(im)pf.*; **≈ung** *f* impregnace.
Impressi'o|n *f* imprese, dojem *m*; **~'nismus** *m* impresionismus.
Improvi|sati'on *f* improvizace; **~'sator** *m* improvizátor; **≈'sieren** [z]improvizovat.
Im'pul|s *m* impuls, popud; **≈'siv** impulsivní, vznětlivý.
im'stande: ~ *sein* moci (*od.* být) s to; *vgl. können.*
in *Prp.* **1.** (*D*; *örtl. u. zeitl.*) v(e) (*L*); *in der Stadt* v městě; ~ *der Nacht* v noci; (*nach Verlauf von*) za (*A*); ~ *e-r Stunde* za hodinu; **2.** (*A*; *wohin?*) do (*G*); ~ *die Stadt* do města.
in·aktiv nečinný, nehybný.
In'an|griffnahme *f* započetí *n*; **~spruchnahme** *f* použití *n*, zaujetí *n.*
Inbegriff *m* souhrn; (*Muster*) vzor; **≈en** v to zahrnut(ý).
Inbe'trieb|nahme *f*, **~setzung** *f* uvedení *n* v činnost *od.* do provozu.
In|brunst *f* vroucnost, horoucnost; **≈brünstig** vroucný; *Adv.* vroucně; **≈deklinabel** *Gr.* nesklonný.
in'dem (*während*) zatímco; (*dadurch, daß*) tím, že; *bei gleichem Subjekt wird mit Transgressiv übersetzt*: ~ *er wegging, sagte er* ... odcházeje řekl ...
Inder(in *f*) *m* Ind(ka).
in'des, in'dessen *Konj.* ale, avšak.
Index *m* index; (*Register*) rejstřík.
Indi'an|er(in *f*) *m* Indián(ka); **≈isch** indiánský.
indifferent idiferentní; lhostejný, netečný.
Indigo *m* indigo, indigovník.
Indikat|i'on *f Med.* indikace; **~iv** *m Gr.* indikativ, oznamovací způsob.
indirekt nepřímý, indirektní.
indisch indický; *der* ≈*e Ozean* Indický oceán.
indiskret indiskrétní; **≈i'on** *f* indiskrétnost; indiskrece.
indispo|niert indisponovaný; **≈siti'on** *f* indispozice.
Indivi|duali'tät *f* individualita; **≈du'ell** individuální, osobitý, svérázný; **~duum** [-'vi:-] *n* individuum, jedinec.
In'diz *n Jur.* okolnost *f* vzbuzující podezření, indicie *f*; **~ienbeweis** *m Jur.* důkaz z indicií.
indoger'manisch indogermánský.
Indo'nesi|en *n* Indonésie *f*; **~er(in** *f*) *m* Indonésan(ka); **≈sch** indonéský.
Induk|ti'on *f* indukce; **≈'tiv** *Phil.* induktivní; *El.* indukční.
industriali'sier|en industrializovat *(im)pf.*; **≈ung** *f* industrializace.
Indu'strie *f* průmysl *m*; **~anlage** *f* průmyslový podnik; **~arbeiter(in** *f*) *m* průmyslový(-vá) dělník(-nice).
industri'ell industriální, průmyslový; **≈e(r)** *m* průmyslník.
Indu'strie|land *n* průmyslová země; **~produktion** *f* průmyslová výroba; **~zweig** *m* průmyslové odvětví.
in·ein'ander (*wo?*) v sobě, pohromadě; (*wohin?*) do sebe, dohromady; **~fließen** splývat [splynout]; **~fügen** vkládat [vložit] jedno do druhého; **~greifen** *Tech.* zasahovat [-sáhnout] do sebe.
in'fam hanebný.
Infante|'rie *f Mil.* pěchota, infanterie; **~'rist** *m Mil.* pěšák, infanterista.
In'farkt *m Med.* infarkt, záhať *f.*
Infekti'on *f* nákaza, infekce; **~s·herd** *m* ohnisko *n* nakažlivé (*od.* infekční) nemoci; **~s·krankheit** *f* nakažlivá (*od.* infekční) nemoc.
Infini|tesi'malrechnung *f Math.* infinitesimální počet *m*; **~tiv** *m Gr.* infinitiv, neurčitý způsob.
infi'zieren nakazovat [-kazit], infikovat *(im)pf.*
Inflati'on *f* inflace.
Influ'enza *f Med.* chřipka.
in'folge (*G*) následkem (*G*), pro (*A*); **~'dessen** proto, tím.
Informati'on *f* informace; **~s-** *in Zssgn* informační; **~s·quelle** *f* zdroj *m* informací.
infor'mieren informovat *(im)pf.*, zpravovat [zpravit].
infrarot infračervený.
Infusi'on *f Med.* infuze, nálev *m.*

Ingenieur [-ʒeˈniøːʀ] *m* inženýr; ~s- *in Zssgn* inženýrský.
Ingrimm *m* zloba *f*; 2**ig** zlostný.
Ingwer *m* zázvor.
Inhaber(in *f*) *m* majitel(ka).
inhafˈtieren zatýkat [-tknout].
Inha|latiˈon *f* inhalace; 2ˈ**lieren** inhalovat (*im*)*pf*.
Inhalt *m* obsah; ~**s·angabe** *f* udání *n* obsahu; 2**s·leer,** 2**s·los** prázdný; 2**s·reich** obsažný; 2**s·schwer** obsáhlý, bohatý obsahem; ~**s·verzeichnis** *n* obsah *m*.
Initiˈale *f* iniciál(k)a.
Initi|aˈtive *f* iniciativa, podnět *m*; ~ˈ**ator** *m* iniciátor, původce.
Injektiˈon *f* injekce, vstříknutí *n*.
Inˈkasso *n Hdl.* inkaso, vybírání *n* peněz; ~- *in Zssgn* inkasní.
inkl. *Abk. für inklusive* včetně.
inˈkognito inkognito.
inkonsequen|t nedůsledný, inkonsekventní; 2**z** *f* nedůslednost, nekonsekvence.
Inˈkrafttreten *n* nabytí platnosti.
Inkubatiˈonszeit *f Med.* inkubační doba.
Inland *n* vnitrozemí, tuzemsko; ~s- *s. inländisch.*
Inlän|der(in *f*) *m* zdejší státní příslušník (-nice); 2**disch** vnitrozemský, vnitrostátní; *Erzeugnis*: domácí.
Inlett *n* sypkovina *f*.
inliegend přiložený, v příloze.
inˈmitten (*G*) uprostřed (*G*).
inne|haben mí(va)t; ~**halten** *v/t* zachov(áv)at; *v/i* zastavovat [-stavit] se.
innen uvnitř; *nach* ~ dovnitř; *von* ~ zevnitř; 2**architekt** *m* bytový architekt; 2**ausstattung** *f Arch.* vnitřní vybavení *n*; 2**beleuchtung** *f* vnitřní osvětlení *n*; 2**dienst** *m* služba *f* v úřadě; 2**leben** *n* vnitřní život *m*; 2**ministerium** *n* ministerstvo vnitra; 2**politik** *f* vnitřní politika; 2**stürmer** *m* (*Fußball*) spojka *f*.
inner vnitřní; 2**e(s)** vnitro; *im Inneren* uvnitř; *ins Innere* dovnitř; ~**halb** (*G*) (*örtlich*) uvnitř (*G*); (*zeitlich*) za (*A*); ~**lich** vnitřní.
inne|werden (*G*) [z]pozorovat (*A*); ~**wohnen** bý(va)t.
innig vroucí, vřelý; 2**keit** *f* vroucnost, vřelost.
Innung *f* společenstvo *n*, cech *m*.
in·offiziell neoficiální, neúřední.
Inquisi|tiˈon *f* inkvizice; 2ˈ**torisch** inkviziční.
ins = *in das.*
Insas|se *m*, ~**sin** *f* obyvatel(ka); (*Passagier*) cestující *m*/*f*.
insbeˈsondere obzvláště, zejména.
Inschrift *f* nápis *m*.
Inˈsekt *n* hmyz *m*; ~**enfresser** *m* hmyzožravec; ~**enkunde** *f* nauka o hmyzu; ~**enpulver** *n* prášek *m* proti hmyzu.
Insel *f* ostrov *m*; ~**bewohner(in** *f*) *m* ostrovan(ka); ~**staat** *m* ostrovní stát.
Inse|ˈrat *n* inzerát *m*, oznámení; 2ˈ**rieren** inzerovat (*im*)*pf*., dá(va)t do novin.
insge|ˈheim potají; ~ˈ**mein** úhrnem; ~ˈ**samt** vesměs.
Inˈsignien *f/pl.* insignie *f/pl.*, odznaky *m/pl.* úřední hodnosti.
inˈsofern potud, pokud.
insolˈven|t insolventní, neschopný (-pen) platit; 2**z** *f* insolvence.
inˈsoˈweit *s. insofern.*
Inspekt|iˈon *f* inspekce, (úřední) dohled *m*; ~**or** [-ˈspɛ-] *m* inspektor, dozorce.
Inspi|ratiˈon *f* inspirace; 2ˈ**rieren** inspirovat; ~**ziˈent** *m Thea.* inspicient; 2ˈ**zieren** provádět [-vést] inspekci (*G*).
Installa|ˈteur *m* instalatér; ~**tiˈon** *f* instalace.
inˈstand: ~ *halten* udržovat [-žet] (v dobrém stavu); ~ *setzen* upravovat [upravit]; 2**haltung** *f* údržba; 2**setzung** *f* úprava.
inständig snažný, naléhavý.
Inˈstanz *f* instance; ~**enweg** *m* instanční cesta *f*.
Inˈstinkt *m* instinkt, pud; 2**iv,** 2**mäßig** instinktivní, pudový.
Instiˈtut *n* institut *m*, ústav *m*; ~**iˈon** *f* instituce, zařízení *n*.
instruˈieren instruovat (*im*)*pf*., poučovat [-čit].
Instruktiˈon *f* instrukce, návod *m*.
Instruˈmen|t *n* nástroj *m*, instrument *m*; (*Gerät*) přístroj *m*; 2ˈ**tal** instrumentální, nástrojový; ~ˈ**tal** *m Gr.* sedmý pád, instrumentál; 2ˈ**tieren** instrumentovat (*im*)*pf*.
Insuffizienz *f* insuficience, nedostatečnost.
Insuˈlaner(in *f*) *m* obyvatel(ka *f*) *m* ostrova.

insze'nier|en inscenovat (*im*)*pf.*; **2ung** *f* inscenace.
in'takt intaktní, nedotčený.
Inte|'gral *n Math.* integrál *m*; **2'gral** integrální, souhrnný; **~'gralrechnung** *f* integrální počet *m*; **~grati'on** *f* integrace; **2'grieren** integrovat (*im*)*pf.*; **~gri'tät** *f* integrita, celistvost.
Intel'lekt *m* intelekt, rozum; **2u'ell** intelektuální, rozumový; **~u'elle(r)** intelektuál.
intelli'gen|t inteligentní; **2z** *f* inteligence.
Inten|'dant *m* intendant; **~dan'tur** *f* intendantura; **~'danz** *f* intendance; **~si'tät** *f* intenzita; **2'siv** intenzivní, usilovný; **~ti'on** *f* intence, vůle, úmysl *m*.
interes'sant zajímavý, F interesantní.
Inter'esse *n* zájem *m*, F interes *m*; **~n·gemeinschaft** *f* společné zájmy *m/pl.*; (*Organisation*) *s. IG*; **~nsphäre** *f* oblast zájmů, zájmová sféra.
Interes|'sent *m* zájemce; **2'sieren** zajímat [-jmout]; **2'siert** plný zájmu; ~ *sein* být zájmově zúčastěn; F být interesován.
interi'mistisch, Interims- interimní, (pro)zatímní.
Inter|jekti'on *f Gr.* citoslovce *n*, interjekce; **2kontinen'tal** interkontinentální, mezipevninový; **2line'ar** interlineární, meziřádkový; **~'mezzo** *n Mus.* intermezzo, mezihra *f*.
in'tern interni, vnitřní.
Inter'nat *n* internát *m*.
internatio'na|l mezinárodní, internacionální; **2le** *f* internacionála; **~li'sieren** internacionalizovat (*im-*)*pf.*, zmezinárodňovat [-dnit]; **2li'sierung** *f* internacionalizace, zmezinárodnění *n*.
inter|'nieren internovat (*im*)*pf.*; **2'nierungslager** *n* internační tábor *m*; **2'nist** *m* internista, lékař pro vnitřní choroby; **2pellati'on** *f* interpelace, dotaz *m*; **~plane'tar(isch)** interplanetárni, meziplanetární; **2'pret** *m* interpret, vykladač; **2pretati'on** *f* interpretace; **2punkti'on** *f Gr.* interpunkce; **2'regnum** *n* mezivládí; **~roga'tiv** *Gr.* tázací; **~'vall** *m* interval, přestávka *f*; **~ve'nieren** [za]intervenovat, zakročovat [-čit]; **2venti'on** *f* intervence.
Interview [-'vju:] *n* interview *m*; **2en** interviewovat (*im*)*pf.*
Inter'zonen- *in Zssgn* mezipásmový.
in'tim intimní, důvěrný; **2i'tät** *f* intimita, důvěrnost.
intoleran|t intolerantní, nesnášenlivý; **2z** *f* intolerance, nesnášenlivost.
intramusku'lär intramuskulární.
intransitiv *Gr.* intranzitivní, nepřechodný.
intrave'nös intravenózní.
Intri'gant(in *f*) *m* intrikán(ka), pletichář(ka).
In'tri|ge *f* intrika, pleticha; **2'gieren** intrikovat.
Intuiti'on *f* intuice.
inva'lid invalidní, neschopný práce; **2e** *m* invalida, poškozenec; **2enrente** *f* invalidní renta; **2enversicherung** *f* invalidní pojištění *n*; **2i'tät** *f* invalidita.
Invasi'on *f* invaze, vpád *m*; **~s-** *in Zssgn* invazní.
Inven|'tar *n* inventár *m*; **2tari'sieren** inventarizovat (*im*)*pf.*; **~'tur** *f* inventura.
inve'sti|eren investovat (*im*)*pf.*; **2ti'on** *f* investice; **~s-** *in Zssgn* investiční.
inwendig vnitřní; *Adv.* uvnitř.
inwie|'fern, ~'weit pokud.
Inzucht *f* sňatky *m/pl.* mezi příbuznými.
in'zwischen mezitím, zatím.
IOK *Abk. für Internationales Olympisches Komitee* Mezinárodní olympijský výbor.
Ion *n Chem.* ion.
Ionisati'on *f Chem., Phys.* ionizace.
i. R. *Abk. für im Ruhestand.*
I'rak *m* Irák; **~er** *m* Iráčan; **2isch** irácký.
I'ran *m* Irán; **~er** *m* Íránec; **2isch** íránský.
irden hliněný.
irdisch pozemský.
Ire *m* Ir.
irgend nějak; **~ein** jakýsi; **~wann** někdy; **~was** něčo; **~welcher** jakýsi; **~wer** někdo; **~wie** nějak; **~wo, ~woher, ~wohin** někde.
Ir|in *f* Irka; **2isch** irský; **~land** *n* Irsko; **~länder(in** *f*) *m s. Ire, Irin.*

Iro|'nie *f* ironie; **2nisch** [-'ro:-] ironický.

irrational iracionální; **2i'tät** *f* iracionálnost.

irre (*verwirrt*) pomatený, [z]matený; *Blick*: vytřeštěný; *s. a. irrsinnig*; ~ *werden* ztrácet [ztratit] důvěru; **2(r)** *m/f* choromyslný (-ná); **~führen** zavádět [-vést]; *fig.* [o]klamat; **~gehen** [z]bloudit; **~leiten, ~machen** [u]mást.

irren *v/i* [z]bloudit; (*fehlgehen*) [za-]bloudit; *sich* ~ [z]mýlit se; **2anstalt** *f* ústav *m* choromyslných; **2arzt** *m* psychiatr, lékař duševních chorob; **2haus** *n* F blázinec *m*; *s. Irrenanstalt.*

irrereden mluvit [-vívat] pomateně.

Irr|fahrt *f* bludná jízda; **~gang** *m*, **~garten** *m* bludiště *n*; **2gläubig** bludařský; **2ig** mylný; **~lehre** *f* bludná nauka; **~licht** *n* bludička *f*; **~sinn** *m* pomatenost *f*; **2sinnig** pomatený; **~tum** *m* omyl; **2tümlich** mylný; **2tümlich(erweise)** *Adv.* mylně; **~weg** *m* bludná cesta.

Ischias *f*, F *m od. n* ischias *m*, zánět *m* sedacího nervu.

Islam *m* islám.

Island *n* Island *m*.

Isländ|er(in *f*) *m* Islanďan(ka); **2isch** islandský.

Iso'lator *m El.* izolátor.

Iso'lier|band *n El.* izolační páska *f*; **2en** izolovat (*im*)*pf.*; **~ung** *f El.* izolace.

Isra|el *n* Izrael *m*; **~'eli** *m* Izraelec; **2'elisch** izraelský; **~e'lit(in** *f*) *m* izraelit(k)a; **2e'litisch** izraelitský.

iß *s. essen.*

Istbestand *m* skutečný stav.

I'talien *n* Itálie *f*.

Itali'en|er(in *f*) *m* Ital(ka); **2isch** italský; *Adv.* (*auf*) ~ italsky, po italsku.

iterativ *Gr.* iterativní, opětovací.

i. V. *Abk. für in Vertretung; in Vollmacht.*

J

J, j *n* (*unv.*) J, j.
J. *Abk. für Jahr.*
ja *Adv.* ano; (*doch, schließlich*) vždyť; *er ist ~ mein Freund* vždyť je můj přítel; (*einleitend*) inu; *~ das ist wahr* inu to je pravda; (*einschärfend*) ať; *gehen Sie ~ nicht hin!* ať tam nechodíte!; *~ sogar* ba (i), *zu et. ~ sagen* přisvědčovat [-čit]; *ich glaube ~* myslím, že ano.
Ja *n* ano.
Jacht *f* jachta; **~klub** *m* jachetní klub.
Jäckchen *n* jupička *f*, živůtek *m*.
Jacke *f* kazajka; (*Damen*2) jupka.
Ja'ckett *n* žaket *m*.
Jagd *f* hon(ba *f*) *m*, lov *m*; (*Verfolgung a.*) honička.
Jagd|bomber *m* bombardovací stíhačka *f*; **~flieger** *m Mil.* stíhač; **~flugzeug** *n* stíhací letoun *m*, stíhačka *f*; **~frevel** *m* honební pych; **~geschwader** *n Flgw.* stíhací eskadra *f*; **~gewehr** *n* lovecká ručnice; **~hund** *m* lovecký pes; **~hütte** *f* lovecká chata; **~revier** *n* honitba *f*, revír *m*; **~schein** *m* honební lístek; **~staffel** *f Flgw.* stíhací letka; **~tasche** *f* lovecká brašna; **~wesen** *n* myslivectví.
jag|en *v/t* hnát (honit *Iter.*); *Jgdw.* [u]honit; *~ aus* vyhánět [-hnat] z (*G*); *sich e-e Kugel in* (*od. durch*) *den Kopf ~* střílet [střelit] se do hlavy; *v/i* (*eilen*) hnát se; (*Jagd betreiben*) honit, lovit; *~ nach* shánět se *pf.* po (*L*); **2en** *n* honění, honba; (*Waldbezirk*) díl *m* lesa.
Jäger *m* lovec, myslivec (*a. Mil.*); *Flgw.* stíhač; *~- in Zssgn* lovecký, myslivecký.
Jäge'rei *f* lovectví *n*.
Jäger|latein *n* myslivecká latina; **~s·mann** *m* myslivec.
Jaguar *m* jaguár.
jäh (*plötzlich*) náhlý; (*steil*) srázný; **~lings** náhle.
Jahr *n* rok *m* (*pl. mst* léta); *das ganze ~ hindurch* (*od. über*) (po) celý rok; *bei ~en sein* být v letech; *im ~e ...* roku ...; *von ~ zu ~* rok od roku; *~ für ~*, *2aus, 2ein* rok co rok; *seit ~ und Tag* již (dlouhá) léta; **~buch** *n* ročenka *f*.
jahrelang dlouholetý; *Adv.* po mnoho let.
jähren: *es jährt sich, daß ...* je výroční den (*G*).
Jahres|abschluß *m Hdl.* uzávěrka *f*; **~bericht** *m* výroční zpráva *f*; **~einkommen** *n* roční příjem *m*; **~feier** *f*, **~fest** *n* výroční slavnost *f*; **~frist** *f* roční lhůta; *binnen ~* do roka; **~tag** *m* výroční den, výročí *n*, **~ring** *m Bot.* letokruh; **~wechsel** *m*, **~wende** *f* změna *f* roku; **~zahl** *f* letopočet *m*; **~zeit** *f* roční doba.
Jahr|gang *m* ročník; **~'hundert** *n* století; **~'hundertfeier** *f* sté výročí.
jährig roční; *in Zssgn ...* letý; *drei~* tříletý.
jährlich roční; *zweimal ~* dvakrát za rok.
Jahr|markt *m* výroční trh; **~'tausend** *n* tisíciletí; **~'zehnt** *n* desítiletí; **2'zehntelang** (po) celá desítiletí.
Jähzorn *m* prchlivost *f*; **2ig** prchlivý.
Jalou'sie *f* žaluzie.
Jambus *m s. Iambus.*
Jammer *m* (*Klagen*) nářek; (*Not*) bída *f*; *es ist ein ~* věčná škoda; **~geschrei** *n* žalostný nářek; **~gestalt** *f* ubohá postava.
jämmerlich (*elend*) bídný; (*kläglich*) žalostný.
jammer|n *v/i* nařík(áv)at; **'~'schade:** *es ist ~* je věčná škoda; **2tal** *n* slzavé údolí; **~voll** *s. jämmerlich.*
Januar *m* leden; *~- in Zssgn* lednový.
Japan *n* Japonsko; **~er(in** *f*) [-'pa:-] *m* Japonec (-nka); **2isch** [-'pa:-] japonský; **~papier** *n* pavučinkový papír.
japsen F lapat po vzduchu.
Jargon [ʒar'gɔŋ] *m* žargon, hantýrka *f*.
Jas'min *m Bot.* jasmín.
Jaspis *m* jaspis.
jäten [vy]plít.

Jauche *f* močůvka; **~(n)grube** *f* jímka na močůvku.
jauchz|en [za]výskat; **ˆer** *m* výskot, jásot.
jaulen [za]skučet; výt.
Jause *f* svačina.
ja'wohl ano, ovšem.
Jawort *n* svolení; *das ~ geben* svolovat [-lit].
Jazz *m Mus.* džez, jazz; **~band** *f* džezbend *m*, jazzband *m*; **~musiker** *m* džezbendista, jazzbandista.
je (ně)kdy; (*distributiv*) po (*L*); *für ~ zehn* za každých deset; *~ nach* (*-dem*) podle toho (*G*), jak; *~ … desto* čím … tím.
jede: *~, ~r, ~s* (*a. ~r einzelne, ~rmann*) každý, -á, -é; *auf ~ Art und Weise* každým způsobem; **~nfalls** v každém případě, za všech okolností; **~rzeit** každého času, vždy; **~smal** pokaždé.
je'doch avšak, ale.
Jeep [dzi:p] *m* džíp.
jegliche, ~r, ~s *s. jede(r, -s)*.
jeher: *von ~* odjakživa.
jein F ani ano ani ne.
Jelängerje'lieber *m od. n Bot.* zimolez *m*, kozí pysk *m*.
je|mals (ně)kdy, kdysi; **~mand** někdo, kdosi; **~ne:** *~r, ~, ~s* onen, ona, ono.
Jenaer Glas *n* jenské sklo.
jensei|tig jsoucí na druhé straně; **~ts** *Prp.* (*G*) na druhé straně (*G*), za (*A*); **ˆts** *n* onen svět *m*.
Jersey ['dʒøːʁziˑ] *m* (*Stoff*) žerzej.
Jesu'it *m* jezuita; **~en·orden** *m* jezuitský řád; **ˆisch** jezuitský.
Jesus *m* Ježíš; **~kind** *n* Ježíšek *m*.
Jet [dʒɛt] *m* tryskáč.
jetzig nynější.
jetzt nyní, teď; *bis ~* dosud; *von ~ ab od. an* od nynějška; *~ eben* právě nyní; **ˆzeit** *f s. Gegenwart*.
jeweil|ig právě jsoucí (*od.* platný); **~s** právě teď.
Joch *n* jho, jařmo (*a. fig.*); (*Brückenˆ*) bárka *f*; (*Bergˆ*) horské pásmo, pohoří.
Jockei ['dʒɔkiˑ] *m* jockey, žokej.
Jod *n* jód.
jodeln [za]jódlovat.
Jodeln *n* jódlování.
jod|haltig obsahující jód; **ˆtinktur** *f* jódová tinktura.
Joghurt *m* jogurt.
Jo'hannis|beere *f Bot.* rybíz *m*; **~brot** *n Bot.* svatojánský chléb, rohovník *m*; **~tag** *m* den (*od.* svátek) sv. Jana; **~trieb** *m fig.* pozdní láska *f*.
johlen [za]hulákat.
Jolle *f Mar.* jola.
Jong|leur [ʒɔŋ'løːʁ] *m* žonglér; **ˆ'lieren** žonglovat (*im*)*pf*.
Joppe *f* kazajka, jupka.
Jour'nal [ʒʊʀ-] *n* deník *m*; (*Zeitschrift*) žurnál *m*.
Journa'list|(in *f*) *m* novinář(ka); **~ik** *f* novinářství *n*, žurnalistika; **ˆisch** novinářský, žurnalistický.
jovi'al žoviální, dobrosrdečný.
Jubel *m* jásot; **~jahr** *n* jubilejní rok *m*; F *alle ~e* (*einmal*) jednou za uherský měsíc.
jubeln [za]jásat.
Jubi|'lar(in *f*) *m* jubilant(ka); **~'läum** *n* jubileum; *~s- in Zssgn* jubilejní.
Juchten *m* (*a. ~leder n*) juchta *f*.
juck|en [za]svědět, F [za]svrbět; **ˆreiz** *m* svědivý pocit.
Jude *m* Žid; *Rel.* žid.
Juden|feind *m s. Antisemit*; **~stern** *m* židovská hvězda; **~tum** *n* židovství; (*Gesamtheit der Juden*) Židovstvo; **~verfolgung** *f* pronásledování *n* židů.
Jüd|in *f* Židovka; *Rel.* židovka; **ˆisch** židovský.
Judo *n* džudo, judo; **~sportler** *m* džudista, judista.
Jugend *f* mládí *n*; (*junge Leute*) mládež; *~- in Zssgn* mládežnický, pro mládež; *von ~ auf* od mládí, od mladosti; **~buch** *n* kniha *f* pro mládež; **ˆfrei** přístupný mládeži; **~freund(in** *f*) *m* přítel(kyně *f*) *m* z mládí; **~fürsorge** *f* péče o mládež; **ˆgefährdend** nebezpečný pro mladistvé; **~heim** *n* dům *m* mládeže; **~herberge** *f* noclehárna pro mládež; **~jahre** *n/pl.* mladická léta *n/pl.* života; *in den ~n* v mládí; **~klub** *m* klub mládeže; **ˆlich** mladický, mladistvý; **~liche(r)** mladistvý; **~liebe** *f* mladická (*od.* první) láska; **~organisation** *f* mládežnická organizace; **~richter** *m* soudce pro mladistvé; **~schutz** *m* ochrana *f* mládeže; **~schutzgesetz** *n* zákon *m* na ochranu mládeže; **~stil** *m* (*Kunst, Arch.*) secese *f*; **~strafe** *f* trest *m* pro mladistvé; **~streich** *m* mladický (*od.* nero-

zvážný) kousek; **~verband** *m* svaz mládeže; **~verbot** *n* zákaz *m* přístupu mladistvým; **~zeit** *f* doba mládí; *in meiner ~* za mého mládí; **~zeitschrift** *f* mládežnický časopis.
Jugo'slaw|e *m* Jugoslávec; **~ien** *n* Jugoslávie *f*; **~in** *f* Jugoslávka; **≗isch** jugoslávský.
Juli *m* červenec; *~- in Zssgn* červencový.
jun. *Abk. für junior.*
jung mladý (mlád); *~er Mann* mladík *m*; *~es Gemüse* mladá zelenina; *fig.* mladí lidé; *~ und alt* mladí i staří; *von ~ auf* od mládí; *vgl. jünger, jüngst*; **≗arbeiter** *m* mladý dělník.
Junge 1. *m* hoch, chlapec; F *alter ~* starý brach; *schwerer ~* (*Verbrecher*) nebezpečný chlap; **2.** *~(s)* mládě; *pl. s. Brut*; *~ werfen od. bekommen* vrhat [-hnout] mladé; **≗n·haft** chlapecký; **~n·streich** *m* klukovský kousek.
Jüng|er *m* (*Schüler*) žák; (*Anhänger*) přívrženec; *Bibl.* učedník; **≗er** mladší.
Jungfer *f* panna; *alte ~* stará panna.
jüngferlich staropanenský.
Jungfern|fahrt *f Mar.* první plavba *f* lodi; **~häutchen** *n Anat.* panenská blána; **~rede** *f Pol.* první řeč; **~schaft** *f* panenství *n*.
Jung|frau *f* panna; **≗fräulich** panenský (*a. fig.*); **~geselle** *m* mládenec; **~gesellin** *f* panna, neprovdaná žena.
Jüngling *m* mladík, jinoch; **~s·alter** *n* jinošský věk.
jüngst nejmladší; (*letzt*) poslední; *vgl. kürzlich*; *der ≗e Tag* soudný den.
Juni *m* červen; *~- in Zssgn* červnový.
junior mladší; **≗en-** *Sp.* juniorský, juniorů a juniorek.
Junker *m* junker; **~tum** *n* junkerství.
Junktim *n Pol.* junktim *m*.
Jura *pl.* práva; *~ studieren* studovat práva.
ju'ridisch juridický, právnický.
Juris|dikti'on *f* jurisdikce, soudní moc; **~pru'denz** *f* právnictví *n*, jurisprudence.
Ju'rist *m* právník, jurista; **≗isch** právní, juristický.
Jury *f* jury, porota.
ju'stieren *Tech.* justovat (*im*)*pf.*, [se]řídit.
Ju'stiz *f* soudnictví *n*; *~- in Zssgn mst* justiční; **~irrtum** *m* justiční omyl; **~minister** *m* ministr spravedlnosti; **~mord** *m* justiční vražda *f*.
Jute *f* juta.
Jütland *n* Jutsko.
Ju'we|l *n* klenot *m* (*a. fig.*); **~'lier** *m* klenotník.
Jux *m* šprým, F švanda *f*.

K

K, k *n* (*unv.*) K, k.
Kaba'ret|t *n* kabaret *m*; ~- *in Zssgn* kabaretní; **~'tist** *m* kabaretiér.
Kabel *n* kabel *m*.
Kabeljau *m Zo.* treska *f*.
kabeln [za]kabelovat.
Ka'bine *f* kabina.
Kabi'nett *n* kabinet *m*; ~*s*- *in Zssgn* kabinetní; **~s·sitzung** *f* ministerská schůze.
Kabrio'lett *n* kabriolet *m*.
Kachel *f* kachel *m*; **~ofen** *m* kachlová kamna *n/pl*.
kacken V [na-, po]kakat.
Ka'daver *m* zdechlina *f*; **~gehorsam** *m* slepá poslušnost.
Ka'denz *f Mus.* kadence.
Kader *m* kádr; **~abteilung** *f* kádrové oddělení.
Ka'dett *m* kadet; **~en·anstalt** *f*, **~en·schule** *f* kadetka.
Käfer *m* brouk.
Kaff F *n* Zapadákov *m*.
Kaffee *m* káva *f*; **~bohne** *f* kávové zrnko *n*; **2braun** kávově hnědý; **~ersatz** *m* kávová náhražka *f*; **~haus** *n* kavárna *f*; **~kanne** *f* kávová konvice; **~klatsch** *m* besídka *f* (*od.* táčky *f/pl.*) u šálku kávy; **~maschine** *f* kávovar *m*; **~mühle** *f* mlýnek *m* na kávu; **~satz** *m* kávová sedlina; **~tasse** *f* kávový šálek; **~wärmer** *m* čepice *f* na kávu.
Kaffer *m* Kafr; F *fig.* hlupák.
Käfig *m* klec *f*.
kahl holý (*a. fig.*); (*glatzköpfig*) plešatý; **~geschoren** ostříhaný dohola; **2kopf** F *m* holá (*od.* plešatá) hlava *f*; (*Person*) plešatec; **~köpfig** holohlavý, plešatý; **2schlag** *m* holá seč; **2stelle** *f* holé místo.
Kahn *m* člun; **~fahrt** *f* projížďka *f* na člunu.
Kai *m* nábřeží *n*.
Kaiser *m* císař; (*römischer*) césar; **~in** *f* císařovna; **2lich** císařský; **~reich** *n* císařství; **~schnitt** *m Med.* císařský řez.
Kajak *m* kajak.
Ka'jüte *f Mar.* kajuta.
Kakadu *m Zo.* kakadu.
Ka'kao *m* kakao; F *j-n durch den ~ ziehen* zesměšňovat [-šnit] k-o.
Kaktus *m* kaktus.
Kalami'tät *f* kalamita, neštěstí *n*.
Kalauer *m* špatný vtip.
Kalb *n* tele; ~*s*- *in Zssgn* telecí; **2en** [o]telit se; **~fell** *n* teletina *f*; **~fleisch** *n* telecí (maso).
Kalbs|braten *m* telecí pečeně *f*; **~brust** *f* telecí hruď; **~hachse** *f* telecí nožička; **~keule** *f* telecí kýta; **~leder** *n* telecí kůže *f*, teletina *f*; **~schnitzel** *n* telecí řízek *m*.
Kal'daunen *f/pl.* droby *m/pl.*, drůbky *f/pl.*
Kaleido'skop *n* kaleidoskop *m*.
Ka'lender *m* kalendář; ~- *in Zssgn* kalendářní.
Ka'lesche *f* koleska.
Kali *n* draslo.
Ka'liber *n* kalibr *m*; *Mil.* ráže *f*, koule *f*; *von gleichem ~* stejné povahy.
Kali|dünger *m* draselné hnojivo; **~lauge** *f* draselný louh.
Kalium *n* draslík *m*.
Kalk *m* vápno *n*; ~- *in Zssgn* vápenný; (*un*)*gelöschter ~* (ne)hašené vápno; **2en** natírat [-třít] vápnem; **~grube** *f* jáma na vápno; **2haltig, 2ig** vápenatý; **~stein** *m* vápenec.
Kalku|lati'on *f* kalkulace; ~*s*- *in Zssgn* kalkulační; **~'lator** *m* kalkulant; **2'lieren** [vy]kalkulovat.
Kalmus *m Bot.* puškovec.
Kalo'rie *f* kalorie; **2n·reich** bohatý na kalorie.
kalt studený; *fig.* chladný; *~ werden* [vy]chladnout; *~e Speise* studené jídlo; *~er Krieg* studená válka; *mir ist ~* je mi zima; *j-m die ~e Schulter zeigen* [u]vítat k-o chladně; **2blut** *n* chladnokrevník *m*; **2blüter** *m Zo.* studenokrevník; **~blütig** studenokrevný; *fig.* chladnokrevný; **2blütigkeit** *f* chladnokrevnost.
Kälte *f* zima; chlad(nost *f fig.*) *m*; **~anlage** *f* chladící zařízení *n*, chladírna; **~mittel** *n* chladivo; **~welle** *f* vlna *f* mrazu.
kalt|herzig chladného srdce; **~-**

lassen F (*j-n*) nevzrušovat [-šit]; **~machen** P (*töten*) [za]vraždit; **2schale** *f* studená (ovocná) polévka; **~schnäuzig** impertinentní; **~stellen** F připravovat [-pravit] o vliv, vyřídit; **2verpflegung** *f* studené jídlo, jídlo *n* na cestu; **2wasserkur** *f* léčení *n* studenou vodou; **2welle** *f* (*Dauerwelle*) studená vlna.
Kalzium *n Chem.* kalcium, vápník *m*; *~- in Zssgn* ... vápenatý.
kam s. *kommen*.
Ka'mel *n* velbloud *m* (*a. fig.*); **~haar** *n* velbloudí srst *f*; **~treiber** *m* velbloudář.
Ka'melie *f Bot.* kamélie.
Kamera *f Fot.* kamera.
Kame'rad *m* kamarád; **~schaft** *f* kamarádství *n*; (*Gruppe*) kamarádi *m/pl.*; **2schaftlich** kamarádský.
Kameramann *m* kameraman, filmový operatér.
Ka'mille *f Bot.* heřmánek *m*; **~n·tee** *m* héřmánkový čaj.
Ka'min *m* krb; (*Schornstein, enge Felsenspalte*) komín; **~feger** *m* kominík.
Kamm *m* hřeben, (*bsd. Zo.*) hřebínek; *Kochk.* krkovička *f*; *~- in Zssgn mst* hřebenový.
kämmen [u]česat (*sich* se).
Kammer *f* komora; *~- in Zssgn mst* komorní, komorový.
Kämmerer *m* komoří.
Kammer|gericht *n* komorní soud *m*; **~jäger** *m* hubitel hmyzu; **~musik** *f* komorní hudba; **~zofe** *f* komorná.
Kamm|garn *n* česaná příze *f*; **~macher** *m* hřebenáč.
Kampf *m* boj; (*Sport*) zápas; *~- in Zssgn* bojovný; bojový, bitevní; **~ansage** *f* vypovědění *n* boje; **~bahn** *f* (*Sport*) stadión *m*; **2bereit** hotov(ý) k boji.
kämpfen bojovat; (*ringen*) zápasit.
Kampfer *m Chem.* kafr; *~- in Zssgn* kafrový.
Kämpfer *m* bojovník; (*Ringer*) zápasník; **2isch** bojovný.
kampf|fähig schopný (-pen) boje (*od.* zápasu); **2flieger** *m* bitevní letec; **2flugzeug** *n* bojový (*od.* bitevní) letoun *m*; **2gefährte** *m*, **2genosse** *m* spolubojovník; **2kraft** *f* bojovnost; **~los** bez boje; **~lustig** bojechtivý; **2platz** *m* bojiště *n*; **2richter** *m* rozhodčí; **2schwimmer** *m* bojový potápěč; **~stark** výbojný, bojovný; **~unfähig** neschopný (-en) boje (*od.* zápasu); **2wagen** *m* bojové vozidlo, tank.
kam'pieren tábořit.
Kanad|a *n* Kanada *f*; **~ier(in** *f*) [-'na:-] *m* Kanaďan(ka); *~ier* (*Sport*) kanoe *f*; **2isch** [-'na:-] kanadský.
Ka'nal *m* kanál; **~isati'on** *f* kanalizace; *~s- in Zssgn* kanalizační.
Ka'narienvogel *m* kanár(ek).
ka'narisch: *die 2en Inseln* Kanárské ostrovy *m/pl.*
Kan'dare *f* uzda; *fig. an die ~ nehmen* brát [vzít] zkrátka.
Kandi|'dat(in *f*) *m* kandidát(ka); **~da'tur** *f* kandidatura; **2'dieren** kandidovat.
kan'dieren kandovat.
Kandis *m*, **~zucker** *m* kandys, kandysový cukr.
Känguruh *n* klokan *m*.
Ka'ninchen *n* králík *m*; *~- in Zssgn* králičí.
Ka'nister *m* kanystr, bidon.
Kännchen *n* konvička *f*.
Kanne *f* konev, konvice.
Kanni'bal|e *m* lidožrout, kanibal; **2isch** lidožroutský, kanibalský.
kannte *s. kennen*.
Kanon *m* kánon.
Kano'nade *f* kanonáda.
Ka'none *f* dělo *n*, F kanón *m*; F *fig.* (*Könner*) kanón *m*, eso *n*; *unter aller ~* pod vší kritiku.
Ka'nonen|boot *n* dělový člun *m*; **~futter** *n* potrava *f* pro děla; **~kugel** *f* dělová koule; **~ofen** *m* bubínková kamínka; **~schuß** *m* dělová rána.
Kano'nier *m* dělostřelec.
ka'non|isch kanonický; **~i'sieren** prohlásit [-lašovat] za svatého.
Kan'tate *f Mus.* kantáta.
Kante *f* hrana; (*Rand*) okraj *m*; **2n** opatřovat [-řit] hranami; (*auf die Kante stellen*) postavovat [-stavit] na hranu.
Kanten *m* (*Brotende*) patka *f*.
Kantholz *n* hranol *m*.
kantig hranatý.
Kan'tine *f* kantýna.
Kan'to|n *m* kanton; **~'nist** *m*: *fig. das ist ein unsicherer ~* tomu nelze věřit.
Kantor *m* kantor, chrámový zpěvák.
Kanu *n* kanoe *f*.
Ka'nüle *f Med.* kanyla.

Ka'nute *m* kanoista, kajakář.
Kanzel *f* kazatelna; *Flgw.* pilotní kabina.
Kanz|'lei *f* kancelář; ~- *in Zssgn* kancelářský; **~ler** *m* kancléř; **~'list** † *m* kancelista.
Kap *n* mys *m.*
Ka'paun *m* kapoun.
Kapazi'tät *f* kapacita, jímavost; (*Produktions*♀) výkonnost.
Ka'pell|e *f Rel.* kaple; *Mus.* kapela; **~meister** *m* kapelník.
Kapern *f/pl.* kapary *m/pl.*, kaprlata *n/pl.*
kaper|n *Schiff*: zajímat [-jmout]; **♀schiff** *n* kaperská loď.
ka'pieren F chápat [pochopit].
Kapil'largefäß *n* kapilára *f*, vlásečnice *f.*
Kapi'tal *n* kapitál *m*; ~- *in Zssgn mst* kapitálový; **~anlage** *f* uložení *n* kapitálu; **~flucht** *f* útěk *m* kapitálu; **♀i'sieren** kapitalizovat (*im*)*pf.*; **~i'sierung** *f* zkapitalizování *n.*
Kapita|'lismus *m* kapitalismus; **~'list**(*in f*) *m* kapitalista (-tka); **♀'listisch** kapitalistický.
Kapi'tal|markt *m* peněžní trh; **~verbrechen** *n* těžký zločin.
Kapi'tän *m* kapitán.
Ka'pitel *n* kapitola *f*; *fig. das ist ein ~ für sich* to je kapitola sama pro sebe.
Kapi'tell *n Arch.* hlavice *f.*
Kapitu|lati'on *f* kapitulace; **♀'lieren** kapitulovat (*im*)*pf.*
Ka'plan *m* kaplan.
Käppchen *n* čepička *f.*
Kappe *f* čepice, čapka; (*Deckel*) víčko *n*; (*Schuh*♀) tužinka; **♀n** (*abhauen*) usekávat [-knout]; *Hahn* [vy]kapounovat.
Käppi *n Mil.* lehká čapka.
kaprizi'ös rozmarný, kapriciosní.
Kapsel *f* pouzdro *n*; (*Spreng*♀) rozbuška, F kapsle.
ka'putt F zničený, kaput.
Ka'puze *f* kapuce, kápě.
Kapu'ziner *m* kapucín.
Kara'biner *m* karabina *f*; **~haken** *m* karabinka *f.*
Ka'racho F *n*: *mit ~* v plné rychlosti.
Ka'raffe *f* karafa.
Karambo|'lage *f* karambol *m* (*a. fig.*); **♀'lieren** [u]dělat karambol, karambolovat (*im*)*pf.*
Kara'melle *f* karamel(k)a.
Ka'rat *n* karát *m.*
Ka'rausche *f Zo.* karas *m.*
Kara'wan|e *f* karavana; **~se'rei** *f* karavanní stanice.
Kar'bid *n* karbid *m*; **~lampe** *f* karbidová svítilna.
Kar'bolsäure *f* karbolová kyselina.
Karbo'nade *f Kochk.* karbanátek *m.*
Karbo'nat *n Chem.* uhličitan *m.*
Kar'bunkel *m Med.* karbunkl, F nežit.
Kar'dangelenk *n* křížový kloub.
Kardi'nal *m* kardinál; **~fehler** *m* kardinální chyba *f*; **~zahl** *f* základní číslo *n.*
Kardio'gramm *n Med.* kardiogram *m*, srdeční křivka *f.*
Kar'freitag *m* Velký pátek.
Kar'funkel *m Min.* karbunkl, rubín; *Med. s. Karbunkel.*
karg skoupý; **~en** skrblit (*mit* et.[čím]).
kärglich skromný.
ka'riert kostkovaný.
Karies *f Med.* zubní kaz *m.*
Kari|ka'tur *f* karikatura; **~katu'rist** *m* karikaturista; **♀'kieren** [z]karikovat.
Karlsbader Salz *n* karlovarská sůl.
Karme'sin *n* karmín *m*; **♀rot** karmínově červený.
Karneval *m* karneval; ~s- *in Zssgn* karnevalový, karnevalní.
Kar'nickel F *n* králík *m*; *s. Kaninchen.*
Karo *n s. Viereck*; (*Spielkarte*) káro; ~- *in Zssgn* kárový; (*kariert*) károvaný.
Karosse'rie *f* karoserie.
Ka'rotte *f Bot.* karotka.
Kar'paten *pl.* Karpaty *m/pl.*
Karpfen *m* kapr; **~teich** *m* kapří rybník.
Karre *f* kára, vozík *m*; (*Schubkarren*) kolečko *n*, trakař *m.*
Kar'ree *n* čtverec *m.*
karren vézt (vozit *Iter.*) na trakaři; ♀ *m s. Karre.*
Karri'ere *f* kariéra; *~ machen* [u]dělat kariéru.
Karst *m Geol.* kras.
Karte *f* karta; *Geogr.* mapa; (*Eintritts*♀, *Fahr*♀, *Speise*♀) lístek *m*; *~n legen* vykládat [vyložit] karty; *~n spielen* hrát [zahrát (si)] (v) karty; *fig. auf* e-e *~ setzen* sázet [vsadit] na jednu kartu.
Kar'tei *f s. Kartothek*; **~karte** *f* kartotékový (*od.* kartotéční) líst(ek), F kartička *f.*

Kar'tell *n* kartel *m*.

Karten|haus *n* dome(če)k *m* z karet; *Mar.* navigační kabina *f*; **~kunststück** *n* dovedný kousek; **~legen** *n* vykládání karet; **~legerin** *f* vykládačka karet, kartářka; **~spiel** *n* hra *f* v karty; **~spieler** *m* hráč karet; **~verkauf** *m* prodej vstupenek (*od.* jízdenek, pohlednic, map); **~zeichner** *m* kreslič map.

Kar'toffel *f* brambor *m*; ~- *in Zssgn* bramborový; **~brei** *m* bramborová kaše; **~käfer** *m* mandelinka *f* bramborová; **~kraut** *n* bramborová nať; **~puffer** *m* (pečený) bramborák *m*; **~suppe** *f* bramboračka, bramborovka.

Kar'to|n *m* kartón, lepenka *f*; (*Schachtel*) lepenková krabice *f*; **2'niert** kartonovaný; **~'thek** *f* kartotéka.

Kar'tusche *f Mil.* nábojnice *f*.

Karus'sell *n* kolotoč *m*.

Karwoche *f* velikonoční týden *m*.

Karzer † *m* karcer.

karzino'gen karcinomatózní, rakovinný.

Ka'schemme *f* putyka.

Käse *m* sýr; F *fig.* (*Unsinn*) nesmysl; **~brot** *n* chléb se sýrem; **~glocke** *f* (skleněný) poklop na sýr.

Kase'in *n* kasein *m*, sýrovina *f*.

Käsekuchen *m* tvarohový koláč.

Kase'matte *f* kasematy *m od. f/pl.*

Käse'rei *f* sýrařství *n*; (*Betrieb*) sýrárna.

Ka'serne *f* kasárny *f/pl.*; ~n- *in Zssgn* kasárenský.

käsig sýrovitý; F (*blaß*) jako z tvarohu, jako sýr.

Ka'sino *n* kasino.

Kaskoversicherung *f* havarijní pojištění *n*.

Kasperle *m od. n* Kašpárek; **~theater** *n* loutkové divadlo.

Kasse *f* pokladna; F *bei ~ sein* mít peníze.

Kassen|abschluß *m* pokladní uzávěrka *f*; **~anweisung** *f* pokladní poukázka; **~arzt** *m* pokladenský lékař; **~bestand** *m* pokladní hotovost *f*; **~bote** *m* pokladní posel; **~schlager** *m* divadelní hra *f* plnící pokladnu; **~stunden** *f/pl.* pokladní hodiny *f/pl.*; **~zettel** *m* pokladní lístek.

Kasse'rolle *f* kastrol *m*.

Kas'sette *f* kazeta; ~n- *in Zssgn* kazetový.

Kas'siber *n* moták *m*.

kas'sier|en *Geld*: přijímat [-jmout] (peníze); *Beiträge*: vyb(í)rat (příspěvky); *Jur.* (*aufheben*) zrušovat [-šit]; **2er(in** *f*) *m* pokladník *m* (pokladní *f*).

Kaßler *n Kochk.* uzené (vepřové) maso.

Ka'stanie *f* kaštan *m*; **2n·braun** kaštanový.

Kästchen *n* skříňka *f*, krabička *f*; (*Quadrat*) čtvereček *m*.

Kaste *f* kasta.

ka'stei|en [z]trýznit, **2ung** *f* trýznění *n*.

Ka'stell *n* kastel *m*, tvrz *f*.

Kasten *m* bedna *f*; skříň *f*; (*Truhe*) truhla *f*; P basa *f*, vezení *n*.

Kastengeist *m* kastovnictví *n*.

Ka|'strat *m* kastrát, kleštěnec; **2'strieren** [vy]kleštit, kastrovat (*im*)*pf*.

Kasus *m Gr.* pád.

Kata|'falk *m* katafalk; **~'kombe** *f* katakomba; **~'log** *m* katalog, seznam; **2logi'sieren** [za]katalogizovat; **~'pultstart** *m* start katapultem.

Ka|'tarrh *m* katar; **2tar'rhalisch** katarální.

Ka'ta|ster *m od. n* katastr *m*; **2stro'phal** katastrofální; **~'strophe** *f* katastrofa.

Kate|'chismus *m* katechismus; **~go'rie** *f* kategorie; **2'gorisch** kategorický.

Kater *m* kocour; F *fig.* kocovina *f*.

Ka'theder *n* katedra *f*.

Kathe'drale *f* katedrála.

Ka'thete *f Math.* odvěsna; **~r** *m Med.* katétr, cévka *f*.

Ka'thode *f El.* katoda.

Katho|'lik(in *f*) *m* katolík (-ička); **2lisch** [-'to:-] katolický; **~li'zismus** *m* katolicismus.

Kat'tun *m* kartoun; ~- *in Zssgn* kartounový.

Kätzchen *n* kočička *f*; *Bot.* jehněda *f*, kočička *f*.

Katze *f* kočka; F *die ~ im Sack kaufen* kupovat [koupit] zajíce v pytli.

Katzen|auge *n* odrazové sklíčko; **~buckel** *m* kočičí hřbet; **~jammer** F *m* kocovina *f*; **~musik** *f* kočičina; **~sprung** *m*: *es ist nur ein ~* je tam jen skok.

Kauderwelsch *n* hatmatilka *f*.
kauen [pře]žvýkat; *an den Nägeln* ~ hrýzt si nehty.
kauern: *sich* ~ [s]choulit se.
Kauf *m* koupě *f*; *fig. mit in* ~ *nehmen* snášet [snést]; **~abschluß** *m* uzavření *n* obchodu; **2en** kupovat [koupit].
Käufer(in *f*) *m* kupující *m od. f*.
Kauf|haus *n* obchodní dům *m*; **~kraft** *f* kupní síla.
käuflich prodejný; ~ *erwerben s. kaufen*; **2keit** *f* úplatnost.
Kauf|lust *f* koupěchtivost; **2lustig** koupěchtivý; **~mann** *m* kupec; **2männisch** kupecký, obchodnický; **~preis** *m* kupní cena *f*; **~vertrag** *m* kupní smlouva *f*.
Kaugummi *n* žvýkací guma *f*.
Kaul|barsch *m Zo.* ježdík; **~quappe** *f* pulec *m*.
kaum sotva; ~ (*daß*) sotvaže.
kau'sal kausální, příčinný; **2i'tät** *f* kausalita, příčinnost.
Kautabak *m* žvýkací tabák.
Kauti'on *f* jistota, kauce.
Kautschuk *m* kaučuk; **~baum** *m* kaučukovník.
Kauz *m Zo.* sýček, kulich; *fig.* (*Sonderling*) podivín.
Kava'lier *m* kavalír; **2(s)mäßig** kavalírský; *Adv.* po kavalírsku.
Kavalle|'rie *f* vojenská jízda; **~-** *in Zssgn* jezdecký; **~'rist** *m* jezdec, kavalerista.
Kaviar *m* kaviár.
Kebsweib † *n* souložnice *f*, konkubina *f*.
keck smělý; (*dreist*) drzý; **2heit** *f* smělost, drzost.
Kegel *m Math.* kužel *m*; (*zum Spiel*) kuželka; *mit Kind und* ~ s celou rodinou; ~ *schieben* = **2n** koulet kuželky, zahrát (si) v kuželky; **~bahn** *f* kuželník *m*; **2förmig** kuželovitý; **~radgetriebe** *n* kuželové soukolí; **~schnitt** *m Math.* kuželosečka *f*; **~stumpf** *m Math.* komolý kužel.
Kehle *f* hrdlo *n*; *aus voller* ~ z plna hrdla.
Kehlkopf *m Anat.* hrtan; **~mikrophon** *n* hrdelní mikrofon *m*; **~spiegel** *m* hrtanové zrcátko *n*.
Kehr|aus *m* poslední tanec; **~besen** *m* koště *n*; **~e** *f* obrat *m*; (*Kurve*) zatáčka; *Esb.* úvrať *f*; *Flgw.* souvrat *m*; *Sp.* přednožka; **2en** zamést; (*wenden*) obracet [obrátit]; *sich an nichts* ~ nevšímat [-všimnout] si (*G*).
Kehricht *m od. n* smetí *n*; **~schaufel** *f* lopatka na smetí.
Kehr|reim *m* refrén; **~seite** *f* rub *m*.
kehrt! *Mil.* čelem vzad!; **~machen** vracet [vrátit] se; *Mil.* obracet [obrátit] se čelem vzad; **2wendung** *f* obrat *m* vzad.
Kehrwert *m Math.* reciproká hodnota.
keifen [vy]hubovat.
Keil *m* klín; **~-** *in Zssgn* klínový; **~e** F *f* výprask *m*; **2en** (*spalten*) rozštěpovat [-štípit] klínem; F *sich* ~ *mit* prát [seprat] se s (*I*).
Keiler *m Zo.* divoký kanec.
Keile'rei F *f* pranice.
keil|förmig klínovitý; **2hose** *f* (lyžařské) šponovky *f/pl.*; **2kissen** *n* klínová poduška; **2riemen** *m* klínový řemen; **2schrift** *f* klínové písmo.
Keim *m* zárodek (*a. fig.*); *im* **~e** *ersticken* potlačovat [-čit] v zárodku; **~drüse** *f* pohlavní žláza; **2en** [vy-]klíčit; **2fähig** *Bot.* klíčivý; **2frei** sterilní; **~ling** *m* klíček; **~zelle** *f* klíčový výtrus.
kein žádný; **~er** *von ihnen* nikdo z vás; *ich habe* ~ *Geld* nemám peněz; ~ *anderer, als* ... nikdo jiný než ...; *in* **~em** *Fall* v žádném případě; **~er'lei** nijaký; **~esfalls, '~es'wegs** nijak, nikterak; **~mal** nikdy; *einmal ist* ~ jednou neplatí.
Keks *m* keks, sušenka *f*.
Kelch *m* kalich.
Kelle *f* naběračka; (*Maurer2*) zednická lžíce; F (*Signalstab*) výpravka.
Keller *m* sklep; **~assel** *f Zo.* beruška sklepní; **~fenster** *n* okénko do sklepa; **~geschoß** *n* podzemí; **~meister** *m* sklepmistr; **~treppe** *f* schody *m/pl.* do sklepa; **~wohnung** *f* sklepní byt *m*.
Kellner(in *f*) *m* číšník (-nice).
Kelter *f* lis *m*; **2n** [vy]lisovat.
kennen znát; **~lernen** pozn(á)vat.
Kenner *m* znalec; **~blick** *m* znalecký pohled; **~miene** *f* znalecké vzezření.
Kennkarte *f* průkaz *m*, legitimace.
kenntlich znatelný; ~ *machen* označovat [-čit].
Kenntnis *f* znalost; (*Wissen*) vědomost; ~ *nehmen von* brát [vzít] na vědomost; *in* ~ *setzen* zpravovat

[zpravit] k-o; **~nahme** *f* poznání *n*; **≈reich** mající hodně vědomostí.
Kennwort *n* heslo, značka *f*.
Kennzeich|en *n* značka *f*; **≈nen** vyznačovat [-čit].
kentern převrhovat [-hnout] se.
Ke'rami|k *f* keramika; **~k-**, **≈sch** keramický.
Kerb|e *f* vrub *m*, *Dim.* vroubek *m*; **≈en** [vy]vroubkovat; **~holz** *n* vrubovka *f*; *fig.* F *auf dem ~ haben* mít nějaký vroubek.
Kerker *m* vězení *n*, žalář; **~meister** *m* žalářník.
Kerl *m* chlap; *armer ~* chuďas; *dummer ~* hlupák; *feiner* (*od. fixer*) *~* chlapík; *geriebener ~* chytrák; *guter* (*od. prächtiger*) *~* dobrák; *gemeiner ~* sprosťák.
Kern *m* jádro *n* (*a. fig.*); (*Obst≈*) pecka *f*; **~energie** *f* jaderná (*od.* nukleární) energie; **~forschung** *f* výzkum *m* atomového jádra; **~frage** *f* hlavní otázka; **~frucht** *f Bot.* jádrový (*od.* peckový) plod *m*; **~gehäuse** *n Bot.* jaderník *m*; **≈gesund** úplně zdravý (zdráv); **≈ig** jadrný (*a. fig.*); **~kraftwerk** *n* jaderná elektrárna; **~leder** *n* jadrná kůže; **~obst** *n* ovoce s jádry; **~physik** *f* jaderná (*od.* nukleární) fysika; **~punkt** *m* podstatný bod; **~seife** *f* jádrové mýdlo; **~spaltung** *f* štěpení *n* jádra; **~truppen** *f/pl.* jádro *n* vojska; **~waffen** *f/pl.* jaderná zbraň.
Kerze *f* svíčka; **≈n·gerade** rovný jako svíčka; **~n·halter** *m* svícen; **~n·licht** *n* světlo svíčky.
Kessel *m* kotel; (*Tal≈*) kotlina *f*; **~-** *in Zssgn* kotlový; **~flicker** *m* potulný kotlář; **~pauke** *f Mus.* tympán *m*, turecký buben; **~raum** *m* kotelna *f*; **~schmied** *m* kotlář; **~stein** *m* kotelní kámen; **~treiben** *n* (*Jagd*) hon *m* zatahováním zvěře; *fig.* štvanice *f*; **~wagen** *m* cisterna *f*, cisternový vůz.
Ketchup *n od. m s. Tomatenketchup.*
Kette *f* řetěz *m*; (*kleine*) řetízek *m*; *Flgw.* roj *m*; *Jagdw.* hejno *n*; (*e-s Panzers*) pás *m*; (*Weberei*) osnova; **~n** *pl. s. Fessel*; **≈n** spojit [-jovat]; *fig. j-n an sich ~* připout(áv)at k-o k sobě.
Ketten|brücke *f* řetězový most; **~fahrzeug** *n* pásové vozidlo; **~glied** *n* článek *m* řetězu; **~handel** *m* řetězový obchod; **~hund** *m* hlídací pes; **~raucher** *m* náruživý kuřák; **~reaktion** *f Phys.* řetězová reakce; **~zug** *m* tah řetězu, řetězový kladkostroj.
Ketze|r(in *f*) *m* kacíř(ka); **~'rei** *f* kacířství *n*; **≈risch** kacířský.
keuch|en [za]supět; **≈husten** *m* černý kašel.
Keule *f* kyj *m*; *Kochk.* kýta; *Turn.* kužel *m*.
keusch cudný; **≈heit** *f* cudnost.
kfm. *Abk. für kaufmännisch*; **≈** *Abk. für Kaufmann.*
Kfz. *Abk. für Kraftfahrzeug.*
kg *Abk. für Kilogramm.*
KG *Abk. für Kommanditgesellschaft.*
kichern [za]hihňat se.
Kickstarter *m* nožní spouštěč.
Kidnapping *n* únos *m*.
Kiebitz *m Zo.* čejka *f*; *fig.* F kibic; **≈en** kibicovat.
Kiefer[1] *f Bot.* borovice, sošna.
Kiefer[2] *m Anat.* čelist *f*; **~höhle** *f Anat.* čelistní dutina; **~knochen** *m Anat.* čelistní kost *f*.
Kiefernwald *m* borový les; bor.
Kieker F *m* kukátko *n*.
Kiel *m Mar.* kýl; **~flosse** *f Flgw.* kýlovka *f*; **~linie** *f Mar.*: *in ~ fahren* plout v řadě *od.* za sebou; **~raum** *m* sběrný prostor; **~wasser** *n Mar.* kýlová (*od.* kýlní) voda.
Kiemen *f/pl.* žábry *f/pl.*
Kien *m* louč *f*; **~apfel** *m* borová šiška; **~holz** *n* smolné dříví; **~span** *m s. Kien.*
Kiepe *f* nůše.
Kies *m* štěrkopísek, (drobný) štěrk.
Kiesel *m* křemen, oblázek; **~erde** *f* infuzoriová hlinka, křemelina; **~stein** *m s. Kiesel.*
Kies|grube *f* štěrkopískovna; **≈ig** štěrkovitý.
Kilo- *in Zssgn* kilo-; **~'gramm** *n* kilogram *m*, kilo; **~'meter** *m* kilometr; **~'meterzähler** *m* počitadlo *n* kilometrů, kilometrovník; **~'wattstunde** *f El.* kilowatthodina.
Kimme *f* (*beim Visier*) zářez *m*; (*Kerbe*) vrub *m*.
Kind *n* dítě; *an ~es Statt annehmen* přijímat [-jmout] za vlastní(ho); *ein ~ bekommen*, F *kriegen* [po]rodit; *von ~ auf* od malička; *sich lieb ~ machen* [za]lichotit k-u; **~bett** *n* šestinedělí; **~bettfieber** *n Med.* horečka *f* omladnic; **~chen** *n* děťátko, děcko.

Kinder *s. Kind*; **~arzt** *m* dětský lékař; **~beihilfe** *f s. Kindergeld*; **~bett** *n* dětská postýlka; **~bewahranstalt** *f* dětská opatrovna; **~ei** [-ˈraɪ] *f* dětinství *n*; **~garten** *m* mateřská školka; **~gärtnerin** *f* učitelka (*od.* pěstounka) mateřské školky; **~geld** *n* přídavek *m* na děti; **~heim** *n* dětský domov; **~hort** *m* dětský útulek; **~krankheit** *f* dětská nemoc; **~lähmung** *f Med.* dětská obrna; **2leicht** velmi lehký; **~liebe** *f* láska k dětem; dětská láska; **2los** bezdětný; **~losigkeit** *f* bezdětnost; **~mädchen** *n* chůva *f*; **~mord** *m* zabití *n* (*od.* vražda *f*) dítěte; **2reich** mající mnoho dětí; **~schuhe** *m/pl.* dětské botičky; *in den ~n stecken* být v začátcích; **~spiel** *n* dětská hra; **~stube** *f fig.* výchova; **~wagen** *m* dětský kočárek; **~zulage** *f s. Kindergeld.*

Kindes|beine *n/pl.*: *von ~n an* od dětství; **~entführung** *f* únos *m* dítěte; **~kind** *n* vnouče; **~mörder (-in** *f*) *m* vrah (vražednice *f*) *m* dítěte.

Kind|heit *f* dětství *n*; *von ~ an* od dětství; **2isch** dětinský; *~ werden* stá(va)t se dětinským, zdětinštět *pf.*; **~lein** *n s. Kindchen*; **2lich** dětinný, dětský.

Kinds|kopf F *m* dítě *n*, dětinský člověk; **~taufe** *f* křest *m* (dítěte), křtiny *f/pl.*

Kinkerlitzchen F *pl.* maličkosti *f/pl.*, hloupůstky *f/pl.*

Kinn *n* brada *f*; **~backe(n** *m*) *f* čelist *f*; **~bart** *m* kozí bradka *f*; **~haken** *m* (*Boxen*) hák *m* na bradu; **~lade** *f s. Kinnbacke.*

Kino *n* biograf *m*, kino, F bio; **~besucher** *m*, **~gänger** *m* návštěvník kina; *vgl. Film-.*

Kipp- *in Zssgn* sklápěcí; **~e** *f* (*Schaukel*) houpačka; *Tech.* skládka; *Bgb.* odval *m*; (*Sport*) sklopka; (*Zigaretten2*) oharek *m*; *auf der ~ stehen* být na vahách; **2en** *v/t* převrh(ov)at [-hnout]; *v/i* překocovat [-kotit] se; **~hebel** *m Kfz.* vahadlo *n* (ventilu); **~lore** *f* výklopný (*od.* překlopný) vozík, japonka; **~schalter** *m* páčkový vypínač; **~wagen** *m* sklápěcí (nákladní) auto *n*, sklápěč; *Esb.* výklopník; *s. Kipplore.*

Kirche *f* kostel *m*, chrám *m*; (*Christenheit*) církev.

Kirchen|älteste(r) *m* starší církve; **~bann** *m* církevní klatba *f*; **~buch** *n* matrika *f*; **~diener** *m* kostelník; **~fahne** *f* kostelní korouhev; **~gemeinde** *f* farní osada, obec věřících; **~geschichte** *f* církevní dějiny *f/pl.*; **~lied** *n* kostelní píseň *f*; **~maus** *f*: *fig. arm wie e-e ~* chudý jako kostelní myš; **~schiff** *n Arch.* kostelní (*od.* chrámová) loď *f*; **~spaltung** *f* církevní rozkol *m*, schizma *n*; **~staat** *m* církevní stát; **~steuer** *f* církevní daň; **~vater** *m* církevní otec; **~vorsteher** *m s. Kirchenälteste(r).*

Kirch|gang *m* cesta *f* do kostela; **~hof** *m* hřbitov; **~s-** *in Zssgn* hřbitovní; **2lich** církevní; **~spiel** *n* církevní osada *f*, farnost; **~turm** *m* kostelní věž *f*; **~weih** *f s. Kirmes.*

Kirmes *f* posvícení *n*.

kirre krotký; *~ machen* [z]krotit; *~ werden* zkrotnout.

Kirsch *m* višňovka *f*; **~baum** *m* třešně *f*, třešňový strom; **~e** *f* třešně; *fig. mit j-m ist nicht gut ~n essen* není radno si s kým začínat; **~kern** *m* třešňová pecka; **2rot** třešňově červený; **~wasser** *n s. Kirsch.*

Kissen *n* polštář *m*; **~bezug** *m* [povlak na polštář.]

Kiste *f* bedna.

Kitsch *m* kýč; **2ig** kýčovitý.

Kitt *m* tmel (*a. fig.*).

Kittchen F *n* basa *f*; *im ~ sitzen* bručet v base.

Kittel *m* (pracovní) halena *f*, kytle *f*.

kitten [s]tmelit (*a. fig.*).

Kitz|el *m* lechtání *n*, svrbění *n*; **2(e)lig** lechtivý; F *fig.* choulostivý; **2eln** [po]lechtat, [po]šimrat; **~ler** *m Anat.* poštěváček.

Kladde *f* (*Schul2*) sešit *m* pro psaní na nečisto; *Hdl.* příruční obchodní kniha.

klaffen roz(e)stupovat [-stoupit] se; *~de Wunde* zející rána.

kläff|en [za]štěkat; **2er** *m* F hafánek.

Klafter *f* sáh *m*.

Klage *f* nářek *m*; *Jur.* žaloba, stížnost; *~ führen (über A), in ~n ausbrechen s. klagen*; **~androhung** *f* hrození *n* žalobou; **~geschrei** *n* nářek *m*.

klagen (*weh~*) [za]naříkat (*über A* na *A*); *j-m (od. bei j-m) über et. ~* [po]stěžovat si na (*A*); *Jur.* [za]žalovat.

Klagepunkt *m Jur.* odstavec *m* žaloby.
Kläger(in *f*) *m* žalobce (-bkyně).
Klage|schrift *f* žalobní spis *m*; **~weg** *m* právní cesta *f*; *auf dem ~e* žalobou.
kläglich žalostný.
Kla'mauk F *m* rámus, povyk; švanda *f*.
klamm (*feucht*) vlhký; (*vor Kälte*) zkřehlý.
Klamm *f* rokle, soutěska.
Klammer *f Tech.* svorka; (*Wäscheᒿ*) kolíček *m*; *Gr.*, *Typ.*, *Math.* závorka; *in ~n einschließen* dát do závorky; *~n auflösen* odstranit závorky; **ᒿn** spínat [sepnout] svorkou; *sich ~ an* (*A*) [při]držet se pevně (*G*); **~n** *n* (*Boxen*) držení.
Kla'motten *f/pl.* F staré šaty *m/pl.*, cáry *m/pl.*
Klang *m* zvuk; ᒿ *s. klingen*; **~farbe** *f* barvitost zvuku; **~fülle** *f* zvučnost; **ᒿlos** nehlučný, tichý; **ᒿvoll** zvučný, zvučící.
Klapp|bett(stelle *f*) *n* skládací postel *f*; **~e** *f* klapka; (*Fliegenᒿ*) plácačka; F (*Mund*) klapačka, huba; (*Bett*) postel; *halt die ~!* drž klapajznu!; *e-e große ~ haben* vytahat [-hovat] se; **ᒿen** (*gelingen*) F klapat; *in die Höhe ~* vyhrnovat [-nout]; *es klappt* už to klape; *es klappt nicht* to neklape.
Klapper *f* klapačka, klepačka; **ᒿdürr** F hubený jako tříska; **ᒿig** rozviklaný, vetchý; **~kasten** F *m* (*Auto*) hrkačka *f*, řehtačka *f*; **ᒿn** [za]klapat; *mit den Zähnen ~* [za]jektat; **~schlange** *f Zo.* chřestýš *m*; **~storch** F *m* čáp.
Klapp|sitz *m* sklápěcí sedadlo *n*; **~stuhl** *m* sklápěcí židle *f*; **~tisch** *m* sklápěcí stůl.
Klaps *m* plácnutí; *j-m e-n ~ geben* = **ᒿen** plácat [-cnout] k-o; **~mühle** F *f* blázinec *m*.
klar (*hell*) jasný; (*rein*) čistý; (*deutlich*) zřejmý; *Mar.* (*bereit*) (po-) hotový; F (*ja, gewiß*) ovšem, samozřejmě; *sich* (*D*) *über et. ~* (*od. im ~en*) *sein* být si č-o vědom; *~ werden* vyjasňovat [-snit] se; *ins ~e kommen über* (*A*) chápat [pochopit] (*A*).
Klär|anlage *f* odkaliště *n*; **~bottich** *m* usazovací nádrž *od.* káď *f*; **ᒿen** (*erklären*) objasňovat [-snit]; *Abwässer*: odkalovat [-lit]; *sich ~* (*Wetter*) vyjasňovat [-snit] se.
klar|gehen F: *die Sache geht klar* to je jednou vyřízená věc; **ᒿheit** *f* jasnost (*a. fig.*).
Klari'net|te *f* klarinet *m*; **~'tist** *m* klarinetista.
klar|legen objasňovat [-snit]; **~machen** vysětlovat [-lit]; *Schiff*: připravovat [-pravit] k odplutí; **~stellen** *s. richtigstellen*; **ᒿtext** *m* nekódovaný text.
Klärung *f* (*e-r Flüssigkeit*) čištění *n*; odkalování *n*; *fig.* vysvětlení *n*.
klarwerden: *sich ~ über* (*A*) ujasnit si *pf.* (*A*).
Klärwerk *n* čistírna *f* (vody).
Klasse *f* třída.
klassen|bewußt třídně uvědomělý; **ᒿbewußtsein** *n* třídní uvědomění; **ᒿbuch** *n* třídní kniha *f*; **ᒿkamerad** *m* spolužák; **ᒿkampf** *m* třídní boj; **ᒿlehrer** *m* třídní (učitel); **~los** beztřídní; **ᒿzimmer** *n* třída *f*.
Klassi|fikati'on *f* klasifikace; **ᒿfi'zieren** [o]klasifikovat; **~ker** *m* klasik; **ᒿsch** klasický; **~'zismus** *m* klasicismus.
klatsch! *Inter.* plesk!
Klatsch *m* plácnutí *n*; F (*Gerede*) klepy *m/pl.*; **~base** *f* klepna, klepařka; **ᒿen** (*schlagen*) pleskat [-knout]; plácat [-cnout]; *Beifall ~* [za]tleskat; F (*reden*) klevetit (*über A* o *L*); **~er(in** *f*) *m* tleskající; **~e'rei** *f* klepy *m/pl.*; **ᒿhaft, ᒿig** klevetivý; **~maul** *n*, **~weib** *n s. Klatscher(in)*; **~mohn** *m Bot.* vlčí mák.
klauben přeb(í)rat; (*deuteln*) vytýkat [-tknout].
Klaue *f* (*Huf*) pazneht *m*; (*Kralle*) spár *m*, dráp *m*; F (*Handschrift*) ošklivé písmo *n*.
klauen F štípnout *pf.*
Klauenseuche *f s. Maul- und Klauenseuche.*
Klause *f* (*Klosterᒿ*) cela; (*Einsiedelei*) poustevna.
Klausel *f* klausule, dodatek *m*.
Klausner *m* poustevník.
Klau'sur *f* klauzura.
Klavia'tur *f Mus.* klávesnice, klaviatura.
Kla'vier *n Mus.* klavír *m*; (*Flügel*) křídlo; **~auszug** *m Mus.* klavírní výtah; **~begleitung** *f* klavírní doprovod *m*; **~lehrer(in** *f*) *m* učitel(ka *f*) *m* hry na klavír; **~schule** *f* kla-

vírní škola; **~spieler(in** *f*) *m* pianista (-tka).

kleben *v/t* [s]lepit; (*auf~*) [na]lepit; *v/i* (*haften*) lpít, lpět, ulpívat; F *j-m e-e ~* někomu dá(va)t pohlavek; **~bleiben** [při]lepit se; F zůst(áv)at sedět.

Kleb|er *m* klih, lep; *Chem.* lepek; **~e·streifen** *m* lepicí páska *f*; **2rig** lepkavý; **~stoff** *m* lepidlo *n*.

Klecks *m* kaňka *f*; **2en** [na]kaňkat (se).

Klee *m* jetel; **~blatt** *n* jetelový list; *fig.* trojlístek *m*.

Kleid *n* šaty *m/pl.*; **2en** oblékat [obléci], odí(va)t (*sich* se).

Kleider|ablage *f* šatna; **~bügel** *m* ramínko *n* na šaty; **~bürste** *f* kartáč *m* na šaty; **~haken** *m* věšák na šaty; **~schrank** *m* šatník.

kleidsam slušivý, úhledný.

Kleidung *f* oděv *m*, oblek *m*; **~s-stück** *n* část *f* oděvu.

Kleie *f* otruby *f/pl.*

klein malý; *~es Geld s. Kleingeld*; *~es Holz* drobné dříví; *ein ~ wenig* trošičku; *von ~ auf* od malička; *~ machen* zmenšovat [-šit]; *~ beigeben* povolovat [-lit].

Klein|arbeit *f* drobná práce; **~'asien** *n* Malá Asie; **~auto** *n* malé auto; **~bahn** *f* úzkokolejná dráha; **~bauer** *m* malozemědělec; **~bild-kamera** *f* kamera na malý formát; **~bürger** *m* maloměšťák; **2bürgerlich** maloburžoazní; **~bürgertum** *n* maloměšťáctví; **~geld** *n* drobné (peníze) *m/pl.*; **2gläubig** malověrný; **~handel** *m* maloobchod; **~händler** *m* maloobchodník; **~heit** *f* malost; *fig.* nepatrnost.

Kleinigkeit *f* maličkost.

Klein|kalibergewehr *n* malorážová puška; **~kind** *n* malé dítě; **~krieg** *m* drobná válka; **2kriegen** F (*kaputtmachen*) [po]kazit, [z]ničit, rozbít napadrť; **2laut** málomluvný; **2lich** malicherný; **~mut** *m* malomyslnost *f*; **2mütig** malomyslný.

Kleinod *n* klenot *m*.

Klein|rentner *m* malý důchodce; **2schneiden** rozřez(áv)at na kusy.

kleinst- nejmenší.

Klein|staat *m* malý stát; **~stadt** *f* malé město; **~städter(in** *f*) *m* maloměšťák (-ťačka); **2städtisch** maloměšťácký; **~verkauf** *m* drobný prodej; **~vieh** *n* drobný dobytek, brav *m*; **~wagen** *m Kfz.* vozítko *n*.

Kleister *m* maz, lepidlo *n*; **2n** [na]lepit.

Klemme *f* svěrka; *El.* svorka; F (*Not*) tíseň; *in der ~ sein, sitzen* být v tísni *od.* v kaši; **2n** *v/t* svírat [sevřít]; *v/i* (*haken*) zadrhovat [-hnout] se, zasekávat [-knout] se; [u]váznout; *sich den Finger ~* přiskřipovat [-skřípnout] si prst; F *sich hinter et. ~* popohánět [-hnat] co; **~nleiste** *f El.* svorkovnice.

Klempne|r *m* klempíř; **~'rei** *f* klempířství *n*.

Klepper *m* F herka *f*.

kleri|'kal klerikální; **2ker** *m* klerik.

Klerus *m* duchovenstvo *n*, klérus.

Klette *f Bot.* lopuch *m*; *fig. wie e-e ~* jako klíště.

Kletter|er F *m* (horo)lezec; **2n** [vy]šplhat se (*auf A* na *A*), zlézat [zlést] (*A*); **~n** *n* šplhání, zlézání; **~pflanze** *f* popínavá rostlina; **~schuh** *m* lezecká bota, lezečka *f*; **~seil** *n* horolezecké lano; **~übung** *f Turn.* šplh *m*.

Klient *m* klient, zákazník.

Klima *n* podnebí, klima; **~anlage** *f* klimatizační zařízení *n*; **2tisch** [-ˈmɑː-] klimatický.

klimm|en *s. klettern*.

Klimpe|'rei *f* brnkání *n*, břinkání *n*; **2rn** [za]cinkat; *Mus.* [po]drnkat.

Klinge *f* čepel *m od. f*; *s. Rasierklinge*; (*Degen, Säbel*) kord *m*, šavle.

Klingel *f* zvonek *m*; **~beutel** *m* měšec na milodary; **~knopf** *m* zvonkové tlačítko, zvonítko *n*; **2n** [za]zvonit; **~zeichen** *n* zvonění.

klingen [za]znít; *Glas*: [za]cinkat; **~d** znějící; *~e Münze* ražené (*od.* hotové) peníze.

Klinik *f* klinika.

klinisch klinický.

Klinke *f* klika; *Tech.* západka.

Klinker *m* zvonivka, kabřinec.

Klip(p) *m* (*Ohr2*) klips(a *f*) *m*.

klipp: *~ und klar* úplně jasně.

Klippe *f* útes *m*, skalisko *n*; *fig. s. Hindernis*.

Klippfisch *m* sušená treska *f*.

klirren [za]řinčet, [za]cinkat.

Kli'schee *n* štoček *m*, klišé.

Kli'stier *n* klystýr *m*.

klitschig F mazlavý.

klitzeklein F maličký.

Klo F *n s. Klosett*.

Klo'ake *f* stoka, kloaka.
Klob|en *m* poleno *n*; (*Feil*2) ruční svěrka *f*; *s. a. Klotz*; **2ig** masivní; *fig.* neotesaný.
klomm *s. klimmen.*
klopf|en *v/t Steine*: [na]tlouci; *Teppich*: [vy]klepat; *v/i* [za]klepat; (*Herz*) [za]tlouci; *es klopft* někdo klepá; **2er** *m* klepačka *f*, plácačka *f*; **2zeichen** *n* (za)klepání *n*.
Klöppel *m* palička *f*; (*an Glocken*) srdce *n*; **~arbeit** *f* paličkování *n*; **2n** [vy]paličkovat; **~spitze** *f* paličkovaná krajka.
Klops *m Kochk.* karbanátek; klops.
Klo'sett *n* klozet *m*, splachovací záchod *m*; **~becken** *n* klozetová mísa; **~papier** *n* toaletní papír *m*.
Kloß *m Kochk.* knedlík; (*Klumpen*) hrouda *f*.
Kloster *n* klášter; **~bruder** *m* klášterník; **~frau** *f* klášternice; **~zelle** *f* klášterní cela.
klösterlich klášterní; klášternický.
Klotz *m* špalek; F *fig.* hulvát; **2ig** ohromný; F hulvátský.
Klub *m* klub; (*Raum a.*) klubovna *f*; **~-** *in Zssgn* klubovní, klubový; **~mitglied** *n* člen *m* klubu, klubista *m*; **~sessel** *m* klubovka *f*; **~zimmer** *n* klubovna *f*.
Kluft *f* (*Fels*2) rozsedlina; (*Abgrund*) propast; F (*Kleidung*) šaty *m/pl.*, oblek *m*.
klug chytrý, rozumný; (*weise*) moudrý; *nicht ~ werden aus* nechápat (*A*); *Sprw. durch Schaden wird man ~* chybami se člověk učí; *der Klügere gibt nach* moudřejší ustoupí; **2heit** *f* chytrost; moudrost; **2scheißer** V *m* mudrlant.
Klump|en *m* (*Erd*2) hrouda *f*; (*Stück*) kus; (*Haufen*) hromada *f*; **~fuß** *m Med.* koňská noha; **2ig** hroudovitý.
Klüngel *m* klika *f*, parta *f*.
Klüver *m* kosatka *f*.
km *Abk. für Kilometer.*
knabbern [s]chroupat; [z]chroustat; hlodat (*an D* co).
Knabe *m* chlapec, hoch; F *alter ~* starý brach; **~n·alter** *n* chlapecký věk *m*, chlapectví; **2n·haft** chlapecký.
Knäckebrot *n* (trvanlivý) chroupavý chleb.
knack|en *v/t* rozmačk(áv)at; *Nüsse*: [roz]louskat; *Geldschrank*: [vy]páčit; *Rätsel*: [roz]luštit; *v/i* praskat [-knout], chrupat [-pnout]; **2en** *n* praskání *n*; **2wurst** *f* (knak)vuřt, uzenice; **2s** *m* (*Knacken*) prasknutí *n*, chrupnutí *n*; F (*Riß*) prasklina *f*, trhlina *f*; *s-e Gesundheit hat e-n ~ davongetragen* podlomil si zdraví; *e-n ~ weghaben* mít o kolečko víc.
Knall *m* bouchnutí *n*, třesk; (*Peitschen*2) práskání *n*, práskot; F *~ und Fall* ihned; **~bonbon** *m od. n* praskavka *f*; **~effekt** F *m* okázalý efekt; **2en** *v/t* F *j-m e-e ~* dá(va)t k-u pohlavek; *v/i* bouchat [-chnout]; (*Peitsche, Schuß*) práskat [-knout], třískat [třesknout]; **~erbse** *f s. Knallbonbon*; **~gas** *n* třaskavý plyn; **~körper** *m* třaskavka *f*, petarda *f*; **2ig** křiklavý, nápadný; **2rot** křiklavě červený.
knapp (*eng*) těsný; (*spärlich*) skrovný; *Stil*: stručný; *Adv.* (*gerade noch*) právě, zrovna; *das Geld ist ~* je málo peněz; *mit ~er Not* stěží; **2e** *m* panoš; *Bgb.* horník; **2heit** *f* těsnost; skrovnost, nedostatek *m*; stručnost; **2schaft** *f Bgb.* hornictvo *n*.
Knarre *f* řehtačka; F (*Gewehr*) bouchačka; **2n** vrzat [vrznout].
Knast P *m* basa *f*, kriminál.
knattern [za]praskat, [za]rachotit.
Knäuel *m od. n* klubko *n* (*a. fig.*).
Knauf *m* (*am Stock, Degen*) knoflík.
Knauser *m* skrblík; **~ei** [-'raɪ] *f* skrblictví *n*; **2ig** skoupý; **2n** skrblit [-lívat], škrtit.
knautschen F [za]kňučet.
Knebel *m* roubík; **2n** zacp(áv)at roubíkem ústa (*j-n* k-u), umlčovat [-čet].
Knecht *m* čeledín; (*Sklave*) otrok; **2en** zotročovat [-čit]; **2isch** otrocký; **~schaft** *f* otroctví *n*; **~ung** *f* zotročení *n*.
kneif|en *v/t* štípat [-pnout] (*j-n in A* k-o do *G*); F (*spannen, zu eng sein*) škrtit; *v/i* F (*sich drücken*) vytrácet [-tratit] se; **2er** *m* skřipec; **2zange** *f* štípací kleště *f/pl.*
Kneip|abend *m* večer v krčmě; **~bruder** F *m* kamarád z krčmy; **~e** *f* hospoda, krčma; **2en** popíjet [-pít] v hospodě; **~lied** *n* pijácká píseň.
Kneippkur *f* knajpování *n*, vodoléčebná kúra.
Kneipwirt *m* krčmář.
knet|en [u]hnìst; *Med.* masírovat; **2maschine** *f* hnětací stroj *m*, hnětadlo *n*; **2masse** *f* plastelína.

Knick *m* záhyb; (*Riß*) trhlina *f*; **2en** zahýbat [-hnout]; (*biegen*) nalamovat [-lomit]; *fig.* podlamovat [-lomit]; *fig. geknickt* zlomen; **~er** F *m s. Knauser*; **~erbocker** *m/pl.* pumpky *f/pl.*

knick(e)rig F *s. knauserig.*

Knicks *m* dívčí poklon(k)a; *e-n ~ machen* = **knicksen** ukláněť [uklonit] se.

Knie *n* koleno (*a. Tech.*); *fig. übers ~ brechen* lámat co přes koleno; **~beuge** *f* dřep *m*; **2fällig** *Adv.* kleče na kolenou; **2frei** *Rock*: dlouhý po kolena; **~gelenk** *n* kolenní kloub *m*; **~kehle** *f* podkolení *n*; **2n** klečet; (*nieder~*) klekat [-knout]; **~scheibe** *f* čéška; **~strumpf** *m* podkolenka *f*; **2tief** hluboký po kolena; **~wärmer** *m* nákoleník.

kniff *s. kneifen.*

Kniff *m* záhyb; *fig.* spád; **2(e)lig** svízelný.

knipsen *Fahrschein*: proštipovat [-štípnout]; *Fot.* [vy]fotit; (*mit den Fingern*) lupat [-pnout].

Knirps *m* F (*kleiner Kerl*) skrček.

knirschen [za]vrzat [vrznout], skřípat [-pnout], [za]chroupat, chrupat; *mit den Zähnen ~* [za]skřípat zuby.

knistern [za]praskat; (*rascheln*) [za-]šustět, chrastit [-tnout].

knitter|frei nemačkavý; **~n** *v/t* [z]mačkat (*v/i* se).

knobeln F (*würfeln*) házet kostky, hodit kostku; (*nachdenken*) přemýšlet.

Knoblauch *m* česnek; **~suppe** *f* česneková polévka, P česnečka.

Knöchel *m Anat.* kotník; **2tief** po kotníky.

Knochen *m* kost *f*; (*kleiner*) kůstka; **~-** *in Zssgn* kostní; *mit Haut und ~* se vším všudy; *in die ~ fahren* [za]chvátit; **~bruch** *m* zlomenina *f* kosti; **~erweichung** *f Med.* měknutí *n* kostí; **~fraß** *m Med.* kostižer; **~gerüst** *n* kostra *f*; **~hautentzündung** *f Med.* zánět *m* okostice; **2los** bez kostí; **~mark** *n* kostní dřeň *f*; **~mehl** *n* kostní moučka *f*; **~splitter** *m* tříska *f* kosti.

knöchern kostěný.

knochig kostnatý.

Knock'out *m* knokaut.

Knödel *m s. Kloß.*

Knoll|e *f*, **~en** *m Bot.* hlíza *f*; **~enblätterpilz** *m* muchomůrka *f* hlíznatá; **2ig** *Bot.* hlíznatý.

Knopf *m* knoflík; *El., Tech.* tlačítko *n.*

Knöpf|chen *n* knoflíček *m*; **2en** zapínat [-pnout] na knoflík.

Knopfloch *n* knoflíková dírka.

Knorp|el *m* chrupavka *f*; **2(e)lig** chrupavkovitý.

Knorr|en *m* suk; **2ig** sukovitý.

Knospe *f Bot.* poupě *n*; (*Blatt2*) pupen *m*; *~n treiben* = **2n** [vy]pučet.

Knoten *m* uzel; (*Haartracht*) drdol; *Bot.* kolínko *n*; *Lit.* zauzlení *n*; *fig.* nesnáz *f*; **~punkt** *m* křižovatka *f*; *Esb.* železniční uzel; **~stock** *m* sukovice *f.*

knotig uzlovitý; *fig.* nemotorný.

Knuff F *m* buchta *f.*

knüll|en [za]mačkat; **2er** F *m* šlágr.

knüpfen na-, za-vazovat [-vázat]; *Netz*: [na]vázat; *e-e Bedingung an et. ~* [u]činit co závislým na podmínce; *an et. ~* spojit se s čím.

Knüppel *m* klacek; (*Polizei2*) obušek; (*Steuer2*) řídicí páka *f.*

knurr|en (*Hund*) [za]vrčet; (*murren*) [za]bručet; *der Magen knurrt ihm* kručí mu v žaludku *od.* v břiše; **~ig** *fig.* bručivý.

knusp|(e)rig chroupavý; **~ern** [s]chroupat co.

Knute *f* knuta, karabáč *m.*

knutschen P [po]laskat se s kým.

Knüttel *m* klacek; **~vers** *m* kostrbatý verš.

K.o. *Abk. für Knockout.*

Koaliti'on *f* koalice, spolčování *n*; **~s·regierung** *f* koaliční vláda.

Kobalt *n Min.* kobalt; **~bombe** *f Med.* kobaltová bomba.

Kobold *m* skřítek, šotek.

Koch *m* kuchař; **~buch** *n* kuchařská kniha; **2echt** stálý ve varu; **2en** *v/t* [u]vařit; *v/i* vařit se, vřít; **~en** *n* vaření; **2end** vařící; *~es Wasser* vařící (*od.* vřelá) voda; **~er** *m* vařič.

Köcher *m* toul(ec).

Koch|geschirr *n* menážní šálek *m*; **~herd** *m* krb.

Köchin *f* kuchařka.

Koch|nische *f* kuchyňka; **~platte** *f* plotýnka; **~rezept** *n* kuchařský předpis; **~salz** *n* kuchyňská sůl *f*; **~topf** *m* hrnec na vaření.

Köder *m* vnadidlo *n* (*a. fig.*); **2n** [na]vnadit (*a. fig.*).

kodifi'zier|en [u]zákonit, kodifikovat *(im)pf.*; **²ung** *f* uzákonění *n*, kodifikace.
Ko|edukati'on *f* koedukace; **~effizi'ent** *m Math.* koeficient, součinitel; *Phys.* činitel; **'~exis'tenz** *f* koexistence.
Koffein *n* kofein *m*.
Koffer *m* kufr; **~empfänger** *m* kufříkový přijímač; **~grammophon** *n* přenosný kufříkový gramofon; **~raum** *m Kfz.* prostor pro zavazadla.
Kognak *m* koňak; ~- *in Zssgn* koňakový.
Kohä'renz *f* koherence.
Kohl *m Bot.* kapusta *f*, zelí *n*; F *fig.* nesmysl; **~dampf** F *m* hlad.
Kohle *f* uhlí *n*; (*Zeichen²*) uhel *m*; **~hydrat** *n Chem.* uhlohydrát *m*; **²n** *v/t Holz*: [s]pálit na uhlí; *v/i* (*schwelen*) čadit [-dívat]; *Mar.* nakládat [naložit] uhlí; F (*Unsinn reden*) [na]žvanit.
Kohlen|abbau *m* dobývání (*od.* těžení) *n* uhlí; **~becken** *n* uhelná pánev; **~bergwerk** *n* uhelný důl; **~bunker** *m* uhelný zásobník; **~bürste** *f El.* uhlíkový kartáč; **~flöz** *n Bgb.* uhelná sloj; **~förderung** *f* těžba uhlí; **~gas** *n* uhelný plyn; **~grube** *f s. Kohlenbergwerk*; **~händler** *m* obchodník s uhlím; **~handlung** *f* obchod *m* s uhlím; **~lager** *n* skládka *f* uhlí; *Bgb.* uhelné ložisko; **~oxyd** *n* kysličník *m*; **²sauer**: *kohlensaures Natron* uhličitan sodný; **~säure** *f* kyselina uhličitá; **~schaufel** *f* lopatka na uhlí; **~staub** *m* uhelný prach; **~stoff** *m Chem.* uhlík; ~- *in Zssgn* uhlíkový; **²stoffhaltig** obsahující uhlík; **~versorgung** *f* dodávání *n* uhlí; **~wasserstoff** *m Chem.* uhlovodík.
Kohlepapier *n* uhlový papír.
Köhler *m* uhlíř.
Kohlezeichnung *f* kresba uhlem.
Kohl|kopf *m* hlávka *f* zelí; **~meise** *f Zo.* koňadra; **²(raben)schwarz** černý jako uhel (*od.* havran); **~'rabi** *m* kedluben; **~rübe** *f* tuřín *m*; **~weißling** *m Zo.* bělásek.
Koje *f Mar.* kóje.
Koka'in *n* kokain *m*.
Ko'karde *f* kokarda.
Koke'rei *f* koksovna, koksárna.
ko'kett koketní; **²e** *f* koket(k)a; **²e'rie** *f* koketnost, koketerie; **~ieren** [-'ti:-] koketovat.
Ko'kon *m* zámotek, kokon.
Kokos|nuß *f* kokosový ořech; **~palme** *f* kokos(ovník) *m*.
Koks *m* koks; ~- *in Zssgn* koksový.
Kolben *m Tech.* píst; *Chem.* baňka *f*; (*Gewehr²*) hlaviště *n*; *Bot.* palice; **~ring** *m* pístní kroužek; **~stange** *f* pístnice.
Kolchos|bauer *m* kolchozník; **~e** *f* kolchoz *m*.
Kolibri *m Zo.* kolibřík.
Kolik *f Med.* záchvat *m*, kolika.
Kolk·rabe *m* havran.
Kollabora'teur *m* kolaborant.
Kollaps *m Med.* kolaps.
Kol'leg *n* přednáška *f*; **~e** *m*, **~in** *f* kolega *m*, kolegyně *f*; **²i'al** kolegiální; **~iali'tät** *f* kolegialita; **~geld** *n* kolejné; **~ium** *n* sbor *m*, kolegium.
Kol'lek|te *f* (*Sammlung*) sbírka darů; **~ti'on** *f* kolekce.
kollek'tiv kolektivní.
Kollek'ti|v *n* kolektiv *m*; **²'vieren** kolektivizovat *(im)pf.*; **~'vierung** *f* kolektivizace; **~v·vertrag** *m* kolektivní smlouva *f*.
Koller *m* F *fig.* jankovitost *f*; *e-n ~ kriegen* třeštit [ztřeštit se].
kolli|'dieren kolidovat; **²si'on** *f* kolize.
Kollo *n* kus *m*, balík *m*.
kölnisch kolínský; **²wasser** *n* kolínská vod(ičk)a.
Kolon *n Anat.* tračník *m*; *Gr.* dvojtečka *f*.
koloni'al koloniální; **²'ismus** *m* kolonialismus; **²ware** *f* koloniální zboží *n*; **²warenhandlung** *f* obchod *m* s koloniálním zbožím.
Kolo'ni|e *f* kolonie; **²'sieren** kolonizovat *(im)pf.*; **~'sierung** *f* kolonizace; **~st(in** *f*) *m* kolonista (-tka), osadník (-nice).
Kolon'nade *f* kolonáda.
Ko'lonne *f* kolona; (*Zahlen²* *a.*) sloupec *m*; (*Arbeiter²* *a.*) četa; (*Wagen²*) sled *m*; **~n-** *in Zssgn* kolonový.
Kolo'phonium *n* kalafuna *f*.
Kolo|ra'tur *f Mus.* koloratura; **²'rieren** kolorovat *(im)pf.*; **~'rit** *n* kolorit.
Ko'loß *m* kolos.
kolos'sal kolosální.
Kolpor|'tage *f* kolportáž; **²'tieren** kolportovat.

Ko'lumne *f Typ.* sloupec *m.*
Kombi|'nat *n* kombinát *m*; **~na-ti'on** *f* kombinace; (*Hemdhose*) kombinačka *f*; (*Flieger*~) kombinéza; *~s- in Zssgn* kombinační; **~'nieren** [z]kombinovat; **~wagen** F *m* kombi *n.*
Kom'büse *f Mar.* lodní kuchyň.
Ko'met *m* kometa *f.*
Kom'fort *m* komfort; **~'abel** komfortní.
Komik *f* komika; **~er** *m* komik.
komisch komický.
Komi'tee *n* komité, výbor *m.*
Komma *n* čárka *f.*
Komman|'dant *m* velitel, komandant; **~dan'tur** *f* velitelství *n*, komandantura; **~'deur** *m* komandér, velitel; **~'dieren** velet; F *fig.* komandovat, mistrovat; **~'ditgesellschaft** *f* komanditní společnost.
Kom'mando *n* (*Befehl*) povel *m*; (*Befehlsstelle*) velitelství; (*Führung*) velení; (*Abteilung*) komando; **~brücke** *f Mar.* velitelský můstek.
kommen přicházet [přijít]; (*im Lauf*) přihánět [-hnat] se; (*gefahren*) přijíždět [-jet]; ~ *lassen* pos(i)lat pro (*A*); *billig* (*od. teuer*) *zu stehen* ~ stá(va)t málo (*od.* mnoho); ~ *hinter* (*A*) přicházet [přijít] za co; *nichts auf j-n* ~ *lassen* nedopouštět [-pustit] na k-o; *woher* (*od. wie*) *kommt es, daß* … čím je to, že …?; *das kommt daher* (*od. davon*), *daß* … to je tím, že (*od.* když) …; *komme, was da wolle!* ať se děje cokoli!; *zu sprechen* ~ *auf* (*A*) promluvit o (*L*); *um et.* ~ (*verlieren*) pozbý(va)t (*G*); *zu et.* ~ (*D*) nabý(va)t (*G*); *fig. zu sich* (*D*) ~ přicházet [přijít] k sobě; **~d** příští.
Kommen|'tar *m* komentář, výklad; **~'tieren** komentovat (*im*)*pf.*, vysvětlovat [-lit].
Kom'mers *m* komers; **~buch** *n* zpěvník *m.*
kommerzi'ell komerční, obchodní.
Kommili'tone *m* spolužák, komiliton.
Kom'miß F *m Mil.* vojenský stav.
Kommis'sar *m* komisař; **~i'at** *n* komisařství.
Kom'mißbrot *n* komisní chléb *m*, F komisárek *m.*
Kommissi|'on *f* komise; **~o'när** *m* obstaravatel, komisionář; **~'onshandel** *m* komisionářský obchod.
Kom'mode *f* (nižší) prádelník *m*, komoda.
kommu|'nal obecní, komunální; **~ne** [-'mu:-] *f* obec; **~ni'on** *f Rel.* přijímání *n*; **~ni'que** *n* komuniké, oznámení; **~'nismus** *m* komunismus; **~'nist(in** *f*) *m* komunista (-tka); **~'nistisch** komunistický; **~ni'zieren** *Rel.* přijímat [-jmout].
Komödi'ant(in *f*) *m* komediant(ka).
Ko'mödie *f* komedie, veselohra.
Kompagnon [-'nĭɔŋ] *m* společník.
kom'pakt kompaktní, hutný.
Kompa'nie *f Mil.* setnina, rota; **~chef** *m Mil.* velitel *m* setniny (*od.* roty).
Komparativ *m Gr.* komparativ, druhý stupeň.
Kom'parse *m* kompars(ista); **~'rie** *f* souhrn *m* komparsů, komparserie.
Kompaß *m* kompas; **~nadel** *f* magnetická střelka, magnetka.
Kompen|sati'on *f* kompenzace; **~'sieren** kompenzovat (*im*)*pf.*
kompe'ten|t kompetentní, příslušný; **~z** *f* kompetence, příslušnost; **~z·bereich** *m* meze *f/pl.* příslušnosti; **~z·streit** *m* kompetenční spor.
kom'plett úplný, kompletní.
Kom'plex *m* komplex; *~- in Zssgn* = ~ komplexní.
Kom'pli|ce *m* spoluvinník; **~kati'on** *f* komplikace; **~'ment** *n* kompliment *m*, poklona *f*; **~ze** [-'pli:-] *m s. Komplice*; **~'zieren** komplikovat (*im*)*pf.* (*sich* se).
Kom'plott *n* pikle *m/pl.*, komplot *m*; *ein* ~ *schmieden* [na]strojit pikle, [z]osnovat komplot.
kompo|'nieren [z]komponovat; *Mus. a.* skládat [složit]; **~'nist** *m* komponista; **~siti'on** *f* kompozice; *Mus. a.* skladba.
Kom|'positum *n Gr.* složené slovo, složenina *f*; **~'post** *m Agr.* kompost; **~'pott** *n* kompot *m*; *~- in Zssgn* kompotový.
Kom'pres|se *f Med.* kompres *m*, obklad *m*; **~si'on** *f* komprese, stlačení *n*; **~sor** *m Tech.* kompresor.
kompri'mieren [z]komprimovat, stlačovat [-čit].
Kompro'miß *m od. n* kompromis *m*, vyrovnání *n*; *~- in Zssgn* kompromisní; *ein*(*en*) ~ *schließen* sjedn(áv)at kompromis; **~bereit** ochotný ke kompromisu; **~bereitschaft** *f*

kompromisnost; **2los** nekompromisní.

kompromit'tieren kompromitovat (*im*)*pf*. (*sich* se).

Konden|sati'on *f* kondenzace *f*, zkapalňování *n*; **~'sator** *m* kondenzátor; **2'sieren** kondenzovat (*im*)*pf*., zhušťovat [zhustit]; **2'siert** zhuštěný, kondenzovaný.

Kon'dens|milch *f* kondenzované mléko; **~streifen** *m* kondenzačná stopa; **~wasser** *n* srážená voda.

Konditi'o|n *f* kondice; *~s- in Zssgn* kondiční; **~'nal** *m Gr.* podmiňovací způsob, kondicionál.

Kon'ditor *m* cukrář; **~ei** [-'raɪ] *f* cukrářství *n*, cukrárna.

Kondo|'lenz *f s. Beileid*; **2'lieren** projevovat [-jevit] soustrast, kondolovat (*im*)*pf*.

Kon'fekt *n* cukroví *m/pl*.

Konfekti'on *f* konfekce; *~s- in Zssgn* konfekční; **~s·geschäft** *n* konfekce *f*, prodejna *f* šatstva.

Konfe|'renz *f* konference, porada; **2'rieren** [po]konferovat.

Konfessi'o|n *f* konfese, vyznání *n*; **2'nell** náboženský, konfesijní; **2nslos** bezkonfesijní.

Konfir|'mand(in *f*) *m* konfirmand (-ka); **~mati'on** *f* konfirmace; **2'mieren** konfirmovat (*im*)*pf*.

Konfis|kati'on *f* zabavení *n*, konfiskace; **2'zieren** zabavovat [-bavit], konfiskovat (*im*)*pf*.

Konfi'türe *f* zavařenina.

Kon'flikt *m* konflikt; *~- in Zssgn* konfliktní, konfliktový; *in ~ geraten* dost(áv)at se do konfliktu; **~losigkeit** *f* bezkonfliktnost.

Konföderati'on *f* konfederace.

kon'for|m konformní; **2'mist** *m* konformista; **2'mismus** *m* konformismus.

kon|'fus zmatený, konfúzní; **2fusi'on** *f* konfúze; **2gregati'on** *f* kongregace; **2'greß** *m* kongres; *~- in Zssgn* kongresový; **~gru'ent** kongruentní; **2gru'enz** *f* kongruence.

König *m* král; **~in** *f* královna; (*Schach2*) dáma; **2lich** královský; **~reich** *n* království.

Königs|adler *m* orel královský; **~sohn** *m* královic; **~tochter** *f* královská princezna.

Königtum *n* království.

konisch kónický, kuželov(it)ý.

Konju|gati'on *f Gr.* časování *n*, konjugace; **2'gieren** časovat.

Konjunk|ti'on *f Gr.* spojka; **~'tiv** *m Gr.* spojovací způsob, konjunktiv; **~'tur** *f* konjunktura; *~- in Zssgn* konjunkturní; **~'turforschung** *f* průzkum *m* konjunktury.

kon'kav konkávní.

Konkor'dat *n* konkordát *m*.

kon'kre|t konkrétní; **~ti'sieren** uskutečnit [-čňovat], [z]konkretizovat.

Konku'bine *f* konkubína, souložnice.

Konkur'rent(in *f*) *m* konkurent(ka).

Konkur'renz *f* soutěž, konkurence; *~- in Zssgn* konkurenční; **2fähig** schopný (-pen) konkurence; **2los** bezkonkurenční; *Adv.* bez konkurence.

konkur'rieren soutěžit, konkurovat (*im*)*pf*.

Kon'kurs *m* konkurs, úpadek; *in ~ geraten* upad(áv)at [-dnout] do konkursu; **~eröffnung** *f* uvalení *n* konkursu; **~masse** *f* konkursní podstata; **~verwalter** *m* správce konkursní podstaty.

könn|en (*vermögen*) moci; (*verstehen*) umět; *Tschechisch ~* umět česky; **2en** *n* umění *n*; **2er** *m* mistr, znalec.

konse'quen|t důsledný, konsekventní; **2z** *f* důsledek *m*, konsekvence; *die ~en ziehen* vyvozovat [-vodit] důsledky.

konserva|'tiv konzervativní; **2'tive** *m Pol.* konzervativec, zpátečník; **2tor** [-'vaː-] *m* konzervátor; **2'torium** *n* konzervatoř *f*.

Kon'ser|ve *f* konzerva; *~n- in Zssgn* konzervní, konzervový; **~venbüchse** *f*, **~vendose** *f* plechovka *f* na (*od.* od) konzervy; **~venfabrik** *f* továrna na konzervy, konzervárna; **2'vieren** konzervovat (*im*)*pf*.

Kon'silium *n* konzilium.

Konsi'storium *n* konzistoř *f*.

Kon'sole *f* konzola; (*Wandbrett*) galerka.

konsoli'dier|en konsolidovat (*im*-)*pf*.; **2ung** *f* konsolidace.

Konso'nant *m Gr.* souhláska *f*, konsonant.

Kon'sor|te *m* společník; **~tium** *n* konzorcium.

Konspi|rati'on *f* spiknutí *n*, konspirace; **2ra'tiv** konspirativní, konspirační; **2'rieren** konspirovat, [z]osnovat spiknutí.

kon'stant stálý, konstantní; **≗e** *f* konstanta.
konsta'tieren konstatovat *(im)pf.*
Konstellati'on *f* konstelace.
konstitu|'ieren konstituovat *(im)pf.*, ustavovat [ustavit] *(sich* se); **≗ti'on** *f* konstituce; *Pol. a.* ústava; **~tio'nell** konstituční.
konstru'ieren [z]konstruovat, sestrojovat [-jit].
Konstruk|'teur *m* konstruktér; **~ti'on** *f* konstrukce; **~ti'onsbüro** *n* konstrukční kancelář *f*; **~ti'onsfehler** *m* chyba *f* v konstrukci.
konstruk'tiv konstruktivní.
Konsu|l *m* konzul; **~'lar-** *in Zssgn* konzulární; **~'lat** *n* konzulát *m*.
Konsul|tati'on *f* konzultace; **≗ta'tiv** konzultativní, poradní; **≗'tieren** konzultovat.
Kon'sum *m* konzum; **~-** *in Zssgn* konzumní, spotřební; **~genossenschaft** *f* spotřební družstvo *n*; **~güter** *n/pl.* spotřební předměty *m/pl.*; **≗ieren** [-'mi:-] [z]konzumovat.
Container [-'te:-] *m* kontejner.
Kon'takt *m* kontakt *(a. fig.)*, dotek; **≗arm** nespolečenský; **~gläser** *n/pl.*, **~linsen** *f/pl. s. Haftschalen*; **~mann** *m* prostředník.
Konter|admiral *m* kontradmirál; **~bande** *f* kontraband; **≗n** *Sp.* [za]kontrovat; **~revolution** *f* kontrarevoluce.
Konti'nen|t *m* pevnina *f*, kontinent; **≗'tal** pevninský, kontinentální.
Kontin'gen|t *n* kontingent; **≗'tieren** kontingentovat *(im)pf.*
kontinu|'ierlich nepřetržitý, kontinuální; **≗i'tät** *f* nepřetržitost, kontinuita.
Konto *n Hdl.* konto, účet *m*; **~auszug** *m* výpis z účtu *(od.* konta); **~inhaber(in** *f)* *m* majitel(ka) účtu *(od.* konta); **~kor'rent** *n* běžný účet *m*, kontokorent *m*.
Kon'to|r *n* pisárna *f*, kancelář *f*; **~'rist(in** *f)* *m* konto(á)rista (-tka).
Kontra|baß *m Mus.* kontrabas *m*, basa; **~'hent** *m* smluvní strana *f*, kontrahent.
Kon'trakt *m* smlouva *f*, kontrakt; **~bruch** *m* porušení *n* smlouvy; **≗widrig** protismluvní.
Kontrakti'on *f* stahování *n*, kontrakce.
Kon'tras|t *m* kontrast, opak; **≗'tieren** kontrastovat; **~t·mittel** *n Med.* kontrastní látka *f*.
Kon'trol|l- *in Zssgn* kontrolní; **~llampe** *f* kontrolní žárovka; **~le** *f* kontrola; **~'leur** *m* kontrolor; **≗'lieren** [z]kontrolovat.
Kon'troll·uhr *f* kontrolní hodiny *f/pl.*
Kontro'verse *f* kontroverze, spor *m*.
Kon'tur *f* obrys *m*, kontura.
Konventi'o|n *f* konvence, úmluva; **~'nalstrafe** *f* konvenční pokuta; **≗'nell** obvyklý, konvenční.
Konversati'on *f* konverzace; **~slexikon** *n* naučný slovník.
Konver|si'on *f* konverze; **~ter** [-'vɛ-] *m* konvert(o)r; **≗'tierbar** *Währung*: konvertibilní; **≗'tieren** konvertovat *(im)pf.*; **~'tit** *m Rel.* konvertita.
kon'vex konvexní.
Konzen|trati'on *f* koncentrace; **~trati'onslager** *n* koncentrační tábor; **≗'trieren** koncentrovat *(im)pf.* *(sich* se).
Kon'zep|t *n* koncept *m*, náčrtek *m*; F *j-n aus dem ~ bringen* přivádět [-vést] k-o z konceptu; **~ti'on** *f* koncepce; *Med.* početí *n*.
Kon'zern *m* koncern.
Kon'zer|t *n* koncert *m*; **~t-** *in Zssgn* koncertní; **≗'tieren** koncertovat.
Konzes|'sivsatz *m Gr.* připouštěcí věta *f*; **~si'on** *f* koncese.
Kon'zil *n* koncil *m*.
Ko·opera|ti'on *f* součinnost, kooperace; **≗'tiv** kooperativní.
ko·ope'rieren kooperovat.
Ko·ordi|'nate *f Geom.* souřadnice, koordináta; **~nati'on** *f* koordinace; **≗'nieren** koordinovat *(im)pf.*, uvádět [uvést] v soulad.
Ko'peke *f* kopejka.
Köper *m* kepr.
Kopf *m* hlava *f*; *(Brief, Zeitung)* záhlaví *n*; *(Münze)* líc; *(Kohl≗)* hlávka *f*; *im ~(e) haben od. behalten* [za]pamatovat si; *auf den ~ stellen* obracet [obrátit] vzhůru nohama; *auf den ~ der Bevölkerung* na jednoho obyvatele; *auf den ~ zusagen* říci do očí; *j-n vor den ~ stoßen* zarážet [-razit] k-o; *nicht auf den ~ gefallen* nebýt na hlavu padlý; *j-m den ~ waschen* [vy]plísnit k-o; *sich in den ~ setzen* brát [vzít] si do hlavy; *mit dem ~ durch die Wand rennen* prorážet [-razit] zeď hlavou;

bis über den ~ in Schulden stecken vězet až po krk v dluzích; *über den ~ wachsen* [pře]růst přes hlavu; *zu ~ steigen* stoupat [-pnout] do hlavy.

Kopf|arbeit *f* duševní práce; **~arbeiter** *m* duševní pracovník; **~bahnhof** *m* hlavové (*od.* úvratné) nádraží; **~ball** *m* (*Fußball*) hlavička *f*; **~bedeckung** *f* pokrývka hlavy.

Köpf|chen *n* hlavička *f*; **2en** (*enthaupten*) stí(na)t; *Ball*: [u]dělat hlavičku.

Kopf|ende *n* (*Bett*) hlava *f* postele; **~haut** *f* kůže na hlavě; **~hörer** *m* sluchátko *n*; **~kissen** *n* poduška *f*, polštář *m*; **~kissenbezug** *m* povlak podušky (*od.* polštáře); **2los** bezhlavý; **~nicken** *n* kývání hlavou; **~rechnen** *n* počítání zpaměti; **~salat** *m* hlávkový salát; **2scheu** plachý; **~schmerzen** *m/pl.* bolení *n* hlavy; **~schütteln** *n* potřásání (*od.* vrtění) hlavy *od.* hlavou; **~sprung** *m* skok po hlavě; **~stand** *m* *Turn.* stojka *f* na hlavě; **~steinpflaster** *n* dlažební kámen *m*; **~stimme** *f* *Mus.* fistule; **~stoß** *m s. Kopfball*; **~tuch** *n* šátek *m* na hlavu; **2'über** po hlavě, střemhlav; **~wäsche** *f* mytí *n* hlavy; **~weh** *n s. Kopfschmerzen*; **~wunde** *f* rána na hlavě; **~zahl** *f* počet *m*; **~zerbrechen** *n*: *j-m ~ machen* [z]působit lámání hlavy.

Ko'pie *f* kopie, opis *m*.

Ko'pier|anstalt *f* kopírovací závod *m*; **2en** [o]kopírovat; **~er** *m*, **~gerät** *n* kopírovací stroj *m*; **~stift** *m* kopírovací (*od.* inkoustová) tužka.

Kopilot *m* druhý pilot.

Koppe *f* vrchol *m* (*od.* vršek *m*) hory.

Koppel **1.** *f* (*Hunde2*) smečka; (*Pferde2*) řada; (*Weideland*) pastvina; **2.** *n* *Mil.* opasek *m*; **2n** spojovat [-jit]; (*zs.-binden*) svazovat [svázat].

Kopp(e)lung *f* spojování *n*; *El.* vazba.

Koproduktion *f* koprodukce.

Ko'ralle *f* korál *m*; **~n-** *in Zssgn* korálový; **~n·fischer** *m* lovec korálů.

Ko'ran *m* korán.

Korb *m* koš(ík); *Bgb.* těžný koš; *fig. ein Hahn im ~* miláček *m* společnosti; *e-n ~ geben* dá(va)t košem; **~ball** *m* *Sp.* košíková *f*.

Körbchen *n* koší(če)k *m*.

Korb|flasche *f* demižón *m*, opletená láhev; **~macher** *m* košíkář; **~möbel** *n* pletený nábytek.

Kordel *f* šňůra.

Ko're|a *n* Korea *f*; **~'aner(in** *f*) *m* Korejec (-jka); **2'anisch** korejský.

Kori'ander *m* koriandr.

Ko'rinthe *f* korintka.

Kork *m* korek; *Bot.* korkovník; **~en** *m* korková zátka; **2en** *Adj.* korkový; **~(en)zieher** *m* vývrtka *f*.

Korn[1] F *m s. Kornbranntwein.*

Korn[2] *n* zrno, *koll.* (*Getreide*) obilí; (*Roggen*) žito; *Mil.* muška *f*; *aufs ~ nehmen* (*a. fig.*) brát [vzít] na mušku; **2artig** zrnitý, zrnovitý; **~blume** *f* chrpa; **~branntwein** *m* žitná.

Körn|chen *n* zrn(éč)ko; **2en** [roz-] drobit; *Leder*: [na]zrnit; *Tech.* důl(čí)kovat; **~er** *m* důlkovač, důlčík.

Korn|feld *n* obilné pole; (*Roggenfeld*) žitné pole; **~händler** *m* obchodník s obilím.

körnig zrnitý, zrnovitý.

Korn|kammer *f* obilní komora; **~rade** *f* *Bot.* koukol *m*; **~speicher** *m* sýpka *f*; **~wurm** *m* pilous.

Körper *m* tělo *n*; (*Rumpf*) trup; *Phys.*, *Math.* těleso *n*; **~bau** *m* stavba *f* těla, vzrůst; **2behindert** invalidní; **~bewegung** *f* pohyb *m* těla; **~erziehung** *f* tělovýchova, tělesná výchova; **~fülle** *f* tělnatost; **~funktion** *f* tělesná funkce; **~haltung** *f* držení *n* těla; **~kraft** *f* tělesná síla; **2lich** tělesný; **2los** bez těla, netělesný; **~pflege** *f* tělesná hygiena, péče o tělo; **~schaft** *f* korporace, sbor *m*; **~teil** *m* část *f* těla; **~verletzung** *f* *Jur.* ublížení *n* na těle.

Korpo'ral *m* *Mil.* desátník, F kaprál.

Korporati'on *f* korporace, sdružení *n*.

Korps *n* sbor *m*, spolek; **~geist** *m* sborový duch; **~student** *m* člen studentského sdružení.

korpu'len|t korpulentní, tělnatý; **2z** *f* korpulence, tělnatost.

Korpus de'likti *n* *Jur.* corpus delicti.

kor'rekt korektní, správný; **2heit** *f* korektnost, správnost.

Kor'rektor *m Typ.* korektor.
Korrek'tur *f* korektura, oprava; **~abzug** *m*, **~fahne** *f* korekturní otisk; **~zeichen** *n* korekturní znaménko.
Korrespon|'dent(in *f*) *m* korespondent(ka); **~'denz** *f* korespondence; **2'dieren** korespondovat (si), dopisovat si.
Korridor *m* koridor.
korri'gieren korigovat (*im*)*pf*., opravovat [opravit].
Korrosi'on *f* koroze; **2s·beständig** odolný proti korozi.
kor'rup|t korupční; **2ti'on** *f* korupce; **~s-** *in Zssgn* korupční.
Kor'sett *n* šněrovačka *f*, korzet *m*.
Korso *m* korzo, promenáda *f*.
Kor'vette *f Mar.* korveta; **~n·kapitän** *m* korvetní kapitán.
Kory'phäe *f* koryfej *m*.
Ko'sak *m* kozák; **~en-** *in Zssgn* kozácký.
kose|n (*zärtlich sein*) [po]laskat se; **2name** *m* lichotivé jméno *n*.
Kos'me|tik *f* kosmetika; **~tikerin** *f* kosmetička; **2tisch** kosmetický.
kosmisch kosmický.
Kosmo'naut *m* kosmonaut.
Kosmopo'lit *m* kosmopolita; **2isch** kosmopolitický.
Kosmos *m* vesmír, kosmos.
Kost *f* strava; *in ~ nehmen* vzít na stravu; *in ~ sein* stravovat se (*bei j-m* u k-o).
kostbar vzácný; **2keit** *f* vzácnost; (*Gegenstand*) skvost *m*, klenot *m*.
kosten *v/i* stát, být za (*A*); *was kostet das Kilo?* co stojí kilo?; *es koste, was es wolle* ať to stojí co stojí; *v/t* ochutn(áv)at.
Kosten *pl.* náklady *m/pl.*, útraty *f/pl.*; *auf ~* na útraty (*G*); **~anschlag** *m* rozpočet výloh; **~aufwand** *m* výdaje *m/pl.*; **~berechnung** *f* rozpočet *m* nákladů; **~ersatz** *m* náhrada *f* útrat; **2frei, 2los** bezplatný; **2pflichtig** povinný (-vinen) k hrazení nákladů; **~preis** *m* nákupní cena *f*; **~punkt** *m s. Kosten*; **~senkung** *f* snížení *n* nákladů; **~stelle** *f* nákladové středisko; **~voranschlag** *m s. Kostenanschlag*.
Kost|gänger *m* strávník; **~geld** *n* stravné.
köstlich chutný; (*wertvoll*) skvostný.
Kost|probe *f* (troška na) ochutnání *n*; **2spielig** nákladný.
Ko'stüm *n* kostým *m*; **~ball** *m* kostýmní ples; **2ieren** [-'mi:-] kostýmovat (*im*)*pf*.
Kot *m* bláto *n*; (*Exkremente*) výkaly *m/pl.*; (*Tier2*) trus.
Kote'lett *n* kotlet(k)a *f*; **~en** *pl.* kotlety *f/pl.*
Köter *m* hafan.
Kot|flügel *m* blatník; **2ig** zablácený, blátivý.
kotzen P zvracet [zvrátit].
KPdSU (*Kommunistische Partei der Sowjetunion*) KSSS (*Komunistická strana Sovětského svazu*).
Krabbe *f* krab *m*; **2ln** (*kriechen*) lézt; *s. kribbeln*.
Krach F *m* rámus, randál; (*Streit a.*) hádka *f*; (*Wirtschafts2*) krach; *~ machen* rámusit; *mit Ach und ~* jen tak tak; **2en** (*poltern*) praskat [-knout]; *Donner, Schuß*: [za]rachotit; **~d** *Adv.* s rachotem; **~en** *n* prásknutí, zarachocení.
krächzen [za]krákorat; *fig.* naříkat.
Krad *n s. Kraftrad*.
kraft *Prp.* (*G*) mocí, z moci, podle (*G*).
Kraft *f* síla; *mit aller ~* vší silou; *das geht über m-e Kräfte* to přesahuje mé síly; *aus eigener ~* vlastní silou; *außer ~ setzen* [z]rušit; *außer ~ treten* pozbý(va)t platnost; *in ~ setzen* uvádět [-vést] v platnost; **~anstrengung** *f* vypětí *n* sil, úsilí *n*; **~aufwand** *m* úsilí *n*, námaha *f*; spotřeba *f* síly; **~ausdruck** *m* silný výraz; **~brühe** *f* silná hovězí polévka; **~ersparnis** *f* úspora sil.
Kräfte|paar *n* dvojice *f* sil; **~verhältnis** *n* vzájemný poměr sil.
Kraftfahr|er(in *f*) *m* řidič(ka), automobilista (-tka); **~zeug** *n* motorové vozidlo; **~-** *in Zssgn* automobilový; **~zeugindustrie** *f* průmysl *m* motorových vozidel.
Kraftfutter *n* jadrné krmivo.
kräftig silný; **~en** [po]sílit; **2ungsmittel** *n* sílící prostředek *m*.
kraft|los bezmocný, slabý; **2losigkeit** *f* bezmocnost, slabost; **2mensch** *m* rázný člověk, silák; **2messer** *m* siloměr; **2post** *f* poštovní autobus *m*; **2probe** *f* zkouška síly; **2rad** *n* motocykl *m*, F motorka *f*; **2stoff** *m* pohonná látka; **~-** *in Zssgn oft* palivový; **~strotzend** překypující silou; **2übertragung** *f* přenos *m* síly; **2verkehr** *m* moto-

rová doprava; **~voll** pln(ý) síly, silný; **≈wagen** *m* automobil; **≈werk** *n* elektrárna; **≈wort** *n* silné slovo.

Kragen *m* límec; *Dim.* límeček; *fig.* (*Hals*) krk, hrdlo *n*; *es geht ihm an den ~* jde mu o život; **~knopf** *m* knoflíček *m* do límce; **~weite** *f* šířka límce.

Krähe *f* vrána; **≈n** [za]kokrhat; F *Kind*: vřeštět.

Krähwinkel *m* Kocourkov, Zlámaná Lhota *f*.

Krake *m* chobotnice *f*.

Kra'keel F *m* povyk, hluk, kravál; **≈en** F povykovat [-kat], [z]tropit kravál; **~er** F *m* křikloun, kravalista.

Kralle *f* dráp *m*; **≈n** drápat [-pnout].

Kram F *m* (*Sache*) věc *f*; (*Trödel*) harampádí *n*, krámy *m/pl.*; **≈en:** *~ in* (*D*) [po]hrabat se v (*L*).

Krämer|(**in** *f*) *m* kramář(ka); **~geist** *m* kramářský duch; **~laden** *m* krám, kramářská bouda.

Krampe *f* (*Haken*) skoba *f*, hák *m*; (*Spitzhacke*) krumpáč *m*.

Krampf *m Med.* křeč *f*; **~ader** *f* křečovitá žíla, městka; **≈haft** křečovitý.

Kran *m* jeřáb; **~führer** *m* jeřábník.

Kranich *m Zo.* jeřáb.

krank nemocný (-cen); *~ werden* onemocnět; *sich ~ lachen* válet se smíchy; *sich ~ melden* [o]hlásit se nemocným; **≈e(r)** *m/f* nemocný *m*, nemocná *f*.

kränkeln [po]stonávat.

kranken (*an D*) trpět [trpívat] (*I*).

kränken (*A*) ubližovat [ublížit] (*D*).

Kranken|**anstalt** *f s. Krankenhaus*; **~auto** *n s. Krankenwagen*; **~bericht** *m* chorobopis; **~besuch** *m* návštěva nemocného (*od.* nemocných); (*Arzt*) vizita *f*; **~bett** *n* lůžko nemocného; **~geld** *n* nemocenské; **~gymnastik** *f* léčebný tělocvik; **~haus** *n* nemocnice *f*; **~hausbehandlung** *f* nemocniční léčení *n*; **~kasse** *f* nemocenská pokladna; **~kost** *f* strava pro nemocné; **~lager** *n s. Krankenbett*; **~pflege** *f* ošetřování *n* nemocných; **~pfleger(in** *f*) *m* ošetřovatel(ka *f*) *m* nemocných; **~schein** *m* poukázka *f* k lékaři; **~schwester** *f* ošetřovatelka, sestra; **~stuhl** *m* židle *f* pro nemocného; **~trage** *f* nosítka *n/pl.* pro nemocné; **~versicherung** *f* nemocenské pojištění; **~wagen** *m* sanitní vůz, F sanitka *f*, záchranka *f*; **~wärter(in** *f*) *m s. Krankenpfleger(in)*; **~zimmer** *n* pokoj nemocného.

krank|**haft** chorobný, nezdravý; **≈heit** *f* nemoc.

Krankheits|**erreger** *m* choroboplodný zárodek; **≈halber** pro nemoc; **~herd** *m* sídlo *n* nemoci.

kränklich churav(ý); **≈keit** *f* churavost.

krankschreiben ohlásit *pf.* nemocným.

Kränkung *f* urážka.

Kranz *m* věnec.

Kränzchen *n* věneček *m*; *fig.* (*Damen≈*) táčky *f/pl.*, beseda *f*.

Krapfen *m* kobliha *f*.

kraß křiklavý.

Krater *m* kráter.

kratz|**bürstig** F vzdorovitý; **≈e** *f*, **≈eisen** *n Tech.* škrabák *m*.

Krätze *f Med.* svrab *m*.

kratz|**en** *v/t* [po]škrábat, škrábnout *pf.*; *v/i* škrábat; **≈er** *m* šrám; (*Gerät*) škrabka *f*; **≈fuß** † *m* obřadná úklona; *~ machen* obřadně se [u]klonit; **~ig** škrabavý; *fig. s. kratzbürstig*; **≈wunde** *f* škrábnutí *n*.

Kraul *n Sp.* kraul; **≈en** *v/t* lehce [po]škrábat (se); *v/i* kraulovat; **~schwimmer(in** *f*) *m* kraulař(ka).

kraus *Haar*: kučeravý; (*wirr*) zmatený; *die Stirn ~ ziehen* [s]vraštit čelo.

kräuseln *Haar*: [na]kadeřit; *Wasser*: [z]čeřit; *Stoff*: nab(i)rat.

Kraus|**haar** *n* kadeřavý (*od.* kudrnatý) vlas; **≈haarig** kadeřavý, kudrnatý; **~kopf** *m* kadeřavá (*od.* kudrnatá) hlava; F (*Person*) kudrnáč *m*.

Kraut *n* (*Blätter*) nať *f*; (*Pflanze*) bylina *f*; (*Kohl*) zelí; *wie ~ und Rüben* páté přes deváté.

Kräuter|**buch** *n* herbář *m*; **~käse** *m* sýr *m* s bylinkami; **~sammler(in** *f*) *m* bylinář(ka); **~schnaps** *m* bylinná kořalka; **~tee** *m* bylinkový (*od.* bylinný) čaj; **~weib** *n* bylinková bába, bylinkářka *f*.

Kraut|**kopf** *m s. Kohlkopf*; **~roulade** *f* zelný závitek.

Kra'wall F *m* kravál, rámus; **~macher** F *m* kravalista, křikloun.

Kra'watte *f* vázanka, kravata; **~nnadel** *f* jehlice do kravaty.

kraxeln F namáhavě [vy]lézt.

Krea'tur *f* (*Geschöpf*) stvoření *n*, bytost; *fig. ver.* stvůra, kreatura.

Krebs *m Zo.* rak; *Med.* rakovina *f*;

2en [u]lovit raky; F *fig.* (pomalu) lézt; **~gang** *m* račí chůze *f*; *den ~ gehen fig.* jde to s ním s kopce; **~geschwulst** *f* rakovinný nádor; **~schaden** *m* hlavní zlo *n*; **~schere** *f* račí klepeto *n*.

kreˈdenzen pod(áv)at.

Kreˈdit *m* úvěr, kredit; *fig.* (*Vertrauen*) důvěra *f*; *auf ~* na úvěr; *~ einräumen* (*geben*) dá(va)t úvěr; **~brief** *m* úvěrní list, akreditiv; **2fähig** schopný (-pen) úvěru; **~fähigkeit** *f* úvěruschopnost; **2ieren** [-ˈti:-] kreditovat (*im*)*pf.*; **2würdig** hodnotný úvěru.

Kreide *f* křída; F *bei j-m in der ~ stehen* být zadlužen; **ˈ2ˈbleich** bledý jako křída; **~zeichnung** *f* křídová kresba.

kreidig křídový, křídovitý.

Kreis *m Math.* kruh; (*Kreislinie*) kružnice *f*; (*Bereich*) okruh, obor; *Pol.* kraj; (*Personen2*) kruh, kroužek; **~abschnitt** *m Math.* kruhová úseč; **~amt** *n* krajský úřad; **~ausschnitt** *m Math.* kruhová výseč *f*; **~bahn** *f* oběžná (*od.* kruhová) dráha; **~bewegung** *f* kruhový pohyb; **~bogen** *m* kruhový oblouk.

kreischen [za]vřeštět; *Bremsen, Säge*: [za]skřípat.

Kreisel *m* vlk, F káča; *Tech.* gyroskop; lopatkové kolo; *mit e-m ~ spielen* honit káču; **~kompaß** *m* gyrokompas, setrvačníkový kompas; **~pumpe** *f* točivé (*od.* rotační) čerpadlo.

kreisen [za]kroužit.

Kreis|fläche *f Math.* plocha kruhu; **2förmig** kruhovitý; **~kolbenmotor** *m* motor s krouživým pístem; **~lauf** *m* koloběh, oběh; *Med.* krevní oběh; **~laufstörung** *f* porucha krevního oběhu; **~säge** *f* kotoučová pila; **~stadt** *f* krajské město; **~verkehr** *m* kruhová doprava; **~verwaltung** *f* krajská správa.

kreiß|en pracovat k porodu; **2saal** *m* porodní sál.

Krem *f s. Creme.*

Kremaˈtorium *n* krematorium.

Krempe *f* střecha klobouku.

Krempel F *m* harampádí *n*.

kreˈpieren (*bersten*) vybuchnout [-chovat], explodovat (*im*)*pf.*; (*verenden*) zdechnout [-chávat].

Krepp *m* krep; **~papier** *n* krepový papír; **~sohle** *f* krepová podešev.

Kresse *f Bot.* řeřicha.

Kreuz *n* kříž *m* (*a. Anat.*); *Mus.* křížek *m*; (*Treff*) kříže *m/pl.*; *zu ~e kriechen* přiléz(a)t ke kříži (*od.* ke křížku); *~ und quer* křížem krážem.

Kreuz|band *n* křížová páska; **~bein** *n Anat.* křížová kost; **2en** *v/t* [z]křížit (*a. Zo., Bot., fig.*); *v/i Mar.* křižovat; *sich ~* křížit se, křižovat se; **~er** *m Mar.* křižník; (*Jacht*) křižák; **~fahrer** *m* křižák; **~fahrt** *f* křižování *n*; **~feuer** *n* křížová palba; **~gang** *m* křížová cesta; **2igen** ukřižov(áv)at; **~igung** *f* ukřižování *n*; **2lahm** F polámaný v kříži; **~otter** *f* zmije; **~ritter** *m* křižák; **~schmerzen** *m/pl.* bolesti *f/pl.* v kříži; **~spinne** *f Zo.* křižák *m*; **~stich** *m* křížkový steh; **~ung** *f Bio.* křížení *n*; (*Überschneidung*) zkřížení *n*; (*Weg2*) křižovatka; **~ungspunkt** *m* průsečík; **~verhör** *n* křížový výslech; **~weg** *m* křižovatka *f* cest; *Rel.* křížová cesta; **2weise** křížem, přes kříž; **~worträtsel** *n* křížovka *f*; **~zeichen** *n* znamení kříže; **~zug** *m* křižácká výprava.

kribbeln (*wimmeln*) [za]hemžit se; (*jucken*) [za]svědět, šimrat.

Kricket *n*, **~spiel** *n* kriket *m*.

kriech|en lézt; *fig.* podléz(a)t; **~end** plazivý, podlézavý; **2er(in** *f*) *m* patolízal(ka); **2eˈrei** *f* patolízalství *n*; **~erisch** podlézavý; **2tier** *n* plaz *m*.

Krieg *m* válka *f*; *~ führen* vést válku, válčit; **2en** F dost(áv)at; **~er** *m* válečník, bojovník; **~erwitwe** *f* vdova po vojáku; **2erisch** válečný, bojovný; **2führend** válčící, vedoucí válku.

Kriegs|akademie *f* vojenská akademie; **~ausbruch** *m* vypuknutí *n* války; **~bericht·erstatter** *m* válečný zpravodaj; **~beschädigte(r)** *m* válečný poškozenec; **~beute** *f* valečná kořist; **~blinde(r)** *m* válečný slepec; **~dienst** *m* válečná služba; **~dienstverweigerer** *m* odpůrce vojenské služby; **~drohung** *f* hrozba válkou; **~entschädigung** *f* válečná náhrada; **~erklärung** *f* vypovězení *n* války; **~flotte** *f* válečné loďstvo; **~freiwillige(r)** *m* válečný dobrovolník; **~führung** *f* vedení *n* války; **~fuß** *m*: *mit j-m auf ~ stehen* být s kým na kordy; **~gefahr** *f* nebezpečí *n* války; **~gefangene(r)**

m/f válečný zajatec; **~gefangenschaft** *f* válečné zajetí; **~gericht** *n* válečný soud; **~geschrei** *n* válečný pokřik, válečná vřava; **~gewinnler** *m* válečný zbohatlík; **~gräberfürsorge** *f* péče o hroby padlých; **~hafen** *m* válečný přístav; **~hetzer** *m* válečný štváč *od.* palič; **~hinterbliebene** *m/pl.* pozůstalí *m/pl.* po padlém (*od.* padlých); **~marine** *f* valečné námořnictvo; **~minister** *m* ministr války; **~opfer** *n* oběť *f* války; **~rat** *m* válečná rada; **~recht** *n* válečné právo; **~schauplatz** *m* bojiště *n*; **~schiff** *n* válečná loď; **~teilnehmer** *m* účastník války; **~verbrechen** *n* válečný zločin; **~verbrecher** *m* válečný zločinec; **~verletzung** *f* valečné zranění; **~versehrte(r)** *m s. Kriegsbeschädigte(r)*; **~vorbereitungen** *f/pl.* valečne přípravy; **~zeit** *f* válečná doba; **~zug** *m* válečná výprava; **~zustand** *m* válečný stav.

Krimi F *m s. Kriminalfilm, -roman.*

Krimi'nal|beamte(r) kriminální úředník; **~film** *m* filmová detektivka; **~istik** [-'li-] *f* kriminalistika; **~i'tät** *f* zločinnost, kriminalita; **~polizei** *f* kriminální policie; **~roman** *m* kriminální román, F detektivka *f*.

krimi'nell kriminální, trestný; **2e(r)** kriminálník.

Krimskrams F *m* haraburdí *n*.

Kringel *m* kroužek; (*Gebäck*) preclík; **2n:** *sich ~* [z]kroutit se, zkrucovat se.

Kripo *f s. Kriminalpolizei.*

Krippe *f* jesle *f/pl.*; (*Futtertrog*) žlab *m*.

Krise *f* krize; **~n·erscheinung** *f* krizový zjev; **~n·jahr** *n* rok *m* krize.

Krisis *f s. Krise.*

Kri'stall[1] *m* krystal; **~**[2] *n* (*Glas*) křišťál; **~glas** *n* křišťálové sklo; **2i'sieren** [vy-, z]krystalizovat (se); **2klar** křišťálově čistý; **~zucker** *m* krystalový cukr.

Kri'terium *n* kritérium.

Kri'tik *f* kritika *f*; *~ üben an* (*D*) podrobovat [-bit] kritice (*A*); *unter aller ~* pod(e) vši kritiku.

Kritik|er *m* kritik, posuzovatel; **2los** [-'ti:k-] nekritický, beze vší kritiky.

kriti|sch kritický; **~'sieren** [z]kritizovat, posuzovat [-soudit].

Kritte|'lei *f* malicherné kritizování *n*; **2ln** malicherně [z]kritizovat.

Kritze|'lei *f* škrábanice; **2ln** [na-] škrábat.

Kro'at|e *m* Charvát; **~ien** *n* Charvátsko; **2isch** charvátský.

kroch *s. kriechen.*

Krocket *n*, **~spiel** *n* kroket *m*.

Kro'kette *f Kochk.* kroketa.

Kroko'dil *n* krokodýl *m*; **~-** *in Zssgn* krokodýlí; **~s·tränen** *f/pl.* krokodýlí slzy *f/pl.*

Krokus *m Bot.* šafrán.

Krone *f* koruna; (*Zahn2*) korunka; (*Lüster*) lustr *m*; *e-r Sache die ~ aufsetzen fig.* [o]korunovat (*A*).

krönen [o]korunovat (*zum König* za krále).

Kronen|verschluß *m* korunkový uzávěr; **~währung** *f* korunová měna.

Kron|leuchter *m* lustr; **~prinz(essin** *f*) *m* korunní princ(ezna); **~schatz** *m* korunní poklad.

Krönung *f* korunovace.

Kronzeuge *m* korunní svědek.

Kropf *m* vole *n*.

Kröte *f Zo.* ropucha; *fig. kleine ~* žabka; F *~n pl.* peníze *m/pl.*, prachy *m/pl.*

Krücke *f* berla; *an ~n gehen* jít (chodit *Iter.*) o berlách.

Krug *m* džbán(ek).

Kruke *f* baňatý džbán.

Krume *f* (*Acker2*) ornice *f*, prsť *f*; (*Inneres des Brotes*) stří(d)ka *f*.

Krüm|el *m*, **~chen** *n* drob(eč)ek *m*; **2eln** [roz]drobit.

krumm křivý; *~ machen* [z]křivit; *~ werden* [z]křivit se; **~beinig** křivonohý.

krümmen [za-, z]křivit; (*biegen*) ohýbat [ohnout]; *sich vor Lachen ~* válet se smíchy; *sich vor Schmerzen ~* svíjet se bolestí.

Krumm|holz *n* kleč *f*, kosodřevina *f*; **2linig** křivočarý, křivý.

Krümmung *f* z(a)křivení *n*, křivost; (*Kurve*) zatáčka.

Krupp *m Med.* záškrt, mázdřivka *f*.

Kruppe *f* (*Pferde2*) koňský hřbet.

Krüppel *m* mrzák; *zum ~ schlagen* zmrzačit *pf*.

Krust|e *f* krusta, kůra; (*Brot2*) kůrka; *Med.* strup *m*; **2ig** okoralý.

Kruzifix *n* krucifix.

Kuba *n* Kuba *f*; **~ner(in** *f*) *m*

[-ˈbɑː-] Kubánec (-nka); **⁀nisch** [-ˈbɑː-] kubánský.
Kübel *m* kbelík, vědro *n*; *s. a. Eimer*; **~wagen** *m* džíp.
Kuˈbik- *in Zssgn* krychlový, kubický; **~inhalt** *m* krychlový obsah; **~maß** *n* prostorová míra; **~meter** *n od. m* krychlový metr; **~zahl** *f* třetí odmocnina.
kuˈbistisch kubistický.
Kubus *m Math.* krychle *f.*
Küche *f* kuchyně; (*Kost*) strava.
Kuchen *m* koláč, (*kleiner*) koláček.
Küchen|abfälle *m/pl.* kuchyňské odpadky *m/pl.*; **~chef** *m* vrchní kuchař; **~einrichtung** *f* kuchyňské zařízení.
Kuchenform *f* forma na koláče.
Küchen|geschirr *n* kuchyňské nádobí; **~hilfe** *f* kuchyňská služebná; **~junge** *m* kuchtík; **~maschine** *f* kuchyňský strojek, robot *m*; **~schabe** *f Zo.* šváb *m*; **~zettel** *m* jídelní lístek.
Küchlein *n* kuře, kuřátko.
Kuckuck *m* kukačka *f*, žežulka *f*; F *zum ~!* k ďasu!; **~s·ei** *n* kukaččino vejce; **~s·ruf** *m* kukaččino volání; **~s·uhr** *f* hodiny *f/pl.* s kukačkou.
Kufe *f* sanice.
Küfer *m* bednář, bečvář.
Kugel *f* koule; (*Geschoß*) kulka; **~blitz** *m* kulový blesk.
Kügelchen *n* kulička *f.*
Kugel|fang *m* záruba *f*; **⁀förmig** kulovitý; **~gelenk** *n* kulový kloub; **~lager** *n* kuličkové ložisko.
kugeln [za]koulet, [za]kutálet (*sich* se); *sich vor Lachen ~* válet se smíchy.
Kugel|regen *m* dešť *m* střel; **⁀rund** kulatý, kulovitý; **~schreiber** *m* kuličkové pero; **⁀sicher** neprůstřelný; **~stoßen** *n Sp.* vrh *m* koulí.
Kuh *f* kráva, *Dim.* krav(ič)ka; **~blume** P *f s. Löwenzahn*; **~euter** *n* kravské vemeno; **~fladen** *m* kravinec; **~glocke** *f* kravský zvonec; **~handel** F *m* čachr; **~haut** *f* kravská kůže, kravina; **~hirt** *m* pasák krav.
kühl chladný (*a. fig.*); **⁀anlage** *f* chladicí zařízení *n*; **⁀e** *f* chlad *m*, chládek *m*; **~en** [o]chladit; **~end** chladivý, ochlazující; **⁀er** *m Tech.* (*Auto*) chladič; **⁀halle** *f*, **⁀haus** *n*, **⁀raum** *m* chladírna *f*; **⁀mittel** *n* chladivo; **⁀schrank** *m* lednička *f*; *Tech.* chladnička *f*; **⁀ung** *f* chlazení *n*, ochlazování *n*; **⁀wagen** *m Esb.* chladicí vůz; **⁀truhe** *f* chladnička; **⁀wasser** *n* chladicí voda.
Kuh|magd *f* děvečka od krav; **~milch** *f* kravské mléko *n*.
kühn smělý, odvážný; **⁀heit** *f* smělost, odvážnost.
Kuhstall *m* kravín.
Küken *n s. Küchlein.*
kuˈlant zdvořilý, kulantní.
kuliˈnarisch kuchařský, kulinární.
Kuˈlisse *f* kulisa.
Kuller·augen F *n/pl.* kulaťoučké oči *n/pl.*
Kulmi|natiˈons·punkt *m Astr.* kulminační bod; **⁀ˈnieren** *Astr.* [vy-] kulminovat.
Kult *m* kult; **⁀iˈvieren** [vy-, z]kultivovat, obděl(áv)at; *Pflanzen*: [vy-] pěstovat.
Kulˈtur *f* kultura; **~abkommen** *n* (mezinárodní) kulturní dohoda *f*; **~denkmal** *n* kulturně-historická památka; **⁀ell** [-ˈrɛl] kulturní; **~film** *m* kulturní film; **~geschichte** *f* kulturní dějiny *f/pl.*; **~pflanze** *f* kulturní rostlina; **~revolution** *f* kulturní revoluce; **~schaffende(r)** *m* kulturní pracovník, F kulturník; **~stufe** *f* kulturní stupeň *m*; **~träger** *m* nositel kultury; **~volk** *n* kulturní národ *m*.
Kultus *m s. Kult*; **~ministerium** *n* ministerstvo školství a kultury.
Kümmel *m* kmín; (*Schnaps*) kmín(ov)ka *f.*
Kummer *m* hoře *n*, žal.
kümmer|lich bídný, nuzný; **~n:** *sich ~ um* [po]starat se o (*A*); *was kümmert dich das!* co je ti do toho!; **⁀nis** *f s. Kummer.*
kummervoll strastiplný.
Kum(me)t *n* chomout *m*.
Kumˈpa|n *m* kumpán, společník; **~ˈnei** *f* kumpánství *n*.
Kumpel *m Bgb.* horník; F druh v práci.
kund (*nur präd.*) znám(ý).
kündbar vypověditelný.
Kunde[1] *m* zákazník.
Kunde[2] *f* (*Nachricht*) zpráva; (*Kenntnis*) znalost; *in Zssgn ...kunde* ...věda.
künden zvěstovat.
Kunden|dienst *m* služba *f* zákaznictvu; **~kreis** *m* zákaznictvo *n*; **~werbung** *f* získávání *n* zákazníků.
kundgeb|en projevovat [-jevit]; **⁀ung** *f* manifestace, projev *m*.

kundig znalý (*G*), zběhlý v (*L*).
kündig|en dá(va)t výpověď (*D*), vypovídat [-vědět] (*A*); **≈ung** *f* výpověď; **≈ungsfrist** *f* výpovědní lhůta.
Kundin *f* zákaznice.
Kundschaft *f* (*Kundenkreis*) zákaznictvo *n*; (*Erkundung*) zvědy *m/pl.*; **~er** *m* zvěd, vyzvědač.
kundtun oznamovat [oznámit].
künftig budoucí, příští; **~hin** *Adv.* příště.
Kunst *f* umění *n*; (*Fertigkeit*) dovednost, zručnost; *bildende ~* výtvarné umění; *schwarze ~* černé umění; **~akademie** *f* umělecká akademie; **~ausstellung** *f* umělecká výstava; **~dünger** *m* průmyslové (*od.* strojené) hnojivo; **~eis** *n* umělý led; **~faser** *f* chemické (*od.* syntetické, umělé) vlákno; **≈fertig** dovedný; **~fertigkeit** *f* dovednost; **~flug** *m Flgw.* letecká akrobacie; **~gegenstand** *m* umělecký předmět; **≈gerecht** správně umělecký; **~geschichte** *f* dějiny *f/pl.* umění; **~gewerbe** *n* umělecký průmysl; **≈gewerblich** uměleckoprůmyslový; **~graphik** *f* umělecká grafika; **~griff** *m* dovedný hmat; F úskok; **~handlung** *f* obchod *m* (s) uměleckými předměty; **~handwerk** *n* umělecké řemeslo; **~harz** *n* syntetická pryskyřice; **≈historisch** uměleckohistorický; **~kenner(in** *f*) *m* znalec (-lkyně) umění; **~kritiker** *m* umělecký kritik; **~leder** *n* umělá kůže.
Künstler|(in *f*) *m* umělec (-lkyně); *Thea.* herec (-ečka); **≈isch** umělecký.
künstlich umělý; strojený; **≈keit** *f* umělost.
Kunst|liebhaber(in *f*) *m* milovník (-nice *f*) *m* umění; **~maler(in** *f*) *m* malíř umělec *m*, malířka umělkyně *f*; **~pause** *f* úmyslná přestávka; **≈reich** umělecký; **~reiter** *m* krasojezdec; **~sammlung** *f* umělecká sbírka; **~seide** *f* umělé hedvábí *n*; **~springen** *n* (*Wassersport*) skok *m* do vody; **~stoff** *m* umělá hmota; plastická hmota; **~stück** *n* umělecký kousek; *das ist kein ~* to není žádné umění; **~turnen** *n* umělecká gymnastika; **~werk** *n* umělecké dílo; **~zweig** *m* odvětví *n* (*od.* obor) umění.
kunterbunt *Adv.* páté přes deváté.

Kupfer *n* měď *f*; **~draht** *m* měděný drát; **~druck** *m* měditisk; **≈farben, ≈farbig** měděné barvy; **~geld** *n* měděné peníze *m/pl.*; **~grün** *n Min.* chrysokol *m*; *Chem.* měděnka *f*; **~hütte** *f* měďárna, huť na tavení mědi; **≈n** měděný; **~platte** *f* měděná deska; **≈rot** měděně červený; **~schmied** *m* mědikovec; **~stecher** *m* mědirytec; **~stich** *m* mědirytina *f*; **~tiefdruck** *m s. Tiefdruck*; **~werk** *n s. Kupferhütte.*
Ku'pon *m* kupón, ústřižek.
Kuppe *f* vrchol *m* (hory); (*Finger≈*) špička.
Kuppel *f* kopule.
Kuppe|'lei *f* kuplířství *n*; **≈ln** svádět [svést] dohromady, F [s]kuplovat; *Tech.* spojovat [-jit].
Kupp|ler(in *f*) *m* kuplíř(ka); **≈lerisch** kuplířský; **~lung** *f Tech.* spojka; *Esb.* spřáhlo *n*.
Kupplungs|belag *m* obložení spojky; **~pedal** *n* pedál *m* spojky.
Kur *f* léčení *n*, kúra; e-e *~ machen* podstupovat [-stoupit] léčebnou kúru; *zur ~ fahren* [od]jet na léčení.
Kür *f Sp.* volná sestava.
Kur|anlage *f s. Kurpark*; **~arzt** *m* lázeňský lékař.
Kura|'tel *f Jur.* kuratela, opatrovnictví *n*; **~tor** [-'rɑ:-] *m* kurátor; *Jur.* opatrovník; **~'torium** *n* kuratorium.
Kur·aufenthalt *m* lázeňský pobyt.
Kurbel *f* klika; *~- in Zssgn* klikový; **≈n** [o]točit klikou; F *Film:* natáčet [-točit]; **~stange** *f* ojnice; **~welle** *f* klikový hřídel *m*; **~wellenlager** *n* klikové ložisko.
Kürbis *m* tykev *f*, dýně *f*.
küren [z]volit (*zu/I*, za *A*).
Kur|gast *m* lázeňský host; **~haus** *n* lázeňský dům.
Kurie *f* kurie.
Ku'rier *m* kurýr.
ku'rieren [vy]léčit, F [vy]kurýrovat.
kuri'os zvláštní, kuriózní; **≈i'tät** *f* zvláštnost, kuriozita.
Kur|konzert *n* koncert *m* lázeňského orchestru, promenádní koncert *m*; **~ort** *m* lázně *f/pl.*, lázeňské místo; **~park** *m* lázeňský park; **~pfuscher** *m* mastičkář; **~saal** *m* lázeňská dvorana.
Kurs *m* kurs; (*Richtung a.*) směr; (*Umlauf*) oběh; *außer ~ setzen* vzít [brát] z oběhu; *fig. hoch im ~ sein*

těšit se velké oblibě; **~buch** *n Esb.* jízdní řád *m*.
Kurschatten F *m* lázeňská známost.
Kürschne|r *m* kožešník; **~'rei** *f* kožešnictví *n*.
kur'sieren *Geld*: bý(va)t v oběhu; *Gerücht*: kolovat.
kur'siv ležatý, šikmý, kursivní; **2schrift** *f* kursivní písmo *n*, kursiv(k)a.
Kurs|schwankung *f* kolísání *n* kursů; **~wechsel** *m Pol.* změna *f* kursu; **~wagen** *m Esb.* přímý vůz; **~wert** *m* kursovní hodnota *f*; **~zettel** *m* kursovní lístek.
Kursus *m* kurs; *vgl. Lehrgang.*
Kurtaxe *f* lázeňská taxa.
Kürübung *f* volné cviky *m/pl.*
Kurve *f Math., Tech.* křivka; (*Straßen2, Flgw.*) zatáčka; **2n** *Flugzeug, Vogel*: [za]kroužit; *Wagen*: jet zatáčkami; **~n·lineal** *n* křivítko; **2nreich** s mnoha zatáčkami.
Kurverschickung *f* vyslání *n* do lázní.
kurz krátký; *Adv.* krátce; ~ (*und gut*) zkrátka (a dobře); ~ *nach* krátce po (*L*); *binnen* (*od. in*) ~*em* zakrátko; *seit* ~*em* odnedávna, nedlouho; *über* ~ *oder lang* dříve nebo později; *kürzer machen s. kürzen*; *kürzer werden* [z]krátit se; *zu* ~ *kommen, den kürzeren ziehen* přicházet [přijít] zkrátka; *um es* ~ *zu sagen* abych to řekl krátce.
Kurz|arbeit *f* zkrácená pracovní doba, polozaměstnatost; **2ärmelig** s krátkými rukávy; **2atmig** krátkodechý.
Kürze *f* krátkost; *in* ~ zakrátko; **2n** [z]krátit.
kurzer'hand zkrátka.
Kurz|film *m* krátký (*od.* krátkometrážní) film; **2fristig** krátkodobý; **2gefaßt** stručný; **2haarig** krátkosrstý; **2lebig** krátkého života.
kürzlich nedávno.
kurz|schließen spojit [-jovat] nakrátko; **2schluß** *m El.* zkrat; **2schrift** *f* těsnopis *m*; **~sichtig** krátkozraký (*a. fig.*); **2sichtigkeit** *f* krátkozrakost.
Kurzstrecke *f Sp.* krátká (*od.* sprinterská) trať; **~n·lauf** *m* běh na krátké trati, sprint; **~n·läufer** *m* sprinter.
kurz'um krátce, zkrátka.
Kürzung *f* (z)krácení *n*.
Kurz|waren *f/pl.* drobné zboží *n*; **~warengeschäft** *n* obchod *m* s drobným zbožím; **2'weg** zkrátka; **~weil** *f* kratochvíle; **2weilig** kratochvilný; **~welle** *f* (*Radio*) krátká vlna; **~wellensender** *m* krátkovlnný vysílač.
Ku'sine *f s. Cousine.*
Kuß *m* polibek, hubička *f*; **2echt** neslíbatelný.
küssen líbat [políbit].
Kußhand *f*: *j-m e-e* ~ *zuwerfen* pos(í)lat k-u polibek (rukou).
Küste *f* pobřeží *n*.
Küsten|befestigung *f Mil.* pobřežní opevnění *n*; **~bewohner(in** *f*) *m* obyvatel(ka *f*) *m* pobřeží; **~dampfer** *m*, **~frachter** *m Mar.* pobřežní loď *f*; **~gebiet** *n*, **~land** *n* přímoří; **~schiffahrt** *f* pobřežní plavba; **~strich** *m* pomoří *n*; **~wache** *f* pobřežní stráž.
Küster *m* kostelník.
Kustos *m* kustod, správce.
Kutsch|bock *m* kozlík kočáru; **~e** *f* kočár *m*; **~er** *m* kočí, vozka; **2'ieren** jet (jezdit *Iter.*) kočárem; (*lenken*) řídit koňské spřežení, F [za]kočírovat (si).
Kutte *f* kutna.
Kuttel|flecke *pl. Kochk.* dršťková (polévka); **~n** *pl.* dršťky *f/pl.*
Kutter *m Mar.* kutr.
Ku'vert *n s. Briefumschlag.*
Kux *m Bgb.* kuks.
kW *Abk. für Kilowatt.*
Kyber'netik *f* kybernetika.
KZ *n* koncentrák *m*; **~-Häftling** *m* koncentráčník.

L

L, l *n* (*unv.*) L, l.
l *Abk. für Liter*; **l.** *für lies, links.*
Lab *n* syřidlo.
laben občerstvovat [-tvit], osvěžovat [-žit]; *sich* ~ *an* (*D*) *fig.* [po]kochat se (*I*); **~d** občerstvující, osvěžující.
la'bil labilní, vratký.
Labmagen *m* slez.
La'bor *n* laboratoř *f*; ~- *in Zssgn* laboratorní.
Labo|'rant(in *f*) *m* laborant(ka); **~ra'torium** *n s. Labor*; **≗ieren** [-'ri:-] laborovat (*an* et. *D* s čím, v čem).
Lab|sal *n*, **~ung** *f* občerstvení *n*, osvěžení *n*; (*Trost*) útěcha *f*.
Laby'rinth *n* labyrint *m*, bludiště.
Lach|anfall *m* záchvat smíchu; **~e**[1] F *f* (hlučný) smích.
Lache[2] *f* (*Pfütze*) kaluž, louže.
lächeln usmívat [usmát] se (*D*).
Lächeln *n* úsměv *m*.
lach|en [za]smát se (*D*); *leise vor sich hin* ~ [za]chichotat se; *du hast gut* ~ tobě se to směje; **≗en** *n* smích; *zum* ~ *bringen* rozesmát *pf.*; *das ist zum* ~! (to je) k smíchu!; **≗er** *m* smíšek; (*Lachen*) zasmání *n*; *die* ~ *auf seiner Seite haben* mít smíšky na své straně.
lächerlich směšný; ~ *machen, ins ≗e ziehen* zesměšňovat [-šnit].
Lach|gas *n* rajský plyn; **≗haft** směšný; **~krampf** *m* křečovitý smích.
Lachs *m* losos.
Lachsalve *f* náhlý výbuch smíchu.
lachs|farben, ~rosa lososově růžový; **≗schinken** *m* lososová šunka.
Lack *m* lak; ~- *in Zssgn* lakový.
la'ckier|en [na]lakovat; **≗er** *m* lakýrník; **≗e'rei** *f* lakovna; **≗ung** *f* lakování *n*.
Lack|mus *n Chem.* lakmus *m*; **~muspapier** *n* lakmusový papírek; **~schuhe** *m/pl.* lakové střevíce *m/pl.*, F lakovky *f/pl.*
Lade *f* truhla; (*Schub≗*) zásuvka; **~aggregat** *n El.* nabíječ (akumulátoru) *m*; **~fähigkeit** *f* nosnost; **~fläche** *f* ložná plocha; **~frist** *f* nakládací lhůta; **~gebühr** *f*, **~geld** *n* poplatek *m* za nakládání; **~gewicht** *n* ložná váha; **~hemmung** *f* překážka při nabíjení; **≗n** nakládat [naložit]; *El.*, *Mil.* nabí(je)t; **~n**[1] *n El.*, *Mil.* nabíjení.
Laden[2] *m* (*Geschäft*) obchod, krám; (*Fenster≗*) okenice *f*; **~dieb** *m* krámský zloděj; **~diebstahl** *m* krádež *f* v obchodě; **~hüter** F *m* ležák; **~inhaber(in** *f*) *m* majitel(ka *f*) *m* obchodu; **~preis** *m* krámská cena; **~schluß** *m* doba *f* zavírání obchodů; **~straße** *f* ulice s obchody, **~tisch** *m* krámský pult.
Lade|platz *m* nákladiště *n*; **~r** *m* nakladač; **~rampe** *f* nákladací rampa; **~raum** *m* ložný prostor; **~schein** *m* náložný list; **~stock** *m* nabiják.
lä'dieren porušit [-šovat], poškodit [-kozovat].
Ladung *f* nakládání *n*, naložení *n*; (*Fracht*) náklad *m*; *El.*, *Mil.* náboj *m*; *Jur. s. Vorladung.*
La'fette *f* lafeta.
Laffe *m* hejsek, floutek.
lag *s. liegen.*
Lage *f* poloha; (*Umstände*) situace; (*Schicht*) vrstva; F *e-e* ~ *Bier ausgeben* [za]platit po jednom pivu všem účastníkům; *in der* ~ *sein* být s to; **~bericht** *m Mil.* situační zpráva *f*; **~plan** *m* situační plán.
Lager *n* (*Lagerstatt*) lože, lůžko; (*Tier≗*) brloh *m*; (*Heer≗*, *Zelt≗*) tábor *m*; (*Partei, Seite*) strana *f*; (*Waren≗*) sklad *m*; *Bgb.*, *Tech.* ložisko; *das* ~ *beziehen* [u]tábořit (se); **~bestand** *m* stav zásob; **~bier** *n* ležák *m*; **≗fähig** schopný uskladnění; **~feuer** *n* táborový oheň, F táborák *m*; **~geld** *n* sklad(išt)né; **~halle** *f s. Lagerhaus*; **~haltung** *f* skladování *n*; **~haus** *n* skladiště.
Lage'rist *m* skladník.
Lagermetall *n* ložiskový kov, kompozice *f*.
lagern *v/t* (*aufbewahren*) ukládat [uložit]; *v/i* (*rasten*) ležet; (*zelten*) tábořit; *Hdl.* být na skladě; *sich* ~

lehat [lehnout (si)], utábořovat [-řit] se.

Lager|platz *m* skladište *n*; (*Rastplatz*) tábořiště *n*; **~raum** *m* sklad(iště *n*); **~schein** *m* skladní list; **~stätte** *f Bgb.* ložisko *n*; **~ung** *f* skladování *n*, uskladnění *n*; *Geol.* vrstevnatost; **~verwalter** *m* vedoucí skladu.

La'gune *f* laguna.

lahm chromý; *fig.* kulhavý; **~en** být chromý, kulh(áv)at.

lähmen, *fig.* **lahmlegen** ohromovat [-mit]; *gelähmt sein* ochrnout *pf.*; *vgl. a. gelähmt.*

Lähmung *f* ochromení *n*, ochrnutí *n*.

Laib *m* pecen, bochník.

Laich *m* rybí potěr; **2en** [vy]třít se; **~zeit** *f* doba tření.

Laie *m* laik; **~n-** *in Zssgn a.* amatérský, ochotnický; **2n·haft** laický; **~n·spiel** *n* (*Aufführung*) ochotnické představení; (*Bühnenstück*) (divadelní) hra *f* pro ochotníky.

La'kai *m* lokaj.

Lake *f* lák *m*.

Laken *n* prostěradlo.

la'konisch lakonický, stručný.

La'kritze *f* lékořice.

lallen žvatlat.

La'melle *f* lamela; **~n-** *in Zssgn* lamelový.

lamen'tieren nařík(áv)at, F lamentovat (*im*)*pf*.

La'metta *n* lamety *f*/*pl.*, lametové ozdoby *f*/*pl.*

Lamm *n* jehně, beránek *m*; **~-** *in Zssgn* jehněčí; **2en** [o]bahnit se.

Lämmergeier *m* orlosup bradatý.

Lamm|fell *n* jehnětina *f*, jehněčina *f*; **~fleisch** *n* jehněčí (maso); **2fromm** mírný jako beránek.

Lämpchen *n* lampička *f*.

Lampe *f* lampa; (*Glüh2*) žárovka.

Lampen|fieber *n* tréma *f*; **~schirm** *m* lampové stínítko.

Lampion [-'pĩɔŋ] *m und n* lampión *m*.

lancieren [laŋ'siː-, lɑ̃ː'siː-] uvádět [uvést] ve známost; dělat propagandu (*D*).

Land *n* země *f*; (*Ggs. Stadt*) venkov *m*; *s. a. Boden, Festland*; *an ~ setzen* vykládat [vyložit] na břeh; *auf dem ~e* na venkově; *aufs ~* na venkov; *zu ~e* na souši; **~arbeit** *f* zemědělská práce; **~arbeiter(in** *f*) *m* zemědělský dělník (zemědělská dělnice); **~arzt** *m* venkovský lékař; **~aufenthalt** *m* pobyt na venkově; **~besitz** *m* pozemkový majetek; **~bevölkerung** *f* venkovské obyvatelstvo; **~bewohner(in** *f*) *m* venkovan(ka).

Landebahn *f Flgw.* přistávací dráha.

land'einwärts *Adv.* do(vnitř) země.

Lande|erlaubnis *f* povolení *n* k přistání; **~geschwindigkeit** *f Flgw.* přistávací rychlost; **~klappe** *f* přistávací klapka.

landen *Mar.* vysazovat [-sadit, -sázet] na břeh; *Flgw.* přistá(va)t.

Land·enge *f* pevninská (*od.* zemská) šíje.

Landeplatz *m* přistávací plocha.

Lände'reien *f*/*pl.* pozemky *m*/*pl.*

Länder|kampf *m Sp.* mezistátní utkání *n*; **~kunde** *f* zeměpis *m*; **~spiel** *n s. Länderkampf.*

Landes|farben *f*/*pl.* zemské barvy *f*/*pl.*; **~herr** *m* zeměpán; **~hoheit** *f* zeměpanství *n*; **~regierung** *f* zemská vláda; **~sprache** *f* zemský jazyk; **~tracht** *f* zemský kroj; **2üblich** obvyklý v zemi; **~verrat** *m* zemězrada *f*; **~verteidigung** *f* zemská obrana; **~verweisung** *f* vypovědění *n* ze země; **~währung** *f* státní měna, valuta.

Landeverbot *n Flgw.* zákaz *m* přistání.

Land|flucht *f* útěk *m* z venkova; **~frau** *f* venkovanka; **~friedensbruch** *m Jur.* narušení *n* veřejného pořádku; **~gemeinde** *f* venkovská obec; **~gericht** *n* zemský soud; **~gewinnung** *f* získávání *n* půdy; **~gut** *n* (venkovský) statek *m*; **~haus** *n* venkovský dům, vila *f*; **~jäger** *m* četník; **~karte** *f* mapa; **~krieg** *m* válka *f* na pevnině; **~kreis** *m* venkovský okres; **2läufig** v zemi běžný *od.* obvyklý; **~leben** *n* život *m* na venkově; **~leute** *pl.* venkované *m*/*pl.*

ländlich venkovský.

Land|mann *m* zemědělec; **~maschine** *f* zemědělský (*od.* hospodářský) stroj; **~messer** † *m* zeměměřič; **~partie** *f* výlet *m* na venkov; **~pfarrer** *m* venkovský farář; **~plage** *f* soužení *n*, metla; **~rat** *m* zemský rada; **~ratte** *f* suchozemská krysa; **~regen** *m* vytrvalý dešť; **~rücken** *m* horský hřbet.

Landschaft *f* krajina; **2lich** krajin-

ský; **~s·maler** *m* krajinář; **~s-schutz** *m* ochrana *f* přírody.
Land|ser F *m Mil.* voják, pěšák; **~sitz** *m s. Landhaus.*
Lands|knecht *m hist.* lancknecht, žoldněř; **~mann** *m* krajan; **~männin** *f* krajanka; **~mannschaft** *f* krajanské sdružení.
Land|spitze *f* mys *m*; **~straße** *f* silnice; **~streicher** *m* tulák; **~strich** *m* pruh země; **~sturm** *m Mil.* domobrana *f*; **~tag** *m* zemský sněm; **~truppen** *f/pl.* pozemní vojsko *n*.
Landung *f Flgw.* přistání *n*; *Mil.* výsadek *m*; **~s·boot** *n s. Landungsfahrzeug*; **~s·brücke** *f* přístavní můstek *m*; **~s·fahrzeug** *n* výsadkové plavidlo; **~s·platz** *m* přístaviště *n*; **~s·steg** *m s. Landungsbrücke*; **~s·truppen** *f/pl.* výsadkové vojsko.
Land|volk *n* venkovský lid; **~weg** *m* polní cesta *f*; *auf dem* ~ po souši; **2wärts** směrem ke břehu.
Landwirt *m* rolník; **~schaft** *f* zemědělství *n*; **2schaftlich, 2schafts-** *in Zssgn* zemědělský.
Landzunge *f* ostroh *m*.
lang dlouhý; *Adv.* dlouho, dlouze; *drei Tage* ~ (po) tři dni; ~ *und breit* obšírně; *sein Leben* ~ po celý život; *~e Zeit* dlouho; *seit ~em od. seit ~er Zeit* odedávna; *vgl. lange, länger, längst.*
lang|atmig *fig.* rozvláčný, dlouhodechý; **~beinig** dlouhonohý.
lange dlouho; *schon* ~ již dávno; *nicht* ~ nedlouho; *so* ~ *als* dokud, pokud.
Länge *f* délka; *in die* ~ *ziehen* protahovat [-táhnout]; *der* ~ *nach hinfallen* upad(áv)at [-dnout] jak dlouhý tak široký.
langen F *v/i* (*greifen, hinreichen*) sahat [sáhnout]; (*genügen*) [vy-]stačit.
Längen|grad *m* stupeň délky; **~maß** *n* délková míra.
länger (*s. lang*) *Adv.* déle; ~ *machen* [pro]dloužit; ~ *werden* prodlužovat [-dloužit] se; *der Tag wird* ~ dne přibývá; *je* ~, *je lieber* čím déle, tím lépe.
Lange'weile *f* dlouhá chvíle; *aus* (*od. vor*) ~ z nudy, nudou; ~ *haben* nudit [-dívat] se.
Lang|finger F *m* dlouhoprsťák; **2fristig** dlouhodobý; **2gezogen** *Ton*: táhlý; **2haarig** dlouhovlasý; *Tier*: dlouhosrstý; **~holz** *n* dlouhé dříví; **2jährig** dlouholetý; **2lebig** dlouho žijící, dlouhověký.
länglich podlouhlý.
Lang|mut *f* shovívavost; **2mütig** shovívavý.
längs *Adv.* podélně; *Prp.* podél, podle (*G*); ~ *des Flusses* podél (*od.* podle) řeky.
Längs- *in Zssgn* podélný.
langsam pomalý; *Adv.* pomalu; **2keit** *f* pomalost.
Lang|schläfer(in *f*) *m* spáč(ka); **~spielplatte** *f* dlouhohrající deska.
längst (*s. lang*) *Adv.* dávno; **~ens** nejdéle.
langstielig s dlouhou násadou.
Langstrecken|flug *m* dálkový let; **~lauf** *m Sp.* běh na dlouhé trati; **~läufer** *m* běžec na dlouhé trati; **~rakete** *f* dálková raketa.
Lan'guste *f* langusta.
langweil|en [z]nudit (*sich* se); **~ig** nudný.
Lang|welle *f* (*Radio*) dlouhá vlna; **2wierig** zdlouhavý.
Lanze *f* kopí *n*; e-e ~ *brechen für* zast(áv)at se k-o.
Lan'zette *f Med.* lanceta.
Lap'palie *f* lapálie, maličkost.
Läppchen *n* hadřík *m*; *Bot.* lalůček *m*.
Lappe *m s. Lappländer.*
Lappen *m* hadr; *Anat., Bot.* lalok; F *j-m durch die* ~ *gehen* unikat [-knout] k-u.
lappig otrhaný, ochablý; *Anat., Bot.* laločnatý.
läppisch pošetilý.
Lapp|land *n* Laponsko; **~länder(in** *f*) *m* Laponec (-nka); **2ländisch** laponský.
Lärche *f Bot.* modřín *m*.
Lärm *m* hluk, povyk; *viel* ~ *um nichts* mnoho povyku pro nic za nic; ~ *machen*, ~ *schlagen s. lärmen*; **~bekämpfung** *f* boj *m* proti hluku; **2en** [z]tropit hluk *od.* povyk; **2end** hlučný.
Larve *f Zo.* larva; *fig.* škraboška, maska.
las *s. lesen.*
Lasche *f* (*im Schuh*) jazyk *m*; *Tech.* spojovací pás *m*.
Laser *m* laser; **~strahl** *m* laserový paprsek.
lassen *v/t* nech(áv)at; (*bewirken, ver-*

anlassen) dá(va)t, F nech(áv)at; *es läßt sich* ... lze; *bleibt beim Imp. unübersetzt laßt uns gehen!* pojďme!; *wird* (*wenn es mit Inf. steht*) *nur mit Verb wiedergegeben*: *fallen* ~ upouštět [upustit]; *v/i*: *von j-m* ~ nech(áv)at k-o; *von et.* ~ zanech(áv)at č-o.
lässig nedbalý.
Lasso *n* laso *n*.
Last *f* břemeno *n*; (*Frachtgut*) náklad *m*; (*Verbindlichkeit*) závazek *m*; *j-m zur* ~ *fallen* připadat [-dnout] (*od.* být) k-u na obtíž; *zur* ~ *legen* přičítat [-číst] (za vinu); *Hdl. zu* ~*en von* na vrub (*od.* na účet) (*G*).
lasten [za]tížit (*auf D/A*); **2aufzug** *m* nákladní výtah; **2ausgleich** *m* vyrovnání *n* závazků.
Laster[1] *n* neřest *f*.
Laster[2] F *m s. Last(kraft)wagen.*
Lästerer *m* (**-terin** *f*) utrhač(ka); (*Gottes2*) rouhač(ka).
lasterhaft neřestný; **2igkeit** *f* neřestnost.
Läster|maul *n* utrhačná huba, utrhač *m*; **2n** [z]hanobit; ~**ung** *f* rouhání *n*.
lästig obtížný; (*unbequem*) nemilý.
Last|kahn *m* nákladní člun; ~**(kraft)wagen** *m* nákladní auto(mobil) *n*; ~**pferd** *n* tažný kůň; ~**schrift** *f Hdl.* účtování *n* (*od.* zápis *m*) na vrub; ~**tier** *n* tažné zvíře; ~**träger** *m* nosič břemen; ~**zug** *m* autovlak, jízdní souprava *f*.
La'sur *f* lazura; ~**farbe** *f* lazurová barva; ~**stein** *m* lazurit.
las'ziv kluzký, oplzlý, lascivní.
La'tein *n* latina *f*; ~**amerika** *n* Latinská Amerika *f*; ~**er** *m* latiník; **2isch** latinský.
la'tent skrytý, latentní.
La'terne *f* lucerna, svítilna; ~**n-anzünder** † *m* lampář; ~**n·garage** F *f* parkoviště *n* vedle kandelábru; ~**n·pfahl** *m* (uliční) kandelábr.
La'trine *f* latrina.
Latsch|e *f Bot.* kleč, kosodřevina; ~**en** F *m* (*Hausschuh*) pantofel, bačkora *f*; (*abgetragener Schuh*) křáp; **2en** F šmatlhat, pajdat.
Latte *f* lať; ~**n·verschlag** *m* laťové bednění; ~**n·zaun** *m* laťový plot.
Lattich *m Bot.* locika *f*.
Latz *m* slintáček, náprsník; (*Hosen2*) poklopec.
lau vlažný, vlahý.
Laub *n* listí; ~**baum** *m* listnatý strom.
Laube *f* besídka, loubí *n*; ~**n·gang** *m* podloubí *n*; ~**n·kolonie** *f* zahrádková kolonie.
Laub|fall *m* padání *n* listí; ~**frosch** *m* rosnička *f*; ~**säge** *f* lupenka; ~**wald** *m* listnatý les.
Lauch *m Bot.* česnek; *s. Knob-, Schnittlauch.*
Lauer *f*: *auf der* ~ *liegen* číhat v záloze; **2n** [vy]číhat; **2nd** číhavý.
Lauf *m* běh; *Tech., Mar.* chod; (*Wasser2*) tok; (*Gewehr2*) hlaveň *f*; *Jagdw.* běh, běhák; *freien* ~ *lassen* nech(áv)at volně běžet *od.* volně se vyvíjet; *im* ~*e* během; ~**bahn** *f* životní dráha; *Sp.* běžecká dráha; ~**bursche** *m* poslíček.
lauf|en běžet (běhat *Iter.*); (*gehen*) jít (chodit *Iter.*); (*fließen*) téci; *Zeit*: ubíhat; *Maschine*: běžet, pracovat; *die Dinge* ~ *lassen* nestarat se o to; ~*d* běžný; *Adv.* (*ständig*) stále; *auf dem* ~*den sein* o všem vědět; **2en** *n* běh *m*, běhání; ~**enlassen** nedržet.
Läufer *m* běžec; *Tech. a.* rotor, běhoun; (*Fußball*) záložník; *Arch.* běhák; (*Teppich*) běhoun; (*Schach*) střelec, běhoun.
Laufe'rei *f* běhání *n*.
Lauf|feuer *n*: *fig. wie ein* ~ rychlostí blesku; ~**frist** *f s. Laufzeit*; ~**graben** *m Mil.* zákop.
läufig běhavý; ~ *sein* běhat se.
Lauf|junge *m* poslíček; ~**masche** *f* puštěné očko; ~**paß** *m*: *j-m den* ~ *geben* dá(va)t k-u vyhazov; ~**schritt** *m* poklus; *im* ~ poklusem; ~**steg** *m* lávka *f*, můstek; ~**vogel** *m* běžec; ~**werk** *n* hybné ústrojí; ~**zeit** *f* doba běhu; (*Gültigkeit*) splatnost; ~**zettel** *m* oběžník.
Lauge *f* louch *m*; **2n** [vy]loužit.
Lauheit *f* vlažnost.
Laun|e *f* rozmar *m*, nálada; (*Grille*) vrtoch *m*; *guter* (*schlechter*) ~ *sein* být v dobré (špatné) míře; **2enhaft** vrtošivý; **2ig** rozmarný; **2isch** *s. launenhaft.*
Laus *f* veš; ~**bub** *m* všivák.
lausch|en (*D*) poslouchat [-slechnout] (*A*); **2er** *m* naslouchač; *Jagdw. pl.* sluchy *m/pl.*; ~**ig** útulný.
lau|sen [vy]hledat vši; ~**sig** všivý (*a. fig.*); F *Adv.* (*sehr*) velmi.
Lausitz *f* Lužice.

laut *Adj.* hlasitý, hlučný; *Adv.* hlasitě, nahlas, hlučně; *Prp.* podle (*G*).

Laut *m* zvuk, hlas; *Gr.* hláska *f*; *keinen ~ von sich geben* ani nehlesnout.

Laute *f Mus.* loutna.

lauten [za]znít.

läuten [za]zvonit.

lauter (*Komp. v. laut*) hlasitější, hlučnější; *Adv.* hlasitěji, hlučněji; (*rein*) čistý, ryzí; (*nichts als*) samý; **2keit** *f* čistota, ryzost.

läuter|n (*klären*) [roz-, vy]čeřit, čiřit; [o]čistit (*a. fig.*); **2ung** *f* čištění *n*.

Läutewerk *n Esb.* zvonkové zařízení.

Laut|lehre *f* hláskosloví *n*; **2los** bezhlasný; **2malend** zvukomalebný; **~schrift** *f* hláskové písmo; **~sprecher** *m* reproduktor, amplión; **~stärke** *f* intenzita zvuku, hlasitost.

lauwarm vlažný, vlahý.

Lava *f* láva; **~strom** *m* proud lávy.

La'vendel *m* levandule *f*; **~öl** *n* levandulová silice.

la'vieren lavírovat.

La'wine *f* lavina; **~n·gefahr** *f* nebezpečí *n* lavin.

lax laxní, lhostejný.

Laza'rett *n* lazaret *m*; **~zug** *m* lazaretní vlak.

Lebemann *m* světák.

leben žít; (*wohnen*) bydlit; *genug zu ~ haben* mít z č-o být živ; *es lebe!* ať žije!; *~ Sie wohl!* mějte se dobře!, sbohem!

Leben *n* život *m*; *~* (*und Treiben*) živý ruch; *langes ~* po celý život; *sich das ~ nehmen* brát [vzít] si život; *ums ~ kommen* přicházet [přijít] o život; *am ~ bleiben* zůstat na živu; *für sein ~ gern* k smrti rád; **2d** žijící; (*lebendig*) živ(ý); **~d-gewicht** *n* živá váha; **2dig** [-'bɛn-] živ(ý); **~digkeit** [-'bɛn-] *f* živost.

Lebens|abend *m* večer života; **~-alter** *n* věk *m*; **~art** *f* způsob *m* života; **~auffassung** *f* životní názor; **~aufgabe** *f* životní úloha; **~bedingung** *f* životní podmínka; **~beschreibung** *f* životopis *m*; **~-dauer** *f* trvání *n* života; *fig.* životnost, doba trvání; **~ende** *n* konec *m* života; **~erfahrung** *f* životní zkušenost; **~erwartung** *f* vyhlídka na délku života; **2fähig** životaschopný; **~fähigkeit** *f* životaschopnost, životnost; **~frage** *f* životní otázka; **2fremd** neznalý života; **~freude** *f* radost ze života; **2froh** těšící se života; **~führung** *f* životospráva; *s. Lebensart, -weise*; **~gefahr** *f* nebezpečí *n* života; **2gefährlich** nebezpečný životu; **~gefährte** *m*, **~gefährtin** *f* druh (-užka *f*) *m* života; **2groß** v životní velikosti; **~größe** *f* životní velikost; **~haltung** *f* životní úroveň; **~haltungskosten** *pl.* životní náklady *m/pl.*; **~jahr** *n* rok *m* života; **~kampf** *m* boj o život; **~kraft** *f* životní síla, životnost, **2kräftig** plný životních sil, vitální; **~lage** *f* životní situace; **2länglich** doživotní; **~lauf** *m* životopis, (auto-) biografie *f*; **~lust** *f* chuť k životu; **2lustig** vesel(ý).

Lebensmittel *n/pl.* potraviny *f/pl.*; **~handlung** *f* obchod *m* (s) potravinami; **~industrie** *f* potravinářský průmysl; **~karte** *f* potravinový lístek; **~vergiftung** *f* otrava zkaženou potravinou.

lebens|müde omrzelý životem, sytý života; **~notwendig** životní, životně nutný; **2raum** *m* životní prostor; **2regel** *f* životní pravidlo *n*; **2retter** *m* zachránce života; **2standard** *m* životní úroveň *f od.* standard *m*; **2stellung** *f* životní postavení *n*; **2überdruß** *m* omrzelost *f* života; **2unterhalt** *m* výživa *f*, živobytí *n*; **2versicherung** *f* životní pojištění *n*, pojištění *n* na život; **2wandel** *m* život, chování *n*; **2weg** *m* cesta *f* životem; **2weise** *f* způsob *m* života; **2weisheit** *f* životní moudrost; **2-werk** *n* životní dílo; **~wichtig** životně důležitý; **2zeichen** *n* známka *f* života; **2zeit** *f* doba života; *auf ~* na doživotí; **2ziel** *n* životní cíl *m*.

Leber *f* játra *n/pl.*; *frei* (*od. frisch*) *von der ~ weg* upřímně; **~blümchen** *n* jaterník *m*; **~fleck** *m* jaterní skvrna *f*; **2krank** nemocný (-cen) na játra; **~krebs** *m Med.* rakovina *f* jater; **~tran** *m* rybí tuk; **~wurst** *f* jaternice.

Lebe|wesen *n* živočich *m*; **~'wohl** *n* rozloučení; *j-m ~ sagen* dá(va)t k-u sbohem.

lebhaft živý, čilý; **2igkeit** *f* živost, čilost.

Leb|kuchen *m* perník; **2los** bez

života, neživý; **~losigkeit** *f* neživotnost; **~tag** *m*: *mein ~* celý život; **~zeiten** *f/pl.*: *bei ~* za života (*G*); *bei m-n ~* za mého života.
lechzen prahnout (*nach* po *L*).
leck děravý, netěsný; *Mar. ~ werden* dost(áv)at štěrbinu.
Leck *n* netěsnost *f*; *Mar.* puklina *f*, prasklina *f*.
lecken *v/i* téci; *Mar.* mít díru; *v/t* lízat [-znout].
lecker chutný, lahodný; **2bissen** *m* pamlsek, lahůdka *f*; **2maul** *n* mlsná huba, mlsoun *m*.
Leder *n* (vydělaná) kůže *f*, useň *f*; *vom ~ ziehen fig.* [za]útočit na k-o; *~- in Zssgn oft* kožený; **~einband** *m* kožená vazba; **~industrie** *f* kožedělný průmysl; **2n** kožený; (*zäh*) tuhý; **~waren** *f/pl.* kožené zboží.
ledig svobodný (-den); *aller Sorgen ~ sein* zbavit se všech starostí; **2enheim** *n* svobodárna *f*; **~lich** *Adv.* pouze, toliko, jen.
Lee *f Mar.* závětří *n*.
leer prázdný; *~ machen* vyprazdňovat [-prázdnit]; *~ werden* stá(va)t se prázdný; *Tech. ~ laufen* běžet naprázdno; **2e** *f* prázdno *n*, prázdnota; **~en** vyprazdňovat [-prázdnit]; **2gewicht** *n* suchá váha; **2lauf** *m* běh naprázdno; *fig.* nehospodárná práce; **~stehend** prázdný; **2ung** *f* (*Briefkasten*) vybírání *n*.
Lefze *f* pysk *m*.
le'gal zákonný, legální; **~i'sieren** legalizovat (*im*)*pf.*; **2i'tät** *f* legalita.
Le'gat *m u. n* legát.
Legati'on *f* legace, vyslanectví *n*.
Legehenne *f* nosná slepice, nosnice.
legen (*hinlegen*) klást [položit]; *Eier*: snášet [snést]; *Karten*: vykládat [vyložit]; *sich ~* lehat si [-hnout (si)]; (*aufhören*) přest(áv)at.
legen|'där legendární, pověstný; **2de** [-'gɛn-] *f* legenda.
le'gier|en (*Metall*) legovat; *Kochk.* z(a)hušťovat [-hustit]; **2ung** *f* slitina.
Legi'o|n *f* legie; **~'när** *m* legionář.
Legisla'turperiode *f* legislativní období *n*.
legi'ti|m legitimní, zákonný; **2mati'on** *f* průkaz *m*, oprávnění *n*, legitimace; **~'mieren** legitimovat (*im*)*pf.*
Lehen *n* léno.
Lehm *m* hlína *f*; **~boden** *m* hlinitá půda; **~grube** *f* hliniště *n*; **~hütte** *f* hlíněný barák; **2ig** hlinitý.
Lehn|e *f* opěradlo *n*, lenoch *m*; (*Abhang*) svah *m*, stráň; **2en** opírat [opřít] (*sich* se; *an*, *gegen A* o *A*); **~sessel** *m* lenoška *f*.
Lehns|herr *m* lenní pán; **~mann** *m* leník, vazal.
Lehn|stuhl *m* lenoška *f*; **~wort** *n* přejaté slovo.
Lehr|amt *n* učitelský úřad *m*; **~anstalt** *f* učiliště *n*; **~befähigung** *f* učitelská způsobilost; **~buch** *n* učebnice *f*; **~bursche** *m* učedník, učeň; **~e** *f* (*Belehrung*) poučení *n*; (*Theorie*) učení *n*, nauka; (*Ausbildung*[*szeit*]) učení *n*; (*Meßwerkzeug*) měřidlo *n*, kalibr *m*; šablona; *das soll mir e-e ~ sein* to si zapamatuji; **2en** [na]učit (*j-n et.* k-o č-u).
Lehrer|(in *f*) *m* učitel(ka); **~schaft** *f* učitelé *m/pl.*, učitelstvo *n*; **~seminar** *n* učitelský ústav.
Lehr|fach *n* učební obor *m*; **~film** *m* školní film; **~freiheit** *f* svoboda učení; **~gang** *m* kurs, učební běh; **~geld** *n* výučné; *fig. ~ zahlen* [za-]platit za vyučenou; **2haft** poučný; **~herr** *m* mistr; **~jahr** *n* rok *m* učení; **~körper** *m* učitelský sbor; **~kraft** *f s. Lehrer*; **~ling** *m* učedník, učeň; **~mädchen** *n* učednice; **~meister** *m s. Lehrherr*; **~mittel** *n* učební pomůcka *f*; **~plan** *m* učební osnova *f od.* plán *m*; **2reich** poučný; **~satz** *m Math.* poučka *f*; *Rel.* článek víry, dogma *n*; **~stelle** *f* (*e-s Lehrlings*) učednické místo; **~stoff** *m* učivo *n*; **~stuhl** *m* stolice *f*, katedra; **~tätigkeit** *f* učitelská činnost; **~vertrag** *m* učební smlouva *f*; **~werkstatt** *f* učňovská dílna; **~zeit** *f* učební doba.
Leib *m* tělo *n*; (*Bauch*) břicho *n*; *j-m auf den ~ rücken od. j-m zu ~e gehen* dorážet [-razit] na k-o; *bleib mir vom ~!* nechoď mi na oči!; *mit ~ und Seele* tělem (i) duší; *sich j-n vom ~e halten* nepouštět [-pustit] k-o k sobě; **~arzt** *m* osobní lékař; **~binde** *f* břišní pás *m*; **~chen** *n* živůtek *m*; **~eigene(r)** *m/f* nevolník (-nice); **~eigenschaft** *f* nevolnictví *n*.
Leibes|erziehung *f* tělesná výchova; **~frucht** *f* zárodek *m*, plod *m*; **~kraft** *f* síla; *aus Leibeskräften* z plna hrdla; **~übungen** *f/pl.* tělesné

cvičení; **~visitation** *f* tělesná prohlídka.

Leib|garde *f* tělesná stráž; **~gericht** *n* oblíbené jídlo; **2haftig** tělesný; (*wirklich*) skutečný; F *er ist der ~e Satan!* je to vtělený ďábel!; **2lich** (*eigen*) vlastní; **~schmerz** *m* bolení *n* břicha; **~wache** *f* osobní stráž; **~wäsche** *f* spodní (*od.* osobní) prádlo *n*.

Leiche *f* mrtvola.

Leichen|bestatter *m* pohřebník, zřizenec pohřebního ústavu; **2blaß** bledý jako mrtvola; **~feier** *f* pohřební slavnost, tryzna; **~geruch** *m* mrtvolný pach; **~gift** *n* mrtvolný jed; **~halle** *f* márnice; **~hemd** *n* rubáš *m*; **~schändung** *f* zneuctění *n* mrtvoly; **~schau** *f* ohledávání *n* mrtvoly; **~träger** *m* nosič *m* mrtvol; **~tuch** *n* pohřební příkrov *m*; **~verbrennung** *f* pohřeb *m* žehem, kremace; **~wagen** *m* pohřební vůz; **~zug** *m* pohřební průvod.

Leichnam *m* mrtvola *f*.

leicht *Adj.* lehký, snadný; *Adv.* lehce, snadno.

Leicht|athlet *m* lehký atlet; **~athletik** *f* lehká atletika; **~bau** *m* lehká konstrukce *od.* stavba; **~er** *m Mar.* nákladní námořní člun; **2fallen:** *ihm fällt alles leicht* jemu je všechno lehké; **'2'faßlich** snadno pochopitelný; **2fertig** lehkovážný, lehkomyslný; **~fertigkeit** *f s. Leichtsinn*; **2füßig** lehkonohý; **~gewicht** *n* (*Boxen*) lehká váha; **2gläubig** lehkověrný; **~gläubigkeit** *f* lehkověrnost; **'2'hin** lehce; **~igkeit** *f* snadnost, lehkost; **~industrie** *f* lehký průmysl; **~metall** *n* lehký kov; **~sinn** *m* lehkovážnost *f*; **2sinnig** lehkovážný; **2verdaulich** snadno stravitelný; **2verderblich** snadno zkazitelný; **2verständlich** snadno srozumitelný.

leid: *es tut mir ~ um* je mi líto (*G*).

Leid *n* bol *m*, žal *m*; *sich* (*D*) *ein ~ antun s. Selbstmord*; **~e·form** *f Gr.* trpný rod; **2en** trpět (*unter D, an D/I*); (*dulden*) snášet [snést]; *~d* trpící (*an D/I*); (*kränklich*) churav(ý); **~en** *n* utrpení; (*Krankheit*) nemoc *f*; *~ Christi* utrpení Kristovo.

Leidenschaft *f* náruživost, vášeň; **2lich** náruživý, vášnivý; **2s·los** bez vášně.

Leidens|gefährte *m*, **~genosse** *m* spolutrpitel; **~geschichte** *f* utrpení *n*, strasti *f/pl*.

leid|er bohužel; **~ig** nemilý; **~lich** snesitelný, obstojný; **~tragend** truchlící; *die 2en* truchlící pozůstalí *m/pl.*; **2wesen** *n*: *zu m-m ~* k mému zármutku.

Leier *f Mus.* lýra; *Tech.* klika; F *fig. die alte ~* stará písnička; **~kasten** *m* kolovrátek, F flašinet; **~kastenmann** *m* kolovrátkář, F flašinetář; **2n** (*drehen, winden*) točit, otáčet; F (*eintönig sprechen*) drmolit.

Leih|bibliothek *f*, **~bücherei** *f* půjčovna *f* knih; **2en** půjčovat [-čit]; *sich ~* vypůjčovat [-čit] si, **~gabe** *f* depozitum *n*; **~gebühr** *f* půjčovné *n*, poplatek *m* za půjčení; **~haus** *n* půjčovna *f*, zastavárna *f*; **2weise** *Adv.* půjčkou.

Leim *m* klih; F *fig. auf den ~ gehen* sedat [-dnout] na lep; **2en** [s]klížit; **~farbe** *f* klihová barva; **~rute** *f* vějička.

Lein *m Bot.* len.

Leine *f* šňůra, provaz *m*; (*Zügel*) opratˇ; P *zieh ~!* ztrať se!, táhni!

lein|en lněný; **2en** *n* plátno; **2öl** *n* lněný olej *m*; **2samen** *m* lněné semeno *n*; **2wand** *f* plátno *n*.

leise *Adj.* tichý; *Schlaf*: lehký; *Adv.* tiše; **2treter** F *m* tichošlápek *m*.

Leiste *f* (*Holz2*) lišta; (*Schneiderei*) lem *m*; *Anat.* slabina, tříslo *n*.

leisten [vy]konat; *sich et. ~* dopřá(va)t si č-o.

Leisten *m* kopyto *n*; *alles über e-n ~ schlagen* [u]dělat všecko na jedno kopyto; *Sprw. Schuster, bleib bei deinem ~!* ševče, drž se svého kopyta!

Leisten|bruch *m Med.* kýla *f* tříselná; **~gegend** *f* slabina, tříslo *n*.

Leistung *f* výkon *m*; práce; (*Dienst2*) služba; *s. a. Leistungsfähigkeit.*

Leistungs|abfall *m* pokles výkonnosti; **2fähig** výkonný; **~fähigkeit** *f* výkonnost; **~lohn** *m* úkolová mzda; **~kapazität** *f Tech.* pracovní kapacita; **~norm** *f* výkonová norma; **~prämie** *f* výkonnostní prémie; **~sport** *m* výkonnostní sport; **~steigerung** *f* zvýšení *n* výkonu; **~zuschlag** *m* výkonnostní příplatek.

Leit|artikel *m* úvodník; **~bild** *n s. Vorbild*; **2en** vést (vodit *Iter.*); (*als Vorgesetzter führen*) řídit; *~d* ve-

doucí; **~er**[1] *m* vedoucí; *Phys.* vodič.
Leiter[2] *f* žebřík *m.*
Leiterin *f* vedoucí.
Leiter|sprosse *f* příčel *m od. f*; **~wagen** *m* žebřinový vůz, žebřiňák.
Leit|faden *m* příručka *f*, rokuvěť *f*; **~fähigkeit** *f* vodivost; **~gedanke** *m* základní (*od.* vůdčí) myšlenka *f*; **~hammel** *m* vůdčí beran; **~motiv** *n* vůdčí motiv; *Mus. u. fig.* leitmotiv; **~satz** *m s. Grundsatz*; **~spruch** *m* heslo *n*, moto *n*; **~stern** *m* vůdčí hvězda *f.*
Leitung *f* vedení *n* (*a. El.*), řízení *n*; (*Rohr*2) potrubí *n*; F *fig. lange ~ haben* mít dlouhé vedení.
Leitungs|draht *m El.* vodicí drát; **~mast** *m El.* stožár vedení; **~netz** *n El.* rozvodná síť; **~rohr** *n* potrubní trubka *f*; **~wasser** *n* voda *f* z vodovodu.
Leitwerk *n Flgw.* ocasní plochy *f/pl.*
Lek|ti'on *f* lekce; **~tor** *m* lektor; **~'türe** *f* četba, čtení *n.*
Lende *f* bedra *n/pl.*; **~n·braten** *m* svíčková (pečeně); **~n·stück** *n Kochk.* ledvina *f.*
lenk|bar řiditelný; *fig.* povolný; **2barkeit** *f* řiditelnost; *fig.* povolnost; **~en** řídit; *Aufmerksamkeit, Gespräch*: obracet [obrátit]; **2er** *m* (*Person*) řidič; *s. Lenkstange*; **2rad** *n* volant *m*; **2stange** *f* řídítka *n/pl.*; **2ung** *f* řízení *n*; **2waffe** *f* řízená střela.
Lenz *m Poet.* jaro *n*, vesna *f.*
lenz|en *Mar.* odvodňovat; **2pumpe** *f Mar.* odvodňovací čerpadlo *n.*
Leo'pard *m* leopard, levhart.
Lepra *f Med.* lepra.
Lerche *f* skřivan *m.*
Lern|begier(de) *f* dychtivost učit se; **~eifer** *m* horlivost *f* v učení; **2en** [na]učit se (et. č-u); **~en** *n* učení.
Les·art *f* čtení *n*, varianta.
lesbar čitelný; (*lesenswert*) vhodný ke čtení; **2keit** *f* čitelnost.
Lesbi|erin *f* lesbičanka; **2sch** lesbický.
Lese *f* (*Ernte*) sbírání *n*; *s. Weinlese.*
Lese|buch *n* čítanka *f*; **~gerät** *n* čtecí přístroj *m*; **~halle** *f* čítárna.
lesen[1] [pře]číst; (*unterrichten*) přednášet; *Messe*: sloužit.
lesen[2] sbírat [sebrat]; (*aussondern*) přeb(í)rat.
Lesen *n* čtení; **2s·wert** stojící za čtení.
Lese|probe *f Thea.* čtená zkouška; **~pult** *n* čtenářský pult(ík) *m.*
Leser *m* čtenář.
Lese|ratte F *f* knihožrout *m*; **~rin** *f* čtenářka; **~ring** *m* čtenářský spolek.
Leser|kreis *m* čtenářská obec; **2lich** čitelný; **~lichkeit** *f* čitelnost; **~zuschrift** *f* dopis *m* čtenáře.
Lese|saal *m* čítárna *f*; **~stoff** *m s. Lektüre*; **~wut** *f* čtenářská vášeň; **~zeichen** *n* záložka *f* v knize; **~zimmer** *n s. Lesesaal*; **~zirkel** *m* čtenářský kroužek.
Lesung *f* čtení *n.*
Lethar'gie *f* letargie.
Lette *m* Lotyš.
Letter *f* písmeno *n*, litera.
Lett|in *f* Lotyška; **2isch** lotyšský; **~land** *n* Lotyšsko.
letzt poslední; *~en Endes* nakonec; *zu guter ~* nakonec; *zum ~en Mal* naposled; **~ens** posledně; **~'hin** nedávno, onehdy; **~willig** obsažený v závěti.
Leucht|boje *f Mar.* světelná bóje; **~e** *f* svítilna, svítidlo *n*; *fig.* koryfej; **2en** [po]svítit, [za]zářit; *~d* zářivý; **~en** *n* záření, záře *f*; (*Sterne*) třpyt *m*; **~er** *m* svícen; **~farbe** *f* svítící barva; **~feuer** *n* majákové světlo; **~gas** *n* svítiplyn *m*; **~käfer** *m* světluška *f*; **~kraft** *f* zářivost, svítivost; **~kugel** *f* světelná koule; **~pistole** *f* signální pistole; **~reklame** *f* světelná reklama; **~röhre** *f* zářivka; **~schiff** *n* majáková loď; **~turm** *m* maják; **~zifferblatt** *n* svítící číselník *m.*
leugnen popírat [-přít], zapírat [-přít]; *es läßt sich nicht ~* nelze popřít.
Leukä'mie *f Med.* leukémie, bělokrevnost.
Leuko'plast *n Med.* leukoplast *m.*
Leumund *m* pověst *f*; **~s·zeugnis** *n* vysvědčení zachovalosti.
Leute *pl.* lidé *m/pl.*; *m-e ~* moje rodina; *unsere ~* příslušníci našeho národa; **~schinder** *m* vydřiduch.
Leutnant *m Mil.* poručík; *~ zur See Mar.* námořní poručík.
leutselig laskav(ý); **2keit** *f* laskavost.
Leviten F *m/pl.* výčitky *f/pl.*; *j-m die ~ lesen* [vy]plísnit k-o, číst k-u levity.
Levkoje *f Bot.* levkoje.

Lexiko'gra|ph *m* lexikograf, slovnikář; **~'phie** *f* lexikografie, slovnikářství *n*; **2phisch** lexikografický, slovnikářský.
Lexikon *n* lexikon *m*, slovník *m*.
Lezi'thin *n* lecitin *m*.
lfd. *Abk. für laufend.*
Li'ane *f Bot.* liána.
liba'nesisch libanonský.
Li'belle *f* libela; *Zo. a.* vodní vážka, vodní šídlo *n*; *Tech. a.* vodováha.
libe'ra|l liberální; **2'le(r)** *m* liberál; **2'lismus** *m* liberalismus.
Li'bretto *n* libreto.
libysch libyjský.
licht světlý; *Wald*: řídký.
Licht *n* světlo; (*Kerze*) svíčka *f*; *ans ~ bringen* vynášet [-nést] na světlo; *hinters ~ führen fig.* podvádět [-vést]; *mir geht ein ~ auf* vzchází mi světlo; *~ machen* rozsvěcovat [-svítit]; **~anlage** *f El.* osvětlovací zařízení *n*; **2beständig** stálý na světle; **~bild** *n* fotografie *f*; **~bildervortrag** *m* přednáška *f* se světelnými obrazy; **~blick** *m fig.* světlý bod, útěcha *f*; **~bogen** *m El.* světelný oblouk; **~brechung** *f Phys.* lom *m* světla; **~druck** *m* světlotisk; **2echt** stálý na světle; **2empfindlich** citlivý na světle.
lichten *Wald usw.*: prosek(áv)at; (*verdünnen*) ztenčovat [-čit]; *Mar.* (*löschen*) ub(í)rat lodi náklad; *s. a. Anker*; *sich ~* [z]řídnout.
Lichter *m s. Leichter, Licht*; **'2loh** hořet jasným plamenem.
Licht|hof *m* světlík; *Fot.* světelný kruh; **~hupe** *f* světelná signalizace; **~jahr** *n Astr.* světelný rok; **~kabel** *n* osvětlovací kabel *m*; **~kegel** *m* světelný kužel; **~leitung** *f El.* osvětlovací vedení *n*; **~maschine** *f* dynamo *n*; **~messer** *m* světloměr, fotometr; **~pause** *f* planografický otisk; **~quelle** *f* zdroj *m* světla; **~reklame** *f* světelná reklama; **~schacht** *m* světlík; **~schalter** *m* vypínač světla; **~schein** *m* záře *f*; **2scheu** štítící se světla; **~seite** *f fig.* světlá stránka; **~spieltheater** *n s. Kino*; **2stark** *Fot.* světelný; **~stärke** *f* svítivost; *Fot.* světelnost; **~strahl** *m* světelný paprsek; **~ung** *f* paseka; **2voll** pln(ý) světla; *fig.* jasný.
Lid *n* oční víčko.
lieb milý; *es ist mir ~, daß ...* jsem rád, že ...; *den ~en langen Tag* celý boží den; **~äugeln**: *mit j-m ~* házet očkem po kom; *mit et.* (*D*) *~* dělat plány nač; **2chen** *n* milá *f*, milenka *f*.
Liebe *f* láska; **2dienern** službičkovat; **~'lei** *f* milkování *n*; **2n** milovat; (*gern haben*) mít rád.
liebenswürdig laskav(ý); **2keit** *f* laskavost.
lieber *Adv.* raději; *s. gern.*
Liebes|abenteuer *n* milostné dobrodružství; **~brief** *m* milostný dopis; **~dienst** *m* služba *f* z lásky; *j-m e-n ~ erweisen* prokazovat [-kázat] k-o ochotu; **~erklärung** *f* vyznání *n* lásky; **~gabe** *f* dárek *m* z lásky; **~geschichte** *f* milostný příběh; **~geständnis** *n* vyznání lásky; **~heirat** *f* sňatek *m* z lásky; **~kummer** *m* hoře *n* z lásky; **~leben** *n* milostný život; **~lied** *n* milostná píseň; **~paar** *n* milenci *m/pl.*; **~roman** *m* milostný román; **~verhältnis** *n* milostný poměr; **~werk** *n* skutek *m* lásky; **~zeichen** *n* znamení lásky.
liebevoll láskyplný.
lieb|gewinnen oblibovat [-líbit] si; **~haben** *s. lieben*; **2haber(in** *f*) *m* milovník (-nice); (*Geliebte[r]*) milenec (-nka); **2habe'rei** *f* záliba (*für* v *L*); **2habertheater** *n* ochotnické divadlo; **2haberwert** *m* cena *f* pro milovníka; **~'kosen** [po]laskat se (*j-n* s kým); **2'kosung** *f* laskání *n*.
lieblich líbezný; **2keit** *f* líbeznost.
Lieb|ling *m* miláček; *~s- in Zssgn* oblíbený; **2los** bez lásky; **~reiz** *m* půvab; **2reizend** půvabný; **~schaft** *f* láska, známost.
liebst nejmilejší; *Adv. am ~en* nejraději; **2e(r)** *m/f* milý *m*, milá *f*.
Lied *n* píseň *f*; F *fig. ein ~ singen können von* dovézt o tom povídat; **~chen** *n* písnička *f*.
Liederbuch *n* zpěvník *m*.
liederlich (*unordentlich*) nepořádný; (*sittenlos*) zhýralý; **2keit** *f* nepořádnost; zhýralost.
lief *s. laufen.*
Liefe'rant *m* dodavatel.
liefer|bar dodatelný; **2bedingungen** *f/pl.* dodací podmínky *f/pl.*; **2frist** *f* dodací lhůta; **~n** *Hdl.* dod(áv)at; *Beweis*: pod(áv)at; (*darbieten*) poskytovat [-tnout]; *fig. er ist geliefert* jeho osud je zpečetěn; **2schein** *m* dodací list; **2termin** *m*

dodací lhůta *f*; **2wagen** *m* dodávkový vůz, F dodávka *f*.
Lieferung *f* dodávka; (*Heft*) sešit *m*; **~s·vertrag** *m* dodávková smlouva; **~s·verzug** *m* prodlení *n* s dodáním; *vgl. Liefer-*.
Lieferzeit *f* dodací lhůta.
Liege *f* lehátko *n*.
Liege|geld *n* stojné *n*, zdržné *n*; **~halle** *f* krytá lehárna; **~kur** *f* léčení *n* (*od.* léčba) ležením.
liegen ležet; (*sich befinden*) být; *vgl. ruhen*; *~ lassen* nech(áv)at ležet; *es liegt mir daran od. es ist mir daran gelegen* záleží mi na tom; *daran liegt mir nicht* na tom mi nic nezáleží; *im 2* v lehu, leže; **~bleiben** zůst(áv)at ležet; **~lassen** zapomínat [-menout]; *fig. j-n links ~* nevšímat [-všimnout] si k-o (*G*).
Liegenschaft *f* nemovitost.
Liege|platz *m Mar.* kotviště *n*; **~stuhl** *m* lehátko *n*; **~stütz** *m* podpor ležmo; **~wagen** *m Esb.* lehátkový vůz; **~wiese** *f* louka pro ležení.
lieh *s. leihen*.
lies *s. lesen*.
ließ *s. lassen*.
Lift *m* výtah, zdviž *f*.
Liga *f* liga; *~- in Zssgn* ligový.
Liga'tur *f* ligatura; *Med.* podvazek *m*.
Li'guster *m Bot.* ptačí zob.
li'ier|en spojit [-jovat], sloučit [slučovat]; **~t** spojený, sloučený.
Li'kör *m* likér; **~glas** *n* likérová sklenička, likérka *f*.
lila lila, světle fialový.
Lilie *f Bot.* lilie.
Lilipu'taner *m* lilipután.
Limi|t *n Hdl.* limit *m*, krajní mez *f*; **2'tieren** limitovat (*im*)*pf*., vymezit [-zovat].
Limo'nade *f* limonáda.
Limou'sine *f* limuzína.
lind mírný.
Linde *f Bot.* lípa; **~n·blüte** *f* lipový květ *m*; **~n·blütentee** *m* lipový čaj.
linder|n [z]mírnit; *~d* mírnící, utišující; **2ung** *f* zmírnění *n*, úleva; **2ungsmittel** *n* utišující prostředek *m*.
Lindwurm *m* drak, saň *f*.
Line'al *n* pravítko.
line'ar lineární.
linguistisch [-'gŭɪ-] lingvistický.
Linie *f* čára, linka (*a. Verkehrsstrecke*), linie (*mst fig.*); *in erster ~* především, v první linii.
Linien|blatt *n* linkovaná podložka, F lenoch *m*; **~netz** *n* traťová síť; **~papier** *n* linkovaný papír *m*; **~richter** *m* pomezní rozhodčí; **~schiff** *n* traťová loď; **2treu:** *~ sein* řídit se linií strany.
li'ni(')i)eren [na]linkovat.
link- levý; *auf (von) der ~en Seite* [vlevo.
Linke *f* levice.
linker|hand, ~seits po levé straně, nalevo, vlevo.
linkisch nemotorný, neobratný.
links vlevo; *von ~* zleva; *~ von mir* vlevo ode mne; *von ~ nach rechts* zleva doprava; **2'außen** *m Sp.* levé křídlo; **2er** F *m s. Linkshänder*; **2gewinde** *n* levý závit; **2händer** *m* levák; **~herum** nalevo; **~seitig** na levé straně, z levé strany, zleva; **~'um!** vlevo v bok!
Linnen *n s. Leinen*.
Li'noleum *n* linoleum.
Linse *f Bot., Phys.* čočka; *~n- in Zssgn* čočkový.
Lippe *f* pysk *m*, ret *m*; **~n·blütler** *m/pl. Bot.* pyskokvěté rostliny *f/pl.*; **~n·laut** *m Gr.* retnice *f*; **~n·stift** *m* tyčinka *f* na rty.
Liqui|dati'on *f* likvidace; **2'dieren** likvidovat (*im*)*pf*.; **~di'tät** *f Hdl.* likvidnost, splatnost.
lispeln mluvit šeptem.
List *f* lest.
Liste *f* seznam *m*, listina; *auf der schwarzen ~ stehen* být na černé listině; **~n·preis** *m* ceníková cena; **~n·wahl** *f* volba *f* podle kandidátních listin.
listig lstivý.
Lita'nei *f* litanie.
Litau|en *n* Litva *f*; **~er(in** *f*) *m* Litevec (-vka); **2isch** litevský.
Liter *n od. m* litr *m*; *~- in Zssgn* litrový.
lite'ra|risch literární; **2t** *m* literát.
Litera'tur *f* literatura, písemnictví *n*; **~geschichte** *f* dějiny *f/pl.* literatury; **~verzeichnis** *n* seznam *m* literatury.
Litfaßsäule *f* návěstní sloup *m*.
Lithogra'phie *f* litografie.
litt *s. leiden*.
Litur'g|ie *f* liturgie; **2isch** [-'tur-] liturgický.
Litze *f* prýmek *m*, lemovka; *Tech.* lanko *n*.

Liv'ree *f* livrej *m.*
Li'zenz *f* licence, oprávnění *n*; **~inhaber** *m* licenciát.
Lkw, LKW *Abk. für Lastkraftwagen.*
Lob *n* chvála *f*, pochvala *f.*
loben [po]chválit; **~s·wert** chvalitebný.
Lob|gesang *m* chvalozpěv; **~hude'lei** *f* pochlebné vychvalování; **2hudeln** pochlebně vychvalovat [-chválit].
löblich chvályhodný.
Lob|lied *n s. Lobgesang*; **2preisen** [z]velebit; **~rede** *f* chvalořeč; **~spruch** *m* pochvala *f.*
Loch *n* díra *f* (*a. fig. elende Wohnung*); *s. Knast, Höhle*; F *auf dem letzten ~ pfeifen* být v koncích; **~band** *n s. Lochstreifen*; **~eisen** *n* průbojník *m*, děrovač *m*; **2en** [pro]dírkovat, děrovat; *Fahrkarte*: proštipovat [-štípnout, -štipat]; **~er** *m* děrovací stroj, děrovač; (*Büro*2) dírkovač.
löch(e)rig děravý.
Lochkarte *f* děrný štítek; **~n-** *in Zssgn* děrnoštítkový; **~n·maschine** *f* stroj *m* na děrné štítky; **~n·system** *n* soustava *f* děrných štítků.
Loch|säge *f* děrovka; **~stickerei** *f* dírkované vyšívání; **~streifen** *m* děrná páska; **~ung** *f* děrování *n*; **~zange** *f* děrovací kleště *f/pl.*
Locke *f* kadeř.
locken *Haare*: [na]kadeřit; (*an~*) [při]lákat, [při]vábit.
Locken|kopf *m* kadeřavá hlava; (*Person*) kudrnáč; **~wickler** *m* natáčka *f.*
locker volný, viklavý; *Sand*: kyprý, sypký; (*ungebunden*) nevázaný; **~lassen**: *nicht ~* nepovolovat [-lit]; **~n** uvolňovat [-lnit], [z]kypřit.
lockig kadeřavý.
Lock|mittel *n* lákadlo; **~spitzel** *m* agent, provokatér; **~vogel** *m* volavý pták; *fig.* volavka *f*; **~ung** *f* lákání *n*, vábení *n.*
Lodenmantel *m* lodenový plášť.
lodern [za]plápolat, [vz]planout.
Löffel *m* lžíce *f*; *Jagdw.* sluch *m*; **~bagger** *m* lopatové rypadlo; **2n** jíst lžící.
log *s. lügen.*
Loga'rith|mentafel *f* logaritmická tabulka; **~mus** *m* logaritmus.
Logbuch *n Mar.* lodní deník *m.*
Loge *f Thea.* lóže; (*Portier*2) vrátnice; **~n·bruder** *m* zednář.
Lo'gier|besuch *m*, **~gast** *m* noclehář.
Logik *f* logika; (*Folgerichtigkeit des Denkens*) logičnost.
logisch logický.
Loh|e *f Poet.* plamen *m*; (*Gerber*2) tříslo *n*; **2en** *v/t* vyděl(áv)at kůži tříslem; *v/i* [vz]planout; **~gerber** *m* koželuh; **~gerberei** *f* koželužna.
Lohn *m* mzda *f*; **~abbau** *m* snížení *n* mzdy; **~abrechnung** *f* mzdové zúčtování; **~abzüge** *m/pl.* srážky *f/pl.* ze mzdy; **~arbeit** *f* námezdní práce; **~arbeiter(in** *f*) *m* námezdní dělník (-nice); **~ausfall** *m* ztráta *f* mzdy; **~auszahlung** *f* výplata mzdy; **~bewegung** *f* mzdové hnutí; **~buch** *n* mzdová knížka; **~buchhaltung** *f* mzdové účetnictví; mzdová účtárna; **~empfänger** *m* příjemce mzdy.
lohnen oplácet [oplatit] (*j-m* et. čím); *sich ~* vyplácet [-platit] se; **~d** výnosný; *fig.* vděčný.
löhnen *s. entlöhnen.*
Lohn|erhöhung *f* zvýšení *n* mzdy *od.* mezd; **~forderung** *f* mzdový požadavek; **~fortzahlung** *f* další placení *n* mzdy; **~gruppe** *f* pracovní třída, tarifní skupina; **~kampf** *m* mzdový boj; **~kürzung** *f* snížení *n* mzdy; **~liste** *f* výplatní listina; **~politik** *f* mzdová politika; **~satz** *m* mzdová sazba; **~senkung** *f s. Lohnkürzung*; **~steuer** *f* daň ze mzdy; **~steuerkarte** *f* výkaz *m* daně ze mzdy; **~stopp** *m* zamrazování *n* mezd; **~tag** *m* den výplaty; **~tüte** *f* výplatní sáček.
Löhnung *f Mil.* žold *m.*
Lohn|verhandlungen *f/pl.* mzdová jednání *n/pl.*; **~zettel** *m* mzdový lístek; **~zuschlag** *m* přídavek ke mzdě.
Lok *f s. Lokomotive.*
lo'kal místní, lokální.
Lo'kal *n* lokál *m*, místnost *f*; **2i'sieren** lokalizovat (*im*)*pf.*; **~i'tät** *f* místnost; **~termin** *m Jur.* místní lhůta *f*; **~verkehr** *m* místní doprava *f.*
Lokativ *m Gr.* lokál, šestý pád.
Lokomo'tiv|e *f* lokomotiva; **~führer** *m* strojvůdce; **~schuppen** *m* výtopna *f.*
Looping ['lu:-] *m* přemet, looping.
Lorbeer *m* vavřín; **~blatt** *n* vavřínový (*od.* bobkový) list.

Lore *f* (překlopný) vozík.

Los *n* (*Lotterie*♀) los *m*; (*Schicksal*) osud *m*; *das große* ~ hlavní výhra *f*; *fig. er hat das große* ~ *gezogen* potkalo ho štěstí.

los (*vgl. lose*) zbaven, zproštěn; F ~! začni!, začněte!; *der Hund ist* ~ pes je odvázán; *was ist* ~? co se děje?; *mit ihm ist nicht viel* ~ není na něm mnoho.

lösbar rozřešitelný; *Chem.* rozpustný.

los|bekommen F odlučovat [-loučit]; **~binden** odvazovat [-vázat]; **~brechen** (*Unwetter*) rozpout(ávat) se.

Lösch|apparat *m* hasicí přístroj; **~blatt** *n* savý papír *m*, piják *m*; **♀en** *Feuer, Kalk, Durst* [u]hasit; *Licht*: zhášet [zhasit]; *Tinte*: vysá(va)t pijákem; *Bandaufnahme, Schuld, Strafe*: vymaz(áv)at; *Mar.* vykládat [vyložit] z lodi; **~er** *m* pijáková kolébka; *s. Feuerlöscher*; **~fahrzeug** *n* hasičské (*od.* požární) vozidlo; **~kopf** *m* smazávací hlava *f*; **~mannschaft** *f* hasiči *m/pl.*, hasičstvo *n*; **~papier** *n s. Löschblatt*; **~wasser** *n* voda *f* na hašení; **~zug** *m s. Löschfahrzeug*.

lose volný; nevázaný; F *fig.* ~*s Maul* nevymáchaná huba.

Lösegeld *n* výkupné.

losen [vy]losovat.

lösen (*lockern*) povolovat [-lit], uvolňovat [-lnit] (*sich* se); *Knoten a.*: rozvazovat [-vázat] (*sich* se); (*aufheben*) zrušovat [-šit]; (*klären*) [roz-] řešit; *Fahrkarte*: kupovat [koupit]; *Chem.* rozpouštět [-pustit] (*sich* se); *vgl. ab-, auflösen, losbekommen,* (*ab*)*trennen*.

los|fahren F vyjíždět [-jet]; *fig. auf j-n* ~ dá(va)t se do k-o (*G*); **~gehen** F (*aufbrechen*) odcházet [odejít]; (*beginnen*) začí(na)t; *das Gewehr ist losgegangen* puška spustila; *es geht los* začíná to; *auf j-n* ~ dá(va)t se do k-o (*G*), mířit k (*D*); **~haken** snímat [sejmout] (s háku); **♀kauf** *m* výkup; **~kaufen** vykupovat [-koupit]; **~ketten** odvazovat [-vázat]; **~kommen** vyprošťovat [-prostit] se (*von* z *G*); **~lassen** (*j-n*) propouštět [-pustit]; (*et.*) pouštět [pustit]; **~legen** F (*beginnen*) začí(na)t, spustit *pf.* (*mit et.* co).

löslich rozpustný; *fig.* řešitelný.

los|lösen odlučovat [-loučit] (*sich* se); *s. ablösen*; **~machen** uvolnit [-ňovat]; **~reißen** odtrh(ov)at [-hnout]; **~sagen**: *sich* ~ (*von*) zříkat [zříci] se (*G*); **~schießen** vystřelovat [-lit]; (*sich stürzen*) vrhat [-hnout] se; F *schießen Sie los!* tak spusťte už a povídejte!; **~schlagen** *v/t Ware*: rozprod(áv)at; *v/i auf j-n* ~ tlouci do k-o (*G*); **~schnallen** odpínat [odepnout]; **~schrauben** odšroubo(vá)vat; **~stürzen** vrhat [-hnout] se; **~trennen** odlučovat [-loučit] (*a. fig.*); *vgl.* (*ab*)*trennen*.

Losung *f* heslo *n*; *Rel.* denní slovo *n* z bible; *Jagdw.* trus *m* zvěře.

Lösung *f* řešení *n*; *Chem.* roztok *m*; (*Annulierung*) zrušení *n*; (*Lockerung*) povolení *n*, uvolnění *n*; **~s·mittel** *n* rozpouštědlo.

loswerden zbavovat [zbavit] se (*G*); F *Waren*: rozprod(áv)at.

Löß *m Geol.* spraš *f*.

losziehen [od]táhnout; F *fig. gegen j-n* ~ pouštět [pustit] se do k-o (*G*).

Lot *n* olovnice *f*; (*Lötmetall*) pájka *f*; *Math.* kolmice *f*; *Mar.* hloubkoměr *m*; † (*Gewicht*) lot *m*; **♀en** *Mar.* [vy]měřit olovnicí hloubku vody.

löten [s-, za]pájet, letovat.

Löt|kolben *m* pájedlo *n*; **~lampe** *f* pájecí lampa.

Lotosblume *f* lotos *m*.

lotrecht svislý, kolmý.

Lotse *m Mar.* lodivod; **♀n** [do]vést; **~n·boot** *n* lodivodská loď; **~n·geld** *n* lodivodné.

Lötstelle *f* (s)pájený spoj, (s)pájené místo.

Lotte'rie *f* loterie; ~- *in Zssgn* loterní.

lotter|ig *s. liederlich*; **♀leben** *n* ničemný život; **♀wirtschaft** *f* do nebe volající hospodářství *n*, F lumpárna.

Lotto *n* loto; ~- *in Zssgn* lotový.

Löt|ung *f* (s)pájení *n*; **~zinn** *n* pájkový cín, cínová pájka.

Löwe *m* lev; **~n·anteil** *m* lví podíl; **~n·maul** *n Bot.* hledík *m*; **~n·zahn** *m Bot.* pampeliška *f*.

Löwin *f* lvice.

loyal [-'ja:l] loajální; **♀i'tät** *f* loajalita.

Luchs *m* rys; *Augen wie ein* ~ *haben* mít oči jako ostříž.

Lücke *f* mezera (*a. fig.*); **~n·büßer** *m* pomocník v nouzi, náhradník z nouze; **2n·haft** mezerovitý, neúplný; **2n·los** bez mezery, úplný.

lud *s. laden.*

Luder *n* mrcha *f*; P *fig.* potvora *f*; *dummes* ~ hlupák; *armes* ~ chudáček.

Lues *f Med.* lues, příjice.

Luft *f* vzduch *m*; *Tech.* (*Abstand*) vůle; ~ *schnappen* lapat vzduch; *keine* ~ *bekommen* být udýchán; F *sich* ~ *machen* uvolňovat [-lnit] si; *aus der* ~ *greifen* vymýšlet si; *an die* ~ *setzen* vyhazovat [-hodit, -házet]; *die* ~ *ist rein* vzduch je čistý, jsme sami; *in die* ~ *fliegen* vyletovat [-letět, -létat] do povětří; *in die* ~ *jagen* (*od. sprengen*) vyhazovat [-hodit, -házet] do povětří; F *hier ist dicke* ~ hrozí něco; *er ist für mich* ~ nevšímám si ho.

Luft|abwehr *f* protiletecká obrana; **~angriff** *m Mil.* nálet; **~aufklärung** *f Mil.* letecký průzkum; **~aufnahme** *f* letecký snímek; **~bad** *n* vzdušná lázeň; **~ballon** *m* balón; **~bild** *n s. Luftaufnahme*; **~blase** *f* vzduchová bublin(k)a; **~brücke** *f* vzdušný most.

Lüftchen *n* větří(če)k *m*.

luftdicht vzduchotěsný, neprodyšný.

Luftdruck *m* tlak vzduchu; atmosférický tlak; **~bremse** *f* tlaková brzda; **~messer** *m* tlakoměr.

lüft|en [vy]větrat; *Hut*: nadzdvihovat [-hnout]; *Geheimnis*: odhalovat [-lit]; **2er** *m* větrák.

Luftfahrt *f* vzduchoplavba; **~gesellschaft** *f* letecká společnost.

Luft|feuchtigkeit *f* vlhkost vzduchu; **~filter** *m* vzduchový filtr; **~flotte** *f* letectvo *n*; **~fracht** *f* vzdušný náklad; **~gefecht** *n s. Luftkampf*; **2gekühlt** chlazený vzduchem; **~gewehr** *n* vzduchovka *f*; **~hülle** *f* vzdušný obal, ovzduší *n*; **2ig** vzdušný; *fig.* lehkomyslný; **~kampf** *m* vzdušný boj; **~kissen** *n* vzduchový polštář; **~kissenfahrzeug** *n* vznášedlo; **~korridor** *m* vzdušný koridor; **2krank** stižen(ý) leteckou nemocí; **~krieg** *m* letecká válka; **~kühlung** *f* vzdušné chlazení; **~kur·ort** *m* klimatické lázně *f/pl.*; **~landetruppen** *f/pl. Mil.* výsadkové oddíly *m/pl.*; **~landung** *f* letecký výsadek; **2leer** vzduchoprázdný; **~linie** *f* vzdušná čára; **~loch** *n* větrací otvor *m*; *Tech.* průduch *m*; *Flgw.* vzduchový otvor; **~mangel** *m* nedostatek vzduchu; **~matratze** *f* nafukovací matračka; **~post** *f* letecká pošta; **~pumpe** *f Phys.* vývěva; (*Fahrrad2*) hustilka; **~raum** *m* vzdušný prostor; **~röhre** *f Med.* průdušnice; *Zo.* vzdušnice; **~schacht** *m Bgb.* větrací jáma *f*; *Arch.* průduch; **~schiff** *n* vzducholoď *f*; **~schlauch** *m* duše *f* pneumatiky; **~schloß** *n* vzdušný zámek; *Luftschlösser bauen* [po]stavit vzdušné zámky; **~schraube** *f Flgw.* vrtule; **~schutz** *m* protiletecká obrana; **~schutzkeller** *m* protiletecký kryt; **~spiegelung** *f* zrcadlení *n* vzduchu; **~sprung** *m* výskok, kotrmelec; **~streitkräfte** *f/pl. Mil.* letecké bojové síly *f/pl.*; **~strom** *m* vzdušný proud; **~strömung** *f* proudění *n* vzduchu; **~stützpunkt** *m* letecká základna, letecký opěrný bod; **2tüchtig** způsobilý k letu.

Lüftung *f* větrání *n*, ventilace; **~sklappe** *f* větrací klapka.

Luft|ver·änderung *f* změna *f* vzduchu; **~verkehr** *m* letecká doprava; **~verkehrsgesellschaft** *f s. Fluggesellschaft*; **~verteidigung** *f* protivzdušná obrana; **~waffe** *f* válečné letectvo; **~weg** *m*: *auf dem ~e* vzdušnou cestou; *~e pl. Anat.* dýchací cesty *f/pl.*; **~widerstand** *m* odpor vzduchu; **~zufuhr** *f* přívod *m* vzduchu; **~zug** *m* průvan.

Lug *m*: ~ *und Trug* klam a podvod.

Lüg|e *f* lež; *j-n ~n strafen* usvědčovat [-čit] k-o ze lži; **2en** lhát; **~engeschichte** *f* lživá zpráva, báchorka; **2enhaft** lživý, prolhaný; **~ner(in** *f*) *m* lhář(ka); **2nerisch** lhářský; *s. lügenhaft.*

Luke *f* (*Dach2*) vikýř *m*; (*Einstiegöffnung*) (vstupní) průzor *m*; *Mar.* jícen *m* (lodi).

lukra'tiv lukrativní, výnosný.

Lümmel F *m* klacek; **2haft** klackovitý; **2n** F: *sich* ~ rozvalovat [-lit] se.

Lump *m* darebák, P lump(ák).

Lumpen *m* hadr.

lumpen: F *sich nicht* ~ *lassen* neskrblit; **2gesindel** *n*, **2pack** *n* chátra *f*, sběř *f*; **2sammler(in** *f*) *m* hadrář (-ka); F *fig.* poslední noční elektrika.

Lump|e'rei *f* lumpárna; **2ig** (*gemein*) lumpácký; (*minderwertig*) mizerný.

Lunge *f* plíce *f/pl.*

Lungen|entzündung *f* zánět *m* plic; **~heil·anstalt** *f* léčebný ústav pro plicní choroby; **2krank, 2leidend** plicně chorý; **~schwindsucht** *f* souchotiny *f/pl.*; **~spitze** *f Med.* plicní hrot *m*; **~tuberkulose** *f Med.* tuberkulóza plic.

lungern potulovat [toulat] se, F flákat se.

Lunte *f* doutnák *m*; *fig.* ~ *riechen* [z]větřit nebezpečí.

Lupe *f* lupa; *unter die* ~ *nehmen* prohlížet [-hlédnout] si zblízka.

lüpfen nadzdvíhat [-vihnout].

Lu'pine *f Bot.* lupina, vlčí bob *m*.

Lurch *m Zo.* obojživelník, mlok.

Lust *f* (*Freude*) radost; (*Verlangen*) chuť; *ich habe* (*keine*) ~ (ne)chce se mi (*zu* do *G*); **~barkeit** *f* zábava.

lüstern dychtivý (*nach/G*); (*geil*) smyslný, vilný; **2heit** *f* smyslnost, vilnost.

Lust|gefühl *n* pocit *m* radosti; **2ig** vesel(ý); *es geht* ~ *zu* je veselo; *sich über j-n* ~ *machen* dob(i)rat si k-o.

Lüstling *m* prostopášník.

lust|los bez chuti; *Hdl.* chabý; **2mord** *m* vražda *f* z vilnosti; **2schloß** *n* letohrádek *m*; **2spiel** *n* veselohra *f*.

lutsch|en cucat, cumlat; **2er** *m* lízátko *n*.

Luv *f*, **~seite** *f Mar.* návětří *n*.

luxuri'ös přepychový, luxusní.

Luxus *m* přepych, luxus; **~artikel** *m* přepychové zboží; **~ausgabe** *f* luxusové vydání; **~hotel** *n* přepychový (*od.* luxusní) hotel; **~steuer** *f* luxusní daň *f*.

Lu'zerne *f Bot.* vojtěška, F lucinka.

Lymph|e *f Anat.* lymfa, míza; ~- *in Zssgn* lymfatický, lymfozní, mízní; **~gefäß** *n* mízní céva *f*, míznice *f*; **~knoten** *m* mízní žláza *f*.

lynch|en lynčovat (*im*)*pf.*; **2justiz** *f* lynčování *n*.

Lyra *f* lyra.

Lyrik *f* lyrika; **~er** *m* lyrik.

lyrisch lyrický.

Lyzeum *n* lyceum.

M

M, m *n* (*unv.*) M, m.

m *Abk. für Meter*; *Maskulinum.*

Maat *m Mar.* námořní poddůstojník.

Mach|art *f* provedení *n*; **~e** *f* klam *m*; F *j-n in die ~ nehmen* mít k-o v parádě; **Ձen** [u]dělat (*sich* se; *j-n zu et.* čím), [u]činit; *Bett ~* ustýlat [ustlat] (postel); *s. a. Anfang, Ausflug, Einkauf, Feuer, rückgängig usw.*; F *er macht sich jetzt* činí se teď; *das macht sich gut* to vypadá dobře; *sich an j-n ~* vynasnažit se sblížit s kým; *sich an et. ~* dá(va)t se do č-o; *das macht gar nichts* to nic nedělá; **~enschaften** *f/pl.* pletichy *f/pl.*

Macher P *m* obratný člověk, P machr; **~lohn** *m* plat od práce, mzda *f.*

Macht *f* (*Gewalt*) moc; (*Kraft*) síla; (*Staat*) mocnost; *mit aller ~* vší mocí; *zur ~ kommen* dost(áv)at se k moci; **~befugnis** *f* pravomoc; **~bereich** *m* okruh moci; **~ergreifung** *f* uchopení *n* (*od.* uchvácení *n*) moci; **~haber** *m* držitel moci.

mächtig *Adj.* (*machtvoll*) mocný; (*kräftig*) silný; (*gewaltig*) mohutný; *e-r Sprache ~ sein* ovládat řeč; *Adv.* F strašně; **Ձkeit** *f* mocnost, mohutnost.

Macht|kampf *m* boj o moc, mocenskopolitický zápas; **Ձlos** bezmocný; **~losigkeit** *f* bezmocnost; **~mittel** *n* mocenský prostředek; **~politik** *f* mocenská politika; **Ձpolitisch** mocenskopolitický; **~probe** *f* mocenská zkouška; **~stellung** *f* mocenské postavení; **~übernahme** *f* převzetí *n* moci; **~verhältnisse** *n/pl.* poměr *m* mocenských sil; **Ձvoll** mocný; **~vollkommenheit** *f* všemohoucnost; *aus eigener ~* z vlastní pravomoci; **~wort** *n* rozhodující slovo; *ein ~ sprechen* pronášet [-nést] rozhodující slovo.

Machwerk *n* slátanina *f.*

Mädchen *n* děvče *n*, dívka *f*; (*Dienst*Ձ) služka *f*, služebná *f*; F *leichtes ~* lehká holka, lehké zboží; *~ für alles* děvče pro všechno; **Ձhaft** dívčí; *Adv.* jako děvče; **~handel** *m* obchod s děvčaty; **~name** *m* dívčí jméno *n*; **~schule** *f* dívčí škola; **~zimmer** *n* dívčí pokoj *m*, pokoj *m* pro služebnou.

Made *f* červ *m.*

Mädel F *n s. Mädchen.*

madig červivý.

mag *s. mögen.*

Maga'zin *n* (*Lager*) skladiště; (*Waffen*Ձ) zásobník *m*; (*Zeitschrift*) magazín *m.*

Magd † *f* služka, služebná.

Magen *m* žaludek; **~beschwerden** *f/pl.* žaludeční potíže *f/pl.*; **~bitter** *m* hořká (kořalka) *f*; **~drücken** *n* tlak *m* v žaludku; **~erweiterung** *f Med.* rozšíření *n* žaludku; **~geschwür** *n Med.* žaludeční vřed *m*; **~katarrh** *m* žaludeční katar; **~knurren** *n* kručení v břiše; **~krampf** *m* žaludeční křeč *f*; **Ձkrank** nemocný na žaludek; **~krebs** *m Med.* žaludeční rakovina *f*; **~säure** *f* žaludeční kyselina; **~schmerz** *m* bolení *n* žaludku; **Ձstärkend** sílicí žaludek; **~tropfen** *m/pl.* žaludeční kapky *f/pl.*; **~verstimmung** *f* lehce pokažený žaludek.

mager hubený; *Fleisch*: libový; *~ werden* [z]hubnout; **Ձkeit** *f* hubenost; **Ձmilch** *f* sbírané mléko.

Ma'gie *f* magie; (*Zauberei*) kouzelnictví *n.*

magisch magický, kouzelný.

Ma'gi|ster *m* magistr; **~'strale** *f* magistrála; **~'strat** *m* magistrát, městský úřad.

Ma'gne|sia *f* magnézie; **~sium** *n* hořčík *m*, magnézium.

Ma'gnet *m* magnet; **~band** *n s. Tonband*; **~eisen·erz** *n* magnetit *m*, magnetovec *m*; **~feld** *n* magnetové pole; **Ձisch** magnetický; *~ machen* = **Ձi'sieren** [z]magnetizovat; **~ismus** [-'tɪ-] *m* magnetismus; **~nadel** *f* magnetická střelka, magnetka; **~spule** *f* magnetová cívka; **~zündung** *f* dynamomagnetové zapalování.

magst *s. mögen.*
Mahagoni *n*, **~holz** *n* mahagon *m*, mahagonové dřevo.
Mahd *f Agr.* pokos *m*; (*Heuschlag*) kosení *n*, sečení *n*.
Mäh|drescher *m* kombajn; **2en** [po]sekat, [po]žít; **~en** *n* kosení, žetí; **~er** *m* sekáč; (*Maschine*) žací stroj.
Mahl *n* jídlo; (*Gast2*) hostina *f*.
mahlen [se]mlít.
Mahl|gang *m* mlýnské složení; **~gut** *n* melivo; **~stein** *m* mlýnský kámen; **~zahn** *m* stolička *f*.
Mahlzeit *f* jídlo *n*; *s. Abend-, Mittagessen*; **~!** dobrou chuť!
Mähmaschine *f* žací stroj *m*.
Mahnbrief *m* upomínka *f*.
Mähne *f* hříva (*a. fig.*).
mahn|en (*erinnern*) připomínat [-menout] (*j-n an et.* k-u co); (*auffordern*) upomínat [-menout] (*j-n um et.* k-o oč); (*warnen*) napomínat [-menout]; **2mal** *n* pomník *m*; **2ruf** *m* výstraha *f*; **2schreiben** *n s. Mahnbrief*; **2ung** *f* připomínka.
Mähre *f* kobyla, herka.
Mähr|en *n* Morava *f*; **2isch** moravský.
Mai *m* květen; *der 1.* ~ První máj; **~baum** *m* máj(e) *f*.
Maid *f s. Mädchen.*
Mai|feier *f* oslava Prvního máje; **~glöckchen** *n Bot.* konvalinka *f*; **~käfer** *m* chroust; **~kundgebung** *f* (prvo)májová manifestace.
Mais *m* kukuřice *f*; **~kolben** *m* kukuřičná palice.
Maische *f* rmut *m*; zápara.
Maje'stät *f* vznešenost; (*Titel*) Veličenstvo *n*; **2isch** majestátní, vznešený.
Ma'jor *m* major.
Majoran *m Bot.* majoránka *f*.
Majo|'rat *n* majorát *m*; **2'renn** *s. volljährig*; **~ri'tät** *f* většina, majorita.
Makel *m* (po)skvrna *f*; (*Fehler*) vada *f*.
mäkel|ig malicherně kritizující, vybíravý; **~n** malicherně [z]kritizovat (*an D/A*).
Make-up [me:k'ap] *n* nalíčení; líčidlo.
Makka'roni *pl.* makaróny *m/pl.*
Makler *m* dohodce; **~gebühr** *f* dohodné *n*, poplatek *m* za zprostředkování; **~geschäft** *n* dohazovačství.
Ma'krele *f Zo.* makrela.
Ma'krone *f* makrónek *m*.
Makula'tur *f* makulatura.
Mal *n* znamení; (*Fleck*) skvrna *f*; **2** *Math.* krát; *s. einmal*; *das erste* ~ poprvé; *das letzte* ~ naposled; *dieses* ~ tentokrát; *einige* **~e** několikrát; *mit e-m* **~e** najednou; *zum wiederholten* **~e** opětně.
Ma'lai|e *m* Malajec; **2isch** malajský.
Ma'laria *n Med.* malárie *f*.
Mal|buch *n* omalovánky *f/pl.*; **2en** [na]malovat, [vy]malovat.
Male|r *m* malíř; **~'rei** *f* malířství *n*; (*Gemälde*) malba; **2risch** malířský; (*schön*) malebný.
Malheur [-'lø:ʁ] *n* zlý osud; *s. Panne.*
Malkasten *m* skřínka *f* na barvy.
malnehmen [z]násobit.
Malve *f Bot.* sléz *m*.
Malz *n* slad *m*; **~bier** *n* sladové pivo; **~bonbon** *m od. n* sladový bonbón.
Malzeichen *n Math.* násobítko.
Malzkaffee *m* sladová káva.
Mama *f* maminka.
Mammon *m* mamon, bohatství *n*.
Mammut *n* mamut *m*; **~-** *in Zssgn* mamutí (*a. fig.*).
Mam'sell *f* slečna; bufetářka.
man: ~ *sagt* říká se; *wie macht* ~ *das?* jak se to dělá?; ~ *hilft sich wie* ~ *kann* člověk si pomáhá jak může; ~ *hat da viele Möglichkeiten* máme tu mnoho možností; *wenn* ~ *glaubt, daß* ... myslí-li kdo, že ...
manag|en [za]řídit, podniknout [-kat]; **2er** *m* manažer; **2erkrankheit** *f* srdeční angina.
manch *Adj.* mnohý, některý; *Adv.* leckdo, leccos; **~es** *Mal* = **~mal** někdy; **~er'lei** *Adj.* všelijaký; *Adv.* všelicos.
Man'dant *m* mandant, příkazce.
Manda'rine *f* mandarinka.
Man'dat *n* mandát *m*; *Jur.* oprávnění.
Mandel *f Anat., Bot.* mandle; *Agr.* mandel *m*; *gebrannte* ~ pražená mandle; **~baum** *m* mandloň *f*, mandlovník; **~entzündung** *f* zánět *m* mandlí; **~kern** *m* mandlové jádro.
Mando'line *f* mandolína.
Ma'nege [-ʒə] *f* manéž.
Man'gan *n* mangan *m*; **~säure** *f* kyselina manganová.

Mangel[1] *f* (*Wäsche*♀) mandl *m*.
Mangel[2] *m* nedostatek (*an* et. *D* č-o); (*Fehler*) vada *f*; (*Not*) nouze *f*; ~ *leiden an* (*D*) mít nedostatek (*G*); *aus* ~ *an* (*D*) z nedostatku (*G*); ♀**haft** nedostatečný; (*fehlerhaft*) vadný; ~**krankheit** *f* avitaminóza; ♀**n**[1]: *es mangelt an* (*D*) nedostává se (*G*).
mangeln[2] *Wäsche*: [vy]mandlovat.
mangel|s z nedostatku (*G*); ♀**ware** *f* nedostatkové (*od.* chybějící) zboží.
Mangold *m Bot.* cvikla *f*, mangold.
Ma'nie *f* mánie; *Med.* šílenství *n*.
Ma'nier *f* manýra, způsob *m*; ~*en pl.* chování *n*; ♀**iert** [-'ʀiːʁt] manýrovaný; ♀**lich** způsobný.
Mani|'fest *n* manifest *m*; ♀**fe'stieren** manifestovat (*im*)*pf.*; ~**'küre** *f* manikura; ~**pulati'on** *f* manipulace.
manisch maniakální.
Manko *n* manko, schodek *m*.
Mann *m* muž; (*Ehe*♀) manžel; *mit* ~ *und Maus* se vším všudy; *an den* ~ *bringen Ware*: odbý(va)t; *Tochter*: provd(áv)at; *von* ~ *zu* ~ od muže k muži; *ein* ~, *ein Wort* slovo dělá muže.
mannbar pohlavně dospělý; ♀**keit** *f* pohlavní dospělost.
Männchen *n* muží(če)k *m*; *Zo.* samec *m*.
Mannequin *n* [-'kɛ̃ˑ] manekýnka *f*.
Männer *s.* *Mann*; ~- *in Zssgn* mužský.
Mannes|alter *n* mužský věk; ~**wort** *n* slovo muže.
mannhaft mužný; ♀**igkeit** *f* mužnost.
mannig|fach, ~**faltig** rozmanitý; ♀**faltigkeit** *f* rozmanitost.
männlich mužský; (*tapfer*) statečný; ~*es Geschlecht Gr.* mužský rod; ~*e Linie* pokolení po meči; ♀**keit** *f* mužství *n*, mužnost.
Mannsbild F *n* mužský *m*.
Mannschaft *f* mužstvo *n*; *Mar.* posádka; (*Sport*♀ *a.*) družstvo *n*; ~**s-führer** *m Sp.* kapitán; ~**s·kampf** *m Sp.* zápas mužstev; ~**s·wertung** *f Sp.* hodnocení *n* družstv(a).
manns|hoch vysoký jako člověk, zvýši člověka; ~**toll** posedlá po mužských.
Mannweib *n* mužatka *f*.
Mano'meter *n* manometr *m*.
Ma'növ|er *n* manévr *m*; ♀**'rieren** manévrovat (*im*)*pf.*; ♀**'rierfähig** řiditelný.
Man'sarde *f* mansarda.
manschen F (*herumwühlen*) hrabat (se), babrat se.
Man'schette *f* manžeta; ~**n·knopf** *m* manžetový knoflík.
Mantel *m* plášť; *den* ~ *nach dem Winde hängen* kam vítr tam plášť; ~**kragen** *m* límec pláště; ~**stoff** *m* látka *f* na pláště; ~**tarif** *m* rámcový tarif.
manu|'ell manuelní, ruční; ♀**fak'tur** *f* manufaktura, ruční výroba; ♀**'skript** *n* rukopis *m*, manuskript *m*.
Mappe *f* desky *f*/*pl.*; (*Schul*♀) aktovka.
Mär *f* (*unwahre Geschichte*) povídačka.
Marathon|lauf *m* maratónský běh; ~**läufer** *m* maratónec.
Märchen *n* pohádka *f*; ~**buch** *n* pohádková knížka, kniha *f* pohádek; ~**erzähler** *m* vypravěč pohádek, pohádkář; ♀**haft** pohádkový, báječný.
Marder *m Zo.* kuna *f*.
Marga'rine *f* margarin *m*.
Marge'rite *f Bot.* kopretina.
Ma'rienkäfer *m* slunéčko *n*, P berunka *f*.
Mari'nade *f* marináda.
Ma'rine *f* námořnictvo *n*; ~**infanterie** *f* námořní pěchota; ~**offizier** *m* námořní důstojník.
mari'nier|en marinovat (*im*)*pf.*; ~**t** marinovaný.
Mario'nette *f* marioneta, loutka; ~*n- in Zssgn* loutkový.
Mark[1] *n Anat.* morek *m*; *Bot.* dřeň *f*; *durch* ~ *und Bein gehen* pronikat [-knout] až do morku *od.* kostí.
Mark[2] *f* **1.** *s. Grenze*; **2.** (*Münze*) marka.
mar'kant markantní, význačný.
Marke *f* známka, značka; (*Garderoben*♀) lístek *m*; ~**n·artikel** *m* značkové zboží.
mark·erschütternd pronikající až do kostí.
Marke'tender(in *f*) *m* markytán (-ka).
mar'kier|en [o]značkovat; F (*vortäuschen*) předstírat; ♀**ung** *f* značkování *n*, značka.
markig (*kernig*, *kraftvoll*) jadrný.
Mar'kise *f* markýza.

Mark|knochen *m* morková kost; **~stein** *m* mezník; **~stück** *n* (*Münze*) marka *f*.
Markt *m* trh; (*Platz, Absatz*2 *a.*) tržiště *n*; **~analyse** *f* rozbor *m* trhu; **~bericht** *m* tržní zpráva *f*; **~bude** *f* *s. Marktstand*; **~flecken** *m* městys; **~forschung** *f* průzkum *m* trhu; **~frau** *f* prodavačka na trhu; **~halle** *f* tržnice; **~lage** *f* trhové poměry *m/pl.*; **~platz** *m* náměstí *n*; *s. a. Markt*; **~preis** *m* tržní cena *f*; **2schreierisch** jarmareční; **~stand** *m* stanek na trhu; **~tag** *m* den trhu; **~weib** *n s. Marktfrau*; **~wirtschaft** *f* svobodné hospodářství.
Marme'lade *f* marmeláda.
Marmor *m* mramor; **~-** *in Zssgn* mramorový.
ma'rode F nemocný, F marod.
Maro'deur *m* marodér, záškodník.
Marok|'kaner(in *f*) *m* Marokán(ka); **2'kanisch** marokánský; **~ko** [-'ʀɔ-] *n* Maroko.
Ma'rone *f* jedlý kaštan.
Ma'rotte *f* vrtoch *m*, F marota.
Marsch¹ *m* pochod (*a. Mus.*); *sich in ~ setzen* dá(va)t se do pochodu.
Marsch² *f Geogr.* marše.
Marschall *m* maršál.
Marsch|befehl *m Mil.* rozkaz k pochodu; **2bereit** připraven(ý) k pochodu; **2ieren** [-'ʃi:-] pochodovat; **~land** *n* marše *f*; **~lied** *n* pochodová píseň; **~ordnung** *f* pochodový pořad; **~route** *f* předepsaná cesta; *fig.* přesný návod; **~verpflegung** *f* jídlo *n* na pochod.
Marter *f* muka *f*, *mst* muky *f/pl.*, muka *n/pl.*; **~-** *in Zssgn* mučednický; **~instrument** *n* mučidlo; **~l** *n* boží muka *n/pl.*; **2n** [u]mučit, [z]trýznit.
Martinshorn *n* (dvoj)hlasná policejní houkačka.
Märtyrer|(in *f*) *m* mučedník (-nice); **~tum** *n* mučednictví.
Mar'xis|mus *m* marxismus; **~t** *m* marxista; **2tisch** marxistický.
März *m* březen; **~(en)bier** *n* březnové pivo.
Marzi'pan *n* marcipán.
Masche *f* (*Strumpf*2, *Strick*2) o(č)ko *n*; **~n** *pl. fig.* síť; e-e *~ fallen lassen* [u]pustit oko; *~n aufnehmen* nab(i)rat oko.
Ma'schi|ne *f* stroj *m*; **2'nell** strojový, strojní.
Ma'schinen|antrieb *m* strojní pohon; **~bau** *m* strojírenství *n*; (*Fach*) strojnictví *n*; **~bau·ingenieur** *m* strojní inženýr; **~fabrik** *f* strojírenský závod, strojírna; **2geschrieben** psaný strojem *od.* na stroji, strojopisový; **~gewehr** *n Mil.* kulomet *m*, strojní puška *f*; **~halle** *f* strojovna; **~industrie** *f* strojírenský průmysl; **~meister** *m* strojmistr; **~öl** *n* strojní olej *m*; **~pistole** *f Mil.* samopal *m*; **~raum** *m s. Maschinenhalle*; **~schaden** *m* porucha *f* na stroji; **~schlosser** *m* strojní zámečník; **~schrift** *f* strojové písmo; **~setzer** *m Typ.* strojní sazeč.
Maschine'rie *f* mašinérie.
ma'schineschreiben psá(va)t na psacím stroji.
Maschi'nist *m* strojník.
Maser *f* žilka; **2ig** žilkovatý; **~n** *f/pl. Med.* spalničky *f/pl.*, osypky *f/pl.*; **~ung** *f* žilkování *n*.
Maske *f* škraboška, maska; **~n·ball** *m* maškarní ples *m*; **~n·bildner** *m* maskér.
Maske'rade *f* maškaráda.
mas'kieren maskovat (*im*)*pf*.
Mas'kottchen *n* maskot *m*.
Maskulinum *n Gr.* mužský rod *m*, maskulinum.
maso'chistisch mazochistický.
Maß¹ *f* máz *m* (piva).
Maß² *n* míra *f*; *in ~en* s mírou; *nach ~* na míru; *über die* (*od. alle*) *~en* nadmíru, na nejvyšší míru; *j-m ~ nehmen* brát [vzít] někomu míru.
maß *s. messen*.
Mas'sage *f* masáž, hnětení *n*.
Maß|angabe *f* rozměrový údaj; **~anzug** *m* oblek podle míry; **~arbeit** *f fig.* přesná práce.
Masse *f* (*Menge*) masa, množství *n*; (*Stoff*) hmota; *Jur.* podstata.
Maß·einheit *f* jednotka *f* míry.
Massen|aktion *f* masová akce; **~artikel** *m* hromadný výrobek; **~aufgebot** *n* velké množství; **~fabrikation** *f*, **~fertigung** *f* hromadná výroba; **~grab** *n* hromadný hrob; **2haft** hojný, hromadný; **~kundgebung** *f* masová manifestace; **~medium** *n* masový komunikační prostředek; **~mord** *m* hromadné vraždění; **~organisation** *f* masová organizace; **~verkehrsmittel** *n* hromadní dopravní prostředek *m*; **~vernichtungsmittel** *n* zbraň *f*

hromadného ničení; **≈weise** hromadně, v masách.

Mas'seu|r *m*, **~se** *f* masér(ka).

Maß|gabe *f* míra; *nach ~* (*G*) podle (*G*); **≈gebend, ≈geblich** rozhodující; (*richtunggebend*) směrodatný; **≈halten** zachov(áv)at míru.

mas'sieren [na-, z]masírovat; (*zusammenziehen*) stahovat [stáhnout, stahat].

massig mohutný; F (*massenhaft*) hojný, hromadný.

mäßig mírný, střídmý; (*mittel~*) prostřední; **~en** [z]mírnit; **≈keit** *f* mírnost; **≈ung** *f* mírnění *n*.

massiv masivní.

Massiv *n Geol.* masív *m*.

Maß|krug *m* mázový džbán; **≈los** nesmírný; **~nahme** *f* prostředek *m*, opatření *n*; *~n ergreifen* [u]činit opatření; **≈regeln** [po]trestat; **~regelung** *f* potrestání *n*; **~schneider** *m* krejčí; **~stab** *m* měřítko *n*; **≈voll** mírný.

Mast[1] *f* výkrm *m*.

Mast[2] *m* stožár; (*Telegraphen≈ a.*) sloup.

Mastdarm *m* konečník.

mästen [vy]krmit.

Mastkorb *m Mar.* stěžňový koš.

Mastkur *f* výkrmná léčba.

Masturbati'on *f* masturbace.

Mastvieh *n* krmný dobytek *m*.

Ma'surka *f* mazurka.

Materi'al *n* materiál *m*; **~ausgabe** *f* výdej *m* materiálu; **~einsparung** *f* úspora materiálu; **~fehler** *m* vada *f* materiálu.

Materia'lis|mus *m* materialismus; **~t** *m* materialista; **≈tisch** materialistický.

Materi'al|prüfung *f* zkouška materiálu; **~verbrauch** *m* spotřeba *f* materiálu.

Ma'teri|e *f* hmota, matérie; **≈'ell** materiální, hmotný.

Mathe|ma'tik *f* matematika; **~'matiker** *m* matematik; **≈'matisch** matematický.

Mati'nee *f Thea.* matiné *n*.

Matjeshering *m* matjes.

Ma'tratze *f* matrace; *s. Luftmatratze*.

Mä'tresse *f* metresa.

Ma'trikel *f* matrika.

Ma'trize *f* matrice.

Ma'trone *f* matróna.

Ma'trose *m* námořník; *~n- in Zssgn* námořnický.

Matsch *m* nezdar, břečka *f*; **≈ig** rozbředlý.

matt matný, mdlý (*a. fig.*); *Hdl.* chabý; (*Schach*) mat; *j-n ~ setzen* dá(va)t k-u mat (*a. fig.*).

Matte *f* rohožka; (*Wiese*) horská louka.

Matt|heit *f* matnost; **~igkeit** *f* zemdlenost.

mat'tier|t matovaný; *Glühbirne*: mdlený; **≈ung** *f* matování *n*.

Mattscheibe *f Fot.* matnice.

Ma'tura *f s. Reifeprüfung*.

Mätzchen *n/pl.* šprýmy *m/pl.*

Mauer *f* zeď; **~anschlag** *m* návěstí *n*, plakát; **~blümchen** *n Bot.* čekanka *f*; *scherz.* dívka *f* na vdávání; **~durchbruch** *m* otvor ve zdi; **≈n** zdít [zazdívat], stavět [postavit]; (*Fußball*) bránit se celým mužstvem; **~schwalbe** *f* rorýs *m*; **~vorsprung** *m* výstupek; **~werk** *n* zdivo.

Maul *n* huba *f*, tlama *f*; V *halt's ~!* drž hubu!

Maul|affe *m*: *~n feilhalten* zevlovat, čumět; **~beerbaum** *m*, **~beere** *f* moruše *f*.

Mäulchen *n* hubička *f*.

maulen F odmlouvat, reptat.

Maul|esel *m* mezek; **≈faul** nemluvný, skoupý na slovo; **~held** *m* mluvka, tlučhuba; **~korb** *m* náhubek; **~schelle** *f* políček *m*, facka; **~sperre** *f Med.* ztrnutí *n* úst; **~tier** *n* mul *m*; **~tiertreiber** *m* mezkář; **~- und Klauenseuche** *f* slintavka a kulhavka; **~werk** *n*: *ein gutes ~ haben* mít dobrou vyřídilku.

Maulwurf *m* krtek; **~s·hügel** *m* krtina *f*; **~s·grille** *f Zo.* krtonožka obecná.

Maurer *m* zedník; **~geselle** *m* zednický tovaryš; **~handwerk** *n* zednictví; **~kelle** *f* zednická lžíce; **~meister** *m* zednický mistr; **~polier** *m* zednický polír.

Maus *f* myš.

Mäus·chen *n* myška *f*; **'≈'still** tichounký.

Mäuse|bussard *m* káně *f* lesní, myšilov; **~falle** (*a.* **Mausefalle**) *f* past na myši; **~loch** (*a.* **Mauseloch**) *n* myší díra *f*.

maus|en F štípnout *pf.*, [ú]krast; **≈er** *f* pelichání; **~ern**: *sich ~* [o]pelichat.

mausetot naprosto mrtvý.

mausig: F *sich* ~ *machen* nafukovat [-fouknout] se.
Mauso'leum *n* mauzoleum.
m. a. W. (*mit anderen Worten*) jinými slovy.
maxi'mal maximální; *Adv.* maximálně.
Ma'xime *f* maxima.
Maximum *n* maximum.
Mayonnaise [-'nɛ:-] *f* majonéza.
Maze'don|ien *n* Makedonie *f*; **~ier(in** *f*) *m* Makedoňan(ka); **≗isch** makedonský.
Mä'zen *m* mecenáš.
Ma'zurka *f s. Masurka.*
M.d.B., MdB *Abk. für Mitglied des Bundestages.*
M.d.L., MdL *Abk. für Mitglied des Landtages.*
m. E. *Abk. für meines Erachtens.*
Me'chani|k *f* mechanika; **~ker** *m* mechanik; **≗sch** mechanický; **≗'sieren** mechanizovat (*im*)*pf*.; **~'sierung** *f* mechanizace.
Mecha'nismus *m* mechanismus.
mecker|n [za]mečet; F *fig.* [za-] reptat; **≗er** F *m* reptal.
Me'daille *f* medaile; **~n·gewinner** *m* vítěz, který získal medaili.
Medaillon [-'ljɔ̃·] *n* medailón *m*.
Medika'men|t *n* lék *m*, medikament *m*; **≗'tös** medikamentózní.
Meditati'on *f* meditace.
mediter'ran středomořský, mediteránní.
Medium *n* médium.
Medi'zin *f* lékařství *n*, medicína (*a. Arznei*); **~ball** *m* medicinbal; **~er (-in** *f*) *m* lékař(ka); (*Student*) medik (-ička); **≗isch** lékařský, medicínský; **~mann** *m* medicinman; **~studium** *n* studium lékařství, lékařské studie *n/pl*.
Meer *n* moře; **~busen** *m* záliv; **~enge** *f* mořská úžina.
Meeres|grund *m* mořské dno *n*; **~klima** *n* přímořské podnebí; **~kunde** *f* nauka o moři; **~küste** *f* mořský břeh; **~spiegel** *m* hladina *f* moře; *über* (*unter*) *dem* ~ nad (pod) hladinou moře.
meer|grün zelený jako moře; **≗katze** *f Zo.* kočkodan *m*; **≗rettich** *m* křen; **~-** *in Zssgn* křenový; **≗schaum** *m* mořská pěna; **≗schweinchen** *n* morče.
Meeting ['mi:-] *n* veřejné shromáždění, meeting; *Sp.* utkání, zápas *m*.
Mega|herz *n El.* megacykl *m*; **~'phon** *n* megafon.
Mehl *n* mouka *f*; (*Pulver*) moučka *f*, prášek *m*; **≗haltig** moučn(at)ý; **≗ig** moučný; **~kloß** *m* moučný knedlík; **~sack** *m* pytel na mouku; **~schwitze** *f Kochk.* zápražka, jíška; **~speise** *f* moučník *m*; **~wurm** *m* moučný červ.
mehr více, víc; *nicht* ~ již ne; ~ *und* ~ víc a více; *immer* ~ stále víc.
Mehr *n* většina *f*; **~-** *in Zssgn* více-, několika-; **~arbeit** *f* práce navíc, vícepráce; **~ausgabe** *f* větší vydání *n*; **≗bändig** vícesvazkový; **~bedarf** *m* větší spotřeba *f*; **≗deutig** víceznačný, mnohoznačný; **~einnahme** *f* větší příjem *m*; **≗en** [roz]množit; **≗ere** několikerý, několik; **≗fach** *Adj.* vícenásobný, několikanásobný; *Adv.* několikrát; **~familienhaus** *n* rodinný domek pro více rodin; **~farbendruck** *m* vícebarevný tisk; **≗farbig** několikabarevný; **~gewicht** *n* přívažek *m*; **~heit** *f* většina; **≗jährig** víceletý; **~kampf** *m Sp.* víceboj; **~kosten** *pl.* vyšší (*od.* dodatečné) náklady; **~leistung** *f* větší výkon *m*; **≗malig** několikrát opakovaný; *s. mehrfach*; **≗mals** několikrát, vícekrát; **≗silbig** víceslabičný; **≗sprachig** několikajazyčný; **≗spurig** *Straße*: víceproudový; **≗stellig** vícemístný; **≗stimmig** *Mus.* několikahlasý; **≗stöckig** vícepatrový; **≗stufig** vícestupňový; **≗stündig** vícehodinový; **≗tägig** vícedenní, několikadenní; **≗teilig** vícedílný, několikadílný; **~verbrauch** *m* větší spotřeba *f*; **~wert** *m* nadhodnota *f*; **≗wertig** *Chem.* vícemocný; **~zahl** *f Gr.* množné číslo *n*; **~zweck-** *in Zssgn* několikaúčelový, víceúčelový, univerzální.
meiden vystříhat se (*G*), vyhýbat se (*D*).
Meie'rei *f* mlékárna; dvorec *m* s mléčným hospodářstvím.
Meile *f* míle; **~n·stein** *m* milník; **≗n·weit:** ~ *entfernt* na míle vzdálený.
Meiler *m* milíř; (*Atom*≗) jadrný reaktor.
mein můj, má, mé, moji *pl.* (*auf das Subjekt bezüglich mst*: svůj, svá, své).
Mein·eid *m* křivá přísaha; *e-n* ~ *leisten* dopouštět [-pustit] se křivé

přísahy; 2ig křivopřísežný; ~ige(r) m/f křivopřísežník (-nice).
meinen (*denken*) domnívat se; (*sagen wollen*) mínit; *wie ~ Sie das?* jak to míníte?; *das will ich ~!* to si myslím!; *es mit j-m gut ~* smýšlet s kým dobře.
meinerseits co se mne týče.
meinesgleichen mně rovný, jako já.
meinet|halben, ~wegen, ~willen pro mne, kvůli mně, třebas.
meinige: *der, die, das ~, pl. die ~n s. mein.*
Meinung *f* mínění *n*; *seine ~ sagen* říkat [říci] své mínění; *mit j-m einer ~ sein* být s kým zajedno, *er ist in m-r ~ gesunken* klesl v mých očích.
Meinungs|austausch *m* výměna *f* názorů; **~forschung** *f* výzkum *m* veřejného mínění; **~freiheit** *f* svoboda projevu; **~verschiedenheit** *f* různost názorů; (*Streit*) různice *f/pl.*
Meise *f* sýkora.
Meißel *m* sekáč; dláto *n*; **2n** [vy-] sekat sekáčem; [vy]dlabat.
meist (*Sup. v. viel*) nejvíc(e); *die ~en, das ~e* většina *f*; *in den ~en Fällen* ve většině případů.
meistbegünsti|gt požívající nejvyšších výhod; **2gungsklausel** *f* doložka *f* o nejvyšších výhodách.
meist|bietend nejvíce podávající; **~ens, ~enteils** nejvíce, většinou.
Meister *m* mistr; **2haft, 2lich** mistrovský; **~in** *f* mistryně; **2n** zdol(áv)at; (*beherrschen*) ovládat; **~prüfung** *f* mistrovská zkouška; **~schaft** *f* mistrovství *n*; **~schaftsspiel** *n* zápas *m* o mistrovství; **~singer** *m* mistr pěvec; **~stück** *n*, **~werk** *n* mistrovské dílo.
Meist|gebot *n* nejvyšší podání; **2genannt** nejvíce jmenovaný.
Melan|cho'lie *f* melancholie; **2'cholisch** melancholický.
Me'lasse *f* melasa.
Melde *f Bot.* lebeda.
Melde|amt *n* přihlašovací úřad *m*; **2n** [o]hlásit; *sich ~* [při]hlásit se; **~pflicht** *f* přihlašovací povinnost; **~r** *m Mil.* spojka *f*; **~stelle** *f* o-, při-hlašovna; **~zettel** *m* přihlašovací lístek.
Meldung *f* hlášení *n*; přihláška.
Me'lisse *f Bot.* šalvěj lékařská, meduňka.
Melk|eimer *m* dojačka *f*; **2en** [po-] dojit; **~en** *n* dojení; **~er(in** *f*) *m* dojič(ka); **~maschine** *f* dojicí stroj *m*.
Melo'd|ie *f* melodie, nápěv *m*; **2isch** [-'loː-] melodický.
Me'lone *f* meloun *m*.
Meltau *m* mléko *n* mšic.
Mem'bran|(e) *f* membrána; *Med.* blána, mázdra; *Bot.* buněčná blána; *~en- in Zssgn* membránový.
Memme F *f* zbabělec *m*.
Memoiren [-'mõaː-] *n/pl.* memoáry *m/pl.*, paměti *f/pl.*
Menage'rie *f* menažerie.
Meng|e *f* množství *n*; (*bsd. Math.*) množina; **2en** [o]mísit, [s]míchat; **~en·angabe** *f* udání *n* množství; **~enlehre** *f* teorie množin; **2enmäßig** kvantitativní, množstevní; *Adv. a.* podle množství.
Mennige *f Chem.* suřík *m*, mínium *n*.
Mensa *f* (studentská) mensa *od.* menza.
Mensch *m* člověk; *~en pl.* lidé *m/pl.*
Menschen|affe *m* lidoop; **2ähnlich** podobný (-ben) člověku; **~alter** *n* lidský věk *m*; **~feind** *m* misantrop, mrzout; **~fresser** *m* lidojed, lidožrout; **~freund** *m* lidumil; **2freundlich** lidumilný; **~gedenken** *n*: *seit ~* od nepaměti; **~geschlecht** *n* lidské pokolení; **~hasser** *m s. Menschenfeind*; **~kenntnis** *f* znalost lidí; **~kind** *n* člověk *m*; **~leben** *n* lidský život; **2leer** liduprázdný; **~liebe** *f* láska k lidem, lidumilnost; **~menge** *f* množství *n* lidí; **2möglich** možný; **~raub** *m* únos; **~rechte** *n/pl.* lidská práva *n/pl.*; **2scheu** ostýchavý, plachý; **~schinder** *m* utiskovatel; **~schlag** *m* druh lidí; **~seele** *f* lidská duše; *es war keine ~ dort* nebylo tam živé duše; **2unwürdig** člověka nedůstojný; **~verstand** *m* lidský rozum; **~werk** *n* lidské dílo; **~würde** *f* lidská důstojnost.
Mensch|heit *f* lidstvo *n*; **2lich** lidský; **~lichkeit** *f* lidskost; **~werdung** *f* vtělení *n*.
Menstruati'on *f* menstruace.
Men'sur *f* mensura, menzura.
Mentali'tät *f* mentalita.
Me'nü *n* menu.
Menu'ett *n* menuet *m*.
Mergel *m* slín.
Meridi'an *m* poledník, meridián.

Me'rinowolle *f* merinová vlna.
merk|bar znatelný, patrný; **2blatt** *n* záznamník *m*; **2buch** *n* zápisník *m*; **~en** [z]pozorovat; *~ lassen* dá(va)t najevo; *sich* et. *~* [za]pamatovat si co; **~lich** *s. merkbar*; **2mal** *n* příznak *m*, znamení.
merkwürdig divný, podivný, zvláštní; **~erweise** ku podivu; **2keit** *f* podivnost, zvláštnost.
Merkzeichen *n* znaménko.
Meß|band *n* měřické pásmo; **2bar** měřitelný; **~bereich** *m* rozsah měření.
Meß|buch *n* mešní kniha *f*; **~diener** *m* ministrant.
Messe *f Hdl.* veletrh *m*; *Rel.* mše; *Mar.* jídelna; **~gelände** *n* veletržní plocha *f*; **~halle** *f* veletržní hala.
messen [z]měřit (*sich* se).
Messen *n* měření.
Messer¹ *m* měřicí přístroj, měřidlo *n*; (*Ver2*) měřič.
Messer² *n* nůž *m*; *~- in Zssgn mst* nožový; *auf des ~s Schneide stehen* být na ostří nože; **~heft** *n* střenka *f*; **~held** F *m* rváč; **~klinge** *f* čepel; **~rücken** *m* hřbet nože; **2scharf** ostrý jako břitva; **~schmied** *m* nožíř; **~spitze** *f* špička nože; **~stecherei** *f* rvačka na nůž; **~stich** *m* bodnutí *n* nožem.
Meß|fehler *m* chyba *f* v měření; **~gefäß** *n* odměrná nádoba *f*; **~gerät** *n* měřící přístroj *m*.
Meßgewand *n* mešní roucho.
Mes'sias *m* Mesiáš.
Messing *n* mosaz *f*; **~blech** *n* mosazný plech.
Meß|technik *f* měřicí technika; **~tisch** *m* měřický stůl.
Messung *f* měření *n*.
Meßwein *m* mešní víno *n*.
Meß|wert *m* naměřená hodnota; **~zylinder** *m* odměrný válec.
Me'stize *m* mestic.
Met *m* medovina *f*.
Me'tall *n* kov *m*; *~- in Zssgn mst* kovový; **~arbeiter** *m* kovodělník, F kovák; **~bearbeitung** *f* obrábění *n* kovu; **2en** kovový; **~geld** *n* kovové peníze *m/pl.*; **~industrie** *f* kovoprůmysl *m*; **2isch** *s. metallen*; **~kunde** *f* nauka o kovech; **2verarbeitend:** *~e Industrie* kovozpracovatelský průmysl; **~waren** *f/pl.* kovové zboží.
Metamor'phose *f* metamorfosa.
Me'ta|pher *f Lit.* metafora; **2'phorisch** metaforický; **~phy'sik** *f* metafysika; **2'physisch** metafysický; **~'stase** *f Med.* metastáza.
Mete'or *m* meteor; **~olo'gie** *f* meterologie; **2o'logisch** meteorologický; **~stein** *m* meteorit, povětroň.
Meter *n* (*a. m*) metr *m*; **~maß** *n* metrové měřítko, metrovka *f*.
Me'tho|de *f* metoda; **2disch** metodický; **~'dist** *m* metodista.
Me'thylalkohol *m* metylalkohol.
Metri|k *f* metrika; **2sch** metrický.
Metropo'lit *m* metropolita.
Mette *f* půlnoční (*od.* jitřní) mše.
Mettwurst *f* čajovka.
Metze|'lei *f* řež; **2ln** zabí(je)t, [po]vraždit.
Metzge|r *m* řezník; *vgl. Fleischer*; **~'rei** *f* řeznictví *n*.
Meuchel|mord *m* úkladná vražda; **~mörder(in** *f*) *m* úkladný vrah (úkladná vražednice).
meuchlings úkladně.
Meute *f* smečka; *fig.* spřež.
Meute|'rei *f* vzpoura; **~rer** *m* buřič; **2rn** [vz]bouřit se.
Mexi'kan|er(in *f*) *m* Mexičan(ka); **2isch** mexický.
Mexiko *n* Mexiko.
MEZ *Abk. für mitteleuropäische Zeit* středoevropský čas.
MG *Abk. für Maschinengewehr.*
miauen [za]mňoukat.
mich (*s. ich*) mne; (*tonlos*) mě; (*auf das Subjekt bezüglich*) sebe, se.
mied *s. meiden.*
Mieder *n* šněrovačka *f*.
Miene *f* vzezření *n*, vzhled *m*; *gute ~ zum bösen Spiel machen* ned(áv)at na sobě znát rozmrzelost; e-e *finstere ~ machen* [za-]mračit se; **~n·spiel** *n* mimika *f*.
mies F špatný, mizerný; *die Sache ist ~* to je ošklivá věc; **2macher** F *m* škarohlíd; **2muschel** *f* slávka jedlá.
Miet|e *f* nájem *m*; nájemné *n*; *Agr.* krecht *m*; **2en** najímat [-jmout]; **~er(in** *f*) *m* nájemník (-nice); **~erschutz** *m* ochrana *f* nájemníků; **2frei** bezplatný; **~s·haus** *n* činžovní dům *m*; činžák *m*; **~s·kaserne** *f* (činžovní) kasárny *f/pl.*; **~vertrag** *m* nájemní smlouva *f*; **~wagen** *m* nájemné auto; **~wohnung** *f* nájemní byt *m*; **~zins** *m* nájemné *n*, činže *f*.

Mi'gräne *f* migréna.
Mi'krobe *f* mikrob *m*.
Mikro|film *m* mikrofilm; **~'meterschraube** *f* mikrometrický šroub; **~'phon** *n* mikrofon *m*; **~'skop** *n* drobnohled *m*, mikroskop *m*; **⁀'skopisch** mikroskopický.
Milan *m Zo.* luňák.
Milbe *f* roztoč.
Milch *f* mléko *n*; (*Fisch⁀*) mlíčí *n*; *dicke ~* kyselé mléko, kyška; *wie ~ und Blut* krev a mléko.
Milch|bar *f* mléčný bar; **~brötchen** *n* žemle *f*; **~bruder** *m* soukojenec; **~drüse** *f* mléčná žláza; **~ertrag** *m* výtěžek mléka; **~flasche** *f* mlékovka, láhev na mléko; (*Baby⁀*) sací láhev; **~geschäft** *n* obchod *m* s mlékem; **~glas** *n* mléčné sklo; **~halle** *f* mlékárna; **~händler** *m* obchodník s mlékem; **⁀ig** mléčný; **~kaffee** *m* bílá káva; **~kanne** *f* konev na mléko; **~kuh** *f* dojnice; **~mann** *m* mlékař; **~pulver** *n* sušené mléko; **~reis** *m* rýžová kaše; **~säure** *f* kyselina mléčná; **~speise** *f* mléčné jídlo; **~straße** *f Astr.* Mléčná dráha; **~topf** *m* hrnek na mléko; **~wirtschaft** *f* mlékařství *n*; **~zahn** *m* mléčný zub; **~zucker** *m* mléčný cukr, laktosa *f*.
mild, ~e mírný; (*barmherzig*) dobročinný; **⁀e** *f* mírnost.
milder|n [z]mírnit; *~de Umstände* polehčující okolnosti; **⁀ung** *f* zmírnění *n*; **⁀ungsgrund** *m* polehčující důvod.
mildtätig dobročinný; **⁀keit** *f* dobročinnost.
Milieu [-'liø:] *n* prostředí, milieu.
Mili'tär *n* vojsko; P vojna *f*; *beim ~ sein* být na vojně; **~bündnis** *n* vojenský pakt; **~dienst** *m* vojenská služba; **~diktatur** *f* vojenská diktatura; **⁀isch** vojenský.
Milita|ri'sierung *f* militarisace, militarisování *n*; **~'rismus** *m* militarismus.
Mili'tär|musik *f* vojenská hudba; **~pflicht** *f* s. *Wehrpflicht*; **~putsch** *m* vojenský puč; **~regierung** *f* vojenská vláda; **~stützpunkt** *m* vojenský opěrný bod; **~verwaltung** *f* vojenská správa; **~wesen** *n* vojenství.
Mi'liz *f* milice.
Milli- *in Zssgn* mili-; **~'arde** *f* miliarda; **~'on** *f* milión *m*; **~o'när** *m* milionář.
Milz *f* slezina; **~brand** *m Med.* slezinná sněť.
Mim|e *m* mim, herec; **⁀en** *Rolle*: hrá(va)t; F *fig.* předstírat, že ...; **~ik** *f* mimika; **⁀isch** mimický.
Mi'mose *f Bot.* mimóza.
minder *s. gering, wenig*; menší; *Adv.* méně; *⁀- in Zssgn* zmenšený; **~begabt** méně nadaný; **~bemittelt** méně zámožný; **⁀betrag** *m* menší částka *f*, schodek, úbytek; **⁀einnahme** *f* menší příjem *m*; **⁀ertrag** *m* menší výnos; **⁀heit** *f* menšina; *~s- in Zssgn* menšinový; **~jährig** nezletilý; **⁀jährigkeit** *f* nezletilost; **~n** [z]menšit.
minderwertig méněcenný; **⁀keit** *f* méněcennost; **⁀keitskomplex** *m* komplex *m* méněcennosti.
Minderzahl *f s. Minderheit*.
mindest *s. minder*; *Adj.* nejmenší; *Adv.* nejméně; *nicht im ~en* ani; **⁀betrag** *m* nejmenší částka *f*; **⁀forderung** *f* nejmenší požadavek *m*; **⁀lohn** *m* nejnižší mzda *f*.
Mine *f Bgb.* důl *m*; *Mil.* mina; (*Bleistift⁀*) tuha *f* do tužky; **~nfeld** *n Mil.* minové pole; **~n·leger** *m Mar.* minonoska *f*; **~n·suchboot** *n*, **~n·sucher** *m* minolovka *f*; **~nwerfer** *m Mil.* minomet.
Mine'ral *n* nerost *m*, minerál *m*; **⁀isch** minerální, nerostný; **~o'gie** *f* mineralogie, nerostopis *m*; **⁀ogisch** [-'lo:-] mineralogický; **~wasser** *n* minerální voda *f*, F minerálka *f*.
Minia'tur *f* miniatura; *~- in Zssgn* miniaturní.
mini'mal minimální, nejmenší, nejnižší.
Minimum *n* minimum.
Mi'nister *m* ministr; **⁀i'al** ministerský; **~i'alrat** *m* ministerský rada; **⁀i'ell** *s. ministerial*; **~ium** [-'te:-] *n* ministerstvo; **~präsident** *m* předseda vlády; **~rat** *m* ministerská rada.
Minne *f poet.* láska; **~sänger** *m*, **~singer** *m* minnesänger, -singer.
minus minus; (*Temperatur*) pod nulou; **⁀pol** *m* záporný pól; **⁀zeichen** *n* minus *m*, odčítací znaménko.
Mi'nute *f* minuta; *auf die ~* přesně na minutu; **~n·zeiger** *m* minutová ručička.
minuzi'ös podrobný, titěrný.
Minze *f Bot.* máta.

mir (*s. ich*) mně; (*tonlos*) mi; *auf das Subjekt bezüglich*: sobě, si.
Mira'belle *f* mirabelka.
Misch|batterie *f* směsná baterie; **~ehe** *f* smíšené manželství; **2en** [s]míchat, [s]mísit; *Karten*: [za-] míchat; *sich in et.* ~ vměšovat [vmísit] se do č-o; **~ling** *m* míšenec; **~masch** *m* směsice *f*, zmatek; **~maschine** *f* míchačka, míchací (*od.* mísicí) stroj *m*; **~ung** *f* (*Handlung*) míšení *n*, míchaní *n*, směšovaní *n*; (*Gut*) směs; **~ungsverhältnis** *n* poměr *m* míšení; **~wald** *m* smíšený les.
mise'rabel bídný, mizerný.
Mi'sere *f* mizérie, bída.
Mispel *f Bot.* mišpule.
miß *s. messen.*
miß|'achten nevážit si (*G*), pohrdat (*I*); **2'achtung** *f* nevážnost, pohrdání *n*; **2behagen** *n* nelibost, nespokojenost; **2bildung** *f* znetvoření *n*; **~'billigen** neschvalovat [-chválit]; **2billigung** *f* neschválení *n*; **2brauch** *m* zneužití *n*; **~'brauchen** zneuží(va)t; **~'deuten** nesprávně vykládat [vyložit]; **2deutung** *f* zkreslený výklad.
missen (*nicht haben*) nemít; (*ver~*) postrádat.
Miß|erfolg *m* neúspěch; **~ernte** *f* neúroda.
Misse|tat † *f* zlý čin, zločin *m*; **~täter** *m* zločinec, pachatel.
miß|'fallen (*D*) nelíbit se; **2fallen** *n* nelibost *f*; **2geburt** *f* zmetek *m* (*a. fig.*); **2geschick** *n* zlý osud, neštěstí; **2gestalt** *f* nestvůra; **~gestalt(et)** znetvořený; **~'glücken** (*D*) nedařit [nepodařit] se; **~'gönnen** (*D*) nepřát; **2griff** *m* přehmat; **2gunst** *f* nepřízeň; **~günstig** nepříznivý; **~'handeln** zle nakládat [naložit] s (*I*); **2'handlung** *f* zlé nakládání (*G* s *I*).
Missi|'on *f* mise; **~o'nar** *m*, **~o'när** *m* misionář.
Miß|klang *m* nelibozvuk; *fig.* nesoulad; **~kredit** *m* špatná pověst; *in ~ bringen* připravovat [-pravit] o dobrou pověst; **2lich** povážlivý, neblahý; **~lichkeit** *f* povážlivost, neblahost; **2liebig** neoblíbený; *sich bei j-m ~ machen* učinit se u k-o (*G*) neoblíbeným; **2'lingen** nedařit [nepodařit] se; **2'lungen** nepodařený; **~mut** *m* nevrlost *f*; **2mutig** nevrlý; **2'raten** *v/i s. mißlingen*; *~es Kind* nezvedené dítě; **~stand** *m* závada *f*; **~stimmung** *f* rozmrzelost; **~ton** *m* falešný zvuk; *fig.* nesoulad; **2'trauen** (*D*) nedůvěřovat; **~trauen** *n* nedůvěra *f*; **~trauensvotum** *n* projev *m* nedůvěry; **2trauisch** nedůvěřivý; **~vergnügen** *n* nespokojenost *f*; **2vergnügt** nespokojen(ý); **~verhältnis** *n* nepoměr *m*; **2verständlich** mylný; **~verständnis** *n* nedorozumění; **2verstehen** nerozumět [neporozumět] (*D*); **~wirtschaft** *f* špatné hospodářství, nehospodárnost *f*.
Mist *m* hnůj, mrva *f*; *fig.* F (*Zeug, Sachen*) šmejd; *~ reden, verzapfen* kecat, žvanit; *schöner ~!* to je pěkná potvora!; **~beet** *n* pařeniště.
Mistel *f Bot.* jmelí *n*.
Mist|fink F *m* špinavec; **~gabel** *f* vidle *f/pl.* na hnůj; **~haufen** *m* hnojiště *n*; **2ig** zašpiněný; F (*schlecht*) potvorný, špatný; **~käfer** *m Zo.* chrobák; **~stück** V *n*, **~vieh** V *n* dobytek *m*; potvora *f/m*.
mit *Prp.* s(e); *oft nur I, z. B.*: *~ der Bahn fahren* jet drahou; *Adv.* spolu; (*auch*) také.
Mit|angeklagte(r) *m/f* spoluobžalovaný (-ná); **~arbeit** *f* spolupráce; **2arbeiten** spolupracovat; **~arbeiter(in** *f*) *m* spolupracovník (-nice); **2bekommen** dost(áv)at, chápat [pochopit]; **~benutzung** *f* společné užívání; **~besitz** *m* spoluvlastnictví *n*; **~besitzer(in** *f*) *m* spoluvlastník (-nice); **~bestimmung** *f* spoluurčení *n*; **~bestimmungsrecht** *n* právo spolurozhodovat; **2beteiligt** spoluúčastný; **~bewerber** *m* spoluuchazeč; **~bewohner(in** *f*) *m* spolubydlící *m/f*; **2bringen** přinášet [-nést] (*fahrend* přivážet [-vést]) s sebou; **~bürger(in** *f*) *m* spoluobčan(ka); **~eigentümer(in** *f*) *m* spolumajitel(ka); **2ein'ander** spolu; **2empfinden** [po]cítit zároveň; **~erbe** *m* spoludědic; **~erbin** *f* spoludědička; **2erleben** zaží(va)t; **~esser** *m Med.* uher, trud; **2fahren** jet (jezdit *Iter.*) spolu; **~fahrer** *m* spolujezdec; **2fühlen** [po]cítit zároveň; **2führen** (*bei sich haben*) mít s sebou; (*auf Reisen*) vézt (vozit *Iter.*) s sebou; **2geben** dá(va)t s sebou; **~gefangene(r)** *m* spoluzajatec; **~gefühl** *n* soucit *m*, soucit-

nost *f*; **≈gehen** jít (chodit *Iter.*) s sebou *od.* spolu; **~gift** *f* věno *n*.

Mitglied *n* člen *m*; **~erversammlung** *f* členská schůze; **~s·ausweis** *m* členský průkaz; **~s·beitrag** *m* členský příspěvek; **~schaft** *f* členství *n*.

mit|halten *s. mitmachen*; **~helfen** (spolu)pomáhat; **≈herausgeber** *m* spoluvydavatel; **≈hilfe** *f* pomoc, spoluúčast; **~'hin** tedy, pročež; **~hören** poslouchat [-slechnout] spolu; *vgl. abhören*; **≈inhaber** *m* spolumajitel; **≈kämpfer(in** *f*) *m* spolubojovník (-nice); **~kommen** přicházet [přijít] spolu; (*in der Schule*) [po]stačit; *kommst du mit?* jdeš se mnou (*od.* s námi)?; *komm mit!* pojď také!; **≈läufer** *m Pol.* stoupenec strany; **≈laut** *m* souhláska *f*; **≈leid** *n* soucit *m*; **≈leidenschaft** *f*: *in ~ ziehen* [u]činit k-o účastným škody; **~leidig** soucitný; **~leid(s)los** bezcitný; **~leid(s)voll** *s. mitleidig*; **~machen** [z]účastnit se (*G*); *Mode*: řídit se (*I*); (*erleben*) zaží(va)t; **≈mensch** *m* bližní; **~nehmen** brát [vzít] s sebou; *fig.* F *arg, böse ~* pořádně sebrat, zle zřídit; **~'nichten** nijak, nikterak.

mit|rechnen *v/t* (*hinzurechnen*) připočít(áv)at; *v/i* (*gemeinsam mit j-m rechnen*) počít(áv)at; **~reden** [pro-]mluvit také; *auch ein Wörtchen mitzureden haben* mít také co (*od.* právo) promluvit (*bei* do *G*); **≈reisende(r)** *m/f* spolucestující; **~reißen** strhnout [-hávat] s sebou; **~'samt** (*D*) spolu s (*I*); **≈schuld** *f* spoluvina; **≈schuldige(r)** *m/f* spoluviník (-nice); **≈schüler(in** *f*) *m* spolužák(yně); **~spielen** [za]hrát; *j-m übel ~* provádět [-vést] k-u pěkný kousek; **≈spieler(in** *f*) *m* spoluhráč(ka); **~sprechen** *s. mitreden*.

Mittag *m* poledne *n*; (*Süden*) jih; *s. a. essen*; *des ~s, am ~ s. mittags*; **~essen** *n* oběd *m*.

mittags v poledne; **≈pause** *f* polední přestávka; **≈schlaf** *m* zdřímnutí *n* po obědě; **≈zeit** *f* polední doba.

Mittäter(in *f*) *m Jur.* spolupachatel(ka), spoluviník (-nice).

Mitte *f* střed *m*; (*zeitlich*) polovina; *~ Mai* v polovině května; *einer aus unserer ~* někdo z nás; *in der ~* uprostřed.

mitteil|en oznamovat [oznámit], sdělovat [-lit]; **~sam** sdílný; **≈ung** *f* oznámení *n*, sdělení *n*.

mittel *Adv.* (*durchschnittlich*) průměrně, postředně; *vgl.* **mittlere.**

Mittel *n* prostředek *m*; *Math.* (*Durchschnitt*) průměr *m*; *~ pl.* prostředky *m/pl.*; *~ und Wege suchen* (*finden*) nacházet [najít] cestu (*od.* prostředky); *mit allen ~n* všemi prostředky; **~alter** *n* středověk *m*; **≈alterlich** středověký; **~amerika** *n* Střední Amerika *f*; **≈bar** nepřímý; **~deck** *n Mar.* střední paluba *f*; **~ding** F *n* něco mezi; **~europa** *n* Střední Evropa *f*; **≈europäisch** středoevropský; **~finger** *m* prostřední prst; **≈fristig** střednědlouhodobý; **~gewicht** *n Sp.* střední váha *f*; **≈groß** středně velký *od.* vysoký; **~lauf** *m* (*e-s Flusses*) střední tok; **~läufer** *m Sp.* střední záložník; **~linie** *f* středná, střednice; **≈los** nemajetný; **≈mäßig** prostřední; **~mäßigkeit** *f* prostřednost; **~meer** *n* Středozemní moře; **~ohr** *n Anat.* střední ucho; **~punkt** *m* střed; **≈s** (*G*) prostřednictvím, *z.B.*: *~ der Bank* prostřednictvím banky; *nur I, z.B.*: *~ e-s Schlüssels* klíčem; **~schiff** *n* střed lodi; **~schule** *f* střední škola; **~schüler(in** *f*) *m* středoškolák (-láčka); **~s·mann** *m* zprostředkovatel; **~sorte** *f* prostřední jakost; **~stand** *m* střední stav; **~stimme** *f Mus.* střední hlas *m*; **~streckenlauf** *m* běh na střední trati; **~streckenrakete** *f Mil.* raketa středního doletu; **~stürmer** *m Sp.* střední útočník; **~weg** *m* střední cesta *f* (*a. fig.*); **~wert** *m Math.* střední hodnota *f*; **~wort** *n Gr.* příčestí.

mitten: *~ auf od. in* (*D*) uprostřed (*G*); **~'drin** F uprostřed, ve středu; **~'durch** uprostřed, středem.

Mitter|nacht *f* půlnoc; **≈nächtlich** půlnoční; **~nachtssonne** *f* půlnoční slunce *n*.

mittler|e (-r, -s) prostřední; střední; (*durchschnittlich*) průměrný; **~'weile** mezitím.

Mittwoch *m* středa *f*.

mit|'unter někdy; **~unterzeichnen** spolupod(e)pisovat [-podepsat]; **~verantwortlich** spoluodpovědný; **≈verfasser** *m* spoluautor; **≈welt** *f* současný svět *m*, současníci *m/pl.*;

~wirken spolupůsobit, spoluúčinkovat; **♀wirkung** *f* spolupůsobení *n*, spoluúčinkování *n*; **♀wisser(in** *f*) *m* zasvěcenec (-nkyně); **♀wisserschaft** *f* (spolu)vědomost (o čem); **~zählen** *s. mitrechnen.*
mix|en mixovat (*im*)*pf.*; **♀er** *m* mixér; **♀'tur** *f* mixtura, směs.
Mob *m* lůza *f*.
Möbel *n* nábytek *m*; **~fabrik** *f* továrna na nábytek, nábytkárna; **~geschäft** *n* obchod *m* s nábytkem; **~tischler** *m* truhlář nábytkář; **~wagen** *m* nábytkový vůz.
mo'bil mobilní; (*lebhaft*) čilý.
Mobili'ar *n* movitost *f*; **~vermögen** *n* movité jmění, svršky *m*/*pl.*
Mo'bilien *pl.* movitosti *f*/*pl.*, mobilie *f*.
mobil|i'sieren mobilizovat (*im*)*pf.*; **♀machung** [-'bi:-] *f* mobilizace.
mö'blier|en opatřovat [-třit] nábytkem; **~t:** *~ wohnen* bydlet v zařízeném pokoji.
mochte *s. mögen.*
Mode *f* móda; **~artikel** *m* módní výrobek.
Mo'dell *n* model *m*; *~ stehen* stát modelem; **~bau** *m* výroba *f* modelů, modelářství *n*.
model'lier|en [z]modelovat; **♀er** *m* modelář, vzorkář; **♀wachs** *n* modelovací vosk.
Mo'delltischler *m* modelář.
modeln upravovat [upravit].
Moden|schau *f* módní přehlídka; **~zeitschrift** *f* módní časopis *m*, módy *f*/*pl.*
Moder *m* ztuchlina *f*; **♀ig** ztuchlý; **♀n**[1] [z]práchnivět.
mo'dern[2] moderní; **♀e** *f* moderna; **~i'sieren** [z]modernizovat.
Modewaren *f*/*pl.* módní zboží *n*.
Modifi|kati'on *f* modifikace; *Chem.* vid *m*; **♀'zieren** modifikovat (*im*)*pf.*
modisch módní.
Mo'distin *f* modistka.
Modu|lati'on *f* modulace; *~s- in Zssgn* modulační; **♀'lieren** [z]modulovat.
Modus *m* způsob, modus (*beide a. Gr.*).
Moge|'lei F *f* šibalství *n*, podvůdek *m*; **♀ln** F podvádět [-vést].
mögen chtít; (*gern haben*) mít rád; (*können*) moci; (*wohl*) asi; *wer mag das wohl sein?* kdo to asi je?; *er mag 50 Jahre alt sein* je mu asi padesát let; ať; *er mag kommen* ať přijde.
Mogler(in *f*) *m* F podvodník (-nice).
möglich možný; *so bald als* (*od. wie*) *~* co (možná) nejdříve; *~ machen* umožňovat [-žnit]; **~en'falls, ~er'weise** možno-li, možná že ...; **♀keit** *f* možnost; **~st** nejdříve.
Mohamme'dan|er *m* mohamedán; **♀isch** mohamedánský.
Mohn *m* mák; **~kuchen** *m* mákový koláč.
Mohr *m* mouřenín, černoch.
Möhre *f*, **Mohrrübe** *f* mrkev.
mo'kieren: *sich ~ über* (*A*) dob(í)rat si (*A*).
Mokka *m* moka.
Molch *m* mlok.
Moldau *f* Vltava; **♀isch** vltavský.
Mole *f* molo *n*.
Mole|'kül *n* molekula *f*; **~ku'largewicht** *n Phys.* molekulární váha *f*.
molk *s. melken.*
Molke *f* syrovátka *f*; **~'rei** *f* mlékárenství *n*; (*Betrieb*) mlékárna.
Moll *n Mus.* moll.
Molle *f* sklenice *f* piva.
mollig (*behaglich*) příjemný; (*rundlich*) kyprý.
Mol'luske *f* měkkýš *m*.
Molyb'dän *n Chem.* molybden *m*.
Mo'ment 1. *m* okamžik, moment; **2.** *n* okolnost *f*; *Phys., Tech.* moment *m*; **♀an** [-'tɑ:n] momentální, okamžitý; **~aufnahme** *f*, **~bild** *n* momentka *f*.
Mo'narch *m* panovník, monarcha; **~ie** [-'çi:] *f* monarchie; **♀isch** monarchistický; **~ist** [-'çɪst] *m* monarchista.
Monat *m* měsíc; *im ~ Mai* v měsíci květnu; **♀lich** měsíční.
Monats|gehalt *n* měsíční plat *m*; **~karte** *f* měsíční lístek *m*; **~name** *m* jméno *n* měsíce; **~schrift** *f* měsíčník *m*.
Mönch *m* mnich; **♀isch** mnišský; **~s·kloster** *n* mnišský klášter; **~skutte** *f* mnišská kutna; **~tum** *n* mnišství.
Mond *m* měsíc; *Astr.* (*Erdtrabant*) Měsíc; *~- in Zssgn* měsíční; *abnehmender ~* ubývání měsíce; *zunehmender ~* přibývání měsíce.
mon'dän mondénní, velkosvětský.
Mond|bahn *f* dráha Měsíce; **~finsternis** *f* zatmění *n* Měsíce; **♀för-**

mig měsíčkovitý; **~jahr** *n* měsíční rok *m*; **~landung** *f* přistání *n* na Měsíci; **~phase** *f* fáze měsíce; **~rakete** *f* raketa na Měsíc, měsíční raketa; **~schein** *m* měsíční svit; **~sichel** *f* srpek *m* měsíce; **~sonde** *f* sonda k Měsíci; **≈süchtig** náměsíčný; **~wechsel** *m* změna *f* měsíce.

Mo'neten F *pl.* P prachy *m/pl.*

Mon'gol|e *m* Mongol; **~ei** [-'laı] *f* Mongolsko *n*; **≈isch** mongolský.

mo'nieren (*rügen*) [po]kárat; (*mahnen*) upomínat [-menout].

Monitor *m* monitor.

Mono|ga'mie *f* monogamie; **~'gramm** *n* monogram *m*; **~gra'phie** *f* monografie.

Mo'nokel *n* monokl *m*.

Mono|'log *m* monolog, samomluva *f*; **~'pol** *n* monopol *m*; **≈poli'sieren** [z]monopolizovat; **~the'ismus** *m* monoteismus; **≈'ton** monotonní, jednotvárný; **~to'nie** *f* jednotvárnost.

Mon'stranz *f* monstrance.

Monstrum *n* monstrum, zrůda *f*.

Montag *m* pondělí *n*, pondělek; (*des*) *~s*, *am ~* v pondělí; *blauer ~* modrý pondělek.

Mon'tage *f* montáž; *~- in Zssgn* montážní.

mon'tan montánní; **≈industrie** *f* báňský průmysl; **≈wesen** *n* hornictví.

Montene|'griner(in *f*) *m* Černohorec (-rkyně); **≈'grinisch** černohorský; **~gro** [-'ne:-] *n* Černá Hora.

Mon|'teur *m* montér; **≈'tieren** [na-, při-, za]montovat; **~'tierung** *f* montáž.

Monu'ment *n* pomník *m*, monument *m*; **≈al** [-'ta:l] monumentální.

Moor *n* močál *m*, bažina *f*, rašeliniště; **~bad** *n* slatinná koupel; **~boden** *m* slatinná půda; **≈ig** slatinný; **~land** *n* bažinatý kraj.

Moos *n* mech *m*; F (*Geld*) prachy *m/pl.*; **≈ig** porostlý mechem.

Moped *n* moped *m*.

Mo'ral *f* morálka; **≈isch** morální, mravní; **≈i'sieren** moralizovat; **~predigt** F *f* kázání *n*.

Mo'räne *f Geol.* moréna.

Mo'rast *m* (*Schlamm*) bahno *n*, bláto *n*; (*Sumpf*) močál; **≈ig** blátivý, močálovitý.

Mora'torium *n Hdl.* moratorium, příročí.

Morchel *f Bot.* smrž.

Mord *m* vražda *f*; **~anschlag** *m* vražedný útok.

morden [za]vraždit.

Mörder *m* vrah; **~in** *f* vražednice; **≈isch** vražedný; *fig.* F strašný.

Mordgier *f* krvelačnost, krvežíznivost; **≈ig** krvelačný, krvežíznivý.

Mords|geschrei F *n* hrozný křik; **~hunger** F *m* veliký hlad; **~kerl** F *m* chlapík, pašák; **~lärm** F *m* hrozný křik.

Mord|tat *f s. Mord*; **~versuch** *m* pokus vraždy; **~waffe** *f* vražedná zbraň; **~werkzeug** *n* vražedný nástroj.

morgen *Adv.* zítra; *~ früh* zítra ráno.

Morgen *m* ráno *n*, jitro *n*; (*Osten*) východ; (*Feldmaß*) jitro *n*; **≈s**, *des ~s*, *am ~* zrána; *am frühen ~* časně ráno; *gegen ~* k ránu; *guten ~!* dobré jitro!; **~ausgabe** *f* ranní vydání *n*; **~dämmerung** *f* ranní šero *n*, svítání *n*.

morgendlich ranní.

Morgen|frost *m* ranní mráz; **~grauen** *n s. Morgendämmerung*; **~kleid** *n* ranní oblek *m*; **~land** *n* Východ *m*, Orient *m*; **≈ländisch** orientální, východní; **~rock** *m* ranní župan; **~rot** *n*, **~röte** *f* ranní červánky *m/pl.*; **~stern** *m* denice *f*, jitřenka *f*; **~stunde** *f* ranní hodina.

morgig zítřejší.

Morphi|'nist(in *f*) *m* morfinista (-tka); **~um** *n* morfium; **~umsucht** *f* morfinismus *m*.

Morpho|lo'gie *f* morfologie; *Gr.* tvarosloví *n*; **≈'logisch** morfologický.

morsch zpuchřelý; *Zahn*: vykotlaný.

Morse|alphabet *n* Morseova abeceda, morseovka *f*; **≈n** vys(í)lat morseovkou.

Mörser *m* moždíř (*a. Mil.*).

Mörtel *m* malta *f*; **~kasten** *m* truhlík *m* na maltu.

Mosa'ik *n* mozaika *f*; **~stein** *m* mosaikový kámen.

mo'saisch mojžíšovský, mosaický.

Mo'schee *f* mešita.

Moschus *m* pižmo *n*; **~ochse** *m Zo.* pižmoň severní; **~tier** *n Zo.* kabar pižmový.

Mos'kito *m* moskyt; **~netz** *n* moskytová síť, moskytiéra *f*.
Most *m* mošt.
Mostrich *m* hořčice *f*.
Motel *n* motel *m*.
Mo'ti|v *n* motiv *m*; **♀'vieren** [z]motivovat.
Motor *m* motor; **~antrieb** *m* motorový pohon; **~boot** *n* motorový člun; **~enbau** [-'to:-] *m* stavba *f* motorů; **~engeräusch** [-'to:-] *n* motorový hluk; **~flug** *m* motorový let; **~haube** *f* kapota.
...motorig *in Zssgn* ...motorový.
mo'tori|sch motorický; motorový; **~'sieren** [z]motorizovat; **♀'sierung** *f* motorizace.
Motor|leistung *f* výkon *m* motoru; **~panne** *f s. Motorschaden*; **~pflug** *m* motorový pluh; **~prüfstand** *m* zkušebna *f* motorů; **~rad** *n* motocykl *m*, F motorka *f*; **~radfahrer** *m* motocyklista; **~roller** *m* skútr; **~schaden** *m* porucha *f* motoru; **~schiff** *n* motorová loď; **~sport** *m* motorismus; **~stärke** *f s. Motorleistung*.
Motte *f* mol *m*; **♀n·echt** upravený proti molům; **~n·fraß** *m* prožraní *n* od molů; **~n·pulver** *n* prášek *m* proti molům.
Motto *n* moto, heslo.
Möwe *f* racek *m*.
Mucke *f* vrtoch *m*; *~n haben* mít vrtochy.
Mücke *f* komár *m*; **~n·stich** *m* komáří bodnutí *n*.
Mucker *m* svatoušek, pokrytec.
Mucks F *m*: *kein ~!* ani muk!, ani slovo!; **♀en** F hlesnout *pf*.
müde unaven(ý); *~ werden* unavovat [unavit] se.
Müdigkeit *f* únava, zemdlenost.
Muff *m* (*Handwärmer*) rukávník; (*Moder*) plíseň *f*; (*Geruch*) zápach.
Muffe *f Tech.* (*Rohr♀*) hrdlo *n*; nátrubek *m*; (*Kabel♀*) návlačka.
Muffel[1] *f* mufle.
Muffel[2] F *m* morous.
Muffel[3] *n*, **~tier** *n* muflon *m*.
muffig zatuchlý.
Mühe *f* námaha; *mit ~ und Not* stěží; *sich ~ geben* (*bei*) přičiňovat [-činit] se o (*A*); *es ist* (*nicht*) *der ~ wert* (ne)stojí to za námahu; **♀n:** *sich ~* namáhat se; **♀voll** namáhavý; **~waltung** *f* námaha.
Mühl|e *f* mlýn *m*; (*Kaffee♀*) mlýnek *m*; *das ist Wasser auf s-e ~* to je mu velmi vhod; **~rad** *n* mlýnské kolo; **~stein** *m* mlýnský kámen.
Müh|sal *f* trampota, potíž; **♀sam** namáhavý, svízelný; **~seligkeit** *f* namáhavost, svízelnost.
Mu'latt|e *m*, **~in** *f* mulat(ka).
Mulde *f* (*Trog*) koryto *n*; (*Backtrog*) díže; *Geogr.* kotlina.
Mull *m* mul.
Müll *m* smetí *n*; **~abfuhr** *f* odvoz *m* smetí; **~ablade·platz** *m* rumiště *n*; smetiště *n*.
Mullbinde *f* mulový obvaz.
Müll·eimer *m* nádoba *f* na smetí.
Müller(in *f*) *m* mlynář(ka).
Müll|haufen *m* smetiště *n*; **~kasten** *m* truhlík na smetí; **~kippe** *f s. Müllabladeplatz*; **~schlucker** *m* šachta *f* na odpadky; **~tonne** *f* nádoba na odpadky, popelnice; **~verbrennung** *f* spalování *n* odpadků; **~wagen** *m* vůz na odvoz smetí.
mulmig F *fig. s. heikel, brenzlig*.
Multipli|'kand *m* násobenec; **~kati'on** *f* násobení *n*; **~'kator** *m* násobitel; **♀'zieren** [vy-, z]násobit.
Mumie [-miə] *f* mumie.
Mumm F *m* odvaha *f*.
Mummenschanz *m* maškaráda *f*.
Mumpitz F *m* nesmysl.
Mumps *m Med.* zánět příušnice.
Mund *m* ústa *n/pl.*, pusa *f*; *Tech.* otvor; *in aller ~e sein* být v ústech všech lidí; F *den ~ vollnehmen* holedbat se; *den ~ halten* mlčet; *nicht auf den ~ gefallen sein* mít dobrou vyřídilku; *j-m über den ~ fahren* zakřikovat [-knout] k-o; *kein Blatt vor den ~ nehmen* [pro]mluvit bez obalu; **~art** *f* nářečí *n*, dialekt *m*; **♀artlich** nářeční, dialektický.
Mündel *n* poručenec *m*, svěřenec *m*; **♀sicher** požívající sirotčí jistoty.
munden chutnat.
münden ústit, vlévat se.
mund|faul líný na slovo, nemluvný; **♀fäule** *f Med.* zánět *m* úst; **~gerecht** přijatelný, stravitelný; **♀harmonika** *f* foukací harmonika; **♀höhle** *f* dutina ústní.
mündig zletilý; **♀keit** *f* zletilost.
mündlich ústní.
Mund|schenk *m* číšník; **~sperre** *f Med.* strnutí *n* čelistí; **~stück** *n* (*Pfeifen♀*) troubel *m od. f*; (*Ziga-*

retten2) náustek *m*; *Mus.* nátrubek *m*; *Tech.* hubice *f*; **2tot:** ~ *machen* umlčovat [-čet].
Mündung *f* ústí *n*, vtok *m*; (*e-r Waffe*) otvor *m*.
Mund|voll *m* sousto *n*; (*Getränk*) doušek; **~vorrat** *m* zásoba *f* potravin; **~werk** *n* vyřídilka *f*; **~winkel** *m* koutek úst.
Muniti'on *f* střelivo *n*, munice; **~s·lager** *n* skladiště *n* na střelivo.
munkeln šeptat, potichu si povídat.
Münster *n* katedrála *f*, minstr *m*.
munter bdělý; (*flink*) čilý; (*gesund*) zdravý; **2keit** *f* čilost, veselost.
Münz|e *f* peníz *m*; (*Denk2*) pamětní mince; (*Münzstätte*) mincovna; *fig.* *et. für bare ~ nehmen* brát [vzít] co vážně; **2en** [na]razit mince; *fig.* *das ist auf ihn gemünzt* to je namířeno na něho; **~fernsprecher** *m* mincovní telefonní automat; **~kunde** *f* numizmatika; **~recht** *n* mincovní právo; **~sammler** *m* sběratel mincí; **~wesen** *n* mincovnictví; **~zähler** *m El.* inkasní elektroměr.
mürbe křehký; F *j-n ~ machen* [z]krotit k-o; **2teig** *m* křehké těsto.
Mürbheit *f* zkřehkost, sypkost.
Murks F *m* fušerství *n*; **2en** F [se-]smolit.
Murmel *f* kulička na hraní; **2n** *Mensch*: [za]mumlat; *Bach*: [za-]bublat; **~tier** *n Zo.* svišť *m* horský.
murren [za]bručet, [za]reptat (*über A* na *A*).
mürrisch mrzutý.
Mus *n* povidla *n/pl.*
Muschel *f* mušle, lastura, škeble; **2förmig** lasturovitý, mušlovitý; **~kalk** *m Geol.* lasturnatý vápenec; **~tier** *n* mlž *m*.
Muse *f* Musa.
Mu'seum *n* muzeum; ~- *in Zssgn* muzejní.
Musik *f* hudba, F muzika.
Musi|'kalien *pl.* hudebniny *f/pl.*; **2'kalisch** hudební, muzikální; **~'kant** *m* hudebník, F muzikant.
Mu'sik|automat *m*, **~box** *f* hudební automat *m*.
Musiker(in *f*) *m* hudebník (-nice).
Mu'sik|hochschule *f* vysoká škola hudební; **~kapelle** *f* kapela; **~lehrer(in** *f*) *m* učitel(ka *f*) *m* hudby; **~stück** *n* hudební skladba; **~truhe** *f* radiogramofon *m*, gramorádio; **~unterricht** *m* vyučování *n* hudby; **~werk** *n* hudební dílo.
musi'zieren hrát [pohrát si], provozovat hudbu, F muzicírovat.
Mus'kat *m*, **~nuß** *f* muškát *m*.
Muska'teller(wein) *m* muškátové víno.
Muskel *m* sval; **~kater** *m* svalová bolest *f*; **~kraft** *f* svalová síla; **~krampf** *m* svalová křeč; **~riß** *m Med.* natržení *n* svalu; **~schwund** *m Med.* atrofie *f* svalů; **~zerrung** *f* pohmožděnina svalů.
Mus'kete *f* mušketa.
Musku|la'tur *f* svalstvo *n*, muskulatura; **2'lös** svalnatý.
Muß *n* nutnost *f*, nezbytí; 2 *s. müssen*.
Muße *f* volná chvíle, volný čas.
Musse'lin *m* mušelín *m*.
müssen musit; asi; *es muß geregnet haben* asi pršelo.
Muße|stunde *f* volná hodina, volný čas.
müßig nečinný, zahálčivý; (*zwecklos*) zbytečný; **2gang** *m* zahálka *f*; **2gänger** *m* zahaleč.
mußte *s. müssen*.
Muster *n* vzor *m*; (*Probe*) ukázka *f*; ~ *ohne Wert* vzorek bez ceny; **~beispiel** *n* příklad *m*, vzor *m*; **~betrieb** *m* vzorný podnik; **~buch** *n* vzorník *m*, vzorkovnice *f*; **2gültig** vzorný; **~gültigkeit** *f* vzornost, příkladnost; **2haft** *s. mustergültig*; **~koffer** *m* vzorkový kufr; **~kollektion** *f* vzorkovnice; **~messe** *f* vzorkový veletrh; **2n** (*mit Muster versehen*) [o-, vy]vzorkovat; (*betrachten*) prohlížet [-hlédnout], [pře]měřit; *Mil.* odvádět [-vést]; **~schau** *f s. Mustermesse*; **~schüler(in** *f*) *m* vzorný žák (vzorná žákyně); **~schutz** *m* ochrana *f* vzorků; **~ung** *f* prohlídka; *Mil.* odvod *m*; (*Musterart*) vzorkování *n*.
Mut *m* odvaha *f*, mysl; ~ *fassen* nabýt *pf.* odvahy; *den ~ verlieren* ztrácet [ztratit] odvahu; *nur ~!* s odvahou; *j-m ~ machen* dod(áv)at k-u odvahy.
Mutati'on *f* mutace.
Mütchen *n*: *sein ~ kühlen* zchlazovat [zchladit] žáhu na (*L*).
mutig srdnatý, odvážný.
mut|los bojácný; **2losigkeit** *f* bojácnost; **~maßen** domnívat se; **~maßlich** domnělý; **2maßung** *f* domnění *n*, domněnka.

Mutter *f* matka; *Tech.* matice; ~ *Gottes* Matka boží.

Mütterberatung(sstelle) *f* poradna pro matky.

Mutter|boden *m* ornice *f*; **~brust** *f* mateřský prs.

Mütterchen *n* matička *f*, matinka *f*; (*alte Frau*) stařenka *f*.

Mutter|gestein *n* matečná hornina; **~'gottesbild** *n* obraz *m* Matky boží; **~korn** *n Bot.* námel *m*; **~kuchen** *m* plodový koláč, plodové lůžko; **~land** *n* (*im Verhältnis zu e-r Kolonie*) mateřská země; **~leib** *m* mateřské lůno *n*.

mütterlich mateřský; **~erseits** z matčiny strany; **≗keit** *f* mateřské city *m/pl.*, mateřskost.

Mutter|liebe *f* mateřská láska; **~mal** *n* mateřské znamení; **~mord** *m* zavraždění *n* vlastní matky; **~mörder(in** *f*) *m* vrah *m* (vražednice *f*) vlastní matky; **~schaft** *f* mateřství *n*; **~schiff** *n Mar.* mateřská loď; **~schoß** *m s. Mutterleib*; **~schutz** *m* ochrana *f* matek; **~schwein** *n* svině *f*, prasnice *f*; **≗seelenal'lein** samotinký; **~söhnchen** *n* mazánek *m*, mazlíček *m*; **~sprache** *f* mateřský jazyk, mateřština; **~witz** *m* vrozený vtip.

Mutwil|le *m* svévole; **≗lig** svévolný.

Mütze *f* čepice; **~n·schirm** *m* štítek (u čepice).

My'kose *f* mykóza.

Myrrhe *f* myrha.

Myrte *f* myrta.

mysteri|'ös mysteriózní, tajemný; **≗um** [-'te:-] *n* mystérium, *fig. a.* tajemství.

Mystifi|kati'on *f* mystifikace; **≗'zieren** mystifikovat (*im*)*pf*.

Mysti|k *f* mystika; **~ker** *m* mystik; **≗sch** mystický.

Myth|e *f* mythus *m*, báje; **≗isch** mythický, báječný.

Mytholo'g|ie *f* mythologie; **≗isch** [-'lo:-] mythologický.

N

N, n *n* (*unv.*) N, n.
N *Abk. für Nord*(*en*).
na! no!, nuže!
Nabe *f* náboj *m*, hlava (kola).
Nabel *m* pupek; **~bruch** *m Med.* pupeční kýla *f*; **~schnur** *f* pupeční šňůra.
nach *Prp.* (*D*) *örtlich*: na (*A*); (*vor Länder- und Städtenamen*) do (*G*); *zeitlich*: po (*L*); (*gemäß*) podle (*G*); *Adv. mir ~!* za mnou!; *~ und ~* ponenáhlu; *~ wie vor* jako dříve.
nach|äffen opičit se po (*L*); **~ahmen** napodobovat [-bit]; **~ahmenswert** hodný (hoden) napodobení; **⁓ahmer** *m* napodobitel; **⁓ahmung** *f* napodobení *n*.
Nachbar *m*, **~in** *f* soused(ka); **⁓lich** (*benachbart*) sousední; (*unter Nachbarn*) sousedský; **~ort** *m* sousední osada *f*; **~schaft** *f* sousedství *n*; (*Nachbarn*) sousedé *m/pl*.
Nach|bearbeitung *f* dodatečné obrábění, dohotovení *n*; **~behandlung** *f Tech.* dodatečné zpracování; *Med.* doléčení *n*; **⁓bestellen** dodatečně objedn(áv)at; **~bestellung** *f* dodatečná objednávka; **⁓bezahlen** *s. nachzahlen*; **⁓bilden** napodobovat [-bit]; **~bildung** *f* napodobení *n*; **⁓bleiben** zůst(áv)at pozadu; (*Schüler*) zůst(áv)at po škole; **⁓blicken** (*D*) [po]dívat se za (*I*); **⁓datieren** dodatečně datovat (*im*)*pf*.
nach'dem když; *je ~* podle toho.
nachdenk|en přemýšlet (*über A* o *L*); **~lich** zamyšlen(ý); *~ werden* zamýšlet [-myslit] se.
Nachdruck *m* důraz; *Typ.* otisk; *~ verboten* patisk zakázán; *~ legen auf* (*A*) klást [položit] důraz na (*A*); *mit ~* s důrazem; **⁓en** otiskovat [-knout].
nach|drücklich důrazný; **~eifern** (*D*) usilovně následovat (*A od. G*); **~ein'ander** po sobě; **~empfinden:** *j-m et. ~* [po]cítit co s kým.
Nachen *m* lodka *f*, člun.
nacherzähl|en vypravovat *pf.* (*et. nach j-m* co po kom); **⁓ung** *f* vypravování *n*.
nach|fahren (*D*) jet (jezdit *Iter.*) za (*I*); **⁓fahr** *m* potomek; **⁓feier** *f* dozvuky *m/pl.* slavnosti; **⁓folge** *f* následnictví *n*, postupnictví *n*; **~folgen** (*D*) následovat (*A*); *~d* následující; **⁓folger(in** *f*) *m* následník (-nice), nástupce (-pkyně); **~fordern** [po]žádat o (*A*); **~forschen** (*D*) pátrat po (*L*); **⁓forschung** *f* pátrání *n*; *~en anstellen s. nachforschen*; **⁓frage** *f Hdl.* poptávka (*nach* po *L*); **~fragen** popt(áv)at se (*nach* po *L*); **⁓frist** *f* dodatečná lhůta; **~fühlen** *s. nachempfinden*; **~füllen** doplňovat [-plnit]; **~geben** povolovat [-lit]; *j-m in et.* (*D*) *nichts ~* nezavd(áv)at k-u v čem; **⁓gebühr** *f* doplatné *n*; **⁓geburt** *f Med.* lůžko *n*, plodový koláč; **~gehen:** *j-m ~* jít (chodit *Iter.*) za (*I*); (*e-r Beschäftigung*) jít (chodit *Iter.*) po (*L*); (*erforschen*) pátrat po (*L*); *Uhr*: zpožďovat [zpozdit] se; **⁓geschmack** *m* příchuť *f*; *fig. bitterer ~* trapný dojem; **~giebig** povolný; *Tech.* poddajný, ohebný; **⁓giebigkeit** *f* povolnost; *Tech.* poddajnost; **~gießen** dolévat [-lít].
Nach|hall *m* ohlas; *Phys.* dozvuk; **⁓haltig** trvalý; **⁓helfen** (*D*) napomáhat [-moci] (*D*).
nach'her potom; *bis ~* později.
Nachhilfe *f* pomoc; **~stunde** *f* soukromá hodina.
nach|hinken kulh(áv)at; **⁓holbedarf** *m* další potřeba (*od.* poptávka *f*) *f*; **~holen** dohánět [-honit]; **⁓hut** *f Mil.* zadní voj *m*; **~jagen** (*D*) hnát [honit] se za (*I*); **⁓klang** *m* dozvuk (*a. fig.*); **~klingen** dozní(va)t.
Nachkomme *m* potomek; **⁓n** (*D*) přicházet [přijít] za (*D*); *fig.* (*erfüllen*) [s]plnit (*A*); **~n·schaft** *f* potomstvo *n*, potomci *m/pl*.
Nach|kömmling *m* opožděnec; **~kriegszeit** *f* poválečná doba; **~kur** *f* dodatečné léčení, doléčení *n*; **⁓laden** *El.* dobíjet [-bít]; *Waffe*:

znovu nabí(je)t; **~laß** *m* (*Straf*≈) prominutí *n*; (*Preis*≈) sleva *f*; (*Erbschaft*) pozůstalost *f*; ~- *in Zssgn* pozůstalostní; **≈lassen** *v/t* (*lockern*) povolovat [-lit]; *Strafe*: promíjet [-minout]; (*vom Preis*) slevovat [slevit]; (*hinterlassen*) zanech(áv)at; *v/i* (*schwächer werden*) ochabovat [-bnout]; (*aufhören*) ustá(va)t.
nachlässig nedbalý; *Adv. a.* ledabyle; **≈keit** *f* nedbalost.
nach|laufen (*D*) běžet (běhat *Iter.*) za (*I*); **≈lese** *f* paběrkování *n*; *Lit.* dodatečný výbor; **~lesen** paběrkovat; (*in e-m Buch*) přečítat [-číst]; **~liefern** dodatečně dod(áv)at; **≈lieferung** *f* dodatečná dodávka; **~lösen:** *Fahrkarte* ~ dokoupit *pf.* jízdenku; **~machen** *s. nachahmen*; (*fälschen*) paděl(áv)at; *nachgemacht* padělaný; (*künstlich*) napodobený; **~messen** přeměřovat [-řit].
Nachmittag *m* odpoledne *n*; *des* ~*s*, *am* ~ = **≈s** odpoledne; **~s·vorstellung** *f* odpolední představení *n*.
Nach|nahme *f* (*Post*) dobírka; *unter* (*od. per*) ~ na dobírku; **~porto** *n* doběrné; **≈prüfen** přezkušovat [-zkoušet]; **~prüfung** *f* přezkoušení *n*; **≈rechnen** přepočít(áv)at; **~rede** *f* doslov *m*; *üble* ~ pomluva; **≈reden** opakov(áv)at po (*L*); *j-m Übles* ~ pomlouvat *pf.* k-o; **≈reisen** (*D*) odcestovat za (*I*); **≈rennen** (*D*) pádit *pf.* za (*I*); **~richt** *f* zpráva; *j-m* ~ *geben* vyrozumět [-mívat] k-o.
Nachrichten|agentur *f* zpravodajská (*od.* tisková) agentura; **~dienst** *m* zpravodajská služba, zpravodajství *n*; *Mil.* výzvědná služba; **~satellit** *m* spojová umělá družice; **~technik** *f* sdělovací technika; **~übermittlung** *f* přenos *m* zprávy.
nach|rücken postupovat [-stoupit]; **≈ruf** *m* posmrtná vzpomínka *f*, nekrolog; **≈ruhm** *m* posmrtná sláva *f*; **~rühmen:** *j-m et.* ~ [po]chválit k-o proč (*od.* zač); **~sagen** říkat [říci], [z]opakovat (*j-m et.* co po kom); *man sagt ihm Hochmut nach* říká se, že je pyšný; **≈saison** *f* pozdní sezóna; **≈satz** *m Gr.* závětí *n*; **~schauen** (*D*) [po]dívat se za (*I*); **~schicken** (*D*) pos(í)lat za (*I*); **~schlagen** (*in e-m Buch*) [po]dívat se do (*G*); *Wort*: [vy]hledat; **≈schlagewerk** *n* příručka *f*; **~schleichen** (*D*) plížit se za (*I*); **≈schlüssel** *m* paklíč; **~schneiden** *Gewinde*: dořezávat [-říznout]; **~schreiben** (*abschreiben*) opisovat [opsat]; (*Vorlesung*) psát [napsat]; **≈schrift** *f* dodatek *m*; **≈schub** *m* další dodání *n*; *Mil.* zásobování *n*; **~sehen** prohlížet [-hlédnout]; (*verzeihen*) promíjet [-minout]; **≈sehen** *n*: *das* ~ *haben* špatně pochodit; **~senden** *s. nachschicken*; **≈sendeantrag** *m* dosílkový list; **~setzen** klást [položit] (*D* za *I*); pronásledovat (*A*); **≈sicht** *f* strpení *n*, poshovění *n*, prominutí *n*; *mit j-m* ~ *haben od. üben* mít strpení s kým; *ohne* ~ neúprosně; **~sichtig** shovívavý; **~sitzen** *Schüler*: zůst(áv)at po škole; **≈sommer** *m* pozdní léto *n*; **≈speise** *f* zákusek *m*, dezert *m*; **≈spiel** *n* dohra *f* (*a. fig.*); *das wird noch ein* ~ *haben* to bude mít ještě dohru; **~sprechen** (*D*) opakov(áv)at co po kom.
nächst *Adj. s. nahe*; nejbližší; (*folgend*) příští; *Adv. am* ~*en* nejblíž(e); *Prp.* (*D*) blízko (*G*), nablízku (*G*); **~beste(r)** *Adj.* kterýkoli, kterákoli, kterékoli.
nach|stehen: *j-m* ~ *an* (*D*) nevyrovn(áv)at se k-u čím; **~stehend** dále uvedený; **~stellen** *Tech.* seřídit *pf.*; nastavit *pf.*, [z]regulovat; *Uhr*: postrkávat [-rčit]; *j-m* ~ [na]strojit k-u úklady.
Nächst|enliebe *f* láska k bližnímu; **≈ens** příště; **≈folgend** příští; **≈liegend** nejbližší.
nachsuchen pátrat; *um et.* ~ [po-]žádat oč.
Nacht *f* noc; *in der* ~, *bei* ~, *des* ~*s s. nachts*; *gute* ~! dobrou noc!; ~ *für* ~ noc co noc; *bei Tag und* ~ ve dne v noci, dnem i nocí; **~angriff** *m* noční útok; **~arbeit** *f* noční práce; **~asyl** *n* noční útulek *m*; **~blindheit** *f Med.* šeroslepost; **~dienst** *m* noční služba *f*.
Nachteil *m* nevýhoda *f*; *zum* ~ *von* na újmu (*G*); **≈ig** nepříznivý; *sich* ~ *auswirken* nepříznivě působit (*auf A* na *A*).
Nacht|essen *n* večeře *f*; **~falter** *m Zo.* noční motýl, můra *f*; **~frost** *m* noční mráz; **~geschirr** *n* nočník *m*; **~hemd** *n* noční košile *f*.
Nachtigall *f* slavík *m*; **~enschlag** *m* slavičí zpěv, tlukot *m* slavíků.
nächtigen [pře]nocovat.

Nachtisch *m* zákusek, dezert.

Nacht|jäger *m Flgw.* noční stíhač; **~lager** *n* nocleh *m*; **~lampe** *f* [noční lampa.

nächtlich noční.

Nacht|lokal *n* noční lokál *m*; **~mahl** *n s. Nachtessen*; **~quartier** *n* nocleh *m*.

Nach|trag *m* dodatek; **ⵒtragen** nést (nosit *Iter.*) za (*I*); *Hdl.* psát [napsat] dodatečně; *fig. j-m et.* ~ [po]hněvat se na k-o; **ⵒtragend** nezapomínající, neodpouštějící; **ⵒträglich** dodatečný; **ⵒtrauern** (*D*) truchlit, plakat (pro *A*).

Nacht|ruhe *f* noční klid *m*; **ⵒs** v noci; **~schatten** *m Bot.* lilek; **~schicht** *f* noční směna; **~schwärmer** *m* noční tulák; **~speicherofen** *m* akumulační kamna *n/pl.* na noční proud; **~tisch** *m* noční stolek; **~topf** *m* nočník; **~vorstellung** *f* noční představení *n*; **~wache** *f* noční hlídka (*a. Mil.*); (*Person*) noční hlídač *m*; **~wächter** *m* ponocný; **~wandler(in** *f*) *m* náměsíčník (-nice); **~zeit** *f*: *zur* ~ v noci; **~zug** *m Esb.* noční vlak.

nach|wachsen opět narůst(at); **ⵒwahl** *f* dodatečná volba; **ⵒwehen** *f/pl.* bolesti *f/pl.* po porodu; *fig.* zlé následky *m/pl.*; **~weinen** (*D*) *s. nachtrauern*; **ⵒweis** *m* (*Beweis*) důkaz; (*Ausweis*) průkaz; (*Beleg*) doklad; *den ~ führen* pod(áv)at důkaz; **~weisbar** do-, pro-kazatelný; **~weisen** (*beweisen*) dokazovat [-kázat]; (*aufzeigen*) prokazovat [-kázat]; (*vermitteln*) [z]prostředkovat; **~weislich** *s. nachweisbar*; **ⵒwelt** *f* potomstvo *n*, potomci *m/pl.*; **~wirken** [z]působit později; **ⵒwirkung** *f* pozdější působení *n*; (*Folgen*) následky *m/pl.*; **ⵒwort** *n* doslov *m*; **ⵒwuchs** *m* dorost; *Bot.* výhonek; **~zahlen** doplácet [-platit]; **~zählen** přepočít(áv)at; **ⵒzahlung** *f* doplatek *m*; **~zeichnen** obkreslovat [-lit]; **~ziehen** *v/t Fuß*: táhnout [tahat] za sebou; *Schraube*: přitah(ov)at [-táhnout]; *Linie*: zesilovat [-sílit]; *v/i* (*D*) [od]stěhovat se za (*I*); **ⵒzügler** *m* opozdilec.

Nacken *m* šíje *f*, týl; **~schlag** *m* rána *f* do týla; *fig.* úder osudu.

nack|end, ~ig F *s. nackt*.

nackt nahý; (*kahl*) holý; **ⵒbadestrand** *m* pláž *f* pro nudisty; **ⵒheit** *f* nahota; **ⵒkultur** *f* nudismus *m*.

Nadel *f* jehla, (*Dim.*) jehlička; *Bot.* jehlice; *~n koll.* jehličí *n*; *s. a. Haar-, Steck-, Strick-, Magnetnadel*; *wie auf ~n sitzen* sedět jako na jehlách; **~baum** *m* jehličnatý strom; **~brief** *m* balíček jehel; **ⵒförmig** jehlicovitý, jehličkovitý; **~hölzer** *n/pl. Bot.* jehličiny *f/pl.*, jehličnany *m/pl.*; **~kissen** *n* polštářek *m* na jehly, jehelníček *m*; **~öhr** *n* ucho *n* jehly; **~stich** *m* bodnutí *n* jehlou; *fig.* úštěpek; **~wald** *m* jehličnatý les.

Nagel *m* hřebík; *Anat.* nehet; *fig. an den ~ hängen* věšet [pověsit] na hřebík; **~bett** *n Anat.* nehtové lůžko; **~bürste** *f* kartáček *m* na nehty; **~feile** *f* pilník *m* na nehty; **~kopf** *m* hlavička *f* hřebíku; **~lack** *m* lak na nehty; **ⵒn** přibí(je)t hřebíkem; **ⵒneu** F úplně nový; **~pflege** *f* péče o nehty; **~schere** *f* nůžky *f/pl.* na nehty.

nage|n (*an D*) [o]hlodat (*A*); **ⵒr** *m Zo.* = **ⵒtier** *n* hlodavec *m*.

nah (*Sup. nächst*) *Adj.* blízký; *Adv.* blízko; *fig.* blízce; *~(e) daran sein* být blízko tomu; *von ~ und fern* zblízka i zdáli; *j-m zu ~e treten* urážet [urazit] k-o.

Näh·arbeit *f* šití *n*.

Nah·aufnahme *f* snímek (*od.* záběr) zblízka.

Nähe *f* blízkost; *in der ~* blízko, nablízku; *aus der ~* zblízka.

nahe|'bei blízko, nablízku; **~bringen** přibližovat [-lížit]; **~gehen** (*D*) dotýkat [-tknout] se (*G*).

Nah·einstellung *f* zaostření *n* na blízko.

nahe|kommen [při]blížit se (*D*); **~legen** dá(va)t na srozuměnou; **~liegen** být nasnadě; **~liegend** pochopitelný.

nahen (*sich*) [při]blížit (se).

nähen [u]šít; *Med.* seší(va)t.

Nähen *n* šití.

näher (*s. nah*) bližší; *Adv.* blíž(e); *~ bringen s. nähern*; **ⵒe(s)** *n* bližší podrobnosti *f/pl.*

Näherin *f* švadlena.

näherkommen při-, s-bližovat [-lížit] se (*a. sich*).

nähern [při]blížit (*sich* se).

nahe|stehen být bližší; **~stehend** důvěrný; **~treten** sbližovat [sblížit] se s (*I*); *fig.* uvažovat [uvážit] o (*L*); **~zu** skoro, téměř.

Nähgarn *n* šicí příze *f*.

Nah|kampf *m* boj zblízka; **~linse** *f* čočka pro snímky zblízka.
nahm *s. nehmen.*
Näh|maschine *f* šicí stroj *m*; **~nadel** *f* šicí jehla.
Nähr|boden *m* živná půda (*a. fig.*); **2en** [vy]živit.
nahrhaft výživný.
Nähr|hefe *f* jedlé kvasnice *f/pl.*; **~kraft** *f* výživnost; **~lösung** *f* živný roztok; **~mittel** *n/pl.* těstoviny *f/pl.* a kroupy *f/pl.*; **~salz** *n* živná sůl; **~stoff** *m* výživná látka.
Nahrung *f* potrava, strava.
Nahrungs|aufnahme *f* přijímání *n* potravy; **~mittel** *n* potravina *f*; **~mittel·industrie** *f* potravinářský průmysl.
Nährwert *m* výživná hodnota.
Nähseide *f* šicí hedvábí *n.*
Naht *f* šev *m*, steh *m.*
Nähtischchen *n* šicí stoleček *m.*
nahtlos beze švu; *Rohr*: bezešvý.
Nahverkehr *m* místní doprava *f.*
Nähzeug *n* šicí potřeby *f/pl.*
na'iv naivní.
Naivi'tät *f* naivnost.
Name *m* jméno *n*; (*Benennung*) název; (*Ruf*) pověst *f*; *dem ~n nach* podle jména; *im ~n* (*G*) jménem (*G*); **2n·los** bezejmenný; **2ns** jménem.
Namens|aufruf *m* vyvolávání *n* jmen; **~fest** *n* jmeniny *f/pl.*; **~register** *n* jmenný seznam *od.* rejstřík; **~tag** *m s. Namensfest*; **~verzeichnis** *n s. Namensregister*; **~vetter** *m* jmenovec; **~zug** *m* podpis.
namentlich *Adj.* jmenovitý; *Adv.* zejména.
Namenverzeichnis *n* soupis *m* jmen.
namhaft vynikající, značný; *~ machen* [po]jmenovat.
nämlich *Adj.* týž; *Adv.* totiž.
nannte *s. nennen.*
nanu nono!
Napalmbombe *f* napalmová puma.
Napf *m* mísa *f*, hrnec; **~kuchen** *m* bábovka *f.*
Naphtha'lin *n* naftalín *m.*
Nappaleder *n* jircha *f*, mocha *f.*
Narb|e *f* jizva; (*Pocken2*) důlek *m*; *Bot.* blizna; **2ig** zjizvený; dolíčkovaný.
Nar'ko|se *f* narkóza; **2tisch** narkotický; **2ti'sieren** narkotizovat (*im*)*pf.*

Narr *m* blázen; (*Possenreißer*) šašek; *e-n ~en an j-m gefressen haben* mít k-o velmi rád; *zum ~en haben od. halten* = **2en** mít za blázna.
Narren|haus F *n* blázinec *m*; **~kappe** *f* bláznovská čapka.
Narr|e'tei *f* bláznovství *n*; **~heit** *f* pošetilost, F nerozum *m.*
Närr|in *f* blázen *m*; **2isch** bláznivý, pošetilý.
Nar'zisse *f Bot.* narcis *m.*
naschen [s]mlsat.
Näs·chen *n* nosíček *m.*
Nasche|r(in *f*) *m* mlsoun(ka); **~'rei** *f* mlsání *n.*
nasch|haft mlsný; **2haftigkeit** *f* mlsnost, labužnictví *n*; **2werk** *n* pamlsky *m/pl.*
Nase *f* nos *m*; *Tech.* výstupek *m*, ozub *m*; *der ~ nach* rovnou za nosem; *j-m et. unter die ~ reiben* strkat [strčit] k-u co pod nos; F *ich habe die ~ voll* (*davon*) mám toho plné zuby; *durch die ~ reden s. näseln*; *fig. die ~ hoch tragen* nosit nos vysoko.
näseln [za]huhňat; **~d** huhňavý.
Nasen|bein *n Anat.* nosní kost *f*; **~bluten** *n* krvácení z nosu; **~flügel** *m Anat.* nosní křídlo *n*; **~höhle** *f Anat.* nosní dutina; **~länge** *f*: *um eine ~ voraus* o hlavu; **~laut** *m* nosovka *f*; **~loch** *n* nosní dírka *f*; **~spitze** *f* špička nosu; **~stüber** *m* šňupka *f*; *j-m e-n ~ geben* dá(va)t k-u přes nos; **~wurzel** *f* kořen *m* nosu.
naseweis všetečný.
nasführen vodit [vodívat] za nos.
Nashorn *n* nosorožec *m.*
naß mokrý; *~ machen* namáčet [-močit]; *~ werden* [z]moknout; *durch und durch ~* skrznaskrz promočený.
Naß *n* nápoj *m*, F mok *m.*
Nässe *f* mokro *n*; **2n** *v/i Kind*: [vy]močit se; *Wunde*: [za]mokvat; *v/t* [na]močit, [na]vhlčit.
naßkalt sychravý.
Nati'on *f* národ *m*; *Vereinte ~en* Spojené národy.
natio'nal národní, nacionální; **2feiertag** *m* národní svátek; **2hymne** *f* národní hymna; **~i'sieren** znárodňovat [-dnit]; **2i'sierung** *f* znárodnění *n*; **~istisch** [-'lı-] nacionalistický; **2i'tät** *f* národnost; **2i'tätenstaat** *m* národnostní stát;

≈i'täts(kenn)zeichen *n* národnostní značka *f*; **≈mannschaft** *f Sp.* národní mužstvo *n*; **≈ökonomie** *f* národní hospodářství *n*; **≈preis** *m* státní cena *f*; **≈rat** *m* národní rada *f*; **≈unternehmen** *n* národní podnik *m*; **≈versammlung** *f* národní shromáždění *n*.

Natrium *n* natrium.

Natron *n* bikarbonát sodný, jedlá soda; **~lauge** *f* louh *m* sodný.

Natter *f* užovka; *fig.* jedovatý had.

Na'tur *f* příroda; (*Wesen*) přirozenost, povaha; *von* ~ od přirozenosti, povahou; *zur zweiten* ~ *werden* stá(va)t se druhou přirozeností; **~alien** [-'rɑ:-] *pl.* naturalie *f/pl.*, přírodniny *f/pl.*; **≈ali'sieren** naturalizovat (*im*)*pf.*; **~a'lismus** *m* naturalismus; **~a'list** *m* naturalista; **~alwirtschaft** [-'rɑ:-] *f* naturální hospodářství *n*; **~beschreibung** *f* přírodopis *m*; **~ell** [-'rɛl] *n* naturel *m*, vrozená povaha; **~er·eignis** *n*, **~erscheinung** *f* přírodní zjev *m*; **~forscher** *m* přírodovědec; **~forschung** *f* přírodověda; **≈gemäß** přirozený; **~geschichte** *f s. Naturbeschreibung*; **~gesetz** *n* přírodní zákon *m*; **≈getreu** věrný podobou; **~heilkunde** *f* nauka o přírodním léčení; **~kraft** *f* přírodní síla; **~kunde** *f* přírodověda.

na'türlich přirozený; *Adv.* přirozeně, ovšem, arci; **≈keit** *f* přirozenost.

Na'tur|mensch *m* necivilizovaný člověk; **~philosophie** *f* přírodní filosofie; **~reich** *n* říše *f* přírody; **~schutz** *m* ochrana *f* přírody; **~schutzpark** *m* přírodní reservace *f*; **~seide** *f* přírodní hedvábí *n*; **~talent** *n* vrozený talent.

Na'turwissenschaft *f* přírodověda; **~ler** *m* přírodovědec; **≈lich** přírodovědecký.

Na'turzustand *m* přirozený stav.

Naut|ik *f* nautika; **≈isch** nautický.

Navi|gati'on *f* navigace; **~'gator** *m Flgw.* navigátor.

Nazi *m* nacista.

n. Chr. *s. Christus.*

Nebel *m* mlha; *Astr.* mlhovina; **≈haft** mlhovitý; **~horn** *n* mlžný roh; **≈ig** *s. neblig*; **~scheinwerfer** *m* mlhovka *f*; **~werfer** *m Mil.* přístroj *m* na vytváření mlhy.

neben (*wo? D*; *wohin? A*) vedle (*G*).

Neben|absicht *f* vedlejší úmysl *m*; **≈'an** vedle; **~anschluß** *m Tel.* pobočná přípojka; **~arbeit** *f* vedlejší práce; **~ausgaben** *f/pl.* vedlejší výdaje *m/pl.*; **~ausgang** *m* vedlejší východ; **~bedeutung** *f* vedlejší význam *m*; **≈'bei** (*außerdem*) vedle toho; (*beiläufig*) mimochodem; **~beschäftigung** *f* vedlejší zaměstnání *n*; **~buhler(in** *f*) *m* sok(yně), soupeř(ka); **≈ein'ander** vedle sebe; **≈ein'anderstellen** postavovat [-stavit] vedle sebe; (*vergleichen*) srovn(áv)at; **~einkünfte** *f/pl.*, **~einnahme** *f* vedlejší příjmy *m/pl.*; **~erzeugnis** *n* vedlejší výrobek *m*; **~fach** *n* (*Studium*) vedlejší obor *m*; **~fluß** *m* přítok; **~gebäude** *n* vedlejší budova *f*; **~geräusch** *n* nežádoucí hluk *m*; **~gleis** *n Esb.* vedlejší kolej *f*; **≈'her, ≈'hin** *s. nebenbei*; **~kosten** *pl.* vedlejší výlohy *f/pl. od.* poplatky *m/pl.*; **~linie** *f* (*Herkunft*) vedlejší větev; *Esb.* vedlejší trať; **~mann** *m* vedlejší muž; (*Nachbar*) soused; **~produkt** *n s. Nebenerzeugnis*; **~raum** *m* vedlejší místnost *f*; **~rolle** *f* vedlejší úloha; **~sache** *f* vedlejší věc; **≈sächlich** vedlejší; **~satz** *m Gr.* vedlejší věta *f*; **≈stehend** stojící vedle; **~straße** *f* vedlejší silnice; postranní ulice; **~verdienst** *m* vedlejší výdělek; **~weg** *m* vedlejší cesta *f*; **~wirkung** *f* vedlejší účinek *m*; **~zimmer** *n* vedlejší pokoj *m*; **~zweck** *m* vedlejší účel.

neblig mlhavý.

nebst *Prp.* (*D*) i s (*I*), kromě (*G*).

neck|en [po]škádlit; **≈e'rei** *f* škádlení *n*; **~isch** škádlivý.

Neffe *m* synovec.

negativ negativní; (*verneinend*) záporný; (*ablehnend*) odmítavý.

Negativ *n Fot.* negativ *m*.

Neger(in *f*) *m* černoch *m* (černoška *f*).

ne'gieren po-, za-pírat [-přít], odmítat [-tnout].

nehmen brát [vzít]; ~ *wir den Fall, daß* ... dejme tomu, že ...; *an sich* ~ (*sich aneignen*) osvojovat [-jit] si; *zu sich* ~ (*essen*) [na]jíst [se] (*G*); (*trinken*) [na]pít [se] (*G*).

Nehrung *f Geogr.* kosa.

Neid *m* závist *f*; **≈en:** *j-m et.* ~ závidět k-u co; **~er** *m* závistník; **≈isch** závistivý; ~ *sein* závidět k-u co; **≈los** bez závisti.

Neig|e *f* sklon *m*; (*Ende*) sklonek *m*; (*Rest*) zbytek *m*; *zur ~ gehen* schylit [-lovat] se, docházet [dojít]; **ꝸen** sklánět [sklonit]; *fig. zu et. ~* být náchylný k č-u; **~ung** *f* sklon *m*; *fig.* náklonost, náchylnost; **~ungswaage** *f* sklonné váhy *f/pl.*; **~ungswinkel** *m* úhel sklonu.

nein ne, nikoli(v); *zu et. ~ sagen* odpírat [odepřít] co; *mit ꝸ antworten* odpovídat [-vědět] záporně; **ꝸstimme** *f* hlas *m* proti.

Nelke *f* karafiát *m*, hvozdík *m* zahradní; (*Gewürz*) hřebíček *m*; **~n-** *in Zssgn* karafiátový; hřebíčkový.

nenn|en [po]jmenovat, naz(ý)vat; **~ens·wert** zasluhující zmínky; **ꝸer** *m Math.* jmenovatel; **ꝸform** *f Gr.* neurčitý způsob, infinitiv *m*; **ꝸung** *f* jmenování *n*; **ꝸwert** *m Hdl.* jmenovitá (*od.* nominální) hodnota.

Neofaschismus *m* neofašismus.

Neon *n* neon *m*; **~röhre** *f* neonová zářivka.

Nerv *m* nerv, čiva *f*; *j-m auf die ~en fallen od. gehen* jít na nervy; *die ~en verlieren* nervově se zhroutit.

Nerven- *in Zssgn* nervový; **~arzt** *m* lékař pro nervové choroby, neurolog; **~beruhigungsmittel** *n* prostředek *m* na uklidnění nervů; **~bündel** *n Anat.* svazek *m* nervů; *fig.* člověk samý nerv; **~entzündung** *f* zánět *m* nervů; **~gift** *n* nervový jed; **~heil·anstalt** *f* léčebný ústav pro nervové choroby; **~schock** *m* otřes nervů, nervový šok; **ꝸschwach** slabých nervů; **ꝸstärkend** posilující nervy; **~zusammenbruch** *m* nervové zhroucení *n*.

nervig nervní, silný; *Bot.* žilnatý.

ner'vös nervózní, nervový, neklidný.

Nervosi'tät *f* nervozita, nervóznost.

Nerz *m Zo.* norek; **~zucht** *f* chov *m* norků.

Nessel *f Bot.* kopřiva; F *sich in die ~n setzen* dostat se do (pěkné) bryndy; **~ausschlag** *m*, **~fieber** *n Med.* kopřivka *f*.

Nest *n* hnízdo; F *fig. elendes ~* zapadákov *m*; **~häkchen** *n fig.* mazánek *m*; **~hocker** *m*, **~ling** *m* hnízdoš.

nett *Person*: milý, laskav(ý); *Sache*: hezký, úhledný.

netto čistý, netto; **ꝸgewicht** *n* čistá váha; **ꝸpreis** *m* čistá cena.

Netz *n* síť *f*; **~anschluß** *m El.* připojení *n* k síti; **~empfänger** *m* síťový přijímač; **ꝸförmig** síťovitý; **~haut** *f* (*des Auges*) sítnice; **~magen** *m Zo.* čepec; **~spannung** *f El.* síťové napětí, napětí *n* sítě.

neu nový; *aufs ~e, von ~em* znova; *was gibt's ꝸes?* co je nového?

neu|artig nový; **ꝸaufbau** *m* znovuvýstavba *f*; **ꝸbau** *m* novostavba *f*; **~be·arbeiten** nově zpracov(áv)at; **ꝸbe·arbeitung** *f* nové zpracování *n*; **ꝸbildung** *f* nové tvoření *n*; novotvar *m*; **ꝸbürger** *m* novoobčan; **ꝸdruck** *m* novotisk.

neuerdings nedávno; (*erneut*) zase.

Neu|erer *m* novátor; **~erscheinung** *f* knižní novinka; **~erung** *f* novota; **ꝸgebacken** novopečený; **ꝸgeboren** novorozený; **~geborene(s)** *n* novorozeně *n*; **~gestaltung** *f* nová úprava; **~gier(de)** *f* zvědavost; **ꝸgierig** zvědavý; **~gründung** *f* znovuzaložení *n*, znovuzřízení *n*; **~heit** *f* novota; (*Gegenstand*) novinka; **ꝸhochdeutsch** novohornoněmecký.

Neuigkeit *f* novinka.

Neujahr *n* Nový rok *m*; **~s·empfang** *m* novoroční přijetí *n*, recepce *f* k Novému roku; **~s·nacht** *f* novoroční (*od.* silvestrovská) noc; **~s·tag** *m* Nový rok; **~s·wunsch** *m* novoroční přání *n*.

Neu|land *n Agr.* novina *f*; *fig.* nová oblast; **ꝸlich** *Adv.* nedávno; **~ling** *m* nováček; **ꝸmodisch** novomódní; **~mond** *m* nový měsíc, novoluní *n*.

neun devět.

Neun *f* devítka.

Neun|auge *n Zo.* okatice *f*, mihule *f*; **ꝸer'lei** devaterý; **ꝸfach, ꝸfältig** devaterý, devateronásobný; **'ꝸ'hundert** devět set; **ꝸhundertste(r)** devítistý; **ꝸmal** devětkrát; **~tel** *n* devítina *f*; **ꝸtens** za deváté; **ꝸzehn** devatenáct; **~zehntel** *n* devatenáctina *f*; **ꝸzehnte(r)** devatenáctý.

neunzig devadesát; **ꝸer(in** *f*) *m* devadesátník (-nice); **ꝸstel** *n* devadesátnina *f*; **~ste(r)** devadesátý.

Neu|ordnung *f* nová úprava; *Pol.* nové zřízení; **~philologe** *m* moderní filolog.

Neural|'gie *f* neuralgie; **ꝸgisch** [-'ʀal-] neuralgický.

Neu|regelung *f* nová úprava; **~reiche(r)** *m* zbohatlík *m*.

Neu'ro|se *f Med.* neuróza; **~tiker** *m* nervově chorý člověk; **≗tisch** neurotický.

Neu|schnee *m* čerstvě napadlý sníh; **~'seeland** *n* Nový Zéland; **≗'seeländisch** novozélandský; **~siedler** *m* novousedlík; **~siedlung** *f* novousedlost; **~silber** *n* nové stříbro, alpaka *f.*

neu'tral neutrální; **~i'sieren** neutralizovat *(im)pf.*; **≗i'tät** *f* neutralita; **≗i'tätspolitik** *f* neutrální politika.

Neu'tron *n Phys.* neutron *m.*

Neutrum *n Gr.* střední rod *m*, neutrum.

Neu|vermählte(n) *pl.* novomanželé *m/pl.*; **~wahl** *f* nová volba; **~zeit** *f* novověk *m*; **≗zeitlich** novověký.

nicht ne, nikoli(v); ~ *wahr?* neníliž pravda?

Nicht|achtung *f* neváženost; **≗amtlich** neúřední; **~annahme** *f* nepřijetí *n*; **~'angriffspakt** *m* smlouva *f* o neútočení; **~beachtung** *f*, **~befolgung** *f* neuposlechnutí *n*, nedbání *n*; **~bezahlung** *f* nezaplacení *n.*

Nichte *f* neteř.

Nicht|einhaltung *f* nedodržení *n*; **~einmischung** *f* nevměšování se *n*, neintervence; **~erfüllung** *f* nesplnění *n*; **~erscheinen** *n Jur.* nedostavení (se).

nichtig *Jur.* neplatný; *(wertlos)* nicotný; *für* ~ *erklären* prohlašovat [-hlásit] za neplatné; **≗keit** *f* neplatnost, nicotnost; **≗keits·erklärung** *f Jur.* prohlášení *n* za neplatné.

Nicht|leiter *m El.* nevodič; **~metall** *n* nekov *m*, metaloid *m*; **~mitglied** *n* nečlen *m*; **≗öffentlich** neveřejný; **~raucher** *m* nekuřák; **~raucher·abteil** *n* nekuřácké oddělení; **≗rostend** nerezavějící.

Nicht(s) *n* nic.

nichts nic *(G)*; *(tschech. Verben in verneinter Form!)* *er sieht* ~ nevidí nic; *aus* ~ *wird* ~ z ničeho nic není; *das macht* ~*!* to nic nedělá!; *für (od. um)* ~ *und wieder* ~ pro nic (a) za nic; *mir* ~, *dir* ~ jakoby nic; ~ *als* jen.

nichts·ahnend nic netuše (-šíc, -šíce).

Nichtschwimmer(in *f)* *m* neplavec (-vkyně).

nichts|desto'weniger nicméně, přesto; **≗nutz** *m* darebák; **~nutzig** darebný; **~sagend** bezvýznamný; **≗tuer** *m* zahaleč; **≗tun** *n* zahálka *f*; **~würdig** darebný; **≗würdigkeit** *f* darebnost.

Nicht|vorhandensein *n* nedostatek *m*, neexistence *f*; **~zahlung** *f* ne(za)placení *n*; **~zutreffendes:** ~ *streichen!* co se nehodí škrtněte!

Nickel *n* nikl; ~- *in Zssgn* niklový.

nicken kývat [-vnout]; F *(schlummern)* podřimovat [zdřimnout] si.

Nickerchen F *n*: *ein* ~ *machen* dřímat [zdřímnout (si)].

nie nikdy.

nieder *Adv.* dolů; ~ *mit ihm!* dolů s ním!; **~brennen** vypalovat [-pálit]; shořet *pf.*; **~bücken:** *sich* ~ shýbat [sehnout] se; **~deutsch** dolnoněmecký; **≗druck** *m* nízký tlak; ~- *in Zssgn* nízkotlaký; **~drücken** stlačovat [-čit]; *fig.* [s]tísnit; **~fallen** upadat [-dnout]; **≗frequenz** *f El.* nízká frekvence; **≗gang** *m* klesání *n*; *fig.* pokles, úpadek; **~gehen** sestupovat [-stoupit]; *Flgw.* snášet [snést] se k zemi; *Regen*: spouštět [spustit] se; *Lawine*: řítit se *pf.*; *fig.* klesat [-snout]; **~geschlagen** sklíčený; **≗geschlagenheit** *f* sklíčenost; **~knien** klekat [-knout]; **~kommen** † *Frau*: sléhat [slehnout], porodit *pf.*; **≗kunft** *f* slehnutí *n*, porod *m*; **≗lage** *f* porážka; *(Filiale)* pobočka; *(Lager)* skladiště *n*; **≗lande** *pl.* Nizozemsko *n*; **≗länder(in** *f)* *m* Nizozemec (-mka); **~ländisch** nizozemský; **~lassen** spouštět [spustit] *(sich* se); *(sich setzen)* sedat [-dnout] (si); *Hdl.* usazovat [usadit] se; **≗lassung** *f* osada; *Hdl.* pobočka; **≗lausitz** *f* Dolní Lužice; **~legen** skládat [složit]; *Amt usw.*: vzdá(va)t se *(G)*; *Arbeit*: zastavovat [-stavit]; *(schriftlich festhalten)* psát [napsat]; *sich* ~ lehat si [lehnout (si)]; **≗legung** *f* zastavení *n*; složení *n*; **~machen, ~metzeln** pobí(je)t; **~reißen** [z]bořit; *fig.* odstraňovat [-stranit]; **~ringen** přemáhat [-moci], zdol(á-v)at; **≗sachsen** *n* Dolní Sasko; **~schießen** zastřelit *pf.*; **≗schlag** *m Chem.* sedlina *f*; *(Regen usw.)* srážka *f*; *(Boxen)* nízká rána; **~schlagen** srážet [srazit] k zemi; *Aufstand*: potlačovat [-čit]; *Augen*: [s]klopit;

Jur. Verfahren: zastavovat [-stavit]; (*Getreide v. Hagel*) potloukat [-tlouci]; **~schreiben** psát [napsat]; **2schrift** *f* spis *m*, napsání *n*; **~setzen** posazovat [-sadit] (*sich* se); (*absetzen*) postavovat [-stavit]; **~sinken** klesat [-snout]; **2spannung** *f El.* nízké napětí; **~stechen** probod(áv)at [-dnout]; **~steigen** sestupovat [-stoupit]; **~stimmen** přehlasov(áv)at; **~stürzen** padat [-dnout]; *Lawine*: sesou(va)t; **2tracht** *f* podlost; **~trächtig** podlý; **2trächtigkeit** *f s. Niedertracht*; **~treten** sešlapovat [-pat].

Niederung *f* nížina.

nieder|werfen shazovat [shodit, sházet]; (*besiegen*) porážet [-razit]; *Aufstand*: potlačovat [-čit]; *sich vor j-m ~* vrhat [-hnout] se před kým na zem; **2werfung** *f* potlačení *n*.

niedlich líbezný; **2keit** *f* líbeznost.

Niednagel *m Med.* záděra *f*.

niedrig *Adj.* nízký; (*gemein*) sprostý; *Adv.* nízko; **2keit** *f* nízkost, podlost; **2wasser** *n* malá voda.

niemals nikdy.

niemand nikdo; **2s·land** *n Mil., fig.* země *f* nikoho.

Niere *f* ledvina.

Nieren|braten *m* ledvinová pečeně; **~entzündung** *f* zánět *m* ledvin; **2krank, 2leidend** stížený nemocí ledvin; **~stein** *m* ledvinový kamínek.

niesel|n [za]mžít se; **2regen** *m* mžení *n*.

nies|en kýchat [-chnout]; **2en** *n* kýchání; **2pulver** *n* kýchací prášek *m*; **2wurz** *m Bot.* čemeřice *f*.

Nießbrauch *m* poživání *n*.

Niet *m Tech.* nýt *m*; **~e** *f* (*Los*) los *m* bez výhry; **2en** [za]nýtovat; **~maschine** *f* nýtovačka; **~naht** *f* nýtový šev; **2- und 'nagelfest** dobře připevněný.

Nihi|'lismus *m* nihilismus; **2'listisch** nihilistický.

Niko'tin *n* nikotin *m*; **2frei** prostý nikotinu, bez nikotinu; **~vergiftung** *f* otrava nikotinem.

Nilpferd *n* hroch *m*.

Nimbus *m* nimbus.

nimm *s. nehmen*.

nimmer|(mehr) nikdy, již ne; **2satt** F *m* nenasyta; **2wiedersehen** *n*: *auf ~* sbohem navždy.

nippen srkat [-knout].

nirgend(s) nikde, odnikud; **~hin** nikam; **~wo** nikde.

Nische *f* výklenek *m*.

Niß *f*, **Nisse** *f* hnida.

nist|en hnízdit (*a. fig.*); **2platz** *m* hnízdiště *n*.

Ni'trat *n* dusičnan *m*, nitrát *m*.

Niveau [-'vo:] *n* úroveň *f* (*a. fig.*).

nivel'lier|en nivelizovat (*im*)*pf.*; **2instrument** *n* nivelační stroj; **2ung** *f* nivelování *n*, nivelace.

Nixe *f* vodní žínka.

nobel vznešený; *s. edel*.

No'belpreis *m* Nobelova cena; **~träger** *m* nositel Nobelovy ceny.

noch ještě; **~malig** opět(ov)ný; **~mals** ještě jednou.

Nocken *m* vačka *f*; **~welle** *f* vačkový (*od.* rozvodový) hřídel.

No'made *m* kočovník; **~n·leben** *n* kočovný (*od.* kočovnický) život; **~n·volk** *n* kočovný národ *m*.

no'madi|sch kočovný, nomádský; **~'sieren** kočovat *pf.*, nomadizovat *pf.*

nomi'n|al jmenovitý, nominální; **'2ativ** *m Gr.* první pád, nominativ; **~ieren** jmenovat (*im*)*pf.*

Nonne *f* jeptiška; **~n·kloster** *n* ženský klášter.

Nonsens *m* nesmysl, nonsens.

Non'stop·flug *m* nepřetržitý let, let bez zastávky.

Nord *m* sever; (*Wind*) severák; **~amerika** *n* Severní Amerika *f*; **~at'lantikpakt** *m Pol.* Severoatlantický pakt; **2deutsch** severoněmecký; **~en** *m* sever; **2isch** nordický, severský; **~kap** *n* Severní mys *m*; **~länder(in** *f*) *m* Seveřan(ka).

nördlich severní; *~ von* severně od [(*G*).]

Nord|licht *n* severní záře *f*; **~'ost(-en)** *m* severovýchod; **2'östlich** severovýchodní; **~pol** *m* severní točna (*od.* pól); **~see** *f* Severní moře *n*; **~stern** *m Astr.* Polárka *f*; **~'west(en)** *m* severozápad; **2'westlich** severozápadní; **~wind** *m* severní vítr, severák.

Nörg|e'lei *f* malicherné výtky *f/pl.*; **2eln** malicherně [z]kritizovat; **~ler** *m* malicherný kritik.

Norm *f* norma; *~- in Zssgn* normovaný, normalizovaný.

nor'ma|l normální; **~li'sieren** normalizovat (*im*)*pf.*; **2li'sierung** *f* normalizace.

Nor'malzeit *f* normální čas *m.*
Norman'die *f* Normandie.
norm|en [z]normovat; **♀ung** *f* normování *n.*
Norweg|en *n* Norsko; **~er(in** *f) m* Nor(ka); **♀isch** norský.
Not *f* nouze, nutnost, nezbytnost; (*Notlage*) bída; (*Mühe*) nesnáz; (*Gefahr*) nebezpečí *n*; *zur* ~ jen taktak; *mit knapper* ~, *mit Mühe und* ~ stěží; *ohne* ~ zbytečně; ~ *leiden* trpět nouzi; *es tut* ~ je třeba; *s-e liebe* ~ *haben* mít nesnáze s (*I*).
Not·anker *m fig.* záchrana *f.*
No'tar *m* notář; **~i'at** *n* notářství; **♀i'ell** notářský.
Not|ausgang *m* nouzový východ; **~behelf** *m* pomůcka *f* v nouzi; **~beleuchtung** *f* nouzové osvětlení; **~bremse** *f Esb.* záchranná brzda; **~brücke** *f* (pro)zatímní most *m*; **~durft** *f* tělesná potřeba; *s-e* ~ *verrichten* [vy]konat svou potřebu; jít na malou (*od.* velkou) stranu; **♀dürftig** nuzný.
Note *f Mus., Pol.* nota; (*Anmerkung*) poznámka; (*Zensur*) známka; (*Charakterzug*) ráz *m*; (*Bank♀*) bankovka.
Noten|austausch *m Pol.* výměna *f* diplomatických not; **~bank** *f* cedulová banka; **~blatt** *n Mus.* notový list; **~pult** *n* stojan *m* na noty; **~schlüssel** *m Mus.* notový klíč; **~ständer** *m s. Notenpult*; **~umlauf** *m* oběh bankovek; **~wechsel** *m s. Notenaustausch*; **~zeichen** *n Mus.* notové znaménko.
Not|fall *m* naléhavá potřeba; *im* ~*e*, **♀s** v případě potřeby; **♀gedrungen, ♀gezwungen** donucen (nouzí); **~groschen** *m* peníze *m/pl.* pro případ nouze; **~hilfe** *f* pomoc v nouzi.
no'tier|en zaznamen(áv)at; **♀ung** *f* záznam *m.*
nötig potřebný, nutný; ~ *haben* potřebovat; *es ist* ~ je třeba; **~en** [při]nutit; (*auffordern*) pobízet [-bídnout]; *sich genötigt sehen* být nucen; **~en'falls** je-li (*od.* bude-li) třeba; **♀ung** *f* nucení *n*, pobízení *n*; *Jur.* nátlak *m.*
No'tiz *f* poznámka, noticka; ~ *nehmen von* všímat [všimnout] si (*G*); **~block** *m* poznámkový blok; **~buch** *n* zápisník *m*, notes *m.*
Not|lage *f* nouze; **♀landen** *Flgw.* nouzivě přist(áv)at; **~landung** *f Flgw.* nouzové přistání; **♀leidend** trpící nouzi, nuzný; **~lüge** *f* lež z nouze.
no'torisch notorický, všeobecně známý.
Not|ruf *m* volání *n* o pomoc; **~schlachtung** *f* nucená porážka; **~schrei** *m* výkřik v úzkosti; **~signal** *n s.* Notruf; *Esb.* nouzový signál.
Notstand *m* nouze *f*; (*Ausnahmezustand*) výjimečný stav.
Notstands|arbeit *f* nouzová práce; **~gebiet** *n* nouzové území; **~gesetze** *n/pl.* nouzové zákony *m/pl.*
Not|verband *m Med.* prozatímní obvaz; **~ver·ordnung** *f* nouzové nařízení; **~wehr** *f* sebeobrana; **♀wendig** nutný, potřebný; **~wendigkeit** *f* nutnost, potřebnost; **~wohnung** *f* prozatímní byt *m*; **~zucht** *f* násilné smilstvo; **♀züchtigen** znásilňovat [-lnit].
No'velle *f* novela.
No'vember *m* listopad; ~- *in Zssgn* listopadový.
No'vi|ze *m* novic; **~zin** *f* novicka.
Nr. *Abk. für Nummer.*
Nu *m* moment; *im* ~ v okamžiku.
Nu'an|ce [nyˈɑ̃sə] *f* odstín *m*, nuance; **♀'cieren** odstiňovat [odstínit], nuancovat (*im*)*pf.*
nüchtern (*mit leerem Magen*) lačný; (*nicht betrunken*) střízlivý (*a. fig.*); **♀heit** *f* lačnost; střízlivost.
Nudel *f* nudle; (*für Gänse*) šiška; **~holz** *n* váleček *m* na nudle; **♀n** *Gänse*: [vy]krmit šiškami; **~suppe** *f* nudlová polévka.
nukle'ar nukleární.
null: ~ (*und nichtig*) neplatný; ~ *Fehler* bez chyb; *zwei zu* ~ dvě nula.
Null *f* nula (*a. fig.*); *gleich* ~ rovnat se nule; *fünf Grad unter* (*über*) ~ (je) pět stupňů pod (nad) nulou; *das Thermometer steht auf* ~ teploměr ukazuje nulu; ~- *in Zssgn* nulový, nultý; **~punkt** *m* nulový bod, nula; *die Stimmung sank auf den* ~ nálada poklesla na nulu; **~serie** *f* nultá série; **~zirkel** *m* nulátko *n.*
Nume'rale *n s. Zahlwort.*
nume'rier|en [o]číslovat; **♀ung** *f* číslování *n.*
nu'merisch numerický, číselný.
Nummer *f* číslo *n.*
Nummern|scheibe *f* číselnice; **~schild** *n* značková tabulka.

nun *Adv.* (*jetzt*) nyní, teď; (*also*) tedy; ~ *und nimmer*(*mehr*) (již) nikdy; *von* ~ *an* od nynějška; *Konj.* (*da, weil*) poněvadž, protože; **~mehr** nyní, teď; **'~'mehrig** nynější.
Nuntius *m* nuncius.
nur jen, jenom, toliko; *nicht* ~, *sondern auch* ... nejen ..., nýbrž i ...
Nürnberger *Adj.* norimberský.
nuscheln [za]huhňat; [za]mumlat.
Nuß *f*, **~baum** *m* ořech; **~knacker** *m* louskáček; **~kohle** *f* ořech *m*; **~öl** *n* ořechový olej; **~schale** *f* ořechová skořápka; **~torte** *f* ořechový dort.
Nüster *f* nozdra, chřípě.
Nut *f Tech.* drážka; žlábek *m*; **~enfräser** *m* drážkovací fréza *f*.
Nutria *f* nutrie.
Nutte P *f* nevěstka, V kurva.
nutz *s.* nütze.
Nutz·anwendung *f* užití *n*, upotřebení *n*.
nutzbar užitečný; ~ *machen* zužitkov(áv)at; **²keit** *f* užitečnost; **²machung** *f* zužitkování *n*.
nutzbringend užitečný, výnosný.
nütze užitečný; *zu nichts* ~ *sein* nebýt k ničemu.
Nutz·effekt *m* účinnost *f*, efektivnost *f*; užit(eč)ný výkon.
nutzen, nützen *v/t* využí(va)t (*G*); *v/i* být na prospěch, prospívat [-spět]; *es nützt nichts* není nic platné; *was nützt das alles?* co je to všechno platné?
Nutzen *m* užitek, zisk.
Nutz|fahrzeug *n* užitkové vozidlo; **~fläche** *f* plocha k užitkování; **~holz** *n* užitkové dříví; **~last** *f* užitečná váha; užit(eč)né zatížení; **~leistung** *f* užitečný výkon.
nützlich užitečný; **²keit** *f* užitečnost.
nutz|los neužitečný, neprospěšný; **²losigkeit** *f* neužitečnost, zbytečnost, marnost; **²nießung** *f* požívání *n* (*G*), braní *n* požitků z (*G*); **²ung** *f* požívání *n* (*G*); (*Ertrag*) požitek *m*.
Nylon *n* nylon *m*; **~strumpf** *m* nylonová punčocha, F nylonka *f*.
Nymph|e *f* nymfa, rusalka; **²o'man**(**isch**) nymfomanický.

O

O, o *n* (*unv.*) O, o.
o! o!, ach!; *o weh!* o běda!
O'ase *f* oáza.
ob *Konj.* zda, -li; *als* ~ jako by; ~ *auch* ačkoli; *Prp.* nad (*I*), pro (*A*).
Obacht *f* pozor *m*; ~ *geben* dá(va)t pozor.
Obdach *n* přístřeší; **≈los** bez přístřeší; **~lose(r)** *m/f* člověk *m* bez přístřeší; **~losen·asyl** *n*, **~losenheim** *n* útulek *m* pro lidi bez přístřeší.
Obdukti'on *f* obdukce.
O-Beine *n/pl.* nohy *f/pl.* do o.
o-beinig mající nohy do o.
Obe'lisk *m* obelisk.
oben nahoře; *bis* ~ až nahoru; *nach* ~ (*hin*) nahoru; *von* ~ (*herab*) shora; *von* ~ *nach unten* shora dolů; **~'an** (*wo?*) nahoře; (*wohin?*) nahoru; *fig.* na předním místě; **~'auf** nahoře, navrchu; *fig.* F ~ *sein* být dobře naložen; **~'drein** nadto, mimoto; **~erwähnt** shora uvedený; **~genannt** svrchu (*od.* shora) jmenovaný; **~'hin** povrchně.
Ober *m s. Oberkellner*; (*Spielkarte*) svršek.
ober- *s. obere.*
Ober|arm *m Anat.* nadloktí *n*, rameno *n*; **~arzt** *m* vrchní lékař; **~aufsicht** *f* vrchní dozor *m*, vrchní dohled *m*; **~bau** *m* vrchní stavba *f*; **~befehl** *m* vrchní velení *n*; **~befehlshaber** *m* vrchní velitel; **~bekleidung** *f* svrchní oděv *m*; **~bürgermeister** *m* vrchní starosta, primátor; **~deck** *n Mar.* horní paluba *f*.
obere *Adj.* horní, vrchní; *fig.* vyšší.
Oberfläch|e *f* povrch *m*; **~en-** *in Zssgn* povrchový; **≈lich** povrchní; *vgl. flüchtig*.
Ober|förster *m* nadlesní; **~gefreite(r)** *m* svobodník; **~gericht** *n* kantonální soud *m*; **≈halb** (*G*) nad (*I*); **~hand** *f*: *die* ~ *gewinnen* nabý(va)t převahy (*über A* nad *I*); **~haupt** *n* hlava *f*, náčelník *m*; **~haus** *n Pol.* horní sněmovna *f*; **~hemd** *n* vrchní košile *f*; **~herrschaft** *f* nadvláda; **~hoheit** *f* svrchovanost; **~in** *f* představená, vrchní sestra; **≈irdisch** nadzemní; **~e** *Leitung El.* vzdušné vedení; **~kellner** *m* vrchní (číšník); **~kiefer** *m* horní čelist *f*; **~kommando** *n Mil.* vrchní velitelství; **~körper** *m* vrchní část *f* těla; **~land** *n* vysočina *f*; **~landesgericht** *n* vrchní zemský soud; **~lauf** *m* horní tok; **~leder** *n* svrškovice *f*; **~lehrer** *m* řídící učitel; gymnasijní profesor; **~leib** *m s. Oberkörper*; **~leitung** *f El.* vrchní (*od.* nadzemní) vedení *n*; **~leitungs·omnibus** *m s. Obus*; **~leutnant** *m* nadporučík; **~licht** *n* vrchní světlo; *Arch.* světlík *m*; **~lippe** *f* horní ret *m*; **~österreich** *n* Horní Rakousy *m/pl.*; **≈österreichisch** hornorakouský; **~priester** *m* velekněz; **~schenkel** *m* stehno *n*; **~schicht** *f* vyšší vrstva společenská; **~schlesien** *n* Horní Slezsko; **~schule** *f* vyšší střední škola.
oberst- nejvyšší, nejhořejší; **≈** *m Mil.* plukovník.
'Ober|'staats·anwalt *m* vrchní státní prokurátor; **~steiger** *m Bgb.* naddůlní; **~stimme** *f Mus.* nejvyšší hlas *m*.
'Oberst'leutnant *m* podplukovník.
Ober|stübchen F *n*: *er ist im* ~ *nicht ganz richtig* má asi v hlavě o kolečko více; **~tasse** *f* šálek *m*; **~teil** *m* svršek, povrch; **~ton** *m Mus.* svrchní tón; **~verwaltungsgericht** *n* vrchní správní soud *m*; **~wachtmeister** *m* vrchní strážmistr; **~wasser** *n* vrchní (*od.* horní) voda *f*; *fig.* ~ *bekommen* nabý(va)t převahy.
ob'gleich ač, ačkoli(v).
Obhut *f* péče, ochrana; *in s-e* ~ *nehmen* brát [vzít] pod ochranu.
obig hořejší, výše uvedený.
Ob'jek|t *n* objekt *m*; *Gr.* předmět *m*; **≈'tiv** objektivní; **~'tiv** *n* objektiv *m*; **~tivi'tät** *f* objektivnost.
Ob'late *f* oplatka; *Rel. a.* hostie.
obliegen (*D*) věnovat se (*im*)*pf.* (*D*);

j-m ~ příslušet k-u; **2heit** *f* povinnost, úkol *m*.
Obliga|ti'on *f* obligace; *Hdl.* dluhopis *m*; **2'torisch** obligátní, povinný.
Obmann *m* předseda, starosta.
O'boe *f* hoboj.
Obrigkeit *f* vrchnost, (nadřízený) úřad.
ob'schon ač, ačkoli(v).
Observa'torium *n* observatoř *f*.
ob'skur obskurní.
Obst *n* ovoce; **~bau** *m* ovocnářství *n*; **~baum** *m* ovocný strom; **~garten** *m* ovocná zahrada, sad; **~messer** *n* nůž *m* na ovoce.
Obstrukti'on *f* obstrukce.
Obst|saft *m* ovocná šťáva; **~wein** *m* ovocné víno *n*; **~züchter** *m* pěstitel ovoce, ovocnář.
ob'szön obscénní, oplzlý.
Obus *m* trolejbus.
ob'wohl ač, ačkoli(v).
Ochse *m* vůl.
ochsen F dřít (se).
Ochsen|fleisch *n* hovězí maso; **~schwanzsuppe** *f* polévka z volské oháňky; **~ziemer** *m* býkovec.
Ocker *m* okr; **2gelb** okrově žlutý.
Ode *f* óda.
öde pustý; (*leer*) prázdný; *fig.* jalový.
Öde *f* pustina, prázdnota.
Ö'dem *n Med.* edém *m*, otok *m*.
oder (a)nebo.
Ödland *n* lada *n/pl.*, úhor *m*.
OEZ (*osteuropäische Zeit*) východoevropský čas.
Ofen *m* kamna *n/pl.*; (*Back2*) pec *f*; **~klappe** *f* zarážka u kamen; **~loch** *n* zatápěcí otvor *m*; **~rohr** *n* roura *f*; **~röhre** *f* trouba na pečení; **~rost** *m* kamnový rošt; **~schirm** *m* zástěna *f* ke kamnům; **~setzer** *m* kamnář.
offen otevřený; (*öffentlich*) veřejný; *Stelle*: volný; ~ *gestanden* abych řekl pravdu; **~'bar** zřejmý, patrný.
offen'bar|en dá(va)t najevo, [vy]jevit; **2ung** *f* zjevení *n* (*a. Rel.*); **2ungs·eid** *m* vyjevovací přísaha *f*.
offen|bleiben *Frage*: zůstat nevysvětlený *od.* nerozhodnutý; **~halten** *v/t* nech(áv)at otevřený; *Platz usw.* rezervovat (*im*)*pf.*; **2heit** *f* otevřenost, upřímnost; **~herzig** otevřený, upřímný; **2herzigkeit** *f s. Offenheit*; **~kundig** zřejmý, patrný; **~lassen** *s. offenhalten*; *fig.* nech(áv)at nerozřešeno; **'~'sichtlich** *Adv.* zřejmě, patrně.
offen'siv ofensivní, útočný, výbojný.
offenstehen být otevřený; *fig. s. offenbleiben*; *Rechnung*: být nezaplacený; **~d** otevřený.
öffentlich veřejný; **2keit** *f* veřejnost; **~s-** *in Zssgn* veřejnostní.
Of'ferte *f* oferta, nabídka.
offizi'ell oficiální, úřední.
Offi'zier *m* důstojník; **~s-** *in Zssgn* důstojnický; **~s·rang** *m* důstojnická hodnost.
offizi'ös poloúřední.
öffn|en otevírat [-vřít]; **2er** *m* otvírač, otvírák; **2ung** *f* otevření *n*, otvírání *n*; (*Loch*) otvor *m*; **2ungs-** *in Zssgn* otvorový, otvírací.
Offset(druck) *m Typ.* ofset(ový tisk).
oft často.
öfter *Adj.* častější; **~(s)** častěji.
oft|malig *Adj.* častý; **~mals** často.
ÖGB (*Österreichischer Gewerkschaftsbund*) Rakouský svaz odborů.
OHG *Abk. für Offene Handelsgesellschaft.*
Ohm *n El.* ohm *m*.
ohne *Prp.* (*A*) bez (*G*); *Konj.* ~ *daß*, ~ *zu* (*Inf.*) aniž; F *das ist nicht ganz* ~ má to něco do sebe; **~'dies** beztoho, stejně tak, jako tak; **~'gleichen** jedinečný, nemající rovna; **~'hin** *s. ohnedies*.
Ohn|macht *f* mdloba; *fig.* bezmocnost; *in* ~ *fallen* padat [-dnout] do mdlob; **2mächtig** omdlelý, bez sebe; bezmocný; ~ *werden* omdlévat [-lít].
oho oho!
Ohr *n* ucho; (*Gehör*) sluch *m*; *ganz* ~ *sein* nastavovat [-stavit] uši; *ein gutes* ~ *haben* mít dobrý sluch; *die* ~*en spitzen* napínat [-pnout] sluch; *bis über die* ~*en (hinaus)* až po uši; *es faustdick hinter den* ~*en haben* mít za ušima; *sich aufs* ~ *legen* lehat [-hnout] (si); *sich hinter die* ~*en schreiben* zapisovat [-psat] si to za uši; F *j-n übers* ~ *hauen* podvádět [-vést]; *mit halbem* ~ *hören* slyšet na půl ucha.
Öhr *n* ouško, ucho.
Ohren|arzt *m* ušní lékař; **2betäubend** ohlušující; **~entzündung** *f* zánět *m* uší; **~klappe** *f* klapka na uši; **~klingen** *n*, **~sausen** *n* hu-

čení v uších; **~schmalz** *n* ušní maz; **~schmerz** *m* bolest *f* v uších; **~schützer** *m* chránítko *n* na uši.
Ohr|feige *f* políček *m*, pohlavek *m*, P facka; *j-m e-e ~ geben* = **2feigen** [z]políčkovat, [z]pohlavkovat, P [z]fackovat; **~läppchen** *n* ušní lalůček *m*; **~muschel** *f* boltec *m*; **~ring** *m* náušnice *f*; **~speicheldrüse** *f* příušnice; **~wurm** *m* škvor.
Okku|pati'on *f* okupace; **~s-** *in Zssgn s. Besatzungs-*; **2'pieren** okupovat *(im)pf*.
Ökono|'mie *f* ekonomie; **2misch** [-'no:-] ekonomický.
Ok'tanzahl *f* oktanové číslo.
Ok'tav *n* oktáv *m*, osmerka *f*; **~format** *n* osmerkový (*od.* oktávový) formát.
Ok'tave *f Mus.* oktáva.
Ok'tober *m* říjen; **~revolution** *f* Říjnová revoluce.
Oku|'lar *n* okulár *m*; **2'lieren** *Bot.* očkovat *(im)pf*.
öku'menisch ekumenický.
Okzident *m* okcident, západ.
Öl *n* olej *m*; *s. a. Erdöl*; **~baum** *m* olivovník; **~bild** *n s. Ölgemälde*.
Öldruck *m* tlak oleje; *Typ.* olejotisk; **~bremse** *f* kapalinová brzda; **~messer** *m* tlakoměr oleje.
Ole'ander *m Bot.* oleandr.
ölen [na]olejovat.
Öl|farbe *f* olejová barva; **~feuerung** *f* olejové topeniště; **~gemälde** *n* olejomalba *f*; **2haltig** obsahující olej, olejonosný; **~heizung** *f* vytápění *n* olejem; **2ig** olejnatý.
Oligar'ch|ie *f* oligarchie; **2isch** [-'gaʀ-] oligarchický.
Olive *f* oliva; **~n·baum** *m* oliva *f*, olivovník; **~n·öl** *n* olivový olej.
o'livgrün olivově zelený.
Öl|kanne *f* olejnice; **~kuchen** *m* pokrutina *f*; **~leitung** *f* olejové potrubí; **~malerei** *f* olejomalba, malba olejovými barvami; **~mühle** *f* olejna; **~ofen** *m* olejová kamna *n/pl.*; **~palme** *f* palma olejná; **~pflanze** *f* olejná rostlina; **~quelle** *f* (*Erd2*) naftový (*od.* ropný) pramen; **~sardinen** *f/pl.* sardinky *f/pl.* v oleji; **~schiefer** *m* živičná břidlice.
Ölung *f* mazání *n* olejem; *Rel. die letzte ~* poslední pomazání *n*.
Ölwanne *f* jímka oleje.
Olympi'ade *f* olympiáda.
O'lym|pia·sieger *m* olympijský vítěz; **2pisch** olympský; olympijský; *2e Spiele* olympijské hry *f/pl.*
Oma F *f* babička.
Ome'lett *n*, **~e** *f* omeleta *f*, svítek *m*.
Omen *n* omen, osudové znamení.
Omnibus *m* autobus; **~bahnhof** *m* autobusové nádraží.
Ona'nie *f* onanie, sebeprznění *n*.
ondu'lieren [na]ondulovat.
Onkel *m* strýc.
Opa F *m* dědeček.
O'pal *m* opál; **~-** *in Zssgn* opálový.
Oper *f* opera; **~n-** *in Zssgn* operní.
Opera|'teur *m* operatér; **~ti'on** *f* operace; **~ti'onstisch** *m* operační stůl; **2'tiv** operační; operativní.
Ope'rette *f* opereta; **~n-** *in Zssgn* operetní.
ope'rieren operovat.
Opern|glas *n* divadelní kukátko; **~haus** *n* opera *f*; **~sänger(in** *f*) *m* operní pěvec (pěvkyně *f*).
Opfer *n* oběť *f*; **~-** *in Zssgn* obětní; **2n** obětovat *(im)pf.*; **2willig** obětavý.
Opium *n* opium.
Oppo|'nent *m* oponent, odpůrce; **2'nieren** [za]oponovat, odporovat.
oppor'tu|n oportunní; **2'nismus** *m* oportunismus, bezpáteřnost *f*; **2ni'tät** *f* oportunita.
Oppositi|'on *f* opozice; **2o'nell** opoziční.
Optik *f* optika; **~er** *m* optik.
opti'mal optimální.
Opti'mis|mus *m* optimismus; **~t(in** *f*) *m* optimista (-tka); **2tisch** optimistický.
optisch optický.
Opus *n Mus.* opus *m*.
O'rakel *n* orákulum.
orange [-'ʀɑ̃:ʒ(ə)] *s. orangenfarbig*.
Orange *f* pomeranč *m*; **~'ade** *f* oranžáda; **2nfarben, 2nfarbig** oranžový; **~'rie** *f* oranžerie.
Ora'torium *n Mus.* oratorium; *Rel.* oratoř *f*.
Orchester [-'kɛ-] *n* orchestr *m*.
Orchi'dee *f* orchidea, orchidej.
Orden *m* řád.
Ordens|band *n* řádová stužka; **~bruder** *m* řádový bratr, řeholník; **~geistlichkeit** *f* řeholníci *m/pl.*; **~kapitel** *n* řádová kapitula; **~ritter** *m* řádový rytíř; **~schwester** *f* řádová sestra, řeholnice; **~träger** *m* majitel (*od.* nositel) řádu; **~verleihung** *f* propůjčení *n* řádu.

ordentlich pořádný; (*regelrecht*) řádný; (*wirklich*) skutečný; **~er** *Professor* řádný profesor.
Order *f* příkaz *m*; *Hdl.* objednávka.
Ordi|'nalzahl *f s. Ordnungszahl*; **2'när** sprostý, ordinerní; **~'narius** *m* ordinář, ordinárius; **~'nate** *f* ordináta, pořadnice; **~nati'on** *f* ordinace; **2'nieren** udělovat [-lit] lékařskou radu, ordinovat (*im*)*pf*.
ordn|en [s]pořádat, [s]rovnat; *sich ~* [se]řadit se; **2er** *m* (*Person*) pořadatel; (*Akten*2) pořadač.
Ordnung *f* (*das Ordnen*) pořádání *n*; (*Zustand*) pořádek *m*; (*Reihe, System*) řád *m*.
ordnungs|gemäß řádný, náležitý; **2liebe** *f* pořádkumilovnost; **2ruf** *m* volání *n* k pořádku; **2sinn** *m* smysl pro pořádek; **2strafe** *f* pořádková pokuta; *Jur.* pořádkový trest; **~widrig** nenáležitý, odporující pořádku; **2zahl** *f* pořadové číslo; **2zahlwort** *n Gr.* číslovka *f* řadová.
Ordon'nanz *f Mil.* ordonance.
Or'gan *n* orgán *m*; **~isati'on** *f* organizace; **~isati'onstalent** *n* organizační talent *m*; **~i'sator** *m* organizátor; **2isa'torisch** organizační, organizátorský; **2isch** organický; **2i'sieren** [z]organizovat.
Orga|'nismus *m* organismus; **~'nist** *m* varhaník.
Orgel *f* varhany *f/pl.*; **~bauer** *m* stavitel varhan, varhanář; **2n** *Mus.* [za]hrát na varhany; *Jagdw.* [za-]říjet; **~pfeife** *f* píšťala u varhan; **~spieler** *m* varhaník.
Orgie *f* orgie.
Orien|t *m* orient, východ; **~'tale** *m* (**~'talin** *f*) orientálec (-lka); **2'talisch** orientální; **~ta'list** *m* orientalista; **2'tieren:** *sich ~* orientovat se (*im*)*pf.*; **~'tierung** *f* orientace; **~s-** *in Zssgn* orientační; **~'tierungssinn** *m* orientační smysl.
origi'nal originální, původní.
Origi'nal *n* originál *m*; (*Person*) podivín *m*; **~-** *in Zssgn* originální, původní; **~i'tät** *f* originálnost, původnost.
origi'nell originální.
Or'kan *m* orkán; **2artig** orkánovitý.
Orna'ment *n* ornament *m*.
Or'nat *m Rel.* ornát.
Ornitholo'gie *f* ornitologie.
Ort *m* místo *n*; *Bgb.* předek; *vor ~* u čelby; *an ~ und Stelle* na místě samém; *von ~ zu ~* z místa na místo; **2en** *Mar., Flgw.* určovat [-čit] polohu.
Örtchen *n* místečko.
ortho|'dox ortodoxní, pravověrný; *die ~e Kirche* pravoslavná církev; **2do'xie** *f* pravověrnost, ortodoxnost; **2gra'phie** *f* pravopis *m*, ortografie; **~'graphisch** pravopisný, ortografický; **2pä'die** *f* ortopedie; **~'pädisch** ortopedický.
örtlich místní; *Med.* lokální; **2keit** *f* místo *n*.
orts|ansässig bydlící v místě; **2bestimmung** *f* určování *n* místa; určení *n* polohy.
Ortschaft *f* osada, obec.
orts|fest pevný, nepohyblivý, stacionární; **~fremd** cizí v místě; **2gespräch** *n Tel.* místní hovor *m*; **2gruppe** *f* místní skupina; **2kenntnis** *f* znalost místa; **~kundig** znalý místa; **2name** *m* jméno *n* místa, místní jméno *n*; **2tafel** *f* místní tabule; **~üblich** v místě obvyklý; **2veränderung** *f* změna místa; **2verkehr** *m* místní doprava *f*; **2zeit** *f* místní čas *m*.
Ortung *f* určení *n* místa.
Öse *f* poutko *n*; *Tech.* očko *n*, kroužek *m*.
Ost *m*, **~en** *m* východ; **~-** *in Zssgn* východní.
ostenta'tiv ostentativní, vyzývavý.
Oster|ei *n* velikonoční vajíčko, kraslice *f*; **~fest** *n s. Ostern*; **~hase** *m* velikonoční zajíc.
österlich velikonoční.
Ostern *n* velikonoce *f/pl.*
Österreich *n* Rakousko; **~er(in** *f*) *m* Rakušan(ka); **2isch** rakouský.
Osterwoche *f* velikonoční týden *m*.
Ost|europa *n* východní Evropa *f*; **2europäisch** východoevropský; **~'indien** *n* Východní Indie *f*; **2'indisch** východoindický.
östlich východní; *~ von* na východ od (*G*).
Ost|see *f* Baltské moře; **~wind** *m* východní vítr.
Oszill|ati'on *f Phys.* kmitání *n*, oscilace; **~o'graph** *m* oscilograf.
Otter 1. *m* vydra *f*; **2.** *f* zmije.
Ouver'türe *f* ouvertura, předehra.
o'val oválný, vejčitý.

O'val *n* ovál *m.*
Ovati'on *f* ovace.
Oxy|d *n* kysličník *m*, oxyd *m*; **~dati'on** *f* oxydace, okysličování *n*; **♀'dieren** oxydovat *(im)pf.*, okysličovat [-čit].

Ozean *m* oceán; **~dampfer** *m* (zaoceánský parník; **~ogra'phie** *f* oceánografie.
O'zon *n* ozón *m*; **♀haltig** ozónový, obsahující ozón; **♀reich** bohatý ozónem.

P

P, p *n* (*unv.*) P, p.
paar sudý; (*ein*) ~ několik; ~ *oder unpaar* sudý nebo lichý.
Paar *n* pár *m*; **≈en** *Tiere*: [s]pářit, [s]družovat (*sich* se); **≈ig** párový; **~lauf** *m* *Sp*. jízda *f* dvojic; **'≈'mal:** *ein* ~ několikrát; **~ung** *f* páření *n*; **~ungszeit** *f* doba páření; **≈weise** po dvou.
Pacht *f* nájem *m*; (*Entgelt*) nájemné *n*, pachtovné *n*; **≈en** najímat [-jmout], pachtovat (*im*)*pf*.
Pächter(in *f*) *m* nájemce (-mkyně).
Pacht|vertrag *m* nájemní smlouva **~zins** *m* *s. Pacht*.
Pack¹ *m* balík; (*Bündel*) svazek.
Pack² *n* holota *f*, sběř *f*, pakáž *f*.
Päckchen *n* balíček *m*.
Pack|eis *n* ledová tříšť *f*; **≈en** (*ein*~) [za]balit; (*fassen*) popadat [-dnout]; F *sich* ~ [u]klidit se; **≈end** úchvatný; **~er(in** *f*) *m* balič(ka); *Esb*. nakladač(ka); **~esel** *m* soumar; *fig*. mezek; **~papier** *n* balicí papír *m*; **~raum** *m* balírna *f*; *Mar*. lodní prostor; **~ung** *f* balení *n*; *Tech*. obal *m*; *Med*. mokrý zábal; **~wagen** *m* vůz *m* na balíky.
Päda'go|ge *m* pedagog; **~gik** *f* pedagogika; **≈gisch** pedagogický.
Paddel *n* pádlo; **~boot** *n* pádlový člun, kajak *m*; **≈n** pádlovat.
paff paf!
paffen F [za]bafat.
Page *m* páže *n*; (*Hotel*≈) hotelový poslíček.
pagi'nier|en [o-, pře]stránkovat, [o]paginovat; **≈maschine** *f* číslovačka, paginýrka.
pah bah!, pah!
Pak *f* (= *Panzerabwehrkanone*) protipancéřové dělo.
Pa'ket *n* balík *m*; (*Bündel*) svazek *m*; **~annahme** *f* příjem *m* balíků; **~ausgabe** *f* výdej *m* balíků; **~karte** *f* poštovní průvodka; **~schalter** *m* přepážka *f* na balíky; **~zustellung** *f* doručování *n* balíků.
Pakistan *n* Pákistan *m*; **~er(in** *f*) *m* [-'tɑː-] Pákistánec (-nka); **≈isch** [-'tɑː-] pákistánský.
Pakt *m* smlouva *f*; *e-n* ~ *schließen* ujedn(áv)at smlouvu.
pak'tieren smlouvat se.
Palais [-'lɛː] *n*, **Pa'last** *m* palác; ~- *in Zssgn* palácový.
Palä'stina *n* Palestina *f*.
Pa'last·revolution *f* palácová revoluce.
Pa'lette *f* paleta.
Pali'sade *f* palisády *f/pl*.
Palme *f* palma; **~n·hain** *m* palmový háj.
Palm|fett *n* palmový tuk; **~öl** *n* palmový olej; **~sonntag** *m* Květná neděle.
Pampa *f* pampa, step.
Pampel'muse *f* grapefruit *m*.
Pam'phlet *n* pamflet *m*, hanopis *m*.
Panama *n* Panama *f*; **~kanal** *m* Panamský průplav.
pa'nieren *Kochk*. [o]balit ve strouhané housce.
Pan|ik *f* panika; **≈isch** panický.
Panne *f* *Tech*. porucha.
Pano'rama *n* panoráma *f*.
panschen *v/t* (*verfälschen*) [s]míchat, F [z]bryndat; *v/i* (*im Wasser*) šplíchat [-chnout] se.
Pansen *m* *Zo*. bachor.
Panthe|'ismus *m* panteismus; **≈'istisch** panteistický.
Panther *m* pardál.
Pan'tine *f* dřevák *m*.
Pan'toffel *m* trepka *f*, F pantofel; *fig*. *unter dem* ~ *stehen* být pod pantoflem; **~held** *m* pantoflový hrdina, bačkora *m*.
Panto'mim|e *f* pantomima, němohra; **≈isch** pantomimický.
Panzer *m* pancéř; *Mil*. (*Kampfwagen*) tank; **≈brechend** *Mil*. prorážející pancéř; **~division** *f* *Mil*. pancéřová divize; **~faust** *f* *Mil*. pancéřová pěst; **~hemd** *n* drátěná košile; **~kreuzer** *m* obrněný křižník; **≈n** [o]pancéřovat, obrňovat [obrnit]; **~platte** *f* pancéřová deska; **~schiff** *n* pancéřová (*od*. obrněná) loď; **~schrank** *m* pancéřová skříň; **~spähwagen** *m* *Mil*. výzvědný obrněný vůz; **~sperre** *f* *Mil*. zá-

věra pro obrněné vozy; **~tier** *n Zo.* pásovec *m*; **~truppen** *f/pl.* pancéřové oddíly *m/pl.*; **~ung** *f* obrnění *n*, opancétování *n*; **~wagen** *m Mil.* pancéřový (*od.* obrněný) vůz; **~zug** *m Mil.* pancéřový (*od.* obrněný) vlak.
Papa *m* tatínek.
Papa'gei *m* papoušek; **~en·krankheit** *f* papouščí nemoc, pistakosa.
Pa'pier *n* papír *m*; *zu ~ bringen* vyjadřovat [-jádřit]; **~drache** *m* papírový drak; **≗en** papírový; **~fabrik** *f* papírna; **~format** *n* formát *m* papíru; **~geld** *n* papírové peníze *m/pl.*; **~geschäft** *n* papírnictví; **~industrie** *f* papírenský průmysl; **~korb** *m* koš na papír; **~messer** *n* nůž *m* na papír; **~mühle** *f s. Papierfabrik*; **~rolle** *f* role papíru; **~schere** *f* nůžky *f/pl.* na papír; **~waren** *f/pl.* papírnické (*od.* papírové) zboží.
Papp|- *in Zssgn* lepenkový; **~e** *f* lepenka *f*.
Pappel *f* topol *m*.
Pappenstiel F *m* babka *f*, fatka *f*; *für e-n ~ hingeben s. Butterbrot.*
papperla'papp! třesky plesky.
pappig lepkavý, mazlavý.
Paprika *m* paprika; **~schote** *f* paprikový lusk.
Papp|schachtel *f* lepenková krabice; **~schnee** *m* lepkavý sníh.
Papst *m* papež; **~-** *in Zssgn a.* = **päpstlich** papežský; **~tum** *n* papežství.
Pa'ra|bel *f Math.* parabola; podobenství *n*; **≗'bolisch** parabolický.
Pa'rade *f* paráda; *Mil.* vojenská přehlídka; (*Fechten*) kryt *m*, odraz *m*; **~marsch** *m Mil.* slavnostní pochod; **~schritt** *m Mil.* slavnostní krok.
Para'dies *n* ráj *m*, nebe; **~apfel** *m* rajské jablko *n*, rajče *n*; **≗isch** rajský.
para'dox paradoxní.
Paraf'fin *n* parafín *m*.
Para'graph *m* paragraf.
Paraguay *n* Paraguay *f*.
paral'lel paralelní, rovnoběžný; **≗e** *f* paralela; *Math.* rovnoběžka; **≗o'gramm** *n* rovnoběžník *m*, paralelogram *m*.
Para'lyse *f Med.* paralýza, ochrnutí *n*.
Para'si|t *m* parazit, příživník; **≗'tär** cizopasný, parazitní.
Pärchen *n* páreček *m*.
Par'don *m* pardon; (*Gnade*) milost *f*.
Paren'these *f* parenteze, (kulatá) závorka.
Par'füm *n* voňavka *f*, parfém *m*; **~e'rie** *f* voňavkářství *n*, parfumerie; **≗ieren** [-'mi:-] navoňovat [-vonět], parfemovat (*im*)*pf*.
Pari *n Hdl. s. Nennwert.*
pa'rieren *s. gehorchen*; (*abwehren*) odrážet [-razit], zadržovat [-žet].
Pa'ris *n* Paříž *f*; **~er(in** *f*) *m* Pařížan(ka).
Pari'tät *f* parita; **~s-** *in Zssgn* paritní.
Park *m* park, sad; **≗en** *Auto*: [za-]parkovat.
Par'kett *n* parket *m*; *Thea.* přízemí; **~(fuß)boden** *m* parketová podlaha; **~platz** *m*, **~sitz** *m* místo *n* v přízemí.
Park|haus *n* parkovací budova; **~leuchte** *f* obrysová svítilna, parkovací světlo *n*; **~platz** *m* parkoviště *n*; **~uhr** *f* parkovací hodiny *f/pl.*; **~verbot** *n* zákaz *m* parkování.
Parla'men|t *n* parlament *m*, sněm *m*; (*Gebäude*) sněmovna *f*; **~s-** *in Zssgn* parlamentní; **~'tär** *m* parlamentář, vyjednavač; **~'tarier** *m* člen parlamentu, parlamentárník; **≗'tarisch** parlamentární.
Paro'die *f* parodie; **≗ren** [z]parodovat.
Pa'role *f* heslo *n*.
Par'tei *f Jur., Pol.* strana; (*Mieter*) nájemník *m*; *~ ergreifen für* stavět [postavit] se na stranu (*G*); **~abzeichen** *n* odznak *m* strany; **~beschluß** *m* usnesení *n* strany; **~buch** *n* průkazka *f* členství ve straně; **~disziplin** *f* stranická kázeň; **≗feindlich** straně nepřátelský; **~führer** *m* vedoucí strany; **~führung** *f* vedení *n* strany; **~gänger** *m* stoupenec strany; **~genosse** *m* (**~genossin** *f*) soudruh (-ružka); **≗isch** stranický; **~lichkeit** *f* stranickost, stranictví *n*; **≗los** nestranický, bezpartijní; **~losigkeit** *f* nestranickost, bezpartijnost; **~mitglied** *n* člen(ka *f*) *m* strany; **~nahme** *f* stranění *n* (*D*), zastávání *n* (*G*); **~politik** *f* politika strany; **~programm** *n* program *m* strany; **~sekretär** *m* tajemník strany; **~-**

strafe *f* stranický trest; **~statut** *n* stanovy *f/pl.* strany; **~tag** *m* sjezd strany; **~versammlung** *f* stranická schůze, schůze strany; **~vorstand** *m* předsednictvo *n* strany; **~wesen** *n* stranictví; **~zentrum** *n* stranické centrum; **~zugehörigkeit** *f* příslušnost ke straně.
Par'terre *n* přízemí, přízemek *m*; **~wohnung** *f* byt *m* v přízemí.
Par'tie *f* partie; (*Teil*) část; (*Ausflug*) výlet *m*.
parti'ell částečný, parciální.
Par'tikel *f Gr.* částice, partikule.
Parti'san *m* partyzán; **~enkrieg** *m* partyzánská válka.
Parti'tur *f Mus.* partitura.
Parti'zip *n Gr.* příčestí, participium.
Partner|(in *f*) *m* partner(ka), společník (-nice); **~schaft** *f* partnerství *n*.
Par'zelle *f* parcela.
Pascha *m* paša.
Paß *m* pas; (*Gebirgs*≗) průsmyk.
Pas'sage *f* pasáž, průchod *m*; (*Seereise*) cesta po moři.
Passa'gier *m* cestující, pasažér; **~dampfer** *m* osobní parník; **~flugzeug** *n* osobní letadlo; **~gut** *n* zavazadla *n/pl.* cestujících.
Paß·amt *n* pasový úřad *m*.
Pas'sant(in *f*) *m* pasant(ka), chodec (-dkyně).
Pas'sat *m*, **~wind** *m* pasát, pasátní vítr.
passen *Kleid*: padnout, slušet; (*genehm sein*) hodit se; (*beim Spiel*) nehrát; **~d** vhodný, případný.
Paß|gang *m* mimochod; **~gänger** *m* mimochodník; **~genauigkeit** *f* přesnost lícování.
pas'sier|en *v/t* (*gehend*) procházet [projít]; (*fahrend*) projíždět [-jet]; (*durchsieben*) [pro]cedit; *v/i* (*geschehen*) stá(va)t se; *j-n ~ lassen* pouštět [pustit] k-o dovnitř; **≗schein** *m* propustka *f*.
Passi'on *f Rel.* pašije *f/pl.*; (*Leidenschaft*) náruživost; **~s·zeit** *f* doba pašijí; **≗iert** [-'ni:-] náruživý.
passiv pasivní; (*untätig*) nečinný.
Passiv *n Gr.* trpný rod, pasivum; **~a** *pl. Hdl.* pasíva *n/pl.*, dluhy *m/pl.*; **~i'tät** *f* pasivita.
Paß|kontrolle *f* pasová kontrola; **~stelle** *f* pasový úřad *m*; **~straße** *f* silnice vedoucí průsmykem.
Passung *f Tech.* (při)lícování *n*.
Passus *m* krok, odstavec, stať *f*.
Paßzwang *m* povinnost *f* mít pas.
Pasta *f*, **Paste** *f* pasta.
Pa'stell *n* pastel *m*, pastelový obraz; **~farbe** *f* pastelová barva.
Pa'stete *f* paštika.
pasteuri'sier|en pasterizovat (*im*-)*pf.*; **≗ung** *f* pasterizování *n*.
Pastor(in *f*) *m* pastor(ka).
Pate *m* kmotr; **~n·kind** *n* kmotřenec (-nka *f*) *m*; **~n·schaft** *f* kmotrovství *n*; (*Schirmherrschaft*) patronát *m*.
pa'tent snadný, patentní.
Pa'tent *n* patent *m*; **~amt** *n* patentní úřad *m*; **~anmeldung** *f* patentová přihláška; **~anwalt** *m* patentní zástupce; **~gesetz** *n* zákon *m* o patentech; **≗ieren** [-'ti:-] patentovat (*im*)*pf.*; **~inhaber** *m* majitel patentu; **~schloß** *n* patentní zámek *m*; **~schutz** *m* ochrana *f* patentu; **~urkunde** *f* výsadní list *m*, patent *m*; **~verschluß** *m* patentní uzávěr.
Pater *m* páter.
Pater'noster *n* otčenáš *m*; **~(aufzug)** *m* páternoster.
pa'thetisch patetický.
patho|'gen patogenní; **≗lo'gie** *f* patologie; **~'logisch** patologický.
Pathos *n* patos *m*.
Patient(in *f*) *m* [-'tsjɛnt] pacient(ka), nemocný (-ná).
Patin *f* kmotra.
Patres *s. Pater*.
Patri'ar|ch *m* patriarcha; **≗'chalisch** patriarchální; **~'chat** *n* patriarchát *m*.
Patri'o|t(in *f*) *m* vlastenec (-nka), patriot(ka); **≗tisch** vlastenecký, patriotický; **~'tismus** *m* vlastenectví *n*, patriotismus.
Pa'trizier *m* patricij.
Pa'tron *m* patron, ochránce.
Pa'trone *f* patrona; *Mil.* náboj *m*; **~n·gurt** *m Mil.* nábojový pás; **~n·hülse** *f* nábojnice; **~n·tasche** *f* pouzdro *n* na náboje; *Jgdw.* sumka.
Pa'trouil|le *f* hlídka, patrola; **≗'lieren** hlídkovat, patrolovat.
Patsch|e F *f* (*~händchen*) tlapička, p(r)acička; (*Bedrängnis*) kaše; *in der ~ sitzen* být v kaši; *in die ~ geraten* dost(áv)at se do bryndy *od.* do kaše; **≗naß** mokrý jako myš.
Patt *n* (*Schach*) pat.
patzig F zpupný.

Pauk|e *f Mus.* buben *m*, kotel *m*; *mit ~n und Trompeten* slavnostně; **2en** F (*lernen*) [na]dřít se; **~er** *m* bubeník; (*Lehrer*) učitel.

Paus|backen *f/pl.* buclaté tváře *f/pl.*; **2backig, 2bäckig** buclatý.

Pau'schal|e *f* paušál *m*; **~gebühr** *f* paušální poplatek *m*; **~summe** *f* úhrnná částka, paušální suma.

Paus|e *f* přestávka; (*Sprech2, Mus.*) pauza, pomlka; (*Licht2*) pauza, světlotisková kopie; **2en** [o]kopírovat, pauzovat; **2ieren** [-'ziː-] [u]dělat přestávku; pauzovat; **~papier** *n* pauzovací papír *m*.

Pavian *m* pavián.

Pavillon *m* pavilón.

Pa'zifi|k *m* Pacifik; **2sch** tichomořský, pacifický; **~smus** [-'fɪ-] *m* pacifismus; **~st** [-'fɪ-] *m* pacifista.

Pech *n* smůla *f* (*a.* F *fig.*).

Pech|blende *f* smolinec *m*; **~draht** *m* (smolená) dratev; **~kohle** *f* smolné uhlí; **~nelke** *f Bot.* smolnička; **2schwarz** černý jako smůla; **~strähne** F *f fig.* série nehod; **~vogel** *m fig.* smolař, nešťastník.

Pe'dal *n* pedál *m*.

Pe'dant *m* pedant, puntičkář; **~e'rie** *f* pedantství *n*, puntičkářství *n*; **2isch** pedantský.

Pe'dell *m* pedel.

Pedi'küre *f* pedikúra, pedikýra; (*Person*) pedikérka.

Pegel *m* vodočet; **~stand** *m* stav vodočtu.

peil|en *Richtung*: zaměřovat; *Tiefe*: [z]měřit hloubku; **2gerät** *n* zaměřovač *m*, přístroj *m* k zaměřování polohy; **2kompaß** *m* záměrný kompas; **2ung** *f* zaměřování; měření *n* hloubky.

Pein *f* muka *n/pl.*, trýzeň.

peinig|en [z]mučit, [z]trýznit; **2er** *m* mučitel, trýznitel; **2ung** *f* mučení *n*, trýznění *n*.

peinlich trapný, úzkostlivý; *es ist mir ~* je mi nepříjemné; **2keit** *f* trapnost, úzkostlivost.

Peitsche *f* bič *m*; **2n** [z]bičovat; **~n-hieb** *m* rána *f* bičem; **~n·knall** *m* prásknutí *n* bičem; **~n·stiel** *m* bičiště *n*.

Pelar'gonie *f Bot.* pelargónie, F pelargónka.

Pele'rine *f* pelerína, pláštěnka.

Pelikan *m* pelikán.

Pell|e *f* slupka; (*Haut*) kůže; **2en** [o]loupat; **~kartoffeln** *f/pl.* brambory *m/pl.* na loupačku.

Pelz *m* kožich; (*Fell*) kožešina *f*, kožišina *f*; **~händler** *m* obchodník *m* s kožišinami; **~mantel** *m* kožich; **~mütze** *f* kožišinová čepice, beranice; **~tiere** *n/pl.* kožišinná zvířata *n/pl.*; **~werk** *n* lem *m* z kožišiny.

Pendel *n* kyvadlo; **2n** [za]kývat se; **~uhr** *f* kyvadlové hodiny *f/pl.*

Penis *m* penis, pyj.

Penizil'lin *n* penicilín *m*.

Pen'näler *m* žák, gymnasista.

Penn|bruder F *m* tulák; **~e** F *f* (*Schule*) vyšší škola; (*Nachtasyl*) noclehárna; **2en** P chrnět; **~er** P *m* *s. Pennbruder.*

Pensi'on *f* penze; (*Ruhegehalt a.*) výslužné *n*; (*Kost und Wohnung a.*) byt se stravou; (*Fremdenheim*) penzión *m*.

Pensio|'när *m* penzista; **~'nat** *n* penzionát *m*; **2'nieren** penzionovat (*im*)*pf.*, dá(va)t do výslužby; **2'niert** penzionovaný; **~ns·berechtigung** *f* právo *n* na výslužné.

Pensum *n* úkol *m*, penzum.

per (*A*) (*für*) za (*A*); *~ Stück* za kus; *~ Bahn* drahou.

per'fekt dokonalý, perfektní; (*abgemacht*) uzavřený, uskutečněný; *~ können, sprechen* dokonale (*od.* perfektně) ovládat, mluvit.

Perfo|rati'on *f* perforace; *Med. a.* prasknutí *n*, proděravění *n*; **~rier-** *in Zssgn* perforovací; **2'rieren** perforovat (*im*)*pf.*; *Med.* provalit se *pf.*; *s. lochen.*

Perga'ment *n* pergament *m*.

Peri'od|e *f* perioda, období *n*; *Med.* menstruace; **2isch** periodický.

Periphe'rie *f* periférie, obvod *m*, okraj *m*.

Peri'skop *n* periskop *m*.

Perl|e *f* perla, perlička; *fig.* perla, poklad *m*; *~en- in Zssgn* perlový; **2en** [za]perlit se; *~d* perlivý; **~enfischer** *m* lovec perel; **~enschnur** *f* šňůra perel; **~graupen** *f/pl.* perličky *f/pl.*, perlové kroupy *f/pl.*; **~huhn** *n Zo.* perlička *f*; **~muschel** *f Zo.* perlorodka; **~mutter** *f* perleť.

Perlon *n* perlon; **~strumpf** *m* perlonová punčocha.

perma'nen|t stálý, permanentní; **2z** *f* permanence.

Perpen'dikel *m od. n* kyvadlo *n*.

per'plex spletený, zaražený, F perflix.
Per|ser(in *f*) *m* Peršan(ka); **~ser (-teppich)** *m* perský koberec, F peršan; **~si'aner** *m* perzián; **~sien** *n* Persie *f*; **⁀sisch** perský.
Per'son *f* osoba; *ich für m-e ~* já co se mne týče.
Perso'nal *n* personál *m*, zaměstnanci *m/pl.*; **~abteilung** *f* osobní oddělení *n*; **~akte** *f* osobní spis *m*; **~ausweis** *m* osobní průkaz; **~ien** *pl.* personálie *f/pl.*, osobní údaje *m/pl.*; **~pronomen** *n Gr.* osobní zájmeno; **~stand** *m* osobní stav.
perso'nell osobní, personální.
Per'sonen|auto *n s. Personen(kraft)wagen*; **~beförderung** *f* osobní doprava; **~beschreibung** *f* popis *m* osoby; **~kraftwagen** *m* osobní automobil; **~kult** *m* kult osobnosti; **~name** *m* osobní jméno *n*; **~stand** *m s. Familienstand*; **~verkehr** *m s. Personenbeförderung*; **~verzeichnis** *n* seznam *m* osob; **~wagen** *m* (*Auto, Esb.*) osobní vůz; **~zug** *m Esb.* osobní vlak.
Personifi|kati'on *f* personifikace; **⁀'zieren** personifikovat (*im*)*pf.*, [z]osobňovat [-bnit].
per'sönlich osobní; **⁀keit** *f* osobnost.
Perspek'tive *f* perspektiva.
Pe'ru *n* Peru; **~'aner(in** *f*) *m* Peruánec (-nka); **⁀'anisch** peruánský.
Pe'rücke *f* paruka, vlásenka.
per'vers perverzní; **⁀i'tät** *f* perverzita.
Pessi'mi|smus *m* pesimismus, škarohlídství *n*; **~st(in** *f*) *m* pesimista (-tka); **⁀stisch** pesimistický, škarohlídský.
Pest, Pesti'lenz † *f* morová nákaza, mor *m*.
Peter'silie *f Bot.* petržel.
Pe'tit *n Typ.* petit.
Pe'troleum *n* petrolej *m*; **~lampe** *f* petrolejová lampa.
Petschaft *n* pečeť *f*.
Petze F *f* žalobník (-nice *f*) *m*; **⁀n** F žalovat.
Pf. *Abk. für Pfennig.*
Pfad *m* stezka *f*, pěšina *f*; **~finder** *m* skaut.
Pfaffe *m* kněz, kněžour.
Pfahl *m* kůl; **~bau** *m* kolová stavba; **~werk** *n*, **~zaun** *m* kůlový plot.
Pfand *n* zástava *f*; *als ~ geben* dá(va)t do zástavy; **~brief** *m* zástavní list.
pfänd|bar zabavitelný; **~en** zabavovat [-bavit]; **⁀erspiel** *n* hra *f* na zástavy; **⁀ung** *f* zabavení *n*.
Pfand|leihe *f* zastavárna; **~recht** *n* zástavní právo; **~schein** *m* zástavní lístek; **~verschreibung** *f s. Pfandbrief.*
Pfann|e *f* pánev, pekáč *m*; **~kuchen** *m* svítek; (*Krapfen*) kobliha *f*.
Pfarr|amt *n* farní úřad *m*; **~bezirk** *m* farní obvod; **~e** *f*, **~ei** [-'rai] *f* fara; **~er** *m* farář; **~gemeinde** *f* farní obec; **~haus** *n* fara *f*.
Pfau *m* páv; **~enfeder** *f* paví pero *n*.
Pfeffer *m* pepř; *wo der ~ wächst* hodně daleko, ke všem všudy; *da liegt der Hase im ~* tady je ta nesnáz; **~büchse** *f* pepřenka; **~gurke** *f* pepřenka, pepřovka; **~kuchen** *m* perník; **~minze** *f Bot.* máta peprná; **⁀n** [o]pepřit; *gepfeffert fig.* peprný; **~nuß** *f* perník *m*.
Pfeife *f* píšťala; (*Tabaks⁀*) dýmka; *nach j-s ~ tanzen* tančit jak kdo píská; **⁀n** pískat [(za)pisknout, zapískat]; hvízdat [hvízdnout, zahvízdat]; F *~ auf* (*A*) kašlat na (*A*); *auf dem letzten Loch ~* být v koncích.
Pfeil *m* šíp; **~er** *m* pilíř; **⁀förmig** šípový; **⁀schnell** rychlý jako střela, střelhbitý.
Pfennig *m* fenik; *ohne e-n ~ sein* být bez groše.
Pferd *n* kůň *m*; *sich aufs hohe ~ setzen* naparovat se; *zu ~e* na koni, koňmo; **~chen** *n* koní(če)k *m*.
Pferde|bohne *f Bot.* bob obecný; **~decke** *f* koňská houně, pokrývka na koně; **~dieb** *m* zloděj koní; **~fleisch** *n* koňské maso, F konina *f*; **~fuß** *m fig.* čertovo kopýtko; **~fuhrwerk** *n* koňský povoz; **~geschirr** *n* koňský postroj; **~haar** *n* žíně *f*; **~händler** *m* koňař, obchodník s koňmi; **~huf** *m* koňské kopyto; **~knecht** *m* čeledín u koní; **~mähne** *f* koňská hříva; **~markt** *m* koňský trh; **~rennen** *n* koňské dostihy *f/pl.*; **~stall** *m* konírna *f*, koňská stáj; **~stärke** *f* koňská síla; **~zucht** *f* chov *m* koní.
Pferdsprung *m Turn.* skok přes koně.

Pfiff *m* písknutí *n*, hvízdnutí *n*; F *fig.* zvláštní půvab; *s. a. Kniff.*
pfiff *s. pfeifen.*
Pfifferling *m Bot.* liška *f*; *das ist keinen ~ wert* to nestojí ani za babku.
pfiffig chytrácký; **≈keit** *f* chytráctví *n*.
Pfiffikus *m* chytrák; F ferina *f*.
Pfingst|en *n* svatodušní svátky *m/pl.*, letnice *f/pl.*; **~rose** *f* pivoňka.
Pfirsich *m*, **~baum** *m* broskev *f*.
Pflanz|e *f* rostlina, bylina; **≈en** sázet, zasazovat [-sadit].
Pflanzen|fresser *m* býložravec; **~kost** *f* rostlinná strava; **~kunde** *f* rostlinopis *m*; **~reich** *n* říše rostlinná, rostlinstvo; **~schutzmittel** *n* prostředek *m* na ochranu rostlin; **~zucht** *f* pěstování *n* rostlin.
Pflanz|er *m* plantážník; **~ung** *f* plantáž; (*das Pflanzen*) (vy)sadba.
Pflaster *n* dlažba *f*; *Med.* náplast *f*; **≈n** [vy]dláždit; **~stein** *m* dlažební kámen.
Pflaume *f* švestka; **~n·baum** *m* švestkový strom, švestka *f*; **~n·mus** *n* švestková povidla *n/pl.*; **≈n·weich** měkký jako švestka.
Pflege *f* opatrování *n*, ošetřování *n*; (*Fürsorge*) péče o (*A*); **~eltern** *pl.* pěstouni *m/pl.*; **~kind** *n* svěřenec (-nka *f*) *m*, schovanec (-nka *f*) *m*; **≈leicht** snadno udržovaný; **~mutter** *f* pěstounka; **≈n** opatrovat, ošetřovat, pečovat (o *A*); (*sich abgeben mit*) zabývat se (*I*); (*betreiben*) pěstovat; *zu sein ~* bývat; *zu gehen ~* chodit; *Umgang ~* obcovat; **~personal** *n* ošetřovací personál *m*.
Pfleger(in *f*) *m* ošetřovatel(ka).
Pflege|sohn *m* schovanec; **~tochter** *f* schovanka; **~vater** *m* pěstoun.
Pflicht *f* povinnost; *Sp. s. Pflichtübung*; **≈bewußt** dbalý povinností; **~bewußtsein** *n* dbalost *f* povinností; **~eifer** *m* horlivost *f*; **≈eifrig** horlivý; **~erfüllung** *f* konání *n* povinnosti; **~fach** *n* (*Schule*) povinný obor; **~gefühl** *n* smysl *m* pro povinnost; **≈gemäß** povinný; *Adv.* z povinnosti; **~teil** *m* povinný díl; **~übung** *f Sp.* povinný cvik; (*Lauf*) povinná jízda; **≈vergessen** nedbalý povinností; **~verletzung** *f* porušení *n* povinnosti; **~versäumnis** *n* zanedbá(vá)ní *n* povinnosti; **≈widrig** odporující povinnostem.
Pflock *m* kolík, roubík.
pflücken *Blumen*: trhat [utrhnout, natrhat]; *Obst*: [na]česat.
Pflug *m* pluh; **~baum** *m* hřídel *f* pluhu; **~eisen** *n* radlice *f*.
pflüg|en [z]orat; **≈er** *m* oráč.
Pflugschar *f* radlice.
Pforte *f* brána; *Hohe ~* Vysoká Porta.
Pförtner *m* vrátný; *Anat.* vrátník; **~häus·chen** *n*, **~loge** *f* vrátnice *f*.
Pfosten *m* (*am Zaun usw.*) sloup, kůl; (*Stütz≈*) vzpěra *f*, stojka *f*; (*stärkeres Schnittholz*) fošna *f*; *s. Türpfosten.*
Pfötchen *n* tlapka *f*, pracička *f*.
Pfote *f* tlapa.
Pfriem *m* šídlo *n*.
Pfropf *m*, **~en** *m* zátka *f*; **≈en** *Agr.* [na]roubovat; (*verschließen*) [za-]zátkovat; **~reis** *n Agr.* roub.
Pfründe *f Rel.* obročí *n*, prebenda *f*.
pfui! fuj!
Pfund *n* libra *f*; *fig.* hřivna *f*; **≈weise** po librách.
pfusch|en [z]břídit; **≈er(in** *f*) *m* břídil(ka); **≈e'rei** *f* břídilství *n*.
Pfütze *f* kaluž, louže.
Phäno'men *n* fenomén *m*, zjev *m*; **≈al** [-'nɑ:l] fenomenální, podivuhodný.
Phanta'sie *f* fantazie; **≈ren** blouznit, F fantazírovat.
Phan'tast *m* fantasta, blouznivec; **≈isch** fantastický, blouznivý.
Phan'tom *n* fantóm *m*, přelud *m*.
Pharao *m* faraon.
Phari'sä|er *m* farizej; **≈isch** farizejský.
Pharma|'zeut(in *f*) *m* farmaceut (-ka); **~'zie** *f* farmacie, lékárnictví *n*.
Phase *f* fáze; **~n-** *in Zssgn mst* fázový.
Phe'nol *n* fenol *m*; **~-** *in Zssgn* fenolový.
Philharmo'nie *f* filharmonie.
Philip'pinen *f/pl.* Filipíny *f/pl.*
Phi'lister *m* filistr, šosák; **≈haft** filistrovský, šosácký.
Philo'log|e *m* filolog; **~ie** [-'gi:] *f* filologie; **≈isch** filologický.
Philo'soph *m* filosof; **~ie** [-'fi:] *f* filosofie; **≈ieren** [-'fi:-] filosofovat (*im*)*pf.*; **≈isch** filosofický.
Phi'ole *f* fióla.
Phlegma *n* flegma, lhostejnost *f*; **≈tisch** [-'mɑ:-] flegmatický, lhostejný.

Pho'ne|tik *f* fonetika; **~tiker** *m* fonetik; **≗tisch** fonetický.
Phono- *in Zssgn* fono-.
Phosphor *m* fosfor; **~-** *in Zssgn* fosforový; **≗es'zieren** [za]fosforeskovat, [za]světélkovat.
Photo F *n* fotka *f*; **~amateur** *m* fotoamatér; **~apparat** *m* fotografický aparát, fotoaparát.
Photo'graph *m* fotograf; **~ie** [-'fi:] *f* fotografie; **≗ieren** [-'fi:-] [vy]fotografovat; **≗isch** fotografický.
Photo|kopie *f* fotokopie; **≗me'chanisch** fotomechanický; **~modell** *n* modelka *f*; **~montage** *f* fotomontáž; **~zelle** *f* fotonka.
Phrase *f* fráze; **≗n·haft** frázovitý; **~olo'gie** *f* frazeologie, úsloví *n*.
phre'netisch frenetický, bouřlivý.
Phy'si|k *f* fyzika; **≗'kalisch** fyzikální; **'~ker** *m* fyzik.
Physio|gno'mie *f* fyziognomie; **~'loge** *m* fyziolog; **~lo'gie** *f* fyziologie; **≗'logisch** fyziologický.
physisch fyzický.
Pia'nino *n* pianino.
Pi'ano *n* piano; **~'forte** *n* klavír *m*, F fortepiano.
pichen [na]smolit.
Pickel *m* (*Spitzhacke*) špičák; *Med.* puchýřek.
pick(e)lig *Med.* mající puchýřky.
picken [z]ďobat.
Picknick *n* piknik *m*.
Piep *m* zapípnutí *n*; **~matz** *m* mladý ptáček, pískle *n*; F *fig.* e-n ~ *haben* mít o kolečko víc; **≗sen** pípat [pípnout, zapípat].
Pier *m Mar.* přístavní most *m*.
piesacken F [po]trápit.
Pie'tät *f* pieta, zbožnost; **≗los** bez piety, neuctivý; **≗voll** pln(ý) piety, uctivý.
Pig'ment *n* pigment *m*; **~-** *in Zssgn* pigmentový.
Pik¹ *m* vrchol (hory).
Pik² *n* (*Karte*) pik *m*, piková barva.
pi'kant pikantní.
Pike *f* píka; F *von der ~ auf* od píky.
Pi'kee *m* piké *n*.
pi'kiert nemile dotčený.
Pikkolo *m* číšnický učeň; *Mus.* pikola *f*.
Pilger *m* poutník; **~fahrt** *f* pouť; **≗n** putovat.
Pilgrim *m* poutník.
Pille *f* pilulka.
Pi'lot *m* pilot.
Pils(e)ner *n* plzeňské (pivo).
Pilz *m* houba *f*; (*Stein≗*) hřib; **~vergiftung** *f* otrava houbami.
pimpelig F rozmazlený, choulostivý.
Pinguin *m Zo.* tučňák.
Pinie *f Bot.* pinie.
pinkeln F [vy]močit se.
Pinscher *m* pinčl(ík).
Pinsel *m* štětec; *fig.* hlupák; **≗n** natírat [-třít] štětcem, [vy]malovat; **~strich** *m* tah štětcem.
Pin'zette *f* pinzeta.
Pio'nier *m* pionýr; *Mil.* zákopník; (*Vorkämpfer*) průkopník; **~tat** *f* průkopnický čin; **~truppen** *f/pl. Mil.* zákopníci *m/pl.*; **~wesen** *n* průkopnictví.
Pips P *m* tipec, típek.
Pi'rat *m* pirát; **~en-** *in Zssgn* pirátský.
Pirsch *f Jgdw.* šoulačka; **≗en** šoulat (se).
pissen V [vy]chcat se.
Pissoir [-'sŏa:ʁ] *n* pisoár *m*, záchodek *m*.
Pi'stazie *f Bot.* řečík *m*; (*Frucht*) pistácie.
Piste *f Flgw.* startovací plocha; (*Rennstrecke*) závodní dráha.
Pi'stole *f* pistole, bambitka; **~ntasche** *f* pouzdro *n* na pistoli.
PKW, Pkw *Abk. für Personenkraftwagen.*
pla'cier|en umístit [-sťovat]; **≗ung** *f* umístění *n*.
placke|n: *sich ~* [na]plahočit se; **≗'rei** *f* plahočení *n*.
pladdern: *es pladdert* prší, jen (se) leje.
plä|'dieren *Jur.* obhajovat, plédovat (*für A* pro *A*); **≗doyer** [-dŏa'je:] *n Jur.* obhajovací řeč *f*; plaidoyer *m*.
Plage *f* trápení *n*, soužení *n*; **~geist** F *m* trapič, sužovatel; **≗n** soužit; *sich ~* klopotit se.
Plagi'at *n* plagiát *m*; **~or** *m* plagiátor.
Pla'kat *n* plakát *m*; **~farbe** *f* plakátová barva; **~säule** *f* plakátovací sloup *m*.
plan *Adj.* rovný; *Tech., Math.* rovinný.
Plan *m* plán, nárys; (*Vorhaben*) úmysl; **~aufgabe** *f* plánovaný úkol, úkol *m* plánu.
plandrehen čelně soustružit.

Plane *f* plachta.
plan|en [za]plánovat; **ⵒer** *m* plánovač, plánovatel; **ⵒerfüllung** *f* (s)plnění plánu.
Pla'net *m* oběžnice *f*, planeta *f*; **~en·getriebe** *n* planetové soukolí; **~ensystem** *n* planetární soustava *f*.
plan·gemäß plánovaný, *Adv. a.* podle plánu.
pla'nier|en [z]planýrovat, urovn(á-v)at; **ⵒraupe** *f* dozer *m*.
Planke *f* plaňka, laťka.
Plänke'lei *f* potyčka; *Mil.* přestřelka.
Plan|kennziffer *f* ukazatel *m* plánu; **~kommission** *f* plánovací komise; **ⵒlos** bezplánovitý; *Adv. a.* bez plánu; **ⵒmäßig** plánovitý, *Adv. a.* podle plánu; **~rückstand** *m* schodek v plnění plánu; opožďování *n* v plnění plánu.
Plansch|becken *n* brouzdaliště; **ⵒen** brouzdat se, šplíchat se (ve vodě).
Plan|soll *n* plánovaný úkol; **~spiel** *n* strategická hra; **~stelle** *f* systemizované místo.
Plantage *f* plantáž; **~nbesitzer** *m* plantážník.
Plan|ung *f* plánování *n*; **~ungsabteilung** *f* plánovací odbor *m* *od.* oddělení *n*; **~wirtschaft** *f* plánované hospodářství *n*.
Plapper|maul *n*, **~tasche** *f* žvanil (-ka *f*) *m*, tlachal(ka *f*) *m*; **ⵒn** žvanit [-nívat], tlachat *pf*.
plärren F [za]brečet.
Plast *m* plastická hmota; **~ik** *f* plastika; **~-** *in Zssgn* plastický; **ⵒisch** plastický; **~izität** *f* plasticita, plastičnost.
Pla'tane *f* platan *m*.
Platin *n* platina *f*; **~-** *in Zssgn* platinový.
pla'tonisch platonický.
plätschern šplíchat, šplouchat.
platt plochý; *fig.* sprostý; F (*ganz*) *~ sein* být (všecek) zaražen.
Plättbrett *n* žehlicí prkno.
Plättchen *n* destička *f*, plátek *m*.
plattdeutsch dolnoněmecký.
Platte *f* deska; F (*Glatze*) pleš; *kalte ~* studené jídlo.
Plätt|eisen *n* žehlička *f*; **ⵒen** [vy-]žehlit.
Platten|spieler *m* gramofon; **~teller** *m* gramofonový talíř; **~wechsler** *m* automatický měnič desek.
Platt|fisch *m* ryba *f* platýsovitá; **~form** *f* plošina; *fig.* základna; **~fuß** *m* plochá noha; **~heit** *f* plochost; *fig.* všednost; **ⵒieren** [-'ti:-] plátovat.
Plättwäsche *f* prádlo *n* k žehlení.
Platz *m* (*Stelle, Sitz*) místo *n*; (*Marktⵒ, Stadtⵒ*) náměští *n*; (*Sportⵒ*) hřiště *n*; *~ da!* ustupte!; *~ machen* (*D*) ustupovat [ustoupit] (*D*); *~ nehmen* sedat [-dnout] si; *fig. das ist nicht am ~e* to je nemístné; **~anweiser(in** *f*) *m* uváděč(ka).
Plätzchen *n* místečko; (*Zuckerⵒ*) pokroutka *f*.
platzen praskat [-knout].
Platz|karte *f* místenka; **~konzert** *n* koncert *m* na náměstí; **~mangel** *m* nedostatek místa.
Platz|patrone *f* slepá patrona; **~regen** *m* liják.
Plaude'rei *f* besídka; povídka.
Plauder|er *m*, **~in** *f* besedník (-nice); **ⵒn** [po]besedovat si, [po-]hovořit si; *aus der Schule ~* prozradit všecko; **~stündchen** *n* hrátky *f/pl.*, černá hodinka; **~ton** *m* konverzační tón.
Plausch F *m* přátelský hovor, beseda *f*.
plau'sibel zřejmý.
Playback *n* plejbek.
pla'zieren *s. placieren.*
Pleite F *f* úpadek *m*, neschopnost *f* platit.
Ple'narsitzung *f*, **Plenum** *n* plenární schůze *f*, plénum *n*, F plenárka *f*.
Pleuelstange *f* ojnice.
Plexiglas *n* plexisklo.
Plis'see *n* plisé; **~-** *in Zssgn* = **plis'siert** plisovaný, nabíraný.
Plom|be *f* plomba; **ⵒ'bieren** [za-]plombovat; **~'bieren** *n* plombování.
Plötze *f Zo.* plotice, cejn *m*.
plötzlich náhlý, nenadálý; *Adv.* náhle, znenadání; **ⵒkeit** *f* nečekanost, nenadálost.
plump nemotorný; *fig.* nejapný; **ⵒheit** *f* nemotornost; *fig.* nejapnost; **~sen** F žblunkat [-knout].
Plunder *m* harampádí *n*, haraburdí *n*.
Plünder|er *m* drancovník, plenitel; **ⵒn** [vy]drancovat, [vy]plenit; **~ung** *f* drancování *n*, plenění *n*.

Plural *m Gr.* množné číslo *n*, plurál.
plus *Adv.* plus, a, více.
Plus *n* plus *m*, přebytek *m*; **~punkt** *m Sp.* bod k dobru; *fig.* klad; **~zeichen** *n* znaménko plus, sčítací znaménko.
Plüsch *m* plyš; ~- *in Zssgn* plyšový.
Pneu|'matik *f* pneumatika; **2'matisch** pneumatický; **~mo'thorax** *m Med.* pneumotorax.
Po F *m s. Popo.*
Pöbel *m* lůza *f*, chátra *f*; **2haft** sprostý, hrubý.
pochen [za]bušit; *fig.* ~ *auf* (*A*) honosit se (*I*).
Pocke *f Med.* neštovice; **~n** *pl.* (*Blattern*) neštovice *f/pl.*; **~n·narbe** *f* neštovičný dolíček; **2n·narbig** zjizvený po neštovicích; **~n·schutzimpfung** *f* očkování *n* proti neštovicím.
Podium *n* pódium.
Poe'sie *f* poezie.
Po'et *m* básník, poeta; **2isch** poetický.
Pointe [po'ɛ̃:tə] *f* pointa.
Po'kal *m* pohár; **~spiel** *n* pohárový zápas.
Pökel|fleisch *n* nasolené maso; **2n** [na]solit, nakládat [naložit] (do soli).
Pol *m Geogr.* pól, točna *f*; *El.* pól.
Po'lar|eis *n* polární led *m*; **~forscher** *m* polární badatel; **~fuchs** *m* polární liška *f*; **~i'tät** *f Phys.* polarita, polárnost; **~kreis** *m* polární kruh; **~nacht** *f* polární noc; **~stern** *m* Polárka *f*.
Pole *m* Polák.
Po'lem|ik *f* polemika; **2isch** polemický; **2i'sieren** polemizovat (*im*)*pf.*
Polen *n* Polsko.
Po'lente P *f* policie.
Police [-'li:s(ə)] *f* police, pojistka.
Po'lier *m* polír; **2en** [u]hladit, [vy]leštit; **~en** *n* hlazení, leštění.
Poliklinik *f* poliklinika.
Polin *f* Polka.
Polio(mye'litis) *f* poliomyelitis, poliomyelitida.
Po'litbüro *n* politbyro.
Poli|'tik *f* politika; **~tiker** [-'li:-] *m* politik; **2tisch** [-'li:-] politický; **2ti'sieren** politizovat.
Poli'tur *f* politura.
Poli'zei *f* policie; **~aufsicht** *f* policejní dozor *m*; *unter ~ stellen* dá(va)t pod policejní dohled; **~beamte(r)** *m* policejní úředník; **~behörde** *f* policejní úřad *m*; **~gewahrsam** *m* policejní vazba *f*; **~hund** *m* policejní pes; **~kommissar** *m* policejní komisař; **2lich** policejní; *unter ~er Aufsicht* pod policejním dozorem; **~präsident** *m* policejní president; **~präsidium** *n* policejní presidium; **~revier** *n* policejní revír *m*; **~spitzel** *m* policejní slídič, F špicl; **~staat** *m* policejní stát; **~streife** *f* policejní obchůzka; **~stunde** *f* policejní hodina; **~ver·ordnung** *f* policejní nařízení *n*; **~wache** *f s. Polizeirevier*; **2widrig** odporující policejním předpisům.
Poli'zist *m* policista.
Polka *f* polka.
polnisch polský.
Polo'näse *f* polonéza.
Polster *n* polštář *m*, poduška *f*; **~er** *m* čalouník; **~möbel** *n/pl.* potahovaný (*od.* čalouněný) nábytek; **2n** [vy]polštářovat, [vy]čalounit; **~sitz** *m* polštářové sedadlo; **~ung** *f* polštářování *n*, vycpávka.
Polter|abend *m* večer před svatbou; **2n** [za]hřmotit.
Poly|ga'mie *f* polygamie, mnohoženství *n*; **~'gon** *n Geom.* mnohoúhelník *m*, polygon *m*; **2'nesisch** polynéský; **~'nom** *n Math.* mnohočlen.
Po'lyp *m Zo.* polyp, chobotnice *f*; *Med.* polyp; F policista.
Poly'tech|niker *m* polytechnik; **~nikum** *n* polytechnika; **2nisch** polytechnický.
Po'mad|e *f* pomáda; **2ig** F pomalý, líný.
Pome'ranze *f* pomeranč *m*.
Pommes frites *pl.* smažené brambory *f/pl.*
Pomp *m* pompa *f*, okázalost *f*; **2haft, 2'ös** pompézní, okázalý.
Pon'ton *m* ponton; **~brücke** *f* plovoucí (*od.* pontonový) most.
Pony *n* pony *m*.
Popanz *m* hastroš; F *fig.* panák.
Pope *m* pop.
Pope'line *f* popelín *m*.
Po'po F *m* zadek.
popu|'lär populární; ~ *machen* = **~lari'sieren** [z]popularizovat; **2lari'tät** *f* popularita.
Por|e *f* pór *m*, průduch *m*; **2ig,**

≗ös [-ˈʀøːs] pórovitý; ~osiˈtät *f* pórovitost, průlinčitost.
Porree *m Bot.* pór(ek).
Porˈtal *n* portál *m*.
Porte|feuille [-ˈføːj] *n* portfej *f*; ~**monnaie** [-mɔˈnɛː] *n* peněženka *f*.
Portier [-ˈtieː] *m* vrátný, portýr; ~**loge** *f* vrátnice.
Portiˈon *f* dávka, porce; ≗**sweise** po porcích.
Porto *n* poštovné, porto; ≗**frei** prost(ý) porta; ≗**pflichtig** podroben(ý) poštovnému.
Porträt [-ˈtrɛː] *n* podobizna *f*, portrét *m*; ≗**ieren** [-ˈtiː-] [vy]portrétovat; ~**maler(in** *f*) *m* portrétista (-tka).
Portu|gal *n* Portugalsko; ~ˈ**giese** *m* Portugalec; ≗ˈ**giesisch** portugalský.
Portwein *m* portské víno *n*.
Porzelˈlan *n* porcelán *m*; ~**erde** *f* kaolín *m*, porcelánová hlinka; ~**malerei** *f* malba na porcelánu.
Poˈsaune *f Mus.* pozoun *m*.
Pose *f* póza.
Positiˈon *f* pozice, postavení *n*, poloha; ~**s·laterne** *f Mar.* poznávací světlo *n*; ~**s·licht** *n Flgw.* poziční (*Mar.* poznávací) světlo *n*; ~**s·meldung** *f* hlášení *n* polohy.
positiv pozitivní, kladný.
Positiv 1. *m Gr.* první stupeň, pozitiv; **2.** *n Fot.* pozitiv *m*.
Posiˈtur *f* pozitúra, postoj *m*; F *sich in ~ stellen* postavovat [-stavit] se do pozitúry.
Posse *f* šprým *m*; *Thea.* fraška; ~*n reißen* [u]dělat šprýmy; ≗**n·haft** šaškovský, šprýmařský; ~**n·reißer** *m* šprýmař, šašek.
possesˈsiv *Adj.* přivlastňovací, posesivní; ≗**pronomen** *n Gr.* přivlastňovací zájmeno.
posˈsierlich žertovný.
Post *f* pošta; *per ~, mit der ~* poštou; *mit gleicher ~* zároveň.
poˈstalisch poštovní.
Post|amt *n* poštovní úřad *m*; ~**anweisung** *f* poštovní poukázka; ~**auftrag** *m* poštovní příkaz; ~**auto** *n* poštovní auto; ~**beamte(r)** *m* poštovní úředník; ~**beamtin** *f* poštovní úřednice; ~**bote** *m* poštovní posel; ~**eingangsstempel** *m* prezentační razítko *n*.
Posten *m* stanoviště *n*; *Mil.* hlídka *f*; (*Amt*) postavení *n*, místo *n*; (*Warenmenge*) množství *n*; (*Rechnungs*≗) položka *f*; (*Betrag*) částka *f*; *auf dem ~ sein* osvědčit [-čovat] se; ~**jäger** *m* uchazeč o výnosné místo.
Post|fach *n* poštovní přihrádka *f*; ~**flugzeug** *n* poštovní letadlo; ~**gebühr** *f* poštovní poplatek *m*; ~**geheimnis** *n* poštovní tajemství.
poˈstieren umísťovat [-stit].
Post|karte *f* dopisnice, korespondenční lístek *m*; ≗**lagernd** poste restante; ~**leitzahl** *f* poštovní rozváděcí číslo *n*; ~**paket** *n* poštovní balí(če)k *m*; ~**schalter** *m* poštovní přepážka *f*; ~**scheck·amt** *n* poštovní šekový úřad; ~**scheckkonto** *n* poštovní šekový účet; ~**schließfach** *n s. Postfach*; ~**sendung** *f* poštovní zásilka; ~**sparkasse** *f* poštovní spořitelna; ~**stempel** *m* poštovní razítko *n*; ~**tarif** *m* poštovní sazba *f*; ~**wagen** *m Esb.* poštovní vůz; ≗**wendend** obratem pošty; ~**wertzeichen** *n* poštovní cenina *f*.
Potentiˈal *n* potenciál *m*.
Poˈtenz *f* potence; (*Macht*) moc; *Med.* plodnost; *Math.* mocnina; ≗**ieren** [-ˈtsiː-] umocňovat [-cnit].
Pott·asche *f* draslo *n*, potaš.
Pottwal *m Zo.* vorvaň malý.
pousˈsieren *v/t u. v/i* dvořit se (*D*).
Pracht *f* nádhera; ~- *in Zssgn* nádherný; ~**kerl** F *m* chlapík; ≗**voll, prächtig** nádherný, skvostný.
Prädiˈkat *n* predikát *m*; *Gr.* přísudek *m*; (*Titel*) přídomek *m*.
Präfix *n* předpona *f*, prefix *m*.
Prag *n* Praha *f*.
prägen *Begriff*: [u]tvořit; *Münzen*: razit (*im*)*pf.*; *sich ins Gedächtnis ~* vštěpovat [vštípit] si do paměti.
Prager *m* Pražan; *Adj.* pražský.
Präge·stempel *m* razník, razidlo *n*.
präˈgnant pregnantní, výstižný.
Prägung *f* ražení *n*.
prähistorisch prehistorický.
prahlen [po]chlubit se (*mit s I*).
Prahler *m* chlubil, chvastoun; ~**ei** *f* [-ˈʀaɪ] chlouba, vychloubání *n*; ≗**isch** vychloubavý.
Prahlhans *m s. Prahler*.
Prahm *m* prám, pramice *f*.
Praktiˈkant(in *f*) *m* praktikant(ka).
Prakti|ker *m* praktik; ~**kum** *n* praktikum; ≗**sch** praktický; ~*er Arzt* praktický lékař; ≗ˈ**zieren** praktikovat.
Präˈlat *m* prelát.
Praˈline *f* pralinka.

prall (*straff*) napjatý; *Segel*: vydutý; (*voll*) plný; *Sonne*: prudký.
prallen (*gegen A*) narážet [-razit] na (*A*); *Sonne*: pražit *pf*.
Prä'ludium *n Mus.* předehra *f*, preludium.
Prämi|e *f* prémie; **~en·anleihe** *f* prémiová půjčka; **~en·lohn** *m* mzda *f* s premií; **~en·satz** *m* prémiová sazba; **2'ieren** prémiovat (*im*)*pf*., udělovat [-lit] cenu (*D*).
Prä'misse *f* premisa, návěst.
prangen [za]skvít se.
Pranger *m* pranýř; *fig. an den ~ stellen* přibí(je)t na pranýř, pranýřovat.
Pranke *f* pracka, tlapa; *fig. a.* pařát.
Präpa|'rat *n* preparát *m*; *Med.* přípravek *m*; **2'rieren** preparovat (*im*)*pf*., upravovat [-pravit].
Präpositi'on *f* předložka.
Prä'rie *f* prérie.
Präsens *n Gr.* přítomný čas *m*, prézens *m*.
präsen'tieren prezentovat (*im*)*pf*.; *das Gewehr ~* vzdá(va)t čest zbraní.
Prä'senz *f* prezence, přítomnost, účast; **~liste** *f* prezenční listina; **~stärke** *f* prezenční stav *m*; *Mil.* počet *m*.
Präsi|'dent *m* president; **~'dentenwahl** *f* volba presidenta; **~'dentschaft** *f* presidentství *n*; **2'dieren** předsedat; **~dium** [-'zi:-] *n* předsednictvo, presidium.
prasseln *Regen*: šlehat; *Feuer*: praskat.
pras|sen [za]hýřit; **2ser** *m* hýřil.
Präten'dent *m* nápadník, pretendent.
Prä'teritum *n* minulý čas, préteritum.
Präven'tiv|krieg *m* preventivní válka *f*; **~maßnahme** *f* preventivní opatření *n*.
Praxis *f* praxe.
Präze'denzfall *m* precedenční případ.
prä'zis(e) precizní, přesný.
Präzisi'on *f* přesnost, preciznost; **~s·arbeit** *f* přesná (*od.* precizní) práce; **~s·instrument** *n* přesný (*od.* precizní) přístroj; **~s·waage** *f* přesné váhy *f*/*pl*.
predig|en kázat; **2er** *m* kazatel; **2t** *f* kázání *n*.
Preis *m* cena *f*; (*Belohnung*) odměna *f*; (*Lob*) chvála *f*; *zum ~e von* za (*A*); *um jeden ~* za každou cenu; *um keinen ~* za nic na světě.
Preis|abbau *m* snížení *n* cen; **~angabe** *f* udání *n* ceny; **~aufgabe** *f* úloha o cenu; **~aufschlag** *m* přirážka *f* na ceně; **~ausschreiben** *n* vypsání ceny; **~bewegung** *f* pohyb *m* cen; **~bindung** *f* stanovení *n* cen.
Preiselbeere *f* brusinka.
preisen [z]velebit, vychvalovat [-chválit].
Preis|erhöhung *f* zvýšení *n* cen; **~ermäßigung** *f* snížení *n* ceny; **~frage** *f* soutěžní otázka; **~gabe** *f* vydávání *n* všanc; **2geben** vyd(á-v)at všanc; **2gekrönt** poctěný cenou; **~gestaltung** *f* utváření *n* cen; **~kalkulation** *f* cenová kalkulace; **~lage** *f*: *in jeder ~* v každé ceně; *in allen ~n* ve všech cenách; **~liste** *f* ceník *m*; **~nachlaß** *m* sleva *f* na ceně; **~niveau** *n* cenová hladina; **~politik** *f* cenová politika; **~richter** *m* porotce; **~schießen** *n* střílení o ceny; **~schwankung** *f* kolísání *n* cen; **~senkung** *f* snížení *n* cen; **~steigerung** *f* stoupání *n* cen; **~stopp** *m* zákaz zvyšování cen; **~sturz** *m* prudký pokles cen; **~treibe'rei** *f* vyhánění *n* cen do výše, předražování *n*; **~überwachung** *f* kontrola *f* cen; **~überwachungsstelle** *f* cenový úřad; **~unterschied** *m* rozdíl v ceně; **~verzeichnis** *n s. Preisliste*; **2wert**, **2würdig** cenově přístupný, odpovídající ceně.
pre'kär choulostivý, pochybný, prekérní.
Prell|bock *m Esb.* nárazník; **2en** (*betrügen*) [o]šidit; **~er** *m* šidil; **~e'rei** *f* šizení *n*, šalba; **~stein** *m* patník, odrazník.
Prellung *f* pohmožděnina.
Premier|e [-'mie:-] *f* premiéra; **~minister** *m* ministerský předseda, premiér.
Presse *f* (*Zeitungswesen*) tisk *m*; *Tech.* lis *m*; **~agentur** *f* tisková kancelář; **~attaché** *m* tiskový ataše; **~bericht** *m* tisková zpráva; **~büro** *n s. Presseagentur*; **~dienst** *m* tisková služba; **~freiheit** *f* tisková svoboda; **~gesetz** *n* tiskový zákon; **~konferenz** *f* tisková konference; **~meldung** *f s. Pressebericht*.
press|en [vy]lisovat; (*zs.-~*) slisovat; stlačovat [-čit]; *gepreßt* liso-

vaný; stlačený; 2**en** *n* lisování; tlačení.

Presse|photograph *m* tiskový fotograf; **~stimmen** *f/pl.* hlas *m* tisku; **~vertreter** *m* zástupce tisku, novinář.

Preß|glas *n* lisované sklo; **~hefe** *f* lisované droždí; **~kohle** *f* briketa; **~kopf** *m Kochk. s. Preßwurst*; **~ling** *m* výlisek; **~luft** *f* stlačený vzduch; **~lufthammer** *m* pneumatické kladivo, vzdušní buchar *m*; **~stroh** *n* lisovaná sláma *f*; **~wurst** *f* tlačenka.

Prestige [-'sti:ʒ] *n* prestiž *m od. f.*

Preuß|e *m* Prus; 2**isch** pruský.

prickeln [po-, za]šimrat; **~d** dráždivý.

Priem *m* žvanec tabáku; 2**en** [se-]žvýkat tabák.

pries *s. preisen.*

Priester *m* kněz; **~in** *f* kněžka; 2**lich** kněžský; **~rock** *m* klerika *f*; **~schaft** *f* kněžstvo *n*; **~tum** *n* kněžství; **~weihe** *f* svěcení *n* na kněze; **~würde** *f* kněžská důstojnost, duchovní hodnost.

prima prima, príma, F *a.* primovní, primový.

Prima *f* (*in Schulen*) prima; **~ballerina** *f* primabalerina; **~ner** [-'mɑ:-] *m* primán.

pri'mär primární, prvotní.

Primas *m Rel.* primas; *Mus.* primáš.

Pri'mat *m* primát, prvenství *n.*

Primel *f Bot.* prvosenka, primule.

primi'tiv primitivní.

Primus *m* primus.

Primzahl *f Math.* prvočíslo *n.*

Prinz *m* (**~essin** *f*) princ(ezna).

Prin'zip *n* zásada *f*, princip *m*; *im ~* zásadně; 2**i'ell** zásadní, principální; **~ienreiter** F *m* zásadový člověk.

Prior *m* převor.

Priori'tät *f* přednost, priorita; **~s-** *in Zssgn* přednostní, prioritní.

Prise *f Mar.* lodní kořist, ukořistěná loď; e-e *~ Tabak* šňupec *m* tabáku; e-e *~ Salz* špetka *f* soli.

Pris|ma *n* hranol *m*, prizma; 2**'matisch** hranolový, prizmatický; **~men(fern)glas** *n* triedr *m.*

Pritsche *f* (*Liege*2) pryčna; **~nwagen** *m Kfz.* valníkový automobil.

pri'vat soukromý, privátní; *ganz ~ präd.* čistě soukromě; 2**adresse** *f* soukromá adresa; 2**angelegenheit** *f* soukromá záležitost; 2**besitz** *m* soukromý majetek; 2**dozent** *m* soukromý docent; 2**eigentum** *n* soukromé vlastnictví; 2**gebrauch** *m* osobní užívání; 2**gespräch** *n* soukromý (telefonní) hovor; 2**initiative** *f* soukromá iniciativa; 2**klage** *f* soukromá žaloba; 2**leben** *n* soukromý život *m*; 2**mann** *m* soukromník; 2**person** *f* soukromá osoba; 2**recht** *n* soukromé právo; 2**sache** *f s. Privatangelegenheit*; 2**schule** *f* soukromá škola; 2**sekretär(in** *f*) *m* soukromý tajemník (soukromá sekretářka); 2**stunde** *f* soukromá hodina; 2**unternehmen** *n* soukromý podnik; 2**wirtschaft** *f* soukromé hospodářství.

Privi'leg *n* výsada *f*, privilej *f*, privilegium; 2**ieren** [-'gi:-] privilegovat [(im)pf.]

pro *s. für.*

Probe *f* zkouška; (*Muster*) ukázka, vzorek *m*; *~- in Zssgn* zkušební; *auf* (*od. zur*) *~* na zkoušku; *auf die ~ stellen* podrobovat [-bit] zkoušce; **~alarm** *m* poplach na zkoušku; **~entnahme** *f* odebírání *n* vzorku; **~exemplar** *n* ukázkový exemplář; **~fahrt** *f* zkušební jízda (*Mar.* plavba); **~flug** *m* zkušební let; **~jahr** *n* zkušební rok *m.*

probe|n *Thea.* [vy]konat zkoušku; 2**nummer** *f* ukázkové číslo; 2**sendung** *f s. Probe*; 2**stück** *n* zkušební kus *od.* vzorek *m*; **~weise** zkusmo, na zkoušku; 2**zeit** *f* zkušební doba.

pro'bieren zkoušet [zkusit].

Pro'ble|m *n* problém *m*; 2**'matisch** problematický.

Pro'dukt *n* produkt *m*, výrobek *m*; (*Ertrag*) plodina *f*; (*Werk*) výtvor *m*; *Math.* součin *m.*

Produkti'on *f* produkce, výroba; *~s- in Zssgn* výrobní.

Produkti'ons|ablauf *m* průběh (*od.* chod) výroby; **~ausfall** *m* zastavení *n* výroby; **~genossenschaft** *f* výrobní družstvo *n*; **~kosten** *pl.* výrobní náklady *m/pl.*; **~leiter** *m* vedoucí výroby; **~mittel** *n/pl.* výrobní prostředky *m/pl.*; **~norm** *f* výkonová (*od.* pracovní) norma; **~plan** *m* plán výroby; **~programm** *n* výrobní program *m*; **~prozeß** *m* výrobní proces; **~reserve** *f* výrobní rezerva; **~steigerung** *f* zvyšování *n* výroby; **~zweig** *m* výrobní odvětví *n.*

produk'tiv výnosný, produktivní; **𝔖i'tät** *f* výkonnost, produktivita.
Produ|'zent(in *f*) *m* výrobce (-bkyně), producent(ka); **𝔖'zieren** vyrábět [-robit], [vy]produkovat; *sich* ~ produkovat se.
Prof. *Abk. für Professor.*
pro|fessio'nell řemeslný, profesionální; **𝔖'fessor** *m* profesor; **𝔖fes'sur** *f* profesura.
Pro'fil *n* profil *m*; **~stahl** *m* tvarová (*od.* profilová) ocel; **~zeichnung** *f* krezba průřezu (*od.* profilu).
Pro'fit *m* zisk, prospěch, profit; **𝔖ieren** [-'ti:-] získ(áv)at, profitovat (*im*)*pf.* (*von D* z *G*).
Pro'gnose *f* předpověď, prognóza.
Pro'gramm *n* program *m*; **~-** *in Zssgn* programový, programní; **𝔖atisch** [-'mɑ:-] programatický; **~erklärung** *f* programové prohlášení; **𝔖gemäß** programový, *Adv. a.* podle programu; **𝔖ieren** [-'mi:-] programovat; **~ierer** [-'mi:-] *m* programátor; **~ierung** [-'mi:-] *f* programování *n*; **~steuerung** *f* programové řízení.
Progres|si'on *f Math.* řada; **𝔖'siv** progresivní, postupný.
prohibi'tiv zabraňující, prohibitivní.
Pro'jek|t *n* projekt *m*; **𝔖'tieren** projektovat (*im*)*pf.*; **~'til** *n* střela *f*; **~ti'on** *f* projekce, promítání *n*; **~ti'ons·apparat** *m* promítací přístroj; **~ti'ons·ebene** *f* průmětna; **~tor** *m* promítačka *f*, projektor.
Prokla|mati on *f* proklamace, provolání *n*; **𝔖'mieren** proklamovat (*im*)*pf.*
Pro'ku|ra *f* prokura; *in* ~, *per* ~ v zastoupení; **~'rist** *m* prokurista.
Pro'le|t *m* proletář; **~tari'at** *n* proletariát *m*; **~'tarier(in** *f*) *m* proletář(ka); **𝔖'tarisch** proletářský.
Pro'log *m* proslov, prolog.
Prome|'nade *f* promenáda; **~'nadendeck** *n* promenádní paluba *f*; **𝔖'nieren** procházet [projít] se, F promenovat.
Pro'mille *n* promile.
promi'nen|t vynikající, prominentní; **𝔖z** *f* vynikající (*od.* prominentní) osobnosti *f/pl.*
Promo|ti'on *f* promoce; **𝔖'vieren** promovat (*im*)*pf.*
prompt rychlý, promptní.
Pro'nomen *n* zájmeno.
Propa'gan|da *f* propaganda; **~'dist(in** *f*) *m* propagandista (-tka); **𝔖'distisch** propagační, propagandistický.
propa'gieren propagovat.
Pro'peller *m* vrtule *f*, propeler; **~turbine** *f* vrtulová turbina.
Pro'phet *m* prorok; **𝔖isch** prorocký.
prophe'zei|en prorokovat *pf.*; **𝔖ung** *f* proroctví *n*.
prophy'la|ktisch ochranný, profylaktický; **𝔖xe** *f* profylaxe.
Proporti'o|n *f* proporce; *Math.* úměra; **𝔖'nal, 𝔖'niert** proporcionální, úměrný.
Propst *m* probošt.
Pro|sa *f* próza; **~'saiker** *m* prozaik; **𝔖'saisch** prozaický.
pros(i)t! ať slouží!, na zdraví!
Pro'spekt *m* prospekt.
Prosperi'tät *f* prosperita.
Prostitu|'ierte *f* prostitutka, nevěstka; **~ti'on** *f* prostituce.
Protekti'on *f* protekce, přízeň.
Pro'tekto|r *m* protektor, ochránce; **~'rat** *n* protektorát *m*.
Pro'test *m* protest, ohrazení *n*; ~ *erheben od. einlegen* protestovat, ohrazovat [ohradit] se.
Protes'tan|t(in *f*) *m* protestant(ka); **𝔖tisch** protestantický; **~'tismus** *m* protestantismus.
prote'st|ieren protestovat, ohrazovat [ohradit] se; **𝔖kundgebung** [-'tɛst-] *f* protestní manifestace; **𝔖note** [-'tɛst-] *f* protestní nóta; **𝔖versammlung** [-'tɛst-] *f* protestní shromáždění *n* (*od.* schůze *f*).
Proto'koll *n* protokol *m*; ~ *führen* spisovat [sepsat] protokol; *zu* ~ *nehmen* zaznamen(áv)at v protokolu; **𝔖arisch** [-'lɑ:-] protokolární; **~führer** *m* zapisovatel; **𝔖ieren** [-'li:-] protokolovat (*im*)*pf.*
Proto'plasma *n* protoplasma *f od. n.*
Protz *m* nafoukanec; **𝔖en** nafukovat [-fouknout] se; **𝔖enhaft, 𝔖ig** nafoukaný.
Proveni'enz *f* původ *m*, provenience.
Provi'ant *m* proviant; (*Reise*𝔖) potraviny *f/pl.* na cestu.
Pro'vinz *f* provincie, venkov *m*; **𝔖i'ell** provinciální, venkovský, maloměstský; **~ler(in** *f*) *m* venkovan(ka), maloměšťák (-ťačka).
Provi|si'on *f* provize; **𝔖'sorisch** (pro)zatímní, provizorní; **~'sorium** *n* provizórium, zatímní opatření.

Provo|kati'on *f* provokace; **♀'zieren** provokovat.
Proze'dur *f* procedura, postup *m*.
Pro'zent *n* procento; **~rechnung** *f* procentový počet; **~satz** *m* procentní sazba *f*.
prozentu'al procentuální.
-prozentig *in Zssgn* -procentní, *z. B.*: *drei~* tříprocentní.
Pro'zeß *m* proces, postup; *kurzen ~ machen* [u]dělat krátký proces.
prozes|'sieren vést proces; **♀si'on** *f* procesí *n*.
Pro'zeß|kosten *pl.* náklady *m/pl.* sporu; **~ordnung** *f* procesní řád *m*; **~recht** *n* procesní právo; **~verfahren** *n* sporné (*od.* procesní) řízení.
prüde upejpavý; **♀'rie** *f* pruderie, upejpavost.
prüf|en [vy]zkoušet; **♀er** *m* zkoušející; *Tech.* zkoušeč; **♀ling** *m* zkoušenec; **♀stand** *m Tech.* zkušebna *f*, zkušební stav; **♀stein** *m fig.* zkušební kámen; **♀strecke** *f* zkušební trať *f*.
Prüfung *f* zkouška; **~s·arbeit** *f* zkušební práce; **~s·aufgabe** *f* zkušební úkol *m*; **~s·ausschuß** *m* zkušební výbor; **~s·befund** *m* zkušební nález; **~s·ergebnis** *n* výsledek *m* zkoušky; **~s·vorschrift** *f* zkušební předpis *m*; **~s·zeugnis** *n* vysvědčení *n* o zkoušce.
Prügel *m* klacek; *pl.* (*Schläge*) výprask; **~ei** [-'laɪ] *f* pranice; **~knabe** *m fig.* obětní beránek; **♀n** [z]bít; **~strafe** *f* trest *m* holí, výprask *m*.
Prunk *m* nádhera *f*; **♀en** (*glänzen*) skvít se; (*prahlen*) honosit se; **♀haft** nádherný; **~sucht** *f* nádherymilovnost; **♀voll** skvělý.
PS *Abk. für Pferdestärke*; *Postskriptum*.
Psalm *m* žalm.
Psalter *m* žaltář; *Zo.* kniha *f*.
Pseudo- *in Zssgn* pseudonymní; **~'nym** *n* pseudonym *m*.
Psych|e *f* psýcha; **~ia'trie** *f* psychiatrie; **♀isch** psychiatrický.
Psycho'lo|ge *m* psycholog; **~'gie** *f* psychologie; **♀gisch** psychologický.
Puber'tät *f* puberta.
Publi|kati'on *f* publikace, uveřejnění *n*; **~kum** *n* obecenstvo, publikum; **♀'zieren** publikovat (*im-*) *pf.*, uveřejňovat [-jnit]; **~'zistik** *f* publicistika, novinářství *n*; **♀zistisch** publicistický.
Pudding *m* pudink; **~pulver** *n* pudinkový prášek.
Pudel *m* pudl; *wie ein begossener ~* jako zmoklá slepice; **~mütze** *f* huňatá čepice; **♀naß** F mokrý jako myš.
Puder *m* pudr; **~dose** *f* pudřenka; **♀n** [na]pudrovat; **~quaste** *f* pudrovátko *n*; **~zucker** *m* práškový cukr.
Puff *m* F (*Stoß*) rána *f*, štulec; (*am Ärmel*) nabraná látka; F (*Bordell*) nevěstinec, V bordel; **~bohne** *f* bob *m*.
Puffer *m Esb.* nárazník; (*Kartoffel♀*) bramborová placka; **~staat** *m* nárazníkový stát.
Pulle F *f* láhev.
Pull'over *m* pulovr.
Puls *m* tep, puls; **~ader** *f* tepna.
pul'sieren pulsovat.
Pulsschlag *m* tep.
Pult *n* pult *m*.
Pulver *n* prach *m*; *Med.* prášek *m*; (*Schieß♀*) střelný prach; **~fabrik** *f* prachárna, výrobna střelného prachu; **♀i'sieren** rozmělňovat [-lnit] na prášek; **~kammer** *f* prachovna, prachárna.
Puma *m Zo.* puma *f*.
Pump F *m* dluh, úvěr; **~e** *f* čerpadlo *n*, pumpa; **♀en** [na]čerpat, [na]pumpovat; (*borgen*) půjčovat [-čit]; (*entleihen*) vypůjčovat [-čit] si.
Pumpernikel *m* pump(e)rnikl.
Pump·hose *f* pumpky *f/pl.*
Pumps [pœmps] *m/pl.* lodičky *f/pl.*
Pump|station *f* čerpací stanice; **~werk** *n* čerpadlo, čerpací stroj *m*.
Punkt *m* bod; *Gr.* tečka *f*, F puntík; (*Würfel*) oko *n*.
Pünktchen *n* bodeček, puntí(če)k *m*.
punk't|ieren [vy]tečkovat; *Med.* provádět [-vést] punkci; **♀i'on** *f Med.* punkce; **'~förmig** bodový, bodovitý, tečkovitý.
pünktlich přesný; **♀keit** *f* přesnost.
Punkt|sieg *m* vítězství *n* na body; **~wertung** *f Sp.* bodové ocenění; **~zahl** *f* počet *m* bodů.
Punsch *m* punč; **~-** *in Zssgn* punčový.
Pup V *m* prd.
Pu'pille *f* zornice, pupila; **~n·erweiterung** *f* rozšiřování *n* zornice.
Püppchen *n* panenka *f*; (*kleines Mädchen*) děvečka *f*.

Puppe *f* (*Spielzeug*) panenka; (*Marionette, Mode*♀) loutka; (*Schneider*♀) panna; F (*Mädchen*) milenka; *Zo.* pupa, kukla; F *bis in die* ~*n* až do rána; ~**n·stube** *f* světnička pro panenky; ~**n·theater** *n* loutkové divadlo; ~**n·wagen** *m* kočárek pro panenky.
pur čistý.
Pü'ree *n* pyré.
Puri'tan|er(in *f*) *m* puritán(ka); ♀**isch** puritánský.
Purpur *m* purpur, nach; ♀**farbig,** ♀**n,** ♀**rot** purpurový, nachový.
Purzel|baum *m* kotrmelec; *e-n* ~ *schlagen* [u]dělat kotrmelec; ♀**n** převalovat [-lit] se.
Puste F *f* dech *m.*
Pustel *f* neštovička, vřídek *m.*
pusten silně foukat [-knout]; *j-m et.* ~ F [na]kašlat k-u nač.
Pute *f* krůta, F puta; ~**r** *m* krocan.
Putsch *m* puč, vzpoura *f*; ♀**en** *Pol.* [při]chystat puč.
Putz *m* nádherný šat, F paráda *f*; (*Mauer*♀) omítka *f*; ♀**en** (*reinigen*) [vy]čistit; (*schön kleiden*) [vy]strojit; *Arch.* omítat [-tnout]; *sich die Nase* ~ utírat [utřít] si nos; ~**er** *m* čistič; ~**frau** *f* uklízečka; ♀**ig** žertovný, roztomilý.
Putz|lappen *m* hadr na čištění; ~**macherin** *f* modistka; ~**mittel** *n* čisticí prostředek *m*; ~**sucht** *f* strojivost, F parádivost; ♀**süchtig** strojivý, F parádivý; ~**tuch** *n* utěrka *f* na čištění; ~**wolle** *f* čisticí hadry *m/pl.*; ~**zeug** *n* čisticí potřeby *f/pl.*
Pyg'mäe *m* trpaslík, pygmej; ♀**nhaft** trpasličí.
Pyjama [-'dʒɑ:-] *n* pyžama.
Pyra'mide *f* pyramida; *Geom.* jehlan *m.*
Pyro'technik *f* pyrotechnika.

Q

Q, q *n* (*unv.*) Q, q.
qcm, qdcm, qkm, qm *Abk. für Quadrat-zentimeter, -dezimeter, -kilometer, -meter.*
Quacksalber *m* mastičkář; **~ei** [-ˈraɪ] *f* mastičkářství *n.*
Quader *m*, **~stein** *m* kvádr.
Quaˈdrant *m* kvadrant.
Quaˈdrat *n* čtverec; *Math.* druhá mocnina; **2isch** čtvereční; **~(kilo-)meter** *m* čtvereční (kilo)metr *m*; **~ur** [-ˈtuːʁ] *f* kvadratura; **~wurzel** *f* druhá odmocnina.
quaˈdrieren *Math.* umocňovat [-ovnit] na druhou.
Quaˈdrille [kaˈ-] *f* čtverylka.
quaken [za]kvákat.
quäken [za]vřeštět; **~d** vřeštivý.
Quäker *m Rel.* kvaker.
Qual *f* trýzeň, muky *f/pl.*
quäl|en [z]mučit, [z]trýznit; *zu Tode ~* umučit *pf.*; *sich ~* [na]lopotit se; **~end** mučivý; **2eˈrei** *f* trápení *n*; **2geist** F *m* trápič, mučitel.
Qualifi|katiˈon *f* kvalifikace; **2ˈzieren** kvalifikovat (*im*)*pf.*; **2ˈziert** kvalifikovaný.
Qualiˈtät *f* jakost, kvalita; **~s-** *in Zssgn* jakostní, kvalitní.
qualitaˈtiv *s. Qualitäts-.*
Qualiˈtäts|arbeit *f* kvalitní práce; **~steigerung** *f* zvýšení *n* jakosti; **~ware** *f* jakostní (*od.* kvalitní) zboží *n*, zboží *n* dobré jakosti.
Qualle *f Zo.* medúza.
Qualm *m* čoud, dým; **2en** čadit [čoudit]; **2ig** začouzený.
qualvoll strastiplný.
Quant *n Phys.* kvant; **~entheorie** *f* kvantová teorie.
Quanti|ˈtät *f* kvantita, množství *n*; *Gr.* délka; **2taˈtiv** kvantitativní.
Quantum *n* kvantum, množství *n*, počet *m.*
Quappe *f s. Kaulquappe.*
Quaranˈtäne [kaˈ-] *f* karanténa.
Quark *m* tvaroh; F (*Unsinn*) maličkost; *fig.* *e-n ~ davon verstehen* tomu vůbec nerozumnět; **~kuchen** *m* tvarohový koláč.
Quart 1. *n* kvartový formát *m*, kvart *m*; **2.** *f* (*Fechtkunst*) kvartový sek; *Mus. s. Quarte.*
Quar|ta *f* kvarta; **~ˈtal** *n* čtvrtletí, kvartál *m*; **~(s)-** *in Zssgn* čtvrtletní; **~ˈtaner** *m* kvartán.
Quartband *m* kvartový svazek.
Quar|te *f Mus.* kvarta; **~ˈtett** *n* kvartet, kvarteto.
Quartformat *n* kvartový formát *m.*
Quarˈtier *n* obydlí, příbytek *m*, P kvartýr *m*; **~geber(in** *f*) *m* bytný *m* (bytná *f*); **~macher** *m Mil.* ubytovatel.
Quarz *m* křemen; **~lampe** *f* křemenná výbojka *od.* lampa; **~sand** *m* křemenný písek.
quasi takřka, jaksi, zdánlivě.
quasseln F [na]klábosit.
Quast *m*, **~e** *f* štětec *m*, (s)třapec *m.*
Quatsch F *m* žvast; **2en** F žvastat; **~kopf** F *m* žvastal, žvanil.
Quecke *f Bot.* pýr *m.*
Quecksilber *n* rtuť *f*; **~-** *in Zssgn* rtuťový; **~salbe** *f* rtuťová mast.
Quell *m*, **~e** *f* pramen *m*; **2en** *v/i* (*schwellen*) [na]bobtnat; (*hervor~*) [vy]prýštit; *v/t* (*weichen*) [na]močit; **~en·angabe** *f* uvedení *n* pramenů; **~gebiet** *n* prameniště, povodí; **~-wasser** *n* pramenitá voda.
Quendel *m Bot.* mateřídouška *f.*
quengeln F [za]reptat.
quer *Adv.* příčně, napříč; *~ durch od. über* (*A*) napříč (*I*); *kreuz und ~* křížem krážem.
Quer|balken *m* příčný trám, příčník; **2ˈdurch** příčně, skrz; **2feld-ˈein** napříč přes pole, cestou necestou; **~feldˈein·rennen** *n Sp.* přespolní závod *m*; **~format** *n* příčný formát; **2gestreift** příčně (*od.* napříč) pruhovaný; **~kopf** F *m* ztřeštěnec; **~pfeife** *f Mus.* příčná píšťala; **~ruder** *n Flgw.* křidélko; **~schnitt** *m* příčný (prů)řez; **~-stange** *f* příčná tyč, příčka; **~-straße** *f* příčná silnice (*od.* ulice); **~strich** *m* příčná čára; **~treiber(in** *f*) *m* pletichář(ka); **~treibeˈrei** *f* pletichy *f/pl.*

Queru'lant *m* kverulant.
Quer|verbindung *f* příčné spojení; **~wand** *f* příčná stěna, přepážka.
Quetsch|e *f* mačkadlo *n*; **2en** [roz-] mačkat; **~ung** *f*, **~wunde** *f Med.* pohmožděnina.
quieken [za]kvičet.
quietschen [za]pištět; (*Tür*) [za-] skřípat.
Quinta *f* kvinta.
Quinte *f Mus.* kvinta.
Quint·essenz *f* podstata, jádro *n*, kvintesence.
Quin'tett *n Mus.* kvintet *m*, kvinteto.
Quirl *m* kvedlačka *f*; *Bot.* přeslen *m*; **2en** [za]kvedlat.
quitt: F *wir sind ~* jsme vyrovnáni.
Quitte *f Bot.* kdoule.
quit'tieren kvitovat (*im*)*pf.*; (*bestätigen*) potvrzovat [-tvrdit]; (*aufgeben*) vzdá(va)t se (*G*).
Quittung *f* stvrzenka, kvitance.
quoll *s. quellen.*
Quote *f* kvóta, podíl *m.*
Quoti'ent *m* podíl, kvocient.

R

R, r *n* (*unv.*) R, r.
Ra'batt *m* sleva *f*, rabat.
Ra'batte *f* rabato *n*, rabátko *n*.
Rab'bin|er *m* rabín; **2isch** rabínský.
Rabe *m* havran, krkavec; *fig. weißer* ~ bílá vrána; **~n·mutter** F *f fig.* krkavčí matka; **2n·schwarz** černý jako havran; **~n·vater** F *m fig.* krkavčí otec.
rabi'at F rabiátní, neurvalý.
Rache *f* (po)msta; ~ *nehmen* (*für*) *s.* (*sich*) *rächen*; **~durst** *m* pomstychtivost *f*.
Rachen *m Anat.* hltan; (*Tier2*) tlama *f*; *fig.* jícen.
rächen [po]mstít (*sich* se; *für* za).
Rachen|bräune *f s. Diphtherie*; **~-höhle** *f Anat.* hltanová dutina; **~mandel** *f Med.* hltanová mandle; **~spiegel** *m Med.* krční zrcátko *n*.
Rächer(in *f*) *m* mstitel(ka).
Rach|sucht *f* pomstychtivost; **2-süchtig** pomstychtivý.
Ra'chitis *f* rachitida, křivice.
Rad *n* kolo; *s. a. Fahrrad*; *ein* ~ *schlagen s. radschlagen*; *Pfau*: rozkládat [rozložit] ocas do kruhu; *fünftes* ~ *am Wagen* páté kolo u vozu; *unter die Räder kommen* bídně zahynout; **~achse** *f* náprava.
Ra'dar *n* radar *m*, radiolokátor *m*; **~-** *in Zssgn* radarový; **2gelenkt** řízený radarem; **~station** *f* radarová stanice.
Ra'dau F *m* povyk; ~ *machen* [z]tropit povyk; **~macher** *m* křikloun.
Rädchen *n* kolečko.
Raddampfer *m* kolový parník.
radebrechen lámat řeč.
radeln F *s. radfahren*.
Rädelsführer *m* náčelník, vůdce.
Räder *s. Rad*; **2n** lámat kolem; F *fig. wie gerädert sein* být celý polámaný; **~werk** *n* soukolí.
rad|fahren jet (jezdit *Iter.*) na kole; **2fahren** *n* jízda *f* na kole; **2fahrer(in** *f*) *m* cyklista (-tka); **2fahrweg** *m* cyklistická stezka; **2felge** *f* loukoť; **2fernfahrt** *f* cyklistický vytrvalostní závod.
radi'a|l radiální; **2ti'on** *f* radiace, záření *n*.
ra'dier|en vymaz(áv)at gumou, [vy]radýrovat; (*Kunst*) [vy]leptat; **2gummi** *m* radýrovací guma *f*, F radýrka *f*; **2messer** *n* škrabací nožík *m*; **2nadel** *f* leptací jehla; **2ung** *f* lept *m*, rytina.
Ra'dies·chen *n* ředkvička *f*.
radi'kal radikální; **2** *n Math.*, **2e(r)** *m* radikál.
Radi'kand *m Math.* odmocněnec.
Radio *n* rozhlas *m*, rádio; *vgl. Rundfunk, Funk*; **2ak'tiv** radioaktivní; **~aktivi'tät** *f* radioaktivita; **~astrono'mie** *f* radioastronomie; **~technik** *f* radiotechnika; **~therapie** *f* léčba rádiem, radioterapie.
Radium *n* rádium.
Radius *m* poloměr, rádius.
Rad|kappe *f* kryt *m* nápravy; **~-kasten** *m* kolesnice; **~kranz** *m* věnec kola; **~ler(in** *f*) *m s. Radfahrer(in)*; **~nabe** *f* náboj *m* (*od.* hlava) kola; **~reifen** *m* obruč *f*; **~rennbahn** *f* cyklistická dráha; **~rennen** *n* cyklistické závody *m/pl.*; **~satz** *m* dvojkolí *n*; sada *f* ozubených kol; **2schlagen** *Turn.* [u]dělat přemety stranou; **~speiche** *f* rameno *n* kola; **~sport** *m* cyklistika *f*; **~sportler** *m* cyklista; **~spur** *f* vyježděná kolej; **~stand** *m* rozchod kol; **~sturz** *m* bočitost *f* kol; odklon kol; **~weg** *m s. Radfahrweg*.
raff|en uchvacovat [uchvátit], popadat [-dnout]; (*hochheben*) zdvíhat [zdvihnout]; (*bauschen*) nab(í)rat; **2gier** *f* hrabivost, chamtivost; **~gierig** hrabivý, chamtivý.
Raffi|'nade *f* rafináda; **~ne'rie** *f* rafinerie; **~'nesse** *f* rafinovanost; **2'nieren** rafinovat (*im*)*pf.*; **2'niert** rafinovaný; **~'niertheit** *f s. Raffinesse*.
Rage [-ʒə] *f* ráže, vztek *m*.
ragen čnět, čnít.
Ragout [-'gu:] *n* ragú.
Rah(e) *f Mar.* ráhno *n*.
Rahm *m* smetana *f*.
Rähmchen *n* ráme(če)k *m*.

rahmen [za]rámovat.
Rahmen *m* rám(ec); **~antenne** *f* rámová anténa.
Rahm|käse *m* smetanový sýr; **~topf** *m* hrnec na smetanu.
Rahsegel *n* ráhnová plachta.
Rain *m* mez *f*.
Ra'kete *f* raketa.
Ra'keten|abschußbasis *f* základna pro vypouštění raket, odpalovací základna; **~antrieb** *m* raketový pohon; **~geschoß** *n* raketová (*od.* reaktivní) střela; **~start** *m* start rakety; *Flgw.* start za pomoci rakety; **~startrampe** *f* startovací (*od.* odpalovací) rampa; **~stufe** *f* stupeň *m* rakety; **~triebwerk** *n* raketový motor; **~waffen** *f/pl.* raketové zbraně *f/pl.*; **~werfer** *m* raketomet.
Rallye ['rali·] *n od. f* rely, rallye.
Ramm|bär *m* beran; **~e** *f* beranidlo *n*; **2en** zarážet [-razit], zatloukat [-tlouci]; *s. einrammen.*
Rampe *f* rampa; **~n·licht** *n* rampové osvětlení; *im ~* ve světle ramp.
rampo'nieren F porouch(áv)at.
Ramsch *m* brak; **~ware** *f* brakové zboží.
ran F *s. heran.*
Rand *m* okraj; (*Saum*) obruba *f*, lem; *außer ~ und Band* být bez sebe; *am ~e bemerkt* jen tak mimochodem; **~bemerkung** *f* poznámka na okraji; **~gebiet** *n* okrajové území; **~gebirge** *n* okrajové pohoří; **~notiz** *f s. Randbemerkung*; **~staat** *m* okrajový stát; **~streifen** *m* (*e-r Straße*) krajnice *f*.
rang *s. ringen.*
Rang *m* hodnost *f*; (*Grad*) řád, stupeň; *Thea.* balkón; *j-m den ~ ablaufen* předstihovat [-hnout] k-o; **~abzeichen** *n Mil.* hodnostní odznak *m*.
Range *f* nezbedník (-nice *f*) *m*.
Rang·erhöhung *f* povýšení *n* v hodnosti.
Ran'gier|bahnhof *m* seřaďovací nádraží *n*; **2en** *v/t* seřaďovat [-řadit]; *v/i vor* (*od. nach*) *j-m ~* být před (*od.* za) kým; **~er** *m* posunovač; **~gleis** *n* posunovací kolej *f*; **~lokomotive** *f* posunovací lokomotiva.
Rang|liste *f* seznam *m* podle hodnosti; *Sp.* žebříček *m*; **~ordnung** *f* pořadí *n*; **~stufe** *f* stupeň *m* hodnosti.
Ranke *f* úponka, šlahoun *m*.
Ränke *m/pl.* pletichy *f/pl.*, pikle *m/pl.*; *~ schmieden* strojit pletichy *od.* pikle.
ranken: *sich ~* popínat se, pnout se; **2gewächs** *n* popínavá rostlina.
Ränke|schmied *m* pletichář; **~spiel** *n s. Ränke.*
rann *s. rinnen.*
rannte *s. rennen.*
Ranzen *m* ranec; F (*Bauch*) břicho *n*.
ranzig žluklý; *~ werden* [za]žluknout.
ra'pid(e) rapidní, rychlý.
Rappe *m* vraník, vraný kůň; *s. a. Schuster.*
Rappel F *m* ztřeštěnost *f*; *den ~ haben, kriegen* třeštit, bláznit.
Rap'port *m* zpráva *f*; *Mil.* hlášení *n*, raport.
Raps *m Bot.* řepka *f*; **~öl** *n* řepkový olej.
Ra'punzel *f Bot.* kozlíček *m*.
rar řídký, vzácný.
Rari'tät *f* vzácnost, rarita.
rasch rychlý.
rascheln [za]harašit.
rasen zuřit [-řívat], hnát se úprkem; *~d* šílený, zuřivý.
Rasen *m* trávník, drn; **~mäher** *m* trávníkový žací stroj; **~platz** *m* trávník; **~spiel** *n Sp.* hra *f* na trávníku; **~sprenger** *m* zadešťovač.
Rase'rei *f* zuřivost.
Ra'sier|apparat *m* holicí strojek; **2en** [o]holit; *sich ~ lassen* dá(va)t se holit; **~en** *n* holení; **~klinge** *f* holicí čepelka, žiletka; **~krem** *f* krém *m* na holení; **~messer** *n* břitva *f*; **~pinsel** *m* holicí štětec; **~seife** *f* holicí mýdlo *n*; **~zeug** *n* holicí náčiní.
Raspel *f* rašple; **2n** [o]rašplovat.
Rasse *f* rasa.
Rassel *f* chrastítko *n*; **2n** [za]řinčet; F *durch die Prüfung ~* propadat [-dnout].
Rassen|diskriminierung *f* rasová diskriminace; **~haß** *m* rasová nenávist; **~lehre** *f* nauka o rasách; **~merkmal** *n* rasový znak.
Rasse|pferd *n* čistokrevný kůň; **~vieh** *n* plemenné zvíře.
rassig plnokrevný.
rassisch rasový.
Rast *f* odpočinek *m*, pohov *m*; **2en** odpočívat [-činout] si.
Raster *m Typ.* síťka *f*; *El.* rastr.
rast|los neúnavný; **2losigkeit** *f*

neúnavnost; 2**stätte** *f* (*Autobahn*2) motorest *m*; 2**tag** *m* den *m* odpočinku.
Ra'sur *f* rasura; (*Rasieren*) holení *n*.
Rat *m* rada *f*, porada *f*; (*Titel*) rada *m*; *mit j-m zu ~e gehen* [po]radit se s kým; *mit ~ und Tat* radou i skutkem.
Rate *f* splátka; skupina, partie; *in ~n* ve splátkách.
raten [po]radit; (*mutmaßen*) hádat [uhádnout]; *sich nicht zu ~ wissen* nevědět si rady.
raten|weise ve splátkách; po partiích; 2**zahlung** *f* splácení *n* v částkách, splátka.
Rat|geber(**in** *f*) *m* rádce (-dkyně); **~haus** *n* radnice *f*.
Ratifi|kati'on *f* ratifikace; 2'**zieren** ratifikovat (*im*)*pf*.
Rätin *f* radová.
Rati'on *f* dávka, porce.
ratio'nal racionální; **~i'sieren** racionalizovat (*im*)*pf*.; 2**i'sierung** *f* racionalizace; **~s-** *in Zssgn* racionalizační; **~istisch** [-'lɪ-] racionalistický.
ratio'n|ell racionální; **~ieren** racionovat (*im*)*pf*., přidělovat [-lit]; 2**ierung** *f* přidělování *n*.
rat|los bezradný; 2**losigkeit** *f* bezradnost; **~sam** radný; *es ist* (*od. erscheint*) *~* je rozumné, je záhodno; 2**schlag** *m* rada *f*; 2**schluß** *m* usnesení *n*.
Rätsel *n* hádanka *f*; 2**haft** záhadný.
Rats|herr *m* radní; **~keller** *m* radniční sklep; **~sitzung** *f* zasedání *n* rady.
Ratte *f* krysa; **~n·falle** *f* past na krysy; **~n·fänger** *m* krysař; **~n-gift** *n* jed na krysy.
rattern [za]rachotit.
Raub *m* loupež *f*, kořist *f*; *~ der Flammen* obětí plamenů; **~bau** *m* drancování *n*, plenění *n*; *an s-r Gesundheit ~ treiben* plýtvat svým zdravím; 2**en** [u]loupit.
Räuber *m* loupežník, lupič; **~bande** *f* loupežnická banda; **~geschichte** *f* loupežnická povídka; **~hauptmann** *m* náčelník loupežníků; **~höhle** *f* loupežnické doupě; 2**isch** loupežnický; 2**n** *s. rauben*.
Raub|fisch *m* dravá ryba; **~gier** *f* loupeživost; 2**gierig** loupeživý; **~krieg** *m* loupežná válka; **~mord** *m* loupežná vražda; **~mörder** *m* loupežný vrah; **~ritter** *m* loupežný rytíř; **~tier** *n* dravec *m*; **~überfall** *m* loupežné přepadení; **~vogel** *m* dravý pták; **~zug** *m* loupežná výprava.
Rauch *m* kouř; *in ~ aufgehen* shořet *pf*.; 2**en** *v/i* kouřit (se), dýmat, čadit; *v/t* [vy]kouřit; **~en** *n* kouření; *~ verboten!* kouření zakázáno!; **~er**(**in** *f*) *m* kuřák (-řačka); **~erabteil** *n* oddělení pro kuřáky.
Räucher|aal *m* uzený úhoř; **~hering** *m* uzenáč, uzený slaneček; **~kammer** *f* udírna; **~kerze** *f* františek *m*; 2**n** *v/t Fleisch*: [vy]udit; *v/i* vykuřovat [-kouřit]; **~n** *n* udění; **~waren** *f/pl.* uzené zboží, uzeniny *f/pl*.
Rauch|fahne *f* pruh *m* kouře; **~fang** *m* komín; **~faß** *n Rel.* kadidelnice *f*; **~fleisch** *n* uzené maso; 2**ig** pln(ý) kouře, zakouřený; **~säule** *f* sloup *m* dýmu; **~tabak** *m* (kuřlavý) tabák; **~tisch** *m* kuřácký stolek; **~verbot** *n* zákaz *m* kouření; **~vergiftung** *f* otrava kouřem; **~ware** *f* kožišina; *s. a. Räucherwaren*; **~wolke** *f* mrak *m* kouře; **~zimmer** *n* kuřárna *f*.
Räud|e *f* prašivina, svrab *m*; 2**ig** prašivý, svrabovitý.
rauf F *s. herauf*.
Rauf|bold *m* rváč; 2**en** [vy]trhat; *sich ~* rvát [porvat] se, prát [poprat] se; **~e'rei** *f* rvačka; **~lust** *f* rvavost; 2**lustig** rvavý.
rauh (*grob*) drsný; (*unfreundlich*) nevlídný; (*heiser*) chraptivý; 2**bein** F *n* drsný člověk.
Rau|heit *f* drsnost; 2**hen** zdrsňovat [-snit].
Rauh|futter *n* hrubá píce; 2**haarig** drsnosrstý; **~reif** *m* jinovatka *f*.
Raum *m* prostor; (*Platz*) místo *n*; (*im Gebäude*) místnost *f*; *s. Weltraum*; **~anzug** *m* skafandr kosmonauta.
räumen (*fortschaffen*) odklízet [-klidit]; (*auf~*) uklízet [uklidit]; *s. ausräumen, evakuieren*; *aus dem Wege ~* odstraňovat [-stranit]; sprovodit *pf*. ze světa.
Raum|ersparnis *f* úspora prostoru; **~fahrt** *f* kosmonautika, astronautika; **~fahrtzentrum** *n* kosmodrom *m*, základna *f* pro starty raket do kosmického prostoru; **~fahrzeug** *n s. Raumschiff*; **~flug** *m* kosmický let; **~gleiter** *m* kosmický

kluzák; **~inhalt** *m* objem; **~kapsel** *f s. Raumsonde.*
räumlich prostorový; **2keit** *f* prostornost.
Raum|maß *n* prostorová míra; **~meter** *m* prostorový metr; **~schiff** *n* kosmická loď *f*; **~sonde** *f* kosmická sonda; **~station** *f* meziplanetární stanice; **~ton** *m* stereozvuk.
Räumung *f* vyklizení *n*, stěhování *n*; **~s·verkauf** *m* výprodej.
Raupe *f Zo.* housenka; *Tech. a.* pás *m*.
Raupen|antrieb *m Tech.* pásový pohon; **~fraß** *m Agr.* škoda *f* způsobená housenkami; **~schlepper** *m* pásový traktor.
raus F *s. heraus, hinaus.*
Rausch *m* opilost *f*; *fig.* opojení *n*; *Med.* krátkodobá narkóza; *e-n ~ haben* být opilý, P mít opici; **2en** [za]šumět, [za]šelestit; *~der Beifall* hlučný potlesk; **~en** *n* šumění, šelestění; **~gift** *n* omamný jed; **2giftsüchtig** oddaný omamným jedům; *~e(r) m* narkotik, narkoman; **~gold** *n* tepaná mosaz, pozlátko; **~mittel** *n* omamný prostředek; **~zustand** *m* stav opojení.
räuspern: *sich ~* [za]chrchlat.
rausschmeißen F vyhazovat [-hodit].
Raute *f Bot.* rauta; *Math.* kosočtverec *m*; **2n·förmig** kosočtverečný, kosočtvercový.
Razzia *f* razie, policejní honička.
Rea|'gens *n Chem.* činidlo, reagencie *f*; **~'genzglas** *n* zkumavka *f*; **2'gieren** reagovat *(im)pl.*
Reakti'o|n *f* reakce; **2'när** reakcionářský; **~'när** *m* reakcionář.
Re'aktor *m* reaktor.
re'al reální, reálný; **2gymnasium** *n* reálné gymnasium; **2ien** *pl.* reálie *f*, věcné poznatky *m/pl.*; **2isati'on** *f* realisace, uskutečnění *n*; **~i'sierbar** uskutečnitelný; **~i'sieren** realisovat *(im)pf.*; **2i'sierung** *f s. Realisation.*
Rea|'lismus *m* realismus; **~'list(in** *f*) *m* realista (-tka); **2'listisch** realistický; **~li'tät** *f* realita.
Real|lohn *m* reálná mzda; **~politik** *f* věcná (*od.* vážná) politika; **~schule** *f* reálka.
Rebe *f* vinná réva.
Re'bell *m* vzbouřenec, F rebelant; **2ieren** [-'li:-] [vz]bouřit se, F rebelovat *(im)pf.*; **~i'on** *f* vzpoura, rebelie; **2isch** vzpurný, F rebelantský.
Reb|huhn *n* koroptev *f*; **~laus** *f* révokaz *m*; **~stock** *m* vinný keř.
Rebus *m od. n s. Bilderrätsel.*
Rechen *m* hrábě *f/pl.*; *Tech.* pohrabovač; **2** hrabat, pohrabovat.
Rechen|aufgabe *f* početní úloha; **~automat** *m* samočinný počítač; **~buch** *n* početnice *f*; **~fehler** *m* početní chyba *f*; **~heft** *n* početní sešit *m*, F početník *m*; **~lehrer(in** *f*) *m* učitel(ka *f*) *m* počtů; **~maschine** *f* počítací stroj *m*.
Rechenschaft *f* odpovědnost; počet *m*; *zur ~ ziehen* volat k odpovědnosti; *~ ablegen* vyd(áv)at počet (*für A* z *G*); **~s·bericht** *m* jednatelská zpráva.
Rechen|schieber *m* logaritmické pravítko; **~zentrum** *n* výpočtové středisko.
rechn|en počítat; *auf et. ~ (sich verlassen)* spoléhat [-lehnout] na (*A*); **2en** *n* počítání, počty *m/pl.*; **2er**[1]**(in** *f*) *m* počtář(ka); **2er**[2] *m* (*Maschine*) počítač; **~erisch** početní, počtářský; **2ung** *f* počet *m*; (*Berechnung*) výpočet *m*; (*Kostenanforderung*) účet *m*; *auf ~* na účet; *e-r Sache ~ tragen* přihlížet [-hlédnout] k (*D*); *in ~ stellen* počítat s (*I*); *e-n Strich durch die ~ machen* [z]hatit k-u plány.
Rechnungs|abschluß *m* účetní uzávěrka *f*; **~art** *f* způsob *m* počítání; **~auszug** *m* výpis z účtu; **~beleg** *m* účetní doklad; **~betrag** *m* účetní částka *f*; **~führer** *m* účetní; **~hof** *m* účetní dvůr; **~jahr** *n* účetní rok *m*; **~prüfer** *m* revizor účtů; **~wesen** *n* účetnictví.
recht *Adj.* pravý; (*richtig*) správný; (*geeignet*) vhodný; (*gut*) dobrý; (*wirklich*) skutečný; (*wahrhaftig*) opravdový; (*gehörig*) náležitý; *Adv.* (*richtig*) správně; (*passend*) vhod; (*gut*) dobře; (*sehr, viel*) velmi; *~er Hand* po pravé ruce; *~ behalten* mí(va)t pravdu; *~ bekommen* dost(á-v)at za pravdu; *erst ~* teprv, tím více; *es geschieht ihm ~* dobře mu tak; *es geht nicht mit ~en Dingen zu* tady není něco v pořádku; *er ist nicht ~ im Kopf* není zrovna chytrý; *aus et. nicht ~ klug werden* nechápat [nepochopit] co; *s. a. billig, schlecht, Zeit usw.*

Recht *n* právo; *Doktor der ~e* doktor práv; *von 2s wegen, mit ~* po právu, právem; *zu ~ bestehen* být po právu.

Rechte *f* pravice (*a. Pol.*), pravička; *zur ~n* po (*od.* na) pravici.

Recht·eck *n* pravoúhelník *m*; **2ig** pravoúhlý.

rechten soudit se, [po]hádat se; **~s** po právu.

rechterseits do prava, po pravé straně.

recht|fertigen ospravedlňovat [-dlnit]; **2fertigung** *f* ospravedlnění *n*; **~gläubig** pravověrný; **~haberisch** hašteřivý; **~lich** *Jur.* právní; **2lichkeit** *f* spravedlnost; **~los** bezprávný; **~mäßig** zákonný, řádný; **2mäßigkeit** *f* zákonnost, řádnost.

rechts (*nach ~*) vpravo, napravo; *von ~* z prava; **2-** *in Zssgn* pravý; *Jur.* právní; *Pol.* pravicový; **2abweichung** *f Pol.* pravičácká (*od.* pravá) úchylka.

Rechts|anspruch *m* právní nárok; **~anwalt** *m* právní zástupce, advokát; **~'außen** *m Sp.* pravé křídlo; **~beistand** *m* právní poradce; **~beugung** *f* překrucování *n* práva; **~bruch** *m* porušení *n* práva.

rechtschaffen poctivý; **2heit** *f* poctivost.

Rechtschreibung *f* pravopis *m*.

Rechts|extremist *m* pravičácký extremista; **2fähig** způsobilý k právním činům; **~fakultät** *f* právnická fakulta; **~fall** *m* právní případ; **~gelehrte(r)** *m* právník; **2gerichtet** *Pol.* pravicově orientovaný; **~grundlage** *f* právní základna; **~händer** *m* pravák, pravičák; **2gültig** *s. rechtskräftig*; **~kraft** *f* pravoplatnost; **2kräftig** pravoplatný, pravomocný; **~kurve** *f* zatáčka vpravo; **~mittel** *n* právní prostředek *m*; **~nachfolge** *f* právní nastoupení *n*; **~nachfolger** *m* právní nástupce; **~norm** *f* právní předpis *m*; **~ordnung** *f* právní řád *m*; **~partei** *f Pol.* pravicová strana; **~pflege** *f* vykonávání *n* soudní pravomoci.

Recht·sprechung *f* nalézání *n* práva; soudnictví *n*.

Rechts|presse *f Pol.* pravicový tisk; **~sache** *f* právní pře; **~schutz** *m* právní ochrana *f*; **2seitig** pravostranný; **~spruch** *m* rozsudek; **~staat** *m* právní stát; **~streit** *m s. Rechtssache*; **~titel** *m* právní důvod.

rechts'um! *Mil.* vpravo v bok!

rechts|unwirksam právně neúčinný; **2verbindlichkeit** *f* právní závaznost; **2verdreher** *m* překrucovač práva; **2verdrehung** *f* překrucování *n* práva; **2verfahren** *n* právní řízení; **2verhältnis** *n* právní poměr *m*; **2verkehr** *m* doprava *f* po pravé straně; **2verletzung** *f* porušení *n* práva; **2weg** *m* pořad práva; *auf dem ~e* právní cestou; *den ~ einschlagen* nastupovat [-stoupit] právní cestu; **~widrig** protiprávní; **2widrigkeit** *f* protiprávnost; **~wirksam** právně účinný; **2wirksamkeit** *f* právní účinnost; **2wissenschaft** *f* právní věda.

recht|wink(e)lig pravoúhlý; **~zeitig** včasný; *Adv.* včas.

Reck *n* hrazda *f*; **~turnen** *n* cvičení na hrazdě.

recken natahovat [-táhnout].

Redak|'teur *m* redaktor; **~ti'on** *f* redakce; **2tio'nell** redakční.

Rede *f* řeč; (*Gerücht*) pověst; *~ halten* mí(va)t řeč; *wovon ist die ~?* o čem se mluví?; *es ist nicht der ~ wert* to nestojí za řeč; *davon ist keine ~, davon kann keine ~ sein* o tom není ani řeči; *j-n zur ~ stellen* domlouvat [-mluvit] k-u; **~fluß** *m* proud řeči; **~freiheit** *f* svoboda projevu (*od.* slova); **~gabe** *f* výmluvnost; **2gewandt** výmluvný; **~kunst** *f* rétorika, řečnictví *n*; **2n** [pro]mluvit (*über, von A* o *L*); **~ns·art** *f* rčení *n*; **~'rei** F *f* tlachání *n*; **~teil** *m* část *f* řeči; **~weise** *f* způsob *m* řeči; **~wendung** *f s. Redensart*.

redi'gieren [z]redigovat.

redlich poctivý; **2keit** *f* poctivost.

Redner *m* řečník; **~bühne** *f* řečniště *n*; **~gabe** *f* řečnické nadání; **2isch** řečnický.

redselig hovorný; **2keit** *f* hovornost.

Redu|kti'on *f* redukce; **~s-** *in Zssgn* redukční; **2'zieren** redukovat (*im*)*pf*.

Reede *f Mar.* rejda; **~r** *m* rejdař; **~'rei** *f* rejdařství *n*.

re'ell reelní, poctivý, solidní.

Reep *n Mar.* lodní lano.

Refe|'rat *n* referát *m*; **~ren'dar(in** *f*) *m* referendář(ka); **~'rent(in** *f*) *m* referent(ka); **~'renz** *f* doporučení

n, posudek *m*, reference; 2'**rieren** referovat (*im*)*pf*.
reffen *Mar*. [s]kasat.
Reflek|'tant *m* reflektant, uchazeč; 2'**tieren** reflektovat (na), ucházet se (o); *Phys*. odrážet [-razit]; ~**tor** [-'flɛ-] *m* reflektor.
Re'flex *m* reflex, odraz; ~**bewegung** *f* reflexní pohyb *m*; ~**i'on** *f* reflexe, odraz *m*; (*Betrachtung*) přemítání *n*.
refle'xiv *Gr*. zvratný, reflexivní.
Re'form *f* reforma; ~**ati'on** *f* reformace.
Refor'mator *m* reformátor.
refor'mier|en reformovat (*im*)*pf*.; ~**t** reformovaný.
Refrain [-'frɛ̃·] *m* refrén.
Reg. *in Zssgn Abk. für Regierungs-*.
Re'gal *n* regál *m*, police *f*.
Re'gatta *f* regata.
rege čilý, živý.
Regel *f* pravidlo *n*; *Med*. menstruace; ~- *in Zssgn Tech*. regulační; *in der* ~ pravidelně, zpravidla; 2**bar** regulovatelný; 2**los** (*ungleichmäßig*) nerovnoměrný; (*ungeregelt*) neupravený, neurovnaný; 2**mäßig** pravidelný; ~**mäßigkeit** *f* pravidelnost; 2**n** [z]regulovat, upravovat [upravit]; 2**recht** pravidelný, řádný; ~**ung** *f* úprava, usměrnění *n*; *Tech*., *El*. regulace; ~**ungssystem** *n* regulační soustava; 2**widrig** proti pravidlům, nepravidelný; ~**widrigkeit** *f* nepravidelnost, odchylka od pravidla.
regen: *sich* ~ hýbat [hnout] se.
Regen *m* dešť; *fig*. *vom* ~ *in die Traufe kommen* přicházet [přijít] z deště pod okap; 2**arm** chudý deštěm; ~**bö** *f* vítr *m* s deštěm.
Regenbogen *m* duha *f*; ~**farben** *f*/*pl*. duhové barvy; 2**farben** duhově zbarvený, duhový; ~**haut** *f* *Anat*. duhovka.
Regen|dach *n* dešťová stříška *f*; 2**dicht** nepromokavý.
Regene|rati'on *f* regenerace, obnovení *n*; *Bio*. obrození *n*; 2'**rieren** regenerovat (*im*)*pf*.
Regen|fall *m* dešť; 2**frei** bezdeštný; ~**guß** *m* liják; ~**mantel** *m* plášť do deště, F pršiplášť, dešťák; ~**messer** *m* dešťoměr; ~**periode** *f* období *n* dešťů; ~**pfeifer** *m* *Zo*. kulík; 2**reich** deštivý, s hojnými dešti; ~**schauer** *m* (dešťová) přeháňka, (pře)prška *f*; ~**schirm** *m* deštník.
Re'gent *m* regent.
Regen|tag *m* deštivý den; ~**tropfen** *m* dešťová kapka *f*.
Re'gentschaft *f* regentství *n*.
Regen|wald *m* deštný prales; ~**wasser** *n* dešťová voda, dešťovka; ~**wetter** *n* deštivé počasí, plískanice *f*, deštivo; ~**wolke** *f* deštivý (*od*. dešťový) mrak; ~**wurm** *m* dešťovka *f*; ~**zeit** *f* doba dešťů, deštivá doba.
Regie [-'ʒiː] *f* režie; ~ *führen* [na-, z]režírovat; ~**assistent** *m* asistent režie.
re'gier|en řídit [-dívat]; (*beherrschen*) [o]vládnout (*D od*. nad *I*); ~**d** vládnoucí; 2**ung** *f* vláda; *unter der* ~ (*G*) za vlády (*G*).
Re'gierungs|antritt *m* nastoupení *n* vlády; ~**bezirk** *m* vládní okres; ~**bildung** *f* utvoření *n* vlády; ~**erklärung** *f* vládní prohlášení *n*; 2**feindlich** protivládní; ~**form** *f* způsob *m* vlády, vládní forma; 2**freundlich** vládě příznivý; ~**koalition** *f* vládní koalice; ~**krise** *f* vládní krize; ~**geschäfte** *n*/*pl*. vládní záležitosti *f*/*pl*.; ~**partei** *f* vládní strana; ~**präsident** *m* ředitel okresního úřadu; ~**rat** *m* vládní rada; ~**sitz** *m* sídlo *n* vlády; 2**treu** oddaný vládě, loajálný; ~**verordnung** *f* vládní nařízení *n*; ~**vorlage** *f* vládní návrh *m* zákona; ~**wechsel** *m* změna *f* vlády; ~**zeit** *f* doba vlády; (*e-s Monarchen*) panování *n*.
Regime [-'ʒiːm] *n* režim *m*.
Regi'ment *n* *Mil*. pluk *m*; (*Herrschaft*) vláda *f*; *das* ~ *führen* vládnout.
Regi'ments|befehl *m* plukovní rozkaz; ~**kamerad** *m* kamarád od pluku; ~**kommandeur** *m* velitel *m* pluku.
Regi'on *f* kraj *m*, oblast; *fig*. *in höheren* ~*en schweben* toul(áv)at se myšlenkami v oblacích.
regio'nal regionální, oblastní.
Regis'seur *m* režisér.
Re'gister *n* rejstřík *m*, registr *m*; *fig*. *alle* ~ *ziehen* nasadit všecky páky; ~**tonne** *f* *Mar*. registrovaná tuna.
Registra'tur *f* registratura.
Regi'strier|apparat *m* zapisovací (*od*. registrační) přístroj; 2**en** registrovat (*im*)*pf*., zaznamen(áv)at; ~**kasse** *f* registrační pokladna.
Reglement [-'mɑ̃·, -'maŋ] *n* řád *m*,

reglement *m*, předpisy *m/pl.*; **2ieren** [-ˈtiː-] reglementovat (*im*)*pf*.
Regler *m Tech.* regulátor; **~schalter** *m* regulační spínač.
reglos nehybný.
regne|n pršet (*a. fig.*); **~risch** deštivý.
Reˈgreß *m Jur.* postih, regres; **~pflicht** *f* povinná náhrada; **2pflichtig** podléhající regresu.
regsam čilý, hbitý; **2keit** *f* čilost, hbitost.
regu|ˈlär pravidelný, řádný; **~ˈlieren** [vy-, z]regulovat, upravovat [upravit]; *Uhr*: [na]řídit.
Regung *f* hnutí *n*, pohyb *m*; **2s·los** nehybný.
Reh *n* srnec *m*; (*Ricke*) srn(k)a *f*.
rehabiliˈtier|en rehabilitovat (*im-*) *pf.*; **2ung** *f* rehabilitace.
Reh|bock *m* srnec; **~braten** *m* srnčí pečeně *f*; **2braun** srnčí, hnědočervený; **~gehörn** *n* srnčí parůžky *m/pl.*; **~geiß** *f s. Reh*; **~kalb** *n*, **~kitz** *n* srnče, srnčátko; **~keule** *f* srnčí kýta; **~wild** *n* srnčí zvěř *f*, srnčí.
Reib|ahle *f* výstružník *m*; **~e** F *f*, **~eisen** *n* struhadlo *n*; **2en** [o]třít (*sich* se; *an D* o *A*); *Fußboden*: [vy-] drhnout; *Farben*: [roze]třít; *Semmeln, Mandeln usw.*: [na-, u]strouhat; *sich* ~ (*sich kratzen*) [po]drbat se; *sich die Augen* ~ protírat [-třít] si oči; *sich die Hände* ~ mnout si ruce; **~eˈrei** F *f* třenice, svár *m*; **~ung** *f* tření *n*.
Reibungs- *in Zssgn mst* třecí; **~elektrizität** *f* elektřina vzbuzená třením; **~fläche** *f* třecí plocha; **~koeffizient** *m* součinitel (*od.* koefizient) tření; **2los** bez tření, bez hádek; **~widerstand** *m* třecí odpor, odpor tření.
Reich *n* říše *f*; *fig.* království; *s. Tier-, Pflanzenreich.*
reich bohatý; ~ *machen* obohacovat [-hatit]; ~ *werden* [z]bohatnout; **2e(r)** *m/f* boháč (-hačka).
reich|en *v/t* pod(áv)at; *v/i* dosahovat [-sáhnout] (*bis* kam, č-o); (*genügen*) [po-, vy]stačit; **~haltig** bohatý; **~lich** hojný.
Reichs|apfel *m* říšské jablko; **~deutsche(r)** *m* říšský Němec; **~gebiet** *n* území (bývalé) německé říše; **~hauptstadt** *f* říšské hlavní město; **~kanzler** *m* říšský kancléř; **~tag** *m* říšský sněm; **~verweser** *m* říšský správce.
Reichtum *m* bohatství *n*.
Reichweite *f* dosah *m*; *Flgw.* dolet *m*; *Mil.* dostřel *m*; *in* ~ v dosahu, na dosah.
reif zralý; (*erwachsen*) dospělý; ~ *werden s. reifen.*
Reif *m* jíní *n*; *s. Rauhreif.*
Reif|e *f* zralost, dospělost; **2en** [do-, u]zrát, dospívat [-spět].
Reifen *m* obruč *f*; (*Auto*) pneumatika *f*; **~fabrik** *f* pneumatikárna; **~panne** *f*, **~schaden** *m* propíchnutí *n* pneumatiky; **~wechsel** *m* výměna *f* pneumatiky.
Reife|prüfung *f* zkouška dospělosti, maturita; **~zeugnis** *n* vysvědčení dospělosti, maturitní vysvědčení.
reiflich zralý, důkladný.
Reifrock *m* krinolína *f*.
Reigen *m* kolový tanec, kolo *n*, rej; *den* ~ *eröffnen* zahajovat [-hájit] kolo (*od.* tanec).
Reihe *f* řada; *Mil.* šik *m*; (*Zeile*) řádka; *der* ~ *nach* řadou, po řadě; *du bist an der* ~ jsi na řadě; *an die* ~ *kommen* přijít [přicházet] na řadu.
reihen [se]řadit; *Perlen*: navlékat [-vléci]; **2dorf** *n* řadová vesnice; **2folge** *f* pořadí *n*; **2haus** *n* řadový dům; **2schaltung** *f El.* sériové řadění; **2untersuchung** *f Med.* řadová (*od.* masová) prohlídka; **~weise** v řadách, řadou.
Reiher *m Zo.* volavka *f*.
Reim *m* rým; **2en** [z]rýmovat; *fig.* F *das reimt sich nicht* to se nerýmuje; **2los** bez rýmu; **~schmied** *m* rýmař, veršotepec.
rein¹ čistý; (*unschuldig*) nevinný; *Adv.* čistě, zcela, naprosto; *ins* **~e** *bringen* uvádět [uvést] do pořádku; *ins* **~e** *kommen* dohodovat [-dnout] se; *ins* **~e** *schreiben* psát [napsat] na čisto.
rein² F *s. herein.*
Reinemache|frau *f* uklízečka; **~n** *n* úklid *m*.
Rein|ertrag *m* čistý výnos; **~fall** F *m* neúspěch; **~gewinn** *m* čistý zisk; **~heit** *f* čistota, ryzost.
reinig|en [o-, vy]čistit; **2er** *m* čistič.
Reinigung *f* čištění *n*; **~s·mittel** *n* čisticí prostředek *m*, čistidlo.
Rein|kultur *f* čistá kultura; *fig. in* ~ čistý, ryzí; **2lich** čistotný;

~lichkeit *f* čistotnost; **2rassig** čistokrevný; **~schrift** *f* čistopis *m*.
reinst- nejčištří, nejvyšší čistoty.
Reis[1] *n Bot.* ratolest *n*; (*Propf*2) roub *m*.
Reis[2] *m* rýže *f*; **~bau** *m* pěstování *n* rýže; **~brei** *m* rýžová kaše.
Reise *f* cesta; *auf der* ~ cestou, na cestě; **~apotheke** *f* cestovní lékárnička; **~begleiter** *m* průvodce na cestách; **~bericht** *m* zpráva *f* o cestě, cestopis; **~beschreibung** *f* popis *m* cesty, cestopis *m*; **~büro** *n* cestovní kancelář *f*; **2fertig** připravený na cestu; **~fieber** *n* cestovní horečka *f*; **~führer** *m* (cestovní) průvodce; **~gefährte** *m* společník na cestách, spolucestující *m/f*; **~geld** *n* cestovné; **~gepäck** *n* cestovní zavazadla *n/pl.*; **~gepäckversicherung** *f* pojištění *n* cestovních zavazadel; **~gesellschaft** *f* cestovní společnost; **~geschwindigkeit** *f* cestovní rychlost; **~koffer** *m* cestovní kufr; **~kosten** *pl.* cestovní výlohy *f/pl. od.* diety *f/pl.*; **2lustig** toužící po cestování.
reisen cestovat.
Reisen *n* cestování; **~de(r)** *m/f* cestující *m/f*.
Reise|omnibus *m* cestovní autokar; **~paß** *m* cestovní pas; **~route** *f* směr *m* cesty; **~scheck** *m* cestovní šek; **~schreibmaschine** *f* přenosný psací stroj; **~spesen** *pl. s. Reisekosten*; **~tasche** *f* cestovní taška; **~unfallversicherung** *f* pojištění *n* proti cestovním nehodám; **~verkehr** *m* cestovní ruch; **~weg** *m s. Reiseroute*; **~zeit** *f* doba cestování, cestovní sezóna; **~ziel** *n* cíl *m* cesty.
Reisfeld *n* rýžové pole.
Reisholz *n*, **Reisig** *n* klestí, roští.
Reiß|'aus: ~ *nehmen* prchat [uprchnout]; **~brett** *n* rýsovací prkno; **2en** *v/t* trhat [-hnout]; *v/i* (*Faden, Strick usw.*) přetrh(ov)at [-hnout] se; (*Kleid*) roztrh(ov)at [-hnout] se; *s. a. fort-, herunter-, zerreißen*; *mir reißt die Geduld* přechází mě trpělivost; *sich* ~ *um* (*A*) rvát [servat] se o (*A*); **~en** *n* trhání; *Med.* škubání, loupání; **2end** dravý; (*heftig*) prudký; *~en Absatz finden* jít velmi dobře na odbyt; **~feder** *f* rýsovací pero *n*; **~festigkeit** *f* trhací pevnost; **~nagel** *m s. Reißzwecke*; **~schiene** *f* příložník *m*, rýsovací pravítko *n*.
Reissuppe *f* rýžová polévka.
Reiß|verschluß *m* zdrhovací závěr, zdrhovadlo *n*, F zip; **~zeug** *n* rýsovadlo; **~zwecke** *f* na-, připínáček *m*.
Reit|bahn *f* jízdárna; **2en** jet (*Iter.* jezdit) na koni; **~en** *n* jízda *f* na koni.
Reiter *m* jezdec (na koni); *Mil.* jízdní voják; *Tech.* běžec, jezdec; *spanische* ~ drátěné překážky *f/pl.*; **~angriff** *m* útok *m* jízdy, jezdecký útok; **~ei** [-'RAI] *f* jízda, jezdectvo *n*; **~in** *f* jezdkyně.
Reit|gerte *f* jezdecký bičík; **~hose(n** *pl.*) *f* jezdecké kalhoty *f/pl.*; **~knecht** *m* jízdní sluha; **~peitsche** *f s. Reitgerte*; **~pferd** *n* jezdecký kůň; **~schule** *f* jezdecká škola; **~sitz** *m* sed jízdmo; **~sport** *m* jezdecký sport, jezdectví *n*; **~stiefel** *m* jezdecká bota; **~zeug** *n* jezdecký postroj.
Reiz *m* (po)dráždění *n*, popud *m*; (*Lieb*2) půvab; **2bar** dráždivý, popudlivý; **~barkeit** *f* dráždivost, popudlivost; **2en** [po]dráždit; (*lokken*) [při]vábit; **2end** dráždivý; (*anmutig*) půvabný; **~ker** *m Bot.* ryzec; **2los** bez půvabu, nepůvabný; **~mittel** *n* dráždidlo, dráždící prostředek *m*; **~voll** *s. reizend*.
Rekla|mati'on *f* reklamace; **~me** [-'klɑ:-] *f* reklama; ~- *in Zssgn* reklamní; *vgl. Werbe-*; **2'mieren** [vy]reklamovat.
rekonstru|'ieren rekonstruovat (*im*)*pf.*; **2kti'on** *f* rekonstrukce, znovuzřízení *n*.
Rekonvales|'zent *m* rekonvalescent; **~'zenz** *f* rekonvalescence.
Re'kord *m* rekord; *e-n* ~ *aufstellen* vytvořovat [-řit] rekord; *e-n* ~ *überbieten od. brechen* překon(áv)at rekord; **~halter** *m* rekordman, držitel rekordu; **~leistung** *f* rekordní výkon *m*; **~zeit** *f* rekordní čas *m*.
Re'krut *m* nováček, P rekrut; **2ieren** [-'ti:-] najímat [-jmout], F [na-, z]verbovat, rekrutovat (*sich* se); **~ierung** [-'ti:-] *f Mil.* odvod *m*, P rekrutýrka.
Rektor *m* rektor; **~at** [-'Rɑ:t] *n* rektorát *m*.
Relais [Rə'lɛ:] *n El.* relé; ~- *in Zssgn* reléový.
rela'tiv relativní, poměrný; **2i'tät** *f*

relativita; 2**i'tätstheorie** *f* teorie relativity.
rele'gieren relegovat *(im)pf.*
Reli'ef *n* reliéf *m*, plastický obraz.
Religi'on *f* náboženství *n*; **~s·bekenntnis** *n* náboženské vyznání; **~s·freiheit** *f* náboženská svoboda; **~s·lehrer** *m* učitel náboženství; **~s·unterricht** *m* vyučování náboženství.
religi'ös náboženský, nábožný.
Religiosi'tät *f* nábožnost.
Reling *f* lodní zábradlí *n*.
Re'liquie *f* relikvie; *fig.* vzácná památka.
Remilitari'sierung *f* remilitarizace, znovuvyzbrojení *n*.
Reminis'zenz *f* reminiscence; (*Erinnerung*) vzpomínka; (*Anklang*) ohlas *m*.
remis [-'mi:] nerozhodný, remis.
remit'tieren pos(í)lat zpět, remitovat *(im)pf.*
Remou'lade *f* remuláda.
rempeln strkat [strčit] (*j-n* do k-o); *Sp.* remplovat *(im)pf.*
Ren *n Zo.* sob *m*.
Renaissance [-nɛ'sã·s] *f* renesance.
Rendezvous [-de'vu:] *n* dostaveníčko, F rande.
Renn|bahn *f* závodní (*od.* dostihová) dráha; **~boot** *n* závodní člun; 2**en** běžet, pádit, uhánět; *j-n über den Haufen ~* povalit k-o v běhu; **~en** *n* běh *m*, závod *m*; (*Pferde*2) dostihy *m/pl.*; **~er** *m* (*Pferd*) klusák, běhoun; **~e'rei** F *f* běhání *n*, P běhavka; **~fahrer** *m* závodník; **~pferd** *n* závodní (*od.* dostihový) kůň; **~platz** *m* závodiště *n*; *s. Rennbahn*; **~rad** *n* závodní kolo; **~strecke** *f* závodní trať; *s. Rennbahn*; **~wagen** *m* závodní vůz.
Renom|'mee *n* dobrá pověst, renomé; 2**'mieren** chlubit [vychloubat] se, renomovat.
reno'vier|en obnovovat [-vit], renovovat *(im)pf.*; 2**ung** *f* obnova, renovace.
ren'tabel výnosný, rentabilní.
Rente *f* důchod *m*, renta.
Renten|anspruch *m* nárok na důchod; **~empfänger** *m* důchodce; **~versicherung** *f* důchodové pojištění.
Rentier *n s. Ren.*
ren'tieren: *sich ~* vyplácet [-platit] se, rentovat se *(im)pf.*

Rentner(in *f*) *m* důchodce (-dkyně).
Reorgani|sati'on *f* přestavba, reorganizace; 2**'sieren** nově upravovat [upravit], reorganizovat *(im)pf.*
Reparati'on *f* reparace.
Repara'tur *f* oprava, správka; **~kosten** *pl.* náklady *m/pl.* na opravu; **~werkstatt** *f* správkárna, opravna.
repa'rieren spravovat [spravit], opravovat [opravit].
repatri'ier|en repatriovat *(im)pf.*; 2**ung** *f* repatriace.
Repertoire [-'tŏɑ:ʁ] *n* repertoár *m*; **~stück** *n* repertoární kus *m*.
Repe'tier|gewehr *n* opakovačka *f*, opakovací puška *f*, **~uhr** *f* opakovací hodiny *f/pl.*, F opakovačky *f/pl.*; 2**en** opakovat *pf.*, repetovat.
Re'plik *f* odpověď, replika.
Reportage [-'tɑ:ʒə] *f* reportáž, zpráva; *~- in Zssgn* reportážní.
Re'porter *m* zpravodaj, reportér.
Repräsen|'tant(in *f*) *m* reprezentant(ka), představitel(ka); **~tati'on** *f* reprezentace; 2**ta'tiv** reprezentativní; 2**'tieren** reprezentovat.
Repres'salie *f* odvetné opatření, represálie.
Reprodu|kti'on *f* reprodukce; 2**'zieren** reprodukovat *(im)pf.*
Rep'til *n* plaz *m*.
Repu'bli|k *f* republika; **~'kaner** *m* republikán; 2**'kanisch** republikánský.
requi'rier|en rekvírovat *(im)pf.*; 2**ung** *f* zabavování *n*, rekvírace.
Requi'sit *n* rekvizita *f*.
Re'seda *f Bot.* rezeda.
Re'serve *f* rezerva; *Mil.* záloha; (*Vorrat*) zásoba; **~fonds** *m* rezervní fond; **~offizier** *m* záložní důstojník.
reser|'vieren vyhrazovat [-hradit], rezervovat *(im)pf.*; **~'viert** zdrženlivý, rezervovaný; 2**'vist** *m Mil.* záložník, rezervista; 2**voir** [-'vŏɑ:ʁ] *n* nádrž(ka) *f*, rezervoár *m*.
Resi'denz *f* sídlo *n*, rezidence.
Resig|nati'on *f* rezignace; 2**'nieren** rezignovat *(im)pf.*, vzdá(va)t se čeho.
Resi'stenz *f* rezistence, odpor *m*.
reso'lut rázný, rezolutní; 2**i'on** *f* usnesení *n*, rezoluce.
Reso'nanz *f* rezonance; **~boden** *m Mus.* rezonanční deska *f*.
Resorpti'on *f* resorpce.
Re'spek|t *m* respekt; 2**'tabel** úcty-

hodný; **2'tieren** respektovat; **2t-voll** uctivý.
Respirati'on *f* dýchání *n*, respirace.
Res'sort *n* resort *m*, odbor *m*.
Rest *m* zbytek; *Hdl.* dluh; *j-m den ~ geben* dorazit *pf.*; *~- in Zssgn* zbytkový.
Restau'ra|nt *n* restaurace *f*, hostinec *m*; **~'teur** *m* restauratér, hostinský; **~ti'on** *f* restaurace, obnova; † *s. Restaurant.*
Rest|bestand *m s. Rest*; **2lich** zbývající; **2los** bez zbytku.
Resul|'tante *f* výslednice; **~'tat** *n* výsledek *m*, rezultát *m*; **2'tieren** [vy]plynout, rezultovat.
Resü'mee *n* souhrn *m*, resumé.
Re'torte *f* křivule, retorta.
rett|en zachraňovat [-chránit]; **~end** zachraňující; **2er(in** *f*) *m* zachránce (-nkyně).
Rettich *m Bot.* ředkev *f*.
Rettung *f* zachránění *n*, záchrana; *hier gibt es keine ~ mehr* zde není již pomoci.
Rettungs|anker *m* záchranná kotva; *fig.* záchrana *f*, spása *f*; **~boot** *n* záchranný člun; **~dienst** *m* záchranná služba; **~gürtel** *m* záchranný pás; **2los** nezachranitelný; **~medaille** *f* medaile za záchranu; **~mittel** *n* záchranný prostředek; **~ring** *m s. Rettungsgürtel*; **~schwimmen** *n* záchranné plavání; **~versuch** *m* pokus o záchranu; **~wagen** *m* záchranný vůz, P záchranka *f*.
retu'schieren [vy]retušovat.
Reu|e *f* lítost; **2en:** *es reut mich* lituji; **2evoll, 2ig, 2mütig** kajícný, zkroušený.
Reuse *f* vrš(e), koš *m*.
Re'van|che *f* odveta, F revanž; **2'chieren:** *sich ~* odplácet [-platit] co, revanžovat *(im)pf.* se zač.
Re|ve'renz *f* reverence; *~ erweisen* [po-, u]klonit se; **~'vers** *m* revers; (*Rockaufschlag*) klopa *f*; **2ver'sibel** vratný, reversibilní; **2vi'dieren** [z]revidovat.
Re'vier *n* revír *m*; **~förster** *m* revírník, lesník.
Revisi'on *f* revize; *Jur.* dovolání *n*; *~ einlegen Jur.* dovol(áv)at se; *~s- in Zssgn* revizní; **~s·frist** *f* dovolací lhůta.
Revisio'nis|mus *m* revizionismus; **2tisch** revizionistický.
Re'visor *m* revizor.
Re'volte *f* vzpoura, revolta.
Revoluti|'on *f* revoluce; *~s- in Zssgn* revoluční; **2o'när** revoluční; **~o'när(in** *f*) *m* revolucionář(ka).
Re'volver *m* revolver; **~blatt** *n* F revolverový plátek; **~dreher** *m* revolverář; **~tasche** *f* pouzdro *n* na revolver.
Revue [-'vy:] *f* časopis *m*, obzor *m*; *Thea.* revue.
Rezen|'sent *m* recenzent; **2'sieren** [z]recenzovat; **~si'on** *f* recenze.
Re'zept *n* recept *m*; **2frei** bez receptu; **~i'on** *f* recepce; **2pflichtig** na recept.
Rezessi'on *f* recese.
rezi'prok vzájemný, reciproční.
Rezi|tati'on *f* recitace, přednes *m*; **~ta'tiv** *n* recitativ *m*; **2'tieren** [za]recitovat.
Rha'barber *m* rebarbora *f*, reveň *f*.
Rhapso'die *f* rapsodie.
Rhein *m* Rýn; **2isch** rýnský; **~land** *n* Porýní; **~länder** *m* Porýňan; (*Tanz*) rheinländer; **2ländisch** porýnský; **~wein** *m* rýnské víno.
Rhe'tor|ik *f* rétorika, řečnictví *n*; **2isch** řečnický, rétorický.
rheu'ma|tisch revmatický; **2'tismus** *m* revmatismus.
Rhi'nozeros *n* nosorožec *m*; *fig.* hlupák *m*.
Rhodo'dendron *n Bot.* rododendron *m*.
Rhombus *m* kosočtverec, rombus.
rhyth|misch rytmický; **2mus** *m* rytmus.
Richt|antenne *f* směrová anténa; **~beil** *n* popravní sekyra *f*; **~blei** *n* olovnice *f*; **~block** *m* popravní špalek; **2en** na-, u-rovn(áv)at, při-, s-pravovat [-pravit]; (*wenden*) obracet [obrátit]; (*zielen*) [na]mířit; (*hin~*) popravovat [-pravit]; *Anfrage usw. an j-n ~* vznášet [vznést] dotaz na k-o; *sich ~ nach* řídit [-dívat] se kým *od.* podle č-o; *einige Worte an j-n ~* promluvit *pf.* několik slov ke k-u.
Richter *m* soudce; *Sp.* rozhodčí; **~amt** *n* soudcovský úřad; **2lich** soudcovský; **~spruch** *m* soudcovský rozsudek; **~stuhl** *m* soudní stolice *f*.
Richt|fest *n* slavnost *f* dosažení rovnosti, zdvižná *f*; **~funk** *m* směrový přenos.

richtig *Adj.* správný, pravý; *Adv.* správně, dobře; *er ist nicht ~ im Kopf* nemá všech pět pohromadě; *du bist mir der ≈e!* ty jsi mi ten pravý!; **~gehend** *Uhr*: přesně jdoucí; **≈keit** *f* správnost; **~stellen** opravovat [opravit]; **≈stellung** *f* opravení *n*, oprava.

Richt|kranz *m Arch.* glajcha *f*; **~linien** *f/pl.* směrnice *f*; **~platz** *m* popraviště *n*; **~preis** *m* směrná cena; **~scheit** *n Arch.* pravítko; **~schnur** *f* vodítko *n*; **~strahler** *m s. Richtantenne.*

Richtung *f* směr *m*; *nach allen ~en* všemi směry; **≈gebend** udávající směr, směrodatný; **~s·anzeiger** *m* ukazatel směru; **~s·pfeil** *m* (směrová) šipka; **≈weisend** *s. richtunggebend.*

Richtwort *m* normativ, směrné číslo.

rieb *s. reiben.*

riech|en *v/t* [u]cítit; *das kann ich nicht ~* nestrpím to; *v/i* zavánět (*nach* et. čím); *gut ~* [za]vonět; *schlecht ~* [za]páchnout; *an et. ~* [při]vonět k č-u; **≈er** F *m* nos; **≈fläschchen** *n* lahvička *f* s voňavkou; **≈salz** *n* vonná (*od.* aromatická) sůl.

Ried *n* (*Schilf*) sítí; (*Moor*) slatina *f*; **~gras** *n* ostřice *f*.

rief *s. rufen.*

Riege *f Sp.* družstvo *n*, četa.

Riegel *m* závora *f*, zástrčka *f*; (*Seife*) tabulka *f*; *hinter Schloß und ~* (*wohin?*) do vězení, (*wo?*) ve vězení.

Riemen *m* řemen; *~- in Zssgn* řemenový; *Mar.* veslo *n*; **~scheibe** *f Tech.* řemenice.

Ries *n* (*Papiermaß*) rys *m*.

Riese *m* obr.

Riesel|feld *n* zavlažované pole; **≈n** *Sand*: syp(áv)at se; *Wasser*: crčet; (*fein regnen*) mžít.

Riesen- obří, obrovský; **~arbeit** F *f* obrovská práce; **~bau** F *m* obrovská stavba *f*; **~betrieb** F *m* obrovský závod; (*Verkehr*) obrovská doprava; **~gebirge** *n Geogr.* Krkonoše *m/pl.*; **≈groß, ≈haft** obrovský; **~kraft** F *f* obrovská síla; **~rad** *n* ruské kolo; **~schlange** *f* hroznýš *m*; **~schritt** F *m* obrovský (*od.* obří) krok; **~slalom** *m*, **~torlauf** *m* obří slalom.

ries|ig obrovský, ohromný; **≈in** *f* obryně.

Riesling *m* ryzlink.

riet *s. raten.*

Riff *n* úskalí.

Rille *f* drážka, brázdička.

Rind *n* hovězí dobytče, hovado; *~er pl.* hovězí dobytek *m*, skot *m*.

Rinde *f* kůra; (*Brot≈*) kůrka.

Rinder|braten *m* hovězí pečeně *f*; **~herde** *f* stádo *n* hovězího dobytka; **~pest** *f*, **~seuche** *f* dobytčí mor *m*; **~talg** *m* hovězí lůj *m*.

Rind|fleisch *n* hovězí maso; **~s-leder** *n* hovězí kůže *f*; **~vieh** *n* hovězí dobytek *m*, skot *m*; V *fig.* hovado, dobytek *m*.

Ring *m* prsten; (*Kreis*) kruh, (*Boxen*) ring; (*am Faß*) obruč *f*; *~e pl. Sp.* kruhy; *~- in Zssgn* kruhový, kroužkový, prstencový; **~bahn** *f* okružní dráha.

ringel|n [na]kadeřit; (*sich*) ~ [s]vinout (se); **≈natter** *f* užovka; **≈reigen** *m* tanec dokola, kolo *n*.

ring|en *v/t* [vy]ždímat; *Hände ~* lomit rukama; *v/i* (*kämpfen*) zápasit *pf.*; *nach et. ~* usilovat o (*A*); **≈er** *m* zápasník; **≈finger** *m* prsteník; **~förmig** prstencovitý; **≈kampf** *m* zápas, rohování *n*; **≈kämpfer** *m* zápasník, rohovník; **≈richter** *m* rozhodčí v ringu.

rings(her)'um kolem, okolo, kolem dokola.

Rinn|e *f* žlab *m*, rýha; (*Dach≈*) okapní žlab *m*; **≈en** téci; *Zeit*: [u]plynout; **~sal** *n* potůček; **~stein** *m* žlabový kámen.

Rippe *f* žebro *n*; *Bot.* žilka.

Rippen|bruch *m* zlomení *n* žebra; **~fell** *n Med.* pohrudnice *f*; **~fellentzündung** *f Med.* zánět *m* pohrudnice; **~speer** *m od. n* vepřové žebírko; **~stoß** *m* štulec do žeber.

Risiko *n* riziko, nebezpečí.

ris|'kant nebezpečný, riskantní; **~'kieren** dá(va)t v sázku, riskovat [-knout].

Rispe *f Bot.* lata, řasa.

Riß *m* trhnutí *n*, trhlina *f*; (*Wunde*) tržná rána; (*Zeichnung*) rys, nárys.

riß *s. reißen.*

rissig mající trhliny; *Haut*: popraskaný.

Rißwunde *f Med.* tržná rána.

Rist *m* nárt; (*Hand*) zápěstí *n*.

Ritt *m* jízda *f* na koni.

ritt *s. reiten.*

Ritter *m* rytíř; *zum ~ schlagen*

pasovat (*im*)*pf.* na rytíře; **~burg** *f* rytířský hrad; **~gut** *n* rytířský statek; **~lich** rytířský; **~lichkeit** *f* rytířskost; **~schaft** *f* rytířství *n*; (*die Ritter*) rytířstvo *n*; **~schlag** *m* pasování *n* na rytíře; **~sporn** *m* *Bot.* stračka *f*; **~tum** *n* rytířství.

ritt|lings obkročmo, jízdmo; **~meister** *m* rytmistr.

Ritu|'al *n* rituál *m*; **~'ell** rituální.

Ritus *m* obřad, ritus.

Ritz *m*, **~e** *f* štěrbina *f*, trhlina *f*; (*Schramme*) škrábnutí *n*, šrám *m*; **~el** *n* pastorek *m*; **~en** škrábat [škrábnout, poškrábat].

Ri'val|e *m*, **~in** *f* sok(yně), soupeř (-ka), rival(ka).

rivali|'sieren soupeřit, rivalizovat; **~'tät** *f* soupeřství *n*, rivalita.

Rizinus·öl *n* ricínový olej *m*.

Robbe *f* tuleň *m*; **~n·fang** *m* lov tuleňů, tulení lov; **~n·tran** *m* tulení tuk.

Robe *f* róba; (*Amtstracht*) talár *m*.

ro'bust silný, robustní.

roch *s. riechen.*

Rochade [-'ʃɑː-] *f* (*Schach*) rošáda.

röcheln [za]chraptět.

Rochen *m* *Zo.* rejnok.

rochieren [-'ʃiː-] [u]dělat rošádu.

Rock *m* sukně *f*; (*Jacke*) kabát; **~en** *m* přeslice *f*; **~futter** *n* podšívka *f* do sukně *od.* do kabátu; **~schoß** *m* cíp kabátu.

Rodel|bahn *f* sáňkařská dráha; **~n** jet (jezdit *Iter.*) na sáňkách; **~schlitten** *m* sáňky *f*/*pl.*, rohačky *f*/*pl.*

roden [vy]mýtit.

Rodler(in *f*) *m* sáňkař(ka).

Rodung *f* mýcení *n*, paseka.

Rogen *m* jikry *f*/*pl.*; **~er** *m* jikrnáč.

Roggen *m* žito *n*; **~brot** *n* žitný chléb; **~feld** *n* žitné pole; **~mehl** *n* žitná mouka.

roh syrový; (*unbearbeitet*) surový; *fig.* surový, hrubý.

Roh|bau *m* hrubá stavba; **~einnahme** *f* hrubý příjem; **~eisen** *n* surové železo.

Roheit *f* surovost, hrubost.

Roh|ertrag *m* hrubý výtěžek; **~gewicht** *n* hrubá váha; **~kost** *f* syrová strava; **~ling** *m* surovec, hrubec; *Tech.* předkovek, předlisek; **~material** *n* surovina *f*; **~öl** *n* ropa *f*; **~produkt** *n* surový výrobek.

Rohr *n* *Bot.* třtina *f*, rákos *m*; (*Röhre*) trouba *f*, roura; (*Kanonen~*) hlaveň *f*; **~bruch** *m* prasknutí *n* roury.

Röhrchen *n* trubička *f*, rourka *f*.

Röhre *f* trouba, roura; (*Elektronen~*) elektronka; *~n- in Zssgn* elektronkový; **~n·förmig** trubkovitý.

Röhricht *n* rákosí.

Rohr|leger *m* kladeč potrubí; **~leitung** *f* potrubí *n*; **~möbel** *n* rákosový (*od.* pletený) nábytek; **~post** *f* potrubní pošta; **~stock** *m* rákoska *f*; **~stuhl** *m* rákosová židle; **~zange** *f* hasák *m* (na trubky); **~zucker** *m* třtinový cukr.

Roh|seide *f* surové hedvábí; **~stoff** *m* surovina *f*; **~stoffquelle** *f* zdroj *m* surovin.

Rokoko *n* rokoko; *~- in Zssgn* rokokový.

Rolladen *m* žaluzie *f*.

Roll|bahn *f* *Flgw.* pojížděcí dráha; **~e** *f* kolečko *n*, váleček *m*, válec *m*; (*Papier~*) svitek *m*, závitek *m*; (*Wäsche~*) mandl *m*; (*Spule*) cívka; *Thea.* role; *Turn.* kotoul *m*; *Flgw.* výkrut *m*; *das spielt keine ~* na tom nezáleží; *aus der ~ fallen* zmást se; **~en** *v*/*t* kutálet; *Augen*: koulet; (*zs.~*) [s]vinout; *Wäsche*: [vy]mandlovat; *v*/*i* *Donner*: [za]rachotit; *Tränen*: [s]kanout; *Flgw.* pojíždět; *Schiff*: kolísat (se), houpat se; *Esb.* *~des Material* vozový park; **~en** *n* koulení, válení; (*Donner~*) burácení; **~enbesetzung** *f* *Thea.* obsazení *n* role; **~enlager** *n* válečkové ložisko; **~er** *m* koloběžka *f*; (*Motor~*) skútr; **~feld** *n* *Flgw.* pojížděcí plocha *f*; **~film** *m* svitkový film; **~geld** *n* dovozné; **~kommando** *n* přepadkový oddíl; **~mops** *m* zavináč.

Rollo *n* rolo.

Roll|schinken *m* svinutá šunka; **~schuh** *m* kolečková brusle; **~schuhbahn** *f* bruslíště *n* pro kolečkové brusle; **~stuhl** *m* pojízdná židle; **~treppe** *f* pohyblivé schody *m*/*pl.*; **~wagen** *m* valník.

Rom *n* Řím *m*.

Ro'man *m* román; **~dichter** *m* romanopisec *m*; **~haft** románovitý; **~isch** románský; **~ist** [-'nɪ-] *m* romanista; **~tik** *f* romantika; **~tiker** *m* romantik; **~tisch** romantický; **~ze** *f* romance.

Römer *m* Říman; (*Glas*) zelená sklenice na víno; **~in** *f* Římanka.

römisch římský.
Ron'dell *n* rondel; (*Beet*) kruhový záhon.
röntgen [z]rentgenovat; **②aufnahme** *f* rentgenový snímek; **②therapie** *f* rentgenoterapie.
Roquefort [ʀɔk'foːʁ] *m* rokfór.
rosa růžový; **~rot** růžově červený.
Rose *f* růže (*a. Med.*); (*Kompaß②*) větrná růžice; *fig. nicht auf ~en gebettet* nemít ustláno na růžích.
Rosen|kohl *m* zelníček, růžičková kapusta; **~kranz** *m* věnec z růží; *Rel.* růženec; **'~'montag** *m* masopustní pondělek; **~öl** *n* růžový olej; **~stock** *m* růžový keř.
Ro'sette *f Arch.* růžice, rozeta.
rosig růžový; F *~er Laune sein* být v růžové náladě.
Ro'sine *f* rozinka; *fig. große ~n im Kopf haben* mít velké plány do budoucna.
Rosmarin *m Bot.* rozmarýn, rozmarýna *f*.
Roß *n* kůň *m*, oř *m*; *hoch zu ~* na koni.
Rössel *n* koní(če)k *m*; (*Schach*) jezdec *m*; **~sprung** *m* (*Schach*) skok jezdce.
Roßhaar *n* žíně *f*; **~matratze** *f* žíněnka.
Roß|kastanie *f* koňský kaštan, jírovec *m*; **~kur** F *f* koňské léčení; **~schlächterei** *f* koňské řeznictví.
Rost[1] (*Brat②*) *m* rošt.
Rost[2] *m* rez *f od. m*; **②beständig** odolný proti rezavění.
Rostbraten *m* roštěnka *f*.
rostbraun rezavě hnědý, rezavý.
Röstbrot *n* topinka *f*.
rosten [z]rezavět.
röst|en opékat [opéci]; *Kaffee*: [u]pražit; (*Erze*) [vy]pražit; *Flachs*: [vy]močit; **②er** *m* opékač; pražič.
Rost|fleck *m* rezavá skvrna; **②frei** nerezavějící; **②ig** rezavý.
Röst|kartoffeln *f/pl.* smažené brambory; **~schnitte** *f s. Röstbrot*.
Rostschutzmittel *n* prostředek *m* proti rezavění.
rot červený, rudý; *~ werden* [z]červenat, [za]rdít se; *②es Kreuz* Červený kříž; *②e Armee* Rudá armáda; *②es Meer* Rudé moře.
Rot *n* červeň *f*; červená barva; **~armist** *m* rudoarmejec.
Rotati'on *f* rotace, otáčení *n*; **~smaschine** *f* rotační stroj *m*, rotačka.
Rot|auge *n Zo.* bělice *f*; **②bäckig** červenolící; **②bärtig** rudovousý; **②blond** červenorusý; **~buche** *f Bot.* buk *m* lesní; **~dorn** *m Bot.* hloh červenokvětý.
Röt|e *f* ruměnec *m*; (*am Himmel*) červánky *m/pl.*; **~el** *m* červená hlinka, rudka *f*; **~eln** *pl. Med.* zarděnky *f/pl.*; **②en** [o]červenit; *sich ~* [za]červenat se, [za]rdít se.
Rot|fuchs *m* (*Pferd*) ryzák; **~gardist** *m* rudý gardista; **②glühend** rozžhavený do červena; **~glut** *f* červený žár; **②haarig** ryšavý, rudovlasý; **~haut** F *f* (*Indianer*) rudoch *m*; **~hirsch** *m* jelen.
ro'tieren otáčet [otočit] se.
Rot|käppchen *n* Červená karkulka; **~kehlchen** *n Zo.* červenka *f*; **~kohl** *m* červené zelí *n*; **~kopf** F *m* zrzek; **~lauf** *m* (*Schweine②*) červenka *f*.
rötlich načervenalý, červenavý.
Rot|licht *n* červené světlo; **~schwanz** *m Zo.* rehek domácí; **~stift** *m* červená tužka; **~tanne** *f Bot.* smrk *m*.
Rotte *f* rota; **~n·führer** *m* velitel roty.
Ro'tunde *f* rotunda.
rot|wangig červenolící; **②wein** *m* červené víno; **②welsch** *n* hantýrka *f*; **②wild** *n* červená zvěř.
Rotz *m* hlen z nosu, P sopel; (*beim Tier*) soplivka *f*; **②ig** usmrkaný, uvozhřený; **~krankheit** *f* vozhřivka; **~nase** *f* usmrkaný nos; V usmrkanec *m*.
Rou'lade *f* ruláda, závin *m*.
Rouleau [ʀu'loː] *n* roleta *f*.
Rou'lett *n* ruleta *f*.
Route *f* cesta.
Rou'ti|ne *f* rutina; **②'niert** rutinovaný.
Rowdy ['ʀaŭdiˑ] *m* rváč, chuligán.
Rübe *f* řepa; *gelbe ~* mrkev; *rote ~* červená řepa; *weiße ~* tuřín *m*.
Rubel *m* rubl.
Rüben|bau *m* pěstování *n* řepy, řepařství *n*; **~feld** *n* řepné pole; **~kraut** *n* řepná nať, řepný chrást; **~zucker** *m* řepný cukr.
Rübezahl *m* Krakonoš.
Ru'bin *m* rubín; *~- in Zssgn* rubínový.
Rüb·öl *n* řepkový olej.
Ru'brik *f* rubrika, sloupec *m*.
Rübsen *m Bot.* řepka *f*.

ruch|bar rozhlášený; **~los** hanebný; **⁀losigkeit** *f* hanebnost.
Ruck *m* trhnutí *n*, škubnutí *n*; *mit e-m ~* rázem, naráz.
Rück|antwort *f* zpětná odpověď; **~äußerung** *f* odpověď; **⁀bezüglich** *Gr.* zvratný, reflexivní; **~bildung** *f* nabytí *n* původního tvaru; zpětný (*od.* regresívní) postup; (*Schwund*) zánik *m*; **~blick** *m* pohled nazpět; **⁀datieren** opatřovat [-řit] dřívějším datem, antedatovat (*im*)*pf.*
rücken posunovat [-nout] (*v/i* se); (*ziehen*) [vy]táhnout; *von der Stelle ~* hýbat [hnout] se z místa.
Rücken *m Anat.* hřbet, záda *n/pl.*; (*Lehne*) opěradlo *n*, lenoch; *Mil.* týl; *j-m den ~ drehen* obracet [obrátit] se ke k-u zády; *es läuft mir kalt über den ~* obchází mě mráz; **~deckung** *f* zadní kryt *m*; **~flosse** *f* hřbetní ploutev; **~lage** *f Sp.* leh *m* na zádech; **~lehne** *f* opěradlo *n*, lenoch *m*; **~mark** *n* mícha *f*; **~schmerz** *m* bolest *f* v zádech; **~schwimmen** *n* plavání naznak; **~wind** *m* zadní vítr, vítr odzadu.
Rück|erstattung *f* (na)vrácení *n*; **~fahrkarte** *f* zpáteční lístek *m*; **~fahrt** *f* zpáteční jízda, jízda nazpět; **~fall** *m Med.* recidiva *f*, návrat nemoci; *Jur.* opětné provinění; **⁀fällig** recidivní; *~ werden Jur.* opět se proviňovat [-vinit]; **~fracht** *f* zpáteční dovozné *n*; **~frage** *f* otázka na otázku, nový dotaz; **~gabe** *f* (na)vrácení *n*; **~gang** *m* klesání *n*; (*Verminderung*) pokles; **⁀gängig** klesavý; *~ machen* [z]rušit; **~grat** *n* páteř *f*; **~gratverkrümmung** *f* zkřivení *n* páteře; **~halt** *m* podpora *f*; *ohne ~* = **⁀haltlos** netajený, upřímný; **~kauf** *m* návratná koupě; **~kehr** *f* návrat *m*; **~kopplung** *f* (*Radio*) zpětná vazba; **~lage** *f* úspora; **~lauf** *m* zpětný chod *od.* běh; zpětný tok; *Mil.* zpětný náraz; **⁀läufig** klesavý, zpáteční; **~licht** *n* zadní světlo; **⁀lings** pozpátku, naznak; **~marsch** *m* zpáteční pochod; **~nahme** *f* odnětí *n*, odvolání *n*, zrušení *n*; **~porto** *n* zpáteční poštovné; **~prall** *m* odraz; **~reise** *f* zpáteční cesta.
Rucksack *m* batoh, tlumok, P ruksak.
Rück|schau *f* pohled *m* nazpět; **~schlag** *m* zpětný náraz; *fig.* zvrat; **~schluß** *m* vrácení *n*; *Phil.* zpětný závěr; **~schritt** *m* zpátečnictví *n*; **⁀schrittlich** zpátečnický; **~seite** *f* rub *m*, zadní strana; **~sendung** *f* vrácení *n*, zpětná zásilka.
Rücksicht *f* ohled *m*, zřetel *m*; *~ nehmen auf* et. brát [vzít] ohled na; *ohne ~ auf* et. bez ohledu na; *mit ~ auf* et. (*A*) se zřetelem k (*D*); **⁀s·los** bezohledný; **~s·losigkeit** *f* bezohlednost; **⁀s·voll** ohleduplný (*gegen* k *D*).
Rück|sitz *m* zadní sedadlo *n*; **~spiegel** *m* zpětné zrcátko; **~spiel** *n Sp.* odvetná hra; **~sprache** *f* rozmluva; *~ nehmen* [pro]mluvit s (*I*); **~stand** *m* (*Rest*) zůstatek, zbytek; (*Zahlungs⁀*) nedoplatek; (*in e-r Tätigkeit*) nedodělek; *Chem.* usazenina *f*; *im ~ sein mit* být pozadu s (*I*); **⁀ständig** *Rechnung*: nezaplacený; *Chem.* zbývající; *fig.* zaostalý; (*veraltet*) zastaralý; **~ständigkeit** *f* zaostalost; **~stoß** *m* odraz; *Mil.* zpětný náraz; **~strahler** *m* (*Auto*) odrazové sklo; **~taste** *f* (*Schreibmaschine*) zpětný posunovač; **~tritt** *m* odstoupení *n*; **~trittbremse** *f* zpáteční brzda; **~vergütung** *f* náhrada; **~versicherung** *f* náhradní pojištění *n*; **~wand** *f* zadní stěna; **⁀wärtig** zadní; **⁀wärts** zpět, nazpátek; **~wärtsgang** *m* zpáteční chod; **~weg** *m* zpáteční cesta *f*.
ruckweise *Adv.* trhavě, škubavě.
rück|wirkend zpět působící; *~ vom 1. Januar* se zpětnou platností od 1. ledna; **⁀wirkung** *f* zpětná platnost; **⁀zahlung** *f* splácení *n*; **⁀zug** *m* ústup.
Rüde *m* samec.
rüde hrubý, drsný.
Rudel *n* (*Wolfs⁀*) smečka *f*; (*Hirsch⁀*) tlupa *f*; *fig. a.* houf *m*; **⁀weise** v houfu, ve stádech.
Ruder *n* veslo; (*Steuer*) kormidlo; *fig. am ~ sein* být u vesla; *ans ~ kommen* dost(áv)at se k veslu; **~bank** *f* veslařská lavice; **~blatt** *n* veslová lopatka *od.* ploština; **~boot** *n* veslový člun; **~dolle** *f* veslová vidlice; **~er** *m* veslař; **~klub** *m* veslařský klub; **⁀n** [za]veslovat; **~n** *n* veslování; **~regatta** *f* veslařské závody *m/pl.*, regata; **~schlag** *m* úder veslem; **~sport** *m* veslařský

sport; **~verein** *m* veslařský spolek.

Ruf *m* volání *n*; (*An*2) zavolání *n*; (*Berufung*) povolání *n*; (*Leumund*) pověst *f*; *in gutem ~e stehen, sich e-s guten ~es erfreuen* mít dobrou pověst; **2en** [z]volat; (*an~*) zavol(áv)at; *fig. wie gerufen kommen* přicházet [přijít] jako na zavolanou.

Rüffel F *m* důtka *f*; **2n** F dá(va)t důtku (*j-n* k-u).

Ruf|name *m* křestní jméno *n*; **~nummer** *f* číslo *n* telefonu; **~weite** *f* vzdálenost na doslech.

Rüge *f* důtka, pokárání *n*; **2n** [po-] kárat.

Ruhe *f* klid *m*; pokoj *m*, ticho *n*; (*Erholung*) oddech *m*, odpočinek *m*; *sich zur ~ setzen* jít [odejít] na odpočinek; *sich keine ~ gönnen* nedopřá(va)t si klidu; **~gehalt** *n* výslužné; **~lage** *f* klidová poloha; **2los** nepokojný, neklidný; **~losigkeit** *f* nepokojnost, neklidnost; **2n** odpočívat [-činout si]; *~ auf* (*D*) spočívat; **~pause** *f* přestávka; **~platz** *m* místo *n* odpočinku; **~punkt** *m* bod klidu; **~stand** *m* odpočinek, výslužba *f*; *in den ~ versetzen* dá(va)t do výslužby; **~stätte** *f s. Ruheplatz*; **~stellung** *f Sp.* pohov *m*; **~störer** *m* rušitel pokoje; **~tag** *m* den odpočinku; **~zeit** *f* doba odpočinku.

ruhig klidný; pokojný, tichý.

Ruhm *m* sláva *f*.

rühmen [z]velebit; *sich ~* [po]chlubit se; **~s·wert** chvalitebný, chvalný.

rühmlich chvalný, slavný.

ruhm|los neslavný; **~reich** chlubný, vychloubavý; **2sucht** *f* slávychtivost; **~süchtig** slávychtivý; **~voll** slavný.

Ruhr *f Med.* úplavice.

Rühr|ei *n* míchaná vejce *n/pl.*; **2en** hýbat [-hnout] (*I*); (*um~*) [za]míchat; *fig.* dojímat [-jmout] (*zu Tränen* k slzám); *Mil. rührt euch!* pohov!; *sich ~* hýbat [hnout] se; *die Trommel ~* tlouci na buben; *~d* dojemný.

Ruhrgebiet *n* Porúří.

rühr|ig čilý, přičinlivý; **2igkeit** *f* čilost, přičinlivost; **2kelle** *f*, **2löffel** *m* měchačka *f*; **2maschine** *f* mixer *m*; **~selig** dojemný, plačtivý; **2ung** *f* dojetí *n*, pohnutí *n*.

Ru'in *m* zkáza *f*, záhuba *f*; **~e** *f* zřícenina *f*, ruina; *fig.* trosky.

rui'nieren ruinovat (*im*)*pf.*, [z]ničit.

rülpsen krkat [krknout].

rum F *s. herum*.

Rum *m* rum.

Ru'män|e *m* Rumun; **~ien** *n* Rumunsko; **~in** *f* Rumunka; **2isch** rumunský.

Rummel *m* (*Getue*) shon, ruch; **~platz** *m* zábavní park.

ru'moren [za]lomozit.

Rumpelkammer *f* komora na harampátí.

Rumpf *m* trup (*a. Mar.*, *Flgw.*).

rümpfen: *die Nase ~* ohrnovat [-nout] nos (*über A* nad *I*).

Rumpsteak *n* ramstek *m*.

rund *Adj.* kulatý, oblý, okrouhlý; *Adv. ~ um* kolem (*G*), asi.

Rund|bau *m* okrouhlá stavba, rotunda *f*; **~blick** *m* rozhled; **~bogen** *m Arch.* půlkruhový (*od.* plný) oblouk; **~e** *f* kruh *m*; *Mil.* obchůzka; *Sp.* kolo *n*; (*Gesellschaft*) společnost; *e-e ~ Bier geben* [za]platit jednou pivo; **2en** zaokrouhlovat [-lit] (*sich* se); **~fahrt** *f* okružní jízda; **~flug** *m* okružní let.

Rundfunk *m* rozhlas; **~empfänger** *m* rozhlasový přijímač; **~gebühr** *f* rozhlasový poplatek; **~hörer(in** *f*) *m* posluchač(ka *f*) *m* rozhlasu; **~programm** *n* rozhlasový program; **~sender** *m* rozhlasový vysílač; **~sendung** *f* rozhlasové vysílání; **~störung** *f* rozhlasová porucha; **~teilnehmer** *m s. Rundfunkhörer*; **~übertragung** *f* rozhlasový přenos.

Rund|gang *m* obchůzka *f*; **2heraus** přímo, bez obalu; **2herum** (kolem) dokola; **~holz** *n* kulaté dřevo, kulatina; **~lauf** *m* běh dokola; *Turn.* kolovadlo *n*; **2lich** *Person*: zavalitý; *Sache*: zaokrouhlený; **~reise** *f* okružní cesta; **~schau** *f* rozhled *m*; **~schreiben** *n* oběžník *m*, cirkulář *m*; **'2'um** (kolem) dokola; **~ung** *f* zaokrouhlení *n*; **2weg** *Adv.* naprosto.

Runenschrift *f* runové písmo.

Runkelrübe *f* burák *m*, krmná řepa.

runter F *s. herunter*.

Runzel *f* vráska; **2ig** svraštěný, svraštitý; **2n** [s]vraštit.

Rüpel *m* F hulvát; **~ei** [-'laɪ] *f* hulvátství *n*; **2haft** hulvátský.

rupfen *Geflügel*: [o]škubat; *Blumen*:

trhat [utrhnout, na-, o-trhat]; *fig.* *ein Hühnchen zu ~ haben* mít si co vypořádat.
ruppig otrhaný; *fig.* hrubý.
Rüsche *f* ryš *m*, náběr *m*.
Ruß *m* saze *f/pl.*
Russe *m* Rus.
Rüssel *m* rypák; (*Elefanten*≗) chobot; **~käfer** *m* nosatec.
ruß|en čadit [čoudit]; **~ig** začerněný sazemi, začazený.
russ|ifi'zieren poruštit *pf.*; **≗in** *f* Ruska; **~isch** *Adj.* ruský; **≗isch** *n* ruština *f*.
Rußland *n* Rusko.
rüsten [vy]zbrojit; *sich ~* (*sich vorbereiten*) [při]chystat se.
Rüster *f* jilm.
rüst|ig statný, zdatný; **≗igkeit** *f* statnost *f*, zdatnost *f*; **≗kammer** *f* zbrojnice.
Rüstung *f* zbrojení *n*; výzbroj; (*Ritter*≗) brnění *n*; **~s·begrenzung** *f* omezení *n* zbrojení; **~s·industrie** *f* zbrojařský průmysl; **~s·wettlauf** *m* horečné zbrojení.
Rüstzeug *n* náčiní, nástroje *m/pl.*; *fig.* výzbroj *f*.
Rute *f* prut *m*, metla; *Jgdw.* ocas *m*, ohon *m*.
Rutsch *m* smyk, sesouvání *n*, sesutí *n*; **~bahn** *f* skluzavka; **~e** *f Tech.* skluz *m*; **≗en** klouzat [-znout], smykat [-knout] se; sesou(va)t se; **~gefahr** *f* nebezpečí *n* sesuvu *od.* smyku.
rüttel|n [o]třást; *Wagen*: [za]drkotat; *fig.* *~ an* (*D*) [z]měnit (*A*); *daran ist nichts zu ~* na tom se nedá nic měnit; **≗sieb** *n* nátřasné *od.* vibrační síto.

S

S, s *n* (*unv.*) S, s.
S *Abk. für* Süd(en); *Schilling* (*Österreich*).
Saal *m* sál, síň *f*; (*Halle*) dvorana *f*.
Saar|land *n* Sársko; **2ländisch** sárský.
Saat *f* osivo *n*; (*Säen*) setí *n*, setba; (*junges Getreide*) osení *n*; **~feld** *n* oseté pole; **~gut** *n* osivo; **~krähe** *f* havran polní *m*; **~zeit** *f* čas *m* setby; **~zucht** *f* semenářství *n*.
Sabbat *m* sabat, šábes.
sabbern slintat; *fig.* (*quatschen*) žvanit.
Säbel *m* šavle *f*; *fig. mit dem ~ rasseln* [za]řinčet šavlí; **~beine** *n/pl.* křivé nohy *f/pl.*, nohy *f/pl.* do o; **2n** seknout [sekat] šavlí.
Sabo|'tage *f* sabotáž; **~'teur** *m* sabotážník, sabotér; **2'tieren** sabotovat.
Sacha'rin *n* sacharin *m*.
Sach|bearbeiter *m* referent; **~beschädigung** *f* poškození *n* věci; **2dienlich** účelný; **~e** *f* věc; (*Angelegenheit*) záležitost; *zur ~* k věci; *das ist e-e ~ für sich* to je něco jiného; *Jur. in ~n* (*G*) ve věci (*G*); **~gebiet** *n* obor *m* činnosti, okruh *m* zájmů; vědní obor *m*, oblast *f*; **2gemäß** přiměřený; **~katalog** *m* věcný katalog; **~kenner** *m*, **~kundige(r)** *m* znalec; **~kenntnis** *f* odborná znalost; **2kundig** znalecký; **~lage** *f* stav *m* věci; **2lich** věcný; **~lichkeit** *f* věcnost, konkrétnost.
sächlich *Gr.* střední.
Sach|register *n* věcný rejstřík; **~schaden** *m* věcná škoda.
Sachsen *n* Sasko.
sächsisch saský.
sacht(e) *Adv.* (*leise*) tiše; (*langsam*) pomalu; (*vorsichtig*) opatrně.
Sach|verhalt *m* stav věci; **2verständig** znalecký, odborný; **~verständige(r)** *m* znalec, expert; **~walter** *m* zástupce; **~wert** *m* věcná hodnota.
Sack *m* pytel; *mit ~ und Pack* se vším všudy; **~bahnhof** *m* úvratné nádraží.
Säckchen *n* pytlíček *m*, sáček *m*.
sack|förmig pytlovitý; **2gasse** *f* slepá ulice (*od.* ulička); *fig. in e-e ~ geraten* nevědět kudy kam; **2leinen** *n*, **2leinwand** *f* pytlovina *f*; **~weise** na pytle, po pytlích.
säen [na]sít.
Safe *m* bezpečnostní schránka *f*, sejf.
Saffian *m* safián.
Safran *m* šafrán.
Saft *m* šťáva *f*; *Bot.* míza *f*; *ohne ~ und Kraft* chabý, slabý; **2ig** šťavnatý; *Witz*: hrubý; **2los** bez šťávy, bez mízy.
Sage *f* pověst; *fig. es geht die ~* koluje pověst.
Säge *f* pila, pilka; **~blatt** *n* pilový list; **~bock** *m* koza *f* na řezání (dříví); **2förmig** pilovitý; **~mehl** *n* piliny *f/pl.*; **~mühle** *f* (vodní) pila.
sagen říkat [říci], povídat [-vědět]; *man sagt* říká se; *sage und schreibe* slovy; *das hat nichts zu ~* to nic neznamená; *ich habe mir ~ lassen* slyšel jsem; *wie gesagt* jak (bylo) řečeno.
sägen [roz]řezat (pilou).
Sägen *n* řezání pilou.
sagenhaft báječný, legendární.
Säge|r *m* řezač; **~späne** *m/pl.* piliny *f/pl.*; **~werk** *n* pila *f*, pilařský závod.
Sago *m* ságo *n*.
sah *s. sehen.*
Sahne *f* smetana; **~bonbon** *n* mléčný bonbón; **~käse** *m* smetanový sýr.
sahnig smetanový; *~e Milch* mléko *n* obsahující hojně smetany.
Saison [sɛ'zɔ̃·, zɛ'zɔŋ] *f* sezóna; **~arbeit** *f* sezónní práce; **2bedingt** sezónní.
Saite *f Mus.* struna; *fig. andere ~n aufziehen* počí(na)t si jinak; **~ninstrument** *n Mus.* strunový nástroj.
Sakko *n* sako.
Sakra'ment *n* svátost *f*.
Sakri'stei *f* sakristie.

Säkulari|sati'on *f* sekularizace; **♀'sieren** sekularizovat *(im)pf.*
Sala'mander *m Zo.* mlok.
Sa'lami *f* salám *m.*
Sa'lat *m* salát; **~schüssel** *f* mísa na salát.
Salbe *f* mast.
Salbei *m od. f Bot.* šalvěj *f*; **~tee** *m* šalvějový čaj.
salb|en [po]mazat; [na]mazat mastí; **♀ung** *f Rel.* pomazání *n*; **~ungsvoll** jímavý.
sal'dieren *Hdl.* saldovat *(im)pf.*, zapravovat [-pravit] (účet).
Saldo *m Hdl.* zůstatek, saldo *n*; **~vortrag** *m* přenos zůstatku (na nový účet).
Sa'line *f* salina, solivarna.
Sali'zylsäure *f* kyselina salicylová.
Salm *m Zo.* losos.
Salmiak *m* salmiak; **~geist** *m* čpavek.
Sa'lon *m* salón; **♀fähig** vyhovující dobrým společenským zvyklostem; **~löwe** F *m fig.* salónní hrdina; **~wagen** *m Esb.* salónní vůz.
sa'lopp nedbalý.
Sal'peter *m* ledek; **~säure** *f* kyselina dusičná.
Salto *m* salto *n*, přemet.
Sa'lu|t *m* salut; **♀'tieren** [za]salutovat.
Salve *f* salva; **~n·feuer** *n* hromadná palba, salvy *f/pl.*
Salz *n* sůl *f*; **~bergwerk** *n* solný důl; **~boden** *m* solná půda; **~brezel** *f* slaný preclík; **♀en** [o]solit; *fig. gesalzen* mastný; **~fleisch** *n* slané (*od.* solené) maso; **~gehalt** *m* obsah soli; **~gurke** *f* slaná okurka; **♀haltig** solnatý; **~hering** *m* slaneček; **♀ig** slaný; **~kartoffeln** *f/pl.* loupané brambory *m/pl.*; **~lake** *f* (solný) lák; **~napf** *m* slánka *f*, solnička *f*; **~säure** *f* kyselina solná; **~siederei** *f* solivarna, solivarství *n*; **~stange** *f* slaná tyčinka; **~steppe** *f* solná poušť; **~streuer** *m s. Salznapf*; **~wasser** *n* slaná voda; **~werk** *n s. Saline.*
Sä|mann *m* rozsévač; **~maschine** *f* secí stroj *m.*
Sama'riter(in *f*) *m* samaritán(ka).
Same *m*, **~n** *m* semeno *n*; *Anat. a.* samčí gamet.
Samen|erguß *m* ejakulace *f*, výron semene; **~flüssigkeit** *f* chám *m*, sperma *n*; **~handlung** *f* semenářství *n*; **~kapsel** *f Bot.* tobolka; **~korn** *n* zrnko, semínko *n*, seménko *n*; **~leiter** *m* chámovod, semenovod; **~pflanzen** *f/pl.* rostliny *f/pl.* semenné; **~träger** *m* semenačka *f*, semenice *f.*
Säme'rei *f*, **~en** *pl.* semena *n/pl.*
Sämischleder *n* zámiš *m.*
Sammel|band *m* sborník; **~büchse** *f* pokladnička; **~ladung** *f* sběrný náklad, sběrná zásilka; **~liste** *f* sběrná listina; **♀n** sbírat [sebrat], [na]hromadit; *sich* ~ shromažďovat [-máždit] se; *fig.* soustřeďovat [-dit] se; **~n** *n* sbírání, shromažďování; **~name** *m Gr.* hromadné jméno; **~nummer** *f* sběrné číslo; **~ort** *m*, **~platz** *m*, **~punkt** *m*, **~stelle** *f* shromaždiště *n*; **~'surium** F *n* míchanina *f*; **~werk** *n* souborné dílo, sborník *m.*
Samm|ler(in *f*) *m* sběratel(ka); **~lung** *f* sbírání *n*; (*Gesammeltes*) sbírka; *fig.* soustředění *n.*
Samstag *m s. Sonnabend.*
samt *Prp.* (*D*) i s(e) (*I*), *z. B.*: *er hat die Geldbörse ~ dem Geld verloren* ztratil peněženku i s penězi; *Adv.* *~ und sonders* vesměs.
Samt *m* samet; **♀en** sametový; *a.* = **♀ig** sametově (*od.* sametně) hebký.
sämtlich veškerý (-ren), všechen.
samtweich měkký, hebký jako samet.
Sana'torium *n* sanatorium.
Sand *m* písek; *im ~e verlaufen* rozplývat [-plynout] se vniveč; *~ in die Augen streuen* [na]sypat písek do očí; *auf ~ bauen* [vy]stavět na písku; *wie ~ am Meer* jako písku na břehu mořském.
San'da|le *f* sandál *m*; **~'lette** *f* sandaleta.
Sand|bank *f* písčina, mělčina; **~boden** *m* písčitá půda; **~burg** *f* pískový hrad; **~grube** *f* pískovna, pískový důl; **♀ig** pískovitý, písčitý; **~kasten** *m* pisečník; (*Buddelkasten*) pískoviště *n*; **~korn** *n* pískové zrnko; **~kuchen** *m* linecký koláč; **~papier** *n* skelný papír; **~sack** *m* pytel s pískem; **~stein** *m* pískovec; **~strahlgebläse** *n Tech.* pískový tryskač; **~strand** *m* písečná pláž; **~streuer** *m* rozhazovač písku; **~sturm** *m* písečná bouře.
sandte *s. senden.*
Sand|uhr *f* přesýpací hodiny *f/pl.*; **~wüste** *f* písečná poušť.

sanft mírný; měkký, jemný.
Sänfte *f* nosítka *n/pl.*
Sanft|heit *f*, **~mut** *f* mírnost *f*, dobromyslnost *f*; **≗mütig** mírný, dobromyslný.
Sang *m* zpěv; *ohne ~ und Klang* potichu; *mit ~ und Klang* hlučně.
sang *s. singen.*
Sänger(in *f*) *m* pěvec (-vkyně), zpěvák (-vačka).
sa'nier|en sanovat (*im*)*pf.*; **≗ung** *f* sanování *n*, sanace.
sani'tär zdravotní, sanitní; **≗keramik** *f* zdravotnická keramika.
Sani'tät|er *m* saniťák, sanitář; **~s-artikel** *m/pl.* zdravotní prostředky *m/pl.*; **~s·auto** *n* sanitní auto, sanitka *f*; **~s·flugzeug** *n* sanitní letadlo; **~s·wache** *f* ošetřovna, sanitka; **~s·wagen** *m* sanitní vůz; **~s·wesen** *n* zdravotnictví, sanita *f*; **~s·zug** *m* sanitní vlak.
sank *s. sinken.*
Sankt svatý.
Sankti|'on *f* sankce; **≗o'nieren** sankcionovat (*im*)*pf.*, schvalovat [schválit].
sann *s. sinnen.*
Sanskrit *n* sanskrt *m*.
Saphir *m* safír; *~- in Zssgn* safírový.
Sar|'delle *f* sardel(ka); **~'dine** *f* sardinka; **~'dinien** *n* Sardinie *f*.
Sarg *m* rakev *f*; **~deckel** *m* příkrov, pokrývka *f* na rakev.
Sar'kas|mus *m* sarkasmus, jizlivost *f*; **≗tisch** sarkastický.
Sarko'phag *m* sarkofág.
saß *s. sitzen.*
Satan *m* satan, satanáš; **≗isch** [-'tɑː-] satanský.
Satel'lit *m* satelit, průvodce; *Astr.* družice *f*; **~enstaat** *m Pol.* satelitní stát.
Sati|n [sɑ'tɛ̃ː, zɑ'tɛŋ] *m* satén; **≗'nieren** satinovat.
Sa'tir|e *f* satira; **~iker** *m* satirik; **≗isch** satirický.
satt *Adj.* sytý; *Adv.* sytě, dosyta; *sich ~ essen* najídat [-jíst] se dosyta; *ich habe es ~* mám toho dost.
Satte *f* miska.
Sattel *m* sedlo *n*; *aus dem ~ heben* vyhazovat [-hodit] ze sedla; *fest im ~ sitzen* sedět pevně v sedle; **~decke** *f* pokrývka pod sedlo; **≗fest** *fig. in et.* (*D*) *~ sein* být v čem dobře zběhlý, F být v čem kovaný; **~gurt** *m* popruh sedla; **≗n** [o]sedlat; **~pferd** *n* podsední kůň *m*; **~schlepper** *m* tahač návěsu; **~tasche** *f* taška u sedla; **~zeug** *n* koňské postroje *m/pl.*, sedla *n/pl.*
Sattheit *f* sytost, nasycenost.
sättig|en [na]sytit (*a. Chem.*); **~end** sytivý; **≗ung** *f* sycení *n*, nasycení *n*.
Sattler *m* sedlář; **~ei** [-'ʀaɪ] *f* sedlářství *n*.
sattsam *Adv.* dostatečně, náležitě.
Satz *m Gr.*, *Mus.* věta *f*; (*Lehr≗*) poučka *f*; (*Typ.*, *Fracht≗*) sazba *f*; (*Sprung*) skok; (*Boden≗*) usazenina *f*; (*zusammengehörige Gegenstände*) sada *f*; (*Tennis*) set, sada *f*; **~bau** *m*, **~bildung** *f Gr.* tvoření *n* věty; **~lehre** *f Gr.* skladba; **~spiegel** *m Typ.* obraz (*od.* líc) sazby; **~teil** *m Gr.* část *f* věty.
Satzung *f* stanovy *f/pl.*; **≗s·gemäß** podle stanov.
Satzzeichen *n* rozdělovací znaménko.
Sau *f* svině; *fig.* prase *n*; V *unter aller ~* pod všechnu kritiku; **~arbeit** F *f* zpropadená práce.
sauber čistý; *Arbeit*: pořádný; **~halten** udržovat v čistotě; **≗keit** *f* čistota; (*Reinlichkeit*) čistotnost.
säuberlich čistý, pečlivý.
saubermachen *Zimmer usw.*: uklízet [-lidit].
säuber|n [o-, vy]čistit; **≗ung** *f* (o-, vy)čištění *n*; *Pol.* čistka.
Saubohne *f* bob sviňský.
Sauce ['zoːsə] *f* omáčka.
Sauciere [zo'sĭɛːʀə] *f* omáčník *m*.
saudumm P hloupý až bučí.
sauer kyselý; *~ verdientes Geld* krušně vydělané peníze *m/pl.*; *~ machen* ztrpčovat [-čit]; *~ werden* [z]kysnout; **≗ampfer** *m Bot.* šťovík; **≗braten** *m* svíčková (pečeně) *f*; **~brunnen** *m* kyselka *f*; **≗ei** [-'ʀaɪ] V *f* svinstvo *n*; **≗kirsche** *f* višně; **≗kohl** *m*, **≗kraut** *n* kyselé zelí.
säuer|lich nakyslý; **~n** *v/t* [z]kyselit; *Teig*: [z]kvasit; *v/i* [z]kysat.
Sauerstoff *m* kyslík; **~flasche** *f* kyslíková láhev; **~gerät** *n* kyslíkový přístroj.
Sauerteig *m* kvas.
Sauf|bold *m* piják, V chlastoun; **≗en** *v/t* [vy]chlastat; *v/i* chlastat, opíjet se.
Säufer|(in *f*) *m* piják (-jačka); **~wahnsinn** *m* šílenství *n* opilců, delirium tremens *n*.

Sauf|e'rei *f* pijáctví *n*, chlast *m*; **~gelage** *n* pitka *f*.
saugen [vy]sát.
säugen [na]kojit; **~d** kojící.
Sauger *m* (*Kinder*♀) dudlík, dumlík; *Tech.* vysavač.
Säugetier *n* savec *m*.
saug|fähig savý; **♀flasche** *f* sací láhev (pro kojence).
Säugling *m* kojenec.
Säuglings- kojenecký; **~ausstattung** *f* dětská (*od.* kojenecká) výbavička; **~fürsorge** *f* kojenecká péče; **~heim** *n* útulna *f* kojenců; **~sterblichkeit** *f* kojenecká úmrtnost.
Saugpumpe *f* sací čerpadlo *n*.
saugrob V grobiánský, krobiánský.
säuisch sviňský, sviňácký.
Säule *f* sloup *m*; **~n·gang** *m* sloupořadí *n*; **~n·halle** *f* sloupový sál.
Saum *m* lem, obruba *f*; (*Rand*) okraj.
saumäßig svinský.
säum|en vroubit [obroubit]; **~ig** *s.* *saumselig*.
Saum|naht *f* obrubový steh; **~pfad** *m* horská stezka; **♀selig** váhavý, liknavý; **~seligkeit** *f* váhavost, liknavost.
Sauna *f* sauna.
Säure *f* kyselost; *Chem.* kyselina; **♀fest** kyselinovzdorný.
Saure'gurkenzeit *f* okurková sezóna.
Saus: *in ~ und Braus leben* vést hýřivý život, [za]hýřit.
Saurier *m* pravěký ještěr.
säuseln [za]ševelit, [za]šelestit.
sausen [za]hučet; (*dahinjagen*) uhánět.
Sau|stall V *m fig.* svinčík; **~wetter** V *n* psí počasí; **~wirtschaft** V *f* mizerné hospodaření.
Saxo'phon *n* saxofon *m*.
Schabe *f Zo.* šváb *m*; *Tech.* struhadlo *n*, škrabák *m*; **~fleisch** *n* škrabané maso.
Schab|eisen *n* škrabák *m*; **♀en** [o]škrabat, [roz]trouhat.
Schabernack *m* šibalství *n*, čtveráctví *n*; *j-m e-n ~ spielen* vyvádět [-vést] k-u čtveráctví.
schäbig ošumělý; (*geizig*) lakotný.
Scha'blone *f* šablona; **♀n·haft** šablonovitý.
Schach *n* šachy *m/pl.*; *~ spielen* hrát [zahrát si] šachy; *in ~ halten* držet v šachu; **~brett** *n* šachovnice *f*.
Schacher *m* čachr; **♀n** [za]čachrovat.
Schach|figur *f* šachová figurka; **♀'matt** šachmat; **~meisterschaft** *f* mistrovství *n* v šachu; **~spiel** *n* hra *f* v šachy; **~spieler(in** *f*) *m* šachista (-tka).
Schacht *m* jáma *f*, šachta *f*; *Bgb.* důl; *~- in Zssgn* jámový, šachtový.
Schachtel *f* krabice, škatule; F *fig.* *alte ~* stará škatule; **~halm** *m Bot.* přeslička *f*.
Schachzug *m* tah na šachovnici; *Pol.* obrat.
schade: (es *ist*) *~* je škoda.
Schädel *m* lebka *f*; F (*Kopf*) palice *f*; *e-n dicken ~ haben* mít tvrdou hlavu; **~bruch** *m Med.* zlomenina *f* lebky.
schaden [u]škodit; *was schadet es?* co na tom?; *das schadet nichts* to nic neškodí.
Schaden *m* škoda *f*; *zum ~* (*G*) na škodu, na újmu; **~ersatz** *m* náhrada *f* škody; **~freude** *f* škodolibost; **♀froh** škodolibý.
schadhaft vadný; **♀igkeit** *f* vadnost.
schäd|igen [u]škodit; **♀igung** *f* poškození *n*; **~lich** škodlivý; **♀lichkeit** *f* škodlivost; **♀ling** *m* škůdce.
Schädlingsbekämpfung *f* hubení *n* škůdců, boj *m* proti škůdcům; **~smittel** *n* prostředek *m* na hubení hmyzu, insekticid *m*.
schadlos: *sich ~ halten* (*an D*) odškodňovat [-dnit] se na (*L*).
Schaf *n* ovce *f*; *fig.* hlupák *m*; **~bock** *m* beran.
Schäfchen *n* ovečka *f*; (*Wolken*) beránky *m/pl.*; *fig. sein ~ ins trockene bringen* zajišťovat [-jistit] si svůj zisk *od.* majetek.
Schäfer *m* ovčák; **~ei** [-'RAI] *f* ovčín *m*; **~hund** *m* ovčácký pes; **~spiel** *n* pastýřská hra; **~stündchen** *n* šťastná hodinka zamilovaných, sladká chvíle milenců.
Schaf·fell *n* skopovice *f*, ovčina *f*.
schaffen (*leisten*) [u]dělat; *vgl. arbeiten, wirken, erschaffen*; (*hin~*) dopravovat [-pravit]; (*weg~*) odklízet [-klidit]; *ich habe damit nichts zu ~* nemám s tím co dělat; *sich zu ~ machen* být činný; *er macht mir viel zu ~* působí [způsobuje] mi obtíže.
Schaffen *n* tvoření; **~s·drang** *m*

tvůrčí touha *f*; **~s·kraft** *f* tvůrčí síla.
Schaf·fleisch *n* skopové maso.
Schaffner(in *f*) *m* průvodčí *m/f*.
Schaf|garbe *f* *Bot*. řebříček *m*; **~herde** *f* stádo *n* ovcí; **~hirt** *m* ovčák; **~käse** *m* ovčí sýr, brynza *f*; **~leder** *n* ovčí kůže *f*.
Scha'fott *n* popraviště.
Schaf|pelz *m* ovčí kožich; **~schur** *f* ovčí stříž; **~s·kopf** *m* hlupák; **~stall** *m* ovčín.
Schaft *m* holeň *f*; *Bot*. stvol; (*Griff*) násada *f*; (*Gewehr*♀) pažba *f*; (*Lanzen*♀) kopiště *n*; (*Fahnen*♀) tyč *f*, žerď *f*; **~stiefel** *m* holínky *f/pl*.
Schaf|wolle *f* ovčí vlna; **~zucht** *f* chov *m* ovcí, ovčáctví *n*; **~züchter** *m* chovatel ovcí.
Schah *m* šáh, šach.
Scha'kal *m* šakal.
Schäker *m* čtverák, šibal; ♀**n** [za-] čtveračit [si].
schal zvětralý; *fig*. nechutný; ~ *werden* [z]větrat.
Schal *m* šál, šála *f*.
Schale *f* miska; (*Trinkgefäß*) šálek *m*; (*Hülse*) slupka; (*Nuß*♀) skořápka; (*Apfelsinen*♀) kůra.
schälen [o]loupat.
Schalen|bauweise *f* skořepinová stavba *od*. konstrukce; **~obst** *n* skořápkové ovoce; **~wild** *n* lovná zvěř jelenovitá.
Schalk *m* čtverák, šibal; ♀**haft** čtverácký, šibalský; **~haftigkeit** *f* čtveráctví *n*, šibalství *n*.
Schall *m* zvuk; **~dämpfer** *m* tlumič zvuku; ♀**dicht** zvukotěsný, neprůzvučný; **~dose** *f* zvukovka.
schallen [za]znít, zazní(va)t; ~*d* hlučný, zvučný.
Schall|geschwindigkeit *f* rychlost zvuku; **~lehre** *f* akustika; **~mauer** *f* zvuková stěna *od*. bariéra; **~platte** *f* gramofonová deska; **~schutz** *m* zvuková izolace; **~trichter** *m* zvukovod; **~welle** *f* zvuková vlna.
Schälmaschine *f* loupací stroj *m*, loupačka.
Schal'mei *f* šalmaj *m od*. *f*.
schalt *s. schelten*.
Schalt|anlage *f* rozváděcí zařízení *n*, rozvodna; **~brett** *n* ovládací panel *m*; ♀**en** *El*. spínat [sepnout]; *Auto*: [z]měnit rychlost; *fig*. F (*begreifen*) chápat [pochopit]; (*verfügen*) nakládat [naložit]; ~ *und walten* mít úplnou volnost; **~er** *m* *El*. vypínač, spínač; **~erstunden** *f/pl*. úřední hodiny *f/pl*. u přepážky; **~getriebe** *n* řadicí ústrojí; (*Auto*♀) převodovka *f*; **~hebel** *m* *El*. vypínací páka *f*; *Tech*. řadicí (*od*. rychlostní) páka *f*; **~jahr** *n* přestupný rok; **~plan** *m* schéma *f* spojení; montážní schéma *f*; **~pult** *n* manipulační stůl; **~tafel** *f* rozvodnice, rozváděč *m*; **~uhr** *f* spínací hodiny *f/pl*.; **~ung** *f* spo-, zapo-jení *n*; řazení *n*; *gedruckte* ~ plošný (*od*. tištěný) obvod.
Scha'luppe *f* šalupa.
Scham *f* stud *m*, stydlivost; *s. a. Schamteile*; **~bein** *n* *Anat*. stydká kost.
schämen: *sich* ~ [za]stydět se (*vor* [*D* zač *A*).
Scham|gefühl *n* stydlivost *f*, stud *m*; ♀**haft** stydlivý; **~haftigkeit** *f* stydlivost, cudnost; **~lippe** *f* *Anat*. stydký pysk; ♀**los** nestydatý; **~losigkeit** *f* nestydatost.
Scha'motte|stein *m*, **~ziegel** *m* šamotová cihla, šamotka *f*.
scham|rot rdící se studem; ♀**röte** *f* zardělost; *j-m die* ~ *ins Gesicht treiben* vhánět [vehnat] k-u ruměnec do tváře; ♀**teile** *pl*. pohlavní ústrojí *n/pl*., P přirození *n*.
schand|bar hanebný; ♀**e** *f* hanba, ostuda; *zu m-r* ~ s hanbou.
schänd|en [z]hanobit; *Frau*: zprzňovat [-znit]; ♀**er** *m* hanobitel; prznitel.
Schandfleck *m* poskvrna *f*, úhona *f*.
schändlich hanebný, ohavný; ♀**keit** *f* hanebnost, ohavnost.
Schand|mal *n* znamení *n* hanby; **~maul** F *n* nevymáchaná huba; **~tat** *f* hanebný čin, hanebnost.
Schändung *f* zhanobení *n*; (*sexuell*) zprznění *n*.
Schanker *m* *Med*. šankr.
Schank|konzession *f* povolení *n* výčepu; **~tisch** *m* výčepní stůl; **~wirt** *m* výčepník, hostinský.
Schanze *f* *Mil*. hradba, val *m*; *Sp*. (lyžařský) můstek *m*; ♀**n** [vy]stavět hradby.
Schar *f* houf *m*, skupina; (*Menschen*) zástup *m*; (*Vögel*) hejno *n*; (*Tiere*) stádo *n*; (*Pflug*♀) radlice.
scharen shromažďovat [-máždit] (*sich* se); **~weise** houfně; *Vögel*: v hejnech.

scharf ostrý (*a. fig.*); **&blick** *m* bystrozrak.
Schärfe *f* ostrost (*a. fig.*).
· **Scharf·einstellung** *f Fot.* zaostření *n.*
schärfen [z]ostřit (*a. fig.*); **&tiefe** *f* hloubka ostrosti.
scharf|geladen *Mil.* ostře nabitý; **~kantig** ostrohranný; **&macher** F *m* štváč; **&richter** *m* popravčí, kat; **&schießen** *n Mil.* střílení naostro, ostrostřelba *f*; **&schütze** *m* ostrostřelec; **~sichtig** bystrozraký; *fig.* důvtipný, bystrý; **&sichtigkeit** *f* bystrozrakost; **&sinn** *m* důvtip, bystrost *f*; **~sinnig** důvtipný, bystrý.
Scharlach *m Med.* spála *f*, P šarlach; **&rot** šarlachový, nachový.
Scharlatan *m* šarlatán, dryáčník.
schar'mant půvabný, šarmantní.
Schar'mützel *n Mil.* šarvátka *f*, potyčka *f*, přestřelka *f*.
Schar'nier *n* stěžej *m od. f*; kloubový závěs.
Schärpe *f* šerpa, páska.
scharren hrabat [hrábnout]; (*mit den Füßen*) [po]škrábat.
Schart|e *f* zub *m*, kaz *m*; (*Schieß&*) střílna; **&ig** zub(ov)atý; *~ machen* dělat zuby [nadělat zubů] do (*G*).
Schatten *m* stín; *in den ~ stellen* zastiňovat [-stínit]; *fig. nicht über den eigenen ~ springen können* nemoci jinak; **~bild** *n* stínový obraz; **~seite** *f* strana v stínu; *fig.* stinná stránka.
schat'tier|en odstiňovat [-stínit]; **&ung** *f* odstiňování *n*; odstín *m*, nuance.
schattig stinný.
Scha'tulle *f* škatule, krabice.
Schatz *m* poklad; *fig.* (*Kosewort*) miláček, milenka *f*; **~amt** *n* státní finanční správa *f*.
schätz|en odhadovat [-dnout]; (*würdigen*) [o]cenit; (*achten*) vážit [-živat] si (*G*); **~enswert** ctěný, vážený, ctihodný; **&er** *m* odhadce.
Schatz|gräber *m* hledač pokladů; **~kammer** *f* pokladnice; *Hist.* klenotnice; **~meister** *m* pokladník.
Schätzung *f* odhad *m*; ocenění *n*; vážnost; **&sweise** odhadem, podle odhadu.
Schau *f* přehlídka; (*Ausstellung*) výstava; *zur ~ stellen* stavět [vystavit]; *zur ~ tragen* projevovat [-jevit]; **~bild** *n* graf *m*, diagram *m*; **~bude** *f* bouda (pro diváky).
Schauder *m* mráz, mrazení *n*; (*Zittern*) chvění *n*; (*Entsetzen*) hrůza *f*; **&haft** hrozný; **&n** [za]chvět se (*vor D I*); (*entsetzt sein*) [z]hrozit se (*vor D G*); *mich schaudert* obchází mě hrůza.
schauen [po]dívat se.
Schauer *m s. Schauder*; (*Regen&*) přeháňka *f*; **~geschichte** *f* strašlivý příběh; **&lich** hrozný, strašlivý; **~mann** *m Mar.* dělník v docích, přístavní dělník; **~märchen** *n* hrozná povídka; **&n** *s. schaudern*.
Schaufel *f* lopata; (*Rad&*) lopatka; **~bagger** *m* lopatové rýpadlo; **&n** házet [-zívat] lopatou; (*aus~*) [vy-]kopat, vyhazovat [-házet]; (*weg~*) odhazovat [-házet]; **~rad** *n* lopatkové kolo; **~stiel** *m* lopatová násada.
Schaufenster *n* výkladní skříň *f*, výklad *m*, výloha *f*; **~dekorateur** *m* aranžér výkladních skříní.
Schauflug *m* vyhlídkový let.
Schaukel *f* houpačka; **~brett** *n* houpací prkno; **&n** houpat (se); **~n** *n* houpání; **~pferd** *n* houpací kůň *m*; **~stuhl** *m* houpací židle *f*.
Schau|loch *n* kukátko; **~lust** *f* zvědavost; **&lustig** zvědav(ý); **~lustige(r)** *m* zvědavec.
Schaum *m* pěna *f*; **~bad** *n* pěnová koupel; **~beton** *m* pěnový beton; **~bildner** *m* zpěňovadlo *n*.
schäumen [z]pěnit se; *vor Wut ~* zuřit; **~d** pěnivý.
Schaum|gebäck *n* pěnové cukroví; **~gummi** *m* pěnivá pryž; **&ig** pěnivý; **~löffel** *m* sběračka *f* pěny; **~löscher** *m* pěnový hasicí přístroj; **~schläger** *m* šlehačka *f*; *fig.* (*Prahler*) žvanil; **~stoff** *m* pěnovitá hmota; **~wein** *m* šumivé víno.
Schau|platz *m* dějiště *n*, jeviště *n*; **~prozeß** *m* okázalý proces.
schaurig hrozný.
Schauspiel *n Thea.* činohra *f*; *fig.* podívaná *f*; **~dichter** *m* dramatický básník, dramatik; **~er(in** *f*) *m* herec (-rečka); **&ern** [za]hrát divadlo; **~haus** *n* divadlo; **~kunst** *f* herecké umění.
Schau|stellung *f* vystavování *n*; **~turnen** *n* veřejné cvičení.
Scheck *m Hdl.* šek; **~buch** *n* šeková knížka.

Scheck|e *m od. f* strakatý kůň, strakáč; strakatá kráva, straka; **⁀ig** strakatý.
Scheckverkehr *m* šekové řízení.
scheel šilhavý; (*neidisch*) závistivý; *~ ansehen* [po]dívat se úkosem.
Scheibe *f* kotouč *m*; disk *m*; (*Brot*) skýva; (*Honig*) plástev; (*Fenster⁀*) tabule; (*Schieß⁀*) terč *m*.
Scheiben|bremse *f* kotoučová brzda; **⁀förmig** kotoučovitý; **~honig** *m* plástový med; **~schießen** *n* střílení do terče; **~wischer** *m* (*Auto*) stírač.
Scheide *f* pochva (*a. Anat.*); (*Grenze*) rozhraní *n*; **~münze** *f* drobná mince; **⁀n** *v/t* (*trennen*) oddělovat [-lit], odlučovat [-loučit]; *Chem.* rozlučovat [-loučit]; *Eheleute*: rozvádět [-vést]; *sich ~ lassen* rozvádět [-vést] se; *v/i* odcházet [odejít]; **~n** *n* loučení; **~wand** *f* přepážka, příčka; **~wasser** *n Chem.* lučavka *f*; **~weg** *m* rozcestí *n*.
Scheidung *f* oddělení *n*, odloučení *n*; (*Ehe⁀*) rozvod *m*.
Scheidungs|grund *m Jur.* důvod (*od.* příčina *f*) rozvodu; **~klage** *f Jur.* žaloba na rozvod; **~urteil** *n Jur.* rozsudek *m* o rozvodu.
Schein *m* záře *f*, svit, lesk; (*Quittung*) stvrzenka *f*; (*Urkunde*) list, listina *f*; (*Geld⁀*) bankovka *f*; *zum ~* na oko; *der ~ trügt* zdání klame; *s. a. Anschein*; **~angriff** *m* klamný útok (*Flgw.* nálet); **⁀bar** zdánlivý; *Adv.* zdánlivě, na oko; **⁀en** svítívat [-tit], zářit, lesknout se; (*den Anschein haben*) zdát se; *es scheint* (*mir*) zdá se (mi); **~erfolg** *m* zdánlivý úspěch; **~firma** *f* zdánlivá firma; **~grund** *m* zdánlivý důvod; **⁀heilig** licoměrný, pokrytecký; **~heilige(r)** *m* licoměrník, svatoušek; **~heiligkeit** *f* licoměrnictví *n*, svatoušství *n*; **~tod** *m* zdánlivá smrt; **⁀tot** zdánlivě mrtvý (-tev); **~werfer** *m* světlomet, reflektor.
Scheiß|dreck V *m*, **~e** V *f* hovno *n*; **⁀en** V srát [vysrat se]; **~e'rei** V *f* sračka.
Scheit *n* poleno, štěpina *f*.
Scheitel *m* temeno *n*; (*Gipfel*) vrchol; (*Haar⁀*) pěšinka *f*; **~bein** *n Anat.* temenní kost *f*; **⁀n** [od]dělit; **~punkt** *m* vrcholový bod; *Astr.* nadhlavník, zenit; **~winkel** *m Math.* vrcholový úhel.
Scheiterhaufen *m* hranice *f*.
scheitern ztroskot(áv)at.
Schellack *m* šelak; *~- in Zssgn* šelakový.
Schelle *f* zvon(eč)ek *m*; (*am Pferdegeschirr*) rolnička; P (*Maul⁀*) políček *m*; (*Kartenspiel*) kule; *Tech.* (*Rohr⁀*) pouto *n*; sponka; **⁀n** [za-] zvonit; **~n·geläut** *n* zvonění rolniček.
Schellfisch *m* treska *f* skvrnitá.
Schelm *m* šelma, čtverák, šibal; **~enstreich** *m*, **~e'rei** *f* čtveráctví *n*, šibalství *n*; **⁀isch** čtverácký, šibalský.
Schelt|e *f* plísnění *n*, hubování *n*; **⁀en** [vy]plísnit, [vy]hubovat; **~wort** *n* nadávka *f*.
Schema *n* schéma; **⁀tisch** [-ˈmaː-] schematický.
Schemel *m* podnožka *f*, stolička *f*.
Schemen *m* stín.
Schenke *f* krčma, hospoda.
Schenkel *m Anat.* stehno *n*; *Tech.*, *Math.* rameno *n*; **~bruch** *m* zlomení *n* stehenní kosti.
schenk|en darovat (*im*)*pf.*; (*erlassen*) promíjet [-minout]; *s. einschenken*; *j-m Aufmerksamkeit ~* věnovat (*im*)*pf.* k-u pozornost; **⁀ung** *f* darování *n*; **⁀ungs·urkunde** *f* darovací listina.
Scherbe *f* střep *m*, střepina; *in ~n gehen* rozbí(je)t se.
Schere *f* nůžky *f/pl.*; *s. Krebsschere*; **⁀n** [o]stříhat; *sich ~* [po]starat se; (*weggehen*) [od]klidit se; *scher dich zum Teufel!* táhni k čertu!; **~n** *n* stříhání; **~n·fernrohr** *n* vidlicový dalekohled; **~n·schleifer** *m* brusič nůžek; **~n·schnitt** *m* vystřižený stínový obrázek, silueta *f*; **~'reien** *f/pl.* opletačky *f/pl.*
Scherflein *n*: *sein ~ beitragen* přispívat [-spět] svou hřivnou.
Scherge *m* biřic, dráb, pochop.
Scherz *m* žert, šprým; *im ~* žertem; **~artikel** *m* žertovné zboží; **⁀en** [za]žertovat; **~frage** *f* žertovná hádanka; **⁀haft** žertovný; **~wort** *n* žertovné slovo.
Scheu *f* plachost, ostýchavost; *ohne ~* bez ostychu.
scheu plachý, bázlivý, ostýchavý; **⁀che** *f* strašák *m*, strašidlo *n*; **~chen** [za]plašit, zahánět [-hnat]; **~en** [s]plašit se, bát se *pf.*, štítit se *pf.*
Scheuer *f s. Scheune*; **~bürste** *f* kartáč *m* na drhnutí; **~frau** *f* ukli-

zečka; **~lappen** *m* hadr na drhnutí; **~leiste** *f* okrajová lišta.
scheuer|n [vy]drhnout; (*reiben*) odírat; **≗tuch** *n s. Scheuerlappen.*
Scheuklappe *f* klapka na oči.
Scheune *f* stodola; **~n·tor** *n* vrata *n/pl.* stodoly.
Scheusal *n* ohava *f*, ohyzda *f*.
scheußlich ohavný, ohyzdný; **≗keit** *f* ohavnost, ohyzdnost.
Schi [ʃi:] *m* lyže *f* (*mst. pl.*); *~ laufen* [za]lyžařit (si); **~bindung** *f* lyžařské vázání.
Schicht *f* vrstva; (*Arbeits≗*) směna; **~arbeit** *f* práce ve směnách; **~betrieb** *m* směnový provoz; **≗en** [na]rovnat, [na]vrstvit; **~meister** *m* směnmistr; **~ung** *f* vrstvení *n*; **~wechsel** *m* střídání *n* směn; **≗weise** po vrstvách; *Arbeit*: po směnách.
schick vkusný, elegantní.
Schick *m* vkus, elegance *f*.
schicken pos(í)lat; *sich ~* hodit se; vpravovat [vpravit] se (*in A* do *G*); *es schickt sich nicht* to se nehodí *od.* nesluší.
schicklich slušný; **≗keit** *f* slušnost.
Schicksal *n* osud *m*; **~s·schlag** *m* rána *f* osudu.
Schiebefenster *n* zasunovací (*od.* posuvné) okno.
schieb|en posunovat [-nout]; (*stoßen*) strkat [strčit]; (*heran~*) přistrk(ov)at [-strčit]; (*heraus~*) vystrkovat [-strčit, -strkat]; (*hinein~*) vstrkat [vstrčit]; (*weg~*) odstrk(ov)at [-strčit]; F *fig.* (*Geschäfte machen*) podloudně obchodovat; *auf j-n et. ~* svádět [svést] co na k-o; **≗er** *m* (*Vorrichtung*) šoupadlo *n*; (*Geschäftemacher*) podloudný obchodník, P šmelinář; **≗e·tür** *f* posuvné dveře *f/pl.*; **≗ung** *f* manipulace, machinace; (*Geschäft*) šmelina *f*.
schied *s. scheiden.*
Schieds|gericht *n* rozhodčí soud *m*; **~richter** *m* rozhodčí, soudce; **~spruch** *m* rozhodčí (*od.* arbitrární) výrok.
schief nakloněný; (*krumm*) křivý (*Adv.* křivě, nakřivo); (*geneigt*) šikmý (*Adv.* šikmo); (*falsch*) nesprávný; *j-n ~ ansehen* [po]dívat se na k-o úkosem.
Schiefer *m* břidlice *f*; **~bruch** *m* břidličnatý lom; **~dach** *n* břidlicová střecha; **~tafel** *f* břidlicová tabulka.
schief|gehen: *die Sache geht schief* věc se nedaří; **~wink(e)lig** kosoúhlý.
schielen [za]šilhat; *~ nach* pošilhávat [šilhat] po (*L*); **~d** šilhavý.
schien *s. scheinen.*
Schien|bein *n Anat.* holeň *f*, holenní kost *f*; **~e** *f Esb.* kolejnice; *Med.* dlaha; **≗en** *Med.* dá(va)t do dlah.
Schienen|fahrzeug *n* kolejové vozidlo; **~netz** *n* železniční síť *f*; **~stoß** *m* kolejnicový styk; **~strang** *m* kolejnicový pas, koleje *f/pl.*; **~weg** *m*: *auf dem ~* po železnici.
schier *Adj.* čistý, pouhý; *Adv.* skoro, téměř.
Schierling *m* bolehlav.
Schieß|baumwolle *f* střelná bavlna; **~bude** *f* střelnice; **≗en** střílet [střelit] (*auf A, nach* na *A*, po *L*); *fig.* (*sich stürzen*) [z]řítit se; *durch den Kopf ~* projet hlavou; *wie die Pilze aus der Erde ~* vyrůstat ze země jako houby po dešti; **~en** *n* střílení, střelba *f*; F *das ist zum ~!* to je k popukání!; **~e'rei** *f* (neustálé) střílení *n*; **~platz** *m* střelnice *f*; **~pulver** *n* střelný prach; **~scharte** *f* střílna; **~scheibe** *f* terč *m*; **~sport** *m* střelecký sport; **~stand** *m* střeliště *n*; **~übung** *f* cvičení *n* ve střelbě.
Schiff *n* loď *f*; *Typ.* sazečská loďka; (*Weberei*) člunek *m*.
Schiffahrt *f* plavba lodí *od.* na lodi; **~s·weg** *m* plavební cesta *f*.
schiffbar splavný; **≗machung** *f* splavnění *n*.
Schiff|bau *m* stavba *f* lodí; **~bruch** *m* ztroskotání *n* lodi; **≗brüchig** ztroskotaný; **~brücke** *f* lodní můstek *m*; **~chen** *n* loďka *f*, lodička *f*; (*Weberei*) člunek *m*; *Mil.* (*Mütze*) polní čapka *f*; **≗en** plout; V (*pissen*) [vy]močit se; **~er** *m* lodník; **~e'rei** *f s. Schiffahrt.*
Schiffs|eigner *m* majitel lodi, loďař; **~geschütz** *n* lodní dělo; **~hebewerk** *n* lodní zdvihadlo; **~junge** *m* plavčík; **~koch** *m* lodní kuchař; **~ladung** *f* lodní náklad *m*; **~mannschaft** *f* lodní mužstvo *n*; **~raum** *m* lodní prostor; **~schraube** *f* lodní šroub *m*; **~tagebuch** *n* lodní deník *m*; **~taufe** *f* křest *m*

lodi; **~verkehr** *m* lodní doprava *f*; **~wache** *f* lodní hlídka; **~wand** *f* lodní stěna; **~werft** *f* loděnice; **~zwieback** *m* lodní suchar.
Schi'ka|ne *f* týrání *n*, šikany *f/pl.*; **≈'nieren** týrat, šikanovat.
Schi|lauf(en *n*) *m* lyžování *n*, lyžaření *n*; **~läufer(in** *f*) *m* lyžař(ka).
Schild 1. *m* štít; záštita *f*; **2.** *n* vývěsní štít *m*; et. *im ~e führen* mít n-o za lubem; **~bürger** *m* Kocourkovský; **~bürgerstreich** *m* kocourkovština *f*; **~drüse** *f Anat.* štítná žláza.
Schilderhaus *n* strážní budka *f*, strážnice *f*.
schilder|n [vy]líčit; **≈ung** *f* líčení *n*.
Schild|kröte *f* želva; **~kröten-suppe** *f* želví polévka; **~laus** *f* červec *m*; **~patt** *n* želvovina *f*; **~vortrieb** *m Tech.* štítování *n*, ražení *n* štítem.
Schilf *n*, **~rohr** *n* rákos *m*, rákosí; *~- in Zssgn* rákosový.
Schilift *m* lyžařský výtah.
Schillern *n* měnění *n* barvy, třpyt *m*.
schillern [z]měnit barvu, [za]třpytit se; **~d** měnivý, třpytný.
Schilling *m* šilink.
Schimmel *m Bot.* plíseň *f*, plesnivina *f*; (*Pferd*) bělouš, F šiml; **~bildung** *f* plesnivění *n*; **≈ig** plesnivý; *~ werden* = **≈n** [z]plesnivět; **~pilz** *m* plíseň *f*.
Schimmer *m* lesk, třpyt, svit; **≈n** [za]lesknout se, [za]třpytit se.
Schimpf *m* pohana *f*, potupa *f*; *mit ~ und Schande* s hanbou; **≈en** nadávat [vynadat], [vy]hubovat, [za]láteřit; **~e'rei** *f* nadávání *n*, hubování *n*; **≈lich** hanlivý, potupný; **~name** *m* nadávka *f*; **~wort** *n* hanlivé (*od.* potupné) slovo.
Schindel *f* šindel *m*.
schind|en [o-, se]dřít; *sich ~* [na-]dřít se; **≈er** *m* dříč; (*Abdecker*) pohodný, P ras; **~e'rei** *f* pohodnictví *n*, P rasovna; (*Plage*) dřina; **~luder** *n*: *~ treiben mit* hanebně zacházet s (*I*).
Schinken *m* šunka *f*; *~- in Zssg* šunkový; **~brötchen** *n* chlebíček *m* se šunkou.
Schippe *f* lopata; **≈n** házet [-zívat] lopatou.
Schirm *m* deštník; (*Sonnen≈*) slunečník; (*Lampen≈*) stínidlo *n*, stínítko *n*; (*Ofen≈*) zástěna *f* (u kamen); (*Mützen≈*) štítek; (*Wand≈*) španělská stěna; *fig.* (*Schutz*) ochrana *f*, záštita *f*; **~bild·aufnahme** *f* snímek *m* se štítu; **≈en** [o]chránit; **~herr** *m* protektor, patron, ochránce; **~herrschaft** *f* patronát *m*, patronství *n*; **~mütze** *f* čepice se štítkem; **~ständer** *m* stojan na deštníky; **~wand** *f* ochranná stěna.
schirr|en zapřahat [-přáhnout]; **≈-meister** *m* štolba *f*.
Schisma *n* schisma, rozkol *m* v církvi.
Schi|sport *m* lyžařský sport; **~-wachs** *n* lyžařský vosk, vosk na lyže.
Schlacht *f* bitva; e-e *~ schlagen* svádět [svést] bitvu; **≈en** porážet [-razit], zabí(je)t; **~enbummler** F *m Sp.* sportovní fanoušek.
Schlächte|r *m* řezník; **~'rei** *f* řeznictví *n*; *fig.* krveprolití *n*.
Schlacht|feld *n* bitevní pole; **~-flieger** *m Mil.* bitevní letec; **~haus** *n*, **~hof** *m* jatky *f/pl.*; **~kreuzer** *m* válečný křižník; **~lärm** *m* válečný řev; **~ordnung** *f* bitevní šik *m*; **~plan** *m fig.* plán akcí; **~ruf** *m* válečný pokřik; **~schiff** *n* bitevní loď *f*.
Schlacht|ung *f* porážka; **~vieh** *n* jatečný dobytek.
Schlacke *f* struska; škvára; **≈n·frei** zbavený strusky, bez strusky; **~n-halde** *f* strusková halda.
Schlaf *m* spánek; *in tiefen ~ sinken* upad(áv)at [-dnout] v hluboký spánek; *der ~ übermannte mich* spánek mě přemohl; **~abteil** *n* spací oddělení.
Schläfchen *n* zdřímnutí; *ein ~ machen* [z]dřímnout si.
Schläfe *f* skráň, spánek *m*.
schlafen spát; *~ gehen* jít (chodit *Iter.*) spat; *sich ~ legen* lehnout si [ulehnout].
Schlafen *n* spaní; **~gehen** *n*: *vor dem ~* před spaním; **~s·zeit** *f* čas *m* jít spat.
Schläf|er(in *f*) *m* spáč(ka), spící osoba *f*; **≈rig** ospalý; *ich bin ~* jsem ospalý; **~rigkeit** *f* ospalost.
schlaff volný, povolený; *fig.* ochablý, malátný; *~ werden* [o]chabnout, [z]malátnět; **≈heit** *f* volnost; ochablost, malátnost.
Schlaf|gelegenheit *f* příležitost ke spaní; **~gemach** *n*, **~kammer** *f* ložnice *f*; **~krankheit** *f* spavá ne-

nemoc; ²los bezesný; ~losigkeit *f* nespavost; ~mittel *n* uspávací prostředek *m*; ~mütze *f* noční čepice; F *fig.* liknavec *m*, ospalec *m*; ~raum *m* ložnice *f*.

schläfrig ospalý; ²keit *f* ospalost.

Schlaf|rock *m* župan; **~saal** *m* společná ložnice; **~sack** *m* spací pytel; **~sofa** *n* spací pohovka *f*; **~stelle** *f* lože *n*, lůžko *n*; **~sucht** *f* spavost (*a. Med.*); **²süchtig** spavý; **~trunk** *m* uspávací nápoj; **²trunken** rozespalý; **~wagen** *m Esb.* lůžkový (*od.* spací) vůz; **~wandler** (**-in** *f*) *m* náměsíčník (-nice); **~zimmer** *n* ložnice *f*.

Schlag *m* úder, rána *f*, ráz; (*Ton, Laut*) úder; (*Vogelsang*) zpěv; (*Wagen²*) dveře *f/pl.*; (*Holz*) paseka *f*; *s. Schlaganfall, Herz-, Puls-, Menschen-, Taubenschlag usw.*; *e-n ~ versetzen* udeřit *pf.*; *auf e-n ~* rázem; *~ auf ~* ráz na ráz; *~ drei Uhr* přesně ve tři hodiny; **~ader** *f* tepna; **~anfall** *m Med.* záchvat *m* mrtvice; **²artig** prudký, náhlý; **~ball(spiel** *n*) *m Sp.* odbíjená; **~baum** *m* hraniční závora *f*; **~bolzen** *m* (*Gewehr*) zápalná jehlice.

Schlägel *m* palička; *Tech. a.* perlík.

schlagen *v/t* bít, tlouci [udeřit, uhodit]; (*heraus~*) vyrážet [-razit]; (*hinein~*) zarážet [-razit]; (*prügeln*) [z]bít, [z]tlouci; (*besiegen*) [z]vítězit, přemáhat [-moci]; *Brücke*: [vy]stavět; *Holz*: porážet [-razit]; *Lärm*: [z]tropit; *Münzen*: [vy]razit; *Schlacht*: svádět [svést]; *Wurzeln*: [za]pouštět; *Augen*: sklápět [sklopit]; *v/i Herz, Puls*: bušit; *Uhr*: [od]bít; *Singvögel*: [za]zpívat; *Pferd*: kopat [-pnout]; *sich auf j-s Seite ~* přid(áv)at se k čí straně; *sich durchs Leben ~* protloukat [-tlouci] se životem; **~d** vhodný, přesvědčivý; *~er Beweis* pádný důkaz; *~e Wetter Bgb.* třaskavé větry *m/pl.*

Schlager *m* F šlágr.

Schläger *m* (*Person*) rváč; (*Tennis²*) raketa *f*; (*Hockey²*) hokejová hůl, F hokejka *f*; **~ei** [-ˈʀaɪ] *f* rvačka, pračka.

schlag|fertig *fig.* rázný, duchapřítomný; *Antwort*: pohotový; **²fertigkeit** *f* pohotovost, duchapřítomnost; **²fluß** *m s. Schlaganfall*; **²holz** *n* pálka *f*; **²instrument** *n Mus.* bicí nástroj *m*; **²kraft** *f* úderná síla, průraznost; **²licht** *n* přímé světlo; **²loch** *n* výtluk *m*; **²mann** *m Sp.* veslovod, strok; **²ring** *m* prstenec; **²sahne** *f* šlehaná smetana; **²seite** *f Mar.* nárazná stěna; F *~ haben* být podnapilý; **²uhr** *f* bicí hodiny *f/pl.*; **²werk** *n* bicí stroj *m*; **²wetter·explosion** *f Bgb.* výbuch *m* třaskavých plynů; **²wort** *n* heslo; **²zeile** *f Typ.* tučný titulek; **²zeug** *n Mus.* soubor *m* bicích nástrojů.

Schlamm *m* bahno *n*, kal; *~- in Zssgn mst* kalový; **~bad** *n Med.* bahenní lázeň *f*.

schlämmen [vy]plavit.

schlammig bahnitý, kalný.

Schlämmkreide *f* plavená křída.

Schlamp|e *f* V coura; **~eˈrei** *f* nepořádnost, ledabylost; **²ig** nepořádný, ledabylý.

schlang *s. schlingen.*

Schlange *f* had *m*; (*lange Reihe*) fronta.

schlängeln: *sich ~* vinout se, plazit se.

schlangen|artig hadovitý; **²beschwörer** *m* zaklínač hadů; **²biß** *m* hadí uštknutí *n*; **²brut** *f* hadí plémě *n*, háďata *n/pl.*; **²linie** *f* vlnovka.

schlank štíhlý, urostlý; **²heit** *f* štíhlost, urostlost; **~weg** F ihned, bez okolků.

schlapp volný, nenapjatý, popuštěný; **²e** *f* porážka, neúspěch *m*; **²hut** *m* měkký klobouk, F širák; **²schwanz** F *m* slaboch, neduživec.

Schlaˈraffenland *n* země *f* blahobytu.

schlau chytrý, lstivý; **²berger** F *m* chytrák, F filuta.

Schlauch *m* hadice *f*; (*Fahrrad²*) duše *f*; **~boot** *n* nafukovací člun *m*; **²los** bezdušový.

schlauerˈweise chytře, mazaně.

Schlaufe *f* smyčka.

Schlau|heit *f* chytrost; **~kopf** *m*, **~meier** F *m s. Schlauberger.*

schlecht špatný, nedobrý; *~ und recht* jakžtakž; *~ werden* [z]kazit se; **~erˈdings** naprosto, vůbec; **~gelaunt** mrzutý, nevrlý; **~ˈhin** zhola, naprosto; **²igkeit** *f* špatnost; **~machen** pomlouvat [-mluvit]; **~weg** přímo, zrovna; **²ˈwetterflug** *m* let za špatného počasí; **²ˈwettergebiet** *n* pásmo špatného počasí.

schleck|en lízat [-znout (si)]; **²er** *m* mlsoun; **²e'rei** *f* mlsání *n*; **²ermaul** F *n* mlsoun *m*, mlsný jazýček.
Schlegel *m* pálka *f*; *Tech.* palička *f*; *Kochk.* kýta *f*.
Schleh|busch *m*, **~dorn** *m* *Bot.* trnka *f*.
Schlehe *f Bot.* trnka.
Schlei *m od. f s. Schleie.*
schleich|en plížit [plazit] se; **~end** plítivý, plazivý; *Med.* vleklý; **²er** *m* loudal, F potměšilec; **²handel** *m* podloudný obchod, podloudnictví *n*; **²händler** *m* podloudník; **²weg** *m* oklika *f*; **²werbung** *f* utajená reklama.
Schleie *f Zo.* lín.
Schleier *m* závoj (*a. fig.*); **²haft** tajemný, záhadný.
Schleif- *in Zssgn mst* brusný; **~e** *f* smyčka, klička; (*Band²*) stuha; (*Schlips*) motýlek *m*; (*Kehre*) dvojitá zatáčka; **²en** [na]brousit, [na-]ostřit; (*glätten*) [u]hladit, [vy]leštit; (*zerstören*) [z]bořit, [z]bourat; *Mil.* [vy]cvičit, F [vy]cepovat; (*rutschen*) prokluzovat; **~en** *n* broušení; **~er** *m* brusič; **~e'rei** *f* brusírna; **~kontakt** *m* kluzný (*od.* třecí) kontakt; **~lack** *m* brusný lak; **~maschine** *f* brousící stroj *m*, bruska; **~mittel** *n* brusivo, brusný prostředek; **~scheibe** *f* brusný kotouč; **~stein** *m* brus, brousek.
Schleim *m* hlen, sliz, F šlem; **~haut** *f Med.* sliznice; **²ig** hlenov(it)ý, slizovitý; (*mit Schleim bedeckt*) sliznatý; **²lösend** uvolňující hleny.
schleißen *v/t Federn*: drát [sedrat]; (*spalten*) [roz]štípat.
schlemm|en [za]hýřit; **²er** *m* hýřil.
schlend|ern toul(áv)at se, P cour(áv)at se; **²rian** *m* nepořádek, P šlendrián.
schlenkern klátívat [-tit], házívat [-zet] (*mit et.* čím).
Schlepp *m*: *in ~ nehmen* vláčívat [-čet]; **~e** *f* vlečka; **²en** vléci (*sich* se); **²end** vláčivý; *Gang*: plouhavý; (*langsam*) dlouhý; **~er** *m* tahač, vlečný vůz; *Mar.* remorkér; **~kahn** *m* vlečný člun; **~netz** *n* vlečná síť *f*; **~seil** *n*, **~tau** *n* vlečné lano; **~zug** *m Mar.* lodi *f/pl.* ve vleku, vlečné lodi *f/pl.*
Schlesi|en *n* Slezsko; **²sch** slezský.
Schleuder *f* prak *m*; (*Wäsche²*) odstředivka; **~er** *m* prakovník; **~gefahr** *f* nebezpečí *n* smyku; **~honig** *m* vytočený med; **~kraft** *f* odstředivá síla; **²n** *v/t* vrhat [-hnout], házet [hodit], mrštit *pf.* (*I*); *Milch, Wäsche*: odstřeďovat [-dit]; *v/i* (*rütteln*) drkotat; *Auto*: dost(áv)at smyk; **~n** *n* vrhání, házení; (*der Wäsche*) odstřeďování; (*Auto*) smyk *m*; **~preis** *m* směšně nízká cena; *zu ~en* za babku; **~sitz** *m* katapultovací (*od.* vymršťovací) sedadlo *n*; **~spur** *f* stopa vozu při smyku; **~start** *m Flgw.* start katapultem.
schleunigst co nejrychleji.
Schleuse *f* splav *m*, stavidlo *n*, propust; **²n** propouštět [-pustit]; **~ntor** *n* zdymadlová vrata *n/pl.*, zdymadlo.
schlich *s. schleichen.*
Schlich *m* oklika *f*, tajný kout, úkryt; *hinter j-s ~e kommen* přicházet [přijít] na čí spády.
schlicht (*einfach*) prostý; (*bescheiden*) prostoduchý; (*glatt*) hladký; **~en** [u]hladit, [s]rovnat; *Streit*: urovn(áv)at; **²feile** *f* hladicí pilník *m*; **²heit** *f* prostota; **²hobel** *m* hladík; **²ungsverfahren** *n* smírčí urovnání.
schlief *s. schlafen.*
schließ|en *v/t* (*zumachen*) zavírat [-vřít]; (*mit Schlüssel*) zamykat [-knout]; (*beenden*) uzavírat [-vřít], končit *pf.*; *Vertrag, Ehe, Freundschaft usw.*: uzavírat [-vřít]; *v/i* zavírat [-vřít] se; (*folgern*) usuzovat [usoudit]; (*enden*) [s]končit (se); (*anliegen*) přiléhat [-lehnout]; *sich ~ Wunde*: zacelovat [-lit] se; **²er(in** *f*) *m* vrátný (-ná); dozorce *m* vězňů; **²fach** *n* poštovní přihrádka *f*; **~lich** *Adv.* konečně, nakonec; (*am Ende*) konec konců; **²muskel** *m* svěrací sval; **²ung** *f* zavírání *n*, zavření *n*; uzavírání *n*, uzavření *n*.
schliff *s. schleifen.*
Schliff *m* výbrus; (*Fläche a.*) zábrus; *fig.* uhlazené chování, brus.
schlimm špatný, zlý; F (*wund*) bolavý; *im ~sten Falle* = **~stenfalls** v nejhorším případě.
Schlinge *f* smyčka; *s. Schleife*; *sich aus der ~ ziehen* unikat [-knout] z léčky.
Schlingel *m* (*Lümmel*) klacek; (*Kind*) harant.
schling|en ovinovat [-nout]; (*binden*) [u]vázat; (*flechten*) proplétat

[-plést]; (*schlucken*) polykat [-lknout]; **~ern** *Mar.* kolísat se, zmítat se; **2ern** *n Flgw.* klonění; *Mar.* kývání; **2gewächs** *n*, **2pflanze** *f* úponkovitá rostlina.
Schlips *m* kravata *f*, vázanka *f*.
schliß *s. schleißen.*
Schlitten *m* sáně *f/pl.*, sáňky *f/pl.*; **~bahn** *f* sáňkovací dráha; **~fahrt** *f* vyjížďka na saních.
schlittern F [po]klouzat se.
Schlittschuh *m* brusle *f*; ~ *laufen* [za]bruslit [si], jet (jezdit *Iter.*) na bruslích; **~laufen** *n* bruslení, ježdění *n* na bruslích; **~läufer(in** *f*) *m* bruslař(ka).
Schlitz *m* skulina *f*, štěrbina *f*; (*am Kleid*) rozparek; **~auge** *n* šikmé oko; **2äugig** se šikmýma očima; **2en** *s. aufschlitzen, -schneiden*; **~verschluß** *m Fot.* štěrbinová závěrka.
schloß *s. schließen.*
Schloß *n* zámek *m*; *s. Riegel*; ~- *in Zssgn* zámecký.
Schlößchen *n* zámeček *m*.
Schlosser *m* zámečník; **~ei** [-ˈraɪ] *f* (*Werkstatt*) zámečnická dílna; **~handwerk** *n* zámečnictví.
Schlot *m* komín; *fig.* dlouhán.
schlott|(e)rig kolísavý, vrávoravý; *fig.* nedbalý; **~ern** třást se, vrávorat.
Schlucht *f* soutěska.
schluchzen štkát [zaštkat], [za-]vzlykat.
Schluck *m* doušek; **~auf** *m*, **~en** *n* škytavka *f*; **2en** polykat [-lknout]; **~er** *m*: F *armer* ~ chudák, ubožák; **2weise** po douškách.
schlud|ern nedbale pracovat; **~rig** nedbalý, F lajdácký.
schlug *s. schlagen.*
Schlummer *m* spánek, dřímota *f*; **2n** [za]dřímat.
Schlund *m* hltan, jícen (*a. fig.*).
schlüpf|en (*hinein~*) vklouz(áv)at [-znout]; (*heraus~*) vyklouz(áv)at [-znout]; (*durch~*) proklouz(áv)at [-znout]; **2er** *m* kazajka *f*, dámské kalhotky *f/pl.*; **~rig** klouzavý, kluzký; *fig.* oplzlý; **2rigkeit** *f* kluzkost; *fig.* oplzlost.
Schlupf|loch *n* skrýš *f*, úkryt *m*; **~winkel** *m* doupě *n*, skrýš *f*.
schlürfen srkat [-knout].
Schluß *m* konec, závěr; *s. a. Schlußfolgerung*; ~ *folgt* konec příště; ~ *machen* [u]činit konec, [s]končit; **~akt** *m* poslední jednání *n*.
Schlüssel *m* klíč; **~bart** *m* zub klíče; **~bein** *n Anat.* klíční kost *f*; **~blume** *f Bot.* prvosenka, petrklíč *m*; **~bund** *m* svaz(eč)ek klíčů; **2fertig** hotový na klíč; **~industrie** *f* klíčový průmysl; **~loch** *n* klíčová dírka; **~ring** *m* kroužek na klíče; **~stellung** *f* klíčové postavení.
Schluß|fassung *f* konečné znění; **~folgerung** *f* závěr *m*, důsledek *m*; **~formel** *f* závěrečná formule.
schlüssig rozhodnut(ý); *sich* ~ *werden* rozhodovat [-dnout] se (*über A* o *L*).
Schluß|licht *n* zadní světlo; **~pfiff** *m Sp.* konec *m* utkání; **~protokoll** *n* závěrečný protokol; **~prüfung** *f* závěrečná zkouška; **~runde** *f* konečné kolo; **~satz** *m* poslední věta *f*; *Mus.* finále *n*; **~stein** *m* svorník; **~strich** *m*: *fig. den* ~ *ziehen* uzavírat [-vřít] co; **~wort** *n* doslov *m*.
Schmach *f* potupa, hanba; **2ten** [vy]trpět.
schmächtig štíhlý, útlý.
schmachvoll potupný, hanebný.
schmackhaft chutný; *j-m* et. ~ *machen* zpříjemnit [-mňovat], zlepšit [-šovat].
schmäh|en [po]hanět, [po]tupit; **~lich** hanebný, potupný; **2schrift** *f* hanlivý (*od.* potupný) spis, hanopis *m*; **2ung** *f* pohanění *n*, potupa; nadávka.
schmal úzký; (*zart*) štíhlý, útlý.
schmälern [z]úžit, zkracovat [zkrátit].
Schmal|film *m* úzký film; **~filmkamera** *f* kamera na úzký film; **~hans** *m*: F *Sprw. bei ihnen ist* ~ *Küchenmeister* u nich se člověk mnoho nenají; **~spur** *f Esb.* úzký rozchod; **~spurbahn** *f* úzkokolejná (*Esb.* úzkorozchodná) dráha; **2spurig** úzkorozchodný, úzkokolejný.
Schmalz *n* sádlo, omastek *m*; **2ig** tučný, mastný; *fig.* dojemný, sentimentální.
schmaˈrotz|en cizopasit; *fig. a.* přiživovat se; **2er** *m* cizopasník; přiživník.
Schmatz F *m* pus(ink)a *f*; **2en** mlaskavě [po]jíst; mlaskavě líbat [políbit], mlaskat [-knout].
schmauchen F pokuřovat (*A* z *G*).

Schmau|s *m* hostina *f*, hody *m/pl.*; **≈sen** [po]hodovat.
schmecken *v/t* ochutn(áv)at, okoušet [okusit]; *sich et. ~ lassen* pochutn(áv)at si na (*L*); *v/i* chutnat (*nach* po *L*).
Schmeich|e'lei *f* lichocení *n*, pochlebování *n*; **≈elhaft** lichotivý, pochlebný; **≈eln** (*D*) [po]lichotit (*D*), pochlebovat (*D*); *sich geschmeichelt fühlen* být polichocen; **~ler(in** *f*) *m* lichotník (-nice), pochlebník (-nice); **≈lerisch** lichotivý, pochlebný.
schmeiß|en F házet [hodit], mrštit *pf.*; **≈fliege** *f* masařka.
Schmelz *m* smalt, email; **≈bar** tavitelný; **~barkeit** *f* tavitelnost.
Schmelz|e *f* (*Schnee≈*) tání *n*; *Tech.* (*Vorgang*) tavení *n*; (*Schmelzfluß*) tavenina; **≈en** *v/t* [roz]tavit; *v/i* [roz]tavit se; *fig.* rozplývat [-plynout] se; **≈end** *fig.* dojemný, tklivý, lahodný; **~käse** *m* tavený sýr; **~ofen** *m* tavicí pec *f*; **~prozeß** *m* tavicí pochod *od.* proces; **~punkt** *m* bod tání; **~tiegel** *m* tavicí kelímek, tyglík; **~wasser** *n* voda *f* ze sněhu.
Schmer *m od. n* tuk *m*, vepřové sádlo *n*; **~bauch** F *m* pupek, panděro *n*; (*dicker Mensch*) břicháč.
Schmerz *m* bolest *f*, bolení *n*; (*Leid*) strast *f*; **≈en** [za]bolet; *mir schmerzt der Kopf* bolí mě hlava; **~ensgeld** *n* bolestné; **~enskind** *n* dítě v bolesti zrozené; **≈frei** *s. schmerzlos*; **≈haft, ≈lich** bolestný, bolestivý; **≈lindernd** zmírňující bolest; **≈los** bezbolestný; *Adv. a.* bez bolesti; **~losigkeit** *f* bezbolestnost; **≈stillend** utišující bolest; **≈voll** bolestný, bolestiplný.
Schmetterling *m* motýl; **~s-** *in Zssgn* motýlí; **~s·stil** *m Sp.* motýlek.
schmettern házet [hodit], mrštit *pf.*
Schmied *m* kovář; **≈bar** kujný.
Schmiede *f* kovárna; **~arbeit** *f* kovářská práce, kování *n*; **~eisen** *n* kujné železo; **~hammer** *m* kovářské kladivo; **~handwerk** *n* kovářství; **≈n** [u]kovat, [u]kout; *fig.* [na]strojit; *Verse*: [u]smolit; **~zange** *f* kovářske kleště *f/pl.*
schmieg|en: *sich ~* [při]vinout se, [při]tulit se k (*D*); **~sam** ohebný, poddajný; **≈samkeit** *f* ohebnost, poddajnost.
Schmier|e *f* mazadlo *n*; *Thea.* P šmíra; *~ stehen* stát na stráži; **~büchse** *f* maznice; **≈en** [na]mazat, natírat [-třít]; (*bestechen*) podplácet [-platit], F podmaz(áv)at; (*kritzeln*) čmárat; *es ging wie geschmiert* jako po másle, jako na drátkách; **~e'rei** *f* mazanina, mazanice; **~fett** *n* mazací tuk; **~fink** F *m* šmudla *f u. m*, špindíra *f u. m*; **~geld** *n* úplatek *m*; **≈ig** mazlavý; (*schmutzig*) špinavý (*a. fig.*); **~mittel** *n* mazivo; **~öl** *n* mazací (*od.* mazný) olej; **~seife** *f* mazlavé mýdlo; **~ung** *f* mazání *n*.
Schminke *f* líčidlo *n*; **≈n** [na]líčit; *fig.* upravovat [upravit].
Schmirgel *m* smirek; **≈n** [vy]smirkovat; **~papier** *n* smirkový papír.
schmiß *s. schmeißen.*
Schmiß *m* seknutí *n*, sečná rána; (*Narbe*) jizva *f*; *fig.* švih.
schmissig řízný.
Schmöker F *m* opotřebovaná kniha.
schmollen [roz]durdit se, [po]hněvat se (*mit j-m* na k-o).
schmolz *s. schmelzen.*
Schmor|braten *m* dušená pečeně; **≈en** *v/t* [u]dusit; *v/i* dusit se; **~fleisch** *n* dušené maso; **~topf** *m* kastrol, rendlík.
Schmu F *m* podfuk.
schmuck půvabný, hezký.
Schmuck *m* ozdoba *f*, okrasa *f*; (*Juwel*) skvost, šperk.
schmücken [o]zdobit, [o]krášlit.
Schmuck|kästchen *n* skříňka *f* na skvosty; *fig.* (*Glanzstück*) skvost *m*; **≈los** neozdobný; *Adv. a.* bez ozdoby; **~sachen** *f/pl.* skvosty *m/pl.*, šperky *m/pl.*
schmudd(e)lig F ušpiněný, ušmudlaný.
Schmuggel *m*, **~ei** [-'laı] *f* podloudnictví *n*, pašeráctví *n*; **≈n** [pro-, v]pašovat; **~ware** *f* podloudnické (*od.* pašerácké) zboží.
Schmuggler *m* podloudník, pašerák.
schmunzeln usmívat [usmát] se.
schmusen F mazlit se (*mit j-m* s kým).
Schmutz *m* špína *f*, bláto *n*; **≈en** špinit se; **~fink** F *m* ušmudlanec, špindíra; **~fleck** *m* špinavá skvrna; **≈ig** špinavý, blátivý; **~literatur** *f* oplzlá literatura, pornografie; **~titel** *m Typ.* patitul; **~wasser** *n* špinavá voda, splašky *f/pl.*
Schnabel *m* zobák; F *fig. a.* pusa *f*;

halt den ~! drž zobák!; **⁀förmig** zobákovitý; **~tier** *n* ptakopysk *m*.
Schnack *m od. n* tlachání *n*, prázdné řeči *f/pl*.
Schnake *f* (*Mücke*) tiplice.
Schnalle *f* sponka, přezka; **⁀n** zapínat [-pnout] přezkou; *s. an-, umschnallen.*
schnalzen mlaskat [-knout]; (*mit den Fingern*) luskat [-knout].
schnappen zapadat [-dnout]; (*erwischen*) dopadat [-dnout]; *~ nach* chňapat [-pnout] po; *nach Luft ~* lapat po vzduchu.
Schnäpper *m Zo.* lejsek; *Med.* pušťadlo *n*.
Schnapp|messer *n* zavírací nůž *m*, zavírák *m*; **~schloß** *n* zámek *m* se západkou; **~schuß** *m Fot.* mžikový snímek, momentka *f*.
Schnaps *m* kořalka *f*, pálenka *f*; **~glas** *n* kalíšek *m* na kořalku; **~idee** F *f* hloupý nápad; **~nase** F *f* červený nos (od pití kořalky).
schnarch|en [za]chrápat; **⁀en** *n* chrápání *n*.
Schnarre *f* řehtačka; **⁀n** [za]řehtat, [za]skřípat.
schnattern *Gans*: [za]štěbetat; *Ente*: [za]káchat; F *fig.* [za]tlachat, [za-]žvanit.
schnauben [za]soptit; *Pferd*: [za-]funět; *die Nase* (*od. sich*) *~* smrkat [vysmrkat se]; *nach Rache ~* soptit pomstou.
schnaufen [za]funět, [za]supět.
Schnauze *f* rypák *m*; (*Ausguß*) hubička; *fig.* (*Mundwerk*) vyřídilka, P huba; *die ~ halten* držet hubu; *von et. die ~ voll haben* mít už toho plné zuby.
Schnecke *f* hlemýžď *m*, (*a. Tech.*) šnek *m*; (*Gebäck*) závitek *m*; *Mus.* hlavice.
schnecken|förmig hlemýžďovitý, šnekovitý; **⁀gang** *m Tech.* chod (*od.* závit) šneku; *fig.* hlemýždí tempo *n od.* krok; **⁀gehäuse** *n* hlemýždí ulita *f od.* skořápka *f*; **⁀haus** *n* hlemýždí domeček; **⁀linie** *f* spirála; **⁀rad** *n* šnekové kolo; **⁀windung** *f* hlemýžďovitý zákrut.
Schnee *m* sníh; **~ball** *m* sněhová koule; *Bot.* kalina *f*; *~ spielen* koulovat (se); **⁀blind** oslepený sněhem; **~decke** *f* sněhová pokrývka; **~fall** *m* sněžení *n*; **~flocke** *f* sněhová vločka; **~gestöber** *n* vánice *f*, chumelenice *f*; **~glöckchen** *n Bot.* sněženka *f*; **~grenze** *f* sněhová hranice; **~huhn** *n* sněžný kur; **⁀ig** zasněžený; **~kette** *f* (*Auto*) sněhový řetěz; **~koppe** *f* Sněžka; **~mann** *m* sněhulák; **~pflug** *m* sněhový pluh; **~schläger** *m Kochk.* šlehačka *f* na sníh; **~schmelze** *f* tání *n*, obleva; **~sturm** *m* sněhová bouře; **~sturz** *m* lavina *f*; **~treiben** *n s. Schneegestöber*; **~verwehung** *f* zavátí *n* sněhem, sněhová závěj; **~wasser** *n* voda *f* ze sněhu; **⁀weiß** bílý jako sníh, sněhobílý; **~wittchen** *n* Sněhurka *f*.
Schneid F *m* říznost *f*; junáckost *f*, odvaha *f*; *s. schneidig*; **~brenner** *m* řezací hořák; **~e** *f* ostří *n*, břit *m*; **⁀en** řezat [říznout]; *Getreide*: [po-]sekat; *Haare*: [o]stříhat; *Brot usw.*: krájet [ukrojit]; *sich ~ Math.* protínat se; (*sich kreuzen*) křižovat se; *geschnitten*: *fig. er ist seinem Vater wie aus dem Gesicht ~* podobá se otci jako by mu z oka vypadl; **⁀end** *fig.* řezavý; **~en** *n* řezání; sekání; krájení.
Schneider *m* krejčí; **~ei** [-ˈRAI] *f* (*Werkstatt*) krejčovská dílna, krejčovna; **~handwerk** *n* krejčovství, F krejčovina *f*; **~in** *f* krejčová, švadlena; **~kreide** *f* krejčovská křída; **~meister** *m* krejčovský mistr; **⁀n** být krejčím, F krejčovat; **~werkstatt** *f* krejčovská dílna.
Schneide|vorrichtung *f* řezací ústrojí *n*; **~zahn** *m* řezák.
schneidig (*forsch*) rázný; (*wagemutig*) odvážný; **⁀keit** *f* ráznost; *s. Schneid.*
Schneid|kluppe *f* závitnice; **~kopf** *m* závitořezná hlava; **~meißel** *m* obraběcí nůž; **~werkzeug** *n* řezný nástroj.
schneien sněžit.
Schneise *f* lesní průsek *m*, paseka.
schnell rychlý; (*eilig*) spěšný; *Adv.* rychle.
Schnelläufer *m* rychloběžec; (*Eis⁀*) rychlobruslař.
Schnell|aufzug *m* rychlovýtah; **~bahn** *f* rychlodráha; **~boot** *n* rychlý člun; **~e** *f* rychlost; *s. Stromschnelle*; **⁀en** *v/i* (*v. Sitz*) vyskakovat [-skočit]; *in die Höhe ~* poskakovat [-skočit]; *v/t* vymršťovat [-štit]; **~feuer** *n Mil.* rychlopalba *f*; **~feuergeschütz** *n* rychlopalné dě-

lo; **~feuergewehr** *n* rychlopalná puška; **2füßig** rychlonohý; **~gaststätte** *f* automat *m*, bufet *m*; **~gericht** *n Jur.* rychle zasedající soud *m*; **~hefter** *m* rychlovazač.

Schnelligkeit *f* rychlost; **~s-** *in Zssgn* rychlostní.

Schnell|imbiß *m* pojedení *n* v chvatu; *s. Schnellgaststätte*; **~kochtopf** *m* tlakový hrnec; **~presse** *f* rychlolis *m*; **~reinigung** *f* rychločistírna; **~reparatur** *f* rychlooprava.

schnellstens *Adv.* co nejrychleji.

Schnell|straße *f* silnice pro rychlodopravu; **~transport** *m* rychlodoprava *f*; **~verfahren** *n Jur.* rychlé řízení; **~waage** *f* přezmen *m*, mincíř *m*; **~zug** *m Esb.* rychlík; **~zugzuschlag** *m* rychlíkový příplatek.

Schnepfe *f Zo.* sluka; **~n-** *in Zssgn* slučí.

schneuzen: *sich* (*od. die Nase*) ~ smrkat [vysmrkat se].

Schnipp|chen *n*: *j-m ein ~ schlagen* vyvádět [-vést] k-u pěkný kousek; **~el** *m od. n s. Schnipsel*; **2en** luskat [-knout] prsty; **2isch** uštěpačný, prostořeký.

Schnipsel F *m od. n* odřezek *m*, odpadek.

Schnitt *m* řez, říznutí *n*; (*mit d. Schere*) střih; (*Film2*) sestřih; (*Wunde*) řezná rána.

schnitt *s. schneiden.*

Schnitt|blumen *f/pl.* řezané květiny *f/pl.*; **~bohne** *f* fazolový lusk; **~e** *f* krajíc *m*, skýva; **~er**(**in** *f*) *m* žnec (žnečka *f*); **~fläche** *f* plocha řezu, řezná plocha; **~holz** *n* řezivo; **2ig** pěkného tvaru, elegantní; **~kante** *f* řezná hrana; **~lauch** *m* pažitka *f*; **~linie** *f Geom.* průsečnice; **~muster** *n* střih; **~punkt** *m* průsečík; **2reif** dozralý; **~waren** *f/pl.* střižné zboží; **~wunde** *f* řezná rána.

Schnitz|arbeit *f* řezba, řezbářská práce; **~el** *n Kochk.* řízek *m*; F odřezek *m*, ústřižek *m*; **2eln** [roz-]řezat na malé kousky; **2en** [vy]řezávat; **~er** *m* řezbář; **~e'rei** *f* dřevořezba, řezbářství *n*; **~messer** *n* pořiz *m*; **~werk** *n* (dřevo)řezba *f*.

schnob *s. schnauben.*

schnoddrig F prostořeký, drzý.

schnöde hanebný, bezohledný.

Schnorchel *m Mar.* vzdušná trubice; (*Taucher2*) dýchací trubice *f*.

Schnörkel *m* kudrlinka *f*; *Arch.* závitek.

schnorren F [vy]žebrat.

schnüff|eln čenichat, čmuchat (*a. fig.*); **2ler**(**in** *f*) *m* čmuchal(ka).

Schnuller F *m* dumlík, F cucák.

Schnulze F *f* doják *m*, sentimentální kýč *m*.

schnupf|en šňupat [-pnout]; **2en** *m Med.* rýma *f*; **2tabak** *m* šňupavý tabák; **2tuch** *n* kapesník *m*.

schnuppe F: *das ist mir ~* to je mi jedno.

schnuppern *s. schnüffeln.*

Schnur *f* šňůra, provaz *m*.

Schnür|band *n* šněrovadlo; **~boden** *m Thea.* provaziště *n*; **~chen** *n* šňůra *f*, provázek *m*; F *fig. das geht wie am ~* všecko jde jako na drátku; **2en** [za]šněrovat; *Paket*: [za]vázat.

schnurgerade přímý, rovný jako šňůra.

Schnurrbart *m* kníry *m/pl.*

Schnurr|e *f* fraška; **2en** *Katze*: [za]příst; *Rad*: [za]hrčet; **2ig** žertovný, šprýmovný.

Schnür|riemen *m*, **~senkel** *m* šněrovadlo *n*; **~schuh** *m* šněrovací střevíc; **~stiefel** *m* šněrovací bota *f*.

schnurstracks přímo, zrovna.

Schnute F *f* pusa; *e-e ~ ziehen* [u]dělat obličej.

schob *s. schieben.*

Schober *m* stoh.

Schock[1] *n* kopa *f*.

Schock[2] *m Med.* otřes *m*, šok *m*; **2ieren** [-'ki:-] šokovat (*im*)*pf.*; **~therapie** *f* šoková terapie.

Schöffe *m Jur.* soudce z lidu, kmet; **~n·gericht** *n Jur.* kmetský soud.

Schof'för *m* šofér.

Schoko'lade *f* čokoláda; **~n-** *in Zssgn* čokoládový.

Scho'last|ik *f* scholastika; **~iker** *m* scholastik, hnidopich; **2isch** scholastický.

Scholle *f* hrouda; (*Eis2*) kra; *Zo.* platýs *m*.

Schöllkraut *n Bot.* vlaštovičník *m*.

schon již, už; *~ gut!* to stačí!; *wenn ~, denn ~* když už tak už.

schön krásný, pěkný, hezký; *~e Künste* krásná umění *n/pl.*; *~e Literatur* beletrie, krásná literatura;

das wird immer ~*er* to je čím dál tím lepší; 𝔖**e** *f* krasavice, kráska.
Schonbezug *m* ochranný povlak.
schonen [u]šetřit; *sich* ~ šetřit se; ~**d** šetrný.
Schoner[1] *m* chránítko *n*, potah.
Schoner[2] *m Mar.* škuner.
Schön|färbe'rei *f* nadsazování *n*, lakování *n* na růžovo; ~**geist** *m* krasoduch; 𝔖**geistig** duchaplný; ~**heit** *f* krása; (*schöne Frau*) krasavice.
Schönheits|chirurgie *f* plastická chirurgie; ~**fehler** *m* povrchová (*od.* vzhledová) vada; *fig.* vada *f*, nedostatek; ~**mittel** *n* kosmetický přípravek; ~**pflege** *f* kosmetika; ~**sinn** *m* krasocit, smysl pro krásu; ~**wettbewerb** *m* volba *f* královny krásy.
Schonkost *f* dieta.
schön|machen F: *sich* ~ upravovat [upravit] se; 𝔖**redner** *m* krasořečník, lichotník; 𝔖**schreiben** *n*, 𝔖**schrift** *f* krasopis *m*; ~**tun** [za-] lichotit.
Schonung *f* šetření *n*; (*Gnade*) slitování *n*; (*Wald*𝔖) hájeniště *n*; 𝔖**s·los** nešetrný, bezohledný.
Schonzeit *f* doba hájení.
Schopf *m* bujná chocholka vlasů; (*Kopffedern*) chocholka *f*; *j-n beim* ~ *nehmen* popadat [-dnout] k-o za pačesy; *fig. die Gelegenheit beim* ~*e packen* uží(va)t vhodnou příležitost.
Schöpf|eimer *m* okov, vědro *n*; (*Bagger*𝔖) koreček; 𝔖**en** [na]čerpat, na(bí)rat; *frische Luft* ~ dýchat čerstvý vzduch; *s. Verdacht*; ~**er** *m* tvůrce, stvořitel; 𝔖**erisch** tvořivý, tvůrčí; ~**kelle** *f*, ~**löffel** *m* naběračka *f*; ~**ung** *f* (s)tvoření *n*; (*Werk*) výtvor *m*, dílo *n*; ~**ungsgeschichte** *f* dějiny *f/pl.* stvoření.
Schoppen *m* žejdlík; (*Wein*) sklenička *f*.
Schöps *m* skopec; *fig.* hňup, velký hlupák.
schor *s. scheren.*
Schorf *m* strup; 𝔖**ig** strupovitý.
Schornstein *m* komín; ~**feger** *m* kominík.
schoß *s. schießen.*
Schoß[1] *m s. Schößling.*
Schoß[2] *m Anat.* klín; (*Mutter*𝔖) lůno *n* (*a. fig.*); (*Rock*𝔖) šos kabátu; *im* ~ *der Familie* v kruhu rodiny; *die Hände in den* ~ *legen* skládat [složit] ruce v klín *od.* do klínu; ~**hündchen** *n* malý psík, psíček *m*; ~**kind** *n* mazlí(če)k *m*, mazánek *m*.
Schößling *m Bot.* výhonek, odnož.
Schote[1] *f Bot.* lusk *m*; ~*n pl.* (*Erbsen*) zelený hrášek.
Schote[2] *f* plachetní lano *n*.
Schott *n Mar.* (vodotěsná) přepážka *f*.
Schott|e *m*, ~**in** *f* Skot(ka *f*) *m*.
Schotter *m* štěrk; ~- *in Zssgn* štěrkový; 𝔖**n** [vy]štěrkovat.
schott|isch skotský; 𝔖**land** *n* Skotsko.
schraf'fier|en [vy]čárkovat, [vy-] šrafovat; 𝔖**ung** *f* čárkování *n*, šrafování *n*.
schräg šikmý, kosý; ~ *gegenüber* šikmo naproti; 𝔖**e** *f* šikmost, kosost; 𝔖**kante** *f* sražená (*od.* zkosená) hrana; 𝔖**lage** *f* šikmá poloha; 𝔖**schrift** *f* ležaté písmo; ~'**über** šikmo naproti.
schrak *s. schrecken.*
Schramm|e škrábnutí *n*, šrám *m*; (*Narbe*) jizva; 𝔖**en** [po]škrábat; 𝔖**ig** plný jizev, poškrábaný.
Schrank *m* skříň *f*; ~- *in Zssgn* skříňový; ~**e** *f* závora; *Jur.* přepážka; *fig.* mez, hranice; *j-n in die* ~*n weisen* odkazovat [-kázat] k-o do jeho mezí; *in die* ~*n fordern* vyz(ý)vat k zápasu; *sich in* ~*n halten* [u]držet se v mezích.
schränken *Säge*: rozvádět [-vést] zuby (*G*).
schrankenlos neomezený.
Schrap'nell *n* šrapnel *m*.
Schraube *f* šroub *m*; ~*n- in Zssgn* šroubový; *fig. bei ihm ist e-e* ~ *los* má v hlavě o kolečko víc; 𝔖**n** [při]šroubovat; *s-e Ansprüche niedriger* ~ zmírňovat [zmírnit] své požadavky; *die Preise in die Höhe* ~ vyhánět [-hnat] ceny do výšky.
schrauben|förmig šroubovitý; 𝔖**kopf** *m* hlava *f* šroubu; 𝔖**mutter** *f* matice *f* šroubu; 𝔖**schlüssel** *m* klíč na šrouby; 𝔖**windung** *f* závit *m* šroubu; 𝔖**zieher** *m* šroubovák.
Schraubstock *m* svěrák.
Schreber|garten *m* rodinná zahrádka; ~**gärtner** *m* zahrádkář.
Schreck *m*, ~**en** *m* leknutí *n*, strach *m*; (*Entsetzen*) hrůza *f*; *vor* ~ ze strachu; *j-n in* ~*en versetzen* nahánět [-hnat] k-u strachu.
schrecken lekat [-knout], [po-] strašit.

Schreckens|herrschaft *f* hrůzovláda; **~nachricht** *f* hrozná zpráva.
Schreck|gespenst *n* přízrak *m*, strašidlo; **2haft** bázlivý, bojácný; **2lich** děsný, hrozný, strašný; **~lichkeit** *f* hrůznost, strašlivost; **~schuß** *m* výstřel na poplach; **~schußpistole** *f* poplašná pistole; **~sekunde** *f* reakční doba.
Schrei *m* výkřik; *e-n ~ ausstoßen* vykřikovat [-knout]; *fig. der letzte ~ der Mode* poslední módní novinka.
Schreib|bedarf *m* psací potřeby *f/pl.*; **2en** psát [napsat]; **~en** *n* psaní; (*Brief*) dopis *m*; **~er** *m* (*Beruf*) písař; (*Verfasser*) pisatel; **~e'rei** *f* psaní *n*, P písařina; **~erling** *m*, **~erseele** *f* pisálek *m*; **2faul** líný na psaní; **~feder** *f* psací pero *n*; **~fehler** *m* chyba *f* ve psaní; **~gebühr** *f* poplatek *m* za psaní; **~gerät** *n* psací náčiní; **~heft** *n* psací sešit *m*, písanka *f*; **~kraft** *f* písařka; **~krampf** *m* křeč *f* od psaní; **~mappe** *f* psací mapa; **~maschine** *f* psací stroj *m*; **~maschinenschrift** *f* strojové písmo; **~papier** *n* psací papír *m*; **~schrift** *f* psané písmo *n*; **~stube** *f* písárna; **~tisch** *m* psací stůl; **~übung** *f* cvičení *n* ve psaní; **~ung** *f* psaní *n*; **~unterlage** *f* psací podložka; **~vorlage** *f* předloha na psaní; **~weise** *f* způsob *m* psaní; (*Orthographie*) pravopis *m*; **~zeug** *n* psací souprava *f*.
schrei|en křičet [křiknout]; (*rufen*) [z]volat; **~end** křiklavý; **2er(in** *f*) *m*, **2hals** *m* křikloun(ka *f*) *m*.
Schrein *m* (*Kasten*) skříň *f*; *Rel.* skříňka *f* s ostatky svatých; **~er** *m* *s. Tischler*.
schreiten kráčet [vykračovat]; *~ zu* (*beginnen*) přikročovat [-čit] k (*D*).
schrie *s. schreien*.
schrieb *s. schreiben*.
Schrift *f* písmo *n*; (*~stück*) spis *m*; *die Heilige ~* Písmo svaté; **~führer** *m* jednatel, zapisovatel; **~gelehrte(r)** *m* znalec písma; **~gießer** *m* *Typ.* písmolijec; **~grad** *m*, **~größe** *f* *Typ.* stupeň písma; **~leiter(in** *f*) *m* redaktor(ka); **~leitung** *f* redakce; **2lich** písemný; **~probe** *f* ukázka *f* písma; **~sachverständige(r)** *m* znalec písma; **~satz** *m* *Typ.* sazba *f*; *Jur.* písemné podání; **~setzer** *m* sazeč; **~sprache** *f* spisovný jazyk; **2sprachlich** spisovný.
Schriftstelle|r *m* spisovatel; **~'rei** *f* spisovatelství *n*; **~rin** *f* spisovatelka; **2risch** spisovatelský; **2rn** psát [napsat], spisovat.
Schrift|stück *n* spis *m*; **~tum** *n* písemnictví, literatura *f*; **~verkehr** *m* písemný styk; **~wechsel** *m* korespondence *f*; **~zeichen** *n* (*Buchstabe*) písmeno; *Typ.* grafické znaménko; **~zug** *m* tah písma.
schrill pronikavý, ostrý; **~en** ostře (*od.* pronikavě) [za]znít.
Schrippe *f* houska, dalamánek *m*.
schritt *s. schreiten*.
Schritt *m* krok; (*Maßnahme*) zákrok; (*bei d. Hose*) rozkrok; *~ für ~* krok za krokem; *auf ~ und Tritt* na každém kroku; *~ fahren* jet (jezdit *Iter.*) krokem, *~ halten* zachov(áv)at krok; *fig.* nezůst(áv)at pozadu; **~macher** *m* *Sp.* vodič; *fig.* průkopník; **~messer** *m* krokoměr; **2weise** ponenáhlu; *fig.* krok za krokem, postupně.
schroff příkrý, strmý; *fig.* drsný; **2heit** *f* příkrost, strmost; *fig.* drsnost.
schröpf|en *Med.* [na]sázet baňky (*D*); *fig.* ob(i)rat (*A*); **2kopf** *m* *Med.* baňka *f*.
Schrot *m od. n* broky *m/pl.*; (*Getreide*) šrot *m*, tluč *f*; *von altem ~ und Korn* starého rázu; **2en** [se]šrotovat; **~flinte** *f* brokovnice; **~korn** *n* brok *m*; **~mehl** *n* šrotová mouka.
Schrott *m* šrot, odpadky *m/pl.* kovu; **~händler** *m* obchodník se starým železem; **~platz** *m* šrotiště *n*; **~wert** *m* zůstatková (*od.* zbytková) hodnota.
schrubbe|n drhat [-hnout]; **2r** *m* kartáč na drhnutí na násadě.
Schrull|e *f* rozmar *m*, vrtoch *m*; **2ig** vrtošivý, rozmartý.
schrumpfen scvrkat [-knout] se.
Schub *m* strčení *n*, šoupnutí *n*; (*Kegelspiel*) hod; (*Schieben*) postrk; *Tech.* smyk; **~fach** *n*, **~kasten** *m*, **~lade** *f* zásuvka *f*; **~karre(n** *m*) *f* kolečko *n*, trakař *m*; **~lehre** *f* posuvné měřidlo; **~stange** *f* táhlo *n*; **2weise** po skupinách; znenáhla, pomalu.
schüchtern ostýchavý, nesmělý; **2heit** *f* ostýchavost, nesmělost.
schuf *s. schaffen*.

Schuft *m* padouch, darebák; **2en** F [na]dřít se, [na]plahočit se; **2ig** padoušský, darebácký.

Schuh *m* střevíc, bot(k)a *f*; *fig. in die ~e schieben* svádět [svést] co na k-o; **~anzieher** *m* lžíce *f* na obouvání; **~bürste** *f* kartáč *m* na boty; **~creme** *f* krém *m* na boty; **~fabrik** *f* továrna na obuv; **~geschäft** *n* obchod *m* s obuví; **~leisten** *m* kopyto *n* do boty; **~macher** *m* obuvník, P švec; **~mache'rei** *f* obuvnictví *n*, P ševcovina; **~putzer** *m* čistič bot; **~reparaturwerkstatt** *f* správkárna obuvi; **~schrank** *m* skříňka *f* na obuv, F botník; **~senkel** *m* tkanička *f* do bot; **~sohle** *f* podešev, podrážka; **~werk** *n*, **~zeug** *n* obuv *f*.

Schul|alter *n* školní věk *m*; **~amt** *n* školní úřad *m*; **~arbeit** *f* školní práce, úloha; **~arzt** *m* školní lékař; **~bank** *f* školní lavice; *fig. die ~ drücken* chodit do školy; **~behörde** *f s. Schulamt*; **~beispiel** *n* školský příklad; **~besuch** *m* docházka *f* do školy; **~bildung** *f* školní vzdělání *n*; **~buch** *n* školní kniha *f*, učebnice *f*.

Schuld *f* dluh *m*; (*Verschulden*) vina; *daran hat er (keine) ~* je tím (ne-) vinen; *j-m die ~ zuschieben an (D)* přičítat [-číst] k-u vinu z (*G*); *in ~en geraten* zadlužovat [-žit] se; **~bekenntnis** *n* přiznání viny; **2bewußt** vědomý viny; **2en** dlužit, být dlužen; **2enfrei** bez (*od.* prostý) dluhů; **~enlast** *f* zadluženost, dluhy *m/pl.*; **~entilgung** *f* splácení (*od.* umořování) *n* dluhů; **~forderung** *f* pohledávka; **~frage** *f* otázka viny; **~geständnis** *n* přiznání se (k vině).

Schuldiener *m* školník.

schuldig dlužný; (*verpflichtet*) povinný (-vinen); (*eines Vergehens*) vinný (vinen); *wieviel (od. was) bin ich ~?* kolik to stojí?; *das ist er sich selbst ~* tím je povinen sám sobě; **2keit** *f* dluh *m*, povinnost.

Schuld|klage *f* žaloba na vinu; **2los** bez viny, nevinný (-vinen); **~losigkeit** *f* nevina, nevinost; **~ner(in** *f*) *m* dlužník (-nice); **~schein** *m* dlužní list (*od.* úpis); **~verschreibung** *f* obligace.

Schul|e *f* škola; *höhere ~* vyšší škola; *aus der ~ plaudern* prozrazovat [-zradit]; **2en** [vy]školit, [vy]cvičit; **2entlassen** propuštěný ze školy.

Schüler|(in *f*) *m* žák(yně), školák (-lačka); **~fahrkarte** *f* školní jízdenka; **2haft** žákovský, školácký; **~schaft** *f* žactvo *n*.

Schul|feier *f* školní slavnost; **~ferien** *pl.* školní prázdniny *f/pl.*; **~flugzeug** *n* školní letadlo; **2frei** bez vyučování, volný; **~freund(in** *f*) *m* spolužák (-žačka); **~funk** *m* školský rozhlas; **~gebäude** *n* školní budova *f*; **~geld** *n* školné; **~jahr** *n* školní rok *m*; **~jugend** *f* školní mládež; **~kamerad** *m* spolužák; **~kenntnisse** *f/pl.* školní vědomosti *f/pl.*; **~lehrer(in** *f*) *m* učitel(ka); **~leiter** *m* ředitel školy; **~mappe** *f* školní desky *f/pl.*; **~pflicht** *f* povinná školní docházka; **2pflichtig** povinný školní docházkou; **~prüfung** *f* školní zkouška; **~ranzen** *m* školní brašna *f*; **~rat** *m* školní rada; **~schiff** *n* školní loď *f*; **~schluß** *m* konec školy; **~speisung** *f* stravování *n* ve škole; **~stunde** *f* vyučovací hodina; **~tafel** *f* školní tabule; **~tag** *m* vyučovací den.

Schulter *f Anat.* rameno *n*; *Kochk.* plec; *~ an ~* bok po boku; *et. auf die leichte ~ nehmen* brát n-o na lehkou váhu; **~blatt** *n* lopatka *f*; **2n** dá(va)t na ramena; **~klappe** *f Mil.* náramenník *m*; **~riemen** *m Mil.* závěsník; **~stand** *m Sp.* stoj o lopatkách; **~stück** *n s. Schulterklappe*; *Kochk.* kus *m* od plece.

Schulung *f* školení *n*, vzdělání *n*.

Schul|unterricht *m* školní vyučování *n*; **~weisheit** *f* školská moudrost; **~wesen** *n* školství; **~zeit** *f* vyučovací doba, školní léta *n/pl.*; **~zeugnis** *n* školní vysvědčení; **~zimmer** *n* školní třída *f*, učebna *f*; **~zwang** *m* povinná docházka do školy.

schummeln F podvádět [-vést].

Schund *m* brak, P šmejd; **~literatur** *f* literární brak (*od.* škvár).

Schuppe *f* šupina; *~n pl.* (*am Kopf*) lupy *m/pl.*; *fig. es fiel mir wie ~n von den Augen* bělmo mi spadlo s očí.

schuppen zbavovat [zbavit] šupin, [o]škrábat.

Schuppen *m* kůlna *f*; (*Holz2*) dřevník; *Flgw.* hangár.

schuppen|artig, ~förmig šupinovitý; **2tiere** *n/pl. Zo.* luskouni *m/pl.*

schuppig šupinatý.

schupsen *s. stoßen.*

Schur *f* stříhání *n* ovcí, stříž.

Schür|eisen *n* pohrabáč *m*; **2en** pro-, roz-hrab(áv)at; *fig.* rozdmých(áv)at; **2fen** *Bgb., Geol.* kutat, hledat; *s. abschürfen*; **~haken** *m s. Schüreisen.*

Schurk|e *m* padouch; **~enstreich** *m*, **~e'rei** *f* padoušství *n*; **2isch** padoušský.

Schurwolle *f* střižná vlna.

Schurz *m*, **Schürze** *f* zástěra *f*.

schürzen *Rock*: vykas(áv)at; *Knoten*: zauzlovat [-lit], zavazovat [-vázat]; **2jäger** *m* zástěrkář, P holkař.

Schurz|fell *n*, **~leder** *n* kožená zástěra.

Schuß *m Mil.* výstřel, rána *f*; (*Schwung*) prudký pohyb; (*Weberei*) útek, *weit vom ~* daleko od rány; **~bereich** *m Mil.* dostřel; **2bereit** připravený k výstřelu.

Schüssel *f* mísa.

schuß|fertig *s. schußbereit*; **2linie** *f* výstřelná čára; **2waffe** *f* střelná zbraň; **2weite** *f* dostřel *m*; **2wunde** *f* střelná rána.

Schuster *m* obuvník, P švec; *auf ~s Rappen* pěšky, po svých; **~junge** *m*, **~lehrling** *m* ševcovský učedník; **2n** ševcovat; **~pech** *n* ševcovská smůla.

Schutt *m* suť *f*; (*Abfall*) rum; **~ablade·platz** *m* rum(ov)iště *n*.

Schüttel|frost *m* zimnice *f*; **2n** [za]třást (*I*), [za]lomcovat (*I*), zmítat (*I*); *Flüssigkeit*: [za]třepat; *Betten*: natřás(a)t; *Obst*: [s]třást; *er wird vom Fieber geschüttelt* zmítá jím horečka; *sich vor Lachen ~* popadat [-dnout] se smíchy za boky; **~n** *n* třesení, lomcování; **~sieb** *n* nátřasné síto; **~vorrichtung** *f* třásadlo *n*.

schütten [na-, vy]sypat; (*gießen*) [vy]lít.

Schutthaufen *m* hromada *f* suti, rumiště *n*; *in e-n ~ verwandeln* [z]bořit.

Schutz *m* ochrana *f*; *Tech. a.* izolace *f*; (*Wärme2*) izolace tepelná; *in ~ nehmen* brát [vzít] do ochrany.

Schütz *n* (*Wasserbau*) stavidlo.

Schutz|anstrich *m* ochranný nátěr; **~befohlene(r)** *m/f* svěřenec (-nka); **~blech** *n* ochranný plech; **~brief** *m* ochranný list; **~brille** *f* ochranné brýle *f/pl.*; **~bündnis** *n* obranné spojenectví; **~dach** *n* ochranná střecha; **~damm** *m* ochranná hráz.

Schütze *m* střelec; (*Weberei*) člunek *m*.

Schütze[2] *f s. Schütz.*

schützen [o]chránit (*gegen* proti *D*, *vor D* před *I*).

Schützenfest *n* střelecká slavnost.

Schutz·engel *m* anděl strážce.

Schützen|gilde *f* střelecká jednota; **~graben** *m Mil.* střelecký zákop; **~könig** *m* král střelců; **~linie** *f* čára (*od.* zástup *m*) střelců; **~verein** *m* střelecký spolek.

Schützer *m* chránítko *n*, chránič.

Schutz|farbe *f* ochranná barva; **~frist** *f* ochranná lhůta; (*Mutter2*) mateřská dovolená; **~gebiet** *n* chráněné území; **~geleit** *n Mil.* ochranný průvod *m*; *Mar.* konvoj *m*; **~haft** *f* ochranná vazba; **~heilige(r)** *m* svatý patron (*od.* ochránce); **~helm** *m* ochranná přilba; **~herr** *m* ochránce; **~herrschaft** *f* protektorát *m*; **~hülle** *f* ochranný obal; **~impfung** *f* ochranné očkování.

Schützling *m* chráněnec (-něnka *f*) *m*.

schutz|los bez ochrany, nechráněný; **2losigkeit** *f* nechráněnost; **2mann** *m* strážník; **2marke** *f* ochranná známka; **2maske** *f* ochranná maska; **2maßnahme** *f* ochranné opatření; **2mittel** *n* ochranný prostředek; **2netz** *n* ochranná síť; **2patron** *m* svatý patron; **2polizei** *f* bezpečnostní policie; **2truppe** *f* koloniální vojsko *n*; **2überzug** *m* ochranný povlak; **2umschlag** *m* ochranná obálka; **2verband** *m* ochranný svaz; *Med.* ochranný obvaz; **2vorrichtung** *f* ochranné zařízení; **2wache** *f* ochranná stráž; **2zoll** *m* ochranné clo.

schwäbisch švábský.

schwach slabý (sláb); *~ machen s. schwächen*; *~ werden* [ze]slábnout.

Schwäche *f* slabost; *fig.* e-e *~ für et. haben* mít v čem zálibu; **~anfall** *m* záchvat slabosti; **2n** o-, zeslabovat [-bit].

Schwach|heit *f* slabost, omezenost; **~kopf** F *m* omezenec.

schwäch|lich slabý, neduživý; 2-

lichkeit *f* neduživost; **2ling** *m* slaboch, neduživec.
Schwach|sinn *m* slabomyslnost *f*; **2sinnig** slabomyslný; **~strom** *m* *El.* slabý proud.
Schwächung *f* oslabení *n*.
Schwaden *m* pokos, chuchvalec; *Bgb.* důlní plyn.
Schwa'dro|n *f* *Mil.* eskadrona, švadrona; **2'nieren** tlachat, P švadrovat.
Schwager *m* švagr.
Schwäger|in *f* švagrová; **~schaft** *f* švagrovství *n*.
Schwalbe *f* vlaštovka; **~n·schwanz** *m* vlaštovčí ocas; *Tech.* rybina *f*; (*Falter*) otakárek fenyklový.
Schwall *m* proud, příval; *ein ~ von Worten* spousta *f* slov.
schwamm *s. schwimmen.*
Schwamm *m* houba *f*; *fig. ~ drüber!* smažme to!; **2ig** houbovitý.
Schwan *m* labuť *f*.
schwand *s. schwinden.*
Schwang: *im ~e sein* být zvykem (*od.* obyčejem).
schwang *s. schwingen.*
schwanger těhotný; *~ werden* otěhotnět *pf*.
schwängern oplodňovat [-dnit]; *Chem.* nasycovat [-sytit].
Schwangerschaft *f* těhotenství *n*; **~s·unterbrechung** *f* přerušení *n* těhotenství; **~s·urlaub** *m* mateřská dovolená.
schwank ohebný, nejistý.
Schwank *m* šprým; *Thea.* fraška *f*; **2en** *Person*: [za]potácet se, [za]vrávorat; *Sache*: [za]kolísat; *fig.* (*zaudern*) váhat; *~d* vrávoravý; *fig.* kolísavý; **~ung** *f* kolísání *n*; (*Preis2*) fluktuace.
Schwanz *m* ocas, ohon; *fig. den ~ einziehen* počín(áv)at si skromněji.
Schwänz|chen *n* ocásek *m*; **2eln** [za]vrtět ocáskem; F *um j-n ~* [po-, za]lichotit k-u; **2en** F *Schule*: nejít (nechodit *Iter.*) do (*G*).
Schwanz|flosse *f* ocasní ploutev; *Flgw.* ocasní plocha; **2los** bez ocasu, bezocasý; **~stück** *n* *Kochk.* maso od ocasu.
Schwäre *f* *Med.* vřed *m*, furunkl *m*.
Schwarm *m* (*Bienen*) roj (*a. Mil.*); (*Vögel*) hejno *n*; (*Menschen*) dav; F (*Vorliebe*) záliba *f*, koníček; (*Liebling*) ideál.
schwärme|n *Bienen*: [vy]rojit se; *s. schwirren*; *fig.* horovat (*für A*); **2r** *m* blouznivec, nadšenec; *Zo.* noční motýl; (*Feuerwerk*) žabka *f*; **2'rei** *f* blouznění *n*; *s. Verzückung*; **~risch** blouznivý, nadšený, horující.
Schwarte *f* tlustá kůže; (*Speck2*) kůže ze slaniny; F (*altes Buch*) stará kniha, škvár *m*.
schwarz černý; *~ auf weiß* černé na bílém; *~ machen* [o]černit; *~ werden* [z]černat; *~er Markt* černý trh.
Schwarz *n* čerň *f*; *in ~* v černých šatech; *ins ~e treffen* [s]trefit se; **~arbeit** *f* práce načerno; **2äugig** černooký; **~beere** *f* *s. Blaubeere*; **~brot** *n* černý chléb.
Schwärze *f* černost; (*Färbe2*) čerň, černidlo *n*; **2n** [o-, z]černit.
Schwarz|fahrer *m* cestující načerno; **~fahrt** *f* jízda načerno; **2haarig** černovlasý; **~handel** *m* černý obchod, P šmelinářství *n*; **~hörer** *m* posluchač bez povolení.
schwärzlich načernalý, začernalý.
Schwarz|pulver *n* černý prach; **2schlachten** F porážet [-razit] načerno; **2sehen** F být škarohlídský; **~seher** *m* škarohlíd, pesimista; **~sender** *m* tajná vysílačka; **~wald** *m* jehličnatý les; *Geogr.* Černý les; **~'weißfilm** *m* černobílý film; **~wild** *n* černá zvěř.
Schwatz F *m* klábosení *n*, tlach; **2en** tlach(áv)at, [za]žvanit.
Schwätzer(in *f*) *m* tlachal(ka), žvanil(ka).
schwatzhaft tlachavý, žvanivý; **2igkeit** *f* tlachavost, žvanivost.
Schwebe *f* vznášení *n*; *in der ~ sein* vznášet [-šívat] se; *fig.* být nerozhodnut; **~bahn** *f* visutá dráha; **~balken** *m* *Sp.* kladina *f*; **2n** vznášet [-šívat] se; být nerozhodnut (*od.* nedokončen); *das Wort schwebt mir auf der Zunge* mám to slovo na jazyku; **2nd** vznášející se; visutý; nerozhodnutý.
Schwed|e *m* Švéd; **~en** *n* Švédsko; **~in** *f* Švédka; **2isch** švédský.
Schwefel *m* síra *f*; *~- in Zssgn* sírový, sírný; **2gelb** sírově žlutý; **2haltig** obsahující síru, sirný; **2ig** sirn(at)ý; *Chem.* siřičitý; **2n** [vy]sířit; **2sauer:** *2saures Salz* síran *m*; **~säure** *f* kyselina sírová; **~wasserstoff** *m* sirovodík.
Schweif *m* ocas, ohon; **2en** *v/i*

[za]toulat se; *Blick*: [za]těkat; *v/t* vykružovat [-kroužit]; *Wäsche*: [vy]máchat; *geschweift* vykroužený.
Schweige|geld *n* úplatek *m* (za mlčení); **~marsch** *m* tichý protestní pochod; **~pflicht** *f* povinnost zachovávat mlčení.
schweigen [po]mlčet (*von D, über A* o *L*); *ganz zu ~ von* ani nemluvě o (*L*); **~d** mlčenlivý, mlčky.
Schweigen *n* mlčení; *zum ~ bringen* umlčovat [-čet]; *sich in ~ hüllen* [za]halit se v mlčení; *~ bewahren* zachov(áv)at mlčení.
Schweiger *m* zamlklý člověk, nemluva.
schweigsam mlčenlivý; **≗keit** *f* [mlčenlivost.]
Schwein *n* prase, vepř *m*; F (*Glück*) štěstí.
Schweine|braten *m* vepřová pečeně; **~fett** *n* vepřové sádlo; **~fleisch** *n* vepřové maso; **~hirt** *m* pastýř vepřů; **~hund** V *m* sviňák, prasák; **~mast** *f* žír *m*, výkrm *m* vepřů; **~'rei** *f* svinstvo *n*, prasečina; **~schmalz** *n s. Schweinefett*; **~stall** *m* vepřín, prasečí chlívek; **~zucht** *f* chov *m* vepřového dobytka.
Schwein|igel F *m* sviňák, prasák; **≗igeln** F sviňačit, prasečit; **≗isch** prasečí, svinský; **~s·knochen** *m* vepřová kost; **~s·leder** *n* vepřovice *f*.
Schweiß *m* pot; *Jgdw.* barva *f*; *in ~ geraten* [za]potit se; *im ~e seines Angesichts* v potu tváře; **~aggregat** *n* svařovací agregat *m*; **~blatt** *n* potítko; **~brenner** *m* svařovací hořák; **~brille** *f* svářečské brýle *f/pl.*; **~drüse** *f* potní žláza; **≗en** *v/t Tech.* svářet [-ařit]; *v/i Jgdw.* [z]barvit; **~er** *m* svářeč; **≗gebadet** propocený; **~gerät** *n* svařovací přístroj *m*, svářečka *f*; **~hund** *m* barvář; **≗ig** potící se, upocený; *Jgdw.* barvící; **~mittel** *n* prostředek *m* pro pocení; **~naht** *f* svar *m*; **≗treibend** působící (*od.* pro) pocení; **≗triefend** upocený, zpocený; **~tropfen** *m* krůpěj *f* potu; **~ung** *f* svařování *n*.
Schweiz *f* Švýcarsko *n*.
Schweizer *m* Švýcar; (*Melker*) dojič, P švejcar; *~ Käse* švýcarský sýr; **≗isch** švýcarský.
schwelen doutn(áv)at.
schwelgen [za]hýřit; *~ in* (*D*) žít v (*D*).
Schwelle *f* práh *m*; *Esb.* pražec *m*.
schwell|en *v/i* [na]dmout se; *Fuß usw.*: otékat [otéci], nabíhat [-běhnout]; **≗ung** *f Med.* otok *m*.
Schwemm|e *f* (*Pferde≗*) brod *m*; *fig.* F (*Kneipe*) výčep *m*; **≗en** *Vieh*: [vy]plavit, [vy]brodit; *Holz*: [do-] plavit; *s. anschwemmen*; **~land** *n* náplav *m*, naplavenina; **~sand** *m* naplavený (říční) písek.
Schwengel *m* (*Glocken≗*) srdce *n*; (*Pumpen≗*) páka *f*.
schwenk|en *v/t* mávat [-vnout]; (*spülen*) vyplachovat [-pláchnout]; *v/i* zatáčet [-točit] se; **≗ung** *f* zatáčka, obrat *m*; *fig.* změna.
schwer těžký, obtížný, nesnadný; *Adv.* těžce; F *~er Junge* těžký zločinec; *~ von Begriff* těžko chápat [pochopit]; **≗athlet** *m* těžký atlet; **≗athletik** *f* těžká atletika; **≗arbeit** *f* těžká práce; **≗arbeiter** *m* těžce pracující; **~beladen** obtížený těžkým nákladem; *fig.* sklíčený, stísněný; **~beschädigt** těžce invalidní; **≗beschädigte(r)** *m* invalida; **~bewaffnet** těžce ozbrojený.
Schwere *f* tíha, tíže; **≗los** beztížný; **~losigkeit** *f* beztíže, beztížný stav; **~nöter** F *m* milovník, záletník.
schwer|erziehbar těžce vychovatelný; **~fallen** být zatěžko; *es fällt mir schwer* je mi zatěžko; **~fällig** těžkopádný, nemotorný; **≗fälligkeit** *f* těžkopádnost, nemotornost; **≗gewicht** *n Sp.* těžká váha; **≗gewichtler** *m* zápasník těžké váhy; **~hörig** nedoslýchavý; *~ sein* nedoslýchat; **≗hörigkeit** *f* nedoslýchavost; **≗industrie** *f* těžký průmysl; **≗kraft** *f* (zemská) tíže; **~krank** těžce nemocný; **≗kriegsbeschädigte(r)** *m* těžký válečný invalida; **~lich** stěží; **≗metall** *n* těžký kov; **≗mut** *f* trudnomyslnost; **~mütig** trudnomyslný; **≗öl** *n* těžký olej; **≗punkt** *m* těžiště *n*; *fig.* důraz, význam; **≗punktindustrie** *f* klíčový průmysl.
Schwert *n* meč *m*; **~fisch** *m* mečoun; **~lilie** *f Bot.* kosatec *m*; **~streich** *m* rána *f* mečem.
Schwer|verbrecher *m* těžký zločinec; **≗verdaulich** těžce stravitelný; **≗verständlich** těžko srozumitelný; **≗verwundet** těžce zraněný; **≗wiegend** závažný.

Schwester *f* sestra; *~(n)-*, **2lich** sesterský.
schwieg *s. schweigen.*
Schwieger|eltern *pl.* tchán a tchýně; **~mutter** *f* tchýně; **~sohn** *m* zeť; **~tochter** *f* snacha; **~vater** *m* tchán.
Schwiel|e *f* mozol *m*; **2ig** mozolnatý.
schwierig těžký, nesnadný, obtížný; **2keit** *f* nesnáz, ob-, po-tíž.
Schwimm|anstalt *f*, **~bad** *n* plovárna *f*; **~becken** *n* plavecký bazén, bazén *m* pro plavce; **~dock** *n* plovací dok *m*; **2en** plavat; *~end* plovoucí; **~er**(**in** *f*) *m* plavec (-vkyně); (*Tech.*, *Angel2*) plovák *m*; **~gürtel** *m* plovací pás; **~halle** *f* zimní plovárna; **~haut** *f* plovací blána; **~hose** *f* plavky *f/pl.*; **~kran** *m* plovoucí jeřáb; **~lehrer** *m* plavčík; **~sport** *m* plavecký sport; **~unterricht** *m* vyučování *n* v plování; **~vogel** *m* vodní pták; **~weste** *f* záchranná vesta.
Schwindel *m Med.* závrať *f*; (*Betrug*) podvod; *~- in Zssgn* podvodný; **~ei** [-ˈlaɪ] F *f* podvod *m*, F švindl *m*; **2erregend** závratný; **2frei** bez závrati, prostý závrati; **2haft** (*betrügerisch*) podvodný; **2ig** náchylný k závrati; *mir ist ~* dostávám závrať; **2n:** *mir schwindelt* mám závrať; (*betrügen*) podvádět; (*lügen*) lhát; **2nd** závratný.
schwind|en [z]mizet; (*abnehmen*) ubývat [ubýt]; (*dahinsiechen*) [z]chřadnout; **2ler**(**in** *f*) *m* podvodník (-nice), F švindlíř; **2sucht** *f* úbytě *f/pl.*, souchotiny *f/pl.*; **~süchtig** stižený souchotinami; souchotinářský.
Schwing|achse *f* kyvná polonáprava; **~e** *f* (*Flügel*) peruť; *Tech.* vahadlo *n*; **2en** *v/t* mávat [-vnout]; *Getreide*: prosí(va)t; *Flachs*: [od-]hrnout; *v/i* kývat se; *Phys.* kmitat, oscilovat; **~kreis** *m El.* oscilační (*od.* kmitavý) obvod; **~ung** *f* kývání *n*, chvění *n*; kmitání *n*; **~ungszahl** *f* kmitočet *m*, frekvence.
Schwips F *m* opička *f*; *e-n ~ haben* být stříhnut, mít opičku.
schwirren *Pfeil*: [za]svištět; *Insekten*: rojit se, bzučet; *Gedanken*: vířit, rojit se; *Gerüchte*: kolovat.
Schwitz|bad *n* parní lázeň *f*; **2en** [z]potit se; (*sich beschlagen*) [o]potit se; **~kur** *f* léčba pocením.
schwoll *s. schwellen.*
schwor *s. schwören.*
schwören odpřísahat [-přisáhnout].
schwül dusný, parný; **2e** *f* dusno *n*, parno *n*.
Schwulst *m* nabubřelost *f*.
schwülstig nabubřelý; **2keit** *f s. Schwulst.*
Schwund *m* mizení *n*; (*Verlust*) úbytek; *Med.* chřadnutí *n*; (*Radio*) únik, fading.
Schwung *m* rychlý pohyb; *Tech.* točivost *f*, moment hybnosti; *in ~ bringen* rozhoup(áv)at; *in ~ kommen* rozhoup(áv)at se; **~feder** *f Zo.* letka; **2haft** čilý, živý; **~kraft** *f* setrvačnost, odstředivost; **~rad** *n* setrvačník *m*; **2voll** vzletný, strhující.
schwur *s. schwören.*
Schwur *m* přísaha *f*; **~gericht** *n* porotní soud *m*, porota *f*.
Seal *m* síl; **~mantel** *m* sílový kožich.
sechs šest; *es waren unser ~* bylo nás šest; (*Uhr*) *halb ~* půl šesté.
Sechs *f* šestka; **~eck** *n* šestiúhelník *m*; **2eckig** šestiúhelný.
sechs|erˈlei šesterý, šestero *n*; **~fach** šestinásobný; **ˈ~ˈhundert** šest set; **~hundertste**(**r**) šestistý; **~jährig** šestiletý; **~mal** šestkrát; **~malig** šesteronásobný; **~monatig** šestiměsíční; **~monatlich** opakující se každých šest měsíců; *Adv.* každých šest měsíců; **~seitig** šestistranný; **2sitzer** *m* šestisedadlový vůz; **~stellig** šestimístný; **2ˈtagerennen** *n Sp.* šestidenní cyklistické závody *m/pl.*; **~tägig** šestidenní.
Sechst|el *n* šestina *f*; **2ens** za šesté; **2e**(**r**) šestý.
sechzehn šestnáct; **2tel** *n* šestnáctina *f*; **~te**(**r**) šestnáctý.
sechzig šedesát; **2er**(**in** *f*) *m* šedesátník (-nice); **~jährig** šedesátiletý; **2stel** *n* šedesátina *f*; **~ste**(**r**) šedesátý.
SED *Abk. für Sozialistische Einheitspartei Deutschlands* Jednotná socialistická strana Německa.
Sediˈment *n* usazenina *f*, sediment *m*.
See[1] *m* jezero *n*.
See[2] *f* moře *n*; *zur ~ fahren* dá(va)t se k námořníkům; *in ~ gehen od. stechen* odplou(va)t; *an der ~* u moře; *offene ~* širé moře; *rauhe*

(*od. grobe*) ~ bouřící moře; **~bad** *n* mořské lázně *f/pl.*; **~bär** *m Zo.* lachtan medvědí; F *fig.* mořský vlk; **~beben** *n* mořetřesení; **~dienst** *m* námořní služba *f*; **~fahrer** *m* mořeplavec; **~fahrt** *f* námořnictví *n*, mořeplavba; **≈fest** *Person*: otužilý proti mořské nemoci; *s. seetüchtig*; **~gang** *m* pohyb moře, vlnění *n*; **~gefecht** *n* námořní bitva *f*; **~gras** *n Bot.* chaluha *f*, mořská řasa; **~hafen** *m* mořský přístav; **~handel** *m* námořní obchod; **~herrschaft** *f* vláda na moři; **~höhe** *f* nadmořská výška; **~hund** *m* tuleň; **~igel** *m* mořský ježek, ježovka *f*; **~kabel** *n* podmořský kabel; **~karte** *f* námořní mapa; **≈klar** připraven k vyplutí na moře; **~klima** *n* přímořské podnebí; **≈krank** stižený mořskou nemocí; **~krieg** *m* námořní válka *f*; **~küste** *f* mořské pobřeží, mořský břeh; **~land** *n* Zéland *m*.

Seele *f* duše; *Tech.* jádro *n*; *fig. die ~ des Unternehmens sein* být duší podniku; *er ist e-e ~ von Mensch* je to dobrá duše; *aus tiefster ~* z hloubi duše.

Seelen|heil *n Rel.* spása *f* (*od.* blaho) duše; **≈los** bezduchý; **~messe** *f* zádušní mše; **~qual** *f* duševní trýzeň; **~ruhe** *f* duševní klid *m*; **~wanderung** *f* stěhování *n* duší.

seelisch duševní.

Seelöwe *m* lvoun hřivnatý.

Seelsorge *f Rel.* duchovní správa; **~r** *m* duchovní správce (*od.* pastýř).

See|luft *f* mořský vzduch; **~macht** *f* námořní velmoc; **~mann** *m* námořník; **~meile** *f* mořská míle; **~möwe** *f* mořský racek; **~not** *f* nebezpečí *n* na moři; **~n·platte** *f* jezerní plošina; **~offizier** *m* námořní důstojník; **~pferdchen** *n* mořský koníček; **~räuber** *m* námořní (*od.* mořský) lupič; **~reise** *f* cesta po moři; **~salz** *n* mořská sůl; **~schiffahrt** *f* námořní plavba; **~schlacht** *f* námořní bitva; **~stadt** *f* přímořské město; **~stern** *m* hvězdice *f*; **~streitkräfte** *f/pl.* námořní vojenské síly *f/pl.*; **~sturm** *m* bouře *f* na moři; **~tang** *m* chaluha *f*; **≈tüchtig** schopný (-pen) plavby po moři, mořeschopný; **≈wärts** směrem k moři; **~wasser** *n* mořská voda; **~weg** *m* námořní cesta *f*, cesta *f* po moři; *auf dem ~e* po moři; **~wind** *m* mořský vítr; **~zunge** *f Zo.* mořský jazyk.

Segel *n* plachta *f*; *~ streichen* svinovat [-nout] plachty; *fig.* ustupovat [ustoupit]; *mit vollen ~n* plnými plachtami; **~boot** *n* plachetní člun *m*, plachetka *f*; **~flieger** *m* plachtař; **~flug** *m* plachtění *n*; **~flugzeug** *n* větroň *m*; **~macher** *m* plachtář; **≈n** plachtit [zaplachtit (si)]; **~regatta** *f* závod *m* plachetnic; **~schiff** *n* plachetnice *f*; **~sport** *m* plachtění *n*; **~tuch** *n* plachtovina *f*; **~werk** *n* plachtoví.

Segen *m* požehnání *n*; *j-m s-n ~ erteilen* požehn(áv)at k-u; **≈s·reich** blahodárný, požehnaný; **~s·wunsch** *m* vřelé přání.

Segler(*in f*) *m* plachtař(ka); *s. Segelschiff*.

Seg'ment *n* segment *m*; *Geom.* (*Kreis≈*) kruhová úseč; (*Kugel≈*) kulová úseč.

segnen [po]žehnat; *fig. das Zeitliche ~* [roz]loučit se se světem.

sehen [u]vidět, [po]hledět, [po]dívat se; *sich genötigt ~* být nucen; *sich ~ lassen* ukazovat [ukázat] se; *gern gesehen sein* být vítán; *sieh(e)!* viz!

Sehen *n* vidění, dívání; *nur vom ~ kennen* znát jen od vidění; *es verging ihm Hören und ~* přešel mu sluch i zrak; **≈s·wert, ≈s·würdig** pozoruhodný; **~s·würdigkeit** *f* pozoruhodnost; (*e-r Stadt*) pamětihodnost.

Seh|fehler *m* chyba *f* zraku; **~feld** *n* zorné pole; **~kraft** *f* zrak *m*.

Sehne *f Anat.* šlacha; (*Bogen≈, Math.*) tětiva. [(*L*).]

sehnen: *sich ~ nach* [za]toužit po

Sehnenzerrung *f* natržení *n* šlachy.

Sehnerv *m* zrakový nerv.

sehnig šlachovitý.

sehn|lich, ~lichst toužebný; **≈sucht** *f* touha, tužba; **~süchtig** toužebný, vytoužený.

Seh·organ *n* zrakový orgán *m*.

sehr velmi, velice, F moc; *zu ~* příliš.

Seh|rohr *n* (*U-Boot*) periskop *m*; **~schärfe** *f* ostrost zraku; **~vermögen** *n* schopnost *f* vidět, zrak *m*; **~weite** *f* zorná dálka, dohled *m*; **~winkel** *m* zorný úhel.

seicht mělký; *fig.* povrchní; **≈heit** *f*, **≈igkeit** *f* mělkost; *fig.* povrchnost.

Seide *f* hedvábí *n*.
Seidel *n* žejdlík *m*; **~bast** *m Bot.* lýkovec obecný.
seiden hedvábný; **~artig** podobný hedvábí; **2band** *n* hedvábná stuha; **2bau** *m* hedvábnictví *n*; **2gewebe** *n* hedvábná tkanina; **2glanz** *m* hedvábný lesk; **2industrie** *f* hedvábnický průmysl; **2papier** *n* hedvábný papír; **2raupe** *f* housenka bource morušového; **2spinner** *m* hedvábník; *Zo.* bourec morušový; **2spinnerei** *f* přádelna hedvábí; **2stoff** *m* hedvábná látka; **~weich** měkký jako hedvábí.
seidig hedvábný, hedvábitý.
Seife *f* mýdlo *n*.
Seifen|behälter *m s. Seifenschale*; **~blase** *f* (*a. fig.*) mýdlová bublina; **~fabrik** *f* továrna na mýdlo; **~flocken** *f/pl.* mýdlové vločky *f/pl.*; **~lauge** *f* mýdlový louh; **~napf** *m s. Seifenschale*; **~pulver** *n* mýdlový prášek; **~schale** *f* miska na mýdlo; **~schaum** *m* mýdlová pěna; **~sieder** *m* mydlář; **~siederei** *f* mydlářství *n*; mydlárna; **~wasser** *n* mýdlová voda.
seifig mýdlový; (*wie Seife*) mydlovitý.
Seihe *f* cedník *m*; **2n** [pro]cedit.
Seil *n* provaz *m*, lano; **~bahn** *f* lanová dráha, lanovka.
Seiler *m* provazník; **~ei** [-ˈraɪ] *f* (*Handwerk*) provaznictví *n*; (*Werkstatt*) provaznická dílna, provazárna.
Seil|schaft *f* družstvo na laně; **~tänzer(in** *f*) *m* provazolezec (-zkyně); **~winde** *f* naviják *m*; **~zug** *m Tech.* bovdenové lano.
Seim *m* tekutý med; **2ig** zhoustlý.
Sein *n* bytí, jsoucnost *f*.
sein[1] být; *zu ~ pflegen* bývat; *es sei!* budiž!; *gewesen* bývalý; *es sei denn, daß ...* ledaže ...; *kann ~* možná, snad; *~ lassen* nech(áv)at č-o.
sein[2] *Pron. poss.* jeho; *s. a.* er, es; *refl.* svůj, svá, své.
seiner|seits z jeho strany; **~zeit** kdysi, dříve, tehdy; **~zeitig** někdejší, tehdejší.
seinesgleichen jemu rovný; *er hat nicht ~* nemá sobě rovného.
seinet|halben, ~wegen pro něho, kvůli němu.
Seismoˈgraph *m* seismograf.
seit 1. *Prp.* (*D*) od(e) (*G*); *~ gestern* od včerejška; *~ wann?* od kdy?; **2.** *Konj.* od té doby, co.
seitˈdem 1. *Adv.* od té doby; **2.** *Konj.* od té doby, co.
Seite *f* strana, bok *m*; (*Fläche*) stěna; *von der ~ (her)* ze strany; *von allen ~n (her)* ze všech stran; *von 2n (G)* od(e); *auf 2n* na straně; *auf die ~ bringen* odstraňovat [-stranit]; *zur ~ legen* ukládat [uložit]; *sich auf die ~ von ... stellen od. schlagen* přistupovat [-stoupit] na čí stranu; *j-m zur ~ stehen* být k-u po boku; *zu ~n* vedle (*G*).
Seiten|angriff *m* útok z boku; **~ansicht** *f* pohled *m* z boku, bokorys *m*; profil *m*; **~blick** *m* pohled ze strany, pohled stranou; **~eingang** *m* postranní vchod; **~flügel** *m* postranní křídlo *n* (budovy); **~gasse** *f* postranní (*od.* vedlejší) ulice; **~gewehr** *n Mil.* bodák *m*; **~hieb** *m* rána *f* ze strany, rána *f* do boku; **~lage** *f Sp.* leh na boku; **2lang** mnohostránkový, sáhodlouhý; **~linie** *f Esb.* pobočná trať; (*Familie*) pobočná linie; **~ruder** *n Flgw.* směrové kormidlo, směrovka *f*; **2s** (*G*) ze strany (*G*), od(e) (*G*); **~schiff** *n Arch.* postranní loď *f*; **~sprung** *m* skok stranou; (*in der Ehe*) nevěra *f*; **~stechen** *n Med.* píchání v boku; **~tür** *f* postranní dveře *f/pl.*; **~überschrift** *f* stránkový titul; **2verkehrt** zrcadlově zobrazený; **~weg** *m* postranná cesta; **2weise** po stránkách; **~zahl** *f* počet *m* stran.
seit|ˈher *s. seitdem 1*; **~lich** postranní; **~wärts** stranou.
Seˈkante *f* sečna.
Seˈkre|t *n* výměšek *m*, sekret *m*; **~ˈtär** *m* tajemník, sekretář; *s. a. Schreibtisch*; **~tariˈat** *n* sekretariát *m*; **~tiˈon** *f* vyměšování *n*, sekrece.
Sekt *m* šampaňské *n*, sekt.
Sek|te *f* sekta; **~ˈtierer** *m Pol.* sektář, rozkolník; **~tiˈon** *f* (*Abteilung*) oddělení *n*, sekce; (*Leichenöffnung*) pitva.
Sektor *m Geom.* výseč *f* kruhová; (*Gebiet*) sektor, úsek.
Sekˈtorengrenze *f* hranice sektoru.
Sekun|ˈdant *m* sekundant; **2ˈdär** sekundární, druhotný.
Seˈkunde *f* vteřina, sekunda; **2n-**

lang trvající několik vteřin; *Adv.* po několik vteřin; **~n·zeiger** *m* vteřinová ručička.

sekun'dieren sekundovat.

selbst 1. *Pron.* sám, sama, samo; **2.** *Adv.* i, ba i; *von* ~ samo od sebe.

Selbst·achtung *f* úcta k sobě samému, sebeúcta.

selbständig samostatný; *sich* ~ *machen* osamostatnět [-tnit] se; **≗keit** *f* samostatnost.

Selbst|anklage *f* sebeobžaloba; **~aufopferung** *f* sebeobětování *n*; **~auslöser** *m Fot.* samospoušť *f*; **~bedienung** *f* samoobsluha; **~bedienungsladen** *m* obchod se samoobsluhou; **~beherrschung** *f* sebeovládání *n*, sebevláda; **~beköstigung** *f* vlastní stravování *n*; **~bestimmung** *f* sebeurčení *n*; **~bestimmungsrecht** *n* právo sebeurčení; **≗bewußt** sebevědomý; **~bewußtsein** *n* sebevědomí; **~bildnis** *n* vlastní portrét *m*, autoportrét *m*; **~einschätzung** *f* vlastní odhad *m*; **~entzündung** *f* samovznícení *n*; **~erhaltung** *f* sebezáchova; **~erhaltungstrieb** *m* pud sebezáchovy; **~erkenntnis** *f* poznání *n* sebe; **~finanzierung** *f* samofinancování *n*; **≗gefällig** samolibý, ješitný; **~gefühl** *n* sebevědomí, ješitnost *f*; **≗gemacht** vyrobený doma; **~gespräch** *n* monolog *m*, samomluva *f*; **~herrschaft** *f* samovláda, autokracie; **~herrscher** *m* samovládce; **~hilfe** *f* svépomoc; **≗isch** *s. selbstsüchtig*; **~induktion** *f* samoindukce; **≗klebend** samolepící; **~kosten** *pl.* vlastní náklady *m/pl.*; **~kritik** *f* sebekritika; **≗kritisch** sebekritický; **~laut** *m* samohláska *f*; **~lob** *n* sebechvála *f*; **≗los** nezištný, nesobecký; **~losigkeit** *f* nezištnost, nesobeckost, obětavost; **~mord** *m* sebevražda *f*; **~mörder(in** *f*) *m* sebevrah (-vražednice); **≗mörderisch** sebevražedný; **~mordversuch** *m* pokus o sebevraždu; **≗redend** samozřejmý; **~studium** *n* samoučení; **~sucht** *f* sobectví *n*, egoismus *m*; **≗süchtig** sobecký, egoistický; **≗tätig** samočinný, automatický; **~täuschung** *f* sebeklam *m*; **~tor** *n Sp.* vlastní branka *f*; **~überschätzung** *f* přeceňování *n* sebe samého; **~unterricht** *m* samoučení *n*; **~verlag** *m* vlastní náklad; *im* ~ vlastním nákladem; **~verleugnung** *f* sebezapření *n*; **≗verständlich** samozřejmý; **~verstümmelung** *f* zmrzačení *n* sebe samého, sebezmrzačení *n*; **~verteidigung** *f* sebeobrana; **~vertrauen** *n* sebedůvěra *f*; **~verwaltung** *f* samospráva, autonomie; **~wählanschluß** *m Tel.* spojení *n* s automatickou volbou; **≗zufrieden** spokojený sám se sebou, samolibý; **~zufriedenheit** *f* sebeuspokojení *n*, samolibost; **~zweck** *m* účel o sobě, samoúčel.

Selchfleisch *n* uzené maso.

selek'tiv selektivní, výběrový.

selig blažený; *Rel.* blahoslavený; (*verstorben*) zesnulý; ~ *machen* spasit *pf.*; ~ *werden* být spasen; **≗keit** *f* blaženost; **≗sprechung** *f* prohlášení *n* za blahoslaveného.

Sellerie *m od. f* celer *m*.

selten *Adj.* vzácný, řídký; *Adv.* zřídka, málokdy; **≗heit** *f* vzácnost, řídkost; **≗heitswert** *m* vzácnost *f*.

Selterswasser *n* selterská voda, minerálka *f*.

seltsam podivný, zvláštní, neobyčejný; **~er'weise** neobyčejně; **≗keit** *f* podivnost, zvláštnost; rarita.

Sema'phor *m od. n* semafor *m*; *Esb.* návěstidlo *n*.

Se'mester *n* semestr *m*, pololetí.

Semi'kolon *n Gr.* středník *m*.

Semi'nar *n* seminář; (*wissenschaftliches*) vědecká pracovní konference.

Se'mit|(in *f*) *m* Semita (-tka); **≗isch** semitský.

Semmel *f* houska, žemle; *fig. wie warme ~n weggehen* jít na dračku.

Se'nat *m* senát; **~s-** *in Zssgn* senátský; **~or** *m* senátor.

Sende- vysílací; **~anlage** *f* vysílací zařízení *n*; **~bereich** *m* dosah vysílače; **≗n** po-, za-s(í)lat; (*Radio*) vys(í)lat; **~r** *m* vysílač, vysílačka *f*; **~raum** *m* studio *n*; **~zeit** *f* doba vysílání.

Send|schreiben *n* poselství, list *m*; **~ung** *f* pos(í)lání *n*, zásilka; (*Auftrag*) poslání *n*; (*Radio*) vysílání *n*.

Senf *m* hořčice *f*; F *s-n* ~ *dazugeben* přijít se svou troškou do mlýna; **~büchse** *f* nádobka *f* na hořčici; **~gurke** *f* okurka (naložená) v hořčici; **~korn** *n* hořčičné zrno; **~-**

pflaster *n Med.* hořčičná náplast; **~topf** *m s. Senfbüchse.*
sengen ožehat [-hnout], [s]pálit.
se'nil senilní, stařecký; **2i'tät** *f* senilita, stařeckost.
senior starší, senior.
Senk|blei *n* olovnice *f*; **~e** *f Geogr.* proláklina, úbočí *n*; **~el** *m* tkanička *f*, šňerovadlo *n*; **2en** (*herunterlassen*) spouštět [spustit]; *Blick*: sklopovat [-pit]; *Haupt*: svěšovat [svěsit], sklánět [sklonit]; *Preis, Lohn*: snižovat [snížit]; *die Stimme ~* klesat [-snout] hlasem; **~fuß** *m* ploská noha; **~grube** *f* žumpa, kaliště *n*; **2recht** svislý, kolmý; **~rechte** *f* kolmice, svislice; **~ung** *f* (*Vertiefung*) proláklina; (*Preis2, Lohn2*) snížení *n*; (*Gefälle*) spád *m*; **~waage** *f* hustoměr *m*, areometr *m*.
Senn *m* salašník; **~e** *f* pastva; **~e(r)** *m s. Senn*; **~erin** *f* salašnice.
Sennesblätter *n/pl.* senesové listí *n*.
Sennhütte *f* salaš.
Sensati'o|n *f* senzace; *e-e ~ hervorrufen* způsobit [-bovat] senzaci; **2'nell** senzační.
Sense *f* kosa.
sen'sib|el sensitivní, citlivý; **2ili'tät** *f* sensibilita, citlivost.
Sen'tenz *f* sentence, průpověď.
sentimen'tal sentimentální, tklivý; **2i'tät** *f* sentimentalita, tklivost.
sepa'ra|t separátní, oddělený; **2'tismus** *m* separatismus; **2'tist** *m* separatista; **~'tistisch** separatistický.
Sepsis *f Med.* sepse, otrava krve.
Sep'tember *m* září *n*; *~- in Zssgn* zářijový.
septisch *Med.* septický, otravný.
Serb|e *m* Srb; **~ien** *n* Srbsko; **~in** *f* Srbka; **2isch** *Adj.* srbský; **~isch** *n* srbština *f*; **2o·kroatisch** srbocharvátský.
Sere'nade *f* serenáda.
Serie *f* série, řada; **~n·fertigung** *f*, **~n·herstellung** *f* sériová výroba; **2n·mäßig** sériový; **2n·weise** po řadách, po sériích.
seri'ös vážný, seriósní.
Serpen'tine *f* serpentina.
Serum *n* sérum.
Service[1] [zɛʀ'viːs] *n* příbor *m*.
Service[2] ['sœːvɪs] *m od. n* (*Kundendienst*) služba *f*.
ser'vier|en servírovat (*im*)*pf.*; (*Tennis*) pod(áv)at míč do hry; **2tisch** *m* servírovací stůl.
Servi'ette *f* ubrousek *m*.
Sessel *m* židle *f*, křeslo *n*.
seßhaft usedlý; *~ werden* usadit [usazovat] se; **2igkeit** *f* usedlost, usazení se *n*.
Sessi'on *f* zasedání *n*.
setzen *v/t* (*hin~*) posazovat [-sadit]; (*hinstellen*) postavovat [-stavit]; (*einpflanzen*) sázet [zasázet, zasadit]; *Typ.* vysazovat [-sadit, -sázet]; *Denkmal*: stavět [postavit]; (*bestimmen*) ustanovovat [-novit]; *Geld*: sázet [vsázet, vsadit]; *v/i ~ über* (*A*) skákat [skočit] přes (*A*); *sich ~* (*Flüssigkeiten*) usazovat [usadit] se; *s-e Unterschrift ~ unter* (*A*) podepisovat [-psat] (*A*); *~ Sie sich!* sedněte si!, posaďte se!; *s. a. Betrieb, Brand, Gang, Marsch.*
Setz|er *m Typ.* sazeč; **~e'rei** *f* sazárna; **~kasten** *m Typ.* sazečská kasa; **~ling** *m Bot.* sazenice *f*; **~maschine** *f Typ.* sázecí stroj *m*.
Seuche *f* nákaza, epidemie; **~n·bekämpfung** *f* potírání *n* nákazy; **~n·herd** *m* ohnisko *n* nákazy; **~n·schutz** *m* ochrana *f* proti nákaze.
seufz|en vzdychat [-chnout (si)]; **2er** *m* vzdech.
Sex'tett *n Mus.* sextet *m*.
sexu|'al pohlavní, sexuální; **2ali'tät** *f* sexualita, sexuálnost; **2'alverbrecher** *m* sexuální zločinec; **2'alwissenschaft** *f* sexuologie; **~'ell** *s. sexual.*
Sezessi'on *f* secese.
se'zieren [roz]pitvat.
sfr, sFr. *Abk. für Schweizer Franken* švýcarské franky.
Shampoo [ʃɛm'puː] *n* šampon *m*.
Shorts [ʃɔːʀts] *pl.* šortky *f/pl.*
Si'bir|ien *n* Sibiř *f*; **2isch** sibiřský.
sich (*A*) sebe; (*tonlos*) se; (*D*) sobě; (*tonlos*) si; *an* (*und für*) *~* o sobě; *außer ~* (*sein*) být bez sebe; *bei ~* u sebe; *das hat nichts auf ~* to nic neznamená; *das ist e-e Sache für ~* to je něco jiného.
Sichel *f* srp *m*; (*Mond2*) srpe(če)k *m*; *Hammer und ~* kladivo a srp; **2förmig** srp(k)ovitý.
sicher jistý (jist); F *~!* jistě!, zajisté!; **2heit** *f* jistota; (*Gefahrlosigkeit*) bezpečnost; *Jur.* jistota; (*im Auftreten, Handeln*) sebevědomí *n*; (*sich*) *in ~ bringen* uvádět [uvést]

do bezpečí; *er wiegt sich in* ~ domnívá se, že je v bezpečí.
Sicherheits|beauftragte(r) *m Tech.* bezpečnostní technik; **~dienst** *m* bezpečnostní služba *f*; **~faktor** *m* součinitel bezpečnosti; *Tech.* bezpečnost *f*; **~gurt** *m* ochranný pás; **2halber** pro jistotu; **~maßnahme** *f* bezpečnostní opatření *n*; **~polizei** *f* bezpečnostní policie; **~rat** *m Pol.* rada *f* bezpečnosti; **~schloß** *n* patentní zámek; **~ventil** *n* pojistný ventil *m*.
sicher|lich jistě, zajisté; **~n** zajišťovat [-jistit], zabezpečovat [-čit]; **~stellen** zajišťovat [-jistit]; **2ung** *f* zjištění *n*; *El.* pojistka.
Sicht *f* do-, po-hled *m*, viditelnost; *in* ~ na obzoru; *in* ~ *sein* být na dohled; *in* ~ *kommen* přicházet [přijít] na dohled; *Hdl. Wechsel auf lange* ~ dlouhodobá směnka; **2bar** (*zu sehen*) viditelný; (*offenbar*) patrný, zřejmý; **~barkeit** *f* viditelnost; **2en** (*erblicken*) spatřovat [-řit]; (*ordnen*) [roz]třídit; (*auswählen*) přeb(í)rat; (*sieben*) prosévat [-sít]; **2lich** patrný, zřejmý; **~verhältnisse** *n/pl.* viditelnost *f*; **~vermerk** *m* visum *n*; **~weite** *f* dohled *m*; *in* ~ na dohled.
Sicker|grube *f* vsakovací jáma; **2n** prosakovat [-sáknout]; **~wasser** *n* prosakující voda.
sie *Pron.* (*3. Pers. sg.*) ona; (*3. Pers. pl.*) oni (*m belebt*), ony (*m unbelebt u. f*), ona (*n*); 2 (*Anrede*) vy, (*in Briefen*) Vy.
Sieb *n* síto, řešeto; *El.* filtr *m*; **~druck** *m Typ.* sítový tisk, serigrafie; **2en¹** *v/t* prosévat.
sieben² sedm; *es waren unser* ~ bylo nás sedm; *halb* ~ (*Uhr*) půl sedmé; 2 *f* sedma, sedmička; **~fach** sedmeronásobný; **2gestirn** *n Astr.* Plejády *f/pl.*, P Kuřátka *n/pl.*; **~hundert** sedm set; **~jährig** sedmiletý; **~mal** sedmkrát; **~malig** sedmkrát se opakující; **2'meilenstiefel** *m/pl.* sedmimílové boty *f/pl.*; **~monatig** sedmiměsíční; **2'monatskind** *n* sedmiměsíční dítě; **'2'sachen** F *f/pl.* P pět švestek; *s-e* ~ *packen* sbírat [sebrat] svých pět švestek; **2schläfer** *m Zo.* plch; *fig.* spáč, ospalec; **~stellig** sedmimístní; **~tägig** sedmidenní.
Sieb(en)|tel *n* sedmina *f*; *drei* ~ tři sedminy; **2tens** za sedmé; **2te(r)** sedmý.
siebzehn sedmnáct; **2tel** *n* sedmnáctina *f*; **~te(r)** sedmnáctý.
siebzig sedmdesát; **2er(in** *f*) *m* sedmdesátník (-nice); **~jährig** sedmdesátiletý; **2stel** *n* sedmdesátina *f*; **~ste(r)** sedmdesátý.
siech chorobný, chorý; **~en** [o]churavět, [z]chřadnout; **2tum** *n* churavění, chřadnutí.
Siede|grad *m* bod varu; **~hitze** *f* teplota varu; **~kessel** *m* varný kotel; **2n** *v/t* [u]vařit; *v/i* vřít; **~n** *n* vaření; vření; **~punkt** *m* bod varu.
sied|eln usazovat [usadit] se, usídlovat [-lit] se; **2ler(in** *f*) *m* osadník (-nice); **2lung** *f* (*Kolonie*) osada, kolonie; (*am Ortsrand*) sídliště *n*.
Sieg *m* vítězství *n*; *den* ~ *davontragen* (*od. erringen*) dobý(va)t vítězství.
Siegel *n* pečeť *f*; **~lack** *m* pečetní vosk; **2n** [za]pečetit; **~ring** *m* pečetní prsten.
sieg|en [z]vítězit (*über A* nad *I*); **2er(in** *f*) *m* vítěz(ka); **2erpodest** *n* podium vítězů; **~esbewußt** jistý vítězstvím; **2esfeier** *f* oslava vítězství; **2espreis** *m* cena *f* za vítězství; **~estrunken** opojený vítězstvím; **2eszug** *m* vítězoslavný průvod; **~reich** vítězný.
sieh *s. sehen.*
Sigel *n* (*Kurzschrift*) samoznak *m*.
Si'gnal *n* návěst *f*, signál *m*; **~anlage** *f* návěstní zařízení *n*; **~flagge** *f* signální (*od.* návěstní) vlajka; **~gast** *m Mar.* signalista; **~horn** *n* signální trubka *f*; *Kfz.* houkačka *f*; **2i'sieren** signalizovat; **~lampe** *f*, **~leuchte** *f* návěstní lampa *od.* lampička; **~zeichen** *n* návěstní znak *m*.
Signa|'tarmacht *f* signatární mocnost; **~'tur** *f* označení *n*, signatura.
sig'nieren signovat (*im*)*pf*.
Silbe *f* slabika; *fig. keine* ~ ani slova; **~n·rätsel** *n* slabičná hádanka; **~ntrennung** *f Gr.* dělení *n* slabik.
Silber *n* stříbro; **~barren** *m* prut stříbra; **~bergwerk** *n* stříbrné doly *m/pl.*; **2farben, 2farbig** stříbrné barvy; **~fuchs** *m Zo.* stříbrná liška; **~geld** *n* stříbrné peníze *m/pl.*; **~geschirr** *n* stříbrné náčiní (*od.* nádobí); **2haltig** obsahující stříbro, stříbronosný; **~hochzeit** *f* stříbrná svatba; **~münze** *f s. Silbergeld*;

2n stříbrný; ~papier n stříbrný papír; ~pappel f topol m bílý; ~waren f/pl. stříbrné zboží; ~währung f stříbrná měna; 2weiß stříbřitě bílý.
silbrig stříbřitý.
Silhou'ette f silueta.
Si'lizium n *Chem.* křemík m.
Silo m silo n, zásobník; **~futter** n siláž f.
Sil'vester(abend) m silvestrovský večer.
simpel prostý, omezený.
Sims m *od.* n římsa f.
Simu|'lant(in f) m simulant(ka); **2'lieren** simulovat (*im*)*pf*.
simul'tan simultánní; **2schule** f simultánní škola; **2spiel** n (*Schach*) simultánní hra f, F simultánka f.
Sinfo'nie f *Mus.* symfonie.
sing|en [za]zpívat, [za]pět; **~end** zpěvavý; **2sang** m monotonní (*od.* jednotvárný) zpěv; **2stimme** f *Mus.* zpěvný hlas.
Singu|lar m *Gr.* jednotné číslo, singulár; **2'lär** ojedinělý, zvláštní, podivný.
Singvogel m zpěvavý pták.
sinken klesat [-snout]; *Schiff*: potápět [-topit] se; *Sonne*: zapadat [-dnout].
Sinn m smysl; (*Bewußtsein a.*) vědomí n; (*Bedeutung a.*) význam; et. *im ~e haben* pomýšlet [-myslit] na č-o; *in den ~ kommen* přicházet [přijít] na mysl; *bei ~en* při smyslech; *~ haben für* et. mít smysl pro (*A*); *das geht mir nicht aus dem ~* to mi nejde z mysli; *im ~e des Gesetzes* ve smyslu zákona; *das ist nicht nach m-m ~* to je proti mé mysli.
Sinnbild n symbol m; **2lich** symbolický.
sinnen [po]myslit; *~ auf* (*A*) pomýšlet na (*A*); *gesonnen sein* hodlat; *gesinnt sein* být nakloněn.
Sinnen n přemýšlení.
Sinnen|genuß m smyslný požitek; **~lust** f smyslná rozkoš; **~welt** f svět m postřehnutelný lidskými smysly.
Sinnes|änderung f změna smýšlení; **~täuschung** f klam m, přelud m smyslů.
sinn|fällig bijící do očí, patrný; **~gemäß** podle smyslu, logický; **~getreu** věrný; **~ig** hloubavý, důvtipný; **~lich** smyslný; **2lichkeit** f smyslnost; **~los** beze smyslu, bez vědomí; **~reich** důmyslný, duchaplný; **2spruch** m průpověď f; **~verwandt** souznačný, synonymní; **~voll** s. *sinnreich*; **~widrig** příčící se smyslu, proti rozumu, nelogický.
Sintflut f potopa světa.
Sinus m *Math.* sinus.
Siphon m sifon.
Sipp|e f příbuzenstvo n, čeleď; **~schaft** f s. *Sippe*; *iron.* sebranka, cháska.
Si'rene f siréna, píšťala.
Sirup m sirup.
Sisalhanf m sisal.
sis'tieren zastavovat [-stavit].
Sitte f mrav m; (*Brauch*) obyčej m, zvyk m.
Sitten|bild n, **~gemälde** n obraz m mravů; **~gesetz** n mravní zákon m; **~lehre** f mravouka, morálka, etika; **2los** nemravný; **~losigkeit** f nemravnost; **~polizei** f mravnostní policie; **2rein** bezúhonný; **~richter** m mravokárce, moralista; **2streng** přísných mravů; **~strenge** f mravní přísnost; **~verderbnis** f zkáza mravů; **~verfall** m úpadek mravů.
sittlich mravní, morální; **2keit** f mravnost; **2keitsverbrechen** n zločin m proti mravnosti.
sittsam mravný, počestný; **2keit** f mravnost, slušnost.
Situ|ati'on f situace, poloha; (*Zustand*) stav m; **2'iert** situovaný; *er ist gut ~* vede se mu dobře.
Sitz m sedadlo n, sedění n; (*Platz*) místo n; (*Ort, Wohnsitz*) bydliště n, sídlo n; **~bad** n sedací vana f.
sitzen sedět [posedět (si)]; *Kleid*: padnout, slušet; et. *auf sich ~ lassen* nech(áv)at na sobě sedět; *~d* sedavý; **~bleiben** zůst(áv)at sedět.
Sitz|fleisch F n trpělivost f; *er hat kein ~* nevydrží chvilku [po]sedět; **~gelegenheit** f místo n k sedění; **~ordnung** f uspořádání n míst; **~platz** m místo n k sedění, sedadlo n; **~reihe** f řada sedadel; **~stange** f (*für Vögel*) bidélko n; (*für Geflügel*) hřád m; **~streik** m stávka f v sedění na místě.
Sitzung f zasedání n, schůze; **~sbericht** m zpráva f (*od.* zápis) ze zasedání; **~s·periode** f zasedací období n; **~s·saal** m, **~s·zimmer** n zasedací síň f.

Sizili|'aner(in *f*) *m* Sicilián(ka); **♀'anisch** sicilský; **~en** [-'tsi:-] *n* Sicilie *f*.
Skala *f* stupnice.
Skal|p *n* skalp *m*; **~'pell** *n Med.* skalpel *m*, pitevní nožík *m*; **♀'pieren** skalpovat (*im*)*pf*.
Skan'da|l *m* skandál, pohoršení *n*; **♀'lös** skandální, ostudný.
Skan'dalpresse *f* sensační noviny *f*/*pl*.
Skandi'nav|ien *n* Skandinávie *f*; **~ier(in** *f*) *m* Skandinávec (-vka); **♀isch** skandinávský.
Skat *m* skat.
Ske'lett *n* kostra *f*, kostlivec *m*; *er ist zum ~ abgemagert* je učiněná kostra.
Skep|sis *f* skepse; **~tiker** *m* skeptik, pochybovač; **♀tisch** skeptický, nedůvěřivý.
Ski *m s. Schi.*
Skizze *f* náčrt *m*, skica; **~n·buch** *n* náčrtník *m*, skicář *m*; **♀n·haft** náčrtkovitý; **~n·heft** *n s. Skizzenbuch.*
skiz'zieren načrtávat [-tnout], skicovat (*im*)*pf*.
Sklav|e *m* otrok; *zum ~n machen* zotročovat [-čit]; **~enhalter** *m* otrokář; **~enhandel** *m* otrokářství *n*; **~enhändler** *m* obchodník s otroky; **~e'rei** *f* otroctví *n*; **~in** *f* otrokyně; **♀isch** otrocký.
Skle'rose *f Med.* sklerosa.
Skonto *m od. n Hdl.* skonto *n*.
Skor'but *m Med.* kurděje *f*/*pl*., skorbut *m*.
Skorpi'on *m Zo.* štír; *Astr.* Štír.
Skriptgirl *n* klapka.
Skrofu|'lose *f Med.* krtičnatost, skrofulosa; **♀'lös** krtičnatý, skrofulosní.
Skrupel *m*/*pl*. pochybnosti *f*/*pl*., skrupule *f*/*pl*.; **♀los** bez rozpaků, nesvědomitý.
skrupu'lös malicherně úzkostlivý, skrupulózní.
Skulp'tur *f* skulptura; (*Bildhauerei*) sochařství *n*.
Skunk *m Zo.* smraďoch, skunk; (*Pelz*) skunčí kožišina *f*.
Slalom *m Sp.* slalom, překážkový sjezd.
Slang [slɛŋ] *m* slang, F hantýrka *f*.
Sla|we *m* Slovan; **~win** *f* Slovanka; **♀wisch** slovanský; **~'wist** *m* slavista; **~'wistik** *f* slavistika; **♀'wistisch** slavistický; **~'wonien** *n* Slavonsko; **♀'wonisch** slavonský.
Sliwowitz *m* slivovice *f*.
Slo'wa|ke *m* Slovák; **~'kei** *f* Slovensko *n*; **~kin** *f* Slovenka; **♀kisch** slovenský.
Slo'wen|e *m* Slovinec; **~ien** *n* Slovinsko; **~in** *f* Slovinka; **♀isch** slovinský.
Sma'ragd *m* smaragd; **♀en** smaragdový.
Smoking *m* smokink.
Sno|b *m* snob; **~'bismus** *m* snobismus.
SO *Abk. für Südost.*
so tak; (*also*) tedy, *~ ein* takový; *~ etwas* něco takového; *~ daß* takže; *~ gut wie* takřka, téměř, skoro; *~ bald wie möglich* co nejrychleji; *~ oder ~* tak nebo onak; **~'bald** jakmile.
Socke *f* ponožka; F *sich auf die ~n machen* (*aufbrechen*) mít se k odchodu; (*weggehen*) odcházet.
Sockel *m* podstavec; *Arch.* podezdívka *f*; (*Lampen♀*) patice *f*.
Sockenhalter *m* (pánský) podvazek.
Soda *f od. n* soda; *~- in Zssgn* sodný.
so'dann potom, pak.
Sodawasser *n* sodová voda, sodovka *f*.
Sodbrennen *n* žáha *f*, pálení žáhy.
so'eben právě.
Sofa *n* pohovka *f*, † sofa; **~kissen** *n* polštář *m* na pohovku.
so'fern pokud, jestliže.
soff *s. saufen.*
so'fort (i)hned, okamžitě; **~ig** okamžitý; **♀maßnahme** *f* okamžité opatření.
sog *s. saugen.*
Sog *m* sání *n*; srk.
so|'gar ba i, dokonce; **'~genannt** takzvaný; **~'gleich** (i)hned, okamžitě.
Sohle *f* podešev, podrážka; (*Fuß♀*) chodidlo *n*; *Bgb.* patro *n*; (*Berg♀*) úpatí *n*; (*Fluß♀*) dno *n*; *vom Scheitel bis zur ~* od hlavy k patě.
Sohn *m* syn.
Söhnchen *n* syn(áč)ek *m*.
Soja|bohne *f* sójový bob, sója; **~öl** *n* sójový olej.
so'lange pokud, dokud.
Solawechsel *m Hdl.* vlastní směnka *f*.
Solbad *n* solanková lázeň.
solch, ~er·art, ~erlei takový.

Sold *m* žold.
Sol'dat *m* voják, vojín; **²isch** vojenský.
Soldbuch *n* vojenská knížka.
Söld|ling *m*, **~ner** *m* žoldnéř; **~nertruppe** *f* žoldněřské vojsko.
Sole *f* solanka.
so'lid solidní, řádný.
soli'dari|sch solidární; **²'tät** *f* solidarita.
Solidi'tät *f* solidnost.
So'list *m* solista.
Soll *n Hdl.* dluh *m*; (*im Kassenbuch*) má dát; **~-Bestand** *m* stav jaký má být.
sollen (*ohne Infinitiv*) *was soll das?* co to znamená?; *was soll ich hier?* co tu mám dělat?; (*mit Infinitiv*) *er hat es bezahlen ~* měl to [za-]platit; *er soll kommen* ať přijde; *das solltest du machen?* to bys [u]dělal?; *wenn es regnen sollte, bleibe ich zu Hause* kdyby pršelo, zůstanu doma.
Solo *n* sólo; **~stimme** *f* sólový hlas.
Solquelle *f* solankový pramen.
somit tedy, proto.
Sommer *m* léto *n*; **~-** *in Zssgn* letní; **~frische** *f* letní pobyt *m*, letovisko *n*; **~frischler** *m* letní host *m*; **~getreide** *n* jařina *f*; **²lich** letní; **~saat** *f* letní osení *n*; **~schlußverkauf** *m* výprodej po letní sezóně; **~sonnenwende** *f* letní slunovrat *m*; **~sprosse** *f* piha; **~wohnung** *f* letní byt *m*; **~zeit** *f* letní čas *m*.
So'nate *f Mus.* sonáta.
Sonde *f* sonda.
Sonder|abdruck *m* zvláštní otisk, separát; **~angebot** *n* mimořádná (*od.* výhodná) nabídka; **~ausgabe** *f* zvláštní vydání *n*; **²bar** zvláštní, neobyčejný; **²barer'weise** zvláštním způsobem; kupodivu; **~beauftragte(r)** *m* mimořádný vyslanec, zvláštní pověřenec; **~beilage** *f* zvláštní příloha; **~bericht·erstatter** *m* zvláštní zpravodaj; **~fahrt** *f* zvláštní jízda; **~fall** *m* zvláštní případ; **~frieden** *m* separátní mír; **~gericht** *n* výjimečný (*od.* zvláštní) soud; **²'gleichen** nemající sobě rovného, neobyčejný; **~korrespondent** *m* zvláštní dopisovatel; **²lich** zvláštní, neobyčejný, podivný; **~ling** *m* podivín; **²n¹** *Kj.* nýbrž; **~n²** *v/t* oddělovat [-lit], [roz]třídit; *gesondert* oddělený, zvláštní; **~nummer** *f* zvláštní číslo *n*; **~regelung** *f* zvláštní úprava; **²s** *s. samt*; **~schicht** *f* mimořádná směna; **~stellung** *f* mimořádné postavení; **~zug** *m Esb.* zvláštní vlak; **~zulage** *f* zvláštní přídavek *m*.
son'dieren [vy]sondovat, [vy]zkoumat.
Sonn·abend *m* sobota *f*; *des ~s*, **²s**, *an (den) ~en* v sobotu.
Sonne *f* slunce *n*; **²n:** *sich ~* slunit se, vyhřívat [-hřát] se na slunci.
Sonnen|aufgang *m* východ slunce; **~bad** *n* sluneční lázeň *f*; **~bahn** *f* sluneční dráha, dráha slunce; **~blende** *f Fot.* sluneční clona; **~blume** *f* slunečnice; **~blumen·öl** *n* slunečnicový olej; **~brand** *m Med.* sluneční úpal; **~brille** *f* brýle *f/pl.* proti slunci; **~energie** *f* sluneční energie; **~ferne** *f Astr.* odsluní *n*; **~finsternis** *f* zatmění *n* slunce; **~fleck** *m* skvrna *f* na slunci; **²gebräunt** opálený sluncem; **~glut** *f* sluneční žař; **²klar** jasný jako slunce, zřejmý, patrný; **~nähe** *f Astr.* přísluní *n*; **~schein** *m* sluneční záře *f*; **~schirm** *m* slunečník; **~seite** *f* sluneční (*od.* slunná) strana; **~stich** *m* sluneční úžeh; **~strahl** *m* sluneční paprsek; **~system** *n* sluneční soustava *f*; **~tau** *m Bot.* rosnička *f*; **~uhr** *f* sluneční hodiny *f/pl.*; **~untergang** *m* západ slunce.
sonn(en)verbrannt opálený sluncem.
Sonnenwende *f* slunovrat *m*.
sonnig slunečný, slunný.
Sonntag *m* neděle *f*; *des ~s*, **²s**, *an (den) ~en* v neděli.
sonntäglich nedělní.
Sonntags|anzug *m* sváteční oblek; **~ausflug** *m* nedělní výlet; **~dienst** *m* nedělní služba *f*; **~jäger** *m* sváteční střelec; **~kind** *n* nedělňátko, nedělníček *m*.
sonst (*außerdem*) mimoto, ještě; (*im übrigen*) jinak, ostatně; *wie ~* jako vždy; *~ (noch) et.* (ještě) něco jiného; *wer ~* kdo jiný; *~ niemand* nikdo jiný; *wenn es ~ nichts ist* není-li to nic jiného; **~ig** jiný; ostatní; **~wer** někdo jiný; **~wie** nějak jinak; **~wo** někde jinde.
so'oft kdykoli.
So'pran *m* soprán.

Sorb|e *m* Lužický Srb, Lužičan; **≗isch** lužický; lužickosrbský.
Sorge *f* starost; (*Fürsorge*) péče (*für* o *A*); *~ tragen* [po]starat se, pečovat; *sich ~n machen* [u]dělat si starosti, strachovat se.
sorgen [po]starat se, pečovat (*für* o *A*); **~frei** bezstarostný, bez starostí; **≗kind** *n* dítě, které dělá rodičům starosti; **~los** *s. sorgenfrei*; **~schwer, ~voll** plný starostí.
Sorg|falt *f* pečlivost, svědomitost; **≗fältig** pečlivý, svědomitý; **≗los** bezstarostný, lhostejný; **~losigkeit** *f* bezstarostnost, lhostejnost.
Sorte *f* druh *m*, sorta.
sor'tier|en [roz]třídit, [roz]sortovat; **≗er(in** *f*) *m* třídič(ka); **≗maschine** *f* třídička; **≗ung** *f* třídění *n*, roztřiďování *n*.
Sorti'ment *n* sortiment *m*, výběr *m*; **~s·buchhandlung** *f* sortimentní knihkupectví *n*.
SOS-Ruf *m* volání *n* SOS *od.* o pomoc.
Soße *f s. Sauce, Tunke.*
sott *s. sieden.*
Sou'brette *f* subreta.
Souffl|eur [-'fløːʁ] *m*, **~euse** *f* nápověda (-dka), suflér(ka); **≗ieren** napovídat [-vědět], suflovat (*im*)*pf.*
so·undso tak a tak; *~vielte* tolikátý a tolikátý; *Herr ≗* pan *m* ten a ten; *Frau ≗* paní *f* ta a ta.
Souper [su'peː] *n* souper, večeře *f*.
Sou'tane *f* klerika, sutana.
Souter'rain *n* suterén *m*, podzemí.
Souve'nir *n* suvenýr *m*, dárek *m*.
souve'rä|n suverénní, samostatný; **≗ni'tät** *f* suverenita, nezávislost.
so|'viel *Kj.* pokud; *Adv.* tolik; **~'weit** *Adv.* tak daleko, potud; *Kj.* pokud; **~'wenig** *Adv.* tak málo; *Kj.* ačkoli; **~'wie** jakmile; jakož i, rovněž; **~wie'so** beztoho, stejně; **~'wohl:** *~ ... als auch* jak ... tak ...
So'wjet *m* sovět; **≗feindlich** protisovětský; **≗isch** sovětský; **~union** *f* Sovětský svaz.
sozi'al sociální; **≗amt** *n* sociální úřad; **≗demokrat** *m* sociální demokrat; **~demokratisch** sociálnědemokratický; **≗fürsorge** *f* sociální péče; **≗ismus** [-'lɪ-] *m* socialismus; **≗ist** [-'lɪ-] *m* socialist; **~istisch** [-'lɪ-] socialistický; **≗partner** *m* sociální partner; **≗versicherung** *f* sociální pojištění *n*; **≗wissenschaften** *f/pl.* sociální vědy *f/pl.*, sociologie.
Sozio'lo|ge *m* sociolog; **~'gie** *f* sociologie; **≗gisch** sociologický.
Sozius *m* (*Teilhaber*) společník; **~(sitz)** *m* sedlo *n* spolujezdce, zadní sedadlo *n* motocyklu; **~fahrer** *m* spolujezdec.
sozu'sagen takřka.
Spachtel *m od. f* stěrka *f*, špachtle *f*.
späh|en [vy]slídit; *Mil.* vyzvídat [-vědět], P špehovat; **≗er** *m* slídič, slídil; *Mil.* vyzvědač; **≗trupp** *m* výzvědná četa.
Spa'lier *n* špalír *m*, zábradlí; *~ bilden* [u]tvořit špalír; **~obst** *n* špalírové ovoce.
Spalt *m* štěrbina *f*, spára *f*.
spaltbar štěpný, štípatelný; **≗keit** *f* štěpnost.
Spalt|e *f* puklina, trhlina; *Typ.* sloupec *m*; **≗en** [roz]štípit, rozštěpovat [-pit]; **~pilz** *m* poltivka *f*, bakterie *f*; **~produkt** *n* produkt *m* štěpení, odštěpek *m*; **~ung** *f* (roz-)štípání *n*, štěpení *n*; *fig.* rozkol *m*.
Span *m* tříska *f*; štěpina *f*; *Späne pl. a.* hobliny *f/pl.*; **≗abhebend** obráběcí.
Spanferkel *n* podsvinče, sele.
Spange *f* spon(k)a, přezka.
Span|ien *n* Španělsko; **~ier(in** *f*) *m* Španěl(ka); **≗isch** španělský; F *fig. das kommt mir ~ vor* to je mi divné.
spanlos: *~e Verformung* tváření *n*.
Spann *m Anat.* nárt.
spann *s. spinnen.*
Spannbeton *m* předpjatý beton.
Spanne *f* rozdíl *m*; (*Zeit≗*) chvíle, chvilka.
spannen *v/t* napínat [-pnout], natahovat [-táhnout]; *s. einspannen, Folter, gespannt*; *v/i Kleid*: škrtit; *v/r sich ~ Brücke*: klenout se; **~d** napínavý, poutavý.
Spann|feder *f* tažná pružina; **~futter** *n* sklíčidlo; **~kraft** *f* napínací síla; *fig.* pružnost, napínavost; **~ung** *f* napětí *n*; **~ungs·abfall** *m El.* pokles napětí; **~ungsmesser** *m El.* měřidlo *n* napětí; **~weite** *f* rozpětí *n*.
Spant *m Mar.* žebro *n*; *Flgw.* přepážka *f*.
Spar|buch *n* vkladní knížka *f*; **~büchse** *f* pokladnička; **~einlage** *f* úspora; **≗en** šetřit, spořit, střádat; **~er** *m* spořil, střádal.

Spargel *m* chřest, P špargl.
Spar|gelder *n/pl.* úspory *f/pl.*; **~kasse** *f* spořitelna; **~kassenbuch** *n* spořitelní vkladní knížka *f*; **~konto** *n* vkladový účet.
spärlich skrovný, řídký; **≗keit** *f* skrovnost, řídkost.
Spar|maßnahmen *f/pl.* úsporná opatření *n/pl.*; **~programm** *n* plán *m* šetření.
Sparren *m* krokev *f*.
sparsam šetrný, spořivý; **≗keit** *f* šetrnost, spořivost.
spar'tanisch spartánský.
Sparte *f* (*Abteilung*) oddělení *n*; (*Fachgebiet*) obor *m*.
Spaß *m* žert, šprým, P špás; *zum ~* žertem; *~ beiseite* žerty stranou; *da hört der ~ auf!* s tím nejsou žádné žerty!; *~ machen* = **≗en** [za]žertovat; **≗haft, ≗ig** žertovný, šprýmovný; **~macher** *m*, **~vogel** *m* šprýmař.
Spat *m Min.* živec.
spät *Adj.* pozdní; *Adv.* pozdně; *~er* pozdější, později; *zu ~* příliš pozdě; *wie ~ ist es?* kolik je hodin?
Spaten *m* rýč.
spät|erhin později; **~estens** nejpozději; **≗geburt** *f* pozdní porod *m*; **≗herbst** *m* pozdní podzim; **≗ling** *m* opozdilec; **≗sommer** *m* pozdní léto *n*; **≗zündung** *f* zpoždění *n* zážehu; pozdní zážeh *m*.
Spatz *m* vrabec; *fig. das pfeifen die ~n von den Dächern* cvrlikají (*od.* štěbetají) o tom vrabci na střeše.
spa'zieren procházel [projít] se; **~fahren** projíždět [-jet] se.
Spa'zier|fahrt *f* pro-, vy-jížďka; **~gang** *m* procházka *f*; **~gänger(in** *f*) *m* chodec (-dkyně); **~stock** *m* hůl *f*.
SPD *Abk. für Sozialdemokratische Partei Deutschlands* Sociálnědemokratická strana Německa.
Specht *m Zo.* datel.
Speck *m* slanina *f*, P špek; **≗ig** mastný, mazlavý; **~schwarte** *f* slaninová kůže; **~stein** *m* steatit, mastek.
Spedi't|eur *m* zasílatel, speditér; **~i'on** *f* zasílatelství *n*, spedice.
Speer *m* kopí *n*, oštěp; **~werfen** *n*, **~wurf** *m* hod oštěpem.
Speiche *f Anat.* vřetenní kost; (*Rad≗*) paprsek *m*.
Speichel *m* slina *f*; **~drüse** *f* slinná žláza; **~fluß** *m Med.* slinotok; **~lecker** *m* patolízal, pochlebník.
Speicher *m* sýpka *f*, špýchar; (*Lagerhaus*) skladiště *n*; (*Wasser≗*) nádržka *f*; (*elektron. Rechenmaschine*) paměť *f*; **≗n** ukládat [uložit] na sýpku; *El.* [na]hromadit.
speien (*spucken*) plivat [-vnout]; (*auswerfen*) [vy]chrlit.
Speise *f* jídlo *n*, pokrm *m*; **~eis** *n* zmrzlina *f*; **~fett** *n* jedlý tuk; **~kammer** *f* špíže; **~karte** *f* jídelní lístek *m*; **≗n** *v/i* [po]jíst; *s. a. essen*; *v/t Tech.* napájet; *hier speist man gut* zde je dobrá kuchyně; **~öl** *n* jedlý olej; **~röhre** *f Anat.* jícen *m*; **~saal** *m* jídelna *f*; **~wagen** *m Esb.* jídelní vůz; **~zettel** *m s. Speisekarte*; **~zimmer** *n s. Speisesaal.*
Speisung *f* stravování *n*; *Tech.* napájení *n*.
Spek'takel *m* povyk, hluk, výtržnost *f*.
Spek'tral- spektrální; **~analyse** *f* spektrální analysa.
Spektro'skop *n* spektroskop *m*.
Spektrum *n* spektrum.
Speku|'lant *m* spekulant; **~lati'on** *f* spekulace; **≗la'tiv** spekulativní; **≗'lieren** spekulovat (*im*)*pf.*
Spe'lunke *f* špeluňka.
Spelze *f* pleva; *Bot.* plucha.
Spende *f* dar *m*; **≗n** darovat (*im*)*pf.*, věnovat (*im*)*pf.*, dá(va)t; (*opfern*) obětovat (*im*)*pf.*; **~r(in** *f*) *m* dárce (-rkyně).
spen'dieren F špendýrovat *pf.*; *s. spenden*; *Bier*: [za]platit.
Spengler *m* klempíř; *s. Klempner.*
Sperber *m Zo.* krahujec.
Sperling *m Zo.* vrabec.
Sperma *n* sperma *f*, chám *m*.
sperr|angelweit: *~ offen* dokořán otevřený; **≗ballon** *m Mil.* přehradový balón; **≗bolzen** *m* kolíček; **≗e** *f* zavírání *n*, uzavření *n*; *Mil.* blokáda; *Tech.* závora; *Arch.* přehrada, hráz; *Jur.* obstávka; embargo *n*; **~en** zavírat [-vřít]; *fig.* uzavírat [-vřít], [za]blokovat (*im*)*pf.* (*a. El., Hdl.*); *Typ.* prokládat [proložit]; **≗feuer** *n Mil.* uzavírací palba *f*; **≗gebiet** *n* zakázaná oblast; **≗gut** *n* neskladné zboží; **≗guthaben** *n* vázaná pohledávka; **≗haken** *m* paklíč, zavírací hák; **≗holz** *n* překližka *f*; **~ig** neskladný; **≗kette** *f* uzavírací

řetěz *m*; **≈klinke** *f* (blokovací) západka; **≈kreis** *m El.* odlaďovač, blokovací obvod; **≈sitz** *m Thea.* křeslo *n*; **≈stunde** *f* zavírací hodina; **≈ung** *f* uzavírání *n*, uzavření *n*; **≈zoll** *m* ochranné clo.

Spesen *pl.* výlohy *f/pl.*, útraty *f/pl.*; **≈frei** prostý výloh; **~rechnung** *f* účet *m* útrat.

Speze'rei *f* koloniální zboží *n*, koření *n*.

Spezi'al- speciální; **~arzt** *m* odborný lékař, specialista; **≈i'sieren** specializovat (*sich* se) (*im*)*pf.*; **~ist(in** *f*) *m* [-'list] specialista (-tka); **~i'tät** *f* specialita, zvláštnost.

spezi'ell speciální, zvláštní.

Spezies *f* druh *m*, způsob *m*, tvar *m*; *Med.* čajová směs; *Math.* početní úkon *m*.

spe'zifi|sch specifický; *~es Gewicht* specifická váha; **~'zieren** specifikovat (*im*)*pf.*

Sphär|e *f* sféra; **≈isch** sférický.

Sphinx *f* sfinga, sfinx.

Spick|aal *m* uzený úhoř; **≈en** protah(ov)at [-táhnout], F [pro]špikovat; **~gans** *f* uzená husí hruď.

spie *s. speien.*

Spiegel *m* zrcadlo *n*; (*Wasser≈*) hladina *f*; (*am Uniformkragen*) výložek; *sich im ~ betrachten* zhlížet se v zrcadle; **~bild** *n* zrcadlový obraz; *fig.* věrný obraz; **≈blank** zrcadlově lesklý; **~eier** *n/pl.* sázené vejce *n/pl.*; **~glas** *n* zrcadlové sklo; **≈glatt** zrcadlově hladký; **≈n** *v/t* [za]zrcadlit, obrážet [-razit]; *v/i* [za]lesknout se, [za]třpytit se; *sich ~* zrcadlit se; **~reflexkamera** *f* zrcadlovka; **~schrift** *f* zrcadlové písmo; **~ung** *f* zrcadlení *n*.

Spiel *n* hra *f*; *Tech.* vůle *f*; mrtvý chod; *leichtes ~ haben* mít snadnou práci; *aufs ~ setzen* dá(va)t v sázku; **~art** *f* způsob *m* hry; *Zo., Bot.* odrůda; **~automat** *m* hrací automat; **~ball** *m* míč; *fig.* hříčka *f*; **~bank** *f* herna; **~dauer** *f* hrací doba; **~dose** *f* hrací skříňka; **≈en** *v/t* [za]hrát; *Thea.* [se]hrát; *v/i* [po]hrát si (*mit j-m* s kým); *s. a. Geige, Karte*; **≈end** hrající; *Adv.* hravě; **~er** *m* hráč; *Thea.* herec; **~e'rei** *f* hříčka; (*Kleinigkeit*) maličkost; **≈erisch** hravý; **~feld** *n* hřiště; **~film** *m* hraný film; **~fläche** *f* hrací plocha; **~folge** *f* koncertní program *m*; **~geld** *n* peníze *m/pl.* do hry; **~gewinn** *m* výhra *f*; **~hölle** *f* karbanický pelech, hráčské doupě; **~kamerad(in** *f*) *m* spoluhráč (-ka); **~karte** *f* hrací karta; **~leiter** *m Thea.* režisér; **~marke** *f* hrací známka; **~plan** *m Thea.* repertoár; **~platz** *m* hřiště *n*; **~raum** *m* volný prostor; mezera *f*; *freien ~ haben* mít volnost; **~regel** *f* pravidlo *n* hry; **~schule** *f* školka; **~sucht** *f* hráčská náruživost; **~tisch** *m* hrací stůl; **~uhr** *f* hrací hodiny *f/pl.*; **~verderber(in** *f*) *m* rušitel(ka *f*) *m* hry *od.* zábavy; *ich will kein ~ sein* nechci rušit hru *od.* zábavu; **~waren** *f/pl.* hračky *f/pl.*; **~zeit** *f Sp.* doba hry; *Thea.* divadelní sezóna; **~zeug** *n* hračka *f*.

Spieß *m* oštěp, kopí *n*; (*Brat≈*) rožeň; F *Mil.* šikovatel; *fig. wie am ~ schreien* křičet jako by ho na nože bral; **~bürger** *m* šosák, baťtipán; **≈bürgerlich** šosácký; **~bürgertum** *n* šosáctví; **≈en** napich(ov)at [-píchnout]; **~er** *m* špičák; F *fig. s. Spießbürger*; **≈ig** *s. spießbürgerlich.*

Spill *n Mar.* vratidlo.

Spi'nat *m* špenát.

Spind *m od. n* skříň *f*.

Spindel *f* vřeteno *n* (*a. Tech.*); **'≈'dürr** hubený jako tříska, suchý jako louč.

Spinn|e *f* pavouk *m*; **≈e'feind:** *j-m ~ sein* nenávidět k-o k smrti; **≈en** [u]příst; F *fig.* (*ausdenken*) vymýšlet [-myslit]; (*lügen*) prášit; *Ränke ~* osnovat pikle; **~en** *n* předení; **~er** *m* přadlák; *Zo.* přástevník; F (*Narr*) blouznivec; (*Lügner*) prášil; **~e'rei** *f* předení *n*; (*Betrieb*) přádelna; **~gewebe** *n* pavučina *f*; **~maschine** *f* spřádací stroj *m*; **~rad** *n* kolovrátek *m*; **~rocken** *m* přeslice *f*.

Spi'o|n *m* vyzvědač, P špión; **~'nage** *f* špionáž, vyzvědačství *n*; **≈'nieren** provádět vyzvědačství, vyzvídat.

Spi'ral|bohrer *m* šroubovitý vrták; **~e** *f* spirála, závitnice; **~feder** *f* spirálová pružina; **≈förmig** spirálovitý.

Spiri|'tismus *m* spiritismus; **~'tist(in** *f*) *m* spiritista (-tka); **~tu'osen** *pl.* lihoviny *f/pl.*

Spiritus *m* líh; *~- in Zssgn* lihový; **~kocher** *m* lihový vařič; **~lack** *m* lihový lak.

Spi'tal *n s. Hospital.*
spitz špičatý, ostrý; *fig.* pichlavý, jedovatý; **&bart** *m* kozí bradka *f*; **&bein** *n Kochk.* vepřové nožičky *f/pl.*; **&bogen** *m* hrotitý oblouk; **&bube** *m* taškář, šibal; **&bubenstreich** *m*, **&bübe'rei** *f* taškářství *n*; **~bübisch** taškářský.
Spitze *f* špička (*a. Zigaretten&*), hrot *m*; (*Gewebe*) krajka; *die ~n der Behörden* špičky úřadů; *auf die ~ treiben* hnát [dohnat] do krajnosti.
Spitzel *m* slídič, P špicl.
spitzen [za]špičatit, [za]hrotit; *Bleistift*: ořez(áv)at; *Mund*: [na]špulit; *Ohren*: nastavovat [-stavit]; F *sich ~ auf* (*A*) těšit se na (*A*).
Spitzen|belastung *f* špičkové zatížení; **~erzeugnis** *n* nejlepší výrobek *m*; **~geschwindigkeit** *f* vrcholná rychlost; **~kandidat** *m* kandidát v čele kandidátní listiny, špičkový kandidát; **~kleid** *n* krajkové šaty *m/pl.*; **~leistung** *f* špičkový výkon; **~lohn** *m* nejvyšší mzda *f*; **~mannschaft** *f Sp.* mužstvo *n* v čele tabulky, nejlepší mužstvo *n*; **~qualität** *f* vrcholná kvalita.
spitz|findig důvtipný, zchytralý; **&findigkeit** *f* důvtipnost, zchytralost; **&hacke** *f* špičák *m*, nosák; **&maus** *f Zo.* rejsek *m*; **&name** *m* přezdívka *f*; **~wink(e)lig** ostroúhlý.
Spleen *m* splín, vrtochy *m/pl.*
Spleiße *f* tříska, štěpina; **&n** *Holz*: [roz]štípat; *Taue, Stricke*: splétat [splést].
Splint *m* závlačka *f*.
Splitter *m* tříska *f*; úlomek, střepina *f*, odštěpek; **~bombe** *f* tříštivá puma; **&'faser'nackt** *s. splitternackt*; **&frei** netříštivý; **&ig** štěpný, drobivý; **&n** *v/t* [roz]tříštit (*v/i* se); **'&'nackt** úplně nahý, nahatý.
SPÖ *Abk. für Sozialistische Partei Österreichs* Socialistická strana Rakouska.
spon'tan spontánní.
spo'radisch sporadický, porůzný.
Spore *f Bot.* výtrus *m*, spora; **~n** *pl. s. Sporn.*
Sporn *m* ostruha *f*; **&en** pobodávat [-dnout] ostruhami; **&streichs** *s. sofort.*
Sport *m* sport; **~-** *in Zssgn* sportovní; **~abzeichen** *n* sportovní odznak *m*; **~anlage** *f* sportovní hřiště *n*; **~artikel** *m* sportovní potřeba *f*; **~ausrüstung** *f* sportovní výstroj; **&begeistert** nadšený pro sport; **~bericht** *m* sportovní zpráva *f*; **~bewegung** *f* sportovní hnutí; **~fan** *m* milovník sportu; **~flugzeug** *n* sportovní letadlo; **~halle** *f* sportovní hala; **~kleidung** *f* sportovní oděv *m*; **~klub** *m* sportovní klub; **~ler(in** *f*) *m* sportovec (-vkyně); **&lich, &mäßig** sportovní; **~platz** *m* hřiště *n*; **~stätte** *f* sportovní hřiště; **~veranstaltung** *f* sportovní podnik; **~ver·ein** *m* sportovní spolek; **~wagen** *m* sportovní vůz; (*Kinderwagen*) sportovní kočárek; **~wart** *m* sportovní náčelník.
Spott *m* posměch; **&'billig** směšně laciný.
Spötte'lei *f* úsměšky *m/pl.*
spötteln [z]tropit si úšklebky (*über A z G*).
spotten posmívat se (*über A/D*); *das spottet jeder Beschreibung* to se nedá vypsat.
Spötter(in *f*) *m* posměvač(ka).
Spott|gedicht *n* posměšná báseň *f*; **~geld** *n* nepatrné peníze *m/pl.*; *für ein ~* P za babku.
spöttisch posměšný.
Spott|name *m* přezdívka *f*; **~preis** *m s. Spottgeld.*
sprach *s. sprechen*; **&-** *in Zssgn* jazykový; **~behindert** jazykově vadný.
Sprache *f* řeč, jazyk *m*, mluva; *es verschlug mir die ~* nevypravil jsem ze sebe ani slova; *heraus mit der ~!* mluv(te)!; *zur ~ bringen* přivádět [-vést] k řeči.
Sprach|eigenheit *f*, **~eigentümlichkeit** *f* jazyková zvláštnost; **~fehler** *m* jazyková chyba, vada *f* řeči; **~forscher** *m* jazykozpytec; **~forschung** *f* jazykozpyt *m*; **~führer** *m* konversační příručka *f*; **~gebiet** *n s. Sprachraum*; **~gebrauch** *m* jazykový úzus; **~gefühl** *n* jazykový cit; **~gelehrte(r)** *m* jazykovědec; **&gewandt** výmluvný; **~kenntnisse** *f/pl.* znalost *f* jazyka; **&kundig** znalý jazyka; **~lehre** *f* mluvnice; **~lehrer(in** *f*) *m* učitel(ka *f*) *m* řečí *od.* jazyků; **&lich** jazykový; **&los** neschopný slova; *ich bin ~* nejsem schopen slova; **~raum** *m* jazyková oblast; **~rohr** *n* hlásná trouba *f*; *fig. j-s ~ sein* tlumočit čí mínění; **~schatz** *m* po-

klad jazyka, slovní zásoba *f*; **~störung** *f* vada řeči; **~studium** *n* studium jazyků; **~unterricht** *m* vyučování *n* jazyků; **~widrig** nesprávný; **~wissenschaft** *f* jazykověda; **~wissenschaftlich** jazykovědný.

sprang *s. springen.*

Sprech|art *f* způsob *m* mluvy; **~chor** *m* recitační sbor; **~en** [pro-] mluvit (*mit* s; *über A*; *von* o *L*; *Tschechisch* česky); *das spricht dafür* to tomu nasvědčuje; **~en** *n* mluvení; **~er(in** *f*) *m* mluvčí *m/f*, řečník (-nice); (*Radio*) hlasatel(ka); **~stunde** *f* přijímací hodina; *Med.* ordinační hodina; **~stundenhilfe** *f* lékařská pomocnice; **~übung** *f* mluvní cvičení *n*; **~weise** *f s. Sprechart*; **~zimmer** *n* hovorna *f*; *Med.* ordinace *f*.

spreiz|beinig rozkročmo; **~e** *f Tech.* vzpěra; *Turn.* roznožka; **~en** roztahovat [-táhnout]; *sich ~* vzpírat [vzepřít] se.

Sprengbombe *f* trhací puma.

Sprengel *m* obvod; *Rel.* diecéze *f*.

spreng|en *Rasen*: [po]kropit; *Felsen usw.*: trhat [roztrhnout, roztrhat]; (*aufbrechen*) vyrážet [-razit], [vy-] páčit; *Fesseln*: lámat [zlomit]; *Versammlung*: rozhánět [rozehnat], rozptylovat [-ptýlit]; **~kapsel** *f* rozbuška; **~kopf** *m* trhací střela *f*; **~körper** *m* trhací těleso *n*; **~ladung** *f* trhací nálož; **~stoff** *m* trhavina *f*; **~ung** *f* trhání *n*, odstřel(ování *n*) *m*; **~wagen** *m* kropicí vůz.

Sprenk|el *m* tečka *f*, skvrna *f*; **~eln** [vy]tečkovat.

Spreu *f* pleva; *fig. die ~ vom Weizen trennen* oddělovat [-lit] obilí od plev.

sprich *s. sprechen*; **~wort** *n* přísloví; **~wörtlich** příslovečný; *~ werden* stá(va)t se příslovečným.

sprießen [vy]pučit, vyrážet [-razit].

Spring|brunnen *m* vodotrysk, fontána *f*; **~en** skákat [skočit]; (*bersten*) praskat [-knout], pukat [-knout]; *fig. Geld usw. ~ lassen* utrácet [utratit]; *in die Augen ~* bít do očí; *der ~de Punkt* hlavní věc *f*; **~er(in** *f*) *m* skokan(ka); **~flut** *f* náhlý příliv; **~form** *f Kochk.* rozvírací forma.

Sprinter *m* sprinter.

Sprit *m* líh.

Spritz|e stříkačka; (*Feuer~*) hasičská stříkačka; *Med.* injekce; **~en** [po]stříkat, [po]kropit; *Med.* vstřikovat [vstříknout]; **~enhaus** *n* požární výzbrojna *f*; **~er** *m* (*Farb~*, *Wasser~*) stříkanec; *pl. a.* pršky *f/pl.*; **~guß** *m Tech.* vstřikové lití; **~ig** řízný; **~pistole** *f* stříkací pistole; **~tour** *f* vyjížďka.

spröd|e křehký; *fig.* nepoddajný; **~igkeit** *f* křehkost; *fig.* nepoddajnost.

Sproß *m Bot.* výhonek; *fig.* potomek.

sproß *s. sprießen.*

Sprosse *f* příčka, příčel *m*; **~n·wand** *f Sp.* ribstoly *m/pl.*

Sprößling *m s. Sproß.*

Sprotte *f* šprot(k)a.

Spruch *m* výrok, průpověď *f*; (*Richter~*) rozsudek; **~band** *n* transparent *m*; **~reif** zralý k rozhodnutí.

Sprudel *m* vřídlo; (*Mineralwasser*) minerální voda *f*, F minerálka *f*; **~n** *Wasser*: vřít, kypět; *Quelle*: [vy-] prýštit, [vy]věrat; (*perlen*) perlit se; *Worte*: řinout se.

sprüh|en sršet; *Regen*: mžít; **~regen** *m* mžení *n*.

Sprung *m* skok; (*Riß*) trhlina *f*, puklina *f*; *auf e-n ~* na skok, na chvilku; *große Sprünge machen* nafukovat se; **~brett** *n* odrazový můstek; **~feder** *f* pružina; **~federmatratze** *f* pérová (*od.* pružná) matrace; **~haft** skákavý; **~lauf** *m Sp.* skoky *m/pl.* na lyžích; **~schanze** *f* lyžařský (*od.* skokanský) můstek; **~seil** *n Sp.* švihadlo; **~tuch** *n* záchranná plachta; **~turm** *m* skokanská věž; **~weise** skokem, skákavě, na přeskáčku.

Spuck|e *f* slina, chrchel *m*; *fig. da blieb mir die ~ weg* do mne jako když hrom uhodí; **~en** plivat [-vnout]; **~napf** *m* plivátko *n*.

Spuk *m* strašidlo *n*, zjevení *n*; F *fig.* lomoz, hluk; **~en**: *es spukt hier* zde straší.

Spülbecken *n* umývací *m* nádobí, umývák *m*.

Spule *f* cívka; **~n** navíjet [-vinout] na cívku.

spül|en oplachovat [opláchnout]; *Mund*: vyplachovat [-pláchnout] si; *Wäsche*: [vy]máchat; *ans Land ~* naplavovat [-plavit] na břeh; **~mittel** *n* vyplachovadlo.

Spül|stein *m* kuchyňská výlevka; **~ung** *f* splachování *n*; **~wasser** *n* splašky *f/pl.*, pomyje *f/pl.*
Spulwurm *m* *Zo.* hlíst, škrkavka *f.*
Spund *m* zátka *f*, čep; **~loch** *n* otvor *m* pro zátku.
Spur *f* stopa; *Tech.*, *Esb.* rozchod *m*, rozkolí *n*; *keine ~!* ani potuchy!; *auf der ~ sn* být na stopě.
spür|bar citelný; **~en** [u]cítit; (*wittern*) [z]větřit; **2hund** *m* stopař, slídící pes; F *fig.* slídil.
spurlos beze stopy.
Spür|nase *f* čenich *m*; **~sinn** *m* čich.
Spurt *m* finiš, F špurt; **2en** finišovat (*im*)*pf.*, F špurtovat (*im*)*pf.*
Spurweite *f* *Esb.* rozchod *m.*
Sputnik *m* sputnik, umělá družice.
St. *Abk. für Sankt, Stück, Stunde.*
Staat *m* stát; (*Putz*) krásný šat; (*Prunk*) nádhera *f*; *~ machen* blýskat se (*I*); **~enbund** *m* spolek (*od.* konfederace *f*) států; **2enlos** bez státní příslušnosti.
staatlich státní.
Staats|aktion *f* státní akce; **~angehörige(r)** *m/f* státní příslušník (-nice); **~angehörigkeit** *f* státní příslušnost; **~angestellte(r)** *m/f* státní zaměstnanec (-ankyně); **~anwalt** *m* státní návladní, prokurátor; **~anwaltschaft** *f* státní zastupitelství *n*, prokuratura; **~beamte(r)** *m* státní úředník; **~betrieb** *m* státní podnik; **~bürger(in** *f*) *m* státní občan(ka); **2bürgerlich** státoobčanský; **~bürgerschaft** *f* státní občanství *n*; **~dienst** *m* státní služba *f*; **~eigentum** *n* majetek *m* státu; **~feind** *m* nepřítel státu; **~flagge** *f* státní vlajka; **~form** *f* státní zřízení *n*; **~gebiet** *n* státní území; **2gefährlich** státu nebezpečný; **~gewalt** *f* státní moc; **~gut** *n* státní majetek *m*; **~haushalt** *m* státní rozpočet; **~hoheit** *f* státní svrchovanost; **~kasse** *f* státní pokladna; **~kosten** *pl.*: *auf ~* na státní útraty; **~mann** *m* státník; **2männisch** státnický; **~oberhaupt** *n* hlava *f* státu; **~organ** *n* státní orgán; **~prüfung** *f* státní zkouška; **~rat** *m* státní rada *f*; (*Person*) státní rada *m*; **~recht** *n* státní právo; **2rechtlich** státoprávní; **~schatz** *m* státní pokladna *f*, fiskus; **~sekretär** *m* státní tajemník; **~sicherheitsdienst** *m* státní bezpečnostní služba *f*; **~streich** *m* státní převrat; **~verbrechen** *n* zločin *m* proti státu; **~vertrag** *m* státní smlouva *f*; **~verwaltung** *f* státní správa; **~wirtschaft** *f* státní hospodářství *n*; **~wissenschaft** *f* státní věda, státověda; **~wohl** *n* veřejné blaho.
Stab *m* hůl *f*, tyč *f*; *Mil.* štáb; *fig. den ~ über j-n brechen* odsuzovat [-soudit] k-o.
Stäbchen *n* hůl(čič)ka *f*, tyč(in)ka *f*; **~bakterie** *f* tyčinková bakterie.
Stab|eisen *n* tyčová ocel, prutové železo; **2förmig** tyčovitý, prutovitý; **~hochsprung** *m* skok o tyči.
sta'bil stabilní, stálý, pevný; **~i'sieren** stabilizovat (*im*)*pf.*, ustalovat [-stálit]; **2i'sierung** *f* stabilizace, ustálení *n*; **2i'tät** *f* stabilita, stabilnost.
Stabs- štábní.
stach *s. stechen.*
Stachel *m* (*Insekten2*) žihadlo *n*, žahadlo *n*; (*Igel2*) bodlina *f*; (*Dorn*) osten, trn; **~beere** *f* angrešt *m*; **~draht** *m* ostnatý drát; **~drahtverhau** *m* obehnání *n* ostnatým drátem; **2ig** ostnatý, pichlavý; **2n** popohánět [popohnat]; *fig.* popichovat [popíchnout]; **~schwein** *n* dikobraz *m.*
Stadion *n* stadión *m.*
Stadium *n* stadium, doba *f* (*od.* stupeň *m*) vývoje.
Stadt *f* město *n*; *von ~ zu ~* z města do města.
Stadt|bahn *f* městská dráha; **2bekannt** známý po celém městě; **~bezirk** *m* městská čtvrť; **~bild** *n* obraz *m* města.
Städt|chen *n* městečko; **~e·bau** *m* stavba *f* měst; **~er(in** *f*) *m* měšťák (-ačka), obyvatel(ka *f*) *m* města; **~e·tag** *m* shromáždění *n* měst.
Stadt|gebiet *n* městský obvod; **~gespräch** *n* řeči *f/pl.* kolující městem; *Tel.* městský rozhovor; **~haus** *n* městský dům *m*; (*Rathaus*) radnice *f.*
städtisch městský.
Stadt|kern *m* jádro *n* města; **~mauer** *f* městské hradby *f/pl.*; **~mitte** *f* střed *m* města; **~plan** *m* plán města; **~planung** *f* urbanismus *m*, plánování *n* měst; **~rand** *m* okraj města; **~randsiedlung** *f* sídliště *n* na periférii města; **~rat** *m*

městská rada; (*Person*) městský radní; **~schreiber** *m* městský písař; **~teil** *m* část *f* města, městská čtvrť; **~verkehr** *m* městská doprava; **~ver·ordnete(r)** *m* obecní starší *m*; **~ver·ordnetenversammlung** *f* schůze městského zastupitelství; **~verwaltung** *f* městská správa; **~viertel** *n* městská čtvrť; **~wappen** *n* městský znak.

Sta'fette *f* štafeta; **~n·lauf** † *m s. Staffellauf.*

Staffel *f* stupeň *m*, oddíl *m*; *Flgw.* letka.

Staffe'lei *f* malířský stojan.

Staffel|lauf *m* štafetový běh; **2n** odstupňov(áv)at; **~ung** *f* stupňování *n*.

Stagnati'on *f* stagnace, váznutí *n*.

stahl *s. stehlen.*

Stahl *m* ocel *f*; **~-** *in Zssgn* ocelový; **~beton** *m* železobeton; **2blau** ocelově modrý; **~blech** *n* ocelový plech; **~block** *m* ocelový ingot.

stähl|en [z]ocelit; *fig.* [o]tužit; **~ern** ocelový.

Stahl|feder *f* ocelové pero *n*; **~guß** *m* lití *n* (*od.* slévání *n*) oceli; **'2'hart** tvrdý jako ocel; **~helm** *m* ocelová přilba; **~hütte** *f* ocelárna; **~industrie** *f* ocelářský průmysl, ocelářství *n*; **~kammer** *f* pancéřová komora; **~konstruktion** *f* ocelová konstrukce; **~rohr** *n* ocelevá trubka; **~stich** *m* ocelorytina *f*; **~werk** *n* ocelárna *f*.

stak *s. stecken.*

Sta'ket *n* tyčkový plot.

Stall *m* chlév, stáj *f*; *s. Hühner-, Kuh-, Pferde-, Schaf-, Schweinestall*; **~knecht** *m* čeledín, pacholek; **~mist** *m* hnůj ze stáje, chlévská mrva; **~ung** *f s. Stall.*

Stamm *m* kmen; (*Geschlecht a.*) rod, pokolení *n*; **~aktie** *f Hdl.* kmenová akcie; **~baum** *m* rodokmen; **~buch** *n* rodinná kronika; **2eln** [za]koktat, zajíkat [-knout] se; **~eln** *n* koktání; **2en** pocházet *impf.*; **~gast** *m* stálý host; **~halter** *m* udržovatel rodu, nejstarší syn.

stämmig zavalitý.

Stamm|kapital *n* základní kapitál *m*; **~lokal** *n* obvyklá hospoda; **~personal** *n* stálý personál; **~rolle** *f Mil.* kmenový rejstřík; **~silbe** *f Gr.* kmenová slabika; **~sitz** *m* sídlo *n* rodu; *Thea.* abonované sedadlo; **~tafel** *f* rodopisná tabulka; **~tisch** *m* stůl stálých hostí; **~tischpolitik** *f* pivné politikaření; **~vater** *m* praotec; **2verwandt** sourodý; **~vokal** *m Gr.* kmenová samohláska.

Stampfe *f* pěchovačka; **2n** *v/t* [u]pěchovat; *Kartoffeln*: [roz]mačkat; *v/i* (*mit den Füßen*) dupat [-pnout]; *Mar.* kymácet se; **~n** *n Mar.* kymácení.

Stand *m* místo *n*; (*Verkaufs2*) stánek; (*Höhe*) výška *f*; (*Beruf*) stav, povolání *n*; (*Lage*) postavení *n*; *auf den neuesten ~ bringen* uvádět [uvést] do nejnovějšího stavu.

stand *s. stehen.*

Stan'darte *f* standarta.

Standbild *n* socha *f*.

Ständchen *n* zastaveníčko; *j-m ein ~ bringen* uspořád(áv)at k-u zastaveníčko.

Ständer *m* stojan; *El.* stator.

Standes|amt *n* civilní (*od.* občanský) úřad; **~beamte(r)** *m* civilní úředník; **~bewußtsein** *n* stavovské vědomí; **2gemäß** odpovídající stavu; **~interessen** *n/pl.* stavovské zájmy *m/pl.*

Stände·staat *m* stavovský stát.

stand|fest stálý, stabilní; **2geld** *n* tržní poplatek *m*; **2gericht** *n* stanný soud; **~haft** statečný; (*beharrlich*) vytrvalý; **2haftigkeit** *f* statečnost; vytrvalost; **~halten** odol(áv)at.

ständ|ig stálý; **~isch** stavovský.

Stand|licht *n* parkovací světla *n/pl.*; **~ort** *m* stanoviště *n*, místo *n*; **~pauke** F *f* důtka; *j-m e-e ~ halten* [vy]plísnit k-o; **~punkt** *m* stanovisko *n*; hledisko *n*; *vom ~* z hlediska; **~quartier** *n Mil.* stálý byt; **~recht** *n* stanné právo; **2rechtlich** podle stanného práva; **~uhr** *f* stojací hodiny *f/pl.*

Stange *f* tyč; bidlo *n*; (*Metall2*) prut *m*; (*Siegellack*) tyčinka; *e-e ~ Geld* hromada peněz; *j-m die ~ halten* zast(áv)at se k-o (*G*); *Bekleidung von der ~* konfekční oblek; *bei der ~ bleiben* neodbočovat [-čit].

Stangenbohne *f Bot.* bob *m* obecný.

stank *s. stinken.*

Stänke|r F *m* rýpal; **~'rei** F *f* rýpalství *n*; **2rn** F [za]rýpat.

Stanni'ol *n* staniol *m*.

Stanze[1] *f* stanze.

Stanz|e[2] *f Tech.* lisovadlo *n*, lisovací

nástroj; (*Prägestempel*) raznice; **2en** razit, vyrážet [-razit].

Stapel *m* hromada *f*; *Mar.* loděnice *f*; *Schiff vom ~ laufen lassen* spouštět [spustit] na vodu; **~lauf** *m Mar.* spuštění *n* na vodu; **2n** skládat [složit] na hromadu, [na]kupit; **~platz** *m* skladiště *n*.

Star *m Zo.* špaček; *Med.* zákal; *Thea.* hvězda *f*, star.

starb *s. sterben.*

stark silný; (*dick*) tlustý; (*zahlreich*) četný; *~ werden* [ze]sílet; *das ist* (*zu*) *~* to je přespříliš.

Starkasten *m* špačcí budka *f*.

Starkbier *n* silné pivo.

Stärke *f* síla; (*Dicke*) tloušťka; (*Anzahl*) počet *m*; (*Stärkemehl*) škrob *m*; *Politik der ~* politika z pozice síly; **2n** posilovat [-sílit]; *Wäsche*: [na]škrobit; **~zucker** *m* škrobový cukr.

Starkstrom *m El.* silný proud, silnoproud.

Stärkung *f* posílení *n*; **~s-** posilující.

starr tuhý; (*erstarrt*) ztuhlý; (*unbeugsam*) neohebný, nepoddajný; *Blick*: upřený, strnulý; **~en** upřeně hledět [pohlédnout]; **2heit** *f* tuhost; ztuhlost, neohebnost; **2kopf** *m* tvrdohlavec, paličák; **~köpfig** tvrdohlavý, paličatý; **2köpfigkeit** *f* tvrdohlavost, paličatost; **2krampf** *m Med.* tetanus *m*; **2sinn** *m* svéhlavost *f*; **~sinnig** svéhlavý.

Start *m* start; **~bahn** *f Flgw.* vzletová dráha; **2bereit** připraven ke startu; **~block** *m* startovní blok; **2en** startovat (*im*)*pf.*; **~er** *m* startér; (*Auto*) spouštěč; **~erlaubnis** *f* povolení *n* ke startu *od.* vzletu; **2klar** *s. startbereit*; **~nummer** *f* startovní číslo *n*; **~platz** *m* místo *n* startu; **~schuß** *m* startovní výstřel; **~verbot** *n* zákaz startu *od. Flgw.* vzletu.

Statik *f* statika.

Stati'o|n *f* stanice; nádraží *n*; (*Krankenhaus2*) oddělení *n*; *freie ~* byt a stravu zdarma; *~ machen* zastavovat [-stavit]; **2'när**: *~e Behandlung* ústavní ošetření *n*; **2'nieren** umísťovat [-stit]; **~'nierung** *f Mil.* umístění *n*, stanovení *n*; **~nsvorsteher** *m Esb.* přednosta stanice.

statisch statický.

Sta'tist|(in *f*) *m* statista (-tka); **~ik** *f* statistika; **~iker** *m* statistik; **2isch** statistický.

Sta'tiv *n* stativ *m*, stojan *m*.

statt *Prp.* (*G*) místo (*G*).

Statt *f*: *an Kindes ~ annehmen* přijímat [-jmout] za vlastního, adoptovat (*im*)*pf*.

Stätte *f* místo *n*.

statt|finden být, konat se; **~geben** vyhovovat [-hovět]; **~haft** dovolený, přístupný.

Statthalter *m* místodržitel, místodržící.

stattlich statný; (*prächtig*) nádherný; (*beträchtlich*) značný.

Statu|e *f* socha; **~'ette** *f* soška.

Sta'tur *f* postava, vzrůst *m*.

Sta'tut *n* řád *m*, statut *m*; **2enmäßig** podle stanov.

Staub *m* prach; F *sich aus dem ~e machen* [z]mizet, brát [vzít] do zaječích; **2bedeckt** zaprášený; **~beutel** *m Bot.* prašník.

Staubecken *n* zdrž *f*.

staub|dicht zajištěný proti vnikání prachu; **~en** prášit se; **2faden** *m Bot.* tyčinka *f*; **2fänger** *m* lapač prachu; **~fein** jemný jako prach; **~frei** prostý prachu, bezprašný; **~ig** plný prachu, zaprášený; **2lappen** *m* prachovka *f*; **2korn** *n* zrnko prachu, prášek *m*; **2sauger** *m* vysavač prachu; **2tuch** *n s. Staublappen*; **2wolke** *f* mračno *n* prachu, zvířený prach; **2zucker** *m* práškový cukr.

stauch|en *Hanf, Flachs*: [s]vázat; *Tech.* [s]pěchovat; **2ung** *f Tech.* pěchování *n*.

Staudamm *m* přehradní hráz *f*.

Staude *f* keř *m*, křoví *n*; (*Salatkopf*) hlávka.

stauen *Wasser*: zahrazovat [-hradit]; *Güter*: ukládat [uložit]; *sich ~ Wasser*: vzdou(va)t se; *Eis*: [na-]kupit se; *Menschen*: [na]hromadit se.

staunen (*über A*) [po]divit se (*D*), [u]žasnout nad (*I*); **~s·wert** hodný podivu, úžasný.

Staupe *f* (*Hunde2*) psinka.

Stau|see *m* (umělá) nádrž; **~strahltriebwerk** *n* náporová hnací jednotka; **~stufe** *f* stupeň *m* vzdutí; **~ung** *f* nahromadění *n*, nadržení *n*; vzdutí *n*; **~wasser** *n* nadržená voda.

Stea'rin *n* stearin *m*.

Stech|beitel *m* dláto *n*; **2en** bodat

[-dnout], píchat [-chnout]; *Mücken a.*: štípat [-pnout]; *Rasen, Torf*: [vy]rýpat; *Karte*: přebí(je)t; (*gravieren*) [vy]rýt; *v/i* (*Sonne*) pálit; *in See* ~ [vy]plout na moře; 2**end** *Blick*: pichlavý; *Geruch*: pronikavý; *Schmerz*: bodavý; ~**fliege** *f* bodalka domácí; ~**mücke** *f* komár *m*; ~**palme** *f Bot.* cesmína; ~**uhr** *f* razicí hodiny *f/pl.*, F píchačky.

Steck|brief *m* zatykač; 2**brieflich:** ~ *verfolgen* stíhat k-o zatykačem; ~**dose** *f El.* zásuvka.

Stecken *m* hůl *f*, tyč *f*, kolík.

stecken *v/t* strkat [strčit], upevňovat [-vnit]; *Bot.* [vy]sázet; *v/i* vězet; (*sein*) být; *tief in Schulden* ~ vězet po krk v dluzích; ~**bleiben** [u]váznout; 2**pferd** *n fig.* koníček *m*, záliba *f*.

Steck|er *m El.* zástrčka *f*; ~**kontakt** *m* zásuvný kontakt; ~**ling** *m Bot.* sazenice *f*; ~**nadel** *f* špendlík *m*; ~**rübe** *f* tuřín *m*; ~**schlüssel** *m* nástrčný klíč; ~**schuß** *m* kulka *f* zůstavší v těle.

Steg *m* (*Fußweg*) stezka *f*, pěšina *f*; *Mar.* lávka *f*, můstek; (*Geigen*2) kobylka *f*.

Stegreif: *aus dem* ~ spatra, bez přípravy.

Steh|aufmännchen *n* přemetací panáček *m*, vstaváček *m*; ~**bierhalle** *f* pivnice.

stehen stát; (*sich befinden*) být; (*passen*) padnout, slušet; (*geschrieben sn*) být napsáno; *teuer zu* ~ *kommen* (*D*) stát mnoho (*A*); *wie steht es* (*mit, um*)? jak se vede *od.* daří?; *es* (*od. die Sache*) *steht gut* věc se má dobře; ~ *für* ručit za (*A*); ~*d* stojící; ~*den Fußes* ihned; ~*des Heer* stálé vojsko; ~*des Wasser* stojatá voda; 2 *n* stání; *im* ~ stoje, vstoje; *zum* ~ *bringen* zastavovat [-stavit]; ~**bleiben** zastavovat [-stavit] se; ~**lassen** nech(áv)at stát.

Steh|errennen *n* cyklistické závody *m/pl.* za motory; ~**kragen** *m* stojatý límec; ~**lampe** *f* stojací (*od.* stolní) lampa.

stehlen [u]krást; *sich* ~ *aus* vykrádat [-krást] se z (*G*); *sich* ~ *in* (*A*) vkrádat [vkrást] se do (*G*); F *das kann mir gestohlen bleiben* o to nestojím.

Stehplatz *m* místo *n* k stání.

steif tuhý; (*unbeweglich*) nehybný; (*gestärkt*) škrobený; (*erstarrt*) ztuhlý, zkřehlý; *Hut*: tvrdý; *fig.* nucený, strojený; ~ *und fest behaupten* rozhodně tvrdit; ~**en** *Wäsche*: [na-]škrobit; 2**heit** *f* tuhost; *fig.* nucenost, strojenost; 2**leinen** *n* tuhé plátno.

Steig *m* stezka *f*, pěšinka *f*; ~**bügel** *m* třmen; 2**en** stoupat [-pnout]; (*hinauf*~) vystupovat [-stoupit]; (*klettern*) [vy]lézt; ~ *lassen* pouštět [pustit]; *aufs Pferd* ~ sedat [sednout] si na koně; *vom Pferd* ~ sestupovat [-stoupit] s koně; *in e-n Wagen* ~ vsedat [-dnout] do vozu; *zu Kopf* ~ stoupat [-pnout] do hlavy; ~**en** *n* stoupání; 2**end** stoupající, rostoucí; ~**er** *m Bgb.* důlní.

steiger|n zvyšovat [zvýšit]; *Gr.* stupňovat; 2**ung** *f* zvýšení *n*, zvyšování *n*; *Gr.* stupňování *n*.

Steig|geschwindigkeit *f* stoupací rychlost; ~**rohr** *n* stoupací trubka *f*, stoupačka *f*; ~**ung** *f* stoupání *n*.

steil příkrý, strmý; 2**flug** *m Flgw.* příkrý let; 2**hang** *m* strmý svah; 2**heit** *f* příkrost, strmost; 2**kurve** *f* kolmá zatáčka; 2**ufer** *n* strmý (*od.* příkrý) břeh.

Stein *m* kámen; (*Ziegel*) cihla *f*; (*Obstkern*) pecka *f*; *s. Blasen-, Edel-, Grab-, Nierenstein*; *den* ~ *ins Rollen bringen* dá(va)t do pohybu; *bei j-m e-n* ~ *im Brett haben* mít to dobře (u); ~ *der Weisen* kámen mudrců.

Stein|adler *m* orel skalní; 2**alt** prastarý; ~**bock** *m Zo.* kozorožec; *Astr.* Kozorožec, Kozoroh; ~**brecher** *m* lamač kamene; ~**bruch** *m* kamenný lom, kamenolom; ~**butt** *m Zo.* kambala *f*; ~**chen** *n* kamínek *m*, kamének *m*; ~**druck** *m* kamenotisk; ~**drucker** *m* kamenotiskař, litograf; 2**ern** kamenný; ~**frucht** *f* peckov(it)é ovoce, peckovice; ~**gut** *n* pórovina *f*; '2'**hart** tvrdý jako kámen; 2**ig** kamenitý; 2**igen** [u]kamenovat; ~**kauz** *m Zo.* sýček obecný; ~**kohle** *f* kamenné uhlí; ~**kohlenbergwerk** *n* kamenouhelný důl; ~**marder** *m Zo.* kuna *f* skalní; ~**metz** *m* kameník; ~**pflaster** *n* kamenná dlažba; ~**pilz** *m* hřib; ~**platte** *f* kamenná deska; 2**reich** velmi bohatý; ~**salz** *n* kamenná sůl; ~**schlag** *m* padání *n*

kamene: (*Schotter*) kamenná suť; **~setzer** *m* dlaždič; **~zeit** *f* doba kamenná; **~zeug** *n* kamenina *f*.
Steiß *m* zadek, zadnice *f*; **~bein** *n* *Anat.* kostrč *f*.
Stelldich·ein *n* dostaveníčko.
Stelle *f* místo *n*; (*Büro*) úřad *m*; *an ~ von* místo (*G*); *an meiner ~* na mém místě; *auf der ~* ihned, okamžitě; *zur ~ sein* být na místě.
stellen stavět [postavit]; *Uhr*: nařizovat [-řídit]; (*festhalten*) zadržovat [-žet]; (*bereitstellen*) dá(va)t; *kalt ~* ochlazovat [ochladit]; *warm ~* ohřívat [ohřát]; *sich ~* (*sich einfinden*) dostavovat [-stavit] se; *Mil.* jít (chodit *Iter.*) k odvodu; (*sich verstellen*) tvářit se.
Stellen|angebot *n* nabídka *f* místa; **~gesuch** *n* žádost *f* o místo; **2los** bez místa; **~nachweis** *m* výkaz míst; **~plan** *m* systemizační rozvrh; **2weise** místy, tu a tam.
-stellig *in Zssgn Math.* -místný, *z. B. fünf~* pětimístný.
Stell|macher *m* kolář; *Kfz.* karosář; **~schraube** *f* regulační šroub *m*.
Stellung *f* poloha; *Mil.* pozice; (*An2*) postavení *n*; (*Standpunkt*) stanovisko *n*; (*Körperhaltung*) postoj *m*; *~ nehmen* zaujímat [-jmout] stanovisko (*zu* k *D*); **~nahme** *f* zaujetí *n* stanoviska; **~s·krieg** *m* poziční válka *f*.
stellvertret|end zastupující; **2er(in** *f*) *m* zástupce (-pkyně), náměstek (-tkyně).
Stellwerk *n Esb.* stavědlo.
Stelze *f* chůda; **2n** jít (chodit *Iter.*) po chůdách.
Stemm|eisen *n* tužlík *m*; dláto; **2en** (*heben*) vzpírat [vzepřít]; *Löcher*: [vy]dlabat; *sich ~ gegen* opírat [opřít] se na (*A*); *fig.* vzpírat [vzepřít] se (proti) č-u.
Stempel *m* razítko *n*; *Tech.* lisovník, razník; *Bot.* pestík; *Bgb.* stojka *f*; *Arch.* vzpěra *f*; *a.* = **~abdruck** *m* otisk razítka; **~farbe** *f* razítková barva; **~geld** F *n* podpora *f* nezaměstnanosti; **~kissen** *n* razítkový polštářek; **~marke** *f* kolek *m*; **2n** *Marke*: [o]razítkovat; *Urkunde*: [o]kolkovat; *fig.* F *~ gehen* brát [vzít] podporu nezaměstnanosti; **~ung** *f* (o)razítkování *n*; (o)kolkování *n*.
Stengel *m* lodyha *f*, stonek.
Steno|'gramm *n* těsnopisný záznam, stenogram *m*; **~('gramm)-block** *m* blok na těsnopisné zápisy; **~'graph** *m* těsnopisec, stenograf; **~gra'phie** *f* těsnopis *m*, stenografie; **2gra'phieren** psát [napsat] těsnopisem, stenografovat (*im*)*pf.*; **~ty'pist(in** *f*) *m* stenotypista (-tka).
Steppdecke *f* prošívaná pokrývka.
Steppe *f* step.
stepp|en[1] proší(va)t štepem, štepovat; **~en**[2] (*tanzen*) stepovat.
Steppen|gras *n* stepní tráva *f*; **~klima** *n* stepní podnebí.
Stepp|naht *f* našívací (*od.* prošívací) šev *m*; **~stich** *m* perličkový (*od.* prošívací) steh.
Sterbe|bett *n* úmrtní lože; **~fall** *m* úmrtí *n*; **~geld** *n* pohřebné; **~jahr** *n* rok *m* úmrtí; **~kasse** *f* pohřební pokladna; **2n** umírat [umřít], zmírat [zemřít]; *Tier*: [za]hynout; **~n** *n* umírání; *im ~ liegen* umírat.
sterbens|krank na smrt nemocný (-cen); **2wort** *n*: *kein ~* ani slůvka.
Sterbe|ort *m* místo *n* úmrtí; **~register** *n* seznam *m* zemřelých; **~tag** *m* den úmrtí; **~urkunde** *f* úmrtní list *m*.
sterblich smrtelný; **2keit** *f* úmrtnost.
Stereo|anlage *f* stereozvuková soustava, zařízení *n* k reprodukce stereozáznamu; **~aufnahme** *f* stereozáznam *m*; **2'phon** stereofonický, stereofonní; **~platte** F *f* stereodeska; **~'skop** *n* stereoskop *m*; **2'typ** stereotypní.
ste'ril sterilní, neplodný; **2isati'on** *f* sterilizace, neplodnost; **~i'sieren** sterilizovat (*im*)*pf*.
Sterlet *m Zo.* jeseter malý.
Stern *m* hvězda *f*; **~bild** *n* souhvězdí; **~blume** *f* astra; **~chen** *n* hvězdička *f*; **~deuter** *m* hvězdopravec.
Sternen|banner *n* hvězdnatá vlajka; **~himmel** *m* hvězdnaté nebe, hvězdná obloha; **2klar** jasný jako hvězda, hvězdnatý.
Stern|fahrt *f* hvězdicová jízda; **2förmig** hvězdicov(it)ý; **2hagelvoll** F opilý namol; **~himmel** *m s. Sternenhimmel*; **2klar** *s. sternenklar*; **~kunde** *f* hvězdářství *n*, astronomie; **2los** bezhvězdný, bez hvězd; **~schnuppe** *f* létavice, padající hvězda; **~warte** *f* hvězdárna.

stetig stálý, ustavičný; **2keit** *f* stálost, trvalost.

stets stále, vždy.

Steuer[1] *n* kormidlo.

Steuer[2] *f* daň; **~beamte(r)** *m* berní úředník; **~berater** *m* daňový poradce; **~bescheid** *m* daňový výměr.

Steuer|bord *n Mar., Flgw.* pravá strana, pravobok *m*; **~düse** *f* řídicí dýza *od.* tryska.

Steuer|einnehmer *m* výběrčí daní; **~erhebung** *f* vybírání *n* daní; **~erklärung** *f* daňové přiznání; **~flucht** *f* daňový únik; **2frei** prostý daně; *~er Betrag* = **~freibetrag** *m* obnos nepodléhající dani; **~gelder** *n/pl.* peníze *m/pl.* z daní.

Steuergerät *n* řídicí přístroj *m*.

Steuer|gesetz *n* daňový zákon; **~hinterziehung** *f* daňová defraudace.

Steuer|knüppel *m Flgw.* ruční řídicí páka *f*; **~mann** *m Mar.* kormidelník; **2n** řídit; pilotovat.

steuerpflichtig povinný platit daň.

Steuerrad *n* řídicí kolo; *Mar.* kormidelní kolo.

Steuer|rückstände *m/pl.* daňové nedoplatky *m/pl.*; **~satz** *m* daňová sazba.

Steuerung *f* řízení *n*; *Tech. a.* rozvod *m*.

Steuer|ver·anlagung *f* vyměřování *n* daně; **~vorteile** *m/pl.* daňové výhody *f/pl.*; **~zahler** *m* poplatník.

Steven *m Mar.* vaz.

Stewar|d *m*, **~deß** *f* stevard(ka).

StGB *Abk. für Strafgesetzbuch.*

Stich *m* bodnutí *n*, píchnutí *n*; (*beim Nähen*) steh; (*Kartenspiel*) štych; *im ~ lassen* nech(áv)at na holičkách; F *e-n ~ haben* mít o kolečko víc; *s. a. Kupfer-, Sonnenstich.*

Stich|el *m* rydlo *n*; **~e'lei** *f* popichování *n*; **2eln** píchat, šít; *fig.* popichovat [-píchnout].

stich|fest nezranitelný; *hieb- und ~* přesný; **2flamme** *f* špičatý plamen; **~haltig** podstatný; závažný; **2haltigkeit** *f* pádnost; **2ling** *m Zo.* koljuška *f*; **2probe** *f* zkouška namátkou; **2tag** *m* rozhodný (*od.* rozhodující) den; **2waffe** *f* bodná zbraň; **2wahl** *f* užší volba; **2wort** *n* heslo; *Thea.* nápověď *f*; **2wortverzeichnis** *n* heslový rejstřík; **2wunde** *f* bodná rána.

stick|en vyší(va)t; **2e'rei** *f* vyšívání *n*; (*Stickarbeit*) výšivka; **2erin** *f* vyšívačka; **2garn** *n* vyšívací příze *f*; **~ig** dusivý, zatuchlý; **2muster** *n* vyšívací vzorek *m*; **2rahmen** *m* vyšívací rám.

Stickstoff *m Chem.* dusík; **~dünger** *m* dusíkaté hnojivo; **2haltig** dusíkatý.

stieben sršet; *Menge*: rozprašovat [-prášit] se.

Stiefbruder *m* nevlastní bratr.

Stiefel *m* holinka *f*, vysoká bota; **~knecht** *m* zouvák; **2n** kráčet [vykračovat]; **~schaft** *m* holinka *f*.

Stief|eltern *pl.* nevlastní rodiče; **~geschwister** *pl.* nevlastní sourozenci *m/pl.*; **~kind** *n* nevlastní dítě; *s. Stiefsohn, Stieftochter*; **~mutter** *f* nevlastní matka, macecha; **~mütterchen** *n Bot.* maceška *f*; **2mütterlich** macešský; *~ behandeln* chovat se ke k-u macešsky; **~schwester** *f* nevlastní sestra; **~sohn** *m* nevlastní syn; **~tochter** *f* nevlastní dcera; **~vater** *m* nevlastní otec, otčím.

stieg *s. steigen.*

Stiege *f* schody *m/pl.*

Stieglitz *m Zo.* stehlík.

Stiel *m* násada *f*, topůrko *n*; *Bot.* stonek; **~augen** *n/pl.*: F *~ machen* žádostivě se dívat, mít laskominy; **~handgranate** *f Mil.* ruční granát *m* s rukojetí.

Stier *m* býk; *Astr.* Býk.

stier vyjevený, vytřeštěný; **~en** vyjeveně (*od.* vytřeštěně) hledět.

Stier|kampf *m* býčí zápas; **~kämpfer** *m* zápasník *m* s býky.

stieß *s. stoßen.*

Stift[1] *m* (*Holz2*) kolík; (*Draht2*) drátěnka *f*; (*Blei2*) tužka *f*; (*Zahn2*) čep; F (*Lehrling*) učedník.

Stift[2] *n* ústav *m*; (*Kloster*) klášter *m*; **2en** (*schenken*) věnovat (*im*)*pf.*; (*gründen*) zakládat [založit]; (*zustande bringen*) zjedn(áv)at; **~er(in** *f*) *m* zakladatel(ka); (*Spender*) dárce (-rkyně); **~ung** *f* nadace; založení *n*; věnování *n*; **~ungsfeier** *f*, **~ungsfest** *n* slavnost *f* založení; **~zahn** *m* umělý čepový zub.

Stil *m* sloh, styl; *im großen ~* ve velkých rozměrech; **~blüte** *f* zkomolené rčení, hrubý omyl; **2i'siert** stylizovaný.

Sti'li|stik *f* stylistika; **2stisch** stylistický.

still tichý, klidný; *~!* ticho!; *im ~en* potichu, v tichosti; *~ werden* [z]tichnout; *der ²e Ozean* Tichý oceán; *~er Teilhaber* tichý společník.
Stille *f* ticho *n*, klid *m*; *in der ~, in aller ~* ve vší tichosti, potají; *s. Windstille.*
Stilleben *n* zátiší.
stilleg|en zastavovat [-stavit]; **²ung** *f* zastavení *n*.
stillen *Durst usw.*: ukojovat [-jit]; *Blut*: zastavovat [-stavit]; *Kind*: [na]kojit; *Schmerz*: [u]tišit.
Stillen *n* kojení.
still|gestanden! *Mil.* pozor!; **~halten** stát tiše; **~liegen** nepracovat; **~schweigen** mlčet; **²schweigen** *n* mlčení; *mit ~ übergehen* pomíjet [-minout] mlčením; **²stand** *m* stání *n*, nečinnost *f*; stagnace *f*; *zum ~ kommen* zastavovat [-stavit] se; **~stehen** zastavovat [-stavit] se; **~vergnügt** tiše se radující.
Stil|übung *f* slohové cvičení; **²voll** slohový.
Stimm|abgabe *f* hlasování *n*, odevzdání *n* hlasu; **~band** *n* hlasivka *f*; **²berechtigt** oprávněný hlasovat; **~bruch** *m* změna *f* hlasu, mutování *n*; **~e** *f* hlas *m*; **²en** *v/i* srovn(áv)at; (*zutreffen*) být správný; *v/t* (*Instrument*) [na]ladit; **~en** *n* hlasování; **~engleichheit** *f* rovnost hlasů; **~enmehrheit** *f* většina *f* hlasů; **~enthaltung** *f* zdržení *n* se hlasování; **~gabel** *f Mus.* ladička; **²haft** *Gr.* znělý; **~lage** *f Mus.* poloha hlasu; **²los** *Gr.* neznělý; **~recht** *n* hlasovací právo; **~ritze** *f Anat.* hlasová štěrbina.
Stimmung *f Mus.* ladění *n*; *fig.* nálada, rozmar *m*; **~s·bild** *n* náladový obrázek *m*; **~s·mache** *f* dělání *n* nálady; **²s·voll** náladový.
Stimm|wechsel *m s. Stimmbruch*; **~zettel** *m* hlasovací lístek.
stink|en zapáchat [páchnout] (*nach I*); **~ig** zapáchající, smradlavý; **²tier** *n Zo.* skunk *m*, smraďoch *m*.
Sti|pendi'at(**in** *f*) *m* stipendista (-tka); **~'pendium** *n* stipendium.
stirb *s. sterben.*
Stirn *f* čelo *n*; *j-m die ~ bieten* čelit k-u; *die ~ haben* mít drzost; **~ader** *f* čelní žíla; **~fläche** *f* čelní plocha, čelo *n*; **~höhle** *f Anat.* čelní dutina; **~runzeln** *n* vraštění čela.
stob *s. stieben.*
stöbern prohled(áv)at, šťárat se v (*L*).
stochern dloubat se, rýpat se, šťourat se; *im Feuer ~* rozhrab(áv)at oheň.
Stock *m* tyč *f*; hůl *f*; (*Stamm*) pařez; *Geol.* masív; úl; pokladnička *f*; *s. Bienen-, Opfer-, Spazierstock m.*
Stöckchen *n* hůl(čič)ka *f*.
stockdunkel tma jako v pytli.
Stöckelabsatz *m* vysoký podpatek.
Stöckelschuh *m* střevíc s vysokým podpatkem.
stock|en *Arbeit, Handel*: [u]váznout; *Blut*: [z]tuhnout; **²fisch** *m Zo.* treska *f*; **²fleck** *m* skvrna *f* od vlhkosti; **~ig** zplesnivělý, zvlhlý; **²schläge** *m/pl.* rány *f/pl.* holí; **²schnupfen** *m* suchá rýma; **'~'steif** zcela ztuhlý; **'~'taub** hluchý jako pařez; **²ung** *f* váznutí *n*; **²werk** *n Arch.* patro, poschodí.
Stoff *m* látka *f*, materiál; *Phys.* hmota *f*; **²lich** látkový; **~wechsel** *m Med.* výměna *f* látek; **~wechselkrankheit** *f Med.* chorobná výměna látek.
stöhn|en [za]sténat, [za]úpět; **²en** *n* sténání, úpění.
Sto|iker *m* stoik; **²isch** stoický.
Stollen *m Bgb.* štola *f*; *Kochk.* (*a. Stolle*) vánočka *f*.
stolpern klopýtat [-tnout], zakopávat [-pnout].
stolz hrdý, pyšný.
Stolz *m* hrdost *f*, pýcha *f*; **²'ieren** vykračovat [vykročit] si.
Stopf|buchse *f Tech.* ucpávka; **²en** (*flicken*) [za]látat, zaší(va)t; (*füllen*) cpát [nacpat]; (*mästen*) [na]krmit; (*sättigen*) [na]sytit; **~er** *m* nacpavač; **~garn** *n* látací příze *f*; **~nadel** *f* látací jehla; **~wolle** *f* látací vlna.
stop(p)! dost!, až sem!, stop!
Stoppel *f* strniště *n*; **~bart** *m* strniskovitá brada, F strnisko *n*; **~feld** *n* strniště, strnisko.
stopp|en zastavovat [-stavit], zarážet [-razit]; *Zeit*: [z]měřit stopkami, F stopovat [-pit, -pnout]; **²licht** *n s. Bremslicht*; **²uhr** *f* stopky *f/pl.*
Stöpsel *m* zátka *f*; *fig.* F (*Knirps*) prcek; **²n** [za]zátkovat.
Stör *m Zo.* jeseter.
Stör·anfälligkeit *f* poruchovost.
Storch *m* čáp; **~schnabel** *m* čapí zobák; *Tech.* pantograf.

stören [po-, vy]rušit; **2fried** *m* rušitel, kazimír.
stor'nieren *Hdl.* stornovat (*im*)*pf*.
Stör|schutz *m* odrušovací zařízení *n*; **~sender** *m* rušicí vysílač, F rušička *f*.
Störung *f* porucha, porušení *n*; **~s·dienst** *m* poruchová služba; **~s·feuer** *n Mil.* rušivá palba; **2s-frei** bez poruch, nerušený.
Stoß *m* rána *f*, úder; (*Fußtritt*) kopnutí *n*; (*Verletzung*) otřes; (*Stapel*) hromada *f*, halda *f*; **~brigade** *f* pohotovostní brigáda, úderka; **~dämpfer** *m* tlumič nárazů.
Stößel *m* pěch *m*; (*Ventil2*) zdvihátko *n*.
stoßen *v/t* strkat [strčit]; (*zer~*) [roz]tlouci; *s. a. hineinstoßen*; *mit dem Fuß* ~ kopat [-pnout]; *mit den Hörnern* ~ trkat [-knout]; *von sich* ~ zapuzovat [-pudit] od sebe; *v/i* ~ *an* (*grenzen*) hraničit s (*I*); *zu j-m* ~ připojovat [-jit] se ke k-u; *vom Ufer* ~ odrážet [-razit] od břehu; *sich* ~ *an* (*D*) narážet [-razit] na (*A*); *fig.* pohoršovat [-šit] se nad (*I*).
Stoß|gebet *n* krátká vroucí modlitba; **~kraft** *f* síla rázu, nárazová síla; **~seufzer** *m* hluboký povzdech; **~stange** *f* (*Auto*) nárazník *m*; **~trupp** *m Mil.* útočný oddíl; **~truppen** *f/pl. Mil.* útočné vojsko; **~waffe** *f* bodná zbraň; **2weise** v přestávkách, přerušovaně; **~zahn** *m* tesák, kel.
Stotter|er *m* koktal; **2n** [za]koktat; F *fig. s. abstottern*; **~n** *n* koktání; F *auf* ~ *kaufen* kupovat [koupit] na splátky.
StPO *Abk. für Strafprozeßordnung.*
Str. *Abk. für Straße.*
Straf|androhung *f* pohrůžka trestem; **~anstalt** *f* trestnice, věznice; **~antrag** *m* návrh na potrestání; **~arbeit** *f* práce z trestu; **~aufschub** *m* odklad trestu; **~bank** *f Sp.* lavice „hanby"; **2bar** trestný; *sich* ~ *machen* proviňovat [-vinit] se čím; **~barkeit** *f* trestnost; **~e** *f* trest *m*; (*Geld2*) pokuta; *bei* ~ pod trestem; *zur* ~ za trest; **2en** [po]trestat; **~erlaß** *m* prominutí *n* trestu; *Pol.* amnestie.
straff napjatý; *Haltung*: vzpřímený; *fig.* přísný.
straffällig trestný; ~ *werden* propadat [-dnout] trestu; **2keit** *f* trestnost.
straf|frei prostý trestu, beztrestný; **2gefangene(r)** *m/f s. Sträfling*; **2geld** *n* peněžní pokuta *f*; **2gericht** *n* trestní soud *m*; **2gesetz** *n* trestní zákon *m*; **2gesetzbuch** *n* trestní zákoník *m*.
sträf|lich *s. strafbar*; **2ling** *m* trestanec (-nkyně *f*) *m*; **2lingskleidung** *f* vězeňský oblek.
straf|los bez trestu, beztrestný; **2losigkeit** *f* beztrestnost; **2mandat** *n* trestní mandát *m*; **2maß** *n* výměra *f* trestu; **2maßnahme** *f* trestní opatření *n*; **~mildernd** polehčující; **2porto** *n* (poštovní) pokuta *f*; **2predigt** *f* kázání(čko) *n*; **2prozeß** *m* trestní řízení *n*; **2prozeßordnung** *f* trestní řád *m*; **2raum** *m Sp.* trestné území; **2recht** *n* trestní právo; **~rechtlich** podle trestního práva, trestně; ~ *verfolgen* trestně stíhat; **2register** *n* trestní rejstřík *m*; **2stoß** *m Sp.* trestný kop; **2verfahren** *n* trestní řízení.
Strahl *m* paprsek; (*Wasser2*) proud, trysk; **~antrieb** *m* proudový pohon; **2en** [za]zářit, vyzařovat [-zářit].
Strahlen|brechung *f* lom *m* paprsků; **~bündel** *n* svazek *m* paprsků; **2d** zářící, zářivý; **2förmig** paprskovitý; **~forschung** *f* radiologie; **~krankheit** *f* radioaktivní zamoření; **~pilzkrankheit** *f* aktinomykóza; **~schutz** *m* ochrana *f* proti záření; **~therapie** *f* radioléčba, radioterapie.
Strahl|er *m* zářič; **~triebwerk** *n Flgw.* proudová hnací skupina, proudový motor; **~ung** *f* záření *n*.
Strahlungs|energie *f* energie záření; **~messer** *m* aktinometr, přístroj k měření záření; **~schäden** *m/pl.* škodlivé účinky *m/pl.* záření; **~wärme** *f* sálavé teplo.
Strähne *f* (*Garn2*) přadeno *n*; (*Haar2*) pramen *m*.
stramm napjatý; *Haltung*: přímý, vzpřímený; (*stattlich*) statný; **~stehen** stát zpříma *od.* v pozoru.
Strampel|hös·chen *n* punčochové kalhotky *f/pl.*; **2n** házet s sebou, házet rukama a nohama.
Strand *m* písčité pobřeží; (*Bade2*) pláž *f*; ~- *in Zssgn* plážový; **2en** ztroskot(áv)at (se); **~gut** *n* zboží

vyvržené na břeh; **~korb** *m* koš na pláži; **~recht** *n* pobřežní právo.

Strang *m* provaz; *s. Bündel, Büschel, Strähne; Esb.* trať *f*; (*zum Hängen*) oprátka *f*; *am gleichen ~ ziehen* táhnout [tahat] za týž provaz, být s kým zajedno; *wenn alle Stränge reißen* v nejhorším případě; **~presse** *f* pásmový lis; **≗u'lieren** [u]škrtit, [za]rdousit.

Stra'pa|ze *f* námaha; **≗'zieren** opotřebov(áv)at, namáhat; **≗'zierfähig** pevný, trvanlivý.

Straße *f* silnice; (*Stadt≗*) ulice, třída; (*Meerenge*) úžina; (*Produktions≗*) linka.

Straßen|bahn *f* pouliční dráha, tramvaj; **~bau** *m* silniční stavitelství *n*; **~beleuchtung** *f* pouliční osvětlení *n*; **~decke** *f* vozovka; **~ecke** *f* roh *m* ulice; **~feger** *m* metař; **~junge** *m* uličník; **~kampf** *m* pouliční boj; **~karte** *f* automobilová (*od.* cestovní) mapa; **~kehrmaschine** *f* zametací stroj *m*; **~kreuzung** *f* křižovatka; **~mädchen** *n* pouliční holka *f*; **~netz** *n* silniční síť *f*; **~pflaster** *n* uliční dláždění, dlažba *f*; **~rennen** *n Sp.* silniční závod *m*; **~schild** *n* uliční tabulka *f*; **~überführung** *f* silniční nadjezd *m*; **~übergang** *m* přechod přes ulici; **~unterführung** *f* silniční podjezd *m*; **~verkehr** *m* pouliční ruch *od.* doprava *f*, silniční provoz; **~verkehrsordnung** *f* pouliční dopravní řád *m*; **~verzeichnis** *n* seznam *m* ulic.

Stra'te|ge *m* stratég; **~'gie** *f* strategie; **≗gisch** strategický.

Strato'sphär|e *f* stratosféra; **≗isch** stratosférický.

sträuben [z]ježit, [z]čepýřit (*sich* se); *sich ~ fig.* vzpírat [vzepřít] se.

Strauch *m* keř.

straucheln klopýtat [-tnout]; *fig.* dopouštět [-pustit] se poklesku, klesat [(po)klesnout].

Strauchwerk *n* křoví.

Strauß[1] *m* (*Blumen≗*) kytice *f*.

Strauß[2] *m Zo.* pštros; *~- in Zssgn* pštrosí.

Strebe *f Arch.* vzpěra; příčka; **≗n** usilovat, snažit se (*nach* o *A*); **~n** *n* úsilí, snaha *f*; **~pfeiler** *m* opěrný pilíř; **~r** *m* snaživec; (*in der Schule*) šplhavec; **~r·tum** *n* snaživost, šplhání.

strebsam snaživý, přičinlivý.

streck|bar roztažitelný; **≗bett** *n Med.* natahovací ortopedická postel; **≗e** *f* (*Entfernung*) vzdálenost; *Math.* úsečka; (*Verkehrs≗*) dráha, trať; *Bgb.* chodba; *Jgdw.* úlovek *m*; *Sp.* dráha; *zur ~ bringen* ulovit *pf.*, skolit *pf.*; *auf der ~ bleiben* zůst(áv)at (ležet); **~en** natahovat [-táhnout]; *Tech.* vytahovat [-táhnout]; *sich ~* protahovat [-táhnout] se; *die Waffen ~* vzdá(va)t se; *die Zunge aus dem Mund ~* vyplazovat [-pláznout] jazyk.

Strecken|abschnitt *m* úsek tratě; **~dienst** *m* služba *f* na trati; **~wärter** *m* hlídač na trati; **≗weise** tu a tam, místy, od trati k trati.

Streck|er *m Anat.* napínací sval, napínač; **~verband** *m Med.* natahovací obvaz.

Streich *m* rána *f*, úder; *fig.* žert; *e-n ~ spielen* provádět [-vést] pěkný kousek; **≗eln** [po]hladit (*über A* po *L*); **≗en** *v/i* potloukat [-tlouci] se; *v/t* [po]hladit (*über A* po *L*); (*mit Farbe*) natírat [-třít]; (*mit Butter*) [na]mazat; (*aus~*) škrtat [-tnout]; *Segel*: stahovat [stáhnout]; *sich die Haare aus dem Gesicht ~* odhrnovat [-nout] si vlasy s obličeje; **~holz** *n* zápalka *f*; **~holzschachtel** *f* krabička na zápalky; **~instrument** *n Mus.* smyčcový nástroj; **~käse** *m* mazavý sýr; **~quartett** *n Mus.* smyčcový kvartet; **~riemen** *m* obtahovací řemen.

Streif|band *n* křížová páska; **~e** *f* policejní racie, V šťára; *Mil.* patrola; **~en** *m* pruh, proužek, pás; (*Band*) páska *f*; **≗en** *v/t* pruhovat, proužkovat; (*berühren*) dotýkat [-tknout] se, zmiňovat [zmínit] se o (*L*); *v/i s. schweifen*; **~endienst** *m* obchůzková služba; **~enwagen** *m* policejní vůz; **≗ig** pruhovaný; **~licht** *n* vržené světlo, pruh *m* světla; **~schuß** *m* tečná rána; **~zug** *m* toulka *f*, potulka *f*.

Streik *m* stávka *f*; *in den ~ treten* zahajovat [-hájit] stávku; **~ausschuß** *m* stávkový výbor; **~brecher** *m* stávkokaz; **≗en** stávkovat; **~ende(r)** *m* stávkující *m/f*; **~fonds** *m* stávkový fond; **~posten** *m* stávková hlídka, hlídka *f* stávkujících; **~welle** *f* stávková vlna.

Streit *m* hádka *f*, spor, rozepře *f*;

(*Kampf, Wett*≈) boj; **~axt** *f* válečná sekyra; **≈bar** bojovný; **≈en** [po]hádat se; (*kämpfen*) bojovat; **~er(in** *f*) *m* bojovník (-nice); **~fall** *m Jur.* sporný případ, spor; **~frage** *f* sporná otázka; **≈ig** sporný; ~ *machen* upírat [upřít]; **~igkeit** *f* rozepře; **~kräfte** *f/pl.* válečná moc; **≈lustig** svárlivý, hašteřivý; **~objekt** *n* sporný předmět; **~punkt** *m* sporný bod; **~sache** *f* sporná věc; **~schrift** *f* polemický spis; **~sucht** *f* svárlivost, hašteřivost; **≈süchtig** *s. streitlustig.*

streng přísný; *Winter usw.*: tuhý; *~stens, aufs ~ste* co nejpřísněji; **≈e** *f* přísnost; **~genommen** přesně vzato,vezmeme-li to přesně; **~gläubig** pravověrný.

Streu *f* stelivo *n*; **≈en** [po]sypat; (*dem Vieh*) podestýlat [-stlat]; *v/i* rozptylovat; **~sand** *m* písek pro sypání.

Streusel *n/pl.* drobenka *f*; **~kuchen** *m* koláč s drobenkou, drobenkový koláč.

Streu|ung *f* sypání *n*; rozptýlení *n*; **~zucker** *m* práškový cukr.

strich *s. streichen.*

Strich *m* čára *f*, linie *f*; (*Feder*≈, *Pinsel*≈, *Bogen*≈) tah; (*Meß*≈) dílek; *fig. e-n ~ unter* (*A*) *et. machen* [u]dělat č-u konec; *das geht mir gegen den ~* to je mi proti mysli; *nach ~ und Faden* důkladně; P *auf den ~ gehen* chodit na ulici, odd(áv)at se prostituci; **≈eln** čárkovat, šrafovat; **~punkt** *m Gr.* středník; **~regen** *m* přeháňka *f*; **≈weise** v pásmech, po pruzích.

Strick *m* provaz; *s. Strang*; *wenn alle ~e reißen* když všechno selže; *j-m e-n ~ drehen* [u]plést na k-o bič; **~arbeit** *f* pletení *n*; **≈en** [u]plést; **~er(in** *f*) *m* pletač(ka); **~e'rei** *f* pletení *n*; **~garn** *n* pletací příze *f*; **~jacke** *f* pletený kabátek; **~leiter** *f* provazový žebřík; **~maschine** *f* pletací stroj *m*, pletačka; **~nadel** *f* pletací jehla *od.* drát *m*; **~waren** *f/pl.* pletené zboží; **~zeug** *n* pletení.

Striegel *m* hřebelec, hřeblo *n*; **≈n** [o]hřebelcovat.

Striem|e *f*, **~en** *m* pruh *m*; (*Bluterguß*) podlitina *f*.

strikt přesný, stručný, striktní.

Strippe *f* šňůrka; (*Schnürsenkel*) poutko *n*; *fig. sich an die ~ hängen* [za]telefonovat.

Striptease [-ti:z] *n* striptyz *m*.

stritt *s. streiten.*

Stroh *n* sláma *f*; *fig. s. dreschen*; **~blume** *f Bot.* slaměnka; **~dach** *n* došková střecha; **≈farben** slámové barvy; **~feuer** *n fig.* přechodné nadšení; **~halm** *m* stéblo *n* slámy; **~kopf** F *m* hlupák; **~mann** *m* hastroš, panák; **~presse** *f* lis *m* na slámu; **~sack** *m* slamník; **~witwe** *f* slaměná vdova; **~witwer** *m* slaměný vdovec.

Strolch *m* pobuda, tulák; **≈en** potulovat se, [toulat se].

Strom *m* velká řeka, veletok; (*Strömung, El.*) proud; *es regnet in Strömen* prší, jen se leje; **~abnehmer** *m El.* sběrač proudu; **≈'ab(-wärts)** po proudu; **≈'auf(wärts)** proti proudu; **~bett** *n* řečiště.

strömen proudit; *Regen*: lít se; *~der Regen* prudký liják.

Stromer F *m* pobuda, tulák.

Strom|erzeuger *m* generátor; **~gebiet** *n* poříčí; **~kreis** *m El.* proudový obvod; **~leiter** *m El.* vodič proudu; **~linie** *f* proudnice; **≈linienförmig** proudnicový, aerodynamický; **≈los** bez produ; **~schiene** *f* napájecí kolejnice; **~schnelle** *f* peřeje *f/pl.*, slap *m*; **~sperre** *f* vypnutí *n* proudu; **~stärke** *f* intenzita proudu; **~stoß** *m* proudový náraz.

Strömung *f* proudění *n*; proud *m*; *fig.* směr *m*; **~s·lehre** *f* nauka o proudění.

Strom|verbrauch *m* spotřeba *f* proudu; **~versorgung** *f* napájení *n* (*od.* zásobování *n*) elektrickým proudem; **~zähler** *m* počitadlo *n* proudu; **~zufuhr** *f* přívod *m* proudu.

Strontium *n* stroncium.

Strophe *f* sloka, strofa.

strotzen kypět, oplývat (*I*); *vor Gesundheit ~* oplývat zdravím.

Strudel *m* vír; *Kochk.* závin, P štrúdl.

Struk'tu|r *f* struktura, složení *n*; *~- in Zssgn* strukturní; **≈'rell** strukturální.

Strumpf *m* punčocha *f*; **~band** *n* podvazek *m*; **~fabrik** *f* punčochárna; **~halter** *m s. Strumpfband*; **~hose** *f* punčochové kalhoty *f/pl.*;

~maske *f* punčochová maska; **~waren** *f/pl.* punčochářské zboží.
Strunk *m* (*Kohl*~) košťál; (*Baum*~) kmen, peň.
struppig ježatý, rozcuchaný; *Hund*: chundelatý.
Strych'nin *n* strychnin *m*.
Stube *f* světnice, pokoj *m*; *gute* ~ parádní pokoj.
Stuben|arrest *m* domácí vězení *n*; **~dienst** *m Mil.* služba *f* na světnici; **~fliege** *f Zo.* moucha domácí; **~gelehrte(r)** *m* knihomol; **~hocker** F *m* pecivál; **~mädchen** *n* pokojská *f*; **~rein** *Hund usw.*: čistotný.
Stuck *m* štuk.
Stück *n* kus *m*; (*Theater*~) divadelní hra *f*; *Mus.* hudební skladba *f*; *aus freien ~en* o své vůli, dobrovolně; *in allen ~en* v mnohém; *in ~e gehen* rozbí(je)t se; *große ~e auf j-n halten* zakládat si mnoho na kom.
Stuck·arbeit *f* štukatérská práce.
Stück|chen *n* kousíček *m*; **~eln** [roz]dělit na kousky, [u]dělat z kousku; **~gut** *n* kusové zboží; **~liste** *f* kusovník *m*, seznam *m* kusů; **~lohn** *m* úkolová mzda; mzda *f* za kus; **~preis** *m* cena *f* za kus; kusová cena; **~weise** po kusech, kus po kuse; **~werk** *n* kusové dílo, slátanina *f*; **~zahl** *f* počet *m* kusů.
Stu'dent *m* student; *~en-* studentský; **~enschaft** *f* studentstvo *n*; **~in** *f* studentka.
Studie *f* studie.
Studien|fach *n* vědní obor *m*; **~gang** *m* postup studií; **~jahr** *n* studijní rok *m*; **~plan** *m* studijní rozvrh *m*; **~rat** *m* školní rada; **~reise** *f* studijní cesta; **~zeit** *f* doba studií.
stu'dieren [pro-, pře-, vy]studovat.
Studio *n* studio, ateliér *m*.
Studium *n* studium, učení.
Stufe *f* stupeň *m*, schod *m*; (*sich*) *auf die gleiche ~ stellen* srovn(áv)at (se); *von ~ zu ~* po stupních, stupeň po stupni; *~n-* stupňový.
Stufen|folge *f* postup *m*, posloupnost; **~förmig** stupňovitý; **~leiter** *f* žebřík; **~weise** stupeň za stupněm, stupňovitě, postupně.
Stuhl *m* židle *f*; stolice *f*; *a.* = **~gang** *m Med.* stolice *f*; **~lehne** *f* opěradlo *n*, lenoch *m*.
Stulle *dial.* *f* mazaný krajíc chleba.
Stulpe *f* (*Stiefel*~) shrnovací holínka *f*; manžeta.
stülpen o-, vy-hrnovat [-nout]; *Hut*: narážet [-razit] si.
Stulpenstiefel *m/pl.* shrnovací boty *f/pl.*, shrnovačky *f/pl.*
stumm němý; *~ werden* [o]němět.
Stummel *m* pahýl; (*Zigaretten*~) oharek, nedopalek.
Stumm|film *m* němý film; **~heit** *f* němota.
Stümper *m* hudlař, břídil; **~ei** [-'raɪ] *f* hudlařství *n*, břídilství *n*; **~haft** hudlařský, břídilský, žabařský; **~n** hudlařit, břídit.
stumpf tupý; (*glanzlos*) matný.
Stumpf *m* pahýl, pařez; *mit ~ und Stiel* od základu, úplně; **~heit** *f* tupost; **~sinn** *m* tupost *f*, zabedněnost *f*; **~sinnig** tupý, otupělý; **~wink(e)lig** tupoúhlý.
Stunde *f* hodina; *eine halbe ~* půl hodiny; *von ~ zu ~* hodinu od hodiny; *zur ~ s. jetzt*; *in zwölfter ~* v poslední chvíli; *s-e ~ hat geschlagen* přišla jeho hodinka.
stunden povolovat [-lit] lhůtu k placení, posečk(áv)at s placením.
Stunden|glas *n* přesýpací hodiny *f/pl.*; **~kilometer** F *m* počet *m* kilometrů za hodinu; **~lang** trvající několik hodin, (po) celé hodiny; **~lohn** *m* hodinová mzda; **~plan** *m* učební plán, rozvrh hodin; **~schlag** *m* úder hodin; **~weise** po hodinách; **~zeiger** *m* hodinová ručička.
-stündig *in Zssgn* hodinový, *z. B. acht~* osmihodinový.
stündlich hodinový, hodinný; *Adv.* každou hodinu.
Stundung *f* odklad *m* placení.
Stunk *m* hádka *f*, hašteření *n*; *~ machen* [u]dělat nepříjemnosti.
stu'pid(e) hloupý, stupidní.
Stupsnase F *f* ohrnutý nos.
stur F ztrnulý, tvrdošíjný; **~heit** *f* strnulost, tvrdošíjnost.
Sturm *m* bouře *f*; (*Andrang*) nápor; *Mil.* útok; *~ laufen* hnát útokem (*gegen* na *A*); *~ läuten* [za]zvonit na poplach; *~ im Wasserglas* bouře ve sklenici vody; *~ und Drang hist.* bouře a vzdor; **~bock** *m* beran; **~boot** *n Mil.* útočný člun.
stürm|en *v/t* útočit, hnát útokem (na *A*), dobý(va)t útokem (*G od. A*);

v/i (*rennen*) hnát, pádit; 2**er** *m Sp.* útočník.
Sturm|flut *f* bouřlivý příliv; ~**gebiet** *n* bouřková oblast; ~**glocke** *f* poplašný zvon(ec) *m*.
stürmisch *See*: rozbouřený; *Wetter*, *fig.*: bouřlivý.
Sturm|läuten *n* zvonění na poplach; 2**reif** zralý k útoku; ~**riemen** *m* podbradní páska *f*; ~**schritt** *m Mil.* útočný krok; ~**vogel** *m Zo.* bouřlivák; ~**warnung** *f* varování *n* před bouří; ~**wind** *m* vichr, vichřice *f*.
Sturz *m* pád; (*Absinken*) pokles; *Pol.* svržení *n*; ~**acker** *m* podmítka *f*; ~**bach** *m* bystřina *f*.
Stürze *f* (*Deckel*) poklička.
stürzen *v/t* porážet [-razit], povalovat [-lit]; (*um*~) převracet [-vrátit], převrh(ov)at [-hnout]; *Regierung*: svrhovat [-hnout]; *v/i* padat [-dnout], [z]řítit se; *Preis*: klesat [-snout]; *sich* ~ vrhat [-hnout] se (*a. fig.*).
Sturz|flug *m* let střemhlav; ~**helm** *m* ochranná přilba; ~**see** *f* příbojová (vysoká) vlna.
Stute *f* kobyla, klisna.
Stütz *m Sp.* podpor; ~- *in Zssgn* podpěrný; ~**e** *f* podpora, opora.
stutzen *v/t* přiřez(áv)at [-říznout]; (*mit der Schere*) přistřih(ov)at [-hnout]; *v/i* zarážet [-razit] se, [u]žasnout (*über A* nad *I*).
Stutzen *m* (*Gewehr*) krátká ručnice; (*Strumpf*) sportovní punčocha *f*; *Tech.* hrdlo *n*, nátrubek.
stützen podpírat [podepřít]; *sich* ~ opírat [opřít] se.
Stutzer *m* švihák, hejsek; 2**haft** švihácký, hejskovský.
stutzig zaražený, užaslý; ~ *machen* zarážet [-razit]; ~ *werden* zarážet [-razit] se.
Stützpunkt *m* opěrný bod.
sub·al'tern podřízený, nižší, subalterní.
Sub'jek|t *n Gr.* podmět *m*, subjekt *m*; 2'**tiv** subjektivní; ~**tivi'tät** *f* subjektivita.
Subli|'mat *n* sublimát *m*; 2'**mieren** sublimovat (*im*)*pf*.
Sub·ordinati'on *f* subordinace, podřízenost.
subskri|'bieren subskribovat (*im-*)*pf.*; 2**pti'on** *f* subskripce, předplacení *n*; 2**pti'onspreis** *m* subskripční cena *f*.
Substantiv *n Gr.* podstatné jméno; 2**isch** substantivní.
Sub'stanz *f* (*Wesen*) podstata; (*Stoff*) hmota, substance.
substitu|'ieren nahradit [-razovat]; *Math.* dosadit [-sazovat]; 2'**ierung** *f*, 2**ti'on** *f* zastupování *n*; náhrada, substituce.
sub'til subtilní.
Subtra|'hend *m Math.* menšitel; 2'**hieren** odčítat [odečíst]; ~**kti'on** *f* odčítání *n*.
subtropisch subtropický.
Subventi|'on *f* podpora, subvence; 2**o'nieren** subvencovat.
Such|aktion *f* pátrací akce; ~**dienst** *m* pátrací služba *f*; ~**e** *f* hledání *n*, pátrání *n*; *auf der* ~ *nach et. sn* = 2**n** hledat (*A*), pátrat (po *L*); ~**er** *m* hledač; *Fot.* hledáček; ~**meldung** *f* pátrací zpráva.
Sucht *f* (*Rauschgift*2) narkomanie, chorobný návyk.
süchtig propadlý, *z. B. trunk*~ propadlý alkoholu.
Süd|afrika *n* Jižní Afrika *f*; 2**afrikanisch** jihoafrický; ~**amerika** *n* Jižní Amerika *f*; 2**amerikanisch** jihoamerický; 2**deutsch** jihoněmecký.
Sude'lei *f* hanebná práce.
sudeln [na]mazat, znečištit [-šťovat].
Süd|en *m* jih; *im* ~ na jihu; *nach* ~ na jih; 2**europäisch** jihoevropský; ~**früchte** *f/pl.* jižní ovoce *n*; ~**länder(in** *f*) *m* jihozemec (-mka); 2**lich** jižní; ~ *von* na jih od (*G*); ~'**ost** *m* jihovýchod; 2'**östlich** jihovýchodní; ~**pol** *m* jižní pól, jižní točna *f*; ~**see** *f* Jižní moře *n*; ~'**west** *m* jihozápad; 2'**westlich** jihozápadní; ~**wind** *m* jižní vítr.
Suezkanal *m* Suezský průplav.
Suff V *m* chlast.
süffig vhodný k pití, chutný.
Suf'fix *n Gr.* přípona *f*, sufix *m*.
sugge|'rieren sugerovat (*im*)*pf.*; 2**sti'on** *f* sugesce; ~**s'tiv** sugestivní; 2**s'tivfrage** *f* sugestivní otázka.
Sühne *f* trest *m*, odpykání *n*; *Jur.* (*Versöhnung*) smír *m*; ~**maßnahme** *f* sankce; 2**n** odpyk(áv)at; ~**termin** *m Jur.* smírčí pokus; ~**verfahren** *n Jur.* smírčí řízení.
Suite *f Mus.* suita; (*Gefolge*) průvod *m*, družina.
sukzes'siv postupný, sukcesivní.

Sul|'fat *n Chem.* síran *m*; **~'fid** *n* sirník *m*; **~'fit** *n* siřičitan *m*; **~fona'mid** *n Med.* sulfonamid *m*.
Sultan *m* sultán.
Sülze *f* huspenina, rosol *m*.
Sum|ma *f s. Summe*; **2'marisch** sumární, souhrnný.
Sümmchen *n* sumička *f*.
Summe *f* suma; (*Geld2 a.*) částka; *Math. a.* součet *m*, úhrn *m*; (*Gesamtheit a.*) souhrn.
summ|en pobrouk(áv)at (si), [za-] bzučet; *es summt mir in den Ohren* zní mi v uších; **2er** *m* bzučák.
sum'mieren sčítat [sečíst], shrnovat [-nout]; *sich ~* hromadit se, množit se.
Sumpf *m* bahno *n*, bažina *f*, močál; **~dotterblume** *f Bot.* blatouch *m*; **~fieber** *n* bahenní zimnice *f*, malárie *f*; **~gegend** *f* bažinatá krajina; **2ig** bahnitý, bažinatý.
Sünd|e *f* hřích *m*; **~enbock** *m* obětní beránek; **~en·erlaß** *m* odpuštění *n* hříchů; **~enfall** *m* prohřešení *n*; **~er(in** *f*) *m* hříšník (-nice); **2haft** hříšný; **~haftigkeit** *f* hříšnost; **2ig** hříšný; **2igen** [pro]hřešit [se].
Super|inten'dent *m* superintendent; **~lativ** *m Gr.* třetí stupeň, superlativ; **~markt** *m* potravinářský obchodní dům.
Suppe *f* polévka; *fig.* F *die ~ auslöffeln* odpyk(áv)at.
Suppen|fleisch *n* maso na polévku; **~gewürz** *n* polévkové koření; **~grün** *n* zelenina *f* do polévky; **~huhn** *n* slepice *f* na polévku; **~löffel** *m* polévková lžíce; **~schüssel** *f* polévková mísa; **~teller** *m* polévkový talíř; **~würfel** *m* polévková kostka.
Supple'mentband *m* doplňkový svazek.
Supposi'torium *n Med.* supositorium, čípek *m*.
surren [za]bzučet.
su'spekt podezřelý, suspektní.
suspen'dieren suspendovat *pf*.
süß sladký; *~ machen s. süßen*; **2e** *f* sladkost; **~en** [o]sladit; **2holz** *n* sladké dřevo; **2igkeit** *f s. Süße*; **~en** *pl.* cukroví *n*; **2kirsche** *f* sladká třešeň; **~lich** nasládlý (*a. fig.*); **2most** *m* sladký mošt; **~-sauer** sladkokyselý; **2speise** *f* sladký moučník; **2stoff** *m* sladidlo *n*; **2waren** *f/pl.* cukroví *n*; **2wasser** *n* sladká voda; **2wein** *m* sladké víno.
SW *Abk. für Südwest.*
Sweater *m* svetr.
Sym'bol *n* symbol *m*; **2isch** symbolický.
Symme'trie *f* souměrnost; **~achse** *f* osa souměrnosti.
sym'metrisch souměrný.
Sympa'thie *f* sympatie; **~kundgebung** *f* projev *m* sympatie; **~streik** *m* stávka *f* ze sympatie *od.* solidarity.
sym'pa|thisch sympatický; **~thi'sieren** sympatizovat (*mit* s kým, čím).
Sympho'nie *f s. Sinfonie.*
Sym'ptom *n* symptom *m*, příznak *m*.
Syna'goge *f* synagóga.
syn'chro|n synchronní; **~ni'sieren** synchronizovat (*im*)*pf*.
Syndi'kat *n* syndikát *m*.
Syndikus *m* syndik.
Syn'kope *f Mus.* synkopa.
Syn'ode *f* synoda.
Syno'nym *n* souznačné slovo, synonymum; **2(isch)** souznačný, synonymický.
syn|'taktisch skladební, syntaktický; **'2tax** *f* skladba, syntax; **2'these** *f* syntéza; **~'thetisch** syntetický.
Syphi|lis *f Med.* příjice, syfilis; **2'litisch** syfilitický.
Syri|en *n* Sýrie *f*; **~er(in** *f*) *m* Syřan(ka); **2sch** syrský.
Sy'ste|m *n* soustava *f*, systém *m*; **2'matisch** systematický, soustavný.
Szen|e *f* scéna; (*Bühne*) jeviště *n*; **~e'rie** *f* scenérie; **2isch** scénický.

T

T, t *n* (*unv.*) T, t.
t *Abk. für Tonne.*
Tabak *m* tabák; **~bau** *m* pěstování *n* tabáku; **~geschäft** *n*, **~laden** *m* trafika *f*.
Tabaks|beutel *m* pytlík na tabák; **~dose** *f* tabatěrka; **~pfeife** *f* dýmka, F fajfka.
Tabak|steuer *f* daň z tabáku; **~waren** *f/pl.* tabákové zboží.
tabel'larisch tabelární, přehledný.
Ta'belle *f* tabulka; **~n·führung** *f Sp.* vedení *n* tabulky.
Ta'blett *n* podnos *m*, F tác *m*; **~e** *f Med.* tablet(k)a.
Tabu'lator *m* tabulátor.
Tacho'meter *n* tachometr *m*, rychloměr *m*.
Tadel *m* vada *f*, hana *f*; (*Vorwurf*) důtka *f*, výtka *f*; *ohne* ~ = **℮los** bezvadný, bezúhonný; **℮n** [po-]hanět, [po]kárat; **℮nswert** zasluhující hany.
Tafel *f* tabule; (*Tabelle*) tabulka; (*Schokolade*) táflička; **~geschirr** *n* stolní náčiní; **℮n** pohodovat, stolovat; **~wasser** *n* stolní voda *f*.
täfeln obkládat [obložit] deskami.
Taft *m* taft, dykyta *f*; ~- *in Zssgn* taftový.
Tag *m* den; *am* (*od. bei*) *~e* z dne, ve dne; *am heutigen ~e* dnes, dnešního dne; *am ~e vor* (*D*) den před (*I*); *~ und Nacht* ve dne v noci; *~ für ~* den co den; *von ~ zu ~* den ode dne; *e-n ~ um den anderen* ob den; *den ganzen ~* (po) celý den; *in 8 ~en* za týden; *in diesen ~en, dieser ~e* v těchto dnech, v posledních dnech; *in den ~ hinein* nazdařbůh; *an den ~ bringen* vynášet [-nést] na světlo; *es wird ~* rozednívá se; *Bgb. unter ~e* pod zemí, v dole; *guten ~!* dobrý den!; **℮'aus, ℮'ein** den co den, den ze dne.
Tage|bau *m Bgb.* povrchové dolování; **~blatt** *n* deník *m*, denní list *m*; **~buch** *n* deník *m*, denní zápisník *m*; **~dieb** *m* povaleč, lenoch; **~geld** *n* diety *f/pl.*; **℮lang** trvající celé dny, po celé dny; **~lohn** *m* denní mzda *f*; **~löhner(in** *f*) *m* nádeník (-nice); **℮n** zased(áv)at, rokovat; (*unpers.*) *es tagt* rozednívá se, svítá; **~reise** *f* denní cesta.
Tages|anbruch *m* svítání *n*, úsvit; *mit* (*od. bei*) ~ za svítání, za úsvitu; **~arbeit** *f* denní práce, práce za den; **~befehl** *m* denní rozkaz; **~bericht** *m* denní zpráva *f*; **~einnahme** *f* denní tržba *f*; **~er·eignis** *n* událost *f* dne; **~gespräch** *n* rozhovor *m* o události dne; **~kasse** *f* denní pokladna; *s. Tageseinnahme*; **~kurs** *m* denní kurs; **~leistung** *f* denní výkon *m*; **~licht** *n* denní světlo; **~lichtpatrone** *f Fot.* patrónka pro denní světlo; **~marsch** *m* denní pochod; **~nachrichten** *f/pl.* denní zprávy *f/pl.*; **~ordnung** *f* pořad *m*, denní pořádek *m*; **~presse** *f* denní tisk *m*; **~schau** *f* denní zprávy *f/pl.* v televizi; **~schicht** *f* denní směna; **~zeit** *f* denní doba; **~zeitung** *f* denní list *m*, denní noviny *f/pl.*
tage|weise *Adv.* denně, po dnech; **℮werk** *n* denní práce *f*.
taghell jasný (*od.* světlý) jako den.
-tägig -denní, *z. B. drei~* třídenní.
täglich denní; *Adv.* denně; *Gegenstände des ~en Bedarfs* předměty denní potřeby; *Rel. unser ~ Brot* chléb náš vezdejší.
tags: *~ darauf* příštího dne; *~ zuvor* předešlého dne; *~über* ve dne, za dne.
tag|'täglich *Adj.* každodenní; *Adv.* den co den; **℮und'nachtgleiche** *f* rovnodennost; **℮ung** *f* zasedání *n*, shromáždění *n*.
Tai'fun *m* taifun *m*.
Taille *f* pás *m*, tajle.
Takel|ung *f*, **~werk** *n Mar.* takeláž *f*.
Takt *m* takt, doba *f*; *den ~ schlagen* dá(va)t takt; **~gefühl** *n Mus.* smysl *m* pro takt; *fig.* taktnost *f*; **~ik** *f* taktika; **~iker** *m* taktik; **℮isch** taktický; **℮los** netaktní, neslušný; **~losigkeit** *f* netaktnost, neslušnost; **℮mäßig** taktový, podle taktu; **~stock** *m Mus.* taktovka *f*; **~strich**

m Mus. taktová čára; ≈**voll** taktní, slušný.
Tal *n* údolí; ≈'**ab(wärts)** údolím dolů; *s. fluß-, stromabwärts.*
Ta'lar *m* talár.
tal'auf(wärts) údolím vzhůru; *s. fluß-, stromaufwärts.*
Ta'lent *n* talent *m*, nadání; ≈**los** netalentovaný, nenadaný; ≈**voll** talentovaný, nadaný.
Taler *m* tolar.
Talfahrt *f* plavba po proudu; jízda dolů, sjezd *m*.
Talg *m* lůj; ~**drüse** *f* mazová žlázka; ≈**ig** lojovitý, lojovatý; ~**licht** *n* lojovice *f*, lojovka *f*.
Talisman *m* talisman.
Talk *m Min.* mastek.
Tal·kessel *m* kotlina *f*.
Talmi *n*, **Talmigold** *n* talmové (*od.* F kočičí) zlato.
Tal|sohle *f* údolní dno *n*; ~**sperre** *f* údolní přehrada; ~**station** *f* dolní stanice; ≈**wärts** *s. talabwärts.*
Tambour *m hist.* tambor; *Arch.* tambur.
Tambu'rin *n Mus.* tamburína *f*, bubínek *m*.
Tampo|n *n Med.* tampón *m*, ucpávka *f* z vaty; ≈'**nieren** ucp(áv)at vatou, tamponovat (*im*)*pf*.
Tam'tam *n* tamtam *m*; *fig.* hluk *m*.
Tand *m* tretka *f*, titěrka *f*.
Tänd|e'lei *f* laškování *n*, žertování *n*; ≈**eln** [po]hrávat si, [po]laškovat.
Tandem *n* tandem *m*; ~- *in Zssgn* tandemový.
Tang *m Bot.* chaluha *f*, mořská řasa.
Tan'gente *f Geom.* tečna, tangenta.
Tank *m* nádrž *f*, cisterna *f*; ≈**en** [na]tankovat, [na]plnit; ~**er** *m*, ~**schiff** *n* tanková (*od.* cisternová) loď; ~**stelle** *f* čerpací (*od.* tankovací) stanice; ~**wagen** *m* tankový (*od.* cisternový) vůz.
Tanne *f* jedle.
Tannen|baum *m s. Tanne, Christbaum*; ~**nadel** *f* jedlové jehličí; ~**wald** *m* jedlový les; ~**zapfen** *m* jedlová šiška.
Tantalusqualen *f/pl.* Tantalova muka *f/pl.*
Tante *f* teta, tetička.
Tanti'eme *f* podíl *m* na zisku, tantiéma.
Tanz *m* tanec; ~**abend** *m* taneční večírek; ~**boden** *m* taneční síň *f*, tančírna *f*.
tänzeln poskakovat, hopkat.
tanzen tančit, tancovat.
Tänzer(in *f*) *m* tanečník (-nice).
Tanz|fest *n* taneční zábava *f*; ~**kapelle** *f* taneční kapela; ~**lehrer** *m* učitel tance; ~**musik** *f* taneční hudba; ~**schule** *f* taneční škola *od.* kursy *m/pl.*; ~**stunde** *f* taneční hodina.
Ta'pe|te *f* tapeta, čaloun *m*; ≈'**zieren** [vy]tapetovat, [vy]čalounit; ~'**zierer** *m* čalouník.
tapfer statečný, udatný; ≈**keit** *f* statečnost, udatnost.
tappen [za]tápat; *im dunkeln* ~ tápat ve tmě.
täppisch nemotorný, neohrabaný.
Tara *f Hdl.* tára.
Ta'rantel *f Zo.* tarantula; *fig. wie von der ~ gestochen* jako pominutý.
Ta'rif *m* tarif, sazba *f*; ~**gruppe** *f* pracovní (*od.* tarifní) třída; ≈**lich** tarifní; ~**lohn** *m* tarifní mzda *f*; ≈**mäßig** tarifní, podle tarifu; ~**vertrag** *m* tarifní smlouva *f*.
Tarn- *in Zssgn* zastírací; ≈**en** zastírat [-střít], maskovat (*im*)*pf.*; ~**netz** *n* síť *f* k zastírání; ~**ung** *f* zastírání *n*, maskování *n*.
Täschchen *n* (*am Kleid*) kapsička *f*; (*Hand*≈) kabelka *f*.
Tasche *f* kapsa; (*Hand*≈) kabelka; *s. Akten-, Brief-, Einkaufstasche*; *fig. j-m auf der ~ liegen* dá(va)t se vydržovat od k-o.
Taschen|ausgabe *f* kapesní vydání *n*; ~**buch** *n* brožura *f*, brožovaná kniha; ~**dieb** *m* kapesní zloděj, kapsář; ~**format** *n* kapesní formát *m*; ~**geld** *n* kapesné.
Taschenlampe *f* kapesní svítilna; ~**n·batterie** *f* baterie pro kapesní svítilny.
Taschen|messer *n* kapesní nožík *m*, F kudla *f*; ~**spieler** *m* kejklíř; ~**tuch** *n* kapesník *m*; ~**wörterbuch** *n* slovník *m* kapesního formátu.
Täßchen *n* šáleček *m*, koflíček *m*.
Tasse *f* šálek *m*, koflík *m*.
Tast|a'tur *f* klávesnice, klaviatura; ~**e** *f* klapka, klávesa, tlačítko *n*; ≈**en** ohmat(áv)at, hmatat [hmátnout]; *sich ~* tápat; ~**sinn** *m*, ~**vermögen** *n* hmatový smysl, hmat *m*.
Tat *f* skutek *m*, čin *m*; *in der ~* vskutku, skutečně; *auf frischer ~ ertappen* přistihovat [-hnout] při činu.

tat *s. tun.*
Ta'tar|(**in** *f*) *m* Tatar(ka); **≈isch** tatarský.
Tatbestand *m Jur.* skutková podstata; *den ~ aufnehmen* zapsat [sepsat] skutkovou podstatu.
Taten|drang *m*, **~durst** *m* potřeba *f* činnosti, touha *f* po činech; **≈los** nečinný.
Täter|(**in** *f*) *m* původce (-dkyně); *Jur.* pachatel(ka); **~schaft** *f* spáchání *n* činu, pachatelství *n*.
tätig činný, zaměstnaný; **~en** provádět [-vést], uskutečňovat [-čnit]; **≈keit** *f* činnost; zaměstnání *n*; **≈keitsbereich** *m* obor působnosti; **≈keitsbericht** *m* zpráva *f* o činnosti.
Tat|kraft *f* účinnost, ráznost; **≈kräftig** účinný, rázný.
tätlich násilný; *~ werden* dopouštět [-pustit] se násilí; *~e Beleidigung* urážka *f* skutkem; **≈keiten** *f/pl.* násilí *n*.
Tat·ort *m Jur.* místo *n* činu.
täto'wier|en [vy]tetovat; **≈ung** *f* tetování *n*.
Tatra *f* Tatry *f/pl.*
Tat|sache *f* skutečnost; **≈sächlich** skutečný.
tätscheln [po]hladit.
Tatterich F *m* třesavka *f*.
Tatze *f* pracka, tlapa.
Tau *n Mar.* lano.
Tau *m* rosa *f*.
taub hluchý; *Ähre usw.*: planý; *Bgb.* jalový; *~ werden* [o]hluchnout.
Taube *f* holub *m*, holubice; **~n-** holubí, holubičí.
Tauben|fleisch *n* holubí maso; **≈grau** sivý; **~post** *f* holubí pošta; **~schlag** *m* holubník *m*; **~zucht** *f* chov *m* holubů.
Tauber *m*, **Täuberich** *m* holub.
Taubheit *f* hluchota.
taubstumm hluchoněmý; **≈enanstalt** *f* ústav *m* hluchoněmých; **≈heit** *f* hluchoněmost, hluchoněmota.
tauch|en *v/t* ponořovat [-řit], potápět [-topit] (*v/i* se); **≈en** *n* potápění; **≈er** *m* potápěč; *Zo.* potápka *f*; **≈er·anzug** *m* potápěčský oblek, skafandr; **≈erglocke** *f* potápěčský zvon; **≈sieder** *m* (elektrický) ponorný ohřívač; **≈station** *f* (*U-Boot*) ponořování *n*.
tauen [roz]tavit, rozpouštět [-pustit], [roz]tát; *es taut* taje.
Tauf|becken *n* křtitelnice *f*; **~e** *f* křest *m*; **≈en** [po]křtít.
Täuf|er *m* křtitel; **~ling** *m* křtěnec.
Tauf|name *m* křestní jméno *n*; **~pate**(**in** *f*) *m* kmotr(a); **~schein** *m* křestní list; **~stein** *m* křtitelnice *f*.
tauge|n hodit se (*zu* k *D*); **≈nichts** *m* ničema, budižkničemu.
tauglich vhodný, způsobilý; **≈keit** *f* vhodnost, způsobilost.
Taumel *m* závrať *f*, vrávorání *n*; *fig.* opojení *n*; **≈ig** vrávoravý; **≈n** [za]vrávorat, [za]potácet se.
Tausch *m* výměna *f*, směna *f*; *im ~* výměnou (*gegen* za *A*); **≈en** vyměňovat [-měnit]; *ich möchte nicht mit ihm ~* neměnil bych s ním.
täuschen [o-, z]klamat; *sich ~* [z]klamat se; **~d** klamný.
Tausch|handel *m* výměnný obchod; **~objekt** *n* předmět *m* výměny.
Täuschung *f* klamání *n*, klam *m*; **~s·manöver** *n* manévr *m*, úskok *m*.
Tausch·wert *m* směnná hodnota.
Tausend *n* tisíc *m*.
tausend tisíc; *~ und aber ~* tisíce a tisíce; **≈er** *m* (*Banknote*) tisícovka *f*; **~erlei** tisícerý; **~fach, ~fältig** tisíceronásobný; **≈füß(l)er** *m Zo.* stonožka *f*; **≈'guldenkraut** *n* zeměžluč *f*; **~jährig** tisíciletý; **~mal** tisíckrát; **≈sasa** F *m* čertův chlapík; **≈schön** *n Bot.* sedmikráska *f*, chudobka *f*; **≈stel** *n* tisícina *f*; **~ste(r)** tisící.
Tau|tropfen *m* krůpěj *f* rosy; **~wetter** *n* tání, obleva *f*.
Tauziehen *n fig.* vleklé zápasení, pachtění.
Taxa|'meter *m* taxametr; **~ti'on** *f* (o)cenění *n*, taxace.
Ta'x|ator *m* taxátor; **'~e** *f* poplatek *m*, taxa; **'~i** *n* taxi *n*, F taxík *m*; **≈ieren** odhadovat [-dnout], taxovat (*im*)*pf.*; **'~wert** *m* odhadní cena *f*.
Tbc *s. Tuberkulose.*
Teakholz ['ti:k-] *n* teakové dřevo.
Team [ti:m] *n* mužstvo, team *m*.
Techni|k *f* technika; **~ker** *m* technik; **~kum** *n* technikum; **≈sch** technický; *~e Hochschule* vysoká škola technická.
Techno|lo'gie *f* technologie; **≈'logisch** technologický.

Techtel'mechtel *n* milostné pletky *f/pl.*, F techtle mechtle.
Teddybär *m* medvídek.
Tee *m* čaj; *den ~ ziehen lassen* svářet [svařit] čaj; **~büchse** *f* krabička na čaj; **~kanne** *f* konvice na čaj, čajová konvice; **~kessel** *m* čajník.
Teer *m* dehet; **2en** [na]dehtovat; **~pappe** *f* dehtová lepenka.
Tee|sieb *n* cedník *m* na čaj, čajové sítko; **~stube** *f* čajovna; **~trinken** *n* pití čaje.
Teich *m* rybník.
Teig *m* těsto *n*; **2ig** těstovitý; (*überreif*) přezrálý; **~knetmaschine** *f* mísicí stroj *m*, hnětačka na těsto; **~rolle** *f* válek *m* na těsto; **~waren** *f/pl.* těstové výrobky *m/pl.*, těstoviny *f/pl.*
Teil *m od. n* část *f*, díl *m*; (*An2*) podíl *m*, účast *f*; *zum ~* zčásti, dílem, částečně; *ich für meinen ~* co je na mně, co se mne týče; *zu gleichen ~en* stejným dílem; *~- in Zssgn mst* dílčí.
teilbar dělitelný; **2keit** *f* dělitelnost.
Teil|chen *n* částice *f*, částečka *f*; **2en** [roz]dělit; *Math.* dělit; *geteilt fig.* sdělený; **~er** *m Math.* dělitel; **~erfolg** *m* částečný výsledek; **2haben** mí(va)t účast, podílet se *pf.* (*an D* na *L*); **~haber(in** *f*) *m* účastník (-nice); (*Gesellschafter*) společník (-nice); **~haberschaft** *f* účastnictví *n*, společnictví *n*; **2haft(ig)** účastný; **~nahme** *f* účast (*an D* na *L*); (*Mitgefühl*) soucit *m*, soustrast, účast; **2nahmslos** lhostejný, netečný; **~nahmslosigkeit** *f* lhostejnost, netečnost; **2nahmsvoll** účastný; **2nehmen** [z]účastnit se (*an D/G*); **~nehmer(in** *f*) *m* účastník (-nice).
teils částečně, dílem; *~ ... ~* dílem ... dílem ...
Teil|strecke *f* část trati, traťový úsek; *Esb.* vedlejší trať; **~strich** *m* dělící čár(k)a *f*; **~ung** *f* (roz)dělení *n*, dělba; **2weise** částečně, zčásti; **~zahlung** *f* splátka.
Teint [tɛ̃:] *m* pleť *f*.
Tele'fon [*a.* 'te-] *n* telefon *m*; **~anschluß** *m* telefonní připojení *n*; **~apparat** *m* telefonní přístroj; **~buch** *n* telefonní seznam *m*, seznam *m* účastníků; **~gebühr** *f* telefonní poplatek *m*; **~gespräch** *n* telefonní (roz)hovor *m*.
tele|fo'nieren [za]telefonovat; **~'fonisch** telefonický; **2fo'nist** *m* telefonista; **2fo'nistin** *f* (*Post*) spojovatelka.
Tele'fon|nummer *f* telefonní číslo *n*; **~zelle** *f* telefonní budka.
Tele'gramm *n* telegram *m*; **~adresse** *f* adresa telegramu; **~formular** *n* blanket (*od.* formulář *m*) *m* telegramu; **~stil** *m fig.* telegrafický sloh.
Tele'gra|ph *m* telegraf; **~phen·amt** *n* telegrafní úřad *m*; **~'phie** *f* telegrafie; **2'phieren** [za]telegrafovat; **2phisch** telegrafický; **~'phist(in** *f*) *m* telegrafista (-tka).
Tele|objektiv *n* teleobjektiv *m*; **~'phon** *n s. Telefon*; **~'skop** *n* teleskop *m*, dalekohled *m*.
Teller *m* talíř; *dim.* talířek; **2förmig** talířovitý; **~mine** *f Mil.* talířová mina; **~mütze** *f* placatá čepice; **~rad** *n* talířové kolo; **~wäscher** *m* myč nádobí.
Tempel *m* chrám; synagóga; **~herr** *m*, **~ritter** *m* templář.
Tempera'ment *n* temperament *m*; **2los** netemperamentní; **2voll** temperamentní.
Tempera'tur *f* teplota, temperatura; *erhöhte ~* zvýšená teplota; *~ haben Med.* mí(va)t horečku; **~anstieg** *m* vzestup teploty; **~schwankungen** *f/pl.* kolísání *n* teploty; **~sturz** *m* náhlý pokles teploty.
tempe'rieren temperovat (*im*)*pf.*
Tempo *n* tempo, rychlost *f*; *~ einschlagen* zrychlit *pf.* tempo; **2'ral** časový, dočasný; **2'rär** přechodný.
Tempus *n Gr.* čas *m*.
Ten'denz *f* tendence; **2i'ös** tendenční.
Tender *m* tendr.
ten'dieren směřovat.
Tenne *f* mlat *m*, humna *n/pl.*
Tennis *n* tenis *m*; **~platz** *m* tenisový kurt *od.* dvorec; **~schläger** *m* tenisová raketa *f*; **~spieler(in** *f*) *m* hráč(ka *f*) *m* tenisu, tenista (-tka).
Te'nor *m* tenor.
Ten'takel *m od. n* chapadlo *n*.
Teppich *m* koberec; **~boden** *m* podlaha *f* krytá kovralem; **~kehrmaschine** *f* zametač *m* na koberce; **~klopfer** *m* vyklepávač koberců; **~stange** *f* stojan *m* na klepání koberců.

Ter'min *m* termín, lhůta *f*; *Jur.* stání *n*; ~ *haben* (*od. anberaumen*) stanovit *pf.* lhůtu; **~arbeit** *f* termínová práce; **2gerecht** podle lhůty, ve stanovené lhůtě; **~kalender** *m* lhůtník, termínový kalendář; **~olo'gie** *f* terminologie, názvosloví *n*; **~plan** *m* lhůtový (*od.* operativní) plán; **~verlängerung** *f* prodloužení *n* lhůty; **~zahlung** *f* placení *n* na splátky.

Ter'mite *f Zo.* všekaz, termit.

Terpen'tin *n* terpentýn *m*; **~öl** *n* terpentýnová silice.

Terrain [-'rɛ̃:] *n* terén *m*, území.

Ter'rasse *f* terasa; **2n·förmig** terasovitý, stupňovitý.

Ter'rine *f* polévková mísa.

terri|tori'al územní, teritoriální; **2'torium** *n* území, teritorium.

Terror *m* teror, násilí *n*; **2i'sieren** terorizovat (*im*)*pf.*, znásilňovat [-lnit].

Terz *f Mus.* tercie; (*Fechten*) terce.

Ter'zett *n Mus.* tercet(o *n*) *m*.

Test *m* test, zlouška *f*.

Testa'men|t *n* poslední vůle *f*, závěť *f*, testament *m*; *Rel.* zákon *m*; **2'tarisch** testamentární.

Testa'ments|eröffnung *f* otevření *n* závěti; **~vollstrecker** *m* vykonavatel závěti.

test|en [o]testovat, [vy]zkoušet; **2pilot** *m* zkušební pilot.

Tetanus *m Med.* tetan(us).

Tetra'eder *m Geom.* čtyřstěn, tetraedr.

teuer drahý, cenný; *wie* ~ (*ist*)? kolik stojí?, jak je to drahé?; **2ung** *f* drahota; **2ungszulage** *f* drahotní přídavek *m*.

Teufe *f Bgb.* hloubka.

Teufel *m* čert, ďábel; F *armer* ~ chudák, chuďas; *pfui* ~! fuj (tajfl)!; **~ei** [-'laɪ] *f* čertovina, ďábelství *n*.

Teufels|brut *f* čertovo plemeno; **~kerl** F *m* čertův chlapík.

teufen *Bgb.* [vy]hloubit.

teuflisch čertovský, ďábelský.

Text *m* text; **~buch** *n* libreto.

Tex'til- textilní; **~arbeiter**(**in** *f*) *m* textilní dělník (-nice); **~ien** *pl.* textilie *f*/*pl.*, textilní zboží *n*.

The'ater *n* divadlo; **~aufführung** *f* divadelní představení *n*; **~besucher** (**-in** *f*) *m* návštěvník (-nice *f*) *m* divadla; **~dichter** *m* divadelní autor; **~glas** *n* divadelní kukátko; **~karte** *f* lístek *m* do divadla; **~stück** *n* divadelní hra *f*.

thea'tralisch strojený, teatrální.

Theke *f* výčepní stůl *m*, pult *m*.

Thema *n* téma, námět.

Theodo'lit *m* theodolit.

Theo'lo|ge *m* bohoslovec, teolog; **~'gie** *f* bohosloví *n*, teologie; **2gisch** teologický.

Theo|'retiker *m* teoretik; **2'retisch** teoretický; **~'rie** *f* teorie.

Thera'pie *f* terapie, léčba.

Ther'malquelle *f* termální (*od.* teplý) pramen.

Thermo|dy'namik *f* termodynamika; **~'meter** *n* teploměr *m*.

Thermo|s·flasche *f* termoska, F termovka; **~'stat** *m* termostat.

These *f* these, tvrzení *n*.

Thomasstahl *m* Thomasova ocel.

Throm'bose *f Med.* trombosa, ucpání *n* cévy.

Thron *m* trůn; **~besteigung** *f* nastoupení *n* na trůn; **~bewerber** *m* nápadník trůnu; **2en** trůnit; **~folge** *f* následnictví *n* na trůn, trůnní posloupnost; **~folger** *m* následník trůnu; **~rede** *f* trůnní řeč; **~wechsel** *m* změna *f* na trůně.

Thunfisch *m Zo.* tuňák.

Thymian *m Bot.* tymián, dymián.

ti'betisch tibetský.

Tick *m* vrtoch, podivný návyk; **2en** [za]tikat.

tief hluboký; (*niedrig*) nízký; *drei Meter* ~ hluboký tři metry; *~er machen* prohlubovat [-hloubit].

Tief *n s. Tiefdruckgebiet*; **~angriff** *m Flgw.* útok v nízkém letu; **~bau** *m* pozemní stavitelství *n*; **2blau** tmavomodrý; **~druck** *m Typ.* hlubotisk; **~druckgebiet** *n* oblast *n* nízkého tlaku; **~e** *f* hloubka; **~ebene** *f* nížina; **2empfunden** hluboce procítěný; **~enmessung** *f* měření *n* hloubky; **~enschärfe** *f Fot.* hloubka ostrosti; **~flug** *m Flgw.* přízemní (*od.* hloubkový) let; **~gang** *m Mar.* ponor; **2gekühlt** zmrazený; **2greifend** pronikavý, důkladný; **~kühltruhe** *f* mraznička; **~kühlung** *f* mrazení *n*; **~lader** *m* trajler; **2liegend** hluboko položený; **~punkt** *m* nejnižší bod, stav; **~see** *f* hluboké moře; **~seeforschung** *f* výzkum *m* mořských hlubin; **~sinn** *m* důmysl, důvtip;

hloubka *f* myšlení; ²**sinnig** důmyslný, hluboký; ~**stand** *m* nízký stav; *fig.* úpadek; ~**ziehpresse** *f* hlubokotažný lis.

Tiegel *m Kochk.* pánev *f*, rendlík; *Chem.*, *Bgb.* kelímek, tyglík.

Tier *n* zvíře; F *großes* ~ velké zvíře; ~**arzt** *m* zvěrolékař; ²**ärztlich** zvěrolékařský; ~**bändiger** *m* krotitel zvířat; ~**fabel** *f* zvířecí bajka; ~**freund** *m* přítel zvířat; ~**garten** *m* zoologická zahrada; ²**isch** zvířecí; ~**kreis** *m Astr.* zvířetník, zvěrokruh; ~**quäle'rei** *f* trýznění (*od.* trápení) *n* zvířat; ~**reich** *n* říše *f* zvířat, zvířena *f*, fauna *f*; ~**schutzver·ein** *m* spolek pro ochranu zvířat; ~**zucht** *f* chov *m* zvířat; ~**züchter** *m* pěstitel zvířat.

Tiger *m* tygr; ~**weibchen** *n* tygřice *f*.

tilg|en vyhlazovat [-hladit], [z]ničit; *Hdl.* umořovat [-řit]; ²**ung** *f Hdl.* umoření *n*.

Tink'tur *f* tinktura.

Tinte *f* inkoust *m*; *fig.* F *in der* ~ *sitzen* být v bryndě.

Tinten|faß *n* kalamář *m*; ~**fisch** *m Zo.* sépie *f* obecná; ~**fleck** *m* kaňka *f*, inkoustová skvrna; ~**stift** *m* inkoustová tužka.

Tip *m* tip.

tipp|en psát [napsat] na stroji; (*wetten*) [za]tipovat; ²**fehler** *m* překlep; ²**fräulein** F *n* písařka *f* (na stroji).

tipptopp bezvadný, dokonalý.

Ti'rol *n* Tyroly *m/pl.*; ~**er** *Adj.* tyrolský.

Tisch *m* stůl; (*kleiner*) stol(eč)ek; ~- *in Zssgn* stolní, stolový; *bei* ~ při jídle; *vor* ~ před jídlem; *nach* ~ po jídle; *zu* ~ *gehen* jít (chodit *Iter.*) k obědu *od.* k večeři; *fig. unter den* ~ *fallen* padat [-dnout] pod stůl; *reinen* ~ *machen* [u]dělat pořádek v (*L*); ~**bein** *n* noha *f* (u) stolu; ~**decke** *f* ubrus *m*; ~**gast** *m* host; ~**gespräch** *n* rozhovor *m* u stolu *od.* u oběda; ~**kante** *f* hrana stolu; ~**kasten** *m* zásuvka *f* stolu; ~**lampe** *f* stolní lampa.

Tischler *m* truhlář; ~**ei** [-'RAI] *f* truhlářství *n*; (*Werkstatt*) truhlárna; ~**leim** *m* truhlářský klih; ²**n** F truhlařit.

Tisch|rede *f* řeč při stole, přípitek *m*; ~**rücken** *n* hýbání stolem; ~**tennis** *n* stolní tenis *m*, ping-pong *m*; ~**tuch** *n* ubrus *m*; ~**wäsche** *f* stolní prádlo *n*; ~**zeit** *f* čas *m* k jídlu *od.* k obědu.

Titel *m* titul; ~**bild** *n* titulní obrázek *m*; ~**blatt** *n* titulní list *m*; ~**halter** *m Sp.* držitel titulu; ~**kampf** *m Sp.* boj o titul; ~**rolle** *f Thea.* titulní úloha; ~**verteidiger** *m* obhájce titulu.

Toast *m Kochk.* topinka *f*, toast; (*Trinkspruch*) přípitek; ²**en** *v/i* pronášet [-nést] přípitek; ~**er** *m* opékač (topinek).

tob|en (*rasen*) zuřit [-řívat], řádit [-dívat]; *Sturm*: [za]bouřit, [za-]burácet; ²**sucht** *f* zuřivost; ~**süchtig** zuřivý.

Tochter *f* dcera.

Töchterchen *n* dcer(uš)ka *f*.

Tochterfirma *f* pobočka, filiálka.

töchterlich dceřiný; *Adv.* jako dcera.

Tod *m* smrt *f*; *sich den* ~ *holen* uhnat si *pf.* smrt; *mit dem* ~*e ringen* zápasit se smrtí; *zu* ~*e erschrocken* na smrt polekaný; ²**bringend** smrtonosný; ²**ernst** smrtelně vážný.

Todes|ahnung *f* předtucha smrti; ~**angst** *f* smrtelná úzkost; ~**anzeige** *f* úmrtní oznámení *n*; ~**erklärung** *f* prohlášení *n* za mrtvého; ~**fall** *m* úmrtí *n*; ~**jahr** *n* rok *m* úmrtí; ~**kampf** *m* smrtelný zápas; ²**mutig** vzdorující smrti, neohrožený; ~**nachricht** *f* zpráva o úmrtí; ~**opfer** *n* oběť *f* smrti; ~**stoß** *m* smrtelná rána; ~**strafe** *f* trest *m* smrti; ~**stunde** *f* hodin(k)a *f* smrti; ~**tag** *m* den úmrtí; ~**urteil** *n* rozsudek *m* smrti; ~**ver·achtung** *f* pohrdání *n* smrtí; *mit* ~ pohrduje smrtí.

Tod|feind *m* úhlavní nepřítel; ²**geweiht** zasvěcený smrti; ²**krank** na smrt nemocný (-cen).

tödlich smrtelný.

tod|müde na smrt unavený; ~**sicher** zcela jistý; ²**sünde** *f* smrtelný hřích; ~**unglücklich** smrtelně nešťastný.

Toi'lette *f* toaleta; ~**n·artikel** *m/pl.* toaletní potřeby *f/pl.*; ~**npapier** *n* toaletní papír *m*.

tole|'rant tolerantní; ²'**ranz** *f* tolerance; ~'**rieren** tolerovat (*im*)*pf.*, snášet [snést].

toll *Hund*: vzteklý; F *fig.* (*verrückt*) potřeštěný, šílený; (*ausgelassen*) rozpustilý, bláznivý; es (zu) ~ *treiben* počínat si výstředně; **~en** dovádět, rejdit; **2heit** *f* potřeštěnost; **2kirsche** *f Bot.* rulík *m* zlomocný; **~kühn** odvážný; **2kühnheit** *f* odvaha; **2wut** *f* vzteklina, zběsilost.
Tölpel *m fig.* F hlupák, ťulpas; **2haft** nemotorný, neohrabaný.
To'mate *f* rajče *n*, rajské jablíčko.
To'maten|mark *n* tomátová dřeň; **~saft** *m* šťáva *f* z rajských jablek.
Tombola *f* tombola.
Ton[1] *m Geol.* hlína *f*.
Ton[2] *m Mus.* tón; *Gr.* přízvuk; (*Farbe*) odstín; *guter* ~ dobrý tón; *den* ~ *angeben* ud(áv)at tón; **~abnehmer** *m* přenoska *f*; **2angebend** udávající tón, rozhodující; **~art** *f Mus.* tónina; **~aufnahme** *f*, **~aufzeichnung** *f* záznam *m* zvuku; **~band** *n* zvukový pás(ek); **~bandgerät** *n* magnetofon *m*; **~-** *in Zssgn* magnetofonový.
tönen [za]znít, oz(ý)vat se; **~d** zvučící.
Ton·erde *f* hlína; *Chem.* kysličník *m* hlinitý; *essigsaure* ~ octan *m* hlinitý.
tönern hliněný.
Ton|fall *m* spád řeči, kadence *f*; **~film** *m* zvukový film; **~frequenz** *f* tónová frekvence, tónový kmitočet; **~gefäß** *n* hliněná nádoba; **2ig** hliněný; **~ingenieur** *m* zvukový technik, zvukař; **~kunst** *f* hudba, hudební umění *n*; **~künstler** *m* hudební umělec, hudebník; **~lage** *f* poloha tónů; **~leiter** *f Mus.* stupnice *f*, škála *f*; **2los** beze zvuku, nezvučný; *Gr.* bez přízvuku, nepřízvučný.
Ton'nage *f* tonáž, nosnost.
Tonne *f* sud *m*, bečka, káď; (*Gewicht*) tuna; **2n·weise** po tunách.
Ton|pfeife *f* hliněná dýmka, hliněnka; **~silbe** *f Gr.* přízvučná slabika; **~stärke** *f* intenzita tónu.
Ton'sur *f* tonzura.
Tontechniker *m s. Toningenieur.*
Tönung *f* odstínění *n*, tónování *n*.
Ton|waren *f/pl.* hliněné zboží *n*; **~wiedergabe** *f* reprodukce zvuku.
To'pas *m* topaz.
Topf *m* hrnec, hrnek; *fig. alles in e-n* ~ *werfen* házet [hodit] všechno do jednoho pytle.
Töpfchen *n* hrneček *m*, hrníček *m*.
Topfen *m s. Quark.*
Töpfe|r *m* hrnčíř; **~'rei** *f* (*Handwerk*) hrnčířství *n*; (*Werkstatt*) hrnčířská dílna.
Topfpflanze *f* květina *f* v květináči.
Topo|gra'phie *f* topografie; **2'graphisch** topografický.
Topp *m Mar.* vrcholek.
Tor[1] *n* brána *f*, vrata *n/pl.*; *Sp.* branka *f*; *ein* ~ *schießen* vstřelovat [-lit] branku.
Tor[2] *m* blázen, pošetilec.
Torf *m* rašelina *f*; **~gewinnung** *f* dobývání *n* (*od.* těžení *n*) rašeliny; **~lager** *n* ložisko *n* rašeliny, rašeliniště *n*.
Torflügel *m* vráteň *f*.
Torf|moor *n* rašelinová bažina; **~mull** *m* rašelinová drť.
Torheit *f* bláhovost, pošetilost.
Torhüter *m* vrátný; *Sp.* brankář.
töricht bláhový, pošetilý; **~erweise** pošetile.
torkeln vrávorat, potácet se, motat se.
Torlauf *m Sp.* slalom.
Tor'nado *m* tornádo *n*.
Tor'nister *m* torna *f*, tlumok.
torpe'dieren torpédovat (*im*)*pf*.
Tor'pedo *n* torpédo; **~boot** *n* torpédový člun; **~flugzeug** *n* torpédonosný letoun; **~rohr** *n* torpédová roura.
Tor|schließer *m* vrátný; **~schluß** *m* zavření *n* brány; *vor* ~ v posledním okamžiku.
Torso *m* torso *n*, trup.
Torte *f* dort *m*.
Tor'tur *f* tortura, muka *n/pl.*
Tor|wächter *m* vrátný; **~wart** *m Sp.* brankář; **~weg** *m* průjezd.
tosen [za]hučet, [za]burácet; *~der Beifall* bouřlivý potlesk.
tot mrtvý (mrtev); (*gestorben*) zemřelý; *Tier*: zdechlý; *Esb.* (*Geleise*) slepý; *das 2e Meer* Mrtvé moře; **2e(r)** *m/f* mrtvý *m*, mrtvá *f*, nebožtík (-žka).
to'tal totální, úplný; **2ausverkauf** *m* úplný výprodej; **2ansicht** *f* celkový pohled; **2i'sator** *m* totalizátor; **2i'tät** *f* cel(istv)ost, úplnost, totalita.
töten usmrcovat [-rtit], zabí(je)t; *s. abtöten.*
Toten|bahre *f* máry *f/pl.*; **~bett** *n* úmrtní lože; **2blaß, 2bleich** bledý jako smrt, zsinalý; **~feier** *f* smu-

teční slavnost; **~geläut(e)** *n* hrany *f/pl.*; **~gräber** *m* hrobník; **~hemd** *n* rubáš *m*; **~kopf** *m* umrlčí hlava *f*; *Zo.* smrtihlav; **~maske** *f* posmrtná maska; **~messe** *f* zádušní mše; **~schein** *m* úmrtní list; **~starre** *f* *Med.* umrlčí zthuhlost, posmrtné ztuhnutí; **~stille** *f* hrobové ticho; **~tanz** *m* tanec smrti *od.* mrtvých; **~wache** *f* stráž u mrtvého.

tot|geboren mrtvě narozený; **~lachen** F: *sich ~* pukat [-knout] smíchy; *das ist zum* ² to je k popukání.

Toto *m* sázka *f* (u totalizátora, fotbalová).

tot|schießen zastřelit *pf.*; **²schlag** *m* zabití *n*, usmrcení *n*; **~schlagen** zabí(je)t (*a. fig.*: *Zeit*); **²schläger** *m* (*Person*) vrah; (*Waffe*) zabiják; **~schweigen** umlčovat [-čet]; **~stellen:** *sich ~* tvářit se mrtvým.

Tötung *f* usmrcení *n*.

Tou|pet [-'pe:] *n* tupé, tupet *m*; **²'pieren** [na]tupírovat.

Tour *f* túra; cesta; (*Ausflug*) výlet *m*; (*Tanz*) kolo *n*; *fig. in e-r ~* v jedné túře.

Touren|rad *n* cestovní kolo; **~wagen** *m* cestovní vůz; **~zähler** *m* počitadlo *n* otáček, otáčkoměr.

Tou'ris|mus *m* turistika *f*; **~t** *m* turista; *~ten-* = **²tisch** turistický.

Trab *m* (po)klus; *im ~* (po)klusem; *fig. auf ~ bringen* prohánět [-hnat] k-o.

Tra'bant *m* *Astr.* satelit, trabant; **~enstadt** *f* satelitní město *n*.

trab|en [za]klusat; **²er** *m* (*Pferd*) klusák; **²rennen** *n* klusácké dostihy *m/pl.*

Tracht *f* kroj *m*; *e-e ~ Prügel* výprask *m*.

tracht|en (*nach*) snažit se, usilovat o (*A*), bažit, dychtit po (*L*); *j-m nach dem Leben ~* ukládat k-u o život; **²en** *n* snažení, usilování.

trächtig březí.

Traditi|'on *f* tradice; **²o'nell** tradiční.

traf *s. treffen.*

Trafo *m* *El.* transformátor.

Trag|bahre *f* *s. Trage*; **~balken** *m* nosník; **²bar** přenosný; *fig.* snesitelný, obstojný; **~e** *f* nosítka *n/pl.*

träge líný, lenivý.

tragen nést (nosit *Iter.*); (*bringen*) přinášet [-nést, -nosit]; (*hin~*) donášet [-nést, -nosit]; (*heraus~*) vynášet [-nést, -nosit]; (*haben*) mít; (*geben*) dá(va)t, vyd(áv)at; *sich ~ mit* obírat se (*I*); *vgl. a. aus-, zusammentragen.*

Tragen *n* nesení, nošení.

Träger *m* nosič; *fig.* nositel; **~in** *f* nositelka; **~rakete** *f* nosná raketa.

trag|fähig (ú)nosný; **²fähigkeit** *f* (ú)nosnost; **²fläche** *f* nosná plocha; *Flgw.* křídlo *n*; **²flügelboot** *n* křídlový člun.

Trägheit *f* lenost, lenivost; *Phys.* setrvačnost.

Tragi|k *f* tragika; **~ko'mödie** *f* tragikomedie; **²sch** tragický.

Trag|korb *m* nůše *f*; **~kraft** *f* (ú)nosnost, telnost.

Tra'göd|e *m* tragéd; **~ie** *f* tragédie; *Thea.* truchlohra; **~in** *f* tragédka.

Trag|riemen *m* popruh, řemen; **~tier** *n* soumar *m*; **~weite** *f* dosah *m*; *fig.* význam *m*; *Mil.* dostřel *m*.

Train|er ['trɛ:nɐ] *m* trenér, (sportovní) cvičitel; **²ieren** [-'ni:-] [vy]trénovat; **~ing** *n* trénink, výcvik *m*; **~ings·anzug** *m* tepláky *m/pl.*; **~ingszentrum** *n* tréninkové středisko.

Trak'tat *m* traktát, učená rozprava.

Trak|tor *m* traktor; **~to'rist** *m* traktorista.

trällern [za]trylkovat.

Tramp *m* tramp, tremp.

Trampel F *n* nemotora *m*, trampl *m*; **²n** [po]dupat; **~tier** *n* *Zo.* velbloud *m* dvouhrbý; *fig. s. Trampel.*

trampen trempovat, pěstovat trempink.

Trampo'lin *n* trampolína *f*.

Tran *m* rybí tuk.

Trance [trɑ̃:s] *f* *Med.* trans *m*.

tranchieren [-'ʃi:-] [roz]krájet.

Träne *f* slza; *j-m keine ~ nachweinen* neronit [neuronit] ani slzu pro k-o; **²n** [za]slzet.

Tränen|drüse *f* slzná žláza; **~gas** *n* slzotvorný plyn; **~sack** *m* *Anat.* slzní váček; **²überströmt** zalitý slzami.

tränieren *s. trainieren.*

tranig chutnající (*od.* páchnoucí) rybím tukem; *fig.* nudný.

Trank *m* nápoj; (*Viehfutter*) pomyje *f/pl.*

trank *s. trinken.*

Tränk|e *f* napajedlo *n*; **²en** (*j-n*)

napájet [-pojit]; (*et.*) napouštět [-pustit].
Trans|akti'on *f* transakce; **⁓at'lantisch** transatlantický, zaoceánský; **⁓'fer** *m* transfer, převod; **⁓for'mator** *m* transformátor; **⁓en-** transformatorový; **⁓fusi'on** *f* *Med.* transfuse (krve).
Tran'sistorradio *n* tranzistorové rádio, F tranzistorák *m*.
Tran'sit *m* tranzit; '**⁓iv** *Gr.* přechodný, tranzitivní; **⁓visum** *n* tranzitní vízum.
Trans|kripti'on *f* transkripce; **⁓missi'on** *f* transmise; **⁓pa'rent** transparentní; **⁓pa'rent** *n* transparent *m*; **⁓pi'rieren** [z]potit se, vypařovat [-řit] se; **⁓po'nieren** *Mus.* transponovat (*im*)*pf*.
Trans'port *m* do-, pře-prava *f*, převoz; **⁓arbeiter** *m* dopravní dělník; **⁓er** *m* *Mar.* nákladní loď *f*; *Flgw.* dopravní letadlo *n*; **⁓fähig** schopný přepravy, způsobilý k přepravě.
transpor'tieren dopravovat [-pravit], transportovat (*im*)*pf*.
Trans'port|kosten *pl.* dopravné *n*, dovozné *n*, dopravní výlohy *f/pl.*; **⁓mittel** *n* dopravní prostředek *m*; **⁓unternehmen** *n* transportní (*od.* dopravní) podnik *m*.
Tra'pez *n* *Math.* lichoběžník *m*; *Sp.* visutá hrazda.
Trappe *f* *Zo.* drop *m*.
trat *s. treten.*
Tratsch F *m s. Klatsch.*
Tratte *f* *Hdl.* vydaná směnka, trata.
Traube *f* hrozen *m*; **⁓n·lese** *f* *s. Weinlese*; **⁓n·saft** *m* hroznová šťáva; **⁓n·zucker** *m* hroznový cukr.
trauen *v/i* (*D*) věřit (*D*), důvěřovat (*D*); *v/t* odd(áv)at; *sich ⁓ lassen* dát se oddat; *sich ⁓* osmělovat [-lit] se.
Trauer *f* smutek *m*, zármutek *m*; **⁓anzeige** *f* smuteční oznámení *n*; **⁓flor** *m* smuteční flór; **⁓kleid(ung** *f*) *n* smuteční šaty *m/pl.*; **⁓marsch** *m* smuteční pochod; **⁓n** truchlívat [-lit] (*um, über A* pro *A*); **⁓rand** *m* černý (*od.* smuteční) okraj; **⁓rede** *f* pohřební řeč; **⁓spiel** *n* tragédie *f*, truchlohra *f*; **⁓weide** *f* *Bot.* smuteční vrba; **⁓zug** *m* pohřební průvod.
Traufe *f* okap *m*; *s. a. Regen.*
träufeln [na]kapat.
traulich důvěrný; (*gemütlich*) útulný.
Traum *m* sen; *im ⁓ reden* mluvit ze sna.
Trauma *n* *Med.* úraz *m*, zranění; duševní otřes *m*; **⁓tisch** [-'maː-] traumatický.
Traum|bild *n* sen *m*, vidění; **⁓buch** *n* snář *m*; **⁓deutung** *f* vykládání *n* snů.
träume|n snít; *das hätte ich mir nicht ⁓ lassen* to by mě ani ve snu nebylo napadlo; **⁓r(in** *f*) *m* snílek *m*; *fig.* blouznivec *m*; **⁓'rei** *f* blouznění *n*; **⁓risch** snivý, blouznivý.
Traumwelt *f* svět *m* snů, vysněný svět.
traurig smutný (-ten); *fig.* (*jämmerlich*) žalostný; **⁓keit** *f* smutnost.
Trau|ring *m* snubní prsten; **⁓schein** *m* oddací list; **⁓ung** *f* oddavky *f/pl.*, sňatek *m*; **⁓zeuge** *m* svatební svědek.
Trecker *m* traktor.
Treff *n* (*Kartenspiel*) kříže *m/pl.*
treff|en zasahovat [-sáhnout], F trefit *pf.*; (*begegnen*) setk(áv)at se (*j-n* s kým); (*zustande bringen*) dokazovat [-kázat], [vy]konat, [u]činit; (*erraten*) uhadovat [uhádnout]; F *gut ⁓* (*auf dem Bild*) dobře chytit *pf.*; *sich ⁓* (*sich begegnen*) po-, setk(áv)at se; (*sich ereignen*) přiházet [-hodit] se; *sich getroffen fühlen* cítit se dotčen; *das trifft sich gut* to se hodí; **⁓en** *n* (*Begegnung*) setkání; *Sp.* utkání, zápas *m*; **⁓end** případný, vhodný, trefný; **⁓er** *m* zásah, trefa *f*; (*Lotterie*) výhra *f*; *fig.* štěstí; *Sp.* branka *f*; **⁓lich** znamenitý, výborný; **⁓punkt** *m* místo *n* srazu *od.* shromáždění; **⁓sicher** jistý v zásahu; **⁓sicherheit** *f* jistota v zásahu.
Treib|eis *n* ledová tříšť; **⁓en** *v/t* hnát [honit]; (*hinein⁓*) vhánět [vehnat]; (*heraus⁓*) vyhánět [-hnat]; (*her⁓*) přihánět [-hnat]; (*hineinschlagen*) zarážet [-razit], zatloukat [-tlouci]; *v/i* *Bot.* [vy]pučet; *fig.* (*auf dem Wasser*) plout [plavat]; *Sport ⁓* pěstovat sport; *sich ⁓ lassen* nech(áv)at se unášet; **⁓en** *n* ruch *m*, shon *m*; (*Treibjagd*) naháňka *f*; **⁓end**: *⁓e Kraft* hybná síla; **⁓er** *m* honák; (*Jagd*) nadháněč, honec; **⁓haus** *n* skleník *m*; **⁓holz** *n* naplavené dříví; **⁓jagd** *f* hon *m*, na(d)-

háňka; **~mittel** *n* pohonný prostředek; **~riemen** *m* hnací řemen; **~stoff** *m* pohonná látka.

treidel|n *Mar.* vléci proti proudu; **~weg** *m* potahová stezka.

trenn|bar odlučitelný; **~barkeit** *f* odlučitelnost; **~en** oddělovat [oddělit], odlučovat [-loučit]; *Ehe*: rozlučovat [-loučit]; *Naht*: [roz]párat; *El.* (*Verbindung*) rozpojovat [-jit]; (*schneiden, sägen*) řezat; *sich ~* (*auseinandergehen*) rozcházet [rozejít] se; **~schalter** *m* odpojovač; **~schärfe** *f* ostrost dělení; *El.* selektivnost; **~ung** *f* (od-, roz)dělení *n*; *Gr.* dělení *n*; rozpojení *n*; (*Ehe*) rozluka; **~ungsstrich** *m*, **~ungszeichen** *n* rozdělovací čára *f od.* znaménko *n*; **~wand** *f* dělicí příčka, přepážka.

Trense *f* stíhlové udidlo, stíhlo *n*.

Treppe *f* schody *m/pl.*; *die ~ hinauf* (*hinunter*), *treppauf* (*treppab*) po schodech nahoru (dolů); *drei ~n* (*hoch*) ve třetím poschodí; **~n·absatz** *m* odpočívadlo *n* na schodišti; **~n·förmig** stupňovitý; **~n·haus** *n* schodiště; **~n·witz** *m* špatný vtip.

Tresen *m* pult.

Tre'sor *m* trezor.

Tresse *f* prýmek *m*, třáseň.

Tret|auto *n* šlapací autíčko; **~en** *v/i* šlapat [šlápnout] (*auf A* na *A*); (*gehen*) stoupat [-pit]; *vgl. aus-, ein-, vortreten*; *näher ~* (*D*) přistupovat [-stoupit] blíž(e); *vor j-n ~, j-m unter die Augen ~* přicházet [přijít] na oči; *von e-m Fuß auf den anderen ~* přešlapovat [-šlápnout] z jedné nohy na druhou; *v/t*: *sich et. in den Fuß ~* vrážet [vrazit] si co do nohy; **~kurbel** *f* šlapadlo *n*, šlapátko *n*; **~mühle** *f fig.* úmorná práce; **~rad** *n* šlapací kolo.

treu věrný (-ren).

Treu|bruch *m* věrolomnost *f*; **~brüchig** věrolomný; **~e** *f* věrnost (*zu* k *D*); **~eid** *m* přísaha *f* věrnosti; **~händer** *m Jur.* komisařský správce; **~herzig** (dobro)srdečný, upřímný; **~herzigkeit** *f* prostosrdečnost, upřímnost; **~los** nevěrný; **~losigkeit** *f* nevěrnost.

Tri|angel *m Mus.* triangl; **~'bun** *m* tribun, zástupce lidu; **~bu'nal** *n* tribunál *m*; **~'büne** *f* tribuna; **~'but** *m* tribut, poplatek; **~'chine** *f Zo.* svalovec *m*, trichina.

Trichter *m* nálevka *f*; *Tech. a.* trychtýř; **~förmig** nálevkovitý.

Trick *m* trik; **~film** *m* trikový film.

trieb *s. treiben.*

Trieb *m* pud, instinkt; *Bot.* výhonek; **~feder** *f* pružina; *fig.* vzpruha, popud *m*; **~haft** pudový, instinktivní; **~kraft** *f* hybná síla; **~rad** *n* hnací kolo; **~sand** *m* tekutý písek; **~wagen** *m Esb.* motorový vůz, F motorák; **~werk** *n* hnací ústrojí; *Flgw.* letecký (*od.* letadlový) motor.

Trief|auge *n* slzavé (slzivé, krhavé) oko; **~en** kapat, řinout se, kanout; *~d naß* mokrý jako myš.

triff *s. treffen.*

Trift *f* pastvina; (*Flößerei*) plavení *n* dřeva; *s. Drift.*

triftig pádný, závažný; **~keit** *f* pádnost, závažnost.

Trigono|me'trie *f* trigonometrie; **~'metrisch** trigonometrický.

Tri|kot *m od. n* triko *n*, tričko *n*; **~ko'tage** *f* trikotové zboží, trikotáž.

Triller *m* trylek; **~n** [za]trylkovat; **~pfeife** *f* trylková píšťala.

Tri'mester *n* trimestr *m*, čtvrtletí.

trimmen *Mar., Flgw.* vyvažovat; *Hund*: ostřihat [-hnout]; F *sich ~* dostávat se do formy, otužovat se sportem.

trink|bar pitný; **~becher** *m* pohárek; **~en** pít [napít se]; **~en** *n* pití; **~er(in** *f*) *m* piják (-jačka); **~gefäß** *n* nádoba *f* na pití; **~gelage** *n* pitka *f*; **~geld** *n* spropitné; **~glas** *n* sklenice *f* na pití; **~lied** *n* pijácká píseň; **~spruch** *m* přípitek; **~wasser** *n* pitná voda.

Trio *n* trio.

trippeln cup(k)at, cupitat.

Tripper *m* kapavka *f*.

Triptyk *n* triptyk *m*.

Tritt *m* (*Schritt*) krok; (*Fuß~*) kopanec, kopnutí *n*; **~brett** *n* stupátko; **~leiter** *f* schůdky *m/pl.*

Tri'umph *m* triumf; **~ieren** [-'fi:-] triumfovat (*im*)*pf.* (*über A* nad *I*).

trivi'al triviální, obyčejný.

Tro'chäus *m* trochej.

trocken suchý; *fig. auf dem ~en sitzen* být nasuchu; **~boden** *m* půda *f* na sušení prádla; **~dock** *n Mar.* suchý dok; **~element** *n El.* suchý článek; **~futter** *n* suchá potrava; **~gemüse** *n* sušená zelenina; **~haube** *f* kadeřnická přilba; **~hefe** *f* sušené kvasnice *f/pl.*; **~heit** *f* su-

chost; (*Dürre*) sucho *n*, suché počasí; 2**kammer** *f* sušárna; ~**legen** *Land*: vysušovat [-šit]; *Kind*: převinovat [-nout]; 2**legung** *f* vysušení *n*; převinutí *n*; 2**milch** *f* sušené mléko; 2**platz** *m* místo *n* k sušení; 2**rasierer** *m* elektrický holicí strojek.
trockn|en *v/t* [u]sušit; *v/i* schnout; 2**en** *n* sušení; 2**er** *m* sušič; sušárna *f*.
Troddel *f* (s)třapec *m*.
Trödel|bude *f* vetešnický krám; ~**ei** [-'laɪ] *f* otálení *n*, loudání *n*; ~**geschäft** *n* vetešnictví *n*; ~**markt** *m* vetešnický trh; 2**n** prod(áv)at veteš; (*langsam sein*) otálet, loudat se; ~**ware** *f* veteš, haraburdí *n*, harampádí *n*.
Trödler(in *f*) *m* vetešník (-nice).
troff *s. triefen.*
trog *s. trügen.*
Trog *m* necky *f/pl.*; (*Futter*2) žlab *m*.
Troika *f* trojspřež, trojka.
tro'janisch trojský.
trollen: *sich* ~ klidit se, táhnout.
Trolleybus *m* trolejbus.
Trommel *f* buben *m*; *Tech.* válec *m*; ~**bremse** *f* bubnová brzda; ~**fell** *n* kůže *f* na bubny; *Anat.* bubínek *m*; ~**feuer** *n Mil.* bubnová palba; 2**n** [za]bubnovat; ~**schlag** *m* víření *n* bubnů; ~**schlegel** *m* palička *f* na buben; ~**wirbel** *m s. Trommelschlag.*
Trommler *m* bubeník.
Trom'pete *f* trubka, P trumpeta; *die* ~ *blasen* = 2**n** [za]troubit; ~**nstoß** *m* zatroubení *n*; ~**r** *m* trubač.
Tropen *pl.* tropy *m/pl.*; 2**fest** vhodný pro tropy.
Tropf *m* hlupá(če)k; *armer* ~ ubožák.
Tröpf|chen *n* kap(ič)ka *f*; ~**cheninfektion** *f* kapénková infekce; 2**eln** kapat; *es tröpfelt* krápe, poprchává.
tropfen kapat.
Tropfen *m* kapka *f*, krůpěj *f*; *fig.* ~ *auf den heißen Stein* kapka vody na horký kámen; ~**form** *f* kapkovitý tvar; 2**weise** po kapkách.
Tropf|flasche *f* kapací lahvička; ~**stein** *m* krápník; ~**steinhöhle** *f* krápníková jeskyně.
Tro'phäe *f* trofej; (*Jagdbeute*) lovecká kořist.
tropisch tropický.
Troß *m Mil.* vozatajstvo *n*; (*Gefolge*) družina *f*.
Trosse *f* (silné) lano.
Trost *m* útěcha *f*; F *er ist nicht recht bei* ~ není při zdravém rozumu; 2**bringend** potěšující.
tröst|en [po-, u]těšit; 2**er(in** *f*) *m* těšitel(ka); ~**lich** potěšitelný.
trost|los neutěšený, bezútěšný; 2**losigkeit** *f* neutěšenost, bezútěšnost; 2**preis** *m* cena *f* pro útěchu.
Tröstung *f* útěcha, potěšení *n*.
Trott *m* volný klus; *fig. immer im gleichen* ~ stále ve starých kolejích; ~**el** *m* blbec, hlupák; 2**eln**, 2**en** klusat.
Trotz *m* vzdor; ~ *bieten* vzdorovat, stavět [postavit] se na odpor; *zum* ~ navzdor(y).
trotz přes (*A*); ~**dem** *Adv.* přesto; *Konj.* přesto že ...; ~**en** být vzdorovitý; *j-m* ~ *s. Trotz bieten*; ~**ig** vzdorovitý, umíněný; 2**kopf** *m* tvrdohlavec; ~**köpfig** tvrdohlavý, vzdorovitý.
trüb(e) *Flüssigkeit*: kalný; *Himmel*: zamračený, zatažený; *Stimmung*: zasmušilý; (*traurig*) smutný; *fig. im* ~*en fischen* lovit v kalných vodách.
Trubel *m* ruch, vřava *f*; (*Wirrwarr*) zmatek.
trüb|en [za]kalit (*sich* se); 2**sal** *f* žal *m*, zármutek *m*; F ~ *blasen* být zarmoucen; ~**selig** zasmušilý; 2**seligkeit** *f* zasmušilost; 2**sinn** *m* zádumčivost *f*, melancholie *f*; ~**sinnig** zádumčivý, melancholický; 2**ung** *f* (za)kalení *n*.
Trudeln *n Flgw.* vývrtka *f*; *ins* ~ *kommen* = 2 řítit se vývrtkou k zemi.
Trüffel *f* lanýž *m*.
trug *s. tragen.*
Trug *m* klam, podvod; ~**bild** *n* přelud *m*, přízrak *m*.
trüg|en [o]klamat, [o]šálit; ~**erisch** klamný, šalebný.
Trugschluß *m* klamný závěr.
Truhe *f* truhla.
Trümmer *pl.* trosky *f/pl.*, rozvaliny *f/pl.*; *in* ~ *legen* obracet [obrátit] ve zříceniny; ~**beseitigung** *f* odstranění *n* trosek; ~**haufen** *m* zbořeniště *n*.
Trumpf *m* trumf; ~ *spielen* = 2**en** trumfovat [-fnout], vynášet [-nést] trumf(a).
Trunk *m* (*Trank*) nápoj; (*Trinken*) pití *n*; *dem* ~ *ergeben sein* odd(áv)at se pití.

trunken opilý; *fig.* opojený; **⁀bold** *m* opilec, V ožrala, ožralec; **⁀heit** *f* opilost.
Trunk|sucht *f* opilství *n*; **⁀süchtig** oddaný pití, pijácký.
Trupp *m* zástup, houf, tlupa *f*; *Mil.* oddíl; **~e** *f Mil.* vojsko *n*; *Thea.* herecká společnost.
Truppen- *oft* vojenský; **~gattung** *f* druh *m* vojsk(a), druh *m* zbraní; **~parade** *f*, **~schau** *f* vojenská přehlídka; **~teil** *m* vojenská jednotka, oddíl *m* vojska; **~transport** *m* doprava *f* vojenských oddílů; **~transporter** *m* obrněný transportér; *Mar.* loď *f* pro dopravu vojsk(a); *Flgw.* letadlo *n* pro dopravu vojsk(a); **~übungsplatz** *m* vojenské cvičiště; **~verschiebung** *f* přesun *m* vojsk(a).
truppweise v houfech, v zátupech.
Trust [trast] *m* trust, koncern.
Trut|hahn *m* krocan; **~henne** *f* krůta.
Tschako *m* čáka *f*, čepice *f*.
Tschech|e *m* Čech; **~in** *f* Češka; **⁀isch** český.
Tschechoslo|wa'kei *f* Československo *n*; **⁀'wakisch** československý.
T-Träger *m Tech.* nosník T.
Tub|a *f Mus.* tuba; **~e** *f* tub(ičk)a.
Tu'ber|kel *f Med.* tuberkule; **⁀ku'lös** tuberkulózní; **~ku'lose** *f* tuberkulóza.
Tuch *n* sukno; (*Wisch⁀*) utěrka *f*; *s. Hals-, Kopf-, Taschentuch*; **~fabrik** *f* soukenická továrna; **~fühlung** *f Mil.* styk *m*; *in ~ bleiben* zůst(áv)at ve styku; **~handel** *m* obchod se suknem; **~macher** *m* soukeník.
tüchtig schopný, zdatný; (*ordentlich*) řádný, důkladný; *Adv.* (*sehr*) řádně, důkladně, velmi; **⁀keit** *f* schopnost, zdatnost; důkladnost.
Tück|e *f* potměšilost, záludnost; **⁀isch** potměšilý, záludný.
Tüft|e'lei F *f* puntičkářství *n*, hnidopišství *n*; **'⁀eln** F mudrovat [zamudrovat si].
Tugend *f* ctnost; *aus der Not e-e ~ machen* [u]dělat z nouze ctnost; **~bold** *m* mravokárce, moralista; **⁀haft** ctnostný.
Tüll *m* tyl; *~- in Zssgn* tylový.
Tülle *f* hubička, hrdélko *n*.
Tulpe *f Bot.* tulipán *m*; (*Glas*) tulipánek *m*; **~n·zwiebel** *f* tulipánová cibule.
tummel|n: *sich ~* (*tollen*) honit se, prohánět se; (*sich beeilen*) pospíchat [pospíšit si]; **⁀platz** *m* hřiště *n*, rejdiště *n*.
Tümmler *m Zo.* plískavice *f*; (*Taube*) kotrčák.
Tumor *m Med.* tumor, nádor.
Tümpel *m* louže *f*, kaluž *f*.
Tu'mult *m* hluk, povyk; (*Aufruhr*) vzbouření *n*.
tun [u]činit, [u]dělat; (*ausführen*) [vy]konat; (*hineingeben*) dá(va)t; (*herausnehmen*) vynd(áv)at; *ich will damit nichts zu ~ haben* nechci s tím nic mít; *vgl. machen*.
Tun *n* konání; (*Handeln*) jednání; *~ (und Lassen)* chování.
Tünche *f* vápenný nátěr; *fig.* vnější nátěr *m*, povrchní dojem *m*; **⁀n** [o]bílit.
Tundra *f* tundra.
Tu'nes|ier *m* obyvatel Tuniska; **⁀isch** tuniský.
Tunke *f* omáčka; **⁀n** namáčet [-močit].
tunlich možný; **~st** co možná, pokud lze.
Tunnel *m* tunel; *~- in Zssgn* tunelový.
Tüpfel *m od. n* tečka *f*, bod, puntík; **~chen** *n* puntíček *m*; **⁀n** [vy]puntíčkovat, [vy]tečkovat.
tupfen dotýkat [-tknout] se.
Tür *f* dveře *f/pl.*; *ihm stehen alle ~en offen* má všude přístup; *offene ~en einrennen* [vy]páčit otevřené dveře; *mit der ~ ins Haus fallen* počí(na)t si překotně; *vor seiner eigenen ~ kehren* [za]mést si před vlastním prahem; **~angel** *f* dveřní stěžej.
Turban *m* turban.
Tur'bine *f* turbína.
Tur'binen- turbínový; **~antrieb** *m* turbínový pohon; **~flugzeug** *n* turbínové letadlo; **~satz** *m* turbínový agregát.
Turbo-Prop-Flugzeug *n* turbovrtulové letadlo.
turbu'lent nepokojný, bouřlivý; *Phys.* turbulentní, vířivý.
Tür|flügel *m* dveřej *f*, křídlo *n* dveří; **~füllung** *f* dveřní výplň; **~griff** *m* (dveřní) klika *f*.
Tür|ke *m* Turek; **~'kei** *f* Turecko *n*; **~kin** *f* Turkyně; **⁀kisch** turecký.
Tür'kis *m* tyrkys.

Turm *m* věž *f.*
Türm|chen *n* věžička *f*; **2en** [na]kupit; F (*entfliehen*) upláchnout *pf.*; *sich* ~ [na]hromadit se.
Turm|falke *m Zo.* poštolka *f*; **2hoch** vysoký jako věž; ~ *überlegen sein* (*D*) daleko vynikat nad (*I*); **~spitze** *f* špička věže; **~springen** *n Sp.* skákání s věže; **~uhr** *f* věžní hodiny *f/pl.*
Turn|anzug *m* tělocvičný úbor; **2en** cvičit; **~en** *n* cvičení, tělocvik *m*; **~er(in** *f*) *m* cvičenec (-nka), tělocvikář(ka); **~gerät** *n* tělocvičné nářadí; **~halle** *f* tělocvična; **~hemd** *n* tílko; **~hose** *f* trenýrky *f/pl.*
Tur'nier *n* turnaj *m.*
Turn|lehrer *m* učitel tělocviku; **~platz** *m* cvičiště *n*; **~riege** *f* družstvo *n* cvičenců; **~schuh** *m* cvička *f*; **~übung** *f* cvičení *n*; **~verein** *m* tělocvičný spolek; **~wart** *m* tělovýchovný instruktor.
Tür|pfosten *m* zárubeň, veřeje *f/pl.*; **~rahmen** *m* dveřní rám; **~schild** *n* štítek na dveřích; **~schließer** *m* samočinná dveřní závěra; (*Person*) vrátný; **~schloß** *n* zámek *m*; **~schlüssel** *m* klíč od dveří *od.* ke dveřím.
Turteltaube *f* hrdlička.
Tusch *m Mus.* tuš.
Tusche *f* tuš.
tuscheln [za]šuškat.
tusch|en kreslívat [-lit] tuší; [na-, po]malovat; **2kasten** *m* malířská skříňka *f*; **2zeichnung** *f* kresba tuší, tušová kresba.
Tüte *f* kornout *m*, papírový sáček.
tuten [za]troubit.
Typ *m* typ.
Type *f Typ.* litera; F (*komische Figur*) podivín *m*; **~n·hebel** *m* (*Schreibmaschine*) typová páka.
Typhus *m Med.* tyfus.
typi|sch typický, příznačný; **~'sieren** typizovat (*im*)*pf.*; **2'sierung** *f* typizace.
Typo|'graph *m* typograf; **~gra'phie** *f* typografie; **2'graphisch** typografický.
Typus *m* typ.
Ty'rann *m* tyran; **~ei** [-'naı] *f* tyranství *n*; **~in** *f* tyranka; **2isch** tyranský; **2i'sieren** [z]tyranizovat.

U

U, u *n* (*unv.*) U, u.
U-Bahn *f* podzemní dráha, metro *n*.
Übel *n* zlo; (*Krankheit*) nemoc *f*.
übel zlý, špatný; *wohl oder* ~ volky nevolky, chtě nechtě; *mir ist* ~ je mi špatně; ~ *riechen* [za]páchnout; **2befinden** *n* nevolnost *f*, indispozice *f*; **~gelaunt** mrzutý; **~gesinnt** zlomyslný (*j-m* ke k-u); **2keit** *f s. Brechreiz, Ekel*; **~nehmen** mít za zlé, zazlí(va)t; **~nehmerisch** urážlivý, nedůtklivý; **2stand** *m* závada *f*; **2tat** *f* zlý čin *od.* skutek; **2täter(in** *f*) *m* provinilec *m*; **2wollen** *n* zlomyslnost *f*; **~wollend** *s. übelgesinnt*.
üben [vy]cvičit (*sich* se); (*vorgehen, handeln*) konat; *Geduld, Nachsicht*: mít.
Üben *n* cvičení.
über 1. *Prp.* (*oberhalb*; *D*): nad(e) (*I*); *die Lampe hängt* ~ *dem Tisch* lampa visí nad stolem; (*wegen*) pro (*A*); ~ *dem Lesen versäumte ich den Zug* pro čtení zmeškal jsem vlak; (*oberhalb G*): nad(e) (*A*); *hänge das Bild* ~ *den Tisch!* pověz obraz nad stůl!; (*über ... hinaus*; *mehr als*) přes (*A*); ~ *die Mauer steigen* lézt přes zeď; (*von, betreffend*) o (*L*); ~ *et. schreiben* psát o čem; (*nach*) po (*L*); za (*A*); *~s Jahr* po roce, napřesrok; *heute* ~ *acht Tage* ode dneška za týden; ~ *kurz oder lang* dříve nebo později; (*während*) po (*A*), přes(e) (*A*); ~ *die ganze Nacht* po celou noc; ~ *die Ferien* přes prázdniny; (*Häufung*) za (*I*); *Fehler* ~ *Fehler machen* [u]dělat chybu za chybou; *Opfer* ~ *Opfer* oběť za obětí; **2.** *Adv. Mil. Gewehr* ~! na rámě zbraň!; ~ *und* ~ zcela, úplně; *den ganzen Tag* ~ (po) celý den; *j-m* ~ *sein an et.* předčít k-o čím.
über'all všude; **~'her** odevšud; **~'hin** na všechny strany.
über|'altert přestárlý; **'2angebot** *n* nabídka *f* přesahující poptávku, příliš velká nabídka; **~'anstrengen** příliš namáhat, přetěžovat [-tížit]; **2'anstrengung** *f* přílišná námaha, přetěžování *n*; **~'antworten** vyd(áv)at, odevzd(áv)at; **~'arbeiten** přepracov(áv)at (*sich* se), předěl(áv)at; **2'arbeitung** *f* přepracování *n*; **~aus** velmi, velice; **'2bau** *m* nástavba *f*; **'2bein** *n Med.* ganglion *m*; **'~belichten** *Fot.* přeexponov(áv)at; **'2belichtung** *f Fot.* přeexponování *n*; **'2bett** *n* svrchnice *f*; **'~bewerten** přeceňovat [-cenit]; **~'bieten** nabídnout [nabízet] více než jiní; *Rekord*: překon(áv)at; *sich* ~ *in* (*D*) rozplývat se (*I*); **'~bleiben** zbý(va)t, zůst(áv)at; **'2bleibsel** *n* zbytek *m*, ostatek *m*; **'2blick** *m* přehled; **~'blicken** přehlížet [-hlédnout]; **~'bringen** přinášet [-nést], doručovat [-čit]; **2'bringer(in** *f*) *m* doručitel(ka).
über'brück|en překlenovat [-klenout]; **2ung** *f Arch.* spojení *n* mostem; *fig.* vyrovnání *n*; **2ungshilfe** *f* krátkodobá výpomoc.
über|'dachen pokrý(va)t, přikrý(va)t; **~'dauern** přetrv(áv)at; **~'decken** přikrý(va)t; **~'denken** uvažovat [uvážit], promýšlet [-myslit]; **~'dies** nadto, mimoto; **~'drehen** překrucovat [-kroutit], přetáčet [-točit]; **'2druck** *m Phys.* přetlak; (*Aufdruck*) přetisk; **'~druß** *m* omrzelost *f*, znechucení *n*; *bis zum* ~ až do omrzení; **'~drüssig** (*G*) omrzelý, znechucený (*I*); *ich bin dessen* ~ mám toho až po krk; ~ *werden* zošklivat [-livit]; **'~durchschnittlich** nadprůměrný; **~'eck:** ~ *stellen* stavět [postavit] napříč; **'2eifer** *m* přílišná horlivost; **'~eifrig** velmi horlivý, přehorlivý; **~'eignen** odevzd(áv)at; **~'eilen** ukvapovat [-pit] se; *übereilt* ukvapený, unáhlený; **2'eilung** *f* ukvapení *n*, unáhlení *n*; *nur keine* ~! nic nakvap!
über'ein ve shodě, v souhlase; **~'ander** (*wohin?*) přes sebe, na sebe; (*wo?*) na sobě, nad sebou; **~kommen** dohodovat [-dnout] se (o *L*); **2kommen** *n*, **2kunft** *f* dohoda *f*, úmluva *f*; **~stimmen** shodovat se,

souhlasit (*mit* s *I*); **~stimmend** shodující se, shodný; **≈stimmung** *f* shoda, souhlas *m*; *in ~ bringen* uvádět [uvést] v souhlas.

über|empfindlich přecitliv(ěl)ý; **≈empfindlichkeit** *f* přecitlivělost; **~erfüllen** *Plan*: překračovat [-kročit]; **≈erfüllung** *f* překročení *n*; **~essen:** *sich et. ~* přejídat [-jíst] se.

über|fahren[1] *v/i* přejíždět [-jet]; *v/t* převážet [-vézt]; **~'fahren**[2] přejíždět [-jet]; *er ist vom Zuge ~ worden* vlak ho přejel, skočil pod vlak; **'≈fahrt** *f* přeprava, převoz *m*; **'~fall** *m* přepadení *n*; **~'fallen** přepadat [-dnout]; **'~fällig** *Mar., Flgw.* zpožděný; *Hdl.* prošlý; **'≈fallkommando** *n* přepadová četa; **~'fliegen** přelétovat [-tět]; *Brief*: přelétnout *pf.*, přehlédnout *pf.*; **'~fließen** přetékat [-téci]; **~'flügeln** předhánět [-honit], předstihovat [-hnout]; **'≈flugverbot** *n* zákaz *m* přeletu; **'≈fluß** *m* (*an D*) nadbytek, hojnost *f* (*G*); *zu allem ~* nadto, mimo to, kromě toho; **'~flüssig** zbytečný, nadbytečný; **~'fluten** zaplavovat [-plavit]; **~'fordern** přetěžovat [-tížit]; **≈'forderung** *f* přetížení *n*; **≈'fremdung** *f* odcizení *n*; **~'fressen:** *sich ~* přežrat [-žírat] se; **~'führen** (*transportieren*) převážet [-vézt]; *e-r Schuld*: *j-n e-r Sache ~* usvědčovat [-čit] z č-o; **≈'führung** *f* převoz *m*, převezení *n*; (*Straßen≈*) přeložka (cesty); nadjezd *m*; (*Entlarvung*) usvědčení *n*; **~'füllen** přeplňovat [-plnit]; **≈'füllung** *f* přeplnění *n*; **~'füttern** překrmovat [-mit].

Über|gabe *f e-r Festung*: kapitulace; (*das Übergeben*) předání *n*, odevzdání *n*; (*Aushändigung*) doručení *n*, dodání *n*; **~gang** *m* přechod; *~gangs- mst* přechodný; **~gangsstelle** *f* přechodové místo, přechod *m*; **~gangszeit** *f* prechodná doba, doba přechodu; **≈'geben** odevzd(áv)at; dod(áv)at, doručovat [-čit]; *Festung*: vyd(áv)at; *sich ~* vrhnout *pf.*, zvracet; **~'geber(in** *f*) *m* doručovatel (ka); **'≈gehen**[1] přecházet [přejít]; *s. überlaufen*[1]; **≈'gehen** (*nicht beachten*) pomíjet [-minout]; (*umgehen*) přestupovat [-stoupit]; **≈genug** nad-, přesmíru; **≈geordnet** nadřízený; **~gewicht** *n* převažek *m*; *fig.* převaha *f*; **'≈gießen**[1] přelévat [-lít]; **≈'gießen**[2] zalévat [-lít]; **≈glücklich** přešťastný; **≈greifen** rozšiřovat [-šířit] se; *fig.* zasahovat [-sáhnout] (*in A* do *G*); **~griff** *m* přehmat; zásah; **≈groß** převeliký; **~größe** *f* nadměrná velikost; **~guß** *m* poleva *f*.

über|haben F mít na sobě; *ich habe es über* mám toho až po krk; **~'handnehmen** vzmáhat [vzmoci] se, nabý(va)t převahy; **~hängen** *v/t* přehazovat [-hodit]; *v/i* přečnívat; **~'häufen** zahrnovat [-nout] (*mit et.* čím); **~'haupt** vůbec; **~'heblich** domýšlivý, vypínavý; **≈'heblichkeit** *f* domýšlivost, vypínavost; **~'hitzen** přehřívat [-hřát]; **~'höhen** zvyšovat [zvýšit], převyšovat [-výšit]; **~holen**[1] *Mar.* pokládat [položit] se na bok; **~'holen**[2] předstihovat [-hnout]; (*mit Fahrzeug*) předjíždět [-jet]; (*zu Fuß*) předcházet [předejít]; (*ausbessern*) opravovat [opravit]; **~'holt** (*veraltet*) překonaný; **≈'holverbot** *n* zákaz *m* předjíždění; **~'hören** přeslýchat [-slechnout]; **~irdisch** nadpozemský.

über|kandidelt F *s. überspannt*; **~'kleben** pře-, za-lepovat [-pit]; **≈kleid** *n* svrchní šaty *m/pl.*; **~'klettern** přelézat [-lézt]; **~kochen** *v/i* překypovat [-pět]; *fig.* vzplanout *pf.*; **~'kommen** *Adj.* dochovaný; *v/t es überkommt mich heiß* je mi z toho horko; *s. überlaufen*[2].

über|'laden přetěžovat [-tížit]; *Magen*: přecp(áv)at si; *Adj.* přetížený; *s. umladen*; **≈'ladung** *f* přetížení *n*; **~'lagern** navrstvovat [-tvit]; **≈'lagerung** *f Geol.* navrstvení *n*; *El.* interference, křížení *n* vln; **≈landflug** *m* dálkový let; **≈landleitung** *f El.* meziměstské vedení; **~'lassen**[1] přenech(áv)at, postupovat [-stoupit]; (*anheimstellen*) ponech(áv)at; *sich ~* odd(áv)at se; *sich selbst ~ sein* být odkázán sám na sebe; **'~lassen**[2] F *s. übriglassen*; **≈'lassung** *f* přenechání *n*, postoupení *n*; ponechání *n*; **~'lasten** přetěžovat [-tížit]; **≈'lastung** *f* přetížení *n*; **≈lauf** *m* přetok; *Tech.* přeběh; **'~laufen**[1] přetékat [-téci]; (*zum Feind usw.*) přebíhat [-běhnout]; **~'laufen**[2] pojímat [-jmout]; *die Klinik ist ~* klinika má hodně pacientů; *es überläuft mich kalt* je mi z toho horko; **≈läufer** *m* přeběhlík; *Mil.* zběh; **~laut** příliš hlasitý; **~'leben** přečk(áv)at; *sich ~* přeží(va)t se; **≈'lebende(r)** *m/f* pozůstalý (-lá); **~'lebt** přežilý, zastaralý; **~'legen**[1] *v/t* uvažovat [uvážit], rozmýšlet [-myslit]; *ich will es mir ~* chci si to rozmyslet; **~'legen**[2] *Adj.* mocnější, silnější, mající převahu; **≈'legung** *f* rozvaha, uvážení *n*; *mit ~* rozvážně, promyšleně; **~leiten** převádět [-vést]; **~'lesen** zběžně přečítat [-číst]; **~'liefern** (*der Nachwelt*) tradovat, zachovávat tradicí; **≈'lieferung** *f* tradice, ústní podání *n*; **~'listen** přelstí(va)t.

Über|macht *f* přesila; **≈mächtig** přemocný; **≈'malen** přemalov(áv)at; **≈'mannen** zdol(áv)at; **~maß** *n* přemíra *f*; **≈mäßig** nadměrný, přílišný; **~mensch** *m* nadčlověk; **≈'mitteln** doručovat [-čit], dod(áv)at; **~'mittlung** *f* doručení *n*, dodání *n*; **≈morgen** pozítří; **≈'müden** příliš unavovat [unavit]; **~'müdung** *f* přílišná únava; **~mut** *m* bujnost *f*, rozpustilost *f*; svévole *f*; **≈mütig** svévolný, zpupný; **≈'nachten** přenocov(áv)at; **≈'nächtigt** nevyspalý; **~'nachtung** *f* přenocování *n*, nocleh *m*; **~'nachtungsgeld** *n* nocležné; **~nahme** *f* převzetí *n*, přejímání *n*; **~nahmeprotokoll** *n* přejímací protokol *m*; **≈natürlich** nadpřirozený; **≈'nehmen** přejímat [-jmout], převzít *pf.*; *sich ~* přepracov(áv)at se; **≈ordnen** nadřaďovat [-řadit], nadřizovat [-řídit]; **≈parteilich** nadstranický; **~preis** *m* přemrštěná cena; **~produktion** *f* nadprodukce, nadvýroba; **≈'prüfen** přezkoum(áv)at, přezkušovat [-zkoušet], prověřovat [-řit]; **~'prüfung** *f* přezkoumání *n*, přezkoušení *n*, prověrka; **≈'queren** přecházet [přejít].

über|'ragen vynikat [-knout] nad (*A*); *vgl. hervorstehen*; **~'raschen** překvapovat [-pit]; **~'raschend** překvapující; *Adv.* překvapivě, kupodivu; **≈'raschung** *f* překvapení *n*; **~'reden** přemlouvat [-mluvit]; **≈'redung** *f* přemlouvání *n*; **≈'redungskunst** *f* umění *n* přemlouvat; **~'reichen** odevzd(áv)at, doručovat [-čit]; **~reichlich** přehojný; **≈'reichung** *f* odevzdání *n*, doručení *n*; **~reif** přezrálý; **~'reizen** předražďovat [-dráždit]; **~'rennen** porážet [-razit]; *Mil.* dobý(va)t zteči; **≈rest** *m* zbytek, pozůstatek; *die sterblichen ~e* tělesné pozůstatky; **≈rock** *m* svrchní kabát; (*Überzieher*) převlečník; **~'rumpeln** (*überraschend angreifen*) přepadat [-dnout]; (*überraschen*) překvapovat [-pit]; **~'runden** *Sp.* získ(áv)at náskok o jedno kolo.

über|'sättigen přesycovat [-sytit]; **≈'sättigung** *f* přesycení *n*; **~'säuern** překyselovat [-lit]; **≈schallgeschwindigkeit** *f* nadzvuková rychlost; **~'schatten** zastiňovat [-stínit]; **~'schätzen** přeceňovat [-cenit]; **~'schauen** přehlížet [-hlédnout]; **~'schlafen** přesp(áv)at; F (*sich überlegen*) vysp(áv)at se na (*A*); **≈schlag** *m Hdl.* rozpočet; *Sp.* přemet; **'~schlagen**[1] *Beine*: zkřižovat [zkřížit]; *Stimme*: přeskakovat [přeskočit]; **~'schlagen**[2] (*berechnen*) propočít(áv)at; (*auslassen*) vynech(áv)at; *sich ~* převracet [-vrátit] se; *Sp.* [u]dělat přemet; **~schnappen** *Tech.* přeskakovat [-skočit]; F *er ist übergeschnappt* zbláznil se; **~'schneiden:** *sich ~* [z]křížit se; **≈'schneidung** *f* křížení *n*, přetnutí *n*; **~'schreiben** (*betiteln*) nadpisovat [nadepsat]; *Jur.* připisovat [-psat] (*j-m* na k-o); **~'schreien** překřikovat [-křičet]; **~'schreiten** překračovat [-kročit]; **≈'schreitung** *f* překročení *n*; **≈schrift** *f* nápis, nadpis *m*; **≈schuh** *m* přezůvka *f*; **~'schuldet** předlužený; **≈'schuldung** *f* předlužení *n*; **≈schuß** *m* přebytek, nadbytek; **~schüssig** přebytečný; **~'schütten** (*übergießen*) zalévat [-lít]; (*darüberschütten*) přesyp(áv)at; *fig.* zahrnovat [-nout]; **≈schwang** *m* přemíra *f*; **~'schwemmen** zaplavovat [-plavit]; **≈'schwemmung** *f* záplava, povodeň; **~schwenglich** přílišný, nadměrný.

Über|see *f* zámoří *n*; *~- in Zssgn* = **≈seeisch** zámořský, zaoceánský; **≈'sehbar** přehledný; **≈'sehen** přehlížet [-hlédnout]; **≈'senden** pos(í)lat, zas(í)lat; **~'sendung** *f* pos(í)lání *n*, zas(í)lání *n*; **~'sender** *m* zasílatel; **≈'setzbar** přeložitelný; **'≈setzen**[1] převážet [-vézt], přeplavovat [-plavit] se; **≈'setzen**[2] překládat [přeložit] (*in A* do *G*);

~'**setzer(in** *f*) *m* překladatel(ka); ~'**setzung** *f* překlad *m*; *Tech.* převod *m*; ~'**setzungsrecht** *n* právo překladu; ~**sicht** *f* přehled *m*; *die ~ verlieren* pozbý(va)t přehledu; ~*s*- přehledný; ≈**sichtlich** přehledný; ~**sichtlichkeit** *f* přehlednost; ≈**siedeln** [pře]stěhovat se, přesídlovat [-lit]; ~**siedlung** *f* přestěhování *n*, přesídlení *n*; ≈**sinnlich** nadsmyslný, nadpřirozený; ≈'**spannen** přepínat [-pnout]; ≈'**spannt** (*übertrieben*) přepjatý, přemrštěný; ~'**spanntheit** *f* přepjatost, přemrštěnost; '~'**spannung** *f* přepětí *n*; ≈'**spielen** *Schallplatte*: přehrá(va)t; *Sp.* přemáhat [-moci]; ≈'**spitzt** okázalý, chtěný, duchaplný; ≈'**springen** přeskakovat [-skočit]; ≈**sprudeln** přetékat [-téci], překypovat [-pět]; ≈**staatlich** nadstátní; '≈**stehen**[1] vyční(va)t, přeční(va)t; ≈'**stehen**[2] přestá(va)t, překon(áv)at; ≈'**steigen** (*klettern*) přeléz(a)t; *Gebirge*: překračovat [-kročit]; *fig.* přesahovat [-sáhnout]; *Erwartungen*: předstihovat [-hnout]; ≈'**stimmen** přehlasov(áv)at; ≈'**streichen** přetírat [-třít]; ≈**strömen** přetékat [-téci], zaplavovat [-plavit]; ~**stunden** *f/pl.* přesčasové hodiny *f/pl.*; *~ machen* pracovat přesčas; ≈'**stürzen** (*sich*) ukvapovat [-pit] se; ≈'**stürzt** ukvapený, unáhlený; ~'**stürzung** *f* ukvapení *n*, unáhlení *n*; ≈'**tölpeln** napalovat [-pálit], [o]šálit; ≈'**tönen** přehlušovat [-šit]; ~**trag** *m Hdl.* přenos, převod.

über'trag|bar přenosný; *Med.* nakažlivý, infekční; ~**en**[1] *v/t* přenášet [-nést]; *Hdl., Jur.* převádět [-vést]; *Med.* (*Blut*) provádět [-vést] transfuzi; (*übersetzen*) překládat [přeložit]; *Rdf.* přenášet [-nést], vys(í)lat; (*beauftragen*) svěřovat [-řit] (*j-m et.* k-u co); pověřovat [-řit] (*j-m et.* k-o čím); *Geschriebenes*: přepisovat [-psat]; ~**en**[2] *Adj.* přenesený; ≈**ung** *f* převedení *n*; *Hdl., Jur.* převedení *n*, převod *m*; transfuze; (*Übersetzung*) překlad *m*; *Rdf.* přenos *m*, vysílání *n*; (*der Rechte usw.*) svěření *n* (*G*), pověření *n* (*I*); (*Geschriebenes*) přepis *m*.

über|'treffen předstihovat [-hnout], překon(áv)at; ~'**treiben** přepínat [-pnout], nadsazovat [-sadit]; ≈'**treibung** *f* přepínání *n*, nadsázka; '~**treten**[1] *v/i Fluß*: vystupovat [-stoupit] z břehů; (*konvertieren*) přestupovat [-stoupit]; ~'**treten**[2] *v/t Gebot, Gesetz*: přestupovat [-stoupit], porušovat [-šit]; ≈'**tretung** *f* přestoupení *n*, porušení *n*; *Jur.* přestupek *m*; ~'**trieben** přemrštěný, přehnaný; ≈**tritt** *m* přestup, přestoupení *n*; ~'**trumpfen** přetrumfov(áv)at [-fnout]; ~'**völkern** přelidňovat [-dnit]; ≈'**völkerung** *f* přelidnění *n*; ~**voll** přeplněný; ~'**vorteilen** přelstí(va)t, [o]šálit; ~'**wachen** dohlížet [-hlédnout] na (*A*), mít dozor nad (*I*); ≈'**wachung** *f* dohled *m* na (*A*), dozor *m* nad (*I*); ~'**wältigen** přemáhat [-moci], překon(áv)at (*u. fig.*); ~'**weisen** *Geld*: poukazovat [-kázat]; *Jur., Antrag*: postupovat [-stoupit]; ≈'**weisung** *f Hdl.* poukaz *m*; *Jur.* postoupení *n*; '~**werfen**[1] přehazovat [-hodit] přes sebe; ~'**werfen**[2]: *sich ~* rozdvojovat [-jit] se; ~'**wiegen**[1] *v/i* mít větší váhu; ~'**wiegen**[2] *v/i* (*vorherrschen*) převládat [-dnout], nabý(va)t převahy, mít převahu; ~'**wiegend** převážný; ~'**winden** přemáhat [-moci]; *sich ~* překon(áv)at se; ≈'**windung** *f* přemáhání *n*, překonání *n*; ~'**wintern** přezimovat (*im*)*pf.*; ~'**wölben** překlenovat [-nout]; ≈**wurf** *m* přehoz.

Über|zahl *f* většina; *in der ~ sein* mít číselnou (*od.* početní) převahu; ≈**zählig** přespočetný, přebytečný; ≈'**zeichnen** *Anleihe*: přepisovat [-psat]; ≈'**zeugen** přesvědčovat [-čit] (*von D* o *L*); ≈'**zeugend** přesvědčivý; ~'**zeugung** *f* přesvědčení *n*; ~'**zeugungskraft** *f* přesvědčivost; ≈'**ziehen**[1] potahovat [-táhnout]; *Hdl., Konto*: překračovat [-kročit]; *Bett*: povlékat [-vléci]; *sich ~* pokrý(va)t se; *der Himmel überzieht sich* nebe se pokrývá mraky; *mit Krieg ~* (*A*) vyhlašovat [-hlásit] válku; '≈**ziehen**[2] (*anziehen*) oblékat [obléci]; F *j-m eins ~* přetahovat [-táhnout] k-o; ~**zieher** *m* svrchník, převlečník; ≈'**zuckern** [po]cukrovat; ~**zug** *m* povlak.

üblich obvyklý; *wie ~* jak je zvykem.

U-Boot *n s. Unterseeboot*; ~-**Krieg** *m* ponorková válka.

übrig zbývající, zbylý, ostatní; ~

haben mít nazbyt; *das* ~*e* ostatní, ostatek *m*; et. (*od. viel*) ~ *haben* (*für A*) být (velmi) nakloněn (*D*), mít (velmi) rád (*A*); *im* ~*en* ostatně; *ein* ~*es tun* udělat nadto *od.* navíc; **~bleiben** zbý(va)t; **~ens** ostatně; **~lassen** nech(áv)at; *viel zu wünschen* ~ nebýt zdaleka bezvadné.

Übung *f* cvičení *n* (*a. Mil.*), cvik *m*; (*Brauch*) zvyk *m*, obyčej *m*; (*Gewandtheit*) zručnost; (*Turnen*) výkon *m*.

Übungs|aufgabe *f* cvičební úkol *m*; **~fahrt** *f* cvičná jízda; **~flug** *m* cvičný let; **~platz** *m* cvičiště *n*; **~stück** *n* cvičení.

UdSSR *Abk. für Union der Sozialistischen Sowjetrepubliken* Svaz sovětských socialistických republik.

U-Eisen *n* U-ocel *f*, nosník *m* U.

Ufer *n* břeh *m*; *über die* ~ *treten* vystupovat [-stoupit] z břehů; **2los** bez břehů; *fig.* bezmezný.

Uhr *f* hodin(k)y *f/pl.*; *wieviel* ~ *ist es?* kolik je hodin?; *es ist ein* ~ je jedna hodina; *es ist zwei* ~ jsou dvě hodiny; *es ist fünf* ~ je pět hodin; *nach meiner* ~ podle mých hodinek; **~feder** *f* hodin(k)ové pero; **~gehäuse** *n* pouzdro na hodinky; **~glas** *n* hodinkové sklíčko; **~kette** *f* hodinkový řetízek; **~macher** *m* hodinář; **~macherhandwerk** *n* hodinářství; **~werk** *n* hodinový stroj(ek); **~zeiger** *m* hodinová ruč(ič)ka.

Uhu *m Zo.* výr obecný.

Ukas *m* nařízení *n*.

Ukra'in|e *f* Ukrajina; **~er(in** *f*) *m* Ukrajinec (-nka); **2isch** ukrajinský.

UKW *Abk. für Ultrakurzwellen.*

Ulk *m* šprým, žert, P švanda *f*; **2en** F [za]žertovat; **2ig** žertovný, šprýmový.

Ulme *f Bot.* jilm *m*.

Ulster *m* ulstr.

Ulti'ma|tum *n* poslední výzva *f*, ultimátum; *ein* ~ *stellen* dá(va)t ultimátum; **2'tiv** důrazný, ultimativní.

[ultimo.]

Ultimo *n* poslední den *m* měsíce,

Ultra|'kurzwellen *f/pl.* velmi krátké vlny *f/pl.*; **~schall** *m* ultrazvuk; **2violett** ultrafialový.

um 1. *Prp.* (*A*) (~ ... *herum*) kolem, okolo (*G*); ~ *die Welt* kolem světa; (*zeitlich*) v (*A*), o (*L*); ~ *zwei Uhr* ve dvě hodiny, o druhé hodině; (*ungefähr*) asi; (*für*) za (*A*); *ich habe es* ~ *100 Kronen gekauft* koupil jsem to za 100 korun; (~ *wieviel*) o (*A*); ~ *drei Jahre älter* o tři léta starší; (~ ... *willen*) kvůli (*D*); ~ *des Vaters willen* kvůli otci; ~ *so besser* tím lépe; **2.** *Konj.* ~ ... *zu* (*mit Inf.*) a (*mit Konditional des Präsens*); *er kam,* ~ *uns zu begrüßen* přišel, aby nás pozdravil; **3.** *Adv.* ~ *und* ~ kolem dokola; *Feinde* ~ *und* ~ nepřátelé kolem dokola.

um·änder|n přeměňovat [-měnit]; *Kleid*: předěl(áv)at; **2ung** *f* přeměna; předělávka.

um·arbeit|en přepracov(áv)at; **2ung** *f* předělávka.

um'arm|en objímat [obejmout]; **2ung** *f* objetí *n*.

Umbau *m* přestavba *f*; **'2en**[1] přestavovat [-stavět]; **2en**[2] [-'bau-] obklopovat [-pit] stavbami.

um|behalten podržovat [-žet] na sobě; **~biegen** ohýbat [ohnout]; **~bilden** přetvářet [-tvořit]; **2bildung** *f* přetvoření *n*; **~binden** uvazovat [uvázat] si; **~blättern** obracet [obrátit] stránku; **~blicken:** *sich* ~ (*zurückblicken*) ohlížet [ohlédnout] se; (*umherblicken*) rozhlížet [-hlédnout] se; **~brechen**[1] přelamovat [-lomit, -lámat]; *Agr.* přeor(áv)at; **~'brechen**[2] *Typ.* [pře]lámat; **~bringen** zabí(je)t, sprovodit *pf.* ze světa; **2bruch** *m* přelamování *n*; *Typ.* lámání *n*; (*Umwandlung*) převrat.

um|drehen otáčet [otočit], obracet [obrátit]; **2'drehung** *f* otočení *n*, otáčka; **2'drehungszahl** *f* počet *m* otáček.

Umdruck *m* přetisk; **2en** přetiskovat [-knout].

um·erzieh|en převychov(áv)at; **2ung** *f* převýchova.

um|fahren[1] *v/t* (*j-n od. et.*) přejíždět [-jet]; *v/i* (*e-n Umweg fahren*) zajíždět [-jet] si; **~'fahren**[2] (*um et. herumfahren*) objíždět [-jet]; *Schiff*: obeplout *pf.*; **~fallen** [s]kácet se, svalovat [-lit] se; *fig.* F [z]měnit obratem své presvědčení; **2fang** *m* (*Kreis*2) obvod; (*Volumen*) objem, obsah; (*Ausdehnung*) rozsah; **~'fangen** objímat [obejmout], obklopovat [-pit]; **~fangreich** objemný, rozsáhlý; **~färben** přebarvovat [-barvit].

um'fass|en (*enthalten*) obsahovat [-sáhnout]; (*umschließen*) objímat [obejmout]; *Mil.* obkličovat [-klíčit]; **~end** (*stark*) objemný; (*ausgedehnt*) rozsáhlý; (*vollständig*) úplný; *Mil.* obkličovací; **⁓ung** *f* (*Umzäunung*) ohrazení *n*; *Mil.* obklíčení *n*, obchvat *m*.

umform|en přetvářet [-tvořit], přeformov(áv)at; *El.* [pře]měnit; **⁓er** *m El.* měnič.

Umfrage *f* poptávka, dotaz *m*; ~ *halten* = **⁓n** popt(áv)at se, dotazovat [-tázat] se.

Um'friedung *f* ohrazení *n*

umfüllen přelévat [-lít], přetáčet [-točit].

Umgang *m* styk; (*Bekanntschaft*) společnost *f*; *Arch.* ochoz; ~ *haben* stýkat se (*mit j-m* s kým).

umgänglich přátelský, družný; **⁓keit** *f* přívětivost, vlídnost.

Umgangs|formen *f/pl.* společenské způsoby *m/pl.*; **~sprache** *f* hovorový jazyk, lidová mluva.

um'garnen: *j-n* ~ zaplést [-létat] (*od.* zatáhnout [-tahovat]) k-o do osidel.

um'geb|en^{1} obklopovat [-pit] (*mit* čím); (*mit e-r Mauer usw.*) ohradit [ohrazovat]; **~en**^{2} *Adj.* obklopený (von čím); **⁓ung** *f* okolí *n*; (*Personen*) prostředí *n*.

Umgegend *f* okolí *n*.

um|gehen^{1} (*im Umlauf sn*) obíhat, kolovat; *Geist*: strašit; (*verkehren*) stýkat se; (*behandeln*) zacházet (*mit* s *I*); **~'gehen**^{2} obcházet [obejít] (*a. fig.*); *Mil.* obchvacovat [-chvátit]; **~gehend** *Adj.* neodkladný; *Adv.* obratem, bez odkladu; **⁓'gehung** *f* obcházení *n*; *Mil.* obchvat *m*, napadení *n* z boku; **~gekehrt** *Adj.* obrácený, opačný; *Adv.* naopak, opačně.

umgestalt|en přetvářet [-tvořit]; **⁓ung** *f* přetvoření *n*; přestavba; reorganizace.

um|gießen přelévat [-lít]; **~graben**^{1} překop(áv)at; **~'graben**^{2} okop(áv)at; **~'grenzen** ohraničovat [-čit]; *fig.* omezovat [-zit]; **~gruppieren** přeskupovat [-pit]; **~haben** F mít na sobě; **⁓hang** *m* pláštěnka *f*, přehoz.

umhänge|n brát [vzít] na sebe, přehazovat [-hodit] přes sebe; (*woandershin hängen*) převěšovat [-věsit]; **⁓tasche** *f* závěšovací brašna.

umhauen porážet [-razit].

um'her kolem dokola, sem (a) tam; **~blicken** rozhlížet [-hlédnout] se; **~fahren** jezdit sem tam; **~fliegen** lítat sem tam, poletovat; **~schweifen, ~ziehen** toulat se.

um'hinkönnen: *man kann nicht umhin* (es zu) nemůže se jinak, nemůže si pomoci; *ich kann nicht umhin, es zu sagen* nemohu mu to neříci.

um'hüll|en zahalovat [-lit] (*mit et.* do č-o *od.* čím); **⁓ung** *f* obal *m*.

Umkehr *f* návrat *m*; *fig.* obrat *m*; **⁓en** *v/t* obracet [obrátit], převracet [-vrátit]; *v/i* (*zurückkehren*) vracet [vrátit] se; **~film** *m* inverzní film; **~ung** *f* obrat *m*, zvrat *m*; inverze.

umkippen převrhovat [-hnout] (*v/i* se), *s. umfallen, umklappen*.

um'klammer|n objímat [obejmout]; *Mil.* obchvacovat [-chvátit]; **⁓ung** *f* sevření *n*; *Mil.* obchvácení *n*, obchvat *m*.

um|klappen povolovat [-lit]; *fig.* F omdlévat [-lít]; **~kleiden**^{1} převlékat [-vléci], přestrojovat [-jit] (*sich* se); **~'kleiden**^{2} *Tech.* potahovat [-táhnout], obalovat [-lit].

umkommen [za]hynout.

Um|kreis *m* obvod; *Math.* opsaná kružnice; *im ~ von* v obvodu (*G*); **⁓'kreisen** [za]kroužit kolem (*G*); **⁓krempeln** ohrnovat [-nout]; *fig.* předěl(áv)at.

Umlade|bahnhof *m* překládková stanice; **⁓n** překládat [přeložit]; **~platz** *m* překladiště *n*.

Um|ladung *f* překládání *n*, přeložení *n*; **~lage** *f* dávka, poplatek *m*; **⁓'lagern** obléhat [oblehnout].

Umlauf *m* oběh; (*Schreiben*) oběžník; *in ~ bringen od. setzen* dá(va)t do oběhu; *im ~ sein s. umlaufen*; **~bahn** *f* oběžná dráha; **⁓en** obíhat [oběhnout]; otáčet [otočit] se; cirkulovat, kolovat; **~geschwindigkeit** *f* oběžná rychlost; **~zeit** *f* oběžná doba, doba oběhu.

Umlaut *m Gr.* přehláska *f*.

Um|legekragen *m* ležatý límec; **⁓legen**^{1} (*umhängen*) brát [vzít] na sebe; (*anders legen*) překládat [přeložit]; *Hebel usw.*: přestavovat [-stavit]; P (*töten*) zabí(je)t, skolit *pf.*; **⁓'legen**^{2} obkládat [obložit] (*mit/I*).

umleit|en [pro-, pře]vést oklikou; **≗ung** *f* objížďka.

um|lernen přeškolovat [-lit] se; **~liegend** okolní, sousední; **≗'mantelung** *f* opláštění *n*; **~mauern** obezdí(va)t, obhánět [obehnat] zdí; **~modeln** přetvářet [-tvořit], předěl(áv)at; **~'nachtet:** *geistig ~* pomatený na mysli; **≗'nachtung** *f*: *geistige ~* pomatení *n* mysli; **~'nähen** obší(va)t; **~'nebeln** zahalovat [-lit] mlhou; **~packen** přebalovat [-lit]; **~pflanzen¹** přesazovat [-sadit]; **~'pflanzen²** osazovat [osázet] (*mit et.* čím); **~pflügen** přeor(áv)at.

umquartier|en přestěhovat *pf.*; **≗ung** *f* přestěhování *n*.

um'rahmen [za]rámovat.

um'rand|en obroubovat [-bit], [o]rámovat co; **≗ung** *f* obroubení *n*, orámování *n*.

umrechn|en přepočít(áv)at; **≗ung** *f* přepočítání *n*, přepočet *m*; **≗ungskurs** *m* přepočítávací kurs.

um|reißen¹ (*umwerfen*) porážet [-razit]; **~'reißen²** (*schildern*) načrt(áv)at [-tnout]; **~rennen** (*im Lauf umwerfen*) porážet [-razit] v běhu; **~'ringen** obklopovat [-pit]; **≗riß** *m* obrys, kontura *f*; *fig.* nástin, náčrtek; **~rühren** [za]míchat.

ums *s. um.*

umsatteln přesedl(áv)at (*a. fig.* F).

Umsatz *m Hdl.* obrat; **~steuer** *f* daň z obratu.

umschalt|en přepínat [-pnout]; *Kfz. Gang*: přeřazovat [-řadit]; **≗er** *m El.* přepínač; (*Schreibmaschine*) přeřaďovač; **≗ung** *f* přepojení, přepínání *n*.

Umschau *f* rozhled *m*; *~ halten* = **≗en:** *sich* rozhlížet [-hlédnout] se.

um|schaufeln přehazovat [-hodit, -házet]; **~schichtig** *Adv.* střídavě; **~'schiffen** obeplou(va)t.

Umschlag *m* (*Hülle*) obal; *Med.* obklad; (*an Kleidern*) záložka *f*; (*Güter≗*) překládání *n*; (*Wendung*) náhlý obrat, náhlá změna; *s. Briefumschlag*; **≗en** *v/i* (*fallen*) převrhovat [-hnout] se, překocovat [-kotit] se; (*sich ändern*) [z]měnit se, obracet [obrátit] se; *v/t* (*fällen*) [s]kácet; (*einpacken*) obalovat [-lit]; *Ärmel usw.*: vyhrnovat [-nout], vykas(áv)at; *Waren, Güter*: překládat [přeložit]; **~hafen** *m*, **~platz** *m* překladiště *n*; **~tuch** *n* přehozový šátek, přehoz *m*.

um|'schließen obkličovat [-klíčit]; *fig.* spojovat [-jit]; **~'schlingen** ovíjet [ovinout], obtáčet [-točit]; (*umarmen*) objímat [obejmout]; **~schmelzen** přetavovat [-tavit]; **~schnallen** připínat [-pnout] si; **~schreiben¹** přepisovat [-psat]; **~'schreiben²** (*anders ausdrücken*) opisovat [opsat]; (*deutlich abgrenzen*) přesně určovat [-čit]; *Kreis*: opisovat [opsat]; **≗schreibung¹** *f* přepis *m*; **≗'schreibung²** *f* opis *m*; **≗schrift** *f* přepis *m*; *s. Transkription.*

umschul|en přeškolovat [-lit]; **≗ung** *f* přeškolení *n*.

um|schütten (*Gefäß umwerfen*) převrh(ov)at [-hnout]; (*umgießen*) přelévat [-lít]; *Mehl*: přesyp(áv)at; **~'schwärmen** obletovat [oblétat]; **≗schweife** *pl.* okolky *m/pl.*; *ohne ~* bez okolků; *~ machen* [u]dělat okolky; **~schwenken** obracet [obrátit] se, otáčet [otočit] se; **≗schwung** *m* (náhlé) otočení, (náhlá) změna; **~'segeln** obeplou(va)t; *s. a. umschiffen*; **~sehen:** *sich ~* ohlížet [ohlédnout] se (*nach* po *L od.* za *I*); *ohne sich umzusehen* aniž se ohlédl; **~seitig** na druhé stránce; **~setzen** přesazovat [-sadit, -sázet]; *Hdl.* prod(áv)at, odbý(va)t; *in die Tat ~* uskutečňovat [-čnit], provádět [-vést].

Umsicht *f* prozíravost, obezřelost, opatrnost; **≗ig** prozíravý, obezřelý, opatrný.

umsied|eln přesídlovat [-lit]; **≗ler** *m* přesídlenec *m*; **≗lung** *f* přesídlení *n*.

umsinken *s. umfallen.*

umso'mehr tím více.

um|'sonst zadarmo, zdarma; (*vergeblich*) marně, nadarmo; **~'sorgen** pečovat, starat se (*j-n* o k-o); **'~spannen¹** přepřahat [-přáhnout]; *El.* transformovat (*im*)*pf.*; **~'spannen²** obsahovat [-sáhnout]; **≗spannwerk** *n El.* transformovna *f*; **~'spinnen** opřádat [opříst]; **~springen** *Wind*: obracet [obrátit] se, [z]měnit se; *fig. mit j-m ~* zacházet s (*I*); **~spulen** přesoukati *pf.*; **~'spülen** omý(va)t; **≗stand** *m* okolnost *f*.

Umstände *m/pl.* okolnosti *f/pl.*;

(*Verhältnisse*) poměry *m/pl.*; *ohne* ~ bez okolků; ~ *machen* [u]dělat okolky; *unter* ~*n* podle okolností; *unter gewissen* ~*n* za jistých okolností; *unter allen* ~*n* za všech okolností; *mildernde* ~ *Jur.* polehčující okolnost; *in anderen* (*od. gesegneten*) ~*n* v jiném (*od.* požehnaném) stavu; **2halber** pro určité okolnosti.
umständlich obšírný, rozvláčný; *Person*: zdlouhavý.
Umstands|kleid *n* těhotenské šaty *f/pl.*; ~**wort** *n s. Adverb.*
um|stehend předcházející; (*auf der Rückseite*) na následující straně; *die* 2*en pl.* okolostojící *m/pl.*; **2steigekarte** *f* přestupní jízdenka; ~**steigen** přestupovat [-stoupit]; ~**stellen**[1] přestavovat [-stavit]; *sich* ~ [z]měnit smýšlení; *sich* ~ *auf* (*A*) přizpůsobovat [-bit] se (*D*); ~**'stellen**[2] obstupovat [-stoupit]; **2stellung** *f* přestavení *n*; (*Gesinnungswechsel*) změna *f* smýšlení; ~**stimmen** *Mus.* [pře]ladit; *fig.* (*überreden*) přemlouvat [-mluvit]; ~**stoßen** (*umwerfen*) porážet [-razit]; (*außer Kraft setzen*) zrušovat [-šit]; *Plan*: změnit *pf.*; ~**'stricken** oplétat [oplést]; *fig.* zaplétat [-plést] k-o do osidel; ~**'stritten** sporný; ~**stülpen** *Ärmel usw.*: ohrnovat [-nout]; *Glas*: překlopovat [-pit]; **2sturz** *m Pol.* převrat.
umstürz|en (*zu Fall bringen*) převrh(ov)at [-hnout]; *Pol.* zrušovat [-šit]; **2ler** *m* převratník; ~**lerisch** převratný.
umtaufen překřtí(va)t; (*anders nennen*) přejmenov(áv)at.
Umtausch *m* výměna *f*; 2*en* vyměňovat [-měnit] (*gegen* za *A*).
um|topfen přesazovat [-sázet]; **2triebe** *m/pl.* rejdy *m/pl.*; **2trunk** *m* pohoštění *n* pitím, popití *n*.
umtun F brát [vzít] na sebe; *sich* ~ *nach* ohlížet [ohlédnout] se po (*L*).
umwälz|en převalovat [-lit]; ~**end** převratný, revolutionářský; **2ung** *f* (*Luft*2) oběh *m*, cirkulace; převrat *m*.
umwand|eln přeměňovat [-měnit]; **2lung** *f* přeměna.
um|wechseln vyměňovat [-měnit]; **2weg** *m* oklika *f*; *auf* ~*en* oklikou; **2welt** *f* okolí *n*, prostředí *n*; **2weltschutz** *m* ochrana okolního prostředí; ~**wenden** obracet [obrátit] (*sich* se); ~**'werben** (*A*) ucházet se o (*A*); *das Mädchen ist stark umworben* má mnoho nápadníků; ~**werfen** *Gefäß*: převrh(ov)at [-hnout]; *fig. s. umstoßen.*
umwert|en přehodnocovat [-notit]; **2ung** *f* přehodnocení *n*.
um'wick|eln ovíjet [ovít], ovinovat [-nout], bandažovat (*mit et.* čím); **2lung** *f* ovinutí *n*; bandáž *m*.
umwühlen přehrab(áv)at.
um'zäun|en ohrazovat [ohradit] plotem, oplocovat [oplotit]; **2ung** *f* ohrada, plot *m*.
umziehen [pře]stěhovat se; *sich* ~ převlékat [-vléci] se.
um'zingel|n obkličovat [-líčit]; **2ung** *f* obklíčení *n*.
Umzug *m* přestěhování *n*; (*Festzug*) průvod; *Rel.* procesí *n*.
UN *Abk. für United Nations f/pl.* OSN Spojené národy *m/pl.*
un·ab|'änderlich nezměnitelný, neodvolatelný; ~**hängig** nezávislý; **2hängigkeit** *f* nezávislost; ~**'kömmlich** nezbytný; ~**'lässig** neustálý; **'**~**'sehbar** nedohledný, nedozírný; **'**~**'setzbar** nesesaditelný; ~**sichtlich** *Adj.* neúmyslný; *Adv.* bez úmyslu, neúmyslně; **'**~**'wendbar** neodvratný.
un·achtsam nepozorný; **2keit** *f* nepozornost.
un·ähnlich nepodobný.
un·an|fechtbar nepopíratelný; ~**gebracht** nevhodný, nemístný; ~**gefochten** nesporný, neobtěžovaný; ~**gemeldet** neohlášený; ~**gemessen** nevhodný; ~**genehm** nepříjemný; **'**~**'greifbar** nedobytný; **'**~**'nehmbar** nepřijatelný; **2nehmlichkeit** *f* nepříjemnost; ~**sehnlich** nevzhledný; ~**ständig** neslušný; **2ständigkeit** *f* neslušnost; **'**~**'tastbar** nedotknutelný; **2tastbarkeit** *f* nedotknutelnost.
un·appetitlich nechutný.
Un·art *f* nezpůsob *m*; **2ig** nezpůsobný; ~*es Kind* F nezloba *m*.
un·ästhetisch neestetický.
un·auf|fällig nenápadný; **'**~**'findbar** nezvěstný; ~**gefordert** *Adj.* nevyzvaný; *Adv.* bez vyzvání; ~**geklärt** nevysvětlený; **'**~**'haltsam** nezadržitelný, nezastavitelný; **'**~**'hörlich** neustálý, ustavičný; **'**~**'lösbar, '**~**'löslich** nerozpustný; ~**merksam** nepozorný; ~**richtig**

neupřímný; '~'**schiebbar** neodkladný.
'**un·aus**|'**bleiblich** nevyhnutelný, nezbytný; '~'**führbar** neproveditelný; ~**gefüllt** nevyplněný; ~**geglichen** nevyrovnaný; ~**gesetzt** neustálý, ustavičný; '~'**löschlich** nesmazatelný; '~'**sprechlich** nevýslovný, nevyslovitelný; '~'**stehlich** nesnesitelný.
unbändig nevázaný, rozpustilý, nesmírný.
unbarmherzig nemilosrdný; 2**keit** *f* nemilosrdnost.
unbe|**absichtigt** *Adj.* nezamýšlený; *Adv.* bez úmyslu; ~**achtet** nepozorovaný, nepovšimnutý; ~**anstandet** nezávadný; *Adv.* bez závady; ~**antwortet** bez odpovědi; ~**aufsichtigt** bez dozoru, bez dohledu, nehlídaný; ~**baut** *Grundstück*: nezastavěný; *Feld*: neobdělaný; ~**dacht** nerozvážný; ~**deckt** ne(po)krytý; ~**denklich** *Adj.* nezávadný; *Adv.* bez rozpaků; 2**denklichkeit** *f* nezávadnost; ~**deutend** bezvýznamný; (*geringfügig*) nepatrný; ~**dingt** *Adj.* nepodmíněný, bezpodmíněný; *Adv.* naprosto, stůj co stůj; ~**einflußt** neovlivněný, nestranný; ~**fahrbar** nezjízdný; ~**fangen** nezaujatý; (*unvoreingenommen*) neostýchavý; ~**fleckt** neposkvrněný; ~**friedigend** neuspokojivý; ~**friedigt** neuspokojený; ~**fristet** nevázaný lhůtou; ~**fugt** neoprávněný; 2*en ist der Zutritt verboten* nepovolaným vstup zakázán; ~**gabt** nenadaný; '~'**greiflich** nepochopitelný; '~'**grenzt** neomezený; ~**gründet** neodůvodněný; 2**hagen** *n* nevolnost *f*, tíseň *f*; ~**haglich** *Raum*: nepohodlný; *Gefühl*: nevolný; *Situation*: nepříjemný; '~'**helligt** neobtěžovaný; ~**hindert** bez překážky; ~**holfen** nemotorný, neohrabaný; '~'**irrt** *Adj.* odhodlaný; *Adv.* odhodlaně, bez rozpaků.
unbekannt neznámý; *er ist mir* ~ neznám ho; 2**e** *f* neznámá (*a. Math.*); 2**e**(**r**) *m* neznámý; ~**er**'**weise:** *grüßen Sie* ~ *Ihre Frau* pozdravujte svou manželku ačkoli se neznáme.
unbe|**kleidet** neoblečený; '~'**kümmert** bezstarostný; ~**lastet** zatížený; ~**lebt** neživý, mrtvý; *Gr.* neživotný; *Straße*: neoživený; '~'**lehrbar** nepoučitelný; ~**liebt** neoblíbený; ~**mannt** bez posádky, bez mužstva; ~**merkt** nepozorovaný; ~**mittelt** nemajetný, bez peněz; ~**nannt** ne(po)jmenovaný; '~'**nommen:** *es bleibt dir* ~ je ponecháno na vůli; ~**nutzt** nepoužitý; ~**quem** nepohodlný; 2**quemlichkeit** *f* nepohodlnost, nepohodlí *n*; '~'**rechenbar** nevypočitatelný; ~**rechtigt** neoprávněný; ~**rücksichtigt** nepovšimnutý; '~'**rufen** nepovolaný; ~**rührt** nedotknutý.
'**unbe**|'**schadet** (*G*) bez újmy; ~**schädigt** nepoškozený; ~**schäftigt** nezaměstnaný; ~**scheiden** neskromný; ~**scholten** bezúhonný, zachovalý; ~**schrankt** *Esb.* nechráněný; '~'**schränkt** neomezený; '~'**schreiblich** nepopsatelný; ~**schrieben** nepopsaný; *fig.* ~*es Blatt* nepopsaný list; ~**schwert** neobtížený, nezatížený; (*leicht*) lehký; ~**seelt** bez duše, bezduchý; '~'**sehen** *Adv.* bez prohlédnutí, jen tak; ~**setzt** neobsazený, prázdný; '~'**siegbar** nepřemožitelný; ~**soldet** bezplatný; ~**sonnen** nerozvážný; 2**sonnenheit** *f* nerozvážnost; '~'**sorgt** bezstarostný; *seien Sie* ~! buďte bez starosti!; ~**ständig** *Charakter*: nestálý, vrtkavý; *Wetter*: proměnlivý; 2**ständigkeit** *f* nestálost; ~**stätigt** nepotvrzený; '~'**stechlich** nepodplatný, neúplatný; '~'**stellbar** nedoručitelný; '~'**stimmbar** neurčitelný; ~**stimmt** neurčitý (*a. Gr.*); *auf* ~*e Zeit* na neurčito; 2**stimmtheit** *f* neurčitost; ~**straft** ne(po)trestaný, beztrestný; '~'**streitbar** nepopíratelný, nesporný; '~'**teiligt** neúčastný, bezúčastný, nezúčastněný; ~**tont** nepřízvučný; '~'**trächtlich** nepatrný.
unbeugsam neohebný, nepoddajný; 2**keit** *f* neohebnost, nepoddajnost.
unbe|**wacht** nestřežený; ~**waffnet** neozbrojený, bez zbraně; ~**wandert** nezběhlý, nezkušený; '~'**weglich** nehybný, nepohyblivý; *Gut*: nemovitý; ~*es Vermögen* nemovitosti *f/pl.*; 2**weglichkeit** *f* nehybnost, nepohyblivost; ~**weibt** F neženatý, svobodný; ~**wohnbar** neobydlitelný; ~**wohnt** neobydlený; ~**wußt** *Adj.* nevědomý, bezděčný; *Adv.* nevědomě, nevědomky; '~'**zahlbar** nezaplatitelný; ~**zahlt** nezaplacený;

'~'**zähmbar** neskrotitelný; '~'**zwingbar** nepřemožitelný.

unbiegsam neohebný; ≈**keit** *f* neohebnost.

Unbildung *f* nevzdělanost.

Unbill *f* křivda, nespravedlivost.

unbillig nespravedlivý, neslušný; ≈**keit** *f* nespravedlivost, neslušnost.

un|blutig nekrvavý; ~**botmäßig** vzpurný, buřičský, odbojný; ~**brauchbar** nepotřebný; ~**brennbar** nehořlavý; ~**christlich** nekřesťanský.

und a; ~ *ob!* a jak!; ~ *so weiter* a tak dále.

Undank *m* nevděk; ≈**bar** nevděčný (*gegen A* k *D*); ~**barkeit** *f* nevděčnost.

un|datiert nedatovaný, bez data; '~'**definierbar** nedefinovatelný.

undenk|bar nemyslitelný; ~**lich** nepamětný; *seit ~en Zeiten* od nepaměti.

undeutlich nezřetelný; (*unklar*) nejasný; ≈**keit** *f* nezřetelnost; nejasnost.

un|deutsch neněmecký; *das ist ~* to není správně německy; ~**dicht** propustný, netěsný; ≈**ding** *n* nesmysl *m*; ~**diszipliniert** neukázněný, nedisciplinovaný; ~**duldsam** nesnáše(n)livý; '~**durch**'**dringlich** neproniknutelný; ~**durchlässig** nepropustný; ~**durchsichtig** neprůhledný.

un·eben nerovný; ≈**heit** *f* nerovnost.

un·echt nepravý (*a. Math.*), falešný; ≈**heit** *f* nepravost, falešnost.

un|edel neušlechtilý; ~**ehelich** nemanželský.

Un·ehr|e *f* nečest, hanba; ≈**enhaft** nečestný, hanebný; ≈**erbietig** neuctivý; ≈**lich** nepoctivý; ~**lichkeit** *f* nepoctivost.

un|eigennützig nezištný, nesobecký; ~**eingeschränkt** neomezený; ~**eingeweiht** nezasvěcený.

un·einig nejednotný, nesvorný; (*sich*) ~ *werden* [z]nepřátelit se; ≈**keit** *f* nesvornost, nesjednocenost.

'**un|ein**'**nehmbar** nedobytný; ~**eins** *Adv.* nejednotně, nesouhlasně.

un·empfindlich necitlivý (*gegen A* k *D*); *s. a. gefühllos*; ≈**keit** *f* necitlivost.

un'**endlich** nekonečný; *Fot. auf ~ einstellen* nastavit na nekonečno; ≈**keit** *f* nekonečnost.

un·ent|behrlich nezbytný, nepostradatelný; '~'**geltlich** bezplatný; *Adv.* bezplatně, zdarma; ~**schieden** nerozhodný, váhavý; *Adv.* nerozhodně; ≈**schieden** *n* nerozhodná hra; ~**schlossen** nerozhodný, neodhodlaný; ~ *sein* být na vahách; ≈**schlossenheit** *f* nerozhodnost, neodhodlanost; ~**schuldbar** neomluvitelný; ~**schuldigt** neomluvený; *Adv.* bez omluvy; '~'**wegt** neochvějný, tvrdošíjný; ~**wickelt** nevyvinutý, nevyspělý.

un·er|bittlich neúprosný; ~**fahren** nezkušený; '~'**findlich** nepochopitelný, záludný; ~**forscht** neprozkoumaný; ~**freulich** neutěšený; '~'**füllbar** nesplnitelný; ~**giebig** nevydatný; ~**gründlich** nevyzpytatelný; ~**heblich** nepatrný; '~'**hört** neslýchaný; *das ist ~!* to je neuvěřitelné!; ~**kannt** nepoznaný; '~'**klärbar**, '~'**klärlich** nevysvětlitelný, záhadný; '~'**läßlich** nezbytný; ~**laubt** nedovolený; '~'**meßlich** nesmírný; '~'**müdlich** neúnavný; ~**quicklich** neutěšený; '~'**reichbar** nedostižitelný, nedostižný; ~**reicht** nedostižný; '~'**sättlich** nenasytný; '~'**schöpflich** nevyčerpatelný; ~**schrocken** neohrožený, nebojácný; '~'**schütterlich** neochvějný; '~'**schwinglich** nedostupný; '~'**setzlich** nenahraditelný; '~'**sprießlich** neprospěšný, neužitečný; '~'**träglich** nesnesitelný; '~'**wartet** neočekávaný, překvapující, nenadálý; ~**widert** neopětovaný; ~ *lassen* zůst(áv)at bez odpovědi; ~**wünscht** nežádoucí, nevítaný; ~**zogen** nevychovaný.

unfähig neschopný; ≈**keit** *f* neschopnost.

unfair neslušný, nečestný; *Spiel*: záludný.

Unfall *m* úraz, nehoda *f*; ~**schutz** *m* ochrana *f* proti úrazům; ~**station** *f* záchranná stanice; ~**stelle** *f* místo *n* úrazu; ~**tod** *m* smrt *f* skrze úraz; ~**verhütung** *f* zábrana úrazů, úrazová zábrana; ~**versicherung** *f* úrazové pojištění.

'**un**'**faßbar** nepochopitelný.

'**un**'**fehlbar** neomylný; ≈**keit** *f* neomylnost.

un|fein nejemný, hrubý, sprostý;

~fern (*G*) nedaleko, opodál; **~fertig** nehotový, nevypracovaný; **⁀flat** *m* (vý)kal, svinstvo *n*; *fig.* nemravnost *f*; **~flätig** nečistý, oplzlý, necudný.

unförmig beztvárný, neforemný; (*mißgestaltet*) nestvůrný; **⁀keit** *f* beztvárnost, neforemnost; nestvůrnost.

un|förmlich neobřadný, neformální; **~frankiert** nevyplacený, nefrankovaný.

unfrei nevolný, nesvobodný; **~willig** nedobrovolný.

unfreundlich nepřívětivý; *Wetter*: nevlídný, škaredý; **⁀keit** *f* nepřívětivost; nevlídnost.

Unfriede(n) *m* (ne)svár, nepokoj.

unfruchtbar neplodný; *Agr.* neúrodný; **⁀keit** *f* neplodnost; neúrodnost.

Unfug *m* neplecha *f*, nešvar, darebáctví *n*; ~ *treiben* [na]tropit neplechu.

un|fühlbar necitelný, nepocítitelný; **~gangbar** *Weg*: neschůdný.

Ungar *m*, **~in** *f* Maďar(ka); **⁀isch** maďarský; **~n** *n* Maďarsko.

ungastlich nehostinný; **⁀keit** *f* nevlídnost.

unge|achtet *Prp.* (*G*) nehledě k (*D*); **'~'ahnt** netušený; **~beten** nezvaný, nevítaný; **~bildet** nevzdělaný; **~bleicht** nebílený; **~brannt** ne(vy)pálený; **~bräuchlich** neužívaný; neobvyklý; **~braucht** neupotřebený, neužitý.

Ungebühr *f* neslušnost, nenáležitost; **⁀lich** *Adj.* neslušný, náležitý; *Adv.* neslušně, nenáležitě; (*mehr als recht*) přílišně; **~lichkeit** *f s. Ungebühr.*

unge|bunden nevázaný; ~*e Rede* nevázaná řeč, próza; **⁀bundenheit** *f* nevázanost; **~deckt** ne(po)krytý; (*ohne Schutz*) nechráněný, bez ochrany; *Tisch*: neprostřený; **~druckt** ne(vy)tištěný; **⁀duld** *f* netrpělivost; **~duldig** netrpělivý; **~eignet** *Sache*: nevhodný; *Person*: nezpůsobilý; **~erdet** *El.* nezajištěný; **'~'fähr** *Adj.* přibližný; *Adv.* asi, přibližně; *von* ~ (*zufällig*) náhodou; **'~'fährdet** neohrožený; **~fährlich** bezpečný, bez nebezpečí; **~fällig** neochotný, neúslužný; **~färbt** ne(z)barvený; **~füge** nepoddajný, nepovolný; **~halten** mrzutý, nevrlý; **~hemmt** *Adj.* nerušený; *Adv.* bez překážky; **⁀heuer** *n* netvor *m*, obluda *f*, nestvůra *f*; **'~'heuer** (*riesig*) nesmírný, ohromný; **'~'heuerlich** pobuřující, neslýchaný; **'~'hindert** bez překážky; **'~'hobelt** nehoblovaný; **~hörig** nenáležitý, nepřístojný; **⁀hörigkeit** *f* nenáležitost, nepřístojnost; **~horsam** neposlušný; **⁀horsam** *m* neposlušnost *f* (*gegen*/*D*); **~künstelt** neumělkovaný; **~laden** *Gast*: nezvaný; *Waffe*: nenabitý; **~legen** *Adj.* nevhodný; *Adv.* nevhod; **⁀legenheit** *f* nepříjemnost; **~lehrig** neuče(n)livý; **~lernt** nevyučený; *Arbeiter*: nekvalifikovaný; **~logen** bez nadsázky; **~löscht** *Kalk*: nehašený; **~löst** neřešený, nerozřešený; **'~'mein** *Adj.* neobyčejný; *Adv.* neobycějně, nadmíru; **~mütlich** *Raum*: neútulný; *Person, Lage*: nepříjemný; **~nannt** nejmenovaný, anonymní; **~nau** nepřesný; **⁀nauigkeit** *f* nepřesnost; **'~'niert** [-ʒe-] nenucený, neostýchavý; **'~'nießbar** nepoživatelný; *fig.* nesnesitelný; **~nügend** nedostatečný; **~nutzt, ~nützt** ne(vy)užitý; *et.* ~ *verstreichen* (*od. vorübergehen*) *lassen* neuží(va)t č-o; **~ordnet** ne(u)spořádaný; **~pflastert** nedlážděný; **~pflegt** nepěstěný; **~rade** *Zahl*: lichý; **~raten** nepodařený; *Kinder*: nezdárný; **~rechnet** *Adj.* nepočítaný; *Adv.* nepočítaje, nepočítajíc; **⁀rechtigkeit** *f* nespravedlnost (*gegen A* k *D*); **~reimt** nerýmovaný; *fig.* nesmyslný; ~*es Zeug* = **⁀reimtheit** *f* nesmysl *m*, nesmyslnost.

ungern nerad; *gern oder* ~ rád nebo nerad, volky nevolky.

unge|salzen nesolený, neslaný; **~sättigt** nenasycený; **~säuert** nekvašený; **'~'säumt** (*ohne Verzug*) bez meškání, ihned; **~schält** ne(o)loupaný; **⁀schick(lichkeit** *f*) *n* neobratnost *f*, nemotornost *f*, nešikovnost *f*; **~schickt** neobratný, nemotorný, nešikovný; **~schliffen** nebroušený; *fig.* nevybroušený, neuhlazený; **~schmälert** nezkrácený, nezmenšený; **~schminkt** nelíčený; *fig.* nestrojený; **~schoren** neostříhaný; *fig.* ~ *lassen* dá(va)t pokoj; **~schrieben** ne(na)psaný;

~schützt nechráněný; ~sehen neviděný, nevídaný; ~sellig nespolečenský, samotářský; ~setzlich nezákonný; 2setzlichkeit *f* nezákonnost; ~sittet nevzdělaný, necivilizovaný; ~stalt neforemný; ~stempelt (*ohne Stempelmarke*) ne(o)kolkovaný; (*ohne Stempelabdruck*) ne(o)razítkovaný; ~stört nerušený; ~ *lassen* nevyrušovat; ~straft *Adj.* ne(op)trestaný; *Adv.* bez trestu; ~stüm prudký; 2stüm *n* prudkost *f*, nespoutanost *f*; ~sund nezdravý, škodlivý zdraví; ~teilt ne(roz)dělený; (*ganz*) celý; *fig.* (*einmütig*) naprostý; ~treu nevěrný; ~trübt nez(a)kalený; 2tüm *n* netvor *m*, příšera *f*; ~übt ne(vy)cvičený; ~wandt neobratný; nešikovný; ~waschen ne(u)mytý; *Wäsche*: ne(vy)praný; *fig.* nestoudný, prostořeký; ~wiß nejistý, pochybný; *im ungewissen bleiben* být v nejistotě; 2wißheit *f* nejistota, pochybnost; 2witter *n s. Unwetter*; ~wöhnlich neobyčejný, neobvyklý; ~wohnt *Lebewesen*: nezvyklý; *Sache*: neobvyklý; neobyčejný; ~würzt ne(o)kořeněný; ~zählt nesčíslný, nespočetný; ~zähmt ne(z)krocený; *fig.* nezkrotný; 2ziefer *n* hmyz *m*; *fig.* havěť *f*; ~zogen nevychovaný, nezvedený; 2zogenheit *f* nezvedenost; (*Unhöflichkeit*) nezdvořilost, neslušnost; ~zügelt bez uzdy, bez otěže; *fig.* bezuzdný, nevázaný; ~zwungen nenucený, přirozený; 2zwungenheit *f* nenucenost, přirozenost.

Unglaube *m* nevíra *f*, nevěra *f*; *Rel.* bezbožnost *f*.

ungläubig nedůvěřivý; *Rel.* nevěřící; 2e(r) *m/f Rel.* nevěřící *m/f*, bezbožný (-žná).

unglaub|haft neuvěřitelný; ~lich nepochopitelný; ~würdig nevěrohodný.

ungleich *Adj.* nestejný; (*verschieden*) různý; *Adv.* nesrovnatelně; ~artig různorodý, různý; ~förmig různotvárný; (*unregelmäßig*) nepravidelný; 2heit *f* nestejnost, nerovnost; ~mäßig nestejnoměrný, nestejný; ~namig *Math.* s různými jmenovateli; ~seitig nestejnostranný.

Unglück *n* neštěstí; 2lich nešťastný; '2licher'weise nešťastnou náhodou; ~s·bote *m* zlověstný posel; 2selig nešťastný.

Unglücks|fall *m* nešťastná příhoda, neštěstí *n*; ~rabe F *m* nešťastník; ~stätte *f* místo *n* neštěstí; ~tag *m* nešťastný (*od.* černý) den; ~zeichen *n* neblahé znamení.

Un|gnade *f* nemilost; *bei j-m in ~ fallen* uvalovat [-lit] na sebe čí nemilost; 2gnädig nemilostný.

ungültig neplatný; ~ *machen* [u]činit neplatným; 2keit *f* neplatnost; 2keits·erklärung *f* prohlášení *n* neplatnosti *od.* za neplatné.

Un|gunst *f* nepřízeň; ~ *der Verhältnisse* nepřízeň poměrů; *zu j-s ~en* v čí neprospěch; 2günstig nepříznivý, neprospěšný; 2gut zlý; *nichts für ~!* nemějte mi to za zlé; 2haltbar neudržitelný; *Behauptung*: vratký, planý; 2handlich nevhodný, nepohodlný.

Unheil *n* zlo, neštěstí; (*Verhängnis*) pohroma *f*; 2bar nevyléčitelný; 2bringend přinášející neštěstí; 2drohend hrozící neštěstím, zlověstný; 2schwanger plný neblahého tušení; ~stifter(in *f*) *m* původce (-dkyně *f*) *m* zla, strůjce (-jkyně *f*) *m* zla; 2voll neblahý.

unheimlich *Adj.* strašný (*a.* F *fig. sehr viel usw.*); *Ort*: příšerný; *Blick, Aussehen a.*: hrozivý; *Gefühl*: úzkostlivy, úzkostný.

unhöflich nezdvořilý; 2keit *f* nezdvořilost.

Unhold *m* zloduch, zlomyslník.

unhörbar neslyš(itel)ný.

Uni *f s. Universität.*

Uni'form *f* stejnokroj *m*, uniforma; 2ieren [-'mi:-] uniformovat (*im*)*pf.*; ~mütze *f* stejnokrojová čepice.

Unikum *n* unikum.

un·interess|ant nezajímavý, neinteresantní; ~iert nemající zájmu (*an D* o *A*).

Uni'on *f* svaz *m*, union; ~s·republik *f* svazová republika.

univer'sal universální, všeobecný; 2erbe *m* universální (*od.* jediný) dědic; 2mittel *n* universální prostředek *m*.

univer|'sell *s.* universál; 2si'tät *f* universita; ~s- universitní.

Uni'versum *n s.* (*Welt-*)*All.*

Unke *f Zo.* žába, mlok *m*; F *fig.* škarohlíd *m*.

unkennt|lich nepoznatelný; 2lich-

keit *f* nepoznatelnost; *bis zur ~* tak, že ho člověk nepoznal; **⁀nis** *f* neznalost; *j-n in ~ lassen über et.* [za]tajit k-u co.
unklar nejasný; *es ist mir ~* není mi to jasné; *j-n über et. im ~en lassen* nech(áv)at k-o v nejistotě o čem; **⁀heit** *f* nejasnost.
un|kleidsam neslušivý; **~klug** nemoudrý.
unkontrollier|bar nekontrolovatelný; **~t** nekontrolovaný.
Unkosten *pl.* útraty *f/pl.*, výdaje *m/pl.*; *sich in ~ stürzen* dělat si velké výlohy; **~beitrag** *m* příspěvek na výdaje.
Un|kraut *n* plevel *m*, býlí; *fig.* špatná věc; **⁀kritisch** nekritický; **⁀kultiviert** nevzdělaný; *Agr.* nepěstěný, nekultivovaný; **⁀kündbar** nevypověditelný; **⁀kundig** neznalý (*G*); **⁀längst** nedávno, onehdy, před nedávnem; **⁀lauter** nečistý; *Wettbewerb*: nekalý, nepoctivý; **⁀leserlich** nečitelný; **⁀leugbar** nepopíratelný; **⁀lieb(sam)** nemilý, nepříjemný; *es ist mir ~, das zu hören* nerad to slyším; **⁀logisch** nelogický.
unlös|bar nerozluštitelný; (*untrennbar*) nerozlučitelný; **~lich** *Chem.* nerozpustný.
Unlust *f* nechuť (*zu* k *D*); **⁀ig** *Adj.* neveselý; *Adv.* nerad, s nechutí.
un|manierlich nezpůsobný, neslušný; **~männlich** nemužný, nestatečný, zbabělý; **⁀masse** *f* ohromné množství, spousta; **~maßgeblich** nerozhodující, nezávažný.
unmäßig nestřídmý; (*maßlos*) nemírný, přílišný; **⁀keit** *f* nestřídmost; nemírnost.
Unmenge *f s. Unmasse.*
Unmensch *m* necitelný člověk, surovec; **⁀lich** nelidský, ukrutný, surový; **~lichkeit** *f* nelidskost, ukrutnost.
un'merk|bar, ~lich nepozorovatelný.
un|mißverständlich naprosto srozumitelný, zcela jasný; **~mittelbar** bezprostřední; **~möbliert** bez nábytku, nezařízený; **~modern** nemoderní, zastaralý.
unmöglich *Adj.* nemožný; *Adv.* naprosto, zcela; *⁀es verlangen* klást nemožné požadavky; **⁀keit** *f* nemožnost, nemožná věc.
un|moralisch nemorální, nemravný; **~motiviert** nemotivovaný; **~mündig** nezletilý, neplnoletý, nedospělý.
Unmut *m* nevole *f*, rozmrzelost *f*; **⁀ig** mrzutý, nevrlý.
unnach|ahmlich nenapodobitelný; **~giebig** nepoddajný, neohebný, neústupný.
unnahbar nepřístupný, uzavřený.
unnatürlich nepřirozený; *fig.* strojený; **⁀keit** *f* nepřirozenost; *fig.* strojenost.
unnennbar nevýslovný.
unnötig nepotřebný, zbytečný; **'~er'weise** bez potřeby, zbytečně.
unnütz (*nutzlos*) nepotřebný; (*überflüssig*) zbytečný; *~es Zeug reden* tlachat; **'~er'weise** *s. unnötigerweise.*
UNO *f Abk. für United Nations Organization* OSN Organizace spojených národů.
un·ord|entlich nepořádný; **⁀nung** *f* nepořádek *m*.
un|organisch neorganický; **~organisiert** neorganisovaný; **⁀paarhufer** *m Zo.* lichokopytník; **~parlamentarisch** neparlamentární.
unpartei|isch nestranný; **⁀ische(r)** *m* nestraník; *Sp.* rozhodčí; **~lich** nestranický; **⁀lichkeit** *f* nestrannost.
unpas|send nevhodný; **'~'sierbar** neschůdný; nesjízdný.
unpäßlich chorý, churavý; *er ist ~* je mu nevolno; **⁀keit** *f* nevolnost.
un|patriotisch nevlastenecký; **~persönlich** neosobní; **~politisch** nepolitický; *fig.* neprozíravý; **~populär** nepopulární, neoblíbený; **~praktisch** nepraktický, nešikovný; **~produktiv** neproduktivní, neplodný.
unpünktlich nepřesný, nedochvilný; **⁀keit** *f* nepřesnost, nedochvilnost.
unrasiert ne(o)holený.
Unrat *m* nečistota *f*, smetí *n*; *fig.* neřád, F neřádstvo *n*.
unrationell neracionální, nehospodárný.
unrecht nepravý, falešný, nesprávný; (*ungeeignet*) nevhodný; *zur ~en Zeit kommen* přicházet [přijít] nevčas; *~ haben* nemít pravdu.
Unrecht *n* křivda *f*, bezpráví; *zu ~* neprávem; *im ~ sein* být v ne-

právu; *j-m ~ tun* učinit k-u křivdu; **2mäßig** bezprávný; **~mäßigkeit** *f* bezprávnost.
unredlich nepoctivý; **2keit** *f* nepoctivost.
unreell nereálný, neskutečný, nespolehlivý, nepoctivý.
unregelmäßig nepravidelný; **2keit** *f* nepravidelnost.
unreif nezralý; *fig.* nedospělý.
unrein nečistý, špinavý; *ins 2e* na nečisto; **~lich** nečistotný; **2lichkeit** *f* nečistotnost.
un|rentabel nevýnosný, nerentabilní; **~rettbar** nezachranitelný; *~ verloren* nadobro ztracen.
unrichtig nesprávný, chybný, vadný; **'~er'weise** nesprávně, omylem; **2keit** *f* nesprávnost, omyl *m*, chyba.
unritterlich nerytířský, nečestný.
Unruh *f* (*Uhr*) nepokoj *m*, setrvačník *m*.
Unruh|e *f* neklid *m*, nepokoj *m*; *~en pl. Pol.* nepokoje *m/pl.*; **~eherd** *m* ohnisko *n* nepokojů; **~estifter** *m* původce nepokojů, výtržník; **2ig** neklidný, nepokojný.
unrühmlich neslavný.
uns *s. wir*; (*D*) nám, *refl.* sobě, (*tonlos*) si; (*A*) nás, *refl.* sebe, (*tonlos*) se.
unsach|gemäß nepřiměřený, nevhodný; **~lich** nevěcný.
un|sagbar, ~säglich nevýslovný, nesmírný; **~sanft** nevlídný, hrubý, drsný.
unsauber nečistý, ušpiněný; **2keit** *f* nečistotnost.
un|schädlich neškodný; *~ machen* zneškodňovat [-dnit]; **~scharf** *Fot.* neostrý; **2schärfe** *f* neostrost; **~schätzbar** neocenitelný; **~scheinbar** nepatrný, nevzhledný.
unschicklich nevhodný, nepřiměřený; **2keit** *f* nevhodnost, nepřiměřenost.
unschiffbar nesplavný; **2keit** *f* nesplavnost.
unschlüssig nerozhodný, váhavý; **2keit** *f* nerozhodnost, váhavost.
un|schmackhaft nechutný; **~schön** nepěkný, nehezký.
Unschuld *f* nevina, nevinnost; *Jur.* bezúhonost; *in (aller) ~* ve své prostotě; **2ig** nevinný; *Jur.* bezúhonný; *für ~ erklären* prohlašovat [-hlásit] za nevinného.
unschwer netěžký, snadný.
Unsegen *m* kletba *f*.
unselbständig nesamostatný, závislý; **2keit** *f* nesamostatnost, závislost.
unselig nešťastný, neblahý, osudný.
unser, uns(e)re, unser náš, naše, naše; *refl.* svůj, svá, své; **~einer, ~eins** našinec *m*, člověk téhož smýšlení; **~(er)seits** z naší strany, co se týče nás; **~(e)sgleichen** nám rovný, jako my.
uns(e)rige: *der, die, das ~ s. unser.*
unsert|halben, ~wegen, (um) ~willen kvůli nám, pro nás.
unsicher nejistý, nebezpečný; (*unzuverlässig*) nespolehlivý; (*zweifelhaft*) pochybný; (*unbestimmt*) neurčitý; *Schritt, Stimme:* chvějící se; **2heit** *f* nejistota; nespolehlivost; kolísavost.
unsichtbar neviditelný; **2keit** *f* neviditelnost.
unsinkbar *Mar.* nepotopitelný, neponořitelný.
Unsinn *m* nesmysl; *~ machen* provádět [-vést] hlouposti; **2ig** nesmyslný, pošetilý.
Unsitt|e *f* nemrav *m*, zlozvyk *m*; **2lich** nemravný, nemorální; **~lichkeit** *f* nemravnost, nemorálnost; nemravný čin.
un|sozial nesociální, nespolečenský; **~sportlich** nesportovní; **~statthaft** nedovolený, nemístný.
unsterblich nesmrtelný, nehynoucí; **2keit** *f* nesmrtelnost.
Unstern *m* nešťastná hvězda *od.* planeta *f*.
unstet nestálý, neklidný; **2igkeit** *f* nestálost, těkavost.
unstillbar neutišitelný.
unstimmig nesouhlasný, nejednotný; **2keit** *f* nesouhlas *m*, nejednotnost.
unstrafbar netrestný, nepodléhající trestu.
unstreit|bar nesporný; **~ig** nepopiratelný, nepochybný.
Un|summe *f* ohromná suma; **2symmetrisch** nesouměrný, nesymetrický; **2sympathisch** nesympatický; **2systematisch** nesoustavný, nesystematický; **~tad(e)lig** bezvadný, bezúhonný; **~tat** *f* ohavný čin, hanebný zločin.
untätig nečinný, zahálčivý; **2keit** *f* nečinnost, zahálčivost.
untauglich neschopný, nezpůsobilý; **2keit** *f* neschopnost, nezpůsobilost.

unteilbar nedělitelný, nedílný; **ꝰ-keit** *f* nedělitelnost.

unten dole; *weiter* ~ doleji, níže; *nach* ~ dolů; *von* ~ zdola; *von* ~ *nach oben* zdola nahoru; ~ *erwähnt od. genannt* dole jmenovaný; *fig. von* ~ *auf dienen* sloužit od píky.

unter *Prp.* (*wohin? A, wo? D*) pod(e) (*I*); *er setzte sich* ~ *dem Baum* sedl si pod strom; *er sitzt* ~ *dem Baum* sedí pod stromem; ~ *dem Einkaufspreis verkaufen* prod(áv)at pod nákupní cenu; *2 Grad* ~ *Null* 2 stupně pod nulou; (*während*) za (*G*); ~ *der Leitung* za vedení; (*von*) z(e) (*G*); *einer* ~ *Tausenden* jeden z tisíců; (*zwischen, inmitten*) mezi (*I*); *das war* ~ *deinen Büchern* to bylo mezi tvými knihami; (~ ... *hervor*) zpod (*G*); ~ *dem Tisch hervor* zpod stolu.

Unter *m* (*Spielkarte*) spodek.

Unter|abteilung *f* pododdělení *n*; **~arm** *m* předloktí *n*; **~art** *f* odrůda; **~ausschuß** *m* podvýbor, užší výbor; **~bau** *m* spodek, základ; *Bgb.* podpatrové dílo; **ꝰbelichten** *Fot.* podexponovat *pf.*; **~belichtung** *f Fot.* podexposice; **~bett** *n* spodní peřina *f*, spodnice *f*; **ꝰbewerten** podceňovat [-cenit]; **ꝰbewußt** podvědomý; **~bewußtsein** *n* podvědomí; **ꝰ'bieten** *Preis*: podbízet; *Rekord*: překon(áv)at; **~bilanz** *f Hdl.* schodkový rozpočet, pasivní bilance; **'ꝰbinden**[1] F *Tuch*: podvazovat [-vázat]; **ꝰ'binden**[2] *Med.* podvazovat [-vázat]; *fig.* (*verhindern*) zamezovat [-zit], znemožňovat [-žnit]; **ꝰ'bleiben** nekonat se, nest(áv)at se; (*aufhören*) přest(áv)at; **ꝰ'brechen** přerušovat [-šit]; **~'brecher** *m El.* přerušovač; **~'brechung** *f* přerušení *n*; **'ꝰbreiten**[1] F rozprostírat [-střít]; **ꝰ'breiten**[2] předkládat [předložit]; **ꝰbringen** ukládat [uložit]; (*beherbergen*) ubytov(áv)at; (*e-e Stellung verschaffen*) zaopatřovat [-řit]; **~bringung** *f* umístění *n*; **~deck** *n Mar.* dolní paluba *f*; **ꝰder'hand** potají, tajně, na černo; **ꝰ'des, ꝰ'dessen** zatím, mezitím; **~druck** *m Med., Phys.* podtlak; **ꝰ'drücken** po-, u-tlačovat [-čit]; *Pol.* utiskovat [-knout]; **~'drücker** *m Pol.* utlačovatel, utiskovatel; **~'drückung** *f* utlačování *n*, potlačování *n*; **ꝰe** *Adj.* dolní; spodní; **ꝰein'ander** mezi sebou; navzájem, vzájemně; **ꝰentwickelt** náležitě nevyvinutý; ~*es Land* země *f* málo vyvinutá; **ꝰernährt** podvyživený, nedostatečně živený; **~ernährung** *f* podvýživa; **ꝰ'fangen**: *sich* ~ (*G*) odvažovat [-vážit] se č-o; **~'fangen** *n s. Wagnis*; *kühnes* ~ odvážný čin; **ꝰfassen** F [u]chopit k-o pod paží; **ꝰfertigen** † podepisovat [-psat]; **~'führung** *f* podjezd *m*; (*für Fußgänger*) podchod *m*; **~gang** *m Astr.* západ; *fig.* zánik, záhuba *f*; **ꝰ'geben** *Adj.* poddaný, podřízený; **ꝰgehen** *Astr.* zapadat [-dnout]; *Mar.* potápět [-topit] se; *fig.* zanikat [-knout], [za]hynout; **ꝰgeordnet** podřízený, podřadný; **ꝰgeschoben** podstrčený, podvržený; **~geschoß** *n* suterén *m*; **~gestell** *n* podstavec *m*, stojan *m*, spodek *m*; **~gewand** *n* spodní roucho, spodní šat *m*; **~gewicht** *n* nedovažek *m*, schodek *m* na váze; **ꝰ'graben** podkop(áv)at, podrý(va)t; **~grund** *m* spodní země *f*, podklad; **~grundbahn** *f* podzemní dráha; **~grundbewegung** *f Pol.* podzemní hnutí *n*; **ꝰhaken** F *s. unterfassen*; **ꝰhalb** (*G*) pod(e) (*I*).

Unterhalt *m* obživa *f*, živobytí *n*; **'ꝰen**[1] [po]držet dole; **ꝰen**[2] [-'hal-] udržovat [-žet]; (*unterstützen*) vydržovat [-žet]; *Feuer*: nenech(áv)at dohořet; (*vergnügen*) [po]bavit, obveselovat [-lit]; *sich* ~ (*plaudern*) [po]hovořit; **ꝰend, ꝰsam** zábavný; **~s·pflicht** *f* vyživovací povinnost; **ꝰs·pflichtig** povinný výživou; **~ung** *f* (*Instandhaltung*) vydržování *n*; (*Gespräch*) rozprava; (*Vergnügen*) zábava; **~ungsbeilage** *f* zábavná příloha; **~ungskosten** *pl.* udržovací náklady *m/pl.*; **~ungsliteratur** *f* zábavná literatura.

unter|'handeln vyjedn(áv)at (*mit j-m über A* s kým o *L*); **ꝰhändler** *m* vyjednávač; *Mil.* parlamentář; **ꝰ-handlung** *f* vyjednávání *n*; *in* ~ *stehen s. unterhandeln*; *in* ~(*en*) *treten* začí(na)t vyjednávání; **ꝰhaus** *n* dolní sněmovna *f*; **ꝰhemd** *n* tílko; **ꝰholz** *n* podrost *m*; **ꝰhose** *f* spodky *m/pl.*, F podvlékačky *f/pl.*; **~irdisch** podzemní; **~'jochen** podrobovat [-bit], podmaňovat [-manit]; **ꝰ'jochung** *f* ujařmení *n*; **ꝰkiefer** *m* dolní čelist *f*; **ꝰklasse** *f* nižší třída; **ꝰ-**

kleid *n* spodní šat *m*; (*Unterrock*) spodnička *f*; **°~kleidung** *f* spodní prádlo *n*; **~kommen** nacházet [najít] přístřeší *od.* byt; (*in e-r Stellung*) dost(áv)at místo *od.* zaměstnání; **°~kommen** *n* přístřeší, byt *m*; (*Stellung*) místo, zaměstnání; **°~körper** *m* spodní část *f* těla; **~kriegen** F zdol(áv)at; *sich nicht ~ lassen* ned(áv)at se; **°~kunft** *f* přístřeší *n*, byt *m*; nocleh *m*; **°~lage** *f* podklad *m*, základ *m*; (*Beweisstück*) doklad *m*; (*Schreib°~*) podložka; **°~land** *n* nížina *f*; **°~laß** *m*: *ohne ~* bez ustání; **~'lassen** (*versäumen*) opomíjet [-menout]; (*nicht tun*) nech(áv)at (*G*); **°~'lassung** *f* opomenutí *n*; **°~'lassungssünde** *f* hřích *m* spáchaný opomenutím; **°~lauf** *m* dolní tok; **~'laufen** *Fehler*: vluzovat [vloudit] se; (*mit Blut*) podlévat [-lít] se; **'~legen**[1] podkládat [podložit]; *Absicht*: přikládat [přiložit]; **~'legen**[2] *Kleid*: podší(va)t; **~'legen**[3] *Adj.* zdolaný, poražený; **°~legscheibe** *f* podložka; **°~leib** *m* *Med.* břicho *n*, život; **°~leibsschmerzen** *m/pl.* bolesti *f/pl.* v břiše; **~'liegen** podléhat [-lehnout]; *es unterliegt keinem Zweifel* o tom není pochyby; **°~lippe** *f* dolní ret *m*; **~'malen** podmalov(áv)at; **°~'malung** *f* podmalování *n*; **~'mauern** podezdí(va)t; **°~miete** *f* podnájem *m*; *in ~ wohnen* bydlit v podnájmu; **°~mieter** *m* podnájemník; **~mi'nieren** podminov(áv)at; **~mischen** směšovat [smísit], smích(áv)at.

unter'nehm|en podnikat [-knout]; **°~en** *n* podnik *m*; **°~er** *m* podnikatel; **°~ung** *f* podnikání *n*; **°~ungsgeist** *m* podnikavost *f*; **~ungslustig** podnikavý.

Unter|offizier *m* poddůstojník; **°~ordnen** podřizovat [-řídit] (*sich* se); **~ordnung** *f* podřízení *n*, podrobení *n*; *Mil.* subordinace; *Zo.*, *Bot.* podčeleď; **~pfand** *n* záruka *f*, zástava *f*; **~'redung** *f* rozmluva, rozhovor *m*.

Unterricht *m* vyučování *n*; *j-m ~ geben*, *~ erteilen* = **°~en** (*lehren*) vyučovat [-čit]; (*mitteilen*) zpravovat [zpravit]; *sich ~* informovat se (*im*)*pf.*, poučovat [-čit] se.

Unterrichts|briefe *m/pl.* učebné texty *m/pl.* pro dálkové studium; **~fach** *n* vyučovací obor *m*; **~gegenstand** *m* učební předmět; **~kosten** *pl.* náklady *m/pl.* na vyučování; **~ministerium** *n* ministerstvo školství; **~sprache** *f* vyučovací jazyk *m*; **~stunde** *f* učební hodina; **~wesen** *n* školství.

Unter|rock *m* spodnička *f*; **°~'sagen** zakazovat [-kázat], zapovídat [-vědět]; **~satz** *m* podstavec, podložka *f*; **°~'schätzen** podceňovat [-cenit]; **~'schätzung** *f* nedocenění *n*, podceňování *n*.

unter'scheid|en rozezn(áv)at, rozlišovat [-šit]; *sich ~* odlišovat [-šit] se; **°~ung** *f* rozeznávání *n*, rozlišování *n*; **°~ungsmerkmal** *n*, **°~ungszeichen** *n* rozeznávací znaménko.

Unterschenkel *m* bérce *n*, holeň *f*.

unterschieben podstrkovat [-strčit]; *fig.* podvrhovat [-hnout].

Unterschied *m* rozdíl; *ohne ~* bez rozdílu; *zum ~ von* na rozdíl od (*G*); **°~lich** rozdílný, rozličný; **°~s·los** bez rozdílu.

unter|schlagen[1] *Beine*: [z]křížit; **~'schlagen**[2] zatajovat [-jit]; *Geld*: zpronevěřovat [-řit]; *Brief*: zachycovat [-chytit]; **°~'schlagung** *f* zatajení *n*; zpronevěra; zachycení *n*; **°~schlupf** *m* (*Versteck*) úkryt; (*Obdach*) přístřeší *n*; *~ finden* = **~schlupfen** ukrý(va)t se; **~'schreiben** podepisovat [-psat]; **~'schreiten** nedosahovat [-sáhnout] (*G*); **°~schrift** *f* podpis *m*; **°~seeboot** *n* ponorka *f*; **~seeisch** podmořský; **°~seekabel** *n* podmořský kabel; **°~seite** *f* spodní strana, rub *m*; **~setzen** podstavovat [-stavit]; **°~setzer** *m* podložka *f*, tácek; **~'setzt** zavalitý, podsaditý; **°~'setzungsgetriebe** *n* reduktor *m*; **~'spülen** podemílat [-mlít].

Unter|staatssekretär *m* státní podtajemník; **~stand** *m* *Mil.* (podzemní) kryt; **°~'stehen** být podřízen, příslušet; *das untersteht keinem Zweifel* o tom nelze pochybovat; *sich ~* opovažovat [-vážit] se; **'°~stellen**[1] podstavovat [-stavit]; *Wagen*: [u]garážovat; *sich ~* ukrý(va)t se; **°~'stellen** podřizovat [-řídit]; (*behaupten*) podkládat [podložit]; **~'stellung** *f* podřízení *n*; (*falsche Behauptung*) křivé obvinění; **°~'streichen** podtrh(áv)at [-hnout], podškrt(áv)at [-tnout]; ~**stufe** *f* nižší oddělení *n od.* stupeň *m*; ᴗ'**stützen** podporovat [podpořit]; ~'**stützung** *f* podpora; *Arch.* podpěra; ~'**stützungs·empfänger** *m* příjemce *m* podpory.

unter'such|en vyšetřovat [-řit]; *Med.* prohlížet [-hlédnout]; (*erforschen*) [pro]zkoumat; ᴗ**ung** *f* vyšetřování *n*; *Med.* prohlídka; průzkum *m*.

Unter'suchungs|ausschuß *m* vyšetřovací výbor; ~**gefängnis** *n* vyšetřovací vězení; ~**haft** *f* vyšetřovací vazba *f*; ~**richter** *m* vyšetřující soudce.

Unter|'tage·bau *m Bgb.* hlubinné dobývání; ᴗ**tan,** ~**tan** *m* poddaný; ᴗ**tänig** pokorný, ponížený; ~**tasse** *f* talířek *m* pod šálek, F tácek *m*; *fliegende* ~ létající talíř *m*; ᴗ**tauchen** ponořovat [-řit], potápět [-topit] (*v/i* se); *fig.* ztrácet [ztratit] se, [z]mizet; ~**teil** *m od. n* spodní část *f*, spodek; ~'**teilung** *f* rozdělení *n*; ~**titel** *m* podtitul; ~**ton** *m Mus.* spodní tón; ᴗ'**treiben** zmenšovat [-šit], zlehčovat [-čit]; ᴗ'**wandern** (*A*) vnikat [-knout] do (*G*); ~'**wanderung** *f* vnikání do (*G*); ~**wäsche** *f* spodní prádlo *n*.

Unter'wasser|bombe *f* puma proti ponorkám; ~**kamera** *f* podmořská kamera; ~**massage** *f Med.* podvodní masáž.

unter|'wegs cestou, na cestě; ~'**weisen** poučovat [-čit]; ᴗ'**weisung** *f* poučení *n*; ᴗ**welt** *f* podsvětí *n*; *Myth.* říše mrtvých; ~'**werfen** podrobovat [-bit], podmaňovat [-manit]; ᴗ'**werfung** *f* podrobení *n*, podmanění *n*; ~**würfig** pokorný, podlézavý; ᴗ**würfigkeit** *f* pokora, podlézavost; ~'**zeichnen** *s. unterschreiben*; ᴗ**zeug** F *n s. Unterwäsche*; '~**ziehen**[1] oblékat [obléci] vespod; ~'**ziehen**[2] podrobovat [-bit] (*sich* se).

Un|tiefe *f* mělčina; (*Abgrund*) bezedná hloubka; ~**tier** *n* netvor *m*, obluda *f*; 'ᴗ'**tilgbar** nevyhladitelný; *Schuld*: neumořitelný; 'ᴗ'**tragbar** nesnesitelný; 'ᴗ'**trennbar** nerozluč(itel)ný; *Gr.* neodlučný; ᴗ**treu** nevěrný; ~ *werden* zproneveřovat [-řit] se; ~**treue** *f* nevěrnost; 'ᴗ'**tröstlich** neutěšitelný; *ich bin* ~ mrzí mě; 'ᴗ'**trüglich** neklamný, neomylný; ~**tugend** *f* nectnost, zlozvyk *m*, vada.

'**un·über|'brückbar** nepřeklenutelný; ~**legt** nerozvážný; ᴗ**legtheit** *f* nerozvážnost; '~'**sehbar** nepřehledný; '~'**setzbar** nepřeložitelný; ~**sichtlich** nepřehledný; '~'**steigbar** nepřestupný; '~'**tragbar** nepřenosný; *s. a. unübersetzbar*; '~'**trefflich** nepřekonatelný; '~'**troffen** nepřekonaný; '~'**windlich** nepřemožitelný.

'**un·um|'gänglich** nevyhnutelný, nezbytný; '~'**schränkt** neomezený; '~'**stößlich** nezvratný; '~'**wunden** *Adv.* přímo, upřímně.

'**un·unter'brochen** nepřetržitý, neustálý.

'**unver|'änderlich** nezměnitelný, neproměnlivý; '~'**ändert** nezměněný; '~'**antwortlich** neodpovědný, neomluvitelný; '~'**äußerlich** neprodejný; *Jur.* nezcizitelný; '~'**besserlich** nenapravitelný, nepolepšitelný; '~'**bindlich** nezávazný, nepovinný; '~'**blümt** *Adj.* nelíčený, prostý; *Adv.* bez obalu, přímo; '~'**braucht** nespotřebovaný, svěží; '~'**brüchlich** nezlomný, nerozborný; '~'**bürgt** nezaručený, nepotvrzený; '~'**dächtig** nepodezřelý; '~'**daulich** nestravitelný; *fig.* protivný; ~**daut** nestrávený, nezažitý; '~'**dient** nezasloužený; '~*er'maßen*, '~*er'weise* nezaslouženě; ~**dorben** nezkažený, zdravý; '~'**drossen** neomrzelý, neúnavný; '~'**einbar** nesrovnatelný, neslučitelný; '~'**fälscht** ne(z)falšovaný, pravý; '~'**fänglich** neúskočný, nezáludný; '~'**froren** smělý, drzý; ᴗ**frorenheit** *f* drzost, smělost; '~'**gänglich** nepomíjející, věčný; ~**gessen** nezapomenutý; '~'**geßlich** nezapomenutelný; '~'**gleichlich** nesrovnatelný, nedostižný; '~'**hältnismäßig** nepoměrný; ~**heiratet** svobodný; *Mann*: neženatý; *Frau*: neprovdaná; '~'**hofft** neočekávaný, nenadálý; '~'**hohlen** *Adj.* netajený; *Adv.* přímo, otevřeně; '~'**käuflich** neprodejný; ~**kauft** neprodaný; '~'**kennbar** zjevný, zřejmý, patrný; '~'**letzbar**, '~'**letzlich** nezranitelný; ~**letzt** nezraněný; ~**mählt** *s. unverheiratet*; '~'**meidlich** nevyhnutelný, nezbytný; ~**mietet** nepronajatý; **~mindert** nezmenšený; **~mischt** nesmíšený; **~mittelt** bezprostřední; **2mögen** *n* neschopnost *f*, nezpůsobilost *f*; **~mögend** neschopný(-pen), nezpůsobilý; (*mittellos*) nezámožný; **~mutet** *s. unverhofft*; **2nunft** *f* nerozum *m*, pošetilost; **~nünftig** nerozumný, pošetilý.

unverrichtet nedokonaný, nevyřízený; **~erdinge** s nepořízenou, bez pořízení.

unver|schämt nestoudný, nestydatý; **2schämtheit** *f* nestoudnost, nestydatost; **'~'schuldet** nezaviněný; (*ohne Schulden*) nezadlužený; **'~'sehens** znenadání, náhle; **'~'sehrt** neporušený, netknutý; **2sehrtheit** *f* neporušenost; **~sichert** nepojištěný; **'~'siegbar** nevysychající, nevyčerpatelný; **~siegelt** nezapečetěný; **'~'söhnlich** nesmiřitelný; **~sorgt** nezaopatřený; **2stand** *m s. Unvernunft*; **~ständig** nerozumný, pošetilý; **~ständlich** nesrozumitelný, nezřetelný; **2ständnis** *n* neporozumění, nepochopení; **'~'sucht**: *nichts ~ lassen* vše vyzkoušet; **'~'träglich** nesnáš(en)livý; **~wandt** nepohnutý, upřený; **'~'wendbar** neupotřebitelný; **'~'wischbar** nesmazatelný; **'~'wundbar** nezranitelný; **'~'wüstlich** nezničitelný; **~zagt** odhodlaný, zmužilý; **'~'zeihlich** neodpustitelný; **'~'zinslich** nezúročitelný; **~zollt** nevyclený; **'~'züglich** neodkladný, neprodlený.

'unvoll|'endet neskončený, nedokončený; **'~'kommen** nedokonalý; **2kommenheit** *f* nedokonalost; **'~'ständig** neúplný; **2ständigkeit** *f* neúplnost.

unvor|bereitet *Adj.* nepřipravený; *Adv.* bez přípravy, nepřipraveně; **~eingenommen** nezaujatý; **2eingenommenheit** *f* nezaujatost, nestrannost; **~hergesehen** nepředvídaný, nenadálý; **~sichtig** neopatrný; **2sichtigkeit** *f* neopatrnost; **~stellbar** nepředstavitelný; **~teilhaft** nevýhodný.

unwägbar ne(z)važitelný.

unwahr nepravdivý, lživý; **2heit** *f* nepravda.

unwahrscheinlich nepravděpodobný; **2keit** *f* nepravděpodobnost.

'un|'wandelbar ne(pro)měnný; **~wegsam** neschůdný; (*für Fahrzeuge*) nesjízdný; **~weiblich** neženský; **'~'weigerlich** bez zdráhání, bez odporu; **~weit** nedaleko, opodál (*G*); **~wert** nehodný (-den), bezvýznamný; **2wert** *m* bezcennost, nepatrnost *f*.

Unwesen *n* zlořád *m*, neplecha *f*; *sein ~ treiben* páchat (*od.* tropit) zlo *od.* zločiny; **2tlich** nepodstatný.

Unwetter *n* nečas *m*, nepohoda *f*; (*Sturm*) bouře *f*.

unwichtig nedůležitý.

'unwider|'legbar, '~'leglich nezvratný, nevyvratitelný; **'~'ruflich** neodvolatelný; **'~'sprochen** nepopřený; **'~'stehlich** neodolatelný.

'unwieder'bringlich nenávratný, nenahraditelný.

Unwill|e *m* nevole *f*, nelibost *f*, rozhořčení *n*; **2ig** rozhořčený, nevlídný; *~ werden* rozhořčovat [-čit] se (*über j-n* na k-o, *über et.* nad čím); **2kommen** nevítaný, nemilý; **2kürlich** *Adj.* bezděčný; *Adv.* bezděčně, bezděky.

unwirk|lich neskutečný; **~sam** neúčinný, nepůsobivý.

unwirsch nevrlý, nevlídný.

unwirt|lich nehostinný, neútulný; **~schaftlich** nehospodárný; **2schaftlichkeit** *f* nehospodárnost.

unwissen|d nevědomý; **2heit** *f* nevědomost; **~schaftlich** nevědecký; **~tlich** *Adv.* nevědomky.

unwohl churavý; *mir ist ~* mně je nevolno; *~ sein* (*Frau*) mít měsíčky; **2sein** *n* nevolnost *f*.

un|würdig nehodný (-den), nezasluhující si; (*würdelos*) nedůstojný; **2zahl** *f* nespočet *m*, nesmírné množství (*von/G*); **'~'zählbar, '~'zählig** nesčetný, nesčíslný; **~zähmbar** neochočitelný, nezkrotný.

Unze *f* (*Gewicht*) unce.

Unzeit *f*: *zur ~* nevčas, nevhod; **2gemäß** nečasový, neaktuální.

'unzer|'brechlich nerozbitný; **'~'reißbar** neroztržitelný, neroztrhatelný; **'~'störbar** nezničitelný, nezbořitelný; **'~'trennlich** nerozluč(itel)ný.

unziem|end, ~lich nepřístojný, neslušný.

un|zivilisiert necivilizovaný, hrubý; **2zucht** *f* smilstvo *n*, necudnost; **~züchtig** smilný, necudný.

unzu|frieden nespokojený (-jen); **&friedenheit** *f* nespokojenost; **~gänglich** nepřístupný; **~länglich** nedostatečný; **~lässig** nedovolený, nepřípustný; **~rechnungsfähig** nepříčetný; **~reichend** *s. unzulänglich*; **~sammenhängend** nesouvislý; **~ständig** nepříslušný; **~träglich** neprospěšný; **~treffend** nevhodný; **~verlässig** nespolehlivý, nejistý.

un|zweckmäßig neúčelný, nevhodný; **~zweideutig** nedvojsmyslný; (*klar*) zřejmý, patrný; **'~'zweifelhaft** nepochybný.

üppig bujný; (*reichhaltig*) hojný, bohatý; (*prunkvoll*) hýřivý; **&keit** *f* bujnost; hojnost.

Ur *m Zo.* zubr.

Ur|abstimmung *f* původní (od-) hlasování *n*; **~ahn** *m* předek, praotec; **~ahne** *f* prabába, pramáti; **&alt** prastarý.

U'ran *n Chem.* uran *m*; **~-** *in Zssgn* uranový.

Ur·aufführung *f* premiéra, první představení *n*.

ur'ban urbánní, městský.

urbar orný; **~** *machen* obděl(áv)at; **&machung** *f* obdělávání *n*.

Ur|bewohner *m* praobavytel; **~bild** *n* pravzor *m*, prototyp *m*; **'&'eigen** opravdu vlastní, vrozený; **~einwohner** *m s. Urbewohner*; **~enkel(in** *f*) *m* pravnuk *m*, pravnučka *f*; **~form** *f* pratvar *m*, prvotní forma; **~gebirge** *n Geol.* prahory *f/pl.*; **&gemütlich** F velice příjemný; **~geschichte** *f* prehistorie, dějiny *f/pl.* pravěku; **~großmutter** *f* prabába, prababička; **~großvater** *m* praděd(eček).

Urheber *m* původce, autor; **~recht** *n* autorské právo; **~schaft** *f* autorství *n*.

U'rin *m* moč *f*.

uri'nieren [vy]močit [se].

U'rinuntersuchung *f* rozbor *m* moči.

urkomisch nesmírně komický.

Urkund|e *f* listina; (*Beleg*) doklad *m*; **~enfälschung** *f* padělání *n* listin; **&lich** listinný.

Urlaub *m* dovolená *f*; **~er** *m* dovolenec; **~-** *in Zssgn* dovolenecký; **~s·geld** *n* mzda *f* za dovolenou; **~s·plan** *m* plán dovolených; **~sreise** *f* cesta na dovolenou; **~s·tag** *m* den dovolené; **~s·zeit** *f* doba dovolené.

Ur|mensch *m* pračlověk; **~mutter** *f* prarodička, pramáti.

Urne *f* urna; (*Aschen&*) popelnice; **~n·feld** *n* popelnicové pole *n*; **~n·friedhof** *m*, **~n·hain** *m* popelnicový háj.

ur|plötzlich *Adj.* docela náhlý, nenadálý; *Adv.* znenadání; **&quell** *m* prazdroj; **&sache** *f* příčina, důvod *m*; *keine ~!* nemáte proč!; **~sächlich** příčinný; **&schrift** *f* prvopis *m*, originál *m*; **~schriftlich** v prvopise, v originále; **&sprache** *f* prajazyk *m*; **&sprung** *m* původ, vznik; (*Quelle*) pramen; **~sprünglich** původní; (*natürlich*) přirozený; **&sprungsland** *n* země původu; **&sprungs·ort** *m* místo *n* původu, původní místo *n*; **&sprungszeugnis** *n* vysvědčení o původu.

Urteil *n Jur.* rozsudek *m*; (*Meinung*) úsudek *m*; (*Ansicht*) mínění; *nach m-m ~, m-m ~ nach* podle mého úsudku; **&en** posuzovat [-soudit]; *Jur.* [od]soudit; **~s·kraft** *f* soudnost, schopnost usuzovat; **~sspruch** *m* rozsudek.

Urtext *m* původní text.

Uru'guay *n* Uruguay *f*; **&isch** uruguayský.

Ur·ur- *in Zssgn* prapra-; *z. B.* **~großmutter** *f* praprabába.

Ur|vater *m* praotec; **~volk** *n* původní (*od.* prehistorický) národ, pranárod *m*; **~wald** *m* prales; **~welt** *f* původní (*od.* pravěký) svět; **&wüchsig** samorostlý, svérázný; **~zeit** *f* pravěk *m*; **~zeugung** *f Bio.* prvotní plození *n*, samoplození *n*; **~zustand** *m* prvotní (*od.* původní) stav.

USA *Abk. für United States of Amerika* Spojené státy americké.

Usur'pator *m* uchvatitel, usurpátor.

Usus *m* zvyk(lost *f*) *m*, obyčej; *das ist bei uns so ~* tak je to u nás zvykem.

usw. *Abk. für und so weiter* a tak dále.

Uten'silien *pl.* potřeby *f/pl.*, nářadí *n*, náčiní *n*.

Uterus *m Anat.* děloha *f*.

Uto'p|ie *f* utopie; **&isch** [-'to:-] utopický.

u. U. *Abk. für unter Umständen* podle okolností.

uzen [po]škádlit.

V

V, v *n* (*unv.*) V, v.
V *Abk. für Volt.*
Vaga'bun|d *m* tulák, P vagabund; **~'dieren** toulat [potulovat] se.
vage neurčitý, nejasný, mlhavý.
va'kan|t neobsazený, vakantní; **~z** *f* uprázdněné místo, vakance.
Vakuum *n* vakuum, vzduchoprázdný prostor; ~- *in Zssgn* vakuový.
Va'lenz *f Chem.* mocenství *n*, valence.
Va'luta *f* valuta.
'Vam'pir *m* upír.
Van'da|le *m* Vandal; **~lisch** vandalský; *fig.* surový; **~'lismus** *m* vandalismus, vandalství *n*.
Va'nille *f* vanilka; ~*n*- vanilový.
vari|'abel proměnlivý, variabilní; **~'ante** *f* změna, varianta; **~ati'on** *f* obměna, variace; **~e'tät** *f* odrůda, různost; **~e'té** *n* varieté, varietní divadlo; **~'ieren** [ob]měnit.
Va'sall *m* vasal, leník; ~*en*- vasalský.
Vase *f* váza.
Vase'lin *n*, **~e** *f* vazelína *f*.
Vater *m* otec.
Väterchen *n* tatínek *m*, tatíček *m*.
Vater|haus *n* otcovský dům; domov *m*; **~land** *n* vlast *f*, otčina *f*; **~ländisch** domácí; (*patriotisch*) vlastenecký; **~landsliebe** *f* láska k vlasti, vlastenectví *n*.
väterlich otcovský, otcův; **~erseits** z otcovy strany.
vater|los bez otce, osiřelý; **~mord** *m* otcovražda *f*; **~mörder** *m* otcovrah; **~name** *m* jméno *n* po otci, rodné jméno; **~schaft** *f* otcovství *n*; **~schaftsklage** *f* žaloba na uznání otcovství; **~stadt** *f* rodné město; **~stelle** *f*: *bei j-m ~ vertreten* zastupovat [-stoupit] otce; **'~'unser** *n Rel.* Otčenáš *m*.
v. Chr. *Abk. für vor Christus* před Kristem.
VEB *Abk. für Volkseigener Betrieb* národní podnik.
Vege'ta|rier(in *f*) *m* vegetarián(ka); **~risch** vegetariánský; **~ti'on** *f* vegetace, rostlinstvo *n*; **~'tiv** vegetativní.
vege'tieren vegetovat (*im*)*pf*., živořit.
Ve'hikel F *n iron.* vehikl *m*.
Veilchen *n* fialka *f*; **~blau** fialkově modrý, fialkový; **~strauß** *m* kytice *f* fialek.
Veits·tanz *m Med.* tanec *m* sv. Víta.
Vene *f Anat.* žíla, véna; **~n·entzündung** *f* zánět *m* žil.
Ve'nedig *n* Benátky *pl*.
ve'nerisch *Med.* venerický, pohlavní.
venezo'lanisch venezuelský.
ve'nös venózní, žilní.
Ven'ti|l *n* ventil *m*, záklopka *f*; **~lati'on** *f* větrání *n*, ventilace; **~'lator** *m* ventilátor, větrák; **~'lieren** ventilovat (*a. fig.*), [pro-] větrat.
Ven'til|feder *f* pružina ventilu; **~spiel** *n* vůle *f* ventilu; **~teller** *m* ventilový talíř.
Venus *f Astr.* Venuše.
ver'abfolg|en vyd(áv)at, dá(va)t; **~ung** *f* vydávání *n*, poskytnutí *n* (č-o).
ver'abred|en umlouvat [umluvit] (*sich* se); *verabredet sein* mít dostaveníčko; **~eter'maßen** podle úmluvy; **~ung** *f* úmluva; (*Treffen*) schůzka, dostaveníčko *n*.
ver'ab|reichen *s. verabfolgen*; **~säumen** zamešk(áv)at; **~scheuen** [z]ošklivit si (*A*), opovrhovat [-hnout] (*I*); **~scheuenswert** hodný (-den) opovržení; **~schieden** (*entlassen*) propouštět [-pustit]; *Gesetz*: schvalovat [schválit]; *sich ~* [roz]loučit se (*von j-m* s kým); **~schiedung** *f* propuštění *n*; schválení *n*; (*Abschied*) rozloučení *n*.
ver'achten opovrhovat [-hnout], pohrdat [-dnout]; *et. ist nicht zu ~* čím netřeba pohrdat; **~s·wert** hodný (-den) opovržení.
Ver'ächt|er *m* opovrhovač, pohrdač; **~lich** opovržlivý.
Ver'achtung *f* opovržení *n*, pohrdání *n*.
ver'albern F dob(i)rat si.

ver·allge'meiner|n zevšeobecňovat [-cnit]; **2ung** *f* zevšeobecnění *n*.
ver'alt|en zastar(áv)at; **~et** zastaralý.
Ve'randa *f* veranda.
ver'änderlich proměnlivý, měnivý; (*schwankend*) nestálý; **2keit** *f* proměnlivost; nestálost.
ver'änder|n [z]měnit; **2ung** *f* změna.
ver'anker|n zakotvovat [-tvit]; **2ung** *f* zakotvení *n*.
ver'an|lagen (*steuerlich*) vyměřovat [-řit] (*D*); *veranlagt s. begabt, befähigt, geneigt*; **2lagung** *f* (*Begabung*) nadání *n*; (*Steuer2*) vyměření *n* daní; **~lassen** dá(va)t podmět k (*D*); *j-n zu et.* ~ přimět *pf.*; (*anordnen*) zařizovat [-řídit]; **2lassung** *f* podmět *m*, popud *m*; **~schaulichen** znázorňovat [-rnit]; **2schaulichung** *f* znázornění *n*; **~schlagen** odhadovat [-dnout] (*auf A* na *A*); **2schlagung** *f* odhad *m*.
ver'anstalt|en [us]pořádat, [vy]konat; **2er** *m* pořadatel; **2ung** *f* uspořádání *n*, provedení *n*; (*Vorführung*) představení *n*; (*Fest*) slavnost; (*Unterhaltung*) zábava.
ver'antwort|en odpovídat [-vědět] (et. zač); *sich* ~ [z]odpovídat se (*wegen* z *G*); **~lich** odpovědný (*für* za *A*); *j-n* ~ *machen* [u]činit k-o odpovědným (*für* za *A*); **2ung** *f* odpovědnost (*für* za *A*); **2ungsbewußtsein** *n* vědomí odpovědnosti; **~ungslos** neodpovědný; **~ungsvoll** odpovědný.
ver'arbeit|en zpracov(áv)at; **~de** *Industrie* zpracovávající průmysl; **2ung** *f* zpracování *n*.
ver'argen mít za zlé, zazlí(va)t.
ver'ärger|n rozhněv(áv)at, [roz-]zlobit; **2ung** *f* rozhněvání *n*, rozzlobení *n*.
ver|'armen [z]chudnout; **2'armung** *f* zchudnutí *n*; **~'arzten** F ošetřovat [-řit]; **~'ausgaben** vyd(áv)at; *fig.* vyčerp(áv)at; *sich* ~ utrácet [utratit] všechny peníze.
ver'äußer|lich prodejný, na prodej; **~n** zcizovat [-zit], prod(áv)at; **2ung** *f* prodej *m*, zcizení *n*.
Verb *n* sloveso.
ver'ballhornen zkomolovat [-lit].
Ver'band *m* svaz (*a. Mil.*); *Flgw.* skupina *f*; *Med.* obvaz; *Arch.* spojení *n*, vazba *f*; **~s·flug** *m* skupinový let; **~(s)kasten** *m* lékárnička *f* pro první pomoc; **~(s)platz** *m* obvaziště *n*; **~(s)stoff** *m* obvazivo *n*; **~(s)zeug** *n* obvazový materiál, obvazy *m/pl*.
ver'bann|en vypovídat [-vědět], vyhánět [-hnat]; **2te(r)** *m* vyhnanec; **2ung** *f* vypovědění *n*, vyhnání *n*.
verbarrika'dieren zatarasovat [-sit], [za]barikádovat.
ver'bauen zastavovat [-stavět]; (*falsch bauen*) špatně [vy]stavět; *Geld, Material*: prostavět *pf.*, spotřebov(áv)at při stavbě.
ver'beißen: *sich* (*D*) ~ *Schmerz*: potlačovat [-čit]; *sich* ~ zakousávat [-snout] se (*in A* do *G*).
ver'berg|en ukrý(va)t, skrý(va)t; (*verheimlichen*) [u]tajit; **2ung** *f* skrývání *n*.
Ver'besser|er *m* zlepšovatel *m*; **2lich** po-, z-lepšený; **2n** zlepšovat [-šit]; *Fehler*: opravovat [opravit]; **~ung** *f* zlepšení *n*; opravení *n*, oprava; **~ungsvorschlag** *m* zlepšovací návrh.
ver'beug|en: *sich* ~ uklánět [uklonit] se; **2ung** *f* poklona, úklon *m*.
ver'biegen [z]ohýbat, [z]křivit (*sich* se); *Holz*: [z]bortit (se).
ver|'bieten zakazovat [-kázat], zapovídat [-vědět]; *es ist verboten* je zakázáno; **~'billigen** zlevňovat [-vnit].
ver'bind|en spojovat [-jit] (*a. Tel.*; *sich* se); *Chem.* slučovat [sloučit]; *Med.* obvazovat [-vázat]; *Augen*: zavazovat [-vázat]; *s. a.* (*ver*)*heiraten*; *j-m sehr verbunden sein* být k-u velice zavázán; **~lich** (*höflich*) zdvořilý, uctivý; (*verpflichtend*) závazný; **2lichkeit** *f* zdvořilost; (*Verpflichtung*) závazek *m*; *s-n* **~en** *nachkommen* dostá(va)t svým závazkům; **2ung** *f* spojení *n*; (*Verkehr, Beziehung*) styk *m*; (eheliche manželský) svazek; (*Körperschaft*) spolek *m*, sdružení *n*; *in* ~ *stehen* být ve spojení; ~ *aufnehmen, sich in* ~ *setzen* navazovat [-vázat] spojení.
Verbindungs|bahn *f* traťová spojka; **~graben** *m* spojovací zákop; **~linie** *f* spojnice, spojovací čára; **~mann** *m* prostředník; **~offizier** *m* *Mil.* spojovací důstojník; **~stelle** *f*

místo *n* spojení; (*Behörde*) spojovací úřad *m*; **~stück** *n* spojka *f*, spojovací kus *m*.

ver'bissen zarputilý, zarytý, zavilý; **≈heit** *f* zarputilost, zarytost, zavilost.

ver'bitten: *sich* (*D*) et. ~ zakazovat [-kázat] si, odmítat [-tnout].

ver'bitter|n ztrpčovat [-čit]; **~t** roztrpčený; **≈ung** *f* roztrpčení *n*.

ver|'blassen [z]blednout; *Stoff*: [vy]blednout; *fig.* [po]blednout; **≈'bleib** *m* místo *n* pobytu; **~'bleiben** zůst(áv)at; **~'bleichen** *s. verblassen*; **~'blenden** *Arch.* obkládat [obložit]; *fig* zaslepovat [-pit], **≈'blendung** *f Arch.* obložení *n*; *fig.* zaslepení *n*; **~'blichen** (*gestorben*) zemřelý; **~'blöden** [z]blbnout.

ver'blüff|en zarážet [-razit], uvádět [uvést] v úžas; **~end** zarážející, úžasný; **~t** zaražený, užaslý; **≈ung** *f* zaražení *n*, uvedení *n* v úžas.

ver'blüh|en odkvétat [-kvést]; **~t** odkvetlý.

ver'blut|en vykrvácet *pf.*; **≈ung** *f* vykrvácení *n*.

ver|'bogen zprohýbaný, zkřivený; **~'bohrt** umíněný, tvrdohlavý; **~'borgen**[1] *v/t* půjčovat [-čit]; **~'borgen**[2] *Adj.* skrytý; *im* **~en** skrytě, potají; **≈'borgenheit** *f* skrytost, ústraní *n*.

Ver'bot *n* zákaz *m*; **≈en** zakázaný; **~s·schild** *n*, **~s·tafel** *f* tabule *f* vyznačující zákaz; **≈s·widrig** proti zákazu, příčící se zákazu.

ver|'brämen [o]lemovat; *fig.* přikrášlovat [-lit]; **~'brannt** spálený; *s. a. sonnengebräunt.*

Ver'brauch *m* spotřeba *f*; **≈en** (*verwenden*) spotřebovat; (*verschleißen*) opotřebovávat [-bit]; *sich* ~ vyčerp(áv)at se; **~er(in** *f*) *m* spotřebitel(ka); **~ergenossenschaft** *f* spotřební družstvo *n*; **~s·güter** *n/pl.* spotřební zboží *n*; **≈t** o-, s-potřebovaný.

Ver'brech|en *n* zločin *m*; **≈en** proviňovat [-vinit] se (*I*), spáchat (*A*); **~er(in** *f*) *m* zločinec (-nka); **≈erisch** zločinný.

ver'breit|en rozšiřovat [-šířit]; *sich* ~ šířit se (*über A* o *L*); **~ern** rozšiřovat [-šířit] (*sich* se); **≈erung** *f* rozšíření *n*, rozšiřování *n*; **≈ung** *f* šíření *n*, rozšiřování *n*.

ver'brenn|bar spal(itel)ný; **~en** *v/i* [s]hořet; *v/t* [s]pálit; *Leiche*: spalovat [spálit]; *von der Sonne*: opalovat [-pálit]; *sich* ~ *an* (*D*) popalovat [-pálit] se o (*A*); **≈ung** *f* spálení *n*, spalování *n*; *Med.* popálení *n*; (*Wunde*) popálenina; **≈ungsmotor** *m* spalovací motor.

ver'bringen *Zeit*: [s]trávit.

ver'brüder|n: *sich* ~ sbratřovat [-řit] se; **≈ung** *f* sbratření *n*.

ver'brühen s-, o-pařovat [-řit] (*sich* se).

ver'buchen zapisovat [-psat] do knihy, zaknihovat *pf.*

Verbum *n Gr.* sloveso.

ver'bummeln F (*nutzlos vertun*) promarňovat [-rnit], promrh(áv)at; (*vergessen, versäumen*) propást *pf.*, promeškat *pf.*

Verbund *m* spřažení *n*, opojení *n*.

ver'bünde|n: *sich* ~ spolčovat [-čit] se; **≈te(r)** *m/f* spojenec *m*.

Ver|'bundenheit *f* sounáležitost; **~'bundnetz** *n* spojená síť; **≈'bürgen:** *sich für* et. ~ [za]ručit se za (*A*); **≈'büßen** *Strafe*: odpyk(áv)at (si); **≈'chromt** pochromovaný; **~'dacht** *m* podezření *n* (*wegen* z *G*); *gegen j-n* ~ *hegen* (*od. schöpfen*), *j-n in* ~ *haben* mít podezření na k-o.

ver'dächtig podezřelý; **~en** podezírat [podezřívat] (*G*/z *G*).

Ver'dachtsmoment *n* okolnost *f* vzbuzující podezření.

ver'damm|en odsuzovat [-soudit]; *Rel.* zatracovat [-tratit]; **~enswert** hodný (-den) odsouzení; **≈nis** *f Rel.* zatracení *n*; **~t** F zatrolený, zatracený, zatrachtělý; **~!** zatroleně!; **≈ung** *f* odsouzení *n*, zatracení *n*, zavržení *n*.

ver'dampf|en vypařovat [-řit] (*v/i* se); **≈er** *m* odpařovací zařízení *n*, odpařovač; **≈ung** *f* od-, vypařování *n*.

ver'danken [za]vděčit (*j-m* et. k-u zač); *das hat er sich selbst zu* ~ tím je sám vinen.

ver'darb *s. verderben.*

ver'dattert F zmatený.

ver'dau|en [s]trávit, zaží(va)t; **~lich** stravitelný, záživný; **≈ung** *f* trávení *n*, zažívání *n*; **≈ungsbeschwerden** *f/pl.* obtíže *f/pl.* při zažívání; **≈ungs·organ** *n* zažívací ústrojí.

Ver'deck *n* (*Wagen≈*) střecha *f*; **≈en**

(*zudecken*) zakrý(va)t; (*verbergen*) zastírat [-střít].

ver'denken: *j-m et.* ~ mí(va)t k-u za zlé, zazlí(va)t.

Ver'derb *m* zkáza *f*; **2en** *v/t* [z]kazit; *es mit j-m* ~ pohněvat *pf.* si k-o; *v/i* [z]kazit se; *Unkraut verdirbt nicht* mráz kopřivu nespálí; **~en** *n* zkáza *f*, záhuba *f*; *j-n ins* ~ *reißen* uvrhovat [-hnout] k-o do zkázy *od.* do záhuby; **2lich** *Ware*: kazící se; *Einfluß*: zhoubný, škodlivý; **~nis** *f s. Verderben*; **~theit** *f* (mravní) zkaženost.

ver'deutlichen objasňovat [-snit].

ver'deutsch|en překládat [přeložit] do němčiny; **2ung** *f* překlad *m* do němčiny.

ver'dicht|en zhušťovat [zhustit]; *sich* ~ [z]houstnout; *fig.* zesilovat [-sílit]; **2er** *m* kompresor; **2ung** *f* zhuštění *n*.

ver'dienen vyděl(áv)at; *Lob, Strafe*: zasluhovat [-sloužit] (si).

Ver'dienst 1. *n* zásluha *f*; **2.** *m* výdělek; **~ausfall** *m* ušlý výdělek; **~kreuz** *n* záslužný kříž; **~medaille** *f* záslužná medaile; **~möglichkeit** *f* možnost výdělku; **~orden** *m* záslužný řád; **~spanne** *f* cenové rozpětí *n*; **2voll** záslužný.

ver'dient *Person*: zasloužilý; *Strafe usw.*: zasloužený; *sich* ~ *machen um* získ(áv)at si zásluhy o (*A*); **~er'maßen** po zásluze, zaslouženě.

ver'dingen *Arbeit*: zad(áv)at; *sich* ~ vstupovat [vstoupit] do služby (*bei j-m* ke k-u).

ver|'dirb *s. verderben*; **~'dolmetschen** [pře]tlumočit; **~'donnern** F *s. verurteilen*; **~'doppeln** [z]dvojnásobit, zdvojovat [-jit]; **~'dorben** *Adj.* zkažený; **2'dorbenheit** *f* zkaženost; **~'dorren** [u]schnout, [vy]schnout.

ver'dräng|en zatlačovat [-čit]; (*aus der Stellung*) vytlačovat [-čit]; **2ung** *f* vy-, za-tlačení *n*.

ver'dreh|en překrucovat [-kroutit]; F *j-m den Kopf* ~ poplétat [-plést] k-u hlavu; **~t** překroucený, popletený; **2ung** *f* překroucení *n*.

ver'dreifachen [z]trojnásobit.

ver'dreschen F [z]bít, [z]tlouci.

ver'drieß|en [o]mrzet; *sich nicht* ~ *lassen* nelitovat č-o; **~lich** mrzutý, nevrlý; **2lichkeit** *f* mrzutost, nevrlost; rozmrzelost.

ver|'droß *s. verdrießen*; **~'drossen** *Adj.* mrzutý, rozmrzelý; **~'drükken** F (*essen*) sníst *pf.*; *sich* ~ [z]mizet, vytrácet [-tratit] se; **2'druß** *m* mrzutost *f*, nevrlost; *j-m* ~ *bereiten* [u]činit k-u co na zlost; **~'duften** F [z]mizet, vytrácet [-tratit] se; **~'dummen** *v/t* ohlupovat [ohloupnout]; F *v/i* [z]hloupnout.

ver'dunkel|n zatemňovat [-mnit]; *fig.* zastiňovat [-stínit]; *Jur.* (*Tatbestand*) zastírat [-střít]; **2ung** *f* zatemnění *n*.

ver'dünn|en ztenčovat [-čit]; *Chem.* roz-, z-řeďovat [-ředit]; **2ung** *f* ztenčení *n*; *Chem.* roz-, z-ředění *n*.

ver'dunst|en *v/i* vypařovat [-řit] se; **2ung** *f* vypařování *n*.

ver|'dursten [za]hynout žízní; **~'düstern** zatemňovat [-temnit]; **~'dutzen** *s. verblüffen*; **~'dutzt** zaražený, užaslý.

ver'edel|n [z]ušlechtit, zušlechťovat [-chtit]; **2ung** *f* (zu)šlechtění *n*; **2ungsverfahren** *n* zušlechťovací proces *m*.

ver'ehelichen: *sich* ~ *Mann*: [o]ženit se; *Frau*: provd(áv)at se.

ver'ehr|en uctí(va)t; F *fig.* věnovat (*im*)*pf.*, darovat (*im*)*pf.*; *verehrt* vážený; **2er(in** *f*) *m* ctitel(ka); **2ung** *f* pocta, úcta, uctívání *n*; **~ungsvoll** uctivý; **~ungswert, ~ungswürdig** úctyhodný, ctěný.

ver'eidig|en brát [vzít] do přísahy; **2ung** *f* vzetí *n* do přísahy, přísaha.

Ver'ein *m* spolek; *im* ~ *mit* společně s (*I*).

ver'einbar shodný, slučitelný; **~en** umlouvat [umluvit], ujedn(áv)at; **2ung** *f* úmluva, ujednání *n*.

ver'ein|en *s. vereinigen*; **~fachen** zjednodušovat [-šit]; **2fachung** *f* zjednodušení *n*; **~heitlichen** sjednocovat [-dnit]; **2heitlichung** *f* sjednocení *n*; **~(ig)en** spojovat [-jit], slučovat [sloučit] (*sich* se); **~igt** spojený, sloučený; **2igung** *f* spojení *n*, sloučení *n*; sdružení *n*; *s. Verein*; **~nahmen** přijímat [-jmout], vyb(í)rat; **~samen** osamět *pf.*, osamotnět *pf.*; **~samt** osamělý; **2s·gesetz** *n* spolkový zákon; **2s·lokal** *n* spolková místnost; **2s·mitglied** *n* člen *m* spolku; **~zelt** ojedinělý.

ver'eis|en [z]ledovatět; **~t** zledovatělý; **≈ung** *f* zledovatění *n*.
ver'eiteln [z]mařit, [pře]kazit.
ver'eiter|n podbírat [podebrat] se, [z]hnisat; **~t** podebraný, zhnisaný; **≈ung** *f* podebraní *n*, zhnisání *n*.
ver|'ekeln [z]hnusit, [zo]šklivit; **~'elenden** zbídačet *pf.*; **~'enden** pocházet [pojít], zdechnout *pf.*; **~'enge(r)n** [z]úžit, zužovat [zúžit].
ver'erb|en odkazovat [-kázat], zůstavovat [-stavit]; (*übertragen*) přenášet [-nést]; *sich* ~ přecházet [přejít] dědičně, [po-, z]dědit se; **~t** zděděný, dědičný; **≈ung** *f* odkaz *m*, zůstavení *n*; *Bio.* dědičnost; **≈ungsgesetz** *n* zákon *m* dědičnosti; **≈ungslehre** *f* nauka o dědičnosti; **≈ungstheorie** *f* teorie dědičnosti.
ver'ewigen zvěčňovat [-čnit]; *verewigt* (*verstorben*) zesnulý.
ver'fahr|en[1] *v/t Geld, Zeit*: projíždět [-jezdit]; *v/i* (*handeln*) postupovat [-stoupit]; *mit j-m* ~ nakládat [naložit] s kým; *fig. sich* ~ sjíždět [sjet] z cesty, zabloudit *pf.*; **~en[2]** *Adj.* spletený, zamotaný; **≈en** *n* jednání, zacházení, nakládání; (*Arbeitsweise*) metoda *f*, způsob *m*, postup *m*; *Jur.* řízení.
Ver'fall *m* (*Baufälligwerden*) rozpadnutí *n*; *Med.* chřadnutí *n*; (*Kräfte≈*) ubývání *n*; *fig.* (*Niedergang*) úpadek; (*e-s Staates*) zánik; (*Fälligkeit*) splatnost *f*; (*Ungültigwerden*) propadnutí *n*; **≈en[1]** *v/i* rozpad(áv)at [-dnout]; (*körperlich*) [z]chřadnout; *Sitte, Kunst*: upadat [-dnout]; (*fällig w.*) být splatný; (*ungültig w.*) propadat [-dnout]; *dem Alkohol* ~ propadnout alkoholu; ~ *auf* (*A*) připadat [-dnout], přicházet [přijít] na (*A*); ~ *in* (*A*) upadat [-dnout] do (*G*) *od.* v (*A*); **≈en[2]** *Adj. Haus*: rozpadlý; *Mensch*: přepadlý; *j-m od. e-r Sache* ~ propadlý k-u *od.* č-u.
Ver'falls|erscheinung *f* příznak *m od.* symptom *m* úpadku; **~tag** *m* den splatnosti; **~termin** *m* lhůta *f* splatnosti, splatnost *f*.
ver|'fälschen [z]falšovat; *verfälscht* zfalšovaný; **~'fangen** prospívat [-spět], pomáhat [-moci]; *sich* ~ zaplétat [-plést] se, zamot(áv)at se; **~'fänglich** záludný, choulostivý; **~'färben:** *sich* ~ [z]měnit barvu.
ver'fass|en spisovat [sepsat], skládat [složit]; **≈er(in** *f*) *m* spisovatel(ka), autor(ka); **≈errecht** *n* autorské právo; **≈ung** *f Pol.* ústava; (*Zustand*) stav *m*.
Ver'fassungs|änderung *f* změna *f* ústavy; **~bruch** *m* porušení *n* ústavy; **≈mäßig** ústavní, podle ústavy; **~recht** *n* ústavní právo; **~schutz** *m* ochrana *f* ústavy; **≈widrig** protiústavní.
ver'faul|en [s]hnít; **~t** shnilý.
ver'fecht|en [ob]hájit, zast(áv)at se (*G*); **≈er(in** *f*) *m* obhájce (-jkyně), zastánce (-nkyně).
ver'fehl|en (*nicht erreichen*) míjet [minout] se; (*vorbeitreffen*) míjet [minout] (*j-n* k-o); (*zeitlich*) zmešk(áv)at; **~t** pochybený; **≈ung** *f* prohřešek *m*, poklesek *m*.
ver'feinden znepřátelovat [-lit] (*sich* se).
ver'feiner|n zjemňovat [-mnit]; **≈ung** *f* zjemnění *n*, zjemňování *n*.
ver'fertig|en zhotovovat [-tovit], vyrábět [-robit]; **≈ung** *f* zhotovení *n*, výroba.
ver'fett|en [z]tučnět; **≈ung** *f* ztučnění *n*.
ver'feuern (*verheizen*) [s]pálit; *Munition*: vystřílet *pf.*
ver'film|en [z]filmovat; **≈ung** *f* zfilmování *n*.
ver'filz|en zplstnatět *pf.*, zplstit se *pf.*; **~t** zplstnatělý; zamotaný, P zašmodrchaný.
ver|'finstern zatemňovat [-mnit] (*sich* se); **~'flachen** zplošťovat [-štit]; **~'flechten** zaplétat [-plést]; **≈'flechtung** *f* zapletení *n*; **~'fliegen** [u]plynout, ubíhat [uběhat]; *fig.* (*Zeit usw.*) [z]mizet, rozplývat [-plynout] se; *sich* ~ zaletět *pf.*, zabloudit *pf.* v letu; **~'fließen** rozplývat [-plynout] se, splývat [splynout]; *Zeit*: ubíhat [uběhnout]; *verflossen* uplynulý, minulý; (*ehemalig*) bývalý; **~'flixt** F zatrolený; (*ärgerlich*) mrzutý; **~'flochten** *s. verflechten*; **~'fluchen** proklí(na)t; **~'flucht** prokletý, zatracený; **~'flüchtigen** vypařovat [-řit] (*sich* se), [vy]prchat.
ver'flüssig|en zkapalňovat [-lnit]; **≈ung** *f* zkapalnění *n*, zkapalňování *n*.
Ver'folg *m*: *im* ~ (*G*) postupem (*G*), (prů)během (*G*); **≈en** [pro-]následovat; *Jur.* stíhat; (*beobachten*)

sledovat, pozorovat; **~er** *m* pronásledovatel; **~te(r)** *m* pronásledovaný; **~ung** *f* pronásledování *n*; *Jur.* stíhání *n*; **~ungswahn** *m Med.* stihomam.

ver|'formen znetvořovat [-řit], [z]deformovat; *Tech.* tvářet; **~'frachten** dopravovat [-pravit]; **~'fressen** F *Adj.* žravý, nenasytný; **~'früht** předčasný.

ver'füg|bar pohotový; **~en** (*über A*) volně nakládat [naložit] s (*I*); (*anordnen*) nařizovat [-řídit]; *sich* ~ odeb(í)rat se; **℧ung** *f* (*Maßnahme*) opatření *n*; (*Anordnung*) nařízení *n*; (*Disposition*) volné použití *n*, dispozice; *Jur. einstweilige* ~ prozatímní opatření; *zur* ~ *stehen* být k dispozici; *zur* ~ *stellen* dá(va)t k dispozici.

ver'führ|en svádět [svést]; **℧er(in** *f*) *m* svůdce (-dkyně), svůdník (-nice); **~erisch** svůdný; **℧ung** *f* svádění *n*, svedení *n*.

ver|'füttern zkrmovat [-mit]; **~'gaffen** F: *sich* ~ zahledět se *pf.*, zakoukat se *pf.*; **~'gällen** [z]kazit žlučovou hořkostí; *fig.* ztrpčovat [-čit]; **~galop'pieren** F: *sich* ~ ukvapovat [-pit] se, [z]mýlit se; **~'gammeln** F (*verkommen*) zpustnout *pf.*

ver'gangen minulý, uplynulý; **℧heit** *f* minulost; *Gr.* minulý čas *m*.

ver'gänglich pomíjející, pomíjivý; **℧keit** *f* pomíjejícnost, pomíjivost.

ver'gas|en zplynovat [-nout]; (*töten*) otravovat [otrávit] plynem, zaplynovat *pf.*; **℧er** *m* karburátor; **℧ung** *f* zplyňování *n*; karburace; usmrcení *n* v plynových komorách.

ver'gaß *s. vergessen.*

ver'geb|en[1] (*verzeihen*) odpouštět [-pustit]; *Arbeit, Stelle usw.*: zad(áv)at; *sich* ~ (*falsch geben*) před(áv)at se; *sich et.* (*od. nichts*) ~ (ne)zad(áv)at si; **~en**[2] *Adj.* zadaný; *Sünde*: odpuštěný; **~ens** marně; **~lich** marný; **℧lichkeit** *f* marnost; **℧ung** *f* zadání *n*; (*Verzeihung*) odpuštění *n*.

ver|gegen'wärtigen zpřítomňovat [-mnit] (*sich* si); **~'gehen** *Zeit*: [u]plynout, ubíhat [uběhnout]; (*verschwinden*) [z]mizet, pomíjet [-minout]; ~ *vor* (*D*) [za]hynout; *ihm verging Hören und Sehen* přecházel ho zrak i sluch; *der Appetit ist mir vergangen* přešla mě chuť; *sich* ~ *an* (*D*) *od. gegen* provinovat [-vinit] se proti (*D*), prohřešovat [-šit] se proti (*D*); *sich an fremdem Eigentum* ~ sahat [sáhnout] na cizí majetek; **℧'gehen** *n* provinění; *Jur.* přečin *m*; **~'geistigen** oduševňovat [-vnit]; *vergeistigt* oduševnělý.

ver'gelt|en oplácet [oplatit], splácet [splatit]; **℧ung** *f* odplata, oplátka; *zur* ~ *für* v oplátku za (*A*).

verge'sellschaft|en socializovat (*im*)*pf.*, zespolečenštit *pf.*; **℧ung** *f* socializace, zespolečenštění *n*.

ver'gessen[1] zapomínat [-menout]; **~**[2] *Adj.* zapomenutý; **℧heit** *f* zapomenutí *n*; *in* ~ *geraten* upadat [-dnout] v zapomenutí.

ver'geßlich zapomnětlivý; **℧keit** *f* zapomnětlivost.

ver'geud|en promarňovat [-rnit], [pro]mařit; **℧ung** *f* promarnění *n*.

verge'waltig|en znásilňovat [-lnit]; **℧ung** *f* znásilnění *n*.

ver|ge'wissern: *sich* ~ ujišťovat [ujistit] se, ubezpečovat [-čit] se (*von D* o *L*); **~'gießen** rozlévat [-lít]; *Blut*: prolévat [-lít]; **℧'gießen** *n* prolití, prolévání; **~'giften** otravovat [otrávit]; **℧'giftung** *f* otrávení *n*, otrava; **~'gilben** [ze]žloutnout; **~'gilbt** zežloutlý, vybledlý; **~'gipsen** zasádrovat *pf.*

ver'giß *s. vergessen*; **℧meinnicht** *n Bot.* pomněnka *f*.

ver'gitter|n [za]mřížovat; **~t** zamřížovaný.

ver'glas|en zasklí(va)t; **℧ung** *f* zasklívání *n*, zasklení *n*.

Ver'gleich *m* přirovnání *n*; (*Einigung*) srovnání *n*; *Jur.* narovnání *n*; *im* ~ (*mit od. zu*) ve srovnání s (*I*); **~e** *anstellen* přirovn(áv)at; **℧bar** přirovnatelný; **℧en** přirovn(áv)at (*mit* k *D*), srovn(áv)at (*mit* s *I*); *sich* ~ vyrovn(áv)at, dohadovat [-dnout] se; **℧end** srovnávací; **℧s·weise** u přirovnání, úmluvou, podle úmluvy; **~ung** *f s. Vergleich.*

ver'gnüg|en (*sich*) [po]bavit (se), obveselovat [-lit] (se), povyrážet [-razit] (si); **℧en** *n* (*Unterhaltung*) zábava *f*, veselí; (*Freude*) radost *f*, potěšení; *mit* ~ s radostí; *zum* ~ pro zábavu; **~lich** zábavný, příjemný; **℧ung** *f* zábava.

Ver'gnügungs|dampfer *m* zábavní parník; **~lokal** *n* zábavní místnost *f*; **~reise** *f* cesta pro zábavu; **~reisende(r)** *m* cestovatel pro zábavu; **~steuer** *f* daň ze zábavy; **2süchtig** chtivý zábavy.

ver'gold|en pozlacovat [-zlatit]; **~et** pozlacený; **2ung** *f* pozlacování *n*.

ver'gönnen dopřá(va)t; *es ist mir vergönnt zu* ... (*Inf.*) je mi dopřáno, abych ...

ver'götter|n *fig.* zbožňovat [-žnit]; **2ung** *f* zbožňování *n*.

ver|'graben *v/t* zakop(áv)at; **~'grämt** zarmoucený, zkormoucený; **~'greifen:** *sich ~* přehmátnout se *pf.*; *sich an j-m ~* vztahovat [vztáhnout] ruku na k-o; *sich an e-r Sache* (*D*) *~* sahat [sáhnout] nač; **~'griffen** *Buch*: rozebraný; **~'gröbern** [u]dělat hrubším; *sich ~* zhrubnout *pf.*

ver'größer|n zvětšovat [-šit] (*sich* se); **2ung** *f* zvětšení *n*; *Fot.* zvětšenina; **2ungsglas** *n* zvětšovací sklo.

Ver'günstigung *f* (*Vorteil*) výhoda; [(*Vorrecht*) výsada.

ver'güt|en [na]hradit, nahrazovat [-hradit]; (*bezahlen*) zaplácet [-platit]; *Tech.* zušlechťovat [-chtit]; **2ung** *f* náhrada; (*Bezahlung*) zaplacení *n*; *Tech.* zušlechtění *n*.

ver'haft|en zatýkat [-tknout]; **~et** zatčený; **2ung** *f* zatčení *n*; *vgl. Haft.*

ver|'hallen dozní(va)t; **~'halten**[1] (*zurückhalten*) zadržovat [-žet]; *Atem, Lachen, Zorn*: [u-, za]tajit; *sich ~* (*sich benehmen*) zachov(áv)at se; *die Sache verhält sich so* věc se má tak; **~'halten**[2] *Adj.* zadržený; utajený, zatajený; **2'halten** *n* chování.

Ver'hältnis *n* poměr *m*; (*Beziehung*) známost *f*; *im ~ zu* v poměru k (*D*); *pl.* ~e (*Umstände*) okolnosti *f/pl.*; **2mäßig** poměrný; **~wahl** *f* volba podle poměrného zastoupení; **~wort** *n Gr.* předložka *f*.

Ver'haltungsmaßregel *f* pravidlo *n* chování.

ver'hand|eln vyjedn(áv)at; (*verkaufen*) prod(áv)at; *Jur.* projedn(áv)at; **2lung** *f* vyjednávání *n*; *Jur.* (pře)líčení *n*; **2lungspartner** *m* (druhá) strana při jednání; **2lungsweg** *m*: *auf dem ~e* vyjednáváním.

ver'häng|en zastírat [-střít], zakrý(va)t; (*anordnen*) uvalovat [-lit] (*et. über j-n* co na k-o); *Strafe usw.*: odsuzovat [-soudit]; **2nis** *n* osud *m*; **~nisvoll** osudný.

ver'härmt ztrápený, usoužený.

ver'harren setrv(áv)at, zůst(áv)at.

ver'harsch|en *Schnee*: [z]ledovatět; *Wunde*: zacelovat [-lit] se; **~t** zledovatělý; zacelený.

ver'härt|en [z]tvrdnout; *sich ~ fig.* zatvrzovat [-tvrdit] se (*gegen* vůči *D*); *verhärtet* ztvrdlý; *fig.* zatvrzelý; **2ung** *f* ztvrdnutí *n*; *Med.* zatvrdlina; *fig.* zatvrzelost.

ver|'haspeln: *sich ~ fig.* zamot(áv)at se; **~'haßt** nenáviděný, protivný; *sich ~ machen* [z]protivit se (*bei j-m* k-u); **~'hätscheln** [z]hýčkat, rozmazlovat [-lit].

Ver'hau *m* zásek; **2en** F [z]bít, [z]tlouci; *sich ~* [z]mýlit se.

ver|'heben: *sich ~ Med.* polámat se *pf.*; **~'heeren** [z]pustošit; **~d** zhoubný, ničivý; **~'hehlen** ukrý(va)t, skrý(va)t; *ich will nicht ~, daß* ... nechci zatajit, že ...; **~'heilen** zacelovat [-lit] se, zahojovat [-jit] se; **~'heimlichen** [za]tajit, zatajovat [-jit].

ver'heirat|en (*sich*) *Mann*: [o]ženit (se); *Frau*: vdá(va)t (se), provd(áv)at (se); **~et** ženatý; (pro)vdaná; F *fig. wir sind doch nicht miteinander ~* nejsme spolu přece svázáni; **2ung** *f* (*Mann*) oženění *n*, ženitba; (*Frau*) provdání *n*, vdavky *f/pl.*

ver'heiß|en (při)slibovat, (při)slíbit *pf.*; **2ung** *f* přislíbení *n*; *Rel.* zaslíbený; **~ungsvoll** (mnoho-)slibný.

ver'helfen: *j-m ~ zu* dopomáhat [-moci] k-u k (*D*).

ver'herrlich|en oslavovat [oslavit], [z]velebit; **2ung** *f* oslava, velebení *n*.

ver|'hetzen štvát [poštvat]; **~'hexen** začarov(áv)at; **~'hext** začarovaný; **~'himmeln** F vynášet [vynést] do nebe.

ver'hinder|n [za]bránit, zabraňovat [-bránit], znemožňovat [-žnit]; *ich bin verhindert* jsem zaneprázdněný; **2ung** *f* zabránění *n*, znemožnění *n*; **2ungsfall** *m*: *im ~* kdyby nastala překážka.

ver'höhn|en [po]tupit; **2ung** *f* potupa.

ver'hökern F hokynařit; *s. verschachern.*

Ver'hör *n* výslech *m*; *ins ~ nehmen* = **2en** vyslýchat [-slechnout]; *sich ~* přeslýchat [-slechnout] se.

ver|'hüllen zakrý(va)t, zahalovat [-lit]; **~'hungern** umírat [umřít] hladem, [za]hynout hladem; *verhungert aussehen* vypadat bídně; **~hunzen** F [z]břídit, [z]fušovat.

ver'hüt|en [za]bránit, zabraňovat [-bránit] (et. č-u), odvracet [-vrátit] (et. co); **2ung** *f* zamezení *n*, odvrácení *n* (*G*), zabránění *n* (*D*).

ver'hütt|en *Tech.* zpracov(áv)at hutnicky; **2ung** *f* hutnické zpracování.

ver'hutzelt scvrklý.

ver'irr|en: *sich ~* z(a)bloudit *pf.*; **2ung** *f* z(a)bloudění *n*; *fig.* pobloužení *n*, poklesek *m*.

ver'jagen zahánět [-hnat].

ver'jähr|en promlčovat [-čet] se; **2ung** *f* promlčení *n*; **2ungsfrist** *f* *Jur.* promlčecí lhůta.

ver'jubeln F promarňovat [-rnit].

ver'jüng|en omlazovat [omladit]; *sich ~* [o-, z]mládnout; (*dünner, enger w.*) zužovat [zúžit] se; **2ung** *f* omlazení *n*; ztenčení *n*.

ver'kalk|en [z]vápenatět; *Med.* [z]kornatět; *fig.* F zkostnatět; **~t** zvápenatělý; *Med.* zkornatělý; *fig.* F zkostnatělý; **2ung** *f* zvápenatění *n*; *Med.* zkornatění *n*; *fig.* F zkostnatění *n*.

ver|kalku'lieren: *sich ~* přepočít(áv)at se, překalkulovat se *pf.*; **~'kannt** nepoznaný; (*nicht anerkannt*) zneuznaný; **~'kanten** zpříčit *pf.* (*sich* se); **~'kappt** zakuklený, maskovaný.

ver'kapsel|n: *sich ~ Med.* opouzdřovat [-řit] se; **2ung** *f* *Med.* opouzdření *n*.

Ver'kauf *m* prodej; *zum ~* na prodej; *zum ~ stellen* dá(va)t do prodeje; **2en** prod(áv)at.

Ver'käuf|er(in *f*) *m* prodavač(ka); **2lich** prodejný.

Ver'kaufs|abteilung *f* prodejní oddělení *n*; **~automat** *m* prodejní automat; **~erlös** *m* výtěžek z prodeje; **~genossenschaft** *f* prodejní družstvo *n*; **2offen:** *~er Sonnabend* sobota *f* kdy se celodenně prodává; **~preis** *m* prodejní cena *f*; **~recht** *n* právo na prodej, prodejní právo; **~schlager** *m* prodejní šlágr, F chyták; **~stand** *m* stánek, kiosk; **~stelle** *f* prodejna; **~tisch** *m* krámský stůl; **~wert** *m* prodejní hodnota *f*.

Ver'kehr *m* (*Straßen2*) doprava *f*, provoz; (*Umgang*) styk; (*Verbindung*) spojení *n*; (*Umlauf*) oběh; *mit j-m ~ haben* stýk(áv)at se s kým; *im brieflichen ~ stehen* dopisovat si; *dem ~ übergeben* dá(va)t do provozu; *aus dem ~ ziehen* brát [vzít] z oběhu; **2en** *v/i* (*fahren*) jezdit; (*fliegen*) létat; *~ bei j-m* navštěvovat k-o; *~ mit j-m* stýk(áv)at se s (*I*); (*geschlechtlich*) obcovat s (*I*); *et. ins Gegenteil ~* obracet [-átit] co v opak.

Ver'kehrs|ader *f* dopravní tepna; **~ampel** *f* uliční návěstidlo *n*, semafor *m*; **2arm** nefrekventovaný, bez ruchu; **~betrieb** *m* dopravní podnik; **~büro** *n* dopravní kancelář *f*; **~dichte** *f* dopravní hustota; **~flugzeug** *n* dopravní letadlo; **~hindernis** *n* dopravní překážka *f*; **~insel** *f* nástupní ostrůvek *m*, refýž; **~knotenpunkt** *m* dopravní uzel, dopravní křižovatka *f*; **~lärm** *m* dopravní hluk; **~minister(ium** *n*) *m* ministr (ministerstvo *n*) *m* dopravy; **~mittel** *n* dopravní prostředek *m*; **~netz** *n* dopravní síť *f*; **~ordnung** *f* dopravní řád *m*; **~polizei** *f* dopravní policie; **~regelung** *f* řízení *n* dopravy; **2reich** frekventovaný, rušný; **~schutzmann** *m* dopravní strážník; **~sicherheit** *f* dopravní bezpečnost; **~stockung** *f* váznutí *n* dopravy, ucpání *n* ulice; **~störung** *f* dopravní porucha, závada v dopravě; **~straße** *f* dopravní cesta, linka; **~sünder** F *m* přestupník dopravního řádu; **2technisch** dopravně technický; **~teilnehmer(in** *f*) *m* účastník (-nice *f*) *m* dopravy; **~unfall** *m* dopravní nehoda *f*; **~verbindung** *f* dopravní spoj *m*; **~verbot** *n* zákaz jízdy; **~vorschrift** *f* dopravní předpis *m*; **~wesen** *n* dopravnictví *n*, doprava *f*; **~zeichen** *n* dopravní značka *f*.

ver'kehrt (*umgekehrt*) obrácený, převrácený; (*falsch*) zvrácený, nesmyslný; **2heit** *f* zvrácenost, nesmyslnost.

ver'kenn|en zneuzn(áv)at; **2ung** *f* zneuznání *n*.

ver'kett|en spínat [sepnout] (*od.* spojovat [-jit]) řetězem; *fig.* sdružovat [-žit]; **2ung** *f fig.* sčlenění *n*, sčlánkování *n*; *unglückliche ~ von Umständen* nešťastná řada okolností.

ver|'ketzern očerňovat [-rnit], pomlouvat [-luvit]; **~'kitten** [za]tmelit; **~'klagen** [ob]žalovat (*j-n wegen G* k-o z č-o); **~'klammern** spojovat [-jit] skobami.

ver'klär|en ozařovat [ozářit]; *Rel.* proměňovat [-měnit]; **~t** ozářený, zářící; **2ung** *f* ozáření *n*; *Rel.* proměnění *n*.

ver|klausu'lieren opatřovat [-řit] doložkou, [za]klauzulovat; **~'kleben** zalepovat [-pit]; *Med.* dá(va)t náplast na (*A*).

ver'kleid|en přestrojovat [-jit] (*als* za *A*; *sich* se); *Arch.* obkládat [obložit]; **2ung** *f* přestrojení *n*; *Arch.* obložení *n*.

ver'kleiner|n zmenšovat [-šit]; *fig.* snižovat [snížit]; **2ung** *f* zmenšení *n*; *fig.* snižování *n*; **2ungsmaßstab** *m* zmenšené měřítko; **2ungssilbe** *f Gr.* zdrobňovací slabika *f*, přípona *f*; **2ungswort** *n Gr.* zdrobnělé slovo, zdrobnělina *f*.

ver|'kleistern zalepovat [-pit]; *fig.* zakrý(va)t, zastírat [-střít]; **~'klemmen:** *sich ~* zpříčit se *pf.*, zaseknout se *pf.*; **~'klingen** doznı́(va)t; **~'kloppen** P [z]bít, [z]tlouci; **~'knacken** F *s. verurteilen*; **~'knacksen** F *s. verstauchen*; **~'knallen** F: *sich ~* zabouchnout se (*in A* do *G*).

ver'knapp|en zmenšovat [-šit], zkracovat [zkrátit]; **2ung** *f* zmenšení *n*, nedostatek *m*.

ver|'kneifen F: *sich et. ~* odpírat [odepřít] si; **~'knöchern** [z]kostnatět; **~'knöchert** zkostnatělý; **~'knoten** zauzlovat [-lit]; **~'knüpfen** spojovat [-jit], slučovat [sloučit]; **2'knüpfung** *f* spojení *n*, sloučení *n*; **~'kohlen** *v/t* zuhelňovat [-lnit]; F (*veralbern*) dob(i)rat, [u]dělat si blázna z (*G*); *v/i* (*zu Kohle werden*) [z]uhelnatět; **~'koken** *v/t* [z]koksovat.

ver'kommen[1] [z]pustnout, [z]chátrat, scházet [sejít]; **~**[2] *Adj.* zpustlý, zchátralý, sešlý; **2heit** *f* zpustlost, zchátralost, sešlost.

ver|'koppeln spojovat [-jit]; **~'korken** [za]zátkovat; **~'korksen** F [po]kazit; **~'körpern** ztelesňovat [-snit], zosobňovat [-bnit]; (*darstellen*) představovat [-stavit]; **2'körperung** *f* ztělesnění *n*, zosobnění *n*; **~'krachen** F: *sich ~* nepohodovat [-dnout] se; **~'kracht** ztroskotaný; **~e** *Existenz* zkrachovaná existence; **~'kraften** F zdol(áv)at; **~'kramen** (*verlegen*) F zašantročit *pf.*

ver'krampf|en: *sich ~* křečovitě se svírat [sevřít]; **~t** křečovitý, napjatý; **2ung** *f* křečovitost, napjatost; *vgl. Krampf.*

ver|'kriechen: *sich ~* zalézt(a)t, schov(áv)at se; **~'krümeln** rozdrobovat [-bit]; F *fig. sich ~* vytrácet [-tratit] se.

ver'krüppel|n *v/i* zmrzačet, stá(va)t se mrzákem; **~t** zmrzačený; **2ung** *f* zmrzačení *n*.

ver'kümmern zakrňovat [-krnit].

ver'künd|en oznamovat [oznámit], ohlašovat [ohlásit]; *Gesetz, Urteil*: vyhlašovat [-hlásit]; **~igen** zvěstovat (*im*)*pf.*; **2igung** *f* zvěstování *n*; *Mariä ~* Zvěstování Panny Marie; **2ung** *f* oznámení *n*, ohlášení *n*; vyhlášení *n*.

ver'kupfern poměďovat [-mědit].

ver'kuppeln skuplovat *pf.*

ver'kürz|en [z]krátit, zkracovat [zkrátit]; **~t** zkrácený; **2ung** *f* zkrácení *n*.

ver'lachen vysmívat [-smát] se (*D*).

ver'laden nakládat [naložit].

Ver'lade|kran *m* nakládací jeřáb; **~platz** *m* nákladiště *n*; **~schein** *m* seznam naloděného zboží.

Ver'ladung *f* nakládání *n*, naložení *n*.

Ver'lag *m* nakladatelství *n*.

Ver'lags|buchhändler *m* knihkupec a nakladatel; **~buchhandlung** *f* nakladatelské knihkupectví; **~recht** *n* nakladatelské právo; **~vertrag** *m* nakladatelská smlouva.

ver'lager|n přemísťovat [-místit], překládat [přeložit]; **2ung** *f* přemístění *n*, přeložení *n*.

ver'lang|en [po]žádat o (*A*), [za-]toužit po (*A*); **2en** *n* žádost *f*, přání, touha *f*; *auf ~* na požádání.

ver'länger|n prodlužovat [-dloužit]; **＿ung** *f* prodloužení *n*; *Sp.* prodloužený čas; **＿ungsschnur** *f El.* prodlužovací šňůra.

ver'langsamen zvolňovat [-lnit], zpomalovat [-lit].

Ver'laß *m* spolehnutí; *es ist kein* ~ *auf ihn* na něho není spolehnutí.

ver'lassen[1] *v/t* opouštět [opustit]; *sich* ~ *auf* (*A*) spoléhat [-lehnout] na (*A*); **~**[2] *Adj.* opuštěný, osamělý; **＿heit** *f* opuštěnost, osamělost.

ver'läßlich spolehlivý; **＿keit** *f* spolehlivost.

Ver'laub *m*: *mit* ~ s dovolením.

Ver'lauf *m* (*Ablauf*) uplynutí *n*; (*Hergang*) průběh, vývoj; *im* ~ (*G od. von*) během (*G*), za (*A*); *nach* ~ (*G od. von*) po (*L*); **＿en** *v/i Zeit*: [u]plynout; *Grenze*, *Weg*: probíhat [-běhnout]; *v/t* proběhat *pf.*; *fig. im Sande* ~ ztrácet [ztratit] se; *sich* ~ (*auseinandergehen*) rozbíhat [-běhnout] se, rozejít [rozcházet] se.

ver'laust zavšivený.

ver'laut|baren *v/t* oznamovat [-známit], uveřejňovat [-jnit]; **＿barung** *f* oznámení *n*, uveřejnění *n*; **~en** proslýchat se; *nichts davon* ~ *lassen* ani nehlesat [-snout] o tom.

ver'leben proží(va)t, [s]trávit.

ver'leg|en[1] *v/t* (*verkramen*) založit *pf.*; (*anderswohin*) překládat [přeložit]; *Leitung usw.*: klást [položit]; *Sitzung usw.*: odročovat [-čit], odkládat [odložit]; (*versperren*) uzavírat [-vřít], zatarasit *pf.*; *Bücher*: vyd(áv)at; *vgl. verlagern*; *sich* ~ *auf* (*A*) věnovat se (*im*)*pf.*, odd(áv)at se; (*s-e Zuflucht nehmen*) uchylovat [uchýlit] se k (*D*); **~en**[2] *Adj.* rozpačitý, zaražený; *um et.* ~ *sein* být v rozpacích kvůli č-u; **＿enheit** *f* rozpaky *m/pl.*, nesnáze *f/pl.*; *in* ~ *bringen* přivádět [-vést] do rozpaků; **＿er(in** *f*) *m* nakladatel(ka); **＿ung** *f* přeložení *n*; (*Termin＿*) odročení *n*, odložení *n*; (*e-r Leitung*, *Bahn*) kladení *n*, položení *n*; *Typ.* vydá(vá)ní *n*.

ver'leiden: *j-m et.* ~ znechucovat [-chutit], zprotivovat [-tivit], roztrpčovat [-čit] k-u co; *alles ist mir verleidet* nic mě netěší.

Ver'leih *m* (pro-, za)půjčení *n*; **＿en** půjčovat [-čit], zapůjčovat [-čit]; *Orden usw.*: udělovat [-lit], propůjčovat [-čit]; **~er** *m* půjčovatel; **~ung** *f* (za)půjčení *n*; udělení *n*, propůjčení *n*.

ver|'leiten svádět [svést] (*zu* k *D*); *s. a. verführen*; **~'lernen** odnaučovat [-čit] se (et. č-u).

ver'les|en *Beeren usw.*: přeb(í)rat; (*lesen*) předčít(áv)at; *Namen*: vyvol(áv)at; *sich* ~ [z]mýlit se při čtení; **＿ung** *f* přebírání *n*; předčítání *n*; vyvolávání.

ver'letz|bar choulostivý; **~en** (*beschädigen*) poškozovat [-škodit]; (*verwunden*) ranit *pf.*, poraňovat [-ranit], zraňovat [zranit]; *Gesetz usw.*: porušovat [-šit]; *fig.* (*kränken*) urážet [urazit], ubližovat [ublížit]; **~end** urážlivý, urážející; **＿ung** *f* poškození *n*; po-, z-ranění *n*; porušení *n*; *fig.* urážka.

ver'leugn|en po-, za-pírat [-přít]; *sich* ~ *lassen* dá(va)t se zapřít; **＿ung** *f* po-, za-pření *n*.

ver'leumd|en pomlouvat [-mluvit], osočovat [-čit]; **＿er(in** *f*) *m* pomlouvač(ka), osočovatel(ka); **~erisch** pomlouvačný, utrhačný; **＿ung** *f* pomlouvání *n*, pomluva, utrhání *n* na cti; **＿ungsklage** *f* žaloba pro utrhání na cti.

ver'lieb|en: *sich* ~ zamilov(áv)at se (*in A* do *G*); **~t** zamilovaný; **＿theit** *f* zamilovanost.

ver'lier|en ztrácet [ztratit] (*sich* se); (*einbüßen*) pozbý(va)t (*G*); (*verspielen*) prohrá(va)t, proděl(áv)at; *ich will darüber kein Wort* ~ nechci o tom ani mluvit; *keine Zeit zu* ~ *haben* nesmět mařit čas; *sich* ~ (*sich vertiefen*) prohloub(áv)at se, pohřižovat [-hřížit] se (*in A* do *G*); **＿er** *m* kdo ztrácí *od.* ztratil; kdo prohrává *od.* prohrál, prohrávající.

Ver'lies *n* hradomorna *f*, podzemní sklep(ení *n*) *m*.

ver'lob|en zasnubovat [-snoubit] (*sich* se; *mit* s *I*); **~t** zasnoubený; **＿te(r)** *m/f* snoubenec (-nka *f*) *m*; **＿ung** *f* zasnoubení *n*, zásnuby *f/pl.*; **＿ungs·anzeige** *f* oznámení *n* zasnoubení; **＿ungsfeier** *f* oslava zasnoubení; **＿ungsring** *m* snubní prsten.

ver'lock|en [z]lákat, [z]vábit; *s. verführen*; **~end** lákavý, vábivý; **＿ung** *f* lákání *n*, vábení *n*; *s. Verführung*.

ver'logen prolhaný; **＿heit** *f* prolhanost.

ver'lohnen F: *sich ~ s. sich lohnen.*
ver'loren *s. verlieren; Adj.* ztracený; prohraný, prodělaný; (*vergeblich*) marný; **~gehen** pokládat, považovat; *an ihm ist ein Künstler verlorengegangen* z něho mohl být dobrý umělec.
ver'löschen *v/i* [po-, vy-, z]hasnout.
ver'los|en [vy]losovat; **2ung** *f* (vy)losování *n.*
ver'löten [za]letovat, spájet.
Ver'lust *m* ztráta *f*; (*Spiel2*) prohra *f*; **2bringend** přinášející ztrátu, ztrátový; **2ig** (*nur Präd.*) *e-r Sache ~ gehen* ztrácet [ztratit] co; **~liste** *f Mil.* seznam *m* ztrát.
ver|'machen *Jur.* odkazovat [-kázat]; **2'mächtnis** *n* odkaz *m*; **~'mahlen** [se]mlít; **~'mählen** *s. verheiraten*; **~'mauern** zazdí(va)t.
ver'mehr|en rozmnožovat [-žit] (*sich* se); **~t** rozmnožený; **2ung** *f* rozmnožení *n.*
ver'meid|bar vyhnutelný; **~en** (*A*) vyhýbat [-hnout] se (*D*), [u-, vy]varovat se (*G*); *es ist nicht zu ~* je nezbytné; **2ung** *f* vyhýbání *n*, uvarování *n.*
ver'meintlich domnělý, zdánlivý.
ver'mengen směšovat [smísit].
ver'menschlich|en zlidšťovat [-štit]; **2ung** *f* zlidštění *n.*
Ver'merk *m* poznámka *f*, záznam; **2en** poznamen(áv)at.
ver'mess|en[1] *v/t* vyměřovat [-řit], proměřovat [-řit]; *sich ~* (*sich erdreisten*) opovažovat [-vážit] se, troufat [-fnout] si; **~en**[2] *Adj.* opovážlivý, troufalý; (*frech*) drzý; **2enheit** *f* opovážlivost, troufalost; (*Frechheit*) drzost; **2er** *m* zeměměřič; **2ung** *f* vyměření *n*; soubor *m* měřických prací.
ver'miesen F *s. verleiden.*
ver'miet|en pronajímat [-jmout]; **2er(in** *f*) *m* pronajímatel(ka), pronájemce (-mkyně); **2ung** *f* pronájem *m*, pronajmutí *n.*
ver'minder|n zmenšovat [-šit] (*sich* se); **2ung** *f* zmenšení *n*; (*Senkung*) snížení.
ver'minen *Mil.* [za]minovat.
ver'misch|en směšovat [smísit] (*sich* se); **2ung** *f* smíšení *n*, směšování *n.*
ver|'missen pohřešovat [-šit]; **~'mißt, 2'mißte(r)** *m* pohřešovaný.
ver'mitt|eln [z]prostředkovat; (*ermöglichen*) umožňovat [-žnit]; (*bieten*) poskytovat [-tnout]; **~els(t)** (*G*) prostřednictvím (*G*); **2ler(in** *f*) *m* zprostředkovatel(ka); **2lung** *f* (z)prostředkování *n*; *Tel.* ústředna; **2lungsgebühr** *f* zprostředkovací poplatek *m*; **2lungsstelle** *f* zprostředkovatelna; **2lungsvorschlag** *m* zprostředkovací návrh.
ver|'möbeln F (*verprügeln*) natloukat [-tlouci] (*D*); **~'modern** [ze]tlít, [z]trouchnivět; **~'möge** (*G*) podle (*G*); **~'mögen** moci, být s to; **~d** zámožný, majetný; **2'mögen** *n* (*Fähigkeit*) schopnost; (*Habe*) jmění, majetek *m.*
Ver'mögens|abgabe *f* dávka z majetku; **~bildung** *f* tvoření *n* majetku; **~steuer** *f* daň z majetku; **~verhältnisse** *n/pl.* majetkové poměry *m/pl.*; **~verwalter** *m* správce majetku; **~zuwachs** *m* přírůstek na majetku.
ver'morschen [z]trouchnivět.
ver'mummen zakuklovat [-lit].
ver'mut|en domnívat se, mí(va)t za to; (*ahnen*) tušit; **~lich** domnělý; *Adv.* jak se zdá, podle všeho; **2ung** *f* domnění *n*; (*Ahnung*) tušení *n.*
ver'nachlässig|en zanedb(áv)at, nedbat (*G*); **2ung** *f* (za)nedbání *n.*
ver|'nageln zatloukat [-tlouci] hřebíky; **~'nähen** zaší(va)t; **~'narben** *v/i* zajizvovat [-zvit] se, zacelovat [-lit] se; **~'narren:** *sich ~ in* (*A*) zbláznit se do (*G*); *vernarrt sein in* (*A*) být jako posedlý do (*G*); **~'naschen** promls(áv)at; **~'nebeln** zamlžovat [-žit], zahalovat [-lit] mlhou; *fig. s. verschleiern.*
ver'nehm|bar slyšitelný; **~en** [u]slyšet, zaslechnout *pf.*; *Jur.* vyslýchat [-slechnout]; **2en** *n* slyšení, doslech *m*; *dem ~ nach* podle doslechu; **~lich** slyšitelný; **2ung** *f Jur.* výslech *m*; **~ungsfähig** schopný (-pen) výslechu.
ver'neigen: *sich ~* klanět [poklonit] se.
ver'nein|en odpovídat [-vědět] záporně; (*leugnen*) popírat [popřít]; **~end** záporný; **2ung** *f* popření *n*; *Gr.* zápor *m*, negace; **2ungssatz** *m Gr.* záporná věta; **2ungswort** *n Gr.* záporné slovo.
ver'nicht|en zničit; **~end** ničivý, zhoubný; *Kritik*: drtivý; **2ung** *f*

zničení *n*; **≗ungskrieg** *m* vyhlazovací válka *f*.
ver'nickel|n [po]niklovat; **~t** niklovaný.
ver'nieten [za]nýtovat.
Ver'nunft *f* rozum *m*; *Phil.* rozmysl *m*; *zur ~ bringen* přivádět [-vést] k rozumu; *zur ~ kommen* přicházet [přijít] k rozumu; **≗gemäß** rozumový; **~heirat** *f* sňatek *m* z rozumu, rozumový sňatek *m*.
ver'nünftig rozumný; *ich werde ein ~es Wort mit ihm reden* [pro-] mluvím s ním rozumně; **~er'weise** rozumně.
ver'nunftwidrig příčící se (zdravému) rozumu, proti rozumu.
ver'öd|en *v/i* [z]pustnout; **~et** zpustlý; **≗ung** *f* zpustnutí *n*.
ver'öffentlich|en uveřejňovat [-jnit]; **≗ung** *f* uveřejnění *n*, (*a. konkret*) publikace.
ver'ordn|en nařizovat [-řídit], ustanovovat [-novit]; *Med.* předpisovat [předepsat]; **≗ung** *f* nařízení *n*, ustanovení *n*, výnos *m*; *Med.* předpis *m*; **≗ungsblatt** *n* věstník *m*, úřední list *m*; **~ungsgemäß** podle nařízení; *Med.* podle předpisu.
ver'pacht|en pronajímat [-jmout], propachov(áv)at; **≗ung** *f* pronájem *m*.
ver'pack|en zabalovat [-lit]; **≗ung** *f* zabalení *n*; (*Hülle*) obal *m*.
ver|'passen *Gelegenheit usw.*: promešk(áv)at; *Zug*: zmešk(áv)at; F (*anproben*) [vy]zkoušet; *j-m e-e Ohrfeige ~* přišít *pf.* k-u pohlavek; **~'patzen** F [z]kazit; **~'pesten** zamořovat [-řit], nakazovat [-zit]; **~'petzen** F ud(áv)at, [za]žalovat na (*A*).
ver'pfänd|en zastavovat [-stavit], dá(va)t do zástavy; *fig. sein Wort ~* zaručovat [-čit] se čestným slovem; **≗ung** *f* zastavení *n*, zástava.
ver'pflanz|en přesazovat [-sadit, -sázet]; *fig.* přenášet [-nést]; **≗ung** *f* přesazení *n*; *Med.* přenášení *n*.
ver'pfleg|en stravovat, zásobovat [-bit]; **≗ung** *f* stravování *n*, strava, zásobování *n*; **≗ungsbeitrag** *m* příspěvek na zaopatření; **≗ungskosten** *pl.* ošetřovné *n*, stravné *n*; **≗ungsnachschub** *m Mil.* přísun proviantu.
ver'pflicht|en zavazovat [-vázat] (*j-n zu et.* k-o k č-u; *sich* se); **~et** zavázán; *~ sein zu kommen* být povinnen přijít; **≗ung** *f* závazek *m*, povinnost; *seinen ~en nachkommen* splňovat [splnit] své závazky.
ver|'pfuschen F [z]kazit, [z]packat; **~'plappern** F: *sich ~* prozrazovat [-zradit] se tlacháním; **~'plempern** F rozlévat [-lít]; *Geld*: rozhazovat [-házet]; *Zeit*: [z]mařit; **~'pönt** (*verboten*) zakázaný; (*zu mißbilligen*) odsouzeníhodný; **~'prassen** prohyřovat [-hýřit]; **~provian'tieren** zásobovat [-bit] potravinami; **~'prügeln** [z]tlouci; **~'puffen** vybuchovat [-chnout]; *fig.* utrácet [utratit], prohyřovat [-hýřit]; **~'pulvern** F prohyřovat [-hýřit]; **~'pumpen** F půjčovat [-čit]; **~'puppen:** *sich ~* zakuklovat [-lit] se; **~'pusten,** *sich ~* F oddechovat [-chnout] (si).
Ver'putz *m* omítka *f*; **≗en** omítat [-tnout]; F *Essen*: sníst *pf*.
ver|'qualmt začouzený; **~'quicken** slučovat [sloučit]; **~'quollen** *Holz*: nabobtnalý; *Augen, Gesicht*: oteklý; **~'ramme(l)n** zatarasovat [-sit]; **~'ramschen** F prod(áv)at pod cenou, P střelit *pf*.
Ver'rat *m* zrada *f* (*an D/G*); *~ an j-m begehen* dopouštět [-pustit] se zrady na kom; **≗en** zrazovat [zradit]; *Geheimnis*: prozrazovat [-zradit].
Ver'räter|(in *f*) *m* zrádce (-dkyně); **≗isch** zrádný, proradný.
ver|'rauchen pro-, vy-kuřovat [-kouřit]; **~'räuchert** zakouřený.
ver'rechn|en [z]účtovat; *sich ~* přepočít(áv)at se; **≗ung** *f* zúčtování *n*; **≗ungsscheck** *m* zúčtovací šek.
ver|'recken *Tier*: pocházet [pojít]; V *Mensch*: chcípat [-pnout]; **~'regnen** [z]kazit deštěm; *verregnet* deštivý; **~'reiben** roztírat [rozetřít]; **~'reisen** odcestov(áv)at.
ver'renk|en vymykat [-knout], vyvrtnout *pf.* (*sich* [*D*] si); *fig. sich den Hals ~ nach* zvědavě vyhlížet [-hlédnout] po (*L*); **≗ung** *f* vymknutí *n*, vyvrtnutí *n*.
ver'rennen: *sich in et. ~* zaběhnout se *pf.*, zabředat [-dnout] se do č-o.
ver'richt|en vykon(áv)at; **≗ung** *f* vykoná(vá)ní *n*, výkon *m*; (*Arbeit*) práce.
ver|'riegeln zavírat [-vřít] na zá-

voru, [u]závorovat; **~'ringern** zmenšovat [-šit] (*sich* se); **~'rinnen** *Wasser*: ztrácet [ztratit] se; *fig.* (*vergehen*) [u]plynout; **~'rohen** [ze]surovět; **~'rosten** [z]rezavět; **~'rostet** zrezavělý; **~'rotten** *s. vermodern*; **~'rücken** posunovat [-nout], postrkovat [-strčit].

ver'rückt F pomatený, potřeštěný; *wie ~* jako blázen, jako potřeštěný; *j-n ~ machen* zbláznit k-o; *~ werden* zbláznit se; *du bist wohl ~!* ty ses asi zbláznil!; *er ist ganz ~ nach ihr* zbláznil se do ní; **Sheit** F *f* bláznovství *n*, ztřeštěnost.

Ver'ruf *m* špatná pověst; *in ~ bringen* přivádět [-vést] k-o do špatné pověsti, vykřikovat [-křičet]; *in ~ kommen* (*od. geraten*) přicházet [-jít] do špatné pověsti, být vykřičen; **Sen** *Adj.* vykřičený.

ver|'rühren roz-, za-mích(áv)at; **~'rußen** zanášet [-nést] se sazemi, začazovat [-čadit] se; **~'rutschen** posunovat [-nout] se.

Vers *m* verš; F *~e machen* [u]dělat verše, básnívat [básnit]; *darauf kann ich mir keinen ~ machen* nedovedu si to vysvětlit.

ver'sacken F *fig.* prohyřovat [-hýřit] (celé noci).

ver'sag|en selh(áv)at; *sich nichts ~ können* nedovést si nic odepřít; **Sen** *n* vypovězení *n* služby, selhání; **Ser** *m* neschopný člověk; (*beim Schießen*) selhaná *f*, selhávka *f*; *das Buch war ein ~* byl to ležák.

ver'salzen přesolovat [-lit]; *fig.* [po]kazit.

ver'samm|eln shromažďovat [-máždit] (*sich* se); **Slung** *f* shromáždění *n*.

Versammlungs|freiheit *f* svoboda *f* shromažďovací; **~ort** *m*, **~platz** *m* shromaždiště *n*; **~recht** *n* shromažďovací právo; **~teilnehmer(in** *f*) *m* účastník (-nice *f*) *m* schůze; **~verbot** *n* zápověď *f* schůze, zákaz *m* konat schůzi.

Ver'sand *m* zasílání *n*; **~abteilung** *f* zasilatelské oddělení; **~anzeige** *f* návěští *n* o zaslání, oznámení *n* o odeslání; **Sbereit, Sfertig** hotov k odeslání.

ver'sanden zanášet [-nést] se pískem; *fig.* [u]váznout.

Ver'sand|geschäft *n* zasílatelský obchod; **~haus** *n* zasílatelství; **~kosten** *pl.* zasílatelské výdaje *m/pl.*; **~stelle** *f* zasílatelna; **~vorschriften** *f/pl.* zasílací předpisy *m/pl.*

ver|'sauen V [za]svinit; (*verderben*) [z]ničit; **~'sauern** [z]kysat, [z]kysnout; *fig.* [o]tupět, [za]krnět; **~'saufen** propí(je)t, V prochlastat *pf.*

ver'säum|en promešk(áv)at; *Zug*: zmešk(áv)at; *Schule*: zamešk(áv)at; **Snis** *n* promeškání *n*; zameškání *n*; **Snis·urteil** *n* rozsudek *m* pro zmeškání.

Versbau *m* skladba *f* veršů.

ver|'schachern P zašantročit *pf.*, začachrovat *pf.*; **~'schaffen** opatřovat [-řit] (*sich* se); nabý(va)t, zjedn(áv)at si, získ(áv)at.

ver'schal|en zapažovat [-žit], zabedňovat [-dnit]; **Sung** *f* (za)pažení *n*, (za)bednění *n*.

ver'schämt ostýchavý, stydlivý; **Sheit** *f* ostýchavost, stydlivost.

ver'schandel|n F znetvořovat [-řit]; **Sung** *f* znetvoření *n*.

ver'schanzen *Mil.* opevňovat [-vnit], ohrazovat [ohradit]; *sich ~* vymlouvat [-mluvit] se (*hinter A* na *A*).

ver'schärf|en při-, z-ostřovat [-řit] (*sich* se); **~t** zostřený; **Sung** *f* při-, z-ostření *n*.

ver|'scharren zahrab(áv)at; **~'scheiden** skon(áv)at, zesnout *pf.*; **~'scheißern** V tropit si šašky (*j-n* z k-o); **~'schenken** rozd(áv)at, darovat (*im*)*pf.*; **~'scherzen** připravovat [-pravit] se o (*A*); **~'scheuchen** zahánět [-hnat], zaplašovat [-šit]; **~'scheuern** F *s. verschachern*; **~'schicken** rozesílat [-slat]; deportovat (*im*)*pf.*; (*zur Kur*) pos(í)lat.

ver'schieb|bar posuvný; **Se·bahnhof** *m Esb.* seřaďovací nádraží *n*; **~en** po-, pře-sunovat [-nout]; (*zeitlich*) odkládat [odložit], odročovat [-čit]; F *fig. Ware*: pokoutně obchodovat (et. čím); **Sung** *f* posun *m*, posunutí *n*; odklad *m*, odročení *n*.

ver'schieden různý, rozličný, rozmanitý; rozdílný; **~artig** rozličný; **Sartigkeit** *f* rozličnost, rozmanitost; **~farbig** různobarevný; **Sheit** *f* rozdílnost; **~tlich** *Adv.* častěji.

ver'schießen *v/t Munition*: vystřílet *pf.*, spotřebov(áv)at; *v/i* (*Stoff*) [vy]blednout.

ver'schiff|en dopravovat [-pravit] po lodi; (*verladen*) nakládat [naložit] na loď, naloďovat [-lodit]; **²ung** *f* doprava po lodi; nakládání *n* na loď, nalodění *n*.
ver'schimmeln [z]plesnivět.
ver'schlafen[1] *v/t* zasp(áv)at; **~**[2] *Adj.* o-, roze-spalý; **²heit** *f* o-, roze-spalost.
Ver'schlag *m* (*Raum*) přihrada *f*; **²en**[1] *v/t* (*mit Brettern*) zapažovat [-žit]; (*an e-n Ort bringen*) dost(áv)at se do (*G*); *es verschlug mir den Atem* dech se mi zastavil; **²en**[2] *Adj.* lstivý, zchytralý; **~heit** *f* lstivost, zchytralost.
ver'schlammen *v/i* zabahňovat [-hnit] se, zanášet [-nést] se bahnem.
ver'schlechter|n [z]horšit (*sich* se); **²ung** *f* zhoršení *n*.
ver'schleiern zastírat [-střít], zahalovat [-lit]; *fig.* zatajovat [-jit].
ver'schleim|en zahlenovat [-nit]; **²ung** *f* zahlenění *n*.
Ver'schleiß *m* opotřebování *n*; *Tech.* opotřebení *n*; **²en** opotřebov(áv)at (*sich* se).
ver'schlepp|en *Seuche usw.*: zavlékat [-vléci]; (*verzögern*) protahovat [-táhnout]; **²te(r)** *m* zavlečenec; **²ung** *f* zavlečení *n*; (*Verzögerung*) protahování *n*, průtah *m*; **²ungstaktik** *f* systematická obstrukce.
ver'schleudern rozhazovat [-házet], promarňovat [-rnit]; *Ware*: prod(áv)at pod cenu.
ver'schließ|bar uzavíratelný; **~en** (u)zavírat [-vřít]; (*einschließen*) zamykat [-mknout]; *sich* **~** (*D*) uzavírat [-vřít] se před čím.
ver|'schlimmern zhoršovat [-šit] (*sich* se); **~'schlingen** spojovat [-jit], svazovat [svázat]; (*essen*) pohlcovat [-hltit]; *fig. mit den Augen* **~** [z]hltat; **~'schlossen** zavřený, zamčený; *fig.* uzavřený, nesdílný; zamlklý; **²'schlossenheit** *f* nesdílnost, uzavřenost; **~'schlucken** polykat [-lknout]; *fig.* potlačovat [-čit], zatajovat [-jit]; *sich* **~** zakuck(áv)at se; **²'schluß** *m* (u)závěr; *Fot.* závěrka *f*; (*Schloß*) zámek; *unter* **~** pod zámkem; **~'schlüsseln** [za]šifrovat; kódovat (*im*)*pf.*; **~'schmachten** [za]hynout, [z]chřadnout; **~'schmähen** pohrdat [-dnout], opovrhovat [-hnout]; **~'schmelzen** *v/t Tech.* stavovat [stavit], slévat [slít]; (*vereinigen*) slučovat [sloučit]; *v/i* slučovat [sloučit] se, splývat [splynout]; **²'schmelzung** *f* slití *n*; (*Vereinigung*) sloučení *n*, splynutí *n*; **~'schmerzen** oželet *pf.*, zapomínat [-menout]; **~'schmieren** zamaz(áv)at; *Papier*: pomaz(áv)at; **~'schmitzt** prohnaný, zchytralý; **~'schmutzen** [po]špinit, zamaz(áv)at.
ver'schnauf|en oddechovat [-chnout] (*sich* si); **²pause** *f* přestávka na oddech.
ver|'schneiden přiřez(áv)at [-říznout]; (*mit der Schere*) přistřih(ov)at [-hnout]; (*falsch zuschneiden*) špatně nastřih(ov)at [-hnout]; *Wein usw.*: scelit *pf.*, řezat [říznout]; (*kastrieren*) vyklešťovat [-klestit]; **~'schneien** zasněžit *pf.*; **~'schneit** zasněžený, zapadlý sněhem; **²'schnitt** *m* (*Abfall*) odřezky *m/pl.*, odpadky *m/pl.*; (*Rum²*, *Weinbrand²*) rum (*od.* koňák) říznutý kořalkou; **~'schnörkelt** *Arch.* zdobený závitky; (*Handschrift*) plný kudrlinek; **~'schnupft:** **~** *sein* mít rýmu; F *fig.* být rozmrzelý (*über j-n* na k-o); **~'schnüren** převazovat [-vázat] provázkem *od.* šňůrou; svazovat [svázat] (dohromady); **~'schollen** nezvěstný; *s. vermißt*; **~'schonen** [u]šetřit; *j-n mit et.* **~** neobtěžovat k-o čím; *verschont bleiben* zůst(áv)at ušetřen (*von et.* č-o).
ver'schöner|n okrašlovat [okrášlit]; **²ung** *f* okrášlení *n*; **²ungsmittel** *n* krášlící prostředek *m*.
ver|'schorfen [u]tvořit strup, [ze-]strupovatět; **~'schränken** *Arme*: zakládat [založit]; *Beine*: [z]křížit.
ver'schraub|en [se-, za]šroubovat; **²ung** *f* šroubové spojení; sešroubování *n*.
ver'schreib|en *Arznei*: předpisovat [předepsat]; *Jur.* (*übereignen*) upisovat [upsat]; *sich* **~** (*Fehler machen*) přepisovat [-psat] se; *sich e-r Sache* **~** upisovat [upsat] se (*D*); **²ung** *f Med.* předepsání *n*, předpis *m*; *Jur.* upsání *n*, úpis *m*; **~ungspflichtig** *s. rezeptpflichtig*.
ver|'schreien vykřikovat [-křičet]; **~'schrien** *Adj.* vykřičený; **~'schroben** podivný; **²'schrobenheit** *f* podivnost; **~'schrotten** [ze]šrotovat; **~'schrumpfen** scvrkat

[-knout] se; **~'schüchtert** zastrašený.

ver'schuld|en *v/i* zadlužovat [-žit]; *v/t* (*verursachen*) provinovat [-vinit]; *er hat das verschuldet* on to zavinil; **≗en** *n* provinění; *durch sein eigenes ~* vlastní vinou, vlastním zaviněním; *ohne sein ~* bez jeho viny; **~et** (*tief in Schulden*) zadlužený; (*verursacht*) zaviněný; **≗ung** *f* zadlužení *n*.

ver|'schütten rozsyp(áv)at; (*vergießen*) rozlévat [-lit]; (*zuschütten*) zasyp(áv)at; **~'schwägert** sešvagřený, spřízněný; **~'schweigen** zamlčovat [-čet].

ver'schwend|en promarňovat [-r-nit], promrh(áv)at; **≗er(in** *f*) *m* marnotratník (-nice); **~erisch** marnotratný; **≗ung** *f* promarnění *n*, promrhání *n*; **≗ungssucht** *f* marnotratnost.

ver'schwiegen *Adj.* mlčenlivý; **≗heit** *f* mlčenlivost; *unter dem Siegel der ~* se zárukou mlčenlivosti.

ver'schwimmen splývat [splynout], ztrácet [ztratit] se.

ver'schwind|en [z]mizet; *~ lassen* nech(áv)at zmizet, odstraňovat [-ranit]; **≗en** *n* (z)mizení.

ver'schwitz|en *Kleider usw.*: propotit *pf.*; F *fig.* (*vergessen*) zapomínat [-menout]; **~t** propocený.

ver'schwommen *Adj.* nejasný, mlhavý; **≗heit** *f* nejasnost, mlhavost.

ver'schwör|en: *sich ~* spiknout se *pf.*; **≗er(in** *f*) *m* spiklenec (-nka); **≗ung** *f* spiknutí *n*.

ver'schwunden zmizelý, zaniklý, ztracený.

ver'sehen *Dienst*: zast(áv)at, vykon(áv)at; (*ausstatten, versorgen*) opatřovat [-řit]; *Rel.* zaopatřovat [-řit]; *sich ~* (*irren*) [z]mýlit se; *ehe man sich's versieht* než se člověk naděje; **≗** *n* nedopatření, omyl *m*; *aus ~* = **~tlich** nedopatřením.

ver'sehrt poškozený; **≗e(r)** *m* poškozenec, invalida; **≗en-ausweis** *m* průkaz invalidity.

ver'send|en pos(í)lat, rozes(í)lat; **≗er** *m* zasilatel; **≗ung** *f* rozesílání *n*, zasílání *n*.

ver'sengen o-, se-žehovat [-hnout].

ver'senk|bar ponořovací; **~en** ponořovat [-řit]; *Schiff*: potápět [-topit]; *fig.* *sich ~* pohružovat [-hroužit] se, zab(í)rat se; **≗ung** *f* *Mar.* potopení *n*; *Thea.* propadliště *n*; *fig.* *in der ~ verschwinden* [z]mizet z jeviště.

ver'sessen: *~ auf* (*A*) posedlý po (*L*); **≗heit** *f* posedlost.

ver'setz|en přemísťovat [-stit]; (*anderswohin setzen, umpflanzen*) přesazovat [-sadit, -sázet]; *Beamte*: překládat [přeložit]; *Schüler*: nech(áv)at postoupit; (*verpfänden*) zastavovat [-stavit]; (*vermischen*) [s]míchat, [s]mísit; (*in e-n Zustand*) uvádět [uvést]; (*entgegnen*) odpovídat [-vědět], odvětit *pf.*; *Schlag*: dá(va)t (ránu); F *j-n ~* (*nicht erscheinen*) nedostavit se na schůzku; *sich ~ in* (*A*) vpravovat [vpravit] se do č-o; *sich in j-s Lage ~* vmýšlet se *pf.* do situace; **≗ung** *f* přemístění *n*; přesazení *n*; přeložení *n*; (*Schüler≗*) postup *m*; *s.* *Vermischung*, *Verpfändung* *f*; *~ in den Ruhestand* dání *n* na odpočinek.

ver'seuch|en zamořovat [-řit], nakazovat [-zit]; **~t** zamořený, nakažený.

Versfuß *m* stopa *f*.

Ver'sicher|er *m* pojišťovatel, pojistitel; **≗n** pojišťovat [-jistit] (*gegen A* proti *D*); (*behaupten*) ujišťovat [ujistit] (*j-m* k-o; *j-n G* k-o *I*); *sich ~* dá(va)t se pojistit; **≗t** pojištěný; **~te(r)** *m* pojištěnec, pojistník; **~ung** *f* pojištění *n*; (*Behauptung*) ujištění *n*.

Versicherungs|anstalt *f* pojišťovna; **~beitrag** *m* pojistné *n*, pojistný příspěvek; **~betrug** *m* pojistný podvod; **~fall** *m* pojistná událost; **~gesellschaft** *f* pojišťovací společnost; **~nehmer** *m* *s.* *Versicherte(r)*; **~pflicht** *f* pojistná povinnost; **~police** *f* pojistka, police; **~prämie** *f* pojistná prémie, pojistné *n*; **~summe** *f* pojistná částka; **~vertrag** *m* pojišťovací (*od.* pojistná) smlouva; **~wesen** *n* pojišťovnictví.

ver|'sickern vsáknout *pf.*, ztrácet [ztratit] se; **~'siegeln** zapečeťovat [-četit]; **~'siegen** vysýchat [-schnout]; *fig.* vyčerp(áv)at se, docházet [dojít]; **~'siert** zběhlý, obeznalý (*in D* v *L*).

ver'silber|n postříbřovat [-řit]; F (*zu Geld machen*) zpeněžovat [-žit]; **~t** stříbrný; **≗ung** *f* (po)stříbření *n*.

ver|'sinken zapadat [-dnout], propadat [-dnout], probořovat [-řit] se; *fig.* (*in Gedanken*) zahloub(áv)at se do (*G*); *in Schlaf* ~ upadat [-dnout] v spánek; **~'sinnbildlichen** znázorňovat [-rnit], symbolizovat (*im*)*pf*.

Versi'on *f* verze.

ver'sklav|en zotročovat [-čit]; **~t** zotročený; **2ung** *f* zotročení *n*; otroctví *n*.

Vers|kunst *f* zveršování *n*; **~lehre** *f* nauka *f* o verši; **~maß** *n* metrum.

ver|'soffen P *s. versaufen*; *Adj.* opilý, ožralý; *~er Kerl* opilec, ožrala; **~'sohlen** F nabí(je)t (*D*), P napráskat *pf*. (*D*).

ver'söhn|en (u)smiřovat [(u)smířit] (*sich* se); **~lich** pokojný, smírný; **2ung** *f* usmírnění *n*, smír *m*; **2ungs·politik** *f* smiřovací politika; **2ungsversuch** *m* pokus o smír.

ver'sonnen zamyšlený, zadumaný.

ver'sorg|en zaopatřovat [-řit]; (*mit et. a.*) zásobovat [-bit] (čím); **2ung** *f* zaopatření *n*, zásobení *n*.

Ver'sorgungs|anspruch *m* nárok na zaopatření; **~anstalt** *f* zaopatřovací ústav *m*, zaopatřovatelna; **2berechtigt** mající nárok na zaopatření; **~haus** *n öst.* chudobinec *m*; **~netz** *n El.* napájecí síť *f*; *Hdl.* zásobovací síť *f*; **~schwierigkeiten** *f/pl.* potíže *f/pl.* v zásobování.

ver'spät|en: *sich* ~ o-, z-požďovat [-pozdit] se; **~et** o-, z-požděný; *Adv.* se zpožděním; **2ung** *f* o-, z-poždění *n*.

ver|'speisen jíst [sníst]; **~speku'lieren:** *sich* ~ přespekulovat se *pf.*; **~'sperren** (u)zavírat [-vřít], zatarasovat [-sit]; **~'spielen** prohrá(va)t; **~'spielt** prohraný; *Kind:* hravý.

ver'spott|en (*A*) posmívat se (*D*), tropit si posměch z (*G*); **2ung** *f* posměch *m*.

ver'sprech|en (při)slibovat [-slíbit]; *goldene Berge* ~ slibovat [slíbit] hory doly; *sich* ~ přeříkávat [-řeknout] se; (*sich verloben*) zaslibovat [-slíbit] se; **2en** *n* slib *m*; *j-m ein ~ abnehmen* zavazovat [-vázat] k-o slibem.

ver'spreng|en rozprašovat [-prášit], rozptylovat [-ptýlit]; **~t:** *~e Truppen, Soldaten* rozptýlené vojsko *n*.

ver|'spritzen rozstřikovat [-stříkat]; **~'sprühen** rozprašovat [-prášit]; **~'spüren** pociťovat [-cítit].

ver'staatlich|en zestátňovat [-tnit]; **2ung** *f* zestátnění *n*; **2ungsgesetz** *n* zestátňovací zákon *m*.

ver'städtern poměšťovat [-štit].

Ver'stand *m* rozum; *den ~ verlieren* pozbý(va)t rozumu; *bei ~(e) sein* bý(va)t při rozumu, mí(va)t rozum; *das geht über m-n ~* to přesahuje můj rozum; **2esmäßig** rozumný, rozumový; **~esmensch** *m* rozumný člověk.

ver'ständig rozumný; **~en** (*benachrichtigen*) uvědomovat [-mit], zpravovat [zpravit]; *sich ~* dorozumívat [-umět] se; (*sich einigen*) dohadovat [-dnout] se; **2ung** *f* uvědomění *n*, zpravení *n*; dorozumění *n*; (*Einigung*) dohodnutí *n*, dohoda *f*.

ver'ständlich srozumitelný; (*erfaßbar*) pochopitelný; **2keit** *f* srozumitelnost.

Ver'ständnis *n* porozumění, pochopení, smysl *m* (*für* pro *A*); **2los** bez porozumění; **2voll** chápavý, s plným pochopením.

ver'stärk|en zesilovat [-sílit]; *Mil.* rozmnožovat [-žit]; *Arch.* vyztužovat [-žit]; **2er** *m Rdf.* zesilovač; *~- in Zssgn* zesilovací; **2ung** *f* zesílení *n*; *Mil.* posila.

ver'staub|en zaprašovat [-prášit]; **~t** zaprášený.

ver'stauch|en vyvrtnout *pf.*, vymknout *pf.* (*sich* [*D*] si); **2ung** *f* vyvrtnutí *n*, vymknutí *n*.

ver'stauen dobře ukládat [uložit].

Ver'steck *n* úkryt; *~ spielen* [za]hrát si na schovávanou; **2en** schov(áv)at, ukrý(va)t (*sich* se); **~spiel** *n* hra *f* na schovávanou.

ver'stehen rozumět (*j-n* k-u, et. č-u); *~ Sie Tschechisch?* rozumíte česky?; *was verstehst du darunter?* co tím rozumíš?; *man kann sein eigenes Wort nicht ~* není slyšet vlastního slova; F *sich ~* (*gut miteinander auskommen*) rozumět si (*mit j-m* s kým); *das versteht sich* (*von selbst*) to se rozumí (samo sebou); *sich auf et. ~* vyzn(áv)at se v čem.

ver'steifen *Arch.* (vy)ztužovat [-žit]; *fig. sich auf et. ~* stá(va)t na čem.

Ver'steiger|er *m* vyvolávač při dražbě; **2n** vydražovat [-žit], prod(áv)at v dražbě; **2ung** *f* dražba.

ver'steiner|n [z]kamenět; **~t** zkamenělý; **2ung** *f* zkamenění *n*; zkamenělina.

ver'stell|bar přestavitelný; **~en** přestavovat [-stavit]; (*versperren*) zatarasovat [-sit]; *Stimme usw.*: přeměňovat [-měnit]; (*falsch einstellen*) rozřídit *pf.*; *sich ~* přetvařovat se; **2ung** *f* přestavení *n*; *fig.* přetvářka; **2ungskunst** *f* umění *n* přetvářky.

ver'steuern zdaňovat [-nit].

ver'stimm|en rozlaďovat [-ladit] (*a. fig.*); **~t** rozladěný; **2ung** *f* rozladění *n*.

ver'stockt zatvrzelý; **2heit** *f* zatvrzelost.

ver'stohlen tajný, kradný; *Adv.* tajně, pokradmo.

ver'stopf|en zacp(áv)at; *Med.* [z]působit zácpu; **~t** zacpaný; *Med.* mající zácpu; **2ung** *f* zacpání *n*; *Med.* zácpa.

ver'storben zemřelý, zesnulý; **2e(r)** *m/f* zemřelý (-lá), zesnulý (-lá), nebožtík (-tka).

ver'stört rozrušený, vyděšený.

Ver'stoß *m* chyba *f*; (*Vergehen*) provinění *n*, poklesek (*gegen* proti *D*); **2en** vyhánět [-hnat], vypuzovat [-pudit]; **~en** *n* vyhnání, zapuzení.

ver|'streichen *v/t* spotřebov(áv)at; *Farbe usw.*: vymaz(áv)at; *v/i* uplývat [uplynout]; **~'streuen** roztrušovat [-trousit]; **~'stricken** *Wolle*: spotřebov(áv)at pletením, vyplétat [-plést]; *fig. sich in et. ~* zaplétat [-plést] se do č-o.

ver'stümm|eln zmrzačovat [-čit]; *fig.* [z]komolit; **2elung** *f* zmrzačení *n*; *fig.* zkomolení *n*.

ver'stummen umlkat [-knout], oněmovat [-mět].

Ver'such *m* pokus, experiment; (*Probe*) zkouška *f*; *e-n ~ machen od. anstellen* [u]činit pokus (*mit* s *I*); **2en** pokoušet [-kusit]; (*prüfen*) zkoušet [zkusit]; (*kosten*) okoušet [okusit], ochutn(áv)at; **~er** *m* pokušitel.

Ver'suchs|anstalt *f* výzkumný ústav; **~ballon** *m fig.* pokusný balónek; **~fahrt** *f* zkušební jízda; **~feld** *n* pokusné pole; **~gegenstand** *m* předmět pokusu; **~kaninchen** *n* pokusný králík; **~laboratorium** *n* výzkumná laboratoř; **~methode** *f* zkušební (*od.* pokusná) metoda; **~objekt** *n s. Versuchsgegenstand*; **~raum** *m* zkušebna *f*; **~reihe** *f* pokusná série; **~station** *f* pokusná stanice; **~strecke** *f* pokusná trať; **~tier** *n* pokusné zvíře; **2weise** pokusmo, zkusmo, na zkoušku.

Ver'suchung *f* pokušení *n*.

ver'sumpfen zabahňovat [-hnit] se, [z]bahnět.

ver'sündig|en: *sich ~* prohřešovat [-šit] se (*an D* na *L*, *gegen* proti *D*); **2ung** *f* prohřešení *n*.

ver'sunken *s. versinken*; *Adj. fig.* pohroužený, zabraný (*in A* do *G*); **2heit** *f* pohrouženost.

ver'süßen oslazovat [osladit].

ver'tag|en odročovat [-čit], odkládat [odložit]; **2ung** *f* odročení *n*, odložení *n*, odklad *m*.

ver|'tändeln promarňovat [-nit]; **~'täuen** *Mar.* uvazovat [uvázat] loď lanem; **~'tauschen** vy-, za-měňovat [-měnit] (*gegen od. für* za *A*); **2'tauschung** *f* výměna, vyměnění *n*; (*Verwechslung*) záměna, zaměnění *n*; **~'tausendfachen** ztisíceronásobit *pf.*

ver'teidig|en [ob-, u]hájit, obhajovat [-hájit], bránit; **2er(in** *f*) *m* obhájce (-jkyně), obránce (-nkyně); **2ung** *f* obhajoba, obrana.

Ver'teidigungs|bündnis *n* obranný spolek *m*; **~gemeinschaft** *f* obranné společenství; **~krieg** *m* obranná válka; **~maßnahmen** *f/pl.* obranná opatření *n/pl.*; **~minister(ium** *n*) *m* ministr *m* (ministerstvo *n*) obrany; **~rede** *f* obhajovací řeč; **~schrift** *f* obhajovací spis *m*; **~stellung** *f Mil.* obranné postavení; **~waffe** *f* obranná zbraň; **~werk** *n* opevnění, hradby *f/pl.*

ver'teil|en rozdělovat [-lit]; *Karten*: rozd(áv)at; **2er** *m* (*Person*) rozvrhovač, rozdělovač; *Tech.* rozvodná deska; **2ung** *f* rozdělení *n*.

ver'teuer|n zdražovat [-žit]; **2ung** *f* zdražení *n*.

ver'teufelt F čertovský, zatracený.

ver'tief|en prohlubovat [-hloubit]; *sich ~ in* (*A*) zahloub(áv)at se do (*G*); **2ung** *f* prohloubení *n*; (*Höhlung*) prohloubenina; *fig.* zahloubání *n*.

verti'kal svislý, vertikální.

ver'tilg|en [vy]hubit, vyhlazovat [-hladit]; **2ung** *f* vyhubení *n*, vyhlazení *n*.

ver'tippen: *sich* ~ překlepávat [-pnout] se; (*im Lotto*) špatně tipovat.

ver'ton|en zhudebňovat [-bnit]; **≗ung** *f* zhudebnění *n*.

Ver'trag *m* smlouva *f*; **≗en** (*erleiden*) snášet [snést], vydržet *pf.*; **≗lich** smluvní, podle smlouvy.

ver'träglich snáše(n)livý, snesitelný; **≗keit** *f* snáše(n)livost, snesitelnost.

Ver'trags|bedingung *f* smluvní podmínka; **~bestimmung** *f* smluvní ustanovení *n*; **~bruch** *m* porušení *n* smlouvy.

ver'tragschließend uzavírající smlouvu.

Ver'trags|entwurf *m* osnova *f* smlouvy; **≗gemäß, ≗mäßig** smluvní, podle smlouvy; **≗widrig** proti smlouvě, příčící se smlouvě.

Ver'trauen *n* důvěra *f*; *im* ~ důvěrně.

ver'trauen *v/i* důvěřovat [-řit] (*j-m od. auf j-n, et.* k-u, č-u); (*sich verlassen*) spoléhat [-lehnout]; **~erweckend** budící důvěru, důvěřivý.

Ver'trauens|arzt *m* důvěrný lékař; **~bruch** *m* porušení *n* důvěry; **~mann** *m*, **~person** *f* důvěrník *m*; **~posten** *m* důvěrné zaměstnání; **≗selig** důvěřivý; **≗voll** důvěřivý; *Adv.* s důvěrou; **~votum** *n* odhlasování důvěry; **≗würdig** hodný (-den) důvěry.

ver'traulich důvěrný; **≗keit** *f* důvěrnost.

ver'träum|en prosní(va)t; **~t** zasněný, zadumaný.

ver'traut důvěrný, intimní; *mit j-m* ~ *sein* být důvěrně znám s kým; *sich* ~ *machen* obeznamovat [-námit] se (*mit* s čím); **≗e(r)** *m/f* důvěrník (-nice); **≗heit** *f* důvěrnost.

ver'treib|en vyhánět [-hnat], vypuzovat [-pudit]; (*wegscheuchen*) zahánět [-hnat]; *Ware*: odbý(va)t, prod(áv)at; *sich die Zeit* ~ [z]krátit si čas; **≗ung** *f* vyhnání *n*, vypuzení *n*; *s. Vertrieb.*

ver'tret|bar zastupitelný; **~en** *j-n, Weg*: zastupovat [-stoupit]; *Meinung, Interessen*: zast(áv)at, obhájit; F *sich die Beine* ~ přejít (*od.* projít) se *pf.*; *sich den Fuß* ~ vyvrtnout si *pf.* nohu; **≗er** *m* zástupce; **≗ung** *f* zastoupení *n*, zastupování *n*; *in* ~ (*Abk. i.V.*) = **~ungsweise** v zastoupení.

Ver'trieb *m Hdl.* prodej, odbyt; **~ene(r)** *m* vyhnanec, odsunutý; **~s·kosten** *pl.* odbytové náklady *m/pl.*; **~s·organisation** *f* odbytová organizace.

ver|'trinken propí(je)t; **~'trocknen** usychat [uschnout]; (*austrocknen*) vysychat [-schnout]; **~'trödeln** F *Zeit*: promarňovat [-rnit]; **~'trösten** utěšovat [-šit]; odkazovat [-kázat] (*auf et.* čím); **~'tun** promarňovat [-rnit]; **~'tuschen** skrý(va)t, zatajovat [-jit], ututl(áv)at; **~'übeln:** *j-m et.* ~ mít co k-u za zlé, zazlí(va)t k-u co; **~'üben** spáchat *pf.*, dopouštět [-pustit] se (*G*); **~'ulken** F [z]tropit si z k-o posměch.

ver'un|glimpfen [z]hanobit, pomlouvat [-mluvit]; **~glücken** *Person*: být postižen nehodou *od.* neštěstím; *Sache*: nedařit [nezdařit] se; **~reinigen** znečišťovat [-čistit]; **≗reinigung** *f* znečištění *n*, znečišťování *n*; **~stalten** znetvořovat [-řit], zohyžďovat [-hyzdit]; **≗staltung** *f* znetvoření *n*, zohyždění *n*; **~treuen** zpronevěřovat [-řit]; **≗treuung** *f* zpronevěření *n*, zpronevěra; **~zieren** *s. verunstalten.*

ver'ur|sachen způsobovat [-bit], být příčinou (*G*); **~teilen** odsuzovat [-soudit] (*j-n wegen ... zu* k-o pro *A* ... k *D*); **≗teilte(r)** *m* odsouzenec, odsouzený; **≗teilung** *f* odsouzení *n*.

ver'vielfachen [z]násobit.

ver'vielfältig|en rozmnožovat [-žit]; **≗er** *m* rozmnožovací přístroj; **≗ung** *f* rozmnožení *n*, rozmnožování *n*.

ver'voll|kommnen zdokonalovat [-lit]; **≗kommnung** *f* zdokonalení *n*, zdokonalování *n*; **~ständigen** doplňovat [-plnit]; **≗ständigung** *f* doplnění *n*, doplňování *n*.

ver'wachsen[1] *v/i* srůs(ta)t, zarůs(ta)t; **~**[2] *Adj.* srostlý; (*bucklig*) hrbatý.

ver'wahren uschov(áv)at; *sich gegen et.* ~ ohrazovat [ohradit] se proti č-u.

ver'wahrlos|en [z]pustnout; ~ *lassen* zanedb(áv)at, nech(áv)at zpustnout; **~t** zanedbaný, zpustlý; **≗ung** *f* zanedb(áv)ání *n*, zpustlost.

Ver'wahrung *f* uschování *n*, úschova; (*Widerspruch*) ohrazení *n* (*gegen et.* proti č-u); *in ~ geben* dá(va)t do úschovy.
ver'waisen osiřet *pf.*; *verwaist* osiřelý.
ver'walt|en spravovat; *Amt*: zast(áv)at; **2er** *m* správce; **2ung** *f* správa; (*Leitung*) vedení *n*.
Ver'waltungs|angestellte(r) *m/f* správní zaměstnanec (-nkyně); **~apparat** *m* správní aparát; **~behörde** *f* správní úřad *m*; **~bezirk** *m* správní okres; **~gebäude** *n* správní budova *f*; **~gericht** *n* správní soud *m*; **~kosten** *pl.* administrativní (*od.* spravní) náklady *m/pl.*; **~organ** *n* správní orgán *m*; **~rat** *m* správní rada *f*; **~recht** *n* správní právo; **~system** *n* správní soustava *f*.
ver'wand|eln proměňovat [-měnit]; **2lung** *f* proměna, proměnění *n*.
ver'wandt příbuzný, spřízněný; **2e(r)** *m/f* příbuzný (-ná); **2schaft** *f* příbuzenství *n*, příbuznost; (*die Verwandten*) příbuzenstvo *n*; **~schaftlich** příbuzenský.
Ver'wandtschafts|beziehungen *f/pl.* příbuzenské vztahy *m/pl.*; **~grad** *m* stupeň příbuzenství; **~verhältnis** *n* příbuzenský poměr.
ver'warn|en varovat, dá(va)t výstrahu (*D*); **2ung** *f* varování *n*, výstraha.
ver'waschen[1] *v/t* poškozovat [-škodit] praním; **~**[2] *Adj. Kleid*: poškozený praním; *Farbe usw.*: rozmazaný; *fig.* (*unklar*) nejasný.
ver'wässern [roz]ředit, rozřeďovat [-ředit].
ver'wechs|eln zaměňovat [-měnit], splétat [splést]; **2lung** *f* záměna.
ver'wegen opovážlivý, smělý; **2heit** *f* opovážlivost, smělost.
ver'weh|en *v/t* zavívat [zavát]; *v/i* [z]mizet, ztrácet [ztratit] se; **~ren** zabraňovat [-bránit] (*j-m et.* k-u v čem); **~t** zavátý; **2ung** *f* (*Schnee2*) závěj.
ver'weichlichen *v/i* [z]choulostivět; *v/t* rozmazlovat [-lit].
ver'weiger|n odpírat [odepřít]; **2ung** *f* odepření *n*, odpírání *n*.
ver|'weilen prodlévat [-dlít], zdržovat [-žet] se; **~'weint** uplakaný; **2'weis** *m* důtka *f*, výtka *f*; (*Hinweis*) odkaz; *j-m e-n ~ erteilen od. geben* domlouvat [-luvit] k-u; **~'weisen** odkazovat [-kázat] (*j-n auf et. od. an j-n* k-o nač *od.* na k-o); (*von der Schule*) vylučovat [-loučit]; *des Landes ~* vypovídat [-vědět] ze země; *auf den zweiten Platz ~* zatlačit *pf.* na druhé místo; **~'welken** [z]vadnout; **~'weltlichen** zesvětšťovat [-štit].
ver'wend|bar upotřebitelný; *Person*: způsobilý; **~en** uží(va)t, upotřebovat [-bít]; *Geldmittel*: vynakládat [-naložit]; *sich ~ für* přimlouvat [-mluvit] se za (*A*); **2ung** *f* užití *n*, užívání *n*; upotřebení *n*; *keine ~ haben für* nemoci použít (*G od. A*); *zur besonderen ~* pro zvláštní úkoly.
ver'werf|en *v/t* (*ablehnen*) zamítat [-tnout]; *v/i Tiere*: zmetat *pf.*; *sich ~* [z]bortit se; **~lich** zavržitelný; (*schlecht*) podlý, hanebný; **2ung** *f* zamítnutí *n*; *Geol.* přesmyk *m*.
ver'wert|bar zužitkovatelný; **~en** zužitkov(áv)at; (*zu Geld machen*) zpeněžovat [-žit]; **2ung** *f* zužitkování *n*; *Hdl.* zpeněžení *n*.
ver'wes|en *v/i* zetlí(va)t, [ze]tlít; *v/t* (*verwalten*) spravovat; **2er** *m Pol.* správce; **2ung** *f* zetlení *n*; *in ~ übergehen* zetlí(va)t.
ver'wetten (*verlieren*) prohrá(va)t v sázce.
ver'wick|eln zamot(áv)at, zaplétat [-plést]; *fig. sich in et. ~* zaplétat [-plést] se do č-o; **2lung** *f* zápletka, spletitost.
ver'wilder|n [z]divočet; *Garten usw.*: [z]pustnout; *verwildert* zdivočelý; *Garten usw.*: zpustlý; **2ung** *f* zdivočení *n*; zpustnutí *n*.
ver'wind|en [z]kroutit; *fig. s. überwinden*; **2ungsklappe** *f Flgw.* křidélko *n*.
ver'wirk|en pozbý(va)t (*G*), přicházet [přijít] o (*A*); *sein Leben ~* propadat [-dnout] životem; **~lichen** uskutečňovat [-čnit] (*sich* se); **2lichung** *f* uskutečnění *n*.
ver'wirr|en *Garn*: zamot(áv)at; *Haare*: rozcuch(áv)at; *fig.* [po]plést, [z]mást; **~t** zamotaný; *fig.* popletený, zmatený; *~ werden* [po]plést se, [z]mást se; **2ung** *f* zmatek *m*.
ver|'wirtschaften prohospodařit *pf.*; **~'wischen** rozmaz(áv)at, stírat [setřít]; *Spuren*: zahlazovat [-hladit]; **~'wittern** zvětr(áv)at; **2'wit-**

terung *f* zvětrání *n*; (*Zustand*) zvětralost; **~'witwet** ovdovělý.

ver'wöhn|en rozmazlovat [-lit], zhýčk(áv)at; **~t** *Adj.* rozmazlený, zhýčkaný; (*wählerisch*) vybíravý; **2ung** *f* rozmazlení *n*, zhýčkání *n*.

ver'worfen *s. verwerfen*; *Adj.* zahozený, zamítnutý; (*lasterhaft*) podlý, zvrhlý; **2heit** *f* podlost, zvrhlost.

ver'worren *s. verwirren*; *Adj.* spletitý, nejasný; **2heit** *f* spletitost, nejasnost.

ver'wund|bar zranitelný; **~en** poraňovat [-ranit], zraňovat [zranit]; **~et** zraněný; **2ung** *f* zranění *n*.

ver'wunder|lich podivný, neobyčejný; **~n** naplňovat [-plnit] úžasem, překvapovat [-pit]; *es ist nicht zu ~* není ku podivu; **2ung** *f* podivení *n*, úžas *m*.

ver'wünsch|en proklí(na)t; (*verzaubern*) začarov(áv)at, zaklí(na)t; **~t** *Adj.* prokletý; začarovaný, zakletý; **2ung** *f* prokletí *n*; začarování *n*, zakletí *n*.

ver'wurzel|n zakořeňovat [-řenit] se, zapouštět [-pustit] kořeny; **~t** *Adj.* zakořeněný; *fig. fest ~ sein mit* být v těsném spojení s (*I*).

ver'wüst|en [z]pustošit; **2ung** *f* (z)pustošení *n*.

ver|'zagen [z]malomyslnět; **~'zagt** malomyslný, sklíčený; **2'zagtheit** *f* malomyslnost, sklíčenost; **~'zählen:** *sich ~* přepočít(áv)at se; **~'zahnen** *Tech.* zazubovat [-bit]; *fig.* spojovat [-jit]; **~'zapfen** *Tech.* [s-, za]čepovat; F *fig.* vypravovat [vyprávět]; **~'zärteln** rozmazlovat [-lit], zhýčk(áv)at; **~'zaubern** začarov(áv)at, zaklí(na)t; *vgl. verwünschen*; **~'zehren** poží(va)t, jíst [sníst]; *Feuer*: [z]ničit; *sich ~ vor* (*D*) [z]hynout (*I*).

ver'zeich|nen zkreslovat [-lit]; (*feststellen*) zaznamen(áv)at, uvádět [uvést]; *es sind Erfolge zu ~* mí(va)t úspěch; **~net** zkreslený; (*feststellbar*) zaznamenaný; **2nis** *n* seznam *m*, soupis *m*; (*Inhalts2*) obsah *m*.

ver'zeih|en odpouštět [-pustit], promíjet [-minout]; *~ Sie!* promiňte!, odpusťte!; **~lich** odpustitelný, prominutelný; **2ung** *f* odpuštění *n*, prominutí *n*; *um ~ bitten* [po]prosit za prominutí; *~!* promiňte!

ver'zerr|en zpitvořovat [-řit]; zkreslovat [-lit]; **~t** *Adj.* zpitvořený; zkreslený; **2ung** *f* zpitvoření *n*; zkreslení *n*.

ver'zetteln (*auf Zettel schreiben*) poznamen(áv)at na lístky; *Geld*: rozhazovat [-házet]; *Kräfte*: plýtvat (*I*) [proplýtvat (*A*)]; *sich ~* utápět se v maličkostech.

Ver'zicht *m* zřeknutí *n*, vzdání se *n*; *~ leisten* = **2en** zříkat [zříci] se, vzdá(va)t se (*auf A* č-o).

ver'zieh *s. verzeihen.*

ver'ziehen *Gesicht*: ušklíbat [-bnout] se; *ohne eine Miene zu ~* nehýbat [-hnout] ani brvou; *Kind*: špatně vychov(áv)at; *v/i* [pře]stěhovat se; *sich ~* [z]mizet, ztrácet [ztratit] se; *Holz*: [z]bortit se; *Gewitter*: přehánět [-hnat] se; (*vergehen*) vytrácet [-tratit] se.

ver'zier|en ozdobovat [-bit], okrašlovat [okrášlit]; **2ung** *f* ozdobení *n*, okrašlování *n*; dekor *m*, ozdoby [*f/pl.*]

ver'zinken [po]zinkovat.

ver'zinnen [po]cínovat.

ver'zins|bar zúročitelný; **~en** [z]úrokovat, [z]úročit (*sich* se); **~lich** zúročitelný; **2ung** *f* (z)úrokování *n*, (z)úročení *n*.

ver'zogen *Kind*: rozmazlený; *Holz*: zborcený.

ver'zöger|n protahovat [-táhnout], odkládat [odložit]; **2ung** *f* průtah *m*, odklad *m*; zpoždění *n*.

ver'zoll|en pro-, vy-clí(va)t; *haben Sie et. zu ~?* máte něco k proclení?; **2ung** *f* proclení *n*, vyclení *n*.

ver|'zuckern *v/t* pocukrovat [-křit]; *s. versüßen*; *v/i* zcukernatět *pf.*; **~'zückt** uchvácený; *Adv.* (jako) u vytržení.

Ver'zug *m* průtah, prodlení *n*; *im ~ sein* být pozadu; *in ~ geraten od. kommen* zůst(áv)at pozadu; **~s·zinsen** *m/pl.* úroky *m/pl.* z prodlení.

ver'zweif|eln zoufat (si) *pf.* (*an D* nad *I*); F *es ist zum 2* to je k zoufání; **~elt** zoufalý; **2lung** *f* zoufalství *n*, zoufalost; F *zur ~ bringen* dohánět [-hnat] k zoufalství.

ver'zweig|en: *sich ~* rozvětvovat [-tvit] se; **2ung** *f* rozvětvení *n*.

ver'zwickt spletitý, choulostivý; **2heit** *f* spletitost, zamotanost.

Vesper *f Rel.* nešpory *m/pl.*; (*Mahlzeit*) svačina.

Vete'ran *m* vysloužilec, veterán.
Veteri'när *m s. Tierarzt.*
Veto *n* veto; ~ *einlegen* pod(áv)at veto; **~recht** *n* právo veta.
Vetter *m* bratranec; **~nwirtschaft** *f* strýčkovství *n.*
vgl. *Abk. für vergleiche* srovnej.
v. H. *Abk. für vom Hundert* ze sta; *drei v. H.* tři procenta.
Via'dukt *m* viadukt.
Vibrati'on *f* chvění *n,* vibrace; **~s-** vibrační.
vi'brieren [za]chvět se, vibrovat.
Videorecorder *m* zařízení *n* na televizní záznam.
Vieh *n* (*Tier*) dobytče, hovado (*a. fig.*); (*kollektiv*) dobytek *m.*
Vieh|ausstellung *f* výstava dobytka; **~bestand** *m* stav dobytka; **~bremse** *f Zo.* ovád *m*; **~futter** *n* krmivo pro dobytek; **~haltung** *f* chov *m* dobytka; **~handler** *m* obchodník s dobytkem, dobytkář; **~herde** *f* stádo *n* dobytka; **~hof** *m* porážka *f,* jatky *f/pl.*; **2isch** zvířecký, zhovadilý; **~markt** *m* dobytčí trh; **~salz** *n* dobytčí sůl *f*; **~seuche** *f* dobytčí mor *m,* dobytčí nákaza; **~stall** *m* stáj *f,* chlév; **~treiber** *m* honák; **~wagen** *m* vůz na přepravu dobytka, P dobytčák; **~weide** *f* pastvina, pastviště *n*; **~wirtschaft** *f* dobytkářství *n*; **~zeug** F *n* havěť *f*; **~zucht** *f* chov *m* dobytka; **~züchter** *m* chovatel dobytka.
viel *Adj.* mnohý; **~e** *pl.* (*Personen*) mnozí; *Adv.* mnoho; *so* ~ tolik; ~ *mehr* mnohem více; *s. a. mehr, meist*; **~bändig** mnohosvazkový; **~beschäftigt** velmi zaměstnaný; **~deutig** mnohoznačný; **2eck** *n* mnohoúhelník *m*; **'~er'lei** všeliký, rozličný; všelico(s)(*G*); **'~er·'orts** mnohde, leckde, ledakde; **~fach** *Adj.* mnohonásobný; *Adv.* často; **2fache(s)** *n* násobek *m*; **2falt** *f* mnohotvárnost, rozmanitost; **~fältig** mnohotvárný, rozmanitý; **2fältigkeit** *f* pestrost, rozmanitost; **~farben-** mnohobarevný; **2fraß** *m Zo.* rosomák; *fig.* žrout, hltoun; **~genannt** často jmenovaný; **~gereist** scestovalý; **~gestaltig** mnohotvárný; **2götte'rei** *f* mnohobožství *n*; **2heit** *f* mnohost; (*Menge*) množství *n*; **~jährig** mnoholetý; **~köpfig** mnohohlavý.
viel'leicht snad.
viel|malig častý; **~mal**(**s**) mnohokrát, často; **~mehr** spíše; (*im Gegenteil*) naopak, nýbrž; **~sagend** významný; **~seitig** mnohostranný; **2seitigkeit** *f* mnohostrannost; **~silbig** mnohoslabičný; **~sprachig** mnohojazyčný; **~stimmig** mnohohlasý; **~teilig** mnohodílný; **~versprechend** mnohoslibný, velmi nadějný; **2weibe'rei** *f* mnohoženství *n*; **2zahl** *f* velké množství *n*; **2zweck-** universální.
vier čtyři; *auf allen* **~en** *gehen* lézt po čtyřech; *unter* ~ *Augen* mezi čtyřma očima; *halb* ~ půl čtvrté.
Vier *f* čtyřka, čtverka; **~beiner** *m* čtyřnožec; **2beinig** čtyřnohý; **2blätt**(**e**)**rig** čtyřlistý; **~eck** *n* čtyřúhelník *m*; **2eckig** čtyřúhelný; **~er** *m* (*a. Sport*) čtyřka *f*; **2er'lei** čtverý; **2fach** čtyřnásobný; **~fache**(**s**) *n* čtyřnásobek *m*; **~'farben-** čtyřbarevný; **2füßig** čtyřnohý; **~füß**(**l**)**er** *m Zo.* čtyřnožec; **~ganggetriebe** *n* čtyřstupňová převodovka; **~gespann** *n* čtyřspřeží *n*; **2händig** *Mus.* čtyřručně; **2hundert** čtyři sta; **2hundertste**(**r**) čtyřstý; **2jährig** čtyřletý; **~kant** *m* čtyřhran; **2kantig** čtyřhranný; **~linge** *m/pl.* čtyřčata *n/pl.*; **2mal** čtyřikrát; **2malig** čtyřikrát se opakující; **2motorig** čtyřmotorový; **~radbremse** *f* brzda na čtyři kola; **2schrötig** hranatý, hřmotný; **2seitig** čtyřstranný; **~sitzer** *m* čtyřsedadlový vůz; **~spänner** *m* čtyřspřežení *n*; **2spurig** *Straße*: čtyřproudový; **2stellig** *Math.* čtyřmístný; **2stimmig** *Mus.* čtyřhlasý; **2stöckig** čtyřpatrový; **2stufig** čtyřstupňový; **2stündig** čtyřhodinný; **2tägig** čtyřdenní; **~taktmotor** *m* čtyřdobý motor; **2tausend** čtyři tisíce; **2te** čtvrtý; **2teilen** [roz]dělit na čtyři díly, [roz]čtvrtit; **2teilig** čtyřdílný.
Viertel *n* čtvrt *f,* čtvrtina *f*; (*es ist*) *drei* ~ *fünf* je tři čtvrti na pět; **~finale** *n* čtvrtfinale; **~jahr** *n* čtvrtrok *m*; čtvrtletí, kvartál *m*; **~jahrhundert** *n* čtvrtstoletí; **2jährlich** čtvrtletní, jednou za tři měsíce; **~jahrsschrift** *f* čtvrtletník *m*; **~liter** *m od. n* čtvrlitr *m,* F čtvrťák *m*; **~note** *f Mus.* čtvrťová nota; **~pause** *f* čtvrťová pomlčka;

~pfund *n* čtvrt *f* libry; **~stunde** *f* čtvrthodina, čtvrt *f* hodiny; **≈stündig** čtvrthodinový; **≈n** [roz]dělit na čtyři díly, [roz]čtvrtit.
vier|tens za čtvrté, po čtvrté; **~türig** čtyřdveřový; **≈'vierteltakt** *m Mus.* čtyřčtvrteční takt; **~zehn** čtrnáct; ~ *Tage* dva týdny; **≈zehntel** *n* čtrnáctina *f*; **~zehnte(r)** čtrnáctý.
vierzig čtyřicet; **≈er(in** *f*) *m* čtyřicátník (-nice); **~jährig** čtyřicetiletý; **≈stel** *n* čtyřicetina *f*; **~ste(r)** čtyřicátý; **~tägig** čtyřicetidenní.
Vierzylinder F *m* čtyřválec.
Vignette [-n'jɛtə] *f* viněta.
Vi'kar *m* vikář.
Vill|a *f* vila; **~enviertel** *n* vilová čtvrť.
Viola *f Mus.* viola.
vio'lett fialový.
Vio'lin|bogen *m* houslový smyčec; **~e** *f* housle *f/pl.*; **~ist(in** *f*) [-'nɪst] *m* houslista (-tka); **~konzert** *n* houslový koncert; **~schlüssel** *m* houslový klíč; **~spieler(in** *f*) *m s. Violinist(in)*.
Violoncello [-'tʃɛ-] *n* violoncello.
Viper *f Zo.* zmije.
virtu'os virtuózní; **≈e** *m* virtuos; **≈i'tät** *f* virtuozita.
viru'len|t *Med.* virulentní; **≈z** *f* virulence.
Virus *m Bio.* virus.
Vi'sage *f* tvář, F vizáž.
vis-à-vis [-'vi:] *Adv.* naproti.
Visavis [-'vi:] *n* protějšek *m*.
Vi'sier *n* hledí; (*Zielvorrichtung*) cílič *m*; *Fot.* hledítko; **≈en** *s. anvisieren*; (*eichen*) vyměřovat [-řit].
Visi'on *f* vidění *n*, zjevení *n*, vize.
Vi'si|te *f* návštěva; *Med.* vizita; **~tenkarte** *f* navštívenka; **≈'tieren** prohlížet [-hlédnout], P [z]vizitovat.
visu'ell zrakový, vizuální.
Visum *n* vizum.
vi'tal vitální, plný života; **≈i'tät** *f* vitalita, životnost.
Vita'min *n* vitamin *m*; **≈arm** chudý na vitaminy; **≈haltig** obsahující vitaminy; **~mangel** *m* nedostatek *m* vitaminů; **≈reich** bohatý na vitaminy.
Vi'trine *f* vitrína, zasklená skříň.
Vitri'ol *m od. n* vitriol *m*, skalice *f*.
vivat! ať žije!, sláva mu!
Vivat *n* provolá(vá)ní *n* slávy.
Vize- *in Zssgn* vice-, místo-; **~admiral** *m* viceadmirál, místoadmirál.
v. J. *Abk. für vorigen Jahres* minulého roku.
Vlies *n* rouno.
v. M. *Abk. für vorigen Monats* minulého měsíce.
Vogel *m* pták; *fig. ein lockerer* ~ šibal; F *den* ~ *abschießen* dosahovat [-sáhnout] nejlepšího výkonu; *e-n* ~ *haben* mít brouky v hlavě, nemít všech pět pohromadě; **~bauer** *n* ptačí klec *f*; **~beere** *f Bot.* jeřabina.
Vögelchen *n* ptáček *m*, ptáče.
Vogel|fang *m* chytání *n* ptáků, čižba *f*; **~fänger** *m* ptáčník, čižbář; **~flug** *m* ptačí let; **≈frei** svobodný jako pták; **~futter** *n* ptačí zob *m*; **~kirsche** *f Bot.* ptačí třešeň, ptáčnice; **~kunde** *f* ornitologie, nauka o ptactvu; **~miere** *f Bot.* ptačinec *m* obecný, žabinec *m*; **~nest** *n* ptačí hnízdo; **~perspektive** *f* ptačí perspektiva; **~scheuche** *f* strašák *m*, hastroš *m*; **~schutz** *m* ochrana *f* ptactva; **~steller** *m s. Vogelfänger*; **~-'Strauß-Politik** *f* pštrosí politika; **~warte** *f* ornitologická stanice; **~welt** *f* ptačí svět *m*, ptactvo *n*; **~zucht** *f* chov *m* ptactva; **~zug** *m* tah (*od.* stěhování *n*) ptactva.
Vöglein *n s. Vögelchen*.
Vogt *m hist.* fojt, místodržitel.
Vo|'kabel *f* slůvko *n*, slovíčko *n*; **~'kal** *m* samohláska *f*; **'~kativ** *m Gr.* pátý pád, vokativ; **~lant** [-'lã] *m* (*Kleider*) volán(ek); (*Auto*) volant.
Volk *n* národ *m*; (*Bevölkerung*) lid *m*, obyvatelstvo; (*Vögel*) hejno; (*Bienen≈*) roj *m*.
Völker|bund *m* Svaz národů; **~freundschaft** *f* přátelství *n* mezi národy; **~kunde** *f* národověda, národopis *m*, etnologie; **~recht** *n* mezinárodní právo; **≈rechtlich** podle mezinárodního práva; **~schaft** *f* (*kleines Volk*) kmen *m*; **~schlacht** *f hist.* bitva národů; **~verständigung** *f* dorozumění *n* mezi národy; **~wanderung** *f* stěhování *n* národů.
völkisch lidový, národní.
Volks|abstimmung *f* lidové hlasování, plebiscit *m*; **~armee** *f* lidová armáda; **~aufklärung** *f* národní

(*od.* lidová) osvěta; **~aufstand** *m* povstání *n* lidu; **~ausgabe** *f* lidové vydání; **~bank** *f* lidová banka; **~befragung** *f* lidové hlasování; **~befreiungsbewegung** *f* národní osvobozenecké hnutí; **~bildung** *f* lidová osvěta; **~bücherei** *f* lidová knihovna; **~charakter** *m* národní svéráz *od.* svéráznost *f*; národní charakter *m*; **~demokratie** *f* lidová demokracie; **≈demokratisch** lidově demokratický; **~deutsche(r)** *m/f* Němec (-mka *f*) *m* podle národnosti; **~dichtung** *f* (prosto-) národní básnictví *n*; **≈eigen** národní, znárodněný; *~er Betrieb* národní podnik; **~eigentum** *n* národní majetek *m*; **~einkommen** *n* národní důchod *m*; **~entscheid** *m* usnesení *n* lidu, plebiscit; **~feind** *m* nepřítel lidu *od.* národa; **~fest** *n* lidová slavnost; **~front** *f Pol.* lidová fronta; **~gericht** *n* lidový soud; **~gesundheit** *f* zdraví *n* lidu; **~gruppe** *f* menšina; **~herrschaft** *f* lidovláda, vláda lidu; **~hochschule** *f* lidová universita; **~kammer** *f* lidová sněmovna; **~kommissar** *m* lidový komisař; **~kunde** *f* nauka o lidové kultuře, lidověda, folkloristika; **~kunst** *f* lidové umění, svéráz *m*, folklór *m*; **~lied** *n* (prosto)národní (*od.* lidová) píseň; **~märchen** *n* národní pohádka *f*; **~menge** *f* množství *n* lidu; **~miliz** *f* lidová milice; **~mund** *m* lidová mluva; **~partei** *f* lidová strana; **~polizei** *f* lidová policie; **~redner** *m* lidový řečník; **~regierung** *f* lidová vláda; **~republik** *f* lidová republika; **~schicht** *f* vrstva lidu; **~schule** *f* národní škola; **~schullehrer** *m* učitel národní školy; **~seele** *f* duše národa, národní duch *m*; **~staat** *m* lidový stát; **~stamm** *m* národní kmen; **~stimme** *f* hlas *m* lidu; **~stück** *n* lidová hra, hra *f* pro lid; **~tanz** *m* národní (*od.* lidový) tanec; **~theater** *n* lidové divadlo; **~tracht** *f* národní (*od.* lidový) kroj; **~tum** *n* národnost *f*; **≈tümlich** lidový; (*im Volke beliebt*) populární; **~tümlichkeit** *f* lidovost; **~verbundenheit** *f* svazek *m* s lidem, spojení *n* s masami; *s. a. Volkscharakter, -tümlichkeit*; **~verräter** *m* zrádce národa; **~vertreter** *m* zástupce lidu; **~wagen** *m* lidový vůz; **~wirt** *m* ekonom, národohospodář.

Volkswirtschaft *f* národní hospodářství *n*; **~ler** *m s. Volkswirt*; **≈lich** národohospodářský; **~slehre** *f* (politická) ekonomie; **~splan** *m* národohospodářský plán.

Volks|wohlstand *m* blahobyt lidu; **~zählung** *f* sčítání *n* lidu; **~zugehörigkeit** *f* národní příslušnost.

voll (*oft G bsd. mit Adj.*) *Adj.* pln(ý) (*G*), naplněný (*I*); (*ganz*) celý, úplný; P (*betrunken*) opilý; *Adv.* úplně, zcela; *~ und ganz* zcela úplně.

voll- *in Zssgn mst.* plno-; **~auf** hojně, nazbyt; **~automatisch** plnoautomatický; **≈bad** *n* celá lázeň; **≈bart** *m* plnovous; **~berechtigt** plnoprávný; **≈beschäftigung** *f* plná zaměstnanost; **~besetzt** plně obsazený; **≈besitz** *m* neomezené držení; *im ~ s-r Kräfte* v plné síle; **≈blut(pferd)** *n* plnokrevný kůň, plnokrevník *m*; **~blütig** plnokrevný; **~'bringen** provádět [-vést], vykon(áv)at; **~busig** plnoprsý, prsatý; **≈dampf** *m* plná pára; *fig. mit ~* plnou parou; **~'enden** dokončovat [-čit], dokon(áv)at; **~'endet** dokončený; (*hervorragend*) dokonalý; *~e Tatsache* hotová věc; **~ends** úplně, zcela; **≈'endung** *f* dokončení *n*; (*Vollkommenheit*) dokonalost.

Völle'rei *f* hýřivost, obžerství *n*.

Volleyball *m* odbíjená *f*, volejbal.

voll|'führen vykon(áv)at, provádět [-vést]; **~füllen** naplňovat [-plnit]; **≈gas** *n* plný plyn; *~ geben* dá(va)t plný plyn; **≈genuß** *m* plný požitek; *im ~* požívaje plně (*G*); **~gießen** nalévat [-lít], naplňovat [-plnit]; **~gültig** plně platný; **≈gummireifen** *m* plnopryžová obruč.

völlig *Adj.* úplný; *Adv.* úplně, zcela.

voll|inhaltlich *Adj.* úplný; *Adv.* v celém rozsahu, úplně; **~jährig** plnoletý, zletilý; **≈jährigkeit** *f* plnoletost, zletilost; **~'kommen** *Adj.* dokonalý; *s. völlig*; **≈'kommenheit** *f* dokonalost; **≈kornbrot** *n* celozrnný chléb; **~machen** naplňovat [-plnit]; *Maß*: dovršovat [-šit]; *Summe*: doplňovat [-plnit]; F (*beschmutzen*) pokalovat [-kálet]; **≈macht** *f* plná moc; *Jur. in ~*

v zastoupení; **&machtgeber** *m* zmocnitel; **&milch** *f* plnotučné mléko; **&mond** *m* úplněk; **&mondnacht** *f* úplňková noc, noc v úplňku; **~pfropfen** [na]pěchovat (*mit et.* čím); **~schlank** plnoštíhlý; **&sitzung** *f* valné zasedání; **~ständig** úplný, kompletní; *s. völlig*; **&ständigkeit** *f* úplnost; **~stopfen** *s. vollpfropfen*; **~'strecken** vykon(áv)at, provádět [-vést]; **&'strecker** *m* vykonavatel; **&'streckung** *f* vykonání *n*, výkon *m*; **~tanken** naplnit *pf.* nádrž, natankovat *pf.*; **~tönend** plnozvučný; **&treffer** *m* plný zásah; **~trunken** opilý do nepříčetnosti; **&versammlung** *f* valné shromáždění; **&waise** *f* úplný sirotek *m*; **~wertig** (plno)hodnotný; **~zählig** úplný počtem, v plném počtu, kompletní; **&zähligkeit** *f* plný počet, úplnost; **~'ziehen** provádět [-vést], vykon(áv)at; *sich ~* uskutečňovat [-čnit] se, stá(va)t se; **~ziehend:** *die ~e Gewalt* výkonná moc; **&'ziehung** *f*, **&'zug** *m* výkon *m*, vykonání *n*, provedení *n*.

Volon'tär *m* volontér.

Volt *n El.* volt *m*; **~meter** *n El.* voltmetr.

Vo'lumen *n* objem *m*, krychlový obsah.

von *Prp.* (*D*) (*örtlich*): (*~ wo ab?*) od(e); *weit ~ Prag* daleko od Prahy; *~ Stadt zu Stadt* od města k městu; (*~ wem?*) od(e) (*G*); *ich komme vom Vater* přicházím od otce; (*~ ... herab*) s(e) (*G*); (*zeitlich*) (*~ wann?*) od(e) (*G*); *vom 1. Januar an* od 1. ledna; *~ Montag bis Freitag* od pondělí do pátku; (*sonstige Beziehungen*: *über, in betreff*) o (*L*); *~ Möbeln sprechen* mluvit o nábytku; (*aus*) z(e) (*G*); *e-r ~ uns* jeden z nás; *die Straße ~ Prag* pražská ulice; *der König ~ Schweden* švédský král; *die Anschaffung ~ (sechs) Büchern* koupě (šesti) knih; *Frage ~ großer Wichtigkeit* velmi důležitá otázka; *er wurde vom Lehrer gelobt* byl chválen učitelem.

von|ein'ander od sebe; **~'nöten:** *~ sein* být třeba (*od.* zapotřebí); **~'statten:** *~ gehen* [z]dařit se, pokračovat [-kročit].

vor *Prp.* před(e) (*wo?, wann? D, wohin? A/I*); *~ der Tür stehen* stát před dveřmi; *~ der Abfahrt* před odjezdem; *~ die Tür legen* klást [položit] před dveře; *Adv. ~ oder nach* dříve nebo později; *nach wie ~* stále ještě.

Vor|abend *m* předvečer; *am ~* (*G*) v předvečer (*G*); **~ahnung** *f* předtucha.

vor'an napřed, vpředu; *nur ~!* jen kupředu!; **~gehen** jít napřed; *j-m ~* předcházet [předejít] k-o; *j-m mit gutem Beispiel ~* dá(va)t k-u dobrý příklad, být k-u příkladem; **~gehend** předcházející, předchozí; **~kommen** postupovat kupředu; *fig.* dostat se dál, udělat *pf.* pokrok.

Vor|anmeldung *f* předběžné ohlášení; **~anschlag** *m* rozpočet, rozvrh; **~anzeige** *f* předběžné oznámení.

Vor·arbeit *f* předběžná práce; **&en** [vy]konat předběžnou práci; **~er** *m* předák.

vor'aus vpředu, napřed; *im ~* předem; *vielen Dank im ~* vřelé díky předem; *fig. j-m weit ~ sein* předčít (*im*)*pf.* k-o daleko; **&abteilung** *f* předvoj *m*; **~berechnen** vypočít(áv)at předem; **~bestimmen** předurčovat [-čit], určovat [-čit] předem; **~bezahlen** předplácet [-platit], [za]platit předem; **&bezahlung** *f* předplacení *n*, zaplacení *n* předem; **~eilen** pospíchat [-spíšit] si napřed; **~fahren** jet napřed; **~gehen** jít napřed; *Uhr*: předcházet [předejít]; **~gesetzt:** *~, daß ...* předpokládaje, že ...; **&sage** *f* předpověď; **~sagen** předpovídat [-vědět]; **~schauend** předvídavý, obezřelý; **~schicken** (*j-n*) pos(í)lat napřed; (*e-e Bemerkung*) předes(í)lat; **~sehen** předvídat; **~setzen** předpokládat; **&setzung** *f* předpoklad *m*; *unter der ~, daß ...* předpokládaje, že ...; **&sicht** *f* předvídavost; *aller ~ nach* jak lze předvídat; **~sichtlich** *Adj.* očekávaný, pravděpodobný; *Adv.* jak lze soudit, pravděpodobně; **~zahlen** *s. vorausbezahlen*; **&zahlung** *f* předplacení *n*; (*Summe*) předplatné *n*.

Vorbau *m Arch.* výstupek; **&en** *Anbau*: [vy]stavět dopředu; předcházet [předejít] č-u *fig.* (*e-r Sache*).

Vorbe|dacht *m* rozmysl, rozvaha *f*;

mit ~ s rozvahou; *ohne* ~ bez rozvahy; **~deutung** *f* předzvěst; **~dingung** *f* předpoklad *m*, výhrada.

Vorbehalt *m* výhrada *f*, podmínka *f*; *unter* ~ s výhradou; **≈en:** *sich* ~ vyhrazovat [-hradit] si; *Irrtum* ~ s výhradou omylu; *alle Rechte* ~ veškerá práva vyhrazena; **≈lich** (*G*) s výhradou (*G*); **≈los** bezvýhradný, bezpodmínečný.

vor'bei (*an D*) mimo (*A*), kolem (*G*); *es ist zwei* (*Uhr*) ~ jsou dvě hodiny pryč; **~fahren** (*an D*) jet (jezdit *Iter.*) kolem (*G*); **~gehen** (*an D*) jít (chodit *Iter.*) kolem (*G*); *bei j-m* ~ navštěvovat [-vštívit] k-o; *im* ≈ na cestě kolem; *fig.* mimochodem; **~lassen** pouštět [pustit] kolem; **≈marsch** *m* pochod kolem; **~reden:** *aneinander* ~ mluvit o svém, nemluvit k věci; **~schießen** chybovat [-bit] se cíle; **~ziehen** táhnout kolem.

Vorbemerkung *f* předběžná poznámka.

vorbereit|en připravovat [-pravit] (*sich* se); **~end** přípravný; **≈ung** *f* příprava; **~s-** přípravný.

Vorbesprechung *f* předběžný rozhovor.

vorbestell|en objedn(áv)at napřed, předběžně zamlouvat [-mluvit] (si); **≈ung** *f* předběžná objednávka.

vorbestraft již trestaný; *nicht* ~ dosud netrestaný.

vorbeug|en zabraňovat [-bránit]; *sich* ~ naklánět [-klonit] se dopředu; **~end** preventivní, ochranný; *Med. a.* profylaktický; **≈ung** *f* prevence, ochrana; *Med. a.* profylaxe; **≈ungsmaßnahme** *f* ochranné opatření; **≈ungsmittel** *n* ochranný (*od.* preventivní) prostředek.

Vorbild *n* vzor *m*; (*Beispiel*) příklad *m*; **≈lich** vzorný, příkladný; **~ung** *f* předběžné vzdělání.

vor|binden uvazovat [uvázat]; **≈bote** *m* zvěstovatel; (*Vorzeichen*) příznak; ~ *des Frühlings* posel jara; **~bringen** přednášet [-nést]; **~christlich** předkřesťanský; **≈dach** *n* přístřešek *m*, stříška *f*; **~datieren** antedatovat (*im*)*pf.*, opatřovat [-třit] dřívějším datem.

vordem *s. ehemals.*

vorder přední; **≈achse** *f* přední náprava; **≈ansicht** *f* čelní pohled *m*; **≈asien** *n* Přední Asie *f*; **≈bein** *n* přední noha *f*; **≈grund** *m* popředí *n*; *in den* ~ *stellen* dá(va)t do popředí; **~hand** (pro)zatím, na chvíli; **≈haus** *n* přední část *f* domu, přední trakt *m*; **≈indien** *n* Přední Indie *f*; **≈mann** *m* předák; **≈rad** *n* přední kolo; **≈radantrieb** *m* pohon na přední kola; **≈reihe** *f* přední řada; **≈seite** *f* přední strana; (*e-r Münze*) líc *m*; **≈sitz** *m* přední sedadlo *n*; **≈steven** *m Mar.* přední vaznice *f*, čelnice *f*; **≈teil** *m* přední část *f*, předek.

vordrängen [pro]tlačit kupředu; *sich* ~ prodírat [-dřít] se.

vordring|en postupovat [-stoupit] (kupředu); **~lich** naléhavý, nutný.

Vor|druck *m* předtisk, formulář; **≈ehelich** předmanželský.

vor·ei|len ukvapovat [-pit] se; **~lig** ukvapený, přenáhlený; **≈ligkeit** *f* ukvapenost, přenáhlenost.

vor·ein'ander jeden před druhým.

vor·eingenommen zaujatý; **≈heit** *f* zaujatost.

vor|enthalten: *j-m et.* ~ upírat [upřít], zadržovat [-žet] k-u co; **≈entscheidung** *f* předběžné rozhodnutí; **~erst** především; **~erwähnt** shora uvedený; **≈fabrikation** *f* prefabrikace.

Vorfahr *m* předek, praotec; **≈en** zajíždět [-jet] ke k-u; (*überholen*) předjíždět [-jet]; **~t(srecht** *n*) *f* přednost *f* v jízdě; *Vorfahrt haben* mít přednost v jízdě.

Vorfall *m* příhoda *f*, příběh, událost *f*; *Med.* výhřez, prolaps; **≈en** přiházet [-hodit] se; *Med.* vyhřezat [-znout].

Vor|feier *f* předběžná slavnost; **~feld** *n Mil.* předpolí; **≈finden** naléz(a)t, shled(áv)at; **≈fristig** před stanovenou lhůtou; **~frühling** *m* předjaří *n*.

Vorführ|dame *f* manekýnka; **≈en** předvádět [-vést] (*a. Thea., Film, Jur.*); **~er** *m* (*Kino*) promítač, operatér; **~raum** *m* promítárna *f*, promítací kabina *f*; **~ung** *f* předvedení *n*, předvádění *n*; (*Film*≈) promítání *n*.

Vor|gabe *f Sp.* náskok *m*, výhoda; **~gang** *m* událost *f*, příběh; (*Hergang*) postup, proces; (*Akte*) akt, spis; **~gänger(in** *f*) *m* předchůdce (-dkyně); **~garten** *m* zahrádka *f* před domem; **≈geben**

(*beim Spiel*) dá(va)t náskok; (*vorschützen*) předstírat; **~gebirge** *n* předhoří; (*Kap*) mys *m*, kap *m*; **&gefaßt** předpojatý, zaujatý; **&gefertigt** prefabrikovaný; **~gefühl** *n* předtucha *f*, tušení; **&gehen** jít (chodit *Iter.*) kupředu; *Mil.* postupovat [-stoupit]; *fig.* (*handeln*) zakročovat [-čit] (gegen proti *D*); *Uhr*: předcházet se; (*sich ereignen*) přiházet [-hodit] se, dít [udát] se; **~gehen** *n* postup *m*; jednání; **&genannt** *s. vorerwähnt*; **~gericht** *n s. Vorspeise*; **~geschichte** *f* pravěk *m*, prehistorie; *fig.* předběžné události *f/pl.*; **&geschichtlich** prehistorický; **~geschmack** *m* předchuť *f*; *fig.* předtucha *f*; **&geschoben** předsunutý, vystrčený; **&geschritten** pokročilý; **~gesetzte(r)** *m* představený; **&gespannt** *Beton*: předpjatý.

vorgest|ern předevčírem; **~rig** předvčerejší.

vor|greifen předbíhat [předeběhnout] (*j-m* k-o; *e-r Sache* co *od.* č-u); **~haben** *Schürze usw.*: mí(va)t na sobě; (*tun wollen*) hodlat, zamýšlet; **&haben** *n* úmysl *m*, záměr *m*; **&halle** *f* předsíň, hala.

vorhalt|en [po]držet; (*vorwerfen*) vytýkat [-tknout], vyčítat [-číst]; **&ung** *f* výtka, výčitka; *j-m ~en machen* vytýkat [-tknout], vyčítat [-číst].

vor'handen pohotový, jsoucí po ruce, existující; **&sein** *n* pohotovost *f*, existence *f*.

Vorhang *m* záclona *f*; *Thea.* opona *f*.

vorhänge|n věšet [pověsit]; *Schloß, Kette*: zavěšovat [-věsit]; **&schloß** *n* visací zámek *m*.

Vorhaut *f Anat.* předkožka.

vorher dříve, předtím; *einige Tage ~* před několika dny.

vor'her|bestimmen předurčovat [-čit]; **&bestimmung** *f* předurčení *n*; **~gehen** (*D*) předcházet [předejít] (*A*); **~gehend, ~ig** předcházející, předchozí.

Vorherrsch|aft *f* nadvláda; (*Übergewicht*) převaha; **&en** převládat *pf.*

Vor'her|sage *f* předpověď; **&sagen** předpovídat; **&sehen** předvídat.

vor|hin před chvílí, předtím; **&hof** *m* předdvoří *n*; *Anat.* (*Herz*) předsíň *f*; **&hut** *f Mil.* předvoj *m*.

vorig předešlý, předchozí.

Vor|jahr *n* předešlý (*od.* loňský) rok; **&jährig** loňský; **~kämpfer(in** *f*) *m* průkopník (-nice); **~kaufsrecht** *n* předkupní právo; **~kehrung** *f* opatření *n*; *~en treffen* [u]činit opatření; **~kenntnis** *f* předběžná znalost; **&kommen** (*vortreten*) [při]jít kupředu; (*geschehen*) stá(va)t se, přiházet [-hodit] se; (*existieren*) vyskytovat [-tnout] se; *das ist mir noch nicht vorgekommen* to se mi ještě nestalo; **~kommen** *n* výskyt *m*; **~kommnis** *n* událost *f*, příhoda *f*; **~kriegs-** předválečný.

vorlad|en předvol(áv)at, obes(í)lat; **&ung** *f* předvolání *n*, obsílka; *j-m e-e ~ zustellen s. vorladen.*

Vor|lage *f* (*Entwurf*) osnova; (*Vorlegen*) předložení *n*; (*Muster*) předloha, vzor *m*; (*Fußball*) podání *n* dopředu; **&lassen** pouštět [pustit] napřed; (*zulassen*) připouštět [-pustit]; **~lauf** *m Sp.* vylučovací běh; *Tech.* předstih; *Chem.* předek.

Vorläuf|er(in *f*) *m* předchůdce (-dkyně); **&ig** prozatímní; *Adv.* (pro)zatím.

vorlaut prostořeký, všetečný.

Vorleben *n* dřívější život *m*.

Vorlege|besteck *n* předkládací příbor *m*; **&n** předkládat [předložit]; **~r** *m* (*Teppich*) předložka *f*, malý koberec.

vorles|en předčítat [-číst]; **&er** *m* předčitatel; **&ung** *f* předčítání *n*; *~ halten* konat přednášku, přednášet; **&ungsverzeichnis** *n* seznam *m* přednášek.

vor|letzt- předposlední; **&liebe** *f* záliba (*für* v *L*); **~'liebnehmen** brát [vzít] za vděk, spokojovat [-jit] se (s *I*); **~liegen** být po ruce; *es liegt eine Beschwerde gegen ihn vor* je tu na něho stížnost; *es liegt nichts gegen ihn vor* není tu o něm nic známo; *es muß ein Irrtum ~* to musí být omyl; *im ~den Fall(e)* v daném případě; **~lügen:** *j-m et. ~* nalh(áv)at k-u co; **~machen** (*zeigen*) ukazovat [ukázat] (jak se to dělá); *s. vortäuschen*; **&macht** (**-stellung**) *f* nadvláda, hegemonie; **~malig** dřívější; **~mals** dříve, kdysi; **&mann** *m* předák, předchůdce; **&marsch** *m* postup (kupředu); **~merken** zaznamen(áv)at, poznamen(áv)at si; **&merkung** *f* *f* záznam *m*; **~militärisch** předvojenský.

Vormittag *m* dopoledne *n*; *des ~s, am ~*, **≈s** *Adv.* dopoledne; **~s-** *in Zssgn* dopolední.

Vormund *m* poručník.

Vormundschaft *f* poručenství *n*, poručnictví; **~s·gericht** *n* poručenský soud *m*.

vorn vpředu, napřed; *von ~* zpředu, odpředu; (*v. Anfang*) od začátku; (*v. neuem*) opět, znovu; *ganz ~* docela vpředu; *nach ~* dopředu.

Vorname *m* křestní jméno *n*.

vornehm vznešený; (*edel*) ušlechtilý; *~ tun* F vypínat se, vynášet se; **~en** (*tun wollen*) začí(na)t (*A*), dá(va)t se (do č-o), pouštět [pustit] se (do č-o); (*ermahnen*) [vy]plísnit; *sich et. ~* předsevzít si *pf.*, umiňovat [umínit] si; **≈heit** *f* vznešenost, ušlechtilost; **~lich** hlavně, především; **≈tuerei** *f* nadutost, nafoukanost.

vornher'ein: *von ~* ihned, především.

vorn'über dopředu, vpřed.

Vor|ort *m* předměstí *n*, periférie *f*; **~-** *in Zssgn* předměstský; **~posten** *m Mil.* přední stráž *f*; **~prüfung** *f* předběžná zkouška; **~rang** *m* přednost *f*; *den ~ haben vor* (*D*) mít přednost před (*I*); *den ~ lassen* dá(va)t přednost; **~rat** *m* zásoba *f* (*an et. D* č-o); **≈rätig:** *~ sein* být na skladě, být v zásobě.

Vorrats- zásobní; **~kammer** *f* špižírna; **~lager** *n* sklad *m* zásob; **~raum** *m* skladiště *n*; **~wirtschaft** *f* hospodaření *n* se zásobami.

Vor|raum *m* předsíň *f*; **≈rechnen** vypočít(áv)at; **~recht** *n* výsada *f*; **~rede** *f* předmluva; **~redner** *m* předešlý řečník.

vorricht|en připravovat [-pravit], přichyst(áv)at; **≈ung** *f* zařízení *n*; *Bgb.* příprava.

vor|rücken *v/t* postrkávat [-strčit] (dopředu); *v/i* postupovat [-stoupit] (dopředu); (*befördert werden*) bý(va)t povýšen; F avansovat (*im*)*pf.*; *Zeit*: ubíhat; **≈runde** *f* *Sp.* první vylučovací zápas *m*; **≈saal** *m* předsíň *f*; **~sagen** předřík(áv)at; (*Schule*) napovídat [-vědět]; **≈saison** *f* předsezónní doba; **≈sänger** *m* předzpěvák.

Vorsatz *m* předsevzetí *n*, úmysl; *Typ.* předsádka *f*; *Tech.* výstupek; **~linse** *f* předsádková čočka.

vor|sätzlich úmyslný, schválný; **≈schau** *f* příští program *m*; **≈schein** *m*: *zum ~ bringen* objevovat [-jevit]; *zum ~ kommen* vycházet [vyjít], objevovat [-jevit] se; **~schieben** postrkovat [-strčit], posunovat [-nout] (vpřed); *fig.* nastrkovat [-strčit]; **~schießen** *v/t Geld*: zapůjčovat [-čit]; **≈schiff** *n* příď *f*, přída *f*.

Vorschlag *m* návrh; *Mus.* předrážka *f*; *in ~ bringen* = **≈en** navrhovat [-hnout]; **~hammer** *m Tech.* perlík, kovářské kladivo; **~s·liste** *f* listina s návrhy; **~s·recht** *n* navrhovací právo, právo navrhovat.

Vor|schlußrunde *f Sp.* semifinále *n*; **≈schneiden** rozřez(áv)at; **≈schnell** ukvapený, přenáhlený; **≈schreiben** předpisovat [předepsat]; (*anordnen*) nařizovat [-řídit].

Vorschrift *f* předpis *m*; (*Regel*) nařízení *n*; **≈s·gemäß, ≈s·mäßig** podle předpisu, předepsaný; **≈s-widrig** příčící se předpisu, proti předpisu.

Vor|schub *m* napomáhání *n*, pomoc *f*; *Tech.* posuv, posun; *~ leisten* napomáhat [-moci]; **~schule** *f* přípravná škola, přípravka.

Vorschuß *m* záloha *f*; **~lorbeeren** *m/pl.* předčasná chvála; **≈weise** zálohově, zálohou.

vor|schützen předstírat; **~schweben:** *mir schwebt et. vor* tane mi co na mysli; **~schwindeln** F namlouvat [-mluvit] (*j-m et.* k-u co).

vorseh|en pomýšlet [-myslit] na (*A*), pamatovat na (*A*); *sich ~* mí(va)t se na pozoru (*vor D* před *I*); **≈ung** *f* prozřetelnost.

vorsetzen stavět [postavit]; *Fuß*: dá(va)t dopředu; *Speisen, Getränke*: předkládat [předložit].

Vorsicht *f* opatrnost, obezřelost; *~!* pozor!; **≈ig** opatrný, obezřelý; **≈s·halber** z opatrnosti; **~s·maßregel** *f* bezpečnostní opatření *n*.

Vor|signal *n Esb.* předvěst *f*; **~silbe** *f Gr.* předpona, prefix *m*; **≈singen** [za]zpívat; (*als Vorsänger*) předzpěvovat [-zpívat]; **≈sintflutlich** předpotopní.

Vorsitz *m* předsednictví *n*; *den ~ führen od. haben* být předsedou,

předsedat; *unter dem ~ von* za předsednictví (*G*); **~ende(r)** *m/f* předseda (-dkyně).
Vorsorg|e *f* opatření *n*; (*Fürsorge*) péče; *~ treffen* [u]činit opatření; *~ tragen für* postarat se o (*A*), pečovat o (*A*); **≗lich** starostlivý; *Adv.* z opatrnosti, pro všechny případy.
Vorspann *m* přípřež *f*; (*Film*) úvodní titulek; **≗en** *Pferde*: připřahat [-přáhnout] (*vor A* k *D*).
Vorspeise *f* předkrm *m*.
vorspiegel|n: *j-m et. ~* předstírat, nalh(áv)at k-u co; **≗ung** *f* předstírání *n*; *unter ~ falscher Tatsachen* zastírajíc(e) úmyslně pravý stav věci.
Vor|spiel *n Mus., Thea.* předehra *f*; **≗spielen** [za]hrát; **≗sprechen** *v/t* předřík(áv)at; *v/i* (*besuchen*) navštěvovat [-vštívit]; **≗springen** vyskakovat [(vy)skočit] kupředu; (*herausragen*) vystupovat [-stoupit], vyčnívat; **~sprung** *m Arch.* výstupek; *fig.* náskok, předstih (*a. Sp.*); *e-n ~ gewinnen* získ(áv)at náskok (*vor j-m* před kým); **~stadt** *f* předměstí *n*; **≗städtisch** předměstský.
Vorstand *m* předsednictvo *n*, představenstvo *n*; (*Person*) předseda, přednosta; **~s·mitglied** *n* člen předsednictva *od.* představenstva; **~s·sitzung** *f* zasedání *n* předsednictva *od.* představenstva.
vorsteh|en vystupovat [-stoupit]; *s. leiten, führen*; **~end** vyčnívající, vystupující; (*oben genannt*) shora (*od.* výše) uvedený; *im ~en* (*weiter oben*) shora, výše; **≗er(in** *f*) *m* představený (-ná); (*e-r Gemeinde*) starosta *m*; (*e-s Vereins*) přednosta *m*; (*e-r Schule*) správce (-vkyně); **~erdrüse** *f Anat.* předstojná žláza, prostata; **~hund** *m Jagdw.* stavěcí pes.
vorstell|bar představitelný, myslitelný; **~en** stavět [postavit] dopředu; *Uhr*: postrkovat [-strčit]; *fig.* představovat [-stavit] (*sich A* se, *sich D* si); **~ig:** *~ werden* zakročovat [-čit], [za]intervenovat, pod(áv)at námitky; **≗ung** *f Thea.* představení *n*; (*Bekanntschaft*) představování *n*; (*Begriff*) představa; (*Einwand*) námitka; **≗ungskraft** *f* představivost.
Vorstoß *m Mil.* (*Angriff*) útok, výpad; *Sp.* útok; *~ in den Weltraum* vniknutí *n* do vesmíru; **≗en** (*angreifen*) vyrážet [-razit] útokem, (*a. Sp.*) [za]útočit; (*vordringen*) vnikat [-knout].
Vor|strafe *f* předchozí (*od.* dřívější) trest *m*; **≗strecken** *Zunge*: vyplazovat [-plaznout]; *Geld*: zapůjčovat [-čit]; **~studium** *n* přípravné studium; **~stufe** *f* první (*od.* nejnižší) stupeň *m*, základy *m/pl.*; **≗stürmen** [vy]řítit se kupředu; **~tag** *m* předchozí (*od.* předcházející) den; *am ~* (*G*) den před (*I*); **≗tanzen** [před-] tančit před (*I*); **~tänzer(in** *f*) *m* předtanečník (-nice); **≗täuschen** předstírat (*im*)*pf*.
Vorteil *m* zisk, prospěch; (*Überlegenheit*) výhoda *f*; *im ~ sein* být ve výhodě; **≗haft** výhodný, užitečný.
Vortrag *m* přednáška *f* (*über A* o *L*); (*Sprechweise*) přednes; *Hdl.* přenos, převod; (*Bericht*) zpráva *f*; **≗en** (*berichten*) pod(áv)at zprávu; (*Vorlesung halten*) přednášet [-nést]; *Hdl.* přenášet [-nést], převádět [-vést]; **~ende(r)** *m* přednášející.
Vortrags|abend *m* recitační večer; **~kunst** *f* recitační (*od.* přednášečské) umění; **~künstler(in** *f*) *m* recitátor(ka), přednašeč(ka); **~reihe** *f* cyklus *m* přednášek; **~saal** *m* přednášková síň.
vortrefflich výtečný, znamenitý; **≗keit** *f* výtečnost, znamenitost.
vor|treten předstupovat [-stoupit]; (*aus der Reihe*) vystupovat [-stoupit]; **≗tritt** *m fig.* přednost *f*; *den ~ lassen* dá(va)t k-u přednost; **≗trupp** *m Mil.* předvoj; **~turnen** předcvičovat [-čit]; **≗turner(in** *f*) *m* cvičitel(ka).
vor'über pryč, mimo, kolem, vedle; *der Regen ist ~* je po dešti; *der Sommer ist ~* léto uplynulo; *alles ist ~* je po všem; **~gehen** *s. vorbeigehen, vergehen*; *die Gelegenheit ~ lassen* promešk(áv)at příležitost; *an dieser Tatsache ~* nech(áv)at tuto skutečnost bez povšimnutí; **~d** (*örtlich*) mimojdoucí; (*zeitlich*) dočasný, přechodný, zatímní; **~ziehen** ubírat se *pf.* kolem.
Vor|übung *f* předběžné (*od.* průpravné) cvičení; **~untersuchung** *f* předběžné vyšetřování.

Vor·urteil *n* předsudek *m*, zaujatost *f*; **𝔖s·frei, 𝔖s·los** bez předsudku, nestranný; **~s·losigkeit** *f* nezaujatost, nepředpojatost.

Vorverfahren *n Jur.* předběžné řízení.

Vorverkauf *m* předprodej; **~s-stelle** *f* předprodejna.

vor|verlegen předsunovat [-nout]; **~vorgestern** F předpředevčírem; **𝔖wahl** *f* předchozí (*od.* předběžná) volba; **𝔖wählnummer** *f* telefonní předvolbové číslo; **𝔖wand** *m* záminka *f*, výmluva *f*; *unter dem ~* (*G*) *od. von* pod záminkou (*G*); **~wärmen** předhřívat [-dehřát].

vorwärts vpřed, kupředu; **~bringen** *fig.* (*fördern*) přivádět [-vést] k rozkvětu; **~gehen** *fig.* zlepšovat [-šit] se; **~kommen** *fig.* uplatňovat [-tnit] se.

Vor|wäsche *f* přípravné praní, předepírání *n*; **𝔖'wegnehmen** brát [vzít] se předem, vyřizovat [-řídit] dříve; **𝔖weisen** (*A*) ukazovat [-kázat], vykazovat [-kázat] se (*I*).

Vorwelt *f Geol.* prasvět *m*, dávnověk *m*; **𝔖lich** předpotopní doby, dávnověký.

vor|werfen předhazovat [-hodit]; *fig. j-m et. ~* vytýkat [-tknout]; **𝔖werk** *n Agr.* poplužní dvůr *m*; *Mil.* předhradí, přední hradby *f/pl.*; **~wiegen** mí(va)t převahu, převládat; **~d** *Adj.* převládající; *Adv.* převážně, hlavně; **𝔖wissen** F *n* vědomí; *ohne mein ~* bez mého vědomí.

Vorwitz *m* všetečnost *f*, prostořekost *f*; **𝔖ig** všetečný, prostořeký.

Vor|woche *f* předešlý (*od.* minulý) týden; **~wort** *n* předmluva *f*; **~wurf** *m* výtka *f*, výčitka *f*; (*Thema*) námět, látka *f*; *zum ~ machen* vyčítat [-číst]; **𝔖wurfsvoll** vyčítavý; **~zeichen** *n* předzvěst *f*, příznak *m*; *Math.* znaménko.

vorzeichn|en předkreslovat [-lit]; (*als Richtlinie geben*) předpisovat [předepsat]; **𝔖ung** *f* předloha, vzor *m*.

vorzeig|en (*A*) ukazovat [ukázat] (*A*), vykazovat [-kázat] se (*I*); **𝔖ung** *f* ukazování *n*.

Vorzeit *f* pravěk *m*; **𝔖ig** předčasný, příliš brzký; **𝔖lich** pravěký, dávnověký.

vorziehen vytahovat [-táhnout] (*unter D* zpod *G*); *Vorhang*: zatahovat [-táhnout]; (*bevorzugen*) dá(va)t přednost (*D* před *I*); *ich ziehe es vor, nicht hinzugehen* raději bych tam nechodil.

Vorzimmer *n* předsíň *f*; **~dame** *f* sekretářka.

Vor|zug *m* přednost *f*; *den ~ geben* (*D*) *s. vorziehen*; **𝔖'züglich** *Adj.* výborný, znamenitý; *Adv.* zejména, zvlášť.

Vorzugs|preis *m* přednostní cena *f*, obzvláště výhodná cena; **~recht** *n* přednostní právo; **~stellung** *f* výjimečné představení; **𝔖weise** zejména, (ob)zvláště, předem; **~zoll** *m* preferenční clo *n*.

Vorzündung *f Kfz.* předstih *m*, předzápal *m*.

vo'tieren [od]hlasovat.

Vo'tiv|bild *n* pamětní obraz *m*; **~kirche** *f* votivní (*od.* pamětní) kostel *m*; **~tafel** *f* pamětní deska.

vul'gär vulgární, hrubý; **𝔖latein** *n* vulgární latina *f*.

Vul'kan *m* sopka *f*, vulkán; **~ausbruch** *m* sopečný výbuch; **~fiber** *f* vulkánfíbr *m*; **~insel** *f* sopečný ostrov; **𝔖isch** sopečný, vulkanický.

Vulkani'sier|anstalt *f* vulkanizační dílna; **𝔖en** vulkanizovat (*im*)*pf.*; **~ung** *f* vulkanizování *n*, vulkanizace.

W

W, w *n* (*unv.*) W, w.
W *Abk. für West(en); El. für Watt.*
Waage *f* váha, *mst.* váhy *f/pl.*; *Astr.* Váhy *f/pl.*; *sich die ~ halten* vyvažovat [-vážit] se, vyrovn(áv)at se; **~balken** *m*, **~baum** *m* rameno *n* vah, vahadlo *n*; **~geld** *n* poplatek *m* za vážení, vážné; **~haus** *n* veřejná (*od.* obecní) váha *f*; **~meister** *m* vážný; **⁀recht** vodorovný, horizontální; **~rechte** *f* vodorovná přímka.
Waagschale *f* miska vah; *fig. in die ~ werfen* uplatňovat [-tnit].
Wabe *f* plást(ev); **~n·honig** *m* med v plástvích, plástevní med.
wach bdící, bdělý; *fig.* čilý, bystrý; *~ sein* bdít; *~ werden* probouzet [-budit] se.
Wach|boot *n* hlídkový člun; **~dienst** *m* strážní služba *f*; **~e** *f* stráž; *Mil.* hlídka; (*Schutzmann*) strážník *m*; (*Wachstube*) strážnice; *~ haben, ~ halten, auf ~ sein* být na stráži; **⁀en** bdít, nespat; (*sorgen*) pečovat (*über A* o *A*); **~feuer** *n* strážný oheň; **⁀habend** konající strážní službu; **⁀halten** zachov(áv)at; **~hund** *m* hlídací pes; **~mann** *m* strážník; **~mannschaft** *f* strážní mužstvo *n*, stráž.
Wa'cholder *m* jalovec; **~beere** *f* jalovcová bobulka; **~schnaps** *m* jalovcová kořalka, borovička *f*.
wachrufen vzbuzovat [vzbudit].
Wachs *n* vosk *m*; **~-** *in Zssgn* voskový; **~abdruck** *m* voskový otisk.
wachsam bdělý, ostražitý; **⁀keit** *f* bdělost, ostražitost.
wachsen[1] (*größer werden*) vyrůs(ta)t; (*zunehmen*) přibý(va)t; *die Einwohnerzahl ist gewachsen* obyvatelstva přibylo; *er ist mir ans Herz gewachsen* mám ho rád z celého srdce; *fig. j-m über den Kopf ~* přerůs(ta)t přes hlavu.
wachsen[2] [na]voskovat.
wächsern voskový.
Wachs|figur *f* vosková figur(k)a; **~figurenkabinett** *n* museum voskových figur(ek), panoptikum; **~kerze** *f*, **~licht** *n* vosková svíce, voskovice; **~papier** *n* voskovaný papír; **~scheibe** *f* voština.
Wach·stube *f* strážnice *f*.
Wachs·tuch *n* voskované plátno.
Wachs·tum *n* (vz)růst *m*.
Wacht *f* hlídka, stráž.
Wächte *f* převěj, sněhová střecha.
Wachtel *f Zo.* křepelka; **~hund** *m Zo.* pes *m* křepelák.
Wächter *m* hlídač; **~häus·chen** *n* strážní budka *f*.
Wacht|meister *m* strážmistr; **~posten** *m* strážný; **~turm** *m* strážní (*od.* hlásná) věž.
wack|(e)lig viklavý, vratký; *fig.* nejistý; **~eln** [za]viklat; (*taumeln*) [za]potácet se; *mit dem Kopf ~* zakývat [-kývnout] hlavou.
wacker řádný; (*brav*) hodný; (*tüchtig*) zdatný.
Wade *f* lýtko *n*; **~n·krampf** *m* lýtková křeč; **~n·muskel** *m* lýtkový sval; **~n·strumpf** *m* podkolenka *f*.
Waffe *f* zbraň; *blanke ~* tasená zbraň; *die ~n strecken* skládat [složit] zbraň; *zu den ~n greifen* chápat [chopit] se zbraně; *unter ~n stehen* být ve zbrani; *zu den ~n rufen* [po]volat do zbraně; *fig. j-n mit s-n eigenen ~n schlagen* přesvědčovat [-čit] k-o jeho vlastními důvody.
Waffel *f* oplatka, oplatek *m*; **~eisen** *n* oplatková forma.
Waffen|besitz *m* držení *n* zbraní; **~brüderschaft** *f* bratrství *n* ve zbrani; **~dienst** *m* branná služba, služba *f* ve zbrani; **~fabrik** *f* továrna na zbraně, zbrojovka; **⁀fähig** schopný zbraně, způsobilý k branné službě; **~gattung** *f* druh *m* zbraní, zbraň; **~gewalt** *f*: *mit ~* s použitím zbraně; **~händler** *m* obchodník se zbraněmi; **⁀los** beze zbraně; **~meister** *m* zbrojmistr; **~museum** *n* museum zbraní; **~rock** *m* vojenský kabát; **~ruhe** *f* klid *m* zbraní, příměří *n*; **~schein** *m* zbrojní průkaz, zbrojní list; **~schmied** *m*

zbrojíř; **~stillstand** *m* příměří *n*; **~übung** *f* vojenské cvičení.

waffnen: † *sich* ~ ozbrojovat [-jit] se.

wägbar co lze vážit, zvažitelný.

Wage|hals *m* odvážlivec; **~mut** *m* odvaha *f*, odvážnost *f*, smělost *f*; **2mutig** odvážný, smělý.

wagen odvažovat [-vážit] se; *gewagt* odvážný.

Wagen *m* vůz; (*Schreibmaschinen2*) vozík; *s. a. Kinder-, Kraft-, Leiterwagen, Kutsche*; *Astr. der Große und der Kleine* ~ Velký a Malý vůz; **~abteil** *n Esb.* oddělení, kupé; **~achse** *f* náprava vozu; **~bauer** *m* výrobce vozů; **~burg** *f hist.* vozová hradba; **~dach** *n* střecha *f* vozu; **~fabrik** *f* továrna na vozy, vagónka; **~fenster** *n* okno vozu; **~führer** *m* řidič vozu; **~gestell** *n* podvozek *m*; **~heber** *m* zvedák vozu; **~klasse** *f Esb.* vozová třída; **~ladung** *f* vozový náklad; *Esb.* vozová zásilka; **~meister** *m Esb.* vozmistr; **~park** *m* vozový park; **~pflege** *f* údržba vozu; **~rad** *n* vozové kolo, kolo vozu; **~reparaturwerkstatt** *f* dílna na opravu vozů; **~schmiere** *f* kolomaz; **~schuppen** *m* kůlna *f* na vozy, vozovna *f*; **~tür** *f* vozová dvířka *n/pl.*, dveře *f/pl.* vozu; **~wäsche** *f* umytí *n* vozidla.

Waggon *m* železniční vůz, vagón; **2weise** po vagónech, na vagóny.

waghalsig odvážný, odvážlivý.

Wagnis *n* odvážný kousek, riskantní podnikání *n*.

Wahl *f* volba; *s-e* ~ *treffen* [z]volit; *s. a. Wahlen*; **~agitation** *f* volební agitace; **~aufruf** *m* volební provolání *n*; **~ausgang** *m s. Wahlergebnis*; **~ausschuß** *m* volební výbor.

wählbar volitelný; **2keit** *f* volitelnost.

wahl|berechtigt oprávněný k volbě; **2bezirk** *m* volební okres; **2bündnis** *n* volební blok *m*.

wählen [z]volit; *in den Vorstand* ~ zvolit do výboru; *zum Präsidenten* ~ zvolit presidentem *od.* za presidenta.

Wahl|en *f/pl. Pol.* volby *f/pl.*; **~erfolg** *m* volební úspěch; **~ergebnis** *n* volební výsledek, výsledek *m* voleb.

Wähler *m*, **~in** *f* volič(ka); **2isch** vybíravý, vyběračný; **~liste** *f* seznam *m* voličů; **~schaft** *f* voličstvo *n*; **~scheibe** *f Tel.* volicí kotouč *m*.

Wahl|fach *n* volitelný (*od.* fakultativní) předmět; **2fähig** *s. wahlberechtigt*; **2frei** volný, nezávazný; **~gang** *m* volba *f*; **~geheimnis** *n* volební tajemství; **~gesetz** *n* volební zákon *m*; **~kampf** *m* volební boj; **~kommission** *f* volební komise; **~kreis** *m* volební obvod; **~kundgebung** *f* volební schůze; **~liste** *f* volební seznam *m*; **~lokal** *n* volební místnost *f*; **2los** bez volby; *Adv.* bez rozmyslu, nazdařbůh; **~niederlage** *f* volební neúspěch *m*; **~ordnung** *f* volební řád *m*; **~ort** *m* volební místo *n*, místo *n* volby; **~parole** *f* volební heslo *n*; **~periode** *f* volební období *n*; **~pflicht** *f* volební povinnost; **~programm** *n* volební program *m*; **~propaganda** *f* volební propaganda; **~recht** *n* volební právo; **~rede** *f* volební řeč; **~sieg** *m* volební vítězství *n*; **~spruch** *m* heslo *n*; **~stimme** *f* voličský hlas; **~system** *n* volební soustava *f od.* systém *m*; **~tag** *m* volební den, den volby; **~urne** *f* volební urna; **~versammlung** *f* volební shromáždění *n od.* schůze; **~verwandtschaft** *f* chemická afinita; *fig.* duševní příbuznost; **~zettel** *m* volební (*od.* hlasovací) lístek.

Wahn *m* blud, bludné domnění; **~bild** *n* přelud *m*, vidina *f*, mámení; **~sinn** *m* šílenství *n*, šílenost; *das ist reiner* ~ to je hotové bláznovství; **2sinnig** šílený (*a. fig.*); ~ *werden* [ze]šílet, zbláznit se *pf.*; F ~ *verliebt sein* být po uši zamilován; **~sinnige(r)** *m* šílenec, blázen; **~vorstellung** *f* přelud *m*, halucinace; **~witz** *m s. Wahnsinn*; **2witzig** *s. wahnsinnig*.

wahr pravdivý, opravdový, skutečný; (*echt*) pravý; (*aufrichtig*) upřímný, pravdomluvný; *das ist* ~ to je pravda; *nicht* ~? není-li pravda?; ~ *machen* uskutečňovat [-čnit]; **~en** (*schützen*) [ob]hájit, obhajovat [-hájit]; (*be2*) zachov(áv)at.

währen [po]trvat; **~d** *Prp.* (*G*) za (*G*); ~ *des ganzen Tages* (po) celý den; *Konj.* (*zeitlich*) zatím co; (*wohingegen*) kdežto; **~d'dessen** zatím, mezitím.

wahrhaben: *er will es nicht* ~ nechce to přiznat, popírá to.
wahr'haftig *Adj.* pravdomluvný, upřímný; (*wirklich*) skutečný; *Adv.* opravdu, vskutku, skutečně; **2keit** *f* pravdivost, upřímnost, (*Wahrheitsliebe*) pravdomluvnost.
Wahrheit *f* pravda; *in* ~ vskutku, doopravdy; *um die* ~ *zu sagen* abych řekl pravdu.
wahrheits|gemäß, ~getreu *Adj.* pravdivý; *Adv.* po pravdě, podle pravdy; **2liebe** *f* pravdymilovnost; **~liebend** pravdymilovný.
wahrlich věru, opravdu, skutečně, vskutku.
wahrnehm|bar vnímatelný; (*sichtbar*) viditelný; (*hörbar*) slyšitelný; **~en** vnímat; (*bemerken*) [z]pozorovat; (*sehen*) [u]vidět; (*hören*) [u]slyšet; *Gelegenheit*: chápat [(u)chopit] se (*G*); *Interessen*: mít na zřeteli; **2ung** *f Psych.* vnímání *n*; (*konkret*) vjem *m*; (*Beobachtung*) zpozorování *n*.
wahrsag|en předpovídat [-vědět], věštit; *aus der Hand* ~ hádat z ruky; *aus den Karten* ~ vykládat [vylozit] karty; *aus den Sternen* ~ číst budoucnost ve hvězdách; **2er(in** *f*) *m* věštec (-tkyně); (*Kartenleger*) vykládač(ka *f*) *m* karet; **2ung** *f* předpovídání *n*; věštba.
wahr'scheinlich pravděpodobný; *Adv.* asi, patrně, podle všeho; **2keit** *f* pravděpodobnost; *aller* ~ *nach* pravděpodobně; **2keitsrechnung** *f Math.* počet *m* pravděpodobnosti.
Wahr|ung *f* hájení *n*, zachová(vá)ní *n*; **~zeichen** *n* poznávací znamení.
Währung *f* měna; **~s·einheit** *f* měnová jednotka; **~s·politik** *f* měnová politika; **~s·reform** *f* měnová úprava *od.* reforma; **~s-system** *n* měnová soustava.
Waise *f* sirotek *m*; **~n·haus** *n* sirotčinec *m*; **~n·kind** *n* sirotek *m*.
Wal *m* velryba *f*, kytovec; ~- *in Zssgn* velrybí.
Wald *m* les; *Sprw. er sieht den* ~ *vor lauter Bäumen nicht* pro samé stromy nevidí les; **~ameise** *f* mravenec *m* lesní; **~arbeiter** *m* lesní dělník; **2arm** trpící nedostatkem lesů; **~bestand** *m* zalesněná půda, lesní porost; **~brand** *m* lesní požár.
Wäldchen *n* lesí(če)k *m*.
Wald|erdbeere *f* lesní jahoda; **~frevel** *m* lesní pych; **~gegend** *f* lesnatá krajina; **~geist** *m* lesní duch; **~häher** *m Zo.* sojka *f* lesní; **~horn** *n Mus.* lesní roh *m*; **~hüter** *m* lesní, hajný; **2ig** lesnatý; **~kauz** *m Zo.* puštík obecný; **~lichtung** *f* mýtina, paseka; **2los** bez lesa, nelesnatý; **~meister** *m Bot.* mařinka *f* vonná; **~rand** *m* okraj lesa; **~rebe** *f Bot.* plamének *m*, klematis; **2reich** bohatý na lesy, lesnatý; **~reichtum** *m* lesní bohatství; **~schlag** *m* paseka; kus *m* lesa na kácení; **~schnepfe** *f Zo.* sluka lesní; **~steppe** *f* lesostep *m*; **~ung** *f* les *m*; **~weg** *m* lesní cesta *f*; **~wiese** *f* lesní louka, louka v lese; **~wirtschaft** *f* lesní hospodářství *n*.
Wal|fang *m* lov velryb; **~fänger** *m* lovec velryb; **~fisch** *m s. Wal*.
walk|en *Tuch*: [z]valchovat; *Teig*: [vy]válet; F (*prügeln*) [z]bít; **2er(in** *f*) *m* valchař(ka); **2maschine** *f* valchovací stroj *m*, valcha.
Wal'küre *f Myth.* valkýra.
Wall *m* val, násep.
Wallach *m* valach.
wallen vřít (*a. fig., Blut*); (*in Falten fallen*) vlát.
wallfahr|en *v/i* putovat; **2er(in** *f*) *m* poutník (-nice); **2t** *f* pouť; **2ts·ort** *m* poutní místo *n*.
Wallung *f* var *m*, vření *n*; *fig.* vzrušení *n*; *Med. s. Blutandrang*; *fig. in* ~ *geraten* rozčilovat [-lit] se, rozrušovat [-šit] se.
Walmdach *n* valbová střecha.
Walnuß *f* vlašský ořech; **~baum** *m* ořešák.
Walroß *n* mrož.
walten vládnout (*über A* nad *I*); (*wirken*) [z]působit; *seines Amtes* ~ *lassen* zastávat úřad; *Gnade* ~ *lassen* nech(áv)at se obměkčit; *das walte Gott!* v tom pomáhej Bůh!
Walz|blech *n* válcovaný plech; **~e** *f* válec *m*; (*kleine*) váleček *m*; **2en** *v/t* [z]válcovat; (*walken*) [z]válet; *v/i* (*Walzer tanzen*) [za]tančit valčík.
wälzen valit [válet], koulet; F *Probleme*: obírat se (*I*); *sich vor Lachen* ~ válet se smíchy; *s. abwälzen*.
walzenförmig válcovitý, válečkovitý.
Walzer *m* valčík.
Wälzer F *m* bible *f*.

Walz·erzeugnis *n* válcovaný výrobek.
Wälzlager *n* valivé ložisko.
Walz|stahl *m* válcovaná ocel; **~straße** *f* válcovací trať; **~werk** *n* (*Maschine*) válcovací stolice *f*; (*Betrieb*) válcovna *f*.
Wamme *f* (*Hängefalte*) lalok *m*; F (*dicker Bauch*) *a.* = **Wampe** *f* panděro *n*.
Wams *n* kabátek *m*, kazajka *f*.
wand *s. winden.*
Wand *f* stěna; *spanische* ~ zástěna, španělská stěna; **~bekleidung** *f*, **~belag** *m* obklad *m* stěn; **~brett** *n* polička *f*.
Wandel *m* změna *f*, obrat; (*Verhalten*) způsob; ~ *schaffen* provádět [-vést] změnu; **℞bar** měnivý, nestálý; **~barkeit** *f* měnivost, nestálost; **~gang** *m*, **~halle** *f* krytá promenáda, ochoz *m*; *Thea.* foyer *m*; **℞n** změnit (*sich* se).
Wander|ausstellung *f* putovní výstava; **~bühne** *f* kočovné divadlo; **~bursche** *m* cestující tovaryš, *fig.* vandrovník; **~er** *m* pocestný, poutník; **~fahne** *f* putovní vlajka; **~fahrt** *f* exkurze, výlet *m*; **~falke** *m Zo.* sokol obecný; **~gewerbe** *n* kočovná (*od.* potulná) živnost; **~jahre** *n/pl.* léta *n/pl.* na zkušené; **~karte** *f* turistická mapa; **~leben** *n* potulný (*od.* kočovný) život; **~lust** *f* záliba v cestování; **℞n** putovat, jít (chodit *Iter.*), cestovat pěšky; *Zo.* stěhov(áv)at se; **~niere** *f Med.* bludná ledvina; **~preis** *m Sp.* putovní cena *f*; **~schaft** *f* putování *n*, cestování *n*; (*e-s Handwerkers*) cesta na zkušenou, P vandr *m*; **~stab** *m* turistická hůl; **~truppe** *f* kočující divadelní společnost; **~ung** *f* pěší cesta *od.* výlet *m*, cestování *n* pěšky; (*v. Völkern, Tieren*) stěhování *n*; **~zeit** *f* doba zkušené; **~zirkus** *m* kočovný cirkus.
Wand|gemälde *n* nástěnná malba, freska; **~kalender** *m* nástěnný kalendář; **~karte** *f* nástěnná mapa; **~leuchter** *m* nástěnný svícen; **~lung** *f* změna; **~malerei** *f* nástěnná malba; **~platte** *f* obkládačka; panel *m*; **~schirm** *m* španělská stěna, paraván *m*; **~schrank** *m* skříň *f* ve zdi; **~schränkchen** *n* závěsná skříňka; **~tafel** *f* nástěnná tabule; **~täfelung** *f* obložení *n* stěn, deštění *n*; **~teppich** *m* nástěnný koberec; **~uhr** *f* visací hodiny *f/pl.*
wandte *s. wenden.*
Wange *f* tvář, líce *n*, líc.
Wankel|motor *m s. Kreiskolbenmotor*; **~mut** *m* vrtkavost *f*, nestálost *f*; **℞mütig** vrtkavý, nestálý.
wanken (*unsicher gehen*) [za]potácet se, [za]vrávorat; *Boden*: povalovat [-lit]; *Haus*: [za]kolísat; *Knie*: klesat [-snout]; *vgl. schwanken.*
wann kdy; *seit* ~? odkdy?; *bis* ~? dokdy?; ~ *denn?* kdypak?; ~ *auch immer* kdykoli(v); *dann und* ~ někdy, časem.
Wanne *f* vana; **~n·bad** *n* vanová koupel; *ein* ~ *nehmen* [vy]koupat se ve vaně.
Wanst *m* bachor, tlusté břicho.
Want *f Mar.* úpona.
Wanze *f* štěnice.
Wappen *n* erb *m*; **~bild** *n* obraz *m* v erbu; **~kunde** *f* erbovnictví *n*, heraldika; **~spruch** *m* erbovní heslo *n*; **~tier** *n* zvíře v erbu.
wappnen ozbrojovat [-jit]; *sich mit Geduld* ~ obrňovat [obrnit] se trpělivostí.
war *s. sein.*
warb *s. werben.*
Ware *f* zboží *n*.
Waren|absatz *m* odbyt (*od.* prodej) zboží; **~ausfuhr** *f* vývoz *m* zboží; **~austausch** *m* výměna *f* zboží; **~automat** *m* prodejní automat; **~bestand** *m* zásoba *f* (*od.* stav) zboží; **~bestellung** *f* objednávka zboží; **~bezug** *m* odběr zboží; **~einfuhr** *f* dovoz *m* zboží; **~einkauf** *m* nákup zboží; **~haus** *n* obchodní dům *m*; **~kunde** *f* nauka o zboží, zbožíznalství *n*; **~ladung** *f* náklad *m* zboží; **~lager** *n* sklad(iště *n*) *m* zboží; **~liste** *f* seznam *m* zboží; **~mangel** *m* nedostatek zboží; **~muster** *n* vzorek *m*, ukázka *f* zboží; **~preis** *m* cena *f* zboží; **~probe** *f s. Warenmuster*; **~produktion** *f* výroba zboží; **~rechnung** *f* účet *m* za zboží, faktura; **~sendung** *f* zásilka zboží; **~sortiment** *n* sortiment *m*, druh *m* zboží; **~transport** *m* doprava *f* zboží; **~umschlag** *m* obal (*od.* překládání *n*) zboží; **~umsatz** *m* obrat zboží; **~verkehr** *m* obchod; **~verzeichnis** *n s. Warenliste*; **~vorrat** *m*

zásoba *f* zboží; **~zeichen** *n* tovární značka *f*, značka *f* zboží.
warf *s. werfen.*
warm teplý; *fig.* vřelý, srdečný; *mir ist ~* je mi teplo; *~ halten* udržovat [-žet] teplé; *~ machen (stellen)* ohřívat [ohřát]; *sich ~ laufen Sp.* rozběhnout (-bíhat) se; **2bad** *n* teplá lázeň; (*Badeort*) teplé lázně *f/pl.*; **2blüter** *m Zo.* teplokrevník; **~blütig** teplokrevní.
Wärm(e)- *in Zssgn* teplý, teplo-.
Wärme *f* teplota, teplo *n*; *fig.* vřelost, srdečnost; **~ausgleich** *m* tepelné vyrovnání, vyrovnání *n* tepla; **~austausch** *m* výměna *f* tepla; **2beständig** vzdorující teplu; **~einheit** *f* jednotka tepla, tepelná jednotka; **~energie** *f* tepelná energie; **~grad** *m* stupeň teploty, teplota *f*; **~kraftwerk** *n* tepelná elektrárna; **~lehre** *f* nauka o teple; **2leitend** tepelně vodivý, teplovodný; **~leiter** *m* vodič tepla, tepelný vodič; **~leitfähigkeit** *f* teplotní vodivost; **~mauer** *f Flgw.* tepelná bariéra *od.* stěna; **2n** o-, za-hřívat [-hřát]; *sich ~ (in der Sonne)* vyhřívat [-hřát] se; **~quelle** *f* zdroj *m* tepla; **~strahlung** *f* vyzařování *n* tepla; **~verbrauch** *m* spotřeba *f* tepla; **~verlust** *m* tepelná ztráta, ztráta *f* tepla.
Wärmflasche *f* zahřívací láhev.
warm|halten: *fig. sich j-n ~* udržovat [-žet] si čí přízeň; **~herzig** dobrosrdečný; **~laufen** *Motor*: zahřívat [-hřát] se; **2laufen** *n* zahřátí; **2luftheizung** *f* topení *n* teplým vzduchem.
Warm'wasser *n* teplá voda; **~behälter** *m* nádržka *f* na teplou vodu; **~heizung** *f* topení *n* teplou vodou; **~leitung** *f* potrubí *n* na teplou vodu, teplovodní potrubí *n*; **~speicher** *m* bojler, zásobník teplé vody; **~versorgung** *f* zásobování *n* teplou vodou.
Warn|anlage *f* výstražné zařízení; **2en** varovat (*j-n vor D* k-o před *I*); **2end** varovný, výstražný; **~glocke** *f* výstražný zvon; **~kreuz** *n* výstražný kříž; **~lampe** *f* výstražná svítilna; **~lichtanlage** *f* zařízení *n* pro výstražná světla; **~ruf** *m* výstražné zvolání; **~signal** *n* výstražný signál; **~streik** *m* výstražná stávka; **~tafel** *f* výstražná tabule.
Warnung *f* výstraha, varování *n*; ~s- varovný, výstražný.
Warnzeichen *n* výstražná značka.
Warschau *n* Varšava *f*.
Warte *f* strážní věž; (*Kommandostand*) dozorna; *s. a. Vogel-, Wetterwarte.*
Warte|frist *f* čekací lhůta; **~gebühr** *f*, **~geld** *n* čekatelné *n*; **~halle** *f* čekárna; **2n** *v/i* čekat [počkat]; *auf sich ~ lassen* nech(áv)at na sebe čekat; *v/t* (*pflegen*) ošetřovat [-řit], [za]opatřovat; **~n** *n* čekání.
Wärter *m* hlídač, dozorce; obsluhovač; (*Kranken2*) ošetřovatel; **~bude** *f*, **~häus·chen** *n Esb.* strážní domek *m*; **~in** *f* hlídačka, dozorkyně; (*Kranken2*) ošetřovatelka.
Warte|saal *m* čekárna *f*; **~stand** *m* prozatímní výslužba *f*; **~zeit** *f* čekatelská doba; **~zimmer** *n* čekárna *f*.
Wartung *f* ošetřování *n*, obsluha.
war'um proč; *~ denn* pročpak.
Warze *f* bradavice; **2n·förmig** bradavicový.
was co; F (*etwas*) něco; *~ denn* copak; *~ für ein* jaký; *~ auch immer* cokoli(v).
Wasch|anstalt *f* prádelna; **~automat** *m* prací automat; **2bar** prací, mycí; **~bär** *m Zo.* mýval; **~becken** *n* umývadlo; **~blau** *n* modřidlo, šmolka *f*; **~brett** *n* valcha *f*.
Wäsche *f* prádlo *n*; (*Waschen*) praní *n*; *in die ~ geben* dá(va)t prát; **~beutel** *m* vak na špinavé prádlo.
wasch·echt stálý při praní, nepouštějící barvu v prádle; *fig.* pravý, ryzí.
Wäsche|geschäft *n* obchod *m* s prádlem; **~klammer** *f* kolíček *m* na prádlo; **~korb** *m* prádelní koš; **~leine** *f* šňůra na věšení prádla.
wasch|en umý(va)t (*sich* se); *Wäsche*: prát [vyprat]; *Gold*: [vy]rýžovat; *Erze*: vyp(ír)at; *s-e Hände in Unschuld ~* nechtít mít s tím nic společného; *fig. j-m den Kopf ~* [vy]plísnit k-o; *e-e Hand wäscht die andere* ruka ruku myje; **2en** *n* mytí; (*Wäsche2*) praní.
Wäsche|'rei *f* prádelna; **~rin** *f* pradlena; **~schleuder** *f* odstředivka na prádlo; **~schrank** *m* prádelník; **~trocknen** *n* sušení prádla.
Wasch|frau *f s. Wäscherin*; **~kaue** *f Bgb.* umývárna; **~kessel** *m* kotel

na prádlo; **~kleid** *n* prací šaty *m/pl.*; **~küche** *f* prádelna; **~lappen** *m* mycí hadr, hadr na mytí; **~leder** *n* prací useň *f*; **~maschine** *f* pračka, prací stroj *m*; **~mittel** *n* prací prostředek *m*; **~pulver** *n* prací prášek *m*; **~raum** *m* umývárna *f*; **~schüssel** *f s. Waschbecken*; **~seide** *f* prací hedvábí *n*; **~tag** *m* den praní; **~tisch** *m*, **~toilette** *f* mycí stůl *m*, stůl *m* na umývání; **~trog** *m* necky *f/pl.*; **~trommel** *f* prací buben *m*; **~ung** *f* mytí *n*, o-, u-mývání *n*; **~wasser** *n* prací voda *f*, voda *f* na praní; **~weib** *n* F *fig.* klepna *f*, drbna *f*; **~zettel** *m Typ.* reklamní tisk *m*; **~zeug** *n* umývací potřeby *f/pl.*; **~zuber** *m s. Waschtrog.*

Wasser *n* voda *f*; *~ lassen* [vy]močit se; *unter ~ setzen* zatápět [-topit], *fig. zu ~ werden* rozplývat [-plynout] se; *sich über ~ halten* [u]držet se nad vodou; *mir läuft das ~ im Munde zusammen* sbíhají se mi sliny; *das ist ins ~ gefallen* z toho sešlo; *mit allen ~n gewaschen sein* být prohnaný; *von ~ und Brot leben* žít o vodě a chlebě; *zu ~ und zu Lande* po zemi a po vodě; **~abfluß** *m* odtok vody; **2abstoßend, 2abweisend** odpuzující vodu, hydrofobní; **~ader** *f* vodní žíla, podzemní pramen *m*; **2arm** chudý vodou; **~arm** *m* říční rameno *n*; **~aufbereitung** *f* úprava vody; **~aufbereitungs-anlage** *f* úpravna vody; **~bad** *n* vodní lázeň *f*; **~ball** *m Sp.* vodní pólo *n*; **~bau** *m* vodní stavba *f*; (*Fach*) vodní stavitelství *n*; **~becken** *n* vodní nádrž(ka) *f*, vodojem *m*; **~bedarf** *m* (s)potřeba *f* vody; **~behälter** *m s. Wasserbecken*; **~blase** *f* vodní bublina; *Med.* puchýř *m*; **~bombe** *f* hlubinná puma; **~dampf** *m* vodní pára *f*; **2dicht** vodotěsný; nepromokavý; **~druck** *m* tlak vody, vodní tlak; **2durchlässig** propouštějící vodu, promokavý; **~eimer** *m* džber, vědro *n* na vodu; **~fahrzeug** *n* plavidlo; **~fall** *m* vodopád; **~farbe** *f* barva vody; (*Aquarellfarbe*) vodová barva; **2fest** nepromokavý; **~fläche** *f* vodní hladina, povrch *m* vody; **~flasche** *f* láhev na vodu; **~floh** *m* blešivec; **~flughafen** *m* přístaviště *n* hydroavionů; **~flugzeug** *n* hydroplán *m*, hydroavion *m*; **~flut** *f* povodeň, zátopa; **~fracht** *f* zboží *n* dopravované po vodě; **2frei** *Chem.* bezvodý; **~gehalt** *m* vlhkost; **2gekühlt** chlazený vodou; **~glas** *n* sklenice *f* na vodu; *Chem.* vodní sklo; **~graben** *m* vodní strouha *f*, vodní příkop; **~hahn** *m Tech.* vodní kohout(ek); **2haltig** vodnatý, obsahující vodu; **~heilkunde** *f* vodoléčba, hydroterapie; **~hose** *f* vodní smršť *od.* sloup *m*; **~huhn** *n Zo.* lyska *f*.

wässerig vodnatý; *fig. j-m den Mund ~ machen* [u]dělat k-u laskominy (*nach* et. nač).

Wasser|jungfer *f Zo.* šídlo *n*, vážka; **~kante** *f* břeh *m*, pobřeží *n*; **~kessel** *m* kotel na vodu; **~klosett** *n* splachovací záchod *m*; **~kopf** *m Med.* vodnatost *f* mozku; **~kraft** *f* vodní síla *od.* energie; **~kraftwerk** *n* vodní elektrárna *f*, hydroelektrárna *f*; **~krug** *m* džbán na vodu; **~kühlung** *f* chlazení *n* vodou, vodní chlazení *n*; **~kunst** *f* vodotrysk *m*, fontána; **~kur** *f* léčení *n* vodou, vodoléčba; **~lauf** *m* vodní tok; **~läufer** *m Zo.* vodoměrka *f*; **2leer** bezvodý; **~leitung** *f* vodní potrubí *n*; vodovod *m*; **~leitungsrohr** *n* vodovodní trubka *f*; **~lilie** *f Bot.* stulík *m*; **~linie** *f Mar.* vodoryska; **2löslich** rozpustný ve vodě; **~mangel** *m* nedostatek vody; **~mann** *m Myth.* vodník, hastrman; *Astr.* Vodnář; **~melone** *f* vodní meloun *m*; **~messer** *m* vodoměr; **~mühle** *f* vodní mlýn *m*.

wassern *Flgw.* přist(áv)at na vodě.

wässern máčet, močit, namáčet [-močit]; *Fot.* prát, vyp(í)rat.

Wasser|nixe *f* vodní víla, rusalka; **~not** *f* nedostatek *m* vody; **~oberfläche** *f s. Wasserfläche, -spiegel*; **~pflanze** *f* vodní rostlina; **~polizei** *f* vodní (*od.* říční) policie; **~pumpe** *f* vodní čerpadlo *n*; **~rad** *n* vodní kolo; **~ratte** *f Zo.* myš vodní; F *fig.* vodomil *m*; **~recht** *n* vodní právo; **2reich** bohatý vodou, vodnatý; **~reichtum** *m* hojnost *f* vody, vodnatost *f*; **~rinne** *f* strouha; **~rohr** *n* vodní trubka *f*; **~rose** *f Bot.* leknín *m*; **~rübe** *f Bot.* vodnice; **~säule** *f* vodní sloup *m*; **~schaden** *m* škoda *f* způsobená vodou; **~scheide** *f Geogr.* vodní předěl *m*, rozvodí *n*; **2scheu** štítící se (*od.* bojící se) vody; **~scheu** *f* strach *m* z vody; **~schi** *m/pl.* vodní lyže *f/pl.*; **~schlauch** *m* vodní hadice *f*; **~schutz** *m* ochrana *f* vody; **~spiegel** *m* vodní hladina *f*, hladina *f* vody; **~spinne** *f* vodouch *m*; **~sport** *m* vodní sport; **~sportler(in** *f*) *m* vodní sportovec (-vkyně), F vodák *m*, vodačka *f*; **~spülung** *f* splachování *n* vodou; **~stand** *m* stav vody, vodní stav; **~standsanzeiger** *m* vodoznak; **~standsbericht** *m* zpráva *f* o stavu (*od.* výšce) vody; **~stein** *m* vodní kámen; **~stiefel** *m* bota *f* do vody.

Wasserstoff *m Chem.* vodík; **~bombe** *f* vodíková bomba *od.* puma; **~'super·oxyd** *n Chem.* peroxyd *m* vodíku.

Wasser|strahl *m* vodní paprsek, trysk *m* vody; **~straße** *f* vodní cesta; *~n-* vodocestný; **~sucht** *f* vodnatelnost; **2süchtig** vodnatelný; **~suppe** *f* vodová polévka, vodovka; **~taufe** *f* křest *m* vodou; **~tiefe** *f* hloubka vody; **~tier** *n* vodní živočich *m*; **~topf** *m* hrnec na vodu; **~träger** *m* nosič vody; **~trog** *m* koryto *n*, žlab, necky *f/pl.*; **~tropfen** *m* vodní kapka *f*, kapka *f* vody; **~turbine** *f* vodní turbina; **~turm** *m* vodárenská věž, vodárna *f*; **~uhr** *f s. Wassermesser*; **2undurchlässig** nepropustný pro vodu; nepromokavý.

Wässerung *f* máčení *n*; *Fot.* praní *n*, vypírání *n*.

Wasserung *f Flgw.* přistání *n* na vodu.

Wasser|verbrauch *m* spotřeba *f* vody; **~verdrängung** *f Mar.* (vodní) výtlak *m*; **~versorgung** *f* zásobování *n* vodou; **~vogel** *m* vodní pták; **~waage** *f* vodováha; **~weg** *m* vodní cesta *f*; **~welle** *f* (*Frisur*) vodová ondulace; **~werk** *n* vodárna *f*; **~wirtschaft** *f* vodní hospodářství *n*; **2wirtschaftlich** vodohospodářský; **~zeichen** *n* vodotisk *m*, průsvitka *f*.

wäßrig *s. wässerig.*

waten brodit se, brouzdat se.

watscheln batolit se, jít (chodit *Iter.*) batolivě.

Watt[1] *n El.* watt *m*.

Watt[2] *n Geogr.* mělčina *f*.

Watte *f* vata; *~- in Zssgn* vatový; **~bausch** *m* chomáček vaty, tampón.

Wattenmeer *n* mělčinové pobřeží.

wat'tieren [vy]vatovat, vycp(áv)at vatou.

Wattstunde *f El.* watthodina.

web|en tkát [utkat]; *Spinne*: spřádat [spříst]; **2en** *n* tkání.

Weber *m* tkadlec; **~baum** *m* tkalcovské vratidlo; **~ei** [-'raɪ] *f* (*Fabrik*) tkalcovna; *s. Weben*; *a.* = **~handwerk** *n* tkalcovství; **~in** *f* tkadlena; **~kamm** *m* tkalcovský paprsek; **~schiff(chen)** *n*, **~schütze** *m* tkalcovský člunek.

Webstuhl *m* tkalcovský stav.

Wechsel *m* změna *f*, proměna *f*; (*Tausch*) výměna *f*; *Hdl.* směnka *f*; *Jgdw.* přechod zvěře; **~bad** *n* střídavá lázeň; **~balg** *m* podvržené dítě; **~beziehung** *f* oboustranný vztah, vzájemnost; **~fälle** *m/pl.* osudy *m/pl.*; **~fieber** *n* střídavá zimnice, malárie *f*; **~frist** *f* směnečná lhůta; **~geld** *n* (*Kleingeld*) drobné *m/pl.*; **~geschäft** *n* směnečný obchod; **~getriebe** *n* převodovka *f*; **2haft** proměnlivý; **~inhaber** *m* majitel směnky; **~jahre** *n/pl. Med.* doba *f* přechodu, klimaktérium *n*; **~kredit** *m* směnečný úvěr; **~kurs** *m* směnečný kurs.

wechseln [z]měnit; (*austauschen*) vyměňovat [-měnit]; *Geld*: [pro-]měnit; *Briefe*: dopisovat si; *v/i* (*Wild*) přecházet [přejít]; **~d** proměnlivý, nestálý; (*abwechselnd*) střídavý.

Wechsel|protest *m* směnečný protest; **~recht** *n* směnečné právo; **~schalter** *m El.* přepínač; **~schuld** *f* směnečný dluh; **2seitig** vzájemný, oboustranný; **~seitigkeit** *f* vzájemnost; **~sprech·anlage** *f* hlásitý telefon s duplexním provozem; **~strom** *m El.* střídavý proud; **~stube** *f* směnárna; **~summe** *f* směnečná částka; **~verkehr** *m Hdl.* směnečný obchod; **2voll** proměnlivý, plný změn; **2weise** vzájemně; (*abwechselnd*) střídavě; **~winkel** *m/pl.* střídavé úhly *m/pl.*; **~wirkung** *f* vzájemné působení.

Wechsler *m* směnárník.

weck|en [pro]budit, probouzet [-budit]; **2er** *m* budí(če)k.

Weckglas *n* zavařovací sklenice *f*.
Wedel *m* (*Staub*⁓) oprašovadlo *n*; (*Fliegen*⁓) oháňka *f*; (*Schwanz des Schalenwildes*) kelka *f*; ⁓**n** (*mit dem Schwanz*) [za]vrtět; *s. schwenken*.
weder: *~ ... noch* ani ... ani.
Weg *m* cesta *f*, pěšina *f*; (*Mittel, Methode*) způsob, prostředek; *auf halbem ~e* na půl cestě; *auf mechanischem ~e* mechanickou cestou; *auf privatem ~e* soukromou cestou; *auf gesetzlichem ~e* cestou zákona; *auf gütlichem ~e* smírnou cestou, smírně; *aus dem ~e gehen* jít z cesty; *aus dem ~e räumen* odklízet [-klidit]; *im ~e sein od. stehen* být v cestě, překážet; *in die ~e leiten* zařizovat [-řídit].
weg pryč; *~ sein* být pryč; *er ist schon ~* je již ten tam; *~ da!* pryč odtud!, kliď se!; *Hände ~!* nesahej na to!; F *ganz ~ sein* být bez sebe; *das hat er ~* to umí.
Wegbereiter *m* průkopník.
weg|blasen odfukovat [-fouknout, -foukat]; F *der Schmerz war wie weggeblasen* bolest najednou zmizela; **~bleiben** nepřicházet [-přijít], nedostavovat [-stavit] se; **~blicken** hledět [pohlédnout] jinam; **~bringen** (*wegtragen*) odnášet [-nést]; *s. wegfahren, -führen, -schaffen*; **~denken** odmýšlet [-myslit] si; **~drängen** odtlačovat [-čit]; **~dürfen:** *nicht ~* nesmět jít pryč, nesmět odejít.
Wege|bau *m* stavba *f* cest; **~geld** *n* mýto, mýtné; **~lagerer** *m* zákeřník, lupič.
wegen (*G*) pro (*A*), kvůli (*D*); *von Amts ~* z úřední moci; *von Rechts ~* po právu, právně.
Wegerich *m Bot.* jitrocel.
weg|essen jíst [sníst] všechno; **~fahren** *v/t* odvážet [-jet]; *v/i* odjíždět [-jet]; ⁓**fall** *m* odpad, odpadnutí *n*; **~fallen** odpadat [-dnout]; **~fangen** pochyt(áv)at, schyt(áv)at; **~fegen** odmetat [-mést]; *fig.* odstraňovat [-stranit]; **~fliegen** odletovat [-letět]; **~fließen** odtékat [-téci]; **~führen** odvádět [-vést]; ⁓**gang** *m* odchod; **~geben** dá(va)t pryč; **~gehen** odcházet [odejít]; *Ware*: jít na odbyt; *fig. ~ über (A)* nezmiňovat [-zmínit] se o (*L*); **~gießen** vylévat [-lít]; **~haben:** F *et. ~* [po]rozumět č-u; **~hängen** věšet [pověsit] jinam; **~jagen** od-, vy-hánět [-hnat]; **~kommen** ztrácet [ztratit] se, [z]mizet; *gut (od. schlecht) ~* dobře (*od.* špatně) pochodit; **~können** moci jít pryč, odejít; **~kratzen** vyškrabovat [-škrábat, -škrábnout]; **~lassen** propouštět [-pustit], vynech(áv)at; **~laufen** odbíhat [-běhnout]; **~legen** odkládat [odložit]; **~machen** odděl(áv)at, odstraňovat [-stranit]; P *sich ~* táhnout.
Wegmarkierung *f* označení *n* cesty.
weg|müssen musit pryč, odejít; ⁓**nahme** *f* odnětí *n*, vzetí *n*; **~nehmen** odnímat [odejmout]; *Platz, Zeit*: zab(i)rat; **~packen, ~räumen** odklidit [-lizovat]; **~reisen** odcestov(áv)at; **~reißen** odtrh(ov)at [-hnout]; **~rücken** odstrk(ov)at [-strčit]; **~rufen** odvol(áv)at; **~schaffen** odklízet [-klidit]; **~schicken** pos(i)lat pryč, odesílat [-slat]; **~schleichen** odplížovat [-plížit] se; **~schleppen** odvlékat [-vléci, -vléknout]; **~schmeißen** F *s. wegwerfen*; **~schnappen:** F *j-m et. ~* brát [vzít] k-u co před nosem; **~schütten** vysyp(áv)at; *s. weggießen*; **~schwemmen** odplavovat [-plavit]; **~schwimmen** odplavat [-lout]; **~sehen** odvracet [-vrátit] oči; *fig. ~ über (A)* nevšímat [-všimnout] si (*G*); **~setzen** posazovat [-sadit] jinam; **~sollen** *s. wegmüssen*; **~spülen** *s. wegschwemmen*; **~stehlen:** *sich ~* odkrást se *pf.*; **~stellen** odstavovat [-stavit]; **~stoßen** odstrk(ov)at [-strčit]; **~streichen** vymaz(áv)at; (*zur Seite schieben*) odhrnovat [-nout].
Wegstunde *f* hodina *f* cesty.
weg|tragen odnášet [-nést]; **~treiben** zahánět [-hnat]; **~treten** ustupovat [-stoupit]; *Mil. ~!* odstoupit!; **~tun** *s. weglegen, wegmachen*; **~waschen** smý(va)t.
Wegweiser *m* ukaz(ov)atel cesty, rozcestník.
weg|wenden odvracet [-vrátit]; **~werfen** odhazovat [-hodit, -házet]; *sich ~* zahazovat [-hodit] se; **~wischen** stírat [setřít], utírat [utřít]; **~wollen** chtít jít pryč.
Wegzehrung *f* zásoba na cestu.
weg|ziehen *v/t* odtah(ov)at [-táh-

nout]; *v/i* odcházet [odejít]; *Mil.* [od]táhnout; *s. umziehen*; **~zug** *m* odchod; stěhování *n*.
Weh *n* bolest *f*; (*Leid a.*) žal *m*.
weh *Adj.* bolavý, bolící; *Adv.* ~ *tun* bolet; *die Hand, der Kopf tut mir* ~ bolí mě ruka, hlava; *j-m* ~ *tun* [z]působit bolest k-u.
weh(e)! *Int.* běda!, ouvé!; ~ *dir!* běda ti!
Wehe[1] *f* závěj.
Wehe[2] *f Med. mst pl.* ~*n* porodní bolesti *f/pl.*
wehen svívat [svát], [za]vanout, [za]vát; *Fahne*: [za]vlát.
Weh|geschrei *n* bolestné naříkání; ~**klage** *f* nářek *m*; **~klagen** [za]bědovat, [za]naříkat; **~leidig** choulostivý, příliš citlivý; ~**mut** *f* žalost, bol *m*; **~mütig** žalostný, bolný; **~mutsvoll** žalostivý.
Wehr[1] *n* jez *m*.
Wehr[2] *f* obrana, odpor *m*; *sich zur* ~ *setzen* stavět [postavit] se na odpor; ~**beauftragte(r)** *m* parlamentární zmocněnec pro branné otázky; ~**bereich** *m* branný okres.
Wehrdienst *m* branná služba; ~**verweigerer** *m* odpůrce branné služby.
wehr|en [za]bránit; *sich* ~ stavět [postavit] se na odpor; **~etat** *m* rozpočet *m* národní obrany; ~**fähig** schopný (-pen) obrany; **~gesetz** *n* branný zákon; ~**haft** branný; **~kraft** *f* branná síla; ~**los** bezbranný; **~losigkeit** *f* bezbrannost; **~macht** *f* branná moc; **~pflicht** *f* branná povinnost; ~**pflichtig** povinný (-vinen) vojenskou službou.
Weh'wehchen F *n* bolístka *f*; (*b. Kindern*) bebé *n*, bebíčko *n*.
Weib *n* žena *f*; (*Gattin*) manželka *f*, choť *f*; *iron.* P *s. Weibsbild*; ~**chen** *n* ženuška *f*; *Zo.* samice *f*, samička *f*.
Weiber|feind *m* nepřítel *m* žen; ~**held** *m* donchuán, záletník; **~toll** jako blázen po ženských; ~**volk** *n* ženské *f/pl.*
weib|isch zženštilý; ~**lich** ženský; **~lichkeit** *f* ženská povaha, ženskost; *die holde* ~ něžné pohlaví *n*.
Weibs|bild *n*, ~**person** *f* ženština *f*, ženská, bába *f*.
weich měkký; *Adv.* měkce; ~ *machen* změkčovat [-cit]; ~ *werden* [z]měknout; *fig.* (*nachgeben*) povolovat [-lit]; *Eier* ~ *kochen* [u]vařit vejce na měkko; **~bild** *n* územní obvod *m* (města).
Weiche[1] *f Esb.* výhybka; *die* ~*n stellen* stavět [postavit] výhybku.
Weiche[2] *f s. Weichheit*; (*Flanke*) bok *m*, slabina.
weichen [z]měknout; (*nachgeben*) ustupovat [ustoupit]; *vgl. a. einweichen.*
Weichensteller *m Esb.* výhybkář.
weich|gekocht (u)vařený na měkko; **~heit** *f* měkkost; ~**herzig** dobrosrdečný; **~herzigkeit** *f* dobrosrdečnost; **~käse** *m* mazlavý sýr; ~**lich** (na)měklý; *fig.* choulostivý; **~lichkeit** *f* měkkost; *fig.* choulostivost; **~ling** *m* choulostivec, zženštilec.
Weichsel *f Geogr.* Visla; *Bot.* = ~**kirsche** *f* višně.
Weich|teile *m/pl.* slabiny *f/pl.*; ~**tier** *n* měkkýš *m*.
Weide *f* pastvina, pastviště *n*; *Bot.* vrba.
weiden [na]pást (*v/i* se); *sich* ~ *an* (*D*) napást se na (*L*).
Weiden *n* pastva *f*.
Weiden|baum *m* vrba *f*; ~**gebüsch** *n* vrboví *n*; ~**kätzchen** *n Bot.* kočička *f*; ~**wirtschaft** *f* pastvinářství.
Weideplatz *m* pastvina *f*, pastviště *n*.
weid|gerecht myslivecky správný; ~**lich** *Adv.* pořádně, nutně; **~mann** *m* myslivec, lovec; ~**männisch** myslivecký, lovecký; **~messer** *n* lovecký nůž, tesák *m*; **~werk** *n* myslivectví, lovectví.
weigern: *sich* ~ zdráhat se.
Weih|becken *n* kropenka *f*; ~**e** *f* (*Priester~*) (vy)svěcení *n*; *s. Einweihung*; **~en** (*widmen*) zasvěcovat [-světit], věnovat (*im*)*pf.*; *Rel.* [po]světit; *zum Priester* ~ vysvěcovat [-světit] na kněze; *dem Tode geweiht* zasvěcený smrti.
Weiher *m* (*Fisch~*) rybník.
weihevoll posvátný.
Weihnacht *f*, ~**en** *n* vánoce *f/pl.*
Weihnachts|abend *m* Štědrý večer; ~**baum** *m* vánoční strom(eč)ek; ~**bescherung** *f* vánoční nadílka; ~**fest** *n* vánoce *f/pl.*, vánoční svátky *m/pl.*; ~**geschenk** *n* ježíšek *m*, štědrovečerní (*od.* vánoční) dárek *m*; ~**gratifikation** *f* vánoční pří-

davek *m*; **~krippe** *f* betlém *m*, jesličky *f/pl.*; **~lied** *n* vánoční píseň *f*, koleda *f*; **~mann** *m* Mikuláš, děda Mráz; **~markt** *m* vánoční trh; **~messe** *f* vánoční půlnoční mše; **~zeit** *f* vánoční doba.

Weih|rauch *m* kadidlo *n*; **~rauchfaß** *n* kadidelnice *f*; **~wasser** *n* svěcená voda; **~(wasser)wedel** *m* kropáček.

weil poněvadž, protože; *deshalb, ~ ...* proto, že ...

Weil|chen *n* chvil(eč)ka *f*; *warte ein ~!* počkej chviličku!; **~e** *f* chvíle; *eile mit ~* práce kvapná málo platná; **2en** dlít, prodlévat.

Wein *m* víno *n*; **~bau** *m* vinařství *n*; **~bauer** *m* vinař; **~beere** *f* vinné zrnko; **~berg** *m* vinice *f*, vinohrad; **~brand** *m* koňak.

wein|en [za]plakat (*über A* nad *I*); **~erlich** plačtivý.

Wein|ernte *f* vinobraní *n*; **~essig** *m* vinný ocet; **~flasche** *f* vinná láhev; **~glas** *n* sklenice *f* na víno; **~handel** *m* obchod (s) vínem; **~händler** *m* obchodník (s) vínem; **~hefe** *f* vinné droždí, vinné kvasnice *f/pl.*; **~karte** *f* ceník *m* vín; **~keller** *m* vinný sklep; **~kelter** *f* vinný lis; **~kenner** *m* znalec vín(a).

Weinkrampf *m* křečovitý pláč.

Wein|land *n* vinařský kraj; **~laub** *n* vinné listí; **~lese** *f* vinobraní *n*; **~probe** *f* víno *n* na zkoušku, ukázka vína; (*das Probieren*) zkouška vína; **~ranke** *f* vinná úponka; **~rebe** *f* vinná réva; **2rot** červený jako víno, vínově červený; **~säure** *f* vinná kyselina; **~stein** *m* vinný kámen; **~stock** *m* vinný keř; **~stube** *f* vinárna; **~traube** *f* vinný hrozen; **~trinker** *m* piják vína; **~zwang** *m* povinnost *f* pít víno.

weise moudrý; **2(r)** *m* mudrc; *Stein der Weisen* kámen mudrců; *Bibl. die Weisen aus dem Morgenland* tři králové od východu.

Weise *f* způsob *m*; *Mus.* nápěv *m*; *auf diese* (*welche*) *~* tímto (jakým) způsobem; *auf keine ~* nikterak; *auf irgendeine ~* nějak.

Weisel *f* včelí královna *od.* matka.

weisen ukazovat [ukázat]; (*ver~*) odkazovat [-kázat]; (*entfernen*) vylučovat [-loučit]; *fig. j-m die Tür ~* vyhazovat [-hodit, -házet] k-o.

Weisheit *f* moudrost; F *er hat die ~ nicht mit Löffeln gegessen* nesnědl všechnu moudrost; *mit s-r ~ zu Ende sein* nevědět kudy kam; **~szahn** *m* zub moudrosti.

weismachen: *j-m et. ~* namlouvat [-mluvit] k-u co.

weiß bílý; (*rein*) čistý; *~ werden* [z]bělet.

Weiß *n* bílo, bělo; bílá barva.

weissag|en předpovídat [-vědět]; **2ung** *f* předpovídání *n*.

Weiß|bier *n* vrchní pivo; **~blech** *n* pocínovaný (*od.* bílý) plech; **~brot** *n* bílý chléb; **~buch** *n* *Pol.* bílá kniha; **~buche** *f* *Bot.* habr *m* obecný; **~dorn** *m* *Bot.* hloh; **2en** [na-, vy]bílit; **~fluß** *m* *Med.* bělotok; **~gardist** *m* bělogvardějec; **~gebäck** *n* bílé pečivo; **2gefleckt** bíle skvrnitý, s bílými skvrnami; **~gerber** *m* jirchář; **~gerbe'rei** *f* jirchářství *n*; **2glühend** rozpálený do běla; **~glut** *f* bílý žár; **~käse** *m* tvaroh; **~kohl** *m* bílé hlávkové zelí; **2lich** bělavý; **~mehl** *n* bílá mouka; **~näherei** *f* šití *n* prádla; **~näherin** *f* švadlena; **~tanne** *f* jedle; **~ware** *f* bílé zboží, prádlo *n*; **~wein** *m* bílé víno; **~zeug** *n s. Weißware.*

Weisung *f* pokyn *m*; (*Befehl*) příkaz *m*.

weit *Adj.* daleký; široký; (*ausgedehnt*) rozsáhlý; (*entfernt*) vzdálený; *Weg*: dlouhý, daleký; *Adv.* daleko, *fig. a.* dalece; *von ~em, von ~ her* zdaleka; *so ~* tak daleko; *zu ~ gehen* překračovat [-kročit] meze; *~ und breit* daleko široko; *nicht ~ von* nedaleko (*G*); *~ überlegen sein* (*D*) vynikat [-knout] nad (*I*); *es ist nicht ~ her mit* není mnoho na (*L*); *bei ~em* daleko; **~'ab** daleko vzdálen; **~aus** daleko, mnohem; **2blick** *m* prozíravost *f*; **~blickend** prozíravý, prozřetelný.

Weite **1.** *f* dálka, vzdálenost; (*Geräumigkeit*) velikost; (*Breite*) šířka; (*weiter Raum*) velký prostor; *fig.* (*e-s Begriffs*) rozsah *m*; **2.** *n*: *das ~ suchen* utíkat [utéci] pryč, F brát [vzít] do zaječích; **2n** rozšiřovat [-šířit] (*sich* se).

weiter *s. weit*; další; širší; rozsáhlejší; vzdálenější; větší; *Adv.* dále; *ohne ~es* beze všeho, bez okolků; *bis auf ~es* až do dalšího opatření, zatím; *und so ~* (*usw.*) a tak dále (atd.); (*und*) *~ nichts* nic více; *~*

nichts als nic než; **~arbeiten** pokračovat v práci; **~befördern** dopravovat [-pravit] dále; **2beförderung** *f* další doprava; **~bilden** vzděl(áv)at (*sich* se) dále; **2bildung** *f* další vzdělání *n*; **~bringen** pomáhat [-moci] dále (*D*); **~denken** myslívat [-lit] dále; **2entwicklung** *f* další rozvoj *m*; **~erzählen** vypravovat [-právět] dále; **~fahren** pokračovat v jízdě, jet dále; *s. fortfahren*; **~führen** (*j-n*) vést (vodit *Iter.*) dále; (*et.*) pokračovat v (*L*); **2gabe** *f* odevzdání *n*, dávání *n* dále; **~geben** dá(va)t dále, pod(áv)at dále; **~gehen** jít dále; *die Verhandlungen gehen weiter* v jednání se pokračuje; **~helfen** pomáhat [-moci] dále; **~hin** nadále; **~kommen** dost(áv)at se dále; *mach, daß du weiterkommst!* kliď se!; **2reise** *f* další cesta; **~sagen** říci [říkat] dále; **~vermieten** dá(va)t v podnájem; **~ziehen** *v/i* táhnout dále.

weit|gehend *Adj.* dalekosáhlý, značný; *Adv.* velkou měrou, značně; **~gereist** scestovalý; **~her** zdaleka; **~herzig** svobodomyslný, šlechetný; **~hin** daleko; **~läufig** obšírný, podrobný; *Verwandter*: vzdálený, daleký; **2läufigkeit** *f* obšírnost, podrobnost; **~reichend** dalekosáhlý; **~schweifig** rozvláčný, rozvleklý; **~sichtig** dalekozraký; **2sichtigkeit** *f* dalekozrakost; **2sprung** *m* skok do dálky; **~tragend** dalekonosný; *fig.* dalekosáhlý; **~verbreitet** velmi rozšířený; **~verzweigt** velmi rozvětvený; **2winkel·objektiv** *n* širokoúhlý objektiv.

Weizen *m* pšenice *f*; *~- in Zssgn* pšeničný.

welch: ~ (*ein*[e]) jaký (-ká, -ké); **~e:** *~r*, *~*, *~s* který (-rá, -ré); *~es auch immer* kterýkoli(v), jakýkoli(v); **~er'art, ~er'lei** který, jaký.

welk zvadlý, uvadlý; *~ werden* = **~en** [u-, z]vadnout.

Wellblech *n* vlnitý plech.

Welle *f* vlna (*a. Phys. u. fig.*); (*Haar2*) kudrna; *Tech.* hřídel *m*; *Turn.* toč *m*; **2n** *v/t Haar*: [z]kadeřit, [na-, z]ondulovat; *sich ~* [z]vlnit se.

Wellen|band *n* vlnové pásmo; **~bereich** *m* vlnový rozsah; **~bewegung** *f* vlnitý pohyb; **~brecher** *m* vlnolam, molo *n*; **~bruch** *m* *Tech.* zlomení *n* hřídele; **2förmig** vlnovitý, vlnitý; **~gang** *m* vlnění *n*; **~länge** *f* vlnová délka; **~linie** *f* vlnitá čára, vlnovka; **~schlag** *m* vlnobití *n*; **~sittich** *m Zo.* andulka *f*; **~tal** *n* důl *m* vlny.

Well|fleisch *n* ovar *m*; **2ig** vlnitý; **~pappe** *f* vlnitá lepenka.

Wels *m Zo.* sumec.

welsch vlašský.

Welt *f* svět *m*; *alle ~* celý svět, všichni *pl.*; *die junge ~* (*Kinder*) děti *n/pl.*; (*Jugend*) mládež *f*; *Reise um die ~* cesta kolem světa; *zur ~ bringen* přivádět [-vést] na svět, porodit *pf.*; *um alles in der ~* za živý svět, pro nic na světě; *aus der ~ schaffen* sprovodit *pf.* ze světa; *in aller ~* po celém světě; *zur ~ kommen, das Licht der ~ erblicken* přicházet [přijít] na svět.

Welt|all *n* vesmír *m*; **~anschauung** *f* světový názor *m*; **~anschauungs-, 2anschaulich** světonázorový; **~ausstellung** *f* světová výstava; **~bank** *f* světová banka; **2bekannt** světoznámý; **2berühmt** proslulý na světě; **2bewegend** otřásající světem, světoborný; **~bürger(in** *f*) *m* světoobčan(ka); kosmopolita (-tka); **~dame** *f* dáma velkého světa; **~ende** *n* konec *m* světa; **2erfahren** znalý světa, prošlý světem; **~firma** *f* světová firma; **2fremd** nepraktický, neobratný; **~frieden** *m* světový mír; **~friedensbewegung** *f* světové hnutí za mír; **~friedenspreis** *m* mezinárodní cena míru; **~gegend** *f* světová strana; **~geistliche(r)** *m* světský kněz; **~geschichte** *f* světové dějiny *f/pl.*; **~gewerkschaftsbund** *m* Světová odborová federace; **~handel** *m* světový obchod; **~herrschaft** *f* světovláda; **~karte** *f* mapa světa; **2klug** znalý světa; **~kongreß** *m* světový sjezd; **~krieg** *m* světová válka; **~kugel** *f* zeměkoule; **~lage** *f* světová situace; **2lich** světský; **~literatur** *f* světová literatura; **~macht** *f* světová velmoc; **~machtpolitik** *f* velmocenská politika; **~mann** *m* člověk uhlazených mravů, světák; **2männisch** uhlazených mravů; **~markt** *m* světový trh; **~maßstab** *m*: *im* ~ ve světovém měřítku; **~meer** *n* oceán *m*; **~meister(in** *f*) *m* mistr(yně *f*) *m* světa; **~meisterschaft** *f* mistrovství *n* světa; **~ordnung** *f* světový řád; **~politik** *f* světová politika; **2politisch** týkající se světové politiky; **~postverein** *m* Světová poštovní unie; **~produktion** *f* světová produkce.

Weltraum *m* kosmický prostor, vesmír; **~fahrer** *m* kosmonaut; **~fahrt** *f*, **~flug** *m* let do vesmíru; **~schiff** *n* kosmická loď; **~schiff-fahrt** *f* kosmonautika.

Welt|reich *n* světová říše; **~reise** *f* cesta kolem světa; **~rekord** *m* světový rekord; **~rekord·inhaber(in** *f*) *m* držitel(ka *f*) *m* světového rekordu; **~revolution** *f* světová revoluce; **~ruf** *m* světová pověst, světový význam; **~schmerz** *m* světobol; **~sprache** *f* světový jazyk; **~stadt** *f* světové město; **~system** *n* světová soustava; **~teil** *m* díl světa; **~umsegelung** *f* plavba kolem světa; **2umspannend** obepínající celý svět; **~untergang** *m* zánik (*od.* zkáza *f*) světa; **2verlassen** úplně opuštěný; **~wirtschaft** *f* světové hospodářství; **~wirtschaftskrise** *f* světová hospodářská krize; **~wirtschaftssystem** *n* světový hospodářský systém; **~wunder** *n* div *m* světa.

wem (*s. wer*) komu; *von* ~ od koho; (*über wen*) o kom; ~ *auch immer* komukoli(v).

wen (*s. wer*) koho; ~ *auch immer* kohokoli(v).

Wende *f* obrat *m*, změna; *Sp.* zánožka; (*Zeitgrenze*) rozhraní *n*; *um die* ~ *des Jahrhunderts* na rozhraní století; **~kreis** *m* obratník (*a. Geogr.*).

Wendeltreppe *f* točité schody *m/pl.*

wende|n obracet [obrátit] (*sich* se; *an j-n* na k-o); *bitte* ~ (*b.w.*) obraťte laskavě, račte obrátit; **2platz** *m* obratiště *n*; **2punkt** *m* obrat; *Math.* inflexní bod.

wend|ig snadno řiditelný; *fig.* obratný; **2ung** *f* obrat *m*, otočení *n*; změna; (*Rede2*) rčení *n*.

Wenfall *m s. Akkusativ.*

wenig málo; (*einige*) málokteří *m/pl.*; *ein* ~ trochu; *ein klein* ~ trošičku (*G*); **~er** méně; *Math.* bez(e) (*G*); *etwas* ~ méně; *um so* ~ tím méně; **2keit** *f* málo *n* (*G*), malý počet (*G*); (*Kleinigkeit*) maličkost; **~sten**: *am* ~ nejméně; **~stens** alespoň, aspoň.

wenn (*sobald*) když, až; (*falls, im Falle, daß*) -li, jestliže, když, *z. B.* ~ *du arbeiten wirst* budeš-li (*od.* jestliže budeš, když budeš) pracovat; (*im nichtwirklichen od. möglichen Fall*) jestliže by -li, kdyby, *z. B.* ~ *ich nicht krank wäre* jestliže bych nebyl (*od.* nebyl-li bych, kdybych nebyl) nemocen; ~ *auch* i když, ačkoli, třebaže; (*in Wunschsätzen*) ~ *doch* kéž by.

wer kdo; ~ (*auch*) *immer* kdokoli(v).

Werbe|abteilung *f* reklamní (*od.* propagační) oddělení *n*; **~fachmann** *m* odborník v reklamě; **~film** *m* reklamní film; **~kosten** *pl.* výdaje *m/pl.* na reklamu; **~leiter** *m* šéf reklamy; **2n** (*an~*) najímat [-jmout]; *Arbeitskräfte*: získ(áv)at, provádět [-vést] nábor (*G*); *Mil.* [na]verbovat; (*Werbung betreiben*) [u]dělat reklamu (*für* et. č-u); propagovat reklamou (*A*); *um j-n* ~ ucházet se o k-o; **~r** *m Mil.* verbíř; (*Arbeitskräfte2*) náborce; *s. a. Brautwerber*; **~schrift** *f* propagační list *m*, reklamní leták *m*; **~tätigkeit** *f* propagační (*od.* reklamní) činnost; **~trommel** *f*: *die* ~ *rühren* tlouci na reklamní buben.

Werbung *f* nábor *m*, získávání *n*; *Mil.* verbování *n*; (*Reklame*) reklama; *s. a. Brautwerbung*; **~s·kosten** *pl.* výdaje *m/pl.* vyplývající z provozování povolaní (*od.* živnosti).

Werdegang *m* vývoj, vznik; *s. Laufbahn.*

werden (*entstehen*) vzniknout [-kat]; stá(va)t se, být; (*bleibt oft unübersetzt*) *alt* ~ [ze]stárnout; *arm* ~ [z]chudnout; *was willst du* ~? čím chceš být?; (*Hilfswort zur Bildung von Futur, Konditional, Passiv*) být; *ich werde lesen* budu číst; *ich würde lesen* četl bych; *ich wurde gelobt* byl jsem [po]chválen; *daraus wird nichts* z toho nic nebude.

Werden *n* (*Entstehen*) vznikání, vznik *m*; (*Entwicklung*) vývoj *m*; *im* ~ *sein* vyvíjet se.

Werfall *m s. Nominativ.*

werf|en házet [hodit], vrhat

[-hnout] (*a. Zo., Junge; sich* se); *sich* ~ (*Holz*) [z]bortit se; *mit Geld um sich* ~ rozhazovat [-házet]; *sich hin und her* ~ házet sebou; **2er** *m* vrhač (*a. Mil.*).

Werft *f* loděnice; **~arbeiter** *m* dělník v loděnici.

Werg *n* koudel *f*.

Werk *n* (*Tat*) dílo; (*Handlung*) čin *m*, skutek *m*; (*Erzeugnis*) výrobek *m*, práce *f*; (*Literatur*2) spis *m*; (*Fabrik*) závod *m*, továrna *f*; (*Trieb*2) ústrojí, stroj *m*; *s. a. Kraft-, Schuhwerk*; *ans* ~ *gehen* dá(va)t se do práce; *ins* ~ *setzen* provádět [-vést]; *vorsichtig zu* ~*e gehen* počínat si opatrně.

Werk|bank *f* pracovní stůl *m*; **2en** [z]pracovat, být činný; **~halle** *f* tovární hala; **~meister** *m* dílovedoucí, dílenský mistr; **~schutz** *m* závodní stráž *f*.

werks|eigen závodní, tovární, podnikový; **2küche** *f* závodní kuchyně; **2leiter** *m* vedoucí závodu *od.* podniku.

Werk|statt *f*, **~stätte** *f* dílna; **~stoff** *m* materiál; **~stück** *n* obrobek *m*; **~s·wohnung** *f* závodní byt *m*; **~tag** *m* pracovní den; **2täglich** ve všední den; **2tätig** pracující; **~tisch** *m* pracovní stůl; **~unterricht** *m* ruční práce *f/pl.*; **~vertrag** *m* smlouva *f* o díle; **~zeichnung** *f* dílenský výkres *m*.

Werkzeug *n* nástroj *m*; nářadí *n*; **~kasten** *m* skříňka *f* na nářadí; **~macher** *m* nástrojař; **~maschine** *f* obráběcí stroj *m*; **~stahl** *m* nástrojová ocel.

Wermut *m Bot.* pelyněk; *fig.* hořkost *f*; **~s·tropfen** *m fig.* kapka *f* hořkosti; **~wein** *m* pelyňkové víno, vermut.

wert *Adj.* (*würdig*) hodný (-den); (*lieb*) milý; (*teuer*) drahý; (*geschätzt*) ctěný; ~ *sein* (*kosten*) stát; *es ist nichts* ~ to nestojí za nic; ~*er Herr!* ctěný pane!

Wert *m* hodnota *f*; (*Preis*) cena *f*; ~*e pl. a.* cennosti *f/pl.*; *das hat keinen* ~ to nemá cenu; *fig.* to je bezvýznamné; *im* ~*e von* v ceně (*G*); (*großen*) ~ *legen auf* (*A*) přikládat (velký) význam (*D*); *Muster ohne* ~ vzorek bez ceny; *bis zum* ~*e von* až do (*G*); **~angabe** *f* udání *n* ceny; **~arbeit** *f* cenná práce; **2beständig** mající stálou hodnotu; *Währung*: pevný, stabilní; **~bestimmung** *f* určení *n* hodnoty *od.* ceny; **~brief** *m* cenný dopis; **2en** oceňovat, [o]cenit; *s. bewerten*; **~gegenstand** *m* cenný předmět; **~igkeit** *f Chem.* mocenství *n*; **2los** bezcenný; **~maß** *n* míra *f* hodnoty; **2mäßig** co do hodnoty; **~minderung** *f* zmenšení *n* hodnoty; **~objekt** *n* cenný předmět; **~paket** *n* cenný balík; **~papier** *n* cenný papír; **~sache** *f* cenná věc; **~schätzung** *f* úcta, vážnost; **~sendung** *f* cenná zásilka; **~steigerung** *f* zvýšení *n* hodnoty; **~ung** *f* (o)cenění *n*, (z)hodnocení *n*; **~urteil** *n* posudek *m* o hodnotě; **2voll** cenný; **~zeichen** *n* cenina *f*; **~zuwachs** *m* přírůstek hodnoty.

Werwolf *m* vlkodlak.

Wesen *n* (*Sosein*) jsoucnost *f*; (*das Wesentliche*) podstata *f*; (*Art*) povaha *f*, charakter *m*; (*Lebe*2) tvor *m*, bytost *f*; F *viel* ~*s machen von* (*D*) [na]dělat mnoho povyku s čím; **2los** nepodstatný, nedůležitý; **~s-art** *f* povaha, charakter *m*; **2s-gleich** povahově stejný.

wesentlich podstatný; (*hauptsächlich*) hlavní; (*bedeutend*) značný; **2e(s)** *n* podstata *f*; *im Wesentlichen* v podstatě.

Wesfall *m s. Genitiv.*

wes'halb proč; (*und deshalb*) pročež.

We'sir *m* vezír.

Wespe *f* vosa; **~n·nest** *n* vosí hnízdo; *ins* ~ *stechen* píchat [-chnout] do vosího hnízda; **~n-stich** *m* vosí bodnutí *n*.

wessen (*G v. wer*) koho; ~ *Buch ist das?* čí je to kniha?

West *m* západ; ~- *in Zssgn* západní; *s. a. Westwind*; **2deutsch** západoněmecký.

Weste *f* vesta; *fig. e-e reine* (*od. weiße*) ~ *haben* být bez úhony; **~n·tasche** *f* kapsička u vesty.

West|en *m Pol.* Západ *m*; **~ern** F *m* kovbojka *f*; **~europa** *n* Západní Evropa *f*; **2europäisch** západoevropský; **~'falen** *n* Vestfálsko; **2'fälisch** vestfálský; **2'indisch** západoindický; **~küste** *f* západní pobřeží *n*; **2lich** západní; ~ *von Prag* na západ od Prahy; **~mächte** *f/pl.* západní mocnosti *f/pl.*; 2**wärts** na západ, k západu; ~**wind** *m* západní vítr.

wes'wegen *s. weshalb.*

wett: ~ *sein* být (si) kvit.

Wettbewerb *m* soutěž(ení *n*) *f*; *außer* ~ mimo soutěž; *in* ~ *treten* soutěžit; ~**er**(**in** *f*) *m* soutěžitel(ka).

Wett|büro *n* sázková kancelář; ~**e** *f* sázka; e-e ~ *eingehen* uzavírat [-vřít] sázku; *was gilt die* ~? vsaďme se?; *um die* ~ o závod; ~**eifer** *m* horlivost *f*; 2**eifern** soupeřit, závodit; 2**en** sázet [(v)sadit] se (*mit j-m um et.* s kým oč); (*beim Pferderennen*) vsazovat [vsadit] na (*A*).

Wetter *n* počasí, povětrnost *f*; (*Sturm, Gewitter*) bouře *f*, bouřka *f*; *Bgb.* (*schlagende* třaskavé) větry *m/pl.*; ~**aussichten** *f/pl.* vyhlídka *f* na počasí; ~**bedingungen** *f/pl.* povětrnostní podmínky *f/pl.*; ~**bericht** *m* povětrnostní zpráva *f*; ~**besserung** *f* zlepšení *n* počasí; ~**dienst** *m* povětrnostní služba *f*; ~**fahne** *f* větrná korouhvička; 2**fest** vzdorující povětří, odolný proti počasí; *fig.* otužilý; ~**glas** *n s. Barometer*; ~**karte** *f* meteorologická mapa; ~**kunde** *f* meteorologie; ~**lage** *f* povětrnostní situace, stav *m* počasí; ~**leuchten** *n* blýskavice *f*; *es wetterleuchtet* blýská se na časy, je blýskavice; ~**prognose** *f s. Wettervoraussage*; ~**schacht** *m Bgb.* větrná jáma; ~**seite** *f* (ná-)větrná strana, návětří *n*; ~**station** *f* povětrnostní stanice; ~**sturz** *m* náhlé zhoršení počasí; ~**umschlag** *m* změna *f* počasí; ~**voraussage** *f* předpověď počasí; ~**warte** *f s. Wetterstation*; 2**wendisch** nestálý, vrtkavý; ~**wolke** *f* bouřkový mrak.

Wett|fahrt *f* jízda (*Mar.* plavba) o závod; ~**fliegen** *n* let *m* o závod; ~**kampf** *m* zápas, závod; *s. Wettbewerb*; ~**kämpfer**(**in** *f*) *m* zápasník (-nice), závodník (-nice); ~**lauf** *m* běh o závod; 2**laufen** běžet [běhat] o závod; ~**läufer**(**in** *f*) *m* závodník (-nice), běžec (-žkyně); 2**machen** napravovat [-pravit], vyrovn(áv)at; ~**rennen** *n* dostihy *m/pl.*; ~**rudern** *n* veslařské závody *m/pl.*; ~**rüsten** *n* závody *m/pl.* ve zbrojení; ~**schwimmen** *n* plavecké závody *m/pl.*; ~**segeln** *n* plachtařské závody *m/pl.*; ~**spiel** *n* závod *m*, zápas *m*; ~**streit** *m* závodění; ~**turnen** *n* závody *m/pl.* v tělocviku.

wetz|en [na]brousit; F (*rennen*) utíkat, pádit; 2**stahl** *m* ocílka *f*; 2**stein** *m* obtahovací brousek.

Whisky *m* whisky *f*, F viska *f*.

Whist *n* whist *m*.

wich *s. weichen.*

Wichs *m*: *in vollem* ~ slavnostně oblečen(ý), F v plné parádě.

Wichse *f* leštidlo *n*; F (*Prügel*) výprask *m*; 2**n** [vy]leštit; F (*prügeln*) dá(va)t výprask (*D*), [na]práskat.

Wicht *m* skrček, trpaslík; *elender* ~ bídák, darebák; ~**elmännchen** *n* šotek *m*, skřítek *m*.

wichtig důležitý; ~ *tun* vychloubat se, F naparovat se; 2**keit** *f* důležitost, význam *m*; 2**tuer** *m* chlubivec, F naparovač; 2**tue'rei** *f* vychloubavost, F naparování *n*.

Wicke *f Bot.* vika *f*, vikev *f*.

Wickel *m* klubko *n*; *Med.* obinadlo *n*; *s. Lockenwickel*; ~**gamaschen** *f/pl.* ovinovačky *f/pl.*; ~**kind** *n* nemluvně; 2**n** (*ein*~, *um*~) ovíjet [ovinout]; *Garn*: navíjet [-vinout]; *Locken*: natáčet [-točit] si; *Kind*: zavinovat [-nout].

Wicklung *f El.* vinutí *n*.

Widder *m Zo.* beran, skopec; *Astr.* Skopec.

wider *Prp.* (*A*) proti (*D*); ~ *Willen* proti vůli; ~ *besseres Wissen* proti lepšímu vědomí; ~**borstig** tvrdošíjný; ~'**fahren** přiházet [-hodit] se; *j-m Gerechtigkeit* ~ *lassen* [u]činit k-u po právu; 2**haken** *m* zpětný hák *od.* háček; 2**hall** *m* ozvěna *f*, echo *n*; *fig.* odezva *f*; ~**hallen** rozléhat [-lehnout] se, oz(ý)vat se; 2**lager** *n Arch.* opěra *f*; ~'**legbar** vyvratitelný; ~'**legen** vyvracet [-vrátit]; 2'**legung** *f* vyvrácení *n*; ~**lich** protivný, odporný; 2**lichkeit** *f* protivnost, odpornost; ~**natürlich** nepřirozený; 2**natürlichkeit** *f* nepřirozenost; ~**rechtlich** protiprávní, nezákonný; *Adv.* neprávem; 2**rede** *f* odmlouvání *n*, odmluva; 2**ruf** *m* odvolání *n*; *bis auf* ~ až do odvolání; ~'**rufen** odvol(á-v)at; *Nachricht*: popírat [popřít]; ~**ruflich** odvolatelný; 2'**rufung** *f s. Widerruf*; 2**sacher**(**in** *f*) *m* protivník (-nice), odpůrce (-rkyně);

≈schein *m* odraz, odlesk; **~scheinen** odrážet [-razit] se; **~'setzen:** *sich ~* vzpírat [vzepřít] se; **~'setzlich** vzpurný, odbojný; **≈'setzlichkeit** *f* odpor *m*, vzpurnost; **≈sinn** *m* nesmysl; **~sinnig** nesmyslný; **~spenstig** odbojný, vzdorný; **≈spenstigkeit** *f* odbojnost, vzdornost; **~spiegeln** odrážet [-razit]; *sich ~* zrcadlit se; **~'sprechen** odmlouvat (*im*)*pf.*; být v protikladu (*D*/*s I*); *sich* (*selbst*) *~* odporovat si; **~'sprechend** odporující si; **≈spruch** *m* odpor; protiklad; *im ~ mit* v rozporu s (*I*); **≈sprüchlichkeit** *f* protikladnost.

Widerstand *m* odpor; (*Hindernis*) překážka *f*; *El.* (*konkret*) odporník; *~ leisten* klást odpor, odporovat; **~s·bewegung** *f Pol.* odbojové hnutí; **≈s·fähig** schopný odporu, odolný; **~s·kämpfer** *m* účastník odboje, člen hnutí odporu; **~s·kraft** *f* síla odporu.

wider|'stehen odporovat; (*zuwider sn*) ošklivit se *pf.*; **~'streben** (*D*) vzpírat [vzepřít] se (*D*); *es widerstrebt mir, darüber zu sprechen* nerad o tom mluvím; **≈'streben** *n* vzpírání, odpor *m*; **≈streit** *m* rozpor; **~wärtig** protivný, odporný; **≈wärtigkeit** *f* protivnost, odpornost; **≈wille** *m* nechuť *f*, nevole *f* (*gegen A* k *D*); *mit ~n* = **~willig** s nechutí, s nevolí.

widm|en věnovat (*im*)*pf.*; *sich ~* odd(áv)at se; **≈ung** *f* věnování *n*.

widrig nepříznivý; **~enfalls** v opačném případě, jinak.

wie *Adv.* jak; (*vergleichend*) jako; *Konj.* jakmile, když; *~ auch* (*immer*) jakkoli; *~ dem auch sei* ať je tomu jakkoli; *~ wäre es, wenn er ...* což, kdyby ...

Wiedehopf *m Zo.* dudek.

wieder opět, zase; (*von neuem*) znova, znovu; *für nichts und ~ nichts* pro nic za nic.

Wieder'auf|bau *m* opětné vybudování, znovuzřízení *n*; **≈bauen** znovu [vy]budovat *od.* zřídit *pf.*; **~führung** *f Thea.* opakování *n*; repríza; **~nahme** *f* znovuzahájení *n*; **~nahmeverfahren** *n Jur.* obnovení *n* řízení; **≈nehmen** znovu zahajovat [-hájit]; **≈richten** znovu stavět [postavit]; *fig.* dá(va)t útěchy; **~rüstung** *f* znovuvyzbrojení *n*; **~stieg** *m* opětný vzestup; **≈tauchen** opět se objevovat [-jevit].

wieder|bekommen dost(áv)at zpět; **~beleben** oživovat [oživit]; **≈belebung** *f* oživení *n*, křîšení *n*; *Med.* oživování *n*; **≈belebungsversuch** *m* oživovací pokus; **~bringen** přinášet [-nést] zpět, vracet [vrátit]; **≈einführung** *f* opětné zavedení; **~'einsetzen** dosazovat [-sadit] (*in A* do *G*); **~'einstellen** znovu zaměstn(áv)at; *sich ~* znovu se objevovat [-jevit]; **~erhalten** dost(áv)at zpět; **~erkennen** opět pozn(áv)at; **~erlangen** opět nabý(va)t; **≈er·öffnung** *f* znovuotevření *n*; **~ersetzen, ~erstatten** navracet [-vrátit], nahrazovat [-hradit]; **~erzählen** povídat [-vědět] dál; *s. wiedergeben*; **~finden** opět naléz(a)t; **≈gabe** *f* (*Rückgabe*) (na)vrácení *n*; (*Darstellung, Ton≈*) reprodukce; **≈gabe·kopf** *m* reprodukční hlava *f*; **~geben** [z]reprodukovat (*im*)*pf.*; *Gespräch*: [z]opakovat; (*nachbilden*) napodobovat [-bit]; *Ton a.*: přenášet [-nést]; **≈geburt** *f* znovuzrození *n*; **≈gewinnung** *f* zpětné získávání; **≈'gutmachung** *f* napravení *n*, náprava; **~'herstellen** obnovovat [-novit]; *Med.* uzdravovat [-ravit]; **≈'herstellung** *f* obnovení *n*, obnova; *Med.* uzdravení *n*.

wieder'hol|bar opakovatelný; **~en** [z]opakovat; **~t** *Adj.* opětný; *Adv.* opět, zase; **≈ung** *f* opakování *n*; **≈ungs·prüfung** *f* opravná zkouška; **≈ungszeichen** *n* opakovací znaménko.

Wieder|hören *n*: *auf ~* na slyšenou; **~in'standsetzung** *f* úprava, obnova, obnovení *n*; **≈käuen** přežvykovat [-žvýkat]; **~käuer** *m* přežvýkavec; **~kehr** *f* návrat *m*; **≈kehren, ≈kommen** (na)vracet [-vrátit] se; **≈sehen** opět [u]vidět (*sich* se); **~sehen** *n* shledaná *f*; *auf ~!* na shledanou!; **≈um** opět, zase, znova, znovu.

Wiederver|einigung *f* opětné spojení; *Pol.* opětné sjednocení *n*; **≈heiraten:** *sich ~ Mann*: znovu se [o]ženit; *Frau*: znovu se vdá(va)t; **~kauf** *m* prodej z druhé ruky; **≈kaufen** prod(áv)at z druhé ruky; **~käufer** *m* překupník.

Wieder|vorlage *f* opětné předlo-

žení; **~wahl** *f* opětné zvolení, znovuzvolení *n*; **~zulassung** *f* opětné připuštění.
Wiege *f* kolébka (*a. fig.*); **~messer** *n Kochk.* kuchyňský sekáček.
wiegen[1] [za]kolébat; *Fleisch*: [roz-]sekat; *ein Kind in den Schlaf ~* ukoléb(áv)at dítě; *fig. sich ~* (*D*) ukoléb(áv)at se v (*A*).
wiegen[2] *v/t* [z]vážit; *v/i* vážit, mít váhu (*G*).
Wiegen *n* kolébání; **~druck** *m* prvotisk; **~fest** *n* narozeniny *f/pl.*; **~lied** *n* ukolébavka *f*.
wieher|n [za]řehtat; F (*laut lachen*) hlučný smích; **2n** *n* řehtání.
Wien *n* Vídeň *f*; **~er, 2erisch** vídeňský.
wies *s. weisen.*
Wiese *f* louka
Wiesel *n Zo.* lasice *f*.
Wiesen- luční; **~grund** *m* lučina *f*, luh.
wie|'so jak, jak to; **~'viel** kolik; **~'vielte** kolikátý; *den ~n haben wir heute?* kolikátého je dnes?; **~'weit** pokud, zda; **~'wohl** ačkoli(v).
wild divoký; *~ machen fig.* rozuřovat [-řit]; *~ werden* [z]divočet; *Pferd*: [s]plašit se; *~e Ehe* divoké manželství; *Med. ~es Fleisch* živé maso.
Wild *n* zvěř *f*; *s. Wildbret*; **~bach** *m* bystřina *f*, horský potok; **~bret** *n* zvěřina *f*; **~dieb** *m* pytlák; **~ente** *f* divoká kachna; **~erer** *m s. Wilddieb*; **2ern** pytlačit; **~fang** *m fig.* divoch, rozpustilec; **2fremd** úplně cizí; **~gans** *f* divoká husa; **~heit** *f* divokost; **~katze** *f* divoká kočka; **~leder** *n* zámiš *m*, jelenice *f*; **~ling** *m Bot.* pláň(e *n*) *f*; **~nis** *f* divočina; **~sau** *f* divoká svině; **~schaden** *m* škoda *f* způsobená zvěří; **~schwein** *n* divoký kanec; **2wachsend** divoce rostoucí; **~wasser** *n s. Wildbach*; **~wechsel** *m s. Wechsel*; **~westfilm** *m s. Western.*
will *s. wollen.*
Wille *m* vůle *f*; *letzter ~* závěť *f*, testament; *beim besten ~n* při nejlepší vůli; *mit ~n* úmyslně; *wider ~n* proti vůli; *ohne m-n ~n* bez mého svolení; **~n** *m s. Wille*; **2n:** *um ... ~ s. um.*
willenlos bezvolný, poddajný; *Adv. a.* bez vůle; **2igkeit** *f* bezvolnost, nedostatek *m* vlastní vůle.
willens: *~ sein* chtít, hodlat.
Willens|äußerung *f* projev *m* vůle; **~freiheit** *f* svoboda vůle, volnost; **~kraft** *f* síla vůle; **~schwäche** *f* slabošství *n*; **~stärke** *f* síla vůle, ráznost.
willentlich úmyslný, schválný.
will|'fahren (*D*) vyhovovat [-hovět] (*D*); **~fährig** povolný; *s. gefügig, gehorsam.*
willig ochotný, úslužný; **2keit** *f* dobrá vůle, ochota.
Will'komm|en *n od. m* přivítání *n*, přivítaná *f*; **2en** vítaný; *~ heißen* [při-, u]vítat; (*seien Sie*) *~!* buďte vítán!; **~ensgruß** *m* pozdrav na přivítanou.
Willkür *f* libovůle, zvůle; **~herrschaft** *f* krutovláda; **2lich** libovolný, svévolný.
wimmeln hemžit se (*von Menschen, Fischen, Fehlern* lidmi, rybami, chybami).
wimmern [za]vrnět, [za]kňourat.
Wimpel *m* korouhvička *f*; *Mar.* plamenec.
Wimper *f* řasa; *ohne mit der ~ zu zucken* aniž by brvou ne(po)hnul.
Wind *m* vítr; *~e pl.* (*Blähung*) větry *m/pl.*; *leichter ~* větří(če)k; *in alle ~e zerstreuen* rozptylovat [-ptýlit] do všech končin; *fig. in den ~ schlagen* nedbat č-o; *von et. ~ bekommen* [z]větřit co; **~beutel** *m Kochk.* košíček plněný šlehačkou; F *fig.* větroplach; **~bö** *f* poryv (*od.* náraz) větru; **~bruch** *m* větrný polom.
Winde *f Tech.* naviják *m*; zvedák *m*; *Bot.* svlačec *m*.
Wind·ei *n* jalové vejce.
Windel *f* plen(k)a, plínka.
winden navinovat [-nout]; *Kranz*: uví(je)t; (*heben*) vytah(ov)at [-táhnout]; *Wäsche*: [vy]ždímat; *sich ~* točit se, vinout se; (*vor Schmerzen*) svíjet se (*I*); *sich ~ um* (*A*) ovinovat [-nout] se okolo (*G*).
Windes·eile *f*: *mit ~* s větrem o závod.
Wind|fahne *f* větrná korouhvička; **~fang** *m* závětřeň *f*, zádveří *n*; **~hauch** *m* vánek; **~hose** *f* větrná smršť; **~hund** *m* chrt; F *fig.* větroplach; **2ig** větrný; *fig.* lehkomyslný; *es ist ~* je vítr, je větrno; **~jacke** *f* větrovka; **~kanal** *m* aerodynamický tunel; **~mühle** *f* větrný mlýn;

~pocken *pl. Med.* plané (*od.* P ovčí) neštovice *f/pl.*; **~rad** *n* větrné kolo; **~richtung** *f* směr *m* větru; **~rös·chen** *n* sasanka *f*, anemónka *f*; **~rose** *f* větrná růžice; **~schatten** *m* závětří *n*; **2schief** zborcený; *Bau:* šikmý; **~schutzscheibe** *f Kfz.* čelní sklo *n*; **~seite** *f* (na)větrná strana; **~spiel** *n* trpasličí odrůda *f* chrta; **~stärke** *f* síla větru; **2still** bezvětrný; **~stille** *f* bezvětří *n*; **~stoß** *m* náraz větru; **~ung** *f Tech.* závit *m*; (*Linie*) vinutí *n*; (*Straßen2*, *Fluß2*) zákrut *m*, ohyb *m*, oklika.

Wink *m* pokyn(utí *n*) *m*.

Winkel *m* úhel; (*Ecke*) kout; (*Transporteur*) úhelník; *Mil.* (*am Ärmel*) prýmek; *stiller ~* kout(ek), zákoutí *n*; **~advokat** *m* pokoutní advokát; **~eisen** *n* úhlové železo; (*Eisenbeschlag*) úhelnice *f*, úhelník *m*; **2förmig** úhlový; **~haken** *m Typ.* sázítko *n*; **2ig** pln(ý) zákoutí, křivolaký; *Straße:* klikatý; **~maß** *n* úhlová míra *f*; **~messer** *m* úhloměr; **~stahl** *m* úhlová ocel; **~zirkel** *m* úhlové kružítko *n*; **~züge** *m/pl.* okliky *f/pl.*, vytáčky *f/pl.*

wink|en [po]kynout; (*mit dem Kopf*) [za]kývat; **2er** *m* ukazatel směru, směrník.

winklig *s. winkelig.*

winseln [za]kňučet, [za]skuhrat.

Winter *m* zima *f*; *im ~* v zimě; *mitten im ~* uprostřed zimy; **~aufenthalt** *m* zimní pobyt; **~fahrplan** *m Esb.* zimní jízdní řád; **~garten** *m* zimní zahrada *f*; **~getreide** *n* zimní obilí, ozim *m*; **~grün** *n Bot.* brčál *m*, barvínek *m*; **~halbjahr** *n* zimní pololetí; (*Schule*) zimní semestr *m*; **2lich** zimní; **~mantel** *m* zimník; **~pelz** *m* zimní kožišina *f*; **~reifen** *m* pneumatika *f* se zimním dezénem; **~saat** *f* ozim *m*; **~schlaf** *m* zimní spánek; **~schlußverkauf** *m* výprodej po zimní sezóně; **~sport** *m* zimní sport; **~vorrat** *m* zásoba *f* na zimu; **~zeit** *f* zimní doba, zimní období *n*.

Winzer *m* vinař, pěstitel vína; (*Weinleser*) česač hroznů; **~fest** *n* slavnost *f* vinobraní.

winzig maličký, nepatrný; **2keit** *f* maličkost, nepatrnost.

Wipfel *m* vršek, vrchol.

Wippe *f* houpačka; **2n** *v/i* [po]houpat se, kývat se; *Sp.* hmitat; *mit dem Fuß ~* potřás(a)t nohou; **2n** *n Sp.* hmitání.

wir my; *~ waren unser drei* byli jsme tři.

wirb *s. werben.*

Wirbel *m* vír, víření *n*; (*am Kopf*) temeno *n*; *Anat.* obratel; (*Trommel2*) (za)víření *n*; (*am Saiteninstrument*) kolíček; *fig.* zmatek, učiněný blázinec; **2los** *Bio.* bezobratlý; **2n** [za]točit; *Staub usw.:* [za]vířit; (*trommeln*) [za]vířit na buben; **~säule** *f Anat.* páteř; **~sturm** *m* smršť *f*, smršťová bouře; **~tier** *n Zo.* obratlovec; **~wind** *m* větrný vír, smršť *f*.

wirf *s. werfen.*

wirk|en *v/t* (*hervorbringen, tun*) [vy]konat; (*Wirkware herstellen*) plést; *v/i* působit, účinkovat; **2en** *n* (*v. Stoffen*) pletení; (*Tätigkeit*) činnost *f*, působení; **2e'rei** *f* pletení *n*; (*Betrieb*) pletárna.

wirklich skutečný; (*echt*) opravdový; *Adv.* skutečně; (*in der Tat*) je to(mu) tak, doopravdy; **2keit** *f* skutečnost; **2keitsform** *f Gr.* oznamovací způsob *m*, indikativ *m*; **~keitsfremd** neskutečný, pomyslný; **~keitsnah** realistický.

wirksam účinný, působivý; **2keit** *f* působivost, účinnost.

Wirkung *f* působení *n*, účinnost.

Wirkungs|bereich *m* okruh působnosti; **~grad** *m* míra *f* uplatnění; účinnost *f*; **~kraft** *f* působivost; **~kreis** *m* obor působnosti, působnost; **2los** neúčinný, bezvýsledný, nepůsobivý; **~losigkeit** *f* neúčinnost, marnost; **~stätte** *f* působiště *n*; **2voll** účinný, působivý, efektní.

Wirkwaren *f/pl.* stávkové zboží, pletenina *f*.

wirr zmatený, pomatený; *Haar:* rozcuchaný; **2en** *pl.* zmatky *m/pl.*; **2kopf** F *m* ztřeštěnec, popleta; **2warr** *m* chaos, zmatek.

Wirsing *m*, **~kohl** *m* kapusta *f*.

Wirt *m*, **~in** *f* (*Eigentümer*) majitel(ka); hospodář(ka); (*Gastgeber*) hostitel(ka); *s. a. Gast-, Hauswirt*; **2lich** (*wohnlich*) obydlitelný; (*gastlich*) pohostinný.

Wirtschaft *f* hospodářství *n*; (*Haushalt*) domácnost; *s. Gastwirtschaft*; **2en** hospodařit; **~er**

(**-in** *f*) *m* hospodář (-dyně), správce (-vkyně); **~ler** *m* národohospodář, ekonom; **℞lich** hospodářský, ekonomický; (*sparsam*) hospodárný; **~lichkeit** *f* hospodárnost.

Wirtschafts|abkommen *n* hospodářská dohoda; **~aufbau** *m* hospodářská výstavba; **~blockade** *f* hospodářská blokáda; **~buch** *n* hospodářská kniha; **~entwicklung** *f* hospodářský vývoj; **~form** *f* forma hospodářství; **~funktionär** *m* hospodářský pracovník; **~gebäude** *n* hospodářské stavení; **~gebiet** *n* hospodářský obor; **~geld** *n* peníze *m/pl.* pro domácnost; **~grundlage** *f* hospodářská základna; **~hilfe** *f* hospodářská pomoc; **~jahr** *n* hospodářský rok; **~krieg** *m* hospodářská válka; **~krise** *f* hospodářská krize; **~lage** *f* hospodářský stav, hospodářská situace; **~leben** *n* hospodářský život; **~lehre** *f* ekonomika; **~minister(ium** *n*) *m* ministr (ministerstvo *n*) *m* hospodářství; **~ordnung** *f* hospodářský řád, ekonomické zřízení; **~plan** *m* hospodářský plán; **~planung** *f* hospodářské plánování; **~politik** *f* hospodářská politika; **℞politisch** hospodářskopolitický; **~rat** *m* hospodářská rada; **~system** *n* hospodářská soustava; **~verhältnisse** *n/pl.* hospodářské poměry *m/pl.*; **~wissenschaftler** *m* ekonomik; **~wunder** *n* hospodářský div; **~zweig** *m* hospodářské odvětví.

Wirts|haus *n* hostinec *m*, hospoda *f*; **~leute** *pl.* (*Gastwirt*) hostinský a hostinská; (*Bauer*) hospodář a hospodářka; (*Hausbesitzer*) majitelé *m/pl.* domu, domácí *m/pl.*

Wisch *m* (*Fetzen*) cár; (*Wedel*) oprašovač; **~blatt** *n Kfz.* stírátko; **℞en** utírat [utřít]; **~er** *m s. Scheibenwischer*; **~lappen** *m*, **~tuch** *n* utěrka *f*.

Wisent *m Zo.* bizon.

Wismut *n Chem.* vizmut; **~-** *in Zssgn* vizmutový.

wispern [za]šeptat; *Wind*: [za]šelestit.

Wißbegier *f*, **~de** *f* vědychtivost; **℞ig** vědychtivý.

wissen vědět (*von D*, *um A* o *L*); (*können*) umět; (*kennen*) znát; *~ lassen* oznamovat [oznámit], zpravovat [zpravit], uvědomovat [-mit]; *soviel ich weiß* pokud vím; *nicht daß ich wüßte* o tom nic nevím; *man kann nie ~* člověk nikdy neví; *ich will davon nichts mehr ~* nechci o tom ani slyšet; *weißt du noch ...?* pamatuješ se ještě ...?

Wissen *n* vědomí; (*Kenntnisse*) vědění, vědomosti *f/pl.*; *m-s ~s* pokud vím; *mit bestem ~ und Gewissen* s nejlepším vědomím a svědomím; *ohne mein ~* bez mého vědomí; *wider besseres ~* proti lepšímu vědomí.

Wissenschaft *f* věda; **~ler** *m* vědec; **℞lich** vědecký; **~lichkeit** *f* vědeckost.

Wissens|drang *m*, **~durst** *m* vědychtivost *f*, touha *f* po vědě; **~gebiet** *n* vědní obor *m*; **℞wert** interesantní.

wissentlich vědomý, úmyslný.

wittern [z]větřit.

Witterung *f* (*Wetter*) počasí *n*, povětrnost; *Jagdw.* větření *n*, čich *m*; **~s·einfluß** *m* vliv povětrnosti; **~s·umschlag** *m*, **~s·wechsel** *m* změna *f* počasí; **~s·verhältnisse** *n/pl.* povětrnostní poměry *m/pl.*

Witwe *f* vdova; *~ werden* stá(va)t se vdovou, ovdovět *pf.*; **~n·rente** *f* vdovský důchod; **~n·schaft** *f* vdovství *n*; **~n·stand** *m* vdovský stav; **~r** *m* vdovec; *~ werden* stá(va)t se vdovcem, ovdovět *pf.*; **~r·schaft** *f* vdovství *n*; **~r·stand** *m* vdovecký stav.

Witz *m* vtip; *fauler ~* nepodařený vtip; *~e machen od. reißen* [u]dělat vtipy (*über A* na *A*); *wo steckt da der ~?* jaký to má smysl?; *mach keine ~e!* myslíš to važně *od.* doopravdy?; **~blatt** *n* humoristický časopis; **~bold** *m* vtipkář; **~e'lei** *f* vtipkování *n*; **℞eln** [za]vtipkovat (*über A* o *L*); **℞ig** vtipný; **℞los** nevtipný.

wo kde; (*irgend~*) někde; *~ (auch) immer* kdekoli; *Konj.* jestliže, když; F *ach ~!, i ~!* ale kdež!, kdepak!

wob *s. weben.*

wo'bei při čemž.

Woche *f* týden *m*; *nächste ~* příští týden, s neděle; *heute in einer ~* ode dneška za týden.

Wochen|bericht *m* týdenní zpráva *f*; **~bett** *n* šestinedělí; **~bettfieber** *n Med.* horečka *f* omladnic; **~blatt**

n týdenní list *m*, týdeník *m*; **~ende** *n* konec *m* týdne; víkend *m*; **~endhaus** *n* víkendový domek; **~end(rück)fahrkarte** *f* rekreační jízdenka; **~karte** *f* týdenní jízdenka; **2lang** trvající celé neděle *od.* týdny; **~lohn** *m* týdenní mzda *f*; **~markt** *m* týdenní trh; **~ration** *f* týdenní příděl *m od.* dávka; **~schau** *f* (filmový) týdeník, žurnál *m*; **~schrift** *f s. Wochenblatt*; **~tag** *m* všední (*od.* obyčejný, pracovní) den; **2tags** ve všední dny; **~übersicht** *f* týdenní přehled *m*; **2weise** týdně, po týdnech.

wöchentlich *Adj.* týdenní; *Adv.* týdně.

-wochig, -wöchig *in Zssgn* -nedělní, *z. B. drei~* třínedělní.

Wöchnerin *f* šestinedělka, žena v šestinedělí.

wo|'durch čím(ž); **~'für** zač; (*wozu*) nač, k čemu; *~ hälst du mich?* zač mě považuješ?

wog *s. wägen, wiegen.*

Woge *f* vlna.

wo'gegen proti čemu; (*wofür*) zač.

wogen *Meer usw.*: [z]vlnit se; *Menge, Getreide, Gras usw.*: [za-]hemžit se; *Busen*: [za]dmout se.

wo|'her odkud; *~ (auch) immer* odkudkoli; **~'hin** kam; *~ (auch) immer* kamkoli; **~hin'gegen** kdežto.

wohl *Adv.* dobře; (*vielleicht*) snad; (*etwa, möglich*) asi; *Präd.*: *mir ist ~, ich fühle mich ~* vede se mi dobře; *~ oder übel* po dobrém nebo po zlém, chtěj nechtěj; *leben Sie ~!* mějte se dobře!, sbohem!; *~ bekomm's!* ať slouží!, ke zdraví!

Wohl *n* blaho, dobro; *auf dein ~!* na tvé zdraví!; *zu deinem ~!* ve tvůj prospěch!

wohl|'an nuže; **~anständig** slušný, jak se sluší; **~'auf** nuže; *~ sein* být zdráv; **2befinden** *n* zdraví, dobrý zdravotní stav; **2behagen** *n* blaho, blažený pocit; **~behalten** v dobrém stavu; **~bekannt** dobře známý; **2ergehen** *n* blaho, zdar *m*; **~erzogen** dobře vychovaný; **2fahrt** *f* blaho *n*, blahobyt *m*; *öffentliche ~* veřejná péče; **2fahrts·einrichtung** *f* sociální zařízení *n*; **2fahrts·empfänger** *m* příjemce sociální podpory; **~feil** laciný, levný; **2gefallen** *n* zalíbení, záliba *f*; **~gefällig** *Adv.* se zalíbením; **2gefühl** *n* pocit *m* blaha, blažený pocit; **~gemeint** dobře míněný; **~gemut** dobré mysli, veselý; **~genährt** dobře živený; *Tier*: vykrmený; **2geruch** *m* libá vůně; **2geschmack** *m* dobrá chuť; **~gesinnt** dobře smýšlející; **~gestalt(et)** pěkně urostlý, ztepilý; **~habend** zámožný; **2habenheit** *f* zámožnost; **~ig** blažený, příjemný; **2klang** *m* libozvuk, melodičnost *f*; **~klingend** libozvučný, líbezně znějící; **2leben** *n* blahobytný život; **~meinend** dobře míněný; **~riechend** vonný, voňavý; **~schmekkend** chutný; **2sein** *n* zdraví; **2stand** *m* blahobyt; **2tat** *f* dobrodiní *n*, dobrý skutek; **2täter(in** *f*) *m* dobrodinec (-nka); **~tätig** dobročinný; **2tätigkeit** *f* dobročinnost; *~s- in Zssgn* dobročinný; **~tuend** blahodárný; (*angenehm*) příjemný; **~tun** prokazovat [-kázat] dobrodiní; *das tut wohl* to působí dobře; **~überlegt** dobře navážený; **~verdient** *Person*: zasloužilý; *Sache*: zasloužený; **~verstanden** správně pochopený; **~weislich** *Adv.* opatrně, z opatrnosti, obezřele; **2wollen** *n* blahovůle *f*, vlídnost *f*, přízeň *f*; **~wollend** blahosklonný, přívětivý, laskavý.

Wohn|anhänger *m* obytný přívěs, karavana *f*; **~baracke** *f* obytná chatrč; **~bau** *m* obytná budova; **~block** *m* obytný blok; **2en** bydlit; *unter e-m Dach ~* bydlit v témž domě; **~fläche** *f* obytná plocha; **~gebäude** *n* obytná budova, obytné stavení; **~gebiet** *n* obytný okres; **2haft** bydlící; *~ sein* bydlit; **~haus** *n* obytný dům; **~küche** *f* obytná kuchyně; **~kultur** *f* kultura bydlení, bytová kultura; **2lich** pohodlný, útulný; **~ort** *m* bydliště *n*; **~raum** *m* obytná místnost; **~recht** *n* právo bydlení; **~siedlung** *f* sídliště *n*; **~sitz** *m*, **~stätte** *f s. Wohnort*; **~stube** *f* obývací světnice.

Wohnung *f* byt *m*.

Wohnungs|amt *n* bytový úřad; **~bau** *m* bytová výstavba; **~baugenossenschaft** *f* bytové družstvo; **~einrichtung** *f* bytové zařízení; **~geld** *n* nájemné; **~mangel** *m*, **~not** *f* bytová tíseň *od.* nouze; **~suche** *f* hledání *n* bytu; *auf ~ sein* hledat byt; **~tausch** *m* výměna *f* bytu; **~tür** *f* dveře *f/pl.* bytu; **~vermittlung** *f* zprostředkování *n* bytů; **~wechsel** *m* změna *f* bytu, stěhování *n*.

Wohn|verhältnisse *n/pl.* bytové poměry *m/pl.*; **~viertel** *n* obytná čtvrť; **~wagen** *m* obytný vůz, maringotka *f*; **~zimmer** *n* obývací pokoj *m*.

wölb|en [vy]klenout (*sich* se); *gewölbt* klenutý; **♀ung** *f* klenutí *n*, klenba.

Wolf *m Zo.* vlk; *Med.* opruzenina *f*, P vlk; (*Fleisch*♀) strojek na maso; *fig.* ~ *im Schafpelz* vlk v rouše beránčím.

Wölf|in *f* vlčice; **♀isch** vlčí.

Wolfram *n Chem.* wolfram *m*; ~- *in Zssgn* wolframový.

Wolfs|hund *m* vlčák; **~hunger** *m fig.* hlad jako vlk; **~milch** *f Bot.* pryšec *m*; **~rachen** *m Med.* vrozený rozštěp patra, P vlčí tlama *f*.

Wolga *f Geogr.* Volha.

Wolke *f* mrak *m*, mračno *n*, oblak *m*; F *aus allen* ~*en fallen* být překvapen, jako by spadl s nebe.

Wolken|bruch *m* průtrž *f* mračen; **~decke** *f* mraková pokrývka; **~kratzer** *m* mrakodrap; **♀los** bezmračný; **~schicht** *f* vrstva mračen.

wolkig oblačný, zamračený.

woll|artig vlnovitý; **♀decke** *f* vlněná pokrývka; **♀e** *f* vlna; F *fig. in die* ~ *geraten* dost(áv)at se do ráže; **~en**[1] *Adj.* vlněný.

wollen[2] chtít; (*wünschen*) přá(va)t si; *wir* ~ *sehen* [u]vidíme; *ich will nichts gesagt haben* nic jsem neřekl; *man mag* ~ *oder nicht* chtě nechtě, volky nevolky; ~ *Sie Platz nehmen!* račte se posadit!; *er will es gesehen haben* říká, že to viděl.

Wollen *n* chtění, vůle *f*.

Woll|fett *n* tuk *m* z ovčí vlny; **~haar** *n* podsada *f*, puch *m*; (*krauses Haar*) kudrnaté vlasy *m/pl.*; **♀ig** vlnatý; **~industrie** *f* vlnařský průmysl; **~kämme'rei** *f* česárna vlny; **~kleid** *n* vlněné šaty *m/pl.*; **~sachen** *f/pl.* vlněné šatstvo; **~spinne'rei** *f* přádelna vlny; **~stoff** *m* vlněná látka; **~tuch** *n* vlněný šátek.

Wol|lust *f* (smyslná) rozkoš; **♀lüstig** plný rozkoše, slastný.

Woll|waren *f/pl.* vlněné zboží; **~weste** *f* vlněná vesta.

wo|'mit (s) čím, (s) čímž; **~'möglich** možná, pokud možno, možno-li; **~'nach** po čem; (*gemäß*) podle čeho.

Wonne *f* slast, rozkoš; **~gefühl** *n* pocit *m* slasti, slastný pocit; **~monat** *m*, **~mond** *m* květen *m*; *poet.* máj; **♀trunken** opojený slastí; **♀voll** slastný, slastiplný.

wor|'an (*wohin?*) nač; (*wo?*) na čem; **~'auf** (*wohin?*) nač; (*wo?*) na čem; (*zeitlich*) načež, a pak, a potom; **~'aus** z čeho; **~'in** do čeho, več.

worfeln [pro]čistit.

Wort *n* slovo; ~ *für* ~ slovo za slovem; *auf mein* ~*!* na mou čest!; *mit e-m* ~ (jedním) slovem; *mit anderen* ~*en* jinými slovy; *kein* ~ (*mehr*) (už) ani slova; *in* ~ *und Tat* slovem i skutkem; *in* ~ *und Schrift* slovem i písmem; *in* ~*en fünfzig Mark* slovy padesát marek; *leere* ~*e* planá slova; *nicht zu* ~*e kommen lassen* nepřipouštět [-pustit] ke slovu; *das* ~ *entziehen* odnímat [-nít] slovo; *zu* ~*e kommen* dost(áv)at se ke slovu; *ein* ~ *ergab das andere* slovo dalo slovo; *ein Mann, ein* ~ slovo dělá muže; *sein* ~ *halten* stát ve slově; *es ist kein wahres* ~ *daran* není na tom slova pravdy; *aufs* ~ *gehorchen* poslouchat [-slechnout] na slovo; **~art** *f Gr.* slovní druh *m*; **~betonung** *f* slovní přízvuk *m*; **~bildung** *f* tvoření *n* slov; **~bruch** *m* porušení *n* daného slova; **♀brüchig** věrolomný; ~ *werden* nedostá(va)t slovu, [z]rušit slovo.

Wörtchen *n* slůvko, slovíčko.

Wörter|buch *n* slovník *m*; **~verzeichnis** *n* seznam *m* hesel *od.* slov.

Wort|familie *f Gr.* slovní čeleď; **~folge** *f Gr.* slovosled *m*; **~fügung** *f Gr.* vazba; **~führer** *m* mluvčí; **~gefecht** *n* slovní spor *m*, hašteření; **♀getreu** doslovný (překlad); **♀karg** málomluvný, skoupý na slovo; **~klasse** *f Gr.* slovní druh *m*, slovní třída; **~klauber** *m* slovíčkář, puntičkář; **~klaube'rei** *f* slovíčkářství *n*, puntičkářství *n*; **~laut** *m* doslovné znění *n*; text; *im vollen* ~ v plném znění; **~lehre** *f* nauka o slově.

wörtlich doslovný, přesný, věrný.
wort|los němý, nemluvný; **⁀rätsel** *n* slovní hádanka *f*; **~reich** bohatý slovy, mnohomluvný; **⁀schatz** *m* zásoba *f* slov, slovní poklad; **⁀schwall** *m* záplava *f* slov; **⁀spiel** *n* slovní hříčka *f*; **⁀stamm** *m Gr.* kmen slova; **⁀stellung** *f Gr.* slovosled *m*, pořádek *m* slov ve větě; **⁀streit** *m* slovní spor, hašteření *n*; **⁀wechsel** *m* slovní spor, slovní půtka *f*; **~'wörtlich** doslovný, slovo za slovem.
wor|'über (*wohin?*) nad co, přes co; (*wo?*) nad čím; **~'um** proč, oč; **~'unter** (*wohin?*) pod co; (*wo?*) pod čím.
wo|'von o čem(ž); **~'vor** (*wohin?*) před co; (*wo?*) před čím; **~'zu** k čemu, nač.
Wrack *n* vrak *m*.
wrang *s. wringen.*
wring|en [vy]ždímat; **⁀maschine** *f* ždímačka.
Wucher *m* lichva *f*; ~ *treiben* lichvařit, provádět [-vést] lichvu; **~er** *m* lichvář; **⁀isch** lichvářský; **⁀n** (*üppig wachsen*) [z]bujet; **~preis** *m* nepoměrně vysoká cena; **~ung** *f Med.* zbytnění *n*; **~zins** *m* lichvářský úrok.
wuchs *s. wachsen.*
Wuchs *m* růst; (*Figur*) postava *f*, vzrůst.
Wucht *f* tíha, váha, síla; F *fig. das ist 'ne ~!* to je prima!; **⁀ig** mohutný.
wühl|en *v/i* rýt se, hrabat se (*in D* v *L*); *fig.* zasévat nesváry; **⁀e'rei** *f* rytí *n*, hrabání *n*; *fig.* pobuřování *n*; **⁀maus** *f Zo.* hraboš *m*.
Wulst *m od. f* zesílení *n*; vyboulení *n*; *Kfz.* patka *f*; **⁀ig** nadutý, vydutý; *Lippen*: odulý.
wund (*verletzt*) raněný; (*weh*) bolavý; *~e Stelle* bolavé místo (*a. fig.*); *sich* (*D*) *~ reiben* (*A*) rozdírat [rozedřít] si (*A*); *sich* (*die Füße*) *~ laufen* uběhat si *pf.* nohy do krve; **⁀arzt** † *m* ranhojič, felčar; **⁀brand** *m* sněť *f*, gangréna *f*; **⁀e** *f* poranění *n*, rána; *fig. die Zeit heilt alle ~n* čas léčí všechny rány; *alte ~n wieder aufreißen* obnovovat [-novit] starou ránu.
Wunder *n* zázrak *m*, div *m*; *ein ~ der Natur* zázrak přírody; *kein ~, daß ...* není divu, že (*od.* kdyby) ...; *wie durch ein ~* jako zázrakem; *~ tun* udělat zázraky *od.* divy; F *sein blaues ~ erleben* [u]vidět div divoucí; **⁀bar** (*wie ein Wunder erscheinend*) zázračný; (*erstaunlich*) podivuhodný; (*herrlich*) *s. wundervoll*; **~ding** *n* podivná věc; **~doktor** *m* zázračný lékař; **~glaube** *m* víra *f* v zázraky; **'⁀'hübsch** čarovně krásný; **~kerze** *f* prskavka; **~kind** *n* zázračné dítě; **~land** *n* zázračná země; **⁀lich** podivný; **~lichkeit** *f* podivnost; **⁀n:** *sich ~ über* (*A*) [po]divit se (*D*); **~mittel** *n* zázračný prostředek; **⁀nehmen:** *es nimmt mich wunder* divím se; **'⁀'schön** podivuhodně krásný, překrásný; **~tat** *f* zázračný čin, zázrak *m*; **~täter(in** *f*) *m* divotvorce (-rkyně); **⁀tätig** divotvorný; **~tier** *n* zázračné zvíře; **⁀voll** divuplný, kouzelný, čarovný; **~werk** *n* zázrak *m*, div *m*; **~zeichen** *n* zázračné znamení.
Wund|fieber *n* horečka *f* od rány; **⁀gerieben** rozedřený; **⁀liegen** proležet se *pf.*; **~mal** *n* jizva *f*; **~pflaster** *n* náplast *f* na ránu; **~puder** *m* pudr na ránu; **~rose** *f Med.* růže; **~salbe** *f* mast na ránu; **~starrkrampf** *m Med.* tetanus.
Wunsch *m* přání *n*; *nach ~* na přání; **~bild** *n* ideál *m*, vzor *m*.
Wünschelrute *f* virgule *f*, kouzelný proutek; **~n·gänger** *m* proutkař.
wünschen [po]přát; *was ~ Sie?* co si přejete?; *es ist zu ~, daß ...* je žádoucno, aby ...; *viel zu ~ übrig lassen* nebýt valný, vykazovat [-kázat] mnoho nedostatků; **~swert** žádoucí.
wunsch|gemäß podle přání; **⁀konzert** *n* koncert *m* podle přání; **~los** prostý (*od.* bez) přání; *~ glücklich* přešťastný; **⁀satz** *m Gr.* věta *f* přací; **⁀traum** *m* touha *f*, (nesplnitelný) sen; **⁀zettel** *m* žádanka *f*, přáníčko *n*.
wurde, würde *s. werden.*
Würde *f* vážnost; (*hoheitsvolle Haltung*) důstojnost; (*Rang*) hodnost; (*Ehrenstelle*) úcta; *das ist unter m-r ~* to je pod mou důstojnost; **⁀los** nedůstojný, nevážný; **~n·träger** *m* hodnostář; **⁀voll** důstojný, vážný, velebný.
würdig vznešený, důstojný; *~ sein* (*G*) být hoden (*G*) *für ~ befinden* pokládat za hodna (*G*); **~en** oceňovat [ocenit]; *j-n keines Blickes ~*

nevšímat [-všimnout] si k-o; **2ung** *f* ocenění *n*, oceňování *n*.

Wurf *m* hod, vrh, hození *n*; (*junge Tiere*) mláďata *n/pl.*; **~anker** *m Mar.* přenosná kotva; **~bahn** *f* dráha vrhu.

Würfel *m* krychle *f*; (*Kochk.*, *Spiel2*) kostka *f*; *die ~ sind gefallen* kostky jsou vrženy; **~becher** *m* kalíšek na kostky; **2förmig** kostkový; *Geom.* krychlový; **~muster** *n* kostkový (*od.* čtverečkový) vzor; **2n** *v/t Kochk.* [roz]krájet na kostky; *v/i* (*Spiel*) [za]hrát si v kostky; **~spiel** *n* hra *f* v kostky; **~zucker** *m* kostkový cukr.

Wurf|geschoß *n* vrhací střela *f*; **~höhe** *f* výška vrhu; **~scheibe** *f Sp.* disk *m*; **~sendung** *f* letáková poštovní zásilka; **~speer** *m*, **~spieß** *m* oštěp; **~waffe** *f* vrhací zbraň; **~weite** *f* délka vrhu.

würgen *v/t* [u]škrtit, [za]rdousit; *v/i* dusit (*od.* dávit) se (*an D* po *L*).

Wurm 1. *m* červ; **2.** *n* F *fig.* = *Würmchen n* červí(če)k; **2ähnlich, 2artig** červovitý; **2en** F: *es wurmt mich* trápí mě, mrzí mě; **~farn** *m Bot.* kapraď *f*; **~fortsatz** *m Anat.* červovitý přívěsek; **~fraß** *m* červotočina *f*, P červotoč; **2ig** červivý, prožraný červy; **2krank** trpící hlísty; **~krankheit** *f Med.* hlístivost; **~mittel** *n* hlístopudný prostředek; **2stichig** červotočivý.

Wurst *f* salám *m*, P vuřt *m*; F *das ist mir 2* to je mi jedno; *es geht um die ~* teď jde o všechno; **~igkeit** F *f* lhostejnost, netečnost.

Würstchen *n* uzenka *f*; *ein Paar ~* párek *m*.

Wurst|e'lei F *f* šlendrián *m*, ledabylá práce; **~haut** *f* kůže ze salámu; **~macher** *m* výrobce *m* uzenek, uzenář; **~vergiftung** *f* otrava salámem *od.* klobásovým jedem; **~waren** *f/pl.* uzeniny *f/pl.*

Würze *f* koření *n* (*a. fig.*); *in der Kürze liegt die ~* stručnost je kořením jazyka.

Wurzel *f* kořen *m*; *Math.* odmocnina; *~ ziehen* odmocňovat [-mocnit]; *~ schlagen* zapouštět [-pustit] kořeny; **~behandlung** *f Med.* léčení *n* kořene; **~exponent** *m Math.* odmocnitel; **~fäule** *f* hniloba kořenů; **~haare** *n/pl.* vlášení *n* kořenové; **~heber** *m Agr.* zvedač kořenů; **~knolle** *f* kořenová hlíza; **2los** bez kořene, bezkořenný; **2n** zapouštět [-pustit] kořeny (*in D* do *G*); **~silbe** *f Gr.* kořenná slabika; **~stock** *m* oddenek; **~werk** *n* kořeny *m/pl.*; **~wort** *n Gr.* základní slovo; **~zeichen** *n Math.* odmocnítko; **~ziehen** *n Math.* odmocňování.

würz|en [o]kořenit; **~ig** kořenný, aromatický.

wusch *s. waschen.*

wußte *s. wissen.*

Wust *m* (neuspořádaná) hromada; směs *f*, nepořádek.

wüst (*öde*) pustý; (*unbebaut*) zpustlý; (*unbewohnt*) liduprázdný; *~es Durcheinander* zmatek, nepořádek; *~es Leben* prostopášný život; **2e** *f* poušť; (*Einöde*) pustina; **2e'nei** *f* pustina, samota; **2enklima** *n* podnebí v poušti; **2enzone** *f* pásmo *n* pouště; **2ling** *m* prostopášník, zhýralec.

Wut *f* vztek *m*, zuřivost, zběsilost; *fig.* řádění *n*, zuření *n*; *in ~ bringen* rozvzteklovat [-lit]; *in ~ geraten s. wütend werden*; **~anfall** *m* záchvat zuřivosti; **~ausbruch** *m* výbuch vzteku.

wüten zuřit, vztekat se; *fig.* řádit; **~d** vzteklý; (*rasend*) zuřivý, zběsilý; *~ werden* rozvzteklovat [-lit] se; *ich bin ~ auf ihn* jsem rozzuřen naň.

wut·entbrannt *s. wütend.*

Wüterich *m* zuřivec, zběsilec.

wutschnaubend soptící vztekem.

Wwe. *Abk. für Witwe.*

X

X, x *n* (*unv.*) X, x.
X-Achse *f Math.* osa x.
Xan'thippe *f fig.* xantipa.
X-Bein|e *n/pl.* nohy *f/pl.* do x, F pekařské nohy *f/pl.*; **⁀ig** nohama do x.
x-beliebig libovolný, kterýkoli(v).
x-fach F x-násobný.
x-mal F x-krát, nesčíslněkrát.
X-Strahlen *m/pl.* paprsky *m/pl.* X.
Xylo'phon *n Mus.* xylofon *m.*

Y

Y, y *n* (*unv.*) Y, y.
Y-Achse *f Math.* osa y.
Yacht *f* jachta.
Yard *n* yard *m.*
Yen *m* jen.
Ypsilon *n* ypsilon *m.*
Yt'terbium *n Chem.* yterbium.
Yttrium *n Chem.* ytrium.

Z

Z, z *n* (*unv.*) Z, z.
Zack|e *f* hrot *m*; (*an Stoffen, Ornamenten usw.*) zub *m*, zoubek *m*; (*Vorsprung*) zářez *m*; **2ig** zoubkovaný, vroubkovaný; *fig. Auftreten, Benehmen*: řízný.
Zagen *n* váhání.
zaghaft váhavý, nesmělý; **2igkeit** *f* váhavost, nerozhodnost.
zäh, ~e houževnatý (*a. fig., hartnäckig*); *Fleisch usw.*: tuhý; (*ausdauernd*) vytrvalý; **~flüssig** viskózní, vazký; **2igkeit** *f* houževnatost; tuhost, viskozita, vazkost.
Zahl *f* číslo *n*; (*Ziffer*) číslice; (*Anzahl*) počet *m*; *sie waren sieben an der ~* bylo jich sedm; *ohne ~* bez čísla, bezčíslný.
Zähl·apparat *m* počitadlo *n*.
zahlbar splatný; *~ und klagbar* splatno a žalovatelno; *in 3 Monaten ~* splatný do tří měsíců.
zählbar (s)počitatelný.
zählebig: *~ sein* mít tuhý život.
zahlen [za]platit; *s. aus-, bezahlen.*
zählen [s]počítat; *~ auf (A)* počítat s kým, spoléhat [spolehnout] na k-o; *~ zu* považovat zač; *das zählt nicht mit* to neplatí.
zahlen|mäßig číselný; **2reihe** *f* číselná řada; **2system** *n* číselná soustava; **2verhältnis** *n* číselný poměr; **2wert** *m* číselná hodnota.
Zahler(in *f*) *m* plátce (-tkyně).
Zähl|er *m* (*Person*) sčitatel, sčítač; *Math.* čitatel; *Tech.* počitadlo *n*, počítač; **~karte** *f* sčítací lístek *m*.
Zahl|karte *f* vplatní lístek *m*; **~kasse** *f* výplatní pokladna, platebna; **~kellner** *m* vrchní (číšník); **2los** nesčíslný, nesčetný; **~meister** *m* výplatčí; **2reich** četný, hojný; **~stelle** *f* platební místo *n*, platebna; **~tag** *m* den výplaty, výplatní den *m*; **~ung** *f* placení *n*, platba; (*Gehalts2*) plat *m*; *s. Aus-, Bezahlung.*
Zählung *f* počítání *n*, sčítání *n*.
Zahlungs|abkommen *n* platební dohoda *f*; **~anweisung** *f* platební poukázka; **~art** *f* způsob *m* placení; **~aufforderung** *f* výzva k zaplacení; **~aufschub** *m* odklad placení; **~auftrag** *m* platební příkaz; **~bedingung** *f* platební podmínka; **~befehl** *m Jur.* platební rozkaz; **~bestätigung** *f* platební potvrzení *n*; **~bilanz** *f* platební bilance; **~einstellung** *f* zastavení *n* platů *od.* placení; **~empfänger** *m* příjemce poukázaných peněz; **~erleichterung** *f* platební úleva; **2fähig** schopný platit; **~fähigkeit** *f* platební schopnost, solvence; **~frist** *f* platební lhůta; **~liste** *f* platební listina; **~mittel** *n* platidlo; **~schwierigkeiten** *f/pl.* platební nesnáze *f/pl.*; **~sperre** *f* zákaz *m* platit; **~termin** *m* platební lhůta *f*; **2unfähig** neschopný platit; **~unfähigkeit** *f* neschopnost platit; **~verkehr** *m* platební styk; **~vermerk** *m* platební záznam; **~verpflichtung** *f* povinnost (*od.* závazek *m*) platit; **~weise** *f s. Zahlungsart.*
Zählwerk *n* počitadlo, čítač *m*.
Zahl|wort *n Gr.* číslovka *f*; **~zeichen** *n* číslice *f*, cifra *f*.
zahm krotký, ochočený (*a. fig.*).
zähm|bar zkrotitelný, ochočitelný; **~en** [z]krotit, ochočovat [-čit]; **2ung** *f* (z)krocení *n*, ochočení *n*.
Zahmheit *f* krotkost, ochočenost.
Zahn *m* zub (*a. Tech.*); (*Stoß2*) kel; *bis an die Zähne bewaffnet* ozbrojen po zuby; *fig. j-m auf den ~ fühlen* sahat [sáhnout] k-u na zoubek; **~arzt** *m* zubní lékař; **~ärztin** *f* zubní lékařka; **2ärztlich** zubolékařský; **~behandlung** *f* ošetřování *n* zubů; **~bein** *n Anat.* zubovina *f*; **~bürste** *f* kartáček *m* na zuby, zubní kartáček *m*.
Zähnchen *n* zoub(eč)ek *m*.
Zähne *m/pl. s. Zahn*; **~fletschen** *n* cenění zubů; **2fletschend** cenící zuby; **~klappern** *n* cvakání (*od.* jektání) zuby; **~knirschen** *n* skřípění zubů; **2(l)n** [u]dělat zoubky, [o]zoubkovat.
zahn|en: *das Kind zahnt* dítěti se

řežou první zoubky; **2en** *n* řezání zoubků; **2ersatz** *m* zubní náhrada *f*; **2fäule** *f* hniloba zubů; **2fleisch** *n* dáseň *f*; **2füllung** *f* zubní výplň, plomba; **2geschwür** *n* zánět *m* dásně; **2heilkunde** *f* zubní lékařství *n*; **2höhle** *f* dřeňová dutina zubní; **2klinik** *f* zubní klinika; **2krem** *f s. Zahnpasta*; **2kranz** *m Tech.* ozubený věnec; **2krone** *f* zubní korunka; **2laut** *m Gr.* zubní hláska *f*, zubnice *f*; **~los** bezzubý; **2lücke** *f* mezera mezi zuby; **2nerv** *m* zubní nerv; **2pasta** *f* zubní pasta; **2pflege** *f* péče o zuby; **2prothese** *f s. Zahnersatz*; **2pulver** *n* zubní prášek *m*; **2rad** *n Tech.* ozubené kolo; **2radbahn** *f* ozubená dráha; **2schmelz** *m* skelný povlak zubů, zubní sklovina *f*; **2schmerz** *m* bolení *n* zubů; **2stange** *f Tech.* ozubená tyč, ozubnice; **2stein** *m* zubní kámen; **2stocher** *m* párátko *n*; **2techniker** *m* zubní technik, dentista; **2weh** *n* bolení zubů; **2wurzel** *f* kořen *m* zubu, zubní kořen *m*; **2zange** *f* zubní kleště *f/pl.*, kleště *f/pl.* na zuby; **2ziehen** *n* trhání zubu.

Zähre *f poet.* slza.

Zander *m Zo.* candát.

Zange *f* kleště *f/pl.*; *dim.* klíšťky *f/pl.*, kleštičky *f/pl.*; **2n·förmig** klešťovitý, jako kleště; **~n·geburt** *f* klešťový porod.

Zank *m* hádka *f*, spor; **~apfel** *m* jablko *n* sváru; **2en** (*a. sich*) [po-]hádat se, [po]hašteřit se (*mit j-m über A* s kým o *L*).

Zänk|er *m* hašteřivec *m*, hašteřil; **~e'rei** *f* hádání *n*, hašteření *n*; **2isch** hašteřivý, svárlivý, hádavý.

Zank|lust *f*, **~sucht** *f* hašteřivost, svárlivost; **2süchtig** *s. zänkisch*.

Zäpfchen *n* čípe(če)k *m* (*a. Anat., Med.*).

zapfen *v/t* [na]čepovat.

Zapfen *m Tech.* čep; (*Verschluß*) dřevěná zátka; *Bot.* šiška *f*; **2förmig** šišatý, šiškovitý; **~loch** *n Tech.* dlab *m*; **~streich** *m Mil.* čepobití *n*, večerka *f*.

zappel|ig neklidný, nervózní; **~n** házet sebou, nevědět si rady; *mit Händen und Füßen ~* házet rukama a nohama; *fig. j-n ~ lassen* nech(áv)at na holičkách.

Zar *m* car; **~en-** carský; **~entum** *n* carství; **~in** *f* carevna.

Zarge *f* obruba; (*Tür2, Fenster2*) rám *m*.

zart jemný, něžný; **~besaitet** *fig.* útlocitný; **~fühlend** jemnocitný; **2gefühl** *n* jemnocit *m*; **2heit** *f* jemnost, něžnost.

zärtlich něžný; **2keit** *f* něžnost.

Zaster F *m* P prachy *m/pl.*

Zauber *m* kouzlo *n*, čarování *n*; **~-** *in Zssgn a.* čarodějný, čaromocný, čarotvorný; F *fauler ~* šalba *f*; **~ei** [-'ʀaɪ] *f* kouzelnictví *n*, čáry *f/pl.*, čarování *n*; **~er** *m* kouzelník, čaroděj; **~flöte** *f* kouzelná flétna; **~formel** *f* zaříkávací (*od.* magická) formule; **2haft** kouzelný, čarovný; *fig. a.* čarokrásný; **~in** *f* kouzelnice, čarodějnice; **2isch** *s. zauberhaft*; **~kraft** *f* kouzelná (*od.* čarovná, čarotvorná) síla, čarodějná moc; **~kreis** *m* čarovný (*od.* kouzelný) kruh; **~kunst** *f* kouzelnictví *n*, čarodějnictví *n*; **~künstler** *m* eskamotér; *s. Zauberer*; **~kunststück** *n* eskamotérský (*od.* kouzelnický) trik *od.* kousek; **~land** *n* kouzelná země; **~lehrling** *m* čarodějnický učeň; **~mittel** *n* kouzelný (*od.* magický) prostředek; (*Gegenmittel*) prostředek *m* proti kouzlu; **2n** čarovat, kouzlit; **~reich** *n* kouzelná krajina; **~ring** *m* kouzelný prsten; **~spiegel** *m* kouzelné zrcadlo; **~spruch** *m s. Zauberformel*; **~stab** *m* čarovný (*od.* čarodějnický) proutek, magická hůlka; **~trank** *m* čarovný nápoj; **~welt** *f* čarovný svět; **~wort** *n* kouzelné slovo.

Zauder|er *m* váhavec, loudavec; **2n** váhat, otálet; **~n** *n* váhání, otálení.

Zaum *m* uzda *f*; *im ~e halten* [po]držet na uzdě.

zäumen [za]uzdit; *fig.* [z]krotit.

Zaumzeug *n* uzda *f*, udidlo.

Zaun *m* plot; *fig.* et. *vom ~(e) brechen* rozpout(áv)at, vyvol(áv)at; **~gast** *m* divák na černo; **~könig** *m Zo.* střízlík; **~pfahl** *m* kůl v plotě; *fig. j-m e-n Wink mit dem ~ geben* dá(va)t to k-u po lopatě; **~rebe** *f Bot.* psí víno *n*.

zausen cuchat, rozcuch(áv)at.

z. B. *Abk. für zum Beispiel.*

Zebra *n* zebra *f*; **~streifen** F *m* přechod pro chodce, zebra *f*.

Zech|bruder *m* piják; **~e** *f* (*Verzehr*) útrata; *Bgb.* důl *m*; *fig.* *die ~ bezahlen* [za]platit; F (*büßen*) pykat za to [odpykat to]; *die ~ prellen* odcházet [odejít] bez zaplacení; **ᴥen** popí(je)t, V chlastat; **~er** *m* piják; **~gelage** *n* pitka *f*; **~preller** *m* kdo nezaplatí v hospodě, šejdíř.
Zecke *f* *Zo.* klíště *n*.
Zeder *f* *Bot.* cedr *m*; **~n·holz** *n* cedrové dřevo.
Zeh(*e f*) *m* prst *m* u nohy; *großer ~* palec *m* u nohy; *kleiner ~* malík *m* u nohy; (*Knoblauchᴥe*) stroužek; *auf den Zehen(spitzen) gehen* jít (chodit *Iter.*) po špičkách.
zehn deset; *die ᴥ Gebote* Desatero přikázání; *es waren unser ~* bylo nás deset; (*Uhr*) *halb ~* půl desáté.
Zehn *f* desítka; *~- in Zssgn* deseti-, desíti-.
Zehner *m* desítka *f*; F (*Geldstück*) desítihaléř; **ᴥ'lei** desaterý; **~packung** *f* balení *n* po deseti kusech; **~stelle** *f* desetinné místo; **~system** *n s. Dezimalsystem.*
zehn|fach desateronásobný; **ᴥ'fingersystem** *n* desetiprstová metoda psaní (na stroji); **ᴥ'hellermarke** *f* desítihaléřová známka; **ᴥ'hellerstück** *n* desetihaléř *m*; **ᴥ'jahr**(**es**)**feier** *f* oslava *f* desítiletí; **~jährig** desítiletý, desetiletý; **ᴥkampf** *m Sp.* desetiboj; **ᴥkämpfer** *m* desetibojař; **ᴥklassenschule** *f* desítiletá škola, desetiletka; **ᴥ'kronennote** *f* (papírová) desítikoruna; **~mal** desetkrát; **~malig** desaterý, desateronásobný, desetkrát se opakující; **~prozentig** desítiprocentní; **~stellig** *Math.* desítimístný; **~tägig** desítidenní; **~tausend** deset tisíc; *die oberen ᴥ* vrchních deset tisíc; **~tausendste**(**r**) desetitisící; **ᴥtausendstel** *n* desetitisícina *f*.
zehnte desátý; **ᴥl** *n* desetina *f*; **~ns** za desáté.
zehr|en: *~ von* živit se z (*G*); (*leben*) žít z (*G*); *~ an* (*D*) hlodat (*A*); **ᴥgeld** *n*, **ᴥpfennig** *m* stravné *n*, cestovné *n*.
Zeichen *n* (*Anᴥ*) znamení, příznak *m*; (*Sinnbild*) znak *m*; (*Merkᴥ*) značka *f*; *Gr.*, *Typ.*, *Math.* znaménko; *er ist seines ~s Schneider* je svým povoláním krejčí; *im ~* (*G*) ve znamení (*G*); *Ihr ~* (*in Briefen*) Vaše značka; **~blatt** *n* kreslicí list *m*; **~block** *m* kreslicí blok; **~brett** *n* kreslicí prkno; **~erklärung** *f* vysvětlení *n* značek; **~ebene** *f Geom.* nákresna; **~film** *m* kreslený film; **~gerät** *n* kreslířské náčiní; **~heft** *n* sešit *m* na kreslení, náčrtník *m*; **~kohle** *f* kreslířský uhel; **~kunst** *f* kreslířské umění; **~lehrer**(**in** *f*) *m* učitel(ka *f*) *m* kreslení, F kreslíř(ka); **~papier** *n* kreslicí (*od.* rysovací) papír *m*; **~saal** *m* kreslírna *f*; **~setzung** *f Gr.* rozdělovací znaménka *n/pl.*, interpunkce; **~sprache** *f* posunková řeč, pantomina; **~stift** *m* tužka *f* na kreslení; **~stunde** *f* hodina *f* kreslení; **~tisch** *m* rýsovací stůl; **~unterricht** *m* vyučování *n* kreslení *od.* rýsování; **~vorlage** *f* rýsovací předloha.
zeichn|en [na]kreslit; *Tech.* [na-]rýsovat; (*unterschreiben*) podepisovat [-psat], znamenat se; *Anleihe usw.*: upisovat [-psat]; *Jgdw.* zanech(áv)at krvavou stopu; *verantwortlich ~ für* odpovídat za (*A*); **ᴥen** *n* kreslení; *Tech.* rýsování; **ᴥer** *m* (*techn. ~*) kreslič, rýsovač; (*Künstler*) kreslíř(ka); **~erisch** kreslicí; grafický; **ᴥung** *f* výkres *m*; kresba; (*Anleihe*) úpis *m*.
Zeige|finger *m* ukazováček; **ᴥn** ukazovat [ukázat]; **~r** *m* ukazovatel; (*Uhrᴥ*) ručička *f*; **~stab** *m* ukazovátko *n*.
Zeile *f* (*Reihe*) řada; (*Druckᴥ*) řádek *m*, řádka; *zwischen den ~n* mezi řádky; *~ für ~* řádek za řádkem; **~n·abstand** *m* rozteč *f* řádků; **~n·honorar** *n* řádkový honorář *m*; **~n·schaltung** *f* (*Schreibmaschine*) řádkovač *m*; **~n·steller** *m* stavítko *n* řádků; **ᴥn·weise** po řádcích, řádka za řádku.
Zeisig *m Zo.* čížek.
Zeit *f* čas *m*; (*Zeitraum*) doba; *von ~ zu ~* časem, občas; *vor der ~* před časem; *vor kurzer ~* přednedávnem; *vor langer ~* před dávnými časy; *vor ~en* před časy; *zur ~* toho času, nyní; *zur rechten ~* v pravý čas, včas; *zur ~* (*G*) v době (*G*); *es ist höchste ~* je svrchovaný čas; *es hat noch ~* má to ještě čas; *es ist an der ~* je na čase, je čas; *alles hat s-e ~* všechno potřebuje svůj čas; *die ~ wird mir lang* je mi dlouhá chvíle; *ich habe keine ~*

nemám kdy; *laß dir* ~! dej si na čas!; *für alle* ~*en* navždy; *in kurzer* ~ zakrátko; *in letzter* ~ poslední dobou; *mit der* ~ časem; *seit der* ~ od té doby; *seit langer* ~ odedávna; *morgen um diese* ~ zítra v tu dobu; *zur* ~ *als* v době kdy.

Zeit|abschnitt *m* období *n*, časový úsek; ~**alter** *n* věk *m*; ~**angabe** *f* udání *n* času; (*Datum*) datum *n*; ~**aufwand** *m* spotřeba *f* času; ~**aufnahme** *f* *Fot.* snímek *m* na čas; (*REFA*-2) časový snímek; 2**bedingt** časem podmíněný; ~**berechnung** *f* výpočet *m* času; ~**bestimmung** *f* určení *n* času; ~**dauer** *f* doba trvání; *für die* ~ *von* na dobu (*G*); ~**einheit** *f* časová jednotka; ~**ersparnis** *f* úspora času; ~**fahren** *n* *Sp.* jízda *f* na čas; ~**folge** *f* časový sled; ~**form** *f* *Gr.* čas *m*, způsob *m*; ~**frage** *f* aktuální otázka; ~**geist** *m* duch času; 2**gemäß** časový, aktuální; ~**genosse** *m* současník, vrstevník; 2**genössisch** současný, vrstevnický; 2**gerecht** včasný; ~**geschäft** *n* *Hdl.* termínový obchod; ~**geschichte** *f* současné dějiny *f/pl.*; ~**geschmack** *m* časový vkus, dobová móda; ~**gewinn** *m* úspora *f* času; 2**ig** *Adj.* časný, raný; (*reif*) brzy zralý; *Adv.* časně; 2**igen** (*hervorbringen*) [z]působit; ~**karte** *f* časový lístek; ~**lang:** e-e ~ (po) nějaký čas; ~**lauf** *m* běh času; 2'**lebens** po celý život, doživotně; 2**lich** pozemský, pomíjející; *das* 2*e segnen s. sterben*; ~**lohn** *m* časová mzda; 2**los** nepodléhající času, nezávislý na době; ~**lupe** *f* zpomalovač *m*; ~**lupenaufnahme** *f* zpomalený záběr; ~**lupenfilm** *m* zpomalený film; ~**mangel** *m* nedostatek času; ~**maß** *n* *Lit.* časomíra *f*; *Mus.* určování času; ~**messer** *m* časoměr; ~**messung** *f* měření *n* času; chronometráž *m*; ~**nehmer** *m* časoměřič; ~**norm** *f* norma času, časová norma; ~**plan** *m* časový plán; ~**planung** *f* plánování *n* času; ~**punkt** *m* doba *f*; chvíle *f*, okamžik; ~**raffer** *m* (*Kino*) zrychlovač; ~**rafferfilm** *m* zrychlený film; 2**raubend** vyžadující mnoho času; ~**raum** *m* období *n*, údobí *n*; ~**rechnung** *f* letopočet *m*, éra; ~**satz** *m* *Gr.* věta *f* časová; ~**schrift** *f* časopis *m*; ~**spanne** *f* časový úsek *od.* interval, časové rozpětí; ~**tafel** *f* chronologická tabule; ~**umstände** *m/pl.* poměry *m/pl.*

Zeitung *f* noviny *f/pl.*; *in der* ~ *steht* píše se v novinách.

Zeitungs|abonnement *n* předplatné *n* novin; ~**artikel** *m* novinový článek; ~**ausschnitt** *m* novinový výstřižek; ~**austräger(in** *f*) *m* roznašeč(ka *f*) *m* novin; ~**beilage** *f* příloha novin; ~**bericht** *m* novinová zpráva; ~**bericht·erstatter** *m* novinářský zpravodaj; ~**frau** F *f* roznašečka novin; (*Verkäuferin*) prodavačka novin; ~**korrespondent** *m* dopisovatel novin; ~**nachricht** *f* novinářská zpráva; ~**papier** *n* novinový papír; ~**redakteur** *m* redaktor novin; ~**redaktion** *f* redakce novin; ~**schreiber(in** *f*) *m* novinář(ka), žurnalista (-tka); ~**stand** *m* novinářský stánek; ~**stil** *m* novinový sloh; ~**träger** *m* roznašeč novin, kolportér; ~**verkäufer(in** *f*) *m* prodavač(ka *f*) *m* novin; (*Straßen*2) kamelot(ka); ~**verleger** *m* nakladatel novin; ~**wesen** *n* novinářství.

Zeit|unterschied *m* časový rozdíl; ~**verlust** *m* časová ztráta, ztráta *f* času; ~**verschwendung** *f* plýtvání *n* časem; ~**vertreib** *m* ukrácení *n* času, kratochvíle *f*; 2**weilig** dočasný; *Adv.* někdy; 2**weise** občas, časem; ~**wert** *m* zůstatková hodnota; ~**wort** *n* *Gr.* sloveso; ~**zeichen** *n* (*Radio*) časový signál, oznámení *n* přesného času; ~**zünder** *m* časový zapalovač.

zele'brieren *Rel. Messe*: [od]celebrovat; [od]sloužit.

Zelle *f* cela; *Bio.*, *fig.* buňka; *El.* článek *m*; *s. Telefonzelle, Kabine*; 2**n·förmig** buňkovitý; ~**n·leiter** *m* *Pol.* vedoucí buňky.

Zell|gewebe *n* *Bio.* vazivo, tkáň *f*; ~**kern** *m* buněčné jádro; ~**stoff** *m* buničina *f*; ~**stoffwatte** *f* buničitá vata; ~**teilung** *f* dělení *n* buněk; ~**u'lose** *f* celulóza; ~**wolle** *f* buničitá stříž.

Zelt *n* stan *m*; ~**bahn** *f* stanová plachta; ~**dach** *n* stanová střecha; 2**en** stanovat, tábořit; ~**lager** *n* stanový tábor.

Ze'ment *m* cement; ~- *in Zssgn*

cementový; **~fabrik** *f* cementárna; **~fußboden** *m* cementová podlaha.
zemen'tier|en [vy]cementovat; **≈ung** *f* cementace, cementování *n*.
Ze'nit *m* nadhlavník, zenit.
zen'sieren [z]cenzurovat; *Aufsatz usw.*: [o]klasifikovat.
Zensor *m* cenzor.
Zen'sur *f* cenzura; (*Schulnote*) známka.
Zen'taur *m* kentaur.
Zenti- *in Zssgn* centi-, *z. B.* **'~'gramm** *n* centigram *m*; **'~'meter** *m* centimetr *m*.
Zentner *m* cent; **~last** *f* centové břemeno; **≈schwer** centový, těžký jako cent; **≈weise** na centy, po centech.
zen'tral, ≈- *in Zssgn* centrální, ústřední; **≈e** *f* ústředna, centrála; (*Hauptgeschäftsstelle a.*) ústředí *n*; **≈ausschuß** *m* ústřední výbor; **≈behörde** *f* ústřední úřad *m*; **≈europa** *n* střední Evropa *f*; **≈gewerkschaftsrat** *m* Ústřední rada *f* odborů; **≈heizung** *f* ústřední topení *n*; **≈isati'on** *f* soustředění *n*, centralizace; **~i'sieren** centralizovat (*im*)*pf*.; **≈i'sierung** *f s. Zentralisation*; **≈komitee** *n* ústřední výbor *m*; **≈nervensystem** *n* ústřední (*od.* centrální) nervstvo; **≈verschluß** *m Fot.* centrální závěrka *f*; **≈verwaltung** *f* ústřední správa.
Zen'trier- středicí; **≈en** [do-, vy]středit, centrovat.
zentri|fu'gal odstředivý, centrifugální; **≈'fuge** *f* odstředivka; **~pe'tal** dostředivý, centripetální.
Zentrum *n* střed *m*, centrum; *fig.*, *Anat.* ústředí.
Zeppelin *m* vzducholoď *f*.
Zepter *n* žezlo; *fig.* vláda *f*.
zer|'beißen rozkousávat [-kousnout]; **~'bomben** zbombardovat *pf*.
zer'brech|en *v/t* rozlamovat [-lomit, -lámat], rozbí(je)t (*v/i* se), roztloukat [-tlouci] (*v/i* se); *fig. sich den Kopf ~* lámat si hlavu (*über A* pro *A*); **~lich** křehký; **≈lichkeit** *f* křehkost.
zer|'bröckeln *v/t* rozdrobovat [-bit], rozdrolovat [-lit] (*v/i* se); **~'drükken** rozmačk(áv)at [-máčknout].
Zeremo|'nie *f* obřad *m*, ceremonie; **≈ni'ell** obřadný, ceremoniální; **~ni'ell** *n* obřadnost *f*, ceremoniál *m*.

zer|'fahren *v/t* rozjíždět [-jet, -jezdit]; *Adj. Weg*: rozjetý, rozježděný; *fig.* rozervaný, roztrhaný; **≈'fahrenheit** *f* rozervanost, roztržitost; **≈'fall** *m* rozpad; (*Zersetzung*) rozklad; **~s-** rozpadový; **~'fallen** *v/i* rozpad(áv)at se; (*sich verfeinden*) znepřátelovat [-lit] se; *Adj.* rozpadlý; **~'fetzen** roztrh(áv)at [-trhnout], rozdírat [rozedrat]; **~'fleischen** rozsap(áv)at; *fig.* [roz]drásat; **~'fließen** rozplývat [-plynout] se (*a. fig.*); **~'fressen** *v/t* rozžírat [rozežrat]; *Adj.* rozežraný; (*abgenagt*) rozhlodaný; **~'furcht** rýhovaný; *Gesicht*: rozbrázděný; **~'gehen** rozpouštět [-pustit] se; *im Mund ~* rozplývat se v ústech.
zer'glieder|n rozčleňovat [-členit]; *Med.* [roz]pitvat; (*analysieren*) rozbírat [rozebrat], [roz]analyzovat; **≈ung** *f* rozbor *m*; analýza; pitvání *n*.
zer|'hacken, ~'hauen rozsek(áv)at [-knout]; **~'kauen** rozžvykovat [-žvýkat].
zer'kleiner|n rozmělňovat [-lnit], rozdrobovat [-bit]; **≈ung** *f* rozmělňování *n*, rozdrobení *n*; **~s-** rozmělňovací, drticí.
zer|'klopfen rozkouskov(áv)at; **~'klüftet** rozeklaný, rozsedlý; **~'knirscht** zkrušený, zdrcený; **~'knittern, ~'knüllen** [z]mačkat, [z]muchlat; *zerknittert* zmačkaný, zmuchlaný; **~'kochen** rozvařovat [-řit] (*v/i* se); **~'kratzen** rozškrabovat [-škrábat], rozdrapovat [-drápat]; **~'krümeln** *s. zerbröckeln*; **~'lassen** rozpouštět [-pustit]; **~'laufen** *s. zerfließen*.
zer'leg|bar rozložitelný, rozkládací; **~en** rozbírat [rozebrat] (*in A* na *A*); *Maschine*: rozmontov(áv)at; *Wild usw.*: rozkrajovat [-krojit, -krájet]; *Chem.* analyzovat (*im*)*pf*., rozkládat [-ložit]; **≈ung** *f* rozebrání *n*, rozmontování *n*; *Chem.* rozbor *m*, analýza.
zer|'lesen *Adj.* opotřebovaný; **~'lumpt** rozedraný; *Person*: otrhaný; **~'mahlen** rozmílat [rozemlít]; **~'malmen** [roz]drtit.
zer'mürb|en *fig.* lámat [zlomit] odpor (*G*); *zermürbt* zdrcený; **≈ung** *f* únava, vyčerpanost; **≈ungskrieg** *m* vysilující válka *f*; **≈ungstaktik** *f* vyčerpávající taktika.

zer|'nagen rozhlod(áv)at, rozhryz(áv)at; **~'pflücken** otrh(áv)at; *fig.* (*scharf kritisieren*) vyvracet [-vrátit]; **~'platzen** praskat [-knout], pukat [-knout]; **~'quetschen** rozmačk(áv)at [-máčknout]; **~'raufen** rozcuch(áv)at.

Zerrbild *n* znetvořenina *f*, karikatura.

zer'reiben rozemnout *pf.*, roztírat [rozetřít].

zer'reiß|bar roztrhatelný; **~en** pře-, roz-trh(áv)at [-hnout] (*v/i* se); *fig. Herz usw.*: [roz]drásat; F *sich ~ für j-n* přičiňovat se, snažit se pro k-o; **℞festigkeit** *f* pevnost v tahu; **℞probe** *f* zkouška (pevnosti) tahem; trhací zkouška.

zerr|en (*ziehen*) tahat [táhnout] (*an D* za *A*); (*reißen*) trhat [-hnout]; *fig. durch den Schmutz ~* vláčet čí jméno kalem; **℞ung** *f Med.* natržení *n* šlachy.

zer'rinnen rozplývat [-plynout] se.

zer'rissen *fig.* rozervaný; **℞heit** *f fig.* duševní rozervanost, citová rozrušenost.

Zerrspiegel *m fig. s. Zerrbild.*

zer'rütt|en rozvracet [-vrátit], rozrušovat [-šit]; **~et** rozháraný; **℞ung** *f* rozvrácení *n*; (*Ehe℞*) rozháranost.

zer|'sägen rozřez(áv)at [-říznout] pilou; **~'schellen** *v/i* roztříšťovat [-tříštit] se, rozbí(je)t se; *Flgw., Mar.* ztroskot(áv)at se; **~'schießen** rozstřelovat [-střelit, -střílet]; **~'schlagen** rozbí(je)t, roztloukat [-tlouci]; *sich ~ fig.* zmařit se, zhatit se, ztroskot(áv)at se; *Adj. wie ~ sein* být celý polámaný; **~'schmelzen** *v/i* roztavovat [-tavit] se, rozpouštět [-pustit] se, [roz]tát; **~'schmettern** [roz]tříštit, rozbí(je)t; *fig.* [roz]drtit; **~'schneiden** rozkrajovat [-krojit, -krájet]; (*mit d. Schere*) rozstřihovat [-střihnout, -stříhat]; *s. zersägen.*

zer'setz|en rozkládat [rozložit]; *fig.* rozvracet [-vrátit]; **~end** rozkladný, rozvratný; **℞ung** *f* rozklad *m*; *fig. a.* rozvrat *m*; **℞ungs·produkt** *n* produkt *m* rozkladu.

zer'spalten *v/t* štípat [rozštípnout, rozštípat]; *Adj. fig.* rozštěpený, rozdvojený.

zer'spanen *Tech.* obrábět (oddělováním třísky), řezat.

zer'splitter|n *v/t* roztříšťovat [-tříštit] (*v/i* se); *Kraft, Zeit usw.*: rozptylovat [-ptýlit] (*v/i* se); **℞ung** *f* roztříštění *n*; rozptýlení *n*.

zer|'sprengen rozrážet [-razit]; *Menge*: rozhánět [rozehnat], rozptylovat [-ptýlit]; **~'springen** praskat [-knout], pukat [-knout]; *fig. das Herz wollte ihr vor Leid ~* srdce jí pukalo žalem; *der Kopf will mir ~* hlava mi třeští; **~'stampfen** (*zerkleinern*) roztloukat [-tlouci], [roz]drtit.

zer'stäub|en (*versprühen*) rozprašovat [-prášit]; **℞er** *m* rozprašovač; **℞ung** *f* rozprašování *n*.

zer|'stechen rozpichovat [-píchat], rozbod(áv)at; *Mücken*: poštipovat [-štípat]; **~'stieben** (*zerstäubt werden*) rozprašovat [-prášit] se; (*auseinanderlaufen*) rozptylovat [-ptýlit] se, rozutéci se *pf.*

zer'stör|bar zničitelný; **~en** [z]ničit; **~end** ničivý; **℞er** *m* hubitel, ničitel; *Mar.* torpedoborec *m*; **℞ung** *f* zhouba, zničení *n*; **℞ungsfeuer** *n Mil.* ničivá palba; **℞ungskraft** *f* ničivá (*od.* zhoubná) síla; **℞ungswerk** *n* dílo zkázy; **℞ungswut** *f* ničivá vášeň, surová ničivost, vandalství *n*.

zer'stoßen roztloukat [-tlouci].

zer'streu|en roztrušovat [-trousit]; rozptylovat [-ptýlit] (*a. fig.*; *sich* se); *s. aus-, verstreuen*; **~t** rozptýlený; *fig. a.* roztržitý; **℞theit** *f* roztržitost, rozptýlenost; **℞ung** *f* rozptýlení *n* (se), rozptyl *m* (*a. fig.*).

zer'stück|eln [roz]kouskovat; **℞(e)lung** *f* rozkouskování *n*, (roz)dělení *n*.

zer'teil|en rozdělovat [-lit]; **℞ung** *f* rozdělení *n*, rozdělování *n*.

Zertifi'kat *n* certifikát *m*, osvědčení.

zer|'trampeln rozdup(áv)at, rozšlapovat [-šlapat]; **~'trennen** rozlučovat [-loučit], oddělovat [-lit]; *Kleid*: [roz]párat; **~'treten** rozšlapávat [-šlápnout]; *Rasen*: pošlap(áv)at; *Schuhe*: sešlap(áv)at.

zer'trümmer|n roztloukat [-tlouci], rozbí(je)t, [roz]tříštit; *fig.* (*vernichten*) [z]ničit; **℞ung** *f* rozbití *n*, roztříštění *n*; (*Vernichtung*) zničení *n*.

Zerve'latwurst *f* trvanlivý salám, F cerbulát *m*.

zer|'wühlen rozrý(va)t; *Bett*:

[z]muchlat; *s. zerzausen*; ♀'**würfnis** *n* roztržka *f*, rozmíška *f*; **~'zausen** rozcuch(áv)at; **~'zaust** rozcuchaný.
Zessi'on *f* postoupení *n*, cese.
zetern bědovat, naříkat.
Zettel *m* lístek, cedule *f*; **~kartei** *f* lístkový seznam, kartotéka; **~kasten** *m* kartotéková skříň, kartotéka *f*.
Zeug *n* (*Gewebe*) látka *f*; (*Kleidung*) šaty *m/pl.*; (*Werkzeug*) náčiní; (*Gerät*) nářadí; (*Fähigkeit*) schopnost *f*; F (*Sachen*) věci *f/pl.*; (*Kram*) haraburdí; *dummes ~* hlouposti *f/pl.*, nesmysl *m*; *das ~ haben zu* mít schopnost; F *was das ~ hält* o překot; *j-m et. am ~e flicken* dá(va)t k-u co proto; *sich ins ~ legen* vkládat [vložit] se do věci.
Zeug|e *m* svědek; ♀**en** *v/i ~ von* svědčit o (*L*); (*beweisen*) usvědčovat [-čit]; *Bio.* [z]plodit (*a. fig.*).
Zeugen|aussage *f* svědectví *n*, svědecká výpověď; *falsche ~* křivé svědectví; **~bank** *f* lavice svědků; **~bestechung** *f* podplácení *n* svědků; **~beweis** *m* svědecký důkaz; **~verhör** *n*, **~vernehmung** *f* výslech *m* (*od.* vyslechnutí *n*) svědků; **~vorladung** *f* předvolání *n* svědků.
Zeugin *f* svědkyně.
Zeughaus *n Mil.* zbrojnice *f*.
Zeugnis *n Jur.* svědectví; (*Bescheinigung*) vysvědčení; *~ ablegen von* vyd(áv)at svědectví o (*L*).
Zeugung *f* (z)plození *n*.
zeugungs|fähig plodný, schopný plodit; ♀**fähigkeit** *f* schopnost plodit, ploditelnost; ♀**kraft** *f* plodná síla, plodivost; ♀**organe** *n/pl.* plodidla *n/pl.*, pohlavní ústrojí *n*; **~unfähig** neschopný plodit, neplodný; ♀**unfähigkeit** *f* neschopnost plodit, neplodnost.
z. H. *Abk. für zu Händen* k rukám, do rukou (*Abk.* k r.).
Zibetkatze *f* cibetka.
Zi'chorie *f Bot.* čekanka; (*Kaffeezusatz*) cikorie, cikorka; **~n·kaffee** *m* cikorková káva, káva *f* z cikorky.
Zick|e P *f* koza; *mach keine ~n!* nedělej hlouposti!, nebuď drzý!; **~lein** *n* kůzle, kůzlátko.
Zickzack *m* klikatina *f*; *im ~ Adv.* klikatě; ♀**förmig** klikatý.
Ziege *f* koza (*a. fig.*).
Ziegel *m* cihla *f*; *s. Dachziegel*; **~bau** *m* cihlová stavba; **~dach** *n* tašková střecha.
Ziege'lei *f* cihelna.
Ziegel|erde *f* cihlářská hlína, cihlovka; ♀**förmig** cihlovitý, jako cihla; ♀**rot** cihlově červený; **~stein** *m s. Ziegel.*
Ziegen|bart *m* kozí brada *f*; (*bei Personen*) kozí bradka *f*; *Bot.* kozí brada *f* luční; **~bock** *m* kozel; **~fell** *n* kozí kůže *f*; **~hirt** *m* pasák koz; **~leder** *n* kozlovina *f*, kozin(k)a *f*; **~peter** *m Med.* zánět příušnic; **~stall** *m* kozí chlívek.
Zieh|brunnen *m* studna *f* s okovem; **~eltern** *pl.* pěstouni *m/pl.*, nevlastní rodiče *f*.
ziehen *v/t* táhnout [tahat] (*an D* za *A*); *Pflanzen*: [vy]pěstovat; *Tiere*: [vy]chovávat; *Zähne*: vytrh(áv)at [-hnout]; *nach sich ~* mít za následek, mít vzápětí; *s. a. herab-, heraus-, durchziehen*; *v/i* (*marschieren*) táhnout; *s. a. an-, um-, vorbeiziehen*; *es zieht* je průvan; *Tee ~ lassen* spářet [spařit] čaj; *gezogen Los*: tažený; *Wechsel*: vydaný.
Zieh|harmonika *f* tahací harmonika; **~mutter** *f* pěstounka; **~presse** *f* tažný (*od.* protahovací) lis; **~ung** *f* (*Lotterie*♀) tah *m*.
Ziehungs|liste *f* tažební listina; **~tag** *m* tažební den, den tahu.
Ziel *n* cíl *m*; *Hdl.* lhůta *f*; *fig. sein ~ erreichen* docházet [dojít] (*od.* dosahovat [-sáhnout]) cíle; *sein ~ verfehlen* chybovat [-bit] se (*od.* míjet [minout] se) cíle; *sich ein ~ setzen od. stecken* vytýkat [-tknout] si cíl; **~anflug** *m Flgw.* nalétávání *n* na cíl; **~band** *n Sp.* cílová páska; ♀**bewußt** promyšlený, účelný, cílevědomý; ♀**en** [za]cílit, [za]mířit; být zaměřen (*auf A* do *G*); **~en** *n* míření; **~fernrohr** *n* záměrný dalekohled; **~gerade** *f Sp.* cílová rovinka; **~linie** *f* cílová čára; ♀**los** bezúčelný, bez cíle; **~punkt** *m* záměrný bod, cíl; **~richter** *m Sp.* rozhodčí u cíle; **~richtung** *f* zaměření *n*; **~scheibe** *f* terč *m*; **~setzung** *f* stanovení *n* cíle; ♀**sicher** zaměřený na určitý cíl; ♀**strebig** účelný, cílevědomý; **~strebigkeit** *f* účelnost, cílevědomost.
ziem|en (*a. sich ~*) slušet se, náležet;

♀er *m Kochk.* hřbet; **~lich** *Adj.* značný, dost(i) velký; *Adv.* poměrně, dost(i); *so ~* jakžtakž.

Zier *f*, **~at** *m*, **~de** *f* ozdoba *f*, okrasa *f*; ~- *in Zssgn* ozdobný; **♀en** [vy]zdobit, [o]krášlit; *sich ~* upejp(áv)at se; **~e'rei** *f* strojenost, upejpavost; **~garten** *m* ozdobná (*od.* okrasná) zahrada; **~leiste** *f* ozdobná lišta; **♀lich** drobounký, půvabný; **~lichkeit** *f* drobnost, půvabnost; **~pflanze** *f* ozdobná rostlina; **~puppe** F *f* fiflena; **~schrift** *f* ozdobné (*od.* okrasné) písmo; **~stich** *m* ozdobný steh.

Ziesel *m Zo.* sysel.

Ziffer *f* číslice, cifra; **~blatt** *n* číselník *m*, ciferník *m*; **♀n·mäßig** číselný.

Ziga'rette *f* cigareta; (*mit Pappmundstück*) dutinka.

Ziga'retten|automat *m* automat na cigarety; **~dose** *f*, **~etui** *n* cigaretové pouzdro, pouzdro na cigarety; **~hülse** *f* cigaretová dutinka; **~papier** *n* cigaretový papír; **~rauch** *m* kouř z cigaret, cigaretový kouř; **~raucher** *m* kuřák cigaret; **~schachtel** *f* krabička od cigaret; **~spitze** *f* cigaretová špička, špička na cigarety; **~stopfer** *m* nacpávátko *n* na cigarety; **~stummel** *m* nedopalek, F špaček; **~tabak** *m* cigaretový tabák.

Zi'garre *f* doutník *m*, P cigáro *n*; **~n·anzünder** *m Kfz.* zapalovač cigaret; **~n·etui** *n* doutníkové pouzdro; **~n·kiste** *f* doutníková bednička, bednička od doutníků.

Zi'geuner(in *f*) *m* cikán(ka); **♀haft**, **♀isch** cikánský; **~kapelle** *f* cikánská kapela; **~lager** *n* cikánský tábor; **~sprache** *f* cikánská řeč, cikánština.

Zi'kade *f Zo.* cikáda.

Zille *f* říční nákladní loď.

Zimbel *f* cimbál *m*.

Zimmer *n* pokoj *m*, světnice *f*; **~antenne** *f* pokojová anténa; **~arrest** *m* domácí vězení *n*; **~decke** *f* strop *m*; **~einrichtung** *f* zařízení *n* pokoje, nábytek *m* do pokoje; **~er** *m* tesař; **~flucht** *f* řada pokojů za sebou; **~geselle** *m* tesařský tovaryš; **~handwerk** *n* tesařské řemeslo, tesařství; **~kellner** *m* číšník na hotelovém koridoru; **~mädchen** *n* pokojská *f*; **~maler** *m* malíř pokojů; **~mann** *m* tesař; **~meister** *m* tesařský mistr; **♀n** [o]tesat; **~pflanze** *f* pokojová rostlina; **~tür** *f* dveře *f/pl.* do pokoje; **~vermieter(in** *f*) *m* pronajímatel(ka *f*) *m* pokojů; **~vermittlung** *f* zprostředkování *n* pokojů.

zimperlich choulostivý, nedůtklivý.

Zimt *m* skořice *f*.

Zink *n* zinek *m*; ~- *in Zssgn* zinkový; **~blech** *n* zinkový plech; **~blende** *f Min.* blejno *n* zinkové.

Zink|e *f*, **~en** *m* zub *m*, hrot *m*; (*e-r Egge*) hřeb *m*; P (*Nase*) frňák *m*.

Zink|oxyd *n* kysličník *m* zinečnatý; **~salbe** *f* zinková mast; **~weiß** *n* zinková běloba.

Zinn *n* cín *m*; ~- *in Zssgn* cínový.

Zinne *f* cimbuří *n*.

Zinnlot *n* cínová pájka.

Zin'nober *m* rumělka *f*; **♀rot** rumělkový.

Zinnsoldat *m* cínový vojáček.

Zins *m* (*Steuer*) daň *f*, poplatek; (*Miete*) nájemné *n*, činže *f*; *s.* Zinsen; **♀bringend** vynášející úroky; **~en** *m/pl.* úroky *m/pl.*; **~enberechnung** *f* výpočet *m* úroků; **~eszins** *m* úroky *m/pl.* z úroků; **♀frei** *s.* zinslos; **~fuß** *m* úroková míra; **♀los** bezúročný, bez úroků; **~rechnung** *f* úrokování *n*, úrokový počet; **~satz** *m* úroková sazba.

Zipfel *m* cíp; **~mütze** *f* čepice se střapcem.

Zipperlein *n* dna *f* v nohou, podagra *f*.

Zirbeldrüse *f Anat.* šišinka mozková, epifysa.

zirka asi, přibližně.

Zirkel *m* (*Kreis*) kruh, kružnice *f*; (*Gerät*) kružítko *n*; (*Personen♀*) kroužek; **~kasten** *m* rýsovadlo *n*; **♀n** přesně odměřovat [-řit].

Zirku|'lar *n* oběžník *m*, cirkulář *m*; **~lati'on** *f* oběh *m*, cirkulace; **♀'lieren** cirkulovat (*im*)*pf.*, obíhat [oběhnout].

zirkumpo'lar cirkumpolární.

Zirkus *m* cirkus; ~- *in Zssgn* cirkusový; **~artist** *m* cirkusový artista; **~zelt** *n* cirkusový stan.

Zirpe *f Zo.* cikáda, cvrček *m*; **♀n** [za]cvrčet, [za]cvrkat.

Zirruswolke *f* cirus *m*.

zir'zensisch cirkusový.

zisch|eln [za]šeptat, [za]šuškat; **~en** [za]syčet; **♀en** *n* syčení; **♀laut** *m Gr.* sykavka *f*.

Zise|'leur *m* ciselér; **≈'lieren** ciselovat *(im)pf.*; **~'lierung** *f* ciselování *n.*

Zi'sterne *f* cisterna, nádrž(ka); **~n·wagen** *m* nádržkový (*od.* cisternový) vůz.

Zita'delle *f* citadela.

Zi'tat *n* citát *m*; **~enschatz** *m* sbírka *f* citátů.

Zither *f* *Mus.* citera; **~spieler** *m* citerista.

zi'tieren citovat *(im)pf.*

Zitro'nat *n* citronát *m.*

Zi'trone *f* citrón *m*; *~n- in Zssgn* citrónový.

Zitter|aal *m* *Zo.* úhoř elektrický; **≈n** [za]třást se, [za]chvět se; **~n** *n* chvění; **≈ig** třesoucí se, chvějící se; **~pappel** *f* *Bot.* osika; **~rochen** *m* *Zo.* rejnok elektrický.

Zitze *f* prsní bradavka, F cecek *m.*

zi'vil civilní.

Zi'vil *n* civil *m*; *in ~* civilně oblečený; *~- in Zssgn* civilní; **~courage** *f* osobní odvaha, sebevědomí *n*; **~gericht** *n* civilní (*od.* občanský) soud; **~isati'on** *f* civilisace; **≈i'sieren** [z]civilisovat; **≈i'siert** civilisovaný; **~ist** [-'lɪ-] *m* civilista; **~klage** *f* *Jur.* civilní obžaloba; **~kleidung** *f* civilní šaty *m/pl.*; **~person** *f* civilista *m*; **~prozeß** *m* civilní proces; **~prozeßordnung** *f* civilní soudní řád *m*; **~recht** *n* civilní právo *n*; **~richter** *m* civilní soudce; **~sache** *f* *Jur.* správní věc civilní; **~trauung** *f* civilní sňatek *m*; **~verfahren** *n* civilní řízení.

Zobel *m* *Zo.* sobol; **~pelz** *m* sobolí kožich.

Zofe *f* komorná, panská.

zog *s. ziehen.*

zögern váhat, otálet.

Zögern *n* váhání, otálení.

Zögling *m* chovanec.

Zöli'bat *m od. n* celibát *m*, bezženství *n.*

Zoll[1] *m* (*Maß*) palec, coul; *~- in Zssgn oft* palcový; *zwei ~ dick od. stark* na dva palce silný.

Zoll[2] *m* (*Abgabe*) clo *n*; *~- in Zssgn* celní; **~abfertigung** *f* celní vypravení *n*, proclívání *n*; **~amt** *n* celní úřad *m*; **≈amtlich** podle celního úřadu, celním úřadem; **~beamte(r)** *m* celní úředník, celník; **~deklaration** *f* celní prohlášení *n* *od.* deklarace; **≈en** *fig.* projevovat [-jevit], prokazovat [-kázat]; **~erklärung** *f s. Zolldeklaration*; **≈frei** prost(ý) cla, beze cla; **~freiheit** *f* osvobození *n* od cla; **~gebühr** *f* celní poplatek *m*; **~grenze** *f* celní hranice; **~inhalts·erklärung** *f* celní průvodka; **~kontrolle** *f* celní prohlídka.

Zöllner *m* celník.

Zoll|maß *n s. Zollstock*; **≈pflichtig** podrobený clu; **~politik** *f* celní politika; **~revision** *f* celní prohlídka; **~schranke** *f s. Zollgrenze*; **~stock** *m* skládací metr; **~tarif** *m* celní sazebník *od.* tarif; **~union** *f* celní unie; **~verband** *m*, **~ver·ein** *m* celní spolek; **~vermerk** *m* celní záznam; **~verschluß** *m* celní uzávěr; **~vertrag** *m* celní smlouva *f*; **~vorschrift** *f* celní předpis; **~wesen** *n* celnictví.

Zone *f* zóna, pásmo *n.*

Zonen|fahrkarte *f*, **~fahrschein** *m* pásmová jízdenka, pásmovka *f*; **~grenze** *f* hranice mezi pásmy *od.* zónami; **~tarif** *m* pásmová sazba, pásmový tarif; **~zeit** *f* čas *m* jednotlivých zón.

Zoo *m Abk. für Zoologischer Garten* zoologická zahrada *f.*

Zoo'lo|ge *m* zoolog; **~'gie** *f* zoologie; **≈gisch** zoologický.

Zopf *m* cop (*a. fig.*); *Kochk.* pletenka *f*; *mit Zöpfen* copatý; **~band** *n* stužka *f* do copu; **≈ig** *fig.* copařský, copatý; **~stil** *m* cop, pozdně rokokový sloh; **~zeit** *f* copařská doba, doba copu.

Zorn *m* hněv, zlost *f*; *in ~ geraten* [ro]zlobit se, [roz]hněvat se; **~ausbruch** *m* záchvat hněvu, rozlícení *n*; **≈ig** hněvivý, zlostný; **≈rot** rudý hněvem *od.* zlostí.

Zot|e *f* necudnost, oplzlost; *~n reißen* mluvit necudně, povídat sprosté vtipy; **~enreißer** *m* necuda, oplzlý člověk; **≈ig** necudný, oplzlý.

Zott|e *f*, **~el** *f* chumáč *m*, chomáč *m*; **~elbär** *m* *fig.* huňáč; **≈(el)ig** huňatý, chlupatý; **≈eln** loudat se, courat se.

ZPO *Abk. für Zivilprozeßordnung.*

z. T. *Abk. für zum Teil.*

zu 1. *Prp.* (*D*) (*in Richtung auf*) k, ke, (*vor* p) ku (*D*); (*aus ... hinaus*) z(e) (*G*), *z. B.*: *zum Fenster* (*hinaus*) z okna; (*in, an e-m Ort*) v(e) (*L*), *z. B.*: *~ Prag* v Praze;

(*wann?*) o (*L*), *z. B.*: ~ *Ostern* o velikonocích; (*Übergang, Verwandlung*) na (*A*), *z. B.* ~ *Pulver zerstoßen* roztlouci na prášek; (*Zweck bezeichnend*) na (*A*); k(e) (*D*), *z. B.*: *taugen* ~ hodit se k č-u; (*bei Zahlen- u. Verhältnisangaben*) po (*L*); *z. B. zum dritten Male* po třetí; *das Stück zu e-r Krone* kus po koruně; *zwei* ~ *null* dvě nula; (*bei Gasthaus-, Kirchennamen*) u (*G*), *z. B. Gasthaus zum Blauen Stern* hostinec u Modré hvězdy; *Kirche zum heiligen Wenzel* kostel u svatého Václava; **2.** (*beim Inf. bleibt es unübersetzt*) *z. B.*: *dort ist viel zu sehen* je tam mnoho vidět; *s. a. Anfang, Berg, Fuß, Glück, essen, Haus usw.*; **3.** *Adv.* (*zu sehr od. viel*) příliš; (*geschlossen*) zavřený; *die Tür ist* ~ dveře jsou zavřeny; *Tür* ~! (račte) zavírat!; *nur* ~ jen tak dál; *s. a. ab.*

zu·aller|'erst nejprve, především; **~'letzt** naposledy.

Zubehör *n* příslušenství.

zu|beißen skous(áv)at [-snout]; *Hund*: kousnout [-sat]; **~bekommen** F (*schließen*) zavírat [-vřít].

Zuber *m* džber, vědro *n*.

zubereit|en připravovat [-pravit]; **2ung** *f* příprava.

Zu'bettgehen *n*: *beim* ~ když si lehl.

zu|billigen přizn(áv)at, povolovat [-lit]; **~binden** zavazovat [-vázat]; **~bleiben** F zůst(áv)at zavřen; **~blinzeln** mrkat [-knout] (*j-m* na k-o).

zubring|en *Zeit*: [s]trávit; **2er** *m Tech.* podavač; *s. Zubringerstraße, Zuträger*; **2erdienst** *m Flgw.* služba *f* dopravování cestujících mezi letištěm a městem; **2erstraße** *f* přívodní silnice.

Zucht *f* (*Erziehung*) výchova; (*Disziplin*) kázeň; (*Anstand*) slušnost; (*Pflanzen2*) pěstování *n*; (*Tier2*) chov *m*; **~bulle** *m* plemenný býk; **~eber** *m* plemenný kanec.

zücht|en *Tiere*: [od]chovat; *Pflanzen*: [vy]pěstovat; **2er** *m* chovatel; pěstitel.

Zucht|haus *n* káznice *f*; **~häusler** *m* chovanec v káznici; **~hausstrafe** *f* trest *m* v káznici; **~hengst** *m* hřebec, pušťák; **~henne** *f* kvočna.

züchtig slušný, cudný; **~en** [po-]kárat, [po]trestat; **2ung** *f* (po)kárání *n*, (po)trestání *n*; **2ungsrecht** *n* právo trestat.

zucht|los neukázněný, bez kázně; **2losigkeit** *f* neukázněnost; **2mittel** *n* kárný (*od.* kázeňský) prostředek; **2pferd** *n* plemenný kůň; **2rute** *f* metla; **2sau** *f* prasnice; **2schaf** *n* plemenná ovce; **2stier** *m s. Zuchtbulle*; **2stute** *f* plemenná klisna; **2vieh** *n* plemenný (*od.* chovný) dobytek; **2wahl** *f Bio.*: *die natürliche* ~ přirozený výběr.

Züchtung *f* chov; pěstění *n*.

zuck|en trhat [-hnout] sebou, škubat [-bnout] sebou; *Blitz*: šlehat [-hnout], křižovat se; **2en** *n Med.* trhání, škubání.

zücken [vy]tasit, vynd(áv)at.

Zucker *m* cukr; ~- *in Zssgn* cukrový; **~bäcker** *m* cukrář; **~bäcke'rei** *f* cukrářství *n*; **~dose** *f* cukřenka; **~erbse** *f* cukrový hrách; **~fabrik** *f* cukrovar *m*; **~gehalt** *m* obsah cukru, cukernatost *f*; **~guß** *m* cukrová poleva; **~harnruhr** *f s. Zuckerkrankheit*; **2haltig** cukernatý; **~hut** *m* homole *f* cukru; **~industrie** *f* cukrovarnický průmysl *m*; **~kand** *m* kandys; **2krank** nemocný cukrovkou; **~kranke(r)** *m* diabetik, nemocný cukrovkou; **~krankheit** *f Med.* cukrovka; **~lösung** *f* cukrový roztok, roztok *m* cukru; **~masse** *f* cukrová masa, cukrovina; **~melone** *f* cukrový meloun; **2n** [po]cukrovat; **~plätzchen** *n* cukrová pochoutka; **~produktion** *f* výroba cukru, cukerní produkce; **~raffinerie** *f* rafinerie *f* cukru; **~rohr** *n* cukrová třtina; **~rohrplantage** *f* třtinová plantáž; **~rübe** *f* cukrová řepa, cukrovka; **~rübenproduktion** *f* produkce cukrovky; **2süß** sladký jako cukr; *fig.* cukrový, sladký, medový; **~streuer** *m* cukřenka *f*; **~wasser** *n* cukrová voda; **~werk** *n* cukroví, cukrovinky *f/pl.*; **~zange** *f* kleštičky *f/pl.* na cukr.

Zuckung *f* cukání *n*, trhání *n*, škubání *n*.

zudecken při-, za-krý(va)t.

zu'dem k tomu, mimoto.

zu|denken: *j-m et.* ~ určovat [-čit] k-u co; *zugedacht* určený; **2drang** *m* nával, tlačenice *f*; **~drehen**

(*schließen*) zatahovat [-táhnout], zavírat [-vřít]; *s. zukehren.*
zudringlich dotěrný, dotěravý; **&keit** *f* dotěrnost, dotěravost.
zudrücken přitiskovat [-knout], přitlačovat [-čit]; *fig. s. Auge.*
zu·eign|en *Buch usw.*: věnovat (*im*)*pf.*; **&ung** *f* věnování *n.*
zu·eilen: *auf j-n od. et.* ~ spěchat [pospíšit] si k (*D*); *dem Untergang* ~ vrhat [-hnout] se v záhubu.
zu·einander k sobě.
zu·erkenn|en přizn(áv)at, přiřknout *pf.*; **&ung** *f* přiznání *n.*
zu'erst nejdříve, nejprve; *wer* ~ *kommt, mahlt* ~ kdo dřív přijde, ten dřív mele.
zufahren přijíždět [-jet] k (*D*); *fahr zu!* (jeď) dále!; *fig. auf j-n* ~ vrhat [-hnout] se na k-o.
Zufahrt *f* příjezd *m*; **~straße** *f* příjezdová silnice.
Zufall *m* náhoda *f*; *durch* ~ náhodou; **&en** zavírat [-vřít] se; (*zuteil werden*) připadat [-dnout].
zufällig náhodný, nahodilý; (*unverhofft*) neočekávaný; **~er'weise** náhodou, náhodně; **&keit** *f* nahodilost, náhodnost.
Zufalls|ergebnis *n* náhodný výsledek; **~kauf** *m* nahodilá koupě; **~treffer** *m* (*Fußball*) nahodilá branka.
zuflie|gen: *auf j-n od. et.* ~ [při]letět k (*D*); *Tür*: přirážet [-razit]; **~ßen** [při]téci k (*D*); *Summen, Aufträge*: dost(áv)at se; ~ *lassen* poskytovat [-tnout].
Zuflucht *f* útočiště *n*; *s-e* ~ *nehmen zu* utíkat [utéci] se ke k-u; **~s·ort** *m*, **~s·stätte** *f* útulek *m.*
Zufluß *m* přítok; (*v. Menschen*) přírůstek, přibývání *n.*
zuflüstern [po]šeptat (*D*).
zu'folge (*G od. D*) podle (*G*).
zu'frieden spokojen(ý); **~geben:** *sich* ~ spokojovat [-jit] se (*mit et.* s čím *od.* čím); **&heit** *f* spokojenost; **~lassen** dá(va)t pokoj; **~stellen** uspokojovat [-jit]; **&stellung** *f* uspokojení *n.*
zu|frieren zamrzat [-znout]; **~fügen** přid(áv)at, připojovat [-jit]; (*antun*) [z]působit, [u]činit; **&fuhr** *f* dovoz *m*, dovážení *n*; *Tech.* přívod *m.*
zuführ|en přivádět [-vést] (*a. Tech.*); (*fahrend*) přivážet [-vézt], dopravovat [-pravit]; **&ung** *f* přivedení *n*, přivádění *n*; *Tech.* přívod *m.*
Zug *m* tah, tažení *n*, táhnutí *n*; *Esb.* vlak; (*Fest&, Um&*) průvod; (*Vogel&*) stěhování *n*; (*Luft&*) průvan; (*Gespann*) potah; (*Feder&*) škrtnutí *n*; (*Berg&*) pásmo *n*; *Mil.* (*Abteilung*) četa *f*; *fig.* (*Gesichts&, Charakter&*) rys; *in e-m* ~ najednou, rázem; (*beim Trinken*) jedním douškem; *im* ~*e der Verhandlungen* během jednání; *in den letzten Zügen liegen* dokonávat; *vgl. a. Feld-, Schachzug, Schluck.*
Zugabe *f* přídavek *m.*
Zug·abfertigung *f Esb.* výpravna vlaků.
Zugang *m* příchod, přístup; (*Zuwachs*) přírůstek.
zugänglich přístupný; **&keit** *f* přístupnost.
Zug|anschluß *m Esb.* vlakové spojení; **~begleiter** *m* vlakvedoucí; **~brücke** *f* zvedací (*od.* padací) most *m.*
zugeben přid(áv)at; (*gestatten*) připouštět [-pustit]; (*eingestehen*) přizn(áv)at.
zu'gegen: ~ *sein* být přítomen (-mný).
zugehen (*sich schließen*) zavírat [-vřít] se; *auf j-n* ~ [při]jít k (*D*); (*ankommen*) docházet [dojít]; (*geschehen*) dít [udát] se, stá(va)t se; ~ *lassen* pos(í)lat; *dem Ende* ~ blížit se ke konci; *hier geht es nicht mit rechten Dingen zu* tady není něco v pořádku.
zugehör|en patřívat [-řit]; **~ig** příslušný; **&igkeit** *f* příslušnost.
Zügel *m* uzda *f*, otěže *f/pl.*; *die* ~ *schießen lassen* popouštět [-pustit] uzdu; *die* ~ *(fest) anziehen* přitahovat [-táhnout] uzdu; *fig. die* ~ *in die Hand nehmen* chápat [chopit] se otěží; **&los** bez uzdy; *fig.* bezuzdný, nevázaný; **~losigkeit** *f fig.* bezuzdnost, nevázanost, nespoutanost; **&n** *Pferd*: [po]držet na uzdě; *fig.* [z]krotit.
Zugentgleisung *f* vykolejení *n* vlaku.
Zuge|ständnis *n* ústupek *m*; **&stehen** (*bewilligen*) poskytovat [-tnout], povolovat [-lit]; (*gestehen*) přizn(áv)at, připouštět [-pustit]; **&tan** (*D*) oddaný (oddán), nakloněn(ý); **&wandt** mající smysl (*D* pro *A*).

Zug|feder *f* tažná pružina; **~festigkeit** *f* pevnost v tahu; **~führer** *m Esb. s. Zugbegleiter*; *Mil.* četař.
zugießen přilévat [-lít]; *Öffnung*: zalévat [-lít].
zugig provívaný průvanem, jsoucí v průvanu.
zügig plynulý, od ruky jdoucí.
Zugkraft *f* tažná síla; (*Anziehungskraft*) přitažlivost.
zu'gleich zároveň, současně.
Zug|leine *f* vlečný provaz; **~luft** *f* průvan *m*; **~maschine** *f* traktor *m*, tahač *m*; **~ochse** *m* tažný vůl; **~personal** *n Esb.* vlakový personál; **~pferd** *n* tažný kůň; **~pflaster** *n Med.* (z)prýskavá náplast.
zu|greifen sahat [sáhnout] po tom, chopit se *pf.* toho; (*bei Tisch*) *greifen Sie nur zu!* jen si vezměte!; **2griff** *m* zásah; *sich dem ~ (G) entziehen* utíkat [utéci]; *unter dem ~ von* zásahem (*G*).
zu'grunde: *~ gehen* [za]hynout; *~ legen* klást [položit] za základ; *~ liegen* být základem; *~ richten* [z]ničit; **2legung** *f*: *mit* (*od. unter*) *~ von* podle (*G*).
Zug|schalter *m* tahací spínač; **~seil** *n* tažné lano; **~spannung** *f* napětí *n* v tahu; **~stück** *n Thea.* oblíbená hra; **~tier** *n* tažné zvíře, tahoun *m*; **~unglück** *n* vlakové neštěstí.
zugucken F *s. zuschauen*.
zu'gunsten (*G*) ve prospěch (*G*).
zu'gute: *j-m et. ~ halten* promíjet [-minout] k-u co; *~ kommen* prospívat [-spět], být na prospěch; *sich et. ~ tun* popřá(va)t si.
Zug|verbindung *f* vlakové spojení; **~verkehr** *m Esb.* vlaková doprava; **~vieh** *n* tažný dobytek; **~vogel** *m* tažný pták; **~vorrichtung** *f* táhlové ústrojí; **~waage** *f* pružinová váha; **2weise** *Mil.* po četách; **~wind** *m* průvan.
zuhalten *v/t Mund*: nech(áv)at ústa zavřena; *sich die Nase ~* přidržovat [-žet] si nos; *sich die Ohren ~* zacp(áv)at si uši; *v/i auf et. ~* dá(va)t se směrem k (*D*); *Mar.* plovat [plout] směrem k (*D*).
Zuhält|er *m* kuplíř, V pasák; **~e'rei** *f* kuplířství *n*.
zu|hängen zastírat [-střít]; **~hauen** *v/t* o-, při-sek(áv)at; *v/i* bít, tlouci; **2'hause** *n* domov *m*; **~heften** [při]stehovat; **~heilen** [za]hojit se; **2'hilfenahme:** *unter* (*od. mit*) *~ von* s užitím (*G*); **~'hinterst** nejzáze, naposled(y).
zuhör|en (*D*) poslouchat (*A*); **2er(in** *f*) *m* posluchač(ka); **2erschaft** *f* posluchačstvo *n*, posluchači *m/pl.*
Zukauf *m* přikoupení *n*; **2en** přikupovat [-koupit].
zu|kehren: *j-m den Rücken ~* obracet [obrátit] se k-u zády; **~kitten** [za]tmelit; **~klappen** *v/t* sklapovat [-pnout]; *v/i* zaklapovat [-pnout]; **~kleben** za-, při-lepovat [-pit]; **~knöpfen** zapínat [-pnout]; *zugeknöpft* zapnutý; **~kommen:** *auf j-n ~* přicházet [přijít] ke k-u; *~ lassen* (*schicken*) pos(í)lat; (*gewähren*) poskytovat [-tnout]; **~korken** [u-, za]zátkovat; **2kunft** *f* budoucnost; *Gr.* budoucí čas *m*; *in ~* budoucně, příště; *für alle ~* pro budoucnost, na budoucí časy; **~künftig** budoucí, pozdější; *Adv.* budoucně; F *ihr* **2er** její ženich; *s-e* **2e** jeho nevěsta.
Zukunfts|aussichten *f/pl.* vyhlídky *f/pl.* do budoucna; **~musik** F *f* hudba budoucnosti; *das ist noch ~* to je ještě v daleké budoucnosti; **~pläne** *m/pl.* plány *m/pl.* do budoucnosti; **2reich** nadějný, slibný; **~roman** *m* vědeckofantastický román.
zulächeln (*D*) usmívat [usmát] se na (*A*).
Zulage *f* přídavek *m*; *vgl. a. Zugabe, Beilage*.
zu'lande: *bei uns ~* u nás (*od.* zde) v zemi.
zulangen (*bei Tisch*) *s. zugreifen*; F (*reichen*) [vy-, po]stačit.
zulänglich dostatečný; **2keit** *f* dostatečnost.
zulassen (*gestatten*) dovolovat [-lit]; (*Zutritt gewähren*) připouštět [-pustit]; F (*geschlossen lassen*) nech(áv)at zavřený.
zulässig dovolený, přístupný; *das ist* (*nicht*) *~* je (není) přípustno, (ne)dovoluje se, (ne)lze; **2keit** *f* přípustnost.
Zulassung *f* připuštění *n*, dovolení *n*; *Kfz.* registrace; **~s·nummer** *f* poznávací značka; **~s·prüfung** *f* připouštěcí zkouška; **~s·stelle** *f Kfz.* úřad *m* pro registraci vozidel.

Zulauf *m* přítok; (*Andrang*) nával; *großen ~ haben* být velmi oblíben; **2en:** *auf j-n ~* přibíhat [-běhnout] ke k-u; *Wasser*: přitékat [-téci]; *spitz ~* vybíhat [-běhnout] ve špičku.
zulegen přid(áv)at; *Holz, Kohlen*: přikládat [přiložit]; F *sich et. ~* zaopatřovat [-řit] si.
zu'leide: *j-m et. ~ tun* ubližovat [ublížit] k-u čím.
zuleit|en přivádět [-vést]; *s. zukommen lassen*; **2ung** *f* přivedení *n*; *El.* přívod *m*; **2ungsdraht** *m El.* přívodní drát; **2ungsrohr** *n* přívodní trubka *f*.
zulernen přiučovat [-čit] se (*D*).
zu'letzt naposled(y); *er kam ~* přišel jako poslední ze všech.
zu'liebe (*D*) z lásky, kvůli.
Zulieferer *m* dodavatel; **~betrieb** *m* dodavatelský podnik.
zulöten zapájet *pf.*, zaletovat *pf.*
zum *Abk. für zu dem k.*
zumachen zavírat [-vřít]; *s. zukleben.*
zu'mal *Kj.* zvláště, protože.
zumauern zazdí(va)t.
zu'meist většinou, nejvíce.
zumessen vyměřovat [-řit], přidělovat [-lit]; *Bedeutung usw.*: přikládat [přiložit].
zu'mindest při nejmenším, aspoň trochu.
zu'mute: *wie ist Ihnen ~?* jak je Vám?; *mir ist nicht wohl ~* mně je špatně.
zumut|en: *j-m et. ~* požadovat co na kom, očekávat co od k-o; **2ung** *f* (nespravedlivý) požadavek; *das ist e-e ~!* to je (pres)příliš!
zu'nächst (*örtlich*) nejblíže; (*zeitlich*) především, nejdříve.
zu|nageln přibí(je)t hřebíky; **~nähen** zaší(va)t; **2nahme** *f* přibývání *n*, přírůstek *m*; **2name** *m* příjmení *n*.
Zünd|anlage *f Kfz.* zapalovací zařízení *n*; **2en** *v/i Blitz*: zapalovat [-pálit]; *Streichholz*: chytat [-tit, -tnout]; *fig.* uchvacovat [uchvátit]; **2end** plamenný, ohnivý.
Zunder *m* troud; (*Oxydschicht*) okuje *f*, opal.
Zünd|er *m* zapalovač; **~funke** *m* zapalovací jiskra *f*; **~holz** *n*, **~hölzchen** *n* zápalka *f*, sirka *f*; **~hütchen** *n* roznětka *f*, zápalka *f*; **~kabel** *n* kabel *m* zapalování; **~kapsel** *f* rozbuška; **~kerze** *f* zapalovací svíčka; **~nadel** *f* zápalná jehla; **~schnur** *f* doutnák *m*, zápalnice; **~spule** *f* zapalovací cívka; **~stoff** *m* zápalná látka; *fig.* výbuš(n)ina *f*; **~ung** *f* zapalování *n*, zážeh *m*; **~zeitpunkt** *m* bod zážehu.
zunehmen *v/i* přibý(va)t (*G*); *der Mond, die Arbeit, die Temperatur nimmt zu* měsíce, práce, teploty přibýva; *er nahm an Gewicht zu* přibral na váze; **~d** přibývající; *es wird ~ wärmer* teploty přibývá; *bei ~en Jahren* když člověk stárne; *bei ~em Mond* když měsíc přibývá.
zuneig|en klonit se (*D*/k *D*); *sich dem Ende ~* chýlit se ke konci; *zugeneigt sein* být nakloněn (*D*/ke *D*); **2ung** *f* příchylnost, náchylnost.
Zunft *f hist.* cech *m*; *fig.* společnost, klika; **2gemäß** cechovní.
zünftig *fig.* odborn(ick)ý; F (*ordentlich*) (po)řádný.
Zunge *f* jazyk *m*; (*Mus.*, *an der Waage*) jazýček *m*; *auf der ~ liegen* mít to na jazyku; *mit der ~ anstoßen* zadrhovat [-hnout].
züngeln *Schlange*: kmitat jazykem; *Blitz*: míhat se; *Flammen*: šlehat.
Zungen- jazykový, (*bsd. Tech.*) jazýčkový; **~bein** *n* jazyková kost, jazylka *f*; **~belag** *m* povlak jazyka; **~brecher** *m fig.* těžké slovo; **2fertig** hovorný, řečný; **~fertigkeit** *f* hovornost, řečnost; **~laut** *m Gr.* jazyčná (*od.* plynná) souhláska; **~spitze** *f* konec *m* (*od.* špička) jazyka; **~wurst** *f* jazykový salám; **~wurzel** *f* kořen *m* jazyka.
Zünglein *n* jazýček *m*; *das ~ an der Waage sein fig.* být jazýčkem na váze.
zu'nichte: *~ machen* [z]mařit, [z]ničit; *~ werden* přicházet [přijít] nazmar; *Hoffnungen*: nesplňovat [-splnit] se.
zunicken [po]kynout.
zu'nutze: *sich et. ~ machen* využí(va)t č-o.
zu'oberst nejvýše.
zu|ordnen přiřaďovat [-řadit] k (*D*); **~packen** *s. zugreifen.*
zupfen tahat [zatáhnout] (*an D* za *A*); (*hin und her*) [roz]třepit, [roz-]cupovat; *Mus.* [za]drnkat.
zur *Abk. für zu der k.*
zurechnen připočítat [-číst].

zurechnungsfähig příčetný; **&-keit** *f* příčetnost.

zu'recht řádně, náležitě; **~finden:** *sich* ~ vyzn(áv)at se; *fig.* dovést *pf.* se uplatnit; **~kommen** přicházet [přijít] včas; (*fertig werden*) dokazovat [-kázat]; **~legen** dá(va)t do pořádku; (*vorbereiten*) připravovat [-pravit]; **~machen** upravovat [upravit]; **~rücken** *Stuhl*: řádně postavovat [-stavit]; *Krawatte*: upravovat [upravit] si; **~setzen:** usazovat [usadit]; *sich* ~ usedat [-dnout (si)]; F *j-m den Kopf* ~ napravovat [-pravit] k-u hlavu; **~stellen** řádně postavovat [-stavit]; **~stutzen** *Baum*: přiřez(áv)at [-říznout]; **~weisen** [po]kárat; **&weisung** *f* pokárání *n*, důtka.

zu|reden domlouvat [-mluvit]; **&reden** *n* domlouvání, domluva *f*; **~reichen** *v/t* pod(áv)at; *v/i* po-, vy-stačovat [-čit]; **~d** do-, postačující.

zureit|en *v/i*: ~ *auf* (*A*) [při]blížit se na koni k (*D*); *v/t* [vy]cvičit koně; **&er** *m* cvičitel koní.

zuricht|en při-, u-pravovat [-pravit]; *fig. übel* ~ [z]bít, [z]tlouci, F zřizovat [zřídit]; **&en** *n* při-, u-pravení, úprava *f*.

zuriegeln zavírat [-vřít] na závoru.

zürnen (*D*) hněvat se, zlobit se (na *A*).

Zur'schaustellung *f* úmyslné stavení na odiv, okázalost.

zu'rück (na)zpět, zpátky; *er ist noch nicht* ~ ještě se nevrátil; *es gibt kein* ~ *mehr* nelze nazpět; **~begeben:** *sich* ~ odeb(i)rat se zpět, vracet [vrátit] se; **~begleiten** doprovázet [-vodit]; **~behalten** zadržovat [-žet]; **~bekommen** dost(áv)at zpět; **~berufen** povol(áv)at zpět, odvol(áv)at; **~bezahlen** oplácet [oplatit], navrácet [-vrátit]; **~bilden:** *sich* ~ *Bio.* atrofovat; **~bleiben** zůst(áv)at zpět *od.* pozadu; *fig.* zaost(áv)at, pokulhávat; (*am Leben bleiben*) zůst(áv)at naživu; *zurückgeblieben* zaostalý; **~blicken** pohlížet [-hlédnout] nazpátek; **~bringen** přinášet [-nést] (na)zpět; *Tier, Person*: přivádět [-vést] (na)zpět; (*fahrend*) přivážet [-vézt] (na)zpět; **~datieren** antedatovat (*im*)*pf.*; **~denken** myslit nazpět, vzpomínat [-menout]; **~drängen** zatlačovat [-čit]; *Mil.* zahánět [-hnat]; *fig.* potlačovat [-čit]; **~drehen** [o]točit zpět; *Uhr*: nařizovat [-řídit] zpět; **~dürfen** F smět nazpět; **~eilen** pospíchat [pospíšit] si zpět; **~erbitten** vyprošovat [-prosit] si zpět; **~erhalten** dost(áv)at zpět; **~erobern** dobý(va)t zpět (*G*); **~erstatten** navracet [-vrátit]; **~fahren** *v/t* [při]vézt nazpět; *v/i* [při]jet nazpět; *s. zurückprallen*; **~fallen** padat [-dnout] nazpět *od.* dozadu; *fig.* upadat [-dnout] (*in A* v *A*); *Licht*: odrážet [-razit] se; *Schande*: padat [-dnout]; *Sp.* odpadat [-dnout]; **~finden** *v/i* naléz(a)t zpáteční cestu; **~fliegen** [po]letět (na)zpět; **~fließen** téci (na)zpět; **~fordern** [po]žádat (na)zpět; **~führen** [při]vést zpátky; *fig. auf et.* ~ odvozovat [-vodit] z č-o; **~geben** vracet [vrátit]; **~gehen** jít nazpět, vracet [vrátit] se; (*weichen*) couvat [-vnout], ustupovat [ustoupit]; (*kleiner werden*) ochabovat [-bnout]; *Preise, Kurse*: klesat [-snout]; *das geht darauf zurück, daß* ... to pochází z toho, že ...; **~gewinnen** získ(áv)at zpět; **~gezogen** v ústraní; **&gezogenheit** *f* ústraní *n*; **~greifen** (*auf A*) sahat [sáhnout] (na *A*, po *L*, k *D*); **~halten** zadržovat [-žet]; *Tränen*: zatlačovat [-čit]; *Gefühl*: utajovat [-jit]; ~ *mit* [za]tajit (*A*); *sich* ~ chovat se zdrže(n)livě; **~d** zdrže(n)livý, rezervovaný; **&haltung** *f* zdrže(n)livost, rezerva; **~holen** *s. zurückbringen*; **~jagen** zahánět [-hnat]; **~kaufen** kupovat [-koupit] zpět; **~kehren, ~kommen** vracet [vrátit] se, přicházet [přijít] zpět; *auf e-e Sache* ~ zmiňovat [zmínit] se o čem; **~können** F moci nazpět; **~lassen** zanech(áv)at; **~laufen** běžet [běhat] nazpět; **~legen** klást [položit] nazpět; *Geld*: ukládat [uložit]; *Weg*: urazit *pf.*; **~lehnen:** *sich* ~ opírat [opřít] se nazpět; **~liegen:** *das liegt fünf Jahre zurück* je tomu pět let; **~müssen** F musit zpátky; **&nahme** *f* vzetí *n* zpět; *fig.* odvolání *n*; **~nehmen** brát [vzít] zpět; *fig.* odvol(áv)at; **~prallen** odrážet [-razit] se; (*vor Schreck*) trhat [-hnout] sebou (*I*); **~reisen** [od]cestovat nazpět; **~rufen** [za]volat nazpět; *fig. j-m et. ins Gedächt-*

nis ~ připomínat [-menout] k-u co; **~schauen** *s. zurückblicken*; **~schaudern** [z]hrozit se (*G*); **~schicken** pos(í)lat zpět; **~schieben** odstrkovat [-strčit], postrkovat [-strčit] nazpět; **~schlagen** *v/t Ball, Feind*: odrážet [-razit]; *Decke, Mantel*: odhrnovat [-nout]; *v/i* (*Flamme*) šlehat [-hnout] zpátky; **~schnellen** prudce se pohnout zpět, odskočit *pf.*; **~schrecken** *v/t* odstrašovat [-šit]; *v/i* lekat [-knout] se (*vor D/G*); **~schreiben** odepisovat [-psat]; **~sehnen:** *sich* ~ [za-]toužit (*nach et.* po čem); **~sein** F *s. zurückkommen*; **~senden** *s. zurückschicken*; **~setzen** *v/t s. zurücklegen, -stellen*; *fig.* odstrkovat [-strčit]; *v/i* couvat (vozidlem); **2setzung** *f* odstrčení *n*, ponížení *n*; **~sinken** klesat [-snout] zpět; **~springen** skákat [skočit] nazpět; **~stehen** *fig.* (*hinter j-m*) být za kým; **~stellen** postavovat [-stavit] dozadu; *fig.* (*zurückgeben*) vracet [vrátit]; *Uhr*: postrkovat [-strčit] nazpět; *Mil.* neodvádět [-vést]; **~stoßen** odrážet [-razit], odstrkovat [-strčit]; *fig. das stößt mich zurück* to se mi protiví; **~strahlen** odrážet (*v/i* se); **~strömen** proudit zpět; **~telegraphieren** telegrafovat nazpět, odtelegrafovat *pf.*; **~tragen** [od-, při]nést nazpět; **~treiben** zahánět [-hnat]; **~verlangen** *v/t* žádat [požadovat] nazpět; **~versetzen:** *in den früheren Zustand* ~ uvést *pf.* v předešlý stav; *fig. sich* ~ *in* (*A*) přenášet [-nést] se duchem do (*G*); **~verweisen** odkazovat [-kázat] zpět; **~weichen** ustupovat [ustoupit], couvat [-vnout]; **~weisen** (*ablehnen*) odmítat [-tnout]; **2weisung** *f* odmítnutí *n*; **~werfen** házet [hodit] nazpět; *Mil.* odrážet [-razit]; **~wirken** účinkovat zpět, [z]působit zpět; **~wollen** F chtít nazpět; **~zahlen** splácet [splatit], oplácet [oplatit] (*a. fig.*); **~ziehen** *v/t* stahovat [stáhnout] zpět; (*widerrufen*) odvol(áv)at, [z]rušit; *v/i* táhnout [tahat] zpět; *sich* ~ *Mil.* ustupovat [ustoupit]; *sich* ~ *von* vzdá(va)t se (*G*); *sich* ~ *in* (*A*) odcházet [odejít] do (*G*); **2ziehung** *f* odvolání *n*.

Zuruf *m* zavolání *n*; *durch* ~ *wählen* [z]volit aklamací; **2en** [za]volat.

Zusage *f* připověď; (*Versprechen*) slib *m*.

zusagen *v/t* (*versprechen*) (při)slibovat [-slíbit]; *j-m et. auf den Kopf* ~ říkat [říci] k-u co do očí *od.* bez obalu; *v/i* (*gefallen*) zamlouvat se, líbit se; *ich habe schon zugesagt* jsem již zadán.

zu'sammen spolu, společně, dohromady; **2arbeit** *f* spolupráce, součinnost; **~arbeiten** spolupracovat; **~ballen:** *sich* ~ sbalovat [-lit] se; *Wolken*: [na]kupit se; **2ballung** *f* soustředění *n*, (*Anhäufung*) koncentrace; **2bau** *m* sestavení *n*, montáž *f*; **~bauen** sestavovat [-stavit], [s]montovat; **~beißen** *Zähne*: svírat [sevřít], zatí(na)t; **~bekommen** F dost(áv)at dohromady; *Geld*: shánět [sehnat]; **~berufen** svol(áv)at; **~binden** svazovat [svázat]; **~bleiben** zůst(áv)at pohromadě; **~brauen** F [s]míchat; *fig. es braut sich et. zusammen* něco se strojí; **~brechen** [z]hroutit se; **~bringen** (*bekannt machen*) seznamovat [-známit]; *Geld*: shánět [sehnat]; **2bruch** *m* zhroucení *n*; **~drängen** stlačovat [-čit]; **~drehen** stáčet [stočit], skrucovat [skroutit]; **~drücken** smačkávat [smáčknout], [s]mačkat; **~fahren** sjíždět [sjet] se; (*zs.-stoßen*) srážet [srazit] se; *fig. s. zusammenzucken*; **~fallen** (*zs.-brechen*) [z]hroutit se; (*zeitlich*) připadat; **~falten** skládat [složit] v záhyby; **~fassen** shrnovat [-nout] (*a. fig.*); ~*d Adv.* úhrnem; **2fassung** *f* shrnutí *n*, resumé *n*; **~finden:** *sich* ~ scházet [sejít] se; **~flicken** [s]látat; **~fließen** stékat [stéci] se; *Farben*: splývat [splynout]; **2fluß** *m* soutok; **~fügen** spojovat [-jit], slučovat [sloučit]; **~führen** svádět [svést]; (*fahrend*) svážet [svézt]; **~geben** dá(va)t dohromady; **~gehören** náležet k sobě; **2gehörigkeit** *f* sounáležitost, souvislost; **~gesetzt** složený; **~gewürfelt** *fig.* pestrý; **~gießen** slévat [slít]; **2halt** *m* soudržnost, solidarita; **~halten** *v/t* udržovat [-žet] pohromadě; *v/i fig.* držet spolu; **2hang** *m* souvislost *f*; *im* ~ *stehen* = **~hängen** souviset; **~hängend** souvislý; **~hang(s)-**

los nesouvislý; **~hauen** F (*zertrümmern*) sesek(áv)at; *fig.* zpracov(áv)at ledabyle; **~heften** sestehovat [-hnout]; **~kauern:** *sich* ~ skrčovat [-čit]; **~kaufen** skupovat [skoupit]; **~kehren** smet(áv)at (dohromady); **2klang** *m* souzvuk, akord; **~klappbar** skládací; **~klappen** *v/t Messer, Fächer*: zavírat [-vřít]; *Stuhl*: skládat [složit]; *v/i* F [z]hroutit se; **~kleben** *v/t* slepovat [-pit]; *v/i* držet pohromadě, být slepen; **~knüpfen** spínat [sepnout]; **~kommen** scházet [sejít] se, setk(áv)at se; **~koppeln** spínat [sepnout]; **2kunft** *f* schůze, schůzka, sraz *m*; **~laufen** sbíhat [sběhnout] se; *Farben*: splývat [splynout]; F *das Wasser läuft e-m im Munde zusammen* sliny se mu sbíhají; **2leben** *n* soužití; **~legbar** složitelný, skládací; **~legen** skládat [složit]; *Grundstück*: scelovat [-lit]; **2legung** *f* složení *n*; scelení *n*; **~leimen** skližovat [sklížit]; **~lesen** sbírat [sebrat]; *sein Wissen* ~ získ(áv)at četbou; **~löten** [s]pájet, [s]pájkovat; **~nähen** seší(va)t; **~nehmen** sbírat [sebrat]; *Kräfte*: napínat [-pnout]; *sich* ~ přičiňovat [-činit] se; *alles zusammengenommen* všechno dohromady, úhrnem; **~packen** sbalovat [-lit] (*a. fig.* F); **~passen** *v/i* hodit se k sobě, shodovat se; **2prall** *m s. Zusammenstoß*; **~prallen** *s. zusammenstoßen*; **~pressen** smačk(áv)at [smáčknout]; **~raffen** sbírat [sebrat]; **~rechnen** sčít(áv)at; **~reimen** F: *das kann ich mir nicht* ~ to nemohu pochopit; *wie reimt sich das zusammen?* jak to je dohromady?; **~reißen:** *sich* ~ opanovat se; **~rollen** svinovat [-nout]; **~rotten:** *sich* ~ srocovat [srotit] se; **2rottung** *f* srocení *n*; **~rücken** *v/t* sestrkovat [-strčit]; *v/i* smačk(áv)at [smáčknout] se; **~rufen** svol(áv)at; **~schalten** spojovat [-jit]; **~scharren:** *sich* ~ shlukovat [-knout] se; **~schießen** *Menschen*: postřelovat [-střílet]; *Stadt*: rozstřelovat [-střílet]; *fig.* (*Geld*) shánět [sehnat]; **~schlagen** *v/t* sbí(je)t, stloukat [stlouci]; *Hände*: sprásknout *pf.*; *Hacken*: srážet [srazit]; (*falten*) skládat [složit]; (*zertrümmern*) rozbí(je)t, roztloukat [-tlouci]; *v/i* (*Wellen*) zavírat [-vřít] se; **~schließen:** *sich* ~ semknout se *pf.*, slučovat [sloučit] se; **2schluß** *m* semknutí *n*, sloučení *n*; **~schmelzen** *v/i* splývat [splynout], spojovat [-jit] se; (*weniger werden*) [u]bývat; (*schwinden*) mizet; **~schnüren** [se]šněrovat; *fig. das schnürt mir das Herz zusammen* to mi svírá srdce; **~schreiben** psát [napsat] (dohromady); **~schrumpfen** scvrk(áv)at se (*a. fig.*); *vgl. zusammenziehen* (*sich*); **~schweißen** *Tech.* svářet [svařit]; *fig.* stmelovat [-lit]; **2sein** *n* společný pobyt, společně trávený čas; **~setzen** skládat [složit]; *Maschine*: sestavovat [-stavit]; **2setzung** *f* složení *n*, sestavení *n*; *Gr.* složenina; **2spiel** *n* souhra *f*; **~stecken** *v/t* sešpendlit; F *Köpfe*: sestrkovat [-strčit]; *v/i* F být spolu *od.* pohromadě; **~stehen** stá(va)t pohromadě; *fig.* stá(va)t k sobě; **~stellen** sestavovat [-stavit]; **2stellung** *f* sestavení *n*; **~stimmen** [za]znít stejně; **2stoß** *m* srážka *f*; *fig.* konflikt, spor; **~stoßen** *v/i* srážet [srazit] se; *fig.* utk(áv)at se; (*angrenzen*) sousedit, hraničit; **~strömen** splývat [splynout]; *Menschen*: nahrnovat [-nout] se; **2sturz** *m* zřícení *n*, sesutí *n*; **~stürzen** [z]řítit se, [z]hroutit se; **~suchen** shled(áv)at; **~tragen** snášet [snést] (*a. fig.*); **~treffen** setk(áv)at se; (*gleichzeitig geschehen*) dít [udát] se zároveň; **2treffen** *n* setkání; (*v. Umständen*) sběh *m*; **~treiben** shánět [sehnat] (dohromady); **~treten** *v/i* (*zs.-kommen*) scházet [sejít] se; **2tritt** *m* sejití *n*, schůze *f*; **~tun:** *sich* ~ spojovat [-jit] se; **~wachsen** srůs(ta)t; **~werfen** házet [hodit] dohromady; (*verwechseln*) smích(áv)at; **~wirken** [spolu]působit; **2wirken** *n* spolupůsobení *n*, součinnost *f*; **~zählen** spočít(áv)at, sčít(áv)at [sečíst]; **~ziehen** stahovat [stáhnout]; *sich* ~ smršťovat [-štit] se; **2ziehung** *f* stažení *n*; **~zucken** trhnout *pf.* (*od.* škubnout *pf.*) sebou.

Zu|satz *m* dodatek, doložka *f*; *Chem.* přísada *f*; **2sätzlich** dodatečný, přídavný, doplňkový.

zu'schanden: ~ *machen* [z]mařit, [z]kazit; ~ *werden* [z]mařit se,

[z]kazit se; *ein Pferd* ~ *reiten* ztrh(áv)at nadobro koně.
zuschau|en (*D*) podívat se na (*A*); **2er(in** *f*) *m* divák (-vačka); **2erraum** *m* hlediště *n*.
zu|schicken pos(í)lat; **~schieben** *Riegel usw.*: zastrkovat [-strčit]; *fig. j-m et.* ~ přičítat [-číst] k-u co; *die Schuld* ~ dá(va)t vinu; **~schießen** *v/t* (*beitragen*) přispívat [-spět] (et. čím); *v/i* ~ *auf* (*A*) [vy]řítit se na (*A*).
Zuschlag *m* příplatek; přirážka *f*; (*bei Auktionen*) přiklepnutí *n* přiřknutí *n*; *s. a. Zusatz*; **2en** *v/t Tür*: přirážet [-razit], přibouchávat [-chnout] (*v/i* se), F přiklepnout *pf.*; (*zunageln*) zatloukat [-tlouci]; (*hinzuzählen*) přirážet [-razit]; *s. zuklappen*; *v/i* (*schlagen, sich laut schließen*) bouchat [-chnout]; *Hdl.* (*Zuschlag erteilen*) přiřknout *pf.*; **2frei** bez příplatku; **~karte** *f* příplatková jízdenka; **2pflichtig** podrobený příplatku.
zu|schließen zavírat [-vřít]; (*zusperren*) zamykat [-mknout]; **~schnallen** zapínat [-pnout] přezkou; **~schnappen** *Hund*: chňapat [-pnout]; (*Tür, Messer*) sklapovat [-pnout].
zuschneid|en (*mit der Säge*) přiřez(áv)at [-říznout]; (*mit dem Messer*) přikrajovat [-krojit, -krájet]; (*mit der Schere*) přistřihovat [-střihnout, -stříhat]; **2er(in** *f*) *m* přistřihovač(ka), přikrajovač(ka).
zu|schneien zasněžovat [-žit]; *zugeschneit* zasněžený; **2schnitt** *m* střih; **~schnüren** zašněrov(áv)at; *die Kehle* ~ svírat [sevřít] hrdlo; **~schrauben** [za]šroubovat; **~schreiben** (*hinzufügen*) připisovat [-psat]; (*beimessen*) přičítat [-číst]; **2schrift** *f* přípis *m*, oznámení *n*; **~'schulden:** *sich et.* ~ *kommen lassen* dopouštět [-pustit] se č-o, proviňovat [-vinit] se čím.
Zuschuß *m* přídavek, příspěvek; **~betrieb** *m* subvencovaný podnik.
zuschütten (*hin~*) přisyp(áv)at; (*zugießen*) přilévat [-lít]; *Graben*: zasyp(áv)at.
zusehen [po]dívat se (*bei* na *A*); *sieh zu!* dávej pozor!; **~ds** vůčihledě, zřejmě.
zusend|en pos(í)lat; **2ung** *f* zaslání *n*.
zusetzen *v/t* přid(áv)at; *v/i j-m* ~ doléhat (*od.* naléhat) na k-o.
zusicher|n zajišťovat [-jistit]; (*versprechen*) přislibovat [-slíbit]; **2ung** *f* zajištění *n*; (*Versprechen*) přislíbení *n*.
Zu'spätkommende(r) *m* opozdilec.
Zu|speise *f* příkrm *m*; **2sperren** zamykat [-mknout]; **2spielen** *Ball*: přihrá(va)t.
zuspitz|en [za]špičatit, zaostřovat [-řit]; *fig. sich* ~ přiostřovat [-řit] se; **2ung** *f* přiostření *n*.
zu|sprechen *v/t Jur.* přisuzovat [-soudit], přiřknout *pf.*; *Mut, Trost*: dod(áv)at (*G*), *v/i dem Essen* ~ jíst s chutí (*A*); *dem Wein* ~ popíjet (*A*); *fig. j-m* ~ domlouvat k-u; **~springen:** *auf j-n* ~ přiskakovat [-skočit] ke k-u; **2spruch** *m* (*Ermutigung*) dodání *n* odvahy; (*Trost*) útěcha *f*; *großen* ~ *finden* těšit se oblibě *od.* hojné návštěvě; **2stand** *m* stav; *Zustände pl.* poměry *m/pl.*, situace *f*; **~s-** stavový.
zu'stande: ~ *bringen* provádět [-vést], uskutečňovat [-čnit]; ~ *kommen* uskutečňovat [-čnit] se; **2kommen** *n* provádění, uskutečnění.
zuständig příslušný; **2keit** *f* příslušnost.
zu'statten: ~ *kommen* prospívat [-spět], být na prospěch.
zu|stecken zašpendlovat [-lit]; (*heimlich geben*) podstrkovat [-strčit]; **~stehen** příslušet; *es steht mir zu* mám právo učinit.
zustell|en zastavovat [-stavit]; (*einhändigen*) doručovat [-čit], dod(áv)at; **2er** *m* doručitel; *s. Briefträger*; **2gebühr** *f* doručné *n*; **2ung** *f* doručení *n*, dodání *n*; **2ungsurkunde** *f* doručovací listina.
zusteuern *v/t* (*beitragen*) přispívat [-spět]; *v/i* (*auf A*) dát se směrem (na *A*), zamířit *pf.*, zaměřit *pf.* (k *D*, do *G*); (*zu Fuß a.*) zaměřit svůj krok (k *D*).
zustimm|en (*D*) souhlasit *pf.* s (*I*), přisvědčovat [-čit] (*D*); **2ung** *f* souhlas *m*.
zu|stopfen *Loch*: zacp(áv)at; (*flikken*) zaší(va)t, [za]látat; **~stoßen** *v/t* přirážet [-razit]; *v/i* (*widerfahren*) přiházet [-hodit] se; *stoß zu!* jen ho bodni!; **~streben** (*D*) *s.* zu-

steuern (*v/i*); **≈strom** *m* přítok, příliv; **~strömen** přitékat [-téci]; *fig.* [při]hrnout se; **~stürzen:** *auf et.* ~ vrhat [-hnout] se, [při]řítit se.
zu'tage: ~ *bringen od. fördern* dá(va)t najevo, odhalovat [-lit]; ~ *kommen od. treten* odhalovat [-lit] se, přicházet [přijít] najevo.
Zutat *f*: *mst* ~*en pl.* přípravy *f/pl.*, potřeby *f/pl.*; *Kochk.* přísada.
zu'teil: ~ *werden* dost(áv)at se; *j-m et.* ~ *werden lassen* poskytovat [-tnout] k-u co.
zuteil|en přidělovat [-lit]; **≈ung** *f* přidělení *n*, příděl *m*.
zu'tiefst nanejvýše, velice.
zutragen přinášet [-nést]; *fig.* (*erzählen*) donášet [-nést]; *sich* ~ stá(va)t se, dít [udát] se.
Zuträg|er(in *f*) *m* donášeč(ka); **~e'rei** *f* donášečství *n*; **≈lich** prospěšný; *Nahrung, Klima*: zdravý; **~lichkeit** *f* prospěšnost.
zutrau|en: *j-m et.* ~ nadít se (*im*)*pf.* č-o od k-o (*G*); *j-m nicht viel* ~ neočekávat mnoho od k-o; *sich* ~ troufat si; **≈en** *n* důvěra *f*; **~lich** přítulný, důvěřivý; **≈lichkeit** *f* přítulnost, důvěřivost.
zutreffen být správný; ~ *auf* (*A*) vztahovat se na (*A*); ~ *für* platit pro (*A*); **~d** případný, vhodný.
zutrinken: *j-m* ~ připí(je)t k-u.
Zutritt *m* přístup; ~ *verboten!* přístup zakázán!
zu|tun *s. hinzutun*; **≈tun** *n* přičinění, pomoc *f*; *ohne sein* ~ bez jeho pomoci; **~'ungunsten** na újmu, na škodu (*G*); **~'unterst** *Adv.* nejdoleji; *das Oberste* ~ *kehren* obracet [obrátit] všecko naruby.
zuverlässig spolehlivý; **≈keit** *f* spolehlivost; **≈keitsfahrt** *f* jízda spolehlivosti; **≈keits·prüfung** *f* zkouška spolehlivosti.
Zuversicht *f* důvěra; **≈lich** důvěřivý, důvěryplný; **~lichkeit** *f* důvěřivost.
zu'viel příliš mnoho, přespříliš.
zu'vor dříve, předtím.
zu'vorkommen (*D*) předcházet [předejít] (*A*), předstihovat [-hnout] (*A*); **~d** ochotný, úslužný; **≈heit** *f* ochota, úslužnost.
Zuwachs *m* přírůstek (*an D/G*); **≈en** (*sich vermehren*) přibývat; (*zs.-wachsen*) srůs(ta)t; **~rate** *f*: *jährliche* ~ roční přírůstek.
Zuwander|er *m* přistěhovalec; **≈n** přistěhovat se *pf.*
zu'wege: ~ *bringen* svádět [svést], dokazovat [-kázat]; *nichts* ~ *bringen* ničeho nedosáhnout.
zu'weilen někdy, občas.
zuweis|en přikazovat [-kázat]; *s. a. zuteilen*; **≈ung** *f* přikázání *n*, příděl *m*.
zuwend|en (*zukehren*) obracet [obrátit]; (*geben*) poskytovat [-tnout]; *Aufmerksamkeit*: věnovat (*im*)*pf.*; *sich* ~ (*D*) zabývat se (*I*); **≈ung** *f* (*Unterstützung*) podpora.
zu'wenig příliš málo.
zuwerfen *Tür*: přirážet [-razit]; *Grube*: zahazovat [-házet]; *Ball*: přihazovat [-hodit, -házet]; *Blicke*: vrhat [-hnout].
zu'wider *Prp.* (*D*): ... *ist mir* ~ ... se mi hnusí *od.* protiví; ~ *werden* stát se protivným, zprotivit se; **~handeln** jednat proti; **≈handlung** *f* přestup *m*, jednání *n* proti nařízení; **~laufen** odporovat, příčit se.
zuwinken [po]kynout.
zuzahl|en připlácet [-platit]; **≈ung** *f* připlacení *n*, příplatek *m*.
zuzählen připočítávat [-číst].
zu'zeiten někdy, občas.
zuzieh|en *v/t* (*zs.-ziehen*) utahovat [utáhnout]; *Vorhang*: stahovat [stáhnout]; (*hin*~) brát [vzít], přib(í)rat; *v/i* (*übersiedeln*) [při]stěhovat se; *sich* ~ utržit si *pf.*; **≈ung** *f* přibrání *n*.
Zuzug *m* přistěhování *n*, příchod; (*Verstärkung*) posila *f*; **~s·genehmigung** *f* povolení *n* k pobytu.
Zuzüg|ler *m* přistěhovalec; **≈lich** *s* připočtěním (*G*), počítaje v to.
zwacken F štípat [-pnout]; *fig.* (*plagen*) soužit, trápit.
Zwang *m* přinucení *n*; (*Druck*) nátlak; (*Gewalt*) násilí *n*; *auf j-n* ~ *ausüben* [u]činit nátlak na k-o, [při]nutit; *sich keinen* ~ *antun* jednat nenuceně, *ohne* ~ nenuceně; *unter* ~ nuceně.
zwang *s. zwingen.*
zwängen vtěsn(áv)at, protlačovat [-čit] (*sich* se).
zwanglos nenucený; **≈igkeit** *f* nenucenost.
Zwangs|anleihe *f* nucená půjčka; **~arbeit** *f* nucená práce; **~aufenthalt** *m* nucený pobyt; **~bewirtschaftung** *f* vázané hospodářství

(*od.* hospodaření) s (*I*); **~einquartierung** *f* nucené ubytování; **~einweisung** *f* nucené umístění; **~jacke** *f* svěrací kazajka; **~lage** *f* tíseň; **≈läufig** nucený, vázaný; *fig.* nutkavý, nutný; **~maßnahme** *f*, **~maßregel** *f* donucovací opatření *n*; **~mittel** *n* donucovací prostředek *m*; **~verfahren** *n* donucovací řízení; **~verkauf** *m* nucený prodej; **~versteigerung** *f* nucená dražba; **~verwalter** *m* vnucený správce; **~verwaltung** *f* vnucená správa; **~vollstreckung** *f* donucovací výkon *m* práva; **~vorstellung** *f* nutkavá představa; **≈weise** nucený; *Adv.* nuceně, z donucení; **~wirtschaft** *f* vázané hospodářství.

zwanzig dvacet; **≈er**(**in** *f*) *m* (*Person*) dvacátník (-nice); **~fach, ~fältig** dvacateronásobný; **~jährig** dvacetiletý; **~mal** dvacetkrát; **≈stel** *n* dvacetina *f*; **~ste**(**r**) dvacátý.

zwar sice; *und* ~ a to.

Zweck *m* účel; (*Ziel*) cíl; *das hat keinen* ~ to nemá smysl; *zu dem* ~ za tím účelem; *zu diesem* ~ k tomu(to) účelu, za tím(to) účelem; *zu welchem* ~ k jakému účelu, za jakým účelem; **≈dienlich** účelný.

Zwecke *f* cvok *m*; (*Reiß≈*) napínáček *m*.

zweck|entfremdet příčící se účelu; **~entsprechend** účelný; **~los** bezúčelný, zbytečný; **≈losigkeit** *f* bezúčelnost, zbytečnost; **~mäßig** účelný, vhodný; **≈mäßigkeit** *f* účelnost, vhodnost; **~s** (*G*) pro (*A*), za účelem (*G*).

zwei dva *m*, dvě *f/n*; (*zweierlei*) dvoje; *halb* ~ půl druhé; *um* ~ *Uhr* ve dvě (hodiny); *zu* ~*en* po dvou.

Zwei *f* dvojka; *s. a.* *Zweier*; **≈achsig** dvouosý, dvojosý; **~akter** *m* dvouaktová hra; **≈armig** dvouramenný; **≈bändig** dvousvazkový; **≈beinig** dvounohý; **≈bettig** dvoulůžkový; **~bettzimmer** *n* dvoulůžkový pokoj; **~decker** *m* *Flgw.* dvojplošník; **≈deutig** dvojsmyslný; **~deutigkeit** *f* dvojsmyslnost, obojetnost; **~'drittelmehrheit** *f* dvoutřetinová většina; **~er** *m* dvojka *f*; (*Schulnote*) známka *f* druhého stupně; (*Boot*) dvojveslice *f*; **'≈er'lei** dvojí; **≈fach, ≈fältig** dvojitý, dvojnásobný; **~familienhaus** *n* (rodinný) dvojdomek; **≈farbig** dvojbarevný.

Zweifel *m* pochybnost *f*, pochyba *f*; *ohne* ~ bez pochyby; *außer allem* ~ nade vši pochybnost; *im* ~ *sein* být na pochybách; *in* ~ *ziehen* uvádět [uvést] v pochybnost, pochybovat *pf.* o (*L*); **≈haft** pochybný; **~haftigkeit** *f* pochybnost; **≈los** nepochybný; **≈n** pochybovat (*an D* o *L*); **~s·fall** *m*: *im* ~(e) v pochybném (*od.* nejistém) případě; **≈s'ohne** nepochybně

Zweifler(**in** *f*) *m* pochybovač(ka), skeptik (-ička).

zweiflüg(**e**)**lig** *Tür*: dvoukřídlový.

Zweig *m* (*Ast*) větev *f*; (*Teil des Astes*) ratolest *f*, *fig.* odbor, odvětví *n*; F *fig.* *auf keinen grünen* ~ *kommen* nevzmáhat [-vzmoci] se nikdy; **~bahn** *f* *Esb.* pobočná dráha, odbočka dráhy.

Zweigespann *n* dvojspřeží.

Zweiggeschäft *n* pobočka *f*, filiálka *f*.

zwei|gleisig *Esb.* dvojkolejný; **~glied**(**e**)**rig** dvoučlenný, dvojčlenný.

Zweig|niederlassung *f*, **~stelle** *f* *s.* *Zweiggeschäft*.

zwei|händig *Mus.* dvouruční, na obě ruce; **~höckerig** dvouhrbý; **≈hufer** *m* dvoukopytník; **~hundert** dvě stě; **~hundertste**(**r**) dvoustý; **~jährig** dvouletý; **≈jahrplan** *m* dvouletý plán, dvouletka *f*; **≈'kammersystem** *n* dvoukomorový systém; **≈kampf** *m* souboj; **~köpfig** dvouhlavý; **≈kreisbremse** *f* dvouokruhová brzda; **~mal** dvakrát; **~malig** dvakrát se opakující; **≈master** *m* *Mar.* dvoustěžník; **~monatlich, ≈monats-** dvouměšíční, jednou za dva měsíce; **~motorig** dvoumotorový; **≈par'teiensystem** *n* *Pol.* systém *m* dvou stran; **≈'phasenstrom** *m* *El.* dvojfázový proud; **~polig** dvojpólový; **≈rad** *n* jízdní kolo; **~räd**(**e**)**rig** dvojkolový; **~reihig** dvojřadý, dvojitý; *Anzug*: dvouřadový; **~schichtig** na dvě směny; **~schneidig** dvojbřit(k)ý, dvousečný; **~seitig** dvojstranný, oboustranný; **~silbig** dvojslabičný; **≈sitzer** *m* dvousedadlový vůz; **~sitzig** dvousedadlový; **~spaltig** dvousloupcový; **≈spänner** *m* dvojspřežný vůz; *s. a.* *Zweigespann*; **~spännig** dvojspřežní; **~sprachig** dvojjazyčný; **~stel-**

lig dvoumístný; **~stimmig** dvouhlasový; **~stöckig** dvoupatrový, dvouposchoďový; **~stufig** dvoustupňový; **~stündig** dvouhodinový; **~stündlich** každou druhou hodinu; **~tägig** dvoudenní; **~t-älteste(r)** druhý nejstarší; **~takt-** dvoudobý; **~takter** *m* dvoudobý motor. [druhý.]
zweit|beste(r) druhý nejlepší; **~e(r)**
zwei|teilig dvojdílný; **≗teilung** *f* (roz)dělení *n* na dva díly, (roz)půlení *n*.
zweit|klassig druhořadý; **~letzte(r)** předposlední; **~rangig** podřadný; **≗schrift** *f* druhopis *m*, kopie.
zwei|tens za druhé; **≗'viertelnote** *f Mus.* dvoučtvrťová nota; **≗weiberei** *f* dvojženství *n*; **~wertig** dvojmocný; **~wöchig** dvounedělní; **≗zack** *m* dvojzub; **~zeilig** dvouřádkový; **≗zimmerwohnung** *f* dvoupokojový byt; **≗zylinder** *m* dvouválec.
Zwerchfell *n* bránice *f*; **≗erschütternd** (*Lachen*) bouřlivý; (*Komik*) neodolatelný.
Zwerg *m* trpaslík, pidimužík; F mrňous, špunt; ~- *in Zssgn* = **≗enhaft** trpasličí; zakrslý, zakrnělý; **~kiefer** *f Bot.* kosodřevina, kleč; **~staat** *m* státeček; **~wuchs** *m* trpasličí vzrůst.
Zwetsch(g)e *f* švestka.
Zwetschgen|knödel *m* švestkový knedlík; **~mus** *n* švestková povidla *n/pl.*; **~schnaps** *m*, **~wasser** *n* švestková kořalka, slivovice *f*.
Zwick|el *m* klínek; **≗en** štípat [-pnout]; **~er** *m* skřipec, F cvikr; **~mühle** *f fig.* nesnáze *f/pl.*
zwie-, Zwie- *s. zwei-.*
Zwieback *m* suchar.
Zwiebel *f* cibule, (*mst Blumen≗*) cibulka; ~- *in Zssgn* cibul(k)ový; **≗artig, ≗förmig** cibulovitý; **~gewächs** *n* cibulnatá rostlina; **≗n** F trápit, trýznit; **~turm** *m* cibulovitá věž.
zwie|fach, ~fältig dvojitý; **≗gespräch** *n* rozmluva *f*, rozhovor *m*; **≗licht** *n* polosvit *m*, pološero.
Zwiesel *f od. m* rozvětvení *n*.
Zwie|spalt *m* rozpor; **≗spältig** rozdvojený, sporný; **~sprache** *f s. Zwiegespräch*; **~tracht** *f* nesvornost, svár *m*, roztržka; **≗trächtig** nesvorný, svárlivý.
Zwilch *m*, **Zwillich** *m* (*Textilien*) cvilich, cvilink.
Zwilling *m* blíženec, dvojče *n*; ~e *pl.* dvojčata *n/pl.*; *Astr.* Blíženci *m/pl.*; ~s- *mst Tech.* dvojčatný, zdvojený, dvojčitý.
Zwing|e *f Tech.* utahovák *m*; **≗en** [do-, při]nutit; F (*bewältigen*) zmáhat [zmoci], zdol(áv)at; **~er** *m* (*für Tiere*) ohrada *f*; (*Burg*) mezihrad(b)í *n*; **~herr** *m* krutovládce, tyran.
zwinkern mrkat [-knout], mžikat [-knout].
Zwirn *m* nit *f*; **≗en** *Adj.* nitěný; *v/t* [se]soukat; **~handschuh** *m* nitěná rukavice; **~maschine** *f* skací stroj *m*; **~s·faden** *m s. Zwirn*; *sein Leben hängt an e-m ~* jeho život visí na nitce.
zwischen *Prp.* (*A, wohin?*) mezi (*A*), *z. B.*: *er setzte sich ~ uns* posadil se mezi nás; (*D, wo?, wann?*) mezi (*I*), *z. B.*: *er saß ~ uns* seděl mezi námi; *~ 5 und 6 Uhr* mezi pátou a šestou hodinou.
Zwischen|bemerkung *f* vedlejší poznámka; **≗betrieblich** mezipodnikový; **~bescheid** *m* zatímní výměr; **~bilanz** *f* zatímní bilance; **~deck** *n Mar.* mezipalubí; **~ding** *n* střední věc *f*; **≗'drin** F (*wo?*) v tom, mezi tím; **≗durch** veskrz, tu a tam, občas; **~ergebnis** *n* prozatímní výsledek *m*; **~fall** *m* případ, příhoda *f*; **~frage** *f* vedlejší otázka; **~geschoß** *n Arch.* mezipatro; **~glied** *n* mezičlen *m*; **~handel** *m* meziobchod, překupnictví *n*; **~händler** *m* meziobchodník, překupník; **~landung** *f Flgw.* mezipřistání *n*; **~lösung** *f* zatímní řešení *n*; **~pause** *f* přestávka; **~prüfung** *f* postupová zkouška; **~raum** *m* (*freier Raum*) meziprostor, mezera *f*; (*zeitlich*) časová prostora, mezidobí *n*; **~raumtaste** *f* (*Schreibmaschine*) mezerník *m*; **~regierung** *f* mezivládí *n*; **~ring** *m* mezikroužek; **~ruf** *m* zvolání *n*; **~runde** *f Sp.* mezikolo *n*; **~satz** *m Gr.* vložená věta; *Mus.* mezivěta *f*; **~spiel** *n* mezihra *f*; **≗staatlich** mezistátní; **~station** *f* mezistanice; **~stock** *m s. Zwischengeschoß*; **~stück** *n* spojovací kus *m*; **~stunde** *f* hodina *f* přestávky, přestávka; **~urteil** *n Jur.* prozatímní rozsudek

m; **~wand** *f* přepážka, mezistěna; **~zeit** *f* mezidobí *n*; *in der ~* mezitím.
Zwist *m* svár, spor, roztržka *f*; **≗ig** sporný; **~igkeit** *f s. Zwist.*
zwitschern [za]cvrlikat, [za]švehołit, [za]švitorit.
Zwitter *m Bio.* obojetník, hermafrodit; *Bot.* obojaký květ; **~bildung** *f* obojetnictví *n*, hermafroditismus *n*; **≗haft** obojetný, hermafroditní.
zwölf dvanáct; *es ist ~ Uhr* je dvanáct hodin; *halb ~* půl dvanácté.
Zwölf *f* dvanáctka; **~eck** *n* dvanáctiúhelník *m*; **≗eckig** dvanáctiúhelný; **~ender** *m* dvanácterák, **≗er'lei** dvanácterý; **≗fach** dvanáctinásobný; **~'fingerdarm** *m* dvanácterník; **≗jährig** dvanáctiletý; **≗mal** dvanáctkrát; **≗malig** opakující se po dvanácti; **≗stündig** dvanáctihodinový; **≗tägig** dvanáctidenní.
zwölft|e(r) dvanáctý; **≗el** *n* dvanáctina *f*; **~ens** za dvanácté.
Zy'an *n Chem.* cyan *m*, kyan *m*; **~'kali** *n* cyankáli, kyankáli; *Chem.* kyanid draselný.
Zy'klamen *n s. Alpenveilchen.*
zyklisch cyklický, kruhový.
Zy|'klon *m* cyklón; **~-** *in Zssgn Tech.* cyklónový; **~'klop** *m* Kyklop; **~klo'tron** *n Phys.* cyklotron *m*; **~klus** *m* cyklus.
Zy'linder *m* cylindr; válec; **~-** *in Zssgn Tech.* válcový; **~block** *m* blok válců.
zy'lindrisch cylindrický, válcovitý.
Zy|niker *m* cynik; **≗nisch** cynický; **~'nismus** *m* cynismus.
Zy'presse *f Bot.* cypřiš *m*; **~n-** cypřišový.
Zyste *f Med.* cysta; *Zo.* boubel *m*, měchýřek *m*.
z. Z. *Abk. für zur Zeit.*

Gebräuchliche deutsche Abkürzungen

Běžné německé zkratky

A

AA *Auswärtiges Amt* ministerstvo zahraničních věcí.
Abb. *Abbildung* vyobrazení.
Abf. *Abfahrt* odjezd.
Abk. *Abkürzung* zkratka.
Abs. *Absatz* odstavec; *Absender* odesílatel.
Abschn. *Abschnitt* odstavec.
Abt. *Abteilung* oddělení.
a.D. *außer Dienst* mimo službu, ve výslužbě; *an der Donau* nad Dunajem.
ADN *Allgemeiner Deutscher Nachrichtendienst* Všeobecná německá zpravodajské služba (v NDR).
AG *Aktiengesellschaft* akciová společnost; obvodový soud (v Německu).
allg. *allgemein* všeobecně.
a.M. *am Main* nad Mohanem.
amtl. *amtlich* úřední.
Ank. *Ankunft* příchod, příjezd.
Anm. *Anmerkung* poznámka.
ao. Prof., a.o. Prof. *außerordentlicher Professor* mimořádný profesor (na univerzitě).
APO *Außerparlamentarische Opposition* mimoparlamentní opozice.
ARD *Arbeitsgemeinschaft der öffentlich-rechtlichen Rundfunkanstalten der Bundesrepublik Deutschland* Pracovní společenství veřejně-právních rozhlasových stanic Spolkové republiky Německa.
a.Rh. *am Rhein* nad Rýnem.
Art. *Artikel* článek; odstavec (zákona); druh zboží; gramatický člen.
ASTA *Allgemeiner Studentenausschuß* Všeobecný studentský výbor.
Aufl. *Auflage* náklad, vydání(knihy).
Az *Aktenzeichen* spisová značka.

B

b. *bei* u, při.
Bd. *Band* svazek (knihy).
beil. *beiliegend* připojený, v příloze.
Bem. *Bemerkung* poznámka.
BENELUX *Belgien, Niederlande, Luxemburg* Belgie, Nizozemí, Lucembursko.
bes. *besonders* zejména, zvláště, jmenovitě.
Best.-Nr. *Bestellnummer* objednací číslo.
Betr. *Betreff, betrifft* věc (na předtiscích obchodních dopisů).
betr. *betreffend, betrifft, betreffs* týká se (čeho), věc (na předtiscích obchodních dopisů).
bez. *bezüglich* ve věci čeho, co se týče čeho; *bezahlt* zaplacený, zaplaceno.
BFH *Bundesfinanzhof* Spolkový finanční dvůr.
BGB *Bürgerliches Gesetzbuch* občanský zákoník.
BGH *Bundesgerichtshof* Spolkový soudní dvůr.
BGS *Bundesgrenzschutz* Spolková pohraniční stráž.
Bhf. *Bahnhof* nádraží.
BND *Bundesnachrichtendienst* Spolková zpravodajská služba.
BP *Bundespost* Spolková pošta.
BRD *Bundesrepublik Deutschland* Spolková republika Německa (zkratka NSR).
BRT *Brutto-Register-Tonne* tuna (lodní).
Bw *Bundeswehr* Spolková armáda.
b.w. *bitte wenden* račte obrátit.
bzgl. *bezüglich* příslušný, toho se týkající, co se týče.
bzw. *beziehungsweise* se zřetelem nač, anebo, eventuálně.

C

C *Celsius* Celsius.
ca. *circa, ungefähr, etwa* asi, kolem, přibližně.
cand. *candidatus, Kandidat* kandidát.
CDU *Christlich-Demokratische Union* Křesťanskodemokratická unie (v NSR).

Co. *Kompagnon, Kompanie* společník, společnost (obchodní).
CSU *Christlich-Soziale Union* Křesťanskosociální unie (v NSR).
c.t. *cum tempore, mit akademischem Viertel* s akademickou čtvrtí (o čtvrt hodiny později, než bylo oznámeno).

D

d. Ä. *der Ältere* starší.
DAG *Deutsche Angestellten-Gewerkschaft* Německý odborový svaz pro zaměstnance (v NSR).
DB *Deutsche Bundesbahn* Německé spolkové železnice; *Deutsche Bundesbank* Německá spolková banka.
DDR *Deutsche Demokratische Republik* Německá demokratická republika (zkratka NDR).
desgl. *desgleichen* jaký, takový, podobný, podobně, rovněž.
DGB *Deutscher Gewerkschaftsbund* Německý odborový svaz.
dgl. *dergleichen, desgleichen* takový a podobný.
d. Gr. *der Große* Veliký.
d. h. *das heißt* to jest (zkratka tj.).
d. i. *das ist* to jest (zkratka tj.).
DIN *Deutsche Industrie-Norm* Německá průmyslová normalizace.
Dipl. *Diplom(...)* diplomovaný.
d. J. *dieses Jahres* tohoto roku; *der Jüngere* mladší.
DKP *Deutsche Kommunistische Partei* Německá komunistická strana.
DM *Deutsche Mark* německá marka (v NSR).
d. M. *dieses Monats* tohoto měsíce.
DNA *Deutscher Normenausschuß* Německý normalizační výbor.
do. *dito* totéž, právě tak, dito.
d. O. *der (die, das) Obige* výše, shora uvedený, jmenovaný.
Doz. *Dozent* docent.
dpa *Deutsche Presse-Agentur* Německá tisková kancelář.
Dr. *Doktor* doktor; **- jur.** *D. der Rechte* doktor práv (JUDr.); **- med.** *D. der Medizin* doktor lékařství (MUDr.); **- phil.** *D. der Philosophie* doktor filosofie (Dr. phil.); **- theol.** *D. der Theologie* doktor teologie, bohosloví.
dt(sch). *deutsch* německý.
Dtschld. *Deutschland* Německo.

E

ebd. *edenda* právě zde, právě tam.
Ed. *Edition, Ausgabe* vydání (knihy).
EDV *elektronische Datenverarbeitung* elektronické zpracování dat.
e.h. *ehrenhalber* pro čest.
ehem., ehm. *ehemals* dříve, kdysi, někdy.
eig., eigtl. *eigentlich* vlastně.
einschl. *einschließlich* s tím, v to počítajíc.
EKD *Evangelische Kirche in Deutschland* evangelická církev v Německu.
EKG *Elektrokardiogramm* elektrokardiogram.
entspr. *entsprechend* vhodný, přiměřený.
erg. *ergänze* doplň.
Erl. *Erläuterung* vysvětlení, výklad.
Euratom *Europäische Atomgemeinschaft* Evropské atomové společenství.
ev. *evangelisch* evangelický.
e.V. *eingetragener Verein* zapsaný spolek (do rejstříku).
evtl. *eventuell* eventuální, možný, eventuálně, popřípadě, podle potřeby.
EWG *Europäische Wirtschaftsgemeinschaft* Evropské hospodářské společenství (zkratka EHS).
exkl. *exklusive* exkluzívně, výhradně, nezahrnuje v to.
Expl. *Exemplar* exemplář, výtisk (knihy).

F

F *Fahrenheit* Fahrenheit.
Fa. *Firma* firma.
Fam. *Familie* rodina.
FDGB *Freier Deutscher Gewerkschaftsbund* Svobodný německý odborový svaz (v NDR).
FDP, F.D.P. *Freie Demokratische Partei* Svobodná demokratická strana.
fig. *figürlich, bildlich* obrazně.
fortl. *fortlaufend* nepřetržitě.
Forts. *Fortsetzung* pokračování.
Fr. *Frau* paní.
frdl. *freundlich* přívětivý, laskavý.
Frl. *Fräulein* slečna.
FU *Freie Universität (Berlin)* Svobodná univerzita (v Západním Berlíně).
F-Zug *Fernschnellzug* dálkový rychlík.

G

g *Gramm* gram.
geb. *geboren* narozený; *gebunden* vázaný (o knihách).
Gebr. *Gebrüder* bratří.
gegr. *gegründet* založen, založeno.
gek. *gekürzt* zkráceno.
Ges. *Gesellschaft* společnost; *Gesetz* zákon.
ges. gesch. *gesetzlich geschützt* zákonně chráněno, chráněno zákonem.
gest. *gestorben* zemřel(a).
gez. *gezeichnet* podepsaný.
GG *Grundgesetz* Základní (Ústavní) zákon.
GmbH, G.m.b.H. *Gesellschaft mit beschränkter Haftung* společnost s ručením omezeným (zkratka s.s.r.o.).

H

Hbf. *Hauptbahnhof* hlavní nádraží.
h.c. *honoris causa, ehrenhalber* pro čest, čestný.
HG *Handelsgesellschaft* obchodní společnost.
HGB *Handelsgesetzbuch* obchodní zákoník.
höfl. *höflich(st)* zdvořile.
hpts. *hauptsächlich* hlavně.
Hr., Hrn. *Herr(n)* pán, pánové.
HTL *Höhere Technische Lehranstalt* vyšší technické učiliště.

I

i. *im, in* v.
i. A. *im Auftrag* z příkazu.
i. allg. *im allgemeinen* (vše)obecně.
i. b. *im besonderen* obzvlášť.
i. D. *im Durchschnitt* průměrně.
IG *Industriegewerkschaft* průmyslová odborová organizace.
Ing. *Ingenieur* inženýr.
Inh. *Inhaber* majitel; *Inhalt* obsah.
inkl. *inklusive, einschließlich* inkluzíve, v to počítaje.
Interpol *Internationale Kriminalpolizei-Kommission* Mezinárodní kriminálně-policejní komise.
i. R. *im Ruhestand, emeritus* na odpočinku, ve výslužbě, v penzi.
IRK *Internationales Rotes Kreuz* Mezinárodní červený kříž.
i. V. *in Vertretung* v zastoupení.

J

jhrl. *jährlich* ročně.
jr., jun. *junior, der Jüngere* mladší.
jur. *juristisch* právně, legálně.

K

Kap. *Kapitel* kapitola (v knize).
kath. *katholisch* katolický.
Kfm. *Kaufmann* obchodník.
kfm. *kaufmännisch* obchodní.
Kfz. *Kraftfahrzeug* vozidlo (motorové), auto.
KG *Kommanditgesellschaft* komanditní společnost.
Kl. *Klasse* třída.
KP *Kommunistische Partei* komunistická strana.
KPdSU *Kommunistische Partei der Sowjetunion* Všesvazová komunistická strana v Sovětském svazu.
Kripo *Kriminalpolizei* kriminální policie.
Kto. *Konto* konto, účet.
KZ *Konzentrationslager* koncentrační tábor.

L

led. *ledig* svobodný, neženatý, svobodná, neženatá.
Lekt. *Lektion* lekce, úloha.
lfd. *laufend* běžný.
lfd. Nr. *laufende Nummer* běžné, pořadové číslo.
Lfg., Lfrg. *Lieferung* dodávka.
LG *Landgericht* zemský soud.
LKW, Lkw *Lastkraftwagen* nákladní auto(mobil).
Lok *Lokomotive* lokomotiva.
lt. *laut* podle.
ltd. *leitend* vedoucí, vůdčí, vodivý.
Ltg. *Leitung* vedení, řízení.
luth. *lutherisch* luteránský.

M

max. *maximal* maximálně, nejvyšší.
m.b.H. *mit beschränkter Haftung* s ručením omezeným (zkratka s r.o.).
MdB, M.d.B. *Mitglied des Bundestages* člen spolkového sněmu.
MdL, M.d.L. *Mitglied des Landtages* člen zemského sněmu.
mdl. *mündlich* ústně.
Mehrw.St. *Mehrwertsteuer* daň z nadhodnoty.
MEZ *mitteleuropäische Zeit* středoevropský čas.

MG *Maschinengewehr* automatická zbraň, kulomet.
Mill. *Million(en)* milión.
Min., min. *Minute(n)* minuta.
min. *minimal* minimální, nejmenší.
möbl. *möbliert* zařízený, s nábytkem.
mod. *modern* moderní.
MP *Militärpolizei* vojenská policie; *Maschinenpistole* samopal.
Mrd. *Milliarde* miliarda.
mtl. *monatlich* měsíční.
m.W. *meines Wissens* pokud vím.

N

N *Norden* sever.
Nachf. *Nachfolger* nástupce, nástupkyně.
nachm. *nachmittags* odpoledne.
N.B. *notabene* všimni si dobře.
n. Chr. *nach Christus* po Kristu.
N.N. *nescio nomen, Name unbekannt* jméno neznámo.
NO *Nordosten* severovýchod.
NPD *National-Demokratische Partei Deutschlands* Národně-demokratická strana.
Nr. *Numero, Nummer* číslo.
NW *Nordwesten* severozápad.

O

O *Osten* východ.
o. *oben* nahoře; *oder* nebo; *ohne* bez.
o. ä. *oder ähnlich* nebo podobně.
OB *Oberbürgermeister* vrchní starosta.
o.B. ⚕ *ohne Befund* bez nálezu.
Obb. *Oberbayern* Horní Bavorsko.
od. *oder* nebo.
OEZ *osteuropäische Zeit* východoevropský čas.
öff., öffentl. *öffentlich* veřejný.
offiz. *offiziell* úřední, oficiální.
OHG *Offene Handelsgesellschaft* veřejná obchodní společnost.
OLG *Oberlandesgericht* vrchní zemský soud.
o. Prof. *ordentlicher Professor* řádný profesor.
Orig. *Original* původní dílo, originál.
orth. *orthodox* ortodoxní, pravověrný.

P

p. A(dr). *per Adresse* na adresu.
Pf *Pfennig* fenik.
Pfd. *Pfund* libra (váha).
PH *Pädagogische Hochschule* Vysoká škola pedagogická.
PKW, Pkw *Personenkraftwagen* osobní auto(mobil).
Pl. *Platz* náměstí.
p.p., p.pa., ppa. *per procura* v zastoupení firmy.
Prof. *Professor* profesor.
PS *Pferdestärke* koňská síla; *postscriptum* postskriptum.

R

R *Réaumur* Réaumur.
rd. *rund* kolem, asi, zhruba.
Reg.-Bez. *Regierungsbezirk* vládní okres.
Rel. *Religion* náboženství.
Rep. *Republik* republika.
resp. *respektive* vlastně, popřípade.
RIAS *Rundfunk im amerikanischen Sektor (von Berlin)* Rozhlas v americkém sektoru (v Západním Berlíně).
rk. *römisch-katholisch* římskokatolický.
röm. *römisch* římský.

S

S *Süden* jih.
S. *Seite* strana (v knize).
s. *siehe* viz.
S-Bahn *Schnellbahn* rychlodráha.
SDS *Sozialistischer Deutscher Studentenbund* Socialistický německý studentský svaz.
sec *Sekunde* vteřina.
SED *Sozialistische Einheitspartei Deutschlands* Jednotná socialistická strana Německa (v NDR).
sen. *senior, der Ältere* starší.
SO *Südosten* jihovýchod.
s. o. *siehe oben* viz nahoře.
sog. *sogenannt* tak zvaný (zkratka tzv.), tak řečený.
SPD *Sozial-Demokratische Partei Deutschlands* Sociálně demokratická strana Německa.
St. *Stück* kus; *Sankt* svatý.
Std., Stde. *Stunde* hodina.
stdl. *stündlich* každou hodinu, hodinu co hodinu.
stellv. *stellvertretend* zastupující.
StGB *Strafgesetzbuch* trestní zákoník.
StPO *Strafprozeßordnung* trestní (soudní] řád.

Str. *Straße* ulice, silnice.
stud. *studiosus, Student* studující, vysokoškolák.
StVO *Straßenverkehrsordnung* silniční dopravní řád.
s. t. *sine tempore, ohne akademisches Viertel* bez akademické čtvrti.
s. u. *siehe unten* viz dole.
SW *Südwesten* jihozápad.
s. Z. *seinerzeit* kdysi, dříve.

T

tägl. *täglich* denně.
Tel. *Telefon* telefon; *Telegramm* telegram.
TH *Technische Hochschule* Vysoká škola technická.
TU *Technische Universität (Berlin)* Technická univerzita (v Západním Berlíně).
TÜV *Technischer Überwachungsverein* Technický dohlížecí spolek.

U

u. *und* a.
u. a. *und andere(s)* a jiní; *unter anderem (anderen)* mezi jiným.
u. ä. *und ähnliche(s)* a podobné.
U. A. w. g. *Um Antwort wird gebeten* prosí se o odpověď.
u. dgl. (m.) *und dergleichen (mehr)* a (tak) podobně, a (tak) podobné.
u. d. M. *unter dem Meeresspiegel* pod hladinou mořskou, pod mořem.
ü. d. M. *über dem Meeresspiegel* nad hladinou mořskou, nad mořem.
UdSSR *Union der Sozialistischen Sowjetrepubliken* Svaz sovětských socialistických republik.
UKW *Ultrakurzwelle* ultrakrátké vlny.
U/min. *Umdrehung in der Minute* počet obrátek v minutě, za minutu.
urspr. *ursprünglich* původní, prvotní.
US(A) *Vereinigte Staaten (von Amerika)* Spojené státy (americké).
usw. *und so weiter* a tak dále (zkratka atd.).
u. U. *unter Umständen* podle okolností, snad, třeba, eventuálně.
UV *ultraviolett* ultrafialový.
u. v. a. (m.) *und viele(s) andere mehr* a mnoho jiného.
u. zw. *und zwar* a to.

V

v. *von, vom* z.
V *Volt* volt; *Volumen* volumen, objem, krychlový obsah.
V. *Vers* verš.
VB *Verhandlungsbasis* základna k jednáni.
v. Chr. *vor Christus* před Kristem.
VEB *Volkseigener Betrieb* národní podnik (v NDR).
Verf., Vf. *Verfasser* autor.
verh. *verheiratet* ženatý (muž), (pro)vdaná (žena).
Verl. *Verlag* nakladatelství; *Verleger* nakladatel.
vgl. *vergleiche* srovnej.
v. g. u. *vorgelesen, genehmigt, unterschrieben* přečteno, schváleno, podepsáno.
v. H. *vom Hundert* ze sta, procento.
v. J. *vorigen Jahres* minulý rok.
v. M. *vorigen Monats* minulý měsíc.
vorm. *vormittags* dopoledne; *vormals* dříve.
Vors. *Vorsitzender* předseda.
VR *Volksrepublik* lidová republika.
v. T. *vom Tausend* z tisíce, promile.
v. u. *von unten* zdola.

W

W *Westen* západ; watt.
WE *Wärmeeinheit* tepelná jednotka.
WEU *Westeuropäische Union* Západoevropská unie.
WEZ *westeuropäische Zeit* západoevropský čas.
WGB *Weltgewerkschaftsbund* Světová odborová federace (zkratka SOF).
WS *Wintersemester* zimní semestr.
Wz. *Warenzeichen* obchodní značka.

Z

Z. *Zahl* číslo; *Zeile* řádek, řádka.
z. *zu, zum, zur* k, ke, ku.
z. B. *zum Beispiel* například.
ZDF *Zweites Deutsches Fernsehen* Druhý německý televizní program.
z. H(d). *zu Händen* do vlastních rukou.
ZPO *Zivilprozeßordnung* civilní soudní řád.
z. T. *zum Teil* dílem, částečně, zčásti.
Ztg. *Zeitung* noviny.
Ztschr. *Zeitschrift* časopis.
zus. *zusammen* dohromady.
zw. *zwischen* mezi.
z. Z(t). *zur Zeit* toho času, v současné době.

Zusätzliches Verzeichnis geographischer Namen mit vom Deutschen abweichender Schreibung

Dodatečný seznam zeměpisných jmen

Alaska Aljaška *f*
Altsohl Zvolen *m*
Altvatergebirge Jeseník *m*
Aussig Ústí nad Labem *n*
Austerlitz *hist.* Slavkov

Bad Schandau Žandov *m*
Bautzen Budišín *m*
Bayern Bavory *m/pl.*, Bavorsko *n*
Belgrad Bělehrad *m*
Brandenburg Brande(n)burk *m*, *hist.* Braniborsko *n*, Branibory *m/pl.*
Braunau (*in Böhmen*) Broumov *m*
Braunschweig Brunšvík *m*
Bremen Brémy *f/pl.*
Breslau Vratislav *f*
Brieg Břeh *m*
Brünn Brno *m*
Brüssel Brusel *m*
Brüx Most *m*
Budweis České Budějovice *m/pl.*

Chemnitz Kamenice (Saská) *f*
Crécy Kreščak *m*

Danzig Gdaňsk *m*, Gdansko *n*
Dessau Desava *f*
Drau Dráva *f*
Dresden Drážďany *m/pl.*
Duppauer Gebirge Doupovské hory *f/pl.*

Eger (*Fluß*) Ohře *f*; (*Stadt*) Cheb *m*
Eisenstein (*Böhmen*) Železná Ruda *f*
Elbe Labe *n*
Elsaß Alsasko *n*
Ems Emže *f*
Enns Enže *f*

Fichtelgebirge Smrčiny *f/pl.*
Florenz Florencie *f*
Franzensbad Františkovy Lázně *f/pl.*
Friedland Frýdlandt *m*
Fünfkirchen Pětikostelí *n*

Gablonz (*an der Neiße*) Jablonec *m* (nad Nisou)
Galizien *hist.* Halič *f*
Genf Ženeva *f*
Genua Janov *m*
Glatz Kladsko *n*
Gnesen Hnězdno *n*
Görlitz Zhořelec *m*
Gran Ostřihom *m*, Hron *m*
Graz Hradec Štýrský *m*
Großglockner Velký Zvon *m*

Harz Harc *m*
Havel Havola *f*
Herrnhut Ochranov *m*
Herrnskretschen Hřensko *n*
Hradschin Hradčany *m/pl.*
Hultschin Hlučín *m*

Iglau Jihlava *f*
Iser Jizera *f*
Isergebirge Jizerské hory *f/pl.*
Isonzo Soča *f*

Jägerndorf Krnov *m*
Joachimstal Jáchymov *m*
Josefstadt Josefov *m*

Kairo Kahýra *f*
Kalkutta Kalkata *f*
Kamenz Kamenec *m*
Kapstadt Kapské Město *n*
Karlsbad Karlový Vary *m/pl.*
Kärnten Korutany *m/pl.*
Karst (*Gebirge*) Kras *m*
Kaschau Košice *m/pl.*
Kaukasus Kavkaz *m*
Keilberg Klínovec *m*
Klagenfurt Celovec *m*
Klostergrab Hrob *m*

Köln (*am Rhein*) Kolín (nad Rýnem)
Königsberg Královec *m*
Königsgrätz Hradec Králové *m*
Königinhof Dvůr Králové *m*
Konstantinopel *hist.* Cařihrad *m*
Konstanz Kostnice *f*
Kopenhagen Kodaň *f*
Kottbus Chotěbuz *m*
Krain Kraňsko *n*
Krakau Krakov
Krems Kremže *f*
Kremsier Kroměříž *f*
Küstrin Kostřín *m*
Kuttenberg Kutná Hora *f*

Leipzig Lipsko *n*
Leitha Litava *f*
Lemberg Lvov *m*
Liegnitz Lehnice *f*
Lindau Lindava *f*
Linz Linec *m*
Lothringen Lotrinsko *n*
Lüttich Lutych *m*
Luxemburg Lucemburk *m*

Maas Mosa *f*
Mailand Milán *m*
Mainz Mohuč *f*
Marburg Maribor *m*
March (*Fluß*) Morava *f*
Marienbad Mariánské Lázně *f/pl.*
Meißen Míšeň *f*
Memel (*Fluß*) Němen *m*
Merseburg Mezibor *m*
Mettau Metuje *f*
Metz Mety *f/pl.*
Mies Stříbro *n*
Montenegro Černá Hora *f*
Mosel Mosela *f*
Moskau Moskva *f*
München Mnichov *m*

Neiße Nisa *f*
Neuhaus Jindřichův Hradec *m*
Nikolsburg Mikulov *m*
Nürnberg Norimberk *m*

Ödenburg Sopron *f*

Oder Odra *f*
Oderberg Bohumín *m*
Olmütz Olomouc *f*
Ostrau Ostrava *f*

Passau Pasov *m*
Pfalz *hist.* Falc *f*
Pilsen Plzeň *f*
Pirna Perno *n*
Plattensee Blatenské jezero *n*
Plauen Plavno *m*
Po (*Fluß*) Pád *m*
Pommern Pomořany *m/pl.*
Posen Poznaň *f*
Potsdam Postupim *f*
Preßburg Bratislava *f*
Preußen *hist.* Prusko *n*

Raab Rába *f*
Regensburg Řezno *n*
Reichenberg Liberec *m*
Reims Remeš *f*
Rostock Roztoky *m/pl.*
Rügen Rujána *f*

Saale Sála *f*
Saaz Žatek *m*
Sagan Záhaň *f*
Saloniki Soluň *f*
Salzburg † Solnohrad *m*
Salzkammergut Solná komora *f*
Sankt Gallen Svatý Havel *m*
Sankt Pölten Svatý Hypolit *m*
Schlesien Slezsko *n*
Schneeberg Sněžník *m*
Schottland Skotsko *n*
Schreckenstein Střekov *m*
Schüttenhofen Sušice *f*
Schüttinsel Žitný ostrov *m*
Schwaben Švábsko *n*
Schweidnitz Svídnice *f*
Schwerin Zvěřín *m*
Sibirien Sibiř *f*
Siebenbürgen Sedmihradsko *n*
Slowenien Slovinsko *n*
Spandau Špandava *f*
Spitzberg Špičák *m*
Spitzbergen Špicberky *m/pl.*
Spree Spréva *f*
Steiermark Štýrsko *n*
Stettin Štětín *m*

Tafelberg Stolní hora *f*
Taus Domažlice *m/pl.*
Teplitz Teplice *f/pl.*
Teschen Český Těšín *m*
Tetschen Děčín *m*
Thaya Dyje *f*
Themse Temže *f*
Theresienstadt Terezín *m*
Thüringen Durynsko *n*
Trier Trevír *m*
Triest Terst *m*
Troppau Opava *f*

Usedom Uznoj(e)m *m*

Vierwaldstätter See Čtyřkantonské jezero *n*
Villach Bělák *m*

Waag Váh *m*

Walachei Valašsko *n*
Warschau Varšava *f*
Weimar Výmar *m*
Weser Vezera *f*
Wolga Volha *f*

Zips Spišsko *n*
Zittau Žitava *f*
Znaim Znojmo *n*
Zürich Curych *m*
Zypern Kypr, Cypr *m*

Verzeichnis der starken und unregelmäßigen Verben

Seznam silných a nepravidelných sloves

(*conj.* = způsob spojovací; *imp.* = způsob rozkazovací; *impf.* = čas souminulý; *prs.* = čas přítomný)

backen — backte — gebacken; *prs.* backe, bäckst; *conj.* backte.
befehlen — befahl — befohlen; *prs.* befehle, befiehlst; *conj.* beföhle; *imp.* befiehl.
beginnen — begann — begonnen; *conj.* begönne.
beißen — biß — gebissen; *conj.* bisse.
bergen — barg — geborgen; *prs.* berge, birgst; *conj.* bärge; *imp.* birg.
bersten — barst — geborsten; *prs.* berste, birst; *conj.* bärste; *imp.* birst.
bewegen — bewog — bewogen; *conj.* bewöge.
biegen — bog — gebogen; *conj.* böge.
bieten — bot — geboten; *conj.* böte.
binden — band — gebunden; *conj.* bände.
bitten — bat — gebeten; *conj.* bäte.
blasen — blies — geblasen; *prs.* blase, bläst; *conj.* bliese.
bleiben — blieb — geblieben; *conj.* bliebe.
braten — briet — gebraten; *prs.* brate, brätst; *conj.* briete.
brechen — brach — gebrochen; *prs.* breche, brichst; *conj.* bräche; *imp.* brich.
brennen — brannte — gebrannt; *conj.* brennte.
bringen — brachte — gebracht; *conj.* brächte.
denken — dachte — gedacht; *conj.* dächte.
dingen — dang — gedungen; *conj.* dänge.
dreschen — drosch — gedroschen; *prs.* dresche, drischst; *conj.* drösche; *imp.* drisch.
dringen — drang — gedrungen; *conj.* dränge.
dünken — deuchte — gedeucht; *prs.* mich dünkt (deucht).
dürfen — durfte — gedurft; *prs.* darf, darfst; *conj.* dürfte.
empfehlen — empfahl — empfohlen; *prs.* empfehle, empfiehlst; *conj.* empföhle; *imp.* empfiehl.
erbleichen — erblich — erblichen; *conj.* erbliche.
erkiesen — erkor — erkoren; *conj.* erköre.
erlöschen — erlosch — erloschen; *prs.* erlösche, erlischst; *conj.* erlösche; *imp.* erlisch.
erschrecken — erschrak — erschrocken; *prs.* erschrecke, erschrickst; *conj.* erschräke; *imp.* erschrick.
essen — aß — gegessen; *prs.* esse, ißt; *conj.* äße; *imp.* iß.
fahren — fuhr — gefahren; *prs.* fahre, fährst; *conj.* führe.
fallen — fiel — gefallen; *prs.* falle, fällst; *conj.* fiele.
fangen — fing — gefangen; *prs.* fange, fängst; *conj.* finge.
fechten — focht — gefochten; *prs.* fechte, fichtst; *conj.* föchte; *imp.* ficht.
finden — fand — gefunden; *conj.* fände.
flechten — flocht — geflochten; *prs.* flechte, flichtst; *conj.* flöchte; *imp.* flicht.
fliegen — flog — geflogen; *conj.* flöge.
fliehen — floh — geflohen; *conj.* flöhe.
fließen — floß — geflossen; *conj.* flösse.

fressen — fraß — gefressen; *prs.* fresse, frißt; *conj.* fräße; *imp.* friß.
frieren — fror — gefroren; *conj.* fröre.
gären — gor — gegoren; *conj.* göre (gärte).
gebären — gebar — geboren; *prs.* gebäre, gebierst; *conj.* gebäre; *imp.* gebier.
geben — gab — gegeben; *prs.* gebe, gibst; *conj.* gäbe; *imp.* gib.
gedeihen — gedieh — gediehen; *conj.* gediehe.
gehen — ging — gegangen; *conj.* ginge.
gelingen — es gelang — gelungen; *prs.* es gelingt; *conj.* es gelänge.
gelten — galt — gegolten; *prs.* gelte, giltst; *conj.* gölte; *imp.* gilt.
genesen — genas — genesen; *conj.* genäse.
genießen — genoß — genossen; *conj.* genösse.
geschehen — es geschah — geschehen; *prs.* es geschieht; *conj.* es geschähe.
gewinnen — gewann — gewonnen; *conj.* gewönne.
gießen — goß — gegossen; *conj.* gösse.
gleichen — glich — geglichen; *conj.* gliche.
gleiten — glitt — geglitten; *conj.* glitte.
glimmen — glomm — geglommen; *conj.* glömme.
graben — grub — gegraben; *prs.* grabe, gräbst; *conj.* grübe.
greifen — griff — gegriffen; *conj.* griffe.
haben — hatte — gehabt; *prs.* habe, hast, hat; *conj.* hätte.
halten — hielt — gehalten; *prs.* halte, hältst; *conj.* hielte.
hängen — hing — gehangen; *conj.* hinge.
hauen — hieb — gehauen; *conj.* hiebe.
heben — hob — gehoben; *conj.* höbe.
heißen — hieß — geheißen; *conj.* hieße.
helfen — half — geholfen; *prs.* helfe, hilfst; *conj.* hülfe; *imp.* hilf.
kennen — kannte — gekannt; *conj.* kennte.
klimmen — klomm — geklommen; *conj.* klömme.
klingen — klang — geklungen; *conj.* klänge.
kneifen — kniff — gekniffen; *conj.* kniffe.
kommen — kam — gekommen; *conj.* käme.
können — konnte — gekonnt; *prs.* kann, kannst, kann; *conj.* könnte.
kriechen — kroch — gekrochen; *conj.* kröche.
laden — lud — geladen; *prs.* lade, lädst; *conj.* lüde.
lassen — ließ — gelassen; *prs.* lasse, läßt; *conj.* ließe.
laufen — lief — gelaufen; *prs.* laufe, läufst; *conj.* liefe.
leiden — litt — gelitten; *conj.* litte.
leihen — lieh — geliehen; *conj.* liehe.
lesen — las — gelesen; *prs.* lese, liest; *conj.* läse; *imp.* lies.
liegen — lag — gelegen; *conj.* läge.
lügen — log — gelogen; *conj.* löge.
meiden — mied — gemieden; *conj.* miede.
melken — melkte — gemolken; *conj.* melkte.
messen — maß — gemessen; *prs.* messe, mißt; *conj.* mäße; *imp.* miß.
mißlingen — es mißlang — mißlungen; *prs.* es mißlingt; *conj.* es mißlänge.
mögen — mochte — gemocht; *prs.* mag, magst, mag; *conj.* möchte.
müssen — mußte — gemußt; *prs.* muß, mußt, muß; *conj.* müßte.
nehmen — nahm — genommen; *prs.* nehme, nimmst; *conj.* nähme; *imp.* nimm.
nennen — nannte — genannt; *conj.* nennte.
pfeifen — pfiff — gepfiffen; *conj.* pfiffe.
pflegen — pflog — gepflogen; *conj.* pflöge.
preisen — pries — gepriesen; *conj.* priese.
quellen — quoll — gequollen; *prs.* quelle, quillst; *conj.* quölle; *imp.* quill.
raten — riet — geraten; *prs.* rate, rätst; *conj.* riete.
reiben — rieb — gerieben; *conj.* riebe.
reißen — riß — gerissen; *conj.* risse.
reiten — ritt — geritten; *conj.* ritte.
rennen — rannte — gerannt; *conj.* rennte.

riechen — roch — gerochen; *conj.* röche.
ringen — rang — gerungen; *conj.* ränge.
rinnen — rann — geronnen; *conj.* ränne.
rufen — rief — gerufen; *conj.* riefe.
saufen — soff — gesoffen; *prs.* saufe, säufst; *conj.* söffe.
saugen — sog — gesogen; *conj.* söge.
schaffen — schuf — geschaffen; *conj.* schüfe.
scheiden — schied — geschieden; *conj.* schiede.
scheinen — schien — geschienen; *conj.* schiene.
schelten — schalt — gescholten; *prs.* schelte, schiltst; *conj.* schölte; *imp.* schilt.
scheren — schor — geschoren; *conj.* schöre.
schieben — schob — geschoben; *conj.* schöbe.
schießen — schoß — geschossen; *conj.* schösse.
schinden — schund — geschunden; *conj.* schünde.
schlafen — schlief — geschlafen; *prs.* schlafe, schläfst; *conj.* schliefe.
schlagen — schlug — geschlagen; *prs.* schlage, schlägst; *conj.* schlüge.
schleichen — schlich — geschlichen; *conj.* schliche.
schleifen — schliff — geschliffen; *conj.* schliffe.
schleißen — schliß — geschlissen; *conj.* schlisse.
schließen — schloß — geschlossen; *conj.* schlösse.
schlingen — schlang — geschlungen; *conj.* schlänge.
schmeißen — schmiß — geschmissen; *conj.* schmisse.
schmelzen — schmolz — geschmolzen; *prs.* schmelze, schmilzt; *conj.* schmölze; *imp.* schmilz.
schneiden — schnitt — geschnitten; *conj.* schnitte.
schrecken — schrak — *in Zssgn* -geschrocken; *prs.* schrecke, schrickst; *conj.* schräke; *imp.* schrick.
schreiben — schrieb — geschrieben; *conj.* schriebe.
schreien — schrie — geschrie(e)n; *conj.* schriee.
schreiten — schritt — geschritten; *conj.* schritte.
schweigen — schwieg — geschwiegen; *conj.* schwiege.
schwellen — schwoll — geschwollen; *prs.* schwelle, schwillst; *conj.* schwölle; *imp.* schwill.
schwimmen — schwamm — geschwommen; *conj.* schwömme.
schwinden — schwand — geschwunden; *conj.* schwände.
schwingen — schwang — geschwungen; *conj.* schwänge.
schwören — schwor — geschworen; *conj.* schwöre.
sehen — sah — gesehen; *prs.* sehe, siehst; *conj.* sähe; *imp.* sieh(e).
sein — war — gewesen; *prs.* bin, bist, ist, sind, seid, sind; *conj. prs.* sei, seist, sei, seien, seiet, seien; *impf.* war; *conj. impf.* wäre; *imp.* sei, seid.
senden — sandte — gesandt; *conj.* sendete.
sieden — sott — gesotten; *conj.* sötte.
singen — sang — gesungen; *conj.* sänge.
sinken — sank — gesunken; *conj.* sänke.
sinnen — sann — gesonnen; *conj.* sänne.
sitzen — saß — gesessen; *conj.* säße.
sollen — sollte — gesollt; *conj.* sollte.
speien — spie — gespieen; *conj.* spiee.
spinnen — spann — gesponnen; *conj.* spönne.
sprechen — sprach — gesprochen; *prs.* spreche, sprichst; *conj.* spräche; *imp.* sprich.
sprießen — sproß — gesprossen; *conj.* sprösse.
springen — sprang — gesprungen; *conj.* spränge.
stechen — stach — gestochen; *prs.* steche, stichst; *conj.* stäche; *imp.* stich.
stecken — stak — gesteckt; *conj.* stäke.
stehen — stand — gestanden; *conj.* stände.
stehlen — stahl — gestohlen; *prs.* stehle, stiehlst; *conj.* stähle; *imp.* stiehl.
steigen — stieg — gestiegen; *conj.* stiege.

sterben — starb — gestorben; *prs.* sterbe, stirbst; *conj.* stürbe; *imp.* stirb.
stieben — stob — gestoben; *conj.* stöbe.
stinken — stank — gestunken; *conj.* stänke.
stoßen — stieß — gestoßen; *prs.* stoße, stößt; *conj.* stieße.
streichen — strich — gestrichen; *conj.* striche.
streiten — stritt — gestritten; *conj.* stritte.
tragen — trug — getragen; *prs.* trage, trägst; *conj.* trüge.
treffen — traf — getroffen; *prs.* treffe, triffst; *conj.* träfe; *imp.* triff.
treiben — trieb — getrieben; *conj.* triebe.
treten — trat — getreten; *prs.* trete, trittst; *conj.* träte; *imp.* tritt.
triefen — troff — getrieft; *conj.* tröffe.
trinken — trank — getrunken; *conj.* tränke.
trügen — trog — getrogen; *conj.* tröge.
tun — tat — getan; *prs.* tue, tust, tut; *conj.* täte.
verderben — verdarb — verdorben; *prs.* verderbe, verdirbst; *conj.* verdürbe; *imp.* verdirb.
verdrießen — verdroß — verdrossen; *conj.* verdrösse.
vergessen — vergaß — vergessen; *prs.* vergesse, vergißt; *conj.* vergäße; *imp.* vergiß.
verlieren — verlor — verloren; *conj.* verlöre.
wachsen — wuchs — gewachsen; *prs.* wachse, wächst; *conj.* wüchse.
waschen — wusch — gewaschen; *prs.* wasche, wäschst; *conj.* wüsche.
weben — wob — gewoben; *conj.* wöbe.
weichen — wich — gewichen; *conj.* wiche.
weisen — wies — gewiesen; *conj.* wiese.
wenden — wandte — gewandt; *conj.* wendete.
werben — warb — geworben; *prs.* werbe, wirbst; *conj.* würbe; *imp.* wirb.
werden — wurde — geworden; *prs.* werde, wirst, wird; *conj.* würde.
werfen — warf — geworfen; *prs.* werfe, wirfst; *conj.* würfe; *imp.* wirf.
wiegen — wog — gewogen; *conj.* wöge.
winden — wand — gewunden; *conj.* wände.
wissen — wußte — gewußt; *prs.* weiß, weißt, weiß; *conj.* wüßte.
wollen — wollte — gewollt; *prs.* will, willst, will; *conj.* wollte.
wringen — wrang — gewrungen; *conj.* wränge.
zeihen — zieh — geziehen; *conj.* ziehe.
ziehen — zog — gezogen; *conj.* zöge.
zwingen — zwang — gezwungen; *conj.* zwänge.

Zahlwörter — Číslovky

Grundzahlen — Základní číslovky

0 nula
1 jeden
2 dva
3 tři
4 čtyři
5 pět
6 šest
7 sedm
8 osm
9 devět
10 deset
11 jedenáct
12 dvanáct
13 třináct
14 čtrnáct
15 patnáct
16 šestnáct
17 sedmnáct
18 osmnáct
19 devatenáct
20 dvacet
21 dvacet jeden
22 dvacet dva
23 dvacet tři
30 třicet
31 třicet jeden

40 čtyřicet
41 čtyřicet jeden
50 padesát
51 padesát jeden
60 šedesát
61 šedesát jeden
70 sedmdesát
71 sedmdesát jeden
80 osmdesát
81 osmdesát jeden
90 devadesát
91 devadesát jeden
100 sto
101 sto jeden

200 dvě stě
300 tři sta
572 pět set sedmdesát dva

1000 tisíc
2000 dva tisíce
1 000 000 milión

2 000 000 dva milióny

1 000 000 000 miliarda

Ordnungszahlen — Řadové číslovky

1. první
2. druhý
3. třetí
4. čtvrtý
5. pátý
6. šestý
7. sedmý
8. osmý
9. devátý
10. desátý
11. jedenáctý
12. dvanáctý
13. třináctý
14. čtrnáctý

15. patnáctý
16. šestnáctý
17. sedmnáctý
18. osmnáctý
19. devatenáctý
20. dvacátý
21. dvacátý první
22. dvacátý druhý
23. dvacaty třetí
30. třicátý
31. třicátý první
40. čtyřicátý
41. čtyřicátý první
50. padesátý

51. padesátý první
60. šedesátý
61. šedesátý první
70. sedmdesátý
71. sedmdesátý první
80. osmdesátý
81. osmdesátý první
90. devadesátý
100. stý

101. st
200. dvo
300. tří st
572. pět se
1000. tisící
2000. dvoutis
1 000 000. mil
2 000 000. dvou

Bruchzahlen und andere Zahlw

Zlomky a jiné číslovky

$^1/_2$ půl, polovina
$1^1/_2$ jeden a půl, půl druhé(ho)
$2^1/_2$ dva a půl
$4^1/_2$ půl páta
$^1/_3$ třetina
$^2/_3$ dvě třetiny
$^1/_4$ čtvrtina
$^3/_4$ tři čtvrtiny
$1^1/_4$ čtvrt na dvě (hodiny)
$^1/_5$ pětina
$3^4/_5$ tři a čtyři pětiny

0,4 čtyri desetiny
2,5 dvě celé a pět desetin

Einfach jednoduše
zweifach dvojnásobný, dvojitý
dreifach trojnásobný
vierfach čtyřnásobný
fünffach pětkrát
usw. atd.

Einmal jednou
zweimal dvakrát
drei-, vier-, fünfmal usw. třikrá
čtyřikrát, pětkrát atd.
zweimal soviel(e) dvakrát tolik
noch einmal ještě jednou

Erstens, zweitens, drittens usw. za prvé, po druhé, po třetí atd.

2×3 = 6 dvakrát tři je šest
7+8 = 15 sedm a osm je patnáct
10—3 = 7 deset minus tři je sedm
20 : 5 = 4 dvacet děleno pěti jsou čtyři